中国科举文化通志　主编　陈文新

湖北省学术著作出版专项资金资助项目

翰林掌故五种

余来明　潘金英　校点

武汉大学出版社

《中国科举文化通志》总序

陈文新

（一）

科举是中国古代最为健全的文官制度。它渊源于汉，始创于隋，确立于唐，完备于宋，兴盛于明、清两代。如果从隋大业元年（605）的进士科算起，到清光绪三十一年（1905）被废除，科举制度在中国有整整1300年的历史。科举制度还曾"出口"越南、朝鲜等国，扩大了汉文化的影响。始于19世纪的西方文官考试制度，其创立也与中国科举的启发相关。孙中山在《五权宪法》等演讲中反复强调：中国的科举制度是世界各国中所用以拔取真才之最古最好的制度。胡适也说："中国文官制度影响之大，及其价值之被人看重"，"是我们中国对世界文化贡献的一件可以自夸的事"。①

科举制度具有如此强大的生命力，其原因在于，它在保证"程序的公正"方面具有空前的优越性。官员选拔的理想境界是"实质的公正"，即将所有优秀的人才选拔到最合适的岗位上。但这个境界人类至今未达到过。不得已而求其次，"程序的公正"就成为优先选择。"中国古代独特的社会结构是家族宗法制，家长统治、任人唯亲、帮派活动、裙带关系皆为家族宗法制的派生物，在重人情与关系的社会文化背景下，若没有可以操作的客观标准，任何立意美妙的选举制度都会被异化为植党营私、任人唯亲的工具，汉代的察举推荐和魏晋南北朝的九品官人法走向求才的死胡同便是明证。""古往今来科举考试一再起死回生的历史说明：自古以来，中国就是一个人情社会，人情与关系在社会生活中起着重要的作用，为了防止人情的泛滥，使社会不至于陷入无序的状态，中国人发明了考试，以考试作为维护社会公平和社会秩序的调节阀。悠久的科举历史与普遍的考试现实一再雄辩地证明，考试选才具有恒久的价值。"② 从这一角度看，科举制度不但在诞生之初有着巨大的进步意义，而且在整个中国历史和世界历史上，都是一个了不起的创造。较之前代的选官制度，如汉代的察举、征辟制和魏文帝时开始推行的九品中正制等，科举制度都更加公正合理。

---

① 胡适：《考试与教育》，《胡适文集》第12册，北京大学出版社1998年版，第508页。
② 刘海峰：《科举学导论》，华中师范大学出版社2005年版，第113、136页。

作为一项从整体上影响国民生活的官员选拔制度，科举制度对于维护我们这个幅员辽阔的多民族国家的统一稳定，其作用是无论怎样估计也不会过高的。胡适这位新文化运动的领袖，虽然一再愤愤不平地说到中国文化的种种不是，但在《考试与教育》一文中，他也毫不含糊地指出：在古代那种交通极为不便的情形下，中央可以不用武力来维持国家的统一是由于考试制度的公开和公平。胡适所说的公平，包括三种含义：一是公开考选，标准客观。二是顾及各地的文化水准，录取的人员，并不偏于一方或一省，而是遍及全国。三是实行回避制度，"就是本省的人不能任本省的官吏，而必须派往其他省份服务。有时候江南的人，派到西北去，有时候西北的人派到东南来。这种公道的办法，大家没有理由可以反对抵制。所以政府不用靠兵力和其他工具来统治地方，这是考试制度影响的结果"①。这些话出于胡适之口，足以说明，即使是文化激进主义者，只要具有清明的理性，也不难看出科举制度的合理性。

作为一项从整体上影响国民生活的官员选拔制度，科举制度不仅具有历史研究的价值，而且有助于我们思考当今人事制度的改革问题。2005年，任继愈曾在《古代中国科举考试制度值得借鉴》一文中提出设立"国家博士"学位的设想。其立论前提是：我国目前由各高校授予的博士学位缺少权威性和公正性。之所以不够权威和公正，不外下述几个原因。其一，"各校有自己的土标准，执行起来宽严标准不一，取得学位后，它的头衔在社会上流通价值都是同等的"，这当然不公平。其二，研究生入学后，第一年大部分时间用在外语上，第二年大部分时间忙于在规定的某种等级的刊物上发论文，第三年忙于找工作，这样的情形，怎么可能培养出货真价实的博士？其三，几乎所有名牌大学都招收"在职博士生"，有的博士研究生派秘书代他上课，甚至不上课而拿文凭，这样的博士能说是名副其实的吗？只有设立"国家博士"学位，采用统一标准选拔人才，这样的"博士学位"才具有权威性和公正性。而国家在高级人才的选拔方面统一把关，不仅可以避免"跑"博士点和博士生扩招带来的许多弊病，有助于社会风气的改善，而且，由于只管考而不必太多地管教，还可以节省大量开支。就这一点而言，中国古代的科举制度的确是值得参考借鉴的。任继愈的这篇文章现已收入《皓首学术随笔·任继愈卷》（中华书局2006年版），有心的读者不妨一阅。

与任继愈的呼吁相得益彰，早在1951年，钱穆就发表了《中国历史上的考试制度》一文。针对民国年间（1911—1949）人事管理腐败混乱的状况，他痛心疾首地指出：科举制"因有种种缺点，种种流弊，自该随时变通，但清末人却一意想变法，把此制度也连根拔去。民国以来，政府用人，便全无标准，人事奔竞，派系倾轧，结党营私，偏枯偏荣，种种病象，指不胜屈。不可不说我们把历史看轻了，认为以前一切要不得，才聚九州铁铸成大错"②。钱穆的意思是明确的：参考借鉴科举制度，有助于人事管理的规范化和公正性。1955年，他在《中国历代政治得失》一书中进一步指出："无

---

① 胡适：《胡适文集》第12册，北京大学出版社1998年版，第506页。
② 钱穆：《国史新论》，东大图书公司1984年版，第114~115页。

论如何，考试制度，是中国政治制度中一项比较重要的制度，又且由唐迄清绵历了一千年以上的长时期。中间递有改革，递有演变，在历史进程中逐渐发展，这绝不是偶然的。直到晚清，西方人还知采用此制度来弥缝他们政党选举之偏陷，而我们却对以往考试制度在历史上有过上千年以上根柢的，一口气吐弃了，不再重视，抑且不再留丝毫顾惜之余地。那真是一件可诧怪的事。"① 现代中国的人事管理理应借鉴源远流长的科举制度，这是毫无疑问的。至于如何借鉴，则是我们需要认真思考的问题。

（二）

作为一项从整体上影响国民生活的官员选拔制度，科举制度以其"程序的公正"为国家选拔了大量行政官员，在提高全民族的文化水准和维护我们这个多民族国家的统一稳定方面，发挥了直接而巨大的作用，这是其显而易见的功能；它还有其他不那么显著却同样值得重视的功能，即意识形态功能和人文教育功能：科举制度以其对社会的整体影响力将儒家经典维持世道人心的作用发挥到极致。我们试就此略作讨论。

明清时代有一项重要规定：科举以《四书》《五经》为基本考试内容。这一规定是耐人寻味的。《论语》《孟子》等儒家经典是秦汉以来中国传统社会维系人心、培育道德感的主要读物。我们经常表彰"中国的脊梁"，一个毋庸置疑的事实是，秦汉以降，"中国的脊梁"大多是在儒家经典的教育下成长起来的。以文天祥为例，这位南宋末年的民族英雄，曾在《过零丁洋》诗中说："人生自古谁无死？留取丹心照汗青。""丹心"，就是蕴蓄着崇高的道德感的心灵。他还有一首《正气歌》，开头一段是："天地有正气，杂然赋流形。下则为河岳，上则为日星。于人曰浩然，沛乎塞苍冥。皇路当清夷，含和吐明庭。时穷节乃见，一一垂丹青。"身在治世，正气表现为安邦定国的情志；身在乱世，则表现为忠贞坚毅的气节。即文天祥所说："当其贯日月，生死安足论。"1282年，他在元大都（今属北京）英勇就义，事前他在衣带中写下了这样的话："孔曰'成仁'，孟曰'取义'。惟其义尽，所以仁至。读圣贤书，所学何事？而今而后，庶几无愧。"《四书》《五经》的教诲，确乎是他的立身之本。

文天祥是宝祐四年（1256）状元。这是一个值得关注的事实。它表明：进士阶层在实践儒家的人格理想方面，其自觉性远远高于社会的平均水平。宋代如此，明代如此，甚至连元代也是如此。清代史学家赵翼曾论及"元末殉难者多进士"这一现象："元代不重儒术，延祐中始设科取士，顺帝时又停二科始复。其时所谓进士者，已属积轻之势矣，然末年仗节死义者，乃多在进士出身之人。"（赵翼《廿二史劄记》卷三十《元末殉难者多进士》）接下来，赵翼列举了余阙、泰不华、李齐、李黼、王士元、赵琏、周镗、聂炳元、刘耕孙、丑闾、彭庭坚、普颜不花、月鲁不花、迈里古思等死难进

---

① 钱穆：《中国历代政治得失》，三联书店2001年版，第89页。

士，最后归结说："诸人可谓不负科名者哉，而国家设科取士亦不徒矣。"① 在元末殉难的进士中，余阙（1303—1358）是最早战死的封疆大臣。他的朋友蒋良，一次和他谈起国难，余阙推心置腹地说："余荷国恩，以进士及第，历省居馆阁，每愧无报。今国家多难，授予兵戎重寄，岂余所堪。然古人有言：'为子死孝，为臣死忠。'万一不幸，吾知尽吾忠而已。"余阙殉难后，蒋良作《余忠宣公死节记》，开篇即强调说："有元设科取士，中外文武著功社稷之臣历历可纪。至正辛卯，兵起淮、颍，城邑尽废，江、汉之间能捍御大郡、全尽名节者，守豫帅余公廷心一人而已。"② 在余阙"擢高科"的履历与他忠勇殉节的人格境界之间，人们确认有其内在联系。无独有偶，《元史·泰不华传》在记叙元末另一著名的死节之臣泰不华（1305—1352）时，也着重指出：其人生信念的基本依据是他作为"书生"所受的儒家经典教育。在与方国珍决战前夕，泰不华曾对部从说过一番词气慷慨的话："吾以书生登显要，诚虑负所学。今守海隅，贼甫招徕，又复为变。君辈助我击之，其克则汝众功也，不克则我尽死以报国耳。""书生""所学"与捐躯"报国"之间关系如此密切，足见以《四书》《五经》作为基本考试教材的科举制度，它在维持世道人心方面的作用的确是巨大而深远的。

儒家经典维持世道人心的功能不仅泽及宋元，泽及明清，甚至泽及已经废除了科举制度的现代。其实这并不令人感到奇怪。原因在于，不少现代名流的少年时光是在科举时代度过的，他们系统地受过这种教育，耳濡目染，其人生观在早年即已确立并足以支配一生。儒家经典的生命力由此可见。科举制度的余泽亦由此可见。

这里我想特别提及五四新文化运动的领袖胡适，并有意多引他的言论。之所以关注他，是因为，世人眼中的胡适，只是一个文化激进主义者，以高倡"打倒孔家店"著称。人们很少注意到，胡适在表面上高呼"打倒孔家店"，但在内心里仍对孔子和儒家保留了足够的敬意，是儒家人生哲学的虔诚信奉者和实行者。唐德刚编译《胡适口述自传》，第二章有胡适的如下自白："有许多人认为我是反孔非儒的。在许多方面，我对那经过长期发展的儒教的批判是很严厉的。但是就全体来说，我在我的一切著述上，对孔子和早期的'仲尼之徒'如孟子，都是相当尊崇的。我对十二世纪'新儒学'（Neo-Confucianism）（'理学'）的开山宗师的朱熹，也是十分崇敬的。""在这场伟大的'新儒学'（理学）的运动里，对那（道德、知识；也就是《中庸》里面所说的'诚则明矣，明则诚矣'的）两股思潮，最好的表达，便是程颐所说的：'涵养须用敬，进学则在致知。'后世学者都认为'理学'的真谛，此一语足以道破。"同一章还有唐德刚的一段插话："'要提高你的道德标准，你一定要在"敬"字上下功夫；要学识上有长进，你一定要扩展你的知识到最大极限。'适之先生对这两句话最为服膺，他老人家不断向我传教的也是这两句。一次我替他照相，要他在录音机边作说话状，他说的便是这两句。所以胡适之先生骨子里实在是位理学家。他反对佛教、道教乃至基督教，都

---

① 赵翼著，王树民校证：《廿二史劄记校证》，中华书局1984年版，第706页。
② 杨讷等编：《元代农民战争史料汇编》中编第一分册，中华书局1985年版，第268页。

是从'理学'这条道理上出发的。他开口闭口什么实验主义的，在笔者看来，都是些表面账。吾人如用胡先生自己的学术分期来说，则胡适之便是他自己所说的'现代期'的最后一人。"[①] 胡适是在少年时代接受儒家经典教育的，在经历了废止科举、"打倒孔家店"等种种变故后，儒家的人生哲学仍能贯彻其生命的始终，由此不难想见，在中国传统社会尤其是科举时代，儒家经典对社会精神风貌的塑造可以发挥多么强大的功能。虽然生活中确有教育目标与实际状况两歧的情形，但正面的成效仍是不容忽视的。

"精神文明"是中国人常用的一个概念。"精神文明"是相对物质文明而言的，就个人而言，需要长期的修养，就民族而言，需要长期的培育。中国古人对这一点体会很深，所以常常强调"潜移默化"，经由耳濡目染的长期熏陶，价值内化，成为一种道德规范。如果这种道德规范大体近于人情，既"止乎礼义"而又"发乎性情"，它对社会的稳定，对人类精神境界的提升，都将发挥重要作用。这就是文化的功能。目前教育界所说的"深厚的人文知识素养，有助于塑造高尚的精神世界，提高健康的审美能力"，与这个意思是相通的。《四书》《五经》作为科举时代的基本读物，人文教育功能是其不容抹杀的价值，并因制度的保障而得到了充分的发挥。

美国学者罗兹曼认为：科举制在中国传统社会结构中居于中心的地位，是维系儒家意识形态和儒家价值体系正统地位的根本手段。科举制在1905年被废止，从而使这一年成为新旧中国的分水岭：它标志着一个时代的结束和另一个时代的开始，其划时代的重要性甚至超过辛亥革命；就其现实和象征性的意义而言，科举革废代表着中国已与过去一刀两断，这种转折大致相当于1861年沙俄废奴和1868年的日本明治维新后不久的废藩。[②] 罗兹曼的意见也许是对的。而我想要补充的问题是：在科举制废止之后，如何保证《四书》《五经》的人文教育功能继续得到发挥？

（三）

科举制度曾经有过辉煌的历史，科举制度对现代中国的发展更有足资借鉴的意义。整理与研究历代科举文献，其意义也需要从历史与现实两个角度加以说明：一方面是传承文化，传承文明，让这份丰厚的遗产充分发挥塑造民族精神的作用，另一方面是去粗取精，古为今用，让它在现实的中国社会重放异彩，成为人事制度改革的重要智力资源。这是我们编纂出版《中国科举文化通志》的初衷，也是我们不辞劳苦从事这一学术工作的动力。

《中国科举文化通志》重点包括下述内容：

1. 整理、研究反映科举制度沿革、影响及历代登科情形的文献。

---

① 胡适：《胡适文集》第1册，北京大学出版社1998年版，第418、433页。
② [美]吉尔伯特·罗曼兹主编，国家社会科学基金"比较现代化"课题组译：《中国的现代化》中译本，江苏人民出版社1988年版，第335、635页。

从《新唐书》开始，历代正史多有《选举志》。历代《会要》、《实录》、《纪事本末》等史传、政书之中，相当一部分是关于科举制度沿革的资料。还有黄佐《翰林记》、陆深《科场条贯》、张朝瑞《明贡举考》、冯梦祯《历代贡举志》、董其昌《学科考略》、陶福履《常谈》等一批专书。历代《登科录》和杂录类书籍，也保存了大量关于科举的材料。唐代登科记多已散失亡佚，有清代徐松的《登科记考》可供参考。宋元登科记保存稍多，明清有关文献尤为繁富。

2. 整理、研究与历代考试文体相关的教材、试卷、程文及论著等。

八股文是最引人注目的考试文体。八股文集有选本、稿本之分。重要的选本，明代有艾南英编《明文定》、《明文待》，杨廷枢编《同文录》，马世奇编《澹宁居文集》，黎淳编《国朝试录》等；清朝有纪昀《房行书精华》，王步青编《八法集》；还有《百二十名家集》，选文3000篇，以明代为主；《钦定四书文》，明文4集，选文480余篇，清文1集，选文290余篇。稿本为个人文集。明清著名的八股大家，如明代的王鏊、钱福、唐顺之、归有光、艾南英，清代的刘子壮、熊伯龙、李光地、方苞、王步青、袁枚、翁方纲等人，均有稿本传世。相关著述数量也不少。清梁章钜《制义丛话》等，是研究八股文的重要论著。其他考试文体，如试策、试律等，也在我们关注的范围之内。这些科举文献，一般读者不易见到，或只能零零星星地见到一些，或虽然见到了也难以读懂，亟待系统地整理出版，以供研究和阅读。

《中国科举文化通志》包括以下数种：《历代制举史料汇编》、《历代律赋校注》、《唐代试律试策校注》、《八股文总论八种》、《七史选举志校注》、《四书大全校注》、《游戏八股文集成》、《明代科举与文学编年》、《明代状元史料汇编》、《钦定四书文校注》、《翰林掌故五种》、《贡举志五种》、《〈游艺塾文规〉正续编》、《钦定学政全书校注》、《梁章钜科举文献二种校注》、《〈清实录〉科举史料汇编》、《二十世纪科举研究论文选编》、《明代科举与文学编年》、《〈礼部韵略〉与宋代科举》、《元明科举与文学考论》、《游戏八股文研究》、《明代八股文选家考论》、《唐代科举与试赋》、《〈儒林外史〉的现代误读》、《科举废止前后的晚清社会与文学》等。我们这套《中国科举文化通志》，以涵盖面广和分量厚重为显著特征，可以从多方面满足阅读和研究之需。而在整理、研究方面投入的心力之多，更是有目共睹。我们的目的是为推进学术作出力所能及的贡献。

《中国科举文化通志》是一项规模宏大、任务艰巨、意义深远的大型出版文化工程。编纂任务主要由武汉大学专家承担，并根据需要从中国人民大学、南京大学、中国艺术研究院、厦门大学、华中师范大学、陕西师范大学、扬州大学、中南民族大学、中南财经政法大学等高校或科研院所聘请了若干学者。南京大学卞孝萱先生、中华书局傅璇琮先生、中国社会科学院邓绍基先生等在学术上给我们提供了若干指导；参与这一工程的各位专家不辞辛苦，努力工作，保证了编纂进度和质量；武汉大学出版社鼎立支持《中国科举文化通志》的出版；所有这些，我们将永远铭记在心。

2015年4月13日

于武汉大学

总　目

前　言 …………………………………………………………… 1

玉堂嘉话　［元］王　恽撰 …………………………………… 1

殿阁词林记　［明］廖道南撰 ………………………………… 71

词林典故　［明］张　位撰 …………………………………… 309

馆阁漫录　［明］张元忭撰 …………………………………… 335

皇朝词林典故　［清］朱　珪等纂 …………………………… 569

人名索引 ………………………………………………………… 1158

前　言

"翰林"一词，较早见于扬雄《长杨赋》："聊因笔墨之成文章，故藉翰林以为主人。"① 原意为"文翰之林"，指文翰荟萃之地，亦作拟人之用，初不用以名官。唐代始置翰林官署，以后历代沿袭，成为中国古代一项重要的文官制度。对于历代翰林制度的沿革，《钦定历代职官表》有简要概括："若夫翰林之名，则其初专为制诰而设。盖自周官内史掌策命，外史掌外令，已为珥笔权舆。汉魏以来，职在尚书、中书。至唐特建翰林院于禁中，置学士以专司内命，而翰林之官始重，沿袭至今，称为华选。然唐宋所谓翰林学士者，其职在于参受密命，发演丝纶，乃如今军机大臣之承旨书宣，而于他事固无所预，故其时国史著作之官，仍以文史著述，各守职司，别为一署，不相统摄。自明代改定官制，举历代所为国史著作之属，悉废不置，独并其所掌于翰林院。于是翰林遂为职事官，虽沿用唐宋学士院旧名，其实即历代国史著作之任，与唐宋之典内庭书诏者迥不相同矣。"② 翰林院从最初的掌管文书、应诏撰写制策，发展到广泛参与国家社会经济文化建设，在一千多年的历史进程中，翰林制度日趋成熟、完善，在中国古代政治、文化中扮演着重要角色。

一

尽管以翰林名官至唐代以后才出现，但早在汉代以前就已实有其职。周代的内、外史之分，在政职分工上为后来的翰林制度提供了先则。西汉出现的"待诏"，在某种程度上承担了后来翰林的部分职责，其中唐代以后的"翰林待诏"一职，便沿用了汉代的职名。所谓"待诏"，指以各类才技应诏但未被授予正官，仍需等待皇帝诏命之士。如《汉书》卷11《哀帝纪》记："（建平二年）待诏夏贺良等言赤精子之谶。"颜师古注引应劭的解释说："诸以材技征召，未有正官，故曰待诏。"汉代待诏名目繁多，有待诏公车、待诏黄门、待诏金马门等；待诏的人物也各色各样，有经生、文士、善格五

---

① （梁）萧统编，（唐）李善注：《文选》卷9，中华书局1977年版，第136页。
② （清）永瑢等：《钦定历代职官表》卷23"翰林院"，文渊阁《四库全书》本。

者、知音善鼓琴者、相工、医师、方技等①。

据诸家文献记载，唐代设立翰林院是在玄宗初年。如宋王溥《唐会要》卷57"翰林院"云："（翰林院）开元初置。……其院置左右银台门内。驾在兴庆宫，制在金明门内。驾在大内，制在明福门内。翰林院者，东在银台门内，麟德殿西厢重廊之后，盖天下以艺能技术见召者之所处也。"《资治通鉴》卷217"玄宗天宝十三载"云："上（即玄宗）即位，始置翰林院，密迩禁廷，延文章之士，下至僧、道、书、画、琴、棋、数术之工皆处之，谓之待诏。"宋叶梦得《石林燕语》卷1亦云："明皇置翰林院，延文章数术之士皆处之，谓之待诏。"

唐玄宗设立翰林院的目的，主要是为了搜罗各类特殊之才，以便应诏，因而最初设置的职位也都是"翰林待诏"、"翰林供奉"一类的虚衔，并无实际职事。"唐制，中书、门下二省皆供奉外官，随朝士入见，谓之内供奉，随翰林院班者，谓之翰林供奉。"② 翰林院中所网络的人才，并不以"文学"一技为限，而是广涉三教九流，但凡有一技之长，都在征召之列。因此，韦执谊《翰林院故事》开篇即概括翰林院设立的缘起说："翰林院者，在银台门内麟德殿西重廊之后，盖天下以艺能伎术见召者之所处也。"③ 据《旧唐书》卷43《职官》二记载：天子在大明宫、兴庆宫、西内、东都、华清宫等处皆有待诏之所，"其待诏者，有词学、经术、合炼、僧道、卜祝、术艺、书奕，各别院以廪之，日晚而退。其所重者词学。……玄宗即位，张说、陆坚、张九龄、徐安贞、张垍等召入禁中，谓之翰林待诏"。《新唐书》卷46《百官》一也说："唐制，乘舆所在，必有文词、经学之士，下至卜、医、伎术之流，皆直于别院，以备宴见。"所谓"待诏"、"供奉"，都属于蓄士、养士的行为，目的是为皇帝提供各类知识的咨询。翰林待诏的职责主要包括两个方面：一、替皇帝草拟诏令文书，对全国各地奏上的表章、疏文予以答复；二、与皇帝、王公大臣以诗文相互唱和应酬。其后为了分担中书省日益繁剧的文字工作，又增设"翰林供奉"一职，与集贤院学士一起负责撰拟制诰书敕。

要考察唐代翰林制度的变迁，就须辨明南北翰林院的区别。北翰林院，即玄宗初年设立的翰林待诏和翰林供奉任职之所；南翰林院，即开元二十六年所置学士院，位于翰林院之南。据清人徐松《唐两京城坊考》说："翰林院，在麟德殿西重廊之后，以其在银台门之北，故草制其间者，因名'北门学士'。开元二十六年，于院南别置学士院，户皆东向。学士院南厅五间，翰林院北厅五间，中隔花砖道。"④ 玄宗即位之初，设立的供奉之所名乾元院。开元六年，改乾元院为丽正修书院。开元十三年，又改丽正修书院为集贤殿书院，五品以上为学士，六品以下为直学士，以宰相一人为学士，知院事。

---

① 参见杨鸿年：《汉魏制度丛考》，武汉大学出版社1985年版，第124～129页。
② （明）于慎行：《谷山笔麈》卷9"官制"，中华书局1984年版，第101页。
③ （唐）韦执谊：《翰林院故事》，《翰苑群书》卷4，文渊阁《四库全书》本。
④ （清）徐松：《唐两京城坊考》卷1《西京·大明宫》，中华书局1985年版。

至开元二十六年，在翰林院之南设学士院，由翰林学士代替弘文馆学士、集贤学士行"专掌内命"之责。据韦执谊《翰林院故事》记载："至二十六年，始以翰林供奉改称学士，由是遂建学士，俾专内命，太常少卿张垍、起居舍人刘光谦等首居之，而集贤所掌，于是罢息。自后给事中张淑，中书舍人张渐、窦华等，相继而入焉。其外有韩翃、阎伯玙、孟匡朝、陈兼、蒋镇、李白等，在旧翰林中，但假其名而无所职。至德以后，军国务殷，其入直者并以文词共掌诰敕，自此北翰林院始无学士之名。其后又置东翰林院于金銮殿之西，随上所在而迁，取其便稳。"① 李肇《翰林志》也有类似记载："开元二十六年，刘光谦、张垍乃为学士，始别建学士院于翰林院之南。又有韩纮、阎伯舆、孟匡朝、陈兼、李白、蒋镇在旧翰林院，虽有其名，不职其事。至德宗已后，翰林始兼学士之名。代宗时李泌为学士，而今壁记不列名氏，盖以不职事之故也。"② 由此可见，在唐代中后期政治中扮演重要角色的，并非玄宗初年设置的翰林院，而是开元二十六年设置的学士院。前者"虽有其名，不职其事"，仍属供奉、待诏之流；后者"俾专内命"，参与国家重大政治军事政策的制定。二者的职能，随着政治需求的不同而逐步分化，在唐代中后期形成了巨大的差异。

对于唐代翰林院与学士院二者的差别，叶梦得曾参照宋制，予以明确区分：

> 唐翰林院，本内供奉艺能技术杂居之所，以辞臣特书诏其间，乃艺能之一尔。开元以前，犹未有学士之称，或曰翰林待诏，或曰翰林供奉，如李太白犹称供奉。自张垍为学士，始别建学士院于翰林院之南，则与翰林院分而为二，然犹冒翰林之名。盖唐有弘文馆学士、丽正殿学士，故此特以翰林别之，其后遂以名官，讫不可改。然院名至今但云学士，而不冠以翰林，则亦自唐以来沿袭之旧也。③

唐代被称作"翰林"的，包括两个群体：一是玄宗朝以后由翰林院进入学士院的词学待诏，逐步发展成中唐以后具有重要地位的翰林学士、翰林承旨学士等；一是供职于翰林院的各类伎艺杂流，如书待诏、棋待诏、画待诏、医待诏等。

因未对翰林院和学士院加以区别，后人论及唐代翰林制度的演变，多是将翰林院与学士院合而言之。如马端临《文献通考》引胡寅之说云：

> 国家陟降多士，当出于中书。中书有私徇，小则诘责，大则黜削可也，不当疑其专而分其权。翰林初置，人才与杂流并处，其后杂流不入，职清而地禁，专以处忠贤文章之士。然有天子私人之目，内相之称，则非王政设官之体矣。王者无私，岂云私人？相无不统，岂云内相？是与大臣自设形迹为异同也。进退辅弼，既与之

---

① （宋）洪遵：《翰苑群书》卷4，文渊阁《四库全书》本。
② （唐）李肇：《翰林志》，文渊阁《四库全书》本。
③ （宋）叶梦得：《石林燕语》卷7，文渊阁《四库全书》本。

谋，安知无请托之嫌。小人处之，附下罔上，安知无卖主之事？故君道公而已矣。①

此处所谓"翰林"职权的变化，实是由玄宗初年翰林院向开元二十六年以后学士院的过渡。李肇《翰林志》记载元和时学士院的职掌说："元和初，置书诏印，学士院主之。凡赦书、德音、立后、建储、大诛讨、免三公宰相、命将，曰制，并用白麻纸，不用印。"中唐以后，翰林学士承旨的权力一度超过宰相："自唐中叶以后，学士之权重于宰相，如陆贽之在奉天，郑絪（细）之在贞元，裴垍、李绛在元和之初，皆以帷幄密谋决军国大计，用人行政，惟所献替。及其为相，宠遇反不若焉，即有所建白，视在北门亦若少减。地之亲疏不同也。汉所谓不任三公，政归台阁，政如此"②。而旧称翰林院中的官员，多是"待诏"、"供奉"的各类伎术杂流之士。

唐代学士院设在皇城内，由翰林学士、学士承旨、学士院使、院吏等人员组成，主要行使"掌诏命"、"备顾问"等职责。据韦执谊《翰林院故事》、李肇《翰林志》所说，翰林学士并无固定的额员，从一二人到五六人不等，以他官兼任，并不固设。唐德宗以后，翰林学士有"内相"之称。据《旧唐书》卷139《陆贽传》记载："贽初入翰林，特承德宗异顾，歌诗戏狎，朝夕陪游。及出居艰阻之中，虽有宰臣，而谋猷参决，多出于贽，故当时目为'内相'。"③又如洪迈《容斋随笔》卷4"翰苑亲近"云："盖唐世宫禁与外廷不至相隔绝，故杜子美诗：'户外昭容紫袖垂，双瞻御座引朝仪。'又云：'舍人退食收封事，宫女开函近御筵。'而学士独称内相。至于与命妇分庭，见贵主冠服，内人黛妆，假仙倡以佐酒，他司无比也。"④和平时期相与游幸，危难时期因为亲近而受到重用，"内相"之称一方面显示了唐代翰林学士崇高的地位，同时也表明其地位的获得主要是源于皇帝的宠信，而非政治体制的规定。

学士承旨，《翰林志》称为"院长"，唐宪宗初年始设，由翰林学士中选择"年深德重者"充任，位在诸学士上，"凡大诰令，大废置，丞相之密画，内外之密奏，上之所甚注意者，莫不专对，他人无得而参。非自异也，法不当言"⑤。因为与皇帝之间关系亲近，只要相处得宜，翰林学士自然比其他臣下更容易得到升迁的机会。"贞元已后，为学士承旨者，多至宰相焉。"⑥自永贞元年（805）唐宪宗任命郑絪为翰林学士承旨以后十七年间，先后出任该官的十一人当中，"九参大政"⑦。如《旧唐书》卷178《郑畋传》载："畋以德望先达，沦滞久之。既冠禁庭，当为宰辅，因谢承旨，自陈曰：

---

① （宋）马端临：《文献通考》卷54《职官考》八"学士院"，中华书局1986年版，第489页。
② （明）于慎行：《谷山笔麈》卷9"官制"，中华书局1984年版，第101页。
③ （后晋）刘昫等：《旧唐书》，中华书局1975年版，第3817页。
④ （宋）洪迈：《容斋随笔》，文渊阁《四库全书》本。
⑤ （唐）元稹：《翰林承旨学士记》，《元稹集》卷51，中华书局1982年版，第559页。
⑥ （后晋）刘昫等：《旧唐书》卷43《职官》二，中华书局1975年版，第1854页。
⑦ （唐）元稹：《翰林承旨学士记》，《元氏长庆集》卷51，文渊阁《四库全书》本。

'禁林素号清严，承旨尤称峻重。偏膺顾问，首冠英贤。今之宰辅四人，三以此官腾跃，其为盛美，更异寻常。岂谓凡流，继兹芳躅，臣所以忧不称承旨之任也。至若继刘瞻之慎密，守保衡之规程，沥恳事君，披肝朔圣，以贞方为介胄，用忠信作藩篱。丹青帝文，金玉王度，臣亦不敢让承旨之职。'"①从郑畋所谓"忧不称"与"不敢让"中可以看出，翰林学士承旨在唐代中后期政治格局中具有重要地位，已经成为宰相理所当然的继任者。

学士院使，由内廷宦官充任，一般为二人，"于内朝选端肃敏裕、迈乎等伦者为之，使有二员，进则承睿旨而宣于下，退则受嘉谟而达于上，军国之重事，古今之大体，庶政之损益，众情之异同，悉以关揽"②。主要起着沟通皇帝与大臣的作用。其具体事宜，"每日晚执事于思政殿，退而传旨"③。看似简单，实是关乎国家大政施行的效率。

院吏又称小使，通常为十人，其主要职责为"更番守曹"、主管"二库书"及负责供给纸笔、保管文书等④。

此外，晚唐穆宗至文宗朝，尚有翰林侍书学士、翰林侍讲学士等官。翰林侍书学士之职责，与书待诏近似，且多以他官充任。如《旧唐书》卷165《柳公绰传》附柳公权传云："穆宗即位，入奏事，帝召见，谓公权曰：'我于佛寺见卿笔迹，思之久矣。'即日拜右拾遗，充翰林侍书学士，迁右补阙、司封员外郎。穆宗政僻，尝问公权笔何尽善，对曰：'用笔在心，心正则笔正。'上改容，知其笔谏也。历穆、敬、文三朝，侍书中禁。"⑤翰林侍讲学士的主要职责，是为皇帝疏解经史，多是以他官充任，并非固设官职。如《新唐书》卷200《儒学》（下）载：许康佐"以中书舍人为翰林侍讲学士，与王起皆为文宗宠礼。帝读《春秋》至'闻弑吴子馀祭'，问：'阍何人邪？'康佐以中官方强，不敢对，帝嘻笑罢"⑥。

能够被选为翰林学士，首要条件是"慎密淳贞"，不将自己在宫廷内的所见所闻宣之于外。"若非谨恪而有立，秉贞而通理，俾义枢要，简于帝心，言不及温树之名，慎不遗辕马之数，处是职者，不亦难乎？至于强学修词，刀笔应用，或久洽通儒之望，或早升文墨之科，虽必有之，乃余事也。"⑦作为皇帝倚重的"密勿之臣"，翰林学士必须是性格长厚、慎言稳重之人。这一条件，在此后历朝的翰林学士选拔中都是至关重要

---

① （后晋）刘昫等：《旧唐书》，中华书局1975年版，第4631~4632页。
② （唐）杜元颖：《翰林院使壁记》，《文苑英华》卷797。
③ （唐）李肇：《翰林志》，文渊阁《四库全书》本。
④ 具体论述，可参见李肇《翰林志》相关记载。
⑤ （后晋）刘昫等：《旧唐书》卷165，中华书局1975年版，第4310页。
⑥ （宋）欧阳修、宋祁：《新唐书》，中华书局1975年版，第5722页。
⑦ （唐）韦执谊：《翰林院故事》，《翰苑群书》卷4，文渊阁《四库全书》本。

的因素①。其次，要承担撰写制敕的职责，文词优通自然也必不可少。如王谠《唐语林》卷3"赏誉"记："宣宗舅郑仆射光镇河中，封其妾为夫人，不受。表曰：'白屋同愁，已失凤鸣之侣；朱门自乐，难容乌合之人。'上大喜，问左右曰：'谁教阿舅作此好语？'对曰：'光多任一判官田询者掌书记。'上曰：'表语尤佳，便好作翰林官。'论者以为不由进士，又寒士，无引援，遂止。"② 作为为皇帝起草诏书的侍从官员，除了能对自己的所见所闻谨守不外泄之外，"能否出佳语"亦是进入翰林的必备条件。而对于其入官前的品级，则并无严格的要求，"下自校书郎，上及诸曹尚书，皆为之"③。在中国古代，通过正常途径的铨选，均需遵循一定的规程；而皇帝直接任用臣下，则可以不受选官机制的限制，唐代翰林学士的任用即是如此。

尽管唐代翰林学士不像明清两代，大多由进士出身，但至中唐以后，出身进士的翰林学士要比非进士出身的翰林学士多。翰林学士的选拔，需经过一定的程序，按照李肇的说法，"凡初迁者，中书、门下召令右银台门候旨。其日入院，试制书答共三首，诗一首。自张仲素后加赋一首。试毕封进，可者翌日受宣，乃定，事下中书、门下，于麟德殿候对"④。所试的内容，与翰林学士应当履行的职责是一致的。

唐代予衔翰林学士的虽然主要是五品以下官员，但其地位却非同一般。对此，韦执谊用"密之至"、"恩之厚"、"职之重"三语予以概括："况此院之置，尤为近切，左接寝殿，右瞻彤楼，晨趋琐闼，夕宿严卫，密之至也。骖镳得御厩之骏，出入有内使之导，丰肴洁膳取给大官，衾裯服御资于中库，恩之厚也。备待顾问，辨驳是非，典持缣牍，受遣群务，凡一得失，动为臧否，职之重也。"⑤ 李肇则借翰林学士授职以后的赏赐、朝廷宴会时的座次，来显示其地位的重要："本院赐宴，营幕使宿设帐幕图褥，尚食供馔，酒坊使供美酒，是为敕设序立。拜恩讫，候就宴，又赐衣一副，绢三十匹，飞龙司借马一匹。旬日，又进文一轴，内库给青绮锦被、青绮方褥、青绫单帕、漆通中枕、铜镜、漆奁、象篦、大小象梳、漆箱、铜挈罗、铜觜椀、紫丝履、白布手巾、画木架、床炉、铜案、席、毡、褥之类，毕备。内诸司供膳饮之物，主膳四人掌之。内园官一户三人以供使令，其所乘马送迎于辫仗门内，横门之西。度支月给手力资四人，人钱三千五百，四品已上加一人。每岁内赐春服物三十匹，暑服三十匹，绵七屯，寒食节料物三十匹，酒饴、杏酪、粥屑肉饺，清明火二社蒸饼，端午衣一副，金花银器一事，百

---

① 如孔平仲《续世说》卷3"方正"条云："蜀主以李昊领武信节度使，右补阙李起上言：'故事宰相无领方镇者。'蜀主曰：'昊家多冗费，厚禄优之尔。'起性悻直，李昊尝语之曰：'以子之才，苟能谨默，当为翰林学士。'起曰：'俟无舌乃不言尔。'"由此可见，择选翰林学士，在"才识"与"谨默"二者之间，"谨默"更为重要。

② （宋）王谠：《唐语林》，中华书局1987年版，第282页。又见（宋）赵德麟：《侯鲭录》卷6。

③ （唐）李肇：《翰林志》，文渊阁《四库全书》本。

④ （唐）李肇：《翰林志》，文渊阁《四库全书》本。

⑤ （唐）韦执谊：《翰林院故事》，《翰苑群书》卷4，文渊阁《四库全书》本。

索一轴，青团镂竹大扇一柄，角糭三服秒蜜，重阳酒糖、粉糕，冬至岁酒兔野鸡，其余时果新茗瓜新历，是为经制。直日就班授，下直就第赐之。凡内宴坐次宰相，坐居一品班之上，别赐酒食珍果与宰相同，赐帛二十匹，金花银器一事。"① 赏赐的多少，与地位的高低是成正比的，唐代中后期翰林学士地位之高，从生活待遇上亦可见一斑。

二

经过五代短暂的低落，翰林制度在宋代获得了长足的发展，机构和机制都发生了巨大的变化。对此，沈括概述说：

> 唐翰林院在禁中，乃人主燕居之所，玉堂、承明、金銮殿皆在其间。应供奉之人，自学士已下，工伎群官司隶籍其间者，皆称翰林，如今之翰林医官、翰林待诏之类是也。唯翰林茶酒司止称翰林司，盖相承阙文。
>
> 唐制，自宰相而下，初命皆无宣召之礼，惟学士宣召。盖学士院在禁中，非内臣宣召，无因得入，故院门别设复门，亦以其通禁庭也。又学士院北扉者，为其在浴堂之南，便于应召。今学士初拜，自东华门入，至左承天门下马；待诏、院吏自左承天门双引至阁门，此亦用唐故事也。唐宣召学士，自东门入者，彼时学士院在西掖，故自翰林院东门赴召，非若今之东华门也。至如挽铃故事，亦缘其在禁中，虽学士院吏，亦止于玉堂门外，则其严密可知。如今学士院在外，与诸司无异，亦设铃索，悉皆文具故事而已。②

宋代翰林院在机构设置上沿袭唐代某些做法的同时，又作了更明确的区分：一为翰林院，隶属于内侍省，分设书艺、图画、天文、医官四局，系各种艺能之士的待诏之所；一为翰林学士院，为独立的政府机构。

宋代史家论及唐宋翰林制度的沿革，多注意到两朝翰林学士院在体制方面的变化：唐代翰林学士院没有固定建制，翰林学士多以他职兼任；宋代前期虽然部分沿袭了唐代的做法，但自中期以后，逐步从体制上确立了翰林学士院在政府机构中的独立地位。如《文献通考》说：

> 唐之所谓翰林学士，只取文学之人，随其官之崇卑，入院者皆为学士。延觐之际，则各随其元官立班，而所谓学士，未尝有一定之品秩也。故其尊贵亲遇者号称

---

① （唐）李肇：《翰林志》，文渊阁《四库全书》本。又如洪遵《翰苑遗事》云："唐制，翰林学士初入院，赐设并衣服，中和节赐红牙银寸尺，上巳、重阳并赐宴曲江。清明赐新火，夏赐冰，腊日赐口脂及红雪澡豆，岁前赐历。日有所修撰，则赐茶果酒脯。策试程文，则赐设并匹帛。社日赐酒、蒸饼、环饼等。事见唐人文集。"（《翰苑群书》卷12）

② （宋）沈括著，胡道静校注：《新校正梦溪笔谈》卷1，中华书局1957年版，第22页。

内相，可以朝夕召对，参议政事，或一迁而为宰相；而其孤远新进者，或起自初阶，或元无出身，至试令草麻制，甚者或试以诗赋，如试进士之法。其人皆呼学士，自唐至五代皆然。至宋则始定制，资浅者为直院，暂行者为权直，于是真为翰林学士者，职始显贵，可以比肩台长，举武政路矣。①

关于唐代翰林学士立朝班次，李肇《翰林志》、韦执谊《翰林院故事》、《旧唐书·德宗本纪》均有记载，兴元元年（784）或贞元元年（785），朝廷颁布诏敕，令翰林学士朝服序班，"宜准诸司官知制诰例"。然而在大多数重要场合，翰林学士仍需以原官列班。据李肇《翰林志》说："凡郊庙大礼，乘舆行幸，皆设幕次于御幄之侧，侍从亲近，人臣第一。御含元殿、丹凤楼，则二人于宫中乘马，引驾出殿门，徐出就班。大庆贺则俱出就班。"② 并没有形成固定的品级。而宋代则不同，宋代翰林学士院为正式的政府机构，内部组织严密，官员设置从高到低依次为承旨、学士、直院、权直等，其选任、降黜、俸禄等也有严格的规定，形成了完备的体制。

宋代翰林学士院设有翰林学士承旨、翰林学士、直学士院、权直学士院、学士院权直、翰林权直等官。其主要职责包括：

其一，草拟诏命，"掌制、诰、诏、令撰述之事"③，宫禁所用文词也归其掌管④。翰林学士需根据应用对象的差异，拟撰各种不同类型的文书，"凡立后妃，封亲王，拜宰相、枢密使、三公、三少，除开府仪同三司、节度使，加封，加检校官，并用制；赐大臣大中大夫、观察使以上，用批答及诏书；余官用敕书；布大号令用御札，戒励百官、晓谕军民用敕榜；遣使劳问臣下，口宣。凡降大赦、曲赦、德音，则先进草；大诏命及外国书，则具本取旨，得画亦如之"⑤。对于文书体类，杨亿《杨文公谈苑》作了细致的罗列："学士之职，所草文辞，名目浸广，拜免王公将相妃主曰制，赐恩宥曰赦书、曰德音，处分事曰敕，榜文号令曰御札，赐五品已上曰诏，六品已上曰敕书，批敕群臣表奏曰批答，赐外国曰蕃书，道醮曰青词，释门曰斋文，教坊宴会曰白语，土木兴建曰上梁文，宣劳锡赐曰口宣。此外更有祝文、祭文、诸王布政榜、号簿队名赞、佛文疏语，复有别受诏旨作铭碑、墓志、乐章、奏议之属。此外，章表歌颂应制之作。"⑥ 要应对如此繁多的文字撰写工作，宋代翰林院与明代以后所谓"闲曹"颇不相同。

---

① （宋）马端临：《文献通考》卷54《职官考》八"学士院·翰林学士"，中华书局1986年版，第491页。
② （唐）李肇：《翰林志》，文渊阁《四库全书》本。
③ （元）脱脱等：《宋史》卷162《职官》二，中华书局1977年版，第3811页。
④ 如《宋会要辑稿·职官》六之五十引《神宗正史·职官志》云："学士院，掌制、诰、敕、敕、国书及宫禁所用之文词。"《宋史·职官二》云："凡宫禁所用文词皆掌之。"
⑤ （元）脱脱等：《宋史》卷162《职官》二，中华书局1977年版，第3811页。
⑥ （宋）杨亿：《杨文公谈苑》，《宋元笔记小说大观》第1册，上海古籍出版社2007年版。

其二，侍从顾问，"乘舆行幸，则侍从以备顾问，有献纳则请对"①。如《续资治通鉴长编》卷56记载，景德元年七月，"先是，上召翰林学士梁灏夜对，询及当世台阁人物，灏曰：'晁迥笃于词学，盛元敏于吏事。'上不答，徐问曰：'文行兼著如赵安仁者有几？'灏曰：'安仁材识兼茂，体裁凝远，求之具美，未见其比也。'既而灏卒。乙酉，以知制诰赵安仁为翰林学士"②。官高言重，翰林学士的评价，在某种程度上已成为朝廷迁擢官员的重要参考意见。

其三，充当考官。主持、协同主持省级或全国科举、制举考试，即所谓"知贡举"、"权知贡举"及"同知贡举"、"权同知贡举"，是宋代翰林学士院官的又一重要职责："科举之设，实用人材之根本，而省试最为重事，必于六曹尚书、翰林学士中择知贡举。"③ 唐代开元以前，主持科举考试的为考功郎中，开元以后则为礼部侍郎；宋代开国以后，南方各省科举考试多用翰林学士为主考官。

其四，主持、参与编纂图书。宋代编书颇丰，其中不少是由翰林学士院官主持、参与编纂的，如欧阳修编纂《新五代史》，宋白主持编纂《续通典》，李昉主持编纂《太平广记》、《太平御览》等。

其五，充当各种形式的使臣。如《词林典故》载："宋与辽岁通使问，正副使二人，仁宗以后多用翰林学士一人，如胡宿、欧阳修、刘敞、苏颂，并以学士出使。又辽使至，亦以翰林及他官一人为馆伴使，如苏轼为学士而馆伴辽使是已。"④ 又如宋太宗至道元年（995）八月丁酉，"以翰林学士承旨宋白为册皇太子礼仪使"⑤。

翰林学士承旨，又称"翰长"，宋代并非常设官，"以学士久次者为之"⑥。

翰林学士，为学士院正官，据孙逢吉《职官分纪》卷15说："元祐官品，令翰林学士承旨、翰林学士正三品。"关于宋代翰林学士的员额，情形与唐代相似，存在两种说法：一说为六人，如洪迈《容斋三笔》卷12"侍从两制"云："翰林本以六员为额。"章如愚《群书考索》后集卷4"总论国初元丰官制"云："翰林学士袭唐制，以六员为额。"《宋会要辑稿·职官》六之四九云："〔至和元年〕九月，翰林学士杨察为承旨，知制诰，吕溱、王洙并为翰林学士。故事，学士六员，今洙为第七员，盖宰相过除也。"⑦ 一说无固定人数，如《文献通考》卷54《职官考》八"学士院"云："宋翰林学士，无定员。"钱大昕《廿二史考异》卷71"宋史·职官志二"根据《容斋三笔》等文献，考证唐至宋翰林学士的员额，认为："《新唐志》虽云学士无定员，然白居易诗有'同时六学士，五相一渔翁'之句，则唐时学士亦六员矣。《五代会要》载开运元

---

① （元）脱脱等：《宋史》卷162《职官》二，中华书局1977年版，第3812页。
② （宋）李焘：《续资治通鉴长编》，文渊阁《四库全书》本。
③ （清）徐松：《宋会要辑稿·选举》二十之三，中华书局1957年版，第4576页。
④ （清）鄂尔泰、张廷玉：《词林典故》卷3，文渊阁《四库全书》本。
⑤ （宋）李焘：《续资治通鉴长编》卷38，文渊阁《四库全书》本。
⑥ （元）脱脱等：《宋史》卷162《职官》二，中华书局1977年版，第3812页。
⑦ （清）徐松：《宋会要辑稿》，中华书局1957年版，第2521页。

年敕，翰林学士与中书舍人，旧分为两制，各置六员，是五代亦六员也。南渡后，学士不轻授，常以它官直院，然亦不过二员。间有三员者，则周必大所记绍兴八年承旨孙近、直院曾开、勾龙如渊，三十一年学士何溥、直院虞允文、刘珙，隆兴初承旨洪遵、学士史浩、直院刘珙是也（见《淳熙玉堂杂记》）。"①唐、宋翰林学士的员额，按照规定为六人，然而不同朝代又会根据各自时代政治发展的需要，调整具体的人数，因而才会出现了一二人到五六人不等的情况，产生定额和不定额两种说法。

翰林学士衔内带知制诰称内制，中书舍人衔内带知制诰称外制，即所谓"两制"。"两制"之名，正式定立是在后晋出帝开运元年（944）。《五代会要》卷13"翰林院"："开运元年六月敕，翰林学士与中书舍人，旧分为两制，各置六员，偶自近年，权停内署。况司诏命，必在深严，将使从宜，却仍旧贯，宜复置翰林学士院。至三年正月，赐翰林学士院诏书金印一面。"②宋代沿用"两制"之制，"至唐置翰林学士，以文章侍从。本朝因之，翰林学士司麻制批答等为内制，中书舍人六员分房行词为外制"③。又有宋初与神宗元丰改制之别："国朝未改官制之前，翰林学士带知制诰者，乃其为内制之职；而他官带知制诰者，为外制之职。若不带知制诰，而但为翰林中书者，是特寄禄官之称。官制既行，则翰学、中书自为职官，不复带知制诰之衔。"④徐度《却扫编》亦云："翰林学士，祖宗时多有别领他官，如开封府、三司使之类者，不复归院供视草之职。故衔内必带知制诰，则掌诏命者也。官制后，虽不领他职，然犹带知制诰，如故遇阙，则以侍郎、给、舍兼直学士院。近岁有以尚书兼权翰林学士者，而不带知制诰，议者谓不若止称直学士院。"⑤钱大昕据以考证说："元丰以前，两制皆称知制诰，学士而知制诰者，掌内制也；但称知制诰者，掌外制也。学士而不掌制，则衔内不云知制诰。"⑥至于翰林学士应诏写制程序，郑真说："翰林书诏付门下者为内制，而以中书行词者为外制。凡大册，命锁院，则命内侍于学士私第传旨，执事者异常服，呼喏以俟，劳以酒馔，然后上马，传呼夹道，行者辟易。既至，宦者迓以入。制成，翌日黎明，捧金盘进，御以金刷印可。既宣读，乃谢恩受赐而归。"⑦

直学士院、权直学士院、学士院权直，"凡他官入院未除学士，谓之直院；学士俱阙，他官暂行院中文书，谓之权直"⑧。沈括《梦溪笔谈》卷2云："唐制，官序未至而以他官权摄者，为直官，如许敬宗为直记室是也。国朝学士、舍人皆置直院。熙宁

---

① （清）钱大昕：《廿二史考异》，上海古籍出版社2004年版，第995页。
② （宋）王溥：《五代会要》，中华书局1998年版，第175页。
③ （宋）赵彦卫：《云麓漫钞》卷5，文渊阁《四库全书》本。
④ （宋）林駉：《古今源流至论》后集卷2"两制"，文渊阁《四库全书》本。
⑤ （宋）徐度：《却扫编》下，文渊阁《四库全书》本。
⑥ （清）钱大昕：《廿二史考异》卷71"宋史·职官志二"，上海古籍出版社2004年版，第995页。
⑦ （明）郑真：《荥阳外史集》卷36《读玉堂类稿》，文渊阁《四库全书》本。
⑧ （元）脱脱等：《宋史》卷162《职官》二，中华书局1977年版，第3812页。

中，复置直舍人、学士院，但以资浅者为之，其实正官也。熙宁六年，舍人皆迁罢，阁下无人，乃以章子平权知制诰，而不除直院者，以其暂摄也。"① 直学士院，始自开宝二年（969）卢多逊、李昉②；权直学士院，始自开宝六年（973）张澹；又有学士院权直，始自淳熙五年（1178）崔敦诗③。一般情况下，权直官多以从官兼任，但也有少数例外："国朝故事，率以从官兼直院，若左右史、少卿、监之类，则止称权直院焉。近岁崔大雅以枢密院编修官、赵大本以校书郎、陈内翰宗召以著作佐郎兼直，盖特命也。绍兴末，高宗视师建康时，何内翰（溥）属疾不能从，而直院虞并父使两淮，乃命唐立夫以起居郎兼行宫直院，车驾还复省。"④

翰林权直，《宋史·职官志》列于"翰林学士院"下，据周必大《玉堂杂记》记载："乾道癸巳（1173），曾丞相怀、郑参政闻、张枢密说在二府，或荐新改官正字崔大雅敦诗入内庭，以其资浅，乃创翰林权直之名，月俸减学士直院三之一（自学士承旨至庶官兼权直院者，俸给一等），院中餐钱不减。明年冬，以父忧去，寻丁母忧。戊戌秋，服阕，复召为密院编修官。史丞相浩当国，下史院订论，兼职名称遂改为学士院权直。盖以翰林乃内诸司总名，难专指学士院也。"⑤《宋史·职官志》也说："乾道九年，崔敦诗初以秘书省正字兼翰林权直。淳熙五年，敦诗再入院，议者以翰林乃应奉之所，非专掌制诰之地，更为学士院权直。后复称翰林权直，然亦互除不废，权、正或至三人。"从实际职属来看，翰林权直例应归入翰林学士院，然而需予以区分。

关于宋代翰林学士院各官资阶高低，王应麟咸淳、德祐间的经历具有代表性："咸淳元年正月，臣应麟以著作佐郎暂摄。闰五月，兼翰林权直。二年正月，为军器少监，升学士院权直。三年三月，以将作监升权直学士院。德祐元年三月，除中书舍人，兼直学士院，四月入院。前后再入北门凡四年，咸淳元二间及德祐之元，多独直云。"⑥ 虽多以他官兼领，然而翰林各官本身亦有高低之分，大致来说，兼领各官由低至高分别为翰林权直、学士院权直、权直学士院、直学士院、翰林学士及翰林学士承旨。

翰林学士院之外，宋代还设有翰林院，隶属于内侍省。宋代翰林院所蓄人才的层次极为丰富，琴棋书画、天文、卜筮、医道等各色人物供奉其中，主要承担皇家生活所需的休闲娱乐、医疗保健等功能。据《宋会要辑稿·职官》三六之九五云："翰林院，在宣祐门内东廊，掌供奉国画、弈棋、琴玩之事，以执技事上。待诏、艺学、装画、捏塑，无定员。……《神宗正史·职官志》：翰林院勾当官一人，以内省押班、都知充，

---

① （宋）沈括著，胡道静校注：《新校正梦溪笔谈》，中华书局1957年版，第34页。
② （宋）李焘《续资治通鉴长编》卷10载，开宝二年十一月戊辰，"诏中书舍人李昉，兵部员外郎、知制诰卢多逊分直学士院。直学士院，自昉及多逊始也"。
③ （宋）李心传：《建炎杂记》甲集卷10"直学士院"，文渊阁《四库全书》本。
④ （宋）李心传：《建炎杂记》甲集卷10"直学士院"，文渊阁《四库全书》本。
⑤ （宋）周必大：《玉堂杂记》卷下，文渊阁《四库全书》本。
⑥ （宋）王应麟：《四明文献集》卷4《〈曾参孔伋配食大成乐章〉后识》，文渊阁《四库全书》本。

掌艺学供奉之事，总天文、书艺、图画、医官四局。"又如《朝野类要》卷2"院体"云："唐以来，翰林院诸色皆有，后遂效之，即学官样之谓也，如京师有书艺局、医官局、天文局、御书院之类是也。即今画家称十三科，亦是京师翰林子局，如德寿宫置省智堂，故有李从训之徒。"① 翰林院设勾当官一员，总领四局，各局下设待诏、使、副使等官，人数没有固定限制，"凡执伎以事上者皆在焉"②。

除翰林学士院、翰林院各官外，以"翰林"作为官名的还有翰林侍读学士、翰林侍讲学士、翰林司等。

翰林侍读学士、翰林侍讲学士，或以为乃学士院官属，如《宋会要辑稿·职官》六之四十六引《两朝国史志》云："学士院：翰林学士承旨、翰林学士、翰林侍读、侍讲学士。"然而据《宋史·职官志》，翰林侍读学士、翰林侍讲学士并未被列入翰林学士院，而是作为单独的职名。对于宋代翰林侍读学士、翰林侍讲学士的兴废变迁，《宋史·职官志》有详细叙述：

> 太宗初，以著作佐郎吕文仲为侍读。真宗咸平二年，以杨徽之、夏侯峤并为翰林侍读学士，始建学士之职。其后冯元为翰林侍读，不带学士；又以高若讷为侍读，不加别名，但供职而已。天禧三年，张知白为刑部侍郎，充翰林侍读学士、知天雄军府，侍读学士外使自知白始。元丰官制，废翰林侍读、侍讲学士不置，但以为兼官。然必侍从以上乃得兼之，其秩卑资浅则为说书。岁春二月至端午日，秋八月至长至日，遇只日入侍迩英阁，轮官讲读。元祐七年，复增学士之号，元符元年省去。建炎元年，诏可特差侍从官四员充讲读官，遇万机之暇，令三省取旨，就内殿讲读。③

侍读学士、侍讲学士乃是一种职任，多以侍从官兼任，而其中以秩高资深的翰林学士院官兼者，称作翰林侍读学士、翰林侍讲学士，位于翰林学士之下。如《续资治通鉴长编》卷180载，仁宗至和二年六月己亥，"三司使尚书左丞王拱辰为宣徽北院使判并州，翰林学士承旨、端明殿学士、翰林侍读学士、户部侍郎杨察罢职，以本官为三司使给事中，权御史中丞孙抃为翰林学士承旨兼侍读学士"。又如《东都事略》卷71《孙抃传》载，孙氏于仁宗时"改翰林学士承旨兼侍读学士，迁礼部侍郎"。《东都事略》卷93《苏轼传》载，"轼治杭，有德于民，民为立祠。召为翰林学士承旨兼侍读"。

翰林司，南唐时已有其名，宋代为光禄寺下属机构，又称"茶酒局"，掌管"供果实及茶茗汤药"④。宋祁《杨太尉墓志铭》云："国朝翰林司，掌汤液、果酝之奉。"⑤

---

① （宋）赵升：《朝野类要》，文渊阁《四库全书》本。
② （元）脱脱等：《宋史》卷166《职官》六，中华书局1977年版，第3841页。
③ （元）脱脱等：《宋史》卷162《职官》二，中华书局1977年版，第3813页。
④ （元）脱脱等：《宋史》卷164《职官》四，中华书局1977年版，第3892页。
⑤ （宋）宋祁：《景文集》卷60，文渊阁《四库全书》本。

《宋会要辑稿·职官》二一之八"翰林司"记载尤详:"翰林司在大宁门内,掌供御酒、茗、汤、果,及游幸、宴会内外筵设,兼掌翰林院执役者之名籍而奏其番宿。勾当官四员,以诸司使、副使及内侍充,兵校三百人,药童十一人。"

与唐代相比,宋代翰林制度的另一明显变化,是在择取标准方面有了更多的限制。宋代翰林学士的选拔,大致需符合两个标准:一、进士科或制科出身。如徽宗崇宁五年(1106)二月庚午,曾下令:"翰林学士、两省官及馆阁,自今并除进士出身人。"① 二、有在地方任官的经历。如王鏊《震泽长语》卷上"官制"条云:"宋时两制,皆文学名天下者,始应其选,虽一甲三人,亦出知外任,然后召试,欲其知民事也。其余应试,率皆一时赫然有名中外,所谓制科是也。故文学之士,不至遗弃,又通知民间利病,以其曾试于外也。"② 而其入院途径,则有皇帝简擢、大臣论荐等。

宋代翰林制度与科举之间确立了密切的关系,翰林学士大多需由进士出身。这一规定,在崇尚科举制度的宋代,极大地提升了翰林学士院的地位,后来为明清两代所效仿,成为影响中国古代近千年政治发展的重要举措。

三

辽、金、元虽为少数民族政权,但都通过推行各种文人选拔和任用机制,以吸引更多的汉族知识分子参与政治。翰林院的设置就是其中之一。

辽代与宋并峙,所行官制,"分北南院","以国制治契丹,以汉制待汉人"③。前期未行汉制以前,"掌文翰之事"的为大林牙院,属官有北面都林牙、北面都林牙承旨、北面林牙、左林牙、右林牙等;推行汉制以后,翰林院建制大体沿袭唐制,"掌天子文翰之事"的机构为翰林院,属官有翰林都林牙、南面林牙、翰林学士承旨、翰林学士、翰林祭酒、知制诰、翰林应奉文字以及总知翰林院事等。此外,翰林画院有翰林画院待诏,翰林医院有翰林医官等④。

相比而言,金代翰林制度虽"大率皆循辽、宋之旧",却较前代有更多创制。金代对于翰林制度的推进主要体现在以下几个方面:

其一,设翰林院官为专职,并为之定立品级。据《金史》卷55《百官》一记载,翰林学士院下设官属有:翰林学士承旨,为正三品官,"掌制撰词命,凡应奉文字,衔内带知制诰",贞祐三年(1215),升从二品;翰林学士,为正三品官,翰林侍读学士、翰林侍讲学士,均为从三品官,翰林直学士,为从四品官,与翰林学士承旨职掌相同;翰林待制,为正五品官,"分掌词命文字,分判院事,衔内不带知制诰";翰林修撰,

---

① (元)脱脱等:《宋史》卷20《徽宗》二,中华书局1977年版,第367页。
② (明)王鏊:《震泽长语》,文渊阁《四库全书》本。
③ (元)脱脱等:《辽史》卷45《百官》一,中华书局1974年版,第685页。
④ 参见《辽史》卷47《百官》三。又见《钦定续文献通考》卷54《职官考》八"学士院"。

为从六品官，职掌与待制相同；应奉翰林文字，为从七品官。①

其二，按照不同种族，分配翰林侍读学士以下至应奉翰林文字等官的名额。据《金史》卷55《百官》一记载："天德三年（1151），命翰林学士院自侍读学士至应奉文字，通设汉人十员，女直、契丹各七员。"元明清等朝都沿用这一做法。

其三，设立翰林修撰一职。修撰本为史馆职名，唐代有集贤院修撰，宋代有集英殿修撰、右文殿修撰、秘阁修撰、实录院修撰、国史院修撰等职，均隶他署，与翰林无涉。金代至迟至海陵王天德年间，已设有翰林修撰一职。此后元明清三朝均设此职。

金代选授翰林学士院官，需符合一定的条件，并遵循一定的程序。据《金史》卷51《选举》一记载："大定二十八年，敕设科取士为学士院官。礼部下太常，按唐典，初入学士院例先试，今若于进士已仕者，以随朝六品、外路五品职事官荐，试制、诏、诰等文字三道，取文理优者充应奉。由是翰苑之选为精。"② 从总体上看，金代入选翰林学士院的官员，也与宋代一样，多数是由进士出身。其中，如金代科举考试中的汉人进士第一名，照例会被授为应奉翰林文字。

在金代翰林学士院的职任中，有一项内容对后来翰林制度的发展有重要影响，即编修实录、正史。这一做法，在辽、西夏都曾得到施行。据《宋史》卷468《夏国传》（下）记载："〔绍兴〕三十一年，立翰林学士院，以焦景颜、王金等为学士，俾修实录。"元代遵循其制，并以其作为翰林学士院的重要职任："旧例，史院有监修，宰相为之；同修，翰长至直学士兼之。"③ 宋代翰林院虽也参与编书，但修正史、实录、会要、日历等职，都另设机构（均隶属于秘书省）。而到了元明清三朝，纂修实录、正史才逐步发展成翰林院职掌的重要内容。

元代在翰林制度方面的一个重大变化，是将翰林院与国史院合二为一，正式定名"翰林国史院"。黄溍《翰林国史院题名记》叙其沿革说：

> 世祖皇帝中统元年，初设翰林学士承旨，官止三品。至元元年，乃建翰林国史院，而备学士等官。八年，院升从二品。成宗皇帝大德九年，院升正二品。仁宗皇帝亲揽御笔点定，置立学士承旨六员，学士、侍读学士、侍讲学士、直学士各二员。皇庆元年，院升从一品，迄今遵为永制。先是，蒙古新字及伊斯提费并教习于本院，翰林国史、集贤两院合为一，仍兼起居注、领会同馆、知秘书监，而国子学以待制兼司业，兴文署以待制兼令，编修官兼丞，俱来隶焉。其后新字既析置翰林院，而复立集贤院如故。今兴文署已废，本院于起居注、会同馆、秘书监、国子学之事，悉无所预。回回学士亦省，而伊斯提费以待制兼掌之。今上皇帝建宣文阁而不设学士，诏以经筵、崇文监皆归于本院，崇文监言其非便而止。惟于学士、承旨

---

① （元）脱脱等：《金史》卷55《百官》一，中华书局1975年版，第1246页。
② （元）脱脱等：《金史》卷51《选举》一，中华书局1975年版，第1152页。
③ （金）元好问编：《中州集》卷10"李讲议汾"，中华书局1959年版，第490页。

而下，摘官判署经筵之文移。顷因纂修后妃、功臣传，又以执政兼学士、承旨等官，而无常员。此建置沿革之大略也。①

元代在设立翰林国史院之前，就已开始授翰林官。如中统元年三月，元世祖即位，征召窦默为翰林侍讲学士②。同年四月丁未，以翰林侍读学士郝经为国信使，翰林待制何源、礼部郎中刘人杰为副使，出使南宋。七月癸酉，任命王鹗为翰林学士承旨兼修国史③。中统二年（1261）七月，王鹗提出设立翰林国史院的建议，得到了元世祖的许可④。二十七日，正式下诏立院，任命王鹗为翰林学士承旨兼修国史，翰林侍读学士郝经差充国信使，翰林侍讲学士李昶兼同议东平路军民事，李治为翰林学士、知制诰、同修国史，王恽、雷膺二人为翰林修撰、同知制诰兼国史院编修官⑤。拟授官职而未到任的有：王磐为翰林直学士，徒单公履为翰林待制，孟攀麟为翰林待制，宋思诚翰林修撰，胡祗遹为应奉翰林文字。诸人均先后到任。中统二年初设翰林国史院后，又于至元元年正式完成翰林国史院建置。所设官属，既有原属翰林学士院的翰林学士承旨、翰林学士、翰林侍读学士、翰林侍讲学士、翰林直学士、翰林待制、翰林修撰、应奉翰林文字等官，又有辽、金等朝隶属国史院的编修、检阅、典籍、经历、都事等官，此外，还有掾史、译史、通事、知印、典吏、典书、书写等吏员。至元十八年，并集贤院入翰林国史院，改称翰林国史集贤院，署官遂以翰林集贤为名⑥。二十二年，又分立集贤、翰林国史为两院。其后职属不一，代有变更。延祐以后定制，设承旨6人，从一品，学士2人，正二品，侍读学士、侍讲学士各2人，从二品，直学士2人，从三品，待制5人，正五品，经历1人，从五品，修撰3人，从六品，应奉翰林文字5人，从七品，都事1人，从七品，编修10人，正八品，检阅4人，正八品，典籍2人，正八品；并设吏属：掾史4人，译史、通事、知印各2人，蒙古书写5人，书写10人，接手书写10人，典吏3人，典书2人。

---

① （元）黄溍：《金华黄先生文集》卷8，四部丛刊初编本。
② （明）宋濂等：《元史》卷158《窦默传》，中华书局1976年版，第3731页。
③ 《元史》卷4《世祖》一云："癸亥，初立翰林国史院。王鹗请修辽、金二史。又言：'唐太宗置弘文馆，宋太宗设内外学士院。今宜除拜学士院官，作养人才。乞以右丞相史天泽监修国史，左丞相耶律铸、平章政事王文统监修辽、金史，仍采访遗事。'并从之。"王恽《玉堂嘉话序》云："中统建元之明年辛酉夏五月，诏立翰林院于上都，故状元文康王公授翰林学士承旨。已而公谓不肖恽曰：'翰苑载言之职，莫国史为重。'遂复以建立本院为言，允焉，仍命公兼领其事。"王恽《中堂事记》下云："是日（即7月27日）有诏照会立翰林国史院，道与翰林承旨王鹗，据保奏翰林官修国史事准奏收拾者，在这里底先与职名者外，未到人员候来时定夺。"（《秋涧先生大全集》卷82）
④ （明）宋濂等：《元史》卷4《世祖》一，中华书局1976年版，第71~72页。
⑤ 据王恽《中堂事记》下、《玉堂嘉话》及《元史·雷膺传》等文献，王、雷二人被保举在七月十八日，二十七日正式任命。
⑥ 《元史》卷87《百官》三载其事于至元二十年。此据［元］王士点《秘书监志》卷1"设司徒府"："至元十八年十一月二十五日，奉司徒府札付十月二十日奏准，翰林国史院、领会同馆、集贤院都并做一个衙门，笔且齐、色埒默为头儿。"

元代翰林制度较前代的又一重大变化，是设立蒙古翰林院。至元八年，因翻译、书写蒙文诏书的需要，开始在翰林国史院设立蒙古翰林学士。至元十二年，应王磐、窦默之请，在翰林国史院之外另立蒙古翰林院，为从二品衙门，官职设置与翰林国史院相同，"掌译写一切文字，及颁降玺书，并用蒙古新字，仍各以其国字副之"①。至元十八年，也曾遂集贤院一起并入翰林国史院，后复另设②。延祐以后定制，设承旨7人，学士2人，侍读学士2人，侍讲学士2人，直学士2人，待制4人，修撰2人，应奉5人，经历1人，都事1人；并设吏属：承发架阁库管勾1人，必阇赤14人，掾史3人，通事1人，译史1人，知印2人，书写1人，典吏3人。

元代翰林国史院承担的职任，主要包括：（一）代言草诏，"代言以施命于四方"；（二）纂修国史，"载事以传信于万世"；（三）经筵侍讲，"天子出御经筵，则劝讲进读，启沃圣心"；（四）熟参经史，以备顾问，"退则纠绎前闻，以待访问"。③ 此后明清两代，翰林院的主要职责也与此类似。

元代翰林国史院因承担了修史之任，地位也得到进一步提高，如元仁宗在给省臣的诏谕中说："翰林、集贤儒臣，朕自选用，汝等毋辄拟进。人言御史台任重，朕谓国史院尤重；御史台是一时公论，国史院实万世公论。"④ 重其事进而崇其任，实属情理中事。然而，元代翰林国史院官品秩虽高，却属闲散衙门。如元成宗大德四年五月，"帝谕集贤大学士阿鲁浑撒里等曰：'集贤、翰林，乃养老之地，自今诸老满秩者升之，勿令辄去。或有去者，罪将及汝。其谕中书知之。'"⑤ 又《元史》卷185《汪泽民传》载，至正五年，汪泽民以修辽、金、宋三史成授大中大夫、集贤直学士，不足两月即告老还乡，"大学士和尚曰：'集贤、翰林，实养老尊贤之地，先生何为遽去？愿少留以副上意。'泽民曰：'以布衣叨荣三品，志愿足矣。'"⑥ 品秩逐渐提高，实际的政治权力却逐渐下降，是元代以后翰林制度发展的总体趋势。

四

明清两代的翰林制度，在前代的基础上又有所创制，逐步走向成熟和完善。

---

① （明）宋濂等：《元史》卷87《百官》三，中华书局1976年版，第2190页。
② 王士点《秘书监志》卷1"设司徒府"："蒙古翰林院，是写蒙古字圣旨，这勾当大有并在汉儿翰林院里，不宜一般。如今依旧翰林院，交托里察罕为头儿。秘书监、大史院、司天台人也多有，俸钱也多有，都并做一个衙门，交张平章，不妨枢密院勾当，兼管着做头儿。"
③ （元）黄溍：《金华黄先生文集》卷8《上都翰林国史院题名记》，四部丛刊初编本。
④ （明）宋濂等：《元史》卷24《仁宗》一，中华书局1976年版，第549页。
⑤ （明）宋濂等：《元史》卷20《成宗》三，中华书局1976年版，第431页。
⑥ （明）宋濂等：《元史》卷185《汪泽民传》，中华书局1976年版，第4253页。

明代翰林院又称"词林"①、"馆阁"②，初设在吴元年（1367），具体时间大致存在二说：（一）五月己亥建院并定官制。如《明太祖实录》卷23云："〔五月〕己亥，初置翰林院：学士，正三品；侍讲学士，正四品；直学士，正五品；修撰、典簿，正七品；编修，正八品。召知饶州府陶安为学士。"《明史》等亦持此说。《明会要》所载略有不同，《会要》据《弇山堂别集》、《春明梦余录》等文献，认为吴元年五月设立的是翰林国史院，洪武元年改为翰林院③。（二）八月建翰林国史院，十月定官制。如周应宾《旧京词林志》卷1《纪事》上："（丁未）吴元年八月，建翰林国史院，以陶安为学士，潘庭坚为侍讲学士，范常为直学士。……十月，定本院官制。正官：学士，秩正三品；侍讲学士，正四品；直学士，正五品。首领官：典簿，从五品。属官：待制，从五品；修撰，正七品；编修，正八品。"④洪武二年，更定翰林院官制，在学士之上设学士承旨，秩正三品，而改学士为从三品。此后，明代翰林院职属屡经更易，逐步形成了以学士、侍读学士、侍讲学士、侍读、侍讲、修撰、编修、检讨、五经博士、典籍、侍书、待诏、孔目为官属层层递级的官制系统⑤。

与前代相比，明代翰林院在体制上有两大变化：

其一，实行两京两院制。永乐七年，以顺天府为北京，所设官署均在前加"行在"，遂立行在翰林院。永乐十八年（1421）九月，明成祖下诏自永乐十九年起，迁都北京，但仍保留两京建制。自此以后至明亡，始终是南北翰林院并存的格局。尽管在官职品秩上南北翰林并无差别，然而从实际政治地位上来说，南京翰林院远较北京翰林院低，职任也更为清闲。丘濬《送侍读学士徐先生掌南京翰林院序》云：

> 宋人有言，宰相有任责之忧，神仙无爵位之宠，既都荣显，又享清闲，惟学士然也。学士之职，在前代为荣选，然所掌者，大封拜、大诏令、大制作之外，下至于青词、斋文、口宣、致语之类，无大关系者，皆俾为之，殆无虚日，荣则荣矣，

---

① 据（明）周应宾《旧京词林志》卷1所说，翰林院悬"词林"榜额，在洪武三年十一月。
② 如罗玘《馆阁寿诗序》云："今言馆，合翰林、詹事、二春坊、司经局，皆馆也，非必谓史馆也。今言阁，东阁也，凡馆之官，晨必会于斯，故亦曰阁也，非必谓内阁也。然内阁之官，亦必由馆阁入，故人亦蒙冒，概目之曰馆阁云。"（《圭峰集》卷1）
③ （清）龙文彬：《明会要》卷35《职官》七"翰林院上"，中华书局1956年版，第616页。
④ （明）周应宾：《旧京词林志》卷1，第1页，四库全书存目丛书史部第259册。
⑤ 明代翰林官制沿革及各官职掌，可参见《明史》卷73《职官》二、《殿阁词林记》卷11"官制"条及《明会典》卷174关于翰林院的论述。又（明）章潢《图书编》卷84"六部总论"云："皇朝吴元年，初置翰林国史院。洪武十四年，令翰林编修、检讨、典籍，春坊司直郎、正字、赞读，考驳诸司奏启，平允则列名封上，署曰'翰林院兼平驳诸司文章某官某'。十八年，革所置秘书监、弘文馆及起居注等，定翰林官制：学士一人，掌词翰、礼、文章、诏敕，备顾问，正图书，考议制度，凡经筵日讲，修书之士，皆承受而统领焉；侍读学士、侍讲学士各一人，职专讲读经史；五经博士五人，专讲经义，以佐学士讲读；典籍二人，勾辑图书以时什，袭而藏之；侍书二人，以字书侍上；待诏二人，应对；孔目一人，典文移出入；史官修撰三人，编修三人，检讨四人，掌修国史，凡诸大政，上所下诏敕书檄、批答王言，皆谨籍而记之，以备实录。"

然谓之清闲则恐未也。较之他曹局，稍为优尔。我朝之制，制诰、诏敕之外，编纂、讲读之余，一切屏去浮文，凡前代所谓祷祈、宴会之事，恒希有焉，其职务尤为清以闲也。……南京虽曰根本之地，然自文庙迁都之后，百官众职，咸随以北。凡诸司留务，比旧为简，而翰林殆甚焉。①

　　类似论述，在明代颇为普遍。如冯梦祯《旧京词林志序》云："翰林职亲地近，世人艳慕以为神仙。至南掌院，无朝参侍从之劳，兼山水文酒之乐，又仙中之尊且逸者。居之者，或以养望，或以藏拙。"王维桢《赠别驾梁君之延平序》云："今南都诸省，皆称闲曹，而翰林尤甚。"所谓"闲曹"，包含两层含义：（一）职事简单；（二）清贫窘困。如何良俊《四友斋丛说》云："南京各衙门，唯翰林院最清苦，既无职掌，亦无夫役。如公堂酒之类，是自家出银，令家人买办。乙卯年摆瀛洲会，亦是自备银十两，央东城罗兵马设席。"② 连同僚之间的聚会都要自己掏腰包，可见其清贫寒碜已到了何种地步。正因为职清事简，南京翰林院在官员设置上也颇为简约，有时甚至以编修、检讨等官执掌院事③。而明代许多在政治斗争中失意的中央政府官员，往往会被外放为南京衙署官员，也从另一个侧面反映了南京翰林院地位的没落。

　　其二，采取庶吉士考选制。庶吉士之选，始于洪武十八年，但并不限于翰林院。其年三月，选授进士官职，"其诸进士，上以其未更事，欲优待之，俾之观政于诸司，给以所出身禄米，俟其谙练政体，然后擢任。其在翰林院、承敕监等近侍衙门者，采《书经》'庶常吉士'之义，俱称为庶吉士。其在六部及诸司者，仍称进士"④。其中，黄子澄、顾观分别以三甲和二甲进士选为翰林院庶吉士。洪武二十一年二月，黄子澄授官翰林修撰⑤。庶吉士授翰林院官，自黄子澄始。

　　庶吉士专隶翰林院，始于永乐二年。其时，先选庶吉士60人，后补入1人，总共

---

① （明）丘濬：《重编琼台稿》卷11，文渊阁《四库全书》本。
② （明）何良俊：《四友斋丛说》卷12，中华书局1959年版，第100页。
③ 如（明）张元忭《馆阁漫录》卷三载，景泰五年（1454）八月庚子，"命南京翰林院检讨王稔署本院事。稔，少傅直子也，先以检讨掌国子监丞事，至是本院缺官，故命稔署事"。（明）沈德符《万历野获编》以"五异"概括王稔以检讨署院事的不同寻常："王稔者，江西泰和县人，吏部尚书王文端（直）次子也。以布衣荐授本县训导，升南京国子博士，再升翰林检讨，署监丞事。三年考满入京，适南京翰林学士邢宽卒，吏部奏以稔旧职掌南院。又三年丁母忧，卒于家。以布衣入翰林，一异也；以检讨从七品史馆而握词林纂，二异也；邢起复状元，而稔布衣继之，三异也；其推掌院印时，文端公方为冢宰在事，而子膺异数，不一引嫌，四异也；天顺改元，旧臣诛逐殆尽，文端亦革少傅致仁，时稔在南院，亦无人指摘之，五异也。盖文端重望，非有私于子，而时犹淳朴，言事者亦未尝有穿鉴搜抉之习，遂无物色及之者。"尽管王稔以翰林院检讨署掌南京翰林院事只是个别例子，但这种情况也只会出现在地位不受重视的南京翰林院。
④ 《明太祖实录》卷172。
⑤ （明）周应宾：《旧京词林志》卷1《纪事》上，第22页，四库全书存目丛书史部第259册。黄佐《翰林记》卷3"庶吉士铨注"记其选云："是科本院庶吉士则陈洎等，更科则杨靖等，户科则郭资等，礼科则徐旭等，然其详则不可考矣。"

61人。据《旧京词林志》记载，永乐二年三月，"仍命于二甲、三甲中择能文杨相、宋子环、王训、王直、秦政学、徐安、吾绅、彭汝器、周忱、刘子钦、周文、李宁、张彻、章朴、欧阳俊、卢翰、梁任、熊直、王道、曹景辉、陆孟良、萧省身、刘孟铎、柴广敬、张宗琏、田忠、曾与贤、洪钟、洪顺、余学夔、陈满、萧清、刘绍、林凤、张宪、殷㫤、严光祖、涂顺、段民、李贞、江铁、章敞、倪维哲、许瑢、陈敬宗、王仲寿、李迪、袁添禄、李时勉、杨粲，能书汤流、王英、孙奉、余鼎、李永年、袁迩、周远、钟旭、彭礼、戴弘演，俱为翰林院庶吉士，俾内府读书习字，命学士解缙莅之。已而户部办事进士李衡自陈年未三十，政事生疏，愿赴翰林院读书，以图前进。补报，许之，仍照例改为庶吉士"。① 同年四月、五月，又先后以内府修书之需，选进士沈升等20人、诸司办事能书进士曾慎等29人为庶吉士，既而只留沈升等15人。永乐三年正月，又命左庶子黄淮、右庶子胡广于进士中选曾棨等28人就学文渊阁，复以周忱自陈，增入为29人，其中除曾棨为修撰，周述、周孟简为编修之外，其余26人均为翰林院庶吉士。

庶吉士的考选，称作"馆选"。其选拔机制，在明代前期并无一定标准："惟庶吉士之选，自永乐二年以来，或间科一选，或连科屡选，或数科不选，或合三科同选，初无定限。每科选用，或内阁自选，或礼部选送，或会吏部同选，或限年岁，或拘地方，或采誉望，或就廷试卷中查取，或别出题考试，亦无定制。"② 弘治六年（1493）四月，以给事中涂旦建议选庶吉士，遂定制："一次一开，一次选用。待新进士分拨各衙门办事之后，偶其中有志学古者，各录其平日所作文字，如论、策、诗、赋、序、记之类，限十五篇以上，于一月之内，赴礼部呈献。礼部阅试讫，编号封送翰林院考订。其中词藻文理有可取者，按号行取，本部仍将各人试卷记号，糊名封送，照例于东阁前出题考试。其所试之卷，与所投之文相称，即收以预选。若其词意钩棘而诡僻者，不在取例。中间有年二十五以下，果有过人资质，虽无宿构文字，能于此一月之间，有新作五篇以上，亦许投试。若果笔路颇通，其学可进，亦在备选之数。每科不必多选，所选不过二十人。每选不必多留，所留不过三五辈。"③ 至此以后，翰林院庶吉士均由内阁会同礼部、吏部一起考选，所取多是年纪较轻、文词优长的进士④。

---

① （明）周应宾：《旧京词林志》卷1《纪事》上，第34~35页，《四库全书存目丛书》史部第259册。

② （明）徐溥：《谦斋文录》卷1《奏为考选庶吉士事》，文渊阁《四库全书》本。又见丘濬《重编琼台稿》卷7《乞储养贤才奏》。二文略有不同，应为礼部奏稿，丘濬撰稿，徐溥改定。

③ 此据（明）俞汝楫编《礼部志稿》卷72、《明孝宗实录》卷74。《明史》卷70《选举》二系于弘治四年（1491）。

④ （明）沈德符《万历野获编》卷10"词林·馆选定制"述嘉靖十三年以后庶吉士馆选变迁说："自嘉靖十三年乙未馆选后，遇丑、未则选，遇辰、戌则停，终世宗之朝三十余年，遂为故事。其后丙辰、己未、壬戌，连三科不选，至乙丑始复考耳。而穆宗御极二年为戊辰，以龙飞首科，特选三十人。至万历二年，虽首科亦不选矣，此后庚辰亦如之。至丙戌而次揆王太仓建议，谓：'每科必有佳士，安见丑、未盛而辰、戌衰？'于是奏准，但会试之后，俱行馆选，而木天济济，光前绝后矣。自张永嘉丙戌摧残以来，至是恰周天，盖会运固然，不第圣主之宽严异也。"

庶吉士入馆以后，按照惯例，会推举一位年长的为馆长，"总掣诸务"①。庶吉士在馆学习时间一般为三年，通常由翰林院或詹事府资深官员教习。平日定期考试，第一名称作"馆元"。三年期满考试，按成绩优劣作为授官标准，谓之"散馆"，"其留者，二甲授编修，三甲授检讨；不得留者，则为给事中、御史，或出为州县官"②。张位《词林典故》概述庶吉士从"馆选"至"散馆"的历程说："凡庶吉士，内阁会同吏、礼二部考选，送院读书。题请詹、翰等官二员为馆师，教习日课，所读书三种。每日穿堂公会毕，后堂掣签背书，馆长免背。每月馆课，馆师披阅，送内阁看过。春秋二季朔望，内阁考试，先以学士宫坊讲读官二员看卷拟序，送中堂裁定，发馆师拆卷，次日诣内阁谢序。俟有成绩，内阁题请，送吏部铨注，本院并除各衙门职衔。"③

明代翰林院官的进用途径，在明前期并无严格限制，以科举、荐举等多途并进，诸如归附、征聘、辟举、荐达、陈言、召试、修书、撰文、授经、办事、习字、习译等。按照周应宾《旧京词林志》的统计，明代翰林院官的出身资格包括④：（一）进士。明代进士授翰林院官，始于洪武十八年（1385）。《明会要》卷35《职官》七："定进士一甲授修撰，二甲以下授编修、检讨。……是年廷试，擢一甲进士丁显等为翰林院修撰，二甲马京等为编修，吴文为检讨。进士之入翰林，自此始也。"丁显之外，授修撰的还有练子宁和花纶，授编修的还有齐麟，授检讨的还有三甲进士蔡福南。洪武二十一年（1388）三月，第一甲进士任亨泰授翰林院修撰，唐震、卢原质授翰林院编修。此后形成定例，一般情况下，只有第一甲进士才会被直接授为翰林院官⑤。（二）庶吉士。庶吉士制度为明代首创，前文已作讨论。（三）举人。主要见于明初，如洪武六年，举人张唯、王璡等人以荐举授翰林院编修。（四）读书举人。如永乐四年三月丙午，"上虑礼部下第举人中，或有遗才，复亲试之。得文学优等二十一人，各赐冠带，简周翰、蓝勖进学于翰林院"⑥。周翰后以与修《永乐大典》，于永乐七年授行在翰林院典籍，永乐十七年升翰林院检讨。蓝勖为江西吉水人，授翰林典籍。（五）监生。如

---

① 如（明）王樵《与仲男肯堂书》云："馆中事宜，闻馆长最劳，非有材力者不能为之。"（《方麓集》卷9）

② （清）张廷玉等：《明史》卷73《职官》二，中华书局1974年版，第1788页。[明]王樵《与仲男肯堂书》详叙庶吉士"散馆"之仪云："庶吉士读书已经三年，学有成效，例该内阁查平日考校先后名次，重加考试，取文理优长及文理亦顺者，分上中卷封进御览，裁定发下吏部，照例上卷二甲授编修，三甲授检讨，中卷授科道、部属，照原定次序，各本题请，此定例也。"（《方麓集》卷9）

③ （明）张位：《词林典故·庶吉士馆规》，《四库全书存目丛书》史部第258册。

④ （明）周应宾：《旧京词林志》卷3《纪典》上"除授"，第5页，《四库全书存目丛书》史部第259册。

⑤ 亦有少数例外。如洪武三十年（1387）六月覆试西北士人，行人司副陈诚、行人陈性善授官检讨。建文二年（1400），第一甲进士胡靖、王艮、李贯等三人同授修撰，二甲进士吴溥、刘现、杨子荣、杨溥等四人授官编修。

⑥ 《明太宗实录》卷52。

永乐时孔目徐通、检讨潘畿，均由监生入院。（六）儒士。主要出现在明初，如潘庭坚、王达、刘三吾等人，均由儒士征召为翰林官。又洪武十九年下诏，"举经明行修、练达时务之士。年六十以上者，置翰林备顾问"。（七）任子，即以父荫授官翰林者。如胡穜，胡广之子，永乐十七年，以荫授翰林检讨。（八）前朝故官。如危素、张以宁等，在元朝为学士官，入明以后，均授翰林学士。（九）闲良官。如王佐、王时，在元朝曾任翰林官，后因事闲废，入明以后，起授翰林官。（十）归化人，即其他民族归顺明朝者。如蒙古人火源洁为翰林侍读。

明英宗天顺二年（1458）前后，英宗命李贤等重修《寰宇通志》，并下令说："此书工夫不多，惟欲加精尔，可择进士出身者修之。"① 虽然其时也参用非进士出身官员，但在天顺三年五月，翰林院编修马升、检讨傅宗、五经博士鲍相、典籍李鉴、吴衡、徐必，孔目宋敏等人均以非进士出身，调任地方官。自此以后，"非进士不入翰林，非翰林不入内阁，南、北礼部尚书、侍郎及吏部右侍郎，非翰林不任。而庶吉士始进之时，已群目为储相。通计明一代宰辅一百七十余人，由翰林者十九"②。进士成为翰林官员进用的唯一途径。即便偶有征辟，也只是被授为翰林待诏、孔目一类的低级官员，如文徵明、何良俊，以致焦竑感叹说："词林故华贯，国初惟材是畀，不局身格，后独以一甲进士若庶吉士充之，他有与者，辄摈不相容，而其途狭矣。"③ 翰林官员的选拔，一旦形成固定的标准和程式而缺少必要的变通，势必不可能包纳所有人才。

宋代翰林院官大多由进士出身，但需有出任地方官的经历，而明代进士则无此限制："国家翰林侍从，亦两制之类，率用高科，其余则用庶吉士一甲三人，终不外任。庶吉士者，每科或选或不选，留者或多或少，国家之意，本欲使之种学绩文，以为异日公卿之储。士既与此选，自可坐致清要，不复苦心于学，又不通知民事，天下以文学名者，不复得预。遗才颇多，故不若制科之为得也。制科行，人人自奋于学，以求知于上，不待督责矣。"④ 本意是为了储养人才，使翰林院官能更好地学习典章，以备日后重用，然而既无实际事务，就很容易出现流于清谈而疏于政事的弊病。

明代翰林院"兼前代两制、三馆、二史之任"⑤，综括了唐宋以来翰林学士院、秘

---

① 《明英宗实录》卷303。
② （清）张廷玉等：《明史》卷70《选举》二，中华书局1974年版，第1702页。
③ （明）焦竑：《玉堂丛语》卷6"师友"，中华书局1981年版，第197页。
④ （明）王鏊：《震泽长语》卷上，文渊阁《四库全书》本。
⑤ （明）周应宾：《旧京词林志》卷3《纪典》上"沿革"，第4页，四库全书存目丛书史部第259册。"兼两制"，即兼内外两制，宋代由翰林学士、中书舍人分掌，明代专归翰林院。（明）沈德符《万历野获编》卷10"词林·词林知制诰"："宋朝分内外两制，翰林学士与中书舍人对掌之，本朝独归其任于翰林。"

书监、史馆、中书舍人等诸衙职任①。对此，丘濬认为："翰林之职，以备顾问，参议论，侍讲读，谓之侍从可也。而博士、典籍、舍人等官，亦系之侍从者，盖以今制皆属于翰林故也。中书舍人之职，虽有专科，然所书者学士所草之制，况今内阁亦有舍人，别书诏敕云。"② 明代翰林院的职掌大致包括以下几个方面：（一）侍从顾问与经筵讲学③。翰林学士之职，"凡赞翊皇猷，敷扬人文，论思献纳，修纂制诰、书翰等事，无所不掌"；翰林侍读学士之职，"凡遇上习读经史，则侍左右，以备顾问，帅其属以从"；翰林侍讲学士之职，"凡遇上讲究经史，亦如之"；翰林侍读、侍讲之职，与翰林侍读学士、侍讲学士相同；五经博士之职，分掌五经，"人各专门，明经同异得失，究其指归，以备讲读"；翰林典籍之职，"掌四库书籍，守扃钥，以伺上命"；翰林侍书之职，"明习六书之法，凡遇上书，则侍左右，以备考订，点画音声"；翰林待诏之职，"凡遇上宣问文义，以备呼召，编摩、誊写等事亦如之"。④（二）编纂史书与充任考官、读卷官。"史官之职，修撰掌撰述，编修掌纂辑，检讨掌检阅，凡史事俾专掌焉。孔目以首领为职，掌言语、趋走、会计、簿书之事。"⑤ 经筵侍讲、纂修史书，一旦上称圣意，往往能够得到升迁，因而翰林院官往往被称作"华选"⑥。此外如主考两京乡试、巡幸扈从等，也多以翰林院官从事⑦。丘濬曾赋《学士四荣》诗，概括翰林学士的四件荣事：史馆进书，经筵进讲，奉天侍宴，谨身读卷⑧。从中可以看出明代翰林院的主要职任。

---

① 明代翰林制度在建置上的一个明显变化，是废止了唐宋时期属于翰林院的蓄养各类具有特殊才能士人的功用，而只保留了翰林学士院的职能。如（明）沈德符《万历野获编》卷10"词林·医官再领著作"记载："太医院御医赵友同，字彦如，大臣荐其文学，时文皇帝方修《永乐大典》，用为副总裁。后修《五经》、《四书》、《性理》诸大全，又用为纂修官。其职实词林妙选，而衔仍方技杂流也。始彦如为宋景濂弟子，初用胡祭酒荐，拜华亭训导，曾主浙江乡试，满九载当升，以少师姚广孝言其知医，遂得此官，因而留京师充纂修。又有荐其知水利者，命从户部尚书夏元吉治水江南。其人之才技可知矣，不幸以医见知，不及为文学近臣，终老异途，可慨也！"即便所作所为"实词林妙选"，赵友同职能以太医院御医的身份兼领纂修事宜，未能获得专属于"文学近臣"的"翰林"称号。

② （明）丘濬：《大学衍义补》卷7《简侍从之臣》按语，文渊阁《四库全书》本。

③ 如（明）张位《词林典故·经筵》云："凡初开经筵，以勋臣一人及首位中堂充知经筵官，其余中堂俱同知经筵，衙门自编修以上年深相应者及掌詹、祭酒，俱充讲官，修撰以下年浅者充展书官（近年检讨亦题讲官，讲读亦展书），礼部正卿亦有充讲官者。"

④ （明）黄佐：《翰林记》卷1"职掌"，台北新兴书局《笔记小说大观》本。

⑤ （明）黄佐：《翰林记》卷1"职掌"，台北新兴书局《笔记小说大观》本。

⑥ 如（明）王鏊《震泽长语》卷上云："翰林院故事，经筵初开，讲读侍从官皆有白金文绮之赐；史成进御，亦进秩加赏。或纂修功多，及书成，以事故去，则不沾恩；或先以事故去，不效劳勤，偶值书成，亦得沾恩数。故有经筵头、修书尾之说。"

⑦ 如（明）张位《词林典故·廷试》云："凡廷试，学士以上俱充读卷官，若庶子、谕德署掌院事者，虽不兼学士，亦读卷官；受卷官、弥封官各二员，用宫坊或讲读以下年深者；掌卷官四员，用史官年浅者，近亦用讲读。"

⑧ （明）丘濬：《重编琼台稿》卷5，文渊阁《四库全书》本。

明代翰林院虽还存有"待诏"性质，但其"职事文翰"、为"著作之庭"的色彩已较唐、宋更浓。王鏊以设衙位置的变化反映明代翰林院职能和地位的变迁：

> 唐、宋翰林，极为深严之地，见于诗歌者多矣。国朝翰林院，设于长安门外，为斋宿委积之所，内有东阁众学士聚焉，为朝退会揖之地。史馆为讲读史官所聚集，皆无公座。至修史之日，旋设十馆于东角门之右，事竣去之。求如古之深严，未之见也。唯文渊阁政本所自出，号为深严，其比古之翰林耶？今翰林在外，虽非复唐宋之深严，然非文学之臣不预，无复工伎、茶酒、医官、杂流跬步卿相，视唐宋为重矣。①

宣德以后，随着内阁地位的上升，翰林院地位逐渐弱化。正统七年（1442），翰林院署由禁内移置长安左门外，内阁正式取代翰林院行使"侍从"、"论思"等职责。至明代后期，翰林院地位日益没落，沈德符曾以万历三十二年（1604）庶吉士散馆的情形予以生动说明："近来台省雄剧，复出词林上，每遇散馆，诸吉士多颙望留，其舆皂则计日以眄言路，惟恐为史官之隶人。此辈就中，又以乌府为第一。闻其赛愿时，入台则用羊豕，入垣则用鸡鹅，若留作编、检，仅用浊醪豆腐而已。今年值甲辰诸君散馆，有闲窥于吏部门者，见诸隶互相询答，一人问：'汝主拜何官？'振声应曰：'御史。'又问一人，徐对以'给事'。最后问一人，垂首半日不应。苦诘之，第长吁'照旧'二字而已。适友人姚仲含受吏科，其颜色甚惨沮，因语以吏部所见，亦一为启齿。"② 庶吉士散馆轻翰林而重台省，反映了晚明士人心目中二者之间权力的高下。在清人昭梿看来，导致这一变化的原因在于，明代改变了唐宋以来翰林院"侍从衙门"的角色，而将其设置为一个与政府其他部门一样的外署衙门："唐、宋优重词林，最为清秘，凡制诰草麻外，一切机务，皆与商榷，故其品为高要。明代设翰林院于东长安门外，视之与部院等，坐耗俸赀，毫无一事，惟以为入阁之阶。"③ 话虽略显绝对，却把握住了明代翰林院享有特殊地位的根本所在：明代中期以后，它是迈向明代臣子所能达到权力顶峰的唯一途径④。

五

清代翰林职任，最初隶属于书房和文馆，自天聪十年（1636）隶属于内三院，即内国史院、内秘书院和内弘文院。顺治元年（1644），始建翰林院，"定翰林院为正三

---

① （明）王鏊：《震泽长语》卷上，文渊阁《四库全书》本。
② （明）沈德符：《万历野获编》卷10"词林·吉士散馆"，中华书局1959年版，第269页。
③ （清）昭梿：《啸亭续录》卷1"南书房"，中华书局1980年版，第398页。
④ 如（明）沈德符《万历野获编》卷10"词林·词林拜太宰"云："阁臣之专用词林，自嘉靖中叶始，迄今恰六十年。此诚偏枯不均之事。"

品衔门，晋学士秩正三品，侍读、侍讲学士正四品，侍读、侍讲正五品，修撰从六品，编修正七品，检讨从七品，裁博士、侍书、待诏"①。其时并未设满洲翰林，仅设汉学士一员，其他都没有固定员额。其后屡经更易，于康熙九年，再次改内三院为内阁，分置翰林院。此后一直沿至清末，翰林院均为独立的政府机构。

关于清代翰林院职掌，顺治十五年第二次设置翰林院时曾作明确规定："一，经筵日讲撰拟讲章；一，外国奏书令四译馆官翻译；一，考选庶吉士；一，开列教习庶吉士职名，送内阁具题；一，纂修翻译各项书史；一，开列纂修职名，送内阁具题；一，凡会试、乡试、及武会试主考，开列职名，送该部具题；一，撰拟封赠诰敕，开列翰林官职名，送内阁具题；一，题补翰林官员，及差遣、俸满、丁忧、给假等项，行文各部；一，侍直；一，侍班；一，扈从；一，贴黄；一，修玉牒；一，捧敕书；一，教内书堂；一，上陵；一，分献；一，册封；一，赍诏。"② 而将会试、殿试、廷试、举贡、册封事宜等职事划归礼部，撰拟文官印信、关防字样的职事划归吏部，撰拟武官印信、关防字样的职事划归兵部。《钦定历代职官表》根据品秩高低，对各官职掌予以详细叙述：掌院学士、侍读学士、侍讲学士，"掌国史图籍、制诰文章之事，凡南书房侍直、尚书房教读，自读、讲学士以下，咸得预选。祭告郊庙神祇，则拟上祝文；恭上徽号，册立册封，则拟上册文宝文；内外文武官碑文、祭文，皆撰词以进而行之。修辑诸书，则以掌院学士充总裁官，读、讲学士以下充纂修官。其直省考官，及提督学政，磨勘乡会试卷，凡翰林官皆预焉"③。侍读、侍讲、修撰、编修、检讨，"掌撰述编辑、爆直经幄"。其中的具体情形，可以参见《皇朝词林典故》卷21至卷24《职掌》一门的相关记述。

清代翰林制度虽基本承袭明制，但有以下几个重要变化：

一、在翰林学士之上设掌院学士，满汉各一员。掌院学士，在官职设置上与翰林学士承旨类似。顺治元年十一月，曾任明朝降臣胡世安为掌院学士。顺治十五年，定掌院学士之制，与学士同为五品官，始设满员。康熙二十八年（1689）以前，掌院学士多由礼部侍郎兼任，如顺治十五年折库讷、王熙以礼部侍郎兼翰林院掌院学士。康熙二十八年，翰林院掌院学士李光地调任通政使，遂以文华殿大学士兼户部尚书徐元文兼翰林院掌院学士，不设正员。乾隆元年以后，均以大学士及尚书、侍郎兼任。掌院学士的择选，"必文学淹通、众所推服者，始克胜任"④。而对于选任者的出身及官职，有明确

---

① （清）鄂尔泰、张廷玉：《词林典故》卷2"官制"，文渊阁《四库全书》本。
② 《清世祖实录》卷124。乡试用翰林官，如王士禛《居易录》卷9云："庚午顺天乡试，考试官翰林院侍讲学士王揆、编修魏希徵，同考试官知县何讷等十五人。旧例，顺天乡试考试官，例用编修、检讨，皆史官也，武试则用侍读、侍讲。（康熙戊午武乡试，予以侍读为正主考官，侍讲韩公元少副考。）特用讲学，防揣摩也。同考例用京官员外郎、主事、中书舍人、行人等官，用外官自是科始。"
③ （清）永瑢等：《钦定历代职官表》卷23"翰林院"，文渊阁《四库全书》本。
④ 此为康熙二十八年五月谕旨，见《词林典故》卷3"掌院学士"条。

规定：满洲掌院学士缺出，以詹事、少詹事、读讲学士、祭酒、庶子，暨科甲出身之太常寺卿、光禄寺卿、太仆寺卿、通政副使、大理寺少卿、鸿胪寺卿、太常寺少卿、太仆寺少卿、内阁侍读学士为应升；侍读、侍讲、洗马、司业，暨科甲出身之通政使参议、光禄寺少卿、鸿胪寺少卿、科道等官为其次应升。汉掌院学士缺出，以詹事、少詹事、读讲学士、祭酒为应升，庶子、侍读、侍讲为其次应升。二者均由吏部开列具题。①

二、翰林院除设正官之外，另设办院事和协办院事官员。据《钦定历代职官表》说："翰林院不设司属，凡有陈奏及往来文牒，旧例以典簿笔帖式具稿呈堂。雍正元年，以官轻滋弊，令掌院学士于俸浅编修、检讨内，择才守优长者，满洲、汉人各二人，充作司官，名曰办院事。后复增置协办院事二人，由掌院学士抢充，有阙递补。"办院事、协办院事，虽不是作为职衔出现，却体现了清代翰林院在管理体制与机构运行方面的进一步完善。

三、对翰林院官实行"大考"之制。定期对官员进行考察，明代即已行之，谓之"京察"。然而翰林院官因职在侍从，往往免去不考，即便进行考核，也多只是翰林学士出具考语，并不出题考试。清代"大考"之制，专为翰林官之考试，始于顺治十年（1653）。据《清世祖实录》记载，其年二月丙辰，"谕吏部：国家设翰林院衙门，原为储养人才，以充侍从之选。故特选教习满书官员，令伊等兼习满语满文，以资奏对讲读。选授之时，惟择少年，以其易于学习也。今计三科之内，有经六七年者，有经三四年者，朕亲临内院面试，若不加分别，伊等何由激劝。今将通满洲文义者三人，不拘资俸，以应升之缺用，胡兆龙以侍讲升侍读学士，李霨以编修升中允兼编修，庄冋生以检讨升赞善兼检讨。其次可造者十二人，沙澄、王紫绶、张士甄、王熙、艾元徵、夏敷九、何采、章云鹭、韦成贤、高光夔、李廷枢、张弘俊，各仍照原衔，责令勉力习学，俟再试分别。其全未通晓、不能成文者五人，范正脉、张文明、朱廷燦、成亮、刘泽芳，理应调外，念伊等曾入词林数内，姑著调六部用。"② 其年四月丁酉，顺治皇帝又御太和门，亲试兼翰林衔吏部侍郎成克巩、礼部侍郎张端，及内三院学士刘正宗，编、检以上官六十二员，考题为《君子怀德论》一篇和《请立常平仓疏》一通。此后历朝，均由皇帝不定期出题对翰林官进行考试，以此定其升擢迁转③。其意正如康熙所说："国家设立翰林院衙门，原以储养人材，娴习文学，以备顾问编纂之用，必淹贯经史，博极群书，方克谙练体裁，洞悉今古。敷词命意，典赡弘通，悉登著作之林，用佐右文之治，始为称职。今将翰林各官，特行考试，朕亲加详阅，分别次第，以示劝惩。"④

四、院下分设庶常、起居注、国史三馆，进一步明晰各自职任。

庶常馆，即庶吉士"讲肆之所"，雍正十一年（1768）设。清代庶吉士的考选，与

---

① （清）朱珪等：《皇朝词林典故》卷17"官制·掌院学士"，光绪十三年重刊本。
② 《清世祖实录》卷72。
③ 参见商衍鎏著《清代科举考试述录及有关著作》，百花文艺出版社2004年版，第167~169页。
④ 《清圣祖实录》卷119。

明代类似。据《皇朝词林典故》卷19"馆选"条记载,自顺治三年(1646)至康熙六十年(1721),庶吉士考选都是在殿试之后举行。雍正以后,定"朝考"之制,在殿试后出题再行考试。试题除乾隆十六年(1751)改用论、奏议、诗、赋四题外,其余一般为论、诏、奏议和诗四题。清代庶吉士考选与明代的另一区别在于清代庶吉士分习清书和习汉书两类:"凡每科殿试传胪后,集诸进士于保和殿,试以论、诏、奏议、诗、赋,录其佳者进御,掌院学士乃以诸进士引见,蒙擢者改为庶吉士,入馆分清、汉书肄业,不任以事。"① 翰林院庶吉士分习清书,始于顺治十二年(1655)。庶常馆内设教习大臣满人、汉人各一人,小教习翰林官六人。教习大臣的遴选,"国初教习多以内院学士为之,侍读等亦间有预者。自康熙九年后,皆以掌院学士领其事,而内阁学士时参用焉。六十一年辛丑科,始以工部尚书陈元龙领教习事。嗣后,尚书、侍郎之不兼院事者,均得为之,皆由特简,无常制"。小教习的设置,主要是负责实际的授课教导任务,以侍读、侍讲以下资深学优的翰林院官担任,由教习大臣会同掌院学士共同抡选,最初设立是在康熙三十三年,后来曾于雍正八年停设,复于乾隆十年再设,以后沿用不改。庶吉士在馆期间,每月定期考试,三年期满,由教习大臣疏请散馆,举行毕业考试。因为清代庶吉士分习汉书和清书两类,学习、考试内容各不相同,习汉书的散馆时考诗、赋、策论或八股文等,习清书的散馆时考清书题一道,由皇帝亲自定其优劣,以定去留。光绪二十八年以后,庶吉士习业因时局不同而发生重大变化②。

起居注馆,康熙十年(1670)八月设,在太和门西廊,"设满记注官四员,汉记注官八员,俱以日讲官兼摄,并设满主事一员,汉军主事一员,汉主事二员"③。康熙五十七年三月,停起居注记注之事,专归内阁。雍正元年四月,复置居注馆,设满日讲起居注官六员,汉日讲起居注官十二员,起居注满主事二员。起居注馆事务,归掌院学士兼管并各充日讲起居注官,其他日讲起居注官以詹事府詹事、翰林院侍读学士、侍讲学士以下坊局编检等官开列充补。

国史馆,原在午门内熙和门西南,后移置东华门内稍北,为清朝的国史编纂机构。康熙二十九年(1690),以修天命、天聪、顺治三朝史书,开三朝国史馆,书成废除。乾隆元年(1736)以修《五朝本纪》重开,至十四年(1749)书成复罢。乾隆三十年(1765),以重修《国史列传》复设,沿至清末。国史馆设满、汉总裁各一人,由大学士、尚书、侍郎充任,以下设满汉提调、总纂、纂修、协修、清文总校等,多由翰林官兼任。

此外,清代还出现了上书房翰林、南书房翰林、外班翰林、洋翰林等称号,体现了翰林院官在职任和出身方面的变化。宣统元年九月,以侍读学士延昌上疏,从职掌、升

---

① (清)永瑢等:《钦定历代职官表》卷23,文渊阁《四库全书》本。
② 参见商衍鎏著《清代科举考试述录及有关著作》,百花文艺出版社2004年版,第165页。
③ (清)朱珪等:《皇朝词林典故》卷17"官制·日讲起居注官",光绪十三年重刊本。

擢、奏补等方面对清代翰林制度进行改革①，然而其时距离清亡仅两年时间，未能真正得到推行。

六

翰林制度作为唐代以后重要的文官制度，历来为研究者所注意，而系统整理相关文献尤其是元代以后翰林文献的工作目前尚处于起步阶段，仅见傅璇琮、施纯德编《翰学三书》等少数几种。此次选取元明清三代五种翰林文献——《玉堂嘉话》、《殿阁词林记》、《词林典故》、《馆阁漫录》和《皇朝词林典故》——辑为《翰林掌故五种》（下文简称《五种》），只是作为开展这一工作的第一步，此后还会陆续整理出版，以便为中国古代翰林制度研究的深入拓展提供文献基础。

《玉堂嘉话》，元代王恽撰。王恽（1227—1304），字仲谋，号秋涧，卫州汲县（今属河南）人。生平事迹，可见其子王公孺所作神道碑及《元史》卷167本传等。王恽为元前期著名文臣，曾先后三次出任翰林国史院官，《玉堂嘉话》即其前两次出任翰林修撰和翰林待制时所记录的"一切掌故及词馆中考核讨论诸事"，是研究元初翰林国史院的重要文献。传世的《玉堂嘉话》分为单行本和《秋涧先生大全文集》本两种，今存单行本主要有《四库全书》本、《墨海金壶》本、《守山阁丛书》本、《丛书集成初编》本等，《秋涧先生大全文集》本主要有《四部丛刊初编》本和文渊阁《四库全书》本（四库本名《秋涧集》）等，卷九十三至一百为《玉堂嘉话》。此次编入《五种》，以《丛书集成初编》本为底本，参校文渊阁《四库全书》本《玉堂嘉话》和《四部丛刊初编》本《秋涧先生大全文集》中的《玉堂嘉话》，除明显出入处出注予以说明，多数地方仍依原文。凡有改正处，以"（ ）"表示，补充以"〔 〕"表示，注释以"［ ］"表示。

《玉堂嘉话》书前有王恽所作自序，署"至元戊子"，为元世祖至元二十五年（1288），而书中所记之事，有迟至至元三十一年（1294）和成宗元贞元年（1295）间事，可知该书是陆续成书，并非一时之作。书中所记，颇能补正史之失。例如，元代翰林国史院的设置，《元史·百官志》及《钦定历代职官表》等文献都作元世祖至元元年；而根据《玉堂嘉话》的记载，翰林国史院的设立应该是在中统二年。此外，如其中收录的刘郁《西使记》、张德辉《纪行》、李世弼《金登科记序》等文，都是今人研究金元之际政治文化的重要文献。当然，其中也有不少讹误之处，需要研究者在使用时加以辨析，清人王士禛在《居易录》卷八中已略作考辨。

《殿阁词林记》，明代廖道南撰。廖道南（1494—1547），字鸣吾，号洞野，湖北蒲圻人。正德十六年会试中式，翌年，赐进士出身二甲第一名，改翰林院庶吉士，散馆授翰林院编修，历官至翰林侍讲学士。此书署名较为复杂，卷一至卷八，为廖道南所撰，

---

① 参见《大清宣统政纪》卷22。

分载明嘉靖以前所谓殿学、阁学、馆学、宫学、坊学、廱学、卿学、赠学、艺学、院学诸人生平传记，半叶中缝署"明学记卷之×"；卷九以下，署"皇明赐进士、南京国子监祭酒黄佐、翰林院侍讲学士廖道南同编"，其中多数条目，虽有所增删，但基本上是抄录黄佐《翰林记》而成。此次收入《翰林掌故五种》，仍只署廖道南一人姓名，而在此特予说明。《殿阁词林记》22卷，今存文渊阁《四库全书》本、《湖北先正遗书》本等版本。《五种》所收，以《湖北先正遗书》本为底本，参校文渊阁《四库全书》本。

《词林典故》，明张位撰。张位，字明成，号洪阳，江西新建人。在明代为名臣，官至吏部尚书、武英殿大学士。万历十四年（1586），张位以礼部右侍郎兼侍讲学士掌院事，教习庶吉士，公事之余，和于慎行等人一起编撰了这部《词林典故》。该书录翰林职掌、仪节等通行典例共三十三条，虽被四库提要称为"鄙俚可笑"，然而其间所记，均为当时翰林院所通行之则例，"率据案牍原文，不加润饰"，反而能提供最真实的记录，是研究明代翰林制度的珍贵史料。此次编入《五种》，以《四库全书存目丛书》影印北京图书馆藏明万历十四年张位刻本为底本。

《馆阁漫录》，不著撰人名氏，《四库全书总目》据明焦竑《国史经籍志》考定为明人张元忭撰。朱赓、罗万化等人撰行状、墓表，不记张氏有《馆阁漫录》之作。不过今存不二斋刻本每卷卷首，有"不二斋校梓"字样，而"不二斋"正是张元忭的书斋，其所著有《不二斋稿》十二卷，后经邹元标选为《不二斋文选》七卷。张元忭（1538—1588），字子荩，号阳和，浙江山阴人。隆庆五年状元，官至翰林侍读。生平事迹可见朱赓撰行状、王锡爵（陈与郊代）撰墓志铭和罗万化撰墓表。《馆阁漫录》共十卷，按年纪事，记录自洪武三十五年（即建文四年，成祖即位后改以洪武纪年）七月明成祖即位，迄正德十六年四月嘉靖皇帝入京馆阁迁转事宜，系由抄缀明代永乐至正德历朝实录而成，详细切实，是研究明代前期翰林制度的重要文献。此次收入《五种》，以四库全书存目丛书影印北京大学图书馆藏明不二斋刻本为底本，参校《明实录》、《明史》等文献。

《皇朝词林典故》，清朱珪等编。嘉庆八年（1803），仁宗仿高宗朝例重修翰林院署，次年二月临幸，君臣相与赓和，为一时盛事。时任翰林院掌院学士的朱珪、觉罗长麟等人，于是仿乾隆九年故事，疏请辑录本朝翰林院事典。嘉庆十年（1805）十一月编成《皇朝词林典故》64卷。据书前所录修书各官职名，负责编录此书的总裁官为朱珪、觉罗长麟、英和等3人，总纂官为陈希曾、汪廷珍、汪滋畹、法式善等4人，提调兼纂修官为贵庆、狄梦松等2人，纂修官为秀宁、吴鼒、王引之等27人，办事翰林兼分校官为果齐斯欢、吴荣光等12人，收掌官为达林、孙崇坫等2人，均系翰林院官。全书在鄂尔泰、张廷玉《词林典故》的基础上增圣谕、天章二门为十门：圣谕2卷，录嘉庆以前（包括嘉庆）与翰林院有关的皇帝谕旨；天章6卷，其中第3至7卷录嘉庆以前各朝皇帝所作与翰林院有关的诗，第8卷录文；临幸盛典8卷，记录乾隆九年、嘉庆九年前后两次临幸翰林院的情况及君臣唱和诗和联句诗；官制4卷，据《钦定会典则例·品级考》，纂辑清初以来官制沿革；职掌4卷，载清初以来翰林院职掌沿革；恩遇6卷，载清初以来与翰林院有关的"殊常旷典、逾格优擢及制科大考诸事"；艺文14卷，载翰林院官所撰古今体诗、疏、表、奏摺、序、记、赋、颂、跋、题，"皆述事纪恩之作"；仪式3卷，载与翰林院有关的朝会、祭祀、侍班、苴任、常参、晋接等仪式；廨署1卷，载翰林院、詹事府、教习馆、直庐、直园、起居注馆等衙邸兴修始末和内部格局；题名16卷，载翰林院庶吉士、掌院学士、起居注官及词科、经学改补馆职等的简略生平。其书专记清代嘉庆十年以前翰林院事典，尤以乾隆、嘉庆翰林典则为详，力求全备，是研究清代前中期翰林制度必不可少的参考资料。其书编成以后，曾由武英殿刊行。此次收入《五种》，以光绪十三年重刊本为底本。

目 录

原序 …………………………………………………………………… 4
玉堂嘉话卷一 ………………………………………………………… 5
玉堂嘉话卷二 ………………………………………………………… 11
玉堂嘉话卷三 ………………………………………………………… 20
玉堂嘉话卷四 ………………………………………………………… 28
玉堂嘉话卷五 ………………………………………………………… 38
玉堂嘉话卷六 ………………………………………………………… 47
玉堂嘉话卷七 ………………………………………………………… 53
玉堂嘉话卷八 ………………………………………………………… 57
附录 …………………………………………………………………… 64

原　　序

　　中统建元之明年辛酉夏五月，诏立翰林院于上都，故状元文康王公授翰林学士承旨。已而公谓不肖恽曰："翰苑载言之职，莫国史为重。"遂复以建立本院为言，允焉，仍命公兼领其事。时不肖侍笔中书，两院故事，凡百草创，经营署置，略皆与知。其年秋七月，授翰林修撰、同知制诰兼国史院编修官。方帝泽鸿庞，赉及四海，诰命宣辞，颇与定撰。再阅月，蒙二府交辟，不妨供职，兼左司都事。自后由御史里行调官晋府，秩满，复入为翰林待制。时则有若左丞相、修国史耶律公[一]，承旨呼鲁苏孙安藏、前姚公[二]，大学士鹿庵王公，侍讲学士图克坦公、河南李公，待制杨恕、修撰赵庸、应奉李谦，不肖虽承乏，几于无考，其获从容侍接，仰其祖宗对天之鸿休，圣训无穷之睿思，皆闻所未闻者。至于文章高下，典制沿革，朝夕餍饫，所得亦云多矣。今也年衰气耄，尽负初心，因纫绎所记忆者，凡若干言，辑而为八卷，题之曰《玉堂嘉话》。其或灯火茅堂之夜，尊罍心赏之间，吐嘉话于目前，想玉堂于天上，鸣意有时，盛年不再，良可叹也。然昔人有宅位钧衡，不得预天子私人为恨，顾惟此生不为未遇，用藏家柜，以贻将来。至元戊子冬季二日，前行台侍御史秋涧老人谨序。

校注：

[一]　"修国史耶律公"，四部丛刊初编本《秋涧先生大全文集》作"监修国史耶律公"。

[二]　"前姚公"，四部丛刊初编本《秋涧先生大全文集》作"前左辖姚公"。

玉堂嘉话卷一

大元中统二年秋七月，恽自中省详定官用两府经内外两省荐，授翰林修撰。其宣词云："行己无忝，博学能文，顾超绝之逸材，足铺张于伟迹，宜司纶命，以赞皇猷。可特授翰林修撰、同知制诰兼国史院编修官，当振斯文，以宣朕命。"其修撰雷应词云[一]："昔年诗礼，已闻鲤过于庭前；今日丝纶，复见凤毛于池上。"二词参政杨公笔也。既拜命，谒承旨王公于寓馆。公曰："唐人题名记为三千佛名经，其充词臣者，即为一佛出世。国家文治伊始，汝等首膺是选，于士林有光矣。"八月，上都文庙告成，公命某官作释菜诸文，颇立论其间。公曰："如此文字，有称功颂德而已。"又云："作文亦有三体，入作当如虎首，中如豕腹，终如虿尾，虎首取其猛重，豕腹取其楦橐，虿尾取其螫而毒也。此虽常谈，亦作文之法也。"

初，公既草诸相宣辞，通作一卷实封，细衔书名，上用院印，付恽呈省。问焉，曰："白麻盖自中出，今实封防其漏泄，亦唐人锁院之意也。"其立史院，奏帖有云："自古有可亡之国，无可亡之史，兼前代史纂，必代兴者兴修，盖是非与夺，待后人而可公故也。"公又亲笔作史大略付恽，如帝纪列传志书，卷帙皆有定体，其传须三品有显列者立。又云："太史张中顺，金一代天变，皆有纪录就，此公未老，可亟与论定，亦是志书中一件难措手者，窃念。"

承旨公讳鹗，字百一，曹之东明人。正大元年甲申，获承榜状元第，遂应奉翰林文字，殊为金主眷顾。天兴二年，官通议右司员外郎。后遇圣主，宠光益隆，如谂大计以斯道觉民为先，论日蚀以彻乐罢宴为对，开礼乐之源则释菜先师，明庆威之权则张皇治本。又以葬祭故主为请，允焉。后为位哭汝水上，哀动左右，天日为变色，仍私谥为义宗。据法，君死社稷曰义。其忠不忘君如此。

冬十月，侍中和者思传旨都堂："与文字召静应姜真人去者。"恽时为左司都事，宰相命具诏草，其词曰："静以知来，智能藏往。念前言之有效，方庶事之惟几。遐想仙标，载勤驿传。幡然而至，暂辞嘉遁之乡；馨尔所怀，与复细毡之论。"

至元十四年丁丑岁春二月庚申朔，复授翰林待制，是日赴院供职。

为春旱禁酒诏："汉赐大酺，岁有常数；周申文诰，饮戒无彝。况靡粟者莫甚于斯，崇饮者刑则无赦。近缘春旱，朝议上陈，宜禁市酤，以食民食。朕详来奏，实为腆民。可自今年某月日，民间毋得酝造酒醴，俾暴殄天物，重伤时和。故兹诏示，想宜知悉。"

为春旱祈雨青词："伏以万物盈于两间，亭毒必资于帝力；皇天佑于一德，精诚可格于高穹。比者时雨愆常，秋种不下，重念无辜之众，将罹荐至之灾。循省内修，庶回衷眷，爰因雩祭，崇建灵坛。伏望列圣垂仁，九天降鉴，易阴阳之恒数，斡造化之元机，下敕丰隆，霈流甘澍。苏槁麦于南亩，播嘉谷于东郊。一涤昏霾，溥洽生意。岂惟大赉，三农免失业之忧；嘉与多方，高廪享有年之庆。"

同诸公观唐张九龄等诰于玉堂，其词曰："门下：春秋之义，尚重卿才；王国克桢，莫先相位。用增其命，必正其名。中奉大夫、守黄门侍郎、同中书门下平章事、宏（弘）文馆学士、赐紫金鱼袋、上护军裴耀卿，正议大夫、中书侍郎、同中书门下平章事、集贤院学士、副知院事、兼修国史、赐紫金鱼袋、上柱国、曲江县开国男张九龄，经济之才，式是百辟。正议大夫、检校黄门侍郎、赐紫金鱼袋、上柱国李林甫，泉源之智，迪惟前人。既枢密载先，而亲贤称首，审能群会，所苾有孚。宁惟是日畴咨，故以多年历选。国钧繁赖，邦礼克清，宜命曰鼎臣，置之廊庙。耀卿可银青光禄大夫、守侍中学士，勋如故；九龄可银青光禄大夫、守中书令，学士、知院事、修国史、勋封如故；林甫可银青光禄大夫、守吏部尚书、同中书门下，三品，勋封如故。主者施行。开元二十二年五月二十七日。"上用尚书吏部之印凡五颗。"制可"下旁作细字，书某月日某时都事某左司郎中光。以后细衔，相臣与部官同列，去姓而名，名作大字，署曰"尚书左丞相"，曰"金紫光禄、守尚书右丞相、集贤院学士、修国史、上柱国、徐国公嵩"，曰"吏部尚书、上柱国、武都县开国伯曷"，曰"朝请大夫、检校吏部侍郎、上柱国豫"，曰"吏部侍郎"，曰"朝议大夫、守尚书左丞、赐紫金鱼袋挺之"，后书年月日，印同前。后稍下以细衔书"银青光禄大夫、守中书令、集贤院学士知院〔事〕、兼修国史、上柱国、曲江县开国男臣张九龄宣"，曰"中书侍郎"，曰"朝议大夫、中书舍人、内供奉、集贤院修撰、上柱国臣徐安贞奉行"。复作高行细衔，曰"银青光禄大夫、守侍中、宏（弘）文馆学士、上柱国臣耀卿"，曰"黄门侍郎"，曰"朝请大夫、给事中、内供奉臣昱等言"。复大字与衔平头，书"制书如右，请奉制付外施行，谨言"。复大字与前平，书"告银青光禄大夫、守中书令、集贤院学士知院事、兼修国史、上柱国、曲江县开国男张九龄，奉被制书如右，符到奉行"。自"告"字已下作五行，用印二十九颗。唯"制"字上空，后上与前平头书"郎中恽"，下细字书"主事怀琛、令史王烈、书令史姚元，开元二十二年五月二十一日"，下印同前。用告用柿黄斗底绫作卷，凡七幅，上上（下）约一尺，或者谓曲江与林甫通作一告除拜，以鸾枭并集、驽骥同皂为嫌。予曰："帝尧在上，咎、夔与骧、鲧同列，恐自昔有所未免，正在明君别其贤否，用与不用耳。然唐自开元后，九龄竟罢而相林甫，治乱之分，于斯已见矣。"二月壬戌题。

唐李绅拜相后有徽宗御书跋："门下：兴化致理，必资作砺之功；纳诲弼违，实赖将明之效。苟非材标人杰，道茂时宗，蕴经济之宏规，积岩廊之素望，则何以光我注意，允于具瞻。其惟至公，式举成命，淮南节度副大使知节度事、管内营田观察处置等使、银青光禄大夫、检校尚书、右仆射兼扬州大都督府长史、御史大夫、上柱国、赞皇县开国男、食邑三百户李绅，气禀清刚，体含冲用。抱金石之正性，挺松桂之贞姿。识达古今，虑周微隐。词源浚发，洞学海之波澜；智刃高挥，森武库之矛戟。中立不倚，方严寡徒。长庆一朝，委遇斯极，入参禁密，出总纪纲。王猷多润饰之能，邦宪著肃清之称。泊领版图之任，光彰均节之宜。而又宠辱靡惊，得丧齐致。河洛留神明之政，浚郊恢将帅之谋。威令播于军戎，豪黠屏迹；宪纲洽于封部，疲羸息肩。俗变阜安，人知礼义。日者尝以高第，焕彼雄藩。当淮海之要冲，控舟车之都会。风望并峻，金谐莫逾。朕虔恭宝图，梦寐良辅，爰膺审象，果副虚求。尔宜践台席之崇严，司中枢之密勿。外以底绥华夏，内以勤恤黎元。视同列犹埙篪，期君臣如鱼水。无使仲山补衮，独见美于周时；汲黯匡时，常推高于汉史。祇率训典，往惟戒哉！可守中书侍郎、同中书门下平章事，散官勋封如故。主者施行。会昌二年二月十二日。"年月日上下凡用印五颗，其文即尚书吏部之印。旁近下细衔书"中书令"，次"右仆射兼中书侍郎、平章事臣珙宣奉"，次"中书舍人臣孔温业行"。复作高行，与告文齐，细衔曰"侍中"，次"司空兼门下侍郎平章事臣德裕"，次"给事中臣泰章等言"。作大字，与细衔齐，"制书如右，请奉制付外施行，谨言，会昌二年二月日"，印文同前。大字平书"制可"，下细书月日时、都事、左司郎中。复作高行，与"制可"齐，书细衔曰"吏部尚书"，次"吏部侍郎"，次"尚书左丞"。已上皆阙。后大书，与衔平头，曰"告银青光禄大夫、守中书侍郎、同中书门下平章事、上柱国、赞皇县开国男、食邑三百户李绅，奉被制书如右，符到奉行"。自"告"字至"行"字，用印一十九颗，全空"制"字。后复平书"司勋郎中判懿"，下细衔"书主事"，次"张宏亮"，次"令史杨温"，次"书令史，会昌二年二月日"，下印同前。

徽宗御跋云："恭读太祖皇帝实录，载伪蜀李昊自言绅之后，仕孟昶至司空、赵国公。方昶与江南通好时，遣其臣赵季札使景。季札回，得李绅唐武宗朝自淮南节度使入相告以遗昊，昊欲夸诧其事，结彩为楼，置告于中，朝服前导，呼声妓杂奏歌乐迎归私第。即召将相大臣宴饮，仍以帛二千匹谢季札。详阅告文，正昊所诧之告也。然自武宗逮今三百年，苟人以忠谅功业闻于时，有不必金石而坚者，可不勉哉！因节文以载其实。"后有"复古殿"四字，上用"御书之宝"，又有"范仲淹、富弼、吴中复、韩缜、玉汝，己未季秋观于承旨东厅"。先儒论汉人大纲正，节目不备，唐人大备而纯，正谓此等制耳。秋涧云。

洛阳竹斋先生李得之云："制、诰二体不同，宣辞必须散，诰词乃用四六。今宣词皆作四六，非也。盖宣则王言亲谕，诰则牒奉敕行。如蔡正甫作道陵谕孟宗献词云："朕新即大宝，诏有司以取天下士。卿自乡选至于殿陛，四为举首，非才之高、学之博、识之优，何以臻此？今畀以北门应诏之职，朕之待卿不薄，然君子志于远者大者，无以此为自足。尔其勉旃。'又谕沁州刺史李楫云：'有司以卿资应未当得郡，朕以识卿最久，爱卿占对详明，进止审当，故有此授。卿当悉力为民，政成以称朕意，尔其勉之。'是也。其诰如狄梁公、颜少师、李文饶等词，唐人纯用四六是也。"又云："知制诰为三字词臣，故唐诗有云'三字词臣求识面，九重天子望低颜'之句。"得之先生名国维，淄川人。浮阳王颐文叔说[二]。

初，鹿庵先生奉敕定撰赵秘书先世碑文才毕，先生拖车过予于崇宁里，迎视若有喜色，未审何为。坐定，出此文，至其论说："噫！古人有言：风霜别草木之性，危乱显贞良之节。夫危乱世常有，而全节死义之士不可常得。或相去数百年，或相望数千里，时有一二焉。独赵氏一门之内，父子兄弟，乃有四人，真可尚哉！昔比干效忠于殷，而受封于周；尧君素尽节于隋，而唐太宗为文祭之。盖天下之善一也。圣人一视同仁，宁有彼此之分哉！今赵氏父子兄弟，尽忠于金，而圣天子为之立碑，渊衷睿鉴，盖与夫唐太宗、周武王之心不侔而同矣。敢对扬休命，系之以铭。"先生不觉自读者再。公养气素厚，且复尔尔，谅以自得用事切当为喜。乃知文士气习，至其适意，不知手舞足蹈，古今通一致也。又记吕逊尝谈赵著、吕鲲以诗鸣燕朔间，二人皆出耶律相门下，虎岩每得一联一咏，即提掷其帽于几，龙山从旁谓曰："不知李杜下时费多少帽子。"闻者为捧腹。

待制杨恕字诚之，金文献公杨尚书子，尝谈其父正大间所陈奏议，今录于此："臣伏读圣旨节文，六品以下官，有情见诣登闻检院进奏帖者。圣训广大，盖将博询兼览，以尽群下之智也。臣实愚憒，无妙谋长策，仰神圣听之万一，独取事之切于今日者，列为二事以言之：一曰简卒，二曰理财。简卒之说，复有三焉，一曰取人材，二曰募愿为，三曰括驱丁。理财之说，复有二焉，一曰纳官从便，二曰和买可罢。臣请言简兵之说。臣去岁在乡里，见其简卒之时，不以人材优劣为等差，而以物力多寡为次第。故所得富民之子弟，彼生长于衣食丰裕之中，居则役仆隶，行则策坚肥，未尝谙习天下劳苦之事，使之负斗区之重，徒步数十里，则惫且颠矣，况能被坚执锐，以为我军之前行而逆战哉？仓卒之际，非徒无益，适足为我军之累，不若无之之为愈也。为今之计，莫若行三说以简卒，则庶乎其可用矣。何谓取人材？盖十人所聚，必有为之雄者，在千万亦然。如总州县之丁男，不必物力多寡为先后，惟躯干勇壮是求，则所得皆能战之人矣。何谓募愿为？盖天下之民，虚为游手不业者甚众，平日无事则使气以侮人，无赖而犯法，其中或有果敢勇健，奋不顾身，良民所不及者，如钧束帛之赏，募之为兵，则所得皆乐战之人矣。何谓括驱丁？盖天下之奴隶，自幼及壮，备尝勤劳艰苦之事，其筋体气力之所服习，驰走负任之所惯狃，岂常人之所能及哉！如简其人材之胜甲胄者，免当房之贱，籍之为兵，则所得皆能战之人，且有乐战之心矣。简卒如是，则与夫富民之子弟，偄弱而不能战，恇怯而不乐战者，相去岂不远哉！臣请言理财之说。臣切见数年前北边有事之时，天下钱钞遏塞不通，交钞库不胜换易之多，乃逻卒持挺力与胜之。当是时，小民有懋迁之艰，商旅有不行之病。比年以来，渐无此弊者，但以多取故也。今以南鄙军兴，支给浩繁，户部乃日增印钞之数，以救目前之急，然所出者方来而无穷，所入者虽增而有限，以有限而待无穷，则钞有时而不通矣。为今之计，莫若行二说以理财，则庶乎其无滞矣。何谓纳官从便？国家利钞之不行，不若钱之通也。故院务所输之课，皆使人之，其术固善矣。能限之以分位，拘之以分数，则所入之钞伤太少耳。夫已收大半之钞，而臣犹谓之少者，诚恐后日所出者太多故也。如使凡入官之数，银钞钱三者，一听民便，或全以银钞入者亦听之，如此则三者之价常平而不偏，钞法以通流矣。且以目前银价论之，不及钱钞者，每两盖二三百钱。如纳从民便，则银入者多，而价与钱钞适平矣。此取之之法也。知所以收矣，则所支之法又不可不知。臣切见国家之取于民，有曰和买、有曰和雇者，徒爱其虚名之美，而不救其利害之实也。盖和雇、和买之有损于国，无补于民，适足为吏卒之利耳。且科敛之限方急，州县之官以鞭笞捶楚从事于忽遽之间，小民奔走趋命之不暇，故出数倍之直，以应上之求，心恐然惟以不得罪于州县为幸。国家悯小民趋办如是之劳，故出直以偿之，意固善矣，奈何州县官之明干者少，胥吏乡里正主首之属，因缘为奸，官直之及于民者十才二三，则是官有费损之实，民无饶益之利也。为今之计，莫若罢和雇、和买之虚名，凡有科敛，一验贫富多寡之数而均之，民不必出直以偿之。国家方事殷之时，虽户赋口敛，亦不为过，何必取公帑不及支之材，欲以益当赋之民，而要和雇、和买之名哉？且以括马一事言之。前年马之取于民者，既议与之直，今岁所括之马，如又偿之，则所费为不赀矣。况畜马者皆有余力之家，待南方平定之后而偿之，亦未晚也。若夫边方攻守之策，兵家奇正之术，固非愚臣所能识也。虽然，臣切料宋人为此无名之举者，上无奇谋秘策可以摇动中国者，特以过听逋逃之言，以为彼军朝发，则我民夕应矣。然兵交以来，所过败衄，我民之心，安然不动，则是狂狡之素计已屈矣。如秋高马肥之后，鼓行而进，则淮南可折箠而定也。虽然，臣窃有私忧过计者，国家之虑，不在于未得淮南之前，而在于既得淮南之后。何以言之？盖得淮南则江之南北尽为战地，进而相与争利于舟楫之间，我之劲弓洞贯之卒，不得环寇而发，飞骑越蹂之足，不得望风而骋。当是时，宋人扼江为屯，潜师于淮，以断我军之粮道，或决水以潴淮南之地，则我军当如何应援？使彼计不知出此，则固善矣。如使能为此计，圣主岂可不与二三大臣预为之谋哉！虽临敌制宜，千变万化，然如臣子所言者，上宜先有成算也。臣愚狂瞽不识国之大计，冒昧陈列，不胜恐悚待罪之至。"

时每会集日课读平宋事迹若干编类者，其间机画三二显事，多归贾、杨二人。安藏意不能平，至有言，鹿庵先生徐谓曰："无庸。异时修辑正史，岂容及此，从繁就简，不得不然。"安公色为夷："予且会体要之有方也。"

跋僧花光梅后语："蜀僧超然，字仲仁，居衡阳花光山。避靖康乱，居江南之柯山，与参政陈简斋并舍而居，山谷所谓'研墨作梅，超凡入圣，法当冠四海而名后世'。尝有'移船来近花光住，写尽南枝与北枝'之句，其丰度可想见矣。云梦赵复题云：'如王谢子弟，倒冠落佩，举止欹倾，自有一种风味。'此盖前金高丞相家藏。旧四幅：暗香，疏影，溪雪，春风。今失其溪雪，见为宋子玉所收。"

古者妇人无谥，虽后妃之贵，止从其氏。至东汉显宗，始加阴后以谥，自是遵为定制。

宋相李昉《春日玉堂即事》有云："一院有花春昼永，四方无事简书稀。"予《夏日玉堂即事》亦有二绝句："阴阴槐幄幂闲庭，静似蓝田县事厅。细草近缘春雨过，映阶侵户一时青。""日长上直玉堂庐，思入闲云待卷舒。重为明时难再遇，等闲羞老蠹鱼书。"

颁高丽历日诏云云[三]："唯历象日月星辰，乃能成岁；自侯甸男邦采卫，要欲同文。"高公学士词也。

古墓中玉器血渍者，盖尸以水银烹其血能渍。其尸沁者，盖尸之膏油所沁也。其玉器以手拭光衬生白晕者，即尸沁也。

校注：
[一] "雷应"，四部丛刊初编本《秋涧先生大全文集》作"雷膺"。
[二] "浮阳王顾文叔说"，四部丛刊初编本《秋涧先生大全文集》为下则起首句。
[三] 此则重出，见卷五。

玉堂嘉话卷二

看古玉器，当解其刀刻、碾刻者，刀刻为上，与碾刻盖相去甚远。丞相史公尝收太康墓中玉环，名曰泥湫龙，系昆吾刻也。

唐李廷珪墨法，商台符尝云："向抄合万户用聚星玉版研磨李廷珪墨，求木庵书，研为墨所画，木庵亟止之曰：'用李氏墨有法，若用一分，先以水依分数渍一宿，然后磨研，乃不伤研。'[一]论研先观其石性粗细枯润，不必须有眼者，其腻润视之有紫芒而不拒笔者，即端之佳者也。"

看画当观其气，次观神，而画笔又次之。用漆点睛朱砂红石绿者，皆唐画也。予尝观阎立本《老子西升》如此。

许鲁斋云："古人看汉书皆有传授，不然，有难晓者。岂律历、天文之谓乎？"

太康冢，或云汉梁孝王墓，或云晋何曾墓，以地里物色考之，皆恐非也。予向与吴教授会真定，因及此。吴曰："此晋司马文王陵也。"曰："何据？"吴曰："昔居太康时，冢前有庙晋文王祠，至田夫野叟，皆以文王呼之。及发其龟璧，皆刻南征并寿之字。以史考之，文王南征数矣。"岂其然欤！

鹿庵先生曰："《前汉》列传多少好样度，于后插一铭词，篇篇是个碑表墓志，作者观此足矣，不必他求。"曹南湖亦尝说作铭辞法度，谓如一人有数事好处，取其重者论之。及详《史》、《汉》论赞，其原盖出于此。

坡诗虽二十字者，皆有莫大议论。

欧公文尊经尚体，于中和中做精神。

鹿庵曰："文章以自得不蹈袭前人一言为贵。"曰："取其意而不取其辞，恐终是踵人足迹，俱不若孟轲氏一字皆存经世大法，其辞庄而有精彩也。"

南湖又云："非庄无以雄其辩，非骚无以清其气。"

予尝问匡衡相业于先生，先生曰："汝以为何如？"曰："学术有余，而忠謇不足。"先生为首肯。

地震说。《周语》伯阳父曰："阳伏而不能出，阴迫而不能烝，于是有地震。"孔晁云："阳气伏于阴下，见迫于阴，故不能升，以至于动，以地道安静，返动为异也。"又《灵台秘苑》云："地本于阴而生万物，其形至厚，其德至静，定而不动者也。若忽震动，是谓臣强。阳伏而不能出，阴迫而不能入，阴有余也。若外戚擅权，后妃专政，则土为变异。小人用下有谋，及民扰，则地震。其分多兵饥，若动于宗庙宫庭，或动而不已者，国有叛臣，谗佞并进，大臣数动，诛罚不以理，而上下不相亲。或政在女子，或秋行冬令，则地裂。若裂而有声，四方不宁，地忽陷，乃专政民离散，亦为失地。若火燃者，乃为阳精，地为阴主，若或燃，则越阴之道，行阳之政，伤而不克之象，臣专恣而终以自害也。若地忽生毛，为金失其性，人将劳役。"又汉应奉云："人气内逆，则感动天地，天变见于星气日蚀，地变见于奇物震动者。阳用其精，阴用其形，犹人之有五脏六体。五脏象天，六体象地，故脏病则气色发于面，体病则欠伸动于貌。"[二]前世术者，乃以日辰分配国土为占，岁日月时辰及见灾所在之地，皆同用之。又有只以日时相加为占者，如汉成建始三年日蚀、地震。杜钦云："殆为后宫。何以言之？日以戊申蚀时加未，戊、未土也，土者中宫之部也，其夜地震未央宫殿中。今本朝大臣无不安之人，外戚无乖刺之心，诸侯无强大之国，四方无逆理之节，此必嫡妾将有争宠而相害者。其法：甲为齐，乙为海外诸国，丙为楚，丁为江淮南蛮海岱，戊为韩魏中州河济，己为韩魏，庚为秦，辛为华山巳西之国，壬为燕赵卫，癸为常山巳北北方之国，子为周，丑为翟魏，亦主辽东，寅为赵楚，卯为郑，辰为晋邯郸赵，巳为卫，午为秦，未为中山梁宋之国，申为齐晋魏，酉为鲁，戌为赵吴越，亥为燕。"

天鸣有声，人主惊忧，而百姓劳，失厥土。

五福太乙所在，每岁须利一事。大斿三十六年一交，十二年司天，十二年司地，十二年司人；小斿三年一交。大斿所在天开眼，小斿所在人相食。已上皆东平占星刘明之说如此。

日月径一千里，周三千里。何以知之？曰："周天三百六十有五度，以太阳日行一度考之则知矣。"

周公以阳城土圭测日，自王城四面去千里则减一寸。凡日食，于窗隙间穿纸如钱许，取影视之，可见食之多寡，东缺则西见，西缺则东见。

枢府典故。

唐初典兵禁中，出于帷幄之议，故机密名官。开元中，设堂后五房，而枢密自为一司，其职秘，独宰相得知，舍人官属无得预也。贞元之后，藩镇旅拒，重以兵属人，乃以中官分领左右神策军，而枢密之职，归于北司。然尝寄治省寺庑下，延英会议，则屏立殿西，势犹昃昃，传道宫省语而已。至其盛时，其贵者号中尉，次则枢密使，皆得贴黄除吏。唐末，乃除北司，并南北军于枢密司，遂总天下之兵。五代以来，多以武人领使，而宰相知院事。至宋，复置副贰签书直学士之名，大略文武参用，间以宰相兼领，故得进退大吏，预闻机政，其任职盖重矣。陈绎修《西府记》。

西使记。

壬子岁，皇弟旭烈统诸军，奉诏西征，凡六年，拓境几万里。已未正月甲子，常德字仁卿驰驿西觐，自和林出乌逊中，西北行二百余里，地渐高，入站，经瀚海，地极高寒，虽酷暑雪不消，山石皆松文。西南七日过瀚海，行三百里地渐下，有河阔数里，曰和木欢，夏涨，以舟楫济。数日过龙骨河，复西北行，与巴克实八里南以相直，近五百里多汉民，有二麦黍谷。河西注潴为海，约千余里，曰克色勒伯页，多鱼可食，有碾磑，亦以水激之。行渐西，有城曰纳衮。又西南行，过孛罗城，所种皆麦稻，山多柏，不能株，络石而长，城居肆闬间错，土屋窗户皆琉璃。城北有海，铁山风出，往往吹行人堕海中。西南行二十里，有关曰特穆尔忏察，守关者皆汉民。关径崎岖似栈道，出关至阿里玛图城，市井皆流水交贯，有诸菓，惟瓜、蒲萄、石榴最佳。回纥与汉民杂居，其俗渐染，颇似中国。又南有特穆尔城，居民多并汾人。有兽似虎，毛厚金色无文，善伤人。有虫如蛛，毒中人则烦渴，饮水立死，惟过醉蒲萄酒吐则解。有嗒酒。傅啰城迤西，金银铜为钱，有文而无孔方。至玛哈中，以马捧拖床递铺，负重而行疾。或曰吉尔吉斯，易马以犬。

二月二十四日，过亦堵两山间，土平民多，沟洫映带，多故垒坏垣。问之，盖契丹故居也。计其地，去和林万五千里而近，有河曰亦运，流汹汹东注，土人云此黄河也。二十八日，过塔尔寺。

三月一日，过赛哩木城，有浮屠，诸回纥祈拜之所。三日，过巴咱尔，诸回纥贸易如上巳节。四日，过呼展河，渡船如弓鞋然。土人云：河源出南大山，地多产玉，疑为昆仑山。以西多龟蛇，行相杂，邮亭客舍，氍如浴室，门户皆以琉璃饰之。民赋岁止输金钱十文，然贫富有差。八日，过齐哩克城，大而民繁。时群花正坼，花唯梨、蔷薇、玫瑰如中国，余多不能名。隅城之西，所植皆蒲萄、粳稻，有麦，亦秋种。其乃满地产药十数种，皆中国所无，药物疗疾甚众：曰昂吉尔，状如苦参，治马鼠疮、妇人损胎及打扑内损，用豆许燕之自消；曰阿萨尔，状如地骨皮，治妇人产后衣不下，又治金疮脓不出，嚼碎傅疮上即出；曰努克实勒，形似桔梗，治金疮及肠与筋断者，嚼碎傅之自续。余不能尽录。十四日，过暗不河，夏不雨，秋则雨，溉田以水，地多蝗，有鸟飞食之。十九日，过里丑城，其地有桑枣，征西奥鲁屯驻于此。二十六日，过马兰城，又过纳商城，草皆苜蓿，藩篱以柏。二十九日，过奇札尔城，满山皆盐，如水晶状。近西南六七里新得国名曰穆锡，牛皆驼峰，黑色，地无水，土人隔山岭凿井，相沿数十里下通流以溉田。所属山城三百六十，已而皆下，惟檐寒西一山城名奇塔卜，孤峰峻绝，不能矢石。丙辰年，王师至城下，城绝高险，仰视之帽为坠，诸道并进，敌大惊，令相大者纳失儿来纳款，已而兀鲁兀乃算滩出降，算滩犹国王也。其父领兵别据山城，令其子取之，七日而陷，金宝物甚多，一带有直银千笏者。其国兵皆刺客，俗见男子勇壮者，以利诱之，令手刃父兄，然后用兵醉酒，扶入窟室，娱以音乐、美女，纵其欲数日，复置故处。既醒，问其所见，教之能为刺客，死则享福如此。因授以经呪日诵，盖使蛊其心志，死无悔也。令潜使未服之国，必刺其主而后已，虽妇人亦然。其穆锡国在西域中最为凶悍，威胁邻国，霸四十馀年，王师既克，诛之无遗类。

　　四月六日，过奇拉尔城，所产蛇皆四趺，长五尺余，首黑身黄，皮如鲨鱼，口吐紫艳。过阿剌丁城，袺咱苍儿人被发，率以红帕首，衣青如鬼。然王师自入西域，降者几三十国，有佛国名克实密尔，在印毒西北，盖传释迦氏衣钵者。其人仪状甚古，如世所绘达磨像，不茹荤酒，日啖粳一合，所谈皆佛法，禅定至暮方语。丁巳岁，取报达国，南北二千里，其主曰合理法，其城有东西，城中有大河，西城无壁垒，东城固之以甓，绘其上甚盛。王师至城下，一交战，破胜兵四十余万，西城陷，皆尽屠其民。寻围东城，六日而破，死者以四十万，合里法以舸走，获焉。其国俗富庶为西域冠，宫殿皆以沉檀乌木降真为之，壁皆以黑白玉为之，金珠珍贝，不可胜计。其妃后皆汉人。所产大珠曰太岁弹、兰石、磙磙、金刚钻之类，带有直千金者。其国六百余年，传四十主，至合里法则亡，人物颇秀于诸国。所产马名脱必察。合里法不悦，以橙浆和糖为饮。琵琶三十六弦。初，合里法患头痛，医不能治，一伶人作新琵琶七十二弦，听之立解。土人相传报达诸蕃之祖，故诸蕃皆臣服。报达之西，马行二十日，有天房，内有天使神，彼国之祖葬所也。师名癖颜八儿，房中悬铁绠，以手扪之，心诚可及，不诚者竟不得扪。经文甚多，皆癖颜八儿所作，辖大城数十，其民富实。西有密乞儿国，尤富，地产金，人夜视有光处，志之以灰，翼日发之，有大如枣者。至报达六千余里，国西即海，海西有富郎国，妇人衣冠如世所画菩萨状，男子制服皆长，寝不去衣，虽夫妇亦异处。有大鸟，驼蹄苍色，鼓翅而行，高丈余，食火，其卵如升许。其失罗子国出珍珠，其王名獒思阿塔卑，云西南海也。采珠盛于革囊，止露两手，腰绽，石坠入海，手取蛤并泥沙贮于囊中，遇恶虫，以醋嗅之即去。既得蛤满囊，撼绽，舟人引出之，往往有死者。印毒国去中国最近，军民一千二百万户，所出细药、大胡桃、珠宝、乌木、鸡舌、宾铁诸物。国中悬大钟，有诉者击之，司钟者纪其事及时，王官亦纪其名，以防奸欺。民居以蒲为屋，夏大热，人处水中。己未年七月，兀林国阿早丁算滩来降，城大小一百二十，民一百七十万。山产银。黑契丹国名乞里弯，王名忽教马丁等滩，闻王大贤，亦来降。

其拔里寺大城，狮子雄者鬃尾如缨，拂伤人，吼则声从腹中出，马闻之怖溺血。狼有鬃。孔雀如中国画者，唯尾在翅内，每日中振羽。香猫似土豹，粪溺皆香麝如。鹦鹉多五色。风驼急使乘，日可千里，鹁鸽传日亦千里。珊瑚出西南海，取其铁网，高有至三尺者。兰赤生西南海山石中。有五色鸭，思价最高。金刚钻出印毒，以肉投大涧底，飞鸟食其肉，粪中得之。撒八儿出西海中，盖瑇玳之遗精，蛟鱼食之吐出，年深结成，价如金，其假者即犀牛粪为之也。骨笃犀，大蛇之角也，解诸毒。龙种马出西海中，有鳞角，牝马有驹，不敢同牧，骝马引入海，不复出。皂雕一产三卵，内一大者灰色而毛短，随母行而走，所逐禽无不获者。垅种羊出西海，羊脐种土中，溉以水，闻雷而生，脐系地中。及长，惊以木，脐断啖草，至秋可食，脐内复有种。又一番妇，解马语，即知吉凶，甚验。其怪异等事，不可殚纪。往还凡一十一月[三]。

郁叹曰：西域之开，始自张骞。其土地山川固在也，然世代浸远，国号变易，事亦难考。今之所谓瀚海者，即古金山也；印毒，即汉身毒也。曰驼鸟者，即安息所产大马爵也；密昔儿，即唐拂菻地也。观其土产风俗可知已。又《新唐书》载拂菻去京师四万里，在西海上，所产珍异之物，与今日地里正同，盖无疑也。

中统四年三月，浑源刘郁记。

堂叔伯者，是并父之兄弟也。

父之姊妹，谓之女伯女叔。

《鄂王岳飞谥忠穆文》：主尔忘身，兹谓人臣之大节；谥以表行，必稽天下之公言。申锡赞书，追告幽冥。故太师、追封鄂王、谥忠穆岳飞，威名震于区夏，智略根乎诗书。结发从戎，前无坚敌；枕戈励志，誓清中原。谓恢复之义为必伸，谓忠愤之气为难遏。上心密契，诏札具存。夫何权臣，力主和议。未究凌烟之伟绩，先罹偃月之阴谋。李将军口不出辞，闻者流涕；蔺相如身虽已死，凛然犹生。宜高皇眷念之不忘，肆孝庙哀矜之备至。还故官而礼葬，颁祠额以旌褒。逮于先帝之时，襚以真王之爵。既解诬于累圣，可无憾于九京。然而易名之典虽行，议礼之言未一。始为忠愍之号，旋更武穆之称。朕获睹中兴之旧章，灼知皇祖之本意。爰取危身奉上之实，仍采克定祸乱之文。合此两言，节其一惠。昔孔明之志兴汉室，若子仪之光复唐都。虽计效以或殊，在秉心而弗异。垂之典册，何嫌今古之同符；赖及子孙，将与山河而并久。英灵如在，茂渥有承。

鹿庵先生曰："作文之体，其轻重先后，犹好事者以画娱客，必先示其寻常，而使精妙者出其后。"予偶悟曰："此倒食甘蔗之意也。"

"作文字亦当从科举中来,不然,岂惟不中格律,而汗业披猖,无首无尾,是出入不由户也。"

又云:"后学虽不业科举,至于唐一代时文律赋,亦当披阅而不可忽,其中体制规模,多有妙处。"

"二王行书,其蜿蜒欹倾之状,若行云流水,似不拘于律。然即以笔意求之,其端庄流丽,皆有馀韵,唯具眼乃能识之。"

鹿庵先生尝以历代史学试问于不肖恽,对曰:"自《史》、《汉》而下,文字率猥并无法。如《新唐书》虽事增于前,辞省于旧,字愈奇而气愈索,不若《新五代》一唱而三叹有余音者矣。"先生为忻然。

南方之地,物香而人臭,或者谓饮食致然,与草木之气所夺故也。予曰:"不然。四方者,乃中国之阴也,阳为馨香,阴为臭秽,四方气偏,不得中和之正,故香臭异常。"

辛殿撰小传。

弃疾字幼安,济南人,姿英伟,尚气节,少与泰安党怀英友善。肃慎氏既有中夏,誓不为金臣子。一日与怀英登一大邱,置酒曰:"吾友安此,余将从此逝矣。"遂酌别而去。既归宋,宋士夫非科举莫进。公笑曰:"此何有?消青铜三百易一部时文足矣。"已而果擢第。孝宗曰:"是以三百青凫博吾爵者耶!"才其为,授观文殿修撰。及议边事,主和者众,公曰:"昔齐襄公雪九世之耻,春秋韪之,况我与金人不同戴天雠邪?今日之计,有战伐而已。"时丞相侂胄当轴,与公议合,自是败盟开边,用兵于江淮间者数年,公力为居多。开禧二年,除知绍兴府。至陛辞,复以金人危乱宜亟攻为言,辞情慷慨,义形于色。继侂胄再议恢复,乃以枢密都承旨召公于越,中道以疾卒。道号稼轩居士。今文集中寿南涧翁者,盖侂胄也。初公在北方时,与竹溪尝游泰山之灵岩,题名曰六十一上人,碎"辛"字也。至元二十年,予按部来游,其石刻宛在。

圣上御极十有八年,当至元十一年丙子春正月,江左平。冬十二月,图书礼器并送京师,敕平章太原张公兼领监事。寻诏许京朝官假观,予遂与左山商台符叩问披阅者竟日,凡得书画二百余幅。今列于左:

王羲之四月帖。四十字。

献之三帖。一洛中,二佳音,三北问。

王羲之与谢安石评书帖。后有跋云:"古人作字,悉平生用功,安有不绝出于古今者邪?羲之与安石冠王、谢首,所争若此,况它哉!"盖帖中有云:"自于山谷中临学钟氏、张芝等书二十余年，竹叶树皮，山石板木，不可知数，至笺縠藤紫，反复书之，佳者收采，自书背记不能得，而云此公何时用功夫，深不达耳。"

献之鄱阳帖。

右军威略帖。八十二字。入梁、唐御府，至宋入苏大简家。崇宁癸未，襄阳米芾审定真迹。其图书有秘玩手临。

智永禅师临右军四帖。后东坡跋云："辨书如听响切脉，知其美恶，如可谓必能名之者过也。予观秘阁墨迹，皆唐人硬黄临本，但得临本皆可蓄，惟《鹅群》一帖，似是献之真笔。熙宁五年，子瞻书。"

褚遂良临《黄庭》。南唐升元三年装背，纸则黄硬。

米芾学右军书并论其笔法。后一幅亦学右军书。退之诗："俗书趁姿媚。"此公不为石鼓发，想亦见此等物耳。献之草《洛神赋》之极残缺。向明视背，万绽纵横。

谢安东山帖。

右军快晴帖，米襄阳临本。

兰亭五言帖。后跋云："唐虞世南临本。"

晋王恬帖。三十一字。

晋王敦帖。作草圣书，皆晋史中语。

献之书《洛神赋》。后有梁普光间题跋云："唐人临本，不名何人。"

献之书陆士衡《文赋》。

钟太傅墨迹《议事表》。后钱惟演、范尧夫、薛道祖题。钱文僖公题："尚父尝宝此帖。"尚父，谓忠懿王镠也。

唐人书：

唐太宗二帖。一两行十字，若珠还合浦，剑入延平。泰和二年三月，司封员外郎柳公权记。

唐玄宗赐道士李涵光敕。

李阳冰墨迹篆侍御帖。上有李后主合同印。

李阳冰篆二十六字。后有韦处厚、李商隐题，商隐字体绝类《黄庭经》。时开成三年也。

高闲上人诧得韩序帖。后有韩琦、刘敞、富弼、欧阳修、宋敏求题，云"此卷蜡纸书，非摹本也"，欧云如此，韩公称实录云。书系颠草。

欧阳率更草二临本度尚帖。襄阳宝定真迹秘玩。

智永禅师春雨帖。

真草千文墨迹。

唐相李澄联句帖。后跋云："笔势似李北海。"

李北海毒热帖。临本。

李邕手简。后题观者黄鲁直、张浮休、邵篪、王诜、张舜民等，凡六十九人。

僧高闲观张旭颠逸帖。

唐史惟则墨迹篆隶韵。系小篆，体例修狭。后张浮休、李公麟跋。

李太白醉归墨迹。后自题云："吾头懵懵，试书此，不能自辨，贺生为我读之，汝年少眼明。"有四世三公之印。

怀素草《千文》。草圣游京师帖。论草字帖。自叙帖。布帘帖。上林花发帖。

唐高宗已下诸帝墨迹手诏。

李北海休休帖。

白少傅墨迹六偈子。

唐元和大理评事吴通微行书《千文》。

唐人草《北山移文》。垂拱二年写，贞元甲戌陆贽观。笔法似是孙过庭。

唐僧亚栖书。

吴彩鸾龙鳞楷韵。后柳诚悬题云："吴彩鸾，世传谪仙也。一夕书《广韵》一部，即鬻于市，人不测其意。稹闻此说，罕见其书，数载勤求，方获斯本。观其神全气古，笔力遒劲，出于自然，非古今学人可及也。时大和九年九月十五日题。"其册共五十四叶，鳞次相积，皆留纸缝。天宝八载制。

怀素洛中帖。近于洛中得王右丞苔矶静钓、水阁闲棋二画，其林野之思，物景之清，不觉身在其间，信精笔感人也如此。

李白墨迹《送贺八归越诗》。

颜书：

与兄常山太守书。

乞米帖。

与宗室李太保勉。

奉辞帖。

与卢八仓公快雪晴时帖二十八字。

与李太保状。后有唐陈铨印志。

祭濠州文。

孙过庭墨迹草书谱。过庭字虔礼，陈留人。高宗垂拱二年书。徽宗《书谱》云："孙草书皆逼羲、献，妙于用笔，隽拔刚断，出于天材，非积习所可至。"

孙思邈书。计二十一字。

坡书：

洗玉池铭，擘窠真书，瘦劲。

神奎阁碑墨迹。

上清储祥宫碑墨迹。然后书老泉撰，商左山云："盖避党祸，故改云。"

东坡醉书卢仝诗。为团练使书。

东坡观世音赞。靖康元年五月书，盖公殁前二月绝笔书也。

校注：

［一］"论研"句以下，四部丛刊初编本《秋涧先生大全文集》另作一则。

［二］"前世术者"以下，四部丛刊初编本《秋涧先生大全文集》另作一则。

［三］"一十一月"，四部丛刊初编本《秋涧先生大全文集》作"一十四月"。

玉堂嘉话卷三

杨凝式，小字诗[一]，字虚白，五代时人，号希维居士，又云关西老人、癸巳人。

心印帖，李老君枕中经，招客同饮帖，皆唐人书。

韩魏公书杜少陵《画鹘》诗，擘窠大字墨迹。

山谷书继月帖。云："继月学书，未知其要处。东坡先生云：'大字难于结密而无间，小字难于宽绰而有余。'又云：'学书时临摹可得形似，大要多取古书细看，令人神，乃到妙处，惟用心不杂，乃是入神要格。'"

山谷为甥张大同书擘科大字一卷。中云："涪翁自黔南迁于僰道二年矣，寓舍在城南居儿村侧，蓬藋柱宇，鼪鼯同径，然颇为诸少年以文章翰墨见强，尚有中州时举子习气未除耳。至于风日晴暖，策杖塞蹊，雍容林邱之下，清江白石之间，老子于诸公亦有一日之长。时涪翁年五十六，病足不能拜，心腹中蒂芥如怀瓦石，未知后日复能作如此字否？"其笔势纵横，意韵潇散，绝类《瘗鹤铭》、《书少陵画鹤》等诗。

山谷《练湖夜雨》、草圣《瘦藤》、草圣十三篇，辛未人日书，皆公诗也。草圣《赠元亮侄》两首，草书《廉颇传》，书《韩非子》十六篇，后跋云："侄授万里来求书法，此不急务也，以万里来，故不能已。"

山谷书一十幅。内《此君轩诗》，擘窠大字，体极瘦劲。又起草墓铭一、草圣诗三首、书王摩诘诗。

山谷书一十幅。内草圣一，为李华重试南丰郑熙枣核笔，崇宁四年南楼书，盖公绝笔也。

达观台诗，草圣六言诗，内行书五首，皆摩诘、王建、王介甫、东坡诗。后自云："老眼昏花，书不能佳，如丑妇昏镜中梳妆，似亦妍耳。"

苏才翁草圣少陵二首。

苏氏宝章东坡、黄门、迈、迟等帖。迟，即颍滨子也。

远涉帖。予二十年前观于大名魏氏家，未敢必为孔明书。及入秘监，见《宣和书谱》，乃知宋御府所收，为武侯书明矣。

米书黄龙寺碑。宋相张商英撰。襄阳书一十幅，内两卷佳。

蔡襄元祐续帖。凡九帖，帖帖笔法不同。

宋少卿宏（弘）道说："尝见李德新所藏碑本云：'书学之传，蔡邕得之于神人，邕传女文姬，文姬传钟繇，繇传卫夫人，夫人传羲之，羲之传献之，献之传羊欣，欣传萧子云，子云传王僧虔，僧虔传智永，智永传智果，智果传虞世南，世南传欧阳询，询传张长史，长史传颜鲁公。'"

古今画：

阎立本画古帝王一十四人：汉文昭帝、光武皇帝，魏文帝丕，蜀昭烈皇帝，吴孙权，晋武帝炎，陈宣帝，陈文帝，陈废帝，后主叔宝，陈文帝[二]，周武帝宇文邕，隋文帝、炀帝。前宋杨褒家藏，后入秘阁，富弼、韩琦题识其后。但文昭帝有解云：汉文庙乐曰昭德，故曰文昭帝。又云：伪蜀李寿曾立号曰汉兴，庙谥曰昭文。此文昭又恐非也。十四帝除汉文、陈宣、废帝、后主、炀帝，余皆衮冕，若五方帝之仪。其曹丕、司马炎、宇文邕，容色皆严毅可畏。其宇文邕髯模糊满领，两颧上亦有长须下垂。

晋顾恺之：青牛道士图，道士即封君达。画洛神赋。后有梁普光间题跋，临本。

吴道子护法善神。

阎立本：阮孚蜡屐图；老子出关图；老子西升经，下虞世南楷书各段事迹。

王维：山水图，辋川图，骊山图。

韩幹出水马。

李昭训崆峒山图。

李昭道避暑宫图。

戴松牛。

李将军鹘。

唐人剪鬃马。

贯休行（竹）。

韩幹正面马。

韦偃群卫图。后主收。

唐人化行天竺。

荆浩江村早行。

韩幹四马图。七人解衣下水。

李升水墨滕王阁图。合幅。上画人物宴集甚盛。

张萱界画宫阃侍女图及醉女图。内有以紫色粉涂面者香。

韩幹三花御马真。

张萱虢国夫人夜游图。

小李将军翠微宫图。合幅。一幅画骑者十四人、步者二；一幅骑者十人、牧马者十四人。

唐将军霸猎骑图。人物结束类开元初。羽林守捉衣杂色锦袍，裹方平巾，带长刃两鞭箭，左手握弧，右抽矢于房。骅骝马豹鞯红锦襕，胸鞦同，勒有镳，朱丝缘鞯马，迅疾殆逐兽然。笔画劲硬如铁屈者，御题神品上上。

宋诸帝御容。自宣祖至度宗，凡十二帝。内怀懿皇后李氏用紫色粉，自眉已下作两方叶涂其面颊，直鼻梁上，下露真色一线，若紫纱幂者。后见《古今注》，魏文帝宫人有巧笑者，以妒锦丝作紫粉，涂拂其面。

宋：

郊天仪仗图。

衮冕图。

车辂图。

易古吉獐猿，蓼花草虫。

杨棐象。

黄筌猨。

李伯时水墨马，群马图。

邱庆馀花禽。

钟隐双禽图。

黄筌碎金图。

崔白梅竹寒雀。

李公年桃溪春色。

艾宣竹鹤。

胡瓌马骑契丹人。凡画毛尾，取狼毫疏渲。

张戡骕马图。

崔悫江鸭。

李伯时着色马。

郭忠恕避暑宫作界画。

黄居寀鹿。

艾宣鸡冠黄葵，杜鹃花图。

崔白秋塘戏鸭。

郭忠恕界画着色宫阃图。

李伯时着色夜游宫图。嫔十人，奄四人，皆骑。

徽宗临张萱宫骑图。

李伯时渊明图。

李伯时莲社图。

赵大年小景。

郭忠恕飞仙图。

郭熙秋山图。

因念人与事机会合，皆有数存其间。九年春，予一夕梦谒平章公于府第之东堂，梅数行，发书一柜示予，皆粉图绘本，金文玉牒。今观中秘所有，璀璨溢目，与梦中所见略同。吁，亦异哉！《传》曰："嗜欲将至，有开必先。"信哉！斯言也。作书画目录序。

王晋卿烟江叠嶂图并和坡诗。

李伯时画明皇乘三鬃赤骠。后跋云:"昔李将军思训画明皇拥嫔御数十骑摘瓜,伯时仍为山路小桥。"至元元年,与翟处正观于东平武济之家。又观东坡与蒲资政传正书,并觅柿霜无核枣四帖。有张行简、董师中、元遗山跋语。

僧传古坐龙。至元元年,宣慰张顺斋为春旱,于范大师观迎此龙于严东平北宅。每旱,张是图辄雨,此日亦然。龙苍驼蹲坐火云中,项与鳞甲间皆有绿发。世所画皆蜥蜴耳。《宣和》题妙品。

赵邈龊噀墨虎。至两目夹镜,睛随人转。同史左丞观于田尚书和卿家。

已上二画皆有诗。大意古人欲以一艺名世者,必精思入神,极古今之变而后已。故能洞达天机,气随物在,至观之者,亦有感格相应之理。如摩诘苔矶静钓、水阁闲棋,令人不觉身在其间。传古龙出雨应气来,噀墨虎睛逐人转,邻姬犨鼙马践家具之变,此长沙云精笔感人有如此者,盖非虚谈也。秋涧老人题。

丁丑秋,奉御脱烈传旨本院,定撰顺德资戒碑及普门塔碑铭。鹿庵曰:"老夫作资戒文。"乃令不肖撰塔铭。恽谢不敏,先生曰:"但作,吾深意存焉。"及毕,闻奏颇称旨。今日乃悟先生其诱掖成就后生如此。

陈希夷尝有诗云:"我见世人忙,个个忙如火。忙者不为身,为身忙却可。"

商左山云:"颜平原中兴颂,盖变玉筋大篆为真楷耳。"

刘房山尝说:"海陵欲南征,先以十八人服御与上一同,私行抵淮上,以觇虚实,号曰黑护卫。前次相下,宿南郭逆旅,张灯置酒。闻有新进失职刘其姓者,先在邸中召与饮,刘素善讴能诗,即以歌侑觞,辞气忼慷,礼貌甚恭。上喜甚,遂询其所以至此之意而默识之。黎明,刘复持酒饯谢。上既乘,以手札付刘曰:'府尹我亲知也,可用此投献,取钱几千缗。'刘依命谒府尹,疑通刺久不报,见左右皇遽具仪物授旨,方悟畴昔为海陵云。及还宫,即特旨起复刘为京朝官,后从南狩,同殁江上。"

至元十五年戊寅正月甲寅,乙酉朔,同李侍讲德新、应奉李谦陪百官就位望拜行在所,凡七拜。其侍仪司先一日于端门两阙间灰界方所,以板书百官号,随各司依品秩作等列,班定,以次入宫行礼。礼毕,由左掖门出,风埃大作,所谓"出门尘涨如黄雾,始觉身从天上归"。曾有口号一绝:"隔夜端门分板位,平明簪笏列鸳行。紫云低覆千官入,润作金炉百和香。"

读韩文孔戣墓铭。孔世三十八,字音作苏回反。

王承旨庆八秩诗。一庵云[三]："人材落落自天成，千佛经中第一名。已令贰膳常珍入，但入朝行以杖行。"商左山云："药裹封灾随腊去，酒杯称寿逐年新。"胡紫山云："坚辞不允老而传，几杖恩光又十年。勇折桓文匡政弊，力扶周孔上经筵。"又云："塞破乾坤享重名，玉堂东观又尊荣。香山如砺泸沟带，才与斯文作主盟。"

宋人画琼花图。花蕊团团作九叶，如聚八仙花。扬州人说近岁其花已枯朽矣。

米元晖所藏古端研，其背刻云："此研色青紫而润，下岩石也。先公得于山谷若文室中。磨李庭珪墨，试诸葛氏笔，世间真有扬州鹤也。"后题曰"元晖"。山谷云："虎儿笔力能扛鼎，好着元晖继阿章。"米因以字之，亦羲之、献之例也。

祠尧、舜、禹于所都，唐开元五年为始，从褚无量请也。见无量传。

王黄华称香品，有"蟠螭小月"、"夜窗幽几"之辞。公寿止五十三，官至承务郎、翰林修撰。

黄华论汴河："前宋以洛河入汴为京西漕路，其后黄河渐南，洛水旧道断绝。今汴河名存，其实止是京、索、须三水，自荥泽南入汴河故道行流。"

徽宗临张萱宫骑图，其侍从有挈金骆驼者。盖唐制宫人用金驼贮酒，玉龟藏香。

赵同签说："高丽东北有第五头城，其地有五城，此盖从南第一城也。"

宋克温说："今山阴，古金山也。古于阗，今曰鄂端。古乌孙，今俄罗斯。瀚海，今杭爱。薛良河，金锡里库。回鹘，今辉和尔。回纥，今回回。不谷寒，毗伽克汗。身毒，印都。吐蕃，土波。柘枝舞，本拓拔舞，金人以名不佳改之。"

屈原湘中庙，题曰清烈公。

《唐·车服志》：带铊尾，取顺下之义；鱼袋，取其清洁，鱼目不瞑，勤而不懈也。

契丹以其国产镔铁，乃为国号，故女真称金以胜之。或谓以水生金，非也。高丽盖州，盖葛牟城也，明昌初易名曰辰州。鹿庵云。

有旨讲究光禄寺职掌。寺与卿，汉官也。应劭曰："光明禄爵，勋功也。"言光禄典郎谒者虎贲羽林，举不失德，赏不失劳，故曰光禄勋。郎中令，秦始置，掌宫殿门户及诸郎在殿中之侍卫者，故曰郎中令。汉因之不改。北齐、隋、唐止掌肴膳。

许左丞作新定官制图，大抵以唐为则，品从略与金同。

杭州画工潘氏写真，其法不用朽先草，直以笔写，又不粉背，言形似易，容色难。

晦庵云："周之肃拜，今之长揖也。"

唐检校名，盖正官上加官。

沅州安抚使郭彦高，大名人。说广中风土："其地皆山，如水之波浪然。盖古盘瓠国，在夜郎西南数百里，与大理东境相接。"郭有诗："地连两广多蛇窟，水隔三湘绝雁书。"

丁丑岁二月初，黄河自陕州灵宝清澄至河南府，或云自潼关至三门集津。王子年《拾遗》："丹邱千年一烧，黄河千年一清。"又曰："圣人生。"鹿庵曾命拟中省贺表："天开昌运，统一车书。地应休征，河清陕洛。恭惟德昭天汉，恩溥渊泉。覆帱何止于中华，洋溢远沾于方表。以致润涵九折，镜净两涯。自陕至巴，几千里之余；由乙逾丙，殆三旬之久。鳞介之泳游可鉴，山林之形影皆分。跃图马于龙宫，未容专美；舞冯夷于鳞屋，时出效灵。顾兹上瑞之方增，特表吾皇之至圣。臣某等叨居华省，幸睹荣光，敢倾葵日之诚，用代辞人之颂。遐荒向慕，百川宗沧海而王；宝祚洪延，万寿等丹邱之固。"

正月上旬歌括："甲子风灾丙子旱，戊子蝗虫庚子叛；唯有壬子最丰穰，正月上旬子细看。"窦先生云："近岁颇有应验。"故录。

闻捷，鹿庵命撰中省贺表："天网虽疏，曾恢恢而不失；罪人斯得，迓穆穆以来平。外侮既消，颂声交作。恭惟仁含动植，德化生成，振长策而用三驱，念天显而惇九族。洊雷之震，远惊而迩惧；大风之举，歌动而云扬。侧闻喜自于日边，岂止威加于海内。臣某等职叨省署，阻奉鸾舆，伫目龙旗，遥伸虎拜。归牧武成于周马，歌功美迈于唐铙。六辔言还，喜动两都之和气；千官饮至，欢腾万岁之霞觞。"

冯渭《金诏赦录序》有云："灞陵森柏，荒凉白露之中；明惠寝园，寂寞苍梧之远。"又云："荏苒十霜，竟摧一战。"指哀帝也。

东坡《我有帖》云："外郡虽粗俗，然每日惟早衙一时辰许纷纷，余萧然皆我有也。"内"慰"字不挑心写。宋人萧山则题云："今专官横将肆咆哮于庭，太守色羞对吏民，岂复有画戟清香意象耶？然坡非置公事不问，时平事少耳。为颍州时，久雪，一夕不寐，欲造炊饼救饥人，又发义仓数千石，作院炭数万称、酒务柴数十万称济之。未必常萧然也。所谓'皆我有'者，特不以外物之有累我内乐之有而已。惟以逸处心，以劳处事，是之为能官。"

太常少卿宋宏（弘）道，以先农燔肉来致，适李应奉受益携毛诗《青蝇》至《甫田》诸图请跋其后。有云："观其禽鱼草木、车服笾豆之盛，而经国备物之制，令人想见三代忠厚气象，如在其间，亲承其事。孰谓丹青形似，起予至于斯耶！"

大都城隍庙设醮保佑青词：代鹿庵作。

天鉴虽高，曾易显忠之命；基图寅绍，敢忘奉若之诚。爰自君临，颇历年所，顾眇躬之上托，致至理之维艰。岂期外侮潜消，复荷天休滋至。严风朔雪，大开一统；金穰玉烛，屡致丰年。而又雪静祈连，春回沙漠。昼日三平安之报，霜风无偃薄之虞。匪凉德之能然，皆神灵之所佑。乃即青阳之月，恭修金箓之科。诰演琅函，真临玉境。导含景苍珩之驾，覆垂云洪荫之仁。监兹报谢之虔，重以保持之福。干戈止息，永维四海之清；邦国荣怀，以尚一人之庆。

新船落至祭岁君文："成舟委波，谓之落至。惟神灼知一岁之事，泛彼中河，转致厥载，上下安输，非神曷赖。"

修端门前桥启土告岁君地祇文："应门将将，前临天津。玉辂所经，虹梁必陈。爰构爰缔，筑之陾陾。神惟垂佑，迄于有成。"

五方帝祭文："因方殊号，尊以帝称。殿临五部，有赫其灵。维桥之作，鞭石驾梁。所冀拥卫，大来百祥。"

减江南冗员诏草："谕江淮军民人等：夫张官置吏，本以为民，非扰民也。朕自混一江淮，于今五年，忧恤元元之心，不遑夙夜，期于抚定安集，以承上天全付所覆之意。比闻陈奏，不图设立之际，官冗人滥，重致烦扰，念之悯然，罔副朕志。今者上自行省宣慰司，下及总府州县等官，酌量轻重去处，其一切冗滥，凡有扰于民者，尽行革去。尔其各安恒业，永底尔生，既清旧染之风，共乐维新之治。其有作奸犯科，似前不应者，已敕行御史台纠察，中书省究治外，咨尔黎庶，体予至怀。"

诚谕官吏诏草："朕自统一南北以来，设置群官，小大毕备，俾上下承宣，慰安元元而已。近缘冗滥，省并一新。自尔厥后，各慎攸司，以兴滞补弊为心，以便国益民为事。务施实惠，毋尚虚文，夙夜在公，尚期于治。若有狃习故常，贪残蠹害者，国有常刑，朕其敢赦。故兹诏示，想宜知悉。"

唐申王六马图：一曰奔虹赤，二曰飞霞赭，三曰腾霜白，四曰凝露骢，五曰决波騟，六曰发电乌。内奔虹赤与决波騟绾结其尾，络首皆绛，衔皆有镳，捽笼者服色皆以朱砂红石绿妆染。苏门郭氏家藏。

西溪《折槛铭》："直言骨鲠，天威雷霆，非赖此槛，资斧曷胜。槛既折矣，从修不修，佞臣见之，面靦心羞。槛谓直臣，可无结舌，尔气不挠，吾宁惮折。世多张禹，代无朱云，直槛横槛，整整而陈。噫！"

徐子方《茧瓶》诗："一窍鬼工开混沌，八蚕神茧堕扶桑。"

校注：
[一] "小字诗"，四库全书本《玉堂嘉话》作"小字诗式"。
[二] "陈文帝"，重出，四库全书本《玉堂嘉话》、《秋涧集》作"齐文宣帝"。
[三] "一庵"，四库全书本《玉堂嘉话》作"西庵"。

玉堂嘉话卷四

穀梁子曰:"独阴不生,独阳不生,独天不生。阴也,阳也,天也,三者全然后生。"

天极为南北极,天之枢纽常不动处,譬则车之轴也。《河图》言:"昆仑者,地之中也,下有八柱,互相牵制。名山大川,孔穴相通。"《素问》曰:"天不足西北,地不满东南。"注云:"中原地形,西北高,东南下。今百川满凑东之沧海,则东西南北高下可知。"或问邵子曰:"天何依乎?"曰:"依乎地。""地何附乎?"曰:"附乎天。""天地何所依附?"曰:"自相依附。天依形,地附气。其形也有涯,其气也无涯。但天之形圆如弹丸,朝夜运转,其南北两端后高下,乃其轵轴不动之处也。其运转者,亦无形质,但如劲风之来,当昼则自左旋而向右,向夕则自前降而归后,当夜则自右转而后左,将旦则自后升而趋前。旋转无穷,升降不息,是为天体,而实非有体也。地则气之渣滓聚成形质者,但以其束于劲风旋转之中,故得以兀然浮空,甚久而不坠耳。黄帝问于岐伯曰:'地有凭乎?'岐伯曰:'大气举之。'亦谓此也。曰九重,则自地之外,气之旋转,益远,益大,益清刚,究阳之数而至于九,则极清,极刚,则无复有涯矣。岂有荣度而造化之者,先以幹维系于一处,而后以轴加之,以柱承之,而后天地乃定位矣。"

鹿庵先生江南平告天地文:"伏以时逢丧乱,岳渎分疆,运属休明,乾坤一统。眷靖康之余孽,据江表以偷生。依阻山溪,动摇戈甲。不修岁币,久亏事大之仪;留止行人,永绝亲邻之好。既兴师而问罪,即列阵而长驱。戈船浮鄂渚之波,铁马渡松关之险。方知力屈,始悔前非。来奉表以求哀,愿纳地而入觐。宋主某已于某月日来至阙下,其江南郡县人民,已委官抚治了当。是皆上帝垂佑,灵祇降祥。欲康功普被于黔黎,故盛事施及于冲眇。尚祈昭监,永锡休嘉。"

告太庙文:"伏以践阼守文,虽本已成之业;继志述事,敢忘未集之勋。眷靖康亡灭之余,擅吴会膏腴之壤。依凭江险,壅隔皇风。累兴问罪之师,犹守执迷之意。逮戈船飞渡,列成土崩,始悟前非,方图改过。遂称臣而奉表,愿纳地以归朝。宋主某已于某月日来至阙下，其江南郡县人民，已委官抚治了当。朔风炎气，尽书轨混同之地；商孙夏裔，皆烝尝助祭之臣。顾冲眇以何功，实祖宗之余荫。尚祈昭监，永锡休嘉。"

瀛国公制辞："时逢屯否，岳渎分疆；运值休明，乾坤一统。眷靖康之余裔，擅吴会之奥区，远隔华风，久暌邻好。我国家诞膺景命，奄有多方。炎风朔雪之乡，尽修职贡；若木虞渊之地，靡不来庭。罄六合以混同，岂一方而独异。用慰溪苏之望，爰兴问罪之师。戈船飞渡而天堑无凭，铁马长驱而松关失险。宋主赵某，乃能察人心之安背，识天道之推移，正大奸误国之诛，斥群小浮海之议，决谋宫禁，送款军门，奉章奏以祈哀，率亲族而入觐。是用昭示大信，度越彝章，位诸台辅之尊，爵以上公之贵，可开府仪同三司、检校司徒、瀛国公。主者施行。"

凉威肃酒与甘张，沙是燉煌瓜晋昌。徒单侍讲括。

至元六年，行用元宝钞，止七十余万锭。于时为御史，曾照刷提举司文按，故知。

至元七年，天下军民并析居，总二百三十二万户。

天干地支。天有五阴五阳为十干，地有六柔六刚为十二支。

九州地亩数。《后汉·郡国志》注："九州之地，凡二千四百三十万八千二十四顷，定恳（垦）者九百二十万八千二十四顷，不恳（垦）者一千五百二（一）十［万］顷。"

哲宗孟后，元祐七年，太皇太后以六礼仪制聘入宫，曰：奉迎使，发策使，告期使，纳成使，纳吉使，纳采使。以仆射、左右丞、摄太尉充使。

《六帖说》曰："乐天作类书名六帖。《通典·选举门》载：'唐制，开元中行课试之法。帖经者以所习经掩其两端，中间微开一行，裁纸为帖，凡帖三字，随时增损可否不一，或得四得五得六者为通。'此六帖之名所从起也。六帖云者，取中帖之数以名其书，期于必中选也。"

鹿庵命拟复立按察司手诏："以一身之微，惟万事之统。不遑夙夜，常切忧勤。顾七道之提刑，扩六条而从事。近因省革，偶值停闲。然非违稽缓之愆，纵令弗问；恐伺便诪张之后，为害滋深。仍转侧以详思，非监临而罔益。据所在按察司照依已降条画，依旧设立施行。於戏！鹰隼当搏击之任，不与护恐反为伤；琴瑟既更张之余，识大体乃为称职。"

乐天每作歌诗成,须令其家老妪听读,能通解其旨意辞为之定体。此无他,不过通俗近人情而已。特表而出之,且为艰涩无谓之戒。西汉云[一]。

正大七年,亳州节度使赵庭玉诏别有擢用,其子赟时为省知除掾。既定省,公问以召之之意,赟曰:"以嫌疑故,特回避。"既而去,拜礼部尚书,赟入贺。

予婴年见神川刘先生,三苏文读不去手,因问于先大夫曰:"古人有言:苏文熟,啖羊肉;苏文生,啜菜羹。岂此之谓也?"

宋未下时,江南谣云:"江南若破,百雁来过。"当时莫喻其意。及宋亡,盖知指丞相巴延也。夫荧惑之精下散而为童谣,不尔,何先事如此。

宋真宗东封升中图,岳顶有五色云,山下环卫以甲马。
金道陵元会图及郊天仪仗图、郊天圆(圜)丘图。曾闻某官说,当时掌礼者房千里,中外几用人三万,未知方泽制度,与此何若?

唐张说家藏明皇开元东封图。有说。

宋范石湖《揽辔录》记兴陵见宋使仪卫[二]:戊子早入见,循东西御廊北行。廊几二百间,廊分三节,每节一门。将至宫城,廊即东转,又百许间,其西亦然。亦有三出门,中驰道甚阔,两傍有沟,上植柳。廊脊皆以青琉璃瓦覆,宫阙门户即纯用之。北即端门十一间,曰应天之门,下开五门,两掖有楼,如左右升龙之制。东西两角楼。端门内有左右翔龙门,日华、月华门。前殿曰大安殿,使人自左掖门入,北循大安殿东廊,入敷德门,东北行,直东有殿宇门曰东宫。直北面,南列三门,中曰书英,是故寿康殿母后所居,西曰会通门,自会通北入承明门。又北则昭庆门,东则集禧门,尚书省在门外,东西则左右嘉会门。门有楼,即大安殿后门之后。至幕次,黑布拂庐,待班,有顷,入宣明门,即常朝后殿门也。门内庭中列卫士二百许人,贴金双凤幞头,团花红锦衫,散手立。入仁政隔门,至仁政殿下,团凤大花毡可半庭。殿两傍有朵殿,朵殿上两高楼,曰东西上阁门。两廊悉有帘幕,中有甲士。东西御廊循檐各列甲士,东立者红茸甲,金缠竿枪,黄旗画青龙;西立者碧茸甲,金缠竿枪,白旗画黄龙。至殿下皆然。惟立于门下者,皂袍,持弓矢。殿两阶杂列仪物幢节之属,如道家醮坛威仪之类。使人由殿下东行,上东阶,却转南,由露台行入殿阈,谓之栏子。金主幞头,红袍,玉带,坐七宝榻,皆有龙水大屏风,四壁帘幕皆红绣龙,拱斗皆有绣衣。两楹间各有大出香金狮蛮,地铺礼佛毯可一殿,两旁玉带金鱼或金带者十四五人,相对列立。遥望前后殿屋崛起甚多,制度不经,工巧无遗力。炀王亮始营此都,规摹出于孔彦丹[三],役民夫八十万,兵夫四十万,作治数年,死者不可胜计。

和宋书:"皇天眷命大蒙古国皇帝致书于南宋皇帝:爰自平金之后,蜀汉荆扬,挈兵几三十年,文聘非一,卒无成约。比者川蜀捣虚,荆湖批亢,生灵有涂炭之苦,战士有暴露之劳,朕甚悯焉。是以即位之始,首议寝兵,用示同仁,以彰兼爱,期于休息元元焉,天下共享有生之乐而已。且南交广而西巴蜀,北长江而东沧海,分兵守险,彼所恃以为国者也。今战舰万艘,既渡江以扼海;铁骑千群,复逾广而出蜀。四塞无结草之御,六军有破竹之威,人所共知,不必遍举。于此时也,非不能掎角长驱,水陆并进。秋风虎旅,指挥看浙江之潮;春露鼍杯,谈笑挹吴山之翠。盖以佳兵不祥,素所不喜;守位以仁,今之本心。又况靖康南北衅端,初无盘错大故,非如女真、西夏,恶积仇深而不可解者也。往者彼已胜负之事,往来曲直之辞,各有攸当,置而勿论。自今作始,咸取一新,故先之以信使,申之以忱辞,告宝位之初登,明朕心之已定。唯亲王上宰,能报聘之一来,则保国乐天,必仁智之两得。苟尽事大之礼,自有岁寒之盟,若乃忧大位之难继,虑诡道之多方,坐令失图,自甘绝弃,则请修浚城池,增益戈甲,以待秣马利兵,会当大举。论天时则炎瘴一无畏惮,论地险则江海皆所习知。必也穷兵极讨,一决存亡而后已。力之所至,天其识之,祸自彼挑,此无可慊。在我者至诚可保,在彼者听所择焉。毋循前例,止作虚文,时荐清和,善绥福履。不宣。白。庚申年四月七日开平府行。"

李翰林钦叔一日与杜仲良在茶肆中,有司召公甚急,公曰:"无他,多是要撰文字,渠留此勿去,少当即来。"已而果至,曰:"为戒谕百官草诏。"适当笔者应奉程天翼,程初入供职,有猝不易称者,公遂立草五百余字,允协事宜,甚称上意。其辞曰:"朕新即大位,肇亲万机,国事实为未明,政统犹惧多阙。尚赖尔文武多士,内外庶寮,上下同心,始终戮力,以副遗大投艰之托,共成兴滞补废之功。然而养资考者每务于因循,嗜闲逸者或托于疾病,因之积弊,习以成风,事至于斯,朕将何赖?盖尝深唯百姓勤劳之意,尚不能忘累圣涵养之仁,服田力穑而以给租庸,挽粟飞刍而不惮征缮。况尔等世膺高爵,身享厚恩。夫有国乃可以有家,而为臣亦犹为子,未有国不安而家可保,必须臣竭力而君以宁。加之事属方殷,时丁多故,旧疆待乎恢复,强敌期于削平,正当经营之秋,难行姑息之政。朕既旰宵轸念,庶几宏业以昭功;尔其朝夕在公,岂宜玩岁而愒日?夫汤刑以儆具位,周典以正百官,兹出话言,以为明训。掌刑者有法可奉,毋使有冤抑之情;典选者有格可循,毋妄求疏驳之节。钱谷当审知取予,毋吝于出纳之间;台谏当指陈是非,毋涉于细碎之事。司农以敦本察吏,不可苟且而旷职;司牧民以扶弱抑强,不可聚敛而营私计。至于大而分阃,小而掌兵,固当志殄寇雠,日辟土宇。受朝廷之托,必思报国;念功臣之后,常恐辱先。又岂可平居或冒于糇粮,临事或生于畏惧。视郡县之官,妄分于彼此;役部伍之卒,不计于公私。凡有我官,所当共戒。其敬遵于邦宪,务恪慎于官箴。享富贵于当年,垂功名于后世。且赏罚期于信必,而功罪贵乎正明。兹诚前代之良规，亦我祖宗之已事。今当仰法，要在决行。於戏！任贤使能，周室果闻于兴复；综名核实，汉家遂至于肃清。公勤者赏不敢私，弛慢者刑兹无赦。各勤尔职，明听朕言。故兹诏示，想宜知悉。"

因赐国用安铁券文："皇帝若曰：咨尔内族英烈戡难保节忠臣、仪同三司、都元帅兼平章政事、兖王完颜用安，大邦维屏，古有格言，王府藏勋，赏存旧典。卿台阶孕秀，海岳储灵，天赋忠贞，性资明敏。初为儿戏，营垒已成，长学神机，风云暗晓。方将提挈义旗，勤劳王家，服金革以不辞，冒矢石而有勇。顷遭逢于多垒，偶陷没于他邦，而能临事见机，去伪从正，变疾风雨，谋先鬼神。一举而患难殄歼，不时而州县皆复。听闻如此，叹瞩久之。朕方总揽英雄，兴建功业，体天地含宏之德，厚君臣终始之恩。胙尔以诸王之封，宠尔以上公之位。氏族已书于玉牒，勋业复纪于太常。同三司之威仪，建大将之旗鼓。盖欲宥及于十世，何嫌恩积于一门。泰山黄河，永及尔裔，皇天后土，实闻斯言。肆申白马之盟，庸示丹书之约。呜呼！谓予不信，鉴时人皦日之辞；弗与同心，如文公白水之誓。尚奉非常之渥，以保无疆之休。"此是左丞李实之子介然所作，时为翰林修撰。

鹿庵云："世传米南宫者，言礼部也，自唐以来见称。或云指太常也，米芾尝为太常官。"

宋高宗善书学，择诸王命史弥远教之，视可者以继统，孝宗其一也。高宗因出秘府《兰亭》，使之各书五百本，以试其能，孝宗不旬日临七百本以进。

司马公注《古文孝经》，首章作"仲尼闲居，曾子侍坐"。《广扬名》篇于"故治可移于官"后，有"闺门之内，具礼矣乎，严父严兄"之辞。

《续夷坚志》载：广府某官，苦蛇毒，取雄黄贮纱囊中，挂四壁间。既而承尘上日流黑汁，视之，有巨蛇一，众蛇十数，皆腐溃而死。自是府舍清安，绝无毒物蟠蛰。

鹿庵云："青词主意，不过谢罪禳灾、保佑平安而已。"
《宋史·王安石传论》安石谓："天变不足畏，祖宗不足法，人言不足恤。"虽少正卯言伪而辨，行僻而坚，王莽以六经文奸言，不是过也。

东坡论浩然之气："在身为气，见于行事为节，合而言之为道，故刚而不馁。"

欧阳公云："韩愈不获用于世，修用于世而不尽。"

青阳梦炎说："《春秋》书春王正月，本无深意，周虽建子，其纪年实用夏正，观豳国风为可见矣。只为左氏书周正月，故后人说谓以夏时冠周月。"又谓："穀梁虽迂远，义理最明；左氏尚文辞，却差了义理。"

许鲁斋说："班固作古今人表，分九等，恐昔人心术行事不易知也。如孔子称四科，言语宰我、子贡，至哀公问社，食稻衣锦曰安，皆为失对。称管仲之器小哉，而曰如其仁、如其仁。伊尹谓'不以尧舜之道事君治民，是贼君民也'，而佐汤伐桀。其前后不同如此。"又云："间获玉山贼首害陈宣慰祐者，斩扬州市。"予即曰："若陈为善之心，不宜罹此；今若是，命也。如果得其贼，天理为不泯矣。"鲁斋为首肯。

柳文《五就桀赞序》云："伊尹圣人也，不夏商乎心，心乎生民而已。"曰："孰能由吾言？由吾言，为尧舜，而吾生人，尧舜人矣。"退而思曰："汤诚仁，其功迟；桀诚不仁，朝吾从而暮及于天下可也。于是就桀。至于卒不可，乃相汤伐桀，俾汤为尧舜，而人为尧舜之人。吾所以见伊尹急生人之大。"

《唐会要》："贞观十四年，陕州刺史房仁裕奏：'臣所管界内，正月九日河变清者，首尾三百余里。'"京房云："河水清，天下平。"宋少庆（卿）云："所清处，天地之气，上下澄澈，故清，亦如霜降水潦收而清也。"宏（弘）道又说："文与可《送东坡通判杭州》诗云：'北客若来休问事，西湖虽好莫吟诗。'坡初以为常，及遭事，乃知与可为知几。"

《相如传》云倒景者，谓人在天上，下视日月，故曰倒景。

课税所，立于合罕皇帝即位之元年。

谚云："平生避车，不远一舍。"

李受益说："宋人文庙位次，列子思于孟子上。"

德州城壁堑高深，城门内起直城前障，掩蔽内外，左右慢道，其尾相属。俗传云皆颜鲁公制也。

宋校正礼部韵说："'廿'字本音入，今人作'二十'字用。'卅'字本音'钑'字，今人亦作'三十'字用。"

近杭州遗火，烧五万余家，延及御史台少府监，烬焉，至秘书监，救得免。有人作赋一联云："公道不行，台遂焚于御史；斯文未丧，省仅存于秘书。"

观颜鲁公忠义堂等帖，偶悟公书劲而润，盖笔善转而韵胜故也。

何参政继先说："大名宣抚司参议乌古论真，区处事机，甚有决断。时奉朝旨：'死囚呈省待报，其余边关杂犯，皆从便处决。'时围李璮于济南，人心中外不安。乌议一切重刑，欲皆戮之，使由子明已下，皆以违制不从。乌与左丞阔子清谋曰：'璮贼未下，魏为西邻，不便宜从事，无以震詟众庶。'竟戮之市，人称临事知权变云。真字正卿，小字四和，前朝近侍局大使。"

晦翁《明道论性说》：
生之谓性，止生之谓也。
天之付与万物者谓之命，物之禀受于天者谓之性。然天命流行，必二气五行，交感凝聚，然后能生物也。性命形而上者也，气则形而下者也。形而上者，一理浑然，无有不善；形而下者，则纷纭杂糅，善恶有所分矣。故人物既生，则即此所禀以生之气，而天命之性存焉。此程子所以发明告子生之说，而以性即气、气即性者言之也。
皆水也，止各自出。
此又以水之清浊譬之。水之清者，性之善也。流至海而不污者，气禀清明，自幼而善，圣人性之而全其天者也；流未远而已浊者，气禀偏驳之甚，自幼而恶者也；流既远而方浊者，长而见异物而迁焉，失其赤子之心者也。浊有多少，气之昏明纯驳有浅深，不可以浊者不为水，恶亦不可不谓之性也。然则人虽为气所昏，流于不善，而性未尝不在其中，故人不可以不加澄治之功。惟能学以胜气，则知此性浑然，初未尝坏，所谓元初水也。东坡云："昔之为性论者，孟子以为善，而荀子以为恶，杨子以为善恶混。而韩愈氏又取夫三子之说，而折之以孔子之论，离性以为三品，曰'中人可以上下，而上智与下愚不移'。言孔氏之所谓'中人可以上下，而上智与下愚不移'者，是论其材也。而至于言性，则未尝断其善恶，曰'性相近也，习相远也'而已。"

晦庵《象刑说》："周穆王五刑皆赎，复舜之旧。不察舜之赎，初不上及五刑；而穆王之法，亦必疑而后赎。穆王之事，以予料之，殆必由其巡游无度，财匮民劳，至其末年，无可为计，乃特为此一切权宜之术以自丰，而又托以轻刑之说，以违道而干誉耳。"

观蜀工孙知微人样渡海观音像，足前有谓小百花者，盖作一大青荷叶，上布散诸天花，故云。又观马云卿临吴道子转山北斗图，凡七人，中有披甲者。又观周宣王宣榭敦，考其款文，至至元戊寅二千年矣。颜鲁公书《出师表》，后题"乾元元年戊戌岁，蒲州刺史颜真卿奉敕书"。予以谓虽颜氏童仆，尚不至此，恐是世俗好事者为之。

卢挚说："尝闻诸先辈，汉去三代最近，高祖有为之主，不能革去秦弊，复井田封建之制，此最事之可责。"因与论作文，当于易中求难，难中求易。《相鉴》之作，当以萧何为首。一日，左丞姚公谓余："不若自皋、夔始而下，自无首尾为间。"余详思处变之极，反经而不失其正者，莫伊、周为大，故自阿衡为首。

宋宾客云："河水清，河阴精。本浊而反清，不惟异常，亦水气之极盛也。"

李受益云："祖宗次序，自曾祖已上为五代祖，增而上之也。"

鹿庵云："今之声韵，始自沈约。及观今礼部韵，如十灰、十三元，音殊不协。何以知其自约始？以《文选》前声韵不谨严乃知。"

镇国寺柏上生芝，中宫有旨，令院官究其祥以进。因与李受益具事实如左："《论衡》云：'芝生于土，土气和，故芝草生。'《古瑞命记》：'王者慈仁，则芝草生。'《瑞应图》：'王者敬事耆老，不失故旧，则芝草生。'《酉阳杂俎》云：'屋柱木生芝，黄者为喜。'陶隐居云：'今世用芝，此是树木枝上所生，状如木檽音软。'《抱朴子》云：'木芝者，生于柏脂，名曰木威喜，夜视有光。'《本草经》云：'霍山生赤芝，名曰丹芝；常山生黑芝，曰天芝；泰山生青芝，曰龙芝；华山生白芝，曰玉芝；嵩山生黄芝，曰金芝。'唐公远《灵芝经》曰：'芝，木之精也。芝四季皆生，名曰春精、夏精、秋精、冬精。'又曰：'青芝一枝应木酒也。'"

宋敏求《春明宫退朝录》："唐礼部郎中知省中词翰，为南宫舍人百日后必知制诰。"又载："《初学记》，唐玄宗为诸王从学时，命徐坚定撰。虽名初学，终身观之可也。"

雪庵李禅师与余观柳诚悬书何进滔碑，李云："柳书法度最备。"予曰："然。然诚悬书令人易厌，不若鲁公笔法，愈观而意无穷也。柳窘于法度，取媚于一时，中枯而无物；颜意无穷，盖以忠义之气中冠之故也。"雪庵为首肯。刘太保常云："《中兴颂》雄伟，如'驱'之一字，若千金骏马，倚邱山而立。"

欧阳率更三帖：一姚将军墓志，二化度寺碑，三追赠随谭国公诏，时贞观五年也。化度碑，李百药文。率更规模一出《黄庭》，至奇古处，乃隶书一变耳。李禅师说："作字有得笔意时，有得布置时。"赵大中庸说："尝见遗山与张纬文相谑，见碑文过俞曰：'遗山又货了一平天冠也。'"

鹿庵说:"董奉御近赠一歙砚,殊发墨,且增其色。"

马云汉说:"太庚麦无芒圆大,谓之和尚麦。"

后宋宰相韩侂胄,尝改诸州后园莲沼为放生池,词臣高文虎作记,有云:"鸟兽鱼鳖咸若,汤王所以基商。"后高作主司,出硬题困举子,一科生以高用事误,作一小词嘲云:"高文虎,夸伶俐,万苦千辛,作个放生池记。从头无一字说及朝廷,只把侂胄归美。夏王道我不是商王,鸟兽鱼鳖是你。"

刘元城与司马先生论玄宗初年焚珠玉于前殿:"时有云:'焚之前殿,盖欲人知,此好名之心也。一日侈心复回,其弊有甚于此者。'晚年果如其言。"司马公云:"惜乎史失其人姓名,至今为恨。"又云:"人君去贤任佞,譬如治病,饮良药可愈,非良药即死,明知之,止饮恶药,既饮恶药,非至死不已。"盖玄宗暮年用相,知林甫、萧松之佞,用之甚久;知张九龄、韩休之贤,退之甚速。

张萱画则天朝六蕃图,其布置取则天《游上苑》诗意:"明朝游上苑,火速报春知。花须连夜发,不待晓风吹。"及太宗朝蕃王横轴,文皇乘一花舆,四近侍肩昇。云阁立本笔。

有诏集百官问钞轻物轻事,大学士王鹿庵对云:"物贵则不足,物贱则有余,要以节用而不妄费,庶物货可平。"

宋少卿宏(弘)道说:"葬书分五星九星,又有綦旋正式风水。土丈二尺下为土龙界,又丈二尺下为水龙界,过此则吉。"又说:"唐太真改葬,祖墓上有紫藤一株,阴影甚茂,既伐去,藤流赤津如血,不数年,刘氏灭之殆尽。"因以往岁改葬先妣夫人蕲氏,初启玄堂,其棺盖上露珠交布成文,如所结璎珞然,甚可观也。复有二黄蝶飞出,其露华移时方晞。宋公云:"在葬书,此子孙润泽文华之兆。"别有记以书其详。

庆寿长老满公,曾住泰安天保寨,闻土人说:"党竹溪未第时,家甚窘,至令其子为人牧猪。"

燕城西南门曰端礼,有大定末刘无党所撰左丞唐括安礼碑,有云"尹大兴时,迎午休吏,燕雀语堂下,人不知有官府"之词。

康节与客游嵩山,中涂,客指所憩树问曰:"此何日枯悴?"先生久不对。客疑焉,曰:"非不答,吾有所俟。"曰俄一叶坠,先生曰:"比吾二人还,亡矣。"既回,树已为人伐去。占法盖取叶堕时刻而定其存亡者焉。

鹿庵与颙轩论事，颙轩曰："天下事亦有不可以理概知者。"鹿庵大为不然。徒单公曰："谓如大城南柳树，若不亲睹，如何知东西几行，大小几株。"鹿庵为默然。一座大笑。

晦庵云："张良、曹参二人，皆学黄、老，子房体用兼备，曹得其体而不得其用。"又云："汉自武帝朝，宰相但行文书而已。"

校注：

[一]"西汉云"，四库全书本《玉堂嘉话》、四部丛刊初编本《秋涧先生大全文集》作"西溪云"，为小字注释。

[二]"《揽舆录》"，四库全书本《玉堂嘉话》、四部丛刊初编本《秋涧先生大全文集》作"《揽辔录》"。《宋史》卷二〇三《艺文二》著录范成大《揽辔录》一卷。

[三]"孔彦丹"，四库全书本《玉堂嘉话》、四部丛刊初编本《秋涧先生大全文集》作"孔彦舟"。

玉堂嘉话卷五

燕展筑南城，系金海陵天德二年。见蔡无可《大觉寺碑》。

《史记》不载萧何修未央宫事。此非细事，马迁、汉史而不见书，何谓？

青居山，古果州也。

唐张嘉贞为相，弟嘉祐官为金吾将军，每上朝，轩盖驺导盈闾巷，时号所居为鸣珂里。

源乾曜为相，建言："大臣子并求京职，俊乂率任外官，非平施之道。臣二息俱任京官，请出以补外，以示自近始。"诏可。又议者言："执政与国同休戚，不崇异无以责成功。"上乃诏中书门下共食实户三百。实封自此始。

裴耀卿迁长安令，旧有配户和市法，人厌苦之。裴一切责豪门坐买，豫给以直，欺欺之弊遂绝。

李之仪端叔说："《遗教经》系徐季海书。"李善尺牍，东坡所谓手简三昧者也。三昧者，正定也。

李屏山《释迦赞》，盖出王勃《成道记》，李但约散文而为韵语耳。其《达摩赞》曰："榔栋者，称杖也。"

遗山《新渠记》有云："水至平而善利物，今以至平而为不平，不争而为必争，虽有万折必东之心，终有七遇皆北之势。"

佛书曰："狮子吼者，言说法与无畏也。四万八千，言大数也。"

尝读后宋布衣徐理所进《律鉴书》，其序云："律者，以实统虚者也。何谓虚？气与声也。气之在天地间，或聚或散，声之无色无形，故气成于管，声成于乐。"首取司马迁法度。又说："班固所作律志，全取对韵说，期于必中选也。"

鹿庵先生说："为学务要精熟，当镕成汁，泻成锭，团成块，按成饼。"恽以为作文字尤当如是。

又云："东坡草字，为写时肘著纸上，故笔转处多不圆。草书体贵轻，笔当持重；楷书笔贵精谨，而体尚宽绰。"

又说："颜子寿夭，不当只去颜子身上论他。自尧、舜已降，皋、夔、稷、契、周、孔，和气所生者多矣。至于颜子，命数偶夭，亦不足怪。譬如人家昆仲五人，有三个贤的，必有两个不肖的。"

郭若思说："天之分界，南至临海郡，北至铁勒部。日去地八万里，交趾国日中人影在南。"

王黄华《西京留守厅题名记》说："赵武灵王既破林胡，始城云中。秦绍汉袭，其名不改。元魏之兴也，为京师焉。西际大河，东连上谷，南扼中山，北控五原，广袤千馀里，规以为甸服。逮辽德于晋，晋割山前代北十有六州以赂之，辽即魏之故基改位为宫阙，是曰西京。"

《六典》云：父之姊妹，其侄称之曰女伯、女叔。

《唐·卢坦传》：旧制，官阶勋俱三品，始听设戟，后虽转四品，非贬削者戟不夺。自贞元已来，京师立戟者才十八家。

《唐·陆贽传》云：人君合德于天曰皇，合于地曰帝，合于人曰王。父天地以养人治物，得其宜者曰天子，皆大名也。三代而上，所称象其德，不敢有加焉，至秦乃兼曰皇帝。流及后世，皆称之君，始有圣刘天元之号。故人主重轻不在称谓，视其德何如尔。

宋宏（弘）道说：其舅刘景元先生善记。一日，友人与游市，取染工历令读数遍面试之，一览背诵，不差一字。又徒单侍讲与孟解元驾之亦善诵记，取新刻《稼轩乐府》吴子音前序，一阅即诵，亦一字不遗。

详定官张孝纯说："一士人候某官疾，既去，遗一稿于坐，视之，盖预作祭文也。"一日，又问一病友，友曰："且休放入。"待探怀，无祭文相见。闻者大笑。

米先生《端州斧柯山石说》：

端州石出高要县斧柯山，山前临大溪，其绝顶，匠者于此凿石，岁久乃成洞穴，今已极深邃。洞中常有水，至春冬水涸采石，中阴黑无所睹，但以手扪石，随大小取之。凡石理之精粗，即良工往洞中，且不能别。至于瑕珰璺脉，须出洞乃可识，故有累日月而不得一佳者。大抵以石中有眼者为最贵，世谓之鹦鹆眼，盖石文精美，如木之有节也，不知者反以为石病。吁，可痛哉！凡取石有四，曰上岩、下岩、西坑、后历。上岩之石最精，下岩次之。惟上岩之石乃有眼，眼之美者，皆绿黄二色相重，多者自外至心凡八九重。其状皆圆，以色鲜美重数而圆正者为上，其大者尤为希有。绝大者乃如弹丸，有布列砚中，或如北斗，或如五星、心房之形者，价不减数万。其生于墨池之外，谓之高眼，其内者为低眼，曰高眼者，以其不为墨所渍掩，常可睹于前也，无眼者虽资质甚美，不出千钱。石之品有数种，其色正紫，而微有青润无芒，叩之无声，此近水者也；其色微紫而不深重，近日视之，略似有芒，叩之有声，此岩壁之石。二者最为发墨，乃石至精者。其次青紫参半，或紫而近赤，或青多紫少，皆石之下也。端人为砚，凡色之不佳者，须用佛桑花染渍之，初亦可爱，经水即如故。又山有自然团子，或云剖其璞而得焉，谓之子石。又谓石之有金线者为美，此正其病也，端人亦不取云。唯材之大者尤为难得，每购求方六七寸而亡病脉者，固亦少矣。比岁所贡方砚者五，皆以尺为准，然止于岩石之中品。或眼，工人辄錾去之，恐异日复求，不可必致也。

太常新乐祭祖宗于藩邸文。时开邸岭上。其辞曰："惟我烈祖，诞受上帝之命，肇造区夏。先皇帝嗣守大业，卒其伐功，图惟奉答神佑，光昭前烈，而祀典阙如。爰命多方，旁求先王之乐，八音遏逸，未溃于成。今予小子，肃将天子之明命，俾殿南服，闻时周礼，将具于我鲁邦。钦命攸司，是征是举，匪攸敢私闻。庶用毕我先志，以对天之休，神其格思。"翰林学士徐威卿先生辞也，官至集贤院大学士。

《金登科记序》：

道散而有六经，六经散而有子史。子史之是非，取证于六经；六经之折衷，必本诸道。道也者，适治之路，天下之理具焉，二帝三王所传是已。三代而上，道见于事业而不在于文章；三代而下，道寓于文章而不纯于事业。故乡举里选，取人之事业也；射策较艺，取人之文章也。两汉以经术取士，六朝以荐举得人，莫不稽举于经传子史焉。隋合南北，始有科举，自是盛于唐，增光于宋，迄于金，又合辽宋之法而润色之，卒不以六艺为致治之成法。

进士之目名以乡贡进士者，本周之乡举之遗意也。试之以赋义策论者，本汉射策之遗法也。金天会改元，始设科举，有词赋，有经义，有同进士，有同三传，有同学究，凡五等。词赋于东西两京，或蔚、朔、平、显等州或凉。庭试试期，不限定月日，试处亦不限定州府。词赋之初，以经传子史内出题，次又令逐年改一经，亦许注内出题，以

《书》、《诗》、《易》、《礼》、《春秋》为次，盖循辽旧也。至天眷三年，浙津府试。迫及海陵天德三年，亲试于上京。贞元二年，迁都于燕，自后止试于浙津府。收辽宋之后，正隆二年，以五经、三史正文内出题。明昌二年，改令群经子史内出题，仍与本传。此词赋之大略也。经义之初，诏试真定府，所放号七十二贤榜。迫及蔚州、浙津，令《易》、《书》、《诗》、《礼》、《春秋》专治一经内出题，盖循宋旧也。天德三年，罢去经义及诸科，止以词赋取人。明昌初，诏复兴经义。此经义之大略也。天眷二年，令大河已南别开举场，谓之南选。贞元二年，迁都于燕，遂合南北通试于燕。正隆二年，令每二年一次开辟，立定程限月日，更不择日，以定为例。府试初分六路，次九路，后十路。此限定月日分格也。天德二年，诏举人乡、府、省、御四试中第。明昌三年，罢去御试，止三试中第。府试五人取名合试，依大定间例，不过五百人。后以举人渐多，会试四人取一名，得者常不下八九百人。乡试取奏旨。此限定场数人数格也。自天眷二年，浙津放第，于广阳门西一僧寺门上唱名。至迁都后，命宣阳门上唱名，后为定例。此唱名之格也。明昌初，五举终场人直赴御试，不中者别作恩榜，赐同进士出身。会元御试不中者，令榜末安插；府元被黜者，许来举直赴部。初贞祐三年，终场人年五十以上者，便行该恩。此该恩之格也。大定三年，孟宗献四元登第，特受奉直大夫，第二、第三人授儒林郎，余皆从仕郎，后不得为例。明昌间，以及第者多，第一甲取五六人，状元授一十一官，第二、第三人授九官，余皆受三官。此又授官之法也。进士第一任丞、簿、军防、判，第二任县令。此除受之格也。

近披阅金国登科，显官升相位及名卿士大夫，间见迭出，代不乏人，所以翼赞百年。如大定、明昌五十余载，朝野闲暇，时和岁丰，则辅相佐佑，所益居多，科举亦无负于国家矣。是知科举岂徒习其言说，诵其句读，摘章绘句而已哉！篆刻雕虫而已哉！固将率性修道之人文，化成天下，上则安富尊荣，下则孝悌忠信，而建万世之长策。科举之功，不其大乎！国家所以稽古重道者，以六经载道，所以重科举也。后世所以重科举者，以维持六经，能传帝王之道也。科举之功，不其大乎！

庚子岁季秋朔日，东原李世弼序。

唐人《黄金台》诗："燕昭北筑黄金台，四方豪俊乘风来。秦家烧书杀儒客，肘腋之间千里隔。去年八月幽州道，昭王墓前哭秋草。今年五月咸阳关，秦家城外悲河山。河上关头车马路，残日青烟五陵树。"图克坦颢轩云："此诗议论深长，甚可学也。"

皇甫湜《编年纪传论》：古史编年，至汉司马迁始更其制，而为纪传相承。且编年之作，岂非以事系日，以日系月，以月系时，以时系年者哉！司马作纪，以项羽承秦，以吕后接之，亦以历年不可中废故也。

均输法起桑宏（弘）羊，谓市井百货，皆输官坊，商贾不复贸易。

唐礼部员外郎为瑞锦窠。员外厅前有大石，碎诸州废印于上。又掌图写祥瑞。令狐楚元和初任此员外郎，尝有诗曰"移石几回敲废印，开箱何处送新图"是也。《退朝录》。

疏广云：贤而多财则损其志，愚而多财则益其过，且富者众之怨也。吾既亡以教子孙，不欲益其过而生怨。待君子以诚，治小人以术，反是为不仁不智矣。

东铭似乎兼爱，其实理一而分殊。

汉制：州郡佐史自长史以下，皆太守、刺史自辟。如杜高则杨震所辟，李膺则胡广所辟。

唐制：采访节度官属，自判官已下，得自辟举，未报则称摄，已命则同正。如杜甫则严武所辟，韩愈则董晋所辟。

三司使，谓盐铁、度支、置制条例司。

欧参政云："天下之事，惟宰相得行，惟台谏得言。"

汉时，长安北七百里，即匈奴之地。

长城始筑自赵简子，议者亘千里，人治一步，役三十。

秦制：商鞅佐秦，以为地利不尽，更以二百四十步为亩，百亩给一夫。又以秦地旷而人寡，晋狭而人夥，诱三晋之人耕，而优其田宅，复及子孙。使秦人应敌于外，非农与战，不得入官，大率百人以五十为农，五十人习战，故兵强国富。

汉故事：汉兴七年，长乐宫成，诸侯朝毕，复置酒侍坐殿上，伏尊以卑次起上寿。故事：上寿四会曲，注言但有钟鼓，无歌诗。魏青龙二年，以古置酒曲代四会曲，又易古诗为羽觞行，用为上寿曲。施用最在前，《鹿鸣》以下十二曲，名食举乐，而四会曲遂废。

古者司会，今之尚书也。周官司会，以参互考日成，以月要考月成，以岁会考岁成，以周知四国之治，以诏王及冢宰废置。

筰。"复引一索，其名为筰。人悬半空，度彼绝壑。"此独孤及《招北客》辞也。

天子之门，以通十二子。谓甲与子为支干之首，总而言之也。

六壬。壬为水，其数皆六，如六丙、六丁之类。

百六之会，章会统元。汉以黄帝上元甲子为首，至太和元年，所积之数至百六十年为一厄也。《汉·律历志》。

高丽官制，其品从论穿执，伞有陪盖，为从伞也。金国初，问宋索金文玉册，宋曾册为东怀国。

温公《通鉴》，无高祖废孝惠、留侯招四皓从太子事。伊川《易传》取之者，善其智而能谏，以明纳约之义。温公去之者，为后世虑远矣。去取之意，两不相悖，学者当默识之。

杨龟山云：箕子疑亦可死，而佯狂以避。盖以父师之义，死之则伤勇矣。

老庄之学。衡麓胡先生云："老庄见周末文胜，人皆从事于仪物度数，不复以诚信为主，故欲扫除弊迹，以趋乎本真。而矫枉太过，立言有失，元虚幽眇，不切事情，遂使末流遗略礼法，忽弃实德，浮游波荡。其为世害，更甚于文灭质。"

汉开西域三十六国，后稍分至五十余国，皆在匈奴之西、乌孙国之南，远者万有二千余里，近者不下九千余里。

或问上蔡先生："讲论经典，二三其说者，当何从？"谢答曰："用得即是。验之于心而安，体之于身而可行，斯是矣。如求之或过于幽深，证之或出于穿凿，徒将破碎大体，不见圣贤之用心，宜无取焉。"

刘元城云："说得一丈，不如行取一尺。"

杨龟山语游执中云："常以昼验之于妻子，以观其行之笃与否也；夜考之于梦寐，以卜其志之定与否也。"

伊川先生云："读书当平其心，易其气，阙其疑，则圣人之意见矣。"

东坡先生云："圣人之言，当以数句成文而求其意。若学者率以一字为断，遇其不同，则异说生焉。"

朱文公语学者观书法云：且当玩味大意，就自己分上著实体验，不须细碎计较一两字异同。学问之道无他，求其放心而已。

东坡论老庄之教，君臣、父子、夫妇之间，泛泛乎若萍游于江湖而适所值者。商鞅、韩非得其所以轻天下齐万物之术，是以敢为残忍而无疑。大抵于所厚者薄，则无所不薄，理势然也。

陈履常云："士大夫视天下不平之事，不当怀不平之意。平居愤愤，切齿扼腕，诚非为己，一旦当事而发之，如决江河，其可御耶？必有过甚覆溺之至。"切为陈子之论，有《大学》"有所忿懥，则不得其正"之义。要当廓然大公，物来而顺应之。

胡文定公曰："有志于学者，当以圣人为则；有志于天下者，当以宰相自期。降此不足道矣。"

石徂徕曰："士之积道德、富仁义于一身，盖假权位以布诸行事，利于天下也。岂有屑屑然谋夫衣食者欤？"

侯师圣曰："事君者以行道为志，非为禄也，然亦有时而为贫。若专以禄为事，则厮役之志也。"

胡衡麓曰："士之器大概有之，志于道德者，功名不足以累其心；志于功名者，富贵不足以累其心；志于富贵者，苟富贵而已，则亦无所不至矣，孔子所谓鄙夫之事。"

横渠曰："德未成而先以功业为事，是代大匠斲鲜，不伤手也。"尧夫诗曰："慎勿轻言天下事，伊周元不是庸人。"

陈述古曰："大丈夫当容人，勿为人所容。"

伊川云："别事人都强得，惟识量不可强。如邓艾位三公，年七十，处得甚好。及因下蜀有功，便动了。谢安当谢玄破苻坚，对客围棋，报至不喜。及归，折屐齿，强终不得。"又云："尧舜事业，亦只如太虚中一点浮云过目。"

胡文定公语杨训曰："人家切不要事事足意，得常有些不足处便好。人家才事事足意，便有不好事出。"亦体消长之理言也。

青苗钱，如今之预取麦钱也。假如即日麦价一贯，借与五百，将来征麦一石。

助役钱。国家遇有大役，均取钱于民，官为雇佣也。

唐故事：奉使四夷，其印章曰大唐入某国之印。见《蜀·王建世家》。

五代吴越贡赋，朝廷遣使，皆由淄、莱泛海，岁常漂没其使。

吴越王钱镠尝游衣锦军，作《还乡歌》，歌曰："三节还乡兮挂锦衣，父老远来相追随。牛斗无字人无欺，吴越一王驷马归。"

唐开元二年，制选京官有才识者除都督、刺史，都督、刺史有政迹者除京官，使出入常均，永为恒式。

汉制：由郎官而出宰百里，由郡守而入为三公。

汉少府掌山海陂泽之税，以备天子私奉；大司农掌国货，以供军国之需。

汉制：武帝北伐，乃置万骑太守，而马政兼于郡二千石。

崔浩考汉元以来五星行度，并讥前史之失，以示高允。允曰："汉元年冬十月，五星聚于东井，此乃历数之浅，今讥汉史而不觉此缪。"浩曰："所缪云何？"允曰："按《星传》，金、水二星，常附日而行，冬十月日旦在尾、箕，其昏没于申南，而东井方出寅北，二星何因附日而行。史官欲神其事，不复推之于理。"后岁余，浩谓允曰："前所论者，本不经心，及更考究，果如君言。以前三月聚于东井，非十月也。"

颁高丽历曰（日）诏云："惟历象日月星辰，乃能成岁；自侯甸男邦采卫，要欲同文。"直学士高鸣雄飞辞也。公太原人，官至吏部尚书。

原阙字同叟，淮南高邮之隐君子也。身原阙骨如削石，瞳子碧色有光，尝卖绡于市，遇华原阙，从授炼丹铸剑长生之术。元翁名碧天，其师原阙海蟾，海蟾之师曰吕洞宾，洞宾之师曰钟离权。原阙五世矣。

原阙云：龙不识石，人不识风，鬼不识土，鱼不识水。原阙先生云：阳不冬藏，春气发而无力。

原阙十一年十二月十四日,原阙阳罗洑渡江。明年十二月,临安降,度宗二庶原阙陈宜中、文天祥、两淮张世杰拥入许浦江口。时原阙因改号景炎,凡十八月。十六年,为帅臣张原阙战于崖山口,执文天祥至大都,囚之。上屡欲赦出相之,竟不从。十九年十二月初九日,戮于燕南城柴市。

《钱谱·刘更生传》:"舜父盲,其母常鬻薪以自给。舜时粜米,返置钱于米囊中,以还其母。"则重华之世,钱已行矣。此唐代钱之验也。贾逵注:"夏、商金币三等,钱为下等。"先儒所传有钱明矣。梁大司马顾协所撰《钱谱序》云。

汉尚书郎主作文书起草,月赐赤管一双。

玉堂嘉话卷六

野合。女子七七四十九阴绝，男子八八六十四阳绝，过此为婚为野合。时叔梁纥过六十四娶颜氏少女，故曰野合。

宋绍兴中，衍圣公渡江而东者，孔玠也。

蚕为龙之精。按《马质》云："禁原蚕。"注："天文辰为马。"《蚕书》曰："蚕为龙精。月值大火，则浴其种。"是蚕与马同气。李林甫《月令释》曰："先蚕，天驷也。"先蚕之神，或以为苑窳妇人、寓氏公主，或以为黄帝，或以为西陵氏，或以为天师，历论不一。然蚕为马首，其性喜温恶湿，其浴火月而再养则伤马，此固以马同出于天驷矣。然天驷可为蚕祖，而非先蚕者也。蚕，妇人之事。《史记》："黄帝娶西陵氏，始蚕。"汉祀苑窳妇人、寓氏公主，此或有所传。然其祭设坛，或少牢，或太牢，或一献，或三献，礼必皇后亲享。北齐使公卿祀之，非也。其曰龙精。见荀子《赋蚕》。

开府仪同三司，谓置府辟吏，仪同三公也。唐制。

感生帝，《唐·王仲邱传》引郑玄注云：天之五帝递王，王者必感以兴。故夏之正月，祭所生于郊，以其祖配之，因以祈谷。感帝之祀，贞观用之矣。

庙制。古者天子七庙，虞至周不易之制也。七庙者各异庙，前庙后寝。汉自明帝遵诏俭约，无起陵寝，藏衣裳于庙。魏立二庙，晋、宋、齐、隋及唐，皆同一庙而异寝。建庙及寝，庙所以象生之有朝，寝所以象生之有寝也。建之观门之内，不敢远其亲也；位之观门之左，不忍死其亲也。诸侯五庙，谓二昭二穆与太祖之庙五。郑氏曰："太祖始封之君，王者之后，不为始封之君庙。"盖诸侯不敢祖天子，故王之子弟始为诸侯，不得立出王之庙。后世子孙祖其始封者，而其或有大功德，特命祀其祖先而庙可也，鲁有姜嫄、文王之庙，郑祖厉王是也。若王者之后，始封之君，非有功德，不可为祖，则祖其先代之王也，宋祖帝乙是也。

大夫三庙，一昭一穆与太祖之庙三。郑氏曰："太祖是别子始爵者。虽非别子，始爵者亦然。"郑志答赵商，谓王制商制，故虽非诸侯之别子，亦得立太祖之庙。周制别子为太祖，若非别子之后，虽为大夫，但立父祖曾三庙，随时而迁，不立始爵者为太祖也。然左氏曰："大夫有二宗。"荀卿曰："大夫士有常宗。"则大夫有百世不迁之大宗，有五世则迁之小宗，是太祖之庙常不迁也。《祭法》曰："大夫三庙。考与王考、皇考有庙，显考、祖考无庙。"

太祖正东向之位。刘歆曰："孙居王父之处，以正昭穆，父以明察下曰昭，子以敬事上曰穆。则与祖相代。此迁庙之杀也。"张纯曰："父子不并坐，而孙从王父。"《决疑要注》曰："凡昭穆，父南面，故曰昭，昭者明也；子北面，故曰穆，穆者顺也。"杜佑曰："太祖于室之中奥西壁下，东面；太祖之子南面，为昭，次之；昭之子北面相对，为穆。"张纯曰："元始中禘礼：父为昭，南面；子为穆，北面相对为穆，父子不并坐也。"又《祭统》曰："昭穆者，所以别父子、远近、长幼、亲疏之序而无乱也。"

藏主。《开元礼元鉴》曰[一]："藏主合在何处？按《五经异议》云：'藏主于庙西壁中，备水火之灾，必在西者，长老之处，地道尊右，鬼神幽阴也。'"

荐荐。《檀弓》："有荐新，如朔奠。"谓重新物为之殷奠。《王制》："大夫士宗庙之祭，有田则祭，无田则荐。祭二以首月，荐二以仲月。士用特豚，大夫用羔。庶人春荐韭，夏荐麦，秋荐黍，冬荐稻，韭以卵，麦以鱼，黍以豚，稻以雁。"高堂隆曰："天子诸侯，月有祭事，其孟月四时之祭也。大夫以上将之以羔，或加犬而已，士以豚，庶人则惟其时宜，鱼雁可也。"又："荐新虽在庙，皆不出神主。"《五礼精义》曰："但设神座。"陈氏曰："人子之于亲，饮食与药，必先尝而后进；四时新物，必先献而后食。寝庙之荐新，亦推其事先之礼，以尽诚敬而已。"

宋秦益公桧家庙制。绍兴中，命立家庙于私第中门之左，一堂五室，世祖居中，东二昭，西二穆。堂饰以黝垩，神版长一尺，博四寸五分，厚五寸八分，大书某官大夫神座。贮以帛囊，藏以漆函，用神幄。岁四享，用孟月柔日，其三献。有司言时享用常器常馔，上仿政和故事，命制祭器赐也。

舞雩台。雩祭盖龙见建巳之月。巳乃阳亢之时，阴气难达，用女巫舞雩。女，阴也，舞所以达阳中之阴也。又吁嗟而祷雨曰雩。

社稷为。社，五土之神；稷，五谷之长。首种先成，故长。蔡邕曰："其位在中门之右。社主阴，其墉故北向。"天子曰大社，诸侯为百姓立社曰国社，诸侯自为立社曰侯社，大夫为民族居百家以上共立一社曰里社，各以所宜木立而表之。大社广五丈，诸侯半之，盖方广二丈五也，皆冒以黄土。其主以石，谓石土类也。其位社东而稷西，王之祭也南面，其服也缔冕，其牲黝，其祭血取其阴类，其罇大罍，其乐应钟，舞帗舞，其鼓灵鼓。凡皆因其物以致其义，虽庶人亦得祭之，春有祈而秋有报也。稷非土无以生，土非稷无以见生生之效，以其同功均利养人故也。地载万物，天垂象，取财于地，取法于天，是以尊天而亲地，故教报焉。家主中霤，田主社，示本也。陈氏《礼书》。

诸侯城郭之制。《典命》云："上公九命，其国家、宫室、车旗、衣服、礼仪，皆以命数为节。"

国家。国之所居谓城方也。公之城方九里，宫方九百步。侯伯之城方七里，宫方七百步。子、男之城方三里，宫方三百步。

五土所宜。鸿烈子曰："土地各以类生，故山气多男，泽气多女，障气多喑，风气多聋，林气多癃，木气多伛，岩下气多肿，石气多力，险阻气多瘿，暑气多夭，寒气多寿，谷气多痹，邱气多狂，衍气多贪。轻土多利，重土多迟，清水音小，浊水音大，湍水人轻，迟水人重，坚土人刚，弱土人肥，垆土人大，沙土人细，息土人美，耗土人丑。"

七水所宜。汾水濛浊而宜麻，济水通和而宜麦，河水中浊而宜菽，洛水轻利而宜禾，渭水多力而宜黍，汉水安重而宜竹，江水肥仁而宜稻。

平土之人慧而宜五谷。《尔雅》曰："太平之人仁，丹穴之人智，太蒙之人信，空侗之人武。"

释菜。郑司农云："古者士相见于君，以雉为贽；见于师，以菜为贽。释，即舍也。始入学，必舍菜，礼先师也。菜，苹藻之属。盖以泮宫有芹藻，犹子事父母有堇苴也。"

姓族氏说。
　　　姓
　　氏氏
族族族族族族
《诗》曰："振振公姓，振振公族。"《书》曰："锡土姓。"《左氏》众仲曰："天子建德，因生以赐姓，胙之土，而命之氏。诸侯以字为氏，因以为族，官有世功，则有官族，邑亦如之。"《周语》曰："伯禹疏川导滞，钟水丰物，皇天嘉之，祚以天下，赐姓曰姒，氏曰有夏，尧赐禹姓曰姒，封之有夏。谓其能以嘉利富生物也。祚四岳国，命为侯伯，赐姓曰姜，氏曰有吕，谓其能为禹股肱心膂以养物丰人也。"

姓非天子不可以赐，而氏非诸侯不可以命。姓所以系百姓之正统，氏所以别子孙之旁出，族则氏之所聚而已。古者或氏于国，则齐鲁秦吴是也；氏于谥，则文武成宣是也；氏于官，则司马司徒是也；氏于爵，则王孙公孙；氏于字，则孟孙叔孙；氏于居，则东门北郭；氏于志，则三乌五鹿；氏于事，则巫卜匠陶是也。盖别姓则为氏，氏则有族。族无不同氏，氏有不同族。故八元八恺出于高阳氏、高辛氏而谓之十六族，是氏有不同族也；商氏条氏徐氏之类谓之六族，陶氏施氏之类谓之七族，宋氏华氏谓之戴族，向氏谓之桓族，是族无不同氏也。

贽礼。帛有衣被之仁，皮有炳蔚之文，故孤执之；羔有跪乳之礼，有群而不党之义，故卿执之。进必以时，行必以序，雁也，故大夫执之；交有时，别有伦，被文以相质，死分而不变者，雉也，故士执之；可蓄而不散迁者，鹜也，故庶人执之；可畜而不违时者，鸡也，故工商执之。

食邑说。秦爵二十级，惟彻侯乃得食县，其关内侯本无食邑，其加异者，列之关内之邑，食其租税。

汉初，七大夫以上皆令食邑。食者除租，每户一岁更输钱二百。《货殖传》所谓千户之君，则二十万是也。

汉因乡评取士，谓因人共推之也。如公孙宏以充赋，万石君以谨孝闻。

汉初，入仕者不限年。如刘向、陈咸以八十为郎，刘辟疆以八十为卫尉，公孙宏以八十为相，赵充国以七十为将军，贡禹八十迁御史大夫。

汉集议。汉置大夫，专掌议论，事苟疑似未决，合中朝之士杂议之。自两府大臣以下，至博士议郎，皆得议之，不嫌于卑抗尊也。如呼韩邪单于款塞，卒用郎中侯应之策；朱博得罪，议狱者五十八人；王嘉得罪，议狱者六十人。故曰汉集议，有公天下之心。

汉封侯号。有宰相封侯者，公孙平津是也；有妇人封侯者，萧何夫人同封酂侯、樊哙妻吕须封羌侯是也。以地名封者，平陵、宜春是也；以功封者，冠侯、骠侯是也；以美名封者，博望、博陆是也。

太行山水，皆浟流地中；关中诸水，皆行流地上。

金银鱼袋。唐高宗给五品上随身银鱼袋，以防诏命之诈，出内必合之。三品以上金饰袋。垂拱中，都督、刺史始赐鱼。中宗景龙中，令特进佩鱼。散官佩鱼自此始。宋张师正《倦游录》云："鱼袋者，取事君夙夜匪懈之义。以金为饰，亦身之华也。"

上公桓圭，侯信圭，伯躬圭，镇圭，冒圭。公谓二王之侯及王之上公。双植谓之桓，桓宫室之象，所以安其上也。信当为身，与躬圭盖皆象以人形为瑑，但文有粗缛耳，欲其慎行以保身也。镇圭尺二寸，天子守之。郑氏曰："镇，安也。所以安四方，以四方镇山为饰。崇高敦厚而万物附焉者，山也。"冒圭，孔氏曰："冒以齐瑞信。"方四寸，邪刻之，然冒之以知诸侯之信伪，犹今之合符也。

子谷璧，男蒲璧。谷所以养人，蒲为席以安人。璧皆径五寸，子男不执圭者，未成国也。盖桓强立不挠而安上为任，故公圭瑑之。身伸而躬屈，伸者尊足以候外而蔽内，屈者卑足以长人，故侯伯之圭瑑之。子不足以长人，而可以养人，故璧瑑以谷。男不足以养人，而可以安人，故璧瑑以蒲。圭者天之用，璧者天之体。尽其用者必尽其体，得其体未必尽其用。此圭璧所以不全也。

王、后驵琮。驵，音组。作方玉五寸，上有鼻，以组系之，因名焉。盖古者建国，王立朝，后立市，用以为权也。

牙璋，中璋。《典瑞》曰："牙璋起兵旅以治兵守。"郑司农曰："牙璋，瑑以为牙。牙齿，兵象，故以牙璋发兵。"又："牙璋、中璋，皆有钮牙之饰。"贾公彦云："军多用牙璋，军少用中璋。"《白虎通》曰："璋位南方，南方阳极而阴生，兵亦阴也。故以兵起为义。"如汉有铜虎符，魏有兵符，以发郡国兵，岂牙中之类欤？

白琥。刻虎为形者，以形成于秋也。琥，礼西方之玉也。以盐为虎形者，亦示武之谓也。

瑗。《说文》曰："瑗，大孔璧也。人君上除陛以相引。"

环玦。《荀子》曰："绝人以玦，反绝以环。"范宁释《穀梁》曰："君赐之环则还，赐之玦则往。盖环之为物，或施于佩，或施之于带，反绝佩环则不佩玦。"

六币相合。行人合六币，圭以马，璋以皮，璧以帛，琮以锦，琥以绣，璜以黼。何也？昔太王事狄人以皮币，继之以犬马，终之以珠玉。是珠玉重于犬马，犬马重于皮币，则合圭以马，合璋以皮，宜矣。绣黼，皆阴功也，绣则五色之全，黼则白黑而已。是绣备于黼也，则合琥以绣，合璜以黼，宜矣。婚礼，纳征以束帛，飨礼赠送者以束锦；聘礼，享君夫人以束帛，觌以束锦，上大夫与下大夫致宾介饔饩皆以束帛，宾介傧之以束锦；食礼，君侑币小束帛，大夫相食以束锦。是帛宜于锦也，则合璧以佩，合琮以锦，宜矣。

圭东方也，马动物也，璋南方也，皮文物，故以文；琥西方也，万宝之成，莫备于此，故以绣；璜北方也，阴阳之辨，莫断于此，故以黼。此六币所以合之之意也。皮马不上堂，故珪璋特达于上。然则璧琮琥璜，皆非特达者欤！

伏日。《历忌释》曰："伏者何也？金气伏藏之日也。四时代谢，皆以相生。立春木代水，水生木；立夏火代木，木生火；立冬水代金，金生水；至于立秋，以金代火。金畏于火，故至庚日必伏，庚者金故也。"

腊日。《风俗通》曰："《礼传》：夏曰嘉平，殷曰清祀，周曰大蜡，汉改曰腊。腊者猎也，因猎取兽祭先祖也。汉火行衰于戌，故曰腊也。"汉旧仪曰："腊者，报诸神鬼，古圣贤有功于民者。"《礼记》："伊耆氏始为蜡。蜡者索也，岁十二月合聚万物而索享之也。"《周礼》："祭蜡则龡豳颂，击土鼓，以息老物。"

《周礼》：节有八节。玉节之制，以玉为之，以命数为大小，守邦国者用之。角节，用犀角，角在鼻上，是角中之贵，守都鄙者用之。虎节，山多虎者用之，谓晋国之类，以金为节铸象焉，必自以其国所多者，于以相别为信。人节，平地多人者用，谓卫国之类。龙节，泽多龙者用之，谓郑国之类，皆以金为之，以英荡辅之，英荡画函也，以竹为之而有饰焉，盛节器也，辅之节者，使不损也。旌节，道路用之，道路谓乡遂大夫也。符节，都鄙用之，都鄙谓公之子弟及卿大夫采地之吏也。管节，以竹为之，析节竹为符节，全竹为管节，如今之竹使符也。其有商者，通之以符节，门关者与市联事，节可同也。《康诰》曰："越小臣诸节。"《春秋》："宋司马握节以死"，"司城效节于府人而去"，"司马牛致其邑与珪而适齐"，珪，守邑土信符。则守节不特于邦国都鄙，虽官府小臣亦有之矣。

汉竹使符铜虎符，各分其半，右留京师，左付郡守以传司关。凡所达货贿者，则以节传出之，如今移所过文书。凡通达于天下者，必有节以传辅之。汉制：门关用传，作两行书缯帛上，各持其一，出入合之。岂古之遗制欤！

校注：

[一]"《开元礼元鉴》"，四部丛刊初编本《秋涧先生大全文集》作"《开元礼义鉴》。"宋王尧臣等撰《崇文总目》卷一著录唐萧嵩撰《开元礼义鉴》100卷。

玉堂嘉话卷七

《丧服小记》:"别子为祖,继别为宗,继祢者为小宗。有五世而迁之宗,宗其继高祖者也。是故祖迁于上,宗易于下,尊祖故敬宗,所以尊祖祢也。"《大传》曰:"别子为祖,继别为宗,继祢者为小宗。有百世不迁之宗,有五世则迁之宗。百世不迁者,别子之后也。宗其继别子之所自出者,百世不迁者也;宗其继高祖者,五世则迁者也。"

   祢继祢小宗小宗
    祢继祢小宗小宗小宗
    祢继祢小宗小宗小宗
    祢继祢小宗小宗小宗
   别子继别为祖为宗大宗大宗大宗大宗
诸侯继世之君君君君君君

陈氏《礼书》云:"公子不得祢先君,故为别子而继别者,族人宗之为大宗。远虽至于绝属,犹为之服衰三月。庶子不得祭祖,故诸兄弟宗之为小宗,以其服服之。大宗,远祖之正体,则一而已;小宗,高祖之正体,其别有四。则继祢者,兄弟宗之;继祖者,从兄弟宗之;继曾祖者,从祖兄弟宗之;继高祖者,从曾祖兄弟宗之。四世亲尽属绝,而不为宗矣。然言继别为宗,又言继别子之所自出者,言继祢为小宗,又言宗其继高祖者。则继别子者,子之子也;继别子之所自出者,即别子也;继祢者,庶子之子;继高祖者,五世之孙也。继祢言其始,继高祖言其终,继别言其宗,继别子之所自出言其祖。经言:'继别子之所自出。'颖达言:'别子之所由出。'然则别子之所由出,即国君也,其可宗乎?"

玺。卫宏《汉书旧仪》曰:"玺,白玉,螭虎纽,文曰皇帝行玺、天子信玺,凡六。"又曰:"诸侯王印,黄金橐驼纽,文亦曰玺。列侯黄金印,龟纽,文曰印。丞相、将军黄金印,龟纽,文曰章。中二千石银印,龟纽,文曰章。千石、六百石、四百石铜印,鼻纽,文曰印。"孙坚得传国玺,方围四寸,上纽盘五龙,然则汉天子之玺,其方不过四寸,诸侯王已下,其小可知。

土牛制义。《月令》:"季冬,命有司出土牛,以送寒气。"正义曰:"出,犹作也。

丑为牛，牛可牵止也。送，犹毕也。其月建丑。又土能克水，持水之阴气，故时作土牛，以毕送寒气也。土胜水，故可以胜寒，又且以升阳。"《唐月令》："季冬出土牛，以示农耕之早晚。若立春在十二月望，则策牛人近前，示其农早；立春在十二月晦及正月朔，则策牛人当中，示其农平；立春近正月望，则策牛人近后，示其农晚也。"《后汉志》："季冬，作土牛六头于国都郡县城外丑地。"其牛色，以岁之干色为首：甲乙木，其色青；丙丁火，其色赤；戊己土，其色黄；庚辛金，其色白；壬癸水，其色黑。以支色为身：寅卯木，其色青；巳午火，其色赤；申酉金，其色白；亥子水，其色黑；辰戌丑未土，其色黄。纳音色为腹：若甲子乙丑金，其色白；丙寅丁卯火，其色赤；他皆仿此。以立春日干色为角、耳、尾，支色为胫，纳音色为蹄。设令甲子岁，甲为干，其色青，则青为牛首；子为水，其色黑，则黑为身；纳音金，其色白，则白为腹。又若丙寅日立春，丙为干，其色赤，则赤为角、耳、尾；寅为支，其色青，则青为胫；纳音火，其色赤，赤为蹄。

九州释义：

兖州。兖，信也。五行星流而为兖。

豫州。豫，舒也。又序也。言阴阳分布，各得其序。

荆州。荆，疆也。阳盛物坚，其气急。

冀州。冀，近也。《尔雅》云："两河间曰冀。"

青州。《元命苞》曰："虚危星精，流而为青。"

雍州。雍，壅也。《唐地纪》曰："雍兼得梁州之地，西北位。阳所不及，阴气壅遏，故取名焉。"

益州。益，谓溢也。

徐，舒也。

扬，轻也。

钟山。徐爰曰："建康北十馀里有钟山。汉末，金陵尉蒋子文讨贼战亡，灵发于山，因立蒋侯祠，故世号蒋山神。"

赤县。张衡《灵宪图》曰："昆仑东南有赤县之州，风雨有时，寒暑有节。苟非此土，南则多暑，北则多寒，东则多阴，故圣王不处焉。"《史记》："邹衍曰：'中国于天下，八十一分居其一分耳。中国名赤县，赤县内自有九州，禹之叙九州是也，不得为州数。中国外如赤县州者又有九，乃谓九州也，有裨海环之，如一区中者，乃为一州也，如是者九，乃有大瀛海环其外，天地之际焉。'"

三川，河、洛、伊也。

司马光《言行录》：有司奏言："日当食"。光言："食不满分，或京师不见，皆贺。臣以为日食四方见而京师独不见，天意人君为阴邪所蔽，天下皆知而朝廷独不知，其为灾当益省。不当贺。"诏从之，后以为常。

汉宫中有宣室、武台。召文臣则于宣室，召武臣则于武台。

春夏秋冬释义。《礼·乡饮酒》云：春之为言蠢也，产万物者圣也；夏之为言假也，养之长之，假之仁也；秋之为言愁也，愁之以时，察守义者也；冬之为言中也，中者藏也。天地严凝之气，始于西南，而盛于西北，此天地尊严之义气也。温厚之气，始于东北，而盛于东南，此天地盛德之仁气也。

按地志：今卫州城即殷牧野之地，周武王伐纣筑也。又云：武王至于商郊牧野，乃筑此城。

祭说。唐韦彤议曰："祭非外至，生于心者也。是故圣人等牲牢，布笾豆，昆虫草木可荐者，莫不咸在，所以享宗庙、交神明而全孝敬也。"

遗山尝与张哝斋论文，见有窃用前人辞意而复加雌黄者，遗山曰："既盗其物，又伤事主，可乎？"一座为绝倒。哝〔斋〕即张允文先生，盖遗山戏语也。尝有诗云："因君寄谢哝斋老，道我今年二十七。"

作论法。鹿庵云："语与义体式一般，亦是冒原讲证结。但论入作，独句直下，不似义两句扇对而入，如麻先生《汉书贯五经论》，最明白得体。"

金清漳老人，南宫人，曾撰本县二阎神庙碑，遗山见之，谓进士张和之有读得行之语。

光武同冯异遇雨燎衣处，在今南宫东北二十里冯村。

内外制。翰林学士所撰者为内制，中书舍人定撰者为外制。

金哀宗朝，有亲军杀其子者，法家断不至死。上曰："亲军宿卫之人，父子之间，残忍如此，与常人不同。"竟坐死论。

徐大卿云："诏命之体，莫如两汉，以其体实故也。"馀则何恤。
又大卿等论及子告母事，孟德卿有庄公、文姜之说，徐公主义重于母。

李侍讲说：中和真人在龙廷时，以瞻对无时，恒备物以充咀嚼。时一士人同在邸舍，师每与之分甘。一日，师复求之，彼辞无有，托便旋食焉。师知之，因曰：'沙漠之羊，与中土桑用略同。肉充饥，毛作毡，皮为裘，角为杯匜。此人所共知，不忆近来羊尿又可以配饼食也。'闻者为大笑。彼徐悟其方己，甚有愧色。

杨劝农春卿夜读书，有鼠出跃书几上，忽投膏甑中。杨子取一方木覆之，随突以出，环书册走不辍，作人语曰："油著油著。"杨笑起曰："吾避汝。"燕城阁前晌午市合更忙，猝不能过，即擎虚器云："油著油著。"人即避开，故鼠亦云云。闻者为笑。

图克坦侍讲说：右丞相琚[一]，大定末致仕居乡中。一日会客，间闻司录呵喝过门，公即起立，既远复位。客曰："丞相何若此？"公曰："参军虽微，国家命官也，吾敢不敬！"众客为叹息。丞相字子美，中山人。

王西溪尝云："表章体，臣无居首之理。"故今之表式，皆以帝旨冠首。

王西溪云："元遗山录册中云，东平范尊师庵内见化饭王先生，说渠海州为吏时，岁贡糟姜、糟蟹、海棠。出州东入海八百里峡岛，岛是龙宫地，生海棠，作矮树，花色深红，大如茶盌面而百叶，香韵殊绝。开时可持一月久，既衰，不落而萎。每岁自岛中移百本入海州御园，明年再移百本，而以先所种者供御。每花一金签牌记之，脚花乃得入州官民家。每一花必三叶承之，重九开。"

鹿庵先生为学士日，命应奉、编修辈取金实录内名臣事迹，欲集为长编，俾士大夫家易于观录。或问其去取法，曰："大抵人之功劳，必须具载，如西汉曹参、樊哙传，此其例也。"又曰："西汉列传，是多少好墓志碑铭格样，学之有余师矣。"既而侍讲箓多略去其人勋效。鹿庵闻之，曰："某不解此，平日于书多谩读过去了。"

校注：
[一] "右丞相"，四部丛刊初编本《秋涧先生大全文集》、四库全书本《玉堂嘉话》作"石丞相"。石王居，《金史》卷八八有传。

玉堂嘉话卷八

甲午九月望日，东原五六友人会于孙侯小轩，话及前朝得失之渐。坐客问云："金有中原百有馀年，将来国史何如尔？"或曰："自唐已降，五代相承，宋受周禅，虽靖康间二帝蒙尘，缘江湖以南，赵氏不绝，金于宋史中，亦犹刘、石、符、姚一载记尔。"众颇惑焉。仆曰："正闰之论，愚虽不敏，试以本末言之。夫耶律氏自唐以来，世为名族。延及唐末，朱温篡唐，四方幅裂。辽太祖安巴坚乘时而起，服高丽诸国，并燕云已北数千里，改元神册，与朱梁同年即位，元年丁卯。在位十九年。辽太宗嗣位，讳德光，太祖第二子。改元天显。元年丙戌，与唐明宗同年即位。十一年，河东节度使石敬（瑭）为清泰来伐，遣使求救于辽，奉表称臣，仍以父礼事之。辽太宗赴援以灭后唐，石氏号晋，晋以燕云十六州献于辽太宗，岁贡帛三十万匹。天福七年，晋高祖殂，出帝嗣位，大臣议奉表称臣告哀于辽，景延广请致书称孙而不称臣，与辽抗衡。太宗举兵南下，会同九年入汴，以出帝为负义侯，置于黄龙府，石晋遂灭。大同元年，太宗北还，仍以萧翰留守河南。刘知远在河东，乘间而发，由太原入汴，自尊为帝。及乎宋受周禅，有中原一百六十余年，辽为北朝，世数如之。虽辽之封域褊于宋，校其兵力，而澶渊之战，宋几不守，因而割地连和，岁贡银绢二十万两匹，约为兄弟，仍以世序昭穆。降及晚年，辽为翁，宋为孙。至天祚，金朝太祖举兵西来，平辽克宋，帝有中原，天下来享来王，坐受四方朝贡，百有余年。今以不可不辨。夫刘渊、石勒皆晋之臣庶，叛乱国家，以臣伐君，纵能盗据一隅，僭至姚泓，终为晋将刘裕所虏，斩于建康市。返本还原，兹作载记，理当然也。夫完颜氏世为君长，保有肃慎，至武元时而天下南北敌国，素非君臣。若依席上所言，金为载记，未审辽史复如何尔。方辽太祖神册之际，宋太祖未生，辽祖比宋前期五十馀年已即帝位，固难降就五十年之后，包于宋史为载记，其世数相悬，名分颠倒，断无此法。既辽之世纪，宋不可兼，其金有中原，更难别议。以公论处之，据五代相因，除庄宗入汴，复雠伐罪，理势可观外；朱梁篡逆，甚于穷新；石晋因辽有国，终为辽所并；刘汉自立，父子四年；郭周废湘阴公而立。以五代之君，通作'南史'，内朱梁名分，犹恐未应。辽自唐末保有北方，又非篡夺，复承晋统，加之世数名位，远兼五季，与前宋相次而终，言'北史'。宋太祖受周禅，平江南，收西川，白沟迤南，悉臣大宋，传至靖康，当为'宋史'。金太祖破辽克宋，帝有中原，百有余年，当为'北史'。自建炎之后，中国非宋所有，宜为'南宋史'。"

或曰:"欧阳,宋之名臣也,定立'五代',不云'南史',当时想曾熟议,如何今日复作此论?"仆曰:"欧阳公作史之时,辽方全盛,岂不知梁晋汉周授受之由?故列五代者,欲膺周禅以尊本朝之义而然。至于作十国世家,独称周汉之事,可谓难矣。请事斯语,厥有旨哉!愚谓读李屏山《咏史》诗,咏五代郭周云:'不负先君持节死,举朝惟有一韩通。'愚尝惊哀此诗命意。宋自建隆以来,名臣士大夫论议篇章,不为不多,未尝有此语,非不能道也,盖褅之说也。故列五代者良可知。隋季文中子作《元经》,至晋宋已后,正统在中原,而后大唐南北一统。后至五代,天下扰扰,无由再议。降及今日,时移事改,商确前人隐约之迹,当从公论。"

议者又曰:"金有中原虽百余年,宋自建隆于今,几三百年。况乎今年春正月攻陷蔡城,宋有复雠之迹,固可兼金。"愚曰:"元魏齐梁世数已远,恐诸公不以为然,请以五代之事方之。汉隐帝乾祐三年遇弑,太后诏立帝弟武宁军节度使嗣位,名赟,河东节度使刘旻之子。后虽废为湘阴公,旻亦寻即皇帝位于晋阳,终旻之世,犹称乾祐,四帝二十九年,至宋太祖兴国四年归宋。依今日所论,旻系刘高祖母弟,在位四年,其子承钧嗣位,改元天会。五年,郭周已绝。郭周二(三)主九年,东汉四主二十九年。东汉四主,远兼郭周,郭亦不当称周,固当为闰。宋太祖不曰受周禅,传至太宗,方承东汉之后。欧阳不合作《五代史》,合作'四代史',司马光《通鉴》当列东汉为世纪,欧阳不宜作《十国世家》。呜呼!国家正闰,固有定体,不图今日轻易褒贬。在周则为正,在金则为闰,天下公论,果如是乎?况蔡城一事,盖大朝征伐之功。是时宋之边将,专权率意,自撒藩篱,快斯须之忿,昧唇齿之理。自谓爱已而恶佗,延引强兵深入,遵行覆辙。徽宗跨海助金破辽之事。媒孽后祸,取笑万世,何复雠之有也。宋自靖康已来,称臣侄,走玉帛,岁时朝贡,几于百年,岂期今日私论,遽称尊大。果使宋庙有灵,必可其议也。泰和间,南宋寒盟,起无名之师,侵汉唐邓宿泗,章宗分遣应兵,其淮汉川蜀之间,大为所破。宋遣臣方信孺等卑辞告和,请叔为伯,进增岁币,献权臣之首,韩侂胄、侯师旦也。绘其容,漆其首,函送幽都。至于阙下。信孺制有《古调》一篇,予能草略记之:'大朝君相仁且慈,小麦未熟休王师。奸臣岂足赎民命,既往不咎来不追。'诗书于上源驿壁间,馆伴使入朝题奏,上颇哀怜。是时中原连年蝗旱,五谷不登,山东尤甚。章庙自责之心深重,形于歌咏者颇多,每以偃兵为念。故诏百官议曰:'朕闻海陵有言:我国家虽受四方朝贡,宋犹假息江左,亦天下两家邪!故有亲征之行。去岁,宋人兵起无名,摇荡我边鄙,今已败衂,哀恳告和。朕思海陵之言,宜如何尔?'时臣下本希上意,故进言曰:'先于靖康间,宋祚已衰,其游魂余魄,今虽据江左,正犹昭烈之在蜀,不能绍汉氏之遗统,大可见也。'和议乃定。今日校之此语,乃当时继好息民之大略,非后世正闰之定论。"

或曰:"何以知之?"曰:"夫昭烈之于汉,虽云中山靖王之后,其族属疏远,不能纪录世数名位。南宋高宗,乃徽宗之子,钦宗之弟,岁月不易以即位,奄有江南,似与昭烈颇异。若以金史专依泰和朝议,特承宋统,或从今日所论,包为载记,二论俱非至公。"

坐客又云："辽之有国[一]，僻居燕云，法度不一，似难以元魏、北齐为比。"仆再拜而言曰："以此责之，肤浅尤甚。若以居中土者为正，则刘、石、慕容、苻、姚、赫连所得之土，皆五帝三王之旧者也。若以有道者为正，苻秦之量，雄材英略，信任不疑；朱梁行事，篡夺内乱，不得其死。二者方之，统孰得焉？夫授受相承之理，难以此责，况乎泰和初，朝廷先有此论。故选官置院，创修辽史，刻期榜状元张桷预焉。后因南宋献馘告和，臣下奏言靖康间宋祚已绝，当承宋统，上乃罢修辽史。缘此，中州士大夫间不知辽金之兴，本末各异者。向使泰和间，若是辽史早得修成，天下自有定论，何待余言。"

座客愕然曰："数百年隐显之由，何其悉也。问一得三，实出望外，幸卒言之。"仆因就毫楮录狂斐，以俟意事者删之，庶备他日史官之采摭云尔。

燕山修端谨记。

鹿庵云："古诗句多平字，不能得健。如杜诗《古调》一句七字，有至六字无平者。律则当如乐律和应，否则不成音矣。"

纪行。

岁丁未夏六月初吉，赴召北上，发自镇阳。信宿过中山，时积阴不雨，有顷，开霁。西望恒山之绝顶，所谓神峰者。耸拔若青盖然，自余诸峰，历历可数。因顾谓同侣曰："吾辈此行，其速返乎！此退之衡山之祥也。"翌日，出保塞，过徐河桥，西望琅山，森若剑戟，而葱翠可挹。已而由良门定兴抵涿郡，东望楼桑蜀先主庙。经良乡，渡卢沟桥以达于燕。居旬日而行，北过双塔堡新店驿。入南口，度居庸关。出关之北口，则西行，经榆林驿、雷家店，及于怀来县。县之东有桥，中横木，而上下皆石。桥之西有居人聚落，而县郭芜没。西过鸡鸣山之阳，有邸店曰平舆，其岭建僧舍焉。

循山之西而北，沿桑乾河以上，河有石桥，由桥而西，乃德兴府道也。北过一邸曰定防水，经石梯子至宣德州。复西北行，过沙岭子口，及宣平县驿。出得胜口，抵厄河岭下，有驿曰孛落。自是以北诸驿，皆蒙古部族所分主也，每驿各以主者之名名之。由岭而上，则东北行，始见毳幕毡车，逐水草畜牧而已，非复中原之风土也。寻过抚州，惟荒城在焉。北入昌州，居名仅百家，中有廨舍，乃国王所建也。亦有仓廪，隶州之盐司。州之东有盐池，周广可百里，土人谓之狗泊，以其形似故也。州之北行百余里，有故垒隐然连亘山谷。垒南有小废城，问之居者，云："此前朝所筑堡障也。"城有戍者之所居。

自堡障行四驿，始入沙陀。际陀所及，无块石寸壤，远而望之，若冈陵邱阜然。既至，则皆积沙也，所宜之木，榆、柳而已，又皆樛散而丛生，其水尽盐卤也。凡经六驿而出陀，复西北行一驿，过鱼儿泊。泊有二焉，周广百余里，中有陆道，达于南北岸。泊之东涯有公主离宫，宫之外垣高丈余，方广二里许，中建寝殿，夹以二室，背以龟轩，旁列两庑，前峙眺楼，登之颇快目力。宫之东有民匠杂居，稍成聚落，中有一楼，榜曰迎晖。自泊之西北行四驿，有长城颓址，望之绵延不尽，亦前朝所筑之外堡也。自外堡行一十五驿，抵一河，深广约什滹沱之三，北语云音鲁尔，汉言驴驹河也。夹岸多丛柳，其水东注，甚湍猛。居人云：中有鱼，长可三四尺，春夏及秋捕之，皆不能得，至冬，可凿冰而捕也。濒河之民，汉杂以蕃，稍有屋室，皆以土冒之，亦颇有种艺，麻麦而已。河之北有大山，曰喀喇敖拉，汉言黑山也。自一舍外望之，黯然若有茂林者，迫而视之，皆苍石也，盖尝有阴霭之气覆其上焉。自黑山之阳西南行九驿，复临一河，深广皆音鲁尔之比，其鱼之大若水之捕法亦如之。其水始西流，深急不可涉，北语云托赉，汉言兔儿也。遵河而西行一驿，有契丹所筑故城，可方三里，背山面水，自是水北流矣。

由故城西北行三驿，过伯勒赫图，乃弓匠积养之地。又经一驿，过大泽泊，周广约六七十里，水极澄澈，北语谓乌苏彻尔诺尔。自泊之南而西，分道入和林城，相去约百余里。泊之正西有小故城，亦契丹所筑也。由城四望，地甚平旷，可百里，外皆有山，山之阴多松林，濒水则青杨丛柳而已，中即和林川也。居人多事耕稼，悉引水灌之，间亦有蔬圃。时孟秋下旬，糜麦皆槁。问之田者，云："已三霜矣。"由川之西北行一驿，过马头山，居者云："上有大马首，故名之。"自马头山之阴转而复西南行，过呼兰斋勤，乃奉部曲民匠种艺之所，有水曰塔密尔河注之。东北又经一驿，过石堠。石堠在驿道旁，高五尺许，下周四十余步，方而隅，巍然特立于平地，形甚奇峻，遥望之若大堠然，由是名焉。自堠之西南行三驿，过一河曰唐古，以其源出于西夏故也，其水亦东北流。水之西有峻岭，岭之石皆铁如也。岭阴多松林，其阳帐殿在焉，乃避夏之所也。

迨中秋后始启行，东由驿道过石堠子，至呼兰斋勤，山名，以其形似红耳也。东北迤逦入陀山。自是且行且止，行不过一舍，止不过信宿。所过无名山大川，不可殚述。至重九日，王师麾下会于大牙帐，洒白马湩，修时祀也。其什器皆用禾桦，不以金银为饰，尚质也。十月中旬，方至一山崦间避冬，林木甚盛，水皆坚凝，人竞积薪储水，以为御寒之计。其服非毳革则不可，食则以膻肉为常，粒米为珍。比岁除日，辄迁帐易地，以为贺正之所。日大晏所部于帐前，自王以下皆衣纯白裘，三日后方诣大牙帐致贺，礼也。正月晦，复西南行。二月中旬，至呼兰斋勤，东行，及马头山而止，趁春水飞放故也。四月九日，率麾下复会于大牙帐，洒白马湩，什器亦如之。每岁惟重九、四月九，凡致祭者再，其余节则否。自是日始回，复由驿道西南，往避夏所也。大率遇夏则就高寒之地，至冬则趋阳暖薪水易得之处以避之。过此以往，则今日行而明日留，逐水草、便畜牧而已。此风土之所宜，习俗之大略也。仆自始至迨归，游于王庭者凡十阅月。每遇燕见，必以礼接之。至于供帐衾褥衣服，食饮药饵，无一不致其曲，则眷顾之诚可知矣。自度衰朽不才，其何以得此哉！原王之意，出于好善忘势，为吾夫子之道而设，抑欲以致天下之贤士也。德辉何足以当之，后必有贤于隗者至焉。因纪行李之本末，故备志之。

戊申夏六月望日，太原张德辉谨志。

商司业录到太常诸杂仪礼：
文德殿宿斋仪注差官等。
景灵宫行礼仪注差官等。
太庙行礼仪注差官等。
明堂大礼升降玉辂仪注。
明堂殿行礼仪注。
明堂殿星图。
明堂大礼毕紫宸殿称贺仪注。
明堂大礼毕登门肆赦仪注。
明堂升陪事并礼馔差官等。
明堂降御劄锁院并奏告事。
明堂大礼修筑路道图。
明堂大礼笏记。
明堂大礼排日祭祀。
明堂降御劄修路教车按辂等年代月日。
明堂大礼逐次趱那更点。
明堂大礼差五使等官年代例。
明堂大礼总差官。
头冠法服样。
玉辂图。　玉辂件段尺寸。及太平车尺寸等。
逍遥平辇图。　并尺寸等。
太常乐图。　祭器图。
黄麾大仗图。
明堂大礼文武官合著服色等。
御龙直执从物图。
明堂大礼鼓吹鸡唱惊场图。
明堂大礼乐章乐曲。
明堂大礼合降指挥等。
明堂大礼为值雨降过生创指挥例。
明堂大礼诸杂事例等。
明堂大礼祇应并铺分人数等。
熙朝盛典诗。
大安辇件段。
明堂大礼教象申请事节。
计三十七册，曰明堂大礼。景定四年蓝大正记，至元三十年三月二十九日商琥录。

宣和卤簿图。　祀圆（圜）丘图。　东封太山图。

监修国史例。忠斋刘承旨说："宋朝监修国史，宰相初任者，谓之开局。一月一至院，谓之过局。至元三十一年甲午七月初四日，右丞相完泽受开府仪同三司、监修国史，右丞相如故。"

窦俨水论。周世宗南伐，驻跸临淮，因览唐贞元中《泗州大水记》，诏窦俨论其事。俨献文，其略曰："夫水沴所具，厥有二理：一曰数，二曰政。天地有五德：一曰润，二曰暵，三曰生，四曰成，五曰动。五德者，阴阳之使也；阴阳者，水火之本也。阴阳有常德，故水火有常分。奇偶收半，盈虚有准，谓之通正；羡倍过亢，极无不至，谓之咎征。二者大期，率有常数。除之主始于渊献，水之行纪于九六。凡千有七百二十有八岁为浩浩之会，当是时也，阴布固阳，澍雨天下，百水眂注，涨其通川。岸不受余，则旁吞原隰；科坎平概，则漂垫方割。虽尧、舜在上，皋、夔佑政，亦不能弭其沴也。过此以还，则系于时政，如其后辟狂妄以自率，权臣昧冒以下专，政不明，贤不章，则苦雨数至，潦水积厚，然阴阳之数也。贞元壬申之水，匪数之期，乃政之感也。德宗之在位也，启导邪政，狎昵小人，裴延龄专利为心，阴潜引纳，陆贽有其位，弃其言。由是明明上帝，不骏其德，乃降常雨，害于粢盛，百川沸腾，坏民庐舍，固其宜也。王者苟能修五政，崇五礼，礼不渎，政不紊，则五日一霏微，十日一霡霂，十五日一霢沱，谓之时雨，所以正五运之制节。占象晷刻，无有差爽，则神农之世其验欤？"世宗嘉之。国初，迁礼部侍郎，依前学士判太常如故。是时祠祝乐章，宗庙谥号，皆俨所定撰，人服其该博。俨冲淡宽简，好贤乐善，平居怡怡如也，未尝失色于僮仆。优游文翰，凡十数年。著《大周正乐》三十卷，诏藏于史阁。其《大周通礼》，未及编纂，会俨卒，议者惜之。

至元贞元年岁六月十三日，宋太祖实录抄并校勘无差，时开真定野河，事甚不便。

金史　王文康公定夺。此王状元先生，时为承旨学士。
帝记（纪）九
　　太祖　　太宗　　熙宗　　海陵庶人　　世宗
　　章宗　　卫绍王实录阙　　宣宗　　哀宗实录阙
志书七
　　天文五行附　　地理边境附　　礼乐郊祀附　　刑法
　　食货交钞附　　百官选举附　　兵卫世袭附
列传旧实录三品已上入传，今拟人物英伟，勋业可称，不限品从。
　　忠义　　隐逸高士附。　　儒行　　文艺
　　烈女　　方技　　逆臣忽沙虎。　　诸王后妃开国功臣在先书示仲谋：王相修史事，宜急不宜缓。多半采访，切恐老人渐无。费用不可惜，当置历令一人专掌。以后打等。元裕之、萧公弼奏用银二千定，今即编修书写请俸饮食纸劄费用。若作准定撰，三五百定都了。采访文字，令言者旌赏，隐者有罚。仲谋所宜著心编修，且要二员，直须选择魏太初、周斡臣云云。本把合用儒人兼管，不宜用他色目，如他日同修编修人来，房屋决少，目今便合商议起盖。盖下房屋，都在文庙已后也得用，谓如仲谋兼编修，徒单云甫受直学士兼同修，李仁卿学士兼同修，胡绍开年小也，宜唤去。比至定俸，且与批支。若家小来更好，都交文庙里住。史事早成，其他不预史事者，在于文庙，自当退去。此明年话也，仲谋宜知之。书写典史杂使以后必须用，谓文字未集，且定编修二人。若踏逐书写二名，更佳。杂使亦不可阙，将来院官不要人使唤。中统二年示。

校注：

[一] "有"字后，原注阙五百十一字。此据四库全书本《秋涧集》，补"辽之有"以下至第三则"纪行"条"沟桥以达于燕"以上间阙文，凡四百四十二字。

附　录

《四库全书总目》卷一二二《玉堂嘉话》提要

　　《玉堂嘉话》八卷，江苏巡抚采进本。元王恽撰。恽有《承华事略》，已著录。是编成于至元戊子，纪其中统二年初为翰林修撰、知制诰兼国史馆编修官，及调官晋府秩满，至元十四年复入为翰林待制时，一切掌故及词馆中考核讨论诸事，始于辛酉，终于甲午，凡三十四年之事。所记当时制诰特详，足以见一朝之制。如《船落至祭文》、《太常新乐祭文》之类，皆他书所未见。他如记唐张九龄、李林甫告身之式，记平宋所得法书古画名目、宋聘后六礼、金科举之法，以及论宣谕制诰之别，据柳公权跋知唐时已有《广韵》，辨米芾之称南宫以赠官太常，记秦桧家庙之制，摘颜真卿书《出师表》之伪，谓《金史·天文志》出于太史张中顺，与夫张德辉述塞北之程，刘郁述西域之事，皆足以资考证。而宋、辽、金三史之议，尤侃侃中理，其中如论日月五星则不知推步之法，谓古妇人无谥则不知声子、文姜之例，论六帖则剿袭《演繁露》，论舜事则误信钱时，论野合则附会《博物志》，皆为疵累。《唐六典》女伯女叔一条，二卷、五卷再见，亦失检校。然大致该洽，不以瑕掩。全书已收入《秋涧集》中，此乃其别行之本也。

《元史》卷一六七王恽本传

宋濂等撰

　　王恽字仲谋，卫州汲县人。曾祖经。祖宇，仕金，官敦武校尉。父天铎，金正大初，以律学中首选，仕至户部主事。

　　恽有材干，操履端方，好学善属文，与东鲁王博文、渤海王旭齐名。史天泽将兵攻宋，过卫，一见接以宾礼。中统元年，左丞姚枢宣抚东平，辟为详议官。时省部初建，令诸路各上儒吏之能理财者一人，恽以选至京师，上书论时政，与渤海周正并擢为中书省详定官。二年春，转翰林修撰、同知制诰兼国史院编修官，寻兼中书省左右司都事。治钱谷，擢材能，议典礼，考制度，咸究所长，同僚服之。

至元五年，建御史台，首拜监察御史，知无不言，论列凡百五十余章。时都水刘晸交结权势，任用颇专，陷没官粮四十余万石，恽劾之，暴其奸利，权贵侧目。又言："晸监修太庙毕功，特转官锡赏，今才数年，梁柱摧朽，事涉不敬，宜论如法。"晸竟以忧卒。秩满，陈天祐、雷膺交荐于朝。

九年，授承直郎、平阳路总管府判官。初，绛之太平县民有陈氏者杀其兄，行赂缓狱，蔓引逮系者三百余人，至五年不决。朝廷委恽鞫之，一讯即得其实，乃尽出所逮系者。时绛久旱，一夕大雨。十三年，奉命试儒人于河南。十四年，除翰林待制，拜朝列大夫、河南北道提刑按察副使，寻改置诸道制下，迁燕南河北道，按部诸郡，赃吏多所罢黜。十八年，拜中议大夫、行御史台治书侍御史，不赴。

裕宗在东宫，恽进《承华事略》，其目曰：广孝、立爱、端本、进学、择术、谨习、听政、达聪、抚军、崇儒、亲贤、去邪、纳诲、几谏、从谏、推恩、尚俭、戒逸、知贤、审官，凡二十篇。裕宗览之，至汉成帝不绝驰道，唐肃宗改服绛纱为朱明服，心甚喜，曰："我若遇是礼，亦当如是。"又至邢峙止齐太子食邪蒿，顾侍臣曰："一菜之名，遽能邪人耶？"詹事丞张九思从旁对曰："正臣防微，理固当然。"太子善其说，赐酒慰喻之。令诸皇孙传观，称其书弘益居多。

十九年春，改山东东西道提刑按察副使，在官一年，以疾还卫。二十二年春，以左司郎中召。时右丞卢世荣以聚敛进用，屡趣之不赴。或问其故，恽曰："力小任大，剥众利己，未闻能全者。远之尚恐见浼，况可近乎！"既而果败，众服其识。

二十六年，授少中大夫、福建闽海道提刑按察使。黜官吏贪污不法者，凡数十人；察系囚之冤滞者，决而遣之；戒戍兵无得寓民家，而创营屋以居之。每谓为治之本在于得人，乃进言于朝曰："福建所辖郡县五十余，连山距海，实为边徼重地。而民情轻诡，由平定以来官吏贪残，故山寇往往啸聚，愚民因而蚁附，剽掠村落，官兵致讨，复蹂践之甚，非朝廷一视同仁之意也。今虽不能一一择任守令，而行省官僚如平章、左丞尚缺，宜特选清望素著、简在帝心、文足以抚绥黎庶、武足以折冲外侮者，使镇静之，庶几治安可期矣。"

时行省讨剧贼钟明亮无功，恽复条陈利害曰："福建归附之民户几百万，黄华一变，十去四五。今剧贼猖獗，又酷于华，其可以寻常草窃视之？况其地有溪山之险，东击西走，出没难测，招之不降，攻之不克，宜选精兵，申明号令，专命重臣节制，以计讨之，使彼势穷力竭，庶可取也。"

二十八年，召至京师。二十九年春，见帝于柳林行宫，遂上万言书，极陈时政。授翰林学士、嘉议大夫。

成宗即位，献《守成事鉴》一十五篇，所论悉本诸经旨。元贞元年，加通议大夫、知制诰、同修国史，奉旨纂修《世祖实录》，因集《圣训》六卷上之。大德元年，进中奉大夫。二年，赐钞万贯。乞致仕，不许。五年，再上章求退，遂授其子公孺为卫州推官，以便养，仍官其孙笱秘书郎。大德八年六月，卒。赠翰林学士承旨、资善大夫，追封太原郡公，谥文定。其著述有《相鉴》五十卷、《汲郡志》十五卷、《承华事略》、《中堂事记》、《乌台笔补》、《玉堂嘉话》，并杂著诗文，合为一百卷。

大元故翰林学士中奉大夫知制诰同修国史赠学士承旨资善大夫追封太原郡公谥文定王公神道碑铭并序

王公孺撰

皇庆壬子岁，朝廷推恩旧学，赠先考中奉府君翰林学士承旨、资善大夫，追封太原郡公，谥文定，先妣推氏追封太原郡夫人，眷恤隆渥，上及二代。明年春正月丙午，焚黄祭告，宠贲松槚，越王氏有炜，是用追述先公立身行道，致兹显扬者，敢昭告于神道。

先公讳恽，字仲谋，世家于卫。曾祖讳经，隐居读书，乡党化其德，谥文元先生。曾祖妣吕氏，临清大家。祖父讳宇，亡金卫州刑曹孔目官，精于文法，官敦武校尉，用公贵，赠集贤侍读学士、大中大夫，追封太原郡侯，谥敏懿。祖妣孟氏、韩氏，并追封太原郡夫人。显考讳天泽，资刚明决，科律学魁多士，亡金忠显校尉、户部主事。中年折节读书，务教子起宗，所交皆海内名士。易名文通先生。用公贵，赠正奉大夫、大司农卿，追封太原郡公，谥庄靖。显妣靳氏，追封太原郡夫人。

先公幼有至性，勤学好问，若饥渴然。弱冠，受教于鹿庵王公，诗文字画已有声。紫阳遗山，一见为指授所业，期以国士。杨西庵、曹南湖、高吏部、徒单颛轩爱其材器，折行辈与交，极口为延誉。中统建元，左丞姚公宣慰东平，辟充详议官。寻被中书，特授翰林修撰、同知制诰兼修国史院编修官。制词有"行己无玷，博学能文，顾超绝之逸才，足铺张于伟绩"之旨，士论荣耀焉。一时诏制辞命，皆出其手，共称敏赡。既而兼中书省左司都事，建言曰："庙堂出治之源，今机务草创，当究其本末先后，酌而行之。"允焉。遇事详处得宜，同列许其明达。

至元五年，肇立御史台，首拜监察御史。献书曰："宪台执法，纠正邪枉。今无法可守，取人无路，宜讲治制以立纪纲，设科举以取人材，体用既明，朝廷不劳而肃矣。"宪僚为首，前后申明典制，弹劾奸邪，凡一百五十余章。窃直敢言，不畏强御，于政体多所裨益。如劾刘都水怙势作奸，陷公储四十万石，权贵为侧目。

九年，升授承直郎、平阳路总管府判官，晋大府也。先是，吏风盛，民嚣于讼，公用诚敬待官长，威严肃吏属。作劝谕文二，一则勉饬州县，革弊勤政；一则谆告百姓，务本畏法。致吏民感化，奉约束惟谨，历二考如一日。绛兵卒陈姓者，杀同产兄杜狱，因鹥缓逮系者三百余人，延滞至五年之久，远近为愤惋。省檄鞫问，廉得实迹，一问即服。时晋绛久旱，是夕大雨沾足，咸谓伸理冤抑所致。各路设辨课官，例分门下。平阳所辖院务几百，按籍点差，终任不易。藩府采姑射山文石，藉夫匠力，辟山蹊为坦途者六十里，西山伏利由之而出，土人刻石纪其事。大起府学，敦勉师生传授，暇率吏属听讲，风俗为一丕变。又复回车岭孔子庙、首阳山二贤祠，修建廨传递铺，以间计者千数，增户馀三千。敕使过晋者，以政绩上闻，至蒙奉公勤政之谕。

十三年，奉命同陈节斋考试河南五路儒士。语于陈曰："吾道如线，不宜用平时取法，凡就试者，皆以通文学第之。"十四年，授翰林待制、奉训大夫。鹿庵大学方执文衡，屡称其文章精妙。明年秋，选授朝列大夫、河北河南道提刑按察副使，改除燕南。秩竟，移山东东西道。

先公之任风宪，尝谂僚属监司，职在绳愆纠缪，肃清政务，惟自治而后可以治人。又宪府非有钱谷词讼之繁，特明大体，布公道，事当核议，极乎中正，方可服众，惟克己自励。故按治州郡，褰帷具瞻，有风动百城之目。部内府尹，恃占名鹰房，恣为不法，公纳贿赂，莫敢谁何。即按劾罪状以闻，蒙杖而黜焉。宪台遍谕诸道，远近为肃然。冀州监从人，因造作掊众，利甚夥，与监逸去。事白，曰："行司巡历，动经岁时，俟获而治，则奸人得计矣。"质其田宅，偿其民。南宫弨笔者号尹库，因告讦，曾蒙赏赉，沮吓官府，肆凶侔利，或言其擅杀耕牛，历数奸恶，痛杖之而死，万口称快。又辨释德平民刘氏疑狱一。

十八年，除行台治书侍御史，不赴。进《承华事略》，于东宫广孝立爱端本类二十篇，采古储贰善事，前有图，后断以己意，蒙裕皇遍览称善，赐酒，有极用心纂述之谕，令诸皇孙传观。宫僚称其弘益良多，圣上命近臣绘写以赐东宫。二十二年，奏充中书省左司郎中，屡趣不应。时小臣卢以理财用事，或问其故，曰："力小任重，剥众利己，未见能久者，可近乎？"既而果败。众服其识先而有守。

二十六年，授少中大夫、福建闽海道提刑按察使。瓯闽僻在海隅，归附后，官贪民残，奄为盗区。黜尤贪恶者数十人，乃上章弹劾行省官非其人，宜选文武备具有筹策大臣，矫正枉滥，肃清边陲，则民心服而寇盗息。巨贼钟明亮啸聚洪闽郊，东击则西逸，西逐则东奔，彼此玩寇，师老无功。乃请立主帅，专号令，朝廷允焉，贼果溃灭。二十七年，以疾得告北归。二十八年，朝廷以耆宿来征。明年二月，谒见世祖皇帝于柳林行宫，蒙慰谕久之。继上万言书，条陈时政，一曰议宪章以一政体，二曰定制度以抑奢僭，三曰节浮费以丰财用，四曰慎名爵以揽威权，五曰重廉司以励庶官，六曰议保举以核名实，七曰设科举以收人材，八曰试吏员以清政务，九曰恤兵民以固邦本，十曰复常平以广蓄积，十一曰开屯田以省远饷，十二曰息远略以抚已有，十三曰感和气以销水旱，十四曰崇教化以厚风俗，十五曰减行院以一调遣，十六曰绝交贡以示旷度。上嘉纳焉。授翰林学士、嘉议大夫，与议政事。凡预庭议，知无不言。

成宗嗣位，献《守成事鉴》，曰："敬天法祖，爱民恤兵。"凡十五篇。逐事直说，本诸经旨。侍臣谓纯正亲切，有魏文贞、司马端明之风。元贞改元，加通议、知制诰、同修国史。纂修世祖实录，作表进呈。及封谥、除拜大典册，皆经定撰。大德元年，进中奉。明年戊戌春，以三朝旧臣，赐楮币万缗。其年七十，请老，不许。五年，再上章恳请，除公孺自秘著司刑乡郡，以便侍养，仍官孙笥秘书郎，荣其归。方优游乡里，乐遂安闲，不幸于大德甲辰岁六月辛丑，以疾薨于私第正寝之春露堂，享年七十有八。越九月己酉，葬河西里之先茔，夫人推氏祔焉。送葬余万人。及四方来吊祭者，哭皆失声，曰："五百年那复生此公耶！"先妣共城人，尚医推公季女。资婉顺，事舅姑，睦姻亲，以孝敬闻。先公所得俸给，均之家人，惟恐失所。若稍越规矩，即治之如法，故皆悦服而不敢犯。女侍生二子，善加抚育，无异己出。内助力为多，先十八年卒。生子公孺，奉议大夫、知颖州事。孙三，笥朝列大夫、中书刑部郎官，次诜诜、侃侃，尚幼。女孙二，长适昭文馆大学士耶律伯强子著作郎楷，次适宁氏子。重孙五，男汉璋、德璋、润璋，女二，皆幼。庶子二，公仪荫授承务郎、同知磁州事，公说卫辉路儒学学正，生子瑱住。

　　先公资明敏正大，材器英迈，操行纯古，博学有经济器业。与人交乐易直谅，不能诡随与时俯仰。常曰："士当行其所学，明义达道，一以至诚将之，穷达得失，有不在己者。"当官持重有体，守正奉公，表表欲见于世，故所至有声。遇不平事及恶之可疾者愤然，必穷治乃已。官清要四十年，自奉如寒士。平生笃于礼义，视势利蔑如。藩国世子且贵显于朝，招翰林诸公燕集私觌礼，众议未一，曰："礼上国卿，当下国君。"遂平揖而已。省掾赵和之病疽，迎医救视。没，为殡敛，以行橐付其家。友人周曲山能官至廉，卒无以葬，营治至成礼。南宫刘文卿善数学，客死于卫，既周其丧，妻少囊珍具甚富，求一室相依，以礼谢去。其廉正类此。

　　少与西溪、香山友善，时目曰淇上三王。别号秋涧，晚节名德俱重，为世尊仰，不称姓字，但曰秋涧公。作为文章，不蹈袭前人，要自肺腹中流出。平居谈话，无异于人，及操觚染翰，经旨之义理，史传之铺陈，子集之英华，古今体制，间见叠出，雄深雅健，辞古而意不晦，以自得有用为主。宜乎绾持文柄，独步一时。字画遒婉，以鲁公为正。所书卷帖，为世珍玩。乐教掖后进，明义理，工文章，必尽所得。又善因材致笃，故藉之多显达者。自少至老，未尝一日不学，易箦方停笔。平昔著《相鉴》五十卷、《汲郡志》十五卷。其《承华事略》、《守成事鉴》、《中堂事记》、《乌台笔补》、《玉堂嘉话》，赋、颂、诏、诰、表、启、书、疏、诗、文、碑、志、铭、赞、乐府，号《秋涧大全文集》者一百卷。

　　延祐六年，蒙朝廷公议，为之刊播焉。富哉言乎！其勤笃至矣，其振耀后世宜矣。至于论列时务利害，互明得失，兼著忠爱情切，闻一事可行，一士可用，必为建白，虽未尽行，后竟如所言。较其蕴奥，见诸行事者才十之二三，故赠谥制词，有"观其遗书，盖抱经纶之志；询夫成迹，岂特黼黻之材。惟治朝蓍蔡之是稽，繄晚生山斗之所仰"，盖公论云。敢用是为铭。辞曰：

　　士惟有立，德功与言。能一于此，不朽者存。显允先公，眷兹克勤。策勋学海，力振斯文。扩我浩气，塞乎乾坤。手抉云汉，大放辞源。鸿文大册，帝载昭宣。人所共知，方驾昔贤。绍韩欧之宗派，得文章之正传。匡时裨政，人有未知。志存经济，惟日孜孜。拜章奏记，罔或少遗。有物禁诃，百才几施。时耶命耶，而止于斯。载瞻遗稿，为世蓍龟。山斗闻望，后学仰规。内相美谥，恤典恩推。见诸行事，功止一时。著书传后，千古是希。孰得孰失，必能辨之。又何俟旷世相感，则吾道为庶几。用是昭告，神宁无疑。大行峻极，清泉涟漪。渊峙无穷，永照丰碑。

（《中州名贤文表》卷二十八、《秋涧先生大全文集》附录）

殿阁词林记

[明]廖道南 撰

目　　录

殿阁词林记叙 …………………………………………………………… 85

殿阁词林记卷之一 ……………………………………………………… 87
    武英殿大学士吴伯宗 ………………………………………………… 87
    华盖殿大学士刘仲质 ………………………………………………… 87
    文华殿大学士鲍恂 …………………………………………………… 88
    文华殿大学士全思诚 ………………………………………………… 88
    华盖殿大学士杨士奇 ………………………………………………… 89
    谨身殿大学士杨荣 …………………………………………………… 91
    武英殿大学士金幼孜 ………………………………………………… 93
    武英殿大学士黄淮 …………………………………………………… 94
    武英殿大学士杨溥 …………………………………………………… 96
    华盖殿大学士张瑛 …………………………………………………… 97
    谨身殿大学士陈山 …………………………………………………… 97
    文华殿大学士权谨 …………………………………………………… 98
    华盖殿大学士陈循 …………………………………………………… 98
    谨身殿大学士高穀 …………………………………………………… 99
    谨身殿大学士王文 …………………………………………………… 99
    华盖殿大学士徐有贞 ………………………………………………… 100

殿阁词林记卷之二 ……………………………………………………… 102
    华盖殿大学士李贤 …………………………………………………… 102
    谨身殿大学士商辂 …………………………………………………… 103
    华盖殿大学士万安 …………………………………………………… 104
    华盖殿大学士文穆公刘吉 …………………………………………… 104
    华盖殿大学士徐溥 …………………………………………………… 105
    武英殿大学士丘濬 …………………………………………………… 106

华盖殿大学士刘健……107
　　华盖殿大学士李东阳……108
　　谨身殿大学士焦芳……110
　　武英殿大学士王鏊……111
　　武英殿大学士靳贵……112
　　谨身殿大学士蒋冕……112
　　华盖殿大学士杨一清……113

殿阁词林记卷之三……115
　　文渊阁大学士宋讷……115
　　文渊阁大学士朱善……116
　　东阁大学士吴沉……117
　　文渊阁学士兼左春坊大学士解缙……118
　　文渊阁大学士胡广……121
　　吏部侍郎兼学士曹鼐……122
　　文渊阁大学士彭时……123
　　文渊阁学士阶兵部尚书苗衷……124
　　文渊阁学士赠礼部尚书马愉……124
　　文渊阁学士赠户部尚书江渊……125
　　文渊阁学士赠礼部尚书许彬……125
　　文渊阁学士阶礼部右侍郎薛瑄……126
　　文渊阁学士兼右春坊大学士吕原……126
　　文渊阁学士赠礼部尚书王一宁……127
　　文渊阁学士阶户部尚书萧镃……127
　　文渊阁大学士陈文……128
　　文渊阁学士阶兵部尚书尹直……128
　　文渊阁学士阶礼部尚书彭华……129
　　文渊阁学士赠礼部尚书刘定之……129
　　文渊阁大学士刘珝……130

殿阁词林记卷之四……131
　　翰林院学士封姑孰郡公陶安……131
　　翰林院学士朱升……132
　　翰林院学士宋濂……133
　　翰林院学士刘三吾……135
　　翰林院侍读学士张以宁……137

翰林院侍讲学士李翀	137
翰林院直学士陈柽	138
翰林院侍读学士秦裕伯	138
翰林院侍讲学士潘廷坚	139
翰林院侍讲学士葛钧	139
翰林院侍读学士王达	140
翰林院学士王景	140
翰林院学士蔺从善	140
翰林院侍讲学士周叙	141
翰林院侍讲学士曾鹤龄	141
翰林院侍讲学士黄谏	141
翰林院侍读学士吴希贤	142
翰林院侍讲学士曾彦	142
翰林院侍读学士徐穆	143

殿阁词林记卷之五 …… 144

学士承旨兼吏部尚书詹同	144
学士晋兵部尚书乐韶凤	145
侍讲学士拜礼部侍郎蒋骥	146
吏部尚书兼学士王直	146
礼部尚书兼侍讲学士王英	147
学士拜礼部侍郎钱习礼	147
学士拜礼部侍郎李绍	148
学士拜礼部侍郎倪谦	148
侍读学士晋南京吏部尚书钱溥	149
侍读学士晋礼部尚书周洪谟	149
侍读学士晋礼部尚书李本	150
学士晋南京吏部尚书王㒜	150
学士晋工部尚书谢一夔	151
学士晋礼部尚书徐琼	151
礼部侍郎兼学士汪谐	151
学士晋吏部尚书倪岳	152
学士晋礼部尚书傅瀚	153
学士晋礼部尚书李杰	153
侍读学士晋礼部尚书张升	153
侍讲学士晋工部尚书董越	154

侍读学士拜礼部侍郎费闇	154
礼部尚书兼学士吴宽	155
侍讲学士拜兵部尚书杨守阯	155
侍读学士晋南京兵部尚书张澯	156
学士晋南京礼部尚书江澜	156
侍读学士拜礼部侍郎马廷用	157
学士晋礼部尚书白钺	157
学士晋礼部尚书傅珪	157
侍讲学士晋礼部尚书吴俨	158
学士晋礼部尚书毛澄	158

殿阁词林记卷之六	160
弘文馆学士封诚意伯刘基	160
弘文馆学士罗复仁	162
弘文馆学士危素	163
左春坊大学士董伦	164
左春坊大学士李至刚	164
右春坊大学士曾棨	165
詹事兼侍读学士李泰	165
吏部侍郎兼侍讲学士杨守陈	165
少詹事兼学士柯潜	166
詹事兼学士程敏政	167
詹事兼侍读学士陆简	168
吏部侍郎兼学士掌詹事府事张元祯	168
礼部尚书兼学士刘春	169
礼部尚书兼学士李逊学	169
侍读学士拜祭酒魏观	169
学士拜祭酒李时勉	171
侍讲学士署祭酒邢宽	172
侍讲学士拜祭酒陈询	172
侍读学士拜祭酒陈鉴	172
直学士兼太常卿范常	173
侍讲学士拜太常少卿高巽志	173
太常少卿兼侍读学士林文	173
太常少卿兼侍读学士刘俨	174
太常卿兼侍读学士孙贤	174

太常卿兼侍讲学士吴节 …………………………………… 175
　　太常卿兼侍读学士王献 …………………………………… 175
　　侍讲学士晋太常卿张芮 …………………………………… 175
　　太常少卿兼侍讲学士杨时畅 ……………………………… 176
　　侍讲学士沈度 ……………………………………………… 176
　　侍讲学士武周文 …………………………………………… 176
　　太常少卿兼侍读学士金问 ………………………………… 177
　　侍讲学士拜祭酒刘铉 ……………………………………… 177
　　赠学士谥文节王祎 ………………………………………… 177
　　太常寺卿兼翰林学士黄子澄 ……………………………… 178
　　直文渊阁侍读学士改文学博士方孝孺 …………………… 179
　　赠学士谥文僖张益 ………………………………………… 181
　　赠学士谥忠愍刘球 ………………………………………… 182

殿阁词林记卷之七 ……………………………………………… 183
　　掌詹事府事韩国公李善长 ………………………………… 183
　　詹事兼兵部尚书唐铎 ……………………………………… 185
　　御史中丞兼太子宾客章溢 ………………………………… 186

殿阁词林记卷之八 ……………………………………………… 188
　　修撰陟礼部尚书朱梦炎 …………………………………… 188
　　修撰兼大本堂侍制王僎 …………………………………… 188
　　修撰孔克表 ………………………………………………… 188
　　修撰刘泰 …………………………………………………… 188
　　修撰赵新 …………………………………………………… 189
　　修撰李叔允 ………………………………………………… 189
　　修撰答禄与权 ……………………………………………… 189
　　起居注熊鼎 ………………………………………………… 190
　　编修苏伯衡 ………………………………………………… 191
　　编修王廉 …………………………………………………… 191
　　编修张美和 ………………………………………………… 191
　　编修高启 …………………………………………………… 192
　　编修朱濂 …………………………………………………… 192
　　编修傅藻 …………………………………………………… 192
　　编修孙作 …………………………………………………… 193
　　编修张宣 …………………………………………………… 193

编修王琏 · 193
　　编修张唯 · 194
　　编修张翀 · 194
　　编修朱右 · 194
　　编修蒋敬 · 194
　　编修罗公愿 · 194
　　编修王厘 · 195
　　编修桑慎 · 195
　　编修董琰 · 195

殿阁词林记卷之九 · 196
　　殿阁 · 196
　　亲擢 · 196
　　视事 · 197
　　几务 · 198
　　拟旨 · 200
　　密疏 · 200
　　会议 · 201
　　缮写 · 201
　　书办 · 201
　　阁禁 · 202
　　参见 · 202
　　弘文 · 202
　　东阁 · 203

殿阁词林记卷之十 · 204
　　文华 · 204
　　文渊 · 204
　　东阁 · 205
　　公署 · 205
　　考选 · 206
　　教书 · 206
　　考艺 · 206
　　斋宫 · 207
　　奇童 · 207
　　恩荫 · 207

添设 207
　　举官 207
　　诸科 208
　　考贡 208
　　校职 208
　　汰吏 208
　　外补 209
　　召试 209

殿阁词林记卷之十一 210
　　官制 210
　　官衔 211
　　职掌 211
　　詹事 212
　　春坊 212
　　司经 212
　　制诰 213
　　御箴 213
　　公署 213
　　朝房 214
　　史馆 214
　　视篆 215
　　文移 215
　　序秩 215
　　会坐 215

殿阁词林记卷之十二 216
　　朝参 216
　　侍宴 217
　　燕会 217
　　殿班 218
　　奏事 218
　　便殿 218
　　入直 219
　　宿直 219
　　侍游 219

79

燕和	220
召对	221
召慰	222

殿阁词林记卷之十三 223
宸翰	223
制诰	224
表笺	225
应制	225
视草	227
褒答	228

殿阁词林记卷之十四 230
殿策	230
殿试	230
会试	231
复试	233
乡试	233
试录	234
程试	234
武举	235
评文	235
正体	236
奏启	236
记录	237
屏衷	237

殿阁词林记卷之十五 238
经筵	238
月讲	239
日讲	240
咨讲	240
呈讲	242
入直	242
趋召	243
陈说	243

恩赍	243

殿阁词林记卷之十六 …… 245
 顾问 …… 245
 责难 …… 245
 将顺 …… 246
 调停 …… 246
 论荐 …… 247
 申救 …… 248
 匡弼 …… 248
 纳言 …… 249
 计虑 …… 250
 筹边 …… 250
 条疏 …… 252
 出使 …… 252
 效诤 …… 252
 旌直 …… 253

殿阁词林记卷之十七 …… 255
 秘书 …… 255
 开局 …… 256
 监修 …… 257
 总裁 …… 257
 纂修 …… 258
 催纂 …… 259
 稽考 …… 259
 誊写 …… 259

殿阁词林记卷之十八 …… 261
 奏绩 …… 261
 迁转 …… 261
 貤恩 …… 262
 改调 …… 263
 谪谴 …… 263
 起用 …… 264
 起复 …… 265

清黄	265
阅武	265
稽课	265
译课	265
给假	266
休告	267
侍养	267
迎养	267
养病	268
辞职	268
优老	268
致仕	269
宥过	270
宥亲	270
拟谥	271
恤典	271

殿阁词林记卷之十九 … 272

赍诏	272
宝册	272
扈从	273
留守	274
迎驾	274
充使	274
远使	275
巡行	275
摄宪	275
分镇	276
代祀	276
陪祀	276
谳狱	276
主宴	276
斋宿	277
习仪	277
陵祀	277

殿阁词林记卷之二十 …… 278
    授经 …… 278
    宾客 …… 278
    讲仪 …… 279
    出阁 …… 280
    储典 …… 280
    嗣辅 …… 281
    制度 …… 281
    律令 …… 282
    封爵 …… 282
    订音 …… 283
    崇祀 …… 283
    定名 …… 284
    纪元 …… 285
    藩规 …… 285
    书翰 …… 285
    扈跸 …… 286

殿阁词林记卷之二十一 …… 287
    荐举 …… 287
    铨注 …… 288
    吉士 …… 289
    纂修 …… 290
    孝行 …… 291
    直谏 …… 291
    耆俊 …… 291
    隐逸 …… 291
    圣裔 …… 292
    任子 …… 292
    改擢 …… 293
    兼职 …… 293

殿阁词林记卷之二十二 …… 294
    议礼（上）…… 294
    议礼（下）…… 298

审乐 …………………………………………………………………… 302

附录 …………………………………………………………………… 307

殿阁词林记叙

皇明赐进士、经筵日讲、同修国史、奉直大夫、前翰林院侍讲学士、臣廖道南谨撰

夫词林奚始也？周官太史掌六典以辨法，内史掌八柄以诏治，凡学世子及学士，必时上下交修，内外交养，所以为国本记者，重且大也。汉置太史令，凡供奉承明、待诏金马者，胥丽焉。唐设学士兼讲读，弘文辟馆，丽正创院，集贤挥翰，延英召对，厥仪始备。至宋则彬彬然盛矣。祥符则建龙图阁，天禧则建天章阁，嘉祐则建宝文阁，元符则建显谟阁，大观则建徽猷阁，绍兴则建敷文阁，淳熙则建焕章阁，庆元则建华文阁，嘉泰则建宝谟阁，宝庆则建宝章阁，咸设学士以典宸章、代王言，可不谓重且大乎！

我高皇帝法周建官，仿宋建阁，初创翰林院，以陶安、宋濂为学士；建华盖诸殿，以刘仲质、全思诚为大学士。又增设弘文馆学士，以刘基等为之；左右春坊大学士，以董伦等为之。肆我成祖开文渊阁，以解缙、胡广、杨士奇等七人预机务。仁宗复弘文馆，以杨溥、陈继、王珅等五人备顾问。纂修实录，即右史纪动也；表章宝训，即左史纪言也；撰拟制诰，演润丝纶，抡材秘省，校艺礼闱，即太史掌典、内史掌柄也。上而启沃经筵，赞襄圣神，夹辅储宫，弼亮元良，其所系者至重且大，非诸司俪也。凡遇御殿庆成，则令列坐于殿上；御门视朝，则令侍立于金床。是故大学士学士之官，尤重且大焉。

我皇上绍帝王鸿烈，光祖宗旧制。肇御无逸殿，则命大学士坐讲；锡宴豳风亭，则命大学士坐飨；陪祀土谷坛，则命学士分直；临幸太学，则命学士侍坐；听讲明禋圜丘，则命学士轮班；视牲捧敕天门，则亲承玉音；起草禁篆，则密觐龙颜。晋锡骈蕃，宸慈丰渥，诚百王所未有，千载所罕遇也。

臣道南自弱冠登第，首被简注，纡琚入馆，荐荷宠渥，编摩史垣，献纳讲幄，几二十年。显陵甘露降则锡以宝罍，泰畤卿云见则贶以瑶篇，徽土召还、平台祇谒则赉以金绮，内殿捧主、禁掖修书则劳以珍馔。圣心渊轸，御劄咨询，有同馆诸儒所不获与而特眷焉者。

昔李肇撰《翰林志》，祇载唐事；周必大撰《玉堂记》，亦系宋典。臣道南尝读中秘书与泰泉黄君佐纂《翰林杂记》六册，暨屏居楚野，恭撰《兴都通纪》之暇，乃列华盖、武英诸殿名曰殿学，文渊、东阁名曰阁学，其兼六馆者名曰部学，晋詹事者名曰

宫学，长春坊者名曰坊学，属弘文者名曰馆学，典成均者名曰雍学，赒寺署者名曰卿学，死节义者名曰赠学，擅翰书者名曰艺学，而终始本院者则名之曰院学。夫士知所以自重，然后能任天下之重，矧兹秩至重且大矣乎？

自周以来，上下数千载，宅兹者又数百十，其上不负天子、下不负所学者，一代不数人而已。若夫知几"三长"，泰和"四断"，袁崧"五难"，荀悦"五志"，阙一匪通儒也。故曰：宰相须用读书人，翰林当以宿儒处。图政本者，允宜深长思焉。

嘉靖乙巳秋九月菊日，谨书于金紫山中之玄紫洞。

殿阁词林记卷之一

殿学

武英殿大学士吴伯宗

吴伯宗，名柘，以字行，抚州金溪人。父仪，元乡贡进士。伯宗生而岐嶷，十岁通举子业，识者奇之，叹曰："此儿玉光剑气，终不可掩。"洪武庚戌乡试、辛亥廷试，俱第一。是时，初议开科取士，命国子祭酒魏观、博士孙吾与、修撰王僎为读卷官。高皇帝亲制策问，略曰："古者敷奏以言，明试以功，汉之贤良，宋之制举，得人为盛。今特延子大夫于廷，不知古帝王敬天勤民，其道何繇？"伯宗条对称旨，上擢为第一，赐袍笏冠服，授承直郎、礼部员外郎，命与学士宋讷等同修《日历》。

时丞相胡惟庸专横，伯宗性刚直不屈，惟庸衔之。八年，坐贬凤阳。伯宗上疏论时政，因指斥胡惟庸罪状，不宜独任以政，恐滋久为国大蠹。辞甚切直。上览其奏，即召还，赐袭衣钞锭，奉使安南，获驯象方物以归，献之，改国子助教。十二年，进讲东宫，首陈正心诚意之学，皇太子嘉纳。明年，改典籍。御试以十题命赋诗，伯宗援笔立就，风格峻绝，上大称赏，赐织金锦衣。十四年，迁太常丞，不拜。十五年，又以为国子司业，又不拜。忤旨，贬陕西金县教谕，行至淮，召还，以为检讨，拜武英殿大学士。十六年冬至，弟仲晏为三河令，荐举不以实，坐是复降检讨，卒。伯宗为人温厚贞谅，而不苟婥婳，故屡获罪。所著有《南宫集》、《使交集》、《成均》、《玉堂》诸稿。

廖道南曰："乔林之枝，风折之残；当衢之兰，物践之伤。若伯宗者，以忤惟庸，竟坐贬斥。其直气劲操，屡折不回，说者以为开科第一人，名德俱称，非耶？"

赞曰：矫矫烈士，大廷之魁。侃侃直节，君子之才。积忤权臣，乃遭奇祸。人亦有言，义不可过。历数往哲，如君几人。谁其继之，一峰罗伦。

华盖殿大学士刘仲质

刘仲质，字文质，袁州分宜人。敏而好学，博通经典。洪武初，为宜春训导，被荐入词垣，奏对称旨，授文林郎，历迁礼部尚书。十五年四月，诏天下通祀孔子，增学校及师生廪膳。上谕质曰："孔子明帝王之道以教后世，使君君臣臣父父子子，纲常以正，彝伦攸叙，其功参于天地。今天下郡县庙学并建，而报祀之礼，止行京师，未遍天下，岂非阙典耶？卿与儒臣共定释奠礼仪，颁之天下，令每岁春秋仲月，通祀孔子。"是年十一月戊午，仿宋殿阁大学士之制，以仲质为华盖殿大学士，宋讷为文渊阁大学士，吴伯宗为武英殿大学士，吴沉为东阁大学士。上亲制诰文赐仲质曰："朕阅宋书，见尚文之美、崇儒之道廓焉，且当时诸儒，皆以贤德辅景运三百有奇焉。今特仿宋制殿阁之名，必期近侍有补，文并欧、苏。尔仲质才颇称任，授以华盖殿大学士、奉议大夫。尔往钦哉！"未几，质坐事降御史。时有邵质，亦为大学士。质为人笃厚，文多质实，如其人云。

廖道南曰："予读国史，乃知仿宋殿阁大学士之制，设华盖、文华、武英、文渊、东阁大学士，以崇文儒，以备顾问。及观圣祖御制文集，乃见所谓华盖刘仲质、文渊宋讷之诰。於乎！休哉重矣。或者漫不之考，乃云创自永乐，是又可骇也。"

赞曰：端明龙图，宝谟焕章。自宋已然，文运隆昌。高皇作则，乃建殿阁。嗟乎仲质，耆儒宿学。宿学耆儒，公辅之储。礼文宠重，其究何如。

文华殿大学士鲍恂

鲍恂，字仲孚，其先嘉兴人，元至治间，始迁崇德之千乘乡。恂沉悟渊颖，受《易》于临川吴幼清，深有所得，著《大易传义》。泰定、元统，省试第一人。至正中，由乡荐授温州路学正，改教婺州。御史刘彦博荐其学有原本，为世儒宗。洪武初，以明经征为文华殿大学士，辅导皇太子暨皇太孙。固辞归隐，与贝琼结诗社，所著有《西溪稿》云。

廖道南曰："汉高欲立赵王如意，留侯乃为吕后画策，招致四皓以辅翌之。矧洪武建极，即创大本堂以教太子，乃蒲轮玄纁，聘诸耆儒，视古帝王之礼三老五更何如耶？不知恂、诠、长年将何以界之耶？"

赞曰：浙水之南，实惟桐江。咄咄子陵，高尚鲜双。浙水之北，实惟携李。矫矫德舆，才名罔俪。江风山月，白云紫芝。德舆为友，子陵为师。

文华殿大学士全思诚

全思诚，字希贤，松江上海人。博雅宏粹，少负文名。洪武十六年，以耆儒征，授文华殿大学士，赐敕致仕。其辞曰："朕观古人有志之士，虽发白气衰，心犹不息，故能善其始终，垂芳史册。卿怀才抱德，志肩古人，朕甚嘉焉。惜乎年迫衰暮，志虽存而力不能任，朕不忍复劳，特令卿还乡里，以抚子孙，享其奉养，不亦悦乎！"

时又有全诠，湖州安吉人，张长年，高邮人，张绅，山东登州人，俱年七十余。礼部主事刘庸荐诠等明经，通达治体，遣使征之。恂、诠、长年先至，上见之甚喜，赐坐，顾问终日，俱命为文华殿大学士。诠等固辞，上曰："朕以卿等年高，故授此职，以辅导太子尔。免卿早朝，日晏而入，不久当从其志，庶不负卿等平生所学，而乡里亦有光矣。卿何辞焉？"恂等复固辞。翌日，放还。绅后至，以为鄠县教谕。

廖道南曰："粤自商山茹芝，冥鸿寥落，上下千载，数人而已。全诚赐敕，恂、诠被宠。庞眉皓首，安车蒲轮。虽竹帛所书，图画所传，何以加焉。"

赞曰：采采紫芝，英英白云。葆光凝和，脱垢离氛。既乐且康，眉寿黄耇。国之蓍龟，号称大老。康侯昼接，天子葵之。邈矣高风，为世所师。

华盖殿大学士杨士奇

杨士奇，名寓，以字行，江西泰和人。曾祖景行，仕元为待制，景行生荣，荣生子将，子将生士奇。士奇幼孤力学，越章贡，浮琴江，舣鄂渚，登黄鹤，与蒋隐溪子立恭游西山，慨然有幽人贞士之志。已而应奉翰林，授王府审理。靖难兵起，约偕周是修诸人死难。是修缢于尊经阁，士奇不往。文皇履极，擢国史编修，简入文渊阁，进侍讲兼春坊左中允，转左谕德。

永乐二年，撰文华殿讲义，上谕曰："先儒谓《尧典》一章，《大学》全书皆具，亶其然乎？"士奇对曰："尧、舜、禹、汤、文、武数圣人，凡修诸身、施诸家国天下者，皆《大学》之道也。"上曰："帝王之道，贵切己实用。故孟子道性善，言必称尧、舜。尔等讲说理性，当证诸古人，以牖朕衷焉。"是岁，饶州士人朱季友献所著书，诋訾濂洛诸儒，士奇请焚其书，毋使惑众。二年，命侍东宫讲学，士奇撰《易本义要旨》以进，皇太子悦，赐名《周易直指》。因阅真氏《文章正宗》，谕士奇曰："德秀学术纯正如此。"对曰："德秀所著《大学衍义》，为君者不可不知，为臣者不可不知，君臣不知此义，为治皆苟而已。"又阅欧阳修文集，喜其奏议恳切，令赞善陈济校正，谕士奇曰："为文不本大道，斯无用之文；为臣不能正言，斯不忠之臣。如欧阳子无忝矣。庐陵有君子，尔其勉之。"又间与赞善王汝玉论诗，问士奇曰："古人诗法何如？"士奇曰："诗以言志，明良喜起之歌，南薰解阜之诗，唐虞之君之志，尚矣。后世若汉高帝《大风歌》，唐太宗"雪耻"、"除凶"诗，徒尚霸力，皆非王道。至于汉武帝《秋风辞》，及隋炀帝、陈后主所为诗，则万世之戒也。"

五年，广东布政徐奇入觐，遍赂要津，独不及士奇。文皇知之，召士奇谓曰："为臣当戒私交，为士当务清慎，尔其懋诸。"六年冬，车驾巡狩北京，命士奇辅监国于南京。九年三月朔，上御右顺门，召士奇问曰："汝辅监国最久，东宫所行如何？"对曰："皇太子天资甚高，非人所能及。事宗庙，谨祭祀，可以观孝；遇进表笺及诸仪物于行在，必躬必亲，可以观敬。且有过未尝不知，知之未尝不改，其用人以爱人为本，不轻任匪人，真宗社之福也。"又问高煦夺嫡之谋信否，士奇对曰："臣与蹇义同事东宫，匪见之真，不敢妄对。汉王初封于滇，不之之也，改封于青，又不之之也，兹闻徙都北京，彼欲留守南京，其意可知已。"上默然还宫，廉知高煦罪状，即褫其衣冠絷之，且削其护卫，徙封乐安州。

十一年十二月岁除，钦天监奏明年元旦日有食之，礼部请朝贺如常仪。士奇曰："日食，天变之大者。宋仁宗时，元旦日食，富弼请罢宴撤乐，吕夷简不从，后闻契丹免贺，仁宗悔甚。臣愚以为宜免贺。"上曰："君子爱人以德，其如士奇议。"乃加左春坊大学士。十四年十一月，周王、楚王来朝，命士奇议谒陵礼。士奇曰："二王尊属也，皇太子、太孙嫡宗也，二王当居前分为两行，太子当于二王之后之中，太孙又于太子之后之中，诸孙班视太孙，行视二王。此非臣之臆见也，朱熹《家礼》之序也。"上出仪注于袖中，与士奇合。十二月壬申，《历代名臣奏议》成，上命刊赐皇太子、太孙，谕士奇曰："致治之道，千古一揆，君能纳善，臣能尽忠，天下未有不治。朕观是书，见当时人君之量，人臣之直，为君者以前日之事为今事，为臣者以古人之心为己心，天下国家之福也。"二十二年八月，仁宗继统，进太子少傅、礼部侍郎兼华盖殿大学士。上见士奇陛谒，谓尚书夏原吉曰："新华盖来，必自有说。"士奇奏："恩诏甫下，惜薪司传旨赋枣于山东、河南，以供香炭，至八十余万，民何以堪。"上喜曰："吾固知尔言中理，即杀其半。"

会礼部尚书吕震题请释服易吉元旦用乐，士奇以为不可。兵部尚书李庆建请朝觐官员宜给养官马，士奇又以为不可。尚书蹇义论事偶及旧侍御史舒仲成，李祥欲逮问之，士奇又以为不可。大理卿虞谦、少卿弋谦各上封事过激，上大怒，左迁虞谦为少卿，免弋谦朝参，而以属吏杨时习代虞谦，士奇又力争以为不可。上皆霁威从之。谕曰："为君以受直言为贤，不受直言则过益深；为臣以能直言为贤，不能直言则忠不尽。朕自今行有未当，卿当尽心言之。"赐之银章一，曰绳愆纠缪。谕曰："卿祗事先帝二十余年，又事朕于春宫。朕今嗣位，凡军国重务，协心赞辅，或群臣有言未之能从，卿有言未之悉从，宜用兹印，密疏以闻。君臣之间，尽诚相与，庶几朝无阙政，民无失所，而祖宗付托之重亦不负矣。"士奇遂密疏言事。上褒答曰："卿助朕以德，期朕为唐虞主，真股肱臣也。卿勿以朕尊居宸极，或有所畏而不之尽言。继自今，其知无不言。"

洪熙元年正月，陞兵部尚书，兼职如故。赐《天元玉历赋》，谕曰："天道人事，未尝判殊，有动于此，即应于彼。朕少侍皇祖，教以慎修敬天，未尝敢怠。是书言简理当，左右辅臣，亦当知之。"四月既望，上御奉天门，召蹇义、夏原吉、杨荣及士奇，谕曰："夜来星变，卿等知之乎？"乃叹曰："天之命也夫。"敕士奇曰："国家肇建两都，庶务孔殷，卿侍朕监国，筹画适中，屡历艰虞，忘身殉国，兹特锡尔牙章，文曰贞一，用传厥家，与国咸休。"

宣德元年，高煦叛，宣宗亲征罪人。既得，师既旋，大学士陈山请乘胜袭执赵王，杨荣力赞之。上命士奇草敕，士奇曰："敕旨以何为辞？"荣、山咸曰："汝敢沮挠夫事乎？"士奇曰："太宗三子，惟赵王在，且上亲叔也，有罪者既不可赦，无罪者亦当加厚，庶几仰慰在天之灵。"上闻之不怿。还京，始召士奇问曰："人言赵王滋众，奈何?"士奇对曰:"赵王懿亲,当思保全,毋惑群言,悔之何及。"上曰:"朕业已思之。"于是检群臣章疏,命广平侯袁容赍赐赵王。谕士奇曰:"赵邸获全,卿之力也。"

二年十月,黎利奏称安南陈王孙暠宜立为后,上命廷臣集议。英国公张辅曰:"此黎利谲谋尔,当发兵讨之。"蹇义、夏原吉曰:"举以与之无名,徒示弱耳。"士奇曰:"立陈氏后者,先帝本心,求之不得,乃郡县其地。且十数年来,兵民困于交阯之役极矣。体祖宗之初心,以保祖宗之赤子,此盛德事也,何谓无名?汉弃珠崖,前史荣之,何谓示弱?"上从其言,遂弃交阯。

三年十月,下都御史刘观于狱,士奇举通政使顾佐代之,台纪遂振。五年二月,上御南斋宫,命士奇草宽恤诏,多所裨益。三月清明,上奉皇太后谒陵,士奇扈从。上曰:"母后为朕言,先帝在青宫,惟卿言不避忤意,先帝能从,以不败事。又谓朕当受直言。"士奇对曰:"此皇太后盛德之言也,愿陛下念之。"

六年七月日既夕,上微行至士奇宅,传呼范太监来。士奇叩首曰:"陛下奈何以宗庙社稷之身,自轻至此。扰扰尘埃,谁识至尊,若变起仓卒,何以备之。"上笑谓曰:"朕思卿一言,故来尔。"明日,遣太监范弘问曰:"海内平静,时一微行,何足过虑?"士奇曰:"天子尊居九重,恩泽未洽幽隐,万一有冤夫怨妇,窥伺窃发,诚不可不虑也。"后果获盗如士奇言。上叹曰:"爱朕莫若卿,朕自今不复微行矣。"

正统初,进少师,同知经筵事。展墓还乡,冢子稷坐事逮系,英宗赐之玺书曰:"历事祖宗,实惟简在。暨朕继统,启沃弼赞,厥劳尤多。卿子既乖家训、干国纪,朕不敢私,卿其以礼自处,以副倚毗。"士奇感泣。卒,年八十,赠特进光禄大夫、左柱国、太师,谥文贞,官其子稌为尚宝丞。所著有《沙羡稿》、《石台稿》、《文籍志》、《法书志》、《东里集》。

杨溥铭其墓曰:"斯文遭际,千载亨期。以翼君德,以福群黎。远稽诸古,异世同规。皇明启运,大统重熙。纯佑有命,挺生瑰奇。左右密勿,四纪于兹。老成耆德,以臣以师。中流砥柱,群疑蓍龟。天不慭遗,吁其以悲。"

廖道南曰:"予观《沙羡稿》及《石台稿》,见文贞蚤岁趻弛魁岸,视天下莫己若。及观国史暨三朝圣谕录,乃知管仲之才优于召忽,魏徵之绩多于王珪,视诸诡随无良者不侔矣。然而辅亮东宫,保全赵邸,历事四朝,终始如一,非所谓社稷之臣与?或者乃以周是修之死、子稷之狱少之,则吾不知也。"

赞曰:肇启文渊,首拔文贞。和调鼎鼐,润色丝纶。羽翼储皇,煦妪宗亲。殄谗以信,划伪以真。夷吾在齐,语称其仁。玄成在唐,史著厥征。彼君子兮,不失令名。

谨身殿大学士杨荣

杨荣,字勉仁,福建建安人。曾祖伯逊,祖达卿,父伯成,尝遇异人,得吉地,遂生荣。初名子荣,乡荐魁闽多士,洪武庚辰进士,授国史编修。太宗履极,简入文渊阁,更名荣,转修撰、侍讲。一日,上御右顺门,召解缙等七人,惟荣在,出江西守臣奏章示之。先是，吉安乡民啸聚，遣行人许子谟赍敕抚谕，复遣都督韩观统兵继之，至是奏至，其乱已平。上欲赐玺书褒观，荣言不可，从之。永乐元年，请告归省。二年，赐二品金织衣，谓荣曰："天下事，朕与若等共计之，非若六卿祗分理也。"二年，选侍皇太子于东宫，进春坊右谕德，阶奉训大夫。未几，转右庶子。五年，命往甘肃阅视边关险要及粮饷丰耗，旋奏称旨。六年，给传奔父母丧，夺情起复。

七年正月，车驾巡狩北京，命胡广、金幼孜及荣扈从。甘肃守将何福奏降虏脱脱不花等率众来归，命荣往受降，仍命持节至亦集乃之地，封福为宁远侯。道经宁夏，会同宁阳侯陈懋区画边务，悉中机宜。及还建白，上皆嘉纳。八年二月，上北征本雅失里，荣仍扈从。至胪朐河，命荣驰报东宫于南都，复还北京。九年春，命中官宋成护荣奔丧还闽中，皇太子召起为太孙讲学。十年二月，甘肃守帅西宁侯宋琥奏，叛寇老的罕等逃居赤斤蒙古诸卫，将为边患，上命荣同丰城侯李彬往讨之。十二月，荣驰还，奏饷道险远，士马疲困，师不可久居，且小丑胜之不武，久当自定。上从之。未几，叛者复归，果如荣算。十一年春，扈狩北京。

十二年三月，上亲征瓦剌孛罗，皇太孙从，命荣兼尚宝司卿，同胡广、金幼孜扈行。凡行营有暇，即与讲学。师还，敕修《（五经）（四书）性理大全》，充总裁官。十四年，陟学士，仍兼庶子。十五年，扈狩北京。十六年夏，高庙实录成，命掌翰林院事。上疏指陈府部台寺十弊，言多过直，发人阴私，上留中。问曰："兵食何由充足？"对曰："择将屯田，训练有方，耕耨有时，则食足兵精矣。"十七年，进文渊阁大学士兼学士，阶奉政大夫。十八年，北征还，将西征，有言建文时江西垛集民兵，宜征赴行在。上召荣议，对曰："陛下命复民业二十年矣，今复征之，非所以示信于天下也。"遂寝其事。是年，三殿灾，荣上疏论十事，悉允行之。二十一年，复扈西征，宁阳侯陈懋奏虏酋也先土干来降，命荣复往受降。

二十二年正月，上亲征阿鲁台，次长乐镇，谕荣曰："汉高帝过柏人，虑迫于人。今朕至长乐，思与天下同乐，何时庶几乎此？"荣对曰："有志者事竟成，陛下圣志如此，天必助顺矣。"师旋，适浙江，守臣奏至，谓处州之丽水，福建之政和，山寇窃发。荣请遣使抚处，上从之。次翠微冈，谕荣曰："东宫历涉年久，政务已熟，朕还京后，军国重事，悉以付之。朕惟优游暮年，以享安和之福，不亦可乎？"荣对曰："东宫孝友仁厚，天下属心，付托允称矣。"上喜，命中官马荣赐羊酒。次榆木川，宫车晏驾。荣议秘不发丧，朝夕上食如常仪，即驰归报皇太子。寻迁太常寺卿，阶嘉议大夫，兼职如故。逾月，进太子少傅，阶资善大夫，兼谨身殿大学士。山陵事竣，太监孟继言荣尽心襄事，陟工部尚书，仍兼前职。洪熙元年，赐银章一，曰绳愆纠缪。荣尽言无隐，匡赞居多。

宣宗亲征汉邸，荣劝之尤力，既而黎利据交阯以叛，请立陈氏后。上顾杨士奇及荣曰："尔二人云何？"荣曰："交阯在荒服外，唐虞三代不有其地，不失为圣君，汉唐以来，虽尝为郡县，然叛服不常，弃之可也。"上从之。五月，车驾北巡，召荣问曰："人君驭世之权，何者为重？"对曰："命德、讨罪二者为重。"上曰："二者天下公器，舜举十六相而天下服，以天下之好恶为好恶也。齐威王封即墨大夫、烹阿大夫，此不以左右之好恶为好恶也。故爵赏刑罚，至公无私，然后能服天下。"荣顿首曰："诚如圣谕。"是岁，进荣禄大夫、太子少傅，兼支尚书、大学士三俸，又赐之银章一，曰方直刚正。《天潢玉牒》成，上谕曰："古人重世谱，盖欲正伦理，笃恩义。我国家宗族之盛，皆祖宗积德所致也。"八年，赐之敕曰："卿荣以博通之学，明敏之识，练达之才，历事祖考逾三十年，多效勤诚，以树劳绩。朕即位以来，卿秉诚摅谋，饬武绥夷，忠言谠论，裨益为多。人惟求旧，允厘天工，卿其懋诸。"

英宗嗣位，进光禄大夫、柱国、少师，仍兼尚书、大学士，赐玉带，同知经筵。五年，展墓还京，卒于杭州武陵驿，年七十，赠太师，谥文敏，官其子恭为尚宝丞。所著有《默庵集》、《退思集》、《北征记》、《训子编》、《静轩》《云山》二稿。

杨士奇铭其墓曰："桓桓文敏，通才博识。遭际圣明，光奋于绩。承明延阁，著作之庭。以翱以翔，舒华振英。北裔西陲，从狩万里。职典者文，亦兼知武。晚陟三公，贰工弘化。恪恭朝夕，敢或遑暇。帝怀敷仁，鞠躬承之。民怀被福，黾勉成之。志存宽惠，行在果断。嘉谋谠议，褒书有焕。越昔内阁，七人同事。荏苒三纪，我铭其四。公寿考终，哀荣宠光。於乎文敏，殁也不亡。"

廖道南曰："宋儒有言，德胜才谓之君子，才胜德谓之小人，信斯言也。岂天之降才尔殊哉？非其才之罪也。夫国家多难，羽檄旁午，匪才弗达；上下多危，萧墙交构，匪才弗定；丑虏窥伺，内猜外疑，匪才弗靖；奸雄僭窃，彼甲此乙，匪才弗协。是故陈平燕居，深念张良。借箸前筹，才矣，而谓之小人可乎？或谓文贞正而不谲，文敏谲而不正，则予岂敢？"

彭韶赞曰：文武兼资，通人之器。运筹帷幄，折冲千里。拥佑三朝，捧日而起。恩遇有加，抑畏无替。保身全名，经邦掌制。巍巍当时，烨烨来裔。卓哉相业，吁其难继。

武英殿大学士金幼孜

金幼孜，名善，以字行，江西新淦人。祖仲卿，父守正，咸有隐德。幼孜初学《春秋》于聂铉，超悟不群。洪武庚辰举进士，授户科给事中。永乐初，改翰林检讨，简入文渊阁，转侍讲。时皇太子立，幼孜纂集春秋十二公事名曰《春秋要旨》以进。五年，迁春坊右谕德，阶奉训大夫。七年，扈从车驾，巡狩北京。

八年二月，上亲征北虏，胡广、杨荣及幼孜从之。次永甸，雪初霁，诸峰奇绝，上曰："雪后看山，此景最佳。"过鸡鸣山，蹑野狐岭，曰："至此看山，尽在下矣。"至兴和，曰："汝观地势，远望似高，近即渐平，此阴山脊也。若因山为堑，因壑为池，守兹岩险，虽有铁骑千群，安能飞度耶？"次鸣銮戍，曰："此大伯颜山，其西北则为小伯颜山，其东北则为开平。汝等观此，始知塞外风景也。"驻跸凌霄峰，上召至帐殿，夜分乃出。次环琼圃，指示塞北山川，曰："古交河在今哈剌火州，两河相交，水齧沙出，唐之碑迹尚在也。"次小甘泉，曰："女直有山，其巅有水色白，草木虎豹，色皆如之,所谓长白山也。"至长清塞,曰:"至此南望北斗矣。"经阔滦海,曰:"此水周围千余里,斡离胪胸凡七河注其中,遂名为玄溟池。"次通川甸,又遥指海边石山曰:"此即三石山也,尔等记之。"还京,阶奉直大夫,锡之诰命。

十二年,扈从北征,还京,重修高庙实录及《(五经)(四书)性理大全》,俱充总裁官。进学士兼谕德,阶奉议大夫,赐金织袭衣。十八年,擢文渊阁大学士,仍兼学士。二十二年,扈从北征。次开平,上召至幄中,谕曰:"朕梦神人语曰'上帝好生'者三,是何祥也,岂天谓兹寇乎?"幼孜请班师。上曰:"卿言正合朕意。"即命草诏。次清平镇,上宴群臣,命内侍歌高皇御制词五章,曰:"此先帝垂谕创业守成之难,戒荒淫酗酶之失也。朕嗣鸿业,惟恐失坠,尚相与勉之。"于是自制五章,以奉天法祖、勤政恤民为言,仍命内侍歌之。次清水源,命幼孜刻石,曰:"俾后世知朕亲征过此也。"

仁宗嗣位,进户部侍郎兼文渊阁大学士。逾月,加太子少保、武英殿大学士,专典内制,赐之银章一,曰绳愆纠缪。是岁,持节册梁王及赵王妃。洪熙元年,陞礼部尚书,阶资善大夫,给告归省。宣德元年,命充两朝实录总裁官。明年,持节之宁夏,册安化、贞宁二王妃,历览周秦汉唐之墟。事竣上封事,上嘉纳之。实录成,赐金织袭衣及金绮鞍马。五年三月,命同杨士奇等选进士萨琦等八人为庶吉士。十月壬午,扈从巡边,度鸡鸣山。上曰:"唐太宗恃其英武征辽,尝过此山。"对曰:"太宗后亦悔之,此悯忠阁所繇建也。"上曰:"山崩于元顺帝时,人谓元亡之征,信乎?"对曰:"顺帝亡国之主也,虽山不崩国亦亡。"上曰:"自古圣帝明王,未尝无灾,国之存亡,系乎君之仁与不仁而已矣。"后岁馀,遘疾属纩,子姓有干泽者,正色斥之曰:"君子所耻。"正襟危坐而卒,年六十四。赠荣禄大夫、少保,谥文靖。子五人,昭伯举进士。

杨士奇铭其墓曰:"玉笋崔巍,金川湛澄。公生其间,萃和挺英。宾兴贤能,济济偕至。青萍出匣,淬砺初试。六御乘时,登庸玉署。清邃崇严,参典密务。恪勤凤夕,小心寅恭。于狩于征,龙旗率从。上承简知,履坦平平。鸥游沧溟,鹏翔九天。历事三圣,敬终犹始。不竞不绿,有誉无毁。方简大册,天府所藏。崇碑厚碣,敷在四方。"

廖道南曰:"予观国史,称述文靖简易沉默,温裕有容,且不伐善,不骛名,名其燕室曰退庵。古所谓金玉君子者,非其人耶?七人之中,保全始终、坚立名节如公者,盖不多见也。"

赞曰:我闻诸《易》,谦谦君子;谦之为象,地山有美。我闻诸《诗》,温温恭人;温之为义,缗木有宜。惟彼文靖,诵《诗》玩《易》;扣舌斯默,检躬斯益。扈从六飞,为王先驱;北征有记,情见乎词。求诸古人,金温玉粹;始终一节,庶几无愧。

武英殿大学士黄淮

黄淮,字宗豫,浙江永嘉人。曾祖应发,为松阳教谕,生子通,通生性,性生淮。淮幼抱巨人志,年十二,赋诗奇绝,充邑庠弟子员。洪武丁丑举进士,授中书舍人。太宗一日御奉天门左室,裁决庶务,召见,访以大政,淮对称旨,简入文渊阁,擢编修,转侍读。一日，吏部以南人官北土，凡建文中不效顺者例编伍，淮曰："近敕旨凡征讨官与旧官同一体，若复追罪南人，是示人以不广也。"永乐二年，命同解缙考试天下士，得曾棨等四百七十二人。

四年三月，上问建储事，对曰："立嫡以长，万世法也。"皇太子既立，进左春坊左庶子兼侍读，赐以袍笏。五年，迁右春坊大学士，兼辅导皇太孙。六年，上巡狩北京，命蹇义、金忠、杨士奇及淮留守南京，谕曰："朕留汝四人居守，犹唐太宗之任房玄龄也，卿等其识朕意。"七月，上谕曰："东宫天性仁厚，识见甚正。朕尝问：'今日说何书？'对曰：'《论语》"君子小人和同"章。'朕问：'君子难进易退，小人易进难退，何如？'对曰：'君子守道而无欲，小人逞才而无耻。'朕又问：'小人何以常胜君子？'对曰：'视君上好恶何如尔。如明主在上，君子必胜矣。'朕又问：'明主果不尽用小人乎？'对曰：'小人有才不可弃者，须驾驭之有方，警饬之不使有过可也。'朕闻之甚喜，尔等其用心辅翼之。"

八年，长沙妖寇李法良乱，淮荐丰城侯李彬讨之。高煦潜彬不可用，淮曰："丰城老将，必能成功。"后果如淮算。九年，虏酋阿鲁台率众来降，请并女直、吐蕃诸部，属其约束，淮曰："此虏狼子野心，离其党使各为心则易制，若并为一则难图矣。"上曰："黄淮如立高冈，无远不见，诸人如处平地，所见惟目前尔。"十一年，西域乌思藏大宝法王来朝，上命玉工以全璞制印畀之，淮曰："朝廷赐诸番制敕，所用广运二宝，亦有限制。今此璞大于玺书，恐非所以示诸夷也。"上嘉纳之。十二年，高煦随侍北征，潜蓄异志，潛淮尤力。值进表行在稍滞，上怒，逮系诏狱凡十年。淮在犴狴，惟赋诗引咎，名曰《省愆集》。又即人情物变寓之于情，名曰《自省录》。

仁宗嗣位，迁通政使兼武英殿大学士，仍典机要。洪熙元年，加少保、户部尚书，仍兼大学士职，阶荣禄大夫。宫车晏驾，淮佐郑府、襄府二王监国。宣宗嗣统，亲征高煦，淮留守尽劳，夙夜匪懈。师旋，请告终制，陛辞，赐游西苑，命乘肩舆登万岁山，淮撰诗以进。上悦，仍命宴饯于太液池，且谕之曰："明年朕诞辰，卿其复来。"越明年，如期至，宠锡有加。卒，年八十三，谥文简，官其子来为中书舍人。所著有《介庵集》、《归田稿》。

祭酒陈敬宗铭其墓曰："惟周三公，视古百揆；公不独立，三孤以贰。爰副调燮，益弘化理；惟寅惟亮，公实职此。王躬是保，百辟攸式；宠顾虽隆，小心翼翼。视草玉堂，高文大册；六经黄麻，有典有则。献替密勿，日于帝侧；定策安邦，宣庆布德。庙堂柱石，荐绅蓍龟；惟盐惟梅，鼎鼐是资。列圣眷倚，心膂股肱；功在社稷，福及苍生。"

廖道南曰："予观文贞所载《日录》，谓淮忌胡广、解缙。及观国史，亦谓缙之死，淮有力焉。再观《省愆录》，乃知淮之不容于时，下狱十年，家食二十余年，杜门扫轨，不问国事，而同事七人，缙既雉罹，广亦蠖夭，惟文贞秉钧，文敏谋幄，淮之蒙诟，亦未可知也。"

赞曰：浙海浩瀚，汇流仙坛。罗山崒嶂，俯瞰神湍。笃生哲人，持危以安。贝锦青蝇，谗夫鼓澜。省愆有集，炳炳如丹。

武英殿大学士杨溥

杨溥，字弘济，湖广石首人。洪武时为诸生，入试，考官胡俨大加称许。建文庚辰进士，授编修。永乐二年四月辛未，选用东宫官属，迁司经局洗马，仍兼编修，侍皇太子于南都。一日，问汉廷尉张释之之贤，溥对曰："释之诚不易得，然世岂无其人，但无文帝宽厚仁恕之君用之尔，释之固难得，文帝尤难得也。"退采文帝事关治道者编为事类以进，皇太子嘉纳之。十二年七月，车驾北征，东宫遣使奉迎稽缓，汉王高煦潜之，上怒曰："此辅导者之咎也。"黄淮先至，下之狱。杨士奇、金问继至，上曰："杨士奇姑宥之。朕不识金问何人，乃尔得侍东宫。"命法司鞫之。辞连溥及芮善、王恺，遂俱逮之，淹系十年。仁宗登极，释之，擢行在翰林学士。

洪熙元年正月己卯，建弘文阁于思善门之左，命溥掌阁事，选侍讲王班侍直，改博士陈继、学录杨敬为编修，训导何澄为给事中，俱轮班奏对。上亲握阁印授溥曰："朕用卿等于左右，非止助益学问，亦欲广知民事为理道助。卿等有所建白，即用封识以进。"十一月丙申，溥密疏言事，上褒答曰："览卿所奏，为国家计，诚合朕心。但望始终如一，知无不言，赞朕政治，以承天休。感卿忠恳，特用酬报，赐宝钞、彩币，卿其领之。"寻升太常寺卿兼学士。宣宗嗣位，预修两朝实录，为总裁官。

宣德元年十二月，上召溥，语及治兵之道，溥曰："兵贵训练有方，抚养得宜。"上曰："养之厚则得其心，练之精则得其用，必气锐志果而后可用。若素不训养，一旦驱之矢石之间，进退失措，何望有济？"溥曰："诚如圣谕。"

四年正月，上御斋宫，召溥谕曰："朕即位以来，今四年，常念祖宗创业之难，子孙守成之不易，夙夜倦倦，未尝敢怠。今幸百姓初安，皆赖天地祖宗敷佑，盖亦群臣励翼之功，朕恒自喜。然自古国家祸乱每生于不虞，朕未尝不以为忧。"溥对曰："圣人治不忘乱，安不忘危，今圣心如此，足以膺天眷、福苍生也。"上曰："沧海之大，皆由江河之助，古之君臣，更相戒饬，克致太平，号称贤良。若为君不求资于臣，为臣不克辅其君，欲求善治，未之有也。比来人臣多进谀词，朕殊厌之，卿宜辅朕于善道。"溥对曰："臣荷至恩，敢忘报称？"上曰："卿觉朕有过举，直言无隐，即为报多矣。"溥曰："自古直言非难，受尽言为难。陛下乐闻谠论，臣敢不竭愚衷。"是年十月，上幸文渊阁，谕溥曰："朕闻有道之君，愿治之主，崇礼儒臣，讲求治道，卿等职专秘阁，朕躬至此，冀有所闻。稍暇当复至，卿等必有所陈论也。"遂制诗一章赐之。

五年正月，实录成，赐溥白金十镒，罗衣一袭，彩币十二端。六年十一月，上御文华殿，溥同杨士奇、杨荣入侍，谕曰："朕念祖宗积德累善，笃生太祖，继天立极，创业垂统。太宗迅扫奸回，再安宗社。皇考仁宗恢弘治化，增高累厚，以固鸿业。朕承天位，夙夜不忘。《记》曰：'先祖有美而不知，不明；知而不传，不仁。'是用撰述成诗，揭之座上，朝夕览观，勉图继述，庶几永保天命。今以刻本赐卿，当亦思祖宗开创之难，守成不易，尽心辅朕，国家安，卿等亦与有荣焉。"溥顿首受赐。未几，夺情起复，陟礼部尚书兼学士。英宗继统，命溥同知经筵。总裁宣庙实录成，加少保、礼部尚书兼武英殿大学士。卒，赠特进光禄大夫、左柱国、太师，谥文定，官其子寿为尚宝丞。大学士曹鼐铭其墓。

廖道南曰："予观国史，谓溥与士奇、荣相继入相，时称'三杨'。士奇有相业，荣有相才，溥有相度，虽儿童妇女，咸知其名。然系狱不改其操，秉钧不渝其忠，史谓谦恭淳谨，不愧斯言已矣。"

赞曰：荆山昭峣，阳岐斯支；岷江滥洰，渚宫斯涯。山祇毓灵，水若贡祉；元和凝会，诞生君子。彼君子兮，惟楚之良；厥德允常，厥谋允臧。九折厥肱，三缄厥口；嘉石如肺，金印如斗。履险视夷，处平思陂；史称醇儒，夫复何辞。

华盖殿大学士张瑛

张瑛，字子玉，直隶邢台人。洪武丙子乡贡士，授陕西宁州训导，调武德卫，再调宿迁县。永乐戊子，秩满九载，擢吏科给事中。时宣庙为皇太孙，瑛与选为伴读。洪熙元年，迁春坊中允，进谕德，改洗马。宣德元年三月，录瑛旧劳，升行在礼部右侍郎。未几，转左侍郎兼华盖殿大学士，入内阁。丁未，加礼部尚书。五年正月，总裁两朝实录成，赏白金六十两，金织罗衣一袭，彩币十端。未几，调南京礼部。七年十月，瑛上言："天下儒学廪膳生员计三万有奇，岁食廪米不下十数万石，朝廷养士之隆，自古鲜俪。洪熙定制举人额数，应天岁取八十人。宣德以来，稍加增益，凡诸省皆然。臣愚以为，人才与气运相为消长，不可预为额数，才寡而数盈，其失也滥，才多而数少，其失也隘。矧今各府州县教官多员缺，学政多废弛，士习多未正，请自今副榜中式，悉补教官，其乡试额数，量为加补。"疏入，下之所司。甲寅，夺情起复，赐御诗十余轴，楮万缗。卒，年六十二。

廖道南曰："予观国史，谓瑛仪观魁梧，持己庄重，文章政事，非其所长。予窃惑焉。夫浑朴多木强，老成类迟钝。唛唛若不能言者，藏辩于讷；謇謇若无能为者，晦巧于拙。然则子玉若是班乎？迹其所言，岂其然乎？"

赞曰：俚哉子玉，历践清阶。扈日青宫，上应星台。排云华盖，中纾眷怀。彼何人斯，亦已焉哉！

谨身殿大学士陈山

陈山，字□□（汝静），福建沙县人。初繇教官召拜吏科给事中，时偕张瑛侍宣庙讲读，迁左春坊左庶子。宣德元年，陟户部尚书兼谨身殿大学士。时高煦反形已具，上亲征，师旋，山迎谒，请间谓："宜乘胜移师彰德，袭执赵王，则朝廷永宁，可无萧墙虞也。"上召杨荣，以山言谕之，荣曰："山之言，国之大计，请先敕责赵王，诘其与高煦连谋,六师奄至,可不旋踵而擒也。"杨士奇执不可。上悟其非,遂薄山不复任。四年十月朔,上御左顺门,遥见山趋朝,问杨士奇曰:"汝试言山何如人?"对曰:"山虽侍从日久,然寡学术,昧大体,非君子也。"上曰:"然,赵邸几为所误。近闻干谒诸司,内阁政本之地,岂可令斯人贻溷也?"遂命改山机务,专授内竖习书,既而疏陈休致。卒,年七十。

廖道南曰:"予观国史,谓山存心险刻,临事乖方,赵邸之谋,终身蒙訾,信乎择术不可不慎也。"

赞曰:汉之代邸,从官有差;张武受赂,宋昌无私。唐之策府,文学亦异;玄龄忠恳,敬宗诡伪。张陈二君,翊龙以飞;一忠一佞,各有攸归。

文华殿大学士权谨

权谨,字仲常,直隶徐州人。十岁丧父,哀毁顿绝,复苏。洪武初,荐知乐安县。清慎平恕,其民怀之。九载考绩,迁光禄署丞。迎母就养,母疾,吁天祈以身代。母卒,躬负土成坟,庐墓三年,有白兔、青蛇驯扰不去。有司以闻,太宗嘉之,召拜文华殿大学士。扈从皇太子往南京,诸臣皆献方物,不受。至徐州,谨以《孔门圣贤道统图》献,特赐留览。洪熙元年九月,改通政司左参议,致仕,仍旌其门曰孝行。

廖道南曰:"古称求忠臣于孝子之门,亶其然乎?夫一孝立,万善从,孝之不立,道奚生焉。君子是以重权谨也。"

赞曰:云龙之山,其山嵯峨。吕梁之水,会流于河。彼仲常兮,孝思匪他。擢居殿学,以风天下。山水增荣,光流闾舍。视彼权奸,盗负且乘。孰重孰轻,请问天命。

华盖殿大学士陈循

陈循,字德遵,江西泰和人。永乐乙未进士第一,授翰林修撰。太宗特重儒臣,赐第万宝坊。驾幸北京,命循载秘书诣行在,遂留用之。三殿灾,循上疏,多采纳。洪熙改元,转侍讲。宣德初,命与杨溥轮直南宫,备顾问,又赐第于玉河西。庚戌,擢侍讲学士。时御史张楷上诗涉时政,佥事陈祚劝讲《大学衍义》,忤旨,宣庙震怒,循力救之获免。正统初,兼经筵官。壬戌,擢学士。甲子,入内阁。乙丑,迁户部侍郎,寻陟尚书兼学士。奏复近侍翰林官于早朝时,当立于金台左侧,于午朝时,当先诸司奏事。悉从之。未几,加少保兼太子太傅。景泰初,兼文渊阁大学士,集古帝王行事名曰《勤政要典》上之。修《寰宇通志》成,进华盖殿大学士。

时也先拥驾入关,索大臣于谦、胡濙、王直出迎,众知其诈,循奏请敕各边精骑入卫京师,又多发榜文招谕回达,以疑其心。也先计穷,复道。嗣后景帝临御既久,循秉钧轴,擅易储宫,啖以爵禄,遽变初志,恃权刚愎,不能容物。其子瑛入试不第,与王文诬奏考官刘俨、黄谏,欲抵之罪。又谋取乡人冢域,倾陷御史周鉴、王豪,士论鄙之。英宗复辟，言者发其奸状，谪戍辽东。及石亨败，奏雪己怨，释之，复其官。

廖道南曰："予观《琐缀录》所载陈芳洲事，语多近俚。及观国史，乃见其城府深刻，罗钳吉网，靡所不为，视厥初疏陈诸事，力救张楷、陈祚，若有暌焉。不然，又胡为乎？力诋刘俨、黄谏，末流至此极也，岂孔子所谓患得患失者耶？"

赞曰：匪位之患，令名为艰；匪名之患，令终为艰。保初节易，保晚节难；於乎德遵，有靦斯颜。

谨身殿大学士高穀

高穀，字世用，扬之兴化人。永乐乙未进士，选翰林庶吉士，授中书舍人。甲辰，改春坊司直郎。洪熙初，擢翰林侍读。宣德乙卯，考顺天乡试。正统改元，杨士奇荐侍经筵讲读，赐三品服。戊午，预修宣庙实录成，转侍讲学士。甲子，考应天乡试。乙丑，迁工部右侍郎，仍兼前职，入内阁，与闻机务。

己巳，上北征，命穀居守。景泰初，陞工部尚书兼学士。时虏情叵测，羽檄旁午，乘舆未返，人心恟惧，中书舍人赵荣独请往迎，穀壮其志，解所束金带赠之。及都御史杨善迎太上皇归，穀奏礼宜从厚，有千户龚遂荣投书于穀，穀即以示公卿，陈循见之恚甚，请下之狱，穀执议如初。未几，加少保兼东阁大学士。

壬申，加太子太傅。上言："内外诸司，惟贤是用，况经筵日讲，关系圣德，尤在得人。"遂荐少卿陈询、学士吕原、中允杨鼎、都御史王文、大理卿萧维祯、司业王恂。疏上，命询、鼎侍经筵，文入内阁。甲戌，命往南京巡视灾歉，事竣还朝。都给事中林聪忤权贵，将置重辟，穀持正救解，赖末减。丙子，进谨身殿大学士。是岁顺天乡试，循奏考官刘俨黜其子，命穀覆试。穀曰："贵胄与寒畯争进，固已不可，况从而为之辞乎？"因阅卷，止黜林廷一人，馀俱从俨所选。从之。英庙复辟，穀辞职乞休，赐玺书慰谕，仍侑以金锃，给驿以归。卒，谥文毅。

廖道南曰："予读国史，称穀为人高简廉静，不比匪人。观其白刘俨之公，救林聪之直，嘉赵遂荣之忠，推是心也，天日将为昭焉。"

赞曰：江海之会，实维维扬；毓和委灏，发为祯祥。有斐君子，邦之司直；众醉独醒，抗颜不屈。宁为孤立，毋为依违；侃侃誾誾，永世有辞。

谨身殿大学士王文

王文，初名强，字千之，保定束鹿人。永乐中，繇乡荐计偕如京师，太宗命选下第举人，给冠带，入胄监，文预焉。辛丑，登进士，擢监察御史，绰有能声，与同官王翱、于谦咸为都御史顾佐所称许。时彰德妖寇张普祥谋逆，宣庙简命往治。事平，还奏称旨，钦改名文，擢陕西按察使。正统己未，转右副都御史巡抚宁夏兼理军务。辛酉，入为大理寺卿。壬戌夏大旱，上命中贵兴安审录狴犴，文片言折狱，众皆输服。未几，陟右都御史。

时冢宰郭琎贪墨，文疏其罪，风纪大振。癸亥，命代陈鉴抚镇陕西。也先犯顺，当国者移文，沿边敛民入城，以避其锋。文谓黠虏逆天，神人共愤，不宜惊扰，以惑人心，关中安堵如故。寻召还，加太子太保，改左都御史。景泰壬申，南畿及山东、河南被灾，命往绥怀，多所全活。大学士高穀荐入内阁，改吏部尚书兼翰林学士，参预机务。疏陈举官赈民数事，悉中时宜。

甲戌，应天、苏、松大水，命往巡视。苏人鼓术惑众，互相屠戮，文悉捕获诛之。加少保兼东阁大学士。修《寰宇通志》，充总裁官，进谨身殿大学士。因其子伦不第，讦奏考官，峻文深诋。英庙复辟，言者首论于谦、王文迎立外藩，擅易储宫。廷鞫，文力辩，谦不言，遂同戮于市。后其子伦改名宗彝，仕至尚书，请雪父冤，诏复其官，加太保，谥毅愍。

廖道南曰："予观国史，谓文为人深沉刚果，屡镇大藩，两总宪政，每廷议，百官莫敢先发，文以一二语裁决。与陈鉴交代，一揖之外，未尝接谈。及入阁，毅然欲有所为。即兹以观，其志果，其情深，其才充，其器隘。乃若私诋考官，廷诘狱吏，诬薛文清以死，又何险也！"

赞曰：广汉神明，延寿深刻；匪术弗精，匪才弗达。果于自用，昏于自恕；彼何人斯，秉心乖戾。张汤之后，安世则侯；犁牛骍角，谁谓无邮。

华盖殿大学士徐有贞

徐有贞，初名珵，字元玉，苏州吴县人。宣德癸丑进士，选庶吉士，授编修。正统初，进侍讲。己巳之变，倡议南迁，尚书于谦斥之于廷，遂怀怅惘。大学士陈循授之策曰："汝当更名，无使内家习知也。"即更有贞。以易储事转左谕德，迁左佥都御史。往视水灾，时河决沙湾，居民播荡，漕运阻艰，有贞奏曰："凡平水土，在知天时、地利、人事三者，天时既经，地利既纬，人事庶可施也。今欲救之，请先疏其势，水势平乃治其决，决止乃浚其淤。兹为之，方以时节宣，一曰置造水门，二曰开分水河，三曰挑浚运河。"于是决渠以平水势，筑堤以平水性，作闸以平水道。功告成，为文纪之。召还为副都御史。

岁丁丑，天象告变，有贞阴结太监曹吉祥、武靖侯石亨及太平侯张𫐐等，密谋迎请上皇复辟。禁漏下数十刻，有贞等拥至南内，躬罥步辇，升奉天殿，夜已向晨，鼓三严，百官班定，而景帝已弥留不起矣。英庙嘉其功，加特进光禄大夫、柱国，封武功伯、兵部尚书兼华盖殿大学士、掌文渊阁事。

值山东荐饥，发内帑赈之，有司奏请增给，上召有贞同李贤议可否。贤曰："可。"有贞怫然曰："不可。窃恐里胥滋弊，惠泽阻遏，罔及小民。"贤曰："虽有滋弊，民方待哺，不可不救也。"有贞退而不乐。时石亨、张𫐐外虽结纳，中实猜疑，御史杨瑄、张鹏纠其不法。上谓有贞曰："御史敢言如此，实为难得。"因语有贞及贤协心辅政。

亨辈闻之益惧，遂诉其夺门之功，诟有贞泄其谋。上怒，下有贞及李贤于狱。是日，震雷雨雹，大风拔木，乃出有贞为广东参政。

行至德州，会有投匿空名文书者，亨辈以为有贞所为。上怒甚，覆逮诏狱，拷治无验，乃命取诰券出示三法司，刑部侍郎刘广衡等劾奏有贞诈撰制文，窃弄国柄，自谓治水希踪神禹，敢以定策冒贪天功，大不敬，无人臣礼，宜戮市曹。会承天门灾，乃宥之，编置云南金齿为民。

及曹吉祥、石亨、张𫐓相继伏诛，上御奉天门，论及人才，谓李贤曰："徐有贞才学亦难得。当时有何大罪，乃石亨、张𫐓辈害之耳。兹若不宥，后世其谓何？可令生还故里。"於乎！圣人恩法，可谓两尽矣。

廖道南曰："予观吴志，谓有贞短小精悍，其学自天官、地理、兵法、河渠、阴阳、方术无不通贯。及读其所为《漕河碑》，闳博尔雅，当时词臣无出其右。然而心术险贼，急嗜功利，首倡南迁，继谋夺门，比昵奸回，屠戮忠良，金齿之行，亦天道也。"

赞曰：谓天盖高，不敢不局；谓地盖厚，不敢不蹐。彼其之子，狡焉猖狂；负气以逞，构谋匪臧。迁国奚忠，夺门奚智；亦已焉哉，胡不惴惴。

殿阁词林记卷之二

殿学

华盖殿大学士李贤

　　李贤，字原德，河南邓州人。宣德癸丑进士，初授吏部验封主事，历考功、文选郎中。景泰初，上正本十策，曰勤圣学，顾箴警，戒嗜欲，绝玩好，慎举措，崇节俭，畏天变，勉贵近，振士风，结民心。景帝嘉纳。辛未，虏酋也先遣使通好，贤上言请修战守之备，识者韪之。是岁冬，擢兵部侍郎。癸酉，转户部侍郎。上言也先近杀其主，并吞诸夷，宜敕沿边诸将，励兵观衅，于谦壮其言。甲戌，转吏部侍郎，上《鉴古录》。

　　英宗复辟，召入内阁，陟吏部尚书兼翰林院学士。时太监曹吉祥、忠国公石亨恃迎复功，骄恣不法，言官纠之。曹、石惧，愬于上，乃下徐有贞暨贤于狱。未几，谪福建布政使。吏部尚书王翱召见便殿，白之，复以为吏部侍郎。值承天门灾，诏复尚书、学士，仍入内阁，赐玉带以奖之。上问："郕邸汪后，左右欲以殉葬，可否？"贤对："宜生存之，以全其子母。"又问："建庶人久幽大内，欲赦出之。"左右以为不可，贤对："宜从恤典，以示渥恩。"又问："吉祥干预国政，四方奏报，先造其门。"贤对："权不可下移。"又问："石亨当时迎复，卿何不预？"贤对："夺门无以训后。"上竦然大悟，乃迁汪后于别宫，建庶人于中都，曹、石之党益加禁束，凡冒功四千人悉褫职，朝廷始有纪纲。

　　先是，命修《一统志》，充总裁官，至是赐第于詹事府之东。庚辰，虏酋孛罗寇大同及凉州、庄浪，贤上安边五事。辛巳，曹吉祥从子钦谋不轨，焚东安门，杀都御史寇深、锦衣指挥逯杲，伤贤臂，迫令草疏请罪。上闻贤在，甚喜。钦伏诛，加太子少保。癸未，上以足疾不视朝。时郊祀将至，欲遣官代行礼，贤对以为不可。上力疾至斋宫，成礼而还。母后胡氏号静慈仙师，非典，贤对："宜加崇以全仁孝。"上从之。

　　二月晦，空中有声，贤奏："无形有声谓之鼓妖，上不恤民，乃有此异。"遂上十事，一曰钦恤淹禁，二曰禁止银场，三曰停岁造纸劄，四曰蠲被灾粮税，五曰弛刍粟之征，六曰罢亏损马匹，七曰戒边臣抚兵民，八曰命有司恤流移，九曰饬御史纠贪吏，十曰禁外官科敛。诏颁行之。

是时，锦衣指挥门达擅权，道路以目，诬构袁彬，并及于贤，上廉知其故，不问。甲申春正月，上不豫，贤受顾命惟谨。宪皇登极，加少保、吏部尚书兼华盖殿大学士、知经筵事，进光禄大夫、柱国。丙戌，以父忧夺情复任，修撰罗伦抗疏论之。上怒，左迁伦于岭表。贤复上八事，命所司议行之。逾月卒，赠太师，谥文达，官其子璋为尚宝丞。

廖道南曰："予观《天顺日录》，乃知贤之相业仅有此耳。及观国史，谓徐有贞既去，贤独留被眷。英庙每视朝毕，左右顾则呼贤与门达，语良久乃已。时召入文华，有所咨询，言无不从。自'三杨'以来，得君未有如贤者。然而海内之士，奔走匍伏以干恩泽者纷如，独立不惧，惟一罗伦而已。於乎，难哉！"

赞曰：贤哉贤也，志可则也。遇主于巷，重纳约也。始扼曹、石，继门达也。猘豕之牙，勿踸踔也。得专行久，茂功烈也。贤哉贤也，胡可垺也。

谨身殿大学士商辂

商辂，字弘载，浙江淳安人。宣德乙卯乡试，正统甲子会试，明年廷试，皆第一，授修撰。丁卯，英庙命选词臣十八人进学东阁，辂预焉。己巳，景帝简入内阁，转侍读。是时北房方炽，闽、浙盗起，奏牍填委，辂悉心剸裁，绩效居多。景泰庚午，进学士。太上皇北还，辂迎至居庸关，伏谒，命致书两宫及皇太弟。壬申，迁兵部侍郎兼左春坊大学士，仍兼学士，赐以居第。丁丑，英宗复辟，石亨辈嫉之，坐除名。

成化丙戌，复入内阁，首言八事，咸切时政。戊子，慈懿皇太后崩，百官争礼，辂上疏定祔葬仪，从之。是岁，陟兵部尚书。时皇庄甚为民厉，辂言："天子以天下为家，何以庄为？"丁亥六月戊申，辂上言八事，一曰勤圣政，二曰纳谏诤，三曰储将才，四曰饬边备，五曰汰冗滥，六曰广蓄积，七曰崇圣道，八曰谨士习。上嘉纳之。改户部尚书，仍兼前职。癸巳，《宋元通鉴纲目》成，进文渊阁大学士。丙申，加太子少保，改吏部尚书。值幸臣有欲建玉皇祠于掖廷者，辂争以为不可。宫门灾，工部请命中官鸠材于楚蜀，辂又争以为不可。俱从之。丁酉，兼谨身殿大学士。

时中官汪直开西厂，大肆罗织，屡起巨狱，百官恐恐。辂上疏，略曰："近日伺察太繁，政令太急，刑网太密，人心汹汹，各怀疑畏，盖缘委听断于汪直一人，而直又寄耳目于群小，如韦瑛、王英辈，伤害良善，亏损国体，非所以示大观于天下也。"疏入，上震怒，命司礼监官怀恩至阁，辂曰："汪直违祖宗法，坏朝廷事，法所必诛，而不以听。"恩曰："此疏谁其草之。"众皆曰："直罪滔天，使辅臣不言，天下必有言者，与其使天下言，孰若二三人言之。"恩具入奏，上即命罢西厂，由是见忤于直。会前辅臣杨荣曾孙晔罪逮至京，语连及辂，直从中主之。辂遂乞休，加少保，赐玺书，给驿以归。卒，赠特进荣禄大夫、太傅，谥文毅。子良臣举进士，为翰林侍讲，良辅为刑部主事，孙汝谦为尚宝寺丞。

廖道南曰："予以阀逢敦牂发练浦，泛清溪，舣棹桐江，眺望文毅之庐，万峰回合，千岩蜿蜒，意其为间气所钟也。及读国史，乃见其诸疏侃侃有大节。於乎！宋之王旦、王曾、宋庠，俱以三魁致位宰辅。若文毅者，视古先哲何如耶？"

赞曰：三魁华名，士林所称。三孤崇秩，官箴所评。德不孚名，奚名之荣。勋不孚秩，奚秩之尊。允也文毅，大节峥嵘。龙山岘嵲，桐江淳漾。谁其荐之，明德惟馨。

华盖殿大学士万安

万安，字循吉，四川眉州人。正统戊辰进士，选庶吉士，授编修。景泰初，以易储迁左春坊司直郎，转右中允，改尚宝司丞兼编修。天顺戊寅，改侍讲，侍皇太子讲读，进学士。成化改元，预修英庙实录，升少詹事兼学士。己丑，迁礼部侍郎兼学士，入内阁。寻陟礼部尚书，加太子少保，改户部尚书兼文渊阁大学士。孝宗出阁，改吏部尚书，加太子太保、光禄大夫、柱国、少傅兼太子太傅，寻加少师兼太子太师、华盖殿大学士。

初，昭德贵妃万氏侍宪庙于储邸，其父贵为诸城邑吏。至是，以妃贵授都督，兄通亦为锦衣都指挥，权宠震耀。通妻王氏出入掖庭，安喜同姓，阴使人结通之妻，往来于家，为进妖僧继晓以固其宠。时江右李孜省亦以小吏能幻术，与其徒邓常恩俱骤躐要津，安托孜省乡宦彭华深相结纳，凡附己者百计援之，异己者百计去之。一时词臣若礼部侍郎邢让、祭酒陈鉴，而方正之士如王恕、马文升、耿裕、秦纮，皆相继斥逐。云南土酋囊罕弄与木邦争构，据宝林以叛，入贿于安，安啖其利，即授以安抚，而边衅日积。凡若此类，恬不为怪，举朝侧目，莫敢显讼其过。

庶吉士邹智与安同乡，愤其所为，率同馆士吉人李文祥上疏发其奸，御史汤鼐、文贵、姜洪各相纠劾。孝宗在东宫，稔闻其恶，至是于宫中检获所进房中书，遣太监怀恩携至内阁示之，每展一卷，安即跪泣乞哀，犹无去意。复令怀恩摘其所悬牙牌，安始惭惧告退。至中途，尚占中台，冀复用。卒，赠太师，谥文康。其子翼为南京礼部侍郎，孙弘璧为编修，俱淫恣不检，类其父云。

廖道南曰："予读国史，见成化间传升、乞升、冒滥名器者无虑数千，固已讶之。及阅万氏本传，安据内阁二十余年，嫉侮忠正，深于仇雠，保养奸回，切于骨肉，观其结万通、李孜省辈以阴为之援，而又斥逐邹智吉人辈以阳张其势，自古权奸之祸人家国类如此。《易》曰：'开国承家，小人勿用。'可不鉴哉！"

赞曰：唐之林甫，天宝召乱。宋之似道，绍兴启变。斲尸函首，国有显戮。安何人斯，独保完福。不于其身，于其子孙。覆宗堕庆，是曰天刑。

华盖殿大学士文穆公刘吉

刘吉，字祐之，直隶博野人。正统戊辰进士，选庶吉士，授编修。景泰初，侍经筵，预修《寰宇通志》，转修撰。天顺中，侍东宫讲读，预修《一统志》，进侍读。成化初，英庙实录成，升侍读学士，寻擢礼部侍郎。己丑，简入内阁，兼学士。丁酉，陟礼部尚书。戊戌，加太子少保、文渊阁大学士。壬寅，守制，诏起复之。修《文华大训》成，加太子太保、武英殿大学士，给一品诰命。甲辰，改户部尚书、谨身殿大学士。

弘治改元，进少傅兼太子太师、吏部尚书，知经筵事。己酉二月，吉率同官上言："迩者奸徒欲效李孜省、邓常恩之故术，见月宿在毕，天将阴雨，乃奏请祈祷，幸而有中，以希进用。谨按《诗》云：'月丽于毕，俾滂沱矣。'《书》云：'月之从星，则以风雨。'今月宿在毕，雨降之征也。臣恐幸门一开，争言祈祷，启衅召乱，咸基于此。所有祝文，臣等不敢奉命。"庚戌，吉率同官上言："迩者妖星出天津，历杵臼，近营室。考之图志，为兵，为饥，为水旱。矧今南海修垣，汝河修桥，俱非急务，宜停止以答天戒。"上嘉纳之。辛亥，宪庙实录成，加少师兼太子太师、华盖殿大学士。壬子，修撰张升上疏论之，吉遂致仕。卒，赠太师，谥文穆，今其子皋为太常少卿。

廖道南曰："予读国史，谓吉沉毅能断，但所与游者多谗夫，以故不闻其过。廷臣不协于己者，阴嗾言官劾之，乏休休之量。及读月毕天津之疏，又有不可挠者。其然乎？其不然乎？"

赞曰：博野之墟，大川平原。笃生哲士，为国鼎铉。首斥异端，愈坚直节。星彗于津，月丽于毕。国史有言，匪直也人。城府深密，有觊名臣。

华盖殿大学士徐溥

徐溥，字时用，常州宜兴人。景泰甲戌进士及第，授编修。天顺丁丑，兼司经局校书，侍东宫讲读。成化纪元，迁左庶子兼侍讲，充经筵讲官，兼纂英庙实录。甲午，擢少詹事兼侍讲学士。乙未，主考礼部会试。庚子，转太常卿兼学士。辛丑，再典会试，擢礼部侍郎。丙午，改吏部。孝宗登极，简入内阁，陟礼部尚书兼文渊阁大学士，总裁宪庙实录，同知经筵。庚戌，复典会试。辛亥，加太子太傅、户部尚书、武英殿大学士。时岷藩讦奏知州刘逊，诏逮系，言官救之，俱下狱。群议汹汹，溥力救之。甲寅，加少傅兼太子太傅、吏部尚书、谨身殿大学士，进光禄大夫、柱国。乙卯，命撰三清乐章，溥率同官上言："天子祭天地，夫天至尊无对，故礼以少为贵，祭不过南郊，时不过孟春，牲不过特牛。汉祀五帝，儒者非之。况三清乃邪妄之说，谓一天之上有三大帝，乃以李耼居其一，是以人鬼列于天神，非礼也。至于郊祀乐章，皇祖旧制，今所传乐章，虽载《永乐大典》，是书博采弗精，不可以黩礼。臣等诵习儒书，若邪说俚曲，尤所不习。且初设文渊阁，命学士居之者，实欲其谋议政事，讲论经史，培养本原，弼正阙失，非欲其阿谀顺旨，以取容悦也。"疏上，上即从之。丁巳，总裁《会典》，以疾辞。戊午，武宗出阁，加少师兼太子太师、华盖殿大学士，寻以目眚乞休。卒，年七十二，赠特进左柱国、太师，谥文穆。

李文正公铭其墓曰："瑞云山高荆水清，元气下结扶舆精。公居太史官列星，文章作纬礼作经。入掌帝制持邦衡，补衮五色山龙形。庙堂高古坐不倾，一朝令出民弗惊。调齐甘苦成和羹，四方士类归陶型。悉遣衿佩为冠缨，尺量寸度楠与柰。大者梁栋当朝廷，公心不倦亦不矜。尽弭怨谤消谗争，功成身退古有恒。公归自保哲且明，君宠极重臣身轻。飘然乘风溯高冥，山迎水徯如平生。"

　　廖道南曰："予观李文正公年谱，见弘治间所上章疏皆出其手，而溥能用之。及读国史，称溥立朝四十余年，因事纳约，随才器使，屡遇大狱，保全善类，从容委曲，温易充裕，乃知曹参、丙吉虽不逾于陈平、魏相，而培养国家元气，又不在彼而在此也。十八年之治，固有由哉！"

　　赞曰：周至成康，厥治迓衡。三后同心，笃亮真诚。汉至文景，厥政底平。万石同德，浑朴坚凝。如文穆者，其忧其恂。既无勇功，亦无智名。十八年中，协气氤氲。於乎宁静，鲜见其伦。

武英殿大学士丘濬

　　丘濬，字仲深，广东琼山人。正统甲子乡试第一，景泰甲戌进士，选庶吉士，授编修。时两广用兵，经年不决，濬条列事宜，李文达公一见即代上之，英宗嘉叹，付所司举行。宪宗登极，充经筵讲官，转侍讲。预修英庙实录成，进侍讲学士，续修《宋元纲目》，升学士。濬自出己见，撰史略名曰《世史正纲》，有裨世教。会祭酒缺，佥谓非濬不可，乃加礼部侍郎，掌国子监事。复撰《大学衍义补》一书以献，上褒答之。寻陟礼部尚书，掌詹事府事。修宪庙实录，充副总裁官，加太子太保兼文渊阁大学士。上时政疏，略曰："成化间彗星三见，遍扫三垣，地震无虑五六百次。迩者彗见天津，地震天鸣无虚日，且异鸟三鸣于禁中。考诸经史，天变莫大于彗孛，在三垣三台尤为重；地变莫大于震动，在京师边防为急。矧禽鸟动物得气之先，春秋二百四十二年，书彗孛者三，地震者五，飞禽者三，今乃屡见于二十五六年之间，变不虚生，必有其应，天人相与，甚可畏也。臣愿体上天仁爱，念祖宗基业，端身以立本，清心以应务，谨好尚勿流于异端，节财费勿至于耗国，公任用勿失于偏听，禁私谒以肃内政，明义理以绝神奸，慎俭德以怀永图，勤政务以弘至治。庶可以回天灾，消物异，帝王之治可几也。"疏凡十余万言，上命诸司议行。未几，加少保兼太子太保，改户部尚书、武英殿大学士，以目疾辞，不允。卒，赠太傅、特进光禄大夫、左柱国，谥文庄，官其孙镨为尚宝寺丞。

　　程敏政叙其集曰："先生惧学者之无本也，有《学的》之编；惧学者之不知变也，有《史纲》之作；惧学者之明体而不适于用也，有《大学衍义》之补。其言凿凿可行，行之可以兴治，致吾君于尧舜，使吾道不为空言，盖其志如此。"

　　蔡清祭之曰："先生博极群书，如巨海之吞吐百川，含弘无际，其才华国名世者四十年，晚际圣明，登之台辅，取其所著书于大内，以广聪明，权衡百度，其道尊为国师，门生学子遍天下矣。自琼崖以来，所钟人物未有如先生者。於乎！其不为虚生也已。"

廖道南曰："国朝洪武、建文间，时则有若刘伯温之闳大，宋景濂之浩博，王子充之醇正，方孝孺之尔雅。永乐、宣德间，时则有若解大绅之雄放，胡光大之豪宕，杨文贞之精密，金文靖之沉浑。正统、景泰间，时则有若李忠文之朴茂，刘文安之该核。然皆丽藻丰腴，未有若丘文庄之明体适用，酌古准今，褎然为一代文宗也。自是以后，若程篁墩、李文正诸公，盖闻文庄之风而兴起焉者。或乃以刘文泰之诬而病之。於乎！岂知文庄者哉！"

赞曰：琼海浩瀚，珠崖渺茫。含灵鸠和，诞生文庄。矫矫若人，万夫之杰。牛毛玺丝，剑光玉洁。《衍义》有补，世史有纲。润色皇猷，裨益典常。我发未燥，诵习仰止。布帛菽粟，有裨国纪。

华盖殿大学士刘健

刘健，字希贤，河南洛阳人。天顺庚辰进士，选庶吉士，授编修。成化中，转修撰，迁左春坊左庶子。弘治初，升礼部侍郎兼学士，简入内阁。总裁宪庙实录成，陟礼部尚书兼文渊阁大学士。甲寅，进荣禄大夫、武英殿大学士。己未，加光禄大夫、柱国、少傅兼太子太傅、户部尚书、谨身殿大学士。庚申，健率同官上言："自古愿治之君，必早朝晏罢，日省万机，祖宗视朝在黎明以前，每日奏事二次。迩者视朝太迟，散本或至昏黑，四夷朝贡，奚示观瞻，庶府文移，多致寝阁。矧今各边启衅，四方荐灾，尤为可虑。怠荒是戒，励精是图，庶可以回天意、慰人心也。"孝宗嘉纳。寻加特进光禄大夫、少师兼太子太师、吏部尚书、华盖殿大学士。

辛酉，健率同官上言："近有旨，中官往武当山设像挂旛、修举斋醮，命臣等撰敕并祝文。窃闻兹山宫观像设已极壮丽，若复差官，实为无益。矧今灾异迭出，生民困苦，苗贼肆乱，军旅方兴，粮饷供馈，犹恐不给，君门万里，岂能悉知？宜斥邪妄以遏无良。"甲子，健率同官上言："近有旨欲于朝阳门外修建寿塔，臣等窃惟人主信佛，莫梁武帝为甚，卒饥死台城；信老莫宋徽宗为甚，卒囚毙房地。本以求福，反以致祸，观诸往事，可为明鉴。我祖宗相传以治天下者，尧舜周孔之道而已，似此异端，蠹财惑众，何关于治？欲造佛塔，非所以训天下、垂后世也。又令撰真人杜永祺等诰命及封号，臣等窃惟异端不可信，诰命封号不当与。夫诰命，朝廷所以奖贞励能，虽卿士大臣，必待秩满考最，乃得颁给，况祖宗庙号不过十六字，亲王及文武大臣有功德者，谥号止一二字，此辈何贤何能，封号多至十八字，流布朝野，传闻后世，皆曰此朝廷所给与，儒臣所拟撰也。天下后世，其谓之何？"俱报罢。

毅皇履极，诏健总裁孝庙实录，加左柱国，食正一品俸，倚毗甚隆，健亦尽言无讳。未几，焦芳媚刘瑾，以健同乡不附己，遂力攻之。健居家遭目眚，年九十余卒。

廖道南曰："弘治间，予从先大夫游京邸，饫闻晦庵刘公当国，正色率下，凡诸僚寀谒私宅者，不与交一言。及入朝，事关大义，累几千言不缺。及予登甲科，列史馆，公尚无恙，卒无一言干求恩泽。岂古之所谓大臣与？"

赞曰：嵩岳峨峨，汴河汤汤。伊洛瀍涧，回绕北邙。惟彼东都，元气攸萃。爰有大老，钟兹间气。耿耿大节，侃侃正言。力诋邪说，中扼权奸。公考正命，公神不死。以道事君，不可则止。

华盖殿大学士李东阳

李东阳，字宾之，湖广茶陵人。曾祖文祥以戎籍隶金吾，遂居京师。文祥生允兴，允兴生淳，淳生东阳。蚤负奇气，四岁能作大书。景帝召见，抱置膝上，赐上林珍果及内府宝锭。六岁、八岁复两召之，试讲《尚书》大义，命肄京庠。天顺壬午，年甫十六，举顺天乡试。甲申，登二甲进士第一，选庶吉士，授编修。甲午，转侍讲。癸卯，进侍讲学士。甲辰，充东宫讲读官。丙午，主考顺天乡试。

弘治己酉，迁左庶子兼侍讲学士。辛亥，预修宪庙实录成，升太常少卿，仍兼前职，掌翰林院事，充日讲官。癸丑，主考会试，得汪俊为第一。甲寅，擢礼部侍郎兼侍读学士，典诰敕。乙卯，命兼文渊阁大学士，预机务。时安南侵占城国，奏请命官往问，上欲从之。东阳会同官上疏曰："春秋王者不治夷狄，安南虽奉正朔，修职贡，然恃险负固，积岁已久。今若遣官往至其国，海岛茫茫，徒掉寸舌，小必掩过饰非，大或执迷抗命，若置而不问，损威已多，若问罪兴师，贻患尤大。宜勿听。"丁巳，秩满，赐金犀带。

时中官李广以烧炼斋醮被宠，东阳复会同官上疏曰："我祖宗自洪武至天顺年间，面召儒臣咨议政事，今朝参外不得一觐天颜，且经筵日讲，成就君德，裨益治道。今每岁进讲不过数日，夫人君之心必有所系，不系于此，必系于彼，正士既疏，则邪说乘间而入。近有以斋醮烧炼进者，此乃异端惑世之术，圣王之所必禁。宋徽宗崇信道流，及金兵围城，方士郭京诳称作法，卒使乘舆播迁，社稷颠覆，求福不得，反以致祸。至若烧炼，其祸尤惨，金石之药，性多酷烈，一入肠腑，为祸百端。唐宪宗药发致疾，虽杖杀方士柳泌，竟亦何益。今上清龙虎宫神乐祖师殿及番经厂，皆焚毁无遗，神如有灵，何不自保，天厌其秽，亦已明甚。昔李绛有言，忧先于事，可以无忧，事至而忧，无益于事。矧荧惑失度，太阳无光，天鸣地震，草妖木异，四方奏报，殆无虚日。伏望严早朝之节，复奏事之期，勤讲学之功，优接下之礼，远邪佞之人，斥诬罔之说，太平之业可保矣。"时武冈知州刘逊逮系，科道会奏，上震怒，俱下狱。东阳复同上疏救之，上为霁威，召至平台奏事，始复旧制。

戊午，皇太子出阁，加太子太保、礼部尚书。五月，复召问，亲定团营总兵官。九月，清宁宫灾，东阳上疏曰："近年以来，灾异频仍，内府火灾尤甚。或以为天道茫昧，变不足畏，此乃慢天之说。或以为天下太平，患不足虑，此乃误国之言。或以斋醮祈祷为弭灾，此乃邪妄之术。或纵囚释罪为修德，此乃姑息之术。荧惑圣听，莫此为甚。且贿赂公行，赏罚失当，纪纲废弛，贤否混淆，工役繁兴，军民困惫，下情不达，上泽不宣，愁叹之声，上干和气，灾异之积，正此之由。"越二日，有为李广乞祠额者，东阳以为不可。又召能仁寺僧入大内庆赞，东阳又以为不可。上俱从之。己未，程敏政典试，给事中华昶劾之，命东阳覆试。壬申，《会典》成，赐玉带。甲子，命祀孔子于阙里。还朝，上时政疏，上命有司议行。乙丑，上不豫，召入玉几前，受顾命。

武宗登极，加光禄大夫、柱国兼太子太傅、户部尚书、谨身殿大学士。丙寅，上倦于政，东阳上疏曰："近日视朝太迟，免朝太多，奏事渐晚，嬉游渐广。夫奢靡玩戏，非所以崇俭；弹射钓猎，非所以养仁。鹰犬狐兔，田野之物，不可育于朝廷；弓矢甲胄，战斗之象，不可施于宫禁。使正人不亲，直言不闻，而此数者交杂于前，臣窃忧之。矧六月中旬，风雨飘荡，雷霆震怒，正殿鸱吻，太庙脊兽，天坛树木，禁门房柱，摧折烧毁，灾异尤甚。惕然省悟，侧身励精，庶可以回天慰人，国家之福也。"不听。复上疏曰："先帝顾命惓惓，以陛下为托，臣痛心刻骨，誓以死报。迩者地动天鸣，五星凌犯，星斗昼见，白虹贯日，群灾叠异，并在一时。历观载籍，遍阅古今，未有如此而不乱者。且诏令废格，变易殆尽。忧在于民生国计，若罔闻知，事涉于近幸贵戚，牢不可破。或旨从中出，略不预闻；或有所议拟，径行改易。臣若诿顾命之名，不尽辅导之责，天下后世，其谓臣何？"不报。又上陈政令十失，上付诸司议革之。十二月，加少师兼太子太师、吏部尚书、华盖殿大学士。

丁卯，刘瑾擅权，适尚宝卿崔璇、御史姚祥、主事张玮为逻卒诬执，枷号于长安门外，东阳上疏力救之，命戍边。时闻内苑御船猎兽，上疏曰："今岁自端阳后，金鼓炮火，声彻都邑，厮牧厮役，纷充禁廷，大臣畏忌不敢言，小臣震慑不敢谏。不知祖宗分职设官，朝廷縻禄养士，将焉用之？昔汉司马相如谏系熊豕，以为逸群之兽，舆不及还辕，人不暇施巧，非天子所宜近。薛广德谏御楼船，以为乘船危，从桥安，圣主不乘危。伏望鉴古道以端好尚，视朝加早，则炎暑不侵；进膳有时，则元气日盛。"上褒答之。戊辰六月，给事中安奎、御史张彧忤瑾，枷号，东阳又上疏救之。都御史杨一清逮系至，东阳又力救之。是月早朝，有投空名文书数瑾罪者，疑群臣所为，悉逮问诏狱，东阳又力救之。

庚午六月，旱霾，东阳上疏曰："近时威令大行，中外悚惧，但霜雪之后必有阳春，雷电之余必有甘雨，此天道所当法也。臣谨条上：一曰宽逃军拐马之罪，二曰宽金书职员之罪，三曰宽查盘粮草之罪，四曰禁官校罗织之非。"疏上，会庆府寘镭叛，命太监张永同都御史杨一清讨平之。师旋献俘，永发瑾奸状，上即命擒之。以东阳有反正功，加特进左柱国，荫其从子兆蕃为尚宝司丞。复上疏曰："天下者，祖宗之天下，上天所付托，生民所仰赖。高皇帝栉风沐雨十余年而后定，何其劳也。文皇帝南征北伐，定鼎贻谋，亦二十余年而后成，何其难也。列圣相承，兢兢业业，罔有息荒。先帝顾命，惟欲陛下早嗣大位，早成大婚，光前裕后，衍无疆之泽，圣虑所及，何其深且远也。臣愿念上天付托者重，思祖宗授受者隆，体生民仰赖者切，每于朝奏讲读之暇，安处宫闱，溥施恩泽，起居以节，游豫以时，保养天和，培植国本，则六气莫能侵，百邪不敢近矣。"不报。

时巨寇刘陆等众至数十万，东阳昼画宵筹，卒致底定，加荫一子为锦衣指挥，上疏力辞。上以京军不习战阵，欲调边军入卫京师，东阳上疏陈其十不便状，不听，遂乞休。赐之敕曰："君臣相遇，自古为难。卿资禀神异，慧悟夙成，爰自童年召见中禁，应制称旨，名动四方，遂以宏博之学，蜚英艺苑。资历既深，闻望弥重。逮我皇考，擢居政府，朝夕献替，便殿延访，平台赐问，有怀必吐，无言不从，不激不随，无私无比。顾命付托，感激知遇，益竭忠勤，委曲匡救，西鄙戡乱，两河讨贼，庙谟胜算，多所赞画，厘革敝政，率循旧规，乐育人才，明扬善类，代言宣意，敷奏达情，文学词翰，独妙一时。立朝五十年，辅政十八年，清慎之操，终始不渝。自古大臣兼兹众美者，代不数人。属时多艰，方切倚仗，乃以止足为念。章数十上，重违雅志，特赐允俞。於乎！功成身退，卿自处善矣。国有大政，将就而问焉。"仍荫其从子兆延为中书舍人。卒，年七十，赠太师，谥文正。所著有《怀麓堂稿》。

廖道南曰："予观杨邃庵叙《怀麓堂稿》云：'高才绝学，独步一世，如大河之源出昆仑，至积石，至龙门，至底柱，吞吐百川，涵浴日月，顷刻万变，而不知其所穷。'邵二泉叙《续稿》云：'盛德嘉谟，泽被海内，如大将御戎，不闻号令，一节一麾，无不如意。'嗟乎！可谓知言矣。予以为弘治间，薄海外内，泰和流行，兵以不试为威，财以不蓄为富，刑以不措为治，伊谁之力耶？君子是以知文正之不可及也。"

赞曰：云阳秀郁，皇雩蜿蜒。洞庭浩渺，湘水沦涟。惟彼黎老，端亮沉潜。历事四朝，一德格天。翼翼匪懈，休休不专。稽厥勋谟，鼎石有编。

谨身殿大学士焦芳

焦芳，字孟阳，河南泌阳人。天顺甲辰进士，选庶吉士，授编修，转侍讲，进侍讲学士，左迁湖广桂阳州同知，历霍州知州、四川副使，调湖广副使，俱督学政。上疏奏辩，请雪其怨，升南京右通政。守制，起复为通政，再以忧去。召入为太常少卿兼侍讲学士，擢礼部侍郎，改吏部，陟吏部尚书，寻加少傅兼太子太傅、谨身殿大学士。性险愎，始比尹旻父子，尹败坐谪。其为吏部尚书时，值逆瑾乱政，号八党。大学士刘健会同户部尚书韩文率百僚伏阙固争，将除之，芳潜通于瑾，预为之所，繇是刘健、谢迁、韩文、杨守随等相继斥罢，党势益炽。瑾遂引芳入阁，表里为奸，凡变紊成宪，桎梏臣工，杜塞言路，酷虐军民，皆芳导之。

芳用事时，有曹元、刘宇者，媚灶续貂，咸涵政本，芳为之奥援。暨充孝庙实录总裁官，笔削任意，凡先正名卿，悉肆丑诋，授意检讨段炅，以快其忿。初在吏部时，郎中张彩与瑾同乡，芳力荐之，骤至冢宰，卖官鬻爵，名器坏滥。其子黄中尤狂诞恣睢，方廷试毕，芳欲处以魁选，既而众论取吕柟为第一，芳谓诸执事抑之，遂入言于瑾，改编修顾清等二十余人为部属官，授子黄中为检讨，及刘宇之子仁等六七人俱为庶吉士。黄中寻升编修，逾年升侍读。时土官岑濬没入家口有姝，色殊甚，芳闻，求瑾得之。后卧病，黄中聚麀，人咸鄙之。瑾伏诛，言官交劾其罪，父子皆褫职为民。中原盗起，有赵锁者入泌阳，芳仅以身免，尽发其先祖冢墓，无遗骸，取芳衣冠被庭树，历数其罪，命剑士脔之曰："使吾手诛此贼，以谢天下议者。"谓盗贼犹知疾恶云。

廖道南曰："夫政本之地，上应台衡，下司鼎鼐，陈猷敷典，论道弘化，宗社安危，生民休戚，华夷向背，世代污隆，胥系焉。轩皇六相，帝尧四岳，舜之五人，武王十人，亦不为多。汤之伊尹，高宗之傅说，一二大僚，亦不为少。诚以大圣大贤不世出，大奸大恶亦不常见也。逆瑾擅权，乃有如芳、如宇、如元者首附之，遂至海内骚动，宗社几摇。《易》曰：'开国承家，小人勿用。'可畏哉！"

赞曰：豮豕之牙，不可长也；牸牛之童，不可养也。盗而且乘，致寇至也；鬼载之车，疑未释也。吁嗟芳乎，与众弃也；遗臭万世，不可雪也。

武英殿大学士王鏊

王鏊，字济之，苏州吴县人。成化乙未会试第一，进士及第，授编修。弘治初，转侍读，迁右谕德。壬子，主考应天乡试。明年，进侍读学士，历少詹事，兼前职。丙辰，主考会试。又明年，擢吏部侍郎。壬戌，陟礼部尚书，知贡举。有景陵鲁铎者，屡蹶科屋，鏊偶阅其卷，亟称之。时吴文定公为考官，取铎为省元，人咸称其知人。寻简入内阁，改户部尚书、文渊阁大学士。

先是，北虏火筛入寇，诏廷议可否。时马端肃公、刘忠宣公咸预庙算，鏊上边议八事，一曰定算，二曰重主将，三曰严法令，四曰恤边民，五曰广召募，六曰用间，七曰分兵，八曰出奇。疏上，孝宗嘉纳。正德纪元，加光禄大夫、柱国、少傅兼太子太傅。拟上时政四事，一曰急讲学之为务，二曰急延下之为务，三曰急用人之为务，四曰急节用之为务。

逆瑾擅权，乞休归卧震泽，作《谪解》以自嘲焉。又自赞曰："噫嘻先生，何如其人。穷年劬书，结发励行，白首于道，茫然无闻者乎！爵厕公孤，官居台阁，志怀输忠，几昧纳约者乎！贵戚赫炎，不能附丽，权珰狂猘，不能婿阿，一有违言，超然不辱者乎！遇事直前，不知顾忌，见利思后，不知规画，归卧空山，晏然居之者乎！斯人也，其量则隘，其才则庸，无裨于世，自洁其躬。迹其所至，盖知慕首阳之拙，而不知柱下之工；知希止足之疏，而不能为应变之崇者乎！"卒，谥文定。所著有《震泽集》。

廖道南曰："予尝过阊门，登虎丘，望震泽七十二峰，乃见夫烟岚杳霭，鱼鸟沉浮，林霏合而流泉清，意必有名世者出乎其间。既而访文定之里，观震泽之书，高山景行，时向往焉。嗟乎！哲人已矣。"

赞曰：百川潆回，潴于具区。万峰绵纱，会于东吴。彼震泽者，美人所都。采芝山间，茸荷水隅。平泉楼阁，绿野图书。春云猿鹤，秋雨鸥凫。我思若人，不渝厥初。

武英殿大学士靳贵

靳贵，字充道，镇江丹徒人。弘治庚戌进士及第，授编修。武宗出阁，命兼司经局校书，转左中允。预修《会典》，迁左谕德兼侍讲。守制，服阕，擢礼部侍郎。逆瑾用事，摘《会典》讹失，补光禄卿。寻复旧职，改吏部侍郎兼学士，典诰敕，掌詹事府事，仍充日讲官，陟礼部尚书。甲戌，命兼文渊阁大学士，加太子太保、户部尚书、武英殿大学士。其在翰林，同考会试及主顺天乡试者各一，主考会试及授庶吉士业者各二。当辛未会试时，言事者发其私以家僮可勤受贿鬻题，贵亦不辩。及丁丑春，方以病在告，忽复出典会试，意将示公，以湔宿垢，顾益致群疑。于是言官复丑诋之，遂致仕。卒，赠太傅，谥文僖。

廖道南曰："予尝泛舟京口，登金焦，望北固，指甘露，翛翛然若凌云御风而无所于系着。既而访之里闾，询之父老，多不满文僖者。及读国史，乃见其历遭丑诋。古语有云：'宁为玉碎，勿为瓦全。'亶其然乎？"

赞曰：金焦屹立，鼋鼍所宫。北固岧峣，烟云攸崇。产于其间，宜广而充。岂曰无然，云胡可宗。龙蛇而已，奚足为容。

谨身殿大学士蒋冕

蒋冕，字敬之，广西全州人。成化丁酉乡试第一，丁未举进士，选庶吉士，授编修。弘治庚申，兼司经局校书，迁右中允。乙丑，预修《通鉴纂要》，转右谕德兼侍讲。正德丙寅，预修孝庙实录，充经筵讲官。丁卯，进侍讲学士。庚午，主考应天乡试。辛未，升少詹事兼侍读学士。是岁，擢吏部侍郎。甲戌，兼学士，典诰敕，掌詹事府事。是岁，陟礼部尚书，仍兼学士。丙子，兼文渊阁大学士，赐玉带。丁丑，加太子太傅、礼部尚书兼武英殿大学士。

戊寅，武宗北狩，命内阁撰威武大将军敕，冕上疏言："内阁之职，其大者在代王言，凡手敕旨意，俱从撰拟。今事出非常，远近惊疑，虎豹九关，言益龃龉，圣驾已出，倏已浃旬，延颈北睇，无策可施。仰惟陛下受天明命，为天地神人主，内而中国，外而四夷，孰不尊称，如称天为天，称日为日，孰敢擅称朱寿，号为将军，鼎镬在前，不敢奉诏。"己卯，驾南巡至金陵，大学士梁储同冕扈从。十二月，驾旋次扬州，以郊期在迩，冕力请回銮，从之。

辛巳正月，加少傅兼太子太傅、户部尚书、谨身殿大学士。时杨廷和柄国，冕与协心奉迎今上于藩邸，入继大统。改元颁诏，与天下更始，多冕所裁定。壬午，赐金织袭衣及玉带，敕加伯爵，冕具辞。癸未，冕上疏论灾异及礼仪。甲申，致仕还湘中，杜门扫轨，不通宾客。

廖道南曰："《易》有之：云从龙，风从虎，圣人作而万物睹。夫同声相应，同气相求，物固有然者矣。况圣神御极，风云景从，璧月珠星，光彩陆离，二三大臣，登黄扉，典纶綍，争自濯奋，以先天下。若冕者，固亦清谨之士哉！"

赞曰：湘山之南，实为桂林。湘江之合，烟雨萧森。有美君子，笃行修名。耽幽葆光，悠悠古心。

华盖殿大学士杨一清

杨一清，字应宁，云南安宁州人。曾祖情仕元为经历，祖福山隐居江湖间，父景起家巴陵，遂为巴陵人。一清幼颖异，日诵数千言，举神童，大宗伯姚夔、少宗伯邹榦胥器之，疏补翰林秀才。成化戊子，中顺天乡试。壬辰，登进士第，授中书舍人，声华籍甚，擢山西督学佥事。

弘治初，起复，补陕西督学，召入为太常少卿，督四夷馆，转南京太常卿。壬戌，虏火筛入寇，马政废弛，乃迁副都御史，督理茶马。上五事，曰复金牌，曰专巡侦，曰严私贩，曰处茶课，曰广茶价。监苑胥庇。甲子，巡抚陕西，修复靖虏诸城、庄浪诸隘及花马池诸要害，罔弗振耀。乙丑，关西大歉，西戎北虏，互相蹂躏，大寇固原。一清单骑驰至瓦亭驿，会主帅曹雄预设伏兵，寇闻，宵遁隆德山。

正德丙寅，复命总制陕西、延绥、宁夏、甘肃诸路军务，上四事，曰绥土人，曰处额地，曰广招募，曰溥赏赍，边土咸赖。一清复经略河套。河套者，周之朔方，汉之定襄，赫连勃勃所建统万城也。唐筑受降城，在河套之北。正统以后，浸失其险。既舍受降而卫东胜，又撤东胜而就延绥，河套为虏瓯脱之巢穴，其中冰坚。入套，东寇宣大，西寇宁固，厥患无穷。乃上六事，其一修筑定边营迤东边墙，其二修复宁远塞边迤西屯堡，其三增设花马池及兴武营卫所，其四防御灵州土达，其五整饬韦州官军，其六增修黑山镇远关墩台，悉中机宜。丁卯，归休丹徒。逆瑾柄国，逮诏狱，赖大学士李文正公救免。

庚午，寘鐇据宁夏以叛，仍起公总制西夏，罪人斯得，遂与监军张永定策暴瑾罪状，武宗震怒。瑾伏诛，加太子少保、户部尚书。辛未，顺天、应天及山东、河南盗起，公上疏十一事，曰裕民，曰增军，曰定赏格，曰宥胁从，曰联乡保，曰充赏赍，曰严罚禁，曰治退缩，曰察蒙蔽，曰禁夺功，曰防奔突。上嘉纳之。寇平，加少保兼太子太保。甲戌，乾清宫灾，一清上疏，其一谓视朝太迟，其二谓祀郊庙太慢，其三谓创梵宇于西内，其四调边兵于禁地，其五谓皇庄皇店及织造等事，言多切直。是年十一月，加少傅兼太子太傅。乙亥，命兼武英殿大学士，入内阁。丙子，上疏论遣太监刘允往西番，积忤权贵，嗾奸訾毁，复乞休归丹徒。

嘉靖初，大学士杨廷和、蒋冕、毛纪去位，上特召用一清。首疏起用谢迁，时迁已八十余矣。一清生而隐宫，貌类寺人，博学多术，善为调停。久之，术穷数尽，逸邪交构，遂复乞休归，卒。公所著有《石淙集》、《督府奏议》、《玉堂稿》。

廖道南曰："予为编修时，值邃庵柄国，见其奖拔善类，练达事几，每奏报虏情，羽檄旁午，一夕十疏，口占指授，悉合神算。有訾己者，多从而扬之。然门生故吏，汲汲援引，布置穹显，以故其门如市，而其心未必如水云。"

赞曰：皤皤国老，万夫之望。发迹于滇，扬灵于湘。首储翰书，继督学政。握机御戎，振威宣令。三秦底定，两都回翔。国有筮龟，士有圭璋。政本丝纶，出而复入。嘉猷恒告，基命宥密。

殿阁词林记卷之三

阁学

文渊阁大学士宋讷

　　宋讷，字仲敏，大名滑县人。父崇禄，元陕西行台侍御史。讷博学强记，动遵矩矱，性迟重，不妄言笑。登元至正癸卯进士，任盐山县令。洪武十三年，征为国子助教。横经发难，系蔀廓塞，学者如归。尝同诸儒应制撰诸敕文，操笔立就，雅称上意，遂迁学士。

　　十五年五月，命撰宣圣庙碑文，赐衣帽文绮钞锭。秋七月庚戌，上谓讷曰："朕观《尚书》至'敬授人时'，尝叹敬天之事，后世中主犹能知之，敬民之事，则鲜有知者。盖彼自谓崇高，谓民皆事我者，分所当然，故威严日重，而恩礼寝薄，所以然者，视民轻故也。视民轻则与己不相干，而畔涣离散不难矣。惟能知民与己相资，则必无慢视之弊。故曰：可爱非君，可畏非民。众非元后何戴，后非众罔与守邦。古之帝王，视民何尝敢轻，故致天下长久者，以此而已。"是月，有广东儒士献治平策，上览之，谓讷曰："此人不识道理，岂有涉数千言而不及用贤。天下之大，欲朕一人自理可乎？盖自知而用，则所见者狭；知贤而用，则所及者广。"讷对曰："贤才在天下，人主岂能知之，必赖群臣荐举，然得贤与否，系所举在何如尔？"上曰："小人所举未必为君子，君子所举未必为小人。故观其举者，可知其人之贤否矣。"十一月，以讷为文渊阁大学士，制曰："朕观古今贤者，遇君有迟速，名誉有先后。昔望于磻溪，有飞熊之兆，而乃兴周八百。讷年虽高迈，特授是官，尔往钦哉！"

　　未几，以为国子祭酒。上复敕谕曰："太学贤士所关，礼义所由出，人材所由兴。自建学以来，历选师儒，以居是职，至今未臻其效，岂士习之难变与？抑师道之不立与？此朕所以夙夜究心，慎择老成以任之。惟卿夙学耆德，可以任此。卿宜体朕意，使士习丕变，邦其有赖焉。"

　　十八年二月甲辰，阴晦不雨，雪雹如雷，讷上守边策曰："今海内既安，蛮夷奉贡，惟沙漠未遵声教，若置之弗治，恐岁久滋患，边圉卒荒，若穷追远系，恐士马疲费，馈饷艰难。陛下为圣子神孙万世计，莫若善备边之策尔。备边固在乎兵食足食，又在乎屯田。汉本始中,匈奴率十万余骑为寇,赵充国乃率四万骑分屯缘边九郡,单于闻之引去。夫以四万骑屯九郡,而充国统制其间,则当时之筹画可见矣。今诸将中岂皆借才于异代哉？宜选其有智勇谋略者数人,每将以东西五百里为制,随其远近高下,分屯所领卫兵,斟酌损益,率五百里一将,彼此相望,首尾相应,耕作以时,训练有法,遇敌则战,寇去则耕,此长久安边之策也。"上善其言。

其为祭酒,严毅庄敬,诸生畏如神明。乙丑、戊辰两科,得士最多,而魁选出太学,大被赏遇。及遘疾,上遣中使谕之,略曰："卿禀性纯诚,疾必速瘳。"命画工图其像。子麟往候,间至厢房,疾笃,始请归寝,讷厉声曰："何风云气少,儿女情多耶？"卒,年八十,上亲为文祭之,官其次子复祖为司业。

廖道南曰："往予甲戌游南雍时,沔阳鲁公铎为祭酒,乃令习诵监规。乃叹我圣祖每戒敕诸生,恒曰宋讷云。乃知师道立,善人多,讷之名不朽矣。"

彭韶赞曰：中州文献,遗绪可征。稽古力学,饰车以行。百僚让德,六馆蜚声。严而有度,乐育群英。乃叙教条,尔准尔绳。士皆适用,一人以宁。制词褒重,吾道增荣。

文渊阁大学士朱善

朱善,字备万,江西丰城人。少聪颖,十岁能文,通《五经》、《四书》大义。祖云洞先生尝谓人曰："吾孙他日必为令器。"及壮,以经学授徒。壬辰兵变,隐居乡里,养亲教子,杜门绝迹,以圣贤道学为己任。奉继母李氏,克尽孝道。友谅战争,扶母奔窜十余日复全,人谓孝感所至。高皇帝平一海内,开建学校,乃以丰城为富州,州守强宪中、南昌守许方俱延至郡庠,教有成效,以名闻于朝,授郡学教授。洪武八年,廷试诸儒,善为首,乃以为修撰,署院事,知制诰。逾年,以奏对失旨,谪戍辽东,复改典籍,放还。

十七年,上思用老成,驿召善还京,以为待诏。七月戊戌,上御东阁,谓善曰："人君能以天下之好恶为好恶则公,以天下之智识为智识则明。盖人之常情,多矜己能,好言人过,君子则不然,扬人之善,不矜己之善,贷人之过,不贷己之过。"又曰："万事不可以耳目察,惟虚心以应之；万方不可以智力服,惟诚心以待之。"善尝奏："有国者重世臣,有家者重世婚。近日礼教弗明,婚姻混乱,或已聘而见绝,或既婚而复离,议律不精,其祸乃至于此。成周之世,为婚姻者不过齐、宋、陈、杞数国而已,故当时称大国曰伯舅,小国曰叔舅,世为婚姻,可知也。列国之君,曹、卫、陈、郑、秦、晋莫不皆然。降及后世,如晋之王、谢,唐之崔、卢、潘、杨之睦,诸陈之好,罔不以世婚为重。今宜弛禁以通人情,别族以明世教。"上从之。

十八年,命主考礼闱,撤棘之日,乃超迁奉议大夫、文渊阁大学士。五月辛酉朔,上御华盖殿,命善进读《心箴》。上曰："人心道心,有倚伏之几。盖仁爱之心生,则忮害之心息；正直之心存,则邪诐之心消；羞恶之心形,则贪鄙之心绝；忠悫之心萌,则巧伪之心伏。故人常持此心，不为情欲所蔽，则至公无私，自无物我之累矣。"八月丙辰，善复言曰："古者人君至治，重在任人。盖任众贤为耳目，则视听周乎四海；任众知为计虑，则利泽施于万民。今天下太平，惟选任贤才，宜留圣虑。"上曰："任人之道，当严于简择，简择严则庸鄙之人不进；当专于任使，任使专则苟且之意不行。然必贤者乃可以专任之，非贤而专任者，必生乱也，是任人为难。然人亦有谨始怠终者，亦有过于前改于后者，固不能保其始终。惟始终如一者，其怀忠报国之心，坚如金石，安得不任之？若匿诈似信、怀奸似忠者，决不可任也。"是年，忽遘危疾，上遣医调治，其子逢掖请告还丰城。卒，年七十有二。属纩，正冠危坐，举手加额曰："感荷圣恩，无以报也。"语毕而绝，乡人见有星如虹坠其舍。所著有《诗经解颐》、《辑释》、《史辑》诸书。

廖道南曰："予幼学《诗》，诵善所著《解颐》、《辑释》，颇得其要领。然而《国风》民谣，宗庙朝廷，《雅》、《颂》之诗，爰自千篇删为三百，亦已严矣。宋儒泥于郑声淫之说，遂概以为淫奔而不以进讲，岂皆作者之本旨哉？思欲起善于九原而与之论难，又胡可得也。"

林塾赞曰：羡彼云洞，烨有来裔。道立教成，令闻斯淠。乃擢翰林，掌帝之制。宠辱不惊，皇极经世。爰起校文，登华振滞。坠星有占，归则云逝。

东阁大学士吴沉

吴沉，字濬之，浙江金华人，故元国子博士师道子也。博学有文，累征为县庠训导，辞不就。洪武十二年，荐授待制。十一月甲午朔，上观汉纪，顾谓沉曰："人君理财之道，视国如家可也。一家之内，父子不异资，其父经营储蓄，未有不为子计者。父子而异资，家必隳矣。君民犹父子也，若损民以益君，民衣食不给而君独富，岂有是理哉？"

丁酉，上论持身保业之道，又谓沉曰："人当无所不谨，事虽微而必虑，行虽小而必防，不虑于微，终贻大患，不防于小，终亏大德。谨小行而无已者，可以成大善；忽细事而不戒者，必至于成大恶。常人且然，况人君乎？"沉对曰："圣虑及此，诚社稷永安之道。"上曰："安生于危，危生于安，安不克虑则能致危，危而克虑则能致安，在于能谨与否尔。"上御奉天门，视朝毕，又谓沉曰："人君治天下，进贤、纳谏二者，真切事也。"沉曰："求之于古，克行者鲜矣。是故乱日常多，治日常少。"上曰："使其真知贤者与治其国，何有不好？真知谏者在于忠己，何有不纳？惟其知之不真，是以于己难入。若诚能好贤，则不待招徕而贤者自至；诚能纳谏，则不待旌赏而谏者必来。"沉曰："陛下之言及此，国家何幸焉。"

未几，降编修。十三年六月丁卯，复以为待制。沉荐教授童冀、儒士吴慎，遣使征之。十四年冬十月辛酉，给事中郑相奏言："尊无二上，称臣于东宫，是并所尊矣。"沉驳之曰："东宫国之大本，所以继圣体、承天位者也。臣子尊敬之礼，胡得而异焉。

请凡启事东宫，如旧制。"上从之。十五年十一月戊午，乃以为东阁大学士。十六年二月，上将享太庙，沉进《精诚录》。先是，上谓沉曰："朕阅古昔圣贤，其垂训立教，大要有三：曰敬天，曰忠君，曰孝亲。君能敬天，臣能忠君，子能孝亲，则人道立矣。然其言散在经传，未易会其要领，尔等其以三事以类编辑。"至是书成，上览而善之，命沉撰序。

三月，沉因讲《周书》至"国则罔有立政用憸人"，上曰："甚矣，国家不可有小人，有小人必败君子。故唐、虞任禹、稷必去四凶，鲁用仲尼必诛正卯。"沉进曰："《书》言去邪勿贰，所以深致其戒。"上曰："国家不幸有小人，如蓄毒药，不急去之，必为身患。小人巧于悦上，忍于贼下，人君若喜其顺己，而恣其所为，将无所不至矣。"沉曰："小人中怀奸邪，而言似忠信，不可不察。"上曰："然。小人善于逢迎，彼知人主所乐为者，不顾非义，乃牵合附会，曰是不可不为。人主不乐为者，不顾有益于国家，亦牵合附会，曰是不必为此。诚国之贼也。自古知人固难，而知言亦不易。"八月丙戌，以进讲后期，降侍书，寻改博士。十九年七月丁丑卒。

沉富蓄远览，尝因奏对误迁渭源教谕，未行，改典籍，陟大学士。考功监劾其怠事，降侍读，终博士。三仕三已，无喜愠，人以此多之。

廖道南曰："予观沉所进《精诚录》，其学粹乎正矣。至论小人不可用，断断乎其为确论也。金华之学，沉亦可取矣。"

赞曰：於乎君子，浙水之英。奇气焕发，正学端纯。精诚有录，格于皇天。天心克享，秉志弥坚。三仕三黜，喜愠不形。於乎君子，浙水之英。

文渊阁学士兼左春坊大学士解缙

解缙，字大绅，世居雁门，厥后徙居吉水，遂为吉水人。曾大父应辰，元高安教谕，应辰生子元，子元生开先，开先生缙。缙生而英悟奇绝，五岁诵书，七岁赋诗，十岁日记数千言，十八举江西乡试第一。洪武二十一年，计偕如京师，考官刘三吾阅卷，极其称赏，名遂大振。与弟纶暨女弟之夫黄金华同举进士，皇祖亲加简拔，选缙及金华为庶吉士，读中秘书，日侍左右，特被宠眷。

一日寓大庖西室，谕之曰："尔缙试举今日施政所宜，直述以闻。"缙即属草以进，其略曰："陛下得国之正，非汉唐宋所及，取天下于群盗，救民生于涂炭，命将出师，皆受成算，不假良、平，不倚信、布，女宠、外戚、寺人、藩镇之患，消融底定。且不迩声色，不殖货利，不为游畋，又远过汉唐宋之君，而无愧三代盛王矣。夫令出惟行也，不宜数改，令数改则民疑；刑期无刑也，宁失不经，刑太繁则民玩。今好善而善不显，善者未必蒙福，恶恶而恶日滋，恶者未必蒙祸。臣愿笃惇信之本，加慎密之功，喜怒一听于天理，存养无间于须臾。夫人君不以察为明也，元首丛脞，则股肱惰，万事皆隳；人君当以德为政也，帝德罔愆，则众志应，天命用休。今畏天畏鬼神矣，畏民则未至；治民治强暴矣，治心则未至。臣愿畏民为畏天之本，治心为治民之本，祭不必渎受无咎之福，神不必劳享无为之治。夫经正则庶民兴，故孟子距诐行，息邪说。臣愿上泝虞、夏、商、周之华奥，下及濂、洛、关、闽之佳范。释老之壮者，驱之复于人伦，经咒之妄者，火之绝其欺诳。断瑜珈之教，禁符式之条。夫名不正则言不顺，故贾生定官名，易服色。臣愿明经制以任诸侯王于众职，推恩义以待百执事于一体，大臣不施辱罚，属官不加捶楚。夫礼乐不备，非所以协神人。臣愿配天复扫地之规，尊祖隆七庙之制，祀列圣于太学，祀孔子于诸学，而又访求审乐之儒，大备礼经之缺。夫险要不防，非所以保邦国。臣愿开武举以收英才，择关隘以屯重镇，额设弓手，课之以弓弩，兼教民兵习之于兵农，而又时申戒饬之，令特重官守之防。夫风俗不正，非所以示民趋。臣愿仿蓝田吕氏乡约及浦江郑氏家范，率先于世族，以端轨则。夫田税不均，非所以厚民生。臣愿行授田、均田之法，拟常平义仓之举，积久以岁月，以丰财赋。夫台纲不肃，非所以厉清要、长风采。今御史纠弹，咸承密旨，未闻举善，但日除奸。臣愿去朋奸倚法之条，使民有所恃而不恐。夫贤路不清，非所以励顽钝，奖忠贞。今椎埋嚚悍，列布朝省，朝捐刀镊，暮拥冠裳。臣愿遵乡举里选之法，使民有所劝而为善。尤愿陛下推所以爱臣之心以爱天下，推所以待臣之心以待万物，幸垂鉴焉。"奏凡数千言，上嘉其识。

时兵部侍郎沈潜忌缙才，诬其狎侮胥隶，上虑其中伤，即拜江西道监察御史。值都御史袁泰构害张昶，怙势恣横，诸御史莫敢纠其非，缙执笔起草，力诋其奸状。又代虞部郎中王国用论救韩国公李善长冤，疏上，又虑其涵养未至，召缙父谓曰："才之生甚难，而大器者晚成，其以而子归，益进其学。"又谕缙曰："朕于尔义则君臣，恩犹父子，其归益尽心于古人。后十年来，朕大用尔未晚也。"缙侍父归，感恩励志，所造益深矣。

高皇帝升遐，缙趋赴临，权臣构害，谓赴临非诏旨，遂谪河州。未几召还，入为待诏。一日，于宫中披览建文时群臣所上封事千余通，命缙遍阅，有关政治者留览，余悉焚之。文皇靖难，雅闻缙名，拜侍读学士，阶奉训大夫。初开文渊阁，简用七人备顾问，以缙为首。谕之曰："尔七人朝夕相与共事，鲜离左右，朕嘉尔等恭慎，故在宫中亦屡言之。然恒情保初易，保终难，朕常存于心，尔等亦宜谨终如故，庶几君臣保全之美。"缙对曰："陛下不以臣等浅陋，俯垂信任，敢不策励图报。"上喜，各赐五品公服。又曰："皇后欲召见尔七人命妇，其即令赴柔仪殿见之。"

永乐元年十二月壬辰，上御谨身殿，阅高祖御制文集，谕缙曰："皇考文章天资超迈，然亦学问所至。观其所著，皆天地之心，帝王之度，语简理至，蔼然可见。朕于宫中遍索宸翰不可得，有言建文君自焚时，并宝玺皆毁矣，意者其有遗帙乎？"缙对曰："国初佐命之臣，理当有之。"于是遗书诸藩索之。二年八月己丑，缙进呈《大学·正心》章讲义，上览之至再，谕之曰："人心诚不可有所好乐，一有好乐，泥而不返，则欲必胜理。若心能静虚，事来则应，事去如明鉴止水，自然纯是天理。朕每朝退默坐，未尝不思管此心为切要。"十二月，进《文献大成》，赐宴礼部。是岁，《文华宝鉴》

成,上赐皇太子,谕缙曰:"朕皇考训戒太子,尝采经传格言为《储君昭鉴录》,朕此书稍加充广,益以皇考圣谟大训,以为子孙帝王万世之法。诚能守此,足为贤君。昔秦始皇教太子以法律,晋元帝授太子以韩非书,帝王之道废而不讲,此所以乱亡。朕此书皆大经大法,卿等兼辅东宫,从容闲暇,亦当以此为说,庶几成其德业,他日不失为守成令主。"嗣后纂修高庙实录及《永乐大典》,命缙为总裁官。

先是,上与淇国公丘福等二三大臣议建储,诸臣咸谓高煦有扈从功,上不以为然,召缙密议,事遂定,立仁宗为皇太子,高煦为汉王,加缙为学士兼右春坊大学士,阶奉议大夫。未几,福等初议泄于外,高煦知之,憾缙独深,遂谮于上曰:"藩邸旧臣无泄者,其缙泄之。"乃坐缙廷试读卷不公,罪出为广西参议。既而礼部尚书李至刚诬缙怨望,改交阯。八年,入京奏事。时车驾北征,皇太子监国,缙伏谒径归。高煦闻之,又谮缙私觐储君,无人臣礼,复窜交阯之化州。检讨王偁在谪所,邀与同趋广东之化州,缙复上言请用数万人凿赣江。上大震怒,征逮诏狱,拷掠备楚,词连大理丞汤宗、中允李贯、赞善王汝玉、编修朱纮、检讨蒋骥、潘畿、萧引高,经历高得旸及李至刚,相继死狱中,缙子祯应、祯亮举家俱戍边。仁宗登极,特宥还,官其子祯亮为中书舍人。

缙襟宇旷略,绝无城府,喜引拔士类,如曾棨等二十八人,俱所奖进。太宗尝命缙评诸臣,缙以实对,于蹇义曰:"其资重厚,中无定见。"于夏原吉曰:"有德有量,不远小人。"于刘俊曰:"虽有才干,不知顾义。"于郑赐曰:"可为君子,颇短于才。"于李至刚曰:"诞而附势,虽才不端。"于黄福曰:"秉心易直,确有定守。"于陈瑛曰:"刻于用法,好恶颇端。"于宋礼曰:"戆直而苛,人怨不恤。"于陈洽曰:"疏通警敏,亦不失正。"于方宾曰:"簿书之才,狙侩之心。"既奏,上以授仁宗曰:"李至刚朕洞烛之矣,余徐验之。"仁宗尝问建文所用诸臣,缙对曰:"此皆洪武中人才,往事不足论已。"问尹昌隆、王汝玉,曰:"昌隆君子,而量不洪;汝玉文翰不易得,所惜者市心尔。"缙卒后十余年,仁宗出所评十人者示杨士奇曰:"人谓缙狂士,乃今知非狂士也。"杨士奇铭其墓曰:"千里之足,越国过都。或一蹶之,不虞梗楠百寻。其才之蠢,宁见捐于匠输。郁乎纷纷,五采承日。竞瞻望以忻快,何泯没之遘疾。干将地下,其神不死。尚有光华,天汉之涘。"

廖道南曰:"缙负奇气,抱俊才,意兴所到,肆笔成章,水抟蛟蚪,陆刿犀象,渊乎其不穷,浩乎其若有余,其自视何如者。高皇网罗英俊,智屈群策,当时翊运元臣,虽亲如善长,贵如广洋、惟庸,近侍如安、如濂、如观、如素,雷霆所击,罔不震慑。缙以一少年上庖西万言疏,批鳞逆心,罔所讳忌,而圣度优容,令其进学,才难之叹,犹可想见规模,真弘远矣。召旋河陇,践历清华,密赞建储,有故老旧臣所不及知,而独斡运庙谟,措神器于盘石。视古英哲,何以加诸?然谏沮交阯,力抗权幸,卒罹于谗,莫之敢白。悲夫!"

赞曰:董子三策,贾生万言。誓日遄回,溯风孤骞。缙也奇才,国士鲜俪。遭际真龙,逆鳞弗讳。河朔既奋,日南载迁。魂飞汤火,殄瘁畴怜。文贞铭辞,勒于贞石。潜光益彰,照耀方策。

文渊阁大学士胡广

胡广，字光大，江西吉水人，延平守子祺之孙，永丰丞师尹之子也。幼受学于叔祖子贞。及长，之闽从黄仲器游。建文庚辰举进士第一，赐名靖，授修撰。文皇登极，简用儒臣，入文渊阁，擢侍讲，疏请复其旧名，允之。逾月，改侍讲，阶承德郎。上一日问百姓安否，广对曰："郡县穷治，奸党外亲，深为民厉。"诏免究，赖全活者甚众。四年七月，又问曰："昨有中官自江西来，言田家刈稻已毕，何独大旱？"对曰："臣乡民多勤，且多种早稻。"上曰："勤之一字，岂独农家为然，至于人君，尤当致勤于心。朕每退朝静坐，必思今日所行几事，果当于天理，合于人情，则心安矣。否则，中夜必思，命左右记之，俟旦改之。盖一事失当，民受其弊，故不得不勤尔。"广对曰："诚如圣谕。"未几，陟右庶子，仍兼侍读。四年七月，命撰神木山碑文。

皇太子立，迁广为学士兼右春坊大学士，阶奉政大夫。谕吏部曰："广等侍朕日久，继自今秩满，勿改外任。"五年七月，命同淇国公丘福等辅导皇太孙，赐之敕谕，略曰："宏材之建，必由匠石之功；圭瓒之成，必假琢磨之力。卿等皆懋简德艺，职辅东宫，东宫之子，必资兼弼，宜协心同志，辅导于成，推广仁义道德之源，开陈二帝三王之治，涵养本原，恢弘智量，以成其德器，庶国家有无穷之休，卿等亦有无穷之闻。"五年冬，广进呈文字，上览之称善，问曰："黄淮不满于杨士奇，何也？"广对曰："淮有政事，士奇有文学，盖因解缙重士奇轻淮，故并及于臣。"上曰："知汝不客于淮，惟朕不为所惑。"广顿首谢。六年七月，命撰浡泥国恭顺王碑文。七年二月甲戌，《圣学心法》成，谕广曰："古人治天下皆有其要，虽生知之圣，亦资学问。由唐、虞至宋，圣贤明训，具著经传，然简帙浩繁，未易遽领，帝王之学，惟得其要，笃信力行，足以为治。朕惟皇太子天下之本，今当进学，贵在知要，朕因机暇，采辑古圣之学，如执中建极切于身心家国天下者，类为成书，卿等试观之。"广曰："帝王道德之要，备载此书，宜与典谟训诰并传万世。"

八年，上大阅誓师，闻瓦剌特使者言，谕广曰："国家无所用兵，今日此举，非得已也。"广对曰："孔子所慎齐战疾，愿致谨焉。"上曰："孔子又言，我战则必胜，祭则受福，诚敬之至效可必也。"三月丙子，上北征，次凌霄峰，谕广："诸将比来不进一言，何也？"广曰："成算在上，莫之能裨。"上曰："好问则裕，自用则小，虽圣人资于刍荛，朕曷敢任己以掩群策。"暨旋师，广等颁赉有差。九年，督罕提吉并女直野人来朝，上谕广曰："朕非欲并其土地，良以此辈贪残，数为边患，宋岁赂以金币，剥民膏血，若饲虎狼。今既畏服，授官赐赉，捐小费以弭大患可也。"十一月乙巳，重修高庙实录，命广同胡俨等为纂修官。

十二年十月甲寅，谕广等曰："《五经》、《四书》皆圣贤精义要道，其传注之外，诸儒议论有发明余蕴者，尔等采其精语，增附于下。其周、程、张、朱诸君子性理之言，如《太极通书》、《西铭正蒙》之类，皆六经羽翼，尔等亦别类成编，务极详备，庶几可垂后世。"命广为总裁官。书成，广等撰表进呈，上亲制序文，擢广为文渊阁大学士。时礼部郎中周讷建请封禅，群臣多从之，广撰《却封禅颂》以进，上大嘉赏。十六年五月，婴疾卒，年四十九。仁宗登极，赠官赐谥，奠章有云："卿德行文学，士林所重。事我皇考，论思宥密，十有七年，清慎恭勤，始终一节。辅朕春宫，小心直谅，今特加赠荣禄大夫、少师、礼部尚书，谥文穆。仍赐其家金钞文绮，官其子稹为检讨。"

杨士奇铭其墓曰："经国所资，文武并施。惟武以靖，惟文以治。巍巍太宗，统御九有。任武暨文，如左右手。公职词坦，十有九禩。秉恭执勤，司帝之制。玉册金简，天章龙文。光华日星，敷宣帝仁。万几燕闲，清问前席。公所入告，惟帝时怿。公所蓄志，宽惠被下。汹穆泯焉，密赞鸿化。春宫辅德，平直之行。二圣惟明，独鉴公诚。好文之朝，儒林之首。人耸其瞻，公视无有。泊虚之存，简肃之度。彼其何心，有好有恶。宠章骈蕃，赍终犹始。始终之全，旷代其几。金螺在左，文江在右。埋璧有光，上贯牛斗。"

廖道南曰："国朝选士，擢冠于廷者，自吴伯宗、任亨泰辈受知皇祖，至广益大以肆，表章《六经》及《性理》诸书，可谓有大造于后学者。观其扈跸，帷幄之筹，与夫典枢纶钟之文，蔚然炳矣，视文贞以下，鲜与其俪云。"

赞曰：东壁之躔，月合星联。西昆之岫，玉泽珠悬。彼美人兮，龙见于田。运逢九五，风云翕焉。本天亲上，上际九玄。本地亲下，下彻九渊。七俊回翔，颉颃谁先。宏猷秘略，公也则然。

吏部侍郎兼学士曹鼐

曹鼐，字万钟，真定宁晋人。曾祖克柔，祖庭训，父祉，咸隐德弗耀。鼐幼有遐志，日诵数千言，居常笃行，事继母备极孝养。初举乡荐，中乙榜，授代州学官，疏辞不受，铨曹衔之，改任泰和典史。时中使旁午置邮无虚日，鼐处之裕如。公暇，即延礼师儒，讲明理性。宣德壬子，督部工匠赴阙，疏乞入试，中第二人，杨文真公一见奇之。明年廷试，宣皇策以羲禹河洛象数，鼐对称旨，上亲擢第一，授翰林修撰。从杨文定公游，所得益深。英庙初御经筵，抡选讲读官，鼐首预焉。敷纳明畅，闻者耸敬。预修宣庙实录，转侍讲。五年，简入内阁，参知政事。甲子，进学士。乙丑，廷试读卷，得商辂为第一。是岁，陟吏部右侍郎，仍兼学士。己巳五月戊申，鼐奏侍讲刘铉、修撰王振堪教庶吉士，修撰许彬、郎中潘勤堪督四夷馆，从之。

七月，俄闻房酋也先大举入寇，中官王振力请亲征，上命武官英国公张辅等，文官兵部尚书邝埜等，及鼐与侍读学士张益，扈从巡边。是月壬寅，车驾次鸡鸣山。癸卯，次万全峪。是夕，金星犯亢。甲辰，次怀安。是夕，黑气四塞。乙巳，次天城。丙午，次阳和。是夕，火星犯土。丁未，次聚落驿。戊申，次大同。庚戌，次双寨。王振蔚州人，邀上幸其第。辛亥，次滴水岩。壬子，次洪州。癸丑，次白登。王振益恣，迫挟进兵，成国公朱勇膝行听命，户部尚书王佐竟日跪伏草中，噤无一语。惟钦天监正彭德清首斥振曰："象纬示警，不可复前。若有疏虞，陷乘舆于草莽，谁执其咎？"鼐继之曰："臣子固不足惜，主上系宗社安危，岂可轻进。"振怒詈之曰："倘有此，亦天命也。"八月辛酉，次土木，命太监吴亮相地布营，阵未定，虏已据南河。次日，虏伪退，王振复矫制起营追之，虏大蹂躏，我师败绩，死者十余万人，鼐及诸臣五十二员皆死之。景帝闻之，赠鼐荣禄大夫、少傅、吏部尚书、文渊阁大学士，谥文襄，遣官谕祭，官其子恩为大理评事。英宗复辟，加赠太傅，改谥文忠，又官其孙为锦衣百户。

廖道南曰："予观李忠文公及刘文安公奏疏，谓自古夷狄之祸，未有甚于土木之难者。夫汉之冒顿，桀黠方张；唐之安禄，豢养已久；宋之辽金及元，则又中国偏安，势匪其敌。我明当全盛之时，王用三驱，获狐射隼，而乃受制阉竖，亲劳六飞，至使全师覆没，善人殄瘁，如鼐者褒然为廷魁首，元丧犬羊，身膏草野，不亦可悲乎！予故备述国史，亦以为世鉴也已。"

赞曰：六龙北狩，八骏西驰。龙沙辽邈，狼山逶迤。矫矫伦魁，耿耿大节。其身虽陨，其神犹烈。人亦有言，泰山鸿毛。之子之死，当辨秋毫。

文渊阁大学士彭时

彭时，字纯道，江西安福人。正统戊辰进士第一，授修撰。己巳，英庙北狩，郕王监国，命时夺情起复，入文渊阁，升侍读，赐五品服。时请终制，不允。值易储，迁左春坊大学士。《寰宇志》成，升太常卿兼侍读。天顺元年九月，上御文华殿，召时入见，问年几何，时对曰："犬马齿四十有二。"上笑曰："年方壮，可用也。"覆命入阁，兼学士。

时徐有贞既去，许彬、薛瑄、岳正、吕原相继拜命。及李贤复入，欲于阁中南向坐，时曰："不可。宣宗临幸迹犹在也。"贤曰："东阁何独正坐？"时曰："东阁西向内阁，南向恐非臣子所敢专。且华盖、谨身、文华、武英皆至尊所御，设官兼殿，止可侍坐备顾问，正坐非礼也。"贤语塞。

戊寅二月，恭上圣烈慈寿皇太后徽号，时条上宽恤数事，诏颁行之，仍赐金绮有差。十月，扈驾校猎于南海。己卯，赐游西苑。五月端午，赐观骠骑。七月，赐游南内。庚辰，上御南薰殿，召时同李贤、吕原入，命内侍鼓琴，赐博带。十二月，阅射西内，召时同观。

宪宗即位，升吏部侍郎，知经筵，寻进兵部尚书兼学士，给假归省，遣中官护行。因四川地震，时上言十事，赐麒麟服。总裁英庙实录成，加太子太保兼文渊阁大学士。慈懿皇太后崩，时上言请如汉文葬吕后、宋仁葬刘后故事，不报。时同礼部尚书姚夔，率百官伏文华门号泣争葬礼，上感动，从之。戊子九月丙寅，彗星见，时上言正宫闱、广储嗣数事。是岁，改吏部尚书，赐玉带。己丑冬无雪，时上言三事，因及景帝固安公主及笄宜出嫁，太监刘永诚冒军功不宜封以伯爵，从之。丙申十二月庚辰，时上言：

"比者彗见天田，西扫太微，北近紫宫，警惧遣告，可谓至矣。"因条上七事，一曰正心术，二曰谨命令，三曰亲接见，四曰慎赏罚，五曰纳谏诤，六曰励官守，七曰恤军民，上嘉纳之。是岁，加少保。卒，赠太师，谥文宪，官其子颐为尚宝寺丞。

廖道南曰："予观《可斋记》，乃见文宪公之贞朴，非若文达公之多智也。及读国史，谓时端慎严密，外和内刚，立朝三十年，未尝不在公，公退未尝语子姓以政事。於乎！今之君子，何独不然？温室之对，可为永鉴也已。"

赞曰：汉称丙魏，吉知大体。唐称姚宋，璟能正己。惟明达务，惟介知止。於乎文宪，无愧斯语。

文渊阁学士阶兵部尚书苗衷

苗衷，字秉彝，凤阳定远人。永乐辛卯进士及第，授编修。宣德初，预修两朝实录，转侍读。正统纪元，侍经筵，预修宣庙实录，进侍读学士，命入内阁典机务。乙丑，充廷试读卷官。丁卯，擢兵部侍郎，兼前职。戊辰，廷试读卷，得彭时为第一。景泰初，陟兵部尚书兼学士。乞休，景帝赐之敕曰："卿以科目高第发身，事我皇曾祖考以至于朕，凡四十年，历官翰苑，寅畏小心。朕方进卿以大司马兼翰林长官，冀有倚毗，曾未几时，遽以老辞。揆之古先哲王求旧之美，固不能忘，而士大夫甘退之节，亦不可拂，特赐宝锾金绮，给舟以归，以副朕怀贤念旧之意。"卒，赠荣禄大夫，加少保，谥文康，子稯为监察御史。

廖道南曰："予观《中都志》载苗文康素履，弗得其详。及读国史，称其为人温厚简重，外和内庄，谙于世故，乐道人善，翛然有尘外之意。于始知文康之风，遐哉邈矣！"

赞曰：嵩岳尨屹，趋于中都。浑河洸洋，风气郁纡。乃生文康，跻陟龙图。嬉笑叱咤，咳唾玑珠。急流勇退，上嘉两疏。国史如丹，尚有嘉谟。

文渊阁学士赠礼部尚书马愉

马愉，字性和，山东临朐人。宣德丁未进士第一，授修撰。正统初，转侍读，侍经筵，预修宣庙实录，进侍读学士。庚申，命入内阁。乙丑，迁礼部侍郎兼侍读学士。尝奏谳疑狱，多所平反，两考会试，甄拔才俊，人咸称之。忽晨起趋朝，仆不能语，事闻，即命医往治，越四日卒，年五十三。上闻嗟悼，赐棺椁，赙锾万缗，命有司营兆域，赠礼部尚书兼学士。旧例赠者无兼官，兼之自愉始。

廖道南曰："予观《山东志》，谓愉淳雅宽厚，行义可式。及读国史，则又云端重简默，自处澹如，门无私谒。於乎！使居台揆者其门如市，其心如水，亦何愧于愉哉！"

赞曰：青州之野，象应虚危。伦魁之擢，文炳壁奎。商彭匪寿，子渊匪夭。大化司之，若彼莽眇。於乎若人，入掌丝纶。胡为遽陨，天夺良臣。天夺之良，不愸遗老。搜幽秘史，丹青厥貌。

文渊阁学士赠户部尚书江渊

江渊，字时用，四川江津人。宣德庚戌进士，选庶吉士，授编修，转侍读。正统己巳，升刑部侍郎，又改户部侍郎兼学士。景泰辛未，主考会试，得吴汇为省元。寻命巡视淮、徐诸郡，渊条奏三事：一淮之常、盈，徐之广运诸仓，俱在城外，宜筑月城以守之；一天津为北河之会，凤阳为中都之会，宜放操军以守之；一河南为中原之要地，北平为京师之巨甸，宜选民兵以守之。疏上，命所司议行。寻改吏部左侍郎。景泰壬申，以易储事，加太子少师，入内阁预机务。英宗复辟，刑于谦、王文、王诚、舒良、张永、王勤于市，谪陈循、江渊、俞士聪、项文曜充铁岭军。后石亨败，复其官。

廖道南曰："予观景泰时陈循柄国，凡厥有猷有为者，咸程厥能效厥用，然而任怨太深，操权太重，怨丛则众怒，权逾则主疑，如江时用等，才固可取，而志亦可恤也。循之明于知人，暗于知己，又胡足恤乎？"

赞曰：两川浩渺，玉垒攸崇。千崖屹嵘，金峨是宗。鳖灵为相，杜宇为辟。子纠小白，建成元吉。君子于兹，权其重轻。师臣虽美，储位当宁。於乎时用，昧于时中。铁岭之役，请祝勋庸。

文渊阁学士赠礼部尚书许彬

许彬，字道中，山东宁阳人。永乐乙未进士，选庶吉士，授检讨。宣德中，秩满，转修撰。正统己巳，曹鼐推举提督四夷馆。九月，升大理少卿，寻迁太常卿。景泰庚午，议遣近臣奉迎圣驾于沙漠，彬毅然请行，曰："主辱臣死，分也。"八月辛酉，也先为土台，设座于上，率众膜拜，奉辞太上皇，进良马貂皮，遣得知院等护送至野狐岭，仍遣五百骑送至宣府。彬谒见太上，命写罪己诏敕谕文武群臣，仍遣彬祭土木阵亡官军。英庙复辟，迁礼部侍郎兼学士，入文渊阁参知政事。尝荐王竑（竑）治河，果有成绩。及石亨专横，憾岳正忤己，并及于彬，调南京礼部。未几，出为陕西参政。亨败，乃复其官。卒，赠礼部尚书。

廖道南曰："予观《天顺日录》及袁彬、李实、杨善纪行记，乃知许道中之大节，亦不可诬也。夫晋之怀愍，宋之徽、钦，銮舆奔播于龙沙，衮藻蒙尘于狼胥，良以中国诸臣狃于细节，闇于遐览，拘于琐务，暗于远图，未有若我朝英庙之全福，而诸臣建策远出晋、宋之上。如许道中者，词林中之翘楚也。"

赞曰：龙庭荒漠，六飞回翔。虎关严闼，万乘趋跄。伟哉志士，捐生为国。捧日以还，赫赫业业。推贤让能，绰焉有容。立名不朽，於乎道中。

文渊阁学士阶礼部右侍郎薛瑄

薛瑄，字德温，山西河津人。曾祖常、祖仲义皆通经，教授乡里。父贞领乡荐，为真定元氏教谕，再调玉田。母齐氏梦一紫衣人入谒，遂生瑄于学舍。初生肌如水晶，五脏皆露，祖仲义闻其啼声曰："必异人也。"洪武己卯，父贞改除马湖吏目，瑄撰《平云南赋》，黔国见而奇之。永乐己亥，父贞复除鄢陵教谕。庚子，瑄发解河南。明年辛丑，登进士。宣德戊申，授监察御史，差监湖广银场。手录《性理大全》，潜心诵读，深有所得，著《读书录》。

正统纪元，擢山东佥事，提督学政，首以朱子白鹿洞规开示学者，讲明理性，多所造就。杨文贞公荐之，入为大理少卿，撰《大理箴》以自警。时太监王振专柄，锦衣指挥马顺附之，会有百户病死，其妾诬妻杀其夫，瑄白其冤，都御史王文谮之于王振，振怒嗾言官劾之，诏逮之狱，处以大辟，兵部侍郎王伟申救，除名放归。正统己巳，给事中陈信荐，起为大理寺丞，命督饷贵州。户部侍郎江渊荐之，升南京大理卿。苏州有饥民火富室之庐者，王文复往按其事，坐以谋逆，连及五百余家，瑄又白其冤。文谓人曰："瑄崛强犹昔。"瑄曰："辩冤获咎，又何憾焉！"既而执之愈力，赖以平反者甚众。

天顺初，都御史杨善荐之，特召为礼部侍郎兼学士，入内阁。一日，英宗御便殿，召瑄入语移时，谆谆启沃，皆有关于圣学君德者。是科命主考会试，瑄以复性为问，得刘定之为省元。时曹、石冒功乱政，瑄曰："君子见几而作，宁俟终日耶？"即上疏乞休。卒，年七十六。子四人，孙祺举进士。

李文达公铭其墓曰："昔有王氏，鸣道河汾。流风余韵，以启休闻。乃若薛公，不以自足。濂洛关闽，意向甚笃。稽其出仕，实始为亲。扬历中外，进学日新。学既日新，道亦有得。身体力行，至无少息。操履坚定，外物不移。中心自固，夫岂有私。富贵利达，患难贫贱。随处而安，曷有歆羡。成就后学，大小不遗。由粗而精，以随其资。嗟今之人，无公所好。公今已矣，谁臻其奥。"

廖道南曰："予幼诵《读书录》，以为程、朱语录之后，即有此书。及观国史，乃见刘文安公定议，谓瑄直躬慕古，谈道淑徒，进不附丽，退不慕恋，允为一代名臣。然论其于朱熹之学，未若黄榦、辅广之亲承微言，金履祥、许谦之推衍绪论，推之从祀，似亦为过也。"

彭韶赞曰：力行好古，进趋有程。寤寐河洛，以究舂陵。扬历中外，大棘之卿。缧继非罪，复起而丞。贰卿掌制，以弼以承。岂宝远物，而志可行。乞年以退，惟道之桢。

文渊阁学士兼右春坊大学士吕原

吕原，字逢原，浙江秀水人。父嗣芳为万泉教官，卒于任。原孤贫，假馆养母，郡守黄懋举充邑庠生。正统辛酉乡荐第一，明年进士及第，授编修。癸亥，预修《五伦书》，赐宝镪。丁卯，被选进学东阁，侍经筵。景泰初，遣祭于蜀，归充经筵讲官，转侍讲。壬寅，迁右中允兼侍讲。是秋，进侍讲学士兼中允。癸卯，预修《历代君鉴录》，主考顺天乡试。乙巳，预修《寰宇通志》。明年，擢右春坊大学士，仍兼侍讲。天顺初，改通政司左参议兼侍讲，主考会试。时徐有贞既黜，薛瑄请老，乃特用李贤，并召原与岳正入内阁，命原兼学士。总裁《一统志》成，有金带、玉杯之赐。壬午，守制归，躬视母茔，哀毁逾节。期年卒，年四十五。赠礼部侍郎，谥文懿。子悫为太常卿。

廖道南曰："予观杨文懿公诔原之文，有曰：'繁携李之钟秀兮，挺硕人其颙颙。植仁义以为本兮，横百行以为枝。'刘文安公挽原，有曰：'君子非始之难而终之难，若公之终，孝不忘于其亲，则无愧于其君矣。'盖叹逢原之学，所从来者远矣。及国史所载，谓其为人宽厚，不立崖岸，事母抚孤，克尽孝友。其在内阁，多所裨益。郡志亦称其内端外和，与物无竞。程篁墩《文茸遗事》谓居官二十年，家无田宅，为学务实践，不事多言。盖皆实录也。"

赞曰：携李之域，龙渊是名。嘉禾之秀，虎观有人。惟陆宣公，为唐内相。惟吕逢原，为明人望。文懿所诔，文安所哀。於乎已矣，上烛中台。

文渊阁学士赠礼部尚书王一宁

王一宁，字□□（文通），浙江仙居人。十三能诗，父峻任国子监丞，一宁从侍。时仁宗在春宫，闻其善抚琴，召见，命赋《银河》诗，嘉之，俾就国子监读书。永乐戊戌，举进士，授吏部稽勋主事，于文华殿供事。秩满，改修撰，曹鼐荐教庶吉士万安等。预修宣庙实录成，转侍讲，两命为京闱考官。正统戊辰，迁礼部右侍郎。景泰初，敕往湖广督理军饷。明年召还，转本部左侍郎兼翰林院学士，命入内阁预机务，以中官王诚辈尝受业，报其私恩也。壬申易储，进太子少师，仍兼旧职。寻卒于官，赠太子太保、礼部尚书，谥文通。

廖道南曰："古之豪杰之起也，固不拘其类，后世则不然。乃若王伾、王叔文、李训、郑注之俦，或以他伎进，卒败其身，而动摇宗社。故曰：君子未尝不欲仕也，又恶不由其道。王君始由狎客射策甲科，终由佞幸司纶秘阁，君子奚取焉，亦以寓劝戒焉尔。"

赞曰：天台窈窕，赤城霞标。雁荡摩云，龙湫喷霄。允矣王君，凤颖垂髫。皷琴潜邸，校艺京寮。卒阶崇秩，德音奚昭。

文渊阁学士阶户部尚书萧镃

萧镃，字孟勤，江西泰和人。宣德丁未进士，选庶吉士，授编修。正统初，预修宣庙实录，转侍读。未几，升祭酒，勤于训士，矩度整肃。尝欲乞归，监丞鲍相合师生三千余人慰留如阳城。景泰辛未，召入文渊阁，兼学士，寻擢户部侍郎。命议易储事，镒曰："无易树子，霸者所禁，况天朝乎？"不听，加镒太子少师。因天变，上疏论时政甚切。修《寰宇通志》，充总裁官。书成，陞户部尚书，加太子太师，仍兼学士。

廖道南论曰："予观丘文庄赞辞，谓镒苍然古色，渊然德光，进有所施，舍可以藏。知镒为可人也。及读国史，称镒言动温雅，性多猜忌，遇事亦多退避。方景泰易储时，则显言以争，及加宫秩，则又靦颜以受，是遵何德哉？"

赞曰：文江之源，灵气郁蟠。仁山之麓，英乂挺生。杰哉孟勤，幼抱巨志。继践金华，徘徊廊宁。时政有疏，秘省有书。力争易储，德也不孤。

文渊阁大学士陈文

陈文，字安简，其先湖广茶陵人，有名兰孙者，其仲子钦徙居江西之庐陵。文幼警敏，甫弱冠，即魁多士。正统丙辰进士及第，授编修。癸亥，被选东阁，进学士。己巳，秩满，转侍讲。景泰庚午，主考顺天乡试。以高文毅公荐，补云南右布政，转广东左布政。天顺改元，召旋拜詹事。癸未，迁礼部侍郎兼学士，入内阁。甲申，改吏部左侍郎，与李文达、彭文宪同心辅政。成化乙酉，陞礼部尚书，总裁英庙实录，加太子少保、文渊阁大学士。卒，年六十四，赠荣禄大夫、少傅，谥庄靖，官其子璋为中书舍人。

廖道南曰："予观刘文安所著陈庄靖传，丘文庄所撰哀辞，咸谓文出历外藩，入长宫端，受密命，赞化权，谟谋毗益，眷注日隆。及观郡志，亦称为一时之能臣。而国史小传，则寥寥数语。於乎！若人者，吾奚得而名状之哉。"

赞曰：文达之才，如嵩通变。文宪之介，如璟守正。庄靖于时，同心辅政。无言无争，惟宁惟静。出历二藩，入践三台。周旋曲折，亦已焉哉。

文渊阁学士阶兵部尚书尹直

尹直，字正言，江西泰和人。景泰甲戌进士，选庶吉士，授编修，转侍读。直上言："典章制度必大备于文明之朝，著述纂修当不废于承平之世。我祖宗神功圣德，虽登于秘史，其仪文法制未载于全书，虽有诸司职掌，然遗略尚多，更革不一，欲示永久，曷粹大成。乃若《通鉴纲目》起自周威烈王，迄于五季，兹宜续修，以成巨典。"上是其言。寻进侍讲学士，上言灾异修省三十二事。转吏部侍郎兼学士，入内阁，加太子少保、兵部尚书兼学士。主考会试，得程楷为第一，是科得人最多，如蒋冕、费宏、刘眷（春）、毛纪。时江右李孜省用事，乡宦多附诐之，直密与通，但其斥中使李毅之诬，辨御史吴珍之冤，人又称之。卒，谥文和。

廖道南曰："予读直所撰《琐缀录》，力诋吴与弼之为人，及诸胜己者，悉加媒蘖。

心窃疑之。既而读国史，状直之心，如其所撰者，不爽也。"

赞曰：大江之西，吉水之滨。英才叠出，多为名臣。直负修能，屡有启沃。论史有疏，琐缀有录。显斥与弼，潜附孜省。国史如丹，洞烛幽隐。

文渊阁学士阶礼部尚书彭华

彭华，字彦实，江西安福人。景泰甲戌会试第一，选庶吉士，授编修。天顺中，以多支廪饩坐除名，赖大学士李贤救免。成化初，转侍读，充经筵日讲官，进侍读学士。预修《宋元纲目》成，升学士。《文华大训》成，迁詹事兼学士。丁未，升吏部左侍郎，仍兼学士，入内阁，寻加太子少保、礼部尚书。先是，江右李孜省以小吏致位卿佐，华私附之，又与大学士万安结为心腹。以故肆谗投间，亟亟若狂，如尚书李秉、王恕、马文升、秦纮，侍郎邢让、祭酒陈鉴，与其同乡刘宣、罗璟，相继斥逐，华之力居多。未几，舆疾归。卒，谥文思。

廖道南曰："予观吉安志，谓华才识超迈，望重一时。及读国史，累千百言，皆极其丑诋。又谓罗伦之逐，张元祯之劾，皆原于华。予不敢尽信，姑存其著者。"

赞曰：汉之广受，咸事储皇。宋之郊祁，并擅文场。乃若二彭，盍簪玉堂。文宪何狷，文思何狂。既昧介石，犹惭复隍。彤管纪之，云胡不臧。

文渊阁学士赠礼部尚书刘定之

刘定之，字主静，江西永新人。正统丙辰会试第一，明年进士及第，授编修。正统己未六月，定之上言十事：一曰谨号令，二曰察人才，三曰处降夷，四曰重守令，五曰杜奔竞，六曰训武官，七曰严考课，八曰惜名器，九曰遵服制，十曰禁淫奔。疏上留中。秩满，转侍讲。

景泰庚午，定之上言："自古夷狄之祸，未有甚于今日者。昔晋怀愍陷于匈奴，宋徽、钦陷于女真，皆因边塞外破，藩镇内溃，救援不集，播迁无所。未有若今日举天下之大，合数十万之众，奉上皇于沙漠，委以与瓦剌者也。晋、宋既遭此祸之后，元帝继统，高宗嗣服，皆舍弃旧都，偏安一隅，尚能奋既衰之势，抗方张之敌。未有若今日也先入寇，直抵京城，奉上皇以来，而天下之大，数十万之众，听其自来，又听其自去者也。谨条上十事：一曰战陈，二曰守御，三曰通使，四曰降胡，五曰练兵，六曰抚民，七曰选将，八曰赏罚，九曰议政，十曰德学。"景帝嘉纳。壬申，迁司经局洗马。定之又上请遣使奉迎，命礼部会议行之。丙子，转右春坊右庶子。

天顺纪元，改通政司左参议兼侍讲。是冬，进学士。甲申，迁太常少卿兼侍读学士，充副总裁官。成化丙戌，简入内阁，参预机务。明年秋，升工部右侍郎，又明年，转礼部左侍郎，俱兼学士。卒，年六十一，赠资善大夫、礼部尚书，谥文安。

李文正公叙其集曰："譬之山焉，出云雨，产宝玉，生材木、禽兽，而朽株粪壤，亦杂乎其间，斯足为岳、为镇。譬之水焉，吞吐日月，藏蓄鱼龙，变现蛟唇（蜃），而污泥浊潦，受之而无不容，斯足为江、为河、为海。若句锻字炼，探之有穷，取之无余，不过为孤峰绝涧而止，恶足以成其大哉？文安伸纸运思，挥毫对客，正书旁窜，晷不移刻，稿不易幅。及登秘阁，析疑义，稽古训，或日咏百诗，或一挥九制，淳浤演迤，顿挫奔放，奇正并用，变化不穷。昔汉刘向、宋刘敞皆博极群籍，未见于用，若文安晚始大用，用亦不久，功业未竟，而其文大鸣于时，固一代之盛哉！"

廖道南曰："予自儿时，五洪家君尝诲以文安之受教于石潭君也，虽古人亦无逾焉。乃取呆齐（斋）诸稿读之，郁郁乎盛矣。及阅国史，乃见其昌言直气，卓不可挠，沛不可御，昔人所谓此皆节义文章，可相屈耶？惜乎用之既晚，未究厥施，西涯其知言哉！"

彭韶赞曰：天资绝伦，八面受敌。高古浑雄，变化莫测。经筵讲官，太子洗马。三疏抗言，援笔立写。惟公之文，名重天下。岂但当时，爱而不舍。至今后人，词林定价。

文渊阁大学士刘珝

刘珝，字德温，山东寿光人。正统戊辰进士，选庶吉士，授编修。景泰丙子，预修《寰宇通志》，转修撰。天顺改元，迁右中允，侍东宫讲读。宪皇登极，以宫寮旧臣，擢太常少卿兼侍读。预修英庙实录，进太常卿兼侍读学士。甲午，升吏部侍郎，充经筵日讲官。乙未，简入内阁，兼学士。丁酉，陟户部尚书。明年，加太子少保、文渊阁大学士。《文华大训》成，加太子太保、光禄大夫、柱国。时妖人李孜省辈左道乱政，动摇国本，珝力争之无少避，谋遂沮然，亦以此不安于位。或构以飞语，假俳优以中伤之，珝遂乞休，诏允之。卒，谥文和，子钣为太常卿。

廖道南曰："予观东土志，谓珝事亲孝，母没庐墓，时父昺在，珝昧爽问安毕，复诣墓所。郡守李昂表其里曰仁孝，岂即昌黎所谓出则秉笏垂鱼，入则侍安问膳者耶？於乎！孙子之昌，固有本矣。"

赞曰：泰山蜿蜒，沧海滂洋。灵精灏气，钟于寿光。惟彼文和，其德不窳。孝以事亲，忠以遇主。抗疏辞荣，幽栖云门。令闻不泯，有德斯存。

殿阁词林记卷之四

院学

翰林院学士封姑孰郡公陶安

陶安，字主敬，太平当涂人。幼颖敏有大志，通判马昂夫令赋《喜雨》诗，立就，奇之。自是肆力问学，博极群书，得程氏《读书日程》及吕舍人《学规》，益究心濂洛，沉潜道艺。元至正甲申，举浙江乡荐，为明道书院山长，再调高节书院，讲明朱、陆之学。乙未夏六月朔，高皇帝渡江至太平，安偕耆儒李习率父老迎谒，惊相谓曰："龙姿凤质，非常人也，我辈今有主矣。"上召见与语，安因说曰："四海鼎沸，豪杰并争，悉多攻城屠邑，志在子女玉帛尔，非有拨乱救民安天下之心。明公率众渡江，神武不杀，人心悦服，应天顺人，以行吊伐，天下不足平也。"上曰："尔言甚善。吾欲取金陵，何如？"安曰："金陵古帝王都，龙蟠虎踞，长江天堑，取而有之，抚形胜以临四方，所向无敌，何忧不克，此天所以资明公也。"上甚悦，乃改太平路为府，命习知府事，以安参谋，拜左司员外郎。丙申，克金陵，乃陟本司郎中。

先是，刘基、宋濂、章溢、叶琛来谒，上问安孰贤。安曰："臣谋不如基，学不如濂，治民之才不如溢、琛远甚。"上嘉其让，已而克武昌，乃以安知黄州府事，寻改令桐城，知饶州府事。时闽寇攻城急，安谕众固守，援兵至围解，诸将以民多从寇，欲屠之。安曰："民被胁诱，非其本心。"赖以全活甚众。民为立生祠，上亲制诗劳之。诗曰：匡庐岩穴甚济济，水怪无端盈彭蠡。鳄鱼因韩去远洋，陶安鄱阳即一理。

吴元年，始置翰林院，开礼、乐二局，首召安为学士，凡制度仪章，悉安草创。上锡之诰命，有曰："国家之立，必有一心之臣，尊戴匡辅，用能张纪纲，植表仪，正名位，善辞命，基图丕安。朕初渡江，卿安首谒军门，即期以帝王事功，赞襄兵务，多历年所。宣号令则军民信，议礼乐则体要成，建陈以忠，出纳惟允，捍城御侮，劳绩茂著，朕甚嘉焉。乃者开翰苑以崇文治，设学士以冠儒英，重道尊贤莫先于尔，擢居宥密，俾职论思，锡以宠章，用昭国典。尚勤献纳，赞我皇猷，综理人文，以臻至治。可翰林学士、嘉议大夫、知制诰兼修国史。"

洪武元年，修《大明律令》成，为总裁官，上亲制春帖褒之。帖曰：国朝谋略无双士，翰苑文章第一家。遂拜江西行省参知政事。上谕曰："卿安遇朕，敷陈王业，幕府军旅，裨益良多。继入翰林，日闻谠论，兹以江西地居上游，可代汪广洋者宜莫如卿。"安辞曰："臣恐付托不效，有孤渥恩。"上曰："躬擐甲胄，决胜负于两阵间，此武夫之事，儒生非所能。若承流宣化，绥辑一方，此儒者之事，非武夫所能也。卿才宜是任，吾岂私一人弗爱一方乎？"乃锡以诰命，追封其祖父为姑孰侯。秋九月癸卯卒，年五十九，追封为姑孰郡公。

安为人外癯而内实，精于易数，为文纯雅疏畅，力追古人。一日侍上论学术，安曰："道之不明，邪说害之也。"上曰："邪说害道，犹美味悦口，美色眩目，人鲜不为所惑，非有豪杰之见，不能决去之也。战国之时，纵横捭阖，类皆游说，诸侯急于功利者多从其术，事未就而国随以亡，此诚何益？夫邪说不去则正道不兴，正道不兴，天下焉得而治。"安对曰："陛下所言，深探其本。"上曰："仁义治天下之本也。贾生论秦之亡，不行仁义之过。夫秦袭战国习弊，又安知此？"安顿首谢。其所启沃类如此。

廖道南曰："汉初逐秦，群雄纷扰，靡克定一，至董公说以仁义，其兴也勃焉。我高皇起应昌运，远超于汉，方其奋迹濠梁，取滁和，渡采石，定当涂。陶安谒见，期以王道，决计趋金陵，肆居帷幄，英谟密议，幽赞神明，且言邪说害道，其见邃哉弘远矣。可不谓一代儒宗尔矣乎！"

彭韶赞曰：濂洛关闽，灼有定式。屏迹江南，授徒考德。适遇天兵，来皇斯域。谋犹无双，王业是职。鄱阳有成，翰苑之陟。律以表民，文以华国。

翰林院学士朱升

朱升，字允升，徽州休宁人，后徙歙之石门。幼师乡进士陈栎，栎深器之。元至正癸未，闻资中黄楚望讲道溢浦，偕赵汸往学焉。既有得乃归，读书紫阳祠中。乙酉，举乡荐，授池州路学正。壬辰，淮甸、蕲黄兵起，升所居穷僻，虽避兵逋窜，词述不辍，脱去俗学，直造本真，究极玄微，覃精大道。丁酉夏六月，高皇帝遣元帅胡大海等至徽，改徽州路为兴安府，升被征入见，顾问称旨。上问之，对曰："高筑墙，广积粮，缓称王。"上嘉其朴。遂参密议，凡礼乐、征伐、典章、文物，多所赞画。吴元年丁未，拜侍读学士、中顺大夫、知制诰、同修国史。上亲制诰词，有曰："眷我同宗之老，实为耆哲之英。"无何，乃陞为本院学士，特免其朝谒以优礼之。

洪武元年二月乙卯，上御东阁，顾谓升曰："近观《周礼》，有所谓六梦者，朕尝感异梦，厥兆维何？"升对曰："人之精魄，上通于天，此陛下受命之兆也。轩辕梦游华胥，天下大治，帝王之兴，自有天命，盖振古如兹矣。"三月辛未，命儒臣修《女诫》，又谕升曰："治天下者，修身为本，正家为先，始于谨夫妇。后妃虽母仪天下，不可使预政事。至嫔嫱之属，不过备职事，侍巾栉，若宠之太过，恐骄恣犯分，上下失序，历代宫闱，政由内出，未有不为祸本者。夫内嬖惑人，甚于鸩毒，惟明主能察于未然，其他鲜不为所惑。卿等为朕述《女诫》及古贤妃之事可为法者，示后世子孙，有所持守。"升受命纂辑。

二年三月戊戌，复命撰《斋戒文》。是月，请老归石门，乃居梅花初月楼，上亲洒宸翰以赐。卒，年七十二。学者称为枫林先生，所著有《易》、《书》、《诗》、《周礼》、《仪礼》、《礼记》、《孝经》、《四书》、《小学旁注》及《书传补辑》诸书传解行于世。

廖道南曰："予幼从石门大夫学，即诵枫林《小四书》，迥然异之。及览观诸经旁注，慨然兴嗟，以为道可即矣。石门大夫仍复示以玄旨，约之精义，乃今知朱允升之学，要亦切当不可诬也。"

赞曰：矫矫耆儒，紫阳之裔。文不丧天，道未坠地。乃究渊源，好学笃志。躬遇真人，风云景会。乃考礼乐，乃新规制。乐道石门，始终一致。

翰林院学士宋濂

宋濂，字景濂，浙之金华人。儿时即抱巨人志，日记五千言。既长，受《春秋》于闻人梦吉，学古文于柳贯、黄溍、吴莱之门，讲道于浦江之青萝山，著书号龙门子。元以国史编修征，辞不就。

高皇帝定鼎金陵，遣使聘至，建礼贤馆以居之。初为儒学提举，陈友谅平，乃撰《平江汉颂》，上大称赏，遣世子受经。甲辰十月，转起居注。上御端门论黄石公三略，濂曰："《尚书》、《二典》、《三谟》，帝王大经大法具载，愿皇上讲明是书，心学复传矣。"上曰："朕非不知《典》、《谟》为帝王大道，顾三略为今日攻取急务尔。"时中书省臣奏请给牛种于民，上令勿征其租，乃谓濂曰："朕所言当乎？"濂曰："民富则君不至独贫，民贫则君不至独富，捐利予民，实兴邦要道也。"

乙巳三月，濂卧病馆舍，上曰："老宋起居，何久不见？"继闻在告，乃忧形于色，曰："宋起居诚笃之士，不参以分毫人伪，侍予五年犹一日也。"乃谓侍臣曰："尔往传命，俾归金华山中，父子祖孙欢然同聚，疾必速愈，愈且速造朝，国家文翰，庶有赖哉！"乃赆以金币，皇太子致赠有加焉。濂归，上表谢，并奉书东宫，勉以孝友恭敬，毋惰毋纵，懋修德业，副天下望。上览书喜甚，召太子谕曰："吾自幼备历艰难，今尔曹冠服华丽，饮食甘美，安居深宫，不知勇于进修，是自弃也。宋起居言有益，尔其味之。"且酬之以御劄曰："先生教吾子以严，是不佞也；以圣人文法变俗教之，是不固也；以忠厚立心，以节俭制行，是得体也。昔闻古人，乃今见矣。"仍以文绮侑书。

洪武二年，濂终丧，诏修《元史》，以濂为总裁官，兼修《礼书》。六月，陟翰林学士、知制诰。三年二月辛酉，上御东阁，濂等进讲《大学》，至"有土有人"，反覆陈说。上曰："人者国之本，德者身之本，德厚则人怀，民安则国固，故仁主有仁爱之德，则人归之如就父母。人心既归，有土有财，自然之理也。若德不足以怀众，虽有财亦何用哉？"七月，《元史》成，赐金币有差。时甘露屡降，濂撰颂，其末有曰："受命不于天于其人，休符不于祥于其仁。孔子作《春秋》，祥瑞不书，有年则书，岂不以天道难知，人事可征者乎？皇上留神至治，以得仁贤为瑞，以臻和丰为祥，视前代植金茎以承液,夸嘉瑞以纪年者,不俦矣。"上尝论古帝王宴安之余,多嗜神仙,濂曰:"汉武好神仙,方士至;梁武好佛,异僧集。使移此心求贤为治天下,其有不平乎?"

上侄文正获罪,且不测,濂曰:"文正罪固弗宥,皇上广亲亲之恩,生之而置诸远地,斯善矣。"上既追封外王父为杨王,立庙,将服衮冕以祭,濂曰:"衮冕惟天地宗庙用,余则当降礼也。"上从之,命濂撰杨王庙碑。后失朝,左迁编修。十一月,转国子司业。四年七月,坐考祭礼迟滞,与魏观同谪,濂为安远令。十一月,召还为礼部主事。是年,明升贡异马,乃撰《龙马赞》。五年六月,嘉瓜生于句容,撰《嘉瓜赞》。十二月丁酉,复以濂为太子赞善大夫。六年正月,以举人张唯等为编修,入文华堂肄业,命濂为之师。上听政之暇,辄幸堂中,评文优劣。每食,太子、亲王迭为之主。是月,《昭鉴录》成,八月,《宝训》成,十二月,《日历》成,俱命濂为序。

上问帝王之学,何书最要,濂以《大学衍义》对,上命书于两庑壁,时睇观之。因览《史记》论黄老事,命濂讲析。濂曰:"人主能以义理养心,则邪说不能侵;兴学校教民,则祸乱无由作矣。"上曰:"朕上畏天地,下畏兆民,兢业不敢自逸。"对曰:"陛下此心,古先哲王之心也。慎终如始,斯无间矣。"乃复以濂为侍读学士。七年十一月,《孝慈录》成,八年三月,《洪武正韵》及《大明律》成,濂俱为总裁官。五月丁丑,上御端门,出内库蟠桃核示词臣,命濂为赋。九月,侍皇太子、亲王游中都,濂随处开说,多所规益。既归,上谓濂曰:"皇太子留心治道,卿等居常讽谕,庶广识见,幸善调护之。"上于后苑观获,曰:"农事成矣。"濂曰:"国以民为本,民以食为天,皇上知稼穑之艰难,念民生之疾苦,实盛德也。"

九年五月,上御奉天门,谓濂曰:"自古有国家者,未有不资贤才而能独理。秦之时,张良、陈平、韩信皆隐屠钓,汉高卒用以成帝业。今山林岩穴,岂无超群拔众之才,兹欲罗而致之,其道何繇?"濂曰:"取士莫善于乡举里选,用人莫善于任官,任官莫善于久居不迁。古有是论,而陛下行之,得才之效,无过此矣。"是月,复命为学士承旨,知制诰如故。

十年三月致仕,上赐缯帛文绮及御制文集,皇太子赠衣二袭。上曰:"朕慎于赏予,卿诚贯金石,故以是赐。卿今年几何?"对曰:"六十有八。"上曰:"藏此绮,俟三十二年作百岁衣也。"濂辞行,上复曰:"江涨不可舟,卿宜循内河,庶保无虞矣。"九月来朝,上劳之曰:"卿去此数月,朕思之。今卿复来,朕恐失顾问,特遣礼官致馈,卿当引觞自酌,食以养神。"又亲调甘露以赐之曰:"酌此可颐寿康也。"是日,侍游禁苑,日晏始退,上叹曰:"纯臣哉!尔濂今四夷皆知卿名,卿其自爱。"濂谢不敢当。十月,观心亭成,复命濂为记。

濂自布衣感上龙飞之遇,凡有任使,夙夜匪懈,处恭勤慎,凡郊社宗庙山川百神之典,礼乐律历名物度数之制,四夷朝贡赏赉之仪,及勋臣碑碣铭志之文,承上意旨,即时撰次。常曰:"君犹父也天也,其可欺耶?"上欲命参大政,辞曰:"臣少无他长,惟文墨是工,不敢当是任。"上愈厚之。每燕见必命坐赐茶,每旦令侍膳。或召问廷臣臧否,第称其善者。濂素不能饮,上强之饮至再,面赭,行不成步,上赋诗一章赐之,仍命群臣咸赋《醉学士歌》，曰："俾后世知朕君臣同乐至此也。"因濂艰于行步，诏皇太子选厩马以赐，上复赋《良马歌》，命群臣咸赋以纪之。有上万言疏者，上怒欲重其罪，濂曰："彼应诏陈言，未可深罪。"上默然，已而释之。其扶植善类类如此。上尝谓廷臣曰："古之人太上为圣，其次为贤，其次为君子。宋濂事朕十有九年，未尝有一言之伪，诮一人之短，宠辱不惊，始终无异，君子哉若人乎！抑亦可谓贤矣。"濂子璲为中书舍人，孙慎为仪礼司序班。十三年，璲因事连坐，有司请罪濂，上念濂旧臣，乃安置于茂州。卒于夔州。所著有《龙门子凝道记》、《潜溪集》、《銮坡前后集》、《翰苑续别集》、《芝园集》、《朝京稿》、《萝山集》、《浦阳人物记》。

廖道南曰："天降时雨，山川出云。国家将兴，必有祯祥。若景濂者，非天启之以翊初运者乎！予尝读杨维桢序景濂之文曰：'其隐龙门也，烨乎其虎豹、烟霞也；其居馆阁也，灿乎其鸾凤、日星也。'贝琼曰：'正声劲气，充塞宇宙，星辰河汉，山川草木，风雨雷电，鬼神变化，龙跳虎跃，瑰诡奇绝。'揭沉曰：'浩乎其博，渊乎其深，蔚乎其色，铿乎其声。春涛之瀰漫也，铁骑之纵横也，武库之珍异也，龙门砥柱之可骇也。'盖论其文者然也。至其门人方孝孺称之曰：'公之量可以包天下，而天下不能容公之一身；公之识可以鉴一世，而举世不能知公之为人。道可以陶冶造化，而不获终于正寝；德可以涵濡万类，而不获盖其后昆。公之所能者，皆众人之所难勉，而未尝自以为足。其所遇者，皆众人之所难处，则快然委命而不置乎休戚。此公所以跨越前古，拔汇超伦，控宇宙而独立，后天地而长存者乎！'可谓知言矣。"

彭韶赞曰：春日载阳，列宿繁张，江流汤汤，是为先生。德容之粹，文名之高，学问之长。变夷辅夏，正我纲常。功在万世，其曷敢忘。

翰林院学士刘三吾

刘三吾，名昆孙，以字行，长沙茶陵人。兄耕孙、寿孙皆事元。三吾少习举子业，元季避兵广西，行省授靖江教授、儒学副提举。王师克广西，乃归茶陵。

洪武十八年，通政衡山茹瑺荐其才可大受，乃以为左春坊左赞善。三吾年已近老，博览善记，应对详敏，屡承顾问，悉多称旨。七月戊寅，上问侍臣以民生安否，三吾对曰："赖陛下威德，四方无虞，盗贼屏息，岁比丰登，民咸安乐。"上曰："天下之民之众，岂能保其皆安？朕为天下主，心常在民，惟恐失所，每加询问，未尝一日忘之。"三吾曰："圣心拳拳若此，恩德之及民者深矣。"上曰："恩德亦非泛然，医如卢扁，不施药石，疾不自瘳；匠如公输，不施绳墨，木不自正；君如尧舜，无纪纲法度之施，而但曰恩德，所谓徒善不足以为政也。"上尝命儒臣编集历代帝王祭祀祥异感应可为鉴戒者，萃为一书，名曰《存心录》，命三吾编集汉唐以来灾异之应于臣下者，别为一书，名曰《省躬录》。

二十年二月甲辰，御注《洪范》书成，上谓三吾曰："朕观《洪范》一书，帝王为治之要道也，所以叙彝伦，立皇极，保万民，叙四时，成百谷，本于天道，验于人事。

箕子为武王陈之，武王犹自谦曰：'五帝之道，我未能焉。'朕每为惕然，遂疏其旨，朝夕省览。"三吾曰："陛下留心是书，上明圣道，下福生民，为万世开太平者也。"遂命三吾撰序。二十一年五月乙酉，五色云见，三吾进曰："云物之祥，征于治世，舜之时兴于诗歌，此实圣德所致也。"上曰："古人有言：天降灾祥在德。诚使吾德靡悔，灾亦可弭；苟爽其德，虽祥无应。国家之庆，不专于此也。"

二十二年十一月乙丑朔，上御谨身殿，因论治民之道，三吾曰："南地风俗不同，有可以德化，有当以威制。"上曰："地有南北，民无两心，帝王一视同仁，岂有彼此之间？君子怀德，小人怀刑，施之各有攸当焉尔。"十二月癸亥，上谓三吾曰："愚民犯法，如啖饮酒，嗜之而不知止，设法以防其犯，而犯者益多，推恕以行吾仁，而仁或可济。"三吾曰："三代而上，刑罚常简，本仁恕也。三代而下，刑罚常滥，以严刻也。"上曰："善为国家者，惟以生道树德，不以刑杀立威。"

二十四年七月，命考定武臣封赠之制。十一月，上御武英殿观《书》，至惠迪吉从逆凶，乃曰："凡人罹凶，咎无不自己求之者。彼事势穷促，冀求苟免，竟亦何益？"三吾曰："如是者，当听乎天。"上曰："心无所愧，可听于天。若其自求，于天何预？"

二十七年正月辛巳，上退朝，谓三吾曰："朕历年久而益惧者，恐为治之心懈也。懈心一生，百事皆废，生民休戚系焉。故日慎一日，惟恐弗及。如是而治效犹未臻，甚矣为治之难也。自古先王之治，必本于爱民，然爱民而无实心，则民心不蒙其泽，民不蒙泽，则众心离于下，积怨聚于上，欲国家不危，难矣。"三吾曰："陛下之言及此，天地神人之福也。"三月辛丑，又谓三吾曰："人主之聪明不可使有壅蔽，一有壅蔽，则耳目聋瞽，天下之事难达矣。"三吾曰："人君惟博采众论，任贤使能，则视听广而聪明无所蔽，若信任憸邪，隔绝贤路，则视听偏而聪明为所蔽也。"上曰："人主以天下之耳目为视听，则是非无所隐，而贤否自见。昔唐玄宗内惑于声色，外蔽于权奸，以养成安史之乱。及京师失守，仓惶出幸，虽田夫野老，皆能言其必有今日者。玄宗虽恍然悔悟，亦已晚矣。夫以田夫野老皆知而玄宗不知，其蔽于聪明甚矣。使其能广视听，任用贤能，不为邪佞所惑，则乱何从生哉？"七月己酉，上因改定书传，谓三吾等曰："朕每观天象，自洪武初有黑气凝于奎壁，今年春暮其气始消，文运当兴，尔等宜考古证今，有所述作，以称朕意。"于是礼遇诸儒甚厚，各赐以绮缯衣被，又御制诗，命次韵和之。朝参则列于侍卫之前，燕享则坐于殿中，仍以朝鲜所贡玳瑁笔赐三吾。及修《寰宇通衢书》、《礼制集要》成，俱倍加赏赉。三十年，命三吾主考会试，北士偶黜，竟以是获罪。

三吾为人慷慨坦夷，不设城府，自号曰坦坦翁。至于大节，则屹乎其不可夺也。上尝欲易太子，三吾痛哭曰："太子天下本，若欲易之，置秦、晋二王于何地？"事多忤旨，降为博士。久之，乃复为学士。

廖道南曰："可以托六尺之孤，可以寄百里之命，临大节而不可夺，若三吾者，非其人与！方茹忠诚之荐也，圣祖虚席以待，而密勿启沃，格心居多。至于易储痛哭以争，可不谓节乎？"

赞曰：星沙之南，云阳之墟。岳祇发祥，是生鸿儒。惟彼鸿儒，台辅之器。学颜之学，志尹之志。晚登秘省，嘉谟嘉猷。嗟予小子，景慕前修。

翰林院侍读学士张以宁

张以宁，字志道，其先河南固始人。厥祖光禄大夫从王审知入闽，遂居福建之古田。少贫苦嗜学，登元泰定辛卯进士，初授黄岩州判官，转六合县尹，坐事免。至正中，复起为国子助教，后迁待制、侍读学士。以宁有俊才，元末遗老多物故，以宁独擅名于时，人呼为小张学士。

国初，王师入元都，以宁与危素等以故官来归，奏对称旨，仍以为侍读学士，阶朝列大夫，知制诰，特被宠遇。洪武己酉，与典簿牛谅奉使安南，上亲制诗送之。时安南王陈日煃偶卒，嗣君日坚遣其臣阮亮求诏玺，以宁不许，乃留居洱江，俾谅往其国，谕以朝廷威福。彼遂复遣陪臣杜舜卿来告讣，上亲御翰墨为祭文，命编修王廉、主事林唐臣往将命事竣，上御制诗八章暨锡以玺书褒之。还，卒于道中，诏有司还其柩于家所在致祭。

以宁清洁自守，所居潇然，未尝营财产。其奉使也，襆被而往。临终时有诗云："覆身惟有黔娄被，垂橐都无陆贾金。"有诗文数十卷，号《翠屏集》。子煜为蒲圻知县，炬为刑部员外郎。

大学士杨荣铭其墓曰："世德相传，厥为名族。固始徙闽，肇于光禄。积善流庆，懋敏文儒。郁如乔松，温若美瑜。富有才华，早登科第。扬历中外，英声倏起。际我皇明，奉职词林。用弘神益，恩眷弥深。使节煌煌，远临交阯。夷俗丕变，龙颜以喜。宠命方降，讣音远来。天语兴嗟，失兹良才。"

廖道南曰："使于四方，不辱君命，可以为难。乃若季文子求遭丧之礼以行，亦求不辱而已。以宁持节遐荒，行李萧条，生则哦诗自乐，寄兴翠屏，死则述诗见志，投疏皂囊，亦可谓不辱君命已矣。"

赞曰：闽山之墺，是为古田。坚持古道，希古之贤。於惟斯人，死于王事。去夷就华，卒死夷裔。

翰林院侍讲学士李翀

李翀，□□□□□□□。洪武初，为典籍。十五年十一月，乃陟为侍讲学士。上赐之敕曰："治天下之美，非贤何以治民，非文何以昌化？文所以备载万物，阐演幽微。昔有唐天下岁和时丰，无乃弘文馆之设，有方任馆内之事者，内相虑勤，以致遐迩来庭，外户不闭，斗米三钱，家给人足。朕欲肩之，何用贤之道不齐，致遗贤于远迩。今特命尔翀居是任，尚期文同韩、柳，勋比房、杜，以昌治化。汝往钦哉！"

十七年正月庚戌，上与翀等论武事，翀曰："用兵重在〔任将〕。"上曰："任将之道固重，然必任之重，信之笃，而后可以成功。昔齐用司马穰苴，魏用乐羊，可谓任之专，信之笃，故皆有功。若唐宪宗用鱼朝恩、肃宗用吐突承璀为监军，诸将掣肘，以致败事者，是任将不专，信之不笃故也。"翀曰："惟陛下圣明，深知兹弊。"上曰："将必择有识、有谋、有仁、有勇者，有识能察几于未形，有谋能制胜于未动，有仁能得士心，有勇能摧坚破锐，兼是四者而后可以成功，然亦在人君任之何如尔。"

又有王时者，以元故官与危素同为侍讲学士。有李逊者，直隶景州人，登洪武甲子乡试，官至学士。其行迹多不可考云。

廖道南曰："《易》有之，圣人作而万物睹。信哉言乎！观李翀之敕词，望以文同韩、柳，勋比房、杜，意亦至矣。"

赞曰：翀也凤举，竹实梧阴。于彼高岗，栖于禁林。时以旧臣，犬为其主。素既无为，于尔何取。钧以儒学，逊以选举。寥寥今古，莫可遏悟。

翰林院直学士陈桱

陈桱，字子经，浙江奉化人。祖著，宋秘监，知台州；父秘，元饶州教授。桱自束发受书，即知弘前人业，乃撰纪二百卷，传诸同志。又上论邃古，逮于高辛，下据三史，会于有宋，述近理，删繁词，比事于《通鉴》，较义于《纲目》，斟酌前编，而不必苟同。至于尊正统以定大分，凛然大义，万世不可易也。其纪年则司马公之补遗，其书法则朱文公之纲目，犹不敢自比于二公，故但名之曰《通鉴续编》。洪武二年春正月，以朱升为学士，詹同及桱为直学士。

廖道南曰："《坟》、《典》既邈，史传斯创，左史纪言，右史纪动。后世沿之，纪言为宝训，纪动为实录，文弥繁而道愈远矣。乃若陈子经值元末乱亡，潜心史学，祖晦翁《纲目》之律例，熟君实《资治》之龟鉴，昭正统，彰大义。其文核，其事该，其旨渊以正，可不谓良史尔矣乎！"

赞曰：两浙之区，实为奥壖。天目岧峣，雁荡蜿蜒。笃生良士，为国仁贤。表章正学，纂缉遗编。董狐斯偶，班马仔肩。予生也晚，有开必先。

翰林院侍读学士秦裕伯

秦裕伯，字景容，大名人。从父仕元都，就学胄监，登第，累官至福建行省郎中。会世乱弃官，寓扬州，复避地松江之上海以养母。时张士诚据苏州，遣人招之，不纳。吴元年，上命中书省檄下松江起之，裕伯对使者曰："受元禄二十余年，背之不忠也；母丧未终亡哀而出，不孝也。"乃上书中书省固辞。洪武元年，复檄起之，称疾不出。上乃手书谕之曰："海滨之民好斗，裕伯智谋之士而居此地，苟坚守不起，恐有后悔。"裕伯拜书入朝辩博，善为辞说，上命为侍读学士。洪武二年，改待制。一日论学术，上曰："为学之道，志不可满，量不可狭，意不可矜。志满则盈，量狭则骄，意矜则小，盈则损，骄则惰，小则陋。故圣人之学，以天为准；贤人之学，以圣为则。苟局于小而拘于凡近，岂能充广其学哉？"裕伯对曰："诚如圣言。"寻出知陇州。

廖道南曰："予读国初事迹，乃知楚才晋用，不独裕伯为然。《易》有之，水就湿，火就燥，云从龙，风从虎，圣人作而万物睹。其然乎！"

赞曰：大名之北，瀛海攸趋。松江之南，笠泽攸濡。矫矫裕伯，士林之魁。出遇真人，左右是毗。明哲保身，云何桑隅。诵厥遗言，怅然深悲。

翰林院侍讲学士潘廷坚

潘廷坚，字叔闻，太平当涂人。先世业儒，有声江左。廷坚性资颖拔，博学强记，元末教授乡邦，学者多从之游。会荐，起为富阳县教谕。岁乙未，高皇渡江，驻跸采石，廷坚同李习、陶安谒见，遂命为太平府教授。明年，金陵平，召为中书博士。庚子，补金华同知。壬寅，入拜侍讲学士，阶嘉议大夫，以年老致政。廷坚为人慎密谦约，每参谋议，为上所重。子黼为起居注、中书左司都事、江西湖东按察使。今其裔家当涂之多福乡。

廖道南曰："予观太平志，乃见天兵初临，耆儒入谒，然皆彬彬然多文学士，视汉之郦生诸人尚变诈、恃智巧者不侔矣。"

赞曰：大江浩渺，采石萦纡。笃生英哲，雅集师儒。伯羽既翔，主敬为基。叔闻多学，探讨渊微。汇征斯吉，联翩以飞。郁郁禁林，鸾凤攸栖。高山景行，于兹焉依。

翰林院侍讲学士葛钧

葛钧，□□□□□□。洪武初，以明经荐授河南府学教授，躬行训督，多所造就，征为侍讲学士。时刘三吾以耆儒掌院，钧与相得甚欢。凡草创礼仪，稽考经籍，享祀神祇，校阅文卷，罔不事事。庚午九月，命钧考定诸臣封爵之制，钧奏宋制功臣韩琦生封魏国，没封蕲王，考其先世，止封公爵，王及三代，别无旧制。若开平王常遇春三代封王，出自特恩，难为定例。今中山王徐达、岐阳王李文忠追赠三代，宜准宋制。上谓中山、岐阳皆开国元勋，三代准赠王爵。十一月，高丽贡玳瑁笔，分赐三吾及钧等。是年，命授秦、晋诸王经。铨曹纠其怠惰，上曰："儒者不任剧职。"俱降国子助教，未几复职。

廖道南曰："汉初命叔孙通创绵蕞之仪，史称其为汉儒宗。夫叔孙所定，未必如先王经制，而因时制宜，要亦有可行者。我朝自陶安、朱升、詹同、宋濂、魏观诸儒开厥初，即继以三吾与钧，率循彝典，润色徽猷。於乎蔚矣！"

赞曰：石渠兰台，汉阁储书。崇文丽正，唐院延儒。草昧建侯，云雷启运。登崇俊良，以协中正。钧也端亮，矫迹中原。碧嵩浑河，灵启昆仑。

翰林院侍读学士王达

王达，字达善，常州无锡人。初以明经授邑庠训导，入补国子助教。太宗登极，姚广孝荐之，擢编修，侍皇太子于东宫，寻进侍读学士。甲申七月，进讲乾卦九四一爻，举储贰为说。仁宗问杨士奇，恐达含讽意，士奇对曰："讲官非正道不陈，岂敢讥讽，此宋儒胡瑗之说也。"仁宗曰："《易》旨无之，若遇庸人，亦将为兹说乎？"士奇曰："程子有云：凡卦六爻，圣贤有圣贤用，众人有众人用，君有君用，臣有臣用。宋王昭素讲《易》，以节俭莫若爱民，养心莫若寡欲为对，宋太祖特书其言于屏间。"仁宗遂悦，命诸臣分撰《五经》讲义以进。一日太宗问建文君如何，达对曰："可与为善，惜辅导非其人，以是误之耳。"后婴疾卒，年六十五。

时有曾章字曰章者，永乐辛酉以侍读学士置南院，与达盖后先相望云。

廖道南曰："予观毗陵志，称达所著有《诗书心法》、《易经选注》、《桂林机要》及《天游集》。是亦潜心于理性者，惜乎未之概见也。"

赞曰：立贤无方，梦卜惟征。论学无穷，博约惟明。吁嗟达善，署庠赞胄。论易储闱，谈诗文囿。谁其阐幽，国史有纪。毗陵之志，未究厥委。

翰林院学士王景

王景，字景彰，浙江松阳人。洪武中，以明经荐授怀远教谕，历升知州，擢山西布政司右参政。坐事谪云南，撰《平云南颂》及黔宁昭靖王碑。建文中，以知县召入纂修高庙实录。守制服阕，吏部尚书张紞前为云南布政，雅知其贤，荐升翰林院侍讲。太宗入正大统，升学士。一日问建文君葬礼，景对宜从厚葬以天子礼，上然其言。景博学，以古文自擅，亦擅笔札，然不谨细故，与时多忤云。

廖道南曰："予考《文衡》，乃见王景彰所撰诸篇，俱春容尔雅，畅茂敷贲，乃知国初浑厚和平之气，不独于运数见之，实有征于文物也已。"

赞曰：浙海之滨，巨儒潜光。滇池之浒，逐臣贲章。赐环金门，视草玉堂。郁郁《文衡》，雷电合章。

翰林院学士蔺从善

蔺从善，字有恒，河南磁州人。永乐癸酉贡士，初任扬州府学教授，召入，授编修，转侍读。宣德中，预修两朝实录成，迁司经局洗马，进侍读学士。未几，改右庶子。正统初，升学士，与王文端公、钱文肃公相得甚欢。赐之奠章曰："卿以文学，典教郡邑。用膺简擢，进事先朝。翰苑宫坊，累迁清秩。暨朕嗣统，升职有加。史馆经筵，悉勤乃事。操履笃实，益久不渝。"

廖道南曰："予观王文端公称从善心淳气平，学行端方。景泰易储，词林加宫保者二十余员，而从善独守官如旧。及读崔仲凫所撰《彰德志》，益信其为笃厚君子也。"

赞曰：燕赵多材，古为巨邑。太行西来，恒山北峙。蔺君产焉，抱兹奇气。笃实辉光，久而不坠。

翰林院侍讲学士周叙

周叙，字功叙，江西吉水人。永乐戊戌进士，选庶吉士，授编修。宣德初，预修两朝实录成，转修撰。正统中，进侍读。辛酉闰十一月，叙上言三事：一曰兴学校，二曰劝农桑，三曰慎铨选。上命所司举行。未几，升侍讲学士，掌南京翰林院事。己巳九月，英宗北狩，叙上言八事：一曰励刚明，二曰观经史，三曰修军政，四曰选贤才，五曰安民心，六曰广言路，七曰谨微渐，八曰修庶政。疏上嘉纳。天顺初，叙上言请修宋史，诏令自修进呈。又上制治保邦十二事，中兴太平十四事，俱付所司采择行之。

廖道南曰："士之负奇气，树壮节，出而效用于时，不少婥婳泧忍以自立者，必有所建白，以垂不朽。乃若功叙筮仕史官，即上疏论天下事，今载诸兰台石室者可考也。然而忌才者众，卒之老于南院而不少试。悲夫！"

赞曰：皎皎易污，峣峣难全。兰以香焚，膏以明煎。上书北台，视篆南署。老而不倦，克承坠绪。

翰林院侍讲学士曾鹤龄

曾鹤龄，字延年，江西泰和人。永乐辛丑进士第一，授修撰。庚戌，秩满，转侍读。正统戊午，预修三朝实录，进侍讲学士，掌南京翰林院事，致仕。鹤龄为人和厚易直，交际以诚。作文典实，如其为人。初生时，母梦鹤翔空而下，后顶骨有红晕，故其父命之曰鹤龄云。孙追进士及第，官编修。

廖道南曰："夫人之生，岂亦有殊状哉？宋文宪公之生也，紫衣未脱；薛文清公之生也，肌如水晶。奚必征诸往代，夫鹤龄亦有然者矣。然而功业未究，著述靡闻，岂其乘轩而弗鸣皋者耶？"

赞曰：有鹤南飞，翔于江皋。玄裳缟衣，高栖松巢。曾氏凤兆，诞瑞弥昭。孙绳祖武，振羽烟霄。

翰林院侍讲学士黄谏

黄谏，字廷臣，陕西兰县人。曾祖仕源为元提举，祖文质、父志道咸隐约不耀。谏幼有异才。正统壬戌进士及第，授编修。景泰中，上《铙歌鼓吹曲》，诏付史馆。出使安南，始定使臣之礼，馈遗悉无所受。还朝，同少卿刘杰（俨）主考顺天乡试。时大学士陈循子瑛、王文子伦俱不第，遂构陷考官，赖大学士高榖覆试获免。秩满，转左春坊左中允兼编修。天顺初，改尚宝司丞，仍兼前职。石亨等言其功，擢尚宝卿兼侍讲。未几，进侍讲学士。石亨败，谪广东同知，寻被逮，卒于淮。兵部尚书王竑时理淮漕，叹曰："季札葬于嬴博之间，孔子以为知礼，况廷臣高邮人也。"乃卜葬于淮。成化间，官其子琳为中书舍人。

倪文僖公跋其《铙歌》曰："辞旨闳壮，音韵铿锵，诚可施之军旅者也。"杨邃庵铭其墓曰："骥足康庄，既奋而骧，忽一蹶以伤。邓林之良，登置明堂，雷风春撞，化为土壤，奈何乎彼苍。惟剑之气，与玉之光，不随物以亡。"

廖道南曰："予读黄公《使南稿》及《南坡》诸集，苍然之色，渊然之光，直逼古人。及考国史，始陀于陈循，终陀于石亨，岂造物者亦忌才乎？"

赞曰：三秦帝京，两淮帝乡。生也挺秀，没也流芳。幸庵有赞，邃庵有志。谁表遗书，以传奕世。

翰林院侍读学士吴希贤

吴希贤，字汝贤，福建莆田人。天顺甲申进士，选庶吉士，授检讨。与修英庙实录，升修撰。成化乙巳，迁左谕德。丁未，进侍读学士，掌南京翰林院事。希贤为文章有奇气，尤工于诗。每僚友宴会，累数百言立就，人多服其敏。然负气豪侠，人亦以是少之。太常卿陈音铭其墓曰："东野昌诗，子厚优文，君殆兼之，永播厥芬。"

廖道南曰："予观《莆阳文献》，谓希贤与西涯咸称神童。及同举进士，则又相笃厚。以故西涯奠文有云：'国有誉望，代有文章。'非虚语也。"

赞曰：有美一人，宛清扬兮。为蝉则葳，蟹有匡兮。天球河图，宝物藏兮。仰观斗牛，剑气光兮。

翰林院侍讲学士曾彦

曾彦，字士美，江西泰和人。成化戊戌进士第一，授修撰。时执政欲矫时弊，救文以质，而彦所对简约，遂置之魁选。丘文庄公作春联以赠之，彦年已近六十余矣。丁未，转侍读。弘治纪元，预修宪庙实录，迁左谕德。甲申，进侍讲学士，掌南京翰林院事。

廖道南曰："夫士童而习之，白首纷如，养其才，将有试也，茂其学，将有为也。乃若老而射策居殿元者，在前则曾士美，在后则唐守之，俱迟暮不振，无闻于时。惟吴文定公则老而不衰，乃克自见，岂天之降才尔殊哉？"

赞曰：孰谓桑榆，取日虞渊。孰谓湛卢，贯斗龙泉。壮而行之，老而弥坚。未酬厥志，夫奚取焉。

翰林院侍读学士徐穆

徐穆，字舜和，江西吉水人。幼聪悟，日记千余言。弘治癸丑进士及第，授编修。己未，同考礼闱，得伦文叙为省元。癸亥，转侍读，预修《通鉴纂要》，宋元论断多出其手。乙丑，复考礼闱，得董玘为省元。二公皆名士，人以此多穆之知人。武宗登极，奉使朝鲜。还朝，预修孝庙实录，充经筵讲官。值逆瑾柄国，怒诸词林不为礼，乃改汪俊等于别衙门。是时穆居外艰，改南京礼部员外郎。服阕，改兵部。瑾败复职，病甚，擢侍读学士，卒。

廖道南曰："予观李文正公所撰墓志，称穆事亲孝，事长恭，博极群籍，公堂广坐，言论英发，略无逊避，非其人，嗫不出一语，其所自负，每骯髒不下物。盖实录也。"

赞曰：跃之铿然，铸之凝然，击之铮然，若干将然。胡为而然，而胡不然，抑岂其然。

殿阁词林记卷之五

部学

学士承旨兼吏部尚书詹同

詹同，字同文，旧名书，徽州婺源人。生而颖灵，独抱奇气，元学士虞集以其弟槃之子妻之。至正中，举茂才异等，授郴州路学正。遇乱道梗，因家黄州，陈友谅征为学士承旨兼御史。高皇帝平陈，首召同为国子博士，易其名曰同。未几，以为待制、起居注。时命有司求遗书，上谓同曰："三皇五帝之书，不尽传于世，故后世鲜知其行事。汉武帝购求遗书，六经始出，唐虞三代之治，始可得见。武帝雄才大略，后世罕及，表章六经，开阐帝王之学，又有功于后世。吾每于宫中无事，辄取孔子之言观之，如节用而爱人，使民以时，真治国之良规，诚万世之师也。"遂命考宗庙时享礼。

洪武元年四月，命画古孝行及起家战伐历试愁苦为图，以垂世训。上谓同曰："朕家本业农，祖父皆长者，世承忠厚，积善馀庆，以及于朕。今图兹以贻子孙，俾知王业艰难也。"同对曰："陛下昭德垂训，莫此为切。"上曰："富贵易骄，艰难易忽，久远易忘，后世子孙生长深宫，惟见富贵，习于奢侈，不知祖宗积累之艰，故示之俾朝夕览观，庶有所警也。"是年十二月，以同为直学士。二年三月，为侍读学士。刘基疏请加礼大臣，同因取《戴记》及贾谊疏以进，且复开说剀切，上深纳之。又谕同曰："古人为文章，或以明道德，或以通当世之务，《典》、《谟》之言，明白易知，无深怪险僻之语。至如诸葛亮《出师表》，亦何尝雕琢为文，而诚意溢出，使人读之，自然忠义感激。近世文士，不究道德之本，不务当世之务，立辞虽艰深，而意实浅近，即使过于司马相如、扬雄，何补实用？自今翰林为文，但取通道理、明世务者，无事浮藻。"四年，乃陞为吏部尚书。上谕曰："吏部者衡鉴之司，鉴明则物之妍媸无所遁，衡平则物之轻重得其当。盖政事之得失在庶官，任官之贤否由吏部，任得其人则政理民安，任非其人则瘝官旷职。卿等居铨衡之任，宜在公平，以别贤否。"

六年七月，以同为学士承旨兼吏部尚书。上御奉天门，谓同曰："论行事于目前，不若鉴之于往古。卿儒者，试言古先帝王为治之道。"同对曰："帝王之治，莫善于唐、虞三代，可以为万世法。"上曰："三代而上，治本于心，三代而下，治由乎法。本于心者，道德仁义，其用为无穷；由乎法者，权谋术数，其用有时而穷。然为治者违乎道德仁义，必入于权谋术数，甚矣择术不可不慎也。"九月壬寅，与宋濂等修《日历》，为总裁官。七年五月丙寅，书成，名曰《皇明宝训》。

同以老乞归，上赐之敕曰："朕起布衣，提三尺剑，总率六师以拯民艰，延揽英雄以图至治，凡二纪于兹。曩者亲征武昌，下城之日，尔同以文学之美，从朕同游。厥后任博士、起居注、学士，皆举其职。又长吏部，辨人才之贤否，审职任之轻重，咸得其宜。今年虽已迈，犹输诚效谋，迄无少怠，可贤也已。朕不忍以尔耄年，服役奔走，特命以翰林学士致仕。尔惟钦哉！"未几，复起为学士承旨。同所著有《天衢吟啸》及《海涓集》。子徽为左都御史兼太子少保、吏部尚书，以事坐废。徽子绂为太子洗马，改尚宝司丞。

廖道南曰："予尝舣舟黄人之墟，访詹同之迹，父老犹能言之。及观国史，乃见其献纳忠恳，被宠优渥，天造建侯，各因其才尔矣。可不谓荣焉。"

赞曰：鸟惟择木，鱼则依水。君臣同游，保全终始。苟弗善始，胡克令终。于昭豪杰，附凤攀龙。玉堂视草，铨衡秉鉴。猗与休哉，皇谟斯赞。

学士晋兵部尚书乐韶凤

乐韶凤，字舜仪，滁州全椒人。洪武初，授起居注，拜中书左司员外郎，历陟兵部侍郎、尚书。六年，改侍讲学士，与承旨詹同定祀孔子乐章。三月，制中都城隍神主，上亲为文，遣韶凤奉安。九月，编集《日历》，韶凤为催纂官。又命择唐宋名儒表笺可为式者，颁行天下。是月，又命撰祭祀礼成回銮乐歌。八年三月，上以旧韵起于江左，多失正音，乃命韶凤与诸廷臣以中原雅音正之。书成，名曰《洪武正韵》。九月，命考陵寝朔望节序祀礼，韶凤奏："诸庙寝园，各有便殿，日祭于庙，时祭于便殿。汉都洛阳，以关西诸陵久远，但四时特牲致祭洛阳诸陵，每正月祭郊庙毕行礼。唐园陵皇祖至太祖陵，皆朔望节序祭，皇考陵朔望节序进食。我朝每岁元旦、清明、七月望、十月朔、冬夏二至用太牢致祭，其伏腊社、每月朔望用特羊。"是年十一月，诏定登坛脱舄礼，韶凤奏："古者侍坐于长者，屦不上堂，解屦不敢当阶就而举之，屏于侧。汉魏以后，朝祭则跣袜。唐礼志正旦、冬至朝贺，上公一人诣西阶脱舄解剑。宋开宝通礼，太庙祼献馈食并禘祫，皇帝诣东阶下解剑脱舄。今议于郊祀庙享前期，有司设御幕于坛东南门外，及设执事官脱屦之次于坛门外西侧。"上皆从之。十二年八月，又诏定皇太子与诸王往复书剳礼。韶凤考据精详，屡蒙褒答。未几，以病免归，复起为国子祭酒。上赐谕曰："文庙之设，是尊先师也，因之为国学焉，历代以之训君嗣教公子也，故哲王必选名儒以导学者。今朕法前代，命尔承是师范，阐扬博通，使幼者记，壮者解，毋怠寸阴，有补于朕政。汝往钦哉！"韶凤为人和易简谅，兄弟皆知名于时：曰晖，开封守；曰礼，太常卿；曰毅，诸暨同知。

廖道南曰："予幼读魏杞山诗，有云：'詹吴宋乐皆时彦，撰述承恩昼夜同。'已知乐学士为名人矣。及观国史，乃得其详，乃知稽古礼文，厥功亦不为无助也。"

赞曰：滁州之域，是为全椒。笃生伟人，德音孔昭。士宗之宗，邦家之彦。熙绩兵曹，蜚英翰苑。康侯三锡，于彼日中。詹吴宋乐，芳名靡穷。

侍讲学士拜礼部侍郎蒋骥

蒋骥，字良夫，浙江钱塘人。洪武庚辰进士，授行人，改授检讨。宣德初，转侍讲。五年，同考会试，得陈诏为第一。预修两朝实录，进侍讲学士，拜礼部侍郎。初，解缙逮系诏狱，辞连赞善王汝玉及骥，缙死而汝玉及骥为显官。骥子琳历仕副都御史，巡抚贵州，征草塘有功，后为仇构赐死。孙铭为中书舍人。

廖道南曰："予至钱塘，眺天目，游西湖，乃访蒋君之墟，闾里父老尚能谈其事者。及考杭志，则又多称其贤。予乃泫然悲之。"

赞曰：钱塘之江，子胥怒潮。西湖之浒，武穆沈漻。伟哉蒋君，屡遭危祸。虽数之奇，亦缘其过。

吏部尚书兼学士王直

王直，字行俭，江西泰和人。永乐甲申进士，选庶吉士，授修撰。太宗幸北京，命直同黄淮、杨士奇侍皇太子于南京。及再幸北京，命直扈从。预修高庙实录，转侍读。仁宗登极，进侍读学士，寻迁右庶子。预修两朝实录，擢少詹事，仍兼侍读学士，阶中顺大夫。英宗嗣位，总裁宣庙实录成，擢礼部侍郎兼学士，出佐部事，与胡忠安公相得甚欢。吏部尚书郭琎（珽）去，以直代之，加资德大夫、正治上卿。

正统己巳，也先入寇，中官王振劝上北征，直率廷臣上疏曰："边鄙之事，自古有之，惟在守备严固而已。国朝备边最为上策，谋臣猛将，坚甲利兵，随处备御，且耕且守。今宜慎固封守，申明号令，俾坚壁清野，按兵蓄锐，彼前不得战，退无所掠，人马疲困，自当远遁，何必亲御六飞，远临榆塞。况秋暑未退，旱气蕴隆，青草不丰，水泉犹塞，人畜之用，实有未充。且兵凶战危，利害难保，古之圣王敬慎不忽，盖有所见而然。兹亵至尊，临险地，非所以养威持重存大体也。"上不从。命直留守京师，加太子太保、荣禄大夫。景泰初，进少傅兼太子太师，议遣使奉迎。太监兴安传谕曰："今日谁为文天祥、富弼？"直正色曰："主忧臣辱，主辱臣死，谁敢有不用命者？"兴安语塞。天顺改元，乞休归。年八十四卒，赠太保，谥文端。子稷为翰林检讨，曾孙思为编修。

李文达公铭其墓曰："侃侃王公，天赋其秀。有声烨然，大江之右。銮坡凤阁，容与翱翔。惟学之昌，惟誉之芳。遂秉铨衡，不倚不忒。百司庶府，位称其德。"

廖道南曰："初也先入境时，人心汹汹，莫知所裁。直率百寮廷争，此其为心，天日皎皎可鉴焉者。及景泰中陈循当国，直亦无所附丽，廷议奉迎，正色而对。盖直躬而笃于好古者也。"

彭韶赞曰：刻志苦学，早登科甲。被命留京，慎勤守法。迎复之间，惟公首对。即却权奸，辞锋敛气。公性虽严，公有雅度。大年有识，泣以铭墓。

礼部尚书兼侍讲学士王英

王英，字时彦，江西金溪人。永乐甲申进士，选庶吉士。戊子，重修高庙实录。丁亥，授修撰。丙申，转侍讲。戊戌二月，扈从太宗北征，至阔滦海。五月旋师，过李陵台，命英往视碑文。英视毕，奏称碑阴有达鲁花赤字，上命毁之，谓英曰："尔是二十八人中读书秀才耶？朕需尔用，宜勿惮劳。"英因奏曰："胡虏犯边，罪在不赦。但闻天兵远征，遁归沙漠，愿勿穷追。"上曰："秀才惟不欲穷兵黩武，朕为天下国家计尔。"又曰："军中一切动静，尔有所闻，即来密奏。"上驻跸安平镇，有军士以有过立功无行粮者，英曰："此皆壮士也，愿宥其过而与之，庶得其死力。"上即命兵部尚书李庆给之。甲辰，上复北征，晏驾榆木川，英与尚书蹇义、夏原吉，学士杨荣、杨士奇同议丧礼，宿内阁凡七日。

仁宗登极，进侍讲学士，寻迁右春坊大学士。明年，赐告归省。宣宗嗣位，召入便殿，问曰："洪武中有宋濂、吴沉、朱善、刘三吾，永乐间则解缙、胡广，俱有重名，汝当勉旃，罔俾前人独专厥美。"预修两朝实录，升少詹事兼侍讲学士，赐金相犀带。壬子，守制夺情。正统初，预修宣庙实录，充总裁官，擢礼部侍郎，仍兼侍讲学士。癸亥，命往祀南镇祈雨。还奏修省事宜，上从之，果大雨。戊辰，陟南京礼部尚书。卒，谥文安。

廖道南曰："予观陈敬宗所撰文安传，以为抚州多名儒，若宋之晏殊，元之吴澄，盖玉笥、宝盖诸山之灵所钟也。及读国史，谓文安乐易善书，跌宕不拘小节。固有征哉！"

赞曰：汉有二王，咸负芳名。宋有二王，并登宰衡。文端曰直，文安曰英。勋如其名，永世有征。

学士拜礼部侍郎钱习礼

钱习礼，名幹，以字行，江西吉水人。永乐辛卯进士，选庶吉士，授检讨。洪熙初，转侍读。戊申，赐观灯万岁山，撰诗以进。是岁，典应天乡试。庚戌，进侍读学士。壬子，上临幸史馆，赋《招隐歌》赐近臣，习礼拜赐。是岁，典顺天乡试。天顺改元，预修两朝实录，充经筵官，升学士。是岁，复典应天乡试。己卯，复典顺天乡试。乙丑，主考会试，擢礼部侍郎，致仕。卒，年八十九，谥文肃。尚书王直铭其墓曰："惟公世家，海内所闻。政事文章，亦焕其群。"

廖道南曰："予读国史，谓文肃恬静少欲，恭而有礼。及考诸吉志，则又称其以清节重望名海内，人不敢干以私。夫君子立身，始于几微，极于广大，著于乡党，昭于邦国，庸言庸行，岂一朝一夕之故哉？乃知文肃之获誉于人，所由来者远矣。"

赞曰：静以正本，坦而有容。流芳史局，为光为龙。明堂柱础，清庙钟镛。彼美人兮，穆如清风。

学士拜礼部侍郎李绍

李绍，字克述，江西安福人。宣德癸丑进士，选庶吉士，授检讨。预修宣庙实录，以剩员汰归。杨士奇荐之，未及用。景泰初，召充经筵官，转修撰，历司经局洗马兼修撰，迁右庶子兼侍讲。天顺初，改尚宝司卿，仍兼侍讲，进学士，寻升礼部侍郎。时有权贵相轧，以绍奏事多南音沮之。英庙弗听，且曰："礼部不可无此人。"以士奇常荐之。癸未会试，绍充贡举，防范甚严，厘革宿弊。成化初，预修英庙实录，充副总裁。书垂成，以疾求解任归。后国子祭酒缺，吏部尚书姚夔荐之，召命甫至卒。子璿，为云南布政使。

廖道南曰："予观《江西通志》，称绍素有隐德。及考国史，乃知杨文贞之力居多。士伸于知己，信哉！"

赞曰：周昌期期，周舍谔谔。口唆不言，行果而确。克述土音，闻者惊愕。独简当宁，典司礼乐。

学士拜礼部侍郎倪谦

倪谦，字克让，应天上元人。生有四乳，人咸异之。正统己未进士及第，授编修。甲子，命祀北岳。己巳，转侍讲，使朝鲜。景泰壬申，迁左中允兼侍讲，侍经筵。以易储事，进侍讲学士。丙子，预修《寰宇通志》，迁左春坊大学士。天顺纪元，改通政司左参议，仍兼侍讲。遣祭辽、荆、楚三府还，进学士。戊寅，宪宗出阁，充讲读官。己卯，主考顺天乡试，以举子奏发阴事下诏狱，谪戍开平。成化初，复学士职。预修英庙实录，擢南京礼部侍郎，御史陈选劾之，致仕。己丑，阶正议大夫、资治尹，复侍郎职。丙申，陟礼部尚书。卒，赠太子少保，谥文僖。子岳为吏部尚书，阜布政使。

万安铭其墓曰："伟哉文僖，体貌奇异。学识超群，词华鸣世。致身翰林，振玉铿金。出使外国，惊服夷心。归讲经帷，寻直秘殿。克当渊衷，累承宠眷。简侍青坊，启沃少海。天畀困横，欲资亮采。帝思旧学，仍拜旧官。晋少宗伯，恳乞归闲。养晦七年，有诏复起。进大宗伯，典兹三礼。"

廖道南曰："予观国史，谓文僖嗜进太急，多比匪人，以故屡致萋菲，不有文毅，曷昭幽潜。《语》有之，犁牛之子骍且角。於乎！况匪犁乎？"

赞曰：钟阜储英，大江炳灵。幼钟异质，壮负修能。禹锡玄都，宗元钴鉧。词翰殊芳，畴与为伍。於乎不朽，贵在德修。赖有元方，其泽悠悠。

侍读学士晋南京吏部尚书钱溥

钱溥，字原溥，直隶华亭人。正统四年进士，太监王振访可教内侍书者，或荐溥，试《蔷薇露》诗，大见称赏，特授检讨。景泰辛未，迁左赞善兼检讨。七年，修《寰宇通志》，转左谕德兼编修。天顺纪元，改尚宝司少卿，兼官如故，俄升侍读学士。修《大明一统志》，充副总裁。壬午，颁诏安南，充正使，贻书与其王论郊迎礼甚悉。甲申，降广东顺德知县。成化丙戌，诏复旧官，寻起掌南京翰林院事。丙申，升南京吏部左侍郎，陞尚书，致仕。卒，赐谥文通。

溥性轻躁嗜进，尝作《秃妇传》以讥商辂。有太监王伦者受业于溥，当英庙大渐，时伦出就溥舍，妄议时政，逻者得之以闻，下狱，罪且不测，有左右之者，乃得末减，出为知县。虽累被弹劾，尚迁崇秩，识者鄙之。

廖道南曰："士之立身，可不慎哉！王振以巨珰秉政，噂𠴲背憎，诪张为幻，溥也何人，乃首附之，卒之不俚于口，非言者之过也，溥之罪也。"

赞曰：汉之乔固，白刃罔避。唐之训注，甘露不畏。一忠一佞，同事异术。溥何人斯，居身靡慧。积久滋彰，云胡弗愧。

侍读学士晋礼部尚书周洪谟

周洪谟，字尧弼，四川长宁人。正统甲子乡试第一，明年进士及第，授编修。景泰中，迁左赞善兼编修，上疏十二事，景帝嘉纳。寻转侍讲，改侍读，掌南京翰林院事。成化初，召修英庙实录，进侍读学士。未几，升南京国子祭酒。守制，服阕，改北监，上疏奏增孔子乐舞，从之。逾年，擢礼部侍郎。适尚书张文质去位，以洪谟代之。

时议宪宗皇帝升祔暨孝穆皇太后祔礼，上疏略曰："礼必援情以立义，事当据古以证今。谨按周制，天子七庙，三昭三穆，与太祖之庙而七，文王武王为宗，故为九庙。盖以后稷为始祖，文武为世室，皆百世不迁，其余则以次而祧。前乎周则商以契为祖，而汤与三宗，百世不迁。后乎周则宋以僖祖为祖，而太祖、太宗亦百世不迁。虽迭有异议，大儒程颐、朱熹皆以尊僖祖为得礼之正。盖报本反始，义所当重也。我高皇帝肇建丕图，追祀四祖，至英宗上宾，遂备九室。在当时则德祖为高祖无可推之亲，在今日则德祖当为始祖无可祧之主。臣愚以为，太祖、太宗比周文武，万世不祧，懿祖而下，当以次递迁。兹遇宪宗升祔，宜于太庙寝殿之后，仿古夹室之意，别建一殿，分为九室，以俟藏祧主。况古有袷祭，合祧庙与未祧之主而祭之于太庙，故谓之袷。今宜于岁暮之余，奉迎懿祖祧主，仍居旧位，以享袷祭，每岁一祭，视古三年一袷为有加矣。周礼大司乐歌中吕，舞大濩以享先妣，谓姜嫄为帝喾妃，为后稷母，故特立庙以祀。至宋元德、懿德二后，既有别庙之享，章献、章懿二后，遂有奉慈之建，每岁五享，四时荐新上食如常仪。兹遇孝陵皇太后祔葬茂陵，所有神主，宜于奉先殿旁近宫空室改为别庙，庶情文咸秩，幽明允协矣。"上从其议。又手制《璇玑玉衡图》，以木代之，规制工巧，识者服其精。致仕归，尚草奏安国御夷十事上之，卒。所著有《四书疑辨录》。

丘文庄公铭其墓曰："明兴百年，多文学士。士专一经，惟用作义。雷同剿说，谁复致疑。侃侃周公，实惟经师。剖析精微，摘抉疏漏。死者复生，亦不予咎。学既宗经，文必根理。矧居显位，不徒尊己。人皆迁公，孰知所存。无待而兴，卓尔不群。"

廖道南曰："予夙侍帝座，回翔天门，乃见洪谟所制《璇玑图》者，张平子之灵宪，郭守敬之简仪，后先若符。及读《五经疑辨录》，则又知其用心精密如此，非有本而能然乎？"

赞曰：尧授四时，舜齐七政。显庇穹祇，潜探玄运。俗儒罔觉，诵习成书。承讹袭舛，白首纷如。矫矫周公，直窥象纬。璇玑制图，宗祧折礼。文庄之铭，可谓知人。阐幽明微，以步芳尘。

侍读学士晋礼部尚书李本

李本，字立之，四川富顺人。正统戊辰进士，选庶吉士，授检讨，转编修。预修《一统志》，进侍读。英庙实录成，迁南京太常少卿，寻擢礼部侍郎，陟尚书。卒，赐祭葬如例。本性质直，不为诡异之行。然慷慨尚义，闻有义举，则欣然为之。其文章平实，类其为人。平生不拘小节，晚在礼部，颇自豪纵，言官劾其与世浮沉，非定论云。

廖道南曰："夫庄生有言，自处才、不才之间，以其无近刑、无近名也。本也始而官史局，历奉常，何其华也；继而登八座，掌三礼，何其要也。然而名不孚实。悲夫！"

赞曰：玉垒之山，山石巉岩。锦江之水，水云潺湲。巍巍邦彦，蹇蹇王官。夷考其人，天路孔艰。

学士晋南京吏部尚书王㒜

王㒜，字廷贵，常州武进人。景泰辛未进士及第，授编修。天顺癸未，转侍讲，侍皇太子于东宫。成化纪元，迁左庶子兼侍讲，寻升学士，掌南京翰林院事。守制，服阕，起为南京国子祭酒。时教法久弛，㒜严立规程，精核勤惰，虽权贵不少贷。九载考绩，升南京吏部右侍郎，召入为户部左侍郎，寻陟南京户部尚书，改吏部，考核诸司官属，去取务合舆论。卒，赠太子太保，谥文肃。㒜风采凝峻，喜自夸诩，居家侈靡。子沂至右副都御史。

廖道南曰："予观刘文安之赠文肃也，以为事君服勤，左右无方，亶其然矣。及予棹毗陵，过其里，造其庐，有陶朱猗顿之风，岂其父子相继而然耶？不然，何其豪奢绮丽至此极也。"

赞曰：于惟季札，封于延陵。高风邈悠，洗濯清泠。王氏之先，世有胙仕。曰谅曰忠，不显亦世。嗣时厥后，八座两台。渐不可长，亦已焉哉！

学士晋工部尚书谢一夔

谢一夔，字大韶，初冒王姓，江西新建人。天顺庚辰廷试第一，授修撰，预修英庙实录，迁左谕德。成化辛卯十二月，一夔上言："彗星之变，灾异至大。谨上五事：一曰正宫闱以端治本，二曰亲大臣以询治道，三曰开言路以决壅蔽，四曰慎刑狱以广好生，五曰谨妄费以足财用。"上怒斥之。及预修《宋元纲目》，进学士。未几，擢礼部侍郎，陟工部尚书。卒，赠太子少保。

一夔为人和易平实，与人交久而益亲，尤笃于友义。为文不事奇诡雕刻。其佐礼部，则惟务交好，不复持重。初，都御史闵珪以江西多盗，缘京官佃户窝聚，占恡不发，乃奏欲并坐其主，一夔与尹直衔之，调珪于广西。或问之，一夔曰："珪之谬也，匪吾省李孜省密奏，里闱其为红巾乎？"自是人始知朝政纷更，皆孜省之为也。

廖道南曰："予观江西志，谓一夔言婉气和，善谋而成。及观其所上诸疏，侃而闿，巽而法，有足追古者。但比之匪人，未免遁尾，可惜也哉！"

赞曰：南昌魁选，前谢后舒。杜门讲学，排闼上书。谢登穹显，舒抱于邑。月旦有评，予奚容喙。

学士晋礼部尚书徐琼

徐琼，字时庸，江西金溪人。天顺丁丑进士及第，授编修，预修《一统志》，赐赉有差。成化纪元，预修英庙实录。丁亥，转侍讲。典应天乡试还，进侍读学士，掌南京翰林院事。未几，升太常卿，掌国子监祭酒事。弘治庚戌，擢礼部侍郎。丙辰，陟礼部尚书，加太子少保。因四方灾异，上言请勤圣学、崇君德、罢斋醮、停工役、禁传奉、辨忠邪数事，上可之。琼为人和易，然托姻贵戚，升迁太骤，台谏论列，每及其名云。

廖道南曰："自国初以来，官必久任，政必历试，而后跻崇阶，列显庸，汉儒所谓累日取贵、积久致官者，势也。琼自天顺至弘治，亦已久矣，史犹讥其骤迁。乃若后之朝滞省署、暮超岩廊者，又何如哉？"

赞曰：翠云铜斗，实开金溪。黄蜂玉香，回绕丹梯。乃生徐君，颖异群儿。词林史局，扬历以时。礼曹胄监，敷施有宜。贻讥青史，夫亦何为。

礼部侍郎兼学士汪谐

汪谐，字伯谐，浙江仁和人。举京闱乡试，被革归，复举浙江乡试。天顺庚辰登进士，改庶吉士，授编修，预修英庙实录。成化丁亥，转修撰。秩满，迁右谕德。修《宋元纲目》成，升右庶子，侍东宫讲读。孝宗登极，进少詹事兼侍讲学士，修宪庙实录，充副总裁官。弘治辛亥，陟礼部侍郎兼学士。请老，许之。卒，赠礼部尚书。谐仪度整洁，深中简言，虑事周悉，晚益慎密。子登中书舍人，举太常卿。

李文正公铭其墓曰："惟浙东西，山清水奇，文献之邦兮。公在累朝，史局经闱，校文场兮。为名侍臣，为能史官，主司之良兮。穿阶显曹，涣号下颁，表幽堂兮。"廖道南曰："予初筮仕时，乃见谐之二子登、举，皆翩翩贵公子也。其婉顺脂韦，如其父云。"

赞曰：惟彼钱塘，右海左湖。海色沆瀣，湖光郁纡。彼美人兮，清扬且都。登台践斗，具有讦谟。

学士晋吏部尚书倪岳

倪岳，字舜咨，应天上元人，文僖公谦之子也。谦初祀北岳，祷于神，其母姚氏感异梦生岳。岳生而体貌丰伟，目光炯然，望之如神。天顺甲申登进士，改庶吉士，授编修。预修英庙实录，转侍读，充经筵讲官。丁亥，修《文华大训》成，进学士。甲辰，充东宫讲读官。丙午，擢礼部侍郎。弘治癸亥，陟礼部尚书，加太子少保。仪文制度，多所拟定，如革淫祠、正神号、禁斋醮、绝胡僧、却西域诸疏详尽，四方灾异，必以上闻。其大者如皇储冠婚之礼，太庙祧祔之仪，皆出其议。未几，改南京礼部尚书，再改南京兵部，参赞机务。上言安边五事：一曰重将权，一统制；二曰增城堡，广斥堠；三曰募民壮，去客兵；四曰明赏罚，严间谍；五曰实屯兵，复漕运。又上七事：一曰讲学，二曰修德，三曰敬天，四曰法祖，五曰节宗室，六曰汰冗员，七曰辟异端。上皆嘉纳之。召入为吏部尚书，加太子少保。卒，赠光禄大夫、少保，谥文毅，官其从子霈为中书舍人。

岳有文武才略。在吏部，铨选进退，各当其才。或言别白太过，终当召怨，则曰："吾知冢宰之职当如是耳。"事当廷议，片言裁决，天下皆仰其风采。李文正公铭曰："公官北都，派出钟阜。若麟凤在薮，踵接科第，继践台斗；若玉在昆圃，为文章宗，为经济手；若锦在织，若钟应扣，庭充庙荐；若商彝周卣，暨掌天曹，为百僚首；若镜在悬，鉴物妍丑；若锄在田，务拔稂莠。拒捍强御，镇定纷纠，若虎豹在山，藜藿为守；若驾轻载重，驱疾以走。苟非其才，踣者十九。古亦有言，君子大受。旗常竹帛，公且不朽。"

廖道南曰："先大夫五洪公以弘治癸丑举进士，时李文正公主试事，倪文毅公知贡举。及甲寅诞夕，乃梦二公至庭，命名授诰，以故闻文毅之事为详。於乎，安得起公于九京而与之筹国也哉！"

赞曰：钟山雄峙，万峰绵焉。大江回绕，百川环焉。桓桓文毅，岳降贤焉。明明勋业，史局传焉。眇予小子，凤兆先焉。严训如在，奉周旋焉。

学士晋礼部尚书傅瀚

傅瀚，字曰川，江西新喻人。天顺甲申进士，选庶吉士，授检讨。成化间，转修撰。皇太子出阁，命兼司经局校书，迁左谕德兼检讨，充经筵讲官。弘治纪元，擢太常少卿兼侍读。预修宪庙实录成，进太常卿兼侍读学士。赐告归省还，擢礼部侍郎兼学士，掌詹事府事，仍直日讲。预修《会典》，充副总裁官，陟礼部尚书。率诸曹疏陈三十余事，不报。初，瀚嗾同乡监生江瑢诬奏大学士刘健、李东阳，既而恐谋泄，遂嫁其祸于詹事程敏政、大学士谢迁、尚书王华，咸中诬之。及敏政死，瀚代之，家人惊见怪异，瀚忧悸成疾。卒，赠太子太保，谥文穆。子□为庶吉士，授监察御史。

廖道南曰："予读国史，于瀚极其訾议，谓敏政之死，瀚实构之。及观西涯所撰墓铭，则又奖与无间词。何也？岂其实有之与？将诬之也？"

赞曰：豫章之郡，盘龙眇绵。五星奠位，二峰柱天。三刘博雅，三孔仁贤。彼哉曰川，何独不然。

学士晋礼部尚书李杰

李杰，字世贤，苏州常熟人。成化丙戌进士，选庶吉士，授编修，转侍讲。乙巳，充东宫讲读官，进侍读学士。弘治初，迁左庶子，仍兼前职。辛亥，升南京国子祭酒。守制，服阕，改太常卿兼侍读学士，掌院事。庚申，擢礼部侍郎。正德纪元，预修孝庙实录，充副总裁。大学士焦芳擅窜国史，杰亦未如之何。书成，陟南京礼部尚书。丁卯，调礼部。时逆瑾用事，晋府镇国将军表楝赂瑾，求封为郡王，杰持正不与，瑾衔之，竟以是去。

廖道南曰："瑾之柄国，虐焰薰灼，一时附丽奔走，惟翰苑居多，杰乃不辱其身，不挫其志，亦可尚也。"

赞曰：汉之五侯，唐之八关。若趋炎海，若倚冰山。杰也人杰，挂冠苏门。迹虽往矣，神则犹存。

侍读学士晋礼部尚书张升

张升，字启昭，江西南城人。成化己丑进士第一，授修撰，侍皇太子于东宫，充讲读官，迁左赞善，转右谕德。孝宗登极，进左庶子兼侍读。疑大学士刘吉抑己，因天变劾奏，万安、尹直相继罢去，独刘吉尚留。深结科道，昏暮款门，柔佞取悦，无所不至。贵戚万喜依凭宫壸，凶焰燻灼，吉与缔姻，请托公府，赂入私门，亟宜斥遣，如汉策免三公以应灾异可也。疏上，御史魏璋等阿吉意，交章论之，坐左迁南京工部员外郎。会吉去，召还复职，升少詹事兼侍读学士，寻擢礼部侍郎，陟尚书。时崔志端以乐舞生为同官，升每裁抑之。御史杨仪之子从礼曹游，偶遇升挞之，仪遂劾升，言官争相论列，致仕，加太子太保。逆瑾时，复起为尚书，为晋藩事忤瑾意，夺加官。卒，赠太子太傅，谥文僖。

廖道南曰："予观南城志，谓升宦业益懋，凡周祀典、择贤才、禁奢靡、重名器、省供应，可身任者，次第行之。及考国史，则又力诋其状如此，岂名实不相副耶？"

赞曰：南城二史，启昭、景鸣，启昭婷娴，景鸣峥嵘。揆之古昔，曾巩、李觏，二贤往矣，谁其克绍。

侍讲学士晋工部尚书董越

董越，字尚矩，江西宁都人。成化己丑进士及第，授编修，转侍读。甲辰，选侍东宫讲读，充经筵讲官。弘治改元，迁右庶子兼侍讲。孝宗登极，诏使朝鲜，宣布德意，却其馈遗，有赋以纪其国俗。预修宪庙实录，升太常少卿兼侍讲学士，充日讲官。寻擢南京礼部侍郎，陟工部尚书。卒，赠太子少保，谥文僖。

越修眉长身，博洽善议论。成化末，诸执政大臣不相能，其门客各有所厚，独越出入诸公之门，皆得其欢心，议者以是少之。子天锡，仕至大理卿。李文正公铭其墓曰："谓成之艰，殊若易然，东隅桑榆，惟公有焉。谓寿之艰，而不其然，坦途摧车，抑又谁怨。亏盈益谦，天道则有，栽培倾覆，人所自取。数弗或值，理则可守，其所未竟，以遗厥后。"

廖道南曰："予观宁都志，称越清介端谨，馆阁推重。然读文正公之词，似若有憾焉，而史亦不之褒也。"

赞曰：金精凌云，山祇储祯。虔化澄清，水若鸠灵。乃诞董君，为国重臣。胡然而然，国史有评。

侍读学士拜礼部侍郎费訚

费訚，字廷言，镇江丹徒人。成化己丑礼部会试第一，选庶吉士，授编修。丙申，充经筵官。丁酉，迁国子司业。丁未，转左谕德，仍理司业事。戊午，升祭酒。孝庙初开经筵，充讲官。车驾视学，赐坐讲彝伦堂，褒谕宴赉，士林荣之。及直日讲，改少詹事兼侍读。修宪庙实录成，进詹事兼侍读学士。越月，擢礼部侍郎。卒，年五十有八。

訚长身伟貌，论议叠出，临事通变慷慨，且恭谨自持，人恒以公辅期之。其在国学最久，士子多所造就。

倪文僖公撰神道曰："江东有木梗与章，根蟠厚地摩青苍。匠石睥睨喜欲狂，万牛必致归明堂。轮囷旁礴登岩廊，巍然屹立时之望。风雨侵陵蠹且伤，用之未久嗟沦亡。"廖道南曰："夫太上立德，其次立功，其次立言。史称訚恭谨近于有德者，而议论亹亹，又何能言也，岂所谓三者无一于是耶？"

赞曰：大江东来，趋于丹徒。两峰水殿，三茅天都。峨峨费君，幼有壮图。侃侃闾闾，雄盖万夫。

礼部尚书兼学士吴宽

吴宽，字原博，苏州长洲人。初以贡入太学，督学御史陈选惜其才，令就试，登应天魁选。成化壬辰，会试、廷试皆第一，授修撰。秩满，选右谕德，充东宫讲读官。宽上疏劝讲圣学，无分寒暑。孝宗嘉纳，进左庶子兼侍读。预修宪庙实录成，升少詹事兼侍读学士，寻擢吏部侍郎。守制，服阕，召入典诰敕。修《会典》，充副总裁。书成，陟礼部尚书兼学士，仍典诰敕。孝肃太皇太后祔庙，诏议其礼，宽独引周姜嫄事，请别庙奉享。或议吴澄不当从祀，宽谓有益经学。议上，俱从之。卒，赠太子太保，谥文定，官其子奭为中书舍人。

李文正公铭其墓曰："维世有望，间不容伪。上有廷论，下则舆议。远且贱者，夷狄奴隶。彼懵不知，孰强而致。其所自致，匪爵匪位。矧其兼之，功讵云易。惟王不朽，公亦有二。有德有言，功则未既。"廖道南曰："予观吴志，谓宽静重醇实，自少至老，人不见其过，不为慷慨激烈之行，亦未尝碌碌苟随。既而观国史，称宽行履高洁，志操纯正，势利所在，退避若懦，盖其所得者深矣。"

赞曰：人有恒言，老成典刑。士林菁莪，策府权衡。惟匏庵公，耆德硕人。沉浑确实，有典有文。文正有铭，文定有评。书之琬琰，无愧名臣。

侍讲学士拜兵部尚书杨守阯

杨守阯，字维立，文懿公守陈之弟也。成化戊戌进士及第，授编修。秩满，转南京侍读。弘治纪元，预修宪庙实录，充经筵官。辛亥，迁左谕德。乙卯，进侍讲学士。戊午，侍皇太子于东宫，寻擢南京吏部右侍郎。庚申，摄南京兵部事，因灾异疏陈时政。辛酉，摄南京国子监事，恤生徒，清吏弊，人咸称之。壬戌，考绩入京。预修《会典》，充副总裁。书成，转左侍郎，加尚书致仕。卒，赠太子少保。

守阯性耿直，为诸生时，上书论救祭酒陈鉴、邢让、司业张业，有何蕃、石大用之风。从兄守随为工部尚书，守陈为吏部侍郎，从弟守隅为布政使，从子茂元为刑部侍郎，茂仁为按察使，一门贵盛，当时莫与俪云。

李文正公铭其墓曰："四明山高东甬长，二川交流汇其旁。中结灵秀成文章，前有一楼后二杨。文懿多闻天下望，公也奋翼相低昂。天子置之白玉堂，两都官重登岩廊，五色共补山龙裳。政皆弗竟文则昌，终如莫邪会干将。"廖道南曰："予读《碧川文稿》，其论天下事若指诸掌，略无依阿腼腆，而耿直孤抗，盖其得于家庭者多矣。"

赞曰：谠言不讳，国是惟贤。直气不回，士节则坚。金紫盈门，图书满筵。谁弭彤管，愿续青编。

侍读学士晋南京兵部尚书张溁

张溁，字仲湜，广西全州人。成化戊戌进士，选庶吉士，授编修。弘治己酉，转侍讲。戊午，充东宫讲读官。辛酉，主考顺天乡试。己丑，进侍读学士。武宗登极，升学士，迁国子监祭酒。正德丁丑，擢礼部侍郎。己巳，陟南京礼部尚书。辛未，改南京户部，又改吏部。时储位久虚，溁率同侪请建太子，言甚剀切。甲戌，改南京兵部，参赞机务，条陈八事，又奏革守备厅冗官凡百，推用不容请托，人皆服其公。乙亥致仕，加太子少傅，卒。

溁性刚褊，与人多不合。其在户部，清查远年逋赋，论者谓刘瑾方事督责，而溁多附之。及瑾诞日，以金寿星为献。溁后极详辩，未可知也。石文隐公铭其墓曰："奕奕留都，大江为池。不有虎臣，孰张王师。公总机务，惟善是力。望之岩岩，千仞其壁。固我藩篱，人莫敢窥。汲也难惑，范乎可欺。三军易夺，万夫吾往。是谓理胜，非以力强。人曰惟公，有统驭才。公在经筵，天日可回。人曰惟公，以严尽职。公在胄监，养士以德。抱直而行，积信以施。违道干誉，公亦咄之。公虽云亡，有不朽存。湘山峨峨，以固其源。"廖道南曰："予师石文隐公刚介士，少许可，而于溁极其称誉，非有所试耶？"

赞曰：桂林之浒，湘水清漪。星崖风洞，幽真所栖。竹所金川，后先挺奇。人之轩轾，莫敢我欺。

学士晋南京礼部尚书江澜

江澜，字文澜，浙江仁和人。成化戊戌进士，选庶吉士，授编修。弘治戊申，预修宪庙实录，转侍读。甲寅，充经筵讲官。是冬，册封荆王。乙卯，典应天乡试。丙辰，简侍东宫讲读，拜文币金带之赐。庚申，擢侍读学士，预修《会典》。壬戌，进学士，预修《通鉴纂要》。甲子，典顺天乡试。乙丑，迁少詹事兼学士。丙寅，预修孝庙实录，充副总裁，寻转吏部侍郎。值逆瑾用事，张彩骤握铨柄，憾澜不附己，改陟南京礼部尚书。祗肃禋祀，祷雨辄应。未几卒。瑾败，赠太子少保，谥文昭。所著有《铨曹》、《春亭》、《东川》、《瀛州》诸稿。

廖道南曰："予尝友东川之子司空景熙、太史景孚，俱负俊才，抱奇气，不少下人。及考其诰词，则又称其持重老成，小心恭谨。夫固有不可及者矣。"

赞曰：谦谦君子，大猷允升。温温恭人，大雅不群。缅怀幽姿，幸觏厥子。令闻懋昭，有孚神理。

侍读学士拜礼部侍郎马廷用

马廷用，字良佐，四川西充人。由乡举入胄监，大学士丘濬时为祭酒，季试诸生，大加称赏，名遂大振。登成化戊戌进士，改庶吉士，授编修。丁未，转侍读，充经筵官。乙卯，典顺天乡试，预修《大明会典》，进侍读学士，掌南京翰林院事，寻升南京礼部侍郎，致仕。卒，赠南京礼部尚书。

廷用敦朴乐易，所存鲠介，临事能断。在南京尝摄户部，会江北大饥，流民渡江就食者相属，独持议发廪，不俟奏请，所全活甚多。外守备官与太常议不合，判数语立决。为诗文亦华赡。久居散地，勇于求退，士论多之。子金官布政使，龠知府。

廖道南曰："予观杨守阯赠马廷用为学士，引二程、二苏为说。夫二程穆乎贞矣，若二苏亦岂易得哉？当文庄为祭酒时，已识廷用为异才，厥后所造不逮所称，岂亦惑于流俗、未反诸古耶？"

赞曰：金峨岌嶪，锦川浩荡。山祇水若，灵气充盎。伟哉良佐，有声于时。虎闱鹭泽，莫敢参差。晚陟春卿，激流勇退。知止知足，庶几无愧。

学士晋礼部尚书白钺

白钺，字秉德，真定南宫人，兵部尚书圭之子也。成化甲辰进士及第，授编修。弘治丙辰，转侍读。己未，充东宫讲读官，进侍读学士。甲子，典应天乡试。正德丙寅，升学士，充日讲官。丁卯，命授庶吉士业，掌院事。擢礼部侍郎，寻改吏部，陟礼部尚书，赐玉带。庚辰，命兼学士，掌詹事府事，典诰敕，加太子少保。卒，赠太子太保，谥文裕。

李文正公铭其墓曰："世绍科第，家为公卿。我自得之，匪禄荫是膺。兄翘弟华，业擅文武。我以文试，匪甲胄为伍。士门有学，惟经史子，曰我所以任，固其在此。官则有职天地，人曰帝有命，我曷敢弗寅。进敷讲幄，入掌纶诰，凡有施用，类皆文教。父曰恭敏，子曰文裕。惟千百禩，以永终誉。"廖道南曰："予观西涯所撰墓志，称钺为人重厚，政尚宽简，不为骫骳之行、琐屑之节。及读国史，谓钺值逆瑾时，多所逊避，亦不失正。其然乎？其不然乎？"

赞曰：惟韩魏公，忠彦相继。惟张魏公，南轩为嗣。恭敏为父，文裕为子。尚友古人，庶其在此。

学士晋礼部尚书傅珪

傅珪，字邦瑞，保定清苑人。成化丁未进士，选庶吉士，授编修。弘治丙辰，命兼司经司校书。预修《会典》，迁左中允兼编修。乙丑，转左谕德兼侍讲，充经筵讲官。

正德纪元，预修孝庙实录。丁卯，典应天乡试。戊辰，复典武举。己巳，命授庶吉士业，充日讲官。时刘瑾擅权，降修撰。寻以实录成，复左中允，进侍讲学士。明年，升学士，典顺天乡试，擢吏部侍郎。三载，陟礼部尚书。瑾初败，事多变革，珪振举纲维，悉守成法，杜绝请谒，人不敢干以私。尝条陈十余事，不报，遂致仕去。卒，以从子棨为后，荫中书舍人，升礼部主事。

大学士梁储铭其墓曰："嗟！北潭古遗直，曰为臣惟举职事，感中义形色，言必详，行必立，虽赍贲获靡能易。"廖道南曰："予从中书省尝见棨之为人，和易温雅。及棨奉使长沙，过予蒲野，寄兴高远，怡情恬愉，可以想见北潭公也。夫王谢之门多奇士，房杜之后无佳儿，其然，岂其然乎？"

赞曰：和而能介，刚而能潜。处蛊能饬，处困致亨。不激以抗，不随以迁。断断无他，北潭有焉。

侍讲学士晋礼部尚书吴俨

吴俨，字克温，常州宜兴人。成化丁未进士，选庶吉士，授编修。丙辰，充经筵讲官。武宗出阁，兼司经局校书。庚申，转左中允。辛酉，进侍讲学士，掌南京翰林院事。正德丙寅，召修孝庙实录，充经筵日讲官，兼修《玉牒》。丁卯，典顺天乡试。时逆瑾恃宠招权，俨于第二场以为臣不易命题，瑾心已恶之，会俨擅娶经选掖庭女子，瑾益振怒。是岁朝觐考核，传旨罢之，瑾诛复职。未几，擢南京礼部侍郎。壬申，调礼部，持节封益府。丙子，陟南京礼部尚书。丁丑，武宗北狩宣大，偕府部大臣上疏谏，不从。未几卒，谥文肃。

廖道南曰："予尝友俨之子骥，见其雅饬不矜，颇有父风。及读国史，谓俨性方严，操履勤慎，居乡有士行，当官能自立。瑾之媒蘖，岂其然乎？"

赞曰：毗陵之泽，阳羡之村。朴庵为祖，宁庵为孙。清白相跃，高华自荣。夷考其行，视诸史铭。

学士晋礼部尚书毛澄

毛澄，字宪清，直隶太仓州人。弘治癸丑廷试第一，授修撰。丙辰，同考会试。己未，预修《会典》。癸亥，转左谕德兼修撰，预修《通鉴纂要》。甲子，侍皇太子于东宫，充讲读官。敷奏明畅，孝宗闻之甚喜，彻御前中秋宴以赐之。乙丑，武宗登极，擢左庶子兼侍读，赐金厢束带，预修实录，值内艰归。逆瑾柄国，夺所升秩。瑾败，起复，仍官侍读。庚申，进侍讲学士，典顺天乡试。九月，署国子监事。辛未，充廷试读卷官，擢学士，充日讲官。壬申，掌院事，教庶吉士读书。甲戌，主考礼部会试，寻升吏部侍郎。丁丑，进阶通议大夫，陟礼部尚书。

值武宗南巡，公上疏谏阻。兵部尚书彭泽坐哈密事，将置重典，公预廷议，首救免之。己卯，赐蟒衣玉带。逆濠就擒，江彬拥边兵，邀驾驻通州，命文武大臣出迎，人人自危。公倡正议，谓当讯馘告庙。悉从之。辛巳四月，同驸马都尉崔元奉迎今上于郯邸，赐白金千镒，彩段十袭。预修武庙实录，充副总裁，加太子太傅。册立中宫皇后，充副使，持节行礼。未几，以议礼弗协乞休，卒于兴济舟中。赠少保，谥文简，子希原为都事。

廖道南曰："文简公与先大夫五洪公为同榜，及予小子就试礼闱，公与宗伯知贡举，雅知素履为详。既而读邵二泉所撰行状，称公资性明粹，神采秀朗，容止庄洁，平生言行无少伪，犯而不校，遇事正直，不以利害少屈；济物荐贤，恒如不及，而未尝自言。於乎！非知之深者，不能言之至此切也。"

赞曰：才为国华，大廷之魁。德为国范，太古之儒。貌不胜衣，言不出口。勋载宗社，名齐山斗。伟哉若人，真我父师。敬诵遗训，若宝蓍龟。

殿阁词林记卷之六

馆学

弘文馆学士封诚意伯刘基

刘基,字伯温,浙江青田人。年十四,即领《春秋》大义。元至顺癸酉,以明经举进士,授高安丞。揭文安公曼硕一见奇之,曰:"此魏徵流也,而英特过之。他日其济时之器乎!"初,基游燕京,见书肆有象纬占经,阅之经夕,谈诵如流,其人大惊,欲举以授之,基辞曰:"业已习矣。"及丞高安,有进贤邓祥甫者,精于天文术数,乃以其学授基焉。治高安有能声,江西行省辟掾史,基辞去,寻起为江浙儒学提举,又辞去。尝与鲁渊、宇文公谅泛西湖,有异云起西北,祥光掩映,湖波如绮,诸人皆赋诗记之,基独纵饮不顾,徐呼曰:"此天子气也,应在金陵,十年当有王者起其下,我当辅之。"众骇以为狂,悉舍之去,基独与门人沈与京剧饮湖亭。时无能知者,惟西蜀赵天泽以为隆中诸葛也。

方国珍起兵海上,元帅朵儿只班被其诱胁,省宪遂举公为帅府都事,基募兵平山寇吴成,改行枢密院经历,与参知政事石抹宜孙守处州以拒国珍,迁行省郎中。经略使李国凤上其功,执政者贪得国珍赂遗,奏入不省,授以判官,基又辞去,归青田山中,乃著《郁离子》书。

我高皇帝取婺州,遣孙炎聘基,基指乾象谓人曰:"此天命也,吾其行乎!"基至金陵,上时务十八策,上嘉纳之。会陈友谅入寇,或谋以城降,或以钟山有王者气,欲趋据之。上问基曰:"先生以为何如?"基曰:"先斩主降议及奔钟山者,乃可破贼尔。"上曰:"先生计将安出?"基曰:"天道后举者胜,若散府库,开至诚,以固士心,伏兵伺隙击之,取威制敌,在兹一举。"已而友谅至,果大败走,复将讨友谅于九江,基曰:"金星在前,火星在后,克之必矣。"上大喜,即出师攻皖城,自旦至晡不拔,基请径趋江州,遂拔之。友谅走湖广,其洪都守将胡廷美遣子约降,预请禁约数事,上有难色。基自后踢所坐胡床,顿悟许之,廷美以城降。

先是,尝遣都督冯胜出攻,基授以方略:"俾夜半候望青云起则我兵宜伏,见黑云则彼寇兵伏也,慎勿妄动。黑云渐薄,与青云接,此寇归也,宜急追之。"果如所料。

基以母富氏丧奔归，过衢州，值苗军叛杀守将胡大海、耿再成、孙炎等，夏毅时守衢城，惊惧失措，基徐为画计，且谕诸军以祸福，众乃定。遂与平章邵荣擒苗帅贺、李等，克复诸城。方国珍素畏基名，遣间致书问，基因宣布威德，讽使归顺，方氏纳款。上遣人访基以军国重事，基随问条答，悉合机宜。

及还都，道经建德，会张士诚寇其城，守将李文忠欲奋击之，基曰："不出三日，贼可成禽也。"比三日黎明，基登城望，曰："贼走矣。"趋使疾追至东阳，悉禽之。基至入谒，上问曰："友谅据楚，士诚据吴，二者孰先伐之便？"基曰："友谅居上流，名号未正，宜先伐之。友谅既平，取士诚如囊中物尔。"已而友谅复攻洪都，上亲征之，大战于鄱阳湖，胜负未决，基密谋移军湖口，以金木相犯日制胜，上皆从之。陈氏平，遂决计伐士诚。暨北定中原，基运筹居多。上时至基所，屏人语移时乃去，人莫知之。乃以基为太史令。一日，基见日中有黑子，奏曰："东南当失一大将。"时参军胡深征闽，果覆没。他日，上欲刑人，基曰："何为？"乃语以所梦，基曰："三人头上有血，此众字也。以土傅之，得土得众之象也。后三日当有验。"越三日，海宁果以城降。上大喜，悉以所留刑者俾基纵之。

是年，荧惑守心，群臣震惧，基劝罪己以回天意，上即诏谕群臣，人心始安。值大旱，命基谳滞狱，多所平反。天降澍雨，张昶上请："群雄既平，宜及时为乐。"基曰："是欲为赵高也。"昶色动，乃使齐翼岩等伺基欲中之伤，上廉得其情，昶、翼岩伏诛。未几，为御史中丞兼太子赞善大夫。上北巡，命丞相李善长及基留守京师，且敕以督察奸恶以肃辇毂。基素刚严，凡中书、内府、阉人、吏胥，有犯即捕，治宦者监工匠不肃，及宿卫舍人奕棋，基启皇太子，悉寘于法。有中书都事李彬者犯法，基即废之。善长祈缓其狱弗得，遂衔之。上还都，基言曰："凤阳固帝乡，非天子所都之地，虽置中都，不宜居也。扩廓帖木儿虽可取，然未易轻视，愿留意。"

基辞归青田，适章溢奏定处州田税，上命减税亩，止五合，且曰："使刘伯温子孙世为美谈也。"厥后，定西失利，扩廓帖木儿北走沙漠，上乃手诏召基，略曰："尔从朕于群雄未定之秋，居则匡辅治道，动则仰观天象，察列宿之罗布，验日月之光华，发踪指示，无征弗克，攻皖城，拔九江，抚饶郡，降洪都，取武昌，平处州，尔多力焉。至于彭蠡鏖战，炮声如雷，鬼神悲号，星日晦冥，自旦至暮，如是者四。尔时在舟中，备尝患难，今久而未至，朕心慊焉。命驾一来，朕心良慰。"基至，上欲拜之爵，基曰："陛下乃天授，臣何敢贪天功？"固辞不拜。

上以事诘责丞相善长，基曰："善长勋旧，且能辑和诸将。"上曰："是数欲害汝者，汝反为之地耶？汝之忠勋，足以任此。"基曰："譬如易柱，必得大木，若用小木为之，将速颠覆。如臣驽钝，尤不可尔。"上欲相杨宪，基与宪素厚，乃直言："宪有相才，无相器。夫宰相者，持心如水，以义理为权衡而已，无与焉者也。今宪不然，能无败乎？"上曰："汪广洋何如？"基曰："器局褊浅，观之可知。"上曰："胡惟庸何如？"基曰："彼小犊尔，将偾辕而败犁矣。"上曰："吾之相，无逾于先生。"基曰："臣非不自知，但臣疾恶太深，不任繁剧，为之且孤厚恩。天下何患无才，愿明主悉心求之，如目前诸人臣，诚未见其可。"

上尝与论兵，曰："克敌在兵，制兵在将，兵无节制则将不任，将非其人则兵必败。是以两军之间，决死生成败之际，有精兵不如良将。"基曰："臣每观庙算，初谓未必皆然，及摧锋破敌，动若神明，臣由是知将之胜，又不若主之胜。然陛下不拘古法而胜，尤人所难。"上曰："兵者谋也，因敌制胜，岂必泥于古哉？战陈之事，阖辟奇正，顷刻变化，如风云之无常势，要在通其变尔。"三年七月，以为弘文馆学士。十一月，大封功臣，拜诚意伯，锡之诰命，追赠其祖、父皆永嘉郡公。

四年正月，赐归田里，遣子琏赴阙谢恩，并上《平西蜀颂》。上手书优答，且问以天象，基覆上言："霜雪之后，必有阳春。今国威已立，宜济以宽。"上命以其书付之史馆。或有言杀运三十年未除者，基叹曰："吾若当国，扫除弊俗，一二年后，宽政可复也。"初，瓯括间有隙地曰谈洋，基言于上，以为顽民负贩私盐，因挟方寇为乱，宜设巡检司，上从之。及设巡检司，民以为非便。适茗洋作乱，郡县匿不以闻，基令子琏奏之。时胡惟庸柄政，憾其所奏，乃谓基图谈洋为己墓地，诏以基勋旧赦勿治，仍夺其禄。先是，杨宪败后，汪广洋为相，复败，胡惟庸继之，基大戚曰："使吾言不验，苍生福也。如其验，诸其如苍生何？"八年正月，胡惟庸以医来视疾，饮其药二服，有物积腹中如石，基白于上，亦未之省也。乃御制文一通，遣使送归，及家一月而薨，年六十有五。所著有《覆瓿集》、《写情集》及《犁眉公集》。

廖道南曰："予观《诚意伯集》，慨然激叹，以为有子房之风。及诵我圣祖之言，亦曰：'吾子房也。'夫子房椎击沙中，何异于伯温之愤方氏也。伯温受天文于邓祥甫，又何异于圯上老人之三略哉？汉之元功，大封子房，愿封留足矣。乃辟谷导引，明哲保身，始神黄石之术，终从赤松之游。《易》曰：'介如石，不终日。'贞吉何其智也，而伯温乃徘徊容与，雉罹于罗，象以齿焚，岂其忠于国而弗智于身耶？"

彭韶赞曰：华沦于夷，曷仕于时。夷归诸夏，仕止乃宜。就桀就汤，节义奚亏。大哉王佐，烛物炳几。运筹制胜，翼龙以飞。昭回制作，文章是咨。允为宗臣，尔爵尔祠。

弘文馆学士罗复仁

罗复仁，字□□，江西吉水人。初从陈友谅为编修，甚见礼遇。岁壬寅，太祖高皇帝兵至九江，复仁来降，命侍左右。癸卯，从破友谅于鄱阳湖，命赍蜡书招谕临江、袁州诸郡。甲辰，除中书省谘议。性率直，每论事指陈得失，无所隐避，益亲信之。及武昌久围不下，上以复仁友谅旧臣，令往招谕其子理，复仁至城下，号恸不已，理怪之，使召之入。复仁曰："今不降，大兵且屠城，诸民何罪，早为之所，则族可保也。"理由是遂降。复招谕江西，还，为国子助教，以老赐车出入，每宴见赐坐饮食。丙午春，奉使山西，招谕元将扩廓帖木儿，前使多被拘留，复仁议论慷慨，独还。

洪武元年，擢编修。二年冬，赍诏谕安南，命毋侵占城。既至，晓以大义，安南王悦服。还，赠以黄金吉罴，复仁辞不受。归奏之，上多其廉让。适安南使者至，仍令持之以归，改翰林检阅。未几，拜弘文馆学士，屡召论。复仁多土音，质俚，上以其率直，多见听纳。寻乞休，赐大布之衣，书曰："性虽粗率，忠直可嘉，赐尔布衣，放归田里。"仍赐玉带、名马、铁柱杖、坐墩诸物。上尝幸其第，复仁方操涂具，急呼其妻取凳，故上每呼为老实罗云。

廖道南曰："马援有言：'非惟君择臣，臣亦择君。'夫中原鼎沸，丑虏膻污，群雄角立，未知鹿死谁手。复仁乃能辞其故主，翊戴真龙，推心置腹，直见本真，纶绶宠褒，非溢美也。"

赞曰：朴而不浮，戆而有真。却金知义，赉布知仁。玉带温栗，铁杖坚贞。大哉奎章，照耀山城。

弘文馆学士危素

危素，字太朴，抚州金溪人。年十五，能究五经大旨，与同郡葛将、曾坚、黄昺更相策励，乃从吴沉、范梈游，遂知名。荐入经筵为检讨，历升学士承旨。奏请加封朱考亭、杨龟山、李延平、真西山、蔡九峰从祀，俱从其论。

国初，徐达收燕京，令故臣咸投告身，素与编修黄昺誓死于难，有报国寺僧梓者救之乃免，而昺竟死矣。达乃以素归，上雅闻素文学，仍命为侍讲学士。因进言宋朝诸陵为元西僧所发，以理宗顶骨为饮器，上闻之恻然，曰："宋南渡诸君，无大失德，与元又非世雠，既乘其弱取之，何乃纵奸人肆酷如是耶？"即命守将吴勉访索顶骨，得之僧庐，命有司厝于京城之南。绍兴亦以永穆陵图来献，命掩瘗故处。

时值甘露降，宋濂为颂，上问素："此何征也？"素曰："王者爱养耆老，则甘露降而松柏受之，尊贤容众则竹苇受之。今甘露降于松，是陛下养老所致也。宜以制币册告宗庙，颁于史馆，以永休闻。"

三年四月，命素及胡铉、睢稼、王大中俱为弘文馆学士。铉归，素撰皇陵碑以献，上念其老，赐小车，免朝谒，时从论说经史，质证疑义。御史王著等劾素亡国之臣，不宜居侍从，乃谪居和州之含山。所著有《宋史稿》、《元史稿》、文集五十篇、奏议三卷。

宋濂铭其墓曰："大明方隆，多士景从。有诏任公，侍讲禁中。公文之纯，大音玄酒。道则在兹，爵禄何有。孰高为山，孰深为渊。文之有传，终古昭宣。"廖道南曰："素仕元秉文衡，都枢要，学者仰之如星凤。及徐达收燕、蓟，命仕元者投告身，素与编修黄昺约死于难，昺死而素背约焉。及至跻显荣，陟清华，愧东阁之履声，惨南滁之汗颜，竟自经于沟渎而不之耻。庄生有言：'哀莫大于心死。'素之谓矣。"

赞曰：华国之才，救时之略。其学博雅，其操简约。鸟则择木，鱼则依水。为臣不二，有负斯语。

宫学

左春坊大学士董伦

董伦，字安常，顺天宛平人。所学浩博沉潜，学者从之，称为贝川先生。洪武十五年，张宁以明经荐入朝，奏对称旨，授春坊赞善大夫，侍懿文太子。陈说剀切，高皇帝嘉之。未几，补河南参议。二十五年，改詹事院为府，遴选东宫官属，以唐铎为詹事，祝春、李文吉为少詹事，而以伦为春坊大学士，伦荐葛伯衡代己。三十年，以讹误坐事谪云南教官，皇太孙怜之，赐白金为道里费。伦涉淮溯汴，驱驰梁雍，以达于蜀，蜀王闻而重之，赋诗八章以赠其行。时云南初开，伦以身教，用夏变夷，远人向慕。

建文中，召入为礼部侍郎兼学士，阶嘉议大夫。御书怡老堂三大字，及鬏几玉鸠杖各一。伦上表略云："臣素无阀阅功劳，兼乏智能才艺，徒知笃信于古道，自分无用于明时。幸蒙高皇帝之知，忝拜左春坊之命，任臣以两宫辅导之职，称臣为三叶帝王之师。兹者践祚之初，乃复驰书以召，苍颜白发，万里来归，金马玉堂，十年如昨。自今持杖戒嚏则思兆民，或阻于饥；凭几安身则念一物，或失其所。"乃方孝孺代撰也。先是，解缙代夏长文章奏劾都御史袁泰谪河州。至是，伦荐之，召还为待诏。其汲引士类如此。

廖道南曰："予观顺天志，称伦端厚质实。及考诸国史，乃知其历履。夫方逊志、解春雨皆名儒也，或代之撰表，或受其荐剡，其人品高尚可征也已。"

赞曰：真人启运，哲士景从。献策彤廷，授经青宫。出补大藩，入司坊学。侃侃大节，卓彼先觉。

左春坊大学士李至刚

李至刚，名铜，以字行，浙江宁海人。少从杨铁崖游。洪武初，以明经举，侍懿文太子。初授祠部试郎中，坐事谪戍边。未几，召还为虞部郎中，寻补河南参议。会河决汴堤，赖以匡济，调湖广参议。太宗登极，至刚来朝，擢右通政。预修高庙实录，陟礼部尚书。甲申，册立皇太子，命至刚兼左春坊大学士。初开经筵，同解缙进讲。及修《永乐大典》，多所裁定。侍郎宋礼劾之，降仪制郎中。及缙被谮，词连至刚，下诏狱。仁宗嗣位，复以通政改守兴化府。卒。子源，中永乐甲辰进士。

廖道南曰："予读杨文贞公所撰至刚墓表，称其入典邦礼，辅储君，出佐藩翰，守名郡，显庸光大。虽间历夷险，然回视同侪辈覆灭消亡，何可胜计。盖指缙也。及考缙所评至刚语曰：'诞而附势，虽才不端。'太宗后举以告仁宗曰：'至刚朕洞烛之矣。缙语有征，非狂士也。'於乎，岂士奇亦忌缙耶！"

赞曰：崛强此老，扬历居多。屡遭奇祸，弗罹于罗。大绅少之，文贞则多。圣谟如在，人其谓何。

右春坊大学士曾棨

曾棨，字子启，江西永丰人。永乐甲申进士第一，授修撰。躯仪肤硕，问学敏赡。太宗奇其才，命解缙选二十八人为庶吉士，进文渊阁，棨为之冠。上尝召问，棨应对如响。命撰《天马海青歌》，挥笔立就，词气豪宕。预修《永乐大典》，充副总裁官。丁亥，转侍讲。守制，车驾幸北京，起复扈从。同邑有坐建文间党系者，人咸为棨危，又所居西长安门失火，延及禁垣，上皆以棨故不问。秩满，进侍读学士。重修高庙实录成，骈沐赐赉。仁宗嗣位，迁右春坊大学士，仍兼侍读，阶奉议大夫。宣德改元，预修两朝实录成，赐金织袭衣宝带，擢少詹事，仍兼侍讲学士。卒，赠礼部侍郎。

杨荣铭其墓曰："永乐初科，首赐及第。玉质金声，为国令器。居官翰苑，克慎克勤。文行之懿，远近著闻。"廖道南曰："予观国史，谓棨温雅英迈，喜推荐士，学博才旷，为文沛然，惜乎天不假之以年，未究厥终也。"

赞曰：渥洼神驹，奔风逸电。丹穴威凤，云辉星烂。子启之才，夙自天成。大廷擢魁，宫府垂名。天夺之速，赍志以没。长篇大章，照耀石室。

詹事兼侍读学士李泰

李泰，字文通，顺天香河人。正统戊辰进士，选庶吉士，授编修。景泰间，迁左春坊司直郎兼编修，再转右中允。英庙复辟，改尚宝司丞兼编修。既而侍东宫讲读，转侍讲。成化改元，升侍讲学士，兼经筵官，寻侍文华日讲。预修英庙实录成，升少詹事兼侍讲学士。未几，进詹事，兼职如故。卒，年四十三，赐祭葬，赠礼部侍郎。

太监李永昌，泰之伯父也。正统中掌章奏有宠，泰为其后。初应乡试，京尹进录，英庙问左右："李泰中否？"见其名甚喜。及官翰林，颇知向学，矜己自足。性狷僻，与人寡合，而所与者则相朋比汲引，士论以是薄之。

廖道南曰："予读小说家，见唐有皮思谦者，冒中常侍鱼朝恩之宠，登高科，历显仕，未尝身为其后获居宥密如李泰者也。嗟乎！翰林清要贵重，匪宿儒不可，以斯人践斯地，岂非予殿阁师齐之辱乎？"

赞曰：曹瞒后腾，思谦冒恩。史局涸处，掖庭奥援。泰也虽才，历试则愆。鸥蹲凤池，有汗斯颜。

吏部侍郎兼侍讲学士杨守陈

杨守陈，字维新，浙江鄞县人。景泰辛未进士，选庶吉士，授编修。预修《一统志》，转侍讲。宪宗登极，充经筵讲官。一日讲《尚书·武成》篇，守陈曰："古称舜无为而治，武王垂拱而天下治。盖圣人劳于求贤，佚于得人，后世人主深居禁中、委政内侍者，召望夷之祸；高拱无为、肆情嬖艳者，启禄山之变。孟子所谓安危利菑，此之谓也。"时中官梁方及昭德万妃有宠，故守陈及之，闻者悚然。未几，迁司经局洗马，进侍讲学士。孝宗出阁，命侍讲读。

时议宪庙升祔礼，守陈上言："古者天子七庙，祖有功，宗有德，凡号太祖者即始祖，当尊以配天，若商、周之契、稷，则又以功论不以统论也。宋之僖祖，可比商报乙、周亚圉，非契、稷比，议者徒取王安石之说，遂使七庙之间，既有始祖，又有太祖，既以配天，又不正南向之位，名与实乖，皆非礼也。今升祔宪庙，请并祧德、懿、熙三祖，自仁宗以下为七庙，异时祧尽，则以太祖拟商周契稷，而祧主藏于后寝，祫礼行于前庙，时享则尊太祖，祫祭则尊德祖，各不失尊，庶无悖礼。"执政不能从。及修《文华大训》成，升少詹事，仍兼侍讲学士。守陈上言二事，其一请开日讲，云："陛下一日御文华殿之时多，处乾清宫之时少，则欲寡而心清，惑少而理明，得于内者纯，出治之本立矣。"其二请御午朝，云："大政则召大臣面议，未当则许谏官救正，俾贤才常集于目前，视听不偏于左右，资于外者深，致治之纲举矣。若如近日，凡百题奏付内监调旨批答，臣恐积弊未革，隐祸已深，不但如目前所虑而已。"上褒答之。未几，擢吏部侍郎兼詹事府丞，专典史事。□（英）庙实录充总裁官。逾年卒，赠礼部尚书，谥文懿。

何乔新叙其集曰："文懿载笔兰台，雠书延阁，侍讲经幄，辅导储宫，三十余年，自六经诸史，旁及九流，靡不探源综要。故其发于文也，法度森严，如龙虎鸟蛇布立于行阵；意态闲雅，如朱纮赤舄周旋于殿陛。其闳深雄放，又如彭蠡惊涛，龙门骇浪，滃乎森乎，不可狎玩也。"

王鏊诔之曰："圣亡经在，异说纷兮。陋秦造汉，离多门兮。商诗瞿易，授受亲兮。党同矜异，传失真兮。遗言奥旨，不尚存兮。唐有啖赵，宋孙石兮。抱经划传，挺见特兮。逮乎伊洛，义转精兮。紫阳承之，集厥成兮。设科置学，为世程兮。父传师授，莫知其端兮。虽有异说，谁敢干兮。于文懿公，生已后兮。周汉唐宋，得通究兮。圣经浩浩，如天渊兮。家钻人淬，庶或全兮。瑰辞微义，日星陈兮。蹈常玩故，骇厥新兮。章甫资越，众排斥而不信兮。取信何伤，益自珍兮。嗟我何知，乃得师兮。谓公自信，当勿疑兮。太羹玄酒，所贵希兮。岂不或过，志亦奇兮。后千万年，来者谁兮？"

廖道南曰："予读文懿《桂坊》、《金坡》诸稿，固已异之。及观国史，谓其恬静易直，仕虽龃龉，而守正不变。"

彭韶赞曰：无思不通，无书不读。讲章震主，听者悚服。羡彼世光，袍笏满床。有三尚书，有六桂坊。吁嗟我公，直笔如竟。奏草已具，死不目瞑。

少詹事兼学士柯潜

柯潜，字孟时，福建莆田人。景泰辛未进士第一，授修撰。明年，迁右中允。丙子，《寰宇通志》成，转司经局洗马。天顺丁丑，改尚宝少卿兼修撰。己卯，侍东宫讲读。宪宗践祚，擢学士，掌院事，授庶吉士业，诚心训迪，士多造就，凡百废弛，悉加振作，人以是多之。预修英庙实录成，升少詹事兼学士。成化戊子，充日讲官。守制归，适祭酒缺，廷议会举，诏起复之，潜力辞不起，卒。潜为人高介有气节，遇事不苟，故今词林诸士尚呼为柯竹岩云。

杨文懿公叙挽集曰："孟时姿仪德器，才识文学，复出人表。且秉史笔，典文衡，视院篆，侍讲幄，茂著劳望。士方仰之若山岳，民具望之作霖雨，天胡夺之速耶？"廖道南曰："予游翰林，见有亭一区曰柯亭，有柏二株曰柯学士柏，何其流风遗泽，令人永矢勿谖也。盖其孤介之节，刚正之气，所渐被者远矣。"

赞曰：壶山之阴，兰水之阳。伦魁凤兆，宫端潜光。竹岩流清，柏亭垂芳。有斐君子，终焉允臧。

詹事兼学士程敏政

程敏政，字克勤，徽州休宁人。生而夙慧，侍父襄毅公官蜀。巡抚侍郎罗绮以神童荐，英宗召至便殿，试以春联，应对如响。馆阁覆试，赋圣节及瑞雪诗并经义，援笔立就，诏诣翰林读书，李文达公妻以女。成化丙戌进士及第，授编修，预修英庙实录。秩满，转侍讲。及修《宋元纲目》，敏政自撰《宋史受终考》，大学士彭文宪公称之，迁左春坊左谕德，充经筵讲官。乙未，廷试读卷。丙午，主考应天乡试。

孝宗登极，升少詹事兼侍讲学士，充日讲官。时诏议从祀孔子礼，敏政上言："圣王治天下，以祀典为重，故有功德于一时者，一时祀之，更代则已；有功德于一方者，一方祀之，逾境则已。况孔子功德在万世，必文与行兼、名与实副者，乃可以从祀。若戴圣身陷赃吏，刘向喜谈神仙，马融为梁冀草诏杀李固，何休解《春秋》黜周王鲁，王弼、何晏倡为清谈，王肃佐司马昭篡魏，杜预为吏不廉，为将不义，得罪名教，类当黜祀。"疏上，会御史魏璋以暧昧中伤之，致仕归。郎中陆容、给事中杨廉辩其冤，上召之还，擢太常卿，仍兼前职，教习庶吉士，预修玉牒。乙卯，守制归。服阕，诏修《会典》，充副总裁官，转詹事兼学士，寻升礼部右侍郎，掌詹事府事，侍皇太子讲读。己未，主考礼闱，给事中华昶劾之，诏廷辩，昶语塞，坐罪敏政，致仕。卒，赠礼部尚书。所著有《皇明文衡》、《瀛贤奏对》、《仪礼定本》、《新安文献志》、《宋遗民录》诸书。

廖道南曰："予为儿时，窃观《篁墩文集》，浩乎其莫御。及予谪居徽上，登齐云，望紫阳，访其庐，吊其墓，想见其为人，盖一代之豪也，而卒被诬以死，当国者宁不有遗憾耶？"

赞曰：黄山巘巢，万仞干霄。练水渟泓，百川怒号。惟彼齐云，紫翠岹峣。笃生英义，卓哉人豪。磊落高迈，天风海涛。撰述绅绎，玺丝牛毛。青蝇贝锦，见睍则消。诵述遗编，德音孔昭。

詹事兼侍读学士陆简

陆简，字廉伯，常州武进人。成化乙酉乡贡第一，明年进士及第，授编修。秩满，转侍讲。预修《宋元纲目》成，迁右谕德，充东宫讲读官。弘治纪元，召修宪庙实录，升右庶子兼侍读，充经筵日讲官。辛亥，擢少詹事兼侍讲学士。甲寅，以日讲劳，特升詹事兼侍读学士。逾年卒，赠礼部右侍郎。简姿貌秀伟，少有俊才，颇不自检，晚益矜夸自负当远到，既久滞不显，亦多郁抑，赍志以没。

李文正公铭其墓曰："文以奇胜，耻弗已出。持坚敌强，孰能我屈。中所自负，触事硎发。有铦弗施，饮志而没。若在冶金，久乃成质。器之斯艰，恒百斯一。成斯弃斯，嗟彼造物。谓天默默，孰尔揭揭。"廖道南曰："予友水南张学士谓陆龙皋气盖万夫，才雄一时。及接其子焕章诸郎，咸有父风。予过武进，乃得访其幽踪遗迹，盖志大而术疏者也。"

赞曰：矫矫龙皋，渊渊凤池。凤负英气，冥绎玄思。丽藻所裁，信史谁欺。征群公子，永世有词。

吏部侍郎兼学士掌詹事府事张元祯

张元祯，字廷祥，江西南昌人。天顺庚辰进士，选庶吉士，授编修。宪宗登极，祯上言三事，一曰勤圣学，二曰公听政，三曰广用贤，上嘉纳。成化丁亥，谢病归。二十余年，潜心理学，士子多从之游。孝宗即位，召修宪庙实录，转左春坊左赞善。上疏论王道，几万言。己酉，主考应天乡试。辛亥，升侍讲学士，掌南京翰林院事，疏侍母养归九年。召修《会典》，充副总裁，书成，进学士。壬戌，迁南京太常卿。癸亥，召修《历代通鉴纂要》，改太常卿兼学士。甲子，命掌詹事府事，上疏请观《太极图》、《西铭》诸书，上亟命内阁取观之。未几，擢吏部侍郎，兼职如故。元祯为人孤峭奇拔，其所交游若天台陈选、南海陈献章、丰城罗伦、江浦庄昶，皆一时名士也。

李文正公铭其墓曰："木生在山，久乃益坚。辇至于途，蹶万牛以颠。贡之明堂，将栋将梁。忽内蚀以伤，孰其生之，而弃厥良，人才实殊，公负其有，唯厥攸负。曰可与大受，与不在天，受不在予。夫苟不自愧，遑恤其谁。维文之绝，惟名之揭，彼利达者，畴巧畴拙。地灵人杰，惟乡邦之哲。百世之下，山不泐，水不啮，惟张东白之穴。"廖道南曰："予尝读《东白集》，若彭蠡奔涛，匡阜飞甍，不可踪迹。及观国史，则又有不满人意者。於乎！岂其才高见忌耶？"

赞曰：匡阜之涯，群峰蜿蜒。彭蠡之滨，众派沦涟。东白学古，襟岳带湖。烟云凤标，星斗龙图。西涯有碑，守溪有志。於乎已矣，令名不世。

礼部尚书兼学士刘春

刘春，字仲仁，四川巴县人。成化癸卯乡试第一，丁未进士及第，授编修。弘治辛亥，转修撰。庚申，充东宫讲读官，秩满，迁左谕德。癸亥，预修《会典》，进侍讲学士。正统纪元，升学士。辛未，擢吏部侍郎，充经筵日讲官。明年，陟礼部尚书。占城世子失国，窜居邦都，郎请封，春曰："《春秋》公孙青尚不辱命于卫，况天朝乎？"疏上已之。又明年，改南京吏部尚书。辛巳，调礼部尚书兼学士，典诰敕，掌詹事府事。卒，赠太子太保，谥文简。子彭年举进士，为督学副使，今擢都御史，延年荫中书舍人、礼部主事，孙起宗，戊戌进士。

大学士杨廷和铭其墓曰："重庆先达曰蹇忠定，文简继之，炜炜辉映。其始从事史局，讲筵随试，自效职业，罔愆四典三礼。秩亦屡迁，法守是慎，不比于权。召自留都，司帝之制，行将大受，参预政事，谐于庶明，以赞新治。胡进之难，胡夺之易！"廖道南曰："予为庶吉士时，东川公方起赴阙，见其醇雅笃厚，有古人风。方拟树教秘书省，未几而亡。石斋之铭，岂欺我哉？"

赞曰：峨嵋嵸嵘，滟滪渊渟。忠定先奋，文简后征。恂恂其貌，翼翼其心。两川黎老，兹其典刑。

礼部尚书兼学士李逊学

李逊学，字希贤，河南上蔡人。成化丁未进士，选庶吉士，授检讨。弘治丙辰，出补浙江佥事，以忧去。服阕，升陕西副使，又以忧去。起复，改山东。前后更三任，俱督学政。所至务崇宽厚，颇得士心。正德戊辰，召入为太常少卿、提督四夷馆，仍兼侍讲。寻擢户部侍郎、提督太仓，礼部侍郎。乙亥，陟南京礼部尚书。丙子，以庆贺入京，调礼部。明年，兼学士，掌詹事府事，典诰敕，命授庶吉士业。卒。

廖道南曰："予计偕时，尝过蔡之故墟，访春秋列侯故迹，及式公之闾，无恙也。既而入读中秘书，而公已不作矣。"

赞曰：上蔡之先，实惟申伯。迄今百祀，谁复继绝。峨峨宗伯，赫赫宫端。簪缨辉映，不愧南冠。

雝学

侍读学士拜祭酒魏观

魏观，字杞山，武昌蒲圻人。父云瑞，隐德弗耀。观读书蒲首山中，勤苦弗辍。性喜吟咏，触物感兴，陶写自如。乃构亭曰梅初，以寄志焉。元吕忠肃公读其诗叹赏，荐于朝，辞弗就。江汉既平，观被征，与青田刘基、金华宋濂诸儒同谒，上与语，大奇之，授平江州学正，迁国子助教、浙江提刑佥事。吴元年，改两淮都转运使，入为起居注。一日，同待制王祎侍，上问曰："汉高祖、唐太宗孰优？"观曰："太宗虽才兼文武，于善未免矫揉；高祖豁达大度，规模弘远。以兹观之，高祖为优。"上曰："高祖之度，人皆知之，然其记兄嫂之怨，封其子为羹颉侯，怨丰之叛，不封雍齿，不肯以丰为汤沐邑，度亦未弘矣。太宗规模虽不及高祖，然能其驾驭群臣，各为己用，大业已定，卒能保全功臣，此则太宗为优也。"

洪武初，建大本堂，命观侍太子说书，及授秦、晋诸王经，观有诗记之。诗曰：翠葆葳蕤九凤旗，东华遥望立多时。都堂启事貂蝉集，率卫轮班虎豹驰。月绕珠帘升讲席，花迎金辂肃朝仪。六王炳炳前星后，珠纬联辉上玉墀。二年十月甲戌，天降膏露于乾清宫禁林，上问灾祥，观曰："帝王恩及于物，顺于人，则甘露降。陛下诞宽民赋，众庶欢豫，底于敉宁，神应之臻，职此故也。"十一月，冬暖如春，上召偕危素、詹同、吴琳、宋濂游观内苑，锡燕紫阁，御制序文赐之，曰："卿等各赋一诗，以述今日之乐。"观奏诗，诗云：深冬晴暖动逾旬，内苑游观诏侍臣。五色庆云开凤尾，九重丽日绕龙鳞。和鸾喜奉彤车御，式燕忻叨紫阁宾。淑气已从天上转，人间无地不阳春。上览之大喜。

三年正月，转太常卿，赐之制曰："太常之职，掌郊庙、社稷、山川、群神之祀，厥任重矣。尔观学行方正，事朕有年，屡持宪节，振扬风纪。及领盐运，劳绩茂彰。顷居翰院，日记言动，朝夕之间，屡进谠论，尤简朕心。兹用长于太常，益恭乃职。"七月，命观改定太庙祝文，称孝子皇帝臣，凡遣太子行礼称长子某，著为令。是月，陟为侍读学士。十二月辛酉，编集《大明志》成，以观为嘉议大夫、国子祭酒，宋濂为司业。四年，廷试进士，观与博士孙吾与、修撰王僎为读卷官，乃得吴伯宗等一百二十人。时开科之始，得人最盛，而伯宗卒为名臣，人以此多观之识。九月，坐考祀孔子礼不以时奏，乃谪观知龙南县，濂知安远县。行未至任，即召还以为礼部主事。上赐燕奉天门，喜曰："前日逐卿去，今日与卿饮，何其乐哉！"仍命各赋一诗。

五年三月，上念姑苏为京辅重地，经张士诚之乱，荼毒罔有宁宇，廷臣咸荐观有治才，乃出知苏州府。既莅事，惩陈宁苛政，锄暴树良，宽而且肃，敬老恤民，大建学舍，乃辟宣圣庙庭，举乡饮酒礼聘郡贤士周南老、王行、徐用诚与教授贡颖之定仪节，高启、王彝、张羽阐文学。郡多耆耋，昆山周寿谊年百有十岁，吴县杨茂年九十三，林文友年九十二，皆延至之。礼成，彬彬可观。寿谊还，躬饯诸郊，再拜送之，观者如堵。时戎事倥偬，百物凋耗，礼文衰落，乃能力挽躬行，风教勃兴，封部皞然，课绩为天下最。上嘉之，陟为四川行省参知政事，苏父老上疏愿留，仍命观还郡。七年，观以旧治为士诚窃据，且郡多水患，乃修府浚河，以壮士观，以资民利。御史张度诬其兴既灭之基，遂与高启等俱获罪。上悔之，命所在致祭，皇太子诸王哀赗有加，乃归瘗于蒲圻灯窝山。

廖道南曰："杞山予里人也，予自髫童访其庐，吊其墓，未尝不泫然悲焉。及诵其所为《蒲山牧唱集》，思见其人而弗可得也。既而读杨符卿序曰：'先生之心广大而高明，先生之才笃实而端重，其学博，其辞赡，其所履任，率有成绩，事至不择利害而为之，有古大臣君子之风。'黔国沐璘亦曰：'貌伟而修，气完而优，耸衡庐之神秀，莹江汉之清秋。其为德也虽畔而隐，其为名也匪钓而求。'与宋景濂《碧崖亭辞》、苏伯衡《梅初亭记》相符合也。"

赞曰：维我蒲山，衡岳之支。维我莼川，洞庭之湄。先生崛起，于蒲之里。邦之司直，国之良史。伯衡有记，景濂有辞。璧月珠星，光彩陆离。

学士拜祭酒李时勉

李时勉，名懋，以字行，江西安福人。五岁即知学，七岁，《小学》、《四书》皆能成诵。甫成童，言动以礼。既长，大肆力于学，夜以达旦，隆冬盛暑无间。永乐甲申进士，选庶吉士。预修太祖实录，守制，服阕起复，授刑部主事，仍与纂修。书成，转侍读。三殿灾，诏求直言，时勉条陈十五事，一曰停止工作，二曰罢四夷朝贡，三曰汰冗官，四曰赈饥荒，五曰慎选举，六曰严考核，七曰理刑狱，八曰黜赃官，九曰散处达官，十曰罢遣僧道，十一曰省买办，十二曰革接递军夫，十三曰免生员充军，十四曰设法偿运，十五曰优恤军士。太宗嘉之。未几，被逸下狱，既而宥之。癸卯，以杨荣荐，复其官。

洪熙初，上疏言事，命武士以金瓜捶之，伤肋几死。明日，改监察御史。又明日，下锦衣狱。宣宗登极，谓左右曰："李时勉能直言，忠臣也。"召对于万岁山，命诵前所上疏，时勉诵至六事，少止曰："天威严重，不能详记。"上微笑曰："政自难言耳。"问奏稿在否，曰："已焚之矣。"特命宥之。修两朝实录成，进侍读学士。一日，上幸史馆，撒金钱于地，众争取之，时勉端立不动，上亲取袖中余钱赐之。又幸文渊阁，命诸学士饮，上曰："时勉非朕安能饮此酒？"

正统戊午，升学士，已而迁国子祭酒。既莅任，崇廉耻，抑奔竞，别贤否，示劝惩，士习丕变。诸生有疾，躬为医疗，至于贫不能娶、死不能殡者，皆为营办，恩义兼尽，不啻父子。疏请修太学，王振怒，坐以擅伐官树，枷号监前，监生石大用上章救之获免。嗣是，屡乞休，诸生伏阙，辄留之。岁丁卯，恳疏致仕，允之，命给驿舟，赐宝锶为道里费。去之日，诸生涕泗送者数千人，观者如堵。既归，闻车驾蒙尘，号恸，上疏言选将练兵数事。卒，谥文毅，改谥忠文。

廖道南曰："予观《名臣录》，称时勉至孝，父有疾，躬亲汤药不离侧，恤孤救难，无间戚疏。杨文贞公云：'时勉文学老成，操行修洁，节义足以表俗，刚正足以任事，量足以容物，而志则不可夺。'真确论也。"

彭韶赞曰：呜呼刚士，浩然正气。博闻有养，学自中秘。危言峻行，历事四帝。臣身百折，臣心不替。学士司成，奸骄我忌。荷校愿代，门徒之义。归老于田，名儒风致。

侍讲学士署祭酒邢宽

邢宽，字用大，直隶无为州人。幼颖敏，力学不辍。永乐甲辰廷试，初拟孙曰恭为第一，太宗皇帝以曰恭一暴字耳，及见邢宽二字，甚喜，遂亲擢为第一，授修撰。预修仁宗实录，转侍讲。正统戊午，预修宣宗实录，赐织金文绮，加从五品俸。己未，同考会试。寻引疾家居，上言民情十余事。丙寅，召至复任。丁卯，主考顺天乡试。景泰壬申，进侍讲学士，署南京国子监事。卒。

廖道南曰："予考国史，称宽居家孝友，与人交终始不渝，且处心夷坦，于物无所忤。嗟乎！庸言之信，庸行之谨，岂一朝一夕之故哉？盖其所养者厚矣。"

赞曰：霍山之麓，实为庐郡。佳气郁结，中启昌运。邢君之起，夙著休闻。历事四朝，蔚然有文。

侍讲学士拜祭酒陈询

陈询，字汝同，直隶华亭人。永乐乙未进士，选庶吉士，授编修。宣德间，转修撰。正统初，充经筵讲官，预修宣庙实录，进侍读。秩满，升侍讲学士，坐累谪知安陆州。己巳，召入为大理少卿，巡抚大名诸郡，改太常少卿兼侍讲学士，寻改国子祭酒。天顺戊寅卒。

廖道南曰："予读国史，称询刚直慷慨，但嗜酒豪放，不矜细行。及考松志，乃知其素履考无咎也。"

赞曰：翛然有鹤，唳于华亭。刷羽林皋，扬声海滨。彼美人兮，抱光含醇。秉德惟恒，履险不倾。

侍读学士拜祭酒陈鉴

陈鉴，字缉熙，直隶长洲人。父润戍辽，道经京师，以鉴托于旧游范叔瓛，遣从王居为神乐观道士。正统戊辰进士及第，授编修。景泰中，转修撰，充经筵讲官。天顺初，预修《一统志》，迁侍读。成化初，预修英庙实录，进侍读学士。未几，补国子祭酒。初，祭酒邢让为大学士万安构害，延蔓及于鉴。会廷鞫，让辨不已，鉴曰："吾为国师，安能喋喋对刀笔吏哉？"遂自诬服除名。杨守阯上书讼其冤，廷议壮之。

廖道南曰："予读碧川论救鉴疏，有云：'文章政事，时望所归。'自今论之，其人品可知。虽幼从羽衣，长即儒服，变墨崇正，亦可尚也。"

赞曰：师道克艰，匪人弗受。法纪克明，匪人弗宥。缉熙之误，惟立之救。人两恕之，孰批厥缪。

寺学

直学士兼太常卿范常

范常，字子权，滁州人，宋青山先生孟申孙也。幼警晤嗜学，淹贯古今，性夷粹无竞，笃于行义，乡里咸重之，谓其有青山先生风。至正甲午，太祖兵克滁，驻跸城中，常以文学闻，即召见，礼遇之。预典兵牍，授总管府知事，从克和州。乙未六月，扈跸渡江，取太平，授元帅府都事。丙申三月，定建康，皆预谋议。自是下毗陵，及取江南诸郡，赞画居多。辛丑七月乙酉朔，命为太平知府。既至，募民种艺。时兵乱乏种，官廪有谷数千石，常请于朝，悉发贷之，至秋大稔，私庾既实，官廪亦充。乃兴学校，延师儒，民甚安之。上嘉其绩，召入为侍仪，访以时政及古今事宜，常直对无隐。又尝纪滁和事绩上之，上嘉悦。洪武元年四月癸亥，擢为翰林直学士，寻兼太常卿。时肇兴礼乐，讲究设施，常多预议。无何，以疾免。寻起为起居注，复恳乞归，上重念其老，许致仕，御制诗四章宠之，赐宅一区于太平，因家焉。子祖，仕至右通政，改云南左参政。

廖道南曰："丰沛之歌，壮士兴怀。南阳之谣，勋戚增荣。而况漆沮造周，亳都肇商，振古如兹矣。我圣祖起中都，一时风云景从、攀鳞附翼者，固皆魁梧奇荦、倜傥雄杰士也，如范常者，盖居一于是矣。"

赞曰：神龙奋渊，蛟螭蜿蜒。威凤翔霄，雕鹗蹁跹。真人纂历，时乘御天。声应气求，无物不然。子权俊乂，绍武青山。起于帝乡，历试间关。

侍讲学士拜太常少卿高巽志

高巽志，字士敏，徐州萧县人，元末侨寓嘉兴。幼嗜学，从父宦游吴中，时宣城贡师泰、番易周伯琦皆与之交，后为郯山书院山长。洪武二年，征修《元史》，授编修，历升侍讲学士。建文中，擢太常少卿。时黄子澄为正卿，与定国难，夙夜匪懈。庚辰，同董伦主考会试，得胡广、吴溥、胡淡辈，皆为名臣。是科同事者，则右拾遗朱逢吉，编修吴勤、叶惠仲、赵旭、张秉彝，及殿试读卷，则刘三吾也。三吾以韩克忠覆试被害，而叶惠仲则死于建文之难云。

赞曰：中原之区，徐土为关。山奔以屹，水迅而湍。爰有高君，云翔羽翰。辅储效命，史炳如丹。

太常少卿兼侍读学士林文

林文，字恒简，福建莆田人。宣德庚戌进士及第，授编修。正统初，预修宣庙实录，转修撰。景泰中，迁左谕德兼侍讲。预修《历代君鉴》及《方舆志》，进左庶子。

英宗复辟，改尚宝卿兼侍讲。未几，擢学士，以老乞休，上谓李贤曰："文老成忠厚，宜留之。"成化初，擢太常少卿兼侍读学士。卒，赠礼部左侍郎。子载为中书舍人。

廖道南曰："予观《莆阳文献志》，称文年逾七十，神观精爽，安静守礼，所著《澹庵集》自成一家。乃知浑朴和厚之气，尚存全璞也。"

赞曰：方壶之阳，翠峨眇绵。扶舆清淑，代产仁贤。若恒简者，抱朴守恬。亹亹令名，奕世犹传。

太常少卿兼侍读学士刘俨

刘俨，字宣化，江西吉水人。正统壬戌进士第一，授修撰。秩满，转侍讲。未几，进右春坊大学士兼侍讲。预修《历代君鉴》及《寰宇通志》成，迁太常少卿兼侍读。景泰七年，考顺天乡试，大学士陈循之子瑛、王文之子伦不第，共诬俨，欲置极典，赖大学士高穀救之，朝廷卒直俨。至是卒，赠礼部侍郎，谥文介，敕有司为营葬祭。

倪文僖公哭之曰："公挟其所得，掉鞅文场，蚤有声于乡解，是以一出而魁天下，多士景瞻，众山之宗岱。入官词林，大放厥辞，议论敷陈，则又瓌异而光怪，盖才之蕴于中也闳深，而气之昇于天者豪迈。故每纂述，删定笔削，繁简适中，而是非不贷。尝典文衡，华胄被黜，反交章而诬害。卒之邪不干正，志不少挫，廷议允伸，而圣明是赖。使尽用其才也，则可为士之矩矱，国之蓍蔡，奈何遽尔翛然，不登耇艾。恤典是加，而谥为文介。"

廖道南曰："予嘉靖甲午自徽召还，是秋典顺天文衡。时当途如张阁老、汪冢宰、夏宗伯、林司空诸子侄咸就试不第，交构考官，置之重宪。既而仰赖宸断，洞烛群情。乃知刘文介之被诬，不减于三吾也。"

赞曰：劲松不屈，鸷鸟不朋。人亦有言，蹈道如奔。惟彼文介，力抗权幸。孤忠直气，挽回文运。眇予小子，时复仰高。实获我心，矢忠宣劳。

太常卿兼侍读学士孙贤

孙贤，字舜卿，河南杞县人。景泰甲戌进士第一，授修撰。预修《寰宇通志》成，转侍讲。天顺初，改左中允，侍东宫讲读。宪宗即位，迁太常少卿兼侍读。成化庚寅，预修英宗实录，进太常卿兼侍读学士。上疏请立皇太子，且引疾乞休，示无希觊意。章并上，上皆允之。皇子立，是为悼恭太子。贤愤愤不乐而卒，年五十四，赠礼部侍郎兼翰林院学士。

廖道南曰："夫宋儒有言：'君子为名誉而为善，则其善必不诚；人臣为利禄而效忠，则其忠必不尽。'乃若孙君建请立储，其意善矣，而又怏怏含愤，无乃有为而为乎？"

赞曰：商山茹芝，羽翼何人。晋国乞块，衰经宝亲。建储公议，辞爵虚名。二者交战，罔恤厥身。

太常卿兼侍讲学士吴节

吴节，字与俭，江西安福人。为诸生时，偕刘球、李绍、王原受学于麻城鲍楚山。宣德己酉乡试第一，明年登进士，选庶吉士，授编修。秩满，转侍讲，擢南京国子祭酒。先是，慈溪陈敬宗以严立教，节济之以宽，诸士感化。成化纪元，召修英庙实录，充副总裁官，改太常卿兼侍讲学士。书成，进太常卿兼学士。节为人简易质直，信人不疑，为文如其为人，奉母至孝。子远举进士，为知府。丘文庄公铭其墓曰："三代盛时，人行直道。任其天真，庸常是蹈。世降气漓，存者几希。懿哉先生，今之古人。我存古心，谓人皆然。官非不崇，学非不深。求先生者，当于其心。"

廖道南曰："予观吉安志，称节学博才俊，己巳之变，条陈时政，多切利病。及考文庄之铭，亦然。"

赞曰：师道贵严，臣道贵忠。显允吴君，克严克忠。时政之规，国学之范。金石有铭，永世可鉴。

太常卿兼侍读学士王献

王献，字惟臣，浙江仁和人。甫弱冠，登景泰辛未进士，改庶吉士，授编修。预修《寰宇通志》，升修撰。秩满，迁左谕德兼修撰。庚寅，充日讲官。壬辰，进学士。明年，赐金带。丁酉，追崇宣圣礼乐，遣献祭告阙里。预修《宋元纲目》成，升少詹事兼学士。戊戌，皇太子出阁，日侍讲读。预修《文华大训》，擢太常寺卿兼侍读学士。献美风仪，性颖敏，书一过目即强记，才思飘逸。与大学士商辂有隙，或造为暧昧不根之语以扬于内，坐是不得致大位、掌院事者十六年，奄奄不得志而卒。赠礼部右侍郎。

廖道南曰："《诗》有之，取彼谮人，投畀豺虎。何恶之深，拒之严也。尧舜暨谗说，孔子恶佞人，古之至圣，必谨于兹。乃若《秃妇传》之讥，不知宪（献）有无，而竟以此终其身，可畏也哉！"

赞曰：青蝇贝锦，诗词所悲。郑声紫色，孔训所垂。英英王君，两浙之杰。谁为此谮，终不可雪。

侍讲学士晋太常卿张芮

张芮，字文卿，山西安邑人。成化戊戌进士，选庶吉士，授检讨。弘治初，预修宪庙实录暨《会典》。正德初，复修孝庙实录，转修撰，进侍讲学士，以忧归。所居近河东运司，盐商有讦奏者，词连及芮。时刘瑾方欲以事裁抑儒臣，遂坐累出为镇江府同知，再谪两浙盐运司副使，量迁处州府同知。瑾诛，始入为南京尚宝卿，进太常卿，致仕。芮为人朴实，其处僚友无忮害心，然性嗜酒，终日酣酗，于种学绩文非其好云。

廖道南曰:"予尝闻弘治间有造为俚语者曰:'一枚黄老,五个白丁。'时张芮、武卫诸人,颇倦于学,故来人之讥如此。及予计偕,乃识芮之子濂甫,要亦朴野士也。"

赞曰:周官盐人,足供王贡。汉室盐官,亦济国用。云何张君,密迩解池。人之谤也,卒以兹违。

太常少卿兼侍讲学士杨时畅

杨时畅,字知休,陕西咸宁人,户部尚书鼎之子也。成化戊戌进士,选庶吉士,授检讨。弘治纪元,预修宪宗实录,转修撰,充经筵讲官,改右赞善。秩满,迁左谕德。预修《会典》,进侍讲学士。续修玉牒,擢太常少卿,兼职如故。卒。

李文正公铭其墓,有曰:"经业有门,周象羲爻。史法有传,钺贬华褒。讲幄敷陈,艺苑甄择。有一于斯,皆公遗则。有笏堆床,有里鸣珂。仲叔之间,孰与伯多。"呜呼!西涯可谓善名状矣。

赞曰:韩公诸子,忠彦有声。范老诸子,纯仁惟贞。世席箕裘,时传琬琰。知休何人,传世丕显。

艺学

侍讲学士沈度

沈度,字民则,松江华亭人。洪武中,举文学,弗就,谪云南岷府,聘之弗就。都督瞿能延之家塾,携至京师,太宗命选善书者供事史馆,大学士杨溥荐之,擢翰林典籍。时解缙善真行书,胡广善行草书,滕用亨善八分书,王汝玉、梁潜善真书,度于其间,独称上意。补检讨,转修撰,进侍讲学士,卒。

廖道南曰:"士之逢机构会,鸿渐高云、蛟腾远海者,曷可胜数?若沈君者,周旋滇峤,回翔燕甸,卒能奋翼赤霄,策名紫清。其大篇长书,遒劲清润,至今为词林称赏,是亦高士也。"

赞曰:钟繇古隶,逸少草书。虎凤飞跃,蛟螭萦纡。沈君妙绝,时称独步。荣名弥播,玉堂之署。

侍讲学士武周文

武周文,北平大兴人。初以儒士明经入侍燕邸,太宗龙潜时,命入侍讲。永乐丙戌召至,慰劳备至,特命为侍讲学士,赐冠带金织罗衣一袭。上谓学士胡广曰:"朕守藩时,闲暇喜观《易》,时王府官寮,间亦有知者,然未若武周文切实,但所言亦有拘滞不流动处。盖《易》贵知变,不失其宜,古人随时从道之说,最为要妙,亦在虚心玩之耳。"又曰："为学不可不知《易》，只'内君子，外小人'一语，人君用之，功效不少。"次日，周文入谢。上悯其老，乃命为侍讲学士，赐之休沐。

廖道南曰："夫《易》之道广矣大矣，以言者尚辞，以动者尚变，以制器者尚象，以卜筮者尚占。是故程《传》尚辞，朱《义》尚占，至于尚变、尚象，非圣人孰能知之。文皇圣谕，所谓'《易》贵知变，不失其宜'者，千古读《易》之心法也。不识周文，曾有一于是乎？"

赞曰：《易》之道大，匪圣弗知。象之数幽，匪神胡为。确哉武君，一言悟主。老而益壮，永终厥誉。

太常少卿兼侍读学士金问

金问，字公素，苏州吴县人。永乐初，以善书荐授司经正字，侍皇太子于南京。因进贺表文稽滞，太宗怒曰："朕不识金问何人，乃得侍太子？"并黄淮、杨溥、王凯（恺）下狱十年。仁宗登极，释之，转修撰。每论时政，多见采纳。宣德乙卯，迁太常少卿兼侍读学士。正统癸亥，调南京礼部侍郎，卒。

廖道南曰："予观《姑苏志》，谓问有逸才，长于辞翰。及考国史，乃知其论时政，多所裨益，胡可以他流少之哉？"

赞曰：匪位之患，惟名之昭。匪名之患，惟德之昭。於乎公素，藻翰飘飘。致身廊署，扬声清朝。斥鷃鴃鹏，贻诮扶摇。

侍讲学士拜祭酒刘铉

刘铉，字宗器，直隶长洲人。幼习楷书，选翰林秀才。中顺天乡试，授中书舍人。宣德初，预修两朝实录，迁兵部主事。正统初，预修宣庙实录，擢侍讲，曹鼐荐教庶吉士。己巳，进侍讲学士。景泰初，充经筵官，遣祀济渎。壬申，大学士高穀荐，改国子祭酒，严条规，淑诸生。天顺改元，擢少詹事，侍东宫讲读。卒，赠礼部左侍郎，谥文恭。子囗为大理丞。

廖道南曰："予观《姑苏志》，称铉介特自持，言行不苟。杨文贞、杨文定尝过其所居名假庵，甚湫隘，称为古人云。"

赞曰：朴不离俗，介不附权。嗜学不倦，立志弥坚。所居假庵，厅不旋马。文贞文定，称贤不暇。

赠学

赠学士谥文节王祎

王祎，字子充，浙江义乌人。幼师同郡黄溍，与宋濂、胡翰为友，博通群书，究极奥窔。慕司马迁之文，探禹门，泛钱塘，涉江涛，沂震泽，久而有得，乃趋淮徐，访邹鲁，北游燕赵。尝有荐为经筵、国史者，落落难合。高皇帝取婺州，祎来谒，乃撰《平江西颂》，上览而喜曰："吾固知浙东有二儒者，卿与宋濂尔。学问之博，卿不如濂；才思之雄，濂不如卿。"遂以为江南提举司校理，改侍礼郎兼引进使。未几，同知南昌府，事竣召还，议郎位礼，奏对忤旨，复出判漳州府。

元年五月，祎上疏，略曰："古帝王定天下，成大业，祈天永命，为万世无疆计者，亦为在乎修德而已矣。君德既修，天眷弥固，《书》曰'皇天无私，惟德是辅'，此之谓也。修德之要有二，曰忠厚以存心，曰宽大以为政。故成周以忠厚开国，故能垂八百年之基；汉以宽大为政，故能成四百载之业。陛下资不世出，志大有为，艰难十载，大业已成，周文武、汉高光盖无让焉。今日所当急务者，惟于忠厚、宽大加之意而已。"二年六月，召修《元史》，以祎与宋濂为总裁官，同知制诰，兼国史编修。三年，以失朝故，与濂俱降编修。使招土番，未至，复召还。

五年正月，遣祎偕苏成奉诏云南，祎谕梁王把都曰："圣上聪明神圣，新创大业，是天命人心之所归。惟尔有众，僻在西南，未洽声教，故遣使者来谕意，今能亟奉版图、归职方，则尺地一民按堵如故，高官厚禄不尔吝也。否则，鱼游釜底，终取夷灭。"时有元遗孽自立于沙漠者，遣使脱脱征粮云南，且欲连师以拒我。知祎说梁王，欲屈以威，祎骂曰："天讫汝元，命我明代之，汝知爝火未尽，敢与日月争光乎？"顾谓梁王曰："汝朝杀我，大兵夕至矣。"遂被害，时六年十二月二十四也，卒年五十二。子绅以十五年往求遗骸，布政张纮、参政王景纪其事。建文中，赠学士，谥文节。正统五年，郡丞刘杰白其忠，复赠学士，谥忠文。所著有《华州（川）集》、《玉堂杂著》、《续东莱大事记》。

廖道南曰："予读郑济所述子充行状，方孝孺所撰奠章、谥议与夫像赞，泫然兴悲。及考文集，乃见宋景濂称其文曰：'乔岳长河，摩日月，荡云烟。故其为文也，波浪湧而鱼龙张，风霆流而雨雹集。'胡仲子亦曰：'雍容俯仰如冠冕佩玉，驰骋分布如风云蛇鸟。'可谓知言也已尔。"

林塾赞曰：惟公长身，屹如山立。人一望之，俨不可即。惟德执恒，惟威弗畏。朔漠孤臣，英英义气。吁嗟公前，有颜鲁公。公死使命，与颜攸同。

太常寺卿兼翰林学士黄子澄

黄子澄，名湜，以字行，江西分宜人也。少从邑人欧阳贞受《易》、周与学受《尚书》、清江梁寅受《春秋》，博学负俊声，游乡校，同舍避席。尝赋《寒江把钓图》及《枯梅》诗，人争传诵之。洪武癸亥，膺贡入太学。明年，定科举之制，中京闱乡试第二。乙丑会试第一，廷对及第三人，俱授翰林修撰。寻兼春坊官，侍东宫讲读，累迁太常卿。

皇太孙立，诸王以叔父之尊，多不逊服。一日，太孙坐东角门，召子澄谓曰："诸王尊属,各拥重兵,何以制之?"子澄以汉平七国事为对。太孙喜曰:"得先生谋,吾无虑矣。"及即位,兼翰林学士,与齐泰皆用事。时周、齐、湘、代、岷五府相继煽动,上一日朝罢,召子澄问曰:"先生忆昔者东角门之言乎?"子澄曰:"不敢忘也,然须密退与齐泰谋之。"泰欲先燕,子澄曰:"周燕之母弟,取周即剪燕之手足,而燕因可图也。"入白之,上遂遣曹国公李景隆围河南,迫周王橚至京,迁之云南,徙代王桂于边,湘王□闻讨,狼狈阖宫焚死,执齐王榑,囚之京师,岷王梗降为庶人。虽圣德如燕藩,亦挦撦其事,加诮让。朝廷以子澄为功,褒赏之。燕于是上书救周罪,子澄指为连坐,决意讨之。

己卯三月,命都督宋忠等北征。七月,靖难师起,移檄大意言上崇信奸回,离间骨肉,遵太祖皇帝祖训,奉天征讨,罪人既得,则法周公以辅成王,首以诛齐泰及子澄为名。遂破雄县、怀来,遣长兴侯耿炳文御之,互有胜负。子澄虑师老,遂请上班师,诏以李景隆为征虏大将军,率诸将兵凡百万以往。景隆自负有文武才,子澄亦荐之,上宠信特深。甫行,饯之江浒,赐犀玉带,诸将各一,赏赉无算。子澄授以指画,景隆依违而已,子澄甚忧之。

未几,景隆攻北平城,累战皆大败,奔还京师,赦不治。子澄哭谏曰:"景隆出师无纪度,意在观望,不诛之以谢宗社,何以惩将士?"不听。已而徐凯、盛庸继踵败衄,顾民等皆降,子澄拊膺大恸曰:"大事去矣,万死不足赎误国之罪。"乃赋一诗以志痛,诗曰:"仗钺曾登大将坛,貂裘远赐朔方寒。出师无律真儿戏,负国全身独汝安。论将每时悲赵括,攘夷何日见齐桓。尚方有剑凭谁借,哭向苍天几堕冠。"闻者哀之。寻用侍臣议,诏谪子澄及齐泰于远方,以快敌意,其实使之募兵也。时诸将犹守淮南,而文庙忽渡江矣。潭王与李景隆开门迎附,子澄出走苏州。语见姚善传。诏执之,捕获,责问不服,死之,命赤其族。同时被戮者,俱号齐黄奸党,榜示天下。一子逃难,易姓为田,经宥乃复姓,家湖广之咸宁。孙表,登进士。

廖道南曰:"古语有之,犬各吠为其主。言忠贞之不可贰也。荀息死晋,召忽死齐,固其分焉尔。子澄与齐泰、方孝孺,谋国之臣,安得不死难以自负于天哉!"

赞曰:舍生取义,杀身成仁。矧为人臣,敢自谋身。晁错虽忠,袁盎弗平。天实为之,人何为能。

直文渊阁侍读学士改文学博士方孝孺

方孝孺,字希直,一字希古,浙江宁海人。世家候城,里族甚蕃。父克勤,元季隐居万山中,其学得诸晦庵而源流伊洛,尤邃于《易》,名振东南。洪武初,为济宁知府,有异政。子三人,孝孺其仲也。至正丁酉,始生之夕,有木星堕于其所,故其性资精敏绝伦,长老见之,皆咄咄嗟异。方髫龀,已善属文,双眸炯炯如电,读书十行俱下,日积寸许。见典册所载圣贤名字,或良将相形貌,辄默记,欣然有愿慕之志,乡人呼为小韩子。年十五,侍父官游济上,览周公、孔子故宅,求七十子之遗迹,慨然叹曰:"使吾得遇孔子同时,纵颜闵未可几及,其馀若樊迟、冉求辈,岂可多让哉?但限今世无圣人,不得所依归耳。"曹国公李文忠一见奇之,待以国士。年二十,翰林学士宋濂方在中朝,以文章道德推重海内,四方至其门者辐辏。

洪武八年,克勤尝诖误系京狱,孝孺实从数言于朝,请代父死,既而谪戍江浦,又上疏乞身代役,皆不报。克勤自狱中遣孝孺从濂游,孝孺持所为文上谒濂愿受业,濂一见大加赏异,谓孝孺曰:"吾备位禁林数年来,阅天下之士亦多矣,而未有如子者。子之文非当世之文也,顾肯从我游乎?"即日馆置左右,日与讨论经史为文辞。濂归金华,孝孺往来山中凡四年,尽得其所学。自是文章继濂而起,一时四方耆儒宿俊,无不折辈行与之交,而胡翰、苏伯衡、叶见泰辈在卫东,尤以文学知名当世,每见孝孺,未尝不心服也。会父坐空印事,草疏将诣阙伸理而父没,扶丧归葬,濂寻徙蜀,孝孺欲往省不可,以文吁天,愿输寿以延之。濂尝欲甥之而不果。

洪武壬戌,上用学士吴沉、揭枢荐,诏征至京,入见陈说多称旨,上问枢曰:"孝孺孰与汝?"对曰:"十倍于臣。"锡之宴,几稍欹,必正而后坐。上使人觇之,喜其举动端整,谓皇太子曰:"此庄士也,当老其才以辅汝。"试《灵芝甘露论》,上每面试举子,辄亲定高下注选,至孝孺独不注,曰:"异人也,吾不能用,留为子孙光辅太平足矣。"皇太子素重其才,召赐食东宫,待以宾友。

孝孺既归,益杜门纂述不出,会仇家得罪,词连孝孺,有司例簿录家赀,械赴阙下,太祖立命释之。孝孺奉祖母挈妻子家属数口还乡,乡人感叹以为盛。已而家益贫窘无为资,孝孺处之泰然,不以为意。尝卧病绝粮,家人告乏,则曰:"闻古人有三旬九食者,穷岂独我哉?吾尝胜之矣。"授徒石镜精舍,若将终身。

二十五年,复辟至,上方重赏罚,以其志存教化,谓左右曰:"今非用孝孺时。"乃除汉中教授,诏许水陆给舟车。明年闰四月,携妻子抵任,山郡荒僻,水土暴恶,病瘿瘘者十之五,士人鲜少,虽《五经》亦无全者,孝孺安之,嗜蔬粝若饫万钟者。每昧爽升席为诸生讲解文义,至暮哓哓无惰容,由是山南人皆知向学。二十七年春,蜀献王闻其贤,以宾礼召见,每有所陈论,辄虚怀听纳。恒曰:"方先生,古之贤者也。"皇太孙闻其名,癸酉、丙子征入典试应天府。

二(三)十一年闰五月,太祖大渐,遗令必先召孝孺。建文帝立驰驿召还,将用为执政,天下莫不以王佐责望旦夕成功,而用事者忌之,乃止迁翰林博士,再迁侍讲,直文渊阁,日侍左右备顾问,德望素隆,一时倚重。寻定官制,改侍读学士为文学博士,以孝孺为之。是时馆中征集四方名士修太祖实录及《类要》,后而《永乐大典》诸书,皆命孺总裁官。诸儒于所长各互有得失,至孝孺则卓然为一世儒宗,朝廷大制作皆出其手。

靖难兵至京,驻金川门外,宫中悉自焚。三十五年六月十四日,孝孺闻之,持斩衰服,昼夜号哭。

太宗即位,欲诏天下,问左右谁可草诏者,廷臣以孝孺对,上遣人召之数次皆不至,上乃使拥之入见。孝孺既至见上,益悲恸,声彻殿陛间,左右禁之莫能止。上亲降榻慰谕之曰："我家事耳，先生何良苦？"又曰："先生为我作诏。"命左右给以纸笔。孝孺大批数字讫，掷笔于地，曰："死即死耳，诏不可草。"上大怒，磔之，夷其族。孝孺临终作《绝命辞》一章，词略曰："天降乱离兮孰知其由，奸臣得计兮谋国用犹，忠臣发愤兮血泪交流，以此狥君兮抑又何求，呜呼哀哉兮庶不我尤。"识与不识哀之如亲戚，年四十六。复有旨收其妻郑氏，使者至其门，已经死。门人王稌辈收孝孺遗骸，殡之聚宝山，宗族坐死者八百四十七人。

廖道南曰："予闻诸黄泰泉云：孝孺得家庭之教，于书靡不通究，常慨然以古圣贤自期，以经纶天下为己任。弱冠作《深虑》等论十九篇，谓化民必自正家始，又作《宗仪》十八篇、《杂诫》三十八章，识者已知其运用指设不凡矣。在宋濂门为高第子，从濂后，每私居念及，或见其手迹，或对客谈及濂事，辄涕泣。既官汉中，其家不能存，言于蜀王，后抚恤之。墓在夔，每舟次夔，必往祭墓下，恸哭移时乃去。在建文时，羽仪斯文，隐然为当世重。以蜀王尝赐号正学斋，世号正学先生。所著有《逊志斋集》三十八卷、《大易枝辞》、《周礼考次》、《武王戒书注》、《帝王基命录》、《文统》、《宋史要言》诸书，皆未传。孝孺文章似宋苏轼，雄迈奔放，溯龙门，狂流倒峡，而气不可遏。发为论著，醲粹都郁，虽博极群书，而根据六经，宪章孔孟，宋程朱以前无有也。濂尝推之，谓欧阳少师、苏长公姑置勿论，自馀诸子与之角逐文艺之场，未知孰为后先。其后李贤亦称孝孺师景濂，议论波澜类东坡之才，而忠义之气凛然不可犯，景濂不能及。世以为知言。於乎！忠义在宇宙，文章在金石，孝孺虽死犹生矣。"

谢铎赞曰：我台之学，考亭是师。迨于愚庵，实闻而知。愚庵之子，是曰正学。益扩而充，上溯伊洛。如麟在薮，如星在晨。旁观一世，绝类离伦。潜溪之门，尽天下士。惊吒起立，谓莫敢比。心实希圣，自视欿然。铭盘书绅，杂诫惓惓。家人有箴，宗仪有纪。谓道之行，莫先于此。学以气充，磅礴四行。孰顾孰思，祸福死生。历宋迄元，士气益下。有复古初，不在作者。

赠学士谥文僖张益

张益，字士谦，苏州吴县人，隶籍江宁。永乐乙未进士，选庶吉士，授中书舍人，转大理评事。正统戊午，改修撰，于内府授内使书。己巳，进侍读学士，知制诰。初与夏㫤同年，㫤好写竹，偶见益所撰《石渠赋》，遂绝笔不作文。益见㫤写竹妙绝，亦不复写竹。是岁七月，也先入寇，上命益同侍郎曹鼐扈从，皆死于土木之难。赠学士，谥文僖，官其子栩为大理寺评事。倪文毅公铭其墓曰："先生之文，海澄山崇；先生之德，天如日融；先生之节，抱义死忠；凤台之原，龙江之东；归兮故乡，乘云御风。"

廖道南曰："予读《姑苏志》，称益为人清淳端谨，文章圆熟，对客数千言，挥毫立就。及观国史，乃知死于也先之难。於乎，悲哉！"

赞曰：不有居者，谁守社稷。不有行者，谁扞牧圉。六飞蒙尘，群凶傀儡。臣则何知，有死而已。

赠学士谥忠愍刘球

刘球，字永乐，江西安福人。永乐辛丑进士，授礼部仪制主事。时尚书胡濙草创礼仪，悉球裁定。遣使蜀府行丧礼，馈遗一无所受。正统初开经筵，濙首荐之，擢侍讲。预修宣庙实录成，加五品俸。己未，京师大水，球具陈治水事宜，识者韪之。

辛酉，麓川叛，遣定西伯蒋贵征之。球上言："帝王驭夷狄，必宥于其小而防于其大，是故周伐崇不克，则退而修德，至玁狁、孔炽，则命南仲城朔方。汉征南粤不利，即罢兵以通好，至匈奴、陆梁，则命魏尚守云中。夫以周汉之盛，视崇、粤如振槁耳，乃释不诛，而惟急于北虏，盖不穷兵于小敌，以伤生灵，惟防患于大寇，以安中国故也。今也先并吞诸部，深谋入寇，而思任发依阻山谷，悔过乞降，议者乃释豺狼，攻犬豕，舍门庭之近，图边徼之远，非计之得也。臣愚以为，麓川僻陋，灭之不为武，释之不为怯，特降玺书，原其罪过，固结本邦，以为我援，分屯金齿，以离彼党，是即周汉修教赐告之意。至于西北诸边，虏势尚强，戎马尚众，宜谨烽堠，修塾堡，选将帅，练士卒，丰粮饷，备器械，敕总副诸将，以巡视塞垣，戒参赞文臣，以区画军务，是即周汉备御城守之意。"疏上，上命都御史陈智传谕戒饬沿边诸郡。时太监王振擅权，喜功开衅，复大举伐麓川。

癸亥夏，雷震奉天门鸱吻，诏求言，球覆上言十事，其一谓权柄不可下移。振见之怒，适编修董琳自陈愿为太常卿，疑球助之，乃下诏狱。锦衣指挥马顺拷讯，备极惨刑。球既死于非命，举朝恸之。景帝监国，都给事中王竑（竤）率百僚廷击马顺，暴其尸。初，编修钟复与球议连名上疏，其妻沮之，后闻球死，复怏怏卒，其妻以告其子同，故同卒为直臣，死于狞云。景泰初，赠学士，谥忠愍。

廖道南曰："仲尼有言：'志士仁人，无求生以害仁，有杀身以成仁。'夫球之志于仁也，务引君以当道，慷慨激烈，首论也先之必寇，继发王振之奸邪，身就斧锧，杀身成仁，卒之乘舆播迁，中原板荡，虽野厌王振之肉，廷暴马顺之尸，竟亦何益？於乎！有天下者可以鉴矣。"

彭韶赞曰："于惟忠臣，词林之英。沉思力学，好义勇行。大阿倒持，执命腐刑。乞戒履霜，勿致坚冰。不售蒙难，乃险而倾。褒赠官阶，节惠易名。凛凛大节，万世犹生。"

殿阁词林记卷之七

国初宫詹等附

掌詹事府事韩国公李善长

李善长，凤阳定远人，素负大志。至正辛卯，盗起汝颍。壬辰，江淮大乱。我高皇帝自濠如定远，善长遇焉，相得甚欢，俾掌书记，参谋军事。甲午，克滁州。时滁阳王郭子兴自泗还，欲留善长，善长不从。乙未正月，取和阳。上出击鸡笼山寨，值有兵寇和阳，善长击走之。既而上渡江，俞通海以舟师来归。上喜，谓善长曰："吾事济矣。"遂以六月朔渡江，次牛渚，拔采石，克太平，善长预书禁约榜文，凡遇入城悬之，以故军士秋毫无犯。初置太平兴国翼元帅府，以善长为都士。丙申三月，克建康，籍军民凡五十万。上欲发兵取镇江，恐诸将弗戢，悉数其过，欲置之法，善长恳救获免。七月，善长率群臣奉上为吴国公，置江南行中书省，以善长为参议。丁酉，取毗陵、宁国，皆克之。戊戌，上亲征婺州，善长留守建康，招降陈氏守将。丙午四月，上往濠梁。八月，遣兵讨张士诚，善长悉为经画。

吴元年六月，善长率群臣劝上即帝位，略曰："殿下起濠梁，不阶尺土，遂成大业，划削群雄，远近归心，宜早正位号，以顺天命。"上辞至再。九月，俘张士诚，上御戟门论平吴功，封善长为宣国公、左相国。是月，遣将取中原及福建、广西诸路。十二月甲辰，善长总裁律令。书成，赐赍有差。

癸丑，复率群臣劝进，略曰："开基创业，既宏盛世之舆图；应天顺人，宜正大君之宝位。盖以道化民者皇，以德教民者帝，惟首出乎庶物，用光建于鸿名，继百王而立国家，定四海而总纲纪。事闻在昔，运际当今。殿下勇智自天，聪明冠世，扫除六合之风尘，拯救兆民于水火。拥楼船以西上，孺子秉玺而出迎；命将帅以东征，伪主束身而就缚。天下归服，若江汉之朝宗；邦域肇隆，有金汤之巩固。既膺在躬之历数，必当表正于宸居。"上复辞之。乃以甲子告于昊天皇祇，以明年戊申正月四日乙亥即位，国号大明，改元洪武。

时御史中丞刘基、学士陶安上言："中书省及都督府仿元旧制，设中书令，议太子为之。"上曰："取法于古，必择其善者从之，苟不善是从而欲望治，犹登高冈而却步，渡长江而回楫，岂能达哉？元氏胡人，事不师古，设官不以任贤，惟其类是与，名不足以副实，行不足以服众，岂可取法？且吾子年未长，学未充，更事未多，所宜尊礼师傅，讲习经传，博通古今，识达机宜，他日军国重务，皆令启之，何必仿彼作中书令乎？"乃命詹同取东宫官制观之，谓同等曰："朕今立东宫官，取廷臣勋德老成者兼其职，老成旧人，动有典则，若新进之贤，亦选参用。夫举贤任才，立国之本；崇德上齿，尊贤之道。辅导得贤，人各尽职，故连抱之木，必以授大匠，万金之璧，不以付拙工。"至是，以李善长为太子少师兼詹事，冯宗翼兼副詹事，胡廷瑞、廖永忠、李伯升同知詹事，赵荣、王溥同知副詹事，杨宪、傅瓛兼摄府丞，康茂才兼左率府，张兴祖兼右率府，顾时同知左率府，孙兴祖同知右率府，吴祯兼左率府副使，耿炳文兼右率府副使，邓愈、汤和兼谕德，刘基、章溢兼赞善大夫，文原吉、范显祖兼太子宾客。上谕善长等曰："朕今于东宫官属，不别设府寮，而以卿等兼之者，盖军旅未息，朕若有事于外，必留太子监国，若设府僚，卿等在内，事当启闻，或有听断不明，而与卿等意见不合，卿等必谓府寮导之，嫌隙由是而生。朕所以特置宾客等官，以辅成太子之德，惟选名儒为宾友。昔周公教成王，告以克诘戎兵，召公教康王，告以张皇六师，此居安虑危，不忘武备。盖继世之君，生长富贵，泥于安逸，军旅多忽而不讲，一有缓急，罔知攸措，二公所言，不可忘也。"

二月，善长率群臣上郊社宗庙议。三月，取汴梁。四月，取河南府。五月，上幸汴梁，善长留守京师，军国重事，启闻皇太子。八月，车驾还，善长奏定吏、户、礼、兵、刑、工六部官制，设尚书、侍郎、郎中、员外郎、主事，各有定品。十二月，定官民丧服之制及三师朝东宫仪。

二年正月，定太岁风云雷雨岳渎诸神祭礼及翰林官制。二月丙寅，修《元史》，命善长为监修。乙亥，奉诏立皇陵碑。四月，编《祖训录》，定封建诸王国邑及官属。八月，定大祀受誓戒。十二月，议赏平中原及守御诸将功次。三年正月，议出师征沙漠。三月，议定朝臣服色，悉准散官。四月，定官民书札式。五月，承制存恤阵亡子孙。六月，奏禁淫祀及左道惑民者，定文官朝服之制。十二月壬辰，大将徐达等平沙漠师还，善长率群臣上表贺。

丙申，大封功臣。上谕诸将曰："朕自起兵以来，尔等披坚执锐，战胜攻取，功曷可忘。今天下既定，报以爵赏，皆朕所自定，至公无私。如李善长，虽无汗马之劳，然事朕年久，给足军食，其功甚大，已列公爵，今进封大国，以示褒嘉，乃授开国辅运推诚守正文臣、特进光禄大夫、左柱国、太师、中书左丞相、韩国公、参军国重事，仍赐诰命铁券。"是冬，礼部尚书陶凯请专选东宫官，罢善长等兼职，庶于辅导，有所责成。上曰："古者官不必备，惟其贤。朕以廷臣有才望勋德者兼东宫官，非无谓也。尝虑廷臣与宫寮有不相能，遂成嫌隙，或生奸谋，离间骨肉，其祸非细，若江充之事，可为明鉴。朕今立此兼职，庶父子一体，君臣一心，允无相构之患也。"

一日，上因斋戒，语善长曰："人之一心，极难点检，心为身之主，若一事不合理，则百事皆废，所以常自检心，凡事必求至当。"善长顿首曰："陛下此言，乃圣贤治心之道，心既治，天下无难治矣。"

四年正月，乞致仕，许之。十三年正月，胡惟庸伏诛，辞连善长，上曰："朕初起兵，善长即谒军门，曰有天有日矣。是时朕年二十七，善长年四十一，所言多合朕意，遂命掌簿书，赞计划，爵以上公，子尚公主，此吾股肱心腹，不忍罪也。"五月，复以善长代安然理御史台事。十六年，云南平，善长上表贺。二十三年，榜列逆党勋臣凡五十七人，会星变，有以善长为党者，上疑之。五月乙卯，善长卒。

廖道南曰："太子天下本也，古之教太子者，有师以道之教训，有傅以传之德义，有保以保其身体，是故三公三少，明孝仁礼义以导习之，于是选天下之端士，孝悌博闻有道术者，以卫翼之。是故太子生而见正事，闻正言，行正道，左右前后皆正人也，故曰一正君而国定矣。我圣祖神谟睿见，高出千古，开国之初，即以李善长等兼其官，以刘基、宋濂等司其教，而又申之以圣训，是故三代之遗法犹存也。录善长者，昭元功也，原东宫辅导之始也；略诸臣而不录者，非专官也。"

赞曰：于皇国本，宗社之纪。必善其终，必正其治。我闻三代，文王世子。居处有箴，万事就理。圣谟弘远，元臣是委。嘉言孔章，渊哉厥旨。

詹事兼兵部尚书唐铎

唐铎，凤阳人，初守濠州，庚子从上讨江州，授西安县丞。召还，除中书管勾，出知延平府。洪武三年，召为殿中侍御史。四年正月己亥，御史台进宪纲四十条，上览之，谓铎等曰："元时任官，但贵本族，轻中国之士，南人至不得入风宪，岂皆公道？朕之用人，惟才是使，无问南北，风宪作朕耳目，任用得其人，自无壅蔽之患。"铎对曰："臣闻元朝遣使宣抚，初出之时，四方惊动，及其至也，略无能为。民为之语曰：'遣使宣抚，问民疾苦，来若迅雷，去若败鼓。'至今羞之。陛下一视同仁，任官惟贤，尤重风宪，明立法度，所以安百姓、兴太平也。"未几，复出知绍兴府，陟刑部尚书，改太常卿。守制家居，赐食半俸。服阕，转兵部尚书，迁谏议大夫。

十七年四月己丑，上谓铎曰："人有公私，好恶不同，故其言有邪有正，正言务规谏，邪言务阿谄，谤言近于忠，谀言近于爱。惟不惑于谤言，则听日聪而谗人自去；不眩于谀言，则智益明而佞自绝矣。"铎对曰："听言之难，自古为然。惟不为所眩惑，则谗佞自远。"上曰："朕日总万几，所行有得失，非资人言，何由以知？故广开言路以来众言，言有善者则奖而行之，言之非实亦不之罪，惟谗诬面谀者，决不可容也。"寻以事左迁监察御史，陟右副都御史，复为兵部尚书，致仕。

二十二年四月丙寅，置詹事院，秩正三品，上谓吏部侍郎侯庸曰："朕观历代贤明之君，于辅导太子，必择忠正贤良之士，三代保、傅，礼甚尊严，后世若唐太宗为子择师傅，而李纲之徒直言正议，颇有裨益。今东宫官属詹事未设，众务无所统领，兵部尚书唐铎为人谨厚，有德量，亦当是任。其以铎为詹事，仍兼尚书之禄。"逾年，加少保。

二十七年四月癸未，上谓铎曰："帝王之于天下，体天道、顺人心以为治，则国家基业自然久安。朕思前代乱亡之故，未有不由于违天道、逆人心所致也。天之爱民，故立之君以治之，君能妥安生民，则可以保天眷。卿与共事者久，夙夜左右，资弼良多，凡朕之事天子民有弗至者，卿即以为言，使知所警，毋谓已安，不以为意，治乱系焉。"铎顿首曰："陛下敬天恤民之心，惓惓如此，臣虽老悖，敢不奉命。"铎为人重厚慎密，上每以故旧遇之。尝称之曰："铎自昔至今，其与人交，不知变色，交绝不出恶声。"其见恩遇如此。卒，年六十九。

廖道南曰："我圣祖开国之初，虽以李善长等兼东宫辅导，然而未设专官也。至是唐铎为詹事，且称其谨厚有德量。於乎！有德足以受天下之善，有量足以容天下之才，受天下之善而天下之善归焉，容天下之才而天下之才趋焉。於乎，休哉！圣谟亦弘远矣。"

赞曰：少海波澄，前星光烛。惟彼重离，国本所属。守曰监国，出曰抚军。惟斋谕教，克长克君。彼铎老成，天寿平格。苟非其人，其胡能国。

御史中丞兼太子宾客章溢

章溢，字三益，浙江龙泉人。幼从乡先生王叔刚游，留心正学。元宪使秃坚不花与语，大悦之，要与俱之秦。溢至虎休，心动辞归，而父病已革，人以为孝感。至正壬辰，寇犯龙泉，溢从子存仁为寇所获，溢以身代。克石抹（抹）宜孙，平庆元及松溪，溢有力焉。乃奏上其功，授龙泉簿，溢辞不受。海寇起黄岩，攻台城，他寇攻龙泉，溢计平之。值龙田岁歉，乃以私田易粟，里人多蒙其济。处州七邑盗起，溢檄千户曹胜安督兵，授以方略，一战而降，改授松阳县尹，又辞不受。既而平郑寇于丽水，退长枪军于婺州，授奉训大夫、佥帅府事，又辞不受。乃结庐匡山，避地之闽中。

岁庚子，高皇帝遣使征之，溢与刘基、叶琛、宋濂偕至建业，上劳之曰："吾为天下屈四先生尔，然四海纷纷，何时定乎？"溢对曰："天道无常，惟德是辅，惟不嗜杀人者能一之。"上曰："卿等其留辅予。"亡何，擢佥营田司事，巡视江南及两淮，多所匡治。上一日问溢安否，都事张来硕曰："溢夙夜在公勤劳，忧郁成疾。"遂命溢归省，留其子存厚于京师，乃迁溢浙东佥事。王师平楚，乃又迁溢湖广佥事。溢至睹荆襄多旷地，建议分兵屯田，且以控制北方为便。行省镇抚回回怙恶，溢以法罪之。时河内按察使宋思颜、浙东按察使孔克仁、佥事王畸俱彼逮系，上命溢为浙江副使。溢辞曰："臣同列获罪，而独蒙宽宥，若加之擢，过亦大矣。"乃仍佥浙东事。值山寨多叛，开越寇合攻庆元，溢召兵设策，恃以无恐，浙西诸郡悉平。上加奖甚至，曰："章溢虽儒臣，父子宣力一方，其功不在诸将下。"

洪武元年正月，拜御史中丞，寻兼太子赞善大夫。溢务存大体，不屑屑于细故。或以为言，溢曰："宪臣百司之仪表，居其职者，当先养人以廉耻，使人避而难犯，岂直恃抟击为能哉？"上亲祀社稷，会大风雨，还坐外朝，欲斩诸儒议礼不合者，溢曰：

"陛下一诚心，自足以通感神明，若以风雨罪之，人其谓何？"溢后以母忧辞归，负土成坟。二年卒，年五十六。

廖道南曰："赞善大夫之职，兼之者始刘伯温，既则章三益、唐铎也。特著三人者，彰名臣也。溢之经济赞亮，载在名臣录及功臣录者不为少矣，略之者，存其概也。"

赞曰：狄居中原，民率为厉。出而济时，去以全义。结庐匡山，以待圣世。营田观风，莫辞劳勋。提兵于南，邦人攸暨。台端谔谔，金汝作砺。忠孝全归，心无所滞。

殿阁词林记卷之八

国初史馆附

修撰陟礼部尚书朱梦炎

朱梦炎，字仲雅，江西进贤人。元进士，金溪县丞。岁丙午，以故官入朝，授国子博士。吴元年，迁修撰。梦炎博学能文，凡稽古礼文，志多预议。未几，补浙江按察司经历。洪武二年，转山西行省员外郎，召入为礼部员外郎，寻陟侍郎、本部尚书。

修撰兼大本堂待制王僎

王僎，字□□，河南祥符人。元末为国子助教。洪武初，征为修撰。四年，开科取士，僎与典试。又命于大本堂授吴王经，迁待制。后以子弘为龙江递运官，忤丞相胡惟庸，窜之于理。惟庸败，僎来京授徒，上忽问僎安在，左右告以其故，召见慰劳甚至，赐以绮帛，仍给舟还于家。

修撰孔克表

孔克表，字正夫，浙江平阳人，孔子五十五代孙也。至正戊子进士。洪武六年正月，征为修撰。克表长身美髯，学笃而不窳，尤精于诸史。所著有《通鉴纲目附释》。宋濂称其书世不可无，视穿凿性命、簸弄词章者不侔，故一时士林称为巨擘云。

修撰刘泰

刘泰，字□□，山东淄川人。洪武间为修撰，上亲敕曰："朕闻孔子之谕孝也，游必有方，斯可为孝矣。朕昨与卿游东苑，询及卿家事，卿对以宗族甚蕃，遭兵渐减，独老母在，别无侍养。卿云至此，朕心惕然。吁！哀哀父母，生我劬劳。今朕虽君天下，育万民，二亲已逝，恨不生今，于朕有戚戚焉。若欲迎亲就养，或弃职往侍，朕勿拘焉。"

修撰赵新

赵新，字彦铭，浙江乐清人。洪武初，任本庠训导，出知开封府，入为国子助教，陟山西右布政使，复改修撰。上赐敕曰："士之所以能立以保其终者，有三品焉。上才之士，志高量大，其所为无所不可；中才之士，谨守成法，不失其忠，然不至于为恶。此皆足以保其身者也。惟卿质真无伪，涉猎书史，始为国子助教，能举其职。及迁山西布政使，虽无所设施，而持身廉洁。朕以卿本儒者，而才不及中人，不宜任以政务，授翰林院修撰。既而见卿年老多疾，特令致仕。卿其保厥终始，以副朕怀。"所著有《四书说约》、《行素稿》。

修撰李叔允

李叔允，字□□，河南钧州人。洪武三年，任国子博士。洪武六年，纂修《昭鉴录》，同事者则秦王傅文原吉、助教朱复，录事蒋子杰、吕宗盛、杜环、张云翀、吴从善、王镛、宋善也。书成，叔允擢修撰。及修《洪武正韵》，亦与有力焉。

廖道南曰："国初设国史修撰诸职，盖以拟宋制云。而朱善为大学士，朱梦炎为大宗伯，此其最显者也。观孔克表所著《潞州学记》，所养正矣。而王僎之直，刘泰之孝，赵新、李叔允之博雅，皆有可取焉。又有迮原霖者，未知其为迮雨否也，吾于吊唐肃文见之矣。"

赞曰：仲雅不群，博而能精。王僎克直，而忱而恂。克表圣裔，存性之贞。刘泰孝养，情感丹宸。彦铭叔允，华国之文。懋绩编摩，不贰其心。

修撰答禄与权

答禄与权，其先胡人，后居河南永宁。仕元为河南北道佥事，以故官入朝。洪武六年，为秦府纪善，改监察御史。上疏言："尧、舜、禹、汤、文、武相承为道统，孔子、颜、曾、思、孟相传为道学，宜崇祀典。"七年八月，复上疏言："王者立始祖之庙，又推始祖所自出之帝，祀之于庙，故曰禘祭。今受命已七年矣，而禘祭未举，甚为匪彝也。"上皆纳之。先是，出为广西佥事，未之任，复召回。至八年三月，擢为修撰，降典籍，转应奉，致仕。自称洛上翁，上亲为说辩之，文多不载。

又有马沙亦黑马哈麻者，亦西域人也，能通华夷译语，善测天文，上命为编修，特敕劳之。

廖道南曰："天地无弃物，王者重绝人。信斯语也。古之刖者守门，瞽者司乐，宫者守宫，各全其生也。而寄象鞮译，无弗设焉。与权、哈麻，不犹是乎？特著哈麻于编修者，附答禄也，外之也。"

赞曰：圣人用人，造化成物。小大各备，罔不充足。元之孽臣，号曰答禄。亦有哈麻，为我供役。外夷内华，日际月域。他山之石，可以攻玉。

起居注熊鼎

熊鼎，字伯颖，江西临川人。元至正七年乡举，为龙溪书院山长。遇兵乱，陈友谅屡强之仕，不就。王师驻鄱阳，大将军邓愈闻其名，请与相见。鼎母黎氏乃言曰："闻江表有真主，儿可速往矣。"上至南康，召至军门与语，大悦，欲授以事，鼎以母老辞，乃留置幕府，参赞军事。丙午，征至京师，授德清县丞。吴元年，为中书博士，改太常博士。编集《经史事类》成，迁起居注。

七月乙亥，上御戟门，命选乐舞生，召学士朱升、范常阅试，上亲击石磬，学士不能辨，以宫为徵。上诘之，鼎曰："八音之中，石最难和，故《书》曰：'于石击石拊石，百兽率舞。'"上曰："石音固难和，然必以人声为主，人声既和，即八音和矣。"因命乐舞生舞歌一曲，上曰："古者作乐以和民声，格神人而与天地同其和。近世儒者，鲜知音律之学，欲乐和，顾不难耶？"鼎曰："乐音不在外求，实在人君一心，君心和则天地之气亦和，天地之气和，则乐无不和矣。"

时耿忠奏广信郡县茶税不实，上命御史往廉其事，鼎谏曰："朝廷新布大信于四方，奈何肆赦之后，复征细务，是亵国威也。"又欲征浙西粮输京师，鼎复曰："国家都金陵，以浙西为根本，农作方兴，而遽困之，民害深矣。"上雅重其言，凡创制更革之典，鼎预闻。

洪武元年六月，以鼎为浙江佥事，寻调山东。二年，陟副使。三年，封建诸王，以鼎为晋王傅。会有事方丘，鼎当导驾。既斋宿习射苑中，上命近臣俱射，鼎一发中鹄，上喜酌醴饮以赐。四年，故元四大王出没为寇，居民恐恐，上以鼎不能弭寇，左迁大同知事。五年，复授晋府参军。七月，召为刑部主事。八年，西戎朵儿只把率部落内附，上以鼎老成，历事岐宁卫经历，赐金帛以行。鼎至，密疏论之，上遣使慰劳，赐以裘帽，已而遣中使赵成召之还。行次西凉打班驿，只把叛首么哥拥鼎还，鼎切责以大义，遂及赵成与知事杜实，俱被害，鼎时年五十五。上闻悼惜，遣使葬之黄羊川，仍以禄给其家。

廖道南曰："予读宋学士撰鼎父万初及其母黎氏铭，心切贤之。及观国史，述鼎死难，凄恻牢落，又不知涕之无从也。然而论乐之和，本于君心。於乎！鼎之学亦正矣。"宋濂铭略曰："启国之初，俊才如云。其心之真，允惟熊君。帝谓相臣，鼎也可恃。不负吾民，宁负吾子。既入授经，复出治戎。狐裘毳衣，惟帝念功。封论边事，其策甚伟。欲召用君，君则道死。"

编修苏伯衡

苏伯衡,字平仲,其先蜀人,文定公裔子迟守婺,遂居金华。伯衡幼警敏绝伦,肆力古人。洪武初,征为国子学录,擢编修,与刘基、宋濂、魏观、胡翰相友善。基曰:"平仲著作,语粹而气达,不凡而意不诡,盖其明于理而昌于气也。"濂曰:"平仲辞精博而不粗涩,敷腴而不以绮缛,其视鲁弓郜鼎均也。"翰曰:"平仲托物以造端,比事以寓意,缘情以见义,明于国家之体,达于人情之变,其出盖无穷也。"伯衡在史馆,多所著述。及纂修《元史》成,宋濂举以自代,伯衡以瞆辞归,上赐之绮帛,给道里费周之。复起为处州府学教授,遂居平阳。有文集十五卷。

编修王廉

王廉,字熙阳,浙江青田人。洪武初为编修。二年正月,安南国王陈日煃令陪臣同时敏上表称臣,上嘉其意,遣侍讲学士张以宁、典簿牛谅往谕,仍锡以玺书金印。未及境而日煃卒,以宁乃留诏,即次于洱江,先遣牛谅之其国。嗣君日熞复令陪臣杜舜卿来告哀,上素服御西苑之崆殿,亲制奠章,命廉充祭吊,使同考功主事林唐臣往。既至其境,日熞出迎于郊,议授受礼,往返数四不能决。廉厉声诃之,乃奉御制于彩舆,迎入寿光殿,别设日煃灵位于殿前,使者南向宣之,日熞率群臣再拜,俛伏以听,成礼而还。既归,述所撰歌诗曰《南征录》,宋濂序之,称其措辞和而不流,激而弗怒,雅而不凡,可谓能专对者矣。使旋,擢工部员外郎,不拜,改渑池丞。所著有《迂论》数十册。

编修张美和

张美和,名九韶,以字行,江西临江人。十三能诗词,元至正间隐居教授。洪武初,辟为清江教谕,转国子助教,擢编修。美和善著书,奏对称旨。后以疾致仕,上亲赐敕曰:"古之至贤之士,修己行仁,以为时君之用。否则独善其身,以终天年,或著书立言,传之永久,虽不显于当时,而光于后世。尔美和笃信至善,不易其守,侍朕左右,日与同游,询问典礼,以沃朕心。奈何年高不能自强,不忍任以周旋,从卿归老。於戏!千载一遇,古今通言,卿善始终,不亦美乎!"

廖道南曰:"予观《南征录》,慨然兴叹,嘉熙阳之不辱也。及读《理学类编》,乃见其义精而语确,美和所得者深矣。"

赞曰:炎荒绵邈,桂海梧山。厥土霾瘴,厥途间关。允矣熙阳,事不避难。大江渺茫,匡庐彭蠡。其道云远,其室伊迩。诚哉美和,著书达理。

编修高启

高启，字季迪，苏州长洲人。少孤力学，工于诗词。时张士诚据苏，有参政饶介者喜延士，启方弱冠，介见大奇之，待以上宾。启不之答，乃隐于松江之青丘。洪武三年初修《元史》，征启与儒士汪克宽、胡翰、宋喜（禧）、陶凯、陈基、曾鲁、颜增、赵汸、张文海、徐尊生、黄篪、傅恕、王锜、傅著、谢徽充纂修之任。书成，擢启编修，命教勋臣子弟。徽字玄懿，与启同乡。启尝梦与徽承召问，予告身。后上御阙楼，召启与徽，敷对详明，雅称简注，命启为户部侍郎，徽为吏部郎中，果如梦所感。启辞以少未更事，遂与徽俱归，赐金帛有差，启复居青丘。

先是，蒲圻魏观署史局，启与交慊。及观守苏，聘启至学官，延访郡中利病，多所裨益。观罹于祸，遂连坐启，君子悼之。启身长八尺，有文武才，博群典。为文汪洋浩沔，神嘘鬼吸，靡有痕迹。其为诗也，波起云涌，飚号电掣，直超脱元宋而上宗盛唐，近代诗人未之能及，惜其传之不多尔。所传有《凫藻》、《缶鸣》二集。

廖道南曰：「予观苏平仲集善叙事，理郁而文，质而不俚，核而不夸。及观高季迪集，天趣飘逸，莫可羁的。严沧浪所谓'诗有别才，非关学也，诗有别趣，非关理也'，其然，岂其然乎！」

赞曰：金华之派，平仲是传，琼芝灿烂，玉树联绵。姑苏之英，季迪为最，震泽攸潴，洞庭攸会。平仲之文，季迪之诗，刘宋而下，彼如何其。

编修朱濂

朱濂，字伯清，浙江义乌人。洪武三年，续修《元史》，乃征濂与儒士赵埙、朱右、贝琼、王彝、张孟兼、高巽志、李懋、李汶、张宣、张简、杜寅、殷弼、俞同俱充纂修。书成，擢编修，俾授楚王经。濂自幼酷嗜考亭之学，其见于辞章，资为讲解，悉祖述之。既而引年归浦阳，察阴阳鬼神之奥，验性命心情之蕴，乃即朱子精语编为《理学纂言》，宋濂为之序，称其所见端确，所得粹凝，嘉惠后学，功亦至矣。仕终楚府长史。

编修傅藻

傅藻，字伯长，浙江义乌人。洪武五年，以儒学教谕征，授编修，寻改应奉，为东宫文学。十一年五月，皇太子御文华殿，命侍臣讲读《春秋》，乃曰：「诸国之事，杂见于二百四十二年间，艰于考索。」乃命藻曹分类聚，先周以尊天王，次鲁以崇望国，次齐、晋以表主盟，次宋、卫、蔡、陈以原列爵，而楚而吴而越则列之于末，缮为三十卷进呈。上览之喜，赐名曰《春秋本末》。是举也，校之者典籍刘仲质、助教储惟德，稽之者中书舍人朱孟辩（辨）、宋璲、桂慎，铸印副使詹希元，序之者宋濂也。后藻出为武昌知府，有惠政，终河南按察使。

编修孙作

孙作，字大雅，一字次和，常州江阴人。自曾祖澄川四传至作，家学克彰。洪武六年，丞相李善长等奏修《日历》，乃征作与儒士徐一夔、黄昶、陈孟旸俱充纂修。书成，擢作编修。作自陈外补，授太平府教授，复召为助教。明年，分教中都。又明年，还成均。又明年，陟司业。著书号东家子，宋濂为作《东家子传》。今传有《沧螺集》。

编修张宣

张宣，字藻仲，其先清河人，徙居常州之江阴。父端为元江浙枢密院都事。宣十岁善属文，读书经目不忘。洪武三年，与高启等被征同修《元史》，上亲书其名，擢为编修。宣为人爽闿润密，而文思浩雄。宋濂为撰族谱。所著有《春秋传义》。

廖道南曰："予始游南廱，乃见朱伯清所撰《理学纂言》于司成鲁公铎，及傅伯长所撰《春秋本末》于司成汪公伟，而孙大雅之《沧螺》、张藻仲之《传义》，犹未之见也。诸儒凤际皇运，弘阐贲文，用心亦以勤矣。"

赞曰：义乌多贤，乃有伯清。辞章尔雅，玉阙瑶京。伯长超越，万人之杰。沉潜《三传》，乃著《本末》。次和藻仲，处于江阴。擢颖扬芒，辉赫儒林。

编修王琎

王琎，字宗器，其先太原人，徙居山东之长山。洪武五年，以乡举发魁，计偕南宫。六年正月甲寅，上召见便殿，命题赋诗，诗成称旨。是时，举人张唯、王辉、李端、张凤、任敬、马亮、陈敏、张翀等至，上嘉其才俊，遂及琎等十七人，俱充国史编修，命入文华堂读中秘书，赐以冠服。车驾时临幸策励，取其文亲评优劣，日命光禄给膳羞酒浆，每食太子暨诸王迭为之主，而琎等侍食左右。冬夏赐衣各一袭，复有白金弓矢鞍马之赐，命宋濂为之师。九年三月，复命琎等摄监察御史事，巡行天下，纠察官吏贤否，谘访生民休戚，琎如河南。迨归奏对，雅称上意，乃谕廷臣曰："文华堂诸生如琎者，皆异日将相才也。"宋濂为之字说，略曰："宗庙之器，贵重实殊，夏有四琏，殷称六瑚。昔端木氏才堪三卿，文章外见以言语称。今生既长，局度纯亮。发为辞章，大河奔放。出逢盛治，讲学禁中。天日照临，以照以融。豸冠峨峨，巡行洛河。贪夫夜逃，良士笑歌。厥用既周，由体斯被。生尚勖焉，庶几不器。"琎后为御史、山东行省参知政事。

编修张唯

张唯，江西永丰人，曲江张子寿之后也。父光远死于贼，宋濂为之志铭。唯流寓河南，以《尚书》领首荐，擢编修，入文华堂肄业。唯有俊才，同列逊之。

编修张翀

张翀，字凤举，河南人。入文华肄业，擢编修，后教授南阳。濒行，辞于宋濂曰："翀以布衣感上恩遇，乔岳匪高，瀛海匪深，典教一邦，弗称是惧。"濂作文送之，且称其沉重有识，研穷遗经，而造其阃奥，可进于道，是必有所试矣。

廖道南曰："我圣祖尊贤造士之典，于是乎益征矣。投戈之暇，即建礼贤馆；履元之初，即开文华堂。鸿儒俊髦，文物彬彬。於戏，盛哉！今考之入文华者十七人，而王琏、张唯、张翀者，赖有景濂为之述也。他若马亮、任敬、陈敏、李端、王辉，不少概见，可惜也哉！"

赞曰：虎观天开，石渠云密。东壁焜煌，西昆赫奕。济济多士，蔼蔼吉人。万邦惟献，百度惟贞。皇建有极，古训是式。五星聚奎，以兆今日。

编修朱右

朱右，字伯贤，浙江临海人，光庭先生九世孙。尝游李五峰、陈两峰之门。洪武初，预修《元史》、《大明日历》、《皇明宝训》，授翰林编修，终晋府右长史。所著有《白云稿》、《春秋类编》、《三史钩玄》、《秦汉文衡》、《深衣考误》、《历代统纪要览》、《元史补遗》，凡若干卷。

编修蒋敬

蒋敬，字行简，其先汴人，徙居金陵之锦绣里。父成字翁辅，孝友之士也。洪武初，敬为编修，同蔡玄受业于宋濂。濂既铭其父矣，且称敬为人谦慎重然诺，一时名士多与之游云。

编修罗公愿

罗公愿，字从善，浙江青田人。父世昌为处州路教授。洪武四年，公愿应州辟举，以《书经》试铨曹，擢编修，转工部都水主事。

编修王厘

王厘，江西鄱阳人。洪武初，以明经授本庠教谕，征为编修，预修《元史》。每承顾问称旨。尝患头风，上赐以所御药酒饮之，遂愈。后知南阳府。所著有《群英杂言》诸集。

编修桑慎

桑慎，字仲修，世居常州，迁嘉兴。洪武初，擢编修，改监察御史。贤能廉直，孝亲睦姻，苦行力学，逼于古人。诤廷则有折槛之风，谏友则有面折之直。以行部海南，奏诛卫使张荣，坐不避八议罪，谪琼安置，未尝怨怼，凡动止合礼。琼志称之。

编修董琰

董琰，字子庄，江西乐安人。洪武间为编修，迁国子司业。

廖道南曰："予考国史，乃得朱孟辨、赵埙者以修《元史》征，吴升、周孟东以贤良征，桑慎、陈晟以儒士征，俱为编修。晟自撰族谱，与孟辨、孟东俱见宋濂文集，而其行义之详，弗可考也。孔子曰：'予犹史之阙文也。'於乎！岂史之阙文尔矣乎？"

赞曰：蒋敬谦慎，蔡玄敦约。王厘遭际，朱右弘博。下迨罗周，董朱为俦。赵埙吴升，孟东清修。桑慎陈晟，后先辉映。唐虞之际，于斯为盛。

殿阁词林记卷之九

殿　　阁

　　洪武十五年十一月戊午，仿宋制置殿阁学士，以礼部尚书刘仲质为华盖殿大学士，翰林院学士宋讷为文渊阁大学士，检讨吴伯宗为武英殿大学士，典籍吴沉为东阁大学士。是月辛酉，覆命耆儒鲍恂、余（全）诠、张长年为文华殿大学士，皆辞不拜。既而全思诚始拜命。永乐二十二年九月丁酉，仁宗昭皇帝增设谨身殿大学士，命太子少傅杨荣兼之。其序次，华盖殿、谨身殿、文华殿、武英殿、文渊阁、东阁，凡六大学士，至今因之，而文华殿则不常设。左右春坊亦时设大学士云。

亲　　擢

　　洪武之末，翰林不及十数人。壬午六月，成祖即位，首诏吏部及本院举文学行谊才识之士授职，闻待诏解缙名，擢居近侍。召对，喜其奇杰敢言，益见信用。七月，侍书黄淮改中书舍人，入见，上与语，大奇之，凡侍朝，特命与缙立于御榻左，以备顾问。一日，以万几丛脞，日御奉天门左室，每夕召对至夜分，或便殿就寝，赐坐榻前，论议政事，同列不得与闻。是时，吴府审理副杨士奇在翰林充修史官，亦有誉望，亲擢为编修。已而改给事中金幼孜、桐城县知县胡俨为检讨，寻升缙为侍读，胡靖为侍讲，编修杨子荣为修撰，而改子荣名荣，继又升淮为编修。九月，遂开内阁于东角门内，召七人者谕以委任腹心至意，俾入处其中，专典密务，虽学士王景辈不得与焉。明日，赐织金罗衣各一袭。时几务孔殷，每旦奏事退，内阁之臣造宸前，进呈文字，商机密，承顾问，率漏下十数刻始退。十一月，升缙为侍读学士，靖、淮、俨皆侍读，荣、士奇、幼孜皆侍讲，复靖名广。

　　永乐元年九月，上御右顺门，召缙及士奇，谕之曰："朕即位以来，尔七人者朝夕相与共事，鲜离左右，朕嘉尔等恭顺不懈，皆赐五品公服。"二年正月，七人皆赐二品金织衣，且劳之曰："天下事咸朕与若等同计，非若六卿之分理也。"三月，册立储宫，进缙为学士兼右春坊大学士、奉议大夫，淮为左春坊左庶子，广为右春坊右庶子，皆奉议大夫，仍兼侍读，俨为左春坊左谕德，仍兼侍读，荣为右春坊右谕德，仍兼侍讲，士奇以本官兼左春坊左中允，幼孜以本官兼右春坊右中允，各赐袍笏。九月，俨出为国子祭酒。四年，缙坐事去，广遂进学士兼左春坊大学士、奉政大夫。五年二月，淮进右春坊大学士，仍兼侍读，寻进学士，仍兼右春坊大学士。士奇进左春坊左谕德，幼孜进右春坊右谕德，俱奉训大夫，仍兼侍讲。十二年，淮坐事去。十四年四月，广进文渊阁大学士，荣、幼孜进学士，三人仍兼春坊原职。十五年二月，士奇进学士，仍兼春坊原职。十六年五月，广卒。十八年闰正月，命荣、幼孜皆为文渊阁大学士兼学士。十九年正月，改士奇为左春坊大学士。终永乐之世，内阁之臣不过五品，而华盖等殿大学士亦不复设。盖虽不崇以穹秩，然皆出于亲擢，寄以天下大政，谏行言听，得以尽其启沃。是故英宗复辟，大学士李贤柄政，复永乐之旧。

　　时修撰岳正每开口论事，以世务自许，大内廉知其名，吏部尚书王翱亦荐之。天顺元年六月，召见文华殿，上见遽曰："好。"问年几何，对曰："四十。"又曰："正好。"问何处人，对曰："漷县人。"又曰："又是北方人。"问治何经，曰："《尚书》。"上曰："是《书经》尤善。"问何科进士，对曰："正统十三年。"上益喜曰："又是我所取者。"乃顾曰："今用汝内阁参预机务，凡事为朕主张，许彬老矣，不足恃也。"正顿首辞至再，乃出赴阁。九月朔，御文华殿，召太常少卿兼侍读彭时入见，令近榻前，问曰："汝是正统十三年状元邪？"对曰："不才误蒙宠渥拔擢，至今感戴不忘。"因叩头者三。又曰："第二名是陈鉴？第三名岳正呵？"对曰："是。"又问："今年几何？"对曰："臣犬马之齿四十二。"上曰："正好用。出外吃酒饭。"时叩首谢命，赴文渊阁办事。盖前此未尝无亲擢者，观此，倚毗宰辅、礼重儒臣之意可知矣。咨询必及其年者，岂不以老成谋国，必有徽猷，新进少年，或至败事欤？用人慎始如此，真可为后世法。

视　　事

　　殿阁大学士虽设自洪武中，然同在内阁视事，则自永乐初年始。其坐次不敢正席者，以车驾所尝临幸故也。天顺中，大学士李贤疑与外衙门同，将欲正席坐，同列彭时不可乃止。时常记其事曰：

　　文渊阁在午门之内迤东，文华殿南面砖城凡十间，皆覆以黄瓦，揭"文渊阁"三大字于阁门。中间置红柜，藏历朝训录副本。前楹设椸东西，余四间后列书柜，隔前楹所。李贤自吏部进，以傍坐不安，令人移红柜壁后，欲设公座。时曰："不可。闻宣德初年，驾幸至此，故不设公座。"李曰："事久矣，今设何妨？"时曰："此内府也，亦不宜南面正座。"李曰："东边会食处与各房却正座，如何？"时曰："此有牌扁故为正，彼皆无扁故也。"李曰："东阁有扁，亦正坐，何必拘此。"时曰："东阁西面，非正南也。"李词气稍不平，曰："乌有居是官而不正其位乎？"时曰："正位在外诸衙门则可，在内决不可，如欲正位，则华盖、谨身、武英、文华诸殿大学士将如何耶？"盖殿阁皆至尊所御，原设官之意，止可侍坐以备顾问，决无正坐理。李语塞，然意犹未已。逾数日，上遣中官傅恭送孔子并四配像一龛置于中间。又数日，遣太监裴当送圣贤画像一副来悬于龛后壁上，乃罢不设坐焉。

几　务

内阁参预几务，肇自成祖，然惟大学士暨学士而已。永乐二十二年八月，仁宗立，以文渊阁大学士杨荣等辅导久，积有年劳，乃命升荣为太常寺卿，金幼孜为户部右侍郎，俱兼前职，杨士奇为礼部左侍郎兼华盖殿大学士，起前左春坊大学士兼学士黄淮为通政司通政使兼武英殿大学士，四人俱掌内制。内阁带三品官衔始此。九月，加士奇少保，仍兼前职，荣太子少傅兼谨身殿大学士，幼孜太子太保兼武英殿大学士。内阁位至三孤始此。尊师重傅之礼，至是极矣。十一月，士奇复进少傅，兼职如故。洪熙元年正月，淮进少保、户部尚书，士奇进兵部尚书，幼孜进礼部尚书，俱兼大学士如故。内阁带尚书官衔亦始此。是年闰七月，宣宗既嗣位，罢弘文馆，命太常寺卿兼学士杨溥与士奇等同视事。

宣德元年三月，升行在礼部右侍郎张瑛为左侍郎兼华盖殿大学士。九月，淮致仕。二年二月，升行在户部左侍郎陈山为本部尚书兼谨身殿大学士，瑛亦进本部尚书，兼职如故。二人者，储宫旧僚也。自是每朝必晋陟侍从，谓之从龙恩云。然山与瑛皆不厌人望，山直内阁，无何被疏斥，即致仕去。久之，瑛亦改南京礼部尚书。六年十二月，幼孜卒。九年八月，溥进礼部尚书，兼职如故。九月，瑛起复入见，悯其已老，留为尚书兼大学士。

英宗在东宫，天资明睿，尚冲年委裘，未及出阁讲学，故无推恩者。正统元年七月，瑛卒。三年四月，士奇暨荣俱进少师，兼职如故，溥进少保兼武英殿大学士。内阁以实录成进官始此。五年七月，荣卒。九年三月，士奇卒。十一年二月，溥卒。于是老成尽矣。是时侍讲学士陈循进户部左侍郎兼学士，入阁参预几务，侍读苗衷、侍讲高穀、修撰马愉、曹鼐以经筵日讲官皆进侍讲学士，与循同视事。未几，鼐进吏部左侍郎，衷进兵部左侍郎，俱兼侍讲学士；愉进礼部右侍郎，穀进工部右侍郎，俱兼侍读学士。愉寻卒。十四年八月，鼐扈从北征，没于土木之难。

景泰以郕王监国，擢修撰商辂、彭时入阁办事。及即位，藩府旧僚，推恩止侍郎，不得厕内阁，而循、穀各进本部尚书兼学士，辂、时皆进侍读。时以忧去，又擢户部右侍郎江渊兼学士，入阁参预几务。寻又命礼部右侍郎俞纲，纲在内阁三月，改南京礼部。盖朝廷欲修永乐故事，擢用诸人，然进退亦颇轻矣。景泰元年二月，衷进本部尚书兼学士，寻致仕。九月，辂进学士。十一月，以礼部左侍郎王一宁、国子监祭酒萧镃各兼学士，俱入阁参预几务。寻加循少保兼文渊阁大学士，穀少保兼东阁大学士，仍兼尚书如故。四月，命循、穀俱兼太子太傅，升渊、一宁、镃俱太子太师，辂兵部左侍郎、学士兼左春坊大学士。一宁寻卒。十月，命太子太保兼都察院左都御史王文入阁办事。

外官不由翰林得参预几务者始此。初，文与中官王诚结为兄弟，谋入阁，尝私以语高穀。会有中旨增内阁员，陈循举萧镃祯（萧镃），穀遂举文。奏上，果用文，人皆骇谔。四年二月，命文为太子太保、吏部尚书兼学士，寻加少保兼东阁大学士，尚书如故。七年五月，改循兼华盖殿大学士，穀、文俱兼谨身殿大学士，镃进本部尚书，兼职如故。

英宗复辟，天顺元年正月，命都察院右副都御史徐有贞兼学士，入阁参预几务。有贞始名珵，由侍讲升任，以迎复功，故有是命。是日，升太常寺卿许彬为礼部左侍郎兼学士，与有贞同视事。明日，升有贞为兵部尚书，兼职如故。诏罪谋立襄藩者，王文伏法，陈循、江渊谪戍，萧镃、商辂发为民。盖事关社稷，有所不得已故也。又明日，升大理寺卿薛瑄为礼部右侍郎兼学士，入阁参预几务。又数日，穀致仕。三月，命吏部右侍郎李贤兼学士，入阁参预几务。有贞为奉天翊运推诚宣力守正文臣、特进光禄大夫，封武功伯，兼东阁大学士，寻改兼华盖殿大学士，掌文渊阁事，曰掌文渊阁事，有贞所自署也。阁在御府大内，非人臣所可掌，矧非军功，冒进封爵，固占知其不终矣。寻进贤为本部尚书，兼官如故。五月，彬、瑄转左侍郎，仍兼原职。六月，命通政司左参议兼侍讲吕原，继命修撰岳正，俱入阁参预几务。有贞、贤坐事左迁，贤为吏部左侍郎，瑄遂致仕去。瑄制行纯悫，邃于理学，其去也，盖见几而作云。七月，有贞革爵远窜，彬坐黜，复贤官，视事如故。永乐中，胡俨自内阁出，不复再入，再入自贤始也。正寻坐事去。九月，命太常寺少卿兼侍读彭时复入阁参预几务。十二月，时进兼学士，改原为侍读学士。二年五月，原进学士。六年七月，加贤太子少保。八月，原以忧去，十一月卒。七年二月，升詹事府詹事陈文为礼部右侍郎兼学士，入阁参预几务。

正统八年正月，宪宗嗣位。三月，复正原职，不预几务，加贤少保兼华盖殿大学士，尚书如故，文吏部左侍郎，时吏部右侍郎，仍兼原职。十月，时进兵部尚书。成化元年三月，文进礼部尚书。二年十二月，命太常寺少卿兼侍读学士刘定之入阁参预几务。是年，贤以忧去，夺情起视事，寻卒。三年三月，复商辂原职，视事如故。八月，文、时俱加太子少保，仍前尚书兼文渊阁大学士，定之进工部左侍郎兼学士。四年四月，文卒。十月，辂进本部尚书，定之转礼部左侍郎，俱兼职如故。七年六月，定之卒。十一年正月，时进少保，三月卒。四月，辂进文渊阁大学士。十二年六月，加太子少保，改吏部，十三年二月，进兼谨身殿大学士。十四年，辂致仕去，加少保。终成化之世，又有刘珝、万安、刘吉、尹直、彭华，弘治中则徐溥、丘濬、刘健、李东阳、谢迁，正德中则焦芳、刘宇、曹元、王鏊、刘忠、杨廷和、梁储、费宏、靳贵、杨一清、蒋冕、毛纪。若芳与宇、元，由逆瑾进者也，其末也。惟廷和，惟储，惟冕，惟纪，预闻嘉靖初政焉，以近事尚在人耳目，不复悉记。

夫内阁密勿之地，寄以几务，即《虞书》所谓股肱，《说命》所谓作砺、作舟楫、作霖雨也。始虽以待儒彦，而其后则元老巨寮为天下具瞻者乃得与焉。百余年来，政治枢要，实在于此。旧制虽不设丞相，而世以宰相称之。嗟乎！用非其人，固足以覆餗，然或不见亲且信焉，虽有真儒，安所宣其效哉？

拟　旨

　　唐宋以来,臣僚章奏凡有所批答,皆臣下代言,中书省及集贤院、翰林院学士专之。洪武初始,犹设中书省丞相,政事由以出纳。其后革去,分任五府、九卿衙门,中外章奏皆上彻御览,每断大事、决大疑,臣下惟面奏取旨,有所可否,则命翰林儒臣折衷今古而后行之。故洪武中批答皆御前传旨,当笔即所书,天语尚温也。永乐、洪熙二朝,每召内阁,造膝密议,人不得与闻,虽倚毗之意甚专,然批答出自御笔,未尝委之他人也。至宣德时,始令内阁杨士奇辈及尚书兼詹事蹇义、夏原吉,于凡中外章奏,许用小票墨书贴各疏面以进,谓之条旨,中易红书批出,御笔亲书。及遇大事,犹命大臣面议,议既定,传旨处分,不待批答。自后始专命内阁条旨,然中每依违,或径由中出。嗣是若正统初年,委政中官王振,一至于此,上下蒙蔽,乃及土木之难。及天顺复辟,每事与内阁面议,然后批行。弘治末年,总览权纲,内阁条旨多孝庙御书,事陟重大,至厪宣问,几复国初之旧。正德时,批答大率与正统相类。今之建议者,徒知批答当依内阁所条,而不知有面议传旨故事。或误以条为调,谓调和之义也。审尔,则是漫无可否,以听上裁,惟恐见忤矣,岂所望于以道事君者哉?苟利社稷,死生以之可也。

密　疏

　　内阁密务,有难飏言敷奏者。永乐许密封进呈,谓之密疏。己亥十七年十二月己丑,学士杨荣密疏进言十事,皆斥五府、六部、三法司积弊。成祖嘉之,密谕荣曰:"汝言实切时病,但汝为腹心臣,若遽进此言,恐群臣益相猜疑,不若使言官言之。"于是得监察御史邓真,俾入奏,众皆服栗,免冠请罪,诏诸司即日悛改,怙终者不赦。盖荣所为奏留中,真则受其意也。

　　洪熙初改元,兵部尚书李庆言于上曰:"民间马畜蕃盛,已散之军伍,尚余数多,请令朝觐官领之,少苏民力。"大学士杨士奇独密奏,谓:"朝廷求贤任官,今乃使养马,而课责与民同,非贵贤贱畜之意。"明日,面请内批罢其事,不报。明日,又入对请罢,上曰:"吾偶忘之,当即批出不爽也。"午刻,上御思善门,谕曰:"内批岂真忘,念卿孤立,为众所伤,不欲因卿言而罢耳。今有名矣。"出示一章,乃按察使陈智所言者。命士奇据几草敕止之,已领者准洪武中官员乘例,不责生息,亏损不责偿,未给者止勿给。复谓曰:"继今令有不便,惟密与朕言,李庆辈不识大体,不足语也。"

　　二十二年十一月,学士杨溥密疏言事,上嘉纳,手敕奖谕之曰:"览卿所奏,为国家之计,诚合朕心,但望卿始终如一,知无不言,相朕致治,以承天休。感卿忠恳,特用酬报,今赐卿彩币一双,钞一千贯,卿其领之。"夫事几不密则害成,今日所以委曲为之处者如此,而又宠以旌赏,真可谓一德一心矣。其后内阁言事循此例,类用题奏揭帖,不宣闻于外云。

天顺癸未，空中有声，大学士李贤密疏曰："《传》言无形有声，谓之鼓妖，上不恤民，则有此异。"因条十事上陈，英宗嘉纳，诏皆从之，颁行天下。贤又请罢江南所造段匹磁器，清锦衣卫囚，止各边守臣进贡、下番所遣使臣，停中外买办采办，诏不从，贤执之数四，止取前十条行之。左右见贤力争，皆寒悚，同列亦为贤惧。贤曰："古之大臣，知无不言，今虽不能尽然，至于利害系国家安危者，岂可默默以苟禄位？"然圣明亦不以为忤也。

盖嘉谋嘉猷，入告于内，与飏言敷奏者不同，必利害系国家安危而后言之，又与争一事之得失、陈一时之利害者不同。内阁事功称"三杨一李"，然其所遭际可考也。夫惟声色不动而诚意潜孚，阅历既多而识见素定，乃可以当此，然亦难矣。岳正在内阁，尝密言吉祥、石亨罪恶，二人潜之，被黜。有士人告之曰："先生犯孔子戒矣。"问之云何，则曰："未信而谏是也。"正曰："臣被简用置左右，责任教诫甚至，敢不尽心。若子以谏官处我，则恐未然。"夫正之言诚是也。沃心之论，造膝之谋，初不事于表襮，而天下自阴受其赐，此内阁之所以异于谏官也。若先朝委任杨、李，真可以为万世法。

会　议

宣德以前，每有政事，与群臣面议。正统十年，始命内阁官与各衙门会议，遂为例。徐有贞曰："景泰四年十月，诏以河决沙湾，久弗克治，集左右臣弼暨百执事之官，于文渊阁议举可以治水者，佥以有贞应，上特用之，有贞立碑为记。"近例凡厥时政有大事当会议者，该部奏请会，如合会儒臣，则本院、詹事府、左右春坊、司经局及国子监皆预。

缮　写

永乐时，内阁进学者二十八人，皆面稽而身教之。王英、王直德器才学，尤为侪辈所推，首擢为修撰，以皆慎密可任，并拣入秘阁，书进呈几密章疏，永乐末，累擢至讲读学士。盖尝试以为大用之地云。至宣德时，复增左春坊大学士曾棨俾入直。未几棨卒，二王亦出理部事，缮写章疏之任遂废。

书　办

《大明会典》云：凡内阁所掌制敕、诏旨、诰命、册表、宝文、玉牒、讲章、碑额及题奏、揭帖等项，一应几密文书及王府敕符底簿，皆制敕房书办；文官诰敕及番译敕旨并四夷来文揭帖、兵部纪功勘合底簿等项，皆诰敕房书办。合用中书舍人等官，于本院或各该衙门带俸，遇有升迁，仍旧供职，其有堪别用者，亦从吏部推举。

阁　　禁

　　祖宗规制，严密内阁之禁，凡一应官员、闲杂人等不许擅入，违者治罪。今内阁门额尚悬严旨。叶盛《日记》有云："文渊阁宥密之地，外臣非公事不能至，廷陛机宜无敢泄者。杨文贞、文定、文敏三先生典刑尚存。文贞间遇知己，或问近日外间有何事，或某事便否，亦甚鲜也。后来者则有稍稍传闻于人，甚而方面官见辞后必造谒，或拘举子入考文字，又甚而造膝之言，伐言之笔，不待莫出禁门，而已遍告多人矣。"此盖指景泰中之用事者，故云然。

参　　见

　　凡本院官入见内阁，必先使孔目通姓名而后见。初授官谢恩后入见，例留饭。《可斋杂记》云："时官修撰，谢恩后，偕同年陈缉熙、岳季方诣阁下，见曹、陈、苗、高四先生，遂留早餐酒饭，随光禄寺所供，不增设。诸先生笑曰：'此是本院故事，儒官清淡只如此。'盖以僚友待之也。"其后内阁官尊，或有座主、门生之分，遂令六品以下揖于阶下，五品及詹事府官送迎如僚友礼，陛朝见朝辞及冬正旦行礼后，不暇易服往见焉，非公事不复至。或议朝政质问可否，使孔目请入乃入，外官入见，亦以公事。《会典》所载，凡各衙门领敕官员，俱赴内阁，会有敕书，方赴鸿胪寺报名辞朝领敕。其他则国子监官送书课，提督四夷馆送番译文字之类，具有定规云。

弘　　文

　　洪武三年四月庚辰，置弘文馆，设学士一员及校书郎等官。九年闰九月，定官制，遂罢之。居是职者，刘基、詹同、罗复仁、胡镒也。仁宗即位，建弘文阁于思善门外，盖法国初遗意。永乐二十二年八月，命本院学士杨溥掌之，与侍讲王进时承顾问，讨论经籍，又擢编修杨敬、给事中何澄俾预焉，又起用检讨陈继，凡在阁者五人。驾尝临幸，讲论经史不倦。洪熙元年闰七月，溥等奏纳弘文阁印，各还原任，储闱可之，仍命溥与杨士奇等同治内阁事。正德初，建议者谓宜仿弘文阁故事，特命侍从文学之臣更番入直，或召天下名贤文学恬退者一二人，如起用陈继之例。听政之暇，游息之间，时至阁中，略去威严，从容询问，或讲经书，或论古今成败。有暇则至，不必拘其时；有疑则问，不必严其礼。如是则圣学缉熙，义理纯熟，凡百玩好，自不暇及，而所召必皆一时之闻人，则亦可以收拾天下之遗才矣。此亦祖宗君臣同游之渐，未必无补。惜论建未及，付之空言而已。

东　　阁

　　正统丁卯，诏选本院官之有誉望者入东阁读中秘书，修撰刘俨、商辂、编修陈文、吕原等凡十人，且特命之侍经筵，日在内府，进学不倦，盖储之以待大用也。厥后多为名臣。嘉靖丁亥五月朔，日食，臣道南进陈《洪范·九畴》疏，以征时政。仰荷御劄，云："翰林官中有才识忠行者，日轮二员，入直东阁，凡经书史鉴有关君德者，日录所闻，以赞朕不逮。"于是大学士杨一清奏讲《大学衍义》，上特命顾鼎臣讲《洪范》，臣道南讲《无逸》，臣于终篇引吕祖谦论曰：天之生万物也，健而不息，以成悠久之功；君之生万民也，勤而无逸，以成惇大之治。故人君之德，在乎法天而已矣。我太祖高皇帝命儒臣进讲《无逸》，谕曰："自昔有国家者，未有不以勤而兴，以逸而废。周公是书，上自天命之精微，下至民生稼穑之艰难，以及闾里小民之怨诅，莫不具载，先事而虑，其意深矣。朕每观是篇，反覆详味，求古人之用心，尝命儒臣书于殿壁，朝夕省阅，以为监戒。"仰惟皇上敬天爱民，懋学勤政，揭《无逸》、《豳风》□□□绍帝王之心法，轸耕夫织女之勤苦，以昭圣祖之徽猷，虽商之三宗、周之三后，有不能企及焉者矣。尤愿刚健纯粹，孚乾运之不息，含宏光大，广天德之好生，明作有功，而百司庶府，咸贞其度，曲成不遗，而兆民庶物，各得其所。《中庸》曰：故至诚无息。不息则久，久则征，征则悠远，悠远则博厚，博厚则高明。博厚所以载物也，高明所以覆物也，悠久所以成物也，博厚配地，高明配天，悠久无疆，臣愚端有望于今日。

殿阁词林记卷之十

文　华

洪武六年，开文华堂于禁中，以为储材地，诏择乡贡举人年少俊异者，俾肄业其中。正月甲寅，选河南第一人张唯，上召见便殿，亲命题，俾赋诗，诗成称旨，唯及王辉、李端、张翀皆擢编修，萧韶为秘书监直长，赐冠带衣服。又明日，山东第三人王琏等见，召试如之，琏及张凤、任敬、马亮、陈敏皆擢编修，赐予亦如之。受命入堂读书，诏赞善大夫宋濂、正字桂彦良等分教之。上谓曰："昔许鲁斋诸生多为宰辅，卿其勉之。"听政之暇，辄幸堂中，取其文亲评优劣，命光禄日给酒馔，每食皇太子、亲王迭为主，唯等侍食左右，冬夏赐衣及金弓矢鞍马，宠锡甚厚。濂辈虽司启迪，顾诸生皆上所亲教，不敢以师道自居。一日侍燕闲，询及肄业进益，濂对曰："无如张唯者。"因备述其俊才，请录为弟子员，上笑而许之。盖同时进者凡十有七人。又选成均之秀入武英堂，俾练习政事，方徵、彭通、宋善、王惟吉等，皆拜给事中，礼遇虽不及唯等，然侍从车驾应制被顾问，未始异也。其后多至执政，有声光云。

文　渊

永乐三年正月壬子，成祖命学士解缙等于新进士中选其英俊者，俾就文渊阁进学。乃选修撰曾棨，编修周述、周孟简，庶吉士杨相、王训、王直、吴绅、彭汝器、刘子钦、余学夔、童朴、卢翰、熊直、王道、罗汝敬、沈升、柴广敬、王英、余鼎、汤流、洪顺、段民、杨勉、章敞、李时勉、倪维哲、陈敬宗、袁添禄二十八人入见。上谕勉之曰："人须立志，志立则功就，天下古今之人，未有无志而能建功成事者，汝等简拔于千百人中为进士，又简拔于进士中至此，固皆今之英俊，然当立志远大，不可安于小成。为学必造道德之微，必具体用之全，为文必并驱班马韩欧之间，如此立心，日进不已，未有不成者。古之文学之士，岂皆天成，亦积功所致也，汝等勉之。朕不任尔以事，文渊阁古今载籍所萃，尔等各食其禄，日就阁中，恣尔玩索，务实得于己，庶国家将来皆得尔用，不可自怠，以孤朕期待之意。"时庶吉士周忱自陈年少愿进学，上喜曰："有志之士也。"命增忾为二十九人。遂命司礼监月给笔墨纸，光禄给膳，礼部月给膏烛并钞，工部择近第宅居之，且命缙领其事。数召至便殿，问以经史诸子故实，或至抵暮方退。五日一休沐，使内臣随之，校尉备驺从，人莫不歆其荣艳。上时搜奇书僻事，以验所学，荣等多对诵如流者。上甚喜之，多所奖赉。恒顾群臣曰："秀才辈性子直，可亲近。"缙尝以《钟山龙蟠诗》试诸人，甚称彭汝器所作。一日上问《捕蛇者说》，汝器即朗诵于前，甚奇其才。王训以《大江绕金陵赋》进，上最称之。且程试课业，大严赏罚，而王英、王直尤为侪辈所推让。

盖是时庶吉士隶本院者尚多，如孙子良、涂顺、李昌祺、萧省身、江铁、张宗琏、田忠等无虑数十人，皆不得与选。后上亲征巡狩，虽有庶吉士之选如甲申例则，而车驾不及亲莅焉。宣庙末年，锐意储才，自临御以来，三科进士数百人，援其尤者凡二十八人，以应二十八宿。时癸丑、丙辰诸进士，发各衙门观政，或奉使出外，诏追还选之，皆入文渊阁进学，其优礼给赐，一循永乐甲申之制，仍赐御制诗，以示勉励。

东　　阁

景泰二年，诏选庶吉士并首甲柯潜等二十八人，命进学于东阁，赐居第，给大官酒馔及膏纸费，命内阁大臣典领之。盖不别立师，不出就外公署，一如永乐初科故事，然车驾未尝亲莅教也。五年，亦选庶吉士暨首甲孙贤等十八人，遂遵正统时例矣。

公　　署

庶吉士在外公署教习，始自正统初年。内阁奏请学士等官二员教习本院，仍行户部给灯油钱，兵部拨皂隶，刑部给纸札，工部拨房屋，顺天府给笔墨，光禄给酒饭。内阁按月考试，俟有成效，送吏部铨注本院并各衙门职事。自是庶吉士教习，与文华堂、文渊阁时旧规不同，其所拨给，循故事耳。今宜依祖宗时入禁中，侍燕闲，承顾问。上以储材蓄德为教，则下亦必涵养进修自勖，不惟人才造就，而君德赞辅，有攸赖焉。若不得已就外教习，领其事者，宜奏请专使校雠中秘书，日令有所撰述。暇则演习经筵讲章，日夕与讨论古今，商确经史同异得失，且究竟名理，归诸身心，以行谊相砥励，务得其实，以为国家用。若其学业高下，宜默成之。其或求见邀名，则斥而退之，勿收匪人，以招物议，则非惟育材有成效，抑亦光昭祖训也。苟舍大纲，先末艺，以诗文记诵为学，而道德政事则忽弃焉。授受之际，既近于学究，而乃设会簿，稽勤惰，虽严声厉色以督责之，亦浅之乎其待士矣。

正统以来，在公署读书者，大都从事词章，内阁按月考试，则诗文各一篇，第其高下，具揭帖开列名氏，发本院以为去留地，致使卑陋者多至奔竞，有志者甚或谢病而去，不能去者多称病不往。将近三年，则纷然计议邀求解馆，最可笑也。弘治癸丑，学士李东阳、程敏政教庶吉士，至院阅会簿，悉注病假而去，乃赋一绝云："回廊寂寂锁斋居，白日都消病历馀。窃食大官无寸补，绿阴亭上勘医书。"其流弊一至于此。又闻之前辈云：天顺甲申庶吉士，次年相率入内阁解馆，大学士李贤谓曰："贤辈教养未久，奈何遽欲入仕？"有计礼者抗声对曰："今日比永乐时何等教养，且老先生从何处教养来？"贤稍责之，即曰："吾辈教习，虽例该三年，已烧却一年矣。"谓癸未春闱灾故也。贤怒甚。明日，请旨各授职，罚礼观政刑部。又数月，授南京刑部主事。礼之言虽近不恭，然不可谓无稽者。观此，则教法不克复旧久矣。

考　　选

考选庶吉士，始自洪武乙丑，迨永乐初，益重其事，大率每科必选。宣宗时，合三科进士亲试之。正统丙辰，英庙亲选庶吉士于文华殿，取萧镃等十二人。己未以后罢之。至戊辰，始纯选北方及蜀士为庶吉士，被选者万安等二十人，不亲试也。自是，其事付内阁，例取平日所为诗文，或翻阅试卷，兼采名实。礼部会同吏部试以古文暨诗，合式者改送吏部读书。景泰辛未，选吴汇等二十五人，甲戌，选丘濬等十八人，皆兼选南北士。天顺庚辰三月，上御文华殿，召李贤谕曰："永乐、宣德中，常选庶吉士教养待用。今科进士中，可选人物端重、语音正当者二十余人为庶吉士，止选北方人，若南方人有似彭时者选取。"贤出以语时，时疑贤欲抑南人，因应之曰："立贤无方，何分南北？"贤曰："果上意也，奈何？"已而太监牛玉复传命如前，令内阁会吏部同选。时对牛曰："南方士岂独时？比优于时者甚多也。"是日考选，取十五人，南方止三人，而江西惟张元祯得与焉。天顺甲申，选李东阳等十八人，自是皆兼选南北士。成化丙戌，选林瀚等二十四人。己丑，选费闾等十五人。戊戌，选梁储等二十八人。丁未，选程楷等三十人。弘治癸丑，选顾清等二十人。是科清等已发各司观政，后乃得旨取自各司者选。丙辰，选顾潜等二十人。壬戌，选胡煜等二十人。乙丑，选崔铣等三十人。正德辛未，选许成名等三十三人。丁丑，选汪佃等三十四人。辛巳，选廖道南等二十四人。

教　　书

洪武中宋濂；永乐初解缙，皆常领庶吉士，特与之讲究尔，未尝抗颜为师也。宣宗时，亲教庶吉士，考其文艺，与永乐时同。至正统戊辰，乃颛命詹事兼侍讲学士刘铉、祭酒王询（恂）教书，自后以为例。

考　　艺

永乐中，召试庶吉士文艺，多入内殿。宣宗尝御文华殿，召诸庶吉士，试以"诸葛孔明可与兴礼乐论"，亲第其高下，以郑建为首，赐宝钞百锭，余有差。盖仍永乐之旧也。正统元年，简诸进士入翰林为庶吉士，时萧镃以宣德丁未进士需次于家，久乃得召至与焉。召试文华殿，取镃为首，王鉴次之，凡二十五人云。

斋宫

宣德五年三月，征庶吉士三十人分隶近侍诸衙门，如洪武乙丑之制。次日，引入斋宫，御试止用八人，仍择进士有文望者预试，命题出"取士何以得真才论"，吴节为首，范理第二，皆上所亲裁，在前列者赐白金五两，楮币五十缗，余有差，杨宁等诏归乡读书。至九年，乃合选二十八人入翰林焉。其在六科为庶吉士者，自廖庄而下多名士。正统后，庶吉士止隶翰林，然考艺出于当宁者罕矣。

奇童

《大明会典》："凡各处举到幼童，奉旨送本院读书习字，月给米食，内阁稽考课业，俟有成效，奏请擢用。其愿科举出身者听。"按：奇童被荐入翰林读中秘书者，始自正统初兵部尚书程信之子敏政，及杨一清自楚举荐，李东阳自顺天荐。英皇出题命对曰："鹏翮高飞抟扶摇之九万。"敏政云："龙墀独对陈礼乐之三千。"东阳云："龙颜端拱位天地于两间。"上首肯之。成化末，崇仁洪钟七岁善书，有司以奇童荐，宪宗召见嘉叹，命入翰林充秀才，读中秘书。

恩荫

天顺元年，右都御史耿九畴子裕为给事中，建言父子同在要地非宜，遂改裕为检讨。九畴寻坐事，裕亦出为泗州判官。正德中，大学士焦芳、刘宇改其子焦黄中、刘仁。嘉靖中，席书为礼部尚书，改其弟春、孙交为户部尚书，改长子元俱为修撰、编修等官。

添设

洪武十六年十月，增本院《尚书》博士二人，秩从八品，以儒士饶仲恭、张庸为之，令仲恭于潭王府说书，庸于鲁王府说书。添说始此。

举官

正统元年，奏准知县有缺，令在京四品以上官及国子监、翰林院堂上官各一员，从吏部推访，除授不职者，并坐举主。

诸　科

正统十四年，诏各处儒士照永乐间事例，送本院严加考试选用，不中者发原籍为民。叶盛曰："永乐中，清江喻行之以文学举试记里皷，正统中，冯益试事道，皆不知所谓，莫能措一辞，所谓名浮于实，君子弗贵者欤？"如复诸科，考艺观德，付诸翰林可也。

考　贡

洪武十六年二月丙申，命天下学校岁贡生员。时谏官有言，命礼部榜谕天下府州县学，自明年为始，岁贡生员各一人。正月至京，从翰林院试经义、四书义各一道，判语一条，中式者入国子监，不中者罚之。故有此命也。《会典》曰："凡考试岁贡生员，礼部奏请出题，本部官赴内阁领题。试笔（毕）送卷，本院官批定去取，送部奏请施行。"尝闻编修张元祯考校精核，岁贡士鲜入格者，时服其公云。

校　职

《会典》云："凡考试愿就教职举人、监生，吏部奏请出题，本部官赴内阁领题，试毕送卷，本院官批定中否，送部奏请施行。"又云："凡各处儒学训导，九年考满，吏部出题考试，初场四书本经义各一道，二场策论各一道，印封文卷，送内阁委本院官批定去处，送部奏请施行。"

汰　吏

洪武二十九年四月，命本院官会同礼部考国子监六堂师弟子，甄别高下，送吏部以次录用，其后不知何时遂废。永乐中，有诏汰在京储司冗官，左赞善陈完署春坊事，即澡笔书某当留，某当去，众服其明决，然此后亦不闻焉。《会典》云："天顺八年，奏准吏部、都察院会同内阁，考察在京五品以下文职并在外布、按二司，有不公者，许科道官指实劾奏。"又云："宣德七年，敕吏员三考满当授官者，吏部通引于内府，会同六部、都察院、翰林院堂上官出题，南北类试，其文义粗晓，行移得当，书体不谬，三事俱可取者为一等，二事可取者为二等，俱不可取者放回为民当差。"《可斋杂记》云："东阁为翰林官会揖处。一日，各部堂上官会考三考吏，来集阁下，诸同寅遂联步而出，周修撰旋不允。七年四月，起复学士柯潜为祭酒，具疏恳乞终制，许之。时内阁大学士刘吉起复，侍讲陈音劝使终制，且与之书云：陈升之起复为相，制曰：闵子经而服政，先贤称得事君之宜；晋侯墨而即戎，前志谓达变礼之用。呜呼！升之果何人哉？自罗伦之疏传于世，而先王制礼之议始严矣。"

外　　补

洪武六年，编修孙作辞不拜，乃乞外改太平府学教授。七年，编修张翀入对，乞外改南阳府学教授。永乐中，编修李祯改高州府学教授，陈景著改福州府学教授，祯以痼疾，景著以养母，俱乞外，而景著得任原籍。厥后作起复为司业，翀起复为御史，贞（祯）暨景著未久卒于任。英宗时，始择文学之臣出任宪司，提督学政。正统元年，修撰王钰自致仕起用，擢江西佥事，提督学校。未几，检讨陈璲亦出为广西提学佥事。自是本院官乞外者，援以为例。成化中侍读焦芳、编修敖山，弘治中编修苏葵、检讨李逊学、刘瑞，正德中编修余本、检讨盛端明、张邦奇皆然。历俸稍深，则擢副使。若葵则以事忤权贵而去者，学士王鏊赠之诗曰："严生久厌承明直，杨亿俄成乞外书。"盖有所为而发[一]。

召　　试

洪武初，南昌县学训导朱善以学行闻，本府上其名，诏擢为教授。八年，命天下教职曾被荐擢者赴京师，上廷试之，擢善第一，除修撰。十六年十月，东昌府学教授冯叡考最，除左赞善。二十年十一月戊子，以河南府学训导葛钧为侍讲学士。三十年六月，召试行人司副陈性善、行人陈成，擢检讨。他如傅藻、袁涣、睢稼、唐肃等擢应奉，孙蕡等擢典籍，皆起自州县庶寮。成祖入继大统，闻桐城知县胡俨有文学，召试之称旨，改除检讨。

校注：

[一] "明直……有所为而发"，与卷十八"译课"条"文字……升吏部员外郎云"互为错简，此据《四库全书》本改。

殿阁词林记卷之十一

官　　制

国初乙巳年五月己亥，设翰林学士正三品，侍讲学士正四品，直学士正五品，修撰、典簿正七品，编修正八品。洪武二年正月戊申，定学士承旨正三品，学士从三品，侍讲学士正四品，侍读学士从四品，直学士正五品，典簿正七品，待制从五品，修撰正六品，应奉正七品，编修正八品，典籍从八品。九年闰九月癸巳，诏定百官品级，承旨与六部尚书俱正三品，学士从三品，侍讲学士从四品。十三年八月己卯，增设检阅从九品。十四年五月癸未，改正五品衙门，设学士一人，侍讲学士二人，侍读学士二人，孔目一人，属官侍讲二人，侍读二人，五经博士五人，典籍二人，侍书二人，待诏二人，史官修撰三人，编修四人，检讨四人，革承旨、直学士、待制、应奉、检阅、典簿。十八年三月丁丑，命吏部定正官；学士一人，正五品；侍读学士、侍讲学士各二人，从五品；首领官孔目一人，未入流。属官侍读、侍讲各二人，正六品；五经博士五人，正八品；典籍二人，从八品；侍书二人，正九品；待诏六人，从九品。史官修撰三人，从六品；编修四人，正七品；检讨四人，从七品。又定华盖殿、武英殿、文华殿、文渊阁、东阁，设大学士各一人，俱正五品，班在本院学士上。其后简用，圣旨自上裁，官无定员，而侍读先侍讲则始于此。

革除年间，更易官制，仍设正官学士承旨一员，在学士之上，改侍读学士、侍讲学士俱为文学博士。设文翰、文史二馆，文翰馆以居侍读、侍讲、侍书、五经博士、典籍、待诏，其侍书升七品；文史馆以居修撰、编修、检阅，改孔目为典籍，创置典簿厅，而革中书舍人，改为侍书，以隶翰林。又增设文渊阁待诏及拾遗、补阙等官。

永乐初，皆复旧制，即洪武十八年所定者也。寻命编修等官于文渊阁参预几务，谓之内阁，渐升至学士及詹事府诸职。

洪熙元年，以辅导任重，加升至师、保及尚书、侍郎、卿，仍兼学士、大学士，自后因之，或止以侍读等官入预阁事。其入阁者虽登穹秩，凡厥事公移，止称翰林院焉。

永乐七年，以顺天府为北京，本院扈从者称行在翰林院，后定北京为京师，遂革行在之称。既建今衙门，遂以旧署之在留都者为南京翰林院。其南京翰林院止设学士一员掌之，遇有员缺，从内阁推举。其后侍讲以上官皆得往掌院事，仍设孔目一人，若修撰等官，或因事始添设焉。

官　衔

凡列衔学士正五品，初授奉议大夫，升授奉政大夫，勋曰修正庶尹。侍读学士、侍讲学士从五品，初授奉训大夫，升授奉直大夫，勋曰协正庶尹。侍读、侍讲正六品，初授承直郎，升授承德郎。修撰从六品，初授承务郎，升授儒林郎。编修正七品，初授承事郎，升授文林郎。检讨从七品，初授从仕郎，升授征事郎。五经博士正八品，初授迪功郎，升授修职郎。典簿从八品，初授迪功佐郎，升授修职佐郎。侍书正九品，初授将仕郎，升授登仕郎。待诏从九品，初授将仕佐郎，升授登仕佐郎。凡给授之时，本院行吏部该司开报奏闻，每金押奏启，止书职名，以品级为次序。惟纂修及进呈书籍、试录等，始书散官勋阶。凡书必系于职名之下者，以所职乃宸翰国史，示有尊也。若以他职兼本院官则否。

职　掌

学士之职，凡赞阐皇猷，敷扬人文，论思献纳，修纂制诰书翰等事，无所不掌。侍读学士之职，凡遇上习读经史，则侍左右，以备顾问，帅其属以从。侍讲学士之职，凡遇鹤禁讲究经史，亦如之。侍读、侍讲，视侍读学士、侍讲学士，凡遇左右侍，其职亦如之。五经博士之职，掌《易》者一人，掌《书》者一人，掌《诗》者一人，掌《春秋》者一人，掌《礼记》者一人，人各专门，明经同异得失，究其指归，以备讲读。典簿之职，掌四库书籍，守扃钥以伺明命。侍书之职，明习六书之法，凡遇上书，则侍左右，以备考订点画音声。待诏之职，凡遇上宣问文议，以备呼召，编摩誊写等事亦如之。史官之职，修撰掌撰述，编修掌纂辑，检讨掌检阅，凡史事俾专掌焉。孔目以首领为职，掌言语、趋走、会计、籍书之事。

粤自吴元年置本院以来，官不必备，惟侍从儒学之臣最重，必如所谓明仁义礼乐，通今古乱治，文章议论可以决疑定策、论道经邦者，始可以处之。故洪武、永乐、宣德间，虽待诏、孔目不轻授人。凡居是职者，咸知自重。若遽谓官虽有异名，其实无异职，谡谡焉而有出位之图，殊失所以肇建官之意也。若乃国史不别置院者，尝考周官掌王之八柄之法，以诏王治，凡命诸侯及孤、卿、大夫则策命之。丘濬曰：八柄诏于冢宰，内史复掌以诏王。盖史官公论之所出，爵禄废置、杀生予夺之柄有所不公，直以笔之。吴澄谓内史为翰林之职。盖以其命诸侯、公卿、大夫则策命之，犹命学士之草制诏也。然谓之史，乃掌文书赞治之名，今制并史馆于翰林，其亦此意欤？然则圣祖命官之意，正与成周媲隆，非徒远过唐宋而已。

詹　事

　　洪武初，建大本堂，延名儒以教储极与藩王，此东宫辅导之始也。后乃设辅导官属，有同知詹事院事、副詹事、左右詹事、詹事丞、左右率府使、副使、同知左右率府事、谕德、赞善、文学、中舍、正字、侍正、洗马、庶子等官，皆以勋旧大臣兼之，不别设府僚。又改赞善为赞善大夫，设赞读。洪武三年十二月，礼部尚书陶凯请选人专任储宫官属，罢兼领之职，庶于辅导，有所责成。于是谕以父子一体、君臣一心之意，遂止。十年，置通事司，设司令、司丞。十四年三月丁未，设左右司直郎。十五年，设左右二春坊，又设司经局。二十二年，置詹事院以统属之。二十四年七月丁未，改院为府，定设詹事一人，正三品，少詹事二人，正四品，丞二人，正六品，首领官主簿一人，从七品，录事二人，正九品。二十九年十一月壬戌，增设属官通事舍人二人，从九品，改录事亦为从九品。其堂上官与本院官互兼职事，而凡讲读、纂修、考试等官，皆与本院同。坊局虽各有印，然事则詹事府统之。南京詹事府今不设官，止设主簿一员，盖詹之为义，省也，给也，省给太子之家。詹事之职，于内外众务无所不掌，少詹事则贰之，丞则掌文书以赞之，通事舍人掌通谒宾赞禁令之事，主簿掌勾稽，录事传递云。

春　坊

　　洪武初，置春坊，以为储宫辅导侍从之臣，官无定员。十五年四月丙申，更定春坊为左右春坊，置左春坊大学士一人，正五品，左庶子一人，正五品，左谕德一人，从五品，左中允二人，正六品，左赞善二人，左司直郎二人，俱从六品，右春坊同。二十九年十一月壬戌，增设左春坊清纪郎一人，从八品，左司谏二人，从九品，右春坊同，亦与本院互兼职事。盖二坊之设，犹馆阁也：大学士综劝学辅德文翰记注之事，庶子掌宫中并诸藩之适子及支庶版籍，行则负玺护驾，拜则左右扶掖之，谕德掌侍从赞谕，中允掌侍从礼仪、较正启奏并监药理刑，赞善掌侍从翊养，司直掌弹劾绳纠，皆汉唐以来旧制；清纪掌伺察，司谏掌谏诤过失，其设也，自我洪武朝始。

司　经

　　洪武十五年四月丙申，置司经局，设洗马二人，校书二人，正字二人。二十三年六月，命定司经局官制。礼部考唐制，言太子司经局洗马从五品，校书正九品，正字从九品，其余职官禄各有差。洪武禄增多于唐，宜从裁减。诏正字、洗马而下，官秩依唐制，其俸禄则从时制。二十四年七月丁未，定司经局官品秩，俱仍其旧。按典置经局自南梁，其后隋改司经局，唐为桂坊。洗马之洗，言先也，遇东驾出则前驱导威仪也，掌图籍经史之事。校书掌雠校经籍，正字掌刊正文字，与本院互兼职事，正字或中书科兼之。

制　诰

国初百官除授，各有诰敕，循宋制也。吴元年，授翰林侍讲学士宋濂制有曰："备顾问于内廷，参密命于翰苑。"又曰："议礼作乐，郊庙所资；修己及人，国家所尚。擢登玉署，侍讲彤闱。凤池兼掌于丝纶，麟史仍参于笔削。地天交泰，有资翊赞之功；云汉昭回，共致文明之治。"洪武元年正月庚子，授翰林学士陶安诰有曰："国家之立，必有一心之臣，尊戴匡辅，用能张其纪纲，植其表仪，正其名位，善其辞命，基图以大，国家以安。"又曰："开翰苑以崇文治，立学士以冠儒英。重道尊贤，莫先于尔。是用擢居宥密，俾职论思。兹特赐以宠章，用昭国典。尚其勤于献纳，赞我皇猷，综理人文，以臻至治。"其眷注隆重如此。

尝考翰林之名，昉于扬雄所为赋，学士出《礼》，"凡学世子及学士，必时"。唐人始以命官，所谓待诏、供奉、北门学士与学士院，亦惟以言语文字为职，未见其为国家轻重也。宋元因之。至我朝倚任益重，凡议礼制度，考文大柄，一以付之，论道经邦，硕辅由此其选，而政之枢要，史之权衡，皆所综焉。观诸诰命词，有足征矣。

又按永乐末，仁宗即位，大学士杨士奇等进升少保，本院以士奇等所受诰进呈，乃亲取笔重增二语曰："勿谓崇高而难入，勿以有所从违而或怠。"顾士奇等曰："此实朕心，卿其勉之。"士奇对曰："圣德能容，臣等敢不勉。昔富弼有言：愿不以同异为喜怒，不以喜怒为用舍。成汤改过不吝，所以为圣人。愿今常以古人为法。"吾皇上下之交，真若元首股肱，相须而成，是又万世圣子神孙所当鉴也。

御　箴

宣宗章皇帝宣德七年六月，亲制翰林院箴，其文曰："廷有司言，自周则然；后世袭用，愈密而重。策命所出，讲学所资；机务之严，于度于咨。代有贤哲，博闻明识；克励翼之，用光厥职。咨尔儒臣，朝夕左右；必端乃志，必慎乃守。启沃之言，惟义与仁；尧舜之道，邹孟以陈。词尚典实，浮薄是戒；谋议所属，出毖于外。心存大公，罔役于私；昔人四禁，汝惟励之。献纳论思，以匡以益；以匹前休，钦哉无斁。"大哉纶言，表彰万世，守官者所敬遵也。今揭于院之后堂，朱髹漆榜，字用金涂之。

公　署

公署为听事而设。吴元年建官，以本院为近侍衙门，故公署虽在外，而寮属相聚恒在馆阁。洪武初，建翰林院于皇城内，学士而下，晚朝退即宿其中，扁曰词林。其后兼考唐宋制度，诏改建于皇城东南宗人府之后，詹事府居其次。洪武二十六年十月兴工，至二十七年十月辛巳告成，诏皆赐宴落之，今为南京翰林院。永乐中，行在本院官仍在禁内供奉，不别立公署。正统七年八月，有诏复建于京师长安左门外玉河西岸，銮驾库之右，而东岸则为詹事府焉。命中官陈姓者督工，逾年落成。正堂三间，中设大学士、学士、侍读学士、侍讲学士公座，左为史官堂，右为讲读堂，首领官房在仪门之外之右。学士杨溥辈为诗记其事。然同寮相与，每朝毕，本院官立东阁前，竢大学士至入阁中，讲读、史官皆序立圜揖而退，五经博士而下，揖于阁外。出，复序立于史馆前，亦圜揖，揖毕，各书公会，乃入馆修书。待诏诸寮，日昃而出公署，惟履任斋宿始一至。若掌印官查理公移、收放俸粮，则莅院视事。

按唐制，翰林院在银台之北，后复建东翰林院于金銮殿之西，因曰銮坡，盖随乘舆所在而迁，取其便耳。正厅曰玉堂，中设视草台，每草制则具衣冠据台而坐，后以车驾经幸，不复如此，但存空台而已。玉堂云者，汉有玉堂殿，待诏金马门近之。李肇《翰林院志》言居翰苑者皆谓凌玉清、溯紫霄，岂止于登瀛洲哉，亦曰登玉堂焉。然未有榜，至宋太宗乃御翰书飞白"玉堂之署"四字赐之。今制虽不尽然，私记往往犹曰玉堂视草，用故事也。嘉靖戊子，始建御制五箴碑于敬一亭，亭树于堂之南，左则刘文定井，井之外为莲池，右则柯竹岩亭，亭之前为土山。

朝　　房

本院朝房，在午门右第六区，每候朝，则殿阁大学士、本院学士、讲读官、史官皆在焉。詹事府朝房，在午门左第十八区，每候朝，则詹事、少詹事、府丞、左右春坊官、司经局官皆在焉。皷初鸣严，各诣棕蓬下序坐，候皷终严而入。其后本院学士候朝，亦在詹事府朝房。成化中，学士王献掌院，始奏闻复取内侍之署。又有外朝房，在长安左右门外，以待漏云。

史　　馆

圣祖初建国，爰重史事，设起居注。甲辰年十月，以宋濂、魏观为之，日侍左右记言动。及正位后，刘季道由明经任，郭传由翰林应奉任，范常由直学士任，蒋学、阎钝、蒋子杰由举人任，熊鼎由考功博士任，陈敬由编修任，未几革之。洪武十四年九月己丑，诏复置起居注，秩从七品，以儒士单仲祐任焉。二十四年，詹同犹为起居注，其后竟废，令本院史官兼之。每朝则立班记事，入馆则载笔以从，书动以为日历，书言以为宝训。永乐中，王直在翰林，犹从事于记注。宣德后，浸以废矣。今史馆凡十，所在东阁之右，中藏列圣实录、古今书史。每被命修书，则本院官日聚集焉。成化、弘治中，臣僚累建言欲复起居注之旧，或欲即命史官记时政于其中，如宋朝政房之制，皆未举行。夫世之门生故吏，于其所尊事者，犹编有语录谈记，矧圣神盛德大业，焜耀如日星，胡可无述乎！在洪武时，日历、宝训，常勤删述，其旧迹犹有可寻者。祖宗旧制，所当复也。

视篆

本院印信系铜铸，方二寸四分，厚四分五厘，九叠篆文，其在南京者则加"南京"二字。詹事府亦铜印，方二寸七分，厚六分。左右春坊、司经局铜印，制度俱与本院同。文渊阁别有印，其印银铸，方一寸七分，厚六分，其文玉筯篆文也。各衙门印皆用于行移中，独内阁印惟机密文字钤封进至黻座开折始用之。近世讹传此印为司礼监所夺，甚或形诸章奏，归咎"三杨"，盖不考之过云。

文移

本院公文，凡行六部用呈，三品衙门用平关，应有行移，俱由该部转行。其呈、关俱有定式，见《大明会典》。其他常务则用手本，如官吏职役铨注、给授散官勋阶则行吏部，俸粮则行户部，领朝参牙牌行礼部，关皂隶柴薪则行兵部，俱用本院印。若左右二春坊、司经局，每事或呈行詹事府，或径行不相关白云。

序秩

本院官与詹事府坊局官多互兼职事，以品秩尊卑为序。若非兼职而品秩同者，先书本院官，然后及詹事府坊局官。如学士则序于春坊大学士及庶子之上，侍读学士、侍讲学士则序于谕德之上，侍读、侍讲则序于府丞、中允之上，修撰则序于赞善、司直之上，典籍先清纪，待诏先司谏，录事、通事舍人盖亦然也。此为修书、考试等事书职名而言，若平居相与则惟序齿。

会坐

公朝凡侍坐、公燕序坐，本院官及詹事府坊局官皆以品级论。若候朝入馆，则学士自为一类，讲读、史官自为一类，宫坊官僚亦以其类相参。天顺以前为然。厥后座主、门生颇妨起居，乃以一科为一类，序坐惟以齿，不以官。李东阳曰："今之诸曹百执事，各有长属，以法相视事，有禀白，唯唯而退。候事竣，辄俛首去，不敢漫及他，其势分悬绝固殊也。惟馆阁以道德文字为事，虽师保耆宿，位尊望重，亦与后进相宾主，訚訚侃侃，各中其度，喜有庆，行有饯，倡和联属，亹亹不厌。此词林盛事也。"

殿阁词林记卷之十二

朝　参

　　洪武中，常朝御殿，命本院官序立，居文武第一班之后，近上便于观听。凡遇上御奉天门，则立御榻之左，皆常服朝。朔望上御奉天殿，具公服，随班行礼毕，诣文华殿朝东宫。永乐初，令内阁儒臣侍立金台东，御三殿皆升殿赐燕，宅忧则御西角门，如常朝制。正统初，内阁官始移下贴御道之东序立，本院官则序立丹墀之东第一班。御西角门亦如之。永乐中，午朝御左顺门，既升御坐，内官设案，内阁及本院侍班官俱于案西序立；晚朝或御右顺门，仪节亦如之。宣德以后，上御门早朝，退御便殿。景泰中，复御午门，而晚朝遂废。大学士王鏊论视朝曰："在《易》泰之象曰：'上下交，而其志同。'否之象曰：'上下不交，而天下无邦。'下之情达于上，下（上）之情达于下，所以为泰，交则泰，不交则否。如近世止于视朝数刻，遥相唯诺，君或不识其臣，臣或不得交一言于君，上下之间，不过章奏批答相关接，刑名法度相把持而已，非独沿袭故常，亦其地使然也。本朝视朝于奉天门，未尝一日废，可谓勤矣。然堂陛悬绝，威严赫奕，将军持钺，台史纠仪，鸿胪举不如法，通政司引奏，上特是之，命所司知之而已。谢恩见辞，惴惴而退，未尝问一事，进一言，此无他，地势悬绝，虽欲言，无由言也。今欲上下之交，莫若复古内朝之法。盖周之时有三朝，库门之外为外朝，询大事在焉；路门之外为治朝，日视朝在焉；路门之内曰内朝，亦曰燕朝。《玉藻》云：'君日出视朝，退适路寝听政。'说者以为视朝而见群臣，所以通上下之情；听政而适路寝，所以通远近之情。汉制大司马、左右前后将军、侍中、散骑、常侍诸吏为中朝，丞相以下至六百石为外朝，盖外朝为尊，中朝为亲也。唐皇城之北南三门曰承天，正旦、冬至受万国之朝贡则御焉，盖古之〔外〕朝也。其北曰太极门，其内曰太极殿，朔望视朝在焉，盖古之中朝也。又北曰两仪门，其内曰两仪殿，常日听朝视事，盖古之内朝也。宋时常朝则文德殿，五日一起居则垂拱殿，正旦、冬至、圣节称贺则大庆殿，赐宴则紫宸殿，或集英殿，试进士则崇政殿。侍从以下，五日一员上殿，谓轮对，则必入时政利害，殿引见，盖亦三朝之遗意焉。夫天有三垣，天子象之中朝，太微也，外朝象天市也，内朝象紫微也。国朝朔望、正旦、冬至、大朝会则奉天殿，即古正朝也。常朝则奉天门，即古之治朝也。而内朝独缺。圣祖时，御华盖、谨身、武英等殿筵宴奏事，则内朝也，而今久不御。三殿深严，人臣鲜或窥焉。故上下之交绝而不通，天下之弊由是而积。臣愚欲于常朝之外，于便殿之侧，仿古内朝之法，或三日，或五日一御焉。外朝或可间歇，内朝必以时举。六部诸司，以次奏事，难决者或从容问之。大臣一日次起居，侍从、台谏五日一员上殿轮对，或不时召见。凡谢恩见辞，咫尺相对，略去威严，上不难于问，下不难于对，人才贤否，政事得失，风俗美恶，闾阎疾苦，古今治乱，皆毕陈于前。如此则上下之情可通，内外之壅蔽可决，天下之事无不可为矣。"

侍　宴

　　洪武三年七月，礼部尚书崔亮奏准：凡朝会赐宴，文官三品以上，武官四品以上，上殿者赐坐墩。其退朝燕闲行幸之处，勋旧之臣、文学之官赐坐者，仍加绒屩绣褥。九年，定学士承旨于六部尚书之上，学士在光禄卿之上，侍讲学士在侍郎之上，时正官列卿先侍郎故也。其后学士虽五品，犹先尚书焉。十六年十一月甲寅，诏定朝参官员坐次，凡奉天门赐坐，六部侍郎、应天府尹、国子监祭酒、翰林院宫谏官、佥都御史坐于西角门，东向；若华盖殿坐于鹿顶外东，西向。至永乐以后，御三殿或便殿行幸，悉赐坐。惟弘（洪）熙、宣德二朝，始以尚书、侍郎兼学士官，于是学士非兼三品以上职者，乃坐其下。正统以来，接见儒臣之日少，故侍坐之仪遂废。若郊祀庆成大宴群臣，学士升殿侍坐，在文职四品之上，本院及詹事府坊经局宴官，在六部侍郎之次。中左门侍坐，修撰等官在六科给事中之上，本院带俸官在太常寺博士之上，詹事府主簿、中书舍人在鸿胪寺署丞之上，丹墀东序坐。正统三年，特命侍讲一人升殿，列学士之下。成化四年，令修撰等官凡近侍风宪者，另列于丹陛下之东西稍北，而庶士与焉。

燕　会

　　本院官铨注后，吏部题本以到任管事请旨，俞允，具公服谢恩，择日诣公署与同寮相见，谓之到任。本院自内阁大学士至孔目皆出燕钱，置盛筵于后堂用乐，大学士列坐于上，新任者坐于前之左，讲读坐于前之右，史官皆傍坐，公燕之盛，盖诸衙门所未有。又数日回席，比前加盛。若首甲则状元出燕钱倍第二、第三人，谓之聚奎燕。其后并在一日，同寮先设小席以待新任者，序宾主东西列坐，饮数行即彻去，就新任者之席，劝酬大率成礼而已。然五品官至博士以下不预，惟讲读、史官在焉，非旧典也。聚奎之燕，或久乃举行云。庶吉士入馆，则内阁大学士而下皆送至外公署，备燕席待之，诸士亦回席，然不谓之到任者，以非职官故也。

殿　班

　　国朝谨身、华盖、奉天三殿，百官行叩头礼毕，本院官用学士、侍读学士、侍讲学士、侍读、侍讲、修撰、编修升殿侍班。洪武二十四年三月辛未，诏文武官除分诣文华殿启事外，凡遇升殿，合用履鞋，照依品级，侍班有违越失仪者，从仪礼司纠劾。东班则六部掌印官、本院官及春坊学士、尚宝司，西班则五府等官及给事中、中书舍人。正统以后，惟圣节、冬至、正旦大朝贺及颁诏进书、册立册封始御奉天殿，其侍班惟用修撰、编修、检讨等官四员。是日早具朝服履鞋，同导驾给事中、纠仪御史等官，鼓初严先入，循殿旁至华盖殿前，候驾出，鸿胪寺奏执事官行礼，礼甫毕，即趋出，复从殿旁趋入奉天殿内，北向立后，双炬自中前导驾至，上升宝座，导驾官分东西立，即趋至宝座之东，西向与中书舍人对立，候行礼毕，自殿门以次趋出。若东宫千秋节及冬至、正旦朝贺，亦用修撰等官二员，与春坊、司经局官对立侍班，于文华殿行礼云。

奏　事

　　洪武三年七月己亥，礼部尚书崔亮奏："凡诸儒官于御前奏事，或进呈文字，退立二三步，毋辄近御案，凡立必于东西隅，不得直前。"制曰："可。"永乐四年，令六部及近侍官有事当商略者，皆于晚朝陈奏。景泰二年，令午朝翰林院先奏事。学士周叙尝上疏曰："臣职叨班行，伏见永乐、洪熙、宣德三朝临御，大班既退，即于门上说事，各衙门官轮流向前，君臣相与商确政务，罄尽所言，人怀畏惮，而事几不泄，成密勿庙堂之美。自正统以来，王振擅权，独立在旁，于是辅弼大臣及近侍官员不得召对，亦不敢尽言，以致酿成今日之祸。宜令群臣依旧制轮流向前说事，止与敷对者令知，他人不得预闻，庶得吐露肝胆，而不宣泄于外。"然竟莫能行。今按杨士奇所录曰："翰林诸臣奏事退，如此之类，不一而足。"今上召问大臣，多于文华进讲，后或御无逸殿及太高玄殿。尝问辅臣李时曰："道南欲令同鼎臣教庶吉士，何如？"时对曰："宋仁宗欲用苏轼典制，韩琦以为太早。今道南才识俊茂，须久养之大用未晚。"上曰："朕御书文剳，今道南编纂。"时曰："然。"他日，辅臣荐余光有才，上曰："余光未必如道南，卿何以此对。"后御咸阳宫，圣谕曰："礼部覆道南庙议，何乃坚执。"遂唯唯而退。

便　殿

　　国初信用儒臣，谒见无时，每出御奉诸门，有奏事，常规退御便殿，有特以事入诣奏者，许径入。洪武二十九年五月戊寅，命詹事府、翰林院、尚宝司、中书舍人、六科给事中、仪礼司于午门内入者，各给牌为验，已而罢之，使近侍官得日至便殿奏事。永乐二十二年八月，杨士奇新改华盖殿大学士，谢恩毕，闻析薪司奏准北京、山东枣薪八十万供宫中香炭之用，士奇入将奏之。时蹇义、夏原吉奏事未退，上望见士奇，笑谓蹇、夏曰："新华盖学士来奏事，必有理，试共听之。"士奇言诏下裁两日，今闻析薪司传旨赋枣八十万，得无过多，虽是岁例，然诏书所减除者皆岁例。上喜曰："吾固知学士言有理。吾数日来宫中事丛脞，此是急遽中答之，不暇致审。"即命减除四十万。景泰中，侍讲刘定之抗疏言："凡政事有早朝未及决者，宜日御便殿，使近臣侍于侧，大臣奏于前，言官察其邪正而加纠弹，史官书其言动以示惩劝，君臣之间，询谋互相可否，以求至当，此前代故事、祖宗成法也。遵而行之，则剖决万几，日益以熟，审察百官，日益以明。圣政益新，天命益隆矣。若乃仍如前日，无事但以奏本进入，拟旨批出，臣恐偏听生奸，独任成乱，治化无由时雍也。"疏上不省。今按圣祖时，出入禁御，以至临朝，侍臣无从者，有所拟议，欲修播告，则翰林院官承旨草制，中书舍人当御誊写，谓之副墨，尚宝官用宝实时发行。若有憸邪在侧，或事当参驳，则六科给事中、十三道御史抗声于御前执奏，谓之对仗弹劾云。

入　　直

洪武、永乐、洪熙、宣德四朝，近侍官轮班入直，若本院官则日在馆阁。吴沉、刘三吾、胡广、杨士奇、胡俨、王英、王直辈尝有内直倡和诗。曾棨东华门内新馆初成，入直有作云："东华楼观郁岩（岜）峚，高阁新成抗碧霄。秘府图书金作匮，御沟流水玉为桥。草分碧色承殿辂，鸟弄歌声和舜韶。当直几番清坐久，隔帘时有御香飘。"盖当时车驾尝临幸馆阁故也，不独宣召燕对与供奉文字而已。

宿　　直

洪武三年，剖符封功名，命学士宋濂议五等封爵，宿大本堂，讨论达旦。永乐中，内阁七人者常召至燕寝论事，或命假寐，至达旦始出。成祖出狩，崩于榆木川，仁宗命尚书蹇义、夏原吉、学士杨荣、杨士奇、侍读王直、侍讲王英同定大丧礼，议国政，宿内阁者凡七日。今上御西苑仁寿宫，命内阁大学士入宿延和门内直房。

侍　　游

圣祖制大诰，首以君臣同游为言。故当时儒臣每侍上游观禁苑，凡亭楼台阁，靡不登眺，以通上下之情，成地天交也。学士宋濂尝侍游后苑观获，上曰："农事成矣。"对曰："国以民为本，民以食为天。陛下知稼穑之艰难，念生民之疾苦，实盛德也。"洪武六年正月丙午，上御武楼，召御史中丞陈宁、太子赞善大夫宋濂，赐坐左右，谈嘉祥之应，敕中使人取所储膏露于宫中，盛以翠罂，玉洁珠圆，世所未睹。已而昇爨器至，用金杓炼水二升，火既匀，水势成涛，上起自龙帐中，亲启罂以投，须臾融化，与水为一。上取杓倾泻，二内侍举幕承之，渣滓已静，重漉以绛纱囊，上饮一爵，而分赐宁与濂焉。且曰："此天地至和所凝也，卿等服之，去沉疴，享遐龄矣。"宁等饮毕，奠爵于几，顿首而退，赋《甘露浆》诗，以侈其荣。濂所陈说，不为隐蔽，尝曰："君犹父也，天日其可欺邪？"一日，上问曰："卿昨饮酒，座客为谁？馔为何物？"濂悉以其实对，上笑曰："卿饮时朕令人视之，果如卿言，卿信不欺我。"久益厚之。每燕见必命坐赐茶，每旦令侍膳，询访旧章，讲求治道，或至夜分乃退。

永乐中，学士解缙、胡广等七人每令节燕闲陪驾，幸东西二苑，登万岁，侍宴广寒殿，泛太液以为常，多为歌诗以纪之。宣宗时，宸游尤多。宣德七年七月，上登万岁山，坐广寒殿，召翰林儒臣侍，命周览都畿山川形势。即毕，上谕以元兴之故，曰："兹山兹宇，顺帝所日宴游者也，岂不可感。"侍臣叩首曰："纣之荒，周之监也。"又尝召游太液池，上亲射凫，获之，命以羞侍臣。

英宗复辟，始命诸大臣同游。天顺三年十月十日，内阁学士李贤、彭时、吕原扈驾校猎南海子，海子距城南二十里，方百六十里，辟四门，缭以崇墉，中有水泉三处，獐鹿雉兔育其中，籍海户千余家守视。每猎，海户合围，纵骑士于中，亦所以训武也。是日，扈从官皆蒙颁赐獐鹿雉兔，而内阁比诸人差厚云。四年四月六日辰刻，上御南薰殿，召尚书王翱、李贤、马昂、学士彭时、吕原五人入侍，命内侍三人鼓琴。上曰："琴音和平，足以养性情。曩在南宫，自抚一二曲，今不暇矣。所传曲调得于太监李永昌，经事先朝，精于琴，是三人者皆不及也。"贤等对曰："由此不辍，亦可精矣。"因顿首曰："愿皇上歌《南风》之诗，以解民愠，幸甚。"上起，入赐厢鹤顶博带举授，五人者皆叩头谢。二十日，上御西苑，阅武臣骑射，召贤五人侍。是日所阅，皆侯伯、都督、都指挥、指挥隶三营把总管操者，总兵官会昌侯孙继祖、广宁侯刘安、怀宁伯孙镗、都督赵辅具名籍进呈，令逐一驰马射箭，以三箭为率，上亲按籍记中否。比中例试毕，赐钞有差，总兵暨贤五人各赐钞。十二月，阅御监勇士骑射，亦如之。自是将士咸感德畏威，知所奋励云。常观君臣之际，上贵致其礼，下贵尽其诚，若私昵媟亵，流连光景，殆非圣祖所谓同游之初意也已。

嘉靖十二年四月十三日，上御环碧殿，试演《马歌》曰："朱夏才入四月中，乘闲试马出深宫。惟兹七马壮且雄，登霄未可拟跳涧。或峥嵘，爰因演步至环碧，命诸左右来辅弼。同游同游兮祖训昭，赞襄赞襄兮须竭力。朕非商高宗，诸辅勿我弃。旱为霖兮羹作梅，启心务期沃朕心。俾令汤孙继祖烈，庶几政化维日新。"

燕　和

洪武二年十一月，上御外朝，召学士宋濂、危素、詹同等饮，亲御翰墨，赋《冬日》诗，诸臣皆和焉。六年，开局禁中，修《大明日历》。十一月十五日，御史中丞、诚意伯刘基偕学士宋濂、詹同侍上燕乾清宫之便阁，同被酒而还。时善书监生黄昶在馆，同爱其有俊才，赋诗赠之，字大如斗。少选，奉御传宣召濂等赴右顺门，会上适乘辇而坐，同余醒犹未解，上谓之曰："卿醉犹未醒邪？"同对曰："在史馆中犹能赋诗赠黄秀才。"谓昶也。上曰："诗何在？"同对曰："在史馆中。"上顾濂亟取之。既上奏，上笑谓濂曰："朕即和同诗，卿当为朕书之。"濂于是受命书焉。同诗不过称昶才美，而御制诗则并及君臣燕饮之故。濂归与昶言之，以为词垣盛事。

八月甲午，上观水，有《上秋水赋》者，言不契道，乃更为之赋。成，召学士宋濂等观之，且令各撰赋以进。濂率同列撰成，俱于东黄阁次第投献，上皆亲览焉，复加品评于其间。已而赐坐，敕大官进天厨奇珍，内臣行觞。上顾濂曰："卿何不尽饮？"濂出跽奏曰："臣荷陛下圣慈，赐以醇醪，敢不如诏，第臣年衰迈，恐志不慑气，或愆于礼度，无以上承宠光尔。"上曰："卿姑试之。"濂即席而饮。将彻，上复顾曰："卿宜更釂一觞。"濂再起固辞。上曰："一觞岂解醉人乎？"卒饮之。濂举觞至口端，又复瑟缩者三。上叹曰："男子何不慷慨为？"对曰："天威咫尺间，不敢重有所渎。"勉强一吸至尽，上大悦。顾濂颜面变频，顿觉精神霞飘，若行浮云中。上复叹曰："卿宜自述一诗，朕亦为卿赋醉歌。"二奉御捧黄绫案进，上挥翰如飞，须臾成楚辞一章。濂既醉，下笔倾欹，字不成行，甫缀五韵。上遽召至前，命编修朱右重书以遗濂，遂谕曰："卿藏之以示子孙，非惟见朕宠爱卿，亦可见一时君臣道合，共乐太平之盛也。"濂行五拜礼，叩头以谢。上更敕给事中宋善等赋《醉学士歌》云。

宣宗尤喜为诗，初即位，起学士李时勉而任用之。一日幸文渊阁，赐诸学士饮，呼时勉谓曰："卿非朕安得饮此酒？"时勉顿首谢。他日侍游东苑，上赐时勉酒，酌以御瓯，时勉顿首辞曰："臣可与陛下同饮，不敢同器。"上悦，命易以银爵。既醉，上出御制诗，俾赓之。宣德六年，上御制诗一章，赐尚书胡濙、蹇义，大学士杨士奇、杨荣，且曰："朕茂膺天眷，惟尔四人赞翼之功。"赐宴尽欢而罢。明日，士奇、荣各奉和以献。又尝召大学士黄淮燕饮万岁山，淮献诗。他日陛辞，复燕饮于太液池，御制长歌以赠焉。语在第五卷。

嗟乎！虞廷喜起、卷阿游歌，不闻久矣，至我朝而续。夫燕所以示慈惠也，诗所以道性情也，燕饮赓和之际，而至情蔼然，迥出千古。祖宗盛时，上下之交有如是哉！

召　对

祖宗以来，凡燕闲，执政大臣、左右近侍时常召见。英宗嗣位，此礼遂废，惟有大事则传奉召之，问对一二语遽出。景泰中，大臣专擅。英宗复辟，始知其由，乃亲决章奏，日与学士李贤议之。凡便殿入奏，旧规每朝退独进，不待呼召，径诣入见，以承顾问，然同列彭时、吕原恒不得与焉。上尝谓："景泰不理政务，或用人升官谢恩，不知所以，文武大臣，未尝接言，上下之情，如何得通。"贤曰："自古明君尝与大臣相接，若接贤士大夫之时多，亲宦官宫妾之时少，天下何患不治？"上曰："如此，天下岂不治安？"又李东阳曰："东阳自乙卯承乏内阁，时孝庙临朝渊默，自朝参复命、经筵日讲之外，罕接天颜，凡有拟奏陈说答问之类，每用本票揭帖，大则具题本。虽日积月累，往往不能尽。弘治十年三月二十二日朝食前，忽遣太监韦泰驰至阁，亟呼曰：'宣四先生。'叩其故，曰：'不知。'臣溥、臣健、臣东阳、臣迁亟具衣冠，至文华殿，叩头毕，上曰：'近前。'于是直扣御榻，司礼监取本皆环跪于案侧。上曰：'看文书。'诸中官取本付臣溥等各一本。上曰：'与先生辈计较。'臣溥等看毕，相与议定，又分置朱砚、朱笔，授片纸数幅于臣东阳、臣迁批辞，以次陈奏，得允，乃录于纸上以进。上览毕，亲批本面，或更定二三字，或删去一二句，皆应手疾书，宸翰清逸，略无凝滞。上挥余本谓左右曰：'此皆常行事，不过该衙门知道耳。'乃皆叩头退。上顾左右曰：'吃茶。'出文华殿，尚膳监捧茶以俟。盖时出急召，未有宿办也。自是平台暖阁，稍稍召对，并及部院大臣，询其政务，若欲复祖宗之旧者。及孝肃太皇太后之丧，议礼考文，久或移晷，多或连日，蔼然若家人父子。上既明习国事，天语严密，议论层出，或累数十句，臣下虽承欢造膝，欲尽一二语，至无间可入。或不竟其辞而退，退而寻绎所受，亦不能悉记。"

召　　慰

编修杨士奇始入内阁，每敷对，望见天威，犹有惧色。成祖召而慰之曰："朕知尔文学，亲擢于此，尔但尽心，勿自疑畏。"英庙既复位，御文华殿，召大学士高穀、学士商辂谓曰："朕在南宫，知尔二人无偏向心，如今正要用尔，宜用心办事。"成化四年，彗星见，言官劾内阁大臣商辂等，辂遂求退。宪宗谓曰："朕用卿，不可欲加人言。"至诘责言者曰："唐太宗用王、魏，朕用商辂，有何不可？"欲加谴调。辂奏言："臣尝劝陛下优容言官，已荷嘉纳。如修撰罗伦辈，复请召用。今因论臣而交责之，如公论何？"上以为然。乃释言官不问，召辂至御座前慰谕之。

殿阁词林记卷之十三

宸　翰

圣祖尝出御制诗文以示词臣，太子正字桂彦良即大声诵之琅然，左右惊愕，学士承旨詹同私戒之。上闻之，谓曰："儒者事君，正当诚意，毋事矫揉也。"又尝出御制敕使彦良指摘，彦良受命尽言。

洪武二十年二月甲辰，御注《尚书·洪范》成。先是，命儒臣书《洪范》揭于两庑座右，朝夕观览，乃自为注。至是成，召赞善刘三吾曰："朕观《洪范》一篇，帝王为治之要道也。所以叙彝伦，立皇极，保万民，叙四时，成百谷，本于天道，验于人事。箕子为武王陈之，武王犹自谦曰：'五帝之道，我未能焉。'朕每为惕然，遂疏其旨，朝夕省览。"三吾对曰："陛下留心是书，上明圣道，下福生民，为万世开太平者也。"

宣德七年七月，宣宗燕闲，阅内库书画，得元赵孟頫所绘《豳风图》，因赋长诗一章，召翰林词臣示之曰："《豳》诗，周公陈后稷、公刘王业之由，与民情早晚之宜，以告成王，使知稼穑艰难。万世人君，皆当鉴此。朕爱斯图，为赋诗，欲揭于便殿之壁，朝夕在目，有所儆励。尔其书于图之右。"九年十二月，宣宗退朝御文华殿，召少傅杨士奇等，出御书《洪范》篇及御制序文示之，且谕之曰："所论或未当，卿等当直言勿隐。"士奇等对曰："圣谕皆当，真得古人精蕴。"上曰："朕在宫中，虽寒暑不废书册。"士奇等对曰："帝王勤学问，则宗社生民有赖矣。惟愿陛下始终此心。"上笑曰："卿等亦常须直言，朕不为忤。"

嘉靖十年九月十五日，今上命书周公《无逸》篇于西苑无逸殿壁。叙曰："无逸殿之所作者，寓戒逸之意者也。夫劳者人之所共恶，逸者人之所同好，故周公以是告戒成王者也。朕于今年春，因命西苑隙地耕耨之，以举农事，卜吉择皇祖文皇帝旧宫之迎和门内之南，建帝社稷坛，以祀帝社帝稷，每岁春告秋报行礼。宫门外之东建殿亭一区，殿曰无逸，亭名豳风，围以小厦垣墙。迎和门外之南作一亭曰省耕，以备朕时省之小憩于此。又于北之空地起仓廒一座曰恒裕，前为一亭曰省敛之所。工起于春三月之十六日，讫于九月之十五日。殿中壁奉刻我皇考睿制农家忙律，附以朕所记于末。左书周公之书《无逸》篇，北书朕之所作《题豳风图》诗。告成，朕亲为此记，以示将来。夫斯作也，非朕所伪饰而为之也，于以思皇考之圣训，俾不致失忘，后世以体朕此意，庶知以劳而多兴，逸而速亡，知农事之艰难，民命之所系，国本之所关，上至郊庙粢盛之所供，下及于官禄百需之所赖，皆在此。务勤励己，劝示于民，亿载之休，永安盘石之固，未必非为政之要务者。故记之垂后云尔。"又曰："殿之作与夫工之始末，已载于左。朕于是复以无逸之义而申说之。夫逸者人君之大戒也。何谓？安逸自适，人之常性，孰不欲高枕晏卧于终日，游情于声乐之场，放恣于酒色之地，以为嬉娱恬快而无所劳困。殊不知昏荡其性者以此，懈堕其志者以此，戕身伐命者以此，危家亡国者率以此。至于失礼丧义，悖亲违君，伤伦败俗，皆自逸肆中来。故曰：晏安如鸩毒。朕虽冲弱，每以此为大防。故取周公之《无逸》一书，《七月》一诗，揭于殿亭。夫公之意，以稼穑之艰难，与小人之依告于王。意盖谓譬农家后生，不知祖父之勤，而以逸失之，况人君之宫生内长者，安可不思祖宗创造之艰而耽于逸豫乎？亦以使首先以农桑为重。王业之基，实在乎此。朕罔知，特以务先自励而风天下，以及置蚕室于迎和门内之北，立先蚕坛于此，每岁命皇后率宫职行祭告采桑礼于中，庶使此心不敢怠忽，以寓勉力之意耳。若夫思圣祖创建之艰难，保洪图于永固，则在于敬天恤民，亲贤讲学，修身以端化本，正心以贞治原，持其敬，协乎一，以求不负我皇天与我皇祖之所付托，及我皇考之所垂望者在是矣。朕不德，尤望臣邻之所匡赞。凡睹斯者，勿以文害意，以答朕之望焉。故为说。"

制　　诰

翰林职代王言，唐以应奉文字待诏北门，与中书舍人分掌制敕、谕诰两制。宋始有知制诰之名，然初入院者，旋即得迁。其后试博学宏辞科者，始获任用，然属之中书。国朝两制悉归本院，非鸿儒历显秩者不得掌，而以中书主誊写。吴元年十二月乙丑，上命开读诏赦，前期翰林院官承制草诏，及文武官除授，合用诰命敕命，皆即日撰写，故学士陶安、宋濂辈皆曰〔知〕制诰。于时封拜无虚日，安等尝拟撰诰命千余首以待，而犹不足，乃使诸儒士在馆者分局代为之。其后定一考封赠之制，初除授所领诰敕皆革去，于是其务稍省矣。永乐初，内阁七人，掌内外两制。杨荣、金幼孜诸人自署职衔，亦曰知制诰，用洪武时故事也。仁宗始命内阁专典内制，而择学士一人专管文官诰敕。正统以后罢之，文官诰敕皆属内阁，如永乐时。弘治七年，复设以学士年深或尚书、侍郎兼者为之，亦得以知制诰自署，两制遂稍分矣。

按宋两制，曰册文、表本、青词、密词、祝文、斋文、诏书、批答、口宣，内制也；曰皇后、皇妃追封先代，皇女、皇族册封进封，文武百官迁擢、致仕、加恩等诰敕，外制也。若国朝内制，则制敕、诏旨、诰命、册表、宝文、郊祀祭文、享庙祭文、皇太后受册宝、谒谢文、皇后受册宝、谒告文、皇妃受册祭文、祭陵文、皇太子亲王等冠辞、祝辞、亲征祃祭旗纛露布，巡狩所至祭山川旗纛较祭文，骠骑祭马神等，及五祀祭文，大丧及皇妃赠谥等册文，亲王妃、公主、郡王妃、世子、世孙及妃、镇国等将军丧葬祭文、谥册、圹（圹）志、谕祭文，及文武大臣谕祭文，经筵讲章及题奏、揭帖之属；外制则文官诰敕而已。凡五府六部等衙门请敕行事，备词奏请，既得旨，移文本院，依奏草敕内阁实时拟撰，文官诰敕之类亦然。进稿毕，编类勘合，中书舍人领出书写。其王府谥册等文，礼部抄出施行，原稿具缴纳云。

表　　笺

洪武六年九月庚戌，诏禁四六文辞。先是，上命翰林儒臣择唐宋名儒表笺可为法者，遂以韩愈《贺雨表》、柳宗元《代柳公绰谢表》进，上命中书省臣录二表，颁为天下式。谕群臣曰："唐虞三代，典谟训诰之辞，质实不华，诚可为千万世法。汉魏之间，犹为近古。晋宋时文体日衰，骈丽绮靡，而古法荡然矣。唐宋名儒辈出，虽欲变之而卒未能。近时若诏诰章表之类，仍蹈旧习。朕尝厌其雕琢，殊异古体，且使事实为浮文所蔽。其自今凡诰谕臣下之辞，务从简古，以革弊习。尔中书省宜播告中外臣民，凡表笺奏疏，毋用四六对偶，悉从典雅。"十二年六月壬申，命翰林院定皇太子与诸王往复书笺之式。二十九年八月，上以天下诸司所进表笺多务奇巧艳浮，心甚厌之，乃命学士刘三吾、右赞善王俊华撰庆贺谢恩表笺成式，颁于天下诸司，令如式录进。自是词垣秉笔者，多用散文，如宋濂《进大明律表》是也。

成祖时，有白鹊之瑞，行在礼部行南京庆贺，自皇太子监国，下及五府、六部，例各进表。时杨士奇以病在告，监国表命庶子、赞善呈稿，东宫命尚书蹇义持以示士奇曰："甚寂寥，且不着题，以贺白龟、白鹿皆可。"因命改之。士奇改一联云："望金门而送喜，驯彤陛以有仪。"后增一联云："与凤同类，跄跄于帝舜之庭；如玉其辉，鹭鹭在文王之囿。"义以进，仁宗喜曰："此方是帝王家白鹊。"适内使陈昂进御馔，撤以赐之，且传旨使勉进药食，早相见也。

按国初升除，犹具表陈谢，其后惟状元率诸进士谢恩，衍圣公及公侯伯袭封谢恩始用之。车驾幸馆阁，及太学初开经筵，及有非常之赐，亦具谢表。朝廷有大喜庆及诸祥瑞具贺表，进呈实录及书籍等，皆具进呈表，例本院词臣司之。若有东宫，则增一笺云。《会典》："凡南京各衙门遇朝廷册立大礼，及上徽号等项，合用庆贺表笺，南京礼部行南京翰林院撰进。"

应　　制

本院以供奉文字为职，凡被命有所述作，则谓之应制。然祖宗时皆出于面命，或相与赓和，其后惟中官传谕旨而已。丙午年六月旱，上祷雨钟山获应，赋七言《喜雨》诗，命待制黄哲等赓和。已而诸将告捷，多令翰林诸儒臣应制赋诗，上亲加评品。洪武元年十一月，召大本堂诸儒，试以《钟山蟠龙赋》，时与文学之臣燕饮赓和，语在赓歌卷。《大诰》三编成，命学士刘三吾为序。既成，上评以为无疵。《祖训》成，学士宋濂被命序其后；《精诚录》成，则命大学士吴沉序之；太子正字桂彦良入见，上命制《香几赞》；司直郎汪仲鲁被命制《续薰风南来》诸曲。皆称旨。

洪武八年五月丁丑，上御端门，召翰林词臣，出示巨桃半核，盖元内库所藏物，其长五寸，广四寸七分，有刻"西王母赐汉武桃"及"宣和殿"十字，命宋濂撰《蟠桃核赋》。又尝命宋濂咏鹰，濂七举足而成，有"自古戒禽荒"之言。上称赏曰："卿可谓善谏矣。"十年十月，造观心亭，上临观亲幸其中，召濂为记。十二月，上制十题，命典籍吴伯宗赋之，援笔立就，词语峻洁。上嘉其才敏，赐织金锦衣。常幸清流关，赋诗，命扈从儒臣和之，起居注刘季道有"治定不教生纵逸，功成犹遣历间关"之句，上叹赏曰："可谓安不忘危。"赐以白金文绮。又起居注蒋子杰应命即物赋咏，立成，上大悦，时宠赐和章。一日，命群儒撰《纵豢鹤文》，吴府伴读王骥操觚立就，学士宋濂为之进呈，上称善。及日将南至，大祀于圜丘，上复命群臣赋七言律十二韵，冠以三百言序。骥与黄昶先成，跽读御榻前，上听毕，加奖励，命进学禁林云。

十五年，学士宋讷撰宣圣庙碑称旨，改文渊阁大学士。先是二年二月乙亥，立皇陵碑，学士承旨危素承命撰文，寻以多润饰，乃出御制一篇。阅江楼成，宋濂被命撰文，称旨。初，徐达还，上御龙江亭，命魏观赋诗。观云："乾坤喜气溢天颜，大将中原奏凯还。日丽九旂来象辂，云连千骑拥龙关。神功烈烈铭周鼎，宗社巍巍峙泰山。会见凌烟高百尺，宸光常炳画图间。"又云："白旄黄钺两京平，甘雨和风四海清。师出万全非用武，将资三杰在推诚。苍龙挟雨迎车骑，彩凤穿云送旆旌。献颂偶蒙天一咲，行看作乐著功成。"可谓同游矣。

永乐八年，成祖北征至野狐岭，召学士胡广赋平蛮诗，杨荣曰："圣主尊居四海安，天教戎虏自相残。"上甚嘉之。未几，谍知虏酋本雅失里与其下阿鲁台雠杀，东西奔遁，乃召荣谕曰："此贼果自残灭，汝前日之诗，安知不为谶乎？"荣下马叩首谢。上喜，命赐羊酒。三月乙未，次清水源，水皆苦鹻不可饮，人马俱渴。明日，营西北二三里许忽有泉涌出，清澈可爱。命广与荣往观，遣中宫以银瓶汲取，上亲尝之，味甚甘美，赐广等饮讫，士马争趋之，皆给足，命曰神应泉。又明日，应制撰《神应泉诗铭》。上嘉之，各赐上尊。又尝命诸文学侍从赋《天马海青歌》，修撰曾棨最先成，为上所褒美。

宣德中，每遇令节，各令词臣应制赋诗。是时太平无事，上留意词艺，翰林儒臣尝命赋京师八景以献，曰琼岛春云，曰太液晴波，曰西山霁雪，曰玉泉垂红，曰卢沟晓月，曰蓟门烟树，曰金台夕照，曰居庸叠翠。英宗增其二，曰南苑秋风、东郊时雨，为十景焉。景泰中，学士倪谦辈应制赋诗，中官尝立候以进。成化初，学士刘定之应制赋《元夕》诗绝句百首，顷刻而成。又尝以《东风解冻》、《春山霁雪》等为题，命翰林学士等分咏之。弘治初，上注意讲学，遣太监戴义传示圣意，命学士李东阳等各撰诗十首，用寓启沃。东阳拟十题，各撰七言律诗一章，曰敬天，曰法祖，曰勤政，曰务学，曰任贤，曰纳谏，曰节用，曰爱民，曰恤刑，曰讲武，盖美不忘规焉。

嘉靖八年正月元夕，臣道南应制撰灯词十五首以进，上亲制一章云："黄道开蓬殿，青阳溢泰穹。赏心才令节，养志自慈宫。珠佩轩车从，霞觞祝颂同。千秋还万岁，物阜与民丰。"九年七月，敬一亭成，上复命儒臣落成锡宴进诗。十年，演马环碧殿，御制歌词，赐同游诸臣和之。十三年，臣自徽州赐环，上亲洒钟粹宫词命和之，赐金绮有差。十五年三月，上谒诸陵，撰《泛舟赋》，命同游诸臣和之。

视　　草

凡代言，先具稿进呈，御览允而后行诸播告，两制皆然。洪武中，有大政，令词臣录圣语，不敢增损。故凡诏令多"你每好生"等字者，皆圣祖所面授也。其后始令本院官为之，渐至骈丽。

永乐二年，杨士奇等进呈敕边将稿，上曰："武臣边将，不谙文理，只用直言俗说，使之通晓，庶不误事。他日编入实录，却用文。"六年冬，巡狩北京，诏书命士奇视草，上览之再三，喜曰："简当，更勿改易，其择日书之颁下。"又曰："试与诸尚书观之。"皆称善，独兵部刘俊私于士奇，曰："请以'有'字易'自'字如何？"士奇曰："善。"即以告于众，皆曰："义无相远，不足易，且上既善之矣。"士奇独以闻，请易之。黄淮于上前执不足易，士奇曰："于国家大体，当用隽言。"上顾士奇曰："从汝。"明日，谕胡广曰："杨士奇能服善，难得。"二十二年十月，仁宗御西角门，视朝罢，时风寒，顾谓翰林臣曰："朕与卿等居重城中，犹觉凛凛如此，守边将士昼夜严警，殆不可胜。"遂命书敕遣使以钞币赐缘边将士。

宣德五年二月，上御南济宫，召杨士奇谕曰："吾欲下宽恤之令，今独与尔商之。然吾未能悉知，尔当效助益。"遂命内侍具楮笔。上曰："免灾伤税粮，当是首事，闻民间亏欠畜马驴骡，所司追偿甚迫，民计无出，亦甚艰难，部官坐视不言。"对曰："陛下圣念及此，生民之幸，然所当宽恤者，殆非此两事。"因言："百姓积年负欠薪刍，及采办买办之物，所司责偿甚急；各处官田起科不一，而租额皆重，苏州尤甚，细民至于逃徙；部符下郡县，一概派征，非出产处，百姓数十倍价买纳；刑狱冤滥者多；工匠之弊，四方远近，每户不问几丁，悉征在京，多为所管之人私役；南方运粮甚艰，而仓廪无关防，奸人盗窃，动辄数万。若此者，请有以处之。"上以为然，即令草敕，明旦颁行，遂令尚馐赐馔。敕谕既下，上闻众心悦戴，召士奇赐钞三千缗、文绮二端及羊酒，士奇叩首受赐。上笑曰："薄用润笔耳。"

七年二月，上召士奇至文华殿，谕曰："五年二月，与尔南济宫论宽恤事，今两阅岁矣，民事不又有可恤者乎？"士奇复言户部沮格官田减租及课程选举等数事。且曰："臣一人见闻不广，愿更得一人同论此事。"上曰："若多令人知，即敕谕未下，事已遍播于外矣。"曰："大臣中固有谨厚者。"上曰："胡淡谨厚，汝与之密议，就录稿进来。"于是退同淡议，增十数事，通录进呈。上悦，玺书遂下。凡此类，皆君臣同心之故也。

景泰末易储，大学士陈循等阴主其事，诏既下，视草实出循。吏部尚书何文渊谓人曰："诏语天佑，下民作之。君父有天下传之子，吾所为也。"独石关报捷，诏奖之，循视草乃反谯责，厥后与文渊皆被祸。天顺初，承天门灾，上下诏躬责，岳正视草，历陈弊政，词极切直，天下传之，有飞语指为谤讪。七月，内批降正为广东钦州同知。繇是言之，视草固非易事也。

褒答

洪武十五年二月，太子正字桂彦良入朝献《万世太平治要策》，凡十二事，上嘉纳之。永乐七年，侍讲杨士奇撰《周易直指》。仁宗在东宫，凡决疑必用蓍而以《易》断，士奇因进曰："《易》固为卜筮作，然文王、周公所系辞，凡修齐治平之道悉具，请编辑以备观览。"遂辑成书。仁宗览之，赐名曰《周易大义》，赐士奇绣衣银带。先是，徐好古作《尚书直指》，金幼孜作《春秋直指》，各有发明。成化末，学士丘濬纂《大学衍义补》。书成，适孝宗登极，表上之。上批答有曰："卿所纂书，考据精详，论述该博，有裨政治。朕甚嘉之。"赐白银二十两，纻丝二表里，升濬礼部尚书。

乃若进呈歌颂诗赋，在国初学士宋濂进《平江汉颂》、待制王祎进《平江西颂》。圣祖曰："吾固知浙东有二儒者，卿与宋濂耳。学问之博，卿不如濂；才思之雄，濂不如卿。"洪武二年十月甲戌，膏露降于乾清宫后苑松树，宋濂献《膏露颂》。三年四月，陕西宝鸡县进瑞麦，弘文馆学士刘基进《瑞麦颂》。五月戊申，祀地祇于方丘，基复进《方丘颂》。四年八月，明升平，基又进《平西蜀颂》，上为文答焉。五年六月，句容县民张观园生嘉瓜，双实同蒂，圆如合璧，礼部尚书陶凯奉之以献，宋濂进《嘉瓜颂》。二十九年，天下多嘉禾之瑞，学士刘三吾进《嘉禾赋》。

永乐二年八月，周王畋于钧州，获驺虞。九月丁未，王献于阙下，侍读梁潜进《驺虞》诗，侍讲杨荣进颂。已而奏甘露屡降，嘉禾呈瑞，外国献麒麟、白雉、玄兔、白鹿、白象、灵犀、白兔之属，荣与学士胡广、金幼孜、梁潜等咸为诗歌以进。三年九月朔，颁圣祖御书《嘉禾》诗于诸王及近臣。先是洪武二十八年九月庚戌，北平永清卫之龙门有禾异茎同穗，上在潜邸，遣使驰献，圣祖亲御宸翰，赋长诗一章以赐。上念手泽之存，募勒于石，装治成轴，分赐诸王及学士解缙等。又适有嘉禾之瑞，缙献《嘉禾颂》。四年二月视学，上服皮弁行四拜礼，御彝伦堂，赐祭酒胡俨、司业张智坐讲，文武三品以上及翰林儒臣皆坐，坐以听赐毕，赐答。明日，俨等率师生上表谢，赐赉有差。大燕群臣于奉天门，学士胡广进《视学》诗，一时词林诸臣咸和之。八年五月己卯，上北征本雅失里于玄溟河。七月壬午驾还，士奇献《平胡颂》及《铙歌鼓吹词》。十二年六月，亲征瓦剌于撒里怯，又北之于土剌河。八月驾还，庶子邹缉献《清边颂》。十七年十一月，甘露降于孝陵松柏，学士王直献《瑞应甘露》诗。十八年正月，礼部郎中周讷请封禅，大臣有阴主之者。于是学士胡广献《却封禅颂》，上遂止。

宣德二年三月，驺虞复见，大学〔士〕杨荣献颂，上褒赏之。三年九月，荣扈从北征，凯还，进《平胡》诗凡十篇，各立题命意，上览之喜，屡沐白金钞币之赐。自是每同游，荣与杨士奇等多以诗进。遇令节被召宴游，亦多以诗谢恩。自正统后，此事浸不闻矣。

嘉靖十三年十一月，肇祀皇天于圜丘，今上亲制大报曰："朕肃怀大报，作此数字以见意耳。不顾是否，乃与卿等及言。鼎臣、道南又并三分献，二礼官或一看，卿等各尽所以赞佐戒进文辞以和来。"御制大报歌云："岁次甲午兮，阳月之八日新冬。肃群臣而朝趋泰坛兮，钦大报之叩苍穹。朕以微薄菲质兮，荷洪眷下及而主兆。庶愧绵才愚资兮，俱无以上副恩隆。思欲康此民以图报称兮，惭无学以出其治源。爰肇复泰禋兮，兹当四举愚衷。匪直慎始兮，思惟厥终。谘右左丞弼兮，其尽启沃以匡佐。期世道跻于熙皞兮，庶或仰承乎眷崇。"臣道南恭和四章，上褒答曰："尔所衍和歌，奏进留览。"嗣是甘露降于显陵松林山，赐臣道南一罂，进《瑞应膏露颂》。泰神殿祈雪有应，臣进《瑞应灵雪赋》。及黄河清于陕州之灵宝，臣进《瑞应河清赋》。河南郑府进白鹊，臣进《白鹊颂》。四川抚臣宋铉进白兔，臣进《白兔赋》。暨福建抚臣汪铉进白鹿，臣进《白鹿赋》。圣驾幸太学，赐学士列坐听讲，臣进《圣主临雍颂》。圜丘成，臣进《大祀圜丘赋》。上谕内阁辅臣李时曰："此是道南所上《圜丘赋》，卿可详着来闻。"方泽成，臣进《大祭方泽颂》。及帝王庙成，臣进《景德崇圣颂》。九庙初建，臣进《列圣禋颂》。上咸褒答云："览奏具见忠意，赋颂着史馆纂入。"己亥三月，大狩龙飞，臣进《圣主南巡江汉赋》及《景云颂》四篇，上命行在礼部送史馆。圣驾旋京，泛舟金海，御诗云："紫殿四头胜概舒，晨辉朝彩映芙渠。波光潋滟千尺翠，镜色飞浮十里馀。莲红的的明素鹭，荷绿阴阴覆锦鱼。触目伤心佳景处，莫伸昔日奉慈娱。"

殿阁词林记卷之十四

殿　　策

圣祖策进士，多亲制策问，洪武四年、十八年皆然。其后或命本院儒臣拟撰以进，取自圣裁而用之。永乐初，成祖思求博闻多识之士，命学士解缙采天文、律历、礼乐、制度拟撰为题，上意士子必为所窘。及得曾棨卷，记诵详尽，叹异以为第一人。御笔批曰："贯通经史，识达天人，有讲习之学，有忠爱之诚。擢魁天下，昭我文明，尚资启沃，惟良显哉！"其第二人周述、第三人周孟简亦皆批评，前此所未有也。今上临轩策士，其第一甲三人皆亲赐裁定，批数语于卷首，彬彬然有永乐之风焉。

殿　　试

《会典》云：凡殿试读卷官，内阁于大学士、学士等官内具名，从该部奏请，至日与各衙门该读卷官详定试卷。次日同赴文华殿，内阁官将第一甲三卷以次进读，俟御笔批定出，将二甲三甲姓名填写黄榜。又次日早同赴华盖殿，内阁官进至御座前，以次拆卷，将姓名籍贯面奏，司礼监官授制敕房官填榜毕，开写传胪帖子，内阁官一员捧榜出，至奉天殿授礼部尚书，制敕房官将帖子授鸿胪寺官传胪。其受卷、弥封、掌卷官，从内阁于本院及春坊等官并制敕房官内推选，与各衙门官相兼职事。本院坊局始不过五人，后增至七人，遂为例。

按：读卷官国初用祭酒、修撰等官，正统中犹预，其后非执政大臣不得与，而其去取之柄则在内阁。殿试之明日，大学士择其中优者三卷圈点以朱，明早持诣文华殿读之，御笔亲标其名第，又明日即传胪矣。盖读卷止在一日，咸病其太亟，不能遍观，故本院、坊局之执事者始得试卷时，预鉴别其高下为差等以付读卷官，内阁乃易于裁定。叶盛曰："景泰二年，盛为殿试弥封官，最知读卷事。第一甲盖阁老预属意于受卷官，已得之，余皆分送读卷诸大臣，且率以三分，上一等，次二等，各置一所。少顷，阁老收上一等则判二甲，次二等则判三甲也。将午，三人者持一甲卷诣文华进读，午后填黄榜，明早榜出矣。盖辰、巳二时，榜中人次已定。若曰须一一品量高下次第，固有所不能也。"

嘉靖壬辰，今上御文华殿，辅臣以次读卷，其第二卷孔天胤对《农桑策》云："帝王敦本以厚天下之生，达权以通天下之变。"则臣道南所拔也。至乙未殿试策问，其第二卷孙陞对云："人君有仁以联天下之心，有礼以一天下之轨。"又出臣道南所拔。上皆亲赐批卷。君相造命，岂亦有数乎？

会　试

凡会试考试官，礼部奏行内阁，于大学士、学士等官及詹事府、春坊、司经局官内具名奏请钦命；其同考试官，于本院侍读等官及春坊、司经局官与各衙门官相兼推选；收掌试卷官，用制敕房官一员。按：国初科举，第一场问四书疑一道、五经义各一道，第二场论一道、诏诰章表内科一道，第三场策一道，犹循元制也。

洪武四年会试，陕西、河南、山东、山西、江西、湖广、广之东西、福建为行中书者十一，俊髦皆集，而高句丽之士与焉。以礼部尚书陶凯与前侍讲学士潘廷坚为主司，侍读学士詹同、国子司业宋濂、吏部员外郎原本、前贡士鲍恂为同考，取中试者俞友仁等一百二十人，其后罢之。十八年，复以科举取士，始定今制，以待诏朱善、前典籍聂铉为考试官，取中试者黄子澄等四百七十二人。二十一年，取施显等九十五人。二十四年，取黄观等三十二人。二十七年，取彭德等一百人。三十年，取宋琮等三十八人，北士皆黜，学士刘三吾为考试官，竟以是获罪。上乃命本院官考择下第北士六十一人廷试之，语见覆试类。革除庚辰科，礼部左侍郎兼学士董伦、侍讲学士兼太常寺高巽志为考试官，取吴博（溥）等一百一十人。

永乐二年，侍读学士解缙、侍读黄淮为考试官，取杨相等四百七十二人，遵洪武乙丑例也。盖自是取士多寡，临期请自上裁云。四年，取朱缙等二百二十人。七年，取陈璲等一百人。十年，左谕德兼侍读杨士奇、右谕德兼侍讲金幼孜为考试官，取林志等一百人。十三年，修撰兼右赞善梁潜为考试官，取王英等三百五十人。十六年，侍讲曾棨为考试官，取董璘等二百五十人。十九年，左春坊大学士杨士奇为考试官，取陈中等二百人。二十二年，侍读学士曾棨为考试官，取叶恩等一百五十人。

宣德二年，右春坊大学士曾棨为考试官，取赵鼎等一百人。开科以来，兼取南北士，而南士往往数倍于北。宣宗即位，始诏礼部岁取百人，南士十六，北士十四，著为令。既而更定中科文，各退五为中数焉。五年，侍读学士李时勉、侍读钱习礼为考试官，取陈诏等一百人。八年，少保兼大学士致仕黄淮为考试官，取刘哲等一百人。

正统元年，詹事兼侍读学士王直、侍讲学士陈循为考试官，取刘定之等一百人。四年，礼部左侍郎兼侍讲学士王直、学士蔺从善为考试官，取杨鼎等一百人。七年，礼部侍郎兼学士王英、侍读学〔士〕苗衷为考试官，取姚夔等一百五十人。十年，学士钱习礼、侍讲学士马愉为考试官，取商辂等一百五十人。十三年，工部右侍郎兼侍讲学士高穀、侍讲杜宁为考试官，取岳正等一百五十人。

景泰二年，户部右侍郎兼学士江渊、修撰林文为考试官，取吴汇等二百一人。同考试官有侍讲刘俨，秩视修撰为高，盖科第后于文故也。五年，兵部左侍郎、翰林院学士兼左春坊大学士商辂、司经局洗马兼修撰李绍为考试官，取彭华等三百五十人。

天顺元年，学士薛瑄、通政司右参议兼侍讲吕原为考试官，取夏积等三百人。四年，学士吕原、尚宝寺（司）少卿兼修撰柯潜为考试官，取陈选等一百五十人。是科会试举子不中者，奏考官校文颠倒，宜正其罪。上疑之，召问李贤，贤对曰："此乃私忿，考官实无此弊。如臣第（弟）让亦不中，可见其公。"上意方回，乃命礼部会翰林院考此举子，验其学，多不能答题意，且奏其狂妄，遂枷于部前以示众，众议方息。七年，学士陈文、尚宝司少卿兼修撰柯潜为考试官，场屋灾，诏八月补试，以太常少卿兼学士彭时、侍读学士钱溥为考试官，而同考试官先后两人帘不改命者，修撰王献也，取吴钊等二百五十人。

成化二年，太常少卿兼侍读学士刘定之、学士万安为考试官，取章懋等三百五十人。五年，太常寺卿兼侍读学士刘珝、侍读学士刘吉为考试官，取费訚等二百五人。八年，礼部左侍郎兼学士万安、司经局洗马江朝宗为考试官，取吴宽等二百五十人。十一年，少詹事兼侍讲学士徐溥、侍讲学士丘濬为考试官，取王鏊等三百人。十四年，礼部尚书兼学士刘吉、学士彭华为考试官，取梁储等三百五十人。十七年，太常寺卿兼学士徐溥、少詹事兼学士王献为考试官，取赵宽等三百人。二十年，詹事兼学士彭华、左庶子刘健为考试官，取储巏等三百人。时有势家子在选，朱墨卷不合，华黜之，失志者欲甘心焉，卒亦无所害。二十三年，守臣有言中士日众而额如故者，事下礼部集议，南北仍各退二以益之。太子少保、兵部尚书兼学士尹直，谕德胡（吴）宽为考试官，取程楷等三百五十人。弘治三年，礼部尚书兼文渊阁大学士徐溥、少詹事兼侍读学士汪谐为考试官，取钱福等三百人。六年，太常少卿兼侍讲学士李东阳、少詹事兼侍讲学士陆简为考试官，取汪俊等三百人。九年，詹事兼侍讲学士谢迁、侍读学士王鏊为考试官，取陈澜等三百人。十二年，太子少保、礼部尚书兼文渊阁大学士李东阳，掌詹事府事、礼部右侍郎兼学士程敏政为考试官，取伦文叙等三百人。时敏政有异议，同考试官给事中林廷玉发其事，礼科给事中华昶劾之，敏政遂得罪。十五年，吏部左侍郎兼学士吴宽、侍读学士刘机为考试官，取鲁铎等三百人。十八年，詹事府掌詹事、太常寺卿兼学士张元祯、左春坊大学士兼侍读学士杨廷和为考试官，取董玘等三百人。

正德三年，少傅兼太子太傅、户部尚书、武英殿大学士王鏊，掌詹事府事、吏部尚书兼学士梁储为考试官，取邵锐等三百五十人。六年，少傅兼太子太傅、吏部尚书、武英殿大学士刘忠，掌詹事府事、吏部侍郎兼学士靳贵为考试官，取邹守益等三百五十人。九年，少傅兼太子太傅、吏部尚书、谨身殿大学士梁储、学士毛澄为考试官，取霍韬等四百人。十二年，太子太保、户部尚书兼武英殿大学士靳贵、少詹事兼学士顾清为考试官，取伦以训等三百五十人。十五年，礼部左侍郎兼学士石珤、侍讲学士李廷相为考试官，取张浩等三百五十人。

盖会试去取在各房同考试官，而参定高下则考试官柄之。历科典制虽同，而凡取士多寡则临期裁定，故备记如此。若同考试官，正统以前犹参用外官教职，景泰后始纯用京职，本院外则六科部属行人司。弘治以来，定本院官九人，其余六科部属得与共十四人。正德辛未，以《易》、《书》、《诗》房卷浩繁，各增其一，本院官十一人，与六科部属共十七人云。

按：国朝以文取士，大概以词达为本。天顺间，晚宋文字盛行，于时如《论范》、《论学绳尺》之类，士子翕然宗之，文遂一变。侍讲学士丘濬每考试，凡怪词险语皆痛斥之，众不恤也。及为祭酒，尤谆谆为学者言之，文体乃复浑厚。成化己未，会试"学以至乎圣人之道"论，举子桑悦卷有"我去而夫子来也"等句，濬黜之。他日会试，悦策有曰"腹中有长剑，日日几回磨"，检讨吴汝贤复黜之。前辈取士不苟如此。

复　　试

洪武三十年丁丑六月辛巳朔，上御奉天殿，策试下第举人。先是，礼部会试天下士，中试者少，被黜落者咸以为言，上命翰林儒臣考下第甲中择文理优长者，得六十一人。至是复廷试之，擢韩克忠为第一，仍赐克忠等进士及第、出身有差。乙酉，以克忠为修撰，第二人王恕、第三人焦胜为编修。七月，命太常寺丞张显宗署国子祭酒事，因命克忠署司业事，其见宠擢如此。永乐二年，成祖临轩策士，传胪明日，进会试所选副榜士于廷，亲试之。上御右顺门，命侍讲杨士奇、金幼孜谕旨，令就试者从容尽所蕴，毋苟且取具，命光禄给食，中官夕给烛，遂亲拔三人，命进学翰林，余第为二等，付吏部除学官。其第一人则周翰也，预修《永乐大典》，七年除典籍云。按宣德间副榜举人得冠带读书太学，盖循此制也。自是至正统后，副榜始不复廷试矣。杨士奇云："宣德丁未以前有十五科，前此南北士合试，未有北士占首选者，有之实自丁未始。"王直云："自洪武辛亥至正统丙辰为二十科。"盖皆并韩克忠一榜数之也。

乡　　试

凡顺天府、应天府乡试，本府以考试官请，与会试同，盖重畿甸以为天下先也。按：洪武庚戌，京闱主考为前御史中丞刘基、治书御史秦裕伯，同考为侍讲学士詹同、弘文馆学士睢稼、起居注乐韶凤、尚宝丞魏潜、国史宋濂。辛亥，京闱主考则兵部尚书吴琳、国子司业宋濂也。永乐癸未，命侍讲胡广、编修王达为应天府考试官，赐宴于本府，自是遂为例。

正统戊午，侍讲学士曾鹤龄主考顺天府乡试。初试之夕，场屋火，试卷有残缺者，有司惧罪，不敢以更试为言，惟欲请葺场屋以终后两试。鹤龄曰："必更试然后百弊涤，至公著。不然，虽无所私，亦招外谤。朝廷何惜一日之费，以成此盛举哉！"有司具二说以进，命下，悉如鹤龄所言，后皆慑服得云。景泰丙子，洗马柯潜奉命主考应天府乡试。舟维淮阳，有举子鬻私者暮夜投潜，潜叱之，彼固以请，以所赍遗署前，潜怒，命执付有司惩以法。成化甲午，左庶子黎淳主考顺天府乡试，有试卷奇甚，后场不类，疑有弊，勾稽墨卷，果得誊录生截卷状，移外帘按其事，而取是卷为解首，则名士马中锡也。此三事皆可为应变之法。

景泰庚午，侍讲学士刘铉主考顺天府，及揭晓，第一人刘宣乃卢龙军士也，同事者欲更之。铉争曰："朝廷立贤无方，不可。"乃止。时论韪铉。丙子，顺天主考为春坊大学士刘俨、侍讲学士吕原，少保兼大学士陈循、王文用事，循子瑛、文子伦入试俱不中，二人论奏俨、原不公，有旨令翰林并科道覆考瑛、伦文字，遂以为合格，得特赐举人，俨等问罪还职。礼科给事中张宁劾奏循等罪状，乞黜罢，不报。英宗复辟，文被诛，循谪戍，瑛、伦皆除名。

嘉靖十五年八月，顺天请考官，内阁以学士张壁（璧）主考，臣道南初自徽郡召还，是月初六日陪祀西苑，上命着学士道南去考。时吏部尚书汪铉属其二子云程、云卿三鼓造门，馈金三千两，臣即令呼隔邻锦衣陆堂遣校尉侦之，迟明乃去。复嘱提调府丞张汉致意。臣与侍读张衮及同考等官焚香出题，稍迟进呈，严密关节不通，权臣具奏进题太慢，张孚敬遂拟旨云："考试以进题为重，廖道南等受命主考，缘何不行慎重，以致迟慢，礼部从重参看来说。"及臣辞宴，上曰："道南召用未久，准预鹿鸣宴。"于是汪铉上疏举刘三吾不取韩克忠被诛事，臣以刘俨事对之乃已。

试　　录

凡乡试录，旧制例进呈，祖宗时令翰林院儒臣评驳，之后其制渐弛。成化十四年，天下乡试录多舛谬，或犯国讳，少詹事兼侍读黎淳摘奏数十条，下礼部、翰林院议，治考试提调官罪，且申定格例，行之至今。按是年山东刻文，《论语》义"不曰坚乎磨而不磷，不曰白乎涅而不缁"最为纰缪，遂逮举人张天瑞治之，以墨卷不同乃止。

程　　试

国朝乡试诸录，会试进士登科录，具有成式。盖科举自两京外，乡试付之藩臬，以为未信也。会试则以名籍付礼部，考试付翰林，暨于亲试，则有殿最而无黜陟，盖以为可信矣。其所刻程文，自乡试以至于殿试，皆宜刻士子所作，庶为传信。流弊之极，至于制策亦多代笔，岂所以教之忠欤？

按：洪武甲子乡试、乙丑会试，初为小录以传，然惟列董事之官、试士之题及中选者之等第、籍贯、经籍而已，其录前后虽有序，然犹未录士子之文以为程序也。次科戊辰，加刻程文，自后永为定式。但此后五科，其间命官列衔，或多随时不一。永乐以后，其制始一定而不更易矣。然永乐中各省乡试，犹有儒士主考、品官同考者，其序文亦不拘篇数。景泰中，序文禁称公，考官正用实授教官，序为前后二篇，以两京为法也。然两京序文称臣，独与会试同云。

按：初场，例出《四书》义三道。正统元年会试，出《大学》、《论语》、《中庸》而不及《孟子》。成化元年顺天府乡试，出《论语》二道、《孟子》一道，而不及《大学》、《中庸》，其后定《大学》、《中庸》内量出一道，《论语》、《孟子》各出一道，遂为例。二场，洪武四年以射礼论为题，其后止用经书圣制书中成语。三场策问，先是惟以经史疑难及国家之大者言之，其后始有出于经史之外，并及琐屑隐僻。若序文，则弘治五年顺天乡试犹具岁月，后皆不然也。叶盛曰："文衡之任亦难矣。言语文学，不足以变士习，服士心，亦漫浪为之耳。"正德己未会试，王抑庵主考试，第二名张穆兵马策，其原卷起语云："兵本以卫民，非兵无以安夫民之生；马所以资兵，非马无以足夫兵之用。"会试录云："兵以卫民，非兵无以安生；马以资兵，非马无以足兵用。"两句减去八字，抑庵笔也。自是举子以造语简严典重为尚。然抑庵又称永乐辛丑杨文贞公同会试文衡，务先典实之作，以洗浮腐之弊，喜曾鹤龄诸作，多梓行之，至今评程文者以是科为最。盖洪武、永乐间，程文体皆浑厚，不特是科而已，诚宜录出，以正文体而变士习。至若登科录，永乐甲申二甲刻所对策十余篇，其后革。正德三年，二甲第一人、三甲第一人俱刻策，事出焦芳辈，非制也。《燕对录》曰："正德六年四月十三日，讲毕，复召至暖阁，叩头毕，上手取会试录一本，付司礼监太监张永，授臣东阳等，内有白纸票粘于纸上者三，皆指摘所刻文字错误处。上曰：'今欲别有施行，但念衙门体面，恐不好看，与先生辈知之。'臣东阳出至暖阁，留真案上，永令内臣送至内阁。是年，大学士刘忠累疏辞疾，闻此事而去，盖已有先入之说矣。"

武 举

凡武举第三场考试官，兵部请命如两京乡试之制。正德三年始刻录，前后有序，赐会武宴，一如文试。九年、十二年亦如之。惟十五年兵部尚书王琼变其制，止用第一道，刻文三篇，本院官二员并兵部公侯伯皆为考验官。今照旧规，出策二道，论一道。嘉靖十一年，臣道南暨王用宾蒙上命主考，得周乾等六十员，其末则今都督陆锦衣炳也。是科众号得人。

评 文

洪武中，圣祖召词臣评论诗法，太子正字桂彦良每应制，先众而就。尝进曰："治道具在六经，典谟训诰，愿留圣意，诗非所急也。"上深然之。自是恩遇隆洽，称曰老桂不名。

永乐七年，仁宗东宫赞善王汝玉，每日于文华后殿道说赋诗之法。一日，顾杨士奇，又曰："古人善为诗者，其高下优劣何如？"士奇对曰："诗以言志，明良、喜起之歌，南薰之诗，唐虞之君之志，最为尚矣。如汉高祖《大风歌》，唐太宗'雪耻'、'除凶'之作，所尚者霸力，皆非王道。若武帝《秋风辞》，志气已衰，如隋炀帝、陈后主所为，万世之鉴戒也。"仁宗曰："太祖高皇帝有诗集甚多，何谓诗不足为？"士奇对曰："帝王之学，所重者不在诗。太祖皇帝圣学之大者，在《尚书》及诸书注，作诗特其余事。今当致力于重且大者，其余事可姑缓。"仁宗曰："世之儒者亦作诗否？"士奇对曰："儒者鲜不作诗，然有道德之儒，若记诵词章，谓之俗儒，人主尤当致辨于此。"时仁宗监国，视朝之暇，专意文事，因览《文章正宗》，一日谕士奇曰："真德秀学识甚正，选辑此书，有益学者。"对曰："德秀是道学之儒，所以志识端正，所著《大学衍义》一书，有益学者，为君不可不知，为臣不可不知，君臣不观《衍义》，为治皆苟而已。"

嘉靖五年五月日食，臣道南进《洪范》疏，今上命顾鼎臣讲《洪范》，大学士杨一清请讲《大学衍义》，每月三八日轮日讲官二员进讲，臣道南预焉。初讲许敬宗奸邪章，次讲李林甫劝帝西幸章，张孚敬闻之怒。又复讲林甫贺野无遗贤章，孚敬怒不可解，语桂萼曰："行当黜之，毋使预讲僚也。"赖圣明简注，每启沃文华时，必顾左右曰："道南来否？"后复进讲杨国忠奸邪二章，及元载结宦者李辅国以自固，卢杞忌张镒，出之凤翔，忌杨炎，贬之崖州，至李逢吉，则又结宦者王守澄。孚敬大怒。十二年七月初三日，彗星见，顾鼎臣轮讲不到，遂诬道南暨蔡昂不行代讲，谪知徽湖。圣明洞鉴，召复原秩，其潜始不行云。

正　　体

国初文体，承元末之陋，皆务奇博。圣祖思有以变之，凡擢用词臣，务令浑厚醇正。洪武二年三月戊申，上谓侍读学士詹同曰："古人为文章，或以明道德，或以通当世之务，如典谟之言，明白易知，无深怪险僻之语。至如诸葛孔明《出师表》，亦何尝雕刻为文，而诚意溢出，至今使人诵之，自然忠义感激。近世文士，不究道德之本，不达当世之务，立辞虽艰深，而意实浅近，即使过于相如、扬雄，何裨实用？自今翰林为文，但取通道理、明世务者，毋事浮藻。"於戏！大哉皇言乎，万世之通训也。然近日文体，或务追秦汉而失之险，或驾言韩欧而失之弱，本院儒臣，宜知所守。然风靡者多矣，举圣谟以戒敕之，最急务也。

奏　　启

洪武十四年十二月丁巳，命翰林院编修、检讨、典籍，左春坊左司直郎、正字、赞读考驳诸司奏启以闻，如平允，则署其御曰翰林院兼平驳诸司文章某官某，例名书之。永乐以后，四方章疏经御览者，内有难词难字，始令本院考究，不复先期评驳。

记　　录

　　学士宋濂尝辑洪武政纪，此日录之始也。自后学士解缙有《大明帝典》，洪武中事；大学士杨士奇有《三朝圣谕录》，纪永乐、宣德时际遇召对诸事。《天顺日录》，大学士李贤所著，虽纪时政，然旁及论建与所传闻。彭时有《可斋杂记》，专纪当时见用之事，而本院故事多书。厥后尹直有《謇斋琐缀》，李东阳有《燕对录》。按宋有时政房，每遇上召对，即贴黄具写付之，虽胜国亦然。若录以传信，亦圣政聿新之一助也。

屏　　裔

　　先王之制，一道德以同俗，其有造言非圣者，必刑无赦。圣祖崇重儒术，以濂洛关闽为宗，罔敢有悖焉者也。永乐中，饶州士人朱季支献所著书，斥濂洛关闽之说。上览之怒曰："此儒之贼也。"时礼部尚书李至刚、学士解缙、侍读胡广、侍讲杨士奇侍侧，上示以其书。缙曰："惑世诬民，莫甚于此。"至刚曰："不罪之无以示儆，宜杖之屏诸四裔。"士奇曰："当尽毁所著书，庶几不误后人。"广曰："闻其人年已七十，毁书示儆足矣。"上曰："谤先贤，毁正道，治之可拘常例耶？"遣行人押季支还饶州，会布政司及府州县官与其乡士人明谕其罪，而笞以示罚，悉索其所著书。

殿阁词林记卷之十五

经　　筵

英宗嗣位，年九龄，大学士杨士奇等始奏请开经筵，疏略曰："去年十月，宣宗皇帝御左顺门，召臣士奇谕之曰：'明年春暖，东宫出文华殿读书，凡内外侍从，俱用慎择贤良廉谨之臣。'臣士奇对曰：'此国家第一事，正惟其时，伏望陛下留心。'不幸先帝上宾，臣未敢遽言。此事至重，不敢久默，兹遇山陵毕，早开经筵，以进圣学。因具合行事宜。今当预择讲官，必得问学贯通、言行端正、老成重厚、识达大体者数人，以供其职。乞预命吏部、礼部、翰林院公同推举，具名陈奏，取自上裁。"又曰："天子就学，其事体与皇太子、亲王不同，乞先命礼部、翰林详定讲筵礼仪陈奏。"又曰："凡起居出入，一应随侍及使用之人，皆宜选拣行动端庄、立心行己正当者，使在左右，如或其人动举轻佻、语言亵慢、立心行己不正者，皆宜早去之。若不早去，随侍既久，情意相洽，不觉其非，言听计从，后来欲去，其势难矣。"正统元年二月，敕曰："朕祇奉天命，嗣承祖宗大宝，统御天下，用主神人，弗遑夙夜。永惟厥道，必学乃明，今以初九日、十九日御经筵，尔翰林、春坊儒臣分直侍讲。大道原出于天，尧、舜、禹、汤、文、武以隆政教，而周公、孔子阐明之。我祖宗世所师法，以安天下。卿等宜安心竭诚，相与讨论，务归至当，毋隐而勿彰，毋曲以偏好，庶明于行，以兴治化，以福苍生，罔忝天与祖宗之命。钦哉！"以太师、英国公张辅知经筵事；少傅、兵部尚书兼华盖殿大学士杨士奇，少傅、工部尚书兼谨身殿大学士杨荣，礼部尚书兼学士杨溥同知经筵事；詹事府少詹事兼侍读学士王直、少詹事兼侍讲学士王英，侍读学士李时勉、钱习礼，侍讲学士陈循、侍读苗衷、侍讲高穀，修撰马愉、曹鼐，兼经筵官。遂为定制。其后各部侍郎出自本院者得与焉。然是时吏部郎中李茂弘，已窃有谓"君臣之情不通，经筵徒为文具"之叹矣。

《会典》所载经筵初开仪注，开用勋臣一人知经筵事，内阁大学士或知同知经筵事，六部尚书、左右都御史、通政司、大理寺卿及学士等官侍班，翰林院、春坊等官及国子祭酒二员进讲，翰林、春坊等官二员展书，给事中、御史各二员侍仪，鸿胪寺、锦衣卫堂上官各一员供事，又鸣赞一员赞礼，序班四员举案，侯伯一人领将军，先期直殿。内官于文华殿设御座及御案于殿内御座之东稍南，设讲案于御案之南稍东。是日早，司礼监官先陈所讲四书经史各一册置御案，又各一册置讲案，先《四书》，东经西史。先期轮讲官撰《四书》经或史讲章各一篇，预置于册内。是日早，上御奉天门，早朝毕，退御文华殿，升御座，将军侍卫如仪，鸿胪寺官引知经筵及侍班、讲读、执事、侍仪等官于丹陛上，行五拜三叩礼。礼毕，以次上殿，依品级东西序立，知经筵官序于侍班官上，侍仪御史、给事中各二员于殿内之南分东西北向立，序班二员举御案置御座前，二员举讲案置御讲之南正中。鸿胪寺官赞进讲，讲官一员从东班出，一员从西班出，诣讲案前，稍南北向并立。鸿胪寺官赞鞠躬、拜、叩头、兴、平身毕，展书官一员从东班出，进诣御案前，跪展《四书》毕，起退立于御案之东稍南。讲官一员进讲，诣案前立，奏讲某书，讲毕稍退。展书官复诣御案前，跪掩《四书》毕，退就东班。又展书官一员从西班出，进诣御案前，跪展经毕，起退立于御案之西稍南。讲官一员进至讲案前，立奏讲某经或某史毕，少退，仍并展书官复诣御案前，跪掩书毕，退就西班。鸿胪寺赞讲官鞠躬、拜、叩头、兴、平身礼毕，各退就东西班，序班二员举讲案退置原所。鸿胪寺官赞礼毕，命赐宴，鸿胪寺等官及讲官皆跪承旨，光禄寺官设宴于左顺门。宴毕，叩头出。

月　　讲

《会典》载月讲常仪云："每月初二、十二、二十二日会讲。先期司礼监官陈设书籍御案，如前仪。至期，俟上御文华殿，侍卫、侍仪、执事、进讲、赐宴礼同，但各官止行叩头礼。"孝宗时经筵，虽隆冬盛暑不废。弘治十年四月二日当会讲，以享太庙，有旨改是月之三日。至期遇雨，又改四日，盖圣学之勤，不以事而废如此。

嘉靖十年八月癸卯，西苑豳风亭落成，上御无逸殿，命辅臣李时、翟銮坐讲。暨日讲官顾鼎臣、谢丕、张潮、臣道南，分撰《书·无逸》、《诗·豳风》讲章进呈毕，设宴，列坐于亭之两旁。天颜澄霁，玉音宣畅，盖君臣同游之盛如此。次日，臣道南进讲文华殿，首揭君子所其无逸章，嗣后进讲《书经·康诰》惟民康乂章，《召诰》顾畏民嵓章，及《孟子》践形章、理义悦心章、被袗衣鼓琴章、君子反经章，每横经竭忱，上临黼座，俯躬咨询，虚心听纳。一日，讲官刘龙进《孟子》至诚章，上批曰："龙于至诚能动。乃云迩者黄河清，是至诚之验也，未免近谀。但其末云谦以履盈，约以保泰，此二句却好。"又伦以训进《论语》阳肤为士师章讲章，上批云："以训讲哀矜勿喜，云是慈悲怜悯。夫慈悲二字，是释氏之教也，朕所传者，二帝三王之道，所习者孔孟之学也，非释氏之教也。"及魏校进《书经》讲罪疑惟轻章，上批云："桂萼荐校善解经义，朕昨观其讲章，并未有过人者，且其前后率多谀词，难居近侍，着吏部调南京用。"上之圣明，知人如此，直与尧舜同一道矣。

日　　讲

《会典》载日讲官仪云："凡日讲止用讲读官，内阁大学士侍班，不用侍卫、侍仪、执事等官待班。讲读等官入见，行叩头礼，东西分立。先读《四书》，次读经或读史，每本读十数遍。直讲官先讲《四书》，次讲经或讲史，务在直说大义，明白易晓。讲读后，侍书官侍上习书毕，各官叩头退。每三日一温讲，将前所讲书通讲一遍，若讲官中有事故，同列代讲，其直解则讲毕补进。"

嘉靖十二年五月内，臣道南轮讲《论语》高宗谅阴以下三章，时汪铉拜冢宰，恳祈张孚敬改题，以其有"君薨听于冢宰"句也。臣道南执不之改，孚敬即上揭帖，上批云："览卿等奏，朕悉已，旧日讲官徐缙讲孟敬子，撤去二节人之将死不讲。夫死生人道之常，何讳之有？如卿等言，则忠谠之论，何由得闻？还着道南照旧进讲。"次日，臣道南讲毕，进说云："臣按《说命》梦帝赉予良弼，其代予言。"又云："其惟不言，言乃雍。即是以观，古之人君心纯乎孝，故宅忧而不暇于有言；古之人臣心纯乎忠，故摄政而不嫌于代言。然必有高宗之圣，而后可以用傅说之言；必有傅说之贤，而后可以辅高宗之德。不然，则莽、操、懿、温之流，又将以冢宰藉口于千万世矣。"时孚敬闻之大怒，出谓铉曰："讲官欲中之伤。"又明日，进讲《大学衍义》许敬宗立武昭仪章，及李林甫嫉李邕章，杨国忠比李辅国章，元载陷颜真卿章，卢杞嫉张镒章，李逢吉结王守澄章，江充害戾太子章，孚敬积憾。至十三年七月初三日慧（彗）星见，轮顾鼎臣、席春进讲，鼎臣未到，孚敬遂参臣道南及蔡昂不行代讲，乃谪道南于徽，正欲铉反噬也。圣明轸念，旋即赐环，而奸党无所容其欺矣。

咨　　讲

国初己亥年正月，圣祖克婺州，置分中书省，诏诸名儒会食省中，日令二人进讲经史，敷陈治道，此论道讲学之始也。吴元年，初创设博士厅，令博士许存仁等日讲《尚书》等书。及有天下，令文学侍从之臣，每于御前讲说经史，无定日，亦无定所。寻设华盖、文华、武英等殿说书，以儒士沈德辈为之。其后惟本院及殿阁大学士专其事，罢诸殿说书官。然圣学缉熙甚力，每进讲，必反覆讨论，以求义理之极致，讲毕，必议及政事，以为常。

洪武三年二月，上御东阁，学士宋濂、待制王祎等进讲《大学传》之十章，至"有土有人"，濂等反覆言之。上曰："人者国之本，德者身之本，德厚则人怀，人安则国固，故人主有仁厚之德，则人归之如父母。人心既归，则有土有财，自然之理也。若德不足以怀众，虽有财亦何用哉？"十六年八月，上御谨身殿，东阁大学士吴沉等进讲《周书》"罔有立政用憸人"，上曰："有小人必败君子，故唐虞任禹、稷必去四凶，鲁用仲尼必去少正卯。"沉曰："《书》云去邪勿疑，所以深致其戒。"上曰："国家不幸有小人，如蓄毒药，不急去之，必为身患。有小人巧于悦上，忍于贼下，人君若但喜其顺适己意，任其所为而不问，譬如犬马伤人，人不怨畜犬马者乎？"十八年九月，上御华盖殿，命文渊阁大学士朱善讲《周易》，至"家人"，上曰："齐家治国，其理无二，使一家之间，长幼内外，各尽其分，事事循理，则一家治矣。一家既治，达之一国，以至天下，亦举而措之耳。朕观其要，只在诚实而有威严，诚则笃亲爱之恩，严则无闺门之失。"善对曰："诚如圣谕。"大学士李贤《天顺日录》有曰："高庙看书，议论英发，每儒臣进讲，必有辩说。因讲'夷狄之有君，不如诸夏之亡也'，辩曰：'夷狄禽兽也，无仁义礼智之道，孔子之意，盖谓中国虽无君长，人亦知礼义，胜似夷狄之有君长者。宋儒乃谓中国之人不如夷狄，岂不谬哉？'又讲'攻乎异端，斯害也已'，辩曰：'攻是攻城之攻，已，止也。孔子之意盖谓攻去异端，则邪说之害止，而正道可行也。宋儒乃以攻为专治而欲精之，为害已甚，岂不谬哉？'如此辩者甚多。汉唐以来，人君能事诗书如此留意者，亦不多见。由圣资高迈，所以不袭故常，而发前贤所未发也。"

宣德二年三月己酉，上御文华殿，翰林儒臣进讲《孟子·离娄》章，上曰："伯夷、太公皆处海滨而归文王，及武王伐纣，太公佐之，伯夷扣马而谏，所见何以不同。"讲臣对曰："太公以救民为心，伯夷以君臣为重。"上曰："太公之心在当时，伯夷之心在万世，无非为天下生民也。"三年二月癸酉，进讲《舜典》，上曰："观二典三谟，则知万世君臣为治之道，不出乎此。历象日月星辰，以闰月定四时，天道以明；治水土奠，高山大川，分别九州，任土作贡，地道以成；克明峻德，以至协和万邦，人道以建。九官十二牧，所掌礼乐、刑政及养民之道，后世建官，繁简虽不同，大要不出乎此。当时君臣，都俞吁咈，更相告戒，用图治功，气象蔼然，何后世之不能及也。"讲官对曰："明良相逢，故治化之盛如此。"上曰："天生圣人为后世法，孔子删《书》，断自唐虞，使人知有尧舜，所谓万世帝王之师也。"十月庚寅，儒臣进讲《春秋》，上曰："圣人匡世之功，忧世之心，备见此书。当时先王礼乐法度，日以隳废，乱臣贼子，接迹而起，有此书而后天下知尊周。"又曰："孔子作此书，以尊周为本，孟子乃以王天下劝齐梁之君，何也？"对曰："孔子之时，天下犹知宗周；孟子之时，不复知有周矣。"上曰："圣贤之心，实为天下生民计。孟子时不有王者兴，何以解生民之涂炭。"遂赐讲官，命左右送菜茗。四年四月甲申，上御便殿，与儒臣论史，问："汉唐诸君，在位孰久？"对曰："武帝、玄宗。"上曰："汉武好大喜功，海内虚耗，晚年能惩前过；玄宗初政，有贞观之风，久而恣欲，疏忠任邪，遂致祸乱，窜身失国。武帝犹为彼善于此。"又曰："善心生则明，欲心生则暗。武帝以田千秋为贤，玄宗以李林甫为贤，此治乱所由异也。"

今上初命顾鼎臣讲《洪范》，及臣道南讲《无逸》章，御制诗赐讲官曰："自昔圣哲务民义，其所重者惟曰农。文武兴周继二代，功有攸自庆有钟。后稷实始肇王业，公刘稼穑追遗踪。男亲耕耨谨东作，妇勤蚕织以御冬。对时举事罔敢忽，率以俭约守以恭。百年积累膺眷命，天人允协云风从。周公拳拳辅王室，成王践阼何雍容。沃心申告端化本，细大必举不厌重。乃知为君贵法祖，敬以逢吉怠必凶。书垂无逸诗七月，王者当服之心胸。圣贤之言岂欺我，躬行庶见臻时雍。"

呈　讲

凡讲官侍读书，日在左右，或进读，必谛听。高皇帝尝御华盖殿，文渊阁学士朱善进读《心箴》毕，上曰："人心道心，有倚伏之几。盖仁爱之心生，则忮害之心息；正直之心存，则邪诐之心消；羞恶之心形，则贪鄙之心绝；忠悫之心萌，则巧伪之心伏。故人常持此心，不为情欲所蔽，至公无私，自无物我之累耳。"

永乐二年八月，学士解缙等进呈《大学·正心》章讲义，上览之至再，谕缙等曰："人君诚不可有此好乐，一有好乐，泥而不返，则欲必胜理。若心能静虚，事来则应，事去如明镜止水，自然纯是天理。朕每退朝默坐，未尝不思管束此心为切要也。"杨士奇等先于六月亦进呈文华殿《大学》讲义，上览毕称善，因曰："先儒谓《尧典》'克明峻德'一章，一部《大学》皆具。"士奇对曰："诚如圣谕，尧、舜、禹、汤、文、武数圣人，凡修诸躬施于家国天下者，皆《大学》之理。"上曰："孟子道性善，必举尧、舜，尔等于讲说道理处，必举前古为证，庶几明白易入。"又曰："帝王之学，贵切己实用。讲说之际，一切浮泛无益之语勿用，盖留神融会，必妙悟至理而后已。"

成化初，洗马杨守陈进讲《武成》篇曰："《鲁论》称舜无为而治，《周书》称武王垂拱而天下治。然后世人主，有深居禁中、委政内侍者，召阉乐之祸；有高拱无为、惟宠嬖艳者，启禄山之乱。何也？尧、舜之所以无为者，由其封山浚川，以至举相去凶，无一不尽其道；武王之所以垂拱者，由其列爵分土，崇德报功，无一不究其心。皆尝忧劳以有为，乃能佚乐而无为也。后世人主，则孟子所谓'安其危，利其菑，乐其所以亡者'耳，惟陛下留意。"时左右听者悚然，守陈真善于启迪者矣。

孝宗时，尝召大学士刘健、李东阳、谢迁议事，因谓曰："昨日令李荣来说日讲，时刘机讲陈善闭邪，陈字解做陈说，不是，止云敷陈其说乃可耳。"皆应曰："诺。"健进曰："昨李荣又说以善道启沃，他字不是。"上微笑曰："他字也不妨。大抵讲书须要明白透彻，直言无讳，道理皆是书上原有的，不是纂出，若不说尽，也无进益。且先生辈与翰林院是辅导之职，皆所当言。"健对曰："臣等若不敢言，则其余百官无敢言者矣。"上曰："然。"迁曰："圣明如此，讲官愈好尽心。"

今上御讲筵，虚心听纳。一日问顾鼎臣曰："《尧典》、《舜典》是何人撰述？"对曰："史臣所撰。"曰："当时唐虞两朝，只数百言说尽，何其简要，后世若《宋史》，何其浩繁也。"即命史臣删述。

入　直

洪武中，令儒臣更番入禁中，每日用一员进讲侍直，误者论罪。大学士吴沉尝坐进讲迟误被劾，永乐以后多渥典。自设经筵后，讲官不复入直，惟令本院及坊局官相轮侍班，久之选为展书官，又自展书乃得充月讲官，若日讲则用年资深而品秩尊者。正统中，修撰商辂侍班，上廉知其名，谕学士曹鼐等曰："商辂着展书，宜选一人与辂为对。"初选修撰王玉，弗称旨，再选编修陈文，乃俞允。未逾月，复谕鼐曰："商辂、陈文着讲书。"盖自后鲜出新擢云。

趋 召

圣祖时，凡观经史中有句读字义未明者，必召翰林儒臣质之，虽有知书内侍、能文宫人，不得近，盖不特绅绎义理而已。洪武末，侍讲方希直有诗云："风暖彤庭尚薄寒，御炉香绕玉栏干。黄门忽报文渊阁，天子看书召讲官。"即其事也。《成祖宝训》云："上亲朝之暇，辄御便殿阅书史，或召翰林儒臣讲论。"永乐以后，盖莫不然。今上召臣道南于徽州，至都城通惠河，厂中已奏闻，御剳曰："圣母近违和，今臻安吉，诣皇伯母宫谢视疾，拟明日吉慈躬出宫。朕惟亲安，其子之欢庆当何如，拟奉寿安宴，以称寿承欢。鼎臣、道南各撰致语二篇来用。"遂召至平台，赏以金绮。

陈 说

祖宗时，讲官于讲书后得言时政阙失，及陈论所见。洪武中，大学士吴沉进讲毕，进去邪勿疑之说，因曰："小人怀奸，甚似忠信，不可不察。"上曰："然。"宪宗在东驾，览学士刘珝《周官·无逸》篇"文王怀保惠鲜"章，遂及时事数十，天颜豫悦，深有契于心。未几嗣大位，即却贡献、减财赋、罢诸道镇守官，皆昔所论也。弘治，侍讲学士李东阳大旱应诏言事，摘经筵所讲《孟子》中要论切于治道者，析为数条，极论其理，而时政得失，以类附焉。上嘉纳之。虽非面陈，然均之为启沃之义。

恩 赉

正统初，经筵始开，赐宴于礼部，知经筵官赏白金八十两、宝钞四千贯、文绮四表里，同知经筵及讲官赏白金五十两、宝钞二千贯、文绮四表里，侍班官赏白金三十两、宝钞三千贯、文绮二表里，余皆赏宝钞有差。具本称谢，有曰："万机有暇，恒亲御于经筵；多闻是求，肆详延于儒雅。臣等荷丝纶之饬励，继宴赐之便蕃。于缉熙殚厥心，允迨周成之德；念始终典于学，敬陈商说之篇。"已而讲官各赐厢金、玳瑁、香带、大红织金纱罗袭衣冠履皆具。

天顺八年八月，宪宗御经筵，讲官学士柯潜等赐白金三十两、宝钞三千贯、文绮二表里，而庶子兼侍读徐溥、侍读倪岳、编修彭华等与焉。成化四年十二月，赐经筵儒臣七人袭衣冠履，时柯潜已闻父丧，上命即其家赐之。十二年，大学士商辂等题奏，言太常寺卿兼侍读刘珝日讲经筵，进讲经史，其劳与少詹事兼侍读学士柯潜、李泰同。十四年四月十二日,皇太子御左春坊,进讲《大学》首章,退宴文华门。十二日,上御经筵,进讲《中庸》二十章,退宴左顺门。宠锡稠叠,前此所未有也。

孝宗时,尤重经筵,学士程敏政记其事云:弘治元年三月十二日,初开经筵,赐宴及白金、宝锭。十三日,文华后殿早进读《尚书》、《孟子》,及午进读《大学衍义》,以为常。讲毕赐茶,上皆呼先生而不名。四月二十八日以后,屡赐桃杏、郁李、莲房、鲜笋、青梅、枇杷、杨梅、雪梨、鲜藕。五月二十九日以后,屡赐。敏政等具表称谢,且记之以诗,有曰:"黄封尽带乾清字,朱实平分上苑香。"七月二十日,文华殿后讲,上顾中官赐讲臣冠带、靴袍,敏政预赐织金云雁绯袍一副、金带一,及乌纱帽、皂袜。面谢讫,上顾谓曰:"先生辛苦。"咸对曰:"此皆职分当为。"顿首而退,有诗记之云:"日映罘罳晓殿清,湛恩稠叠驾亲临。褒衣红濯天机锦,束带黄分内帑金。久幸清班容官履,渐惭华发点朝簪。经生职分寻常事,消得君王念苦辛。"时上最重儒臣,学士张元祯短小,每进讲,上俯几听之。

嘉靖五年正月,上召大学士杨一清、费铉(宏)、石珤及编修孙承恩、臣道南暨张治、王用宾等至文华殿,谕曰:"大典未备,特命卿等纂修,以垂后世。"各赉白金、文绮有差。嗣是每遇经筵日讲,召讲官顾鼎臣、谢丕及臣道南、蔡昂,赐赉无算,臣道南悉记以诗。《赐枇杷菓》诗云:"炎日殊珍出尚方,赐来犹染御园香。珠丸云筐承优渥,玉液霞罍敢自尝。赋拟上林风韵别,贡缘南国露华芳。翠笼函赐同袍士,蕙圃兰皋倍宠光。"《赐鲥鱼》诗云:"暑雨经旬湿不开,雪鳞冰舰自南来。御庖珍馔传中使,讲幄金盘出上裁。荐鲔未须歌寝庙,钓鳌何必羡蓬莱。素餐忝窃惭无补,鱼藻空怀绝代才。"《赐鲜笋》诗云:"端居玉署槐阴细,拜赐金门竹笋新。仙苑青霄分凤族,御题彤管浃龙鳞。娟娟秀色犹含雨,袅袅柔芳尚带春。却忆潇湘千亩地,野人持赠未为珍。"《赐鲜藕》诗云:"承明供奉罗珍馔,中使仍传赐藕鲜。捧出禁垣三锡宠,荐来家庙寸衷虔。润含天上金茎露,清挹峰头玉井莲。自是龙池有仙种,江南风物敢争先。"《赐讲官大带》诗云:"南郊禋荐劳明主,上界仙班重讲臣。宝带颁从三接昼,玉堂先领一阳春。光逾照乘连城价,宠倍通天绝域珍。揣分敢云稽古力,立朝端委报君身。"

殿阁词林记卷之十六

顾　　问

　　侍从文学之臣，论思献纳，自汉已然。至唐始设翰林，以言语文字备顾问，因有天子私人与内相之目，而待制轮对，有非诸司所敢望者。国初，儒臣虽布衣，皆得备顾问。及置本院，凡上御奉天、华盖、谨身、文华、武英诸殿，文渊阁、东阁、东西黄阁、文楼、武楼、奉天、左顺、右顺、中右、思善等门，并出入禁籞，无不从游。又定为入直，即唐之待制也；奏事，即宋之轮对也。宣宗尝谓侍臣曰："君臣一体，犹元首之有股肱。"故于儒臣，每燕见必从容咨访，使尽其意，此所以上下交而德业成也。正统以后，入直、奏事之制既废，凡有宣召，获承顾问，咸歆艳以为荣。
　　尝观洪武中太祖尝祀方丘，患心不宁，以问学士宋濂。濂对曰："孟轲有言，养心莫善于寡欲。审能行之，心清而身泰矣。"上深然之。夫以逆耳之言，能格心如濂，真以道事君者也。然濂每有陈对，绝不以语人，署"温树"二字于居室之壁，有问及内事者，指以示之。褆身慎几事之密若濂者，诚可为备顾问之法。永乐时，内阁七人，惟杨荣、金幼孜、黄淮、杨士奇当顾问时，从容详慎，亦濂之亚云。

责　　难

　　圣祖立国，使人人得以尽言，倚毗近侍尤切。洪武二十九年十一月，以修撰张信为侍读，编修戴德彝为侍讲，谕之曰："官翰林者，虽以论思为职，然既列近侍，且夕在朕左右，凡国家政治得失、生民利病，当知无不言。昔唐陆贽、崔群、李绛之徒在翰林，皆能正言谠论，补益当时，显闻后世。尔等当以古人自期，毋负朕擢用之意。"
　　永乐三年四月，成祖御奉天门，视朝罢，召六科给事中谕曰："朕日临百官，可否庶务，或有失中者，尔等宜直言无隐。"又顾翰林学士解缙等曰："敢为之臣易求，敢言之臣难得。敢为者强于己，敢言者强于君。所以王、魏之风，世不多见。若使进言者无所畏，听言者无所忤，天下何患不治。朕与尔等皆勉之。"又尝谓诸近臣曰："早来在宫中，偶忘一事，问左右，皆不能记忆，盖沉思久而后得之。朕以一人之智，处万几之繁，岂能一一记忆不忘，一一处置不误，拾遗补过，近侍之职。自今事之丛脞者，尔等但悉记之，以备顾问，所行有未合理，亦当直谏。朕自起兵以来，未尝为忤直谏，尔等慎勿有所顾避。"

将　　顺

圣祖欲省刑，学士詹同承顾问，顿首贺曰："陛下之言及此，天下之庆也。"因言古者刑不上大夫，上深然之。又尝当春月欲行刑，以为疑，问于左司直郎汪仲鲁，顿首涕泣曰："此天地之仁也，请即免行刑。"上允所奏。

郕戾王之葬也，左右请以汪妃殉，英庙不忍，以问大学士徐有贞、李贤。贤言："景泰初，汪后即不得志，况二女皆幼可悯，臣愚以为宜厚遇之。"上忱然以为是。又思建庶人幽大内久，欲赦之，左右多以为不可。召问贤，贤曰："陛下此一念，太祖在天之灵实临之，尧舜存心不过如此。"上意遂决，遣中官卫送之居凤阳，听出入自便。上厌左右招权纳贿，与贤言之，贤谓："人君之权不可下移，惟自揽取，则彼之势自消。"上曰："然。无此相碍，何事不顺。吾五更二点起拜祖宗毕，即出视朝，循此旧规，不敢有惰。"退朝至文华殿，或有政事，访问大臣商确，复省章奏。贤曰："自古贤君修德勤政，莫不皆然。愿陛下持此不衰，坚如金石，可以为尧舜之君矣。"上一日又曰："中官蒋冕尝效劳，其实谗乱。朕初复位，即于太后前言曰：'皇后无子，当换。'朕即斥之。及东宫既立，冕复曰：'其母如何？'朕曰：'当为皇贵妃。'乃止。以此远绝之。"贤曰："谗说殄行，自古帝王所深恶者，绝之最是。"贤之善于将顺此类也。故当时奏对，无不当上心者。

成化十一年十一月，诏复郕戾王位号，初下群臣议，又遣太监怀恩等至内阁问大学士商辂、万安等。辂力陈所以当复之故，言甚剀切，左右皆泣，辂亦泣，上闻之感动，疏入即允。辂举手加额曰："皇上此举，尧舜之盛德也。"遂上景皇帝尊谥云。

调　　停

成祖巡狩，汉庶人高煦窥伺储贰，上不能无疑。永乐九年三月，翰林诸臣奏事右顺门，特召杨士奇问曰："汝辅监国久，东宫所行果如何？"对曰："孝敬。"上曰："试言其事。"对曰："凡事宗庙笾豆之类，皆亲阅。自车驾北征，恒切怀忧，不遑宁居，日中昃始食。及敕使至，始释然宽慰。"上曰："闻辅臣中独尔能持直道，不见忤否？"对曰："臣性愚戆，但见容纳，且殿下天资甚高，非众人所能及。或有过，未尝不知，知之未尝不悔而速改之。且用心以爱人为本，将来不负陛下付托。"上甚喜，命尚膳赐酒馔。

十四年，上在北京，闻高煦有异志。及还，以问士奇曰："汝与蹇义在此，汉府事皆当悉知。昨问义不肯言，汝盍言之。如朕未知，汝辈虑有离间之罪，朕既知矣，汝何虑？"对曰："汉王始受册封国云南，不肯行，改青州，又坚不行。今朝廷将徙都，彼欲留守南京，天下皆疑其心，惟陛下善处之。"乃诏削其两护卫，处之乐安州，曰："此去北京甚迩，即其作祸，可朝发而夕擒也。"

宣德元年，高煦果反，车驾亲征罪人，既得师还，六部惟尚书陈山迎驾。山见上，言宜乘胜移师向彰德，袭执赵王，上召杨荣、蹇义、夏原吉、杨士奇谋之，有以为可者，上令士奇草敕，士奇执不从，遂还京。一日问士奇曰："言者论赵王日益多，奈何？"士奇请遣驸马广平侯袁容赍玺书往开谕之，上从其请。王喜，即献护卫，且上表谢，而言者顿息。自是上待赵王日益亲厚，而薄陈山。逾数月，召士奇至南斋宫，谕之曰："吾赵叔不失亲亲之礼，尔有力焉。自今毋以见忤为嫌。"遂赐白金、宝楮、文绮。若士奇者，可谓善调护朝廷骨肉之间者矣。景泰中易储一事，当国者有靦颜焉。

论　　荐

圣祖尝问及廷臣臧否，宋濂惟举荐名士，称其善者不置。问否者为谁，对曰："善者与臣为友，故知之；否者纵有，臣不知也。"自是每用人，多命本院官举而用之。

宣德三年六月，召杨荣、杨士奇谓曰："祖宗时，朝臣无贪者。"宣宗因问其甚者，荣以都御史刘观对。士奇曰："风宪所以警肃百僚，宪长如此，则诸侯皆效之。"上抚掌叹曰："除恶务本。"又问廷臣中谁可使掌宪，士奇对曰："通政使顾佐，廉公有威。"荣曰："佐亦尝为京兆尹，政清弊革。"上喜曰："顾佐乃能如此。"命赐茶而退。数日，擢佐右都御史，乃治观罪。及士奇寝疾，英宗遣内官询人才，举检讨李绍等五人以对，皆至大用。

天顺中，李贤在内阁，奖进廉士，首举耿九畴为都御史，轩𫐐为刑部尚书，年富为户部尚书。九畴为权臣所排，𫐐不得志去。贤屡言于上，还之。礼部缺侍郎，有求近习荐升者，上问贤，贤曰："不知其人。臣所知者，学士李绍可任。"因言士风不振，多夤缘求进，如用绍，请于黼座召吏部面命之，庶几士类知警。上从之。命下之日，倾朝懠然。初石亨以文臣总军务于边，使武臣不得逞，因请罢之，居无何，边徼骚然。上悟其非，命贤举可任巡抚者，贤以都御史李秉、芮钊、白圭、王宇、陈翌荐。后松、潘寇发，荐都督许贵往平靖之。

成化中，编修陈音抗疏言异端日炽，宜召还尚书李秉、修撰罗伦、编修张元祯、评事章懋、给事中王徽、举人陈献章，置之台谏，革去法王、佛子、真人位号，禁创寺观，则正人用、妖妄息矣。不报。

景泰末，学士商辂荐司直郎林聪，诏复职。后聪忤宰执，欲加重辟，辂力辩之。宪宗朝，聪遂拜南京礼部右侍郎。姚夔考满至京，辂又荐留，后夔荐历吏、礼二部尚书，亦辂汲引之故也。

申 救

洪武初，朝臣有上疏万余言者，太祖厌其迂衍，欲罪之。宋濂对曰："彼应诏上疏，其心为朝廷耳，奚可深罪乎？"上乃览疏，有足采者，召阿意者骂曰："若向非濂言，几不悞罪言者邪！"

洪熙初，大理少卿弋谦数言事，有言其卖直沽名者，杨士奇对曰："主圣则臣直，惟陛下容之。不然，进言者将惧矣。"仁宗免其朝参，令专坐司视事。自是一月余，言事者少，仁宗谕士奇曰："自免弋谦朝，言者不至，岂果无事可言？"遂令士奇书敕引过，命谦如旧朝参，令百官言事毋以谦为戒。

景泰五年十月，给事中有忤执政者，大学士高穀请从轻典，卒得左迁。七年，顺天府乡试，太常卿刘俨为考官，时大学士陈循之子英、王文之子伦入试不中，二人交章奏俨，欲寘于法。穀时病，强起预考，考毕，入言曰："大臣子与寒士并进已不可，况又不安于命，欲构考官，可乎？"由是俨得释。旨中下，以英、伦为特赐举人，穀由此与二人不合，屡求退。然天顺中彭时在内阁，上方倚任李贤，日与面议，贤退乃咨访于时，有不可者，时每执不肯，初或相忤，久之相协。后锦衣卫指挥使门达用事，忌贤，阴中伤之，上怒曰："贤且得罪，但当专用彭时。"中贵以语时，时矍然曰："何遽至此？"因为力便（辨）其诬，得释。一日，钦天监汤序言变异，上以问修撰岳正，正曰："奸臣未有闻于朝著者，若求之，人人自危耳。序术疏浅，不足信。"事遂寝。

弘治中，武岗知州刘逊为岷府奏讦被逮，科道奏乞宽贷，上怒，俱下之狱。大学士刘健等言："逊情轻谴重，言官为国尽忠，概以为罪，后有大利害，谁可言者。"上乃释之。

正德二年，尚宝卿崔璇、御史姚祥、张彧、主事张伟、给事中安奎咸被系，时刘瑾用事，欲俱令枷号，大学士李东阳俱申救宽释。一日早朝，有文书一卷投于丹墀，录瑾过恶，上命瑾等诘问，无肯承者，遂执朝官三百余人送诏狱。东阳奏此事必阴谋所为，同朝诸臣仓卒拜起，岂能知之。乃尽得释。

匡 弼

凡被顾问，必关于国家大体而后言之。永乐五年冬，广东布政徐奇入觐，载岭南藤簟，将以馈廷臣。上阅视无杨士奇名，乃独召之问故。士奇曰："奇自都给事中受命赴广时，众皆作诗文赠之，故有此馈。臣不预者，以当时病，未有所作，不然亦不免。今众名虽具，然受否未可知，且物微甚，当无他。"上意解，即付中官单目，令毁之，一无所问。

洪熙元年四月，有旨故东宫官邹济、徐善述、王汝玉皆赠官赐谥，令建祠于墓，四时赐祭。士奇进曰："礼贵得中，朝廷惟宗庙以四时享，虽社稷、孔子亦皆春秋二祀，济等虽有劳，祀之乃与宗庙等，可乎？"上曰："吾过矣。"遽召礼部改春秋祭。

景泰元年八月，英庙车驾自北狩还，方议奉迎礼，众疑未定，千户龚遂荣寓书于大学士高穀，言奉迎当从厚。穀即袖其书以进，且曰："武夫尚知此礼，况儒臣乎？"已而朝廷以遂荣非分，下锦衣狱。会车驾至，百官郊迎，穀复上章以伸前议，闻者韪之，而遂荣亦释。后英庙居南宫，指挥卢忠妄言南内事，景帝欲穷治之，学士商辂请止罪忠一人，以全大体。上从之。

天顺初，锦衣卫逻得一僧，至妻以女，狱具当坐反。及太监牛玉援近例，请官逻者。内阁修撰岳正言事纵得实，不过合妖言律，活其从十数人，逻者准应捕律而已。时忠国公石亨与太监曹吉祥怙宠擅权，有投匿名书指斥朝政者，独不及亨，缉捕甚急，举朝惶骇。亨劝上出榜，募能捕告，赏以三品职。上令内阁撰榜格，岳正与吕原见上曰："为政自有体，盗贼责兵部，奸宄责法司，岂有天子自出榜购募之理？且尧建进善之旌，舜立诽谤之木，秦始皇杜谏，乃下诽谤妖言之令，由此过失不闻，卒至亡国。陛下新复宝祚，正当以尧舜为法，秦为戒，纵欲穷治其事，缓则人情怠忽，事自觉露，急则人情危惧，愈求韬晦。不如勿究。"吉祥从旁请究甚力，上曰："正言是也。"

成化初，太监刘永成死，有军功，欲封为伯，大学士彭时力争之。或曰："自古有封侯王者。"时曰："此盛世事耶？祖宗成宪具在，谁敢违之？"事遂寝。十二年七月，建玉皇阁于宫北，别创礼仪乐章，将有事焉，学士商辂论毁之。十三年四月，太监汪直创西厂立威，内外官卧不帖席。辂与同寅疏其十罪以闻，上即命革罢。

纳　　言

成祖尝与学士解缙论群臣，御书蹇义等十人名，命各疏于下，缙具以实对。于义曰："其资厚重，而中无定见。"于夏原吉曰："有德有量，不远小人。"于刘俊曰："虽有才干，不知顾义。"于郑赐曰："可为君子，颇短于才。"于李至刚曰："诞而附势，虽才不端。"于黄福曰："秉心易直，确有执守。"于陈瑛曰："刻于用法，好恶颇端。"于宋礼曰："戆直而苛，人怨不恤。"于陈洽曰："疏通警敏，亦不失正。"于方宾曰："簿书之才，驵侩之心。"既奏，上以授东宫曰："李至刚，朕洞烛之矣，余徐验之。"问尹昌隆、王汝玉，对曰："昌隆君子而量不弘，汝玉文翰不易得，所惜者市心耳。"后十余年，仁宗出其所奏示杨士奇："人率谓缙狂士，缙非狂士，向所论定见也。"

宣宗为皇太孙时，宫僚左庶子陈山邪佞得宠，同列戴纶、林长懋以直谏，为山所谮害，上即位始知之。宣德四年十月一日朝罢，杨士奇侍上于左顺门，遥望见山，上曰："汝试言山为人？"对曰："君父有问，不敢不尽诚以对，山虽侍从日久，其人寡学多欲，而昧于大体，非君子也。"上曰："然。赵王事几为所误，朕已甚薄之。近闻渠于诸司日有干求不厌，当不令溷内阁也。"盖上初临御，以山及张瑛东宫旧臣，俱升内阁视事。至是事浸闻于内，有旨调瑛南京礼部，山专教内竖，俱罢内阁之任。

天顺初，内阁修撰岳正间为上极言曹、石势太甚，虑有变，宜早为节制。上曰：

"汝可以朕意告之。"正径造亨，讽令稍自敛戢，二人怨之，正遂被斥窜。及二人诛，上召李贤谓曰："向者岳正固言之。"他日又思正，曰："岳正到好，只是大胆。"因召还焉。

武宗时，逆瑾用事，凶焰炽甚，大学士刘健等率诸臣伏阙请诛之，焦芳阴为瑾地，言者遂沮，而健与谢迁辈皆引去。于此见君子胜小人之难也，当其事者，必先事预防而后可。

计　虑

成祖一日晚出右顺门，召内阁诸臣，杨荣一人在，出江西三司奏章示之，言吉安乡民啸聚者，遣行人许子谟赍敕抚谕，又遣都督韩观率兵随之，如抚谕不下，即加兵。及是奏至，上曰："非观至不下，其降敕褒观。"荣读讫，奏曰："计发奏之日，观尚在中道，未足褒也。"从之。后询之果然，荣自是益见重。

虏酋阿鲁台既纳款，欲收女直、土蕃诸部听其约束，请朝廷刻制词，于金锭集诸部长，磨酒饮之以盟。上以问翰林诸臣，黄淮对曰："胡人狼子野心，使各自为心则力易制，若并为一则力大难制矣。此举实其奸谋也。"上顾左右曰："黄淮如立高岗，无远不见；尔等如立平地，所见惟目前耳。"

天顺初，石亨从子彪镇大同，遣使献捷，内阁询其状，其人盛陈战伐，且称斩首无算。岳正取地图指示曰："某地至某地，四面皆沙漠，枭于何所？"其人惊伏。

成化四年，平凉土达蒲四反，官军连失利，遣都御史项忠往抚捕之。大学士彭时、商辂料其必成功，而朝议汹汹，咸欲再遣将出师，时等执不可，或以危语动之，时等不为动。未几，献俘至，上喜甚，各赐俘奴一人。

筹　边

洪武十七年，侍讲李翀论武事重在任将。上曰："任将固重，必用之专，信之笃，而后成功。齐用穰苴，魏用乐羊，可谓专且笃矣，故皆有功。若唐用鱼朝恩、吐突承璀为监军，使诸将掣肘，故败事也。"

永乐五年，谕德杨荣奉命往甘肃察视守备，还奏称旨。七年春，甘肃总兵何福奏降虏脱脱不花等率部来归，命荣往同福议处，遂奉命持节，往亦集乃之地，事平，封福为宁远侯。十年冬，甘肃守帅西宁侯宋琥奏反寇老的罕逃居赤斤蒙古卫，将为边患，时丰城侯李彬镇陕西，遂敕彬率师剿之，且命荣往与计度。十二月还，奏饷道险阻冱寒，人疲马瘠，不可行，且小丑不足烦王师，遂敕彬旋师。二十一年秋，荣复扈从西征，驻跸万全，一切军务悉付荣掌之。宁阳侯陈懋奏虏主也先土干来归，命荣往议。二十二年，复从北征，中道军饷不继，上闻之，命荣与金幼孜总计其数，遂如所言，遣使谕虏，释其不臣之罪。

宣德二年十月，交趾黎利遣人进前安南陈王三世嫡孙暠表，乞立为陈氏后，上密以示英国公张辅，辅请发兵讨之。辅退，乃召尚书蹇义、夏原吉谓曰："何以处之？"二人对曰："举以与之无名，徒示弱耳？"二人退，召杨荣、杨士奇，出表示之，且谕以三人所对曰："今日与尔两人决之。"荣曰："永乐中，费数万人命得此，至今劳者未息，困者未苏，发兵之说，必不可从，不若因其请与之，可旋祸为福。"上顾问士奇云何，对曰："荣言当从。求立陈氏后者，永乐初访求之不得，乃郡县其地，数十年来，兵民困于交趾之役极矣。体祖宗之初心，以保其赤子，此正陛下之盛德，何谓无名？且汉弃朱崖，前史为荣，何谓示弱？臣侍仁宗皇帝久，圣心数追憾此事，臣愿今日明决。"上曰："汝两人言，正合吾意。皇考言吾亦闻之屡矣，今吾三人可谓同心同德。"遂令尚膳赐酒馔，明旦罢朝，出暠表示文武群臣，皆曰："从之便。"遂赦交趾，命群臣举奉使者。明旦，蹇义欲易以伏安，众莫敢异之。士奇私谓夏原吉曰："此无籍小人，用之必辱朝廷，公当榻前力争。"已而有旨召众皆入，蹇遂奏用伏安。上顾问夏原吉，对曰："不可用，遣之必辱国。"遂不用。

英宗北狩，景帝即大位，有倡议南迁者，中外汹汹，大学士陈循、高毂、侍〔讲〕商辂等上言："圣驾一移，大势去矣。"乃出榜晓谕，人心稍安。无何，虏大举逼京城，众论战守不一，循等皆言兵败之馀宜固守，且贼乘胜远来，势必难久，可伏兵归路击之。时京师戒严，内阁诸臣运谋设策，迄昏乃出，至忘寝食。外谕诸将，奖其忠义之心，日令操练军马，整饬器械，以备战守。遣官分投安辑畿内降夷，以防不虞，严督边关固守要害。然虏攻益急，总兵官石亨折弓厉声曰："宰臣不出，计策莫能支矣。"循等上疏请敕宣府辽东，令总兵官杨洪、曹义各选劲骑以进，与京军夹击。又为张榜虏营，有能擒斩也先者穹爵厚赏。复写书作喜宁与司礼太监兴安云："约诱也先入寇，宜乘其孤军，合兵剿杀。"盖喜宁以胡种为内侍，与虏通谋者。敕下，偶为虏也先逻卒所获。未几，宣府辽东兵至，我军大振。虏闻，一夕遁去，京师遂奠。天顺中，两广用兵，编修丘濬条用兵事宜，内阁具本缴进行之。

弘治十七年六月，北虏小王子遣使求贡甚急，大同守臣以闻。或报虏有异谋，内阁具揭帖，乞会官详审。上朝退，召刘健、李东阳至暖阁。上曰："各边粮草，须与刘大夏说，用心整理。"健奏曰："京营官军，亦须整点听征。"上曰："然。"东阳对曰："圣谕将官当用谋略与经战阵者，但京军有名无实，初设团营时有十二万，今消耗过半。古人云：足食足兵。今食不足，兵亦不足。臣等每思及此，寝食不安。"上曰："军士须管军官抚恤，不可剥削。"东阳对曰："诚如圣谕。"七月初四日，复召至暖阁，上袖出大同镇巡官奏，言虏贼势重，近又掘墩杀军。上曰："边军皆我赤子，彼被杀者，若何可言。朕当与作主，京军已选听征二万，须再选一万，整理齐备，定委领军名目，即启行。"健等对曰："皇上重念赤子一言，诚宗社之福。京军未宜轻动。"迁曰："边事固急，京师尤重，居重驭轻，亦须内顾家当。"上犹未释，东阳曰："近日北虏与朵颜交通，潮河川、古北口甚为可虑。"健因备言大同险远，本镇尚可支持，潮河川去京师不过一日，最为切近，诚宜先虑。上曰："今亦未便出军，但须预备停当，待报乃行，免致临期失措。"皆对曰："圣虑甚当。"退，拟通选京军三万，令兵部推委领军官，临期酌量地方事势，具奏定夺。后三日，召刘大夏面议出师之意，大夏力言京军不可轻出，大意与内阁同，师乃不出。已而沿边将帅杀虏，次第拟报，而虏谋亦沮。

条 疏

永乐二十年三殿灾，金幼孜、杨荣等陈便宜十数事，皆见施行。他官建言如萧仪辈，多获罪死。侍读李时勉自刑曹入院，即慨然论天下事，被系两岁。洪熙初，复抗言极谏，被扑不死，改交趾道御史，又三上章，下诏狱不死，盖未始有申拯之者。修撰罗汝敬亦言时政十五事，降云南道御史。萧时中言致灾八事，侍讲谢琏上治安十五事，皆留中。

正统八年四月，雷震奉天殿鸱吻，诏求直言，王振专恣，侍讲刘球上疏谓权不可下移。振怒，适修撰董璘求为太常卿下狱，而球所言有谓太常卿必得儒者，马顺迎合振意，诬球与璘朋奸，亦下狱死焉。学士刘定之因京师大水上十事，皆不行。

景泰初，英庙至自沙漠，检讨邢让言事，坐是不通显。时方春久旱，灾异迭见，学士周叙建言："大臣之罪，固不可辞，台谏之臣，缄默无补，各处镇守中官，病民尤重，皆致灾之由也。"会叙考绩至京师，仍命留院办事。周洪谟始授官，遂条陈十二事，凡有所见，即封章具闻。

宪宗初即位，编修张元祯劝行三年丧。又上疏言治道大本大原，曰讲学、定治，曰用人，曰厚风化。与时宰议不合，乞归家居二十余年。修撰罗伦、编修章懋、黄孔昭、检讨庄昶相继言事，皆远贬。慈懿皇太后之丧，修撰罗璟上疏言宜合葬裕陵，又与诸学士合章以请，其后亦左迁南京员外郎。

出 使

宣宗初元，大学士金幼孜奉命持节册封安化、真宁二王妃，历河南北关东西之境，所过兵民休戚。既还，具疏奏闻。景泰五年，南京灾，上念祖宗陵寝所在，命大学士高穀往祭。事竣，录被灾者千余家，悉发廪赈之，奏闻称旨。弘治十七年闰四月，阙里灾，重建孔庙落成，遣大学士李东阳祭告。五月，事竣还朝，以所经过天灾民瘼上奏，诏查议行之。

效 诤

洪武二十一年四月，上谓庶吉士解缙曰："朕今命尔，义则君臣，恩犹父子，当知无不言。"缙于是上封事万言，皆人所难者，上嘉奖之。景泰初，虏入寇，庶吉士刘清上封事，多见采录，清由是知名，累擢兵部侍郎。成化二十三年十月，庶吉士邹智因灾昇上疏，略曰："星变见于朝廷，盖阳不能制阴之象也。宜进君子，退小人，其原当先于内阁。万安恃权怙宠，殊不厌足；刘吉附上罔下，漫无可否；尹直挟诈怀奸，恬无廉耻。世之所谓小人也。王恕素志忠贞，可任大事；王竑秉节刚劲，可寝大奸；彭韶学识醇正，可决大疑。世之所谓君子也。然君子之所以不进，小人之所以不退者，岂无自哉？大抵中贵有以阴主之也。自古君子小人进退之机，未尝不决于此曹之盛衰也。愿陛下以太祖为法，则君子可进，小人可退，而天下之治成矣。"疏上，谪石城吏目，卒。

成化四年六月，慈懿皇太后钱氏崩，宪庙嫡母也，诏大臣议葬。众相视莫敢先发，大学士彭时谓同朝曰："梓宫当合葬裕陵，主祔庙，此一定体，无可议者。"即与礼部尚书姚夔定议，具疏引汉文帝合葬吕后、宋文宗合葬刘后故事。上犹重违母后之意，未允。时率群臣伏文华殿以请，号哭不起。上闻之，使中官宣请中官退，翰林中有呵中官使还者，众官皆曰："死不敢奉诏，且不得命不敢退。"时学士商辂、刘定之进曰："人心如此，实天理所在，望朝廷俯从。"于是中官入奏，上感动，母后亦悟，即传谕群臣："卿等昨者会议大行慈懿皇太后合祔陵庙，固朕素志，但圣母疑事有相妨，未即俞允，朕心终不自安，再三据礼，所幸圣慈开谕，特赐允诺，卿等其如前议施行。"众闻命，咸呼万岁而退。正德中，伏阙请诛逆瑾，及跪门号泣，谏止南巡，尚书王恕等俱各上疏，载在国史。

旌　直

大学士杨士奇辈在三朝，言听谏行，每被旌赏。初永乐中，御史李祥、舒仲成奉敕理木植税课之弊，王汝玉预焉。汝玉，上监国时所爱者，尝有旨命祥等削其人勿奏。二人力言不可，万一圣上有闻，得罪反重。既忤意，遂已，犯者后皆苟免。上嗣位，尚书蹇义因奏仲成他事，上曰："是尝为御史台得南京木植税课乎？"对曰："然。"曰："李祥安在？"对曰："丁母忧去矣。"时仲成已升湖广宪副，即命都察院捕治仲成。士奇闻之，进疏曰："向来小人得罪者多，陛下即位以来，皆已宥之，今又追理前事，即诏书不信。汉景帝为太子，待诏卫绾称有病不赴，即位进用绾，前史美之。"上览之喜，即有旨罢治仲成，而降敕奖谕士奇，赐米及钞币。又面谕之曰："有卿尽心如此，朕复何忧！"

宣德六年七月，时上好微行，一夕漏下二十刻，以四骑出，过士奇家前，报者言范太监来，士奇仓皇出迎，上已入门立月中，士奇俯伏悚惧，言："陛下奈何以宗庙社稷之身而自轻，扰扰尘埃，昏暗中谁识至尊，万一或有识者，变起仓卒，何以备之？"上笑曰："思见卿一言，故来耳。"遂屏左右，语竟，顾谓士奇曰："此居且敝，当为汝葺理。"士奇叩头恳辞，曰："陛下宫殿未建，臣必不敢当。车驾今夕俯临外间，明日必有知者。自此慎出，事出不测，当虑也。"驾还宫。明日，遣太监范弘密问士奇，车驾幸临，曷不谢。对曰："至尊夜出，愚臣迨今中心惴栗未已，岂敢言谢？"又数日，遣弘问士奇："今天下平靖，上时一微行，何足过虑。尧不微行乎？"士奇对曰："陛下尊居九重，恩泽未洽幽隐，万一有冤夫怨卒，窥伺窃发，诚不可无虑。"后旬余，锦衣卫获至二盗。盖盗尝杀人，官捕之急，遂私结约，候车驾之玉泉寺，挟弓矢伏道边林莽中作乱。时有捕盗校尉，亦变服如盗入盗群，以其谋告之，遂为所获。上既诛二盗，叹曰："士奇言不虚。"即日遣太监范弘赐白金、文绮。士奇明旦入对，上曰："自今如汝言，不复微行。"他如杨溥密疏获赏之类，不可具举。

自是以来，蹇谔之风渐少，而言之亦未必不干怒也。惟弘治五年四月，大学士丘濬奏疏万余言，大概谓上改元之初，岁在戊申，与太祖洪武初元同符，今天灾迭见，宜厘革庶政，尽复太祖旧规，以应天意，因拟为二十二条，历指奇衺之逢迎者，开谕而力辩之，使不至售其奸。上览奏甚悦，批答以为切中时弊，行之。自此圣心向用，恒加赏赉，然濬时年已耄矣。其后上日英明，颇远近习，而信听内阁，亦濬有以启之也。

武宗时，逆瑾柄国，虽大臣言出祸从，大学士刘健等极言时弊，以为："即位之初，诏书一下，天下延颈想望太平，而朝令夕改，讫无宁日。百官庶府，仿效成风，非徒废格不行，抑且变易殆尽。建言者以为多言，能干者以为生事，累章执奏则谓之奏扰，查革旧弊则谓之纷更，忧在于民生国计则若罔闻知，事涉于近幸贵戚则牢不可破。以一二人之私恩，坏百年之定制而不顾；以一二人之邪说，违满朝之公论而不恤。臣等叨居重地，徒拥虚衔，或旨从中出，略不预闻，或有所拟议，径行改易。"寻又奏言政令十失，言甚剀切，瑾怒，遂皆谢去。

嘉靖六年五月朔日食，臣道南上九事，上褒答曰："这所言，朕已省览。"七年十二月望，长庚气如匹布，起坤指乾，臣复上四事，上褒答曰："览奏，事关朕躬的，知道了。其余该门看了来说。"八年八月望，臣复上六事，是岁十月朔日食，臣复上五事，俱荷明旨允行。

殿阁词林记卷之十七

秘 书

按《周礼》太史掌建邦之六典，外史掌四方之志、三皇五帝之书。汉图籍所在，有石渠、石室、延阁、广内藏之于外府，又有御史居殿中，掌兰台秘书，及麒麟、天禄二阁藏之于内禁。后汉图书在东观，置秘书监，又有鸿都等处。唐有秘书监、集贤书院。宋建昭文史馆、集贤院，置大学士、直学士、修撰等官以掌之，又有秘书省、崇文馆，其重如此。

圣祖初定天下，即遣使求遗书。国初，四库之书多藏文华堂，堂在禁中，抵奉天门不百武，车驾尝幸临之。洪武三年三月庚子，置秘书监，秩正六品，先除监丞一员，直长二员。十三年七月癸巳，以内府书籍已有本院典籍掌之，于是罢秘书监。典籍张敏行者掌书籍，中使传宣索书，即启钥以上，岁时得燕见。圣祖籍（稽）古右文，其勤如此。盖罢掌书之官，并其任于翰林，实自我朝始。今内阁史馆，凡御制宸翰、列圣宝训、实录及玉牒副本、经、史、子、集、类书之属，皆在焉。

永乐四年四月，成祖视朝之暇，辄御便殿阅书，或召翰林儒臣讲论。尝问文渊阁经史子籍（集）皆备否，学士解缙对曰："经史粗备，子籍（集）尚多阙。"上曰："士人家稍有余赀，皆欲积书，况于朝廷可阙乎？"遂召礼部尚书郑赐，令择通知典籍者四出搜求遗书，且曰："书籍不可较价直，惟其所欲与之，庶奇书可得。"又顾缙等曰："置书不难，须常览阅乃有益。凡人积金玉，亦欲遗子孙，金玉之利有限，书籍之利岂有穷也？"十六年，遣修撰陈循往南京起取本阁所贮古今一切书籍，自一部至百部以上各取一部北上，余悉封识收贮。盖两京皆有储书也。十九年四月庚子夜，奉天、华盖、谨身三殿灾，火势猛烈，而奉天门东庑切近秘阁，学士杨荣奋身直入，麾武士三百人，将御书图籍并积岁制敕文章舁致东华门金水桥次。明日，上召谕之曰："昨夜火发，在目前者几人？卿能收拾图籍，不避艰危，可谓难矣。"因褒赏之。于时书籍淆乱无纪，典籍周翰理淆茸乱，逾二载而后复旧。今馆阁书目，盖永乐间所定也。

自正统以前，凡官本院者，每朝退，即入阁中检所未见书。盖馆阁无政事，以讨论考校为业，故得纵观中秘，而受命进学者亦与焉。景泰时，编修周洪谟辈犹然，其后始为内阁所扃钥。弘治五年五月，大学士丘濬请访求遗书焉，上疏有云："今内阁储书有匮，书目有簿，皆可查考，乞敕内阁量委学士并讲读以下官，督同典籍与吏典班匠人等，将书目较雠，有无全欠，分为经、史、子、集四类，及杂书、类书二类，开具奏报，仍刻考较年月，委官名衔，识于卷末，立案存照。又敕两京内外大臣，会同南京礼部、本院官，查盘永乐中原留南京内府书籍，有无全欠，具数奏知。于凡两京书籍，令南京国子监誊写，各令两监藏之，以备遗失。夫国家采补佛道书，以为藏经，雕以文梓，饰以文绫，遍赐天下寺观，储以髹红函匮，载以金碧轮藏。况此书籍，乃自古帝王传心之要道，经世之大典，礼乐刑政制度文为之所具，乌可吝惜小费，而不为经久之计哉？请敕内阁将书目付礼部抄誊，分送直隶十三布政司提督学校宪臣，用心设法访求，抄誊送京，以补所未备。仍于内阁近便去处，别建重楼一所，专用砖石累砌，如民间所谓土库者，令内阁书办中书等官，遇其闲暇，抄誊累朝实录各一部，盛以铜匮，庋于楼之上层，凡内府衙门收藏国家大事文书，如玉牒之类，皆附焉。其制敕房一应文书，如诏册诰敕书等项，草检行礼仪注应制诗文等项底本，前朝遗文旧事等项杂录，亦各抄一部，盛以铁匮，贮于楼之下层，凡内府衙门所藏文书，可备异日纂修一代全史之用者，如永乐以前文武官贴黄之类，皆附焉。苟无御灾备急之具，一或散失，后之秉史笔者无所凭据，往往求之于草泽，访之于传闻，简牍无稽，真赝莫辨，非但大功异政不得纪载，而明君良臣为人所诬捏者亦有之矣。至若列圣实录及圣祖御制等书，请依洪武六年纂集日历以为宝训事例，勒成一书，颁行天下。如此则祖宗之功德在万世，永传信而无疑；国家之典章垂百王，递沿袭而有本。所谓金匮石室，岂虚文哉？"奉圣旨："太祖御制书籍，着翰林院打点，见数收贮。南京书籍，查照目录，开写缺少的去，着守备同南京礼部、翰林院点检送来。天下遗书，礼部行移南北直隶十三布政司访求。"至正德中，权奸柄国，典籍散逸。嘉靖十三年七月，今上敕馆阁重书列圣宝训、实录，命大学士李时等为经理官，臣道南为管录官，肇建皇史宬于重华殿之西，藏以金匮，置之石室。又于钦天阁树碑以纪，钦天记颂，追先阁树碑以纪祖德诗，仍锡燕儒臣于谨身殿。臣尝诵吕祖谦表云："帝晖下烛光，荣河温洛之藏；天藻昭垂迈，过沛横汾之韵。湛露示醇醐之惠，承云宣纯绎之音。"若豫颂矣。

开 局

国初召儒臣载笔以定有天下之制，分三局总之：一曰律局，以定律令，凡旧官之练宪章者居焉；二曰礼局，以究礼仪，凡宿儒之通古制者居焉；三曰诰局，以撰诰命，凡俊才之优文辞者居焉。此开局之始也。汪克宽曰："洪武元年，命中书省、翰林、太常寺率诸儒定拟三礼。明年，再命集议礼乐。又明年，遍征在野道德文章之士，分局相与订正之。"其后纂修国史，每分为十馆，以均六局之多寡。六局一曰吏，以究人材之进退；二曰户，以蔽地利之盈缩；三曰礼，以考礼仪之沿革；四曰兵，以载军政之臧否；五曰刑，以书刑罚之祥滥；六曰工，以审力役之宽缓。皆本六官职掌为之。十馆所修不能统一，则择人总勘，如修他书，则有不尽然者。盖自罢起居注之后，本院职掌专文史，遇有纂修，旋设馆席，给笔札。惟官长凡例是遵，逐事呈稿，笔削惟命，其中虽有所见，亦不敢尽用己意。盖官局修书，从古然也。

监　　修

洪武二年二月丙寅朔，敕修《元史》，以中书左丞相、宣国公李善长为监修，不预史事。三十五年十月己未，重修太祖高皇帝实录，敕太子太师、曹国公李景隆为监修都总裁官，太子少保、兵部尚书、忠勤伯茹瑺为副监修官。永乐九年十月，又重修之，敕户部尚书夏原吉、太子少师姚广孝监修。未及成而广孝死，原吉独专其事。洪熙元年五月庚午朔，敕修太宗皇帝实录，闰七月甲辰，敕修仁宗皇帝实录，俱以太师、英国公张辅，少师兼吏部尚书蹇义，少保兼太子少傅、户部尚书夏原吉监修。自永乐以来，皆预秉笔，与国初不同。宣德十年九月庚午，敕修宣宗皇帝实录，止用张辅为监修，始复不预秉笔矣。监修英宗皇帝实录者，会昌侯孙继宗；监修宪宗皇帝实录，英国公张懋；监修孝宗皇帝实录者，亦懋也。若修他书，则罕设。惟永乐元年七月修《永乐大典》，以太子少师、荣国公姚广孝、礼部尚书郑赐为监修，刑部左侍郎刘季箎副之。余不可尽书。

总　　裁

国初修《元史》，以前起居注宋濂、漳州府通判王祎为总裁，濂寻进学士，祎拜待制。三年二月乙丑，续修《元史》，仍为总裁。太祖皇帝实录，总裁者始为礼部左侍郎兼学士董伦与侍讲方希直，重修为李景隆与侍讲解缙，再重修则文渊阁大学士兼左春坊大学士胡广、学士兼右庶子杨荣、祭酒兼侍讲胡俨也。成祖、仁宗两朝实录，总裁为少傅、兵部尚书兼华盖殿大学士杨士奇，太子少傅、工部尚书兼谨身殿大学士杨荣，太子少保、礼部尚书兼武英殿大学士金幼孜，户部尚书兼谨身殿大学士陈山、礼部尚书兼华盖殿大学士张瑛、太常寺卿兼学士杨溥。自是其柄始尽归馆阁矣。宣宗皇帝实录，总裁为少傅、工部尚书兼谨身殿大学士杨荣，行在礼部尚书兼学士杨溥，总裁兼纂修为詹事兼侍读学士王直、少詹事兼侍讲学士王英，总裁兼纂修，前此未有也。英宗皇帝实录，总裁为少保、吏部尚书兼华盖殿大学士李贤、礼部尚书兼学士陈文、兵部尚书兼学士彭时；副总裁为礼部右侍郎李绍，太常寺少卿兼侍读学士刘定之、吴节，副总裁盖自此始。绍虽为侍郎，然发身则自翰林，故与焉。宪宗皇帝实录，总裁为少傅兼太子太师、吏部尚书、谨身殿大学士刘吉，礼部尚书兼文渊阁大学士徐溥、礼部右侍郎兼学士刘健，副总裁为礼部尚书丘濬、詹事府少詹事兼侍讲学士汪谐。孝宗皇帝实录，总裁为少师兼太子太师、吏部尚书、华盖殿大学士李东阳，少傅兼太子太傅、吏部尚书、谨身殿大学士焦芳，户部尚书兼文渊阁大学士杨廷和，副总裁为吏部左侍郎兼学士梁储。若纂修日历，惟洪武时有之，总裁为学士承旨兼吏部尚书詹同、侍讲学士宋濂。

圣祖所修诸书，多不可考，独太宗时《永乐大典》，分局皆有总裁，学士解缙、修撰吴溥、检讨王洪、礼部郎中邹济、布衣陈济等皆得为之，无虑十余人，盖门汇多而事实繁故也。《大明一统志》，总裁为吏部尚书兼学士李贤、太常寺少卿兼学士彭时、学士吕原，副总裁为学士林文、刘定之、侍读学士钱溥。《大明会典》，总裁为大学士李东阳、焦芳、杨廷和，副总裁为学士梁储。若《（四书）（五经）性理大全》、《宋元资治通鉴纲目》等书，多不设总裁，止用纂修官。

纂　修

国初纂修，皆用山林隐逸之士。洪武日历，纂修者皆儒士，职官独员外郎吴伯宗一人。戊寅年敕修太祖皇帝实录，纂修可考者为侍读学士兼太常寺少卿高逊志、太常寺少卿廖升、都察院左佥都御史程本立、礼部郎中夏止善、修撰李贯、编修吴溥、杨子荣、刘观，检讨陈性善、侍读刘彦铭，史官高让、吴勤、赵友士、端孝思、张秉彝、唐耕，国子博士王缙、佥事胡子昭、知县叶惠仲、儒士杨士奇等。永乐初重修太祖实录，纂修为学士王景、礼部尚书李至刚，侍读胡靖、曾日章、王灌、胡俨，侍讲邹缉、杨荣、金幼孜、杨士奇，修撰李贯、吴溥，编修吴节、郑好义，检讨王洪，博士张伯颖、王汝玉，典籍沈度、潘畿，待诏王延龄，给事中朱纮、吏部郎中徐旭、礼部郎中胡远、太常寺博士钱仲益、国子助教王达、博士金玉铉、行人蒋骥、晋府伴读苏伯厚、佥事李烨、叶砥，知府刘辰、靖江府教授张显、楚府教授吴勤、知府邹济，知县杨觐、梁潜、王褒、沈瑜、赵季通、唐云，教谕解荣、刘宗平，训导富贵清、罗师程，儒士端礼、王孟易、朱逢吉、莫士安。凡外官生儒之预此者，皆由本院官举荐。及再重修，其纂修者学士兼谕德金幼孜、杨士奇，侍讲学士曾棨、侍读兼赞善梁潜、侍讲王英、修撰罗汝敬，刑部主事李时勉、陈敬宗也。

成祖、仁宗两朝实录，纂修官为左春坊大学士兼侍读学士曾棨、右春坊大学士兼侍讲学士王英、右春坊庶子兼侍读学士王直、左春坊左谕德兼侍读周述，侍讲李时勉、钱习礼，侍讲余学夔、陈循、蔺从善、蒋骥，修撰苗衷、曾鹤龄、张洪、刘永清，编修周叙、孙曰恭、杨敬，检讨周翰、王雄（雅）、杨翥，五经博士陈继、户部主事陈中、四川道御史陈叔刚、福建右参议潘文奎、知县万节、教授丘锡、教谕梁尊。盖自是不复用儒士矣。

宣宗皇帝实录，纂修官为侍读学士李时勉、钱习礼，侍读学士陈循、洗马蔺从善，侍读苗衷、曾鹤龄、马愉，侍讲高穀、胡㼆、邢宽，修撰周叙、尹凤岐、孙曰恭、习嘉言、陈叔刚、陈询、曹鼐（鼏）、仪铭、王一宁、杜宁、储懋，编修杨翥、董璘、杨寿夫、林文、钟复，主事刘珤、刘铉、洪与（玙），评事张益、御史邵宏誉。

英宗皇帝实录，纂修官为学士柯潜、万安，侍讲学士李泰，太常寺少卿兼侍读孙贤、刘翊，左谕德黎淳，右谕德童缘、刘宣，侍讲江朝宗、杨守陈，修撰王一夔、彭教，编修尹直、徐琼、陈秉中、李永通、郑环、刘健、汪谐、张元祯、吴钺、罗璟，检讨耿裕、周经，纂修兼校正官为侍读刘吉、陈鉴，侍讲丘濬、编修彭华。盖始自专用本院及詹事府官，而纂修兼校正始见于此。

宪宗皇帝实录，纂修官为太〔常〕寺少卿兼侍读傅瀚、少詹事兼侍读费訚、左庶子兼侍读谢迁、右庶子兼侍读陆简，侍读曾彦、杨守阯，侍讲刘戬、王鏊、杨杰、梁储，左赞善张元祯，修撰刘玑、武卫、张芮，编修刘忠、邓焵、黄珣、张天瑞、刘春、涂瑞，检讨杨时畅，纂修兼校正官为南京国子监祭酒李杰、左庶子兼侍讲学士李东阳、左庶子兼侍读吴宽、右庶子兼侍讲董钺，纂修兼参对官为修撰杨廷和、编修江澜。纂修兼参对亦始见于此。

孝宗皇帝实录，纂修官为侍读毛纪、傅珪、朱希同，侍讲丰熙、沈涛、吴一鹏，修撰顾鼎臣，编修汪俊、李廷相、温仁和、李时、滕霄、何瑭、董玘，检讨汪伟、王九思、潘辰。

至于修他书者不能尽记，大率成化以后，纂修皆纯用本院官。而《永乐大典》、《（四书）（五经）性理大全》、《寰宇通志》，庶吉士亦得与焉。

催　　纂

洪武日历设催纂官，以侍讲学士乐韶凤为之。永乐初重修太祖实录，催纂兼誊写为礼部主事陆颙。宣德初，两朝实录因之，以礼部主事张习为催纂。宣宗实录，编修萧镃、赖世隆、吴节、徐珵，检讨李绍、王玉、姜洪、何宣，主事潘勤、正字沈寅，俱为稽考参对并催纂官。英宗实录，以编修李东阳、倪岳、谢铎、焦芳、陈音、程敏政，检讨吴希贤、吏部员外郎韩定、中书舍人马麟、焦瑞、李溥，俱为催纂官。宪宗实录，以礼部员外郎李通、中书舍人胡清为催纂官。自此始专用制敕、诰敕官云。

稽　　考

稽考参对始自永乐、洪熙两朝实录，以修撰邢宽、蒋礼、胡穜，编修陈询、刘矩、裴纶、梁湜，孔目沈寅为之，盖纂修之次也。然宽乃永乐甲辰进士第一，湜次之，孙曰恭又次之，宽、湜同为稽考参对。宣宗实录，稽考参对与催纂并为一事。英宗实录因之，止以催纂为名。宪宗实录，以纂修者兼校正或兼参对。孝宗实录，稽考参对者，修撰吕柟，编修崔铣、湛若水、翟銮、徐缙、景旸，检讨段炅、易舒诰、穆孔晖、张邦奇及胡缵宗。至是始复专设，其赏格与催纂同。

誊　　写

洪武中修日历，誊写用举人、监生。永乐初重修太祖实录，以催纂者监誊写官，其眷写用监生、生员、儒士，凡二十五人。暨纂两朝实录，改眷写为眷录，用检讨许彬、连智、马信、周贵等四人，中书舍人萧湘等十八人，郎中、员外郎、主事、寺副等官程南云等九人，儒士、生员各一人，凡三十三人。收掌文籍，则为检讨胡让，典籍李锡、牛麟、张礼。宣庙实录，有眷录正副官凡二十九人。又有眷稿官修撰黄裳，编修许彬、周贵，中允蒋礼，郎中何贤、夏衡，寺副石庆、姚本、温良，收掌则修撰胡让、寺副陈纪、中书舍人靳通。英庙实录，眷写有太仆寺卿余濂、山东参议林章、礼部郎中吴谦、中书舍人凌晖、鸿胪主簿王佑、白真，序班毛显，译字胡清、徐德、王臣、凌远，共三十五人。官虽不同，大率皆制敕、诰敕二房办事者也。

殿阁词林记卷之十八

奏　　绩

本院官凡历俸连闰计三年，例给由考满，六年、九年皆然。先具脚色事迹及过名有无，呈掌印官，以凭考核。乃往吏部相见，六品以下循廊至堂上，送迎待以殊礼；五品以上冢宰迎至后堂，宾主坐送出。移咨都察院，掌院皆迎至后堂，坐送出，不计崇卑。洪武十四年十月壬申，定考核之法，翰林院等衙门为近侍，不系常选官员，任满黜陟，取自上裁，盖未尝往吏部也。十六年六月己卯，吏部奏定考核在京翰林院等衙门属官，俱从正官考核，各以功过称职与否开具，送部覆考。从之。永乐元年，吏部奏准本院五品以上堂上官照例不考。五年，奏准詹事府六品以上官亦不考。俟九年，奏请黜陟。而凡左右春坊、司经局、中书舍人，俱不咨都察院，惟吏部考核，而本院官犹咨都察院劄付河南道覆考，稍与洪武时异矣。近凡考满，皆本部引奏复职，六年亦然，九年则考功司例差官送题作文，不知起自何时。大率皆非祖宗礼待文学侍从之旧也。九年考满，该升品级具奏，请自上裁，尚循旧典焉。若考察之法，或间一举行。成化四年，令翰林院属官并带俸官译字等官，本院学士会同内阁考察。弘治元年，令翰林院官亦从吏部考察。十年，令两京官照例考察，惟翰林院学士不在五品之例。百余年来，儒臣未尝玷清议。自考察之典行，修撰钱福、编修孙清盖由兹退者。夫惟祖宗之世，日勤晋接照临，虽远不遗，而何迩臣之能掩。然既著为令甲，耳目有攸寄矣。嘉靖初，学士以上自陈不入考察，张孚敬、桂萼自外入，始专其柄矣。

迁　　转

圣祖定本院官为近侍清职，凡迁转皆自出上裁，未尝付诸铨衡，百余年来遵之不易。然洪武中自本院官迁转者，多大拜：二年十月，以应奉睢稼为中书省参政；十九年二月，以待诏朱善为文渊阁大学士；三月，以检讨茹太素为户部尚书；二十七年九月，以少詹事任亨泰为礼部尚书；二十八年四月，以编修齐麟为礼部右侍郎，卢原质为太常少卿；六月，命编修马京署通政使司事，已而拜礼部左侍郎；二十九年正月，以詹事府丞杜泽为吏部尚书，左赞善门克新为礼部尚书。又有依资格者：三年十二月，以侍读学士魏观为国子祭酒，太史令刘基为弘文馆学士；十二年十一月，以修撰迮原霖为通政司右参议；十五年四月，以正字魏德寿为春坊司直郎；八月，祭酒吴颙有罪，以文渊阁大学士宋讷代之；二十九年二月，以修撰黄观为尚宝司卿，编修张显宗为太常寺丞，皆出亲擢。又有止在本院者，如侍读学士朱升为学士之类。

永乐迁转，亦止在本院。独永乐元年十一月，举人王俰以荐为检讨。既命下，成祖顾问左右曰："检讨之下何官？"时曰："博士、典籍、侍书、待诏。"问曰："除人否？"复以已除对。上叹曰："古所谓用人如积薪，此类是已。用人以贤以劳，俰之贤既未可知，劳亦未有，而令贤有劳者居在下，何以服其心。"遂命吏部凡翰林自博士以下皆升职与俰同，遂升博士张伯颖、王汝玉，典籍沈度、潘畿，侍书苏伯厚，待诏王延龄、刘宗平、解荣皆检讨。其后内阁升擢，渐至三孤。洪熙、宣德二朝，任益隆矣。

自是本院迁转，非九年考满，则纂修书籍，名虽亲擢，实则循资格也。惟正统末侍讲杨鼎、徐珵擢副都御史，检讨王询（恂）擢大理寺丞，各巡抚河南、山东、贵州等地方，成化初修撰张颐擢佥都御史巡抚，为殊典。余惟始迁詹事府、左右春坊、司经局，转吏部尚书、侍郎以至内阁，不及他途。天顺二年，学士李绍升礼部右侍郎，实出上命。及履任，公卿往贺。吏部尚书王翱举酒酹曰："天选侍郎也。"前此幸进者入奏事多南音，上曰："大臣以德选，何以声音为？"会祭酒缺，吏部请以绍兼领之。上谓王翱曰："礼部不可无此人，其别选代之。"翱退语同列曰："我不知李侍郎见重如此。"孝宗登极，推恩宫僚，擢少詹事兼侍讲学士杨守陈为吏部侍郎。初当笔者犹拟南京，上览疏改留。列圣礼重儒臣若此。

贶　恩

凡贶恩受封赠，三年考满及特恩始有之。本院正官颁给诰命，取自上裁，吏部奏闻，具手本开写合授散官并年籍、脚色送中书舍人。候书写完备，吏部仍具手本，于御前用宝讫具奏，御前颁给。讲、读以下官亦如之，第用同寮勘结送吏部验封司为不同耳。其最异者，洪武九年十一月，学士承旨宋濂致仕，诏赠其父原赠礼部侍郎谥文昭为嘉议大夫、礼部尚书，母德人陈氏为淑人，祖德政赠亚中大夫、太常寺少卿，祖妣金氏赠淑人，妻贾氏封亦如之。诰辞皆亲制，称濂有曰："德量之弘，如千顷陂，澄之不清，挠之不浊。"天下荣之。成化十五年，少詹事兼学士王献满三载，乞恩移封父母，诏如其官。嘉靖六年，臣道南考满，吏部考语云："多见多闻，抱出群之志；有学有行，负经世之才。"都察院考语云："名高湖海，学博古而识达天人；器重台阶，文华国而力追秦汉。"蒙恩锡父母本身妻敕命。十三年考满，复荷特旨："廖道南日侍讲读，效有勤劳，伊父母应得诰命，准给与他。"

改 调

吴二年，修撰朱梦炎转山西行省员外郎。此改调外擢之始也。洪武三年，学士陶安出为江西行省参政。八年，编修朱右以稽古不能详，上谴之，出为晋府长史。九年，编修张凤擢广西行省参政。十六年八月，以侍讲学士李翀为浙江右布政使，左春坊正字魏德寿为江西右布政使。二十五年八月，左春坊大学士董伦出为河南左参议。自是近侍文学之臣，或遂以为例。

永乐初，淇国公丘福以储位未建，请立汉王高煦，上诏学士解缙定议，然秘未发。明年，立皇太子。又明年，福等所议泄于外。高煦言于上曰："藩府之旧，泄者其维缙乎？"遂出缙为广西右参议。又有出自荐举者：正统元年正月，大学士杨士奇举侍讲刘永清才堪繁剧，出为广东右布政使；十三年十月，侍讲学士陈文亦以大学士高穀荐，出为云南右布政使。成化二十三年，司经局洗马罗璟服阕至京，为乡人阴中，调南京礼部员外郎。弘治十一年，庶子王臣以事出为广西左参政。若洪武初起居注王祎出为南康府同知，特赐金带宠劳之，复诏自漳州判为待制。特历试以难剧，且出于宠劳，非左迁也。正德时学士张芮或咎其无文名，逆瑾用事，遂出为镇江府同知；修撰何瑭以抗直不诡，逆瑾出为开封府同知。大率本院官外擢，皆升高位，无有对品调者，若王祎则出自圣祖亲擢云。

谪 谴

洪武中，本院官降为属官或国子及风宪等职。元年十月，以直学士詹同、侍读学士秦裕伯为待制。此谪调之始也。三年十一月，学士宋濂、待制王祎坐失朝，降为编修。八年七月，降修撰答禄与权为典籍。九年十月，降编修朱孟辩（辨）为中书舍人。十二年十二月，降待制吴沉为编修，十三年六月复官，寻改典籍，拜东阁大学士。十六年八月，降东阁大学士吴沉为侍书，以进讲后期，考功监劾之，寻改为国子博士。十五年，华盖殿大学士邵质降监察御史。二十二年十二月，降学士刘三吾为国子博士，侍讲学士葛钧为助教。三吾等受命授晋王世子经，吏部侍郎侯庸劾奏三吾等在职怠惰，宜黜降别用。上曰："儒者不任剧事，令教国子。"未几复职。二十四年，钧以稽古不称旨，仍降助教。三十年，编修景清改御史，其后侍讲戴德彝、编修尹昌隆亦然。洪熙初，侍讲李时勉以言事降交趾道御史，修撰罗汝敬亦以言事降云南道御史。此皆内任者。

洪武四年八月，侍读学士魏观坐考礼不以时，谪龙南知县，编修宋濂坐祭孔子迟慢，谪安远知县。五年二月，召致仕学士詹同等至京师，赐宴奉天门，复观与濂为礼部主事。十二月，擢观国子祭酒兼太子赞善大夫。此谪外复任之始也。九年六月，修撰朱善以家属不完，谪教辽东，未至赐还乡。十五年三月，谪编修吴沉为临洮府渭源县学教谕，未行，复以为典籍。十六年，典籍吴伯宗降太常寺丞，不拜，又除国子司业，又辞，忤旨，贬知金县。正统中，编修赖世隆坐事降浙江台州府经历，后召还，已卒。天顺中，修撰丘玉（岳正）谪广东钦州同知，未行，复令编成，曹、石潜之故也。

成化元年，学士黄谏坐罪降广州府通判。二年，侍读学士钱溥坐罪降顺德县知县。三年，修撰罗伦以言大学士李贤夺情起复事忤旨，降福建泉州市舶提举。五年，编修章懋、黄仲昭、检讨庄昶同疏谏上元灯火，上怒杖之，调懋及仲昭为知县，昶为判官，未行，用给事中毛弘言，改懋及仲昭南京大理评事，昶南京行人司副。未几，召伦还复秩，时谓翰林四谏。十二年，学士江朝宗坐事降广东市舶提举。

正统（正德）初，逆瑾用事，凡修孝庙实录者挤黜大半，修《会典》者亦褫其秩。于是侍读徐穆、编修汪俊等俱谪南京部属等官，亦有降知县者，皆以扩充政务为名。迨武宗南巡，修撰舒芬、编修王思、江晖、马汝骥上疏谏，语多直懋，武宗乃谪芬为广东提举，思为三河驿丞，晖、汝骥为知州。嘉靖初，修撰吕柟、编修邹守益以言礼，柟谪判解州，守益判广德。张孚敬又以扩充政事，谪侍读崔桐、修撰杨维聪等。十二年七月，詹事顾鼎臣轮讲《衍义》不到，席春诿潜，乃谪臣道南判徽州，蔡昂判湖州。十三年三月，今上祀帝社稷坛，问日讲官五员如何少两员，司礼监查名，张孚敬即拟伊甥祭酒王激等补充讲官。上曰："见今侍从人少，廖道南、蔡昂着取回复职，照旧供事。"

起　　用

洪武元年，起故元学士承旨危素、学士张以宁、王时等至京师，以素及时为侍讲学士，以宁为侍读学士。又起前起居注王祎为待制兼国史院编修官。十六年，驿召金县教谕吴伯宗，除检讨，寻拜武英殿大学士，以荐举失人，出知三河县，复召为检讨。十七年，上思用老成，驿召前修撰朱善于家，授待诏，寻拜文渊阁大学士。三十一年，前河南左参议董伦至自云南，拜礼部左侍郎兼学士。又起汉中府学教授方孝孺为侍讲，前御史解缙为待诏。永乐二十二年八月，仁宗起左春坊大学士黄淮于狱，命为通政使兼武英殿大学士。又起前司经局洗马兼编修杨溥复其官，寻升学士。正统四年，查本院剩员检讨李绍等放归田里，期年驿召复任。天顺八年，前修撰岳正自成所召还，未及用，宪宗即位，诏复正原职。吏部言当调南京，有旨勿调，命充经筵官。成化二年闰三月，复顺德知县钱溥为侍读学士，致仕，寻起为南京礼部侍郎。三年三月，起用前学士商辂于内阁。五年七月，起前学士倪谦复职，寻进礼部右侍郎。六年，复市舶提举罗伦为修撰。弘治初，侍讲谢铎、编修张元贞（祯）自养疴起，编修王敕自外谪起为四川提学佥事，南京礼部员外郎罗璟为福建提学副使。十年五月，侍读学士致仕程敏政、前左庶子张升皆复官。正德五年，逆瑾诛，起南京兵部员外郎徐穆等为侍读等官，处州府同知张芮亦起为南京尚宝司卿，寻擢南京太常寺卿，检讨刘瑞起自外谪，为浙江提学副使。十六年，前修撰何瑭亦起自外谪，为副使，提学山西云。

起　　复

国初隆重儒臣，惟以孝德，学士宋濂、待制王祎皆夺情起复，其前后扣算年月，以诏臣子移孝为忠也。惟永乐六年，学士杨荣居父丧，给传归，既葬，遂命起复。是年冬，复居母丧，奏归守制，时已下诏巡北京，不许。九年春，奉命始葬奔丧，遣中使护送荣还。时洗马杨溥丁父忧，诏夺情起为侍读。二十二年，大学士黄淮丁母忧，乞守制，不许，特命乘传奔丧，起复内阁视事。洪熙元年，大学士金幼孜亦丁母忧，宣宗召修两朝实录，起为总裁官。正统十四年八月，修撰彭时居母忧，遣校尉至门宣唤入朝，与商辂及陈循每办事，时具启辞，不允，夺情办事。景泰七年，少詹事刘铉丁母忧，欲夺情起之，力求终制。成化初，大学士李贤遭丧去官，诏留之。修撰罗伦诣其私第，告以不可，贤始以其言为然。既数日，伦上疏陈古今起复之非，且曰："如其不然，必准富弼故事终丧，刘珙故事言事。"卒卒诵两句云："尔来阁下考三考，我去家中眠一眠。"语虽戏，而对亦切。盖当时考吏必集阁下，于此可见。

清　　黄

《会典》云：凡兵部清理武官贴黄，奏请命学士等官一员，同该部及法司堂上官，于阙右门清理，本院官专管撰述。

阅　　武

《会典》云：凡该继军丁告愿科举者，兵部奏送本院出题考试，批定中否，送本院施行。按：景泰元年，卢龙军士刘宣，弘治五年，府军前卫军余姚学礼，皆发解第一。然则军士中不可谓无人，要在甄鉴之尔。

稽　　课

《会典》云：凡国子监生课簿，按月送内阁稽考。凡精微文簿所自置，殆不可考。按：永乐元年司礼监请如旧制，铸出入精微印，从之。则是废而复置也。

《会典》云：凡五府、六部、都察院等衙门，关给内府精微文簿，开写日行事务，注销前件，按月奏送本院稽考，年终类送司礼监交收。

译　　课

洪武十五年，命侍讲火原洁等编华夷译语，以言无文字，但借高昌之书，制蒙古字,以通天下之言。至是乃命原洁以华语译其语,天文、地理、人事、物类、服食、器用靡不具载,复取元秘史参考,纽切谐音。既成,刊行之,译字官隶本院,盖始于此。永乐中,上选太学生年少者习四夷诸番字,诸生多不欲,辄生谤议。上怒,将罪之,学士杨荣力救得免,遂命荣掌之。荣训励得宜,自是帖服,率皆有成,有官至五品、六品者。宣德元年,兼选官民子弟,委官为教师,本院学士稽考课程,后内阁委官提督。弘治元年,奏准科目出身、四品以上官二员提督。三年,奏准子弟不许别图出身,三年后考中,食粮月给米一石,又三年考中,冠带为译字官,三年考中,授序班职事。监生初入馆,照坐监例食粮,三年考中食粮一石,又三年考中,授从八品职事。其曾习业者,非精通译字,不准应试。八年,奏准子弟有愿习举业者,考送顺天府应试。按:自后提督官例用太常寺卿及少卿,而景泰、天顺间译字官多有取进士者,甲申庶吉士刘淳自译字官发身,后为中书舍人,升吏部员外郎云。

给　　假

在京官凡省亲、展墓、归娶及送子还乡、改葬先墓,具有定制,独本院儒臣多出特恩。宋濂在国初壬寅年八月告归省亲,有白金、文绮之赐;编修张藻仲归娶,给驿舟,并赐宝钞。七年十一月,皇太子临大本堂,召东宫赞读凡二十五人立庭下,亲面谕之,有云:"兹闻尔诸臣离父母去坟墓者三年矣。今冬气向深,草木摇落,宁不动怀土之情乎?吾已为尔请于上,宜各旋归,毋久淹为也。"因出内府钱分赐,以为道涂费。永乐元年七月,侍讲杨荣请告归省,给驿。十月,荣以妻丧,复诏乘传归葬。仁宗即位,诏百官有违亲三年以上者,听给告归省。于是大学士金幼孜首奏省母,左春坊大学士王英亦乞归省,皆俾驰驿往还,赐赉甚厚。宣宗初,特诏翰林诸词臣还乡焚黄。宣德元年三月,学士杨溥得告归省其母,于时不得见者十有八年矣。十月,大学士张瑛给告省父,侍读曾鹤龄告归省,亦俞允。正统初,大学士杨士奇还乡展墓,甫数旬而还。二年十二月,右谕德黎恬在任甫五年,谒告归展先墓,赐道里费,给驿舟。五年二月,少师杨士奇展墓,上锡之金绮,前此未有也。宣德六年二月,编修谢琏初考,貤封二亲,给告归省。十二年四月,学士马愉以父病乞归省,允之,赐以驿骑并药饵费。天顺初,洗马柯潜拜尚宝少卿,兼职如故,即告归省,修撰王献入仕仅五年,亦得赐归省,皆给驿往还。成化元年,南京礼部尚书倪谦致仕,其子编修岳予告省亲。及谦疾,乞归省,得终制。二年,大学士彭时乞归省,给驿往还,命太监许安致道里费,长随张敬护送。抵家未逾月,促还朝,明年二月至,上慰劳之。弘治中,侍读学士傅瀚在任二十四年,乞归省,许之。学士张芮、谕德蒋冕乞归省,给驿。编修谢丕省亲,亦从其请。正德中,编修孙绍祖、修撰唐皋乞归改葬,俱给驿。嘉靖中,左庶子童承叙乞归展墓,亦如之。

休　告

　　洪武中，宋濂归，圣祖问之曰："尔往传命，俾归养金华山中，父子祖孙欢然同聚，疾必易愈。愈且速造朝，国家文翰，庶有赖哉！"及宣上旨，濂力疾起拜命，越翼日陛辞，上敕黄门内使出大府金锱，以束帛赐之，自是候问之使，相属于道。时方严肩舆之禁，虽相国亦不之许，特命造安车，给健丁六人以载，此尤异数也。又数日，皇太子以旧学故，复遣内臣存问，赍以金币。又二日启行，夏四月十七日始抵金华故居，十八日具谢表一通进上东朝。上谓太子曰："此书汝当日诵一过。"复亲御翰墨，赐书褒答，其文则上所自制，字乃侍臣代书，其外封九字、内年月六字及花押则御笔也。复出官局文绮、白金各一，命皇太子署名缄封，遣使者即其家以赐，六月七日也。濂之自叙如此。圣祖礼遇文儒，可谓隆矣。

　　宣德初，大学士黄淮乞骸骨，不许，固请，始令归田养疾，赐楮锱万贯，陛辞，加赐万贯。既归，遂乞致仕。丁外艰，赐祭葬，以一品礼。淮入谢，赐游西苑，召淮之子采从行，且特命乘肩舆登万岁山，赐宴于山之麓。淮献诗以谢，上悦。比辞宴，饯于太液池，亲洒宸翰制诗送，给路费，赐金绮。五年，召修《会典》，迁学士，充日讲官兼侍东宫讲读，数月以母忧去。

侍　养

　　洪武中，太子赞善大夫和希文言于东朝曰："小臣有母，春秋高八十有四矣，无他兄弟以为养。臣行年亦且六十，虽有子，仅四岁耳，乌鸟私情，其能已乎？"言讫，潸然出涕，皇太子以其言闻，诏许归养。此后侍亲者多允。弘治四年，南京侍讲学士张元祯以母老乞谢病归。六年，编修刘存业乞归，亦如之。

迎　养

　　国初，尝令在京官员有亲者许迎养。永乐中，修撰罗汝敬之父以明就养京师，朝见毕，谒皇太子于文华殿，特加问劳，命大官赐膳，人皆荣之。黄淮之父性累封至右春坊大学士，仁宗监国，屡问安否，尝赐琼玉膏一器。天顺中，李贤之父升封少保、吏部尚书兼大学士，以貤恩诣阙谢，就养者数月。及陛辞，上特赐宝锱三千贯。因顾谓贤曰："先生已尽天伦之乐乎？"贤顿首曰："臣父子所以有今日者，皆陛下之赐也。"迎养父母者尚多有之，而其特蒙优赐，惟三数公为然。

养　疴

国初乙巳年春，起居注宋濂三月卧京师之邸舍，不入侍者六日。上顾近臣曰："老宋起居，何久不见耶？"因言其致疾之详。上忧形于色曰："宋起居纯实之士，不参以分毫人伪，侍予五年犹一日也，不知何以有斯疾乎？"越一日，又问病势稍损否。对曰："如初。"赐纱衣一袭，且谕之曰："明年朕生日，卿其复来。"如期至，上留之数月乃还。正统元年，编修杨珙养疾，诏许之。天顺末，礼部侍郎兼学士李绍为修实录副总裁，书垂成，感微疾，即上章求解任，不允。成化二年八月，上察其诚，许暂归，候疾愈复来。七年，用国初例刘崧署司业，复起为祭酒，降敕召之，未及门而绍卒矣。三年，编修张元祯谢病得允，家居者二十二年。孝宗即位，乃起为左赞善。二十三年，太子少保、礼部尚书兼学士彭华始得风疾，上命医往视，遣中官赐羊酒蔬米。越三月辞禄，不许。又三月，进今官，赐麒麟服。再辞，辞益恳，乃获允，俾归就医药，疾已即来。濒行，又赐金绮袭衣，舆疾出都城，过阙门，匍匐稽颡，因泪下沾臆而去。弘治四年，少詹事兼侍讲学士汪谐疾作，在告三月，上疏请停俸给，不许，每时赐珍味。宪庙实录成，以副总裁升礼部右侍郎。明年，复恳辞，乃许之。十六年，礼部右侍郎、掌国子监事谢铎以疾在告，累疏乃允归就医，命给驿以行，有司俟病愈奏闻。盖养疾得给驿者惟本院，遂为例焉。

辞　职

洪武初，故元温州路教授江宁陈遇隐居于家，以谋臣秦从龙荐，召见，上与语大悦，即拜学士，固辞不受命。其后征聘之士，膺馆职不拜者，多从其请。国子学正苏伯衡擢编修官，以瞆辞归。已而学士承旨宋濂致仕将还，上命举可自代者，即以伯衡应。诏既复，固辞，上悯其诚，赐文绮，赏之俾老焉。天顺中，吴与弼辞左谕德。语在荐举，类皆高尚其事者也。

优　老

吴元年十一月，诏以侍讲学士朱升年〔老〕，特免朝谒。洪武二年，以危素为侍讲学士，寻兼弘文馆学士，赐小车，免朝谒。七年五月，命学士承旨〔詹同〕罢所兼职，待以优礼。又以大学士宋濂老而艰于步行，特命皇太子选良马以赐。上御制《白马歌》，令群臣赓和，示宠辉焉。永乐中，学士曾棨年逾六十，有痰疾。一日侍朝，遽引退，上见之，敕免当日朝。宣德中，上念先朝老臣尚书兼詹事蹇义、大学士杨荣等四人皆春秋高，并赐敕褒谕，命辍职务，朝夕左右侍论议，赐玉带及御制诗画，以见优宠。正统时，学士王直累迁至尚书，年近八十，上特诏免朝谒。学士王英亦累迁至礼部侍郎，上章乞休者屡矣。十三年八月，上特升英为南京礼部尚书。谢恩之日，内传旨曰："以卿久任，多效勤劳，进秩南京，俾得安逸。"弘治十年，少傅兼太子少傅、吏部尚书、谨身殿大学士徐溥年七十，以疾在告，上疏辞，不许，命医诊视，遣中使赐羊酒、楮币，仍令风雨及寒暑免朝。盖成周尊礼黄耇，俾耆寿俊在服遗意。

致　　仕

洪武七年，学士承旨詹同既复任，将以年请老，不敢言。上知之，八月甲辰，诏致仕，官其一子鲁。召同入，赐坐，从容慰劳之，夜漏十刻，始敕内官扶掖而出。乙巳，新制文一篇以赐。九年十一月，学士承旨宋濂致仕。将行，上曰："卿去何时复来见朕乎？幸相待数日，始徐徐行。"由是留者数月。十年二月，遂辞归。濒行，赐纸币、文绮及御制文集，皇太子赠以衣三袭。上谕曰："朕最慎于赏予，卿忠诚可贯金石，故以是赐卿。今年几何矣？"曰："六十有八。"上曰："藏此绮，俟三十二年后作百岁衣也。"濂叩首谢。上复曰："大江涨不可舟，宜循内河达家，庶几无虞。"仍俾其孙中书舍人慎护行。濂至家，即拜表，遣慎诣阙称谢，仍上笺皇太子，申明正心治国之要。上赐诏褒答，谓："忠良之臣，勋业既著，文章必传，功成身退，惟卿独全耳。"濂辞时，请岁一来朝。是年九月朔，遂入朝。越十有四日陛见，上伫想已久，廷问屡矣。及见，大喜，加劳再三，皇太子、诸王皆欢动颜色。翌日，上降敕符，遣仪曹赐醪珍膳诸物抵寓馆。自是日侍上游，盘旋禁籞，咨询备至，便殿侍食，日晏始退，恩礼之优，群臣莫敢望。上尝喟然叹曰："纯臣哉尔濂，纯臣哉尔濂！方今四夷皆知卿名，卿其自爱。"濂避谢不敢当。凡所陈论，皆古格言。朝廷百官惟恐濂不见留，守人卫卒见濂，亦皆以手加额推排迎拜。留凡七旬余，以岁暮力辞还，复遣中贵人赐上尊，至于道所经行，皆上为之指画。既行数日，上问其子璲曰："尔父道中无恙否？"璲以安对。未几，复谓璲曰："朕畴昔之夜，梦见尔父，笑谈如曩时，尔父虽去，其容仪俨然在朕目中也。"璲叩首谢曰："非陛下垂念臣父之至，何以形诸梦寐。"于是中书舍人史靖可、太子正字桂〔彦〕良皆为歌诗以纪之。

八年正月，修撰李叔允以年老乞致仕，从之。七月，待制王僎致仕，赐以绮帛，给舟车还乡。十年八月，赐应奉陈传还，御制诗文赐之。十一年四月，赐编修张美和致仕，制文赠之，有曰："千载一遇，今古之通言，然全于始终者罕矣。卿善始善终，不亦美乎！"八年七月，赐待制王僎致仕。十四年九月，赐修撰赵新致仕。十五年十二月，赐文华殿大学士兼左中允全思诚致仕，并加优礼。十八年九月，文渊阁大学士朱善遘危疾，上命医治，月余增剧，遣其子逢掖诣阙上诉，得告归。十九年二月，左司直郎汪仲鲁请老，上期秋至，乃俞其请。三月朏，上御奉天门，召仲鲁至，赐坐，顾曰："若知所以见召乎？"起对曰："不知。"曰："昨期秋，方许尔归，已乃思之，若等光阴有限，矧喘嗽诚未易瘥，即今还乡，无庸再来矣。所戒者，近侍之归，郡邑官或来见，当闭门谢之，否则笔之于简，俾僮仆示我。若曰仲鲁幸蒙圣恩，予告还乡，理宜杜门谢客,输租应役,则有恒制矣。其敢以自是速厥戾,如是则可考终矣。"仲鲁叩首谢。明日陛辞而还。洪熙元年春,国子祭酒兼侍讲、掌本院事胡俨以疾辞,加授太子宾客致仕,赐玺书褒美,复其子孙,诏给舟车楮币为道里费。未几,侍讲余鼎、修撰桂(李)宗儒以疾陈乞致仕,许之。

英宗复辟,大学士高穀恳乞休,上悯其老,特允之,赐白金楮币、织金袭衣,给驿舟送归其乡,赐敕褒之。学士薛瑄入阁数月,见将臣石亨等窃弄威福,叹曰:"君子见几而作,岂俟终日乎?"遂引疾乞休。成化十三年,太子少保、吏部尚书兼谨身殿大学士商辂以疾致仕,诏升少保,兼职如故,赐玺书、金币、袭衣、宝镪,给驿以归。孝宗登极,少师兼大学士徐溥以目眚致仕,特加优渥焉。正德初,逆瑾用事,少师兼大学士刘健、少保兼大学士谢迁皆致仕,而少傅兼大学士李东阳独留。其和迁登舟见寄诗有曰:"天外冥鸿君得志,池边蹲凤我何人。"盖自伤也。东阳于是调和其间,瑾诛后,累加至少师,食正一品俸。致仕,岁时赐鲜及颁上尊珍馔,与任事时同,郊祀庆成,光禄犹致宴,皆先是所未有者。

宥 过

本院刑名属刑部山西清吏司及大理寺左寺,纠核过名则属河南道御史。然祖宗时礼重儒绅,多见宥免。洪武初,有御史言学士陶安隐过,上曰:"朕素知安,安岂有此?且尔何由知之。"对曰:"风闻。"上责之曰:"道听涂说,以毁誉人,以此为尽职乎?"不得。已而本院官以失议见呵,正字桂彦良奏言当取所长略其短,上曰:"不然。吾因其长而拔其短,以造其全耳。"九年十月壬午,上御午门楼,学士承旨宋濂、编修傅藻奏事,由左门入,监察御史吉昌等劾之,诏皆宥之。他日,濂又以事惰见责,上制其诰词,有曰:"使尔检阅则有余,用之于施行则甚不足。"盖惜之也。二十二年八月,监察御史蔡新奏核诸司案牍稽迟者,请速问之,诏贷其罪,以移文责报,惟翰林院勿问。二十五年闰十二月,学士刘三吾自陈子塆户部尚书赵勉夫妇坐赃,皆缘失教,自当引退,以励廉耻。遂免其官,明年九月复职。永乐中,侍讲曾棨起复扈从,同邑有坐奸党事连棨者,人以为危,成祖特原之曰:"朕惜尔才也。"所居西长安门外,家人不戒火,延及禁垣,亦以棨故不问。编修杨敬便道过家,有司奏其冒支廪给,擅役驿递人夫,上怒曰:"奏奉朕命,奈何辱之?"诏不问。《水东日记》云:"凡大班奏事,有常规,亦多所司预进事目。惟正统戊辰状元彭时谢恩,以夜坐久误入朝,被劾,上赦之。国家之礼重儒臣如此。"

宥 亲

永乐六年,上北巡,命杨士奇辅导。明年,其同母弟罗京以事当徙北京为民,士奇顾其子尚幼,而母墓兼守之者,乃以情白仁宗,乞留京不徙。且言京兄弟二人,兄从戍远方，京复当徙，困苦流离，有足矜者。辞意甚恳切，监国悯之，遂以京给士奇，并开罗氏军籍。学士杨溥，江陵产也，国初江陵人有南徙之戍，什伍连属，杨氏亦隶籍焉。其地在瘴乡，往戍者多不得生还，追逮无虚岁，溥母甚厌苦之。溥乘间以闻，上优诏复其家。

拟谥

国初追尊四代考妣为帝后，尊谥皆儒臣拟奏请旨，孝慈皇后、懿文皇太子亦然。洪武二十五年，诏凡亲王及功臣赐谥，令礼部行本院拟奏请旨。弘治十五年，奏准文武大臣有请谥者，本部照例上请得旨，行吏、兵二部备查实迹，礼部定有上中下三等，开送本院拟奏请旨，本部抄出施行。亲王例用一字，郡王二字，其文武大臣亦用二字。若官未高品而侍从有劳，或以死勤事，特恩赐谥者，不拘常例。本院官有谥，始自洪武末时，王祎赐谥文节。自是曾入翰林院者俱用文为谥，如胡广谥文穆之类，亦有以名避者，惟大学士陈文谥庄靖。翰林之外得谥为文，魏骥文靖，吴讷文恪，姚夔文敏，叶盛文庄，何乔新文肃，皆异数也。

恤典

成宪凡学士、大学士以一品兼者及赠一品者，其殁也，赐祭四坛，若父母妻则一坛；以侍郎兼学士赠尚书者，赐祭二坛。他官四品以下，无有恤典，惟本院最为崇异。洪武二十四年十月，编修唐震卒于四川，命礼部遣官往祭之，仍命还其丧于京师。二十三年十月，编修罗原质奔父丧，诏赐驿舟楮币遣归。辛巳年九月，修撰王艮卒，遣礼部左侍郎黄观谕祭。宣德七年，少詹事兼侍讲学士王英丁母忧，上命礼部赐祭，工部造坟，遣中官阮童护之奔丧，寻夺情起用。成化四年，学士柯潜丁父忧，有司请赐祭，有旨并与葬。六年正月，复丁母忧，遣官谕祭。五品父母有恤典，自潜始也。七年，左庶子兼侍讲徐溥丁父忧，特遣官赐祭。十三年，溥以少詹事兼侍讲学士丁母忧，赐白金楮币及葬祭。二十年，侍讲学士李东阳丁父忧，赐祭一坛。正德初，学士张芮以宫恩加从四品俸，丁母忧，赐葬祭。嘉靖十五年七月，臣道南奉敕管校列圣宝训、实录，闻母宜人江氏忧，礼部以闻。今上亲批云："廖道南日侍讲读，效有勤劳，伊母准照例与祭葬，还着给驿。"十一月，遣左参政陈涣代谕祭，仍命工部造坟。十六年六月，接丁父主事五洪公忧，上命与祭一坛，开圹安葬，遣右参政刘储秀行礼。又该大学士李时题为进呈事："钦奉圣旨，廖道南候服制满日，升一级用。"还，赏银三十两，纻丝一表里，盖前此所未有也。

殿阁词林记卷之十九

赍　诏

　　国初置承敕监，洪武九年，以编修吴升为承敕监令，周孟东为监丞使，以赍奉制敕为职，寻罢之。其后凡朝廷大礼，颁诏天下，本院官先撰诏文，请旨裁定，付中书舍人书写，送尚宝司用宝玺毕。行礼之日，百官出承天门外肃候，鸿胪寺官唱颁诏，内阁官一员捧诏，自奉天殿左门入至华盖殿，候驾兴，捧出至奉天殿，授于礼部尚书。其他制敕，用宝时或不同，皆内阁临事制宜，取自上裁。叶盛云："尝见敕内阁杨士奇，用勤民之玺；皇太后遗诏，用弘德昭顺之宝；皇后制书，用厚载之记；诏书制谕臣诰命，皆制诰之宝。近年诏书，盖皇帝之宝云，始于学士李贤。制命敕谕，皆敕命之宝。又尝见正统中手摺印本敕谕，广运之宝；朝觐敕谕，亦手摺印本，盖敬天勤民之宝。敕则用广运之宝，敕今皆为敕书，盖手敕耳。惟景泰初敕谕，亦用广运之宝。"今上御劄新制，政事文学验记，圣文神武，非近世帝王所及也。

宝　册

　　凡上尊号、尊谥，皆本院撰拟宝册文以进。洪武初，尊德、懿、熙、仁为四庙，学士陶安、朱升等捧册文至御前，上亲受之。永乐初，上太祖高皇帝、孝慈高皇后谥议，上御览毕，亲举谥议，付本院撰文，及上谥册，一如洪武时。天顺二年二月，上圣烈慈寿皇太后尊号，内阁捧宝册文进，上复亲览毕，乃行礼时诏诰天下。诏草已进讫，大学士彭时谓李贤曰："此事有恩典及人。"贤曰："先年已两赦矣，恐数赦非宜。"时曰："非赦也，但行优老之政耳。意欲令朝官父母年七十者与诰敕，百姓年近百岁者与冠带，是所谓'老吾老，以及人之老'也。恩典如此，斯与所上徽号相称矣。"贤曰："善。"遂共拟仁政数条进呈。上大悦，即命之颁徽号诏毕，上御文华殿，召贤等三人者令近前，赐银两表里有差，仍亲自授与，和颜慰勉。其鼓舞臣下有如此。今上恭上皇天泰号暨圣祖徽号，诞敷大诏，锡类贶封，尊尊亲亲道兼举矣。

扈　　从

凡车驾所在，近侍诸臣皆扈从。洪武中，官无定员。永乐初，定巡狩亲征，先诏诰天下，扈从用本院、内阁官三员，侍讲、修撰、典籍等官六员，书制敕秀才八人，译写四夷文字监生十三人。车驾将发，燕群臣，赐扈从官军人等宝钞。《会典》云："凡驾诣郊坛，或巡狩行幸亲征，内阁官扈从，制敕房官，随行书办，遇有敕旨，实时撰写。"

永乐七年正月，车驾巡北京，学士胡广，谕德杨荣、金幼孜，及修撰王英等扈从，赐锦衣狐裘鞍马。荣时有母丧，特留之。三月，抵北京，赐广等宴，荣辞以忧弗与，特命中官以珍馔送之。八年二月，上亲征虏酋本雅失里，广等三人仍扈从，赐衣被鞍马，途次命光禄给酒馔。七月，车驾至驴驹河，遣荣先归报皇太子。至京，皇太子赐钞币、金织麒麟衣服、银相镂花香带及石刻《兰亭记》，两赐宴于翰林，命隆平侯张信、尚书蹇义款待，且命诸儒臣陪之。八月，抵北京，赐彩币钞米羊酒等物。十月，荣与广等扈驾南还，赐鞍马、绵衣、裤袜及路费，途中屡赐珍馔嘉果。抵京，赐广等钞币有差。十一年正月，复巡北京，遂征虏寇，广等三人偕修撰王直、梁潜扈从，赐衣币钞米等物。十二年三月，亲征瓦剌，时皇长孙侍行，上命广等三人凡行营有暇，即与讲解义理经书史鉴。十四年，复扈从，南归，赐广等锦衣鞍马钞币。十五年三月壬子，车驾复巡北京，三人者复扈从，上屡问民情，荣等悉以实对，赐白金钞币、金织纱罗、纻丝衣服等物。二十年二月，上北征，惟幼孜与侍讲王英扈从，赐鞍马钞币。至阔栾儿海，五月遂还。英尝奏事，上喜谓曰："秀才是二十八人读书者，朕需尔为用，正好宣力，勿惮劳苦。令凡军中一切动静或谣言之类，尔有所闻，即来奏。"又谕太监孟骥曰："秀才有事，即令入见，毋阻。"二十年二月戊寅，大学士杨荣、金幼孜从征沙漠，赐米钞鞍马，令荣等参预军中几务。时召荣、幼孜于御幄中，同公侯大臣坐饮，凡有赐赉，或公侯不与俱，或与公侯俱而扈从文臣不与焉。九月，宴随征将士，命荣、幼孜坐前列，食上殽，赐钞币，拜二品金织袭衣靴袜。二十一年七月，荣扈从西征，赐羊酒帐房等物。八月庚申，驻师万全，一应军务悉命荣掌之，昼夜或三接五接，每以杨学士称之不名。十月，次天成，番王也先土干纳款，命荣往受之。回，赐御馔，慰劳备至。十一月，旋师，赐钞一万贯，米十石，纻丝金织衣二袭，靴袜二双。二十二年，复北征，荣与幼孜扈从。语见受顾命类。

宣德元年，汉庶人高煦反，荣劝上亲征，遂与杨士奇从行讨平之。七月驾还，赐荣鞍马、白金、钞币及乐安州男妇五十余人。三年八月戊申，车驾巡边，独荣扈从。九月癸丑，给以内厩良马，命荣先从出塞，日赐御厨酒馔。乙卯，师次宽河，报捷。丁巳，驻跸会州。甲子，班师。五年二月乙未，上侍皇太后谒长陵、献陵，大学士杨士奇、杨荣等扈从。庚子，上以皇太后命，召见士奇等五人于行殿，谕之曰："皇帝数言卿等忠勤，今天下清宁，民生无事，是固祖宗福佑家国，亦惟卿等赞翼之功。"赐以酒殽及白金纻丝表里。辛丑，进诗谢恩。三月己酉，扈驾回京，赐青红氆子驼褐。九年九月，荣复扈车驾巡边，给以天闲名马，光禄寺日供酒馔，至洗马林而还。比还，恩赉甚厚。

正统十四年七月，虏酋也先入寇，司礼监太监王振劝亲征。上亲征时，学士曹鼐及张益等扈从。八月，遇虏于土木镇，鼐及益皆没。宣德四年正月丁巳，大学士杨荣扈驾南郊，赐金银鲜果等物。弘治十六年，上郊祀，大学士李东阳等候驾毕，宿神乐观，特赐者三，东阳等为诗记之。嘉靖十五年三月清明节，今上躬诣天寿诸陵，命日讲官顾鼎臣、谢丕、张璧暨臣道南、蔡昂扈从。十八年三月，大狩龙飞，扈从则儒臣陆深等。臣道南祗谒于钟祥，上命赐光禄酒饭，盖渥恩也。

留　　守

永乐六年，上将巡狩，命尚书蹇义、金忠，大学士黄淮、左谕德杨士奇留守。谕曰："朕留汝四人居守，犹唐太宗简辅弼监国必付房玄龄，卿等其识朕意。"又以几务事繁，复命修撰王直副之。凡南京政务，惟文武除拜、四夷朝献、边警调发，上请行在，若祭祀赏罚一切之务，有司具成式启闻。明年春，车驾遂行。十一年再巡，命淮等与洗马杨溥留守。十五年春，复巡北京，留义与士奇居守，以侍读梁潜副之。会谋潜监国者，事连潜。十六年九月，寘潜及司谏周冕于法，皆汉庶人为之也，惟士奇免咎。宣宗在东宫，受命祀陵，因留南京监国旧臣曾棨辈皆从焉。是年五月，杨士奇、黄淮、杨荣佐郑、襄二王监国。宣德元年，上亲征汉藩，淮以病不行，留佐监国。正统十四年七月，上亲征北虏，命郕王居守。每旦于阙左门西面受群臣谒见，朝政皆太监金英佐理，学士陈循、高穀留守。

迎　　驾

永乐八年七月，车驾还自北征，皇太子遣大学士黄淮往迎，至滁州朝见。洪熙元年五月，宣庙召自南京，大学士杨荣往迎于德州。景泰元年八月十三日，英宗自北狩回銮，遣学士许彬迎于宣府，商辂迎于居庸关。十四日，驾至上关，辂进见，英宗命辂草书二封达于皇太后，入居于南内重华宫。正德十五年十月，武宗南征凯旋，驻通州者久之，杨廷和等出迓上戎服而入。十六年三月，大学士梁储等迎今上于行宫。

充　　使

皇太子及亲王冠礼，内阁官充宾赞，婚礼充纳征等使。册封诸王及妃，内阁官充正使，若册封副使以本院官充者，自成化末侍读江澜始也。永乐、洪熙、宣德三朝，册封诸王及妃，内阁杨荣、金幼孜各充正使者二。自后内阁不复出使于外，惟冠婚大礼则用旧规。宣德三年三月癸未，杨荣奉命持节册中宫礼成，赐白金、钞币。若本院官以事出使者，洪武三年五月遣编修蔡玄等访历代帝王陵寝以闻，永乐中修撰陈循被命往南京文渊阁取储书之类是也。

远　　使

凡朝鲜、安南国颁诏及册封，学士等官充正使，礼部预奏请，特旨点用。按：洪武初侍读学士张以宁使安南册封，未至而国王死，国人请授其世子。以宁不听，遣人请命于朝，且教其世子服三年丧，并令其国人效中国顿首稽首礼。朝廷嘉之，赐以敕书，比之陆贾、马援，御制诗以奖谕之。于是复命编修王廉、吏部主事林唐臣充吊祭使以往，且封其世子陈日煃为王。既至，其君臣出迎于郊，乃奉御制文于彩舆，迎入成礼而还。四年二月戊午，以宁等三人还自安南，以宁卒于道，日煃遣陪臣阮汝亮偕廉来上表谢恩、贡方物，上即拜廉为工部员外郎，旌其劳也。廉固辞不拜，出丞渑池。十二年十二月壬戌，遣编修罗复仁、兵部主事张福赍诏谕安南占城。及复仁还，擢弘文馆学士。

永乐初，遣待诏王延龄使朝鲜，行人朱彬副之，赐衣一袭及钞锭、锦衣、皮裘、狐帽。自后使二国者，俱赐一品服，其礼益隆云。安南，正统中请封，侍读学士钱溥充正使，其王桀骜不恭，授受迎拜不如礼，溥以书累争之而后定。弘治初，侍讲刘戬使安南。考地志，由陆南宁，坦甚无虞，乃乘肩舆，从两僮，忽抵其界，夷人倾骇。至之日颁诏，明日燕毕遂行，馈赆一不受。追送诸途，不与语，独书其人关诗与之，曰："归装有一南物者，关神其殛。"后陪臣入谢表，有廷臣清白之语，当时莫不多戬。正德初，侍读徐穆充正使，颁正朔于朝鲜，及译告，国王不郊候，迎诏不道跪。穆援古义，稽今制，反复辨析，皆如议。王屡遣陪臣代质疑义，穆剖析不遗。凡所馈遗，悉拒弗纳，人咸称之。六年，编修湛若水充安南册封正使，独和其王赠诗一章，论者谓得体云。

巡　　行

洪武元年八月，命儒臣十人分行十道，访求贤哲隐逸之士，于是学士詹同等往焉。

摄　　宪

洪武初，编修王琏等摄行御史。琏按河南，入对称旨，上悦，谓近臣曰："文华堂诸生如琏等，皆异日将相才也。"九年三月丙子，以琏及编修马亮、任敬、王怿、陈敏、张唯，典籍王偁、应奉殷哲、侍仪使孙化、秘书直长萧韶、赞读阎裕、起居注严钝、给事中方徵、彭通、宋善、王惟吉十六人为监察御史。十年正月乙丑，复命编修桑慎、陈晟署监察御史。二十九年，复以编修景清为监察御史，寻署金都御史。其重宪职如此。永乐末，侍讲李时勉、修撰罗汝敬皆降监察御史，是又与洪武时异矣。

分　镇

正统十四年八月，命侍讲徐珵等十五人分镇要地，珵得彰德。珵即有贞也。成化中，修撰张颐擢佥都御史，巡抚居庸，岂援此以为例欤？

代　祀

凡祈告代祀，多用本院儒臣。正统乙丑，浙江台、宁等府民遭疫，死甚众，上遣礼部侍郎兼侍讲学士王英赍香币往祀南镇，以禳民厉。时浙间久旱，英至，绍兴大雨，水深二尺，灌献之夕，雨止见星。明日又大雨，田野沾足。人皆喜曰："此侍郎雨也。"布政使孙原贞等陪祀，请为御祭感应记，刻石于庙而还。景泰辛未夏，不雨，特遣侍讲学士刘铉祀济渎。成化甲辰，陕西旱，遣礼部左侍郎兼学士徐溥代祀中镇河海渎诸神，雨辄应。丁酉，朝廷用儒臣议，追崇先圣礼乐，遣学士王献祭告阙里。弘治己未六月，孔庙灾，学士李杰奉诏祭告。甲子闰四月，孔庙重建落成，复遣大学士李东阳祭告焉。

陪　祀

凡郊祀，五品以上官例得看牲，次早复命陪祀，皆预。若分献，用文武大臣及近侍官，太常寺请旨点充，故本院官自检讨以上皆预。永乐中，修撰马铎建言，国子监分献十哲，宜用翰林院官。今上肇建圜丘，分献大明夜明周天星辰雷雨风云四坛方泽，分献五岳五镇四海四渎四坛，俱用辅臣分献。及帝社稷坛，用日讲官陪祀。

谳　狱

洪武十四年十月癸丑，命法司论囚，拟律奏问，从翰林院、给事中，及春坊正字、司直郎会议平允，然后覆奏论决。永乐二十二年十月丁巳，大理寺奏决重囚，仁宗召大学士杨士奇、杨荣、金幼孜谕曰："比岁法司滥刑，往往出于锻炼，先帝尝切戒之，故死刑至四五覆奏而后决。自今审录，三法司必会三学士同审。"正统中，侍讲学士马愉尝奏谳狱终年不决者，朝廷从之，由是冤抑多伸理，惜其未能复洪武之旧也。

主　宴

凡筵宴之锡赍臣下者，令大臣侍之，谓之主宴。天顺四年，天下诸司官吏朝觐至京，上召大学士李贤谕曰："黜陟之典，亦当举行。"其才行超卓、政绩显著者，布政以下贾铨等十人，赐以衣服褚币，礼部筵宴，命大学士李贤及尚书王翱侍宴，以励其众。正德以来，武举会试宴，例用内阁大臣一员主席，兵部先期奏请。嘉靖壬辰四月望，今上命臣道南、臣王用宾典武举，命成国公朱凤、尚书王宪待宴。

斋　宿

凡郊祀，洪武二年定斋戒日期，文武百官先沐浴更衣，本衙门宿歇，次日听誓戒毕，致斋三日。宗庙社稷亦致斋三日，惟不誓戒，或朝廷祈祷亦如之。成化丙申十二月十日祷雪，致斋于翰林院之东署，侍读倪岳、侍讲程敏政、修撰陆钎、编修陆简同宿。是夜雪大作，遂用欧公禁体故事，相与阄韵联句以志喜，钩奇竞胜，达旦弗能休。前辈风致可想见也。

习　仪

翰林旧不习仪，以礼所自出故也。成化十四年冬至，上命学士而下，俱依常参官赴朝天宫习仪，至今循之。

陵　祀

洪武八年十月乙卯，诏翰林院考定陵寝朔望节序祭祀礼部，学士乐韶凤等奏："今拟每岁元旦、清明、七月望、十月朔、冬夏二至日用太牢，其伏腊社、每岁朔望日则用特羊，祠祭署官行礼。如节与朔望、伏腊社同日，则用节礼。"从之。其后清明、中元、冬至至祭祀列圣陵寝，分遣勋戚大臣行礼，本院官例用二员陪祭。永乐元年，太祖皇帝忌辰，上率诸王诣奉先殿行礼毕，仍率百官躬诣孝陵致祭，令近侍官于殿前行礼。

殿阁词林记卷之二十

授　　经

国初置大本堂，取古今图书充其中，召四方名儒教皇太子亲王，用学士宋濂、待制兼编修王祎、修撰王僎、耆儒陶凯辈分番夜直，选才俊之士充伴读，所授经书必亲督之。尝命祎采故实韵为四言诗以授皇太子，上时赐燕赋诗，商确古今，评论文字，无虚日。寻命勋旧之子执经入侍，于是郑国公常茂、曹国公李景隆、蕲春侯康铎等与焉。洪武元年十一月辛丑，燕东宫官及儒士，各赐冠服。是日，上命大本堂诸儒作《钟山蟠龙赋》，置酒欢甚，乃自作《时雪赋》，故有是赐。其后皇太子读书在文华殿，而亲王则出就所居府。十二年三月戊辰朔，上御华盖殿，皇太子侍上，问："比日所读何书？"对曰："昨看书至商周之际。"上曰："看书亦知古人为君之道否？"因谕之曰："君道以事天爱民为重，其本在敬身，人君一言一行，皆上通于天，下系于民，必敬以将之，而后所行无不善。善，天必鉴之；不善，天亦鉴之。一言而善，四海蒙福；一行不谨，四海罹殃。言行如此，可不敬乎？汝其敬之。"圣祖之诒训如此，真可谓得其大本矣。诸儒授经，惟奉行上意而已，严君在上，贤师友辅之，睿德之懋，斯可望矣。

宾　　客

太祖始令宋濂为诸王世子师。庚子年十月，奉命入内授经，遇纲常大义，再三言之。乙巳年三月，濂以起居注告病，诏还家，仍赐金帛，世子致赠有加焉。六月，濂上笺谢恩，复奉书东宫，勉以孝友，恭敬勤敏，读书无怠慢，无骄纵，修德进业，以副天下望。上览书喜甚，召东宫语以书意，且赐书答之，其略曰："昔先生教吾子，以严相训，是为不佞也。以圣人文法变俗言教之，是为疏通也。所守者忠贞，所用者节俭，是为得体也。昔闻古人，今则见之。"复以文绮侑书。

洪武元年，设东宫师傅官，令勋臣兼之。十月，以耆儒梁贞、王仪为太子宾客，秦镛、卢德明、张昌为太子谕德。上以东宫师傅皆勋旧大臣，当待以殊礼，朝贺东宫难同庶僚，命礼部考古定仪，礼部及翰林诸儒臣议。今凡遇大朝贺，前期设皇太子座于大本堂，设答拜褥位于堂中，设三师、宾客、谕德拜位于堂前，赞礼二人位于三师之北，内赞二人位于堂中，俱东西相向。至日，皇太子常服升座，三师、宾客、谕德常服入位，北向立，皇太子起立南向，赞礼唱鞠躬四拜，皇太子受前二拜，答后二拜，礼毕而出。五年，太子赞善大夫宋濂辅导东宫，一言一动，皆以礼法讽谕，使归于道。每侍读书，至切于政教，及前世兴亡，必拱手扬言曰："君国子民之道，当如是，不当如彼。"且推人情物理，以明其义。皇太子每敛容嘉纳，敬礼未尝少衰，言则必曰师父师父云，且书旧学二字以赐。二十六年七月戊申，选秀才张宗濬等，随詹事府、左春坊官分班入直文华殿侍讲毕，近前说民间利害、田里稼穑等事，间陈古今孝弟忠信、文学材艺诸故事，日以为常。

永乐中，杨荣辈在春坊，每进讲罢，必从容以正身务德、亲贤去邪、尚俭戒逸之言进，或访以政务，必陈其切要及先后缓急施行之序，皆恳切无少避忌，皇太子每以忠直称之。时赞善徐善述、王汝玉尤见亲礼。尝令善述择选诗二十余首，分类赋比兴以为法。又与之书言："欲学作表，卿可一如诗题立例，具诗题与表题，间日封进。"且问其疾，劳慰备至。且曰："卿今年迈，恐辅余为劳，似卿朴直苦口者百无一二，面谀顺颜者比比有之，卿康健无惮劳，弼余成业，惟望药石之言，日甚一日，毋务犯鳞触讳之虑。"其所与书必字之曰好古，或曰致书赞善好古先生云。其与汝玉书有曰："愿求致治之方。"又曰："善政之音，至有如暗逐明之喻。"其望启沃之切如此。每遇节序，燕劳东朝之臣，起居慰问，煦濡谆切，一如家人父子焉。然成祖常恐东驾亲近匪人，每北巡，必训戒之，又广求名儒与之讲学。于是命侍读学士王达、洗马杨溥、修撰梁潜、典籍金实、郎中叶砥等分直讲读，亦有选自教官者，惟在得人而已。故仁宗之为皇太子也，监国视朝之暇，专意文事，手不释卷，被服宽博，大类儒者，蓄经籍法书富甚云。

讲　　仪

东宫讲读仪，春坊官与翰林院官日分二员讲书，以《尚书》、《春秋》、《通鉴》、《大学衍义》、《贞观正（政）要》等书进讲，须要纂其事之始终，直述大义，辑成篇章进呈，御览毕，然后赴文华殿讲说。三师、三少及詹事府官、鸿胪寺并每科给事中一员侍立，进讲毕，众官齐出。及有召问，亦须前项一员官同进出，如有独进并独员留后者，许给事中、鸿胪寺官并司直郎、清纪郎纠劾。凡讲读毕，每遇上位发落过五府军政，六部紧要事务，及抚谕四夷恩意，其大经大法，詹事府官同春坊官，将缘由于众官未退之时，一一敷陈焉。永乐二年七月，侍读学士王达讲《乾》之九四，举储贰为说。仁宗在东宫，问杨士奇曰："达含讥否？"士奇因举程子云："凡卦中六爻，圣贤有圣贤用，众人有众人用，君有君用，臣有臣用，无所不通。"又举王昭素对宋太祖之言以对。仁宗因命解缙专阅《书》，胡广阅《诗》，金幼孜阅《春秋》，士奇阅《易》。仁宗问储贰说有据否，士奇对以胡瑗之说，甚喜。自是讲义有疑，必召四人相与辩折，畅而后已。遂命春坊、司经局臣分录讲章，以备常阅。

出　阁

永乐以前，储宫皆年长始出阁。英宗未及出阁，遂登大宝，故出阁之仪，至天顺二年始定。其讲学师友，惟用东宫官及本院官分班讲读，内阁提督之，不别选他职。其讲读、侍班及正字官，从内阁具名奏请。每日讲书直解，先送内阁定，讲毕补进，与经筵同，以史官修撰、编修兼之，校书、正字以制敕房官兼之。

《会典》载初出阁仪云："是日早，侍卫、侍仪如常仪，执事等官于文华殿行四拜礼毕，鸿胪寺请皇太子升文华殿。执事官导引至殿升座，师、保等官于丹陛上行四拜礼毕，各官退出。内侍官导皇太子至后殿升座，以书案进。每日侍班、侍读、讲官以次进读，叩头而退。"每日读讲仪云："每日早朝退后，皇太子出阁升座，内侍以书案进，不用侍卫、侍仪、执事等官，惟侍班、侍读、讲官入行叩头礼毕，分班东西向立。内侍展书，先读《四书》，则东班侍读官向前伴读十数遍，退复原班；次读经书，或读史书，则西班侍读官向前伴读，亦如之。务要字音正当，句读分明。读毕，各官退。每日巳时，侍班、侍读、侍讲及侍书官候皇太子升座毕，入班西向立侍班。内侍展书，先讲早所读《四书》，则东班侍讲官进讲一遍，退复原班；次早讲所读经书史，则西班侍读官进讲，亦然。务要直言解说，明白易晓。讲毕，内侍收书讫，侍书官向前侍习写字，务要开说笔法，点画端楷，写毕，各官叩头而退。午后，从容游息，或习骑射，晚读本日所授书各数遍，至熟而止。凡读书，三日后一温，须背诵成熟，遇温书日，免授新书。讲官通讲，须晓大义。凡写字，春夏秋月，每日写一百字，冬月每日写五十字。凡遇朔望节假及大风雨雪隆冬盛暑，暂停读讲、写字。"

今按此仪，稍变永乐之旧矣。成化中孝宗出阁，最勤学。十九年，御制《文华大训》成，少詹事彭华进讲，左中允周经预讲是书，东宫每起立拱听，内阁辅臣请坐讲，从之。弘治中，武宗在东宫，学士吴宽率同僚上疏曰："窃惟东宫讲学，自寒暑风雨朔望令节外，一岁之中不过数月，一日之内不过数刻，况八岁出就外傅，居宿于外，诚欲离近习、亲正人也，庶民且然，况有天下者乎？"

储　典

洪武中，定储宫奏事，皇太子御文华殿，官员人等承旨召入者方许入，凡启事者称臣。《会典》载东宫朝仪云：永乐二年，定文武官员常朝，行叩头礼毕，三师、三少、詹事府官、左右春坊官、翰林院、鸿胪寺等官、六科给事中、锦衣卫官，左右序立于文华殿门之外，鸿胪寺序班、通政舍人引文武百官于丹陛上丹墀内，东西序立，照依衙门资次启事。御史二员，司直、清纪日轮二员，北向侍立纠仪。启事毕，百官齐退。及有召问，亦须前项官员一同进出，如独进并独员留后者，许监察御史、鸿胪寺官、司直、清纪纠核。凡合启事务，在京衙门止用奏本，其詹事府主簿、录事同春坊、司直、清纪、司谏分为六科，将本内启过事件同六科给事中逐一奏闻，主簿、录事、司直、清纪、司谏仍于司礼监共开揭帖开写，逐日启过本内事件略节缘由，六科给事中亦具题帖，各另奏进。凡遇正旦、冬至节行庆贺礼，并进历、进春等事，詹事府例该启皇太子知，必先奏闻，候得旨，方具启本进。凡遇皇太子千秋节行庆贺礼，奏启本同进，侍班用坊局官。正旦、冬至、千秋节，礼部官进笺，并进历、进春，通事二员举案。又有监国等仪。

嗣　　辅

皇太孙辅导讲读，在洪武时具载《集礼》。成祖时，以东宫官僚兼之。永乐六年七月，命内阁胡广等辅导皇长孙，敕曰："朕惟令德所成，本乎天性，养性之学，实弘圣功。故有聪明纯一之资，必有诗书礼乐之教，所以充德性而广器识也。朕嫡长孙天章日表，玉质龙质，孝友英明，宽仁大度，年未一纪，体具志宁，动必中规，言必合道，好道之笃，日夜孜孜，日诵万言，心领要义。朕尝试之以事，辄能裁决得中，斯实宗庙之灵，上天锡庆，笃生异质，以福佑天下而基命于无穷。然宏材之建，必由匠石之功；圭瓒之成，必假琢磨之力。卿等皆茂简德艺，职辅东宫，东宫之子，必资兼弼，宜协同心志，辅导于成，推广仁义道德之源，开陈二帝三王之治，与太祖高皇帝之大经大法。凡创业守成之难，生民稼穑之事，朝夕讲论，以涵养本源，恢弘智量，充其盛大之器，以为宗社生民之福。国家有无穷之休，卿等亦有无穷之闻。钦哉！"

九年九月，皇太子命杨荣等侍诸皇孙读书文华后殿，且谕诸皇孙曰："此皇祖近臣，汝辈当加礼敬。"又谓荣等曰："他日学成，即汝训迪力也。"后皇太子复传上命，召翰林院、吏部官令举老成正大儒者，侍皇太孙讲读。明日，东宫特召尚书蹇义及杨士奇问得人否，义对曰："臣两人共举礼部侍郎仪智，然众鲜知之，议尚未决。"东宫曰："往者曾举李继鼎，大误，后悔不及。智甚端正，但觉老矣。"士奇对曰："智虽老，然起家学官，道理明执守正，精神不衰，廷臣老成未见其比。"是日午朝，上喜曰："此得人矣。虽年耄，识朝廷大体，能直言不阿。向之元正日食，吕震等皆欲行贺礼，惟此老与杨士奇言宜免贺，朕从之。智诚可用。"遂召礼部、翰林诸臣谕曰："仪智甚好，朕知之矣，令侍太孙讲读。"令右赞善陈济等充讲官，教谕林长懋、张英、陈山、戴伦等授给事中，使侍太孙，已而俱授春坊左右中允。

制　　度

圣祖有天下之初，凡制度，命儒臣稽考古今因革之宜以闻，中书省具奏，上为裁定。于是宣国公李善长、学士陶安集诸儒论建，以适厥中，自朝廷以达邦国，品式明备。洪武元年二月，安等奏定天子冕服之制。上曰："古礼太繁，今祭天地宗庙则服衮冕，社稷等祀则服通天冠绛纱袍，余不用。"十一月甲子，礼部翰林院等官议乘舆以下冠服之制。三年六月，中书省臣与翰林院定文武官朝服之制。四年正月戊子，礼部、太常司、翰林院议奏上亲祀圜丘、方丘、宗庙及朝日夕月服衮冕，祭星辰、社稷、太岁、风云、雷雨、岳镇、海渎、山川、先农，皆用皮弁服，群臣陪祭，各服本品梁冠祭服。五年五月癸卯，亲王仪仗车辂成，亦礼官诸儒所定也。八月乙亥，礼部及翰林院议省牲宜用常服。十六年七月戊午，诏更定冕服之制。先是，礼部言虞周以来，冕服制度不同，宜加考定，命翰林诸臣议，从之。二十年冬十月，诏六部、都察院、通政使司、左右春坊、大理寺及本院官，着礼仪定式合行事宜凡一十四款，诏颁行之。二十四年六月己未，诏六部、都察院同翰林儒臣参考历代礼制，更定衣冠居室器用制度，于是群臣斟酌损益以闻。二十九年十一月，诏翰林议定制度，凡官民房屋坟茔等第及食禄之家禁例为书，名曰《稽古定制》，颁行天下。总载《集礼》。又《宪纲事类》，肇自洪武，中载都察院、十三道御史所宜行者。宣德中，敕礼部同翰林院考旧文而申明之，凡祖宗所定风宪事体，悉载其中。至正统四年十月，始颁行云。

律　令

吴元年十月，诏修律令，命学士陶安为议律官。十二月甲辰，律令成，命刊布。洪武元年正月，《大明令》成，修列吏、户、礼、兵、刑、工六官之条，《大明律》亦如之。上曰："律令者，治天下之法也。令以教之于先，律以齐之于后，今所定律令，删繁就简，使之归一，直言其事，庶几易知而难犯。"八月己卯，上念律令尚有轻重失宜，有乖中典，命儒臣四人同刑部官讲唐律，日写二十条取进，止择其可者从之。其或轻重失宜，则亲为损益，务求至当。六年十月，命刑部与翰林院更定《大明律》，学士宋濂撰表以进。二十二年八月，命翰林院同刑部官将比年律条参考折衷，以类编附，曰《名例律》，附于断狱下，至是特载诸篇首颁行之。

封　爵

洪武三年十一月丙申，大封功臣，其五等封爵，皆学士宋濂所定。始制五等，公曰国，侯、伯曰郡，子、男曰县，至是罢子、男不封，惟系公于国，各锡之铁券云。二十三年九月乙未，加封中山王徐达、岐阳王李文忠三代皆王爵。侍讲学士葛钧等奏："王及三代，惟本朝开平王常遇春，出自特恩。"上谓："二王皆元勋，宜如开平王例。自今开国功臣没后，俱追封三代，其袭爵子孙，非建奇功者，生死止依本爵。"其券文诰命，皆词臣撰进。

先是五年三月，命学士宋濂参考唐宋诰命，皆三省官列衔书名，复用吏部告身等印章。本朝诰敕，既用御宝，则省臣不敢署名。考宋绍兴间，工部言官诰院所有绫纸易以伪冒，下文思院别织花样。今议于诰尾添织字号，以为关防，及取工部神帛敕诰局造完书写，颁于文武官。从之。九月四月癸卯，命中书省、兵部定给武官诰敕，大都督府咨中书省，送兵部覆奏贴黄，考功监参考同奏，翰林院撰文，付司文监投勘，奏付中书舍人书写。十六年三月，命中书省与翰林院定嫡妾封赠例及文官赠荫叙之例。

二十四年五月辛卯，诏定文武官封赠旧制。兵部试尚书茹瑺请，上命翰林院考古制。学士刘三吾奏宋制母以子贵，诏从旧制。瑺又奏庶子袭父职，例止封赠嫡母，复命礼部、翰林院同考古制。三吾奏宋制母以子贵，庶母亦依所生子之秩，诏从宋制。六月丙寅，命礼部、翰林院议军官侄男替袭伯父职事，及弟袭兄职，义子女婿承袭养父妻父封赠礼制。八月己巳，瑺又奏言武臣封赠父母妻姓名，有以嫡母生母同请，有以正妻次妻并书，乃命翰林院稽考古制。学士刘三吾言宋制嫡母、继母亡，许封赠所生母，正妻有子无子皆得封赠。上命只封嫡母、正妻，其所生母从宋制。

永乐元年十一月乙亥，广平侯袁容嫡母孙、生母刘俱亡，独继母罗氏在，而封赠事例不同。学士解缙等议上，若所生母与继母同在，礼难并封；今继母在，当封。所生母并嫡母俱亡，亦可一体追封。从之，仍命后不为例。

订　音

圣祖尝召学士乐韶凤、宋濂，待制王僎、修撰李叔允，编修朱右、赵埙、朱濂，典簿瞿庄、邹孟达，典籍孙蕡、答禄与权，谕之曰："韵学起于江右，殊失正音，有独用当并为通用者，如东冬清青之属；亦有一韵当析为二韵者，如虞模麻遮之属。若斯之类，不可枚举，卿等当广询通音韵者刊定。"韶凤等奉诏撰成七十六韵，共十六卷，书奏，赐名曰《洪武正韵》。濂序曰："古者之音，惟取谐协，故无不通。江右制韵之初，但知从有四声，而不知衡有七音，故经常不交，而失立韵之原。七音者，牙舌唇齿喉及舌齿各半是也。分其清浊，定角徵宫商羽，以至于半商半徵，而天下之音在是矣。然则音者，其韵书之权舆乎？旋宫以七音为均，均言韵也，能推十二律以合八十四调，旋转相交，而大乐之和，亦在是矣。"自从奏启进呈文字，点画音韵，并从是书。洪武二年四月，命翰林院定官民书礼仪式，禁革民间名字有先圣先贤、大国君臣并汉晋唐宋等字者，中书省臣具奏行之。若正统十年进士登科录，凡天字皆作笺，云出内阁意。景泰中幸太学表，内阁自为之，中有管窥霄、蠡测海句，盖亦避天字也，与宋宣和时禁"君"、"天"等八字同，殆非洪武旧制矣。

崇　祀

圣祖肇正祀典，首诏岳渎、城隍等神，皆削去后世所加封号，止从实称之，惟孔子则仍其旧。洪武元年，遣官释奠于先师孔子，定以二丁降香，遣官祭于国子监。每二丁，传遣遣官致祭孔子，若登极，皆遣官祭告阙里。二十四年十月乙丑，南丰县典史冯坚言九事，内一事历代忠臣烈士有功德于民者，宜敕有司访其事迹，俾礼部、翰林院考究明白，量加封谥。上宠擢之。二十六年，颁大成乐于天下府学，令州县如式制造，以祀孔子。二十八年，用儒臣言，黜莽大夫扬雄，进董仲舒从祀孔子。

正统二年，从本院议，进胡安国、蔡沉、真德秀从祀。八年，追封元吴澄为临川郡公，从祀。后建言者谓当祀刘因及薛瑄，内阁刘定之驳二人皆无著述，遂沮。然澄实宋进士，仕元失节，识者非之。学士丘濬尝著论许衡无益于名教，则澄可知也。

成化二年，用大学士商辂议，封仲舒为广川伯，安国为建宁伯，沉为崇安伯，德秀为浦城伯，从之。辂又请加孔子以道配天地之号，事寝不行。

弘治九年，追封宋杨时为将乐伯，从祀。言者因谓罗从愿、李侗亦同从祀，礼部侍郎傅瀚言二子著述视尹焞、游酢、谢良佐未知所先后，二子从祀则三人似不可遗，乃止。先是元年八月，侍读学士程敏政建议，欲将马融、刘向、贾逵、王弼、何休、戴圣、王肃、杜预褫爵罢祀，郑众、卢植、郑玄、服虔、范宁五人各祀于其乡，而增后苍。若荀况言性恶，宜依扬雄例黜之，时祀王通。七十弟子中，申枨、申党疑误当为一人，宜存枨去党，公伯寮、秦冉、颜何、蘧瑗、林放五人，既不载于《家语》，亦宜罢去。颜子、曾子、子思配享于殿，而父在两庑，非所以明伦，宜别立一祠。中祀启圣王，以杞国公颜无繇、莱芜侯曾点、泗水侯孔鲤并邾国公孟孙氏配享，其程珦、朱松量加封爵祀焉。祭酒谢铎建议则谓吴澄出处不正，当黜其祀。俱诏廷臣议之。学士吴宽言从祀苟有益于经传，则扬雄、马融昔皆不废。尚书倪岳亦言马融、王弼之徒，其立身不无可贬，然秦汉以来，六经出于煨烬，赖诸子抱遗经，专门讲授，经以复存。自唐之注疏，多祖其言，今之经传引用尚多，其说何可尽废。七十子名字，马迁以来相沿已久，今生千百年后，何可臆定。于是咸仍其旧云。

嘉靖九年，臣道南寓史馆，钦奉上亲制《正孔子祀典说》，大旨谓孔子生于周，作《春秋》，周文武止称为王。《春秋》系王于天，孔子之道，王者之道也，功，王者之功也，而位则非王者之位焉。后世称之以王，不若尊之以师。于是毁其像厝之主曰至圣先师孔子，颜子曰复圣，曾子曰宗圣，子思曰述圣，孟子曰亚圣，则列名先贤七十二子曰先贤，从祀诸儒则列名先儒，特建启圣祠于学宫之后。别祀叔良（梁）纥，以颜无繇、曾皙、孔鲤配。尊尊贤贤，各尽其道矣。

定　　名

圣祖有天下之初，追尊四代考妣为帝后，其庙号尊谥，皆学士朱升等所定。凡皇子命名受封及公主封号，功臣爵名，皆学士宋濂等拟奏，取自上裁。寻又命正天下合祀神祇名号。洪武九年四月，天下驿传多因俗名，兵部且数命翰林院考古正之，凡二百三十二，自后凡建置郡县命名，皆以属焉。《会典》云："凡皇子名及各王府奏请子名，亲王、公主及郡王、郡主、县主、郡君、县君、乡君封号，俱内阁拟奏，请旨点用。"

纪 元

国初纪元洪武,出自圣祖亲裁。继世之后,始命翰林儒臣拟奏,择而用之。成祖即位,始拟用永清,后用永乐。自是每朝纪年,不复再改。盖圣祖诒谋之善,实前代所未有也。英庙复辟,召内阁高穀、商辂至文华殿,问曰:"今年号宜改否?"穀对曰:"周虽旧邦,其命维新,宜改维新元年。"辂曰:"年号多与前代同者,臣等具数年号请旨。"上称善,已而用徐有贞等言,用天顺改元。或请去景泰故号,仍纪正统,上不从,改天顺。今上初登大宝,辅臣拟明良、善治,上特用嘉靖,盖有商高宗嘉靖殷邦之志云。

藩 规

洪武中,命选儒士授本院博士等职事,令于各王府说书。永乐中,妙简宫僚以辅诸王,以詹事府丞周孟简为襄王府左长史,司直郎金实为卫王府左长史,俾侍讲读。其后亲王出阁,止选进士中老成有学者除检讨,及就封,即拜长史。弘治三年,进士被是选者恣言怨詈,吏部黜之。

《会典》云:诸王读书,内阁、提督、检讨等官讲读,为拟定经书起止,所习仿学,每日进看。其仪天顺二年定拟。初入书堂,其日早,王至右顺门之北书堂,面东中坐。提督、讲书并讲读官行四拜礼毕,内官捧书展于案上,就案左立,讲读官进立于案右,伴读十遍,叩头退。每日讲读,清晨,王至书堂,讲读官行叩头礼,伴读十遍,出。饭后,复诣书堂,伴读看写字;毕,讲书,直说大意;毕,仍叩头退。内侍以所写字送内阁。

书 翰

书虽六艺之一,然事属天家,颁为帝制,亦不可以为末务。成祖喜楷书,时典籍沈度书法丰润,上深爱之,每有大制作,必命度誊写,累迁至学士,惟支俸仍事书办,赐象笏,镂金刻度姓名其上,以宠耀之。其弟粲亦起自书办,累官侍读,自此沈字盛行于世。宣宗自冲龄习古法帖,宸翰妙绝,盖始学赵孟頫而加遒劲,出神入天者矣。孝宗亦爱沈字,宫中始习焉。尝访其后,得其孙世隆,授中书舍人,故制诰犹用沈体云。今上宸翰,天日昭回,星斗经纬,尝亲书四箴字暨皇史宬以示大学士李时,众皆忻服,供奉诸僚各取其长云尔。

扈跸

圣祖御阅江楼及谒陵寝，悉命词臣扈从。宣德五年二月，宣宗谒天寿山，时杨士奇、金幼孜扈从。嘉靖十五年三月，今上禋祀诸陵，命日讲官顾鼎臣、谢丕、张璧及臣与蔡昂扈从。臣道南恭和御制诗二章云："圣皇孝祀恻中肠，陵殿春开俎豆张。凤麓远蟠知地胜，鸾舆端拥自天康。云连北极千关壮，水接东溟万里洋。仰识骏图光宇宙，永占佳气护封疆。""帝藻初裁锦绣肠，昭回云汉列星张。礼崇天地追隆古，道贯皇王迈小康。百辟霁瞻容穆穆，万方春霭颂洋洋。即看禋假登殷庙，不独巡游遍禹疆。"

殿阁词林记卷之二十一

荐　举

圣祖之靖元乱也，干戈未定，即大召四方名儒，随所在馆谷之使，各以其所知荐。戊戌十二月，辟儒士范祖幹、叶仪为谘议。己亥正月，克婺州，初置中书省，召儒士许元、胡翰十余人会食省中，日令二人进讲经史，敷陈治道。及克处州，又荐青田刘基、龙泉章溢、丽水叶琛、金华宋濂者，即遣使以书币征之。庚子三月至建康，入见甚喜，赐坐，从容与论经史，及咨以时事，深见尊宠。既而命有司即所居之西创礼贤馆以处之，始置儒台校理，以官儒臣。时朱文忠守金华，复荐王祎、王天锡至，皆用之。寻建尚宾馆，以待荐举至者。丙午年，置博士厅，设博士一人，典签十余人，以备顾问，博士则许瑗、许存仁，典签则刘秩、鲍颖、吴毅、刘辰、黄哲、涂颖之属。侍从文学之职，实权舆于此。及置翰林院，则擢诸儒之最有文行者任焉。

洪武六年，复大征天下儒士，浙江参政徐本首以桂彦良荐，待诏阙下，奏对称旨，擢春坊正字。未几，浙江布政使安然等以怀远县教谕王景等荐，既至，命曰直翰林，随班朝见，赐燕西序。七年，学士宋濂侍上登武楼，赐坐，问及宿学之士，濂以会稽郭傅对，上览其文称善，召见谨身殿称旨，擢应奉翰林文字。十年，复聘金华儒士吴沉，以侍臣有荐之者。十月，召见称旨，以为待制。十五年，复征耆儒隐逸，侍臣张宁以宛平儒士董伦荐，召至，以为太子赞善大夫，赐冠带。是年，置谏院官。十月，以耆儒刘靖为谏院左司谏兼左春坊左庶子，关贤为右司谏兼右春坊右庶子，赵肃为谏院左正言兼左春坊左谕德，何显周为右正言兼右春坊右谕德。十七年七月，下诏征贤耆儒，汪仲鲁至自婺源，仪礼司引见，有旨举西伯勘黎篇命之讲释，称旨，授左春坊左司直郎。又数日，刘三吾至自茶陵，入见便殿，见其庄重宏博，甚礼重之，即拜左春坊左赞善。未几，擢本院学士。十八年三月，开进士科，始定进士入翰林之制。自此荐举者乃不轻授云。

永乐初，本院员少，遂简命侍臣更荐引之，于是首擢审理副杨士奇为编修，继擢儒士曾日章为侍讲，助教邹缉为侍读，改给事中金幼孜、王洪、桐城县知县胡俨为检讨，又以太平训导萧引高、袁州训导廖敬先为检讨，应天训导王汝玉、芜湖训导张伯颖为五经博士，皆异数也。自后惟于进士及庶吉士内擢用。宣德七年，大学士杨士奇荐交阯南灵州知州黎恬文学操行可任近侍，遂拜右春坊右谕德。恬既至，不副舆论，江右人寓词林者或咻之，乃求归其乡。自是荐举进者益罕矣。

天顺二年，忠国公石亨、大学士李贤交荐抚州处士吴与弼，召以为左春坊左谕德，固辞不拜。成化十八年，广东布政使彭韶、巡抚两广都御史朱英交荐新会举人陈献章，既至，吏部欲试之，辞以疾，自陈患病，乞归侍养，诏授检讨，侍亲终病愈，仍来供职。献章即与弼门人也，后屡被荐，皆援诏不行。二人者，皆以理学鸣于时，隐居求志，天下高之。窃谓科目未足以尽天下之贤才，矧岩居川观，抱道不售，与就试有司而屡黜者，岂无其人乎？荐举之典，诚不可废也。

铨　　注

洪武初年，本院官皆由荐举进，虽设进士科，未有入翰林者。〔十八年，〕以第一甲赐进士及第丁显、练安、黄子澄为修撰，第二甲赐进士出身马京、齐麟等为编修，吴文等为检讨，皆出简用，不由选法，命下吏部，惟铨注而已，后遂为例。〔二十一年〕策进士，以第一人任亨泰为修撰，第二人唐震、第三人卢原质为编修，著为令，至今因之。〔二十四年，〕则许观、张显宗、吴言信，则张信、景清、戴德彝，则陈郊、尹昌隆、刘谔。是年六月覆试，则韩克忠、王恕、焦胜。〔建文帝二年，〕遵洪武乙丑之例，第一甲胡广、王艮、李贯皆修撰，第二甲吴溥、杨子荣、杨溥、刘现皆编修。〔永乐二年，〕进士第一人曾棨擢修撰，第二人周述、第三人周孟简仍铨编修，则复遵戊辰之令也。林环、陈全、刘素，萧时中、苗衷、黄旸，马铎、林志、王钰，陈循、李贞、陈景著，李骐、刘江、邓珍，曾鹤龄、刘矩、裴纶，邢宽、梁㟽、孙曰恭，马愉、杜宁、谢琏，林震、龚锜、林文，曾鼐、赵恢、钟复，周旋、陈文、刘定之，施槃、杨鼎、倪谦，刘俨、吕原、黄谏，商辂、周洪谟、刘俊，彭时、陈鉴、岳正，柯潜、刘升、王㒜，孙贤、徐溥、徐镛，黎淳、徐琼、陈秉中，王一夔、李永通、郑环，彭教、吴钺、罗璟，罗伦、程敏政、陆简，张升、丁溥、董钺，吴宽、刘震、李仁杰，谢迁、刘戬、王鏊，曾彦、杨守阯，曾追、王华、黄珣，张天瑞、李旻、白钺，王敕、费宏、刘春，涂瑞、钱福、刘存业，靳贵、毛澄、徐穆，罗钦顺、朱希周、王瓒，陈澜、伦文叙、丰熙，刘龙、康海、孙清，李廷相、顾鼎臣、董玘，谢丕。吕柟、景旸、戴大宾，时大学士焦芳用事，第二甲第一人焦黄中，芳子也，有中旨以黄中及第三甲第一人胡缵宗俱为检讨，及黄中之败也，缵宗亦坐贬。杨慎、余本、邹守益，唐皋、黄初、蔡昂，舒芬、伦以训、崔桐，杨惟聪、陆钎、费懋中。盖自永乐以来，进士得铨注者惟第一甲，而二甲三甲必改庶吉士，乃得铨注云。

吉　　士

　　庶吉士之选，始自洪武，以诸进士未更事，欲优待之，俾观政于诸司，候谙练然后任之。其在本院、承敕监等近侍衙门者，采《书经》庶常吉士之义，俱改称为庶吉士。其在六部及诸司者，则仍称进士云。是科，本院庶吉士则陈淇等，吏科则杨靖等，户科则郭资等，礼科则徐旭等。厥后杨靖为刑部尚书，郭资为户部尚书，封忠勤伯。惟解缙、黄金华为中书庶吉士。〔永乐二年〕因之，本院庶吉士取数十人，择二十五人暨首甲三人，俾进学内阁，周忱自陈愿与其列，遂增忱为二十九人，命学士解缙领其事，御前亲教之。〔五年，〕首擢王英、王直为修撰。〔十年，〕又擢罗汝敬、余鼎、彭汝器为修撰，余学夔为检讨，杨相、刘子钦、章敞、陈敬宗、沈升、李时勉、段民、倪维哲、吾绅、杨勉等俱刑部主事。盖旧制欲作养，积久因其成材，次第擢用，然急于进者或歉望焉，故相等皆除刑部。〔四年，〕庶吉士陈孟洁、曾春龄辈卒于京师。或以教习已近十年为言，时论其希进，以张叔豫等皆除府通判。〔九年，〕二甲庶吉士钱习礼、陈璲、黄寿生、刘永清等教习未久，皆擢检讨。〔十年，〕三甲中则方复等。〔十三年己未，〕庶吉士王翱擢大理寺左寺正，宋琰、郑雍言、高穀、张益俱中书舍人，黄仲芳等授知县，惟曹义、彭麟应授编修，许彬、连智授检讨。〔十六年，〕庶吉士周叙、董璘、习嘉言、杨珙、尹凤岐、陈洵（询）俱授编修，余皆授诸司官有差。

　　宣德中三科进士，选入翰林为庶吉士者二十八人，萨琦、赖世隆、吴节、江渊、徐理授编修，王玉、王振、姜洪、李绍授检讨，理后更名有贞，振后更名询。是年犹有选入六科近侍诸衙门者。庶吉士十二人，其出旧科者一，萧镃也，惟镃授编修。是科以后，始定庶吉士止入翰林，然以为重事不轻予，故四年、七年、十年进士皆不选。至是纯选北方及蜀产者，二甲万安、刘吉、刘翊、李泰授编修，三甲邢让、李本授检讨，尹旻等授给事中、监察御史有差。

　　〔景泰二年，〕二甲吴汇、周舆、戚澜、刘宣、杨守陈、王献、童缘授编修，三甲江潮（朝）宗、张业授检讨。〔五年，〕二甲丘濬、彭华、尹直授编修。

　　〔天顺四年，〕二甲张元祯、汪谐、刘健授编修，三甲周经、郑纪、张颐授检讨。〔八年，〕二甲李东阳、倪岳、焦芳、陈音、谢铎授编修，三甲傅瀚、张泰、吴希贤授检讨。

　　〔成化三年，〕二甲林瀚、章懋、李杰、黄仲昭、商良臣授编修，三甲庄昶授检讨。〔四年，〕二甲费訚、尹龙、乔维翰、王臣授编修。〔十四年，〕二甲梁储、张溶、杨杰、敖山、刘忠、于材、徐鹏、邓炑、江澜、马廷用授编修，三甲刘机、张芮、杨廷和、杨时畅、武卫授检讨。庶吉士之留官翰林者，至是盛矣。〔二十三年，〕二甲程楷、蒋冕、黄穆、傅珪、华峦、吴俨、罗玘、苏葵授编修，三甲李逊学、石玠、毛纪授检讨。

　　〔弘治六年，〕二甲顾清、沈焘、吴一鹏、汪俊、周玉、黄澜授编修，三甲薛格授检讨。〔九年，〕二甲濮韶、陈霁、叶德、贾咏授编修，三甲汪伟、王九思、刘瑞授检讨。〔十五年，〕二甲鲁铎、温仁和、李时、滕霄、毕济川、何瑭授编修，三甲周祯、盛端明授检讨。〔十八年，〕二甲崔铣、严嵩、湛若水、陆深、翟銮、徐缙授编修，三甲段炅、穆孔晖、孙绍先、易舒诰、张邦奇授检讨。

〔正德三年，〕二甲第四人刘仁，宇之子也，逆瑾传中旨并其上二名邵锐、黄芳及三甲李志学、韩守愚凡五人为庶吉士，数月即拜锐、芳、仁为编修。瑾败，仁黜，锐、芳皆坐累左迁云。〔六年，〕二甲许成名、刘栋、张璧、应良、尹襄、刘朴、费寀、张潮、王思、孙承恩、刘泉、林文俊、孙绍祖授编修，三甲金皋、吴惠、郭维藩、王元正、陈寰、张衍庆、边宪授检讨。〔十二年，〕二甲汪佃、余承勋、黄易、江晖、刘世盛、叶桂章、叶式、马汝骥、王三锡、陈沂、邝灏授编修，三甲张星、萧与成、林时、季方、汤惟学授检讨。二科庶吉士留用之多，前此所未有也。〔十六年，〕二甲廖道南、江汝璧（壁）、童承叙、黄佐、王相、王同祖、王用宾、张治授编修。

盖自宣德以前，兼授部属、中书等官，正统间始有授科道者，成化后不授中书，正德辛未、丁丑止授科道而无部属，辛巳仍复兼授焉。国初最重是选，虽二甲第一人及会元，或选而不预，或预而不留，其严如此。丘濬尝谓："每科不必多选，所选不过二十人，每选不必多留，所留不过三五辈。"其言诚是也。然必有通融之术，而后可以免遗材之叹。高皇帝之久于教习也，盖欲尽使之积学以待问，蓄德以克用而后已，未尝遽出入。前辈谓翰林官惟首甲即除授，选为庶吉士者，远则八九年，近则四五年，而后除授，有不堪者乃改授他职。世以职清务简，称翰林为玉堂仙，亦切喻也。今公署教习，不过三年，即评品而去留之，使有晚成者出乎其间，曷由进哉？成祖加意，躬亲校阅，该授科道部属等官有志进学者许自陈，愿就近侍他职如高穀辈授中书舍人之例，穀后以学行独优升司直郎，遂入翰林为侍讲。宣著为令，庶使华国之儒不至有遗，而祖宗之制可复也。

纂　　修

洪武六年十二月，以儒士朱右、赵埙、朱濂、孙作为编修，以纂日历故也，作辞不拜。明年五月，日历始成，云纂修擢用，盖自此始。洪武末年，充修史官者有教谕等官，王景、高让、吴勤、赵友士、端孝思、张秉彝、唐畔、叶惠仲、胡仲昭等，景即拜侍读，余各除主事。永乐初，高庙实录成，诏定诸臣秩，以太常寺博士钱仲益，知县杨觐、梁潜、王褒为修撰，国子助教王达、给事中朱纮为编修，行人蒋骥为检讨，国子博士金玉铉为五经博士，晋府伴读苏伯厚为侍书，教谕解荣、刘宗平为待诏，誊录生员金实为典籍，亦有京职擢为外任，上亲裁定，酌量才器，铨授品职。追重修高庙实录及修《（四书）（五经）性理大全》、《大典》诸书，主事李时勉、陈敬宗等擢侍讲等官有差。其后纂修擢用者，主事刘球、陈叔刚改侍讲，御史邵宏誉改编修。自后纂修，专用本院官，此例遂废。

孝 行

洪武二十六年八月，诏褒异浦江郑氏累世同居，家范克笃，里人王氏效之，乃征二家子弟年三十以上者诣阙。既至，令自推举，乃以郑济为左春坊左庶子，王勤为右春坊右庶子。徐州民权谨十岁丧父，哀毁几绝，洪武中以荐知乐安县，进光禄寺署丞，迎母就养。母疾，吁天求以身代，母卒，负土成坟，庐墓三年，哭泣不辍。事闻，圣祖命为文华殿大学士，辞不允，以风天下之为人子者，寻改通政司右参议致仕，仍旌其门曰孝行云。《诗》有之："有冯有翼，有孝有德，以引以翼。"圣人以孝治天下，固如此。若以文墨自矜，罔修于家，而欲其扬于王廷，固已难矣。

直 谏

洪武十五年二月，以福建儒士沈士荣为待诏。士荣抗疏言天下事，谓当修治省刑，且请给笔剳条列事宜，或入侍左右，剧论庶事，雅重其鲠直，赐手诏褒重之。十六年十月，秀才周焕奎、高孟文入见，论时事剀切，上大喜，皆擢为检讨。二十六年十一月，学官入觐者询民间政事得失，在列者多应对不称旨，独秦州训导门克新敷奏亮直，擢左赞善。绍兴府学教授王俊华以善文辞，擢右赞善。召二人谓之曰："吾所以左克新而右俊华者，重直言故也。"皆悚然悦服。他日，侍臣李思迪、马懿顾问默默，则黜之。使忠谠之言日闻，圣祖之诒谋远矣。

耆 俊

太祖尝曰："古之老者，虽不任以政，至于咨询谋谟，则老者阅历多，闻见广，达于人情，有可资者。"故洪武中多擢老成之士，官以本院。及为东宫辅导，耆儒刘靖、关贤为庶子，赵肃、何显周为谕德。学士刘三吾、文渊阁大学士朱善、左司直郎汪仲鲁皆年逾六十，时承顾问，翊赞储极，趋朝则同列，赐坐则联席，衣冠俨雅修洁，人望而敬之，时称翰林三老。洪武十九年七月，诏举经明行修、练达时务之士，年七十以下，郡县礼送京师。上曰："比来有司不体朕意。岂知老成，古人所长，文王用吕尚而兴，穆公不听蹇叔而败，伏生虽老犹传经，岂可概以耄而弃之也。若年六十以上、七十以下者，当置翰林，以备顾问。"圣祖贻谋，任用老成，臻于至治，有非前代可及者。

隐 逸

处士吴与弼之见荐也，天顺元年十月，上遣行人曹隆敕曰："渴望来仪，以资启沃。"二年五月壬寅至京师，时特召大学士李贤问曰："与弼授以谕德何如？"贤对曰：

"可。然谕德有左右。"上曰:"与之左。"授左谕德,与弼固辞。上御文华殿召对,赐纱罗羊酒柴米。有旨:"朝廷久闻高谊,特用征聘,今惠然远来,喜悦。然币以将诚,官以命德,礼非过也。不允所辞。"或劝就职,与弼曰:"浅陋之学,衰病之躯,岂堪任使,敢窃禄哉?"再疏辞。上褒答之,有曰:"亦不烦卿以冗务,特处以宫僚之职,不必再辞。"戊申,大学士李贤请旨,召入内阁讲《中庸》。己酉,三疏辞,且请阁中秘书。有旨:"固辞虽得难进之义,揆之中道,无乃过乎?欲观秘书,可勉就职。"丙辰,令其子璚赴吏部告疾。七月庚寅,四疏终辞。奉旨:"既年老有疾,不能供职,准辞。"丙申,进封事十策,一曰崇圣志,二曰广圣学,三曰隆圣德,四曰子庶民,五曰谨教令,六曰敦教化,七曰清百僚,八曰齐庶政,九曰广言路,十曰君相一德同心。己未,召入文华殿,上眷赉无已,赐以银币,给以月廪,复遣行人王惟善送归,仍赐诏褒嘉,示以拳拳至意。与弼既辞,上敕惟善曰:"天气近寒,吴与弼年老,一路好生看顾,莫教他费力。"古帝王褒贤之盛节,大臣推贤之盛举,于是乎至矣。

圣　　裔

洪武六年四月,孔子五十五世孙孔克表以学行举,上与语经史,献纳言皆称旨,拜修撰兼国史编修官。永乐以后,累举象贤世禄之典,颜子、孟子、周子、程子、朱子后裔择宗子以闻,皆授世袭五经博士,惟居乡给俸,以奉祭祀而已。景泰时,诚意伯刘基后裔亦援此例,得世袭五经博士。弘治中,孔子嫡派在浙江衢州者,有司以宗子孔彦绳奏闻,诏授世袭五经博士,寻改刘基之后为指挥。于是崇道酬勋之意昭昭矣。今上登极,崇重世德,复功臣刘基之孙瑜为诚意伯,盖千古盛典也。

任　　子

洪武九年六月,上谓学士承旨宋濂曰:"朕自布衣,卿起草莱,列侍从,世与国同休,不亦美乎?"趣官其子孙,屡辞谢不敢奉诏,不允,遂征冢子瓒之子慎为殿廷仪礼司序班。未几,复召价子璲除中书舍人。上时命题试璲与慎而戒之,语濂曰:"朕为卿教子孙。"濂或奏事久称倦,遂特命璲、慎共扶下殿,父子祖孙,三世皆官内廷,当世以为荣。厥后复录濂之孙怿为本院侍书云。永乐中,学士胡广卒,诏以其子穜为检讨,累迁至修撰。洪熙时,尚书兼詹事金忠之子达擢检讨,赐归依亲读书,正统末,改给事中。尚书王直之子稌为检讨,大学士杨士奇、杨荣则皆荫尚宝丞及中书舍人,自是遂为定制,无任翰林者。孝庙眷注大学士丘濬辈,官其后多至三四人,然或有援以陈乞者矣。独宣德中大学士金幼孜疾革,士奇、荣问之,惟言受国家恩重,生无益于当时,死无益于后世,复何言。或启请身后之泽者,则正色曰:"为弟子求禄,君子所耻。"此其最可称者也。

改　　擢

本院官特清贵，旧不轻改擢，学士官虽五品，序秩于尚书之上。洪武三年七月丙申，以太常寺卿魏观为侍读学士。六年四月丙辰，以兵部尚书乐韶凤为侍讲学士，吏部尚书詹同为学士承旨，仍兼吏部尚书。八年三月，以广西按察司佥事答禄与权为修撰。十三年五月癸丑，以山西右布政使赵新为修撰。十五年十一月戊午，以礼部尚书邵质为华盖殿大学士。十六年十月，以佥都御史茹太素为检讨，琼州府知府赵瑁为左谕德。三十四年九月，以左佥都御史凌汉为左赞善。盖本院自革承旨后，为五品衙门，居庶寮以学行著闻，而改擢者品秩大都由尊改卑，盖崇儒右文之体当如是也。

永乐初，进高庙实录，犹先学士王景而后及礼部尚书李至刚，其尊重可知。曾棨以状元及第，官居侍从将二十年，始得侍讲学士。上顾左右谓曰："曾棨也与学士矣。"意犹谓其早也。是时燕邸左长史金忠不得厕名翰林，惟拜工部。宣宗虽擢山东张瑛入翰林，以尝为詹事府旧僚寀故也。景帝兴自郕邸，其左长史仪铭亦官止礼部左侍郎，未有遽擢为学士者。其后一日拜六学士，时人以为名器之滥。兵部尚书陈汝言谓人曰："昔十八学士登瀛洲，今六学士同登，何谓多邪？"此景泰之治鲜克终也。窃谓慎重名器，当自本院始。叶盛所著《水东日记》盖备纪之。

兼　　职

本院官始惟与詹事府、左右春坊、司经局互兼职事。洪武中未设编修时，多以修撰兼国史编修官，其后以修撰任亨泰为詹事府少詹事兼修撰，则东宫官兼本院官之始。文华殿大学士全思诚兼左春坊左中允，则学士兼宫僚之始也。凡宫僚必竢储位既正而后设，然必互兼，无有专任者。仁宗在东宫，始以尚书蹇义、金忠兼詹事，尚书李至刚兼左春坊大学士，学士解缙兼右春坊大学士，侍讲学士杨士奇等兼中允，皆本圣祖初制。洪熙以后，始有三孤及三师、三少、六卿侍郎、通政事使、太常寺卿、少卿、尚宝司卿兼本院官者。正统以后，始有都御史、大理寺卿、通政司参议兼本院与殿阁官者。若詹事府詹事或不设，而以尚书兼学士掌之。左右谕德及司经洗马或兼讲读，或兼修撰、编修，或兼校书等官，惟视时以为崇卑。成化以后，内阁止用吏、户、礼三部兼职，若左谕德则兼侍读，右谕德则兼侍讲等官，一定而不易，则自弘治时始。正德中，詹事府、左右春坊、司经局等官，通无一员，百余年来所未有也。坊、局诸印，皆寄之本院，本院学士又缺，有一人带管二印者，盖逆瑾与奸芳主之。大学士李东阳曰："旁观坐视，不能救正，咎有所归。"正指此也。

殿阁词林记卷之二十二

议礼（上）

祖宗时，凡国家礼乐制度，皆命本院儒臣议而行之。洪武元年二月壬寅朔，中书省臣及学士陶安等进郊社宗庙议，曰圜丘，曰方丘，曰宗庙，曰社稷，各具沿革。安等奏："天子大社，必受风雨霜露，以达天地之气。若亡国之社，则屋之不受天阳也。今于坛创屋，非宜。若祭而遇风雨，则于斋宫望祭。"上是之。又定宗庙祭享之礼，安与侍讲学士朱升、待制詹同等，历考秦汉以下庙皆同堂异室，四时皆合祭，今四庙时享宜仿之。上命春特祭，于三时合祭如古制。

至二年三月戊戌，朱升等奉敕撰《斋戒文》：大祀，四日戒，三日斋，凡七日；中祀，三日戒，二日斋，凡五日。上命凡祭天地、社稷、宗庙、山川等神，是为生灵祈福，下令百官一体斋戒，若自有所祷者，不下令。八月，定大祀受誓戒。九月乙巳，诏以司中、司命、司民、司禄及寿星五神为中祀，命翰林院撰文。

七年六月乙卯，上以大祀终献毕，方行分献，于礼未当，命宋濂、詹同议，以若行初献礼奠玉帛将毕，分献官行初献礼，亚献、终献皆如之。八月辛酉，监察御史答禄与权请行禘祭，事下礼部、太常寺、翰林院议，以为虞夏商周四代，世系明白，其始所从出，可得而推，故禘礼可行。自汉以来，世系无考，莫能考其始祖所自出，当时所谓禘祭，不过合已祧之主，序昭穆而祭之，乃古之大袷，非禘也。宋神宗尝曰："禘者，所以审禘祖之所自出。"是则莫知祖之所自出，禘礼不可行也。

八年十一月乙丑，诏翰林院考定大祀登坛脱舄之礼，学士乐韶凤奏："祭日，大驾临坛入幕，次脱舄升坛，执事等官皆脱舄于外，以次升坛供事，协律郎、乐舞生依前跣袜就位。祭毕，降坛纳舄。"从之。正月，合祀天地于南郊，诏儒臣纪其事。

九年五月乙丑，将有事于方丘，适有晋王妃之丧，上命宋濂考古制以闻。对曰："郊社之礼，国之大事，圣人所重，虽有三年之丧，亦不敢废，示有尊也。"

二十五年六月，懿文皇太子丧，时享在迩，命翰林院、礼部议之。学士刘三吾等奏："王制三年不祭，惟天地、社稷不敢以卑废尊。宋真宗居丧，易月服除之明年，遂享太庙，祀天地，服衮冕、车辂、仪物、音乐，缘神事者不废。其卤簿鼓吹诸乐，皆备而不作。兹议天地、社稷、先师、历代帝王等神，宜如宋制。惟太庙先祖灵神所在，国既有丧，而时享用乐，恐神不乐听，宜备而不作。"从之。已而上自以己意定郊庙礼。庶吉士解缙尝上疏言："六经残缺，莫甚礼乐，宜正礼经，祀天宜复扫地之规，尊祖宜备七庙之制。"上嘉其识。

先是洪武二年八月，诏天下郡邑举素志高洁、博通今古、练达时宜之士年四十以上者，礼送至京，纂修礼书。二十年十月，谕礼部集诸儒臣稽考臣僚尊卑礼仪旧制，重加删订，凡二十六条，行之。改元之初，即定释奠先师，仲春、仲秋二上丁日降香，遣官祭于国学。又诏定亲征遣将诸军礼，及太岁、风云、雷雨、岳镇、山川、城隍诸神祭礼。其冠礼，皇太子冠，翰林院撰祝文、祝辞，因定天子冠礼。寻定皇太子、亲王及士庶婚礼。俱本院偕中书省臣议上。其王国礼乐及合祀山川之仪，则本院、礼部与王府官议上。遂命燕、齐祭东海，齐、鲁祭东岳、东镇，秦、蜀祭西海，晋祭北海礼。孝慈皇后丧，专诏本院定议以闻。成穆贵妃薨，诏本院稽古定制，令父母俱斩衰三年，子为庶母服期月。书成颁行，曰《孝慈录》。又考议陵寝朔望节序之祭，及祭前代忠臣用便服、行服等节，今见于《大明集礼》、《洪武礼制》等书。虽损益古今之宜，然皆出自圣意，众莫能违也。虽敢言如解缙，上亦未尝以其异己而罪之。夫以异己者为罪，则必以合者为功，以合者为功，则是礼乐自臣下出也。

嘉靖九年正月十四日，今上大诏廷臣问圜丘、方泽礼。臣道南奏曰：迩者伏蒙皇上颁赐敕谕，询以天地宗庙社稷之重，及日月太岁诸神从祀之宜，臣愚曷足以知此。《中庸》曰："非天子不议礼，不制度，不考文。"又曰："君子之道本诸身，征诸庶民，考诸三王而不缪，建诸天地而不悖，质诸鬼神而无疑，百世以俟圣人而不惑。"是故知礼乐之情者能作，识礼乐之文者能述，大人举礼乐，天地将为昭焉。臣愚以为三代而上，大道为公，礼载诸经，而典则明备；三代而下，大道既隐，礼载诸史，而议论纷纭。自非天子建中和之极，圣人通幽明之故，安能折群言之淆乱，以嘉典礼之会通也哉！

谨按周礼，大宗伯掌建邦之天神人鬼地祇之礼，小宗伯兆五帝于四郊四望四类，亦如之。兆山川丘陵坟衍，各因其方，盖以辨方经野，叙神奠位，法天地高卑之象，顺阴阳刚柔之义也。其礼器则有曰：苍璧礼天，黄琮礼地；有曰：四圭有邸，以祀天旅上帝；两圭有邸，以祀地旅四望。其乐舞则有曰：奏黄钟，歌大吕，舞云门，以祀天神；奏太簇，歌应钟，舞咸池，以祭地祇。有曰：圜钟为宫，黄钟为角，太簇为徵，姑洗为羽，靁鼓靁鼗，孤竹之管，云和之琴瑟，冬日至于地上之圜丘奏之；函钟为宫，太簇为角，姑洗为徵，南吕为羽，灵鼓灵鼗，孙竹之管，空桑之琴瑟，夏日至于泽中之方丘奏之。此周人祀天地之遗典也。祭法曰：燔柴于泰坛，祭天也；瘗埋于泰折，祭地也。礼器曰：为高必因丘陵，为下必因川泽，因天事天，因地事地。王制曰：天子祭天地，诸侯祭社稷。又曰：惟祭天地社稷，为越绋而行事。又曰：祭天地之牛角茧栗，则其义亦明矣。然亦有专言祀天者，曰禋祀昊天上帝；曰王祀昊天上帝，则大裘而冕；曰郊之祭也，迎长日之至也，兆于南郊，就阳位也；曰祭之日，王被衮以象天，盖天者群物之祖，举其尊而言也，而天固无不覆也。有兼言祀社者，曰祭帝于郊，所以定天位也，祀社于国，所以列地利也；曰郊以明天道也，社以神地道也；曰礼行于郊而百神受职焉，礼行于社而百货可极焉。盖古封国立社，举其重而言也，而地固无不载也。

夫天地之道，贞观者也；日月之道，贞明者也。法象莫大乎天地，悬象著明莫大乎日月，变通莫大乎四时。是故君后所以承天地、配日月而顺四时者也。若以为祀不可分，郊不宜贰，祭统何以？故天子躬耕于南郊，王后亲蚕于北郊也。月令又何以？故孟春迎气于东郊，孟夏则于南郊，孟秋迎气于西郊，孟冬则于北郊。祭义又何以？故祭日于东于坛于王宫，祭月于西于坎于夜明也。孔子系《易》曰：天尊地卑，乾坤定矣。卑高以陈贵贱位矣，岂日月兆于东西迎气，耕蚕分于南北，天地之位，独混而无别乎？若《易》言享帝而不言享祇，则帝大而尊，而各有取象；《诗》歌昊天，而不歌后土，则地卑而谦，而不敢专功。知此则虞之类于上帝，商之告于上天神后，周之郊用牛二，春秋鲁人之僭祈谷之郊。先儒固自有明辨矣。臣故曰：三代而上，大道为公，而典则明备也。

《汉·郊祀志》载秦祠四时八神，汉高因之，增为五时。武帝祀太乙于甘泉，后土于汾阴。成帝从匡衡之议，立南北郊。厥后王莽创为天地，合精夫妇同牢之说，而始合祭矣。光武中兴，虽兆南北郊，然合祭亦未之有改焉者也。《唐六典》正月祀天祈谷于圜丘，夏至祭皇地祇于方丘，俱以高祖配。孟夏大雩于圜丘，孟冬祭神州地祇于方丘，以太宗配。至武后亲享南郊，而复合祭矣。玄宗中兴，虽从张说之议，以祀后土，而亦未为得也。《宋史·志》南郊初有四祀，太宗始创坛北郊以祀地。神宗因陈襄之议，复南北郊。及南渡以后，而礼文浸废矣。夫汉之议从匡衡者五十人，从许嘉者八人。宋之议从陈襄者四十人，从苏轼者五人。不有大儒君子，孰从而正之。程颐曰："元祐议行北郊，只为五月天子不可服大裘，殊不知郊天郊地礼制自不同报本之祭，惟各从其类。"朱熹曰："周礼有圜丘方泽之说，后人却说社是后土，看来自有方泽之祭。"此皆不满于宋议者也。

夫天道也，父道也，君道也；地道也，母道也，臣道也。天道至尊而无对者也，地道无成而代有终者也。汉之废礼也，自王莽始也，莽以臣贼君，无臣道者也。唐之废礼也，自武曌始也，曌以阴干阳，无母道者也。宋人之争礼也，则又介乎汉唐之间者也。臣故曰：三代而下，大道既隐，而议论纷纭也。

恭惟我太祖高皇帝开国之初，大召名儒，博综古典，首制礼乐二局，沿考制度数年，于吴元年建圜丘于钟山之阳，以祀昊天上帝，建方丘于钟山之阴，以祀后土皇祇。至洪武元年二月壬寅朔，圣祖敕礼部、翰林院、太常寺诸儒臣曰："自昔圣帝明王之有天下，莫严于祭祀。故当有事，内必致其诚敬，外必备其仪文，所以交神明也。朕诞膺天命，统一海宇，首崇祀事，顾草创之初，典礼未备，其何以交神明、致灵贶？今有国，大祀曰圜丘，曰方丘，曰宗庙，曰社稷，其各具沿革以进。"于是丞相李善长、傅瓛等，礼部尚书陶凯等、学士陶安等上议，以为宜复古制：祀天圜丘，以大明、夜明、星辰、太岁诸神从祀；祀地方丘，以五岳、五镇、四海、四渎诸神从祀；而宗庙、社稷，亦各有议。今载诸圣祖《洪武实录》者足征也。其圜丘、方丘乐章，俱圣祖自撰，今载诸《御制文集》者足征也。其图制之详，礼仪之备，今载诸圣祖《存心录》及《大明集礼》祭祀礼仪者足征也。当时诸臣，如宋濂则有《天降膏露颂》及《观心亭记》，所以纪事天之明也；刘基则有《方丘颂》，所以纪事地之察也。至洪武十年，圣祖感斋居阴雨之应，览京房灾异之说，即旧址为坛，合祀于一，覆以大祀殿。十二年，始合祭焉。上复更撰祀文乐章，今载于《御制文集》。

夫前之分祭者，酌万世帝王之道，礼本太始者也，是先王之制也，圣祖因之，而未尝自制焉者也。后之合祭者，感一时灾异之应，礼缘人情者也，是后世之制也，圣祖亦因之，而未尝自制焉者也。厥后儒臣解缙奏云："配天宜复扫地之规，尊祖宜备七庙之制。"而圣祖弗加之罪者，意亦可识矣。太祖迁都于北，当时儒臣未有建白，以复圣祖初制之旧，宜今日廑我皇上之诏谕也。礼乐百年而后兴，讵不信哉？

宗庙之制，国初立四亲庙，德祖玄皇帝庙居中，懿祖居东第一庙，熙祖居西第一庙，仁祖居东第二庙，昭穆有定位，禘祫有定时，视商家七庙、周家九庙之制，其揆一也。至九年十月乙卯，改建太庙，同汉人同堂异室之制，时享岁祫，则设累朝帝后之衣冠于神座而祀之，于是乎始以功臣配享矣。洪熙间，复增以姚广孝等配享。夫古者人臣配享，惟伊尹见于盘庚之篇，周礼凡有功者书于太常，尝于太烝不过岁一从享而已。汉祭功臣，不于庙而于庭。曹魏始以荀攸配享，而唐宋遂相沿袭矣。夫德必若伊尹，亲必若周公而后可，矧其他乎？今九庙已用同堂异室之制，累朝帝后临之在上，一气流通，而功臣配享，殊无降杀，恐非古先圣王尊尊亲亲之道也。

至于社稷之制，皇上改之，是矣。昔之议者漫不之考，以勾龙共工氏子也。郑玄注疏，以为共工乃太皞后神农前以水土名官者，其子勾龙能平水土，非四凶中共工也。圣谕又云："日月赞上帝以成化工，止岁致一祭，不得专诚以享。"臣按《礼》，郊特牲，郊之祭大报天而主日配以月。《玉藻》朝日于东门之外。《周礼》大宗伯兆日于东郊，兆月于西郊，祭法王宫，祭日夜明，祭月祭义，祭日于坛，祭月于坎，以别幽明，以制上下，祭日于东，祭月于西，以别外内，以端其位。《觐礼》拜日于东门之外。反祀方明礼日于南门之外，礼月于北门之外。天子大采朝日，祖识地德，故于春分祀之；少采夕月，纠虔天刑，故于秋分祀之。国初诸儒，已有定议。我圣祖亦有朝日夕月之文，臣复何辞。

《礼》又曰："有其举之，莫敢废也。"今之大祀殿，穹窿闳血，高广洞达，崇坛罗列，密树阴森，祖宗所创立、上帝所栖止者，已百数十年于兹矣。古人思其人，尚爱其树而不忍伐，岂敢云毁以伤在天之灵？按古者明堂之制，正在南离之地。《大戴礼》曰："明堂近郊。"《韩诗传》曰："明堂在南方七里之郊。"淳于登曰："明堂在国之阳三里之外，七里之内。"其为说多同。孟子亦曰："夫明堂者，王者之堂，王欲行王政，则勿毁之。"夫周人郊祀后稷以配天宗，祀文王于明堂以配上帝。郊而曰天所以尊之也，明堂而曰帝所以亲之也。天也帝也，其礼一也。今之大祀殿，正以仿古者明堂之制也，曰昊天上帝，正所以亲之也而未备。

夫尊之之典也，皇上法古帝王，必欲行之。臣岂敢妄言以干成典，抑岂敢不言以孤明诏？宜法圣祖南畿初制，于今之南天门外别兆圜丘，以祀天尊，圣祖以配之，以法周人尊后稷之礼；兆方丘于北郊，以祀皇地祇，以法周人祀地之礼；而又宗祀太祖、成祖于大祀殿，以法周人宗祀明堂之礼；兆大明于东郊，兆夜明于西郊，以法周人朝日夕月之礼。增太庙大禘之祭，正太祖南向之位，移功臣配享于两庑，庶尊尊有等而天地之大义不逾，亲亲有统而累朝帝后之大礼无间然矣。

夫举大事者必动大众，动大众者必费出不赀。今水旱虫蝗，海内告疹，夷狄盗贼，边圉窃发，民力竭矣，民财罄矣。皇上慎重典礼，轸惜民隐，或发内帑之财，不至于敛民财，或藉工匠营缮之力，不至于劳民力，可也。夫安循守者惮改更，信耳目者疑心志。议礼之家，名为聚讼，此书生常态尔。如昔者群臣之议礼也，其心固无他也，特其见有不同故也。臣恐今之群臣之议礼也，犹夫昔也，其心亦无他也，特其见有不同故也。皇上昭宣祖制之重，参酌众议之公，于议之同者不必以为功，于议之不同者不必以为罪，则人心和于下，天心和于上，祖宗列圣监于前，子孙千亿绵于后，亿万载无疆之休，端在是矣。

议礼（下）

永乐十一年十二月，鸿胪寺奏习正旦贺仪，诏礼部及本院官问曰："正旦日食，百官贺礼可行乎？"尚书吕震时曰："日食与朝贺先后不相妨。"侍郎仪智曰："同日免贺为当。"成祖顾问曰："日食行贺礼否？"杨士奇对曰："日食天变之大者，前代元正日食多不受朝。宋仁宗时元正日食，富弼请罢宴彻乐。宰相吕夷简不从，弼曰：'万一契丹行之，为中国羞。'后有言虏是日罢宴，仁宗深悔。今免贺诚当。"上遂免贺及宴，仍赐百官节钞。

十四年十一月，周王橚、楚王桢相继来朝，例次日谒陵，周王先至，上命东宫、皇太孙及诸皇孙陪谒。已出东华门，上遽召杨荣、金幼孜、杨士奇问谒陵展敬之位如何，士奇对曰："周、楚二王属尊，当列稍前两傍，东宫殿下列稍后居中，皇太孙殿下亦居中，列于东宫之后，诸皇孙与皇太孙同班分列两傍。"上曰："尔所言有据乎？"对曰："宋儒朱熹《家礼》，大约如此。"上曰："吾未尝熟《家礼》，但据己见书其位次。"遂出宸翰所书，正与所言合，然下有六字未书，授笔命士奇足之，遂遣鸿胪丞周升驰赍赴陵，俾率行之。

二十二年九月，礼部尚书吕震言于仁宗曰："今丧服已逾二十七日，请如太祖仿汉制，释缞易吉服。"奏已，士奇谓震曰："今丧服未可比此例。盖洪武有遗诏，且仁孝皇后丧，成祖皇帝在上缞服，后仍服数月白衣冠。"时黄淮议同士奇，然不敢明言忤震。震出忽语，尚书蹇义从旁解之曰："渠言当理，国家事公岂应偏执己见，请兼取二说。"明旦，皆素衣冠黑角带，遂偕六部、都察院具奏，报可。明旦，上素冠麻衣绖出视朝，文臣惟学士、武臣惟英国公如上服，余皆从震等所定。朝退，上召蹇义、夏原吉及士奇谕曰："吕震昨奏易服，云皆与汝等议定然后奏，时吾已疑其非，但听臣下易之。梓宫在殡，吾岂忍易？后闻士奇有言，始知震妄，士奇所执是。"因叹曰："张辅知礼，六卿乃有不及。"又顾义曰："汝所折衷亦未当，然不必再以语人。群臣听其便。"十二月庚午，百官习新正仪于海印寺，用乐。明日，士奇等进言："近礼部与臣等已议定新正朝仪不用乐，昨日习仪仍用乐不改。今四方朝觐官皆集于此观礼，乞敕礼部设乐不作。"不报。盖入吕震之言也。杨荣、金幼孜皆欲已，荣即趋出，士奇与淮不可，三人遂复进言。夜漏下十刻，未得旨不敢退，遂有旨命礼部设乐不作。正月二日，特召士奇等四人至奉天门，谕之曰："吕震每事愖朕，卿等所执停乐最是。夫为君以受直言为贤，不受直言则过益深；为臣以能直言为贤，不能直言则忠不尽。如昨日朝会若从震言，今悔何及。自今遇朕行有未当，但尽意言之，毋以不从为虑。"各赐钞千缗，文币一表里。

天顺中，圣烈慈寿皇太后崩，英庙见学士李贤所服斩衰与众异，取视之，乃知贤服制合古，即以为法，命宫中悉易之。孟冬享太庙，适大丧礼未终，上以问，贤言宜俟释服后，庶人情事理两安。从之。癸未春，上以足疾不视朝，召贤曰："大礼将至而疾未愈，欲遣官代行，可乎？"贤曰："亦须至坛所，虽不能行礼，人心亦安。"上至斋宫，复召贤曰："朕惟俯伏弗兴，欲令一人扶之，何如？"贤曰："陛下能力疾行礼，尤见敬天之诚。"遂毕事而还。上以母后胡氏因疾请间尊号静慈仙师非令典，欲上皇后尊谥，而左右以为不便，召问贤，贤曰："陛下此一念，天地鬼神实临之，然臣之愚，必须陵寝享殿神主皆如奉天殿之式，庶几称陛下之明孝，不然为虚文。"上即命从之。

恭让章皇后乃英庙嫡母也，宪宗即位，内臣夏时倡言钱后久病，欲致尊隆于所生母，贤与彭时援遗诏执不可。夏人传仁寿宫旨曰："予为皇帝母，当为太后，岂有无子称太后者？"时曰："今日与宣德年间事不同，胡后曾上表让位，退居别宫，故正统初不加尊号。今日名分故在，岂可不尊？"夏谓宜照例写让表，贤与时曰："臣子谁敢擅写？天子新即位，四海颙望，凡事宜遵遗诏，庶几顺天理、服人心。"夏作色以为偏向，时拱手向天曰："祖宗神灵在上，钱后已无后，何所利而为之，所以争者，为全皇上圣德也。故若推大孝之心，则两宫同尊为宜。"贤等皆曰："然。"夏乃再入请命曰："适皇上再三劝谕，已俞允矣。"时等遂执笔书尊皇后为慈懿皇太后，母妃为皇太后。夏以为疑，时曰："加二字好称呼耳，非有尊卑于其间也。"于是尊号之诏遂下。后数日，太监覃皇至内阁言曰："并尊二母，本出上意，但屈于生母，有难言者，非二先生力争，几误大事矣。"时同僚有惭色。盖此礼之行，贤与时之力也。及议山陵，贤等具疏请建玄宫为三穴，夏复执不从。

成化四年六月，慈懿皇太后丧，传旨议山陵，时等曰："梓宫当合葬裕陵，神主当祔庙，此一定礼，无可议者。"礼部尚书姚夔赞之曰："此正礼也。"夏独曰："不可。慈懿无子且有疾，岂可入山陵，只可比胡后例葬西山耳。"已而上御文华殿，召内阁三人及诸内臣入面议。上曰："朕岂不知正礼是好，但于有碍，故令尔等议。"商辂曰："外议汹汹，若不祔葬，则人心不服，且于圣德有损。"刘定之曰："孝子从事不从令，虽圣母有言，亦不可从也。"上默然良久曰："合葬固是孝，若因此失圣母心，不可谓孝。"时曰:"皇上大孝,当以先帝之心为心。先帝时慈懿始终如一,今若安厝于左,虚其右以待后来,则两全其美,庶不失先帝之意。"夏曰:"比先阁下议作三位,已不允。"时曰:"彼时虑有今日,故预为此议。今须依前处置乃宜耳。"上虽未允,而玉色甚和。时因曰:"臣等言未当,欲具本言之。乞皇上再三申劝圣母,以终大事。"上曰:"拟进来看。"当晚时等具本进,有旨令百官会议明白。礼部集文武大臣议,皆云时等言是。内批未允,欲别择地,于是伏阙谏乃行焉,语在《伏阙》。

弘治初元,诏议宪宗升祔及孝穆皇太后祔享之礼,议者人人殊。礼部左侍郎倪岳言:"德祖以上无可复推,则德祖视周后稷,太祖、太宗视周文、武,百世不祧。懿祖而下,以次迭迁。今宪考升祔,则懿祖神主当祧,宜于太庙寝殿之后,略仿夹室之制,别建一殿,殿九室以藏祧主,每岁暮时享,则奉祧主仍居旧位,以应古祫祭之制。又《周礼·春官·大司乐》歌中吕、舞大濩以享先妣,谓姜嫄也,帝喾之妃,后稷之母,故特立庙以祀。而宋元德、懿德二太后,俱有别庙,章献、章懿俱建奉慈殿。孝穆神主,宜于奉先殿旁别为一庙,岁时祭享,悉如奉先殿之仪。"从之。于是遂建祧庙及奉慈殿。时惟学士杨守陈独以德祖比宋僖祖,百世不迁为非礼,抗言:"《礼》天子七庙,祖有功,宗有德,乃孔子之言。凡号太祖者即始祖,必事之以配天,若商、周之契、稷是已。议者徒谓大臣尝有取于王安石之说,而不从孔子,遂使七庙有始祖,又有太祖,太祖既以配天而不正南面之位,名与实乖,岂先王之礼哉?若为降而合食为非礼,则王者既立始祖之庙,又推始祖所自出之帝而配之,固无嫌也。宪宗升祔,请并祔德、懿、熙三祖,自仁祖以下为七庙,异时祧尽则以太祖拟契、稷,而祧主藏于后寝,祫礼行于前庙,时享则尊太祖,祫祭则尊德祖,各不失尊,庶无悖礼。"议者不从。

十七年三月,圣慈仁寿太皇太后崩,上御西角门,朝退,召大学士刘健、李东阳、谢迁至门内,扉遂阖,上御暖阁,素幄起立床前,顾谓曰:"先生辈上来。"健等皆至幄内。上曰:"为陵庙事,与先生辈商量。"健等仰奏曰:"昨蒙遣太监扶安谕示孝庄睿皇后葬不合礼,欲为厘正,此盛德事。臣等仰见皇上圣孝,高出前古,不胜忻慕。"上袖出裕陵图一纸,指示陵门,内有二隧道,其一西行北转而至者,为英宗皇堂,虚其右圹,而中有道可通往来;其一东行北转而至者,为孝庄玄堂,相去可数丈,中隔不通。因曰:"此大非礼。"东阳对以初不知,昨见成化间彭时、姚夔奏,先朝大臣都忠厚为国如此。健与迁对曰:"英宗有遗命,钱后与我合葬。大学士李贤记在阁下。"上曰:"既有遗命,当时奈何为之。"东阳对曰:"臣等闻当时尚有别议,故委曲如此,非先帝意也。"上曰:"先帝亦甚不得已耳。"健等奏曰:"诚如圣谕,但今断自圣衷,勿惮改作,则天下臣民无不痛快。"上曰:"钦天监言恐动风水,朕不以为然。"〔迁曰:〕"阴阳宜忌之说不足信。"上曰:"朕以拆之矣。今日开圹合葬,不为动风水乎?皇堂不通,则天地否塞。"因以指画纸曰:"若如此通,则风气流行,惟一点诚心为之,料亦无害。"东阳赞曰:"皇上一念孝诚,可以格天,吉无不利。"健等皆力赞曰:"皇上所见高出寻常万万,愿勿复疑。"上曰:"此事不难,若祔庙之礼,尤所当讲。"健等奏曰:"先年奏议已定,慈懿太后居左,今大行太皇太后居右,祫祔裕陵,配享英庙,且引唐宋故事为证，臣等不敢轻议。其实汉以前惟一帝一后，唐始有二后，宋亦有三后并祔者。"上曰："二后已非，若三后尤为非礼。"迁对曰："彼三后，一乃继立，一则所生母也。"上曰："事须师古，末世鄙亵之事不足学。"东阳对曰："皇上当以尧舜为法。"上曰："然。宗庙事关系纲常极重，岂可有毫发僭差？太皇太后鞠育朕躬，恩德深厚，朕何敢忘，但一人之私情耳。钱太后乃皇祖册立正后，我祖宗以来，惟一帝一后，今若并祔，乃从朕坏起，恐后来杂乱无纪极耳。且奉先之祭，先生辈尚不知英宗皇祖止设一座，每祭饭一分、匙一张而已。"健等仓卒不解，但应曰唯唯。退思之，盖孝庄尚未配食也。上又曰："孝穆太后朕生身母，止尊称为皇太后，别祀以奉慈殿。今仁寿宫前殿尽宽，意欲奉太皇太后于此，他日奉孝穆太后于后殿，岁时祭享，一如太庙，不敢少缺。"健等皆未敢应，圣意盖谓今皇太后千秋万岁后也。东阳曰："皇上言及孝穆太后，尤见大公至正之心，可以服天下矣。"上曰："此事却难处，行之则理有未安，不行则违先帝之意，又违群臣会议。会议犹可，奈先帝何？朕尝思之，夜不能寐，先帝固重，而祖宗之制为尤重耳。"东阳曰："愿圣见主张得定，臣等无不奉行。"上曰："朕亦难于降旨，先生辈是朕腹心大臣，好为处置。"是日，上称心腹者三，呼先生者以十数，健等感激称谢，皆叩头起。

次日朝退，上起立呼内阁健等至暖阁幄前立，问曰："先生辈昨日所进，令多官会议，是几个衙门？"健等曰："即前日进谥议者。"东阳历对曰："五府、六部、都察院、通政司、大理寺及詹事府、翰林院。"言未毕，上遽曰："有翰林院最好，考拟古今大典礼，须用翰林院。"又曰："有科道乎？"皆对曰："有。"上又曰："好。"少顷曰："别无说话，回去办事。"盖是日专为翰林问也。自是每召必于朝退，立呼内阁，未尝叱名。

二十一日复召，上袖出会议本问曰："此事如何？"东阳奏曰："未知圣意如何？"上曰："先生辈如何说？"健等对曰："正是古礼。"上曰："仍称太皇太后可否？"皆对曰："既是别庙，须如此尊称为当。"上曰："如何批答？"迁对曰："须说得委曲。"东阳曰："要见重事。"上曰："然。宗庙事重要，见今后世世子孙崇奉不缺之意，此本随文书来。"健等曰："臣等领去。"上即以本授健，复目送而出。二十二日复召，上袖出奉先殿图指示："此与太庙寝规制一般，常时祭荐皆在此。"又指其廊间有门通西一区，曰："此奉慈殿也。旧为神库，今廊庑及井俱未动。"指东又其一区，曰："别为门面，南五间，东西廊各五间，此神厨也。欲如此建庙，可乎？"健等对曰："此最便。"东阳曰："但未知宽窄如何？"上曰："宽窄有数。"因指其傍曰："东西十几丈，南北二十丈。后有墙，墙之后为米仓，盖较之奉慈殿深不及八尺。"皆请曰："墙可展否？"上曰："须展之，其西偏有井亭，亦须去之耳。"又曰："欲迁孝穆太后并祭于此，如何？"健等皆对曰："甚当。"再问再对，上曰："位序如此？"健等对曰："太皇太后中一室，孝穆太后或左或右一室。"上曰："须在左，后来有如此者却居右。"东阳曰："太皇太后居中乃可。外廷瞻仰此本已数日。"上曰："正为庙地未定，今既定，即出矣。"皆拜出如前。会礼部尚书吴宽亦言："周祭姜嫄于别庙，《诗》谓之闷宫。鲁桓公之母仲子不得祔庙，《春秋》书考仲子之宫。至宋始有两后并祔之说，然岂后世所法哉？"上意合。二十五日，御批云："祀享重事，礼当详慎。卿等稽考古典及祖宗庙制，既已明白，都准议，特建庙等，享仍称太皇太后，以伸朕尊亲之意。后世子孙，遵守崇奉，永为定制。"于是中外翕然，称为得礼。

审　乐

吴元年七月乙亥，上御戟门，召学士朱升领乐舞生入见，设杂乐令试之。上亲击石磬，命升辨五音，升以宫音为徵音，上曰："何乃以宫作徵邪？"起居注熊鼎对曰："八音之中，石最难和。故《书》曰：于予击石拊石，百兽率舞。"上曰："石声固难和，然乐以人声为主，人声和则八音和矣。"因命乐生登歌一曲，上复叹曰："古者作乐以和民声，格神人而与天地同其和。近世儒者，鲜知音律之学，欲乐和，顾不难邪？"鼎等对曰："乐音不在外求，实在人君一心，君心和则天地之气亦和，天地之气和则乐亦无不和矣。"上深然之。其后命升等撰圜丘、方丘乐章，而朝享太庙诸乐章，则诏梁寅等分为之。永乐元年九月，成祖诏学士王景等拟撰乐章，竟未施行。凡舞用习于郊坛，武舞服左袖上书"除暴安民"四字。弘治中，用儒臣建议复之，惟中和乐隶教坊，率多俗部，如解缙所论者。

嘉靖九年六月十五日，臣道南奏为稽古乐以裨盛典事：臣伏考洪武十七年六月庚午，我太祖高皇帝谕曰："治天下之道，礼乐二者而已。若通于礼而不通于乐，非所以淑人心而出治道；达于乐而弗达于礼，非所以振纪纲而立大中。"臣尝庄诵，见圣祖独禀全智，超越千古，允升大猷，参赞万化，故至治馨香，达于神明，休征骈叠，登诸史策，礼乐百年而后兴，亶其然矣。

恭惟皇上光绍圣祖之丕图，肇举明王之盛典，礼崇三典，乐备四郊。迩者宸翰飞洒，亲撰圜丘、方丘乐章，昭焕乾文，发挥道妙，被之管弦，协乎律吕，真有以动天地而感鬼神矣。臣惟古帝王之乐，莫善于虞，莫备于周。《书》曰："予欲闻六律五声八音，在治忽以出纳五言。汝听周家大司乐，以六律六同；五声八音，六舞大合乐，以致鬼神祇。"盖圣人作则，必以天地为本。历所以经天时也，律所以候地气也，天地相为经纬，律历相为表里。天数五，地数五，五位相得而各有合。天五与地十合而生土，其声为宫；地四与天九合而生金，其声为商；天三与地八合而生木，其声为角；地二与天七合而生火，其声为徵；天一与地六合而生水，其声为羽。五声相生，旋相为宫，于是播之以八音，所以宣八风之和声也；谐之以十二律，所以顺四时之和气也。有元气而后有和气，有元声而后有和声，声和则气和，气和则形和，形和而天地之和自应矣。

臣请以古乐之可行于今，与夫今乐之有戾于古者言之。古者乐律之制，阳律从乾，阴吕从坤，故奏黄钟、歌大吕以祀天神，奏太簇、歌应钟以祭地祇，奏姑洗、歌南吕以祀四望，奏蕤宾、歌函钟以祭山川，奏夷则、歌小吕以享先妣，奏无射、歌夹钟以享先祖。盖人声与乐声相比，而抑扬高下，各有其节。今之乐律则职掌于太常寺协律郎，传之既久，而浸失其初意，用之既殊，而不得乎元声。其于阴阳配合之理，律吕子母之义，未必尽然也。古者乐舞之设，文舞羽钥，武舞干戚，故祀天神则舞云门，祭地祇则舞咸池，四望则舞大磬，祭山川则舞大夏，享先妣则舞大濩，享先祖则舞大武。盖乐舞与乐律相应，而缀兆舒疾，咸中其度。今之乐舞则隶习于太常寺乐舞生，朱干玉戚，祇绘之于服；皇岐旄皋，弗辨之于佾。其于乐师六舞之仪，舞师四舞之节，恐未必尽然也。古者大飨之礼，所以亲君臣也。《周礼》王宫悬凡飨食奏燕乐，歌工在上，舞位在下，琴瑟在堂，钟鼓在庭，各从其类，无相夺伦。今大祀庆成，设宴于奉天殿，教坊司承应，雅俗混淆，优侏杂进，恐非所以祇承上天之余惠也。古者籍田之礼，所以重农事也。《周礼》王出入则奏王夏，司空除坛，农正陈耤，郁人荐鬯，牺人荐醴，各司其事，无相越职。今躬耕耤田，设乐于先农坛，教坊司承应，群伶纷扰，众剧喧阗，恐非所以表率下民之先务也。凡此数者，虽载在令甲，相沿有年，而关系匪轻，厘正宜急。

宋儒周敦颐曰："乐者，古以平心，今以助欲；古以宣化，今以长怨。不复古礼，不变今乐，而欲至治者远矣。"皇上法古帝王，行古典礼，天地日月之祀既已复其初，郊庙朝廷之乐未尽合乎古。《记》曰："作者之谓圣，述者之谓明。"圣人在上，作必自今始矣。或以为元声难知也，古乐难复也。臣历考载籍，乐家之说尚在也。论乐之本则有若《乐记》，载乐之文则有若《仪礼》。自周以降，虽失其传，然司马迁撰《律历》书，班固宗之，是故有三统之论；蔡元定著《律吕》书，朱熹称之，以为成一家之言。若陈旸之《乐书》，则又备载古今之制而无遗者也。然欲求元声，当求诸经。《易》曰："雷出地奋豫，先王以作乐崇德。"夫雷也者，运天地之元气，以鼓万物之出机者也。知雷之元气之所以发，则知乐之元声之所以宣矣。舜命夔曰："诗言志，歌咏言，声依永，律和声。"我圣祖谓熊鼎曰："乐以人声为主，人声和则八音谐矣。"斯训也，即舜命夔意也，万古不易之定论也。《记》曰："知声而不知音者，禽兽是也；知音而不知乐者，众庶是也。"

臣非知乐者也，姑述所闻。按古乐书，条为之说，一曰稽五声以审八音，二曰稽八音以审十二律，三曰稽十二律以审旋宫。若历代诸家之议，互有得失，元儒许衡固自有定论矣。臣不敢备述，谨绎其义，开具进呈：

一曰稽五声以审八音。《礼》曰："五声六律十二管旋，相为宫也。"孟子亦曰："不以六律，不能正五音。"五音也者，天地自然之声也，在天为五星之精，在地为五行之气，在人为五脏之声。出于脾，合口而通谓之宫；出于肺，开口而吐之谓之商；出于肝，而张口涌吻谓之角；出于心，而齿合吻开谓之徵；出于肾，而齿开吻聚谓之羽。宫土行也，君象也，其性信，其味甘，其色黄，其事思，其位戊己，其数八十有一，其声重以舒，犹夫牛之鸣窌也，而主合也。商金行也，臣象也，其性义，其味辛，其色白，其事言，其位庚辛，其数七十有二，其声明以敏，犹夫羊之离群也，而主张也。角木行也，民象也，其性仁，其味酸，其色青，其事貌，其位甲乙，其数六十有四，其声防以约，犹夫雉之登木也，而主涌也。徵火行也，事象也，其性礼，其味苦，其色赤，其事视，其位丙丁，其数五十有四，其声泛以疾，犹夫豕之负骇也，而主分也。羽水行也，物象也，其性智，其味醎，其色黑，其事听，其位壬癸，其数四十有八，其声散以虚，犹夫马之鸣野也，而主吐也。宫数八十有一，下生为徵；徵数五十有四，上生为商；商数七十有二，下生为羽；羽数四十有八，上生为角；角数六十有四。五色成文而不乱，八风从律而不奸，百度得数而有常。《史记》曰："宫动脾而和正圣，商动肺而和正义，角动肝而和正仁，徵动心而和正礼，羽动肾而和正智。闻宫音，使人温舒而广大；闻商音，使人方正而好义；闻角音，使人恻隐而爱人；闻徵音，使人乐善而好施；闻羽音，使人整齐而好礼。声音之道，与政通矣。"臣按洪武十七年六月甲午，我圣祖谕礼部臣曰："古之律吕，协天地自然之气；后世之律吕，出人为智巧之私。天时与地气不审，人声与乐声不比，故虽以古之诗章，用古之器数，亦乖戾而不合，陵犯而不伦矣。手击之而不得于心，口歌之而非出于志，人与乐判然为二，而欲动天地、感鬼神，岂不难哉？"臣惟十二律生于八音，八音生于五声。汉制氏惟传其铿锵歌舞而不得其义，自李延年以新声进而乐始杂矣。宋之胡瑗、李照、范镇、阮逸议论虽多，而无适于用，均之亦未为得也。伏愿皇上昭宣祖训，敕下所司，延访通乐之儒，遴选典乐之官，务重其任而不泛视以为常，务久其任而不更易以为数。凡协律郎必择其行谊端谨、音律闲熟者，不许虚应故事，而卑污冗滥得以列其间。凡乐舞生必择其年貌精壮、礼节闲熟者，不许滥收庸品，而琐屑龌龊得以容其迹。庶乎教之豫而有本，习之久而后化，而古乐可复矣。

二曰稽八音以审十二律。《易》曰："易有太极，是生两仪，两仪生四象，四象生八卦。"是故惟乾也为天下之至阳，而石音系焉；惟坤也为天下之至阴，而土音系焉。竹音震，革音坎，匏音艮，音虽不同，而同于阳，皆本乎乾者也；木音巽，丝音离，金音兑，音虽不同，而同于阴，皆本乎坤者也。是故石乾音也，其风不周，其声温栗，其音辨，立冬之气也。其为乐也，为玉磬，为馨磬，为编磬，为离磬，为笙磬，为颂磬，为球，为拳，革坎音也，其风广莫，其声隆大，其音谨，冬至之气也。其为乐也，为鼓，为拊，为鼖，为鼗，为应，为鼛，为鼙，为提，为鼍，为灵，为建鼓，为足鼓，为楹鼓，为悬鼓。匏艮音也，其风融，其声崇聚，其音揪，立春之气也。其为乐也，为凤笙，为巢笙，为大竽，为小竽，为和。竹震音也，其风明庶，其声越，其音温，春分之气也。其为乐也，为箫，为龠，为管，为篴，为筋，为篪，为篎，为箈，为簜。木巽音也，其风清明，其声茂遂，其音直，立夏之气也。其为乐也，为柷，为敔，为止，为籈，为椌楬，为舂牍。丝离音也，其风景，其声纤微，其音哀，夏至之气也。其为乐也，为琴，为瑟，为离琴，为中琴，为小琴，为洒瑟，为中瑟，为小瑟。土坤音也，其风凉，其声含宏，其音浊，立秋之气也。其为乐也，为土鼓，为瓦鼓，为埙，为缶，为雅埙。金兑音也，其风阊阖，其声舂容，其音铿，秋分之气也。其为乐也，为钟，为镛，为编钟，为镈钟，为剽，为栈，为錞，为镯，为钲，为铎。《乐记》曰："钟声铿，铿以立号，号以立横，横以立武，君子听钟声，则思武臣；石声磬，磬以立辨，辨以致死，君子听磬声，则思死封疆之臣；丝声哀，哀以立廉，廉以立志，君子听琴瑟之声，则思志义之臣；竹声滥，滥以立会，会以聚众，君子听竽笙箫管之声，则思畜聚之臣；

鼓鼙之声讙，讙以立动，动以进众，君子听鼓鼙之声，则思将帅之臣。是故观其所感，而天下之情见矣。"臣按国初吴元年七月乙亥，上谕起居注熊鼎曰："古者作乐以和民声，格神人而与天地同其和。近世儒者，鲜知音律之学，顾不难耶？"鼎对曰："乐音不在外求，实在人君一心，君心和则天地之气亦和，天地之气和则乐亦无不和矣。"臣惟古乐惟虞韶为善，知乐者惟后夔为善，若孔子在齐闻韶，季札在鲁观韶，犹能兴起于百世之下，而况当时之群后乎？嗣是若周之伶州鸠，晋之师旷，鲁之师襄，皆能咏歌讽诵以有得于心，演绎敷畅以不谬其学，君子取焉。下至汉之郑玄、蔡邕，晋之荀勖，唐之祖孝孙，周之王朴，宋之刘几、杨杰诸人，虽号为知乐，要未能如古人之精也。伏愿皇上昭宣祖训，敕下所司，精制八音之器，务择其所产之地，如峄阳之桐、泗滨之石，则气完而不爽。调和众乐之成，务辨其旋宫之节，如璧之斯合，如珠之斯联，则乐大而有章；以十有二律为之节度，而上则乎乾象之文，十有二声为之齐量，而下宜乎月令之气。庶乎有合于古而不失其正，无戾于今而可垂于久矣。

三曰稽十二律以审旋宫。《易》曰："神也者，妙万物而为言者也。动万物者莫疾乎雷，挠万物者莫疾乎风，燥万物者莫熯乎火，说万物者莫说乎泽，润万物者莫润乎水，终万物始万物者莫盛乎艮。是故万物萌于子，纽牙于丑，引远于寅，孽冒茆于卯，振美于辰，已盛于巳，咢布于午，昧薆于未，申坚于申，留熟于酉，毕入于戌，阂该于亥。阳气钟于子也，谓之黄钟，其岁困敦，其宿虚，其次须女，其辰星纪，其候冬至，其卦为乾之初九。阴气旋于丑也，谓之大吕，其岁赤奋若，其宿牵牛，其次建星，其辰元枵，其候大寒，其卦为坤之六四。万物凑地而出也，谓之太簇，其岁摄提格，其宿箕，其次尾，其辰娵訾，其候启蛰，其卦为乾之九二。阴阳相夹而聚也，谓之夹钟，其岁单阏，其宿心，其次房，其辰降娄，其候春分，其卦为坤之六五。万物洁而齐发也，谓之姑洗，其岁执徐，其宿氐，其次亢，其辰大梁，其候清明，其卦为乾之九三。万物旅而西行也，谓之仲吕，其岁大荒落，其宿轸，其次翼，其辰实沉，其候小满，其卦为坤之上六。阴气继阳而宾也，谓之蕤宾，其岁敦祥，其宿张，其次七星，其辰鹑首，其候夏至，其卦为乾之九四。万物成熟而众也，谓之林钟，其岁协洽，其宿弧，其次狼，其辰鹑火，其候大暑，其卦为坤之初六。万物夷易而仪则也，谓之夷则，其岁涒滩，其宿伐，其次参，其辰鹑尾，其候处暑，其卦为乾之九五。阳气旋入于南也，谓之南吕，其岁作噩，其宿毕，其次昂，其辰寿星，其候秋分，其卦为坤之六二。阳气无余而毕也，谓之无射，其岁阉茂，其宿胃，其次奎，其辰大火，其候霜降，其卦为乾之上九。阴阳交应而初闭也，谓之应钟，其岁大渊献，其宿壁，其次室危，其辰析木，其候小雪，其卦为坤之六三。是故黄钟之实九寸，而下生林钟焉；林钟之实六寸，而上生太簇焉；太簇之实八寸，而下生南吕焉；南吕之实五寸三分有奇，而上生姑洗焉；姑洗之实七寸一分有奇，而下生应钟焉；应钟之实四寸六分有奇，而上生蕤宾焉；蕤宾之实六寸二分有奇，而又上生大吕焉；大吕之实八寸三分有奇，而下生夷则焉；夷则之实五寸五分有奇，而上生夹钟焉；夹钟之实七寸四分有奇，而下生无射焉；无射之实四寸八分有奇，而上生仲吕焉；仲吕六寸五分有奇，而复生黄钟，而变化无穷矣。"《乐记》曰：

"清明象天,广大象地,终始象四时,周旋象风雨。"此圣人作乐之本也。

臣按洪武四年六月戊申,我圣祖谕礼部尚书陶凯等曰:"礼以导敬,乐以宣和,不敬不和,何以为治?元时古乐俱废,惟淫词艳曲,更唱迭和,又使胡虏之声与正音相杂,甚者以古帝王祀典神祇饰为武队,谐戏殿廷,非所以导中和、崇治体也。今一切流俗喧诙淫亵之乐,悉屏去之。"臣惟古乐不复于今久矣。自元入中国,胡乐盛行。我圣祖扫除洗濯,会朝清明,悉崇古雅,观诸《大明集礼》所载,昭如日星,人所共见。奈何浸淫日久,新声代变,俗乐杂乎雅,胡乐杂乎俗,而怗懘噍杀之音,沉溺怪幻之伎作矣。孔子曰:"乐则韶舞,放郑声。"又曰:"恶郑声。"恐其乱乐也。他日夹谷之会,又斥莱夷之舞之荧惑。汉臣陈禅亦曰:"帝王之廷,不宜作夷狄之乐。"是故夷狄不可乱华者如此,固未可委于秩师而属之寄象鞮译也。伏愿皇上昭宣祖训,敕下所司,历考雅乐之章,革去胡乐之部,凡淫哇之声,有乱乎正音者,斥之不使复用;凡妖冶之技,有出于奇衺者,禁之不使复习。庶乎风行自近而大道为公,俗正于远而颂声可作矣。

疏上,上批曰:"礼部看了来说。"礼部尚书李时、左侍郎严嵩、右侍郎湛若水等议云:"中允道南所议音乐,无非欲复古正今,以成一代盛典。然音乐之妙,自古难精,儒者之议主于义理,故考据该博而谐协则难。工艺之术,泥于传习,故声音近似而义理实悖。今太常所传音律,不惟不合于古制,而于国初制作之意亦罕有存者。但欲更改,恐难遽行。合候选有精通音律之人,将前项所议条件,令其逐一酌量议处。至于朱干玉戚,祇绘于服,皇帔旄皋,弗辨于佾,委非古人乐舞之义。臣等窃以此等仪文,非若音律之难改者,而祖宗以来遵用不变,或有深意寓于其间,非臣等所能测识。其称庆成、耤田乐章、乐舞,雅俗混杂,盖庆成有平定天下,抚定四夷,车书会同,表正万邦,天命有德,而又有黄童白叟及蛮夷队舞二项承应,耤田有村田乐及感天地队舞,俱系承应。夫既谓之承应,则为俗乐明矣。但祭祀专用雅乐,朝会兼用俗乐,自唐宋以来皆然。惟庆成有仰天恩、感地德之曲,今庆圜丘礼成而仍用感地德,似为无谓,况各项乐章,词多俚俗,率系乐工猥陋之语,诚不宜用之朝廷,传之后世。今欲因祖宗之制而少加润色,宣功德之美而拟诸形容,默寓箴规警戒,不至于亵狎杂扰,其于治体不为无补。"七月十五日,奉圣旨:"考定音律,待真知者行羽龠,玉戚不宜绘于服,当如礼制更定,其朝燕等乐且姑照旧。今年至日大祀后宴乐章曲名,还着翰林院官撰用。"臣道南奉命撰上庆成乐章九奏,凡四十九章,钦遵宸谕,改感地德为感昊德,两宫燕乐暨西苑无逸殿、豳风亭燕讲官乐章,俱道南撰进,上亲裁定。

附　　录

《四库全书总目》卷五八《殿阁词林记》提要

《殿阁词林记》二十二卷，浙江范懋柱家天一阁藏本。明廖道南撰。道南有《楚纪》，已著录。道南自正德辛巳改庶吉士，由编修历官侍讲学士，在词垣最久，娴习掌故，因集词林、殿阁、宫坊、台省诸臣旧事，分类记载，以成是编。其例凡仕至华盖、武英诸殿者曰殿学，文渊、东阁者曰阁学，兼六馆者曰馆学，晋詹事者曰宫学，属春坊者曰坊学，属宏文者亦曰馆学，典成均者曰廱学，升本院者曰卿学，有节义者曰赠学，擅书翰者曰艺学，终始本院者曰院学。大概仿列传之例，悉载其官阶恩遇，而事实亦附见焉。自卷九以下，标题皆作"国子监祭酒黄佐、侍讲学士廖道南同编"，盖道南采掇黄佐《翰林记》之文，不没所自，犹有前辈笃实之遗。今亦仍从旧本，并存其名焉。

廖中允道南传

胡□撰

廖道南，字鸣吾，蒲圻人。登正德辛巳进士，嘉靖元年，赐进士出身二甲第一名，改庶吉士，授翰林院编修。四年，纂修《明伦大典》成，升中允。六年，陈《洪范》以□圣学，因命进讲《洪范》及《大学衍义》，充日讲官。七年，星变日食，应诏陈言，进《灵雪赋》。九年，奏遵谕以陈旧制，申明祀典。又陈末议，以神典礼，得毁夷鬼淫像，罢姚广孝配享太庙，移祀大兴隆寺。又奏稽古乐以裨盛典，进《大祀圜丘赋》。十年，彗星见，陈议修省及议崇典礼等事，有诗赋进，申明宗庙大典，有颂进，又申明禘祭，及稽吉礼以崇帝禘。赐甘露，进《宝露颂》；祀方泽，进《方泽颂》；又进《帝苑农蚕赋》。十一年，进《圣驾临雍颂》，进《景德崇圣颂》。十二年，坐不代讲，谪徽州府通判。十三年，取回复职，赐《大报歌》，进和奉御札，和圣制《钟粹宫步虚词》，进《九五齐恭默室颂》。十四年，丁忧，该礼部为进呈训录事，吏部查奉钦，依廖道南制满，升一级用。十五年，纪祀典，有颂。十八年，世宗驾幸承天，恭纪盛烈，有颂。又奏恭纪瑞应，以彰天贶，有诸颂进。言官拾遗，着闲住。十九年，奏昭圣谟，以崇国本。二十年，奏恭述圣谟，以懋昭圣政，进献颂歌箴。其□□奏章，俱蒙钦依褒誉，所进和诗词歌颂箴赋，悉蒙□览付史馆。二十六年，卒于家。

（《国朝献征录》卷十九）

词林典故

[明]张 位撰

词林典故序

翰林之设，昉于唐初，历代靡不崇重，而我朝为尤盛。高皇帝既罢中书省，乃特命词臣详驳诸司章奏，辟文华堂，遴英俊进学其中，学成而官之，皆古所未有。士释跡而进乎是，辄与九卿分庭抗礼，百执事无得以资品雁行者，岂真天子有私人哉矣！矢谟进讲，启沃上心，视草代言，宣布德意，以至于抡校群品，是非万世，职诚无重焉者也。二百年来，衙门所行事体，时移事易，故牒多所变更，通籍者遇有考问，靡得而征焉。万历丙戌，余承乏掌篆，教习庶吉士，日坐玉署，多暇，尝辑《掌院题名》及《翰苑题名录》二书行矣。是时，宗伯山阴朱公示余典故数条，因与同官学士东阿于公、南充陈公访采见行事宜，得三十余款，曰职掌，曰仪节，分门类载，遂成此编。复以就正于中堂老先生，再质诸词林诸君子，谓可以存掌故也，遂梓而传之。

於戏！我祖宗优词臣以体貌，而不烦以事，使静观博习，涵养薰陶，从容沉浸于古今之中，以广其聪明而坚其志意，它日当天下事，以事外之身衡之，可以毗上总揽为六典纪纲，意甚隆厚。盖地切斯貌重，官清斯体严。而或引虚文以自高，废成规以为让，皆非也。虽然，愿地以人而重，毋愿人以地而重。故居是官者，宁淡毋浓，宁朴毋华，宁韬毋炫，宁让毋竞，饬躬慎度，不用为用，翱翔冰衔冷局间，天下望之，屹然钟彝鼎吕，夫非自重而人愈益重之乎！至于交际服用，失在于增不在于减。当末俗凌夷之时，稍以古道自振，固又在吾党之自勉矣。

万历十四年丙戌仲冬既望，翰林院掌院事、礼部右侍郎兼侍讲学士、经筵日讲官、记注起居、《会典》副总裁、教习庶吉士新建张位，书于本院之瀛洲亭。

目　录

经筵 …………………………………………………………… 314
日讲 …………………………………………………………… 314
纂修 …………………………………………………………… 315
考试 …………………………………………………………… 316
廷试 …………………………………………………………… 318
廷试举贡 ……………………………………………………… 319
记注编纂 ……………………………………………………… 319
侍直 …………………………………………………………… 319
侍班 …………………………………………………………… 319
扈从 …………………………………………………………… 320
管诰敕 ………………………………………………………… 320
贴黄 …………………………………………………………… 320
修玉牒 ………………………………………………………… 320
捧敕书 ………………………………………………………… 320
教内书堂 ……………………………………………………… 320
上陵 …………………………………………………………… 321
分献 …………………………………………………………… 322
册封 …………………………………………………………… 322
赍诏祭告、使朝鲜附 ………………………………………… 323
文移 …………………………………………………………… 323
到任 …………………………………………………………… 323
考满 …………………………………………………………… 324
考察 …………………………………………………………… 326
升迁 …………………………………………………………… 326
朝班 …………………………………………………………… 326
公宴 …………………………………………………………… 327
斋宿 …………………………………………………………… 327

杂行……………………………………………………… 327
本衙门交际…………………………………………… 328
别衙门交际…………………………………………… 329
给假…………………………………………………… 329
舆从服饰……………………………………………… 330
庶吉士馆规…………………………………………… 330

附录…………………………………………………… 332

经　　筵

　　凡初开经筵，以勋臣一人及首位中堂充知经筵官，其余中堂俱同知经筵，衙门自编修以上年深相应者及掌詹、祭酒，俱充讲官，修撰以下年浅者充展书官，近年检讨亦题讲官，讲读亦展书。礼部正卿亦有充讲官者。每岁春秋，开讲辍讲，俱诣中堂作揖，朝房投帖，讲官撰完讲章，先送中堂看定，三日前进呈。临讲先一日，须要演习精熟。

　　凡讲期，春间二月十二日起，至五月初二日止，秋间八月十二日起，至十月初二日止，逢二则讲。开讲之日，于丹陛上行五拜三叩头礼，以后止一拜三叩头。

　　凡讲官当讲者，照经书分立于东西第一班之末，鸿胪赞进讲，齐出至讲案前，稍南北向并立，鸿胪赞行一拜三叩头礼。看东展书官出至御案前，东讲官即进至讲案前，启界尺，取讲章展开压定，俟展书官退至铜鹤下，讲官先念讲某书，乃讲。讲章中遇称皇上圣明，则拱手俯躬。讲毕，看展书官出，至御案前收讲章，讲官亦收讲章，俟展书官躬退，方退就原所。次西讲官亦如之。收讲章毕，将界尺压书既毕，鸿胪赞行一拜三叩头礼，一躬，东西分行，各就本等班次。

　　凡展书官候讲官出至讲案，俱出至铜鹤之下站定。讲官叩头毕，即进至御案前，径跪于地，平上不用躬，取右金尺用左手，左金尺用右手。展讲章毕，起身一躬，仍退至铜鹤下立。收讲章亦如之。后展者收讲章毕，仍取金尺压书，讲官退，亦退就本班。

　　凡经筵讲章有字者计六叶，在御前者尽展开，用尺两旁直压；在讲官者，先开三叶，讲至半，再揭开后三叶，两尺俱八字斜压。收讲章，俱入原书内。

日　　讲

　　凡日讲官，或用四员，或用六员。初开讲之日，俱穿红，行五拜三叩头礼，以后俱常服，止一拜三叩头。遇景命之日皆穿红，如遇皇上及两宫本命之日，皆称景命。遇忌辰皆穿青素。

　　凡开讲辍讲，俱诣中堂作揖，讲章撰完，先送中堂看定，先一日进呈。每讲毕，至东阁会揖，毕，光禄属官二员先揖中堂，次揖讲官，一躬退，中堂上坐，讲官列坐，茶毕，拱手而别。

　　凡年终，将讲过讲章类抄送阁，装潢进呈。

　　凡讲期，隆庆间，每日视朝毕，即御文华殿讲读，冬夏则辍。今上以三六九视朝不讲，余日皆讲，冬夏不辍。

　　凡进讲读，先至直房，候驾出，内官传宣，即随中堂入文华殿，中堂于屏之左右，讲官于东暖阁门南，各东西分立。少选，中堂稍进屏内，讲官进至屏南，仍各东西分立。候上口宣，同躬身承旨毕，入讲筵，行叩头礼，中堂为一班，讲官分为二班，东西退立。以次进读《四书》者，先至御案前，离三尺许，一躬，向左盘旋二步至案，取金尺置于案上，展开书，置起止于书下，看本日所读面叶行款，务移中正，尺或旁压，或上压一尺，或一直一横，书有连叶者，或中摺，或用左手揭书角，皆随其便。执牙签读五遍，仍置牙签在书内，掩书，不压金尺，仍一躬，退立本班。读经者亦如之。然后以次进讲，其执签、展书、掩书、进退之节，皆如读仪。但讲毕置牙签于案上书外，左边签头向上，用金尺压书毕，仍盘旋二步至原立所，一躬，退就本班。候上赐酒饭，承旨毕，一拜三叩头，一躬，候上出案，举手仍向北一躬，出至文华门外，谢赐酒饭，行一拜三叩头礼。酒饭后，俟进字毕，仍进讲史书，如前仪。讲毕，一拜三叩头，一躬，候上出案，举手仍北向一躬而出。万历九年，该内阁题免进读，仍多讲经书，亦不进字。遇有章奏系重大事情者，中堂先进后殿面讲，及讲祖宗训录，出，仍同讲官进讲史书。万历十四年春，三书一连进讲。

凡日讲官初入讲筵，于大班叩头外不打躬，竢班定，跪致词云："新补日讲官某官某人叩见。"致词毕，三叩头。其升迁、行取到京、考试回还等项，遇免朝之日，即于讲筵致词。万历四年讲官陈经邦，八年讲官陈于陛，给假省亲回籍，亦进讲筵面辞，辞毕，即先趋出。

凡侍班或偶咳嗽，不妨先趋出；或偶患病，欲给假调理，须具本奏请。病痊谢恩外，仍于讲筵致词叩头。致词云："日讲官某官臣某，钦蒙圣恩，给假调理，今病痊可，叩头谢恩。"

凡日讲官初补致词，及叙劳升迁，遇免朝当讲筵致词者，或二三人及六人，惟听首一位总叙致词云："日讲官某官臣某等，钦蒙圣恩，升某官臣某为某官，某官臣某为某官，臣等不胜感戴，叩头谢恩。"

凡讲官遇不时恩赉，中堂具本总谢。其随例赐，鲜同众顶门谢。惟圣节、元旦及大庆非常赉与，报名廷谢。

凡遇皇太子出阁读书，用提调官，钦命中堂轮侍；用侍班官四员，宫坊以上年深者充之；用讲读官四人，宫坊以下衙门官充之。各项仪节，大约与日讲同。

凡日讲官、经筵讲官及经筵展书官，初题请后，俱约同官偕赴文华殿看视讲案，询演礼仪。日讲官请同官于私宅演讲，备饭；经筵官于射所演讲，备椅桌茶。

凡讲章内字音，须与前辈同事者讲求校勘，务要字字明白，时常念熟，最忌误读及杂乡音。

凡取压书上二金尺者，取时先书脚，用右手，压时先书头，用左手。又指书牙签，头尾相似，但签头略有微尖，讲官当执取收置时，须要辨认，不可倒持。

纂　　修

凡纂修实录，以勋臣一人充监修官，中堂充总裁，俱领敕，学士以上官充副总裁。近年衙门缺人，谕德亦充副总裁。纂修用资深史官。近因纂修缺人，资浅者亦与，亦间有学士而为纂修官者。纂修官不在任者，吏部行文催取。纂修官各撰稿送副总裁，副总裁看定，另誊稿送中堂。书完之日，间有参对校正官。或系前辈续到及后辈初进者。若《会典》等书，则不用监修官。

凡纂修初开馆，中堂同监修、副总裁至东阁行揖礼，次翰林、坊局堂上官入揖，中堂、监修官送出槛外，次翰林讲读以下官入揖，监修官送出槛外，次两房官入作三揖，监修官亦送出槛外，次史馆官于槛外作三揖，次史馆冠带监生等于槛外两跪作三揖。中堂同监修、副总裁画会讫，历阅各馆，每馆纂修、誊录官候于馆门外，纂修官迎入馆，揖毕，送出门外。候中堂还阁，副总裁及纂修、誊录等官仍诣内阁揖。每年正月初四日开馆，同前仪，其记注起居官，是日另赴起居馆会揖，或赴东阁。年终封馆，副总裁以下诣内阁揖。

凡朔望日，副总裁及纂修官俱诣内阁作揖，纂修官仍诣总馆作副总裁揖，副总裁亦于收掌馆答纂修官揖。凡前辈续题副总裁者，到馆之日，纂修官齐诣总馆作揖，副总裁亦于收掌馆答揖。凡衙门书成迁转，历俸三年以上者升一级，六年以上者升二级。凡实录及《大明会典》成，俱于皇极殿进；或如玉牒及前代通鉴等书，皆于文华殿进。仪注具载《会典·礼曹》。

考　　试

凡会试主考，或钦命中堂一人，以詹、翰一人为副，或俱用詹、翰。命下之日，礼部堂上官送聘，行拜礼，次日辞朝。例候于东长安门板房，不回私寓。候礼部请赴宴，正主考中席，礼部正卿左席，副主考右席，俱上坐；礼部亚卿及衙门同考官俱下坐；掌科及监试道长亦下坐；部属旁坐。宴毕，入帘至公堂，有宴多不坐，径入与外帘官别。将内帘门封锁讫，各同考官于会经堂分班相向而揖，揖毕，至聚奎堂与二主考相见，作二揖，二主考还揖讫，送至屏后，不过槛，相别。二主考随至会经堂总答揖，揖毕，同考官送至过道，俟主考进槛到屏间而别，随上堂谢，揖送如前仪。

凡同考官初入帘，揖主考后，各房彼此相揖，不拘先后，以后每日俱于会经堂序立相揖。或内有门生，另出班与座主一揖；儒士，于阶下向上东西各一揖。揖毕，俱上堂揖主考。如看卷之日，主考传免揖，则三日一上堂。其送卷请教，见主考，止穿衬衣。取定试卷，或陆续送主考，或类送，不拘。候钦定正榜名数，各照主考分定数目，取中正卷若干，送同经房会批，批定，次日填草榜。

凡外帘进卷到内帘，主考即上堂令掌卷官当堂查收，随手掣取，分派各房，用小印子印毕，登记号簿，然后分送各同考官。二场、三场则令掌卷官径收，查照原号分送。

凡初场、二场、三场，先一日出题，各同考官饭毕，副主考先将各经房门看封讫，即将屏后总门封锁，匠人、儒士俱不许出堂。中书及儒士于两主考房内各写进呈题一张，儒士写者多不用。候礼部领题出，散同考官各回本房。

凡填草榜，或各房俱在，或经房挨次上堂，榜俱副主考亲写字号，从第十八名起。近增一房，从十九名起。填榜毕，即传外帘送进墨卷箱。进毕，仍将内帘门封锁讫，同考官便衣各认本经,挨号查封。三场俱不差,即将朱墨卷并束一处,近日同经各房,将字号类编一处挨查,查明之后,各房分散,甚便。同考官各用纸封记入箱,主考官封锁明白,安放堂上。其各房首卷,俱送主考收贮,候明日填正榜。

凡填正榜之日,礼部知贡举官、监试官、提调官俱入内帘,同考官俱上堂,封锁各房。与出题之日,同主考知贡举官上坐,同考内年深翰林二人及监试御史下坐,其余旁坐。拆卷亦从十九名起,填完,始拆各房首卷,正主考写朱卷名次,副主考写纸条付儒士填榜,知贡举官写墨卷名次。

凡副榜,近年亦于填草榜之日,将各房取下备卷,另填一副草榜,候填正榜日,付提调官拆卷填写。

凡开榜即见朝,仍入内阁作揖。午间,部中有宴,仪节如入帘时。送出时,宫坊以下俱在二门外阶下上马,学士以上在二门内。

凡会试武举,兵部题请考官,行文到院,内阁具题,自掌院以下、编修以上皆得推举。受聘、辞朝、赴宴、入帘、填榜各事体,俱同会试,但同考官与掌卷官俱下坐,看卷将毕,主考请同考于房内一饭,同考官亦答请。

凡会武宴,钦命中堂一位主席,二主考下坐。凡乡试考官,用宫坊以下、修撰以上。命下之日,顺天府尹送聘,次日宴于顺天府,其余在帘内事宜,俱同会试,但看卷之时,各房取过正卷,送主考总裁,其不堪者尽数退下,另取二主考总裁。旧有分经者,或一人总裁《易》、《书》,一人总裁《诗》、《春》、《礼》,或二人公同裁定,不拘。但无一经分二主考之例。会场,先二日送卷封号;乡场,先一日提调、监试同拆卷。填正榜之日,主考与提调、监试皆上坐,其余旁坐。

凡进呈试录,先期令儒士填考官名,仍将录文逐字修饰停当,二主考仍逐字看过,方可装潢。其烛下填写水行,最宜详慎。

凡武举及顺天乡试揭晓之日,二主考先于场中封中堂试录,每位二册,开门即遣人驰送私宅。见朝之后,入内阁作揖,仍每位面送二册,以后续送,无定数,多不过百册。

凡南京乡试考官,未命下前二日,同诣朝房请教,不独见。初六日命下,共遣一牌,称翰林院为公务事云云,不着姓。次日谢恩辞朝,如免朝,即于会极门具本辞,仍赴内阁作揖,毕,从长安东门出。下湾登舟,逐一搜检封识,管船水手人等俱给牌悬带,以防诈伪。开舟日夜兼程,两舟先后随,有司迎送皆不见,亦不停泊,廪给下程驿递官载小舟傍舟送上,礼单物件,当面检验,方与收受。至夏镇,已入南直隶境,更同发一牌,仰地方官严加防护,牌式如前。至仪真,少泊江口,待风顺便发,驻龙江驿前江中,两舟相维。候至期,府官出迎,始移舟泊涯,入龙江驿。饭毕,迎入府,用二帖拜二府官于后堂,时监试、同考皆相见。宴毕,迎入贡院。场中事宜,与北京同。揭晓之日,各官皆随榜出,两考官少息,移时出谒陵,回,暂憩翰林院。饭毕,赴鹿鸣宴。次日拜客交际。数日后,翰林掌院请宴,凡从衙门官南都者皆与,谓之瀛洲会。大约九月望前离南都,十月终或十一月初回朝复命。

凡两京乡试事毕，四主考合请衙门前后辈，谓之鹅头会，近久不举。

凡武举彻帘后，同考及掌卷置酒请主考，主考答席。顺天乡试后，两京兆置酒请主考、监试，主考、监试亦答席。此近年见行者。会试同考于彻帘后，醵金为会，掌科主办。

凡各省乡试主考，近题用史官以下，叙用命下，次日谢恩。礼仪、回避，并与会试、两京考试同。临行辞朝，径赴，比省回朝复命，与两京同。

廷　试

凡廷试，学士以上俱充读卷官，若庶子、谕德署掌院事者，虽不兼学士，亦读卷官；受卷官、弥封官各二员，用宫坊或讲读以下年深者；掌卷官四员，用史官年浅者，近亦用讲读。廷试之日，受卷官聚坐于弘政门内之东，弥封官聚坐于弘政门内之西，掌卷官聚坐于受卷官之东、文楼之南。受卷至十卷以上，即发弥封，弥毕，即送掌卷交收，收毕，用箱盛贮封锁东阁内，至礼部宿歇。次日，候读卷官俱至东阁，中堂于坐，其余列坐。掌卷官将卷分送讫即出，读卷官阅卷毕，仍收箱封锁，至礼部宿。次日，各读卷官诣文华殿读卷，御批一甲三名卷毕，宴罢，俱至东阁拆卷，中堂批定二甲以下。掌卷官翰流写草榜，每写一叶完，则封付两房中书，于内阁填写黄榜，东阁传取试卷，俱典籍供事拆卷。填榜毕，各官散出，衙门官自宫坊以下凡与执事者，省中先期来请，是日赴兵科一饭，观唐人《十八学士图》，另日答请。

凡读卷官，于十七日早具吉服，各执卷伺立于文华门外，候上御文华殿，传读卷官进，各官趋至丹陛行叩头礼，入殿内东西序立，传读卷，读卷官居首者至御前跪，展卷朗读毕，司礼监接卷置御案，本官叩头，兴复班，其各读卷官以次进读如仪。读三卷后，临时候旨再读几卷。如奉旨免读，各官即执卷承旨，且应且趋，同至御前跪，司礼监官以次接卷，俱置御案，各官叩头，兴复班，奉旨赐酒饭，各跪承旨讫，传各官退。各读卷官出至丹陛，行叩头礼毕，即出至文华门外。候上将试卷裁定，御批第一甲三卷毕，同余卷发出，内阁官领收，随诣东阁，将二三甲拆卷填榜讫。次日早鼓未鸣，读卷及提调并执事官具朝服，进入中极殿门外，候上升座，各官入槛外行叩头礼毕，进入殿内，读一甲三卷者执卷立于东，其余读卷立于西。读卷官跪奏拆卷，起，一躬；居首者执卷赴左案拆第一卷，奏第一甲第一名某人某处人，起，一躬，仍执卷赴左案填榜。拆第二、第三卷如之。填黄榜讫，尚宝司官奏用宝。奏用宝完，东西读卷官行叩头礼，执事官整束黄榜，翰林院官捧出皇极殿伺候，其余读卷等官俱先从东边退出入大班。礼部提调官先随众行叩头毕后，只立槛外，至是随众出，仍又随鸿胪、执事等官入行叩头礼毕，然后随执事等官出，转入殿中领榜。候上升殿，执事官举案置帘前，翰林院官捧榜授礼部官，接置于案，执事官引贡士入拜位，赞四拜，执事官举榜案从东王门出，置丹墀御道中。鸿胪寺官传胪讫，赞俯伏，兴，赞四拜，毕，进士分东西侍立，执事官举案由皇极门左门出，进士随出观榜，文武百官入班致词庆□（贺），行五拜三叩头礼。

廷试举贡

凡举人就教及岁贡生廷试，俱内阁会同掌院出题考试。是日，掌院诣内阁送策题，岁贡初试，止经书义二判。仍过东房坐，候中堂出题完始出。明日，掌院同史官进东房阅卷，讲读已上例不与。阅毕，送掌院总阅，开具上中下若干卷，送中堂看定进呈。候旨下，掌院仍进东房拆卷，照名填序，封送中堂。如卷多，次日诣内阁亲送，送后，照序用印信手本送礼部。

记注编纂

凡史馆纪录，国初有起居注官，后不设。万历三年，内阁题准令日讲官日轮一员，专记注起居，及圣谕、诏敕、册文、内阁奏对等项皆书。其诸司章奏，另选讲读以下六员专管编纂，以吏、户、礼、兵、刑、工分六曹，每曹一员，常川在馆供事，每月初九日将记注编纂等稿送内阁看定，初十日公同各官投柜封锁，年终并入大柜。每常朝御皇极门，即轮该日记注官并编纂官三四员，列于东班石栏铜香炉下，各科给事中之上。或午朝御会极门，列于御座西稍南，随从记录。

凡封稿之日，记注与编纂官于东阁门外分左右，如常朝仪。候中堂入东阁，先记注官入分左右揖，次编纂官入揖，随中堂同入右房。记注官收起居注，编纂官收六曹章奏，入柜封完，出东阁，再揖如前。候中堂出，门柱边揖别，复入东阁，记注一揖，与编纂一揖而别。

侍　直

凡侍直，每日十员，日讲官六员，不分班，谓之常直；其余宫坊以下，日轮四员，谓之轮直。俱进史馆。候有旨宣召，随中堂入对。或奉诏有所撰作，先具稿送中堂看定，进呈。

侍　班

凡遇万寿圣节、正旦、冬至令节、册封、传胪、遣祭等大礼，俱用衙门史官四员侍班。至日四鼓，先入于中极殿露顶门外伺候，上御中极殿，内臣传开门，进至殿槛外，鸿胪寺唱执事官行礼，三大节五拜三叩头，余皆一拜三叩头。候唱平身，则一躬先退，仍出露顶门，沿殿墙出中左门，循廊上殿，皆疾趋至殿中设乐处，须宛转回旋，以防倾磕。至铺毡处，北面站定，候驾过于金柱下。侍班前辈相传云：闻平而起，循墙而走，见乐而避，遇毯而止。盖旧规也。按讲读不侍班，系旧规。近设起居馆，每用编纂章奏官一员，同史官侍班,故虽讲读亦与,诸不在编纂者不派。

凡执事官行礼班次,讲读在尚宝司少卿之上,史官在少卿之下,司丞之上。万历二十三年三月,礼部题奉圣旨:"这侍班列宴叙次,遵行已久,历有征据,毋得纷争,俱着依议行。钦此!"

扈 从

凡圣驾出,如郊祀、耕猎、幸学、大阅、谒陵等事,日讲官皆扈从。记注起居、坊局掌印官虽非日讲,而遇谒陵,亦扈从。

管 诰 敕

凡管理文官诰敕,用讲读以下官五员,于东房到任,一茶而出。撰完诰敕,送典籍类送中堂看定进呈过,典籍请管诰敕官用关防发中书科抄写。

贴 黄

凡清理军职贴黄,兵部手本到阁,中堂题差,旧俱用学士,近来间用宫坊与兵部侍郎一员坐院,金都御史一员同事。到任有酒席,于西阙门外北河边群房内坐。每日有专管清黄主事一员在彼提督监生书写,逢三兵部侍郎进,逢六金都,逢九衙门,各有定期。其黄稿则专送衙门看定,事毕,常以三年为期。

修 玉 牒

凡修玉牒,用学士二员。亦间用宫坊。

捧 敕 书

凡捧敕,用宫坊及讲读以下年深者四员。视朝之日,先进史馆候敕,钟鸣即循廊由弘政门站于露台尽东,俟上升座,百官朝后,进立于中堂后一层。听传呼,领敕官过转北向立跪承旨,由左阶下行御道边旁,向北鞠躬,举手授敕,一躬而退。其非视朝之日,则于会极门捧授。

教内书堂

凡教内书堂,用史官四员,到任前一日,书堂有帖来请。请之日,早饭后,诸生约四十余人，于承天门外排班迎接，师于西板房会齐，易吉服肃而入。故事，新任者摆饭于端门内相所，饭讫，自左掖门由会极门转东河边，投司礼秉笔者七人或八九人帖，用红纸长帖写书堂侍生某顿首拜，每人各送帕二方为贽，用红纸盖面，仍写书堂侍生某。提督书堂一人帖，亦投帕一封，合之共用九封，宁可备而不用单红。侍生、友生帖各备二十幅，投帖讫，到内书堂北书堂，祀有圣人，师肃而入，学长喝礼，新任者四拜讫，出过书堂南，亦祀有圣人，师仍肃而入，止揖不拜。新旧师傅仍东西序立，交拜，旧者东交拜讫，诸生拜于堂下，师向下斜立受二还二，拜讫，转北到内书堂列坐号书，毕，设宴，宴毕，由厚载门出。旧在书堂者，人送红纸二十张，又云白枣一百、墨二笏。

一、揖礼。师将至门，诸生悉于阶下排班，学长一人候于大门外，一躬引入。候师揖圣像毕，转立，学长先揖，揖毕，赞大班者赞鞠躬揖，诸生齐揖，赞平身。礼毕，学长引至公座旁，掌班十人齐揖，师进书房一茶。

一、公会。茶毕，少顷，司房一人请公会。师出座定，学长、掌班序进侍立，学长于门内，掌班于门外。候师起坐，排班一揖，分班对揖，司簿一人执簿于阶下，赞公会一声，置簿于几上。候师昼会毕，学长、掌班以次进昼司簿，仍执簿于阶下，赞公会毕一声，学长、掌班一躬，掌班卷班散至书堂，催促背书，学长仍前侍立。公会簿按季一换。

一、背书。随签多少，以次进背。有功者登记，无功者朴罚。背毕，师进书房用饭。

一、看字纸。候师饭毕，将书生纸写累在一处，师逐张看过，有功者登记，无功者朴罚。

一、讲书。先一日，遣人领训义，学长、掌班轮流讲书者，预先诵过数周，候次日看纸毕，师至书堂坐定，布讲席于圣像前，学长、掌班序立，诸生拱立于本案，学长一人赞，诸生用心听书，该讲者一人进，朗诵训义一周，一揖而退，又一人赞，又一人诵如前仪，揖而退。

一、对课。自二月十五日起，至九月终止，日色渐长，背书后各领对，至看纸时一并送看。

一、歌诗。讲书毕，诸生序立，歌诗二章，歌毕，候师起坐揖圣像，诸生出于阶下，排班一揖谢教。师出，轮二人随行送师至厚载门外，一躬而别。

上　　陵

凡上陵，轮史官二员。其辞见朝，俱用素服，同各衙门行礼。往返见内阁朝房投帖。

分　　献

凡分献，用史官二员。是日朝服侍班，照常随班行礼传制，毕，不候大班散，正献官行，即随之行赴内阁作揖，致词云："文庙分献。"出，更吉服。如正献官系内阁，则于馆房内坐，待内阁出则随之，由东华门行，正献官居中前行，分献官夹于两傍稍后。如系大宗伯，为衙门前辈，则于东长安门板房坐，候正献官出则随之，至礼部朝房同坐，不系门生或七科以后者照常坐，正献官行即随之行，其行次亦如随内阁仪。若正献官系别衙门，则各在本衙门朝房，不同坐，分献往拜正献，正献回拜，分献仍各回本衙门朝房。少间，候正献出，即与同行至国子监持敬门下马，至致斋所，与各执事官相揖毕，正献中坐，分献列坐两傍首席。省牲，正献前行，大司成陪行，分献即次。省牲毕，各执事官视宰牲，分献仍随正献还至明道堂会饭，正献中坐，分献仍如致斋所坐仪。会饭毕，各回斋房。往拜正献官毕，大司成、少司成先来拜，即回拜。两司成公相拜毕，各回斋房少憩。候礼生来请视陈设，即随正献官往，其行次仍如省牲仪。视陈设毕，复回斋房。两司成公有私馈，如系内阁并衙门前辈，则正献中坐，分献列坐，如系别衙门则不同坐，大司成陪正献，少司成陪分献，各于其斋所坐，即时偶阙少司成，亦分献自相会坐而已。饭毕，各就休息，候礼生来请，即随正献官往行礼。行礼毕即回，前后任意行，不必与正献官同行。次早，吉服，作内阁揖词云："文庙分献毕。"午后，仍吉服候朝房，即日投前辈帖。

册　　封

凡册封王府，衙门官不拘员数，岁率三四人，先期请于中堂，中堂见许，然后达知礼部。其亲王以勋臣为正使，衙门官充副使，赍金册以往；郡王则衙门官持节为正使，中行等官副之。遇册封日，朝服行礼毕，随节册案至皇极门外，更吉服，至礼部饭毕，正使领节及冕服等件，副使领册，即日出京。抵藩封府城外约十里许，换吉服，亲郡王宗室文武官具仪仗，迎节于官亭，正副使取节置龙亭上，左右立。候行礼毕，正副使乘马在龙亭前分左右行至察院，安置节停当，亲王以次入朝节，正副使仍吉服，立龙亭左右，如侍班之仪。册封之日，仍吉服乘马在龙亭前左右行，亲王率宗室出本府门外五丈许跪迎节。正使持节，副使捧册，由中道至殿上，以节册置于案，正副使立于案之东西，文武官分列丹墀陪拜，王具冕服，拜于丹墀上，行四拜礼。执事导王至案，执事赞有制、赞跪、赞宣册毕，使臣以册宝授王，王以册宝授执事，又行四拜礼毕，正使遂将节置于架上，如前仪。回察院，亲王等仍随节至察院朝。次日朝王起身之日，仍吉服乘马前导，如进城之仪。至郊外官亭下马，立龙亭左右，亲王等行送节礼毕，遂行。事完回京，赴鸿胪寺报名毕，即报礼部领印信手本，候朝见毕，赴印绶监缴节，会极门上本奏知。若遇视朝致词面缴，不必具本，副使则不必面。

赍诏 祭告、使朝鲜附

凡遇大庆赍诏或祈祀岳渎、祭告阙里等处，衙门官皆预遣。

凡遇登极及皇子生、东宫册立诏谕朝鲜国，以衙门官一员为正使，给事中一员副之，赐一品服，颁去诏敕。因彼国必欲请留，正副使先具疏奏请，礼部覆奉钦依，至彼国开读，王国恳留，乃许之。

文　　移

凡行吏部大堂，用呈，朱印写衔，金名，并孔目衔名；行六部该司六科、五城御史，俱用紫印手本，写衔，不金名；行户、礼、兵、刑、工大堂，及都察院、太常寺、光禄寺、太仆寺、顺天府、国子监、锦衣卫，俱用紫印手本，送司务等各厅，呈堂，不写衔；行五城兵马宛大二县，用印信票。

凡行内府惜薪司、司礼监，俱用拜帖手本，朱印写衔，金名，并孔目衔名。

凡詹、翰掌印及教习庶吉士官，遇考满移文吏部者，如带部堂衔则用咨，如正詹则用咨呈，如太常卿及四品以下则用呈。

到　　任

凡院长到任，先于中堂说知，衙门自吏礼部正卿以下、宫坊以上诸公，本日各具帕仪至院行贺礼，于后堂设宴，五品以上与正卿俱上坐，如无正卿，则六品亦上坐，有座主则门生下坐。旧时掌院到任，自中堂至史官皆集本院，设席大会。学士到任亦如之。嘉靖间，亦间举，后皆不行。若升官仍掌院事者，再到任。

凡院长到任之日，先驻朝房更衣，至期孔目来请。当该吏禀起身，至院二门内，孔目迎一揖，直堂官引诣圣人祠行香，四拜礼，毕，随往土地祠，行二拜礼，毕，引至穿堂坐。直堂官禀击云牌、禀升堂，院长起身入公座，直堂官报某时，当该吏请画公座，直堂官禀本院门子皂隶叩头；次本院直堂官吏叩头；次史馆贴写吏见，叩；次本院贴写吏见，四拜礼；次史馆当该吏见，四拜礼；次史馆书办、经历等官见，四拜礼；次本院当该吏见，四拜礼；次史馆监生、四夷馆译字生见，四拜礼，不答；次史馆、四夷馆译字官见，行四拜礼，不答；次四夷馆署丞等官见，行四拜礼，答后二拜；次史馆中书等官见，行四拜礼，答后二拜；次四夷馆经历等官见，行四拜礼，全答；次本院孔目见，不报，行四拜礼，全答。礼毕，复入公座，直堂吏禀金公文。直堂吏禀堂事毕，复入穿堂坐。如学士到任不系掌院者，礼仪同前，但史馆、四夷馆各官生不来拜见。

凡宫詹、坊局官到任，不必先白中堂，但于到任后诣朝房说知，贺仪宴会之礼，皆与院长到任同。其不系升官而题掌印信者，但赴衙门行香，到任不举宴贺。

凡史官初到任，先择日于中堂及院长处禀知，前辈自讲读以下皆面送请柬，至日于编检厅到任讫，即到各家送速帖，诸公每人具分银七分。至院，于穿堂内行贺礼，先联桌一饭，左右序列，新到任者为客，诸公为主。内有座主或对房，俱避后堂另坐。近日对房不避。饭毕，于后堂上席，席皆左右重行序列，新到任者为主。次日，诣中堂禀到任讫，诣院长谢，寻诣讲读以下诸公谢。

凡史官到任之日，由衙门右手东边门进，诣圣人祠行香，四拜礼，随至土地祠行香，二拜礼，毕，至编检厅对四拜礼，毕，坐。当该吏见，四拜礼；次贴写吏见，四拜礼；次堂班见，四拜礼；次门皂见，叩头。

凡史官升讲读，到任如前仪，但由衙门左手西边门进，讲读厅坐。近来升官，只自赴衙门行香，到任不举宴贺，亦省繁费。前此有竟不到任者，殊非事体。

凡国学二司成同时到任，衙门正卿以下至编检并具贺仪，大会于明道堂。此礼间一举行，近日惟坊局以上差人送贺仪伍囗。

考　满

凡讲读学士、五品坊局考满，备开履历，亲供本院关呈吏部，赴部时由后门第三层门边下马入后堂，从吏执呈跪送，部吏接毕，宾主交揖，东西相向坐，一茶。茶毕，出部堂，送上马。从吏送四司及司厅帖见部止此一次，以后题奏复职并给封典，俱不再赴。吏部具本单题，仍候类引。学士由谕德、洗马升任者，以品级相同，前后通理实俸，准其考满。盖讲读学士，例不考核，谕德、洗马，例该考核。凡系考核与不考核二例者，品级虽同，俱不通算。此《会典》所载。自隆庆年间，本院侍读学士诸大绶由谕德升任，具奏得请，因准通算考满。载在《职掌》。而别衙门不得引以为例，亦称特典云。

凡春坊庶子、谕德、洗马，除升俸外，实历奉三十六个月，进内阁报满，不具呈，不用掌印官考语，自具本坊印信给由公文，呈吏部大堂，差当该送。次日过部，由后门进，后堂相见。先总揖三堂，又分揖，坐，茶，差人送双帖于四司二厅，出面候三堂，及投二厅四帖于宅。吏部出考语，不咨都察院，不请堂审。后数日，考功吏持单报引奏日期，单本题类引复职。

凡中允、赞善考满，掌印者自起文，余由掌印官起文，不用考语，差吏送文到吏部。过部，由前门，穿堂见。不咨都察院，吏部出考语，单本题类引。以上自学士至中、赞报满及复职后谢恩诸仪，俱与史官同。

凡讲读以下三年考满，及期，先赴内阁报满，初揖致词云："三年任满。"请拜再揖一躬。午后，诣朝房，次赴院长报满送呈，候院长出考语，送中堂看定。当该办完文书，约日见吏部，候诣院长谢考语，先用白单帖二个满呈一纸送司务，入吏部大门，至二门外下马，于司务火房内坐候。本部升堂，堂官来请，由廊下行，过司务厅，循堂檐阶上行至两柱中间，作三揖，一躬而退。如三堂缺一人则二揖，缺二人则一揖。或云揖后不用躬。于司务厅坐，郎中陪上坐，其余下坐。候报堂毕，各司官回司，诣各司作门揖，俱入门相对一揖。至考功司，从吏执满呈跪送各司官，送出门，本部之门。逊入门而别。事毕，出二门上马，司务遣官办送上马。本日见三堂于私宅，冢宰面拜。少宰不拘，若系衙门前辈，亦面拜。投四司各单白帖。近惟考功、验封正郎用双帖。又云俱用双帖。遇一六日过都察院，至二门外下马，投司务白单帖，坐司务火房内，差人送帖并呈于河南道。候河南道来请，即投双帖，从中门至后堂，两拜，从吏执满呈跪送，河南道随答两拜。茶毕送别，历过各道，每道递一白单帖，近日俱用双帖。复回司务火房坐。候三堂俱到穿堂，司务来请，至槛外，三堂下公座，相迎入门，平一揖，又各一揖，南北列坐，待茶，与副贰堂相对。茶毕，正堂送出槛外，副贰堂送至贰堂公座前别，近日副贰俱如正堂之例，不知何始。司务送出二门外，看上马。本日拜三堂及河南道于私宅，俱双帖。惟正堂面拜。引奏将近，吏部差官画知，约日过堂，仍如初仪，不作门揖，不拜私宅。候引奏至日，早至会极门引奏，一跪三叩头，出。待命下复职，报名谢恩，仍谢中堂，及见朝房，投院长帖，随拜衙门前辈，仍投部堂及考功双帖，此时具呈二张，及讨同官同乡保结，送部题封。命下准给，报名谢恩，谢内阁，见朝房，投院长帖，仍投部堂及验封郎中双帖。如已封过，不用保结，亦不必与验封投帖。自报满后，若以考满事见阁见部院，俱青素衣角带，此外服锦绣，进朝如常。六年考满，同前仪，但无请封一节，或有补封者，仪亦同前。凡九年考满，报满、过部等仪，皆与三六年同，但俸粮截日住支。过部后，考功司差吏送单画知，内开某日过堂即纳卷，某日送题。至过堂日，进部如初仪，惟不作门揖，不拜私宅。过堂毕，出，留吏持帖送卷于考功司，约日接题。至日，早赴棋盘街东下马牌上马，马首微北向，部吏送题，从吏接题还第，三日交卷。先一日，差人持帖赴考功司说知，至日仍诣棋盘街，从吏交卷于部吏，还。逢一六日过都察院仪，与三六年同。是日见堂出，留吏纳卷于河南道，约日接题。至日，诣贯城坊，马首微北向，院吏送题，从吏接题还第，三日交卷。先一日，差人持帖赴河南道说知，至日仍诣贯城坊，从吏交卷于院吏，还。不引奏，候吏部上本。升官谢恩之日，揖内阁，过部面拜院长及衙门前辈，投部院堂上及四司河南道帖。自报满日起，俱青素衣黑角带，不朝参。凡三、六年考满者，遇双月方题；九年考满者，吏部过堂后即题。

凡两房中书、典籍、孔目及四夷馆译字等官考满，俱具呈内阁与院长，院长定考语，送内阁看过，给文书送部。

史官考满呈式：

翰林院某官某人，年若干岁，系某省直府县人。由某年进士，某年月日除授今职。某年月日连闰实历几品俸叁拾陆个月，一考给由讫，复仍前职。扣至某年月日连闰实历几品俸柒拾贰个月，再考给由讫，仍复前职。扣至某年月日，连闰实历几品俸壹佰零捌个月，九年已满，例应给由。中间并无公私过名，及虚旷月日。今将任满行过事迹，逐一开坐呈：部院呈不用"中间并无公私过名，及虚旷日月"二句。

计开

事迹
- 一　见充经筵日讲官、展书官；
- 一　见充实录、《会典》纂修官，编纂章奏官，侍直官；
- 一　见充管理诰敕官；
- 一　见充内书堂教书官；
- 一　充正使、副使册封某王府；
- 一　充会试同考试官几次、两京各省乡试主考官；
- 一　充廷试掌卷、受卷官、弥封官几次；
- 一　看过廷试举人岁贡卷几次；
- 一　过名无。

某年某月日　翰林院某官某人

考　　察

凡遇京官六年考察及因事考察，讲读以下官俱先期齐赴内阁作揖，下午候见，致词待罪。见院长亦如之。考察前一日，仍诣阁禀，明日过部。考察毕，谢恩后，即谢中堂、院长。过部之日，俱于二门外下马，先至堂右司务厅坐，宫坊五品以下亦至。五品旧见于后堂者，是日于穿堂见；六品见于穿堂者，是日同讲读等官于前堂见，作四揖一躬，从左边下，由廊径出，于二门外上马。凡官至学士者，遇考察皆自陈。

升　　迁

凡衙门升迁，除部堂国学吏部题奉外，其余皆自内阁题请。命下，即报名谢恩，宫坊以上面恩致词，讲读史官不面，随诣内阁谢。仍过吏部，五品以上由后门，见于后堂，送两司厅及四司双侍生帖；六品宫坊由前门，见于穿堂，仍作门揖；讲读史官照旧。吏部覆本后不必谢恩，宫坊以上仍于六科门外递双侍生帖。

凡衙门，除讲读效劳、书成叙迁外，其余必九年考满乃升。或遇坊局缺掌印，则不拘秩满，但资俸深者，皆得升补。亦有不待印信缺而升者，如正德六年叙迁年深翰林蒋冕等九人为坊局，十一年又以春坊多缺员，推顾清等十一人升补。近来议处起用翰林官吴中行、赵用贤并为春坊，皆由内阁随时酌处。

朝　　班

凡朝班，光学士在佥都御史之上，讲读学士在祭酒之上。近讲读学士俱让祭酒，在通政之上，惟光学士不让。五品宫坊让各衙门四品，在通参、大理丞之上；六品宫坊及讲读让通参、大理丞，在光禄少卿之上；修撰、编、检让光禄少卿，在光禄寺丞之上。

凡学士在朝失仪，不面纠。

凡掌詹、掌院，若部堂衔者，站班时，斟酌升迁次叙；若少詹事，在金都之上；若詹事，在副都之上。

凡衙门列衔，先春坊，后讲读，先侍读，后侍讲。旧时讲读列中允前，修撰列赞善前，近日改定。

公　宴

凡郊祀庆成宴，学士入殿侍坐，在文官四品之上，宫坊坐中左门，讲读以下充经筵讲官及展书官者，与宫坊同坐。

凡籍田等宴，衙门官照朝班序坐。惟廷试礼部晚宴及恩荣宴，宫坊坐光禄卿之上。历科宴图具在。万历十一年稍更置，非旧规。

斋　宿

凡冬夏至斋宿，院长及讲读以下，先诣朝房送中堂帖，方入衙门，讲读史官年深者在讲读左厅坐，年浅者在编检右厅坐，两房中书在典籍厅坐，待诏、中书舍人等在孔目厅坐，两馆中书在土地祠坐。各官到齐，当该吏请院长出后堂，与衙门讲读、史官相揖，院长居左主位，并一揖，又每位回一揖，又总一揖，毕，院长立右送出前面大堂照壁后公座边，一揖。候院长进穿堂门槛，一揖而别。次两房中书见，院长居左，并一揖，中间或与典籍、少卿再一揖。院长前行，送至穿堂槛内尽边，中书在槛外一揖而别。次孔目、待诏、中书舍人入揖，如前仪，送至穿堂地屏尽边，一揖而别。各官揖毕，院长至讲读厅答揖，衙门官迎出阶下，一躬，进厅，一揖，又每位一揖，又总一揖，毕，各位送院长至大堂中间，一揖而别。次至编检厅答揖，如前仪，送至大堂中间，候院长至屏内，一揖而别。如庶吉士，仪与史官同，在馆长门前，答揖迎送院长皆同礼。毕，掌院回进火房。

凡遇丁祭，宫坊以上陪祭官，俱诣国学司业西厢斋宿。若四郊，随便斋宿。

杂　行

凡朝毕，衙门自正卿以下，俱会揖于东阁，宫坊以上列于阁门之北，讲读以下列于阁门之南，俱柱外。候中堂至，拱手而入，宫坊以上先入，左右序立，作圆揖毕，宫坊避于房内，学士以上皆旁立，讲读以下入揖，揖毕，拱手而别。部堂不兼学士者不预。

凡祭酒与中堂揖，在东阁之南，内阁门之外，上阶而揖，下阶而别。旧时祭酒与经筵者，与学士礼同，近年俱不见行。司业带宫衔者，与宫坊礼同。

凡朔望遇朝，则正卿兼学士以下、宫坊以上，俱于内阁作揖。至檐阶，由西阶上，先揖圣人，次揖中堂，中堂送下阶，让正卿先行，亚卿以下不让，俱由西阶下。中堂由中阶下，中堂让学士以上至屏间，庶子以下不过屏。候中堂上阶进门，拱手而别。讲读以下，门官报见，俱阶下一揖。其管诰敕官先揖，不报，揖毕，过东房。如朔望免朝，止讲读以下诣内阁揖，宫坊以上不至。

凡元旦、冬至，正卿以下俱诣内阁拜圣人，次拜中堂，二拜毕，送如前仪。出至东阁，正卿以下、宫坊以上相拜二拜，讲读以下进拜诸公，亦二拜，内有座主及对房，另补二拜。正卿以下仍出至馆门外，答二拜，部堂宫坊回拜；讲读史官在总馆门外，向南讲读，史官向北，相对二拜。讲读、史官以年资深浅，亦南北对拜。

凡中堂到任，衙门自正卿以下皆吉服，诣内阁拜贺，仍具礼贺于私宅。遇中堂加恩、考满领诰领敕及殊常恩数，皆诣内阁作揖。或奉钦遣上陵，宫坊以上具饭于郊外，衙门官往返皆送迎，见朝之日，仍诣内阁作揖，朝房投帖。近日上陵，迎送多免。

凡年节及中堂生日，衙门自正卿以下俱诣私宅送礼。

凡九卿合举中堂庆贺，詹翰掌印官俱列名。

凡中堂初到见朝及回籍辞朝，衙门官于精微科作揖。凡掌院宫坊诣内阁阅卷等项，典籍官先禀过中堂方入，先圣人一揖，次中堂一揖。候中堂先出，掌院坊局出，站东阶檐一揖，竢中堂进门，又一揖而别。乃入东房，典籍作揖，送至阅卷门边，典籍竢掌院入门，一揖。衙门史官阅卷，掌院出，揖，居西边主位，先总一揖，后各一揖，至东房门，一躬。事毕，典籍仍送至东房门外阶坡下，一揖而别。

凡遇朔望，掌院赴本衙门行香，孔目迎于二门内。诣先师祠，行四拜礼；土地祠，行两拜礼。孔目门外随拜毕，赴后堂小公座。孔目作揖递茶，吏役人等参见毕，出，孔目仍候送二门内。

凡揖与躬不同义，手下膝为揖，俯身为躬，躬如半揖之状。近来不甚分别，殊不雅观。

凡庶吉士到任之日，中堂来衙门时，春坊以上迎在甬道门屏外，讲读、史官迎在甬道门屏内，送出亦然。

本衙门交际

凡柬帖，于座主、馆师称门生，于中堂、廷试馆选阅卷者称门下学生，礼部知贡举官及坐监司成俱称门生，不知贡举亚卿初称门下生，后止称晚生，学士及七科以上称晚生，对方亦称门生，其余俱侍生，以进衙门之日为定，终身不易，虽史官于中堂，并不迁就。近来有称晚侍生者，前辈皆以为无此旧规，今改正。初进衙门，与前辈递晚生帖一遍。面拜后则已。

凡往拜前辈，或有公事庆贺，用双帖，否则用红单帖。若书札往复，前辈用红单帖，则以双帖复之；用白单，则以红单复之。

凡公会序坐，除座主旁坐外，对房于公会下坐，独见仍旁坐，相隔四科，如丑见丑、辰见辰，俱不并坐。前辈上坐，后辈下坐。但称晚生者，俱旁坐，官至五品则不拘，惟座主仍旧。

凡道路相遇，如进衙门之日，前辈官学士以上，称晚生者，俱引马回避；其余科深前辈，立马让过；科近者，分道而行，后一马首。

凡衙门最重掌院，讲读以下，虽系同年，俱不并行。

凡衙门以科为序，同年以齿序，官至五品以上则不拘，故云五品不逊。其先与前辈称晚生，旁坐，而后至五品以上者，帖仍晚生，坐则迁坐，公会皆并坐；至三品以上，路遇不避行则并行。

凡中堂遇钦遣陵上或自外来者，往回送迎，宫坊以上俱有郊饯及下马饭。史官如遇座主、馆师自起复至，亦然。余否。

凡衙门前辈出行，后辈及同年皆有郊饯。若前辈于后辈，例不郊饯。官至宫坊少司成以上，则不拘。

凡衙门送赆礼，旧规不过香绢，进京送前辈土仪，不过书册、扇帕等物，送同官，不过二布，无概用币者。近来交际太侈，殊失先辈雅致。

凡衙门官在京，有父母之丧者，自中堂至史官、孔目、典籍，皆列名合奠。其不在京者，学士以上照例寄奠，宫坊至史官，则惟正卿以下列名寄奠，中堂不列名。

别衙门交际

凡衙门史官，与各部正卿双侍生帖，亚卿以下俱红单帖。单帖似宜变通，近日不多见矣。路遇，虽冢宰不避，立马让过；与科道部属相遇，径站上手，不作环揖；其系曾为提学者，仍执门生礼。

凡大九卿庆吊出京迎送大礼，詹、翰掌印官俱预，分列名。

给　　假

凡给假，先赴朝房见中堂，讲请假。待允，面拜院长，递呈衙门具本。孔目赴会极门上本，命下，孔目仍接本，送科本到部，赴吏部三堂及文选郎私宅面拜。部覆允，命下谢恩，进内阁揖，揖朝房，拜院长，拜衙门前辈。待文选司有手本过顺天府，即使人持拜帖取引，遂行。限满进京，见朝，见内阁，揖朝房，拜院长、衙门前辈。过部，坐司务火房，以拜帖使人送引与文选司，见大堂及四司门揖，如常仪。若不违限，或违限不在半年以外者，吏部不具题，止文选司有手本送衙门复任。手本到衙门，揖内阁，揖朝房，拜院长，余俱如常仪。

舆从服饰

凡衙门五品以上，用大金扇；六品宫坊司业，用碎金扇；讲读以下，用黑扇；其宫坊六品而加五品服色者，亦用大金扇。光学士马前开棍，讲学学士等官加四品服者亦开棍，庶子至司业皆红鞍笼双引，讲读红鞍笼单引，史官交床前引。

凡衙门官，惟掌詹带印绶，掌院则不带，以内阁为衙门中堂也。

凡常朝，服锦绣常服；三大节、册封、传胪、遣祭、进实录，俱朝服。奏祭祀升殿，宫坊以上吉服。讲读以下充经筵讲官者，谢恩见辞，俱公服。上陵忌辰，俱素服。如谢恩见辞而偶值忌辰，亦素服。曾经钦赐表里者，不拘品级，皆得穿大云，其吉服皆得用纻丝。若罗纱大云，五品以上方得服，惟讲官则不论。

凡日讲官赐服，间有非本等服色者，如品不相远，前辈亦曾制服，以先朝侍读黄淮、杨荣等皆服二品服，有故事也。

凡本院每季遇支俸粮柴薪，先造册送户部，及巡视科道挂号分给时，各用印信，一单同送。

凡本院每年计直堂十五名，堂上十三名，遇有学士，不拘员数，均分孔目厅二名。凡本院纸劄，刑部、都察院按季送用。

凡本院揆官吏办事，每一年詹院掌印四官四吏，四季揆；春坊二官三吏，四季揆；讲读、史官二吏，春秋二季揆。

庶吉士馆规

凡庶吉士，内阁会同吏、礼二部考选，送院读书。题请詹、翰等官二员为馆师，教习日课，所读书三种。每日穿堂公会毕，后堂掣签背书，馆长免背。每月馆课，馆师披阅，送内阁看过。春秋二季朔望，内阁考试，先以学士宫坊讲读官二员看卷拟序，送中堂裁定，发馆师拆卷，次日诣内阁谢序。俟有成绩，内阁题请，送吏部铨注，本院并除各衙门职衔。

凡内阁题馆师，命下，即日齐候馆师于私宅，次日送礼，并请进馆日期，仍诣内阁禀请。如有期，先将请阁师启及致语，送馆师请教。

凡初进馆，名为大到任，自中堂以下皆至，先期亲送请启。是日，吉士先于衙门二门外候馆师至，随至先师堂参拜毕方升堂，堂事毕，暂散，仍候中堂至。中堂入门，春坊以上迎在甬道门屏外，讲读以下迎在屏门内阶上。中堂进穿堂，各官揖毕，先退。中堂同掌院学士升堂讫，至穿堂，馆师、衙门先辈各揖中堂讫，中堂先拜馆师二拜，次吉士拜馆师四拜，次馆师谢拜中堂二拜，次吉士谢中堂四拜，次拜衙门先辈总二拜，次拜主考四拜，本房座主四拜。凡有本房在者，俱同拜，不必各致。次中堂举馆师酒，次馆师回中堂酒，次吉士奉馆师酒，次吉士奉中堂酒，次吉士请衙门先辈奉酒，衙门先辈辞，次中堂回吉士酒，次馆师回吉士酒，吉士辞。中堂及衙门先辈送吉士贺仪礼毕，乃入后堂，吉士举酒安席，中堂与正卿上坐，亚卿学士宫坊俱下坐，讲读史官旁坐。惟上席设有桌席，下席俱先送各家。以后堂窄狭故。宴毕，各散。次日，吉士诣中堂谢，寻诣馆师、院长及诸公谢。万历丙戌科，中堂传示节省，止设宴，不设席。

凡朝参，除传制庆贺等项随班外，余皆朔望朝参。朝拜时，班向北站第三班，让光禄寺丞；序立时，向西站第六班编检后。朝毕，进内阁作揖。如遇东阁会揖，则序立阁门外，随讲读史官揖。

凡束帖，于阁师称门下学生，馆师、座主俱门生，对房亦称门生，掌院及讲读学士、詹事、祭酒俱晚生，凡七科以上，不论官职，皆晚生，其余前辈□次晚生，后侍生。拜阁师、大座主、馆师，俱连名帖。

凡衙门交际，惟阁师、馆师、座主随行、旁坐、避马、不看上马，其对房门生及称晚生者俱旁坐、避马、不随行、看上马，相隔四科者俱□（旁）坐、立马让过。

凡进官同年俱序齿，用单帖，首甲同。

凡元旦、冬至诣阁拜圣人及拜阁师，出拜前辈于东阁，仪俱与史官同。

附 录

《四库全书总目》卷八〇《词林典故》提要

《词林典故》一卷、附《翰苑须知》一卷，浙江巡抚采进本。明张位撰。位有《问奇集》，已著录。此乃其官翰林学士时所辑词馆通行典例，自经筵日讲以迄舆从服色，凡分三十二门。《翰苑须知》则庶常馆规及俸禄钱粮数目。当时刊版置院中，入馆者人给一册。然率据案牍原文，不加润饰，往往鄙俚可笑，不足以继《翰林志》、《翰苑群书》后也。乾隆十有二年，我皇上嘉惠词垣，征求文献，特命辑《词林典故》一书，本末源流，粲然具备，木天佳话，荣冠古今。是编残阙之余，盖不足以为典据。今姑附存其目焉。

《明史》卷二一九张位本传

张廷玉等撰

张位，字明成，新建人。隆庆二年进士，改庶吉士，授编修，预修《世宗实录》。

万历元年，位以前代皆有起居注，而本朝独无，疏言："臣备员纂修，窃见先朝政事，自非出于诏令，形诸章疏，悉湮没无考。鸿猷茂烈，郁而未章，徒使野史流传，用伪乱真。今史官充位，无以自效。宜日分数人入直，凡诏旨起居，朝端政务，皆据见闻书之，待内阁裁定，为他年实录之助。"张居正善其议，奏行焉。

后以救吴中行、赵用贤忤居正意。时已迁侍讲，抑授南京司业。未行，复以京察，谪徐州同知。居正卒之明年，用给事中冯景隆、御史孙维城荐，擢南京尚宝丞。俄召为左中允，管司业事，进祭酒。疏陈六事，多议行。以礼部右侍郎，教习庶吉士，引疾归。诏起故官，协理詹事府，辞不赴。久之，以申时行荐，拜吏部左侍郎兼东阁大学士，与赵志皋并命。

王锡爵还朝，帝适降谕三王并封，以待嫡为辞。而志皋、位遽请帝笃修交泰，早兆高禖，议者窃哂之。赵南星以考察事褫官，朝士诋锡爵者多及位。锡爵去，志皋为首辅。位与志皋相厚善。志皋衰，位精悍敢任，政事多所裁决。时黜陟权尽还吏部，政府不得侵挠。位深憾之，事多掣其肘。以故孙鑨、陈有年、孙丕扬、蔡国珍皆不安其位而去。

二十四年，两宫灾，矿税议起，位等不能沮。及奸人请税煤炭，开临清皇店，位与沈一贯乃执奏不可，不报。明年春，偕一贯陈经理朝鲜事宜。请于开城、平壤建置重镇，练兵屯田，通商惠工，省中国输挽。且择人为长帅，分署朝鲜八道，为持久计。事下朝鲜议。其国君臣虑中国遂并其土，疏陈非便，乃寝。顷之，日本封事坏，位力荐参政杨镐才，请付以朝鲜军务。镐遭父丧，又请夺情视事，且荐邢玠为总督。帝皆从之。位已进礼部尚书，改文渊阁，以甘肃破贼叙功，加太子太保，复以延镇功，进少保、吏部尚书，改武英殿。

三殿灾，志皋适在告，位偕同列请面慰，不许。乃请帝引咎颁赦，勤朝讲，发章奏，躬郊庙，建皇储，录废弃，容狂直，宥细过，补缺官，减织造，停矿使，彻税监，释系囚。帝优诏报之，不能尽行。位又言："臣等请停矿税，非遽停之也，盖欲责成抚按，使上不亏国，下不累民耳。"于是给事中张正学劾位逢迎迁就，宜斥，帝亦不省。

位初官翰林，声望甚重，朝士冀其大用。及入政府，招权示威，素望渐衰。给事中刘道亨劾位奸贪数十事。位愤，力辨，遂落道亨三官。吕坤、张养蒙与孙丕扬交好，而沈思孝、徐作、刘应秋、刘楚先、戴士衡、杨廷兰则与位善，各有所左右。丕扬尝劾位，指道亨为其党。道亨耻之，劾位以自解。已而赞画主事丁应泰劾杨镐丧师，言位与镐密书往来，朋党欺罔，镐拔擢由贿位得之。帝怒下廷议。位惶恐奏辨，帝犹慰留。给事中赵完璧、徐观澜复交章论。位窘，亟奏："群言交攻，孤忠可悯。臣心无纤毫愧，惟上矜察。"帝怒曰："镐由卿密揭屡荐，故夺哀授任。今乃朋欺隐慝，辱国损威，犹云无愧。"遂夺职闲住。

无何，有获妖书名《忧危竑议》者，御史赵之翰言位实主谋。帝亦疑位怨望有他志，诏除名为民，遇赦不宥。其亲故右都御史徐作、侍郎刘楚先、祭酒刘应秋、给事中杨廷兰、主事万建昆皆贬黜有差。

位有才，果于自用，任气好矜。其败也，廷臣莫之救。既卒，亦无湔雪之者。天启中，复官，赠太保，谥文庄。

馆阁漫录

[明]张元忭 撰

目　　录

馆阁漫录卷之一　洪武　永乐 ·· 342
　　洪武三十五年 ·· 342
　　永乐元年 ·· 342
　　永乐二年 ·· 343
　　永乐三年 ·· 345
　　永乐四年 ·· 345
　　永乐五年 ·· 346
　　永乐六年 ·· 347
　　永乐七年 ·· 347
　　永乐八年 ·· 348
　　永乐九年 ·· 349
　　永乐十年 ·· 349
　　永乐十二年 ·· 350
　　永乐十三年 ·· 350
　　永乐十四年 ·· 351
　　永乐十五年 ·· 351
　　永乐十六年 ·· 352
　　永乐十七年 ·· 352
　　永乐十八年 ·· 352
　　永乐十九年 ·· 353
　　永乐二十年 ·· 353
　　永乐二十一年 ·· 354
　　永乐二十二年 ·· 354

馆阁漫录卷之二　洪熙　宣德　正统 ··· 356
　　洪熙元年 ·· 356
　　宣德元年 ·· 358

宣德二年 ……………………………………………………… 358
　　宣德三年 ……………………………………………………… 359
　　宣德四年 ……………………………………………………… 359
　　宣德五年 ……………………………………………………… 360
　　宣德六年 ……………………………………………………… 362
　　宣德七年 ……………………………………………………… 364
　　宣德八年 ……………………………………………………… 364
　　宣德九年 ……………………………………………………… 367
　　宣德十年 ……………………………………………………… 367
　　正统元年 ……………………………………………………… 368
　　正统二年 ……………………………………………………… 369
　　正统三年 ……………………………………………………… 369
　　正统四年 ……………………………………………………… 370
　　正统五年 ……………………………………………………… 371
　　正统六年 ……………………………………………………… 372
　　正统七年 ……………………………………………………… 372
　　正统八年 ……………………………………………………… 373
　　正统九年 ……………………………………………………… 374
　　正统十年 ……………………………………………………… 375
　　正统十一年 …………………………………………………… 376
　　正统十二年 …………………………………………………… 377
　　正统十三年 …………………………………………………… 378
　　正统十四年 …………………………………………………… 379

馆阁漫录卷之三　景泰 ………………………………………… 383
　　景泰元年 ……………………………………………………… 383
　　景泰二年 ……………………………………………………… 385
　　景泰三年 ……………………………………………………… 387
　　景泰四年 ……………………………………………………… 390
　　景泰五年 ……………………………………………………… 391
　　景泰六年 ……………………………………………………… 393
　　景泰七年 ……………………………………………………… 394

馆阁漫录卷之四　天顺 ………………………………………… 398
　　天顺元年 ……………………………………………………… 398
　　天顺二年 ……………………………………………………… 402

天顺三年 ……………………………………………………………… 406
　　天顺四年 ……………………………………………………………… 407
　　天顺五年 ……………………………………………………………… 409
　　天顺六年 ……………………………………………………………… 411
　　天顺七年 ……………………………………………………………… 413
　　天顺八年 ……………………………………………………………… 414

馆阁漫录卷之五　起成化元年止成化六年 …………………………… 420
　　成化元年 ……………………………………………………………… 420
　　成化二年 ……………………………………………………………… 423
　　成化三年 ……………………………………………………………… 427
　　成化四年 ……………………………………………………………… 432
　　成化五年 ……………………………………………………………… 434
　　成化六年 ……………………………………………………………… 436

馆阁漫录卷之六　起成化七年止成化二十三年 ……………………… 437
　　成化七年 ……………………………………………………………… 437
　　成化八年 ……………………………………………………………… 438
　　成化九年 ……………………………………………………………… 439
　　成化十年 ……………………………………………………………… 440
　　成化十一年 …………………………………………………………… 440
　　成化十二年 …………………………………………………………… 442
　　成化十三年 …………………………………………………………… 442
　　成化十四年 …………………………………………………………… 445
　　成化十五年 …………………………………………………………… 446
　　成化十六年 …………………………………………………………… 447
　　成化十七年 …………………………………………………………… 447
　　成化十八年 …………………………………………………………… 448
　　成化十九年 …………………………………………………………… 449
　　成化二十年 …………………………………………………………… 450
　　成化二十一年 ………………………………………………………… 450
　　成化二十二年 ………………………………………………………… 451
　　成化二十三年 ………………………………………………………… 453

馆阁漫录卷之七　始弘治元年止九年 ………………………………… 458
　　弘治元年 ……………………………………………………………… 458

弘治二年	460
弘治三年	461
弘治四年	463
弘治五年	465
弘治六年	466
弘治七年	468
弘治八年	469
弘治九年	471

馆阁漫录卷之八　始弘治十年止十八年	474
弘治十年	474
弘治十一年	476
弘治十二年	478
弘治十三年	481
弘治十四年	482
弘治十五年	484
弘治十六年	485
弘治十七年	487
弘治十八年	489

馆阁漫录卷之九　始正德元年止六年	495
正德元年	495
正德二年	501
正德三年	505
正德四年	507
正德五年	511
正德六年	519

馆阁漫录卷之十　始正德七年止十六年	525
正德七年	525
正德八年	530
正德九年	532
正德十年	535
正德十一年	538
正德十二年	541
正德十三年	546

正德十四年 …………………………………………………………… 550
正德十五年 …………………………………………………………… 555
正德十六年 …………………………………………………………… 558

附录 ……………………………………………………………………… 560

馆阁漫录卷之一　洪武　永乐

洪武三十五年

七月初一日，其日壬午，成祖即位。以后翰林迁转并入阁事迹。

七月丙戌，升翰林院侍讲王景为本院学士，擢吴府审理副杨士奇为编修。　戊子，擢儒士曾日章为翰林院侍读，升国子监助教邹缉为侍讲，改给事中金幼孜、王洪及桐城县知县胡俨俱为检讨。　己亥，升翰林院待诏解缙为本院侍读，修撰胡靖为侍讲，编修吴溥、杨子荣为修撰，检讨郑子义为编修。擢太平县儒学训导萧引高为检讨，应天府儒学训导王汝玉、芜湖县儒学训导张伯颖为五经博士。特改子荣名荣。

八月壬子朔。　戊午，升中书舍人黄淮为翰林院修撰。　丙寅，上于宫中得建文时群臣所上封事千余通，披览一二，有干犯者，命翰林侍读解缙等遍阅，关系军马钱粮数目则留，余有干犯者悉焚之。既而从容问缙等曰："尔等宜皆有之。"众稽首未对。修撰李贯进曰："臣实无之。"上曰："尔以独无为贤耶？食其禄，则思任其事。当国家危急之际，在近侍独无一言，可乎？朕非恶夫尽心于建文者，但恶导诱建文坏祖法乱政经耳。尔等前日事彼则忠于彼，今日事朕当忠于朕，不必曲自遮蔽也。"

九月己丑朔。　癸巳，赐翰林侍读解缙等七员金织罗衣各一袭。

十一月庚辰朔。　己丑，升翰林院侍读解缙为本院侍读学士，侍讲胡靖、编修黄淮、检讨胡俨皆侍读，修撰杨荣、编修杨士奇、检讨金幼孜皆侍读。

永乐元年

四月丁未朔。　乙卯，擢袁州府儒学训导廖敬先为检讨。　庚申，礼部以万寿圣节宴百官，预定其位次进呈。上命驸马仪宾及随侍各王来朝官宴于三公府，四品以上文武官、诸学士及在京僧道官、大龙兴寺住持待宴奉天殿，在京各衙门堂上六品以上官、近侍官、修史官宴于中左门，在外进表官、四夷朝贡土官宴于中右门，余文武官宴于丹墀内。

六月丁未朔。　辛酉，监修国史太子太师、曹国公李景隆等，总裁官翰林侍读学士解缙等，上表进太祖高皇帝实录。 丙寅，以实录成，升纂修官吏部郎中徐旭为国子祭酒，太常博士钱仲益、知县杨颙、梁潜、王褒为翰林修撰，国子博士王达、给事中朱纮为编修，行人蒋骥为检讨，国子博士金玉铉为翰林五经博士，晋府伴读苏伯厚为翰林侍书，教谕解荣、刘宗平为待诏，教授张显为国子学正，训导傅贵、罗师程为国子学录，知府刘辰为江西布政司左参政，礼部郎中胡远为左参议；知县赵季通例应升，而以疾乞教职，授国子博士；佥事叶砥改吏部考功郎中，知县唐广云改监察御史，楚府教授吴勤改开封府学教授。升誊写官主事陆颙为礼部员外郎，端季思为兵部员外郎。擢监生钟子勤、陈彝训、刘谦、沈文为中书舍人，梁逢吉、叶蕃、沈绍先、华嵩、乔岳、卫浩、郑中、余从善、陈俊良、陈实为监察御史，生员金实为翰林典籍，汪琦等十人为知县。

七月丙子朔，上谕侍读学士解缙等曰："天下古今事物，散载诸书，篇帙浩穰，不易检阅。朕欲悉采各书所载事物类聚之，统之以韵，庶几考察之便，如探囊取物尔。尝观《韵府》、《回溪》二书，事虽有统，而采摘不广，纪载太略。尔等其如朕意，凡《书》、《契》以来经史子集百家之书，至于天文、地志、阴阳、医卜、僧道、技艺之言，备辑为一书，毋厌浩繁。"

八月，应天府奏请考乡试，上命翰林院侍读胡广、编修王达为考试官。

十二月甲戌朔，翰林院侍读学士解缙等奉敕修《古今列女传》成，上亲制序文。赐缙及侍读黄淮、胡俨，侍讲杨荣、金幼孜、杨士奇，检讨王洪、蒋骥，典籍沈度，文绮衣各一袭，钞有差。 乙未，擢乡贡举人王偶为翰林院检讨。既命下，上问左右曰："翰林院检讨之下何官？"对曰："博士、典籍、侍书、侍诏。"又曰："皆已除人未？"对曰："已除。"又问其贤视偶何若。对曰："偶初除，未知其为人。如旧博士中，皆老成文学士。"上叹曰："古所谓用人如积薪，此类是矣。国家用人，以贤以劳，偶之贤既未可知，劳亦未有，而今贤有劳者位其下，何以服士心？"命吏部凡翰林自博士以下皆升职与偶同，遂升博士张伯颖、王汝玉，典籍沈度、潘畿，侍书苏伯厚，待诏王延龄、刘宗〔平〕、解荣，皆为检讨。

永乐二年

正月癸卯朔。 庚申，擢宁国府学训导陈仲完为编修。 戊辰，礼部会试天下举人，奏请考试官，上命侍读学士解缙、侍读黄淮为考试官，赐宴于本部。

三月壬寅朔。 上御奉天殿，试礼部选中举人杨相等四百七十二人。 乙巳，上御奉天殿，阅举人对策，擢曾棨为第一。 己酉，吏部奏授进士曾棨等官，命第一甲曾棨为翰林院修撰，周述、周孟简俱为编修。仍命于第二甲择文学优等杨相等五十人，及善书汤流等十人，俱为翰林院庶吉士，俾仍进学。 甲寅，赐曾棨、周述、周孟简罗衣各一袭。 庚申，升翰林院编修王达为侍读学士。 命工部建进士题名碑于国子监，命翰林院侍读学士王达撰记。

四月辛未朔，简东宫官属，命淇国公丘福兼太子太师，成国公朱能兼太子太傅，吏部尚书蹇义兼詹事,升工部右侍郎金忠为兵部尚书兼詹事,兵部右侍郎墨麟、工部左侍郎赵毅俱兼少詹事,升吏科都给事中朱原贞、刑科左给事中陆中善俱为詹事府丞。 命礼部尚书李至刚兼左春坊大学士。升翰林院侍读学士解缙为本院学士,兼右春坊大学士;翰林院侍读黄淮为左庶子,胡广为右庶子,胡俨左谕德,皆仍兼侍读;翰林院侍读(讲)杨荣右谕德,仍兼侍讲;以翰林院侍讲杨士奇兼左春坊左中允,改北京刑部主事尹昌隆为左中允。升翰林院修撰李贯右春坊右中允,仍兼修撰。命吏部左侍郎温思恭兼左春坊左赞善。升翰林院编修陈仲完为左赞善,仍兼编修;检讨王汝玉为右春坊右赞善,仍兼检讨。升国子监博士徐善述、监察御史王子沂俱为左春坊左司直郎,国子助教晁铸、刑科给事中王文贵俱为右春坊右司直郎,刑部司务杨正为左春坊左清纪郎,国子博士杨斌右春坊右清纪郎,教授程禧、教谕黄贯俱左春坊司谏,教谕张祥、梁艮俱右春坊司谏。升翰林院编修杨溥、中书舍人姚友直俱为司经局洗马,溥仍兼编修;户科给事中吴牧兼司经局校书,吏科给事中梁质兼司经局正字。升教谕刘真为校书,训导王雅为正字。 丁丑,升湖广宝庆府知府仪智为通政司右通政兼右春坊右中允。 甲申,《文华宝鉴》成。先是,命侍臣辑自古以来嘉言善行有益于太子者为书,以授太子。至是书成,名《文华宝鉴》。上御奉天门,召皇太子授之曰:"修己治人之要,具于此书。昔尧舜相传,惟曰允执厥中,帝王之道,贵乎知要,知要便足为治,尔其勉之。"皇太子拜受而退。上顾翰林院学士兼右春坊大学士解缙等曰:"皇考训戒太子,尝采经传格言为书,名《储君昭鉴录》。朕此书稍充广之,盖以皇考圣谟大训以为子孙万世帝王之法,诚能守此,足为贤君。昔秦始皇教太子以法律,晋元帝授太子以韩非书,帝皇之道废而不讲,此所以乱亡。朕此书皆大经大法,卿等宜辅东宫,从容闲暇,亦当以此为说,庶几成其德业,他日不失为守成令主。"

五月辛丑朔,礼科言国子监祭酒徐旭坐书奏不谨,当降。上问吏部尚书蹇义:"旭为人何如?"对曰:"有文持守,而于人寡合。"上曰:"持守之人,固当寡合。盖其中有所主,而不能脂韦依阿于外,况兼有文学,宜真之近侍。"遂命为翰林院修撰。 戊申,升通政司右通政兼右春坊右中允仪智为湖广右布政使。

九月己亥朔。 庚申,上御右顺门,召翰林院学士解缙,侍读黄淮、胡广、胡俨,侍讲杨荣、杨士奇、金幼孜,谕之曰:"朕即位以来,尔七人朝夕相与共事,鲜离左右,朕嘉尔等恭慎不懈,故在宫中亦屡言之。然恒情保初易,保终难,朕固常存于心,尔等亦宜谨终如始,庶几君臣保全之美。"缙等叩首言:"陛下不以臣等浅陋,过垂信任,敢不勉励图报。"上喜,皆赐五品公服。又曰:"皇后数言欲召见尔七人命妇,其令即赴柔仪殿见。"是日,缙等之妻入见,中宫训劳备至,皆赐五品冠服及钞币表里。

丁卯,升左春坊左谕德兼侍读胡俨为祭酒。

十一月己亥朔。 壬子,擢富平县丞陆具瞻为翰林院编修。具瞻尝事上于藩邸,克效恭勤云。 丁巳,翰林院学士兼右春坊大学士解缙等进所纂录韵书,赐名《文献大成》,赐缙等百四十人钞有差,锡宴于礼部。既而上览所进书尚多未备,遂命重修,而敕太子少师姚广孝、刑部侍郎刘季篪及缙总之。命翰林学士王景、侍读学士王达、国子祭酒胡俨、司经局洗马杨溥、儒学陈济为总裁；翰林院侍讲邹缉，修撰王褒、梁潜、吴溥、李贯、杨颙、曾棨，编修朱纮，检讨王洪、蒋骥、潘畿、王偁、苏伯厚、张伯颖，典籍梁用行、庶吉士杨相、左春坊左中允尹昌隆、宗人府经历高得旸、吏部郎中叶砥、山东按察佥事晏璧为副总裁。命礼部简中外官及四方宿学老儒有文学者充纂修，简国子监及在外郡县学能书生员缮写，开馆于文渊阁。命光禄寺给朝暮膳。

十二月戊辰朔。　甲午立春，赐六部尚书、侍郎金织文绮衣各一袭，特赐翰林院学士解缙、侍读黄淮、胡广、侍讲杨荣、杨士奇、金幼孜衣，与尚书同。缙等入谢，上曰："朕与卿等非偏厚，代言之司，机密所属，况卿六人旦夕在朕左右，勤劳助益不在尚书下，故于赐赍，必求称其事功，何拘品级。"又曰："朕皇考初制，翰林长官品级与尚书同，卿等但尽心职任。孔子云：'君使臣以礼，臣事君以忠。'君臣各尽其道耳。"缙等稽首而退。

永乐三年

正月戊戌朔。　壬子，先是，上命翰林院学士兼右春坊大学士解缙等于新进士中选才质英敏者，俾就文渊阁进学。至是，缙等选修撰曾棨，编修周述、周孟简，庶吉士杨相、刘子钦、彭汝器、王英、王直、余鼎、章敞、王训、柴广敬、王道、熊直、陈敬宗、沈升、洪顺、章朴、余学夔、罗汝敬、卢翰、汤流、李时勉、段民、倪维哲、袁添禄、吾绅、杨勉二十八人入见。上谕勉之曰："人须立志，志立则功就，天下古今之人，未有无志而能建功成事者。汝等简拔于千百人中为进士，又简拔于进士中至此，固皆今之英俊，然当立心远大，不可安于小成，为学必造道德之微，必具体用之全，为文必并驱班、马、韩、欧之间。如此立心，日进不已，未有不成者。古人之学之至，岂皆天成，亦积功所至也。汝等勉之。朕不任尔以事，文渊阁古今载籍所萃，尔各食其禄，日就阁中，恣尔玩索，务实得于己，庶国家将来皆得尔用，不可自怠以孤朕期待之意。"时进士周忱自陈年少，愿进学。上喜曰："有志之士也。"命增忱为二十九人。遂命司礼监月给笔墨纸，光禄朝暮给膳，礼部月给膏烛钞人三锭，工部择近地宅居之。

丙辰，国子监祭酒胡俨请申明洪武中所定学规，从之。上谕俨曰："此其条约耳。为师范者，当务正己以先之，讲学渐磨，以养其心，以淑其身，此为切要。"

二月丁卯朔。　壬午，升翰林院编修陆具瞻为赵府左长史，以具瞻尝授学赵王云。

八月，应天府乡试奏请考官，上命翰林院学士翰林院学士王景、侍读学士王达考试，赐宴于本府。

永乐四年

二月壬戌朔。　己巳，礼部以会试天下举人奏请考试官，上命翰林院侍读学士王达、司经局洗马兼翰林院编修杨溥考试，赐宴于礼部。　壬申，上以太祖高皇帝御制《嘉禾》诗勒石装成轴，赐诸王及尚书、侍郎、内阁学士、侍读、侍讲及国子监祭酒、司业。

三月辛卯朔，上幸太学，赐翰林院学士兼右春坊大学士解缙等六员二品金织罗衣各一袭。　乙巳，上御奉天殿，阅举人对策，擢林环第一。　癸丑，擢第一甲进士林环为修撰，陈全、刘素为编修，选第二甲、第三甲进士文翰优者江殷、胡荣先、孙迪、张叔豫、李岳润、陈孟洁、张文选、郑复言、曾春龄、萧福、曹昌、卢永、黄献十三人改庶吉士，翰林院读书。

七月戊子朔。　辛丑，赐左春坊左庶子兼侍读黄淮等五员二品金织纱衣一袭。

闰七月戊午朔。　己巳，召北京儒士武周文至，劳谕甚至，特命为翰林侍讲学士，赐冠带金织罗衣一袭。明日入谢，以其老，令致仕。上语翰林侍读胡广等曰："朕守藩时，闲暇喜观《易》，时王府官亦有三二人知《易》，然皆不若周文切实，但所言亦有拘滞不流动处。盖《易》道妙在变通，不失其正耳。古人随时从道之说，最得要领，亦在虚心以玩之耳。"又曰："为学不可不知《易》，只'内君子，外小人'一语，人君用之，功效不少。"　乙亥，上御奉天殿，翰林侍讲学士致仕武周文陛辞，命留之赐坐，与语良久。上曰："卿笃学惇德，宜在朕左右，然春秋高矣，不欲烦劳，宜归家享子孙奉养，以终天年。"周文起顿首谢。又命赐酒馔、楮币，给驿传送至家。上顾谓翰林侍读胡广曰："周文亦操履端方。"广等对曰："陛下待儒臣进退之际，恩礼俱至，儒道光荣多矣。"上咲曰："朕用儒道治天下，安得不礼儒者？致远必重良马，粒食必重良农，亦各资其用耳。"

九月丁巳朔。　丁卯，赐翰林侍读黄淮等五员金织罗衣各一袭。　壬午，上闻翰林院读书庶吉士王训、汤流、柴广敬相继病卒，叹息谓侍臣曰："朕深有望文学之士，复前古之盛，故简拔此二十八人者，加厚作养之，庶天下才俊，有闻而兴起者。曾不几时，连失三人，何其成之难而丧之易也。"咨叹久之。

永乐五年

三月乙卯朔。　丙子，吏部言："詹事府六品以上正佐官，三年考满，宜如太常寺等衙门官例不考，俟九年，奏请黜陟。其主簿、录事、舍人，宜如六部等衙门属官例考核。"从之。　癸未，赐文武百官西洋及高丽布有差，特命翰林院侍读黄淮、胡广，侍讲杨荣、杨士奇、金幼孜，赐同尚书。

四月乙酉朔。　辛卯，皇长孙出阁就学。　癸巳，赐翰林院侍读黄淮五员金织云鹤纱衣各一袭。　甲午，召前礼部仪制司郎中兼右春坊右赞善李继鼎至，复以为右赞善，命侍皇长孙说书。继鼎以病免归岁余，至是，上念藩邸旧人，复召用之。

六月乙未，翰林院侍读学士王达卒。达无锡人，自县学训导以荐升国子助教。上即位，用姚广孝言，升编修，再升侍读学士。

十一月辛亥朔，升右春坊右庶子兼翰林院侍读胡广为翰林院学士兼左春坊大学士；左春坊左庶子兼翰林院侍读黄淮为右春坊大学士，仍兼侍读；左春坊左谕德兼翰林院侍讲杨荣为右春坊右庶子，翰林院侍讲兼左春坊左中允杨士奇为左春坊左谕德，翰林院侍讲金幼孜为右春坊右谕德，荣、士奇、幼孜皆仍兼侍讲；翰林院侍讲邹缉兼左春坊左中允，修撰曾棨、林环皆升侍讲，修撰梁潜兼右春坊右赞善。升翰林院检讨沈度，庶吉士彭汝器、王直、余鼎、王英、罗汝敬为修撰。仍命吏部臣曰："广等侍朕日久，继今考满，勿改外任。" 乙丑，太子少师姚广孝等进重修《文献大成》，书凡二万二千九百三十七卷，一万一千九十五本，更名《永乐大典》，上亲制序以冠之。

永乐六年

正月庚戌朔。　丁丑，赐翰林院学士胡广等五员各彩币二表里，白金十两，钞五百贯。

六月戊寅朔。　庚寅，右春坊右庶子兼翰林院侍讲杨荣丁父忧归，赐钞一千贯。

七月丁未朔。　癸酉，翰林院学士王景卒。景字景彰，处州松阳人。洪武初，历教谕、知州，升山西布政司右参政，坐事谪云南。建文中，以知县召修高庙实录，丁母忧去。服阕，吏部尚书张纮前在云南，雅知之，奏升翰林院侍讲。上即位，升学士。时建文君未葬，上询景葬礼，景对以天子礼，上然其言。景博学，以古文自擅，亦擅笔札。然不谨细故，与时多忤云。

八月丙子朔，议定明春巡狩北京，内带去翰林院内阁官三员，侍讲、修撰、典籍等官六员。　癸未，应天府乡试奏请考试官，上命翰林院修撰李贯、检讨王洪考试，赐宴于本府。

九月丙午朔。　壬戌，升翰林院修撰吴溥为国子监司业。　癸亥，升中书舍人芮善为司经局洗马。

十月壬寅，起复右春坊右庶子兼侍讲杨荣。

十一月乙巳朔。　甲寅，命太子太师、淇国公丘福，吏部尚书兼詹事蹇义、兵部尚书兼詹事金忠，翰林院学士、左春坊大学士胡广、右春坊大学士兼翰林院侍读黄淮、右春坊右庶子兼翰林院侍讲杨荣、左春坊左谕德兼侍讲杨士奇、右春坊右谕德兼侍讲金幼孜、司经局洗马姚友直等，辅导皇长孙。　丙辰，升江西道监察御史于敬、李贤为左春坊左中允，宛平县丞梁敏为左赞善，山东道监察御史刘子春、河南道监察御史韩守善为右春坊右中允。

永乐七年

正月甲辰朔。　癸亥，命翰林院学士胡广、侍讲杨荣、金幼孜扈从，赐锦衣狐帽狐裘鞍马，巡狩至北京。　交阯布政司左布政使张显宗卒。显宗字明远，汀州宁化人。洪武中进士及第，授翰林院编修，升太常寺丞，再升国子监祭酒。建文中，升工部侍郎，坐事免。交阯平复，起为左布政使。

二月甲戌朔。　戊寅，上谕右春坊大学士黄淮、左谕德杨士奇曰："朕命尔等辅东宫监国，东宫天性仁厚，识见端正。尝一日侍侧，朕问讲官今日说何书，对曰：'君子小人和同章。'因问：'何以君子难进易退，小人则易进难退？'对曰：'小人逞才无耻，君子守道而无欲。'又问：'何以小人之势常胜？'对曰：'此系上之人好恶，如明主在上，必君子胜矣。'又问：'明主在上，都不用小人乎？'曰：'小人果有才不可弃者，须常警饬之，不使有过可也。'朕时甚喜其学问有进，尔等其尽心辅之。"　庚辰，礼部以会试天下举人启请考试官，皇太子命翰林院侍讲邹缉、左春坊左司直郎徐善述考试，赐宴于礼部。　庚寅，前右春坊右赞善兼检讨王汝玉坐修礼书紊制度，当谪戍边，皇太子重其文学，且悯其老，宥之，以为翰林院典籍。

闰四月癸卯朔。　戊辰，敕吏部尚书兼詹事蹇义、兵部尚书兼詹事金忠、右春坊大学士兼侍读黄淮、左春坊左谕德兼侍读（讲）杨士奇曰："朕命皇太子监国，其所裁决庶务，须令六科逐月类奏。"

五月壬申朔。　庚寅，皇太子擢山东道监察御史周幹为左春坊左中允。幹尝巡按北京，宽大有体，见知皇太子，故擢寘左右。

六月壬寅朔。　己酉，赐书皇太子，令谕右春坊大学士兼侍读黄淮、左春坊左谕德兼侍讲杨士奇，以太祖高皇帝御制文集及《洪武实录》点检完备，封识付老成内官一人，同锦衣卫指挥王真，及翰林院官邹缉、梁潜、李贯、王洪，送赴北京。仍令淮、士奇于朝臣内，慎举谨厚笃实、文学可称者数人偕来。　甲寅，皇太子命起复司经局洗马兼编修杨溥。　丁卯，上以御史欧阳兼文学稍优，改编修。

七月辛未朔。　戊子，皇太子擢庶吉士王渝为左司直郎。　庚寅，皇太子擢孔谔为左春坊左中允。谔宣圣五十七代孙，时以乡贡举人会试，中副榜第，当授教官，以宣圣后召见文华，遂擢之。

十月己亥朔。　辛酉，皇太子升翰林院典籍金实为左司直郎。

十二月戊戌朔。　甲寅，皇太子升浙江道监察御史陈灏为左春坊左中允，福建道监察御史徐敬为右春坊右中允。

永乐八年

二月戊戌朔。　癸卯，命国子监祭酒胡俨兼翰林院侍讲。

三月丁卯朔。　乙酉，皇太子擢茂名县知县董子庄为北京国子司业。时子庄以通经名，召修《永乐大典》于翰林，遂简用之。

五月丁卯朔。　壬午，皇太子改北京刑部主事赵逊为左司直郎。

七月丙寅朔。　戊辰，遣右春坊右庶子兼侍讲杨荣赍书谕皇太子，以七月十七日抵北京。

八月乙未朔。 己未，赐扈从北征文职官钞及彩币表里有差，特命翰林院学士胡广、侍讲杨荣、金幼孜赐同尚书。

十二月癸巳朔。 癸丑，皇太子改左司直郎徐善述为左赞善。

永乐九年

二月壬辰朔。 癸巳，升左春坊左中允李贤为云南按察佥事。

三月辛酉朔。 甲子，上廷试举人陈璲等，擢萧时中为一甲第一。 甲戌，擢一甲进士萧时中为修撰，苗衷、黄旸俱为编修，第二甲、第三甲进士杨慈、刘永清、陈璲、钱习礼、黄寿生、陈用俱为翰林庶吉士。钟英、张习、张式、马信、邵聪初自国子监生选入翰林习译书，至是中进士，亦改庶吉士。

六月庚寅朔。 壬子，右春坊右庶子兼翰林院侍讲杨荣奔丧还至京。 戊午，交阯布政司右参议解缙有罪，征下狱。先为翰林学士兼右春坊大学士，甚见宠任，坐廷试读卷不公，出为广西布政司右参议。会有言缙尝泄建储时密议者，遂改交阯，命专督化州馈饷。时翰林检讨王偁有罪，亦谪交阯，二人遂共趋广东，娱嬉山水忘返。缙又上言请用数万人凿赣江，以便往来。上曰："为臣受事则引而避去，乃欲劳民如此。"并偁皆下狱。后数岁，皆瘐死。缙文学书札独步当时，其为人旷易无城府，喜荐引士，然少慎择，且所行多任情忽略，故及于罪。偁为文独为缙所喜，而傲诞不检，士论黜之。初缙之下狱也，狱吏拷治，索所与同谋，缙不胜箠楚，书大理寺丞汤宗、宗人府经历高得旸、礼部郎中李至刚、右春坊右中允兼修撰李贯、赞善兼编修王汝玉、编修朱纮，检讨蒋骥、潘畿、萧引高等塞责，皆下狱，后得旸、贯、汝玉、纮、引高相继死狱中。贯，甲科进士，为翰林修撰兼中允，负清介之操，其死也，士类惜之。

八月庚寅朔。 乙未，应天府请乡试考官，上命翰林院学士兼左春坊大学士胡广、右春坊右庶子兼翰林院侍讲杨荣考试，赐宴于本府。

十月己丑朔。 乙巳，命重修太祖高皇帝实录。上初即位，命曹国公李景隆等监修，而景隆等心术不正，又成于急促，未极精详。上巡幸至北京之初，命翰林院学士胡广等重修。至是，命太子少保（师）姚广孝、户部尚书夏原吉为监修官，翰林学士兼左春坊大学士胡广、国子祭酒兼侍讲胡俨、右春坊大学士兼侍读黄淮、右庶子兼侍读杨荣为总裁官，右（左）谕德兼侍讲杨士奇、金幼孜为纂修官。 戊申，升翰林院检讨王洪为修撰。

永乐十年

二月丙辰朔，给授吏部尚书兼詹事蹇义、户部尚书夏原吉、礼部尚书吕震、兵部尚书兼詹事金忠、兵部尚书方宾、翰林院学士兼左春坊大学士胡广、右春坊大学士兼翰林院侍读黄淮、右春坊右庶子兼翰林院侍讲杨荣、左春坊左谕德兼翰林院侍讲杨士奇、右春坊右谕德兼翰林院侍讲金幼孜诰命，并封赠其祖父母、父母及妻如制，盖特恩云。

辛酉，礼部会试天下举人奏请考试官，上命翰林院侍讲杨士奇、金幼孜考试，赐宴于礼部。　戊辰，命礼部尚书谕考官杨士奇、金幼孜曰："数科取士颇多，不免玉石杂进。今取毋过百人，其务精择，收散材累百，不若得良材一株也。"　取林志等一百人。

三月乙酉朔。　戊子，上御奉天殿，阅举人对策，擢马铎为第一。　壬辰，命一甲进士马铎为翰林院修撰，林志、王铨为编修，进士内原习译书蒋礼、赵勖、徐俊、何贤、潘勤、黄裳、罗兴、杨荣、张观、王观、马驯、王璜、刘濬、胡让、邵遏、米显、方复为庶吉士，仍隶翰林院。　己酉，升广东道监察御史裴琏为右春坊右中允，许胜为左春坊左司直郎。　癸丑，赐翰林院学士兼左春坊大学士胡广等五员二品织金纱衣各一袭。

四月乙卯朔，赐在京文武百官夏布有差，学士胡广等五员赐同尚书。

五月甲申朔。　壬子，升中书舍人王遂为左司直郎。

七月甲申朔。　丙戌，赐在京文武衙门堂上官兜罗锦被有差，翰林院学士胡广等五员赐同尚书。　甲辰，擢吏部郎中邹济为左春坊左庶子，济宁州学正高寿为左春坊左中允，中书舍人吴均、北京国子监助教黄琮、岳州府学教授赵文为右春坊右中允。改左中允孔谔、司谏朱琏为监察御史，左司直郎许胜、右中允刘子春、裴琏为刑部主事。

八月癸丑朔。　庚申，升国子监助教贝泰为北京国子监司业。

十一月壬午朔，命右春坊右庶子兼侍讲杨荣往陕西，同丰城侯李彬诣甘肃经略。

永乐十二年

八月辛丑朔。　丙午，北京行部乡试奏请考官，上命翰林院侍讲曾棨、翰林院侍讲兼左春坊左中允邹缉考试，赐宴于本部。　丁未，应天府乡试请考试官，皇太子命司经局洗马兼编修杨溥、编修周述考试，赐宴于本府。

十一月庚子朔。　甲寅，上谕行在翰林院学士胡广、侍讲杨荣、金幼孜曰："《五经》、《四书》，皆圣贤精义要道，其传注之外，诸儒议论有发明余蕴者，尔等采其切当之言，增附于下。其周、程、张、朱诸君子性理之言，如《太极通书》、《西铭正蒙》之类，皆六经之羽翼，然各自为书，未有统会，尔等亦别类聚成编，二书务极精备，庶几以垂后世。"命广等总其事。

永乐十三年

二月己巳朔。　甲戌，行在礼部会试天下举人奏考试官，上命翰林院修撰梁潜、王洪考试，赐宴于礼部。

三月己亥朔。　壬寅，上御奉天殿，阅举人对策，擢陈循为第一。　丁巳，命第一甲进士陈循为修撰，李贞、陈景著为编修，仍命同纂修《性理大全》等书。第二甲、第三甲进士洪英、王翱、林文秸、宋魁、陈镛、曾弘、林遒节、胡濙、章文昭、严珊、金关、王英、郑珞、袁璞、周崇厚、习侃、郑雍言、牟伦、吕棠、张益、黄仲芳、廖谟、宋琰、朱昶、范琮、黄瑞、陈文璧、高穀、张坚、沈旸，及原习译书王懋、姚升、胡清、方勉、林超、曹义、龚英、时永、彭麟应、陈坤奇、李芳、叶颖、王世华、吴绍生、丁毅、石玉、黎民、张逊、万完、周贵、连智、王谕、樊敩、王麟、戴觐、许彬、徐景安、石庆、郑猷、李冠禄、周安、谢晖，为翰林院庶吉士。

九月乙未朔。　戊申，擢行在翰林院庶吉士陈用、刘永清、陈璲、黄寿生、余学夔、钱习礼为本院检讨。此后《性理大全》成，名姓在《大全》，不书。

永乐十四年

三月癸巳朔。　辛亥，升翰林院修撰兼右赞善梁潜为本院侍读，仍兼赞善，编修陈全为侍讲。

四月癸亥朔。　乙亥，命翰林院学士兼左春坊大学士胡广为文渊阁大学士，右庶子兼侍讲杨荣、右谕德兼侍讲金幼孜俱为翰林院学士，三人俱仍兼春坊原职。

八月庚申朔。　壬申，升翰林院修撰王英、王洪俱为本院侍讲。　癸酉，升检讨张伯颖为本院修撰。

十二月戊午朔。　壬午，《历代名臣奏议》书成。上谕皇太子，命翰林院学士黄淮、杨士奇集。　甲申，升翰林院修撰沈度为本院侍讲学士、中书舍人沈粲为修撰。粲，度之弟也。

永乐十五年

二月戊午朔。　乙亥，升左谕德兼侍讲杨士奇为翰林院学士，仍兼谕德。

五月丙戌朔，赐文渊阁大学士胡广、学士杨荣、金幼孜金纱衣。

七月甲寅朔。　癸未，赐大学士胡广、学士杨荣、金幼孜二品金织袭衣等物。

八月甲申朔。　己丑，北京行部乡试请考官，上命行在翰林院侍讲、左中允邹缉、侍讲王洪考试，赐宴于本部。　庚寅，改命行在翰林院侍讲王英为乡试考官，出侍讲王洪为礼部主事。洪，杭州人。由进士任行人，升给事中，以文学擢检讨，升修撰，复升侍讲。洪初有操守，恒自负，矜己傲物，醉辄出忿语斥同列，以不得为学士，中怀怏怏。尝疏诬学士胡广，其父子祺为延平府知府，以罪死，广不当于实录中隐其罪。上察知子祺卒于官，遂不直洪。　辛卯，应天府乡试启请考官，皇太子命侍读兼右赞善梁潜、侍讲陈全考试。

九月癸丑朔。 乙丑，赐文渊阁大学士胡广、翰林院学士杨荣、金幼孜，白金各五十两，彩币四表里，绵布各十匹。 庚午，升翰林院修撰沈粲为本院侍读。

十月癸未朔。 戊申，升翰林院典籍郑叔美为本院检讨。

永乐十六年

二月壬午朔。 丁亥，行在礼部会试天下举人请考官，上命行在翰林侍读学士曾棨、侍讲王英考试。

三月辛亥朔。 甲寅，上御奉天殿，阅举人对策，擢李骐为第一。骐初名马，特赐今名。 丙寅，擢第一甲进士李骐为翰林院修撰，刘江、邓珍俱为编修。其第二甲第三甲周叙、董璘、杨瑄、褚思敬、尹凤岐、陈询、徐律、习嘉言、王宾、胡文善、周懋昭、王暹、雷遂、莫珪、孔友谅、秦初等，俱为翰林院庶吉士。

五月庚戌朔。 辛亥，赐重修实录监修官夏原吉钞二百锭、彩币三表里、纱衣一袭；总裁官文渊阁大学士兼左春坊大学士胡广、翰林院学士兼左庶子杨荣、国子监祭酒兼侍讲胡俨，人钞百六十锭，彩币二表里，纱衣一袭；纂修官翰林院学士兼右谕德金幼孜赏同胡广等，侍读学士曾棨，侍读邹缉、王英，修撰余鼎、罗汝敬，主事李时勉、陈敬宗，人钞百锭。 甲寅，赐翰林院学士杨荣、金幼孜二品金织罗衣一袭。 丁巳，文渊阁大学士兼左春坊大学士胡广卒。广字光大，吉水人。建文庚辰进士第一，赐名靖，永乐初，敕复旧名。赠尚书，谥文穆。

六月庚辰朔。 乙酉，纂修天下郡县志书，命行在户部尚书夏原吉，翰林院学士杨荣、金幼孜总之。

七月己酉朔。 甲戌，翰林院侍读兼右赞善梁潜以辅导有阙，下狱死。

永乐十七年

十月壬申朔。 庚寅，命故文渊阁大学士胡广子穜为翰林院检讨，俾进学翰林院。盖追念广之劳也。

永乐十八年

正月庚子朔。 丙子，上命行在学士杨荣、金幼孜并为文渊阁大学士兼翰林院学士，赐宴于礼部。

八月丁酉朔。 壬寅，北京行部乡试请考官，上命左春坊左中允兼行在翰林院侍讲邹缉、王英考试，赐宴于本部。 是日，应天府乡试启请考官，皇太子命修撰张伯颖、左赞善兼编修陈仲完考试，赐宴于本府。

九月丙寅朔。　丁卯，擢扬州府学教授蔺从善、青州府学教授林长懋、宝鸡县学教谕徐永达俱为翰林院编修。

十一月乙丑朔。　癸巳，赐文武群臣金织纻丝表里各一袭，特命文渊阁大学士兼翰林院学士杨荣、金幼孜赐同尚书。

十二月乙未朔。　甲辰，升修撰罗汝敬为侍讲。

永乐十九年

正月甲子朔。　乙丑，升中书舍人朱孔旸为翰林院编修。　丁卯，命翰林院学士兼左春坊左谕德杨士奇为右春坊大学士。

二月甲午朔。　己亥，礼部会试天下举人奏请考官，上命左春坊大学士杨士奇、翰林院侍讲周述考试。　辛丑，擢庶吉士周崇厚、高毂、宋琰、胡靓、朱昶、章文昭、张益、柴兰为中书舍人。

三月癸亥朔。　辛巳，上御奉天殿，阅举人对策，擢曾鹤龄为第一。

五月壬戌朔，命曾鹤龄为翰林院修撰，刘矩、裴纶俱为编修，第二甲、第三甲原习译书卫恕、陈融、温良、姚本、张恕、万硕、黄澍、杨鼎、王连、李学、吴得全、朱子福、王振、蒋谦、韦昭等为庶吉士，隶翰林院。　是日，升翰林院修撰余鼎为本院侍读。

七月辛酉朔。　丙寅，擢翰林院庶吉士周叙、尹凤岐、习嘉言、杨琪、陈询俱为本院编修；典籍黄约中，庶吉士彭麟应、秦初、黄裳、陈善、韦招、连智、庄约、许彬、胡让、王谕、马信、李冠禄、万完、甄谌、陈纪、张式、郑猷俱为检讨；庶吉士杨盛、寇厚、卫恕、张恕、沈让、段莛、姚本、陈融、温良俱为中书舍人。

九月辛酉朔。　壬戌，升左春坊左庶子邹济为詹府少詹事，右春坊右中允黄琮为右庶子。

十月庚寅朔。　庚戌，升翰林院侍讲邹缉为左春坊左庶子，仍兼侍讲，庶吉士董璘为编修。

十一月庚申朔。　辛巳，翰林院侍读李时勉坐累下狱。

永乐二十年

九月乙卯朔。　庚申，左春坊左庶子兼翰林院侍讲邹缉卒。缉字仲熙，江西吉水人。自少力学，博极群书，为文不尚雕绘。自学官用荐升国子助教。上初即位，擢翰林侍讲，寻兼左中允。秩满，升左庶子，仍兼侍讲，与修太祖高皇帝实录及《永乐大典》。居官勤慎小心，国子监缺祭酒，屡奉命署监事。尝患背疽，上特命中官督医往疗，仍赐名药。缉务持正议，与众辨论，不苟为异同。与朋友交，必辅引于正。或沦患难，必极力济之。性澹泊，禄食三十年，俭素不改布衣时。所嗜独书籍，及卒，家无余赀，藏书数千卷而已。与缉同时有陈仲完者，福州长乐人。自教官入翰林为编修，兼左春坊左赞善。为人温厚质实，与物无竞，平居寡言，至于论是非可否，据礼揆义，无所回挠。尝有诏汰在京诸司冗官，皇太子命两坊长官简贤者留之，庸者汰之，时邹济为左春坊长，执笔畏缩不敢下，遽起称疾不出。次当仲完长坊事，即提笔书某当留、某当汰，众皆服其明决，被汰者亦自愧服。仲完授皇孙经，多所辅益。历官二十年不迁，怡然自足。皇太子恒言春坊如陈仲完不易得。后缉月余亦卒。又有陈济者，常州人，尚书洽之兄。博学强识，当时鲜伦。诏修《永乐大典》，自布衣召入为总裁。书成，授右春坊右赞善。后仲完未几亦卒。　癸亥，以左春坊大学士杨士奇辅导有阙，下锦衣卫狱。

　　癸酉，释杨士奇，复旧官。　己巳，宴随征将士，以文渊阁大学士兼翰林院学士杨荣、金幼孜扈从之劳，特命坐前列食上肴，各赐二品金织纻丝衣一袭，钞五千贯。

永乐二十一年

　　八月己酉朔。　甲寅，顺天府请考官，皇太子令翰林侍讲王英、修撰林志考试。
　　十一月戊寅朔。　丁亥，皇太子闻内侍黄俨、江保数造危语，谮之于上，皆不听。皇太子召左春坊大学士杨士奇至文华殿语之，故因叹曰："天可欺乎？非赖至尊圣明，尚得在此哉？"士奇对曰："殿下益宜自处尽道。"皇太子曰："尽心，子职而已，他有何道？"

永乐二十二年

　　二月丁未朔。　壬子，礼部会试天下举人奏请考试官，命翰林院侍读学士曾棨、侍讲余鼎考试，赐宴于礼部。
　　三月丁丑朔。　己卯，上御奉天门，阅举人对策，擢邢宽为第一。　庚子，命第一甲进士邢宽为翰林院修撰，梁禋、孙曰恭为编修，其第二甲、第三甲徐贤、何志、薛理、李芳、蔡英、葛陵等为庶吉士。
　　四月丙午朔。　丁卯，皇太子升吏科给事中张瑛、礼科给事中戴伦为左春坊左中允。
　　六月甲辰朔。　庚申，皇太子升司经局洗马姚友直为左春坊左庶子，司直郎王文贵为司经局洗马。
　　永乐二十二年七月辛卯，太宗皇帝以征虏寇，上宾于行在。先日，遗命皇太子即皇帝位。八月甲辰，文渊阁大学士兼翰林院学士杨荣、御马监少监海寿传遗命至北京，帝恸哭几绝，强起拜受命。既而命尚书蹇义、大学士杨荣、杨士奇议一应合行事宜，及同吕震议丧礼。

仁宗八月十五日即位。 己未，置太师、太傅、太保，阶正一品，少师、少傅、少保，阶从一品。上谕吏部尚书蹇义曰："此皇祖之制也。皇考圣明天纵，可不置此官？予历事未广，不无望于傅、保，卿等免之。"遂命义为少保，仍兼吏部尚书，二俸俱给。 升文渊阁大学士兼翰林院学士杨荣为太常寺卿，金幼孜为户部右侍郎，俱仍前职；左春坊大学士杨士奇为礼部左侍郎兼华盖大学士。升前右春坊大学士兼翰林院侍读黄淮为通政使兼武英殿［大学士］。大学士。荣、幼孜、士奇、淮俱掌内制，不预所升职务。升前司经局洗马兼翰林院编修杨溥为翰林院学士，前司经局正字金问为翰林院修撰。

九月癸酉朔。 乙亥，升翰林院侍读王直为本院侍读学士，侍讲王英为侍讲学士，修撰林志、检讨钱习礼为侍读，检讨余学夔、五经博士王进为侍讲。 丁亥，改淮府右长史王荣为吏科左给事中，荆府右长史曹曼龄为翰林院修撰。二人侍上于春宫，凡书表奏及机务文字悉专之，故有是命。 壬辰，命宗人府经历黄琮致仕。琮尝事上于东宫，为春坊中允，后进左庶子。上即位，改经历，至是悯其老，命致事。 丁酉，进少保兼吏部尚书蹇义为少傅，礼部左侍郎兼华盖殿大学士杨士奇为少保，俱兼职如故；太常寺卿兼文渊阁大学士、翰林院学士杨荣为太子少傅，置谨身殿大学士，命兼之；户部右侍郎兼文渊阁大学士、翰林院学士金幼孜为太子少保兼武英殿［大学士］。原缺第三十二叶。

［十月壬寅朔，升太子太傅、成山侯王通，阳武侯薛禄俱太子太保；礼部尚书兼］太常寺卿吕震为太子少师，户部尚书夏原吉为太子少傅，兵部尚书李庆为太子少保，震、原吉、庆皆尚书如故；户部尚书郭资兼太子宾客，刑部尚书吴中、工部尚书黄福俱兼詹事府詹事；太仆寺卿郭敦为户部左侍郎，及吏部左侍郎郭进俱兼少詹事，改进名琎。升监察御史黄宗载、艾良俱为詹事府丞，曾棨为左春坊大学士，仍兼翰林院侍读学士，王英为右春坊大学士，仍兼翰林院侍读学士，王直为右春坊右庶子，仍兼翰林院侍读学士，周述为左春坊左谕德兼翰林院侍读，林志为右春坊右谕德，仍兼翰林院侍读。改左春坊左谕德张瑛、右春坊右谕德戴纶俱为司经局洗马，刑部主事张宗琏、中书舍人张侗俱为左春坊左中允。升翰林院编修徐永达、林长懋俱为右春坊右中允，蔺从善为左春坊左赞善，国子监助教王让为右春坊右赞善，翰林院检讨蒋骥、中书人舍高榖俱为左春坊左司直郎，吏科给事中蒋先、国子监博士张景良俱为右春坊右司直郎。

十一月壬申朔。 丙戌，进少傅、吏部尚书蹇义为少师，少保兼华盖殿大学士杨士奇为少傅，俱兼职如故；太子少傅、户部尚书夏原吉为少保，仍兼原二职；太子少师、礼部尚书吕震为太子太保，仍兼礼部尚书；太子宾客、都察院左都御史刘观为太子少保，仍兼左都御史；工部尚书兼詹事府詹事吴中为太子少保兼工部尚书。俱给二俸。赐原吉绳愆纠缪图书。

馆阁漫录卷之二 洪熙 宣德 正统

洪熙元年

　　正月壬申朔。　丙子，升通政使兼武英殿大学士黄淮为少保、户部尚书，仍兼武英殿大学士；加少傅兼华盖殿大学士杨士奇兵部尚书，太子少保兼武英殿大学士金幼孜礼部尚书。俱三俸并支，仍掌内制。　赠故詹事府少詹事邹济、左春坊左赞徐善述俱为太子少保，赐济谥文敏，善述谥文肃。　丁丑，少傅、兵部尚书兼华盖殿大学士杨士奇及少保、户部尚书兼武英殿士黄淮俱奏辞尚书一俸，从之。太子少傅、工部尚书兼谨身殿大学士杨荣，太子少保、礼部尚书兼武英殿大学士金幼孜，亦各辞尚书一俸，以扈从皇考勤劳，不准辞。　己卯，建弘文阁。先是，上谕大学士杨士奇等曰："卿等各有职务，朕欲别得学行端谨老儒数人，日侍燕闲，备顾问，可咨访以闻。"士奇以翰林侍讲王进、苏州儒士陈继对，遂命吏部召继。至是建弘文阁于思善门外，作印章，命翰林院学士杨溥掌阁事，进佐之。上亲举印授溥曰："朕用卿等于左右，非止助益学问，亦欲广知民事，为理道之助。卿等如有建白，即以此封识进来。"未几继至，授翰林院五经博士。吏部尚书蹇义言学录杨敬、训导何澄皆敦实，即授敬翰林院编修，澄礼科给事中，命三人皆于弘文阁，与进同事云。　己亥，太子少保、礼部尚书兼武英殿大学士金幼孜奏："臣祗奉圣恩，赐诰命，封赠二代，此臣子之至荣。近复蒙诏书许文臣省亲祭祖，臣离家二十六年，臣母见年八十有二，今欲援例归省焚黄。"上喜，特赐白金五十两，钞万贯，命兵部给驿俾归。自是朝臣请告还乡省亲祭祖者比比矣。　赠故左春坊左赞善兼编修王汝玉为太子宾客，赐谥文靖，遣官致祭。

　　二月辛丑朔。　戊午，升国子监祭酒兼侍讲胡俨为太子宾客，仍兼祭酒，命致仕。

　　三月辛未朔。　壬申，升前光禄寺署丞权谨为文华殿大学士。谨居家事母孝，有司以闻，驿召至京。上以孝子必忠，可任辅导，遂超升是职。　擢行人司右司副张洪为翰林院修撰。　丁酉，升翰林院学士杨溥为太常寺卿，仍兼学士。

　　四月庚子朔。　庚戌，上谕礼部臣曰："科举之士，须南北兼取，南人虽善文词，而北人厚重，比累科所选，北人仅得什一，非公天下之道。自今科场取士以十分论，南士取六分，北士四分，尔等其定议各布政司名数以闻。"　辛亥，命成国公朱勇、丰城侯李贤，都督郭义、李通，太子少保兼兵部尚书李庆、工部尚书兼詹事府詹事黄福、户部左侍郎兼詹事府少詹事郭敦、都察院右副都御史胡广、太常寺少卿徐善渊、左春坊大学士兼翰林院侍读学士曾棨、左春坊左庶子陈山，司经局洗马张瑛、戴纶，左春坊左谕德兼翰林侍读周述、右春坊右谕德兼翰林侍读林志等，侍皇太子谒祭皇陵、孝陵。　壬子，加赠故文渊阁大学士兼左春坊大学士、赠礼部尚书、谥文穆胡广，仍赐祭文，赐其家白金百两，钞万贯，纻丝八表里。　甲寅，赐蹇义蹇忠贞印一枚，杨士奇杨贞一印一枚，皆使用藏于家，传之后世。

　　五月庚午朔。　癸酉，敕行在礼部、翰林院修太宗实录，以太师、英国公张辅，少师兼吏部尚书蹇义，少保兼太子少傅、户部尚书夏原吉为监修；少傅、兵部尚书兼华盖殿大学士杨士奇，少保、户部尚书兼武英殿大学士黄淮，太子少傅、工部尚书兼谨身殿大学士杨荣，太子少保、礼部尚书兼武英殿大学士金幼孜，太常寺卿兼翰林院学士杨溥为总裁。　己卯，行在翰林院侍读李时勉、侍讲罗汝敬俱以言事改都察院掌道监察御史。　庚辰，上不豫，召尚书蹇义、大学士杨士奇、黄淮、杨荣至思善门，命士奇书敕，遣中官海寿驰召皇太子。　辛巳，上崩于钦安殿。

　　洪熙元年六月己亥朔。　庚戌，上即皇帝位。　丙辰，以侍从旧恩，升右春坊右赞善王让为行在吏部右侍郎，左春坊左庶子陈山为行在户部左侍郎，司经局洗马张瑛为行在礼部右侍郎，戴纶为行在兵部右侍郎。

　　闰七月戊戌朔。　癸卯，改詹事俞士吉为刑部侍郎。　甲辰，以太子宾客兼国子监祭酒胡淡仍为礼部左侍郎，兼职如故。　乙巳，纂修仁宗实录，以太师、英国公张辅，太子太保、成山侯王通，少师、吏部尚书蹇义，少保兼太子少傅、户部尚书夏原吉为监修；少傅兼华盖殿大学士杨士奇，少保、户部尚书兼武英殿大学士黄淮，太子少傅、工部尚书兼谨身殿大学士杨荣，太子少保、礼部尚书兼武英殿大学士金幼孜，太常寺卿兼翰林学士杨溥为总裁。　甲子，升右春坊右司谏罗囗（昭）为襄府左长史，以侍王讲学久也。　乙丑，行在太常寺卿兼翰林学士杨溥奏："仁宗皇帝临御时，命臣与侍讲王进、编修杨敬、五经博士陈继、给事中何澄，于思善门外弘文阁侍讨论经籍，今当纳上弘文阁印，各还原任。"上曰："然。"溥与杨士奇等同治内阁事，王进等四人各以原职隶翰林。

　　八月丁卯朔。　癸未，以前司经局正字王雅为翰林院检讨。雅坐累谪交阯，仁宗即位，念其旧臣，遣使召之，至是始至。上曰："此先帝所素重者。"遂有是命。

　　九月丁酉朔。　乙卯，特免太子少傅、工部尚书兼谨身殿大学士杨荣户内徭役。　乙未，升詹事府丞郑堪为行在大理寺左寺丞，主簿倪宗为行在光禄寺丞，录事高远、右春坊司谏林宗儒俱为行在鸿胪寺司宾署丞，王永锡为司仪署丞，左春坊左中允张宗琏为大理右寺丞，赞善蔺从善、左司直郎蒋骥、高穀俱为行在翰林侍讲，右春坊右中允徐永达为行在鸿胪寺左少卿，林长懋为蔚林州知州，右司直郎蒋先为行在尚宝司丞，张景良为四川顺庆府通判，清纪郎韩岫为行在户科给事中，张昱为行在刑科给事中，司谏吴颙为国子监助教，冯景浩为行在礼科给事中，正字陶永成为北京国子监学正。　文华殿大学士权谨以通政司参议致仕。

十月丙寅朔。　戊辰，擢儒士杨翥为行在翰林院检讨。　丁丑，行在翰林院修撰李骐卒。骐初名马，戊戌进士第一。太宗改今名。　丙戌，行在吏部尚书蹇义等言："初皇上正位储宫，仁宗皇帝以勋臣阳武侯薛禄等兼太子太傅之职，尚书黄福等兼詹事，及翰林儒臣兼职春坊，俸皆兼支。今皇上嗣承大统，宜各去兼职。"上曰："此皇考简以辅朕者，朕即位正须加恩，俾朝夕左右，未可遽罢兼官。自师、保至春坊学士、庶子、谕德兼职者，禄秩皆仍旧，非兼职者升擢之。"

十一月丙申朔。　丁酉，擢行在中书舍人叶蓁、姚秩为行在翰林院编修。

十二月丙寅朔。　乙亥，擢翰林院庶吉士周忱为本院检讨。

宣德元年

三月乙未朔。　丙午，右春坊大学士兼行在翰林院侍讲学士王英奏母年老道远，艰于迎养，乞以南京每月侍讲学士俸于本贯官仓支给以备养。从之。

五月甲午朔。　丁酉，擢左春坊左中允王恺为广西按察司佥事，詹事府主簿程中为户部员外郎。　己酉，以纂修实录，敕召武英殿大学士金幼孜、翰林学士杨溥、侍读钱习礼、侍讲陈敬宗、陈循，检讨刘永清等。时幼孜、敬宗、永清以忧去，溥、习礼、循请告省亲故也。　丁巳，行在翰林院侍讲学士沈度九载考满，升本院学士。

七月壬辰朔。　丙午，命右春坊右谕德林志、翰林侍讲余学夔为应天府乡试考官。

八月壬戌朔。　丁卯，遣侍讲学士王英释奠先师孔子。　己巳，上亲征汉王，命少师蹇义、少傅杨士奇、少保夏原吉、太子太傅杨荣、太常卿杨溥参预机务，赐鞍马，给铠胄弓剑扈从。

十二月庚申朔。　辛未，升行在翰林院检讨刘永清为本院修撰。

宣德二年

二月己未朔。　癸亥，升行在户部左侍郎陈山为本部尚书兼谨身殿大学士，行在礼部左侍郎张瑛为本部尚书兼华盖殿大学士。　丙寅，命翰林院学士杨溥、侍读学士曾棨为礼部会试考官，赐宴于本部。　丁卯，遣太子太傅、工部尚书兼谨身殿大学士杨荣释奠孔子。

三月己丑朔。　辛丑，擢第一甲进士马愉为行在翰林院修撰，杜宁、谢琏为编修；第二甲、第三甲江玉琳等九十六人令归进学；邢恭为翰林院庶吉士，恭先习译书，故特命之。

四月己未朔。　辛未，升行在翰林编修蒋礼为修撰。

五月戊子朔。　庚子，右春坊右谕德兼翰林院侍读林志卒。志福州人，举会试第一，居官十五年，两考京畿乡试。　乙卯，以翰林编修陈景著为福州府儒学教授。丧父服阕，自陈母老，乞改近乡教官便养，故命之。

七月丁亥朔。　丁酉，改翰林院侍讲陈敬宗为国子司业。上曰："侍讲清华之职，司业师表之任，秩虽未崇，其任则重，亦可谓儒者之荣矣。"

八月丙辰朔。　甲子，少保、户部尚书兼武英殿大学士黄淮以疾求退，疏甚恳，时年仅逾六十。上览奏恻然，顾谓少傅杨士奇、太子少傅杨荣、太子少保金幼孜曰："淮与卿等同事皇祖、皇考，今三十年，勤劳多矣，而其疾若此，固留之则情有不可，宜令暂还家养疾。若稍平复，即当复来，卿等以朕意谕之。"遂遣中官赐钞万贯。　乙亥，少保黄淮以疾归，陛辞，命行在兵部给舟车，复赐钞万贯。

宣德三年

二月癸丑朔。　丁巳，遣北京国子监祭酒贝泰释奠先师孔子。

三月癸未朔。　壬戌，少傅、兵部尚书、华盖殿大学士杨士奇请以南京月支学士俸，太子少傅、工部尚书兼谨身殿大学士杨荣请以太子少傅俸，太子少保、礼部尚书兼武英殿大学士金幼孜请以太子少保俸，户部尚书兼谨身殿大学士陈山请以尚书俸，俱于本贯官仓关支，以给其家。皆从之。

四月癸丑朔。　丙辰，故兵部尚书金忠子达奏："昔蒙仁宗皇帝厚恩授翰林检讨，令还宁波府学支俸读书，比因母丧，有司停俸。臣实蒙恩优养，非见任离职之比。"上命行在户部给俸如故。

闰四月壬午朔。　壬寅，升南京翰林院检讨陈用为本院修撰。

九月庚戌朔。　癸丑，虏寇犯边，上亲征，命太子少傅杨荣从。

十月己卯朔。　乙酉，上谓群臣曰："古者师、保之职，论道经邦，寅亮燮理，不烦以有司之政。今少师蹇义、少傅杨士奇、少保夏原吉、太子少傅杨荣，皆先帝简畀以遗朕者，而年俱高，令兼有司之务，非所以礼之。"于是赐敕谕义、士奇、原吉、荣曰："卿等祗事祖宗，多历年所，忠谟谠议，积效勤诚。朕嗣统以来，尤资赞辅，夙夜在念，图善始终。盖卿春秋高，尚典繁剧，优老待贤，礼非攸当。况师、保之重，寅亮为职，不烦庶政，乃副倚毗。可辍所务，朝夕在朕左右，相与讨论至理，共宁邦家。职名、俸禄悉如旧，卿其专精神、审思虑，益致嘉猷，用称朕眷注老成之意。钦哉！"

宣德四年

二月丁丑朔，遣北京国子监祭酒贝泰释奠孔子。

四月丙子朔。　丙戌，升行在翰林检讨胡穜为本院修撰。　丁亥，升行在吏部左侍郎兼少詹事郭琎为本院尚书，罢其兼职。　丁酉，南京进鲥鱼，早荐奉先殿，献皇太后。午，上御文华殿，召大学士杨士奇、杨荣、金幼孜，特赐鲥鱼醇酒，加赐御制诗，有"乐有嘉鱼"之句。士奇等沾醉献和章,上喜曰:"朕与卿等皆当以成周君臣自勉,庶几不忝祖宗付托。"

五月丙午朔。　癸丑,命行在礼部尚书胡淡兼掌詹事府詹事。

七月乙巳朔。　己未,命翰林院侍读钱习礼、修撰刘永清为应天府乡试考官。　车驾临文渊阁,与少傅杨士奇、太子少傅杨荣论经史,遂咨政务。已而悉召诸学士及史官谕之曰:"国史贵详实,卿等宜尽心于是。"　赐士奇等及学士以下钞有差。

八月乙亥朔。　丁丑,遣贝泰释奠孔子。　戊寅,行在翰林院学士沈度奏:"臣年七十有三,乞赐骸骨还乡里。"上谕吏部尚书郭琎曰:"度诚谨,皇祖眷之弥厚,今虽老,精神未衰,亦不可烦以事,但令居京食禄,免朝参,有召则入。"　己卯,行在礼部奏太常寺卿兼翰林学士杨溥母太淑人卒。上命遣官赐祭,视武臣二品例,赐米五十石,功布五十匹,仍命有司治葬。　辛巳,命右庶子兼侍读学士王直、侍读李时勉为顺天府乡试考官。　庚子,行在翰林院侍讲高穀服阕复职。

十月甲戌朔。　庚辰,上临视文渊阁,少傅杨士奇、太子少傅杨荣、太子少保金幼孜,学士杨溥、曾棨、王直、王英,侍读李时勉、钱习礼,侍讲陈循等侍,上命典籍取经史亲自披阅,与士奇等讨论。已,询以时政,从容密勿者久之,命中官出尚膳酒馔赐士奇等,并赐纂修实录官。士奇等叩首谢,上曰:"朕闻有道之朝,愿治之主,崇礼儒硕,讲求治道。卿等为朕傅、保,与诸学士皆处秘阁,朕躬至访问,冀有所闻耳。稍暇当复至,卿等必有所陈论也。"已而亲制诗赐士奇等,诗曰:"秘阁弘开当巽隅,充栋之积皆图书。仙家蓬山此其处,上与东壁星相符。罢朝闲暇一临视,衣冠左右环文儒。琼琚锵锵清响振,宝鼎馥馥香烟敷。维时日上扶桑初,始看曈昽绚绮疏。忽已灿烂明金铺,从容燕坐披典谟。大经大法古所训,讲求启发良足娱。朝廷治化重文教,旦暮切磋安可无。诸儒志续汉仲舒,岂直文彩凌相如。玉醴满赐黄金壶,勖哉及时相励翼。辅德当与夔龙俱,庶几致治希唐虞。"　戊子,早朝罢,上复临视文渊阁。儒臣叩头毕,列侍左右,上从容顾问所治职业,遂具论古帝王及祖宗时事。上甚悦,命中官出内帑钞遍赐儒臣,又亲书御制诗一章以赐。明日,少傅杨士奇、太子少傅杨荣等上表谢。　庚寅,改行在礼部尚书兼华盖殿大学士张瑛为南京礼部尚书,兼职如故。命行在户部尚书兼谨身殿大学士陈山专授小内使书。

宣德五年

正月壬寅朔。　癸亥,以太宗皇帝、仁宗皇帝两朝实录成,赐监修官太师、英国公张辅,少师兼行在吏部尚书蹇义、少保兼太子少傅、行在户部尚书夏原吉,总裁官少傅、行在兵部尚书兼华盖殿大学士杨士奇,太子少傅、行在工部尚书兼谨身殿大学士杨荣,太子少保、行在礼部尚书兼武英殿大学士金幼孜,太常寺卿兼行在翰林院学士杨溥,白金各一百两,彩币各六表里,织金罗衣各一袭,马各一匹并鞍;续至总裁官行在户部尚书陈山、礼部尚书张瑛,白金各六十两,彩币各五表里,织金罗衣各一袭;纂修兼考校官左春坊大学士兼行在翰林院侍读学士曾棨、右春坊大学士兼行在翰林院侍讲学士王英、右春坊右庶子兼行在翰林院侍读学士王直、左春坊左谕德兼行在翰林院侍读周述、行在翰林侍读李时勉、钱习礼，侍讲余学夔、陈循、蒋骥，白金各五十两，彩币各四表里，素罗衣各一袭；纂修官侍讲蘭从善，修撰苗衷、曾鹤龄、张洪、刘永清，编修周叙、孙曰恭、杨敬，检讨王雅、杨翥，五经博士陈继、户部主事陈中、行在四川道监察御史张叔刚、福建布政司右参议潘文奎、四川重庆府荣昌县知县万节、浙江衢州府儒学教授丘锡、陕西汉阴县儒学教谕梁蕚，白金各四十两，彩币各三表里，素罗衣各一袭；催纂官行在礼部主事张习，誊写正本兼录稿官行在礼部郎中朱晖、行在吏部郎中程南云、行在礼部郎中陈景茂，行在吏部员外郎宣嗣宗、夏衡，行在中书舍人俞宗大、陆友仁、萧湘、罗渊、张益，白金各二十五两，彩币各二表里，素罗衣各一袭；誊写副本兼录稿官行在中书舍人宋琰、黄振宗、干霈、凌寿、胡觌、刘铉、胡宜衡、解祯期，行在大理寺右寺副丘宗、杨玹，白金各二十两，彩币各二表里，素罗衣各一袭；续至誊写副本兼录稿官行在吏部主事苏鉴、行在中书舍人周崇厚，白金各十五两，彩币各一表里，素罗衣各一袭；誊稿及稽考参对官行在翰林院修撰邢宽、蒋礼、胡穜，编修刘矩、裴纶、陈询、梁禋，检讨许彬、连智、马信、周贵，孔目沈寅，行在中书舍人王璜、寇厚、胡宗蕴，行在礼部郎中黄养正、礼部主事王观、行在大理寺左寺副洪益中、右寺副邵遹，续至誊写副本官行在中书舍人庞叙，白金各十五两，彩币各一表里，素罗衣各一袭；收掌文籍官行在翰林院检讨胡让，典籍李锡、牛麟、张礼，白金各十两，彩币各一表里，素罗衣各一袭。

三月辛丑朔。　丁巳，上亲阅举人陈诏等所对策，赐林震等一百人进士及第、出身有差。　乙巳，命大学士杨士奇、杨荣、金幼孜曰："新进士多年少，其间岂无有志于古人者。朕欲循皇祖时例，选择俊秀十数人，就翰林教育之，俾进学励行，工于文章，以备他日之用。卿等可察其人，及选其文词之优者以闻。"于是士奇等选萨琦、逯端、叶锡、陈玑、林补、王振、许南杰、江渊八人以闻。上命行在吏部俱改为庶吉士，送翰林院进学，给酒馔房舍，月赐灯油钞悉如永乐之例，复命兵部各与皂隶。上又顾士奇等曰："后生进学，必得前辈老成开导之。卿等日侍左右，无余闲，其令学士王直为之师，常提督教训，所作文字，亦为开发改窜。卿等或一两月、或三月一考阅之，使有进益，如一二年怠隋无成，则黜之。"又命礼部尚书胡濙曰："进士新入翰林，各赐文绮衣一袭、钞三百贯。"　庚午，擢第一甲进士林震为行在翰林院修撰，林文为编修。

四月辛未朔。　甲申，升太子少傅、工部尚书兼谨身殿大学士杨荣为少傅，尚书、大学士如故。　乙酉，杨荣奏："今蒙圣恩升臣少傅，仍兼尚书、学士二职，三俸兼支，愿辞学士俸，其少傅俸如前于原籍关支，在京止关尚书俸。"从之。　两朝实录成，升纂修官左春坊大学士兼翰林侍读学士曾棨为詹事府少詹事，仍兼翰林侍读学士，右春坊大学士兼翰林侍讲学士王英、右春坊右庶子兼翰林侍讲（读）学士王直为少詹事，英仍兼侍讲学士，直仍兼侍读学士，左春坊左谕德兼翰林侍读周述为左庶子，仍兼侍读，侍读李时勉、钱习礼俱为侍读学士，侍讲蒋骥、陈循俱为侍讲学士，侍讲蘭从善为司经局洗马，修撰刘永清、邢宽、胡穜为侍讲，蒋礼为左春坊左中允，编修周叙、孙曰恭、杨敬为修撰，检讨王雅、杨鼒、许彬、周贵为编修，五经博士陈继为检讨，典籍张礼为行人司行人，孔目沈寅为司经局正字，行在四川道监察御史陈叔刚为翰林修撰，儒士邹循为待诏，生员朱铨为侍书，行在礼部郎中蒋晖、行在吏部郎中程南云升从四品禄，兼翰林侍书，行在吏部员外郎夏衡、宣嗣宗为本部郎中，参议潘文奎令致仕，行在礼部主事张习、王观，行在吏部主事苏鉴、户部主事陈中，俱为本部员外郎，行在大理寺左寺副洪益中为左寺正，右寺副丘宗、杨玹、邵遥为右寺正，中书舍人萧湘、张益、凌寿、胡宜衡为左评事，解祯期、周崇厚、王瑱、寇厚为右评事，知县万节为左寺副，教授丘锡为建昌府学教授，升正九品禄，教谕梁尊为衢州府学教授，办事吏翁选等十人俱为县丞。翰林侍讲余学夔当升，自陈老疾，乞致仕，从之。　丙辰，以任满考称，升行在翰林修撰曾鹤龄为本院侍读；检讨连智、胡让、待诏周迪、行在中书舍人朱祚，俱为行在翰林院修撰；典籍牛麟、李锡为检讨；行在中书舍人吴馀庆为右春坊右中允，仍治中书舍人事。　擢进士龚锜为行在翰林院编修。锜与林震皆第一甲进士，授官之日有疾，至是疾愈，始命之。

七月乙丑，行在礼部右侍郎蒋骥卒。骥字良夫，浙江钱塘人。由进士授行人。永乐初，预修高庙实录，升翰林检讨。修《永乐大典》，为副总裁。仁宗皇帝即位，升左春坊左司直郎。上即位，升翰林侍讲，同考礼部会试。预修两朝实录成，赐白金文绮，升侍讲学士。无几，又升礼部右侍郎，视事几二旬，得疾遽卒。

八月己巳朔。　丁丑，遣少傅杨荣释奠先师孔子。　癸巳，赐少傅杨荣诰命，加封其三代及妻。　甲午，行在吏部奏户部尚书兼詹事黄福九载任满，上命复职。

九月己亥朔。　甲寅，升北京国子监博士黄胤宗、助教郭俊为翰林院检讨，仍理博士、助教事。　翰林院编修钟瑛服阕，复职。

宣德六年

二月丙申朔。　乙巳，召少师蹇义、少傅杨士奇、杨荣、尚书胡濙至文华后殿，谕之曰："昨日恭侍太后进寿觞，太后甚欢，朕及暮还宫，不觉亦醉。既觉而思，仰荷上天眷佑，祖宗庆泽，圣母之教训，今田谷屡丰，天下粗安，得朝夕侍奉圣慈，遂天伦之乐，可为幸矣。又念国事赖卿等旦夕同心协虑。"遂出御制诗赐义等，再赐特宴云。

己未，升国子监助教张山观为翰林检讨，仍理助教事。　行在翰林院检讨陈纪、秦初服阕，复职。

六月癸巳朔。　戊申，新作行在礼部成，锡宴落成之，命公、侯、驸马、伯、都督、尚书、侍郎、都御史、学士、祭酒，及通政司、大理寺、太常寺、光禄寺、鸿胪寺掌印官及本部属官皆与焉。

八月癸巳朔。　癸丑，以九年任满，升行在翰林院编修朱孔旸为左春坊左中允。

十月壬辰朔。　庚申，升行在翰林院修撰苗衷为侍读，编修刘矩为修撰。

十一月壬戌朔。癸亥，上御文华殿，召少傅杨士奇、杨荣，学士杨溥入侍。上曰："朕念我仁祖积德累善，笃生太祖皇帝，继天立极，创业垂统。太宗皇帝汛扫奸回，再安宗社。皇考仁宗恢弘治化，增高累厚，以固鸿业。朕承天位，夙夜不忘。《记》曰：'先祖有美而不知，不明；知而不传，不仁。'是用撰述成诗，揭之座上，朝夕览观，勉图继述，庶几永保天命。今以刻石特赐卿摹本，卿当思我祖宗开创之难，守成之不易，尽心辅朕，国家安，卿等亦与享荣利。"士奇稽首受赐。诗凡九章，上自序之，其文曰："昔者胡元之季，上天厌之，眷求圣德，俾作民主。我仁祖皇帝有纯粹之性，诚一之心，蕴至仁而弗鸷，笃大义而不炫，体正而养和，履醇而抱洁，循乎自然，安乎天顺，盖动与天游，静与道俱，《易》所谓大人、《鲁论》所谓至德者也。用集天命，大开厥祥，笃生我太祖皇帝，其仁如天，其智如神，道冠百王，德侔五帝，汛扫六合，绥宁万邦，正天纪，立人极，诗书礼乐之华，典章法度之懿，超越隆古矣。皇祖太宗皇帝以大德承大统，神武赫著，圣神弘施，近悦远来，内安外服，茂勋鸿烈，允光于前。皇考仁宗皇帝丕宣大猷，恢章美化，仁恩惠泽，益广益深，是以普天之下，莫不尊亲，同心爱戴，至于今日。顾予菲薄，克遂承继，揆度所自，厥有明征，实由仁祖皇帝源本之隆，肆太祖皇帝开创之大，而我皇祖、皇考得以恢廓而维持之，万世之业所由定也。列圣之德，与天为一，谨叙述为诗九章，以昭后世。诗曰：上天信崇高，临下明以赫。元季政昏乱，帝用厌夷狄。眷求令德宗，视乃善庆积。霈然启其祥，疆宇俾开辟。一章。恭惟我仁祖，躬备大圣德。天性禀纯粹，温恭而允塞。笃志在仁义，兼亦贵稼穑。宝玉之所藏，山川被光泽。二章。维时属遭屯，畎亩足自适。进退与道俱，德行怀贞白。皇天鉴昭晰，宝命所由锡。笃生太祖圣，配天立人极。三章。海内如鼎沸，土壤分割析。苍生靡怙恃，佌伏毙毒螫。仗剑起濠梁，奉天拯焚溺。再驾定东南，一举下西北。四章。旷哉六合内，腥秽悉荡涤。三光复宣朗，五典重修饬。远齐尧舜功，近过汤武绩。遂令普天下，休养乐生息。五章。太宗削奸回，继统奠宗社。圣文既炳焕，神武尤赫奕。贤才尽登用，秉德各修职。庶邦承覆载，贡献来九译。六章。昭考抚盈成，至仁弘隐恻。民安视如伤，恭己临万国。继志与述事，夙夜怀兢惕。皇风益清穆，皇道弥正直。七章。正本所自隆，仁祖实启迪。祥源深且广，天派肆洋溢。圣神绍传序，茂衍万世历。造商本玄王，兴周美后稷。八章。兹予嗣鸿业，时几谨申敕。四圣赫在天，悠久贻法式。保佑赖深眷，负荷愧绵力。稽首陈咏歌，庶用示无斁。九章。"

十二月壬辰朔。丁未，太子少保、礼部尚书兼武英殿大学士金幼孜卒。幼孜，江西新淦人，由进士擢给事中。太宗皇帝初临御，简求文学之臣，改翰林院检讨，又简置内阁治密务，数月升侍讲。永乐五年，升右春坊右谕德，仍兼侍讲。太宗北征，扈从。与修太祖实录及《(五经)性理大全》书，升翰林学士，仍兼谕德。实录成，升文渊阁大学士，仍兼学士。仁宗嗣位，进户部右侍郎，仍兼文渊阁大学士、翰林学士。逾月，升太子少保兼武英殿大学士，专典内制。卒，赠荣禄大夫、少保，谥文靖。

宣德七年

正月辛酉朔。 辛巳，詹事府少詹事兼翰林院侍读学士曾棨卒。棨字子启，江西吉安府永丰县人。永乐甲申进士第一，授修撰。时上向用儒术，命选新进士二十八人进学文渊阁，以棨为首，命光禄寺给朝夕膳，月赐灯烛费。每燕闲召试，棨率居第一。修《永乐大典》，为副总裁，进侍讲。太祖实录成，升侍读学士。仁宗即位，升左春坊大学士，仍兼侍读学士。上即位，升詹事府少詹事兼侍读学士。卒，赠礼部左侍郎，遣礼部侍郎章敞赐祭，命有司治葬。

三月庚申朔。 癸亥，赐尚书蹇义、杨士奇、杨荣、胡濙、太常寺卿杨溥南京抽分柴，人十万斤。 丁卯，以九载考最，升行在翰林编修裴纶为修撰。 己巳，少保、户部尚书兼武英殿大学士致仕黄淮父思恭卒。思恭尝封以子官，命如例祭葬。

五月戊午朔。 辛未，上闻少詹事兼侍读学士王英母卒，问尚书胡濙曰："英母亦应得赐祭及营葬？"濙对曰："旧制官三品、四品父母丧，曾受封赠者官为营葬。今英官四品，其母曾受五品封。"上曰："儒臣吾所优礼者，况非此母无此子，其遣官赐祭。"仍命有司治葬，勿为例。

七月丁巳朔。 壬戌，以考最，升行在翰林院编修尹凤岐、检讨黄裳、彭麟应俱为本院修撰。 辛未，命行在翰林侍读学士李时勉、侍读苗衷为应天府乡试考官。 丁丑，上视朝退，御武英殿，翰林儒臣侍，因论汉唐开创辅臣，侍臣对曰："萧、曹、房、杜，虽皆常才，亦当时无过之者。有曰天下之广，未必无之，但系于遭际何如耳。"上曰："然。如三老董公及泰山道士徐洪客皆不见用，而萧、曹、房、杜成功，诚哉人才，遭际为难也。" 庚辰，上燕闲，阅内库书画，得元赵孟頫所绘《豳风图》，而赋长诗一章，召翰林词臣示之曰："《豳》诗，周公陈后稷、公刘致王业之由，与民事早晚之宜，以告成王，使知稼穑艰难。万世人君，皆当鉴此。朕爱斯图，为赋诗，欲揭于便殿之壁，朝夕在目，有所儆励，尔其书于图之右。"

八月丁亥朔。 癸巳，命左春坊左庶子兼侍读周述、翰林侍读学士钱习礼为顺天府乡试考官，赐宴于本府。 己亥，升交阯南灵州知州黎恬为右春坊右谕德，福建建安县学教谕杨寿夫、山东临清县学教谕彭琉为行在翰林编修。

十二月丙戌朔。 癸卯，致仕少保、户部尚书兼武英殿大学士黄淮以父丧，蒙赐祭营葬，躬诣阙谢。及陛辞，自陈其子采于翰林院进书学。

宣德八年

二月乙酉朔。 壬辰，行在礼部奏请会试考官，且言致仕少保兼武英殿大学士黄淮在京，可任其事。上从之，命詹事府少詹事兼翰林院侍读学士王直与之俱，赐宴于礼部。

三月甲寅朔。　丙辰，上亲阅举人对策，赐曹鼐等九十九人进士及第、出身有差。

己未，上御左顺门，召少傅杨士奇、杨荣，尚书胡濙谕曰："今年进士及会试副榜举人中有年少质美者，卿等选三十人具名以闻，仍令进学。"　戊辰，行在礼部尚书胡濙同少傅杨士奇、杨荣选新进士及副榜举人之秀敏者，得进士尹昌、黄瓒、赵智、陈睿、傅纲、黄回祖六员，举人龙文、章瑾、李沧、梁檠、黄平、陈韶、田钧、李蒲、王鉴、朱奎、袁和、林同、柴同思、张承翰、陈康、龚理、相佐、黄舆、李奈、王佐、郑观、胡如旸、赵象、蒋荣祖二十四人以闻。上命行在吏部改进士为庶吉士，送翰林院同萨琦等进学，赐居给酒馔及灯油钞，悉如永乐中例。仍令侍读学士王直训督之，三月一考其文辞，以观其进。举人赐冠带，给训导俸，送国子监进学，以待下科会试，翰林院三月一考其文，与庶吉士同。　以九年考最，升北京国子监丞侯复为翰林院编修，助教张信为翰林检讨，仍理监事。　壬申，擢一甲进士曹鼐为翰林院修撰，赵恢、钟复为编修。　乙亥，上谓少傅杨士奇等曰："朕昨会卿等简庶吉士，俾进学，因思贤才必自国家教养以成，教之不豫，安能得其用。因作诗述意，卿当以朕意谕之，俾知自励。诗曰：国家用贤良，岂但务精择。贤良之所出，亦自培养得。虞廷教元士，周家重俊宅。皇祖简贤科，教育厚恩泽。二十有八人，用之著成绩。朕心切旁求，夙夜恒侧席。是科凡百人，中岂乏卓识。爰拔俊茂资，将以继往昔。优游词垣内，研究古载籍。摛辞务淳庞，励行必端直。所期在登庸，泽物兼辅德。最哉副予望，奋志毋自画。"　壬午，敕成国公朱勇、新建伯李玉及兵部，选京卫幼军年十一至二十体质俊伟万人，随侍皇太子，仍戒勇等毋因事扰人。

四月甲申朔。　丁亥，上御奉天门，视朝罢，顾谓少傅杨士奇、杨荣曰："朕在宫中无事时，偶有真趣，则赋一诗自适，不然则取书籍玩味，亦得胸次开豁，故所在皆置书籍及楮笔之类。今修葺广寒、清暑二殿及西琼岛，欲与各处皆置书籍，卿二人可于馆阁中择能书者数十人，取《五经》、《四书》及《说苑》之类，每书各录数本，分贮其中，以备览阅。"又曰："朕近作《广寒殿记》。"遂命中官取示士奇等。其文曰："北京之万岁山，在宫城西北隅，周回数里而奠位之，皆奇石积叠以成。巍巍乎，蠢蠢乎，巘峭峻削，盘回起伏，或陡绝如壑，或崭岩如屋，左右二道，宛转而上，步蹑屡息，乃造其巅，而飞栖复阁，广亭危榭，东西拱向，俯仰辉映，不可殚纪。其最高者为广寒殿，崇栋飞檐，金铺玉砌，重丹叠翠，五彩焕焉，轶云霞，纳日月，高明闿爽，而北枕居庸，东挹沧海，西挟太行，嵩岱并立乎前，大河横带于中，俯视江淮，一目无际，寰中之胜概，天下之伟观，莫加于此矣。永乐中，朕尝侍皇祖太宗文皇帝万几之暇，燕游于此，从容之顷，天颜悦怿，指顾山川，而谕朕曰：'此古轩辕所都，而后来赵宋之疆境也。宋弗良于行，金取而都之。金又弗良，元取而都之。元之后裔，不存殷鉴，加弗良焉。天鉴我太祖高皇帝圣德，命之吊伐，用诞安天下。天下既定，高皇帝念前代故都也，简于诸子，以命我奠兹一方。我惟夙夜敬励，不敢怠宁，以仰副高皇帝付托之重。暨建文嗣位，信用奸回，戕刘宗室，举四方全盛之师以加我，于时兹城孤立，殆一发引千钧矣。赖天地宗庙之佑，获以城之孱弱赢老，安其危而存其覆，又因以清奸慝、奠社稷而至于今日。夫山川犹昔也。昔之人以否德而失之，高皇帝以大德而得之。我承籍高皇帝，克艰难而保存之，奈何其可忘慎德。'又顾兹山而谕朕曰：'此宋之艮岳也。宋之不振，以是全（金）不戒而徙于兹，元又不戒而加侈焉。睹其处，思其人，《夏书》所为儆峻宇雕墙者也。肆吾始来就国，汰其侈，存其概，而时晰焉，则未尝不有儆于中。昔唐九成宫，太宗亦因隋之旧，去其泰侈而不改作，时资燕游，以存鉴省。汝将来有国家天下之任，政务余闲，或一登此，则近而思吾之言，远而不忘圣贤之明训，国家生民无穷之福矣。'朕拜稽受命，无时或忘。《书》不云乎，皇祖有训；《诗》不云乎，仪刑文王。肆嗣位以来，凡事天爱民，一体皇祖之心，敬而行之，洞洞属属，罔间夙夜。比登兹山，顾视殿宇，岁久而弛，遂命工修茸，永念皇祖俨如在上。敬以所授大训，笔而勒诸疑石，既以自省，亦以昭示我子孙于亿万年。"

六月壬午朔。　乙酉，行在翰林编修赵勖以亲丧服阕，复职。

七月壬子朔。　丁丑，少傅、工部尚书兼谨身殿大学士杨荣历官一考，赐敕褒之曰："卿以博通之学，明敏之识，练达之才，历事皇祖、皇考逾三十年，多效勤诚，以树劳绩。朕承祖宗大统，亦惟资先朝旧臣，以匡以辅，共图康济。盖自朕即位以来，卿秉诚心，躬勤夙夜，摅其嘉谋嘉猷，赞助不逮。朕饬武事，怀绥夷狄，而军旅之政，四裔之情，明习周知，莫逾卿者，忠言谠议，裨益为多。肆特升弘化之职，今满三岁，嘉念良深，特宴劳于礼部，仍赐敕奖谕。自古有言，人惟求旧。惟朕以至诚任卿，惟卿以至诚事朕，同务戒儆，以令始终，庶几允厘天工，用光祖考。钦哉！"

八月辛巳朔。　癸卯，翰林院修撰金问任满，命复职，升从五品禄。

十月庚戌朔。　丙辰，少师、吏部尚书蹇义，少傅、兵部尚书兼华盖殿大学士杨士奇，历官三考，皆赐敕奖谕。敕士奇曰："卿历事祖宗，及今三十余年，始擢禁近，在论思之地。学广识明，端靖忠厚，有良臣之体。若佐仁考于监国，尤积劳勤，贞一之褒，玉音孔彰。肆朕缵承，式资赞辅，忠言谠议，累效厥诚。朕志保民，孜孜夙夜，卿同斯志，谋猷入告，裨益为多。今考九载之绩，深用嘉念，特宴劳于礼部，仍赐敕奖谕。於戏！朕惟祖宗之旧臣，同德同心，是毘是力，卿尚益懋于诚，益儆于终，庶几共光我祖宗之洪业。钦哉！"

十一月庚辰朔。　甲辰，命尚书蹇义、杨士奇、杨荣、郭琎、胡濙选前科进士，取其文学之优者，得徐珵、赖世隆、吴节、李绍、万洪、虞瑛、潘洪、王玉、陈金、刘实、邓建、方熙、何瑄十三人，义等以闻，命改为庶吉士，同萨琦等于翰林进学，凡赐给悉如例。仍命学士王直训督，士奇、荣时加考校，务臻实效。　己酉，上谓行在吏部尚书郭琎等曰："在外庶官，亦必有文学可取者，朕欲得其人用之，卿其为朕选择以来。"明日，琎引六十八人入奏，上命少傅杨士奇、杨荣出题试于廷中，择其优者知县孔友谅、进士胡端祯、廖庄、宋琏、教谕黄纯、徐惟超、训导娄升七人以闻，令吏部改进士为庶吉士，与知县、教谕俱历事六科以备用。

宣德九年

三月戊寅朔，皇太子初受朝于文华殿，文武百官具朝服行八拜礼。是日，天宇澄清，景象明丽，群臣仰瞻，欢喜踊跃，命赐钞有差。　癸未，升行在翰林院编修陈询为本院修撰，国子监助教王仙为翰林检讨，仍理助教事。

七月丙子朔。　壬寅，以九载考最，升行在翰林院编修习嘉言为本院修撰。

八月乙巳朔。　丁巳，升行在太常寺卿兼翰林学士杨溥为行在礼部尚书，仍兼学士。　癸酉，命行在翰林院修撰马愉、陈询、林震、曹鼐，编修林文、龚锜、钟复、赵恢，大理寺左评事张益，同庶吉士萨琦、何瑄、邓建、江渊、李绍、姜洪、徐珵、林补、赖世隆、潘洪、尹昌、黄瓒、方熙、许南杰、吴节、叶锡、王玉、刘实、虞瑛、赵智、陈金、王振、逯端、黄回祖、傅纲、萧镃、陈惠、陈睿三十七人，于文渊阁进学。先是，上命翰林院简进士萨琦等于文渊阁进学，至是，并愉等召入左顺门试之。上亲第高下，赐赉有差，少詹事兼侍读学士王直有训励劳，赐钞一千贯。

九月乙亥朔。　庚辰，上将率师巡边，命少师蹇义，少傅杨士奇、杨荣、礼部尚书胡濙、杨溥，工部尚书吴中等扈从。　壬午，少保、户部尚书兼武英殿大学士黄淮陛辞，赐御制诗及钞二千贯。

十月甲辰朔。　丁卯，升南京国子监司业陈敬宗为本监祭酒，北京国子监助教刘球为行在翰林院检讨，仍理助教事。

十一月甲戌朔。　庚子，户部尚书兼谨身殿大学士致仕陈山卒。山，福建沙县人。初繇教官被荐，升吏科给事中，侍上讲读。上为皇太子，升左春坊左庶子。上正大统，升户部左侍郎，遂升户部尚书兼谨身殿大学士。自陈老疾，命致仕，未抵家卒，年七十。山为人寡学急利而昧大体，高煦反，上亲征之，既还师，山迎，奏请乘胜掩袭赵王执之。上曰："赵王何罪？"而执不听。自是遂薄山。其归也，恩礼一无所及。

宣德十年

正月癸酉朔。　乙亥，宣宗皇帝崩。时初三日。　壬午，英宗皇帝即位。时初十日。

戊戌，北京国子监祭酒贝泰奏将监生所作课业仿书按季送翰林院考较，年终奏缴文册数目。从之。

三月癸酉朔。　庚辰，升行在翰林修撰刘翀为山西按察司佥事。改行在工部主事王一宁为行在翰林院修撰，仍支正六品俸；行在礼科给事中朱应、康振俱为行在翰林院检讨。

五月壬申朔。　己亥，升行在翰林院待诏赵琬为北京国子监司业。

七月庚午朔，行在礼部以应天乡试奏请考官，上命行在左春坊左庶子兼侍读周述、侍读苗衷为之。　丙子，纂修宣庙实录，以太师、英国公张辅为监修，少傅、兵部尚书兼华盖殿大学士杨士奇，少傅、工部尚书兼谨身殿大学士杨荣，礼部尚书兼翰林学士杨溥、少詹事兼翰林侍读学士王英、少詹事兼侍讲学士王直为总裁。 戊寅，升行在翰林院修撰金问为太常寺少卿兼侍读学士。

八月庚子朔。 癸卯，命侍读学士李时勉、侍讲高穀为顺天乡试考官，宴于本府。 庚申，擢翰林院庶吉士萧镃、林补、赖世隆、吴节、徐珵、萨琦、江渊为编修，王玉、李诏（绍）、姜洪、何瑄、王振为检讨。

十月己亥朔。 壬子，召太常寺少卿魏骥、行在翰林院修撰王钰、检讨陈璲赴行在，从尚书胡濙奏请，为明年会试同考官也。

十一月戊辰朔。 丙申，升行在翰林院编修梁禋为本院修撰。

十二月戊戌朔。 壬寅，命大学士杨士奇、杨荣、学士杨溥轮议建言事件，从尚书胡濙请也。

正统元年

二月丁酉朔。 癸卯，命少詹事兼侍读学士王直、侍讲学士陈循为礼部会试考官，赐宴于本礼部。 丙辰，行在礼部尚书胡濙等进经筵仪注。先是，少傅、兵部尚书兼华盖殿大学士杨士奇，少傅、工部尚书兼谨身殿大学士杨荣、礼部尚书兼翰林院学士杨溥言，上命太师、英国公张辅等推举讲读官以闻。上赐敕谕以辅知经筵事，士奇、荣、溥同知经筵事，少詹事兼侍读学士王直、少詹事兼侍讲学士王英，侍读学士李时勉、钱习礼，侍讲学士陈循、侍读苗衷、侍讲高穀，修撰马愉、曹鼐兼经筵官，翰林、春坊等衙门儒臣分直侍讲。每日止用讲读官四员学士轮流侍班，不用侍卫、侍仪、执事等官侍班。讲读等官入见，行叩头礼，东西分立，先读书，次读经或读史，每伴读十数遍后，讲官直说大义，惟在明白易晓。讲读后，侍书官侍上习书毕，各官叩头退。 行在礼部尚书胡濙奏三月初一日殿试贡士，上命少傅、兵部尚书、华盖殿大学士杨士奇，少傅杨荣，少保、行在工部尚书吴中，行在吏部尚书郭琎、礼部尚书兼翰林学士杨溥、行在兵部尚书王骥、行在刑部尚书魏源、行在都察院右副〔都〕御史顾佐、行在户部右侍郎吴玺、少詹事兼翰林侍读学士王英、行在大理寺右少卿程富，行在翰林侍读学士李时勉、钱习礼为读卷官，余执事如例。

三月戊辰朔，殿试会试举人刘定之等一百人。 戊寅，擢第一甲进士周旋为翰林院修撰，陈文、刘定之为编修，赐羊酒宴于本院。选进士王鉴、刘铖、余汘（忭）、王尚文、伊侃、李震、王忠、王伟、徐珪、秦瑛、古镛、顾睢、雷复为庶吉士，于本院读书，上命少詹事兼侍读学士王直、少詹事兼侍讲学士王英教习文章。

五月丙寅朔，升右春坊右庶子沈粲为大理寺右少卿，仍于文华殿书办，以九年任满故也。 壬辰，每处添设按察司官一员，南北直隶御史各一员，专一提调学校。至是，两浙盐运司同知胡轸为副使，广西蔚林县知县刘虬，监察御史薛瑄、高超，工部郎中高志、吏部主事欧阳哲、修撰王钰、编修彭琉、检讨陈璲、国子监学正庄观俱为佥事，湖广布政司检校程富、福建建宁府教授彭勖为监察御史，分行提调，轸浙江，虬湖广，瑄山东，超福建，富北直隶，勖南直隶。陛辞，赐敕谕之。

六月丙申朔。　庚子，行在翰林院侍读学士李时勉言，本院检讨李锡及办事大理寺副马信俱有疾，上令回籍调治。　乙巳，作公生门于长安左右门外之南。

闰六月乙丑朔。　戊子，升行在吏科给事中储懋为行在翰林修撰。先是，懋以举充经筵讲官。至是九年考称，故有是命。

七月甲午朔。　庚申，擢训导陈贽、沈庆为行在翰林院待诏，于内府授小内使书。

十月癸亥朔。　丙寅，礼部尚书兼华盖殿大学士张瑛卒。瑛字子玉，顺德府邢台人。洪武丙子，由乡贡士授陕西宁州训导，调武德卫，再调宿迁县。永乐戊子，秩满九载，特擢吏科给事中。宣宗皇帝时为皇太孙，始亲学，遴选儒臣，俾司伴读，瑛与焉。仁宗皇帝践祚，升春坊中允。未几，升谕德，寻改洗马。宣宗皇帝继统之初，录瑛旧劳，升行在礼部右侍郎。宣德改元，迁左侍郎兼华盖殿大学士，入典内阁机务。丁未，升尚书，仍兼职。预修太宗、仁宗皇帝实录，为总裁官，既而调南京礼部。甲寅，丁外艰，诏起复之，赐御制诗十余轴，楮万缗。至是卒，年六十二，遣官祭葬。

正统二年

四月庚申朔。　辛酉，郕王冠，告太庙，命太师、英国公张辅持节行冠礼，少傅、兵部尚书、谨身殿大学士杨荣为赞，行在礼部尚书胡濙宣敕戒，行在礼部左侍郎章敞、行在鸿胪寺卿杨善导引，并启王行礼。

十月丁巳朔。　壬戌，左春坊左庶子兼翰林院侍读周述卒。述，江西吉水人。永乐曾棨榜进士，述第二，从弟孟简第三，御批云："兄弟齐名，古今罕比。"士林荣之。

正统三年

正月丙戌朔。　丁未，右春坊右谕德黎恬卒。恬，江西清江人，以进士擢监察御史，为交阯灵州知州。内阁儒臣交荐其文学，升今官。

四月甲寅朔。　丙寅，以宣宗皇帝实录成，赐监修官太师、英国公张辅，总裁官少傅杨士奇、杨荣，礼部尚书兼翰林学士杨溥，副总裁兼纂修官少詹事兼翰林侍读学士王直、少詹事兼翰林侍讲学士王英，白金一百两，彩币六表里，罗衣一袭，鞍马一副；纂修官侍读学士李时勉、钱习礼，洗马蔺从善，侍读苗衷、曾鹤龄、马愉，侍讲高穀、胡穜、邢宽，修撰周叙、尹凤岐、孙曰恭、习嘉言、陈叔刚、陈询、曹鼐、仪铭、王一宁、杜宁、储懋，编修杨翥、董璘、杨寿夫、林文、钟复，主事刘球、刘铉、洪玙，评事张益，白金各四十两，彩币三表里，罗衣一袭；稽考参对并催纂官编修萧镃、赖世隆、吴节，检讨李绍、姜洪、何瑄，主事潘勤、正字沈寅，白金各二十五两，彩币二表里，罗衣一袭；誊录正副本郎中等官黄养正等十一员，白金各二十两，彩币二表里，罗衣一袭；誊稿修撰等官黄裳等九员，白金各十五两，彩币一表里，罗衣一袭；收掌文籍修撰等官胡让等三员，白金各十两，彩币一表里，罗衣一袭；誊写正副本冠带秀才陈学等十八名，白金各十两，彩币一表里。纂修官侍讲学士陈循，白金三十两，彩币三表里；御史邵宏誉，白金二十两，彩币一表里，罗衣一袭；稽考参对等官王玉，白金十五两，彩币二表里，徐理，白金十两，彩币一表里。以循等忧制，宏誉久病故也。　辛未，以宣庙实录成，升总裁官少傅兼兵部尚书、华盖殿大学士杨士奇，少傅、工部尚书兼谨身殿大学士杨荣，俱为少师，兼职如故；礼部尚书兼翰林院学士杨溥为少保兼礼部尚书、武英殿大学士；总裁兼纂修官少詹事兼翰林〔侍读〕学士王直、少詹事兼侍讲学士王英，俱为礼部左侍郎，兼职如故；纂修官侍读学士李时勉、钱习礼，洗马蔺从善，俱为学士，侍读苗衷侍读学士，侍读曾鹤龄、马愉，侍讲高穀，俱为侍讲学士，修撰周叙、尹凤岐、孙日恭、习嘉言、陈叔刚、陈询俱为侍读，曹鼐、仪铭、王一宁、杜宁、储懋俱为侍讲，编修杨翥、董璘、杨寿夫、林文、钟复，评事张益、监察御史邵宏誉，俱为修撰；改主事刘球、刘铉、洪玙俱为翰林院侍讲，升从五品俸；侍讲胡穜、邢宽，及稽考参对、催纂、誊录、收掌文籍官编修萧镃等三十一员，俱升俸一级；擢誊录冠带秀才监生生员陈学等十八名，俱为试中书舍人。

　　六月癸丑朔。　甲子，行在翰林院学士李时勉奏："臣备官侍从三十余年，未获归展桑梓，比来妻子相继沦亡，一门之内，孤苦茕茕，情迫于衷，属以史氏方严，不敢言私，今史已完，乞赐一归。"上悯其情，从之。

　　七月癸未朔。　丙戌，命翰林学士钱习礼、侍读陈询为应天乡试考官。

　　八月癸丑朔。　乙卯，命行在翰林院学士曾鹤龄、侍讲洪玙为顺天府乡试考官，赐宴本府。　乙巳，升翰林院修撰陈用为侍讲。

　　十一月辛巳朔。　戊戌，升行在翰林院侍讲洪玙为吏部右侍郎。

正统四年

　　〔正月〕庚戌朔。　丙戌，命行在礼部左侍郎兼翰林侍读学士王直、行在翰林院学士蔺从善为会试考官，赐宴于礼部。　己未，少师、兵部尚书兼华盖殿大学士杨士奇疏陈老疾，乞致仕。上赐敕谕之曰："朕仰惟祖宗付托之重，念天下苍生属望之深，尚赖旧人，勉图宁永。卿历事列圣，位进师臣，纯诚硕德，委著于时，嘉谟谠论，卓有成绩，宜致匪躬，用弘匡济，升于大猷。乃以老疾，遂乞致仕，夫止足之分，固士君子所尚，而寅亮之职，惟老成人可居。载览奏章，良切于怀，兹特命还乡展墓，仍来供职。卿其体朕心，以国家为心，毋久留乡土，朕延伫以望。"遂遣中官护归，赐赉甚厚。

　　乙亥，行在礼部引会试中式举人杨鼎等一百人陛见。

　　闰二月己卯朔。　戊申，行在礼部尚书胡濙奏三月初二日殿试贡士，合请执事官，上命少师、工部尚书兼谨身殿大学士杨荣，少保、礼部尚书兼武英殿大学士杨溥，少保兼工部尚书吴中、行在吏部尚书郭琎、行在户部尚书刘中敷、行在兵部尚书兼大理寺卿王骥、行在刑部尚书魏源、行在都察院右都御史陈智、行在礼部左侍郎兼翰林侍讲学士王英、行在大理寺左少卿程富、行在翰林学士钱习礼、行在通政使司左参议虞祥为读卷官。

三月己酉朔。　戊子，擢第一甲进士施槃为行在翰林院修撰，杨鼎、倪谦为编修。

十月丙子朔。　行在工部右侍郎罗汝敬致仕。汝敬，江西吉水人。永乐甲申进士，选翰林庶吉士。太宗注意作养，忽召汝敬背诵古文，不能称旨，遂谪戍江南，即日遣出城，越数日召回释之，汝敬自是奋力进学。寻擢修撰，九年满，升侍讲，又左迁御史。宣庙登极，交阯黎利弗靖，升汝敬工部侍郎，赍书往谕之。汝敬文学才翰，皆有可称。侍郎于谦尝戏汝敬，闭于空室，令作诗三十韵，放之，汝敬援笔顷刻而就，人服其敏云。

正统五年

二月甲戌朔。　乙亥，命翰林院侍讲学士马愉、侍讲曹鼐文渊阁办事。　乙酉，命行在礼部左侍郎兼翰林院侍读学士王直理部事。　丙戌，少师、工部尚书兼谨身殿大学士杨荣乞还乡祭扫先茔，上从之，且谕荣曰："卿为国老成人，不可一日去朕左右，但致孝于其先，此人子不自已之心，而朕素所嘉尚，故勉徇所请。毕事，其即还朝，毋缓。"

五月壬寅朔。　甲辰，命行在兵部左侍郎郑辰、都察院右佥都御史丁璇、翰林院侍讲学士曾鹤龄、编修董璘清理武臣贴黄。　丁卯，翰林院修撰施槃卒，年二十三。从大学士杨溥为师，为古文，其志甚勤。至是疾卒，士大夫惜之。

六月辛未朔。　乙亥，复除行在翰林院侍讲学士陈循仍旧职，以母丧服阕也。　戊寅，命右春坊右中允吴余庆署掌左右二春坊事。

七月辛丑朔。　壬寅，少师、工部尚书兼谨身殿大学士杨荣卒。荣字勉仁，福建建安人。初名子荣，由进士入翰林院为编修，太宗文皇帝为更名。初建内阁，简翰林之臣七人，专典密务，且兼稽古纂述之事，荣与焉。旦夕承顾问，历进官修撰、侍讲、谕德，侍皇太子讲读。尝命往甘肃视师，规画称旨，升右庶子，侍讲如故。其巡边扈从等事，多不能载。受诏修《（五经）（四书）性理大全》，预总裁，书成，升翰林学士，仍兼庶子。升文渊阁大学士兼翰林学士。太宗不豫，受遗命。仁宗即位，升太常寺卿，兼职。寻升太子少傅兼谨身殿大学士，赐以银章，文曰绳愆纠谬，且谕荣曰："朕有过举，卿即奏来，以此识之。"又升兼工部尚书，三俸俱支。宣宗即位，进少傅，再进少师。立朝凡四十年，考京闱乡试者一，廷试读卷者九，修四朝实录皆与总裁，累朝眷遇锡赉之隆，元勋世戚不及也。是岁春乞归祭扫，上命中官偕往，欲其速来，还至杭州，得疾卒，年七十。赠光禄大夫、左柱国、太师，谥文敏，又命中官护丧归，敕有司营葬事，仍官其子恭为尚宝司丞。　丁卯，广东右布政使刘永清自陈老疾，乞致仕，从之。永清，湖广石首人，由进士历官行在翰林检讨、修撰、侍讲，正统初升布政使。

十月庚午朔。　乙未，升翰林侍讲仪铭为郕府左长史，修撰杨鼒为右长史。

十二月己巳朔。　乙酉，升右春坊右中允吴余庆为通政司右参议，仍管写武职诰命。

正统六年

二月戊辰朔。　丁亥，少保、礼部尚书兼武英殿大学士杨溥奏乞归省先茔，上从之，命驰传以往，遣中官护送。

三月戊戌朔。　戊午，翰林侍讲学士曾鹤龄卒。鹤龄字延年，江西泰和人。永乐辛丑进士第一，擢为翰林修撰。庚子（庚戌）秩满，升侍读。正统戊午，升侍讲学士。

甲子，命行在翰林编修江渊、赖世隆，检讨何瑄、李绍复任。先是，渊等以剩员待次于家。至是，少师、兵部尚书、华盖殿大学士杨士奇等言本院阙官，故召用之。

五月丙申朔。　戊申，赐行在礼部左侍郎兼翰林侍读学士王直、行在礼部左侍郎兼翰林侍讲学士王英诰命，封赠其二代。文职非九载任满不得给诰敕，直、英方历任三载，上疏请给，上念其文学老臣，特赐之。　甲寅，赐行在翰林侍读学士苗衷、侍讲学士马愉诰命，并封其父母。衷、愉三年考满，以例未应给诰，上章请给，上念儒臣，特赐之。愉又言："臣母刘、继母张先受敕封而故，继母魏以例拘不获褒典。"上命并封之。

六月丙寅朔。　丙戌，行在国子监祭酒贝泰致仕。泰，金华人，由乡贡任教谕，进国子助教，升司业，以大臣荐，升祭酒。善教。

七月乙未朔。　己酉，命行在翰林侍讲学士陈循往同翰林侍讲陈用为应天乡试考官。　癸亥，复故少师、工部尚书兼谨身殿大学士杨荣家，从其子尚宝司丞恭奏请也。

八月乙丑朔。　丁卯，遣行在翰林学士苗衷释奠孔子。　戊子，命行在翰林侍讲刘铉复任。先是，铉告病家居，至是病愈，故有是命。

十一月甲午朔，上御奉天殿，颁诏天下，建奉天、华盖、谨身三殿，乾清、坤宁二宫始成。　改给两京文武衙门印。先是，北京诸衙门皆冠以行在字，至是以宫殿成，始去之，而于南京诸衙门增南京二字，遂悉改其印。

闰十一月甲子朔。　丙子，升翰林学士李时勉为国子监祭酒。时祭酒员缺，吏部举时勉历练年深，学行俱优，故有是命。

正统七年

正月癸亥朔。　戊子，礼部左侍郎兼翰林侍讲学士王英上章乞归老，上嘉重儒臣，特留之。

二月壬辰朔。 戊戌，命礼部左侍郎兼翰林侍讲学士王英、翰林侍读学士苗衷为会试考官。 甲辰，翰林学士蔺从善以年老乞致仕，上以儒臣须用老成人，仍令莅事。

三月壬戌朔。 甲戌，礼部奏请殿试执事等官，上命少师杨士奇、少保杨溥、吏部尚书郭琎、户部尚书王佐、刑部尚书魏源、都察院右都御史王文、兵部左侍郎邝埜、工部左侍郎王卺、大理寺左少卿薛瑄、通政司右通政李锡，侍讲学士高榖、马愉，侍讲曹鼐为读卷官。 丙子，策试举人姚夔等一百五十一人。 甲申，擢第一甲进士刘俨为翰林修撰，吕原、黄谏俱编修。

八月戊子朔。 癸丑，赐少师杨士奇、少保杨溥诰命，并封赠其三代及妻。近制，京官九年考满始给诰命推封，上以二人辅相元老，特有是命。士奇又自陈："臣蒙先朝赠臣祖公荣为少傅，祖母胡氏为夫人，恩至渥也。但念臣父子将实伯祖公辰、伯祖母严氏所出，继公荣后，今公辰嗣绝，臣兼承其祀。伏见前代人臣多得乞封旁亲，国朝惟有封赠亲生祖父母之制，无及旁亲之令，今公辰〔、严氏〕虽于臣为伯祖〔父〕母，实臣亲祖父母，非其余旁亲之比。伏望圣仁不循常例，停臣本身及妻即今所得诰命，移赠伯祖公辰、伯祖母严氏，俾得沾恩，光显无穷，不胜惓惓祈恩之至。"上命并予之。

十一月丁巳朔。 壬戌，建刑部、都察院、大理寺于宣武街西，詹事府于玉河东堤。 己巳，泰和县民奏少师杨士奇子稷豪横不法百余事，词所连者几千人。事下都察院。士奇自陈稷冥顽不肖，并已失教状，且以所连者众，乞令法司量逮之。上命执稷并连重者三百余人至京，其余巡按、御史等官收验以闻。

正统八年

正月丁巳朔。 己巳，调太常寺少卿兼翰林侍讲学士金问于南京太常寺。 庚午，升礼部左侍郎兼翰林侍读学士王直为吏部尚书，调吏部左侍郎魏骥于礼部。 命礼部左侍郎兼翰林侍讲学士王英理本部事。

二月丁亥朔，遣祭酒李时勉释奠先师孔子。 壬辰，命吏部尚书王直、礼部左侍郎兼侍讲学士王英仍侍经筵讲书。

四月丙戌朔。 己丑，国子监祭酒李时勉以年至七十乞致仕。上以时勉学行淳正，为诸生矜式，不允其去。 庚寅，翰林学士蔺从善以年老乞致仕，从之。 丁酉，都察院右都御史王文等劾奏少师、兵部尚书兼华盖殿大学士杨士奇纵其子稷为恶，宜黜之。上曰："士奇先帝旧臣，日夕辅导朝廷，焉知其子居乡为恶。"命守官如故。翌日，六科、十三道又交章劾之，上置不问。

六月甲申朔。 丁亥，翰林侍讲刘球下狱死。球以雷震奉天殿鸱吻上十事，五府六部集议，咸言球所言惟择太常寺官，当从之请，令吏部推举。翰林修撰董璘闻之，遽自乞为太常寺官，球坐璘累下狱。数日，锦衣指挥马顺以球病死闻，碎其尸，弃之顺承，中官王振意也。球字廷振，江西安福人。永乐辛丑进士，擢礼部主事。正统初，改侍讲。正统己巳，赠学士，谥忠愍。二子钺、钊皆进士，钊浙江提学副使。　甲辰，下大理寺左少卿薛瑄于狱。初，太监王振恨瑄不加礼，会有冤狱，瑄驳之，振嗾御史劾瑄故出人死罪，最当死。赖大臣疏救，得免归。

七月甲寅朔。　戊午，国子监祭酒李时勉坐伐文庙树，枷于监门。监生李贵等千余人诣阙诉时勉衰老，具言教诸生有方，乞贷之。有石大用者，复乞代枷。上乃释之。初，王振诣监，时勉不为之屈，因而罪之。　丙寅，翰林院学士蔺从善既致仕，请以其孙蕃为国子监生。上念其侍从岁久，特许之。

八月癸未朔。　乙酉，营建国子监，遣工部尚书王卺祭孔子庙。　丁亥，释奠先师孔子，遣翰林侍讲曹鼐行礼。　己酉，太子宾客、国子监祭酒兼翰林侍讲胡俨卒，年八十三。俨字若思，江西南昌人。由举人历华亭长垣教谕，疏乞就近养亲，改余干。洪武乙卯，以荐授桐城知县。永乐初，用解缙荐，召试之，太宗悦其文，迁翰林检讨，寻升侍读，直内阁。甲申，升左春坊左谕德，仍兼侍读。未几，升国子祭酒。庚寅，车驾北征，命以祭酒兼侍讲，掌翰林事，辅导皇太孙监国。洪熙改元春，以疾辞，加授太子宾客致仕。宣德初，召至京，欲留用之，俨复以疾辞归。至是卒。

九月壬子朔。　乙卯，翰林学士钱习礼自陈年逾七十，乞归。上以习礼文学老臣，不允所请。

十一月壬子朔，命翰林修撰许彬复任。亲丧服阕也。

正统九年

正月辛亥朔。　壬戌，以大祀礼成，上御奉天殿，大宴文武群臣及四夷朝使，特命翰林侍讲曹鼐升殿班，列学士之下。　乙丑，升翰林侍讲曹鼐为本院学士。先是，鼐入内阁参与机务，至是升之。鼐具疏辞，上不从。

二月辛巳朔。　丙戌，书谕少师、兵部尚书、华盖殿大学士杨士奇曰："卿历事我祖宗，嘉谟嘉猷，实惟简在。暨朕嗣承大统，卿以老成硕德，启沃问学，弼赞政化，裨益尤多。比卿以疾违朕左右者数月，未有勿药之喜，朕心夙夜不忘。《书》曰：天寿平格。知卿之福寿，宜未艾也。兹特遣内臣往视，并赐颐养之资。复惟卿之子有违家训，上干国纪，重以祖宗之法拘系之，卿其以理自处。勉进药食，早图康复，用副朕注望之意。"

三月辛亥朔。　甲子，少师、兵部尚书兼华盖殿大学士杨士奇卒。士奇名寓，以字行，江西泰和人。少孤，感奋力学。洪武中，为邑庠弟子师。以事亡入武昌，有司荐其能文，征入翰林。考为优等，授王府审理，仍供职翰林。太宗即位，擢为编修，命与解缙等七人入内阁典机务，升侍讲。仁宗为皇太子，以本官兼左春坊左中允，寻升左春坊左谕德兼侍讲。太宗幸北京，皇太子监国，命蹇义并士奇等四人辅导。车驾回南京，问士奇曰："尔辅东宫久，所行果如何？"士奇以孝敬对，又历举其事实。太宗上宾，凡丧仪治体，皆士奇等议行。逾二十七日，尚书吕震欲易吉服，士奇不可。明旦，仁宗素冠衰绖出视朝，谓左右大臣曰："梓宫在殡，吾岂忍易，士奇所执是也。"未几，进礼部侍郎兼华盖殿大学士，寻升少保，既又升少傅。天下朝觐官至，尚书李庆奏令其养马，士奇执不可，乃止。洪熙改元，进兼兵部尚书，辞不得命，乃辞兼俸，仁宗允之，顾蹇义曰："廉洁之风，士奇有焉。"宣宗即位，汉王高煦反，车驾亲征，罪人既得，有言赵王通情，亦宜往正其罪，士奇以未有显迹力争。比还京师，命士奇草诏，并群言封示赵王，王涕泣感恩。宣宗谓士奇曰："赵王得以保全者，卿之力也。"间问民隐，士奇历历尽言。又言古人罚不及嗣，今极刑之家子弟，虽贤例不许进用。宣宗命即除其例。一日，又谕士奇曰："母后为朕言，先帝在青宫时，惟卿正言不避忤意，先帝能从以不败事。又谓朕曰：'凡正直之言，尔不可以为忤意而不从。'"士奇对曰："此皇太后盛德之言也，愿陛下念之。"暨上即位，凡宽恤事宜，多从所言。士奇请开经筵，遂命同知经筵事，进升少师、光禄大夫、柱国。有所建白，多见施行。至是卒，赠特进光禄大夫、左柱国、太师，谥文贞，敕有司祭葬，录其子稷为尚宝司丞。

四月庚辰朔。　丙戌，命翰林学士陈循内阁办事。　癸卯，以天旱，遣翰林侍读周叙、习嘉言，编修萨琦、吕原、倪谦，中书舍人李廷修、张杰，分祭岳镇海渎钟山之神。

七月戊申朔。　丁卯，少保、礼部尚书兼武英殿大学士杨溥自陈："臣历事列圣，叨居显秩，今年逾七十，筋力衰耗，虽欲勉图报称，而力不从心。伏乞允臣休致。"上曰："卿辅相老臣，朕所倚毗而优礼者，其视事如故，毋更求去。"

八月丁未朔，释奠先师孔子，遣翰林学士陈循行礼。

九月丙子朔，命南京国子监祭酒陈敬宗复任。敬宗九年秩满至京，以衰迈请致仕，吏部覆奏，上曰："敬宗学行老成，正宜模范后学，未可以去，其令复任。"　戊戌，少师杨士奇男稷死锦衣卫狱中。稷挟父势，掘他人墓葬己祖，多养无赖子为奴，强夺婚姻家田地子女，擅抽分商货，屡杀同乡无罪人，为怨家所诉也。

十月丙午朔。　丁未，建永乐十年进士题名碑于南京国子监。初，太宗皇帝既策进士毕，巡幸北京，故碑未建。及是，祭酒陈敬宗以为言，上从之，命翰林侍讲学士王英撰文勒石。　甲戌，命翰林侍讲刘铉、检讨王玉清理军职贴黄。

十二月乙巳朔。　壬子，升南京太常寺少卿兼翰林侍读学士金问为南京礼部右侍郎。

正统十年

二月乙巳朔。　丁未，释奠先师孔子，命翰侍讲学士马愉行礼。　辛亥，命翰林学士钱习礼、侍讲学士马愉为会试考官，赐宴于礼部。

三月甲戌朔。　乙酉，礼部尚书胡濙奏三月十五日殿试举人，请执事官。上命武英殿大学士杨溥、吏部尚书王直、兵部尚书徐晞、刑部尚书金濂、工部尚书王卺、右都御史王文、户部左侍郎李暹、通政使李锡、大理寺卿俞士悦，翰林学士陈循、曹鼐，侍读学士苗衷为读卷官。　己亥，擢第一甲进士商辂为翰林修撰，周洪谟、刘俊俱为编修。

四月甲辰朔。　乙丑，升国子监司业赵琬为左春坊左谕德，仍管司业事，助教李洪、孔铎、翁瑛俱为翰林检讨，仍管助教事，俱九年考称。

五月甲戌朔，礼部言："天下诸司官吏军民建言，例会廷臣议行。窃见宣德中尚书蹇义、夏原吉已解职务，特诏与议。正统初，学士杨士奇、杨荣、杨溥轮番会议。今士奇、荣已故，惟溥尚在，请令学士陈循、曹鼐、马愉参之。"上以溥年老，礼宜优闲，令循等与议。

六月癸卯朔，遣礼部左侍郎兼翰林侍讲学士王英祭南镇会稽山之神。　丙寅，命翰林侍讲杜宁复职，服阕。　升南京国子监丞诸质为编修，仍理监事。

八月壬寅朔。　乙丑，升翰林检讨姜洪为本院修撰，以九载秩满故也。

十月辛丑朔。　丁巳，升翰林学士钱习礼为礼部右侍郎，侍读储懋为户部右侍郎。

辛酉，升翰林编修谢琏为侍讲，以九载考最故也。　戊辰，升翰林学士曹鼐为吏部左侍郎，陈循为户部右侍郎，侍讲学士马愉为礼部右侍郎，侍读学士苗衷为兵部右侍郎，侍讲学士高穀为工部右侍郎，仍兼旧职，命衷、穀同鼐等内阁办事。

十二月庚子朔。　庚申，升翰林编修萧镃为本院侍读，吴节为侍讲，俱九载考最。

正统十一年

正月己巳朔。　己丑，命翰林检讨钱溥复任，以丁忧服阕也。

二月己亥朔。　丁未，释奠先师孔子，遣吏部左侍郎兼翰林学士曹鼐行礼。　辛酉，翰林学士蔺从善卒。从善，河南彰德府磁州人。永乐初，由教职选侍皇太孙。宣德初，与修两朝实录，升洗马。正统初，与修宣庙实录，升学士。

三月戊辰朔，礼部右侍郎兼翰林侍讲学士马愉奏父士贤老疾，乞赐归省。上许之，命有司给驿马廪饩，并家人脚力口粮。

四月戊戌朔。　丁卯，翰林侍读周叙奉命祭衡山。事竣过家，乡人与其子蒙有隙，诉叙枉道，叙自陈所经实便且近。都察院仍请下叙狱，上特宥之。

五月戊辰朔。　甲戌，国子监祭酒李时勉上疏言："臣草茅贱质，樗散微材，十六而游泮序，从师讲学，三十而登进士。释褐，影缨选入翰林，首被文皇之隆眷，使居秘阁，纵观先圣之遗书。既十年而擢属秋官，又二载而召预史事。自兹七命膺禄，秩之益崇，历事三朝，沐恩荣之愈厚，叨荷圣皇之宠，顾除臣掌教之清班。受职莅官，所当竭力，反躬度德，实匪其才，譬犹下乘之驽骀，空费上槽之菽粟。况今臣行年七十之上，而疾病交侵，居官三纪之余，而涓埃莫报。昨者敷陈愚悃，恳乞归田，皇上垂念老臣，未赐俞允，而老臣亦恋明主，敢遂闲安。第以枯朽之资，不堪委任之重，昔也徒持文墨议论，曾何益于朝廷，今焉幸当教育贤才，期有裨于圣化。瞻依日月，感会风云，正宜坚葵藿之诚心，可惜迫桑榆之暮景，形骸潦倒，精力衰颓。寻常于庶务之施行，或记一而忘十；朝夕于诸生之训诲，每语后而遗前。言则气不续声，行则筋不束骨。临政多息，虑事不详，虽使罄犬马之微劳，终莫报乾坤之大德。徒有妨于贤路，竟无补于明时。伏望圣慈特垂优命，俾臣得以栖身献亩，全三尺之微躯，长当击壤康衢，祝万年之圣寿。"上览奏，嘉叹久之，仍不允其去。

七月丁卯朔。　庚辰，少保、礼部尚书兼武英殿大学士杨溥卒。溥字弘济，湖广石首人。洪武庚辰进士，除翰林编修。永乐初，太宗择东宫官，授司经局洗马兼编修。皇太子问汉廷尉张释之不易得，溥曰："释之诚不易得，然世岂无其人，但无文帝宽厚仁恕之君用之耳。臣以为释之在汉一时不易得，若文帝三代而下不易得也。"退采文帝事关治道者，编为事实以进。后坐事系狱十年。仁宗即位，释之，擢行在翰林学士，寻升太常寺卿兼学士。未几，诏开弘文馆于思善门之左，简文学之士五人，日直其中，职讨论，溥为首。亲握印章授之曰："朕用卿等于左右，非止助益学问，亦欲广知民事，卿等有所建白，用此封识以进。"宣宗嗣位，修两朝实录，为总裁官。丁内艰，夺哀复任，升礼部尚书兼学士。上即位，修宣庙实录，复为总裁官、同知经筵事，升少保、礼部尚书兼武英殿大学士。卒，赠太师，谥文定，遣官祭葬，官其孙寿为尚宾宝司丞。溥在内阁，与士奇、荣皆杨姓，时号三杨。三人者，各有所长，士奇有学行，荣有才识，溥有雅操，天下引领望治焉。溥尤谦恭小心，趋朝循墙而走，儒之淳谨者也。

八月丙申朔。　丁酉，释奠先师孔子，遣户部右侍郎兼翰林学士陈循行礼。　癸卯，礼部左侍郎兼翰林侍讲学士王英以年老乞致仕，上念其精力未衰，留之。　庚申，吏部尚书王直，右侍郎赵新、曹义，掌光禄寺事、户部左侍郎奈亨等下狱，以相讦奏，为给事中、监察御史所劾也。　辛酉，命礼部右侍郎钱习礼署吏部事。

九月丙寅朔。　庚午，命署吏部钱习礼仍任礼部事，以吏部尚书王直等复职也。

丙戌，复除翰林编修陈文，以丁忧服阕故也。

十一月乙丑朔。　癸巳，升翰林侍读周叙为南京翰林侍讲学士。

十二月甲午朔。　癸卯，命故少师杨士奇男秩充国子监生。

正统十二年

正月甲子朔。　壬辰，礼部左侍郎兼翰林侍讲学士王英九年任满，上命复职。

二月癸巳朔。　戊戌，升翰林侍读陈询为本院侍讲学士，以九载秩满也。　复除翰林编修黄谏，以丁忧服阕也。　甲寅，上御奉天门早朝退，谕礼部尚书胡濙等曰："朝廷人材，须要作养，方获实用。今命翰林侍讲等官杜宁、裴纶、刘俨、商辂、江渊、陈文、杨鼎、吕原、刘俊、王玉，每日俱在东阁进学作文，仍命学士曹鼐、陈循、马愉严督考试，务期成效。凡会讲时，轮流经筵侍班治事。"

三月癸亥朔。　癸未，国子监祭酒李时勉致仕。时勉在国子监六年余，诸生服其教，而成者甚多。先是，累求去不遂。及是，以中贵用事，不能谐事，求去益切。既得命，即就道，朝臣及国子生出饯都门外者几三千人。　升翰林侍读萧镃为国子祭酒。

四月壬辰朔。　乙卯，吏部言尚宝司丞杨寿，故少保、礼部尚书兼武英殿大学士溥之孙，今以谢恩来京，例应承重守制。上念溥有旧劳，特留寿，命翰林读书。　戊午，升翰林编修徐珵为本院侍讲，检讨王振为修撰，俱九年任满也。

闰四月壬戌朔。　癸未，改翰林检讨金达为礼科给事中。达故兵部尚书忠之子。先是，以荫检讨，回原籍儒学，依亲读书。至是又自陈年已长成，乞在京衙门办事，故改用之。

五月辛卯朔。　壬辰，命翰林侍讲邢宽复任。宽先以剩员家居，至是陈言民情数事，上命吏部召至，故有是命。　丁巳，升翰林院检讨王玉为本院修撰，南京国子监助教孙士用为检讨，仍理助教事，以九载任满也。

六月辛酉朔。　丁卯，礼部右侍郎钱习礼复乞致仕，从之。时中贵用事，达官多拜谒其门，习礼耻为之屈，故以老疾辞归，物议高之。

七月辛卯朔。　己亥，命翰林院侍讲王一宁、检讨钱溥为应天府乡试考官。

八月庚申朔。　丁卯，释奠先师孔子，遣国子监祭酒萧镃行礼。　命翰林侍读习嘉言、侍讲邢宽为顺天府乡试考官，赐宴于本府。

九月庚寅朔。　乙未，礼部右侍郎兼翰林侍讲学士马愉卒。愉字性和，山东临朐县人。宣德丁未进士第一，擢翰林院修撰。上嗣位初，愉侍经筵，寻升侍读。宣宗实录成，升侍读学士。正统五年，奉诏入阁典机务。十年，升礼部右侍郎兼侍讲学士。晨起趋朝，得疾仆不能语，上命医往视。越四月卒，年五十三。上深嗟悼，赐棺椁、赙钞万缗，命有司归丧营葬，赠礼部尚书兼翰林学士。旧例无赠两官者，赠两官自愉始。愉端重简默，不设城府，两考会试，尽心择才。为文章不务雕斲，论事不苟为异同。自处澹如，门无私谒，人称笃厚长者云。　丁酉，先是，锦衣卫籍抚州府民徐翰家有逃匿者，上命拷鞠。见逮者言籍翰之命初下，刑科给事中王理以告为事按察副使王裕，裕与翰有姻，潜以告其家，故致逃匿。遂下理等于锦衣狱，俱论斩，上命固禁之。于是礼部左侍郎兼翰林侍讲学士王英自陈臣子裕有罪，实臣驽钝衰朽、失于教训所致。刑部请逮英，上命宥之。

十月己未朔。　丙寅，南京国子监祭酒陈敬宗具疏乞休。上曰："敬宗学行老成，正宜师表后学，岂可释去？"仍令视事，不允所请。

十一月己丑朔。　辛卯，赐吏部左侍郎兼翰林学士曹鼐、户部右侍郎兼学士陈循、兵部右侍郎兼侍讲学士苗衷、工部右侍郎兼侍讲学士高榖等诰命，并封赠其祖父母、父母、妻。鼐等进秩未久，上念其辅导有劳，故命赐诰。既而鼐独陈情乞赠前母，从之。

十二月戊午朔。　己巳，升翰林编修江渊为本院侍读，以九年考最也。

正统十三年

正月戊子朔。　乙卯，南京礼部右侍郎金问卒。问字公素，苏州府吴县人。永乐初，以善书进，久之，授司经局正字。仁宗在东宫时，喜其字有格法，后坐累与黄淮、杨溥系狱十年。仁宗即位，升修撰。每论时政得失，皆见采纳。宣德乙卯，进太常寺少卿兼侍读学士。正统癸亥，调南京太常寺。明年，升右侍郎。至是卒，遣官祭葬。

二月丁巳朔，释奠先师孔子，遣户部右侍郎兼翰林学士陈循行礼。 戊午，翰林侍讲学士陈询先是奉命考应天府乡试，事毕，枉道还松江，为怨家所讦，下锦衣卫，鞫当运石还职，上命调湖广安陆州知州。 甲子，命工部右侍郎兼翰林侍讲学士高穀、侍讲杜宁为会试考官，赐宴于礼部。 乙巳，吏部言："翰林侍讲邢宽九年任满，考称，当升。"上命复职。

三月丙戌朔。 丁酉，礼部尚书胡濙奏殿试举人，上命吏部尚书王直、户部尚书王佐、兵部尚书邝埜、刑部尚书金濂、都察院右都御史陈鉴、吏部左侍郎兼翰林学士曹鼐、掌光禄寺事户部左侍郎奈亨、户部右侍郎兼翰林学士陈循、兵部右侍郎兼翰林侍读学士苗衷、通政司通政使李锡、大理寺卿俞士悦、太常寺少卿兼翰林侍书程南云、太常寺少卿黄养正为读卷官。 癸丑，擢第一甲进士彭时为翰林修撰，陈鉴、岳正俱编修，正会试第一。

四月丙辰朔。 己未，复除翰林修撰周旋，以病痊也。 癸酉，改进士万安等为庶吉士。先是，上命吏部选进士人物俊秀、贯在江北者三十人以闻，尚书王直等选安及曹鼐、熊瓒、刘吉、孙茂、刘珝、王勤、谢环、白行顺、李泰、宋弼、邢让、刘清、乔毅、李本、李镛、王恕、孙昱、孟祥、曹辅、韩敏、尹旻、张斐、李赞、李宽、华显、霍荣、郭安、李坚、成章，引见于内庭。吏部左侍郎兼翰林学士曹鼐等言："宜仿旧例，改为庶吉士，送翰林读书。给赐酒馔房屋皂隶，并笔墨纸剳灯油，令本院侍读习嘉言、侍讲王一宁、编修赵恢提督教训，庶有成效。"从之。

六月乙卯朔。 癸酉，升翰林修撰张益为本院侍读学士，以任满九载也。

七月乙酉朔。 乙巳，命侍读学士张益与经筵。 庚戌，翰林编修赖世隆尝有索于本县官不得，衔之，遂令其子发县官科敛诸事，法司问有诬，当世隆赎徒还职，上命赎既降官二等外用。

八月甲寅朔。 辛巳，升礼部左侍郎兼翰林侍讲学士王英为南京礼部尚书，翰林侍讲王一宁为礼部右侍郎。

九月甲申朔。 丙戌，命礼部右侍郎王一宁仍充经筵讲官。

十一月癸未朔。 丙戌，翰林编修刘定之以弟寅之等与乡人有隙相讦，诉词连定之，下狱，法司核所诉多诬，坐寅之徒，定之失戒，当赎杖还职。

十二月癸丑朔。 己巳，升翰林编修赵恢为本院侍讲，以任满九年也。

正统十四年

二月壬子朔。 丁巳，释奠先师孔子，遣工部右侍郎兼翰林学士高穀行礼。 乙亥，升翰林编修倪谦为本院侍讲，复除翰林编修刘定之仍旧任，以九年任满及亲丧服阕故也。

五月庚辰朔。 癸巳，兵部右侍郎兼翰林侍读学士苗衷以疾乞致仕，不允。 己亥，命翰林侍读学士张益内阁办事。　戊申，吏部左侍郎兼翰林学士曹鼐等奏："本院庶吉士缺官教训，四夷馆缺官提督，今推选得侍讲刘铉、修撰王振堪教庶吉士读书，修撰许彬、郎中潘勤堪提督四夷馆官员子弟习学夷字。"从之。

　　六月己酉朔。　辛亥，致仕少保、户部尚书兼武英殿大学士黄淮卒。淮字宗豫，浙江永嘉人。洪武丁丑进士，授中书舍人。太宗登位，召淮访以时政，称旨，命入翰林备顾问。自是日召与语，或至夜赐坐榻前，机密重务，悉预闻之。继命居内阁，掌制诰。是年秋，升编修，寻升侍读。太宗间以建储之议询之，淮对曰："立嫡以长，万世正法。"太宗意遂决。甲申，册立皇太子，命为左右春坊左庶子兼侍读，赐袍笏。丁亥，升右春坊大学士，仍兼侍读，复辅导皇太孙。戊子，驾巡狩，命与尚书蹇义等四人留守。庚寅，驾北征，适长沙盗起，皇太子命丰城侯李彬帅兵剿捕，汉王疑沮之，淮曰："丰城老将必能成功，且兵贵神速，宜亟遣以掩其不虞。"已而功成如淮言。癸巳，驾再巡狩，淮留守如故。时汉王潜蓄夺嫡之志，忌淮尤深，日伺间隙言其过，遂逮系之。仁宗嗣位，出淮，迁通政使兼武英殿大学士，仍领内阁事。丁母忧，起复，升少保、户部尚书，大学士如故，赐诰褒嘉。宣宗嗣位，淮以多病上疏乞骸骨，许之，赐赍甚厚。未几，父殁，遣官祭葬。淮来谢恩，留累月，赐游西苑，许肩舆登万寿山。比辞，亲制诗送之，给路费，赐织金纱衣。癸丑，来贺圣节，因留为会试考官。上嗣位，淮入朝，宠赍加隆，官其子采为中书舍人，留月余归。至是卒，年八十二。讣闻，遣官祭葬，赐谥文简。　壬申，升翰林编修刘定之为本院侍讲，国子监助教罗伯初为检讨，仍理助教事，以任满九载考称也。　复除翰林检讨何瑄、李绍，俱亲丧服阕也。

　　七月己卯朔。　己丑，虏分道刻期入寇。也先寇大同至猫儿庄，右参将吴浩迎战，败死。脱脱不花王寇辽东，阿剌知院寇宣府，围赤城。又别遣人寇甘州，诸守将凭城拒守。报至，遂议亲征。　壬辰，皇第三子生，宸妃万氏出也。上命郕王祁钰居守，驸马都尉焦敬辅之，太师、英国公张辅，太保、成国公朱勇，镇远侯顾兴祖，泰宁侯陈瀛，恭顺侯吴克中，驸马都尉石璟，广宁伯刘安，襄城伯李珍，修武伯沈荣，建平伯高远，永顺伯薛绶，忠勇伯蒋信，左都督梁成，右都督李忠，都督同知王敬，都督佥事陈友安、朵儿只，户部尚书王佐，兵部尚书邝埜，刑部右侍郎丁铉，工部右侍郎王永和，都察院右副都御史邓棨，通政司右通政龚全安、左参议栾恽，太常寺少卿黄养正、戴庆祖、王一居，大理寺右寺丞萧维祯，太仆寺少卿刘容，鸿胪寺掌寺事礼部左侍郎杨善、左寺丞张翔，翰林学士曹鼐等，俱扈从。

　　八月戊申朔。　辛酉，车驾次土木。先是，每夕驻跸，必预遣司设监，太监吴亮相度地势。至是，振以军失利惭恚，即止于土木，地高无水，掘井二丈馀，亦不得水，其南十五里有河，已为虏所据。绝水终日，人马饥渴，虏分道自土木旁近麻峪口入，守口都指挥郭懋力拒之终夜，虏兵益增。　壬戌，车驾欲起行，以虏骑绕营窥伺，复止不行。虏诈退，王振矫命抬营行就水，虏见我阵动，四面冲突而来，我军遂大溃。虏邀车驾北行，中官惟喜宁随行，振等皆死，官军人等死伤者数十万，太师、英国公张辅，泰宁侯陈瀛，驸马都尉井源，平乡伯陈怀，襄城伯李珍，遂安伯陈埙，修武伯沈荣，都督梁成、王贵，户部尚书王佐，兵部尚书邝埜，吏部左侍郎兼翰林学士曹鼐，刑部左侍郎丁铉，工部右侍郎王永和，都察院右副都御史邓棨，翰林侍读学士张益，通政司左通政龚全安，太常寺少卿黄养正、戴庆祖、王一居，太仆少卿刘容、尚宝少卿凌寿，给事中包良佐、鲍辉，中书舍人俞拱、潘澄、钱昺，监察御史张洪、黄裳、魏贞、夏诚、申祐、尹竑、童存德、孙庆、林祥凤，郎中齐汪、冯学明，员外郎王健、程思温、程式、逯端，主事俞鉴、张唐、郑瑄，大理寺左寺副马豫，行人司正尹昌，行人罗如璜，钦天监夏官正、刘信，序班李恭、石玉等，皆死焉。曹鼐，字万钟，真定府宁晋人。始由乡举为山西代州教官，负才不屈，欲见用于时，乃上疏顾辞教职。再就试，为吏部驳奏，遂改授江西泰和县典史。县务冗剧，中官往来络绎，鼐应酬不懈，暇则延礼师儒讲学。宣德七年，部匠赴京，值大比，疏乞入试，许之。大学士杨士奇嘉其有志，已而果中京闱乡试第二。明年春闱，复在高选。及廷试，遂为第一，擢翰林修撰。正统改元，上初御经筵，选鼐日侍讲读。预修宣德实录，书成，进侍讲。五年，命入文渊阁参预机务。九年，升翰林学士。十年，升吏部左侍郎，仍兼学士。至是死事，赠荣禄大夫、少傅、吏部尚书兼文渊阁大学士，谥文襄，遣官谕祭，官其子恩为大理评事。上复位，加赠太傅，改谥文忠。张益，字士谦，应天府江宁人。举进士，选庶吉士，授中书舍人，升左评事，仍于翰林供职。正统戊午，升修撰，于内府授小内使书。益能文，善小楷，为人平易，有求辄应，故传播特广。十四年，升侍读学士、知制诰。未几死事，赠学士，谥文僖，官其子翀为序班。　己巳，皇太后诏曰："迩因虏寇犯边，毒害生灵，皇帝恐祸连宗社，不得已躬率六师，往正其罪，不意被留虏庭。尚念臣民不可无主，兹于皇庶子三人之中，选其贤而长者，正位东宫，仍命郕王为辅，代总国政，抚安天下。呜呼！国必有君而社稷为之安，君必有储而臣民有所仰，布告天下，咸使闻知。"　庚午，升户部右侍郎兼学士陈循、工部右侍郎兼学士高穀俱为本部尚书，仍兼学士。　召前大理寺少卿薛瑄乘传诣京。　丙子，文武百官合辞请于皇太后曰："圣驾北狩，皇太子幼冲，国势危殆，人心汹涌。古云：国有长君，社稷之福。请定大计，以奠宗社。"疏入，皇太后批答云："卿等奏国家大计，合允所请。其命郕王即皇帝位，礼部具仪择日以闻。"群臣奉皇太后旨告郕王，王固辞。受命，令翰林修撰商辂、彭时入文渊阁参预机务，从学士陈循、高穀荐也。辂、时辞，王不允。

九月戊寅朔。　庚辰，令升翰林侍讲杜宁为南京礼部右侍郎，侍读江渊为刑部右侍郎，习嘉言为太常寺少卿，修撰许彬为大理寺少卿，以户部尚书兼翰林学士陈循荐举宁等俱有文学材能，老成堪任也。　癸未，郕王即皇帝位，诏告天下。初六日也。　甲申，升顺天府府丞夏衡为太仆寺卿，中书舍人陈学、王谦、蒋宏、徐瑛俱为翰林编修，仍于内阁书办。　丙申，升翰林侍讲刘铉为本院侍讲学士，以九年任满也。　辛丑，升翰林编修陈文为本院侍讲，检讨李绍为本院修撰，俱以九年任满也。　甲辰，命监察御史白圭、李宾、夏裕，并以侍讲徐珵，编修杨鼎，检讨王玉，郎中谢祐、陈金，主事王伟、姚龙，给事中金达、王庚，知州陈诚、汪庭训、苏璟，俱行监察御史事，往直隶、山东、山西、河南各府县招募民壮，就彼卫所量选官旗，兼同操练，听调策应。有功之日，照例升赏，事定之后，仍归为民，应授职者，听从冠带闲住。

十月戊申朔。　庚戌，升修撰裴纶为山东右布政使。　丙辰，擢庶吉士曹鼐、霍荣、乔毅为给事中。　丁巳，擢翰林庶吉士刘清为兵科给事中，从侍郎江渊赞理军务。

壬戌，改大理寺右少卿许彬为太常少卿兼翰林待诏，仍旧译书。　擢庶吉士成章为户科给事中。　癸亥，命副都御史王遥、吏部侍郎曹义、礼部侍郎仪铭、工部侍郎张敏、右通政栾恽、大理寺丞薛瑄、太常寺少卿习嘉言、鸿胪寺丞张翔、太仆寺少卿俞纲分守正阳等九门。时虏已宵遁，京师尚戒严，故有是命。

十一月丁丑朔。　辛卯，工部尚书兼翰林学士高毂乞致仕。帝曰："卿老成，事我先帝。今国家多事，卿当尽心匡辅，以安宗社，岂可求去？所奏不允。"　癸巳，兵部右侍郎兼翰林学士苗衷以久病乞罢，不允，命医视之。　甲辰，升翰林修撰王振为大理寺丞，巡抚贵州。　遣翰林侍讲倪谦、刑科给事中司马恂颁即位诏于朝鲜国。

十二月丁未朔。　戊申，尊皇太后为上圣皇太后，母贤妃吴氏为皇太后，封妃汪氏为皇后，皇太子母周氏为贵妃。　辛亥，大理寺右寺丞王振言："臣之姓名与奸臣同，乞易名恂。"从之。　己未，擢庶吉士李瓒为吏科给事中，尹旻刑科给事中，熊瓒、孙茂、王勤、谢环、白行顺、宋弼俱主事，王恕、曹辅俱大理寺右评事，李宽行人司正。

辛酉，户部尚书兼翰林学士陈循等言："翰林官属，虽有额员，然自永乐、宣德以来，往往额外多除，皆出上命。吏部止因本院在任官九年考称者请旨，照例升授本院之职，不拘多余，已是旧例。今本院自讲、读以至五经博士等官，俱多缺员。钦惟皇上嗣登大宝，正用人之际，况文学侍从之臣，尤当精选，以备顾问，资益圣学。乞敕吏部，于本院见任官及庶吉士内，推选升补讲、读等官员缺，其五经博士及典籍、侍书、待诏之缺，俱于教官内推举，送院考补。"　戊辰，升翰林修撰商辂、彭时为本院侍读，擢庶吉士万安、刘吉、刘珝、李泰俱为本院编修，邢让、李本俱为本院检讨。

馆阁漫录卷之三　　景泰

景泰元年

闰正月丙午朔。　丁未，翰林院侍讲徐理召募民壮，道经汤阴县，询知岳飞生其地，建言建庙祀之，从之。　丙寅，翰林院侍读彭时奏："正统十四年八月二十九日，敬蒙令旨，令臣文渊阁办事。臣以继母丧启乞守制，未蒙矜允，仍令夺情。臣切念时方多事，义不得顾私亲，遂自感激就职，实欲勉效微劳，于今五月余矣。乞令臣照例守制。"从之。

二月丙子朔。　己卯，升兵部右侍郎兼翰林院侍读学士苗衷为本部尚书兼翰林院学士。　戊子，以南京各衙门堂上官止一员，事难遍举，当各增一员，共理庶务。因推举历练老成官员，具名以闻，遂升南京大理寺卿陈勉为南京都察院右都御史，翰林院侍讲谢琎为南京户部右侍郎，吏科给事中姚夔为南京刑部右侍郎，兵科给事中覃浩为南京工部右侍郎。　调南京礼部右侍郎杜宁于南京兵部。　国子监祭酒萧镃以病乞归田里，既得旨，监丞等官并六馆生徒连章保留，从之。　升湖广安陆州知州陈询为大理寺右少卿。询先任翰林侍讲学士，至是召还，遂升之。　丁酉，工部尚书兼翰林院学士高毅奏："臣荷蒙皇上厚恩，擢官尚书，职兼翰林，仍居馆阁之中，厕经筵之末。臣之荣幸，无以加矣。臣当精白一心，参决机务，荐举贤才，为国任用，以期上不负于朝廷，下不失于人望可也。奈臣年当六十，老病侵寻，才识短浅，笔力生疏，不能了办国家重务，夙夜忧惶，莫知所措。伏乞赐臣罢内阁之事，及不与宫保之列，俾得专侍经筵，商确古今，以少裨圣学于万一。"帝曰："今方多事之日，正当任用老成，所辞不允。"

南京翰林院侍讲学士周叙三年考满，至命留翰林院，叙辞不允，吏部奏南京翰林院缺官视事，仍命叙往。

三月乙巳朔。　辛亥，以户部尚书王佐子道阳、兵部尚书邝埜子仪俱为主事，吏部左侍郎兼学士曹鼐子恩、刑部右侍郎丁铉子琥、都察院右副都御史邓棨子瑞俱为评事，通政司右通政龚全安子廷晖、太常寺少卿黄养正子希祖、戴庆祖子升、太仆寺少卿刘容子鉴俱为部照磨，钦天监正廖羲仲子景明为司历，太医院使［钦谦］子智为本院吏目，支正九品俸，翰林院侍读学士张益子翀、尚宝司少卿凌寿子晖俱为序班。录阵亡之子，仍令守制，服阕赴京。　乙卯，升南京翰林院孔目王稽为本院检讨，户部尚书兼学士陈循奏保也，亦九年考满。　甲子，升太仆寺少卿俞纲为兵部右侍郎，于内阁办事。纲具疏辞，愿理兵部事，从之。　壬申，改大理寺评事曹恩为翰林院编修。恩以荫叙为评事，自陈愿改职于翰林院读书，故有是命。

四月甲戌朔。　甲申，国子监祭酒致仕李时勉卒，谥文毅。

五月甲辰朔。　庚申，南京礼部尚书王英卒。英字时彦，江西金溪县人。永乐甲申进士，选翰林院庶吉士。丁亥，授修撰，秩满，升侍讲。仁宗嗣位，升侍讲学士，寻升右春坊大学士，仍兼旧职，支二俸。宣宗即位，与修两朝实录，升少詹事，仍兼旧职。母丧，令有司葬祭，遣中使护行，遂起复。上即位，修宣宗实录，为总裁官。书成，升礼部左侍郎，仍兼侍读学士。正统戊辰，升尚书。至是卒，谥文安，遣官谕祭安葬。英屡为会试考官，多得名士。其文章典赡，一时重之。尤善草书，解缙以后一人而已。然豪纵跌宕，不拘小节，颇有晋人风度云。

六月癸酉朔。　丙子，升翰林院检讨何瑄为四川右参政。　甲午，复除翰林院编修萨琦。

七月癸卯朔。　甲寅，命翰林院侍讲吴节、刘定之为应天府乡试考官。

八月壬申朔，虏酋也先伯颜帖木儿宴饯都御史杨善等。　癸酉，太上皇帝驾将启行，虏酋也先为土台，设座于上，率众拜辞，进良马、貂鼠、银鼠皮，其妻妾亦来拜辞。也先复与众酋送车驾行约半日程，也先下马叩头，跪解所带弓箭、撒袋、战裙以进，与众酋罗拜，伏地恸哭而去。　丁丑，释奠先师孔子，遣国子监祭酒萧镃行礼。

戊寅，升翰林院修撰周旋为本院侍讲，以满九载也。　己卯，命翰林院侍讲学士刘铉、侍讲陈文为顺天府乡试考官，赐宴于本府。　辛巳，虏酋也先遣得知院等，领人马护送太上皇帝驾至野孤岭，得知院进马叩头哭辞而去，仍遣大头目率五百骑送至京师。忽有五五余骑追来，乃平章昂克射得一獐来献。是夕驻跸于宣府右卫城外。　癸未，太上皇帝驻跸宣府行殿，少卿许彬来迎，命写罪己敕谕文武群臣，仍遣彬谕祭土木阵亡官军。　甲申，遣翰林院侍读商辂往居庸关奉迎太上皇帝。　乙酉，太上皇帝驾至居庸关，侍读商辂来迎，谕之曰："卿为祖宗社稷费心忧念，朕幸得回京，愿退居闲处，卿便写书与皇帝知朕意，并诏谕文武群臣。"至双泉铺，以所御素绫衣及也先所献战裙赐袁彬，以彬随侍日久，效劳尤多也。　丙戌八月十五日，太上皇驾还京，帝迎见于东安门。驾入南宫，文武行朝见礼。先是，也先遣鞑子勇壮者二十人送驾，不离左右，夜则围宿，虽都御史杨善等不得近。及至东上门，揭廉审视，叩头而退。俟入南宫，然后出就馆。　辛卯，命刑部右侍郎江渊兼翰林院学士，内阁办事。　己亥，兵部尚书兼翰林院学士苗衷，以老疾复上疏乞归田里，从之，赐敕赏宝钞、金绮。

九月壬寅朔。　丙午，改刑部右侍郎兼翰林院学士江渊为工部右侍郎，兼职视事如故。　庚戌，升翰林院侍读商辂为本院学士。辂具疏辞，帝曰："今开经筵，正资顾问，尔尚懋称，毋徒谦让。"　户部尚书兼翰林院学士陈循言："臣待罪翰林，职掌制敕，凡六部、都察院等衙门奏奉圣旨，请写制敕，撰述册祭，并拟封谥圣旨榜文等项手本，乞令各衙门今后俱从堂上官金书用印，方许送院。又臣今后移文于各衙门堂上臣，宜金书于各司属，止令孔目金名，臣惟判案作印，庶于事体为当。"从之。　癸丑，敕曰："兹以九月十六日御经筵，命尔太保、宁阳侯陈懋知经筵事，户部尚书兼翰林院学士陈循、工部尚书兼翰林院学士高穀同知经筵事，户部右侍郎兼翰林院学士江渊、翰林院学士商辂、侍讲刘铉、吏部右侍郎俞山、礼部左侍郎仪铭、兵部右侍郎俞纲、国子监祭酒萧镃、左春坊左谕德赵琬兼经筵官，循、穀、渊、辂日侍讲读；翰林等衙门儒臣侍讲吴节、赵恢、徐理、陈文、刘定之、周旋，修撰林文、李绍，编修萨琦、杨鼎、吕原、周洪谟、刘俊、陈鉴、岳正、万安、刘吉、刘翊、李泰，检讨邢让，分直侍讲。"

庚午，南京国子监祭酒陈敬宗乞致仕，从之。

十月辛未朔。　壬申，升吏部左侍郎曹义为南京吏部尚书，礼部右侍郎仪铭为南京礼部尚书，翰林院侍讲吴节为南京国子监祭酒。

景泰二年

二月庚午朔。　辛未，驾幸太学，释奠先师孔子，命太保、宁阳侯陈懋，少保兼兵部尚书于谦，太子太保、吏部尚书王直，户部尚书兼翰林院学士陈循，工部尚书兼翰林院学士高穀，户部右侍郎兼翰林院学士江渊，翰林院学士商辂、侍讲学士刘铉，分献四配十哲两庑。礼毕，幸彝伦堂，祭酒萧镃、司业赵琬讲书。　乙亥，升翰林院修撰刘俨为本院侍讲，以九年任满也。　丁丑，释奠先师孔子，命户部右侍郎兼翰林院学士江渊行礼。　命户部右侍郎兼翰林院学士江渊、修撰林文为会试考官，赐宴于礼部。　乙酉，南京都察院右都御史陈勉、大理寺右寺丞薛瑄俱以老乞致仕，从之。　癸巳，升翰林院编修吕原为本院侍讲，以任满九年也。

三月庚子朔。　帝御奉天门，策试举人吴汇等。　壬寅，帝亲阅举人对策，赐柯潜等二百一人及第、出身有差。　乙卯，擢第一甲进士柯潜为翰林院修撰，刘升、王俨为编修。改进士吴汇、周舆、戚澜、张永、吕晟、王献、刘宣、俞钦、相杰、杨守陈、童缘、张业、樊冕、林孔滋、张瑄、金文、钟清、田斌、章表、杨昶、张瑄、彭信、刘泰、江朝宗、周清为庶吉士，俱于东阁读书。先是，巡按御史徐谦奏："永乐初，尝取进士曾棨等二十八人为庶吉士，储养教育，自后相继，蔚为名臣。乞将今科进士中，选其材质英敏、文词优赡者，俾进学中秘。仍命文学大臣提调劝课，成其材器，以待任用。"事下礼部议，尚书胡濙、陈循等佥言宜从所请，遂诏循等即进士中选得汇等二十五人，同潜等三人，合二十八人以闻，俱命于东阁读书，给纸笔、饮馔、膏烛、第宅，悉如永乐初例。

五月戊戌朔。　甲寅，国子监祭酒萧镃乞致仕，不允。

七月丁酉朔。　己亥，户部尚书兼翰林院学士陈循，初令家奴告其原籍吉安府泰和县民强占其葬妻坟地，且谋杀守坟者，巡按御史周鉴核之，坐其家奴诬告当徒。循奏鉴尝学《春秋》于古安府安福县，故断理多私，且其监江西乡试，取中安福人不下二十馀，罪人彭德清亦与鉴相厚，泰和县官尝衔己馈赆之薄，故妄核以阿鉴。事下都察院，请命福建公差御史王豪即还江西验实。帝曰："循内阁大臣,岂肯诬奏人,豪其从公验之。" 丁未,升翰林院孔目马升为本院检讨,仍掌孔目事,从学士陈循举也。 甲子,户部右侍郎兼翰林院学士江渊言:"大理寺丞薛瑄近告老致仕,士大夫皆惜其去。以为瑄心术正大,操行醇洁,年甫六十有三,精力未衰。况皇上建中兴之业,正当广求贤才,若瑄之学行兼茂,岂宜舍而不用?又礼部右侍郎王一宁,学识老成,持心端谨,旧官翰林,侍讲经筵。如此二人,若擢馆阁论思之职,必能启沃圣听,裨益世治。臣以庸愚,误蒙简拔,恒愧浅陋,有妨贤路,夙夜忧惧,罔克自效。伏望皇上进用二人,如臣不才,宜放归田里,或别任一职,以图补报。"诏一宁进侍经筵,瑄既未衰,仍令视事。

八月丙寅朔。 丁卯,释奠先师孔子,令户部尚书兼学士陈循行礼。 乙亥,太子太保、吏部尚书王直言:"臣近有疾,蒙命医调治,复免臣常朝,惟在部理事,朔望经筵时来。臣思忝职四十八年,并无毫发微劳,以报朝廷荣遇。今年齿愈加,疾病愈甚云云,乞致仕。"帝曰:"朕念卿老成,故留在朝,匡辅政事,不允所辞。" 壬辰,升翰林院侍讲陈文为云南布政司布政使。时工部尚书兼翰林院学士高穀言:"臣见翰林院侍讲陈文、检讨钱溥俱由进士出身,授职翰林,读书待用,积有年岁。又学问老成,行止端谨,才可以任重而致远,识可以应机而达变,设使擢居在京堂上,或藩臬正员,必能尽心于所事。溥学问通敏,性资和平,有博览之才,可以备顾问,有勤笃之功,可以资讲读,设使得侍经筵,必能裨益于圣学。臣既知其贤,理宜荐举,不容缄默,以妨贤路。臣此举倘有一毫徇私,甘受谬妄之罪。古人云:荐贤为国,非为私也。伏乞圣断不拘常例,将各官随才任用,使得尽职,以图补报。"疏闻,命吏部授以相应之职。吏部请令溥侍经筵,而擢文方面,故有是命。

九月丙申朔,户部尚书兼翰林院学士陈循奏:"内阁系掌制诰机密重务衙门,近侍之职,莫先于此。永乐初年,本阁官员凡遇圣上视朝,立在金台东,锦衣卫在西,后因不便,移下贴御道东西对立,已为定例。近日因雨,各衙门官俱上奉天门奏事,五府官虽品高,皆立西檐柱外,独六卿序立东檐柱内,遂使内阁官无可立。此系朝仪,不可不辨。昔孔子在朝廷宗庙,亦便便言,诚以礼法所在,政事所出之处,不可不明辨也。又臣等叨蒙皇上擢任,同知经筵事,会讲之日,班或列于六卿之下,恐识者笑玷辱此职,自臣等不才始也。又每午朝进御榻奏事,臣所奏多系制诰机密重务,理不宜在五府、六部奏杂事后。孔子曰:君子无所争,必也射乎。古人大射之礼如此,况于圣明礼乐文物之朝?内阁经筵神明制作之所,可以苟乎?"诏常朝,内阁学士与锦衣卫官东西对立;经筵日,同知经筵官序于尚书、都御史之上;午朝,翰林院先奏事。 乙亥,巡按福建监察御史王豪,覆勘户部尚书兼翰林院学士陈循奏其县民强占妻坟,及巡按御史周鉴多取中安福举人诸不法事多虚,遂劾奏循云云。朝廷以循届京年久,里闾事不能详知,第据家人传言以奏,置勿问。循复条析豪奏,以为诬己,且言豪护僚友周鉴之党如漆,忽圣旨丁宁之说如风。且豪居京,多与安福豪族仕者同巷,故相庇护,乞敕法司以己奏并豪覆状通究其情,以表奸欺。帝曰:"循既累诉冤抑,法司其再从公理之。"

十二月乙丑朔。　丁卯，改大理寺寺丞王恂为右春坊右庶子，掌国子监司业事。恂以翰林修撰升寺丞，巡抚贵州。至是，以边事宁息召回，故有是命。　辛未，升礼部右侍郎储懋为南京户部尚书，南京工部右侍郎王永寿为本部尚书，南京都察院右副都御史张纯为本院右都御史，大理寺右寺丞薛瑄为南京大理寺卿。调礼部尚书杨宁于南京刑部，右侍郎姚夔于南京礼部。时都察院左都御史王文言南京近来灾异叠见，且根本之地，各堂上正官不宜久缺，乞选择升调补之，故有是命。　乙亥，复除编修曹恩于翰林院，以父丧服阕也。　庚寅，命礼部左侍郎王一宁、国子监祭酒萧镃俱兼翰林院学士，于文渊阁参预机务。　壬辰，升户部尚书兼翰林院学士陈循为少保、户部尚书兼文渊阁大学士，工部尚书兼翰林院学士高穀为少保、工部尚书兼东阁大学士，俱视事如故。循等具疏辞，帝曰："卿等历事俱有年，今又匡辅朕躬，宜兹宠嘉，所辞不允。"

景泰三年

正月乙未朔。　庚子，升翰林院侍讲学士刘铉为国子监祭酒，从大学士高穀荐也。

二月乙丑朔。　丁卯，释奠先师孔子，命国子监祭酒刘铉行礼。　辛未，升户部右侍郎兼翰林院学士江渊为吏部左侍郎，国子监祭酒萧镃为户部右侍郎，兼职任事如故。

丙戌，升翰林院编修杨鼎为本院侍讲，以九载任满考称也。　庚申，南京翰林院侍讲学士周叙卒。叙字功叙，江西吉水人。永乐戊戌进士，选庶吉士，擢编修，升修撰，进侍讲，寻升南京侍讲学士。　辛酉，复除翰林院侍读彭时于本院。初，时在文渊阁参预机务，寻丁继母忧，乞终制，不许。章再上，许之，由此忤旨。至是服阕，止令本院供职。

四月甲子朔，赐少保、户部尚书兼文渊阁大学士陈循，少保、工部尚书兼东阁大学士高穀，各白金一百两；吏部左侍郎兼学士江渊、礼部左侍郎兼学士王一宁、户部右侍郎兼学士萧镃、翰林院学士商辂，各白金五十两。　乙酉，议易皇太子。初，黄㻞奏下礼部尚书胡濙，侍郎萨琦、邹榦，集文武群臣议，众心知不可，然莫敢发言疑者。久之，司礼监太监兴安厉声曰："此事今不可已，不肯者不用佥名，尚何迟疑之有。"于是无一人敢违者，其议遂定。濙等遂与魏国公徐承宗、宁阳侯陈懋、安远侯柳溥、武清侯石亨、成安侯郭晟、定西侯蒋琬、驸马都尉薛桓、襄城伯李瑾、武进伯朱瑛、平乡伯陈辅、安乡伯张宁、都督孙镗、张軏、杨俊、都督同知田礼、范广、过兴、卫颖，都督佥事张軏、刘深、张通、郭瑛、刘鉴、张义，锦衣卫指挥同知毕旺、曹敬，指挥佥事林福，尚书王直、陈循、高穀、何文渊、金濂、俞士悦，左都御史王文、王翱、杨善，侍郎汪渊、俞山、项文曜、刘中敷、沈翼、萧镃、王一宁、李贤、周瑄、赵荣、张敏，通政使李锡，通政栾恽、王复，参议冯贯卿、萧惟中、许彬、蒋守约、齐整、李宾，少卿张固、习嘉言、李宗、周蔚能、陈诚、黄仕俊、张翔、齐政，寺丞李茂、李希安、柴望、郦镛、杨询、王溢，翰林院学士商辂，六科都给事中李瓒、李侃、李春、苏霖、林聪、张文质，十三道御史王震、朱英、徐谦、丁泰亨、强宏、刘居、陆厚、原杰、严枢、沈义、杨宜、王骥、左鼎，联名合奏："父有天下，必传于子，此三代所以享国长久也。惟陛下膺天明命，中兴邦家，统绪之传，宜归圣子。今黄𬭚所奏，允宜所言。"疏入，诏曰："卿等所言，三代圣王大道理。近日耆旧内臣，亦俱来劝导，与卿等所言皆同。朕不敢自专，上请于圣母。上圣皇太后蒙懿旨宣谕，只要宗社安，天下太平，今人心既如此，当顺人心行。朕以此不敢固违，礼部可具仪择日以闻。"置东宫官属，命宁阳侯陈懋、武清侯石亨，少傅、礼部尚书胡濙，少傅、吏部尚书王直，俱兼太子太师；安远侯柳溥，少保、户部尚书兼文渊阁大学士陈循，少保、工部尚书兼东阁大学士高穀，少保、兵部尚书于谦，俱兼太子太傅。升吏部尚书何文渊、户部尚书金濂、南京礼部尚书仪铭、刑部尚书俞士悦、工部尚书兼大理寺卿石璞、都察院左都御史陈鉴、王翱，俱为太子太保；吏部左侍郎兼学士江渊、礼部左侍郎兼学士王一宁、户部右侍郎兼学士萧镃，俱为太子少师；吏部左侍郎俞山为太子少傅，兵部左侍郎俞纲为太子少保。俱仍兼旧职，璞止兼尚书。升翰林院学士商辂为兵部左侍郎兼左春坊大学士，仍兼旧职。命户部左侍郎刘中敷兼太子宾客。升太常寺少卿习嘉言为詹事。命吏部右侍郎项文曜、礼部右侍郎萨琦俱兼少詹事，礼部右侍郎邹榦兼左庶子。升翰林院侍讲彭时为左春坊大学士，侍讲刘俨为右春坊大学士，周旋为左庶子，赵恢为右庶子，修撰林文为左谕德，侍讲徐珵为右谕德，修撰李绍、侍讲刘定之俱为司经局洗马，侍讲杨鼎、倪谦为左春坊左中允，侍讲吕原、修撰柯潜为右中允，俱兼旧职；都给事中李侃、御史魏龄俱为詹事府府丞，编修周洪谟、刘俊为左赞善，检讨钱溥、编修岳正为右赞善，编修万安、李泰、都给事中林聪、典籍邹循俱为司直郎，洪谟、正、泰俱兼旧职；侍书陈敩、徐似，监丞鲍相、县丞高诚俱为清纪郎；检讨曾遑、傅宗，五经博士陆艺、典籍李监俱兼司谏；编修王㒜兼司经局校书，中书舍人刘钺、赵昂俱为正字。升教谕李琼为校书，待诏赵玫为詹事府主簿，教谕刘洁为录事，序班杨钦、王政、周宁、傅荣俱为通事舍人。

五月癸巳朔。甲午，册立皇妃杭氏为皇后，长子见济为皇太子。杭太子母也，汪皇后让之。太上皇帝长子，特更封为沂王，次子见清为荣王，见淳为许王。甲寅，翰林院侍讲邢宽亲丧服阕，复除南京翰林院署掌院事大学士。陈循等言："宽效劳年久，且侍讲系属官，于掌印不便，乞量升职。"命升为侍讲学士。庚申，赐大学士陈循、高穀，学士江渊、王一宁、萧镃、商辂，各黄金五十两。

六月壬戌朔。己丑，升太常寺卿蒋守约为礼部尚书，南京太常寺卿章文为南京礼部尚书，俱仍掌寺事；南京鸿胪寺左寺丞李本为本寺左少卿。

七月壬辰朔。壬寅，太子少师、礼部左侍郎兼翰林院学士王一宁卒。一宁，浙江仙居县人。十三能诗，父峻用任国子监丞，一宁从侍。时仁宗在春宫，以其善抚琴，召见之，命赋《早过银河》诗，嘉之，使就国子监读书。登永乐戊戌进士，授吏部稽勋司主事，于文华殿供事。满考，改翰林院修撰。预修宣庙实录书成，进侍讲，两被命为京闱考官。正统十三年，迁礼部右侍郎。景泰初，往湖广督理军饷。明年召还，升本部左侍郎兼翰林院学士，命入内阁参预机务。以中官王诚辈尝受业焉，报其私恩也。壬申易储，进太子少师，仍兼旧职。寻卒于官，赐赙钞祭葬，赠太子太保、礼部尚书，谥文通。一宁性敏捷，词翰清俊，然不慎名检，君子无取焉。　癸卯，少保兼太子太傅、工部尚书、东阁大学士高穀言："臣闻国家之待臣下，功绩茂著者，则尊其官，重其禄；人臣之事君上，才学肤浅者，当避其位而辞其禄。盖爵禄所以优贤，学识所以任事。既叨过擢之恩，勉思不称之消。臣以一介腐儒，六旬余齿，位连进于三孤，禄兼支于两俸，量才揣分，诚所不堪。夫内阁乃严密之地，机务为重；学士实清华之选，词翰为先。缘臣性资愚拙，笔力生疏，虽跻升于东阁，自愧少文；每进讲于经筵，深惭无补。加以近岁两目昏花，百疾交作，命医视疾，屡获保全于圣德；遣官赐物，敢忘轸念于微生。况翰林内阁，凡百公务，大学士陈循足以办干，臣但素餐而月支俸百四十八石，以岁计之，其一千七百七十余石。顾臣何人，敢膺斯任，不惟滥受于菲才，实亦忝冒于重禄。伏乞圣明去臣尚书、学士二职及太子太傅一俸，免办文渊阁事，仍日经筵进讲，或专辅导东宫，或令别职理事，以图补报。"诏曰："朕念卿老成，特授辅导之职，加禄养赡，何累见辞。但当用心共理国事，所辞不允。"

九月庚寅朔。　太子少师兼吏部左侍郎、翰林院学士江渊丁母忧，请归守制，命驰驿奔丧，奏乞终制不得。诏曰："孝者人之大本，然国家正用人，卿奔丧毕，即来理事，以副朕委任之意。"　丙申，詹事府詹事习嘉言卒。嘉言名经，以字行，江西新喻县人。以进士为翰林院庶吉士，擢编修、修撰。与修宣宗实录，升侍读，用荐升太常寺少卿。尝建言六事，皆切时病。景泰壬申，升詹事，五阅月而卒。　庚戌，擢翰林院庶吉士吴汇、周舆、戚澜、王献、刘宣、童缘俱为本院编修，张业、江朝宗俱为检讨。

闰九月庚申朔。　癸亥，升翰林院侍讲兼右春坊右中允吕原、侍讲兼左春坊左中允倪谦俱为本院侍讲学士，仍兼中允。原等上疏辞，不允。　戊戌，少保兼太子太傅、工部尚书、东阁大学士高穀言："外诸司惟贤是用，臣切见经筵每日讲书官及文渊阁办事官员数颇少，乞敕礼部同臣等，于翰林院、左右春坊并各衙门内，推选平素学问老成，操持清白，志存忠孝，庄重不矜，或处繁剧之司，或居闲散之地者，进用二三员，俾之供职，上以裨益圣学，下以协恭臣职，庶无浮靡趋竞之风，而尽赞襄启沃之道。"命礼部会同内阁官推举。乃举大理寺少卿陈询、翰林院侍讲学士兼右春坊右中允吕原、左春坊左中允兼翰林院侍讲杨鼎，堪日侍经筵讲书，太子太保、都察院左都御史王文，太子少保兼大理寺卿萧维祯，右春坊右庶子、管国子监司业事王恂，堪文渊阁办事。疏闻，命询、鼎侍经筵讲书，文文渊阁办事。　戊午，兵部左侍郎兼翰林院学士兼春坊大学士商辂言："曩者大学士陈循等以本院孔目马升九载任满，保升检讨，仍兼其事，已经一载。然检讨国史之职，孔目首领之官，以纂修之职兼案牍之事，甚非所宜。乞敕吏部，别选孔目，俾升止任检讨。"从之。

十一月乙未朔。　壬戌，复除翰林院编修黄谏，以亲丧服阕也。　戊寅，巡按直隶监察御史刘孜言："南京大理寺卿薛瑄，学有源委，行饬诸躬，进无所求，退无所累，实君子之儒，不宜置之闲远。乞召回京供馆阁之职，俾之讲学辅德，必有裨益。"诏曰："内阁乃朝廷机密之地，其职非常人可保，瑄素未简在，遽难任用，姑已之。"

十二月乙丑朔。　辛卯，改大理寺少卿陈询为太常寺少卿兼翰林院侍读学士。

景泰四年

二月戊子朔。　壬辰，命太子太保兼兵部尚书仪铭兼掌詹事府事；改右春坊右司直郎林聪为吏科都给事，仍支从六品俸。　癸巳，太子太保兼都察院左都御史王文为太子太保、吏部尚书兼翰林院学士，于内阁参预机务。自河南召还。　乙未，以皇太子冠，遣太保兼太子太师、宁阳侯陈懋告七庙、太皇太后、皇考宣宗章皇帝；命少傅、太子太师、礼部尚书胡濙持节掌冠，少保兼太子太傅、兵部尚书、东阁大学士高穀赞冠，太子少师、户部右侍郎、翰林院学士萧镃宣敕戒。　丁酉，释奠先师孔子，遣大学士高穀行礼。　庚戌，国子监祭酒刘铉守制。继叔母陈氏，奏乞终制。　辛亥，升右春坊右庶子、管国子监司业事王恂为国子监祭酒。

四月戊子朔。　丙申，致仕大理寺左少卿沈粲卒。粲，松江华亭人。永乐间，与兄度俱以能书供奉内廷，凡朝廷大制作，勒金石，载简册，多其所书。累官翰林院侍读、右春坊右庶子、大理寺少卿，正统十四年致仕。至是卒，遣官谕祭。　庚戌，少保兼太子太傅、户部尚书、文渊阁大学士陈循等，以灾诊屡见，陈疏避位。帝曰："内阁乃辅导之职，非老成人难以付托，卿等历练有年，尤当尽心匡辅治道，不允所辞。"

五月丁巳朔。　己巳，太子太保兼吏部尚书、翰林院学士王文闻母丧，诏以内阁机务至重，命文乘传奔丧，即起任事。文两乞终丧，不允。

六月丙戌朔。　壬辰，太子太保兼吏部尚书何文渊、左春坊左庶子兼翰林院侍读周旋下狱。初，文渊任温州知府，治行称最，及再起为吏部，声誉浸损。旋温人也，见文渊屡被弹击，具疏为伸其枉。给事中曹凯廷诤曰："何文渊奸邪，周旋党比，于法难容。"乃俱下狱。寻释，文渊致仕，周旋复职。

七月丙辰朔。　乙丑，命左春坊大学士、翰林院侍读彭时，右春坊右庶子兼翰林院侍讲赵恢，为应天府乡试考官。　丙子，右春坊右谕德兼翰林院侍讲徐理上疏言："为人臣当避国讳，为子当避家讳。臣幼误犯祖讳，据礼当避，请更名有贞。"从之。先是，北房之难，京师震惊，有荐理才者。召入问计，泣曰："验之星象，稽历数，天命已去，无能为矣。莫若请幸南京。"尚书胡濙、于谦、陈循力以为不可，太监兴安厉声叱理曰："祖宗陵庙在此，将谁与守？"理大惭而出。寻有诏，凡主南迁者，必处以死。自是朝廷薄理，不肯重用，虽大臣屡荐引，不允。意为循所抑，阴憾之，而阳为谄事求进。循具告之故，故疏更名。　辛巳，复除翰林院检讨李本仍旧任，以亲丧服阕也。

八月己酉朔。　丁亥，释奠先师孔子，遣太子少师、户部右侍郎兼翰林院学士萧镃行礼。　壬辰，命太常寺少卿兼翰林院侍读学士陈询、侍讲学士兼右春坊右中允吕原为顺天府乡试考官。

九月甲寅朔。　乙卯，命太子太保兼吏部尚书、翰林院学士王文复任，以奔母丧回京也。　国子监祭酒王恂卒。恂，湖广公安县人，初名振，后以姓名与中官同，改今名。由宣德五年进士，选庶吉士。正统四年，除翰林院检讨，与修宣庙实录。十三年，考满,升修撰。十四年,升大理寺右寺丞,巡抚贵州。景泰二年,改右春坊右庶子,管国子监司业事。四年,升祭酒。未几,得风疾卒于官。初为庶吉士,从学于学士杨溥,溥曰:"吾乡之士,能守孔子四教、文行忠信者,王振一人也。"及升祭酒,能布列教条,弟子皆顺服不敢违。至是卒,诏遣官致祭,给官舟归其丧。　乙亥,初,礼部会试,其主试二人出上命,同考官从礼部推选,翰林院官、京官、教官皆得为之。至是,礼部尚书胡濙言:"翰林院及春坊,以文艺为职业,京官由科第有学行者,宜兼取以充,教官不许充。请著为令。"从之。　以太常寺少卿兼翰林院侍读学士陈询为国子监祭酒,仍支正四品俸。时祭酒王恂已故,监丞安贵疏言:"太子少师、户部右侍郎兼翰林院学士萧镃,学术纯正,文章典实,先任祭酒,诸生悦服。今祭酒缺员,乞照胡俨例,不妨内阁职务,仍命时来提督,仪刑后学,庶士子有所依归。"疏闻,以内阁事重,镃难兼任,故特命询为之。

十月甲申朔。　壬子,命少保兼学士陈循撰南京国子监庙学碑文,从祭酒吴节奏请也。

十一月癸丑朔。　戊辰,先是,山西道御史张鹏奏请教储君以固国本,仍乞简命师傅以下文学侍从之臣,日侍讲读。至是,礼部申鹏所请。帝命少傅兼太子太师、礼部尚书胡濙,少傅兼太子太师、吏部尚书王直,少保兼太子太傅、户部尚书、文渊阁大学士陈循,少保兼太子太傅、工部尚书、东阁大学士高穀,太子太保、吏部尚书兼翰林院学士王文,太子太保、兵部尚书兼詹事府詹事仪铭,太子少师兼吏部左侍郎、翰林院学士江渊,太子少师兼户部右侍郎、翰林院学士萧镃,太子少傅兼吏部左侍郎俞山,太子少保兼兵部右侍郎俞纲,兵部左侍郎、翰林院学士兼左春坊大学士商辂,每日更番侍班。命左春坊大学士兼翰林院侍读彭时,每日专一讲书;詹事府府丞李侃、李龄,右春坊右赞善兼翰林院检讨钱溥,翰林院编修刘吉,每日专侍读书。　辛巳,致仕礼部尚书杨翥〔卒。翥〕字仲举,苏州吴县人。洪熙元年,大学士杨士奇荐,授翰林院检讨。预修三朝实录成,历升编修、修撰。正统五年,升郕府长史,十年致仕。景泰元年,自以潜邸旧僚入觐,升礼部左侍郎,命食俸致仕。四年,复入觐,进升尚书,仍致仕食俸如初。翥每来觐,辄条疏经国大计,召对便殿,赐赉稠叠,时以为荣。至是卒,讣闻,令有司葬祭。

景泰五年

正月癸丑朔。　壬申,左春坊左庶子兼翰林院侍讲周旋卒。旋字中规,浙江永嘉人。正统丙辰廷试第一,授翰林修撰。景泰初,开陈攘夷安夏大计千馀言,多见采纳。秩满,升侍讲,与经筵,进左春坊左庶子。与修《君鉴》,多所著述。至是,早朝衣冠端坐而卒。旋文辞敏赡,而性坦夷,于物无忤云。　甲戌,遣平江侯陈豫,太子少师、吏部左侍郎兼翰林院学士江渊,往山东、河南抚安军民。时内阁臣陈循等奏山东、河南连年水旱,加以自冬至春飞雪过度,军民艰难,乞命文武大臣素称廉能干济者一人往抚安之，听以便宜行事。诏是其言，特以命豫、渊。

二月壬午朔。 己丑，命兵部左侍郎、翰林院学士兼左春坊大学士商辂，司经局洗马兼翰林院修撰李绍，为礼部会试考官，赐宴于本部。 乙巳，少保兼太子太傅、户部尚书、文渊阁大学士陈循自陈年七十，且衰迈，乞致仕。帝曰："卿历事朝廷有年，况是内阁师保重任，朕朝夕资以匡辅治理者，不在引年之例，所请不允。" 己酉，少傅兼太子太师、礼部尚书胡濙奏三月初一日殿试天下贡士，合请读卷及执事官。命少傅兼太子太师、吏部尚书王直，少保兼太子太傅、户部尚书、文渊阁大学士陈循，少保兼太子太傅、工部尚书、东阁大学士高穀，少保兼太子太傅、兵部尚书于谦，太子太保、吏部尚书兼翰林院学士王文，太子太保、吏部尚书王翱，太子太保兼兵部尚书仪铭、太子太保兼刑部尚书俞士悦、太子太保兼都察院左都御史杨善、太子少师兼户部右侍郎萧镃、户部右侍郎李贤、工部左侍郎赵荣、都察院左副都御史刘广衡、通政司通政使栾恽、大理寺卿薛瑄、右春坊大学士兼翰林院侍讲刘俨、翰林院侍讲学士兼左春坊左中允倪谦为读卷官，余执事如例。

三月壬子朔。 乙丑，擢第一甲进士孙贤为翰林院修撰，徐溥、徐辖俱为编修。改进士丘濬、耿裕、彭华、刘钊、陈龙、牛纶、孟勋、何琮、吴祯、严淀、尹直、陈政、宁珍、冯定、金绅、黄甄、王宽、夏时十八人为翰林院庶吉士，命左春坊大学士兼翰林院侍读彭时、右春坊大学士兼翰林院侍讲刘俨教习文章，少保兼太子太保、户部尚书、文渊阁大学士陈循等提督考校，务令学有进益，以需他日之用，给纸笔、饮馔、灯烛、第宅俱如旧例。 丁丑，命杨昱为中书舍人。少师杨士奇孙，先以乞恩写诰，至是三年，故有是命。

四月壬午朔。 戊子，大理寺卿薛瑄奏："今年取中进士三百五十名，第一甲三名俱已除授，余乞放回依亲读书，俟有缺，以次取用，庶免俸给之费。"帝曰："科举正要用，既取中，又放回，不若不取，俱留以备选用。"

五月辛亥朔。 壬戌，升吏部右侍郎兼詹事府少詹事项文曜为本部左侍郎，李贤为吏部右侍郎。

六月辛巳朔。 辛丑，南京翰林院侍讲学士邢宽卒。宽字用大，直隶无为州人。自少颖敏，力学不辍。永乐甲辰廷试，初以孙曰恭惟第一，太宗皇帝以曰恭一暴字耳，及邢宽二字，喜遂擢为第一，授翰林院修撰。仁宗实录成，升侍讲。正统戊午，复修宣宗实录成，赐金织文绮，升从五品俸。己未，同考会试，寻引疾家居，上言民情十余事。丙寅，召至京，复命任事。丁卯，考顺天府乡试。景泰壬申，升南京翰林院侍讲学士，署南京国子监事。至是卒，遣官谕祭。宽居家孝友，与人交终始不渝，且处心坦夷，于物无所忤。以足疾不良于行，故不得久于内朝云。 戊申，升太子太保兼吏部尚书、翰林院学士王文为少保、吏部尚书兼东阁大学士，仍于内阁参预机务。文具疏辞，帝曰："朕念卿勤劳，特升是职，不必辞。"

七月庚戌朔。 庚申，命少保兼太子太傅、户部尚书陈循等率其属，纂修天下地理志。礼部奏遣进士王重等二十九员，分行各布政司并南北直隶府州县，采录事迹。 丙寅，召太子少师兼吏部左侍郎、翰林院学士汪（江）渊回京，以渊奏所历地方宁靖故也。 太子太保兼兵部尚书仪铭卒。铭字子新，山东高密县人，前礼部侍郎、谥文简智之子。以父荫授给事中，升翰林院修撰。宣宗实录成，升侍讲。正统五年，升郕府左长史，持正不阿，有承奉抗王，铭即日劾奏，朝廷责承奉而挞之。景泰初，以藩邸旧恩，升礼部左侍郎。明年，升南京礼部尚书。景泰三年召还，升太子太保兼兵部尚书，仍兼掌詹事府事。尝因灾异言弭之之方，在敬天法祖，用贤纳谏，省刑薄敛，节用爱人，遂录皇明祖训并进，以致警发之心，深见奖纳。至是以疾卒，遣官谕祭，赙钞万缗，赠特进光禄大夫、左柱国、太师，谥忠襄，命有司治葬事，录其子海为锦衣百户。

八月庚辰朔。 丁亥，释奠先师孔子，遣学士商辂行礼。 戊子，升翰林院检讨、掌国子监助教事李洪为南京鸿胪寺右寺丞，以九载任满也。 庚子，命南京翰林院检讨王稹署本院事。稹，少傅直子也，先以检讨掌国子监丞事，至是本院缺官，故命稹署事。

九月己酉朔。 癸丑，升翰林院侍讲兼左春坊左中允杨鼎为户部右侍郎。

十二月丁丑朔。 庚辰，调内阁书办太常寺少卿王谦、陈学于南京太常寺，礼部仪制司郎中蒋宏、吏部稽勋司员外郎王琮于南京刑部，大理寺左寺副刘良、中书舍人何琮、金铭俱出理本职事。谦等隶内阁书办，日久狎玩，往往窥伺事机，售恩纳贿，及冒署直文渊阁知制诰职衔，以愚瞽外人，大学士王文等觉其弊，故奏请调之。

景泰六年

正月丁未朔。 庚戌，调太子太保、工部尚书石璞为太子太保兼兵部尚书，协理兵部事；太子少师、吏部左侍郎、翰林院学士江渊为太子少师兼工部尚书，视部事。

二月丁丑朔，释奠先师孔子，遣少保兼太子太傅、户部尚书、文渊阁大学士陈循行礼。

四月丙子朔。 丙戌，少保兼太子太傅、工部尚书、东阁大学士高穀言："师保之官，上以辅君德，下以统百僚，调元赞化，翊世佑民。文渊阁又为禁密清华之地，厥任至重，必才足以周天下之务，德足以副天下之望，然后兼充是任可也。迩者苏、松、常、镇连年告灾，张秋一带，频岁河决，或大雾弥旬，或木介经日，或雨霰飞霜，或星变日食，灾异迭见，中外悚怖，致劳皇上宵旰轸念，涣发纶音，宽恤民隐，推原厥咎，盖由臣职不任之所致也。臣由进士入翰林，至今四十余年，屡蒙皇上授以师保之职，处以机密之地。缘臣谋猷肤浅不足以论事而决疑，学问荒疏不足以措辞而应命，兼以近日两眼昏花，右足伤损，动则筋骨缩而难行，静则目眵生而碍视，旷职致灾，妨贤病国，乞放归田里，或黜调他司。"帝曰："朕以卿老臣，每望匡弼治理，灾异皆朕不德所致，卿不必辞。"

六月乙亥朔。 命宋儒朱熹九世孙梃为翰林院五经博士，子孙世袭，以奉其祀。 庚辰，左春坊左司直郎兼翰林院编修李泰奏："臣出继伯父司礼监太监李永昌为子，今臣任满三载，例不得推封所生父，乞移赠臣故祖父母，以遂孝情。"从之。　辛巳，少傅兼太子太师、礼部尚书胡濙年八十一，乞致仕。帝曰："朝廷老臣，鲜有居卿右者。朕所倚毗，卿宜勉力以副朕怀，所请不允。"　庚子，命故文渊阁大学士胡广孙观入国子监读书，从观奏请也。

七月甲戌朔。　乙亥，敕谕少保兼太子太傅、户部尚书、文渊阁大学士陈循，少保兼太子太傅、工部尚书、东阁大学士高穀，少保兼吏部尚书、东阁大学士王文，太子少师兼户部右侍郎、翰林院学士萧鎡，兵部左侍郎、翰林院学士兼左春坊大学士商辂："朕惟古昔帝王盛德大功，载诸典谟训诰誓命之文，春秋二百四十二年之事，著于孔子褒贬之书，足为鉴者，不可尚矣。自周威烈王至梁唐晋汉周五代事，书于朱文公《通鉴纲目》，亦天下后世之公论所在，不可泯也。朕尝三复有得于心，独宋元所纪，窃有憾焉。卿等其仿文公例编纂，上接《通监纲目》，共为一书，以备观览。一应编纂官属，仍推勤敏有学识者，具官职名以闻。其尚精审毋忽。"循等推举左春坊大学士兼翰林院侍读彭时，右春坊大学士兼翰林院侍讲刘俨，翰林院侍讲学士兼右春坊右中允吕原，翰林院侍讲学士兼左春坊左中允倪谦，司经局洗马兼翰林院修撰李绍，春坊赞善兼翰林院检讨钱溥，詹事府府丞李侃、李龄，顺天府治中刘实，兵部主事刘实，兵部主事章敞，中书舍人兼正字刘钺，国子监博士陈准，南京通政司参议丁澄，南京尚宝司司丞宋怀，南京刑部主事张和，南京工部主事刘昌，南京国子监学录萧士高，湖广蕲州知州金铣，浙江仁和县学教谕聂大年，俱堪任编纂。从之。

八月甲辰朔。　丁未，释奠先师孔子，遣太子少师兼户部侍郎、翰林院学士萧鎡行礼。　庚午，调南京掌太常寺礼部尚书章文掌詹事府事，时文任满至京，故有是命。

九月癸酉朔。　丁酉，掌詹事府礼部尚书章文言："诸司职掌内，东宫官从本衙门，以事迹备送吏部考核。景泰三年九月间，左春坊左庶子兼翰林院侍讲周旋等又奉圣谕，东宫官皆不必考。近本府主簿赵政等考满，吏部又移文本府及送河南道考核。且诸司职掌，实国家彝典，万世不可改易，况纶音在耳，未及再期，而吏部辄反覆不常，难于遵守。"帝命如诸司职掌行。

十月癸卯朔。　庚申，国子监祭酒刘铉以母丧服阕至京，当复任，时两监无缺，奏乞裁处，命复职。　丙寅，翰林院编修黄谏上《大明铙歌鼓吹》十四曲，以颂太祖、太宗圣德神功之盛，命送翰林院收之。

景泰七年

二月庚子朔。　癸卯，命国子监祭酒刘铉经筵讲书。　丁未，释奠先师孔子，命学士商辂行礼。　戊子，复除翰林院修撰兼右春坊右赞善岳正仍旧任，以丁忧服阕也。

庚寅，命故诚意伯刘基七世孙禄为翰林院五经博士，仍还乡奉祀事，子孙世袭。

五月己巳朔。　乙亥，少保、太子太傅、户部尚书、文渊阁大学士陈循等进《寰宇通志》，赐白金彩币有差。　丁丑，以纂修《寰宇通志》成，命少保、太子太傅、户部尚书、文渊阁大学士陈循兼华盖殿大学士；少保、太子太傅、工部尚书、东阁大学士高穀，少保、吏部尚书、东阁大学士王文，俱兼谨身殿大学士；太子少师、户部右侍郎、翰林院学士萧镃为户部尚书，太子少师、学士如故；兵部左侍郎、翰林院学士、左春坊大学士商辂兼太常寺卿。升左春坊大学士兼侍读彭时、右春坊大学士兼侍讲刘俨俱为太常寺少卿兼侍读，侍讲学士兼左春坊左中允倪谦为左春坊大学士，侍讲学士兼右春坊右中允吕原为右春坊大学士，左春坊左谕德兼修撰林文为左庶子；司经局洗马兼修撰李绍、司经局洗马兼侍讲刘定之为右庶子，俱兼侍讲；右赞善兼检讨钱溥为左谕德兼编修；右中允兼修撰柯潜为洗马，仍兼修撰；左赞善兼编修周洪谟、修撰孙贤俱为侍讲，编修黄谏为左中允兼编修；左司直郎兼编修万安、李泰俱为右中允，仍兼编修；编修陈鉴、刘吉、刘珝、曹恩、王献、刘宣、童缘俱为修撰；检讨李本、马升、江朝宗，中书舍人兼正字赵昂，庶吉士丘濬、彭华、牛纶、尹直，俱为编修，耿裕、何琮、宁珍、金绅、黄甄、夏时俱为给事中，刘钎、孟勋、吴桢、严洤、陈政、冯定、王宽俱为监察御史。　癸未，命左春坊左庶子兼翰林院修撰林文、右春坊右庶子兼侍讲刘定之、侍讲周洪谟、左春坊左中允兼编修黄谏，俱于史馆纂修《宋元通鉴》；右春坊右中允兼编修万安、右赞善兼编修岳正，修撰刘珝、刘宣，俱于内府授内使书。以文等授内使日久，故以安等代之。　丙戌，命翰林院编修徐溥复任，病痊故也。　辛卯，命宋儒周敦颐十二代孙冕为翰林院五经博士，仍还乡奉祀事，子孙世袭。

六月己亥朔。　乙巳，命礼部右侍郎兼詹事府少詹事萨琦复任，以奔母丧还京故也。

七月戊辰朔。　丁丑，命司经局洗马兼翰林院修撰柯潜、左春坊左赞善兼翰林院编修刘俊为应天府乡试考官。

八月戊戌朔。　辛酉，少保兼太子太傅、户部尚书、华盖殿大学士陈循，少保、吏部尚书兼谨身殿大学士王文等奏："永乐年间，四夷馆译字官监生人等，俱许入乡试，其所作文字，俱是番书，例不属考官定其去取，俱送翰林院考试，中者送回科场入正榜。此是旧制，永为遵守。今顺天府乡试送译字官刘淳、马琪二人三场文字到院，臣等委本官修撰陈鉴从公考得一人中式，一人不中，发回试场许行。及科场已毕，而二人皆不中，提调官考试监试等官不无互有情弊，况千数百人之卷，岂能一一从公辨别是非，其间显有未当者多，俱当究问。"帝曰："取人旧制，提调官何不遵守，其具情以闻。"于是考试官太常寺少卿兼翰林院侍读刘俨、左春坊左中允兼翰林院编修黄谏言："臣等入院之初，会同监试等官焚香告天，誓说若有孤负朝廷委任、挟私作弊者，身遭刑戮，子孙绝灭。如此誓辞，非特内外执事官吏人等之所共知，而天地鬼神之所共鉴。设使臣等阳为正大之言，而阴为诡诈之行，纵苟逭于国法，亦难逃于阴谴。第恐才识短浅，鉴别未精，或有遗才，若曰徇情作弊，实所不敢。"帝曰："考官实无情弊，终于作事不精，有失旧制，姑宥之。"　丙寅，先是，少保、吏部尚书、谨身殿大学士王文言："洪武年间，考试不公，考官拜状元，皆明正典刑，而有钦取状元进士之制。永乐年间，会试不公，悉皆究问，复有再考举人之例。七八十年，人皆知惧，科目得人。奈何近年以来充考官者，贤能固有，不才坏法者亦多，有受赃卖题者，有入院腌肉馁牲口者，又有酣饮高卧全不看考卷者。及至揭晓，将朦胧醉眼，不分美恶，任意批取，无才者得以侥幸，有私者一概滥充，以致沮惧后进。如今岁顺天府乡试，颠倒是非，不惬舆论。臣子伦充原籍束鹿县学增广生，习《诗》，应试三场既毕，臣令其背诵所作《四书》本经义及论策，皆行交通畅，辞理详明，臣以为必中前列，及至开榜，无名。令人于顺天府取伦所考三场墨卷朱卷验之，委与口诵相同，思得考试官太常寺少卿刘俨、编修黄谏，同考试官教谕姚富，大肆奸懒，将伦第一场文字止看三篇，第二第三场文卷全未尝通阅。富但云：此卷平平，亦可取，但本房好者多，取之不及者，解额所拘也。观此，则富固不能无罪矣。俨、谏略无一字批断，又安得逃其罪乎？且取中举人文字，不如伦者尤多，乞依洪武、永乐年间事例，命翰林院官二员、六科给事中、各道监察御史，将伦所作三场文字，并取中举人徐泰等一百三十五人朱墨卷，从公考较，高下自见。若伦文字胜过见取中者，听各官奏请定夺，仍治俨等罪，庶几公道昭明，宿弊消除。"有旨，令礼部取中式文卷与王伦文卷，会翰林院、六科、十三道重行考对，定其优劣以闻。少保、太子太傅、户部尚书、华盖殿大学士陈循亦奏："科举以文词取士，人才贤否之所系也。宋儒苏轼有曰：'科举之文，风俗所系，取中者天下以为法，所弃者天下以为戒。'诚古今名言也。尝闻洪武三十年礼部会试贡士，考官刘三吾等出题，有讥讽朝廷及凶恶字，并考试有不公。御史劾奏，治以重罪，别命官复考，取中韩克忠等数十人，其后皆至显官。又永乐七年，礼部会试贡士，邹缉等出题，有《孟子》节文及《尚书·洪范·九畴》偏经论题，被御史劾奏，亦罪考官，命他官复考，而取熊概、金庠等十数人，其后各至都御史、侍郎等官。此系祖宗成法，当守而行之。近来科场作弊，传递易换文字，略无忌惮，是以所得皆非实才。今年顺天府乡试，复踵前弊，小录有凶恶犯讳之字，如《四书》题'人欲自绝，何伤于日月'等论，《易》题故犯宣宗章皇帝御讳，策题则言'正统无有'等语。至于论题，本出《周易》，与永乐七年《洪范·九畴》论一体，致使习《诗》、《书》、《春秋》、《礼》者皆不能作，何以取人。又朝廷命续《通鉴纲目》，未曾成书，修《寰宇通志》，未曾颁降，皆不当以此出策，而所答策亦多凶恶犯讳之字，何以刊行四方。又闻刘俨目昏，至晚不能看卷，惟先送至者，苟取足数，后送至者，虽有可取，亦弃之不观，臣男瑛亦在不观之列。夫主文考官，不问卷之高下，必须遍观，以定去取。今乃任情苟且，以足额数，故负屈者多。乞敕多官公正有文学者，取场屋取中与未中者三场文卷，逐一比较优劣而去取之，庶几公道昭明，人得实才。"复有旨，命礼部取陈瑛文卷，通行考定以闻。至是，礼部同少保、太子太傅、工部尚书、谨身殿大学士兼东阁大学士高穀等，考验得取中举人徐泰等一百三十五人文卷，有优于王伦、陈瑛者，有与王伦、陈瑛相等者，亦有不及王伦、陈瑛者。又看得第六名林梴朱卷，全无考官批语，墨卷多有改字，笔迹不同，恐有情弊，皆是俨等怠惰不谨，以致科目去取不当。及监试提调等官，俱当通究其罪。帝曰："刘俨等考试不精，罪不容逃，但无私弊，俱宥之。林梴并该经考官，俱下锦衣卫狱，鞫问情实以闻。王伦、陈瑛，明年俱准入会试。"

九月戊辰朔。　庚午，六科给事中言："日者顺天府乡试毕，少保、太子太傅、户部尚书、大学士陈循，少保、吏部尚书王文，衔考官刘俨等不取其子王伦、陈瑛，遂奏俨等出题讥讪，并违制不取翰林院考中译字官诸罪。及乞将伦、瑛并中式举人墨卷会官品题优劣，皇上已从所请。特伦、瑛得与会试，而谓俨等之罪不出于私，悉置不问。臣等窃惟科举务在得人，不可以易而取人才为治之本，岂可以私而进俨等考试不精之罪。臣等已尝论列，皇上特恩宥罪，兹故不复敢言矣。其大学士陈循、王文，职居辅导，任重经纶，所当正己正人，为上为下。今故以子之故，烦渎圣聪，只为私谋，罔恤国体，大臣之职，果安在乎？臣闻宋范质为相，从子杲求迁秩，质作诗戒之曰：'尔曹当闵我，勿使增罪戾。'方之陈循、王文，其贤否何如也？韩亿为相，其子维举进士，以父执政而不就廷试。方之陈循、王文，其高下何如也？沈文通登进士第一，冯京第二，厥后进京而退文通，盖以贵胄不可以先寒畯也。视今之文卷已黜，而欲与举人比者，其得失又何如也？况今岁顺天府应试者一千八百有奇，而中式者才一百三十五人，俨等既称考试未精，则其间遗漏者恐不特伦、瑛二人而已。倘一概援例求进，拒之则情偏，从之则弊起。是循等一举而启滥进之风，坏科目之制矣。比者上天垂戒，灾变迭至，四方多故，水旱相仍，未必不由循等所行乖悖之所致也。今其罪犯已彰，人心共怒，陛下若犹待以宽恩，则循等之心愈无忌惮。伏望皇上奋朝纲之独断，彰天讨之至公，逮问循等如律，以为大臣将来之警。不然，赐归田里，别选文学公正大臣，以居清华密勿之地，以昭陛下平明之治，庶内外知所警惧，而臣下不致玩法。"诏曰："览尔等所奏，诚为有理。但陈循、王文辅导有年，国之元老，何可以一事之失，而遽加之罪，其姑贷之。"

壬午，少保、大学士高穀具疏云云："伏望皇上曲为矜怜，偶获全生，罢臣内阁职务，命臣专领翰林院等官纂修《宋元通鉴纲目》，以图补报。俟书完日，仍乞改调别官，以保余年。"时穀以陈循、王文欲倾刘俨、黄谏，乃面陈折循、文私其子，俨、谏不可罪，循、文深衔之，故穀有是奏。诏曰："卿持敬之心，嫌疑之情，朕已具悉。但馆阁之职，正当用贤，不允所请。今后尚加秉忠直，以全名节。"

十一月丁卯朔。　丙子，以监察御史陈述奏荐江西崇仁县儒士吴与弼，命移文巡抚都御史韩雍，以礼聘起赴京。　丁丑，礼部右侍郎兼詹事府少詹事萨琦致仕。

十二月丙辰朔。　乙丑，南京户部右侍郎谢琏卒。琏字宗器，福建龙溪县人。宣德丁未进士第三人，授翰林院编修。秩满，升侍讲。景泰改元，升右侍郎。至是卒。琏在侍从年最久，然为人平淡，无他才能，虽至卿佐，而声誉无闻。

馆阁漫录卷之四　　天顺

天顺元年

　　正月壬午，时正月十七日，上复即皇帝位。时武臣总兵官太子太师、武清侯石亨，都督张軏、张辄等，文臣左都御史杨善、左副都御史徐有贞等，内官监司设监太监曹吉祥等，知景泰皇帝疾不能起，中外人心归诚戴上，乃于是日昧爽，共以兵迎上于南宫。上辞让再三，亨等固请，乃起升辂，入东华门，至奉天门，升御座，文武群臣入行五拜三叩头礼。上曰："卿等以景泰皇帝有疾，迎朕复位，其各仍旧用心办事，共享太平。"群臣皆呼万岁。朝退，上御文华殿，命徐有贞兼翰林院学士，于内阁参预机务。召内阁臣少保兼太子太傅、户部尚书、华盖殿大学士陈循等面谕之，遂命循等与有贞俱就文华殿左春坊草宣谕。顷之进呈，上览毕，以付礼官，于午门外开读。其文曰："太上皇帝宣谕文武群臣，朕居南宫，今已七年，保养天和，安然自适。今公侯伯皇亲及在朝文武群臣，咸赴宫门奏言：当今皇帝不豫，四日不视朝，中外危疑，无以慰服人心。再三固请复即皇帝位，朕辞不获，请于母后，谕令曲副群情，以安宗社，以慰天下之心。就以是日即位，礼部其择日改元，诏告天下。"群臣听宣谕毕，遂各具朝服以入，奉上升奉天殿，行即位礼。时日已正午矣。命执少保兼太子太傅、兵部尚书于谦，少保兼太子太保、吏部尚书、谨身殿大学士王文于班内，执司礼监太监王诚、舒良、张永、王勤等于禁中，出付锦衣卫狱，时谦等甫听宣谕毕也。　升太常寺卿许彬为礼部右侍郎兼翰林院学士，于内阁参预机务。彬素与武清侯石亨等交密，至是亨等荐之也。　癸未，升都察院左副都御史兼翰林院学士徐有贞为兵部尚书，兼职视事如故。　甲申，六科给事中劾王文、于谦内结王诚、舒良、张永、王勤，外连陈循、江铉、萧镃、商辂等，朋奸党恶，逢迎景泰易位储君，废黜汪后，卖权鬻爵，弄法舞文。乃者景泰不豫，而文、谦、诚、良等包藏祸心，阴有异图，欲召外藩入继大位，事虽传闻，情实显著。且王文党古镛、丁诚，于谦党项文曜、蒋琳及俞士悦、王伟辈，皆憸邪谀佞，国之大憝。乞将谦、文等明正典刑，循等诛其一二，馀悉屏之远方以，为不臣之戒。于是十三道亦劾俞士悦等贪刻憸佞，并劾右通政殷谦为于谦党，侍郎张敏、通政使栾恽昏耄尸位，侍郎宋琰、少卿陈赟党附进身，俱乞黜逐。上曰："汝等所言是，但朕初复位，首恶已就擒，余置之以定人心。"　升大理寺卿薛瑄为礼部右侍郎兼翰林院学士，于内阁参与机务，以左都御史杨善荐也。　六部尚书王直、王翱、胡濙、俞士悦、江渊，尚书兼学士陈循、萧镃、高榖，侍郎邹幹、俞纲，学士商辂，都御史萧维祯、罗通、杨善，合疏辞太子太师等职，从之。　乙酉，六科复劾陈循等党比王文、于谦等罪大，请正典刑。十三道亦劾循等党文、谦迎外藩事，而不复及殷谦、张敏、栾恽、宋琰、陈贽五人。上命群臣杂治循等于庭。商辂自疏："蒙朝廷厚恩，夙夜思报，比于正月十四日约群臣请立东宫，不允，臣又具本，拟于十七日蚤伏阙誓死以请。其本系臣亲撰，尚在礼部，中间备言皇上为宣宗章皇帝之子，当立宣宗章皇帝之孙正位东宫，助理庶政，臣实无逆谋，乞宥臣罪。"不允。　命斩于谦、王文、王诚、舒良、张永、王勤于市，籍其家，谪陈循、江渊、俞士悦、项文曜充铁岭卫军，罢萧镃、商辂、王伟、古镛、丁澄为民。　庚寅，改左春坊大学士兼侍讲倪谦、右春坊大学士兼翰林院侍讲吕原、右庶子兼翰林院侍讲刘定之俱为通政司左参议，仍兼侍讲；左春坊左庶子兼侍讲林文、右春坊庶子兼侍讲李绍俱为尚宝司卿，仍兼侍讲；左春坊左谕德兼编修钱溥、司经局洗马兼修撰柯潜俱为尚宝司少卿，仍兼旧职；左春坊左中允兼编修黄谏，右春坊右中允兼编修万安、李泰，俱为尚宝司司丞，仍兼编修，左赞善兼编修刘俊、右赞善兼编修岳正、右司直郎邹循俱为翰林院修撰；左清纪郎陈榖、徐佖俱为翰林院五经博士，司经局校书李瑗为翰林院侍书；中书舍人兼正字刘钺、检讨兼司直傅宗、典籍兼司谏李谦俱革去兼职。　升太仆寺寺丞孙弘为工部左侍郎，光禄寺少卿陈诚为通政司右通政，吏部验封司郎中刘文为右通政，尚宝司司丞兼编修黄谏为尚宝司卿兼侍讲，中书舍人金铭为光禄寺丞，从忠国公石亨言，其曾同议大事也。　吏部尚书王直乞致仕，从之，赐敕白金三十两，新钞三千贯，金织纻丝衣一袭，仍给驿舟送还乡。　癸巳，礼部尚书胡濙乞致仕，从之，赐敕等与王直同。

二月乙未朔。　丁酉，释奠先师孔子，遣兵部尚书兼翰林院学士徐有贞行礼。　庚子，工部尚书、谨身殿大学士兼东阁大学士高榖乞致仕，从之，赐敕并白金楮币金织衣，给驿舟以还。　壬寅，命礼部右侍郎兼翰林院学士薛瑄、通政司左参议兼翰林院侍讲吕原为考试官，赐宴于礼部。　癸卯，命吏部右侍郎李贤兼翰林院学士，于内阁参预机务。　甲辰，改詹事府府丞李侃为太常寺丞，主簿赵政为行人司右司副。　礼部右侍郎兼詹事府少詹事萨琦卒。琦字廷珪，系出西域，后为福建闽县人。宣德庚戌进士，入翰林院为庶吉士，授编修。景泰辛未，升礼部右侍郎。壬申，兼少詹事。至是卒，上遣官谕祭，命有司茔葬。琦为人狷洁，不苟合，文学亦有可称。在礼部虽无建明，而自守甚笃，为人亦无所非议云。　癸丑，郕王薨。上命礼部议葬祭。礼部议如亲王例，辍视朝二日，至发引，复辍朝一日。上从之。命谥曰戾。　己未，升户部郎中薛远为本部右侍郎，国子监学正林聪为都察院左佥都御史，翰林院编修赵昂为通政司参议，清理武职贴黄。

四月甲子朔，命国子监祭酒刘铉为詹事府少詹事，翰林院侍讲孙贤为左春坊左中允，修撰刘珝为右春坊右中允，编修牛纶为左赞善，刑科左给事中司马恂为右赞善，翰林院编修徐溥兼校书，礼部员外郎吴谦兼正字，国子监学录孔公礼为詹事府主簿，鸿胪寺序班王辐、崔嵩俱为通事舍人，以将立皇太子，先设宫僚也。　己巳，遣忠国公石亨为正使，靖远伯王骥为副使，册皇太子；宁阳侯陈懋为正使，兴济伯杨善为副使，封见潾为德王；太平侯张轨为正使，吏部尚书王翱为副使，封见澍为秀王；会昌侯孙继宗为正使，兵部尚书徐有贞为副使，封见泽为崇王；文安伯张𫐐为正使，礼部侍郎邹幹为副使，封见浚为吉王。　癸酉，封兵部尚书兼翰林院学士徐有贞为武功伯，食禄一千一百石，子孙世袭指挥使。初，有贞请于石亨曰：“愿得为武弁以从兄后。”亨为言之上曰：“令有贞且行事，此爵不患不得。”至是亨复言，故有是命。　升吏部右侍郎兼翰林院学士李贤为本部尚书，仍兼翰林院学士，任职如故。　丙子，命武功伯徐有贞兼华盖殿大学士，仍兼供职于文渊阁。又赐勋号散官为奉天翊运推诚宣力守正文臣、特进光禄大夫、柱国，给诰券，本身免二死，子免一死，追封三代及妻。　礼部侍郎邹幹奏殿试天下举人，合请读卷并执事官，上命武功伯、华盖殿大学士、掌文渊阁事徐有贞，靖远伯兼兵部尚书王骥、兴济伯兼华盖殿大学士杨善、吏部尚书兼学士李贤、吏部尚书兼学士王翱、工部尚书赵荣、户部右侍郎杨鼎、刑部左侍郎刘广衡、左副都御史寇深、通政使王复、大理寺卿李宾、尚宝司卿兼侍讲李绍为读卷官，余执事如例。　丙戌，擢第一甲进士黎淳为翰林院修撰，徐琼、陈秉中俱为编修。

〔闰〕四月甲午朔。　庚戌，改工科给事中耿裕为翰林院检讨。裕父都察院右都御史九畴奏给事中为言官，与都察院事相关涉，当避嫌疑，故有是命。　庚申，以王文、陈循、商辂、江渊、项文曜房屋，给右都督过兴、锦衣卫都指挥杜清，指挥佥事袁彬、达官马哈麻，俱从兴等奏请也。

五月癸亥朔。　甲子，升吏部右侍郎兼翰林院学士许彬、薛瑄俱为本部右侍郎，仍兼学士。　广东遂溪县儒学教谕吾豫建言二事：一请究幽上于南宫及易皇储之主谋者，俱宜正以春秋之谊，加之赤族之诛；一请诛窜于谦等擅权时所举文武诸重臣，若不然，恐变生肘腋。章下刑部、都察院，言谦等合谋易储君者，王文、江渊、陈循、萧镃、商辂、俞士悦、王诚、舒良、张永、王勤、黄玹，及其奸党项文曜、王伟、蒋琳、古镛、丁澄，俱以诛窜，如更从豫言追究，恐骇人心。上曰：“然。教谕言固是，但余党已处分，奚庸再究。”

六月癸巳朔。　戊戌，武功伯兼华盖殿大学士徐有贞、吏部尚书兼翰林院学士李贤下锦衣卫狱。初，有贞附石亨，有迎复功。既执政，以亨及吉祥贪横，欲正之，数言于上。会十三道御史亦以欲劾亨，为亨所诉，词连都御史耿九畴、罗绮，俱下狱鞫，谓其阿附有贞及贤，主使御史劾亨。上命六科、十三道劾有贞、贤，欲独专擅威权，排斥勋旧，遂亦下狱。　庚子，命通政司左参议兼翰林院侍讲吕原于内阁参预机务。降武功伯、华盖殿大学士徐有贞为广东右参政，吏部尚书兼翰林院学士李贤为福建右参政，都察院右都御史耿九畴为江西右布政使，右副都御史罗绮为广西右参政。调监察御史盛颙、费广、周斌、张宽、王鉴、赵文博、彭烈、张奎、李人仪、邵铜、郑冕、陶复俱为知县。谪监察御史杨瑄、张鹏充铁岭卫军。有贞等以排斥忠国公得罪下狱，会有风雷雨雹之变，上感悟，亨等亦惧，请轻其罪。于是遂有有贞等，俱降调外任。第谪瑄、鹏，以其首谋也。　壬寅，礼部左侍郎兼翰林院学士薛瑄以老疾乞致仕，许之。　甲辰，命除福建右参政李贤复为吏部右侍郎。时贤既降官，左右有言于上曰："贤虽与有贞同事，然事皆有贞行之，贤未尝多言，不当降出远方，宜特留之。"故有是命。　庚申，命毁徐有贞诰命。时有贞诰命已写完，未给，以坐事，故命焚毁之。吏部言："有贞铁券，亦宜停造。"从之。

七月壬戌朔，吏部左侍郎李贤初谪福建右参政，时都督季铎朦胧奏请，占其私居。既而贤留，上命贤复居之。　乙丑，广东右参政徐有贞下狱。　庚午，升吏部左侍郎李贤为本部尚书兼翰林院学士，掌文渊阁事。贤辞尚书，上不允。　黜徐有贞为民。有贞既左迁广东右参政，会有以飞章谤诽者，上疑有贞所为，差官追至德州执还，命锦衣卫及三法司杂治之。初，有贞封武功伯，例给诰券。有贞自为制文，其辞曰："朕惟褒有功，显有德，国家之令典，天下之大经也。若夫定策以安宗社，代言而赞皇猷，自古为难，于斯乃得。眷惟文武之全才，宜典钧枢之重任。咨尔兵部尚书兼翰林院学士徐有贞，才堪华国，道足经邦，资弘毅而秉忠纯，贯天人而通今古，早擢贤科，首登制举，简自先朝，贻于朕用。史馆秉春秋之笔，经筵陈仁义之言。作镇北州，已展勤王之伟略；治河东郡，复成缵禹之神功。由是叙长宪台，揔司风纪。乃者奸臣谋变，社稷几危，赖尔忠诚，以定大策，遂能拥戴朕躬，光复天位。乃自中丞之职，进兼司马之官，展采论思，升华宥密，谋猷具善，启沃良多。夫既属以心腹，而任之股肱，是宜酬其劳勋，而胙之茅土。爰锡西周之世封，用承东海之宗佑，兹特封尔为奉天翊运推诚宣力守正文臣、特进光禄大夫、柱国、武功伯，食禄一千一百石，子孙世袭指挥使，仍命尔兼华盖殿大学士，掌文渊阁事。於戏！中外宣力，朕惟用尔以功；左右纳忠，尔惟辅朕以德。居黄阁而兼典戎机，信乃禁中之颇、牧；直紫宸而弥纶国体，允惟王室之甫、申。尚匹休于前人，用贻荣于来裔。永崇世禄，光我命封，词成杂制，语进之朦胧。给授。"至是，上于文华殿出示三法司，命会多官议拟以闻。明日，刑部等衙门左侍郎周广衡等，论有贞本悭邪小人，鄙陋庸夫，叨蒙圣恩，历任显要，不能感恩报德，乃敢玩法欺公，诈为制文。窃弄国柄，自谓其文可比迹于仲尼；妄论厥绩，能希踪于神禹。扬其才猷，则曰资弘毅而秉忠纯；夸其学识，则曰贯天人而通今古。武略无能，乃自处禁中之颇、牧，王室之甫、申。甚者敢以定策拥戴为己功，谋猷启沃为身任。妄自尊大，居之不疑，不臣不忠，莫此为至。宜如律斩之市曹，为人臣欺罔之戒。疏入，上曰："有贞罪固不容，但犯在赦前，其宥死，押发云南金齿为民。"

八月壬辰朔。　癸巳，调南京礼部左侍郎许彬为陕西布政司右参政。　丁酉，释奠孔子先师，遣吏部尚书兼翰林院学士李贤行礼。　甲寅，复除翰林院编修王㒜仍旧任，以亲丧服阕也。

九月壬戌朔。　甲子，命太常寺少卿兼翰林院侍读彭时于内阁参与机务。　调礼部左侍郎兼翰林院学士许彬为南京礼部左侍郎，命翰林院修撰岳正仍于内府授内使书。

辛未，调翰林院修撰岳正为广东钦州同知。初，正言于上曰："石亨、曹吉祥等，恃宠骄横，恐贻后患。臣请间二人，使各怀疑贰，去之犹反掌。"因往吉祥曰："石亨常令杜清来此,欲何为?"吉祥曰:"致诚款耳。"正曰:"不然。彼欲觇公所为,宜谢遣之,勿容其数来。"且劝吉祥辞兵柄。吉祥、石亨因合谋去正。会承天门灾,正因极言石亨将为不轨,且言陈汝言不宜为尚书,宜用卢彬为侍郎,二人俱谲悍,若同事,必不相容,乘其隙可并去之。及徐有贞禁黜,正又言宜复用有贞,则天变可弭。吉祥、石亨谓正党附有贞,上命调正外任。　调翰林院检讨耿裕为凤阳泗州判官。裕右都御史耿九畴子,以兵部尚书陈汝言言其父既外任,其子不当在京,故有是命。　癸酉,太常寺少卿兼翰林院侍讲刘俨卒。俨字宣化,江西吉水县人。登正统壬戌进士第一,授翰林院修撰。秩满,升侍讲。未几,进右春坊大学士兼侍讲。与修《历代君鉴》及《寰宇通志》书成,升太常寺少卿兼侍读。景泰七年,考顺天府乡试。大学士陈循、王文有子不中,共诬俨,欲致极典,赖大学士高穀言,朝廷卒直俨。至是卒,赠礼部左侍郎,谥文介,敕有司为茔葬祭。俨果毅有为,遇事直遂,无所回互。为文章善议论。平居孝亲敬兄,笃于伦谊,作义仓以周宗党,士论多之。　庚寅,谪广东钦州同知岳正充陕西肃州卫镇夷千户所军正。既以忤太监吉祥等,调出外补。兵部尚书陈汝言素附吉祥,密令校尉言正尝夺公主田,今命下,又迁延不行,遂征下锦衣卫狱。上曰:"正职居翰林,违法如此,罪不可宥。"故有是命。仍以所夺田与民耕种。

十月辛卯朔。　乙未,命故吏部右侍郎兼翰林院学士曹鼐孙荣为锦衣卫世袭百户。

壬寅,忠国公石亨言:"臣闻江西抚州府崇仁县处士吴与弼,乃故国子监司业溥之子,学贯古今,行著乡曲,出为世用,必有可观。乃固守恬退,不求仕进,乞遣官赍敕币径造其所,敦聘至京,崇以禄位,俾展嘉猷。"上善其言,遣行人曹隆赍敕往征之。

十一月辛酉朔。　壬戌,皇太子千秋节,文武百官诣文华殿行贺礼。先是,诏免千秋节贺礼,礼科给事中卢祥等言:"千秋称贺,原旧有仪,而即位册储,维新大典,事从简约,虽上德之自谦,礼贵得中,亦下情之当尽。若谓君父在上,皇太子受贺于侧,于心似有未安,若斟酌礼意,未必不可行也。"既而礼部亦再以为请,上从之。是日,行礼如常仪。礼毕,赐文武百官宴。　丙子,定文官封赠诰敕例,一品四道,二品、三品三道,四品至七品二道。中书舍人刘福奏请也。　庚寅,加赠故吏部左侍郎兼翰林院学士曹鼐为特进光禄大夫、太傅、吏部尚书、文渊阁大学士,谥文忠。先是,鼐扈驾征虏,没于阵,已赠少傅、吏部尚书、文渊阁大学士,谥文襄。至是,其子恩复陈情乞加赠改谥,故有是命。

十二月辛卯朔。　乙未,升云南右布政使陈文为广东左布政使,福建都转运使严贞为云南右布政使。文在正统间尝进讲经筵,及上初复位,询文何在,欲召用之不果。至是,吏部请升文及贞,故有是命。　己酉,命太常寺少卿兼翰林院侍读彭时升兼翰林院学士。改通政司左参议兼翰林院侍讲吕原、刘定之、倪谦,尚宝司少卿兼侍讲林文、李绍,俱为翰林院学士;尚宝司少卿兼翰林院编修钱溥为侍读学士。

天顺二年

正月庚申朔。　己丑,太常寺卿兼翰林院侍书致仕程南云卒。南云,江西南城县人。以善书与修《永乐大典》，授中书舍人。升吏部稽勋司郎中兼翰林院侍书，供职内阁，历官至太常寺卿。正统初，奉命书长陵等碑。天顺初致仕。至是卒，遣官谕祭，命有司营葬。南云颇读书，精篆隶行书，为宣庙所喜，幸宠赍甚厚，四方求其书者无虚日。为人亦爽闿疏达，好贤乐士，尤稔交贾豪，然颇不矜细行。

二月庚寅朔。　丁酉，释奠先师孔子，遣吏部尚书兼翰林院学士李贤行礼。

闰二月己未朔。　丁丑，吏部尚书兼翰林院学士李贤等言："洪惟祖宗创业垂统，立经定制，为万世法则，久而后备。臣等伏读诸司职掌，系洪武年间所修，彼时制度尚未有定，以后渐加增损，与前或异，若不重新编纂刊正，难以考据遵行。乞令各衙门查照洪武、永乐以来更定在京衙门并官员职名等项，逐一备细明白开报，本院委官数员，仍照旧式类编为书完备进呈，官为刻印，须与各衙门遵守施行，是亦皇上继志述事之一端也。"上是其言，命各衙门查报。

三月戊子朔。　乙丑，尚宝司少卿袁忠彻卒。忠彻，浙江鄞县人，太常寺少卿廷玉之子。廷玉善相人，忠彻得其传，累侍廷玉谒见太宗于潜邸。永乐初，授鸿胪寺序班，历中书舍人、尚宝司丞，进升本司少卿。相人多奇中，先后金币之赐甚多。为人外刚而内险陂，太宗常询群臣状貌，与有隙者，因言其短，用是人多畏惮之。　壬寅，礼部请皇太子出阁读书，上命吏部、礼部会翰林院定拟讲读仪注以闻。　癸卯，命广东左布政使陈文为詹事府詹事，仍支从二品俸。先是，文丁继母忧，及是召之，故有是命。　戊申，陈文奏乞终继母丧，上不允。　己酉，吏部、礼部会翰林院选拟皇太子出阁侍班、讲读等官以闻。侍班官则吏部尚书兼学士李贤，日侍不更；太常寺少卿兼学士彭时、翰林院学士吕原，每人更侍一日；詹事府詹事陈文、李绍、刘定之，侍读学士钱溥，每人更侍一日。讲读官翰林院学士倪谦、尚宝司卿兼侍讲黄谏，尚宝司丞兼编修万安、李泰，左春坊左中允孙贤、右春坊右中允刘珝、左春坊左赞善牛纶、右春坊右赞善司马恂八人，更番四人一日。侍书官太常寺少卿黄采、中书舍人兼正字吴谦，二人更侍一日。上悉从之。

四月乙丑朔，皇太子初讲学于文华殿。玉色和粹，音响洪亮，侍臣瞻仰，无不忻悦。是后每日读书习字，常在殿之东厢，所谓左春坊也。以上退朝必御文华殿阅奏牍，故避居此云。　戊辰，复除翰林院编修戚澜仍旧任，以父丧服阕也。　戊寅，升翰林院侍讲周洪谟为南京翰林院侍讲，署南京翰林院事。　己卯，改尚宝司卿兼翰林院侍讲黄谏为翰林院学士，仍兼编修，万安、李泰俱为侍讲。

五月丁亥朔。　壬寅，处士吴与弼陛见，上命为左春坊左谕德。与弼退，上疏言："昨蒙遣使赍捧敕书礼币降临衡茅，以臣为才而征聘赴阙。闻命惊惶，罔知攸措。窃缘臣叨承父师之训，粗涉书史，而弱冠沾疾，加以立志不坚，是以虚名虽出，实学全无。迨夫暮年，疾病愈深，凤志弥怠，何意复蒙圣明齿录。夫卑辞厚币，惟贤者可以当之，而臣何人，敢膺旷古所希之盛典？恭惟皇帝陛下睿知聪明，圣神文武，四方风动，万国归仁，而崇儒重道之盛心，图治济时之美意，实与天地同大，日月齐明。凡有血气者，莫不欣忭，况在于臣，敢不踊跃恭命，谨于当日望阙谢恩祇受讫。伏惟大得民之盛，何幸逢于今日，而负且乘之讥，实难免于舆论。于是肃将敕币，谨用缄封，扶疾随使，赍赴阙庭，以图辞免。蒙圣恩授臣左春坊左谕德，臣以菲才，既未经辞免礼币之荣，又安敢冒昧以受宠擢之重。谨将原赐礼币进上，伏望圣慈矜臣见患两足风痹，大施旷荡之恩，特回所命，放臣归田，少全微分，日得歌诵雍熙于水边林下，以毕余龄，不胜万幸。"上览奏，谕之曰："朝廷久闻高义，特用征聘，今惠然远来，朕深喜悦。然币以将诚，官以命德，礼非过也，不允所辞。"遂命内阁学士李贤引与弼见于文华殿，从容顾问辞职之意，与弼对以多病之故。且言圣朝才俊济济，何用衰朽之人，上曰："重卿学行，特授宫僚，烦辅太子。"与弼终不领命，赐宴于文华殿，命贤待宴，复赐彩币羊酒薪米，遣中官送至其寓舍。　丙午，升翰林院学士李绍为礼部右侍郎。　戊申，处士吴与弼复上疏："伏蒙圣恩，授臣左春坊左谕德，臣具本辞免，不允。兼蒙过假褒词，益令屡薄，不任震惊。伏念臣所以恳辞前命者，非敢有高世之心，洁身之意，亦非敢有矫激沽名之意，实以学德荒疏，疾病缠绕，苟不自量，冒昧供职，必有旷官之讥，又必有失仪之罪，非惟贻玷于圣明，亦且取笑于后世，是以不避斧钺，冒渎天威。至于庭对之余，赏以纱罗，劳以羊酒，分虽难当，不敢有孤明眷。伏望圣慈哀臣愚诚，听臣辞免前职，容臣儒冠带衣，日近清光，以图补报于万一。臣无任恳切待罪之至。"上曰："朕知乃心不干仕进，故不烦以冗务，特处以宫僚之职，不必再辞。"　己酉，处士吴与弼复上疏言："钦蒙圣恩授臣左春坊左谕德，臣再具本辞免，不允。伏念臣一介庸夫，材非令器，误蒙圣恩甄录。初征赴阙，即加以不世之宠，授之美官，促令供职，此急于用才之盛心，旷古帝王之希典，实千载之奇逢，正臣子报效之秋也。缘臣学识疏谬，素多病疾，见患痰咳头风及两足疼痛，苟不自量，冒昧供职，徒速罪戾，无补明时。臣闻汉蔡邕尝见异书，唐李邕愿一见秘书。臣僻处山林，异书固未尝接，而秘书尤难得见，叨遇圣明，何幸如之。伏望圣慈哀臣愚诚，听臣终辞前职，俾于下处，暂且调摄，候疾少苏；乞赐一接秘阁群书，以益管见，或备顾问，图报涓埃于万一，不胜幸甚。干冒天威，无任恳悃惶惧待罪之至。"上曰："固辞虽得难进之义，揆之中道，无乃过乎？欲观秘书，可勉就职。"

六月丁巳朔。　己未，处士吴与弼复以疾辞，上曰："既患病，待调理痊日来闻。"

乙巳，擢庶吉士杨守陈为翰林院编修。　辛巳，致仕左侍郎兼翰林院学士薛瑄、陕西布政司右参政许彬，初在内阁时，写敕赐晋王，误称为兄王。以闻，命巡按御史鞫之，论瑄、彬当杖，上宥其罪，命彬亦致仕。

七月丙戌朔。　丁亥，初，太子太保、吏部尚书何文渊，景泰时因言官论其贪纵，自言己有废立皇储功，所云"父有天下传之子，天佑下民作之君"，实己属对，得释罪致仕。及上复位，文渊惧，缢死。致仕知府揭稽，文渊受业弟也，至是令人至京发其事，并举其子南京礼部主事乔新等诸不法，云文渊之死，实诸子逼以脱祸。以是乔新辈亦令人告稽为侍郎镇守广东时，代黄竑为易储之章。上怒，命卫官收稽等赴京鞫之。戊子，复除翰林院编修吴汇、检讨张业仍旧任，俱以亲丧服阕也。　辛卯，吴与弼复以疾具疏辞归乡里，上曰："与弼既年老有疾，不能供职，允其所请。"赐敕曰："朕惟自古英君谊辟，莫不求贤好士，以臻治理。故复位以来，深思先务莫急于此。闻尔与弼怀抱道德，嘉遁山林，特遣行人赍捧书币造庐征聘，尔乃惠然肯来，深慰朕怀。欲烦辅导东宫，特受春坊谕德，尔以衰老固辞，朕怀意不允。留之数月，病势不已，乃知本心非不欲仕，第以不能供职故耳。于是特允所辞，且以嘉猷勖朕，足见忠爱之诚，仍遣行人送还故里，赐以银币，用表至怀，复命有司月给廪米二石，以资供赡。尔其优游桑梓，安身乐道，以度遐龄。倘精力未衰，尚期大有纂述，以继前贤辅教垂世之意。" 癸卯，吏部尚书兼翰林院学士李贤等言："臣等切闻《书》曰：'惟学逊志务时敏，厥修乃来。'又曰：'念终始典于学，厥修罔觉。'《诗》曰：'日就月将，学有缉熙于光明。'言学无间断，功乃有成也。比者东宫殿下出阁讲读，聪明日开，深有进益。缘以三伏暑热，于五月二十四日暂且停止。今三伏已过，天气渐凉，合无择日仍旧讲读，庶几学业日进，睿德日新。"上是其言，遂命讲读。 戊申，上召内阁臣李贤于文华殿，语曰："太监吉祥好惹闲事，朕念其随侍旧人，凡有奏请，必从之。奈其心无厌足，不顾可否，辄为人求请，虽十不可其一二，然外人不知，以为其言必行。是以四方奏事者，往往先造其门以通情，如此不已，甚非所宜。朕今一以公道断之，使彼之私意不得行，则造其门者自然少矣。"贤顿首曰："愿陛下抑之以渐，幸甚。" 故太子宾客、国子监祭酒胡俨孙顺乞入监读书，从之。

八月丙辰朔。 丁巳，释奠先师孔子，遣吏部尚书王翱行礼。 己卯，敕谕吏部尚书兼翰林院学士李贤、太常寺少卿兼翰林院学士彭时、翰林院学士吕原曰："朕惟天下舆地之广，不可无纪载以备观览。古昔帝王率留意焉。我文祖太宗皇帝尝命儒臣修之，未底于成。景泰间虽已成书，而繁简失宜，去取未当。今命卿等折衷群书，务臻精要，继成文祖之初志，用昭我朝一统之盛，以布天下，以传后世，顾不伟欤！卿等其尽心毋忽。"

九月乙酉朔。 戊戌，升南京监察御史张谏为河南按察司副使，桂怡为湖广副使。时方面缺员，吏部止对缺推举一人以闻，至是升谏等。上因谕吏部臣曰："今后方面官每缺一员，须举两人来闻，庶可简擢。"

十月乙卯朔。 庚申，詹事府少詹事刘铉卒。铉字宗器，直隶长洲县人。自少肆力学问，以楷书征入翰林。中顺天乡试，授中书舍人。宣德、正统间，预修三朝实录，升兵部车驾司主事，进翰林院侍讲。常奉命教庶吉士读书中秘，铉教诸士，日有程限。己巳，升侍讲学士。景泰初，奉命兼经筵。壬申，命为国子监祭酒。至则严条教以约诸生，诸生皆乐从之。天顺改元，擢詹事府少詹事，日侍东宫讲读，夙夜惟谨。至是卒，遣官谕祭，皇太子亦遣官致祭，赙赠加厚。铉为人介特自守，言行不妄，与人交一于诚敬，权贵之门绝迹不到。平生耽嗜群书，至老弥笃。为诗文浑厚尔雅，所著有《假庵稿》若干卷。

十一月乙酉朔。 辛丑，复除翰林院检讨邢让仍旧任，以亲丧服阕也。

十二月乙卯朔。 己巳，故国子监祭酒李时勉孙颙乞入监读书，时有例四品以下子孙乞恩入监者不许，上特命许之。 癸未，召湖广布政司左参议刘益。时祭酒缺员，吏部具学士倪谦等三员名闻。上曰："翰林儒臣且勿动，可别举用之。"于是内阁学士李贤称益学行老成于吏部，吏部以闻，故召之。　左春坊左庶子兼翰林院侍讲致仕赵恢卒。恢字汝弘，福建连江县人。宣德癸丑进士第二人，授翰林院编修。秩满，升侍讲。景泰壬申，进右庶子，仍兼侍讲。以疾乞致仕，卒于家。

天顺三年

正月甲申朔。　庚申，命国子监祭酒陈询致仕。　辛卯，命国子监司业曾遛掌本监事。

二月甲寅朔。　丁巳，释奠先师孔子，遣吏部尚书兼翰林院学士李贤行礼。　己未，擢儒士杨仕俊为中书舍人。仕俊故少师、工部尚书兼谨身殿大学士荣孙，先是，援例奏乞于中书舍人处写字，至是满三年，故擢之。　戊辰，命国子监司业曾遛致仕。　壬申，命翰林院编修吴汇为国子监司业。

三月癸未朔。　戊子，致仕翰林侍读尹凤岐卒。凤岐，江西吉水县人。永乐丁酉解元，明年登进士第，改翰林庶吉士，历编修、修撰。与修宣庙实录书成，升侍读。凤岐为文敏捷详赡，性刚直，持论侃侃无所避，用是忤于当道，以剩员退归，竟不复召用而卒，士论惜之。

四月壬子朔。　辛酉，吏部尚书兼翰林院学士李贤等言："胡虏为中国患，不过苟图衣食而已。往者每岁进贡，赖此赏赐，衣食充足，不来侵犯。今虏酋孛来自为悖逆，心怀疑惧，不敢进贡，衣食无所仰赖，遂至穷困，所以数来犯边。朝廷宜体天地之量，出榜招谕，或给与米粮，助其衣食，使之改过自新，照旧进贡。如彼听信，不惟免兴师之费，边境人民俱得安生，如或冥顽不悛，然后出兵剿杀，庶恩威兼至。"上从其言。

五月壬午朔。　升翰林院编修马升为云南布政司左参议，检讨傅宗为右参议，五经博士鲍相为福建都转盐运使司同知，典籍李鉴、吴衡、徐秘（似）为府同知，孔目宋敏为府通判。先是，学士陈循等于景泰年间举升等在翰林、春坊，皆非进士出身，率昏钝庸鄙。至是，上欲重修《通志》，召内阁臣李贤谓曰："此书工夫不多，惟欲加精耳，可择进士出身者修之。"贤言不系进士出身者，文学虽非所长，然各有才干可用，宜命吏部授以有司之职。上从之，故有是命。　己酉，上召内阁臣李贤问迎复事，贤曰："当时亦有邀臣与谋者，臣以为不可，不敢从。"上问："何谓不可？"贤曰："天位乃陛下所固有者，若景泰不起，文武百官表请陛下复位，何用如此劳攘？此辈实贪图富贵，非社稷计。彼时若景泰先觉石亨辈何足惜，不审陛下何以自解，幸而事成，此辈得以贪天之功。且天下人心所以归向陛下者，以正统十数年间凡事减省，与民休息之所结也。今为此辈损其大半矣。"上深以为然。　庚戌，南京国子监祭酒陈敬宗卒。敬宗字光世，浙江慈溪县人。永乐甲申进士，入翰林为庶吉士。与修《永乐大典》，授刑部主事，改翰林侍讲，预修北京志书。宣德初，预修两朝实录，为礼部会试考官。寻升南京国子司业，九年秩满，升祭酒，在任又十五年，屡抗章乞归，不允。景泰初，致仕还家。至是卒，寿八十三。讣闻，遣官谕祭。敬宗敏学能文，善草书，仪观甚伟，美髭髯，见者悚敬。性严重，终日端坐，不妄出一语，动止有常度，饮酒至百杯亦不辞。其学规整肃，请谒不行，诸生进退步履无敢违者。每会馔，有失仪者，即自请罪。登显要来见者，犹执诸生礼。然性颇残忍，于诸生少恩云。

七月庚辰朔。　丁亥，命侍读学士钱溥、侍讲万安为应天府乡试考官。

八月庚戌朔。　丁巳，释奠先师孔子，遣吏部尚书兼翰林院学士李贤行礼。　命翰林院学士刘定之、倪谦为顺天府乡试考官，赐宴于本府。

九月庚辰朔。　丁亥，命忠国公石亨养病。　戊戌，降吏部侍郎孙弘为云南大理府通判，右通政刘文为云南临安府同知，翰林院学士黄谏为广东广州府通判。弘等先附石亨，冒夺门迎驾之功，得升秩，至是以亨等败露，故有是命。

十一月己卯朔。　庚子，初，上在南宫内，悦其幽静。既复位，数幸焉。因增置殿宇，其正殿曰龙德，左右曰崇仁，曰广智，其门南曰丹凤，东曰苍龙。正殿之后，凿石为桥，桥南北其牌楼曰飞虹，曰戴鳌，左右有亭，曰天光，曰云影。其后叠石为山，曰秀岩。山上正中为圆殿，曰乾运。其东西有亭，曰凌云，曰御风。其后殿曰永明，门曰佳丽。又其后为圆殿一，引水环之，曰环碧，其门曰静芳，曰瑞光。别有馆，曰嘉乐，曰昭融。有阁跨河，曰澄辉。皆极华丽，至是俱成。后苑杂植四方所贡奇花异木于其中，每春暖花开，命中贵陪内阁儒臣赏宴。　乙巳，赐吏部尚书兼翰林院学士李贤第宅，贤上疏辞曰："臣本以布衣遭逢盛世，荐历美职，累荷光荣，又蒙赐与房屋。夫功微而受厚赏者，在理非宜；能薄而承殊贶者，揆情未当。天恩莫大，虽不吝于凡庸；株守如常，讵敢安于甲第。且齐之小君，尚从晏子之情；况元后之尊，肯拂微臣之愿。伏望皇上收回嘉命，用遂鄙怀，俾臣不动旧居，均为受赐。"上曰："卿辅导有劳，特赐近居，以便宣召，所辞不允。"

天顺四年

正月己卯朔。　戊子，致仕工部尚书兼谨身殿大学士、东阁大学士高穀卒。穀字世用，扬州兴化人。永乐乙未进士，选为翰林庶吉士，授中书舍人。甲辰，迁春坊司直郎。洪熙改元，升翰林院侍讲。宣德乙卯，考顺天府乡试。正统改元，上初御经筵，少师杨士奇等荐穀与苗衷、马愉、曹鼐四人日侍讲读，赐三品服。穀仪度详整，音语明亮，甚称上旨。戊午，预修宣庙实录书成，升侍读学士。甲子，考应天府乡试。乙丑，升工部右侍郎兼侍讲学士，入内阁预机务。己巳，上北征，命穀留守，寻升工部尚书兼翰林院学士。时乘舆未还，虏情叵测，择奉使者中书舍人赵荣奋欲往，穀即解金带与之。及都御史杨善迎乘舆还京，穀议奉迎礼宜从厚，有千户龚遂荣者意与穀合，投书于穀，穀怀之以示群公卿。有希旨者以遂荣言涉非分系之狱，人皆为穀危，穀执议如初。既而升少保，仍以尚书兼东阁大学士。壬申，加太子太傅，二俸兼支。甲戌，命往南京巡视灾伤。事竣还朝，给事中林聪因言事忤执政，御史劾其私，将置聪重辟，穀持正论开谕，遂得末减。丙子，复命兼谨身殿大学士。是年秋，顺天府乡试，太常寺少卿兼翰林院侍读刘俨为考官，大学士陈循、王文子不与选，交章论俨阅卷不公，因峻文巧诋，必欲置之死。诏多官考核，时榖以疾在告，即奋起曰："贵胄与寒畯争进，已不可，况又以不得选欲遂杀考官乎？"因极言于朝，俨得免。丁丑，上复位，榖上章辞师傅职，乞致仕，上许之，仍赐玺书谕籍，侑以白金锭宝袭衣，给驿舟以归。至是卒，讣闻，遣官谕祭。榖工诗善书劄，性高简，士大夫非素知者，罕与接见，为人淳谨廉静。其议奉迎，救林聪、刘俨三事，为匡建之大者，士林称颂云。　己丑，礼科给事中张宁等奏："翰林院学士吕原、彭时、林文、刘定之，工部侍郎蒯祥、陆祥、吴福，吏部郎中萧彝、刘济，员外郎沈淳，太医院使董宿，院判宁益、〔刘〕礼，御医吴敏、樊善名，锦衣卫带俸百户马升，宗人府经历王敏，骁骑右卫指挥尹刚，会州卫指挥何昂，或以文儒而超居禁密，或由工艺而滥致显融，为卿属者或矜以自高，任戎事者多肆而无忌。迩者天顺四年正月初九日大祀天地，初八日法驾临郊，百职肃雍，周道无启行之扰；四门清穆，明堂辑至止之仪。天恩监观，人心瞻仰，岂期各官忘其戒谨，安于故常，驰骑直前至天门而不下肩舆，径造临御道而弗趋，罔思圣明之具临，不顾神灵之如在。纵放者固其所也，谨厚者亦复为之，是岂不知鲁大夫循墙而走之恭，蘧伯玉至阙而止之义？畏心既弛，敬意何存。宜将各官擎送法司，明正其罪，以为大祀不敬之戒。"监察御史郎胜等亦以为言。上曰："尔等所言极当，但祀礼既成，姑悉宥之，再犯不宥。"旧例，驾未至坛，百官出入西天小门者俱不下。至是，上益严祀事，预遣人直门伺察，得原等十九人，令礼科劾以警众，仍令礼部张禁约，自后凡过西天小门者必下。　乙巳，文武群臣言："石亨诽谤妖言，图为不轨，具有实迹，论谋叛罪当斩，没其家籍。"上曰："然。其令内官同御史及锦衣卫官籍之。"

　　二月戊申朔。　甲寅，致仕兵部尚书兼翰林院学士苗衷卒。衷字秉彝，直隶定远人。由进士历翰林院编修、修撰，预修两朝实录成，升侍读。正统初，上即位，衷日侍经筵。预修两朝实录成，升侍读学士。久之，命入内阁预机务。十二年，升兵部右侍郎。景泰初，进兵部尚书，以老疾乞致仕，降敕褒奖，赐钞三千贯，金织文绮衣一袭，给驿舟送归。至是卒于家。讣闻，遣官谕祭，命有司治葬，赠荣禄大夫、少保，谥文康。衷温厚简重，外和内贞，谙于世故，谈论亹亹忘倦，乐以善导人，文章典实。家居十余年，翛然尘外之乐，恩荣始终，君子不谓其幸也！　乙卯，命翰林院学士吕原、尚宝司少卿兼翰林院修撰柯潜为会试考官，赐宴于礼部。　丁巳，释奠先师孔子，遣吏部尚书兼翰林院学士李贤行礼。　辛未，致仕国子监祭酒陈询卒。询字汝同，直隶华亭人。父祯，仕至河南参政。询由进士为庶吉士，以才气自负，久不得选。时同乡沈度为学士，讽询少贬损以图速仕，询面斥度，太祖皇帝闻之，嘉其刚直，寻擢编修，侍皇太孙。宣德间，升修撰。上初启经筵，询为讲官。纂修宣宗实录成，升侍读。秩满，升侍讲学士，坐累黜知安陆州。正统己巳，召为大理寺少卿，巡抚大名诸府。景泰初，改太常寺少卿兼翰林院侍讲学士、经筵讲读，寻改国子监祭酒。天顺二年致仕。卒于家，上命有司致祭。询性刚直，言论慷慨，三为乡试考官，人无异议。平生所作诗文不留稿，善草书，兴至辄染翰挥洒。然嗜酒好使气，客至辄留饮，以不能辞者，即乘醉诟詈之。及为祭酒，竟以酒废职务云。　丁酉，礼部尚书萧晅奏三月初一日殿试天下举人合请读卷、执事官，上命吏部尚书兼翰林院学士李贤、吏部尚书王翱、户部尚书年富、兵部尚书马昂、刑部尚书陆瑜、工部尚书赵荣、左都御史寇深、通政使张文质、太常寺少卿兼翰林院学士彭时、翰林院学士林文为读卷官，余执事如例。

三月戊寅朔。　丙戌，擢第一甲进士王一夔为翰林院修撰，李永通、郑环为编修。选进士刘健、张赈、李温、张谨、杨德、张颐、周经、王范、蔡霖、张溥、杨瑛、郑纪、童瓍、汪谐、张元祯为庶吉士，并修撰王一夔，编修李永通、郑环，俱于翰林院读书，仍命学士刘定之、侍读学士钱溥教习文章，其纸笔、饮馔、膏烛、第宅，悉如例给之。从学士李贤等奏请也。

四月丁未朔。　戊午，谪翰林院学士倪谦戍边，削辽府仪宾魏玉、武缙、周远官。初，谦为顺天府考试官，其授业生章黼不中式，衔之。因密令缉事者言：谦常奉使辽府，辽庶人贵焓，以其母与谦妻皆出武定侯郭氏，因馈谦，谋复王爵。谦还，庶人遣人诣谦，庶人堉玉、缙、远亦诣谦，谋请仪宾职。谦为具奏稿，玉等得授职，庶人虽未得复爵，然亦德谦，寓物酬之。语闻，下谦等锦衣卫狱，鞫送都察院，论谦当充军，玉等当赎徒还职。故有是命。

五月丙子朔。　丁丑，国子监生万经会试不第，奏同考官修撰刘宣以同县故黜己。命礼部同内阁试之，文理多疏谬。上怒，命枷示礼部前一月，黜为民。

七月乙亥朔。　丁丑，命南京国子监祭酒吴节复任，支从三品俸，以九年任满也。

八月甲辰朔。　丁未，释奠先师孔子，遣吏部尚书王翱行礼。

十月癸卯朔。　甲子，上阅骑射于西苑，命内阁学士李贤、彭时、吕原，尚书王翱、马昂随观。时五军三千，神机三营自总兵而下坐营把总、管操官，亦千数百人，悉召内西苑，与御马监勇士头目俱驰马试箭，阅其优劣而品第之。阅毕，进李贤等曰："为国莫重于武备，练武莫先于骑射。为将领者，必先骑射精熟，而后可以训练士卒。否则，众无所取法矣。今所阅精熟者多，而不及者少，姑存之以励将来。若再试不进，则黜罚加焉。"贤等顿首曰："陛下意及此，国家幸甚。"因赐贤等并总兵官会昌侯孙继宗、广宁侯刘安、怀宁侯孙镗等宴，人赐钞一千贯，骑射官一等者赐钞五百贯，二等三百贯，三等二百贯。

十一月癸酉朔。　己卯，翰林院修撰陈鉴、刘吉奏："臣等奉旨教郑世子及泾阳王读书，每拜揖，世子及王皆还答。世子及王感荷圣恩，责躬修省，自执谦敬，然朝廷宗室，臣下致敬，自有常礼。宜赐晓谕，免其还答。"上以世子及王知所敬惧，心善之，命鉴等日行一拜三叩头礼，世子及王受之。然自后鉴等每每拜，世子及王辄离席逊避云。

天顺五年

二月壬申朔。　丁丑，释奠先师孔子，遣吏部尚书兼翰林院学士李贤行礼。

四月辛未朔。　壬辰，致仕礼部右侍郎钱习礼卒。习礼名幹，以字行，江西吉水县人。才敏思深，文多腹稿，以江西解魁登永乐辛卯进士，选庶吉士。寻授检讨，秩满不迁。仁宗即位，乃进侍读，知制诰。与修两朝实录书成，擢侍读学士。复修宣宗实录书成，进升学士。正统乙丑，升礼部右侍郎，寻命兼署吏部，连章求去，遂致仕。卒，年八十九，敕有司营葬祭，谥曰文肃。习礼恬静少欲，笃于伦谊，处己待人，恭而有礼，在翰林三十余年，以文章议论为士类所推重，引年退休，不废文墨。

七月己亥朔。　壬戌，赠故翰林院庶吉士杨瑛为本院编修。瑛早朝遇曹钦贼党，被伤殁。上悯之，故有是命。

八月戊辰朔。　庚辰，兵部尚书言五军都督府官多缺，乞会总兵官同吏部尚书兼翰林院学士李贤荐补。上曰："尔兵部会总兵官推举，后凡保官，俱不必会同翰林院。"先是，法司审囚，吏、兵二部保官，俱会翰林院，贤等疏言乞勿与。至是兵部复请，故有是命。　癸未，加吏部尚书兼翰林院学士李贤太子少保，贤具疏言："臣性质凡庸，才识卑下，误蒙皇上简任，置诸清切之地，擢为吏部尚书，兼职翰林院学士。班高曳履，任重演纶，自顾非才，承此异数，因循度日，于兹五年。仰惟皇上进德维新，励精图治，躬勤庶政，犹断万机，如臣之愚，徒尔充位，于文墨则未精，于学问则不博，论思之所当尽者不能尽，职分之所当为者不能为，曾无毫发之长，以补万分之一，久处密勿，祇增忸怩。昨者偶被贼伤，贼曹吉祥侄钦作反。幸无重损。今蒙皇上加太子少保，臣闻命有警，措身无所，不惟自惭于非据，实忧仰累于殊私。敬殚迫切之情，甘触渎烦之谴。伏望皇上察臣侥幸已多，念臣满盈是惧，愿惜名爵，收回宠恩。尚冀矜从，伏须允报。"上曰："官以酬劳，朝廷自有公论，卿宜承命，所辞不允。"

十月辛卯朔，钦天监进天顺六年大统历，上御奉天殿受之，给赐亲王及文武群臣，颁行天下。故事，颁历在十一月朔，以日蚀免朝，故移于是日。

十一月丁酉朔。　庚戌，命修南京国子监，从祭酒吴节奏请也。　癸丑，命复设提督学校风宪官。其四十岁生员考试起送，一依正统十年例。从右都御史李宾建言也。

十二月丁卯朔。　庚寅，释辽东铁岭卫军陈循为民。循自军中遣人上疏自陈："臣恭事列圣三十五年，官至户部侍郎兼翰林院学士。正统十四年八月，因赞立东宫，升臣尚书，仍兼学士。老年遭逢郕王，因臣原在内阁办事，能晓制书体式，仍旧任用，其实可否事情，自有亲信后进之人，臣论事不能迎合，每见疏外。天顺元年正月十四日，因郕王不出临朝，即与高穀等议请复位东宫，令礼部集百官具题本以进，内不批允。臣言必须连进数本，至允乃已。十七日，本已具，未及进，而各官已奉迎圣驾登宝位矣。臣等当时虽知郕王有疾，然实不知其不可起，惟石亨一人十二日夜宣至斋宫榻前，受命代祀，亲见病势难起。是以十四日会议时，亨佯言上有病，休去烦渎，阴与所亲厚者密议迎复，可得大功赏。臣今思亨等但欲济一己私情，不顾全国家大体。况神器大位，皆皇上亲受固有之业，谁得干预；六军万众，皆皇上素所抚养之人，谁不归戴。当天与人归之时，使亨果肯以郕王病重言之，群臣各具朝服进表，备法驾大乐，恭诣南宫，迎请皇上，下副群情，临朝以安万姓，非但使宫禁内外不至惊骇，且有以显天与人归之盛美，为天下万世之伟观。而亨等阴谋诡计不及乎此，卒之自取祸败，宜矣。臣服事累朝，曾效微劳，实为亨等所挤排。今幸亨等结为表里者相继灭亡，朝廷清肃，可伸枉冤。伏乞皇上矜悯，放回原籍为民，使得老死乡邑。"疏入，上曰："循历事朝廷年久，曾效勤劳，而为石亨等挟私诬害。今览其所奏，是非明白，情实可矜，其放回原籍为民。"循字德遵，江西泰和县人。永乐乙未廷试第一，授翰林修撰，赐第万宝坊。驾幸北京，命循取秘阁书诣行在，遂留侍焉。三殿灾，诏求直言，循言数事，皆见嘉纳。仁庙时，进侍讲。宣德初，命与杨溥同直南宫，日承顾问，又赐第玉河桥西。五年，升侍讲学士。时御史张楷作诗以献，宣庙意其求进，欲罪之，循曰："彼亦有忠爱意。"事遂解。佥事陈祚劝宣庙读《大学衍义》，语类讥诮，宣庙怒，命籍其家。既而问循，循顿首曰："俗士处远，不知忌讳，然其心则无他也。"比逮祚至，竟缓其法。驾每巡幸，循必扈从。正统初，兼经筵官。七年，升翰林院学士。九年，命入文渊阁典机务。十年，升户部右侍郎兼学士。土木之变，四方多事，循居中用事，言见采纳，寻升户部尚书，兼职如故。景泰元年，同知经筵事。二年，升少保，仍兼前二职。三年，兼太子太傅。常率同官集古帝王行事名曰《勤政要典》以献。未几，升兼文渊阁大学士。纂修《寰宇通志》，循为总裁，书成，进兼华盖殿大学士。上复位，石亨与徐有贞嗾言者劾循，谪戍边。至是亨等败，循上疏自辩，凡数千言，上察其枉，赐归田里，抵家一年卒。循动止雍容，辞气温雅，为文援笔立就，意气层叠，然概以矩规则未尽合。为乡试、会试考官各一，廷试读卷官者四，纂修三朝实录及《（五经）（四书）性理大全》，循皆与焉。尤熟于朝廷典故，宣德、正统间，天下仰望其丰采。景泰来国家多事，循首当国，不能大有所建明，且乏廉介之誉，至以争乡人坟地，欲倾御史周鉴、王豪。及其子不得乡试，与王文合攻试官，希求恩泽，尤为士论所薄。循同邑萧镃，亦以内阁臣，与循同被劾，罢为民，后循卒。镃字孟勤，宣德二年进士，改翰林院庶吉士。十年，授编修。纂修宣庙实录书成，蒙宴赉，寻命授内使书。历九载，进侍读。未几，升国子监祭酒。景泰二年，命兼翰林院学士，入文渊阁参预机务，寻升户部右侍郎。明年，升太子少师，他职如故。纂修《寰宇通志》，镃为总裁官，书成，升户部尚书，仍兼太子少师、学士二职。镃学问该博，为文章有法，言动温雅，皆循矩度，然性猜忌，于事亦多退避云。

天顺六年

二月丙寅朔。　丁卯，释奠先师孔子，遣太子少保、吏部尚书兼翰林院学士李贤行礼。

六月甲子朔。　戊辰，国子监祭酒刘益下锦衣卫狱。时典簿徐敬坐盗仓粮、窃官纸印私书、用官木造私器罪，乃奏益尝因释奠用官钞买茶果接待各官，故并益下狱，鞫当赎杖还职。上从之。

七月甲午朔。　壬寅，命翰林院修撰刘吉、检讨邢让为应天府乡试考官。

八月癸亥朔。　丁卯，释奠先师孔子，命学士李贤行礼。　庚午，命翰林院修撰陈鉴、刘宣为顺天府乡试考官，赐宴于本府。

九月壬辰朔。　癸巳，中书舍人杨贵芳言："旧时诰敕勘合字号，国王用礼字，追封用文行忠信字，文官二品以上用仁义礼智字，三品以下用十干字。新制武官诰命初编用二十八宿字，续编用千字文。永乐三年十一月内，以武官诰命二十八宿字编尽，该中书舍人芮善奏请，同翰林院学士兼右春坊大学士解缙等议用百家姓编。奉旨，惟用汉《急就章》字。今文官三品以下诰敕，十干字号俱以编尽，乞敕翰林院别取他字编号，庶无重复。"上命用十二支字编之。　庚子，擢翰林院庶吉士刘健、汪谐、张元祯俱为翰林编修，郑纪、张颐、周经俱为检讨，张谨、李温俱为礼部主事，张赈为户部主事，王范为刑部主事，杨德为大理寺左寺副，张溥、蔡霖俱为评事。　庚戌，内阁臣言："臣等查得本朝时享太庙，初皆于四孟上旬择日，后定为初一日，惟孟春照旧择日，以正旦有妨故也。今遇皇太后大丧，孟冬时享正在二十七日忧服之内，乞于除服后祭祀为宜。"上从之，择初六日时享。　甲寅，致仕吏部尚书王直卒。直字行俭，江西太（泰）和人。永乐甲申进士，选翰林庶吉士，文学俱优，寻授修撰。太宗巡幸北京，仁宗为皇太子监国，翰林留黄淮、杨士奇与直三人辅导。及来北京，与修太祖实录未成，以忧去。服阕，升侍读。仁宗即位，进侍读学士，寻升右春坊右庶子，仍兼侍读学士。宣庙嗣位，与修两朝实录成，升詹事府少詹事，仍兼侍读学士。上即位，与修宣宗实录，为总裁，书成，升礼部左侍郎，寻出视礼部事。正统癸亥，升吏部尚书。己巳秋，虏寇犯边，上欲亲征，直率廷臣上章谏止，不报，命留守京师，既而加太子太保。景泰中，升少傅、太子太师。天顺改元，上复位，上疏辞师傅之职，未几致仕。至是卒，年八十四。讣闻，赠特进荣禄大夫、太保，谥文端，仍敕有司葬祭。直伟貌修髯，端谨持重，望之如神仙中人。在翰林三十余年，屡为考官，得人为盛。经筵进讲，辞旨明畅。在吏部廉慎自守，居家俨然，子弟不敢近。为诗文条畅简洁。在二十八宿中，登显位，成大器者，惟直为最。与学士王英齐名，而行检过之。

十一月壬辰朔。　庚申，翰林院学士吕原卒。原字逢原，浙江秀水县人。少孤贫，假馆以养母，郡守黄懋举充邑庠生。正统六年，魁乡荐。明年，进士第二人，擢翰林编修。八年，与修《五伦书》，有宝锃之赉。十二年，被选进学东阁，入侍经筵。景泰初，充经筵讲官，有金绮宝锃之赉。二年，进侍讲。三年夏，以春坊中允兼侍讲。秋，进侍讲学士，仍兼中允。四年，与修《历代君鉴》，主考顺天府乡试。六年，与修《寰宇通志》。明年，进春坊大学士兼侍讲，有白金文绮之赐。天顺改元，改通政司左参议，仍兼侍讲，主考礼部会试。夏，召入内阁，知制诰，寻转翰林学士。四年，主考礼部会试，赐赉稠叠。六年，丁母忧，扶柩归葬，抵家未及窆而卒。讣闻，赠礼部右侍郎，谥文懿，遣官谕祭营葬，盖异数也。原性孝友，事母得其欢心，抚育兄子，皆底成立。为人宽厚勤敏，祥慎驯雅，不立崖岸，无疾言遽色。为文章丰赡，诗亦和平。教人恳切，从学者甚众。其在内阁，与闻大政，多有裨益。所著有《介轩集》。

天顺七年

正月辛卯朔。 壬子，升吏部左侍郎姚夔为礼部尚书。

二月庚申朔。 壬戌，升詹事府詹事陈文为礼部右侍郎兼翰林院学士，于内阁参与机务。 乙丑，礼部奏会试举人，上命礼部右侍郎兼翰林院学士陈文、尚宝司少卿兼翰林院修撰柯潜为考官，赐宴于礼部。 丁卯，释奠先师孔子，遣太子少保、尚书、学士李贤行礼。 戊辰，大风至晚，试院火，举人死者甚众。翌日，礼部以闻，上命改试于八月。 乙亥，国子监司业吴汇患疾不能任事，乞暂还乡，从之。 己卯，升礼科给事中孔公恂、右春坊右赞善司马恂俱为詹事府少詹事。时内阁臣李贤私于公恂等，故言："公恂孔子之后，恂司马光之后，以圣贤子孙入辅皇储，必有以异于人者。"上从之，故有是命。 丙戌，上谕内阁臣李贤曰："近闻空中有声，此必上天谴告，欲命真人张元吉祈禳之，卿可为青词进来。"贤曰："禳之亦可，然尤须自省以回天意。"上曰："然。"明日贤亦闻其声，奏曰："臣考之于书，无形而有声者，谓之鼓妖，君不恤民，天下怨叛，则有此异。乞行宽恤之典，以消此变。"上览之曰："此言正合朕意。"

五月己丑朔。 丙申，河南裕州知州秦永昌贪暴，打死人命数多，执至京，且籍其家货，陈于外廷。内阁臣李贤等请诛永昌，以戒有司之不法者。上从之，斩永昌于市，榜示天下。

六月己未朔。 己巳，礼部奏："翰林院侍讲学士钱溥、礼科给事中王豫使安南国，安南国王黎灏馈溥金银各四十两、金银厢带各一条，馈豫金三十两、银四十两、金银厢带各一条，溥等固辞不受，王命陪臣程磐顺赍诣京，溥等犹未敢受。"上曰："既已赍至，令溥等受之。"

闰七月戊午朔。 庚申，升翰林院检讨张业为国子监司业。

八月丁亥朔。 己巳，释奠先师孔子，遣太子少保、吏部尚书王翱行礼。 甲午，礼部以会试请，上命太常寺少卿兼翰林学士彭时、侍读学士钱溥为考官，赐宴于礼部。

丙辰，致仕礼部尚书胡濙卒。濙字原洁，直隶武进县人。举建文庚辰进士，擢兵科给事中，寻升右给事中。勤慎小心，甚见委任。太宗入正大统，濙供职如故。奏对称旨，升户科都给事中。丁亥，命濙巡历天下，以访仙为名，实欲审察人心向背也。丙申还朝，遭内艰，诏起复视事。冬，升礼部右侍郎。明年，仍命巡历浙江诸处。癸卯，自钧襄还时，车驾亲征北虏，驻跸宣府，濙驰见行在，赐坐与语，因以民间欣戴之意闻，慰劳而出。先是，仁宗在青宫，监国南京，时有为飞语者，太宗疑之，命濙往察焉。濙至，密疏七事以闻，遂释其疑。仁宗嗣位，迁太子宾客、南京国子监祭酒。宣宗嗣位，复礼部左侍郎，兼职如故。寻自南京入朝，进行在礼部尚书，益见倚任。汉庶人反，濙扈从亲征，事平，赐赉优厚。丁未，赐近第于长安右门，仍给阍者二人侍焉。戊申，赐银范图书四，其一以清和恭靖为文。尝以生辰，令光禄赐宴于其第。己酉，命兼詹事府事。凡驾巡边，必命扈从。辛亥，兼掌行在户部事。尝遇天寿节，御制诗以宠之，仍面谕之曰："朕茂膺天眷，惟尔翼赞之功。"因赐宴沾醉。新建礼部成，命光禄具宴落之，勋戚公卿皆与。淡每燕见，即问曰："卿何所言？"凡有章疏，即行之。九载秩满，赐敕奖谕。上即位，待遇尤厚，凡军国重务，皆令与闻。年及七十，上章乞致仕，上勉留之。己巳，上亲征迤北，命淡居守，升太子太保，阶荣禄大夫。景泰中，以立储功，升少傅兼太子太师，二俸兼支。上复位，时淡年八十余，因以疾病，不任朝谒，乞归老，且辞师傅二职。上从之，命以尚书致仕，犹赐玺书慰谕，侑以白金宝锲金织袭衣，仍命乘传以归。官其子长宁为锦衣卫，世袭所镇抚，命归终养。至是卒。事闻，赠太保，谥忠襄，遣官谕祭，敕有司营葬事。淡为人节俭宽和，喜怒不形于色，待人温恭有礼，时以德量称。然性突梯多智，每朝廷建置大议，皆豫定于中，而承迎于外，卒能因时以成其功名。故历事累朝几六十年，荣遇不衰，位兼孤卿，富寿罕俪。犹慕仙术，招致术士出入无间，闺门不谨，以损誉云。

九月丁巳朔。 己卯，升翰林院编修王㒜为本院侍讲，以任满九年故也。

十月丙戌朔。 丙申，南京国子监祭酒吴节言："臣任祭酒九年，蒙升从三品俸。今又三载，给由窃揣，宠恩渥洽，宜图补于涓埃，其奈老病侵寻，恐妨误于后学。伏望矜悯，特许退归，俾感激于天恩，庶保全于晚节。"上曰："国学师傅，正须老成，卿宜懋称，毋恳辞。"

天顺八年

正月甲寅朔。 庚午，英庙崩。 乙亥，宪庙即皇帝位。 壬午，典玺局局丞王纶事上于东宫，事多专擅，一时群小希进，用觊后福者多与交通。而翰林侍读学士钱溥以尝奉命教内书馆，纶尝受学焉，时尚宝司丞朱奎以幼童陪读馆中，相亲昵交厚。至是先帝不豫，溥意纶必典机务，预有入阁之喜，密遣奎通纶于禁中，纶因偕奎造溥家，执弟子礼，坐溥上坐，饮酒至晡而去，溥邻居内阁学士陈文知其事。及帝崩，奎持晋州知州邹和所馈纶书以入，或曰此溥密草遗诏也，纶亦以例当柄用，骄矜恣肆。而司礼监太监牛玉恐其轧己，玉侄春坊赞善牛纶所厚中允刘翊与溥有隙，会帝大殓，纶衰服袭貂裘于外观望，上见而恶之，玉因数其过恶，劝上执下狱，又嗾人发其交通事，并逮溥等法司。依律斩，以赦例特从轻典，纶降内使，发南京闲住，溥降顺德县知县，奎盐课副提举，和云南澜仓卫经历。凡平日与纶交通者，因纶供词及，皆降调外任。于是兵部右侍郎韩雍降浙江左参政，顺天府尹王福降两浙盐运使，治中丘晟调福州府同知，通政司右参议赵昂瑞州府同知；南宁伯毛荣、都督马良谪广西，都督冯宗、刘聚谪广东，各听本处总兵官调遣杀贼；锦衣卫掌卫事都指挥佥事门达，指挥同知郭英、陈纲，指挥佥事吕贵，俱调贵州边卫，达都匀，英安南，纲赤水，贵平越，皆带俸差操云。

二月甲申朔。 丁亥，释奠先师孔子，遣吏部尚书王翱行礼，免传制，以大行皇帝丧也。 庚寅，赐敕升太子少保、吏部尚书兼翰林院学士李贤为少保兼吏部尚书、华盖殿大学士；礼部右侍郎兼翰林院学士陈文吏部左侍郎，太常寺少卿兼学士彭时右侍郎，俱兼学士；詹事司马恂兼国子监祭酒，孔公恂改大理寺左少卿，学士林文、刘定之俱太常寺少卿兼侍读学士，尚宝司卿兼修撰柯潜、侍讲万安俱翰林院学士；中允孙贤、刘珝，赞善牛纶，俱太常寺少卿兼翰林院侍读，侍讲王㒜、编修兼校书徐溥俱左春坊左庶子兼侍讲。以上在东宫，贤等尝侍讲读也。　戊申，礼部臣奏："先是天顺七年春二月，本部会试天下贡士，有司不戒于火，不终试，移会试于是年八月。试毕，奉英宗皇帝圣旨，明年三月朔殿试。今三月之朔，适有大丧，有妨临轩策士，请改定试期。"御批十五日殿试，凡唱名筵宴并其他礼仪悉从简。

　　三月甲寅朔。　戊午，少保、吏部尚书兼华盖殿大学士李贤等言："皇上即位，恩加四海，政事清明，然而天时有未和者，盖由阴气太盛之所致也。惟是宣德至天顺间，选取宫人数多，其中不无忧思怨嗟，有伤和气，而浣衣局没官妇女，其情尤甚。皇上其弘天地之仁，特赐简阅，留其有职务及不愿出者，其余愿出者，并浣衣局妇女，皆放释宁家。此实前代圣帝明王盛德之举。"上曰："卿言合朕意，其亟行之。"于是放出宫人，中外忻悦。　乙丑，礼部尚书姚夔奏："先是，天顺七年春二月会试，贡院火，移试于秋八月。先帝有旨，明年三月朔殿试。兹适有大丧，奉旨移试于三月望，合请读卷官并执事官。"上命少保、吏部尚书兼华盖殿大学士李贤，太子少保、吏部尚书王翱，户部尚书年富、张睿，太子少保、兵部尚书马昂，刑部尚书陆瑜、工部尚书白圭、都察院右副都御史李宾、吏部左侍郎兼翰林院学士陈文、右侍郎兼翰林院学士彭时、通政使司通政使张文质、大理寺卿王概、太常寺少卿兼翰林院侍读学士刘定之读卷，余执事如例。　太常寺少卿兼翰林院侍读学士林文致仕。　己巳，南京翰林院侍读周洪谟言："人主守神器之道有三，曰力圣学，曰修内治，曰攘外侮。而力圣学之目有一，曰正心；修内治之目有五，曰求真才，曰去不肖，曰旌忠良，曰罢冗职，曰恤漕运；攘外侮之目有六，曰选将帅，曰练士卒，曰理阵法，曰治兵器，曰足馈饷，曰靖边陲。"言颇详悉。上命诸司斟酌可否行之。　壬申，复岳正翰林院修撰，杨瑄监察御史。时御史吕洪等言："正、瑄因言吉祥、石亨之奸，连遭贬窜，宜复其旧。"吏部拟调南京，上察其枉，命复旧职。　癸酉，诏吏部会内阁、六部、都察院考核方面官。　乙亥，升翰林院侍讲李泰为侍讲学士。泰尝侍上春宫讲读，至是以丁忧起复，而有是命。　戊寅，少保、吏部尚书兼华盖殿大学士李贤乞解任，奏曰："臣猥以凡庸，当天顺初，误蒙先帝拔用，自幸遭遇，感激尽心，用图报称。乃被奸臣石亨辈陷害，幸赖先帝保全，复留任用。天顺五年，反贼曹钦又欲害臣，已被刀伤，幸而不死。去岁，门达又欲害臣。凡遭诬陷之祸，幸赖朝廷辩明，免受污辱之名。臣思平生并无怨恶于人，然累被陷害，以臣职居辅导，心怀忌嫉故耳。今皇上即位，大赦天下，赏罚明信，纪纲振举，中外臣民，无不欢忻感戴。岂意贪利之徒，见朝廷法度清正，屏除奸弊，不得遂其所欲，却归怨于臣，往往投匿名文书，欲中伤臣，意在惑乱朝廷。臣往时屡经危险，恳辞乞休，先帝不允。又闻此憾恨之言，实不自安，决宜退避。"奏入，上曰："卿历练老成，朝廷方切倚任，小人造言无礼，朕已有处置，宜尽心辅导，所辞不允。"　己卯，授第一甲进士彭教为翰林院修撰，吴钺、罗景为编修。选进士李东阳、倪岳、谢铎、张敷华、陈音、焦芳、汪镃、郭㙔、计礼、傅瀚、张泰、吴希贤、刘大夏、刘道、王璁、董龄、杜懋、史芳为庶吉士，命太常寺少卿兼侍读学士刘定之、学士柯潜教习文章，少保、吏部尚书兼华盖殿大学士李贤等提督考校，务令成效，以需他日之用，命所司给纸笔、饮馔、第宅、灯烛如旧例。其余进士，分各衙门办事。

五月癸丑朔。乙丑，翰林院编修张元祯上言："一曰勤讲学。臣愿陛下开经筵之余，日御文华殿，轮召讲官数人，从容进讲，不废以风雨寒暑。其所讲读，必切于修德为治之道，或因而警乎政事之失，或因而推极言外之意，不可以乱亡为嫌，不可以忌触为讳。讲毕驾退，更乞凝神静虑，或默味所讲之理，或详玩所讲之书，于以验之于政事，如此则不负开讲之意，而讲学之方立矣。若夫讲学之邪正，圣心之邪正系焉。臣愿讲学，必令大臣公举刚明正大者以充，不拘官职内外大小，不许徇私妄举非人，以坏圣学，如此则列于讲读者皆正大之人，而陛下所闻者皆正道矣。二曰公听政。臣愿陛下日御文华殿，午前讲学，午后听治。讲书毕，略休圣躬，即览天下奏疏，命各衙门堂上官抄退详议，至次日午后，陛下于是面召，陈其事之可否而亲决是非，以见之施行。听政既退，清燕之暇，于各衙门五品以下官随意召见，问以政治得失，天下利病，民情休戚，如此则公道大明，下情毕达，非惟大臣不敢专任己私，而陛下亦得以明习天下之事也。三曰广用贤。臣愿陛下时发明诏，命给事中、御史各奏陈两京各衙门堂上官贤否，如言有不尽，亦许在京五品以下官指陈之，必众皆以为可则用之，众皆以为不可则使之以礼致仕，以存礼貌大臣之意，又令给事中、御史共荐素有德望可以代所去之任者，如此则各衙门堂上官大臣各得其人矣。大臣既各得其人，于是命之各言其所属及方面郡县官之贤否，陛下皆据其所言，付内阁儒臣会吏部官黜之。给事中、御史职当言路，其官虽卑，而关系甚大。今吏部选是官，不论其为人何如，但取其人物言论，宜命六科、十三道互相弹劾，其有贪邪素著、无所建明者，即时黜退，以励士风。如中外官员中果有刚正敢言堪当是任者，不必求其人物言语，不必拘其官职出身，许群臣奏陈以闻，下付吏部选任。然不宜委之堂上大臣，盖大臣恐刚方者指其过失，必荐柔媚者以备其数，且人情既感其推荐，必不敢公排其非。此正古者大臣不举台谏之意也。"疏上，得旨："所言固有可取者，然亦多窒碍难行。" 乙亥，国子监祭酒刘益卒。益字崇善，江西吉水县人。宣德癸丑进士，历兵、刑二科给事中。正统己巳，升湖广左参议。天顺己卯，入为国子监祭酒。旧制，国监钱谷不钩考，为养贤也。其后废会馔，而椒盐等物俱折以钱钞，然不时给诸生，多为他用。至益为监丞阎禹锡所讦，户部尚书年富以闻，命官核实，遂下典簿徐敬暨禹锡狱，词连益，并鞫之。敬谪戍，益以事由家僮，得末减复职。然国学钱谷钩考，自兹始矣。益宽厚坦夷，不为城府，所至政无显迹。及主教国学，惟按资序拨历，无所建明。故事祭酒有缺，多用翰林宿望，益与大学士李贤同年进士，徒以其外貌用之，文学弗充其位，士论不惬。

六月癸未朔，监察御史白侃言："天顺初元，御史劾奏石亨等罪，反为所挤，调都御史耿九畴及掌道御史周宾等外任，而张鹏、杨瑄充军，又因罪九畴而调其子翰林检讨裕于外。其后言官多有坐事谪调。今亨等败露被诛，乞将各官取回听用。"上曰："鹏等既为权奸所陷，吏部其即复其官。"于是吏部覆奏："杨瑄、张鹏先已取用，耿裕实以父九畴连及，宜并取用。"从之。 丁酉，礼部尚书姚夔等进经筵仪注。先是，言者奏请开经筵，上命少保、吏部尚书兼华盖殿大学士李贤等会议推举讲读官以闻，且赐敕谕勉励之曰："朕躬膺天命，继承祖宗鸿业，君临亿兆，负荷良艰。永惟自古圣帝明王，未有不资学问而能治天下于太平者。朕鉴于兹，将以八月初二日御经筵，命尔太保、会昌侯孙继宗与少保、吏部尚书兼华盖殿大学士李贤知经筵事，吏部左侍郎兼翰林院学士陈文、吏部右侍郎兼翰林院学士彭时同知经筵事，太常寺少卿兼翰林院侍读学士刘定之、詹事府少詹事兼国子监祭酒司马恂、大理寺左少卿孔公恂，翰林院学士柯潜、万安，侍讲学士李泰，太常寺少卿兼翰林院侍读孙贤、刘珝、牛纶，左春坊左庶子兼翰林院侍读王㒜、徐溥兼经筵官，贤、文、时、安、泰、贤、珝、纶日侍讲读，翰林院等衙门儒臣分直侍讲。夫帝王之道具载经书，苟非讲明，何以措诸行事。况朕临御之初，先务莫急于此，卿等宜端心竭诚，相与讲论，务臻其极，毋隐而弗彰，毋曲以徇好，庶几会而通之，理足以溉朕心，举而措之，泽足以被天下。如此，朕斯不负上天之命，祖宗之托，而卿等亦无负于朕之所望矣。钦哉！"又以太子太保、吏部尚书王翱，太子少保、兵部尚书马昂、户部尚书张睿、礼部尚书姚夔、刑部尚书陆瑜、工部尚书白圭、都察院右都御史李宾、通政司通政使张文质、大理寺卿王概侍班；翰林院修撰王献、刘宣、黎淳，编修李本、尹直讲书；修撰曹恩、童缘、王一夔，编修江朝宗、丘濬、杨守陈、彭华、陈秉中展书；太仆寺卿余谦、礼部郎中吴谦，员外郎林章、陈纲、谢宇、何暹，中书舍人温良、凌晖，书讲章并起止。每日进讲常仪，于月讲外，别敕大学士李贤，学士陈文、彭时，率学士万安、李泰，侍读学士孙贤、刘珝、牛纶，每日侍班进讲，不用侍仪、执事等官。侍班、讲读官见，行叩头礼，东西分立，先讲《四书》，次讲经或史书，不进讲章。惟依文直说直解，必须义理明白易晓，句读字音正当。讲读毕，侍班官并侍书各官叩头退。

七月壬子朔，礼科等都给事中张宁等言："真德秀《大学衍义》一编，乞敕馆阁儒臣于五经史书外，日以此书进讲。"时儒臣初以《大学衍义》日进讲。上闻宁等言，甚善之。

八月壬午朔。 癸未，初开经筵，是日朝毕，上御文华殿，太保、会昌侯孙继宗暨六部尚书、通政司通政使、大理寺卿、国子监祭酒等官，俱盛服侍班，少保、礼（吏）部尚书兼华盖殿大学士李贤讲《大学经》之一章，吏部左侍郎兼翰林院学士陈文讲《尚书·尧典》首章。讲毕，赐宴于左顺门，并赐知经筵、同知经筵、侍班大臣及进讲、〔展〕书、书讲章、执事等官白金、宝钞、彩段、表里有差。自有每月三旬遇二日辄开讲。 甲申，始命儒臣日讲。是日早朝罢，上御文华后殿，大学士李贤等率学士万安等讲读经书，安与侍讲学士李泰，少卿兼侍读孙贤、刘珝、牛纶，轮进讲，贤、学士陈文、彭时侍班，日为常。 丁亥，释奠先师孔子，遣太子少保、吏部尚书王翱行礼。

戊戌，上敕谕礼部曰："朕惟古帝王功德之实，莫不载诸简册，以昭于后世。我皇考英宗睿皇帝，以圣哲之资，文武之德，继承祖宗大业，先后二十余年，仁泽被于四海，功业昭于两间，宜有纪实，垂示无穷。尔礼部宜遵祖宗故事，通行中外，采辑事实，送翰林院修纂英宗皇帝实录，其以太保、会昌侯孙继宗为监修，少保、吏部尚书兼华盖殿大学士李贤，吏部左侍郎兼翰林院学士陈文、吏部右侍郎兼翰林院学士彭时为总裁，礼部右侍郎李绍、太常寺少卿兼翰林院侍读学士刘定之、南京国子监祭酒吴节为副总裁，学士等官柯潜等为纂修官。所有合行事宜，悉照例举行。钦哉！"　　以纂修实录，召南京国子监祭酒吴节、南京翰林院侍读周洪谟，起复丁忧修撰刘俊、陈鉴、刘吉，编修徐琼、刘健，检讨张颐，命驰驿赴京。　　甲辰，罢三千营总兵官怀宁侯孙镗闲住，除太常寺少卿兼侍读牛纶、吏部员外郎杨琮名。镗，牛玉姻家；纶，玉之侄；琮其甥。以科道官劾玉，并及之也。

　　九月辛亥朔。　丁巳，少保、吏部尚书兼华盖殿大学士李贤等言："科道言举官须会内阁计议，此虽故例，然先帝有旨，保官审囚，不必会同翰林院，遵行已久，宜仍不预为是。"上曰："内阁儒臣，所以辅朕裁处万几者，如举官论狱亦令参预，事有可否，更谁商确？卿等言是。先帝着令，宜永遵守。"　　癸亥，以纂修英庙实录，起复翰林院修撰刘吉至京。吉上疏乞终制，不允。　　甲子，复翰林院岳正官，预纂修实录。　　以纂修实录，赐监修、总裁、纂修等官太保、会昌侯孙继宗，少保、吏部尚书、华盖殿大学士李贤等宴于礼部，尚书王翱、姚夔侍宴。　　辛未，升翰林院修撰刘俊为南京国子监祭酒。　　己卯，复致仕陕西右参政许彬为礼部左侍郎，仍致仕。先是，彬为侍郎兼翰林院学士，预内阁机务，坐事调南京，后改参政致仕。上即位之初，其子越诣阙陈情，故有是命。

　　十月辛巳朔。　壬午，升翰林院修撰刘吉为侍读，以吉尝侍上春宫讲读也。　　甲申，致仕礼部左侍郎兼翰林院学士薛瑄卒。瑄字德温，山西河津县人。因父贞为鄢陵教谕，补鄢陵学学生，发解河南。第进士，授监察御史，升山东提学佥事。所至亲为士子讲解，多所成就。大学士杨士奇荐之，为大理寺右少卿。会有冤狱，瑄为辩释。都御史王文陷瑄大辟，大臣有申救者，得除名放归田里。正统己巳，以荐起为大理寺丞，命给贵州军饷。辛未，进南京大理寺卿，寻召为大理寺卿。景泰中，苏州有饥民行乞，患富民不与之粟，火其庐。时王文为太子太保，奉命按其事，欲坐以谋逆，瑄疏辩甚力，文亦悟，其得免死者百余人。天顺初，英庙复辟，以都御史杨善荐，进礼部右侍郎兼翰林院学士，入内阁预机务，寻转左侍郎，兼职如故。时石亨等冒功乱政，瑄居位仅五月阅，知力不能救正，即恳求致仕。家居八年，至是卒，年七十三。讣闻，遣官谕祭，命有司营葬事，赐谥文清。所著有《读书录》、《河汾集》行于世。瑄志学甚笃，趋向甚正，践履平实，不为伪言华貌。其事亲孝甚，教人词气恳款，终日无惰容，出其门者颇众。其居官持法不挠，事有便于民，不顾利害为之。卒后往往有建请从祀者，下翰林议。学士刘定之议谓瑄"直躬慕古，谈道淑徒，进不附丽，退不慕恋，允为一代名臣。然论其于朱熹之道，所得尚未若黄幹、辅广之亲承微言，金履祥、许谦之推衍绪论，而遽言从祀，恐建言者非愚则谀。"一时公论谓所议是。　　己亥，翰林院检讨邢让以纂修实录召至京，乞终制，不许。　　甲辰，复大理寺左少卿孔公恂为詹事府少詹事，仍命兼左春坊左谕德。初，公恂任礼科给事中，用大学士李贤荐，超擢少詹事，得侍上于青宫。上即位，推恩宫臣，改大理寺少卿，而心不悦。至是，自陈系出宣圣之后，累世儒家，不通法律，乞复旧职，故有是命。　太常寺卿夏衡卒。衡字以平，松江府华亭县人。幼补郡庠生。永乐中，学士沈度以善楷书荐授中书舍人、内阁书办，累至太常寺卿。太宗北征，宣宗讨武定州，皆预扈从。尝病，医云得琼玉膏可愈。语闻，英宗命以赐衡。天顺初英宗复位，吏部以朝臣名上，阅及衡名，曰："此尝赐琼玉膏者耶！"衡供事内阁最久，谦厚缜密，未尝泄禁中一语。时同事者多假内阁势张皇于外，有所干求，衡廉静寡欲，公退闭门独坐，泊如也。至是卒，年七十三。讣闻，循例遣官谕祭，命有司营葬事。　乙巳，复定州判官耿裕为翰林院检讨。裕先以父都御史九畴为权奸所诬谪官，至是言官白其诬，故令复职。

十一月庚戌朔。　戊辰，升南京国子监祭酒吴节太常寺少卿兼侍读学士，仍支从三品俸，改注南京翰林院侍读周洪谟于翰林院，二人俱以纂修召至京也。　己巳，起复翰林院编修刘健、检讨张颐纂修实录，健等至京，乞终制，不许。

馆阁漫录卷之五　　起成化元年止成化六年

成化元年

　　二月戊寅朔。　丁亥，释奠先师孔子，遣少保、吏部尚书兼华盖殿大学士李贤行礼。　甲午，上祭先农之神，遂躬耕籍田，命定襄伯郭登、隆平侯张祐、广平侯袁瑄各行五推礼；少保、吏部尚书、华盖殿大学士李贤，礼部尚书姚夔、兵部尚书王竑、工部尚书白圭、左侍郎兼学士陈文、右侍郎兼学士彭时、吏部右侍郎尹旻、户部左侍郎杨鼎、通政使张文质，各行九推礼。　己亥，准詹事府少詹事兼国子监祭酒司马恂等奏，令本监博士、助教等官，照旧制悬带牙牌，仍朔望朝参。　甲辰，修撰陈鉴居忧，召修实录，固请终制，许之。

　　三月戊申朔。　己酉，敕吏部升太子少保、吏部尚书王翱为太子太保兼吏部尚书，吏部左侍郎兼翰林院学士陈文为礼部尚书，兼职如故。　癸丑，升修撰曹恩为尚宝司少卿，童缘为春坊右谕德，编修丘濬为侍讲，检讨邢让为修撰，以各官九年满也。前此，修撰秩满升一级，得侍读、侍讲。至是，修撰王献以将秩满，谋于大学士李贤，欲为己地，故有是命。后遂为例。　丁巳，上视国子监。是日，上具皮弁服，躬谒先师孔子，行四拜礼。命少保、吏部尚书、华盖殿大学士李贤，太子少保、户部尚书马昂，兵部尚书王竑、工部尚书白圭、吏部左侍郎兼学士陈文、吏部右侍郎兼学士彭时、户部左侍郎杨鼎、兵部左侍郎王复，分献四配十哲两庑，翰林官俱陪祀。礼毕，幸彝伦堂，祭酒司马恂、司业张业讲书毕，驾还宫。　己未，诏宴孔、颜、孟三氏子孙衍圣公孔弘绪等于礼部。故事，视学祭酒以下皆宴于奉天门。至是免宴，以弘绪等远来，特宴之。　己巳，升左春坊左庶子兼侍讲王㒜为学士。

　　四月丁丑朔。　癸未，升编修李本为侍读，以九年秩满也。　庚寅，兵部尚书王竑等言："清理武选贴黄，例用本部并都察院堂上官一员提督。今会官举修撰岳正堪任侍郎，礼科都给事中张宁堪任都御史，请旨简用。"内批："会官推举，多徇私情，不从公道，止令侍郎王复不妨部事，同都御史林聪清黄。自今内外缺官，不必会保，岳正、张宁升外任。"于是正升兴化府知府，宁汀州府知府。正等之荐，有恶之者，故命升外任，然二人皆有时名。正自甘肃谪戍回，既复职，当道者略不见荐用之意，正屡出怨言，遂致触忤。宁字靖之，浙江海盐人。第进士，授给事中，性聪敏，善于章奏，然恃才矜肆，人亦厌之。至汀州，简静为治，未几以病免。　甲辰，赐大臣扇。旧例端阳赐扇，均及百官。景泰中，始命工别制扇赐经筵侍班大臣及诸讲官，不与经筵者则否。天顺以后，遍赐大臣，虽不与经筵者亦与，而学士或有不得者，失初意矣。

五月丁未朔。　己酉，赐少保、吏部尚书兼华盖殿大学士李贤，礼部尚书兼学士陈文、兵部尚书兼学士彭时诰命，并升授阶勋。　复倪谦为学士，闲住。谦上书言："天顺三年，奉命充顺天府乡试官，都御史寇深嘱取其子林，又有从学生员章绂者，亦以私嘱臣，皆不从。而顺天府丞王晋惧深势，言林在选，为臣所黜。深阴结锦衣卫指挥逯杲擅摭臣罪，云天顺元年遣祭辽简王，私受守坟庶人金银器物，及绂姊夫王英为庶人寄纱段诸物与臣，下锦衣卫狱，不胜考讯，遂自诬服，除名戍边。今幸遇登极，恩释为民，而事未辩，乞置对以雪冤抑。"上以事在赦前不问，而复谦职闲住。

七月丙午朔。　戊午，命侍读丘濬、编修彭华为应天府乡试考官。

八月丙子朔。　丁丑，释奠先师孔子，遣少保、吏部尚书兼华盖殿大学士李贤行礼。　壬午，命太常寺少卿兼侍读学士吴节、学士柯潜为顺天乡试考官，赐宴于本府。

辛卯，傅恭传奉圣旨，升文思院副使李景华、陈敦、任杰为中书舍人、御用监书办。景华等以夤缘内侍入内府，数引技艺之人进用，宠幸日加，始以杂流躐升清华之职。　辛丑，擢庶吉士李东阳、倪岳、谢铎、焦芳、陈音为编修，吴希贤为检讨，刘淳为中书舍人，仍旧译字，张敷华等九人为各部主事。

十月乙亥朔。　辛丑，升吏部右侍郎兼学士彭时为兵部尚书，兼职如故。时辞谢，上曰："朝廷升职，自有公论，卿久在内阁，故兹升任，何以辞为。"

十二月甲戌朔。　乙亥，升侍读周洪谟为侍读学士，以九年职满也。　乙酉，升侍读李本、户部郎中陈俊为南京太常少卿。　甲午，少保、吏部尚书兼华盖殿大学士李贤奏："近因礼部言气燠失调，天不降雪，乞令文武群臣修省祈祷。臣切思阴阳不和，固大臣不能尽职所致，而大臣中其咎最重者惟臣一人。盖五府、六部、都察院各理其事，臣居内阁，不但专掌制敕文书，又任辅导之职，与闻国政，天之降灾示变，非臣之咎而谁咎。且臣本凡庸，误蒙先帝擢用，盖彼时翰林院适无老成儒臣，以臣备数，八年之间，未尝自安。皇上嗣登宝位，念臣青宫随侍之旧，仍前委任，屡尝恳乞退休，未蒙矜允。况近年天象屡变，水旱相仍，皆臣不职所致。前代居公孤之位者，多因灾异策免，今文臣中惟臣叨滥少保之职，而又不为士论所取，虽无灾变，亦当罢去，况有此灾变，尚可恬然自安而不退乎？今内阁不为无人，伏望皇上察臣情恳，赐臣罢归田里，则天意可回，灾变可弭，而阴阳自和矣。"奏入，有旨："修德弭灾，上下同之，引咎自归，已见诚意。所辞不允。"　庚子，命直隶容城县立祠祀元儒刘因。初，国子监助教李伸奏请因及国朝故礼部左侍郎兼学士薛瑄从祀，历述因之墓表祠记，与荐因从祀章奏，谓因"物故太早，复当兵燹之馀，故其著述多残缺不备。观其遗文所载《河图辩》、《太极图后记》诸篇，皆足以继往开来，有功名教，不必在于著述之多。而况当时请列因从祀者，皆以许衡、吴澄并称，衡既从祀于当时，而澄亦褒崇于今日，独因未得通祀，实为缺典。"谓瑄"潜心体道，笃志力行，所著《读书录》、《河汾集》诸书，足以发明往来，垂惠后学，亦宜从祀。"先是，山东济南知府陈铨亦以瑄宜从祀为言。事下，少保、吏部尚书兼华盖殿大学士李贤等奏："有传道之大功者，然后可享天下之通祀，苟非道足以继往哲，言足以淑来世，则人心有所不服，今虽幸进，后必有举而黜之者矣。请会本院儒臣公议其当。"于是太常少卿兼侍讲学士刘定之等议曰："谨按，元儒刘因，德性刚正，学识明悟，所作诗文，理趣出人意表，而进退之际，安于义命，是以裕宗不能留，世祖不能致，可谓贤矣。然而建言者遽欲以因列诸孔庙从祀，则事体甚重，不可以不辨。建言者以颜子未尝著书而配享孔子，不可以因未尝著书而不之取。夫颜子何可当也？孔子之道传之颜子，后世取信于孔子之言，其言具于《论语》，载于《中庸》，见于《孟子》，存于《易·系辞》等书，不一而足。虽颜子未尝著书，何害其为传道哉？譬如萧何无战功，而高祖取为汉臣之首；房玄龄无战功，而太宗取为唐臣之首。所谓知臣莫若君，知弟子莫若师者，此之谓也。今以因未著书而仰攀颜子为比，则是人臣无汗马之功，皆得攀萧、房为比，恶有是理也哉？建言者又谓从祀诸贤，其中亦有可疵议者，因无可疵，奈何反不得从祀。夫及门速肖之徒，其中虽间有可议，然皆亲受业于圣人，高者名列四科，余者亦皆身通六艺，其所成就，恐非后人所及。至于左丘明以下经师二十余人，虽其中不无可议，然当世衰道微，火于秦，黄老于汉，佛于魏晋之时，而此二十二人者，守其遗经，转相付授，讲说注释，各竭其才，以待后之学者，则其为功殆亦犹文、武、成、康之子孙，虽衰替微弱，无所振作，尚能保守姬姓之宗祀谱谍，以阅历春秋、战国，不亡而幸存者也。虽有大过，亦当宥之，况小失乎？今以因无可疵议，与七十子、二十二经师之有可疵议者较量彼此，欲登因于从祀。愚窃以为，仲尼素王也，七十子助其创业者也，二十二经师助其垂统者也，遇其有过议而贷之，犹得陪从也，非是之比，而徒曰我无过，可以陪从，未之前闻也。建言者又谓与因同时若许衡、吴澄，其德学无以逾于因，而亦得从祀，因岂得以独遗？夫因之与衡、澄，其德业无大弗若也，其功则有弗若也。何也？衡以其行道之功，澄以其明道之功。当元氏奋自朔漠，统据函夏，其君臣懵焉不知尧、舜、禹、汤、文、武、周公之道，传之孔子，孔子传之其徒，以至于宋之周、程、张、朱者，其道足以抚世御极，而衡首率诲诱之，使知是道之可行。至于澄所作诸经纂言，发挥洞达，自朱子以后，依经立说者鲜克俪之。是以我朝太宗文皇帝命儒臣修辑《（五经）（四书）性理大全》，于澄之说多所采入，可谓能明是道者矣。而因之说未有采者，则是因既未若衡之道行于当时，又未若澄之道明于后世，其不从祀，未必为阙典者矣。乃若薛学士瑄直躬慕古，谈道淑徒，进无附丽，退不慕恋，勤学好问，可谓文矣，归洁其身，可谓清矣。是以荐蒙圣知，殁赐美谥，其为一代名臣，夫何间然。然论其于道所得，以与朱子诸徒相比，并若黄榦、辅广之亲承微言，金履祥、许谦之推衍绪说，尚未知可伯仲其间否也。而遽言从祀，窃恐世之君子，将以建言者非愚则谀，孰敢和附其说哉？故愚以为，瑄可无施行，因宜准杨龟山例，令其所在官司建祠奉祀，庶足以伸敬先贤，劝励来学，亦圣时崇儒重道之举也。"议上，故有是命。

成化二年

正月甲辰朔。 己酉，詹事府少詹事兼左春坊左谕德孔公恂以言事下狱，出为汉阳知府。公恂上言："京师天下根本，京师完固则四方安矣。今四方多事，内政不修，将老兵弱，何以应变？北虏毛里孩数为边患，今复寇雁门等关，密迩京师，其志叵测。兵部近又榜谕各处，招募壮勇，虽经御史论奏，榜文尚在。朝廷养兵百年，未有小警，辄欲募兵，似有示弱之意。万一黠虏窥我虚实，拥众南下，不知谁可御之者。顷以荆襄之变，命京营总兵抚宁伯朱永徂征。夫荆襄之地，流民依山据险，猝难殄灭，况其轻重视京师有间，如永之威望，今总兵中一人而已，岂可使之久用于外，宜留永镇京师，而别选人代之。其提督军务工部尚书白圭，谙晓边事，尝于陕西用兵有功，亦宜转以兵部之职，假以便宜行事，使与代永者分往荆襄，守其要害，断其出入，招徕抚绥，迟以岁月，彼乌合之众，将不战而自败矣。臣又见京师以南，德州、临清、东昌、济宁、徐州，正系朝廷喉襟要路，除运粮操备之外，守城不过疲卒二三百人，间亦有空城者，灾伤之处，小有阻滞，粮道不通。请于德州直抵徐、扬及真、保定等处，起集民壮，分属军政官训练，以备不虞。更望皇上退朝之暇，延见三五大臣，讲论治道，审察事机，务求万全。"诏下其奏于所司。于是兵科都给事中袁恺、监察御史陈炜等交章劾之，谓"荆襄用人，已有成命，朱永虽望重三军，然虎臣布列，岂无其比。白圭既提督军务，则节制自专，何必转任。民壮无异壮勇，榜文既收，又欲起集，何其言之自背戾也。"上是科道言，命下公恂都察院狱，当赎徒还职，诏免徒调外任。公恂为人直戆，与众不合。初为给事中，以宣圣后，且衍圣公孔弘绪，大学士李贤壻也，遂不次用为少詹事，已有嫉之者。及上即位，改大理少卿，寻自奏复少詹事。至是上疏请，谓总兵中止有朱永一人，于是诸总兵哗然不平，言官闻风劾之。 丁卯，命太常少卿兼翰林院侍读学士吴节署詹事府事。 己巳，上谕吏部臣曰："今布、按二司，缺员数多，令六部、通政司、大理寺三品以上堂上官，各举所知二三员，不限中外，各具才行实迹，并注堪任。二司正佐移文吏部，仍会同内阁，从公定与职事，日后坐赃，连坐举主。以后仍照旧例推举。"

二月癸酉朔。 丁丑，释奠先师孔子，遣少保、吏部尚书兼华盖殿大学士李贤行礼。 己卯，命太常少卿兼侍读学士刘定之、学士万安为会试考官，赐宴于礼部。 壬午，太子太保、吏部尚书王翱以年八十三乞致仕，上曰："朝廷重用老臣，不必固辞。"

癸未，内阁书办、礼部员外林章历任年久，陈情乞恩，得升为山东布政司左参议，于顺天府带俸，仍旧书办。 庚子，礼部尚书姚夔奏三月初一日殿试贡士，合请读卷并执事官。上命少保、吏部尚书兼华盖殿大学士李贤，礼部尚书兼学士陈文、兵部尚书兼学士彭时，太子太保、吏部尚书王翱，太子少保、户部尚书马昂，兵部尚书王复、刑部尚书陆瑜、都察院左都御史李秉〔中〕、通政司使张文质、大理卿王概、太常少卿兼侍读学士吴节、学士柯潜为读卷官。

三月壬寅朔。 己酉，少保、吏部尚书兼华盖殿大学士李贤父封少保、吏部尚书升卒于家。贤乞归守制，有旨："方今用人之际，李贤令驰驿奔丧，葬毕速来。"且赐葬祭及斋粮麻布如例。贤乞终制，奏曰："圣朝以孝治天下，仕者官无大小，于父母之丧，皆终三年之制，俾为子者，得以尽其孝亲之心。臣叨居重职，若徒尽为臣之事，而不得尽为子之道，恐得罪于名教。乞允臣终制，依例起复，庶得忠孝少尽于万一。"诏曰："朕赖卿辅导，勿以私恩废公义，宜抑情遵命，以成大孝，不允终制。" 壬子，大学士李贤再乞终制，奏曰："臣自出仕，违父母膝下三十五年，父今八十七岁而卒，使臣又不得终三年之制，抱此终天之痛，死不瞑目矣。今皇上欲臣奔丧，而不听其终制，岂非以国家之事为重哉？臣非不知所重，但今内外大臣，无非忠正老成之人，去臣一人亦不为少，况三年之间，瞬息而过，臣年仅五十有九，未填沟壑，驱策驽钝，以报称万一，尚有日也。"奏入，诏曰："卿当深念职任之重，移孝为忠，不必固辞。" 甲寅，大学士李贤以朝廷遣官营其故父葬事，奏原籍旱涝相仍，恐劳民伤财，乞暂停止。上不允，命所司营之。 乙卯，授第一甲进士罗伦为修撰，程敏政、金简为编修。选进士林瀚、刘钰、章懋、李杰、翟瑛、陆渊之、黄仲昭、谢文祥、李璐、张浩、毕瑜、宋应奎、邵有良、商良臣、郑已、张钝、章镒、何纯、庄昶、钟晟、王俊、石淮、施纯、王伟为庶吉士，命学士刘定之、柯潜教习，少保、吏部尚书兼华盖殿大学士李贤等提督考校，务令成效，以需他日之用，命有司给纸笔、馔饮、灯烛、第宅如例。 己巳，升修撰黎淳为左春坊左谕德，以九年职满也。

闰三月壬申朔，复广东顺德知县钱溥为侍读学士致仕，从溥乞恩也。

四月辛丑朔。 丙辰，致仕太常少卿陈赘卒。赘字惟成，浙江余姚人。举经明行修，为杭州府学训导。职满赴京，适诏选人于内书馆教内竖，吏部试可，擢待诏。九年，升典籍，寻迁五经博士。未逾年，用学士高穀荐，升广东布政司左参议。景泰癸酉，入为太常少卿。天顺乙酉致仕。至是卒，年七十五。讣闻，遣官赐祭。赘性和易，嗜书至老不倦，尤好吟咏。奉命教内竖，人人得其欢心，故去任，人恒思念之不忘。子嘉猷，别有传。

五月辛未朔。 癸酉，赐詹事府少詹事、赠礼部左侍郎刘铉谥文恭。 翰林院修撰罗伦言："比闻朝廷援杨溥故事，起复大学士李贤者。臣切以谓李贤大臣，起复大事，纲常所关，风化所系，言虽若迂，所关甚大，事虽若缓，所系甚切，惟陛下亮之。夫为人子者，未有不孝于亲而能忠于君者也；为人君者，未有不教其臣以孝而得其臣之忠者也。是故为君者当以先王之礼教其臣，为臣者当据先王之礼事其君。臣不暇远举，请以宋言之。仁宗尝以故事起复富弼矣，弼之词曰：'何必遵故事以遂前代之非，但当据古礼以行今日之是。'仁宗卒从其请。孝宗尝以故事起复刘珙矣，珙之词曰：'身在草土之中，国无门庭之寇，难冒金革之名，以私利禄之实。'孝宗卒允其请。是二君者，可谓能教其臣以孝；而二臣者，亦可谓移其孝以忠于君者也。臣愿陛下以宋为鉴，以礼处贤，使其尽孝于亲，而不得罪于名教，此臣之愿，亦贤之分也。夫陛下之任贤在信与不信，而不在起与不起也。贤身不可起，贤口则可言，宜降温诏，俾如刘珙不以一身之戚，而忘天下之忧。使贤于天下之事，知之必言，言之必尽，陛下于贤之言，闻之必行，行之必力，则贤虽不起复，犹起复也；使贤于天下之事，知之而不言，言之而有隐，陛下于贤之言，闻之而不行，行之而不力，则贤虽起复，犹不起复也。且妇于舅姑，有三年丧；孙于祖父母，礼有期服。夺情于夫，初无与其妻；起复于父，初无干其子。今或舍馆如故，妻孥不动，乃号于天下曰'本欲终丧，朝廷不容'，虽三尺童子，臣恐其不信也。枉己者未有能直夫人，忘亲者未有能忠于君，望其直人而先枉己，望其忠君而先忘亲，陛下何取于斯人而起复之哉？何不使之全孝于家，而后移忠于国哉？孔子曰：'上有好者，下必有甚言者矣。'陛下诚能守先王之通礼，遵祖宗之成宪，待以礼义而不縻之以爵禄，激以廉耻而不诱之以名位，使积习之弊，脱然以除，则忠孝之心，油然而生，特在乎陛下转移之间何如耳！天子者，以孝治天下者也；大臣者，佐天子以孝治天下者也。欲孝行于天下，必先行之于大臣。臣愿陛下不惑群议，断自圣衷，取回使臣，许令李贤依富弼故事守制，以刘珙故事言事。朝廷既正，则天下自正；大臣既行，则群臣自效。纲常由是而正，人伦由是而明，风俗由是而厚，士心由是而纯矣。臣言一出，见者皆忤众怒，群猜将无不至。惟陛下矜赐优容，使谠言日进，曲加保护，使士气日振，则天下幸甚。"疏入，不出翌日，有旨："罗伦狂妄粗疏，难居近侍，吏部其调除外任。"遂出为福建市舶司提举副。　丙子，大学士李贤奔丧回至京，命复任视事。贤奏曰："臣本以凡庸，误蒙先帝擢用，八年之间，无所建明，有乖清议。陛下即位之初，念臣青宫随侍年久，随例升进。臣虽自揣非据，不敢独辞。不幸遭父之丧，礼当守制，陛下念朝廷事重，不允终制。不知臣实驽劣，不胜兹任，有类折足之鼎，将必覆公之餗矣。况夺情非太平之美事，古之大臣若房玄龄、张九龄、寇准、文天祥，虽皆夺情，而人不之非议者，良以其才足以胜重任，而有益于国家天下也。如臣不过寻常之流，而亦夺情，宁免人之非议乎？非本心也。伏望陛下矜而从之，容臣守制，庶为太平美事。"诏曰："礼有经有权，朕特从权用卿，累辞不允。若固违君命，岂得为孝？卿当深念大义，勿恤微言，勉起就任。所辞不允，其毋再陈。"明日，又奏曰："臣罪逆深重，祸延臣父，礼当守制，皇上以用人之际，不允终制。臣彼时自念归家葬毕，遣人驰奏，务求终制，不意皇上特命内臣驰驿同行到家，匆匆丧事甫毕，内臣即日催迫上道。自计到京谢恩之后，披沥肝胆，必遂所请，两具疏陈情，未蒙矜允，用是再竭愚衷，上尘天听。臣惟亲丧守制，实万世之常经；大臣夺情，岂一时之令典。况臣衰朽，未必能副陛下之盛意，徒重臣之惭，增臣之罪而已。伏望皇上早降纶音，许臣终制。"诏曰："卿言之再三，朕已具知，但委托尤重，宜体至怀，即日就任，慎勿再言。"

六月庚子朔。　辛亥，改学士倪谦于南京翰林院。谦自谪戍复职闲住，至是诣阙谢恩，特命于东阁办事。言官劾其贪冒无耻，乃以疾辞。上以谦子岳同在翰林，改南京。升修撰陈鉴为侍读，以在东宫尝侍讲读也。　乙丑，礼部左侍郎李绍乞归养病，许之，仍谕以疾愈复来供职。时绍纂修英庙实录，充副总裁，书未脱稿，上曰其情辞恳切，特听其归。时其子璿为庶吉士，请假侍其行，从之。　戊辰，升学士倪谦为礼部右侍郎。

七月庚午朔。　辛未，命礼部右侍郎倪谦致仕。六科、十三道共劾谦"奸贪邪佞，交结外藩，本当置于极典，幸而得成边。方复蒙皇上宽恩，复其旧职闲住，自合靖居间里，却乃不召而来，希求进用，玷污清班。知不容于公论，伪乞致休，皇上复徇所请，俾官南京，又贰宗伯，朝野惊骇，众论喧腾。臣等官居耳目，职任激扬，窃附吕诲之知人，敢辞阳城之窜逐。伏望将谦革职，放归田里，以为希进者之戒。"有旨："倪谦有随侍旧劳，特留任用。今公论既不可，仍令致仕。" 辛巳，詹事府少詹事兼国子监祭酒司马恂卒。恂字恂如，系出夏县司马氏，今家绍兴，为山阴人。由郡学生贡入太学。正统甲子，魁顺天府乡试。岁己巳，擢刑科给事中。天顺丁丑，上复储位，选任左春坊左赞善，日侍讲读。癸未，超迁少詹事，仍侍讲读。乙酉，以登极恩，命兼国子监祭酒，以父老乞假归省，还卒。讣闻，遣官谕祭，后追赠礼部左侍郎。恂善记问，兼通篆隶。居官勤慎，尝出使朝鲜国，及充会试同考官。方在言路，居讲筵，敦厚谦让，人多称之。及擢副宫端，遂有入阁之望，情态顿殊。上即位，仅以旧职兼祭酒，不满所望，或形于言，士大夫以此薄之。孙公钟，以恩例授中书舍人。

八月庚子朔。 丁未，释奠先师孔子，遣太子太保兼吏部尚书王翱行礼。 擢进士马诚、梁翰为检讨，教官何壁、周谨为待诏，监生罗麟、孙迪为中书舍人，侍崇王读书习字。 壬子，进士周鉴以避选王府官，问遣为民。时崇王将出就学，诏吏部选进士等官侍讲读，鉴在选中，称病觊免。尚书王翱奏鉴怀奸不忠，付法司罪之，遂坐除名。

壬戌，升修撰邢让为国子监祭酒。 丁卯，命谕祭故少保、兵部尚书于谦，复其子冕为府军前卫副千户。时冕累奏其父谦"历事列圣，颇效勤劳。正统十四年，多事之秋，亲督大军，奋身出战，守护京师，敌退强虏，安保国家之功，天下共知。止以平素奉公不阿，致怨权奸，被石亨等诬告以死。伏望圣恩悯念，量与祭祀，以慰先臣之冤，仍加优恤，使臣得延喘息，以奉先祀，则存殁幸甚。"章上，上曰："于谦有劳于国，与众不同，翰林院其撰文，遣行人往祭其墓。"其文曰："卿以俊伟之器，经济之才，历事先朝，茂著劳绩。当国家之多难，保社稷以无虞，惟公道以自持，为权奸之所害，在先帝已知其枉，而朕心实怜其忠。故复卿子官，遣行人谕祭。呜呼！哀其死而表其生，一顺乎天理；厄于前而伸于后，允惬乎人心。用昭百世之令名，式慰九泉之冥漠。灵爽如在，尚克鉴之。"谦有功于国而死于非命，人久为之冤愤，至是少慰释云。

九月己巳朔。 戊子，太常少卿兼侍读孙贤乞归省，许之，给驿以行，仍速其来。

十月己亥朔。 戊申，赐故工部尚书兼东阁大学士高穀谥。礼部尚书姚夔言："穀清慎自持，端亮有守，始侍经筵，继入内阁，恪持公论，孜孜为国。当先帝北巡，力主迎銮之议；及驾南还，独建郊迎之策。后遂乞归田里，进退有道，始终不渝。乞加封谥，表励臣节。"诏从之，赐谥曰文义。

十二月戊戌朔。 甲寅，少保、吏部尚书兼华盖殿大学士李贤卒。贤字原德，河南邓州人。宣德癸丑进士，初授验封司主事，历考功文选郎中。景泰辛未，超擢兵部侍郎，奉命四川考察官，寻改户部，又改吏部。英宗复位，以张軏荐，命兼学士，入内阁参与机务，进尚书，与武功伯徐有贞共事。时御史杨瑄劾曹吉祥、石亨不法事，二人疑出有贞意，入谮之，遂并贤下狱。是夜雷雨大作，二人恐，复请轻之，乃降福建右参政。既而留为吏部左侍郎，寻进尚书，兼学士如故，宠遇益隆，宣召顾问无虚日。五年，曹钦作乱，伤贤臂，胁令草请罪疏，意欲害之，赖吏部尚书王翱力救获免。钦伏诛，贤亟上疏，请宽胁从者。英宗降敕曰："卿力疾供事，忠勤可嘉，特加太子少保。"上即位，进少保、吏部尚书、华盖殿大学士、知经筵事，加光禄大夫、柱国。成化二年，丁父忧，命奔丧还治事，累上疏请终制，不许，遣中官辅行，月余复任。至是得疾卒，年五十九。上震悼，辍朝一日，赐葬祭如例，赠特进光禄大夫、左柱国、太师，谥文达，官其子璋为尚宝司丞。贤博厚有度量，诚心待物，有事辄以询诸人，矢口出言，不为城府。立朝三十余年，惟一出四川考官，进退臧否，颇不协人望。天顺初，徐有贞既去，独被眷顾，时常召入文华殿，有所咨询，然多梏于权奸，不敢尽言。后权奸败，机务悉委贤，言无不从。英庙每视朝毕，立宝座上左右顾，左顾则呼贤，右顾则呼门达，贤至御前，语良久方出。正统以来，大臣得君，未有如贤者。天顺初，石亨等以迎复为功，恃功干政，言多不逊。贤密进言曰："天位乃陛下所固有，景泰不起，群臣自行表请复辟，何以兵为？万一不成，祸且不测。况宫禁非用兵之地，不惩之，后将效尤，以阶祸于无穷。"英宗大悟，而亨等恩宠自是渐衰。天顺末，门达怙宠作威，分遣官校于天下，缉访事情，所至纷扰，军卫有司闻风战栗，需求贿赂，动以万计。贤因百户陈以节者扰害江西以为言，英宗以戒达，达党始少戢。然衔贤刺骨，百计摭贤罪，将置之死地。英宗知之，潜不行。上初嗣位，每因事进谏，颇切治理。性喜读书，公暇手不释卷，好读性理之书。作为文章，援笔立就，不事雕琢。陈文志其墓，谓贤"量宏而福厚，大臣遭遇之隆，无与比者"，盖实录云。　丙辰，命太常少卿兼侍读学士刘定之于内阁参预机务。定之辞，上以其练达老成，不许。

成化三年

　　二月丁酉朔。　释奠先师孔子，遣太子少保、户部尚书马昂行礼。　庚子，升修撰刘宣为右春坊右谕德，以九年秩满。　甲辰，国子监祭酒邢让等奏："国子监祖宗以来钦降敕谕学规，所以钦崇劝励之道，罔不周备。历岁绵远，恐致遗失。今本监原有磨成石碑，乞将学规募工镌石，树立太学中门外，使师生人等永远遵守。"从之。　兵部尚书兼学士彭时归省还任。　丙辰，故工部尚书、谨身殿大学士兼东阁大学士高穀子岠，叙其父劳，乞恩录用，命送国子监读书。

　　三月丙寅朔，录故少保、吏部尚书、华盖殿大学士李贤子璋为尚宝司丞。　戊辰，复商辂为兵部左侍郎兼学士，内阁参预机务。天顺初，辂为石亨所诬除名，屏居乡里者十年，至是复起用之。辂具疏辞免，上曰："先帝已知卿枉，朕今擢用，卿可勉力效用，不准辞。"　戊子，礼部尚书兼学士陈文、兵部尚书兼学士彭时、兵部左侍郎兼学士商辂、太常少卿兼侍读学士刘定之言："上天垂戒，圣心忧劳，敕谕群臣修省改过，静言思之。臣等之过尤重，其玷累圣治尤多。盖自祖宗以来，设置内阁之臣，所以备论思，典命令，劝勉圣学，与闻庶务，以助成太平熙皞之化，良有在也。伏惟陛下圣性高明，可以比仁义于尧舜，并勇知于汤武，而臣等才业问学，殆不及后世之良弼，无以赞助万一。言乎备论思，则不能知无不言，言无不尽，如魏徵之犯颜敢谏，俾其君致贞观年中，斗米三钱，外户不闭，行旅不赍粮之富足，是以黎庶犹多贫困；言乎典命令，不能宣布圣天子威德之烜赫，睿思之精微，以鼓动四方，如陆贽所造诏书，使河北叛将读之归命，山东父老感泣，是以夷狄犹或崛强；言乎劝勉圣学，则经筵讲读，不能如程颐之辞严义正，范祖禹之色温气和，使圣聪之乐闻不厌，是以日就月将之功，犹未至极。至于与闻庶务，则未尝见贤必荐如崔祐甫，而用舍之际，未合人心；未尝遇事必争如张九龄，而处置之间，未惬舆论。是以四海九州之广，犹未咸宁，盖有其君而无其臣，所以不能致治而感动天变也。臣等不堪其任若此，允宜罢黜，或退就闲散，或放归林泉，然后皇上别简贤能如古之诸臣者，来居内阁，以裨益大猷。庶几天眷永保，自无灾异之来；宸虑少宽，免臻宵旰之念。"上曰："卿等职居辅导，朕方倚托调燮，何以遽乞退闲，所辞不允。" 庚寅，封兵部尚书兼学士彭时父毓义如其子官。常制，京朝官满三年，方赐诰敕。时任尚书未三年，以毓义年七十有九，恐不能久待荣命，具疏以请，许之。

四月丙申朔。 丁酉，升编修江朝宗为侍讲，以九年任满也。

五月乙丑朔。 壬申，授国子监生吕恺为中书舍人。恺，故学士原之子，以荫补也。

六月甲子朔。 戊申，兵部左侍郎兼学士商辂上言勤圣政、纳谏诤、储将材、饬边备、汰冗滥、广积蓄、崇圣道、谨士习八事。疏入，上嘉其言有理，命所司详看覆奏。

太常少卿兼侍读学士刘定之请以陈皓从祀孔庙。 乙卯，复福建市舶副提举罗伦为修撰，调南京。从商辂言也。

七月甲子朔。 丁丑，升编修杨守陈为侍讲，以九年秩满也。 壬午，太子太保、吏部尚书王翱寝疾余五月，乞退闲养病，词甚恳切。上曰："卿历事累朝，为国老成，朕方倚任，岂宜辞去？但今病笃，姑勉从所请。"时翱年八十有四矣。

八月甲午朔。 丁酉，释奠先师孔子，遣礼部尚书兼翰林学士陈文行礼。 戊戌，改南京国子监祭酒刘俊为南通政司左通政。俊质朴少文，累被科道论列，故特改任。

庚子，升侍读学士周洪谟为南京国子监祭酒。 丁巳，进英宗皇帝实录成。是日，赐监修官太保、会昌侯孙继宗，总裁礼部尚书兼学士陈文、兵部尚书兼学士彭时，人白金八十两，文绮四表里，罗衣一袭，鞍马一副；副总裁太常少卿兼侍读学士刘定之、吴节，人白金八十两，文绮四表里，罗衣一袭；纂修官学士柯潜、万安，侍讲学士李泰，太常少卿兼侍读孙贤、刘珝，左春坊左谕德黎淳，右春坊右谕德童缘、刘宣，侍讲江朝宗、杨守陈，修撰王一夔、彭教，编修尹直、徐琼、陈秉中、李永通、郑环、刘健、汪谐、张元祯、吴钺、罗璟，检讨耿裕、周经，纂修兼校正官侍读刘吉、陈鉴，侍讲丘濬、编修彭华，人白金三十两，文绮三表里，罗衣一袭；催纂修官吏部验封司员外韩定，中书舍人马麟、焦瑜、李溥，稽考参对官编修李东阳、倪岳、谢铎、焦芳、陈音、程敏政，检讨吴希贤，人白金二十两，文绮二表里，罗衣一袭；誊录官太仆卿余谦等十四员，人白金十五两，文绮二表里，罗衣一袭；收掌文籍官冀舞等二员，人白金十两，文绮一表里；誊录译字官并监生胡清等二十二人，人白金五两，文绮一表里。其纂修侍读学士周洪谟，白金三十两，文绮三表里，罗衣一袭；修撰邢让、王献，人白金十两，文绮二表里；纂修庶子王㒟、徐溥，侍读李本，并誊录中书舍人刘珙、署丞潘致中、序班梁俊，人白金十两，文绮一表里；誊录员外谢宇、中书舍人温良、序班周景，人白金五两，文绮一表里。以洪谟等各升擢忧制，去任久近不一，故赐赉有差。总裁侍郎李诏（绍）以致仕，纂修修撰岳正以事故，皆不与赏。　戊午，以修英庙实录成，监修会昌侯孙继宗加太傅；总裁礼部尚书陈文、兵部尚书彭时，俱加太子少保兼文渊阁大学士，尚书如故；副总裁太常寺少卿兼侍读学士刘定之升工部右侍郎兼学士，太常少卿兼侍读学士吴节升太常卿，仍兼侍读学士；纂修学士柯潜、万安，侍讲学士李泰，俱升詹事府少詹事，仍各兼旧职，太常少卿兼侍读孙贤、刘珝升太常卿，俱兼职如故，侍读陈鉴、刘吉升侍读学士，侍讲丘濬升侍讲学士，左春坊左谕德黎淳升右（左）庶子，右春坊右谕德童缘、刘宣俱右庶子，修撰王一夔升右谕德，侍讲江朝宗、杨守陈俱司经局洗马，编修彭华、尹直俱侍读，修撰彭教，编修徐琼、陈秉中、李永通俱侍讲，检讨耿裕，编修郑环、刘健、汪谐、吴钺、罗璟俱修撰，检讨周经升编修；稽考参对编修李东阳、倪岳、谢铎、焦芳、陈音、程敏政，检讨吴希贤，各升俸一级；催纂吏部员外韩定升郎中，中书舍人马麟、焦瑀、李溥升俸一级；誊录太仆卿余谦升太常卿，山东布政司左参议林璋（章）升太常少卿，礼部郎中吴谦加从四品散官并俸，员外何遑、叶玫、陈纲，吏部员外王琼俱郎中，中书舍人凌晖、蔚瑄、黄清、刘询俱升俸一级。其余进秩出身有差。　庚申，命太学生高峘入翰林习字出身。峘既以其父榖恩例乞入太学，至是又援例上请，故有是命。

九月癸亥朔，升礼部左侍郎邹干为南京礼部尚书。　戊辰，召巡抚宣府左佥都御史叶盛为礼部右侍郎。盛言："窃见故永宁伯谭广逮事太宗皇帝，功在漠北，所统部曲，时号谭家马。仁宗皇帝命守宣府二十余年，儿童妇女皆知其贤，功在朝廷，泽存边圉，其身仅有爵位，其子不得袭封。臣又因广而有所感焉，姑以耳目所及，举其一二。如镇守广西都督山云、浙江都督许亨、宁夏都督张泰等，皆有贤名，又如文臣中尚书、都御史、卿佐等官，纯诚朴忠如王直、胡濙、高榖，清德正学如仪智、薛瑄、陈琏、吴溥、杨翥、吴讷，风节凝峻如钱习礼、李时勉，廉恭体国如师逵，古朴顾佐、王质、鲁穆、李棠、杨信民、轩𫐐、于玉，公勤才望如金忠、张本、魏源、张骏、罗汝敬、刘忠敷、邝埜、王佐、王翺、侯琎、徐琦、王士嘉、段民、焦宏、金问、萨琦、王徊、张凤、沈翼、年富、贾铨，监学规矩如胡俨、陈敬宗，他如魏骥、陈泰、李敏、马谨，亦有可称。又有殁于王事，尤足矜念，如都御史等官邓棨等者。洪惟我朝有道之长，百年于兹矣。仁贤辈出，中外大小皆有其人，臣寡昧不能悉知，亦未暇悉言，而涉嫌者又不敢指言。乞特命儒臣翻阅累朝纪载，或断自宸衷，定立期程，大集廷臣，溥求公议。论其能行之大小，劳绩之浅深，历年之久近，取众所共知，名实昭著之尤如谭广、王直者，武臣或赠谥，或别录子孙一人，文臣或赠谥，或荫叙录其子孙一人入监，或俱令自陈，取自圣裁。将见汉晋之论功，至及萧何、羊祜之妻，唐太宗特官屈突通、张道源之子，不得专美于前，而百官臣庶，观感激发，为劝多矣。"上善之，下廷议。吏部请下有司，谕故诸大臣子孙，各疏其祖若父官资并行绩以闻。诏从其议。　丙子，丁忧修撰王献乞终制，许之。时献闻父丧，还乡守制，有阴厚之者请于朝，乞起复献内书馆教书，献不自安故也。　己卯，改进士余瓒为翰林院庶吉士，译字如旧。　左春坊左庶子黎淳等奏："臣等伏睹祖宗实录，并御制《五伦书》，洪武初置东宫僚，俱命廷臣李善长、刘基等兼领，未尝别设。其后，礼部尚书陶凯请选人专任，罢兼领之职。太祖高皇帝曰：'朕今以廷臣有才望勋德者兼东宫官，非无谓也。盖虑廷臣与东宫官有不相能，遂成嫌隙，其祸非细。朕今立法兼职，父子一道，君臣一心，庶无相构之患。'太宗文皇帝曰：'皇考之制，东宫官率以廷臣兼之，盖任使专一，则嫌隙不生。'仁孝文皇后曰：'此先朝鉴戒往古之失，诚良法也，虽万世当守之而行。'自是列圣相承，凡东宫官僚，自师、保而下，俱命勋戚及翰林院儒臣兼之，未尝专设。近者臣等先任翰林院侍讲、修撰等官，九年秩满。及纂修实录进呈，蒙圣上升庶子、谕德、洗马。臣等仰荷隆恩，有如天地，虽竭力捐躯，尚恐有玷清职，岂敢妄有所冀？但念祖宗东宫官僚，俱系兼职，今臣等独专职任，非惟素餐可耻，抑于旧制似有未合。伏望皇上断自宸衷，命臣等仍兼翰林之职，庶上合祖宗之制，下免素餐之讥。"疏入，诏不许。　丙申，特赐工部右侍郎兼学士刘定之、太常卿兼侍读学士吴节诰命。定之等奏言："久窃禄位，不能显扬其亲，所望考满，幸给诰命，然退自念臣定之近六十岁，有母将八十岁，臣节已七十岁，有母过九十岁，以垂白之子，守垂白之母，且夕难期，深为可虑。伏望圣恩及今颁赐，俾其殁逝父祖，得蒙泽于漏泉，老耄母亲，获延光于暮日。戴天地之大德，遂犬马之私愿。"上令即给之。　戊申，擢庶吉士宋应奎、李杰、章懋、黄仲昭、商良臣为编修，庄昶为检讨；刘钰等十五人送吏部除授在京科道部属，钰与陆渊之、毕瑜、钟晟、王俊、石淮俱主事，翟英、章镒、施纯俱给事中，谢文祥、李珞、张诰、邵有良、郑已、何纯俱监察御史。

十二月癸巳朔。　庚子，礼部等衙门会议训导高瑶所奏追加景泰庙号事，佥谓郕王继位六七年间，行事具在实录，其庙号非臣下所敢轻议，请自上裁。左春坊左庶子黎淳奏曰："正统十四年八月，册立陛下为皇太子，至九月，群臣又奉郕王即帝位，改元景泰。缘陛下为皇太子在前，郕王即位在后，事有碍。至天顺元年，英宗复位，钦遵慈寿皇太后圣旨，仍复景泰为郕王，诰天下，永为遵守。然后人伦正，天理得，名正言顺，而事成矣。高瑶建言，乃欲加郕王庙号。臣惟立皇太子，则异时居天子之位。曾未半月，又立一亲王为天子，则前时所立皇太子，将何为哉？此景泰三年皇太子之废有由然也。然周成王之时，且姬实有功之叔父，何不遂取天位？虽曰神器久虚，不可无人，然共和之际，周召皆王国之懿亲，何不共分？姬室特以君臣有定分，而不敢耳。凡若此者，皇太子为君，亲王为臣，天经地义，民彝物则，截然一定，固不待智者而后知之。今多官会议，依违苟简，略无定见，犹欲烦渎圣聪，取自上裁，岂臣愚之所能喻哉？先帝明并日月，此事处置已久，人心已定。今若误听高瑶之言，一加郕王庙号，必将祭告太庙，改易旧制，而行祔庙承祧之礼焉，必将迁启梓宫，改造山陵，而加珠襦玉匣之典焉，必将追赠皇太后、皇后之称焉，必当尽复当时所用之人、所行之政焉。且高瑶此言，有死罪二：一诬先帝为不明，一陷陛下于不孝。古之圣贤，经史具在，鲁隐公内不承国于先君，上不禀命于天子，诸大夫扳己以立而遂立焉，是与争乱造端，故《春秋》首书元年春王正月，而削公即位，正大伦也。郕王之即位，内承国于何君？上禀命于何主？不过群臣扳己以立而遂立尔，律之隐公，允合无二。为人君父而不通《春秋》之义，必蒙首恶之名，是故昌邑既废，未闻复为汉某帝，更始既废，未闻复为汉某王，诚不敢悖逆《春秋》，移不明之过加于先君，而欲全孝道于子孙也。陛下昔为皇太子，名正言顺，谁得私议？郕王乃敢废之，易以己子，至使先帝久遭幽闭，此非郕王所自为也，当时馆阁大臣陈循等贪图富贵，密运奸谋，从臾为之也。至于天顺元年，郕王有疾，陈循等自合迎请先帝复位，却乃率领群臣进本，奏乞早选元良正位东宫。当时皇太子见在，欲选何人？以臣愚见，若非南城迎驾之功，先帝终无出路矣。但此迎驾之人，又皆贪图富贵之小人，既效微劳，气盈志满，骄奢淫泆，靡所不为。是故高爵厚禄，封公封侯，所以尊显于元年者，赏其迎驾之功也；严刑峻法，或斩或流，所以诛戮于后来者，罚其骄矜之罪也。今流言国中，必曰先帝怒此诸人迎驾而罪之，则万无此理而不足信矣。陛下即位之初，有罪群邪，寒心破胆。及见取回商辂，仍旧复职，内阁办事，然后欣然自以为得计，又皆私窃效慕，希求进用矣。彼小人者，但欲得官于己，岂顾贻患于人？臣以为高瑶此举，非欲尊礼郕王也，特为群邪进用之阶也。必有小人主使之者，不然，彼草茅疏远，安敢妄言，上诬先帝之明，使后世观之，以为口实，而今之议者，亦岂可不察乎此，隐忍曲从，而犹欲烦陛下之听哉！"疏入，上曰："景泰已往过失，朕不介意，岂臣下所当言？显是献谄希恩，俱不必行。" 辛丑，调编修章懋为湖广临武县知县，黄仲昭湘潭县知县，检讨庄昶桂阳州判官。时以明年上元张灯，命翰林院词臣撰诗词。懋等上疏，以为"陛下张灯之举，或者两宫皇太后，上欲极孝养，奉其欢心。然大孝在乎养志，臣等伏睹两宫母后，恭俭慈仁之德，著于天下，坤仪贞静，岂以张灯为乐哉？况今两广弗靖，四川未宁，辽东贼情难测，北虏尤当深虑，江西、湖广亢旱数千里，民不聊生，虽蒙优诏赈恤，而公私匮乏，计无所出，可谓寒心。此正宵旰焦劳、不遑暇食之时，两宫母后同忧天下之日。至如翰林官以论思代言为职，虽曰供奉文字，然鄙俚不经之词，岂宜进于君上？固不可曲引宋祁、苏轼之教坊致语，以自取侮慢不经之罪。臣等又尝伏读宣宗章皇帝御制《翰林院箴》，有曰：'启沃之言，惟义与仁；尧舜之道，邹孟以陈。'今张灯之举，恐非尧舜之道；应制之诗，恐非仁义之言。臣等知陛下之心，即祖宗之心，故不敢以是妄陈于上。且知其不可，犹顺而为之，是不忠也；知不可为而不以实闻，是不直也。不忠不直，臣罪大矣。伏愿采刍荛之言，于此等事一切禁止。"疏入，上曰："元宵张灯，儒臣应制撰诗，历代有之。祖宗以来，不废此典。朕今视旧减省，止存其概，以奉两宫圣母，岂致妨政害民？懋等不通典故，妄言讥议，难居文翰之职，命杖之调外任。" 壬寅，录故少保、礼部尚书兼武英殿大学士杨溥孙泰为中书舍人。 丁未，礼部左侍郎兼学士致仕许彬卒。彬字道中，山东宁阳人。以举人选入翰林院译字，中永乐乙未进士，改翰林院庶吉士，历任检讨、编修、修撰。正统丁卯，礼部因福建奏请乡试考官，奏命彬往。明年，丁父忧，夺情起复。岁己巳之变，升大理少卿，寻以四夷馆译书乏人提督，转太常少卿兼待诏，提督译书。景泰初，英宗自虏地将还，奉使迎驾。归，升本寺卿。英宗复位，彬以尝迎驾，且素与石亨善，得入内阁，进礼部左侍郎兼学士。亨初与徐有贞同事，既而交恶，因挤之，而波及于彬，调南京礼部。既行，降陕西参政，至则乞致仕，许之。成化初，命复其官，仍致仕。至是卒，年七十六。彬性坦率，无拘检，广交游，而不择人，一时放荡之士，多出其门。吟诗饮酒以为乐，议论矗矗而不切于用。晚预机务，方欲闭门谢客，而平昔旧游，恶其变态，率多腾谤云。　甲寅，以河南左布政使杨璇为户部右侍郎，詹事府少詹事兼学士万安为礼部左侍郎，河南布政使曾翚为刑部左侍郎，山东左布政使彭谊为工部左侍郎。

成化四年

四月庚寅朔。　丁巳，太子少保、礼部尚书兼文渊阁大学士陈文卒。文字安简，江西庐陵人。正统丙辰进士及第，授编修，充经筵官。己巳，升侍讲。景泰庚午，考顺天乡试，是科广举子解额得人为多。辛未，用少保高穀荐，擢云南右布政使，政尚宽平，民以为便。天顺丁丑，迁广东左布政使，以母丧不果赴。戊寅，驿召还京师，拜詹事府詹事。癸未，擢礼部右侍郎兼学士，入内阁参预机务。甲申，上嗣位，改吏部左侍郎，兼职如故，同知经筵事，修英宗实录，充总裁官。乙酉，升礼部尚书。丁亥，实录成，加太子少保兼文渊阁大学士，尚书如故。至是卒，赠荣禄大夫、少傅，谥曰庄靖，遣官祭葬，官其子璋为中书舍人。文体貌魁梧，丰采峻整，早负重望。其在云南，士大夫冀其必进用。及掌宫端，乃好行鄙事，为春坊官凭势者所侮慢，恒敛容逊避，人颇致疑。逮晚遭柄用，与李贤同事，事皆处分于贤，辄怀愤挠之。贤卒，首秉国钧，遂恣意径行，不顾大体。尤不能诲子，纵其仆隶，大通贿赂，名望大损，人皆叹其不如素料云。

五月庚申朔。　癸亥，礼部主事陆渊之奏大学士陈文"平生所存所行，贪德彰闻，污风大著，纵子为恶，灭裂义方，谬居调元赞化之任，素乏经邦济世之才"，不当与庄靖美谥。上曰："陈文在时，不闻人言其过恶，没后循例加以恩典，事已施行，如何方来奏讦。"不准。　丁卯，工部右侍郎兼学士刘定之以久旱上言四事，一曰求天地之心，二曰体祖宗之意，三曰圣学宜法乎切近，四曰圣治勿惑乎异端。疏入，留中不出。

丁丑，兵部左侍郎兼学士商辂乞致仕，上批答曰："朕知卿往年以非罪罢官，特加简用，今何嫌疑，辄求退休。宜勉副倚毗，所辞不允。"　壬午，改翰林院侍讲陈秉中为南京翰林院侍讲，署院事。

六月己丑朔。　辛亥，故大学士陈文子璟奏："主事陆渊之、御史谢文祥尝为庶吉士，欲求留翰林院，臣父薄其为人，且无志读书，屡试辄在人后，不允。因此怀恨肆言，诋诬臣父，乞加黜罚，以惩言者。"事下刑部，刑部具三章通覆奏。上曰："陆渊之、谢文祥乃庶吉士退出，中间必有挟私情由。但其事既已处分，不必问。"

七月戊午朔。 己巳，命侍读学士陈鉴、侍读尹直为应天乡试考试官。

八月戊子朔。 甲午，命少詹事兼侍讲学士李泰、侍读彭华为顺天府考试官。

九月丁巳朔。 丙寅，太子少保、兵部尚书兼文渊阁大学士彭时等言："比年以来，地震水旱相仍，民不聊生。迩者彗星复见，灾异尤甚，皆臣下不职所致。乞赐罢免。"上曰："上天垂戒，朕自修省，卿等皆职居辅导，当讲求缺失，修举善政，加惠军民，庶可以回天意，岂可舍朕而去？所辞不允。" 庚子，监察御史胡深等六人因天出彗星言："如兵部左侍郎兼学士商辂，乃先帝亲擢，恩幸无比。当皇上正位青宫，廊邸密议废立，彼以内阁大臣，略无一言救正，方且自图富贵，徇其邪议，是乃卖国之奸，实皇上之罪人也。兵部尚书兼大理卿程信，顷承朝命，督师西川，听嘱权豪之子弟，多分首级以报功。礼部尚书姚夔，用私灭公，贪财黩货，比因度僧受赃巨万，故京师有'反贼刘千斤，赃官姚万两'之谣。太子少保、户部尚书马昂，不学无术，妨政害民，纳馈送之女，结势要之人，四方水旱，赈救无方，三边军饷，调度无策。凡此数人，皆足致变，上天垂戒，职此之由。乞赐罢黜，以答天意。"疏入，上曰："如今人才难得，取其所长，皆有可用。况急切用人之际，岂可求备？所言不允。"翌日早朝，兵科给事中董旻等三人亦具疏，于御前面进，上曰："朝廷进退大臣，自有礼体。旻等不循旧规，紊乱朝仪，本当治罪，姑宥之。"前此奏劾之疏，非宣读于廷，则封进于内，未有不读而面进者，故圣谕云然。 癸酉，兵部左侍郎商辂恳乞休致，上曰："朕用卿不疑，何恤人言，其勿再辞。" 己卯，兵部左侍郎兼学士商辂言："比臣以疾在告，忽奉宣唤，谕臣入内阁供职，臣即附奏，再乞调理。乞特赐放归。"上曰："朝廷修举政务，自有次第，卿宜速出效用，不可故违。" 甲申，命会官廷鞫给事中董旻等三人、监察御史胡深等六人。先是，旻等以彗星见，各上疏请罢兵部左侍郎兼学士商辂、礼部尚书姚夔、兵部尚书兼大理卿程信，上皆留之。辂等不自安，各上章求退，夔奏多诋言者。于是旻等复言，辂等求退之章，皆有欲进之意，饰非强辨，决当罢黜。而攻夔犹切，谓："先王之世，采民谣以观政，而夔以为匿名之书有禁；祖宗之制，许言官风闻言事，而夔以为流言之谤必诛。其欺天罔人，肆无忌惮如此，盖欲激发朝廷之怒，以箝言官之口，其奸恶盖可见矣。乞早罢之。"上震怒，谓："祖宗宪纲，凡纠举官员，生杀与夺，悉听上命。若命既下，不许再劾。今乃故违，有何主意？"令锦衣卫、三法司执旻等，同多官廷鞫之。监察御史林诚又言："近劾商辂'当廊邸废储之际，不能正救，今复起用，不合人心'，蒙圣谕以辂'自居内阁，累有诤言，非外人所知，朕以此任用不疑，言者不得其实置之'。臣思言既失实，宜加罪谴，幸蒙曲宥，不胜感激。但病势日臻，自揣难居言职，乞放归田里。"上曰："唐太宗用王珪、魏徵，朕用商辂，有何不可，而屡奏扰？"亦命廷鞫之。

十月丁亥朔。 辛亥，少詹事兼学士柯潜奏："比以灾异，敕吏部、都察院会同各衙门掌印官，公同考察所属官员。本院属官，俱以文翰为职，侍读等官彭华等，见在经筵讲读及纂修实录，其带俸郎中等官吴谦等，并四夷馆译字官，俱在内阁书写诰敕，翻译外夷文字，无事迹文案可考。乞如天顺八年考察官员事例，止令本院学士公同内阁学士考察。"诏从之。于是华等一百二十六员，俱照旧任事。四夷馆带俸二人，以素行不谨，冠带闲住。时尚宝司、左右春坊及六科给事中，亦援此考察，取旨诏皆留任事云。

癸丑，敕升兵部左侍郎兼学士商辂为兵部尚书，工部右侍郎兼学士刘定之为礼部左侍郎，俱兼职如故，仍旧办事。辂、定之俱上奏辞免，上皆不允，且曰："卿等辅导有劳，特兹升用，何以辞为？" 给致仕礼部右侍郎倪谦诰命，从其子编修岳之请也。吏部言其曾犯赃，不当与。上曰："谦以升任致仕，因子推恩，亦何不可？其与之，不为例。"

十一月丁巳朔。 丙戌，升修撰王献为左春坊左谕德，仍兼修撰，以九年秩满也。

十二月丁亥朔。 戊子，少詹事兼学士柯潜闻父丧守制，且乞葬祭。上念潜久侍经筵，命特与之，不为例。 丁酉，授庶吉士傅瀚为检讨。

成化五年

二月丙戌朔。 壬辰，命太常卿兼侍读学士刘珝、侍读学士刘吉为会试考试官。乙巳，左春坊左庶子兼翰林院侍讲徐溥乞还乡省亲，许之。

闰二月丙辰朔。 戊午，编修焦芳、谢铎乞还乡省祭，许之。 己巳，兴化府知府岳正乞致仕。正字季方，顺天漷县人。家世武职，至正折节读书，进士及第，授编修，升春坊右赞善，改修撰。英宗复辟，吏部尚书王翱荐其可用，召见，命入阁参预机务，正辞不许。因感激尽言，不量可否，然多泄于外。时曹吉祥、石亨怙宠作威福，势焰熏天，正极言不可不早图，且请自往间二人，以计去之，二人闻而憾之。适承天门灾，下诏正视草，有自责语，二人遂指摘以为谤讪，贬钦州同知。正母老不忍别，留滞旬日，始就道，被先所与争田怨家嘱行事者发其事，复逮系锦衣卫狱，备拷掠，谪戍镇夷。吉祥等败，始释为民。上即位，用御史言，复还修撰，充经筵讲官，入纂修史馆。兵部举正升职，清理武职誊黄，当国者恶之，内批出正兴化府。至是来朝觐，乞致仕。家居五年卒，年五十五。正豪隽负气，博学多才识。为文善煅炼，严整有法。慨然欲树功业于时，守兴化府，多所兴作，莆之士大夫多谤之。始正遭际仅逾月，每与人言，恒自夸诩，若柄用数岁者，及颠踬不偶，识者谓浚恒起凶云。

三月乙酉朔。 乙未，命太子少保、吏部尚书兼文渊阁大学士彭时，吏部尚书崔恭、户部尚书杨鼎、太子少保兼兵部尚书白圭、兵部尚书兼学士商辂、刑部尚书陆瑜、工部尚书王复，都察院右都御史林聪、项忠，礼部左侍郎兼学士刘定之、通政使司左通政杨遂、大理寺左少卿乔毅、侍讲学士丘濬为殿试读卷官。 戊申，授第一甲进士张升为修撰，丁溥、董樾为编修。 辛亥，选进士张璓、费訚、陈斌、萧玙、梁泽、尹龙、马兰、乔维翰、陈纪、张晟、李介、王臣、尹仁、王锦、徐谦、方珪、谢显、吴祚改庶吉士，进学于翰林，命侍读学士陈鉴、侍讲学士丘濬教习文章，大学士彭时等提督考校，务令成效，以需他日之用，命所司给纸笔、饮馔、灯烛等物如旧例。

四月甲寅朔。　庚申，赠国子监祭酒李时勉为礼部左侍郎，改谥忠文，赐诰命。时勉先谥文毅，至是其孙颙奏时勉"历官四朝，曾效微劳，请如吏部侍郎曹鼐之例，改谥加赠"。上曰："时勉在先朝直言敢谏，于忠无忝矣，毅不足以尽之，其改谥曰忠文，加赠如例。"

五月甲申朔。　辛卯，升吏部右侍郎尹旻为本部左侍郎。改礼部侍郎叶盛于吏部。升都察右副都御史原杰为户部左侍郎，陈宜为兵部右侍郎，侍读学士刘吉为礼部右侍郎，仍侍经筵；左布政使翁世资、秦敬为右副都御史，食从二品俸，世资巡抚山东，敬贵州。　复汉阳府知府孔公恂为南京少詹事。先是，公恂为少詹事，言事为科道所劾下狱，调知汉阳府，寻以父忧去任。后学士商辂建议，自元年以来，凡以言降调者皆复其职。吏部举奏，公恂亦系因言降官之数。至是，公恂起复至京，复其官。　壬辰，礼部左侍郎兼翰林院学士刘定之以久病陈乞致仕，上不允。　辛丑，命礼部左侍郎万安兼翰林院学士，入内阁参预机务。　赐故太子太保、吏部尚书兼谨身殿大学士王文祭。时文之子户部主事宗彝奏，比于谦事体相同也。

六月癸丑朔。　丙辰，编修陆钲奏乞还原籍养病，许之。　庚申，以礼部尚书姚夔为吏部尚书。夔辞，上曰："卿才识老成，特兹简任，宜勉修职业，副朕至意。所辞不允。"　召南京礼部尚书邹幹至京，升国子监祭酒，邢让为礼部左侍郎，侍读学士陈鉴为祭酒。

八月壬子朔。　癸丑，修撰郑环乞归省，许之。　翰林院侍讲学士丘濬以母丧去任。濬奏："臣幼丧父，母李氏守制不嫁，以教育臣，已蒙朝廷旌表。复以臣任职，推恩封太孺人。今在家病故，乞赐谕祭。"从之，不为例。　辛酉，礼部左侍郎兼学士刘定之卒。定之字主静，江西永新人。正统丙辰会试第一，廷试进士及第，授编修，秩满，升侍讲。景泰壬申，升司经局洗马。丙子，进右春坊右庶子。天顺纪元，改通政司右参议，俱兼侍讲。是冬，改学士。甲申，进太常少卿兼翰林院侍讲学士，充国史副总裁。成化丙戌冬，入内阁参与机务。明年秋，升工部右侍郎兼学士。又明年，升礼部左侍郎，仍兼学士，以疾乞致仕，不允。卒，年六十一，赠资善大夫、礼部尚书，谥文安，赐葬祭，给驿舟还其丧。定之少颖敏绝人，日记数千言。父髦尝领乡荐，不求仕，家居授徒，博通古今，知定之为伟器，俾之博考群书，而禁其作文。一日见其所私作，惊曰："此子有八面受敌之才。"既而果以文章取高第，名闻天下。为人坦夷，言动质直，不事矫饰。己巳之变，上书陈十事，皆切当时之务。总裁国史，发凡举例，删繁撮要，其功居多。入内阁不久，然一时制作，多出其手。为文援笔立就，未尝属稿，而伟思瓌情，形生境具，自出一家机轴。论者谓国初以来，能文之士，博洽如定之者，殆不数人，但颇泥古，施之于事，或不通云。　庚辰，编修商良臣乞归展祭，许之。

九月辛巳朔。　壬午，南京修撰罗伦以疾去任。伦字应魁，江西永丰人。少清苦力学，成化丙戌举进士第一，授修撰。甫三阅月，适大学士李贤闻父丧，力求终制，上不允，命奔丧复任。伦首上疏劾之，反覆数千言，然颇不近人情。俄有指罗伦粗率，难居近侍，调外任，乃除泉州市舶提举，既而言者多言宜召伦复其官。岁戊子，因大学士商辂言，改南京翰林修撰，逾年解官归。学者多从之游，邑有山名金牛，在万山中，非人所居，伦与从学者筑室读书其中，至未数日，中岚气而卒。伦性戆直，不甚晓世务，与人言，竭尽底里，无察言观色之虑。临事任意，自是坚不可回。家居行乡约，时或致人于死，有讼于官者，适伦卒而止。伦为文率意而成，动以古人为说，然亦无所根据。为人虽迂僻，然无他肠，其视饰虚伪以盗名、假恬退以营私者则有间。

成化六年

三月庚辰朔。　丁未，升右春坊右庶子刘宣为南京太常少卿。

六月戊申朔。　甲子，上以会举官多有未当，谕吏部臣曰："今方面多缺员，尔等务选任得人，每缺推举两员来闻，不必会官保举。著为令。"　丁卯，赐詹事府少詹事兼学士柯潜母宜人戴氏祭。戴氏受五品封，例不该祭，时潜丧父，守制家居，复遇母丧，具本乞恩，故有是命。

七月丁丑朔。　己卯，今上皇帝生，上之第三子也。母曰纪氏。

十月乙巳朔。　辛未，太常卿兼翰林侍读学士吴节致仕。

十二月甲辰朔。　丁未，翰林院侍讲徐琼服阕复任。　癸丑，复少保、户部尚书兼华盖殿大学士陈循职。时循已卒，其子珊奏被石亨诬害充军，已蒙英宗圣恩释放为民，家居而卒。乞如于谦等例，追复原职，并赐谕祭。礼部复奏，许之。　癸亥，赐礼部右侍郎刘吉诰命。先是，吉自陈："父辅年七十九岁，祖父母及母俱已没。父自受编修封，久未获加恩典，况臣父老病日侵，朝不保暮，人子至情，实为迫切。乞照学士刘珝未及三年请诰事例，均施洪恩。"诏特赐之。时珝、吉俱兼经筵日讲，故恩礼特异云。

馆阁漫录卷之六　　起成化七年止成化二十三年

成化七年

正月甲戌朔。　癸巳，太常卿兼侍读学士刘珝以母丧去任。　辛丑，致仕礼部右侍郎李绍卒。绍字克述，江西安福人。宣德癸丑进士，选为庶吉士。正统初，授检讨，与修宣庙实录，既而以剩员汰归。未几，景泰帝即位，召充经筵官，升修撰，历司经局洗马兼修撰、右春坊右庶子兼侍讲。天顺初，改尚宝司卿，仍兼侍讲，转学士，寻升礼部右侍郎。时有结权贵相轧者，以绍奏事多南音沮之，英宗不听，且曰："礼部不可无此人。"癸未会试，绍专知贡举，防范甚严。修英庙实录，充付总裁。书垂成，以疾力求解任归。其后国子祭酒为其属所构，吏部尚书姚夔言："欲隆师道，非宿德重望不可。"援洪武初起致仕尚书刘崧署司业故事，虚祭酒位，驰敕召之，命至，绍已卒。绍体貌修伟，性刚直，有器局，刻志问学，持论平正。正统中，英宗尝访人材，少师杨士奇疏五人以对，绍居其一。后居高位，好奖励后进，间人有善，辄称誉之。为文有法度，不尚奇诡，好古博雅，积书甚富，凡所有者，无不究览焉。绍卒时六十有五，讣闻，赐祭葬。子瑢，今为云南布政司使。

二月甲辰朔。　戊申，南京国子监祭酒周洪谟以母丧去任。

三月甲戌朔。　礼部左侍郎邢让、国子监祭酒陈鉴、司业张业，俱坐罪除名。为椒油钞钱，助教叶时评累也。　戊戌，修撰耿裕为国子监司业。　庚子，太常卿兼侍读孙贤升兼侍读学士，詹事府少詹事兼侍讲学士李泰升詹事，兼职如故。

五月癸酉朔。　壬辰，太子少保、吏部尚书兼文渊阁大学士彭时以疾乞致仕，上谕之曰："卿年力未衰，正宜尽心辅朕，未可言去，暂免朝参，每日进内阁供职，所辞不允。"　乙未，召学士柯潜于家。先是，国子监祭酒缺员，吏部以养病侍郎李绍、南京祭酒王㒟名上，上命再推二员，复以洗马杨守陈、江朝宗并上。上命召绍，未至而卒。至是，又命吏部推举，乃以侍读彭华、尹直名上，内批即行文召潜，时潜守制家居也。

己亥，礼部言："袭封衍圣公孔弘泰，奉命在国子监读书习礼一年，今以届期，乞遣归奉祭。"命仍留之。

六月壬寅朔。　己酉，翰林修撰彭教服阕复任。　乙丑，太常卿兼侍读学士孙贤致仕。贤以皇储未立，上章请立皇太子，并上章陈情乞休致。诏听其致仕，而建储之章留中不出。盖贤尝侍上于春宫讲读，至是以国本大计，欲有其功，而又恐人议己，并乞致仕，非其情也。

七月壬申朔。　辛巳，命司经局洗马杨守陈、侍讲徐琼为应天府乡试考试官。

八月辛丑朔。　丙午，命左春坊左谕德兼修撰王献、侍读尹直为顺天府考试官。　丁未，释奠先师孔子，遣学士商辂行礼。　左春坊左庶子兼侍讲徐溥闻父丧去任。上以溥侍讲读年深，特赐其父琳以祭，不为例。　庚申，编修李杰乞归省亲，许之。

闰九月庚子朔。　戊午，户部尚书杨鼎奏："先任编修、侍郎，亲母、继母俱已蒙恩赐赠，独前母未蒙恩典，谨援学士曹鼐例以请。"诏特许之，不为例。

十一月己亥朔。　甲辰，詹事府少詹事兼学士柯潜自其家具奏辞免，召命乞终制，许之。

十二月戊辰朔。　癸未，太子少保、吏部尚书兼文渊阁大学士彭时等言："兹者天象垂戒，古今罕见，外人不知，皇上忧勤在心。窃谓遇此灾变，视如泛常，未尝降颜一接臣下，询访民情，议论汹汹。臣等欲于明早朝退，诣便殿请见，一以宽圣心，一以息群议。"明日，上退朝，御文华殿，召时等见。　庚寅，左春坊左谕德王一夔因彗星之变，疏五事：一曰正宫阙以端治本，二曰亲大臣以询治道，三曰开言路以决壅塞，四曰慎刑狱以广好生，五曰谨妄费以足财用。上批答曰："此皆陈腐之言，而妄自张大，本当究治，但系用言之时，姑宥之。"　辛卯，授庶吉士费訚、尹龙、乔维翰、王臣为编修，张泰为检讨，张璗、陈斌、梁泽、陈纪、李介、徐谦为监察御史。

成化八年

二月戊辰朔。　癸酉，命礼部左侍郎兼学士万安、司经局洗马江朝宗为会试考试官。　甲戌，编修李东阳乞归展墓，许之。

三月丁酉朔。　丁未，命太子少保、吏部尚书兼文渊阁大学士彭时，兵部尚书兼学士商辂、太子少保兼吏部尚书姚夔、户部尚书杨鼎、太子少保兼兵部尚书白圭、工部尚书王复、都察院左都御史李宾、礼部左侍郎兼学士万安、刑部左侍郎曾翚、掌通政司事兵部左侍郎〔张〕文质、大理卿王概、左春坊左谕德王献为殿试读卷官。　庚申，授第一甲进士吴宽为修撰，刘震、李仁杰为编修。　壬戌，授庶吉士林瀚为编修。

四月丁卯朔。　癸未，命少詹事兼侍讲学士李泰复任。泰以司礼监太监永昌为父，故不为所生母终丧，而止乞假襄葬事。至是去三月余还朝，时论少之。

五月丁酉朔。　癸卯，左春坊左谕德王一夔乞改姓谢氏，从之。　丁未，右春坊右庶子童缘服阕复任。　戊申，韩林修撰陆钺疾愈复任。

六月丙寅朔。　乙亥，授庶吉士张晟为礼科给事中，王锦、方珪、谢显为监察御史。

七月丙申朔。　辛丑，修撰张升乞归省亲，许之。　甲辰，改检讨李昊为南京礼科给事中。昊以忻王官属，至是薨，故改任之。　辛酉，太子少保、吏部尚书兼文渊大学士彭时称病乞致仕，言甚剀切。上曰："览奏备悉悃诚，卿宜益加勉励，以副朕怀，所辞不允。"

八月乙丑朔。　甲申，编修董樾乞归省祭，许之。

九月甲午朔。　甲寅，升礼部右侍郎刘吉为左侍郎，太常少卿俞钦为右侍郎。

十一月癸巳朔。　己酉，詹事府詹事兼侍读学士李泰卒。泰字文通，顺天府香河人。正统戊辰进士，改庶吉士，授编修。景泰间，进左春坊左司直郎兼编修，再升右春坊右中允。英宗复辟，改尚宝司丞兼编修，既而以侍东宫讲读升侍讲。上即位，升侍讲学士兼经筵官，寻侍文华日讲修。英庙实录成，升詹事府少詹事兼侍讲学士。未几，进詹事，兼职如故。至是卒，年四十三，赠礼部左侍郎，赐祭葬。泰继伯父太监永昌，在正统中掌章奏。泰初应乡试，京尹进录，英宗问左右李泰中否，见其名甚喜。及官翰林，颇向学，矜己自足，不事华侈。但生长富贵，性狷僻，与人寡合，而所与者则相朋比汲引，士论以是薄之。

成化九年

二月壬戌朔。　壬申，侍读江朝宗以母丧去任。

四月辛酉朔。　甲申，赐侍讲学士江朝宗故母邢氏祭，从其请也。

五月辛卯朔，编修李仁杰省亲复任。　辛亥，敕升兵部尚书商辂为户部尚书，礼部左侍郎万安为本部尚书，俱仍兼旧职。安上章辞免，诏曰："卿效劳年久，特兹升擢，不允所辞。"　戊午，起致仕礼部右侍郎倪谦、侍读学士钱溥于南京管事。时南京翰林院署院事陈秉中以忧去，旧制吏部具缺，内阁奏用翰林官之当次者。大学士彭时等言："本院学士四员见充经筵讲官，侍讲二员清黄教书，乞量升修撰年深者往莅院事。"内批起溥往署院事，并起谦于礼部。于是六科、十三道交章劾之，上曰："朕念钱溥、倪谦往劳，特起用之，所言不准。"

六月庚申朔。　丙寅，礼部左侍郎刘吉奉命祭告海岳，还自山东。

八月庚申朔。　丁丑，詹事府少詹事兼学士柯潜卒。潜字孟时，福建莆田人。景泰辛未举进士第一，授修撰。明年，升右春坊右中允，仍兼修撰。丙子，《寰宇通志》成，升司经局洗马。天顺丁丑，改尚宝司少卿，仍兼修撰。己卯，充东宫讲读官。上嗣位，以侍从恩，升学士，掌院事。先是，掌院者多优于文学，不屑吏事，潜修举废坠，一裁以法，人颇以是称之，而亦因以构怨。预修英庙实录成，升少詹事，仍兼学士。成化戊子，充日讲官。是年冬，赐讲官冠带。潜适闻父丧，不出，遣使即赐于家。故事，四品官父母死，有祭无葬，特赐以葬，时以为荣。逾年，复丁母忧。会祭酒以罪去，欲得老成者以镇浮躁，时议非潜不可，有诏起复，潜力辞不起。未几，卒于家。潜在太学时亦未有名，一登伦魁，遂奋发淬励，学遂大进。为文峭厉，诗亦有风致。为人高介有节，仪观修整，时以公辅望之。但其乡人有上书攻大学士商辂者，或疑潜使之。及其守制家居，颇为乡人所议，责备者为之不满云。

十一月戊子朔。　甲午，左春坊左庶子黎淳省祭，以病逾限二年，吏部言例当逮问，特宥之。　戊申，上谕大学士彭时等曰："朱文公《通鉴纲目》，可以辅经而行，顾宋元二代，至今未备。卿等宜尊朱子凡例，纂编宋、元二史，上接《通鉴》，共为一书。"时等因奏太常卿兼侍讲学士刘珝、学士王献，侍读学士杨守陈、尹直，左春坊左庶子黎淳、左谕德谢一夔，翰林修撰郑环、刘健、汪谐、罗璟，编修程敏政、陆简、林瀚，分为七馆编纂。明年，侍讲学士丘濬丁忧起复，时等请令濬同编纂，再加一馆为八馆云。

成化十年

二月丙辰朔。　乙亥，翰林编修董起（樾）省祭复任。
四月乙卯朔。　壬申，调南京礼部主事林孟和为陕西庆阳府通判。先是，孟和言："本部侍郎倪谦屡为两京科道所论及，观其到任以来，贬法徇情，市恩钓誉，臣坚以礼法执请，谦姑为信从，迹其所行，诚有如前所言者。矧臣立己未固，而为谦属吏朝夕相接，恐久而与之俱化。伏望调臣别用，或罢归田里，贬窜荒域，使再居前职，实非臣所愿也。"诏属官不知大体，摭拾虚辞，毁辱大臣，可调边方。
六月甲寅朔。　癸亥，升太常卿兼侍读学士刘珝为吏部右侍郎，仍于经筵会讲。
己卯，升检讨吴希贤为修撰，仍支原升俸一级，以九年任满也。
八月癸未朔。　癸巳，南京国子监祭酒周洪谟起复至京，调国子监。先是，国子监缺祭酒，有旨待洪谟起复以闻，故有是命。
九月癸丑朔。　丙辰，授监生林载为中书舍人。载自陈其父太常少卿兼侍读学士文年老致仕居家，冀乞量授京秩，得分俸以养。上念文侍从年久，特授载中书舍人。
十月癸未朔。　癸卯，左春坊左庶子兼侍讲徐溥服阕至京，诏升少詹事兼侍讲学士。
十一月壬子朔。　庚辰，授国子监生杨士儆为中书舍人。士儆当选，自陈其祖故少师、工部尚书、谨身殿大学士荣在先朝有辅理功，乞量授京职，故有是命。
十二月壬午朔。　乙酉，升编修程敏政为侍讲，仍支原升俸一级，以九年任满也。
庚寅，升编修李东阳为侍讲，仍支原升俸一级，以九年任满也。

成化十一年

正月辛亥朔。　己巳，升太子少保、吏部尚书兼文渊阁大学士彭时为少保，仍兼旧职理事，以九年任满也。
二月庚辰朔。　乙酉，命詹事府少詹事兼侍讲学士徐溥、侍读学士彭华为会试考试官。华以疾且有从子入场，上疏辞，改命侍讲学士丘濬。　戊子，侍讲学士杨守陈以母丧去任，赐守陈母太孺人祭，不为例，从守陈请也。　己酉，命少保、吏部尚书兼文渊阁大学士彭时，户部尚书兼学士商辂、礼部尚书兼学士万安、吏部尚书尹旻、户部尚书杨鼎、兵部尚书项忠、刑部尚书董芳、工部尚书王复，太子少保兼都察院左都御史李宾、王越，通政司掌司事工部尚书张文质、大理卿宋旻、学士王献、侍读学士彭华、侍读学士尹直为殿试读卷官。

〔三月庚戌朔。〕戊午，授第一甲进士谢迁为修撰，刘戬为编修，王鏊为编修。[一] 辛未，少保、吏部尚书兼文渊阁大学士彭时卒。时字纯道，江西安福人。正统戊辰进士及第，授翰林院修撰。己巳，被命入内阁预典机务，母丧，乞守制，不许，升侍读。景泰初，赐金带及五品服，复力请终制，许之，然因是亦忤旨。追起复，命于翰林院办事，遇易储，迁左春坊大学士，修《寰宇通志》成，升太常少卿，仍兼侍读。英宗复位，命仍入内阁，改兼学士。上嗣位，升吏部右侍郎，同知经筵事。成化元年冬，进兵部尚书，学士如故。二年，乞归省，给驿，遣中官护行。暨抵家，手敕随趣之还朝，以四川、宣府、辽东地震言十事，赐麒麟织金衣。总裁英庙实录成，进加太子少保兼文渊阁大学士。慈懿皇太后崩，诏大臣集议山陵，时上言请如汉文帝葬吕后、宋仁宗葬刘后故事，上重违母后意，不从。时乃率文武群臣伏文华门号泣以请，期在必得，上感动，卒从之。秋，彗见，又上言乞正宫闱，以绵圣嗣，且言专宠者年日以迈，宜子者恩或未迨，宜更新以回天意。盖人所难言者。是冬，改吏部尚书，赐玉带。五年冬无雪，言三事，因及景皇帝女固安郡主处西内，年及笄，遂得下嫁太监刘永成，以军功议欲封伯，引成宪阻之。或言宋童贯尚封王伯，何足惜？时折之曰："童贯封王，在徽宗末年，此何等时也。"遂不果封。是年正月，考满，升少保。逾月，疾复作，遂卒，年六十。赠太师，谥文宪，遣官谕祭，命有司营葬，给驿舟归其丧，仍官其子颐为尚宝司丞。时为人端谨严密，外和内刚，居家孝友，莅官慎职守，不妄交人。平居无堕容，立朝三十年，非有疾未尝不在公，公退未尝语子侄以朝廷事。其学本经术，而文章纯正，恪乎儒者也。既柄用，每朝廷有大政事、大议论，时持正居多，虽不立赫赫名，然其所成就，隐然一代人望云。

四月己卯朔。庚辰，升检讨张颐为修撰，以九年任满。乙酉，敕户部尚书兼学士商辂兼文渊阁大学士，吏部左侍郎刘珝、礼部左侍郎刘吉俱兼学士，内阁办事。珝、吉辞，俱得旨："卿历事有年，特兹简任，不允辞。"

五月己酉朔。丁卯，敕礼部："朕皇子年已六岁，未有名，其与翰林院定议以闻。"既而拟进，上亲定睿名，下宗人府书于玉牒。皇子即今上也，母纪氏，生时失传于外，廷臣不及致辞奉贺，至是已六年矣。因乾清宫门灾，上欲显示于众，乃命司礼监太监怀恩等至内阁计议，佥议未定。良久，学士商辂曰："若降敕于礼部以拟名为词，则众不言而自喻矣。"恩等欣然从之，请于上，遂有是命，于是中外之人心无不欢悦。越数日，上出皇子于文华门，召文武大臣进见。又数日，上御文华殿，召辂及学士万安、刘珝、刘吉至御坐前，温言问曰："皇子既出，将何如处之？"辂等顿首对曰："皇上即位十年，储副未立，天下人心望此久矣。今皇子出，实祖宗之福，当立为太子。"上曰："即举行乎？"对曰："今天气向炎，各衙门亦有行造，俟秋凉举行。"上曰：

"然。"安复曰:"皇子饥饱寒暖之节,须劳圣虑。"上颔之曰:"朕知悉矣。"辂等退,赐酒饭于文华门外,命太监怀恩、覃昌待之。

六月戊寅朔。 辛丑,编修乔惟翰乞归省亲,许之。 乙巳,皇子母纪氏薨,追封淑妃,谥恭恪庄僖。辍朝三日,上服浅色衣,御奉天门视事,命礼部定丧葬仪注。

八月丁丑朔,释奠先师孔子,遣户部尚书兼文渊阁大学士商辂行礼。

九月丁未朔。 癸卯,升编修谢铎为侍讲,仍支原升俸一级,以九年任满也。 辛未,升编修倪岳为侍读,仍支原升俸一级,以九年任满也。

十一月丙午朔。 丙寅,升侍讲学士尹直为礼部右侍郎。

成化十二年

二月乙亥朔。 丙戌,手敕升户部尚书兼文渊阁大学士商辂为太子少保,改吏部,礼部尚书兼学士万安改户部,俱兼职如故,仍理内阁事。辂上疏辞免,上曰:"卿职居辅导,历事有年,特兹加升,所辞不允。" 辛丑,升编修陈音为侍讲,仍支原升俸一级,以九年任满也。

三月甲辰朔。 庚戌,故礼部左侍郎兼学士刘定之生母封太淑人刘氏卒,其孙中书舍人称奏乞葬祭,诏止于一祭。

四月甲戌朔。 庚子,升编修焦芳为本院侍讲,仍支原升俸一级,以九年任满也。

六月壬申朔。 丁丑,致仕太常少卿兼侍讲(读)学士林文卒。文字恒简,福建莆田人。宣德庚戌进士及第,除翰林院编修。正统初,与修宣庙实录书成,升修撰,两为会试考官。景泰中,历升左春坊左谕德兼修撰,进左庶子兼侍讲,预修《寰宇通志》。天顺初,以景泰中东宫官改尚宝司卿,仍兼侍讲,寻转学士。上在东宫,文与讲读。屡引年,英宗重其人,不许。上即位,褒进旧学之臣,升太常少卿兼侍读学士。越月,恳乞致仕归。至是卒,年八十余。赠礼部左侍郎,遣官谕祭,命有司治葬事,官其子载为中书舍人。 戊戌,升修撰刘健、汪谐为右春坊右谕德,编修周经为本院侍讲,以九年秩满也。

十二月庚午朔。 癸酉,太监怀恩传奉圣旨,南京礼部左侍郎倪谦升本部尚书,侍读学士钱溥升南京吏部左侍郎,国子监祭酒周洪谟升礼部右侍郎,仍掌监事。 戊寅,升侍讲徐琼为南京侍读学士。 乙酉,礼部右侍郎尹直以父丧去任。父奂重曾封为侍读学士,乞祭,允之。先是,礼部以朝臣父母死乞恩祭葬者众,奏准非授本等封赠者不与,行之数年,颇见有节。至是,直父例不应得,乃破例而为之,尚书邹榦无如之何。然自是比例乞恩者接迹,而恩典之滥,亦无纪极矣。

成化十三年

正月庚子朔。 戊辰,升编修陆简为侍讲,以九年任满也。 己巳,以增孔子笾豆乐舞之数，遣吏部尚书兼文渊阁大学士商辂告文庙，学士王献告于阙里。升编修费訚为国子监司业。

二月庚午朔。丁丑，释奠先师孔子，遣吏部左侍郎兼学士刘珝行礼。

三月戊辰朔。己卯，命国子监祭酒耿裕经筵侍班。壬辰，赠礼部左侍郎致仕许彬为资善大夫、礼部尚书，从彬子典籍越之请也。不与谥。丙申，侍读学士江朝宗服阕，至南京，得疾，乞还乡调治。吏部请令应天府给医药，俟疾愈赴京，从之。

四月戊戌朔。乙巳，手敕以太子少保、吏部尚书、文渊阁大学士商辂兼谨身殿大学士，加户部尚书兼学士万安太子少保，升吏部左侍郎刘珝、礼部左侍郎刘吉俱本部尚书，仍兼学士。时辂等被旨修《续通鉴纲目》成，故有是命。吉初在礼部，不与修纂，至是奏乞辞免升职，以为："内阁密勿之地，猥以菲才而滥居，久怀尸素之惭，尚书六卿之尊，今又无功而加授，实增过分之愧。虽天恩无私于覆载，奈臣劳未效于纂修，是以闻命惊惶，不敢即受。伏望追寝成命，俾仍旧职，勉图报称。"上曰："卿历任年久，特兹升擢，不允所辞。"复命纂修官学士王献升少詹事，仍兼学士，左春坊左庶子黎淳、少詹事兼侍读学士彭华、侍讲学士丘濬、左谕德谢一夔俱学士，右谕德刘健、汪谐左右庶子，侍讲程敏政、陆简左右谕德，修撰郑环、罗璟司经局洗马，编修林瀚修撰。

五月丁卯朔。甲戌，罢西厂之缉事者。时太监汪直行事官校，势益横，公私骚扰，道路以目，朝士亦皆惴惴不自安。内阁大学士商辂，学士万安、刘珝、刘吉，极言汪直并韦英（瑛）、王英之害数千言，上震怒，命司礼监太监怀恩、覃昌、黄高至阁下，厉色传旨，谓辂等曰："朝廷用汪直缉访奸弊，有何坏事，尔等遽此说来，是谁先主意？"辂等对曰："汪直违祖宗法，坏朝廷事，失天下人心，辂等同心一意，为朝廷除害，无有先后。"恩曰："不然，圣意疑此奏未必四人同然，下笔必有先之者。"安曰："汪直挟势害人，人人要说，但不敢耳。某等同受朝廷厚恩，同一主意，谁独为先？"珝奋然泣曰："某等奉侍皇上于青宫，今几二十年。幸而朝廷清明，四方无事，今忽汪直为害，使远近不安，何忍坐视。某等誓不与彼共戴天。"吉曰："汪直之罪，纵使某等不言，不日必有言之者。今既奏入，贬谪黜罚，亦惟命耳，所不避也。"怀恩降辞色徐曰："朝廷命恩等问具奏之由，今皆执论如此，当具实回话。倘上召问，幸勿变前言。"辂等曰："诺。"恩等去，辂举手加额曰："众先生皆为朝廷任事如此，辂复何忧！"万安等三人随侍青宫，辂以先朝旧臣，恐上疑己，且虑三人者或不同心，故云然也。已而恩等复至，传旨曰："卿等所言良是。汪直坏事，朕实不知。今便革去西厂，散遣官校，卿等各安心办事。"辂等皆顿首谢恩曰："先生不知吾辈数人者，已箝其口。"问为谁，曰："黄赐、陈祖生也，皆阑在东华门外，不容进见矣。汪直谤其福建人，与杨晔通。"上疑此奏出二人所使，翌日，兵部尚书项忠具奏草，会诸部院大臣共上之，奏留中不出，遂罢西厂，召恩数直罪而责之。退还本监，调韦瑛于边卫差操，散诸旗校还锦衣卫。因奏直所遣旗校，在外者二十人，日久未还，命都察院移文，令巡按、御史随处出给告示晓谕人心，不得留滞，人心快之，然上意犹未释然也。初，尚书项忠具奏草，令武选郎中姚璧持赴吏部尚书尹旻请署名，旻曰："本兵部所撰，当以兵部为首。"璧曰："公卿之首，以次当吏部为首。"旻曰："今日才认得六卿之长。"既署名，即遣人报韦瑛曰："本兵部所写，某但以次居首耳。"又数日，都御史王越遇珝与吉于早朝，越曰："汪直行事尽公道，如黄赐专权纳赂，非直谁能去之。且商、万二公在任久，是非多，故有所忌惮。二先生入阁几日，况直又扶持，何为亦列乎？"珝默然，吉曰："不然。某等言事为朝廷，非为身谋也。设使汪直行事皆公道，朝廷置公卿大夫欲何为？天下后世，谓此为何等时也？"越无以应，遂与吉疏。

　　六月丙申朔。　庚戌，监察御史戴缙假灾变陈言："惟太监汪直缉捕杨晔、吴荣等之奸恶，高崇、王应奎之赃贪，又如奏释冯徽等冤抑之军囚，禁里河害人之宿弊，是皆允合人心，足以服人而警众者也。"于是直复开西厂，洞察益苛，人不堪命，至有破家毁族者，势焰熏灼，天下闻而畏之，其祸端实肇于缙。　丁巳，太子少保、吏部尚书兼谨身殿大学士商辂奏乞休致，诏曰："卿历练老成，朕方倚任，但自陈衰朽，力求退休，特兹俞允，以遂优闲。"升少保，仍赐敕给驿还乡。辂上章辞免少保之职，诏复谓："卿辅导有年，今乞休致，特有此擢，不允所辞。"　乙丑，太子少保、户部尚书兼学士万安、户部尚书兼学士刘珝、礼部尚书兼学士刘吉，俱自陈乞罢免，诏曰："卿等职居辅导，朕方倚任，宜尽心干济，所辞不允。"

　　七月丙寅朔。　辛未，诏翰林院会内阁自核其官属。时考核诸司官属，俱听吏部、都察院会核，而独翰林以文学侍从为职，故听其长自核焉。　命左春坊左庶子刘健、侍读周经为应天府乡试考试官。　戊寅，命内阁考核左右春坊、司经局。时遇例考核，右庶子汪谐等以为请，上命大学士万安等考之。　辛卯，詹事府少詹事兼侍讲学士徐溥以母丧去任。　升国子监祭酒耿裕为吏部右侍郎。

　　八月乙未朔。　己未，升学士丘濬为国子监祭酒。　甲子，升检讨傅瀚为修撰，以九年任满也。

　　九月丙子，南京吏部左侍郎钱溥自陈乞免，上曰："溥年虽七十，精力尚健，仍留供职，不允辞。"　庚辰，南京礼部尚书倪谦自陈乞致仕，许之。

　　十月乙未朔。　壬寅，侍读学士江朝宗服阕至京，命复任。

　　十一月甲子朔。　丙寅，严文武官乘轿之禁。太监汪直言："洪武、永乐间，人臣无敢乘轿者。正统时，文官年老，或乘肩舆。景泰以来，师保既多，延至于今，两京五品以上无不乘轿者。文职三品年六十以上，可许，武职宜一切禁止。"从之。本稿吴绥所撰也。是时，都御史王越、尚书尹旻及戴缙、吴绥皆为直心腹，而学士刘珝为越所诱，亦与直通。数人者凡有谋议，直径达于上，辄见施行，人皆畏惧，虽司礼当道，亦谨避之云。　己丑，致仕太常卿兼侍读学士孙贤卒。贤字舜卿，河南杞县人。景泰甲戌进士，授修撰。《寰宇通志》成，升侍讲。天顺初，改左春坊左中允，侍东宫讲读。上即位，进太常少卿兼侍读。修英宗实录成，进太常卿兼侍读，又进兼侍读学士，时成化庚寅岁也。逾年，请立皇太子，且引疾乞致仕，以示无希觊意。章并上，上皆允之。皇太子立，是为悼恭太子。贤回家，愤愤不乐而难于言。至是卒，年五十四。讣闻，赠礼部左侍郎兼学士，命有司祭葬如例。贤起诸生，不十年至通显，然无大过人者。性刚急，人或劝之学，艴然怒曰："今人皆一般，孰为程朱，孰为韩柳？"护邪忌才，不能容物，其轻于举动，尤为人所哂云。

十二月丙午朔。　丁酉，给户部尚书兼学士刘珝、礼部尚书兼学士刘吉应得诰命。时珝父七十七，吉父八十六，乞荣生前。诏特许之。

成化十四年

二月甲午朔。　庚子，命礼部尚书兼学士刘吉、学士彭华为会试考试官，赐宴于礼部。　戊申，皇太子出阁进学，命太子少保、户部尚书兼文渊阁大学士万安，户部尚书兼学士刘珝、礼部尚书兼学士刘吉提调各官讲读；太常少卿兼学士王献、詹事府少詹事兼侍读黎淳、学士谢一夔、右春坊右庶子汪谐，司经局洗马郑环、罗璟更番侍班；学士彭华、侍读学士江朝宗、左春坊左庶子刘健、左谕德程敏政、侍读周经、修撰陆钘、张升、张颐更番讲读，经改左中允，升改左赞善；修撰傅瀚兼校书，太常少卿谢宇、礼部员外凌晖兼正字；通事舍人二员，改鸿胪寺序班耿宁、纪本为之。

三月癸亥朔。　庚午，升南京太常少卿李本为南京礼部右侍郎。　丙子，以太子少保、吏部尚书兼谨身殿大学士万安，太子少保、户部尚书兼文渊阁大学士刘珝，太子少保、礼部尚书兼文渊阁大学士刘吉，太子少保、吏部尚书尹旻，兵部尚书余子俊、刑部尚书林聪、工部尚书王复，太子少保、兵部尚书兼都察院左都御史王越，掌通政司事工部尚书张文质、户部右侍郎邢简、大理卿宋旻、詹事府少詹事兼侍读黎淳、学士谢一夔、侍读学士江朝宗充殿试读卷官。　乙酉，授第一甲进士曾彦修撰，杨守阯、曾追为编修。　丙戌，选进士梁储、张溎、陈璚、杨杰、敖山、刘忠、孙珪、于材、王珂、刘允中、张璞、徐鹏、汪藻、邓庥、林霄、江澜、张九功、陈邦瑞、马廷用、荆茂、刘机、李经、谢文、张芮、倪进贤、杨廷和、杨时畅、武卫，改庶吉士，读书绩文，命学士王献、谢一夔教之。

四月壬辰朔。　戊申，升编修李仁杰为本院侍讲，以九年考满也。

五月壬戌朔。　甲子，编修董越以母丧去任。　癸酉，升詹事府少詹事兼侍读黎淳为吏部右侍郎。　丙子，以修撰张颐为右佥都御史，巡抚宣府。

六月辛卯朔。　壬寅，升司经局洗马郑环为南京太常少卿。

十月己丑朔。　丁未，左春坊左谕德程敏政奏乞归省，许之，给驿以往，且命亟还供职。　庚戌，手敕升太子少保、吏部尚书万安为太子太保，仍兼谨身殿大学士。安上疏辞，诏曰："卿职居辅导，劳效有年，兹特加升，用隆委任，不允辞。"　辛亥，学士杨守陈服阕复任。

十一月戊午朔。　己未，万寿圣节，始令翰林院官习仪。先是，翰林院官僚自永乐、宣德以来，相传免习仪。至是，锦衣卫缉事官校奏学士王献、检讨张泰不赴习仪，上命鞫问之。献、泰举相传之例以闻，宥之。仍诏自今行大礼，先期习仪，内阁办事者免，其余习仪如常。

十二月戊子朔。 辛丑，前太常少卿兼侍读牛纶奏："臣起进士，擢编修，累至前官，以臣叔太监玉有罪，夺职闲住。今玉蒙恩复任，乞念臣讲读旧劳，量授一官，与玉相依以终馀年。"疏入，命为南京太常寺丞。 壬子，升学士彭华为正詹事。

成化十五年

正月戊午朔。 丙戌，追封故少詹事兼国子监祭酒司马恂为礼部侍郎，从其子垚请也。

三月丁巳朔。 甲戌，致仕南京礼部尚书倪谦卒。谦字克让，应天府上元人。己未进士第三人，授编修。满九载，进侍讲，改左春坊左中允兼侍讲，进侍讲学士，仍兼中允。修《寰宇志》成，进左春坊大学士兼侍讲。英宗复辟，改通政司左参议，仍兼侍讲。遣祭辽荆楚三府先王归，进学士。上复正储位，充讲读官。岁己卯，主考顺天府乡试，举子有不中者，掇拾谦阴事，付行事校尉发之，谪戍开平。上即位，遇恩例放免。明年，谦上疏自陈，得复学士闲住。寻复入史馆修英庙实录，升礼部右侍郎。监察御史陈选抗疏极言之，上为寝成，命罢谦致仕。后七年，复起为南京礼部右侍郎。未几，为本部尚书，以疾复致仕。至是卒，赠太子少保，谥文僖，赐祭葬如例。谦生有异质，体四乳，目光突出。自幼颖异，善属文，才气飘逸。入翰林，与钱溥齐名，谦比溥稍庄重，但好交匪人，竟以是取败。尝使朝鲜，人服其敏捷。景泰中，别选内官之聪慧者数人，俾谦教之，后俱柄用，谦蹶而复起者，此数人力也。子二人，俱登进士第，岳今为礼部左侍郎，阜工部主事。 乙亥，南京太常少卿刘宣服阕复任。

五月丙辰朔。 甲子，修撰吴宽服阕复任。 戊辰，调学士江朝宗于外任，太监汪直以朝宗与都御史牟俸有连也。 丙子，特加工部尚书万祺太子少保。先是，皇太子出阁，六卿皆加保、傅，祺时理易州山厂不与，竟夤缘得之。祺起吏胥，所理者柴炭之事，而居保、傅之位，大臣不敢执正，言官亦无敢进谏者。 己卯，右春坊右庶子汪谐以母丧去任。

七月乙卯朔。 壬戌，改礼部右侍郎尹直为南京吏部右侍郎，以亲丧服阕也。

十月癸未朔。 癸巳，太子少保、户部尚书杨鼎再乞致仕，诏曰："朕以卿久练部事，方隆委任，但累乞致仕，特允所请。其令有司月给米二石，人夫四名应用，以副朕优老之意。"仍赐之敕曰："卿发身贤科，历官翰苑，纂修讲读，劳效良多。逮迁户部，殚心经理，国赋通融，厥绩茂焉。朕方图任老成，切于倚毗，卿乃引年至再，欲遂闲适。兹特允所奏，命给驿舟送卿还乡，仍令有司月给米二石，岁拨人夫四名以备赡用。夫优老敬贤者朕之心，执礼养恬者卿之志，卿其笃念乎此。优游田里，化导乡人，使风俗归淳，治理臻盛，则足以副朕眷遇至意，卿岂不亦永终誉哉！"先是大臣致仕，未有给米拨夫之例，有之实自鼎始。人咸谓朝廷优老敬贤之意，良不为过云。 庚戌，升侍讲李永通为侍讲学士，九年秩满也。

闰十月癸丑朔。 庚午，南京吏部左侍郎钱溥，以进庆贺万寿圣节表文至京，因上章乞致仕。上曰："卿历练老成，事朕春宫，及今有年，正宜委任，但屡乞休老，特允所请。升本部尚书致仕，给诰命，仍赐敕给驿舟还乡。"溥辞免尚书之命，不许。

十一月壬午朔。　庚寅，编修刘戬服阕复任。

十二月壬子朔。　丁巳，升左春坊左赞善张升为左谕德，以九年秩满也。　辛丑，给故南京礼部尚书、赠太子少保、谥文僖倪谦，太常卿兼侍读学士、赠礼部左侍郎兼学士孙贤，詹事府少詹事兼国子监祭酒、赠礼部右侍郎司马恂诰命。

成化十六年

七月己卯朔。　甲申，国子监司业费訚乞归展省，许之。　丁亥，侍讲彭教卒。教字敷五，江西吉水人。甲申廷试第一，授修撰。修英庙实录成，进侍讲，侍经筵。至是卒，年四十二。教性颖敏，读书数遍即成诵，及长，博通群籍。善属文，博辩赡丽，既入翰林，稍改敛，而过刻厉。为人颇尚气，不肯下人，同辈多不喜之，因郁郁成疾，遂不起。作诗或寓讥讽意，状元张升归省，郊饯以诗"何用有才如董贾，不愁无命到公卿"之句，或谓去其上二言只作五言诗，可谓教挽词。至是果卒，时人传以为口实。

戊子，命司经局洗马罗璟、侍讲李东阳为应天府乡试考官。

八月戊申朔。　壬子，升国子监祭酒丘濬为礼部右侍郎，仍掌监事。　癸丑，命侍讲学士杨守陈、右春坊右谕德陆简为顺天乡试考官。

九月戊寅朔。　庚辰，礼部左侍郎俞钦以忧去任。　戊戌，升礼部右侍郎周洪谟为左侍郎，学士谢一夔为右侍郎。

十月丁未朔。　乙卯，升少詹事兼侍讲学士徐溥为太常卿兼学士，仍旧视事。　己未，编修尹龙为侍讲，检讨张泰为修撰，俱以九年秩满也。

十二月丙午朔。　乙丑，授庶吉士梁储、张溁、杨杰、敖山、刘忠、于材、徐鹏、邓庥、马廷用为编修，刘机、杨廷和、杨时畅、武卫为检讨，陈璚、汪藻、王珣、张九功、孙珪、张璞、林霄、刘允中为给事中，荆茂、李经、谢文、倪进贤为御史。

成化十七年

二月乙巳朔。　辛亥，命太常卿兼学士徐溥、少詹事兼学士王献为会试考官。　庚午，升礼部左侍郎周洪谟为本〔部尚〕书，太常卿兼学士徐溥为礼部左侍郎。

三月乙亥朔。　庚辰，命礼部左侍郎兼学士徐溥仍为讲官。　戊子，命太子太保、吏部尚书兼谨身殿大学士万安，太子少保、户部尚书兼文渊阁大学士刘珝，太子少保、礼部尚书兼文渊阁大学士刘吉，太子太保、吏部尚书尹旻，太子太保、威宁伯兼都察院左都御史王越，户部尚书翁世资，掌鸿胪寺事、礼部尚书施纯，兵部尚书陈钺，太子少保、刑部尚书林聪，工部尚书刘昭、通政使何琮、大理卿宋旻、詹事府詹事彭华为殿试读卷官。　戊戌，授第一甲进士王华为修撰，黄珣、张天瑞编修。

四月己巳朔，左春坊左中允周经乞省亲，许之。

五月乙亥朔。　戊戌，编修丁溥居家，与华亭县主簿梁桂乘醉忿争，桂因奏发其平日请托诸事，事连御史柳淳，命俱执问如律。

七月甲戌朔。　辛卯，致仕太常卿兼侍读学士吴节卒。节字与俭，江西安福人。宣德庚戌进士，选庶吉士，授编修，秩满，升侍读。景泰立，升南京国子监祭酒，满九载，加从三品禄。上初即位，修英庙实录，以节尝与修宣庙实录，知典故，召为付总裁。既至，改太常少卿兼侍读学士。书成，进本卿，兼官如故。未几，丁母忧，赐祭葬。服除，诣阙谢，遂乞致仕，时年已七十余。既得请，家居十余年卒，年八十五。讣闻，遣官葬祭。节为人平易质直，信人不疑，为文如其为人。初治《春秋》学，与同学刘球齐名，又同入翰林，学《春秋》者多师二人，而节之徒尤众，后进宗之，安福《春秋》遂擅名于天下。其为祭酒，承陈敬宗之后，敬宗师道严甚，流为寡恩，节矫之以宽，士类悦服，久之流于纵弛，然声望远不逮敬宗。

八月癸卯朔。　庚戌，赐故少保、吏部尚书兼文渊阁大学士彭时父毓义祭葬，毓义以子贵受封，至是卒，有司以闻，故有是命。　壬戌，编修董越服阕复任。

九月壬申朔，升编修商良臣为侍讲，以九年任满。

十月壬寅朔。　壬戌，赐太子太保、吏部尚书兼谨身殿大学士万安诰命，授从一品散官勋阶。

十二月辛丑朔。　甲辰，命詹事府詹事彭华兼学士，仍掌府事。

成化十八年

正月庚午朔。　庚寅，太子少保、礼部尚书兼文渊阁大学士刘吉父封礼部尚书兼学士刘辅卒，吏部以闻，有旨令吉奔丧，安葬毕日复任。礼部奏请祭葬，皆宜如杨溥、李贤父例。从之，仍命给驿归丧，赐赙甚厚。　壬辰，大学士刘吉具疏乞终制，得旨："朕以卿辅臣，特令奔丧，葬毕即来供职，不准终制。"　丁未，大学士刘吉具疏再乞终制，得旨："卿尽心辅理，即同孝道，不许固辞。"　升修撰陆钺为右春坊右谕德，以九年任满也。

二月庚子朔。　戊辰，编修刘震服阕复任。

三月己巳朔。　壬申，复罢西厂。太监汪直既在大同不得还，六科、十三道交章奏其苛察纷扰，大伤国体。得旨："朝廷自有处置。"于是内阁臣太子太保万安约太子少保刘珝曰："西厂为害久矣。今科道欲革之，朝廷不从，吾辈岂可坐视，当有以劝上，宜从众言。"珝不然，曰："西厂行事，有何不公道也？"安曰："公不欲，吾自为之。"乃自署名题云云。疏入，上乃罢西厂，中外欣然，珝有惭色。

四月己亥朔。　辛丑，右春坊右庶子汪谐服阕复任。　南京太常少卿郑环卒。环字瑶夫，浙江仁和人。天顺庚辰进士及第，授编修。预修英庙实录书成，迁修撰。《续资治通鉴纲目》成，转司经局洗马。未几，擢南京太常少卿。至是以三年考满入朝，卒于旅寓，赐以祭如例。环性方介自守，有所不为，为文不尚华藻。所至与人多不合，其在太常，寮寀颇不堪之，然无他肠，人亦不深咎云。　丁卯，编修王鏊服阕复任。

五月己巳朔。　辛巳，升南京太常少卿刘宣为本卿，掌国子监事，寺丞牛纶为少卿。　辛卯，太子少保、礼部尚书兼文渊阁大学士刘吉奔丧居家，以不允终制，复驰奏，辞甚恳切。奏上，诏曰："葬事既毕，卿宜还京就职，务图公义，岂可昵于私情，又求终制。不允。"仍赐玺书，遣鸿胪寺官赍往趣之曰："卿丧事已毕，亦可少输人子之情，而可念念私恩，力求终制至于再三乎？《传》不云，'无私恩，非孝子；无公义，非忠臣。'今卿受直密勿之地，非他百职事比。敕至，须束装来京，公尔忘私，以勉副委任。故敕。"

七月戊辰朔。　壬申，命太子少保、礼部尚书兼文渊阁大学士刘吉复任视事，以奔丧事竣，敕取回京也。　甲申，命云南布政岁祭故学士、谥忠文王祎，从巡抚云南右副都御史吴诚奏也。　戊子，授庶吉士江澜为编修，张芮为检讨。

十月丙寅朔。　壬午，詹事府詹事彭华为其乡人所讦，诏宥其罪，停俸半年。

十一月乙未朔。　庚申，升编修董越为侍读，以九年秩满也。

十二月乙丑朔。　庚午，御制《文华大训》成。其书纲凡四，曰进学，曰养德，曰厚伦，曰明治，目二十有四。　辛未，手敕升太子太保、吏部尚书万安为太子太傅兼华盖殿大学士，太子少保、户部尚书刘珝为太子太保兼谨身殿大学士，太子少保、礼部尚书刘吉为太子太保兼武英殿大学士，尚书俱如故。安等辞，上曰："卿等辅导有年，尽心厥职，特兹加升，用副委任，所辞不允。"　升詹事府詹事兼学士彭华从二品俸，少詹事兼学士王献为太常卿兼侍读学士，侍讲学士杨守陈少詹事，仍兼旧职，侍读倪岳学士。时《文华大训》书成，华等以采辑有劳故也。

成化十九年

二月甲子朔。　辛未，赐太子太保、户部尚书兼谨身殿大学士刘珝，太子太保、礼部尚书兼武英殿大学士刘吉诰命，追封三代。时珝奏其父年八十有三，乞预赐诰命，使得以生享荣恩，上特许之，因并赐吉。

三月癸巳朔。　壬寅，升侍讲陈音为南京太常少卿。

七月辛卯朔。　庚子，命左春坊左谕德张升、侍讲商良臣为应天府乡试考官。

八月辛酉朔。　丙寅，命学士倪岳、侍读董越为顺天府乡试考官，赐宴于顺天府。

九月辛卯朔。　甲午，授吏部听选监生陈献章翰林院检讨，而听其回。　己酉，命礼部左侍郎徐溥兼学士，仍理部事。

十月庚申朔。　辛巳，礼部右侍郎谢一夔请追封其前母，许之。一夔援吏部尚书曹鼐及户部尚书杨鼎例以请，上特允之，不为例。

十一月庚寅朔。　戊戌，升编修王臣为侍讲，以九年秩满也。

十二月庚申朔。　丁丑，升修撰谢迁为右春坊右谕德，以九年秩满也。

成化二十年

二月戊午朔。　丙子，命詹事府詹事兼学士彭华、左春坊左庶子刘健为会试官，赐宴于礼部。　丙戌，以太子太傅、吏部尚书兼华盖殿大学士万安，太子太保、户部尚书兼谨身殿大学士刘珝，太子太保、礼部尚书兼武英殿大学士刘吉，太子太保、吏部尚书尹旻，掌通政使司事、太子少保、礼部尚书张文质，掌鸿胪寺事、礼部尚书施纯，兵部尚书张鹏、刑部尚书张蓥、工部尚书刘昭、都察院右都御史李裕、户部左侍郎潘荣、大理卿宋旻、太常卿兼侍讲学士王献、侍讲学士李东阳充殿试读卷官。

三月戊子朔。　丙申，授第一甲进士李旻为修撰，白钺、王敕为编修。

四月丁巳朔。　癸未，改南京参赞机务兵部尚书陈俊为南京吏部尚书，巡抚南直隶兵部尚书王恕于南京兵部，参赞机务。升南京礼部左侍郎李本为本部尚书，南京吏部右侍郎尹直为南京礼部左侍郎。

六月丙辰朔。　丙寅，礼部左侍郎兼学士徐溥奏乞以其子元概循例入监，上念溥侍从春宫旧劳，特官元概为中书舍人。　戊辰，上谕吏部臣曰："内阁万安、刘珝、刘吉事朕春宫，及今讲读辅导，效劳有年，特各官其一子为中书舍人。"盖因元概恩推及之也。安乃以孙弘玤，珝以子鈜，吉以子韦应诏，遂皆官之。既而弘玤、鈜自陈年幼，未能供职，欲辞月俸，不许。

十月乙卯朔。　庚辰，升修撰吴宽为右春坊右谕德，以九年秩满也。

成化二十一年

正月甲申朔。　丁未，太子太傅、吏部尚书兼华盖殿大学士万安等，以星变各辞其子及孙中书舍人之职，得旨："卿等事朕春宫，辅导有年，特各录用一子，以酬其劳，俱不允。"

二月癸丑朔。　戊辰，升侍讲焦芳为侍讲学士，以九年秩满也。

四月壬子朔。　己卯，升修撰吴希贤为左春坊左谕德，仍支原俸一级，以九年秩满也。

五月庚戌朔。　甲子，吏部右侍郎黎淳引奏考满官，误称其姓。翼日，始具疏服罪，上责其怠慢而宥之。

六月庚辰朔。　甲午，太子少保、户部尚书杨鼎卒。鼎字宗器，陕西咸宁人。正统己未会试第一，廷试进士及第，授编修。诏简讲读以下有才器者十人进学东阁，鼎居其一。修《五伦书》，预校勘。十四年，北虏犯顺，命慎选诸司有治才者，分守要地，鼎改御史，莅兖州，振励有法。事平，复旧职。升侍讲兼左春坊左中允，同考礼部会试，寻升户部右侍郎。天顺改元，升左侍郎。成化戊子，升尚书，进太子少保。因言者乞致仕。至是卒，年七十七，赠太子太保，谥庄敏，赐祭，命官营葬。

九月己酉朔。　甲子，太子太保、户部尚书兼谨身殿大学士刘珝致仕。珝上疏，上曰："卿朝廷旧臣，方隆委任，今以疾乞休，情词恳切，特兹俞允。赐敕给驿还家，有司月给米五石，岁拨人夫八名。"珝又奏："臣子钺为中书舍人，才十岁，鈇礼部司务，故多疾，二子皆虚糜廪禄，无益公事，乞令还乡，随臣读书。"许之。初，珝侍上春宫讲读久，及即位，屡进清秩，入内阁，任益崇重。至是前一日申刻，太监覃昌传旨召学士万安、刘吉赴西角门，珝欲往，召者止之。安等至，昌出纸一缄，其上朱书一"封"字，乃御笔也。启视，则人讦珝阴事者曰"刘珝嗜酒，贪财好色，与太监某亲纵子，奸宿乐妇，纳王越银，谋与复爵，朝廷若不去珝，必坏大事"等语。安等惊曰："此即匿名文书告言人罪者，律有明禁，朝廷何不火之，召安等看何为？且珝在内阁，与安等同出入，暧昧之事，何由而明？其子之过，虽珝或有不知也，惟冀太监扶持为幸。"昌曰："某扶持久矣。向科道官劾汪直本，上已讶其无名。今圣意坚不可回，二先生若不作计处，明旦行事本发出，则无及矣。"安等曰："必不得已，珝亲已老，俟其亲终，守制而回，何如？"曰："不能待也。"曰："不然，令珝自陈休致，厚加恩典，以为儒臣遭际之荣，以全君臣始终之义。"昌曰："上意正如此，可达刘先生以亲老为辞，速进本来。"遂各退。翌日，珝进本，上怒无养亲事，命昌问安等曰："此本乃珝于四月间，闻人言其过失于上，而预先撰就者。不暇改写，遂填月日以进。"昌回奏，上意解，特允之，加恩从厚。盖上圣度汪涵，笃念旧臣，于珝曲赐保全如此，匪直珝感恩无穷。凡为大臣者，苟无大故，终上之世，信任无间。其或有故不得已去之，多从轻典，无不感激云。

十二月戊寅朔。　甲申，赐手敕改太子太保、礼部尚书刘吉为户部尚书、谨身殿大学士，詹事彭华为吏部左侍郎，仍兼学士，入内阁参预机务。华具疏辞谢，上曰："卿供职年深，特兹简任，不允所辞。"

成化二十二年

正月戊申朔。　戊辰，升左春坊左庶子刘健为詹事府少詹事，供职如故，以九年秩满也。

二月丁丑朔。　甲申，升修撰林瀚为左谕德，以九年秩满也。

三月丙午朔。　甲子，改南京礼部左侍郎尹直于兵部。直内附当道中贵，而外则少傅万安为之力援也。

五月乙巳朔。　乙丑，侍讲尹龙有罪除名，并革其父吏部尚书尹旻太子少保，令致仕。时东厂官校发龙诸阴事，下锦衣卫狱。既而科道交章论之，上曰："尹旻姑不逮问，三法司、锦衣卫其执尹龙并张璲、王范，于午门前拷讯明白，仍究其有如璲等亲昵请托营求升职者，具奏以闻。"于是礼部郎中刘绅、兵部员外郎董宁、常德府同知朱绅，按察司副使谢显、王锦、冯兰，名俱及焉。狱上，得旨："尹旻听子纳贿，徇情升官，大坏选法，仍革太子少保，止令以尚书致仕。龙凭藉父势，交结憸邪，滥受赃私，发原籍为民。璲、范降三级调除远方，刘绅等令各执问。"侍郎耿裕等上责其职佐铨衡，乃旁视缄默，曲意阿从，致使升擢不公，法当逮问，姑宥之，仍停俸三月。已而降璲等，命巡按、御史执问显、锦、兰及朱绅来奏。

六月甲戌朔。　癸巳，升修撰兼校书傅瀚为左春坊左谕德兼检讨，供职如故，以九年秩满也。

七月甲辰朔。　丙辰，命右春坊右庶子汪谐、左春坊左谕德程敏政为应天府乡试考官。　辛酉，致仕少保、吏部尚书兼谨身殿大学士商辂卒。辂字弘载，浙江淳安人。宣德乙卯乡试，又十年始登进士及第，乡试、会试、殿试俱第一，初授修撰。丁卯岁，英宗命选讲读以下十人进学东阁，辂与焉。己巳之变，英宗北狩，景皇帝即位，召入内阁参与机密，升侍读。是时北虏方炽，而闽浙盗又起，奏牍填委，辂悉心参佐，劳效为多。景泰庚午，升学士。英宗至自虏庭，景皇帝遣辂至居庸关奉迎还。壬申，升兵部左侍郎兼学士并左春坊大学士，赐以居第。丁丑，英宗复辟，石亨等嗾言官劾之，坐除名。成化丙戌，召起复原任，仍参预机密，首言八事，切时政。戊子，慈懿皇太后崩，辂率群臣上疏定祔葬之议，从之。是岁，升兵部尚书，仍兼职如故。癸巳，内官监管皇庄者害人，辂言："天子以天下为家，何以庄为？"上嘉纳之，改户部，仍兼旧职。修《续资治通监纲目》成，兼文渊阁大学士。丙申，加进太子少保，改吏部。时幸臣有欲于掖廷建玉皇祠，每岁以内臣执事如郊祀仪祭之者，辂力言止之。宫门灾，工部请差内外官征材湖广等处，辂言："上天垂戒，宜少缓修葺，以存警戒。"从之。丁酉，命兼谨身殿大学士。时汪直开西厂，行事大肆罗织，屡起大狱，势焰薰灼，人不敢言，辂偕同列上疏极言之。会六部大臣亦以为言，遂革西厂，由是见憾于直。会故大学士杨荣曾孙晔有罪不就逮，赴京避罪，为直所发，语连辂，辂遂乞致仕，诏进少保，赐玺书，给驿以归。至是卒，七十三。讣闻，赠特进荣禄大夫、太傅，谥文毅，遣官谕祭，命有司营葬域。辂体貌修伟，风神雅秀，文章典实，不事华藻。为人平粹简重，宽厚有容，登第甫六年，即入内阁预机务，侪辈多有异议，而辂处之自如。尤与钱溥不相能，溥至为《秃妇传》讥之，亦不与之较。其再起也，黎淳以景泰中易储事专归咎于辂，上章攻之，辂待之无异平时。君子谓其有大臣之量云。子良臣，中进士，为侍讲；次子良辅，刑部主事。孙汝谦，尚宝司丞，以荫得官。　戊辰，吏部右侍郎黎淳斋日杖吏，为吏奏发服罪，上曰："淳身居重任，当谨守礼法以御下人，何为责吏？有犯斋禁，本宜究治，但既输服，姑宥之，仍停俸两月。"　壬申，降侍讲学士焦芳为湖广桂阳州同知。先是，芳与侍讲尹龙为同官，往还甚密。会兵部郎中邹袭坐罪，龙嗾军官奏保复职，芳颇与闻其事。仍为东厂官校缉知以闻，逮锦衣卫鞫之，狱成，刑部拟罪赎杖失职。有旨芳居官翰林，乃违法代人具奏草，持身不谨，难任京职，令吏部降二级调外任。

八月癸酉朔。　己卯，命侍讲学士李东阳、左春坊左谕德傅瀚为顺天府乡试考官，赐宴本部。　甲申，降编修王敕为湖广夷陵判官。御史吕璋劾与尹龙往来，出妻行酒，丑声外闻。　己丑，升吏部左侍郎耿裕为本部尚书。

九月癸卯朔。　丁未，左春坊左谕德林瀚乞归展祭，许之。　壬子，调司经局洗马罗璟为南京礼部员外郎。时璟起复，以复任请，有旨："罗璟丁忧日久，吏部何不补缺，必待璟服满方奏。璟不许复任，调南京部属。耿裕等可自陈状。"裕等引罪，命姑宥之。故事，洗马非常选官，不当补缺，以璟与侍讲尹龙有连，故责及之，然亦由其乡人欲谋侍东宫讲读，而璟适至，嗾李孜省为之也。　丁卯，手敕改兵部左侍郎尹直为户部左侍郎兼学士，入内阁参预机务。直辞谢，上曰："卿久在翰林，才识老成，特兹简用，不允辞。"　戊辰，命编修梁储兼司经局校书。

十月壬申朔。　丁丑，调吏部右侍郎黎淳于南京吏部，夺尚书耿裕俸两月，文选司官吏三月。　庚寅，调吏部尚书耿裕于南京礼部。改工部尚书李裕、礼部左侍郎徐溥于吏部，溥仍兼学士。升掌大理寺事、工部尚书杜铭为刑部尚书，礼部右侍郎谢一夔工部尚书，左通政黄景礼部左侍郎，兵部右侍郎何琮本部左侍郎；南京太常卿刘宣吏部，翰林学士倪岳礼部，巡抚延绥右佥都御史吕雯兵部，俱右侍郎；右佥都御史边镛左副都御史，冯贯改大理卿。　己亥，手敕加英国公张懋、保国公朱永太傅兼太子太师，襄城侯李瑾、定西侯蒋琬、新宁伯谭佑、昌宁伯赵胜太保兼太子太傅；大学士万安升少傅兼太子太师，刘吉少保兼太子太傅，尚书大学士如故；侍郎彭华升礼部尚书，尹直兵部尚书，俱加太子少保，仍兼学士。安等三人上疏辞谢，时华以病在京，亦辞，上优诏答之，不许。

十二月壬申朔。　辛丑，侍讲学士李东阳以父丧去任。

成化二十三年

正月壬寅朔。　丁卯，升南京侍读学士徐琼为南京太常卿，掌国子监事。　己巳，升侍讲李杰为侍讲学士，仍旧清黄，以九年任满也。　庚午，升编修杨守阯为南京侍读。故事，编修等官秩满，无故升南京者。时李孜省既构守阯从兄应天府丞守随，因并及守阯云。

二月辛未朔。　丁丑，命太子少保、兵部尚书兼学士尹直，右春坊右谕德吴宽为会试考官。　癸未，修撰曾彦九年秩满，命升南京翰林侍读，支从五品俸。　戊子，升左春坊左谕德吴希贤为南京侍读学士，掌院事。　赐故封侍讲学士李淳祭，从其子东阳援例请也。

三月辛丑朔。　丁未，太子少保、礼部尚书兼学士彭华以疾乞致仕，许之。赐白金三十两，宝钞三千贯，彩绣文绮衣一袭，并敕有司月给米四石，岁拨人夫六名应用，仍给驿舟还乡。华入阁未几，而倏以病去，人颇快之，谓其心险叵测。李孜省之用事，实华造端嗾使之，然秘而不露，其后孜省败，人始知所自云。　戊申，命兵部尚书兼学士尹直兼经筵官，礼部侍郎倪岳仍兼讲官。　壬戌，升编修敖山、检讨郑纪俱按察司副使，提调学校，山江西，纪浙江。　丁卯，授第一甲进士费宏为修撰，刘春、涂瑞编修。选进士程楷、蒋冕、屈伸、袁达、黄穆、傅珪、万弘璧、倪阜、华峦、吴俨、李汉、仲荣、罗玘、苏葵、郑炤、欧阳鹏、伍符、翁健之、李逊学、邹智、石珤、李充嗣、唐希介、蔡杲、毛纪、刘丙、任仪、阎价、杨廉、潘楷三十人，改为庶吉士读书，命左（右）春坊右庶子汪谐、左春坊左谕德兼检讨傅瀚教之。

四月庚午朔。　癸酉，右春坊右谕德陆钛服阕复任。　丁丑，太常卿兼侍读学士王献卒。献字惟臣，浙江仁和人。甫弱冠，登景泰辛未进士，改庶吉士读书，授编修。预修《寰宇通志》成，升修撰，秩满，升左春坊左谕德兼修撰。庚寅，充日讲官。壬辰，升学士。明年，赐金带。预修《宋元通鉴纲目》成，升少詹事兼学士。戊戌，皇太子出阁，日侍讲读。预修《文华大训》成，升太常卿兼侍读学士。献少美风仪，性颖敏，书一过目即强记。才气飘逸，诗文多可观。与大学士商辂有连，同列见其日讲，意有柄用之渐，与之争进，造为暧昧不根之语，以暴扬于内。坐是不得起掌院事十六年，奄奄不得志而卒。讣闻，赐葬祭如例，赠礼部右侍郎。子霆有废疾，以从子云继其后，录为国子监生。　壬辰，升编修刘戬为侍讲，以九年秩满。

五月庚子朔。　丙辰，赐养病太子少保、礼部尚书兼学士彭华诰命。时华已得请还家，于途次闻朝廷上皇太后徽号加恩，遂具疏援例为请，许之。　戊午，工部尚书谢一夔卒。一夔字大韶，初冒王姓，江西新建人。天顺庚辰进士第一，授修撰。修英庙实录成，升左谕德。又修《续通鉴纲目》成，进学士。未几，擢礼部右侍郎，升工部尚书。〔卒，〕年六十三，赠太子少保，赐祭葬。一夔为人和易平实，与人交久而益亲，尤笃于友义。为文不奇诡峣雕刻。为谕德时尝陈五事，言颇剀切。惟违旧制，乞妻三品祭葬。与尹直沮都御史闵珪奏江西盗贼多京官大家佃户，因调之广西。尚书之骤得，李孜省之力，清议不无鄙薄云。

七月戊戌朔。　庚子，升编修刘震为侍讲，以九年秩满。　甲辰，编修江澜乞归省亲，许之。　戊申，以英国公张懋、保国公朱永、襄城侯李瑾、庆云侯周寿、新建伯谭祐、少傅万安、少保刘吉、太子少保尹直、吏部尚书李裕、户部尚书李敏为正副使，册封第二皇子祐杬为兴王，第三皇子祐棆为岐王，第四皇子祐槟为益王，第五皇子祐楎为衡王，第六皇子祐橒为雍王。　己未，少傅兼太子太师、吏部尚书、华盖殿大学士万安以一品九载官满，诏升少师，兼职如故，仍兼大学士俸，降敕奖谕之。安上疏辞免，略云："少师乃古弘化之官，而二俸兼支，又先朝优礼重臣异典。臣愚何人，可以应此？念臣自入阁，殆经廿载，今已七十衰年，犹日勉强事事，不即自引乞休者，以义在委身事君，不汲汲去国怀乡为自安计耳。误蒙进阶三孤之首，兼支五品之俸，叨此望外之荣。伏望撤还新命，庶弭众口妄冒之讥。"上批答云："卿才识老成，朕所倚毗，兹以年劳升秩加俸，宜勉就职，不允所辞。"

八月庚辰，上不豫。　甲申，命皇太子暂视朝于文华殿。　戊子，上大渐，召皇太子至，命早即皇帝位，敬天法祖，勤政爱民，与凡国事之切要者，诲谕备至。太子顿首受命。　己丑，上崩，寿四十一。

九月辛亥（丁酉）朔。　壬寅，皇太子即皇帝位，诏敕天下，以明年为弘治元年。

戊午，内阁大学士万安、刘吉，学士尹直各奏乞致仕，上曰："卿等历事先朝，辅导有年。朕今嗣位，方切倚任，宜勉尽职，务成治理，所辞不允。"　辛丑，升编修王鏊为侍讲，以九年任满。　甲戌，升户部左侍郎王俨为南京户部尚书，南京吏部左侍郎黎淳为南京工部尚书。

十月壬午（丁卯）朔。　丙子，五更有大星飞流起西北，亘东南，光芒烛地，蜿蜒如龙，朝宁之间，人马辟易。下诏求言。庶吉士邹智上疏言："星变见于朝廷，盖阳不能制阴之象也。宜进君子，退小人，正天下，当自内阁始。少师万安，恃权怙宠，殊无厌足；少师刘吉，附下罔上，漫无可否；太子少保尹直，挟诈怀奸，恬无廉耻。皆小人也。南京兵部尚书致仕王恕，素志忠贞，可任大事；兵部尚书致仕王竑，秉节刚劲，可寝大奸；巡抚直隶都御史彭韶，学识纯正，可决大疑。皆君子也。然君子所以不进，小人所以不退，岂无自哉？宦者阴主之也。愿陛下法太祖以待宦官，法太宗以任内阁，则君子可进，小人可退，而天下之法成矣。夫岂不知刑臣之不可弄纪纲哉？然一操一纵，卒无定守者，正心之功未之讲也。"疏上不报。　丁亥，少师兼太子太师、吏部尚书、华盖殿大学士万安再乞致仕，上曰："卿事先帝及朕，效劳年久，正宜倚任。乃累疏乞休，特允致仕，仍给驿回乡，有司月给米五石，岁夫八名应用。"以御史姜洪、汤鼐、庶吉士邹智相继论劾也。　癸巳，命吏部左侍郎兼学士徐溥入内阁参预机务。科道交章劾奏大学士尹直、吏部尚书李裕、右都御史刘敷、右副都御史丘鼎、礼部左侍郎黄景，皆与李孜省同恶相济，奸邪贪黩；掌国子监事礼部右侍郎丘濬、掌尚宝司事左通政李溥、右通政陈琬、太仆寺卿李温、少卿林凤，俱昏庸误事，奔竞无耻。乞明正其罪，或罢归田野，以为人臣不忠之戒。诏："直等皆先帝简任，朕初正位，须用人理办庶务，尔等何为劾之。"仍令直等各尽心供职，勿生嫌疑。

十一月丙申朔，吏部左侍郎兼学士徐溥辞内阁之命，且乞致仕。上曰："卿学行老成，特兹简用，所辞不允。"　太子少保、兵部尚书兼学士尹直再乞致仕，不允。　辛丑，吏部尚书李裕以科道论列乞致仕，允之。李孜省常援裕为族兄弟，故骤至进用。

甲辰，内阁大学士刘吉再乞致仕，上曰："卿学识老成，操履端慎，朕方倚任，不允休致。"　乙巳，编修刘忠丁忧服阕，复除原职。　起致仕南京兵部尚书王恕为吏部尚书，改南京兵部尚书马文升为都察院左都御史，南京礼部尚书耿裕为南京兵部尚书，参赞机务。　庚戌，礼部尚书周洪谟上疏言："御制各寺观碑记，及遣祭谕祭各王府，并大臣文字，代言之臣，多有用字讹谬者，宜令改正，以示将来。又近日撰先帝谥议者，有阴寓诋毁之意，宜速治万安等罪，以为人臣欺妄不忠之戒。"上命六部、都察院、通政司、大理寺同翰林院会议，以为洪谟所奏，止是指摘文字一二异同，非有关于朝廷大经大法，使其言皆是，亦何补于治，况言多纰缪，徒为烦渎。上曰："御制文字，既考据不差，周洪谟偏执浅见，妄肆诋毁，本当重治，姑贷之，仍罚俸两月。"

十二月辛亥朔。[二]　癸丑，吏部左给事中宋琮等言："比因兵部尚书兼学士管官尹直等，奸贪不法，奔竞无耻，臣等科道官交论之，皇上已令尚书李裕、都御史刘敷致仕去。臣等窃以尹直及礼部左侍郎黄景，奸贪奔竞，比之李裕等为甚，如进士李文祥，御史汤鼐、姜洪，庶吉士邹智，及南京十三道官，相继论奏，此可见好善恶恶，天下之同情也。且尹直自南京转任兵部，以至入阁，黄景自部属升任通政，以至侍郎，未尝一经推举，其附托奸人而进，不待辩说而自明矣。"上曰："尔等言是。尹直、黄景既进用不合公论，直令致仕，给驿还乡，景冠带闲住。"时论快之。　乙卯，敕吏部，少保刘吉升少傅，兼太子太师、吏部尚书，加俸一级，大学士如故；侍郎徐溥升礼部尚书兼文渊阁大学士。　升少詹事刘健为礼部右侍郎兼学士，入内阁参预机务；少詹事兼侍读学士杨守陈吏部右侍郎，右庶子汪谐、左谕德程敏政俱少詹事兼侍讲学士，左谕德傅瀚、陆钶、左中允周经俱太常少卿兼侍读；侍读学士李杰左庶子，仍兼侍读学士；右谕德谢迁、吴宽俱左庶子兼侍读，仍加俸一级；侍读董越、侍讲王臣俱右庶子兼侍讲，太常卿兼正字谢宇工部右侍郎、掌通政司事。录青宫旧劳也。　丙辰，大学士刘吉、徐溥，学士刘健上疏辞免新命，上曰："卿等学识老成，效劳有年，特兹升任，所辞不允。"升掌国子监监事、礼部右侍郎丘濬为本部尚书、掌詹事府事，吏部右侍郎刘宣为本部左侍郎。濬尝撰《大学衍义补》，具表上进。上曰："览卿所纂书，考据精详，论述该博，有补政治，朕甚嘉之。"已升职尚书，仍赏银二十两，纻丝二表里，其誊副本，下福建书坊刊行。

十二月丙寅朔。　庚午，以即位，遣右春坊右庶子兼侍讲董越、工科右给事中王敞充正副使，颁诏于朝鲜国；翰林院侍讲刘戬、刑科给事中吕献充正副使，颁诏于安南国。　辛卯，升左春坊左谕德、管国子监司业费誾为祭酒。　李孜省死于狱。孜省，江西南昌人。初为吏，待选京师。成化丁酉，因太监钱义、柯兴以祈祷术见，先帝试之验，传授太常寺丞，言官劾之，改上林苑监丞。未几，传升通政司右通政，赐金冠法剑各一，图书印二，文曰忠贞和直，曰妙悟道玄，有所奏请，用以封进。孜省又日采取符箓诸书以献，宠信日隆。八年间，官至礼部左侍郎、掌通政司事，恃恩骄恣，有忤己者必害之。工部主事张吉、兵部员外郎彭纲劾之，皆被谪，孜省益自肆，遂赞吏部尚书尹旻及其子编修龙所与往来。太仆少卿张瑾、给事中秦升、工部侍郎谈伦、主事王范、翰林侍讲学士焦芳、修撰曾彦、编修王敕、司经局洗马罗璟、礼部郎中刘绅、员外杨荣、吏部郎中郑宏、兵部郎中邹袭等，并以次谪降，士大夫皆畏之。亦有阴附以媒进者，于是致仕副都御史刘敷为左都御史，礼部郎中黄景为左通政，南京礼部侍郎尹直为兵部左侍郎，工部尚书李裕为吏部尚书，通政边镛为佥都御史，李和为南京户部左侍郎，其同僚通政司参议元守直、张璞、陈琬俱进秩品。又采取时论所推，若学士杨守陈、少詹事刘健、都御史李敏、侍郎李嗣、大理卿张锦、少卿冯贯，及吏部侍郎徐溥、学士倪岳、南京国子祭酒刘宣、通政黄孔昭、左都御史余子俊等，皆密封推荐，缙绅之进退多出其口，人亦无敢言者矣。孜省已成边卫，遇赦当还，太监蒋琮言："孜省罪大，不当赦。"

复械系至京，下锦衣卫狱，孜省不胜楚掠，至是死。

校注：

［一］此则以下事，原系于本年"二月"，此据《明宪宗实录》卷一三九改。
［二］与下文"十二月丙寅朔"相违。据《明孝宗实录》卷七，以下"癸丑"、"乙卯"、"丙辰"等则，均为本年十一月事。

馆阁漫录卷之七　　始弘治元年止九年

弘治元年

正月丙申朔。　癸卯，升翰林院侍讲刘震为右春坊右谕德，管国子监司业事。

闰正月丙寅朔。　修宪宗皇帝实录，以太傅兼太子太师、英国公张懋为监修；少傅兼太子太师、吏部尚书、谨身殿太学士刘吉，礼部尚书兼文渊阁大学士徐溥、礼部右侍郎兼翰林院学士刘健为总裁；掌詹事府事、礼部尚书丘濬，吏部右侍郎杨守陈、詹事府少詹兼翰林院侍讲学士汪谐为副总裁；少詹事兼翰林院侍讲学士等官程敏政等为纂修官。　以纂修实录，召南京翰林侍读曾彦、杨守阯，给假左谕德林瀚、侍讲谢铎，编修张元祯、江澜，丁忧侍讲学士李东阳、右谕德陆简，编修梁储、刘忠、邓炆、张天瑞，检讨杨时畅，命驰驿赴京。

二月乙未朔。　辛亥，升左春坊左谕德张升为左庶子兼翰林院侍读，仍加俸二级。升尝侍春宫讲读，丁忧服阕，故有是命。　丁巳，先是，御马监左少监郭镛请预选女子于宫中或诸王馆读书习礼，以待服阕之日，册封二妃，广衍储嗣。既而左春坊左庶子兼翰林侍读谢迁上疏曰："伏闻陛下因内侍进言，欲选妃嫔以充后宫。臣愚闻之，且骇且愕，以为陛下聪明神圣，岂宜有此举动。夫六宫之制，固所当备，而三年之忧，岂容顷忘。今山陵之工未毕，谅阴之痛犹新，曩陛下以神器之重，万几之繁，勉遵遗诏，俯从古典，盖亦出于甚不得已。臣知陛下食旨不甘、闻乐不乐、居处不安之心，未尝顷刻少衰，奈何遽有此事？此必进言者巧为谀词，以动陛下，而一时误听之耳，非陛下之本心也。臣意进此言者，必以广嗣续绵本支为说，臣窃以为过矣。陛下春秋向盛，如日初升，血气未定，如泉始达，况至孝格天，深仁覆物，众所祝愿，天必降休维熊维罴之祥，螽斯麟趾之庆，将有不期然而然者，何必汲汲为此虑哉！惟后秉坤仪，职主内治，配德乾纲，共承宗社，如日月阴阳相须而成，礼所至重，位不可虚。今则中宫正位，内主得人矣，自余妃嫔，宜可稍缓。又况祥禫之期，岁月几何，俟山陵既毕，礼制既终，徐议其事，亦未晚也。朝廷举事，风行甚速，圣明全德，白璧无瑕，岂可不自慎重，轻致玷亏也哉？臣又闻《中庸·九经》以去谗远色为劝贤之道，今陛下建极之始，正亲贤修德之时，《中庸》之义，尤不可不深省也。伏望陛下涣发宸断，亟寝前命，勿遂一时之失，以贻后世之讥，庶几不远而复。凡为谀佞容悦者，亦不得以诱惑圣心矣。"上命礼部会议，从其言。　己未，先是，以纂修先帝实录，起复翰林院侍讲学士李东阳充纂修官。至是，东阳上疏乞服阕、疾愈供职，从之。　辛酉，将以三月十二日御经筵，敕英国公张懋，少傅兼太子太师、谨身殿大学士刘吉知经筵事；礼部尚书兼文渊阁大学士徐溥、礼部右侍郎兼翰林院学士刘健同知经筵事；礼部右侍郎倪岳，少詹事兼侍读学士汪谐、程敏政，太常寺少卿兼侍读傅瀚、陆钶、周经，国子监祭酒费訚、左春坊左庶子兼翰林院侍读学士李杰，左庶子兼侍读张升、谢迁、吴宽，右庶子兼侍讲董越、王臣兼经筵官，吉、溥、健、敏政、钶、经、迁日侍讲读；翰林院侍讲王鏊，修撰王华、李旻，编修张溁、杨杰、刘忠、于材、徐鹏展书；太常寺卿林章、少卿何遇、吏部郎中姜立纲、礼部主事刘询，中书舍人柳楷、周文通书讲章。

　　三月乙丑朔。　庚午，升南京礼部员外罗璟为福建按察司副使，山西霍州知州焦芳为四川按察司副使，俱提调学校。璟原任司经局洗马，前以特旨调任，芳翰林院侍讲学士，前以缉访讹误降除，吏部奉诏书所谓才识超卓举用也。　丙子，初开经筵。是日早朝毕，上御文华殿，太傅兼太子太师、英国公张懋，暨六部、都察院、通政司、大理寺正官、国子监祭酒，俱盛服侍班。少傅兼太子太师、吏部尚书、谨身殿大学士刘吉讲《大学经》首一节，礼部右侍郎兼翰林学士刘健讲《尚书·尧典》首一节，悉如仪。讲毕，赐宴于左顺门，并赐知经筵、同知经筵、侍班大臣及进讲、展书、书讲章、执事等官白金、宝钞、彩段、表里有差。自是，每月三旬遇二日辄开讲。　丁丑，始命儒臣日讲。是日早朝毕，上御文华殿，大学士刘吉等率詹事府少詹事兼翰林侍讲学士程敏政等讲读经书，敏政与太常寺少卿兼侍读陆钶、周经，左春坊左庶子兼侍讲谢迁，轮日进讲，吉与大学士徐溥、学士刘健侍班，日为常。　吏部侍郎杨守陈言："近以纂修先帝实录，命臣充副总裁官，乞辞部事，专赴史馆供职。"不允。　壬午，致仕南京吏部尚书钱溥奏："初成化十一年十一月初八日，先帝册立皇上为皇太子，二十五日诏至南京。臣时为南京翰林院学士，与文武群臣奉迎于朝阳门外，见孝陵山上有瑞云如宝盖，曾撰《祯应颂》一篇上献，蒙先帝俞悦。今皇上出震承乾，孝隆两宫，身亲庶政，宗社奠安，则瑞气之兆岂其虚应？谨重录所撰颂，乞宣付史馆，载之实录，庶以昭瑞应于无穷。"上命礼部看详以闻。礼部因言孝陵王气所钟，祯应之事，诚可纪述，请移文南京礼部，勘报祯应岁月时日及始末之详，庶可备史馆收载。从之。　戊子，吏部言："近奉命考察京官，凡五品以下俱在列，今詹事府少詹事兼翰林院侍讲学士汪谐具奏，欲将本院侍读等官，并内阁书办等官，准成化十三年例，自会内阁大学士考察，乞赐裁断。"上曰："虽有本院考察旧例，尔吏部仍会翰林院掌印官考察。"

　　五月甲子朔。　辛未，致仕南京吏部尚书钱溥卒。　壬午，升右春坊右谕德陆简为右庶子兼翰林院侍读。简尝侍东宫讲读，丁忧服阕，故有是命。

　　六月癸巳朔。　乙未，左春坊左庶子兼翰林院侍读张升，因天变极论大学士刘吉，升遂调南京工部员外郎。

　　七月壬戌朔。　丙寅，升翰林编修张元祯为左春坊左赞善。元祯尝预修英庙实录，未及转官，养病去。至是，复以纂修召至京，内阁大学士刘健与之为同年，念其久次，故特转之。　辛巳，太常寺少卿兼翰林侍读陆钶乞还乡养疾，上允之，命给驿以行，病愈即来供职。钶前侍春宫讲读，继侍经筵日讲，效劳居多，且学醇，圣心良念之也。

九月辛酉朔，翰林院检讨杨时畅服阕复除。

十月辛卯朔。　戊申，时久阴不雨，监察御史王嵩等因疏陈修省五事，其一谓："礼部尚书周洪谟令家人揽纳药材，多取价直，交通盐商，侵渔国课。万安在日则附之以取荣，去日则背之而加谤。詹事府少詹事兼翰林侍读学士程敏政，奸叔之妾，至生一女，夺弟之官，致死非命，及举乐妇通奸，教以诗书，贪淫无耻。右春坊右庶子兼翰林院侍讲王臣，私造牙牌，服中娶妾，闺门渎乱，逼死家人。太仆寺卿李温贪名大著，士夫耻言。乞罢之。"得旨："周洪谟年老，令致仕，驰驿去；程敏政、王臣念旧侍从官，亦令致仕；李温事无指实，对品调外任。"

十一月庚申朔。　己巳，养病翰林侍讲谢铎以纂修召至，复除原职，仍支从五品俸。

弘治二年

正月庚申朔。　戊子，赐致仕大学士刘珝之父昺祭葬如例，昺尝受封如珝官也。

二月己丑朔。　甲午，内阁大学士刘吉等奏："钦蒙皇上取祈祷祝文，臣等因思即今天气未降，地气尚冻，农工亦未兴举，所以昨日具奏意，望待二月半后另议。仰惟皇上忧民之切，惓惓如此，但臣等不知此意，出于皇上圣心一念之诚，抑左右之人见今久无雨雪，欲劝举行也。若出于圣心一念之诚，当从臣等所言，二月半后举行。若出于左右之劝，此必奸人，因此月初七日月在毕宿，是将雨之候，以此乘机劝上祈祷，幸而得雨，彼将借此以惑圣聪，欲复李孜省、邓常恩故态，希求升赏。皇上因此亦将谓天意可以祭祷，而回不复修人事，以为应天之实也。臣谨按《诗经》有云：'月离于毕，俾滂沱矣。'《书经》云：'星有好风，星有好雨，月之从星，则以风雨。'解之者曰：'月行东北，入于箕则多风；月行西南，入于毕则多雨。'此皆古人成说可信者。当先帝时，李孜省得志一时，贻笑万世。今倘又有此事，臣等实不敢奉旨撰祝文稿以进，乞将劝言之人，暂加疏斥，待二月半后，皇上斋心祈祷，但自尽其诚，至于雨泽有无，亦未敢取必于天也。"疏奏，上复纳之。

三月己未朔。　己巳，致仕少师兼太子太师、吏部尚书、华盖殿大学士万安卒。安字循吉，眉州人。正统十三年进士，选为翰林院庶吉士，授编修，升左春坊司直郎兼编修，转侍讲。升学士、詹事府少詹事，仍兼学士，升礼部左侍郎。成化五年，命兼学士，入内阁参机务。升本部尚书，加太子少保，改户部，兼文渊阁大学士。孝庙出阁，改吏部，兼谨身殿大学士，加太子太保、光禄大夫、柱国，历少傅兼太子太傅、太子太师、华盖殿大学士，进少师。二十三年致仕。至是卒。讣闻，辍朝一日，赠太师，加特进左柱国，谥文康，赐祭葬如例。安状貌魁岸，仪观甚伟，自未第时，人皆知为伟器。及官翰林，受知宪庙，在内阁者几二十年，恩礼隆厚，而又当海内熙洽之馀，其遭际可谓盛矣。顾其为人，外宽内深，恶人异己，若礼部侍郎邢让、国子监祭酒陈鉴、司业张业，皆以无罪诬罢官，盖安与学士彭华谋居多；而吏部尚书尹旻之得祸，则尤华所媒孽，而安阴主之也。是时指挥万通为昭德内妃兄弟，有宠，安以同姓结通为族，已而通妻王氏母来自博兴，王谓其母曰："尝记家贫时，某妹与人为姊，今何在也？"母曰："第记为四川万编修者也。"遂历访之，则知编修固安昔年官也。于是妹呼姊小字曰翠儿，姊亦呼妹小字曰翠莲，悲喜交集，而安与通真为姻娅矣。乃复为通为久固计，而江西人李孜省、邓常恩时以左道获宠，因使华通孜省、常恩为助，而安益阴厚之，以是安势益盘据。凡才贤胜己者，持正不趋附者，皆妒嫉之，如王恕、马文升、耿裕、秦纮、焦芳辈，皆相继斥逐，而旻之事尤为特著云。御史汤鼐、姜洪等，庶吉士邹智，皆论之，洪等列十罪，至有"面似千层铁甲，心如九曲黄河"之语，老瓢老象之谣。即日中官至内阁，摘去牙牌，勒令致仕，中外称快。

　　五月戊午朔。　乙酉，南京翰林院侍读学士吴希贤卒。贤字汝贤，福建莆田人。天顺八年进士，改翰林院庶吉士。成化元年，授检讨。与修英庙实录，升修撰，历左春坊左谕德、侍读学士。希贤少豪迈，为文章有奇气，尤工于诗。每僚友宴会，累数百言可立就，人多服其敏。赐谕祭。

　　七月丁巳朔。　壬戌，命右春坊右庶子兼翰林院侍读董越、左春坊右赞善张元祯为应天乡试考官。　戊辰，吏部右侍郎杨守陈乞致仕，上命兼詹事府府丞，专理纂修事，不允休致。　辛未，大学士刘吉以灾异乞致仕，上曰："卿辅导先朝，勤慎素著，朕今方倚毗，期于交修，以回天意，岂可避嫌求去？所辞不允。"

　　八月丙戌朔。　甲寅，升太常寺少卿兼翰林院侍读周经为礼部右侍郎。

　　十月乙酉朔。　戊子，升翰林院编修张澯、杨杰为本院侍讲，检讨刘机、杨廷和、武卫为修撰，俱九年考满也。　戊戌，升国子监祭酒费誾为詹事府少詹事兼翰林院侍读，充实录纂修官。　庚子，升浙江按察司提学副使郑纪为祭酒。　壬寅，吏部右侍郎兼詹事府府丞杨守陈卒。守陈字维新，浙江鄞县人。景泰二年进士，选翰林院庶吉士，授编修，预修《大明一统志》。成化初，充经筵讲官，职满升侍讲。英庙实录成，升司经局洗马，转侍讲学士。预修《宋元通鉴》，以忧去，服阕。孝庙出阁，命侍讲读。《文华大训》成，升少詹事，仍兼侍讲学士。弘治初，升吏部右侍郎。纂修宪庙实录，命充副总裁，上章请解部事且乞休，命以本官兼詹事府府丞，专典史事。至是卒，年六十五。讣闻，赐祭葬，谥文懿。既而实录成，赠礼部尚书。

　　十一月乙卯朔。　甲子，授翰林院庶吉士程楷、蒋冕、黄穆、傅珪、华峦、吴俨、罗玘俱为本院编修，李逊学、毛纪俱为检讨。

弘治三年

　　二月癸未朔。　己丑，命礼部尚书兼文渊阁大学士徐溥、詹事府少詹事兼翰林院侍讲学士汪谐为会试考官。　庚寅，初，上命礼部右侍郎周经充会试知贡举官，经入院后，闻子病，而左侍郎〔倪岳〕又以亲属入试回避，乃上疏援尚书姚琼（姚夔）入院例，上请命尚书耿裕代之。　戊申，命调四川提学副使焦芳于湖广。

三月癸丑朔。　乙未，致仕太子太保、户部尚书、谨身殿大学士刘珝卒。珝字叔温，山东寿光县人。八岁能文章，书过目辄成诵。有老人相曰："是儿面有文类丞字，后必为相。"正统十三年进士，改翰林院庶吉士，授编修。景泰七年，修《寰宇通志》成，升修撰。天顺元年，升春坊右中允。进讲东宫，凡义理精微，间阎疾苦，与前代治忽之由，皆恳恳言之无少讳。八年，宪庙登极，以宫僚旧臣，升太常寺少卿兼侍读。成化三年，修英庙实录成，升太常寺卿，仍兼侍读。明年，升兼侍读学士。八年，丁母忧，归庐墓侧，乡人化之，号其里曰仁孝。服阕复任，升吏部左侍郎，仍直经筵日讲。十一年，升兼翰林学士，入内阁。十三年，升户部尚书，兼职如故。十四年，加太子少保兼文渊阁大学士。十八年，修《文华大训》成，加太子太保，进阶光禄大夫、柱国。二十一年，奸人李孜省辈左道乱政，欲摇国本，珝毅然抗言无少避，邪谋遂沮。然竟不能安于位，或构为飞语，假优戏以中伤之，赖宪宗之明，宠眷不背。是年，以亲老乞归，赐赉甚厚。家居十余年。至是卒，年六十五。讣闻，辍朝一日，遣官祭葬如例，谥文和。　丁卯，命少傅兼太子太师、吏部尚书、谨身殿大学士刘吉，太子太保、吏部尚书王恕，礼部尚书兼文渊阁大学士徐溥、户部尚书李敏，詹事府掌事、礼部尚书丘濬，兵部尚书马文升、刑部尚书何乔新、工部尚书贾俊、都察院右都御史屠滽、礼部右侍郎兼翰林学士刘健，通政司掌司事、工部右侍郎谢宇，大理寺卿冯贯、左春坊左庶子兼侍讲学士李东阳充殿试读卷官。　大学士刘吉等言："旧制，礼部会试中式举人，先一日殿试，次日读卷，又次日放榜，以日时迫促，致阅卷未得精详。自今请再展一日，至第四日始放榜，庶得各竭考校之力。其读卷执事官，仍旧寓宿礼部，以绝浮议。"从之。

丙子，授第一甲进士钱福为翰林修撰，刘存业、靳贵为编修。

四月癸未朔。　丁亥，升吏部左侍郎刘宣为南京工部尚书，南京太常寺卿、掌国子监事徐琼为南京礼部右侍郎。

七月辛亥朔。　己未，湖广按察司副使焦芳言己为万安、彭华所害，意欲复官，内阁大学士刘健力沮，命所司知之。　乙丑，治纪贵、纪旺等诈冒皇亲罪有差。初，孝穆皇太后尝自谓广西贺县人，家姓纪氏，亲族幼弗能知也，太监郭镛闻而识之。上在东宫时，太监陆恺者本姓李，自称为孝穆皇太后亲兄，镛心知其伪，弗发。恺尝托镇守两广太监顾恒访其叔李福边与其兄以来，恺姊婿韦父成知其家无人，乃冒承之，得官田数顷，府县遂以戚畹目之，而增设其所居里名曰迎恩。纪贵者，亦本李姓，名父贵，及弟祖旺，谋于田主邓璋曰："韦乃异姓，犹可冒以致富，我同姓顾不可乎？"璋遂与伪撰宗系图上之府县，且讦父成之伪，府县亦莫之辨也。上即位，遣太监蔡用往访求，无所得，里老遂妄举父贵、祖旺以对，用欲取悦于上，弗复究实。遂与都御史宋旻、太监韦春、安远侯柳景、御史唐相、布政使侯英、按察使林符、都指挥纪英、知府李庭芝、通判俞玑共成之，以二人至，诏改父贵为纪贵，祖旺为纪旺，授官赐第，并金帛庄田奴婢甚众。父成歆艳其贵，因从至京争辨，上命镛偕恺审验。镛比用力为弥缝，令父成驰驿归。未几，上命镛往祭纪氏先茔且焚黄，继命工部郎中顾馀庆修治茔墓，湖广监生蒋灏、周绅知父贵等诈，乃挟其佃户连山县獞人李友广偕来，教之争诉，以徼后福。时知县廖宾广西平乐人，计右父贵，为之奏辨，会以友广为诈，下户部发遣，而尚书李敏亦言其可疑。上命司礼监、内阁及多官会审，竟莫能辨。乃遣户科左给事中孙珪、监察御史滕祐德廉之，灏与绅恐珪等去知其情，又令江西分宜县人高龙往连山诈称锦衣卫百户，来侦察虚喝，县人具友广贯址供状，冒为孝穆皇太后族，俟科道官至，但据此上之。珪等至贺县，微行遍询于人，悉其伪也。乃还，劾用等欺罔，下多官鞫审，法司议拟以闻。得旨："纪父贵、祖旺诈冒母后宗支，滥受官职，高龙诈称私行体访事务，扇惑人心，俱依律处决。郭镛本知其伪，党比蔡用，欺罔不言，亦当诛，姑宥之，黜为小火者，南京新房闲住。周绅、蒋灏、廖宾俱为民。李友广摆站陆恺，致起伪端，法尤难宥，但尝有奉侍陵寝劳勤，发茂陵司香。"既而翰林侍读曾彦、都御史屠滽等请宥李父贵、李祖旺、高龙之死，以为其情可矜。上从其言，以父贵、祖旺充福建镇海卫军，高龙充辽东铁岭卫军。

　　九月庚戌朔。　丙子，左春坊左赞善张元祯乞假省母，许之。

　　闰九月庚辰朔。　戊子，左春坊左庶子兼翰林侍读谢迁乞假省亲，许之，仍降旨令驰驿亟回。

　　十一月己卯朔。　辛丑，礼科给事中韩鼎、监察御史文贵等各上疏言："国子监祭酒郑纪，肤浅粗疏，昔任翰林，养病于家，挟制官府，强占寺田，为一乡之害。继升浙江提学副使，仍肆妄为，生员小有过犯，箠楚过百，考试略不如意，辄行黜退，为一方之害。后复夤缘得升监学，奸私险刻，妄为愈甚，擅更旧制，侵盗官钱，拨历不公，淫乱无耻。其馀鄙恶之行，未暇悉数。乞执送法司，明正其罪。"上曰："郑纪到任未久，乃遽有如许事情，令吐实以闻。"纪条析自辨。上以纪不协众论，命调南京通政司左通政。

　　十二月戊申朔。　戊辰，升左春坊左谕德林瀚为国子监祭酒。

弘治四年

　　正月戊寅朔。　壬寅，南京监察御史金章等言四事，一黜旷职，乞罢礼部尚书黎淳、国子监祭酒郑纪。上曰："黎淳果有疾，许自陈。"

　　二月丁未朔。　己巳，致仕太子少保、礼部尚书周洪谟卒。洪谟字尧弼，四川长宁人。正统十年进士及第，授翰林编修。修《寰宇通志》成，升侍读，仍兼赞善。天顺二年，改南京翰林院，署院事。八年，召修英庙实录。戎珙蛮入寇，上备御方略，多见采纳。成化元年，以职满升侍读学士。寻升南京国子监祭酒，日与诸生讲说经义。母丧服阕，改国子监祭酒。奏孔子冕十二旒、衣十二章，惟舞佾、笾豆不称。于是命加舞佾为八，笾豆为十二，孔庙纯用天子礼乐自此始。十二年，升礼部右侍郎，转左。上疏请造璇玑玉衡，宪宗即命洪谟自制，众谓必不可成，旬日间乃制成以进，赐赉有加。十七年,升本部尚书,随事建明,多所裨益。加太子少保,乞致仕,许之。至是卒,年七十二,谥文安,赐祭葬如例。洪谟矜庄寡合,博览强记,著《疑辨录》,其所论述,多出新意,为文亦富赡。尤善谈兵,论事每执己见,鲜适于用云。

三月丁丑朔。 己亥,左春坊左庶子兼翰林侍读谢迁省亲复任。 南京礼部尚书黎淳乞致仕,许之,仍赐以诰命。

四月丙午朔。 乙卯,升翰林院检讨张芮为本院修撰,以九年职满也。 丙辰,詹事府少詹事兼翰林侍讲学士汪谐以久疾乞停俸,不允。 癸酉,翰林院编修兼司经局校书梁储丁忧服阕,升本院侍讲,以储尝侍春宫讲读也。

五月丙子朔。 庚寅,翰林院编修马廷用丁忧服阕,复除原职。 甲午,南京国子监祭酒谢铎以疾乞致仕,许之。

六月丙午朔。 丙辰,命故太常寺少卿兼翰林侍读陆钛之子爰为国子监生。以钛尝效劳春官讲读,从爰请也。

七月乙亥朔。 癸未,升左春坊左庶子兼翰林侍读学士李杰为南京国子监祭酒。

丙戌,命南京国子监祭酒李杰仍修实录。时杰纂修官,既升任,大学士刘吉等谓杰方有事校正未毕,奏令仍暂在馆校正,毕日赴任,从之。

八月乙巳朔。 丁卯,上表进宪宗实录。是日,赐监修官太傅兼太子太师、英国公张懋,总裁少傅兼太子太师、吏部尚书、谨身殿大学士刘吉,礼部尚书兼文渊阁大学士徐溥、礼部右侍郎兼翰林学士刘健,人白金八十两,文绮四表里,罗衣一袭,鞍马一;副总裁礼部尚书丘濬、詹事府少詹事兼翰林侍讲学士汪谐,人白金八十两,文绮四表里,罗衣一袭;纂修官太常寺少卿兼翰林侍读傅瀚、詹事府少詹事兼翰林侍读费訚、左春坊左庶子兼侍读谢迁、右春坊右庶子兼侍读陆简,翰林院侍读曾彦、杨守阯,侍讲刘戬、王鏊、杨杰、梁储,左春坊左赞善张元祯,翰林院修撰刘机、武卫、张芮,编修刘忠、邓㭿、黄珣、张天瑞、刘春、涂瑞,检讨杨时畅,纂修兼校正官南京国子监祭酒李杰、左春坊左庶子兼翰林侍讲学士李东阳、左春坊右(左)庶子兼翰林侍读吴宽、右春坊右庶子兼翰林侍讲董越,纂修兼参对官翰林院修撰杨廷和、编修张澜,人白金三十两,文绮三表里,罗衣一袭;催纂官吏部员外郎季通、中书舍人胡清,人白金二十两,文绮二表里,罗衣一袭;誊录官太常寺卿林章等二十五员,人白金十五两,文绮二表里,罗衣一袭;收掌文籍官鸿胪寺主簿靳塘等二员,人白金十两,文绮一表里;誊录监生许监(许鉴)等九人,人白金五两,文绮一表里。其纂修太常寺少卿兼侍读周经、右谕德林瀚、侍讲张澯,修撰王华、李旻、费宏,人白金十两,文绮二表里;催纂寺副于渊、中书舍人柳楷,白金十两,文绮一表里;誊录监生孙宵〔文绮〕一表里。以经等各升擢忧制、去任久近不一,故赐赉有差。纂修编修白钺、誊录主簿李珵以去任二年之上,不与赏。 戊辰,敕吏部:"皇考实录修完,念各官勤劳,监修张懋升太师,仍兼太子太师;总裁刘吉升少师、华盖殿大学士,余兼如故,徐溥升太子太傅、户部尚书兼武英殿大学士,刘健升礼部尚书兼文渊阁大学士;副总裁丘濬升太子太保,仍兼礼部尚书,汪谐升礼部右侍郎兼翰林学士。如敕奉行。" 辛未,升纂修官太常寺少卿兼翰林侍读傅瀚为太常卿，少詹事兼侍读费訚为詹事，俱兼侍读学士；南京国子监祭酒李杰加俸一级；左春坊左庶子兼侍讲学士李东阳、右春坊右庶子兼侍讲董越，俱为太常少卿兼侍讲学士；左庶子兼侍读谢迁、吴宽，右庶子兼侍读陆简，俱少詹事兼侍讲学士；侍读曾彦、杨守阯，俱左谕德；侍讲刘戬、王鏊，俱右谕德；杨杰、梁储，俱司经局洗马；左赞善张元祯南京翰林侍讲学士；修撰刘机、杨廷和，编修张澜，俱侍读；修撰武卫、张芮，编修刘忠、邓烣、黄珣、张天瑞，俱侍讲；检讨杨时畅，编修刘春、涂瑞，俱修撰。

九月甲戌朔，掌詹事府事、太子太保、礼部尚书丘濬上疏乞休致，上曰："卿年德老成，已升重职，当勉就任，不允所辞。"既而濬复两申前请，俱优诏勉留之。　壬午，少师兼太子太师、吏部尚书、华盖殿大学士刘吉九年职满，吏部以闻。上曰："吉事朕年久，辅导勤劳，赐敕奖励，加特进，兼支大学士俸，仍旧供职。"礼部右侍郎周经为吏部右侍郎。

十月甲辰朔。　丙午，升詹事府詹事兼翰林侍读学士费訚为礼部右侍郎。　乙丑，敕吏部，太子太保、礼部尚书丘濬兼文渊阁大学士，参预机务。濬以老辞，上曰："卿历任年深，特兹擢用，所辞不允。"濬复辞曰："人臣竭忠以报国，必于少壮之时，苟过然后用之，则年力衰耋，虽有可用之才，决为之志，亦未如之何已。臣生长荒陬，非有适用之才，循资累考，幸致极品。今年七十有一，古人所谓钟鸣漏尽之时也。况内阁之任，虽掌辞翰，实兼论思辅弼之任。臣诚不才，自幼亦有志用世，于凡典章政务，无不蓄于心而笔于书，正以待朝廷万一之用。今幸不为圣明所弃，正摅所学以报国之秋也。顾乃累辞宠命，夫岂本心哉？盖时不待人，死期将至，虽欲陈力就列，不能也已。是以捧读手敕，感激之极，不觉涕零。伏望免其职任，放归田里。"上复曰："朝廷以卿学行老成，特加任用，所辞不允。"

十一月癸酉朔。　乙亥，丘濬复具疏辞，上曰："朝廷用人，已有敕旨，卿当勉图报称，毋得固辞。"

弘治五年

正月壬申朔。　癸巳，故内阁大学士彭时之孙崧于中书舍人写诰一年，照例除授，从其请也。

三月辛未朔。　辛卯，礼部右侍郎兼翰林学士汪谐以久病乞致仕，命住俸养病，痊日起用。

四月辛丑朔。　戊午，致仕南京礼部尚书黎淳卒。淳字太朴，湖广华容县人。天顺元年举进士第一，授翰林修撰，预修《大明一统志》。成化二年职满，升左春坊左谕德。三年，英庙实录成，进左庶子。十三年，修《续资治通鉴纲目》成，迁詹事府少詹事兼翰林侍读。十四年，升吏部右侍郎。二十二年，改南京吏部。二十三年，满九载，迁左，加正二品俸。弘治元年，升南京工部尚书，寻改礼部。又三年，以疾得请致仕。至是卒，年七十，赐祭葬如例，谥文僖。淳性耿介，寡与人合，患流俗奢侈，凡婚丧燕饮皆有则。其取与不苟，有门生尹华亭以红云布寄淳，不受，即书封识上曰："古之为令，拔茶植桑；今之为令，织布添花。吾不用妖服也。"子民牧、民表，皆举进士。

五月庚午朔。　壬午，编修傅珪服阕复职。

七月己巳朔。　辛巳，命右春坊右谕德王鏊、司经局洗马杨杰为应天府乡试考官。　授翰林庶吉士苏葵为本院编修。

八月己亥朔。　辛丑，内阁大学士丘濬复两疏乞致仕，上曰："朕擢卿重任，当勉图尽职，岂可累以目疾求退？今后凡大风并雨雪日，俱免早朝。"　癸卯，少师兼太子太师、吏部尚书、华盖殿大学士刘吉复上疏乞致仕，上曰："卿朝廷旧臣，正当委身匡辅，今乃累陈老疾，恳乞休退，特兹俞允。仍赐敕给驿还乡，有司月给米五石，岁拨夫役八名应用。"

九月己巳朔。　乙亥，太常寺卿兼翰林侍读学士傅瀚疏乞还乡展祭，许之，给驿以行，仍谕令亟还供事。陛辞，赐白金十两，彩段二表里。瀚经筵日讲官也。　戊子，命詹事府少詹事兼侍讲学士陆简、司经局洗马梁储纂修玉牒。　辛卯，升南京太常少卿陈音为本寺卿，以九年职满也。

十一月戊辰朔。　辛未，翰林编修罗玘丁忧服阕，复除原职。　乙亥，升福建提学副使罗璟为南京国子监祭酒。

弘治六年

二月丙申朔。　庚子，命太常少卿兼翰林侍讲学士李东阳、詹事府少詹事兼翰林侍读学士陆简为会试考官。

三月丙寅朔。　丁卯，翰林检讨李逊学丁忧服阕，复除原职。　甲戌，南京吏部尚书王㒜乞致仕，不允。　庚辰，命太子太傅、户部尚书兼武英殿大学士徐溥，太子太保、礼部尚书兼文渊阁大学士丘濬，礼部尚书兼文渊阁大学士刘健、户部尚书叶淇，太子少保、兵部尚书马文升，刑部尚书彭韶，太子少保、工部尚书贾俊，吏部左侍郎张悦、都察院右副都御史翟瑄，掌通政司事、工部右侍郎谢宇，大理寺左少卿屠勋，太常寺少卿兼翰林侍讲学士董越、詹事府少詹事兼翰林侍讲学士吴宽充殿试读卷官。　甲午，授第一甲进士毛澄为翰林修撰，徐穆、罗钦顺为编修。

四月乙未朔。　丁酉，命大学士徐溥暂免早朝，仍日赴内阁治事，以溥自陈有疾也。　兵科给事中涂旦言："永乐甲申间，命学士解缙选进士曾棨等二十九人，俱读书文渊阁，自后相承，遂为故事。我朝人才之盛，多由于此。乞循祖宗旧制，合今礼部以所取进士抡选之，改为庶吉士，入翰林读书。抡选之法，在精采择以抑其滥进，严考试以探其心术，限年岁以责其进学。"礼部覆奏，谓选择教养之法，累朝已有成规，惟在敕内阁大臣，参酌历科事例举行耳。从之。　甲辰，大学士徐溥等言："比给事中涂旦建议，欲选新进士改庶吉士，入翰林读书。惟庶吉士之选，自永乐二十年以来，或间科一选，或连科累选，或数科不选，或合三科同选，初无定限。每科选用，或内阁自选，或礼部选送，或会吏部同选，或限年岁，或拘地方，或采誉望，或就廷试卷中查取，或别出题考试，亦无定制。自古帝王，皆以文章关乎气运，而储才于馆阁以教养之。本朝所以储养之者，自及第进士之外，止有庶吉士一途。凡华国之文，与辅世之佐，咸有赖于斯。然而或选或否，则有才未必皆选，而所选者又未必皆才。若更拘于地方年岁，则是已成之才，或弃而不用，而所教者或未必皆有成。请自今以后，立为定制，一次一开，一次选用，待新进士分拨各衙门办事之后，俾其中有志学古者，各录其平日所作文字，如论策诗赋序记之类，限十五篇以上，于一月之内，赴礼部呈献。礼部阅试，记编号封送翰林考订，其中词藻文理有可取者，按号行取。本部仍将各人试卷记号糊名封送，照例于东阁前出题考试，其所试之卷与所投之文相称，即收以预选。若其词意钩棘而诡僻者，不在取列。中间有年二十五以下，果有过人资质，虽无宿构文字，能于此一月之间有新作五篇以上，亦许投试。若果笔路颇通，其学可进，亦在备选之数。每科不必多选，所选不过二十人；每选不必多留，所留不过三五辈。如此则所选者多是已成之才，有所论撰，便堪供事，将来成就，必有足赖者。如是则预列者无徇私之弊，不预者息造言之谤。臣等皆出自此途，引进后贤，储之馆阁，以报国厚恩，乃其职也。"疏入，上纳之，命今后内阁仍同吏、礼二部考选。　壬子，翰林院检讨毛纪上疏乞省亲，许之。

五月甲子朔。　辛未，升翰林编修马廷用为本院侍读，以九年秩满也。　癸未，太常卿兼翰林侍读学士傅瀚省祭复任。

闰五月甲午朔。[一]　丁酉，翰林院修撰李旻丁忧服阕，复除原职。　丙午，升翰林修撰王华为右春坊右谕德，以九年秩满也。　庚戌，南京吏部尚书王㒜复乞致仕，上曰："卿近以疾辞，已有旨勉留，尽心供事，不允休致。"　辛卯，升礼部左侍郎倪岳为尚书，太常卿兼侍读学士傅瀚为礼部右侍郎。

六月癸亥朔。　乙丑，礼部右侍郎费訚卒。訚字廷言，号补庵，镇江丹徒人。成化五年礼部会试第一，进士，选庶吉士，授编修。同考礼部，与经筵，升国子监司业，秩满，升春坊左谕德，仍管司业事。未几，升祭酒。弘治元年，孝庙初开经筵，充讲官。车驾视学，赐坐讲彝伦堂。及直日讲，遂改少詹事兼侍读。同修宪庙实录成，进詹事兼侍读学士。再越月，擢礼部右侍郎。病满三月，例停俸，诏特不允。至是卒，年五十八。上遣官谕祭，命有司为营葬事。　癸酉，选进士顾清、赵士贤、萧柯、沈焘、曹琼、吴一鹏、杨升、曹镤、汪俊、周玉、黄澜、胡爟、王缜、任良弼、吴舜、许天锡、薛格、陈玉、陈阳、王崇文二十人为庶吉士，命太常卿兼侍读学士傅瀚、太常少卿兼翰林侍讲学士李东阳教之，给酒食、器具如例。

七月癸巳朔。　甲寅，大学士丘濬乞休致。[二]上曰："卿宜尽心职务，毋以人言，辄自求退，所辞不允。"　戊午，升南京〔礼部〕右侍郎徐琼为礼部左侍郎。　庚申，礼部左侍郎徐琼之升也，有外戚之助焉。于是吏科都给事中王质、山东道御史文瑞等交章劾奏，谓琼夤缘升职，奔竞无耻，乞罢黜以示戒。上曰："吏部尝拟琼升尚书，汝等默无一言。今升左侍郎，却乃举奏，本当究问，姑记之。" 壬戌，大学士丘濬再乞致仕，上曰："卿文学老成，近已有旨勉留，有疾宜善调理，不允休致。"

八月癸丑朔。 丙寅，升都察院右都御史白昂为刑部尚书，吏部右侍郎周经为本部左侍郎，詹事府少詹事兼侍讲学士吴宽为吏部右侍郎。 戊寅，翰林检讨石玠病痊至京，复除原职。 庚辰，大学士丘濬复以老疾乞致休，上曰："卿年虽老，筋力未衰，宜勉供职，不允所辞。"

九月壬辰朔。 丙申，复以辽东苑马寺卿李温为太仆寺卿。先是，监察御史王嵩等劾奏温及学士程敏政等，敏政致仕，温调外任。敏政后以锦衣卫千户叶通奏雪，得复职。温考满至京，因援例以请，吏科参驳温贪冒陈乞，吏部据以覆奏，上特命复原职。

壬寅，升太常少卿兼侍讲学士董越为南京礼部右侍郎。

十月壬戌朔。 丙戌，命故少詹事兼翰林学士柯潜之子宗文送中书舍人习字出身，以潜尝侍宪庙讲读也。 戊子，升左春坊左谕德曾彦为南京侍读学士，仍支正五品俸。

十一月壬辰朔。 丁未，致仕少师兼太子太师、吏部尚书、华盖殿大学士刘吉卒。吉字祐之，直隶博野县人。正统十三年进士，改庶吉士，授编修。景泰年充经筵官，预修《寰宇通志》，升修撰。天顺年侍宪庙于春坊讲读，预修《大明一统志》，丁内艰，起复。成化年升侍读，英庙实录成，升侍读学士兼经筵讲官。寻升礼部右侍郎，转左。五年，命兼学士，入内阁参预机务。十三年，升本部尚书。十四年，加太子少保、文渊阁大学士。十八年，以外艰去位，诏起复之。修《文华大训》成，进太子太保、武英殿大学士。十九年，给一品诰命，追赠三代。二十年，升户部尚书兼谨身殿大学士。弘治改元，升少傅兼太子太师、吏部尚书，知经筵事。修宪庙实录，充总裁官。四年，实录成，加少师、华盖殿大学士。一品秩满，加特进，兼支大学士俸，并赐敕谕金币羊酒以宠异之。五年，乞致仕，久之乃许，仍遣中官就其第赐白金宝钞金织袭衣，及命有司月给米五石，岁拨夫八名应用，赐敕给驿以归。逾年卒。讣闻，辍视朝一日，赠太师，谥文穆，命有司茔葬。自闻丧至掩圹，遣中官谕祭者三，遣有司谕祭者十。吉性沉毅，喜怒不形于色，遇事能断，在内阁最久。上始即位，尤委任之，恩遇最盛。凡改纪政事，进退人才，言率见听，隐然有内相之重。然所与厚者，多谗谄面谀之人，致不能自闻其过。廷臣有不悦者，或使言官劾去之，故议者谓其乏休休之量，而其后圣眷亦渐散云。

弘治七年

二月庚申朔。 辛未，大学士丘濬再乞致仕，不允。 庚辰，大学士丘濬再乞致仕，上曰："卿老成谙练，已有旨勉留供职，不允所辞。"

四月己未朔。 壬戌，致仕右春坊右庶子兼翰林院侍讲王臣奏："往年尝效劳讲读，后为御史魏璋诬陷，与少詹事程敏政同致仕。今敏政已起用，惟臣尚负冤抑，乞赐辨雪。"吏部复奏，上曰："王臣既与程敏政事体相同，准复原职。" 壬申，致仕南京太常寺少卿牛纶自陈尝侍宪庙于青宫讲读，乞比少詹事柯潜及司马恂事例，录其子让于中书舍人习字出身，许之。

五月戊子朔。 甲寅，调右春坊右庶子兼侍讲王臣为南京工部郎中，给事中周旋劾其前事也。

六月戊午朔。 庚午，先是，詹事府少詹事兼侍讲学士谢迁丁其母宜人邹氏忧，上念迁侍从之旧，因其请，特赐祭葬。至是，其父封左庶子恩之丧，迁复以谕祭及启圹合葬为请，亦允之。

七月丁亥朔。 庚子，翰林院侍讲张潆丁忧服阕，复除原职。

八月丁巳朔。 乙丑，内阁大学士徐溥、丘濬、刘健三年秩满，上降手敕，溥加少傅兼太子太傅、吏部尚书、谨身殿大学士，濬加少保兼太子太保、户部尚书、武英殿大学士，健升太子太保兼礼部尚书、武英殿大学士。溥等同具疏辞，上曰："卿等辅导有年，特加升秩，宜尽心供职，所辞不允。" 己巳，内阁大学士徐溥等奏："文职诰敕，原系内阁掌行。近年以来，内外各衙门官员渐多，名职条例，人各不同。臣等参预机务，事体繁重，不暇致详，别无专官管理，前后委积，动至数百道。每撰写进呈后，类送中书舍人书写，吏部奏请颁给，一年仅得一二次。各官应给诰敕者，多因父母年老，日夜悬望，欲沾一命。按正统年间，王直系侍郎兼学士职事，专管内阁诰敕。今惟太常寺少卿兼翰林侍讲学士李东阳，文学优赡，兼且历任年深，乞量升一职，令在内阁专管诰敕，庶委任专一，事不稽误。"得旨："李东阳升礼部右侍郎兼侍讲（读）学士，专管诰敕，日讲官少詹事陆简升詹事兼侍读学士，程敏政太常卿，左庶子张升少詹事兼侍讲学士，照旧供事。"

弘治八年

正月乙酉朔。 壬辰，詹事府詹事兼侍读学士陆简卒。简字廉伯，直隶武进人。成化元年乡贡第一，二年进士及第，授编修。与修英庙实录，加俸一级，秩满，升侍讲。以修《续通鉴纲目》成，升右春坊右谕德。上在东宫时侍讲读，丁父忧，服阕。弘治元年，召修宪庙实录，至则以旧劳升右庶子兼侍读，充经筵讲官，寻直日讲。实录成，升少詹事兼侍讲学士。七年，以日讲劳，特升詹事兼侍读学士。逾年卒，年五十四。赐祭葬，赠礼部右侍郎。 壬寅，大学士丘濬乞致仕，上曰："卿有疾，已尝命医调治，今未愈，宜再加调理，不允休致。痊可之日，免朝参，赴阁办事。"

二月乙卯朔。 戊午，少保兼太子太保、户部尚书、武英殿大学士丘濬卒。濬字仲深，广东琼山人。正统九年乡贡第一，景泰五年进士。与修《寰宇通志》成，擢编修。宪庙初开经筵，充讲官，秩满，升侍讲。修英庙实录成，升侍讲学士。修《续通鉴纲目》成，升学士，升国子监祭酒，加礼部右侍郎。上即位，以所著《大学衍义补》进，升礼部尚书，掌詹事府事。修宪庙实录，充副总裁，笔削褒贬，多出其手。实录成，加太子太保。未几,命兼文渊阁大学士,入内阁参预机务。三载,升少保,仍兼太子太保,改户部尚书、武英殿大学士。寻特授光禄大夫、柱国。至是卒。辍朝一日,赐赙及祭葬如例,赠特进左柱国、太傅,谥文庄,遣行人归其丧,官其孙嶅为尚宝司丞。溥天资奇绝,少有重名,两广用兵,尚书、大学士李贤陈方略数事,贤上之朝以授总帅,寇平,多其策。时经生为文,以奇怪相高,溥考南京及会试,示以取舍。及为祭酒,尤谆谆为学者言之,能鼓舞诱掖,以兴士类。入阁,上二十余事,陈时政之弊,且访求遗书,上皆嘉纳。与吏部尚书王恕不协,御医刘文泰之讦恕也,时议汹汹,谓溥嗾之。文泰下狱,词果连及溥,溥亦抗疏自辨,上置不问,然人自是皆不直溥矣。所著有《家礼仪节》、《世史正纲》行于时。顾议论颇僻,至以范仲淹为矫激,秦桧和议为得宜,识者盖不能无憾云。　乙丑,命礼部右侍郎兼侍读学士李东阳、詹事府少詹事兼侍讲学士谢迁入内阁参预机务。时内阁缺员,有旨命吏部会六部、都察院、通政司、大理寺及科道官推举行止端方、学术纯正者六人以闻。于是吏部尚书耿裕、礼部尚书倪岳、礼部右侍郎兼侍读学士李东阳、吏部左侍郎周经、礼部右侍郎傅瀚、詹事府少詹事兼侍讲学士谢迁,并在推举,上特命东阳、迁内阁供职。　戊辰,礼部右侍郎兼侍读学士李东阳上疏辞内阁之命,上曰:"卿学行素著,特兹简任,所辞不允。"

四月甲寅朔。　丙辰,翰林编修蒋冕疏乞省母,许之。　庚午,南京吏部尚书王㒜复引年乞致仕,上曰:"卿先朝旧臣,委任方切,乃恳乞休致,特兹俞允,仍进阶一级,给驿还乡,有司月给米二石,岁给役夫四名应用。"　丁丑,录用故大学士刘珝子锦为中书舍人。　戊寅,大学士徐溥奏:"臣以禄赐所入于原籍宜兴县,仿范仲淹之意,置义田若干亩,岁收租税,以助族人婚葬之费,定为家规,传之子孙。但条约不关于部曹,数目不藉于郡邑,恐人心难合而易离,义事难成而易败,异时子孙或视为度外,则不禁乡邻之侵,或认为分内,则启族人之讼。乞敕户部,将臣所置义田文册用印钤记,发臣本管府县存照。俟造册之年,另以徐义庄为名立户,造入本里带管户内,如有侵占争讼者,以官法从事。庶几家法藉国法而永存,百世子孙,皆蒙休赐。"下户部议,宜从所请。上曰:"置义田以赡族,深有补于风化,便令本管有司,严为防护,俾其子孙,永远遵守。其义庄户内差役,仍与蠲免。"

五月癸未朔。　甲辰,致仕南京吏部尚书王㒜卒。㒜字廷贵,直隶武进人。景泰二年进士及第,授编修,升侍讲。侍宪庙春宫讲读,以登极恩,升左春坊左庶子兼侍讲,寻升南京翰林学士。丁母忧,服阕,命即其家起为南京国子监祭酒。时教法久弛,㒜严立程制,核勤惰为惩劝,诸司差遣,一按名籍,不为私假,颇有怨声,不恤也。升南京吏部右侍郎,召入为户部左侍郎。升南京户部尚书,寻改吏部,考诸司官属,去取务合舆论。年七十,再上疏乞致仕,优诏不许。适以考绩去,还乡卧病,复上疏恳请,乃得允,进阶荣禄大夫。报至二日卒,赠太子太保,谥文肃。㒜风采凝峻,素善奕,及为祭酒,遂绝不复为。兼精吏事,敏而能勤,虽居大位,人以为未尽其用。文章亦整洁,为时所称。子沂亦举进士,官至右副都御史。

七月辛巳朔。　戊子,修撰刘春乞省亲,许之。　戊戌,命故礼部右侍郎费訚之子衍为国子生。间三品未三年而卒，以尝直日讲，故有是命。

八月辛亥朔。　辛酉，授翰林庶吉士顾清、沈焘、吴一鹏、周玉、黄澜为编修。

己巳，詹事府少詹事兼侍讲学士谢迁先是已被内阁之命，至是丁忧服阕至京，上命升本府詹事，仍兼旧职，入内阁供事。迁具疏辞，上曰："卿学行纯谨，特兹简任，所辞不允。"　翰林编修吴俨病痊至京，复除原职。

十二月庚戌朔。　甲戌，罚国子监管司业事、右春坊右谕德刘宸（震）俸两月，以看牲复命失仪也。

弘治九年

二月己酉朔，升都察院左都御史屠滽为吏部尚书，太子少保如故。　乙卯，命詹事府詹事兼侍讲学士谢迁、侍读学士王鏊为会试考官。

三月己卯朔。　癸巳，命少傅兼太子太傅、吏部尚书、谨身殿大学士徐溥，太子太保、礼部尚书兼武英殿大学士刘健，礼部右侍郎兼侍读学士李东阳、詹事府詹事兼侍讲学士谢迁，太子少保、吏部尚书屠滽，太子少保、户部尚书叶淇，太子太保、兵部尚书马文升，太子少保、刑部尚书白昂，工部尚书刘璋、都察院左佥都御史杨谧、通政使司通政使元守直、大理卿王霁为殿试读卷官。　甲辰，授第一甲进士朱希周为修撰，王瓒、陈澜为编修。

闰三月戊申朔。　己酉，选进士顾潜、陈凤梧、濮韶、陈谘、胡献、张绍龄、华昶、陈霁、杨褫、叶德、贾咏、汪伟、王崇献、王九思、张弘至、徐忱、陈琳、戴铣、陶谐、刘瑞二十人为庶吉士，命詹事府少詹事兼侍讲学士张升、侍读学士王鏊教之。

壬戌，录故太常寺少卿兼侍读陆钺之子监生爱于中书舍人习字出身。　甲子，大学士徐溥等以内阁书浩繁，请以翰林院待诏潘辰管典籍事，仍乞谕吏部于教官内选除典籍一员，与之供事。从之。遂升河南息县教谕夏赟为翰林院典籍。

四月戊寅朔。　甲子，南京国子监祭酒罗璟乞致仕，许之。　戊子，升吏部左侍郎周经为户部尚书。　升右春坊右谕德、管国子监司业事刘震为南京国子监祭酒。　己丑，南京吏部缺尚书，吏部拟礼部左侍郎徐琼、南京吏部右侍郎梁璟名，特命礼部尚书倪岳升太子少保、南京吏部尚书。时琼有援，欲代岳，遂有是命。　甲午，先是，兵部尚书马文升并南京监察御史郭纮，以皇太子将出阁读书，各疏请慎选宫僚，以充辅导等官。至是，大学士徐溥等会吏部尚书等官，推举詹事府少詹事、侍讲学士张升等十二人以闻。上命侍读学士王鏊兼左谕德，侍读杨廷和、侍讲张天瑞改左中允、右中允，修撰费宏、杨时畅改左右赞善，编修吴俨、靳贵俱兼校书，左寺副周文通、右寺副刘棨俱兼正字，升及右谕德王华、洗马杨杰仍以旧职供事。　丁酉，升侍讲黄珣为右春坊右谕德，管国子监司业事。　戊戌，升翰林编修苏葵为江西按察司佥事，提调学校。　己亥，录故大学士刘吉之次子准为礼部主事。　升詹事府少詹事兼翰林侍讲学士张升、国子监祭酒林瀚俱为礼部右侍郎，瀚仍掌国子监事。

五月丁未朔。　升翰林院检讨李逊学为浙江按察司佥事，提调学校。　辛亥，升翰林编修白钺为本院侍读，以九年秩满也。

六月丙子朔。　辛未，升翰林修撰李旻为左春坊左谕德，以九年秩满也。　辛丑，致仕太子少保、兵部尚书兼学士尹直奏："陛下临御十年，福寿益臻，皇太子年当出阁，民生有赖。臣幸与享太平，感激无任，祝寿礼竣，退伏书窗，偶阅文集，见洪武九年学士宋濂致仕还乡，次年即朝京师，太祖高皇帝深加喜慰，礼遇尤隆，至赠以御制诗章。又忆宣德八年，少保黄淮家居养病，亦尝赴京朝见，宣宗章皇帝宠遇加厚，至赐游西苑，见诸诗文，传为美事。因窃惟念皇上眷念旧臣，无异祖宗，臣之才德虽不逮前，而履历实同。矧遇万寿圣节，敷同欢庆，宜一躬厕率舞之列，亲致嵩呼之祝，尚虑人异好恶，妄意相猜，士无贤否，入朝见忌。故尔趑趄，竟不果行。谨撰庆贺万寿圣节表文一通，首述甘露降于郊坛，兆于皇姒初娠之日，以见天生圣人，不偶然也。又撰《皇太子承华箴》一篇，用致颂美爱愿之意，谨缮写以进。"上曰："尹直被劾致仕年久，乃尔违例投进表文，显是献谄希恩，不允所奏。"

七月丙午朔。　癸酉，掌国子监祭酒事、礼部右侍郎林瀚乞致仕，不允。

八月乙亥朔。　丁丑，释奠先师孔子，遣詹事府詹事兼翰林侍讲学士谢迁行礼。

十月甲戌朔。　己卯，前太子少保、礼部尚书兼学士彭华卒。华字彦实，江西安福人。景泰五年进士，改翰林庶吉士，授编修，与修《大明一统志》。英庙实录成，升侍读，充讲官，进日讲，升侍读学士，署詹事府事。修《续资治通鉴纲目》成，升学士。孝庙出阁，侍讲读，寻掌院事，升詹事，既而兼学士。《文华大训》成，加从一品俸。二十一年，升吏部右侍郎，仍兼学士，入内阁参预机务。甫半年，遂得疾，进太子少保、礼部尚书，舆归其乡。至是卒，年六十五。讣闻，赠太子少傅，赐祭葬，谥文思。华自少性资警敏，乡人奇之。入官翰林，才名颇著。平居寡言笑，及论辨古书疑义，事当成败，多奇中。为文章严整，其峭厉如其性。然为人险谲用数，深机莫测，人与之异，或上之者，必为倾排。吏部尚书王翱之去位，则华以计言于陈文；萧彦庄之劾吏部尚书李秉、布政丘陵等，亦华授之意。后因陵奏与彦庄廷鞫，其辞甚辨，彦庄不能对，怨华，将吐实而自发，人始知之。大学士万安之排侍郎邢让、祭酒陈鉴、吏部尚书尹旻之祸，构连无罪，策皆自华。乡人李孜省、邓常恩方获宠，华尽为计策，希恩报怨，取效旦暮。又引万安，交李、邓为倚助，安且亲于万内妃弟，华为万氏谋，而寓深意。一时朝士不附者，多为所倾，如大学士刘珝之去，及王恕、马文升、秦纮、刘宣、罗璟辈之相继斥逐，皆华与安同谋也。宣、璟皆华同乡，特嫉其近，实不类己，遂及之。初，华之得参机务也，实出自奥援，故天下人至今犹诵"八百宪台升李裕，三千馆阁荐彭华"，大为耻笑云。　戊子，授故少詹事兼学士柯潜之子宗文为中书舍人。　辛卯，翰林编修程楷丁忧服阕，复除原职。

十一月甲辰朔。　升南京太常卿郑纪为南京户部右侍郎。

校注：

［一］ 此目原列于"六月癸亥朔"目后，与全书体例不符，据改。

［二］ "甲寅……乞休致"句，原系于"闰五月甲午朔"目段尾，《明孝宗实录》卷七八系于本年七月，据改。

馆阁漫录卷之八　始弘治十年止十八年

弘治十年

二月癸酉朔。　甲戌，内阁大学士徐溥等奏："臣等伏睹陛下临御之初，讲学修德，敬天勤民，无所不至，天下之人皆以为尧舜之治，可指日而俟也。近年以来，视朝渐迟，或日高数丈，殊非美事，臣等已尝屡言，不敢渎论。内殿奏事，旧制每日二次，若有紧急事情，不时奏闻，今止一次，遂以为常。批答之出，动经累日，各衙门题奏本，或稽留数月，或竟不发出，事致壅滞，不得即行。且本朝列圣，自洪武以至天顺年间，时尝面召儒臣，咨议政事，今朝参之外，不得一望天颜。所以通达下情者，惟在章奏，又不以时断决，其于政体，实为有碍。至于经筵日讲，所以明义理是非之端，陈古今治乱之迹，成就君德，裨益治道，惟在于此。今每岁进讲，不过数日，去年春夏日讲，止得三次，秋冬经筵，止得一次，校之初政，似有不同。臣等窃闻人君之心，必有所系，不系于此，必系于彼，正士既疏，则邪说得以乘间而入。向来颇闻有以修斋设醮、烧丹炼药之说进者，夫斋醮之事，乃异端惑世求利之术，圣王之所必禁。宋徽宗崇信道流，科仪符箓，一时最盛。及金兵围城，方士郭京犹诳称作法，卒使乘舆播迁，社稷失守，求福未得，反以召祸。今内庭禁地，修建不时，赏赉无算，黜退道官，复升真人，赐以玉带，恩宠服色，过于公卿。远近传闻，无不骇异。至若烧炼之事，其害尤惨，盖金石之药，多性酷烈，一入肝腑，为祸百端。唐宪宗药发致疾，遂殒其身，虽杖杀柳泌，何救于事。惟汉武帝始虽迷惑，终知悔悟，谓天下岂有仙人，尽妖妄耳，于是文成五利之徒，相继诛死，故虽海内虚耗，亦以寿终。今龙虎山上清宫、神药观、祖师殿及内府番经厂，皆焚毁无遗，神如有灵，何不自保，天厌其伪，亦已甚明。况依方而炼，计日而待，所成者何丹，所验者何药，如其无效，则圣明所照，亦可以洞悟矣。若亲儒臣，明正道，行善政，自足以感召嘉祥，培益圣寿，永享和平之福，何假于彼异端之说哉！且自古奸臣佞人，蛊惑君心，以自肆其欲者，必以太平无事为言，祸患一来，悔之无及。唐相李绛有言：'忧先于事，可以无忧；事至而忧，无益于事。'今承平日久，溺于宴安，自目前观之，似乎无事。然工役繁兴，科派重叠，财谷耗竭，兵马罢敝，生民困穷，日甚一日，愁叹之声，上干和气，荧惑失度，太阳无光，天鸣地震，草木妖异，四方奏报，殆无虚月，将然之患，诚为可忧。陛下深居九重，言路之臣皆畏罪隐默，臣等若复不言，谁肯为陛下言者。伏愿陛下严早朝之节，复奏事之期，勤讲学之功，优接下之礼，远邪佞之人，斥诬罔之说，则圣德日新，圣政日理，亿万年太平之业，可保无虞矣。"奏入，上嘉纳之。时李广以修炼服食之说进，中外以为忧，而无敢言者，故溥等及之。　辛卯，吏部奉旨考察两京五品以下官，照弘治元年例。于是侍讲学士杨守阯上疏言："臣与掌詹事府事、侍讲学士王鏊，俱在随属听考之数。但臣等俱掌印信，俱有属官，进而与吏部会考所属，则将坐于堂上；退而听考于吏部，则当候于阶下。一人之身，顷刻异状，其于观视，已甚不美。况我朝列圣，于学士之官，特加优异，如庆成待宴，坐于四品班上，圣驾视学，与三品以上官坐彝伦堂内。今四品官不属考察，而学士乃与讲读学士一概听考，其于事体，亦甚不便。且学士之职，乃讲读撰述之事，非有钱谷、刑狱、簿书之责，其称职与否，圣鉴昭然。若非其人，自甘赐斥，又有不待于考察者。伏望断自宸衷，循用旧典，特假优礼，示崇重儒臣之意。"从之。

　　三月癸丑朔。　戊申，敕谕少傅兼太子太傅、吏部尚书、谨身殿大学士徐溥，太子太保、礼部尚书兼武英殿大学士刘健，礼部右侍郎兼侍讲（读）学士李东阳，詹事府詹事兼侍讲学士谢迁曰："朕嗣承丕绪，以君万邦，远稽古典，近守祖宗成法，夙夜祗惧，罔敢违越。惟我太祖高皇帝创业定制，所以为子孙计者至矣。御制之书，连篇累帙，宏纲众目，极大而精，随制随改，靡有宁岁，后所施行，未尽更定。迨我太宗文皇帝继正大统，益弘远图，列圣相承，至于皇考，皆因时制宜，或损或益，盖有不得不然者，期不失乎圣祖之意而已。顾其条贯散见于简册、卷牍之间，凡百有司，艰于考据，下至闾里，或未悉知。皇祖英宗睿皇帝，尝有志纂述，事弗克，竟以遗朕，躬是不可缓。兹欲仰遵圣制，遍稽国史，以本朝官职制度为纲，事物名数仪文等级为目，一以祖宗旧制为主，而凡损益同异，据事系年，汇列于后，梓而为书，以成一代之典。俾天下臣民，咸得披诵，庶几会极归极，底于泰和。尔其各殚心力，详录而谨书之，务使文质适中，事理兼备，行诸今而无弊，传诸后而可征，以称朕法祖图治之意。尔等其钦承之。"遂命溥、健、东阳、迁充总裁官，太常卿兼侍讲学士程敏政、翰林侍读学士兼左春坊左谕德王鏊、翰林侍讲学士杨守阯充副总裁。内阁大学士徐溥等言："臣等奉敕纂修书籍，必须断自宸衷，赐以名目，使中外有司晓然知圣意所在，纂修者有所依据，承行者易于遵奉。"上命书名《大明会典》。　甲子，经筵毕，上遣太监韦泰至内阁，召大学士徐溥、刘健、李东阳、谢迁至文华殿御榻前，上出各衙门题奏本曰："与先生辈商量。"溥等每本议定批辞，乃录于片纸以进。上览毕，亲批本面，或更定三二字，或删去一二句，皆应手疾书，略无疑滞。有山西巡抚官本，上曰："此欲提问一副总兵，何如？"溥等对曰："此事轻。副总兵恐不必提，止提都指挥以下三人可也。"上曰："然边情事重，小官亦不可不提耳。"又礼部本拟一"是"字，上曰："天下事亦大，还看本内事情。"因取本阅之，则曰："是只须一是字足矣。"又一本，健奏曰："此本事多，臣等将下细看拟奏。"上曰："就此商量岂不好？"既又指余本曰："此皆常事，不过该衙门知道耳。"因命左右赐茶而退。盖自即位以来，宣召顾问，实自此始云。

　　五月壬寅朔。　庚戌，大学士徐溥引年乞休致，上曰："卿德望老成，辅导有年，正宜委任，岂可引年求退？所辞不允。遇风雨大寒暑，免朝参。" 丁卯，授翰林院庶吉士汪俊为本院编修，俊时以病痊至也。

七月庚子朔。 丁未，改南京通政司右通政焦芳为太常少卿兼翰林院侍讲学士。上在春宫时，芳侍讲读，敷析明畅，尝辨质讹误，为学士彭华、大学士万安诬构以去，久淹外任。上意久属之，会服阕至京，乃有是命。

八月庚午朔。 癸酉，命太常少卿兼侍读学士李杰、太常少卿兼侍讲学士焦芳充纂修《大明会典》副总裁。 己卯，守制太常卿兼翰林院侍讲学士程敏政奏："昨蒙圣恩以纂修书籍起复臣为副总裁，顾臣尚在制中，哀疚所积，莫能效职，乞容终制，前来趋命。总裁之副，非臣敢当，分馆所修，愿竭驽钝。"命俟服阕，赴京供职。 己未，命礼部右侍郎兼侍读学士李东阳之子兆先为国子监生，从其请也。

十月己巳朔。 甲戌，南京翰林院侍读学士曾彦引年乞致仕，从之，赐以诰命。 乙酉，升翰林侍读马廷用为南京侍读学士。 己丑，赠前少保兼吏部尚书、谨身殿大学士王文为太保，谥毅愍，赐诰命。文天顺初为石亨等构死，至是，其子兵部侍郎宗彝乞申雪，故有是命。

十一月戊戌朔。 乙巳，翰林院编修刘存业病痊至京，复除原职。 壬子，录故少保、吏部尚书兼华盖殿大学士李贤之孙锡以中书舍人习字出身。

弘治十一年

二月丁卯朔。 癸酉，录故少师兼太子太师、吏部尚书、华盖殿大学士刘吉之子皋为中书舍人。 甲午，大学士徐溥等以皇太子将出阁讲学，请以太常少卿兼侍讲学士程敏政、侍讲学士杨守阯、左春坊左谕德李旻、司经局洗马梁储充侍班官；太常少卿兼侍读学士李杰、太常少卿兼侍讲学士焦芳、侍读学士兼左谕德王鏊、右谕德王华、洗马杨杰，侍读刘机、江澜、白钺，侍讲武卫、左中允杨廷和、右中允张天瑞、左赞善费宏充讲读官；编修兼校书吴俨、靳贵，礼部员外郎兼正字周文通、大理寺右寺副兼正字刘棨，俱更直供事。又以詹事府缺官管事，请改敏政为詹事兼学士，升鏊为少詹事兼侍读学士。上俱从之，仍命溥及大学士刘健、李东阳、谢迁提调各官讲读。 丙申，敕吏部，少傅兼太子太傅、吏部尚书、谨身殿大学士徐溥加少师兼太子太师、华盖殿大学士，尚书如故；太子太保、礼部尚书兼武英殿大学士刘健加少傅兼太子太傅、户部尚书、谨身殿大学士，礼部右侍郎兼侍读学士李东阳升太子少保、礼部尚书兼文渊阁大学士，詹事府詹事兼侍讲学士谢迁升太子少保、兵部尚书兼东阁大学士，太子太保、兵部尚书马文升加少傅兼太子太傅，太子太保、吏部尚书屠滽加太子太傅，太子少保、刑部尚书白昂加太子太保；户部尚书周经、礼部尚书徐琼、工部尚书徐贯、都察院左都御史闵珪俱加太子少保，尚书、都御史各如故。

三月丁酉朔。 己亥，皇太子出讲学，上赐御酒珍膳，宴三师三少并讲读等官于文华殿门外之西耳房，各赐宝钞有差。 戊申，授翰林院庶吉士薛格为本院检讨，格时以病痊至也。　癸亥，升詹事府詹事兼学士程敏政为礼部右侍郎，仍兼学士，掌詹事府事。敏政时行取始至也。

五月丙申朔。　辛酉，翰林院编修沈焘丁忧服阕，复除原职。

六月丙寅朔。　庚辰，命故翰林学士沈度孙世隆为中书舍人，内阁制敕房办事。盖上善书，雅好度书法，尝有旨命访其子孙。至是，礼部以世隆应诏，遂有是命。

七月乙未朔。　辛丑，翰林院编修徐穆病痊至京，复除原职。　甲辰，命司经局洗马梁储、翰林院侍读刘机为应天府乡试考官。　乙卯，少师兼太子太师、吏部尚书、华盖殿大学士徐溥以疾乞致仕，上曰："卿引疾求退，已有旨勉留，若尚未愈，宜善加调理，以副重托，所辞不允。"　癸亥，少师兼太子太师、吏部尚书、华盖殿大学士徐溥复以老疾乞致仕，上曰："卿宿德望重，方隆倚任，而屡以疾辞，情甚恳切，特兹俞允。仍赐敕给驿，遣官一员送回，有司月给米五石，岁拨夫八名应用。"复官其子为中书舍人。

八月甲子朔，录故南京礼部尚书倪谦之子泽于中书舍人习字出身，以泽自陈谦在天顺中，尝有春宫讲读之劳也。　戊辰，命右春坊右谕德王华、左春坊左中允杨廷和为顺天府乡试考官。　癸酉，赐致仕大学士徐溥白金三十两，宝钞三千贯，纻丝衣一袭，复命其甥翰林编修吴俨驰驿护送还家。

十月癸亥朔。　戊辰，授翰林庶吉士濮韶、陈霁、叶德、贾咏俱为本院编修，汪伟、王九思、刘瑞俱为检讨，陈谘、华昶、杨褫、张弘至、徐忱、陶谐俱为给事中，顾潜、胡献、陈琳俱为监察御史，陈凤梧为刑部主事。　乙亥晓刻，上遣太监萧敬召内阁于左顺门，宣旨曰："昨夜清宁宫失火，朕奉侍圣祖母，彻旦不寝，今尚不敢离左右，欲暂免朝参，可乎？"时大学士刘健有事于西山，李东阳、谢迁对曰："宫闱大变，太皇太后圣心震惊，皇上问安视膳，诚孝方切，事在从宜，即宣鸿胪寺免朝一日可也。"敬复奏，乃命免朝。　丙子，内阁大学士刘健等奏："切见近年以来，灾异频仍，内府火灾尤甚。军器库火，番经厂火，乾清宫西七所火，内官监火，而前日清宁宫之灾为异，尤大臣等目击，实为寒心。窃惟古之圣王，未有不遇灾，而惧者或避殿减膳，或责己求言，修治政事，明正赏罚，然后可以转祸为福，变灾为祥。本朝列圣以来，俱有故事，诚今日所当举行者也。臣等又恐议者或以为天道茫昧，变不足畏，此乃慢天之说，罪不容诛；或以为天下太平，患不足虑，此乃误国之言，死有余责；或以斋醮祈祷为弭灾，此乃邪妄之术，适足以亵天；或以纵囚释罪为修德，此乃姑息之弊，适足以长恶。向来奸佞之人，每用此说，荧惑圣聪，妨蠹圣政，以致贿赂公行，赏罚失当，纪纲废弛，贤否混淆，工役繁兴，科派百出，公私耗竭，军民困惫。而大小臣僚被其胁制，畏罪避祸，箝口结舌，下情不达，上泽不宣，愁叹之声，仰干和气，灾异之积，正此之由。今幸天道昭明，元恶殄丧，圣心开悟，洞察前非。然余愆未除，宿弊未革，虽圣神广大，姑示含容，而中外人心，愤郁未释。故上天仁爱，复以此异警动渊衷，此正皇上奋发励精、一新庶政之时也。伏愿大开离照，独运乾刚，进贤黜奸，明示赏罚，当行之事，断在不疑，毋更因循，以贻后患。尤望特降纶音，戒谕臣工，痛加修省，广求直言，指陈弊政，并加采择，次第施行，以取人心，以回天意，实宗社生民之福也。"奏入，上嘉纳之。

十一月癸巳朔。　癸卯，大学士刘健、李东阳、谢迁以清宁宫灾，同引咎乞致仕。上曰："卿等职居辅导，方隆倚任，正当竭诚修职，共回天意。所辞不允。"

闰十一月壬戌朔。　己巳，授翰林院庶吉士吴蒹为吏科给事中，戴铣为兵科给事中，蒹丁忧服阕、铣给假省亲始至也。

十二月壬辰朔。　丁巳，太子少保、兵部尚书兼东阁大学士谢迁以其祖父莹先任福建布政司都事，后坐事革职，例不得封，乞照近例，以己应得诰命，移赠其祖。命并与之。

弘治十二年

正月辛酉朔。　乙酉，大学士刘健、谢迁、李东阳言："日者监生江瑢奏称，近来灾异数见，皆由臣等杜绝言路，掩蔽聪明，妒贤嫉能，排抑胜己所致。仰惟我太祖定制，虽不立宰相，而太宗以来，专任内阁，委以腹心，俾参机务，与诸司异，诚不可处非其人。臣等俱以庸愚滥膺简用，才小任重，勉强支持，夙夜徒勤，分寸无补。顷因灾异，盖尝引咎乞休，仰承优诏，未允罢归。及两京科道指陈时弊，并劾奏奔竞交结、乞恩传奉等项，官员连章累牍，至再至三。节奉圣断，照旧存留不动。其间所言，枉曲者固有，得实者岂无其人；差误者不无，切直者亦所当听。而乃慢无可否，概不施行，自祖宗朝至今，未有此事。是皆臣等因循将顺，苟避嫌疑，不能力赞乾刚，俯从舆论，别白忠邪，明正赏罚，以致人心怀惑，物议沸腾，草野之下，其言乃至于此，揆之理势，殆有由然。若其言之当否，意之公私，则有圣明在上，公论在下，臣等但知省身思过而已，遑恤其他。且尝闻之，推贤让能，庶官乃和，陈力就列，不能者止。此大臣之常分，亦臣等之素心。方今英俊满朝，实多胜己，岂可久妨贤路，以干误国之诛。"上曰："朕以卿等调元辅导，岂因小人非言，辄便求退。不允辞，宜安心办事。江瑢排斥大臣，锦衣卫逮送镇抚司究问。"

二月辛卯朔。　礼部覆奏给事中吴蒹所言，乞于退朝之后，以六科日进旨意题本，令人宣念，冀得反覆处置。又勤御大小经筵，虚心访问，务求至当。凡决政事，召内阁及该部于便殿面议而后决。退朝燕闲，则召翰林儒臣或科道侍直，以备顾问。议上，上从之。　丙申，命太子少保、礼部尚书兼文渊阁大学士李东阳、礼部右侍郎兼学士程敏政为会试考官。

三月庚申朔。　甲戌，命少傅兼太子太傅、户部尚书、谨身殿大学士刘健，太子少保、礼部尚书兼文渊阁大学士李东阳，太子少保、兵部尚书兼东阁大学士谢迁，太常少卿兼侍读学士李杰，太常少卿兼侍讲学士焦芳，詹事府少詹事兼侍讲学士王鏊，太子太傅、吏部尚书屠滽，太子少保、户部尚书周经，少保兼太子太傅、兵部尚书马文升，太子太保、刑部尚书白昂，太子少保、工部尚书徐贯，太子少保、都察院左都御史闵珪，掌通政司事、礼部左侍郎元守直，大理寺卿王轼为读卷官。　乙酉，授第一甲进士伦文叙为修撰，丰熙、刘龙为编修。

四月庚寅朔。　辛亥，下礼部右侍郎兼学士程敏政于狱。华昶既系锦衣卫镇抚司，工科都给事中林廷玉以尝为同考试官，与知内帘事，程敏政出题、阅卷、取人有可疑者六，且曰："臣于敏政，非无一日之雅，但朝廷公道所出，既知之，不敢不言。且谏官得风闻言事，昶言虽不当，不为身家计也。今所劾之官，晏然如故，而身先就狱，后若有事，谁复肯言之者。但兹事体大，势难两全，就使竟得实，于风化何补。莫若将言官举人，释而不问，敏政罢归田里，如此处之，似为包荒。但业已举行，又难中止，若曰朋比回护，颠倒是非，则圣明之世，理所必无也。"既而给事中尚衡、监察御史王绶皆请释昶而逮敏政。徐经亦奏曰："昶挟私诬指敏政，复屡奏自辨，且求放归。及置对镇抚司，以经、昶等狱辞多异，请取自宸断。"上命三法司及锦衣卫鞫之，经即自言敏政尝受其金帛。于是左都御史闵珪等请逮敏政对问。奏留中十余日，乃可之。　壬子，侍讲张溥丁忧起复，除原职。

六月己丑朔。　壬辰，致仕礼部右侍郎兼学士程敏政卒。敏政字克勤，直隶休宁人。蚤慧，年十岁，侍父信官蜀，巡抚侍郎罗绮以神童荐于朝，命读书翰林院。成化二年，以进士第二人及第，授翰林编修。以同修英庙实录书成，升俸一级。九年秩满，升侍讲，充经筵讲官。复以同修《续资治通鉴纲目》成，升右春坊右谕德，充东宫讲读官。二十三年秋，孝宗皇帝践阼，进詹事府少詹事兼侍讲学士，侍文华殿日讲。是冬，被劾去任。弘治六年召还，仍供旧职。寻升太常卿，掌院事，兼修玉牒。八年，丁母忧。修《大明会典》，召为副总裁，上章乞终制，从之。服阕还京，未至，转詹事兼学士。陛见，迁礼部右侍郎，侍皇太子讲读。十二年春，奉命主考会试，言官以任私劾之，逮系数举子，狱久不决，屡上章责躬求退，弗遂。乃自请廷辨，执法诸大臣白其事以闻，诏许致仕。时方盛暑，甫出狱四日，以痈毒不治而卒。赠礼部尚书，赐祭葬如例。敏政为人秀眉长髯，风神清茂，善谈论，性复疏爽。于书无所不读，文章为时辈所推。所著述有《皇朝文衡》、《瀛贤奏对录》、《新安文献志》、《咏史诗》、《宋遗民录》、《真西山心经附注》、《程氏统宗谱》、《程氏贻范集》，《宋纪受终考道》一编，《仪礼经》、《大学》重定本，及《篁墩稿》若干卷藏于家。敏政以少年擅文名，以文学跻侍从，自是以往，名位将不求而自至。乃外附权贵，内结奥援，急于进取之心恒汲汲然，士夫多有议之者。但言官劾其主考任私之事，实未尝有。盖当时有谋代其位者，嗾给事中华昶言，遂成大狱，以致愤恨而死，有知者至今多冤惜之。　癸巳，翰林院庶吉士许天锡病痊至京，授吏科给事中。　戊戌，命礼部左侍郎兼学士傅瀚掌詹事府事，以兵部尚书马文升奏慎择宫僚故也。　癸卯，升礼部右侍郎张升为兵部左侍郎，太常少卿兼侍讲学士焦芳为礼部右侍郎。　庚戌，司经局洗马杨杰卒。杰字廷俊，山西平定州人。成化十四年进士，改庶吉士，授编修。九年秩满，升侍讲，充经筵讲官。弘治四年，纂修宪庙实录成，升司经局洗马。九年，充东宫讲读官，同修《大明会典》。未几卒，特赐谕祭。　丁巳，端门守门官奉御王玺等，以本门左直房五间空闲，奏讨居住。下工部查奏，谓本房系左右春坊、司经局等衙门，候朝公会、书押文移及收贮卷籍之所，凡东宫官属侍班讲读，亦于此伺候，不系空闲房屋。有旨："既系各衙门公会之所，今后不许奏讨。"

七月己未朔。　己卯，太常少卿兼侍读学士李杰往阙里孔子庙行慰祭礼。　庚辰，掌国子监事、礼部右侍郎林瀚以老疾乞致仕，上曰："林瀚不准休致，令照旧用心供职，以副委任。"

八月戊子朔。　丁未，改掌国子监、礼部右侍郎林瀚为吏部右侍郎。　壬子，升致仕南京国子监祭酒谢铎为礼部右侍郎，管国子监祭酒事。　升翰林检讨毛纪为本院修撰，以九年秩满也。

九月戊申（戊午）朔。　戊辰，致仕少师兼太子太师、吏部尚书、华盖殿大学士徐溥卒。溥字时用，直隶宜兴人。景泰五年进士第二人及第，授编修。英庙复辟，命兼司经局校书，侍东宫讲读。宪庙登极，录旧劳，迁左春坊左庶子兼侍讲，充经筵讲官，纂修英庙实录，管武职诰黄。九年秩满，升少詹事兼侍读学士，升太常卿兼学士。尝遍掌翰林、詹事、左右春坊、司经局事，历礼、吏二部左侍郎，皆兼学士。上即位，首膺简入内阁参预机务，进礼部尚书兼文渊阁大学士，充宪庙实录总裁官，同知经筵事。弘治四年，加太子太傅、吏部尚书、谨身殿大学士，进阶光禄大夫、柱国。十年，充《大明会典》总裁，以疾辞位，不许，免风雨大寒暑朝参。十一年，今上出阁，进少师兼太子太师、华盖殿大学士，尚书如故。寻以目疾累疏乞归，乃赐敕给驿，遣官护送还乡，令有司月给米五石，岁夫捌名，仍赐袭衣、白金、楮锭，特官其一孙为中书舍人。逾年卒，年七十三。讣闻，辍朝一日，遣行人谕祭者九，又命有司茔葬，赠特进左柱国、太师，谥文靖。　戊寅，命詹事府掌府事、礼部左侍郎兼学士傅瀚及南京翰林侍讲学士张元祯充纂修《大明会典》副总裁官。时元祯养病家居，命吏部行取供职。从大学士刘健等言也。　丙戌，内阁大学士刘健等言："昨司礼监太监陈宽传奉圣旨：'今后凡有拟票文书，卿等自行书封密进，不许令人代写。钦此！除钦遵外。'臣等仰见皇上委任腹心，慎重机务，开阙壅蔽，防闲漏泄之意。《易》曰：'君不密则失臣，臣不密则失身。'几事不密则害成，正为此也。臣等俱以庸驽谬承简任，辅导无状，尸素有年，圣谕下临，扪心知感。窃惟内阁之职，所以承德弼违，献可替否，辅佐朝廷，裁决政务，与百司庶府职掌不同，中间事情，诚为秘密。在祖宗朝，凡有谘访论议，或亲赐临幸，或召见便殿，或奉天门，或左顺门，屏开左右，造膝面谕，以为常制。臣等不暇远引，且如宣宗章皇帝屡幸内阁，御座所在，至今臣等不敢中坐。英宗皇帝视朝将罢，不时面召李贤。宪宗纯皇帝亦尝召李贤、陈文、彭时，或遣司礼监太监如牛玉、怀恩一二人到阁计议，上有密旨，则用御前之宝封示，下有章疏，则用文渊阁印封进，直至御前开拆。此臣耳闻目见者也。因循至今，事体渐异，朝参讲读之外，不得复奉天颜，虽司礼监太监亦少至内阁。朝廷有命令，必传之太监，太监传之管文书官，管文书官达之太监，太监乃达至御前。至于誊写之职，仍委制敕房中书一二人，臣等虽时常戒饬，而经历太多，耳目太广，岂能保无漏泄。宜有如皇上所谕者，臣等自当涤虑省躬，尽忠补过，以副圣心。但内阁文书多系机密，凡有关得失利病，在辅导，不敢阿顺缄默，未免有所陈奏。缘臣等不习楷书，写画钝拙，恐不能一一自写，除事理重大者自行书写封进，以听圣裁，其馀仍乞容令中书代写。臣等亦当申严戒饬，勿致漏泄。皇上若有谘议，仍乞照祖宗故事，或召臣等面谕，或亲赐御批数字封下，或遣太监密传圣意，使臣等有所遵奉。庶情得通达，事无漏泄，实为便益。"上纳之。

十月丁亥朔。　戊子，詹事府少詹事兼侍讲（读）学士王鏊以亲老乞归省，从之，命驰驿以行。　辛卯，升吏部右侍郎林瀚为本部左侍郎。

十一月丁巳朔。　己未，养病礼部右侍郎兼学士汪谐卒。谐字伯谐，浙江仁和人。少时冒顺天香河县籍，举京闱乡试，寻被革归，复举浙江乡试。登天顺四年进士，改庶吉士，授编修，纂修英庙实录。成化三年，升修撰。九年秩满，升右春坊右谕德，修《续资治通鉴纲目》。十三年，升右庶子，侍上于东宫讲读。上登极，升少詹事兼侍讲学士，充经筵讲官，修宪庙实录，充副总裁。后以疾在告久，请停俸，弗许。弘治四年，升礼部右侍郎兼学士，遂请老，许之。至是卒，年六十八。赠礼部尚书，赠祭葬，给驿归其丧。谐仪度整洁，深中简言笑，虑事周悉，晚益慎密。方向用而困于疾痰，弗究于用。其父澄举进士，为监察御史，坐法，遣戒诸子勿读书。谐既贵，弟褆亦举进士。及卒，子登荫中书舍人，举、赐皆继举进士。

弘治十三年

四月甲申朔。　乙未，南京礼部右侍郎董越乞致仕，不允。　戊申，升侍讲学士张元祯为学士。元祯养病家居，至是以纂修《大明会典》召为副总裁。　壬子，兵部拟罢张懋等兵权，上召内阁大学士刘健、李东阳、谢迁至平台，出懋等诸疏，亲赐顾问，以次裁决焉。

五月甲寅朔。　丙辰，上复召内阁大学士刘健、李东阳、谢迁至平台，出兵部推举各官疏，逐名访问，面赐裁决。仍命司礼监具纸笔，亲书手敕，兵部行之。　乙亥，升掌詹事府事、礼部左侍郎兼学士傅瀚为礼部尚书。　戊寅，詹事府少詹事兼翰林院侍读学士王鏊省亲复任。

六月癸未朔。　乙酉，右春坊右赞善杨时畅服阕，复职。　戊子，太常寺少卿兼翰林侍读学士李杰以例乞致仕，不允。　甲午，时吏部缺尚书，都察院缺左都御史，吏部会推兵部尚书马文升、刑部尚书闵珪、南京兵部尚书倪岳、吏部左侍郎兼学士吴宽堪任吏部尚书，南京刑部尚书戴珊、提督仓场户部尚书王继、吏部右侍郎韩文、大理卿王轼堪任左都御史。既而监察御史魏英等奏，兵部尚书非马文升不可。御史高彻先又言，吏部之任，非珪所宜。有旨加文升少傅兼太子太傅，兵部尚书如故，改珊为左都御史，仍命推堪任吏部尚书者以闻。疏上，命改岳为吏部尚书，太子少保仍旧。　升侍读江澜、刘机为侍读学士，侍讲武卫、张芮为侍讲学士，右春坊右中允张天瑞为左春坊左庶子，俱以九年秩满也。　戊申，升吏部左侍郎林瀚为南京吏部尚书。

七月癸丑朔。　辛酉，升詹事府少詹事兼侍读学士王鏊为吏部右侍郎。　辛巳，致仕南京国子监祭酒谢铎辞起用之命，不允，命吏部促之赴任。　壬午，升南京礼部左侍郎董越为南京工部尚书。　丁亥，升太常少卿兼翰林院侍读学士李杰为南京礼部右侍郎。

九月壬子朔。　丙寅，命翰林编修蒋冕、傅珪俱兼司经局校书，侍东宫讲读。从大学士刘健等言也。　戊寅，升翰林院编修兼司经局校书吴俨为左春坊左中允，仍侍东宫讲读，以九年秩满也。　己卯，录故南京吏部尚书王㒜之孙升于中书舍人习字出身，以㒜尝侍宪宗皇帝春宫讲读故也。

十月壬午朔。　庚寅，南京国子监祭酒刘宸（震）乞致仕，不允。　戊戌，翰林检讨石珤丁忧服阕，复除原职。　甲辰，升司经局洗马兼侍讲梁储为学士，支从四品俸，以九年秩满也。

十一月辛亥朔。　己卯，礼部右侍郎、管国子监祭酒事谢铎承召至京，复辞新命，上曰："铎学行端谨，望誉素著，特兹擢用，不允所辞。"

十二月辛巳朔。　甲午，升编修兼司经局校书蒋冕为右春坊右中允，仍旧供事，以九年秩满也。　己酉，内阁大学士刘健等言："今早太监李荣传示圣意，因连日奉侍两宫勤劳，少须调理，今日视朝稍迟，特谕臣等知之。臣等仰见圣孝笃至，而不忘勤政之心，无任欣幸。伏望善加调摄，用保安和。尤望圣明常存此念，早朝晏罢，躬理万几，儆戒无虞，不自暇逸，以慰中外臣民之望，岂惟臣等之幸，实宗社无疆之休也。"上纳之。

弘治十四年

二月庚辰朔。　丙午，升左春坊左谕德李旻为南京太常少卿。

三月己酉朔。　壬子，太子少保、礼部尚书兼文渊阁大学士李东阳奏以疾乞致仕，上曰："卿学行端慎，才望老成，方切倚任，有疾宜善加调理，岂可遽求休致。所辞不允。"　壬申，南京国子监祭酒刘震卒。震字道亨，江西安福人。成化八年进士及第，授编修，升侍讲。弘治元年，升右春坊右谕德，管国子监司业事。九年，升南京国子监祭酒。至是卒。讣闻，赐祭葬。震才力有余，文词敏赡，尤邃于经学。为司业、祭酒，能修举教事，生徒咸畏之。然性躁急，少酝藉，士少不当意者，必罗织鞭朴之，又喜受人馈遗。以故士议沸腾，卒为言官所劾云。　庚寅，太子少保、礼部尚书兼文渊阁大学士李东阳再乞致仕，上曰："卿才德素著，精力未衰，有疾宜用心调理，以副委任，岂可固求退休。所请不允。"

五月戊申朔。　己酉，大学士李东阳两以疾辞位，俱优诏不允。至是，复上疏恳乞致仕，上曰："卿引疾乞休，已屡有旨不允，宜勉起供职，以副委任，毋再固辞。"

升编修周玉为国子监司业。　丙辰，赐南京太常卿吕䘵母恭人徐氏祭。仍命启其父内阁学士原圹，以三品例合葬，从其请也。　丁卯，录用故大学士徐溥之孙中书舍人文焕为尚宝司丞，文灿为中书舍人。　戊辰，南京国子监祭酒黄珣乞便道省祭，许之。

六月丁丑朔。　壬午，起福建按察司佥事章懋为南京国子监祭酒。　丙戌，赐南京国子监祭酒黄珣母宜人韩氏祭葬，从其请也。

七月丁未朔。　癸丑，修撰朱希周病痊至京，复除原职。　己卯，录用故南京礼部尚书倪谦之子泽为中书舍人，以谦尝为宫僚，讲读有劳也。　命太子少保、兵部尚书兼东阁大学士谢迁之子丕为国子监生，从其请也。

闰七月丁丑朔。　己卯，命右春坊右谕德王华、侍讲刘忠为应天府乡试考试官。

八月甲午朔。　丁未，释奠先师孔子，遣吏部左侍郎兼学士吴宽行礼。初有旨遣大学士李东阳行礼。会东阳有子国子监生兆先病故，以丧告，乃改命宽。后数日，上特遣太监宁诚至东阳家，赐银五十两为赙，且曲加慰谕，令治丧毕，速出供职。盖特恩也。

乙丑，南京吏部右侍郎杨守阯乞假展祭，许之。　翰林检讨薛格乞归养疾，许之。甲戌，礼部尚书傅瀚奏乞住俸养病，上曰："卿有疾，宜善调理，以副委任，不必住俸。"

十月丙午朔。　甲寅，太子少保、吏部尚书倪岳卒。岳字舜咨，应天府上元人，南京礼部尚书谦之子。天顺八年进士，改翰林庶吉士。成化元年，授编修。与修英庙实录成，升俸一级。秩满，进侍读，仍升从五品俸，充经筵讲官。丁父忧，服阕，复任。预修《文华大训》成，迁学士。二十年，充东宫讲读官。二十二年，擢礼部右侍郎，仍命经筵进讲。弘治元年，升左侍郎。六年，升尚书。九年，加太子少保，改南京吏部尚书。十二年，再改南京兵部，参赞机务。明年，召为吏部尚书，仍加太子少保。至是卒于官，年五十七。赐宝钞万贯，遣礼官谕祭者四，敕有司治葬，仍给驿归其丧，赠光禄大夫、少保，谥文毅，官其继子霖为中书舍人。岳状貌魁异，望之如神人，有文武才略。在礼部，仪文制度，多所拟定，大者如皇储婚冠之礼、太庙祧祔之仪、母后奉慈殿制，皆出其议，与夫革淫祠、正封号、却西域贡狮子，俱有章疏。在吏部，铨选进退，各当其才，或言别白太过，终当召怨，则曰："吾知冢宰之职，当如是耳。"事当廷议，往往片言而决，天下仰望其风采。独在翰林时，太监黄赐母死，哀服送葬，论者谓其急于功名，昵比权要，君子盖深惜焉。　甲子，改兵部尚书马文升为吏部尚书，少傅兼太子太傅如故。文升辞，上曰："朕以卿才德老成，闻望素著，特兹简任，宜勉就职，不允所辞。"　乙丑，翰林院编修叶德以病痊，复除原职。　甲戌，内阁大学士刘健等言："日讲添《周易》一书，臣等仰见圣学日增，至治可望，不胜欣跃，而在廷诸臣闻之，亦莫不传颂相庆。今日进讲官间传旨将《贞观政要》暂且停讲。切缘《贞观政要》所载唐太宗议论行事之迹，于帝王为治之道最为切要，况又世代相近，事体易晓，所以祖宗列圣崇重此书，每令儒臣进讲，实为有益。伏望圣明少留顷刻，俯垂天听，容臣等仍将此书照旧进讲，以裨圣治之万一，岂惟臣等之幸，实宗社无疆之幸也。"上嘉纳之。

十二月乙巳朔。　丙午，升四川按察司佥事王敕为河南按察司副使，仍提调学校。

戊辰，礼部尚书傅瀚复以久病乞致仕，上曰："朕以卿老成端慎，委任方切，疾如未痊，宜用心调理，以副眷怀，不必固求休致。"

弘治十五年

正月二十七日，吏部右侍郎王鏊为会试知贡举官，以礼部尚书傅瀚有疾在告，左侍郎张升公差，右侍郎焦芳有子入试，例应回避也。

二月甲辰朔。 己酉，命吏部左侍郎兼学士吴宽、侍读学士刘机为会试考试官。乙卯，升翰林院修撰刘春为左春坊左谕德，以九年秩满也。 丁巳，翰林编修沈焘病痊，原职。 辛酉，升右春坊右谕德王华为学士，支从四品俸，以九年秩满也。 癸亥，礼部尚书傅瀚卒。瀚字曰川，江西新喻人。天顺八年进士，改庶吉士，授检讨，升修撰。寻兼司经局校书，侍东宫讲读。秩满，迁左春坊左谕德兼检讨，充经筵讲官。上登极，以宫僚恩，擢太常寺少卿兼侍读。纂修宪庙实录成，进太常卿兼侍读学士。乞归省墓，命驿巫还，赐宝钞银币。还，擢礼部右侍郎。既而以左侍郎兼学士，掌詹事府事，仍直日讲。适修《大明会典》，充副总裁官。未几，擢尚书，掌部事。会足疾剧，累乞辞印停俸致仕，皆不许。至是卒，赠太子太保，谥文穆，遣官加祭，给驿护丧治葬事。瀚嗜学强记，处事周悉，有思致，虽小不苟。工书法，为诗文峻整无陈俗气。子元举进士，为庶吉士，授监察御史；完荫授中书舍人。 丙寅，掌国子监祭酒事、礼部右侍郎谢铎再乞致仕，上曰："国学重任，正须得人，铎学行端方，故特起用，岂可引疾求退。宜勉尽职，毋再辞。" 壬申，礼部左侍郎张升为本部尚书。升具疏辞，上曰："卿学行素著，典礼有年，特兹简用，宜勉就职，不允所辞。" 癸未，升礼部右侍郎焦芳为本部左侍郎，南京礼部右侍郎李杰为礼部右侍郎。 丁亥，命大学士刘健、李东阳、谢迁，少傅兼太子太傅、吏部尚书马文升，户部尚书侣钟，兵部左侍郎熊翀，太子太保、刑部尚书闵珪，工部尚书曾鉴，都察院右都御史戴珊，通政司通政使沈禄，大理卿杨守随，侍讲学士武卫、张芮，充殿试读卷官。 升南京翰林侍读学士马廷用为南京礼部右侍郎。 丙申，授第一甲进士康海为修撰，孙清、李廷相为编修。 戊戌，改进士胡煜、鲁铎、薛金、温仁和、李时、滕霄、吉时、赵永、李贯、毕济川、何瑭、张礥、李元吉、周祯、王廷相、顾烨、潘希曾、盛端明、朱袞、王萱为庶吉士，并修撰康海，编修孙清、李廷相，俱本院读书，命学士梁储、王华教之，给酒食器具如例。

四月壬寅朔。 癸卯，先是，有旨升致仕福建按察司佥事章懋为南京国子监祭酒，懋奏言父丧未久，宿疾未平，乞仍以旧职致仕。上曰："章懋不准辞，待服满日赴任。堪任南京国子监司业者推二员。"时南监久不设司业，吏部疏上编修罗钦顺、检讨刘瑞以请，命钦顺为南京国子监司业。 乙卯，升左春坊左中允吴俨为南京侍读学士。 癸亥，大学士刘健乞致仕，上曰："卿耆德旧学，誉望素隆，辅导忠勤，方切倚任，岂宜引年辄求休致，所辞不允。"健再申前请，复优诏勉留之。 乙亥，南京工部尚书董越卒。越字尚矩，江西宁都人。成化五年进士及第第三人，授编修，秩满，进侍读。二十年，选侍东宫讲读，充经筵讲官。上即位，进右春坊右庶子兼侍讲。颁登极诏，使朝鲜，能宣布德意，却其馈遗，居三日而还，有赋以纪其国俗。纂修宪宗实录成，升太常寺少卿兼侍讲学士，充日讲官。寻迁南京礼部右侍郎，至工部尚书。卒，年七十二。讣闻，赐祭葬，赠太子少保，谥文僖。越修眉长身，博洽善议论。成化末，诸执政大臣不相能，其门客各所厚善，独越出入诸公之门，皆得其欢心，议者以比之楼君卿云。　丙子，编修陈霁病痊，复除原职。

六月辛卯朔。　辛亥，命南京吏部右侍郎杨守阯仍充《大明会典》副总裁。先是，纂修《会典》，守阯以侍讲学士预充副总裁，已而升任南京，今考满至京，而纂修尚未就绪。大学士刘健等乞复留守阯终其事，书成还任，故有是命。

八月庚子朔。　壬戌，赐故詹事府少詹事兼学士柯潜之妻俞氏祭葬，从其子中书舍人宗文请也。　乙丑，命太子少保、礼部尚书兼文渊阁大学士李东阳继子兆藩补荫为国子监生，从其请也。　丁卯，吏部左侍郎兼翰林学士吴宽再乞致仕，上曰："储宫辅导，正须得人，卿引疾求退，已有旨勉留，宜尽心供职，以副委任，毋再固辞。"

九月庚午朔。　己卯，国子监司业周玉乞归省，许之。

十一月庚午朔。　升待诏潘辰为本院典籍，以九年秩满也。　翰林修撰毛澄病痊至京，复除原职。　丁丑，赐内阁大学士刘健、李东阳、谢迁玉带各一束，大红织金衣三袭；詹事兼学士等官吴宽等各带一束，大红衣三袭；三品以下，各视品级递加服色，以东宫讲读劳也。

十二月己亥朔。　庚子，侍读学士江澜丁忧服阕，复除原职。　己酉，纂修《大明会典》成，翰林院呈进，上御奉天殿受之，文武百官各朝服侍班行礼毕，赐总裁等官少傅兼太子太傅、户部尚书、谨身殿太学士刘健等宴，都察院左都御史待宴。　壬戌，升右春坊右赞善杨时畅为左春坊左谕德，以九年秩满也。

弘治十六年

正月己巳朔。　壬午，升学士张元祯为南京太常卿。元祯时丁忧将服阕也。

二月戊戌朔。　翰林院编修罗玘病痊，复除原职。　乙巳，赐大学士刘健、李东阳、谢迁大红蟒衣各一袭。内阁之赐蟒衣自此始。　乙丑，以纂修《大明会典》成，敕吏部加总裁官少傅兼太子太傅、户部尚书、谨身殿大学士刘健为少师兼太子太师、吏部尚书、华盖殿大学士，太子少保、礼部尚书兼文渊阁大学士李东阳为太子太保、户部尚书兼谨身殿大学士，太子少保、兵部尚书兼东阁大学士谢迁为太子太保、礼部尚书兼武英殿大学士；副总裁吏部左侍郎兼学士吴宽礼部尚书，仍兼学士，掌詹事府事、南京吏部右侍郎杨守阯为本部左侍郎，加俸二级。健等及宽俱上疏辞，不允。　辛未，以《大明会典》成，升纂修官学士梁储、王华俱为詹事府少詹事，仍兼学士，侍读学士刘机、江澜，侍讲学士武卫、张芮俱为学士，左春坊左中允杨廷和为左春坊大学士兼侍读学士，左谕德刘春、杨时畅，侍读白钺俱为侍讲学士，右中允靳贵为左谕德兼侍讲，修撰毛澄为右谕德兼修撰，修撰朱希周、毛纪，编修顾清为侍讲，编修兼校书傅珪为右中允兼编修，编修陈澜为修撰，典籍夏赉为检讨，潘辰为五经博士。　戊寅，吏部右侍郎王鏊以父忧去任。　乙酉，左春坊左庶子张天瑞丁忧服阕，复除原职。　乙丑，吏部右侍郎王鏊请赐其父封少詹事兼侍读学士朝用祭葬，从之。鏊尝侍经延日讲及东宫讲读，有劳也。　辛卯，侍读毛纪乞省亲，许之。

四月丁酉朔。　壬戌，南京国子监祭酒章懋复辞免新命，乞仍致仕。吏部言懋学行可师，请行浙江布政司，趣令赴任，以慰人望。上曰："祭酒重任，正须得人，章懋学行老成，已有前旨不允辞，宜趣令赴任。"

五月丙寅朔。　己巳，编修王瓒丁忧服阕，复除原职。　甲戌，少师兼太子太师、吏部尚书、华盖殿大学士刘健以从一品九年秩满乞致仕，上曰："卿耆德重望，弼亮忠勤，九载考绩，方当加隆恩礼，岂可遽求退休？所辞不允。"既而命加健特进，令兼支大学士俸，仍赐奖谕。健再具疏辞，上曰："朕以卿德望素隆，勋绩茂著，特加禄秩，用示褒崇。宜勉承恩命，益勤辅导，不必固辞。"　辛卯，大学士刘健、李东阳、谢迁言："昨二十四日，司礼监太监扶安传奉圣旨，《通鉴纲目》并《续编》，深切治道，命臣等撮取节要，撰次一本，仍分卷帙，陆续进来，以便观览。次日，安又传谕圣意，欲自三皇五帝以来历代事迹，通为一书。臣等云云。合用编纂官员，今推得詹事府掌府事、礼部尚书兼学士吴宽，礼部右侍郎、管国子监祭酒事谢铎，南京太常卿张元祯，詹事府少詹兼学士王华，学士刘机、江澜，左春坊大学士兼侍读学士杨廷和，侍讲学士刘春、白钺，左春坊左庶子张天瑞，左谕德兼侍讲靳贵，右春坊右中允蒋冕，左春坊左赞善费宏，编修罗玘、徐穆、王瓒，俱各堪任。其王华等，各分馆整理；吴宽、谢铎、张元祯，通行润色；臣等总加详定，陆续进呈。"

六月丙申朔。　改礼部左侍郎焦芳为吏部左侍郎。　辛丑，升礼部右侍郎李杰为本部左侍郎，少詹事兼学士王华为礼部右侍郎，华仍充经筵日讲官。　癸卯，升侍讲刘忠为侍读学士，以九年秩满也。

七月乙丑朔。　庚寅，致仕南京国子监祭酒罗璟卒。璟字明仲，江西泰和人。将诞之夕，父梦鹤栖堂中，璟生而天庭有志如丹砂，人咸异之。天顺八年进士及第第三人，授编修。预修实录成，升修撰。成化初，陈厉圣志、乐圣学、接群臣、辨贤否、容谏诤、崇节俭六事。以预修《续资治通鉴纲目》成，升司经局洗马，侍东宫讲读。璟与吏部尚书尹旻子侍讲龙同娶于孔氏，学士彭华、尹直尝欲因璟私交旻，璟正色拒之，华、直由是怨璟。二十三年，璟以服阕至京，其乡人侍讲王臣方谋存东宫讲读，恐璟补之，乃与华、直共嗾李孜省指璟为龙党，内批调璟南京礼部员外郎。遂诘责尚书耿裕，当璟以忧去，何不补缺。时孜省党工部尚书李裕谋夺其位，故并责之。未几，耿裕亦调南京礼部，而李裕果转吏部。士论为之不平。弘治初，升璟为福建按察司提学副使。寻升南京国子监祭酒，居五年致仕。至是卒。璟坦易率直，议论持正，与人交不设城府。为文章词旨畅达。虽为人中伤调官，实非其罪。独为提学、祭酒时，颇伤宽缓，然亦无大过云。

八月乙未朔。 乙卯，学士张芮乞归省亲，许之。 庚申，致仕侍读学士江朝宗卒。朝宗字东之，四川巴县人。景泰二年进士，改庶吉士，授检讨。与修《大明一统志》，升编修，秩满，升侍讲。成化三年，与修英庙实录，升司经局洗马，俄迁侍读学士。孝宗在春宫，日讲读。寻坐都御史牟俸累，调广东市舶提举司提举。既而累章乞休，吏部覆请，上以其才学可惜，令复原职致仕。家居几二十年，至是卒。朝宗蚤以文誉历清秩，凡侍经帷，供史事，典文衡，劳勚颇著。尝以起复道病闻于上，特命遣医治之。然性和易，不择交与，人亦莫有非之者。其卒也，乃效白乐天自述圹志，以识其平生云。

九月甲子朔。 壬午，赐翰林及左右春坊讲读官银币有差，以随侍皇太子讲读也。

十月甲午朔。 乙巳，南京太常卿张元祯以修《通鉴纂要》召至，命改太常卿兼学士。 庚戌，国子监司业周玉省墓回京，复任。

十一月甲子朔。 戊辰，升编修徐穆为本院侍读，以九年秩满也。 壬辰，掌国子监事、礼部右侍郎谢铎奏："臣祖母赵氏，守节四十余年，未蒙旌表而没。请以本身应得诰命，移为旌表之恩。"上曰："赵氏准与旌表，铎应得诰命仍给之。"

弘治十七年

二月癸巳朔。 乙未，掌国子监事、礼部右侍郎谢铎复乞休致，上曰："谢铎学行老成，精力未衰，可用心供职，以副委任，不允休致。" 庚戌，检讨王九思乞归省亲，许之。 丁巳，掌国子监事、礼部右侍郎谢铎奏乞致仕，吏部覆奏，上曰："师儒重职，正宜任用老成，铎已累有旨勉留，毋再固辞。"

三月壬戌朔。 辛巳，左春坊左赞善费宏丁忧服阕，复除原职。

四月壬辰朔。 丁巳，掌国子监事、礼部右侍郎谢铎复乞致仕，不允。 戊午，南京吏部尚书林瀚乞致仕，上曰："卿学行端谨，精力未衰，岂可引年固求休致，宜尽心职务，以副委任，不允所辞。"

闰四月辛酉朔，重修阙里成，遣太子太保、户部尚书兼谨身殿大学士李东阳往祭告，并立御制碑文。 丙寅，吏部左侍郎焦芳乞休致，上曰："卿才望老成，方切委任，令用心供职，不允所辞。" 壬申，掌詹事府事、礼部尚书兼翰林院学士吴宽乞致仕，上曰："卿学行端谨，誉望素著，委任方隆，岂宜引年遽求休致，所辞不允。"

乙酉，掌国子监事、礼部右侍郎谢铎复以衰病乞致仕，上曰："朕以尔旧学素望，众所推服，特切勉留，宜尽心供职，毋再引疾固辞。" 戊子，掌詹事府事、礼部尚书兼学士吴宽复乞致仕，上曰："卿学行闻望，舆论攸归，方切委任，有疾宜善加调理，岂可固求休致，所辞不允。"

五月庚寅朔。 甲午，大学士刘健、谢迁各以灾变引咎恳乞避位，上曰："卿职司辅导，匡政有年，朕方倚毗，岂可引咎退休，不允所辞。" 戊戌，大学士刘健、谢迁复以灾异恳乞避位，上曰："灾异示戒，上下交修，卿等正宜尽心辅政，共回天意，勿再固辞。" 丁未，掌詹事府事、礼部尚书兼学士吴宽以灾异乞致仕，上曰："灾异示戒，正宜同加修省，卿屡引疾乞休，已有旨不允。其勉起供职，不必固辞。" 甲寅，内阁大学士李东阳还自阙里，以灾变乞休致，上曰："灾异示戒，正宜上下交修，卿职司辅参，方切倚毗，岂可引咎求退，不允所辞。" 己未，内阁大学士李东阳复上疏乞休退，上曰："朕方图新政理，卿宜尽心匡辅，以副委托，毋再引咎固求休退。"

七月己丑朔。 甲午，礼部左侍郎王华乞致仕，不允。 丁酉，右春坊右中允蒋冕乞假省母，许之。 戊戌，掌詹事府事、礼部尚书兼学士吴宽卒。宽字原博，直隶长洲人。少为府学生，累诎场屋，贡入太学，绝意进取。提学御史陈选惜其才，敦劝就乡试，遂得举会试、廷试，名皆第一，授修撰。九载秩满，升右春坊右谕德，充东宫讲读官。上登极，升左庶子兼侍读。宪庙实录成，升少詹事兼侍读学士，寻升吏部右侍郎，丁继母忧。员再缺，朝廷命虚位待之，服阕补任。未几，转左，用荐入典诰敕。修《大明会典》，充副总裁。书成，进礼部尚书兼学士，仍典诰敕，修《通鉴纂要》。孝肃太皇太后将祔庙，诏议其礼，独抗言引周祀姜嫄事，别庙奉享。议上，上从之。未几病作，累乞休致，上勉留之。至是卒。遣官治葬如例，而加祭二坛，赠太子太保，谥文定。长子奭先以三品恩荫为国子生，乃特授中书舍人，以次子奂补国学，盖异数也。宽行履高洁，志操纯正，权势荣利，所在退避，若懦夫然。于书无所不读，为文醇古有法，诗浑厚沉着，尤严体裁，书规模苏文忠公。重伦理，笃恩义，所行多有足范俗敦化者。位虽通显，而未究其用，卒之日，士大夫无不赍咨叹惋云。 丁巳，掌国子监事、礼部右侍郎谢铎复以疾乞致仕，许之，给驿以行，命疾愈日有司奏闻起用。 南京国子监祭酒黄珣丁忧服阕，改国子监祭酒。 翰林院学士刘机奏："臣虽叨任学士，掌管印信，职衔不过五品，亦在考察数内。乞敕吏部、都察院，先将臣履历逐一考核，应否罢黜，奏请圣裁。果不系应黜之数，方令臣会同各衙门，从公考察所属官员。"命机免考察。翰林院学士江澜等奏："学士所职，乃讲读撰述之事，非钱谷簿书，必待稽考而后见。况臣等历事先朝，供奉皇上，前后已二十七年，其称职与否，圣明洞鉴久矣。若有不称，惟陛下显赐罢黜，有不待于考察者。伏望念累朝优异之典，及往年免考之例，特赐宽假，以示荣遇。"从之。

八月戊午朔。 壬戌，南京户部右侍郎郑纪乞致仕，命升本部尚书致仕，给驿还乡。 丁丑，左春坊左庶子张天瑞卒。天瑞字天祥，山东清平人。成化十七年，以进士第三人及第，授翰林编修。与修宪宗实录成，升侍讲，充经筵讲官，改右中允，兼侍今上于春宫为讲读官。秩满，升左春坊左庶子，与修《资治通鉴纂要》。未几卒，特赐谕祭。天瑞天资绝人，为诗文数千言，尝信笔成篇，不复检窜。对客与闲居无异，其言妙轹古今，他人注思者恒不及，见者莫不惊服。人或有欲难之者，以四韵律诗，期以限百篇使成，天瑞亦挥毫立就，限者复至供韵不及。然颇自负才，人亦不为计也。其蕴经济而不及施，人甚惜之云。

九月戊子朔。 丁巳，上召大学士刘健等至暖阁，谕曰："各边杀贼功次，行巡按御史查勘，多有经年累岁不肯奏报，或至病故，不沾恩命，无以激劝人心。可酌量地方远近，定与限期，若有过违，令兵部查究。"皆对曰："诚有此弊，禁之甚当。"少顷，上又曰："昨令李荣来说日讲时，讲官说陈善闭邪，陈字解作陈说，未明止作敷陈乃可耳。"健等因奏曰："昨李荣又言以善道启沃他，他字不是，诚如圣谕。"上曰："他字也不妨。昨偶言及此意，以为不若启沃之更好，然不必深计。大抵讲书须要明白透彻，直言无讳，道理皆书中原有，非是纂出。若不说尽，也无进益，且论思辅导之职，皆所当言，可传与讲官，不必顾忌。昨所讲都似有顾忌耳。"是日，天颜甚悦，似以为昨日所传未的，恐因此有所观望，故特示详悉如此。

十月戊午朔。 戊辰，大学士刘健援例乞荫其孙成恩为国子监生，上曰："健事朕春宫，及今辅导，勤劳年久，成恩可授中书舍人。"健具疏辞，复批答曰："卿辅导年久，贤劳懋著，兹特录用一孙，以示嘉奖。宜勉承朕命，不必固辞。" 庚午，授庶吉士鲁铎、温仁和、李时、滕霄、赵永、毕济川、何瑭为编修，周祯为检讨，吉时、薛金、李贯、王廷相、王萱为给事中，朱衮为江西道御史。 己卯，南京国子监祭酒章懋复以老疾乞致仕，上曰："章懋学行老成，允宜师保，令用心职务，以副委任，不允辞。"

十一月丁亥朔。 辛丑，录用故大学士杨溥之曾孙耀宗于中书舍人习字出身，从其请也。 壬子，授故大学士刘珝之子铨为中书舍人，以习字三年已满。

十二月丁巳朔。 辛未，大学士李东阳乞致仕，上曰："卿德学老成，才望素著，辅导重任，委遇方隆。有疾宜善加调理，岂可遽求休致，所辞不允。" 辛巳，大学士李东阳复乞致仕，上曰："朕以卿才德闻望，众所推重，方切倚毗。有疾宜善加调理，岂可固求休致，所辞不允。"

弘治十八年

正月丁亥朔。 辛丑，太子太保、户部尚书兼谨身殿大学士李东阳以病在告满三月，移文欲如例住俸。户部为请，上命俸不必住，其令安心调理。

二月丁巳朔。 癸亥，命太常卿兼学士张元祯、左春坊大学士兼侍读学士杨廷和为会试考官。 癸酉，翰林院编修汪俊、检讨汪伟俱丁忧服阕，复除原职。

三月丙戌朔。 命少师兼太子太师、吏部尚书、华盖殿大学士刘健，太子太保、户部尚书、谨身殿大学士李东阳，太子太保、礼部尚书、武英殿大学士谢迁，少师兼太子太师、吏部尚书马文升，户部尚书韩文，兵部尚书刘大夏，太子太保、刑部尚书闵珪，工部尚书曾鉴、左都御史戴珊、右都御史史琳、通政司通政使田景贤、大理卿杨守随、翰林学士刘机、侍讲学士杨时畅为殿试读卷官。 辛亥，授第一甲进士顾鼎臣为修撰，董玘、谢丕为编修。 升编修罗玘为本院侍读，以九年秩满也。 改进士崔铣、严嵩、湛若水、倪宗正、陆深、翟銮、邵天和、徐缙、张九叙、蔡潮、林文迪、安邦、段炅、蔡天祐、胡铎、高淓、马卿、刘寓生、安磐、穆孔晖、李艾、王韦、赵中道、黄如金、闵楷、傅元、孙绍先、易舒诰、方献科、张邦奇为庶吉士读书，命太常卿兼学士张元桢、学士刘机教之。

四月丙辰朔。己未，命掌詹事府事、太常卿兼学士张元祯内阁专管诰敕，仍不妨府事。己巳，检讨石珤丁忧服阕，复除原职。壬申，吏部左侍郎焦芳乞致仕，上曰："焦芳春宫旧臣，学行素著，方切委任，岂可遽求休致，所辞不允。"

五月乙酉朔。庚寅，上大渐。晓刻，遣司礼监太监戴义召内阁大学士刘健、李东阳、谢迁甚急，至乾清宫东暖阁御榻前。上燕服坐龙床御榻上，健等入至床上榻前，叩头问安，上曰："热甚不可耐。"命左右取水，以布拭舌。既乃曰："朕嗣祖宗大统一十八年，今年三十六岁，乃得此疾，殆不能起。"健等跪奏曰："皇上偶违和，何以遽言及此。臣等仰观圣体，神气充溢，万寿无疆，幸宽心调理。"上自叙即位始末甚详，欲有所记录。于是太监扶安、李璋捧纸及砚，义执朱笔，跪于榻前，陈宽、萧敬、李荣俱跪于床下，上命义书于片纸曰："朕昔侍太皇太后宫闱，及长，蒙先皇厚恩，选配昌国公张峦女为后。于弘治四年九月二十四日诞生皇子，册立为皇太子，正位东宫，年已长成，主器婚配，不可久虚，礼宜择配，可于今年举行。"皆逐句宣授，间有改易，粲然成章。书讫，上执健手又曰："先生辈辅导辛苦，朕备知之。"又曰："东宫聪明，但年尚幼，先生辈可常常请他出来读书，辅导他做个好人。"健等皆饮泣对曰："东宫天性睿知，今年尽勤学，望皇上宽心少虑，以膺万福。"语久，玉音渐清，反覆告谕，若不忍释，前后数百言，不能悉记。时距升遐仅一日，而圣谕谆切，神思不乱，天性之涵养有素，故始终之际，一得其正云。

六月甲寅朔。丙辰，升侍讲张溁为侍读学士，检讨石珤为修撰，俱以九年任满也。戊午，南京国子监祭酒章懋乞致仕，不允。己未，大学士刘健、李东阳、谢迁言："皇上嗣登宝位之初，赏臣等各银三十两，纻丝二表里，已顿首拜受。近闻户部奏拟将亲王及文武官员赏例通为减省，切思帑藏告竭，减省赏赐，乃不得已，而臣等独受厚赏，心实不安，请辞免。"上曰："此先朝故事，勿辞。"辛酉，大学士刘健、李东阳、谢迁复辞登极赏赐，言："臣等昔在先朝，国用充裕，此等正赏，固不敢辞。今府库空虚，加强寇在边，军需方急，若不痛加樽节，目前已不能给，后来何以继之。且节用必自贵近始，臣等受遗辅政，当与国同忧，岂可独受厚赏。伏望自今以后，一切无名之赏，尽皆停止，以崇俭德。"上曰："朕初嗣位，加赉辅臣，礼不可废，卿等勿固辞。其他财用，朕自当樽节。"辛未，致仕太子太保、礼部尚书徐琼卒。琼字时用，江西金溪人。天顺丁丑进士，授编修，预修《大明一统志》、英庙实录。成化丁亥，升侍讲。辛卯，主考应天乡试。寻升南京侍讲学士，久乃进南京太常卿，掌国子监祭酒事。弘治庚戌，升南京礼部右侍郎，以考满至京，改礼部左侍郎。丙辰，擢本部尚书。久之，升太子少保。庚申，乞致仕，赐敕给驿还，有司给月米、岁夫。寻传旨以琼效劳年久，加太子太保。比卒，辍朝，赐祭葬如例。琼为人和易敦朴，不事表襮。为文畅赡，时有警语。早年书法逼晋，然短于才，历官无甚建明。为翰林时，置妾偶与椒房连葭莩，及擢尚书，乃出孝庙特旨。故言官谓其有所攀附，论劾不已，竟以是致仕云。辛巳，初，科道交章言两京堂上官贤否，杂任宜加甄别，如吏部侍郎焦芳、梁储，巡抚陕西都御史杨一清、南京国子监祭酒章懋，俱堪大任；去任户部尚书周经、侍郎许进，都御史雍泰、洪汉，俱宜起用；他如礼部侍郎王华典文招议，太常卿兼学士张元祯奸贪附势，通政司右参议熊伟嘱托取财，掌鸿胪寺事、礼部尚书贾斌人品卑下，掌太常寺事、礼部尚书崔志端秽行彰闻，巡抚顺天等府都御史周季麟交结权幸，巡抚山东都御史徐源昏懦无为，南京户部尚书熊翀、户部左侍郎李温、太常卿吕誩年老有疾，右都御史金深、应天府丞李堂奔竞转官丁忧，太仆寺少卿陈大章贪声素著，俱宜罢黜。至是，吏部议芳、储、一清、懋、经宜候缺奏请简用，进、泰已有成命，汉并华等十三人进止取自上裁。上曰："可。汉候缺起用，温等令照旧办事。"

七月甲申朔。　庚寅，授故大学士商辂曾孙承庆中书舍人。　壬辰，致仕南京太常少卿牛纶卒。纶，顺天府涿州人。景泰甲戌进士，改庶吉士，授编修，升左春坊左赞善。天顺甲申，升太常少卿兼侍读。成化壬寅，改南京太常少卿，弘治改元致仕。至是卒，与祭一坛，以尝充宪庙东宫官并经筵日讲故也。纶为人滑稽，又以太监玉之侄，善张权要，为士论所鄙。　戊戌，加少师兼太子太师、吏部尚书、华盖殿大学士刘健左柱国，食正一品俸，与诰命；加太子太保、户部尚书兼谨身殿大学士李东阳，太子太保、礼部尚书兼武英殿大学士谢迁，俱少傅兼太子太傅。健等合疏言："臣等备员内阁，累进穹阶，力薄功微，每怀忧惧。幸遇陛下飞龙御极，千载一时，未能上赞圣明，大施新政，宜加斥罢，尚赐包荒；而乃以侍从讲读之劳，复增宠数，或重加勋禄，荣及其先，或递进官阶，复兼宫秩。仰惟陛下稽古右文，崇儒重道，圣心所在，盛典攸存；但讲读经书，敷陈理道，计劳论直，皆在各官，臣等何功，首沾恩礼。伏望收回成命，俾臣等照旧供职，庶少轻叨冒之咎。"上曰："卿等事朕春宫，积有辅导，劳勋方兹。初政特加秩禄，不允所辞。"　升太常卿兼学士张元祯为吏部左侍郎，仍兼学士，加俸一级；学士刘机、江澜，左春坊大学士兼侍读学士杨廷和，俱少詹事兼学士，廷和仍加俸一级；学士张芮加俸一级；侍讲学士杨时畅为太常少卿兼侍讲学士；侍读学士刘忠、张溁，侍讲学士白钺，俱学士，钺加散官并俸一级；左谕德兼侍讲靳贵、费宏俱太常少卿兼侍读；右谕德兼修撰毛澄为左庶子兼侍读；侍读毛纪、左中允兼编修傅珪，俱左谕德兼侍讲；顺天府丞兼正字周文通为光禄卿，尚宝司卿兼正字刘荣为太常寺少卿，俱仍旧供事。元祯等皆侍上讲读于春宫，故有是命。　辛亥，庶吉士潘希曾丁忧服阕，授兵科给事中。

八月癸丑朔。　乙丑，授少傅兼太子太傅、户部尚书、谨身殿大学士李东阳，少傅兼太子太傅、礼部尚书、武英殿大学士谢迁，阶光禄大夫、勋柱国，仍赐己身并曾祖父母、祖父母、父母、妻诰命。　丙寅，命侍读徐穆为正使，吏科给事中吉时为副使，往朝鲜国，修撰伦文叙为正使，户科给事中张弘至为副使，往安南国，各赍诏告即位，敕赐其国王及妃纻丝、表里、妆花、绒锦有差。

九月壬午朔。　甲午，升学士张溁为国子监祭酒。　己亥，起用致仕太子太保、户部尚书周经为南京户部尚书，太子太保仍旧。经以老疾疏辞，上曰："卿宿望旧臣，特委留都国计，宜勉起赴任，毋复引疾固辞。"　礼部右侍郎王华以被劾乞休致，不允。

戊申，户科给事中刘蒠言："先帝临御十八年，悯念民艰，痛惩时弊，极力振作，以图维新，不意此志不竟。大渐之际，召大学士刘健、李东阳、谢迁于卧榻，托以陛下，垂泣而语，期于克缵前业。今梓宫未葬，德音在耳，而政事多乖，号令不信，中外皇皇，人皆失望。如听商人李琳、谭景清买补残盐；张瑜、刘文泰等不亟诛，以慰先帝之灵，而容其奏辩；太监刘琅贻害河南，而仅得更调蓟州；边方多事，奏取各处内官、将官欺蔽，奏差科道报勘户部奏革冗员，兵部奏革传乞，事皆报罢。夫先帝留健等三臣以辅皇上，而诸司章奏之下，大率恩侵于法，情掩夫公，是健等不得与闻，而壅蔽之所由始也。今咎征已应，天戒凛然。伏愿深思遗命，信任老臣，政无大小，咨之内阁，参详可否，而诸司各具题奏之数，赴内阁以查遗漏，则凡天下大利害、大得失，密勿之地无弗与知，而庶政举、宗社安矣。"

十月壬子朔。 乙卯，兵科给事中王翀言："学士张元祯被劾见留，久不入谢，乃因万寿圣节具奏，先行入慰之礼。诒上希恩，非馆阁大臣体，宜罢归田里。"章下所司知之。 丁巳，改给詹事府少詹事兼学士杨廷和父母四品诰命。廷和之父春，由行人司正升湖广按察司佥事致仕，以其第三子兵部主事廷仪考满，偕其配叶氏已拟授五品诰命矣。至是，廷和迁秩，会恩诏言故事两子当封，从一高者，请改给。乃有是命。 赐学士张芮母太恭人弋氏祭葬，以经筵及春宫侍从恩也。 己卯，是日早朝退，上御文华殿，召内阁臣三人、总兵官六人、六部尚书、都御史至前谕之曰："国有大丧，加以边事，卿等久劳，各赐文绮三袭。"仍赐饮馔而退。 大学士刘健等言："人君之治天下，必先讲学明理，正心修德，然后可以裁决政务，统御臣民。故累朝列圣，嗣位之初，必大开经筵，每月三次，令翰林、春坊讲说经史，公卿大臣分班环听，又于每日专令儒臣讲读，使工夫接续，闻见开广，百有余年太平功业皆由此致。仰惟皇上昔在春宫，日勤讲学，尧舜孔子之道，固已得其大纲。先帝顾命臣等，惓惓以进讲为念，向来梓宫在殡，圣孝方殷，万几之外，不遑他务，臣等切恐圣心未有所系，深以为忧。即欲请开经筵，但殿宇高广，天气向寒，且事体重大，礼仪繁盛，仓猝之间，似难举事。欲姑俟明年，又恐旷日持久，有妨圣学。伏睹先帝初年，日讲常至岁暮不辍，臣等拟于十一月初三日为始，伏乞圣明遵照先朝事例，每日御文华殿暖阁，令臣等两次进讲，则圣学可成，太平可致，实宗社万年无疆之庆。除经筵事宜，俟明春别请，今将日讲仪注条上：一、伏睹皇上在春宫讲读，《论语》、《尚书》各未终卷，今合于每日接续讲读，《论语》五遍，次读《尚书》五遍，讲官各随即讲明，讲毕各官皆退；一、讲读后，皇上裁决政务，有暇即看字体，随圣意写字一幅，不拘多寡，俟午讲时，臣等恭看进呈；一、近午初时讲《大学衍义》、《历代通鉴纂要》，讲毕各退；一、每日各官讲读毕，或圣心于书义有疑，即问臣等，再用直解，务求明白。"上曰："朕以哀疚，故久辍讲。今闻卿等述先帝顾命，知讲学诚不可缓，其如期举行。" 辛巳，詹事府掌府事、吏部左侍郎兼学士张元祯乞致仕，上曰："元祯已累有旨留用，宜用心供职，毋复辞。"

十一月壬午朔。 翰林院检讨刘瑞言："求贤首务，宜敕内阁、吏部访求名望，如南京国子监祭酒章懋，丁忧吏部侍郎王鏊、佥都御史林俊，革职都御史雍泰，皆其人也，宜亟为擢用；陕西按察司副使王云凤、河南布政司参政王琼、广东参政王纶、安庆知府杨茂元、云南布政司照磨余濂、广西佥事胡献，亦宜超用。"下吏部覆奏："鏊、俊尤为众望所归，宜令有司俟其服满，起送至京简用。泰行取未至，纶、茂元、濂近已叙进，懋、云凤、琼、献见任师儒，方面待缺推升。"议上，上是之，命亟取鏊、俊来京。　乙酉，国子监祭酒张溁言："臣父廷纶为主事时，虽以擅离职除名，初无赃罪。先是，臣以编修考满，已得请移封矣。今遇恩诏，仍乞以本官加赠。"吏部覆奏，从之。　庚寅，大学士刘健等言："今月十七日冬至节，灵济宫祭金阙真君、玉阙真君，奉旨遣尚书李东阳行礼。臣等切有愚悃，谨昧死为陛下陈之。佛老二教，圣王所必禁，儒者所不谈。中世以来，正道不明，人心久溺，如秦始皇、宋徽宗好仙，汉楚王英、梁武帝好佛，唐宪宗仙佛俱好，求福未得，皆以得祸，载在史册，事迹甚明。若灵济宫所奉二真君，乃南唐徐温二子知证、知谔。谨按正史所载，徐温养子知诰篡伪吴王，杨氏诸子皆为节度使，知证夭死，知谔病死。五代石晋时，无故立庙，称之为神，国朝虽有庙宇，然亦止称为真人，令道士供奉香火。成化末年，加为上帝，礼官失职，不能规正。先帝初年，革去帝号，天下传闻，以为圣政真君，旧称尚未尽革。至于神父神母仙妃，皆是背叛家属，滥冒美名，尤为非礼。每岁三大节，分官祭祀，不知何时，复遣内阁儒臣。臣等初承遣命，未敢固违，因循至今，勉强从事。恭遇孝宗皇帝崇儒饬治，舍己听言，方欲具奏论列，而龙驭上升，徒深怏慕。近者文华殿所供佛像，有旨见新，令臣等撰文祝告，臣等以为事关治体，据礼上陈，荷蒙圣断，即时撤去。仰见陛下聪明正大，远过百王，善推所为，虽尧舜之治不难致矣。灵济真君，生为叛臣，死为逆鬼，而冒名僭礼，享祀无穷，惑世诬民，莫此为甚。臣等读圣贤之书，当劝陛下行帝王之道，心知邪伪而身与周旋，则讲读皆成虚文，辅导更为何事。且有其诚则有其神，无其诚则无其神，纵使有之，亦须诚心对越，乃能感格。臣等心既不信，诚从何生，强使驱驰，虽祭无益。若先师孔子，遣祭旧规，臣等自当竭诚奉命，其一应寺观祭告，自来并不干预。伏乞圣明洞察，俯听愚言，将前项祭祀，通行革罢，免令臣等行礼。先帝革号于莅政之初，陛下革祭于嗣位之始，传之后世，于前有光，庶祀典不愆，治体无累，而臣等旷官失职之咎，亦少逭于万一矣。"上嘉纳之，且曰："二真君之祭，据礼当革，但先朝行之已久，姑仍其旧。今后不必遣内阁重臣，止令太常寺官行礼。"　乙未，授庶吉士胡煜为吏科给事中，以养病痊可也。　甲辰，太常少卿兼侍读靳贵以母丧，援例乞葬祭，诏许之。　戊申，升右春坊右中允蒋冕为右谕德兼侍讲。初，上录春宫侍从之劳，冕方归省，至是还朝，故有是命。

十二月辛亥朔。　甲寅，编修何瑭奏："古者王朝列国，皆有史官掌记时事。国初设修撰、编修、检讨，谓之史官，俾司纪录，法古意也。故刘基条答天象之问，太祖命悉付史馆。太宗时，王直以右春坊右庶子兼记注。今史职旷废，靡考所自，竟未修举。乞敕令史官番直史馆，凡君上之起居，及臣工之论列，政事之因革，官僚之黜陟，皆据事直书，仍署名纸尾，藏之柜椟，以待纂述。庶圣君贤相之谋猷无所遗坠，而恍夫小人惧贻讥于百世，将有所惩。且因纪录而习知政务，可以备他日之用。是于修职之中，实寓养才之意也。"疏上，命所司知之。　丁巳，上敕修孝宗皇帝实录，以太师兼太子太师、英国公张懋为监修官；少师兼太子太师、吏部尚书、华盖殿大学士刘健，少傅兼太子太傅、户部尚书、谨身殿大学士李东阳，少傅兼太子太傅、礼部尚书、武英殿大学士谢迁为总裁；詹事府掌府事、吏部左侍郎兼学士张元祯，吏部左侍郎焦芳、右侍郎王鏊、礼部左侍郎李杰为副总裁；少詹事兼学士等官刘机等为纂修官。　辛酉，命编修沈焘为正使，工科左给事中许天锡为副使，持节封安南国王黎晖次子谊为安南国王。

馆阁漫录卷之九　　始正德元年止六年

正德元年

正月辛巳朔。　戊戌，命太师兼太子太师、英国公张懋，少师兼太子太师、吏部尚书、华盖殿大学士刘健知经筵事；少傅兼太子太傅、户部尚书、谨身殿大学士李东阳，少傅兼太子太傅、礼部尚书、武英殿大学士谢迁同知经筵事；礼部右侍郎王华，詹事府少詹事兼翰林院学士刘机、江澜、杨廷和，太常寺少卿兼翰林院侍讲学士杨时畅，国子监祭酒张溁，翰林院学士刘忠、白钺、刘春，太常寺少卿兼翰林院侍读费宏，左春坊左庶子兼翰林侍读毛澄，左谕德兼翰林院侍讲毛纪、傅珪，右春坊右谕德兼翰林院侍讲蒋冕，翰林侍读罗玘、修撰石珤兼经筵官。健、东阳、迁并机、廷和、忠、钺、宏侍讲读，翰林院等衙门儒臣分直侍讲。翰林院编修刘存业、吴一鹏、王瓒、汪俊、叶德、贾咏，检讨汪伟、刘瑞展书。　甲辰，故南京工部尚书董越妻温氏，以其夫尝侍先帝讲读于东宫者三年，奏乞如例录其孙韩为中书舍人。事下吏部看详言："越讲读年劳浅，可如侍读学士江朝宗之子宁例，送国子监读书。"有旨令再查朝宗年劳，盖朝宗侍东宫甫年余，与越殊。上曰："荫子乃东宫讲读恩典，越讲读既三年，韩准送中书舍人习字出身。其未及三年者，如宁例。"

二月辛亥朔。　壬子，初开经筵。是日早朝毕，上御文华殿，诸有事于经筵者，俱盛服左右侍，大学士李东阳讲《大学》首章，谢迁讲《尧典》首章。讲毕，赐宴于左顺门，并赐知经筵、同知经筵、侍班大臣及进讲、展书、书讲章、执事等官，白金、宝钞、彩段、表里有差。　己未，以纂修实录，赐监修、总裁、纂修等官太师兼太子太师、英国公张懋，少师兼太子太师、吏部尚书、华盖殿大学士刘健等宴于礼部，命于保国公朱晖、尚书马文升、张升侍宴，以山陵甫毕，免簪花作乐。　戊辰，大学士刘健、李东阳、谢迁言："昨司礼监递出户部、兵部、吏部、都察院各一本，传示圣意，令臣等拟断。臣等据理论事，皆不可行，逐一从公拟票上请，又蒙发下，不从所拟。臣等情意迫切，谨昧死为陛下陈之。今盐法之坏极矣。谭景清等肆行贿赂，假公营私，既不肯奉诏还官，又不肯领回原价，沮坏新政，累母后之圣德，论其情罪，死有余辜。况皇亲之家，既自辞退，家人引目，此商人者，已不相干。朝廷乃信其巧言，曲为庇护，宁废国法、误边计而不顾。此不可者一也。军法之坏极矣。大同随征，所开冲锋破敌三次，当先二项，旧制俱不该升。况经侍郎等官，核实京军，战居阵后，无显功，无明证，姓名差讹，多寡不一，依拟给赏，已为从厚。乃欲踵近弊，升冗员至于数百，其买功卖功，事觉倒置者，皆小官贱人。又特恩有免，使奸人得计，法令不行，坏名器，糜廪禄，皆不知恤。此不可者二也。刑罚之坏极矣。神英侵买官马，赃余千两，为监督等官所劾，下巡按御史勘实，而乃占怪其子，不甘就鞫，欲并释其家人。自来武臣无敢玩法抗上如英比者，英比有微功，亦当别为议处。若通不究问，止令罚俸，堂堂朝廷不能制一武夫，何以控御天下，威服夷狄。此不可者三也。选法之坏极矣。御用监书篆缺人，吏部奉旨考选用。今乃令已黜人员，通送本监考较优劣，不信铨曹而信宠幸，祖宗旧制，恐不如此。况贪缘传奉者，奉诏裁革，曾不几时，而遽开此例，则匠官术士，仿效成风，以邪路为当行，视诏书为故纸，其所关系亦非细故。此不可者四也。凡此四者，或该部掌行，或会官议奏，朝廷任贤图治，责在有司，不宜以一二人之私恩，坏百年之定制，以一二人之邪说，废万世之公论也。况皇上春秋鼎盛，政令维新，而地震天鸣，白虹贯日，恒星昼见，太阳无光，盗贼纵横，夷虏猖獗，财匮民穷，怨谤交作。内外臣仆，方且持禄固宠，乘机作弊，排忠直如仇雠，保奸邪如骨肉，日复一日，愈甚于前，祸乱之来，恐亦未远。臣等受知先帝，久侍春宫，叨任腹心，实同休戚。近者或旨从中出，略不与闻，或有所议拟，径从改易，以此之类，不能悉举，而事穷势极，责亦难辞。若顾惜身家，共为阿顺，则欺君误国之罪，无所逃于天地之间矣。所谓前项四本，不敢别议，谨将原票封进。若以臣等迂愚，言不足信，则当乞身避位，以让贤能。"不报。　　癸酉，大学士刘健、李东阳、谢迁复上疏言："臣等俱以庸愚遭遇先帝，委以腹心，临终顾命，惓惓以陛下为托，臣等痛心切骨，誓以死报。及当初政，竭力匡持，未敢轻易求退。近者地动天鸣，五星凌犯，星斗昼见，白虹贯日，群灾叠异，并在一时，京城道路，白昼杀人，西北诸边，胡虏猖獗，损军折将，前后相仍，战则无兵，守则无食，民生穷困，府库空虚，风俗颓败，纪纲废弛，赏不当功，罚不当罪，法令不行，名器冗滥，诸司弊政，日益月增，百孔千疮，随补随漏。当此之际，内外臣僚协心倍力，犹恐不堪，方且持禄固宠，任情作弊，谗谤公行，变乱黑白，人怨于下而不知，天变于上而不畏。窃尝历观载籍，遍阅古今，未有如此而不乱者也。恭惟即位之初，诏书一下，天下延颈想望太平，而朝令夕改，迄无宁日，百官庶府，仿效成风，非惟废格不行，抑且变易殆尽。建言者以为多言，干事者以为生事，累执章奏则谓之再扰，查革弊政则谓之纷更，忧在于民生国计则若罔闻知，事在于近幸外戚则牢不可破，以一二人之私恩，坏百年之定制而不顾，以一二人之邪说，违满朝之公论而不恤。臣等叨居重地，徒拥虚衔，或旨从中出，略不预闻，或有所议拟，径行改易，似此之类，不能一一备举。臣等心知不可，义所当言，累有论列，多不见允。比为户、兵等部议处盐法、功次等事，具本上陈，极言利害，拱俟数日，未蒙批答。若以臣等言是，则宜俯赐施行，臣等言非，则亦明加斥责；而乃留中不报，视之若无，使臣等趋向不明，进退无据，深忧极虑，寝食不宁。亦知内告外顺，人情之常，但政出多门，咎归臣等，扪心反顾，无以自明，展转于衷，事非获已。尝闻宋儒朱熹有曰：'一日立乎其位，则一日业乎其官；

一日不得乎其官，则不敢一日立乎其位。'今势穷理极，已至于斯，若诿顾命之名，而不尽辅导之实，因循玩愒，窃禄苟容，则既负先帝，又负陛下，不但取讥当世，亦将贻笑方来。是用共沥愚诚，上尘天听，伏乞圣明矜察，特允退休，别选用贤能，代兹重任，少逭分毫之罪，幸延犬马之年。则陛下优待旧臣之心，励精新政之义，两尽而无遗矣。"上曰："卿等切切为治之心，朕已知悉，所言事待斟酌行，其悉心辅导如故。"

丁丑，大学士刘健、李东阳、谢迁又极言弊政十事，词更激切。上曰："所奏事令各衙门查奏定夺，卿等宜尽心辅导，以副倚任。"己卯，大学士刘健、李东阳、谢迁各上疏求退，上俱批答曰："卿受先帝遗命，辅朕于冲年，方倚毗以隆治化，岂可引疾退休。不必固辞，宜尽心辅导。"

三月辛巳朔。癸未，授服阕翰林院庶吉士张祐为兵科给事中。甲申，上视国子监。是日，上具皮弁服，躬谒先师孔子，行四拜礼。命少傅兼太子太傅、户部尚书、谨身殿大学士李东阳，少傅兼太子太傅、礼部尚书、武英殿大学士谢迁，户部尚书韩文，掌詹事府事、吏部左侍郎兼翰林院学士张元祯，吏部左侍郎焦芳，吏部右侍郎梁储，户部右侍郎陈清，兵部右侍郎阎仲宇，分献四配十哲两庑。礼毕，幸彝伦堂，祭酒张溁、司业周玉讲书。毕，驾还宫。丁亥，大学士刘健等言："窃闻自古帝王，未有不资讲学以成其德者。《书》称学于古训乃有获，《诗》称学有缉熙于光明，皆言君之不可不学，而学之不可不勤也。仰惟皇上嗣承大统，日新圣学，今年二月二日，肇开经筵，次日即允臣等日进讲读，中外臣民莫不忻忻相庆，以为圣德之光明，圣治之熙皞，实基于此矣。然自开讲以来，不时传旨暂免，计一月有余，进讲之数才得九日而已。孟子曰：'虽有易生之物，一日暴之，十日寒之，未有能生者也。'以今计之，则寒之者又不知其几何矣。且中间暂免之日，以两宫朝谒为词，近又云择日乘马。臣等愚见以为乘马等事，似与讲学两不相妨。至于慈宫问安，往来不过顷刻，太皇太后、皇太后俱以宗社为念，见皇上勤于讲学，亦必喜动颜色。今以顷刻之问安，而弃一日之学业，恐非所以慰慈颜、承尊意也。痛惟先帝临终之时，特召臣等至御榻前面受顾命，最后重加丁宁，谓'东宫聪明，但未知好学，先生每常常请他读书，辅导他做个好人'，玉音在耳，死不敢忘。又蒙圣谕，令臣等尽心辅导，重切战兢。窃惟辅导之职，劝学为先，而今旷怠如此，将安所尽其心哉！伏望皇上念祖宗付托之重，与臣民仰望之切，惕然自省，日勤听讲，除旧例假日外，其余寻常之日，不暂停免，使臣等得以少效涓埃，庶几圣德日新，圣治可保矣。"

四月庚戌朔。壬子，故事，进玉牒，于文华殿行礼。太常寺少卿兼侍读（讲）学士杨时畅以为玉牒所载甚重，宜于奉天殿进呈，庶尽尊祖敬宗之义。内阁大学士刘健等与礼部议，从其言，乃更定仪注行之。丁巳，少师兼太子太师、吏部尚书马文升上疏谓："臣历官已五十六年，年八十有一矣。自七十以来，累疏乞休，未蒙先帝俞允。今皇帝嗣登宝位，岂不欲誓死图报，但藻鉴人物，全藉精力强健，耳目聪明，方克有济，而臣衰老愈甚，诸疾交侵，万一所用未当，恐来物议。况今灾异迭见，滥居师保重任，不能燮理寅亮，亦当罢去，以弭天变。"上曰："卿历事累朝，劳绩茂著，朕当新政,委任方隆。乃屡求休致,情词恳切,特允所请,赐敕给驿以归,有司给食米月五石,役夫岁八名,以示朕优礼老臣之意。" 癸亥,少师兼太子太师、吏部尚书、华盖殿大学士刘健疏请致仕,谓:"臣已七十有四,老病交侵,但从一品职衔已历九年,兹又三年。惟龙飞之初,励精治理,方欲裁冗滥,节浮费,一新天下,顾容衰朽不才之人,强颜窃禄,以首清班,固难逭妨贤废职之罪,岂不亦为新政之累哉!"上曰:"卿耆旧重臣,德望素著,受遗辅政,方且倚毗,岂可辄求休致。宜尽心匡弼,不允所辞。" 甲子,南京国子监祭酒章懋乞致仕,上以懋老成端谨,闻望素著,不允。 丁卯,升吏部左侍郎焦芳为吏部尚书,芳疏辞,不允。 改南京吏部尚书林瀚为南京兵部尚书,参赞机务。 戊辰,翰林院学士武卫养病归,援例乞驰驿,上许之。念卫侍春宫讲读,尝有劳,升太常寺少卿,仍兼旧职。 癸酉,翰林院编修董玘给假归毕姻,以纂修实录召至,令供职。 乙亥,太常寺少卿兼翰林院侍讲学士杨时畅卒。 丙子,升吏部右侍郎王鏊为本部左侍郎,升礼部左侍郎李杰为南京吏部尚书。

五月庚辰朔。 辛巳,升礼部右侍郎王华为本部左侍郎,掌詹事府事、少詹事兼翰林院学士刘机为礼部右侍郎,俱日讲如故。 壬辰,录故礼部左侍郎兼翰林院学士薛瑄孙葵于中书舍人习字出身。初,葵援大学士李贤、商辂、徐溥例以请,吏部言贤等官至师保,瑄止卿亚,加恩似宜有差。但瑄负德望,尝入内阁,亦著劳勋,身后未沾荫叙,惟上裁。上曰:"延赏世禄,皆帝王盛德仁政也。况瑄名臣,荫叙宜厚。其许之。"

乙未,改刑科右给事中许诰为翰林院检讨,诰父进为兵部右(左)侍郎,以例应引避,乞调改故也。 丙午,升兵部左侍郎许进为本部尚书。翰林院学士刘忠以病乞致仕,不允。

六月己酉朔。 丁巳,南京国子监祭酒章懋以老疾乞归,不允。 辛酉,授孔子五十九代孙彦绳为翰林院五经博士,主衢州庙祀。宋之南渡也,衍圣公端友扈跸自曲阜徙衢州,传五世至其孙洙而宋亡。元世祖召洙至,欲令袭爵,洙以坟墓在衢力辞,乃让其爵于曲阜宗弟治。自是曲阜之后世袭为公,而嫡派之在衢者遂无禄。衢州知府沈杰求端友后得彦绳,请授以官,俾世主衢之庙祀。且言:"其先世所赐祭田在西安者五顷,洪武初以民田轻则起科。未几,有王氏子随母改适,冒孔姓,以罪抵法,田没官,改征重税,亦宜减轻,以供祭奠修葺之费。"礼部议覆,上曰:"先圣苗裔,在衢者齿于齐民,朕甚悯之。其授之五经博士,令世世承袭,并减祭田税,以称朕崇儒重道之意。"于是以博士授彦绳。 甲子,翰林院学士刘忠再乞休致,不允。

七月戊寅朔。 庚寅,录故太常寺少卿兼翰林院学士杨时畅之子监生杨依泽,送中书舍人习字出身,其次子依江补荫监生,以时畅曾侍东宫讲读故也。

八月戊申朔。 庚戌,翰林院编修毕济川乞送母还乡,许之。 乙卯,兵部奏:"团营官军乃预选备征人役,故事有巧技者准借用,仍给赏赐,工完回营。其他借役,不过一时,近百役辄行拨发,少则数千,多则数万,以致逃亡数多,操练人少。且借拨者俱被内官奏留私役,殊非养兵之初意也。其杂役之名,有认工,有见工,有运料,有运灰,有运砖,有运土,有运石,有运柴,有打扫,有打草,此十役乃十害也。"得旨："已后凡有工程，具奏定夺。" 乙丑，南京国子监祭酒章懋乞致仕，上以懋学行老成，宜为师表，不允。 辛未，大学士刘健等言："切见今春以来，灾异叠出，郊坛、太庙、奉天殿鸱吻脊兽，俱为震雷所击，内阶太微垣，俱为彗星所扫，天变之大，莫有甚于此者也。人君所畏，惟天惟祖宗。皇上纪元之初，有此变异，上厪圣心，戒饬群臣，痛加修省，而前灾未弭，后变复生。臣等叨任腹心，亲承顾命，有所见闻，不敢不昧死上陈。盖祖宗之制，每日早起祝拜天庙，然后视朝，遇节忌辰，或因事祭告，必亲自行礼。近来每遣亲王代行，似于尊祖敬宗之意，有所未尽。先王之礼，三年之丧，天子与庶民无异，中世虽以日易月，然亦行于宫中。今先帝大丧小祥未久，虽大婚事重，吉礼告成，而皇上思慕之诚，自不能已，讲学修德，实惟其时。向尝屏去鹰犬，停止骑射，小大臣民，莫不称为圣德。近者传闻，或有群小引诱，造成玩器，深夜之际，广为游乐，万一有之，似于谅暗之礼，有所未合。前代之典，凡遇天变，必减膳彻乐。今当修省之时，而为怠忽之事，似于敬天之义，有所未安。况视朝日迟，午奏多至日暮，诚恐起居无常，寝膳失节，以致耗费精神，妨误政事。皇上万金之身，继嗣至急，宗社所关，此尤先帝惓惓付托于臣等者。伏愿惕然警悟，益修孝德，培养天和，不以有限之精力，供无益之玩好，不以一时之适意，忘万世之远图。于臣等所讲经书，及诸司所上奏疏，凡敬天勤民、节财省役、进贤去佞、赏功罚罪之务，俯垂听纳，早赐施行。庶几化灾为祥，理乱成治，民心可慰，而天意可回。诚使圣体安和，德性坚定，政事修举，天下太平，则虽暂时游息，亦不为过，而今则非其时也。臣等虽愚，亦知阿谀顺旨者有宠，犯颜逆耳者有罪，义激于中而不避斧钺，无任忠爱恳切之至。"上批答曰："卿等所言，皆为朕忧国忧民之事，朕当从而行之。"然群小锢蔽日深，不能改也。

九月丁丑朔。 乙酉，升翰林院侍读罗玘为南京太常寺少卿。 礼部尚书张升以病乞休，上谕令善加调理，以副委任。既而升再上疏辞，复不允。 戊子，升翰林院编修（修撰）石珤为南京翰林院侍读学士。 癸巳，礼部左侍郎王华以御史李熙等劾其讳名首金，乞为究竟其事，洗涤冤愤，然后罢归田里。有旨："华事情已白，其勿辨，可尽心供职。" 癸卯，礼部左侍郎王华以日讲赐冠服，具疏辞，并辞免日讲。盖方为言者所论，心不自安。上曰："华先朝讲官，朕亲简用，赏赐冠服亦旧典，不必辞。" 翰林院编修谢丕乞归省所后母，许之。

十月丙午朔。 戊午，少师兼太子太师、吏部尚书、华盖殿大学士刘健，少傅兼太子太傅、礼部尚书、武英殿大学士谢迁求去位，许之。先是，健、迁与少傅李东阳以内侍刘瑾、马永成、高凤、罗祥、魏彬、丘聚、谷大用、张永等蛊惑上心，连章请诛之，皆留中不出。司礼监太监陈宽、李荣、王岳同至内阁议，且有发瑾等南京新房闲住之意。健等以为处之未尽，皆厉声曰："先帝临崩，执老臣手付以大事，今陵土未干，而使嬖幸若此，他日何面目见先帝于地下乎！"宽等乃辞去，其意未决，而岳素忠直，且提督东厂，与太监范亨、徐智皆有涣群之谋，将请于上，有所处。八人者知之，以瑾尤巧佞狠戾，敢于为恶，乃谋使瑾入司礼监与执笔，以为脱祸固宠计。是夜，瑾遂传命榜笞岳、亨、智于内门，遣之南行。时健等以户部尚书韩文素刚正，令倡九卿伏阙固诤，而岳从中应之。吏部尚书焦芳乃泄其谋于八人。明早，健及文等率九卿、科道方伏阙，俄有旨宥瑾等，遂皆罢散。健等知事不可为，即日疏辞政柄。故事，辅臣乞休，必俟三四疏乃允，于是八人者惟恐健等去之不速，上意亦以健等数有直言逆耳，遂听之。虽赐敕给驿，命有司月给米五石，岁给役夫八人，犹循旧典，而殊无眷恋之恩矣。一时朝野闻二老之去，莫不追伤先帝顾命，叹讶流涕而不能已。寻岳、亨行至临清，瑾使人追杀之，惟智幸免焉。　己未，少傅兼太子太傅、户部尚书、谨身殿大学士李东阳乞致仕，上曰："卿等辅导有年，劳勤显著，受先帝顾命，托以匡弼，盖欲隆政治也。上天垂戒，朕自当省，卿可安心供职，以副委任，毋固再辞。"先是，请诛瑾等疏，实东阳秉笔，第太监陈宽等至阁议时，东阳辞颇缓，中人皆以为事不由之。故与健等同日具疏，恳求去位，而东阳独留，而人亦幸其留云。　庚申，大学士李东阳复奏："臣蒙命勉留，惊惭无地。伏念臣昨与刘健、谢迁各具疏乞休，而健、迁皆荷俞允，臣独被留。以臣较之二臣，病尤多而才独劣，若依栖眷恋，苟幸安全，正恐累陛下知人之明，孤先皇顾命之重。"内批答曰："具陈休致，臣下职也，而黜陟人才，朝廷自有公论。卿有疾，宜善加调理，勉副重托，慎勿固辞。"　辛酉，东阳复奏乞暂免朝参，昼日扶病入阁供事，许之。　壬戌，以吏部尚书焦芳兼文渊阁大学士，左侍郎王鏊兼翰林院学士，并入内阁供事。芳素不协士望，惟以伏阙事泄，中人德之，遂有是命。　癸亥，少傅兼太子太傅、礼部尚书、武英殿大学士谢迁陛辞，赐敕以行。　甲子，吏部尚书焦芳、左侍郎王鏊各疏辞内阁命，不许。　乙丑，命吏部尚书兼文渊阁大学士焦芳仍掌吏部印。己巳，听文渊阁大学士焦芳辞吏部印。内阁密勿之地，虽与闻机务，而不得专进退百官之权，兼掌部印，实芳所欲也。大学士李东阳与芳有同年之契，知事体不可，为芳忠告，于是芳乃恳辞。　庚午，命翰林院侍读学士吴俨、太常寺少卿兼翰林院侍读李旻纂玉牒，命左春坊左谕德兼侍读傅珪清理军职贴黄。　少师兼太子太师、吏部尚书、华盖殿大学士刘健陛辞，赐敕以行。　癸酉，刑科给事中吕翀因大学士刘健、谢迁之去，上疏乞留之，不听。　乙亥，改兵部尚书许进为吏部尚书。

十一月丙子朔。　戊寅，赐左春坊左谕德兼侍讲毛纪父敏祭葬，以纪在经筵，且尝侍春宫旧学也。　乙酉，升吏部右侍郎梁储为本部左侍郎，詹事府少詹事兼翰林院学士江澜为吏部右侍郎。　癸巳，少傅兼太子太傅、户部尚书、谨身殿大学士李东阳上疏乞休，且曰："谓可以适情逊志，则臣之愚戆，有所未能；犹欲其替否拾遗，则臣之罄竭，无复可强。展转日久，诚不自安。"上曰："卿德望重于海内，先帝遗命，以辅朕躬，方切倚毗，图弘治化，岂可累陈休致。其勿复言。"

十二月乙巳朔。　庚申，加少傅、户部尚书、谨身殿大学士李东阳为少师兼太子太师、吏部尚书、华盖殿大学士，升吏部尚书兼文渊阁大学士焦芳为太子太保、武英殿大学士，尚书如故，吏部左侍郎兼翰林院学士王鏊为户部尚书、文渊阁大学士。于是东阳上疏辞乞致仕，上曰："卿累朝耆硕，辅导有年，劳绩显著，特兹加秩，朕倚托方重，顾可引疾求退乎！不允。"　芳、鏊亦各上疏辞，上并答曰："卿老成端谨，中外素闻，兹因加秩，正期匡辅朕躬，以隆治道。其勿复辞。"　乙丑，降兵部主事王守仁为贵州龙场驿驿丞。时南京科道戴铣等以谏忤旨，方命锦衣卫官校挐解未至，守仁具奏救之，下镇抚司考讯狱，具命于午门前杖三十，仍降远方杂职。　辛未，大学士李东阳再疏恳辞加职，以为："和气上干，分当策免，今求退而反进，辞少而就多，负礼义之初心，亏廉耻之大节，此臣所以心愈不安，而病日加重者也。不许。"　甲戌，吏部左侍郎兼翰林院学士张元祯卒。元祯字廷祥，江西南昌县人。天顺庚辰进士，改翰林院庶吉士，为大学士李贤所知，授编修。宪宗即位，劝行三年丧，又上言治道在讲学、听治、用人、厚俗。预修英宗实录，未上，以论事忤时宰，遂引疾去，家居二十馀年。弘治初，召修宪宗实录，以前有史劳，升左春坊左赞善，又上疏劝行王道。实录成，升南京翰林院侍讲学士，既又以母老请告归。修《大明会典》，召为副总裁，孝宗隆其名，至则升翰林院学士，充经筵日讲官，甚倾向之。以母忧去，服阕未起，进南京太常寺卿。修《通鉴纂要》，又召为副总裁，改太常寺卿兼翰林院学士，仍命日讲并侍东宫讲读。俄又命掌詹事府事，入内阁专管诰敕。上疏言经筵当增讲周子《太极图》、张子《西铭》、程子《定性书》、朱子《敬斋箴》，皇太子当兼讲《孝经》、《小学》，《诗》之有关于纲常治乱者，亦须令左右讲说歌颂，以致劝戒。孝宗皆欣然嘉纳，亟使人至内阁，取《太极图》等书，闻者以为上将大用元祯矣。会宫车晏驾，为忌者所中，诬谤藉藉，言官遂交章劾之。元祯乞休疏凡七上，武宗以东宫旧臣，屡降温旨慰留，进吏部左侍郎兼翰林院学士，食从二品俸，仍充孝宗实录副总裁。元祯感激眷遇，力疾供职，逾年卒于位。元祯生而颖异，五岁能诗，及长，肆力问学，为文雅健奇崛，名满中外。其学常探讨程、朱绪论，一时相与切嗟者，若胡居仁、陈献章、娄谅、罗伦、陈选辈，人皆以道学目之。家食既久，晚乃复出，所与同朝者，多后进之士，言论意态，与时不合。况名位相轧，皆恐其出己上，元祯不能决于引退，以来姗侮，惜之者以为憾，然其大节终不失为君子。或以为元祯不能安贫乐道，颇殖田产，亦责备之意云。

正德二年

闰正月乙巳朔。　庚戌，录故司经局洗马杨杰子毓坤于中书舍人习字出身，杰旧东宫讲读官也。　先是，给事中艾洪等劾太监高凤并侄锦衣卫指挥高得林纳贿谋升。有旨准凤致仕，得林管事如旧。及大学士刘健、谢迁之致仕也，给事中吕翀、刘菠又上疏乞留之，南京协同守备、武靖伯赵承庆传其奏稿，办事官冯尧录邸报往应天府尹陆珩，以之传示诸司。于是兵部尚书林瀚闻之叹息，南京给事中戴铣、李光翰、任惠、徐蕃、牧相、徐暹亦劾凤、得林，又与南京御史薄彦徽、贡安甫、王蕃、葛浩、史良佐、李熙、任诺、姚学礼、张凤鸣、陆昆、蒋钦、曹闵、黄昭道、王弘、萧乾元等各具疏言："健、迁先朝老臣，不宜轻去。"又言上晏朝废学，与六七内臣新进佞幸游宴驰骋射猎等事。上大怒，差官校械系铣、彦、徽等下镇抚狱鞫之，而任诺、王蕃诡奏事不与知，狱具请法司，拟词连承庆、瀚、珩、洪、翀、菠、尧，诏承庆、瀚、珩姑免究，承庆停半禄闲住，瀚、珩各降三级致仕，杖菠、洪、翀三人，铣等六人，彦徽等十二人于阙下昭道，洪、乾元、垚逮未至，即南京阙下杖之，俱令为民。　　壬子，命翰林院学士〔白钺〕、太常寺少卿兼翰林院侍读李旻教庶吉士。　癸丑，升詹事府少詹事兼翰林院学士杨廷和为詹事，仍兼学士，在内阁专管敕诰。　丁卯，改南京吏部尚书李杰为礼部尚书。　癸酉，升礼部左侍郎王华为南京吏部尚书。

　　二月乙亥朔。　戊寅，命吏部左侍郎梁储、礼部右侍郎刘机、翰林院学士刘忠充实录副总裁。　丁亥，升礼部右侍郎刘机为本部左侍郎，国子监祭酒张溦为礼部右侍郎。

　　甲子，升太常寺少卿兼翰林院侍读李旻为本寺卿，掌国子监祭酒事。

　　三月甲辰朔。　己未，升詹事府少詹事兼翰林院学士杨廷和为南京吏部左侍郎，翰林院学士刘忠为南京礼部左侍郎。故事，南京六部止设右侍郎一员，时廷和掌诰敕，且与忠俱日讲，当以次入阁矣，有欲夺廷和之事任者阴挤之。会刘瑾恶忠讲筵指出近幸，又廷和视詹事篆，忠视翰林篆，皆不私谒瑾。瑾衔之，乃授意于吏部尚书许进，遂疏南京吏、礼二部左侍郎缺，欲会推，恐稽误，请以廷和、忠往。议者谓进素号伉直，若此类，其阿瑾亦多矣。　辛酉，南京国子监祭酒章懋尝五疏乞休不允，至是复引疾恳辞，上可其奏，令病愈有司以闻，仍召用。　乙丑，升河南按察司提学副使王敕为南京国子监祭酒。　辛未，敕谕文武诸臣："朕以幼冲嗣位，惟赖廷臣辅弼，匡其不逮，岂意奸臣王岳、范亨、徐智窃弄威柄，颠倒是非，私与大学士刘健、谢迁，尚书韩文、杨守随、张敷华、林瀚，郎中李梦阳，主事王守仁、王伦、孙磐、黄昭，检讨刘瑞，给事中汤礼敬、陈霆、徐昂、陶谐、刘菂、艾洪、吕翀、任惠、李光翰、戴铣、徐蕃、牧相、徐遘、张良弼、葛嵩、赵士贤，御史陈林、黄安甫、史良佐、曹闵、王弘、任讷、李熙、王蕃、葛浩、陆昆、张鸣凤、萧乾元、姚学礼、王昭道、蒋钦、薄彦徽、蕃（潘）镗、王良臣、赵佑、何天衢、徐珏、杨璋、熊卓、朱廷声、刘玉，递相交通，彼此穿凿，曲意阿附，遂成党比。或伤残善类，以倾上心，或变乱黑白，以骇众听，扇动浮言，行用颇僻。朕虽察审，尚务优容，后渐事迹彰露，彼各反侧不安，因自陈俯，遂其休致之请。若自愤则公遣谪之典，其敕内未罪逐者，吏部查令致仕，毋使恶稔追悔难及。"是日早朝罢，传宣群臣跪于金水桥南，刘瑾以敕授鸿胪宣读之。其文乃瑾私人属笔，或曰焦芳为之。

　　五月癸卯朔。　辛酉，太监李荣传旨，令兵部主事谢迪致仕，兵部员外郎李昆、监察御史陈伯安调外任。迪，内阁大学士迁之弟也。迁以守正忤瑾而去，时刘宇至兵部，迪与昆又以事忤宇，宇在都察院时，伯安亦以事忤，乃谮于瑾而害之。　甲子，升南京吏部左侍郎杨廷和为南京户部尚书，南京礼部左侍郎刘忠为本部尚书。

　　六月癸酉朔。　丁酉，修《历代通鉴纂要》成，少师兼太子太师、吏部尚书、华盖殿大学士李东阳等于文华殿进呈，赐东阳等宴于礼部，以孝宗敬皇帝禫祭未举，不簪花作乐。

　　七月壬寅朔。　癸卯，《通鉴纂要》进呈后，司礼监官即至内阁传示圣意，任刊刻板本，中官督刊，刻者检其中有一二张纸装潢颠倒，复持至内阁见示，欲更定其序耳。是日，值大学士〔李东阳〕家居，惟同官焦芳、王鏊在阁，芳以为编纂总于东阳，非可责也，慢其人不加礼遇，其人怒，遂以白于瑾。瑾方欲以事裁抑儒臣，初一日早朝毕，集府部大臣科道等官于左顺门，以进呈本出示，遍摘其中字画之浓淡不均及微有差讹者百余处以为罪。给事中潘铎、御史杨武等遂劾礼部左侍郎兼翰林学士刘机等受命编纂，光禄寺卿周文通等职专誊写，不能研精其事，俱宜究治，东阳等失于检点，责亦难辞。瑾矫诏是其言，令所司详核书内差讹及誊写书官姓名以闻。于是东阳等认罪。有旨："卿等政务繁冗，其勿问。"既而纂修、誊写等官各具疏自劾，乃夺机及学士刘春、太常寺少卿兼翰林院侍读费宏、侍读徐穆、编修王瓒俸两月，文通及吏部稽勋司郎中沈东魁、大理寺左寺正赵式，中书舍人乔宗、方英、李淇、徐富，鸿胪寺序班汪麟等俸三月，太仆寺少卿季通、礼部祠祭司郎中胡清、大理寺左寺副何泽、右寺副刘学、右评事李珵，中书舍人王珙、刘讯，鸿胪寺序班周令、林应禧、钱禄、张天保等俱令致仕，中书舍人沈世隆、吴瑶，鸿胪寺主薄董汉，序班郭晟、沈秀、康世凤、朱鼎、何珍、张祚、张昆，及举人华淳，监生张元澄、邵文恩、汪惇、王瓒、高仑、张桓、许鲁、黄清、汪克章等俱为民。时东阳详核誊写差讹者，惟沈世隆、吴瑶、张桓、华淳、邵文恩五人，而瑾并黜二十余人，其专恣如此。　癸丑，左春坊左谕德兼翰林院侍读傅珪、侍读顾清为应天府考试官。　乙丑，黜翰林院编修谢丕为民。初，丕乞归省，至是复以疾请，刘瑾怒其父迁，及丕焉。

八月壬申朔。　庚辰，顺天府乡试，命翰林院学士刘春、侍讲吴俨为考试官。　乙酉，掌詹事府事、礼部左侍郎兼翰林院学士刘机等奏："端门内之左有房五间，乃詹事府及左右春坊、司经局候朝之所，兼置诸司印信文卷什物于其中。迩因署门事右少监李显等奏，乞皆以与之，缘近侍诸司端门内各有直房，乞念臣等春宫官属，尝效微劳祗候，出入无所栖止，持敕该部查照卷案，奏请定夺。"诏既有文案在内，准留与两间。丙戌，赐手敕少师兼太子太师、吏部尚书、华盖殿大学士李东阳加俸一级，太子太保、吏部尚书兼武英殿大学士焦芳进少傅兼太子太傅、谨身殿大学士，户部尚书兼文渊阁大学士王鏊进少傅兼太子太傅、武英殿大学士，吏部尚书许进、兵部尚书刘宇俱加太子少保。　戊戌，大学士李东阳辞升俸，上曰："卿屡陈衰病，已有旨再四勉留。今兹加俸，盖录旧劳。朕方图治任贤，卿尚体古人许国之义，毋复固辞。"

九月辛丑朔。　乙巳，升翰林院编修王瓒为侍讲，以九年秩满也。　辛酉，礼部查覆寝睦棣等之加封者，原任礼部尚书张升所奏拟也。遂罪升等擅拟，褫职致仕后所得散官及人夫、月米。李杰并该司官令具状自劾。杰疏谓："前此议拟追封王爵之子，不得加封郡王，实致仕尚书张升专主，臣及南京吏部尚书王华时为左右侍郎，陕西参议张琮、韶州知府董忱、吏部考功司员外郎刘台为仪制司郎中、员外、主事，虽不与议，亦不应连署。"覆奏俱有罪。有旨："杰饰词委罪于升并华，俱令致仕，台调外任，并忱、琮俱降二级。"张溁、白钺时为左右侍郎，亦夺俸三月。

十月辛未朔。　丙子，升礼部左侍郎兼翰林院学士刘机为礼部尚书；南京吏部右侍郎黄珣为本部尚书；吏部左侍郎梁储为吏部尚书兼翰林院学士，专掌诰敕，仍国史副总裁。初，吏部以礼部尚书缺，会举南京礼部尚书刘忠与刘机请，南京吏部缺，以梁储、黄珣请，故三人皆得命也。　戊寅，授庶吉士崔铣、严嵩、湛若水、陆深、翟銮、徐缙为翰林院编修，段炅、穆孔晖、易舒诰、张邦奇为检讨，邵天和、张九叙、马卿、蔡潮、高浤、林文迪、胡铎为给事中，刘寓生、李艾、黄如金、傅元为御史，王韦、赵中道为主事。　辛巳，升吏部右侍郎江澜为本部左侍郎，礼部右侍郎白钺为吏部右侍郎，太常寺少卿兼翰林院侍读费宏为礼部右侍郎，太常寺卿、管国子监事李旻为南京吏部右侍郎。　丙戌，南京户部尚书杨廷和奏："臣奉敕旨内阁办事，仍命驰驿，毋或稽违，今已至京朝见讫。臣顷自翰林迁二南部，曾未逾月，骤典户曹，吏事未谙，方黾勉以自效。圣德无量，忽宠渥之荐加，特降纶音，召入内阁。顾兹累朝之典，传自祖宗，爰以旧学之臣，置诸左右。骇闻盛事，欢动留都，驰驿来京。盖远怀于行役，用人如渴；乃申戒于稽违，捧诵命辞。感切心骨，载瞻日表，誓竭葵诚，叠荷殊恩，躐升穹秩。窃惟内阁乃深严之地，办事则机务所关，虽建官无宰相之名，而责任有钧衡之重，非宏才无以成当世之务，非硕望无以服天下之心。臣虽至愚，尝闻古训，德薄位尊者殆，力小任重者颠。以臣之才，实类于是，再三自忖，愧汗交流。伏望俯察愚衷，收回成命，别选茂异，以副旁求。庶皇上简之之明，仰无所负，而微臣自知之义，让亦非虚。"上曰："卿春宫旧臣，学行素著，特兹召用，不必再辞。"改户部尚书兼文渊阁大学士。　升国子监司业周玉为祭酒。　乙未，翰林院侍读朱希周病愈复任。　戊午，以翰林院编修鲁铎为国子监司业。　己亥，初，武成中卫军余郑旺有女名王女儿者，幼鬻之高通政家，因以进内。弘治末，旺阴结内使刘山，求自通山，为言今名郑金莲者即若女也，在周太后宫为东驾所自出。语寝上闻，孝庙怒磔山于市，旺亦论死，寻赦免。至是又为浮言如前所云。居人王玺凯与旺共厚利，因潜入东安门，宣言国母郑居幽若干年，欲面奏上。厂执以闻，下刑部鞫治，拟妖言律，两人不承服。大理寺驳谳者再，乃具狱以请，诏如山例，皆置之极刑云。

十一月庚子朔。　辛丑，少傅兼太子太傅、吏部尚书、谨身殿大学士焦芳既得诰赠三代，自陈前此讲读有劳，父母殁时，官未及三品，不获葬祭，乞特赐以光泉壤。诏有司如式营葬，仍与祭一坛，盖特恩云。　癸卯，改陕西道监察御史许赞为翰林院编修。赞，吏部尚书进子也，进起用后，既以避嫌改其子给事中诰为检讨，至是又改赞焉。　癸亥，升文华殿书办等官张骏等有差，骏由光禄寺卿升礼部尚书，周涛惠由尚宝司丞升光禄寺卿，杨立由大理评事升太仆寺卿，高岱、仝泰由评事升鸿胪寺左少卿，华英由鸿胪寺丞升光禄寺少卿，纪世梁、朱天麟由中书舍人升太常寺丞，高荣由中书舍人升尚宝司丞，王杲等十一人由序班升中书舍人，王玺等三人由书办官升序班。先是，《通鉴纂要》成，刘瑾欲裁抑纂修官，以誊写不谨，得谴命右少监陶锦提调骏等改誊毕进呈，乃皆超进官秩，装潢匠役窦冒等七人，亦升文思院副使。若张晖之升光禄寺少卿，儒士姚珑之授序班，又不在誊写之列。瑾之专恣如此。

十二月庚午朔。　辛卯，以服阕翰林院庶吉士闵楷为礼科给事中。　乙未，改南京礼部尚书刘忠为南京吏部尚书，升吏部左侍郎江澜为南京礼部尚书。

正德三年

正月己亥朔。　辛亥，吏部会同都察院考天下来朝官本，遂附批翰林院学士吴俨帷幕不修，令致仕；养病御史杨南金无疾欺诈，令为民。后有托病请假及丁忧违限不起复者，通奏惩治。俨居家严肃，瑾知其富，有所需不应且诟之。其主顺天试也，乡人太医院使王玉以其子托，又拒之严甚，玉复腾谤于瑾。南金尝为刘宇所挞，不堪洇涊而去，宇衔之，亦谤于瑾。故皆得罪。一时中外闻者，无不骇异。　己未，吏部左侍郎缺，会推刑部左侍郎王鉴之、礼部右侍郎费宏以上，且言："本部有右侍郎白钺，见在不用。"复推礼部左侍郎张澯、南京兵部右侍郎孙需，亦不用。乃转钺为左，命再推应升右者二人以上。复推太常寺掌寺事礼部右侍郎田景贤、兵部右侍郎曹元，亦不用。复推户部右侍郎王琼、工部右侍郎吴谅，竟改琼为右侍郎。是缺自王鉴之、费宏而下，会推凡八人，及琼乃已。盖琼赂瑾，必欲得此耳。　癸亥，升翰林院编修丰熙为本院侍读，以九年满秩也。

二月己巳朔。　甲戌，命少傅兼太子太傅、户部尚书、武英殿大学士王鏊，掌詹事府事、吏部尚书兼翰林院学士梁储为会试考试官。　丁丑，释奠先师孔子，遣户部尚书兼文渊阁大学士杨廷和行礼。　戊寅，南京国子监祭酒章懋已得请养病而归，诏病瘳有司以闻，仍召用。至是，上疏谓年逾七十，无病亦合告休，况病已沉痼，岂可赘名仕籍，恳乞致仕，以全素履。许之。

三月戊戌朔。　己酉，改服阕南京户部尚书周经为礼部尚书，太子太保如故，仍命移文取之。　辛亥，命少师兼太子太师、吏部尚书、华盖殿大学士李东阳，少傅兼太子太傅、吏部尚书、谨身殿大学士焦芳，少傅兼太子太傅、户部尚书、武英殿大学士王鏊，都察院掌院事、太子太傅、吏部尚书兼左都御史屠滽，太子太傅、兵部尚书刘宇，户部尚书兼文渊阁大学士杨廷和，太子少保、吏部尚书许进，吏部尚书兼翰林院学士、掌詹事府事梁储，户部尚书顾佐，刑部尚书王鉴之、工部尚书李鐩、通政使王敞、大理寺卿张盭充廷试读卷官。芳以子黄中、宇以子仁、提调官礼部尚书刘春以从子鹤年皆与试，当避嫌。上允春请，而不允芳、宇，皆供事。　癸亥，授第一甲进士吕柟为翰林院修撰，景旸、戴大宾为编修，二甲第一名焦黄中、三甲第一名胡缵宗俱为检讨。旧制，黄榜第甲之后，惟一甲三名即授官，在二三甲者或改为翰林院庶吉士，越三年，学有成效，二甲乃授编修，三甲乃授检讨。是岁，焦芳为大学士，必欲拔其子黄中为一甲，而所对劣甚，同事不得已寘二甲之首。芳乃言于刘瑾，廷试录并刻黄中、缵宗策。及吏部奏选柟等，遂内批特授黄中官，又并及缵宗。时议以芳之官非瑾不进，以瑾之权非芳不彰，既谋其身，又汲汲于其子孙，废廉耻，黩法制，辱科目甚矣。

四月戊辰朔。　丁丑，起用太子太保、南京礼部尚书周经辞免礼部尚书新命，上曰："卿累朝耆旧，学行老成，特兹起用，岂可固求休仕。所辞不允，仍赐令驰驿赴京。"　令南京国子监司业罗钦顺为民，以送亲违限故也。

五月戊戌朔。　己亥，荫少傅兼太子太傅、户部尚书、武英殿大学士王鏊子延素为国子生。　辛亥，南京国子监司业缺，吏部推翰林院编修温仁和、检讨周祯可补。又谓："其官虽额设自宣德九年后，以事简不除者久矣。至弘治末，因祭酒章懋拟升后守制未满，未能之官，乃特以编修罗钦顺往署监事。今当补与否，乞圣裁。"有旨："事既简裁革，其勿补。"时尚书许进以当补之人咨内阁，大学士李东阳答云："北司业为鲁铎，南则用在铎后者补之。"同官焦芳意欲挤编修汪俊南，盖以俊为东阳所厚，且疑戴大宾之得及第，以为俊所取士，阴相汲引，而使其子黄中不得列名一甲，甚恨俊，且移怒东阳。及闻东阳之举不及俊，遂大詈于阙下。刘瑾闻之，谓人曰："黄中昨在吾家，试榴花诗，亦甚拙，乃以不得状头为恨耶！"使石文义语进南司业，可依次拟二人，疏中须及近年添设之意。芳不能挤俊，于是乃愧阻云。　壬戌，升山东按察司副使李逊学以太常寺少卿提督四夷馆。

六月丁卯朔。　癸酉，太常寺少卿兼翰林院侍读靳贵起复，令复原任。

七月丁酉朔。　庶吉士孙绍先丁忧服阕，命仍送翰林院，同今科庶吉士读书。例庶吉士服阕，未经考校者，量授科道或部属官，无再送读书例。绍先冀留翰林，托其同年检讨段炅为言于大学士焦芳，故有是命。

八月丙寅朔。　丁丑，调翰林院学士张芮为镇江府同知，监察御史汤沐为武义知县。沐奉命督河东盐课，芮家河东，时有盐场牙行仝寅，与义官王重争利互讦，以重与芮有连，疑芮阴庇之，为之嘱沐，乃并讦芮、沐及运使李德仁等。下巡按勘问，事皆无实，但劾德仁劝借银，亦多浪费。刑部以请，诏逮问德仁，而调芮、沐外任。　壬午，敕户部尚书兼文渊阁大学士杨廷和进少保兼太子太保，尚书、大学士如旧。廷和辞免，上曰："卿文学力行，推重仕林，讲读辅导，积有劳勤。特兹加秩，尚勉副朕意，慎勿固辞。"　甲申，户部议覆大学士李东阳等所奏言："各处管理粮草，俱有专官，其巡抚都御史等官，不过总领其事，果有侵盗，自宜如法追陪。若止是督理不严，宜从宽减，或罢黜不用。"内批："粮草重务，巡抚督理等官，委托非轻，既治边无方，以致浥烂糠粃百有馀万，及事发，罪坐仓官小民监追至此，何以陪偿。且巡抚加以参赞、总督等名，尤难辞责，如钱钺之擅改禄米，张缙、马中锡之不职，王时中之酷暴，许进之越制选官，刘健、谢迁、韩文之无知叩阙，犹有不能尽举者。似此越律之罪，不治奚为？"然东阳等所奏，止及粮饷，而逆瑾矫旨，乃概责健等以泄其怒。其专权乱政，往往强辩如此。　己丑，升翰林院编修沈焘为本院侍讲，以九年秩满也。

九月丙申朔。　癸卯，诏南京户部尚书雍泰，少师兼太子太师、吏部尚书马文升，太子少保、吏部尚书致仕许进，太子太保、兵部尚书刘大夏，礼科右给事中赵士贤，贵州道监察御史张津，俱为民。吏科都给事中任良弼等，广西道监察御史陈顺等五十六人，俱输米于边镇赎罪，人三百石，先罢者减三之一，已谪戍及死者免输。进之子赞、诰，俱输赎调外任。　癸丑，太子太保、礼部尚书周经以老乞致仕，上慰留不允。　乙卯，升抚州府知府刘介为太常寺少卿。介，瑾乡人也。介继娶妻美艳，张彩欲夺之，乃问介曰："我有求，肯从我，我始言之。"介曰："一身之外，皆可奉君。"彩曰："我所求者，新嫂也。君已诺矣，敢谢。"介默然不敢对。少顷，舁夫已至介所揭妻去矣。彩又欲夺平阳知府张恕妾，恕不肯与，彩令御史张檖以查盘钱粮文致其罪，拟充军，恕送其妾往，始得论减云。

十月乙亥朔。　丙子，太子太保、礼部尚书周经以病力求致仕，上允之，命有司给食米月四石，役夫岁四人。遂令南京户部尚书林泮亦致仕，有司给月米、岁夫，半经之数，并赐诰命驰驿归。已而经以病未愈，且值寒不可以风，乞依男兵部郎中曾暂寓京邸，便医药。久之，经又以不能陛辞请诏。皆许焉，仍赐敕遣之。　己卯，以吏部左侍郎白钺为礼部尚书。　庚辰，大学士李东阳上疏乞休，不允。　甲午，改翰林侍讲王瓒为国子监司业。时吏部言弘治间侍讲刘震、黄珣俱升春坊谕德、掌司业事，盖欲循例转瓒一阶也。瑾矫旨责吏部妄行夤缘之例，仍以对品改之。

十一月乙未朔。　己酉，礼部左侍郎、管国子监祭酒事谢铎致仕。铎素尚恬退，弘治间奏乞养病，奉孝宗旨令病愈起用。至是，年已七十有五矣。吏部因通查给假养病等官，言铎已老，难复起用，诏致仕。并谕今后养病逾年者并致仕，不必起用。

十二月甲子朔。　庚午，授翰林院庶吉士安磐为吏科给事中。

正德四年

二月癸亥〔朔。〕　辛未，大学士李东阳等言："四夷馆教师，必番字番语与汉字文义俱通，方能称职。故事，于本馆推选，或于各边访保，务在得人。顷来教师多缺，宜令本馆提督官从公考选，送内阁覆试，照缺委用。仍乞敕陕西、云南镇巡等官，访取精晓鞑靼、西番、高昌、西天、百夷言语文字，兼通汉字文义之人，照例起送赴部，奏请量授官职，与本馆教师相兼教习，务使译学有传，不致临期误事。"诏可。　丙戌，斥大学士刘健、谢迁为民。先是，诏访举怀材抱德之士，浙江以余姚周礼、徐子元、许龙、上虞徐文彪四人应诏，所司未纳，四人屡奏求用。时瑾恨健、迁未已，以四人皆迁同乡，而草诏由健，欲因而罪之。遂矫旨谓天下至大，岂无可应诏者，何余姚隐士之多如此，必有徇私援引之弊。遂下礼等镇抚司鞫问。吏部尚书阿瑾意，劾布政使林符、邵宝、李赞，参政伍符，参议尚衡、马铬，知府刘麟，推官谌聪、知县汪度访举失实，而镇抚司狱辞因连及健、迁，瑾持至内阁，必欲逮健、迁，并坐且籍其家。大学士李东阳徐为劝解，瑾意少释，焦芳在傍因厉声曰："纵轻处亦当除名。"既而旨下，健、迁皆为民，礼等谪戍边卫，符等各罚米三百石，聪、度皆罢职。且著令：自今余姚人毋选京官。

三月癸巳朔。　己酉，大学士李东阳等奏："翰林院虽间有本院自考之例，但议论贵公，法令贵一，请收回成命，责在所司，令本院掌印官会同吏部考察，使内外彼此，人无异言。"从之。　壬子，大学士王鏊以衰病辞免，诏谓："卿学行兼优，素隆闻望，方资辅导，以副眷怀，岂可遽求休致。不允。"　癸丑，大学士李东阳上疏乞休，谓："屡省乃成，陈力者止。故省身者必审进退之宜，而行法者必一内外之体。臣遭逢列圣，攀附六龙，顾驽骀不进，蒲柳先零。每当卧病之期，辄上乞骸之疏。勉留优诏，动必至于再三；报称微劳，竟莫施于尺寸。岁年滋迈，勉力愈衰。况自今春以来，雨泽未施，燮理无状。今考察有老疾之条，而责任分大小之等，仰冀圣明，先赐罢黜，则公道易行，法令不二。陛下保全旧臣之盛德，固极尽而无遗，而臣终始一节之素心，亦庶几其不失矣。"上曰："卿才华异常，贤闻海外，辅导累朝，朕心允协，正当辅导，安忍容闲。所辞不允。" 大学士杨廷和上疏辞，谓："顷奉纶音，大发宸断。公举考察之典，以正百官；将求励翼之明，用熙庶绩。臣以庸劣遭际圣明，召自南都，超升内阁，署诸左右，委以腹心。每感激于深恩，思勉图于寸报。缘志有余而学不逮，故心欲进而力未能。职在格心，未有随事纳忠之益；分当谋国，又无济时应变之才。面颜有靦，寝食不安。况朝廷励精图治之时，正臣下兢惕思过之日。内自省循，旷瘝为最。今兹考察，罢黜宜先。仰渎睿慈，俯察诚悃，特加体悉，早赐退休。岂惟矜其不能，实足遂其私愿。盖审己量力，非敢要知止之名；而推贤让能，亦切附效忠之义。"上曰："卿学行俱优，方隆辅导，宜尽心供职，以副朕怀，不必固辞。" 大学士焦芳亦辞，上曰："卿累朝耆德，闻望隆重，赞理化机，朕意方舒，岂可闲隐，不允所辞。" 丁未，大学士王鏊再以病自陈求退，上不允，曰："朕以卿德性端谨，擢居内阁，委任方隆，顷求休致，已有旨勉留，有疾宜加调摄。" 庚申，国子监祭酒周玉乞致仕，许之。

四月壬戌朔。 丙寅，南京礼部尚书缺，吏部举吏部右侍郎李旻及礼部左侍郎张澯可用。诏升澯，而以旻代澯。次日，以南京吏部右侍郎缺，请复令旻为南京吏部右侍郎。 升山西按察司副使王鸿儒为国子监祭酒。鸿儒先以病乞致仕，吏部奏请俟病愈起用。至是，刘瑾欲兼收有望者以箝众口，故起鸿儒用之。 辛未，升礼部右侍郎费宏为本部左侍郎，太常寺少卿兼翰林侍读靳贵为右侍郎。 乙亥，少傅兼太子太傅、户部尚书、武英殿大学士王鏊上疏乞致仕，上以鏊情辞恳切，特允之。令乘传还，仍给与应得诰命。鏊以疾不能廷谢及面辞，复两具疏，诏并许之，赐敕以行。 辛巳，翰林院编修李时以六年请归省父母。吏部覆奏，例当与假。诏责吏部不度可否，复蹈纷更之辙，令查定制以闻。吏部言："诸司职掌及历朝事例，或离家十年、五六年者，俱听省亲。至成化二十三年，诏书许六年归省，又著为令。"乃从之。 壬午，进呈孝宗实录成，奉表以闻。总裁大学士焦芳人品庸劣，不为士论所重。弘治间，垂涎台鼎，久不得进，每以为限。至是附瑾，获柄用，与操史笔。凡其所褒贬，一任己私，以好恶定之，如叶盛、何乔新、彭韶、谢迁，天下皆所称许，以为端人正士，而芳肆其诋诬，不恤公论。同官李东阳等畏避其恶，皆不敢为异同，故表中有"传疑传信，庶以备于将来"之语云。 以纂修实录成，赏监修太师兼太子太师、英国公张懋，〔总裁〕少师兼太子太师、吏部尚书、华盖殿大学士李东阳，少傅兼太子太傅、吏部尚书、谨身殿大学士焦芳，少保兼太子太保、户部尚书、文渊阁大学士杨廷和，各银五十两，纻丝罗共六表里，鞍马一匹；副总裁吏部尚书兼翰林院学士梁储银四十两，纻丝罗四表里；纂修左谕德兼侍读毛纪、傅珪，侍读朱希周，侍讲丰熙、沈焘、吴一鹏，修撰顾鼎臣，编修汪俊、李廷相、温仁和、滕霄、何瑭、董玘，检讨汪伟、王九思，五经博士潘臣，各银三十两，纻丝罗二表里；稽考参对修撰吕柟，编修崔铣、湛若水、翟銮、徐缙、景阳

（旸）、检讨段炅、易舒诰、穆孔晖、张邦奇、焦黄中、胡缵宗，各银十两，纻丝一表里。　　事故官总裁少傅兼太子太傅、户部尚书、武英殿大学士王鏊，银五十两，纻丝罗六表里，鞍马一匹；副纂修太常寺少卿兼侍读、礼部右侍郎靳贵，银三十两，纻丝罗二表里。　　丁亥，南京吏部尚书刘忠自陈乞休，上曰："卿学行端谨，誉望昭著，秉执铨衡，众所推服。方切委任，不允所辞。"　　辛卯，南京吏部右侍郎李旻卒。旻字子阳，浙江钱塘县人。成化庚子乡试、甲辰廷试俱第一，授翰林院修撰。丁未，预修宪宗实录。弘治改元，充经筵讲官。明年，以父忧去。辛亥，实录成，即家赐银十两，彩段二表里。癸丑，服阕还朝。丙辰，同考礼部会试。满九载，升左春坊左谕德。庚申，简侍东宫讲读。明年，升太常寺少卿，寻以本官署南京国子监事。正德丙寅，召修孝庙实录，改太常寺少卿兼翰林院侍读，仍充讲官，赐金带。丁卯，奉命授庶吉士业，寻升太常寺卿、管国子监事。未几，升南京吏部右侍郎。己巳，升左侍郎。寻卒，赐祭葬如例。旻长身修髯，状貌英伟。其于学问，贯穿经史百氏，论辨亹亹，听者终日忘倦。在史馆，善叙事理，丘文庄公濬为副总裁，见所纂，甚称之。其为人阔达倜傥，不甚拘守绳尺，亦多为人所忌云。

五月壬辰朔。　　戊戌，初，纂修孝庙实录成，命吏部查纂修官事例。既而又查其中尝与修《大明会典》，已升及守制未升者职衔、履历与到馆日期。至是上之，诏纂修实录重事也，其即照例拟升职等第以闻。且谓先年刘健等以编修《会典》为名，多所糜费，已升之职，俱革之。其书令大学士李东阳等覆视更定，务令明白。于是吏部拟降少师兼太子太师、吏部尚书、华盖殿大学士李东阳支从一品俸，吏部尚书兼翰林院学士梁储为本部右侍郎，少保兼太子太保、户部尚书杨廷和，礼部尚书白钺，俱支从二品俸；礼部右侍郎靳贵为光禄寺卿，左春坊左谕德兼侍讲傅珪、侍读朱希周俱为修撰，左春坊左谕德兼侍讲毛纪为侍读，五经博士潘辰仍为典籍，光禄寺卿周文通为礼部郎中，仍支从四品俸；吏部郎中沈冬魁为员外郎，原翰林院学士调府同知张芮为两浙盐运司副使。又降丁忧礼部尚书刘机支从二品俸，左春坊左庶子兼侍读顾清为编修，及致仕吏部左侍郎杨守阯为右侍郎，南京吏部尚书王华为本部右侍郎。得旨从之。仍谓吏部奏拟欺隐含糊，法有未尽，姑存大体不究。瑾意以东阳降俸为未能尽法也。瑾欲裁抑儒臣，谓旧例纂修升秩为过，故先革其所已升者，而复加之以示己恩。谈者又谓焦芳不欲东阳轧己，乃导瑾为此举云。　　庚子，南京国子监祭酒王敕考察自陈，诏谓污名素著，令致仕。

丙午，以纂修孝宗实录成，加少师兼太子太师、吏部尚书、华盖殿大学士李东阳正一品俸，进少傅兼太子太傅、吏部尚书、谨身殿大学士焦芳为少师兼太子太师、华盖殿大学士，加少保兼太子太保、户部尚书、文渊阁大学士杨廷和俸二级。各疏辞，上曰："先朝实录既完，卿等数年劳勤，功绩昭著，特加升赏，毋负朕意。不允所辞。"　　詹事府掌府事、吏部右侍郎兼翰林院学士梁储以纂修实录成，升吏部尚书，疏辞不允。丁未，吏部上言纂修等官历俸入馆浅深及升职旧例，得旨："升纂修、催纂侍读毛纪等十八员，并收掌文书刘讯、誊录沈冬魁等七员，俱一级；稽考参对修撰吕柟等十二员俸一级；丁忧学士刘春等二十二员，查其到馆日期，员外郎乔宗及秀才张保等二十九员，仍查其入馆履历以闻。孙清以丁忧潜住,叶德以不职有名,俱令冠带闲住。陈霁以素行不谨,令致仕。顾清、汪俊、王九思、徐穆、吴一鹏、李廷相、崔铣、温仁和、穆孔晖、汪伟、翟銮、易舒诰、贾咏、刘龙、陆深、李继先以未谙事体,令量调外任及南北部属,扩充政务。今后翰林缺官,令吏部拣拔才识颖敏者为之。"又谓:"吏部每违旨朋比,以邀众心。礼部见缺尚书、侍郎,何不奏补?其吐实陈状。"既而尚书刘宇等引咎,乃姑宥之,各停俸三月,该司官五月。及以礼部尚书、右侍郎之缺为请,又仍以白钺、靳贵补之。瑾播弄威福,于是益肆矣。　庚戌,升江西右布政使林廷选于浙江,浙江右布政使安惟学于陕西,俱左布政使。遂附批调翰林院编修董玘为外任。玘忤焦芳意,芳因谮之瑾,谓其与谢迁有连云。　辛亥,升南京太常寺少卿罗玘为本寺卿。因升李贡为都察院右副都御史,巡抚辽东,而勒刘谳致仕。故事,巡抚重臣,皆会推请简用。今内批突附他疏而出,皆刘瑾之私云。　壬子,吏部拟升纂修官翰林院侍读毛纪为侍讲学士,侍讲丰熙为右春坊右谕德,修撰傅珪为左春坊左中允,朱希周为侍读,顾鼎臣为侍讲,编修滕霄、何瑭为修撰,典籍潘辰为五经博士;催纂官礼部郎中周文通为河南右参议;收掌文书官中书舍人刘讯为大理寺右评事;誊录官稽勋司员外沈冬魁为本司郎中,中书舍人方瑛、邓相、徐富、汪麟为大理寺右评事,序班周令、林应禧为司仪署署丞。又拟升调翰林侍读吴一鹏于南京刑部,侍读徐穆于南京礼部;编修顾清于南京兵部,汪俊于南京工部,俱员外郎;编修贾咏、李廷相于兵部,温仁和于户部,刘龙于礼部,翟銮于刑部,崔铣于南京吏部,陆深于南京礼部,检讨王九思于吏部,汪伟、穆孔晖于南京礼部,易舒诰于南京户部,俱主事;编修董玘于成安,詹事府主簿李继先于元城,俱知县。上皆从之。复令改玘为刑部主事。先是,刘瑾以翰林院官慢己,每与张彩谋,欲调之外任,彩不可及。论纂修升秩例,瑾复持之,彩为解讲,瑾意已平,而焦芳父子及段炅辈谓可乘此挤其素有雠隙者,乃密以名投瑾,从谀成之。当时炅辈私出芳门,阴嫉善类,文致贝锦之非者,又芳之乡人潘铎、王尚绲也。邸报出,有语焦黄中云:"董玘众谓其必及,今无恙矣。"炅在坐,色变曰:"非漏网哉!"明日,遂附他本批出。旧制,翰林升官皆内阁较量资级请上裁。今以吏部拟而复调为部属外任,瑾之变乱成法,至是极矣。

六月辛酉朔。　庚辰,升南京翰林院侍读学士石玠为南京国子监祭酒,升翰林院五经博士潘辰为编修。　戊子,以吏部尚书刘宇兼文渊阁大学士。宇粗厉无才猷,徒以躯干魁梧致显位。其为总制时,奢靡无度,奏带仆从数十日,责有司肆盛筵供亿之赂刘瑾,入掌台事,请敕箝制御史,小过辄挞,瑾以为贤。擢兵部尚书,举用将领,赃贿狼藉。迨转吏部,索赂于缙绅,不逮边帅之馈,乃悔曰:"兵部自好,何必吏部也。"未几,张彩为侍郎,凡所举措,彩与瑾谋协而行,宇尸位而已。瑾重信彩,亟欲授之尚书,将罢宇,以宇夙厚,乃俾入阁。宇疏辞,且乞省墓,许乘传还。宇将践内阁任,请于瑾,置酒阁中,瑾亲诣称贺。明日,宇犹入阁。瑾闻之曰:"此地岂容彼入哉?"宇乃不敢入而行。逾岁,得请休致,议者谓其流毒善良不及焦芳,偃然黄扉不及曹元云。

七月辛卯朔。　丁酉,命右春坊右谕德丰熙署南京翰林院事。旧制,两京翰林院掌印官缺，本院推一员请用。至是，大学士李东阳请敕吏部推举二员，量升学士以往。吏部具熙及侍读朱希周上请，时刘瑾久欲斥熙，遂止以旧衔署印云。　庚申，升翰林院检讨焦黄中，授庶吉士邵锐、黄芳、刘仁，俱为编修，孙绍先为检讨，仍令吏部会同内阁改定翰林院官额以闻。旧例，庶吉士读书三年始授职，黄中与仁席父势，亟欲进取，故仁及锐、芳一年遂有是命。黄中先已授检讨，至是复附批改升编修。绍先弘治十八年庶吉士服阕，仍准读书，故预焉。

八月辛酉朔。　戊辰，改定翰林院官制，额为二十四员，学士一员，侍讲、侍读学士各一员，侍讲、侍读各二员，修撰五员，编修八员，检讨四员。有缺则量选庶吉士教养除补，或推诸司有学行者调补，如应复除并进士及第者，虽额已足，许填注见任。

九月庚寅朔。　己酉，升翰林院侍读学士毛纪为学士，左春坊左中允傅珪为侍读学士。初有旨，翰林官缺，会九卿、科道推举。至是吏部具缺，请会多官，乃改命惟会内阁。　己未，以提督四夷馆太常寺少卿李逊学兼翰林院侍讲，本院办事。

十月己丑朔。　甲午，改南京礼部尚书张澯为南京户部尚书。

十一月己未朔。　丁卯，敕加吏部尚书张彩、刑部尚书洪钟俱太子少保。彩自正德三年秋由部署三转至尚书，及是遂进前秩，人皆危之，而彩方自负以为殊遇也。

十二月戊子朔。　丁酉，加掌詹事府事、吏部尚书兼翰林院学士梁储太子少保，改南京吏部尚书。　庚戌，追夺大学士刘健、谢迁诰命，并原赏玉带服色。初，平江伯陈熊谪戍海南，未追夺诰券。有旨诘责科道官，且令吏部、兵部，悉查文武官坐事为民、充军闲住者，诰敕并追夺。于是六科给事中李宪、白思诚、安磐、安邦、阎钦，十三道御史颜正、曹仿、赵宗、涂敬、夏廷芝、成文、乔岱、胡止、童宽、俞缁、张宪、李赋、李元等奏："我朝以爵赏待君子，以刑罚绳小人，是以文官取诸科目，武官取诸荫叙，不惟荣其身，而又封赠其亲。奈何奸回小人，徒冒其名而无其实，及秽行败露，公论不容，朝廷又每为之宽假，但使闲住为民，甚者止于充军。其名虽除，而妻与父母三代封赠诰敕如故。是诚侥幸漏网，若不追夺，何以戒后。如健、迁及尚书马文升、刘大夏、韩文、许进等诰命，宜通行追毁。"诏从之。仍查原赏玉带服色，俱送官。既而吏部查奏文官当追夺诰敕者，健、迁而下共六百七十五人，惟成化远年者已之。是时言官怵于瑾威，而宪、正等皆瑾党，又首倡横议以悦瑾。故健、迁辈概指奸回，殊可叹也。

正德五年

正月戊午朔。　癸未，大学士杨廷和疏言："臣父春原任湖广按察司佥事，近蒙加封如臣官，今年七十五岁，臣离家复任已及十年。昨得家书，臣父自去年以来，痰嗽举发，身体尪羸，每思及，臣涕泪交下。伏望圣慈容臣暂回原籍，少视启居。"上曰："卿以父病，具奏归省，已悉孝诚，但辅导事重，朕方委托，岂可远违左右。宜安心供职，令太医院择医士乘传往视。"

二月丁亥朔，太常寺少卿兼翰林院侍读李逊学升户部右侍郎，提督仓场。　癸巳，敕进少保兼太子太保、户部尚书、文渊阁大学士杨廷和为吏部尚书兼武英殿大学士,太子少保、兵部尚书曹元为吏部尚书兼文渊阁大学士,供事内阁。元与瑾有葭莩之旧,故位屡进,至是复夤缘入阁,士论耻之。 辛未,改南京吏部尚书刘忠为吏部尚书兼翰林院学士,专管诰敕。

三月丙辰朔。 乙卯,翰林院修撰何瑭奏乞回籍养病,许之。 乙酉,致仕太子太保、礼部尚书周经卒。经字伯常,山西阳曲人,南京刑部尚书瑄之子也。天顺庚辰进士,改翰林院庶吉士,授检讨。纂修英庙实录成,进编修。秩满,进侍读。十四年,孝庙出阁,改左春坊左中允。弘治改元,以东宫恩升太常寺少卿兼侍读。二年,擢礼部右侍郎。四年,改吏部,寻转左。九年,擢户部尚书,寻加太子少保。十三年,以灾异乞免,加太子太保致仕。上即位,起为南京户部尚书,以丁母忧,未上。正德三年,复起为吏部尚书。居数月,以病乞休。至是卒,年七十一。赠特进光禄大夫、右柱国、太保,谥文端。其复起也,则以其壻曹元与刘瑾有连,或谓元实为之。时经已病,又黾勉赴召,则不能无责备云。

四月丙戌朔。 乙巳,右春坊右谕德兼翰林院侍讲蒋冕服阕至,复职。 庆府安化王寘鐇与宁夏都指挥何锦等集众反,传檄以诛瑾为名,关中大震。命泾阳伯神英、太监张永、都御史杨一清率兵讨之。 宁夏游击将军仇钺袭执寘鐇父子,贼党悉平。

五月乙卯朔,升翰林院学士毛纪为户部右侍郎,仍兼日讲。 戊午,升翰林院侍讲学士傅珪为本院学士。 辛酉,升右春坊右谕德兼翰林院侍讲蒋冕为翰林院侍读学士,侍讲毛澄为侍讲学士。 壬午,大学士李东阳乞致仕,上曰:"卿累朝重臣,受先帝遗命,辅导朕躬,才德兼隆,誉望显著,年未从心,神采精健,正当辅佐,安忍求闲。近日宁夏叛贼剿平,皆卿之力。有疾宜善调护,安心办事,毋负遗命。所辞不允。" 大学士杨廷和上言,"遭际盛时,擢居秘阁,未及一年,猥沐殊恩,骤加三少"云云,乞归。上曰:"卿春宫旧臣,学行老成,辅导有劳。往者引亲病乞养,已曾命医往视。近者宁夏乱平,皆卿代言之力,宜仍旧供职,以副朕怀。不允所辞。" 癸未,大学士焦芳乞致仕,许之,赐敕驰驿去,令有司给食米月五石,役夫岁八名。芳初荐张彩于刘瑾,以彩与己合,可共为奸利也。彩既为吏部尚书,芳与子黄中纳贿荐人,殆无虚日,彩未能尽从,遂有隙。瑾闻之,心亦恶之。芳尝受俘奴之赏,盖土官岑濬妾也,色颇艳,芳以为妾而嬖焉,与其妻反目,至欲持刃杀之,瑾尝对诸司斥其过。及西事既平,颁诏赦芳,又以黄中充使,瑾于顺门复斥芳,并怒礼部官不当承顺芳意。芳知不可复留,乃疏乞归老,论者谓芳附瑾取容,而竟不容于瑾,可为进不以正之戒矣。

六月乙酉朔,大学士李东阳复乞休,上曰:"卿引衰病求去,至再至三,屡有旨勉留,宜尽心职务,允协朕怀。不必固辞。" 丙午,少傅兼太子太傅、吏部尚书、文渊阁大学士刘宇以展祭还,至是乞致仕,许之,仍赐敕,令有司月给米四石,岁夫六名。

七月乙卯朔。 丁巳,以原降调副使宁杲为山西右参议。杲为佥都御史抚治真定时,强贼张茂于内丘县劫丁忧修撰康海财物。海刘瑾乡人也,素与厚,贻书于瑾,嘱其捕贼。瑾令所司停顺德知府郭经及捕盗官俸督责之,又以杲报勘稽迟降官。海言于纮曰："所失非吾财，皆瑾寄橐也。"纴乃敛诸县民财数千两偿海，海复书于瑾，其事乃已。后瑾败，海竟坐罢。　乙丑，命翰林院侍读学士蒋冕、侍读朱希周为应天府考试官。　庚午，翰林院编修焦黄中奏乞送父芳致仕还乡，并言内阁官例有恩荫，诏以芳致仕，未有荫叙，升黄中为侍读，乘传还。芳父子附瑾势，烁焰可畏，故黄中越资骤进，时议耻之。

　　八月甲申朔。　庚寅，以翰林院学士傅珪、侍讲学士毛澄为顺天府考试官。　甲午，太监张永远自宁夏，上戎服御东安门，文武诸大臣候于桥东，寘鐇及亲属十八人有旨送诸王馆锁系，何锦及诸从逆者数百人，皆反接由东华门入，献俘御前。毕，复出西华门，金鼓之声，彻于大内。是日，上置酒劳永，刘瑾及马永成等皆侍。比夜，瑾辞退，永密白瑾反状，且出袖中奏，数其不法十七事。时上有酒，俛首曰："瑾负我。"永曰："此不可缓矣。"永成等因共诋瑾，上意遂决。令长随四人往执之，上随其后。时夜且半，瑾宿于南直房，闻喧声，曰："谁也？"应曰："有旨。"瑾亟披青蟒衣以出，长随缚之，乃夜启东华门，系于东厂，复分遣官校，封瑾内外私第。初，瑾与永不相能，永还，期以十五日献俘，瑾故令人缓之。有泄其谋于永者，永遂先期入，瑾愕然，以上方向永，未有以中之。永为计亦甚秘，故瑾卒为所制。明日晏朝后，外人始微知之，犹莫敢显言者。上出永奏示内阁，遂降旨曰："朕嗣承大业，务期法祖保民，以安天下。委刘瑾以腹心，整理庶务，瑾乃不体朕心，蒙蔽专权，变乱成宪，肆行酷虐，使官员人民无不受害，愁叹之声，有干和气，朕甚悔焉。瑾降奉御，令凤阳闲住。文武官员顺从缄默，多非得已，今皆代之。各处新查屯田文册，即令烧毁，照旧征收，巡捕、巡盐、查盘等项新设官员，并革去。法司问拟囚犯，但有新例，俱改正，一照旧例行。凡瑾所行有亏国体者，法司即会众官一一条具奏革。瑾所当罪名，从重议拟以闻。"是时，事猝从中发，逻卒飞骑，交驰于道，黄纸黑索，惊骇见闻，衣冠失度，府寺闾巷，喧嚣如沸，浃日乃定。　丁酉，下刘瑾于狱。瑾降奉御，上犹未有意诛之。及亲籍其家，见金银累数百万，其他宝货不可胜计，又得伪玺一，牌五百，扇中所置刀二及衣甲弓弩之属。上大怒曰："瑾果反。"乃以付狱。于是六科给事中谢讷、十三道御史贺泰等列奏瑾罪曰："近者寘鐇谋反，由瑾差官丈量田地，克害军民，故彼得借以为名，几危宗社。罪一。私藏军器，伪造御玺，扇中藏刀，出入禁闼，阴谋不轨。罪二。掘郊坛后土，以营私室。罪三。今春下赦，瑾以恩非己出，复矫诏沮革，充军者仍解原卫，罚米者仍令追纳，冠带闲住者仍令革去，逻卒取回者仍遣四出，新例病民者仍复引用。播弄威权，遣背诏旨。罪四。宁府已革护卫，瑾受赂准复。罪五。诸司奏章皆关白而行，在外镇巡官奏事皆先以揭帖，取进止于私宅。或奏未进，先授以旨，中外传播，及次日奏下，无一字异者，人呼瑾为立地皇帝。罪六。罗致占候者，日与私语，及天象有变，奏闻者辄加罪责，四方灾异，沮令弗奏。罪七。非罪滥及良善，三四年来，枷号死者何止数千人。罪八。受神英赂封泾阳伯，陈熊、谢薄革爵没产。罪九。以焦芳、刘宇、张彩、曹元为心腹，杨玉、石文义为爪牙，孙聪、张文冕为刀笔。宇初任巡抚，瑾受赂数万，得入掌院，旋迁尚书入阁，其子俸拜瑾为父，滥受指挥，次子仁传奉为庶吉士，寻授编修。焦芳朋比党恶，其子黄中及乡人胡缵宗俱传奉检讨，又变成法，多刊制策二道，未及一年，黄中传升编修，又升侍读。内外不时访察，任意黜陟。罪十。用侍郎韩福肆霍湖广馈银至十余万两，盗贼缘此蜂起。又革四川、江西兵备，郧阳巡抚无以制盗。罪十一。都御史刘宪、刘孟以小过械系宪，死狱中，孟枷部门。顺天府丞周玺与杨玉有隙，文致其罪，死于杖下。故都御史钱钺、王嵩，尚书秦纮、侍郎黄景、通政强珍，皆以私怨籍没其家。罪十二。升迁官员，拜谒门下，仍致赂遗，谓之谢礼。否则辄加罪谴，朝觐官至京，索赂动以千数，谓之拜见礼。各官回任，倍取之民，以致民穷盗起。罪十三。内外官不分公私过名，皆追夺诰敕。罪十四。官员罚米，动至数千，少亦不下数百，虽年远身故者不免。又各仓粮草有泹烂亏折者，械系历年，都御史加倍责偿。罪十五。以严刑峻法，箝天下之口，台省科道皆不敢言。罪十六。缉事校尉，分道四出，所过有司，莫不郊迎厚赂，贤否祸福，系其一言，天下骚动。罪十七。增陕西等处解额，改会试南北中卷。又因私忿，令馀姚、万安、南城三县不选京职，巧名扩充政事名目，改调翰林院官。罪十八。曹雄子谥为瑾侄壻，先已输粟入监，辄立改文就武名目升千户。罪十九。请亟赐诛戮，上以慰祖宗之灵，下以雪臣民之愤。"奏入，上是之，令法司、锦衣卫执瑾于午门前，会多官鞫讯。巡抚、兵备官裁革者添补；考察京官，乡试解额并会试南北中卷俱如旧制；余姚、万安、南城三县仍选京官；翰林院官调外任者具名以闻；文武官诰俱免追，已追者仍给之；追倍泹烂粮米并罚米者，免之职官，籍没家产，不系叛逆者，仍返其田宅。韩福斥为民，刘奉、曹谥革职闲住，神英革伯爵，仍为右都督，焦芳、刘宇既致仕，已之。其馀事应改正者，诸司详议以闻。既而鞫瑾于午门前外，刑部尚书刘景畏瑾，噤不能出一语，诸公卿旁列，亦稍稍退却。独驸马蔡震折斥之，瑾仰曰："若何人，忘我德。"震厉声曰："震国戚，何赖于汝？"呼官校前拷掠之。是日，微震几不成狱。瑾坐反逆，凌迟三日，籍其家。　戊戌，大学士李东阳上疏言："臣误蒙先帝及陛下委托，扶衰力疾，强效驰驱，顾以驽劣之才，绵薄之力，诚不足以动物，术不足以救时。比者刘瑾专权乱政，备员禁近，事体相关，凡票本拟旨，撰写敕书，或驳下再三，或径自改窜，或带回私宅，假手他人，或递出誊黄，逼令落纸，真伪混淆，无从辨白。臣虽委曲匡持，期于少济，而因循隐忍，所损亦多。荷蒙渊衷明见，谓不干内阁，然玉毁椟中，亦难辞责，理宜罢斥，更复何言。伏望特降俞旨，放归田里。"上曰："卿以宏才硕德，佐政先朝，嘉谋嘉猷，播在天下。先帝顾命辅导朕躬，四五年来，刘瑾恣为蒙蔽，卿委曲匡持，朕已具悉。宜安心办事，不允所辞。瑾乱政害人事件，即令各衙门逐一查革改正。"传旨收吏部尚书张彩、掌锦衣卫事都指挥使杨玉、掌镇抚司事指挥使石文义，送都察院狱。　己酉，大学士曹元罢。瑾既败，元上疏言："愿宥不职之罪，开更生之门，为太平之民，守先人之墓。"辞极哀鸣，诏准致仕，寻复斥为民。元历任中外，无他才能，徒以瑾亲党骤进本兵。又冒入内阁，居之不疑，对人唯曰饮无何，谐谑道市井鄙语而已。老无子息，而盛治第于京师，其亲知多窃笑之。每从瑾所饱饫而出，意气得甚。瑾败，所藏违禁服用，每乘夜窃焚之。未几贫悴，遂市其居于贵家。将死，自作墓铭曰："我即死，谁肯铭我？"评者谓其犹愈于焦芳之怙终稔恶云。　辛丑，科道等官复自劾不职，因劾内外官为瑾奸党者二十六人：大学士曹元，吏部尚书张彩，户部尚书刘玑，兵部右侍郎陈震，南京礼部尚书朱恩，都御史魏讷、杨武、刘聪、徐以贞，翰林院修撰康海，侍读焦黄中，编修刘仁，大理寺少卿董恬，南京太常寺少卿刘介，去任司务孙聪，都给事中李宪，捕盗御史薛凤鸣，员外郎改御史朱衮，河南佥事白思诚，参议王钦，掌真定府事、参政杨仪，顺庆知府庄祥，徽州知府柯英，杭州知府杨孟瑛，吏部郎中王九思、王纳诲。请明正其罪，或赐罢斥。得旨："瑾引用憸邪，布列中外，或交通贿赂，或凭藉权势，或阿意奉行，盗窃名器，图利害人，致伤国体，法当重究。但以连及者众，姑分别等第处之。彩已逮问，元、刘聪、震、宪、恬、海、祥、讷、武、凤鸣、孙聪、仪、思诚、恩、英、钦、介、孟瑛、黄中、仁俱罢斥为民；以贞、衮、九思、纳诲降二级调外任；玑已致仕，已之。新升佥都御史萧选阿奉超迁，革其升职，并翰林院传奉、检讨、庶吉士者，俱对品调外任。文武官为瑾挟私废黜者，吏部访其才可用者以闻。"　癸卯，掌詹事府事、吏部尚书兼翰林院学士刘忠乞致仕，上曰："卿文学老成，持身清谨，年力未衰，岂可引疾辄求休致，不允所辞。"　甲辰，浙江道御史舒晟等劾奏致仕大学士焦芳、刘宇阿附权奸，夤缘入相，党恶之罪，同于张彩；去任侍郎韩福险诈回邪，谄媚权奸；兵部尚书王敞交结权贵，荐陟崇阶；通政吴钺小道取容，擅权纳贿；南京工部尚书李善、都御史屈直，贪婪桀骜；刑部右侍郎张子麟、南京太仆寺卿王彦奇，清议不齿；工部右侍郎胡谅，处脂韦而大肆奸贪；丁忧都御史冯炳然，司郡牧而首先纳贿；南京户部尚书张溇，催科急而存媚灶之心；南京礼部侍郎常麟，素行亏而滥春卿之位；秦昂出按西藩，而为营私第；赵松违限赇免，而反得美官；左布政潘楷、按察使张祯，贪滥幸进；府丞石禄、按察使仲本，奔竞取容；检讨段炅之阴险，主事侯自明之轻浮，员外郎徐聪、寺丞纪世梁贪财怙势，御史宇文钟陷害忠良。皆刘瑾之党。芳、宇、福虽已闲住致仕，然罪恶深重，必重治乃快人心。会礼科左给事中李宪贯等亦以为言，且及副使阎洁、郎中高选夤缘升迁，并乞罢黜。上俱纳其言，谓芳、宇、福已有旨姑置之，敞、钺、子麟、炳然、溇、麟仍留用，善直、彦奇、谅致仕，昂、松、聪、世梁闲住，楷、祯、钟为民，禄、本降三级，洁、选降二级，自明、炅对品调外任。炅为焦芳门客，援致翰林，又以陕人与刘瑾、张彩皆厚善。后瑾少厌芳，炅、彩因共倾之，至是被谪，众称快焉。乙巳，命太子少保、南京吏部尚书梁储驰驿来京。　丙午，命南京兵部员外郎徐穆、刑部员外郎吴一鹏、工部员外郎汪俊、丁忧拟调南京兵部员外郎顾清、礼部署员外郎贾咏、吏部员外刘龙、兵部主事李廷相、户部主事温仁和、吏部主事董玘、刑部主事翟銮、南京吏部主事崔铣、户部主事易舒诰、礼部主事汪伟、穆孔晖，丁忧拟调南京礼部主事陆深，俱复原职。穆、清翰林院侍读，一鹏侍讲，俊、咏、龙、廷相、仁和、玘、銮、铣、深编修，伟、孔晖、舒诰检讨。焦芳及其子黄中暨段炅乘刘瑾恶，翰林因挤其所素怨及所忌者，假扩充政事之说调之。及是瑾败，穆等始复，而黄中、炅皆削夺去。己酉，掌詹事府事、吏部尚书兼翰林院学士刘忠以疾乞休，上曰："卿春宫旧臣，闻望素著，方切委用，有疾宜加调理，岂可累求休致？不必固辞。"　辛亥，改服阕礼部尚书刘机为吏部尚书,升总制陕西等处军务、都察院右都御史杨一清为户部尚书。时吏部以户部缺尚书举机,有旨令再推,复举一清,乃并用之,而以机为吏部。

九月甲寅朔。　戊午,改太子少保、南京吏部尚书梁储为吏部尚书,及掌詹事府事、吏部尚书兼翰林院学士刘忠,俱兼文渊阁大学士,内阁办事。　庚申,国子监祭酒王云凤乞休致,不允,改南京通政司右通政。初,云凤为陕西提学副使,榜笞生徒,同于考讯,有至死者。瑾闻而喜之,复以张彩荐,遂擢为祭酒。及进谒瑾,瑾诧其多髭,叱曰:"何物祭酒,一嘴猪毛耳。"云凤惶恐跪谢。后上章请以瑾所行法例刻板,永著为令,又欲请瑾临太学,如唐鱼朝恩故事,士论鄙之。及瑾败,为科道所劾,云凤内不自安,乃有是请。犹以平日虚名,得免于罪云。　礼部言:"近追夺大学士刘健,吏部尚书许进、马文升原赐玉带及衣服送官,皆刘瑾伪旨,宜给还。"内批已之。盖瑾党尚有憾于健等云。　辛酉,命礼部尚书白钺兼翰林院学士,专管内阁诰敕。　改礼部右侍郎靳贵为吏部右侍郎。　掌詹事府事、吏部尚书兼翰林院学士刘忠上疏辞入阁之命,上曰:"卿学行兼优,誉望久著,特兹简命,宜勉副委任,不允所辞。"　壬戌,复尚书刘机仍支正二品俸,致仕侍郎杨守阯、王华原职。机等以纂修《会典》,为瑾所裁抑,至是皆改正。　甲子,调南京国子监祭酒石珤为国子监祭酒。　戊辰,升国子监司业王瓒为南京国子监祭酒。　癸酉,升太常寺少卿罗玘为南京吏部右侍郎。　国子监司业鲁铎丁忧服阕,复除原职。　吏部奏:"正德二年以来,内外文职官员,降调致仕闲住为民、充军者,不可胜举,如尚书李杰、孙需,侍郎陈勋、邓璋、胡富、陶琰、马中锡,都御史张宪、贾锭、李贡、邵宝、胡瑞、罗鉴,通政司参议任良弼、府丞赵璜、司业罗钦顺、编修何瑭,给事中杨褫、刘泽、徐忱、安奎、潘希曾、陈伯献,御史吴漳、王润、曾大有、刘子厉、杨南金、王时中,郎中刘思贤,员外郎韩俊、叶钊,主事唐胄、傅浚、谢廷瑞、赵璧,评事罗侨,中书舍人何景明,布政姜洪、沈林,按察使金献民、邢义,参政杨守禄(隅)、杨茂元、吴彦章,副使刘逊、陈恪、李金、吴廷举,佥事方良永、卢翔,知府刘麟、张津,凡五十三人,年力才识,皆堪任使。"诏皆复其官,俟有缺,斟酌取用。　以宁夏叛逆既平,内阁辅臣运筹有功,加少师兼太子太师、吏部尚书、华盖殿大学士李东阳特进左柱国,少保兼太子太保、吏部尚书、武英殿大学士杨廷和少傅兼太子太傅、谨身殿大学士,吏部尚书兼文渊阁大学士刘忠少傅兼太子太傅、武英殿大学士,各赏银一百两,纻丝四表里,太子少保、吏部尚书兼文渊阁大学士梁储改兼武英殿大学士,仍荫东阳子兆蕃为尚宝司丞,廷和子恒为中书舍人。　以宁夏平,加兵部尚书王敞太子少保,荫其子会为锦衣卫百户;礼部尚书兼翰林院学士白钺、吏部尚书刘机、礼部尚书田景贤、刑部尚书刘璟俱太子少保;兵部侍郎陆完、李浩各赏银三十两,纻丝三表里;吏部侍郎李瀚、靳贵,户部侍郎乔宇、毛纪、丛兰,礼部侍郎费宏、李逊学,刑部侍郎张恭、张子麟,都察院副都御史王鼎,大理寺卿张纶,各赏银二十两,纻丝二表里。　辛巳,斩张文冕于市。文冕华亭人,初为县学生,被黜,潜至京,投瑾门下,遂用事,冒军功授锦衣卫千户。瑾捏传旨意,多出其手,交通贿赂,气焰倾一时。至是瑾败,并诛,妻妾送浣衣局。　壬午,升礼部左侍郎费宏为本部尚书。宏辞免，疏曰："文昌之司，上切台斗；秩宗之职，兼治神人。其官既尊，其责亦重，必年德耆俊，始足以厌服众心，才识通明，始足以综理庶务。矧当皇上更新化理，修举旧章，建明尤在，于得人选用，岂容于代匮。顾臣才疏识寡，资浅望轻，乃沐殊恩，遂居此位，非惟超越贤豪，不免积薪之消，抑恐难胜重任，致有挠栋之虞。熟自揣量，分宜辞避。再念臣草茅下士，僻远孤踪，遭遇圣明，多窃荣宠。方龙潜之日，已劝诵于青宫；及虎变之初，复执经于翠幄。虽佐理有司之事，犹叨随供奉之班，皆迈常流，殊无寸补。幸屡逭滥竽之责，敢复萌曳履之图。昨与再推，实出望外。惟盈满之是惧，甚踧踖而不安。仰惟皇上甄陶万类，每垂矜察之仁；体念群臣，曲尽保全之道。伏望收回成命，别授贤良，俯徇愚衷，使供旧职，庶几下免侥逾之议，上无滥予之嫌。"疏入，上曰："卿春宫旧臣，学行素著，特兹简命，宜勉尽职，以副委任，不允所辞。"

十月甲申朔。 丁亥，南京右通政王云凤致仕。 己丑，升户部右侍郎毛纪为礼部左侍郎。 丙申，大学士刘忠复上疏曰："臣年五十九岁，昏耗虚惫，殆若七十以上者。先臣有遗业，敝屋数间，薄田数亩，无强近之亲以为主管，干理之仆以司出纳。臣止一子，又愚孱无识，臣虽从宦，而心事焦劳，有同羁旅。伏以圣王之治，本诸人情，臣忝列辅臣，旧侍青宫，仰冀皇上以义赐断，俾臣苟延余年于林泉，依托保助于井里，不胜感戴。"上曰："朕以卿春宫旧臣，素著学行，方兹简命，遽求休致？已有旨慰留，宜勉副任，不必固辞。" 己酉，复罗钦顺仍为南京国子监司业。 壬子，太子少保、礼部尚书兼翰林院学士白钺卒。钺字秉德，真定南宫县人，兵部尚书圭之子。成化甲辰举进士廷试第二，授翰林院编修，迁侍读。弘治己未，充经筵并东宫讲官，升侍讲学士。甲子，主考应天府乡试。正德初，以恩升学士，充日讲官。丁卯，授庶吉士业，掌院事，擢礼部右侍郎。寻改吏部，迁礼部尚书，赐玉带。庚午，命兼学士，入内阁专管诰敕，掌詹事府事，加太子少保。卒于官，赐祭葬，赠太子太保，谥文裕。钺博览子史，长于记诵，与修宪庙实录及《大明会典》、《通鉴纂要》诸书，体貌魁梧，器局凝重。为礼部尚书时，刘瑾方用事，值所难处，宁稍逊避而亦不失其正云。

十一月癸丑朔。 丙辰，以吏部右侍郎靳贵兼翰林院学士，内阁管诰敕。 起祭酒章懋为南京太常寺卿。懋雅有德望，久在告，故特起之。 翰林院修撰伦文叙丁忧服阕，复任。 戊辰，升翰林院学士傅珪为吏部右侍郎，仍日讲。 辛未，南京监察御史张芹上疏曰："朝廷迩以叛乱既平，论功行赏，大学士李东阳亦进勋阶荫子，远近闻之，莫不骇异。臣惟东阳谨厚有余而正直不足，儒雅可观而节义无闻。先帝误以为贤，临崩以陛下托之，义当与陛下同休戚者也。迩者刘瑾专权乱政，东阳为顾命大臣，不能防微杜渐。及其恶迹既著，若出力与之争，彼亦必知所忌，或不幸而得祸，谅亦不至于死。东阳依阿顺从，唯唯听命。及瑾谋逆既成，幸赖陛下英明果断，任用得人，不动声色，潜消祸变，东阳又得冒功以受恩赏。此人心所以不服也。东阳受先帝之托以辅陛下，乃使瑾得以荼毒天下，谋危社稷，就使东阳能诛瑾，仅可以赎罪耳。今赖他人之力以成功，又安得攘为己功而冒赏乎？臣窃见今大臣正直者多不容于瑾在之时，奸邪者多见斥于瑾诛之后，惟东阳始终无恙，而又屡叨恩赏，臣不知其何善为身谋如此也。乞将东阳即赐罢斥，或待其自陈，准令致仕，与凡荫子恩泽，并赐追夺，庶有以励臣子之节，而可以为天下劝矣。"上曰："芹久居言路，瑾乱政时畏避缄默，今既明示典法，乃掇拾沽名。东阳学行，海内推重，辅导朕躬，忠勤茂著。比来宁夏既平，大臣特进阶荫子，如何谓攘取诛瑾之功。恣意妄说，即令具实以闻。东阳宜仍旧供事，慎勿动怀。"既而芹请罪，夺俸三月。　乙亥，大学士李东阳乞休，上疏曰："臣于本月十八日奏乞休致，仰廑德音，曲加慰留，臣扪心内省，实自不安。窃惟人臣事君，固当竭死生之力，尤当谨进退之节。臣见六十四岁，历事列圣四十七年，参预机务一十六年，才疏力薄，当退一也；多病早衰，当退二也；久玷班行，多窃俸禄，当退三也。但顾命至重，责任方殷，大义所关，亦非得已。盖圣质方冲，庶事未定，则不敢言退；藩臣倡乱，边境未宁，则不敢言退；大奸未除，弊政未革，则不敢言退。用是怀忧抱愧，含垢纳污，虽因事累辞，终不获于自遂。幸遇陛下聪明日进，政令一新，天下之人，延颈望治，太平之几，正在今日。臣若贪位恋禄，玩岁愒时，及此不图，更复何待？比闻南京监察御史张芹奏臣当刘瑾乱政之时，不能力争，及陛下任用得人，潜消祸变，却又攘以为功，冒膺恩荫。缘宁夏事平，伏承陛下遣司礼监官传示圣意，欲加恩典，臣极力苦辞，几至垂涕。及手敕既下，加臣特进左柱国，荫臣男为尚宝司丞，臣即恳辞，竟不获命。黾勉拜受，本非素心，但宠禄三颁，过涯逾分，传闻远外，实骇群情。其言礼貌之屈否，众所见闻；攘功之有无，已蒙圣鉴。若不能早退，又不力辞，此二端切中臣病。况臣揣己量力，见可知难，盛满之惧，已非一日，安敢以衰老之身，蒙叨冒之罪，上以玷陛下知人之明，下以贻士林求备之议哉！伏望圣慈察臣愚悃，许臣致仕，将臣男兆蕃收回成命，令其照旧以监生听选出身，徐图补报，则优礼旧臣之恩，曲成万物之德，臣举家父子，皆知感佩于无穷矣。"上曰："览卿疏，已悉至情。卿辅政有年，清忠纯谨，中外共知。引疾乞休，乃至累牍，先帝与朕为天下，每为慰留。今大奸既去，朝廷图新治理，倚毗正切，岂可偶以人言，遽欲求去？吏部即往谕朕意，大臣义当体国，宜勉起供事，慎勿动怀。赏功推荫，皆系旧典，李兆蕃已录用，亦不准辞。"　己卯，大学士李东阳复上疏曰："臣近者再乞致仕，并辞免恩荫，复蒙圣恩俯加慰藉，不允所请。仍令吏部宣谕圣意，责以体国之义，又遣内臣颁赐羊酒，丁宁委曲，出于常格。顾臣何人，而克当此，但犬马之私，犹有不容已者。臣闻礼义廉耻，国之四维。臣备员内阁一十六年，辞免者二十有四，非不知简任之隆，顾托之重。但念辅导无状，报称未能，与其假委质之名，不若甘守身之节。一身不治，安能理庶务之繁；众论未谐，何以班百僚之首。若荫子之恩，固是旧典，殊为勋劳，如臣事不足以偿直，德不足以懋官，而乃以稚子置清要，匪独身蒙其耻，尤当世受其愆。礼义所关，诚非细故，伏望圣明遂臣初请，并收成命，以风励有官，其于新政不为无助。"上曰："卿朝廷元臣，辅导年久，绩效茂著，众论攸归。况年力未衰，宜念先帝顾托及朕恳切谕留之意，勉起视事，以匡新政，庶于礼义允合。报功恩荫，前命已下，毋再固辞。"　壬午，致仕礼部右侍郎谢铎卒。铎字鸣治，浙江太平人。天顺甲申进士，改庶吉士，授编修。秩满，迁侍讲，以丧去，回谢病，言事者交荐之。会修宪庙实录，遂征起。书成，擢南京国子监祭酒。严约束，杜私谒，构二书楼于学宫以藏镂板，疏请增杨时从祀而黜吴澄，寻致仕归。复以荐征为礼部右侍郎，掌祭酒事。累辞不得，乃就任，请增号舍，廊庙门，置公廨，以居其属。又议别祀叔梁纥，而以曾皙、颜路、孔鲤配之，不果行。居二年，乞归养疾，许之。正德间，仍令致仕。铎孤介恬退，潜心理学，多所考订。为诗文质直，不尚词藻。与人交笃于信谊，久而不衰。年七十有六，卒于家。讣闻，赠礼部尚书，谥文渊（肃），赐祭葬如例。

十二月癸未朔。　庚寅，命故礼部尚书白钺子玄龄于中书舍人习字出身。　丁未，大学士李东阳等疏言："臣等备员辅导，叨任三孤，或膺受顾命，或荷蒙简任，深忧过计，寝食靡宁。近日以来，恭遇陛下洞启圣心，励精新政，大奸已去，群弊渐消，孝理方隆，仁恩诞布，天下之人，欣欣相告，皆以为太平之治，指日可致也。但事有关于国家社稷至重至大者，臣等若知而不言，言而不尽，则是缄默容身，因循误国，生无以报陛下知人之鉴，死无以见先帝在天之灵，所谓顾命者为虚名，而辅导者皆余事也。臣等窃惟天下者，祖宗之天下，上天之所付托，生民之所仰赖。昔太祖高皇帝栉风沐雨十余年而后得，早作夜思三十年而后定，何其劳也。太宗文皇帝南征北伐，定鼎贻谋，亦二十余年而后成，何其难也。列圣相承，兢业罔怠，以致今日。先帝顾命，惟欲陛下早嗣大位，早成大婚，光前裕后，衍无疆之祚，圣虑所及，亦何其深且远也。四五年间，陛下春秋鼎盛，而储嗣未闻，中外臣民，倾耳拭目，以俟前星之耀，此臣等所以忧且惧也。伏望陛下念上天付托之隆，思祖宗授受之重，体生民仰赖之切，每于朝奏讲读之暇，安处宫闱，溥施恩泽，起居以节，游豫以时，保养天和，培植国本，则六气不能侵，百邪莫能近。皇储早立，宝祚延长，可以隆我国家亿万年之业矣。"上曰："卿等所言，足见忠君爱国至意，朕已喻之矣。其尚一乃心力，共图治理。"　戊申，太子少保、吏部尚书刘机乞致仕，上曰："卿春宫旧臣，学行老成，多效勤劳，方切委任，而乃遽求休致。情词恳切，特兹俞允，敕有司月给米肆石，岁役夫六人。"

正德六年

正月壬子朔。　甲寅，改户部尚书杨一清为吏部尚书，太子少保如旧。　庚午，改南京户部尚书张溁为南京吏部尚书，升户部左侍郎乔宇为南京礼部尚书。　辛未，大学士刘忠上疏曰："臣以疏缪戆直之资，待罪省院三十四年。顷来未及数月，遽进公孤，惶悚缩恧，有待于乞归者久矣。今旧病时发，而幼子稚仆，病妻寡女，不知道途，倘进退狼狈，后悔无及。望悯至情，将所加少傅许令辞免，以旧官致仕，庶慰公论，苟延余生。"上曰："卿事朕春宫，学行闻望，公论推重，辅导重任，倚毗方切，况精力强健，岂可乞休。宜勉起视事，以答眷遇，其勿辞。"　庚辰，大学士刘忠上疏曰："臣顷乞休，荷蒙温旨勉留。窃闻一日不得乎其官，则不敢一日安于其位。今臣老病侵寻，每思丰禄厚饩，非养老之资；峻级崇阶，非养病之地。况近年水旱灾荒，民穷财尽，臣既乏才德以协匡佐，又复糜滥以蹈旷瘝，心与初违，罪随日积。望许休退，仍收回所加少傅，以授能者。"上曰："朕以卿才德，简命辅政，遽求休退，已留再三。况今天下多事，大臣体国，当共图至理，宜亟起，勿复辞。"故事，辅臣加官，多始于太子少保或太子太保，未有径跻少傅者。忠入阁未几，有旨加保、傅，同官议拟间忠失于自审，超进少傅，既而心不自安，故累疏欲辞免云。　辛巳，致仕南京国子监祭酒王敕卒。敕字懋纶，山东历城人。成化甲辰进士第三人，授翰林编修。丁未，以尹龙事败，谪夷陵州判官。弘治庚戌，升四川按察司提学佥事。考遗书，遵国典，定祭祀乐舞之式。九载考绩，升河南提学副使。正德丁卯，升南京国子监祭酒。己巳，考察京官，敕自陈，遂令致仕。敕体貌魁梧，丰颐戟髯，性颖悟，博学多能，然以才自负，而不检于行，士论轻之。其为祭酒时，贪声尤著。居家杜门，方二载而卒。

二月壬午朔。　甲申，升吏部右侍郎傅瑾（珪）为左侍郎兼翰林院学士，刘春为吏部右侍郎，巡抚贵州右副都御史邵宝为户部右侍郎，赞理仓储。　丙戌，大学士刘忠上疏曰："臣自冬及今，求退凡五，而屡蒙优旨，慰谕勉留。窃惟臣子大节，莫先于安义命；朝廷大政，莫先于辨忠邪。臣夙婴疾瘵，宦况甚微，此于命当去也。滥竽崇峻，偷安窃禄，此于义当去也。况臣平生惟知拙以守己，公以奉法，而嫉恶犯已甚之戒，处世昧时务之宜，故群议嚣嚣，沸腾不已。天日可表，无愧于心，而斗牛宿直，古亦咎命，于此不避，则义命不安，名教扫地。伏望放归休养，仍将所加少傅等官收回，庶息群怒而安下情。"上曰："内阁重地，要在得人。朕以卿学赡德方，更化之始，柄用方切，而卿固怀谦退，朕已具悉，再旨勉留，宜深体此意。亟起，勿复辞。"　丁亥，释奠先师孔子，遣大学士梁储行礼。　己丑，以礼部会试天下贡士，命少傅兼太子太傅、吏部尚书、武英殿大学士刘忠、吏部右侍郎兼翰林院学士靳贵为考试官。　己亥，大学士李东阳等言："今年发下工部所奏，谓京城内外工役浩繁，州邑坐派无遗，民财剥削殆尽，在处灾伤，四方盗起。况京营军士摘发做工，终岁不操，相率逃避，军民俱困，诚可痛心。乞将不急工程暂且停止。臣等惟工部所言，固为激切，内添盖豹屋一事，尤为谨要。谨昧死为陛下言之。盖自去年夏秋以来，外间传闻豹屋内添盖房屋，又闻竖立旛竿，似有创建寺宇之意。臣等切念寺观乃异端之教，圣王之所必禁，国朝之所姑存，其间义理，不暇深论。但宫禁之体，比与城市不同，自古及今，并无禁中创造寺观事例。传之之史册，非徒上累圣德，亦无以垂法将来。况番僧人等，往来混杂，又恐无赖之徒，因为诈冒，万一变生不测，难以关防，其于事体所关不细，而财用之费耗，军民之困苦，又不足言矣。切见成化间欲于内府建玉皇阁，宪宗皇帝因内阁之言而止，弘治欲于近城造延寿塔，孝宗皇帝因内阁之言而止，天下传之，史册书之，以为圣朝美事。伏望圣明仰体二圣之谟，俯垂鉴纳，将前项工程即赐停止，其余不急之务大加减节，以正国体，以慰生民，诚宗社万年之福也。"不报。　丙午，复除何瑭为翰林院修撰。瑭先以病致仕，至是复起用。

三月辛未朔。　己未，初，礼部会试，大学士刘忠、学士靳贵为考试官。入院后，浮议突起，彻于内帘，然未知主名算手。王谦，宜兴人，在院供事，与同邑举人吴仕有隙，因指为仕填榜之际，外帘官皆人，乃知为江阴举人陈哲贵家人可勤，绐取其贿，即亡去。及对号，仕已中式，哲在黜列，仍并黜仕。既撤帘，监试御史赵秉伦等以为言。下礼部覆奏："奸由可勤，乃先事而逃，必踪迹之面讯，始得情实；仕之谤乃谦所造，宜寘之法，以为奸邪溷乱科场之戒。"命捕可勤与哲并讯，而付谦于理。　甲子，以廷试天下举人，命少师兼太子太师、吏部尚书、华盖殿大学士李东阳，少傅兼太子太傅、吏部尚书、谨身殿大学士杨廷和，少傅兼太子太傅、吏部尚书、武英殿大学士刘忠，少保兼太子太保、吏部尚书、武英殿大学士梁储，吏部右侍郎兼翰林院学士靳贵、翰林院侍读学士蒋冕、翰林院侍讲学士毛澄，太子少保、吏部尚书杨一清，户部左侍郎陈勣，太子少保、兵部尚书王敞，刑部尚书何鉴、工部尚书李𬭚、都察院右副都御史王鼎，通政使司掌司事、左通政罗钦忠，大理寺卿张纶充读卷官。廷和以子慎预试请回避，不允。　戊辰，赐杨慎等三百五十人进士及第、出身有差。　癸酉，大学士刘忠为会试考官事毕，复陈休致，言："臣自去年蒙赐诰命，封赠四代，不能即归，以奉扬于墓下。臣又老病，元气日索，今不早归医治，后将噬脐。况近日言官有黜邪之章，臣正当所黜之首。伏望察臣恳切之情，将加秩收回，容令致仕。"上曰："卿登庸未久，委任方隆，朝廷任用大臣，自有公论。卿之学行，简在朕心，不必深辩。"　丁丑，选进士许成名、刘栋、张璧、应良、黄臣、尹襄、刘朴、许复礼、费寀、王道、张潮、祝续、王思、孙承恩、徐之鸾、刘泉、林文俊、孙绍祖、戴颙、吴惠、金皋、刘夔、郭维藩、田荆、张翀、王元正、陈寰、刘济、张衍庆、洗尚文、边宪、张鳌山、俞敦等三十三人，改翰林院庶吉士，与一甲进士杨慎等三人读书，命吏部右侍郎兼翰林院学士靳贵、翰林侍读学士蒋冕教习文业。　戊寅，大学士刘忠复上疏乞归，上曰："朕以卿先帝旧臣，才优德懋，足副倚毗。况今天下多事，宜竭诚辅导，其勿再辞。"　己卯，授第一甲进士杨慎为翰林院修撰，余本、邹守益为编修。

四月庚辰朔。　癸未，少傅兼太子太傅、吏部尚书、武英殿大学士刘忠复上疏曰："臣缘老病侵寻，松楸违远，展转欲归者久矣。自冬春来，疏凡八上，然于乞休之辞颇坚，而祭扫之请其略者，切冀赐归，则林泉散地，得以苟全，而展省之仪可兼举矣。顾未蒙俞允，慰谕再三。窃念赐诰之荣，远及四世，而焚黄之礼，未能一行。望悯愚情，如例令还祭扫，事完即依限赴京。"上曰："卿奏欲省墓，孝思切至，是用特允，予敕给驿以还，仍令所过军卫有司护送，事竣亟来京。"忠考会试后一日，上御经筵退，忽召内阁李东阳等出试录示之曰："学士刘忠典试，文义多舛，何也？"东阳等不敢对，久之叩头而出。忠闻，故亟请去云。　庚寅，升南京太常寺卿章懋为南京礼部右侍郎。懋迁太常寺未赴，复有是命。

五月庚戌朔。　己未，赐故太子太保、工部尚书谢一夔谥曰文庄，从其孙吏部郎中麒请也。　甲子，升翰林院侍读学士蒋冕为詹事府少詹事，仍兼侍读学士，侍讲学士毛澄为学士，侍读顾清为侍读学士，侍讲吴一鹏为侍讲学士，修撰伦文叙为右春坊右谕德兼侍讲，编修贾咏、刘龙为左中允，李廷相右中允，俱兼修撰，陈霁为左赞善兼编修。时内阁请叙迁翰林年资深者，侍读徐穆亦与列，命下而卒，吏部以请，特许进侍读学士。穆字舜和，江西吉水人。弘治癸丑进士第二人，授翰林编修。秩满，迁侍读。与修

《历代通鉴纂要》，宋元论断多出其手。同考会试者再，得伦文叙、董玘，皆为榜首，及其他名士尤多，人服其藻鉴。上即位，命充正使，颁朔于朝鲜。及境驿，告国王迎诏不郊迎、不道跽，穆援古证今，反复折辩，卒能以礼屈之。王屡遣陪臣代质疑义，剖析不遗，凡所馈献，悉拒弗纳，国人皆叹服。与修孝庙实录，充经筵讲官。刘瑾专权，托扩充政务名，调诸翰林为部属，穆时以丁忧去，犹不免，拟为南京礼部员外郎。复除改南京兵部，未至任，瑾诛，复为侍读。比内阁以翰林、春坊多阙员，疏其有资望者升补，穆名在疏中，翌日遽卒。其子永年以请，特予为侍读学士，盖异数也。穆才性明敏，下笔千百言，若不经意者。博极子史，于凡国朝故实，兵民利病，以及四方地理险易，俗尚薄厚，历历如指诸掌。每稠人广坐中，议论英发，略无讳避。穆素所自负，盖欲一试以就功业，年仅四十有四而卒，人皆惜之。

六月己卯朔。 辛巳，命左春坊左中允兼翰林院修撰贾咏清理军职贴黄。 癸未，南京十三道御史林近龙等，劾奏掌詹事府事、吏部右侍郎兼翰林院学士靳贵主考会试，而家僮通贿，宜罢。诏供职如故。贵寻奏乞放还田里，不允。 丙戌，礼部左侍郎毛纪乞追赠前母，如吏部左侍郎兼翰林院学士曹鼐、礼部右侍郎谢一夔故事。吏部覆议，谓纪年劳履历，与二人相类，且春宫讲读，经筵日讲，比之他司不同。上曰："纪既有讲读旧劳，许追赠。不为例。" 辛丑，大学士李东阳以老疾乞休，言："衰老益深，疾病交作，且官列三孤，职司辅导，而神思荒落，不能效谋虑之勤，精诚未孚，无以感格之地。伏望圣慈悯其衰病，乞骸骨以尽余生。"上曰："卿忠诚辅国，累朝耆旧，功烈誉望，天下共知。述作议论，允为国华。出处进退，关系天下重轻。宜体朕情，亟起视事，乃见君臣同德之义。不必再辞。" 戊申，致仕南京太常寺卿吕𢡟卒。𢡟字秉之，翰林学士、赠礼部左侍郎、谥文懿原之子也。以荫录为国子生。成化初，又以东宫恩授中书舍人，仍上疏乞应试，遂荐京闱。中书舍人之得应试也，实自𢡟始。秩满，迁礼部员外郎、郎中，擢南京太仆少卿，改通政。丙辰，擢太常寺卿。正德丁卯，始致仕，阅四年卒。诏葬祭如例。𢡟为人坦易，喜读书作诗，又习闻典故，文与行能世其家。

七月己酉朔。 壬子，大学士李东阳上疏乞休，言："膺至重之任者，必有非常之才，而又济之以有馀之力，二者不可缺一。今臣以章句腐儒，甲科常格，兼之子女夭丧，哭泣伤多，眼目昏暗，咫尺之间，莫辨文字。且朝廷之典，年老有疾，例不入坛。臣之一身兼是二者，使之居具瞻之地，为百寮之首，虽欲求职之不旷，不可得也。仰祈矜察，放归田里，俾大臣无固禄之讥，国家无妨贤之病。"上曰："朕念辅导重任，治理关系，卿以非常之才，年未七十，属当更化，实切倚毗。迩称疾求退，已有旨慰留，如何复为此退托，非朕所望于卿者。宜亟起视事，以慰朕怀。" 甲寅，南京吏部尚书张㴁奏："臣筮仕至今三十余年，位冠六卿，阶登二品，岭海仕籍，近代所无，布衣之荣，于分已极。况臣学非经济，冒陟显融，腹满犹食，途穷不返，必至伤败，乞赐归田。"上曰："卿侍朕春宫有年，学行素著。近具疏乞休，已有旨慰留，宜仍旧供职，所辞不允。" 乙丑，大学士李东阳复上疏乞休，言："自屡告请以来，病日深而忧日至，老而无嗣，只影自随，宗祀之责，惟臣是任，然此一身一家之私，犹不足言。陛下绍统有年，前星未耀，乃祖宗亿万载社稷之寄，所系甚重。昔孝宗皇帝亲凭玉几，发纶音早定大婚，永图至计。臣面承顾命，夙夜于衷，比之寻常，情实倍万，责任之重，无过于臣，臣之所当言，亦无急于此。若复因循隐默，苟利目前，臣恐一旦溘先朝露，无以见先帝，误国之罪，万死莫赎。伏冀上念承传之重，俯怀朔戴之勤，高拱清穆，深居禁密，朝奏以时，饮膳以节，以保圣躬，以延嗣续。尤望悯衰朽之质，理难久长；察忠恳之言，止于如此。俾之休致，以尽余生。"上曰："朕览卿奏，具见忠爱至情。卿受遗先朝，辅导朕躬，见今天下多事，正宜同心佐理，何忍舍朕求去。宜强起视事，副朕倚毗至愿，以仰答先帝顾命之意。不必再辞。"

八月戊寅朔。　庚辰，致仕南京国子监祭酒章懋升南京太常寺卿、礼部右侍郎，俱不起，上疏辞免，谓："太常春官之属，才尚不堪；侍郎六卿之佐，分岂当得。求退而进，臣何以安，乞仍以旧官致仕。"上以懋学行老成，令以侍郎致仕。　丁亥，释奠先师孔子，遣大学士梁储行礼。　升翰林院侍读学士吴俨为南京礼部右侍郎。

十月戊寅朔。　壬寅，荫太常寺少卿兼翰林院学士武卫子选为国子生。

十一月丁未朔。　壬戌，大学士刘忠上疏言："臣以衰病乞休，累荷谕留，及归祭扫，复蒙敕赐乘传，恩礼极深，感戴无任。自抵家，盗贼压境，又以老病侵寻，至十月间，始得展祭丘墦。方谋启行，病复增剧，乞容终齿故丘，少延余喘。"得旨允所请，有司月给廪五石，岁役夫八名，录一子为中书舍人。　癸酉，大学士李东阳九岁考绩，吏部以事闻，上曰："东阳辅导三朝，勤劳备至，勋德懋昭。今以一品九年奏绩，可降敕褒谕，令兼食大学士禄，仍旧供事，锡之诰命，宴于礼部。"　甲戌，大学士李东阳上疏曰："臣以九年考满，伏荷纶音，宠眷殊至。臣进身宫保，以历三孤，厚颜首班，遂经九载。谋猷入告，无补于君心；政令外施，罔裨于宸断。自考无功，理当黜殿，即今水旱相仍，生民穷困，畿甸东南盗贼蠭起，京城内外地震有声，咎责所关，义当策免。况年龄衰暮，病疾缠绵，每遇加恩，辄增惭惧，屡经辞职，曲荷勉留。徒以四方多事，未敢言私，而日负初心，茫无后效。岂意封章再锡，月俸兼支，华以玺书，赐之宴会。顾臣蹇劣，岂复堪之。且当蠲租免税之日而冒给俸粮，当减膳彻乐之时而滥沾宴锡，固知优崇内阁，出自圣心，眷遇儒臣，亦有故事。但臣非其人，而今非其时也。乞收回成命，止令仍旧供职，庶可输报德之私，亦少免素餐之咎。"疏入，上曰："朕以卿辅导元臣，功在朝廷，望隆中外。九载考绩，为国增重，特加恩锡，以示优崇。卿具疏辞免，已悉诚悃。此累朝眷遇辅臣故事，可勉留副朕意，毋再辞。"　丙子，大学士李东阳以赐宴礼部辞，上曰："朕以卿寿俊元臣，一品九载，朝廷盛事，乃循旧典，赐宴礼部，而卿屡以修省为言，重违雅志，特允所辞。"

十二月丁丑朔。　戊子，太子少保、兵部尚书兼翰林院学士尹直卒。直字正言，江西泰和县人。景泰甲戌进士，入翰林院为庶吉士。预修《寰宇通志》成，授编修，同考礼部会试者再。宪宗初御经筵，充讲官。成化三年，纂修英庙实录成，迁侍读，尝主考顺天乡试。八年，擢侍读学士。十一年，升礼部右侍郎，以父忧去。十五年起复，改南京吏部，转南京礼部左侍郎。二十二年，特召为兵部左侍郎，寻兼翰林院学士，入内阁参预机务，其年进太子少保、兵部尚书。二十三年，主考会试，其年遂致仕。家居二十四年卒，赐祭葬，谥文和。直明敏轩豁，少有才名。在礼部，尝因天变，会官具疏陈修省二十二事，言多切中时弊，岁当开度僧道，连章奏省之，又请汰黜天文阴阳生之诡籍者凡数百人。始至兵部，贵州镇巡官奏苗叛，请发兵夹攻，廷议将从之，直独言吾自东南来，未闻有警，岂可听彼邀功启衅以疲民，乃请选委御史部属二人往勘，贵果无警。居内阁时，有建明，会言官劾其进用不合公论，孝庙薄之，然尚慰留，待三辞乃令致仕。直为人疏俊，不拘小节，然颇以才气自负，以是多招物议。为文章赡逸浑健，步骤大家。所著有《历代名臣赞》、《皇明名臣言行通录》行于世。 癸巳，敕礼部尚书费宏兼文渊阁大学士，同李东阳等内阁办事，加吏部尚书杨一清少保兼太子太保，升掌詹事府事、吏部右侍郎兼翰林院学士靳贵为礼部尚书，仍管内阁诰敕，吏部左侍郎傅珪为礼部尚书。先是，以内阁员缺，下廷臣会推学行端谨，才识老成者，列名以进。上既简用宏，乃以别敕进一清官，仍荫一子为锦衣卫世袭正千户，及贵、珪皆递迁。宏上疏辞曰："内阁之设，政本所关，非徒专典乎训辞，固许参预乎机务，处禁掖邃严之地，为股肱辅导之臣，比之他官，最为华要，倚毗既切，遴选为难。盖必如古人所谓学有本源，深明治体，文有师法，可代王言，而后能思论政理，默赞皇猷，润色文章，仰资涣号。矧今四郊未靖，庶事方殷，临机赖应变之才，运笔须湧泉之思。伏念臣赋质愚陋，初乏寸长，遭时亨嘉，每沾误渥。贤科早窃，人固信其空疏；法从久叨，忠未摅于献纳。顷者出佐邦礼，荐历春卿，禄厚而报则微，位高而责愈重。方虞咎谴，敢望延登第以宠光，常假于从班迁转，类循夫故典，乃遂厕名荐稿，猥被恩纶，苟冒昧以祗承，必立臻于旷败。且耆德在位，而臣以末学陪列于其间；贤俊盈廷，而臣以菲才躐处于其右。既难厌属于外议，实切抱愧于中心。熟自揣量，分当辞避。伏望圣慈允臣所请，追寝成命，别授异材，庶上不累知人之明，下不致妨贤之诮。"上曰："卿学行俱优，才望茂著，春宫讲读，启沃良多，辅导重任，特兹简命。宜勉尽职业，不允所辞。" 甲午，吏部尚书杨一清以加少保兼太子太保、荫子为锦衣正千户上疏辞，得旨："卿文学才行，朕所简知。近廷臣荐居内阁，朕以铨衡事重，未可遽更。且思抚定宁夏之功，赏未酬劳，特加恩命，以示优崇。其毋固辞。" 丁酉，升吏部右侍郎刘春为本部左侍郎，詹事府少詹事兼翰林院侍读学士蒋冕为吏部右侍郎。

馆阁漫录卷之十　始正德七年止十六年

正德七年

正月丁未朔。　丙寅，改荫少保兼太子太保、吏部尚书杨一清子绍芳为中书舍人。先是，以一清有宁夏功，荫绍芳为锦衣卫千户，一清疏辞，改尚宝司丞，复辞，乃有是命。

二月丙子朔。　丁丑，释奠先师孔子，遣礼部尚书兼文渊阁大学士费宏行礼。　戊寅，南京吏部尚书张澯被劾乞罢，词甚迫切，上以澯春宫旧臣，温旨慰留之。　辛巳，大学士梁储孙宸奏，父次揭先以祖储侍郎考满得荫，未选而故，乞赠以官。乃授次揭州判官，仍荫宸为中书舍人。　甲申，大学士李东阳以老病乞休，有旨："卿勋德隆重，中外具瞻。比来累引疾乞休，已悉情悃。今四方未靖，戎务方殷，正宜上下同心，共图治理。固欲求去，于义何安？可亟起视事，以慰朕倚注至怀，再不必辞。"

三月丙午朔，授翰林庶吉士王道为应天府教授，道奏乞便养故也。　大学士李东阳等言："顷奉旨经筵日讲供应，令所司预备整理。臣等闻命忻跃，即令讲官预备讲读拱候，经月未蒙宣召，夙夜修省，寝食靡宁。窃惟圣学与君德相关，经史乃政化所出，自古帝王，视为首务。本朝列圣，定有成规，经筵以十日为期，日讲则每日从事。盖欲功无间断，庶几学有光明。伏睹陛下聪明刚健，卓冠群伦，自春宫进学之时，至正德纪元之始，躬亲诵记，默听敷陈，比岁以来，渐殊于旧。臣等或祇承顾命，有常常请出之言，或同被简知，有职专提调之任。陈力不能，已负扶持之责；受直怠事，难逃货器之讥。况外患之未平，岂内修之可缓。用是仰廑万乘，俯愧寸心，数御讲筵，特修故事，使臣等得以开陈讲说，上启宸聪，征圣贤有用之言，保宗社无疆之业。天下幸甚。"不报。　己酉，南京六科给事中毛玉等言："今盗贼纵横，饥馑荐臻，实刘瑾余烈所致，然成瑾之恶者，致仕大学士焦芳、刘宇也。芳、宇立心倾险，制行奸回，任己行私，略无顾忌，假行赏以报恩雠，肆纷更以坏纲纪，排陷忠良，置之必死，援引憸小，立登要津。其子焦黄中、刘仁以传奉而进翰林，刘俸又以拜假父而官锦衣。变科举法，肆毁题名之碑；箝言官口，矫传禁制之敕。互相构扇，养成大恶。瑾既伏诛，其党张彩、杨玉、石文义已就极刑，韩福、韩范已谪戍，曹元、孙聪亦皆削籍。而芳、宇罪浮于群奸，恶憯于逆瑾，未加显戮，仅革散官，何以释众心之怒，垂将来之戒哉！乞明正其罪，以谢天下。"都察院覆请如玉等言，置之于法。得旨："芳、宇已致仕，黄中、仁俸已革职，但置之。"时当道有庇之者，物论甚为不平云。　丁巳，大学士梁储乞休，上曰："卿学行端谨，誉望素隆，朝夕佐理，多效勤劳。宜勉副委托，不允休致。"

戊子，录故太子少保、礼部尚书兼翰林院学士彭华孙师丙为中书舍人。　六科给事中李铎等言："近者御史张琏劾大学士梁储纵子杀人，及储以疾辞，降旨慰留，其何以平天下之政，而服天下之心乎？"十三道御史许凤等亦以为言。诏以储辅导重臣，已慰留之，次据事待镇巡官覆报处置。　辛酉，大学士梁储复上疏乞休，再辞孙宸中书舍人之命，上曰："卿春宫旧臣，文学才行，众论所推，方切委任。况今多事之际，正当共图治理，宜安心供职。梁宸恩荫已有旨矣，不允辞。"　壬戌，监察御史徐文华言："近刘瑾弄权，大学士焦芳附之，更张制科。正德三年廷试毕，工部立石题名，命芳记之，反以更张定制，谓百年未行之令典。臣厕名其间，实深耻之。伏望将芳所撰记文并其石磨灭偃仆，别命儒臣记之。"诏记文已刻，其置之。

四月乙亥朔。　庚辰，改致仕吏部尚书刘机为南京兵部尚书。机营求复起，乃用之南京。　壬午，南京十三道御史周期雍等以京师地震言："逆瑾既诛，海内称庆，而致仕大学士焦芳、刘宇以附瑾流毒，未正其罪，致仕尚书刘大夏、韩文、林瀚、杨守随，故左都御史张敷华，皆罹瑾摈逐，未蒙昭雪。乞将芳等削夺窜殛，大夏等优以恩礼赐之赠谥，以昭国法，以快人心。"下其章于所司。　丁酉，大学士李东阳等上疏曰："伏见去冬以来，京师地震有声，霸州及山、陕、福建、云南等处，相继地震，奏报不绝。窃闻天人相应，理有必然，上下交修，道须两尽。孤卿之任，非诸司比，故周官燮理，不备其人，汉廷策免，亦有故事。臣等或亲承顾命，或特被简存，职在论思，忧惶无地。且如讲筵，圣学所关也，臣等不能尽启沃之功；早朝，政令所出也，臣等不能预侍从之列；宗庙，社稷神灵之所在，至尊严也，臣等不能执奔走之事，而岁时奠献，但遣公侯；宫殿门禁，天子之所居，至深密也，臣等不能知动止之详，而晨昏出入，未闻警跸。凡如此类，不敢尽言。即今帑藏空虚，军民穷困，流移不已，盗贼肆行，江西、四川累岁用兵，山东、河南、南北直隶所至残破，戕害将领，荼毒生灵，侵扰京畿，略无畏忌。盖自创业靖难以来，未尝有此。臣等适当其责，罪无所逃，仰渎威严，伏俟罢黜。尤望渊衷朗悟，如日中天，温习旧闻，日亲经史，视朝飨献，一复旧规。亲信必恭谨之人，委任必忠良之士，严内外出入之防，正堂陛崇卑之分。动息有恒，饮食有节，颐养圣躬，茂隆国本，以上回天意，下结民心，则列圣开创之难，先皇付托之重，可以永保于无无疆之休，惟在圣心一转移之间耳。"疏入，不报。

五月甲辰朔。　己未，升致仕翰林院检讨刘瑞为山西按察司副使，提调学校。　癸酉，刘宇卒。宇字至大，河南钧州人。成化壬辰进士，授上海知县。升御史、瑞州知府、副使、按察使、右佥都御史、副都御史、右都御史，总宣大军务。时瑾专政，宇克边储，首以万金赂之，遂论修边功，赐金帛，荫子为锦衣卫百户。丁卯，召入掌院事，加太子少保。宇恃瑾横恣，御史有所拂，辄鞭朴之。寻升兵部尚书，加太子太傅，转入吏部尚书，加光禄大夫、柱国、少傅，屡授玉带蟒衣之赐。瑾乡人张彩为文选郎中，事皆由彩出，宇充位而已。瑾欲用彩为吏部尚书，乃加宇大学士，入文渊阁仅三日，听以省墓归，越二年卒于家。

闰五月甲戌朔。庚辰，大学士李东阳上疏乞致仕，上曰："先帝顾命，委重于卿，明训具在，其何忍忘。朕也卿才优力称，不惜恳留，正欲补益大政。吏部即往谕此意，可亟出，勿复辞。"丙戌，大学士李东阳上疏又乞休退，上曰："卿连章求退，至情已悉，但时方多事，朕为天下留卿。元臣进退，所关甚大，有疾宜善调摄，其亟出，以副眷怀。"癸巳，令故左庶子张天瑞子拣之于中书舍人习字出身，以东宫讲读恩也。

六月癸卯朔，升翰林院编修孙清为山西按察司副使，提调学校。清不修行检，坐事落职。至是，以钻刺起用，物论大不然之。吏部尚书杨一清对人辄自解曰："此人若不收用，何事不为？"或谓为清之地者，伶人藏贤也。庚辰，大学士李东阳言："臣自五月抱病，三疏乞休，虽报国之心无穷，而趋事之力有限。伏冀矜不能之往咎，贷未死之余生，特许致仕。"上曰："卿累朝元臣，勋德隆重，出处所关不轻。近屡引疾，朕已具悉，特令吏部谕意，恳为天下留。卿宜体至情，勉力以慰人望，慎勿再辞。"

七月壬申朔。庚辰，大学士李东阳以病满三月，例当停俸，吏部为请，上不许，且令吏部谕意，俾亟出视事。壬辰，升南京国子监司业罗钦顺为南京太常寺少卿。庚子，升翰林检讨穆孔晖为南京国子监司业。辛亥，大学士李东阳乞休致，上曰："卿耆德元臣，中外倚重，疾已向痊，宜率先庶职，何事固求退去，似非大臣体国之义。勉为朕起，以慰舆望，勿再辞。"丙辰，致仕南京吏部尚书杨守阯卒。守阯字维立，成化乙酉乡贡第一，戊戌中会试第四人，廷对赐及第第二人，授翰林编修。秩满，会其从兄守随由府丞受诬谪官，守阯亦迁南京侍读。弘治初，召修宪庙实录，寻与经筵，同考会试，进左春坊左谕德，主顺天乡试。乙卯，升侍读学士，主应天乡试，署院事，修玉牒，授庶吉士业。戊午，东宫出阁讲学，充侍班官，寻升南京吏部右侍郎，三年考满，乞省墓。壬戌，至京，复留参总《会典》，书成，迁左侍郎，加俸二级，复旧任。甲子，以疾请老，不许。乙丑，以年至力请，乃进尚书致仕。大学士李东阳复乞休致，上曰："卿茂名清节，海内具知，数恳退休，章数十上，朕已具悉，屡命吏部及鸿胪寺官谕意。今河北盗虽息，而江西、四川用兵未已，朕心忧焉。卿宜亟起共图，乃见爱君体国之义。"

九月癸酉朔。己卯，补荫故太子太保、礼部尚书傅瀚曾孙缨为国子生。丁酉，大学士李东阳等奏："昨奉手敕，直隶、山东、河南、江西等处贼平，内阁官运筹定议，致有成功，李东阳、杨廷和、梁储、费宏各赏银五十两，纻丝四表里，荫子侄一人为锦衣卫世袭正千户。臣等闻命之余，不胜惶汗。窃惟论功行赏者，朝廷之大典；佐令代言者，儒臣之常职。比年以来，各处地震，盗贼蠭起，上廑宵旰，命将出师，寒暑再更，兵食俱困。臣等职居禁近，责在匡持，不能制乱于先几，又不克收功于一旦，旷瘝之咎，实所难辞。幸遇陛下圣武神谟，天人协相，将臣效力，逆党就诛。臣等厚禄高官，安居饱食，甲兵未被，笔舌何功？况武职之官，必由军功除授，岂有徒操文墨，辄可荫及子孙。揆公议以难容,抚私心而自愧。除银币,臣等仰体圣心,所不敢辞,已望阙祗领,其荫子恩典,断不敢受。"得旨:"顷年盗起,小民失业,卿等出谋画策,以致平定,特官一子以酬尔劳,可不必辞。" 戊戌,右春坊右谕德沈焘丁忧服阕,复职。

十月辛丑朔。 甲辰,大学士李东阳等奏:"臣等一再具疏辞免恩荫,未蒙俞允。臣等任非督战,职异典兵,禁近从容,未尝亲与驰驱之苦,文墨议论,安敢冒承矢石之功。皇上虽曲赐宠嘉,臣子宜自知分限。在己既知不可,物议其将谓何。义实未安,事非虚让。设若坚辞而未允,则将引避以自明。伏望俯鉴悃诚,收回纶命,庶少全退让之节,抑以长廉静之风。"命下吏、兵二部议,以群盗酿祸,荼毒生灵,是固仰仗天威,荡平妖孽,而亦由内阁默赞机猷,兹献俘奏凯之时,正论功行赏之日,特赐恩荫,诚不为过。但东阳等连章恳避,实出悃诚,虽圣恩之慰谕益勤,而各官之情词逾迫切。惟录功酬劳者,天子之仁,崇谦执让者,大臣之义。乞鉴其悃情,别赐定处。诏改荫六品文职,令毋再辞。 丁未,大学士李东阳等上疏曰:"伏蒙圣恩,录臣等子侄一人,改荫文职。窃惟群雄肆恶,遍历诸方,出入四五年间,荼毒数千万众,主忧臣辱,安敢辞劳,天佑人归,仅成克捷。即今奸雄甫定,凋瘵未苏,虽同率土之欢,岂免向隅之泣。若燕齐河洛之安靖,以为臣等之功;则陕西、湖广之纵横,复是谁与之过。推恩荫子,诚所未安,且以六品之华阶,何可一朝而骤致。恳乞天恩并收成命,感德受恩,实过于受荫万万矣。"上曰:"朕以卿等劳勋,特荫武臣,坚志不受,今改文秩,可不必辞。"

癸亥,大学士李东阳等上疏曰:"臣等再承恩荫,累具辞章,曲荷纶音,不蒙赐允。若心无所愧,岂敢固违;但理有未安,终当恳诉。窃惟事有常职,故任事者无侵官;恩有常格,故受恩者无愧色。臣等所居之官,论思辅导之职也,目不识兵马之数,耳不闻金鼓之音,足不履行阵之地,身不冒矢石之险。若文书之经由,议论之关涉,与战伐攻击、坐作进止者同功,而例论推恩以及家,是以平居本分之劳,冒格外非常之赏。况臣等或已蒙荫录,不可重沾,或方历岁年,未经久试。扪心揣分,实不能堪。所有前项恩荫,臣等终不敢受,伏望圣明俯从愚请,并收成命,以慰忧惶。"上始许之。 丁卯,大学士杨廷和等辞免加职,上疏曰:"吏部送到誊黄节奉手敕:'连年兵燹,指顾筹画,卿等劳勋实多,荫子一官,以伸朕念。今又恳辞,特允所请。遂各进阶一职,杨廷和加少师兼太子太师、华盖殿大学士,梁储加少傅兼太子太傅、谨身殿大学士,费宏加太子太保、武英殿大学士,余俱仍旧。钦此!'臣等近奉纶音,许辞恩荫,同声庆慰,动色欢欣,以为君臣之间,恩犹父子,有怀必吐,各尽其迫切之情,有愿必从,亦谅其迂愚之志。既自明于心事,或少补于士风,岂意重沐洪恩,并加殊宠,或穹阶之递进,或极品之超升,闻命之余,益增惶惧。臣等俱以菲才缪膺重任,辅导无格心之学,匡持无建议之长,优游官曹,有忝面目。潢池作难,斯亦见赞化之无能;策府论功,又岂敢乘时而冒赏。揆之于理,窃有未安。"上曰:"朕以卿等辅导竭心,谋议裨国,累辞荫叙,特进官阶。宜勉副至怀,毋再辞。" 大学士李东阳辞免兼俸,疏曰:"伏奉手敕:'连年兵燹,卿等指顾筹画,劳勋实多,荫子一官,以伸朕念。今又恳辞,特允所请，遂各加进阶一职，李东阳兼支尚书俸，余俱仍旧。钦此！'臣仰荷圣慈，许辞荫录，转承新命，益切忧惶。窃惟官必量才，固不可以轻与；禄必称事，亦不可以滥给。臣叨居重地，积有岁年，才劣功微，官高禄厚。向以纂修实录，升支正一品俸，继以九年考满，兼支正五品俸。揆之常制，盖已增多。迩者群盗剿平，圣恩覃布，臣既乏谋猷之益，又无战伐之劳，荫子酬功，既非其分，推恩加禄，亦岂能安？况臣自今年五月以来，一向患病在家调理，移兵过省，不闻进止之宜，奏捷还师，不预班行之末。例当住俸，未奉俞音，累乞归田，不沾允命，加以慰留，恩重朝贺，礼殷兹方，勉效驱驰，何意复蒙光宠。又况臣已兼二俸，而使之日益增加，是臣出徼幸会之期，自取贪饕之罪。又况兵荒之后，帑藏空虚，饥民之待哺方深，武职之折银屡阙，虽未能损上而益下，抑亦当益寡以衰多。每欲辞免兼支，少逭尸素，但会衰病已极，亦将不久于官，勉强因循，不敢数烦天听。今乃以一官而兼三职之俸，以百口而食千人之力，则求退而反进，辞少而就多，非徒自失其初心，亦且倍深于往咎。尤望圣明下烛，洞察悃诚，准免兼俸，令臣仍旧供职，使臣得以少淹旦夕，犹或能图报于分毫。"上曰："朕以卿辅导竭心，谋议裨国，累辞荫叙，特命三俸兼支。今又恳辞，姑免大学士俸，可兼支尚书俸，以副至意。" 庚午，令故太常寺少卿兼翰林学士武卫子选中书舍人习字出身。

十一月辛未朔。 己丑，赐礼部左侍郎毛纪父赠礼部左侍郎故母太淑人刘氏祭葬，从其请也。 壬辰，升礼部右侍郎李逊学为左侍郎，南京礼部右侍郎吴俨改礼部右侍郎。 己酉，御史张士隆劾奏："光禄寺卿李良少受学于大学士刘健，当健在位时，良为御史，怙势求荣，因以女许为健孙妇，后良亲殁，载之墓志云：'孙女某，许聘晦庵刘公之孙承学。'此镌之于石，不可磨也。及健去位，遽尔背盟，托言其女疾革，还健聘礼，遂改适举人朱敬。夫义莫重于师，礼莫重于婚，士莫先于廉耻，即良此事，视之人且不可得为，况可为卿在人上乎？宜即罢黜。"于是良不能自安，因养病去，士论快之。 壬子，礼部左侍郎毛纪奔母丧，诏驰驿还。 丙辰，升国子监祭酒王鸿儒为户部右侍郎。 丁卯，少师兼太子太师、吏部尚书、华盖殿大学士李东阳屡以老病乞休，不允。至是，复上疏云："每当具奏乞休，实是哀鸣恳诉，未蒙览察，曲荷涵容，顾在告之辰，岁过其半，素餐旷职，累积愆尤。况今岁暮祫享，不能陪列，正旦朝贺，不能随班，郊坛大祀，不能看牲分献，而深居饱饭，偃仰在床，窀寂不宁，食不下咽。臣之狼狈，实不知所以自处也。伏望许臣休致，则进退之节，庶全始终。"上始可其请。赏银五十两，文绮四袭，荫其侄兆延为中书舍人，仍赐敕曰："朕惟君臣相遇，自古为难，而人臣事君，才德相称，始终一节者，尤难其人。卿资禀神异，慧悟夙成，爰自童年，召见中禁，应对称旨，名动四方，遂以宏博之学，蜚英艺苑。优游常调三十余年，资历既深，闻望弥重。逮我皇考，简自圣心，擢居政府，朝夕献替，便殿之延访，平台之赐问，有怀必吐，无言不从。弘治之政，光于列祖，惟是二三大臣佐理之功，而卿之诚心直道，不激不随，无私无比，尤为皇考所眷注。顾命之际，推诚付托，卿感激知遇，益竭忠勤，事涉忧违，委曲匡救，西鄙戡乱，两河讨贼，庙谟胜算，多所赞画，厘革弊政，率循旧规，乐育人才，明扬善类，代言足以宣朕意，敷奏足以达民情。况文学词翰，独步一时，贯穿古今，精练政务。立朝仅五十年，辅政十有八年，清慎之操，终始不渝。自古大臣兼兹众美者，代不数人。朕仰承先志，图任老成，属时多难，方切倚仗，卿年犹未至，精力有馀，乃以止足为念，动辄引疾乞休。比年以来，章疏十上，每奏愈切，重违雅志，特赐允俞，降敕褒谕。命有司时加存问，岁给与皂隶十名，月馈官廪八石，仍赐白金彩币四袭，荫子侄一人为中书舍人，用表朕怀旧优老、崇德报功之意。於戏！功成名遂身退，卿之自处善矣。乃眷西顾居第伊迩，国有大政，尚将就而问焉。卿其颐养天和，茂膺寿祉，以慰天下之望。故谕。"

正德八年

正月辛未朔。　戊子，荫故太子太保、礼部尚书周经孙元祐于中书舍人习字出身。　己亥，赐少师兼太子太师、吏部尚书、华盖殿大学士杨廷和妻一品夫人喻氏祭二坛，工部营葬，兵部给驿归其丧，有司具斋粮、麻布并如例。

二月庚子朔。　丁未，释奠先师孔子，遣大学士梁储行礼。　己未，录故华盖殿大学士万安曾孙元于中书舍人习字出身，故南京吏部左侍郎李旻子蘩为国子生，皆以春宫讲读恩也。

三月庚午朔。　丁丑，下试监察御史孟洋于狱。洋奏言："文渊阁者，机务所出，尤慎任人。近者大学士李东阳致仕已久，不闻有推补之命。臣见今掌知制诰、礼部尚书靳贵阴狠奸柔，徇私忌物，恐其侧媚贪缘，将求入阁，蠹政病国，殆不可言。大学士梁储屡被论劾，迟留不去，意图身尚在朝，可以弥缝私事。伏望将贵、储并赐罢黜，更推有德望者居之，庶几修政格君，有裨治道。"有旨以洋排陷大臣，命锦衣卫鞫治，寻降为广西府儒学教授。　丙戌，礼部尚书兼翰林学士靳贵上疏请罢黜，且贷孟洋罪，上曰："卿事朕久，具悉素履，宜如前旨，安意供职，毋再辞。洋朝廷自有处。"　戊戌，南京吏部尚书张潆秩满赴京，引疾乞罢，不允。

四月己亥朔。　壬寅，大学士梁储上疏曰："臣生长远方，质薄气弱，老疾之人，而复尸居大臣之位，宜决去者一也。今在内阁同事者，如大学士杨廷和、费宏，皆一时良德，同心辅政，然犹歉然自视，艰于报称。顾如臣者，才德既微，被劾已数，宜决去者二也。又况大臣有过，言官当劾，今孟洋下狱远谪，臣既待罪请留，而天听未回，宜决去者三也。"上曰："卿职居辅导，才德允称，精力有馀，多事之际，方切倚毗，岂可偶因人言，辄自疑沮。宜亟出供职，以副眷注至意，再不必辞。孟洋既有旨矣。"

辛酉，调翰林修撰何瑭为直隶开州同知。瑭不修容仪，常敝衣垢面，至是初进讲，宣读艰涩，几不能终篇，大臣侍傍者皆错愕。讲罢，上大怒，遣中官传谕内阁，欲挞之于廷。大学士杨廷和等委曲申救，乃传旨数其举止不恭，调之外任。　癸亥，调原任翰林编修邵锐为直隶宁国府推官。锐初与焦黄中、刘仁同传奉为翰林庶吉士，有劝令勿就者，锐不纳。后数月，与仁俱授编修。刘瑾败，言者劾之，有旨调外任。至是丁忧服阕，吏部乃拟授云。　甲戌，翰林侍读顾清居忧时升侍读学士，至是服阕，乃拜命。

五月戊戌（戊辰）朔。　辛卯，吏部尚书杨一清以久病乞休，且言嗣男绍芳远在江南，孑然病躯，乃处京邸。上温旨慰留之，仍令有司起送其子来京侍养。

七月丁卯朔。　丙子，升吏部右侍郎蒋冕为本部左侍郎。　丁丑，以应天府乡试，命右春坊右谕德伦文叙、左春坊左中允兼修撰贾咏为考试官。　己丑，升翰林编修温仁和为侍读，仍加俸一级，以九年秩满及尝与修孝庙实录也。　癸巳，荫故礼部右侍郎、掌国子监祭酒事谢铎孙必作为国子生。

八月丙申朔。　丁酉，释奠先师孔子，遣太子太保、礼部尚书兼武英殿大学士费宏行礼。　壬寅，命翰林侍读学士吴一鹏、左春坊左中允刘龙为顺天府乡试考官。　丙辰，升国子监祭酒石珤为南京吏部右侍郎。　己巳，荫赠太子少保、南京礼部尚书江澜子曜为国子生。

九月丙辰（丙寅）朔。　辛未，改南京国子监祭酒王瓒为国子祭酒。　壬午，升翰林侍讲学士吴一鹏为南京国子监祭酒。

十月乙未朔。　癸卯，升翰林院检讨汪伟为南京国子司业。　壬子，荫故南京吏部侍郎杨守阯子茂深为国子生，以东宫讲读恩也。　甲子，湖广道御史余珊言："近大学士杨廷和选留翰林庶吉士许成名等十七人，皆铨注本院编修、检讨。臣惟编修、检讨实兼史职，所任者万世之事，苟非有刘知几所谓才学识三者之长，曷足以堪之？我祖宗虑斯人之难得也，特重兹典，每科选之，宁为过少。盖恐一时滥及，或非其人耳。迩年以来，其法寖弊，取之或止于一地，留之或尽于一科，寒畯之士，虽负豪杰之材，终无以自达，此偏之为害也。今所选留十有七人，其间如孙承恩，如刘朴，如边宪，如费寀，可议者纷如也，何冗滥若此。请敕吏部会内阁覆试，务拔其尤者而留之，或十取三四人焉，或五六人焉，多不过十人而止，余惟随其材器而任使之。自是以后，每科必选，所选不务其多，每选必留，所留宁得其少，初不以一时一地而限量之。如此则立贤无方，扬及侧陋，庶几有真才者出而为国家用矣。"疏入，得旨："各衙门因材授官，自有定规，珊何为不察可否，一概奏扰。"既而承恩等皆上疏辩理，诏令用心供职。

十一月乙丑朔。　癸巳，右谕德兼侍讲伦文叙卒。文叙字伯畴，广东南海人。弘治己未会试、廷试俱第一，授翰林修撰。上登极，充正使，颁朔安南，道闻丧归，服阕至京，充经筵讲官，升右春坊右谕德兼侍讲，与修玉膳（牒）。正德八年，主应天乡试。事竣还京，卒。文叙伟仪度，自少即笃志于学，从郡人张泰游，大有造诣。入翰林，纂述精核，为文典重。其主考并两为会试同考官，所得多一时名士。家居孝友，厚于姻党，人谓其有公辅器，然卒不获大用以没，咸惜之。子以谅、以训相继举进士，以训亦会试第一，官翰林。

十二月乙未朔。　辛未，授翰林庶吉士齐之鸾为刑科给事中。　追赠诚意伯刘基为太师，谥文成。先是，基九世孙处州卫指挥使瑜以赠谥及祠额请。礼部议覆，诏曰："基在国初，运筹帷幄，功比汉之子房，其赐谥如之，额其祠曰翊运。"时部议并及翰林学士承旨宋濂、国子监祭酒宋讷，亦皆赐谥，附祭乡贤祠，濂曰文宪，讷曰文恪。

吏部尚书杨一清议："大臣考满，例应录荫者，所司宜为之请，勿令陈乞以示上恩而励臣节。其已受荫而中科目者，比之病故不同，不得再荫。若东官讲读官，听其身后自陈，仍核年劳浅深，照例荫叙。其侍班官无讲读之劳，但既蒙简充侍从，则酌量三年者，荫子一人为国子生，未三年者不得干请。"上曰："由荫入监而登科者，仍许补荫，余如拟。"

正德九年

正月乙丑朔。 癸未，大学士杨廷和、梁储、费宏以乾清宫灾，上疏自劾，曰："皇上昨以灾故，既下令群臣同加修省，复申敕所司直陈时政，即古昔圣帝明王遇灾而惧之心也。切惟灾变之来，感召有自。皇上嗣登大宝，十年于兹，宽仁爱人，任用贤俊，刑政无失，惠泽覃敷，宜乎景福茂膺，休征协应。夫何近岁以来，灾异叠见，水旱频仍，盗贼纵横，兵戈不息，夷虏侵扰，边境未宁，五星失度，千里飞蝗，陨霜雨雹之非时，地震天鸣之相继，军民困苦，帑藏空虚，人多怨咨，天未悔祸，兹乃复有此变，宗庙震惊，臣民悚惧。圣明在上，何以致之，感召之由，实在臣等。臣等德薄位高，力小任重，陛下有上智之资，而臣等无格心之学，陛下有大有为之志，而臣等无济时之才，议论不足以裨万几之裁决，诚意不足以动九重之聪听，先事既无开陈之益，临时又无匡救之功。瘝旷有年，忧惭无地，若复依违不去，将恐过咎愈深，一时之物议既难苟容，后世之公评岂能终掩。况周官爨理，不备其人，而汉庭策免，亦有故事。伏望俯从宽贷，特赐罢归，别选贤能，以充委任。然消复之道，有赖于圣明，而转移之机，正在于今日。尤望陛下念皇天付托之重，祖宗创业之艰，天下生民仰戴之切，早朝晏罢以延接群臣，深居简出以颐养圣体，九庙之烝尝必亲其事，两宫之孝养必主于诚，经筵勤日讲之御，殿庭复面奏之规，大开言路，通达下情，还兑调边兵以谨外防，革禁中市肆以肃内令，出西僧于外以绝异端，罢皇店之设以通商贾，停止一应工作以惜民力，减免各处织造以节民财，任用正直忠良之士，亲信老成持重之人，夙夜孜孜，图惟治理，将见人心感悦，天意可回。"上不允辞，谕令尽心辅导，所陈如还边兵、革市肆、出西僧，皆不欲厘正。惟皇店欲严禁下人工作织造，命所司条陈缓急来奏，然亦姑取一二事以勉徇所请而已。既而府部大臣尚书刘春等及六科、十三道亦上疏乞罢，俱温旨慰留之。

二月乙未朔。 丁酉，释奠先师孔子，遣大学士杨廷和行礼。 己亥，少师兼太子太师、大学士杨廷和乞休养亲，上曰："卿职司密勿，劳勚著称，岂可因亲为念，遽求休致。不允辞。" 少傅兼太子太傅、大学士梁储奏曰："臣自旧岁以来，曾三次自劾求退，并请治不肖之子，俱未蒙俞允。伏念内阁三臣之中，惟臣年最老，病最多，才最短，辅导最无状，近因灾异策免，以警有位，宜莫有先于臣者。"上亦慰留不允。 太子太保、大学士费宏奏曰："臣以草茅陋质，章句腐儒，误蒙圣恩，擢居内阁，将三年于此矣。学不足以启沃君心，才不足以匡济时务。顷岁以来，阴阳乖错，水旱频仍，人民困穷，盗贼充斥，天下之势，将日入弊坏。臣叨陪辅导之末，与有调和之责，而不能效一得之愚，补毫发之阙，乃徒日费餐钱，岁请俸券。是其报称之功，曾犬马之不如；

而蠹耗之辜，与鼠雀其何异。蹈高踏厚，负愧怀忧，欲退伏田里，以苟免罪戾者，为日久矣。然犹栖迟恋慕，未忍遽去者，诚以陛下覆育生成之恩，如天地，如父母，臣虽未能自效于既往，而庶几图报于将来耳。迩者寝宫罹回禄之灾，上天示仁爱之意，伏见陛下避坐易服，敕谕群臣，省躬思咎，诏告天下，盖宵旰惶惶，惕然有转移之机，而中外欣欣，颙然有太平之望。臣于是益知陛下天资高迈，可以为圣贤之学，可以兴帝王之治。臣愚陋苟简，不能悉心开导以仰神聪明，鞠躬尽瘁以赞治化，尸素之罪，愈不可道。若复随行逐队，冒宠贪荣，虽陛下曲赐优容，不即斥逐，而臣之心亦岂能苟安而无愧耶！臣内自省省，上之既不能匡辅圣德，以自尽其纳诲之诚，下之又不能润泽生民，以少解其倒悬之苦，是犹饰辕之车不足以致远，折足之鼎不足以大烹，陛下亦将焉用之哉！用是俯沥恳诚，仰渎聪听，伏愿悯臣之愚，早赐罢黜，别选英俊，以充任使。庶几弊政可革，灾变可弭，上无累于圣明，下无妨于贤路。"上亦慰留不允。　庚子，上夜微行至教坊司观乐。　礼部以会试请，命大学士梁储、翰林学士毛澄为考试官。　己巳，升南京太仆寺少卿王守仁为南京鸿胪寺卿。　丙午，命掌詹事府事、礼部尚书兼翰林学士靳贵改兼文渊阁大学士，内阁办事。　庚戌，以吏部左侍郎蒋冕兼翰林学士，内阁专管诰敕。　己未，升吏部右侍郎王璟为本部左侍郎，翰林学士毛澄为吏部右侍郎。

癸亥，礼部会试，取中正榜举人霍韬等四百人。先是，都给事中李铎奏欲增取进士，选补州县正官。礼部覆请，乃特增之，后不为例。　升右春坊右赞善兼翰林编修陈霁为南京翰林院侍讲学士。

三月甲子朔。　丙寅，翰林编修刘泉乞养病，许之。　癸酉，命少师兼太子太师、吏部尚书、华盖殿大学士杨廷和，少傅兼太子太傅、吏部尚书、谨身殿大学士梁储，太子太保、户部尚书、武英殿大学士费宏，礼部尚书兼文渊阁大学士靳贵，掌詹事府事、吏部左侍郎兼翰林学士蒋冕，翰林侍读学士顾清，少保兼太子太保、吏部尚书杨一清，户部尚书王琼，太子少保、兵部尚书陆完，刑部尚书张子麟，太子太保、工部尚书李鐩，都察院右都御史石玠、通政司通政使丁凤、大理寺左少卿张祯充殿试读卷官。　己卯，少师兼太子太师、大学士杨廷和奏："臣父春见年七十九岁，旧患痰嗽之疾，臣自弘治十四年离家复任，已经一十四年，屡乞归省，未蒙俞允。近日得父书，称说旧疾转加，念臣甚切。窃惟凡人之情，必心安而后能处其身，志定而后能应于事。臣于居家事亲之道既有所歉于中，则于当官临事之时，必有所不能尽其意，虽夙夜在公，亦复何补？况臣受恩深厚，未报涓埃，而精力未衰，尚堪驱策，岂敢遽求优逸，以至上负圣明。伏望俯察愚情，特赐矜念，容臣暂回省视，少尽菽水之欢，即当依限前来，益图犬马之报。"上曰："卿柱石老臣，参谋机务，倚托方隆，岂可以亲老为念，辄欲归省？其令有司以米三石、羊二只、酒十瓶赐卿父，以申朕优礼之意。"　庚寅，太子少保、南京兵部尚书刘机乞致仕，许之，赐驰驿归，令有司给食米月四石，役夫岁六名。

壬辰，授第一甲进士唐皋为翰林修撰，黄初、蔡昂为编修。

四月甲午朔。　丁酉，复宁府原革护卫及屯田。初，宁府护卫天顺间以宁靖王不法，改为南昌左卫，隶江西都司。正德二年，宁王宸濠贿结刘瑾，矫诏复之。瑾诛，科道以为言，既改正矣。至是，濠复奏："革臣祖护卫，虽英宗一时之旨，而其初设立，实皇祖万世之法。议者徒以英宗诏旨为当遵，而不知太祖典章之不可废。乞斥浮议，断自圣衷，悯臣府中缺人应用，将护卫、屯田皆赐还，以光述圣典。"下兵部详看以闻。尚书陆完因言："宁府护卫，已再裁革，固难议复。但王以太祖高皇帝典章为言，且屯田户部所职，宜会廷臣从公议请。"得旨："护卫、屯田俱准与王，仍以书谕之。"濠未上奏时，密遣人赍金帛数万，遍贿当路，检讨郭维藩闻之，言于编修费寀，以达之大学士费宏。奏既下，完在朝迎谓宏曰："宁王求护卫，可与之否？"宏逆知其意所在，婉词讽之曰："不知革之以何故也？"完厉声言："恐不能不与耳。"宏应之曰："若是，则宏不敢与闻。"及至阁内传文书，内臣卢铭者亦以为言，宏复答之曰："若宁王得遂所图，则我为乡人，顾不可乎？但揆诸事理，非所宜耳。"既而完为覆奏，遂以太祖典章从臾成之，而钱宁又为之奥主，闻宏言，深为濠憾，故决意去宏矣。　改南京吏部尚书张潆为南京兵部尚书，参赞机务。　乙巳，命翰林侍读学士顾清、左春坊左中允兼翰林院修撰贾咏为武举考试官。　丁巳，翰林检讨张衍庆请送幼子还乡，许之。

五月癸丑朔。　乙丑，太子太保、户部尚书兼武英殿大学士费宏致仕。宸濠之请护卫也，为宏所持，权幸受其贿者深衔之，阴求宏事，无所得。有语以御史余珊尝劾其从弟寀者，寀亦尝峻绝濠使，遂潜于上，传旨责宏令自陈状。宏即日具疏求去位，且引咎，其略曰："臣叨荷圣恩，误蒙简拔，备员内阁，参预政机，才识疏庸，既无寸补，而凡举动，苟涉嫌疑，自合深思，早为引避。如臣从弟寀者，其初由进士改庶吉士，虽在臣入阁之先，而其三年已满，除授编修，实在臣入阁之后。兄弟群从，并处清华，每自揣量，甚为过分。言官论劾，未为不公，彼臣亦尝上疏陈情，将寀别调，以塞公议，但当时屡奉诏旨，容寀仍旧。臣上感隆恩，下溺私爱，实未再具恳辞，罪当万死。若非俯念曲全，则臣兄弟将早从罢黜，无地以自容矣。兹者天地父母之恩，犹不忍即加罪责，是陛下之待臣甚厚，而臣之负陛下实多。臣惟知惭感，夫复何言。伏望俯从宽贷，将臣兄弟罢归田里，犹得以沐浴皇泽，咏歌太平，则举家骨肉，所以仰戴覆载育成之恩，宁有穷已耶！"疏入，遂许之，寀亦附批致仕。内阁辅臣责令陈状，盖前此未有者。若去位，亦必累疏而后得请，宏一辞即听其去，惟恐不速，凡恩数旧所有者皆不及，仅给驿而已。朝野闻者，莫不骇之。

六月壬辰朔。　壬子，升翰林编修汪俊为本院侍读，仍加俸二级。初，俊以纂修实录，当升二级，与同官俱以忤瑾改调。瑾诛，复为编修。至是九年秩满，吏部以请，故有是命。

七月壬戌朔。　庚午，荫少师兼太子太师、吏部尚书、华盖殿大学士杨廷和弟廷历为国子生。吏部言廷和升任一品，已历再考，未尝荫子，今欲移及于弟，虽无事例，然其友于之谊，有裨风教。故有是命。

八月辛卯朔。　丙申，致仕南京吏部尚书黄珣卒。珣字廷玺，浙江余姚人。成化辛卯乡试解元，辛丑廷试第二人，授翰林编修，历侍读、右春坊右谕德，莅国子司业事，历升南京国子祭酒。弘治十八年，升南京吏部右侍郎。正德二年，进本部尚书。时逆瑾方任情黜陟大臣，遂传旨令致仕。至是卒，赐祭奠，赐太子少保。珣平易厚重，不存畛畦，为文如其为人云。谥文僖。

九月庚申朔。　庚午，降翰林院编修王思为广东潮州府三河驿丞。时上狎虎被伤，阅月不视朝，群臣无敢言者，思谓同官曰："臣事君犹子事父，父有疾，子不可以不问安，有过不可不谏。"即具疏以上。待命数日，留中不下，但降旨令降远方杂职。前此言事谪官者，内降率有遣责语，至思不然，盖讳也。思史部尚书直曾孙，有节行，耿耿自信，人谓不愧其祖云。　戊子，国子监司业鲁铎乞祭扫，许之。

十一月己未朔。　癸未，升左春坊左中允兼翰林修撰贾咏为南京翰林侍读学士。

十二月己丑朔。　甲寅，荫故内阁大学士丘濬孙郊为尚宝司丞。　丁巳，大学士杨廷和等奏："顷以营建兴工，赐臣等纻丝罗各二表里，白金五十两。闻命之余，惭悚无地。切念臣等任非提督，不与经画之劳；官异职司，未效奔走之力。无功受赏，于心未安。况臣等平时入告之谋，动以节财为说，今日大工之建，方以乏用为忧，乃于兴事之初，遽受殊常之赐，己且内愧，人其谓何。伏望圣意特垂鉴察，收回内帑，以待有功。"不允。

正德十年

正月己未朔。　乙亥，大学士杨廷和等言："自古帝王之治天下，必谨视朝之节，以观视臣民，严宫卫之防，以消弭祸变。我朝列圣，尤致谨于斯。伏睹皇明祖训所载，有曰：'朕以乾清宫为正寝，晚朝毕而入，清晨星存而出，除有疾外，平康之时，不敢怠惰，此所以畏天人而国家所由兴。'盖言视朝之所当谨也。又曰：'凡帝王居安常怀警备，日夜时刻不敢怠慢。虽亲信如骨肉，朝夕相见，犹当警备于心。'盖言宫卫之当谨也。此皆忧深思远、制治保邦之言，圣子神孙所当时时诵读，守为家法者也。恭惟皇上聪明天授，政令之施，动遵祖训。近年以来，朝会庆贺，或至迟暮，其初盖因一时起居违和而然，积习既久，遂以为常。传之外朝，将谓纵耳目之玩，极心志之乐，观德之间，不无惶惑。去岁以来，拣选人马，亲自较阅，盖因一时虏警而然，意在御侮，实非有他。传之天下，皆谓边兵非宿卫之人，禁籞非操练之所，疑似之间，未免惊骇。臣等职居辅导，出入禁闼，虽随事纳规，时有陈请，缘议论不足以发明事体，诚意不足以孚契圣心，尸素有年，愧悚无地。伏望皇上鉴皇祖之训典，察臣等之愚忠，自今以后，夙兴视朝，躬亲祀事。乘清明之气，以裁决万几；竭享献之诚，以昭格九庙。仍选用方直以为侍从，信任老成以为腹心，军士操练必于演武之所，朝夕督励付之将领之官。推恩左右，体悉勤劳。启处以时，庶不有劳于圣体；关防既谨，亦可尽释于群疑。将见圣德日新，天心悦豫，神人胥庆，和气致祥，宗社万万年无疆之休端在此矣。"不报。　戊寅，荫礼部尚书兼翰林学士蒋冕子履坦为国子生。冕先以兄升子履坦为嗣，及以吏部侍郎考满，当荫叙，谓其所生子尚在婴孺，仍请荫履坦焉。

二月己丑朔。　癸卯，礼部尚书刘春以母老乞归，不许。　丁巳，南京国子监祭酒吴一鹏乞致仕，不允。

三月戊午朔。 丙寅，少师兼太子太师、吏部尚书、华盖殿大学士杨廷和上疏言："父春病故，例当守制，及移咨吏部，题奉圣旨，令查内阁辅臣丁忧留用事例。哀苦之际，闻命惊惶。窃谓自丁母忧至今，不得见父者一十四年，累奏归省，荷蒙遣医调治，又令有司存问，感激在心，不敢言私。又时得父手书，欲臣尽心职业，毋负朝廷委任。臣见字画细楷，诲戒谆详，意精力未衰，寿当未艾，而今忽奄逝，恨抱终天。唯得早从礼制，亲视殡葬，庶此心少安。讵意圣情宠眷，令吏部查例留用，臣知该部自能据礼覆奏，陛下幸能以礼全臣。但凭信之情，远系万里，奔丧之念，切在一朝。臣今五十六岁，计守制满日，年才六十，《礼》大夫七十致仕，臣若未即就木，尚有十年堪备任使。是臣以三年报父，以十年报陛下，所谓尽孝之日少，尽忠之日多也。用是不俟吏部查奏，辄敢以情上渎，伏望陛下俯察愚衷，不使臣以哀苦抑郁成疾，岂惟臣心知感，虽父没于九泉，亦知感矣。"上曰："朕以卿春宫旧学，辅导年深，德望才猷，朝野推重。特遵先朝故事，为国留卿任用，宜勉抑内顾私情，以副倚毗至意，所辞不允。" 己巳，礼部奏少师兼太子太师、吏部尚书、华盖殿大学士杨廷和父春卒，请如例赐祭葬，并斋粮五十石，麻布五十匹，仍特遣行人致祭，以示优礼。诏悉从之。大学士杨廷和复具疏乞守制，上曰："再览奏，具悉卿迫切至情，但内阁任重，方赖老成，共图治理。卿宜以体国为念，勿再固辞。" 壬申，大学士杨廷和言："比者再疏守制，荷皇上悉臣迫切之情，见于省览之下，载念责任之重，假以老成之褒。切念入仕以来，服膺先臣之训誓，以报国为心，况遭际圣明，宠眷优渥，援引故事，勉留再三，心非木石，敢忘报称。但臣兄弟六人，臣为长子，先臣之丧，臣当主祭送终之礼，人子大事，少有缺失，不可复补，身为长子而不思主祭之职，当此大事而有缺失之悔，言念至此，肝肠寸裂。凡人之情，必志定而后能处其身，心安而后能审于事。臣今形神俱丧，心志荒迷，万一临事眩惑，不惟上负陛下图治之心，抑且自负臣体国之念。况既已悉臣迫切之情，忍使臣日夕西向，抱痛不已，郁而不伸，将为心病乎？"上曰："卿累乞守制，情苦词切，今暂准奔丧，写敕给驿，遣行人一员护送，葬毕即来供职，以副委任。卿弟杨廷仪，亦令驰驿去。" 乙酉，吏部右侍郎毛澄疏言："当考察之期，臣佐铨部，辩别贤否，实非其人，乞罢。"上谓澄学行老成，不允休致，令仍旧用心供职。

四月戊子朔。 壬辰，掌詹事府事、礼部尚书兼翰林学士蒋冕以当考察之期，上疏乞罢，上不允，曰："卿学行老成，誉望素著，宜如旧供职。" 癸巳，太子太保、户部尚书兼武英殿大学士靳贵以考察之期，上疏乞罢，上不允，曰："卿厚德重望，简在朕心，方赖嘉猷，共图治理，岂可辄自求退！" 辛丑，致仕礼部尚书傅珪卒，给祭葬如例。 己巳，升南京国子祭酒吴一鹏为南京太常寺卿。 庚戌，升国子司业鲁铎为南京国子监祭酒。 甲寅，升翰林院编修黄澜为国子监司业。

闰四月戊午朔。 辛酉，命吏部尚书杨一清兼武英殿大学士，入内阁供事。 癸亥，吏部尚书杨一清言："累朝简用内阁，皆翰林馆阁之英，经闱春宫之旧，其自别衙门进者，仅有李贤、薛瑄，盖极一时之选。近年援此滥及，士林以为訾议。今如臣者，论才行既非前李贤、薛瑄之伦,语学术又出今刘春、蒋冕之下,顾使处非其据,必至自贻罪愆。"疏入,温旨令亟供职,不必固让。 丙寅,吏部尚书杨一清再辞内阁新命,不许。 丁卯,南京兵部尚书张溱乞罢,报曰:"卿年劳才望,士论推先,而累疏乞休,今勉从所请,以遂高致。仍加太子少傅,赐敕给驿归,有司给食米月四石,役夫岁四名。" 致仕大学士焦芳投疏乞辩雪,下吏部看详以闻,吏科驳之,且历疏其罪恶。于是吏部覆奏谓:"芳当刘瑾用事时,首先附和,凡蠹政乱法,黩货淫刑,援引憸邪,排陷忠良,一切欺君误国之事,瑾意所欲而未发,与所欲为而未敢者,倡引助成,无所不至。故瑾凶焰日张,余烈犹在。又以其子黄中传奉要阶。瑾既诛,两京科道屡疏论劾,皆欲治以奸党,明正典刑,荷蒙宽贷,止革散官,犹得致仕,黄中当连坐,亦止为民。中外臣民,方切痛恨,而芳不知悔感,顾妄奏辩,殆鬼神震怒,驱令就诛也。乞将芳父子械系法司,彰天讨之公,雪人心之愤,为万世奸臣之戒。"得旨已之。时黄中挟重货入京,图复官,以公论不容,乃潜去。

五月丁亥朔。 壬辰,升礼部左侍郎李逊学为南京礼部尚书。 戊戌,改服阕礼部左侍郎毛纪为吏部左侍郎,升礼部右侍郎吴俨为本部左侍郎,改南京吏部右侍郎石珤为礼部右侍郎。 壬寅,复荫故礼部尚书兼翰林学士彭华次子勉肇为国子生。先是,华嫡孙师丙已荫为中书舍人。至是,勉肇复援春宫讲读恩例乞荫,特与之。 丁未,升南京太常寺少卿罗钦顺为南京吏部右侍郎。 壬子,升翰林院检讨张邦奇为湖广按察司副使,提调学校。

六月丙辰朔。 己巳,荫故吏部左侍郎张元祯孙默为国子生。元祯孙鳌既荫为中书舍人,至是复以其祖三品秩满再得荫。 辛未,大学士梁储等言:"日者窃闻圣驾自西安门出外,经宿而回,不知临幸何所。臣等初闻,未敢遽信,既而道路相传,众口籍籍,使臣等心志忧惶,神魂飞越,展转思惟,莫知所处。窃惟天子出入,必备法驾,必传警跸,卫士环列,百官扈从,所以严至尊之分,而防意外之虞也。且如南郊大祀,不过一宿,虎贲之族,鹰扬之将,周旋左右,而直庐供卫,官军万余,警柝之声,夜以达旦。至于皇城各门,又令勋戚守把。祖宗之法,至为详备。今圣驾之出,不知环卫者何兵,扈从者何人,居守者何官,文武群臣,茫不与闻。若徒无故轻身而出,率意而往,扰扰尘埃中,万一车马惊蹶之虞,奸盗窃发之变,出于意料之所不及,未知何以备之。虽天神协相,决无是事,而臣等私忧过计,实切寒心。夫千金之子,尚不肯垂堂而坐,陛下一身乃宗庙社稷之主,纵不为身惜,独不为宗庙社稷计乎?仰惟圣性高明,天资英迈,洞烛天下之事,已非一日,必不轻议举动,窃恐左右群小,贡谀希宠,倡引事端,蛊惑聪听。陛下偶未深思而遽从之,上累圣德,下骇人心,凡此导引之人,其罪殆不容诛。但事在秘密,非臣等所知,不敢妄有指议。伏望陛下念祖宗付托之重,体臣民瞻戴之情,自今以后,端拱穆清以保威重,节宣劳逸以颐天和,严内外出入之防,正堂陛尊卑之分,戒非时之宴游,屏无益之玩好。仍乞查究导引出入之人,置之于法,以彰刚断之德,以解臣民之疑。宗社幸甚,天下幸甚!臣等备员辅导,平时既不能调护圣躬,弼亮治理,兹有所闻,若复避忌不言,则欺君负国之罪,死不足赎。倘以为所闻不的,冒干天威,明示黜罚,不敢辞避。"不报。

八月乙卯朔。　丁巳，释奠先师孔子，命大学士杨一清行礼。　丁卯，升吏部左侍郎毛纪为礼部尚书。　癸酉，升吏部右侍郎毛澄为本部左侍郎。　荫致仕南京兵部尚书刘机子光于中书舍人习字出身，以机援例陈乞也。

九月甲申朔。　庚寅，巡抚云南右都御史王懋中言四事，其一致仕大学士谢迁、李东阳、王鏊、刘忠，尚书刘大夏、韩文，都御史李士实、林俊，宜起用咨访政事，委托机务。诏责其泛言滥举，令具实自陈。　己亥，大学士杨廷和以父丧奏乞终制，曰："本年八月初一日，少监秦用奉玺书宣谕圣意，趣臣还朝，复敕四川镇巡三司等官勤谕。臣闻命之余，神魂惊怛。窃思臣在京时，以三月一日闻先臣之忧，荷蒙圣眷，特举先朝故事，慰谕勉留。臣屡疏陈请，敕许奔丧，仍遣行人护送，遂于本月十九日启行，闰四月十七日到家。岂意启行方两月，而诏旨即下，到家仅三月，而敕使随至。枕块而承自天之恩，越绋以拜如丝之命，宠光赫奕，远迩惊传。顾臣何人，有此荣遇。恋阙之情甚切，陟岵之痛方深。伏念臣出仕颇早，缺养最多，屡陈归省之章，辄为职司所系，既莫逭于往事，将少赎于将来。况人生大伦，君父最重，辅臣举措，风化所关，亲丧不能自尽，不可以为子，礼义或有少忽，不可以范俗。见今耆旧在位，忠贤满朝，闻望谋猷，皆出臣右。臣若以庸劣之才，籍故事为口实，当太平之世，袭金革之变礼，已且内愧，人其谓何。伏望矜悯，召还命使，俾情事得伸于丧纪，庶举措少补于士风。且隙驹之景易过，而犬马之齿未衰。禫礼既成，或尚存于视息；厚恩未报，敢久滞于山林。誓毕馀生，勉图后效，鞠躬尽瘁，更复何辞。"上曰："朕以卿辅导元臣，忠勤久著，特差敕使守取，速来供职。卿宜体朕至意，即日就道，再不必辞。"

十一月癸未朔。　丙戌，荫故大学士徐溥孙文烨为国子生。　甲辰，大学士梁储等言："内阁并东阁所藏书籍，年岁既久，残缺颇多，必须专官管理，方可次第修补。诰敕房办事中书舍人胡颐、序班刘伟，俱堪委用，宜令颐仍旧职，伟改典籍，同原管主事李继先管理前项书籍。臣等仍督令逐一查对，奏请裁处。"从之。由是其书为继先等所盗，亡失者多矣。　丙午，升翰林编修赵永为本院侍读，以九年秩满也。

十二月癸丑朔，升翰林编修李时为本院侍读，以九年秩满也。　戊辰，复除服阕山西按察司副使刘瑞于浙江，提调学校。　己卯，致仕南京太常寺卿张芮卒。芮字文卿，平阳府安邑人。成化戊戌进士，改翰林庶吉士，授检讨。弘治初，预修宪庙实录洎《大明会典》。正德初，复预修孝庙实录，历升修撰、侍讲学士，以忧归。所居近河东运司，盐商有互讦者，词连芮。时刘瑾方欲以事裁抑儒臣，遂坐累出为镇江府同知，再谪两淮盐运司副使，稍迁处州府同知。瑾诛，始入为南京尚宝司卿，进太常寺卿，致仕，卒。芮为人朴实，其处僚友无忮害心，在其同年中最为平易。然性嗜酒，终日酣酗，于种学绩文之事，或非所好。论者以为于学士之职，盖未称云。

正德十一年

二月壬子朔。　丁巳，释奠先师孔子，遣大学士梁储行礼。　壬申，先是，内官监左少监秦用，赍敕起丁忧少师兼太子太师、吏部尚书、华盖殿大学士杨廷和夺情供职。

至是，廷和上疏终制，上曰："卿孝思纯至，固乞终制，览奏良用恻然，今勉从所请。其令原遣内臣先还，待服阕，仍令镇抚诸臣敦遣来京，以副委任。"

三月壬午朔。　丁亥，荫致仕大学士王鏊子延喆为中书舍人。　丁酉，礼部右（左）侍郎吴俨以疾乞致仕，上曰："俨学行优长，有疾宜善调理，不允。"

四月壬子朔。　己未，掌詹事府事、礼部尚书兼翰林学士蒋冕以灾异自劾求退，上曰："卿学行素优，典司诰敕。今上天垂戒，正宜同加修省，以副委任至意，不允辞。"

大学士梁储等言："臣等误蒙皇上简入内阁，与闻机政，官跻一品，位列三孤。窃自思之，以学术则不足以代王言，以谋猷则不足以裨国论，徒冒辅导之名，全无启沃之效。况国家之大本未立，中外之疵政尤多，有司之征敛益繁，生民之困苦已极。凡若此类，臣等虽知之而不能言，言之而不能尽，迹其不职之罪，当罢无疑。又况冬无瑞雪，春有风霾，小雨初零，随即晴霁，祈请虽切，甘霖未降，今二麦已枯，五谷未种，灾害叠见，边报屡至。若使雨再愆期，年更荒歉，则将来可忧之祸，殆有不可胜言者。伏望皇上深思天戒，即将臣等罢归田里，别选天下才贤入阁办事，天下之事必将尚有可为者。若复顾惜优容，待事变已极，然后改图用贤，则不惟无益于事，而臣等之获罪于公论益又深矣。惟圣明在上，垂察而曲成之。盖臣一退之后，既可以少逭乎罪愆，而群贤汇进之初，必有以大毗乎新政，是不惟臣等之幸，而亦天下之大幸也。"得旨："上天示戒，正宜交修。卿等职居辅导，调元赞化，以裨政治，岂可自引求退。所辞不允，其安心办事。"　甲子，授翰林庶吉士王元正为本院检讨。　乙亥，翰林侍读温仁和丁忧服阕，复职。　补荫礼部右侍郎兼少詹事萨琦孙世荣为国子生。

五月辛巳朔。　壬午，礼部尚书毛纪以灾异求去位，上曰："卿职掌邦礼，学行素著，宜用心供职，以副委任，毋再辞。"　辛卯，礼部右侍郎石珤上疏言："去冬以来，四郊无雪，一月之间，两明继食，束作之始，风霾辄兴，小民无知，相视惊泅。皇上体念天心，哀闵元元，敬慎圣躬，协于神明，申令廷臣，同加修省，禹汤之罪，已不是过也。自下诏迄今又累旬月，雨师屯膏，旱魃肆威，狂飙震怒，不悔于昔，霾瞳萎暧，无日无之，畿辅地方，视远滋甚，河南北数郡，树无完肤，人民相食，天之谴怒不息，何以至此。昔者冤妇释而东海之雨作，楚狱雪而钟离之澍降，刘昆之火，灭于反风，金縢之禾，起于既仆。岂臣下奉宣德意，通达下情，容有未尽，何其感通之机窒而不行也。臣备员秩宗，不能少赞礼乐，以召神人之和，节刚柔之气，旷官窃禄，罪加夷等。灾异不息，咎实在臣，乞赐归田里。"诏曰："珤学行老成，不允辞。"　升翰林侍读学士顾清为詹事府少詹事兼翰林学士，侍读朱希周、汪俊为侍读学士，左春坊左中允刘龙、李廷相为侍讲学士，侍讲顾鼎臣、侍读温仁和、董玘为左春坊左谕德兼侍读，侍读赵永、李时为右春坊右谕德兼侍讲，修撰滕霄为司经局洗马兼编修。时内阁以翰林春坊多缺员，推年资深者十一人以上，故有是命。　乙巳，赠南京吏部尚书黄珣太子少保，以其子文瑞陈乞也。吏部言珣官阶虽至二品，而历任未久，建白无闻。诏特予之。

七月庚辰朔。　甲申，命翰林侍讲学士李廷相、左春坊左谕德兼翰林侍读温仁和为应天府乡试考官。　乙酉，翰林编修孙绍祖乞给假，并葬其兄检讨绍先，许之。　己亥，致仕特进光禄大夫、左柱国、少师兼太子太师、吏部尚书、华盖殿大学士李东阳卒。东阳字宾之，先世本湖广茶陵人，以戎籍居京师。生四岁能作径尺大书，景皇召见，抱置膝上，且试之书，赐果及钞。六岁、八岁，两召见试对。偶讲《书》大义称旨，赐皆如初，命肄业京学。年十六，举乡试。十八，登进士，改翰林庶吉士，授编修。秩满，迁侍讲。秩再满，迁侍讲学士，寻侍东宫讲读。丁内艰，弘治二年服阕，以从龙恩，迁春坊左庶子，仍兼侍讲学士。四年，宪庙实录成，迁太常少卿，兼官如故。七年，大学士徐溥等奏文臣诰敕，当如旧专官撰拟，遂擢礼部右侍郎兼侍读学士，以领其事。寻被命兼文渊阁大学士，参与机务。十一年，进太子少保、礼部尚书。十六年，进太子太保、户部尚书，改谨身殿大学士。武宗即位，进少傅兼太子太傅，寻加少师兼太子太师、吏部尚书、华盖殿大学士。正德七年，累疏恳辞致仕，至是卒。讣闻，上辍朝一日，祭葬如例，仍赐米布五十石匹，新钞万贯，赠太师，谥文正。东阳在翰林以文学名，前辈或忌之，迁侍讲学士数年，始与经筵，然不以为意也。尝大旱应诏陈言，剖析《孟子》中语切治道者数条，附以时政得失为献，孝庙甚纳之。既入阁，不时召对，遇事多所规益。末年受顾命，缕缕数百言，东阳感激思报。正德初，群小坏政，遂与同官刘健、谢迁条陈十事，指斥贵近，言甚剀切。因自劾求退，健、迁皆罢，而东阳独留。命下，据案涕泣，连疏乞归不许。于是刘瑾威权日盛，狎视公卿，惟见东阳则改容起敬。时焦芳与东阳同官，又助瑾煽虐，东阳随事弥缝，去其太甚。或疏论廷辩，无所避忌，所以解纡调剂、潜消默夺之功居多，否则衣冠之祸，不知何所极也。或者乃以其依违隐忍、不即决去非之，过矣。所著有《怀麓堂前后续稿》百余卷，凡朝廷诏册谥议诸大制作，多出其手。诗篇碑板，传播四裔，虽字书小技，亦精绝逼古，人罕及之。

辛丑，荫故翰林侍讲、赠学士刘球孙祚为国子生。初，祚弟祠已荫为通政司知事，至是祚复陈乞，诏特许之。

八月庚戌朔。　癸丑，大学士杨一清引疾乞休，不许。　丁巳，释奠先师孔子，遣大学士靳贵行礼。　甲子，少傅兼太子太傅、吏部尚书、武英殿大学士杨一清乞致仕，许之，令乘传归，有司给食米月六石，役夫岁六人。一清始与朱宁厚，其后独上一疏论时事，言甚剀切，中有"谗言可以惑圣聪，匹夫可以摇国是"二语，不悦一清者遂以告宁，谓其言为宁而发也。宁衔之，一清乃不安于位而去。　丁丑，命掌詹事府事、礼部尚书兼翰林学士蒋冕兼文渊阁大学士，内阁办事。冕具疏辞曰："内阁之臣，有股肱辅导之责，君德资其涵养，化机倚之赞襄，必端毅足以镇浮，明达足以成务，文能适用，道足匡时，然后上副圣天子之知，下答士大夫之望。如臣者赋性庸劣，遭时亨嘉，久叨法从，未能随事纳忠。尝贰铨衡，不过因人成事，徒以积资累考，遂尔冒宠徼荣。甫叨学士之兼官，遽辱秩宗之峻擢。禄厚而务简，位崇而报微。方咎怨之是虞，何诞登之敢望。岂意厕名荐剡，滥被恩纶，俾兼大学士之华阶，处以文渊阁之重地。熟自揣量，分当辞避，伏乞追寝成命。"上曰："卿文学纯深，操存端慎，内阁之任，舆论攸归。宜即遵命供职，以副简用至意，所辞不允。"

九月己卯朔。　丁亥，荫故南京吏部尚书黄珣子文瑞为国子生。　命礼部尚书毛纪兼翰林学士，专管诰敕，仍掌詹事府事。　甲午，荫故大学士彭时孙秉锐于中书舍人习字出身。　丁酉，升礼部左侍郎吴俨为南京礼〔部〕尚书。

十月己酉朔。　壬子，升南京翰林侍读学士贾咏为南京国子监祭酒。　甲子，升翰林院编修翟銮为本院侍读，以九年秩满也。　辛未，改服阕南京国子监司业穆孔晖为国子监司业。

十一月戊寅朔。　庚辰，准荫国初弘文馆大学士罗复仁曾孙兴为国子生。复仁吉水人，洪武初为弘文馆大学士。至是，兴累奏乞恩荫，吏部议复仁事在国初，文卷已无可考。况有定例，弘治十年以前病故者，不许滥及，兴奏不宜许。诏特予焉。

十二月丁未朔。　丁巳，荫太子太保、礼部尚书兼武英殿大学士靳贵子懋〔仁〕为国子生，以三年考满也。　丁卯，升翰林编修景旸为国子监司业。　戊辰，升翰林编修崔铣为本院侍读，以九年秩满也。

正德十二年

正月丁丑朔。　己丑，大祀天地于南郊。礼甫毕，车驾遂幸南海子。黎明，文武诸大臣追从之，上方纵猎，门闭不得入。晡时传旨，令诸大臣先还候于承天门，夜半驾始入御奉天殿，群臣行庆成礼。明日，以獐麂狍兔分赐府部大臣、翰林五品以上及科道官。初，上时出微行，犹讳之。至是特宣谕外庭，无敢力争者。旬日间，再猎南海子。西北巡边之行，自此始矣。　癸卯，荫大学士杨士奇曾孙宗明为国子生。宗明奏乞荫，吏部议士奇虽有功累朝，其子及孙已三被恩荫，不宜许。上念士奇功，特与之。

二月丁未朔，释奠先师孔子，遣大学士蒋冕行礼。　辛亥，命太子太保、户部尚书兼武英殿大学士靳贵、詹事府少詹事兼翰林学士顾清为会试考官。　辛酉，左春坊左谕德兼翰林侍读董玘请给假省亲，许之，令乘传归。　甲戌，礼部会试，取中正榜举人伦以训等三百五十名。　遣行人刘翀往四川趣少师兼太子太师、吏部尚书、华盖殿大学士杨廷和赴京供职，且赐廷和敕曰："卿宏才重德，朝廷倚重。自守制以来，朕六发纶音，三降玺书，既差行人，复遣内侍，仍责之守臣，冀卿还朝，用慰朝野之望。顾卿守经据礼，未肯幡然就道，不知先朝辅臣，遭罹家疚，其所以报答恩遇，亦皆如此否邪？今再降玺书，遣行人谕意，计行人到日，已属卿释服之期。卿宜上体朕惓惓眷顾之心，下体尔先人平生教子移忠之志，即日起程，勿更迟延。重孤倚注，卿宜深体之，毋忽。故谕。"

三月丙子朔。　辛巳，荫故礼部尚书兼翰林学士吴宽孙仁为国子生。宽尝荫子奂，未仕而卒。至是仁请补荫，许之。　丙戌，翰林编修许成名疏乞归省，许之。　丁亥，荫故礼部右侍郎李绍孙钟为国子生。　己丑，命少师兼太子大师、吏部尚书、华盖殿大学士梁储，太子太保、户部尚书、武英殿大学士靳贵，礼部尚书兼文渊阁大学士蒋冕，礼部尚书兼翰林学士、掌詹事府事毛纪，太子太保、吏部尚书陆完，太子少保、户部尚书石玠，少保兼太子太保、兵部尚书王琼，太子少保、刑部尚书张子麟，太子少保、工部尚书李镃，都察院右都御史王璟，掌通政使司事、礼部尚书李诰，大理卿陈恪、翰林侍读学士朱希周、侍讲学士刘龙充殿试读卷官。　丁酉，焦芳卒。芳字孟阳，河南泌阳人。天顺甲申进士，改翰林庶吉士，授编修。历升侍讲学士，降湖广桂阳州同知。升山西霍州知州，四川提学副使，调湖广。升南京右通政，以忧去，服阕，复除本司右通政，再以忧去，服阕，改太常少卿兼翰林侍讲学士。升礼部右侍郎，转左，改吏部，升尚书。寻加少傅兼太子太傅、谨身殿大学士，吏部尚书如故。芳虽居翰林，素寡学，性复凶险，惟事阿附以图进取。始比尹旻父子，尹败坐谪。其为吏部尚书时，值正德初元，逆瑾等号八党，方以盘乐导上，内阁九卿率百僚伏阙固争，将除之。芳潜通于瑾，得先为之地，由是大学士刘健、谢迁，尚书韩文、杨守随，相继得罪以去，八党势益张，瑾遂擅政，引芳入阁，表里为奸。凡瑾之变易成宪，浊乱海内，欲以淫刑密网，杜塞言路，威虐军民，皆芳导之。芳为孝庙实录总裁官，笔削任意，尤恶江西人士，一时先正名卿，无不肆丑诋，以快其私忿。所书多矫诬不根，往往授意所厚段炅辈使笔之，挟瑾威以箝众口，同官避祸，皆莫敢窜定一字。其子黄中尤狂诞恣睢，会试初中式，芳必欲处以魁选，廷试策稿出，郎中刘武臣传付，黄中既弗获如愿，芳以为诸执事官抑之。其后瑾以扩充政事为名，改编修顾清等二十余人为部属，亦出芳意。累科录策止一甲三人，芳请并黄中与第三甲第一人胡缵宗策俱录之，遂授黄中翰林检讨，缵宗及刘宇之子仁等六七人俱传奉为庶吉士。黄中寻升编修，逾年复升侍读，超躐资序，皆前此所未有也。芳既狠戾，黄中又以恶济之，故毒螫滋甚。时土官岑濬所没入家口，当给赐大臣，芳闻濬妾有殊色，求瑾得之嬖，甚与妻反目，至持环刀欲杀之，后病卧，黄中与乱，父子麀渎，秽不可闻。芳为吏部时，郎中张彩与瑾同乡，有才辨，芳力荐之，不数年代为尚书，欲以媚瑾，且藉为奸利，彩德之言辄听，久而渐厌苦之，时为异同，由是有隙。段炅亦瑾乡人，险薄士也。初为芳心腹，既而见其势衰，转附彩，尽发芳阴事，互构于瑾。瑾大怒，芳惧，乃乞致仕去。瑾伏诛，科道交劾芳父子党逆，请正法，皆褫职为民，一时公议犹愤惋以为失刑。后大盗赵镃流劫河南，入泌阳，黄中先输辇其积以遁，镃遍掘芳所居地，得金帛无算，芳仅以身免。又尽发芳先冢，毁其遗骸无余，憾犹未释，取芳衣冠被庭树，面缚如首罪状，历数其恶，厉声曰："尔当万死。"命剑士剚之，白刃交下，糜尽乃已，且曰："使吾得手诛此贼以谢天下，死不恨矣。"议者谓盗贼犹知疾恶云。　甲辰，授一甲进士舒芬为翰林修撰，伦以训、崔桐为编修。　选进士汪佃、余承勋、黄易、江晖、王廷陈、汪应轸、刘世盛、曹怀、储昱、叶桂章、叶式、马汝骥、汪思、王三锡、史于光、陈沂、邝灏、史道、刘穆、杨士云、张星、廖晔、萧与成、林时、郑自璧、刘世扬、曹嘉、阎闳、季方、汤惟学、黎贯、席春、王邦瑞、许宗鲁三十四人，改为翰林院庶吉士，同舒芬、伦以训、崔桐读书，命掌詹事府礼部尚书兼翰林学士毛纪、少詹事兼学士顾清教之。

四月丙午朔。　辛亥，翰林侍读崔铣乞归养病，许之。　壬子，礼部尚书李逊学以病乞致仕，诏："卿学行老成，才望素著，岂可以疾乞休，所辞不允。"　太子太保、户部尚书兼武英殿大学士靳贵以被劾乞休致，许之，赐之敕曰："卿自翰林已负公辅之望,先皇简拔,侍朕春宫,讲读心劳,良多启沃。朕嗣统以来,擢贰春官,旋佐铨部,以儒饰吏,历试皆宜,敷言允谐。简居秘阁,典司纶命,遂与政机。方切倚任,共图治理,顾以微疾累疏求退,慰留再四,祈请益坚。乃勉徇高情,暂令还家调理,爰给舟车送至乡邑,命有司月给食米五石,岁拨人夫六名应用,仍时加存问。再荫子懋仁为中书舍人,以延世泽。其尚勉进药食,颐养天和,凡有可以利国庇民者,毋惜指陈,以称朝廷今日所以礼貌大臣之意。卿其念之勉之。”　　甲寅,翰林检讨郭维藩乞归省,许之。　　庚午,南京翰林侍讲学士陈霁丁忧服阕,改翰林院侍讲学士。

五月乙亥朔。　　丙子,命礼部尚书兼翰林学士毛纪兼东阁大学士,内阁办事。　　戊寅,礼部尚书兼翰林学士毛纪以被内阁之命,乃上疏曰:“窃惟内阁乃密勿之地,大学士实辅导之官,必得其人,斯可以任之。臣本疏愚,蚤入词林,志虽勉于操修,功罔得于问学,史馆溷编摩之选,青宫尘讲读之班,累秩礼曹,转司诰敕,近蒙俞旨,复兼教书。历官虽三十余年,劳迹实无分寸可录。方怀深惧,顾荷殊恩,加以阁学之衔,俾处论思之地,宠荣逾分,感愧交并。今才俊满朝,必有副陛下侧席之求者,第臣匪其人,而处匪其任,不几于负圣明之知,玷贤硕之列邪! 矧值此多事之时,正慎于用人之际,如臣暗劣,诚非所宜。设使冒然居之,必至旷废厥职,上无以仰答恩私,下不能赞襄时务,则亦奚用臣为? 伏望圣慈俯鉴愚衷,收回成命,别选贤能,以充简任。”上曰:“卿学术纯正,行检端慎,朕特从舆论,简入内阁供事。成命已下,所辞不允。”　　壬辰,以山西岢岚并辽东开原等处斩虏功及四川盗息,赏内阁大学士梁储、蒋冕、毛纪各银五十两,彩段二表里,储、冕仍荫子侄一人为锦衣卫世袭正千户。于是储、冕上辞曰:“窃惟论功行赏,固朝廷之大恩,而无功冒赏,亦臣子之大戾。比年以来,宣大屡被虏贼侵犯,去年七月,虏自白羊口进入腹里数百里内,生灵痛遭荼毒,辽东并甘肃等处地方,亦各连年失事,损军折将,而四川筠连等处,土民因与边夷争占田土,互相杀害,致使邻近人民,横罹锋刃。仰赖皇上英明神武,仁覆天下,以故天心助顺,将士效力,边陲境土,稍获安宁。臣叨居内阁,曾无寸补,陛下不责其瘝官旷职之罪,幸已多矣,况此骈蕃之银币,非分之恩荫,臣等又安敢冒昧登受,以重招物议也哉! 又况我祖宗之制,武阶世袭,必由军功。近时文臣子孙,虽尝有受荫为锦衣卫千百户者,然或因提督军务,与将帅同事,或因职掌兵戎,运筹画策,厥功可录者,乃间有之。固未闻文墨供奉之官,而可与督兵本兵同受军功荫赏。此臣等所以揣心知分,不敢冒昧登受者也。伏望圣明收回恩命,俾臣等得以稍安职分,照旧供事,不然则物议沸腾,旧职且不能保,陛下亦将焉用之哉!”诏曰:“卿等忠诚体国,朕所倚毗,特加赏荫,以酬劳绩。而乃具疏辞免,情词恳切,今勉从所请,准辞世荫武职,其银两、表里不必辞。吏部仍查改荫文职例以闻。”已而荫储子为尚宝司丞,冕子中书舍人。又辞,乃以储子次揆为中书舍人,冕子于中书舍人习字出身。纪亦辞赏,不允。　　庚子,补荫礼部尚书兼翰林学士彭华孙师旦为国子生。华所荫子勉敷故,以次子勉敬补荫,既而中顺天乡试,师旦复援例陈乞,许之。

六月乙巳朔。　　丙辰,命礼部左侍郎石珤兼翰林学士,教庶吉士。　　壬戌,升吏部左侍郎毛澄为礼部尚书。 戊辰，升吏部右侍郎王鸿儒为本部左侍郎，工部右侍郎廖纪为吏部右侍郎，礼部右侍郎王瓒为本部左〔侍郎〕，詹事府少詹事兼翰林学士顾清为礼部右侍郎。 己巳，命礼部尚书李逊学掌管詹事府事，兼教庶吉士。 辛未，翰林编修张潮乞假送母还乡，许之。

七月乙亥朔。 甲申，敕加礼部尚书兼文渊阁大学士蒋冕太子太傅兼武英殿大学士，礼部尚书兼东阁大学士毛纪太子太保兼文渊阁大学士。于是冕辞曰："皇上以六曹诸臣，多陟宫、保，而臣叨官内阁，每遇常朝，立班顾居六曹之下，又以内阁既有师臣矣，而保、傅之臣尚缺而不备，故一时误恩滥以及臣，俾之充位。惟是保、傅之官，在文职实为一品，非巨勋硕德，岂宜轻畀？臣实何人，乃敢当此。且臣以庸劣备员内阁，已非所堪，今复侥逾超登储傅，且又升华殿崲，德薄位崇，力小任重，自犹知其不可，人岂谓之当然。伏望皇上察臣子由衷之请，施天地从欲之仁，与其绩用弗成，然后纳之谴责之中，孰若罪戾未深，姑且措之安全之地，收还新命，俾守旧官，则臣之感戴，当不异于承恩荷宠之日矣。"上曰："朕以卿春坊旧学，内阁良臣，特加宫、傅之衔，用称倚毗之意。成命已下，所辞不允。" 纪亦辞曰："我朝设保、傅之官，初无定职，自非文学侍从之旧，与夫德望年劳之深者，不得以与于此也。顾如臣者，误蒙圣恩简入内阁，供事受命以来，夙夜兢惕，冀图报称，而性资凡近，识虑迂疏，既不能积诚献替，上沃渊衷，又不能随事匡持，共裨国是，冒荣充位，窃禄素餐。方愧汗之日深，复渥音之骤及，恩出望外，其何以堪。况夫职愈崇则责愈重，恩愈厚则报愈难，称事考能，抚心度力，尤臣之所大惧也。伏望收回新命，俾仍旧职，以需后效，庶几免招物议，少逭罪愆。"上亦不允。

八月甲辰朔，上微服从德胜门出，幸昌平外庭，犹无知者。次日，大学士梁储、蒋冕、毛纪追至沙河，上疏曰："臣等昨在阁见午本未散，候至申刻始出，道路相传，以为圣驾清晨出至教场，寻幸天寿山。臣等闻之，心胆战惊，莫知所措。今储嗣未建，人心危疑，车驾轻出，谁与居守。又各衙门一应题奏本，并太常寺当奏祭社稷及先师孔子此等礼仪，尤为重大，不知何所请旨。臣等职叨辅导，实不遑安，谨诣行在，俯伏恭请圣驾即回，以安人心。"上不纳，乃还。 丁未，释奠先师孔子，大学士毛纪奉命行礼。 戊申，大学士梁储等言："圣驾远出巡幸，臣等至沙河奏请还宫，未允。臣等忧思追切，罔知攸措。伏念居守无人，机务至重，即日旋驾回京，以上解两宫太后之忧，下副中外臣民之望。臣等辅导无状，不能积诚谏止，罪宜万死，乞先罢黜，以谢天下。"不报。 辛亥，先是，传旨以代府临边，天气苦寒，又将军以下，类多不法，令廷臣议别择府第迁之。于是大学士梁储等言："祖宗以来，分封藩国，规制已定，不宜轻议迁改。永乐初，宁府自大宁迁江西，辽府自广宁迁湖广，盖其时百姓殷富，府库充实，征发不难。况分封未久，宫眷不多，所居宫室亦易营办。弘治间，寿王自保宁迁于湖广，宫眷亦少，又宫室皆已成者，仅略修饰，而为费已不赀，民已愁怨矣。今代府十余年前所生子已五百七十余人，女已三百余人，岁复一岁，生益众多，比之三府，事体大有不同。若有别迁，其亲王郡王必须盖造殿宇，将军中尉仪宾以下亦须给之房屋，今公私耗竭，军民困惫，不知此费从何出办。况营建乾清、坤宁二宫，大役方兴，百需未备，若一旦又有此举，民力决不能堪，非惟逼迫逃亡，抑恐激成他变。伏望皇上念国家大计，利害不小，特赐采纳，停止前议，天下生灵，不胜至幸。" 己巳，国子祭酒鲁铎以疾请告，许乘驿归，仍令有司俟病愈具奏。 癸酉，大学士梁储等言："臣等数日以前，闻之道路皆云圣驾将复出郊，犹未之信。昨日及今日进阁，俱无奏题本发下，乃信所闻不妄。窃见我祖宗时皇储已建，人心安靖，然犹思患预防，不肯轻出游猎。今大内无人居守，万机谁与裁决，意外之虞，又有不可不防虑者。伏乞即日回銮，永为群生造福，仍削臣等官职，罢归田里，以为辅导无状之戒。"不报。 乙酉，致仕礼部尚书王宗彝卒。宗彝字表纶，直隶束鹿人，初名伦，文之子也。尝乡试不第，景皇帝以文故，钦赐举人。天顺初，文被法，宗彝亦谪戍。事白，复领乡荐。以成化丙戌进士，授户部主事，寻用荐迁郎中，督理辽东军饷。后讨建州夷，以督饷有劳，擢太仆寺少卿。久之，擢右佥都御史，巡抚辽东。时建州以方受讨疑惧不贡，又遮掠朝鲜贡使，宗彝谓用兵费且不赀，请贳之，许令修贡。癸卯，坐累左迁四川参议。会番夷毁松茂饷路，宗彝出彼不意，窘以兵，俾修复之。累迁右副都御史，巡抚陕西，入为兵部右侍郎，擢南京礼部尚书。正德丁卯，逆瑾用事，乃罢归。瑾败，言者屡荐不起。至是卒。如例祭葬，谥文简。宗彝仪干修瘠，端谨重厚，所至靡不尽力，然不事表襮，故无赫赫之名。

辛卯，以翰林院侍讲学士陈霁为国子监祭酒。 己巳，左春坊左谕德兼翰林院侍读温仁和、修撰杨慎奏乞养病，侍读徐缙乞送母还乡，编修张璧乞归省，俱许之。

十一月癸酉朔。 升翰林编修余本为广东按察司副使，提调学校。 丁亥，命少师兼太子太师、吏部尚书、华盖殿大学士杨廷和赴内阁供职。先是，廷和服阕，召至京，上已北巡，吏部为请。至是已逾月，乃得旨，后五日壬辰，廷和供职。 准荫故太子少保、礼部尚书、文渊阁大学士陈文曾孙绅为国子生。绅奏乞为中书舍人，多所援比，故荫之。 翰林编修伦以训给假还乡毕姻，许之。 甲午，南京吏部右侍郎罗钦顺乞假省亲，许之，令驰驿归。

十二月壬寅朔。 壬子，致仕礼部尚书张升卒。升字启昭，江西南城人。成化己丑进士第一，授翰林修撰。后以皇太子出阁，特改左春坊左赞善，充东宫讲读官，秩满，升右春坊右谕德。孝宗即位，以从龙恩，进左庶子兼翰林侍读。故事，特改宫僚者，例转数阶，而升以忧居后至，但进一阶，疑大学士刘吉抑己，摭吉过劾之，忤上，左迁南京工部员外郎，以忧去。服阕，会吉已去位，复庶子，言数事，多中时弊，寻升詹事府少詹事兼翰林侍读学士。历升左、右侍郎，转尚书。时崔志端以太常乐舞生积资至为同官，颇倨傲，升常别流品以裁割之。属官有授徒讲经者，御史杨仪之子在讲下，常出入部中，遇升散部，失趋避，命司务朴而拘之，仪不能平，劾升不协人望。自是名益损，屡为言官所指。尝奉诏选宫女，禁娼优、隶卒不得与，榜书隶为吏，众哄然腾谤，升乃不安于位，遂致仕，加太子太保。刘瑾用事，又以为尚书时裁抑晋府郡王封爵，镌所加官。至是卒。讣闻，辍朝一日，赠太子太傅，赐祭葬如例。升愿悫有馀，居官虽无大建白，然自守谨饬。为文平实。尝主两京乡试，所取得侍郎储巏、编修陈澜皆名士，论者以为得人。　大学士杨廷和、蒋冕、毛纪言："朝廷设置公卿辅弼之臣，望其陈力效忠，将顺匡救，以共成天下之务，非徒取其充位而已。兹者皇上出巡边境，数月未回，中外人心，日夕忧惧。臣等备员内阁，职专辅导，平日既无格心之学，临事又非济时之才，窃位素餐，涓埃莫报。虽尝累疏奏请回銮，又不能少回天听，以慰天下臣民之望。诚恐一旦祸患之来，出于意料之所不及，则臣等虽贬窜诛殛，亦不足以赎其罪矣。伏望皇上俯察愚诚，奋施乾断，亟将臣等即日罢归田里，以为人臣不能尽忠之戒，别选贤能代居臣位，庶几或有转移感动之机，而臣等虽退犹进，虽死犹生也。"

闰十二月壬申朔。　丙戌，致仕礼部尚书李杰卒。杰字世贤，苏州常熟人。成化丙戌进士，改翰林院庶吉士，授修编，升侍讲。十九年，充东宫讲读官，秩满，升侍读学士。弘治初，以宫僚恩，升左春坊右（左）庶子兼侍读学士。四年，升南京国子监祭酒，时方修宪庙实录，留馆中校正，书成乃行。以忧去，服阕，改太常寺少卿兼侍读学士，掌院事。十三年，升南京礼部右侍郎。十五年，改礼部右侍郎，转左侍郎。正德元年，充孝庙实录副总裁，寻升南京吏部尚书。二年，改礼部尚书。时逆瑾用事，纳晋府镇国将军袁樧等赂，欲进封为郡王，杰坐与前尚书张升皆持不欲进封之议，忤瑾意，遂令致仕。瑾诛，有旨在起用之列。至是卒。杰持己矜严，待后进颇立崖岸，晚以忤瑾而去，士论高之。其所为诗文，亦温厚可观。

正德十三年

正月辛丑朔。　丙午，上还自宣府。是日，文武群臣皆曳撒大帽鸾带，迎驾于德胜门外。中官预传上意，具彩帐数十，彩联数千，皆金织字，序词惟称威武大将军，不敢及尊号，众官列名于下，亦不敢称臣。又具羊酒、白金、彩币，手一红纸，夹进御马贺仪。比夜久，上戎服乘赤马佩剑而来，边骑簇拥，见火球起戈矛间，烟气直上，乃知驾至。群臣皆于道左叩头，上下马坐御幄，大学士杨廷和奉觞，梁储注酒，蒋冕奉果榼，毛纪奉金花称贺。上饮毕，云："朕在榆河，亲斩虏首一级。"廷和等叩头对曰："皇上圣武，臣民不胜庆幸。"上遂驰马由东华门入宿于豹房。时大雨雪，群臣迎驾者仆马相失，曳走泥淖中，衣尽沾湿，夜半后仅得入城，有几殆者。

二月庚午朔。　丁丑，大学士蒋冕释奠先师孔子，如常仪。　癸未，大学士杨廷和上疏乞休，上曰："卿元臣硕德，望隆中外，复任以来，朝廷尤切倚任，岂可累次引疾求退。宜即出供职，再不必辞。"　癸巳，工科都给事中石天柱上疏言："臣惟天下不幸，太皇太后登遐，陛下闻讣，兼程还宫，哀痛悲切，仰见陛下大孝之心矣。继承明旨，欲亲开圹，外议皆谓陛下因乘便复幸宣府。臣哀号痛心，莫知所措，昼夜反覆。思惟游幸一事，往往上言不能开悟圣意者，由臣不能积诚，是故不能感格耳。窃念生臣之身者，臣之亲也；成臣之身者，累朝之恩也。感成身之恩，欲报之于陛下者，臣之心也。因刺臣血，以写臣心，明臣言之不妄，冀陛下之怜察也。夫以开圹之行，虽事体未安，然情出过哀，犹之可也。若符外议，复幸宣府，则大为不可。伏自陛下游幸，数年以来，星变地震，大水兵荒，焚及宫寝，灾变不可胜数。而近者宣府往返之期，每每风雪惨异，天意可知，而陛下不悟祸延太皇太后，天之意盖欲陛下居哀经之中，悔过自新，以保大业也。设或不悟天意，或几乎息矣，后灾之降，非臣等所能逆料也。丧礼大事，是在人子所当自尽者，游幸则礼废，何以尽圣心之哀，而圣心亦何以自白于天下。且天下后世，谓陛下为何如主，恐为至德之累也。陛下事太皇太后孝未能尽，臣下之事陛下亦以不忠，不忠将无所不至，陛下何所倚赖，卒有变故，则人心土崩之势成矣。宣府沙漠，本无可乐，而圣心乐往者，岂以地僻人无知者，而情可纵欤！臣观乘舆在彼之时，毫发之事，人能道之，间有臣所难言者。人君所行，如日月在天，其将谁掩乎？抑以轻骑频行，初无他虞，故往而不止欤！臣恐侥幸不可以屡得，而积久祸发，则莫能救矣。夫大位者，奸之窥也，不可不谨。昔太康田洛汭，炀帝行幸江都，止以远弃宫阙，得祸遂速，岂可不为殷鉴也欤！利害之说，臣何忍验，而天子一日万机，自有职事。盖以身为天下之主，自当治天下之事，否则大事一去，难可复得。自古未有不以天下为事，而能享天下之养者也。陛下荒于远幸，而不以天下为事，无乃未尽其职欤！方今之时，朝廷空，仓廪空，城市空，边鄙空，天下之人皆知有危亡之祸，独陛下不知。而又遭此凶变，天意回否？人心收否？治乱安危，在此行止。此臣所以痛心为陛下惜，复昧死为陛下言之也。臣意陛下英明，近多善政，必不复幸宣府，但外议若此，今莫若罢宣府之幸，以释人心之疑。然后尽礼谅阴，清心寡欲，亲贤远奸，以求至理，以复先帝之盛，是即舜之大孝也。又何大业之不可保哉？"不报。初，天柱刺血上此疏，恐家人见而沮之，乃避居静室，虽妻子不得近。疏入，即易服待罪，中外闻之，皆为感动。大学士杨廷和上疏乞休，诏曰："耆德去留，系时轻重，卿既为朕朝夕倚任，正宜以身体国，岂可累求休致。令鸿胪寺趣出供职，再不必辞。"

三月庚子朔。 丁卯，礼部左侍郎兼翰林学士石珤上疏乞休，得旨："珤学行素著，宜尽心职业，以副委住，所辞不允。"

四月己巳朔。 乙酉，改服阕礼部尚书刘春为南京吏部尚书。

五月己亥朔。 丁巳，南京礼部尚书吴俨奏乞休致，上以学行素著，年力未衰，留之。 癸巳，大学士杨廷和以感寒疾奏乞放还，诏曰："卿偶有微疾，宜善加调理，俟愈即出供职，以副朕倚毗至意，所辞不允。"

六月乙巳朔。 癸巳，大学士杨廷和乞休，云："人君使臣，不强其力之所不能；人臣事君，惟审其力之所能尽。臣叨冒宠荣四十一年，随侍陛下春宫至今二十二年。德薄享厚，福过灾生，百病交侵，日甚一日，炎暑长天，困卧床褥，奄奄待尽，以日为年。数日之间，疏凡五上，沉痼之疾，前以备陈，见今痰气喘急，起坐艰难，遍体皆疼，虚汗不止。盖枯朽无发生之望，衰颓无再壮之期，惟图暂息于林泉，庶或少延于残喘。况不退一日，则受一日之禄，抱病一日，则旷一日之官。无功而受禄，鬼神之所不容；受任而旷官，物议之所不免。陛下既用之于少，必将优恤其老；既宠之于始，必将保全其终。万一强而留之，决未能出，徒使久注门籍而称号朝官，长卧私家而冒支官廪。忧郁日积，灾眚日增，或至舆尸而还，岂不颠沛道路。臣之庸愚，不知量力自处，以至于斯,固不足惜。窃恐陛下知人之哲,保全之恩,两有所负也。情苦辞迫,不知所云。伏望天光下照,大德好生,体臣控诉之至情,验臣衰病之实迹,特垂矜悯,早放生还,则臣之一身自首至踵毛发齿骨,皆陛下之赐也。"诏曰:"卿之名德,简在朕心,正宜以身体国,用副倚毗,岂可因疾累疏求退。宜更加调理,俟愈即出供职。" 丁酉,大学士杨廷和复乞休致,上温旨勉慰,谓:"朝廷倚任旧臣,共图治理,卿岂可偶因微疾,固求休致。宜勉遵前旨,更加调理,亟起供职,再不必辞。"

七月戊戌朔。 壬寅,敕曰:"内阁杨廷和、梁储、蒋冕、毛纪,运筹定议,协力成功,各赏银五十两,纻丝四表里,荫子侄一人锦衣卫世袭正千户。" 癸卯,大学士杨廷和等言:"近手敕加威武大将军公爵俸禄,中外臣民罔不惊骇,臣等相顾失色,惶惑累日。不意圣明在上,而乃有此举措,甚非所以传示天下后世也。切惟人君承天命以为天子,位曰天位,事曰天工,一念不谨,或以贻四海之忧,一日不谨,或以致千百年之患,是岂可有一毫之忽。仰惟皇上躬膺天命,统御万方,所居者祖宗之位,则所行者当遵祖宗之法,以上顺天意,下慰人心,而不可以或违越也。今奉前旨,传之四方,必将群聚而议之曰:'所谓威武大将军者,是果何时官制?所谓总兵官某者,是果何人姓名?且亲统六师之说,陛下既以自任之矣,何为又举而归之总兵官?为总兵官者,岂可以曰统六师乎?至于神功圣武之一言,乃臣下褒颂君上之词,今以之而施于大将军,至欲加以公爵,公爵虽尊,则亦人臣而已,岂可以当神圣之名乎?'事之不经,名之不正,言之不顺,一至于此,自古及今,未之有也。兴言及此,良可寒心,不知陛下何为而乐此乎?"或曰:'此乃陛下假说之词,姑以为戏耳!'呜呼!世之人孰不贵尊而贱卑,喜祥而恶异,不虞之名,无故而加诸人,则必怫然而怒,是以古人于执玉高卑其容俯仰之类,尚以此占其祸福。天子固不可有戏言者也,而可以假说为哉!况人君一言一动,上通于天,不可不慎。迩者皇上时出巡游,久不亲政,天下人心危疑忧惧,至今尚未帖然,若复闻此,其为疑惧又当何如?万一宗藩之中,或有援引祖训,指此为言,具本上请,不知陛下将何以应之哉!或又以朝无正臣,内有奸恶为名,不知陛下之左右及臣等代言之臣,又将何以自解。臣等一介寒微,僇身亡家,固不足惜,但恐朝廷之上,祸乱或从此始耳。此臣等之所以日夜痛心疾首,而不敢以自默者也。伏望皇上念崇高富贵之位,不可以自轻;审治乱安危之机,不可以少忽。追寝前旨,庶几可以释天下之疑,弭未萌之祸。不然,臣等殆不知死所矣。"不报。 甲辰,大学士杨廷和等辞赏荫,不允。 大学士蒋冕自陈衰病,奏乞致仕,略云:"臣闻古君子之事君,一日居乎其位,则一日尽乎其职,一日不能尽乎其职,则不敢一日居乎其官。臣自今年五月初一日感冒风邪,在家调理已两月余,足不履禁密之地,耳不听机务之言,深居房帷,安卧床榻,是岂古君子事君之义哉?伏枕思之,惭汗无地,心愈忧而身愈病,病益困而忧益深。伏望圣慈察臣衷诚,悯臣衰病,放归田里,以保残生,则犹可以窃知止之名,而免妨贤之诮也。"诏曰:"卿职居内阁,德望老成,今四方多事,正期益殚忠悃,以副委任,岂可引疾求退。宜出供职,再不必辞。" 升南京国子监司业汪伟为本监祭酒。 庚戌,大学士杨廷和言:"臣官非将领,素异本兵,前日卧病床褥,乞归未得,乃误蒙陛下赐以无功之禄,加以无名之赏。传之天下,则天下腾议,曰此不能分主之忧,而欲贪天之力者也;闻之将士,则将士解体,曰此文墨之士,而冒我介胄之功者也。不惟大拂乎人情,抑亦有亏于国典。展转思念,实切惊惶,恩荫赏赐,断不敢受。伏望俯察愚衷,收回成命,非分之福既去,则无妄之眚自消矣。"大学士梁储、蒋冕、毛纪亦各具疏辞,俱不允。 甲寅,大学士蒋冕言:"圣驾出京,已过关外,小大百职,罔不忧勤。臣独家居卧病三月,久妨贤路,罪不容诛。窃惟内阁之职,其大者在代王言,手敕旨意,撰进拟呈,然后行之于外,此祖宗旧制。近奉手敕,事出非常,乃祖宗百五十年来所未尝有者,传闻远近,孰不惊疑,而皆径自内批,不关内阁。命下之后,谏者盈廷,虎豹当关,言益龃龉。手敕初出,内阁诸臣虽尝率臣连名具疏力陈,不可积诚,未至天听,莫回旨意。继传臣不获闻,逮臣闻之,未及敷陈,而圣驾已出。今又欻逾旬浃月,延颈北睇,策莫可施,夙夜忧怀,措身无地。仰惟陛下受天明命,嗣承祖宗列圣鸿业,为天地神人之主,内而中国,外而四夷,孰不尊称陛下为皇帝。譬如称天为天,称日为日,谁敢不称皇帝而称威武大将军。陛下御名,命于先帝,祭告天地宗庙社稷,诏谕天下,昭如日星,众所共睹,又谁敢擅称朱某为总兵官。公爵比之侯伯虽尊,若比追封异姓郡王又下一等,其视宗室郡王上至亲王,等级尤为悬绝,何况天子又谁敢下封公爵,中外臣子谁敢曲从,鼎镬在前,亦不奉诏。至于各边西极甘肃,绵亘数千余里,切临诸夷之境,虏寇住劄,乃其常事。山东、山西、河南及南北直隶,俱系内地,间有盗贼生发,盖由差役繁重,饥寒迫切所致。其防御剿捕,自有各该镇守巡抚等官分任其责,陛下但当申明号令,严加戒饬,有功者必赏,有罪者必刑,自然将士用命,威武奋扬,守令得人,农桑乐业,何忧乎丑虏?何虑乎盗贼?亦岂必亲御戎马,遍历四方而后为快邪!若但假以征虏除盗为名,而欲周流天下,惟务嬉游,不恤政事,则自周穆王而下,秦、隋之君,殷鉴具存,万世永戒,臣又何忍使陛下蹈其覆辙乎!我英庙出塞征虏,诚欲为国为民剿除边患,非事巡游也,然虏未及征,已有土木之变。当时群臣非不力谏,阸于奸臣,竟莫能止,卒至生灵涂炭,国势危疑。彼奸臣者,初亦何尝期于如此哉?特以家在边境,欲邀驾往幸其家,以为乡邦之荣,故凡群臣劝留不必亲征者,一切不听,岂知六飞北狩之后,彼即身膏草野,宗族诛夷,其祸若是之烈也。使彼知前日群臣之谏为忠而劝止亲征,则英庙何至有北狩之事,而彼身家之祸,亦岂至有如前所云者哉!方无事之时,虽有忠言,常不见听;及至势危事迫,虽知忠言而欲听之,又已无及于事。自古及今,往往皆然。所以英庙既留居虏庭,尝与臣下追论其事,亦曰:'朕为奸臣所误,悔之无及。'陛下天性英迈,洞察古今,于英庙北狩之事非不能知,但恐左右之臣不肯详为陛下言耳。陛下旧岁久巡关外,往来于土木者已非一次,使闻英庙北狩之事其始末如此,必将惕然悔悟久矣。何至今日又形之敕旨,必欲征虏除寇,足迹半天下哉!今各处水旱相仍,人民贫窭,公私蓄积,所在空虚,一闻圣驾相临,各欲预备进献,及供给军马之费,不免严刑峻罚,强取于民。加以扈从边卒所过之处,子女财帛,恣意取之,莫敢谁何。先声所至,人皆奔走逃匿,惟恐或犯警跸,不待传呼于其境,而人心先已汹汹不静。窃恐巡游无几,而各处固已纷纷扰扰,不胜多事。

陛下虽欲与边庭将卒驰骋鞍马，任意而往，岂可得哉？且边庭将卒之事，陛下岂必人人皆忠，其始也不过献谄希恩，是以一切所行，事无是非，顺之如流，言无可否，应之如响。陛下但喜其适情快意，岂计其致患召灾，势既至此，彼亦未必不知，非善后之策，特业已为之。又幸其可以常常侥冒，日复一日，未必遽有他虞。故宁一意顺承，略无违阻，以苟目前之安，倘或意外之变，一旦出于仓卒之间，知者不暇为谋，勇者不暇效力，彼亦将付之无奈何而已。陛下腹心亲信之臣，下至环卫侍从之众，其间岂无忠肝义胆，怀爱君忧国之心，其知识亦或有及于此者。朝思夕虑，欲尽忠谋，未及尽言，已罹疏斥，甚则首领不保者，亦间有之。以故近臣人人自危，不敢违忤，非不虑他日累及身家，且先欲求免今日违忤之罪。如此而欲巡游天下，望其安然无事，常如在禁籞之内，郊甸之中，臣恐未易也。况所至之处，丑虏乘间内侵，奸宄伺隙窃发，羌夷縠下，敌国舟中，事难逆料，又有臣所不忍尽言者。言而至此，宁不凛然寒心也哉！臣又切念陛下去年始出近郊，继至远郊，皆不久即归，轻骑往来，惟恐人知，犹有守祖训、畏公议之心。后至关外，初因郊祀归，寻奔太皇太后之丧，星夜驰归，发于一念，敬天尊祖，纯诚至孝，是以郊祀之夕，月星辉朗，丧次哭踊，人心感动。近者神主祔庙礼行之初，雨雹暴至，传制册封钟鸣之时，风雨大作，天与祖宗之意，照然可见。陛下犹不觉悟，乃降敕传旨，信意而行，祖训不暇遵，人言不暇顾，天变于上而不遑畏，民怨于下而不遑恤，不知陛下何所乐而为此也，又不知左右之臣，谁为陛下画此不顾利害之谋也。今连日清晨，天色阴晦，有如昏夜，象纬氛侵，皆异常时，天心仁爱，于此尤笃，陛下其可真以天变为不足畏哉！幸今驾初出关离京未远，前项敕旨传出未久，犹可反汗不行。窃谓国祚隆替，宗社安危，天命人心之去就离合，其几皆决于此。由此而上，可治可安，由此而下，可乱可危，特在圣心一转移之间耳。伏望陛下断自渊衷，即日旋跸，停止巡幸，追寝前项敕旨，以安人心，宗社生灵，不胜庆幸。"不报。

正德十四年

二月乙丑朔。　丁亥，释奠先师孔子，遣大学士梁储行礼。　庚寅，礼部尚书兼翰林学士李逊学卒。逊学字希贤，河南上蔡人。成化丁未进士，改翰林庶吉士，授检讨。弘治丙辰，升浙江按察司佥事，以忧去，终丧，改陕西，升副使，又以忧去，终丧，改山东。前后更三任，俱提调学校，所至务崇宽厚，颇得士心。正德戊辰，升太常寺少卿，提督四夷馆。明年，仍入翰林兼侍讲，升户部右侍郎，提督仓场，寻改礼部，升左。乙亥，升南京礼部尚书。丙子，以奉贺表入京，改礼部。明年，兼学士，掌詹事府事，入内阁专管诰敕，奉命授庶吉士业。至是卒，祭葬如例。逊学为人开爽，颇不羁，为诗文有藻思。

三月甲午朔。　乙酉，右春坊右谕德兼翰林侍讲赵永为国子监祭酒。　上欲巡视泰、岱，历徐、扬，抵南京，且遍观中土繁丽诸处。时宁藩久蓄异谋，俟衅而发，内外咸以为忧。于是翰林修撰舒芬、编修崔桐，庶吉士江晖、王廷陈、汪应轸、马汝骥、曹嘉，及吏部郎中夏良胜、仪制郎中万潮、太常博士陈九川，各疏连入，太医院医士徐鏊以医谏。又明日，吏部郎中张衍庆、礼部郎中姜龙，兵部郎中黄鞏、孙凤，员外陆震，刑部郎中陆俸等，率部僚合疏入。又明日，工部郎中林大辂等，大理寺正周叙等，行人司副余廷瓒等，并连名疏入。上大怒，下黄鞏、陆震、夏良胜、万潮、陈九川、徐鏊于锦衣卫狱，命舒芬、张衍庆等百有七人跪午门外五日。于是数日京师阴霾昼晦，宫城内海子水溢四五尺，折桥下铁柱。金吾卫指挥张英明言车驾出必不利，乃肉袒露刃于胸，以死谏。于是有旨，命锦衣卫将舒芬等百有七人，俱午门前各杖三十，为首者调外任。芬调福建市舶副提举，余俱罚俸半年。车驾遂不果出。

四月甲子朔。　辛未，改南京吏部右侍郎罗钦顺为吏部右侍郎。

五月癸巳朔。　壬寅，大学士蒋冕疏言："臣猥以庸劣，简居内阁，俾与政机，蹴处群贤之右，叨随三少之班，获此殊遇，惭污靡宁。比因病乞归，仰承温旨慰留，仍命内臣锡以白粲珍羞，虽愚陋无知，岂忘感激。第以枯朽之质，不堪委寄之重，是以不避屡渎，伏望皇上少垂渊鉴，俾遂乞骸之愿。"诏曰："卿偶有微疾，宜善加调理，亟出供职，以副委任，再不必辞。"　南京礼部尚书吴俨卒。俨字克温。成化丁未进士，选翰林院庶吉士。己酉，授编修。丙辰，同考礼部试，又充经筵讲官。上初出阁，兼司经局校书。庚申，升左春坊左中允。辛酉，转南京翰林院侍讲学士。正德丙寅，召还纂修孝庙实录，充经筵日讲官，兼修玉牒。丁卯，主考顺天乡试。时逆瑾恃宠揽权，倾陷正直，第二场以"为臣不易"命题，瑾心已恶之。又闻俨家巨富，阴遣人啖以美官，俨峻拒之，瑾益惭怒。媒孽无所得，会朝觐考劾外官，以不根之语罢之。瑾诛，起用仍旧职。未几，擢用南京礼部右侍郎。壬申，召还礼部。乙亥，转左侍郎，册封益府。丙子，升南京礼部尚书。丁丑，武宗北幸宣大，偕府部大臣上疏切谏。己卯，卒于位。讣闻，葬祭如例，赐谥文肃。俨性方严，操履清慎，居乡有士行，闺门亦整肃。当官事期于自立，秉经议礼，多合古意。为文章庄重简古，诗词清丽可讽。　癸卯，翰林检讨盛端明病痊，复除原职。

六月癸亥朔。　丙子，宁王宸濠反，巡抚江西都御史孙燧、按察司副使许逵死之。宸濠兵陷九江，兵备副使曹雷、知府江颖弃城走。进贤知县刘源清、余干知县马津及龙津驿丞孙天祐，各仗义起兵，与濠抗，数擒杀其党，二府之民不从乱。及濠之不敢经湖东以窥两浙者，皆此三人力也，盖庶几于唐之巡远云。提督南赣军务都御史王守仁及知府伍文定起兵讨宸濠，移檄远近，军声大震。　庚辰，赐南京太常寺卿吴一鹏继母孺人赵氏祭一坛。

七月壬辰朔。　宸濠兵发南昌，攻安庆，守备都指挥杨锐、知府张文锦等誓死守，被围十有八日，百计攻之，竟不能克。　致仕南京吏部右侍郎罗玘卒。玘字景鸣，江西南城人。自为诸生时，博极群书，为文奇崛，试于乡屡不利，乃援入粟例游国学。丘濬时为祭酒，季试得玘所作，大加称赏，名动一时。成化丙午，遂为顺天解首。明年中进士，改翰林院庶吉士，授编修，升侍读，与修《大明会典》、《通鉴纂要》。正德初，升南京太常寺少卿，擢南京吏部右侍郎。尝署国子监事，三年考满，行至涿州，以足病乞休致，家居不入城府。先是，宸濠遣内臣饵以金币，玘预觉，逃之深山。及濠叛，玘已病，犹驰书约官府起兵讨贼，事未举遂卒。嘉靖改元，追谥文肃，赐祭葬。玘在翰林，酬应诸文词亦煅炼矫俗，力追古作，体裁为之一变，其高者骎骎上逼柳州。志欲用世，尝因事有所建白，如主事李梦阳、给事中庞浩等坐弹劾外戚，相随下狱，玘力救之，皆得释。其后为侍郎，又因群盗窃发，疏言储贰当早建，斯人心有所系属，而后天下可安。词甚激切，侵及当国者，无所顾恤。玘自负才气，持风节，盖欲大有所为而未遂云。　丙申，升翰林侍读学士朱希周为南京吏部右侍郎。　戊戌，命翰林侍读学士汪俊、右春坊右谕德兼翰林侍讲李时为应天考试官。　庚子，翰林院编修林文俊服阕，复除原职。　丙午，加少师兼太子太师、吏部尚书、华盖殿大学士梁储特进，兼支大学士俸，赐宴于礼部。储历从一品满九载，吏部言辅臣复职，例有恩典，乃有是命。　丁未，以校正《文献通考》完，赐大学士杨廷和、梁储、蒋冕、毛纪等银币。廷和等疏辞，不允。　庚戌，大学士杨廷和疏言："近奉手敕，加臣特进，闻命之余，惊惶无地。窃念臣以衰病乞休，未蒙俞允，勉强供事。又复逾时谋虑不达于时宜，议拟未谐于宸断，因循官守，以日为年，惭愧班行，以荣为惧。岂意温纶之下，猥承特进之加，此在散官，号为极品，因考满而授，斯为有名，若过望而得，则为非分。是盖欲求退而反进，将自损而更益，岂不转增疾疹，倍切忧危。伏望圣慈收回成命，俯徇下情，庶得身心少安，暂图犬马之报。"上曰："卿清德正学，体国忠诚，功在朝廷，望隆中外，特加勋秩，用示优崇。宜勉承恩命，益勤匡辅，所辞不允。"　辛亥，都御史王守仁率兵攻复南昌，败宸濠于鄱阳，获之，江右悉平。　甲寅，南京守备参赞等官以宸濠反闻，下兵部集廷臣议，请命将讨之。上意欲亲征，议入，大学士杨廷和等言："兵部会奏，计虑已悉，今三日未奉明旨。道路传言，圣驾欲往亲征，臣等闻知，不胜惊惧。宸濠怀奸稔恶，已非一日，特以朝廷待之素厚，兵端无自而起。前闻圣驾有南巡之旨，其心已自不安无疑。今又闻圣驾亲征，自谓罪在不赦，必将借此为词，不量逆顺，聚集党恶，抗拒王师，一则欲脱罪求生，一则欲觊觎非分意外之患，将有不可测者。况圣驾一出，京城无人居守，诚恐中原盗贼，所在蜂起，胡虏闻之，深入为寇，命令无所禀承，章疏不能通达，不知何以为处。伏望深惟宗社万年之计，如兵部会奏事理，即赐施行，庶可保无他患。"寻得旨："朕当亲统六师，奉天征讨，不必命将。先遣安边伯朱泰领兵为前哨，趋南京，太监张忠、左都督朱辉领兵趋江西，捣其巢穴，巡抚江西官别推，暂令守仁兼领其事。余如部议。"

八月壬辰朔。　癸亥，致仕南京兵部尚书张澯卒。澯字仲浞，广西全州人。成化戊戌进士，改翰林庶吉士，授编修。弘治己酉，秩满，升侍讲。戊午，选侍东宫。辛酉，主顺天乡试。乙丑，升侍读学士，寻升学士、国子祭酒。正德丙寅三月，驾幸太学，赐坐讲书。丁卯，升礼部右侍郎。己巳，升南京礼部尚书。辛未，改吏部尚书。时储位久虚，草疏率同侪请建太子，罔有顾忌。甲戌，改兵部，参赞机务。条陈八事，又奏革守备厅审事官，及营伍有所委任，不容请托，人皆服其明决。乙亥夏，乞归田里，疏前后凡十五上，始得请，特加太子少傅，赐月米舆夫，仍给驿还。至是卒，赐祭葬如例。澯性颇刚褊，与人多不合。其在户部，请追查远年逋赋，论者谓刘瑾方事诛求，而其迹涉承望，于贤者不能无责备焉。　丁卯，释奠先师孔子，遣大学士蒋冕行礼。　命翰林院侍读学士刘龙、右春坊右谕德丰熙为顺天考试官。　戊辰，以上南征，遣新宁伯谭祐、驸马都尉蔡震祭告天地太庙。　敕大学士杨廷和等曰："朕今亲统六师，奉行天讨，剿除反逆，以安宗社。尚念根本重大，居守无人，一应合行事务，恐致废弛，特命尔等照依内阁旧规，同寅协恭，勤慎供事。每日司礼监发下在京在外各衙门题奏本，俱要一一用心详看，拟旨封进，奏请施行。其奏有军机紧急重大事情，该用军马钱粮器械关防符验之类，尤要详加审处，拟旨封进，听司礼监一面奏闻定夺，一面发下各衙门依拟议处，毋致迟滞误事。尔等受兹重托，尤须尽心竭力，维持公道，不许徇私执拗，致妨政体，贻害军民。如违，责有所归。"　壬申，传旨以大学士梁储、蒋冕扈从南征。　以营乾清、坤宁宫定礤，敕荫大学士杨廷和、梁储、蒋冕、毛纪子侄各一人为锦衣卫世袭正千户。廷和等辞曰："两宫鼎建，所以垂万世之基，数载转输，亦已竭天下之力。幸今就绪，永奠宸居，臣等自顾何功，滥膺殊典。是固朝廷优崇内阁故事，但大功经营则有工曹官属，提督造作则有内外诸臣，臣等职在论思，事惟撰述，坐縻廪禄，日惧旷瘝。至于营缮之务，自有职掌所存，而况武职之加，恐非军功不可。扪心揣分，实所未安，物议人非，其将不免。伏望俯鉴愚诚，收回成命，慎重爵赏，以待有功，使臣等得以少逭罪愆。"上曰："卿等职司辅政，经画繁多，大功有绪，特荫子侄，以酬其劳，所辞不允。"　丁丑，大学士梁储、蒋冕扈从南征，请以官属主事屠经、寺丞胡颐，序班岳梁、孙绳、王岩自随，及令团营于随征官军内量拨百人防护。诏许之。　己卯，升翰林院检讨盛端明为浙江按察司佥事，提调学校。　授翰林院庶吉士汪佃、叶桂章、叶式、王三锡、陈沂、邝灏俱为编修；张星、萧与成、林时、季方、汤惟学俱检讨；曹怀户科，储昱礼科，汪思、史道兵科，刘穆刑科，杨士云、郑自璧工科，俱给事中；黎贯陕西道，席春河南道，许宗鲁云南道，俱监察御史。又江晖、马汝骥已拟授编修，王廷陈、汪应轸拟授给事中，曹嘉拟授御史，以尝言事忤旨，俱令外补，晖广德州，汝骥泽州，廷陈裕州，应轸泗州，俱知州，嘉大名府推官。　壬午，先是，内阁缺专管诰敕官，大学士杨廷和等推举南京吏部尚书刘春堪任，奏上不允，令再推。久之未上，至是降旨以春为廷和乡人，廷和故私之，且违旨久，不另推，令廷和具实陈状。廷和疏上，上曰："既陈状，已之，不必介怀，宜亟出办事。"时上欲南巡，令廷和草威武大将军镇国公敕，廷和力争不可，上怒，故藉是谴之。大学士梁储等亦言："内阁一应题奏，皆臣等四人共议，举春，臣等亦与有罪。"上曰："卿等不以稽误自揣，乃自相回互邪？"　丁亥，上至涿州，留太监张忠私第。时都御史王守仁平宸濠之奏已至，上决意南幸，忠及太监张永，都督江彬、许泰等，各以兵从，欲掩为己功，于是留守仁之疏不下。　戊子，上至保定府。　大学士杨廷和言："皇上御驾亲征，圣武布诏，神威远震，旬日之内，江西逆贼遂以成擒，余党解散。皇上睿谋妙算，委任得人，以致成功之速如此，海内臣民，曷胜欢庆。臣等尤有私忧过计，不敢不为陛下言之。伏见近日宣府奏报兴和城等堡，达贼下营长阔数十里，日遣轻骑千百成群入境侵扰，势颇猖獗，已调大同游兵前去怀安城驻劄。但虑各边军马调去南征数多，在镇军马缺少，未免顾此失彼。伏望皇上轸念西北重地，万一仓卒有事，恐难支持，将所调南征军马掣回本镇防守，仍乞圣明审度进止，或专命亲信重臣，前去江西，会都御史王守仁，将生擒斩首逆贼名颗，及逆党家口财产，逐一查出停当，奏请定夺。如此则陛下既有以全内安外攘之至计，又有以收南征北伐之全功，实宗社万万年无疆之福也。"不听。

　　九月壬辰朔。　戊戌，上至临清。六科、十三道言逆濠已就擒，请上回銮，不报。　都御史王守仁将以逆濠亲献捷于上至杭州，上遣太监张永邀之，令复还江西。守仁乃以濠付永，且厚结焉，遂与俱还。而张忠、朱宁等已浮大江趋江西，执伍文定辱之，又索逆党，欲以报功。守仁至，始大沮永及忠等，复械濠等献捷于南京。忠屡潛守仁，祸且不测，赖永为营救得免。　乙卯，万寿圣节，文武百官于奉天门行遥贺礼。是日，上舟过德州，不泊而行，诸从官亦于舟次望拜云。　庚申，南京兵部尚书致仕林瀚卒。瀚字亨夫，福建闽县人。成化丙戌进士，改翰林院庶吉士，授编修。丁酉，纂修《续通鉴纲目》成，升修撰。丙午，进左春坊左谕德。弘治初，同修宪庙实录，侍讲经筵。庚戌，升国子监祭酒。丙辰，擢礼部右侍郎，仍掌监事。己未，改吏部，转左。庚申，升南京吏部尚书。丙寅，改南京兵部尚书，参赞机务。会刘瑾窃政，大学士刘健、谢迁以不合骤退，瀚闻而显议之。时南京科道官交章论救健等，瑾罪言者及瀚，乃降浙江左参政，勒致仕。瑾诛，始复旧衔，给舆隶月廪，且命有司岁时存问。至是卒，赠太子太保，谥文安，赐祭葬如例。瀚天性仁恕，其处亲族亲旧，惟厚之从，与人交久而益笃，见者无不敬爱之。居官不以介名，而其所守有常人不能夺。在兵部，于用事内臣及取道进献者，不轻假借。晚年子孙满前，子庭㭿、孙炫，皆由甲科宦中外，奉养丰裕，福履人亦难及。其为诗文浑厚质实，如其人。

　　十月辛酉朔。　大学士杨廷和等连疏请回銮，辞甚恳切，不报。　甲申，御史谢源言："逆藩宸濠谋为不轨久矣。当时固有先事折其奸计，反为中伤者，在今日尤宜录其功。如大学士费宏及其弟编修寀之去，以沮复护卫也；布政使郑岳之为民，以不遂侵求也；副使胡世宁之充军，御史范辂之落职，以发其奸恶也。此五臣者，其明既能料于逆谋未露之前，其枉尚未白于大害既除之后。伏望皇上特复其官，以为忠义之劝。"江西纪功，科道官亦言宏以忤濠归家，受祸最惨，其弟寀无过而罢，尤为可惜，乞并复其官。上俱下其章于所司。　礼部右侍郎兼学士石珤乞省墓，不允。

　　十一月辛卯朔，上过济宁。　丙申，上至徐州。　乙丑，至淮安，渔于清江浦者累日。南京及河南、山东、淮扬等处文武官，皆以迎送车驾汇集，戎装徒行道路间，无复贵贱，江彬肆行征索，窘辱郡县，不异奴隶，闾阎骚动。近淮三四百里间，无得免者。

　　己未，上至宝应县，渔范光湖。

　　十二月辛酉朔，上至扬州。　辛未，大学士梁储、蒋冕以明年正月郊祀届期，力疏请回銮，不报。　癸酉，大学士杨廷和等言："大祀南郊，乃人君敬天第一事。今圣驾南征，罪人既得，实天佑我国家，所以戡定祸乱如此之速，正宜奏凯班师，举行大礼，以答天贶。明年春，孝贞太皇太后大祥祔庙，奉安神主，皇上当躬亲行礼，非臣下所敢摄行者。又今天下来朝官员，吏部会官考察，各衙门堂上并科道官大班纠劾，必须皇上亲临宝座，面赐裁决。近日以来，内外衙门具题事务，已经累次赍奏，日久未见发出，应行事情，率多积滞。人心疑惑，误事非细。伏望皇上采纳，亟赐回銮，不胜庆幸。"不报。　癸未，上自仪真渡江。　丙戌，至南京。

正德十五年

　　正月庚寅朔，上在南京，诣孝陵谒见。是日，文武群臣于奉天门行遥贺礼。　壬辰，大学士梁储、蒋冕及南京守备魏国公徐俌、兵部尚书乔宇等朝上于行在所，鸿胪寺鸣赞李辰、柴昂赞礼差错，侦事者以闻，各夺俸两月。　丙申，大学士梁储、蒋冕言："今早太监魏彬传谕圣意，谓逆藩宸濠等械系将至，何以处之。臣等请如宣德间亲征汉庶人例，罪人既得，即日班师，还告于天地宗庙。下廷臣及各王府议其罪，则事体顺而国法正矣。"不纳。　辛亥，大学士杨廷和等疏请回銮，不报。

　　二月庚申朔，上在南京。　丙寅，以礼部会试，命礼部左侍郎兼翰林学士石珤、翰林侍讲学士李廷相为考试官。　大学士梁储、蒋冕言："皇上每岁郊祀，皆及时竭诚行礼。近因帅师讨贼，偶尔归迟，今幸贼徒擒获，乞即日回銮，以申事天之敬。又令天下朝觐官员，皆得以瞻望天颜，亲睹平贼安民之盛事。且以次举临轩策士之旧典，孝贞纯皇后祔庙之大礼。此天下臣民之至愿者也，伏望圣明留意。"不报。　戊辰，大学士杨廷和以衰病乞致仕，诏曰："卿忠诚体国，德望兼隆，值今四方事殷，谋猷赞画，劳绩弘多，朝廷方切倚毗，岂可累疏求退。宜照旧供职，以副朕怀，慎勿固辞。"　丙戌，取会试举人张治等三百五十名。

　　三月己丑朔，上在南京。　乙未，江西巡按御史唐龙言："宸濠求复护卫，时大学士费宏独知其奸谋，力沮之，宸濠切齿，阴为中伤。未几，宏与其弟编修寀遂罢归，朝野皆惜其无罪而去。既而宸濠必欲寘之死地，假手于贼，焚其舟，劫其家，掘其先人坟墓，宏以忠于国，受祸之惨如此。今宸濠以逆败，而宏犹未召还，其于国体不亦有疵哉！若寀文学足称，清选无愧，且与寀同选庶吉士三十余人，留翰林者十数人，岂寀独为夤缘乎？请亟起宏，俾究其未尽之用。寀复其旧官，庶国家之待旧臣，得忠厚之道矣。"章下所司知之。　辛丑，大学士杨廷和等言："近太监萧敬等传奉圣旨，罪人既得，候解到之日，即班师回京，告于郊庙，仍躬行大祀之礼。其考察、殿试等项，及孝贞纯皇后大祥告祔诸礼节，俱于三月内以次举行。尔内外文武大小官员，宜用心办事。臣等伏听明旨，因以仰窥皇上慎重大礼，体恤臣下之至意。兹者伫候日久，不闻旋跸之音，臣等下怀未免转生疑虑，其有圣明在上而肯失大信于天下乎？切惟大祀之礼，祖宗以来皆以正月行之，今改卜二月，又改三月，嫌于亵玩。孝贞纯皇后大祥在二月十日，宜即时祔庙，今改择至再，于礼非宜。又天下入觐官员，本以朝正为名，今至京数月，未得一睹天颜。吏部虽会官考察，上请黜陟，未奉旨定夺，难擅放回。各司府州县正官离任既久，政务悉废，虽有署印官，岂能一一干理乎？至于会试中试举人，例该三月十五日廷试，此尤国家登庸贤俊之盛典，岂宜太缓？自去秋以来，各衙门题奏不下五六百本，中间多紧急军务，俱未发出施行，人心皇皇，莫知所措。臣等累曾奏请，未蒙允纳，若知而不言，言而不达，则臣等固不能辞其责。若陛下闻而不行，行而不决，亦恐无以自白于天下也。况今沿河一带，连岁饥荒，六师屯驻，供亿繁劳，民穷财尽，变生意外，尤切隐忧。考之宣德二年宣庙亲征汉庶人，于八月十日出师，至九月六日还京，往回不出一月，辑宁邦家，贻谋弘远，诚圣子神孙之所当体念也。伏愿仰承祖德，俯顺人心，务怀远图，用全大信，亟班师回京，臣等不胜惓惓。"时大学士梁储、蒋冕扈驾在南京，屡以为请，六科、十三道亦以为言，皆不报。

四月戊午朔，上在南京。大学士梁储、蒋冕以上久未回銮，自劾扈从失职，乞罢归。南京科道官亦以为言。皆不报。

五月戊子朔，上在南京。大学士杨廷和等言："天下诸司朝觐官，久候圣驾，已经半年之上，乞赐放回原任管事。"不报。　翰林修撰唐皋以给假归葬至，复原职。　丁酉，改国子监司业穆孔晖为翰林侍讲。

六月丁巳朔，上在南京。大学士梁储、蒋冕以南京重囚反狱，请上回銮。不报。

辛酉，荫故南京礼部尚书吴俨子国子生骥于中书舍人习字出身。初，骥以考满得荫，至是复以春宫讲读恩得改授，补荫其弟骖为国子生。　壬午，礼部左侍郎兼翰林学士石珤以衰病乞休，诏曰："卿学行俱优，士论推服，其照旧供职，不允辞。"

七月丁亥朔，上在南京。　戊戌，吏部奏少师兼太子太师、吏部尚书、华盖殿大学士杨廷和历从一品九年，请如大学士李东阳考满例，特加恩典。诏曰："廷和累朝名德，中外具瞻，端慎忠勤，勋猷茂著，朕方委任，赞理化机。其写敕褒谕，令兼支大学士俸，并给诰命，仍赐宴礼部。"　大学士杨廷和言："臣近以九年考满，奉敕兼支大学士俸，仍与诰命，复遣内臣特赐宝钞、白金、彩段、羊酒。天光下济，睿泽曲流，衔恩未酬，以荣为惧。切念复任以来，三年于此，卧病之日，十常二三，报称之劳，百无一二，衰颓日甚，瘝旷愈深。屡陈乞休之章，未奉允俞之旨，每欲再申前请，顾以时事方殷，清跸未旋，私情犹阻，勉强就列。荏苒逾时，猥及考满之期，误受非常之眷，楮颁内帑，馔锡天厨，上尊养羊，络绎载道，白金彩币，绚烂充庭。拜受之余，战兢无已。窃以诰命之赐，贲及重泉，显扬之恩，加于三代，实慰私愿，敢复他辞。惟是受廪于官，义当计功而食，伐檀启素餐之诮，负乘有致寇之灾。臣今忝窃穹阶，已叨厚禄，若更兼支五品，益重汗颜。大约五品一年之俸，可为八口之供，当财用匮乏之时，正上下节省之日。宽一分，民受一分之赐，省儋石，官有儋石之储。伏望圣慈收回成命，令臣仍旧支俸，少安刍秣之情，庶几恪守官常，暂效消埃之报。"

八月丙辰朔，上在南京。　丁巳，大学士毛纪释奠先师孔子，如常仪。　壬戌，致仕太子太保、户部尚书、武英殿大学士靳贵卒。贵字充道，直隶丹徒人。弘治庚戌进士第二人，授翰林院编修，以东宫出阁讲学，兼司经局校书，进左春坊左中允。与修《会典》成，升左谕德兼侍讲。正德初，以从龙恩，升太常少卿兼侍读，充日讲官。寻以母忧去，终丧，仍旧秩，升礼部右侍郎。刘瑾用事，摘《会典》讹失，改光禄寺卿。

寻复旧职，荐更吏部，进兼学士，管诰敕，掌詹事府事，仍充日讲官，又进礼部尚书。甲戌，遂进文渊阁大学士，加太子太保、户部尚书、武英殿大学士。其在翰林，同考会试及主考顺天乡试者各一，主考会试及授庶吉士业者各再。当辛未会试后，言事者发其私，以家僮惧罪而逃，得收拾。及丁丑春，方以病在告，忽复出主会试，意将示公以湔旧累也。顾益致群疑。于是言官复丑诋之，遂致仕，然犹驰驿给月廪岁隶，荫子为中书舍人。至是卒，辍朝、赐祭葬如例，赠太傅，谥文僖。贵为人丰夷端粹，发言有章，为文本经术，有理致。在科场崇雅黜浮，所刻文出其手者，多典重敷腴，号为博雅。独周旋权宦，不失富贵，晚既家居，犹悒悒不解荐誉旧德者，竟莫之及云。　甲子，大学士梁储等言："近闻七月以来，虏贼拥众犯边，深入宣大地方，所过杀掳极其惨虐，远近军民无不惊怨。而宣府连年灾伤，公私匮乏，每米一石用银二两，人民缺食，饿死者众。其边墩守瞭操兵等项，军士逃亡数多，各处守墩所余无几，又皆卧病不堪之人，而各边精锐官军，又先已挑选随驾南征，患在门庭，至切至紧。所宜日夜计虑，作急议处，星驰救援，犹恐怠纵，而乃欲差人前去探听，一往一来，动经五六十日。臣等愚昧无知，窃恐近边地方，将不复为国家有也。况今秋高马肥，使彼乘虚而入，径犯陵寝，薄我京城，不知何以为处。伏望皇上悯边方之危急，念防守之无备，振旅还京，内外安攘，宗社万万年无疆之庆也。"科道官亦以为言。俱不报。　癸未，敕谕少师兼太子太师、吏部尚书、华盖殿大学士杨廷和："朕惟上天眷佑，国家必笃生贤俊，以为辅弼之资，用能图惟政理，化成天下。然必进用之既专且久，体貌之既隆且备，庶几协德谐谟，数宁弘济，树功烈于当时，垂声名于后世。卿自幼龄取科第，名动缙绅，事我皇祖，艺学词苑，积有年劳。逮事皇考以及朕躬，翰长宫僚，资望日深，编摩考校，才华益著，选侍经幄十数年间，启沃良多。朕自春宫日切简注，爰自缵服之初，擢居内阁，累进保、傅，遂冠三孤，地处深严，职司密勿，乃能忠以体国，公尔忘家，诚意见于谋猷，藻思形诸述作。比缘终制，台位久虚，寻复召还，忠荩弥笃，上承德意，下轸时艰，调护维持，心劳力瘁。矧当四方多事之秋，前后两值逆藩之变，运筹建议，动中机宜，遏绝奸萌，消弭祸乱，国是攸属，中外底宁。顷以一品秩满九载，盛名清节，终始弗渝，伟绩殊勋，舆论推戴。朕心嘉悦，兹特降敕褒谕，仍令兼支大学士俸，赐宴礼部，给诰命赏赉，以示优崇。尚念四海之大，万几之繁，治忽安危，胥此焉系。朕方夙夜厉精，弗遑宁处，亦惟左右耆德旧学之臣是信是咨，以匡辅不逮。卿其益体朕怀，竭诚殚虑，赞襄庶务，登于至治。斯不负上天眷佑之隆，朝廷倚毗之重，而卿亦永有令誉于无穷矣。钦哉！故谕。"

闰八月丙戌朔，上在南京。　壬辰，上诣孝陵辞。　丁卯，上旋跸，发龙江。　癸卯，上自瓜州济江登金山，遂至镇江，幸致仕大学士杨一清第。明日，复幸焉。入其书室，命一清检诸书进御。问："《文献通考》是好书？"一清对曰："有事实，有议论，诚如圣谕。"问："几册？"对曰："六十册。"问："世间书更有多于此者否？"对曰："《册府元龟》更多，凡二百二册。"俱取以进。又明日，饮于一清第。乐作，上分题制诗十章，赐一清，命一清亦为之，一清为诗进呈，上览毕，为易数字。是日，一清厚有所献，上大悦。及驾还，凡五幸焉。又幸大学士靳贵第，时贵已卒，殡于堂。上临其柩嗟悼之，命所从番僧为之诵经荐福，贵家亦有所献云。　己酉，翰林院编修蔡昂乞还乡养病，从之。　上发镇江。　癸丑，至扬州。

九月乙卯朔，上在扬州。　庚申，至宝应。　辛酉，上驻跸淮安，镇巡官进贺功花币，上戎服簪花鼓骑入城，过山阳县学，入焉。视廊庑肖像移时，复入教官舍，取《资治通鉴》而出。　丙寅，至清江浦。上自泛小舟，渔于积水池，舟覆，左右入水掖之而出，自是遂不豫。　丙子，至东昌。

十月己酉（乙酉）朔。　庚辰，上至通州，命执吏部尚书陆完及其母妻子，封识其家，以与宸濠交通有迹也。

十一月戊午朔。　己巳，南京太常寺卿吴一鹏服阕，复除原职。　丁丑，上在通州，传旨令各衙门止留佐贰官一员在京，其余并内阁皇亲公侯驸马伯俱赴行在。时上久驻于外，京师汹汹，传言江彬欲为变，及闻，尽召诸大臣，人情益疑。　己卯，大学士杨廷和、毛纪赴通州，因言："臣等躬诣行在伺候朝见。伏惟圣意欲令多官会议逆濠罪状，臣等切惟祖宗以来，凡议拟大罪必于内阁，即古庙议之意，处决重囚必于市曹，即古刑人于市之意。此乃一定不易之成规，百五十余年，莫之敢变。况圣驾亲征逆贼之时，已尝告于天地宗庙社稷，今日奏凯班师，可不复行祭告以答灵贶乎？请圣驾到京之日，先行祭告，俟献俘之后，将逆党请圣断，然后论功行赏，诏告天下。如此则大礼既举，大法以彰，国是不摇，而人心胥定矣。"不纳。

十二月己亥朔。　甲午，上还京。　丁酉，大祀南郊。初献时，上拜，呕血，不能终礼，遂扶归斋宫，盖自是不复郊矣。　丁未，翰林修撰杨慎以病痊，复除原职。　壬子，上力疾视朝。

正德十六年

正月甲寅朔。　戊午，授服阕翰林院庶吉士余承勋、刘世盛俱为编修。　庚申，升礼部左侍郎兼翰林学士石珤为礼部尚书，仍兼学士，掌詹事府。　改南京吏部尚书刘春为礼部尚书兼翰林学士，内阁专管诰敕。　壬戌，大学士杨廷和等言："臣等伏睹皇上于前月二十八日及元旦令节，两次视朝，犬马之情，无任欣庆。近礼部奉圣旨云：'朕体虽已稍平，尚须调理。'臣等职居辅导，地位最亲，任遇既殊于外廷，恩义实同于父子，顾起居之节，不得与闻，食饮之详，无从候问，昼夜思之，倍增忧恐。窃惟治病犹易，调理最难，必加十陪之功，乃收万全之效。伏望皇上勉进药饵，调节食饮，慎重起居，早遂康复，以膺万万年隆长之福，天下幸甚。"礼部及诸文武大臣亦上疏问安，俱温旨答之。　大学士梁储上疏乞休，言："年逾七十，礼宜致仕，况老病不职，尤宜退休。伏望许赐归田，使汛扫先茔，小葺祠宇，举二十年亡妻未举之丧，则生有余荣，没无遗憾矣。"上曰："卿名德耆旧，朝廷方切倚任，近引年乞休，已有旨慰谕，宜亟起供职。原籍父母茔域，令工部遣官修葺，妻室造坟安葬，仍各与祭一坛，以示优礼至意。再不必辞。" 癸亥，上以疾不躬郊祀。 己巳，敕加太子太傅、礼部尚书兼武英殿大学士蒋冕少傅、谨身殿大学士，太子太保、礼部尚书兼文渊阁大学士毛纪少保，改户部尚书兼武英殿大学士，锡之诰命，以三年秩满也。 辛巳，大学士杨廷和、梁储、蒋冕、毛纪言："太常寺缺少卿，吏部累推相应官八员请旨简用，臣等依拟具名上请，未蒙俞允。司礼监官传示圣意，欲令臣等拟旨，命吏部于本寺进士出身人员内推举。切惟本寺额设堂上官五员，从来本寺出身人员与进士出身人员相兼推用，见今五员内，本寺出身者已有三员，寺丞俞九畴、陈道瀛年资皆浅，难以升用，若再越次推升，非惟有坏选法，抑且有伤国体。以此臣等不敢轻易别拟，仍以前票封进，伏乞圣明鉴纳。"不报。

二月甲申朔，上以疾不视朝。 癸卯，荫礼部尚书兼翰林学士刘春子延年为国子生。

三月癸丑朔。 丙辰，礼部尚书兼翰林学士石珤以兄户部尚书玠之丧，上疏乞归葬，言："臣门户单薄，兄弟相依为命，病既不能亲汤药，没又不得亲衾殓，旦夕归土，生死永别，若不躬自掩埋，恐目且不瞑矣。伏乞圣慈念臣兄尝备位九卿之列，惭负大恩，死不能报，容臣暂归，以终大事。"不许。 丙寅，上崩于豹房。先一夕，上大渐，惟太监陈敬、苏进二人在左右，乃谓之曰："朕疾殆不可为矣。尔等与张锐可召司礼监官来，以朕意达皇太后。天下事重，其与内阁辅臣议处之。前此事皆由朕而误，非汝众人所能与也。"俄而上崩，敬、进奔告慈寿皇太后，乃移殡于大内。是日，传遗旨谕内外文武群臣曰："朕疾弥留，储嗣未建，朕皇考亲弟兴献王长子御讳年已长成，贤明仁孝，伦序当立。已遵奉祖训兄终弟及之文，告于宗庙，请于慈寿皇太后，即日遣官迎取来京嗣皇帝位，奉祀宗庙，君临天下。"又传慈寿皇太后懿旨谕群臣曰："皇帝寝疾弥留，已迎取兴献王长子御讳来京嗣皇帝位，一应事务，俱待嗣君至日处分。"于是司礼等监太监谷大用、韦霦、张锦，内阁大学士梁储、定国公徐光祚、驸马崔元、礼部尚书毛澄，奉金符以行。初，司礼监官以太后命，至内阁与大学士杨廷和等议所当立者，既定，入白太后取旨，廷和等候于左顺门。顷之，吏部尚书王琼排掖而入，厉声曰："此岂小事，而我九卿顾不预闻邪！"众不答，琼意乃沮。 是日，又传遗旨，令太监张永、武定侯郭勋、定边伯朱泰、尚书王宪选各营马步官军，防守皇城四门、京城九门及草桥、卢沟桥等处，东厂锦衣卫缉事衙门及五城巡视御史各督所属巡逻，毋得怠玩。又传遗旨，豹房巡视官军劳苦可悯，令永、勋、泰、宪提督统领，加意抚恤，罢威武团练营官军，还营各边，及保定官军还镇，革各处皇店管店官校，并军门办事官旗校尉等，各还卫，其各边镇守太监留京者亦遣之，哈密及土鲁番、僧（佛）郎机等处进贡夷人，俱给赏令还国，豹房番僧及少林寺和尚，各处随带匠役水手，及教坊司人南京马快船非常例者，俱放遣。以上事虽奉上遗旨，实内阁辅臣请于太后而行者，皆中外素称不便，故厘革最先云。 戊辰，颁遗诏。 庚午，皇太后懿旨诛江彬，藉其家。

四月壬午朔。 癸卯，今上至京师。

附 录

《四库全书总目》卷八〇《馆阁漫录》提要

《馆阁漫录》，无卷数，浙江范懋柱家天一阁藏本。不著撰人名氏。据焦竑《国史经籍志》，载是书十卷，题张元忭撰。二人相去不远，必有据也。元忭有《绍兴府志》，已著录。是书所录，皆明成祖至武宗时翰林除授迁改之事，编年纪载，亦间有论断。首题洪武三十五年者，成祖革除建文四年年号，仍称洪武三十五年故也。

《明史》卷二八三《儒林》二《邓以赞传》附

张廷玉等撰

邓以赞，字汝德，新建人。张元忭，字子荩，绍兴山阴人。二人皆生有异质，又好读书。以赞幼见父与人论学，辄牵衣尾之，间出语类夙儒。父闵其勤学，尝扃之斗室。

元忭素羸弱，母戒毋过劳，乃藏灯幕中，俟母寝始诵。十余岁时，以节气自负，闻杨继盛死，为文遥诔之，慷慨泣下。父天复，官云南副使，击武定贼凤继祖有功。已，贼还袭武定，官军败绩，巡抚吕光洵讨灭之。至隆庆初，议者追理前失亡状，逮天复赴云南对簿，元忭适下第还，万里护行，发尽白。已，复驰诣阙下白冤，当事怜之，天复得削籍归。

隆庆五年，以赞举会试第一，廷试第三，授编修，而元忭以廷试第一授修撰。万历初，座主张居正枋国政，以赞时有匡谏，居正弗善也，移疾归。久之，补原官，旋引退。诏起中允，至中途，复以念母返。再起南京祭酒，就，擢礼部右侍郎，复就，转吏部。再疏请建储，且力斥三王并封之非，中言："中宫钟爱元子，其愿早正春宫，视臣民尤切。陛下以厚中宫而缓册立，殆未谅中宫心。况信者，国之大宝，建储一事，屡示更移，将使诏令不信于天下，非所以重宗庙、安社稷也。"会廷臣多谏者，事竟寝。寻召为吏部右侍郎，力辞不拜。以赞登第二十余年，在官仅满一考，居母忧，不胜丧而卒，赠礼部尚书，谥文洁。

元忭尝抗疏救御史胡涍，又请进讲《列女传》于两宫，修"二南"之化，皆不省。万历十年，奉使楚府还，过家省母。既行，心动，辄驰归，仅五日母卒。元忭奉二亲疾，汤药非口尝弗进。居丧毁瘠，遵用古礼，乡人多化之。服阕，起故官，进左谕德，直经筵。先是，元忭以帝登极恩，请复父官，诏许给冠带。至是复申前请，格不从，元忭泣曰："吾无以下见父母矣。"遂悒悒得疾卒。天启初，追谥文恭。

以赞、元忭自未第时即从王畿游，传良知之学，然皆笃于孝行，躬行实践。以赞品端志洁，而元忭矩矱俨然，无流入禅寂之弊。元忭子汝霖，江西参议；汝懋，御史。

奉直大夫左春坊左谕德兼翰林院侍读阳和张公行状

朱赓撰

万历戊子春，太子谕德张公子荩卒于官，其二子皆在越，同邑朱赓与之诀而哭之，哭已，则为经纪其事，敛而再哭失声。已乃手记其平生，有妻子不识而赓识之者，欲以贻其二子，而其长子汝霖奔至京师，亦谓非赓不可作状，将藉手以乞铭焉。呜呼！赓岂谓今日遽为子荩作状哉。状曰：

子荩姓张氏，讳元忭，别号阳和。先世本蜀之绵竹人，为宋相魏公后，咸淳中名远猷者来守绍兴，因家焉，遂为山阴人。太守公九传而生宗盛，宗盛生诏，赠吏部主事。诏生天复，嘉靖丁未进士，仕至甘肃行太仆寺卿，娶刘氏，封安人，子荩父母也。

子荩生而状貌钦鬷，剑眉乔宇，岑准颊颧，识者知其不凡。既就学，诵读不辍口，坐常至夜分，刘安人独一子，又素羸，固止之，则阴篝灯帷中，伺刘安人寝，复起读。一日，太仆公命之对曰："脱颖惭居客后。"应声曰："致身敢让人先。"太仆公大奇之。太仆公为仪部郎，子荩从，每向太仆公物色诸缙绅臧否及朝政得失，太仆公叱之曰："孺子何知，勿妄言。"杨椒山公之就戮也，为文遥奠而哭之，悲凄愤烈，闻者舌吐。尝读朱子格致章，覆卷思曰："无乃倒言之乎！何以云物之表里精粗无不到，而后心之全体大用无不明也。"已闻王文成良知之说，洒然有悟，自是日究心于此学矣。

乙卯，归娶于越，至则邀余及少宗伯罗公一甫同学于侍御俞先生所。俞先生改容语曰："子非吾弟子也。"以师友之间待之。明年，试有司，辄高等。戊午，举于乡。时太仆公督学湖湘，子荩念违子室久，溯江往省，不复置计偕于念，逾年乃归。其后连上春官不第，则筑室龙山之上，复邀余及一甫读书其中，经术世务靡不相与究极，慨然有必为古人之志焉。戊辰，三人同上春官，子荩顾独不第，意方怏怏，而会太仆公以云南武定功为忌者所中，有诏逮讯于滇，子荩自邸中仓皇驰归，身掖太仆公至滇间关，于骇机伏弩之间，幸而得释。则又虑有中变，令所亲护太仆公归，而自以单骑并日驰京师白当道，始得俞旨。旨下，则又以单骑并日驰归慰太仆公于家。父子相抱，且泣且喜若更生，盖一岁而旋绕南北者三，以里计者三万余。时年逾三十，而发种种尽白，人言太仆公可谓有子矣。

明年，入成均，太仓王荆翁为国子司业，一见以国士遇之。辛未，上春官，读书元真观中。一夕，异香满室，隐隐闻神语曰："状元独占春闱。"因以诗纪之。是年举进士，果第一，授翰林修撰。时一甫及余已先授史职，三人复同官，比邻而居，所以淬砺之愈至，而子荩之举礼闱，实一甫所录，里中以为美谈云。

子荩既拜官，益思竭忠说报国恩。会上御极初年，客星经天，御史某以直言被放，科臣救之不得，子荩疏请复某官，且乞取彤管《列女传》进讲两宫，以端化本，语甚激，留中不报。亡何，闻太仆公病，给假省视，至则日夜侍膝下，衣带不解者十阅月，而太仆公竟不起。子荩哀毁骨立，如不欲生，叹越俗居丧燕宾崇佛非制，于是一遵古礼，著为家法，越人有化之者。太仆公为诸生时，尝修山阴志，岁久多逸事，子荩因读礼之暇，续成之。又撰会稽志，事核而详。两邑之有全志始此。

戊寅，免丧，复除修撰，同修《会典》。己卯，充内书堂教习。故事，入内书堂为正其章句，课之对语止矣。子荩曰："此辈他日在天子左右，关主德不细，奈何不预教之。"乃取《中鉴录》亲为条解，用示劝惩。又作训忠诸吟，令歌之，冀其有所感悟。已充经筵展书官，起居馆编纂章奏。庚辰，充廷试掌卷官，代草文官诰敕。壬午八月，皇嗣诞生，赍书告楚中六王，因上匡庐，浮沅湘，取道入武夷，潇然山水间，有吞云梦八九之意。所至多题咏，具《槎间漫笔》中，仍偕同志聚集讲学，远近喁喁向风焉。使竣，以便道归觐太安人。太安人七十衰矣，依恋不忍去，太安人怒而遣之，不得已强行，行不百里，心忽动驰归，归五日，而太安人遂逝。前后两丧，皆以归侍得躬含敛，人以为孝感云。居太安人丧，一如太仆公丧，偃伏苫次，足不涉里门，比葬，则朔望走墓前伏地哭，声动林木，终三年犹一日也。

绍兴郡志自南宋以来多阙不修，会太常孙公矿亦庐居，郡太守并以志请两公分曹而为之，诸人物列传皆属子荩，褒贬予夺不轻置一字，再更岁而杀青。郡邑三志并出张氏父子手，有班、马氏之风焉。

丁亥春，免丧，再补修撰，寻升左春坊左谕德兼翰林院侍读，清理武黄。七月，充经筵讲官。既入侍，见上津津向学，讲臣有所讽劝，和颜色受之，退而喜曰："今而后，庶几效一言之愚，裨圣聪万一乎！"

先是，上登极覃恩，子荩痛太仆公以被黜不得与，上疏请曰："臣父天复为云南副使时，督兵武定，斩逆酋凤继祖首及其党千数，报二十年之逋诛，拓地千有余里，功状甚著。会臣父迁去，忌者中以奇祸，遂诿捐命之伐，久挫于刀笔之前。臣窃痛之，愿以臣应得恩赎臣父罪，臣死无所恨。"诏原之，量予冠服。至是，子荩复上疏申前请。上以其越例渎奏，切责之，竟不许。子荩乃伏而叹曰："嗟乎！吾不能以至诚动天，昭雪父冤，何以见吾父地下乎！"邑邑不乐者久之。体故羸，又中更滇南之难，积忧伤脾。春三月，病转剧，遂不起。临革，一语不及私，惟向余作启手足状，呼陛下者再，又曰："朝廷亦多有人。"且瞑，门人国博曾君凤仪雪涕呼曰："师平日功夫，正在此时用。"复张目拱谢之乃瞑。呜呼！可谓得正而毙矣。

子荩平生以忠孝自许，盖其天性，而日所孜孜者，尤以讲学为急。学宗文成，而每病世之学文成者多事口耳，乃以力行矫之。尝曰："知善知恶是良知，为善去恶是格物，此致良知宗旨也，近谈者非是。"又言朱陆之学本同一源，后人妄以意见分门户，滋生异议。乃取朱子诗文，摘其与文成合旨者汇成一书，曰《朱子摘编》，书出而纷纷异同之说可置弗辩已。居官居乡，必联属同志讲明此学，殆无虚日，盖其志直以天下为己任，而谓非正人心必不可以治天下，非明学术必不可以正人心，此其谆谆大指也。

性刚介，不苟取予，亦不能婥婉事人。江陵公秉政，诸党人趋之若狂，子荩实出其门，顾独恬然自守，岁时旅进一谒而已。及江陵公病，亟门人请祷，谓子荩举首也，宜率先，趣者交至子荩第颔之，竟弗祷。家居不通刺有司，绝当途之交，至于地方利弊，佚材隐德，未尝不极力言之。

浙中旧行均徭赋法，吏因而为奸，百姓嚣然苦之。条鞭法行，稍稍帖席，而吏不得有所逞，乃哗言不便，几动摇矣。子荩移书当道，陈利害甚悉，法得不更。稽山文公祠，天真文成祠，用新例尽毁，子荩叹曰："崇祀先贤，兴起后学，何蠹于地方而以毁？"为多方护持之，所以卒复两祠者，本子荩之力也。

季长沙公本，徐金宪公甫宰，范处士瓘，周处士梦秀，皆乡先生，并言于学使者，得祀学宫。其他闾阎之行，闺门之操，耳目所及，靡不阐扬。尤笃于亲族，亲族待炊者数十家，其不能婚，不能丧，老弱孤寡不能存者，加给焉。两弟生最晚，且异母，太仆公怜之甚，病且革，犹张目睨子荩，子荩跽而泣曰："所不视吾弟如吾子，有如此日。"太仆公乃瞑。其后训抚之恩义备笃，迄于有成。顷讣归，两弟拊膺号曰："吾乃今真死吾父矣。"

越俗浸尚华丽，子荩以淡泊先之，衣必重澣，饭仅脱粟，子弟稍不如指，辄谯让不已，子妇有服珠玉绮绣者，立焚之。暇则率诸孙歌诗堂上，陶然自得，常言此便是羲皇景界，其胸次洒落又如此。

翰林职铅椠，以榰户简出为高，子荩既集四方学者，雍容都讲，而复相与辩论人才，商确当世之务，闻某某称说某某，辄籍记之，若弗克见。国家有大兴除，必反覆询考，曰："即此是学。"于是一时学者争言子荩且为名儒，且为公辅，而子荩亦自言千圣非异学，为之则是，宇宙事非异任，用之则行，隐然若自负焉。惜乎天不假年，赍志以没，宜知不知咸为之太息也。盖闻子荩之生也，其诸父梦文昌降于庭，及其第也，龙山夜鸣如吼。是年水大潦，山裂数处，而郡守忽梦文昌堕地，竟以子荩之卒当之。岂其存亡，固关天地之数哉？

为文平正典雅，耻工鏧悦，所著有《绍兴府志》、《会稽县志》、《云门志略》、《山游漫稿》、《槎间漫笔》行于世，有《不二斋稿》、《志学录》、《读尚书考》、《读诗考》、《皇明大政记》藏于家。生嘉靖戊戌十月十八日，卒万历戊子三月二十五日，享年五十有一。配王氏，封安人。子二，汝霖，即余堉；汝懋。孙七，燿芳，燬芳，炳芳，炜芳，烨芳，俱汝霖出；炯芳，炤芳。孙女二，一许字余孙体元，俱汝懋出。

余尝考国朝科名，以甲魁为卿相，勋德并茂，垂鸿无穷者，亡论已。乃位不越中大夫，而名播寰宇，没世之后，犹蒙表章，则一峰罗公伦、梓溪舒公芬、念庵罗公洪先三君子之外，靡得而闻焉。三君子所谓不愧科名者也，岂其卿，岂其相哉？子荩之造，即未知其所止，要之，理学同，气节同，官不过五品又同，安知后世无表章子荩，以继三君子之躅者乎？余故状之，以干于名世元老铭诸墓门，使后之人有所征信焉。

（《朱文懿公文集》卷十一）

明奉直大夫左春坊左谕德兼翰林院侍读阳和张公墓志铭

王锡爵撰

太子左谕德张君者，笃学好修，卓荦有大节，予从太学诸生中识之。既贵，节益坚，名亦益显。予心仪张君，浸假而为清镛、为大吕乎？庶几鸣国家之盛，而今已矣。悲哉！

张君讳元忭，字子荩，别号阳和。其先盖蜀之绵竹人，宋相忠献公之后也，徙家越之山阴，代有闻。十传为赠吏部主事诏，诏生天复，以进士官至甘肃行太仆寺卿，配刘安人，生君。君生而古貌魁然，稍长，好读书，安人怜之，戒无溺苦于学，君乃张灯幕中，俟母寝夜诵，不令母知。总角时，岳岳负意气，数矢口谈国政得失、人物臧否，太仆公故抑之不答也。会杨忠愍谏死，君遥为诔词，慷慨泣下沾衿，太仆公乃色喜，大奇之。尝读书至朱子格致篇，辄乙其处而沉思。已闻王文成良知之说，遂潜心理学。既冠，偕今朱宗伯、罗少宰受学于俞侍御，侍御雅重君才行，不敢以弟子礼礼君。

嘉靖戊午，举于乡，数上公车不第，下帷龙山之阳，喟然叹曰："圣贤学自有真，曲士抱虫蛙之见，不务即心证圣，而猥踽其下风，壹何陋也！"戊辰，归自京师，而太仆公有滇难。盖太仆公故尝副滇臬，击武定畔夷有功，忌者中以蜚语，卒从吏讯。君身掖太仆公万里赴逮于滇，已复驰如京白状当事者。比有诏免太仆公官归越，复驰如越，屦及门，血缕缕灭趾，天下闻而哀之。庚午，游太学。明年，举南宫，射策称先皇帝指，赐第一甲第一人，授翰林修撰。君自以遭逢圣明，释跻取上第，廪廪期有以自树，毋愧科名，日橐笔守官下，搜罗金匮宪典而研究之。词林故清署，史臣第雍容以文墨相高，稍涉事，辄引代庖为解，君独聚徒讲求世务人才，相与籍记之，户外屦常满。每抵掌论天下事，不为首鼠两端。

今上元年，君尝疏直御史某，且请进讲《列女传》于两宫，以修"二南"之化，不报。戊寅，免太仆公丧，起家奉旨教习内书堂。君曰："若曹星近皇位，不可去，可使习为善，勃貂管苏非人乎？"乃取《中鉴录》自为条解，又作训忠诸吟，令歌之。寻管理诰敕，直起居馆。会皇子生，奉书告楚藩，因上匡庐，浮沅湘，还，取道武夷，所至多题咏，具《槎间漫笔》中。已过家省太安人，太安人趣君行复命，君行，固不乐，比出境，忽心动驰归，归五日而太安人病不起矣。盖君在词林，一予告，一奉使，再归里中，而二尊人丧，乃再与期会，皆得耳受治言，躬亲楄柎，藉干之事无遗憾，人以为孝感云。丁亥，起家用词林，久次超为左春坊左谕德兼翰林侍读，清理武黄，寻充经筵讲官。既入侍金华，退而叹曰："明主方孳孳向学，呕喻受讲臣风劝，而讲臣不竭忠毕智以迪宸听，非夫也。"每喁喁然盟心待对，冀有所感孚焉。

初，上御历覃恩，君即疏白太仆公冤状，请以恩及己者移太仆公，诏予太仆公冠服。至是，复申前请，忤旨格不行。君仰天泣曰："吾不可以下见吾父矣。武定之役，吾父躬擐甲胄，斩首虏千级，口碑具在。乃今幸事明主，而不能为父洗沉冤，长负君亲，吾死为后。"盖君常深念两世登朝，父建功不雠志以殁，愿以身代父报国，而卒且徼国恩报父，故终其身，有缇萦之恨，竟以此郁郁致疾。疾革，顾弟子呼陛下者再，又曰："朝廷亦多有人。"乃瞑。

君平生雅志圣贤之学，学宗王文成，然不空事口耳，颛务以实践为基。尝曰："知善知恶是良知，为善去恶是格物，近世学者，徒剽文成之外郭耳。"又谓朱陆同源，而末流乃岐之，非是，手摘考亭所论著与文成意符者汇集之，题曰《朱子摘编》，以祛世儒之惑。特操端介，绝不喜媕婀事人，然坦焉躏中庸之庭，亦不欲以奇行自见。盖君之进也出江陵门下，当其炎炎时，卑者蚁附，高者鸶鸣，而君不随不激，有以自守。尝语余曰："某门人也，皂囊白简之事，当以待他人。乃若丧请留病请祷，某即死弗为之矣。"里居数年，私刺不及公门，然事关公义，则侃侃无少避，如议赋法，议不毁两贤祠，议祀四先生于学，越人至今诵为美谈。

天性孝友，侍太仆公若安人疾，汤药非口所尝弗进。比卒，栾栾柴瘠，丧葬悉遵古礼，尽革燕宾崇佛诸敝俗，越人化之。有异母弟二人，太仆公病，以属君，君拊之，恩义隆备，两弟怙君，忘父之亡也。居常饭脱粟，衣浣补，而赈施宗党若弗及。盖君行谊力追古人，虽他多类是。

其文章春容尔雅，粹然一出于正。初，太仆公作《山阴县志》未成，君续成之。已又创《绍兴府志》、《会稽县志》，义严衮钺，足称一方信史。他所著有《云门志略》、《山游漫稿》、《槎间漫笔》行于世，又有《不二斋稿》、《志学录》、《读尚书考》、《读诗考》、《皇明大政记》藏于家。

君生嘉靖戊戌十月十八日，卒万历戊子三月二十五日，春秋堇衍大衍之一耳。娶于王，封安人，子二，汝霖、汝懋，俱太学生，女一，字范绍裘。霖子五，燿芳、燨芳、炳芳、炜芳、烨芳，懋子二，炯芳、炤芳，婚娶皆名家。越人为余言，始君族中盖梦文昌降而君生，其后龙山鸣而君第，又其后龙山暴裂，长吏梦文昌堕而君死，始终殆关天地气数。夫天地实钟其气数以生君，而又死君，竟使功业不显，何也？然君既死，而学士大夫之推毂君滋甚，金谓明兴，大廷首举诸硕哲位不过五品，而名重天下，唯一峰、梓溪、念庵三先生，得君而四之。岂非以其立言立德，自有不朽者在邪？夫三先生皆轗轲不遇世，故其名彰，而君优游金马门，名轳与三先生埒。诗不云乎，"鹤鸣于九皋，声闻于天"，君子亦务暗修质行而已，奚必奇节哉！余重有慨于君，因为之铭。铭曰：

扶舆孕灵,爰降文星。山鸣于里,策冠于廷。既鸣胡裂,星光随灭。灵气还空,哲人归穴。悠悠古今,孰怆我心。尔贞尔介,而表正儒林。式如玉,式如金。吁嗟乎铭石在阴,将永世怀尔之德音。

(《张阳和先生不二斋文选》卷首)

按:据《隅园集》卷十五,此文为陈与郊代作。二文字句略有出入。

明奉直大夫左春坊左谕德兼翰林院侍读阳和张公墓表

罗万化撰

呜呼!此为余友宫谕张公子荩之墓。余之获交子荩也,自嘉靖丁巳,与大宗伯朱公少钦同师事侍御俞先生之门。余长子荩一岁,少钦长余一岁,三人相视称莫逆云。已余与少钦俱成隆庆戊辰进士,先子荩授史职,而子荩随以辛未登第,官翰林修撰。余三人复比舍联床,切磋究竟,宛如同学时,何其欢也。讵今万历戊子,而子荩逝矣。呜呼,痛哉!少钦业为状,以请铭于相国王公荆石,而复命余化表诸墓。顾余安忍也,盖屡操笔而屡废者久之,虽然,谊安能无一言以慰子荩。

按子荩姓张氏,名元忭,别号阳和。先世故绵竹人,为宋相魏公后,徙家山阴。入国朝而父太仆公天复以仕显,母为刘安人,梦文昌降于庭而子荩生,古貌棱棱,双眉载立,识者已谓不凡。及长,嗜学,诵读不倦,而慷慨负意气,议论侃侃。常从太仆公于仪部,每每询缙绅臧否、时政得失,隐然已见激扬之志。杨忠愍公死谏,为文哭奠,词意悲愤,闻者伟之。读朱子格致篇,辄覆卷沉思,务求所安。已闻王文成致良知之说,恍若有悟,喟然叹曰:"学在是矣。"自是日究心焉。

戊午,举于乡。时太仆公督学湖湘,子荩罢计偕往觐,逾年始归,筑融真堂于龙山阳,讲学其中。后连上春官不第,而会太仆公有滇难,下石者蜩毛集之,子荩以一孱书生力脱奇祸。盖期年而吞吐蛮烟瘴雨中,叩阍号呼,洎于父子相抱泣于庭,事卒以白,而子荩之精力顿耗是矣。

既入中秘,自以释跻取上第,期有以自树,无愧科名,称圣明之遇,日弸笔馆下,搜金匮石室之藏而研究之。词臣雍容文墨,率摊户简出为高,子荩独聚徒讲求世务人材,有得辄籍记之。至国有大兴除,必反覆询考,务协于一。会上御极星变,御史某以直言被放,子荩疏请复某官,且乞取彤管《列女传》进讲两宫,语甚切至,不报。无何,闻太仆公病,给假省视,归躬汤药者十阅月,而太仆公卒,子荩哀毁骨立,杖而后起。免丧,起家同修《会典》。已充内书堂教习,昭鉴训忠,期埏埴正人,以备仆御之选,盖有古大臣之思焉。已又充经筵展书官,代草文官诰敕,直起居注馆。会皇嗣生,奉书告楚中诸王,匡庐、沅湘、武夷诸洞天福地,足迹靡不遍至,必有会,会必有记,奚囊中珠玉累累也。使竣,以便道归觐太安人,依依膝下不忍去,而太安人盛色督之行，行不数舍，心忽动，驰归，归五日而太安人不起矣。前后两丧，皆以归侍得躬含殓，人以为孝感云。再免丧，起家用词林，久次擢春坊谕德，清理武黄，寻充经筵讲官。既入侍，见上津津向学，时霁颜色纳讲臣讽劝，退而色喜，谓宗社幸甚，庶几抱微忠，伸末议，靖献于万一也。

初，上御历覃恩，太仆公以坐诬被黜，不得与，子荩疏白冤状，请移恩太仆公，诏予冠服。至是，复恳疏以原官请，上以其违例渎奏，切责之，竟不许。子荩大窘，伏地恸不休，痛澒洗之不行也，控吁之无地也，乌鸟之私格而贯日之诚微也，竟伏枕奄奄，寻至病革。时余遭大故，跧伏苫块，惟少钦守邸中，得与子荩诀，启手足示之，呼陛下者再，且曰："朝廷亦多有人。"张目拱手，谢门人之请，遂殁。呜呼，讵谓子荩而止此耶！

子荩少负奇禀，忠孝大节，明发不忘，自总发以及艾，行己守官，耿耿为宇宙奇男子，而寻厥本源，则良知一脉，远宗文成，而体验实践，自得为多，每谓学者皆说良知，不说致良知，去师门宗旨远甚。又曰："上智即本体为工夫，下学用工夫合本体。"其超悟融释，表里洞贯，不让诸入室弟子，而矫偏救弊，以羽翼师说，则子荩之功有焉。尤惓惓接引后学，成就人材，性刚直，嫉恶如雠，至于奖善常若不及，如复文公、文成两贤祠，祀四乡先生于学宫，议条鞭法便于民众，建庞公去思祠，推创法之功，以示不摇，皆本子荩力也。居恒负天下志，间偕乡先生燕集，胥目子荩为麟阁中人，愿以古名臣传及国朝经济录为相业助。子荩莞尔曰："怵徼先生宠灵，得事明主，执《秦誓》一篇重足矣。"其自任之重如此。以故一时内外缙绅，莫不以伊吕器归之，而子荩亦不复固让。至处权势机窦间，不激不随，漠如也。

文章春容尔雅，粹然一出于正。初，太仆公作《山阴县志》，既成，子荩为续其后传。已又修《会稽县志》、《绍兴府志》，义严衮钺，称一方信史。然并出张氏父子手，人谓有班、马氏之风云。

抚异母弟恩义备笃，尤厚于亲族，待以举炊者数十家，孤寡老弱昏丧皆有给。越俗浸尚奢靡，居丧燕宾崇佛，子荩以礼节之著为家法，人多化焉。衣必重瀚（澣），饭仅脱粟，子弟稍不如指，辄谯让不已，子妇有服珠玉文绣者，立焚之。暇则率诸孙歌诗堂上，陶然自得，人莫窥其际，大都从虚明一窍中作用，无失其本来者而已。

余尝谓少钦缜密而有不为，子荩刚毅而有必为，皆任道之器，而余以浅衷弱植左右二公间，庶几箴砭薰培我也。而今子荩逝，失一良友矣，可胜痛哉！子荩以五品终，格于令不得请谥与赠。越三年，吏部邹君元标以子荩请得如罗公伦例，以为不愧科名者劝。少钦状子荩，谓后必有表章之者，不谓近在吏部也。子荩可无憾矣！

子荩娶王安人，纯德懿行，著于内外。子汝霖、汝懋，诸孙玉立，所以绍休嗣美者，且世世弗绝，皆子荩之所留也。爰碑刻石，用识余思，以诏来者。

（《张阳和先生不二斋文选》卷首）

郡志小传

孙矿撰

郡志既传布未一年，而子荩卒。子荩名元忭，太仆天复长子。余庚午冬与子荩为文会，熟其为人，于时虽为举人，即有大志，慨然论天下事矣。先是，太仆公有滇南逮，值病，子荩扶掖往，艰辛万里，乡人称焉。事卒得白，已乃摭他事除名。语在太仆传中。

明年辛未，登进士第一，授修撰。又明年，值覃恩，则上疏力白太仆公冤，诏特许复官，盖异数也。于时部覆疏，固云后有比者，必其子亦如元忭，乃得许可，知其难矣。是岁有星变，子荩上疏言事，甚激切。既上，以揭帖诣时相，相不出见，第遣人谓曰："如此门生者，十五年即望代我，何见小如此。"又曰："既如此，我亦不为渠地。"子荩曰："待为地，当不上疏矣。"竟出。语传入，时相曰："此人当病狂矣。"疏久不报，子荩遂请告。

既而遭太仆艰，仍起故官。居京师则讲王文成之学，世方讳讲学，子荩不顾，二三同志常有会。是时知子荩者，咸期为公辅，而子荩亦隐然自任。于人材及边务，至他生民利病，皆手有记。慎取与，持身如捧盈。壬午秋，使楚。明年，遘刘安人难。后二年，修郡志。乃又亟称王文成，以为事事可师，与商时事得失，较若鉴照。所论说皆可施用，又皆出独见，不随人低昂，益渊邃有诣矣。然每谈未尝不极口言太仆之负屈也。

子荩少多疾，以好学益羸，色青黑，骨瘦如削，又多痰，然家人小事必咨，应酬间锱铢必求诸礼，无忽慢也。至京，晋谕德，复上疏理太仆事，诏不许，仍诃责，人谓太仆前已逾例，兹举不其可已，然子荩夙志如此，当必有伤心者矣。子荩沉毅多智虑，其见义奋然敢任，不远嫌疑，固昔人所谓国器，竟未究其志，惜哉！

初，余与子荩分辑郡志，子荩专人物，其三篇有录无书，萧公复属余续成之。嗟乎！良友已矣，青简尚新，叔夜阙一以自儗，固有此耶？因流涕次子荩事附焉。

（《张阳和先生不二斋文选》卷首）

皇朝词林典故

[清]朱珪等纂

目　录

续纂词林典故序	574
谕旨	575
皇朝词林典故书成联句有序	576
职名	594
进表	597
例言	599
皇朝词林典故卷一　圣谕	601
皇朝词林典故卷二　圣谕	605
皇朝词林典故卷三　天章	612
皇朝词林典故卷四　天章	624
皇朝词林典故卷五　天章	635
皇朝词林典故卷六　天章	646
皇朝词林典故卷七　天章	657
皇朝词林典故卷八　天章	671
皇朝词林典故卷九　临幸盛典	677
皇朝词林典故卷十　临幸盛典	681
皇朝词林典故卷十一　临幸盛典	685
皇朝词林典故卷十二　临幸盛典	689
皇朝词林典故卷十三　临幸盛典	694
皇朝词林典故卷十四　临幸盛典	700
皇朝词林典故卷十五　临幸盛典	707
皇朝词林典故卷十六　临幸盛典	712
皇朝词林典故卷十七　官制	717
皇朝词林典故卷十八　官制	722
皇朝词林典故卷十九　官制	729
皇朝词林典故卷二十　官制	735
皇朝词林典故卷二十一　职掌附詹事府	741

皇朝词林典故卷二十二	职掌	747
皇朝词林典故卷二十三	职掌	755
皇朝词林典故卷二十四	职掌	760
皇朝词林典故卷二十五	恩遇	767
皇朝词林典故卷二十六	恩遇	773
皇朝词林典故卷二十七	恩遇	777
皇朝词林典故卷二十八	恩遇	781
皇朝词林典故卷二十九	恩遇	786
皇朝词林典故卷三十	恩遇	792
皇朝词林典故卷三十一	艺文	796
皇朝词林典故卷三十二	艺文	803
皇朝词林典故卷三十三	艺文	811
皇朝词林典故卷三十四	艺文	817
皇朝词林典故卷三十五	艺文	825
皇朝词林典故卷三十六	艺文	833
皇朝词林典故卷三十七	艺文	841
皇朝词林典故卷三十八	艺文	849
皇朝词林典故卷三十九	艺文	856
皇朝词林典故卷四十	艺文	864
皇朝词林典故卷四十一	艺文	874
皇朝词林典故卷四十二	艺文	879
皇朝词林典故卷四十三	艺文	887
皇朝词林典故卷四十四	艺文	894
皇朝词林典故卷四十五	仪式	900
皇朝词林典故卷四十六	仪式	907
皇朝词林典故卷四十七	仪式	913
皇朝词林典故卷四十八	廨署	918
皇朝词林典故卷四十九	题名	923
皇朝词林典故卷五十	题名	939
皇朝词林典故卷五十一	题名	950
皇朝词林典故卷五十二	题名	963
皇朝词林典故卷五十三	题名	972
皇朝词林典故卷五十四	题名	982
皇朝词林典故卷五十五	题名	995
皇朝词林典故卷五十六	题名	1007
皇朝词林典故卷五十七	题名	1018

皇朝词林典故卷五十八　题名	1038
皇朝词林典故卷五十九　题名	1056
皇朝词林典故卷六十　题名	1079
皇朝词林典故卷六十一　题名	1095
皇朝词林典故卷六十二　题名	1114
皇朝词林典故卷六十三　题名	1124
皇朝词林典故卷六十四　题名	1143
附录	1149

续纂词林典故序

乾隆戊辰,《词林典故》书成,大学士张廷玉等以序请圣制弁于卷首。

辉腾东壁,彩焕西清,于千万年,敬稽旧制。洪惟我皇考临御六十载,阐一道同风之盛治,开寿宇作人之嘉祥。鸿才硕彦,济济跄跄,登芸署、游凤池者,以千万计。承右文重道之泽,敷郅治保邦之猷,岂徒炫染才华、研炼词赋而已哉?前书仅八卷,今自戊辰至嘉庆甲子,又续增至六十四卷,具昭储才之盛,弥钦化育之隆。

予小子敬承大业,益矗求贤。登玉堂之国士,其思经世载道,立言牖民,务修根柢之学,毋尚虚车之饰。弼予莅政,庶期化民成俗,实有厚望焉。乙丑仲冬月,大学士朱珪请序。敬阐皇考前序之深意,续书于后,以志我朝木天之盛轨。奎璧珠辉,凤池华翰,与四库、石渠同垂奕禩、永昭不朽矣。

嘉庆乙丑仲冬御笔。

谕　　旨

嘉庆十年十一月十八日，内阁奉上谕：

据翰林院掌院学士朱珪等奏，恭纂《皇朝词林典故》，全书告竣，缮写正本进呈。朕详加披阅，编辑尚为详备。所有总裁、总纂、提调、纂修、协修、分校、收掌各员，虽据奏称不敢仰邀议叙，但念卷帙繁多，纂办完善，均著加恩，交部给予议叙。其誊录、供事应行议叙人员，并著分别等第，咨部照例给予议叙。全书副本，即著发交武英殿刊刻，摺单并发。

钦此！

皇朝词林典故书成联句有序

纪儒臣之荣遇,文章与职业俱崇;裒艺苑之前闻,馨烈共图书不朽。溯槐厅而谘掌故,旧帙重排;胪枫陛以效赓飏,初筵式焕。春韶写庆,簪毫集大雅之材;清禁宣题,授简际成书之日。粤自周官,职称太史。汉廷赋托翰林,金马名儒,西京特传,待诏兰台,令史东观,兼摄修书。沿及三唐,盛于两宋。冠集贤而名院,标丽正以分曹。省郎兼任于秘书,学士专知夫制诰。员屡增于仪凤、神龙而后,品遂跻于北扉、东阁之间。时政起居,综著作,别开史局,国书除拜,预机密,仍直经筵,林牙体峻。夫辽京判院,秩优于金代。元尊承旨,置编撰而监领崇文。明重礼贤,典诏敕而洊参大政。

国家肇开区宇,广设制科。戎衣而集大勋,勇略曾闻马上;礼罗以延庶士,名贤尽入彀中。考卜论都,文馆聿基内院;止戈定鼎,词臣始立专官。裕文通武达之猷,桢、榦留于弈世;综茂实英声之彦,《雅》、《颂》出自熙朝。我皇考道协贞恒,功兼揆奋。运辰枢而端帝范,作君统以作师炳。云汉而倬天章,吉人郁为吉士。美繁林之荟蔚,玉署天临;聚文府之珪璋,瑶阶日丽。需云恺宴西园,摅五字之吟;晋昼便蕃东壁,蔼三霄之瑞。翻史乘而宠荣未有,荟冠绅而感幸非常。命勒简编,用垂铅椠。首陈巨典,眉列诸门。旁搜瀛岛之丛谈,远引木天之懿躅。牒森宝字,上尘乙夜之观;笈粲鸿仪,迥轶三雍之盛。

洎夫龙躔周甲,纪元恰值羲年;因之凤诺重申,命驾祗遵轩轨。屴然堂构,敢忘继志述事之规;邈矣羹墙,夐循稽古右文之绪。聿勤朴斲,饬将作以鼎新;载惬游歌,指卷阿而萃止。长言依永,仿柏梁汉氏之遗;旧韵翻新,仍翰墨唐贤之句。承筐络绎,答鱼藻而上下情通;赐斝雍容,偕燕衎而中和奏叶。式钦前典,可无玉版之书;庸续后编,更睹瑶华之籍。检册则数符易卦,演八位以成文;体裁则例起班书,汇一经而媲美。日光玉洁,圣言阐道德之华;云焕星辉,宸翰示神明之矱。

标题压卷,似创而因;缀拾成编,愈搜弥广。象占戴斗,地分鳌禁。螭坳衔羡条冰,人仰柯亭刘井。蓬池斫鲙,清华则望拟登龙;沙苑骑麟,敏给则才堪倚马。经帷侍直,赐居特近太清;禁扁宣毫,题牓讵矜飞白。一家著录,表同世系之图;千佛名经,壁陋郎官之记。事本同条,以贯端委;珠连义原,相辅而行。部居鳞次。汇通材之用,则仲舒知古,崔琳识今;收众体之长,则庶子衔华,右丞佩实。以视李肇特椎轮创始,陈骙第馆阁沿承。洪遵之淹贯群书,徒形繁冗;黄佐之侈陈一代,未集大成。伟兹鸾掖之编摩，悉是麟台之典要。元元本本，期殚见以洽闻；雅雅鱼鱼，贵披文而相质。济巨川而作霖雨，实有望焉；接华盖而履金銮，此其选也。

属以青阳启序，左个联茵，锦贮罗函，西清载笔。传柑索句，如紬藏室柱史之篇；赐茗催吟，讵夸子墨客卿之侣。擢翘秀于梗楠杞梓，奖以储才；屏浮艳于月露风云，勖之励品。先器识，后文艺，敬承彝训于当年；备顾问，职论思，肯让飞腾于前辈。龙光志喜，凡百尔各凛书思对命之忱；虎拜扬休，予一人倍殷责实循名之旨。爰摛弁语，仡𠎀矢首。

[御制]诞敷政治本文章，东壁辉腾万丈长。寿考作人六十载，我皇考高宗纯皇帝纯常行健，久道化成，文命覃敷，用致薄海同风之盛。御极六十余年，自初元洎于授玺，举春秋试各二十七科。又于乾隆初年，举博学宏辞、经明行修、贤良方正等科，其婹雅尤著者，率多擢入词垣。他如巡幸江浙、山东、津淀，召试拔取俊秀，钦赐举人及内阁中书，其后成进士，官翰林，藉为入仕之阶者，不可胜纪。旁求俊乂，立贤无方，所以广菁莪之乐育，轶棫朴之作人。教养之隆，搜罗之备，实旷古所未有也。

贞恒成化四三皇。昔瞻凤葆临蓬苑，乾隆八年冬，高宗纯皇帝以翰林院署岁久倾圮，诏颁大府金重加修葺。九年十月，敕所司诹吉送掌院学士鄂尔泰、张廷玉进院，上亲临锡宴。考前代帝王临幸词苑，自宋太宗雅尚文儒，太平兴国，中聿新玉堂之署，行幸其地，时苏易简当制，古今以为美谈。其后绍兴、淳熙间，屡幸秘书省。有明永乐、宣德年间，幸文渊阁，并至史馆。然其莅止銮坡、秘省，皆在披垣之内。国初太宗文皇帝、世祖章皇帝屡幸内院，披寻《典》《坟》，谘访治道。其时内三院亦在禁中，迩天光而停日御，荣莫大焉。至若院署在禁城之外者，则臣僚公廨，非敢望乘舆之光贲也。乃景运方升，文明大启，车驾亲临，鸿仪式焕。凡官翰林者，皆得仰承天语，列席赓飏，洵玉堂仅见之遭逢也。特纪鸿编志玉堂。是年，临幸翰林院，礼成，掌院学士鄂尔泰、张廷玉顿首入谢。以翰林地望清华，古称仙署，盛事美谈，我朝尤为繁夥。因请裒集成编，以扬麻光而表鸿懿。温旨允行。遂甄综故实，分类排纂。书成，名曰《词林典故》。继体崇文合符节，皇上缵承鸿绪，绍举上仪，叠矩重规，懿铄隆茂。至临幸翰林院，一切仪文赓咏，悉遵前典。先圣后圣，同符合揆云。[臣永璇]

传心迪典耀琳琅。我皇上既举临幸之典，爰命掌院学士朱珪、英和续辑《皇朝词林典故》。盖前编辑至乾隆十年，自是之后，支干一周，凡殊恩旷典增重艺林者，不一而足，皆当以次排纂。又逢銮辂躬临，心传阐绎，怀瑾握瑜之士，蹈德咏仁，轩鼚鼓舞，尤非楮墨所能罄。此书续修至嘉庆十年，记载宏富，炳炳麟麟，益臻大备。远征掌故孚名实，乾隆十三年，钦定《词林典故》，旁搜博采，淹贯前闻，于历代词林创置沿革，掌故遗文，犁然毕具，洵足为槐厅之秘典，芸署之宝书。考镜源流，莫详于此。近勒经猷举要详。《词林典故》一书，溯流穷源，兼考前代。此编续纂，仿班史之续龙门，专胪昭代，因遵钦定皇朝"三通"之例，名曰《皇朝词林典故》。体例虽同，繁简各异。仰见我朝重道崇儒，振兴文教，非往代所可匹休，用昭郅隆之盛轨焉。数衍羲爻篇益富，前书八卷，成于戊辰。书凡八门，卷一曰临幸盛典，恭载高宗纯皇帝幸院锡宴、分韵赋诗、联句赐赉诸典礼。卷二曰官制，叙述词林缘起，历代名目，皇朝因时制宜，厘工熙载，本末粲然。卷三曰职掌，胪载词臣书思对命，以著人文华国之效。卷四曰恩遇，恭纪我朝优眷儒臣，恩意稠渥，迥非前代赏花钓鱼、狎习宴私所可伦比。而唐宋以来，艳称为词僚荣遇者，亦详志焉。卷五曰艺文，建首唐贤至于当代韵语鸿文，必其有资典故、备考鉴者，始行录入，以戒泛滥而慎体裁。卷六上曰仪式，翰林品流，贵于诸职，趋班侍直，典制攸关。其厘自圣朝著为令典者，胥详载无遗。卷六下曰廨署，蓬山阆苑，比拟神仙，衙署迄无专属。我朝规模闳远，体制赅详，翰、詹列署，始昭定制。七、八两卷曰题名，我朝人文炳蔚，馆职增荣，若掌院教习，讲官内直，馆选庶常，以官系年，以年系官，仕进之先后，科目之甲乙，罔不具书。爵里姓氏，彬彬可考。前编所列，体例如此。益以后编六十四卷，纂辑滋繁，篇帙益富，儗诸《周易》重卦，权舆于八，衍之为六十四，数适相符，而参伍错综，足括图书之赜矣。［臣绵恩］

例沿汉记事增芟。续编《皇朝词林典故》六十四卷，成于乙丑，敬增圣谕、天章二门，弁诸卷首，以下各门，仍依原书次第，采取前书，间补未备。近年典章为原书所未及载者，搜罗编纂，罔有阙遗。第一卷、第二卷恭载列圣谕旨、皇上谕旨为圣谕门。第三卷至七卷恭载三朝圣制、皇上御制诗章。第八卷恭载三朝圣制、皇上御制文。以上为天章门，凡六卷。第九卷恭载高宗纯皇帝临幸翰林院，皇上祗率前谟，再举斯典。第十卷、第十一卷载分韵赋诗。第十二卷载联句诗。第十三至十六卷载诸臣赓和圣制、御制诗篇。以上为临幸盛典门，凡八卷。第十七至二十卷敬遵《钦定会典则例·品级考》纂辑，詹事府为词林升转之阶，一并载入，为官制门，凡四卷。第二十一至二十四卷载典章制度损益大端，其余惟载现行事例，凡远年旧制，概就删除，以免繁冗，为职掌门，凡四卷。第二十五至三十卷载殊常旷典、逾格优擢及制科大考诸事，实为恩遇门，凡六卷。第三十一至四十卷载古今体诗。第四十一卷载疏表奏摺。第四十二至四十四卷载序记赋颂跋题，皆述事纪恩之作，无事旁推，而翰林为文章渊薮，搴词林而酌笔海，已称巨观。以上为艺文门，凡十四卷。第四十五至四十七卷敬遵钦定《会典》、《通礼》二书，纂载朝会祭祀侍班之仪，旁及莅任常参晋接之礼，为仪式门，凡三卷。第四十八卷载翰林院、詹事府、教习馆，直庐、直园、起居注馆专隶词林，因亦附焉，为廨署门。第四十九至五十六卷载馆选题名，虽仿前书之例，而前书止载姓字、籍贯，此则兼采《新唐书·世系表》遗意，一家并入词林者，详载渊源，以著科目之盛，蔚为国华。他如历官阶级，及锡世爵，加宫衔，赐谥赠官，配飨太庙，特予专祠，入祀贤良，国史有传，皆得附书。第五十七至六十四卷，凡掌院教习办事，经筵讲官日讲，起居注官，文渊阁领阁事、直阁事、校理入直南书房、尚书房，词科、经学改补馆职，姓字悉详焉。以上为题名门，共十六卷。后编所列体例如此。全书名《皇朝词林典故》，实用东观《汉纪》之例，而《汉纪》虽系名东观，事则擷撮一朝，博而不备，不如此书体例谨严，名实相孚，为有伦有要之书也。部居井井分鳞次，条贯绳绳絜目张。前后两书，发凡起例，大略相同，而前编则考列代之源流，后编则勒本朝之制度，义旨各有所存。至其简繁各当，条目相承，洵足昭美备而垂典则矣。弁冕奎文标巨什，《词林典故》书成，高宗纯皇帝允大学士张廷玉之请，亲洒宸翰，序文弁首，次载题辞四首。乾文奎画，炳曜琼篇，恭绎序文，有曰："国家右文重道，将以淑世熙绩，继往圣之绝学，开万世之太平。"题辞有曰："尽有研京并炼都，导言何用但吹竽。"仰见圣学渊微，崇本抑末。是书已著录秘阁，不仅为木天之令典也。［臣绵亿］

璘彬睿制丽重光。《皇朝词林典故》告成，大学士朱珪请序，我皇上敬阐前序之意，制文冠于简端。恭读序曰"登玉堂之国士，其思经世载道，立言牖民"，"弼予莅政"，所以奖励而期望者，至为深切，不徒丰编照世、宝字交辉已也。排签奉敕毫抽紫，脱稿呈函帕覆黄。皇上幸翰林院，礼成，掌院学士朱珪、英和率翰林等续修《皇朝词林典故》，至嘉庆十年十一月而全书告竣，缮写正本进呈，奉旨发交武英殿刊刻，十三年冬，刊本又经告成。八伯联赓罗几砚，岁首联吟，重华庆典，所以著一时明良喜起之盛。本年奉命以《皇朝词林典故》为题，用寓优礼文儒之旨。臣等因得联茵授简，各抒拜献，服膺抃舞，曷罄形容。［臣庆桂］

[御制] 四朝垂训式圭璋。我朝圣圣相承，神谟式焕，所以垂训后人者，典则周详，用人行政之大，律身行己之严，法守昭然，久垂宝册。此书体裁不能尽载，惟恭录训饬儒林、敦崇士习之谕旨，俾居是官者，恪遵圣诲，实践躬修，以仰副重熙累洽、乐育英才之至意。讲筵日御研经籍，恭读康熙九年十月圣祖仁皇帝谕礼部曰："帝王勤求治理，必稽古典学，以资启沃之功。朕于政务余闲，惟日研精经史，念经筵日讲，允属大典，宜即举行。"十二年，谕讲官熊赐履曰："《大学》'格物'二字，包括无余，但其间有根本，有切要，非泛骛于器数之末，为支离无本之学也。"又谕曰："天地古今，大本大原，只是一理，故曰一以贯之。然则博文约礼工夫，合当如是。"十六年，谕讲官曰："尔等进讲经书，皆内圣外王修齐治平之道，朕亦孜孜详询，每讲之时，必专意以听。但学问无穷，不在徒言，惟当躬行实践，方有益于所学。尔等仍愈加直言，毋有隐讳，以助朕好学进修之意。"二十二年，又谕讲官曰："经筵关系大典，必君臣交儆，上下相成，方有裨于治理。向来所拟经筵讲章，但切君身，此后当兼寓训勉臣下之意，庶使诸臣有所警省。"乾隆五年，皇考高宗纯皇帝谕讲官曰："经筵之设，原欲敷宣经旨，以献箴规。人君临御天下，敷政宁人，岂能毫无阙失，正赖以古证今，献可替否，庶收经筵进讲之益。务当剀切敷陈，期有裨于政治学问，勿尚铺张溢美之虚文，而无当于稽古典学之实义。"恭绎列圣训谕，剀切详明，用成执两用中之治。予小子寅绍丕基，敬修所愿，惟期念典绍闻，克承先绪，所为夙夜单心者也。通鉴亲评饬纪纲。康熙二十四年，圣祖仁皇帝南巡，谕扈从诸臣曰："朕喜观书史，遍阅圣贤经传，而《通鉴》一书，关于治道，尤为切要。虽不时翻阅，恐有阙略。故将《资治通鉴纲目（大全）》诸书，皆以朱笔手自点定，尔等职司文翰，其各以所携书籍进览。"泊四十六年，恭辑成书：《御批通鉴纲目》五十九卷，《通鉴纲目前编》十八卷，《外纪》一卷，《通鉴纲目续编》二十七卷。因朱子约《资治通鉴》为《纲目》，笔削义例，多拟《春秋》，尹起莘、刘友益等多所发挥，而未得要领。爰亲御丹毫，详加论定，凡金履祥、商辂所补续者，得邀圣鉴，益有折衷。五十一年，又钦定《历代纪事年表》一百卷，上起唐、尧，下讫元末，仿《史记》年表、《通鉴》目录之体，编年系月，条列其大事，经纬交贯，始末兼赅，足为读史之纲领。乾隆三十三年，皇考高宗纯皇帝以正德中李东阳所修《通鉴纂要》舛漏甚多，乃命详考史传，著《御批通鉴辑览》一百六十卷。其沿讹踵谬之处，亲为论定。恭读上谕，评定辑览出自睿裁者十之三，诸臣撰拟者十之七，而其间亲加改定者又七之五。三十六年，又命大学士刘统勋恭录其中褒贬笔削八百余条为《评鉴阐要》，凡十二卷，衮钺昭垂，迥非馆臣意智所及。四十年，复御定《通鉴三编》四十卷。因张廷玉初撰是书，事迹多所漏略，塞外诸部人名、地名音译亦复失真，特诏改修，义例一本《通鉴辑览》，译语一本新定《辽金元史国语解》，分注则采《明史》记传，详具始末，作发挥以阐书法，作质实以备考证，于唐、桂二王犹复存其遗事。亲定《明史》体例，特标《贰臣传》，以立万世臣道之防。皆于读书考古之中，即寓立纲饬纪之义。圣谕有云："义理之精妙，固乐于探求；怠荒之覆辙，亦凛于炯戒。"可以为万世读史之良法矣。前席延英有典则，顺治十一年，世祖章皇帝谕曰："朕时莅内院，每见秘书院侍讲卓彝在院供职，勤慎可嘉，著特升一级，以示奖励。"十三年，幸景山臻禄阁，庶子王熙讲《尧典》称旨，特令每日进讲。次年，又谕驾出即随，不必请旨。康熙十六年，圣祖仁皇帝谕掌院学士喇沙里等曰："治道首崇儒雅，今四方渐定，正宜振兴文教，翰林官有长于词赋及书法佳者，令缮写进呈。"我皇考高宗纯皇帝宵旰勤求，召见廷臣，从无虚日。明目达聪，集思广益，悉皆家法留贻，典则昭垂，实万世所当遵守，视汉时宣室之咨，宋代迩英之对，不可同年而语。兹恭咏圣谕门，谨先举其大者，余皆以次胪咏。

临轩擢秀勖官常。康熙二十四年，圣祖仁皇帝谕新选庶吉士曰："士子读书稽古，原期穷理致用，平居砥砺廉隅，敬修品行，皆为异日服官莅政之本。迨登仕路，志在功名，未免奋志求进，干誉奔竞，丧其怀来，往往有之。尔多士从田间来，甫通仕籍，务宜率其素履，不改初心，凡授内外职任，其各加黾勉，清操自矢，恬静寡营，循分尽职，洁己爱民，以副朕造就人才至意。"雍正七年，世宗宪皇帝谕曰："尔等翰林自以文章为职业，但须为经世之文，华国之文，一切风云月露之词，何所用之。若既改官以后，各有当尽之政务，人之心思才力难以兼营，不可自负文人，荒其职守。盖文章政治，理本相通，事无旁贷，急所当务，方为尽职。至于赋诗饮酒，自附晋人风流，此种恶习，所当深戒而痛绝者也。"乾隆元年，高宗纯皇帝谕曰："国家以科目取士，廷试之后，分别任用，或授庶常，或分部学习，或以县令铨补，此因才器使之道，欲令士子各展所长，裨益政治，原非有用舍去取于其间也。若身预词林之选者，其名实尤难相副。盖文词不工，于馆职固为有愧，即使词采可观，尚恐流为浮华无用之士。务各砥砺廉隅，讲求经术，渐致淹雅宏通，以无负选俊储才之意。"仰惟列圣于词臣筮仕之始，再三垂训。士之与斯选者，宜何如感激奋兴，以备国家器使乎？观书义阐群言赜，顺治十年，世祖章皇帝幸内院，披阅翻译五经，谕诸臣曰："天德王道，备载于书，真万世不易之理也。"康熙二十三年，圣祖仁皇帝谕侍讲学士高士奇曰："四子之书，既已通贯，乃读《尚书》，于典谟训诰之中，体会古帝王孜孜求治之意，期见诸施行。及读《大易》，观象玩占，于圣人扶阳抑阴、防微杜渐、垂世立教之精心，朕皆反覆探索，必心与理会，不使纤毫扞格。"乾隆二年，高宗纯皇帝谕曰："朕命翰林、詹事、科道诸臣录呈经史，本欲以明义理之指归，审设施之体要。如《大易》否泰剥复之几，《尚书》危微治忽之旨，《风》、《雅》正变美刺之殊，《春秋》褒贬是非之实，与夫列朝史鉴，兴衰理乱所由，人材之进退，民生之疾苦，鉴往古以儆无虞，善为法而恶为戒，庶披览之下，近之有助于正心诚意，推之有益于国是民生。"五年，又谕曰："治统原于道统，学不正则道不明。有宋周、程、张、朱子，于天人性命大本大原之所在，与夫用功节目之详，得孔孟之心传，而于理欲公私义利之界，辨之至明，此宋儒之书所以有功后学，不可不讲明而切究之也。今之说经者，间或援引汉唐笺疏之说，夫典章制度，汉唐诸儒有所传述考据，固不可废，而经术之精微，必宋儒参考而阐发之，然后圣人之微言大义，如揭日月而行也。"洪惟圣学绳承，渊源有自，煌煌天语，炳若丹青，所由文治昌明、建中立极之道，皆基于典学稽古之中也。游艺心通八法庄。康熙十九年，圣祖仁皇帝以御书赐大学士等，谕曰："尔等日侍讲筵，凤夜匪懈，启沃之暇，每以朕书为请。朕万几馀闲，研精典籍，间取古人墨迹临摹，尔等既为文学侍从之臣，即有成就德业之责，故因所请，辄以颁赐。"又召牛钮等近御榻前，指示所临法帖，谕曰："此黄庭坚书，朕喜其清劲有秀气，每于暇时，辄一临摹。"随命取晋唐宋元明人字画真迹卷册置榻上，上手自指点开示，或诵其文句至于终篇，或详其世代爵里事实，论其是非成败善恶之迹。至颜真卿书，上曰："此鲁公书，严气正性，可想见其临难风节也。"四十一年，谕侍读学士陈元龙等曰："学书须临古人法帖，其用笔时轻重疏密，或疾或徐，各有体势。宫中古法帖甚多，朕皆临阅，有李北海书华山碑，字极大，临摹虽难，朕不惮劳，必临摹而后已。朕素性好此，久历年所，毫无间断也。"四十三年，谕大学士、翰林等官曰："朕自幼好临池，每日写千馀字，从无间断，凡古名人之墨迹石刻，无不细心临摹，积今三十馀年，实亦性之所好。即朕清字，亦素敏速，从无错悮，凡披览督抚摺子及朱笔谕旨，皆朕亲书，从不起稿。其事之稍有关系者，虽岁月经久，亦不遗忘。故批发之旨俱存所司，朕处全无底稿。"高宗纯皇帝多能天纵，游心翰墨，钦定重刻《淳化阁》、《三希堂》、《八柱》、《兰亭》等帖，銮舆所莅胜地名区，必颁宸翰，星辉云烂，照耀纮埏，仰见天亶生知，犹勤游艺，妙生心矩，卓绝书林，柳公权笔谏之语，未足赞颂高深矣。饰诮虚车严鉴别，康熙二十四年，圣祖仁皇帝谕大学士等曰："从来道德文章，原非二事，能文之士必须先明理，而学道之人亦贵能文章。朕观周、程、张、朱诸子之书，虽主于明道，不尚辞华，而其著作体裁简要，晣理精深，何尝不文质灿然，令人神解意释。至近世则空疏不学之人，借理学以自文其陋,岸然自负为儒者,究其意解,不出庸夫之见,真可鄙也。"四十三年,谕讲官等曰:"古今讲道学者甚多,尤好非议人,彼亦徒能言之,而言行相符合者盖寡。惟宋司马光编辑《资治通鉴》,论断古今,尽得其当,而后世论者反未尝置诸讲道学之列。司马光乃宋朝名相,言行相符,由此以观,不在空言也。故君子先行后言,果如周、程、张、朱勉行道学之实者,自当见诸议论,若但以空言而讲道学,断乎不可。朱子洵称大儒,非泛言道学者可比拟也。"乾隆五年,高宗纯皇帝谕曰:"朕命翰、詹、科道诸臣每日进呈经史讲义,原欲探圣贤之精蕴,为致治宁人之本。道统学术,无所不该,亦无往不贯。而两年来,诸臣条举经史,各就所见为说,而未有将宋儒性理诸书切实敷陈,与先儒相表里者。盖近来留意词章之学者尚不乏人,而究心理学者盖鲜。总因居恒肄业,未曾于宋儒之书沉潜往复,体之身心,以求圣贤之道。故其见于议论,止于如此。此惟讲学之人,有诚有伪,诚者不可多得,而伪者托于道德性命之说,欺世盗名,渐启标榜门户之害。此朕所深知,亦朕所深恶。然不可以伪托者获罪于名教,遂置理学于不事,此何异于因噎而废食乎?学者正当精择审处,存诚去伪,毋蹈徇外骛名之陋习,崇正学则可以得醇儒,正人心,厚风俗,培养国家之元气,所系綦重,非徒口耳之勤、近功小补之术也。"恭绎圣训,勉效实学,无务虚名,实千古鉴别儒修之准则。

[臣董诰]

荣梯捷径慎趋跄。乾隆十一年,高宗纯皇帝谕曰:"词臣以文字为职业,自当雅赡优娴,方不愧清华之选。其中才学充裕如张鹏翀、沈德潜等,间或一加超擢,而躁进之徒,竟思进献,若借此可以为梯荣之捷径。不知沈德潜优升阁学,朕原因其为人诚实谨厚,且怜其晚遇,是以稠叠加恩,以励老成积学之士。张鹏翀则素知其敏捷,且资俸已深,历升詹事,初不因进诗优擢。若谓朕进用人才,沾沾于文艺之末,雕章琢句,专事浮华,此风一炽,必有藉手捉刀、希图侥幸者,岂不玷玉堂而贻羞文苑耶?其务殚实心,崇正学,明大体,以无负稽古论思之厚望。"圣谕及此,所以端士品而正人心者,意深远矣。绿签昼接占征汇,乾隆三十一年,高宗纯皇帝谕曰:"向来新进士殿试朝考后,复派王大臣验看,分别等第原因,人文并重,且使边方远省名次在后者,亦得均与馆选也。但思进士原系通行引见,其人之可造与否,朕皆临时甄别录用,自可毋庸预为拣选。嗣后新进士引见时,著令按省分,仍依甲第前后分班带领,并将上次每省录用人数,详晰开单呈览。如有朝考录取者,并于绿头签及排单内注明其如何分省,分日引见之处,该衙门临时酌办奏闻。"三十一年,大学士傅恒等奏准:新进士引见,除一甲三名业经授职另为一班外,其满洲、蒙古、汉军及各省新进士,按其省分并甲第前后,开写排单,其有朝考入选者,除于排单及绿头签注明,并将此次人员,归于各该省之前,仍按甲第名次引见。三十四年,大学士尹继善等奏准:新进士有朝考入选者,于排单绿头签注明,仍照各该省甲第名次引见。谨按,新进士引见,乃儒臣登进之始阶,分省以嘉惠边隅,按甲第以拔擢真学,典章明备,万世攸遵,茅茹汇征,允叶泰交之运。丹笔春生奖擅场。乾隆四十七年,高宗纯皇帝谕曰:"昨阅进呈《一统志》内,国朝松江府人物只载王顼龄、王鸿绪诸人,而不载张照。其意或因张照曾经获罪,竟将伊姓氏里居,概从删削,殊属非是。张照诚非大臣公忠体国精白一心之道,然其文采风流,实不愧其乡贤董其昌,使竟不登志乘,传示艺林,致一代文人学士,不数十年,竟归泯没,可乎?况从前张照获罪,嗣念其究竟可用之材,因出之图圄,由内阁学士洊擢刑部尚书、内廷供奉,是朕之待张照,终始成全,原不以一眚之微,终使摈弃,可谓极儒臣之荣遇。即将来国史中,亦当令载笔之臣,将伊事迹详晰编入。总之,张照虽不得为醇儒,而其资学明敏,书法精工,实为海内所推重,瑕瑜不掩,公论自在。所有此次进呈之《一统志》,即将张照官秩、出处、事迹载入。其各省志书,或有似此者,纂修诸臣,皆宜查明,奏闻补入。"圣谟洋洋,大公至正,于文学儒臣身后之名,亦必镜衡悉当,俾之垂芳简册,得附青云,尤备员虎观、麟台者,难期之遭际也。际会重熙言作则，我皇上承列圣休明之运，人文丕焕，制作聿隆。御极以来，叠开恩榜，增广进士中额，每科选入词垣者，不下七八十余人。大考翰、詹者再，列名高等者，多擢至通显。嘉庆六年，因御史和静奏请将翰林院编、检以上及各部五品司员轮班召见一摺，谕曰："国家班联大小，自有次序，于广咨博采之中，仍示以限制。况各部院司员及编、检、中书等员，遇有出差复命者，俱得随时召见。至编、检各员六年大考，系奉行旧例，其才具优长者，原可随时录用。今该御史意欲一体召见，竟可毋庸大考，所奏不可行。"恭绎谕旨，以考试为词臣拜献先资，以召对为使臣敷奏特典。圣言作则，实与列圣彝训永垂无极。［臣禄康］

　　振声千古颂无疆。我朝列圣天章，昭垂宇宙，卓越古今。皇上奎文宏富，义蕴精深，传布艺林，永为矩矱。圣祖仁皇帝御制文初集四十卷，二集五十卷，三集五十卷，四集三十六卷；世宗宪皇帝御制文集三十卷。高宗纯皇帝《乐善堂全集》三十卷，御制文初集三十卷，二集四十四卷，三集十六卷，余集二卷，御制诗初集四十四卷，二集九十四卷，三集一百卷，四集一百卷，五集一百卷，馀集二十卷。皇上《味余书室全集》四十一卷，随笔二卷，御制文初集十卷，御制诗四集四十八卷，未经发刻者富有日新，不知纪极。是书恭载圣制、御制之程式翰苑者为天章门，列圣谕之次，以志励华运会之隆。昭回典册钦陶铸，圣祖仁皇帝制讲官箴曰："予企至道，覃思简编，朝夕讨习，礼茂讲筵。诗人有云，显示德行，启沃维贤，庶几金镜。尔列词苑，峨峨在廷，细旃广厦，论史谈经。体之行之，朕躬是力，载献载替，尔职宜伤。毋务剿说，毋苟雷同，毋缪于正，毋悖厥中。在昔大儒，称先则古，皋夔是师，言规行矩。谊贵励翼，先正其心，尔苟毋欺，吐词足钦。讵曰名义，可以涂饰，讵曰圣贤，可以蠡测。濂闽关洛，炳矣心传，撰述大旨，庠序宗焉。用昭儒修，用宏教泽，尔其勉兹，尚无攸斁。"世宗宪皇帝谕科甲出身官员，有曰："朕因科甲积习，有关世道人心，屡进翰、詹、科道诸臣而面谕之。旋令翰、詹等百余员记录所闻，缮写以进，则人人各殊，有与谕旨全不相符者，有数语偶合而记忆不全者，又有词句鄙俚、意义蒙晦者，以一日同奉之谕旨，而至于百其人者百其说，不亦舛谬之甚乎？用是荟萃翰、詹诸臣奏摺，细加拣汰，其与朕之谕旨间有符合者，采摭联缀，融会成篇，付诸剞劂，人赐一帙，俾各朝夕省览，是训是行。"高宗纯皇帝于赐宴联句诸诗，皆特制序文，垂光册府。圣制《皇清文颖》序，有曰："士君子之一言一行，国家之制度，文为礼乐刑政，布之为教化，措之为事功，无非文也。《诗》不云乎，'追琢其章，金玉其相'，文之盛也。而《棫》之曰'勉勉我王，纲纪四方'，则所谓其风自上也。在《易》涣之象曰'风行水上'，善立言者，以为天地自然之文，而序卦受之以节，言文之不可过也，继之以中孚，言有实也。节而不流，征之以信，有典有则，可久之道，其在斯乎？"诵典诰之鸿文，仰训辞之深厚，所以甄陶群士者至矣。喜起堂廉洽拜飏。三朝圣制，均有专集刊行海宇，是编只恭载游艺西清及与翰臣赓咏之什。或驾幸所及，即景裁篇；或眷旧怀贤，摘章示意。如康熙年间，有同翰林张英、高士奇、励杜讷等登眺吟赏及赐饯大学士李光地之作；雍正年间，有赐大学士徐元梦、张鹏翮、尚书励廷仪、侍郎蒋廷锡、史贻直诸人之作；乾隆年间，有赐大学士嵇曾筠、鄂尔泰、张廷玉、徐本及示南斋、翰林诸作。其赓题尤著者，如圣制《三先生》，谓大学士福敏、朱轼、侍郎蔡世远也；圣制《五词臣》，谓大学士梁诗正、尚书张照、汪由敦、尚书衔钱陈群、侍郎沈德潜也。诸臣皆躬侍书帷，亲承顾问，飏言矢音，极儒生未有之荣。此外如大学士于敏中、蔡新、嵇璜及尚书彭元瑞、曹文埴等，皆以侍直内廷，叨蒙赐句。其时戴衢亨以修撰随围获狍，荷蒙赐诗和韵，尤为异数云。章锡元臣调玉烛，皇上尊师重道，优礼元臣，有逾常格。嘉庆初元，原任兵部侍郎觉罗奉宽蒙敕旨追赠太师、礼部尚书，御制怀旧感恩诗云："六龄受业随函丈，师范亲承诵简编。入学经书资讨论，过庭诗礼赖敷宣。沐恩泽已光泉壤，聆诲心期法圣贤。养正启蒙怀昔日，未闻雅训廿余年。"又送大学士王杰归里，有"枢庭久值宣纶綍，讲幄昔从授简编。直道一身立廊庙，清风两袖返韩城"之句。又王杰八旬双寿，赐诗有"两朝调鼎文思被，八秩齐眉寿域宏"之句。又题大学士朱珪《知足斋诗集》，有"科名翰苑推元老，学业纶扉倚大贤。德崇益勉虚能受，在重弥思宠若惊。无欲神全三寿永，有容德大九霄宽。日宣三德新宣室，时讲五箴旧讲帷"之句。仰见圣人眷怀旧学，情深文明，洒宸翰而泉壤增荣，焕天章而台垣滋宠。敬志大凡，用辉简册。[臣费淳]

　　箴垂黼扆焕珠囊。我皇上御制《勤政殿记》，颁示部院公署，翰林职司所在，恭录圣文，悬之楣栭，复制《勤政箴》，刻石颁赐。仰见圣主法天行健，继志缉熙。化洽重光，犹兢兢于尧戒；治臻上理，益亹亹于汤铭。寅曦视事而弗遑，乙夜观书而靡间。凡懋勤之实政，皆居敬之全功。以视张蕴古《大宝箴》、李德裕《丹扆箴》，尤为谆切。金科玉律，不独传播艺林也。首标二帙胪铅椠，特冠全书压缥缃。前书首述临幸盛典，列圣训谕，分载各门，圣制篇章，冠于艺文之首。是篇特敬增圣谕、天章二门，弁于卷端。庆霄乔采，宝笈增辉，海内以先睹为快。先甲纪元云再贲，乾隆九年十月，重葺院署告成，敕所司诹吉日，送掌院大学士进院，上亲临锡宴，礼臣具仪以闻。二十七日庚午大昕，车驾出长安左门，设卤簿，掌院大学士及翰林官俱彩服，集院门外，跪迎乘舆，前引大臣恭导车驾，入诣先师祠行礼，礼毕，仪部恭导上至斋房更衣。驾出，掌院大学士率群臣于院门外跪送，礼成。此乾隆甲子幸院之典也。[臣戴衢亨]

　　[御制] 令辰踵武玉鸾锵。先于嘉庆八年秋九月，特颁谕旨，以翰林院为儒臣文薮，图书清秘，规制綦崇。乾隆甲子年，皇考高宗纯皇帝曾经临幸，锡宴赓吟，允为艺林盛事。明岁又届甲子，朕当踵行斯典，用光文治，因撰吉九年二月初三日幸临，届期祗率旧章，举行诸典礼，申命所司，预为饬备，俾臻整肃。降舆展礼一诚贯，谒庙陈仪九拜彰。幸院之日，躬诣院内先师庙展谒行礼。旧仪系二跪六拜。仰惟至圣先师孔子，集前圣之大成，树百王之道轨，予幼勤学业，服习经书，御宇敷猷，率循治法，顾当茂举崇文之典，而不于展谒时礼有加隆，殊为未惬，因定为三跪九拜仪，用抒景仰之忱。忆予于乾隆四十九年甲辰、五十五年庚戌，恭随皇考躬诣阙里行释奠礼，予承命陪祀，亲见我皇考虔伸九拜，诚意钦崇。是予此次谒庙之仪，亦非敢意为创举也。祠祀昌黎遣学士，翰林院右廊围墙内向设昌黎祠，祀唐臣韩愈，予谒先师礼成，遣侍读学士万承风诣祠行礼。

　　宴陈稿饫萃文房。上御吉服，升座，丹陛大乐作，奏庆平之章，王大臣各官于坐次行三叩首礼，乐止，复一叩首；坐，丹陛清乐作，奏文物京华盛之章，上进茶，王大臣各官一叩首，乐止，侍卫等授王大臣各官茶，行礼如前，饮毕，亦如之。尚膳移御席近前，中和清乐作，奏玉署延英之章，上进馔，乐止，承应上，陈唐代十八学士登瀛洲故事，有司以馔分授各筵。瑶阶寿献初巡斝，有司彻馔，进御酒宴席，丹陛清乐作，奏延阁云浓之章，王大臣各官起立，掌仪司官豫捧台戋壶卮，由中墀进，及廊下，西向立，酌酒于台戋，进爵大臣英和出位跪，王大臣各官皆跪，掌仪司跪授台戋，进爵大臣接捧台戋，恭进御前，上进酒，进爵大臣一叩首，王大臣各官如之，进爵大臣起至御前，受台戋下，复跪，掌仪司官跪接而退。琼液恩叨无算觞。上进酒礼成，掌仪司官以金卮酌酒立，赐进爵大臣，一叩首，饮毕，掌仪司官立取卮退，进爵大臣复一叩首。兴，复位，乐止，王大臣各官皆坐，领侍卫内大臣、视侍卫等分授各筵酒，王大臣各官受酒跪饮，上亲赐仪亲王永璇、成亲王永瑆、庆郡王永璘、定亲王绵恩，暨大学士保宁、庆桂、刘墉、董诰，协办大学士、尚书琳宁、朱珪，尚书刘权之、纪昀、觉罗长麟、戴衢亨，侍郎英和等十五人酒，赐者以次诣御座旁，跪饮复位。珍出尚方偕越绮，是日，颁赐预宴诸臣二百有五人茗茶、文绮、笺绢、砚石等物，封题珍重，荣溢簪绅。[臣瑚图礼]

籍颁中秘迈曹仓。高宗纯皇帝幸院时，曾颁发《古今图书集成》全部，俾词臣咸得预观学海。皇上幸院，因命以内府旧藏高宗纯皇帝圣制诗文全集及《钦定石刻十三经》各一部珍弆瀛洲，并于赏赉之外，特赐御制《味余书室全集》、武英殿刊本《九家注杜诗》，人各一部。仰惟两朝巨制，茹古涵今，册府生辉，儒林增重，窃窥圣涯者，希有之隆遇也。摅吟西掞名先简，拈韵东音帝首倡。前次高宗纯皇帝临幸翰林院，以张说"东壁图书府"五律字为韵，上赋"东"字、"音"字二首，余三十八字，敕诸臣各分一字赋诗。此次皇上临幸，仍用此诗分韵，御制"东"、"音"二首，敬依高宗纯皇帝元韵，至分韵诸臣，只取所分之字入韵，通体不必与前次臣工之作，并先于八年冬将分韵诸臣预为简定。贤列四十音谌分藻翰，刘昭禹云："五言律如四十个贤人，恭本高宗纯皇帝戊辰年御制书《词林典故》序毕，因以赐大学士张廷玉，兼成四绝句。诗注。"〔臣邹炳泰〕

才抡卅八会岩廊。奉命派入分韵赋诗者三十八人，仪亲王永璇得"壁"字，成亲王永瑆得"图"字，庆郡王永璘得"书"字，定亲王绵恩得"府"字，大学士保宁得"西"字，庆桂得"园"字，刘墉得"翰"字，董诰得"墨"字，协办大学士、尚书宗室琳宁得"林"字，朱珪得"诵"字，尚书刘权之得"诗"字，那彦成得"闻"字，纪昀得"国"字，觉罗长麟得"政"字，戴衢亨得"讲"字，侍郎钱樾得"易"字，英和得"见"字，戴均元得"天"字，初彭龄得"心"字，王懿修得"位"字，玉麟得"窃"字，关槐得"和"字，潘世恩得"羹"字，刘跃云得"重"字，内阁大学士曹振镛得"恩"字，王绶得"叨"字，通政使赵秉冲得"醉"字，通政副使莫晋得"酒"字，少詹事茅元铭得"深"字，学士万承风得"载"字，周兆基得"歌"字，陈希曾得"春"字，吴省兰得"兴"字，陈嵩庆得"曲"字，侍读吴鼐得"情"字，侍讲王引之得"竭"字，中允鲍桂星得"为"字，吴烜得"知"字。光升复旦临松栋，句压歌风陋柏梁。上幸院礼成之日，旋制长律二首，并命分韵诸臣恭和，御制诗奉敕镌于清秘堂中曾设黼座后之石壁正面，诸臣和诗刻于石壁背面。至与宴诸臣，人数众多，分字诗体不能遍及，念众臣未得共效赓扬，因重赋柏梁体联句一首，御制首句曰"丕承考训钦文思"，以下次第联咏，总二百有五人，以视汉庭故事，人才师济，奚啻什伯过之。第颂华绅擎束笋，〔臣德瑛〕

拔尤文锦拜承筐。礼成翼日，王大臣各官具摺谢恩，并恭进圣驾临幸翰林院礼成恭纪册，锦赙绨函，裒然林列。上于几暇，亲加衡鉴分别，选入斋宫庋藏者若干册，陈设各宫殿者若干册，择其中尤雅者，赐以文锦珍物有差。云柎高揭瞻天笔，玉札荣颁自帝闻。康熙四十一年，圣祖仁皇帝御书"道德仁艺"，颁赐玉署，恭悬大堂。乾隆九年，高宗纯皇帝幸院，特赐掌院学士鄂尔泰、张廷玉御书扁二："稽古论思"，恭悬穿堂楣间；"集贤清秘"，恭悬东холод房。此清秘堂之所由称也。嘉庆九年，皇上幸院，特赐掌院学士朱珪、英和御书扁二："天禄储才"，恭悬后堂楣间；清华励品，恭悬清秘堂中。三朝宝书森列，叠耀重光，迥非宋太宗飞白书"玉堂之署"所得企仰。藏室周官传太史，杜佑《通典》曰："史官肇自黄帝，自后显著者夏太史终古、商太史高势，周则曰太史、小史、内史、外史。考《春秋》、《国语》引《周志》及《郑书》，则当时记事，列国亦各有其职矣。〔臣恭阿拉〕

〔御制〕斗杓元象运中央。《史记正义》："魁，斗第一星。斗魁戴匡六星，曰文昌宫。"翰苑为奎壁之府，故周必大曰："翰林逼华盖，素号禁严；文昌暎紫微，是司喉舌。既兼官之俱称，宜上象之交辉也。"一挥定业开文馆，三院设官肇沈阳。国初置文馆于盛京，天聪十年三月改建内三院，曰国史院、内秘书院、内宏文院，设大学士，每院各一员。顺治元年二月，增设内三院学士，每院各一员。鸿基初启，即以文治为先，定鼎以后，屡有损益，而实权舆于此。建极燕京仍旧制，我朝内三院之设，沿革不一，其员数之增减，阶级之升降，因时制宜，历历可考。顺治元年五月，定鼎京师，令各衙门悉仍明制。十一月，定翰林院为正三品衙门，未设满员，设汉学士一员，秩正三品，侍读学士一员，侍讲学士一员，秩正四品，侍读二员，侍讲二员，秩正五品，修撰秩从六品，编修秩正七品，检讨秩从七品，俱无定员，庶吉士三年一选，亦无定员，并设典簿二员、孔目二员，裁博士、待诏。二年三月，定内三院为二品衙门。四月，令翰林院由内三院补授。闰六月，裁翰林院，归内三院，称内翰林国史院、内翰林秘书院、内翰林宏文院，定内三院官制，大学士二员，学士四员，侍读六员。六年正月，更定内三院官制，每院各设学士、侍读学士、侍讲学士、侍读、侍讲各一员。八年四月，增设内三院侍读学士各三员。十年六月，增设内三院大学士各一员。十五年七月，改内三院为内阁，置翰林院，大学士加殿阁衔，设满、汉掌院学士各一员，秩正五品，侍读三员，侍讲三员，秩正六品，余如元年定制。十七年九月，设翰林院待诏四员，以中书启心郎、员外郎、主事兼太常寺、光禄寺少卿者四人管理。十八年六月，裁内阁、翰林院，置内三院，每院设满、汉大学士各一员，满、汉学士各二员。康熙元年二月，增设内三院满、汉侍读学士、侍读各一员。八年七月，裁内三院满学士。九年二月，复改内三院为内阁，置翰林院。十月，设满、汉掌院学士各一员，兼礼部侍郎衔，秩正三品。十二月，设满、汉侍读学士、侍讲学士、侍读、侍讲各三员，修撰、编、检，俱无定员，品级俱如顺治十五年定制，并设满、汉典簿、孔目各一员，待诏各二员。雍正三年十二月，晋翰林院侍读学士、侍讲学士秩从四品，侍读、侍讲秩从五品。八年四月，晋掌院学士秩从二品。乾隆五十年二月，裁满侍读学士、侍讲学士、侍读、侍讲各一员。五十八年五月，除掌院学士兼礼部侍郎衔。国家设官分职以来，高卑称事，省置随时，承平既久，制度聿昭，是后可垂为定制。

溯名汉赋励清防。翰林之名，见于汉扬雄《长杨赋》，当时借以设喻，未有主名。后代因之，晋李充论著翰林，梁钟嵘《诗评（品）》称郭璞为"翰林诗首"，唐李邕称"翰林六绝"，盖用以标文苑之目耳。唐取此名院，且以署官，开元而后，其职益重。至宋时，遂目为将相储才之地云。西都待诏门延朔，《汉书》："武帝初，征贤良文学，待诏金马门。"此待诏得名之始。至唐元（玄）宗设翰林院，召文学儒臣待诏院中，以张说、陆坚、张九龄等为之，掌四方表疏批答，应和文章，则沿汉制也。东观窥书烛引匡。《通典》："后汉东观有校书之职，选他官典校秘书，撰述传记。"龙朔集贤初启院，《唐书·百官志》注："龙朔二年，改秘书省曰兰台，监曰太史，少监曰侍郎，丞曰大夫，秘书郎曰兰台郎。又开元五年，置乾元院使。六年，更号丽正书院。十三年，复改丽正书院为集贤书院，有学士、直学士，宰相一人为学士，知院事，置集贤院侍讲学士、侍读直学士等员。"
[臣王懿修]

麟台著作旧名郎。《唐书·百官志》注："垂拱元年，又改兰台曰麟台。太极元年，复称秘书省。又秘书省领著作局，郎二人，著作佐郎二人，校书郎二人，正字二人。龙朔元年，改著作局曰司文局，郎曰郎中，佐郎曰司文郎。"上清僚直员增置，《翰林志》："学士初入院，赐马一匹，谓之长借马；登翰林者，谓之凌玉霄、翔紫霄。"《通鉴》："唐武德四年，开馆以延文学之士，杜如晦、房元（玄）龄、虞世南、褚亮、姚思廉、李元道、蔡允恭、薛元敬、颜相时、苏勖、于志宁、苏世长、薛收、李守素、陆德明、孔颖达、盖文达、许敬宗等十八人，并以本官兼文学馆学士，分番直宿，恩礼优厚。士大夫得与其选者，时人谓之登瀛洲。"《琐缀录》："翰林直房在右阙门锦衣卫直房之次，凡三间。每早朝时，诸阁老分坐北楹，诸学士居中楹，其余居南楹，俟门吏报三鼓，乃俱赴左掖门。"中禁传呼职所当。《翰林志》："至德后，天子召集贤学士于禁中草书，诏虽宸翰虽挥，亦资其检讨，谓之视草。翰林故事，唐翰林院悬铃以备夜直，有紧急文书，皆引之以代传呼。"《唐书》:"陆贽入翰林,年尚少,天子常以辈行呼而不名,在奉天,朝夕进见,然小心精密,未尝有过,由是特被亲倚,虽外有宰相主大议,而贽常居中参裁可否,时号内相。"文俪典谟夸两制,《文献通考》:"晋天福五年,诏翰林学士院公事宜,并归中书舍人。自是舍人昼直者当中书制,夜直者当内制。至开运元年,复诏翰林学士与中书舍人,分为两制,各置五员。宋翰林学士掌内制,制诰、赦敕、国书及宫禁所用之文辞。凡后妃、亲王、公主、宰相、节度使除拜,则学士草辞,授待诏书讫以进;赦降德音,则先进草;大诏令及外国书,则具本禀奏得画,亦如之。凡拜宰相或事重者,宣召面谕旨,则给笔札书所得旨禀奏,归院,具词以进,余遣内侍授中书省,熟状亦如之。若已画旨而有未尽,则论奏贴正。"[臣明亮]

学赅训故括三苍。谨按:词臣以制诰为专职,而宏通渊雅之士,代不乏人,有唐如孔颖达之经疏,陆德明之经典释文,其人皆著名于十八学士之列者,不独䶂鼠之对擅美汉廷也。条冰衔称官如水,《山堂肆考》:"宋陈彭年兼数职,皆文翰清秘之目,人谓其官衔为一条冰。"削简词严笔挟霜。《通典》:"晋大著作郎尚掌史任,宋著作佐郎掌国史,集注起居,齐中书所掌与晋、宋同。"《唐书》:"史馆修撰掌修国史,起居郎掌录天子起居法度,舍人掌修记言之史,录制诰德音,如记事之制,季终,以授国史。"《文献通考》:"宋制,监修国史一人,以宰相为之,修撰、直馆、检讨无常员,凡国史,别置院于宣徽北院之东以藏之,谓之编修院。"《东京记》云:"编修,俗呼为史院。"身篸銮坡依密勿,《纪纂渊海》:"唐制,驾在大内则明福门内置学士院,驾在兴庆宫则金明门内置院。德宗移置金銮坡上。"[臣刘权之]

境森璅闼许徜徉。洛阳宫名载汉有青琐门,《宫阁簿》载青琐门在南宫。李尤《德阳殿赋》曰:"青琐禁门前。"《汉书音义》谓:"以青画户边镂中。"《楚辞注》曰:"文如连琐。"按青琐起于汉制,而唐人沿用,皆指为近臣侍从之地,如杜甫诗有"晓漏追趋青琐闼,晴窗点检白云篇",又储光羲诗有"近臣朝璅闼,词客向文园"是也。判铨官制传炎宋,马贵与《文献通考》:"学士院号为深严,宋自太祖以来,藉其才用,始令判三铨及知太常礼院事。"待诏朝班溯李唐。《文献通考》:"唐太宗时,名儒学士时时召以草制,然犹未有名号。乾封以后,始召文士元万顷、范复永等草诸文词,常于北门候进止,时人谓之北门学士。元(玄)宗初置翰林待诏,又置翰林供奉,与集贤院学士分掌制诰书敕。开元中,又别置学士院,专掌内命,凡拜免将相,皆用白麻。其后选用益重,而礼遇益亲"。圣代崇儒抡侍从,词垣之制,国朝斟酌厘定,视往代为尤详。遴选有法,考察有方,迁除有阶,兼摄有任,又抡其学优品粹者,以备讲幄侍从之班。珥笔玉清,绅书金匮,渥承恩遇,古之承明天禄,何以加兹。[臣缊布]

[御制] 经帏典学冀劻勤。词臣论思献纳,地望清华,而经筵日讲,事资启沃,职任尤重。前代经筵本无专官,汉宣帝诏诸臣讲五经于石渠阁,肃宗会诸儒于白虎观,讲五经同异。唐宋以来,集贤、丽正、崇政、迩英载诸史册,以为盛典,然或徒示具文,无裨实用。我列祖列宗圣神天纵,犹复稽古研精,勤求治道。予恭膺诞畀,亦惟古训是式,典学尊闻,以期上跻之雍熙之治。词臣居是职者,可不夙夜靖共以勉称劻勤之责耶!春秋宣论文华闱,世祖章皇帝亲政之初,躬幸太学,肇举经筵。顺治十年,谕内三院曰:"朕惟修己治人,大经大法,备载经史,欲与翰林诸臣明其义理,但内院尚非经筵日讲之地,著工部即将文华殿作速起造,以期讲求古训。即传谕行。"恭读圣言,此我朝文治之盛所由基也。十四年,以文华殿工未竣,先于保和殿开讲,厥后每岁春秋二仲举行,各一次。定制:直讲官同掌院学士会拟所书书,奏定,撰讲章,缮清、汉文进呈。钦定后,缮正副本,恭俟御论发出,翻译清文进呈。届期驾御文华殿,讲官进讲。讲毕,上自宣谕。礼成,本院官恭进御论

及讲章正本。鸿规式启，万禩祇承。圣祖仁皇帝有讲筵绪论数十条，世宗宪皇帝有经筵讲义十余条，皆义蕴宏深，包罗万有。我皇考功崇业广，临御丹墀，敷宣宸论，岁以为常。予绍闻祗遹，御极以来，于经心理蕴，朝夕研求，每岁文华殿宣论，期与治经之士，讲明内圣外王之旨，不敢稍自暇逸也。政事探源艺府藏。阐发先言资进讲，顺治十二年，定日讲之礼：每岁自二月经筵后始，夏至日止，八月经筵后始，冬至日止。每日于部院官奏事后进讲，讲章缮录正副二本，以正本先期进呈，本日，掌院学士率讲官以副本进讲。康熙十二年，圣祖仁皇帝谕学士傅达礼曰："朕以修葺宫殿，移驻瀛台，暂留数日。夫进讲所以致知，蓄德期于日新，未容少间。讲官其日至瀛台，照常进讲。"十四年，讲官傅达礼奏旧例冬至以后辍讲，上谕天气犹未甚寒，仍令进讲。二十二年，又谕讲官曰："朕每旦未明，求衣坐待部院奏事，奏事既毕，然后入讲，不惟迟延暑刻，亦且稽悞工夫。自后于未启奏前进讲，方得从容议论，多所发明。"自是讲官待漏宫门，甫辨色，即御讲筵。二十四年，以恭逢万寿，请暂停进讲，复屡奉明旨，仍令日讲如常。钦定日讲《五经》、《四书》、《通鉴》解义，颁行海宇。世宗宪皇帝续颁《诗经》、《书经》传说汇纂，益臻纯备。我皇考御极之初，谕总理事务王大臣曰："科臣毕谊奏，令诸臣日缮经史奏议，理得施行，在朕广挹群言，可以因事鉴观，随事触发，而览诸臣所进，亦可考验其学识，或召见讲论，则性资心术，必因此可觇。"讲筵进奏，虽圣寿益高，未尝稍辍。予敬绳先绪，日有孜孜于进讲诸臣，冀闻谠论，诚以经术为政事根源，实仰承家法之尤重者。

跪聆圣训谨毋忘。前代经筵典礼，多视为具文，讲臣进讲时，人主端拱默听而已。圣祖仁皇帝始制经筵御论，讲官出班进讲敷陈毕，咸跪聆玉音，圣圣传心，遵守勿替。恭读康熙十四年谕讲官曰："日讲原期有益身心，增长学问，今止讲官进讲，朕不复讲，但循旧例，日久将成故事，不惟于学问之道无益，亦非所以为法于后世也。嗣后进讲时，讲官讲毕，朕仍覆讲。如此互相讨论，庶几有裨实学。"大哉训言，万古不易。今每岁恭逢盛典，恪循祖宗成法，预侍诸臣，敬聆指授，心悦诚服，非仅崇政、迩英纪一时之盛也。抡魁上第优簪绂，定制，廷试前十卷进呈，恭候钦定，一甲一名即授修撰，二、三名授编修。释褐初阶渥饩粮。顺治三年定制，殿试毕，新进士由内三院题请选庶吉士，届期上御便殿，内院学士豫以新进士名单进呈，次第带引，恭候钦选，分清、汉书。自专设翰林院后，礼部以新进士移送到翰林院，掌院学士会同大学士，以新进士开列引见后，恭候钦定。其以他途用者，移送吏部。馆选者，学士一员，朝服至署宣旨，为士子释褐入官之始。散馆后，始行授职。未授职以前，不任以事，使之优游学问，养成德器，而又优恤寒儒，令照编修、检讨之例，支领七品俸粮，月给膏火经费，又赐各省关税羡馀为帮俸。厚泽深仁，至优极渥。核实书名遴外职，顺治十三年，谕翰林官："简擢中秘，习知法度，今用人孔亟，必得文行兼优者，以学问为经济，助登上理。"特亲行裁定陈炉等十八人，各照外转应得职衔，升一级用，遇缺即补。是年定制，詹事以布政使用，食正二品俸，少詹事以布政使用，侍读学士以按察使用，侍读、中允以参政用，编修、检讨以副使用。十六年，谕吏部："人才久历外任，方能谙练事情，克称任使。今后翰林各官，除照常升转外，与科道一例按年外转。"下部定议，侍读以下照科道例，每年外转，春秋季各一员，侍读、侍讲以参政用，修撰以副使用，编修、检讨以参议用。康熙二十八年，编修李涛等始外用知府。雍正元年，谕大学士掌院学士教习庶吉士，秉公别择，编、检可为道、府，庶吉士可为州、县者，分别具奏。乾隆八年、十四年、十九年，屡奉特谕，拣选编、检中有堪胜道、府之任者，交吏部带领引见。至京察巨典，读、讲以下各官，向归掌院学士考核。乾隆五十六年，御史五泰奏将詹事府洗马、中允、赞善悉由翰林掌院注考。皇上嘉庆五年，钦奉谕旨，仍归詹事府办理，复停止读讲学士、庶子，由王大臣验看，而编、检记名之员，奉谕于引见时，排单绿头牌及开列本内，详细注明俸次、开坊，

以备简用。俾资浅者不予以幸进之阶，品优者仍宽以擢用之路。综核名实，一秉至公，杞梓良材，咸成国器。［臣曹振镛］

论资晋秩领春坊。翰林依科分序资升转，见于顺治九年世祖章皇帝圣谕，以后升除，遵循无改。按例，凡遇汉员内阁学士缺出，以詹事、少詹事、侍读学士、侍讲学士、祭酒为应升，庶子、侍读、侍讲为其次应升；詹事缺出，以少詹事、侍读学士、侍讲学士、祭酒为应升，庶子、侍读、侍讲为其次应升；少詹事缺出，以侍读学士、侍讲学士、祭酒、庶子为应升，侍读、侍讲、洗马为其次应升；读、讲学士缺出，以庶子、侍读、侍讲为应升，洗马、中允、司业、赞善为其次应升；祭酒缺出，以庶子、侍读、侍讲为应升，洗马、中允、司业、赞善为其次应升；庶子缺出，以侍读、侍讲、洗马为应升，中允、司业、赞善为其次应升；侍读、侍讲、洗马缺出，俱以中允、司业、赞善为应升，修撰、编修、检讨为其次应升；中允缺出，以赞善为应升，修撰、编修、检讨为其次应升；司业、赞善缺出，俱以修撰、编修、检讨为应升。嘉庆五年，部议翰、詹开列同班中，有庶子即不能有洗马，侍读、侍讲既得与庶子并列，即以侍读、侍讲为洗马应升之缺；又议司业、赞善虽有正六品、从六品之分，均为修撰、编修、检讨开坊之缺，应一体较俸转补中允。自后遂为定制。金铺内直觚棱丽，天聪二年，太宗文皇帝令儒臣分直文馆。顺治十年，世祖章皇帝令内院大学士、学士于太和门内更番入直。翰林入直内廷之例始此。玉案躬依翰墨香。康熙十六年，圣祖仁皇帝谕大学士等："朕不时视书写字，近侍内并无博学善书者，以致讲论不能应对。今欲于翰林内选择二员，常侍左右，讲究文义。但伊等各供厥职，且在外城，不时宣召，难以即至，著于城内拨给闲房，停其升转，在内侍从，数年之后，酌量优用。再如高士奇等能书者，亦著选择一二人，同伊等入直，尔衙门议奏。"寻大学士等列名上请，命侍讲学士张英、内阁中书衔高士奇供奉内廷，寻擢翰林。此南书房、懋勤殿入直之始。三十二年，命原任侍讲徐元梦入直尚书房。嗣是，蒙简拔侍禁廷者后先相望。云馆修文勤记注，《礼记》："左史记言，右史记动。"起居有注，此其权舆。我朝天聪三年，上命儒臣分为两直，记注本朝政事，以昭信史。五年，驾幸文馆，入库尔禅直房，问所修何书，对曰："记注。"上曰："此史臣之事，朕不宜观。"仰见圣人至公无我之心，昭揭日月。至康熙元年，始置起居注，令满、汉记注官每月各一员侍直，事毕，以本日应记之事，用清、汉文记注。十八年，谕："朕每日听政，一切折出票签应商酌者，皆国家切要政务，得失所系。今后起居注官除照常记注外，遇有折本启奏，俱令侍班记注。"五十七年，敕停起居注记注之事，归内阁。雍正元年，敕复设起居注。六年，以大学士张廷玉请，令八旗具奏事件及补授官职事，宜并移起居注馆，以便记载。七年，以大学士陈元龙请，令各省题奏本章，俱增写揭帖一通，送起居注馆记注后，移交内阁。谨按记注册籍，书明月日及该直官姓名，按月排纂，一册末载跋语，册中用翰林院印钤缝贮，以铁匦肩镭封识，岁十二月书成，恭进前序，起居注官会同内阁学士藏之内阁大库。［臣潘世恩］

星轺衔命试衡量。儒臣职掌文衡，责任綦重。我朝定制，翰林部属及各衙门由进士出身之七品以上官，皆得考试简用，而衔命奉使者，大率词臣为多。自雍正五年改天下学道为学院，其由部员出使者，皆按甲第加翰林院编修、检讨衔。高宗纯皇帝元年，谕曰："今年八月举行恩科乡试，其正副考官，必人品端方、学问醇正者，始足膺衡鉴之寄。"十三年，谕："各省学政，有训导士子、校阅文艺之责，关系甚重，非才守兼优、素有学问者，不克胜任。"我皇上于各省试官学臣，务精抡选，被命皇华者，所当精白乃心，用副国家求贤之典。批章预洒麟豪润，定制，各部院及各省题本，大学士票拟进呈后，国书由批本处批发，汉字由内阁学士批发，间遇阁学奉差人少，则奏请读、讲学士兼摄。扈跸常瞻豹尾昂。凡恭遇上巡幸诸处，起居注衙门奏请钦派起居注官，吏部衙门奏请钦派掌院学士，侍读、侍讲学士等官。其奉派随扈者，恭俟驾出宫门，偕各部院堂官于宫门外侍班，次第以品级为序。驾发后，随行以备召对。地望深严掌芸署，学士掌院事，古承旨职也。国初，满掌院学士缺出，以詹事、少詹事、读讲学士、祭酒、庶子暨科甲出身之太常寺卿、光禄寺卿、太仆寺卿、通政副使、大理寺少卿、鸿胪寺卿、太常寺少卿、太仆寺少卿、内阁侍读学士为应升，侍读、侍讲、洗马、司业暨科甲出身之通政使参议、光禄寺少卿、鸿胪寺少卿、科道等官为其次应升；汉掌院学士缺出，以詹事、少詹事、读讲学士、祭酒为应升，庶子、侍读、侍讲为其次应升。由吏部开列具题。康熙二十八年，谕大学士："翰林掌院一官，职任紧要，必文学淹通、众所推服者，始克胜任，凡翰林撰拟之文，亦须掌院详加删润，然后成章。闻明代大学士有兼管掌院之例，大学士徐元文著兼管翰林院掌院学士事。"自是之后，皆以重臣兼领，遇有缺出，恭候特简，如奉旨令开列，以大学士、各部尚书、侍郎缮单进呈，以崇体制。〔臣赵秉冲〕

人文蔼吉育梧冈。教习庶吉士，国初以内院学士为之，侍读等亦间有与者。自康熙九年专设翰林院，历科皆以掌院学士领其事，而内阁学士时用焉。至六十一年辛丑科，始以工部尚书陈元龙领教习事。其后尚书、侍郎、内阁学士之不兼掌院事者，并得掌教习事。又命选读、讲以下官资俸深、学问优者为庶常馆小教习，今仍之。清曹习事谘谙练，雍正元年，谕翰林院："衙门亦有钱粮出纳、升迁议叙并文移往来，事务繁琐，当于俸浅编、检内择才守优长者满、汉各二人，专主定稿说堂，所委司事之编、检，如果实心任事、办理公敏者，据实奏闻，加以殊恩。"自是遂为定制。宪府资言勖对飚。国初庶吉士散馆，间改科道。康熙二十九年，始以编修、检讨改给事中、监察御史。其后科道皆升为五品，监察御史遂为编、检改官，由掌院学士保送，吏部带领引见，记名简授。时际风云觇衮衮，〔臣英和〕

〔御制〕泽承雨露挹瀼瀼。赓歌依序联鸳侣，设醴展亲首雁行。此次幸院，湛恩普锡，凡翰林出身诸臣，悉预赓扬宴赍之列。因思我朝家法，皇子皇孙辈就傅读书，与儒生无异，现在亲藩中如仪亲王、成亲王等，予于潜邸时昕夕观摩，深悉伊等文章学问，皆有可观。至赓和篇章，昔年蒙皇考传宣面试，予与诸王无不即次呈览，每叨嘉奖，今特派伊等预兹嘉会，以展行苇棣华之谊。至大学士所加殿阁名虽不同，溯厥由来，本皆以翰林涖历右职，今亦命大学士保宁等预宴。至满洲掌院学士，每有特简充授者，既任华资，亦应授简。至南书房地居紫禁，为我朝特设，遴选词臣承直，然亦有以他官及诸生蒙特恩命召入者，缮录御制诗文，应制赋咏赓和，其职业尤为清切。此次翰院华筵广列，文宴宏开，因觉罗长麟曾充掌院学士，赵秉冲侍直禁廷，特命列入，分字赋诗，用广右文之治。科目宗盟看蔚起，皇考乾隆年间，曾命宗室与礼部试特举，旋罢。予仰荷列圣垂庥，绍承大统，因思诸宗室本支蕃衍，皆属同源一本之人，其中向学能文者当亦不少，爰于嘉庆四年特颁恩谕，宗室中有能与试者，许照直省士子例应试会试。嗣于六年得举人若干名，七年春成进士若干名，首选宗室果齐斯欢等二人入词馆。嗣后联步登瀛者，每科皆不乏人。

茂英异等仡腾骧。升阶授简云霄上，我朝遴选词臣，循名责实，列圣以定考试之注。国初，进士殿试毕，即待馆选。至雍正元年，定保和殿朝考之例，考试用论、诏、奏议、诗四题。乾隆十六年，改用论、奏议、诗、赋各一篇，后复前例。馆选后入馆，肄业散馆，试以赋、诗各一篇，然后授职，或改用他途。翰、詹等官则有大考试，赋、诗各一篇，或论或疏一篇，钦定甲乙，以为黜陟。其试昉于顺治十年。御试教习国书翰林官，高第皆与优擢，凡试皆联茵殿上，授简抽毫，赐以茶食。侍辇挥毫日月旁。翰林侍直承明，奉敕有作，悉邀睿鉴，至于翠华临莅，珥笔从行，或因事命题，俾抒所蕴，或值宸章甫就，特令赓歌。奉属车之清尘，近天光于咫尺，邹、枚、扬、马，不能专美于前。铺藻仙瀛承露湑，瀛台居西苑禁籞。康熙年间，上御迎薰亭，幸西苑泛舟，俱陈绮宴，词臣参陪鹓列，得叨侍宴，蒙分赐太液池中鱼藕，越日各撰诗赋谢恩。乾隆十一年，特谕以秋成普稔，于瀛台设宴诸臣，内或文学侍从，或翰墨素娴者，著入宴赋诗。上用唐李峤《甘露殿应制诗》韵，圣制"月"字、"露"字二首，大学士以下分韵三十有八人。复命与宴诸臣仿柏梁体，圣制首句，诸臣以次赓韵。诗成，内侍传旨，令诸臣各泛舟选胜。复宣大学士等选工诗者至流杯亭联句。于是大学士陈世倌偕三十八人俱赴亭中，上用十一真韵赋起二句，又出一句，诸臣各蝉联对属，每臣工五人联毕，上仍续四句，如是者数四。诗成，复宣与宴诸臣赴勤政门，赐御书文绮珍果鲜鳞，诸臣拜受而归。［臣桂芳］

铭勋杰阁振雷砨。铺张鸿庥，扬厉伟绩，史臣职也。高宗纯皇帝武功庆成，震耀今古，紫光阁图像功臣，皆有像赞，以旌殊烈。平定金川，上亲制赞者五十人，命儒臣制赞五十人。平定台湾，上亲制赞者二十人，命儒臣制赞三十人。平定廓尔喀，上亲制赞者十五人，命儒臣制赞十五人。纪实摛词，垂光不朽。运筹帷幄旌襄赞，乾隆四十一年，高宗纯皇帝谕："文职汉大臣由鼎甲出身者，向无赏戴花翎及赏黄褂之事，大学士掌院于敏中于办理金川军务，承旨书谕，倍著勤劳，昨因大功告蒇，特沛恩纶，画入紫光阁功臣像，与其余词臣不同，著加恩赏，戴孔雀翎，并给黄褂，以示优眷。"次日，复蒙恩赐换双眼花翎。云台麟阁之荣，金紫绯鱼之锡，不足以方兹华宠、媲此龙光也。载笔缇油快颁颙。纂辑诸书，惟国史及武英殿修书处系常设之馆，其他皆随时开设，书竣即停，例皆以翰林官充提调、总纂、纂修、协修等官，员额俱随时增定。列圣表章古籍，著撰日新，奉敕纂辑之书，不可胜纪。圣祖仁皇帝特诏儒臣编辑《图书集成》。雍正元年，世宗宪皇帝复添简总裁编纂，至三年告成，凡一千卷。乾隆三十八年，高宗纯皇帝命编辑《四库全书》，四十一年，《四库全书》告成，蒙恩优加议叙。皇上于嘉庆四年开馆，恭修高宗纯皇帝实录，九年之间，三邀议叙，近复奉谕特开文颖馆，圣制御制及臣工诗文，分体编载，并修辑《全唐文》，嘉惠海内。金帖鸿儒收贾董，《唐书·选举志》："天子自召曰制举，谓之宏词，中者即授官。"我朝康熙十七年，圣祖仁皇帝诏举博学鸿儒，凡有学行兼优、文词卓越之人，不论已仕未仕，令在京三品以上及科道官员、在外督抚藩臬，各举所知。十八年，御试博学鸿儒一百四十三人于体仁阁，御定一等彭孙遹等二十人、二等李来泰等三十人，俱授为翰林官。雍正十一年，世宗宪皇帝特诏内外大臣荐举博学宏词，召试授职，除现任翰、詹官员无庸再膺荐举外，其他已仕未仕之人，在京满汉三品以上各举所知，汇送内阁，在外督抚会同学政，悉心体访，遴选考验，保题送部，转交内阁。至乾隆元年，高宗纯皇帝御试博学宏词一百七十六人于保和殿，亲定一等刘纶等五人，均授翰林院编修，二等杨度汪等十人，内由科甲出身者授翰林院检讨，余授翰林院庶吉士。二年，复试被荐续到者于体仁阁，御定一等万松龄一人、二等朱荃等三人，各授为检讨、庶吉士。［臣戴联奎］

蒲轮宿学奖申苌。自古治术必由经学。乾隆十四年，高宗纯皇帝特命保举经学，上谕大学士、九卿、外督抚各举所知，不拘进士、举人、诸生以及退休闲废人员，能潜心经学者，慎重遴访，务择老成敦厚纯朴淹通之士以应选，勿滥。十六年，大学士、九卿等公同会核，举品行端谨留心正学者陈祖范、吴鼎、梁锡玙、顾栋高四人。得旨："吴鼎、梁锡玙以司业用，陈祖范、顾栋高授司业衔，并将各人所著书籍在武英殿缮写进呈。"赋归诗老传邮甌，高宗朝，大学士福敏在告，以诗代书存问。礼部尚书衔沈德潜予告后，命其有所著作，寄京呈览，并命督抚代进奏摺、诗章，而于其南还进呈诗，有依韵赐和等什。刑部侍郎钱陈群家居后，每岁录寄御制诗百余篇命之和，又以所呈《香山诗》摘句为图以赐，而于其养疴归里进途中诗，复有赐和之什。我皇上于大学士王杰请告归里，特赐以诗,因其八旬双寿,复有赐什。奎章天藻,照耀林泉,尤赋遂初者未有之遇。拜赐笺华叠御床。词臣入直,每蒙颁赐宸翰。圣祖仁皇帝曾谕内直翰林云:"尔等家中各有堂名,不妨自言,当书以赐。"詹事陈元龙跪奏:"臣父年逾八十,拟请'爱日堂'三字。"谕德查升拟请"澹远"二字。上即挥毫赐之。尝书"竹窗"二字以赐詹事高士奇。此外如侍读学士徐嘉炎、庶子孙岳颁、中允蔡升元、编修张希良、宋大业等,皆有赐书。高宗纯皇帝时,如尚书张照、大学士蒋溥、汪由敦、梁诗正、刘统勋、刘纶、于敏中、嵇璜、梁国治等,或优赉诗篇,或特颁匾额。又尝书额赐尚书裘曰修、刘墉、曹文埴、董诰之母,而彭元瑞因撰进文字,特蒙褒赏,并有赐札奖其异想轶才。我皇上幸院时,既书二额刊庋署中,复以墨宝颁赐掌院学士朱珪、英和。又曾赐大学士王杰楹帖及大学士刘墉、前尚书那彦成之母匾额。至年时书福颁赏廷臣,悉循旧典。珠光苞彩,璀璨笺华,允为西清珍秘。设筵坛壝严鹄立,翰林兼日讲起居注官,凡坛庙大典,皆朝服侍仪。[臣邵洪]

联裾殿省肃鸾翔。讲官每遇朝会御门侍立殿廷,班在阶陛之上。地连壶峤三霄迥,《燕都游览志》:"瀛洲亭在翰林院内堂之右,故有隙地十区,后甃为方池,构亭中央,额曰瀛洲。"今其亭建于清秘堂前,下有方池,前明时池水本通玉河,其后湮塞,今于刘井设辘轳,穴地灌输,水潋滟从亭南螭吻中出。词臣初入馆,院吏导之前,曰此登瀛洲也。户拥图书七宝装。院中敬一、宝善二亭,为藏书之所。敬一亭旧贮《永乐大典》及《敬一亭箴》,范浚《心箴》,程子视、听、言、动四箴,并恭贮圣祖仁皇帝御书赐陈廷敬"龙飞凤舞"四字石刻,壁间砦石刻乾隆九年刑部尚书张照敬书"东壁图书府"四十字分韵诗、户部侍郎梁诗正敬书柏梁赓韵诗,续刻嘉庆九年户部侍郎英和敬书"东壁图书府"四十字分韵诗、通政使赵秉冲敬书《柏梁赓韵诗》;宝善亭恭贮乾隆九年高宗纯皇帝所赐《古今图书集成》一部,嘉庆九年皇上特命尊藏圣制诗文及钦定太学石经各一分。简秘娜环,珍留乐石,蔚蔚彬彬,式昭美富。金马石渠名自古,[臣邵自昌]

[御制]柯亭刘井郁相望。翰林院旧有柯亭刘井,而题额久阙,相传亭为明学士柯潜建,井为明学士刘定之浚。嘉庆九年,掌院学士英和书牓揭之其上。沙堤旧筑标形胜,玉署重修遍炜煌。我朝定鼎燕京,翰林院署沿前明之旧,在长安左门之东,玉河绕其左,沙堤亘于前。自乾隆八年奉诏更新,五十五年重加缮治,规制由是益崇。嘉庆八年,以幸院大典,申命修葺,自文庙、韩愈祠以及大堂、后堂、敬一亭、清秘堂、瀛洲亭、凤凰池、宝善斋、成乐轩、原心亭、读讲厅、编检厅、状元厅、典簿厅、待诏厅,无不式新轮奂,詹事府署并命一律饬修。此亦奖励词臣,祇循堂构之一端。园赐澄怀供退直,园为康熙朝大学士索额图,赐园时,銮辂贲临,宸翰亲洒,士大夫相与艳称之。雍正三年,世宗宪皇帝以赐大学士张廷玉、朱轼、尚书蔡珽、内廷翰林吴士玉、蔡世远、励宗万、于振、戴瀚、杨炳九人。此书房词臣得居之始。张廷玉以向蒙圣祖仁皇帝恩赐御书"澄怀"二字敬以名之,因相传为澄怀园。又以为内廷翰林下直之所,亦呼翰林花园。园在圆明之东半里许,老树轮囷,清溪环绕,凉台燠馆,位置得宜。后不戒于火,蒙皇考发内帑金重加修葺,焕然一新,仍以内廷翰林居之。予亲政后,凡直南书房、尚书房者,悉命居于是园,为退息之地,所以承先志而体儒臣也。

漏听勤政凛趋厢。驾驻圆明园之日,南斋、翰林趋晨直者,向止如意门外廨舍,以听传宣,供奉笔墨。嘉庆六年,特命于奏事门内勤政殿外迤东值厢拨给四楹,为南斋、翰林晓直之所,并许于武英殿移取官书数十函庋其中,以备检查。其地在禁籞之内,近接宸居,尤为清秘。府罗群玉巢栖稳,馆辟翘材卜筑臧。往时教习庶吉士,未有专馆,就翰林院屋宇及大堂廊庑居之,以为肄业之所。雍正十一年,世宗宪皇帝特赐官房一区,共百六十楹,在正阳门内迤东,当翰林院之西南,相去不一里。乾隆三十三年，特赐教习庶吉士观保、王际华御书"芸馆培英"额，恭悬堂中，后楼恭贮赐书。三十六年，教习庶吉士兵部侍郎钟音、礼部尚书王际华，以年久渐就损坏，疏请葺修，得旨允行。虎观新衔纡带绶，《四库全书》告成，于文华殿后，特建文渊阁，藏弆第一分缮成之本。高宗纯皇帝特谕大学士、吏部、翰林院酌衷宋制，定文渊阁各官。寻议定领阁事二员，以大学士、协办大学士、掌院学士兼充，置直阁事六员，以科甲出身之内阁学士、内班出身之满詹事以下至读讲学士、汉詹事以下至读讲学士兼充，置校理十六员，以内班出身之满庶子以下至编检、汉庶子以下至编检及科甲出身之内阁中书兼充，并置提举阁事一员，以内务府大臣兼充，置检阅八员，以科甲出身之内阁中书兼充，皆为定额。每岁遇上御经筵，皆得入直侍班。〔臣周兆基〕

龙威旧检秘巾箱。本朝自世祖章皇帝屡诏儒臣编辑诸书，不下数十百种。至高宗纯皇帝三十八年，特开《四库全书》馆，博搜遗佚，命四方大吏加意采访，汇上于朝。又以翰林院旧藏明代《永乐大典》，其中坠简逸篇往往而在，并敕开局编校，芟芜取腴，每多不经见之本。而外省奏请书目，名山秘笈，亦颇裒括无遗，合之大内所储，朝绅所献，计不下万余种。自昔图书之富，于斯为盛。特诏词臣详为勘核，厘其应刊应钞应存者，系以提要，辑成总目，依经史子集部分类聚，命为《四库全书》，简皇子大臣为总裁以董之，间取各书翻阅，有可发挥者，亲为评咏，题识简端。其应钞各种，则于京师应试士子中择其能书者，给札分钞，共成善本，以广兰台石渠之藏。策名共被诗书泽，裒帙争题姓氏芳。翰林题名，自唐宋以来虽间有可考，而参差漏略，讫无成书。我朝教育涵濡，人文蔚起，职司典守，名实灿然。今自掌院学士以下，凡馆阁华资、内廷清秩以及制科荐举之属，荟萃群英，后先济美，纪其爵里，系以年时，并仿宋登科录例，纪其表字，庶继起者共励矜修，以翊休明，于激扬流品，不无裨益。韬略禁中数颇牧，国家培储桢干，才俊飙腾，旧日词臣出膺节钺、身任封圻者，不乏文武威风之选，至于身列行间，折冲御侮，建勋猷而抒忠荩者，皆能照烛史册，不独舒文华国已也。〔臣陈希曾〕

节华天半暨要荒。定制，册封外国，遴选翰林官一员充使，如高丽久隶近藩，琉球凤通与属，驿程乘传，海道扬帆，使臣奉命出疆，恭赍诏敕，起程时，工部给仪仗，兵部给邮符兵卫。奉天声之赫濯，宣帝泽之滂洋，如唐人所咏冠冕南极、文章上台，以昔方今，殆难伦比。经纶骏业贤为宝，黼黻鸿猷世笃庆。我朝以武略定天下，以文德绥万民，溯自开国以来，熊罴之士，不二心之臣，实能羽翼皇家，共襄大业，人才之辈起，悉征世泽之灵长也。地括舆图恢武卫，洪惟列圣垂庥，丰功骏烈，简编不能悉纪。恭读开国方略，仰见太祖、太宗丕基肇造，世祖宅京卜祚，天与人归。迨圣祖平定三藩，肃清函夏，复戡定准噶尔朔漠诸部。世宗濯征青海，悉就砥平。高宗缵承鸿绪，神武远扬，平伊犁，定回部，拓地二万余里，翦大小金川，咸隶版图，勒碑纪绩，缅甸、安南、廓尔喀皆望风纳款，功溢十全，事超千古。追授玺之年，适川陕楚教匪不靖，训政筹几日崖三捷。我皇上亲政后，整饬戎纲，殄除群丑，俾薄海蒸黎，同登衽席，凡大勋屡集，悉资师武臣力，今每岁敬法前谟，举行秋狝，以肄武习勤，未尝释威弧而偏奖裒博也。〔臣顾德庆〕

曜腾珠气应文昌。卮言曼衍祛无当，达路驰驱矢共藨。是书专纪国家大典，至于逸闻琐事，概不登载。凡所纂辑，悉本钦定书籍及各衙门文册，其私家文集、家乘、杂著非确有可凭者，亦不采入，以昭核实。读是书者，沐浴膏泽，当先器识，后文艺，坐言起行，驰驱皇路，莫漫诩文章报国也。博采瑶华超志乘，志翰林者，始于唐之李肇，其后宋程俱有《麟台故事》，洪遵有《翰苑群书》，兼采李肇《翰林志》、元稹《承旨学士院记》、韦处厚《翰林学士记》、韦执谊《翰林院故事》、杨钜夫《翰林学士院旧规》、丁居晦《重修承旨学士院壁记》、李昉《禁林宴会集》、苏易简《续翰林志》，苏耆《次续翰林志》、《学士年表》、《翰苑题名》，并遵所撰《翰苑遗事》共十二种，陈骙有《南宋馆阁录》、《续录》，周必大有《玉堂杂记》，元王士点、商企翁有《秘书志》，明黄佐有《翰林志》，皆翰林掌故也。然诸书或网罗未备，或徒炫浮华，或时无足纪，事不称辞，岂若是书六十四卷，宜皇模，扬帝制，洋洋巨观，猗欤盛矣！［臣秦承业］

　　［御制］载披宝笈契羹墙。两编虽止胪列词林典故，而祖宗成宪，所为敷文德而培士气者，亦于是乎在。且以列圣训谕宝章光昭卷轴，每敬览之下，不啻见先圣于羹墙也。储才予勉心无逸，励品同期学有方。崇实黜华绍先志，明廷跄济进贤良。国家简用儒臣，原期体用兼备，本经术以经世故，敦诗习礼之儒，不愧为文通武达之彦，即前代所艳称。翰林华选，亦以其朝夕论思，日月献纳，有裨实政，非若智效一官能效一职者，仅以簿书期会为能，遂谓无旷厥官也。自士习趋于浮靡，而文章与政事几视为二途，青衿佔毕之流，往往不娴时务，其以文词表见者，大率徒事于雕虫篆刻之词，妃白俪青之句，而于载道之文未之有得，无怪乎授之以政，不达也。予祗承列圣贻谟，皇考付界，首以人才为务，于章逢寒畯，尤加意奖拔，幸院赐额，殷殷然以储才励品为士林期许，诚以今日登进之才，冀可备他日经国之用，此实予劳于求贤、逸于用人之至意。在躬膺简擢者，惟当循名责实，以立品为先，务读有用之书，为有本之学，勿徒掞藻摛华，侈谈遭际，庶无负列圣培养之心。而皇考暨予幸院之本旨，所以崇实黜华、广励文学者，尤愿多士争相切劘，勉绍前良。睹兹跄济之伦，实有厚望焉。

职　名

总裁官
经筵日讲起居注官太子太傅体仁阁大学士管理工部事务南书房供奉翰林院掌院学士臣朱珪
日讲起居注官刑部尚书镶黄旗汉军都统翰林院掌院学士　臣觉罗长麟
翰林院掌院学士今任内阁学士兼礼部侍郎　臣英和

总纂官
日讲起居注官詹事府詹事　臣陈希曾
日讲起居注官侍读学士　臣汪廷珍
日讲起居注官侍读学士　臣汪滋畹
日讲起居注官侍讲学士　臣法式善

提调兼纂修官
日讲起居注官侍讲学士　臣贵庆
编修　臣狄梦松

纂修官
侍读学士今升内阁学士兼礼部侍郎　臣秀宁
日讲起居注官詹事府詹事　臣觉罗桂芳
日讲起居注官詹事府少詹事　臣王宗诚
日讲起居注官侍讲学士　臣陈嵩庆
日讲起居注官左春坊左庶子　臣吴鼒
原任右春坊右庶子　臣王引之
文渊阁校理侍读　臣施朸
署日讲起居注官侍讲　臣周系英

编修 臣何应杰
编修 臣胡开益
编修 臣李振翥
编修 臣黄中杰
编修 臣瞿昂
编修 臣龚守正
编修 臣葛方晋
检讨 臣卓秉恬
检讨 臣夏修恕
原任庶吉士 臣洪燿
原任庶吉士 臣董桂新
修撰 臣彭浚
庶吉士 臣邵葆钟
庶吉士 臣陈俊千
庶吉士今候选郎中 臣孙汶
庶吉士今候选员外郎 臣张元模
庶吉士今改知县 臣吕兆麒
庶吉士今改知县 臣李钟璧
庶吉士今改知县 臣吉士瑛

办事翰林兼分校官

侍读今升祭酒 臣佛柱
日讲起居注官侍讲 臣宗室果齐斯欢
原任编修今改江南道监察御史 臣李翃
编修今改江南道监察御史 臣吴荣光
编修 臣白镕
编修 臣俞恒润
编修 臣方振
编修 臣佟景文
编修 臣余正焕
编修 臣齐鲲
庶吉士 臣和桂
庶吉士 臣觉罗宝兴

收掌官
　　孔目　臣达林
　　孔目　臣孙崇坫

进 表

  经筵日讲、起居注官、太子太傅、体仁阁大学士、南书房供奉、翰林院掌院学士臣朱珪，日讲、起居注官、刑部尚书、镶黄旗汉军都统、翰林院掌院学士臣觉罗长麟，奉旨编纂《皇朝词林典故》告竣，恭呈睿览。臣等谨奉表恭进者，伏以璇玑协纪，灵书开八会之祥；黼藻宣光，华盖焕五云之彩。示训行于阆苑，鲈篆披函；垂彝宪于蓬山，麟台辑录。恩覃艺薮，庆洽文林。

  臣等诚欢诚忭，稽首顿首上言：窃惟紫垣悬象，极东明柱史之躔；丹籍稽文，海上辟函经之府。重黎受命，揆凤纪以书勋；颉诵命官，察龟符而赞治。仙室僾婴敷之裔，中廷镌伯索之铭。自昔昌辰，爰崇文学。追石室重紬书之秩，亦金门置待诏之官。省郎改号于鸿都，殿直称名于麟趾。至贞观而昭文立馆，越开元而丽正分曹。宋继唐规，横班弥贵；明更元制，内阁初基。凡以藻耀皇阶，羽仪王国。进贤选德，职每倚夫论思；典学求闻，功有资于献纳。昭兹懿铄，宜蔫缇油。是以李肇撰志于前，陈骙著录于后。书编翰苑，传洪氏之奇觚；记衍玉堂，志益公之健笔。类皆网罗往载，被饰前闻。然而温树私谭，讵等摘毫史局；金銮闲话，略如曝背茅檐。夸问答之玉音，罕逢盛际；诹趋随于冰署，罔涉彝章。从未有秘酌谟觞，珍储册府，照勋华于九寓，美作述于两朝，宝牒珠辉，瑶缄璧合，如今日者也。

  钦惟皇帝陛下，参五凝尊，函三锡羡。懋丰功于鹤列，化洽苍衢；迪至德于龙轩，道通赤纬。离晖明两，膺鼎命于辰枢；乾策探元，演泰符于甲纪。惟嗣武绍庥之罔斁，遂考文议礼之同符。览阅书林，七萃重临夫壁府；游歌艺苑，三侯载咏于銮坡。需云荫槐院之柯，复旦丽花砖之晷。天瞻尺咫，春漫蓬瀛。爰以典故之宜修，聿命儒臣而继作。溯是帙之创于昭代，实大文之焕自先朝。盖我高宗纯皇帝玉镜承禧，珠囊席瑞，聪明陟后，昌期正应中天；寿考作人，文命早敷初纪。素书东观，亲探宛委之藏；黄伞西清，式焕迩英之制。缥囊肇启，锦袠胪陈。已征照世之丰编，岂独藏山之秘宝。

  惟是传经岁月，事汇缣缃，鸿规叠起于圣时，鸡次宜详夫往典。则有徽猷叡旨，翻玉筴以当增；轶事遗文，访瑶签而未备。百九十年之宝策，干支迭转金轮；六十七次之巍科，姓氏益恢珠籍。象悬浃日，陈书而繁比治丝；样写屏风，裒卷而多疑束笋。不有重编之巨制，曷由上迪夫前光。于是别检兰函，续标瓠本。略旧闻而弗记，体仿班书；述王制以弥详，道尊周策。懿夫敷言锡极，大谟共仰羲绳；敕命庸歌，峻笔聿垂舜藻。

迨缉熙而继序，益典学以绍闻。训著兰台，涣汗频颁于青琐；词吟芝殿，宸章丕焕于丹霄。敬胪二帙以心钦，宜冠八门而首列。

至于龙斿再莅，记西掖之荣施；凤琯重赓，志北扉之巨典。秩分秘府，木天则资望原崇；职判仙曹，玉署则清勤时勖。奖殊才于下水，宠迈麟袍；赏佳制于凌云，恩隆雕锦。卷阿矢咏，和鸣振盛世之音；禁苑趋班，侍直谨常参之式。发金钱以资丹臆，画栱登仙；罗杞梓以广簪裾，名经诵佛。凡此新模之式建，胥赅往籍以增辉。遂乃听钥程功，投签趋课。藜燃夜火，各襄镂楮之勤；芸爇朝烟，齐试吹竽之技。搜百司之架阁，检详频费官符；考四部之囊箱，采撷兼收私乘。犁眉毕举，昭灼夫月纬年经；指掌分明，郑重乎字梳句栉。付写官之缮录，玉版文披；资籍氏之校雠，金根误勘。勉葳汗青之役，阅期于秋蟀春鹕；允宜副墨之储，作则于南狐东马。瑶墀经进，琼笈观成。

臣等职忝论思，才惭纂记。螭坳日直，瞻睿思于卿云；凤盖星敫，沐酰膏于湛露。被紫纶而撰集，头厅叨领袖之膺；持赤管以编摩，腹笥愧搜罗之备。兹复仰邀宝翰，俯弁琅函。贲天画于丹滕，绚奎文于翠牒。从此帙尊虎观，简守龙威。媲典诰以成书，普垓埏而示范。前后圣治合符节，常纪金绳玉策之庥；亿万年庆衍菁章，益昭珠气镜河之瑞。

臣等无任瞻天仰圣，欣喜踊跃之至，谨奉表随进以闻。

例　　言

　　一，乾隆十三年钦定《词林典故》一书，兼及前代。是书仿钦定皇朝"三通"之例，专载皇朝典制，体例一准前书原式。惟前书八门，首述临幸盛典，列圣训谕，分载各门，圣制宸章，冠于艺文之首。是编敬增圣训、天章二门，列于编首，其余各门，仍照原书次序，采取原书，间补未备，其近年典章为原书所未及载者，并搜罗续辑，罔敢阙遗。

　　一，是书专纪国家大典，其逸闻琐事，概不敢载。

　　一，是书纂辑，悉本钦定官书及各衙门文册，其私家文集、家乘、杂著，非确有可凭者，概不敢载。

　　一，皇朝肇兴百九十年，制度典章，屡有损益，是书于沿革大端，敬谨详载，其余惟载现行事例，其远年旧制今已不用者，不复一一缕述，免滋繁冗。

　　一，圣训一门，详载列圣及皇上训谕，其设立制度，更定章程，因事特降谕旨者，仍按年分载各门。

　　一，官制、职掌二门，敬遵《钦定会典则例·品级考》纂辑，詹事府为词林升转之阶，一并载入。

　　一，我朝优礼儒臣，超越前代，湛恩渥泽，书不胜书，是书恩遇一门，专载殊常旷典，以纪遭逢之盛，其余不能备述。

　　一，恩遇、艺文二门，惟载现列词林之人，其改官他职者不载，惟供奉内廷者仍载。

　　一，词林为文章渊薮，是书艺文一门，于诸臣纪恩述事之作略载一二，用志赓飏之盛，其余名篇佳构，具载《皇清文颖》诸书，无事博收，以紊体例。

　　一，仪式。敬遵钦定《会典》、《通礼》二书纂辑，其本衙门通行酬应仪注，则以耆旧相传现在通行者，详考附后。

　　一，廨署。除本署外，兼载直庐、直园、起居注馆，专隶词林，一并载入，其馆非常设，或有他曹人员一同纂书办事者，概不登载。

　　一，题名。详书表字、籍贯，以别同姓名也；一家并列词林，则书某子某弟某孙，志科名之盛也；书所历官阶，备掌故也。凡已故及现存而削夺休致者，均书官至某官；罢官赏衔者，书给某衔；其曾列显秩，后缘事降谪者，则书历官某官，官至某官；其曾经降谪，寻复起用，而后官大于前官，或与前官相埒者，其降谪不复书，惟曾任本衙门开坊以上官，后经降调，复由他官洊历崇阶者，官虽较大，仍书所历原官；现在供职者，书现官某官；曾经降调者，书历官某官，现官某官；候补者，书候补某官；现在告假丁忧者，书历官某官。兼衔不书，惟掌院事书，予世爵书，加公孤宫衔书，赐谥书，赠官书，配飨太庙书，予专祠书，入祀贤良祠书，国史有传书。

皇朝词林典故卷一　圣谕

世祖章皇帝顺治十年二月,上幸内院,批阅翻译《五经》,谕诸臣曰:"天德王道,备载于书,真万世不易之理也。"

是年五月,上幸内院,问翰林各官何下直太早,大学士范文程等奏曰:"今日端午,是以下直较早。"上顾谓群臣曰:"乘藉天休,猥图安乐,人情尽然,但欲希晏逸,必先习勤劳,俾国家大定,其乐方永。若止图安乐,嗜欲莫遏,先计家而后国是,其乐亦暂耳。即如朕躬所行,兢兢业业,期于尽善,故每乐闻诸臣之言。但今之人多有能言而不能行者,其故何也?今日为之,明日易之,弗克持久,是以不能行耳。夫人孰无过,知过而改,即为善士,倘自掩饰,谬以为是,过乃滋长,咎斯甚矣。朕与诸臣果能共勤政务,裨益生民,天必眷之。若人之所行不善,弗自省改,天必降之以殃,尚能邀眷佑乎?至天不加眷佑而委命于天,不知天之遣尔者,以尔之不善也,岂有尔所行善而天遣之者?昔商成汤为盛德之主,犹且检身不及,改过不吝。若明之正德帝,耽志嬉游,怙过不悛,徒责善于臣工,揆之修已治人之道,乌乎可?纵使臣工胥善,而君不攻过迁善,何由而向化耶?"

圣祖仁皇帝康熙九年十月,谕礼部:"帝王勤求治理,必稽古典学,以资启沃之功。朕于政务余闲,惟日研精经史,念经筵日讲,允属大典,宜即举行。尔部其详察典例,择吉具仪以闻。"

十二年三月,谕学士傅达礼曰:"学问之道,在于实心研索,使视为故事,讲毕即置之度外,是徒务虚名,于身心何益?朕于诸臣进讲后,每再三绅绎,即心有所得,尤必考正于人,务求道理明彻乃止。至听政之暇,无间寒暑,惟有读书作字而已。"因御书一行,赐观曰:"人君之学不在此,朕非专工书法,但暇时游情翰墨耳。"

是年九月,上谕讲官熊赐履曰:"《大学》'格物'二字,包括无余,但其间有根本,有切要,非泛骛于器数之末,为支离无本之学也。"又谕曰:"天地古今,大本大原,只是一理,故曰一以贯之。然则博文约礼工夫,合当如是。"

是年十月,上谕讲官等曰:"人心至灵,出入无乡,一刻不亲书册,此心未免旁骛。朕在宫中,手不释卷,正为此也。"

十四年二月,讲官傅达礼进呈讲章,得旨:"讲章内书写称颂之言,虽系定例,但凡事俱宜以实,如'秉至诚而御物,体元善以宜民','固已媲美三王,跻隆二帝'等语,似属太过,著改奏。"

十五年二月,讲官喇沙里、徐元文奏经筵讲章,得旨:"嗣后经筵讲章,称颂之处,不得过为溢辞,但取切要,有裨实学,其谕各讲官知之。"

十六年三月,上谕掌院学士喇沙里等曰:"治道首崇儒雅,前有旨,令翰林官将所作诗赋词章及真行草书不时进呈,后因吴逆反叛,军务倥偬,遂未进呈。今四方渐定,正宜振兴文教,翰林官有长于词赋及书法佳者,令缮写进呈。"

是年闰五月,上谕讲官等曰:"尔等进讲经书,皆内圣外王修齐治平之道,朕亦孜孜详询,每讲之时,必专意以听。但学问无穷,不在徒言,惟当躬行实践,方有益于所学。尔等仍愈加直言,毋有隐讳,以助朕好学进修之意。"

十九年六月,上以御书赐大学士等,谕曰:"朕万几余暇,留心经史,时取古人墨迹临摹,虽好慕不衰,未窥其堂奥,岁月既深,偶成卷轴。卿等佐理勤劳,朝夕问对,因思古之君臣,美恶皆可相劝,故以平日所书者赐卿等,方将勉所未逮,非谓书法已工也。卿等其知朕意。"又以御书赐学士等,谕曰:"尔等日侍讲筵,夙夜匪懈,启沃之暇,每以朕书为请。朕万几余闲,研精典籍,间取古人墨迹临摹。尔等既为文学侍从之臣,即有成就德业之责,故因所请,辄以颁赐。朕意其悉之。"

二十一年八月,翰林院奏经筵讲章,上曰:"经筵,所以讲学修德,大典也。讲章须有劝戒箴规之意,乃称启沃。今讲章内有'道备君师,功兼覆载',二语太过,其易之。"

是月,召牛钮等近御榻前,指示所临法帖,谕曰:"此黄庭坚书,朕喜其清劲有秀气,每于暇时,辄一临摹。"随命取晋唐宋元明人字画真迹卷册置榻上,上手自指点开示,或诵其文句至于终篇,或详其世代爵里事实,论其是非成改美恶之迹。至颜真卿书,上曰:"此鲁公书,严气正性,可想见其临难风节也。"

二十二年八月,上谕讲官等曰:"经筵关系大典,必君臣交儆,上下相成,方有裨于治理。向来所拟经筵讲章,但切君身,此后当兼寓训勉臣下之意,庶使诸臣皆有所警省。"

是年十月,上谕讲官张玉书曰:"日用常行,无非此理,自有理学名目,彼此辨论。朕见言行不相符者甚多,终日讲理学,而所行之事全与其言悖谬,岂可谓之理学?若口虽不讲而行事皆与道理吻合,此即真理学也。"

二十三年二月,上谕掌院学士牛钮、孙在丰曰:"翰林院乃储养人才之地,教习庶常,当以品行文章为事,一切交际礼文皆宜杜绝。近闻有馈送重礼者,庶常等俱甚寒苦,自翰墨外,不应别有所取。前喇沙里在时,待伊等甚善,所以至今有感念者。至库勒纳任学士以来,交际之风渐盛,尔等宜加洗剔,无负简任之意。"

是年三月,上谕大学士等曰:"朕前奉太皇太后诣五台山,览观山川形势,一一亲历其境。每台所制碑文,出自一时结构,尔等可详加斟酌。近见汉人中有自负才高,所作文不容人点窜,此习俗之可鄙,文之所以不工也。"

是年十月,上南巡,泊舟燕子矶,读书至三鼓,侍讲学士高士奇奏请宜少节养,上谕曰："朕自五龄即知读书，八龄践祚，辄以《学》、《庸》训诂询之左右，求得大意而后愉快。日所读书，必使字字成诵，从来不肯自欺。及四子之书既已通贯，乃读《尚书》，于典谟训诰之中，体会古帝王孜孜求治之意，期见之施行。及读《大易》，观象玩占，于数圣人扶阳抑阴，防微杜渐，垂世立教之精心，朕皆反覆探索，必心与理会，不使纤毫扞格。实觉义理悦心，故乐此不疲耳。"

二十四年四月，上谕大学士等曰："从来道德文章，原非二事，能文之士必须先明理，而学道之人亦贵能文章。朕观周、程、张、朱诸子之书，虽主于明道，不尚辞华，而其著作体裁简要，晰理精深，何尝不文质灿然，令人神解意释。至近世则空疏不学之人，借理学以自文其陋，岸然自负为儒者，究其意解，不出庸夫之见，真可鄙也。"

是年五月，上谕新选庶吉士张希良等曰："士子读书稽古，原期穷理致用，平居砥砺廉隅，敬修品行，皆为异日服官莅政之本。迨登仕路，志在功名，未免奋志求进，干营奔竞，丧其怀来，往往有之。尔多士从田间来，甫通仕籍，务宜率其素履，不改初心。凡授内外职任，其各加黾勉，清操自矢，恬静寡营，循分尽职，洁己爱民，以副朕造就人才至意。"

是年六月，上谕扈从诸臣曰："朕喜观书史，遍阅圣贤经传，而《通鉴》一书，关于治道，尤为切要。虽不时翻阅，恐有阙略，故将《资治通鉴纲目（大全）》诸书，皆以朱笔手自点定，以《通鉴纲目》卷帙繁多，未携至此，携《纲目汇纂》，用备披览。朕虽时时检阅，然不能尽记，尔等职司文翰，其各以所携书籍进览。"于是内阁、翰林院、詹事府诸臣以《通鉴》、《文选》诸书呈进，上览竟，复谕曰："凡文武各官，皆须读书，于古今得失，加意研究。尔等各携诸书，以备问答，甚善。朕所点定之书，尔等亦试观之。"

二十五年四月，吏部以掌院学士员缺，开列尹泰等请旨，上曰："翰林院学士职任关系甚重，必学行兼优，方为允当。满汉学士得人，则词林观摩兴起，咸勤学砥行，人才成就，有裨治道匪浅。曩者喇沙里居是官，其学问品行，词林至今追述之，后来者俱不能及。朕观尹泰，品有余而才不足，任以詹事则相宜，若用为学士，恐办事不甚敏捷。库勒纳任此职时，较他人为优，通政使葛思忒似亦可用，可将此二人酌议来奏。"

三十二年四月，上谕大学士等曰："翰林官以文章为职业，今人好讲理学者，辄谓文章非关重务。宋之周、程、张、朱，何尝无文章，其言如是，其行亦如是。今人果能如宋儒言行相顾，朕必嘉之，即天下万世，亦皆心服之矣。传翰林官知之。"

四十一年十月，翰林院侍读学士陈元龙等，遵旨各书绫字一幅进呈，上谕曰："学书须临古人法帖，其用笔时，轻重疏密，或疾或徐，各有体势。宫中古法帖甚多，朕皆临阅，有李北海书《华山寺碑》，字极大，临摹虽难，朕不惮劳，必临摹而后已。朕素性好此，久历年所，毫无间断也。"

四十三年六月，上谕讲官等曰："古今讲道学者甚多，尤好非议人，彼亦徒能言之，而言行相符者盖寡。是以朕不尚空言，断不肯非议古人。何以言之？盖人各有短长，弃短取长，始能尽人之材，若必求全责备，稍有欠缺，即行指摘，此非忠恕之道也。故孔子当时,惟节取人之善,隐讳人之短。凡事求诸己,不非诸人,是岂可稍容私意于其间乎?又人见讲道学之人或不见用,辄为太息,以为果见用,必有可观,此徒见其空言而云然也。若果见用,言行亦未必相符。惟宋司马光编辑《资治通鉴》,论断古今,尽得其当,而后世论者反未尝置诸讲道学之列。司马光乃宋朝名相,言行相符,由此以观,不在空言也。故君子先行后言,果如周、程、张、朱勉行道学之实者,自当见诸议论,若但以空言而讲道学,断乎不可。朱子洵称大儒,非泛言道学者可比拟也。"

是年七月,上谕大学士、翰林等官曰:"朕自幼好临池,每日写千余字,从无间断,凡古名人之墨迹石刻,无不细心临摹,积今三十余年,实亦性之所好。即朕清字,亦素敏速,从无错误。凡批览督抚摺子及朱笔谕旨,皆朕亲书,从不起稿。其事之稍有关系者,虽岁月经久,亦不遗忘。故批发之旨,俱存所司,朕处全无底稿也。"

五十年二月,谕大学士:"从来经筵之设,皆帝王留心学问、勤求治理之意,但当期有实益,不可止饰虚文。朕观前代讲筵,人主惟端拱而听,默无一言,如此则虽人主不谙文义,臣下亦无由而知之。若明万历、天启之时,何尝不举行经筵,特存其名耳。朕御极五十年,听政之暇,勤览书籍,凡《四书》、《五经》、《通鉴》、《性理》等书,俱经研究。每儒臣逐日进讲,朕辄先为讲解一过,遇有一句可疑、一字未协之处,亦即与诸臣反覆讨论,期于义理贯通而后已。盖经筵本系大典,举行之时,不可以具文视也。"

五十六年十一月,上谕大学士等曰:"朕莅政五十余年,海内升平,皆恃众大臣为朕股肱耳目。朱子亦云:'为政在于得人。'大小臣工,俱宜实心任事,直言勿隐,方为社稷苍生之福。为大臣者,当识大体,不可琐屑刻薄。朕待大学士、尚书、侍郎以至小臣,各有等级,若待大学士与小臣无异,即非礼也。又如翰林等,作诗写字,作古文,或作时文,朕皆因材器使,未尝求全责备也。"

世宗宪皇帝雍正七年十月,谕:"尔等翰林自以文章为职业,但须为经世之文、华国之文,一切风云月露之词,何所用之。若既改官以后,各有当尽之政务,人之心思才力,难以兼营,不可自负文人,荒其职守。盖文章政治,理本相通,事无旁贷,急所当务,方为尽职。至于赋诗饮酒,自附于晋人风流,此种恶习,所当深戒而痛绝者也。尔等其共勉之。"

皇朝词林典故卷二　圣谕

高宗纯皇帝乾隆元年五月，谕："国家以科目取士，廷试之后，分别任用，或授庶常，或分部学习，或以县令铨补，此因才器使之道，欲令士子各展所长，裨益政治，原非有用舍去取于其间也。闻向来士子，因词林地望资格优于外任，每以得预是选为幸。及至引见后，辄于内用外用，妄生计较，此狃于习俗见闻之陋，而于朝廷优待士子之心实未深悉。盖今时县令，所辖土地人民，等于古者侯伯子男之国，抚绥经理，实赖通材。故亲民之官，所系最重，果其才猷政绩卓然表著，类皆不次超擢。膺斯任者，何得不力图报称而更生企羡乎？若身预词林之选者，其名实尤难相副。盖文词不工，于馆职固为有愧，即使词采可观，尚恐流为浮华无用之士，务各砥砺廉隅，讲求经术，渐致渊雅宏通，以无负选俊储才之意。至于在部学习人员，分曹佐理，各有攸司，当念外省官吏，措置偶或失宜，尚有内部为之驳正，在部中所定章程，一经奏准通行，将来即引为成例，稍有舛错，贻误不少，安得不倍矢精勤，期免陨越。总之，百司庶府，悉非荣利之阶梯；政事文章，各有当修之职业。务宜屏除私意，免效忠良，庶几识见日增，猷为日著，士风吏治，渐臻上理。朕实于尔等有厚望焉。"

二年五月，上谕总理事务王大臣曰："昨考翰林、詹事官员，以'为君难，为臣不易'命题。虽各就所见，敷衍成文，朕爰就其文字，以定优劣。至难与不易立言之本意，原有轻重，伊等尚未见及。人之言曰：'为君难，为臣不易。'此以见为君甚难，为臣亦不易耳。盖为君者，以一人立乎万民之上，宗社之安危、生民之休戚系焉。崇尚宽大，则启废弛之渐；稍为振作，则长苛刻之风；言路不开，则耳目壅蔽。将欲达聪明目，而无稽之言，勿询之谋，驰骛并进。不惟不足以集思广益，且足以淆乱是非，即以理折之，论者且谓其厌弃群言，不能容纳。稽之史册，比比而是。试思尧、舜在上，都俞一堂，尚曰：'汝无面从，退有后言。'夫面谀腹诽，乃人臣莫大之罪，唐、虞岂容有此，以圣人之为君，又岂忍逆诈亿不信，为是过当之言，抑且谆谆致戒于庶顽谗说，巧言令色孔壬，当必非无为而发。即此一端，为君之难概可知矣。至为臣者，夙夜靖共，奉公忧国，为上为德，为下为民，苟非鞠躬尽瘁，求所以称股肱心膂之任，殚分猷宣力之能，不足以尽为臣之道，故曰不易。然较之为君，究未至若彼其难也。譬之饮食，曰不饱，则未及餍饫而已；曰饥，则穷饿困馁，不止于不能果腹矣。此立言轻重之分，而读书者不可以不察。《传》曰：'言岂一端而已，固各有当也。'又曰：'及之而后知，履之而后难。'朕所见如此。聊宣示诸臣并众翰林知之。"

是年十二月，谕："朕命翰林、詹事、科道诸臣录呈经史，本欲以明义理之指归，审设施之体要，所望切实敷陈，昌言不讳。如《大易》否泰剥复之几，《尚书》危微治忽之旨，《风》、《雅》正变美刺之殊，《春秋》褒贬是非之实，与夫历朝史鉴，兴衰理乱所由，人材之进退，民生之疾苦，鉴往古以儆无虞，善为法而恶为戒，庶披览之下，近之有助于正心诚意，推之有益于国是民生。涑水《通鉴》之编，西山《衍义》之辑，政治所资，前规具在。若有避讳之心，言得不言失，言治不言乱，则非所谓竭忱纳诲之道。朕于六经诸史，诵览研穷，再三熟复，义理之精妙，固乐于探求，怠荒之覆辙，亦时凛于炯鉴。诸臣各就意见所及，毋专取吉祥颂美之语，论理必极其周详，论事必极其切当，务裨实用，勿尚肤词，朕虚心采纳。于诸臣章奏，尚屡降谕旨，令勿拘忌讳，况经传之旧文，载籍之往事，更复何所避忌。以避忌为恭敬，是大谬古人献替之义，亦且不知朕兼听并观之虚怀矣。"

五年八月，谕讲官："经筵之设，原欲敷宣经旨，以献箴规。朕观近日所进讲章，其间颂扬之辞多而箴规之义少，殊非责难陈善、君臣咨儆一堂之意。盖人君临御天下，敷政宁人，岂能毫无阙失，正赖以古证今，献可替否，庶收经筵进讲之益。若颂美过甚，不能实践躬行，反滋朕心之愧。此后务剀切敷陈，期有裨于政治学问，勿尚铺张溢美之虚文，而无当于稽古典学之实义。"

是年十月，谕："朕命翰、詹、科道诸臣，每日进呈经史讲义，原欲探圣贤之精蕴，为致治宁人之本，道统学术，无所不该，亦无往不贯。而两年来，诸臣条举经史，各就所见为说，而未有将宋儒性理诸书切实敷陈，与先儒相表里者。盖近来留意词章之学者尚不乏人，而究心理学者盖鲜，即诸臣亦有于讲章中系以箴铭者。古人鉴槃几杖，有箴有铭，其文也，即其道也。今则以词藻相尚，不过为应制之具，是歧道与文而二之矣。总因居恒肄业，未曾于宋儒之书，沉潜往复，体之身心，以求圣贤之道，故其见于议论，止于如此。夫治统原于道统，学不正则道不明，有宋周、程、张、朱子，于天人性命大本大原之所在，与夫用功节目之详，得孔、孟之心传，而理欲公私义利之界，辨之至明，循之则为君子，悖之则为小人。为国家者，由之则治，失之则乱，实有裨于化民成俗、修己治人之要，所谓入圣之阶梯、求道之涂辙也。学者精察而力行之，则蕴之为德行，学皆实学；行之为事业，治皆实功。此宋儒之书所以有功后学，不可讲明而切究之也。今之说经者，间或援引汉唐笺疏之说。夫典章制度，汉唐诸儒，有所传述，考据固不可废，而经术之精微，必宋儒参考而阐发之，然后圣人之微言大义如揭日月而行也。惟是讲学之人，有诚有伪，诚者不可多得，而伪者托于道德性命之说，欺世盗名，渐启标榜门户之害。此朕所深知，亦朕所深恶。然不可以伪托者获罪于名教，遂置理学于不事，此何异于因噎而废食乎？盖为己为人之分，自孔子时早已明辨而切戒之，学者正当持择审处，存诚去伪，毋蹈徇外骛名之陋习。崇正学则可以得醇儒，正人心，厚风俗，培养国家之元气，所系綦重，非徒口耳之勤、近功小补之术也。朕愿诸臣研精宋儒之书，以上溯六经之阃奥，涵泳从容，优游渐渍，知为灼知，得为实得。明体达用，以为启沃之资；治心修身，以端教化之本。将国家收端人正士之用，而儒先性命道德之旨，有功于世道人心者，显著于家国天下。朕于诸臣有厚望焉。"

七年二月，谕："朕令翰林、科道轮进经史讲解，原以阐发经义、考订史学也，而年来诸臣所进，往往借经史以牵引时事，或进献诗赋，与经史本题无涉，甚失朕降旨之本意。即如今日翰林周长发进呈《礼记》讲章，内称'皇上先诣斋宫斋宿，审定郊祀乐章，礼明乐备，千载一时，宜其诚敬感格，未郊之先，瑞雪屡降，济祀之际，风日晴和，大礼既成，宜宣付史馆'等语。夫郊庙礼乐，乃皇祖、皇考久定之成规，朕不过略加参定，并非创为制作也。至于郊祀之时，风日晴和，亦适逢其会耳。况江南淮、徐现被水灾，朕方忧劳儆惕，宵旰不遑，岂肯听受谀词，而遂以为瑞应乎？周长发著严饬行，并将此旨传谕翰林、科道等知之。"

八年六月，监察御史陈仁奏："考试翰、詹诸臣，不用诗赋，宜试以经学注疏，全史原委，以觇其学术经济。"上曰："陈仁所奏亦是。朕前日考试翰林，原有论题以观其学问经济，并非专用诗赋也。如李清植，即因其论有根底，是以拔置一等。至于诗赋，原系翰林素应通晓者，声韵之学，难以猝办，以此考试，亦可验其平日用功与否。如必试以经学注疏，全史原委，更恐难其人矣。且即有其人，亦遂能必其文行相乎，坐言而起行乎？陈仁有进言之责，其意原属可嘉也。原摺并发。"

十一年九月，谕："朕命翰林、科道官轮日进讲经史，本欲研究经术，阐明义理，以淑心身，以鉴兴废。而诸臣论讲，往往阑入条陈，若实有裨政务，则亦何害，要不当借端立说，以逞私见也。即朕回銮后数日内，如检讨程恂举程子'一命之士，苟留心爱物，于人必有所济'一条，因请重县尉之选，欲以士人初任官而重其秩，是一县又增一令也。成何政体？再朕向曾留心诗赋，不过学问中之一事，时于几余遣兴，偶命近臣属和，亦前代翰林典故中所有，并非夸耀己长，与文人角胜，而治天下之大经大法，端不在此。词臣以文字为职业，自当雅赡优娴，方不愧清华之选。其中才学充裕如张鹏翀、沈德潜等，间或一加超擢，而躁进之徒竞思进献，若借此可以为梯荣之捷径。不知沈德潜优升阁学，朕原因其为人诚实谨厚，且怜其晚遇，是以稠叠加恩，以励老成积学之士。张鹏翀则素知其敏捷，且资俸已深，历升詹事，初不因进诗优擢。若谓朕进用人才，沾沾于文艺之末，雕章琢句，专事浮华，此风一炽，必有藉手捉刀、希图侥幸者，岂不玷玉堂而贻羞文苑耶？其务殚实心，崇正学，明大体，以无负稽古论思之厚望。"

十四年正月，谕："进呈经史一事，朕初意欲博综古义，广捃群言，以成执两用中之治。且可因言观人，究悉诸臣学识之高下，心术之真伪，其有阑入时政，于事理未当者，间加训饬。自举行以来，诸臣按日奏御，朕一一披阅，十余年于兹矣，所称洞达天人、发明道奥者，亦殊不概见。兹据御史金相奏称，分班进书，人数多寡不齐，请均匀轮派，则是以进书为烦苦。朕前亦闻有此论而不信，今金相既显为此言，是诸臣未必不各有此见。且已行之十余载，渐成故套，进呈经史之处，著停止，所有积年存留诸摺，交南书房翰林，择其有裨经义政治者，荟萃成篇，用广中秘之藏。朕将亲览焉。"

二十五年正月，谕："御史吉梦熊奏经筵事宜一摺，所言是非参半，其中有应行采择者,有事不必行且已屡经降旨饬禁者。如讲官系朕简用大员,经筵讲章本应自行撰拟,期副献纳论思之义,乃故事相沿,竟有由翰林院循例属稿者。朕于讲官呈本时,尚为研讨折衷,著为经书二论,务在自抒心得,而侍案敷陈者,顾以成言诵习,聊为塞责,可乎?该御史所奏,实为近理,嗣后将此明著为令。至称'二十二史、《通鉴纲目》诸书内有关治道者,应俱令其进讲'一条,此则可以不必。帝王宥密单心,辑熙典学,岂专恃此?每岁春秋两举之文,特以典礼崇重,必与廷臣面询稽古,乃足懋昭向学亲贤至意。夫经书义蕴毕赅,天德王道之大端,实为兼贯,初无待旁及史鉴,以浩博相夸。且朕几余披览,于古今治乱得失之故,研穷往复。现在自颁发正史之外,于《通鉴》一书,特敕儒臣分条修辑,汇册陆续进呈,朕精研订正,凡中有所见,必亲加评骘,务期理明事核,以成善本。若仅于进讲时敷衍一二则,以为甄综史事,无论挂一漏万,徒为具文,正昔人所谓'一部全史,从何处说起者'也。又称讲章在于简约,不必以骈丽为工云云,此则向来久经训饬之事。即如殿试策内,士子多用颂语,朕以其无关实政,尚令一切屏除,况讲筵自有体裁,何取冗词长语,以富丽为工。前谕谆谆,讲官当所素悉,向后当有则改之,无则加勉,以光巨典。是用别白宣示,俾中外共知之。"

三十一年五月,谕:"今日国史馆进呈新纂列传内,《洪承畴传》于故明唐王朱聿钊加以伪字,于义未为允协。明至崇祯甲申,其统已亡,然福王之在江宁,尚与宋南渡相仿佛,即唐、桂诸王转徙闽、滇,苟延一线,亦与宋帝昺、帝昺之播迁海峤无异。且唐王等皆明室子孙,其封号亦其先世相承,非若异姓僭窃及草贼拥立一朱姓以为号召者可比,固不必概从贬斥也。当国家戡定之初,于不顺命者自当斥之曰伪,以一耳目而齐心志。今承平百有余年,纂辑一代国史,传信天下万世,一字所系,予夺攸分,必当衷于至是,以昭史法。昨批阅《通鉴辑览》至宋末事,如元兵既入临安,帝㬎身为俘虏,宋社既屋,统系即亡,昰、昺二王窜居穷海,残喘仅存,并不得比于绍兴偏安之局,乃《续纲目》尚以景炎、祥兴大书纪年,曲徇不公,于史例亦未当,因特加厘正,批示大旨,使名分秩然,用垂炯戒。若明之唐王、桂王,于昰、昺亦复何异,设竟以为伪,则又所谓矫枉过正,弗协事理之平。即明末诸臣如黄道周、史可法等,在当时抗拒王师,固诛戮之所必及。今平情而论,诸臣各为其主,节义究不容掩。朕方嘉予之,又岂可概以伪臣目之乎?总裁等承修国史,于明季事皆从贬,固本朝臣子立言之体,但此书皆朕亲加阅定,何必拘牵顾忌,漫无区别,不准于天理人情之至当乎?朕权衡庶务,一秉至公,况国史笔削,事关法戒,所系于纲常名教者至重。比事固当征实,正名尤贵持平。特明降谕旨,俾史馆诸臣,咸喻朕意,奉为准绳,用彰大中至正之道。"

三十六年十二月,谕:"前以批阅《通鉴辑览》,见前史所载辽金元人地官名,率多承讹袭谬,辗转失真,又复诠解附会,支离无当,甚于对音中曲寓褒贬,尤为鄙陋可笑。盖由章句迂生,既不能深通译语,兼且逞其私智,高下其手,讹以传讹,从未有能正其失者。我国家当一统同文之盛,凡索伦、蒙古之隶臣仆供宿卫者,朕皆得亲为谘访,于其言语声音,俱能一一稽考,无纤微之误。是以每因摘文评史,推阐及之,并命馆臣就《辽金元史国语解》内人地职官氏族及一切名物象数，详悉厘正，每条兼系以国书，证以三合切韵，俾一字一音，咸归吻合，并为分类笺释，各从本来意义，以次进呈。朕为亲加裁定，期于折衷至是，一订旧史之踳驳。今《金国语解》业已订正葳事，而诸史原文尚未改定，若俟辽元国语续成汇订，未免多需时日，著交方略馆，即将《金史》原本先行校勘，除史中事实，久布方策，毋庸复有增损外，其人地职官氏族等，俱依新定字音，确核改正。其辽、元二史，俟国语解告竣后，亦即视《金史》之例，次第厘订画一。仍添派纂修官分司其事，总裁等综理考核，分帙进览候定，用昭阐疑传信之至意。一切事宜，著总裁等即行议奏。"

四十七年正月三十日，谕："昨阅进呈《一统志》内，国朝松江府只载王顼龄、王鸿绪诸人而不载张照。其意或因张照从前办理贵州苗疆，曾经获罪，又其狱中所题《白云亭》诗，语意感愤，经朕明降谕旨，宣示中外，因而此次纂办《一统志》，竟将伊姓氏里居，概从删削，殊属非是。张照不知朕办理其案之公，而反挟私怨怅，诚非大臣公忠体国、精白一心之道，然其文彩风流，实不愧其乡贤董其昌。即董其昌，亦岂纯全之正人君子哉？使竟不登志乘，传示艺林，致一代文人学士，不数十年，竟归泯没，可乎？况从前张照之获罪，因疑为鄂尔泰倾陷，其狱中愤怨之词，大都指摘鄂尔泰者居多。不知朕非信谗言之主，而鄂尔泰又岂能谗张照之人？嗣念张照究系可用之材，因出之图圄，不数年间，由内阁学士洊擢刑部尚书、内廷供奉，是朕之待张照，终始成全，原不以一眚之微，终使摈弃，可谓极儒臣之荣遇。即将来国史中，亦当令载笔之臣，将伊事迹详晰编入，何此时纂办《一统志》，转佚其名耶？总之，张照虽不得为醇儒，而其资学明敏，书法精工，实为海内所共推重，瑕瑜不掩，公论自在。所有此次进呈之《一统志》，即将张照宦秩出处事迹一并载入。其各省志书，或有似此者，纂修诸臣皆宜查明奏闻补入。将此通谕中外知之。"

五十年二月，谕："满洲由科目出身为翰林者，本应认真读书，通达事理，为国家有用之才，方名称其实。向来满洲之习举业者，其文义本属浅陋。及幸登科目，列名翰苑，问以文学，则曰身系满洲，岂汉人可比；及至问以清语骑射，又曰我系词林，岂同武夫战卒。两处躲跟，进退失据，而落于无用之流，朕所深恶。即从前尹继善、鄂容安、钟音、观保等，在翰林中俱称出色者，止能随常办事，而于边疆重务，并不能经理裕如。虽其中鄂容安曾膺军旅重寄，临危遇变，亦唯知一死塞责，究于国家大事何所裨补耶？此次考试翰、詹，严加甄别，满员出缺甚多，除简擢数人外，余竟无员可补。与其滥竽充数，毋宁核实酌裁，所有现出之侍读、侍讲学士二缺，侍读、侍讲二缺，已令降旨裁汰。嗣后满洲人员，益当自知愧勉，读书敦行，砥砺成材，以备国家器使。如果能蒸蒸日上，一变从前积习，人材蔚兴，彼时胜自当再补还旧额也。"

五十五年十月，谕："朕披阅臣工等所进万寿歌颂，有尚书房行走侍讲吴寿昌恭纪九言诗一册，上下句用韵分叶，体制新颖，诗句藻丽，其词章虽属可观，不免有骋博见才之意。因思尚书房、翰林入教皇子、皇孙等读书，惟须立品端纯，藉资辅导，原不同应举求名者，仅在文艺词章之末。况皇子及皇孙年长者学业已成，其年幼之皇孙、皇曾孙、皇元孙等，甫经就傅，不过章句诵读之功，尚属易于启迪，选择师傅，只当以品行为先，与其徒藉词藻，华而不实，转不若朴诚循谨之人，尚可资其坐镇。即如阿肃学问虽未优长，而资格已深，人亦谨饬，于皇子师傅颇属相宜。现在皇子等俱已年长，尚书房、翰林等皆系皇孙、皇曾孙、皇元孙之师傅，若以外间师弟世谊而论，行辈多属相等，且有谊属晚辈者。在皇子师傅，亲身训课，自不至于交结干求，而辈行较晚之师傅等，分同宾友，恐不安本分之人，藉以结纳交通，致有如从前秦雄褒与皇孙绵德往来交纳之事，不可不防其渐。向来尚书房师傅缺出，系掌院学士自行拣选，仅会同内阁带领引见。今阿桂、嵇璜俱已年老，精力不周，嗣后著大学士等公同拣选，不必专取才华，务择资深立品之员，带领引见，候朕简用。至皇子、皇孙等与尚书房师傅，朝夕晤对，只须勤勉训课，不得泛论文艺，相聚闲谈，为俗例倡和之举，致启贪缘。倘或该员等有营求干结之事，一经发觉，朕必照绵德、秦雄褒之例，从重治罪，决不宽贷。著将此旨，恭录一道，交尚书房存记，俾知警惕。"

皇上嘉庆元年四月，奉高宗纯皇帝敕旨谕："昨庶吉士散馆，适朕连日盼望雨泽，兼盼楚省捷音，未免焦劳倍切，心绪不宁。随手翻阅，于《赋汇》内偶捡"污卮"为题。《赋汇》原非僻书，学习词章者原应留心检阅，乃庶吉士等俱不知傅咸所作，竟似作为元结之洼尊，以致傅会失旨。虽《礼记》内'污尊抔饮'，'污'字原读为乌花切，但尊与卮原本不同，转似朕有意试以难冷题。不知朕向来命题，从不故求隐僻者，且书籍甚繁，读书人岂能一一记诵，朕并不以此加之责备，当自引以为过耳。庶吉士等惟当益加勉力，勤学好问，以副朕教诲矜全至意，不必心存愧惧也。"

六年六月，谕："御史和静奏请将翰林院编、检以上及各部五品司员轮班召见一摺，所奏殊属非是。我朝列祖列宗临御寰宇，宵旰勤求，召见廷臣，从无虚日，所以集思广益，鉴别人才，家法相承，实可万年遵守。若明代诸君，深居宫禁，即宰辅大臣，尚有经年累月未曾召及者，诸务废弛，下情阻抑，职此之由，益足征列圣贻谋，意至深远也。朕自亲政以来，恪遵成宪，每日延见臣僚，多至十余人，习以为常，预防壅蔽。第国家班联大小，自有次序，外任府道以上，京员京堂以上，用以谘访地方利弊，讲求政治，于广询博采之中，仍示以限制。若朕于应行轮对之人久未召见，司方责者自当执简陈奏。今该御史请翰林自编、检以上，各部院五品司员，俱照各衙门值日之期，轮次召见。试思各部院司员，其才具较优者，既经该堂官保荐，其余二三等司员，设该堂官素日相待平常，于召见之时，或有挟私妄奏，纷纷告讦，必致碍难办理。是延见庶僚，徒多无益，甚至开小臣荧听莠言乱政之阶，于事甚有关系。且在京五品司员既准召见，则外省如同知、知州等官，亦将纷纷召见，是庶司百职，竟欲朕一人亲理，有是政体乎？况各部院司员及编、检、中书等员，遇有出差复命者，俱得随时召见。立法原属详备。至编、检各员六年大考，亦系奉行旧例。其有才具优长者，原可随时擢用，并非专以一试，遽判升沉。今该御史意欲一体召见，竟可毋庸大考，此必系规避考试之翰林等倡为此论，以便藏拙。看来此奏亦非出自该御史之意，徒受人指使耳。所奏俱不可行，原摺著掷还。"

八年十一月，谕："朱珪、英和奏请将敬一亭两旁旧刻前明嘉靖六年两碑细为刮磨，恭缮乾隆九年临幸翰林院谕旨及朕此次幸院谕旨，摹勒丰碑，以光盛典，并抄录明时碑文进呈，固属臣下尊崇本朝令典之意，但前明所建两碑几及三百年，且详阅碑文，系饬修《明伦大典》，古帝王之敕谕，亦不可轻去。若磨去原碑，将我朝幸院鸿仪改为刊泐，亦不足以昭盛美。所有前明两碑，著毋庸更动。朱珪等既欲摹刻皇考高宗纯皇帝谕旨及朕此次谕旨，著于该院署内制造扁额，敬谨书写悬挂，垂示艺林，永彰盛轨。"

跋

臣等窃惟济川和鼎，有唐帝之赞言；宏道右文，传宋宗之手诏。自昔崇儒之代，典学之君，往往宏奖词林，特申涣号，良以簪毫金马，珥笔彤螭，陪法从之清严，备承明之著述，职专献纳，地迩恩华，所有重异天申，寓策励于褒嘉，以鼓舞为敦勖也。我朝圣祖神宗，重光济美，聿崇儒术，优礼词臣，星云赓载之篇，鱼藻献酬之句，既已珠骈玉列，鉴耀古今，而纶綍之昭宣，臣邻之奖勖，简则数十字，繁或累百言，无非嘉职业之克勤，示宠光之不易。木天丹地，勉储桢干之材；秋实春华，宜戒轮辕之饰。煌煌天语，尤足辉蓬阆而勒箴铭。兹编既专立天章一门，恭载列圣御制，而开国以来纶音诏旨所以褒异儒臣者，谨列为圣谕，衷冠简端。其因事特降之旨，则分载各门卷内，以见我朝于侍从诸臣，恩明谊美，如是其优且渥焉。而躬逢景运、祗诵恩言者，宜何如鹤竦凫企，感激奋兴，以无负黼黻隆平之责也。臣朱珪、臣觉罗长麟、臣英和拜手稽首敬跋。

皇朝词林典故卷三　天章

诗

圣祖仁皇帝

圣制行殿读书示翰林侍讲高士奇

六御东巡海上回，夜深思古帙重开。秘书日日随行幄，玉辇前头珥笔来。

圣制夏日登景山同翰林张英高士奇作

日暮登山览八荒，翰林随辇进辞章。君臣同乐松阴下，时雨将来人未央。

圣制下戒坛将至潭柘马上同高士奇联句二首

［圣制］岭腹层层小经斜，穿云陟尽石崟岈。［臣高士奇］［圣制］涧中草屋流泉绕，万匹龙骧拥翠华。［臣高士奇］

［圣制］蝉鸣草木动薰风，蛱蝶双来引御骢。时有双蝶飞导仗前。［臣高士奇］［圣制］潭柘幽深聊驻辇，省方不与豫游同。［臣高士奇］

圣制题西溪山庄以竹窗二字书赐高士奇

花源路几重，柴桑皆沃土。烟翠竹窗幽，雪香梅岸古。

圣制日讲毕同翰林张英高士奇励杜讷看荷

千队芙蓉太液池，迎薰初散讲筵时。蠣头绝胜金莲烛，自有清香送晓飔。

圣制病中偶尔问及掌院学士徐元梦乃同学旧翰林康熙十六年以前进士再无一人矣率赋一律以遣闷怀

七旬彼此对堪怜，病里回思一慨然。少小精神皆散尽，老年岁月任推迁。常怀旧学穷经史，更想余闲力简编。诗兴不知何处至，拈毫又觉韵难全。

圣制赐旧时讲学

几前烛下长谈论，今日忽为垂老人。怜尔林泉安淡薄，因思畴昔侍枫宸。

圣制赐高士奇

廿年载笔近螭头，心慕江湖难再留。忽忆当时论左国，依稀又是十三秋。

圣制翰林魏学诚该直命大学士陈廷敬出题考得四方无事太平年朕喜其句而偶成四韵

太平久远须忧虑，无怠无荒即乐天。教化原从风俗起，观瞻只系庙堂坚。精心可畏先贤语，守法勿更大义全。问道愚民何为愿，官清省事便丰年。

圣制览皇清文颖内大学士陈廷敬作各体诗清雅醇厚非集字累句之初学所能窥也故作五言近体一律以表风度

横经召视草，记事翼鸿毛。礼义传家训，清新授紫毫。房姚比就韵，李杜并诗豪。何似升平相，开怀宫锦袍。

圣制大学士张玉书挽诗

文章末齿秉丝纶，旧德凝承近紫宸。瀚海天山同正略，江干河道与尝新。表贤未及身先没，颐养空谈梦后湮。挥泪长歔叹佐斗，从来伤痛肃雍臣。

圣制大学士陈廷敬挽诗

世传诗赋重，名在独遗荣。去岁伤元辅，去岁大学士张玉书故。连年痛巨卿。朝恩葵志励，国典玉衡平。儒雅空兴叹，舍毫感倍生。

圣制饯大学士李光地暂回闽省

协恭惟得老成儒，味道经书翊庙谟。白发辞君千里去，丹心捧日寸诚敷。秋霜昔岁明臣节，昆玉冲襟决胜符。暂别恩荣宸翰饯，勿劳远念慰长途。

圣制赐老大臣

旧日讲筵剩几人，徒伤老朽并君臣。平生壮志衰如许，诸事灰心懒逼真。求简逡巡多恍惚，遇烦留滞累精神。年来词赋荒疏久，觅句深惭笔有尘。

世宗宪皇帝

圣制赐大学士徐元梦

位以中台峻，名因主眷高。六卿推旧德，百职藉薰陶。报国讦谟切，衔恩翊赞劳。运筹称自昔，前席礼频叨。

圣制赐尚书朱轼

高岳生良佐，兴朝重老成。南宫持藻鉴，北斗秉权衡。忠岂惟供职，清能不近名。眷言思共理，为国福苍生。

圣制赐尚书张廷玉

峻望三台近，崇班八座尊。栋梁才不忝，葵藿志常存。大政资经画，讦谟待讨论。还期作霖雨，为国沛殊恩。

圣制赐尚书励廷仪

喉舌宣王命，纲维辖众僚。星辰环紫极，剑履上青霄。独坐心常凛，西曹法自昭。书思频献纳，退食肯逍遥。

圣制赐侍郎蒋廷锡

立政资良佐，宣猷重贰卿。枢机同出纳，郎署仰澄清。自合称华选，还期矢朴诚。

在公勤夙夜，懋绩有贤声。

圣制赐侍郎史贻直

率属分曹地望崇，位跻卿贰赖和衷。彤墀迹蹑中台履，玉佩声含晓殿风。勿惮贤劳亲吏职，好将兢业亮天工。公忠不负衣冠选，槐棘均叨雨露同。

圣制赐大学士张鹏翮暂假葬亲

孝思忠悃本相成，蜀道迢迢去帝京。自是白云增恋慕，非关绿野乐幽清。松楸得展酬亲志，魏阙长悬报国情。好待泷冈封马鬣，速还黄阁赞升平。

谨案：列圣宸章，皇上睿制，赐臣工者，不下数十百首。兹编敬登赐内廷侍直及掌院事、任教习者，后俱仿此。

高宗纯皇帝

圣制甘霖普降特召大学士内廷翰林圆明园泛舟游览即事成诗同诸臣面赋以志一时胜赏乾隆三年六月六日也

偶因几暇事游观，特许儒臣礼数宽。霁见山容凝翠黛，风披水面绉冰纨。泛舟共勗济川训，即境还思力穑难。前日甘霖敷泽遍，新诗分赋志同欢。

圣制赐大学士嵇曾筠

海疆三载耀台星，沙涨金堤渎协灵。此日黄扉资赞化，昔年绛帐忆谈经。旌扬浙水行来远，路指燕山望里青。料想微疴应早复，丹诚平格享遐龄。

圣制大学士福敏久未入直为赋长句赐之

为忆传经开绛帐，还教赞化入黄扉。精神秋水原无滓，气象光风却久违。武相只今劳杖履，文丞应即整裳衣。喜逢长至晴和候，待步金门暖日晖。

圣制侍郎梁诗正旧日讲学臣也以父年届七旬乞与二品封诰特允所请并赐以诗

旧日文章彦，熙朝卿贰班。重邀花诰宠，不异彩衣斑。堂有槐三本，门如水一湾。更思跻寿世，希瑞遍尘寰。

圣制每有吟咏辄以示大学士并南书房翰林等或命依韵迭和非以辞藻相夸尚几暇之余相与优游翰墨亦可以陶性情验政事比之徵歌选舞不犹愈乎因书以示之

宣尼曾有训，群居不及义。况在君臣间，尤贵同兹志。譬彼舟楫具，大川方堪济。彼民有隐情，孰为达其意。或政有偏颇，孰为防其弊。三百一言蔽，曰惟无邪思。可知诗教正，其葩乃余事。维予忝民上，奉三而出治。所愧理未纯，因之政多戾。皤皤二三臣，咸具经邦智。济济翰苑英，亦有责难谊。因言匡不逮，所益良匪细。若徒献颂词，恐滋后来议。

圣制赐大学士鄂尔泰

早年勋绩振南蛮，黄阁纶思久任艰。五载忧勤肩燮理，两朝寅亮首清班。允期舟楫川同济，何啻门庭水一湾。申甫蕃宣周硕辅，敷予惠泽满人寰。

圣制赐大学士张廷玉

喉舌专司历有年，两朝望重志逾坚。魏公令德光闾里，山甫柔嘉耀简编。调鼎念常周庶务，劳谦事每效前贤。古今政绩如悬鉴，时为苍生咨惠鲜。

圣制赐大学士福敏

元老由来众所仪，岩岩班列帝王师。每当咨治披香日，恰似谈经绛帐时。入赞经纶常补阙，退朝剑佩自委蛇。儿行学始循佔毕，启导重劳下讲帷。

圣制赐大学士徐本

黄阁登贤俊，清时佐化工。调羹推赞理，运轴每抒忠。恩泽敷霖雨，丝纶布巽风。愧予非舜禹，弼亮古今同。

圣制赐尚书史贻直

中枢掌九伐，峻望近三台。经画资心膂，讦谟佐鼎梅。常存葵藿志，不愧栋梁材。书思恒绳纠，嘉猷伫献来。

圣制九月九日为大学士张廷玉七旬寿日时朕出口未回诗以赐之

历掌丝纶佐斗枢，心依行在想晨趋。时大学士承朕命，在朝总理诸务。最欣佳节当初度，要识元衡半老儒。潞国晚年尤矍铄，吕端大事不糊涂。缄诗并寄黄花酒，看取瀼瀼湛露濡。

圣制题张鹏翀所进春林澹霭图即用其韵

轻抹云岚瀑布垂，森森玉笋间疏眉。诗禅画偈相参处，正是春林澹霭时。
无须海赋诩春毛，珥笔词臣有伯高。渐近清明缘望雨，何曾开宴赏夭桃。
只疑浓处欲生云，高下林峦叠翠文。寂寂草堂无客到，一溪烟霭与平分。
香案应教仙吏承，丹霞门户许谁升。螭头奏封春风里，写出春林亦绝胜。
大地春光画早成，花花草草自舒荣。品题却倩幽人笔，静对萧斋意转清。
吟诗不用锦囊求，妙句还多赵倚楼。此日金莲为谁彻，他年佳话纪池头。

谨案：高宗纯皇帝题咏词臣绘事之篇，最为繁富，兹谨就赐和者恭载。

圣制题庶子张鹏翀所进日长山静便面即用其韵

绘苑曾闻纪董祥，诗筌画构可参详。定知寂寞长安舍，素绢笺麻足几箱。
子西佳句小年时，个里能教日影迟。雨后清和山色好，新茶处处展枪旗。
半是山僧半是农，卧听隔嶂晚来钟。疏篱野彴无人到，灌木丛阴绿正浓。
似有岚烟萦澹澹，如闻溪溜响拟拟。桃源不是人间世，策杖材翁眉宇宠。
仿佛前生是葛三，画禅潇洒擅江南。大痴更擅坡仙笔，勍敌江山两不惭。
野流无定西复东，茅庵昼掩深山中。坐对身如图画里，虞琴一抚南薰风。
山中无地起楼台，面面峣峰入座来。消得日长谁与共，一声孤鹤碧云隈。
梦想华胥太古天，肯因玩物擘吟笺。豳风图绘当年事，旰食宵衣倍体乾。

圣制大学士福敏七十寿辰诗以赐之

前世文昌宿，当朝王者师。典型鹓鹭序，标准凤凰池。有问鸣钟应，方瞻霁月披。耆年缘令德，初度值良时。堂敞槐阴茂，筵开日影迟。春风坐绮席，仙酒介庞眉。允赖经纶手，犹疏弟子仪。寿身兼寿世，长佐太平基。

圣制剪园蔬赐大学士南书房翰林等

畦圃秋来候，葱虀雨足时。梳风烟甲冷，烘旭露华滋。穑事因堪验，天工藉可推。许甘藜藿味，退食任委蛇。

圣制武试毕还宫太液池泛舟咏雪示词臣张鹏翀

瀛岛三珠树，江城五月梅。液池犹滟滟，璚蕊正皑皑。著柳如添絮，溶波似酸醅。同舟羞李郭，赓韵有邹枚。

圣制澄海楼联句

乾隆八年十月十六日，自盛京莅事还京，道入榆关，登澄海楼望海，雪霁千峰，波明万顷，天容海色，洵属奇观。时张照、梁诗正侍从，因与联句，凡字画涉水部者概不用，仿欧阳修咏雪禁体也。

[圣制] 康回昔凭怒，使地东南倾。太始本无始，
常盈是不盈。双丸出其里，元气皷为营。岛屿貌拳石，[臣张照]
[圣制] 轩楼敞绣甍。峍崒疑贝阙，仿佛见瑶京。鞭石桥终断，
嘘烟市乍更。星槎何处转，鳌柱若为擎。邈矣端倪豁，[臣梁诗正]
[圣制] 雄哉气象峥。禹功思四载，秦业剩孤城。万壑朝宗此，
纤珠茹纳并。由来无寸土，亘古只空明。直上到天险，[臣张照]
[圣制] 横陈据地坭。目迷光晶皓，耳骇声砰轰。精卫填难尽，
长虹驾可成。三壶远紫带，重罍销飞鲸。赋羡木华博，[臣梁诗正]
[圣制] 吟推玉局英。平铺历劫雪，喜遇初冬晴。望叹曾闻若，
来游谁逐蜻。内光含煜煜，阴火凉荧荧。绝域随风达，[臣张照]
[圣制] 方诸应月呈。坎重不失信，天一乃居贞。比乐韶观止，
如山圣景行。空传香象踏，谬执窄蠡评。有以谦能受，[臣梁诗正]
[御制] 虚将白自生。苞乾恢度量，吐日焕晶莹。永奠寰区晏，仙乡底问程。

圣制题张鹏翀秋林读书图即用其韵

前席曾闻室号宣，肯教扬子叹袍穿。偶将绘事酬清问，也道经书在说研。

圣制大学士徐本以病请致政暂允归籍调理行有日矣诗以赐之

枚卜资贤辅，调元赞眕躬。摅忠一心切，论道八年同。绩茂台衡列，勤宣警跸中。去年曾扈从往谒祖陵。百司方仰矩，二竖偶兴戎。遽尔辞荣禄，能毋遂退冲。青门名不减，黄阁惜何穷。别绪纷秋日，归舟急北风。尚期食履健，重入绿扉崇。

圣制题张鹏翀翠巘高秋图用其韵作七古示之

问我绘事应师谁，横岭近在帝城西。从来师心非所贵，师古道远劳攀跻。鹏翀汝诗说筌蹄，欲侔元白志不低。我于诗画涉藩篱，安能示汝匪手携。得其环中游方外，畴谓半偈非全提。佳节展汝山水奇，兴酣走笔一漫题。黄花笑我拈吟髭，萧萧写影临清溪。

圣制幸翰林院谒至圣祠因示诸臣

兰台移法驾，柏殿礼先师。重道非徒重，斯文固在斯。千秋垂法则，一室俨金丝。景仰高山近，休辜浴凤池。

圣制清秘堂偶题

崇文稽古岂虚名，翰苑维新此落成。群彦数过十八会，小春暖凑一天晴。冬池澹沱犹澄鉴，夏屋徘徊独畅情。盆菊无言应有意，自惭疏散也登瀛。

圣制尚书张照偶患胸膈之疾命医诊视并赐乳酥调理伊颇以止酒断腥为苦诗以解之

名医今世孰岐黄，安得青囊系左肘。昌阳引年訾医师，韩子以是相深咎。酌中用之斯在人，上药讵非延生偶。嵇康《养生论》："不知肴粮无充体之益，但谓延生非上药之偶。"迩来谢病掩寓扉，临池应涩苏黄手。乳酥温甘益心神，不如刍豢徒悦口。闻五食丸最利膈，尚忌鲜腥与醇酒。如受二戒卿所云，张照奏摺中，即使膈不时愈，而私幸已受菩萨二戒云云。于此起心分别否。慧识早已建法幢，欲措一词吾何有。颇记宣尼尚有言，下学上达终须守。

圣制大学士鄂尔泰自去冬有手足不仁之症入春尚未痊可昨具疏乞休既不允其请诗以慰之

黄阁丝纶寄，明廷鹓鹭仪。长期与寿国，偶尔用求医。弥月心频系，方春候渐宜。股肱人有藉，参术效偏迟。玉蕊争辉夜，银笺赓韵时。新春与大学士张廷玉及内廷翰林等小宴重华宫，有"联句思贤辅"之句。当欢劳耿耿，簪绂漫先辞。

圣制张鹏翀给假回南进诗纪恩因用其韵诗以赐之

烟花迟节令，三月仲春如。诗句天公赋，归帆风力舒。门无新署凤，家有旧藏书。香案需供奉，休耽五柳居。

圣制临故大学士鄂尔泰第酹酒

青宫德义傅，黄阁股肱臣。永赖调元化，何期作古人。百僚失矩范，十载忆忠纯。适去空骑尾，悲来底忌辰。嘉猷人尽识，昆命我须遵。雍正十三年皇考遗诏，以大学士配享太庙，朕弗敢忘。国有旌贤典，钦哉步后尘。

圣制赐大学士徐本

卿归里将一载矣。比闻语言动履，渐即轻便，想血气和调，平复非久，贲然有日，跂予望之。炎夏火流，林居差胜，明湖鹭岭间，扶舁萧散，卿亦宜有以自乐。惟是几暇从容，清吟消夏，兴复不浅，而曩时赓和之侣，卿乃远在江湖，怀不能已，聊寄以诗。

道义惬同好，衣冠崇老成。八年资赞襄，千里睽音声。宿疾今何似，秦医胡不灵。每怀故老凋，错落如晨星。临风瞻越云，惘惘心靡宁。长夏宜林居，山水秀且清。峰迎南北翠，月印三潭明。卿虽适江湖，岂不念朝廷。努力加餐饭，慰予跂望情。

跂望情何极，频年共济人。爵禄非所私，义难阻归轮。常谓二疏去，于道昧致身。卿以谢病返，安忍责恝分。

恝分亦已久，日历冬春夏。乃知白驹速，寸晷不相假。看禾新雨后，把卷万几暇。披薰对南风，心因到越下。所愿眠食佳，早整归朝驾。

圣制觉生寺大钟歌用沈德潜韵

鼋谋弗善野战龙，金川门开烈焰红。都城百尺燕飞入，齐黄群榜为奸凶。成王安在乃定案，夹辅公旦焉可同。瓜蔓连抄何惨毒，龙江左右京观封。谨严难逃南史笔，忏悔讵赖佛寺钟。道衍俨被荣将命,犍椎冶尽丹阳铜。穹窿重过万石簾,印泥精镂禅机锋。夏屋十寻虞不举,鲸鱼盈丈方堪舂。山灵水族无不具,魑魅魍魉怪哉虫。欲藉撞杵散愤气,安知天道怜孤忠。榆木川边想遗恨,凫氏徒添公案重。忆昔遨游西海子,水天上下玻璃空。一川可通万寿寺,贪缘偶挹曹溪宗。乔松偃盖假山古,杰阁巍巍独据中。洪钟在悬洵伟观,联吟更喜昆弟从。苍黝其色蟠其纽,中宏外耸何隆隆。华严字迹传沈度,半满全揭开群蒙。觉生鹿苑皇考创,材饬内帑群鸠工。谓是善吼周沙界,乃从旧寺移乘风。太清十里渺乎小,日日演梵闻离宫。扢考已廓菿刍眼,摩挲更畅骚人胸。不离一步钟如是,东西分别心犹蓬。我惜德潜老始达,其诗亦复伦考功。成编著作呈乙览,不闻肯作荪佺聋。独爱长歌践其韵,非侈藻采争雌雄。载赓酬唱古弗废,诗话千载留芳踪。圣经佛旨究异路,将以何道训成童。于论于乐备法物,安可以此归辟雍。安可以此归辟雍,不如任彼出林大且逢。末数语反德潜诗意。

圣制秋日翦园蔬赐大学士并内廷翰林等蒋溥为十蔬图以进并系以诗因用其韵答之

植援拓圃验生生,玉荚红芽雨后成。湘筥不妨供下箸,野芩聊藉乐吹笙。秋烟篱落霭斜晖,分赐还教蝶伴飞。藜藿应须知此味,膏粱底用羡他肥。论宗乐志淡而奇,味道端知甘胜饴。谱创十蔬多别致,豆棚瓠架入新诗。空传蒲葅扇尧厨,蔬谷从来胜玉珠。文翰侍臣偏领略,豳风七月早成图。

圣制内阁大学士沈德潜乞假葬亲诗以饯之

我爱德潜德,淳风挹古初。从来称晚达,差未负耽书。方藉通元笔,胡悬韦孟车。其如感风木,暂许返林间。南国欣归陆,东门漫拟疏。江乡春兴懒,能不忆金除。

圣制秋日瀛台集臣工宴赏既仿柏梁体联句复召大臣及内廷翰林等三十八人用唐臣李峤侍宴甘露殿诗为韵依前岁翰苑故事朕成首什及末章群臣以次分赋

兰舟玉蛛风,珂马金鳌月。令日秩威仪,文筵盍簪笏。皇祖垂芳型,元臣会华发。旨酒于以柔,晚香犹未歇。拈诗得李峤,成序怀王勃。申咨山甫俾,其何补衮阙。

白藏昌百嘉,西苑驻重牙。翔凤阁名靅香穗,游龙舟名卷浪花。喜因歌黍稌,政可问桑麻。水影含桥直,山容入座斜。杯浮浆是瀣,盘进枣如瓜。侍宴诗成处,还看飞暖霞。

圣制沈德潜为其父请封陈亲遗训声泪俱下此所谓终身之慕乎甚嘉悯焉从其请而赐之句

书笈旧行装,逝将返故乡。成名发惊白,锡类诏眷黄。奚用悲寥落,应知遂显扬。斧邱陈奠处,不愧教忠堂。

圣制黄金台用沈德潜韵

都城、定兴、安肃、易州皆载有金台,德潜诗"日照蓟门淡",亦指都城者言之。然李善引《上谷郡图经》云:"台在易水东南十八里。"则易州似有据。或者当时昭王延访心切,置金于台,原不一其处也。

堪尚白驹意,黄金到处台。拔茅茹以汇,市骨骏应来。易水寻流渡,秋云为客开。伊人题句后,谁复斗诗才。

圣制沈德潜乞假葬亲毕还朝诗以赐之

朋友重唯诺,况在君臣间。我命德潜来,岂宜遽引年。泷冈表阡罢,白驹来贲然。即此至性腃,令我俞以怜。昼锦匪所夸,孝乌或致焉。席前陈民瘼,不负余谘延。儿辈粗知书,善为道孔颜。先是未还朝时,有辅导皇子之命。

圣制以诗代书存问福龙翰先生

经时未到禁门边,食履多宜心泰然。月霁风清烦暑远,忽教重忆讲帷前。

圣制书词林典故序毕因以赐大学士张廷玉兼成四绝句

尽有研京并炼都,导言何用但吹竽。便将翰苑登瀛谱,唤作卿家世系图。
日影花砖铃索静,春风芸署牓题双。宝山自古称佳话,事业何人继曲江。
韵集燕公四十贤,晨星数罢一凄然。即看壁府哀成帙,重忆柯亭刘井边。
见说房公独善谋,皤皤长领凤池头。更兼两世桓荣席,谁不云然胜一筹。

圣制予告尚书魏廷珍家景州朕因东巡道经是地扶杖来谒诗以赐之

杖许扶灵寿,衣看服遂初。遗荣辞魏阙,颐老返乡闾。便道因来尔,同堂忆赞予。白驹诚不驻,林下几三余。

圣制九月五日诣畅春园恭请皇太后圣安即视事于观澜榭引见于大西门其地长楼横亘即皇祖曩时阅射处也爰亲御弧矢集近侍诸臣较射时惟深秋风高日晶气候清肃弓手相调连发二十矢中一十有九儒臣侍列与观者援唐臣元武阙观射故事赋诗进览因用侍郎齐召南韵成四律纪之

畅春松柏茂南山，王母楼台瑞霭间。侵晓问安钦养志，竞辰考政敢偷闲。惟寅宗伯应轮直，启事山公更合班。次第指挥还有暇，便教玉靶一亲弯。

延楼横岭正相当，遥见扶空树叶黄。示俭已看霏细草，纵禽底用献长杨。论文谁继伯侨庶，较艺原多斛律光。安不忘危古有戒，金川况未靖天狼。

忆年十二此呼嵩，圣眷灵承象不同。每向月轮能中鹄，遂蒙天笑亦颁弓。予侍皇祖于此阅射，时年甫十二，蒙皇祖指授射法，辄能发矢命中，仰荷嘉奖，倏忽二十余年矣。玉墀肃列犹鸳鹭，匦卫纷趋如虎熊。我逊贞观能致治，且循习射教臣工。

秋原驭駣一鸣鞭，远入烟堤近柳前。横过绿残红重岭，俯看云白菊黄天。幞头导中诚堪笑，元周密《燕射记》："淳熙元年，孝宗幸玉津园，讲燕射礼，立招箭班，紫衣幞头，立于垛前，御箭之来，能以幞头取势，转导人的。"连网周陕未是田。历览西成堪额庆，敢忘兢业诩丰年。

圣制大学士张廷玉年几八袠犹日趋朝念其敬慎夙著特加优礼命五日一入内廷备顾问如宋文彦博故事更成是什以劝有位

职曰天职位天位，君臣同是任劳人。休哉元老勤宣久，允矣予心体恤频。潞国十朝事堪例，汾阳廿四考非伦。勖兹百尔应知劝，莫羡东门祖道轮。

皇朝词林典故卷四　天章

诗

高宗纯皇帝

圣制侍郎沈德潜以能诗受知因命编校御极以来诗集既竣事念其年将八袠许之归老吴中赋此以赐

清时旧寒士，吴下老诗翁。向每诵新句，犹然见古风。行歌非杜误，晚达胜郊穷。三载春卿署，扁舟故国鸿。还朝嘉尔信，毓德启儿蒙。德潜侍诸皇子讲读，前年请假南还，虑其年老，将不果来，后竟如期赴阙，朕甚嘉焉。辞老思莼碧，遗荣解组红。岂能频强起，且以风去声谦冲。近稿经商搉，相知见始终。

圣制侍郎沈德潜予告南还进呈纪恩四律依韵赐之

已周花甲举春官，玉署皤皤冰雪颜。道在心期耽素帙，老来归计指青山。烟波应共闻琴鹤，咏赋休疏驰字鹇。命德潜有所著作，许寄京呈览。高尚特教还故国，清标终惜去朝班。

年来朝夕直书庐，儿辈诗文启迪余。故事旧传荣祖帐，乡风好在足莼鱼。灵参药剂供延寿，赐帛衣裁称遂初。德潜将行，赐之人参、宫帛。尔自一舟归浩荡，望穷潞水暮川虚。

君职臣司只一钦，得将余事寄赓吟。笑予结习多难遣，嘉汝临文不忘箴。欲拟元音崇淡泊，相商时调去艰深。近稿曾命德潜校正。此行试问生涯处，香水寒山适静愔。

林下优游乐薜萝，依依老景任婆娑。善教故里成通德，讵止幽人咏硕苤。尽有烟霞为供养，正赊岁月入讴歌。许卿望九还康健，祝寿重来拜玉坡。

圣制题蒋溥写生即用其韵

露玉风金塞景清，秋花待客发幽荣。拈来迦叶不禁笑，问去嵇含无定名。细朵含飔银麝艳，斜枝映水锦妆明。师承家法闲图出，溥父廷锡，向曾扈驾塞外，图山花以进，是图仍旧稿也。右相丹青有后生。

圣制题蒋溥画金莲花即用其韵

一种清凉卉，是花以出五台者为美，兹塞上亦有之。数丛金碧纤。画成尘外质，瓶贮静中馣。相映金风拂，惟输玉露沾。不须分彼此，佛手早经拈。

圣制大学士勤宣伯张廷玉屡以年至乞休慰留未允近见其齿跻大耋精力视前较减优旨予告俟开春冰泮登舟赐诗三章以示眷注

早怀高义慕悬车，异数优留为弼予。近觉筇鸠艰步履，得教琴鹤返林间。银毫无奈吟轻别，赤芾还看赋遂初。拟问兰陵二疏傅，可曾廿四考中书。

两朝纶阁谨无过，况复芸窗藉琢磨。此日兰舟归意定，一时翰苑怅思多。善娱乡党消闲昼，稳趁帆风送去波。南国诗人应面晤，为询食履近如何。

坐论朝夕久勤宣，间别何能独恝然。同事当年今几在，得舆硕果又言旋。江湖卿乐真饶后，廊庙吾忧讵忘先。指日翠华临幸处，欢颜前席问农田。

圣制致仕侍郎沈德潜具摺请安并录进诗文稿赋此赐之

兴居封事寄南云，快读新诗益慰欣。起我七言还借尔，嘉卿一念不忘君。黄山云海观何壮，德潜今岁尚杖策登黄山。绿野林泉咏更芬。为语余年勤爱护，来春吴会共论文。

圣制九月十有二日途经赵州小憩柏林寺阅殿壁吴道子画水旧迹召扈跸文臣梁诗正等刻晷联吟禁用水部字

［圣制］花宫来九月，稽宝登三秋。唐壁悬吴画，
香林驻御驺。涂垩粉痕古，纵横墨晕稠。具体文兼武，［臣梁诗正］
［圣制］摇毫放更遒。尝闻工变相，今见跂阳侯。禁体例癸亥，癸亥年登澄海楼，与张照、梁诗正联句，亦禁用水部。
强韵追应刘。佛日光皎皎，仙风响飕飕。咫尺论万里，［臣彭启丰］
［圣制］　筋力回千牛。或静符地德，或动与天游。翔阳常逸骇，

罔象穷冥搜。十指扪欲缩,双睛眩难收。能事开元埒,[臣刘纶]
[圣制]奇观广陵侔。两孙彼固逊,一勺吾将投。茹纳百川此,
仿佛三岛不。镜象埽尘劫,劲堂参芥舟。乾维擅密运,[臣梁诗正]
[圣制] 坤轴环遐陬。龙门启岸嶷,鹿苑腾蛟虬。旷哉八功德,
邈矣大琉球。砑磕撼素障,缥缈凌丹邱。那得并州剪,[臣彭启丰]
[圣制] 何必中山求。谓定州雪浪石。冯夷方击鼓,乾闼将成楼,隐名名越显,
绘声声若酬。鱼龙卧岂稳,云梦吞应愁。万斛斟天笔,[臣刘纶]
[圣制] 一晌停吟眸。含虚体无物,攻坚性不柔。因喻致治理,持盈保天休。

圣制上元行幄赐宴观灯即事联句

[圣制]青郊行庆共民娱,上苑观灯景略殊。玉繖团圝临广幕,
银花璀璨散平芜。遥山横雪光添炯,上日占年瑞表符。大地阳和回北极,[臣梁诗正]
中宵景庆映南弧。琉璃河畔冰犹合,涿鹿城边草未苏。载道人欢瞻甲罼,[臣汪由敦]
[圣制] 初筵宾序列甗甗。御营酬节鳌山设,春酒称觥凤辇扶。继照曦光成不夜,
先春林采竞交柎。玻璃挂定欹还整,绯佩飘来缀复纡。响入长天回雁阵,[臣钱陈群]
烟留遗穗滴莲壶。千枝艳欲欺张令,几曲词应失石湖。宝界光明皆佛国,[臣梁诗正]
[圣制] 蕊宫离蔚自仙都。为添佳话传燕赵,便阅亨衢达越吴。真是携来三学士,
惊看捧出百骊珠。七襄锦烂天孙织,万道金流列缺驱。飞卷紫澜腾墨海,[臣汪由敦]
点成银汞出丹炉。盘旋群鹤自来去,曼衍修鱼乍有无。状喷玒璇题趵突,[臣钱陈群]
[圣制]助欢罴虎召都卢。傑池火树还翔燕,霡霂冰荷欲隐凫。尚忆贫家一盏对,
合教天上六幺输。云和凤琯吹阳律,法部鸾音叶野欤。冰宇雷轰喧枥马,[臣梁诗正]
嶕城风静立竿乌。行联万岁宜春字,巧绘群真献寿图。眩目纷披凭斗捷,[臣汪由敦]
[圣制]摩肩攒耸任招呼。旌门不禁来苍叟,蚕事相迎祀紫姑。讵必广陵夸独盛,
须知于艻赏宁孤。空中论斗倾红豆,瓶里骈枝绽绿芙。色莹寒芒连五纬,[臣钱陈群]
妆翻新样杂三铢。金绳斜曳催弦矢,彩驾高悬转辘轳。香案氤氲垂朵朵,[臣梁诗正]

[圣制]绛衣舞蹈唱喁喁。风云龙变真神也，顷刻花开有是乎。到处长安太平节，胜邀蓬岛列仙儒。闾阎喜气覃三辅，巷陌欢声接九衢。道协赓飏时正泰，[臣汪由敦]

爻占宴衍义为需。要祈南亩书丰谷，不数东都赐大酺。屑饤琅霜凝粔籹，[臣钱陈群]

[圣制]香浮琼液得醍醐。华裀坐侍衣冠会，嘉夜歌传昭旷途。漫拟鸿文扬豫大，相期鱼直进讦谟。

圣制赐沈德潜

水碧山明吴下春，三年契阔喜相亲。玉皇案吏今烟客，天子门生更故人。别后诗裁经细检，当前民瘼听频陈。老来底越精神健，劫外胎禽雪里筠。

圣制焦山古鼎歌和沈德潜韵

造物精气屯于屯，周宣石鼓此仲昆。二物不共沧桑变，似与姬氏留乾坤。昔步太学抚十列，今来浮玉瞻独存。讵嫌梵呗雁堂寂，饱谙世态龙宫蹲。禹铸九鼎象百物，魑魅魍魉褫神魂。周衰楚乃问轻重，定郏沉泗纷迹痕。何以镌泐传世泽，明标五字无多言。鼎上有锡廷臣世惠五字，见德潜诗。是时风露正澄霁，昨夜丁甲已揩扪。初如天阊辟虎豹，复如地轴巍昆仑。坐令百虑静一旦，瞥见法器当空门。欱云吐景耀光采，汹汹穆穆胚浑浑。底须石鼓合丰剑，千秋宜镇化人园。奸相覆觫何取此，诚哉利足使智昏。韩苏大笔彼兼擅，德潜长歌此独论。从来诗人志磊落，要令一发万气吞。山头时见鸾鹤下，江面静阅羲娥奔。德潜强韵我步元，奚用君门排九阍。

圣制尚书梁诗正之父寿届八旬特加恩晋封一品诗正适扈从南还
因许给假留侍旬月诗以赐之

锡类荣加五色封，扈随奉养许从容。膝前喜胜三牲备，身畔先看一子从。其长子翰林梁启心，请告家居侍奉。盛世祥腾炙桑梓，高年人伯仲乔松。教忠优老巡方志，越水吴山瑞霭浓。

圣制翰林院侍讲刘起振年一百三岁自粤东来浙迎驾诗以赐之

台背耸隆肩，来瞻跸路边。成名后梁灏，得寿拟彭篯。人瑞今犹古，经传后继前。越都无虑远，应是地行仙。

圣制和沈德潜山居杂诗十首韵

德潜苏人也，家居葑门，而构别业于灵岩之阳，适驻跸于是山行宫，欲访其庐而未果。兹当回銮，故和其山居杂诗，书以赐之，且志别也。

遂初才就赋，选僻早成居。香火联新社，承明忆旧庐。对山开月户，问景入烟墟。不可食无肉，岂还经带钼。

晚达头先白，旁求姓早闻。铜龙劳课子，金马重研文。暂阅京华景，归眠震泽云。省方欣便晤，底事又重分。

雅称幽人里，常临香水溪。梁春看燕入，埘晓报鸡啼。漫忆薯簪旧，堪醒岩电迷。齐眉鲜同老，况汝剩梅妻。

碧海鲸鱼掣，老成许尔真。阴铿似奇句，王翰卜佳邻。支俸教终老，持粱漫叹贫。优游林屋下，可以答良辰。

江山数千里，不隔在知心。力岂胜簪绂，闲堪校咏吟。岩扉白云回，门径绿苔侵。阿那北窗下，无弦好蓄琴。

得友乐三益，卜居号四宜。有奇酬问字，无病谢求医。雨后东郊日，春前西崦时。篮舆惟一子，便倩里中儿。

斗茶倾石铫，载菊泛兰船。鹤侣宵谈月，鸥心波稳烟。松姿依巘古，钟韵带霜传。探胜无多挈，惟将笔砚前。

吴下业书佣，居然八十翁。从螚枝鹿野，曾侍玉銮宫。茅屋千山里，溪田一水通。课耕时复出，蓑笠雨丝濛。

盘石聊宜坐，飞泉亦入听。来禽模旧帖，相鹤续遗经。寄兴属霄汉，搜题穷杳冥。诗人今古有，谁占此岩灵。

雄谈每抵掌，豪咏即雕肝。意与高秋洁，心如具水宽。坐言行岂负，时出处还安。应有玉堂梦，寸心宁改丹。

圣制沈德潜进南巡诗章并所和诗至再叠旧韵赐之

塞山七月似三春，竭咏赓章意倍亲。恰好清秋此毡室，又逢南国彼诗人。功称德颂曾何益，吏习民艰要并陈。节相老来还喜事，为卿特地答筒筠。德潜居乡，每命督抚代进奏摺诗章。是篇适高斌代为奏至木兰行营，故云。

忽忆勾吴清丽春，底须南北较疏亲。重吟迎跸篇中句，似有捉刀床畔人。南巡诸作，原难为工，德潜老矣，亦不必以是为工。所进三十章，似出代作，因深知德潜手笔，故戏及之。百二十章心窟蕴，所和诗百二十六章，则皆德潜所作，非他人所能到。甲乙丙夜案头陈。灵岩阿那青枫坂，问尔孤登可藉筠。

圣制赐顾栋高

老不中书尚著书，栋高，雍正年间曾为中书。皤然鹤发被簪裾。澹辞待诏来金马，荣为通经到玉除。讵曰宸严常穆若，欲谘民隐便伤如。题屏合仿王家例，一语还淳足起予。

文章风雅数东吴，谁似沉潜味道腴。为慕谈经虚左席，用宏锡类慰慈乌。从教马鬣荣光贲，要使蓬门义路趋。不是沉香呼学士，貂珰扶掖重淳儒。

圣制沈德潜和韵有林壑已安仍恋主潞河归棹敢云遄之句因叠前韵赐之

人间果见地行仙，鸰鹭行中鹤羽鲜。恩许追欢谓恬若，情殷惜别乃凄然。此人此语仍如昔，吴水吴山正有年。分付春风莫相忘，好吹帆影再来遄。

再来应是岁庚辰，庚辰为朕五十万寿年，曾与德潜订约，届期来京庆祝。珍重高年命屡申。早识云卿擅当代，不教疏传独前人。华茵联句朋犹昨，绮阁悬灯物共春。眠食倘强思亟见，宴陪撤荔莫辞频。

圣制赐别沈德潜南旋之作

闻道冰开潞水堤，归舟无那挂帆溪。刚欣西苑重酬唱，又向东风惜解携。杜老终怀故乡乐，谢公曾眷友人睽。百寮尽有悬车者，囊载宸章孰尔齐。

圣制寿原任大学士龙翰福先生八十初度

光霁由来众式观，绛帷黄阁领儒冠。身名应拟济南伏，年德原同沛下桓。松鹤作朋还侑酒，孙曾绕膝合加餐。还丹益算何须藉，两字传经永不刊。

圣制赐钱陈群归里时陈群有反谷之疾诗以宽其意

三尸素所灭，二竖胡为作。予告遂颐和，还乡谚如约。浙江嘉禾长水塘，俗名还乡水。陛辞意恳款，请诗应允诺。怜汝身日羸，壮汝神犹铄。达生有至论，庸医无大药。辟谷方赤松，先难后原乐。

圣制赐梁诗正终养还南

遗荣真合道，未老暂抽簪。甚悉忠悫意，宁如孝治心。欢承备钟鼎，迹异乐泉林。

翻祝归朝晚，卿家庆倍深。

圣制钱陈群养疴归里进途中所作诗因用其会锦春园和杜韵诗率题书赐

北海惟客待，钱陈群诗，因孔传樌招游而作，故云。杜陵讵身谋。胜会开名园，新诗步秦州。犹记陛辞时，流火方新秋。何事大江北，闲寻溪壑幽。养疴许谢庄，遁迹非田畴。故乡山水佳，药饵颇易求。颐摄冀良愈，待泛还朝舟。江头有锦春，何妨一命游。几杖儿孙侍，樽核宾从稠。江湖信可乐，廊庙岂忘忧。迟迟有深意，欲迈还停收。况彼五亩间，卷阿我曾留。即是矢音地，扈廑忆从头。诗筒附奏笺，翰苑传风流。故知解脱心，疾等浮云浮。从兹一苇南，遥望心与悠。

圣制苏轼偃松图向曾命张照题咏几暇展阅因用其韵

神以行之气以载，与真松不毫厘改。玉局邈矣如晤谈，况绨几曾供奉在。一刹那顷俱脒知，喜其书亦味其诗。春音大地盎筇倪，徐视谡谡图间吹。

圣制钱选三蔬图用旧臣高士奇题韵

留下寻那见草堂，三蔬展尚欲生香。炽然一切有为法，了识何曾者个忘。士奇别业，在西湖之阳，地名留下，今已鞠为蔬圃矣。

离披畦畔复篱根，淡味端知胜硕豚。偶忆湖西亲所见，绿含烟甲湿黄昏。

玉堂侍从暂家居，博古余闲学圃蔬。此意足惊俗耳目，不堪兼致绝交书。士奇诗，题于家居养母时，跋中有"日食一菜自甘，不足为外人道"语。又赵孟頫《绝交书》真迹，亦其南归时所携，有舟次题跋，今俱入大内。

圣制命蒋溥汪由敦董邦达修盘山新志即令入山游访既毕事诗以示之

亲切名山全体图，旧乘检校正乖诬。名贤胜迹思传志，其不传能志取无。

圣制蒋溥进所作塞外杂咏依韵和之

毡庐
耽逸怀居理则那，拂庐取便稳装驼。放弥卷密施功易，水驿山程得景多。近渚恰宜临野蓼，依峰偏爱冒烟萝。方圆毳幕施俱可，总是人间风月窝。

驼装

铃声替戾度行驼,致远担劳有足多。讶可知风还听水,最耽柳陌与沙坡。刚欣卸重成群卧,又迫临明逐队过。饲秣恩诚思致报,崎岖路亦慎防蹉。

马绊

伯乐偏虞马易驰,维连以绊出奇思。除将麋鹿难为系,任是骅骝亦设羁。卓立试嘶清夜月,恣眠常忆白莎陂。縶之亦欲饫之节,此事惟应善牧知。

风竿

雨朝风夕自飘摇,谁翦襄云落绛霄。有意恰知马足倦,无言应解客心招。低翻高贴皆成画,圆碧方红各取标。最是幕中鼾睡遍,一竿月露漾清宵。

雨沟

雨脚飞来碧嶂头,周防已作未然愁。落空任洒人形帐,就下都归之字沟。瀺灂应知看立洞,涓涓且拟听新流。奚童畚锸勤疏凿,底虑梦丝镇相入声缪。

设卡

沿冈一带势连云,露重莎平净翳氛。铃索宵明依制设,官邮今昨计程分。隍中只虑声惊兽,碛里兼存意习军。陈利谁何更无藉,颁禽也足当酬勋。

地灶

朝晡惟是供炊用,增减非关设计深。拨草乍欣逢旧穴,烹鱼奚藉溉新鬵。聃觚未易寻常踞,墨突休言不待黔。移顿莫教轻掩弃,即看昔制乃资今。

安市

车载肩挑逐逐来,营东远列任嚣㕦。米盐日计应教聚,蚩眩风浇未许开。纵便罢讥何有惠,岂常负贩不储材。蝇头笑彼旋糜尽,满橐盈囊若个回。

征衣

衣裁短后合时趋,打叠巾箱备远途。岂是从戎叹离别,也须著意称身躯。鹈梁漫诮轻濡翼,韦襑偏宜淡染芜。颇有邹枚尚宽博,果然实必与名俱。

铜晷

巧制伊谁意最初,不淆方位指南如。宵明长短无差报,十二时辰有定书。测景每教临日下,寻题便以适几余。今人雅合分阴惜,陶侃名言实起予。

颁鹿

罢围休息羽林群，营外颁禽率未申。独享不盈馈腊藏去声，均沾偏厚膳虞人。堆来已看弥平壤，持去从教馈比邻。自割怀归且无罪，空还应虑细君嗔。

和诗

每因得句命赓诗，韵府类函尽览披。毕竟老成还独步，可怜后进亦攀追。古今风雅诚谁是，宵旰忧勤只自知。不觉赏花钓鱼处，呈笺难与辨妍媸。

圣制再登澄海楼叠前韵联句有序

乾隆十有九年秋，由吉林至盛京，恭谒三陵，礼成旋跸。以孟冬二日入关，再登澄海楼，距癸亥前游，周一纪矣。阅壁间旧题，墨沈犹新，爰续举成例，命汪由敦、刘纶用禁体联叠前韵，既畅登临，并志岁月云。

［圣制］坤载既盘礴，坎德靡亏倾。脉属天地气，

量应朝夕盈。朱埌际闽广，朔野奄幽营。再巡临碣石，［臣汪由敦］

［圣制］重登俯雕甍。梁适侍子舍，时梁诗正侍养南还。张骞返仙京。张照已物故。壁诗犹好在，

屋筹凡几更。螺丸大块点，贔负岑楼擎。霞标傍槛矗，［臣刘纶］

［圣制］雪峤罗窗峥。东叟寻蓬屿，巨鼇吹层城。雾露不辞受，

壑谷容来并。云锦织回紫，玉绳接通明。阳侯逞陵轶，［臣汪由敦］

［圣制］岳祇恣砐峎。斫阵万马骇，突围千牛轰。禁体续前例，

罚期严后成。巍毫蘸勺蠡，辖饵投长鲸。志怪迹谁核，［臣刘纶］

［圣制］求真才岂英。一杯纳日月，亿劫嘘阴晴。底事称白鹭，

奚从款红蜻。爰居享鞶鞥，鲛室眩煌荧。藏积梵书列，［臣汪由敦］

［圣制］巨最韩碑呈。何无复何有，曰虚亦曰贞。赤石灵运进，

绿绮成连行。远航越裳候，奇瞆贾胡评。隐娥归墟守，［臣刘纶］

［圣制］飓母舶趈生。珊瑚周其趾，蜄珠耀厥莹。壮观向空廓，邮签漫促程。

圣制赐予告尚书魏廷珍

悬车辞魏阙，回驾返蓬庐。望九人中瑞，无双林下居。精神益轩若，风度尚彬如。娱老询何物，三朝有赐书。

圣制原大学士福龙翰先生挽诗

拖绅避省视，前冬先生抱恙时，朕亲临视。比于病中，恐朕轸念，戒家人勿以闻。及闻丧往

哭，尚未大殓。易箦慎初终。自昔赐场叹，从今融帐空。仪型失老宿，启迪忆童蒙。未及询楹奠，于斯恨莫穷。

圣制和钱陈群田园杂兴十首书以赐之

庸医望问觅形声，气馁三闾病岂成。我令归田静调摄，精神竟得复平生。
匆匆过隙白驹催，闻道家居七袠开。跸路迎銮多旧侣，就中颇喜此人来。
村舍何妨门缚柴，逃禅时有野僧来。惟应恋阙心如炷，辨色趋朝志未灰。
前岁灾鸿实弊劳，赈豳南望首徒搔。相逢为问民苏未，巡狩宁因问柳桃。
开年正可垦春畦，更喜柔桑叶渐肥。劝穑课蚕林下事，岂能高枕说闲归。
武原舟放莫教迟，烟雨楼前烟雨微。检得石湖诗卅首，一时赓韵兴轩飞。陈群诗，本和范成大《田园杂兴》三十首之十也。
溪上风来料峭寒，春衫也觉切肌单。笑伊何故朝衣典，乡俸从今志可宽。命如沈德潜例，在家食俸，故戏及之。
世族钱塘滴派钱，御儿迁里是何年。澺湖森森澄明水，可养胸中一片天。
溪云欲伴柳烟低，柳外青帘飔影飞。新压糟床春酒熟，换沽可解带腰围。
炊黍何论苑与松，怡情桃李绘薰浓。今来扈跸权教置，可忘螭头珥笔供。

圣制游摄山栖霞寺用尹继善沈德潜倡和韵

久闻摄山名，秀如玉而冠。僧绍小隐处，高节古今羡。拔地百卅丈，峣峰凌碧汉。众山皆在下，如翁视童卯。画石及落星，历历皆可按。图经昔膻芗，久矣系清恋。兹来缘省方，乘暇游禅院。苏民廑解泽，对佛愧止观。咨尔肆觐牧，峻宇何须办。

山房号万松，屡步寻深径。孙枝貌已苍，侧干形犹正。何况古乔者，孰不见生敬。几赦斧斤劫，益凛冰霜性。拂星自成景，吐云应号庆。偓佺曾遗尧，养真称战胜。又如商伯夷，乃得清之圣。层台一登临，民瘼当前凭。元气复也无，謷涛何心听。

古人亦有言，枕流而漱石。不可无此意，爱斯涂复客。悬崖仲璋琢，其佛四十尺。松撑云态破，竹迸堉形坼。盘拏互缪轕，如盖亦如帟。可以谢栋梁，永此安岩壁。峰回路转处，化身更千亿。既不辨异同，谁更分主客。渫泉得品外，盘陀聊憩息。轩渠笑陆羽，未遇此真脉。

趵曾闻有虎，名得因逢鹿。每吐云英英，亦浸月漉漉。其始乃何年，太古此涧谷。藓痕石缝间，细注才漩洑。闻自候停跸，阶下宛成瀑。斯事属偶然，不必称更仆。倘来还倘去，谁与享清福。回首语山僧，付尔听真筑。山有白鹿泉，日久就淤，大吏于此建书室备憩，因稍为疏导，遂成巨流，飞瀑奔注，冬夏不竭云。

昂首最高峰，巉岩拾级上。药草堪摄生，含芳袭人赏。北睇见大江，颢气涵漫瀁。吾怀与之如，廓然坦荡荡。忽忆东坡翁，赤壁曾独往。俯凭夷幽宫，长啸发逸响。其气盖古今，其景融机象。斯游可同乎，吾惟企遐想。

藉问夏谚中，游豫缘何事。江国灾祲余，如伤犹未置。嗟尔在位者，孰非民攸塈。迩来闾阎况，略悉巡春骑。纵云免沟壑，未称富蒋芨。矧兹乃所见，宁无未见际。供奉尔勿劳，徒劳亦奚异。踏阅便游山，闻挈诗人俪。索观赓其章，匪侈词华丽。尹继善入山阅工，沈德潜偕往，故有此作。

圣制哭汪由敦

赞治常资理，论文每契神。在公诚匪懈，即世信何因。言行遗编简，老成谢搢绅。奠临摅一恸，底计日当辰。

圣制赐休致大学士陈世倌归里诗以饯之

风俗勤劳言行醇，多年黄阁赞丝纶。陈情无那俞孔纬，食禄应教例郑均。自是江湖忧未忘，原非桑梓隐而沦。老成归告能无惜，皇祖朝臣有几人。

皇朝词林典故卷五　天章

诗

高宗纯皇帝

圣制偶为桥梓图赐钱陈群叠旧作韵

重五日，陈群书和赐其子汝诚诗画扇以进，盖欲之而不敢言。陈群老矣，不可使因此郁郁于怀，促成是幅，并叠旧韵赐之，不复计笔墨之工拙矣。

南国应尝谷雨茶，箧头书自遂初家。贡来恰好临蒲节，赐去无须宝墨华。教寄北山聊示梓，即付其子寄去。漫参西土拟拈花。高年已觉多男累，陈群自云如是，即以调之。莫逐东风更羡鸦。

圣制大学士史贻直康熙庚辰科进士也今周甲尚在朝诗以赐之用彰人瑞

庚辰先进杏花芳，周甲重看蕊榜黄。早识家声孝山史，群称风度曲江张。本衙门有新佳话，国史院无旧等行。宁独搢绅庆人瑞，赞予文治底平康。

圣制大学士史贻直八十寿辰诗以赐之

皤皤黄阁领朝裾，矍铄联行尚弼予。大学士来保，今年八十一岁。前度庚辰淡墨榜，两看辛巳千金书。满千卷似沈麟士抄罢，开八秩过白注余。声望老成需赞治，名高漫即拟悬车。

圣制上元于赵北口行宫同扈跸儒臣咏冰嬉联句

［圣制］上元灯火岁常新，渚馆冰嬉倍可人。恒奉慈娱千万载，

试赓法从两三臣。双盘纪胜才联鼎，太液摛词早镂珉。御制《冰嬉赋》，曾经恭刻拓本。首顿广阳偕燕衎，［臣刘统勋］

隔宵涿鹿普欣闿。紫泉迎旭罗朝馔，芳甸凝膏润宿畇。沼籞蓂荕临爽垲，［臣刘纶］

沙堤环枑倚崇闉。缕金待暖将拖柳，泛玉流澌未点苹。廿五淀围回雁泊，［臣于敏中］

［圣制］十三桥次宛虹驯。西春返照明银烛，东壁腾辉灿玉津。较量前番正嘉夜，探寻此地足熙春。鄭瀛景物分明赏，吴越讴谣次第询。近水香花瞻翠辇，［臣钱汝诚］

展风韣复贲丹纶。紫姑竞赛田蚕盛，泰壹丛祠膏粥频。宴启传柑随豹尾，［臣介福］

歌同依藻叠鱼鳞。连鳌彩踶仙舻亘，翔凤苞扶宝阁循。兰溆泛觞先禊洛，［臣双庆］

［圣制］茆檐观醋恰吹豳。江南消息侵寻递，赵北烟花郑重陈。况有于思随跿路，便教倒刺藉文茵。听催节鼓轰雷捷，看上悬橦掣电神。猱挂月崖轻掉臂，［臣刘统勋］

鹞翻云塔稳盘身。招摇称手长竿拓，彳亍承跌寸橇纫。斗罢老貑羔解跪，［臣刘纶］

抛残巨卵弹能匀。传声赐锡欢泥首，对队擎杯暖沁唇。积素似盐堆继腊，［臣于敏中］

［圣制］新阴如幄卷当晨。冰含雪色炬千树，雪映冰光魄一轮。铺得琉璃为世界，集来鸂鶒俨朋宾。奁规皎洁圆灵镜，壶削晶莹方峤珍。百戏蹴花澄曼衍，［臣钱汝诚］

九华结字澈斋沦。菱舟刺冻疑移屿，莲座烘寒忽插旻。灞岸诗情行得得，［臣介福］

辋川画本想粦粦。从知黍谷回春是，比似榑桑不夜真。回忆六街看最好，［臣双庆］

［圣制］每怀一盏对犹贫。长筵列坐宣回长，曲岸骈观乐土民。平步星桥连贝阙，纵眸云陇覆璃尘。鱼惊启蛰潜还陟，鸿识随阳渐复遵。衔烛荧荧周溟裔，［臣刘统勋］

然犀燏燏洞矶滨。篆焚甲煎逾安息，灯窣流苏夺大秦。绕浒蚖脂纷匼匝，［臣刘纶］

分棚兰焰矗嶙峋。霞标瞥起阳凌冶，月地徐融冱穀皴。燕国新词惭授简，［臣于敏中］

［圣制］鲁山雅曲愿书绅。远村渔火依微辨，近渚龙檠左右巡。顷刻金莲开万朵，参差宝络缀双银。襄城赤帜搴中夕，封氏花旛验半旬。野老堵墙咸色喜，［臣钱

汝诚]

内官立仗不心瞋。祥过卜茧飱瓷饵，采胜扣钉睹宿辰。编户献芹行庆洽，［臣介福］

守臣负弩祝釐申。红趺分窖归蒸蔚，碧刻同畴出块垠。清景当头延燕赏，［臣双庆］

［圣制］阳和有脚戴鸿钧。底夸继昼且经月，要欲同欢并示仁。惠远行时难概置，緊予本意在还淳。

圣制沈德潜钱陈群来接走笔成什书之各赐一通

二老江浙之大老，新从九老会中回。身体康强自逢吉，芝兰气味还相陪。迎堤蓦遇以为喜，出诗命和群应推。更与殷勤订佳约，期颐定复登金台。二人皆云朕六旬时，德潜当九十八，陈群当八十七，必皆入京叩贺，亦笑许之。

圣制赐沈德潜

去岁入都祝慈寿，皤然九老领林泉。致仕九老中，德潜职与岁皆居首。清词还擅香山会，蒇事便教故里旋。更止远迎屡跋涉，在籍大臣，去冬赴京晋祝归里者，今春令就里门迎接，毋庸越省远来，以节劳勤。所欣重晤得留连。论文兼及苍生隐，虚席谁誉宣室前。

圣制过嘉兴再和钱陈群田园杂兴十首

接踵迎銮多颂声，观民惟愧政无成。境临秀水聊心喜，为晤林居有老生。
祝釐昨岁驿程催，九老图形霁月开。便令还乡颐暮齿，宣传不许远迎来。
棱棱孤鹤瘦如柴，圆峤方壶任往来。鹤其性人寿其似，会看劫火有寒灰。
游山屐总不辞劳，遇胜吟诗白发搔。花濑蒙蒙春澹澹，微醺何碍晕如桃。
春田未致手亲畦，俸养何妨刺齿肥。常把一篇宏景传，殊途要欲有同归。
三月违如三岁迟，诗裁前席辨精微。虽然赐杖何须杖，见说香山步似飞。昨命九老就香山游燕，以赴嘉会，先期并有赐杖。
薄试春寒冬更寒，吾民宁乏有衣单。定当剀切陈民隐，莫饰其辞蕲意宽。
结屋江乡不费钱，双槐门巷荫多年。朴淳生计耕还织，淡荡心情水与天。
楼台烟雨望中低，早见书屏健笔飞。烟雨楼有陈群书赵孟頫《耕织图》诗屏。新署头衔荣晚节，定知家庆子孙围。
乡味休耽韭与菘，行时韶令正芳醲。为吾数日随清跸，可负湖山佳景供。

圣制赐梅瑴成

无欲有精神，趋迎清浦滨。闭门惟教子，下榻不延宾。能驻西山日，引恬江国春。推恩缘念旧，瑴成诸子俱未通籍，询知长子钫尚可造就，命赐举人，准其一体会试。皇祖内廷臣。

圣制游摄山栖霞寺仍叠尹继善沈德潜倡和韵

建业多佳山，要以摄生冠。闻名未见者，尚尔生歆羡。况我曾命游，驰情结霄汉。诸峰尽婉娈，秀比总角丱。几暇辄神交，那藉图经按。泉石应好在，每每萦遥恋。却付忘言僧，长平声年对塔院。兹来缘省方，宁图畅游观。独此未能惬，吟怀吾早办。
言入功德门，载寻烟霞径。飒尔净四尘，坦然遵八正。调御坐青莲，屏息不期敬。缅怀平原人，舍宅悟本性。旅食或乏粮，之郁随弟庆。谓僧绍弟庆符也。仍住弇榆山，水石足幽胜。吾闻狂狷者，不弃尼山圣。惜哉被季世，化裁孰可凭。徒传赐如意，放浪林间听。
山之姿曰林，山之骨曰石。林姿既蓊菁，石骨复崆峇。尽善谁能同，那可计寻尺。云生峰欲连，泉画岩疑坼。择胜不胜平声择，底藉东坡屐。徘徊拟辽待，天籁落绝壁。窍诡概以万，号信竽以亿。山灵秘其奥，应谢尘凡客。东麓有行宫，松轩成少息。澄怀思向游，摛藻抽义脉。
草药既芬菲，应游鹤与鹿。巢松风籁翻，饮泉月光漉。翠华忽来过，想皆避深谷。徒见曲折溪，泠泠自潆洑。伞山如有语，未能隐者瀑。以此我欲返，秣马命群仆。了知乾惕人，未可耽清福。出门试回听，涧水犹鸣筑。
鸣筑清神心，枉驾重攀上。径指最高峰，沿路纷奇赏。云林挥峭蒨，烟江俯泱瀁。畅观既云惬，托怀亦戒荡。信宜下崇椒，高资遵路往。扬子蔫平波，棹歌发清响。寓物贵不留，有如镜中象。展读旧巡编，聊当抒余想。
旧编一再看，宛忆倡和事。长诗欲重赓，几忙则且置。是不宜作辍，促成值少堲。休文留林泉，吉甫随车骑。一则效负弩，一则赋制芝。迹殊心则同，悃见兴歌际。明远拟俊逸，长吉非诡异。欲罢我不能，匪遑藻词俪。片时成六章，用志江山丽。

圣制沈德潜进呈后游摄山诗十二首走笔和韵并书长卷赐之

游山兴何如，似拈花于镜。要寓意不留，是谓能济胜。竭读十二章，景概当前映。郁彼翠微间，我曾寻窅复。回銮理万几，境与云俱净。廓然付大公，鱼鸟任飞泳。

　　　　　　　　　　　　　　　　　　　　　　　右彩虹明镜

摄峤秀而奇，应为金陵最。同人举胜盘，其月方为兑。或屦谢安步，或挺刘焯背。

取适在觞咏，宁云望门拜。幽居于焉憩，真若忘忧界。吾知忧未忘，金阙江云外。

右幽居

叠树扶苍岩，迸泉垂碧涧。委宛藏佳处，结构得禅院。无一物不度，如来之本愿。譬诸彼定水，有投斯必溅。窗罗鹫岭峰，阶俯猴江汫。强名般若台，般若是真幻。

右般若台

三年饤桃花，夫岂碍夭冶。忽然漆桶破，随喜都潇洒。何物为波旬，何物为般若。露柱设授笔，灯笼为之写。我非好谈禅，聊尔游戏也。

右桃花涧

杰竖生紫烟，群岭缪相障。苔树为眉发，云霞为色相。对之或属咏，天机发意匠。其下有石泉，一泓白云上。屈曲成细注，出寺乃奔放。故予散步处，指点犹能状。更忆小阁中，凭栏曾骋望。

右紫峰阁

一峰高下叠，其象曰如帽。时物岂古称，易名从吾好。僧绍此徜徉，有似披裘钓。苟知兹所题，延宾合迎扫。沈约实起予，崔炎或可肖。夫惟君子德，足贲千秋耀。

右玉冠峰

巧匠斲层岩，现兹化身佛。飞来并有之，是二还是一。设如执象求，青莲亦俗物。大地一坐具，而况此嵌穴。老沈抑扬间，漫拟迷津筏。我为引伸之，拘墟可尽豁。

右千佛岩

岬嵉走平陆，四山蔚松色。陆松只九株，卓立皆殊特。如少围侍老，如星同拱极。一例植物中，栽培天所锡。貌古苍亦润，性刚曲皆直。忆彼童童侧，展席曾偃息。不徒长言之，命笔写劲格。

右九株松

见山楼下崖，忽如翻波皱。潋滟动皆定，疑有蛟龙伏。湍濑险而夷，又若骆驷骤。是间恣逍遥，真胜云恋岫。奚必拟乘桴，一往浮海走。归路擘烟霞，相送有林狖。

右叠浪崖

言入万松路，不觉衣冠肃。松间有高台，盆植梅和竹。终古结三友，那涉凉与燠。昨春之所逢，题字壁余绿。却忆诸人游，秋风正满谷。

右万松台

泉源时疏剔，何有于淤滓。回回出不穷，就下流益驶。为泽欲旁及，讵宜靳墙里。导之溉稻梗，实云利间里。斯人有斯言，故予意所喜。

右白鹿泉

泉挂涧下饮，松出岩旁努。千盘造最高，豁然堪望楚。诗人游九秋，徒步谢舆马。大江濯胸怀，清涌兰坡浒。镕得五言城，其气盛于虎。柳韦乃今见，陶谢不独古。驿致喜清逸，和韵乘兴鼓。寄询云霞间，可曾遘西姥。

右最高峰

圣制集张照春联字为春朝吉语得诗十七首有序

向爱张照书，凡屏扆殿壁间长帧巨幅，多其奉敕书者，每见辄衷为卷册收弆。其所书宫庭楣牖春联，因岁久更易新者，所司以其旧版呈阅，请毁之。余曰："不可。"缣素虽剥蚀，而笔墨精神故完好。设以蠹朽弃，其消与焚琴煮鹤等，若仍其俪句辑藏，又与五都市贾敛售旧物不知鉴别者何异。爰次其大小行楷，差为七等，得字四百有奇，并于几暇，仿春帖子体，集成五七言诗十七首，装池作巨卷，并命董邦达绘岁朝图卷首，以志履端佳兴。夫集字法虽创自古人，若怀仁之《圣教序》，赵模之《千字文》，并集右军书镌之，然皆出自钩摹，且以散字牵就成文，缺者或假借补缉，其于本来面目去之远矣。兹既化无用为有用，而篇什连属，墨迹宛然，不异其挥毫结构，自成全璧，洵可珍也。若夫酿花作蜜，缀腋成裘，人皆知之，而甜彻中边，缝无龃积，则别有会心焉。而以春联作春帖，殆亦化机之自然流露，韶华花卉，适叶文章者乎！

璇玑调化雨，嘉节法青阳。温树深移影，华开烛宝光。
花丽明光殿，春多昼霭紫。炉香升瑷瑍，仁寿祝华苹。
太平开万象，草为带氤氲。御景书蕡荚，三花作晓云。
参三奉光大，植万美宁清。六位符中正，欢同百福成。
政成丰屡泰，近日物皆新。雨露天方永，腾欢遍兆人。
恢心看宝字，解愠以薰弦。万物咸时若，风开美景天。
亭映三霄瑞，林飘四面香。春图挥一气，大地与风光。
钥扶五云鹤，画镂四楣银。泉曲鸢鱼想，悠然濠濮春。
松云清栋牖，书契藻娜嫄。四政和于烛，祥风鸡鹊闲。
为图焕龙马，齐七合玑璇。甘玉时风雨，遥看珠璧连。
珠扉春洞达，青琐日和嘉。烟暖风徐动，梅舒玉槛花。
恩与仁风拂，心当丽日明。洪长凝宝位，巍焕万方清。
三阶清晏在平章，华日和风带景光。文焕天成无不服，玉芝圃长凤衔翔。
九天图画太灵为，桐乳成林草细垂。铺户巍然盛金璧，寄心静赏物情怡。
滴壶玉漏永瑶池，紫界云天昼日迟。鸾鸟交和辉宝树，恒春喜共协仁慈。
九衢丝柳乍摇风，城雪轻寒旦日融。彩燕转帘频语久，祥英照地见枝红。
碧枝琼蕊丽天阊，日近金铺霭瑞光。仗外祝山仍五玉，殿头谐祉岂三阳。

圣制题钱陈群进伊祖瑞征所篆瑞日祥云和风甘雨章

迎春帖子进南方，先以家藏古篆章。瑞日祥云兆岁美，和风甘雨卜农庆。休征敢谓时斯应，善颂还嘉规不忘。愿共吾民沐新祉，春祺嗫嗫萃方昌。

圣制沈德潜钱陈群来接因成是什仍各书一通赐之

二仙仍此候河滨，三载相睽意更亲。郭泰李膺一烟舫，二人同舟而来。沈期钱起两诗人。飘然白发都还健，瞭尔青瞳自有神。笔力年华虽共老，载赓知复倍清新。

圣制赐沈德潜

吴中今古老人科，比似徵明定若何。书画虽输诗胜彼，功名已过寿如他。游山有兴仍清健，处世无争只善和。明说九旬有三岁，那更年格尚嫌多。德潜老而始遇，通仕籍时，未以真年告，故吏部履历，今当为八十九岁，然德潜实康熙癸丑生，今应九十三。此政东南士林宿望，亦国家祥瑞，何必更以老为嫌，故末句调之。

圣制游烟雨楼与庄有恭联句叠前韵作

［圣制］昔兹抚土臣，今为隔省吏。前年调庄有恭抚苏，仍就近兼管海塘事务。仍携因阅塘，

叨陪逾及第。臣昔蒙特拔巍科，已属忝窃，兹再荷恩命，得侍联句，尤为荣幸。嘉禾奉清娱，高楼挹佳致。花繁双树玉，［臣庄有恭］

［圣制］香馤千顷芰。名循虑烟雨，近颇望晴。实惠快晴霁。何处不筹农，

所喜无弃地。就瞻禁谯诃，蹴踏敕趋避。万姓欢迎环拥，上不令呵跸，其趋随左右者，或践及菜麦，每谕避之，亦弗顾也。蔼然衢谣盈，［臣庄有恭］

［圣制］翕若天籁吹。颇嘉新政观，莫忘旧学肆。行当侍左右，已授有恭刑部尚书、协办大学士，仍令在内廷行走。

顿尔豁障翳。簿书幸宽程，笔札愿谨伺。抚时值风和，［臣庄有恭］

［圣制］延远胜山翠。嘉兴境内无山，凭眺益远。一天景越朗，四邻望俱遂。澄波识鱼乐，董其昌书鱼乐国，勒石楼前。

厚泽欣众暨。漷湖正回棹，秀溪桥名复控辔。是日上回舟，即乘骑，数十里老幼遮道瞻仰，几无隙地。万千气象呈，［臣庄有恭］

［圣制］百二春光继。时值闰二月。揽结敢恣兴，游豫无非事。明将盐官驻，

总厪海疁利。北涨常安澜，中开必表瑞。北岸涨沙益远，则中小疁故道，自可复开。圣仁感天仁，［臣庄有恭］

［圣制］予意视民意。翘心缅四巡，睫眼又三岁。载赓非玩物，怀哉惟展义。

圣制赐浙江学政钱维城

化民惟在学，取士要通经。讵在工文采，还当屏滥形。须悬虚鉴朗，莫负旧毡青。

扈跸常赓韵，何殊侍内廷。

圣制赐钱陈群

王帖一旬犹过之，羲之帖："足下今年政七十耶。"陈群今年八十岁，故云。来迎喜重去声晤庞眉。杖朝足领群仙列，从政仍教一子随。陈群子汝诚，适扈跸来。商榷古今关治乱，咨询风物度淳漓。我闲却是卿无暇，合为去声催赓揽胜诗。

圣制三和钱陈群田园杂兴诗十首

诗篇来往达音声，前席尤欣晤耆成。曰善颂卿思古者，不忘规我廑民生。
肩舆弗许远迎催，喜过新年八袠开。民数无央觐銮路，就中遥识地仙来。
清短身如愈也柴，当年给杖重去声扶来。相逢一别三年话，不觉金猊篆已灰。
问汝林居更底劳，每逢赓韵首应搔。陈群虽居林下，每得新作，常和韵以进，故以此句嘲（嘲）之。即今三叠田园兴，一例还当报木桃。
讵必乡田藉自畦，润身原以德充肥。不妨春冷常朝出，或遇山佳定暮归。
宴眠谁斥入朝迟，娱老那虞生理微。子贰地官身里俸，岂同寒士论潜飞。
乡居想复济贫寒，未肯君恩身受单。更有余闲问风景，南湖春水映心宽。
老伴诗人沈与钱，清词丽句答芳年。为询北阜竹梅月，何似南楼烟雨天。
于公门巷岂嫌低，归省还听琴瑟飞。依跸却因勤供奉，肯教妇子一家围。陈群以老侍从，迎銮后即随扈行在，特命其子汝诚先还家侍母，俾得欢聚庭闱。
石湖高致寄冬菘，润笔应知藉酒酿。三十首中和十首，范成大《田园杂兴》本三十首，陈群所和，三分之一也。想因诗兴偶然供。

圣制焦山观古鼎作歌再和沈德潜韵

焦山初莘羽卫屯，金山西望真弟昆。大江浩浩势莫并，罗刹奚足称珠坤。三度此曾未一驻，顿置自谓非温存。丹徒策马寻野路，北固回望犹高蹲。剪流片刻达彼岸，晬影已觉清神魂。重书瘗鹤碑宛在，旧碑仍弆屋漏痕。僧庵镇宝定何是，合属周鼎宁虚言。龙光凤文腾驳荦，古色可睹不可扪。咏事义正王铨部，王士禄七言诗，刺严嵩最详。释文古博程昆仑。程邃释篆文，刻《焦山志》中。后来老沈歌亦好，皆足佳话传空门。忆我辛未喜创遇，长歌曾和元音浑。丁丑壬午姑舍是，见则见矣仍祇园。兹来胜境住信宿，风恬浪静峰黄昏。登临兴毕憩虚室，洪篇险韵重扪论。聚星孤屿例尚在，尊山京口迹早吞。沧桑有变鼎不变，永同谯阜延高骞。册令世惠衣锡元，櫽括鼎识语。恒看虹彩烛紫阍。

圣制赐安徽学政梁国治

亦我特抡元,居然经济存。因之南海郡,国治颇通吏治,因授广东惠潮道,寻命摄副都御史,晋吏部侍郎,出典学政。旋返本衙门。皖歙俾司铎,江苏来谒辕。勖哉实践处,文行此为源。

圣制再用沈德潜游摄山十二首诗韵仍令沈德潜并钱陈群和之

金仙坐栖霞,前设大圆镜。那藉彩虹桥,方臻武夷胜。韶春复南巡,绮筏旆旌映。建业诸务毕,重事探幽复。入门先濯清,天水当前净。忆革不观鱼,一任澄波泳。

右彩虹明镜

伞山迥绝尘,幽居幽之最。然逢济胜流,何碍蹊成兑。往者尹与沈,清遨并肩背。憩息长松下,甘棠拟勿拜。倡酬因有诗,兴托清凉界。邮笺曾和韵,又逾两年外。

右幽居

嶒崚背屏峰,泱漭面带润。精蓝构其间,栖霞之别院。七处征惟心,六度满以愿。天花散净芬,甘露垂法溅。中峙般若台,津逮庐溪沂。可同慧远修,净土乃真幻。

右般若台

一气叟百昌,洪钧善陶冶。山中亦有桃,夭夭而洒洒。静非时世装,是真阿兰若。精舍忽对之,窗前数枝写。齐隐晋征士,其致岂殊也。

右桃花涧

对峰构书阁,借峰为屏障。高下凿金仙,一一皆殊相。小巧笑鬼工,大法营天匠。北同居庸侧,南忆灵隐上。居庸关及灵隐飞来峰,皆有凿石佛相。于密斯退藏,六合斯弥放。讵曰始僧绍,乃有此奇状。参禅实无暇,或可一凭望。

右紫峰阁

徐铉曾有言,古者冠无帽。江左始著称,燕居便私好。题峰殊不称去声,有似缘木钓。我为易玉冠,俗名一以扫。老沈屡有咏,精神乃毕肖。何必定乌纱,吓彼宦途耀。

右玉冠峰

跋马峁峀间,周旋多石佛。峰回路转处,满目殊不一。化身岂无谓,盖欲普济物。物无不度尽,寂照坐岩穴。试看春汇昌,熙熙登宝筏。曰相即非相,慈云亦须豁。

右千佛岩

曾观会昌图,九老松其色。兹松乃九株,落落性孤特。或貌彼九人,永寿无终极。沈亦九之一,祝嘏沐恩锡。辛巳恭逢皇太后七旬大庆,集在朝诸王文武及致仕大臣年七十以上者为九老,凡三班,并绘成图,德潜即致仕中之一也。今古岂迥殊,延年在贞直。小立佳荫侧,偷闲偶游息。底事频命赓,爱卿有古格。

右九株松

叠石岂人工，富媪为去声皴皱。称浪自何时，太古此起伏。舒如匹练铺，急似万马骤。变态既不一，在川忘陟岫。固宜隐者栖，那杜诗客走。奚必冷泉亭，始闻啸猿狖。

右叠浪崖

万松辟林关，欲敏意先肃。委宛步深径，曲栏缚野竹。太古以来色，三春不知燠。疑有偓佺逢，方瞳发飘绿。将拟与之言，谡风下岩谷。

右万松台

幕府识泉性，剗草剔泥滓。聚少势成多，疏阏流因驶。就中白鹿最，一泓院墙里。导出灌鳞塍，资润不计里。实足惠农氓，春省为去声斯喜。

右白鹿泉

知有最高峰，进步力须努。天风落碧空，万籁奏丛楚。岘岫夫何碍，缓辔跋予马。俄亦造其巅，北瞻俯江浒。南眺形胜多，盘龙复踞虎。六朝事已纷，慨然一吊古。重赓纪再游，那辞雷门鼓。钱起不可默，眷笈因孟姥。陈群与德潜并居林下，吟眺之兴略同，而是篇尚阙和作，因示此督之。

右最高峰

圣制再集张照春联字为春朝吉语得诗十三首有序

甲申春，曾集张照所书宫殿春联为春朝吉语，装成巨卷，亦既序而藏之矣。兹复辑其旧书御园楣牖联句，得三百字有奇，仍依前体，集为五七言诗十三首，联属装池，与前卷并弆。于是取义编珠者且成合璧，益足喜也。夫金钱成帖，昔人偶一为之，墨林已侈谈珍美。讵若兹之一再缀缉，取携于旧版零缣，无宜索之劳，亦无弃材之惜，其为宝爱，更当何如哉！若夫清辞丽句，层见迭出，与前所集诸诗，无一句相袭，而迎韶纪序，语叶祥占，则又后先映发，亦奚啻化工献岁。景象常新，余翠陈青，复成锦绮，天机杼轴，不相师而适相合，固有蕴酿于不期然而然者乎！至于辞多颂语，则以本系臣工所书春联，且限于字，不能更易。因并识之。

轩镜祥呈万，尧封庆叶三。寰瀛溥治化，风雨恰和甘。
曙日和而煦，凝烟霏以融。保民昭大德，瑞气合祥风。
雉尾烟辉拥，螭头旭日开。九重云物焕，瑞气灿蓬莱。
心以精而一，虞廷圣教宣。五辰涵万象，文德诞敷天。
鹓鹭云衢广，菁莪璧沼连。鸿文于以焕，郅治职敷宣。
日华凝象丽云衢，川岳祥辉灿箓图。击壤偕听禾献瑞，康嘉庆泽洽丹符。
羲图文篆三才贯，孔思周情一画参。午夜绍勤昭懋学，丹书绿字绕瑶函。
秀麦巢阿湛露凝，共瞻纬象瑞光腾。辉开鸾阁珍金检，彩睹璇星庆玉绳。
咸看彤阙丽龙光，珠露生林篆玉香。紫府琪花浓映彩，璇庭瑞日愿延祥。
焕文修武亮天功，经纬咸周道德同。乾运太和调广御，章腨璇玉表时崇。
黛秬朱纮光禹秸，金瓯玉烛巩轩图。三登嘉谷飘香甸，四极元功播瑞符。

日映星辉瑞色臻，彩腾双阙卿云新。太和广运昭安阜，懋治祥应殿陛春。
联珠合璧齐玑玉，翱凤游麟快睹瞻。八政调而风雨顺，喜来歌舞遍茅檐。

圣制命张若澄图雪浪石至诗以志事

若霭昔图石，谓已传其神。今复雪浪出，难唤泉下人。其故见长记，兹弗更赘言。然不可无图，若澄其继昆。况匪嘉陵遥，来往数朝昏。宛然片石峰，水活蜀两孙。元方与季方，孰假又孰真。坡翁笑轩渠，总非意所存。

皇朝词林典故卷六　天章

诗

高宗纯皇帝

圣制大学士尹继善随围因请诗走笔成什调之

久置驰生耳后风，过五旬后，虽每岁行围，然不似向年御飞骑下峻阪矣。偶然兰阪骤云骢。虽抛射鹄五年阅，向喜射鹄，几暇，常集侍卫等试射，中的恒十之八九。自壬午以后，因臂病不能如志，弗为者五年于兹，而马射则仍纵送如常也。原麇中去声麕片刻中。廿四日围中，发矢连毙五鹿。廿五日行围，复殪其三。尹继善见之，惊为神异。因命其射一疲卧之鹿，则第三箭始著鹿身，转鼙起带箭而去。祇以贱良众属目，笑称马步一张弓。绿营不娴驰骋，马弓之力，率减于步弓，遂有以马步一张弓夸于众者。若我满洲，则马射更为得力，故其弓较步弓尤强。尹继善久莅外任，习闻绿营语，因戏及之。随围老翰催成什，譎谏相如同不同。

圣制集张照书千文为春帖子词四十首有序

集张照春联字成春帖子，尝一再为之。兹阅石渠所藏张照草书千文二卷，用笔圆劲可爱，第古人书千文者数见不鲜，视为千文而弄之，不足以显照书之妙。因恍然曰："昔周兴嗣可集散字为千文，则今日者奚不可集千文为春帖乎？"或进曰："千文无春字，且自始至末，其字之不适用者指不胜屈，毋乃相盭与？"余曰："否。否。夫芬丝无采，理而涑染纂组之，则黼黻以彰；空水无华，酌而湛渍涂绚之，则缋画以列。丝与水果无当于五章五色乎？抑五章五色之必资于丝与水乎？"爰以几暇，复依前体集五七言各二十首，所余字乃不及二十分之一，而凡春朝吉语，岁时征实，大略具备。且较前此集春联字之多颂少箴者，殆有进焉，又岂其字之果不适用乎？既集成，命于敏中排次临仿成什，装池巨卷，识其缘起，与张照书并藏宝笈。盖集春联所以化无用，故不必复临；集千文不宜毁已成，则又不可不临。为例不同，而爱照书而珍惜之则同也。唐自贞观集右军书为《圣教序》，遂为斯事权舆，右军字迹流传者，益以增重。照书即不能上掩右军，而精神结构实出唐宋以上，则以之拟右军也亦宜，而敏中之排次临仿，又岂远逊遂良下哉！

笃祜蒙天宠，慈宁色笑承。万年欣五福，松茂并川增。

宿垣瞻玉烛，拱极朗丹霄。仙燕奉任辇，兰馨洁膳调。

泰壹潜移律，玑衡木德新。近回云物吉，辽旷次灵辰。立春在人日前一日。

旦晚澄晖曜，园姿满丽英。扇和光宇宙，长仰上阶平。

运自毂丸转，炜煌照世杯。荣基奄内外，俊乂致唐哉。

夙夜主于学，敕几慎厥思。古汤铭浴垢，谦益作君师。

阳养历终始，叶条辨闰桐。今岁逢闰。克绥形动植，两在发生中。正月腊月，两度立春。

覆载感亭育，悚惶肆祀恭。摄生诚合漠，伏愿宙收钟。是日适当祈谷。

藏富用家给，解推隐已饥。纳粮省惟正，普免天下漕粮一周，自今岁始。惠爱罔攸讥。

紫姑约谢祭，云要理机丝。翳舍等眠起，笋篮入市持。

制缘昆岫出，尺寸审而精。定乐论金石，振仪奏九成。

藉甚赵充国，军田佐远猷。不毛皆熟饫，岂止实凉州。

刻岩摩汉碣，禅岱耻秦碑。建绩易矜伐，问何假侉词。

量能钧引发，政立俗焉疲。岳牧位方伯，如伤贵察治。

去糟恐累酒，息盗寡肥囊。淡退黜浮靡，弊辄往令详。

草莽仕途接，寂寥消面墙。步鳖殆杳逖，受读竟巾箱。

野性贱嵇阮，冥虚短老庄。抗怀寻漆简，日助鼓吹肠。

积素密纷委，银沙溪谷横。谓耽驴背咏，貌得后凋情。

束骸超巨索，跃据最高枝。耳目玩惊异，广场傍骇疑。

陶说对佳节，啸歌李杜传。徘徊催属稿，笙瑟会文筵。

冬归岁改贞元斡，相见乎离丙与丁。岁阳在丁，元日又逢丙。秉御东皇知默启，飘飖淑气郁楹庭。

翠衣星弁设朝常，白兽尊罗帐席张。陪隶雁群遵礼法，康居疏勒尽宾王。

魏阙冠裳慕义同，集鳞顿颡领羌戎。分行曲盖绛荷下，聆答烦渠鸟语通。

璇帷巨典率千官，静景流曦散早寒。所庆逍遥宜百禄，烝黎恬豫有余欢。

鸡户字才更凤纸，劭农首取日称人。芥心菜甲盘餐美，饭食烹羔念虑真。

画楼纨绮城阿俯，魄月规圆夕映重。道路连轲倾眺处，璧匡火树驾翔龙。

八虞二虢周亲睦，右戚敦伦盛本根。似续宗盟绵宝牒，爵觞具迩敬随存。

梧冈仕聚贤良劝，槐陛举操陟赏严。廊庙信桓缨组者，竭忠庶以效堂廉。

威霜暑雨必交施，泾渭难并絜矩兹。善恶既悬功罪别，直书史谨表微资。时方敕修国史列传。

父母斯民惟尹宰，鸣琴带犊命驱驰。即因志恻公车困，也使棠阴布及时。昨命简举人需次岁久者，分发各省，俾得及锋而用。

祇兄友弟庸愚务，薄税轻刑仁让扶。勉彼稗夫将纺妇，无羊雅化故犹殊。

赤县黄图郡邑环，帝京左顾海门安。经营弗厌特临幸，匪悦鲲池号大观。今春将临天津，阅视海口，并指示淀河机宜。

稷登黍实利殷阜，女饱男甘获孔嘉。俶造洪縻修艺事，青皋土稼欲兴杷。

济沛洛伊诸水宅，地卿策遣赖抽薪。塞河意陋宜房唱，遐想卑宫夏禹神。去冬，遣高恒、裘曰修往淮、徐、豫、齐接壤处，阅修河港沟渠，以兴水利。

巧力我尝闻执射，达坚洞的颇工之。莫谈释剑畏闲适，习武求劳圣训贻。

凌结渊沉若鉴磨，飞床矫足羽林多。践空投迹好身手，戒逸寓兵孰此过。

象子南珍初职贡，滇省边外景迈诸蕃人，新隶附，贡象。驹儿西服旧腾骧。守盈每切戾亏惧，敢恃声名被四荒。

钓鱼蒻彩逐华妍，晦指昆明竞落笺。可比侍臣都晋昼，鞠躬列坐听招弦。

体当韩孟矢其音，壁府优游器业深。稽拜永言谁则嗣，勿陈赞誉乃忘箴。

墨妙来禽染笔为，非秋果亦露珠垂。履端且是封章少，温殿从容再写诗。前曾集张照春联字为春帖子。

圣制裘曰修录近作静宜园诗并呈游碧云寺长歌因用其韵率题并令和近作韵

忆昨小驻静宜园，春云忽敛春日暄。近臣知有游山喜，那识惜望殷岩轩。是日咏晴诗，有"过午春云散，惜哉难置怀"之句。尚非迫切待泽候，散闷石磴聊登援。旷览之台一骋目，下视鸟背相飞翻。翼日清晓起问政，轮班毕集诸卿垣。惟虞伺意称事简，那肯适己嫌人喧。敕几已罢听退食，碧云有寺别有门。挈朋携侣许游历，严禁奚用谁何尊。古松卧墙挂飞瀑，活水如画蜀两孙。净土春阳已作意，并无荆棘惟兰荪。俗僧缁黄概弗藉，缁者汉僧，黄者番僧，非谓羽流。钟鱼静伴山朝昏。一株银杏十合抱，十年以上人曾扪。其权寄生郁苍柏，茏葱叶共扶晴暾。世间奇事无不有，炙毂那辨淳于髡。洗心亭下渟泓水，到此心洗空潺湲。山房试泉更悦性，摩挲筠鼎光且温。北壁之下淙乳窦，流阴可会如斯奔。荇藻梳似绿玉带，一一皆可寻其根。胜迹吾无隐乎尔，词臣于此能忘言。录我近作殿长韵，点窜岂无意所存。杂咏五十皆短什，书厨未足酬长恩。乘兴辄复赓巨作，乐天中的已示樊。更当全册尔遍和，东坡例具悬水村。屈指三朝即启跸，促成佳话不可谖。

圣制津水早春词用钱陈群韵并寄去命和之

香树斋集偶披翻，清虚婉约真除烦。早春津水词更美，正值三月停巡轩。近海民计凤所廛，幸看气象犹饱温。摩肩接踵日辐辏，迎銮出欲空巷村。江南舆情一例笃，为忆诗客安诗魂。当年愽书此阅岁，每有佳句无斧痕。自从归去乐桑苎，直沽塌淀空潺湲。诗筒遝寄俾赓韵，睪然南望纷川原。

圣制沈德潜呈近稿因成是什并赐之参

乙酉别余念到今，开囊喜接远来音。知常康健仍能咏，防损精神免校吟。向每以诗集邮寄德潜校阅，癸未以后，念其年逾耄耋，精力逊前，不复寄往。通体清新托梅萼，德潜进呈近稿，首篇有"潭山斗柄梅开日"之句，而以邓尉观梅殿之。延龄资助赐人参。百年拟谒金门贺，德潜摺云："今年九十有五，倘从此心安体健，将及百龄，值六十万寿及圣母八十万寿，定当入都恭祝云。"定得如期遂此心。

圣制沈德潜具摺起居并进张择端清明易简图
诗以答之兼赐参资颐养引年也

开春达南音，食履悉如意。指屈阅五年，眼望登百岁。岂只儒林宗，实是熙朝瑞。起居先去声名迹，清明图简易。考证既精核，失藏详所自。曰此世希珍，允宜弄清閟。希珍讵此哉，席上卿曾备。林下乐期颐，论文常有寄。引养佐遐龄，灵参用颁赐。尚当补咏图，德潜具摺，详陈此图失藏考据，而未题句，因谕令补咏，寄来装池。艺苑传盛事。

圣制沈德潜题张择端清明易简图诗至即用其韵题卷中

以易易难简易繁，舜举两字卓识括万端。世间只知清明上河图，谁知羲经妙义乃于世道关。尔时宣和朝士班，蔡童王高甲第攒。君臣嬉乐答韶节，惜无长绳系流年。亦有舟车宾远域，酒楼豪饮银杯掷。纲来花石竞新奇，岂计闾阎被辛螫。囊金橐币输朱门，百姓膏脂饱鬼蜮。汴京富贵瞥眼销，可怜画图沦草棘。展转流传数百年，分宜豪敚谁能匿。严败尤物入大内，小监窃取藏精粹。徒供失得阅荆凡，那有谟猷告房魏。征诗阅月并书呈，春正，德潜具摺进此图，请藏石渠宝笈，当即赐参批答，且以诗跋见征。今缮笺呈览，其迹并出手书，行间尚能修整。自注时年九十有六，良用欣慰。大耋欣犹食履泰。擘笺和韵速就能，画谱考证何须明。纳忠因事吾所悉，广平不异图无逸。

圣制左都御史张泰开在内廷授诸皇子书醇谨老成兹以八旬年老
且病告归特进礼卿并加宫傅诗以赐饯

年过悬车又一旬，南旋嘉与锡恩纶。飘萧白发三千丈，启迪青宫二十春。安得苏仙授枚橘，真成疏传理归轮。梁溪水是还乡水，愈疾应知速倍神。

圣制沈德潜奏呈近稿并进纪恩诗仍用旧韵答之

吴中俊老冠当今，时气南风送好音。望百依然不废咏，体三仍复有呈吟。所呈诗文词稿。仙诚可致初非药，道以为腴那藉参。北上便教如凤约，合从温旨慰予心。德潜前年进摺云："从此心安体健，将及百龄，值六十万寿，圣母八十万寿，定当入都恭祝。近念其期颐将届，不欲以重寻凤约北上为勤，曾命军机大臣传谕钱陈群，前期就近慰留，用示优眷。兹因进稿奏至，令即随赐诗缮封却寄。

圣制闻沈德潜故诗以志惜

平生德弗愧潜修，晚遇原承恩顾稠。寿纵未能臻百岁，诗当不朽照千秋。饰终宣命加优典，论定应知有独留。吴下别来刚四载，怅然因以忆从头。

圣制再叠钱陈群津水早春词韵仍寄去命和

大沽赴海清波翻，海口昔阅兹不烦。兹来实以俞众吁，祝厘揽胜奉翟轩。似绘花柳秀而野，渐长风日和且温。吴山广陵有同约，浙江、两淮商众，并吁请赴天津，与长芦诸商共申祝厘之愿。司鹾者以闻，并即日具舟戒行，因已成事，姑听之。来贺讵止津瀛村。香树斋翁命且俟，初，欲听钱陈群今岁即来京庆祝，既而念其精力虽健，而八十余老翁，频年仆仆，非所以示体恤也。因谕俟明岁赴京，恭祝皇太后万寿，而止其今岁之行。更怜归愚地下魂。二老外与言诗少，片云空宇宁留痕。津水早春词重去声和，还乡河名，在嘉兴。直达波潺湲。东坡先生例具在，不妨险韵数入声叠原。

圣制偶临怀素草书千字文卷赐尚书于敏中敏中成纪恩诗二十四韵以进即用其韵援笔成什仍命属和

悉新入春始，冒茆纪年初。韶律侵寻转，腊寒即渐除。几康无间敕，章奏有时疏。遣暇漏移鹄，赓吟砚滴蝌。儒臣曾赐字，客岁偶然书。事拟宝文阁，体宗君子渔。颂虽规不忘，惭则实非虚。亦识吾怀否，从来弗喜誉。因之成五字，聊以托三余。讵曰妍辞骋，惟云素意摅。藏真法卓尔，兴嗣句彬如。临趁一时兴，对还中路蹰。平心不欲躁，逆志且为徐。何有渴奔骥，休称力挽车。手和笔相得，笺与帖俱胪。殊异痴蝇冻，犹嫌栩蜨蘧。那须藉排次，每作书，先量度笺幅行款，排次起草，以备涉笔时旁按比拟规格。此懋勤殿供奉常式也。是卷对本自临，初不经敏中之手，因特赐之。颇觉快爬梳。弆尚多存者，赍欣得所于。传观听翰苑，谢咏就芸庐。既已披华藻，谓多镌美玙。敏中请摹上石，是以原诗有"贞石衷同勒"之句。诚堪方蔡轴，奚用逊庄楥。草书起伏顿挫，全以神行，至得意处，初非绳墨规矩所可拘。蔡襄《谢赐书》诗有云："混然气质不可写，乃知学到非天真。"正与庄周大樗之喻别进一解。予以几闲，乘兴临此，非欲争胜艺林也。应勖襄兮赞，漫孤诸与居。雅当绎义府，岂止玩缃储。承布司农教，毋徒耀里闾。

圣制题钱陈群所进王渊梅雀报春卷即用其韵并书赐之

贵得其神不贵妍，书宗画法有同传。雀梅一卷诗三首，妙义还因揭道渊。南枝最识好春归，羞煞海棠独以肥。麻雀偏欣晴雪后，净明香界聚相围。腊雪先春凑嫩寒，展图咏句兴无阑。江乡食履应增健，大惬予怀老者安。

圣制赐致仕大学士陈宏谋

中外勤宣历久频，遂教黄阁预丝纶。老成允冀恒赞政，疾病不期近迫身。岂弗惜离留未可，最怜言去恋犹真。粤西天末相望远，祝尔平安归里人。

圣制钱陈群奏进所书登岱祝厘颂及御制诗文并赓韵诗册至因成是什书以赐之

平原此日巡方驻，秀水多时奏牍钦。万有言余亲手写，三千里外故人心。可知食履益康健，具见颂扬笃悃忱。冬月定当重晤面，陈群于今冬来京，恭祝圣母万寿，当与之觌面谈诗，以慰眷怀。健谈兴自勃知音。

圣制赐归里致仕大学士陈宏谋

北来恰值返南舟，邂逅因之觌面诹。川楫已辞惜长往，风帆非利却难留。归乡自乐桑兮梓，释病当怡林与邱。雅忆岳阳楼记语，行哉宁忘去声退时忧。

圣制钱陈群奏进谢恩诗至即以其韵答之

宣毫端砚常随侧，即景摛词每寓钦。何必多思甫老句，所无逸缅旦公心。往来笔札如觌面，赓和篇章每托忱。善颂虽卿颇自许，不忘规更伫佳音。

圣制赐钱陈群

祝嘏重来紫禁攀，依然鹤发晤童颜。枕流漱石家乡惯，实语真情前席间。不觉六年如一日，更期百岁领三班。陈群于辛巳庆典，即居致仕九老之次，兹复与嘉会，为林下诸人领袖，而精神矍铄如前。计其再来恭祝九旬慈寿，陈群亦将百岁矣。鬼神弗问苍生问，吉甫清风补衮闲。

圣制钱陈群奏抵家乡信至诗以赐答

就道轻舆发残腊，高年抵里尚初春。逾三千路廑食履，望九旬身超类伦。幅幅书笺仍健逸，章章和句总清新。香山适接还乡嘉兴有还乡水。信，即景尤思扶鹿人。陈群昨岁和《赐九老游香山诗》，有"鹿驯岩畔当童扶"之句，爱其超逸。兹驻跸香山，陈群奏抵家摺适至，并附和诗及所书御制诗文以进。披览慰怀，即得此末二句，于摺内批答。视事毕，续成全什书赐，更为香山增一段佳话云。

圣制工部尚书裘曰修因病乞解任调理既不许诗以赐慰

腹因废食减便便，何事投医未霍然。裘曰修忽患关格症，即敕太医院使陈世官与治，经久未愈，曰修闻有盐场大使陈善继，能以狗宝疗此疾者，乞令诊视，随允所请，谕致之。试亦罔效，为之廑念。欲乞水衡权解职，可忘芸席共研篇。卿云效力正长日，我则怜才未老年。不忍养疴例香树，还希香树例全痊。香树，钱陈群斋名。陈群昔患此症，允其告归，寻即向愈，以其老也，许遂林泉之乐。今曰修甫逾六旬，且通达事体，非但不当如陈群之引退，暂时解职亦可不必。况其京尹之事，已派人代管，工部堂官尚多，毋庸彼独肩其任，正可安心静摄，故不许所请，仍冀如陈群之沉疴复起耳。

圣制钱陈群故诗以志惜

沈去钱存势已孤，徒观遗奏故人无。江南忽尔失二老，沈德潜、钱陈群皆耆年宿学，凡御制诗章，特命赓和。壬午南巡，两人同舟迎驾，曾赐以诗，有"二老江浙之大老"句。德潜故已五年，今陈群又复溘逝，此后更无可与言诗之儒臣老辈矣。天子原非友匹夫。蒙邑应成蝶醒梦，香山那复鹿重扶。最喜其和《赐游香山诗》"鹿驯岩畔当童扶"之句。前岁春驻香山，陈群奏抵家摺适至，即得"香山适接还乡信，即景尤思扶鹿人"二句，于摺内批答，随续成全什以赐。并前此赐其归里诗，有"更期百岁领三班"语，孰意竟虚所望乎？诗邮罢趁北风寄，每有御制诗，或于陈群奏事之便，检录数十篇，寄令和韵。今后诗邮不复得矣。郅歰怜亡为质吾。

圣制题曹秀先所辑山庄正雅集即以为序

忆年十二始来斯，圣祖恩深最受知。岂意肯堂肩仔已，恒勤养志色难思。惟兹夕惕朝乾励，却匪风吟月弄为。裒辑事成惭正雅，那更表语颂浮规。

圣制题董诰五君子图五叠旧作韵

卉中乃有五君子，岂非各具为儒性。凡经五咏逮兹六，喜吟未祛结习病。词臣者三张若霭邹一桂钱维城，并有其图题识兴。独遗董老诚何谓，向命董邦达所画最多，而独无此图，亦一缺欠，故命其子为之。尔诰应思缁衣郑。后凋交翠松柏竹，梅与水仙荣春孟。点染位置咸恰当，要皆能肖品之正。继声翰苑斯已佳，吾将进之以治政。

谨案：高宗纯皇帝题画诗，至为美富，兹编第恭载俯用臣工韵之作，以示区别。惟此题董诰《五君子图》及题董邦达、董诰《雪山》二首，皆特命补图，为翰苑继声佳话。谨并登之。

圣制题张照书旧作口号

法书老翰正兼奇，旧集频翻运笔为。所作自惭弗称去声字，今差称矣彼亡之。

圣制赐协办大学士吏部尚书一等诚谋英勇公阿桂六十寿辰

功高殊众赐冠衣，寿日充闾耀吉辉。谋勇奏平定玉垒，归来俾协赞黄扉。六旬庆自今伊始，廿四考当逾古稀。不说保全勖黾勉，尝读史，称宋太祖能保全功臣，以为善事。夫欲保全之，是心中已先有一彼将有过，或我将疑彼之念，非待臣以诚之道也。君之与臣，惟愿其长享令名，以宣猷佐理，何必豫设保全之意哉！名同郭令岂其非。

圣制临大学士舒赫德第赐酹酒

扈跸将襄事，中途忽永辞。圣母山陵大礼，于廿五日安奉地宫后，恭点神主，例应满汉大学士各一员襄事，因令舒赫德扈行。乃舒赫德忽于十九日晡遘疾，亟遣御医诊治，以冀速痊，不意其势日加剧，病中犹欲以襄廿五大典为惓惓。至廿二日酉时，遽尔溘逝，闻之实深震悼。失斯佐惜矣，属我命逢其。今年正月，遭圣母大故。二月杪，又有皇四子之丧。今舒赫德忽复病殁，虽皇四子事关天性，不能不伤，而舒赫德佐予政务，实国家得力大臣，一旦失之，痛惜尤甚。此皆由今岁流年驳杂所致，星命家言，理或有之也。中外力宣久，丝纶心谨司。老成渐凋丧，触绪总兴悲。

圣制题朱彝尊经义考

秦燔弗绝殆如绳，未丧斯文圣语曾。疑信虽滋后人议，述传终赖汉儒承。天经地纬道由托，一贯六同教以兴。蔾阁炎刘校诚匙，竹垞昭代传堪称。存亡若彼均详注，彝尊号竹垞，秀水人。康熙乙未（己未），以博学鸿词授检讨，入直内廷，博闻淹贯。是书通考历代诸说经书目，每书先列撰人姓氏、书名、卷数，次列题注，曰存，曰阙，曰佚，曰未见，次列原书序跋、诸儒论断及其人爵里。彝尊考正按语载于末，而附以逸经谶纬拟经诸目，凡三百卷。自汉迄今，说经诸书存亡可考，文献足征，编辑之勤，考据之审，网罗之富，实有裨于经学。惟所注阙疑未见者，今《四库》所录，往往其书尚存，盖册府储藏，外间难觏，不足为彝尊病。至卷首冠以我朝世祖御注《孝经》，圣祖《日讲解义》，自属体制应尔。若臣工著述，则当按时代先后，彝尊于编次时亦未及详订。即如本朝成德所著之《大易集义粹言合订》列于前，而朱子"元亨利贞"说列于后，殊为参错。第已刊布成书，难以改刻，惟令于《四库全书提要》内声明，以正体例。至其义在尊经，不惟汲古之助，并将昭示来兹矣。文献于兹率可征。远绍旁搜今古会，焚膏继晷岁年增。考因晰理求其是，义在尊经靡不胜。枕葄宁惟资汲鉴，阐崇将以示孙曾。

圣制命大学士于敏中补书柳公权兰亭诗帖版缺画者诗以志事

公权禊帖早称神，一脉香光得髓真。镌刻戏鸿惜漫漶，戏鸿堂帖所刻柳公权兰亭诗，多有缺笔，兹命于敏中就刻本漫漶缺画者，因其边旁补成全字，并仿董其昌临本意书之。其原刻本及董书所无之阙字、阙句，则仍其旧。并以董临之卷，及余所临卷，钩摹上石，各为一册，亦艺林一段佳话也。补填卧虎付丝纶。董书幸聚丰城剑，其昌所临兰亭四言诗卷，先弆石渠，后复得其五言诗，取而较之，则实系一卷析而为二。且移高士奇、陈元龙、张照诸跋于四言卷，而留董原跋于五言卷中。盖张照收藏时本属全璧，其身后为人窃取，割裂分售，因命移接重装，汇成全卷，俾复旧观。幸而俱入内府，离者得以复合，此亦翰墨因缘，莫知其然而然者乎！柳迹应全合浦珍。艺也当知系乎道，可忘笔谏乃其人。

圣制澄海楼联句

乾隆四十三年秋，展谒祖陵，跸途出入，俱由山海关。回銮，因登澄海楼，距甲戌之临，虽越二纪，而澄瀛胜概，凭览依然。因命于敏中、梁国治再叠前韵联句，诗中禁体，亦循曩例也。

　　[圣制] 归墟日为纳，尾闾日为倾。倾纳两无竭，

　　墟闾互相盈，远神或仿佛，邃古畴经营。前巡阅二纪，[臣于敏中]

　　[圣制] 叠至临层甍。凭轩望蓬岛，回舆辞陪京。壁惜张迹佚，乾隆八年联句诗，命张照书壁，神采飞动足珍。十九年重临，迹尚存。今被俗人圬壁毁之，实觉可惜，所存惟汪由敦更书上石者耳。

　　碑模汪体更。界垠琼阁竦，联藻标霞擎。声舲紫极动，[臣梁国治]

　　[圣制] 目回青霄峥。横陈接云宇，直入余石城。秦时长城，入海里余，俗称四十里者，伪也。尔时如何筑，

　　今域皆来并。连山险宁恃，聚米觇逾明。辽矣广轴振，[臣于敏中]

　　[圣制] 苍然圆窊抔。喷雪白非晦，《释名》："海，晦也，主引秽浊，其水黑而晦。"敛日黄徒轰。郝经诗："忽忆黄河轰敛日。"朝夕信弗舛，

宗都量以成。珠胎孕灵蚌，金背腾横鲸。出素屑霜采，［臣梁国治］

［圣制］升旭辉若英。地脉绵永劫，阴火然恒晴。楼台气吹蜃，

村舍居罗蜻。用《吕览》海上有好蜻者，所居蜻至之事。望秩昭肸蠁，卜祠焕晶荧。圣驾出关后二日，即命望祀北海之神，并敕疆吏于楼旁度地，兴建祠宇。景象倏纷集，［臣于敏中］

［圣制］端倪自全呈。东南坦崖堑，西北拓安贞。周环识体大，

嘘吸通乾行。搏风庄叟喻，志怪齐谐评。有经验博物，［臣梁国治］

［圣制］惟错征含生。寻仙鄙徐福，运杼孰祖莹。《北史》："祖莹尝语人曰：'文章须自出机杼。'"三番咏一韵，可以命归程。

圣制三先生三首

龙翰福先生

先生名福敏，康熙丁丑翰林。皇考在藩邸，即延其课予弟兄读。雍正初，巡抚浙江，迁湖广总督，嗣以抚浙时过愆罢归。未几，复起用，洊历左都御史。余践阼后，优礼之，寻授大学士。先生服官政绩，无所表见，而方正严惮，且能多方诱迪，于课读为长。余初就外傅，始基之立，实有以成之，故每追念不置云。

今古既殊宜，其教亦异施。古方教数去声年，今为出阁时。出阁读书，明季诸臣常争之，我朝家法，皇子皇孙无不六岁就外傅读书者。忆半舞勺岁，六岁时也。皇考抡贤师。即从师授经，讵惟习少仪。循循既善诱，严若秋霜披。背诵自幼敏，匪曰讽徇齐。日课每速毕，师留为之辞。余幼时，日所授书，每易成诵。课常早毕，先生即谓余曰："今日之课虽毕，曷不兼治明日之课。"比及明日复然。吾弟和亲王资性稍钝，日课恒落后，先生则曰："弟在书斋，兄岂可不留以待之。"复令余加课，俟其既毕同散。彼时孩气，未尝不以为怨，今思之，则实有益于己。故余所读之书倍多，实善诱之力也。以此倍多读，胥益平生资。谁知童时怨，翻引老日悲。不失赤子心，能无缱绻思。呜呼于先生，吾得学之基。

可亭朱先生

可亭先生者，江西之高安人，名轼，康熙甲戌成进士。由庶吉士改知县，洊陟浙江巡抚，所至以清操著。雍正初，擢左都御史，晋尚书，授大学士。皇考为余兄弟择师四人，先生其一也。先生究心经学，著有《周易注解》、《仪礼节略》及《历代名臣名儒循吏传》诸书。余从学十余年，深得讲贯之益，学之全体，于先生窥津逮焉。

皇考选朝臣，授业我兄弟。四人皆宿儒，徐元梦朱轼及张廷玉嵇。叶。曾筠。设席懋勤殿，命行拜师礼。我朝成例，皇子初就学见师傅，彼此皆长揖。皇考择此四人为余兄弟之师，命于懋勤殿行拜见之礼，示尊重也。其三时去来，徐未久得罪去，张以书写谕旨事繁，旬月中偶一至上书房，嵇则出为河督，惟先生常至书斋，为余兄弟讲授。可亭则恒矣。时已熟经文，每为阐经旨。汉则称贾董，宋惟宗五子。谓周、程、张、朱。恒云不在言，惟在行而已。如坐春风中，十三年迅耳。先生抱病深，命舆亲往视。乾隆丙辰冬，先生病且笃，亲临其第视疾，

先生知驾至，力疾服朝服，令其子扶掖迎拜户外。既深嘉其知礼，且甚怜之，未几即易箦。未肯竟拖绅，迎谒仍鞠躬。始终弗逾敬，启手何殊尔。呜呼于先生，吾得学之体。

闻之蔡先生

所从之师虽多，而得力于读书之用，则莫如闻之先生。先生名世远，漳之宿儒也。由康熙己丑翰林，历官礼部侍郎。皇考命尚书房授读。余时学为古文，先生谓当以昌黎为宗，且言惟理足可以载道，气盛可以达辞，至今作文资其益。所著有《二希堂集》，尝为之序，渊源所自，从可知矣。

先生长上声鳌峰，先生尝为鳌峰书院山长，受业者多知名士。陶淑学者众。奉命训吾曹，风吟而月弄。虽未预懋勤，先生后至书房，不在徐、朱、张、嵇四人之列。八载寒暑共。自甲辰至辛亥，从学凡八年，昕夕讲诵无少辍。常云三不朽，德功言并重。叶。立言亦岂易，昌黎语堪诵。气乃欲其盛，理乃欲其洞。是实为学方，虚车徒驾耍。叶。因以书诸绅，未敢妄操纵。德功吾何有，言则企该综。呜呼于先生，吾得学之用。

皇朝词林典故卷七　天章

诗

高宗纯皇帝

圣制五词臣五首

故大学士梁诗正

　　梁诗正虽曾在尚书房，彼时余学已成，名为师而实友，其入阁又不过半年，无事迹可纪，而直内廷则甚久，因列之词臣，犹舒赫德之列于功臣，黄廷桂等之列于督臣也。诗正浙之钱塘人，雍正庚戌一甲三名及第，授编修，再迁至侍讲学士。雍正十三年，以母病乞归省，旋丁母忧。乾隆元年，召来京，直南书房，兼授诸皇子读，寻补侍读学士，洊陟尚书，由户部调兵部，协办大学士，迁吏部尚书。十七年，以父年老，请归侍养。廿二年南巡，命在籍食俸。廿四年，起署兵部尚书。再逾年，授吏部尚书兼翰林院掌院，仍协办阁务。廿八年六月，授大学士。十一月，卒于位。命皇子往奠，优加赠恤，入祀贤良祠。诗正老成勤恪，诗笔工整，亦能书，与汪由敦、蒋溥等排次三希堂法帖，其资望为内廷翰林所推。怀旧词臣之作，故当首及耳。

　　未可甘盘伦，只宜颜般等。信称馆阁材，句每有清警。践更既已深，遂亦丝纶领。一夜无病逝，入阁实未永。持身恪且勤，居家俭而省。内廷行最久，交接一以屏。不似张照挥霍，故率称其冷。梁诗正性俭啬，虽在内廷多年，于太监等鲜所交际，非若张照之随意挥霍，故若辈喜张而憎梁。太监郑爱桂每于余前称照之长，以形诗正之短，余烛其情伪，议爱桂罪，并降旨通谕宦寺，知所炯戒。众或有言诗正太冷者，余转以此取之。翻以是嘉之，吾岂蔽近幸。

故刑部尚书张照

　　内廷词臣之历资最久者，莫如张照。张照，江苏娄县人，康熙己丑翰林。皇考御极，擢赞善，洊陟内阁学士，迁刑部侍郎，管顺天府尹事，寻晋尚书。雍正乙卯，命赴贵州经理苗疆，余嗣位彻回，以总督张广泗往代。初张照承皇考命赴黔，曾谕及苗疆事，鄂尔泰或有经理未善处，照既至，即札致哈元生，令搜求鄂尔泰之事，哈元生据以入告。是照未能领略圣意，办理失宜，实自取戾也，因命罢职治罪。时鄂尔泰以大学士充总理事务，因欲置之重刑，而余悉其委曲，不肯。既而宥之，命在武英殿修书行走。乾隆丁巳，授内阁学士，入直南书房。庚申，迁刑部侍郎。逾年，擢尚书。甲子冬，丁父忧归，卒于途，赐恤如例。张照性颖敏，博学多识，中和韶乐，多所厘定，文笔亦俊逸拔俗。尤工书，临模各臻其妙，字无大小，皆有精神贯注，阅时虽久，每展对，笔墨如新。余尝谓张照书过于董其昌，非虚誉也。

　　书有米之雄，而无米之略。复有董之整，而无董之弱。羲之后一人，舍照谁能若。即今观其迹，宛似成于昨。精神贯注深，非人所可学。三朝直内廷，受恩早且渥。叶。其诗喜谈禅，学苏谓东坡太相去声著。以苗疆获罪，意实别有托。张照既未能体皇考圣意，妥办苗疆，而先以寻鄂尔泰之衅为急，原应治重罪。然其事之始末，适以奉谕同理苗疆，故知之最悉，而不肯抵彼以罪。照应如何感激朕恩，而彼乃私有怨言，竟谓朕受鄂尔泰蒙蔽，抵彼以罪。若朕果受鄂尔泰蒙蔽，则照早不保首领矣，尚有后日之为尚书耶？然事已过，亦不追治其罪。恐疑案滋后世之议，故明叙而注之。平苗事既久，复用仍迁擢。性敏才本高，未免失行薄。使其生前明，标榜必致错。本朝无所施，小哉张与鄂。鄂尔泰、张廷玉素不相得，两家亦各有私人，但我朝纲纪肃清，不能如明季门户党援之盛。盖照即张所喜而鄂所恶者，张广泗即鄂所喜而张所恶者，余非不知，既不使一成一败，亦不使两败俱伤，在余心固自有权衡，而鄂与张两皆成就为贤臣，不亦善乎！

故吏部尚书汪由敦

　　汪由敦，休宁人，占籍浙江之钱塘。有名于敷文书院。雍正甲辰，以二甲传胪选翰林，洊历侍读。余即位初，擢四译馆卿，入直南书房，旋迁内阁学士。乾隆二年，以不密降侍读学士。五年，复授内阁学士，迁礼部侍郎，继由兵部调户部。九年，晋工部尚书，调刑部。十一年，兼署左都御史，为军机大臣。十四年，协办大学士。会张廷玉致仕将归，乞余一言为配享太庙左券。元老大臣不宜为此要君之事，欲命军机大臣降旨诘问之，而由敦免冠叩首奏言："张廷玉蒙圣恩曲加体恤，终始矜全，若明发谕旨，则廷玉罪将无可逭。此则师生舍身相为之私情已露，不可不示惩创。"因罢其协办之任，降兵部侍郎。十六年，转户部，寻擢工部尚书。明年，调刑部。又明年，迁吏部尚书。二十三年春，遘疾，赐医诊视，竟不起。即亲临奠醊，并赋挽诗致慨，入祀贤良祠，从优赠恤。由敦学问渊纯，古文雅饬有法，工书，善临模，功不少辍。乃年未七十而殁，追念旧臣，每深惜之。

　　由敦亦工书，用功过于照。而实不能及，则以天分料。古学实胜之，雅正弗轻掉。任职本谨愿，书谕夙夜效。乃以师生谊，获罪自所召。由敦既为廷玉叩吁，免降明旨。及廷玉奉允令配享之旨，具摺谢恩，词称泥首阙廷，并不亲至。及欲传旨令其明白回奏，次日，廷玉即至内廷。此非由敦漏泄而何？徇私情而忘公义，其咎实自取也。不可听其然，小惩大戒劝。然亦旋重擢，改过斯堪教。饰终仍加恩，善善欲长导。

故刑部尚书衔原刑部侍郎钱陈群

词臣退居林下，齿爵学问，足为搢绅领袖者，惟钱陈群、沈德潜二人。余昔有"二老江浙之大老"句，东南士大夫多欣羡之。陈群浙之嘉兴人，康熙辛丑翰林。雍正九年，迁赞善，洊历侍讲学士。十三年，直南书房，寻改右通政。乾隆元年，丁母忧归。其母陈氏，知书工绘事，陈群少时，母每勖之学，有《夜纺授经图》，陈群尝奏及，余嘉而题之。服阕，补原官。六年，擢太仆卿，累迁至刑部侍郎。十七年，得转谷疾，连疏乞解职，准回籍调治。廿二年，命在籍食俸。廿七年，加尚书衔。三十年，赐其幼子钱汝弼为举人。皆南巡迎銮时所加恩也。再与香山九老，矍铄如旧，冀其尚可再赴阙廷，曾赐参以资颐养。三十九年正月，竟以疾卒于家。闻而悼惜，优恤有加，祀贤良祠。陈群深于诗学，书法亦苍老。家居以后，每岁录寄御制诗百余篇命之和。陈群既和韵，并写册页以进，册必有跋，字体或兼行草，余甚爱之。诗多不经人道语，而其《香山诗》有"鹿驯岩畔当童扶"之句，喜其超逸，亲为图以赐。及驻跸香山，览其抵家奏，即得二句云："香山适接还乡信，即景尤思扶鹿人。"于摺内批答之，仍续成书帧寄示。如此佳话，今不可复得矣，能无追念乎！

少年困场屋，贤母授之经。故学有渊源，于诗尤粹精。经济虽非卓，不失为老成。以疾赐悬车，还乡信循名。相传嘉兴有还乡河，故其地仕宦多归老者，吾于陈群益信。迎銮三于浙，祝厘两入京。倡和称最多，陈群三次迎銮，两次入都，令其和韵极多，如《田园诗》之类，亦有赐和其韵者。颂中规亦行。林下惟恂谨，文外无他营。优游登大耋，生贤没亦荣。

故礼部尚书衔原侍郎沈德潜

沈德潜与钱陈群，余尝称为江浙二老，施恩则同，而守分承恩，则沈不逮钱远甚。德潜吴中诸生，久困场屋，乾隆戊午举于乡，年已七十，其成进士，选词林，皆由物色而得之。授职甫三年，即擢至詹事，再迁礼部侍郎，命在尚书房，授诸皇子读。戊辰秋，引年乞休，准致仕。濒行，呈所作《归愚集》，吁赐序文。德潜早以诗鸣，非时辈所能及。余耳其名已久，频年与之论诗，名实信相副。笑俞所请，因云："非常之人，然后有非常之遇。德潜受非常之知，而其诗亦今世之非常者，故以非常之例序之。"盖异数也。辛未南巡，命在籍食俸。丁丑，加礼部尚书衔。乙酉，赐其孙维熙为举人。嗣复时予存问，冀跻百龄，寻以己丑秋卒于家。闻而赠阶优恤，以示轸惜，并入祀乡贤祠。生前身后，宠荣至矣。顾其辛巳来京，以选刻《国朝诗别裁集》乞序。阅之，则以钱谦益辈为本朝之冠。其人皆士类所不齿，德潜首列之，离忠孝而言诗，乖于正道，其他序次，亦多踳误。意德潜耄荒，或其门下士依草附木者流所为，而德潜未及检。因命内廷翰林重为精校，以定去留，并序示大义而还之，犹包容不加责也。戊戌秋，徐述夔逆词案发，沈德潜曾为作传，称其品行文章皆可法，直视悖逆诗句为泛常，转欲为之记述流传，则良心澌灭尽矣。使其身尚在，获罪不小，虽已死，亦不可竟置不论。因下廷臣议，佥云："应削夺所有阶衔祠谥，并仆其墓碑，以为众戒。"并从之。今作怀旧诗,仍列词臣之末,用示彰瘅之公,且知余不负德潜,而德潜实负余也。

东南称二老,曰钱沈则继。并以受恩眷,佳话艺林志。而实有优劣,沈跻钱为粹。钱已见前咏,兹特言沈事。其选国朝诗,说项乖大义。钱谦益品本不端,且以明季大臣降顺本朝,复膺显秩,而又阴为诽刺,进退无据,实不足比于人类。德潜取为国朝诗之冠,竟不论其名节有亏,妄加评许,昧于忠孝大义,尚何足以言诗。详见向所作《国朝诗别裁集序》。制序正厥失,然亦无诃厉。仍予饰终恩,原无责备意。昨秋徐述夔案发,潜乃为传记。忘国庇逆臣,其罪实不细。用是追前恩,削夺从公议。彼岂魏徵比,仆碑复何日。叶。盖因耄而荒,未免图小利。徐述夔家饶于赀,德潜为之作传,不过图其润笔,贪小利而谀大逆,不知有耻,并不知畏法矣。设曰有心为,吾知其未必。叶。其子非己出,纨袴甘废弃。德潜无子,其嗣子种松不知何所来,人甚不肖,狎邪作恶。曾命该抚就近约束之,幸而未致生事抵罪,而德潜末年所得谀墓财,皆被其荡费罄尽,娶妾至多,养子至十四人。其视德潜赐举人者,不久即夭,其余无一成材者,实德潜忘良负恩之报也。孙至十四人,而皆无书味。天网有明报,地下应深愧。可惜徒工诗,行阙信何济。

圣制题朱彝尊井田砚

曝书亭里考经义,井字砚田磨欲平。自是伊人思复古,可知复古实难行。井田不可行于后世,向每切论之。及题夏休《周礼井田谱》,复为阐发其义。详见前诗注。

圣制赐江苏学政刘墉

曾此司文柄,后教习政衡。刘墉官翰林时,曾任江苏学政,后出为府道臬司,俾练习政务。洊升至卿贰,重莅训诸生。去稗收精凿,驾轻就熟程。勖哉莫孤望,尔父国之桢。

圣制游烟雨楼与梁国治董诰联句再叠前韵作

[圣制] 所贵省方者,休民与察吏。间亦涉吟咏,

斯复经品第。湖平鉴澄心,楼迥纳远致。放舟帆挂蒲,[臣梁国治]

[圣制] 理楫裳集芰。余事问花柳,正务课雨霁。遗迹缅元璙,

连疆记吴地。嘉兴今虽属浙江,唐以前则吴地也。摛词座无哗,授简席欲避。藐尔惭蚓窍,[臣董诰]

[圣制] 依然答松吹。庄有恭续旧韵赓,钱陈群忆西清肄。嗟均作古人,

慰适豁久繄。四巡昔未扈,再叠今初伺。前此四次圣驾南巡,臣皆未及扈从,兹初与联句,不胜荣幸。体逊蓝本蓝,[臣梁国治]

[圣制] 揽鲜翠微翠。烟雨楼四面远近皆无山。鱼跃带波活,鸢飞齐云遂。雉堞郡城望,

蚕箔村舍暨。暇仍询倪锄，憩略驻羲辂。众合万亿迎，［臣董诰］

［圣制］年越十六继。自乙酉南巡，至今庚子，凡十六年。对时延新景，联句循故事。便与回舟泛，

信得观风利。蠲漕普实惠，上复降旨，普免各省漕粮一次，江浙为巡跸所经，首议及之。登丰验上瑞。浙江昨岁收成甚丰。讵惟拜飏荣，［臣梁国治］

［圣制］勉守劝示意。夙怀酬阅堤，深情厪祈岁。歌舞漫纷陈，夏谚非兹义。

圣制赐浙江学政彭元瑞

江右两名士，彭元瑞与蒋士铨皆江西人，同举进士，入翰林，有文名，而元瑞擢用至侍郎，乃因奉职恪勤，亦练达政务，非仅以词翰受知也。汝今为贰卿。是因敦实行去声，非特取虚声。司此盛文处，要当明道衡。学修民自化，匪所重词英。

圣制题毛奇龄三诘三误辨

神州书览共咨询，见奇龄序语。三误因之三诘频。浙水几曾合浩瀚，吴山未改耸嶙峋。奇龄以旧志云钱塘故城在灵隐山下为非，援引载籍以驳正之，是也。其考订亦极博洽，但江与西湖，中有山以隔之，自南屏至吴山，连冈不断，天然限制，不能相通。若谓在吴山之东，湖又无可通江之路，山势耸峙，千古不改。此不待辨而自明者，奇龄尚不免费辞矣。迤东信藉塘堰固，无地安能畚畚循。奇龄又以旧志谓钱塘无地而有水为非，亦驳正之，诚是。今据吴山考之，则江湖必不能相通，而钱塘城必不在灵隐山下，安得有无地之说。且果江与湖通为一片，则当时筑塘，又何以施畚畚乎？千古湖山自不易，奇龄还觉费词真。

圣制题董邦达雪山兼命董诰别图雪山得诗二首用一韵

辛巳西巡携侍臣，雪山即景写嶙峋。今来积玉仍千嶂，图上之人作古人。
扈跸侍臣即世臣，最欣快霁雪存峋。命图真景相辉映，亦识斯人有后人。

圣制汪承霈进其父由敦诗文因题句当序

时晴书早寿苕华，汪由敦书法秀润，久直内廷，戊寅岁命翰林等排次进呈墨迹为十册，摹勒上石，名曰《时晴斋法帖》。子舍兹呈遗稿嘉。诗与古期归雅正，文非时调去浮夸。席前我偶怀贾谊，书读尔休惭赵奢。旧日西清剧谈辈，只今谁在惹咨嗟。

圣制经筵毕文渊阁赐宴以四库全书第一部告成庋阁内用幸翰林院例得近体四律首章即叠去岁诗韵

　　长律昨春示程督，昨年经筵，《四库全书》第一部未竣，故有"咨尔校雠总群辈，可宜淹过浃旬期"之句，以示程督。兹第一部书已于昨冬告葳，而第二、三、四部全书亦俱缮就万册以上，此后照钞，较易成书矣。迅成膏晷竟前移。书多二酉本难究，岁始浃旬原弗迟。库四群欣瞻有葳，奉三我自凛无私。繁于永乐醇于典，按：明《永乐大典》一万一千九十五册，凡五年书成。今《四库全书》每部三万六千册，又《荟要》每部一万二千册，自癸巳年起至今壬寅将及十年间，《荟要》两部及《全书》第一部共六万册，均已葳事，装潢贮阁，较之《永乐大典》数多五倍。又按：《涌幢小品》载编辑供事者凡二千一百六十余人，今纂修、誊录等不过千人，而五年期满，即予甄叙录用，是以人皆踊跃，事半功倍。又《大典》于经史皆依韵编次，割裂凌舛，漫无统纪，有乖柱下藏书之义。兹《四库全书》悉依经史子集为部次，体例尤较醇整云。嘉矣儒臣善副期。

　　百年礼乐合兴哉，礼乐原从经史来。溯此津源渊已得，《四库全书》共钞录四部，今第一部已得者，弆文渊阁，其第二、三、四部则分庋盛京之文溯阁，避暑山庄之文津阁，圆明园之文源阁。述兹言行德犹该。共殷刘向校书志，宁数相如献赋材。诸子虽曾预董事，皇六子、皇八子、皇十一子并命充总裁，阅《四库全书》，近复命诸皇子暨师傅等选录明臣奏议。只当二宋速宾陪。用宋祁延客修《唐书》事，是日赐宴，即令诸皇子侑诸臣酒，并颁赏。

　　丙申高阁秩千歌，今喜书成邺架罗。宋辑明修彼有为去声，宋太祖践位后，恐世人讥其惭德，因集文士修《太平广记》、《太平御览》、《文苑英华》三大书，欲以授其力而箝其口。明永乐亦以得位不正，集文人为《大典》，以弭草野私议。今所辑《四库全书》，惟在搜辑遗佚，以广流传，为万世艺林津逮，实非彼用意所可比也。重熙累洽此无他。较其三万犹富矣，即此十年讵久么。鼓瑟吹笙筐将是，二月初二日，春仲经筵礼毕，即于是日赐《四库全书》馆总裁、总纂、总校、分校、提调各官等宴，并遍赏总裁九人、总纂各官等七十七人如意、杂佩、文绮、笔墨、砚笺等物，其誊录等不得与宴者，令颁赐宴席果品食物。至办理《全书》之总纂纪昀，先是已屡迁至内阁学士，陆锡熊屡迁至光禄寺卿，陆费墀屡迁至少詹事，并将孙士毅擢为太常寺少卿，韦谦恒升授赞善，曹锡宝、王太岳均升授国子监司业，其编修吴省兰等记名遇缺升用，以示优奖。庆兹日丽与风和。

　　从来举事待时节，四库修书未豫筹。癸巳经营谓迟也，癸巳岁，始思及依经史子集为《四库全书》，并命辑《永乐大典》中散篇成帙。然朕临御已三十余年，亦望七之岁矣，斯事体大而物博，时略嫌迟，故甲午联句诗有"逢会略嫌迟岁月，就将惟冀愿观成"之句。今壬寅甫及十年，《荟要》两部及《全书》第一部，均已葳事，装潢贮阁。适当春仲经筵，锡宴行庆，遹观厥成，实堪喜慰尔。壬寅庆落可歌不。副吾志矣志诚惬，励我为哉为正悠。回忆四章吟翰苑，即今宴只一人留。乾隆九年十月，幸翰林院赐宴，彼时赋诗者共三十八人，阅今三十余年，重与陪此宴者，惟大学士嵇璜一人，不无今昔之感。

圣制协办大学士尚书蔡新奏恳回籍修墓既允所请并谕毋庸开缺赐诗以宠其行

　　元年进士似卿稀，恳假还乡不忍违。学重书房开绛帐，品端内阁协黄扉。齿加长奈何其老，谈及亲应令尔归。顾我不为宋高孝，孜孜犹此敕时几。

圣制张照之孙鉴来谢恩呈进其祖墨迹赐之帛并题是什

华亭入志沛新纶，来谢兼呈手迹真。日下却思谈往事，云间那可阙斯人。馆臣进呈《一统志》，松江府人物内阙张照名，谕令补入志书。箧书士孝要之道，帧咏梅花逸以神。张鉴呈进照所书《孝经》士章扇一，题僧一泉画梅花帧一。鉴也无忘勖家学，昌乎只恐怯前邻。谓董其昌。

圣制戴衢亨获狍即赐之因成是什并令和韵

围合山原飞走充，儒臣扈跸咏车攻。拈毫倚马本多秀，入帐执禽乃独雄。九月朔日，阿济格究围场，于等城待围时，围中逸出一狍，修撰戴衢亨执之以献，因即赐之。猎骑讶看非等类，文班喜语共和融。状元端是让前辈，丙申年木兰行围时，大学士于敏中行帐中获一鹿以献，有"献禽署阁部"之句。于敏中，乾隆丁巳修撰也。大鹿小狍获则同。

圣制每观旧日词臣赓和卷册惟余大学士嵇璜一人谒尔成什并书赐之

遣暇石渠旧迹披，西清赓和绻然思。率登鬼录嗟前后，内廷翰林在嵇璜前者，张照、汪由敦、梁诗正、钱陈群、刘统勋、张若霭、励宗万、陈邦彦诸人，在嵇璜后者，蒋溥、庄有恭、刘纶、于敏中、嵩寿、裘曰修、董邦达、介福、观保、王际华、钱维城、钱汝诚、张若澄、蒋楫诸人，皆相继沦谢。只剩嵇山不动移。四句六如真弗舛，电光石火讶于斯。得舆硕果喻君子，较彼韦平似胜之。

圣制协办大学士尚书蔡新假满还朝来避暑山庄请安诗以赐之

年老君臣似老朋，归来前席喜诚应。九龄风度于今罕，彦国精神较昔增。儿辈重赡绛纱帐，时流都拟玉壶冰。殷勤问过称无过，曰信斯之吾未能。

圣制游烟雨楼与梁国治董诰联句三叠前韵作

[圣制] 庚子图楼景，肖构敕苑吏。庚子年南巡回跸时，图写楼景以归，于避暑山庄仿为之，至辛丑年落成。数典可忘兹，

循名因定第。真面谙重谋，会心宛一致。南湖窗亚梅，[臣梁国治]

[圣制] 北塞漪临芰。讵惟耐烟雨，亦复宜晴霁。扈从有邹枚，

眺览离尘地。四咏元璙输，热河烟雨楼，御制四咏，曰烟，曰雨，曰假山，曰真树，槜李不

逮也。三卷襄阳避。活画含空濛，御笔仿米芾意写烟雨楼图，凡三卷，一贮此楼中，一归懋勤宸翰，一贮山庄。［臣董诰］

［圣制］清音涤繁吹。响钵非诗坛，夺茵拟讲肆。优游翰墨林，

潇洒松竹翳。樗材珥笔仍，梓里观风伺。臣国治、臣诰均以浙人两扈巡跸，恩赐联句，实为词臣未有之荣遇。铺菜劭耕蚕，［臣梁国治］

［圣制］涂饰却丹翠。敢夸诸政和，所愿群生遂。海塘深廑念，

桑土斯攸暨。询惟富教筹，绥以刚柔辔。悠哉镜影澄，［臣董诰］

［圣制］勖尔歌声继。钱庄胥故人，烟雨楼有钱陈群所书赵孟頫《耕织图》诗屏，前壬午、乙酉两次南巡，皆与庄有恭联句。梁董共新事。兴适便回舫，

澜清思涉利。俯瞰鱼游乐，楼旁有董其昌题鱼乐国三字刻石。凭想禾嘉瑞。莲岛隔云封，热河烟雨楼，为青莲岛旧址。［臣梁国治］

［圣制］鳌矶足山意。嘉兴百里无山，楼前钓鳌矶有石数拳，颇具嶙峋之致。赓韵嗣前春，罢巡自今岁。自辛未至今甲辰，六巡江浙，适符我皇祖南巡次数，适可而止，不敢过也。六度迅流阴，五字申时义。

圣制钱陈群之孙钱端进其曾祖母所画四子讲德图及陈群书论合卷阅毕还之俾为其家世珍并题是什

王褒四子讲德论，贤母为图令子书。钱陈群之母陈书画四子讲德图，陈群补书论。却忆石渠经秘弆，俾还香树作家储。一之为甚岂可再，其或有因益怆予。石渠向存陈书画四子讲德图及陈群书论，乃陈群所进，此卷末陈群跋，载其母于五年中曾画此图者再，更为确证。因思内府既藏其一，不忍复留此卷，题什还之，俾其子孙世守永作家珍，亦为艺林增一段佳话也。触目不堪怀旧处，南来老辈半凋疏。

圣制赐休致大学士蔡新还里之作

大学士蔡新以年近八旬，奏请解职，情词恳款，弥眷于怀。因其耆龄远涉，姑允所请，以原官致仕，加太子太师，乘传还里，并制诗章以宠其行。

建元胪第丙辰年，五十春秋驹影迁。黄阁首行千叟宴，白云心忆七闽天。慰留弗忍耆而艾，听去教娱林与泉。祝八旬期仍赴阙，俞哉嘉予意肫然。

圣制送原任大学士蔡新归里之作

不忍言留合令归，及归言别又依依。忠抒赞理登黄阁，醇藉授经近紫微。尚计一旬万几敕，计余归政之期，屈指十年，顾瞻左右，耆旧甚稀。昨蔡新以引年予告，奏请于八旬万寿时赴阙祝厘，情词恳款，不忍言留。兹路旁送驾，复赋此诗，书扇以赐。顾瞻左右老臣稀。心交岂

在形容际，榻下闽山是也非。

圣制题蒋廷锡敖汉莲用图中张照题句韵

塞湖聊别闼文鳞，留有香色无迹痕。侍臣奉诏肖神韵，霞映锤峰峰畔云。温树何妨不可语，粉本重图箧中贮。千叶莲本敖汉种，皇祖命移植山庄，时蒋廷锡扈从侍直，奉诏绘图，乃壬寅七月事也。此盖其粉本更临设色者，尔时内廷诸翰臣因共题咏。一时鸳侣各有咏，东绢年陈如宋楮。纷出手眼期争美，得天诗句独我喜。个间识者胥古人，图中题诗者，张廷玉、励廷仪、张照、陈邦彦、王图炳、汪应铨、薄海等七人，计康熙壬寅年题是图，至己巳六十三年矣。不老只剩斯君子。白驹真是过隙间，壬寅周复逾三年。携至山庄展六月，依然相对敖汉莲。山庄所植敖汉千叶莲，每六月盛开。今岁临幸时，携此图相对，不辨是一是二也。

圣制大学士嵇璜每有致仕之意作此什示之

愿老何须以老悲，向作金刚寿者相诗，有"几多愿老还悲老，云此非愚愚竟谁"之句。古稀犹此日孜孜。余年七十有六，勤政习劳，一切如昔，较之从前，实有过之无不及也。旰宵未倦依然矍，尔我同庚可不思。嵇璜亦辛卯年生，自云精力比前稍减，然应念与朕同庚，不当遽为归计也。一去已怜一为甚，昨岁夏初，大学士蔡新以年近八旬，予告还里。再随应识再非宜。汉家灾异三公免，君合臣纲我弗为。汉朝每日食灾异，辄罢免三公，诿过臣下，最堪嗤鄙。今岁丙午正月朔，适逢日食，此乃躔次度数相值，可推算而得，朕亦惟益加修省，以期感召天和，岂肯于此时令大学士告归，如汉家策免三公之事乎！

圣制致仕大学士蔡新至闽谢恩信至诗以赐之

康健还乡路八千，披章既喜复生怜。喜卿桑梓堪娱老，怜我旰宵未歇肩。绿野堂开围子姓，鳌峰山映教英贤。申诚庚戌重来祝，蔡新谢恩摺内，称道路安稳，身体强健，惟当谨慎调摄，冀于庚戌年八旬万寿时重来祝厘，并云不敢不仰体圣慈，知所自爱。因批谕自然天加锡佑，我君臣共祝之，用以慰其依恋之诚，俾勤加颐养，得果此愿耳。愿共期然或信然。

圣制题彭元瑞撰皇极殿灯联词 有序

宝柱簇行行彩胜，制昉乾清；绣籣先面面华灯，庆长宁寿。乾清宫灯柱，树于腊月廿四日，即每日缀灯联，至岁除日换灯收联，此旧例也。俟八载方临兹御，而万事贵豫以成。蕲集吉语于王春，用表祥辉于皇极。爰咨内翰，聿奏联词。其惟瑞簪朵殿之毫，久经予纳大钧之铸。成文来上，省览载嘉。体以偶连，裁廿言而云属；辨由位正，动八方以风行。十六联务去陈言，五十年胥胪实政。曷克臻此，赖天恩祖德之贻；是维艰哉，皆旰食宵衣所致。语有征而可信，思取巧而不佻。异宋宫内禅之三，盛真稀古；驾明制虚言之耦，事必因时。乾清宫灯联，仍明代翰臣所拟，不过点窜灯节虚词，异元瑞此联远甚。什以弁吟，书宜表卷。属词泰陛，较富张说之七言；述职明廷，实殊章懋之一疏。屈指筹开八袠，建竿生霭霭之春；盟心宇御六旬，负扆犹孜孜之日云尔。

凡事曾闻豫立诠，嘉称元瑞制灯联。东西次第南而北，左右分明后与前。神以通灵气以运，六为之俪四为骈。双撑宝柱辉皇极，灯柱树皇极殿前。虔祝天恩待八年。

圣制曹文埴养亲归里因赐之什

八旬有一远亲帏，请养宁当弗赐归。前席受恩原种种，南辕欲别自依依。幸其未致登白简，朕每与军机大臣谈及此，以为设有科道进言，殊难批饬也。祝尔久于舞彩衣。庚戌愿言重诣阙，庚戌为余八旬万寿，文埴奏于彼时诣阙祝厘，是中间相距亦仅两年，即可遂其瞻恋之忱矣。俞哉两岁暂相违。

圣制赐大学士嵇璜时微疾而痊进见喜而得句用辛丑御门日作韵

迩日筹瀛发率宣，台湾逆匪林爽文等尚未就擒，近日福康安、海兰察率巴图鲁侍卫章京百余人，又调各省兵万人，前往剿捕，每日筹办军书，伫望捷音，殊深焦急。重臣抡俊统军先。采薪喜愈谈前席，硕果权休称避贤。同阁四中今独在，悬车一去慢频连。四十六年十一月御门日，承旨阁臣耆年者四人，时大学士英廉、嵇璜，协办大学士、尚书永贵、蔡新，俱年逾七十，今存者只蔡新、嵇璜二人，而蔡新于前岁致仕家居，嵇璜亦欲乞休。上年新正，曾赐以诗，有"一去已怜一为甚，再随应识再非宜"之句。今日嵇璜以微疾痊愈进见，喜其精神尚健，不忍令其遽作归计也。却云庆八旬乞返，首肯同卿待戌年。嵇璜感予慰留，称愿待予八旬万寿后再行陈请。今计届期，仅隔两年，彼时自当允其所请耳。

圣制观张照书旧作冬夜煎茶之什辄用前韵题之

每揽旧作心常耿，孤负夏炎及冬冷。何来重见张照册，书我冬夜之煎茗。十年前诗率可删，自知弗当去声过已领。张照此册，乃余《乐善堂集》中之作，今重加展阅，觉气格用韵，远不逮今。予壬申年《杂题》诗即有"十年前诗率可删"之句，况此尤予少作也。而况乐善堂集中，硬语强盘多涩鲠。亦曾有作题照帧，诗不称去声其挥紫颖。后知略称惜彼亡，徒展遗踪叹光炯。丙申年题照书有云："所作自惭弗称字，今差称矣彼亡之。"阅今又十余年，抚卷重题，予之诗律，颇自知之，使照尚在，为予频书近作，照书即佳，对之当无惭色。学到老方知不足，如下修丝汲古井。兹因赓韵识造诣，弗在瀹瓯及烹鼎。然而用之一忆昔，六十光阴刹那顷。照书非出命彼为，想于斯篇有会省。凡臣工承命作书，俱有奉敕敬书款，即为皇子书，亦必云某人谨书。照此卷虽署御制，然予登极前所作，并非予命之书也。或照常诵此诗，因而挥翰，而予即近诗以观少作，觉境地益进，即今题此什，乃叠旧韵，昔之强盘硬语，今更渐近自然，惜照不及见之而书之也。我谓弗称去声书如前，却似晤谈清夜永。诗当用正慢用奇，政实宜宽弗宜猛。目前所会只如兹，合道否乎疑捉影。

圣制素心堂有感并书以赐大学士嵇璜

素心含内外，有志亦须陈。书史以修己，股肱用治民。尊闻则何有，谓修己。作古已看频。谓诸旧臣。孰不高年愿，高年鲜旧邻。

圣制大学士嵇璜重赴庚戌科恩荣宴诗以赐之

木天希遇两恩荣，戌茂前庚逮后庚。祖节昔同唐真杲，身阶今似汉韦平。可知袭庆缘修德，所喜力行不务名。黄阁重逢锡褒什，丝纶盛事纪皇清。

圣制大学士嵇璜八十寿辰诗以赐之

诞日原当六月初，后移称庆实谦虚。大学士嵇璜年亦八十，实六月六日生。闻余为伊赐庆生辰，不敢先余，祈请移于万寿节后，嘉其悃忱，俯允所请。还乡未可便从尔，恋阙依然尚悯予。赐马赐舆堪赞阁，嵇璜数年前曾祈予告，念其精神尚健，且朝中大臣亦无年长逾予者，未经允准。今年又念嵇璜虽经赏马，仍恐难于乘骑，嗣后著已经赏马而艰于步履之大臣，加恩准令乘坐小椅，旁缚短杆，用两人昇行入直，以示体恤。曰来曰史未悬车。从前大学士来保、史贻直俱年过八十，于其生辰，各赐以诗，因其神明未衰，仍令如常供职。是以赐来保诗云："皤皤元老多黄发，自是明廷大吉征。"赐史贻直诗云："声望老臣需赞治，名高漫拟即悬车。"嵇璜当即依此例。同庚待我归政后，南北应同林下居。予立愿于八十五岁归政，乙未林下戏题有"拟号个中者，还当二十年"之句，以今岁计之，又只余五年。嵇璜与予同庚，可以待予归政后，同遂林泉之乐也。

圣制予告大学士蔡新来京祝寿诗以赐之

八旬幸我犹身健，九望怜卿会膝前。只问苍生待忠告，相看白发尚依然。六千里岂江山隔，一片心原上下联。摘藻志予终始意，临归忍赋送行篇。

圣制大考翰苑黜陟事毕因而有作

考绩明廷选木天，劝惩要以策群贤。绿牌觌面详详审，朱笔按名一一填。考行兼之求古茂，取文亦弗尚新妍。例如中祀吾事毕，归政欣于近四年。

圣制题彭元瑞所撰皇极殿灯联有序

八柱灯联元瑞彭，豫教属句十年成。乾清宫灯柱，每岁腊月廿四日树柱悬联，除夕收联换灯，以庆岁迎韶，其联词乃明代之旧。丙午年，于宁寿宫皇极殿仿制既成，命内廷翰臣撰拟灯联，彭元瑞属稿呈进。盖事贵豫立，时乃省成。溯丙申始修宁寿宫，十年而制灯柱，越丁未题以诗。己酉以予开年八旬万寿，初立柱缀联，至今丙辰，距撰词时又十年矣。东西南北方隅列，左右后前次第呈。灯柱八面，各缀一联，其词中首字，以南前北后、东左西右属对，标明四隅，亦各以其方位排列，次第井井，乃不涉侂，深堪嘉予。诘武敷文勤实政，抚遐惠近戒虚名。联中所胪，皆予御极五十年以前实事，如平定西域、两金川诸武功，编辑《四库全书》、定礼乐、开恩榜诸文治，与夫恩礼儒臣，绥徕藩部，除漕蠲租，省方施惠诸大典，至于劭农课绩，勤政单心，绳祖武以敉几，戒民风而崇朴，巨细胪陈，均非虚语，以视乾清宫灯联，明代词臣等点缀灯节星桥火树徒侈谀词者，实巽今制远甚。予所有取者，意存崇实，不骛虚名，一再题词，犹初志也。恐难符愿竟如愿，前题诗时，予年七十七岁，计至丙辰归政，犹有八年，因有"双撑宝柱辉皇极，虔祝天恩待八年"之句，彼时虽自觉精力尚健，而敉几敷政，惟虑年臻耄耋，或有豫怠，惟日孜孜，益加自勉。今幸荷昊慈，竟符所愿，每至宁寿宫阅视灯联，在元瑞本实事为颂词，而予视之，不啻进陈规语矣。颂以为规烛照明。

圣制大学士阿桂八十寿辰诗以赐之

黄发未曾更鲐背，廿年于是掌丝纶。试看信史今兮古，幸我斯时君与臣。耳重目明阿桂自丙申入阁，至今已二十年，虽两耳重听，而目力尚能阅小字奏章部牍，无碍佐理机政。政何碍，前功后业福犹申。西师之役，阿桂即以侍郎参赞军营，后为将军平定两金川，晋公爵。至台湾、廓尔喀用兵，并以军机大臣居中随侍办理。四次功成，绘像紫光阁，功崇福厚，远超史册所纪。相期矻矻慢言老，七字促成赍寿辰。

皇上

御制原任兵部侍郎觉罗奉硕亭先生予受业师也兹蒙敕旨
追赠太师礼部尚书职衔怀旧感恩赋诗纪事

六龄受业随函丈，师范亲承诵简编。入学经书资讨论，过庭诗礼赖敷宣。沐恩泽已光泉壤，聆诲心期法圣贤。养正启蒙怀昔日，未闻雅训廿余年。

御制奉敕旨至故大学士公阿桂家中酹酒志事

帝念功勋旧，朝廷重上公。将星落霞表，箕尾现云中。函丈仪曾侍，纶扉望最隆。

路人知感泣，不愧世家风。

御制冬日至上书房

鬌龄即入学，荏苒卅余年。愧未明经史，勉期希圣贤。趋庭时领训，受玺敬承天。兢业寸心凛，危微古籍传。重游新绛帐，试拂旧青毡。接席排文翰，连床列讲筵。弟兄仍共坐，子侄喜摩肩。惇叙遵皇父，即看六代全。乙卯冬，皇父申谕，归政后，皇子孙曾元辈，仍在上书房读书。今元孙载锡已可冀得来孙，天潢衍庆，六世同堂，计六岁就傅，为期亦不远耳。

御制送大学士王杰归里成长律二首

名冠朝班四十年，清标直节永贞坚。枢庭久值宣纶綍，讲幄昔从授简编。归里先参天上佛，杖乡共仰地行仙。期颐福寿增康健，紫禁重来赴叟筵。我皇曾祖肇举千叟宴，皇考曾两次举行，实乃熙朝盛事，养老隆仪，为前古所未有。予拟于己卯年六十万寿，敬昉前规，踵行此典，以敷仁寿之休。维时王杰年臻大耋，优游康健，计可重赴阙廷，预斯恩燕。

屡蒙恩旨掌文衡，艺苑群瞻桃李荣。直道一身立廊庙，清风两袖返韩城。先皇手泽常承福，东国灵参永卫生。玉鸠杖一枝，曾经皇考御座陈设，检以授之，即同先皇手赐无异。益以东参一勋，为资卫生颐养，用示两朝恩遇之深。更御制诗章联语，以宠其行，俾得常承福祉，益固寿祺。西望渭川云渺渺，鳞鸿时达慰离情。

御制予告大学士王杰八旬双寿诗以赐之

辉腾紫极耀韩城，海屋筹添鹤算赢。地近西池增福禄，星明南斗灿晶莹。两朝调鼎文思被，八裘齐眉寿域宏。德业久敷俾戬谷，期颐双庆衍长庚。

御制予告大学士王杰来京谢恩仍叠前韵赐之

西来紫气满都城，八裘仙翁数倍赢。趋禁仍随鸳侣列，杖朝争睹凤墀莹。愿卿永享修龄庆，勖我常思治业宏。眉寿无涯益康健，千春旋转乐同庚。

御制题石君大学士知足斋诗集用集中嘉庆元年七月旬日内连奉廷寄恩旨命珪来京将授为大学士恭纪四首诗韵

丙岁承恩手敕传，待时考泽敬敷宣。丙辰七月，石君于两广总督任内，曾蒙皇考特寄恩旨，有"前令朱珪来京，另候简用，欲以补授大学士，不必心存疑虑"之谕。嗣缘粤洋艇匪入闽，疏于督饬防捕,是以宣纶中止,彼时降为巡抚,旋又洊擢尚书,知遇之隆,先朝久已申锡。予恪遵前宪,宠命重颁,虽拜新恩于此日,犹奉手敕于当年,即令其起身,叩谒裕陵,以伸谢悃。科名翰苑推元老,学业纶扉倚大贤。定卜示慈十载久,执经蒙诲卅年先。调羹赞化资师相,一德临民体昊乾。

三天受业迈桓荣,廊庙班联冠六卿。黄阁新春开辅座,绛帷昔日共书城。予于舞象之年,即得与石君日日讲求经史,旁及诗文,学力得之石君者居多。德崇益勉虚能受,任重弥思宠若惊。名选金瓯早简在,亮工熙绩总无营。

新筑沙堤董庶官,七旬硕彦愿加餐。惟公常勖为君要,愿我深知莅政难。无欲神全三寿永,有容德大九霄宽。苍生伫待施霖雨,启沃推诚求治安。

健笔千章涅不缁,雄词夙荷圣人知。日宣三德新宣室,时讲五箴旧讲幄。石君于乾隆庚子秋恭膺简命,出任闽中学使,曾以五箴寄呈,其目曰养心,曰敬身,曰勤业,曰虚己,曰致诚,词古理深,洵堪置之座右。每于几暇展观,不啻在书帷中时相探讨也。学杜师韩言有物,说经咏史论无私。精研六义谐风雅,游夏诚难赞一辞。

皇朝词林典故卷八　天章

文

圣祖仁皇帝

圣制讲官箴

予企至道，覃思简编，朝夕讨习，礼茂讲筵。诗人有云，显示德行，启沃惟贤，庶几金镜。尔列词苑，峨峨在廷，细旃广厦，论史谈经。体之行之，朕躬是力，载献载替，尔职宜饬。毋务剿说，毋苟雷同，毋缪于正，毋悖厥中。在昔大儒，称先则古，皋夔是师，言规行矩。谊贵翼励，先正其心，尔苟勿欺，吐词足钦。讵曰名义，可以涂饰，讵曰圣贤，可以蠡测。关闽濂洛，炳矣心传，撰述大旨，庠序宗焉。用昭儒修，用宏教泽，尔其勉兹，尚无攸斁。

世宗宪皇帝

圣制谕科甲出身官员

记载之失实，人多忽而不知觉察。朕侍皇考圣祖仁皇帝数十年，时时祗聆圣训，今观臣工记载者，舛错疏漏之处甚多。朕嗣统以来，元年、二年，内阁面奉之旨，书写时动辄讹舛。自张廷玉为大学士，听朕谕旨，悉能记忆，缮录呈览，与朕言相符。盖记载一事，良非易易，毫厘千里之差，不可不慎。是以诸臣欲记朕谕者，朕皆令缮写进呈之后，方许存稿，恐其失实以传讹也。朕因科甲积习，有关世道人心，屡进翰、詹、科道诸臣而面谕之，旋令翰、詹等百余员记录所闻，缮写以进。朕一一披览，则人人各殊，有与谕旨全不相符者，有数语偶合而记忆不全者，又有词句鄙俚、意义蒙晦者，以一日同奉之谕旨，而至于百其人者百其说，不亦舛谬之甚乎！其中若有能文之士，私自存录，流传于后，遂以为朕当日之训旨固然也，其贻误不浅矣。

朕观前史所载，未可全信，每滋后人之口实。如汉文帝见贾谊，问以鬼神，至夜半前席一事，李商隐则为诗讥之曰："可怜夜半虚前席，不问苍生问鬼神。"夫贾谊入见时，文帝方受厘坐宣室，因感鬼神之事而问之，此固非问苍生时也。如欲问苍生之事，随时可以召对，又何必夜半哉？至于坐久前席，亦寻常事耳。且文帝汉之贤主也，恭俭仁厚，移风易俗，阅历世务深矣，视贾谊之疏狂少年，其才识相去何啻什伯。盖知其不足与问苍生，故姑问鬼神耳。贾谊经济俱见《治安策》中，不独论当世之务迂阔难行，其于尧舜之治道亦未窥见本原也。贾谊之策仅托诸空言，文帝之功已见诸实事，文帝岂弃才之主哉？而王勃又谓："屈贾谊于长沙，非无圣主；窜梁鸿于海曲，岂乏明时。"朕以为屈贾谊于长沙，必须圣主；窜梁鸿于海曲，正待明时。鸿之诡激，自弃于肃宗之朝，谊之疏狂，未足以佐文帝之治，安得以是为二君讥议哉？孔子尝言为君难，即此可见。

设有一夫私议，妄自记载，非惟庸主无由剖析，虽明哲之君，亦何从闻见而正其是非，其流传失实，受诬于后世者，不知凡几矣。孟子曰："尽信书则不如无书。"诚以记载未可尽凭，而欲杜好议论者之口也。人情厌常喜新，稗官野乘，好事者流，无端撰成一说，娓娓动听，按之皆子虚乌有，此其荒唐诞幻无足论者。若夫记言记事，国之大典，将以征信后世，乌可或忽？今乃亲承提命，而记录多舛，尚足当载笔缵言之任而无忝乎？用是荟萃翰、詹诸臣奏摺，细加拣汰，其与朕之谕旨间有符合者，采撷联缀，融会成篇，付诸剞劂，人赐一帙，俾各朝夕观省。是训是行，以祛科甲之积习，并知记载失实之非，庶乎憬然惕然，历久而勿忘也夫。

圣制九日宴群臣拟柏梁体诗序

朕继大统，惟朝乾夕惕，兢兢仰法皇考，期贤哲盈廷，民康物阜，永承至隆之圣治。尝思古之明良，赓歌喜起，君臣一德同心，旷代为之欣慕。今在廷臣工，协衷以资赞理，顾瞻济济，皆我皇考数十年教育栽培之所诒也。是以庶政具举，兆民乐业，朕实嘉赖焉。康熙二十一年春，圣祖于乾清宫开升平之燕，振赓飏之歌，盛称一时，美冠千古。今丙午九月，节届重阳，览百谷之斯登，忻三农之有秭，光风溢目，海宇澄清，爰集王公卿尹，用陈几筵，笑言勿禁，威仪不拘。既相悦于一堂，可弗限夫三爵，然《礼》著享燕之义，《诗》有嘉宾之咏，古君臣于饮食燕会间，即具献纳拜飏之典也。唐虞文武之世，休风如昨，朕与诸卿宜则效之。今用柏梁体，朕为倡始，诸卿递成篇什。今日也，非徒命酒征歌，扬华摘藻，盖欲昭圣祖养育之深恩，朕廷泰交之雅会，垂之奕世，永传斯事云尔。

高宗纯皇帝

圣制瀛台赐宴联句诗序

稽古虞廷,卿云有什;亦越周庙,湛露升歌。股肱之义斯明,上下之情攸畅。胥任亮采惠畴之寄,应同先忧后乐之心。故以式宴陈诗,必有取尔,飏言拜手,岂徒然哉!岁在摄提,月维夷则。披雄风于阊阖,扬皜日于蓬莱。庆叶西成,感圆穹之厚赐;筵开上苑,仰圣祖之徽猷。兰沼澄而镜影开,枫林疏而黛光罨。芦藏回雁,无烦寄塞上之书;藻乐游鱼,更致想渭滨之钓。召儒雅而布席,匪为赏花;对景物以开樽,多因登谷。桂馥涵元殿,甫度中秋之晨;菊芳待月轩,豫借重阳之会。园临丰泽,麟凤纷来;院赏淑清,鱼龙曼衍。于是庖人设宜凉之馔,常侍颁授衣之绯。藻思构而艳吐笔花,绘景呈而香霏墨雨。三爵无限,尚余恭俭之仪;一日追欢,敢忘惕乾之警。千言成序,自愧无文;七字导吟,共成全首。

圣制皇清文颖序

我大清受命百余年,列祖德教涵濡,光被海宇,右文之盛,炳焉与三代同风。朕绍闻逊志,以是为学,亦以是为治,矢其文德,一纪于兹。《易》曰:"观乎人文,以化成天下。"盖自有天地而人经纬乎其间,士君子之一言一行,国家之制度,文为礼乐刑政,布之为教化,措之为事功,无非文也。乃其菁英所萃,蔚为国华,词以叙之,声以永之,律以和之,谐协六同,彰施五色,典谟作焉,雅颂兴焉。《诗》不云乎,"追琢其章,金玉其相",文之盛也,而赓之曰"勉勉我王,纲纪四方",则所谓其风自上也。

曩我皇祖命大学士陈廷敬选辑《皇清文颖》,储之延阁,未及刊布。皇考复允廷臣之请,开馆编辑,随时附益,久之未竣。朕因命自乾隆甲子以前先为编次,凡御制诗文廿四卷,臣工赋颂及诸体诗文一百卷,录成,序其首简。昔之论文以代为次者,于汉则有《西汉文类》,唐则有《文苑英华》、《唐文粹》,宋则有《文海》、《文鉴》,元则有《文类》,明则有《文衡》,皆博综一代著作之林,无体不备。今是编惟取经进之作,朝廷馆阁之篇,与诸书小异,然以观斯文风尚,当有取焉。在《易》涣之象曰:"风行水上。"善立言者以为天地自然之文,而序卦受之以节,言文之不可过也,继之以中孚,言有实也。节而不流,征之以信,有典有则,可久之道,其在斯乎!朕孜孜典学,求所以善持之者,因以为摛文者鹄,俾共勉云。

圣制词林典故序

《词林典故》书成,大学士张廷玉等以序请。朕惟六经之士,岂易言哉,而况跻玉堂而列芸署者,尽六经之彦也。木天故事,历代沿革,具见于斯,则又何言。惟是国家重馆阁之选，极优遇之隆，讵止蜚其英声、将以华国而已哉？如濂溪所谓文以载道者，舍是无他求。夫布衣韦带之士，由立言以期不朽足矣。若夫国家右文重道，将以淑世熙绩，继往圣之绝学，开万世之太平，胥是赖焉。名之盛者实难副，任之大者责弥重，誉之来者毁亦随，其尚思春华秋实之喻，而凛虚车麟楦之讥哉！

圣制沈德潜归愚集序

沈德潜将锓其《归愚集》，前稽首而请序，且曰："人臣私集，自古无御序例，第受特达之知，故恃宠以请，不即望序，或训示数语，可乎？"德潜老矣，怜其晚达，而受知者惟是诗，余虽不欲以诗鸣，然于诗也好之习之，悦性情以寄之，与德潜相商榷者有年矣。兹观其集，故乐俞所请而序之。

夫德潜之诗，远陶铸乎李、杜，而近伯仲乎高、王矣。乃独取义于昌黎归愚之云者，则所谓去华就实，君子之道也。夫子之训小子曰："何莫学夫《诗》。"使如后世雕龙祭獭之为者，圣人将斥而禁之，顾反疏其源而导其流乎？亦惟是名教之乐，必有言之不足而长言之者，舍是其何以哉？昌黎因文见道，始有是语，固不必执风骨、体裁与李杜较甲乙，而归愚叟乃能深契于此，识夷守约，敛藻就澹，于向日所为壮浪浑涵、崚嶒矫变、人惊以为莫及者，自视若不足，且有悔心焉，是则李、杜、高、王所未到，而有合于夫子教人学《诗》之义也。夫非常之人，然后有非常之遇，德潜受非常之知，而其诗亦今世之非常者，故以非常之例序之。异日者江国行春，灵岩驻跸，思欲清问民艰，暇咨新什，将访归愚叟于愚公溪谷之间矣。

诗古文书窗所夙嗜，践阼以来，万几鲜暇，虽或寄兴吟咏，而古文不数数为之。是序构思染翰，至四刻始就，非复有曩日弓燥手柔之乐，况能津逮古人耶！归愚叟于近代诗家，视青邱、渔洋殆有过之无不及者，故乐为之序，不复计其工拙迟速。书卷以赐，岁云暮矣，封事稍稀，更偿文债，亦足为艺林增一胜事也。乾隆辛未小除夜，书于坤宁宫。

圣制集石鼓所有文成十章制鼓重刻序

凡举大事者，必有其会与其时，而总赖昭明天贶，以成其功。武成九次无论矣，即如《四库全书》及以国书译汉藏经，皆始于予六旬之后。自癸巳年搜辑海内遗书，并于《永乐大典》内采集散篇，命馆臣依经史子集督缮《四库全书》四分。又佛经本出厄讷特克，一译而为唐古特之番，再译而为震旦之汉，其蒙古经则康熙及乾隆年陆续译成，而未有国书之佛经，先于三十七年，亦命开馆译定。兹二事卷帙浩繁，俱非易于观成者，乃皆在予六旬后始命举行，初亦不觉其迟也。既而悔之，以为举事已晚，恐难观其成。越十余载，《四库全书》则早参考装潢毕以贮之阁，而所译汉藏，兹亦将告毕。就此非天恩垂佑，俾予虽老而善成此二事乎？

近因阅石鼓文，惜其岁久漫漶，所存不及半。夫以国学兴贤述古之为，千万年之后，使并此仅存者胥归无何有之乡，有治世之责者视之而弗救，予且不成为读书之人矣。斯事体大，千古读书人所不能任，亦从无道及者，予故不怍不文，及此未至耄耋知昏，爰蒇此事。盖石鼓之为宣王时作，与夫宜置国学，为万世读书者之津逮，自以韩昌黎之见为正，车攻吉日之章，班班可考也。后人议论纷出，如董逌、程大昌据《左传》成有岐阳之搜，以为成王鼓；郑樵据殹、丞二字，见秦斤秦权，以为秦鼓；马定国据《后周书》，以为宇文鼓；陆友仁据《北史》，以为元魏鼓。至杨慎之伪作全文，为尤谬甚。总不若韩愈之见为正。盖即本鼓之文，取证《小雅》，可信也。若欧阳修《集古录》云："韦应物以为文王鼓，宣王刻。"今应物《石鼓歌》具存，明以为宣王，何曾有文王之说。近者尚误，况与论三代以上哉！

夫昌黎有其见而无其力，且未思及存其诗，则予较昌黎为胜矣。兹用幸翰苑之例，乾隆九年，重修翰林院落成，亲临赐宴，以张说"东壁图书府"五律四十字为韵，予赋东字及末音字二韵，其余饬诸臣各分一韵赋诗。亲定首章，截其长以补后数章之短，即用文中字并成末章。自第二至第九，命彭元瑞按余字各补成章，非因难以见巧，实述古以传今。于是石鼓之文仍在十鼓，井井有条而不紊矣。

旧鼓旧文，为千古重器，不可轻动，但置木栅，蔽其风雨，以永万世。而新为十鼓，以刻十章，并列国学，以公天下、惠后儒，则仍周宣之文也。热河文庙，为岁岁惠远诘武之地，则亦命置之以诏来世，庶乎宣王中兴之烈不泯，宣圣牖世之道恒昭。而予及耄耋之年，尚得蒇此崇文之举，孰非会之萃，时之合，深蒙昊贶之所致哉！希周家卜世之久，邑皇清重道之规，后世子孙，尚慎念之。是为序。

圣制题彭元瑞所进八旬万寿八庚全韵诗册

群臣所献万寿诗词，自当以彭元瑞此册为巨擘，爰其用意巧而不纤，行文正而胥实，因自首联读至末，惜其尾联平仄不谐，盖长律格调所最重也。翼日召见元瑞言及之，实亦惊惶无措。予当下恍然有悟，庚韵一百八十有九字，读至尾联，自当不谐首句。因即口占，将尾联上句之庚，移为首句用韵之联，将末句谐平仄，即为全璧。此实西清佳话，不可不纪，因命董诰书册后。

皇上

御制勤政殿记

我皇考于理事正殿皆颜勤政殿，诚以持心不可不敬，为政不可不勤也。六十余年，身体力行，垂教后嗣子孙臣庶，触目警心，知所效法，永保无疆之庥，常警怠忽之念。予小子敬承大业，夕惕朝乾，无时或懈。盖天下至大，惟日孜孜，恒恐不及，若听政不勤，或勤而不加审察，则丛脞随之，流弊滋甚矣。

夫敬为勤之本，唯敬胜怠，心主于敬，则无时不提撕警省。所谓清明在躬，气志如神，遇事洞烛，见理精详，虽克勤而不觉其劳，无所用其勉强，从容中道，心主于敬之功效也。自天子以至于庶人，皆以敬勤为立身之本，君勤则国治，怠则国危；臣勤则政自理，怠则政不纲。为学不勤，则学业无成；力农偶怠，则田功必弃。以至工商贱业，事虽异而理则同也。然勤胜怠，人所同知，彼好逸厌劳者，皆心不能主于敬，故不胜怠惰之念耳。我朝家法，无一日不听政临轩，中外臣工，内殿进见，君臣无间隔瞍违，上下交泰，民隐周知，视前明之君深居大内，隔绝臣工，竟有不识宰相之面者，相去奚啻霄壤。

朕承考训，曷敢忘敬勤，曷敢耽逸乐，一日二日，万几至繁且重。内而六部九卿，外而直省大吏，诚能夙夜在公，存心匪懈，各勉敬勤，匡予不逮，众志成城，何患不治乎！若心存懈怠，身耽安逸，惟知尸禄保位，国计民生，漠不动念，则政事废弛，其害可胜言哉！故书此记于殿壁，既以自戒，兼告诸臣，庶几永持此敬勤不怠之志，仰副我皇考垂示后人、立身图治之大经大法。期共勉以无忘，是予之至愿也。谨记。

跋

臣等窃惟唐宗念典，传雅咏于集贤；宋帝右文，赐宸篇于秘省。敭之词苑，允矣美闻。我朝列圣，优礼儒林，形诸藻翰，御集所载与词臣唱和及恩赐诗章，累牍盈编，星稠汉倬。兹者敬编天章一门，恭载列圣奎文，皇上宸制，以著昭代文思之盛，儒臣遭际之荣，迥非唐宋以来诵《诗》讲《易》之篇，赏花钓鱼之句，所能仿佛万一也。臣朱珪、臣觉罗长麟、臣英和拜手稽首恭跋。

皇朝词林典故卷九　临幸盛典

钦惟我朝重光累洽，圣圣相承，海宇粹宁，文教四讫，三代而下，未有如今日之盛也。嘉庆九年岁在甲子，二月初三日，皇上式循旧典，临幸翰苑，臣等躬被恩荣，觏千载一时之嘉会，揄扬盛美，口不能宣。伏考《词林典故》一书，纂于乾隆九年，传播艺林久矣。兹当岁甲载周，上仪重举，嗣徽诒庆，允宜续郴环之秘简，昭彬蔚之巨观。爰即前编，敬加排辑，参仿昔例，纂成《皇朝词林典故》。诚以重华协帝，喜起盈廷，燕誉龙光，辉腾册府，示储才之义，敦励品之方，典则煌煌，舄奕万古。

考诸前史，有非《翰林志》、《馆阁录》诸书侈地望而资麈谈所能仿佛万一者。前编分类，曰临幸盛典，曰官制，曰职掌，曰恩遇，曰艺文，曰仪式，曰廨署，曰题名。兹概仍其旧，惟列圣纶音、宸藻，皇上诏旨、御制，均应特标门类，冠诸简端，用昭美盛，谨增二类，曰圣谕，曰天章。其乾隆甲子、嘉庆甲子前后临幸盛典，仍敬谨详述，列于官制之前，勒昭代之全书，垂万年之茂典云。

上仪

乾隆八年冬，上以翰林院署岁久倾圮，诏颁大府金重加修葺，命户部尚书海望、工部尚书哈达哈、户部侍郎三和董其役，越岁讫工，若门，若堂，若厅，若亭，若垣，黝垩丹艧，严翼崇闳。九年十月，御书稽古论思、集贤清秘二额颜其堂，并赐《古今图书集成》一部，贮宝善亭，敕所司诹吉日，送掌院大学士鄂尔泰、张廷玉进院，上亲临锡宴，先期礼臣具仪注以闻。

二十七日庚午，大昕，车驾出长安左门，设卤簿，掌院大学士及翰林官俱彩服，集院门外跪迎乘舆。前引大臣恭导车驾入，诣先师祠行礼，有司豫入，设御席于后堂中宝座前，南向，设掌院大学士及分韵诸臣席于堂上，其余以次设于东西廊及左右阶下，俱东西向。乐部陈中和韶乐于东西廊下，陈中和清乐于东廊下，陈丹陛大乐于敬一门左右，俱北向。有顷，中和韶乐作，奏隆平之章，上御吉服，升座，乐止，丹陛大乐作，奏庆平之章，掌院大学士率群臣由左右阁道入至阶下行礼，如大朝仪，乐止，群臣诣坐次，一叩首坐。丹陛大乐作，奏文物京华盛之章，上进茶，群臣就坐次一叩首，乐止，侍卫授群臣茶，行礼如前，饮毕，亦如之。尚膳移御膳近前，中和清乐作，奏玉署延英之章，上进馔，乐止，承应上，陈唐代十八学士登瀛洲故事，有司以馔分授各筵。承应止，乃彻尚膳，复进御燕席，兼设群臣宴，掌仪奉台盏及壶卮由中墀进。丹陛大乐作，奏延阁云浓之章，群臣俱起立，掌仪司官进至廊，东西向立，酌酒，进爵大臣鄂尔泰出班跪，群臣毕跪。掌仪以台盏授进爵大臣，恭进御前，复跪前所。上进酒，进爵大臣一叩，群臣皆一叩。进爵大臣起，至御前受台盏下，复跪，掌仪跪接而退，群臣起立。掌仪以金卮酌酒，立赐进爵大臣，进爵大臣一叩，饮毕，掌仪立取卮退，进爵大臣再叩，兴，退，乐止，群臣皆坐。承应上，陈唐代晦日幸昆明池百官赋诗故事，上召大臣以次至御前，赐酒，咸跪饮，一叩首退。侍卫分授群臣酒，行礼如赐茶时，复坐。承应止，丹陛大乐作，奏庆平之章，大臣暨群臣起立，趋阶下谢宴，行礼如初，乐止。中和韶乐作，奏显平之章，群臣皆退。仪部恭导上至斋房更衣，驾出，掌院大学士率群臣于院门外跪送，礼成。

方燕之初设也，扶桑旭日，才上舳棱，沆瀣珠光，犹盈仙掌。皇上御黼座，顾辅臣而言曰："时当阳月，和煦如春，天心忻洽，朕与诸臣交庆之。"群臣咸顿首称贺。奉旨：重葺翰林院落成，车驾临幸锡宴，送大学士鄂尔泰、张廷玉进署，以张说"东壁图书府"五律字为韵，赋东字、音字二首，敕诸臣各分一字赋诗。上又念人数为字所限，未能遍及从臣，命复赋柏梁体一篇，上首倡，诸臣依次分韵，俾凡籍翰林及既改官晋秩而旧为翰林者皆与焉，总百六十有五人。当承应上时，上举十八学士登瀛洲事，顾大学士鄂尔泰、张廷玉曰："卿等无愧房、杜，顾朕弗逮唐太宗耳。"二臣惶恐避席，奏言："陛下上法尧舜，过唐太宗远甚，臣等谫劣，亦思孜孜日赞，少效交修之责。然限于才力，愧出房、杜下，有负圣谕。"因顿首谢。上又因昆明池赋诗事谕群臣曰："翰林之职，虽在文章，要贵因文见道，尔诸臣当明体此意。"群臣竦然敬听，复顿首谢。宴毕，赐《乐善堂全集》、《性理精义》各一部，及名茶、文绮、笺绢、时果有差。群臣趋出，候驾于河堤之东，日未移晷，尚书公讷亲捧御制七言长句四章，宣示命和，则上又于更衣次所走笔立成者也。群臣跪诵，于金和玉节之中，寓明良一德之旨，相与惊叹，以为天纵化神，从古帝王所未有。驾出，钦承天语，戒谀崇实，于末章深致意焉。

嘉庆八年秋，奉谕旨："翰林院为儒臣文薮，图书清秘，规制綦崇。乾隆甲子年，皇考高宗纯皇帝曾经临幸，锡宴赓吟，允为艺林盛事。明岁又届甲子，朕当踵行斯典，诹吉亲临，用光文治。再翰林院久未修葺，署内至圣先师祠，尤当缮治整齐，敬伸展礼。又闻詹事府日就倾圮，亦应一并饬修。"爰命兵部侍郎那彦宝、总管内务府大臣常福经理其事，玉河东西，金壁辉映矣。所司以工竣告，上乃诹吉于次年二月初三日临幸，日用昭阳，辰惟吉亥，据月令，则日在奎，考时宪，则星值壁。图书巍焕，协应璇玑。

九年正月，祈谷礼成，上以掌院学士领袖词垣，躬逢令典，恩加协办大学士、户部尚书臣朱珪太子太傅，户部侍郎臣英和太子少保，并赐英和一品补服，以示优宠。复钦派仪亲王永璇、成亲王永瑆、庆郡王永璘、定亲王绵恩、大学士保宁等同宴，而兵部尚书觉罗长麟以曾掌院事、通政使赵秉冲以南书房侍直咸与焉。越日，礼臣恭进仪注，中有应行裁定者，悉蒙传旨更正。先期，王大臣暨翰林出身各官，诣署习仪。院之后堂，南向设宝座，稍前。设御燕席，兼设王大臣席于两旁，各官席于左右阶下，皆东西向。乐部陈中和韶乐于东西廊下，陈中和清乐于东廊下，陈丹陛大乐于敬一门左右，皆北向。内务府官上宴，侍卫行茶酒，并彩服，敬谨将事。署中自门楣、堂檐以及承应、奏技之所，咸皆彩饰。

二月初吉，上敬念高宗纯皇帝幸院时曾颁赏《古今图书集成》全部，俾词臣咸得观摩。仰维圣制诗文，阐经明道，茹古涵今，集圣学之大成，括群籍之精蕴，而钦定太学石经，超佚汉唐，并宜颁之册府。因诏以内府尊藏高宗纯皇帝圣制诗文全集及石刻《十三经》各一分，交院恭贮。又颁御书扁额二，曰天禄储材，曰清华励品。两朝临幸谕旨，并制扁恭悬焉。

居期卤簿全设，午门鸣钟，礼臣请驾，皇上御礼服，乘舆出宫，王大臣各官俱彩服集署外，候驾出长安左门，东西向跪迎。既进院，前引大臣恭导至中堂，降舆，对引礼臣恭导上诣先师位前。旧典二跪六拜，上特行三跪九拜礼。驾至清秘堂更衣，遣侍读学士万承风谒唐臣韩愈祠。毕，王大臣各官由东西阁道入，以次先就位，掌院学士奏请驾出，中和韶乐作，奏隆平之章，王大臣各官于坐次跪迎，上御吉服，升座，乐止。丹陛大乐作，奏庆平之章，王大臣各官于坐次行三叩首礼，乐止，复一叩首，坐。丹陛清乐作，奏文物京华盛之章，上进茶，王大臣各官一叩首，乐止，侍卫等授王大臣各官茶，行礼如前，饮毕，亦如之。尚膳移御席近前，中和清乐作，奏玉署延英之章，上进馔，乐止，承应上，陈唐代十八学士登瀛洲故事，有司以馔分授各筵。承应止，乃彻馔，进御酒燕席。丹陛清乐作，奏延阁云浓之章，王大臣各官起立，掌仪司官豫捧台盏壶卮，由中墀进，及廊下，西向立，酌酒于台盏，进爵大臣英和出位跪，王大臣各官皆跪。掌仪司官跪授台盏，进爵大臣接捧台盏，恭进御前，仍复跪处跪。上进酒，进爵大臣一叩首，王大臣各官如之。进爵大臣起，至御前受台盏，下，复跪，掌仪司官跪接而退，王大臣各官起立。掌仪司官以金卮酌酒，立赐进爵大臣，一叩首，饮毕，掌仪司官立取卮退，进爵大臣复一叩首，兴，复位，乐止，王大臣各官皆坐。承应复上，领侍卫内大臣、视侍卫等分授各筵酒，王大臣各官受酒，如饮茶仪。上亲赐仪亲王永璇、成亲王永瑆、庆郡王永璘、定亲王绵恩，大学士保宁、庆桂、刘墉、董诰，协办大学士、尚书琳宁、朱珪，尚书刘权之、纪昀、觉罗长麟、戴衢亨，侍郎英和等十五人酒。与赐者，以次诣御座旁跪饮，复位。承应止。先是，奉旨：幸翰林院锡宴，仍以张说"东壁图书府"五律字为韵，御制东字、音字二首，敬依高宗纯皇帝元韵，命仪亲王以下三十八人各分一字赋诗。诸臣为字数所限者，仍重赋柏梁体一篇，御制首句曰"丕承考训钦文思"，自亲王、大臣及庶吉士以次联吟，总二百有五人焉。

是日也，晴雪初融，朝阳和煦，天心忻洽，万象熙春，上下相悦之诚，翰墨载赓之乐，盖有非语言所可罄者。爰颁赏御制《味余书室全集》、《九家集注杜诗》各一部，及名茶、文绮、笺绢、砚石有差。礼臣奏礼成，丹陛大乐作，奏庆平之章，王大臣各官起谢宴，行三叩首礼，乐止。中和韶乐作，奏显平之章，王大臣各官皆跪，对引礼臣恭导上至清秘堂少憩，乐止。王大臣各官先趋出署外，掌院学士奏请驾出，众官咸跪送，如仪。上还宫，特颁御制幸翰林院锡宴礼成复得长律二首，命诸王及分字诸臣和韵。翼日，王大臣各官具摺，诣乾清门外，行三跪九叩首礼谢恩，随恭进圣驾临幸翰林院礼成恭纪，凡二百有六册。上亲加鉴定，陈设各宫殿。传旨：赐侍讲学士陈嵩庆、中允鲍桂星，编修蒋祥墀、黄焜望，庶吉士胡开益、洪燿，大缎各一匹。

皇朝词林典故卷十　临幸盛典

分韵

乾隆甲子年

高宗纯皇帝圣制得东字："抚序权居北，占星壁在东。斯干歌翰苑，于乐邕儒风。改殿当年异，登瀛此日同。三台司道筦，二老亮天功。乐具卿云奏，筵开湛露融。底希光旧史，长此赞微躬。"

大学士伯臣鄂尔泰得壁字："稽古鉴冰渊，集贤逮珠砾。清銮一幸临，曲宴重申锡。湛湛露零萧，煌煌云拂翟。聆言发群蒙，望道生微的。愧切亮天功，感深维帝绩。濡毫纪玉堂，掞藻雕琼壁。"

大学士伯臣张廷玉得图字："卿云笼玉署，黼座启萝图。砖影迎天步，金声仰圣谟。龙文成五采，虎观拜诸儒。襄赞臣何有，赓飏帝曰俞。宴歌鱼在藻，诗叶凤鸣梧。两世桓荣席，扪心感愧俱。"

大学士臣福敏得书字："瀛海通仙岛，蓬莱近帝居。经营命将作，师济集华裾。吉日鸣銮辂，彤云丽玉除。歌诗传汉体，掞藻迈唐初。典以丝纶重，贤从械朴储。皇哉文治蔚，金管不胜书。"

大学士臣陈世倌得府字："凤沼构新模，金根临秘府。昭回斗极瞻，掞丽天葩吐。署牓焕宸章，肆筵优上辅。赓歌遇益隆，式宴恩尤溥。芸馆得师资，纶扉惭步武。瑶编盛事传，泰运符三五。"

大学士臣史贻直得西字："延阁崇华构，丹楹焕碧题。五云承玉辇，六驭下金闺。珠树闻鸾哕，梧冈有凤栖。訾黄汉讵拟，飞白宋宁齐。清漏因风远，余香满袖携。皇仪俨升日，鹄伫御河西。"

尚书臣任兰枝得园字："蓬观辉文栋，儒风振礼园。辇临承宠渥，宴锡拜恩蕃。领署荣朝宰，斯文仰至尊。翰林华盖近，仙牓紫雯骞。地有储材重，庭沾纬露繁。侍宸曾旧忝，燕贺喜同论。"

尚书臣彭维新得翰字："玉河鳌柱凝，冰署翚飞焕。法驾此经临，录图仰总贯。晴晖丽广楣，天藻瞻层汉。褒衮鼎台荣，饮和卿士衎。陪游殊北门，稽典轶东观。交勉抒丹诚，宁徒濡紫翰。"

尚书臣张照得墨字："天禄成云亭，经郛辟香域。知印重黄扉，为龙下紫极。词猗玉井莲，翰泼金壶墨。瑶札开日华，文机效花织。咸歌元首康，宜竭股肱力。臣笔乏颜筋，苔华辱镌勒。"

尚书臣汪由敦得林字："瀛沼文章圃，蓬山道德林。论思寅亮重，著作职司钦。秘署新云构，銮舆贲日临。仙毫挥禹篆，圣藻协虞琴。列座沾需泽，分笺属雅吟。荣因稽古力，赓拜奉徽箴。"

左都御史臣刘统勋得诵字："词垣栋宇新，天笔龙鸾纵。地接五云多，人仰三台共。雍容大驾临，左右元臣从。宾筵周礼陈，韵字唐贤用。飏言到众僚，纪事听舆诵。允矣毓珪璋，休哉兴雅颂。"

侍郎臣阿克敦得诗字："文橝云际起，彩仗日边移。天什披瑶检，恩波溢凤池。图畴开圣统，礼乐及昌期。宠锡夔龙佐，文联班马词。持衡惭厥职，珥笔忆当时。燕乐承君贶，同歌保定诗。"

侍郎臣梁诗正得闻字："秘苑新苞茂，清时洽轨文。领才资硕辅，优礼荷明君。燕酒周王藻，鸾旗鲁泮芹。题瞻重璧合，韵许列仙分。帝曜辉丹地，奎躔丽锦雯。湘滕增故事，盛典越前闻。"

侍郎臣彭树葵得国字："册府庆重新，堂廉赓一德。雍容侍从才，郑重清华职。鳌禁灿星躔，兰台依斗极。深严凤来仪，峻耸鸟斯革。彩仗蔼祲纲，薰歌垂丽则。宁惟异数夸，矢报期华国。"

侍郎臣陈惪华得政字："西清文囿开，东壁奎躔映。孔昺焕离明，来游宣巽命。风华首盛朝，劝相美王政。龙画灿璇题，天浆挹斗柄。槐厅湛露歌，藜阁斯千咏。三爵秩宏仪，千秋逢主圣。"

侍郎臣钱陈群得讲字："轮奂起奎垣，螭鳌迎御棒。向荣柯发条，浚脉井通港。周孔会精神，尧汤齐背项。山辉玉韫烟，川媚珠胎蚌。吁俊重旁招，论思资坐讲。所希均化垆，俗厚销争鬨。"

侍郎臣德龄得易字："人文庆化成，石渠焕新宅。圣日亲降临，台星领仙籍。弼谐襄禹谟，幽赞研羲易。英蘥动金厢，云罍罗绮席。九重深念典，寮寀思无斁。湛湛露斯零，柯亭森翠柏。"

侍郎臣吕炽得见字："文教首蓬瀛，鸿仪今创见。銮坡楹桷新，琼牓星云绚。厅树飏龙旂，亭波涵雉扇。欣瞻日采临，特重珠衡眷。雅韵发金声，华筵罗玉馔。卿僚载拜赓，千古传词院。"

内阁学士臣宗室塞尔赫得天字："美奂瞻新署，温纶锡九天。洪颐森羽卫，清佩萃班联。仙牓云霞烂，宸章日月悬。馨承颁玉醴，荣忝立花砖。载颂逾三祝，兴歌叶五弦。升平叨盛遇，宁数彻金莲。"

内阁学士臣德新得心字："省署森丹腰，钧衡简帝心。堂开纷积玉，牓列灿垂金。

锵佩儒臣集，和銮圣主临。雕盘分御馔，鸿藻谱瑶琴。共听薰风奏，群赓晨露吟。承恩重二老，由豫盍冠簪。"

内阁学士臣秦蕙田得位字："垂裳郅治昌，建极文思贲。洵直叶风诗，殊荣光鼎位。羲文纬璧辉，舜日金坡被。沆瀣泛瑶卮，韶咸谐凤吹。恩涵刘井深，化与瀛堧暨。染翰职丝纶，铭心拜嘉赐。"

副都御史臣励宗万得窈字："帝箓运昌明，词林地清切。丹青聿壮观，杞梓俨成列。光华云日昭，恩数古今绝。韵许百僚分，醴因元老设。两省历追陪，三世重叨窈。报称夫如何，低徊缅曩哲。"

通政使臣敷文得和字："翚翼占奎朗，鸾鸣协景和。盛仪班玉陛，清跸驻銮坡。署迥金华烂，池深鱼藻多。鸿恩荣辅弼，燕喜集簪珂。湑露诗堪比，阳春节乍过。小臣司献纳，大化咏菁莪。"

通政使臣张若霭得夔字："华省葺初成，鸾台听铎声。九天瞻黼绣，六珵奏韶茎。露向豪端湛，春从句里生。诗分燕国字，礼重傅岩夔。旷典光图牒，群材萃盛明。小臣惭接武，两代沐恩荣。"

大理卿臣嵩寿得重字："睿泽逮仙班，元衡恩礼重。广储梁栋材，曰惟舟楫用。的砾八砖明，深沉三馆共。推诚远迈唐，题署还超宋。欣睹翠华来，得叨簪笔从。卷阿愧矢音，愿效王褒颂。"

詹事臣张鹏翀得恩字："仙禁新丹采，龙墀贡紫轩。百年文际盛，二老德弥惇。燕乐隆仪备，图球至教尊。璇题联象纬，睿思蕴乾坤。苑树先春气，宫袍得酒痕。小臣蒙眷渥，分韵亦沾恩。"

太仆卿臣刘纶得叨字："蓬馆迎仙仗，尧觞许共叨。筑堤延上相，珥笔列词曹。銮署觇清切，龙章荷宠褒。诗征群玉府，乐谱八琅璈。砖影移瑶席，垆香染缥袍。愿言铭盛轨，虞抃戴瀛鳌。"

金都御史臣嵇璜得醉字："兰台望崇严，芸馆职清秘。宏规焕木天，御气通丹地。奎壁炳台衡，云霄纡日辔。帝歌鸣凤仪，宸笔翔鸾贲。宴衍颂那居，礼成欢既醉。馆规拓前编，仙籍资新记。蔼蔼盼槐厅，祥烟郁深翠。"

少詹事臣裘曰修得酒字："瀛池俨跨虹，蓬观屹连斗。丽日拥冠裳，清风开户牖。焜煌璇牓书，潋滟雕筵酒。道义光三辰，缥缃罗二酉。雍雍趋末阶，穆穆瞻圣后。许国有寸心，相将期不朽。"

侍读学士臣世臣得深字："熙朝文治洽，圣主右文深。壁府图书焕，芸台法从临。群仙赓雅什，一德赞天谌。玉醴盈尧罇，金徽叶舜琴。叨荣逾往古，勉学愧分阴。忝窃无由报，题辞馨末忱。"

侍读学士臣于振得载字："红泉耀星楣，紫气迎仙队。艺苑庆遭逢，宸襟欣茂对。堂深香穗凝，檐耸行云碍。宝墨焕晴霞，璚浆浮碧瀣。岂惟重鹓鸾，良以优鼎鼐。微臣职起居，纪录光前载。"

侍读学士臣陈邦彦得歌字："桂苑宏规迥，瀛洲翠辇过。双题日月丽，五字锦云罗。班坐开嘉燕,分曹奏短歌。礼从耆德重,恩被侍臣多。迟暮依青璅,追陪振玉珂。染毫赓喜起,拜手诵卷阿。"

侍读学士臣涂逢震得春字:"酉山开秘苑,甲观敞重闉。五纬奎文聚,三阶庆泽新。上公同授简,庶寀共垂绅。笺为题诗擘,恩沾醉酒均。天香分玉案,绮席错花茵。献寿随簪笏,同赓亿万春。"

祭酒臣崔纪得兴字:"论道重三台,崇儒临万乘。雕楹贺燕翔,藻井文虹亘。镐宴酌金罍,虞谐调玉磬。参差花影移,纠缦云祥应。幸际代明良,弥祈天保定。相将赞治机,讵比吟春兴。"

侍读臣双庆得曲字:"兰省驻宸舆,琼筵征雅曲。纮瀛圣化咸,霖雨台臣属。秀彩结华轮,雕甍迎瑞旭。典坟政所资,德义心斯沃。梁水戢鸳鸯,金台罗骏骕。登瀛愧匪材,敬业期深勖。"

侍讲臣观保得情字:"万几余暇日,芸署茸初成。葭管缇庐寂,寒花辇路荣。尧年甲子始,舜乐应钟鸣。良辅方联鼎,诸臣共献觥。酝颁天泽美,壁映彩毫横。掌故传鸿典,康哉洽圣情。"

中允臣于敏中得竭字:"香浮白虎樽,云护苍龙阙。明良际泰阶,警跸传阳月。班依宝仗分,牓启银钩揭。恩光浃鼎台,宸咏联簪笏。题标丽正诗,盛纪蓬莱碣。宠荣被词臣,勉矢涓埃竭。"

中允臣董邦达得为字:"梓材贲邓林,绮组荣金匮。彩映上台星,光分香案吏。和羹衮绣联,受爵簪裾萃。奎斗丽飞甍,云烟笼宝字。仰思圣主恩,俯溢愚臣愧。古训期服膺,己人审所为。"

赞善臣宋楠得知字:"玉卮传纶綍,金门盛羽仪。自天飞翠盖,就日捧瑶卮。论道敦耆旧,敷言广训辞。风清鸩鹊观,人在凤凰池。恩湛三霄露,文惭五色丝。圣颜瞻有喜,应许侍臣知。"

高宗纯皇帝圣制得音字:"木天临翠辇,鹓侣集华簪。广学心常切,因文道可寻。横汾阴岂昔,来泮水犹今。礼乐于斯盛,觥罍取次斟。诗惭得珍字,辞喜献官箴。返辔重城暮,犹闻歌诵音。"

皇朝词林典故卷十一 临幸盛典

分韵

嘉庆甲子年

皇上御制得东字，诗敬依高宗纯皇帝元韵："翰苑储才薮，辉腾魏阙东。溯源探学海，继志正文风。日启仲春首，年占甲子同。立身勖修业，献赋漫程功。暖挹林暾煦，光分楼雪融。书帷凤执礼，辅相弼予躬。"

和硕仪亲王臣永璇得壁字："展仪谒孔堂，幸院彰帝绩。岁奉甲子旋，月纪冬春析。庸歌缅文思，御论标准的。学杜仅皮骨，味余倾液沥。醴筵师道崇，金莲世泽迪。赐坐叨入门，敝辞惭疥壁。"

和硕成亲王臣永瑆得图字："帝启文明运，朝优老大儒。玉堂征典故，銮驾继规模。畅遂金镛奏，昭融石簴符。藏书分汉壁，即席见唐图。百揆承于乐，群生被诞敷。天章示声振，感甚拥经趋。"

多罗庆郡王臣永璘得书字："崇文临翰苑，诹吉降銮舆。花影移蓬观，芸编富石渠。时当朝旭丽，月协仲春初。雅乐传丹陛，香烟袅绣裾。丰筵联座盛，多士渥恩余。旷典昭千古，煌煌史笔书。"

和硕定亲王臣绵恩得府字："盛世重斯文，恩纶继成矩。仙步莅瀛洲，儒林集堂庑。典籍既纷纭，阳春复和煦。韶濩振新声，威仪迈隆古。酒醉酌金罍，珍擎出玉府。有喜仰天颜，近侍快先睹。"

大学士臣保宁得西字："文治天开镜，春韶日在奎。珉筵联玉署，宝翰仰璇题。授简今为烈，登瀛古与稽。骏群空冀北，鸿绩迈淮西。闻寄臣多忝，台司诏特跻。载赓张说句，雅什继凫鹥。"

大学士臣庆桂得园字："望幸瀛洲草，春风净绿痕。纪开尧甲子，典重汉桥门。偃伯前光迪，崇儒至教敦。壁奎环帝座，花日揽吟轩。宴洽笙簧奏，书细竹素园。惭无燕国笔，赓载圣人言。"

大学士臣刘墉得翰字："声教被垓埏，武文一以贯。瀛洲秘院新，彩仗青旗焕。天章日照临,恩宴星璀璨。盛典映前光,昌连开鸿算。绥丰昊眷隆,万宝充闾闬。赓拜庆词林,荣迈唐诗翰。"

大学士臣董诰得墨字:"后甲焕重光,璇题映宝墨。恩承枫宸酺,品勖蓬山植。茂典逮宗潢,仙班偕馆职。敕几帝作歌,稽古臣何力。两世侍螭头,微躬惭燕翼。徒传繁露篇,益凛司纶直。"

协办大学士、尚书臣宗室琳宁得林字:"凤切观光志,蓬瀛未盍簪。长年惭学殖,初宦判儒林。豸绣曾叨窃,龙韬许究寻。恩沾天浩浩,音矢德愔愔。滥厕纶扉后,重联玉署吟。惟应策驽钝,清白励愚忱。"

协办大学士、尚书臣朱珪得诵字:"嘉会际昌期,承光领侍从。亲切堂廉深,渥酺膏露重。拜飏惭益皋,左右忝颉诵。蹇步循墙恭,鼎足覆𫗧恐。窃闻厕清华,才品兼体用。敢以贤士多,敬为圣主颂。"

尚书臣刘权之得诗字:"文苑翚飞焕,奎躔宝翰垂。翠华临册府,湛露下彤墀。星月刚周甲,赓飏又咏诗。储材承渥泽,励品应昌期。盛典光芸署,儒臣集凤池。铨衡惭任巨,珥笔奉纶丝。"

尚书臣那彦成得闻字:"灵台方偃武,册府正崇文。茂典前徽继,儒臣宠遇欣。广筵敷湛露,睿藻丽彤云。职忝夔龙掌,班偕鹓鹭分。登瀛三世美,赓颂两朝闻。勉矢卷阿意,丹忱答圣君。"

尚书臣纪昀得国字:"绥民奏武功,协帝宣文德。奎壁瑞重占,莺花春恰值。初三月始成,第一峰同陟。燕饮预卿班,赓飏偕馆职。典仪叨备官,摛藻惭华国。惟幸八旬余,凤怀今竟得。"

尚书臣觉罗长麟得政字:"幸院继前徽,叙歌敷善政。欣赓舜日华,共戴尧天庆。太乙绕瀛洲,文昌辉海镜。由来礼乐昭,争献升平咏。枢幄沐恩深,仙源叨典盛。重逢甲子春,景福颂仁圣。"

尚书臣戴衢亨得讲字:"天光文苑临,壁府上仪讲。学海承渊源,群流纳溁港。邓林千集虬,璧社辉吐蚌。圣代罗忝髦,寒儒拔槁项。工虞忝青云,京兆宣赤棒。家世附蓬瀛,经畬励锄耩。"

侍郎臣钱樾得易字:"周甲岁重开,二酉境再辟。念典绍前谟,崇文迈往册。跸路霭春风,寮寀沾天泽。歌赓协虞书,交泰符周易。励品勖儒林,储材广经席。奎画仰双题,抚躬加警策。"

侍郎臣英和得见字:"盛典不易逢,殊荣几人见。三领金闺英,两侍玉堂宴。世窥中秘书,日近帝鸿砚。湛露恩最深,酺膏沾复先。重赓张说诗,特命微臣缮。渥叨华衮褒,拜舞弥兢战。"

侍郎臣戴均元得天字:"典谟文载道,述作圣希天。周甲乾符阐,重申巽命传。奎垣华盖荫,瀛馆紫雯悬。地以储才重,儒因励品贤。龙光歌燕喜,凤藻颂蝉联。拜舞宣韶乐,薰时阜舜弦。"

侍郎臣初彭龄得心字:"勖华天焕运,精一帝传心。甲子韶年肇,蓬瀛彩仗临。垣高珠斗极，虹跨玉河浔。璇榜超羲画，奎章叶舜琴。储材涵圣化，励品勖官箴。敷教惟思敬，簪毫仰睿吟。"

侍郎臣王懿修得位字："尧春花甲周，舜日芳辰值。虎观被恩荣，鸿仪承志事。升香圣合符，题额名思义。雅奏叶金徽，赓歌分玉字。泰交喜起联，需宴亲贤侍。使节觐天光，寅清惭备位。"

侍郎臣玉麟得窃字："境溯集贤荣，材汇登瀛列。法驾启金根，仙毫霏玉屑。题额焕天章，观文励臣节。赓歌典旷逢，式宴恩殊绝。鹓序获趋承，驽骀深忝窃。襄礼佐容台，冰兢虔矢洁。"

侍郎臣关槐得和字："昌期开甲子，令月纪中和。华盖依天近，銮舆此日过。蓬山辉圣藻，瀛海汇恩波。式宴需云渥，为章列宿罗。化征文治盛，音矢吉人多。典礼惭襄职，趋跄慎玉珂。"

侍郎臣潘世恩得羹字："甲元开宝箓，申命莅仙瀛。凤翥题银牓，翚飞焕绣甍。醇酤尝舜酒，熙洽见尧羹。文德前光迪，词曹旷代荣。诘戎襄庶政，鸣盛共群英。侍从沾恩渥，歌容拜手赓。"

侍郎臣刘跃云得重字："式燕迪前光，銮坡嘉惠重。继离德日新，敷贲文天纵。丹陛穆赓扬，玉堂荣侍从。八珍禹鼎调，九酝尧厨供。家学忝谈迁，朝班参沈宋。渥沾湛露恩，敬效清风颂。"

内阁学士臣曹振镛得恩字："甲周征运泰，卯茂喜春温。奎壁文重焕，君师道至尊。煌煌天子牓，济济圣人门。燕饮清歌播，赓飏雅韵存。两朝光盛典，再世沐殊恩。接武惭驽钝，惟期品谊敦。"

内阁学士臣王绶得叨字："周甲隆仪举，恩光艺苑叨。两朝辉册府，多士入钧陶。洒翰奎章丽，分题彩笔操。卷阿音继雅，湛露渥同膏。咫尺天颜喜，千秋泰运遭。微臣荣授简，作颂拟王褒。"

通政使臣赵秉冲得醉字："天光照玉堂，銮辂三霄莅。鸿仪举瀛洲，文学集禁侍。恩逮雕篆臣，许陪香案吏。瀼瀼湛露浓，蔼蔼吉人萃。诗雅三升和，钦明四表被。勖哉斯誉髦，六经缅心醉。"

通政副使臣莫晋得酒字："阳德泰开三，元功乾用九。龙光艺苑深，燕喜恩波厚。院柏翠连裀，厅槐青映绶。五云东观书，百福南山酒。商鼎傅和羹，虞歌皋拜手。欣瞻凤翙冈，载咏鱼丽酉。"

少詹事臣茅元铭得深字："冰署和风扇，銮舆吉日临。拜三赓喜起，敬一励图忱。泰运承先甲，观文肇有壬。渭兮萧露湛，倬彼栋云森。鸣盛分张字，含醇企杜吟。味余珍捧赐，圣学蕴高深。"

侍读学士臣万承风得载字："继体绍文谟，崇儒熙帝载。翘瞻凤辇临，快睹天章赍。励品焕新题，储才超往代。唐闻覆缃袍，宋纪分金佩。曷若效赓飏，咸因承训诲。遭遇庆非常，抃舞深衔戴。"

侍读学士臣周兆基得歌字："珠缠联璧府，彩仗贲銮坡。花甲开文运，芳辰重礼罗。天题辉玉牓,睿藻蕴金科。列座斟尧酎,分曹续舜歌。殊荣逾丽正,盛轨媲卷阿。竞羡瀛洲草,方春雨露多。"

侍读学士臣陈希曾得春字:"蓬山辉册府,奎曜应昌辰。绍德勋华盛,敷文礼乐新。天容瞻晬穆,圣藻丽璘彬。恩以储才厚,心期励品真。飏言归典则,实学裕经纶。史馆叨荣遇,重书甲子春。"

侍讲学士臣吴省兰得兴字:"重华郅治昌,协帝文思莹。见圣俨于堂,集贤衎在廷。肆筵行苇参,设虞韶箾听。秩秩斯干新,欣欣既醉应。为联赓拜情,讵议登封胜。周甲继游歌,矢音殊漫兴。"

侍讲学士臣陈嵩庆得曲字:"舜纪协璇图,尧文绵宝箓。重逢册府开,载谱卷阿曲。扶辇晓云红,沾袍春酒绿。毫摛睿藻腾,牓启荣光烛。泽比蓼萧深,恩从行苇笃。更祝万斯年,甲子延洪续。"

侍读臣吴焯得情字:"仙仗列春明,文昌拱太清。绍徽逢后甲,观化协由庚。日近龙斿丽,波澄凤渚晴。念恩敦士品,储用仰皇情。式是天章贲,欣言御宴成。陈诗赓一德,不仅侈登瀛。"

侍讲臣王引之得竭字:"寅宾畅景风,卯冒开如月。剑佩绕瀛洲,和鸾鸣凤阙。御书上栋悬,雅吹中庭发。洗斝酌金罍,挥笺染苍筠。赓歌荷曲成,睿藻钦昭揭。砥砺答珠恩,力愿股肱竭。"

中允臣鲍桂星得为字:"甲子元会周,蓬瀛圣人莅。光惟允迪兹,福不求其为。上将偃龙韬,群仙谐凤吹。天需沆瀣杯,汉倬琳琅字。洒泽阁芸芬,含暄亭柏翠。欣承简擢恩,敬励平生志。"

中允臣吴烜得知字:"蓬山开秘署,銮辂擢华芝。周甲遵前典,重申展上仪。卿云辉凤藻,旭日绕龙旗。圣协时风若,恩深湛露斯。中春歌燕喜,两世沐鸿慈。叨列赓飏末,荣膺特达知。"

皇上御制得音字,诗敬依高宗纯皇帝元韵:"如环花甲转,设醴会儒簪。漫感新恩叠,都从旧典寻。登瀛曾溯古,在泮愿匡今。乐奏九韶叶,罇传三爵斟。集贤期论道,作颂莫忘箴。圣泽敬宣述,载赓永矢音。"

皇朝词林典故卷十二 临幸盛典

联句

乾隆甲子年

高宗纯皇帝圣制重开甲子文治昌，佐文赞治资贤良。大学士伯臣鄂尔泰。以圣继圣垂经常，大学士伯臣张廷玉。于赫太上示清行。大学士臣福敏。绳武弼基繄我皇，大学士臣陈世倌。四聪四目开明堂。大学士臣史贻直。野无遗贤始悦康，礼部尚书臣任兰枝。楩楠杞梓松柏桑。兵部尚书臣彭维新。珣玗琪映璆琳琅，刑部尚书臣张照。从龙从虎云风翔。工部尚书臣汪由敦。葭徵玉管迨初阳，左都御史臣刘统勋。集贤落成隆桷㮰。吏部侍郎臣阿克敦。连延奇磉以辉煌，户部侍郎臣梁诗正。老槐蔽景绿庭廊。仓场侍郎臣彭树葵。夺暑却寒温又凉，兵部侍郎臣王承尧。法度既备丹艧彰。兵部侍郎臣陈悳华。惇诲故老宜徜徉，刑部侍郎臣钱陈群。展也宴寝凝清香。工部侍郎臣德龄。将作入奏报克襄，工部侍郎臣吕炽。帝曰朕其鸿厥庆。内阁学士臣宗室塞尔赫。来游来歌雅所臧，内阁学士臣德新。况今二老民之望。内阁学士臣秦蕙田。爰飞神翰拂缣缃，副都御史臣励宗万。金壶墨沈流淋浪。宗人府府丞臣任启运。璇题双贲日月光，通政使臣敷文。仙豪雄健摆礴礅。通政使臣张若霭。笔势一落千丈强，大理寺卿臣嵩寿。劲力外爽神内藏。詹事臣张鹏翀。点蹲芒玉礋回冈，太仆寺卿刘纶。金薤倒披贯柳魟。佥都御史臣嵇璜。鸾鹤交骞上银潢，左通政臣张映辰。烟云舒卷难形相。右通政臣邓时敏。荣光属天莫可量，少詹事臣裘曰修。未许常侍拟登床。侍读学士臣世臣。飞白赐苏让美芳，侍读学士臣于振。刻乃仙巢署苍筤。侍读学士臣陈邦彦。吉日庚午日之刚，侍读学士涂逢庆。遂移天厩下阊阖。侍讲学士臣龚渤。警跸骇顾陛楯郎，祭酒臣鄂容安。龙鸾和铃铿复锵。祭酒臣崔纪。扬金镂而拖玉瓖，四译馆少卿臣余栋。云罕俾倪导缨纕。顺天府府丞郑其储。叶叶秀文覆仪锽，太仆寺少卿臣陈其凝。纷敷旖旎从风扬。鸿胪寺卿臣梅瑴成。历天梢星耀日铓，光禄寺少卿臣窦启瑛。紫烟煜爚御道黄。庶子臣周资陈。瀛池俨立千鸳鸯，侍读臣双庆。金紫银艾簪截肪。侍读臣周玉章。入门升阶和以庄，侍讲臣观保。吉辉真气溢圆方。侍讲臣双顶。六章五采蕙衡珩，谕德臣兴泰。如天启门日在房。洗马臣李文锐。冯翼孝德瞻卬卬，候补洗马臣陆宗楷。王多吉士咸对扬。中允臣于敏中。尊师九拜谒素王，中允臣董邦达。回过刘井憩东厢。赞善臣宋楠。昌黎文伯社兹乡,司业臣鹤年。北门学士奠椒浆。司业臣陈世烈。编钟鼖鼓韶濩纲,左参议臣薄海。崇牙树羽虡趛趛。右参议臣吴应枚。高管噭啸龙耶凰,编修臣阮学浩。象凤翼笙班管长。编修臣僧格勒。玫瑰作柱朱丝张,编修臣沈文镐。翾箾繁会相低昂。检讨臣钟音。绕风停云慨矣慷,编修臣陆嘉颖。人声谐律相和倡。编修臣白瀛。分刌节度穷窈茫,编修臣周煌。欣与人心犁然当。编修臣路斯道。鸟为拊翼鱼闿防,检讨臣德保。如轩张乐洞庭旁。编修臣秦勇均。元臣稽首鸣珩璜,检讨臣周长发。敬上千秋万岁觞。编修臣周正思。子胥乐兮无怠荒,编修臣柏谦。一献百拜礼则详。编修臣张映斗。朱虎熊罴与殳斨,编修臣任端书。雕雕肃肃济济跄。编修臣林蒲封。炊金馔玉出禁坊,编修臣万年茂。太清红云员峤霜。编修臣李龙官。翠涛酨醖酏醴醸,编修臣曹秀先。粔籹蜜饵有怅惶。检讨臣韩彦曽。猩唇旄约隽翠腴,检讨臣周礼。越骆菌和阳朴姜。检讨臣郭肇锽。江橘梦柚常山棠,编修臣钱琦。远方口实导择将。编修臣董泰。鼎中变化尹对汤,编修臣宋邦绥。微纤精妙大官湘。编修臣姚廷佑。炙三弋五应未尝,编修臣叶酉。帝歌卿云宫统商。编修臣王居正。八伯咸进拜手颺,编修臣汪师韩。韵得菩公五字章。编修臣金相。联吟更仿汉柏梁,编修臣孙人龙。式瞻天藻萃圭璋。编修臣潘乙震。圆龙方虎排明珰,编修臣杨述曽。日星胸回锦绣肠。编修臣徐景熹。薰风晨露相颉颃,编修臣汤大绅。烛龙衔曜光四炀。检讨臣廖鸿章。冲波激岳声将将,编修臣蔡扬宗。昭融至道若雨旸。编修臣王觉莲。天光下济濡荄芒,给事中臣钟衡。五色秀华流戴匡。给事中臣程钟彦。披条振藻六艺场,给事中臣杨二酉。风雷鼓舞物苍苍。给事中臣程盛修。镌勒金石传胶庠,给事中臣王兴吾。流播乐府谐笙簧。给事中臣周祖荣。从臣才艺花发萼,给事中臣邹一桂。驽骀步武龙腾骧。给事中臣胡定。蓬莱望见风引樯,给事中臣马宏琦。桃开郁水满磅礴。监察御史包祚永。圣涯游泳涵纮沧,监察御史臣李清芳。淼不可即空彷徨。监察御史臣孙灏。乃知天文元气航,监察御史臣吴文焕。圣处不须一苇杭。监察御史臣张汉。雕虫篆刻宜惭惶,监察御史臣冯秉仁。越玉五重厕瓠瓡。监察御史臣范咸。分棨立仗老骍骦,监察御史臣张孝捏。泰崋千仞登跋壤。监察御史臣杨开鼎。学优得文愧应场,监察御史臣冯元钦。春兰秋菊杂藏茛。监察御史臣欧堪善。风松奚用引蜩螗,监察御史臣沈景瀾。迫窘诘屈走踣僵。监察御史沈廷芳。愿归夜读发青箱,庶吉士臣邵齐焘。畋渔二西罗三仓。庶吉士臣窦光鼐。天禄石渠居就粮,庶吉士臣凌镐。易参肃飏诗申苌。庶吉士臣罗暹春。斟羹哜藏饫膏粱,庶吉士臣田沆。研味道腴弃秕糠。庶吉士胡泽潢。博闻为馈贫之粮,庶吉士臣王世仕。学海万里去鸣榔。庶吉士臣王太岳。珊瑚结纲丽鲨鰇,庶吉士臣朱坛。宁甘决起抢榆枋。庶吉士臣张开泰。不离省闼希文强,庶吉士臣姚范。温恭朝夕莫或遑。庶吉士臣刘炳。烟霞波濯玉雪装,庶吉士臣孙廷槐。效愚千虑一赞勷。庶吉士臣朱佩莲。中夜起无不能忘,庶吉士臣德保。圣人端拱垂衣裳。庶吉士臣蔡时田。调和玉烛握珠囊,庶吉士臣徐玮。淳风汤穆恩滂洋。庶吉士臣经闻。铃辖不动矢直狼,庶吉士臣王铤。化被万国通狼朧。庶吉士臣杜若拙。远致赤兔来白獐,庶吉士臣盛格。不但蛮狄与戎羌。庶吉士臣顾汝修。皇仁旁究风泱泱,庶吉士臣戈岱。上天降丰岁其穰。庶吉士臣刘锡龄。六气无易盛德禳,庶吉士臣阎循琦。十雨五风绝旱蝗。庶吉士臣觉罗奉宽。引恬引养无胥戕,庶吉士臣惠元士。际兹休明敢不覆。庶吉士臣金洪。旁招俊义匪其彭,庶吉士臣蒋辰祥。涣群元吉马匹亡。庶吉士臣丛中芷。橘徕服兮甘在瓤，庶吉士臣周孔从。素丝五緎风羔羊。庶吉士臣王康佐。朝靧永无鹎咮妨，庶吉士臣廖芳莲。泰交一德凛复陉。庶吉士臣陈桂洲。永膺万福储千祥，庶吉士臣熊为霖。天人和乐未渠央。庶吉士臣黄遇隆。冬日宴温下红墙，庶吉士臣熊元龙。戛然清韵传风箑。庶吉士臣张日誉。六龙回跋摇镂锡，庶吉士臣陆树本。拜送遥瞻豹尾枪。庶吉士臣周人骐。都人抃舞喜若狂，庶吉士臣周焘。作歌赓拜追虞唐。庶吉士臣程景伊。不数横汾与长杨，庶吉士臣邱桂。蓼彼萧斯零露瀼。庶吉士臣陈大盷。恩深如海奚以偿，庶吉士臣出科联。玉堂盛事垂无疆。庶吉士臣储麟趾。

嘉庆甲子年

皇上御制丞承考训钦文思，先圣后圣光重离。仪亲王臣永璇。乾元用九开千枝，成亲王臣永瑆。六龙临观玉河陂。庆郡王臣永璘。遂歌卷阿喈凤丽，定亲王臣绵恩。圣作明述文在兹。大学士公臣保宁。六十甲子周陬维，大学士臣庆桂。武烈既葳班虎螭。大学士臣刘墉。石渠天禄殷麟麒，大学士臣董诰。东观咫尺天照施。协办大学士、吏部尚书臣宗室琳宁。诏下群雅荣衮绨，协办大学士、户部尚书臣朱珪。营室轮奂咨工倕。吏部尚书臣刘权之。鹝哉启楔新丹黩，礼部尚书臣那彦成。諏吉春仲腊玉匙。礼部尚书臣纪昀。是日禋祀文昌祠，兵部尚书觉罗长麟。匡戴星拱角斗觜。工部尚书臣戴衢亨。仪鸾卤簿陈衢馗，吏部右侍郎臣钱樾。翠芝黄蘩风飏骳。户部左侍郎臣英和。铿钟鸣鼛声远贻，户部左侍郎臣戴均元。千官迎日心抒葵。户部右侍郎初彭龄。皇帝肃穆闻金丝，仓场侍郎臣邹炳泰。谒圣道揆同君师。礼部左侍郎臣瑚图礼。钧天张乐舞象夔，礼部左侍郎臣王懿修。笋簴匪作鳞之而。礼部右侍郎臣玉麟。跽脸上寿先扬觯，礼部右侍郎臣关槐。天颜温霁进玉卮。兵部左侍郎刘镮之。喜气拜俯千鸾跂，兵部右侍郎臣潘世恩。命前升陛酳老耆。工部左侍郎臣刘跃云。爵溉无算醇不醨，工部右侍郎莫瞻菉。醍醐乳酪遍饮饴。内阁学士臣戴联奎。房肴脾臄堆盘彝，内阁学士臣曹振镛。羞筐之实糗饵餈。内阁学士臣王绥。醉酒饱德摄威仪，左副都御史臣陈嗣龙。载赓东壁张说诗。通政使臣赵秉冲。金声玉振旋宫推，通政副使臣莫晋。三十有八谐偶奇。少詹事臣茅元铭。柏梁二百韵四支，侍读学士臣万承风。广奏箫管笙埙篪。侍读学士臣周兆基。礼明乐备和融怡，侍读学士臣陈希曾。龙书蝙扁卦画牺。侍讲学士臣秀宁。双悬四象仰重熙，侍讲学士臣吴省兰。集赐三五天文曦。侍讲学士臣陈嵩庆。石经十三摹丰碑，祭酒臣顾德庆。装配图书插架椸。内阁侍读学士臣梁上国。味余初编权舆基，左庶子臣凯音布。九家注杜诗史摘。左庶子臣王宗诚。颁自中秘家弄披，右庶子臣汪滋畹。顾名思义帝畴咨。侍读臣觉罗桂芳。臣邻公辅袡翼为，侍读臣温汝适。实胜乃见轮辕辎。侍读臣吴蘅。稽古史官左右司，侍讲臣贵庆。沮诵仓颉黄轩垂。侍讲臣施朾。唐虞典谟纪伊妫，侍讲臣王引之。夏贡殷诰载笔随。候补侍读臣余集。太史六典贰邦治，候补侍讲臣裴谦。小史内外职允厘。洗马臣法式善。周籀变篆文字孳，洗马臣周系英。柱下老聃答宣尼。左中允鲍桂星。倚相能读邱索辞，右中允臣吴烜。晋乘鲁史春秋资。左赞善臣王鼎。天官世守溯重黎，右赞善臣李潢。文学待诏铜门期。候补赞善臣黄钺。东马严徐侍奥宦，司业臣常英。向歆七略秘册窥。司业臣蔡之定。白虎通论秉裁揽，候补司业臣秦承业。鸿都门启三体槌。编修臣周兴岱。前汉武宣后延熹，编修臣陈崇本。典籍著作非夸毗。检讨臣杜南棠。兰台崇文当涂规，编修臣杨祖纯。总明麟趾逮周隋。编修臣蒋祥墀。唐初十八登瀛坻，检讨臣庞士冠。北门禁直青琐墀。检讨臣赵未彤。集贤丽正金壶箎，检讨臣张问陶。翰林经艺下卜医。编修臣吴云。黄麻内相天子私，编修臣狄梦松。玉清紫霄浩渺瀰。检讨臣朱桂。銮坡清切谁摄齐，修撰臣王以衔。承旨顾问备阙遗。检讨臣韩鼎晋。玉堂飞白龙蹀踂，修撰臣赵文楷。天章焕章复盱睢。编修臣汪守和。金莲彻炬夜何其，编修臣戴殿泗。令狐东坡光辉比。编修臣李锡恭。元焕璧班澄不缁，编修臣张锦枝。有明洪武殿阁歧。编修臣黄焜望。宋濂内弼外王祎，编修臣沈学厚。博士泗邹郴闽咿。编修臣陈兰畴。文渊编修参机宜，编修臣蔡维钰。庶常吉士克宅知。编修臣陆泌。修撰高甲甫鼎彝，检讨臣韩克均。璁夔大典议颇诐。编修臣苏兆登。穹碣大书擎带褵，编修臣程国仁。蜀杨父子御魅魑。编修臣汤金钊。存之征信免磨劖，编修臣汪如渊。是非昭晰渑与淄。编修臣李翊。考镜有据员屓揭，编修臣史致俨。胜朝右文班崇庳。编修臣吴荣光。兰茝臭别蓁莨蓷，编修臣李本榆。党同伐异角雄雌。编修臣陈超曾。先进后进严等衰，编修臣花杰。是曰文胜史则漓。编修臣毛谟。秋实不足春华蕤，编修臣张师泌。我朝出震麢熊罴。编修臣杨世英。同文三院台阶嵯，编修臣胡大成。因革五品三二畸。编修臣吴其彦。重臣兼领印钥持，编修臣陆言。清汉题名较列眉。编修臣陈寿祺。六十五科象逾姬，检讨臣张鳞。詹事坊局并隶之。修撰臣顾皋。西清日讲注起居，叶。编修臣邹家燮。载开博学科鸿词。编修臣崔问余。经学郑服蒲轮辎，编修臣商载。匠成器使凭抡扸。编修臣王泽。百年树木宲桷楣，编修臣方振。三德六德宣严祇。编修臣邓廷桢。砥砺文行斧以斯，编修臣汪润之。作人倬汉章琢追。编修臣陈中孚。惟天子使受福禧，编修臣黄任万。圣皇躬教夙夜寅。编修臣孔昭虔。训政孝德观养颐，编修臣余正焕。亲政呼吸天听卑。编修臣倪琇。求民之莫急溺饥，编修臣袁名曜。询咨岳牧匪弦鼗。编修臣齐鲲。雨旸燠寒风若时，编修臣聂镐敏。荡平秦楚蜀险巇。编修臣吴熙曾。桔械贰负投三危，编修臣杨怿曾。高廪黍稌庆丰绥。编修臣王钟吉。甲科联翩射驺貍，编修臣叶绍本。储材励品两义丕。编修臣朱方增。煌煌帝训揭栋楣，编修臣陈用光。悬之心目浙肝脾。编修臣杜堮。前参衡倚铭绅綦，编修臣刘奕煜。三立四科圣教贻。编修臣佟景文。第一德行冠伦颀，编修臣徐赓飏。孝友本立惇不亏。编修臣傅棠。仁者立达忠可移，编修臣王堃。耆义若利中勿欺。编修臣陈杲。克己崇礼修耕耔，检讨臣查讷勤。是非明辨镜不疲。检讨臣李鸿宾。直谅有信善切偲，修撰臣吴廷琛。以诚为贯针芥磁。编修臣李宗昉。饬躬拜献皋益夷，编修臣朱士彦。德成而上纯无批。给事中臣萧芝。和羹斟雉鸿渐逵，给事中臣曹锡龄。其次明作功懋孜。给事中臣王钟健。耳目喉舌畅四肢，给事中臣秦维岳。琴瑟材伐梓桐椅。给事中臣陈昌齐。厥有成绩载常旗，给事中臣徐如澍。兴能惠孚出使麾。候补给事中臣周袱。量才玉尺秉钳锤，御史臣萧广运。诹谋询度周原驰。御史臣朱纹。鞠谋水旱苏疮痍，御史臣周厚辕。福星载路四牡骙。御史臣张凤枝。民功曰庸霖甘祁，御史臣贾允升。出言有章信蔡著。御史臣王麟书。不文不远輗軏輗，御史臣王瑶台。千里违应行樏橾。御史臣沈乐善。大鸣小鸣声叩镛，御史臣赵慎畛。言语予赣掌侨裨。御史臣吴邦庆。善言德行匪咙箕，御史臣邱勋。体要辑怿辞无诐。御史臣倪思淳。讵以藻缋华缨绥，庶吉士臣朱珔。文学游夏经畲畬。庶吉士臣章道鸿。六艺汉唐宋分劈，庶吉士董桂新。出同归异清澜漪。庶吉士臣吕兆麒。或褰绛帐深下帷，庶吉士臣费兰墀。显处视月牗景睎。庶吉士臣何应杰。史学编年纪传犇，庶吉士臣胡开益。两司马析经纬纰。庶吉士臣张源长。迁固家传自谈皮，庶吉士臣易元善。涑水紫阳绍鲁僖。庶吉士臣张鉴。九流百氏逮津涯，庶吉士臣何兰汀。双鸟万羽排差池。庶吉士臣黄中杰。四库编撑七阁崔，庶吉士臣李钟璧。勾股弦弧算岁差。庶吉士臣瞿昂。八体八分科斗蚑，庶吉士臣赵蘧。黄庭洛神工献羲。庶吉士臣张元宰。公权正书笔如锥，庶吉士臣洪燿。郑虔三绝斋房芝。庶吉士臣陈声遹。艺成贤乎秋弈棋，庶吉士臣宁古齐。词臣章质匪豹彫。庶吉士臣朱玉林。柯亭刘井荣光弥，庶吉士臣张元模。恭逢泰运膏露滋。庶吉士臣龚守正。大有文明天佑褫，庶吉士臣黄茂。儒臣欢胪春台嬉。庶吉士臣张本枝。千篇奏御万籁吹，庶吉士臣宋潢。规摩天海测管蠡。庶吉士臣葛方晋。或颂维清赓噫嘻，庶吉士臣盖运长。嘒管依磬商那猗。庶吉士臣孙汶。研京练都咀琼糜，庶吉士臣隆安。连珠演七嘤鹍鹂。庶吉士臣魏邦彦。陈之香案充芝枏，庶吉士臣孙世昌。阿阁雝踏凤鸣岐。庶吉士臣庄诜男。我皇文治昭辰祇，庶吉士臣高廷魁。东渐日出榑桑湄。庶吉士臣钟庆。西望月峎疆月氐，庶吉士臣吉士瑛。南熿戴日衡九疑。庶吉士臣宗室果齐斯欢。北发医闾珣玗琪，庶吉士臣申启贤。天轮四表环四陲。庶吉士臣卓秉恬。覆载照临万亿耆，庶吉士臣任郿祐。百昌蕃茂乾坤慈。庶吉士臣李蟠根。抱蜀不言惟祇台，庶吉士臣达清阿。履盛思谦宥坐攲。庶吉士臣宗室德朋阿。盛德大业永肩仔，庶吉士臣海龄。三十六宫蔼春姿。庶吉士臣宗室惠端。化成久道日御迟，庶吉士臣李成芳。皇极敷锡中外禔。庶吉士臣常山。

皇朝词林典故卷十三　临幸盛典

赓和

乾隆甲子年

高宗纯皇帝圣制是日复得诗四首并示诸臣

欢腾芸署小阳春，此日崇文引席珍。顾我惭为房杜主，岂伊独数马邹臣。石渠典故应增旧，壁宿光华更睹新。影丽花砖争到八，尽教沾醉酒三巡。

瑞旭曈昽霭扇鸾，筵开翰墨会衣冠。五车四库从来纪，刘井柯亭取次看。玉版挥毫盈凤沼，花瓷赐茗擘龙团。济川自古资舟楫，便欲因寻学海澜。

昌辰天禄集鸲联，欣咏斯千小雅篇。鸟革翚飞跻君子，诵诗讲易共高贤。光凝黼座垂华藻，篆绕猊炉散瑞烟。咫尺玉堂清切地，底夸瀛岛说登仙。

百年礼乐庆昭融，保泰常持惕若衷。漫以新诗鸣豫大，谁将忠告赞钦崇。傅岩梦赉应无藉，唐室赓歌讶许同。心喜百僚知我意，不将高议讽升中。

御注：按《唐书》，张说倡封禅议，帝召说与礼官学士，置酒集仙殿云云。故其时诸臣诗中，有"高议待升中"，又"将陪玉检泥"之句。夫以崇儒之雅举，隐遂满盈之私志，非朕所取。惟是兢兢业业，与日俱长，颂不如规，我君臣其共勉之。

恭和御制驾幸翰林院赐宴分韵联句后复得诗四首并示诸臣元韵

大学士伯臣鄂尔泰

日丽风和宛似春，诏筵清秘念儒珍。才非房杜怀三德，身际唐虞愧十臣。奎壁每瞻星晷近，蓬瀛乍睹物华新。恩叨醉酒深难比，亲赐香醴重一巡。

辨色开晨集孔鸾，抠衣橐笔尽弹冠。词林礼乐千秋会，册府君王一例看。细草衔恩青茁茁，高梧向日碧团团。方塘却少源头水，鱼藻欣添太液澜。

文渊道脉本参联，宸睠频宣雅颂篇。葵藿心倾惟翊圣，盐梅寄重愧非贤。鳌头北面沾时雨，豹尾南移拂曙烟。沙路万人齐额手，东王公领玉堂仙。

风云契合乐融融，襄赞谁堪慰圣衷。天自居高心益下，书方出洛道逾崇。崆峒逸事真无藉，洙泗清源喜大同。誓答恩光惊老至，橘阳纪月日禺中。

大学士伯臣张廷玉

太和蒸作玉堂春，得近琼筵饫鼎珍。德仰羲文今圣主，心仪房杜古名臣。须臾凤藻从天降，咫尺龙光映日新。俯伏花砖承指顾，载聆荣誉重逡巡。

特许瀛洲集凤鸾，簪毫雅称进贤冠。席容玉笋分行坐，酒赐金罍带笑看。共听箫韶仙乐举，近瞻黼黻瑞云团。随风咳唾皆恩泽，刘井中涵太液澜。

垂垂白发首班联，拜捧虞廷喜起篇。职忝三公惭论道，身依上圣敢称贤。传家富有金泥籍，满袖浓携宝篆烟。更愧摄官居秘省，日趋香案领群仙。

久已乾坤协气融，日跻圣敬抱渊衷。持盈每鉴登封侈，鸣豫深嗤望祀崇。辞贵立诚垂世则，政期行健与天同。不须太史书邦瑞，会见麟游上苑中。

大学士臣福敏

木天高处占先春，镐宴荣叨席上珍。一代文章开秘府，千秋遭际重儒臣。金銮近接光华迥，云署偏沾雨露新。欢洽鹓班歌喜起，独隆今古此亲巡。

霜明仙仗动仪鸾，广乐调时尽振冠。班管佩携应并记，花砖座接得频看。薇垣夜烛奎光烂，珠树明浮扇影团。珍重赐书留壁府，词源还许识波澜。

云汉为章玉作联，光添黎阁灿瑶编。殊荣漫拟夸稽古，盛事宁惟数集贤。天酒浓分金掌露，朝衣齐染御炉烟。紫霄香案由来说，咫尺瀛洲便作仙。

文物昭回瑞气融，持盈常自凛虚衷。百年礼教皇谟洽，一字心传圣敬崇。泰运休明三代上，英才陶铸两仪同。高深莫媲何由赞，只在唐虞典诰中。

大学士臣陈世倌

皇仁煦妪气如春，川泽含辉岳效珍。奎壁有光联日月，宫商协律应君臣。百年礼乐规模远，一代文章运会新。特与词垣昭旷典，受恩逾重转逡巡。

上苑花开待孔鸾，朝廷雅意重儒冠。玉堂瑞霭千官集，宝翰辉腾万众看。风袅雀垆香细细，云开雉扇影团团。瀛洲亭畔重题句，似海词源富绮澜。

华簪奕奕耀班联，既醉同赓湛露篇。但即文词能见道，从来圣主必求贤。凤池演漾涵晴旭，鸡树笼葱罨晓烟。顾影自惭双鬓雪，头衔犹许领群仙。

阳月暄和喜气融，从容燕赏洽宸衷。仰承睿泽心弥凛，共励儒修志益崇。三叶尚留尧荚在，五弦应与舜琴同。欣逢圣世光文治，交泰咸乎一德中。

大学士臣史贻直

瀛海波回浩荡春，鹓班分列御厨珍。已将酒醴欢多士，更以盐梅勖近臣。式燕礼成麟阁重，赓飏恩入凤池新。开诚广益皇心切，不数封山纪扈巡。

丹地深严集孔鸾，盍簪人尽庆弹冠。隆恩层叠三山似，睿藻辉煌七曜看。法酒擎来仙露润，宫袍赐出锦云团。从知此后登瀛客，齐向文河溯水澜。

仗下清班焕璧联，木本重整荷龙篇。门连青琐宜分草，阁近丹梯号集贤。五色凤书凝瑞霭，三花马鬣拂晴烟。重来回忆编摩地，廿载曾参玉局仙。

喜睹天颜瑞气融，惭无启沃答宸衷。细流难益洪涛壮，土壤何增岱岳崇。讲易今逢交泰盛，赋诗还庆笑言同。文明圣治隆千古，兢业弥深宵旰中。

尚书臣任兰枝

玉堂近接掖垣春，石室图球百代珍。鸟革峥嵘动华屋，工倕经纬壮虞臣。槐厅领院恩光重，珠榜题楹气象新。法从迎銮皆鹄立，喜瞻飞盖引逡巡。

羽葆葳蕤拂鹭鸾，阶除拜舞列貂冠。天回十月阳春好，地带三山瑞色看。宴比传柑璃醴满，乐和孤竹紫云团。睿才频见飞鸿藻，不借银河万顷澜。

南宫甲帐佩珂联，荣许同赓大雅篇。文学信知平世贵，论思终羡古人贤。映来芸阁吹藜火，携得金炉惹袖烟。颁赐重叨天泽渥，愿招岩谷引儒仙。

圣主敷文大化融，旁求英俊仰皇衷。材储卿相经纶远，道访夔龙事业崇。自识西京清问切，应看贞观旧风同。树人已遍收麟凤，泰卦占爻日正中。

尚书臣彭维新

恩溥蓬山早得春，总教凡品化殊珍。文章讵竟儒门事，遭遇欣为圣主臣。丹地栋梁增绚焕，木天阶阤倍清新。词林望幸心咸切，五夜层檐几度巡。

仙仗旌旗袅凤鸾，沙堤鹓鹭肃衣冠。海升日色桥边曙，署建霞标画里看。御辇一临光有耀，玉堂是处锦成团。图书万卷资陶冶，障取文河涴演澜。

环依黼座列班联，侍宴均歌湛露篇。叠睹天章文载道，频烦帝训士希贤。声和远协虞廷奏，香重平连禁苑烟。即此便成蓬阆境，无须海外问神仙。

云烂风恬景象融，帝歌喜起邕渊衷。巴词那叶钧天韵，土壤何裨泰岱崇。夕惕朝乾靡有间，北门东观岂能同。礼成赏洽纡銮辂，芝盖焜煌日正中。

尚书臣张照

由来天笑物皆春，况乃文江集妙珍。礼乐百年归吉主，图书两序领元臣。御光涵日龙成采，仙笙调风凤试新。拜锡琅玕开月窟，虫鱼莫问舍人巡。

栋间回凤更翔鸾，五色荣光珥复冠。河汉昭回如有意，烟云飞动不容看。七分入木仙豪健，肆笔成书垂露团。赋述千秋推窦臮，奚曾目涉此雄澜。

句截黄金玉刻联，瑶华札降捧宸篇。诗同汉帝七言倡，韵取唐臣五字贤。情有余芬还得句，笔无停趣下非烟。今朝五色云多处，若个真同脉望仙。

腾华照宇日初融，神动天行渊默衷。穆若思文还下武，勖哉宋璟更姚崇。泰包四德宜惇勉，坤系三言尚克同。由豫盍簪恩泽渥，交咨即在燕欢中。

尚书臣汪由敦

冰署先吹暖律春，御筵香霭荷分珍。晴霞晓散蓬瀛境，湛露恩均待从臣。东壁诗篇追自昔，延英乐府记番新。欣逢盛典叨殊渥，芳酝亲颁第八巡。

研丹点笔灿翔鸾，高捧光腾近侍冠。清秘深堂才暂憩，乔皇宸藻已传看。九霄星彩珠为斗，五色云机锦簇团。自是圣涯涵溟涬，望洋何处溯文澜。

玉音辰告肃班联，风雅渊源典诰篇。保泰百年钦主圣，赓歌一德励臣贤。缤纷更拜承筐赐，馥郁同携满袖烟。欲笑金銮传密记，祇从游幸诧群仙。

无气均调圣泽融，儒风遐暨仰天衷。凤池波比沧溟阔，鳌顶峰逾泰华崇。廿载回翔私感切，千秋际会众心同。惟将稽古孜孜意，永戴尧仁业业中。

左都御史臣刘统勋

翠辇移来翰苑春，储材深望得殊珍。付将调燮经纶手，领此文章侍从臣。师济官寮周道拥，庙廊钟鼓一时新。沙堤何幸承天步，豹尾云旗匝几巡。

阿阁宏开集凤鸾，六曹三省列儒冠。谁知文苑英华盛，便作周官典制看。诗就千言波滟滟，榜悬七宝月团团。词臣同此依香案，观海人曾见紫澜。

隆恩稠叠列班联，温语如闻湛露篇。锡爵岂惟明尚齿，承筐兼以示求贤。宫商韵叶朱弦奏，鼎鼐香凝玉篆烟。甘露亲从天上得，纵教凡骨也登仙。

开霁天光旭日融，葵忱倾向矢丹衷。西清敢诩词章富，黄阁方齐相业崇。隆礼难酬千载遇，敷文已见万方同。勖哉珥笔承恩者，夙夜勤思夏屋中。

侍郎臣阿克敦

翰苑风和气若春，御筵清乐足芳珍。兰台栋宇光云汉，凤沼簪缨集侍臣。圣藻欣瞻同日丽，宫罗初启拜恩新。登瀛自昔传佳话，几见枫宸降辇巡。

仙仗凌晨动彩鸾，炉烟浓处进贤冠。直同飏拜千秋盛，莫作歌风一例看。书赐瑶函春细细，扇开雉尾影团团。皇情到此知何极，万里澄波海上澜。

清班列坐俨星联，玉署人歌湛露篇。长使岩廊多俊士，肯教草野有遗贤。屏开黼座留华省，堂锡嘉名带碧烟。何幸身依云路近，不须蓬岛问神仙。

天语亲承淑景融，好将笃棐答宸衷。传心不以词章重，纪盛还知礼乐崇。诗诵缉熙期日进，书陈兢业敢雷同。自惭卅载簪毫吏，姓氏重叨蕊籍中。

侍郎臣梁诗正

日华晓贲凤池春，学海千寻汇翠珍。自古崇文归论道，即今圣主得贤臣。荣光上映图书秘，景运重开甲子新。旷典宠惊前史罕，几番拜舞重迓巡。

蓬山深处集鹓鸾，橐笔争峩学士冠。要识云霄殊异数，莫将科第等闲看。谱传乐府箾韶奏，宴锡官厨湛露团。欢洽更聆天语切，圣门无涘一观澜。

榜署天题珠璧联，诗成更赋柏梁篇。幸蒙此日荣稽古，却胜当年号集贤。玉醴斟来亲御案，绮文捧出带炉烟。瀛洲旧住神仙侣，今更名标最上仙。

东观多才道化融，勤思则古廑渊衷。书探宛委方称富，学贯天人信可崇。月露漫夸千首丽，堂廉合庆一心同。幸随元老叨赓拜，身在唐虞二典中。

侍郎臣彭树葵

朝来芸阁蔼生春，帝重文章是国珍。岂有谟猷襄盛治，得亲风雅厕儒臣。欣随鸾辂瞻依切，会见蓬瀛拂拭新。拟托周诗歌宴镐，承恩拜手却逡巡。

木天侵晓集鹓鸾，载笔巍峨进德冠。穆穆国容瞻日近，辉辉睿藻倚云看。五浆乍喜尝仙醖，八饼遥闻赐凤团。蠡酌岂能沧海测，渊衷万顷富文澜。

由来经术重班联，宠锡欣歌湛露篇。如日如云瞻主圣，汝为汝翼愧臣贤。龙文捧处飞华藻，彩币擎时带篆烟。咫尺恍疑天上坐，不教瀛海羡神仙。

喜起堂廉暖气融，祥风丽日惬宸衷。羹墙洙泗心原合，启沃诗书道益崇。保泰持盈鸿训切，宵衣旰食哲王同。非才何幸沾殊渥，葵藿长依雨露中。

侍郎臣陈惠华

秘省恩膏育物春，欲从瀛海尽罗珍。作人欢颂文明主，献赋惭为侍从臣。清润玉堂轮奂美，深严丹地栋梁新。崇文盛举光悙史，亲见蓬莱翠辇巡。

槐树厅前集五鸾，天颜咫尺肃衣冠。兰台辉映鹓行列，银榜高悬鹄立看。书赐石渠香绕案，茗来洱海翠分团。便蕃锡予真优渥，如海恩波沐紫澜。

锵佩珩璜鹭序联，琼筵载咏露萧篇。汉儒荣实邀稽古，唐室班原号集贤。天上祥光腾列宿，阶前佳气霭飞烟。熙朝旷典超千古，不羡瀛洲集众仙。

瞳昽旭日小春融，蔼蔼梧冈惬圣衷。三馆储材因地密，九重锡福自天崇。特优元老资陶淑，欲集诸儒辨异同。身荷栽培葵向日，万年泽遍上林中。

侍郎臣钱陈群

琼筵晨启坐生春，圣主亲贤比握珍。鸿运百年兴礼乐，鹿鸣初什答君臣。袖中鳌禁香烟袅，庭际瀛洲草色新。插架赐书千万轴，小留天步到檐巡。

璇题云构好栖鸾，环侍群仙七等冠。优渥恩纶真异数，琳琅新句许传看。文光直上应千尺，和气融来是一团。不漏蓬壶清浅水，也随学海助波澜。

赓歌体制拟珠联，百六诗成第一篇。步辇初临参至圣，头厅并遣谒唐贤。瞳昽日影浮鸡树，澹沱风光上鹤烟。不到五云清秘地，那知人世有神仙。

共钦圣德日昭融，提命谆谆感寸衷。纵有心期思树立，惭无学殖答登崇。承筐赉予恩光遍，申宴叨陪芾禄同。楷陛千行谁不羡，几生修到玉堂中。

侍郎臣德龄

暖律吹回十月春，皇恩稠叠重儒珍。奎文宠贲清华地，睿藻欢赓侍从臣。仙掌迥开霞彩曙，绮疏深网日华新。史官濡笔书荣遇，豹尾鸡翘见特巡。

仙客纷来跨碧鸾，峩峩尽戴切云冠。佳辰邀得銮舆幸，胜地真同蓬岛看。留覆锦袍怜彩缬，送归莲炬见花团。何如雨露今尤遍，凤沼光涵万叠澜。

拜手欣随鹓鹭联，抽毫载和庆云篇。信知已治仍求治，况得多贤更尚贤。爱日晴薰书带草，绪风轻转博山烟。圣心默与天心契，无事升中议集仙。

玉署晖晖协气融，更于钦若仰宸衷。穷檐恒人经纶切，艺苑先叨礼数崇。既醉尧尊荣帝锡，叠沾周露愧臣同。欣逢泰运观文化，蔼蔼堂廉一德中。

侍郎臣吕炽

冬曦赐与玉堂春，宝善真同尺璧珍。东观恩光开黼帐，西清荣遇集儒臣。璇题高耸腾辉远，秘册全颁耀目新。天子右文加特典，莫将临幸比游巡。

黄伞朱旗引八鸾，鹓班迎仗肃衣冠。欢生曲燕分行列，喜动天颜带笑看。捧出冰醪香馥馥，颁来茶乳月团团。蓬瀛到处流膏渥，刘井无波亦泛澜。

天葩挥洒示班联，玉振金声仰大篇。握管谁能赓睿藻，作舟还望学前贤。迅如风埽难停笔，焕若霞飞不染烟。顿使词曹齐束手，覃研枉说蠹成仙。

兰台气暖太和融，瑞霭缤纷惬圣衷。盛事昭垂新纪载，隆施稠叠庆优崇。歌传喜起千秋合，谊洽堂廉一德同。沾被鸿慈何以报，葵倾欣际日方中。

皇朝词林典故卷十四　临幸盛典

赓和

乾隆甲子年

恭和御制驾幸翰林院赐宴分韵联句后复得诗四首并示诸臣元韵

内阁学士臣宗室塞尔赫

香烟紫雾暖疑春，仗马星罗杂彩珍。南极晓开青琐闼，北门宵集紫微臣。曈昽瑞照云衢朗，轮奂巍瞻翰苑新。遥想千秋清秘地，几曾能得六龙巡。

隐隐层霄吹紫鸾，汉庭公辅进贤冠。艺林雅许千官入，盛典容随万乘看。槛畔琪花香冉冉，檐前宝盖影团团。太平天子崇文日，湛露恩深凤沼澜。

珠琲阑干锦共联，辉煌睿藻冠鸿篇。由来至圣超群圣，未必前贤迈后贤。丽景三竿升秘阁，沉檀万缕篆祥烟。人间信有蓬瀛路，今日承恩便是仙。

日耀微躯暖更融，殊荣逾格感皇衷。即看虫鸟犹知化，不是云霄莫比崇。虞夏精诚难再见，汉唐高议岂能同。从知圣学宽如海，尽在涵濡长养中。

内阁学士臣德新

暖气融和布小春，曈昽旭日献奇珍。香喷周鼎朝明主，云集尧阶列侍臣。羽骑恭随金辂稳，霓旌先驻玉堂新。天颜有喜飞仙藻，影到花砖未匝巡。

恩临金马听鸣鸾，鹄立词臣尽整冠。饼裹红绫天上赐，酒斟绿蚁日曈看。庆云纷郁金成盖，琪树扶疏翠作团。宴罢瑶池宜献赋，好随彩笔写文澜。

云外箫韶韵自联，笙歌迭奏九如篇。开筵讲诵三千卷，怀古仪型七十贤。睿藻淋漓珠焕彩，天葩重叠玉生烟。瀛洲路隔无多远，此日从游即是仙。

岁稔年丰治化融，太平天子尚虚衷。湛恩叠沛宸颜喜，异品均沾帝德崇。时雨先从芸署渥，仁风徐与蔀檐同。圣皇临幸符神瑞，伫看云霄日再中。

内阁学士臣秦蕙田

恩到蓬山别作春，集贤稽古重儒珍。勋华正启文明昼，雨露偏沾待从臣。芸阁画梁虹彩焕，銮坡晴日镜光新。簪裾幸际垂裳盛，异数今逢第一巡。

绛阙平明下玉鸾，龙门鹄立进贤冠。人从瀛海洲中见，景向壶天画里看。礼圣博山香篆细，呼嵩霄陛朵云团。琼筵此日瞻依切，渥泽平添凤沼澜。

奎章朗照蘂珠联，落笔旋惊典诰篇。直以斯文昭大训，惟将实学励希贤。九成乐播中和气，一脉薪传邹鲁烟。仰体至尊流示意，莫教空负玉堂仙。

旭暖风轻瑞霭融，群欢天意契宸衷。名言莫赞高深量，至治胥觇圣敬崇。凤哕和声三岛合，云蒸喜气万方同。自惭寸草曾何补，并荷栽培化育中。

副都御史臣励宗万

文教涵濡已百春，山川贡瑞士怀珍。治超贞观年间主，心慕凌烟阁里臣。史馆亲临从未有，玉堂佳话一番新。赓歌燕衎存咨儆，不用登封续汉巡。

乐奏箫韶集孔鸾，千行剑佩列簪冠。如春温语环阶听，有喜天颜侍坐看。拜赐名茶烹凤饼，捧归文绮剪花团。瑶编更共云笺锡，学海均沾百尺澜。

五字宸题似璧联，宴成走笔更裁篇。岂将黼黻夸词苑，欲以箴规励集贤。扫去浮华空月露，自然藻丽涌云烟。瀛洲珥笔人何幸，一食金丹骨便仙。

小春风日湛恩融，训士慇懃仰圣衷。所贵因文而见道，须知业广乃功崇。礼隆洙泗心源合，世际唐虞景运同。自此菁莪看益盛，连茹并进石渠中。

通政使臣敷文

蓬莱清燕暖如春，乐奏韶箾列上珍。赐锦犹传唐学士，歌诗不数汉诸臣。日华影动天章下，凤沼波流圣泽新。云汉昭同难属和，抽毫进牍几逡巡。

梧影蓁萋集凤鸾，登瀛客共庆弹冠。木天胜迹当前见，竹帛勋名向后看。蹲兽烟浓云絮擘，传觞酒泛露珠团。玉堂图画东西壁，咫尺波通太液澜。

睿藻光华璧月联，歌风肆雅入诗篇。日跻圣敬端皇极，人代天工策众贤。执竞小心虚若谷，升中高议扫如烟。丹墀清切闻天语，身到池头即是仙。

赐赉便蕃阊泽融，圣恩优渥感愚衷。花笺文绮颁逾重，宝帙瑶函道更崇。四海闻风夸数异，千秋纪盛许谁同。小臣遭际何多幸，常在钧陶化冶中。

通政使臣张若霭

銮引晨风辇路春，簪裾夹道列儒珍。帝非游豫轻嘉燕，恩不偏私逮众臣。芬馥满庭香篆细，铿锵两部乐悬新。析波浮醴瀛洲署，柱史从容记数巡。

珠树阴森集凤鸾，瑶阶跄济侍貂冠。尊前燕笑趋承切，座上龙光咫尺看。奎藻春生藜火艳，御袍黄映菊花团。辘轳转尽淳泓水，难比恩波百尺澜。

赓歌百六韵初联，拜赐还陈湛露篇。天眷独钟黄发老，臣愚深愧黑衣贤。千丝心茧霞成绮，八饼头纲雪泛烟。更展琅函窥御集，等闲食字已登仙。

阳和十月气冲融，天鉴明良一德衷。圣度不知沧海阔，微尘讵益则山崇。云封芝检从来谀，凤翙梧冈此际同。履盛未忘吁咈意，唐虞景运日常中。

大理卿臣嵩寿

暖意微含十月春，图书府启数家珍。簪毫首列瀛洲客，领袖还推柱石臣。藜阁探奇人自昔，花砖攒彩迹重新。恩波覃被深如海，御酒黄封又几巡。

蓬瀛仙侣集鹓鸾，帝阙争弹贡禹冠。署启玉堂衔命到，烛移莲炬带恩看。依天清切红云捧，直夜深沉碧月团。图史满床供讨索，潘江陆海汇波澜。

明光通籍备官联，儒雅风流诗百篇。东观千年藏秘册，西清永日集群贤。金铃静听增疏韵，宝鼎微添衮篆烟。天仗近因叨扈从，含毫献赋职应仙。

日照香阶瑞气融，右文时复切皇衷。经帷召对恩纶渥，艺苑联吟礼意崇。羲画禹书神自合，周情孔思道还同。万几余暇挥宸翰，坐见民生大化中。

詹事臣张鹏翀

寒林花木逗芳春，绮席歌阑更赐珍。列坐赋诗征喜起，承筐侑酒洽君臣。雍容侍从人文盛，宏整词垣气象新。俄顷天章复垂示，欲呈巴曲重逡巡。

仙苑朝来驻八鸾，玉阶环拥肃衣冠。道因文显毋歧视，古作今型好谛看。凤沼新泉声漱漱，鳌峰老树郁团团。论思清秘蕲无忝，未许寻常点墨澜。

鹓行籥佩影联联，赐帙心睎学古篇。倘信皋夔书未读，可能房杜相称贤。阑边小凤烹清茗，阁外飞鸿散紫烟。独愧樗材蒙眷渥，叨分官职是神仙。

曝日常思献暖融，惭无素蕴答渊衷。文章少日传王勃，经术中朝重戴崇。醴设本缘联上下，宴酬还拟证和同。日斜池上鸣归佩，犹在龙光焰耀中。

太仆卿臣刘纶

蓬岛先回十月春，长筵叨饱御厨珍。簪绅次第随仙侣，几杖从容眷老臣。宿聚魁三占象迥，天临尺五拜恩新。风乌细转谐金奏，铃索声稀报酒巡。

奎藻缤纷骞凤鸾，柏梁赓韵盛儒冠。吟安窃愧含毫久，奏进还容膝席看。家有赐书分玉轴，人携宫锦剪花团。斋房诏许颜清秘，飞白腾光映翠澜。

重申天语饬班联，见道长垂劝学篇。石室遗文寻汉代，金泥故事陋唐贤。槐厅静对移砖影，香案浓生惹袖烟。献纳殷勤关睿虑，谩夸翰墨署神仙。

丹地新成丽景融，鳌头占籍戴葵衷。昌黎作社仪兼备，宣圣亲祠典更崇。部列丙丁蒙赉渥，星回甲子庆文同。直教下士观光遍，鹄立青袍候日中。

佥都御史臣嵇璜

十月阳回冰署春，荣颁银榜字悬珍。丹扉降辇隆殊眷，黄阁兼衔重老臣。千载渊源瞻礼肃，一堂清秘锡名新。重逢甲子占文治，元会初开第二巡。

画檐夭矫起翔鸾，云拥仙曹肃佩冠。七字柏梁台上续，九成夔乐日边看。瑶觞暖泛松醪满，绮席香分菊蕊团。晷影未移飞睿藻，早倾瀛海入文澜。

赓飏一德庆班联，岂乐群歌在藻篇。稽古集成从懋学，因文见道勉希贤。至音雅叶钧天奏，宝篆晴霏瑞旭烟。幸侍玉皇香案畔，底须蓬岛作诗仙。

清才承诏愧王融，惟有阳葵一寸衷。锦市移来叨赐渥，彩笺捧出拜恩崇。书探册府琅环秘，茗渝廉泉沆瀣同。簪笔尧阶传盛事，康歌遥赋九衢中。

少詹事臣裘曰修

丹地恩华酿作春，阶前百献席罗珍。兕觥晋酒升平宴，鹤发垂绅弼亮臣。光贲尚方云锦丽，香分仙品露芽新。便蕃异数簪毫纪，义手槐厅日几巡。

奎章舞凤字回鸾，捧出齐衺七等冠。一串珠玑天际落，两行缨绂日边看。黄金铸额霞成彩，白玉为堂雪作团。任是汀洲鸥鹭侣，都来瀛海泛澄澜。

莫论璧合与珠联，宁独风云月露篇。此日真成千载遇，后来还数几人贤。探从碧落非无路，步入蓝田有烟。为问三山定何许，不将缥缈羡神仙。

一堂和气乐融融，天语钦承识圣衷。当宁即今劳寤寐，吾侪何以答高崇。百年恰值文明盛，三接从知礼数同。香案前头齐拜手，佩声真在五云中。

侍读学士臣世臣

旌旄行处物皆春，逮下先沾席上珍。敕设大烹荣国士，礼隆绝席重宗臣。鹓行快睹威仪肃，章甫欣逢志气新。更喜圣恩容既醉，云韶叠奏酒频巡。

盛世休征育凤鸾，大官承诏萃儒冠。龙旗芝盖云中降，日彩星辉天际看。拂槛风来仙乐引，当筵云映瑞光团。微臣志切文章训，观海从今学测澜。

天章重叠惠班联，方驾食苹呦鹿篇。岂欲修辞超往代，直将妙谛发前贤。特颁文绮争霞彩，更赐琼函带瑞烟。拜手自忻遭际美，不须瑶岛羡神仙。

一堂稽拜气融融，共仰谦冲圣哲衷。直可虞周称盛美，岂于秦汉比高崇。微言大辟前人惑，至训遥垂后圣同。帝德难名瞻有象，满轮红日正天中。

侍读学士臣于振

冰地潜回黍谷春，兰筵高敞引儒珍。殊恩特被台衡老，异数兼优侍从臣。黼座临时香雾霭，奎章悬处墨痕新。蓬瀛共祝南山寿，玉醴初称第一巡。

丹穴锵锵集凤鸾，笙簧酒醴逮儒冠。乍疑青鸟膆前度，忽讶琪花镜里看。彩毫频移青玉案，碧瓯新渝密云团。因文见道聆天语，日有容光水有澜。

柏梁只句递赓联，圣藻云飞复满篇。豫大不矜因保泰，执谦常著为旌贤。拂来似浥金茎露，展尽犹闻瑞脑烟。倚马无才难属和，登瀛深愧玉堂仙。

冬序晴暄景倍融，天教瑞应答皇衷。几康自敕心常敛，兢业时深德愈崇。如木从绳资启沃，若羹有味戒和同。金泥玉检矜夸大，岂识薪传在执中。

侍读学士臣陈邦彦

词馆叨荣四十春，白头重预御筵珍。因文见道承谟训，拜手赓歌契主臣。亘古未逢恩数异，至尊亲幸物华新。百年文治今逾盛，甲子初开第一巡。

仙署虹梁集鹭鸾，珉筵高启重儒冠。雕盘玉馔盈前列，广乐钧天对御看。风递歌声才数转，日移扇影已如团。奎章累幅成分暑，点笔疑倾万丈澜。

簪裾璧合与珠联，宴镐还歌鱼藻篇。共勉杜房扶雅化，须知沈宋亦前贤。颁来文绮荣章服，分得冰绡染麝烟。何幸大罗天上会，廿年闲散复登仙。

寒花迎辇被春融，瑞旭祥云洽圣衷。万卷赐书缃帙富，五行颁赉湛恩崇。波添凤沼风光丽，泽满瀛洲雨露同。文物京华陈雅奏，圣明声教溢寰中。

侍读学士臣涂逢震

欣瞻圣泽溥如春，乐奏钧天宴列珍。芸阁簪毫罗众彦，黄扉论道引元臣。图书愿学重稽古，栋宇增修更赏新。共庆京华文物盛，玉堂亲荷六龙巡。

池亭容与佩和鸾，瑞色缤纷日戴冠。此际真成千古遇，广衢仍许万人看。璇题影接奎垣丽，粉署光腾玉彩团。凤沼恩波通学海，涓涓何敢望文澜。

秘省回翔簪绂联，雍容新和柏梁篇。隆文岂独夸来者，异数真堪傲昔贤。湛露光荣沾寸草，阳春爚熚霭祥烟。登瀛梦想能亲到，香案前头列众仙。

工歌满院太和融，拜舞何缘答帝衷。清夜扪心惭礼报，玉堂稽首愧恩崇。宸章黼黻三霄丽，广殿赓飏二典同。身近蓬莱欣饱德，长依五色庆云中。

祭酒臣崔纪

瀛洲十月乍回春，瑶蕊琼枝列八珍。为政亲贤逢圣主，因文见道属儒臣。深严倍觉云霄迥，飞革初看气象新。多少簪裙齐拜舞，玉堂惊喜翠华巡。

曙色和风瀁凤鸾，兰台式燕集衣冠。赠呋雅乐依韶谱，咫尺天颜列座看。恩重顿忘寒意逼，时昌惟睹日光团。从今太史河边水，直向昆仑接翠澜。

泰交堂陛肃班联，敬和晞阳湛露篇。慈惠敢忘明主德，忠贞深冀下臣贤。蓬池寒水流恩日，藜阁晴光裛御烟。领取当筵天语意，漫从玉署羡登仙。

共沐华筵瑞霭融，还闻交儆凛宸衷。细流讵裨洪河广，寸壤宁加泰岳崇。占象恰看三素合，观文今喜六书同。微臣秉铎惭无补，得荷钧天雨露中。

侍读臣双庆

翰苑辉流浩荡春，恭承慈惠锡兼珍。诗征凤翙歌君子，宠溢鹓联被侍臣。彩仗近萦香雾细，花砖初上日华新。非夸轮奂于斯美，只为崇文玉略巡。

木天高迥树栖鸾，咫尺欣瞻冕藻冠。式宴竞荣文学选，登瀛漫作画图看。奉觞酒进黄封酿，赐食香分白玉团。圣学应知深似海，敬抒蠡测一观澜。

青藜吹火夜光联，照彻缥缃富万篇。业贵能勤惭古训，文原载道景前贤。又从霄汉传丹笔，长有辉光贲紫烟。此日簪毫叨异数，真疑身是玉堂仙。

喜献箴规缔景融，敕几时廑一人衷。赓歌要使明良合，粉饰何关治化崇。典礼千秋荣遇少，公忠二老赞襄同。拜飏愿比虞廷盛，建极惟皇允执中。

侍讲臣观保

景风何处不流春，旷典传为翰墨珍。文运逢时归大雅，君恩破格到儒臣。木天但觉三冬暖，芸叶都含五露新。从此蓬山添故事，玉堂曾被玉銮巡。

缭绕霓旌控紫鸾，槐厅罗列拜貂冠。云中乐奏从容听，天上诗成络绎看。酒泛宫壶心醉德，筵开鼎鼐锦成团。欲知帝泽深何许，千尺波回太液澜。

薇垣奕奕五星联，嘉宴争歌在藻篇。学海难窥天子圣，师门惟淑相公贤。赐来云锦分宫彩，望去银毫篆墨烟。顾影乍惊凡骨蜕，瀛洲今日会群仙。

清水朗映玉壶融，一片虚明属圣衷。声教讫于寰海远，恩光直与斗山崇。唐虞之际将毋似，秦汉而还未许同。五色云边回辇过，日华恰好丽天中。

中允臣于敏中

集贤初启泽如春，灿烂琼筵列八珍。岂但词林传盛事，果然圣主得贤臣。文联东壁图书满，诗叶南山松竹新。此日天颜知有喜，听来鹊语绕檐巡。

高梧翔凤竹栖鸾，仗下西清集佩冠。宴镐怳同天上坐，登瀛远胜画中看。薰弦再抚卿云烂，法酒频斟湛露团。圣学渊深涵溟渤，酌蠡何幸得观澜。

堂陛情教上下联，侍臣同咏柏梁篇。肯持薄技矜词藻，愿凛躬行志圣贤。黼座千秋思进鉴，金泥五色陋升烟。由来官职因人重，敢说蓬莱地是仙。

殿头天语似春融，从此词垣奉折衷。百六十人恩并渥，忆千万载道弥崇。记言窃喜昌期遇，保泰还钦一德同。试向西奎瞻北斗，紫微佳气碧霄中。

中允臣董邦达

璇霄大启玉堂春，盛世川岩并效珍。恰喜乾行逢泰运，从知圣主重贤臣。兰台宠锡图书富，册府光华礼乐新。法醖遍沾歌既醉，不须监史绕筵巡。

沙堤一带集鹓鸾，喜溢层云日载冠。上相台阶容接座，钧天法部许频看。颁来琼笈兼文绮，捧出花笺并月团。稠叠天恩真异数，只惭学海未观澜。

堂陛赓歌一德联，云霞绚采仰鸿篇。尊师已见崇先圣，勖德从教企昔贤。燕罢金茎滋湛露，归来锦袖惹香烟。词林掌故应重纪，底说坡仙与谪仙。

甲子瑶图淑气融，九重乾惕切渊衷。登三咸五神逾凛，舜儆尧咨业倍崇。华盖腾辉天意协，鳌峰抃舞众心同。小臣窃幸依瀛海，长沐恩波浩荡中。

赞善臣宋楠

　　御墨曾题阆苑春,骊珠字字总兼珍。重挥金薤琳琅句,遍及瀛洲侍从臣。天禄余光垂照远,玉堂佳话纪闻新。独惭圣制高难和,濡遍霜毫日几巡。

　　左安门外集鹓鸾,拜赐齐羲是下冠。宝纻欲寻刀尺制,龙缣仍入画图看。高丽纸砑轻云母,普洱茶分小月团。秘笈琅函尤郑重,敬从学海溯波澜。

　　华盖星光七曜联,玉书重叠典谟篇。桓荣车服由稽古,张说文章在集贤。久向池头沾雨露,可无笔底走云烟。房谋杜断千秋业,未要人呼是谪仙。

　　读书气习渐消融,想像唐贤好折衷。无逸图曾摹宋璟,臣于乾隆元年,蒙钦命无逸图赋散馆。济时策尚愧姚崇。天根月窟阶原峻,道龠言筌理本同。仰睹乾文常炳耀,离明垂象日方中。

皇朝词林典故卷十五　临幸盛典

赓和

嘉庆甲子年

皇上御制幸翰林院锡宴礼成复得长律二首命诸王及分字诸臣和韵

东鲁曾登夫子堂，初来翰苑谒门墙。赋诗锡宴典重举，偃武修文颂漫扬。端本储材为国宝，持躬励品胜词章。我朝取士皆真学，天禄瀛洲陋汉唐。

圣泽覃敷甲子年，璇玑斡运后承先。埙篪和雅为屏翰，鼎鼐调时法哲贤。式谱新韶奏唐苑，敬赓旧韵播虞弦。心期海寓同文治，正学昌明庶绩宣。

恭和御制幸翰林院赐宴礼成复得长律二首命诸王及分字诸臣和韵元韵

和硕仪亲王臣永璇

继述前徽莅苑堂，慕怀触处见羹墙。武功奏凯荣裒鄂，文学抡材轶马扬。欢洽不逾三爵酒，宴成复示七言章。敬聆延阁云浓乐，远胜思深歌彼唐。

甲子周旋惟九年，班联玉笋得春先。上仪雅数三千重，珍字叨分四十贤。抚序纵殊今与昔，储材犹此诵兮弦。钦瞻励品持躬句，要使文风八表宣。

和硕成亲王臣永瑆

髫龄就傅愧升堂，孔席尝容接赐墙。坐许殊班桐影比，食传中监䔌芬扬。翰林漫说三千首，都尉空闻十九章。今日拜瞻书室集，圣功王道绍轩唐。

盛典重修六十年，群钦继圣仰开先。肇基弧矢威天下，嗣服诗书重圣贤。亲赐西清筵上酒，忆听东郡壁中弦。恩纶更及宗藩宴，报称深惭力未宣。

多罗庆郡王臣永璘

词林清秘旧名堂，协帝文思俨见墙。羽卫晓迎晴日丽，轩悬广奏德风扬。凤梧蔼吉卷阿咏，鱼藻那居在镐章。励品储材钦立训，仰瞻巍焕颂皇唐。

典崇文教肇尧年，世泽绵延敬守先。华盖承云临至圣，玉堂飞凤则前贤。礼成秘阁颁纶綍，乐奏钧天叶管弦。锡宴词臣歌醉饱，近天膏露普敷宣。

和硕定亲王臣绵恩

旷典千秋著玉堂，彩旗导引出宫墙。肆筵授几人欢忭，重道尊师化阐扬。宝善巍然藏锦轴，储材倬彼焕云章。恩波涣汗沾濡遍，光被时雍颂帝唐。

绮甲重开亿万年，令辰争喜近光先。崇文正值文明代，染翰应多翰苑贤。日暖花砖移虎观，风和仙乐拨鹍弦。更蒙特赐金茎露，温语从容座上宣。

大学士公臣保宁

芸台宏敞太微堂，綏綎联华比堵墙。丙御端临皇泽布，辰衡广运圣谟扬。恩敷绮宴班瑶席，藻耀璇题焕玉章。瑞典从今书稿饫，载赓亲切颂皇唐。

甲纪环周表圣年，槐庭最幸拜恩先。渥膺珍赉惭稽古，荣俪仙曹迈集贤。三馆培英储鹤砌，九韶谐律谱鸾弦。同文不独词章富，励翼弥钦睿旨宣。

大学士臣庆桂

瀛洲清切玉为堂，盛典趋承愧面墙。后甲轩符心绍述，重申孔思教宣扬。正经要使民无慝，植品宜先俊用章。愿洽衿缨聆帝训，钦文格被媲陶唐。

花是仙韶日是年，奎章纨缦睹争先。戢橐戒侈修文颂，桢干勤储宝国贤。七曲星明珠耀彩，九成风动韵赓弦。缘知紫陌春如海，蔼蔼人多拜泽宣。

大学士臣刘墉

瑞霭晨襄艺苑堂，迎銮就日凛循墙。仰瞻帝座星辰丽，静听韶钧律吕扬。赐酒恩浓容既醉，赓歌才竭勉成章。金声玉振钦宸藻，拮韵垂光被有唐。

甲子昌期庆亿年，三皇春日此开先。武文大业殷承圣，教育宏施乐得贤。尊奉尧章窥秘阁，铺张舜治答挥弦。皇情雅重储才地，感奋同将楮墨宣。

大学士臣董诰

宿临东壁集贤堂，奎牓辉腾数仞墙。兰馔均沾丹扆仰，玉尘不动羽旗扬。恩浓亲授金茎露，地近先瞻云汉章。日下庞眉群笑语，重华又见继陶唐。

右文偃伯际昌年，道一风同正教先。自昔民兴由振德，须知主圣必亲贤。泰交喜起联堂陛，嘉颂雍容叶管弦。忝厕蓬瀛期砥砺，敢忘提命玉音宣。

协办大学士、尚书臣宗室琳宁
诹吉鸣銮幸玉堂，首修祀事诣宫墙。仰观睿制端原本，敬绎纶音戒颂扬。甲部经郛宣御论，酉山文府焕宸章。即今郅治重华际，盛轨追虞复轶唐。

重熙累盛万斯年，事述前徽志继先。东观校书稽汉制，西清分字用唐贤。幸逢式宴陈诗谱，况复赓歌叶雅弦。圣武告成文德治，上仪懋举帝恩宣。

协办大学士、尚书臣朱珪
圣人入室早升堂，不隔高深数仞墙。文行教兼才德选，君师统备事言扬。蓬瀛人羡观于海，云锦天垂倬有章。盛典不须夸壁府，两朝礼乐迈虞唐。

甲子披图访洛年，文明文思绍开先。缉熙典学荣稽古，赓载陈谟庆集贤。梁栋光悬龙斗字，宫商声叶凤皇弦。饮醇加赉恩无极，夙夜寅承德意宣。

尚书臣刘权之
道统薪传阙里堂，金丝俨若奏宫墙。宠临芸署龙旗丽，恩贲銮坡凤藻扬。培植儒风浓湛露，昌明正学焕宸章。如何励品须交勉，矢志皋夔共翊唐。

重华复旦恰尧年，圣德钦承总继先。从此文明垂盛典，即今运会迈前贤。琼浆赐酺荣三爵，睿制传歌被五弦。岂仅西清申十赉，除邪扶琛玉音宣。

尚书臣那彦成
銮辂雍容降玉堂，瞻云近许仰宫墙。龙光下逮鸰行遍，鱼藻群歌虎拜扬。雨露恩深培国干，日星义炳颂天章。前徽远绍刚周甲，不数重华协帝唐。

奉使星轺记隔年，归程虽后拜恩先。丝纶世掌铭殊遇，喜起赓飏慕昔贤。不学春华勉秋实，惭将下里答薰弦。储材励品王言大，及尔群僚德日宣。

尚书臣纪昀
又见銮舆幸玉堂，缅怀家法见羹墙。渊源正脉追洙泗，绮丽余波贱马杨。人到瀛洲齐道古，天开云汉自为章。虞廷飏拜今连睹，未许燕公诧盛唐。

蓬山高宴继当年，左右华茵列后先。一代文章新翰墨，两朝培养旧亲贤。金茎瑞露分杯斝，玉律春风入管弦。盛典殊恩歌不尽，心惟欣感口难宣。

尚书臣觉罗长麟
道阐心传肯构堂，重临词院切羹墙。两阶丽日陈千羽，八表同风靖咸扬。共励持躬承絓训，谁言报国祇文章。鸾翔凤集音声树，信美虞廷盛际唐。

九衢积玉兆丰年，冰署春回瑞雪先。云上于天隆宴衎，鱼依在藻乐亲贤。赉般韵协光周颂，解阜心劳媲舜弦。一世鸿文归大冶，浚明夙夜力同宣。

尚书臣戴衢亨

集贤稽古昔颜堂，玉署奎文舜见墙。令典重开丹跗苾，和风初拂翠甤扬。芳筵列座瞻天霁，宝字亲题倬汉章。今日蓬山真许到，游仙莫漫诩曹唐。

植禾钼莠际昌年，圣教端由圣觉先。要使寰区遵大道，讵徒盛迹数前贤。翘才蔚起归陶铸，册府新颁叶管弦。幸厕木天承湛泽，赓诗聆训感难宣。

侍郎臣钱樾

盛事从来数玉堂，何如秘院近宫墙。礼因尊圣亲贤重，义以培才植品扬。酌醴荣叨依化宇，敷言申锡诵天章。诞膺帝命祇承处，岂第超虞更轶唐。

春融凤沼纪昌年，周甲承谟教本先。颁贮鸿编资末学，升中高议谢前贤。岂惟有句联珠璧，直似登瀛谱管弦。秘笈珍储人遍及，吮毫戴德意难宣。

侍郎臣英和

赐诗远胜会东堂，天步来临俨见墙。能屈至尊贲銮辂，愧无神伎奏班扬。金卮酌酒叨恩赉，玉署延英听乐章。八凯八元同八座，重华协治缅陶唐。

传礼传诗溯昔年，趋庭教学日为先。三生有幸来芸馆，十载何修掌集贤。时奉纶音金受范，每亲圣域壁闻弦。君恩父训天同永，浃髓沦肌笔莫宣。

侍郎臣戴均元

玉辇乘春莅玉堂，重新院宇焕屏墙。牓悬丽日亲提命，宴衍需云庆拜扬。翠斝流甘分舜陛，丹毫振采继尧章。瀛洲咫尺天光接，妙绘何须艳有唐。

旷典频仍六十年，轩皇甲子忆开先。滋培杞梓储为瑞，磨琢圭璋宝有贤。幸列词科惭藻翰，愿随乐府播薰弦。一门两世叨慈渥，奉使皇华力未宣。

侍郎臣初彭龄

羲晖朗照秘书堂，谒圣虔瞻数仞墙。舜陛尧阶同赞仰，柯亭刘井待抡扬。清华储选荣词苑，喜起联赓播乐章。挠甲重开襄盛典，诚哉迈汉复超唐。

景运长占亿万年，心传一揆觉能先。文章明道遵谟训，夙夜持躬启后贤。湛露恩光沾法酒，中天元气谱薰弦。樗材忝与栽培列，珥笔欣逢教泽宣。

侍郎臣王懿修

翠葆霓旌焕玉堂，承先夙夜见羹墙。勋华茂绪传精一，谟烈鸿基切觐扬。圣制辉煌垂册府，石经纂述弁奎章。分吟五字开文宴，燕国才名更溯唐。

绮甲重周适九年，观文成化早开先。京垓积算萌于子，二百余人宝在贤。璇榜腾光依紫极，柏梁赓韵叶朱弦。小臣两世叨恩赐，敬仰龙章凤藻宣。

侍郎臣玉麟

奉引宸仪贲玉堂，尊师九拜礼宫墙。分筵芸署承光宠，授简丹墀矢对扬。圣世英才隆教育，儒风性道见文章。会看济济词科盛，讵复登瀛艳说唐。

昌辰又届阕逢年，盛典亲行敬法先。治媲尧钦开舜哲，颂符主圣得臣贤。承平乐事流毫素，风雅余音入管弦。典礼窃惭襄事重，词林恩泽遍传宣。

侍郎臣关槐

翘首銮舆幸玉堂，敷文圣德仰羹墙。图书东壁荣瞻觐，典礼西清纪对扬。六驭翔时迎御辇，五云深处焕宸章。恭逢协帝重华盛，词苑鸿仪迈李唐。

重熙累洽屡丰年，郅治崇儒务学先。甲部讲筵经阐义，酉山文府士希贤。鸾栖藜阁陈歌咏，凤翔梧冈入管弦。异数从兹垂简策，礼成恩赍溥传宣。

侍郎臣潘世恩

仙跸乘春驻玉堂，尧思丕绍接羹墙。钦崇师道维邹鲁，式序儒风盛马扬。共仰敷言勋才品，岂徒报国事文章。天题奎藻璇霄丽，拜洛观河远迈唐。

苞符甄贶万斯年，嘉惠儒林典率先。幸荷礼陶兼乐淑，缘知主圣得臣贤。冠裳侍列环宸辰，雅颂登歌协管弦。湛露需云叨异数，愿将恩意敬敷宣。

侍郎臣刘跃云

法驾春游翰墨堂，金丝肃穆接宫墙。肆三宵雅新恩渥，用九乾元旧典扬。东观赐书罗壁府，北门题署倬奎章。冰天桂海敷声教，复旦虞歌仰绍唐。

舞羽功成偃伯年，悉髦艺苑沐恩先。高冈翔凤皇多士，大壑游鱼圣得贤。五色云中瞻翠盖，九重天上奏朱弦。殊荣两世叨文宴，夙夜弥惭德日宣。

内阁学士臣曹振镛

玉堂丹艧焕新堂，德见羹还道见墙。世颂同文由化洽，国期真学讵言扬。殊荣凤掖传知遇，盛事鳌坡作典章。艳说两朝恩再被，簪裾师济迈轩唐。

重开甲子溯尧年，文治光昭帝烛先。至圣相承彰圣圣，群贤毕集乐贤贤。琼筵分列东西席，雅乐和调大小弦。两世登瀛三接踵，一条冰荷泽长宣。

内阁学士臣王绶

法驾星陈莅玉堂，衣冠齐列肃循墙。心传洙泗伸瞻礼，道合君师俨对扬。不负科名惟实学，讵云黼黻仅文章。近光幸得钦彝训，从此登瀛陋有唐。

重华甲子契尧年，文治光昭祇德先。自昔经邦归论道，即今主圣得臣贤。诗歌既醉隆三锡，乐谱延英播五弦。稽古殊荣膺未有，丹诚何以效勤宣。

皇朝词林典故卷十六　临幸盛典

赓和

嘉庆甲子年

恭和御制幸翰林院锡宴礼成复得长律二首命诸王及分子诸臣和韵元韵

通政使臣赵秉冲

上仪载举秘书堂，仙仗华裾接禁墙。圣作君师深教育，道尊尧舜纪赓扬。璇题义揭敦才品，天藻文敷迈典章。膝席拜稽欢就列，登瀛谁复数初唐。

时启中和甲纪年，木天蔼蔼得春先。扬风扢雅酬嘉会，休气荣光萃集贤。声教寰区知正学，诗书比户乐安弦。微臣际盛尤叨忝，弱翰难将渥泽宣。

通政副使臣莫晋

日月重光照玉堂，丕承前烈俨羹墙。笙簧艺苑需云渥，斧藻词林巽命扬。学本诗书皆政事，源探性道在文章。群英尽入洪炉冶，巍焕尧天奏大唐。

鱼藻胪欢宴镐年，恩波荣被凤池先。三阳启泰天交地，四海由颐圣养贤。小酉秘书森武库，大罗法曲韵文弦。储材励品千秋范，倬汉宸章至教宣。

少詹事臣茅元铭

葱珩联佩幸趋堂，卑浅惟惭赐也墙。湛露恩深艰报称，浓云奏雅叶赓扬。榜题天禄瞻羲画，句括琅函冠舜章。旧迹柯亭发华藻，垆烟芬馥溢兰唐。

前期瑞雪兆丰年，恰喜尘清宝辂先。班接鹓行钦仰圣，学思蛾术勉希贤。尊罍共式陈庭俎，琴瑟如闻在壁弦。盛典文筵恩既渥，宗潢更庆德音宣。

侍读学士臣万承风

瀛洲旧侈玉为堂，雪霁晨曦暎粉墙。特贲銮舆宏教育，群瞻睿藻效赓扬。味余蕃锡琳琅什，励品新题炳焕章。德懋重华欣协帝，心传精一绍陶唐。

盛典重逢六十年，龙光亲睹快争先。裁笺宠与分唐韵，命祀钦承礼昔贤。席接鹭行欢酌醴，歌流鱼藻凫鸣弦。运周甲纪开昌运，万国同文雅化宣。

侍读学士臣周兆基

晴雪春风满玉堂，绮筵趋侍谨循墙。蓬壶顶上联歌咢，丝竹声中庆对扬。戴斗六匡明象纬，排云双额焕龙章。和羹醉酒吟燕国，茂典而今迈盛唐。

延英鸿藻继尧年，寰宇风同教学先。诏许矢音钦主圣，歌传敕命励臣贤。涵濡湛露瀛洲草，披拂和薰朵殿弦。治统千秋崇道统，誉髦敬为礼文宣。

侍读学士臣陈希曾

图书奎壁五经堂，美富圚观数仞墙。地傍觚棱朝日早，春深蓬岛惠风扬。天颜咫尺蒙恩燕，阆苑光华拜宠章。清切瀛洲叨侍从，亲逢盛事迈虞唐。

旧典重稽六十年，储材训以品为先。传心直接尧咨舜，第颂深思圣得贤。盛美文章颂册府，赓飏喜起协琴弦。圭璋砥砺求真学，膺服长承至教宣。

侍讲学士臣吴省兰

甲子更新幸玉堂，传心涂墍既勤墙。尊崇师表连山斗，宏凫儒风偃咸扬。击石近听夔典乐，承筐重拜鹿鸣章。赓歌依咏卿云缦，巍焕元音接大唐。

树人期弗玩华年，文艺非先德行先。千载鸿仪隆作述，一时燕喜汇亲贤。同和兼与成同节，理化真如妙理弦。既醉愿陈畴福备，只惭不尽弱毫宣。

侍讲学士臣陈嵩庆

壁府鸿仪志肯堂，传心圣道俨于墙。尊师九拜隆瞻仰，勖士双题懔对扬。晴雪交辉天有喜，卿云载谱汉为章。更从芸署挥宸翰，振玉元音迈盛唐。

周环轩纪万斯年，考训丕承睿藻先。庆值文修刚武偃，钦惟主圣得臣贤。醴膏施普沾簪笏，嘉颂欢胪溢管弦。不数瀛洲登十八，春风德意愿敷宣。

侍读臣吴鼐

巨典钦文宠玉堂，陟庭心法俨羹墙。传薪直与探洙泗，载笔宁徒贵马扬。雪霁风轻天瑞圣，金相玉琢汉为章。矢音已叶卷阿吉，更谱登瀛仿盛唐。

壁府重逢锡宴年，柏梁续唱玉音先。十功武缵新歌凯，四字文题旧集贤。小草向荣沾澍雨，春莺学啭应韶弦。明伦崇俭为根本，昨听经筵御论宣。

侍讲臣王引之

青辂鸣銮莅玉堂，祇崇先圣式宫墙。天厨赐膳餐全授，春醴流芬鲜共扬。鹓序从容端黼黻，龙书飞舞焕文章。更钦睿藻垂谟范，歌咏谡然轶大唐。

蓬瀛重际阆逢年，周九欣符甲后先。国为储才遵旧典，人思励品继前贤。席间湛露浮尧酒，琴上薰风入舜弦。简拔深恩惭未报，濡毫又荷宠光宣。

中允臣鲍桂星

壁间丝竹俨登堂，阶下鹓鸾肃负墙。亮采共期肩益契，雕文何但踵班扬。星珠月璧天垂象，凤藻龙缛阁焕章。最喜蓬莱雪初霁，向荣琪树满中唐。

用九传心自丙年，玉堂盛事甲符先。止戈德合文为武，烹鼎膏酣圣养贤。姚陛松云瞻日角，周庭萧露叶风弦。遂歌叨与卷阿咏，异数钦承紫绂宣。

中允臣吴烜

喜起赓歌会一堂，虞廷心法寓羹墙。鸿仪巍焕申嘉惠，鹓侣雍容肃对扬。玉馔金罍开广宴，璇题银榜焕宸章。石渠此日逢昌运，云汉昭回迈盛唐。

凤纪重周六十年，蓬池清切被恩先。龙旗游豫遵前典，燕国文章溯昔贤。湛露宠光颁旨酒，卿云纡缦叶薰弦。词臣砥砺敦真品，黼黻升平圣教宣。

谢表附

大学士臣鄂尔泰、臣张廷玉等奏：伏惟殊荣贲于册府，睿藻辉煌；恺泽沛于词林，恩华稠叠。旷千秋而纪盛，偕庶尹以腾欢。钦惟皇上浚哲性成，钦明光被。接羲轩尧舜之统，德乃日新；掞星云河岳之文，圣由天纵。璇玑斡运，际甲子之重开；宝篆迎祥，继雍熙之累洽。丕焕右文之典，用彰稽古之荣。繄是词垣，素称清秩。本崇政集贤之重地，沿迩英丽正之遗规。朴斲宜勤，栋隆惟吉。爰颁巽命，俾予鼎新。藻井芝栭，郁虹梁之特起；璇题宝画，揭凤榜以高悬。亭号瀛洲，真成方峤；地连华盖，名称玉堂。属广厦之被成，展钧陈而凤驾。帝车纡轸，光临奎壁之垣；日晷腾辉，彩彻台阶之次。鹓行云拥，屹黼座以中开；豹尾星陈，启琼筵而肆设。云璈锦瑟，聆广乐于钧天；翠釜金罍，酌衢尊于丹地。摛章宠示，韵分燕国之篇；染翰联吟，制仿西京之体。金声玉振，集条理之大成；乾端坤倪，冠苞符而首出。谐诸律吕，掩八伯之咸歌；遥考缥缃，陋三侯之成咏。斯文极盛，振古希闻。

臣等幸遘昌期，叨尘秘省。仰王方之郑重，勉效论思；诵睿制以惊惶，多惭寅亮。戴巍巍之至德，莫申天保报上之忱；思蔼蔼之吉人，共志卷阿来游之盛。宠深逾分，感极难名。凡兹与燕诸臣，共喜普沾异数；在昔缬袍连炬，尚焜耀于囊编。与夫玉署金銮，第铺张于往载；岂如今日，罩被恩施？寻巢犹记凤池，同荷需云之渥；释屝甫来芸馆，均瞻复旦之华。拜稽窃附于歌虞，醉饱还逾于宴镐。波添瀛海，恩重鳌山。惟当共赞夫休明，冀以稍酬于高厚。所有感激微忱，理合公同具疏恭谢。伏乞圣鉴施行。

仪亲王臣永璇等奏：钦惟我皇上乾符用九，泰运登三。光焕羲文，琼笈倬灵兰之典；祥开轩纪，奎垣明华盖之躔。苞符大启于萝图，鸿章炳夏；云日再辉于冀算，凤琯回春。惟斟元而肇建一元，斯作圣以祗承先圣。木天振采，丹地胪欢。緊昔词馆清班，久艳儒臣恩遇。芸香藜照，开东观以紬书；莲炬花墩，眷北门而贲宠。仙曹故事，流传有骙肇之编；中秘新闻，权舆自汉唐之代。至于龙光笃庆，麟趾分荣。旦复中天，抚辰则贞无会合；华重协帝，周甲则志事光昭。前史创闻，生民未有，纶音特沛，艺苑更新。发内府之缙钱，饰虞衡之丹艧。遂使子亭甲观，裒藻绣以交辉；真成三岛十洲，绚云霞而一色。金铺密碱，千秋泰壹之垣；银牓承楣，百福中央之字。同瞻苞茂，式继豫游。

上仪既举于经筵，法驾遂移于册府。时则初三月朏，尺五天临，仙仗遥排，莺花夹辇，华簪毕集，鹓鹭迎銮。停芝盖于瀛洲，圜璧之春波新涨；霭云容于黼座，零萧之湛露酣沾。敞绮席之百重，琳腴璃液；戛韶音之六律，兽舞凤仪。日月双题，统君师而兼作；宫商五字，贯终始而大成。韵分三十八人，睿咏重拈燕国；吟联二百五句，和声复仿西京。仰皓壁之尧文，豪摛云汉；谱卿霄之舜什，笔纵龙鸾。宪章之道斯存，美盛之规以备。昔日集成肇锡，瑶函萃以图书；今兹宝善尊藏，缃帙珍于篆籀。苍画护琅嬛之秘，制捧金声；羽琤探宛委之奇，经摹石本。爰陈十赍，遍及群僚。茹六艺于味余，言真霏玉；聚九家而注杜，集是浣花。擎来翠锦青绫，颁出黄对绿茗。圆纹一纽，润通蟾滴之津；侧理万番，滑借鹅溪之色。人工染翰，家有赐书；华衮褒崇，富袍宠异。戴鳌峰而知重，溢凤沼以恒春。

臣等遭际昌时，追陪秘省。泽覃行苇，莫申既醉之忱；游纪卷阿，愿续遂歌之盛。忝蓬山之掌箓，优加鹤禁荣衔；叨香案之依光，诏与銮坡清燕。入槐厅旧地，重寻珥笔之区；合芸馆新英，并是登瀛之彦。莫不忭瞻天藻，欢侍皇舆。聆丹陛之笙簧，音安以乐；拜宫壶之雨露，酒旨且多。庆锡骈蕃，恩施稠叠。实同文之嘉会，为稽古之珠荣。德广难名，感深无量。惟有勤思襄赞，长奉王言砥砺之箴；庶几仰荷陶成，共效天保升恒之祝。所有感激下忱，谨合词缮摺，恭谢天恩，伏乞睿鉴。

跋

臣等窃惟《书》首唐虞，史尊为典，非徒授受之隆也。文思文明，洽于臣庶，喜起载歌，实泰交所由始焉。我皇上以圣绍圣，继述重光，凡夫蕴诸德而施诸政者，罔非奉成宪以为准，睢兹翰苑，再举鸿仪，一时谊美恩明，礼隆乐备，固已上符帝则，昭有烈光。且前次与宴者，惟内阁学士宗室塞尔赫一人，今则亲王四人。宗潢之膺馆选者三人，而或特简槐厅之任，或分陪蓬禁之班，咸得雍容揄扬，荷天之宠，益征振兴文教，丕显前徽，乃睿德谦冲，殷怀让善。

臣等恭绎御制幸院诸诗，首之以宣圣泽，申之以承考训，而终以海寓同文，昌明正学。是推阐寿考作人之泽，期副储才励品之思，以文治即以孝治也。猗欤盛哉，迥万禩一时矣！是以臣等纂辑兹编，崇述皇朝盛制，敬胪临幸茂典，列于圣论天章之次。仰见先圣后圣，志事同源，而皇上稽古崇文，迪前光而昭来许者，亦藉以稍窥万一云尔。掌院学士臣朱珪、臣觉罗长麟、臣英和拜手稽首恭跋。

皇朝词林典故卷十七　官制

史官肇自黄帝。周礼春官，具载五史。晋魏以来，秘书著作，皆翰林之职也。翰林之文，始见汉赋，至唐以之名官。洎乎宋元，品秩渐备。有明一代，尤重兹选，盖合前代侍从、知制诰、史馆而一之，膺是秩者，世以为荣焉。我朝稽古右文，恩浓词苑，斟酌厘定，视往制为尤详。遴选有法，考察有方，迁除有阶，兼摄有任。于以收政事文章之效，而消其浮华躁竞之心。百数十年，变通损益，灿然昭垂，敢或略欤？

国初置文馆于盛京。天聪十年三月，改文馆为内三院，曰内国史院，曰内秘书院，曰内弘文院，设大学士，每院各一员。

顺治元年二月，增设内三院学士，每院各一员。五月，国朝定鼎京师，令各衙门悉仍明制。十一月，定翰林院为正三品衙门，未设满员；设汉学士一员，秩正三品；侍读学士一员、侍讲学士一员，秩正四品；侍读二员、侍讲二员，秩正五品；修撰秩从六品，编修秩正七品，检讨秩从七品，俱无定员；庶吉士三年一选，亦无定员；并设典簿二员、孔目二员，裁博士、侍书、待诏。二年三月，定内三院为二品衙门。四月，令翰林院由内三院补授。闰六月，裁翰林院归内三院，称内翰林国史院、内翰林秘书院、内翰林弘文院。定内三院官制：大学士二员，学士四员，侍读六员。六年正月，更定内三院官制，每院各设学士一员，侍读学士一员，侍讲学士一员，侍读一员，侍讲一员。八年四月，增设内三院侍读学士各三员。十年六月，增设内三院大学士各一员。十五年七月，改内三院为内阁，置翰林院大学士，加殿阁衔；设满汉掌院学士各一员，秩正五品；汉侍读学士三员，侍讲学士三员，秩从五品；侍读三员，侍讲三员，秩正六品；余如元年定制。十七年九月，设翰林院待诏四员，以中书启心郎、员外郎、主事兼太常寺、光禄寺少卿者四人管理。十八年六月，裁内阁翰林院，复置内三院，每院设满大学士各一员，汉大学士各一员，满学士各二员，汉军学士各一员，汉学士各一员。

康熙元年二月，增设内三院满侍读学士各一员，汉侍读学士各一员，满侍读各一员，汉侍读各一员。八年七月，裁内三院满学士各一员。九年八月，复改内三院为内阁，置翰林院。十月，设满汉掌院学士各一员，兼礼部侍郎衔，秩正三品。十二月，设满、汉侍读学士各三员，侍讲学士各三员，侍读各三员，侍讲各三员，修撰、编修、检讨无定员，品级俱如顺治十五年定制；并设满、汉典簿各一员，孔目各一员，待诏各二员。

雍正三年十二月，晋翰林院侍读学士、侍讲学士秩从四品，侍读、侍讲秩从五品。八年四月，晋掌院学士秩从二品。

乾隆五十年二月，裁满侍读学士、侍讲学士、侍读、侍讲各一员。五十八年五月，除掌院学士兼礼部侍郎衔。

掌院学士

学士掌院事，即承旨职也，国初设有专员。康熙二十八年五月，谕大学士："翰林掌院一官，职任紧要，必文学渊通、众所推服者，始克胜任。凡翰林撰拟之文，亦须掌院详加删润，然后成章。闻明代大学士有兼管掌院之例，大学士徐元文著兼管翰林院掌院学士事。"谨按：向例，满掌院学士缺出，以詹事、少詹事、读讲学士、祭酒、庶子，暨科甲出身之太常寺卿、光禄寺卿、太仆寺卿、通政副使、大理寺少卿、鸿胪寺卿、太常寺少卿、太仆寺少卿、内阁侍读学士为应升；侍读、侍讲、洗马、司业，暨科甲出身之通政使参议、光禄寺少卿、鸿胪寺少卿、科道等官为其次应升。汉掌院学士缺出，以詹事、少詹事、读讲学士、祭酒为应升，庶子、侍读、侍讲为其次应升。由吏部开列具题。自是年后，皆以重臣兼领，遇有缺出，恭候特简，停其开列具题。如奉旨令开列，即以大学士、各部尚书缮单进呈。

经筵讲官

顺治十四年九月，设经筵讲官，满汉各八员。康熙十年定制，满经筵讲官缺出，以内阁学士、掌院学士、詹事、少詹事、读讲学士及尚书、侍郎、左都御史、副都御史、通政使、大理寺卿之曾任内阁学士、掌院学士、读讲学士者列名。汉经筵讲官缺出，以内阁学士、掌院学士、詹事、少詹事、读讲学士、祭酒及尚书、侍郎、左都御史、副都御史等官之由翰林升任者列名，以原衔充补。

谨按：向例，大学士不兼经筵讲官，惟徐元文、熊赐履、张英相继以尚书擢大学士，蒙特恩仍予兼充。盖三臣在经筵最久，均异数也，后遂沿之。

十六年定制，满经筵讲官缺出，令小九卿之由翰林升任者，亦得列名。乾隆四十一年十二月，翰林院题充经筵讲官。得旨："王际华三月出缺，何以此时始行进呈。"寻覆奏："经筵讲官如在临御经筵以后出缺者，俱于年终具题。向来相沿，究未妥协。请嗣后遇有缺出，随时具题。"从之。

日讲起居注官

顺治十二年三月，谕内院："朕惟自古帝王，勤学图治，必举经筵日讲，以资启沃。今经筵已定于文华殿告成之日举行，日讲深有裨益，不宜刻缓。尔等即选满汉词臣学问淹博者八员，以原衔充讲官，侍朕左右，以备咨询。"

是年十一月，谕吏部："日讲官侍从禁庭，朝夕进讲，国子监衙门较远，职任难兼，如遇祭酒、司业员缺，不必以日讲官推补。"

谨按：是年翰林尚隶内三院，故与国子监有衙门远近之别。康熙九年，再置翰林院。日讲官额缺，历年递增，应升祭酒人员，不兼日讲官者少。厥后祭酒、司业缺出，吏部将应升人员，通行引见，恭候钦简。如擢用之员兼讲官，仍开讲官之缺。

十四年十二月，增设日讲官十员。

康熙七年九月，内秘书院侍读学士熊赐履疏请遴选儒臣，簪笔左右，一言一动，书之简册，以垂永久。报可。

十年八月，置起居注馆于太和门西廊，设满记注官四员，汉记注官八员，俱以日讲官兼摄，并设满主事一员，汉军主事一员，汉主事二员。

十二年，增设满记注官一员，汉记注官二员。

十六年，增设满记注官一员。

二十年正月，谕翰林院："日讲官敷陈经史，日侍顾问，赞襄典学，职务繁多，宜广其员，以彰右文之治。现在满官足用，汉官尚宜增添，著即开列应用各员职名具奏。"

是年，增设汉记注官八员。

三十八年七月，裁起居注满汉主事各一员。

五十七年三月，停起居注记注之事，专归内阁。

雍正元年四月，复起居注官。谕曰："自古帝王，临朝施政，左史记言，右史记动。盖欲使一举动一出言之微，无不可著为法则，垂范百世也。皇考圣祖仁皇帝，英年践阼，即设日讲起居注官，于词臣中择其才品优长者，以原官充补，巨典茂昭，度越前代，诚为圣帝哲王之盛事。御极六十一年，绍精一执中之统，厉敬天勤民之心，文谟武烈，经纬万几，盛德日新，大业鸿显。天下臣民，仰瞻至治，不啻日月丽天，江河行地，莫不敬信悦服，记注之臣，美不胜书。皇考圣祖仁皇帝谦德弥光，圣不自圣，惟恐史官或多溢美之辞，故康熙五十六年以后，裁省记注，只令翰林五员，于理事时轮侍班行。凡有重务要旨，仍令内阁诸臣记而存之，意至周密也。兹朕缵承大统，夙夜兢业，日昃不遑，思所以上继皇考功德之隆，下致四海晏安之治。顾惟凉德，甚惧负荷之难。今御门听政之初，益当寅畏小心，综理庶事，咸期举措允宜。簪笔侍臣，何可阙欤？当酌复旧章，于朕视朝临御、郊祀坛庙之时，令满汉讲官各二人侍班，不独记载论旨政务，或朕有一言之过，一事之失，皆必据实书诸简策，朕用以自警，冀寡悔尤，庶几凛渊冰之怀以致久安，慎枢机之动而图长治。其仍复日讲起居注官，如康五十六年以前故事。"

是年，复设满日讲起居注官六员，汉日讲起居注官十二员，如有奉差，将应开列之员，题请简署，差满代还。并设起居注满主事二员。

谨按：起居注馆事务，归掌院学士兼管，其日讲起居注官，掌院学士例得坐充满汉各一缺，余以詹事、读讲学士而下坊、局、编、检等官开列充补。

又按：翰詹兼日讲官者，如升任别衙门，则不应兼充，惟汪由敦以提督四译馆太常寺少卿，许王猷以内阁学士，皆蒙高宗纯皇帝特旨，仍予兼充，非常制也。

十二年七月，增设起居注汉主事一员。

乾隆元年十二月，增设满日讲起居注官二员。

二十九年二月，御史秦蕙奏准，嗣后日讲官缺出，请将少詹事以下等官及俸深之编、检十员引见。

谨按：向例，日讲官缺出，翰林院开列具本题补，惟雍正六年五月，特旨将开列人员引见，后仍循例题请，至是始定引见之例。

是年三月，掌院学士刘统勋、观保奏准，詹事亦系应充日讲官之员，嗣后遇有缺出，将詹事一体引见。

三十九年十二月，掌院学士舒赫德、于敏中奏准，日讲官奉差，简员署理，或又有升迁事故，其间充署迭更，辗转承接。若某缺定归还某员，则出缺太繁，殊多未便。嗣后只应按缺讨员，不必以员拘缺。

五十八年九月，掌院学士和珅、彭元瑞奏准，日讲官奉差，将应署之员，缮写绿头签进呈，恭候钦派，停其引见。

嘉庆四年二月，复署日讲起居注官引见例。

八年六月，谕："彭元瑞、英和奏请增设满讲官一员，日讲起居注官满员向止八缺，较汉员减少四缺，每遇侍班及举行典礼，不敷匀派。著照所请，准其增设满讲官二员，作为额缺，该衙门即行带领引见，候朕简派。"

九年正月，掌院学士朱珪、英和奏请詹事照掌学院学士之例，坐充日讲官。得旨："詹事府詹事，准其照翰林院掌院学士之例，坐充日讲起居注官，著为令。"

文渊阁

乾隆四十一年六月，谕曰："昨四库馆进呈衷集《永乐大典》，散篇内有《麟台故事》一编，为宋待制程俱撰，具详当时馆阁之制，所载典掌三馆秘阁书籍，以执政领阁事。又有直秘阁、秘阁校理等官，颇称赅备。方今搜罗遗籍，汇为《四库全书》，每辑录奏进，朕亲披阅厘正。特于文华殿后，建文渊阁弆之，以充策府而昭文治。渊海缥缃，蔚然称盛。第文渊阁国朝虽为大学士兼衔，而非职掌，在昔并无其地。兹既崇构鼎新，琅函环列，不可不设官兼掌，以副其实。自宜酌衷宋制，设文渊阁领阁事总其成；其次为直阁事，同司典掌；又其次为校理，分司注册点验。所有阁中书籍，按时检曝，虽责之内府官属，而一切职掌，则领阁事以下各任之，于内阁翰詹衙门内兼用。其每衔应设几员，及以何官兼充，著大学士会同吏部、翰林院定议列名具奏，候朕简定。令各分职系衔，将来即为定额，用垂久远。至于四库所集，多人间未见之书，朕勤加采访，非徒广金匮石室之藏，将以嘉惠艺林，启牖后学，公天下之好也。惟是镌刻流传，仅什之一，而抄录储藏者，外间仍无由窥睹，岂朕右文本意乎？翰林原许读中秘书，即大臣官员中有嗜古勤学者，并许告之所司，赴阁观览，第不得携取出外，致有损失。其如何酌定章程，并著具议以闻。"寻议："置领阁事二员，以大学士、协办大学士、掌院学士兼充；置直阁事六员，以科甲出身之内阁学士，内班出身之满詹事以下至读讲学士，汉詹事以下至读讲学士兼充；置校理十六员，以内班出身之满庶子以下至编、检，汉庶子以下至编、检，及科甲出身之内阁侍读兼充；并置提举阁事一员，以内务府大臣兼充；置检阅八员，以科甲出身之内阁中书兼充。皆为定额。一切章奏文移，令其系衔于本职之上。领阁事、直阁事缺出，应由翰林院列名题请简授。校理缺出，应由领阁事大学士会同掌院学士遴选学问优长者数员引见，请旨充补，如有奉差，仍依日讲官例，请旨简署。提举阁事缺出，应由内务府奏请简派。检阅缺出，应由领阁事遴选奏明充补。"从之。

谨按：充直阁、校理等秩者，如升至不应兼充之官，则开缺另请简补，惟纪昀、陆锡熊、陆费墀，俱于初设阁秩时兼直阁，后洊升京堂侍郎、尚书，仍予兼充。嘉庆八年，戴衢亨以尚书特授直阁。皆为一时旷典。

又按：章宝传、刘谨之、刘锡嘏，以给事中、御史兼充校理。盖三人本充四库馆提调，故预是选，非定制也。

五十四年二月，裁直阁事二员、校理八员、检阅二员。

五十八年十一月，掌院学士和珅、彭元瑞奏准，校理照检阅之例，拣员奏补。

嘉庆四年二月，掌院学士那彦成、彭元瑞奏准，将应充校理人员，全行开列，并将内阁移送应充检阅人员，一体开列，恭候简充。

九年正月，掌院学士朱珪、英和，以遵旨续增《四库全书》归架，校对需人，奏请复直阁以下旧额。得旨："翰林院衙门奏请复直阁校理、检阅一摺，文渊阁庋藏书籍，现有续增归架各册，著准其增设校理四员，协同武英殿纂修各员校对。其直阁、检阅，均无庸增设。"

是月，掌院学士朱珪、英和奏准："如遇校理缺出，将未兼日讲官之庶子以下及俸深编、检二十员开列。检阅缺出，行文内阁，咨取科甲出身、资俸较深、行走勤慎中书，一缺二员，开列具奏，恭候简充。"

皇朝词林典故卷十八　官制

内　擢

顺治九年五月，令内三院修撰、编修、检讨，依科分序资升转。是年六月，擢编修程芳朝、蒋超为修撰，检讨李霨、沙澄、傅作霖、宋杞、刘泽芳、石申为编修。

谨按：一甲一名进士授修撰，二名、三名授编修，二甲三甲选庶吉士。俟散馆时，二甲授编修，三甲授检讨，品级虽分，升转无别，定制也。是年之擢，后不复见。

又按：顺治己丑科，姜元衡以编修降检讨。雍正癸丑科，于振以修撰降行人，召试词科，复授编修。范咸以检讨，洊升庶子，罢官，复授编修。乾隆庚子科，法式善以检讨洊升祭酒，罢官，复授编修。皆为创格云。

十一年三月，令翰林官升转俱归吏部。

十六年二月，吏部题补吏部右侍郎缺。得旨："内阁既不设学士，翰林官无缺可升，嗣后吏部侍郎缺出，著照礼部侍郎之例，亦用翰林官补授。"

谨按：汉员吏部侍郎，一兼学士衔，一不兼学士衔。故事，不兼学士衔者，翰林官不得推补，至是亦得开列。

康熙十一年闰七月，内阁、翰林院奏准："翰林职掌，专事纂修，与部院衙门不同，若非优通文义，难以办理。嗣后满洲侍读学士以下等缺，应听各衙门于应升官员内，择文义优通者，拟定正陪，咨送吏部。"

谨按：满洲庶吉士、编修、检讨较少，往往翰、詹缺出，不敷升补，则以各部院衙门科甲出身司员简选升用，是为外班翰林。

三十三年闰五月，谕："朕先虑翰林官壅滞，故用数人于部院衙门。所用数人，学问皆优，如有翰林缺出，仍著开列升补。"

谨按：先是三十年十月，以少詹事徐潮等十人为通政使司等各衙门京堂，故有是命。

又按：翰、詹改补京堂之例。太常寺卿、光禄寺卿、太仆寺卿缺出，以少詹事、侍读学士、侍讲学士、祭酒开列；顺天府府尹、通政副使、大理寺少卿缺出，以侍读学士、侍讲学士、庶子开列；太常寺少卿、鸿胪寺卿、太仆寺少卿，顺天府、奉天府府丞缺出，以侍读、侍讲、洗马、中允、司业、赞善开列。俱在正本之外，另为夹单。京堂由翰、詹改补者，如遇翰、詹应升之内阁学士缺出，以太常寺卿、顺天府府尹、光禄寺卿、太仆寺卿、通政副使、大理寺少卿开列；詹事缺出，以光禄寺卿、太仆寺卿、通政副使、大理寺少卿开列。亦入夹单。

又按：翰、詹开列京堂，满汉不同，满洲则通政使、大理寺卿缺出，以詹事开列；太常寺卿、奉天府府尹、光禄寺卿、太仆寺卿缺出，以少詹事、侍读学士、侍讲学士、祭酒、庶子开列。俱在正本，并无夹单。

三十八年九月，谕吏部："比年内升官员少，京堂悬缺者多，翰林官甚众，升迁壅滞。尔等将现出京堂之缺，及翰林官职名一并开列。"

四十八年定制，翰林院暨詹事府各官凡有升转，均以编修、检讨任内俸通论。

谨按：翰、詹论俸之例，凡职衔相同之员，不以到任先后为序，而以从前历任之俸为序，惟庶子、中允、赞善，仍以现任左右为序。此例专指汉员，若满员，惟论现任俸升转。详见后。

五十七年八月，吏部议覆左都御史蔡升元奏请，六部侍郎缺出，不论翰林京堂，应升之员，通行开列。从之。

谨按：向例，惟吏、礼二部侍郎为内阁学士、詹事、少詹事、读讲学士、祭酒应升之缺，其户、兵、刑、工四部侍郎，则以各京堂升补。至是并予列名。

雍正元年正月，谕吏部："满洲翰林向无升转之途，伊等如何升转之处，著议奏。"寻议："侍读、侍讲、谕德、洗马、司业缺出，以编修、检讨论俸推升一员，以中允、赞善及科甲出身之各部司员升补一员。少詹事、侍读学士、侍讲学士、庶子缺出，以侍读、侍讲、谕德、洗马、司业推升一员，以科甲出身之科道等官升补一员。"从之。

谨按：满洲编修、检讨，不升中允、赞善。中允、赞善缺出，则以科甲出身之主事、中书、小京官笔帖式升补，故中允、赞善与司员皆为外班。且有试俸之例，中允一年，赞善二年，期满后始得升迁。至乾隆五十六年，部议停其试俸。

二年定制，翰林凡遇升转，由院会同詹事府，以应升、其次应升各员职名，咨送吏部题请，奉差仍得咨送，并定革职降调。复擢翰林者，不得论前俸之例。

谨按：断俸之例，始于是年，至嘉庆八年九月，吏部议定，翰林惟大考降补者得接俸，而仍定以限制。详见《恩遇·考试》卷中。

十年十月，谕内阁："翰林官曾降旨记名褒奖议叙，及申饬训诲处分之处，著缮单于题讲升转派差时随本进呈。"

乾隆二年十一月，谕吏部："翰林开坊缺出，著将俸深人员开列二十员，带领引见。"

谨按：翰、詹汉员升转，惟修撰、编修、检讨开列司业、赞善，例由引见。赞善以上，则以应升、其次应升人员，具本题请。祭酒缺出，不分应升、其次升人员，通行引见。嘉庆十年，奉旨祭酒一缺，改为开列具题。详见后。

三十四年正月，汉中允缺出，其次应升之修撰、编修、检讨，不敷二十员数，翰林院依开列试差暨日讲官例，以丙戌科之一甲进士授职编修姚颐、刘跃云咨送。经部议，二人尚未散馆，不应开列，奏明更正。

谨按：修撰、编修、检讨，例应开坊之二十员内，如有事故，不克引见，则听其阙如。虽此外编修、检讨尚多，不得充数列名。

又按：编、检二十员内，奉差外省，遇有坊缺，系例应题请者，仍得照例开列；系例应引见者，则于奏摺中声明，不入绿头签。

五十六年五月，吏部议定，满洲少詹事缺出，专以读、讲学士论俸拟正陪；读、讲学士缺出，专以庶子、侍读、侍讲、洗马、司业论俸拟正陪。俱由引见。并议定外班还缺之例。

谨按：先是，满洲少詹事与读、讲学士并列。少詹事、读讲学士缺出，俱由大学士于庶子、侍读、侍讲、洗马、司业，及科甲出身之正五品以下京堂科道郎中各员内，一体拣选，拟正陪引见。至是部议更正。

又按：定制，满洲詹事缺出，以少詹事、读讲学士、祭酒、庶子及科甲出身之正四品京堂为应升，科甲出身之从四品以下京堂及科道为其次应升，具本题补。庶子缺出，以侍读、侍讲、洗马、司业为内班，正五品以下京堂科道、中允、郎中、员外郎等官为外班；侍读、侍讲、洗马、司业缺出，以编修、检讨为内班，中允、赞善、员外郎、主事等官为外班，间缺题补。内班论俸，外班初由保送，后改拣选，俱拟正陪引见。如内班止余一人，则以外班拟陪；内班无人，则以外班抵补。至是部议，俟内班应升有人时，计缺依数归还。如拟正之员，遇有奉差，或俟其回京之日，再行引见，或将应升人员，另拟正陪之处，由部具奏，恭候钦裁。

又按：定制，满洲司业缺出，以内外班应升之员，一体拣选，拟正陪引见；祭酒缺出，以庶子、侍读、侍讲、洗马、司业通行引见。

又按：论俸升转之例，满汉不同。汉员通论前俸，满洲则专论现任俸。惟庶子之由侍读、侍讲、洗马、司业升任者，开列读、讲学士，仍接论侍读、侍讲、洗马、司业之俸。盖侍读、侍讲、洗马、司业，原与庶子一体应升读、讲学士也。蒙古归满洲论俸升转，汉军归汉员论俸升转。

嘉庆五年二月，吏部议定，侍讲学士之转侍读学士，侍讲之转侍读，如有在侍读学士、侍读出缺之后，新授侍讲学士、侍讲者不得论俸转补。

谨按：向例，由讲转读，惟论前俸，不计出缺后先，至是更正。庶子、中允、赞善由右转左，不在此例。

是年五月，吏部议定，侍读、侍讲缺出，以洗马与中允、赞善一体开列；中允缺出，以司业与赞善论俸开列。

谨按：向例，汉员内阁学士缺出，以詹事、少詹事、侍读学士、侍讲学士、祭酒为应升，庶子、侍读、侍讲为其次应升。詹事缺出，以少詹事、侍读学士、侍讲学士、祭酒为应升，庶子、侍读、侍讲为其次应升。少詹事缺出，以侍读学士、侍讲学士、祭酒、庶子为应升，侍读、侍讲、洗马为其次应升。读、讲学士缺出，以庶子、侍读、侍讲为应升，洗马、中允、司业、赞善为其次应升。祭酒缺出，以庶子、侍读、侍讲为应升，洗马、中允、司业、赞善为其次应升。庶子缺出，以侍读、侍讲、洗马为应升，中允、司业、赞善为其次应升。侍读、侍讲、洗马缺出，俱以中允、司业、赞善为应升，修撰、编修、检讨为其次应升。中允缺出，以赞善为应升，修撰、编修、检讨为其次应升。司业、赞善缺出，俱以修撰、编修、检讨为应升。至是部议，翰、詹开列，同班中有庶子，即不能有洗马，侍读、侍讲既得与庶子并列，即以侍读、侍讲为洗马应升之缺。又议，司业、赞善虽有正六品、从六品之分，均为修撰、编修、检讨开坊之缺，其升转究应画一。奏明更正，遂为定制。

又按：司业、赞善较俸开列之例，赞善以左右为序，不能越次。如司业俸较深于左右赞善，将司业列于左右赞善之前；如较左赞善俸浅，较右赞善俸深，将司业列于左右赞善之间；如较左赞善俸深，较右赞善俸浅，仍将司业列于左右赞善之后。

八年三月，奉旨："向例，满洲内班翰林，不升转中允、赞善，遇有缺出，由外班补授。朕思汉缺中允、赞善，定为编、检升阶，满洲翰林品级与汉缺一例，嗣后遇有满中允、赞善缺出，著先尽编、检论俸升补，以次递转。如内班无人，再由外班拣选。其侍读、侍讲缺出，应用内班者，先尽内班之中允、赞善升用，如内班中允、赞善无人，仍准其以编、检升补。"

十年六月，谕："翰、詹升转各缺，自内阁学士以至中允，均系由吏部开列衔名，题请简放，惟国子监祭酒，向例将应升人员，带领引见补授，办理殊未画一。国子监汉祭酒一缺，著改为开列请简，以符体制。"

外　　调

顺治十二年九月，谕："翰林官简擢中秘，习知法度，今用人孔亟，必得文行兼优者，以学问为经济，助登上理。兹朕亲行裁定，陈炉、黄志遴、王无咎、杨思圣、蓝润、王舜年、范周、马华曾、沈荃、陈彩、邓旭、徐必远、于朋举、王鳃、耿介、崔之瑛、汤斌、卢高，皆品行清端，才猷瞻裕，各照外转应得职衔升一级用，遇缺即补。须益矢忠勤，兴利除弊，副朕图治安民至意。"

是年定制，詹事以布政使用，支正二品俸，少詹事以布政使用，侍读学士以按察使用，侍读、中允以参政用，编修、检讨以副使用。

十六年九月，谕吏部："人才久历外任，方能谙练事情，克称任使。今后翰林官除照常升转外，与科道一体按年外转。尔部会同翰林院，议定具奏。"寻议："侍读以下，照科道例，每年外转，春秋季各一员。侍读、侍讲以参政用，修撰以副使用，编修、检讨以参议用。"从之。

十八年九月，吏部奏："翰林已归并内三院，请将例应外转侍读以下等官开列引见。"得旨："翰林官现在无多，且皆经酌量选用，以后不必外转。"

康熙三十七年十二月，左都御史吴涵疏言："翰、詹之储材日广，升转之壅滞宜疏，请变通以收实用。皇上亲选庶吉士，每科三十余人，教习三载。又荷亲试分别等第录用，或科道，或部属，优者留馆为编修、检讨。至升转一途，部属四五年即升道府，科道四五年外转道员，内升四品京堂，不数载旋跻卿贰。惟留馆之编修、检讨，每有历俸十余年而不得迁中允、赞善者。由中允迁侍讲、侍读等官，有历十余年而仅止五六品者。今编修、检讨五六十人，开坊而上约三十人，以七八十人而经年不遇一缺，不转一人。皇上爱惜人材，破格外用，则编修李涛、检讨汪楫等以知府用；破格改授，则少詹事王士禛、徐潮，侍读顾藻、编修王九龄等，以副都御史、通政使、督捕理事官、通政司参议各缺用。但旷典难期，积久壅滞，仰恳圣恩，酌复变通。编修、检讨，或照李涛等之例，外补一二人；少詹、讲读学士等官，或照王士禛等之例，以京堂各衙门调补一二人。每年开列一次，恭候钦点，庶仕路均平，群材竞奋。"得旨："所奏极是。翰林官员，系进士内选拔者，教习三年，又行考试，择其善者始留衙门，伊等应升缺少，以致壅滞。此奏朕已知之，不必令部议也。"

谨按：先是，翰林外转，专用监司。康熙二十八年五月，编修李涛、丁廷楗，检讨汪楫，始外用知府。至是以吴涵请，复改检讨刘涵为扬州府知府。其调补京堂并奉明旨，已见《内擢》中。

雍正元年十月，谕："国家建官分职，于翰林之选，尤为慎重，必人品端芳，学问纯粹，始为无忝厥职，所以培馆阁之才，储公辅之器也。从前圣祖加意育才，循循训导，又纂修各种书籍，需员甚多，故翰林院编、检几至二百人，庶吉士亦五六十人。朕临御之初，未有编纂诸事，又未能如圣祖之善于训导，诚恐人材置之闲散，特多方录用，内而科道、吏部，外而道府、州县，俱各随材器使，务令疏通。今编、检尚有百余人，庶吉士尚有数十人，著内阁大学士会同翰林院掌院教习，秉公别择。其学问优长、字画端楷，或精于翻译国书者，留本衙门办事，及分各馆纂修。其或才具练达，可当科道、吏部之选，或长于吏治，编、检可为道府，庶吉士可为州县者，一一分别具奏。"

乾隆八年四月，谕："编修、检讨中，有能胜知府之任者，著大学士等拣选数员，交与吏部，带领引见。"

十四年九月，谕："近年翰林人员，外用者少，著大学士会同翰林院掌院学士，将可胜道府之任者，于编修、检讨内拣选数员，带领引见。"

二十九年二月，谕："翰林人员，向有外用道府之例，著大学士会同翰林院掌院学士，将才堪胜任道府者，拣选数员，带领引见。"

京　察

乾隆二十九年四月，吏部议覆掌院学士刘统勋奏，满洲翰林之兼部人员，遇京察考核，令该部堂官分别等第，出具考语，封送翰林院办理。从之。

谨按：满洲外班翰林，例得奏留原衙门行走。

三十二年十一月，吏部议覆御史王懿德奏，翰林院读、讲学士及詹事府庶子等官，职任清华，与小京堂相等，京察一体归王大臣验看引见。从之。

三十六年四月，谕："本日引见京察各员内，翰林院庶吉士亦有列入一等者，该员尚未散馆授职，不应遽膺荐剡，著彻去。嗣后庶吉士保列一等之例，著停止。"

谨按：自是年后，每遇京察，庶吉士不列一等，仍概以二等注考。至乾隆五十六年十一月，大学士和珅奏准停庶吉士京察。

是月，又谕："今日吏部引见京察人员比较单内，翰、詹衙门保送一等者，已较上届为多，其外又有兼部行走之员，由部注考，仍附本衙门引见。虽属循例办理，但此等人员，既以职系翰林，不占部员之数，而翰、詹衙门又以由部保荐，听其溢于旧额，似此两相影射，浮滥渐滋，殊非慎重考绩之道。所有此次兼部翰林之保列一等者，俱著彻去。夫翰林既兼部务，掌院即不复过问其人之勤惰优劣，惟各部堂官体察而甄叙之。京察时既与司员一例殿最，又何必因其籍在词垣，强为分别，不偕曹司引对乎？嗣后满洲翰、詹各员，有兼部行走列在一等者，即入于各该部保送员数内，一体比较，其仍归本衙门，另班声叙之例，不必行。"

五十六年十一月，御史五泰奏准，詹事府洗马、中允、赞善各员京察，俱归翰林院掌院学士兼管；其主簿等官，仍由詹事考核。

谨按：掌院学士兼管詹事府京察考核，至嘉庆五年十一月，钦奉谕旨，仍归詹事办理。详见《詹事府》卷中。

嘉庆五年五月，谕："继善奏'四五品京堂及翰、詹学士等官停止验看，请照三品京堂，一体带领引见'等语，所奏甚是。向来四品京堂及翰林院读、讲学士并左右庶子等官，每遇京察之年，系吏部开列王大臣名单，请旨简派验看，分别等第，由吏部带领引见。但此等人员，职分较大，俱系朕特加简擢，伊等与王大臣向无交涉事件，又无统属，其贤否何由深知，所定等第，亦未必确当。况于验看后，仍带领引见，又何必多此一番验看为耶？嗣后四五品京堂及翰、詹读讲学士等官，即照三品京堂之例，一体带领引见，不必由王大臣验看。著为令。"

是年十一月，谕："向来翰林院编修、检讨遇有京察，保列一等记名者，俱与开坊各员，一体简放道府。但编修、检讨只系七品，而道府则系四品，职级相去甚远，乃编修等一经保列记名，即邀简用道府，未免太优。且编、检职系词垣，其由掌院学士保列一等者，大率因其学问较优，年力精壮，登之荐牍，引见时量予记名，并非考试优等者可比。该员等即长于文艺，究未经政务，于地方民事，岂能谙习？遽膺方面，恐不免致有贻悮。嗣后除业经开坊之翰、詹等官及修撰京察一等记名外用者，遇有道府缺出，仍开列请旨，其编、检京察一等记名外用者，遇有同知、直隶州知州缺出，开列简放。著为令。"

是月，谕："昨已降旨，将翰林院编修、检讨京察一等记名外用者，遇有同知、直隶州知州缺出，开列简放。原因编、检与道府品级相去较远，遽加擢用，未免过优。今思编、检开坊，只系按照俸次，其京察引见准列一等者，未必俱系俸深人员，嗣后编、检各员，遇有坊缺，著将京察一等记名之员，于引见时排单绿头牌及开列本内，详细注明。各该员开坊后,遇有道府缺出,即一体开入简放。著为令。"

九年三月二十六日,吏部带领京察一等之侍读觉罗桂芳、吴蔚,侍讲贵庆、王引之,修撰赵文楷,编修狄梦松、戴殿泗、黄焜望、李翊、吴荣光等引见。得旨:"赵文楷、黄焜望著交军机处记名,以道府用。"

十年十一月初六日,吏部遵旨带领九年京察一等款经记名之编修狄梦松、戴殿泗引见。得旨,狄梦松著交军机处记名,以道府用。

谨按:翰林院满汉侍读、侍讲暨编修、检讨,凡遇京察,一体核记,于七员内卓荐一员,移送吏部引见,恭候钦定。或记名外用,或准其一等。编修、检讨俱加一级,开坊翰、詹依外省藩臬例,虽列一等,不得加级。

又按:京察定制,各衙门官员,非俸满三年者不得卓荐,翰、詹以庶常俸通论。至推升论俸,仍自授职为始。详见《内擢》中。

皇朝词林典故卷十九　官制

保送御史

康熙二十九年四月，拣选编修、检讨为科道官，冯云骕、汤右曾改给事中，彭始抟、宋朝楠、刘灏、张瑗改监察御史。

谨案：国初庶常散馆，间改科道，以编修、检讨改者，自冯云骕六人始。

四十四年四月定制，编、检改御史，无庸试俸。

谨案：向例，试俸一年，始得实授。至是以翰林班在科道之上，停试俸例。

是年六月，吏部议定，考选科道，将翰林院编修、检讨及正途出身之六部司员，一同开列，恭候简用。

谨按：满洲、蒙古编检，例不考选御史，其余皆得保送。

雍正三年三月，谕大学士等："应开列科道人员，俱系科甲出身，再考文字，亦属无益。今次著于翰林各部院衙门应行开列人员内，令各堂官荐举。从前朕于科道中欲用外省道员，故将有才干者选用。今外省道员将次用足，科道职司言路，务择忠诚为国、直言无隐者，方为称职。如钱廷献之徒务虚名，刘灿之挟雠为己，崔致远之抗违狂妄，此数人皆但知有身，而不顾朝廷，如此存私之人，断不宜于言责。今次荐举人员内，若有此等行为，必将原保举之人一并究问。"

乾隆三年三月，谕："科道为朝廷耳目之司，关系甚重，向来俱系各部院堂官将合例司员拣选保送，翰林院编修、检讨亦在拣选保送之列，由吏部带领引见，朕亲加简拔，用为科道。此定例也。但思部院司员及翰林编、检人数甚多，各堂官保送，皆就伊等所见举出。统计一衙门官员，不过十之一二，其余众员，朕未经遍览，此中或有可任科道而不在保送之例者，亦未可定。朕意欲将例应考选翰林部属等官，一概通行引见，司员每日在本衙门办事，其才品之长短贤否，该堂官员所熟悉，著逐名出具考语，有由州县行取补用者，亦著注明，即著该堂官带领引见。至编、检官员，职司文墨，其办事之能否，未经试验，无庸出具考语，著该掌院学士带领引见，朕自有鉴别。现在御史员缺，应行考选，且记名之人，即可备将来考选之用。至于考选人员，著各衙门于圆明园该班奏事之日，带领引见。翰林院编、检人多，分作三班，部院酌量人数分班，每班以二三十人为率。记名之后，陆续交与吏部，俟有御史缺出，按其品级俸次，开列引见，候旨补授。补用将完之日，吏部再将如何考选之处，另行请旨。"

三十八年闰三月，吏部议覆御史唐淮奏，编修、检讨俟历俸已满三年之后，始得保送御史。从之。

六十年十一月，谕："各衙门保送满汉御史，初次引见，未经记名，下次不得再行保送。著为令。"

嘉庆二年十月，奉旨："吏部奏现在记名御史之部属尚有八员，翰林只有一员，应请考选等语。向来御史缺出，吏部带领一排三人，翰林前列，以致多用。现在部属人员不少，而翰林只有一员，若再将翰林保送，部属未免壅积偏枯。所有未用之翰林一员，著暂停引见，俟部属仅余二三员时，再将翰林部属，一同照例引见。"

六年十一月，掌院学士达椿、彭元瑞奏准，编、检保送御史，仍照旧例。部属记名者无人，即保送部属，翰林记名者无人，即保送翰林，陆续分班，不相迟待。

十年六月，谕："据给事中永祚奏，汉御史缺出，请将翰林、部属轮班简用一摺。向来汉御史缺出，吏部将翰林一员、部属二员，带领引见。朕随时酌核人材，量加录用，岂能记忆前次所用系属何项人员？该给事中所奏，尚为平允，著准照所请。嗣后遇有汉御史缺出，吏部将曾经记名以御史用之翰林、部属各员，轮班带领引见，候朕简用。"

散　　馆

国初庶吉士散馆，除授内三院编、检外，改授科道数人。

顺治十六年散馆，仍留教习者十余人，外用者一人，黜革者一人。

十八年散馆，则有部用者十余人。嗣是历科参用其制，或用中书、行人、评事、博士，或以知县即用，或归进士原班铨选，或用教职，法为加备焉。

谨按：庶吉士改授科道，历科散馆皆有之。至康熙三十六年丁丑，惟吴甫生、江球二人。自是而下，遂停其改授。

雍正元年十月，谕："朕特恩开科，人才辈出，将来选拔庶常，朕当亲加考试，至日后散馆，仍照旧例，以三等分用。"

是年定制，满洲庶吉士散馆，文理优者授编修、检讨；平常者，照满洲散进士例，以通政使司知事等官补用。

谨按：满洲庶吉士，雍正甲辰科散馆，有改用小京官者一人。丁未科以后，仍复改用主事之例。

是年十一月，谕内阁："今科庶吉士散馆，满汉试卷，著吏部尚书隆科多、户部尚书张廷玉、礼部尚书张伯行、礼部侍郎登德阅看具奏。从前已将庶吉士内拣选分用，此内或更有才堪外任及可在部员者，尔等会同左都御史朱轼分别具奏。"

乾隆十三年五月，谕："历科进士，殿试一甲第一名即授为修撰，二名、三名授为编修，至散馆时无所更易。伊等恃已授职，遂自甘怠忽，学业转荒。即如今年散馆，修撰钱维城考列清书三等，编修庄存与考列汉书二等之末，其不留心学问，已可概见。但钱维城系派清书，或尚非其素习，著再试以汉书，候朕阅定。庄存与不准授为编修，俟引见时，朕酌量其人才，或以部属，或以知县，或归班选用。则此后一甲之人，皆有所警而专心学问。若有仍三等者，其例视此。"

谨按：钱维城于散馆后，再试五言八韵排律诗一首。庄存与引见，奉旨留馆教习，同次科庶常，再行散馆。二人俱未改用。

又按：鼎甲散馆改用者，康熙辛丑科编修吴文焕改员外郎；乾隆丁未科编修孙星衍、董教增，癸丑科编修陈云，乙卯科编修潘世璜，俱改主事。历科以来，五人而已。

三十四年四月，谕："御史孟邵条奏，请定翰林院编、检额缺一摺，所见不知事理。向来所以不限定额者，因庶吉士散馆之后，编、检人员自不较多，中间遇有升降，其数亦无壅滞之患。即如该御史所奏，定以额缺，而所余各员，仍令额外学习候补，是有限制之名，而无限制之实。"

嘉庆六年四月，谕："昨日引见散馆人员，除一甲进士三名先经授职外，其清汉书庶吉士内，留馆授职者二十员，用为部属者三十五员，用为知县者十五员。因思各部额外候补主事，为数较多，此次以部属用各员，得缺需时。且现在满洲及边省翰林，人数甚少，所有散馆二甲进士内，以部属、知县用之，吴其彦、张惠言、陈寿祺、李翙、吴荣光、花杰、李端、李象鹄、王鼎、杨世英、胡大成，俱著加恩改授编修。三甲进士以部属用之，贵庆著加恩授为检讨。"

十年四月，奉旨："嗣后散馆引见，照新进士引是之例，按依省分排叙，并于各员名下，注明等第名次。"

谨按：庶常教习，三年散馆授职，定制也。然亦有未散馆而授职者，历科如顺治间之宋德宜、崔蔚林，康熙间之沈宗敬、励廷仪、汪灏、蒋廷锡、查慎行、梅毂成，雍正间之黄之隽、张泰基、蒋溥、鹿迈祖、朱凤英、佟保、孙人龙、陈中、薛蕴、李贤经、色通额，乾隆间之刘起振、朱瑾、梁启心、张若澄、汪知藻、恭泰、祝堃，或以供奉内廷，或以宣谕外省，或以校书议叙，或以告假逾期，皆得免其考试。而乾隆己未鼎甲涂逢震，由编修充上江宣谕化导使，未散馆即升中允，尤为逾格。汇录于此，用志庶常之叠邀殊数云。

馆　　选

顺治三年定制，殿试毕，新进士由内三院题请选庶吉士。届期，上御便殿，内院学士豫以新进士名单进呈，次第引见，恭候钦选，分清汉书。

谨按：自专设翰林院后，礼部以新进士移送到院，掌院学士会同大学士，以新进士开列引见，恭候钦定。其以他途用者，移送吏部。馆选者，学士一员朝服至署宣旨。

九年七月，给事中高辛允奏准，按直省大小，选汉庶吉士，直隶、江南、浙江各五人，江西、福建、湖广、山东、河南各四人，山西、陕西各二人，广东一人，二十人习清书，二十人习汉书，满洲四人，蒙古二人，汉军四人，一体读书。

谨按：庶常，国初隶内弘文院，本无定员。自是年后，历科因地因才，递有增减。详见《题名》卷中。

又按：是年壬辰科，授满洲一甲进士麻勒吉为修撰，折库纳、巴海为编修，并选满洲、蒙古、汉军二甲三甲进士为庶吉士。十二年己未科，停汉军进士馆选。十五年，停满洲、蒙古、汉军考试之例。康熙九年庚戌，复开科馆选。十八年，停考试之例。三十年辛未，复开科馆选。自后历科皆预选焉。

雍正元年十一月，谕内阁："编检庶常乃清要之选，必须学问优长，人品端方，始为称职。若品行有亏，虽文艺可观，亦无足取。今岁所中进士，尔等悉心察访，必得文行兼优之士，擢为庶吉士，将来始可以收得人之效。其第一甲第一名于振，著即授修撰；第二名戴瀚、第三名杨炳，即授编修；二甲第一名张廷珩，即授检讨。"

谨按：定制，一甲进士榜下授职，二甲、三甲馆选者，散馆授职。是科二甲一名张廷珩，即授检讨。雍正十一年，二甲一名张若霭，即授编修。皆未经选庶吉士，真旷典也。

又按：历科二甲进士授检讨者，张廷珩而外，康熙间则有钱金甫，乾隆间则有陈兆仑、夏之容、周长发；三甲授编修者，康熙间则有李铠、钱中谐、曹禾，乾隆间则有董泰。或召试词科，或特旨拔用，故皆未依甲第。其以一人而迭为修撰、编修与编修、检讨者，已见《内擢》中。

是月，又谕大学士等："新科进士于引见之前，朕欲先行考试，知其学问，再行引见选拔，庶人才不致遗漏。一应仍照殿试预备，考试题目，朕将诗文四六各体出题，视其所能，或一篇，或二三篇，或各体俱作，悉听其便。"

是月，又谕："新科进士，著问九卿，有知其居家孝友、人品端方者，各就所知举出，毋得隐而不言，亲戚相识，亦不必回避。问明即注于进士姓名之下，一并奏闻。"

是月，又谕："选庶吉士，著照依文字入选、有保举无保举、名次引见，其文字不入选与无保举者，仍照殿试甲第引见。"

是年十二月，谕："昨引见新科进士，有记名者十七人，年力尚壮，传问伊等，有愿在各馆效力，及在内官学学习者，令各自陈明。若行走勤慎、学问好者，朕仍拔置翰林。"

谨按：此项人员，至三年四月，授景山教习夏之芳为编修，姜颖新、黄岳牧、陆宗楷为检讨。虽未著为令，亦掌故之足征者。

三年四月，谕大学士、九卿等："前日李钟峩奏称'翰林为储材重地，自康熙四十五年至六十年七科，每省俱有庶吉士。雍正元年癸卯科，汉军及河南、四川进士无馆选者。雍正二年甲辰科，蒙古及山西、河南、陕西、四川、广东、湖南、广西、云南、贵州进士，俱无馆选者。请广储材之路'等语。朕即位之后，以培养人材，最重翰林，故加意详慎。隆科多曾奏称圣祖时馆选，每省俱有庶吉士，所以朕于雍正元年癸卯科馆选时，试其文艺，观其人品，于僻远省分之人，亦酌量选取。又每谕教习之臣，尽心训迪，迨后历经拣择。及考试文章，其中惟江浙人文义实较各省为优，因将各省人员，分用于内外各衙门，而江浙人留馆独多。雍正二年甲辰科馆选，亦详加考试。朕因以文义优者选为庶吉士，于是山西、河南等省进士，遂多不得与选。盖翰林职司文章，若以文义不及者处之，则用违其材，而其人或有他长，反无以自见矣。朕凡于用人行政，无不审慎筹画，务求当理，而选择翰林，更为留意。实欲使人人勿枉其才，各效所长，庶国家得收器使之效，岂计及于各省翰林之多寡有无也？今览李钟峩所奏，是必外人有此议论，故以入告，朕甚嘉之。嗣后馆选庶吉士，或应考试文艺选取，或应每省额选几人，或应分为南北两院。向来教习止派满汉各一员，今若按省分各选应吉士，或亦按省分各设教习，可乎？至各省未得馆选之进士中，或有文义可充翰林之选者，尔等确有所知，即行举出，毋使人有逸才之论。"寻议："历科馆选之法，尽善尽美，更无遗逸之才，李钟峩条奏无庸议。"从之。

五年五月，谕内阁："今科选拔庶常，应如何简选考试？务得人材以济实用。尔等会议具奏。"寻议："请照雍正元年癸卯科，殿试后集诸进士于保和殿考试，仍令九卿确行保举。其考试拟用论诏奏议诗四题，或作一二篇，或诸体全构，听其各展所长。届期，钦点大臣阅卷进呈。其新进士内，如有彼此熟悉，素为众所推服者，亦令公同举出。"

谨按：先是，进士殿试毕，即待馆选，自顺治丙戌迄康熙辛丑皆然，至是乃定朝考之制。其试题，惟乾隆十六年特改用论、奏议、诗、赋各一篇，后仍如前例。

乾隆二年四月，谕："新科进士，著总理事务王大臣验看，分别三等具奏，候朕亲加简选。"

十六年闰五月，谕："庶吉士分习清书，例由翰林院掌学士分派，惟量其年力，不拘省分。旧时清汉各半，自雍正年间以来，分习清书者渐少，每科尚有十四五员、十七八员不等。朕思边省之人，馆选本少，声律亦素所未娴，既习国书，自必专意殚精，惟清文是务，非天分优而学业勤者不能兼顾，汉文益致日就荒落。迨散馆时，或以清书优等授职，而留馆后，遇通行考试，往往拙于诗赋，列入下等，改令别用。究其所肄清文，自散馆一试外，别无职分应用之处，微独边省，即北五省庶吉士类然。翰苑中江浙人员较多，而远省或致竟无一人，非所以均教育而广储才也。嗣后云南、贵州、四川、广东、广西等省庶吉士，不必令习清书；直隶、山东、河南、山西、陕西等省，亦视其人数在三四员以上，酌派年力少壮者一二员；其江浙等省，人数在五六员以上者，酌派二三员，率以三十岁以下者充之。每科通计在十人内外，宁缺无滥，循举旧章，备国朝典制足矣。该衙门即遵谕行。"

二十五年五月，大学士傅恒奏准，新进士朝考，在保和殿考试；阅卷之大臣，即于文华殿两廊住宿；并派御史四员，于监察考试后，监看阅卷。

谨案：朝考在文华殿阅卷。乾隆五十二年丁未，奉旨派阅卷大臣，在圆明园阅卷。以后俱在圆明园，惟嘉庆四年在文华殿。

三十一四月，谕："向来新进士殿试朝考后，复派王大臣验看，分别等第。原因人文并重，且使边方远省名次在后者，亦得均与馆选也。但思进士原系通行引见，其人之可造与否，朕皆临时甄别录用，自可毋庸预为拣选。嗣后新进士引见时，著令按省分，仍依甲第前后，分班带领，并将上次每省录用人数，详晰开单呈览。如有朝考录取者，并于绿头签及排单内注明其如何分省分日引见之处，该衙门临时酌办奏闻。"

三十一年五月，大学士傅恒等奏准，新进士引见，除一甲三名业经授职，另为一班外，其满洲、蒙古、汉军及各省新进士，按其省分并甲第前后，开写排单。其有朝考入选者，除于排单及绿头签注明，并将此项人员，归于各该省之前，仍按甲第名次引见。

三十四年五月，大学士尹继善等奏准，新进士有朝考入选者，于排单绿头签注明，仍照各该省甲第名次引见。

四十年五月，奉旨："嗣后鼎甲试卷内，如有失粘落韵以及字画差讹之处，俱著一体加签。"

谨按：定制，一甲进士朝考试卷，另行进呈，不归阅卷大臣定拟。至是始加签，仍不列以名次。惟乾隆五十四年己酉科朝考，特命将一甲进士胡长龄、汪廷珍、刘凤诰三卷，与众卷一体弥封，归阅卷大臣定拟，胡长龄名在第三，汪廷珍名在第二，刘凤诰名在第五。后仍如前例。

嘉庆七年壬戌，选宗室果齐斯欢、德朋阿、惠端为庶吉士。

谨按：国初定制，宗室不应科目之选。乾隆十年乙丑科会试，选宗室达麟图为庶吉士，十三年戊辰科选平泰、良诚为庶吉士，旋停宗室考试。嘉庆四年，特恩定宗室乡会试例。至是，选果齐斯欢等三人，一时称盛焉。

皇朝词林典故卷二十　官制

请　假

顺治十六年四月,掌院学士折库纳、王熙奏准,翰林院官自侍读学士以至编、检,与掌院俱为同官,原无统属。凡给假、省亲、终养、迁葬、告病等项,令其自行陈请。

康熙十四年定制,翰林请假,惟掌院学士自行陈奏,其馀均送吏部具题。

五十三年二月,谕大学士等:"近见翰林等官,告假者甚多,三分已去其二。又庶吉士等,正当学习时,遽回本籍,至三年考试将近,又来考试,似此任意告假,焉得学习。此后除丁忧、终养外,凡翰林院庶吉士告假者,应照致仕知县例,不准补用。"

谨按:此项休致人员,至雍正四年九月恭逢恩诏,俱得开复。

乾隆三十四年四月,谕:"御史孟邵条奏所称'编、检听其去来,不足以昭慎重'等语,不知伊等遇有告假等事,资俸例应扣除,不能越次迁转。倘其间有以领俸前后巧为趋避者,自有定例,本难趋避。即间有一二见小不惜颜面之徒,亦将为士林所不齿,国家又何必屑屑为之防禁耶?"

谨按:四五品以下京官告假,其因各项事故及程途远近,俱分别定有限期。翰、詹并无专条,兹不具载。

候　补

乾隆三十六年十月,谕:"向来翰林院侍读、侍讲学士,及侍读、侍讲、中允、赞善等官,有需次候补者,例坐补原官,不得通融借补。此等词曹清秩,额缺有数,一经回籍,至来京应补时,辄格于成例,未免守候需时。因思读之与讲,系衔虽殊,品秩相等,而汉中允、赞善,亦非若满员之铨用殊途、分别五六品顶带者可比。从前坐补之例,未免过于拘泥,即稍为变通,于体制亦无妨碍。嗣后此等候缺人员,读、讲、中、赞,准其各自通融补用。著为令。"

谨按:是年定通融借补例内,并无洗马、司业。至三十七年,候补洗马刘权之,复蒙恩准其借补侍讲。三十八年,候补司业刘亨地,亦蒙恩准其借补中、赞。

嘉庆四年五月，吏部议定，侍读学士、侍读缺出，如有候补侍读学士、侍读，将现任应转人员，通行开列于候补人员之后。并议定，中允、赞善品级既分正从，且一系开列具题，一系引见，未便通融借补。

谨按：向例，侍读学士、侍读缺出，俱以现任应转之员，论俸指拟转补。如有候补人员，无论原任系读系请，只开列指拟转补者，所遗侍讲学士、侍讲之缺，而列于应升有员之前。至是更正。

又按：定制，翰、詹凡有销假、丁忧服阕者，补官后，扣除告假、丁忧日期，仍论前俸升转，俸同者论资。

九年十一月，奉旨："向来候补三品以下京堂、翰、詹等官，应行赴部验到者，均止在部投递名帖，并不亲身到部。嗣和珅管理吏部，酌定章程，令此项人员赴部具呈验到。本非通行定例。今候补侍讲李传熊，既系六月赍文到京，只因投文时遗漏名帖，尚无大错，此次侍讲员缺，著准其一体开列，仍著补具名帖存案。嗣后三品以下京堂、翰、詹等官，应行赴部授到者，仍照向例，将文书名帖，一同送部，著该部纂入则例。"

改用部曹

雍正元年三月，吏部奏："本衙门员外郎缺员，请将翰林院庶吉士拣选引见补用。"从之。

谨按：庶常散馆，有改用各部主事之例。翰林大考，间亦改用郎中以下等官。其不由散馆、大考改用者，自是年始。

二年十二月，谕："刑部刑名案件，最为紧要。朕所赖者，诸大臣之赞襄；诸大臣所赖以办事者，各司员之尽职。是以每司必得一二实心办事才能之员，方有裨益。朕思翰林院满汉编修、检讨、庶吉士，俱系进士出身，伊等即未必素谙律例，亦必不难于练习。尔等于满汉编修、检讨、庶吉士内拣选，或有情愿在刑部学习办事者，或有为尔等所知者，共拣选二三十员，带领引见，分在各司学习办事。如有办事明白、实心效力者，酌量题补。"

改授馆职

国朝崇尚文治，馆制修明，自历科新进士选除外，复征试词科暨保举、经学，俱膺馆职。事载《恩遇》卷中。其由他官改授者，如钱以垲以左通政授少詹事，赵殿最以按察使授少詹事，揆叙以二等侍卫授侍读，康五瑞以给事中授侍读，张允钦、陆锡熊俱以郎中授侍读，王士禛以郎中授侍讲，高士奇以中书授侍讲，王原祁以给事中授中允，方苞以会试中式举人授中允，王延年以国子监学正授司业，曹洛禋以举人授司业，黄钺以主事授赞善，孙士毅以巡抚授编修，杜镇、陈聂恒、程晋芳以主事授编修，励杜讷以州同授编修，魏学诚、陈厚耀俱以中书授编修，赵申季以知县授编修，尼满以笔帖式授编修，王懋竑以教授授编修，夏之芳以教习授编修，周有德以贡生授编修，王继文、靳辅、刘兆麒、张长庚俱以官学生授编修，陈学海以御史授检讨，陆宗楷、姜颖新、黄岳牧俱以教习授检讨，廖必琦以主事改庶吉士，侍朝以国子监监丞改庶吉士，王崇简、杜芳、周爰访、张丕吉、魏天赏、乔庭桂、岳映斗俱以前明进士特选庶吉士，邵晋涵、余集、周永年、张能照、胡荣、朱钤、吴绍灿、杨昌霖、程嘉谟俱以进士补选庶吉士。以上诸人，入馆先后以及爵里，皆分注于《题名》。兹惟以改授时品秩为序，志其遭际之荣，仰见盛世词垣收材之广焉。

谨按：翰林称清华之秩，庶吉士一自散馆改用他官，即不得复入翰林，惟张逸少以庶常散馆改知县，迁秦州知州，伊父大学士张玉书奏乞内用，复得授为编修。其在满员，内班较少，不免借材外班，然亦不得复为编修、检讨，惟达椿以庶常改部，旋从外班补侍讲，大考降为检讨，转预内班之选。故改授馆职，尤以编、检为荣云。

又按：僧格勒、胜格俱以科甲出身，从部属补外班翰林，大考降为编修，亦外班中所希覩者。

又按：翰林已改御史而复入词馆者，康熙三十九年，彭始抟以会试分房，持正不阿，仍授检讨。翰林出为外任而复入词馆者，乾隆四十年，山西布政使朱珪特召来京，授侍讲学士；嘉庆九年，广东按察使邱庭漋陈请终养，特旨授侍读学士。皆殊数也。

又按：内阁学士为翰、詹应升之缺，此外京堂必曾任编、检者，得入另单开列。惟乾隆间尹壮图、张若淳，嘉庆间王汝璧，皆非曾任编、检之员，得授内阁学士，盖由特简云。

又按：康熙间，唐孙华以吏部主事在翰林院行走。乾隆三十七年，陈孝泳以通政司副使入直南书房。嘉庆四年，赵秉冲以内阁侍读学士入直南书房。三人皆未膺馆职，而遭际有异于人者，故附于此。

兼　衔

康熙十年正月，令提督四译馆太常寺少卿关防内，增铸翰林院衔。

雍正四年十二月，改直省学道为学院，凡部曹奉差督学。加翰林院衔，二甲者加编修，三甲者加检讨，受代后仍还本任。

《会典》开载：

翰林院正官：

满掌院学士一员，汉掌院学士一员；从二品。

满侍读学士二员，汉侍读学士三员，满侍讲学士二员，汉侍讲学士三员；从四品。

满侍读二员，汉侍读三员，满侍讲二员，汉侍讲三员。从五品。

史　官

　　修撰无定员；从六品。

　　编修无定员；正七品。

　　检讨无定员；从七品。

　　庶吉士无定员。支七品俸，诰封仍依甲第，视编修、检讨。

首领官：

　　汉典簿一员，汉典簿一员；从八品。

　　满孔目一员；从九品。

　　汉孔目一员。未入流。

属官：

　　满待诏二员，汉侍诏二员；从九品。

　　满笔帖式四十员，汉军笔帖式四员；由举人、贡生除者七品，生员、监生除者八品，官学生除者九品。

　　五经博士二十七员。正八品。

　　谨按：我朝五经博士，孔、颜、曾、孟四姓外，其闵氏、冉氏、颛孙氏、有氏、仲氏、言氏、卜氏、端木氏、姬氏、东野氏，与汉关氏、唐韩氏，宋周氏、程氏、张氏、邵氏、朱氏皆有之。崇儒重道之典，视前代为加渥矣。

起居注馆：

　　满日讲起居注官十员，汉日讲起居注官十二员；兼衔。

　　满主事二员，汉主事一员；正六品。

　　满笔帖式十四员，满军笔帖式二员。品级与翰林院同。

文渊阁：

　　领阁事二员，提举阁事一员，直阁事四员，校理十二员，检阅六员。兼衔。

詹　事　府

　　顺治元年，置詹事府，以少詹事一人掌府事。

　　是年十一月，诏裁府署职掌，统于内三院。

　　九年四月，复置詹事府，设詹事一员，少詹事二员，主簿一员，录事二员，通事舍人二员；置左右春坊，设庶子各一员，谕德各一员，中允各二员，赞善各二员；司经局，设洗马一员，正字二员。俱令内三院官兼之。时以府署止设汉员，因专设满詹事一员掌管府事，而司其印信。

　　十五年五月，裁詹事府。

　　康熙十四年十一月，奉诏复置詹事府，设满汉詹事各一员，兼翰林院侍读学士；少詹事各二员，兼侍讲学士；左右春坊庶子各二员，兼侍读、侍讲；谕德各二员，兼修撰；左右中允各四员，兼编修；赞善各四员，兼检讨；司经局洗马各一员，亦兼修撰；主簿各一员，录事各二员，正字各二员。

三十一年十月，特命礼部尚书汤斌兼掌詹事府事。

谨按：詹事向设专员。自是年后，皆以尚书、侍郎兼领。至三十六年，复用专员。

三十七年十二月，裁满少詹事一员，谕德、中允、赞善各二员，正字、录事各二员。

三十八年七月，裁汉中允、赞善各一员，正字、录事各一员。

五十二年闰五月，裁汉谕德一员，中允、赞善各一员，录事一员。

乾隆十三年四月，裁汉少詹事一员。

十四年正月，谕："詹事府衙门，事务简少，其庶子等官，俱设有左右员缺，惟左谕德满汉二缺，有左无右，于官制殊未画一。所有左春坊左谕德满汉员缺，著裁去。其现任满汉二员，著该部照例以应补之缺，奏请补用。"

三十六年三月，裁汉正字一员。

五十四年十二月，谕："本日阅洗马周琼呈请代奏谢恩摺内，有'补授司经局洗马兼翰林院修撰'字样。修撰系一甲一名进士专衔，何用假借兼摄。因思詹事府衙门，自詹事、庶子、中允、赞善等官，亦俱兼翰林院读讲学士、侍读、侍讲、编修、检讨等衔，此系相沿前明旧例。詹事等官既各有专衔，嗣后毋庸再兼翰林院虚衔，以昭核实。"

嘉庆二年四月，谕："詹事府各员京察，向归翰林院掌院办理，而该衙门事务，又系该堂官自行，未归画一，原办未免疏漏。所有詹事府衙门事务，嗣后均著翰林院掌院管理。"

谨按：詹事府京察，原系詹事办理。乾隆五十六年，御史五泰奏归掌院学士。见《翰林院京察》卷中。

五年十一月，谕："从前和珅管理翰林院掌院时，将詹事府衙门奏明，归入翰林院衙门兼管，究非体制。嗣后詹事府京察，及一切应办事宜，仍著照旧例办理，翰林院掌院不必兼管。"

《会典》开载：

詹事府正官：

满詹事一员，汉詹事一员；正三品。

满少詹事一员，汉少詹事一员；正四品。

首领官：

满主簿一员，汉主簿一员。从七品。

左春坊：

满左庶子一员；正五品，用四品顶带。

汉左庶子一员；正五品。

满左中允一员；正六品，用五品顶带。

汉左中允一员；正六品。

满左赞善一员，汉左赞善一员。从六品。

右春坊：

满右庶子一员；正五品，用四品顶带。

汉右庶子一员；正五品。

满右中允一员；正六品，用五品顶带。

汉右中允一员；正六品。

满右赞善一员，汉右赞善一员。从六品。

司经局：

满洗马一员，汉洗马一员。从五品。

府、坊、局满笔帖式六员。品级与翰林院同。

皇朝词林典故卷二十一　职掌附詹事府

词臣所掌，论思献纳，地分清严。自汉有尚书郎，专主文书起草，而天禄雠书，金门待诏，皆以校正图籍，撰集篇章。唐宋以来，秘省集贤，制益详备。前明并省秘书、国史等官，凡文学之事，胥归词苑。我朝初立内三院，后仍设翰林院，列圣相承，崇文重道，职掌所分，视前代尤为美备。凡夫珥笔螭坳，紬书鳌禁，与夫承顾问之荣，膺輶轩之宠者，一厕其间，皆属圣主非常之委任。有位于兹者，宜如何兢兢焉！

天聪十年三月，定内三院职掌，国史院掌记注起居诏令，收藏御制文字。凡用兵行政事宜，编纂史书，撰拟郊天告庙祝文，及升殿宣读庆贺表文，纂修祖宗实录，撰拟矿志文，编纂机密文移及各官章奏，掌记官员升降文册，撰拟功臣母妻诰印文，追赠诸贝勒册文，凡六部事宜可入史册者，选择记载，一应远方往来书札，俱编为史册。秘书院掌撰外国往来书札，并录各衙门奏疏及词状，敕谕文武各官敕书，告祭文庙，谕祭文武各官文。弘文院掌注释历代行事善恶，进讲御前，侍讲皇子，并教诸亲王颁行制度。

顺治十六年三月，定翰林院职掌：一，经筵日讲，撰拟讲章，外藩奏书，会四译馆官翻译；一，考选庶吉士；一，开列教习庶吉士职名；一，纂修翻译书史；一，开列纂修职名；一，会试、乡试及武会试主考开列职名；一，撰拟封赠诰敕开列翰林官职名；一，题补翰林官员，及差遣俸满丁忧给假行文等项；一，侍直；一，侍班；一，扈从；一，贴黄；一，修玉牒；一，捧敕书；一，教内书堂；一，上陵；一，分献；一，册封；一，赍诏。掌院学士，掌国史图籍、制诰文章之事；侍读、侍讲学士，侍读、侍讲、修撰、编修、检讨，掌撰述编辑，儤直经幄；庶吉士，入馆肄业，不任以事。

讲　　筵

顺治十年，谕内三院："朕惟修己治人，大经大法，备载经史，欲与翰林诸臣，明其义理。但内院尚非经筵日讲之地，著工部即将文华殿作速起造，以便讲求古训。即传谕行。"

十四年，以文华殿工未竣，先于保和殿开讲。厥后每岁春秋二仲，举行各一次，由院列讲官名，奏请钦定，满汉各二人。直讲官同掌院学士会拟所讲书，奏定，撰讲章，缮清汉文进呈。钦定后，缮正副本，恭竢御论发出，翻译清文进呈。届期，驾御文华殿，请官进讲。讲毕，恭聆御谕礼成，本院官恭进御论及讲章正本。

康熙八年，给事中刘如汉疏言："帝王首务，莫大于视学，莫急于经筵。伏考世祖章皇帝亲政之初，躬幸太学，肇举经筵，煌煌盛典，载在史册。我皇上睿知聪明，善继善述，无事不以世祖章皇帝为法，经筵日讲已屡奉谕旨，仰见我皇上尊经重道之至意。请敕礼部详考旧章，先行日讲，次举经筵，选择儒臣，分班进讲。"上嘉其言，下部议行。

日　讲

顺治十二年，定日讲之礼，每岁自二月经筵后始，夏至日止，八月经筵后始，冬至日止；每日于部院官奏事后进讲，讲章缮录正副二本，以正本先期进呈；本日掌院学士率讲官二员或三员，以副本进讲，岁终汇写以闻。

谨按：日讲，遇祀日致斋停止，如遣官恭代，则仍进讲。

康熙十二年，谕讲官等："方今秋爽，正宜讲书，尔等即于二十五日进讲。"

十二年二月，谕学士傅达礼等："人主临御天下，建极绥猷，未有不以讲学明理为先务。朕听政之暇，向来隔日进讲，朕心犹然未惬。嗣后尔等须日侍讲读，阐发书旨，为学之功，庶可无间。"

是年三月，谕学士傅达礼："朕以修葺宫殿，移驻瀛台，暂留数日。夫进讲所以致知，蓄德期于日新，未容稍间。讲官其日至瀛台，照常进讲。"

是年五月，谕学士傅达礼等曰："学问之道，必无间断，方有裨益，以后寒暑不必辍讲。"

十三年，谕学士傅达礼曰："日讲关系重大，日月易迁，恐致荒疏。虽当此多事之时，不妨乘间进讲，于军事无悮，工夫不间，则裨益身心，良非浅鲜。尔衙门议奏。"寻掌院学士等奏："机务繁重，请间一日进讲。"上曰："军机事情，有间数日一至者，亦有数日连至者，不可以日期。其仍每日进讲，以应朕倦倦向学之意。"

十四年四月，谕讲官："日讲原期有益身心，增长学问。今止讲官进讲，朕不覆讲，但循旧例，日久将成故事，不惟于学问之道无益，亦非所以为法于后世也。嗣后进讲时，讲官讲毕，朕仍覆讲，如此互相讨论，庶几有裨实学。"

是年十一月，上御弘德殿，讲官傅达礼、孙在丰、张英进讲毕，傅达礼请旨旧例冬至以后辍讲，上谕天气犹未甚寒，仍令进讲。

十五年，谕讲官喇沙里等曰："经书屡经讲读，朕心业已熟晓。《通鉴》一书，事关前代得失，甚有裨于治道，作何拣择撰拟讲章进讲。尔等议奏。"寻奏："《资治通鉴》一书，统贯诸史，最为详备。而《通鉴纲目》又从《资治通鉴》中提纲分目，尤得要领，拟从《纲目》中择切要事实进讲。讲章体裁，首列纲，次列目，每条之后，总括大义，撰为讲说。其先儒论断可采者，亦酌量附入。"从之。

十六年，谕大学士等曰："帝王之学，以明理为先。格物致知，必资讲论。向来日讲，惟讲官敷陈讲章，于经史精义，未能研究印证，朕心终有未慊。前曾谕内阁诸臣，或朕自讲朱注，或解说讲章。内阁诸臣奏称，朕宜随便发明书旨，不必豫定规程。今思讲学必互相阐发，方能融会义理，有裨身心。以后日讲，或应朕躬自讲朱注，或解说讲章，仍令讲官照常进讲。尔等会同翰林院学士议奏。"寻议："讲官进讲时，皇上随意，或先将《四书》朱注讲解，或先将《通鉴》等书讲解，俾得瞻仰圣学。讲毕，讲官仍照常进。讲则理义益加阐发，而裨益宏多矣。"从之。

十七年定制，日讲讲章，停止岁终汇写，止具本奏闻。

十九年四月，谕翰林院掌院学士叶方蔼曰："《尚书》纪载帝王道法，关切治理。朕留心研究，期于贯通。讲幄诸臣，讲解明晰，深有裨于典学。著将《尚书》讲义刊刻颁行。"

是年十月，上御懋勤殿，亲讲《易经·噬嗑》卦辞。讲官库勒纳、叶方蔼等进所撰《乾坤二卦总论》。上览毕，谕曰："卦爻之义，原各不同，即如噬嗑一卦，中四爻主用刑者言，初上二爻主受刑者言，每爻各有取义，必得总论发挥，方觉全卦之义了然。诸卦可俱仿此撰进。"

二十一年，上御乾清宫，讲官牛钮等进讲《睽卦·彖象》毕，上曰："讲义云，一国非之而不顾，天下非之而不顾。此必认得道理真，乃为无弊，否则反为乖矣。"

二十二年，讲官进讲《易·丰卦》三节，上曰："《象传》讲章云，骄心一生，何所不至。故圣人惕之以忧，此所发明极是。满招损，谦受益，圣人久安长治之道，则在能持满而已。"

又谕讲官等曰："朕每旦未明求衣，坐待部院奏事，既奏事毕，然后入讲。不惟迟延晷刻，亦且稽悮工夫。自后于未启奏前进讲，方得从容议论，多所发明。"自是讲官待漏宫门，甫辨色，上已御讲筵矣。

二十三年四月，上御乾清宫，亲讲《易·乾卦》"亢龙有悔"一节。讲毕，谕讲官等曰："'亢龙有悔'一节，何以注在不应讲之例。天道人事，亢则有悔，《易》中所言，无非此理。正宜以此为戒，不必避忌。以后系辞讲章，不分应讲与不应讲，以次逐节进讲。"

是月，翰林院刊成日讲《易经解义》，进呈御览，上曰："《易经》阐发天人理数，道统攸关。朕朝夕披玩，冀造精微。讲幄诸臣，殚心剖晰，有裨典学。其即颁行，用广励臣庶，期臻一道同风之治。"

又谕讲官等曰："讲官辞取达意，以确切明晰为尚。如本文敷衍太多，则篇末未免重复。大约诠次本文，原在了彻圣贤意旨，而篇末该括数语，又贵阐明理道，务去陈言。朕阅张居正《〈尚书〉四书直解》篇末，俱有精实之义，无泛设之词。今后所撰诗经讲章，亦须体要备举，期于尽善。"

是年十一月，讲官常书等奏："冬至后向有停讲之例，皇上圣学日新，寒暑无间。今《易经》讲义已毕，将进讲《诗经》。时值沍寒，应否停讲？"上谕曰："天气虽寒，朕于宫中暖阁，可以进讲。且机务少暇，每日披览经义，于学问多所裨益，不必停讲。"

二十四年三月，讲官尚书孙在丰等奏："恭逢皇上万寿节，请自十五日至二十一日，暂停进讲。"上传谕曰："讲书深有益于学问，朕爱听不倦。前偶尔违和，辍讲数日，心尚歉然。朕意欲将《诗经》速速讲完，不必停也。"

是年四月，翰林院奏："皇上聪明天纵，好学敏求，洵从古所未有。臣等会同詹事等官，正在昼夜撰拟日讲讲章，伏乞皇上少缓进讲，俾得陆续撰拟进呈。"得旨："仍著按日进讲，其讲章尔等撰拟后，节次进呈。"

二十五年，谕翰林院掌院学士库勒纳、张英曰："尔等每日将讲章捧至乾清门，豫备诣讲筵行礼进讲，为时良久，妨朕披览功，著暂停止。《春秋》、《礼记》，朕在内每日讲阅。其《诗经》、《通鉴》讲章，俱交与张英，令其赍至内廷。"

记　注

凡御门，升殿，视祝版，经筵，文殿试读卷引见，武殿试阅视骑射技勇引见，锡宴，上元岁除，外藩来朝，有事坛庙，谒陵，亲耕，视学，大阅，校射，迎劳，凯旋，受俘，秋审，朝审，勾到，记注官皆侍班。驻跸南苑，巡幸，搜狩，记注官皆扈从。

天聪三年，上命儒臣分为两直，巴克什达海同笔帖式刚林苏闻、固尔嘉浑、托布齐等四人，翻译汉字书籍；巴克什库尔禅同笔帖式吴巴计查素喀、胡球、詹霸等四人，记注本朝政事，以昭信史。

五年，驾幸文馆，遂入库尔禅直房。问所修何书，对曰："记注上所行事。"上曰："此史臣之事，朕不宜观。"

康熙元年，初置起居注，令满、汉记注官每月各一员侍直。事毕，以本日应记之事，用满、汉文记注。

十二年，谕起居注官胡密色曰："朕适诣太皇太后宫问安，太皇太后问朕曰：'顷者地动，尔知之否？'朕奏曰：'此乃天心垂异以示警也。'太皇太后谕曰：'人君遇有灾异，固当益加修省，然亦在平时用人行政，敬承天意耳。'朕仰绎慈训，诚为克谨天戒之要也，尔其书诸册。"

十四年，谕起居注官："朕向诣两宫问安，尔等常随行记注。朕思昏定晨省，问安视膳，为子孙者之恒礼，嗣后朕诣两宫问安，侍直官不必随行。"

十八年，谕大学士等："朕每日听政，一切折出票签，应商酌者，皆国家切要政务，得失所系。今后起居注官除照常记注外，遇有折本启奏，俱令侍班记注。惟会议机密事情，及召诸臣近前口谕，记注官不必侍班。"

二十二年，翰林院奏："康熙二十一年起居注册，应照例会同内阁诸臣看封贮库。"上曰："记注起居事迹，将以垂之史册，所关甚要。或在朕前，原未陈奏，乃在外妄称如何入奏，如何奉旨，私自缘饰开写，送起居注馆。且每日止该直官二员记注，或因与己相善，特美其辞，与己不相善，故抑其辞，皆未可知。起居注官，能必其皆君子乎？

记注册朕不欲亲阅，朕所行政事，即不记注，其善与否，自有天下人记之。尔等传谕九卿、詹事、科道等官会议，应作何公看？如以所无之事，诬饰记注者，将严惩焉。"寻大学士明珠等奏："遵旨询问九卿，佥云：'起居注皆记载机密事宜，垂诸史册，所关重大，臣等不敢阅。且满汉起居注官，共二十二员，日直记载，俱系公同校阅。凡九卿官员所奏之事，从无私自缮写送进史馆记注之例，如有缮写送进者，起居注衙门必进呈御览，方敢入册。向来定例如此。'"得旨："著仍照旧例。"

五十七年，敕停起居注，记注之事归内阁。

雍正元年四月，敕复设起居注。

二年，总理事务王大臣奏："以向来起居注仅记折本所降之旨，殊为简略，请嗣后各衙门奏事，所奉谕旨，除寻常事件不载外，其有关训励奖劝，事务重大者，令各衙门于月终详录事由月日，送馆编纂。"得旨允行。

六年，以大学士张廷玉请，令八旗具奏，及补授官职事宜，并移送起居注馆，以便记载。

七年，以大学士陈元龙请，令各省题奏本章，俱增写揭帖一，通送起居注馆记注后，移交内阁贮之。

乾隆元年五月，掌院学士福敏等奏："起居注官，多兼各馆修书，又值本年直省乡试，届期将次出差典试。请旨于新科编、检内选择四人，协修记注。"从之，随派出编修阮学濬、汪师韩、朱续晫、梁文山四人，是为协修记注之始。

谨按，记注事例：一，体例，先载起居，次谕旨，次题奏，次官员引见。一，编记各档，上谕簿，丝纶簿，外纪簿，军机处档，宗人府档，理藩院档，各寺监档，八旗档，护军档，前锋档，内起居注、宗人府、理藩院无汉文，应译出查对。一，各档案，所有谕旨及官员引见、除授皆全载，奉旨依议及该部议奏报闻者俱不载。其有事关重大，非寻常可比者，临时酌载。一，载部本，查略节；载通本，查揭帖；有遗落，即查对红本；丝纶簿有疑者，亦须查对红本。一，载祭祀行礼、问安、驾临、驻跸各项，俱查照内起居注。由内档钞出，存馆备查。一，载谕旨，惟每日第一条，书大学士某某奉谕旨云云。以下各条，叙完事由，即接书奉谕旨云云，不再书大学士。至各部院衙门带领引见，俱系各部院面奉谕旨，不书大学士字样。一，载各本各摺，摘叙事由，务期简明精当。一，凡载上谕旨意，俱书大学士某奉谕旨。惟御门折本，则书上御门及何殿听政，部院各衙门官员面奏毕，大学士某某、协办大学士事尚书某某、学士某某，以折本请旨，覆请吏部奏请补某官一疏，上曰云云。又覆请各部议某事一疏，上曰云云。又覆请各省督抚某人奏某事一疏，上曰云云。折本载完之后，本日若有上谕，则接书是日大学士某奉谕旨云云。若有奏请事务，则接书是日吏部奏请补授某官员缺一疏，大学士某奉谕旨云云。若有带领引见，则接书某部带领某项人员引见，奉谕旨云云。一，凡载各部各旗事件，俱有次序。如吏部引见各官，京官在前，外官在后，病痊补用及降调革职各官又在后。惟太常寺引见，内有坛庙陵寝字样者，及八旗补授各陵寝防御等官，俱载在吏部引见前。若无此等官，仍依次序分载吏部之后。一，凡引见官，无论大小俱载，惟押运官仍回原任者不载。八旗引见补授骁骑校、护军校,及每月管印房米局等官,俱不载。一,凡载事件,俱查照原档日期,惟丝纶簿内所有补授各官,俱以部档引见奉旨之日为定。若系文职,则查吏部及各本部带领引见日期;若系武职,则查兵部带领引见日期;若系旗员,则查各旗带领引见日期。接日记载。一,凡选授文武各官,如教职、千把之类,不引见者,俱不载。如奉特旨拣选,则俱载。一,凡吏部、兵部推补推升,及奉旨出具考语送部引见者,不载。俟该员引见之日,方行载入。一,载事次序,首上谕,次部本,次通本,次旗摺,次京外各官奏摺,先公后私,次各部院衙门引见,次八旗引见。一,载上谕,以本日事务大小轻重为序。若事关坛庙、陵寝,俱首载。一,部本,首内阁,次宗人府,次翰林院,次六部,次都察院,次理藩院。若遇有礼部庆贺、太常寺祭祀本,俱列在内阁之前。一,通本,首总督,次巡抚,督抚先后,以省分为序。一,吏部引见次序,首月选,次翰林,次京堂,次科道,次部属官,满前汉后。次小京官,外官以大小为次,首卓异官,次原任,次开复,次降调,次革职,次病痊,次起复,次六法官,次笔帖式,次荫生。兵部引见次序,首京官,满前汉后。次外官,已准题补在前,题补在后。次降革,次开复。旗分次序,首镶黄,左翼。次正黄,右翼。次正白,左翼。次正红,右翼。次镶白,左翼。次镶红,右翼。次正蓝,左翼。次镶蓝,右翼。凡本旗,首满洲,次蒙古,次汉军,次护军。一,编纂记注,每月分作二册,每年计二十四册。先成草本,由总办记注官逐条查核增改,送掌完阅定。书明年月,及当直官姓名。例以上年之事,至次年分月排纂。前后谨撰叙跋,册中用翰林院印钤缝,贮以铁匦,扃镭封识。岁十二月封篆前,具摺呈奏。俟发下,记注官会同内阁学士,藏之内阁大库。其缮写正本,则专派庶吉士,副本仍藏之本署。列圣记注副本,已修实录者,俱焚于太液池。

皇朝词林典故卷二十二　职掌

入直侍班

天聪三年，命儒臣分直文馆。

顺治十年十月，命内院大学士、学士于太和门内，更番入直。

十七年，谕翰林院："翰林各官，原系文学侍从之臣。今欲于景运门内，建造直房，令翰林官直宿，朕不时召见顾问，兼以观其学术才品。应分几班？每班酌用几员？即列名具奏。"寻掌院学士折库讷、王熙议："请分翰林官为三班，每班用讲读学士二员、讲读二员、编检四员，依次入直，周而复始。"又言："臣等与各官职掌相同，应否一体分日直宿。"得旨："是。折库讷、王熙著直宿。"

康熙十六年，谕大学士等："朕不时观书写字，近侍内并无博学善书者，以致讲论不能应对。今欲于翰林内选择二员，常侍左右，讲究文义。但伊等各供厥职，且在外城，不时宣召，难以即至。著于城内拨给闲房，停其升转，在内侍从数年之后，酌量优用。再如高士奇等能书者，亦著选择一二人，同伊等入直。尔衙门议奏。"寻大学士等列名上请，命侍讲学士张英、内阁中书衔高士奇供奉内廷。谕张英、高士奇："选尔等在内供奉，当谨慎勤劳，后必优用，勿得干预外事。"

谨按：张英等供奉内廷，是为南书房、懋勤殿入直之始。以后南书房皆奉特旨召入，自大学士、尚书、侍郎、京堂以及翰林院、詹事府等官，皆得与焉。

三十三年，谕掌院学士张英："翰林乃近侍之臣，向因日讲时时进见，是以犹知伊等言语举止。近来进见稀少，讲官侍班，不过顷刻，难以悉其贤否。著将翰林、詹事官每日派四员，到南书房侍直，令伊等学习文章字画，亦可以知其人之高下，以备擢用。"

五十三年，谕："翰林官员，朕多不识，其学问之高下，亦不能悉知。嗣后朕驻跸畅春园时，著四人一班，与南书房翰林一处行走，五日一更代。"

谨按：此例于六十一年停止。

五十七年，谕吏部："各部院衙门，满洲官员在侍卫班行走，汉官每遇奏事，派六员引见，科员及御史无论巡城不巡城，奏事日，令满洲三员、汉人三员侍班，翰林亦派出五员侍班。此侍班人员内，如有不得来者，不妨听其缺少，其数不必补足，如此可得认识矣。"

谨按：此例亦于六十一年停止。

雍正三年，大学士马齐等入奏折本，得旨："嗣后办事之日，每次将编修、检讨轮流派出四人，同科道侍班，学习行走。"

乾隆五年二月，大学士等议覆内阁学士张照奏称，武英殿翰林等，俱兼别馆办事，殿直既非奉旨，自必转以余力及之，难免日渐废弛。请以后武英殿行走，并开列请旨补用。

是年七月，谕："翰林院编修、检讨人员，朕多未识认，著翰林院该班之日，每次带领二十员引见。"

是年十月，谕："编修检讨等，嗣后著翰林院该班日，每次带领十员引见。"

四十三年，谕："向曾令翰林院于轮班日期，带领编、检十人引见，以备甄识。近年来久未举行。著于三月内朕谒陵回銮后，仍照旧例，将现在编、检，按班通行轮带。嗣后每阅五年，即请旨办理一次。"

嘉庆五年正月，谕："向例，翰林院于直日之期，将编、检等官轮班带领引见。近年未经举行。嗣后该衙门直日时，仍照向例豫备引见。"

是年二月，掌院学士奉旨："嗣后翰林院编、检轮班引见，著于开印后举行一次。"

谨按：轮班引见，乾隆二十一年有间一班之奏，二十三年有间两班之旨，三十八年后未经举行，四十八年、五十五年举行两次，五十八年未经奏办。至是奉旨，始复乾隆五年之例。

尚书房侍直

康熙三十二年，命原任侍讲徐元梦入直尚书房。

谨按：尚书房，侍皇子授经书，京堂、翰、詹咸得简充。初由掌院保奏年纪老成、学问优长者，后俱令大学士等公同拣选，拟定正陪引见，以大学士、尚书等官为总师傅，其地在乾清门之东。

又按：三十二年以前，无尚书房之名。雍正年间，凡入直者，尚称为教书课读。其地或在南薰殿、西长房、兆祥所、咸福宫。嗣后皆称为尚书房行走。

扈　　从

凡扈从躬谒陵寝、巡狩方岳，吏部列本院侍读、侍讲学士名具奏。

顺治九年，内院大学士希福等奏："驾出京城，临幸别所，词臣照常扈从。驾幸城内各处，其扈从与否，请旨定夺。"得旨："除出城扈从外，其在城内，或幸王府及他所，亦令扈从。若往南台景山，不必随行。"

康熙五十年，奉旨："翰林院满洲、汉军翰林甚多，每行围，著二人学习行走。"

谨按：满洲、汉军扈从，名依都围，由本院奏派。乾隆三十二年正月，圣驾巡幸天津，掌院上扈从衔名。得旨："著派一员随往。"后遂为例。

纂修书史

凡纂修实录、圣训，掌院学士充副总裁官，侍读学士、侍讲学士、侍读、侍讲、修撰、编修、检讨充纂修官，亦充提调官，笔帖式充誊录官，亦间充收掌。纂修玉牒，以满洲、蒙古、汉军修撰、编修、检讨职名，移宗人府充纂修官，亦间以庶吉士移送。其编辑诸书，掌院学士充正副总裁官，读讲学士以下、编检以上充纂修官，亦充提调官，庶吉士亦充纂修官。编辑诸书，刊刻告竣，皆得奏请颁赐。其先经在事诸臣，及告竣时已出馆局者，并许列衔。

谨按：纂辑诸书，惟国史及武英殿修书处，系常设之馆。玉牒则阅十年一修，其他皆随时开设。实录、圣训而外，若会典、方略、昭忠列传，皆阅时增辑。其因事立名，如"三礼"、"三通"等馆，书竣则馆即停。例皆以翰林官充提调、总纂、纂修、协修等官。国史馆、武英殿皆提调二，纂修十；功臣馆满提调二、汉提调一，纂修、协修皆无定额；会典、方略馆，提调、纂修官不专属翰、詹。其特旨纂辑诸书，各官员额，俱随时增定。

天聪元年，命恭纂太祖高皇帝实录、圣训。

九年，命恭纂太宗文皇帝实录。

顺治二年，初命馆臣纂修《明史》。

谨案：列圣命纂诸书，不可胜纪，兹专载翰、詹各官立馆承修者。其特命一二臣及部院诸臣编纂之书，非关本院职掌，概不备载。

十三年，敕辑《通鉴全书》、《易经通注》。

十五年，敕纂《通政全书》。

康熙六年，命恭纂世祖章皇帝实录。

十六年，敕编《日讲〈四书〉解义》。

十八年，敕纂续修《明史》。

十九年，敕编《日讲〈书经〉解义》。

二十一年，敕撰《孝经衍义》。

二十二年，命重修太祖高皇帝实录、圣训，并恭纂太宗文皇帝、世祖章皇帝圣训。

是年，敕编《日讲〈易经〉解义》。

二十五年，谕礼部、翰林院："自古帝王致治崇文，典籍具备，犹必博采遗书，用充秘府，盖以广见闻而资掌故，甚盛事也。朕留心艺文，晨夕披览，虽内府书籍，篇目粗陈，而裒集未备。因思通都大邑，应有藏编，野乘名山，岂无善本，今宜广为访辑。凡经史子集，除寻常刻本外，其有藏书秘录，作何给值采集缮写，尔部院会同详议。务搜罗罔轶，以副朕稽古右文至意。"又谕："自古经史书籍，所重发明心性，裨益政治，必精览详求，始成内圣外王之学。朕披阅载籍，研究义理，凡厥指归，务期于正，诸子百家，泛滥诡奇，有乖经术。今搜访藏书善本，惟以经学史乘，实有关系修齐治平、助成德化者，乃为有用。其他异端诐说，概不准收录。"

三十八年，敕撰《春秋传说汇纂》。

四十三年，敕撰《佩文韵府》。

四十九年，敕撰《渊鉴类函》。

五十一年，敕撰《历代纪事年表》。

五十二年，谕："翰林官员内，多有不识字义，不能作诗文者，此皆教习不勤之故。比年以来，武英殿行走之人，乡、会试中式者甚多。盖以在武英殿行走，每日不释卷耳。此后凡修书、校书处，著并派庶吉士。"

五十四年，敕纂《周易折中》、《音韵阐微》、《钦定词谱》。

五十五年，敕撰《康熙字典》。

五十六年，敕撰《性理精义》。

五十八年，敕撰《骈字类编》。

五十九年，敕撰《韵府拾遗》。

六十年，敕撰《书经传说汇纂》、《诗经传说汇纂》、《子史精华》、《分类字锦》。

雍正元年，命恭纂圣祖仁皇帝实录、圣训，并编次《古今图书集成》。

谨按：《图书集成》为册府之大观，圣祖仁皇帝时，会诏儒臣编辑。至是复奉特旨，添简总裁编纂，至雍正三年告成。

二年，命馆臣续修《明史》。

谨按：《明史》之修，肇始于顺治二年。康熙中，征博学宏儒续修，迄未削稿。至是，大学士张廷玉等率儒臣编纂，于乾隆四年告成。

六年，敕撰《执中成宪》。

乾隆元年，命恭纂世宗宪皇帝实录、圣训，并编次《日讲〈礼记〉解义》。

谨按：《日讲〈礼记〉解义》为圣祖仁皇帝讲筵旧稿，未及成帙，至是始成完书。

七年，敕撰《国朝宫史》。

九年，敕撰《词林典故》。

十二年，敕撰《续文献通考》及《皇朝文献通考》。

十三年，敕撰《仪礼》、《礼记》、《周礼》义疏。

十五年，敕撰《叶韵汇辑》。

二十年，命纂《周易述义》。

二十三年，敕撰《御纂春秋直解》。

二十四年，敕撰《皇朝礼器图式》。

三十年，谕："朕恭阅世祖章皇帝实录，内载大学士宁完我劾奏陈名夏之疏，有与魏象枢结为姻党一款。朕向闻魏象枢在汉大臣中尚有名望，乃与党恶之陈名夏联姻，藉其行私护庇,则亦不得谓之粹然无疵之名臣矣。因取国史馆所撰列传,只称以事降调,而不详其参劾本末,则后之人亦何由知其事为何事而加之论定乎?向来国史馆所辑列传,原系择满汉大臣中功业政绩素著者,列于史册,以彰懿煅,其无所表见及获罪罢斥者,概屏弗与。第国史所以传信,公是公非所关,原不容毫厘假借,而瑕瑜并列,益足昭衡品之公,所谓据事直书,而其人之贤否自见。若徒事铺张夸美,甚或略其所短,暴其所长,则是有褒而无贬,又岂春秋华衮斧钺之义乎?且以众所共誉之魏象枢,尚有瑕隙可抵,非今日因事稽核,谁复摘其隐微。若罪恶显著之陈名夏,及杨义所参交结党援之孙承泽,俱曾身为大臣,特以身名陨越,国史摈而弗书。将世远年湮,更无有知其罪状之昭宣,与夫纠弹之颠末。伊等转得以文辞著述,掩盖其生平,则其余美恶参半之人,境过事忘,因而弥缝隐护者益复不少。即如索额图、明珠、徐乾学、高士奇辈,当时非不藉藉人口,而迹其行事,或则恃才自恣,或则依附结纳,交通声气,虽学问或有可称,而品谊殊无足取。此等若非官为立传,则世人毁誉任情,久竟流传失实。且其载之家乘,大率不外乎行状、墓志,非其子若孙志在显亲,即其门下士工于谀墓,将必自撰私传,转致揄扬溢分,征实难凭。昔年满洲淳朴之风,从无是事,而世代递降,薰于习染,一二性喜诗文之人,生前唱和吹嘘,身后假他人笔墨,夸张阡陇者,亦颇有其人矣。即如索额图、明珠、揆叙、阿灵阿等,皆以世臣勋阀,身罹愆尤,国史概从屏斥,久之且不知其为何如人,又何以为一代汗青之据。前命廷臣编纂宗室王公功绩表传,现已告成,事实厘然可考。因思大臣之贤否,均不可隐而弗彰,果其事功学行卓卓可纪,自应据实立传,俾无无溢美。若获罪废弃之人,其情罪允协者,固当直笔特书,垂为炯戒。即当日弹章过于诋毁,吏议或未尽持平,亦不妨因事并存,毋庸曲为隐讳。从前国史编纂时,原系汇总进呈,未及详加确核,其间秉笔之人,或不无徇一时意见之私,抑扬出入,难为定评。今已停办年久,自应开馆重事辑修。著将国初以来满汉大臣已有列传者,通行检阅,核实增删考正;其未经列入之文武大臣,内而卿贰以上,外而将军、督抚、提督以上,并宜综其生平实迹,各为列传。均恭照实录所载,及内阁红本所藏,据事排纂,庶几淑慝昭然,传示来兹,可存法戒。朕将特派公正大臣为总裁,董司其事,以次陆续呈阅,朕亲加核定,垂为信史。并著该总裁官将作何搜辑酌定章程,不致久稽时日之处,详议具奏。"

又谕:"前以国史原撰列传,止有褒善,恶者惟贬而不录。其所以为恶,人究不知,非所以昭传信也。因降旨开馆重修,特派大臣为总裁,董司其事,并令详议条例以闻。今据该总裁等议奏开馆事宜,内称'满汉大臣,定以官阶,分立表传,旗员自副都统以上,文员自副都御史以上,及外官督抚、提督等,果有功绩学行,及获罪废弃原委,俱为分别立传'等语,所议尚未备详。列传体例以人不以官,大臣中如有事功学术足纪,及过迹罪状之确可指据者,自当直书其事,以协公是公非。若内而部旗大员,循分供职,外而都统、督抚之历任未久,事实无所表见者,其人本无足重轻,复何必滥登简策?使仅以爵秩崇卑为断,则京堂、科道中之或有封章建白,实裨国计民生者,转置而不录,岂非缺典。且如儒林,亦史传之所必及,果其经明学粹,虽韦布之士不遗,又岂可拘于品位？使近日如顾栋高辈，终于湮没无闻耶？举一以例其余。虽列女中之节烈卓然可称者，亦当核实兼收，另为列传。诸臣其悉心参考，稽之诸史体例，折衷斟酌，定为凡例，按次编纂，以备一代信史。至立表之式，固当如所定官阶为限制，仍应于各姓氏下注明有传无传，使览者于表传并列者，即可知某某之嫩恶瑕疵。而有表无传者，必其人无足置议；有传无表者，必其人实可表章。则开卷了然，不烦言而其义自见。朕每览历代史册，褒讥率无定评，即良史如司马迁，尚不免逞其私意，非阿好而过于铺张，即怨嫉而妄为指摘，其他更可知矣。我朝百余年来，于大小臣工，彰善瘅恶，一秉至公，实可垂为法戒。今悉据事核实，立为表传。总裁大臣公同商推，朕复亲为裁定，传之万世，使淑慝并昭，而衮钺不爽，不更愈于自来秉史笔者之传闻异辞，而任爱憎为毁誉者耶！将来成书后，即以朕前后所降谕旨弁之简端，用示慎重修辑国史之意。"

三十二年，敕撰《续通典》、《续通志》、《皇朝通典》、《皇朝通志》、《御批通鉴辑览》。

三十六年，敕撰《辽金元三史国语解》。

三十八年，命编辑《四库全书》，谕曰："军机大臣议覆朱筠条奏，内'将《永乐大典》择取缮写，各自为书'一节，议请分派各馆修书翰林等官，前往检查，恐责成不专，徒致岁月久稽，汗青无日。盖此书移贮年深，既多残缺，又原编体例，分韵类次，先已割裂原文，首尾难期贯串。特因当时采摭甚博，其中或有古书善本，世不恒见，今就各门汇订，可以凑合成部者，亦足广名山石室之藏。著即派军机大臣为总裁官，仍于翰林等官内选定员数，责令及时专司查核。将原书详细检阅，并将《图书集成》互为较核，择未经采录而实在流传已少、尚可裒集成编者，先行摘开目录奏闻，候朕裁定。其应如何酌定规条，即著派出之大臣详悉议奏。至朱筠所奏'每书必校其得失，撮举大旨，叙于本书卷首之处'，若欲仿刘向校书序录成规，未免过于繁冗。但向阅内府所贮康熙年间旧藏书籍，多有摘叙简明略节，附夹本书之内，于检查洵为有益。应俟移取各省购书全到时，即令承办各员，将书中要指櫽括，摘叙崖略，粘贴开卷副页右方，用便观览。"

是月，谕："昨据军机大臣议覆朱筠条奏校核《永乐大典》一摺，已降旨派军机大臣为总裁，拣选翰林等官，详定规条，酌量办理。兹检阅原书卷首序文，其言采掇搜罗，颇称浩博，谓足津逮四库，及核之书中，别部区函，编韵分字，意在贪多务得，不出类书窠臼，是以踳驳乖离，于体例未为允协。即如所用韵次，不依唐宋旧部，惟以《洪武正韵》为断，已觉凌杂不伦。况经训为群籍根源，乃因各韵辏辘，于《易》先列蒙卦，于《诗》先列大东，于《周礼》先列冬官。且采用各字，不论《易》、《书》、《诗》、《礼》、《春秋》之序，前后错互，甚至载入六书篆隶真草字样，摭拾米芾、赵孟頫字格，描头画角，支离无谓。至儒书之外，拦入释典道经，于柱下史专掌藏书、守先待后之义，尤为凿枘不合。朕意从来四库书目，以经史子集为纲领，裒集分储，实古今不易之法。是书既遗编渊海，若准此以采撷所登，用广石渠、金匮之藏，较为有益。

著再添派王际华、裘曰修为总裁官，即会同遴简分校各员，悉心酌定条例，将《永乐大典》分析校核。除本系现在通行，及虽属古书，而词义无关典要者，不必再行采录外，其实在流传已少，其书足资启牖后学、广益多闻者，即将书名摘出，撮举著书大旨，叙列目录进呈，候朕裁定，汇付剞劂。其中有书无可采而其名未可尽没者，只须注出简明略节，以佐流传考订之用，不必将全部付梓，副朕裨补阙遗、嘉惠士林至意。再是书卷帙如此繁重，而明代藏役，仅阅六年。今诸臣从事厘辑，更系弃多取少，自当刻期告竣，不得任意稽延，徒诮汗青无日。"

是年五月，谕："朕几余懋学，典册时披，念当文治修明之会，而古今载籍，未能搜罗大备，其何以裨艺林而光策府，爰命四方大吏，加意采访，汇上于朝。又以翰林院旧藏明代《永乐大典》，其中坠简逸篇，往往而在，并敕开局编校，芟芜取腴，每多世不经见之本，而外省奏进书目，名山秘笈，亦颇裒括无遗，合之大内所储，朝绅所献，计不下万余种。自昔图书之富，于斯为盛。特诏词臣详为勘核，厘其应刊应钞应存者，系以提要，辑成总目，依经史子集，部分类聚，命为《四库全书》，简皇子、大臣为总裁以董之。间取各书翻阅，有可发挥者，亲为评咏，题识简端，以次付之剞劂，使远近流传，嘉惠来学。其应钞各种，则于云集京师士子中择其能书者，给札分钞，共成善本，以广兰台、石渠之藏。第念全书卷帙浩如烟海，将来庋弆宫庭，不啻连楹充栋，检玩为难。惟摛藻堂向为宫中陈设书籍之所，牙签插架，原按四库编排，朕每憩此观书，取携最便。著于全书中撷其精华，缮为《荟要》，其篇式一如《全书》之例。盖彼极其博，此取其精，不相妨而适相助，庶几缥缃罗列，得以随时流览，更足资好古敏求之益。著总裁于敏中、王际华专司其事，书成即以此冠于《荟要》首部，以代弁言。"

是年，敕撰《音韵述微》。

三十九年，谕："国家当文治修明之会，所有古今载籍，宜及时搜罗大备，以光策府而裨艺林，因降旨命各督抚加意采访，汇上于朝。旋据各省陆续奏送，而江浙两省藏书家呈献者种数尤多，廷臣中亦有纷纷奏进者，因命词臣分别校勘应刊应录，以广流传。其进书百种以上者，并命择其中精醇之本，进呈乙览，朕几余亲为评咏，题识简端。复命将进到各书，于篇首用翰林院印并加钤记，载明年月姓名于面页，俟将来办竣后，仍给还各本家，自行收藏。其已经题咏诸本，并令书馆先行录副，即将原书发还，俾收藏之人，益增荣幸。"

四十年，敕撰《通鉴纲目三编》。

四十二年，敕撰《钦定日下旧闻考》。

五十六年，敕校勘《石刻十三经》。

嘉庆四年，敕恭纂高宗纯皇帝实录、圣训。

六年，敕重修《国朝宫史》。

八年，谕："《四库全书》内，恭缮皇考高宗纯皇帝圣制诗文，存贮诸阁，奎文炳焕，垂训万古。惟圣制诗自四集以后，文自二集以后，俱未缮写恭贮，理宜敬谨增人。此外如八旬万寿盛典及续办方略、纪略等书，亦应一体缮人庋藏。

谨按：我国家稽古右文，自世祖章皇帝开国以来，屡诏儒臣编辑诸书，不下数十百种，诚今古艺林之极盛。节次所奉纶音，具详实录、国史。兹恭录训谕史官及有关纂书体例者，备书于册，以昭载笔诸臣之法守。至高宗纯皇帝敕编《四库全书》，及我皇上续增《四库全书》归架，文思光被，叠旦重晖，尤足垂示万禩，仰见两朝文治之极盛云。

皇朝词林典故卷二十三　职掌

撰　文

凡尊崇、册立暨册封妃嫔各册宝印文，恭上恭加尊谥、升祔册谥各册宝文，均由本院官撰拟，兼恭篆宝文，会同内阁官监视镌刻。册封公主、王、贝勒、贝子、公、将军、福晋、夫人册诰文，由院题定文式，填名咨送中书科。祭告郊庙、陵寝及社稷、岳渎诸祀祝文，谕祭公主、王、贝勒、贝子、公、将军、福晋、夫人及内外文武官祭文、碑文，本院准礼部来文撰拟，翻译进呈，钦定后，仍交礼部转行。

谨按：旧例，各官封赠诰敕文，亦由院撰拟。至康熙七年，吏部奏准，按品刊刻文式，停其撰拟。

又按：亲王、郡王、贝勒等封爵，初次受封及军功昭著应行载入金册者，由院撰拟具奏，至世及袭封，只添写世次缘由及袭封年月，由院恭拟字样，移交中书科缮写，不另撰文。

崇德二年五月，内院诸臣撰拟宣谕朝鲜敕书进呈。上览毕，谕曰："尔等撰文，毋得过为夸大，当顺理措辞。朕素不乐闻夸大之言，彼明国之主，自比于天，轻视他人实甚，身无德义，徒事矜张，究何益哉！嗣后撰拟，切宜详慎，毋得草率。"

康熙三十四年，大学士等以翰林院撰原任福建巡海道殉难追赠工部右侍郎陈启泰碑文呈览，谕曰："陈启泰殉节，与他人不同，观其阖家之人逐一自尽毕，伊然后自缢而死，甚属惨伤。海贼进城，见其家棺椁如许，亦为垂泪。伊子陈汝器，被海贼拏获，后方得出。应将此等事，俱行撰入。观此碑文词意，尚未详尽，尔等可查明另撰。"

三十四年，谕大学士等："翰林官撰拟文章，是其专任，善与不善，皆应有鼓励惩戒之处。自是以后，凡碑文、祭文，其撰拟人姓名及所撰之文，或经俞允，或被申饬，一一记名。有三次善、三次不善者，俱行奏闻。"

五十三年，谕南书房翰林等："向来升殿所奏中和乐章，皆仍明代所撰，句有短长，体制类词。后因文体不雅，命大学士陈廷敬等改撰，其章法皆以四字为句，而奏乐人未易声调，仍以长短句法凑合歌之。是虽文法易，而声调未易也。今考察旧调，已得其宫商节奏，甚为和平，必得歌章字句，亦随词调，则章法明而宫调谐。此事所关最要，著南书房翰林同大学士等，详考定议，务使章法与声调协和，归于允当。"

雍正元年，谕曰："圣祖仁皇帝上谕十六条，乃系纲领。今欲诠解发挥，畅明义旨，以晓兵民。著修撰、编修、检讨、庶吉士等，将每条作训诫文一篇，名曰《上谕十六条广训》，文体散行，字数在五百以外、六百以内，需明白条畅，勿太深奥，勿涉鄙俚，兵民并加训饬。翰林八九人分与一条，各拟一篇，各人封进。"旋又奉旨："文章要六百以外，字六百五十以内。"

乾隆元年，谕总理事务王大臣："翰林以读书为职业，然读书将以致用，非徒诵习其文辞也。古来制诰多出词臣之手，必学问渊雅，识见明通，始称华国之选，有裨于政事。今翰、詹官员甚多，于诗赋外，亦当留心诏敕。掌院学士以下，编、检以上，可各以己意拟写上谕一道，陆续封呈朕览，既可以觇其文艺之浅深，并可以观其胸中之蕴蓄。倘有切于吏治民生者，朕亦即颁发，见诸施行，则词曹非徒章句之虚文，而国家亦收文章之实用矣。嗣后庶吉士散馆后，即照此例行。"

四十九年，谕："翰林院撰拟祭文，向例俱兼清汉，但如坛庙群祀，载在礼部祀典者，自应需用国书。若满洲大臣，亦当用清文谕祭。至汉大臣本不谙清语，谕祭时原可专用汉文，又何必重加翻译，致滋烦琐为耶！嗣后翰林院撰拟汉大臣祭文，俱不必兼翻清字。"

选刻诗文

康熙二十四年，命内阁学士徐乾学等编次《古文渊鉴》。

四十五年，命詹事陈元龙编《历代赋汇》。

是年，敕编《佩文斋咏物诗选》。

四十六年，敕编《全唐诗》。

是年，命翰林院侍读学士沈辰垣等编《历代诗余》，又命编修陈邦彦编《历代题画诗》。

四十八年，命右庶子张豫章等编《御选四朝诗》。

是年，命大学士陈廷敬等编《皇清文颖》。

五十年，敕编定《全金诗》。

五十二年，敕儒臣等撰《御选全唐诗注》。

雍正十一年，允给事中黄祐奏，续增《皇清文颖》。

谨按：《文颖》之刻，肇始于康熙四十八年，业经进呈，未行颁发。至是复加增辑，以圣祖仁皇帝、世宗宪皇帝御制诗文冠于卷首。至乾隆初，复增入高宗纯皇帝御制，并续采诸臣进呈诗颂赋册，于乾隆十二年刊行。

乾隆元年，命内阁学士方苞选录《四书文》。

是年十二月，允大学士鄂尔泰请，编录本朝名臣奏议。

谨按：选刻诗文，类皆选派内廷翰林及儒臣为之，或开馆编辑，或即附各馆办理。

其选成刊刻，则皆属之武英殿。

轮进经史奏议

乾隆二年三月，谕总理事务王大臣："朕在潜邸，六经诸史，皆尝诵习。自承大统，敕忐万几，少有余闲，未尝不稽经读礼。今祥练既逾，科臣毕谊所奏令诸臣日缮经史奏议，理得施行。在朕广挹群言，可以因事鉴观，随时触发，而览诸臣所进，亦可考验其学识。或召见讲论，则性资心术，必因此可觇。但毕谊所奏，止及史臣，而朕意科道职司献替，应令一体录呈。其规条应如何酌定，并分日按班呈奏事宜，著定议具奏。"寻王大臣等议："分翰、詹为一班，科道为一班，日轮一人具奏。摺式先标经史，下注义疏，或节略史文，下注史断，后皆附列所见，曰臣案云云，以千言为率。"得旨："每日缮进书摺，朕披阅后，交南书房收存。其或召见讲论，朕所降旨，令本人于次日缮写呈览，亦交南书房收存。将来行之日久，不特集思广益，亦可荟萃成书，以资观览。"

是年七月，谕："前命翰林、科道官员轮日录呈经史讲说，以资披览。今科道轮已周，著仍照前与翰林官员，分日录进。"

十四年，奉谕停止轮进经史。

翻　　译

太祖高皇帝己亥十月，命巴克什额尔德尼、札尔固齐、噶盖以蒙古字制为国语，颁行中外。

谨按：国书之制，以十二字头孳生诸字，后儒臣达海遵点寻绎，酌加圈点。又以国书与汉字对音未全者，于十二字头正字之外，增添外字，犹有不能尽叶者，则以两字连写切成，其切音较汉字更为精当。由是国书之用益备。

崇德三年八月，立国史院，大学士刚林撰满文，学士罗绣锦译汉文，弘文院大学士希福译蒙古文，道木藏古式译图白忒文。

七年，谕文馆儒臣曰："昔皇考太祖欲创造满书，巴克什额尔德尼辞以不能。太祖曰：'汝何谓不能，但以蒙古字合我国之语音，联缀成句，即可因文见义矣。吾意已定，汝毋辞。'额尔德尼遂遵谕编成满书。我国初无满字，额尔德尼乃一代杰出之人，今也则亡彼所造之书，义或有在，其后巴克什库尔禅所增，朕恐终有未合。尔记载诸臣，将所载之书，宜详加订证。若有舛伪之处，即酌改之。朕嗣大位，凡皇考太祖行政用兵之道，若不一一备载，垂之史册，则后世子孙无由而知，岂朕所以尽孝乎？"

九年，上召集文馆诸臣谕之曰："朕观汉文史书，殊多饰辞，虽全览无益也。今宜于《辽》、《宋》、《金》、《元》四史内，择其勤于求治而国祚昌隆，或所行悖道而统绪废坠，与夫用兵行师之方略，以及佐理之忠良，乱国之奸佞，有关政要者，汇纂翻译成书，用备观览。至汉文正史之外，野史所载，如交战几合、逞施法术之语，皆系妄诞。此等书籍，传之国中，恐无知之人信以为真，当停其翻译。又见史臣称其君者，无论有道无道，概曰天子，殊不知皇天无亲，惟德是辅，必有德者乃克副天子之称。今朕承天佑，为国之主，岂敢遂以为天之子，为天所亲爱乎！倘不行善道，不体天心，则天命靡常，宁足恃耶？朕惟有朝乾夕惕，以仰邀天鉴而已。"

康熙十二年，谕学士傅达礼曰："满汉文义，照字翻译，可通用者甚多，后生子弟，渐致差谬。尔任翰林掌院，可将满语照汉文字汇发明，某字应如何用，某字当某处用，集成一书，使有益于后学。此书不必太急，宜详慎为之，务期永远可传，方为善也。"

乾隆十五年，谕："我朝创制国书，分十二字头，简而能该，用之无所不备，而音韵尤得天地之元声。惟是汉人初学清字者，辩字审音，每借汉字音注，以便记诵，而汉字不能悉协，不得已更从俗音，以意牵合，未经较正画一，将恐久而益差。间尝读汉字《金史》，其用汉字音注国语者，本音几不可晓，谛寻之，则原清语所常习。又如《元史》之达鲁花赤，以今蒙古音译之当为达噜噶齐，不华当为补哈，此类未易枚举。在史氏或以意为音，或出于当时承旨，盖由以汉字而注清语、蒙古语，既非本字，又无一定，是以讹复传讹，以此知官为校定之不可以已也。夫一天也，国书谓之阿补喀，蒙古谓之腾格哩，西番则谓之纳穆卡，至国书之腾格哩，则汉语所谓弦子耳。又如一日也，国语谓之舜，汉文谓之日，蒙古谓之纳兰，西番谓之尼吗。又如国语呼尔者，其音为西，而西方则称斡呼基，此在兼通清汉文者，无所疑义，而通清不通汉者，但知西之为尔，通汉不通清者，但知西之为西，而语之以斡呼基，且不知为何物矣。盖凡物之命名，本属后起，《尔雅》、《释名》，方言土训，莫可殚述，皆假象耳。若夫以汉字注清文，实假象中之假象，而必执此以较是非，定高下，寓褒贬，此特私心妄见耳。爰命大学士傅恒率同儒臣，重定十二字头音训，开章六字则用直音，如阿额伊鄂乌谔；余用二字合音，如纳阿、讷额、尼伊，傩鄂、努乌、儒谔；其余十一字头，首六字用二字合音，如阿衣、额衣、伊衣、鄂衣、乌衣、谔衣，以下俱用三字合音，如纳阿衣、讷额衣、尼伊衣、努乌衣、儒谔衣，以分轻重缓急，而国书之元声，略可得梗概。是不过同文之一端，无关奥义，然习之于童蒙之始，有不容忽者。用示其义，传示久远，俾知所法守焉。"

二十三年，掌院学士介福奏请："翻译清文，由满学士翻就草底，交翻书房改正，始行进呈。"从之。

谨按：向例，改正翻译，以满员中熟通清文者为之。至是，始专归翻书房。本衙门编修、检讨汉员由肄习国书出身者，亦兼翻书房行走。

又按：翻译国书，为我朝同文盛轨。太祖高皇帝时，儒臣额尔德尼遵旨创造满文，达海继之。凡朝廷诏令，多出其手，画象观星，比隆颉诵。后庶吉士教习国书，满洲外班人员大考，亦兼试翻译。是翻译所关于词臣职守者綦重，特详悉备载，以志巨典云。

文渊阁兼掌

文渊阁向无专员，乾隆三十八年，高宗纯皇帝命儒臣校核《永乐大典》。既竣，遂允廷臣所请，纂修《四库全书》，四十七年告成，庋藏文渊阁，仿宋制设提举阁事、领阁事、直阁事及校理、检阅等员，专司经理。每岁三六九月，提举阁事率同阁职各官，并内府司员，将插架各书按部取出，交校理各官，记档册，检阅各官挨本翻晾。又于传心殿后，拨给直房，每日令校理二员轮直，辰入申出。遇有查取书籍，即令当直校对，经管登记。其《四库全书》副本，均藏翰林院署，有欲窥秘籍者，赴署请阅，其愿就署钞录者亦听。至所钞之本，文字偶有疑误须参校者，令其识明某卷某页某篇，汇书一单，告之领阁事，派校理一员，同诣阁中请书校阅。

五十三年，谕："向来文渊阁藏庋《四库全书》，设领阁、提举、直阁、校理、检阅等官，因思文渊阁提举阁事一员，系由内务府大臣兼充，司员以及看守扫除之人皆其所辖，呼应较灵。即著交提举阁事一人专为管理，其领阁、直阁、校理、检阅等官，俱作为兼充虚衔，不必办理本阁事务。"

谨按：秘阁藏书，宜昭慎守。唐宋以来，增设官僚，制綦详备。明代秘书，仅委之内阁典籍一员，是以天禄储藏，每多散佚。我高宗纯皇帝稽古右文，迥超前代，琅函玉笈，储庋尊严。自设立阁员后，规制秩然，益臻美备。后虽典守事宜，专归内府人员经理，而直阁、校理各官，每遇上御经筵，皆得入直侍班。延阁兰台，胥标华秩，洵儒臣未有之荣遇云。

皇朝词林典故卷二十四　职掌

教习庶吉士

国初多以内院学士为之，侍读等亦间有与者。自康熙九年专设翰林院，历科皆以掌院学士领其事，而内阁学士时参用焉。至六十一年辛丑科，始以工部尚书陈元龙领教习事，厥后尚书、侍郎、内阁学士之不兼掌院事者，并得掌教习事。由本院以应开列各官职名奏请，钦定满汉各一人。

顺治六年，给事中姚文然奏："臣伏读制策，有云：'首以满汉同心合力为念。'窃思满汉一家，语言文字，俱应彼此通晓，前此两科馆选虽有清书，但选员无多，故未有改授别衙门者。臣请于新进士内广选庶吉士，察其品行端方、年力强壮者，俾肄习清书精熟，授以科道等官。内而召对，可省转译之烦，即出而巡方，亦便与满洲镇抚诸臣语言相通，可收同寅协恭之效。"疏下所司。

十六年，谕："翰林院自乙未科以后，所选翰林庶吉士令习清书，俱期有裨实用。恐其自谓已熟，将向来所习，或至遗忘，朕今先加考试一次以后，翰林院堂官仍不时考课，务令纯熟，以副朕简拔之意。"

康熙三十三年，命教习学士等，选讲、读以下官资深学优者数人，分司训课，名小教习。自甲戌科以下并仍其制，至雍正八年庚戌科，始停其选派。

雍正元年，谕："向来庶吉士学习清书，散馆之后，每至荒废，以三年学习之功，置之无用，殊为可惜。嗣后清书散馆之翰林，不可令其荒废。今年新科进士，选拔庶常，朕意学习清书者少点数人，令其尽心学习，务期通晓。或在翰林，或用部曹，即令与满官一同翻译，如此方实有裨益。"

十一年，谕翰林院："教习庶吉士，所以造就人材，使之沉潜经籍，涵泳艺林，可以典制诰之文，鸣国家之盛也。从前庶吉士，皆就翰林院读书，教习大臣，不时策励，是以身心约束，学殖易增，馆阁之间，蔚然称盛。朕意今科选拔庶常，仍令在衙门读书，俾教习诸臣，得以朝夕训课，兼厚给廪饩，资其膏火，庶几枕经葄史，文藻可观，克称词臣珥笔之职。应察照前例，及如何加与廪给之处，其酌议以闻。"寻议："拨给官房一所，为教习馆，令庶吉士肄业其中。颁给上谕人各一部，内府经史诗文每种各三部，存贮馆内，以资课习，并月给廪饩。"得旨允行。

乾隆元年，尚书任兰枝、侍郎方苞奏："向例，庶吉士散馆，只试五言排律八韵或十韵，及论一篇，不出论题，则用时文。雍正元年，命诗、赋、时文、论四题，听群士或作两篇，或作三篇、四篇。本年，尚有以两篇列高等者。其后，群士皆勉强并完四篇。风檐寸晷，转多草率。不若止命诗、赋二题，有裨实学。"得旨允行。

二年，谕总理事务王大臣："满洲进士选授庶常，向例俱学习汉书。去年因徐元梦条奏，满庶吉士复令分习清书。朕思满语系满洲自幼所习，只须汉文通顺，人人皆能翻译。且授职之后，自可令办翻译之事，清文亦不致荒废，何必于选馆之时，专令学习乎？嗣后满洲庶吉士习清书之例，著停止。"

乾隆十年，谕："《会典》开载，康熙年间，选拔庶吉士后，有选读、讲、修撰、编修、检讨数人为小教习之例，教习庶吉士诗、文、四六。今科之庶吉士，著掌院暨教习庶吉士之大臣，于现任读、讲、修撰、编、检内，选拔数人为小教习。"

十六年，命庶吉士分习清书，云南、贵州、四川、广东、广西等省不必派充，并选年三十以内者。

谨按：学习国书，向以庶吉士四十五岁以下者派充。至雍正间，只以年少资敏者十余人，令其学习。至是奉旨，令选年三十以下者。嗣后历科清书庶吉士，大约不出十人。乾隆五十四年，教习庶吉士以清书人数共有八员，奏请酌减阮元、顾德庆二员，归入汉书教习。

又按：清书庶吉士，初选时，年齿合例。及散馆时，或因告假丁忧，年齿已长者，例准改习汉书。康熙时改习者，庶吉士孙致弥、孙时宜、李应绶；雍正时改习者，编修程元章，庶吉士康忱、李士杞、唐绍祖、郑为龙、孙诏；嘉庆五年，庶吉士王鼎、毛式郇，九年，庶吉士潘恭辰，俱奏请改习。

三十二年正月，教习庶吉士钟音等奏："庶吉士帮俸，向例交二甲一名之庶吉士管理，收明均分。但二甲一名之庶吉士，同系新进肄业之人，未便独司收发之事，应请嗣后此项银两，交与提调管理。又庶常馆向设学掌八员，系于翰林院厅员笔帖式内充补，专司翻稿。庶常文移无多，应请酌留笔帖式四员，其余咨回翰林院办事、学掌名目，亦请裁去。"从之。

三十四年，庶常馆议定分给帮俸章程：一，银项到馆，提调当堂兑收，如有低色短平之处，行文查办；一，核定银数，每庶常一员，应分银若干，记明存簿；一，每次分给帮俸，以部咨到日，现在肄业之庶常为准，如已告假及未销假者，虽先后一日，不得分给；一，新旧两科交换之际，以散馆之日为限，在前解到者属旧科庶常，在后解到者属新科庶常，详细登明总簿；一，署后市厘七间，每月收租，为本馆修理之需，刊刻木榜，悬之馆内。

三十八年，御史张霁奏："嗣后朝考排律诗，宜遵照定例，只赋一律，不得多作二首四首，致启诡遇之端。翰林大考考差及庶常散馆，均应照此例。"得旨："所奏是，著照所请行。"

暂摄批本

内阁学士职司批票本章。或遇奉使、请假，需人代理，则以詹事、少詹事，翰林侍读、侍讲学士，及三四品京堂之曾任翰林者，请简兼摄，俟学士回任，受代而还。

谨按：暂摄之制，起于雍正八年十月，以侍讲蒋涟暂摄批本。至乾隆九年七月、十一年九月，阁臣皆循列请行，迄今相沿无改。

文　衡

凡殿试文进士，掌院学士、詹事充读卷官，侍读、侍讲学士以下充受卷、弥封、掌卷官。殿试武进士，掌院学士、詹事、少詹事充读卷官，修撰、编修、检讨充受卷、弥封、掌卷官。顺天乡试，掌院学士充正副考官，侍读、侍讲学士以下充同考官。各省乡试，学士以下，编修、检讨以上，咸得充正副考官。会试，掌院学士充正副考官，侍读、侍讲学士以下并充同考官。顺天武乡试，侍读、侍讲学士以下，编修、检讨以上，咸得充正副考官。武会试，侍读、侍讲学士咸得充正副考官。翻译考试，满掌院学士及侍读、侍讲学士并充正副考官，满侍读、侍讲以下并充同考官。各省学政，自侍读、侍讲学士以下至编修、检讨，咸与差。

崇德六年，内三院大学士范文程、希福、刚林等奏，以满、汉、蒙古士人，考取秀才并举人。上从容谕之曰："忠经有云，在官惟明，莅事惟平，立身惟清，听不可以不聪，视不可以不明。清则无欲，平则无曲，明能正俗，聪则审于事，明则辨于理。尔等当善体此言，从公考校。"

顺治十年六月，以翰林五品以下官提督直隶、江南、江北学政，其学习国书者不差。

谨按：各省学政，向沿明制，皆设提学道副使、佥事，惟顺天、江南二省称学院，以御史充。至是始以翰林视学。

康熙二十三年，吏部议准，顺天学政以侍读、侍讲、谕德、洗马开列，江南、浙江以侍读、侍讲、谕德、洗马、中允、赞善开列，其以郎中、道、府补用之处并停。

三十九年，命各省学道员缺，翰林官与郎中并差。

四十二年，以分遣廷臣视学。上重其选，召翰、詹词臣试者再。复饬大臣保举，非闻望素优、学行兼至者，不得与是选。

五十六年，礼部题请顺天乡试主考官。得旨："此次同考，即于所开正副考官内，每房各用二人，不得派同省之人。"

雍正元年，令各房校阅，仍用同考官一人。

三年，大学士等保举山东、湖南学差，翰林等官黄鸿中、王希曾、陈法引见。得旨："黄鸿中认得，不必引见，止将王希曾、陈法引见。"旋奉旨，以黄鸿中为湖南学政，王希曾为山东学政。

是年三月，以遣学试两差，考试翰、詹、科道部属诸臣于太和殿。考取人员姓名，识以牙签，贮以金筩。临遣时，大学士赍至午门前，每省掣正陪各一员，引见差用。

四年，吏部、翰林院会奏："顺天、安徽学政，定例将侍读、侍讲、谕德、洗马等官开列。现在侍读、侍讲等官，并无合例之员，应将未出过学差之少詹事，侍读、侍讲学士，并由进士出身之四五品京堂开列请简。"得旨："依议，已经出过学差之人，亦著开列。"

谨按：顺天等大省学政，开列虽有定例，高宗纯皇帝时，多由特简二三品大臣为之。惟乾隆二十四年，刘墉以编修任江苏学政，嘉庆四年，吴烜以编修任江西学政，皆为异数。

十二年，谕："广东肇高学政缺出，著大学士于翰林内，拣选为人老成、能衡文者十员，带领引见。"

十三年十月，吏部请点各省学政，高宗纯皇帝谕曰："各省学政，有训导士子、校阅文艺之责，关系甚重，非才守兼优、素有学问者，不克胜任。朕即位之初，于诸臣之才学品行，未能深知，难以降旨简用。著大学士、尚书、侍郎于翰林、科道部属内，各据所知，保送二三员开列送部，汇奏请旨。张廷璐、蒋蔚声名好，著仍留江苏、湖北学政之任。"

乾隆元年，谕内阁："今年八月，举行恩科乡试，其正副考官，必人品端方、学问醇正者，始足膺衡鉴之寄。朕即位之初，不能深知诸臣之底蕴，著鄂尔泰、张廷玉、朱轼、徐本、邵基、任兰枝、徐元梦、福敏、孙嘉淦、杨名时，于翰、詹、科道部属内，各据所知，多举数员，于五日内交送内阁汇奏，候朕考试简用，庶得才品兼优之员，以副抡才之大典。"

是年，以御史王文璇请，停止庶吉士开列顺天乡试外帘官。

三年，诏大臣依元年例，各举所知，其时未与荐剡者，亦听就试。自是历科参用其制。

六年，谕："今年乡试届期，简用各省主考官。向有考试之例，著将翰林、科道部属等官，应差主考者，照旧例通行考试。其有不愿出差者，亦听其意，将此交与该部查例办理。"

谨按：典试视学，最为文臣稽古之荣。我朝定制，翰林部属及各衙门由进士出身之七品以上官，皆得考试简用，而衔命奉使者，大率词臣为多。至雍正五年，改天下学道尽为学院，其由部员出使者，皆按甲第加翰林院编修、检讨衔，是各省学政，几为翰林专差。仰见我朝厉学崇儒，有加无已，实为前代未有之旷举焉。

磨　勘

磨勘乡、会试卷，侍读、侍讲学士以下至编修、检讨皆与，由礼部开列请简。

乾隆元年五月，总理事务王大臣议覆："户部左侍郎李绂奏称：'磨勘各省乡试朱墨卷，例用九卿、科道。查试卷甚多，九卿、科道各有职掌，往往草率从事，嗣后请兼用中、赞以上之翰、詹科甲。'应如所请。"从之。

谨按：磨勘旧例向无翰林官，至是始请兼用开坊以上官。乾隆二十四年，以御史吴绥诏条奏磨勘人数不敷，始添用编、检官。

嘉庆八年，礼部奏准："各省学臣岁试新生十名以前试卷，其学臣系在部属科道衙门者，所取之卷，交翰林院官磨勘。"寻复照旧例，仍令礼部磨勘。

选录墨卷

雍正元年，礼部议准："乡、会试墨卷，于侍读、侍讲、修撰、编修、检讨内，酌委数人，会同礼部秉公选录，进呈御览裁定，颁行刊刻。"

奉　　使

凡册封公主、亲王、郡王，及亲王世子、郡王嫡福晋，以掌院学士充副使；郡王长子贝勒、贝子，及长子嫡福晋，贝勒、贝子夫人，内外郡主、县主、郡君、县君，并外藩蒙古亲王、郡王嫡妃，以侍读、侍讲学士，侍读、侍讲充正使；外藩蒙古贝勒以下、公以上夫人，以侍读、侍讲充正使。皆用满员。

凡祭告使，初用掌院学士及侍读、侍讲学士。康熙三十六年，令侍读、侍讲亦得列衔。五十七年，令检讨以上皆得列衔。

凡出使外国、朝鲜，用满掌院学士一员；越南、琉球，兼差满汉翰林官。皆列名请简。

雍正三年，命大学士、九卿选编、检、庶常四员，修理直隶城工。

四年，命派翰林官员，会同直隶地方官，核实监粜。

九年，谕内阁："朕欲于在京官员内，拣选老成明白者数十员，命往陕西内地州县，办理宣谕化导之事。著大学士会同该教习，于庶吉士内拣选数员，各部堂官，在本部学习人员内拣选一二十员，国子监祭酒等，在选拔贡生内拣选二三十员，俱交送内阁带领引见。"

乾隆八年，以侍讲邓时敏为上江凤颍泗三府州宣谕化导使，以编修涂逢震为下江淮徐扬海四府州宣谕化导使。

陪　　祀

凡本院五品以上官皆与。国子监春秋展祀，则以大学士具名上请，而以资深编修、检讨二员，分献十二哲。本院先师祠，以本院官资深者一人主祭，余均助祭。

谨按：释奠如遇皇上亲诣行礼，应派修撰、编、检四员，分献崇圣祠四配两庑。

专员办事

雍正元年，谕："部院衙门，均设司官专管定稿说堂，笔帖式专管翻译，厅官专管收发文书。翰林院衙门，亦有钱粮出纳，升迁议叙，并各衙门文移往来，事务繁琐，关系不轻，乃皆出笔帖式、典簿之手，故迟速轻重，多有弊端。当于俸浅编、检内，择才守优长者满汉各二人，作为司官，专主定稿说堂，庶小吏不得作弊，而衙门肃清矣。所委司事之编、检，如果实心任事、办理公敏者，据实奏闻，加以殊恩。"

谨按：满洲办事官，兼派庶吉士。又满汉四缺之外有协办官，无额缺，奏办官缺出，即以协办官奏充。

乾隆四十一年，大学士会同吏部、翰林院奏准："文渊阁所贮《四库全书》，应将副本藏于翰林院署，派本院办事翰林诚干之员数人，各司其籍。翰林及大臣官员内欲观秘书者，准告之领阅事，赴署请阅。司籍之员，随时存记档册，点明卷数，不许私带出院，致有遗缺。"

谨按：办事翰林官，例派满汉二人，兼庶常馆提调。又办理昭忠列传，馆设本院署，亦于办事满汉员内派充，提调文移用印，满汉办事官及协办官轮流监视。又厅员笔帖式考察保送，皆由办事官核拟，呈掌院酌定。恭遇上御经筵，则为展书官。

稽察史书录书

雍正八年，谕："史书录书，每年点出满汉翰林官各二人，悉心稽察，专司其事。倘有玩忽潦草之处，该翰林据实奏闻，如徇隐不奏，后经察出，将该翰林官一并议处。"

稽察宗学觉罗学

凡稽察宗学、觉罗学，掌院学士及读、讲学士俱得列名请简。

宗学教习

雍正十一年，命左右两翼宗学，派编、检学习各二员。
谨按：此例于乾隆年间停止。
嘉庆四年，复设宗学汉教习，用进士、举人，不用编修、检讨。

咸安宫官学稽查功课

雍正七年六月,掌院大学士张廷玉奏请拣选翰林,教习咸安宫官学生。得旨:"教习官学生,著将应派之举贡人员内派出九人,令其专司教习之事。尔于翰林院内拣选满汉翰林官各二员,与甘汝来一同总理稽查教习功课,不必常住书馆之内。"

谨按:咸安宫官学总裁之设,始于是年。杂时拣派者,庶子僧格勒、侍读春山、候补谕德谢履忠、编修蒋振鹭。嗣后皆由掌院学士派充,满官二员,汉官四员。

稽查理藩院档案

雍正四年,理藩院奏:"本院汉档甚多,系抚绥蒙古等事,关系紧要,请派员修理。"得旨:"著交大学士,于内阁、翰林院,将翻译通顺之侍读、侍讲等官,出派二员稽查。俟二年后,另行出派更换。"嗣大学士等议奏:"内阁、翰林院,每次各派查档满官一员。"

谨按:满洲翰林官,向有派往口外护印办事等差,届期更换。乾隆五十年正月,将军奎林奏准停止。

詹事府

詹事府官,职掌所系,并与翰林院互兼。惟每月看验月选官,及每岁朝审,则詹事、少詹事与九卿、科道入班。左右春坊掌讲读笺奏之事,司经局掌收贮书籍。国初定制,凡东宫千秋节及元旦、冬至行庆贺礼,其表笺文式,由詹事府坊局官撰拟颁发。

谨按:庆贺表笺,自停立东宫后停止。东宫日讲讲章,即用皇帝日讲讲章,正本先期送进,届期日讲官恭捧副本进讲。

谨按:旧例,东宫满讲官二员,汉讲官四员。每日讲,则用满讲官一员,汉讲官二员。自康熙年中,圣祖仁皇帝定制,停止东宫,皇子讲读,均派翰林人员,在尚书房行走,恭侍肄诵,复简大臣总司其事,洵千古豫教之良法。已于翰林职掌内,增载尚书房入直一类,兹姑存旧编所载,以资考镜云。

皇朝词林典故卷二十五 恩遇

优　　眷

顺治十三年，选日讲官，庶子王熙未列名，特旨擢用。其年冬，上幸景山臻禄阁，召讲官进讲，熙讲《尧典》称旨，令每日进讲。并谕嗣后不必立讲，遂侍坐。次年，又谕驾出即随，不必请旨。

十六年，徐元文以廷对第一，授修撰，特蒙眷注。尝扈从南苑，赐乘御马。又尝晚对便殿，夜分赐馔，上问从者得毋饥乎，令侍卫赐之食。

康熙十二年五月，徐秉义以一甲第三名授编修，其弟大学士元文以掌院司教习，具疏题明，奉特旨免秉义教习。

七月，谕讲官傅达礼："朕或出郊外，或幸南苑，尝不辍讲，以此翰林官员每次随从。但翰林各官俱远离家乡，亦城毫无资产，扈从不免艰苦，殊为可念。嗣后扈从讲官所用帐房，及一切应用什物，酌定数目，由内府给与。"

十月，编修张英、孙在丰扈从南苑。入夜，值大风雨，上在行宫，谓侍臣曰："两翰林恐油幕未具，得无有沾湿之苦？"时已漏尽三鼓，命中使至学士傅达礼帐中，传谕移于五店皇庄安宿。学士回奏："臣已为二人料理，何敢烦圣虑。"翼日，学士传旨，英等诣行在恭谢。

是月，上在南苑行宫，方张灯伸纸作大书，中夜，传侍读学士喇沙里至前，复问两翰林此时作何事，对曰："方在直庐读书。"上曰："可令两人各赋良马诗。"学士请问良马状，上曰："此不必论。古人以骐骥比君子，所谓骥不称其力，称其德也。"即日恭赋二律以进。

是月，谕令修撰韩菼以所作时文二首进呈，复命悉呈平日文稿。

十六年，谕："侍讲学士张英加食正四品俸，供奉内廷，其书写之事，令高士奇在内供奉。伊等居住房屋，交内务府拨给。"

谨按：翰林蒙恩赐第者，后此如励杜讷、朱彝尊、蔡升元、蒋廷锡、张廷玉、徐本、任启运、余栋、陈世倌、陈宏谋、雷铉、刘统勋、刘纶、汪由敦、史贻直、于敏中、裘曰修、王际华、梁国治、董诰、王杰、彭元瑞、孙士毅、朱珪诸人，不能悉举。

圣朝体恤儒臣，实无微弗至焉。

十七年夏，驾幸景山，命学士张英、侍读高士奇从，上赋《夏日登景山同翰林张英高士奇作》诗一章。

七月，复御书是诗以赐英等。驾幸西山，将至潭柘寺，上命士奇于马上联句二首。

十八年，命内廷供奉周道写侍读学士张英小像，装潢成轴，赐之。

是年，学士孙在丰扈从南苑。翼围之内，有麑铤走，上以御用弓矢授在丰射，得麑，遂赐之。谓大臣曰："孙在丰文武材也。"及试武进士，上复命在丰射，射连中。上大悦，语侍卫："是固曩日射麑者也。"后尝扈驾南巡，至苏州，上传谕云："孙在丰家湖州，去此不远，可一往省亲。"濒行，复谕："汝来不必至江宁，弟于淮扬诣行在。其金陵名胜，有应留名处，汝系从官，必为尔题名也。"

二十一年，特命南书房入直翰林于禁中乘马。检讨朱彝尊纪恩诗曰："回思身贱日，足茧万山中。"真异数也。

二十五年，谕大学士等曰："学士徐乾学、张英学问渊通，文章事务，著留办理，以后开列巡抚，不必列名。"

二十八年，圣驾南巡，至济南，登城阅视毕，同辇将下城，从官皆控马立女墙旁，上顾讲官陈元龙曰："尔书生，可即乘马，随朕而行。"随令中使扶元龙上马。

是年，驾至浙江杭州，幸高士奇西溪山庄，赐五言诗一首，并御书"行窝"二字。

三十三年五月初八日，谕："翰、詹官日派四员，直南书房。"

初九日，试夏日内廷应制七言律。

初十日，试赋得西园翰墨林应制五言排律，赐侍读学士徐嘉炎御笔陶诗、临苏轼书。

十一日，试赋得膏雨润公田应制五言律，赐庶子孙岳颁御笔临米芾书一卷，又赐庶子陈论等三人御书石刻千文。

十二日，试赋得紫禁朱樱出上阑门应制七言律，限韵五微，赐侍读陆肯堂等二人御书石刻千文。

十三日，试咏五台金莲花诗五言律，限韵八齐，御制一首，又命掌院学士张英、太常寺少卿励杜讷同赋。

十四日，试赋得崇文聊驻辇应制五言古，限辇字。是日，编修仇兆鳌进所注《道德经》。

十六日，试恭读御制览《贞观政要》应制五言律，限韵二萧。

十七日，试恭读御制时巡近郊悯农事有作应制五言律，限韵八齐。

十八日，试恭读御制懋勤殿读《尚书》至《无逸》篇有作应制五言律，限韵五微，赐编修张希良御书《白羽扇赋》。

十九日，试恭读御制观天象诗应制五言律，限韵九佳。是日，直者八人，赐编修宋大业御书杜甫诗。"渭北春天树"四句。

二十六日，试圣驾夏日阅视河堤诗应制五言律，限韵六鱼。是日，直者九人。

二十七日，试恭读御制宫门听政示阁部诸臣诗应制五言律，限韵六麻。

二十八日，试恭读御制咏史诗应制七言律，限韵十灰。

二十九日，上躬祀北郊还宫，试浑天仪诗应制七言律，限韵十蒸。

闰五月初一日，试赋得虚心高节雪霜中应制七言律，限韵十二文。

初二日，试读朱文公文集应制五言律，限韵十四寒。

初三日，试赋得驻跸华林侧应制五言律，限韵十三覃。

谨按：翰林轮直南书房，命题亲试，品藻艺林，悉归睿鉴，并蒙颁赉宸翰，训诲频加。自五月初九日至闰五月初三日，月几一周，圣人娱情翰墨，亹亹不已。儒臣珠遇，无有逾于斯者。

三十九年，特命苏州织造为祭酒孙岳颁置田宅。

四十年，上御便殿作书，召内直翰林赐观，谕云："尔等家中各有堂名，不妨自言，当书以赐。"陈元龙跪奏臣父年逾八十，拟请"爱日堂"三字，谕德查升拟请"澹远"二字，上即挥毫赐之。

谨按：凡赐从臣堂颜，多随其职任所在，用示训诲。兹乃蒙恩书其所欲书者以赐，尤见体群臣之至意，自古艺林所罕觏也。

四十二年，圣驾南巡，在籍中允蔡升元迎銮，召入御舟，天颜温霁，问："尔同年皆为大僚，尔何故久不来京？"升元以三代未葬对。行十余里，命中使引入副舟，仍令移傍御舟，谕："明日至杭州赐尔字。"升元恭进迎銮诗、《圣寿万年颂》。侍卫传旨："蔡升元在讲筵甚久，家计甚贫，尔祖父葬事约须多少，朕给尔所费。"升元感激涕零，不知所对。侍卫复传旨："赐银六百两，令事竣即速来京。"又赐御书临黄庭经绢一幅。

是年，查慎行选庶吉士。时掌院学士教习揆叙，为慎行受业弟子，特旨免慎行赴教习馆。慎行赋诗，有"诏恩已免春秋课，馆职犹充弟子科；变白果能生黑否，出蓝其奈谢青何"之句。

四十三年，詹事陈元龙以亲病乞归，缮疏送通政司，仍赴苑中侍直。中使传旨云："尔告归之疏已达览，阁票该部议奏，俟部中具覆，再下旨时，几及一月。尔思亲念切，且天气渐热，可即起身，不必等候。"复赐人参二勤。传旨云："可携归奉尔父也。"

四十四年，上南巡，在籍詹事陈元龙迎驾。上倚船窗慰问，询及"尔父老年无恙否"，元龙进呈《臣民望幸》诗册，赐御书"南陔日永"扁额，《御制诗集》一部，《皇舆表》一部，又赐元龙父陈之闇内制砥石砚一方，御书金扇一柄，又赐之闇人参二勤。传谕云："尔有老亲在家，可从此辞归，不必远送。"

是年，检讨张廷玉以内廷翰林扈跸，上以廷玉父英迎銮，谕曰："汝父远来，不久便归，汝当随侍左右，以尽家人之欢，不必频入直也。"廷玉纪恩诗有"圣人锡类无穷意，早识微臣爱日心"之句。驾至苏州行宫，漏下一鼓，特彻御筵酒果以赐内廷翰林，令尽醉而散，廷玉纪恩诗有"堂廉不窃家人谊，月下词臣酩酊归"之句。

是年五月，上御渊鉴斋，召大学士张玉书、陈廷敬，尚书王鸿绪、少詹蔡升元，学士查升、陈壮履、王原祁，编修励廷仪、查慎行、蒋廷锡，检讨张廷玉等，入至云步石，赐馔毕，各赐荷花一瓶，随令由蕊珠院延赏楼泛舟回直庐。

四十七年，圣驾至化育沟行宫，命扈跸翰林游观后苑，从东掖门北行，遍历澄鉴亭、宛在亭诸处，赐食口外百合雉羹，又赐鑫莲花各一瓶。

四十八年，召内廷翰林入渊鉴斋，乘舟至瑞景轩、蕊珠院、露华楼，遍观各种牡丹。

五十一年，赐翰、詹松花绿石砚，中使宣旨："查慎行、吴廷桢、廖赓谟、宋至、吴士玉五人，向在武英殿纂修，著拣式样佳者给与。"

五十二年，上以汉掌院学士汤右曾工诗，语满掌院学士揆叙，令其进呈，揆叙以曾见其咏文光果诗对。上即命取阅，御制赐和，有"丛香密叶待诗公"之句，朝士荣之。

谨按：自古君臣唱和，虞书赓歌，卷阿遂歌，尚已。三代而下，若唐太宗、宋仁宗咸得飏拜矢音之遗意，大抵君唱臣和者为多。若臣下之作，仰蒙睿赏，俯赐和章，从古罕有。乾隆初，沈德潜、钱陈群、张鹏翀等进呈诸篇，屡蒙赐和。嘉庆十年，大学士朱珪诗稿进呈，皇上赐诗，即用其稿中纪恩诗韵。词臣遭际之荣，后先辉映焉。

雍正三年，检讨董玘请归养，部议应俟母终之后来京，上曰："董玘纯孝，岂有当孝子之前，而曰俟尔父母既没而来京者哉？但允其请足矣。"

四年二月，大学士朱轼丁母忧，赐银四千两，敕令驰驿回籍治丧事毕来京。九月，轼将至，上遣学士何国宗、副都统永福迎劳，赐食。

十一年，赐祭原任大学士张英于本籍贤良祠，奉旨："张廷玉给假回籍，举行典礼，赐白金一万两，为祠宇祭祀及长途资斧之用，并赐御用冠带、珍裘、文绮、丰貂、人参、玻璃、磁器、古玩、杂佩之属。"又命内务府制安车，选良骑，以宠其行。并赐内廷历年所刻书籍五十二种，交江南织造从官艘连回，送至桐城。先期陛辞，上手赐玉如意一柄，谕曰："愿尔往来事事如意。"复命中使赍酒肴果饵四筵。至私寓传旨，酌以金罍曰："大学士明日启行，特颁酒筵钱送。"次年，廷玉回京，上遣内大臣户部侍郎海望迎劳于卢沟桥，颁赐酒膳。

乾隆元年十月，命原任侍讲学士梁诗正，照现任学士例食俸，以其入直内廷也。

谨按：授职诏牒，国有恒经，以需次候补之员，即邀支领，实为逾格。后此如余栋、董邦达、汪永锡、蒋楫、沈初、彭冠、曹文埴、黄轩、褚廷璋，皆以候补翰、詹，蒙高宗纯皇帝恩予食俸。嘉庆九年，黄钺以候补赞善，亦蒙皇上恩予食俸，且得一体考试试差，尤称异数云。

三年，以甘霖普降，特召大学士、内廷翰林于圆明园泛舟游览，即时成诗，同诸臣面赋以志胜赏。

五年，谕吏部："鄂容安著补授詹事府詹事。大学士等承旨之时，鄂尔泰以身任大学士，伊子鄂容安实不称詹事之任，再四奏辞，情甚恳切。朕之用人悉秉至公，大臣子弟，果能立志向上，诸事龟勉，斯能不愧世臣，可以为国家宣力。朕看大学士之子鄂容安、张若霭、朱必阶，皆能遵守家声，祇受国恩。况鄂容安、张若霭向蒙皇考令在军机处行走，原欲造就成人。此次擢用，乃朕量才加恩，即栽者培之之道，大学士鄂尔泰不必以己意固辞。并将此旨谕臣工等知之。"

七年，庶子张鹏翀进奏经史，召对便殿，温语移时，赐御书文绮。鹏翀作纪恩诗六章，次日画春林澹霭图进呈，即题其上，上用元韵俯和，龙章立就，笔不停辍。兼命大学士张廷玉传谕："乘兴偶成，非夸多斗靡，蹈玩物丧志之戒。"鹏翀复于宫门赓韵以进，复赉松花绿石砚一方。鹏翀又尝进日长山静便面并诗，上仍用其韵，立赐诗八章。先后进和诗，不可胜纪。

是年十月，上于紫光阁阅武举骑射，讲官张鹏翀侍班。试毕，会瑞雪应时而降，上赋《太液池泛舟咏雪示词臣张鹏翀》五言律一章。宣鹏翀登御舟，赐坐给笔扎，命和诗毕，随辇入朝，鹏翀赋《咏雪纪恩诗》四章进呈。复示诗二章，命翼日和进。

八年，谕："大学士兼掌院事鄂尔泰、张廷玉俱已年迈，乘马维艰，著在紫禁城乘轿行走。"

十一年，南书房行走内阁学士沈德潜请假葬亲，赐御制诗一章，以宠其行。召问何日还京，恩礼款洽，特赐依一品例，诰封三代，复赐诗一章。次年假满赴阙，上又赐诗，以其请假时奏对及还京月日，故有"朋友重然诺，况在君臣间"之句。以未还京时，先命随侍皇子读书，故有"善为道孔颜"之句。

谨按：沈德潜以晚年受圣主特达之知，眷顾有加，圣制诗成，时命赓和，其进呈之作，亦每俯赐和章，并赐御制序文弁其诗稿，以耆宿待之，有非寻常词臣所可及者。

三十年，以南书房行走侍郎德保为顺天学政。时德保典试江西，还京召对，面陈顺天学政，考试八旗生童，例应回避。上曰："汝之为人，知之有素，何以嫌为？不必回避。"

四十一年，谕："文职汉大臣由鼎甲出身者，向无赏戴花翎及赏黄褂之事。大学士掌院于敏中，于办理金川军务，承旨书谕，倍著勤劳。昨因大功告蒇，特沛恩纶，画入紫光阁功臣像，与其余词臣不同。著加恩赏戴孔雀翎，并给黄褂，以示优眷。"次日，复蒙恩换双眼花翎。

四十六年，上行围木兰，围场逸出一狍，修撰戴衢亨执以献，因以赐之，并赐御制诗，有"状元端是让前辈，大鹿小狍获则同"之句。先是丙申秋狝，大学士于敏中曾于行帐获鹿进献，故有是语，并命和韵。

四十七年，进呈《一统志》，国朝松江府人物志内，载王顼龄、王鸿绪诸人，未载张照。上以照之资学明敏，书法精工，为海内所共推重，供奉内廷，极儒臣之荣遇，文采风流，实不愧其乡贤董其昌，命将张照官秩出处事迹，一并载入。

四十九年，上以大学士掌院嵇璜年老，谕令每冬日出后入直。

五十年，尚书房行走大学士蔡新予告，恩礼优加，命传乘而归，赐诗以宠其行。先是，御制临雍诗，有"韩愈不甘弟子列，蔡新或备伯兄行"之句，宇内荣之。

五十五年，上以大学士掌院嵇璜年老，紫禁城乘马维艰，特命乘坐小椅，两人昇行入直。六月，年届八旬，请移于八月万寿圣节后始行称庆，故赐诗有"诞日原当六月初，复移称庆实谦虚"之句。次年，赐肩舆入直，恩宠益有加焉。

嘉庆二年，赐侍读学士戴衢亨三品卿衔，随同军机大臣学习行走。

五年，南书房行走尚书朱珪蒙恩以累年所赐诸作，复亲选御书，装成二册赐之。

谨按：在昔君臣交泰，形为赓歌，凡睿藻之施，宸翰之贶，寸笺尺幅，珍重殊常，从未有纶言成帙，颁非一时，宝字亲挥，累如连贝，如斯之优且渥者。

六年，教习庶吉士侍郎英和典试江南还京，命录纪行诗呈览。越日召对，上曰："尔诗内'秋风淡淡路迢迢'句，'淡淡'似春风，应改'荡荡'。"英和稽首谢恩。

谨按：英和以翰林叠受殊恩，自嘉庆四年奉敕将平日诗稿进呈，五年颁诏朝鲜还京，亦蒙谕令录纪行诗进呈。兹复邀天语训改，栽培造就，诚非臣下梦寐所敢期已。

七年，圣驾幸木兰，南书房行走侍郎英和以扈从行围获鹿，赐黄褂。

是年，大学士王杰予告，恩礼优加，谕："俟来年春融后自定行期。"屡蒙召对，许扶杖入内右门，至养心殿。次年三月，将启程，特以高宗纯皇帝御前陈设玉鸠杖一枝，命王杰祗领，复赐御书联语、御制诗二章，暨人参、如意等物。并命传乘而归，所经地方官在二十里以内者，妥为照料。

九年，上以在籍致仕大学士王杰夫妇八旬齐年，赐御制诗幅、无量寿佛及如意、朝珠、珊瑚、顶冠、蟒袍、补服、文绮等物。王杰赴阙谢恩，特命在紫禁城乘轿，并谕令其自度精力，随意入朝。圣恩稠叠，有加无已，极儒臣之至荣也。

十年七月，谕："本日吏部将翰林院侍读学士、詹事府司经局洗马各一缺，开列请简。已降旨将汪廷珍转补翰林院侍读学士，裴谦补授侍讲学士，王鼎补授詹事府司经局洗马矣。翰、詹各官，遇有加恩升转，例得具摺陈谢者，值朕启跸巡幸，多趋赴行在谢恩。此次前往盛京，道途较远，翰、詹本系清曹，往返跋涉，未免多需资斧。汪廷珍等著俱不必来行在谢恩，俟回銮时，远迎一二程奏谢，以示体恤。"

谨按：向值巡幸时迁转者，例趋赴行在陈谢。上眷念词臣清苦，特旨免其前往，令于旋跸时远迎一二程奏谢。嗣是简放文武各员，因亦得仰蒙恩谕，一体免行，既省跋涉之费，仍得遂瞻仰之忱。圣主体恤之周，洵无微不至也。

皇朝词林典故卷二十六　恩遇

嘉　奖

顺治十一年，谕内院："朕时莅内院，每见秘书院侍讲卓彝在院供职，勤慎可嘉，著特升一级，以示奖劝。"

十一年，洗马王熙侍直南苑。上至直幄，阅熙所译书，称善久之，令长直南苑。

十三年，以庶子王熙精通图书，赐御服貂裘一袭，并表忠录一部。

十五年，上幸内院，尝指冯溥谓大学士等曰："汝等以何者为翰林？朕视冯溥，真翰林也。"

十六年，命修撰徐元文撰《孚斋说》，御览称善。又尝扈跸至蕉园方丈，问以释氏书，元文谢不习，上曰："此人大有见解，状元朕所亲拔，此朕一门生也。"左右稽首贺。

康熙十年，谕新授掌院学士傅达礼曰："翰林院起居注，职任重大，关系机密。朕以尔才品优卓，可信任，故行简用，尔黾勉以副朕意。"

十六年，上御懋勤殿，谕讲官喇沙里、陈廷敬、张英等曰："尔等每日进讲，启导朕心，甚有裨益。嗣后天气渐寒，特赐尔等貂皮各五十张，表里、缎各二匹。"

十七年，召学士陈廷敬见于懋勤殿，命以所作诗进呈览，至赐石榴子诗："风霜历后舍苞实，只有丹心老不迷。"蒙恩褒美。命至南书房，彻御膳以赐，内侍赍二题命赋诗，夜漏下乃退。

二十一年，学士张英请假葬父，特颁手敕云："尔素性醇朴，侍从有年，朝夕讲筵，恪恭尽职。兹因尔父未葬，具疏请假。朕念父子至情，忠孝皆出一理，准假南还，特赐白金五百两，表里二十四。既旌尔之勤劳，兼资墓田之用，尔其钦悉惓惓至意。"

二十三年，谕："朕闻学士汤斌曾与中州孙钟元讲明道学，颇有实行，前曾典试浙江，操守甚善，可补授江苏巡抚。"

是年，谕江苏巡抚汤斌曰："吴中搢绅汪琬，原系翰林，为人厚重，学问优通，且居乡安静，不豫外事。特赐御笔手卷一轴，尔遣人付与，不必令其来见，著即在家谢恩。"

二十五年，讲官陈元龙侍直乾清宫，上曰："尔精于楷书，朕素知，可写大字一幅。"因令就御案作书，内侍濡毫伸纸，上降座，立案前观书。书毕，褒奖良久，出御书阙里碑文赐观。及退食，昼漏已频移矣。

三十五年，上曰："韩菼天下才，风度好，奏对亦诚实。"又曰："韩菼学问优长，文章古雅，所为文能道朕意中事，前代所仅有也。"谨按：菼时为掌院学士，凡应奉文字，每进一篇，上辄称善，遇有撰述，菼必与焉。

四十四年，南书房行走尚书王士祯请假，上谕廷臣曰："山东人偏执好胜者多，惟王士祯则否。其作诗甚佳，居家除读书外，别无他事。可给假五月，不必开缺。"

五十三年，检讨胡煦召对于乾清宫，画图讲《易》，称旨。上嘉其苦心读书，命直南书房，同大学士李光地分纂《周易折中》。次年，命在蒙养斋行走。

雍正七年，谕德谢履忠稽查咸安宫学务，闻讣丁忧，官学生等合词保留。奏闻，奉旨赏银二百两。

乾隆三年，谕内阁："今日编修彭树葵奏进经史讲义，引用魏徵《十思》疏内之语，以为人君之德在于慎思。且洐《十思》之义为箴十首，词亦典雅，尚近古人箴规之意，与泛论经史者不同，甚属可嘉。著赏内用缎二匹，笔墨二种，以示优奖。"

十六年，上以尚书房行走尚书孙嘉淦所注《诗经补注》，于兴观群怨之旨有所发明，特命间日呈览，荟萃成书，备葩经一解，诏示来学。

三十八年，谕："办理《四库全书》，将《永乐大典》内检出各书，陆续进呈，朕亲加披阅，闲予题评。见其考订分排，具有条理，而撰述题要，粲然可观，则出于纪昀、陆锡熊之手，二人学问本优，校书亦极勤勉，甚属可嘉。纪昀曾任学士，陆锡熊曾任郎中，著加恩均拔为翰林院侍读，遇缺即补，以示奖励。"

四十三年，南书房行走侍郎彭元瑞视学浙江，蒙赐御制全韵诗，因重排千字文恭跋奏谢，仰荷睿奖，特颁手敕云："向为全韵诗，不过欲补黄绫本篇页，卿所知也，然颇谓无能重俌者。今见排千字文之跋，所谓急则计生，咄咄逼人，以中多颂言，故不复书。今赐古砚御墨并貂裘，以旌异想逸才。"

四十七年，《四库全书》告成，馆臣大理寺卿陆锡熊、编修吴省兰以恭撰表文，仰蒙褒美，赐大缎扇笔等物，侍郎纪昀以改定表文，亦叨恩赐。

五十年，南书房行走侍郎彭元瑞恭撰皇极殿灯联。上以乾清宫旧有灯联，乃前明词林所制，元瑞此作，过彼远甚，赐御用红绒结顶冠、黑狐端罩、如意金瓶，并先后赐诗二章，示奖励焉。

嘉庆四年，掌院学士彭元瑞恭撰高宗纯皇帝祝文，上以其措词得当，特恩加太子太保。

超 擢

谨按：凡例不应升，及其次应升，蒙恩特简，皆归超擢。惟编、检之升中允，虽在其次应升，然适值赞善无人，承乏其间者有之，非由特典，不具载。至曾任大员，复为翰林，又蒙超擢者，亦皆从略。

顺治十年，谕吏部："翰林官升转，旧例论资俸，兼论才品。朕思果有才品特出者，何必拘于旧例。右春坊右中允、仍管内翰林秘书院修撰事吕宫，文章简明，气度闲雅，朕所亲见。著遇学士员缺，即与推补，以示破格用人之意。"谨按：吕宫以特达之知，于奉旨后，即授秘书院学士。未几，授吏部侍郎。是年冬，授弘文院大学士。数月间，由中允擢至纶扉，殊遇也。

是月，又谕吏部："内翰林弘文院修撰麻勒吉，会试、殿试皆居第一，同庶吉士教习，有志向学。朕观其气度老成，兼通清汉文义，遇有侍读学士员缺，即行推补。"

康熙十六年，大将军和硕康亲王杰书，将福建不肯从逆之编修李光地等题请议叙。得旨："李光地不肯从逆，差人密奏地方机宜，忠贞茂著，深为可嘉，著从优议叙。"寻授光地额外侍讲学士。次年，镇东将军喇哈达疏言："泉州在籍侍讲学士李光地遣人至臣军中，为大兵乡导，由漳平县朝天岭小路入安溪县，复遣人修通险道，接济军需，又躬迎大兵。文臣为国尽劳，请加议叙。"得旨："李光地当闽地变乱之初，不肯从逆，具疏密陈机宜，殚竭忠贞。今又遣人迎接大兵，指引道路，平险隘，治浮桥，馈食物饷军，率民兵备办粮米，供给兵众口粮。矢志灭贼，实心为国，深为可嘉，著从优授为学士。"

二十三年，擢侍讲董讷为礼部侍郎兼侍读学士。

二十七年，擢在籍检讨卫既齐为山东布政使。

四十年，擢庶吉士董新策为甘肃宁夏道。谨按：庶常外用，例改知县。董新策以未经授职，即任监司，与后此徐景曾、饶鸣镐擢用知府，均为破格云。

是年，擢侍读学士许汝霖为工部侍郎。谨按：国初，读、讲学士授吏、礼二部侍郎者甚多，盖康熙五十七年以前旧例。吏、礼二部侍郎，专系詹事、少詹事，侍读、侍讲学士，祭酒应升之缺也，至工部侍郎，则翰林不得开列。乃蒙简用，允称旷典。

四十二年春，圣驾南巡，加在籍检讨尤侗侍讲衔。谨按：编、检擢侍讲，满员系内外班分用，例在应升，而汉员则在其次应升。故特书，以后视此。

四十四年，谕大学士等："原任翰林院侍读徐倬，年逾八十，学问渊博，可特授礼部侍郎衔。"

五十一年，擢编修张逸少为侍读学士。

五十三年，擢编修阿克敦为侍讲学士。上以阿克敦学问较优，典试河南，声名亦好，故有是命。

雍正元年，擢额外中允张廷璐为侍讲学士，编修蔡世远为侍讲。

十二年，擢编修蒋溥为侍讲。

十三年，擢庶吉士徐景曾为湖北郧阳府知府，饶鸣镐为广西南宁府知府。

乾隆三年，擢侍读嵩寿为詹事。

四年，擢侍讲蒋溥为内阁学士。

七年，擢编修秦蕙田为侍讲。

十三年，奉旨："广东海阳县在籍翰林院检讨刘起振，年届百龄，洵为国家人瑞，除照例给银建坊外，著加恩给与侍讲衔。"

三十三年，擢编修沈初、彭元瑞为侍讲。

三十六年，擢侍讲彭元瑞为少詹事。

三十九年，擢编修陆费墀为侍读。上以陆费墀承办《四库全书》勤勉，故有是命。

赉　予

国家恩逮词臣，笔难罄述，卿贰不敢仰希之异数，翰林往往与焉。故逾格懋赏，兼详于优眷嘉奖者甚多。每逢侍宴，赏必随之。即词科经学考试，亦各有赉予。总以恩出一时，未便分别，仍附载于本条。惟溥赐翰、詹，如康熙四十一年，召大学士、九卿、翰林等至保和殿，赐御书字幅；五十一年，赐翰林等松花绿石砚；五十六年，赐大学士、翰林等《周易折中》各一部；雍正三年，赐翰林等扁绫；六年，颁世祖章皇帝圣制《人臣儆心录》，令翰林等祗领各一部；十一年，赐庶吉士新刊上谕各一部，并赐所刊经史诗文，每种三部，存贮教习庶常馆；十三年，颁圣祖仁皇帝圣制全集，令翰林等祗领各一部；乾隆四年，颁世宗宪皇帝圣制文集，令翰林等祗领各一部；五年，赐翰林等圣制《乐善堂文集》各一部，《日知荟说》各一部；六年，赐翰林等《钦定四书文》各一部；九年，赐翰林等圣制《盛京赋》各一部；十年，赐翰林等圣制《圆明园四十景诗》各一部；三十七年，赐《钦定重刻淳化阁法帖》三部，分贮翰林院、詹事府、教习庶常馆。隆施稠叠，超轶往古。皇上嘉庆四年，恭修高宗纯皇帝实录，凡内库文绮，远方名果，皆随时分赉，逾格特颁。仰见锡类推恩，有加无已。若夫内廷翰林，渥赐骈蕃，或一岁数见，或一人数邀，缣累牍连篇，不能纪十一于千百。至恭逢庆典进献颂册之入选者，恭缮御制诗文者，亦皆屡叨优赏。特以沐恩之员既众，难以缕载，兹仅述其大概云尔。

议　叙

翰林夙称载笔，凡编摩书籍，职分宜然，而朝廷俯示鼓励，恩纶恒下沛焉。开馆设局，岁有其事，纂修等均月给廪饩，书成例邀议叙，俾得加级纪录。恭修列圣实录，厥典尤渥，优等者得以应升之处俟先升用。此外，若康熙十九年，日讲官以奉职勤劳，蒙恩予议叙，掌院学士而下，皆于本职上特加升衔；雍正十年，派随左都御史史贻直等，往陕甘开导训谕之庶吉士，事竣回京，蒙恩予议叙，得以免试散馆。是不由纂修，亦邀议叙。乾隆四十七年，《四库全书》第一部告成，蒙恩予议叙，或俟先升用，或免试散馆，或候缺需时，得以通融借补，或缘事罢斥，得以效力开复，甚而他途僚属，亦得以校雠奋勉，改授词垣。一时人材之盛，奖励之殷，实古来馆局所未有者。皇上嘉庆四年，恭修高宗纯皇帝实录，迄今七载之间，已三邀议叙。仰见圣主至孝至仁，恩逮臣庶，而翰林叠逢沾沐，宜何如夙夜敬慎，用酬厚泽于万一也。

皇朝词林典故卷二十七　恩遇

侍　　宴

康熙十二年六月，上幸瀛台，御迎薰亭，赐诸王以下诸臣及翰林等官宴。大学士索额图、兵部尚书明珠传谕曰："诸臣日理政务，略无休暇。今值荷花盛开，夏景堪赏，朕特召诸王贝勒等及尔诸臣同宴，以示君臣偕乐。其各尽欢，以副朕优渥至意。"大学士图海奏曰："臣等躬逢盛世，愧无寸长，仰酬万一。今荷隆恩赐宴，天语恳懃，虽家人父子，无以逾此。"于是上率诸王贝勒等于南河登舟，各官次第于北河登舟，往来赏宴毕，诸王及各官谢恩出。

十八年五月，上幸西苑泛舟，词臣侍宴。

二十年七月，赐内阁、部、院、翰、詹、科道等宴于瀛台，命侍读学士张英同内大臣主席。又令内大臣佟国维等传谕曰："内阁及部、院各衙门诸臣，比年以来，办事勤劳，今特召集尔等赐宴。因朕方驻瀛台，即以太液池中鱼藕等物，赐诸臣共食之。"又蒙赐彩缎、表里，大学士率诸臣叩谢。各依次坐，上命内大臣等以金尊赐饮一巡。宴毕，诸臣各谢恩出。越日，词臣各撰诗赋以献。

二十一年正月，上御乾清宫，宴内阁、九卿及翰、詹、日讲官、科道等九十三员。上命学士张英、侍讲高士奇传谕曰："向来内殿筵宴，诸臣未与。今因海内乂安，时当令序，特于乾清宫赐宴，君臣一体，共乐升平，用昭上下泰交之盛。诸臣当欢忭畅饮，以副朕怀。"大学士李霨奏曰："特恩旷典，千载一遇，臣等不胜感激。"奏毕，分左右班，以次序进，乐作，各就位一叩头坐，上进膳，诸臣乃饭，上命各饱饫尽量。少选彻馔，更设肴核。洒觞既陈，大学士勒德洪至御前跪进酒。毕，上命大学士、尚书、都御史、侍郎、学士以次至御座前，亲赐饮，以下诸臣俱令至御前赐饮。又令张玉书、张英传谕曰："今日内殿嘉宴，特敕诸臣笑语无禁。"诸臣奉诏，畅饮极欢。乐奏二阕，上复命张玉书、张英传谕曰："宴毕时，诸臣可近御座前观灯，朕更赐以卮酒。"既彻筵，诸臣以次出，上命群臣有沾醉者，内官扶掖而行。复特谕张玉书、陈廷敬、张英等曰："每见汉唐以来，君臣同乐，有赓和之诗。今朕虽不敢效古先圣王，亦欲纪一时之盛，可仿柏梁体赋诗进览。"廷敬奏言："臣等草野贱士，得睹天家景物，蒙圣恩深厚，真明良喜起之麻。臣等身际昌时，受恩逾渥，但愧报称愈难。"于是廷敬等出宣旨，群臣奏曰："臣等敢不歌咏太平，但恐不能赓飏圣德。"大学士李霨言："柏梁体诗首一句，当恭请御制。"廷敬复入奏，上曰："明日早发。"翊日，廷敬等至宫门祗候，侍卫捧御制诗并诗序出，群臣集太和殿下，以次赋诗凡九十三韵。比诗成恭进，御书诗序诗，则诏詹事沈荃书之刻石，摹拓装潢。九月九日，赐与宴诸臣人一册，又赐不与宴大学士王熙、学士牛钮各一册。

谨案：王顼龄以编修与宴，词林传为佳话。

二十二年正月，召大学士、九卿、詹事、日讲官、科道等，赐上元节宴于乾清宫。宴毕，诸臣谢恩出。复特谕大学士明珠，学士张玉书、牛钮、陈廷敬等曰："今日因上元令节，特赐卿等宴，以示优眷。尚有驯马内币，令于掖门外颁赐。朕念诸臣中有年力衰老不能久坐者，故夜漏未阑，遂尔罢燕。恐口谕未悉朕怀，兹书谕旨一道示卿等，可传示诸臣知之。谕曰：从来君臣之分，虽甚尊严；上下之情，贵相浃洽。常观唐宋盛时，堂廉不隔，以成交泰之治。卿等朝夕勤劳，出入奏对，朕心时切嘉念。今将内厩马匹，及滇中新到马匹，择其驯良易于控御者，颁赐卿等，加以内纻。卿等其各承受，示朕优眷之怀。大学士各表里六匹、马一匹，尚书、左都御史表里五匹、马一匹，侍郎、学士、副都御史各表里四匹、马一匹，通政使、大理寺卿、詹事、日讲官各表里三匹，科道各表里二匹。"

二十三年元旦，南书房翰林宴归，上复遣内侍以肴果二席，各赐于其家。

三十四年六月，召掌院学士礼部尚书张英、户部尚书陈廷敬、原任都察院左都御史王鸿绪、学士顾藻、少詹事高士奇、太常寺少卿励杜讷、督捕理事官胡会恩、侍读学士张廷瓒、侍讲学士史夔、庶子孙岳颁同至畅春园，赐食于松韵轩，复赐食于渊鉴斋。宴毕，敬观御书于佩文斋，赐御笔书扇，并红白千叶莲各一瓶。

二十五年七月，召内廷翰林陈廷敬、张英、高士奇、励杜讷，赐食于西苑秋云亭，并赐法琅炉瓶匙箸香盒各一具。

雍正四年正月，召大臣及内廷翰林等，赐宴于乾清宫。宴毕，颁赐圣祖御批《通鉴纲目》各一部，并蟒缎貂皮荷包等物。

是年九月九日，上御乾清宫西暖阁，召皇子、诸王、大学士、九卿以下翰、詹、科道及武大臣之能诗者九十四员，赋柏梁体诗。钦定八庚韵，朱书黄签，分给诸臣各一字，授几赐坐，笔墨灿陈，酒肴并列。内侍传谕："今日赋诗式燕，用昭君臣一体之谊，诸臣毋得过拘礼节，能饮者不必限以三爵。"诸臣聆谕，方共持杯染翰。御制先成，命大学士张廷玉捧示诸臣，涵盖万有，义蕴精深。诸臣诗句，次第构就，书于分韵黄签进呈。皇子、诸王及大学士、九卿等至御前进酒上寿，上亲赐皇子、诸王、大学士、尚书、都统等饮，命皇子、诸王分赐诸臣饮。诸臣叩首跪饮毕，趋候于乾清门外。少顷，复召至乾清宫，上升宝座，皇子、诸王及文武诸臣分东西两班序坐，作乐进膳，赐食演剧。宴毕，王以下诸臣谢恩趋出，复赐糕饼瓜果等物有差。

五年九月九日，上御正大光明殿，赐诸王大臣宴及缎匹有差，并以雍正四年重阳庆宴柏梁体诗墨刻，赐诸王大臣及翰、詹等官各一册。

乾隆三年正月，幸同乐园，赐大学士、九卿及内廷翰林等宴，颁圣祖仁皇帝御批《通鉴纲目》各一部，及蟒缎貂皮荷包有差。

四年正月，召集诸王、大学士、九卿、翰、詹、科道等于乾清宫，赋柏梁体诗，锡赉有差。

十一年八月，谕内阁："康熙二十年七月，我圣祖仁皇帝驻跸瀛台，特召大学士以下各部院衙门官员锡宴，命内大臣传谕慰劳，赏赉有差，至今称为盛事。朕临御以来，仰赖上天眷佑，海宇乂安。今岁京师雨旸应候，百谷蕃昌，畿辅共获有秋，各省亦多收获。天庥滋至，我君臣应额手庆成。今当秋风荐爽，景物咸和，念兹宗藩瓜瓞，谊属本支，大小臣工，宣猷效力，宜循往典，锡之宴享，以昭君臣一体之意，叶笙簧酒醴之欢。著于瀛台设宴。本月二十七日，宴王公及近支宗亲。二十八日，宴大学士、九卿、京堂、翰、詹、科道。载考古昔君臣，有赏花钓鱼、宴饮赋诗之事，诸臣内或文学侍从，或翰墨素娴者，著入宴赋诗，以效赓飏喜起之风焉。"二十八日，赐大学士、九卿、京堂、翰、詹、科道等宴于瀛台。先是，御笔亲定涵元殿入宴者，大学士以下凡四十有八人，崇雅殿入宴者又若干人。届期，诸臣集勤政门外祗俟。日既升，上御辇，入西苑门。下辇，升龙舟，列卤簿于沙堤，鼓吹并作。上升堤，乘小辇，入勤政门。至涵元殿，诸臣随入班，乐作行礼，如大朝仪。礼毕，诸臣以次诣席，一叩头坐。尚膳进茶，诸臣皆跪。上进茶毕，侍卫以茶分授诸臣，皆跪饮。尚膳进御馔，承应上，陈柏梁台赋诗故事，侍卫以馔分授诸臣，进爵大臣捧觞御前，诸臣皆跪。上赐进爵大臣酒毕，召大学士讷亲、张廷玉、福敏、史贻直，尚书梁诗正、来保、阿克敦、汪由敦、哈达哈、纳延泰，侍郎傅恒，至御前赐酒，又召侍郎蒋溥、舒赫德，内阁学士沈德潜赐酒，侍卫以酒分授诸臣饮釂。承应止，诸臣趋阶下谢宴，行礼如初。是日也，天和日晶，景物融畅。上用唐李峤甘露殿应制诗韵，御制月字、霞字二首，大学士以下分韵者凡三十有八人。复命两殿与宴诸臣，仿柏梁体，御制首句，诸臣以次赓韵。诗成，内侍传旨，令诸臣各泛舟选胜。于是黄头并进，锦缆齐牵。至中流，复宣大学士等，选工诗者至流杯亭联句。于是大学士陈世倌，及侍讲学士周长发、检讨陈兆仑，编修朱荃、程景伊、朱佩莲，修撰金甡，偕三十八人，俱赴亭中。内侍传旨："各以意坐，无拘班列。"上用十一真韵赋起二句，又出一句，诸臣各蝉联对属。每臣工五人联毕，上仍续四句，如是者数四。天章络绎，泉涌风飞，诸臣皆愧汗不能属，谓自古帝王，未有如此之淹雅鸿丽，天纵神速者也。维时内侍持钿榼，列饾饤，清流激湍中，菡萏承杯，就所在而分布焉。俄而不传警跸，玉趾亲临，诸臣迎跪进诗，天颜晬穆，温谕再三。驾回，复遍宣与宴诸臣，赴水亭垂钓，柔丝芳饵，锦鬣争飞。既而复赴勤政门，赐御书、文绮、珍果、鲜鳞，诸臣拜赐而归，翼日，上表谢恩。

二十六年正月，以紫光阁落成，上幸瀛台，召大学士、内廷翰林等茶宴。

四十七年二月，《四库全书》第一部告成，上召总裁王大臣等九人，及纂校翰林各官七十七人，赐宴于文渊阁，命皇子领诸臣班饮釂，御制诗有"诸子虽曾豫董事，只当二宋速宾陪"之句。时与宴大学士嵇璜,上追念乾隆九年十月幸翰林院,曾叨恩宠,阅今三十余年,重与陪宴,御制诗有"回忆四章吟翰苑,即今宴只一人留"之句。宴毕,赐诸臣如意、杂佩、文绮、笔墨、研笺、石刻有差。

嘉庆七年十二月,以三省底定,召王大臣及南书房翰林等于重华宫,赐食和诗,赏赉有差。

八年七月,上以三省余匪全清,召王大臣及南书房翰林等于同乐园,赐食和诗,赏赉有差。

谨按:同乐园赐观火戏演剧,向来词臣未与,我皇上特命南书房翰林与宴,渥典也。

又按:内廷翰林,每岁新正有重华宫茶宴,上元后有正大光明殿小宴。及巡幸所至,与扈从者,例蒙赐食,岁以为常,且恩从其众,故不特书。

皇朝词林典故卷二十八　恩遇

词　　科

康熙十七年正月，谕吏部："自古一代之兴，必有博学宏儒振起文运，阐发经史，润色词章，以备顾问著作之选。朕万几余暇，游心文翰，思得博学之士，用资典学。我朝定鼎以来，崇儒重道，培养人材，四海之广，岂无奇才硕彦，学问渊通，文藻瑰丽，可以追踪前喆者。凡有学行兼优、文词卓越之人，不论已仕未仕，令在京三品以上及科道官员，在外督抚、布、按，各举所知，朕将亲试录用。其余内外各官，果有真知灼见，在内开送吏部，在外开报督抚，代为题荐，务令虚公延访，期得真才，以副朕求贤右文之意。"于是大学士李霨等荐原任副使曹溶等七十七人。上命俟各员赴部齐集之日请旨，其在外现任者，不必开缺。是年十一月，大学士承旨令户部酌议贴给俸廪并薪炭银两，按月稽领。

十八年三月初一日，御试博学宏儒一百四十三人于体仁阁，赐宴，时陪宴者，吏部尚书二员，掌院学士二员。钦命题璇玑玉衡赋，省耕诗，五言排律二十韵。既纳卷，命大学士李霨、杜立德、冯溥，掌院学士叶方蔼，阅卷进呈，御定一等彭孙遹等二十人，二等李来泰等三十人，俱令纂修《明史》。其作何分别授职，及未取人员内有年老者，作何量给职衔，俱下部议。寻议上，上命阁臣取前代制科旧例来阅。阅毕，上乃降旨："荐举取中人员俱授为翰林院官，应给职衔者，再议具奏。其杜越、傅山、王芳毂等，文学素著，念其年迈，从优加衔，以示恩荣。"于是吏部复议："已仕者俱照级授侍读、侍讲至编修等官，未仕者概授检讨，纂修《明史》杜越等俱授内阁中书，听其回籍。"从之。其各员中选名第先后，及擢授官阶等差，详见《题名》卷中。

雍正十一年四月，谕内阁："国家声教覃敷，人文蔚起，加恩科目，乐育群才，彬彬乎盛矣！朕惟博学宏词之科，所以待卓越淹通之士，俾之黼黻皇猷，润色鸿业，膺著作之任，备顾问之选。圣祖仁皇帝康熙十七年，特诏内外大臣荐举博学宏儒，召试授职。一时名儒硕彦，多预其选，得人号为极盛。迄今数十年来，馆阁词林，储材虽广，而宏通博雅、淹贯古今者，未尝广为搜罗，以示鼓励。自古文教休明之日，必有瑰奇大雅之才，况蒙圣祖仁皇帝六十余年寿考作人之盛，涵濡教泽，薄海从风。朕延揽维殷，辟门吁俊,敦崇实学,谕旨屡颁,宜有品行端醇,文才优赡,枕经眛史,殚见洽闻,足称博学宏词之选者,所当特修旷典,嘉予旁求。除现任翰、詹官员,无庸再膺荐举外,其他已仕未仕之人,在京著满汉三品以上,各举所知,汇送内阁,在外著督抚会同学政,悉心体访,遴选考验,保题送部,转交内阁。务期虚公详慎,搜拔真才,朕将临轩亲试,优加录用,广示兴贤之典,茂昭稽古之荣。应行事宜,著大学士、九卿会议具奏。"

十三年二月,以直省奏荐人员尚少,复敕内外大臣广行遴选。

十三年十一月,高宗纯皇帝谕内阁:"国家久道化成,人文蔚起,皇考乐育人材,特降谕旨,令直省督抚及在朝大臣各保举博学宏词,以备制作之选。乃直省奉诏已及二年,而所举人数寥寥。朕思天下之大,人材之众,岂无足膺是举者?一则各怀慎重观望之心,一则鉴衡之明,视乎在己之学问,或已实空疏,难以物色流品,此所以迟回而不能决也。然际此盛典,安可久稽。朕用再为申谕,凡在内大臣及各省督抚,务宜悉心延访,速行保荐,定于一年之内,齐集京师,候旨廷试。倘直省中实无可举,亦即具本题覆。"

乾隆元年二月,谕内阁:"内外臣工所举博学宏词,闻已有一百余人,只因到京未齐,不便即行考试。其赴考先至者,未免旅食艰难。著从三月为始,每人月给银四两资其膏火,在户部按名给发,考试后停止。若有现任在京食俸者,即不必支给。并行文外省,令未到之人,俱于九月以前到京。若该省无续举之人,亦即报部知之,免致久待。"寻大学士等奏,保举博学宏词一百七十六人,应照康熙十八年例行,至期赴太和殿前考试。上以天气渐寒,著于保和殿内考试。

九月二十六、二十八二日,御试保和殿,赐宴。钦命第一场题:五六天地之中合赋,以"敬授民时,圣人所先"为韵;赋得山鸡舞镜诗,七言排律十二韵,得山字;黄钟为万事根本论。钦命第二场题,制曰:"儒者之学莫尚于穷经,经籍浩繁,毋烦胪举。今试撮其大纲,凡通儒所宜共晓者多为士询焉。经之名昉于何时?五经、六经、七经、九经、十一经、十三经之名,分于何代?秦焰虽烈,而不能掩其光者,藏于何人?所藏何书?其后出于何地?献于何朝?颁于何世?各经授受源流,何所依据?章句注疏、传解笺诂之属,有何异同?其施诸学宫,用以取士者,何所因革?又如古有三《易》,夏何以称《连山》,殷何以称《归藏》,周何以称《周易》?且《连山》不始于夏,《归藏》不始于殷,《周易》不始于周,其说可得闻欤?传《周易》者有四家,其兴废可得考欤?《书》何以有古文、今文之别?《诗》何以有齐、鲁、韩、毛之殊?《春秋》左氏、公、穀而外,又何以有邹氏、夹氏、铎氏、虞氏之类?诸家分门别派,其说可悉数欤?《礼》始于高堂生,显于后苍,其转相传述者谁欤?'二戴'何删?马氏何补?冬官何阙?《仪礼》何逸?群儒议论纷纭,其说可详陈欤?《论语》何以有鲁论、齐论?《大学》、《孝经》何以有古本、今本?《尔雅》或曰周公作,或曰子夏作,其说何居?《孟子》何以或删或疑,或翼或尊,何其识之相远欤?惟《中庸》无异说,而《学》、《庸》二篇,原皆载于《戴记》,其别为诠说,而列于《四书》者,自何而始欤？凡此经传源委，其能条分缕析，阐其微言，抉其奥义，而铢黍之不爽欤？汉唐以经学取士，或专通，或兼通，或帖十通五，皆得与选举之格。多士果能博学该通，条对精详，断制明决者，固膺上第。即或就所已知，各抒所见，而言有条理，词归雅驯，亦足以备采择。其悉言无隐，朕将亲览焉。"制曰："儒者学术之要，先经次史，凡具渊通之学，必擅著作之材。然非熟于掌故，周知上下数千载之事理，而剖决其是非者，不足以语此，则史学尚矣。今之称正史者，皆曰廿一史，岂廿一史之外，别无正史欤？又岂正史之外，别无他史欤？考之汉唐宋艺文志及隋经籍志，所载诸史，其名类甚多，而称史学者，惟以班、马诸人为宗，何欤？《史记》、《汉书》，成于迁、固，不自迁、固始也。开之者谁？补之者谁？注解之者又谁？范史一书，与马、班并称三史，而袁宏、荀悦之作，独不可媲美欤？陈寿之《志》，帝魏退蜀，正统已紊，孰称其是？孰正其非？可与三史并传欤？即三史之书，又果无遗憾欤？《晋书》创于何人？共有几家？唐太宗命房、乔等再加撰次，其称房、乔者何人也？其称房、乔者又共几人也？观其文多骈丽，史体固应然欤？《（南）北史》皆成于李延寿，而考之南朝、北朝，各有专史，乃延寿复为合之。合者可取，则专者宜删；专者既行，则合者可废。而八书二史，皆得并行，辞多重复，后之作者，独不可汇而修之欤？六朝之后，《隋书》颇善，其所撰诸志，综核尤工。近世儒者，专称《五代史》，而不及《隋书》，又何说也？《唐书》新、旧二编，各有短长，自新书出而旧书流布无多，不得并载十七史中，其故何欤？梁、唐、晋、汉、周皆有史，薛居正尝修之。欧阳氏之本诚善矣，而薛氏之本，犹可得见欤？宋、辽、金三史，已不及前代，而《元史》成于仓猝，舛谬尤多，乃后儒罕能删定以成佳史，岂古今人果不相及欤？且史之体有二，曰编年，曰纪传。纪传之善，自司马迁《史记》始，而编年之善，则自司马光《通鉴》始。《通鉴》本《春秋》之法，至朱子则纲仿《春秋》，目仿左氏，而《前编》、《续编》之作，亦皆得其遗意。此外体例甚繁，沿革互异，作史者奚啻数百家，多士有能悉数其姓氏，详其名目，以证其是非者欤？将备举作者之优劣，以考正诸史之得失，则一代著作之任，殊有厚望焉。毋剿说，毋雷同，毋苟且以干名，毋徇人以自误，有志进取者，尚慎旃哉！其各矢乃心，独抒所见，以毋负朕延访之至意。"越日，命大学士鄂尔泰、张廷玉、吏部侍郎邵基阅卷，拟取一等五人，二等十人，上亲加裁定，令分别授职。于是大学士等察例以闻，一等刘纶等五人，均授翰林院编修，二等杨度汪等十人，内由科甲出身者授翰林院检讨，余授翰林院庶吉士。十月初五日，引见养心殿，赐御制《日知荟说》人各一部。

二年七月十一、十三二日，御试被荐续到博学宏词于体仁阁，赐宴。钦命第一场题，制曰："士不通经，不适于用。治经之学，于民生本务，先王体国经野之宜，尤所当考详而切究者。《周礼》九职，首列三农，所谓三农者，以地别耶？以人别耶？其各见于注疏者，同异若何？《禹贡》之三壤，《周礼》之再易，《尔雅》亦曰三田，又何所称指也？上农夫食九人，下至五人，又何差别之殊也？夫通劳逸而人力可均，画井疆而地利先辨，井田五义，见于何书？条目若何？五地、九土、九地、九田、九等、十二土，分见于何书？其条目若何？多士剖析言之，无泛无隐，朕将亲览焉。"制曰："稽古硕儒名臣，嘉猷谠论，彪炳方策，略举数端，聊用咨询。夫六籍之微言无论已，三本六务，三具四齐，其说维何？贤良三策，晁、董不同者焉在？言世务书，严、徐所见者孰优？仲长统之称《政论》，申鉴之详政体，其言可采者，皆得而敷陈欤？嗣是而后，莫切于《十思》之疏、《五规》之论，至以十事陈说，唐宋诸臣不一而足。何人何事，孰为得失，可得而论述胪列欤？伊川言先务，紫阳言大本，纯儒之学，异于管、荀诸人者，又何在也？多士数其辞，陈其义，能条对者，朕嘉与之。"钦命第二场题：指佞草赋，以"生于尧阶，有佞必指"为韵；赋得良玉此君子诗，七言排律十二韵，得来字；复见天心论。命大学士张廷玉、尚书孙嘉淦阅卷，御定一等万松龄一人，授检讨，二等朱荃等三人，各授检讨、庶吉士，如元年例。并详《题名》卷中。

谨按：《唐书·选举志》云："天子自召者曰制举，凡选未满而试文三篇谓之宏词，中者即授官。"又按《宋史》云："绍圣初，置宏词科，岁许进士及第者请试如见守官则受代，乃请试章表、露布、檄书，用骈体，颂、箴、铭、诫、谕、序、记，用散体，或骈俪。凡试二日四题，取毋过五人。""大观四年，改置词学兼茂科，取毋过三人，政和增为五人。不试檄书，增制诰，以历代史事借拟为之，中格则授官职。""绍兴三年，改博学宏词科，凡十二题，制诰、诏表、露布、檄、箴、铭、记、赞、颂、序内杂出六题，分三场，每场一古一今。拔其尤者定为三等，上等转一官，选人改秩，无出身人赐进士及第，除馆职；中等减三年磨勘，与堂除，无出身人赐进士出身；下等减二年磨勘，无出身人赐同进士出身，并许召试馆职。""嘉熙三年，臣僚请从旧三岁一试，惟取合格，不必拘额，去宏博二字，止称词学科。"我朝作人之化，旷古为昭，陶淑百年，再逢盛事。备书典制，用志恩荣。

经　　学

乾隆十四年十一月，谕："圣贤之学，行本也，文末也，而文之中，经术其根柢也，词章其枝叶也。翰林以文学侍从，近年来，因朕每试以诗赋，颇致力于词章，而求沉酣六籍，含英咀华，究经术之阃奥者，不少概见，岂笃志正学者鲜欤？抑有其人而未之闻欤？夫穷经不如敦行，然知务本，则于躬行为近，崇尚经术，良有关于世道人心。有若故侍郎沈德潜，学有本源，虽未可遽目为巨儒，收明经致用之效，而视獭祭为工剪彩为丽者，迥不侔矣。今海宇升平，学士大夫举得精研本业，其穷年矻矻宗仰儒先者，当不乏人，奈何令终老牖下，而词苑中寡经术士也。大学士、九卿、外督抚其公举所知，不拘进士、举人、诸生，以及退休、闲废人员，能潜心经学者，慎重遴访。务择老成敦厚，纯朴淹通之士以应选，勿滥，称朕意焉。"

十六年闰五月，谕："朕降旨令九卿、督抚荐举潜心经学之士，虽据大学士等核覆，调取来京候试，现在到部，尚属寥寥。但观此番内外诸臣保举，尚未能惬朕意。盖经术为根柢之学，原非徒以涉猎记诵为能。朕所望于此选者，务得经明行修、淹洽醇正之士，非徒占其工射策，广记问，文藻词章，充翰林才华之选而已，亦非欲授以政事，责其当官之效，如从前各保一人故事。此朕下诏之本意也，在湛深经术之儒，原不必拘拘考试。若如内外所举，既有四十余人，即云经术易明，安得如许积学未遇之宿儒。其间流品，自不无混淆，岂可使国家求贤之盛典，转开幸进之捷经，势不得不慎重考试，以甄别之。间有素负通经之誉，恐一经就试，偶遇僻题，必致重损夙望，因而托词不赴，以藏拙为完名。苟如此用心，已不可为醇儒矣，其安所取之。然此中实有年齿衰迈、不能跋涉赴考者，伏胜年九十余，使女孙口授遗经于晁错，其年岂非笃老，何害其为通儒？此所举内，果有笃学硕彦，为众所真知灼见如伏生之流者，即无庸调试，朕亦何妨降旨问难经义，或加恩授以官阶，示之奖励乎！著大学士、九卿将现举人员，再行虚公核实，无拘人数，务取名实相符者，确举以闻。如果众所共信，即可不必考试。若仍回护前举，及彼此瞻徇，则尤重负朕尚经学、求真才之意，独不畏天下人訾议，与后世公评耶？"大学士、九卿等覆奏："从前内外诸臣所保人员，公同会核，大半未能熟知深悉，殊少众所共推之人。此内惟陈祖范、吴鼎、梁锡玙、顾栋高等四人，多有知其平素品行端谨、留心正学者，虽未敢遽谓湛深经术，足以追踪曩哲，上称明诏，而就数十人中，详加较量，允属潜心经学之士。"得旨："保举经学之陈祖范、吴鼎、梁锡玙、顾栋高，既据大学士、九卿等公同覆核，众论佥同，其平日研究经义，必见之著述，朕将亲览之以觇实学。在京者即交送内阁进呈，其人著该部带领引见；在籍者行文该督抚就取之，朕观其著述，另降谕旨，或愿赴部引见，或年老不能进京者听。其著述不必另行缮录，致需时日，启剿袭猝办、赝鼎混珠之弊。"旋吴鼎进《象数集说》一部、《集说附录》一部、《春秋四传选义》一部、《易堂问目》一部、《考律绪言》一部，梁锡玙恭进《易经揆一》一部。六月，吏部带领吴鼎、梁锡玙引见。得旨："吴鼎、梁锡玙俱以国子监司业用，叶酉现出学差，遇有中允、赞善缺出补授，张九镒不必署理司业，其原缺即著吴鼎补授，梁锡玙亦著授为司业，一体食俸办事，不为定员。"鼎、锡玙谢恩，特赏宫纱。召对于勤政殿，面奉谕旨云："汝等以经学保举，朕所以用汝等去教人，大学士、九卿公保汝等，是汝等积学所致，不是他途幸进。"鼎、锡玙奏："臣等草茅下士，学识荒陋，蒙皇上格外天恩，臣等不胜惶恐。"复奉圣训云："穷经为读书根本，但穷经不徒在口耳，须要躬行实践。汝等自己躬行实践，方能教人躬行实践。"鼎、锡玙顿首祗谢。是月又谕："吴鼎、梁锡玙所著经学，著派翰林二十员、中书二十员，在武英殿各缮写一部进呈，原书给还本人。所有纸札饭食，皆给之于官。著梁诗正、刘统勋董理其事。"寻九卿等奏："陈祖范、顾栋高，衰病不能供职。"得旨俱授司业衔。

皇朝词林典故卷二十九　恩遇

考　试

顺治十年二月，御试教习国书翰林官于内院，特擢者三人，胡兆龙以侍讲升侍讲学士，李霨以编修升中允，庄同生以检讨升赞善，余责令勉学者十二人，调六部用者五人。

是年三月，谕内院：“朕稽往制，每科考选庶吉士，入馆读书，历升编、检、讲、读及学士等官，不与外任，所以谘求典故，撰拟文章。充是选者，清华宠异，过于常员。然必品行端方，文章卓越，方为称职。乃者翰林官不下百员，其中通经学古与未尝学问者，朕何由知？今将亲加考试，先阅其文，继观其品，再考其存心持己之实据，务求真学，备朕异日顾问。自吏、礼两部翰林侍郎及三院学士、詹事府詹事以下，各候朕旨亲试，分别高下，以昭朕慎重词臣之意。”四月，上御太和门，试兼翰林衔吏、礼两部侍郎及内三院学士、编、检以上官六十二员，钦命题《君子怀德论》、《请立常平仓疏》。越日，驾幸内院，将试过各官，御笔亲定去留，令留原衙门者照旧供职，少詹事王崇简以下二十一人俱从优外转。谕吏部曰：“国家官人，内外互用。在内者习知纪纲法度，则内可外；在外者谙练士俗民情，则外亦可内。内外扬历，方见真才。朕亲试词臣，量为分别，有照旧留任者，有改授外任者。其外任编、检以上官，照词臣外转旧例，优予司道等缺；年衰病弱者请告，朕仍优遣之。”

十三年二月，御试教习国书翰林官陈敱永等十人，均加赏赉，外夺俸三月者四人。闰五月再试，上以王熙等六人学问皆优，特旨奖励，余住俸再留教习及镌级外用各有差。

十五年四月，御试词臣，除三院学士外，翰林各官皆与试。寻上以翰林习知法度，宜内外互用，亲定吴正治、王绍隆、范廷元、许缵曾、张永祺、杨绍先、金铉、张瑞徵、陈子达、薛沄、叶先登、李昌祚、戴王纶、秦钺、曹申吉等，俱才堪外任，命察照前例，酌予补用。

谨按：顺治十年、十五年两次考试，皆以外转为优。惟考国书翰林有内升者，自康熙年间考试，习汉书者始予内升。

康熙十八年五月，御试词臣，侍讲牛钮名在第一，即日除侍讲学士。

谨按：牛钮以庚戌成进士，选庶吉士，壬子散馆，授检讨，未到任，即除侍讲。先后皆殊擢也。

二十四年正月，御试翰、詹诸臣于保和殿。钦命题经史赋，懋勤殿早春应制，五言排律诗。越二日，上亲擢徐乾学等十一人。再试于乾清宫，钦命题《班马异同辨》、《乾清宫读书记》、扈从祈谷坛七言律诗。时修撰蔡升元纳卷后，召对移时，抵暮，命侍卫执灯伴送至阁门。二月，上以试过翰、詹诸臣徐乾学、韩菼、孙岳颁、归允肃、乔莱学问优长，文章古雅，均加赏赉；彭孙遹等，照旧供职；周之麟等，分别调用各有差。

三十三年闰五月，御试词臣于西苑。钦命题《丰泽园赋》、《理学有真伪论》，赞善陆棻名在第一，即除内阁学士，余各赏赉有差。

是年六月，御试词臣于早春苑。钦命题《万寿无疆赋》，拟御制，以题中五字为韵，擢詹事徐秉义第一，赐宴，并赐御笔"擢秀清流"四大字，少詹事以下皆有赐，惟不合格者二十人不与。

五十三年十一月，命试编修以下书法，拔其尤者入武英殿，恭写御纂《周易折中》。凡三试得十卷，进呈御览。钦定六员，编修彭廷训第一，入直南书房。

五十四年，御试词臣于乾清宫。钦命题《明四目达四聪论》，"为有源头活水来"诗，储在文名在第一，特命入直南书房。又命直武英殿者八人，致仕者二十四人。

乾隆二年五月，谕内阁："翰林乃文学侍从之臣，所以备制诰文章之选。朕看近日翰、詹等官，其中词采可观者固不乏人，而浅陋荒疏者恐亦不少，非朕亲加考试，无以鼓励其读书向学之心。自少詹、讲读学士以下，编修、检讨以上，满汉各员，著于本月初七日齐赴乾清宫，候朕出题亲试。倘有称病托词者，著另行具奏，朕必加以处分。考试之日，著乾清门侍卫察看。"是月初七日，御试翰、詹诸臣于乾清宫。先令大学士掌院等引见于养心殿，奏名毕，以次出就坐。钦命题：为君难为臣不易论；《藏珠于渊赋》，以"藏珠于渊，南华妙蕴"为韵；赋得"薰风自南来"七言排律十二韵，得来字。既纳卷，上亲定其甲乙而加进退焉，一等三人，二等十人，三等二十人，四等五十六人。名在一等之陈大受，以编修升侍读，赵大鲸以赞善升洗马，张映辰以编修升侍读；名在二等之敷文、介福俱以检讨升侍读，张若霭以编修升侍读，吴应枚以侍读升侍读学士，世臣以侍讲升侍读学士；名在三等之鄂容安以编修升侍读，邹升恒以侍读升侍讲学士。余降调者七人，休致者十三人。十一日，赐优等翰、詹诸臣御制《喜雪》诗墨刻，及宫纱、文葛、端溪、松花石砚、笔墨等物。先是，博学宏词授职，编、检刘纶等九人引见时，以御试未久，特免与试。至是并蒙宣召，一体颁赐。

八年四月，谕内阁："古者创册府于西昆，辟芸台于东壁，是以木天储彦，石渠抡才，由来尚矣。乾隆二年，朕曾亲试翰、詹诸臣，因文以考其行，所取者如陈大受等，颇不愧此选也。越今数载，颇闻翰、詹诸臣，率从事于诗酒博奕，而四库五车，鲜有能究心者，将何以华馆阁而垂来叶哉？其依往例，自少詹、讲读学士以下，编修、检讨以上各员，著于本月三十日，赴圆明园，候朕出题亲试。其托辞不至者，列名具奏。"大学士等即承旨行。是月三十日，御试翰、詹诸臣于圆明园正大光明殿。钦命题：《礼以养人为本论》；《藏珠于渊赋》；赋得"折槛旌直臣"，五言八韵，限三肴。试毕，上亲定一等三人，二等九人，三等十七人，四等七十一人。名在一等之王会汾以编修升侍读学士，李清植以庶子升少詹事，裘曰修以编修升侍读学士；名在二等之观保以编修升侍讲，万承苍以编修升侍讲学士，于振以中允升左庶子，沈德潜以编修升左中允，秦蕙田以编修升侍讲，张若霭、周长发、陈兆仑、周玉章于应升时具名题奏。余降调者十九人，罚俸一年者三十二人，休致者二十人。并赐优等翰、詹诸臣宫纱、文葛、画箑、香囊、笔墨等物。

闰四月，谕内阁："昨考试翰林时，由部属等官用入翰林、詹事衙门者皆不与。朕思伊等已升用翰、詹，读书作文，乃其职分事，既不似侍卫之足供差遣，又不似部曹之日办簿书，若徒虚縻俸禄，岂不贻素餐之讥？且伊等虽不由庶吉士升转，实俱科甲出身，纵使不能诗赋，如作论翻译，亦岂得谢曰不能。著传于初七日，齐集圆明园，候朕出题考试。嗣后考试翰林时，即将此等由别衙门改授者，一并传齐，另题考试。永著为例。"初七日，御试满州外班翰林，钦命一等二人，二等四人，三等、四等各五人。名在一等之侍讲学士石介，令于应升时具名题奏，赫瞻以侍读升侍读学士；名在二等之世贵以侍读升庶子，文保以庶子升侍读学士。余降调者五人。初十日，覆试翰林休致各员，钦命题：《长勺之战论》；《萤光照字赋》，以"尺璧非宝，寸阴是竞"为韵；赋得"渭北春天树"，五言八韵。蒙恩仍留原任者六人，止令各罚俸一年。是月，以休致编修吴绂通晓"三礼"，仍留任，在馆纂修，罚俸一年。

是年六月，给事中陈大玠奏："考试罚俸翰、詹诸臣，将一年俸作三年扣除，遇有升转缺出，均予开列。"奉旨允行。

十三年五月，御试翰、詹诸臣于乾清宫。钦命题：《竹泉春雨赋》，以"有斐君子，终不可谖兮"为韵；赋得"洞庭张乐"，得和字，七言六韵；《时务疏》。试毕，上亲定一等三人，侍读学士齐召南升内阁学士，编修李因培、王际华升读讲学士；二等十人，检讨程恂升中允，侍讲程景伊升侍读学士，编修张若澄升赞善，国柱升洗马，其未经升用者，于应升时具名题奏。三等二十人，降调三人；四等五十四人，降调三人，降知县六人，降笔帖式一人，休致十三人。四等之未降调者，均罚俸一年。考试不到之孙人龙，命作为四等，罚俸三年。同日考试翻译满州外班翰林，一等二人，少詹事世贵以应升缺出题奏，二等三人，三等七人，降调三人，改旗员一人。

是年八月，翰林掌院以未预试人员奏请补试。得旨：杨廷栋、汤大绅、钮汝骐、庄有信、朱璜，照四等例罚俸一年；世臣、龚渤，上以职分较大，令带领引见，照四等例，各罚俸一年；吴绂、王以昌、周人麒三人休致。

十七年六月，御试翰、詹于正大光明殿。钦命题：《纳凉赋》，以"薰风自南来"为韵；赋得"风动万年枝"，五言六韵，得名字；拟董仲舒"天人三策"。上亲定一等三人，编修汪廷玙升侍讲学士，侍读学士窦光鼐升内阁学士，编修杨述曾升侍读；二等十二人，编修陈兆仑升侍读学士，朱珪升侍讲，庄存与升侍读，侍读陈大吆升侍读学士，编修积善升中允，赞善金牲升庶子，其未经升用者，于应升时具名题奏；三等二十二人，侍读张九镒升侍读学士，编修张若需升赞善，李宗文升侍读，降调二人；四等三十二人，降调五人，降知县二人，休致七人，罚俸一年者十八人。考试不到之励宗万降二级调用，检讨王世仕以知县用。同日，考试翻译满州外班翰林，一等中允德尔泰升少詹事；二等四人，休致二人；三等四人，降调一人；四等一人，以七品笔帖式用；考试不到者三人，降二级调用。

十八年二月，休致检讨王太岳，命照旧供职。

二十三年三月，御试翰、詹于正大光明殿。钦命题：《瑾瑜匿瑕赋》，以"隐恶扬善，执其两端"为韵；《河防得失疏》；赋得"野含时雨润"，五言六韵，得知字。上亲定一等三人，编修王鸣盛升侍读学士，修撰秦大士升侍讲学士，侍读学士钱汝诚升内阁学士；二等十五人，编修钱大昕升右赞善，侍讲周煌从前革职之案，准其开复，编修沈栻升右庶子，侍讲景福升侍读学士，侍讲朱珪升侍讲学士，编修博明升中允，梁同书升侍讲，其未经升用者，于应升时具名题奏；三等二十五人，降调六人，休致二人；四等十七人，降调二人，降知县一人，休致八人，罚俸一年者六人。同日，考试翻译满洲外班翰林，一等少詹事德尔泰加一级，二等侍读博通阿升侍读学士，三等五人，四等一人，降调二人，休致五人。

二十八年五月，御试翰、詹于正大光明殿。钦命题：《江汉朝宗赋》；赋得"结网求鱼"，五言八韵，得贤字；《畿辅水利疏》。上亲定一等三人，编修王文治升侍读，检讨周升桓升侍讲，侍读钱大昕升侍读学士；二等十八人，检讨张曾敞升侍读，侍读李宗文升少詹事，未升用者，于应升时具名题奏；三等三十八，降调一人，降知县一人，休致二人，罚俸一年者七人；四等十七人，降调四人，休致九人，罚俸一年者二人。侍读胜格以未预试附四等，降编修。同日，考试翻译满洲外班翰林，一等侍读学士哈靖阿加一级，二等二人，三等一人，罚俸一年，四等一人，不入等一人，俱革职。

谨按：是年考试，以御史王懿德奏，始弥封试卷。

三十三年四月，御试翰、詹于正大光明殿。钦命题：拟张华《鹪鹩赋》；赋得"紫禁朱樱出上阑"，七言八韵，得圆字；《新疆屯田议》。上亲定一等三人，编修吴省钦升侍读，褚廷璋升侍讲，少詹事张曾敞赏缎四匹；二等十八人，编修宋铣升洗马，胡高望升侍读，彭冠升中允，金士松、孙效曾俱升侍读，赞善朱筠升侍读学士，编修秦承恩、彭绍观俱升赞善，韦谦恒升庶子，未升用者，于应升时具名题奏；三等三十人，降调四人，降知县四人，休致四人，罚俸一年者二人；四等十五人，降调四人，休致八人；不入等二人，革职。同日，考试翻译满洲外班翰林，一等侍讲觉罗巴彦学升侍读学士，二等左中允恒济升侍读学士，三等五人，降调二人，罚俸一年者三人，四等一人，休致，不入等一人，革职。

谨按：是次考试，中允曹文埴，编修彭元瑞、沈初、董诰，因内廷有承办事，奉旨免考。寻上以其学问皆优，未得一体升转，特命各加一级，以示宠异。

三十五年四月，上幸天津，大考休致翰林郑岱钟等迎銮。奉旨考试，郑岱钟、陈本敬以检讨用，孟生蕙、陈兰森以主事用，张世禄、易文基以知县用，郭洁以旗员用。

三十六年六月，上南巡，大考休致翰林萧芝等迎銮。奉旨考试，萧芝、李台仍以检讨用，龚骖文、周位庚、于宗瑛以主事用。

五十年二月，御试翰詹于乾清宫。钦命题：《以仁安人以义正我赋》；赋得"循名责实"，得班字，七言八韵；《圣人定之以中正仁义而主静论》。上亲定一等二人，编修陆伯焜升侍读学士，吴璥升侍讲学士；二等三十六人，编修蔡廷衡、陈万青升侍讲，侍讲瑞保升侍读学士，编修茅元铭、颜崇汸、吴舒帷升侍读，陈崇本升中允，方炜升赞善，侍讲玉保升侍讲学士，其未经升用者，于应升时具名题奏；三等五十人，降调仍罚俸半年者九人，注销议叙仍罚俸半年者七人；四等三十二人，改部属十人，降知县二人，休致十一人，注销议叙仍罚俸一年者六人，罚俸三年者一人，罚俸二年者二人；不入等四人，革职。同日，考试翻译满洲外班翰林，一等少詹事庆龄加一级，二等二人，三等二人，罚俸一年者一人，休致一人，四等二人，罚俸二年者一人，革职一人，不入等一人，革职。

五十三年十月，御试八旗翰、詹出身之大臣官员。钦命题：《循名责实赋》；赋得"虚车之饰"，得惭字，五言八韵。钦定侍读学士铁保卷第一，旋擢内阁学士。

五十五年四月，上东巡，休致检讨龚大万、许霖，革职检讨饶庆捷，迎銮献赋，奉旨考试，以内阁中书用。

是年八月，举行八旬万寿庆典，原任编修周厚辕来京祝嘏献诗，命题考试，上以前因缮写越幅列入四等休致，并非文理荒疏，特恩以编修用。

五十六年二月，御试翰、詹于正大光明殿。钦命题：拟张衡《天象赋》，以"奉三无以齐七政"为韵；赋得眼镜，五言八韵，得他字；拟刘向《请封甘延寿陈汤疏》，并陈今日同不同。上亲定一等二人，编修阮元升少詹事，侍讲吴省兰升詹事；二等十一人，修撰胡长龄升侍讲学士，编修刘凤诰升侍读学士，侍读陈嗣龙升侍讲学士，编修汪廷珍升侍读，检讨刘镮之升侍读，检讨蔡共武升中允，侍讲曹城升侍读学士，编修程昌期、崔景仪升赞善，编修吴树本升侍读学士，编修邵晋涵升中允；三等七十四人，编修曹振镛升侍讲，降调十人，改部属九人，降知县二人，罚俸一年者六人，罚俸二年者五人；四等八人，改中书五人，休致三人；不入等一人，革职。同日考试翻译满洲外班翰林，二等二人，三等五人，降一级二人，不入等二人，革职。

是年九月，御试八旗翰、詹官。钦命题：《小阳春赋》；赋得"黄华晚节香"，得诚字，五言八韵。祭酒瑚图礼名列第一，侍讲那彦成名列第四，均蒙特旨，入直南书房。

嘉庆三年三月，御试翰、詹于正大光明殿。钦命题：拟徐阶《井鲋赋》；赋得"春雨如膏"，得訑字，五言八韵；《平邪教疏》。上亲定一等二人，编修陈琪、修撰潘世恩俱升侍读；二等二十一人，编修莫晋升侍讲，侍讲汪廷珍升侍讲学士，侍讲学士曹振镛升少詹事，编修吴廷选升左中允，侍读英和升侍读学士，编修祝曾升右中允，侍读学士文宁升詹事，侍讲学士刘镮之转侍读学士，编修李宗瀚、陈希曾俱升赞善，赞善李钧简升右庶子,其未经升用者,于应升时具名题奏;三等四十人,降调七人,改部属三人,改中书、知县各一人,罚俸一年者六人,罚俸二年者五人,其三等之庶子亮保、侍读延弼,上以满洲进士较少,从宽留任,罚俸三年;四等六人,上以侍读达椿在尚书房行走有年,侍读万承风只系誊写违式,俱从宽降为检讨,仍罚俸四年,余休致四人。同日考试翻译满洲外班翰林,二等一人,三等五人,罚俸一年。

八年三月,御试翰、詹于乾清宫。钦命题:拟潘岳《藉田赋》;赋得"怀德维宁",得心字,五言八韵;《知人安民论》。上亲定一等三人,编修陈嵩庆升侍讲学士,编修吴蔚升侍读,王引之升侍讲;二等三十人,编修鲍桂星升右中允,王鼎升左赞善,赞善周系英升左中允,编修李潢升右赞善,左庶子陈希曾升侍读学士,侍讲学士万承风转补侍读学士,右庶子周兆基升侍讲学士,侍读学士莫晋赏缎二匹,洗马施朸、少詹事茅元铭皆赏缎一匹,交军机处记名,遇应升缺出题奏,张问陶等十一人各赏缎一匹,未经升赏者,于应升时具名题奏;三等四十人,开坊官分别降级,仍以坊缺即补者五人,降编、检者三人,罚俸半年者九人,罚俸一年者五人;四等三人,罚俸三年者一人,休致二人。同日考试翻译满洲外班翰林,一等侍读成格升侍读学士,二等右庶子赓泰升侍讲学士,三等三人,罚俸半年者一人,罚俸一年者一人,四等二人,降笔帖式一人,休致一人。侍读学士周兴岱以临考告病休致,寻上以曾在南书房行走,加恩赏给编修,在实录馆行走。

是年七月,谕:"庶子王宗诚、汪滋畹,充当武英殿提调有年,办理书籍五十余种,妥协无误,向来书成,并未得邀议叙。该二员因本年大考三等,降补今职,例不计算前俸。第念其在馆年久,著加恩准其接算前俸,以示鼓励。再开坊、翰林由大考降职者,闻旧例本按前俸接算。近年数次大考,降补人员均不准接算前俸,是以俸深人员,一经左迁,资格转居最后。此例始自何年?因何更改之处?著吏部详悉查明具奏。"八月,御史王麟书奏:"大考断俸之例,从前未奉谕旨,部册亦无专条。嗣后翰、詹除因事降调及改补别衙门者,不准接俸外,其大考改补者,恳请接算前俸,但须定以限制,如少詹、学士降庶子、侍读、侍讲,只准接庶子、侍读、侍讲以前之底俸,其少詹事、学士任内之俸,不准接算。中允、赞善降编修、检讨亦如之。遇有缺出,论俸开列。凡考试等第,仍列于各员名下。"寻吏部议如该御史奏,并请前由编修、检讨即擢侍读、侍讲者,今降中允、赞善,从前并无历俸,只令接编修、检讨之俸。从之。

皇朝词林典故卷三十　恩遇

赠　恤

凡逾格赠恤，或品秩不应予谥而加谥，或当时未及予谥而追谥，皆登之以志特恩。其照例赠恤者俱不载。

顺治年间，修撰孙承恩卒，上深悼惜之，赐白金三百两，令其归葬。

康熙十五年，以上故翰林院编修史鹤龄久侍讲幄，素著勤劳，特赐祭一次。

十七年，掌院学士陈廷敬母卒，谕："满大臣有丧，特遣大臣往赐茶酒。满汉大臣，俱系一体。著大学士明珠、掌院学士喇沙里等，携茶酒往奠。"寻部议以廷敬母用詹事封，例无恤典。上念廷敬侍从旧劳，用学士品级赐恤。

十八年，掌院学士喇沙里卒，赐银治丧，赠礼部尚书，赐谥文敏。谨按：定制，惟官至大学士、尚书，乃得予谥。自是年学士喇沙里以讲筵旧劳，首得恤典，后如掌院学士叶方霭赐谥文敏，詹事沈荃赐谥文恪，皆非常例。沈荃之卒，赐金五百两治丧葬，尤为优渥，后编修何焯在籍卒，特赠侍讲学士，皆异数也。

二十一年，前南书房行走掌院学士叶方霭卒，上特遣刑部侍郎库勒纳、侍卫常保奠酒，赐白金二百两，赐祭葬，谥文敏。

是年，翰林学士张英以葬父乞假，上特谕礼部如英品级，赐恤其父秉彝。

四十二年，南书房行走刑部侍郎励杜讷卒。后二年，上驻跸静海，谕："原任侍郎励杜讷，在南书房效力二十余年，为人敬慎，积有勤劳，并无过谴，应予谥。"御书"文恪"二字赐其家。雍正元年，追赠礼部尚书。八年，入祀贤良祠。高宗纯皇帝御极，加赠太子太傅。

是年，南书房行走侍郎高士奇卒，谕部议恤。部臣以士奇未赴侍郎任，例予祭一次，上命加给全葬，授其子庶吉士舆为编修。四十四年，以士奇内廷供奉有年，特旨照侍郎励杜讷、沈荃例，予谥文恪。

四十七年，前掌院学士大学士张英卒。上以其久侍讲幄，老成勤慎，敕赐祭葬加等，谥文端。世宗宪皇帝御极，赠太子太傅。雍正八年，入祀贤良祠。

四十八年，前掌院学士大学士熊赐履卒。上命礼部满汉司员各一人，往视其丧，予恤银一千两，赠太子太保，赐祭葬，谥文端。五十一年，上以其夙学老成，历任多年，为讲官时夙夜惟谨，直言讲论，务得至理，命以其二子来京引见，俟年壮录用。乾隆四年，授其子熊志契为小京官。

五十年，掌院学士大学士张玉书卒。上以其学问人品，卓然不群，赠太子太保，诏在京王大臣奠茶酒，遣官司护送回籍，赐祭葬加等，谥文贞。雍正十年，入祀贤良祠。

五十一年，南书房行走掌院学士大学士陈廷敬卒。遣皇二子往奠茶酒，各部院满汉大臣往吊，御制挽诗一首，遣头等侍卫伍格，南书房翰林励廷仪、张廷玉赍赐，并给治丧银千两，赐祭葬，谥文贞。

五十七年，前掌院学士大学士李光地卒。上以其久侍讲幄，学问渊博，赐祭葬，谥文贞。雍正元年，赠太子太傅。十年，入祀贤良祠。

雍正四年，上以礼部尚书顾八代在内廷行走时，曾侍读书，讲论研究，获益良多，敕部议复礼部尚书衔，加赠太傅，谥文端。八年，入祀贤良祠。

十年，南书房行走掌院学士尚书励廷仪卒。上以其父曾侍读书，资其讲论，廷仪复勤慎供职，命散秩大臣往奠茶酒，赐祭葬，谥文恭，以其子进士宗万为编修。

是年，内廷行走大学士蒋廷锡卒。上以廷锡侍直二十余年，才识优长，辍朝一日，敕内庥为营棺殓具，命散秩大臣率侍卫往奠茶酒，赐祭葬，谥文肃。乾隆元年，入祀乡贤祠。

十一年，南书房行走尚书吴士玉卒。命散秩大臣率侍卫往奠茶酒，士玉榇归，敕沿途官弁护送，赐祭葬，谥文恪。

十三年，南书房行走尚书吴襄卒。命散秩大臣率侍卫往奠茶酒，襄榇归，敕沿途官弁护送，赐祭葬，谥文简。

是年秋，高宗纯皇帝御极，以故侍郎蔡世远久直内廷，勤劳谨慎，于经义文词悉心讲究，多所裨益，特赠礼部尚书，予祭葬，谥文勤，入祀贤良祠。

乾隆四年，尚书房行走尚书衔礼部侍郎徐元梦疾笃，上命皇长子往视其疾。及卒，命皇长子往奠茶酒，给银二千两治丧，加赠太傅，赐祭葬，谥文定，入祀贤良祠。

七年，南书房行走尚书杨超曾卒，赐祭葬，谥文敏。

十年，南书房行走尚书张照卒。上以照学问充裕，词藻清新，加太子太保、吏部尚书，赐祭葬，谥文敏。

十二年，致仕尚书房行走大学士徐本卒。特旨晋赠少傅，于浙江藩库内给银一千两，命巡抚顾琮亲往祭奠，赐祭葬，谥文穆，子应衡袭云骑尉。二十二年南巡，命入祀浙江贤良祠。五十一年，命入祀京师贤良祠。

十七年，特旨追赐前掌院学士礼部尚书韩菼谥曰文懿。

二十年，前掌院学士西路参赞大臣鄂容安，剿办阿睦尔撒拉台站断，被陷，力战自尽。都统策楞以状闻，上轸悼，令其子鄂津袭襄勤伯爵。二十一年，鄂容安榇归，上亲临奠酹，入祀昭忠祠，赐祭葬，谥刚烈，特建双烈祠，御制诗旌之。二十六年，命图形紫光阁。

二十一年，致仕尚书房行走大学士福敏卒。上以其老成耆硕，久侍讲帷，亲临赐奠，给银一千两治丧，赐祭葬，谥文端，入祀贤良祠。

二十三年，尚书房行走前协办大学士尚书汪由敦卒。上以其学闻渊纯，文辞雅正，亲临奠醊，赠太子太师，入祀贤良祠，赐祭葬，谥文端。

二十六年，尚书房行走大学士蒋溥卒。上以其久直内廷，敬慎小心，亲临赐奠，赠太子太保，入祀贤良祠，给银二千两治丧，赐祭葬，谥文恪。

二十八年，内廷行走大学士梁诗正卒。上命皇五子前往奠醊，加赠太保，入祀贤良祠，给银一千两治丧，赐祭葬，谥文庄。二十九年，诗正榇归，诏沿途官弁在二十里以内者，赴舟次吊奠，并遣人护行。

三十七年，前南书房行走侍郎钱维城卒。上以其学问素裕，久直内廷，赐祭葬，赠尚书衔，谥文敏。

三十八年，前掌院学士大学士刘统勋卒。上以其老成练达，品行端方，亲临奠醊，晋赠太傅，入祀贤良祠，给银一千两治丧，赐祭葬，谥文正。三十九年，统勋榇归，命沿途官弁在二十里内者均吊奠，并遣人护行。

是年，前南书房行走予告侍郎加尚书衔钱陈群卒。上以其老成端谨，学问渊醇，恩赠太傅，入祀贤良祠，赐祭葬，谥文端。四十五年，上南巡，道经其里，遣侍郎达椿往祭其墓。

四十九年，尚书房总师傅礼部尚书曹秀先卒，敕赠太子太傅，赐祭葬，谥文恪。

五十九年，前尚书房总师傅掌院学士大学士嵇璜卒。赐陀罗经被，赠太子太师，命皇八子率侍卫前往奠醊，并给内库银治丧，遣官护行，赐祭葬，谥文恭。

是年，谕："原任礼部侍郎胡煦，究心理学，著有《周易函书》，入《四库全书》经部，尚为读书之臣。从前因其官止侍郎，例不予谥，第念曾在尚书房行走，今伊子胡季堂用至刑部尚书，已得尚书封典。著加恩补行赐谥，以示眷念耆旧、奖励儒臣至意，赐谥文良。"

六十年二月上丁，上临雍释奠。礼成，谕曰："本日上丁，释奠礼成，因念朕临御六十年以来，孜孜勤政，悉籲典学懋修，罔弗衷诸圣教。回忆冲龄就傅之时，福敏启蒙授业，循循善诱，加增日课，得以多读经书，蔡世远教以古文作法宜学昌黎。朕从此问津肆力，学业益进，至今所作古文，无不理明气盛。当年久侍讲帷者，敷陈启沃，实福敏、蔡世远两师傅之力为多。今年登八旬有五，眷怀旧学，允宜秩赠三公，原任大学士、太傅福敏著晋赠太师，原赠尚书蔡世远著加赠太傅，并各赐祭一坛。福敏著派舒常致祭，蔡世远原籍著派福建巡抚亲往致祭，以示朕眷怀耆旧、崇礼师儒至意。"

嘉庆二年，南书房行走大学士董诰之母卒，命御前侍卫额驸丰绅殷德率侍卫往奠茶酒，并赐陀罗经被。

三年，奉高宗纯皇帝敕旨："朕冲龄就傅时，系原任大学士福敏启蒙授业，迨践阼后，即加恩追赠。嗣于乾隆六十年上丁释奠礼成，缅眷怀旧学，复晋赠太师。因思皇帝启蒙师傅，系原任兵部侍郎奉宽，授经有年，实资启沃。今朕传位训政，皇帝敬承宝祚，典学益勤，念当日讲幄课诵之外，功基养正，允宜特加崇秩，以奖前劳。奉宽著加赠太师、礼部尚书衔，用示崇礼师儒至意。"

四年，谕："原任兵部侍郎奉宽，为朕启蒙师傅，前奉皇考敕旨，特追赠太师，并加礼部尚书衔，其时未经议及易名之典。奉宽著加恩追谥，以奖旧学。至原任左都御史观保、礼部尚书德保，俱在尚书房行走有年，学问优长，亦著一体加恩追谥。"寻议上："奉宽赐谥文勤，观保赐谥文恭，德保赐谥文庄。"

五年，谕："原任户部尚书曹文埴，原任左都御史胡高望，俱于前岁先后溘逝，其时正值皇考圣体违豫，朕心实深焦切，未经加恩赐恤。今思曹文埴在南书房行走有年，胡高望久直尚书房，又曾在南书房行走，均属勤慎，俱著加恩，补行给予恤典。"寻议上："曹文埴赐谥文敏，胡高望赐谥文恪。"又谕："原任侍郎谢墉，在尚书房行走有年，勤慎供职。朕自幼诵习经书，系原任侍郎、加赠太师尚书衔奉宽授读。及长而肄习诗文，蒙皇考特派谢墉讲论，颇资其益。嗣因谢墉在学政任内声名平常，是以皇考将伊降为编修。但念谢墉究系内廷旧臣，学问优长，且在尚书房供职时，并无过失，著加恩追赠三品卿衔，该部照例给予恤典，以示朕眷念施恩至意。"

八年，谕曰："彭元瑞学问素优，供奉内廷几四十年，伊仰蒙皇考特达之知，凡进呈文字，每邀奖赉。迨朕亲政后，派令恭纂皇考实录，专司稿本，一切章程，俱系伊一手经理，甚为妥速。数年来筹办军务，每有敷陈，多可采纳。著加恩以工部尚书加赠协办大学士，并赐经被一袭，著乾清门侍卫前往赐奠，并赏银一千两料理丧事，赐祭葬，谥文勤。"

九年十二月，尚书房总师傅大学士刘墉卒。上以其克承家世，清介持躬，恩赠太子太保，入祀贤良祠，命庆郡王率侍卫奠醊，赐陀罗经被，给银一千两治丧，赐祭葬，谥文清。

十年正月，前南书房行走尚书房总师傅、予告大学士王杰卒于京师。上以其先朝耆旧，宣力有年，忠清劲直，老成端谨，恩赠太子太师，入祀贤良祠，赐陀罗经被，命荣郡王绵亿率侍卫奠醊，给银二千两治丧。其灵榇回籍时，著沿途地方官护送，赐祭葬，谥文端。

十年二月，文渊阁直阁事协办大学士、礼部尚书纪昀卒。上以其学问渊通，办理《四库全书》，始终其事，由翰林洊历正卿，服官五十余载，恩赠太子少保，赐陀罗经被，命散秩大臣率侍卫奠醊，给银五百两治丧，赐祭葬，谥文达。

皇朝词林典故卷三十一　艺文

夫涉昆山之麓，则抵鹊匪珍；过琼海之滨，则握蛇非贵。昔之志翰林者，不载艺文，诚以著作专门，汗牛充栋，家卞璞而户隋珠，不胜载，亦不必载也。虽然，人臣生际昌时，遭逢累洽，或讲筵经幄，效启沃于论思，或豹尾螭头，奉游歌于清燕。珥笔云霄之上，濡毫日月之旁，雍容揄扬，抒下情而宣上德，若概从阙略，非所以润色鸿业，垂光艺林也。兹特辑顺治以来诸臣应制纪恩之作，与夫有关典故，可资佳话于西清者为断。或征官书，或采私集，用著玉堂赓载之隆，而彰芸馆人文之盛。其次第则以岁月莫稽，迁除易舛，仍循馆例，以入馆之先后为序。至于采访难周，遗漏固所不免耳。

诗

康熙十年二月二十八日蒙召入弘德殿出西伯求贤图命题赋五言近体应制

沈荃

白发垂纶叟，丹书佐命臣。风云宁预料，鱼水自相亲。驻马高林晚，扬旗碧甸春。殷勤后车意，旷代有同伦。

侍宴西苑泛舟赏荷恭纪四首

李天馥

期门绮埒税骅骝，中使传呼促放舟。绵缆昼闲堤北渡，黄幨晴飐水西头。半湾杨柳蝉声静，一路蘼芜鸟语幽。即此九疑仙种胜，烟波何事涉江求。

咸池何异洞庭张，胜赏真堪陋柏梁。酒政觞严琼佩错，榜人舟驶葛衣凉。石渠雨过添新瀑，水殿风来惹暗香。仙境分明三岛丽，乾坤宁别有沧浪。

午余欲泊画桥隈，又敕重游击汰开。兰枻摇珠推浪过，晶盘泻雪送冰来。周遭浅碧沉云树，馝馞浓香敞月台。翘首御舟方进酒，万年遥祝紫霞杯。

谆谆温语廑宸衷，帐殿传来自上公。共道臣荣殊过望，谁知圣意更无穷。花堤款段驮残醉，柳掖方空纳好风。竟日承恩真异数，涓埃何以效微忠。

赐柴紫貂文绮白金恭纪三首

陈廷敬

去岁含毫侍玉墀，锦裘天上拜恩时。衣冠曙色交龙衮，鹓鹭春温集凤池。禁苑久依簪笔地，直庐重咏赐貂诗。微劳一发何曾效，轻暖频年愧圣慈。

紫绲青绫出尚方，恩深奏谢阊门旁。机丝巧度金梭月，刀尺频沾锦绮香。袖拂螭头炉气暖，步随龙尾佩声长。许身衮职无能补，空睹宫衣满箧箱。

荣光赐予报重重，内里分金敕御冬。赤县尚镌初进字，瑶函才启御前封。记恩未忍输泉布，索米从教罄釜钟。陋彼长门空卖赋，腐儒执简庆遭逢。

赐折枝牡丹恭纪二首

陈廷敬

八方风雨长灵芽，朵朵红云散彩霞。天意未曾私一物，上阳花胜洛阳花。

乐天三度见花开，曾惜花开老暗催。廿载芸香香案吏，白头惊捧赐花回。

八年十八日蒙恩赐观御制诗集恭纪十六韵

叶方蔼

唐德文恩首，虞徽浚哲名。负图龙出字，吹律凤谐声。我后尤天纵，皇风总莫京。礼园时啸咏，书圃复峥嵘。散藻星云并，镂章绮绣成。六经同黼黻，五典比簴笙。民物纡宸虑，山川入睿情。片言苏万象，一气宥群生。特敕教披览，温纶更叠并。捧来霞旳烁，拜起日光明。彩识金符绚，音聆玉瑬清。愚瞽飒开爽，躁竞忽和平。戴斗神常竦，瞻霄体欲轻。几人沾异数，毕世沐殊荣。管益知穹大，蠡惟见海盈。端如闻广乐，七日寤还惊。

蒙拜翰林学士之命感恩述怀四首

叶方蔼

秘殿朝趋候晓钟，七年经幄许从容。昼三接处恩偏厚，官九迁时愧更重。康熙十二年五月，以翰林院编修充讲官。十四年三月，升国子监司业。五月，升翰林院侍讲，仍充讲官。十五年正月，升左春坊左庶子兼侍读。五月，升翰林院侍讲学士。十六年四月，转侍读学士。十七年七月，又充经筵讲官。十二月，遂有此命。御笔屡教瞻鹭凤，衮衣频得傍升龙。平生稽古思尧舜，何幸彤墀咫尺逢。

颛愚讵敢忘摅忠，捧土何能益岱嵩。圣德已周三极溥，王言长益六经崇。宵看奎聚占乾象，晨检书签识帝鸿。縻禄只差无寸补，空余履迹玷璇穹。

麻衣席帽满尘埃，亲荷先皇沬浴来。敢道齐贤留异日，屡称苏轼是奇才。戊戌春，充贡士入都，先皇帝召见亲试，列名第八。己亥春再试，列第一，八月举南宫。九月传胪日，亲谕："朕知汝久，特拔汝为一甲进士。"又数对臣下褒奖文章。身离牛口惊还在，梦挽龙髯恨不回。今遇我君重拂拭，孤桐果否爨余材。

柯亭刘井昔贤情，异代风流忆老成。龊龊可能追往彦，悠悠多恐负浮名。质文尚欲陈三代，礼乐终应俟两生。闻道济川才不乏，高冈翙羽听长鸣。时奉旨征聘海内博闻之士，云集阙下，故云。

赐鱼恭纪

叶方蔼

太液波涵晓日明，锦鳞出水浪纹轻。曾经在沼娱宸览，忽许充疱荷圣情。斫处银刀光错落，盛来玉盌雪纵横。频扣馋腹沾恩重，却愧非贤负大烹。

赐文雉恭纪

叶方蔼

云罕高张帝道隆，颁禽义取羽毛丰。昔年陈宝徒虚语，今日君王自获雄。
五色离披坠马前，俄欣登俎味芳鲜。分甘共贺文明瑞，不数安仁射雉篇。
越裳渺渺纵堪驯，不畜珍禽自圣神。要使在廷思耿介，特传天语赐词臣。
惊看翚彩出仙庖，为糁盐梅济泰交。七筯幸沾真雨露，何须更筮鼎三爻。

南书房赐膳恭纪

张玉书

寒星拂曙漏声徐，清切天门候起居。温旨召趋丹禁闼，御香同展锦函书。珠盘六膳晨餐渥，雪椀三浆旰食余。臣朔饱思翻自愧，廿年橐简术全疏。

康熙十二年十月十二日特赐讲官紫貂白金文绮时同赐者学士臣赐履侍讲学士臣正中臣臻臣廷敬侍讲臣在丰编修臣方蔼臣鹤龄臣英八人

张英

霜华晓日映龙楼，讲幄帘开玉殿头。温语九天传凤诏，轻寒十日赐貂裘。颁从御府香云绕，衣傍炉烟紫气浮。冰雪顿忘皆圣泽，阳春偏荷主恩优。

清班日侍禁廷阴，温饱无求本素心。珥笔方惭縻重禄，承恩况复赐南金。九龄曾上千秋鉴，蕴古还陈大宝箴。自愧涓埃全未答，但镂银管效讴吟。

紫殿披香带晓开，青缣内府出新裁。山龙幸际垂裳盛，缝掖惭无濯锦才。宫绣缤纷云外卷，天章璀璨日边来。愿将俯念诸臣意，衣被苍生遍九垓。

康熙十九年六月奉旨擢授翰林学士兼礼部侍郎纪恩四首

张英

枌榆陋质比鹪鹩，阿阁何期托圣朝。三径蓬蒿连紫禁，八年书帙傍丹霄。手攀天上星辰近，身被人间雨露饶。日日青花龙尾道，常同瑞草侍神尧。

青琐沉沉入紫闼，四时常见著宫衣。蓬瀛自古人争羡，史册如臣遇亦稀。香案宸颜瞻咫尺，经帏天语赐光辉。唐虞典诰羲文易，拜捧瑶函翼万几。

文明天授御飞龙，俯视群流若岱宗。涓滴何能思报答，冰渊常恐负遭逢。褒纶惊捧王言重，野质深惭圣度容。自是清时荣侍从，章缝偏觉荷恩浓。

紫泥光映曙霞生，重叠冰衔忝姓名。仙籍屡看标艺苑，崇阶还许列清卿。一时宠命沾鸾掖，同日除书出凤城。群羡讲筵蒙异数，拜官千载有殊荣。

丙寅七月初九日赐食于西苑并赐法琅炉瓶匙箸香盒各一具同被恩赉者五人左都御史臣廷敬礼部侍郎臣乾学侍读学士臣士奇编修臣杜讷臣英时为翰林掌院学士

张英

西嶭秋光满上林，传来赐食禁庭阴。芙渠照水红栏远，秔稻吹香御苑深。湛露同沾明主泽，豳风作颂侍臣心。几人曾到甘泉馆，柳岸花蹊取次吟。

内制薰炉出禁闱，镂金错采碧琅玕。御前移得香犹在，温室分来火未寒。沉水烟常凝玉篆，博山云自起龙团。赐书百卷家藏久，棐几湘帘与对看。

癸酉七月十五日召于赐春园泛舟赐宴于渊鉴斋遏云亭复命至佩文斋恭赋八首

张英

柳阴曲硐水波平，陪侍君王翠盖行。两岸水花相向处，轻舠柔橹入空明。
渊鉴斋前水四围，鯈鱼鸿鸟尽忘机。一床书帙含青霭，几点亭台落翠微。
自惊尘眼入烟霞，圆峤方壶赏物华。静日帘垂清殿迥，秋兰香遍岭南花。
雪肤冰液紫囊封，珍果新移御苑中。万里海南曾未识，眼中初见荔枝红。
琪树仙葩植几丛，天家物色更谁同。佛桑花绽迎朝日，一朵惊看照殿红。
曲磴长廊石径纤，许窥秘阁紫宸居。君王清宴娱图史，四壁琅函插架书。
天藻临池绝世工，瑶函百轴御香中。摩挲老眼窥云汉，凤彩龙雯矗紫穹。
亭畔芳茵藉绿莎，频斟玉醴醉颜酡。花凝湛露年年发，难比君恩此际多。

乙亥四月二日蒙召赐宴畅春园盖特旨也敬成四首

张英

深宵剥啄启衡门，凤纸来宣荷异恩。明日马蹄侵晓出，琪花丛里到仙源。
花树新成荫碧条，水边同上木兰桡。纡回山径过双柳，红紫花围白板桥。
斯游何异泛仙槎，瑞景轩南聚物华。魏紫姚黄都看遍，御阑干种洛阳花。
绕砌斜倾赤玉盘，轻阴更带露华溥。侍臣不管雕阑隔，争看中央绿牡丹。

乙亥六月二十日奉召至畅春园赐食于韵松轩赐宴于渊鉴斋宴毕敬观御书于佩文斋赐御笔书扇并红白千叶莲各一瓶恭赋四章同召者户部尚书臣廷敬原任左都御史臣鸿绪学士臣藻少詹事臣士奇太常少卿臣杜讷督捕理事官臣会恩侍讲学士臣夔庶子臣岳（颁）侍讲学士臣廷瓒

张英

时和鸣鸟听雕喈，避暑亭皋惬圣怀。苑柳凉生宣政殿，蕖莲香绕读书斋。林幽地静烟霞古，径转溪回水石佳。惟有侍臣恩眷渥，木兰舟泛到蓂阶。

万几临御久精勤，暇日皇情涉典坟。窗度竹风弥静远，帘垂花气更氤氲。芸香披卷侵晨色，莲漏观书达夜分。水变墨池何足讶，琳琅千轴尽奎文。

遏云亭畔列芳丛，景物人间迥不同。玉蕊乍惊天上树，荔枝初见岭南红。雕栏鸟语瞳晓日，水殿兰香澹荡风。总是生成饶雨露，擢英竞秀碧霄中。

自昔诗称玉井莲，锦堂今见露华鲜。重台异种蓬壶客，碧藕奇姿太液仙。瓶贮荷香分渥泽，舟移花影度晴川。一从拜赐芙蓉阙，日日清芬几席前。

御书笃素堂扁额特赐恭纪

张英

寒山樗栎才，昌时忝遭遇。丹地蟠孤根，碧霄濯清露。抚躬弥悚惕，承恩益惊顾。齿发日就衰，迂拙天所赋。粗知历世难，惟识守身固。生平有微尚，靡敢逾尺度。集木复临渊，凛凛结情愫。锡以草堂名，天语曰笃素。龙鸾字径尺，瑶光悬宝璐。愿言贻子孙，千龄永无斁。

蒙赐御笔临米芾长幅恭纪

张英

圣主求宁致清宴，坐拥图书千万卷。省览机政日中昃，典学稽文意靡倦。微臣岁久侍华清，讲席经帷常燕见。避暑多在甘泉宫，柳风槐露迎凉院。几畔秋兰袭袂香，阶下新荷映波茜。圣情怡豫对清流，微飔不用移宫扇。日挥凤纸恒百幅，退笔为山墨为淀。远自周秦逮宋元，缥囊玉轴罗群彦。漏痕钗股法益奇，虎卧龙跳势屡变。御笔腕下集大成，俯仰千秋称独擅。临摹最爱米与苏，古人重见开生面。襄阳野老旧知名，异代遭逢数称善。当年承诏入深宫，落笔惊奇响春殿。米颠豪放本不羁，紫袍自裹端溪砚。长笺流传入内府，侧近龙香荷宸盼。字大如盌近数百，淋漓潇洒吴淞绢。钟王颜柳各有态，尽入毫端供结撰。劲笔轩鼒摩丹霄，奇情夭矫蹴飞电。珠玑万斛神采殊，珊瑚百尺霞光绚。念臣朝夕傍棐几，特与殊恩及愚贱。兹幅拜赐出明光，宝翰煌煌荷深眷。荣光夜烛蓬蒿庐，奕世家珍共钦羡。

恩赐御笔楷书清慎勤三大字草书格物二大字石刻及赵孟頫所书不自弃文石刻恭纪四首

张英

承恩陪侍禁垣边，御笔封题自讲筵。共仰奎章超百代，欣看宸翰丽中天。波翻笔底虬龙出，云涌毫端日月悬。自愧小臣叨赐渥，光华纩缦颂尧年。

琳琅宝翰重南金，拜赐还知意独深。常愿普天沾圣泽，特将如水励臣心。守身当似持双璧，爱日偏宜惜寸阴。飞白漫夸题玉署，恭闻三语即官箴。

墨池遥接晋唐风，苍劲雄奇夺化工。古法传来章草在，贞珉勒就汉碑同。只因道与千秋合，不独书兼八体工。更向挥毫窥圣学，精微囊括片言中。

龙章拜手赐龙墀，更捧新成御府碑。价比兰亭初勒石，书传松雪旧临池。缥缃尚有王孙迹，翰墨还邀圣主知。敢向熙朝甘自弃，昔贤遗训是良规。

恩赐御笔临苏轼诗一卷草书唐诗二幅恭纪二首

张英

君王清燕侍臣知，棐几常临白玉墀。披卷爱当明月夜，挥毫多在晚凉时。湘帘香绕书千帙，春殿云生墨一池。地近九霄饶雨露，名笺新赐曲江诗。御书唐诗，有曲江"烟柳"之句。

坡仙楷法今犹在，草圣新题墨未干。秀色松云千岭上，奇姿鸾鹤五云端。臣叨墨翰重颁渥，人比瑶光一见难。自幸此身依日月，拂笺常奉万年欢。

皇朝词林典故卷三十二　艺文

诗

赐白樱桃恭纪

史鹤龄

樱桃原出上林红，忽讶冰姿万颗同。宿雨漫教琼玉莹，晓霞常映水晶融。新莺欲啄凝珠露，彩燕惊翻避雪风。今日承恩天泽渥，翠笼擎赐自瑶宫。

蒙赐观御制诗集恭纪

励杜讷

礼乐崇昭代，文明启圣皇。垂衣来万国，摛藻丽三光。金薤盈琼帙，瑶编集宝床。群臣依日表，五色捧奎章。字里云霞灿，行间珠玉香。黄钟声广大，白雪韵琳琅。蕴藉侔风雅，炉锤迈晋唐。励精几务暇，寄托咏谚长。图史披中夜，经营寄八荒。青山欣茂对，绿野悯农桑。游咏天怀适，忧勤睿虑彰。舜弦应仿佛，武诰并辉煌。得句轻丰沛，谋篇陋柏梁。元音皆浩浩，谟训自洋洋。秘笈垂千古，宏谟范百王。螭头随虎拜，蠡管愧赓飏。

五日西苑泛舟侍宴二首

励杜讷

六龙凤驾驻琼台，宴集簪缨动地来。宵雨清尘开画舫，卿云散彩护蓬莱。遥添山翠联星汉，近把蒲香入酒杯。鱼藻自应扬盛事，濡毫未敢步邹枚。

春深上苑乐尧天，五日重来拜赐筵。贴水新荷分荇带，齐云嘉树映兰船。晶盘绮膳罗珍胾，玉斝丹砂泛醴泉。仰铗隆恩歌既醉，葵心远祝万斯年。

同侍读学士臣张英初至南书房侍从月下退朝恭赋

高士奇

汀鸥野鹜接鸳行，秘殿承恩夜未央。喜得横经窥圣蕴，时从给札奉天章。辉辉宝炬明雕几，烂烂寒星耿玉潢。退食从容宫漏静，马蹄归路有清光。

懋勤殿侍直上亲洒宸翰书忠孝二字赐臣士奇恭纪

高士奇

碧天迢递霁秋霖，绣扆当前列古今。两字亲题挥宝翰，孤踪窃幸奉纶音。常怀阙下倾葵志，敢忘江干负米心。盘错自惭非利器，终期仰答主恩深。

恩赐御用绒帽秋色团龙纱袍恭纪

高士奇

薰弦初奏午风清，宠溢冠裳拜赐惊。昂首自知红日近，举身如在绛霄轻。纮綖绚彩规天象，黼黻昭文称圣情。青笠绿蓑还忆否，捧归翻觉汗颜生。

恩赐狐裘一袭紫貂一领内纻二端恭纪二首

高士奇

秘殿承恩雨露频，早寒天气赐衣新。丰貂粹腋千金费，繁缛鲜机一色匀。薄学有惭稽古力，愚忱但效负暄人。因恩被服真无致，长短偏宜稳称身。

晓启金铺映陆离，凤裘鸾锦各新奇。光华欲夺明霞灿，温暖全胜旭日披。几载青衫淹巷陌，一朝紫绮立阶墀。虞廷快睹垂裳理，献纳安能补一丝。

夜禁甚严上以臣侍直归迟命守夜诸臣护送归寓掖门亦俟臣出后下钥实异数也恭纪二首

高士奇

鼓角宵严箭漏闻，铜街宿卫队初分。千门寂寂烟光裹，尚有儒臣侍五云。斗挂城边夜气森，九阍人静月沉沉。臣归才葳蕤锁，一路轻蹄伴羽林。

西苑泛舟命采水中莲实携归恭纪五首

高士奇

芙蓉池水湛天渊，苹末风轻破浪圆。碧岛丹崖方丈里，有谁来泛采莲船。
曲渚蒹葭翠作围，新凉残暑澹斜晖。轻翻两浆移舟入，惊起沙边白鹭飞。
风窗雾槛接层居，水气澄鲜浸太虚。自是君恩深激滟，特教天上看芙蕖。
垂虹百尺压鳌头，锦石疏花带浅流。遥见西峰开罨画，暮蝉声里变新秋。
绮岸银塘倚棹过，鸡头菱角漾清波。臣今不作西湖忆，烟水菰芦兴已多。

恩赐御用凉帽一顶缎靴一双缎韈一双纻罗表里四端恭纪四首

高士奇

臣本樱韎布韈人，登朝初卸縠皮巾。尚方服御频沾赐，尺寸难捐草莽身。
华冠灼灼灿朱缨，摩顶终难戴圣情。下直晚过槐市曲，路人争羡鲁诸生。
锦缏层层千里装，乌衣六合称银潢。穿来玉砌丹楹下，举足应生满路光。
内局新成凤尾罗，宝花绣叶绽金梭。才交首夏春衣换，早沐恩波出绛河。

夏日恩赐内缎绫绸表里各八端是日再赐白金及法琅合药物口敕褒嘉恭纪

高士奇

赐衣节序喜才过，披拂薰风御座多。纂组充盈颁玉笥，机丝绚烂出龙梭。兼金捧处心弥砺，宝合携归质不磨。同日只惊三锡异，更传温语下銮坡。

康熙九年十二月十九日上召对弘德殿应制

徐乾学

承恩趋建礼，待晓入明光。万户听寒漏，千官踏早霜。宫云回雪霁，禁树带春阳。鹄立闻天语，鹓联拂御香。恤民同舜禹，论道溯炎黄。何幸宸颜近，方欣化日长。牙签标甲乙，玉轴富缥缃。讲学超崇政，题诗迈柏梁。蓬池惭始进，骑省愧为郎。愿得操柔翰，长依黼座旁。

赐鱼恭纪

李光地

校猎曾临渭，丰年已兆鱼。尊亲虔俎献，寮寀饫波余。颂缅庚邱奏，风闻丙穴居。东方劳宰割，冯煖省空虚。此日兼殊典，他时应大书。入梁斯适可，在镐又焉如。百尔宣恩遍，群工喜气摅。素餐谁独愧，钓野未忘初。

七月十一日驾幸内阁阅庶吉士卷命大学士以下赋诗恭纪

韩菼

丹禁思贤切，黄扉捧日来。敷文原一德，贞观共三台。拜手俱风雅，抡材幸马枚。月华陪寓直，欣睹五云开。

八月十九日侍直乾清门蒙上谕臣菼进所作古文辞伏念昔之怀才席珍者一献无由臣菼无所知晓仰蒙天语下问恩华曲被愧忭交并谨辄编次芜陋缮呈御览恭纪二首

韩菼

天门诀荡日曈昽，剑佩锵锵启事通。总览万几归大观，旁搜一得及童蒙。自怜哺觳几穷朔，深愧雕虫未似雄。乙夜从容何以献，庶陪蒙瞍奉宸聪。

碧霄御气遍吹嘘，日绕炉烟点玉除。射策敢同三献赋，含毫终少十年书。竖儒欲进无新语，圣主频烦问子虚。幸预词波观舜海，微生只合带经锄。

驾幸南苑应制

蒋伊

千官侍平乐，七萃出新丰。柳色披金辂，花光映玉骢。朱旗晨拂电，绛幄夜流虹。练舞棠溪白，尘飞杏苑红。云随锦衣扇，日照角端弓。峻岭皆东绕，清泉自北通。马驰飞放处，莺啭乐游中。珠履陪仙驾，赓歌属下风。

赐游畅春园观荷花令中官同泛舟游览毕赐宴
兼赐千叶荷花一瓶恭纪八首

王鸿绪

内直依天苑，薰和殿阁风。日陪丹禁里，身住碧霄中。岭树遥分翠，池荷晓映红。忽闻传召入，联佩接芳丛。

西岭千重水，流成裂帛湖。分支归御苑，随景结蓬壶。玉蛛凌波迥，瑶台入汉孤。上林曾有赋，于此见真图。

秘阁临流峻，花矶就涧低。荷呈千瓣艳，叶覆一池齐。舞蜨知香恋，游鱼喋翠迷。旷观天上景，自有若耶溪。

湖映千林绿，山围一苑青。花间开凤阁，树杪出龙亭。香气无边散，莺声不断听。更看幽绝处，鱼网挂烟汀。

既历芳岩胜，中当引画船。烟波青镜阔，杨柳碧丝悬。白鹭晴遵渚，金鳞书跃川。兰桡经百转，何境不栖仙。

翠巘依雕槛，银塘敞玳筵。接茵同昼卜，式燕自天传。酒借波光绿，肴含花色妍。今朝风景好，喜荷渥恩偏。

上苑芙蕖种，尘寰眼未经。艳姿何灼灼，密瓣更亭亭。折取从灵沼，分颁自宝瓶。拜恩瑶碱下，光彩耀仙扃。

尧舜雍熙世，生为侍从臣。言听薰瑟奏，来赏芰荷晨。重绿全迎夏，殷红半夺春。看花能到此，蓬岛复何论。

乙亥六月二十六日臣廷敬臣士奇偕臣鸿绪恭诣赐春园谢恩臣英臣杜讷暨内阁学士臣藻兵部督捕理事官臣会恩翰林院侍讲学士臣廷瓒臣夔右春坊右庶子臣岳颁并宣召同至韵松轩赐馔馔毕登舟溯山涧至渊鉴斋观荷列席赐名酒时果复令内侍引至斋后遍观嘉卉遂至佩文斋恭阅御书数百幅各赐千叶荷花一瓶恭纪八首

王鸿绪

晓日瞳昽霭苑门，垂杨深处颂皇恩。忽传联佩游琼岛，重荷调兰列鼎殽。花覆锦茵摇水榭，莺窥朱扆语风轩。尝羹不觉移砖影，坐爱层霄万景暄。

中涓引上木兰舟，御苑风光结伴游。两岸柳垂丹嶂密，一川花泛碧泉幽。云开似入桃源径，棹转犹迷杜若洲。应胜乘槎浮汉渚，更瞻仙仗列蓬邱。

瑶斋高瞰玉河平，百顷波光似镜明。西岭翠微连槛合，东瀛云气拂帘生。何须牛女留银汉，漫说风雷动石鲸。圣主临渊惟鉴古，泠泠山水发音清。

琼轩觼几更张筵，晴对芳湖玩绮莲。香扇尧厨薄箑日，荣浮汉宴柏梁年。细斟嫩碧松醪美，分擘轻红荔子鲜。饱饫嘉珍歌既醉，浑忘身在五云边。

渊穆宸襟契太虚，翛然尘外水云居。经营灵囿勤民暇，歌咏卷阿听政余。案上绿沉三代物，床头黄卷六朝书。回翔阆苑真何幸，枚马雄才愧不如。

当阳黼座对烟岚，座后轩亭碧树龛。满院藤阴炎暑散，一帘香雾午风含。嘉禽雪羽来天外，珍果丹葩自日南。学士纵饶花鸟兴，上林奇种未曾谙。

几务清闲翰墨研，牙签玉轴满瑶编。蓬莱山作藏书馆，太液池为洗砚川。八体纵横参造化，六文挥洒入云烟。因知睿藻超神圣，曾写鸾龙九万笺。

捧阅奎章到日斜，更从浦溆挹明霞。莲房细展千重瓣，水殿分颁五色花。翠管摘来同岳井，银罂擎出赐天家。圣朝异数真优渥，留作瀛洲盛事夸。

召试畅春园蒙赐御书恭纪二首

徐秉义

日转青槐暑气澄，宫厨屡敕大官丞。联词思润因餐玉，奉职心莹有赐冰。碧树含风香冉冉，紫苔无雨石棱棱。蓬莱花木参差似，试问人间得到曾。

鹄峙鸾停总不如，捧归黄帕胜琼琚。同邀凤纸斜行墨，别赐龙绥径尺书。悬处宜笼金粟畟，开时须镇玉蟾蜍。君恩优渥真如海，竭蹶还忧报称虚。

禁中侍观宸翰蒙赐御题清芬堂扁额纪恩歌

胡会恩

祥风甘雨青郊遍，天子端居紫宸殿。昼漏舒长淑景融，麦秋佳气迎芳甸。都城东南岱岳宫，长养万物惟神功。落成清庙隆秩祀，璇题绣榜宜加崇。琼笺叠雪宸章耀，结构如椽风格妙。千钧笔力透中锋，万点墨花霏四照。赐观中禁集儒臣，仰瞻奎躔颂日新。金薤银钩超亘古，晋唐以下空纷纶。承命濡毫汗流背，敢乞天文豁蒙昧。蓬茅倘得被春晖，点画常如亲帝海。宫门俄顷拜恩殊，七臣各获三骊珠。虬龙蟠结沧海润，云日焕烂光天敷。体法森严神肃穆，彤墀捧展开心目。元气融和精理充，吾皇曼寿于斯卜。鸾绫砑玉映琳琅，芝泥穗篆曾辉煌。此时邸舍天香满，他日田庐圣泽长。曩参扈从曾沾赐，回首门闾题宝字。清班还得诵清芬，直为微臣表家世。矢竭涓埃报称难，抚躬尸素愧当官。焚香晨夕瞻天近，咫尺荣光奕叶看。

恩赐御书恭纪二首

胡会恩

文治光昌庶绩熙，万几清暇每临池。发挥神藻山河耀，沾被深仁草木滋。元气淋漓风格劲，中锋含蓄露华垂。圣人书学还跻圣，天纵吾皇百世师。

渊鉴斋中淑气新，卷末御题三十三年春三月修禊，临于渊鉴斋中。至尊染翰对芳春。花朝洛水流觞日，草圣兰亭纵笔辰。宝幄炉香凝睿思，璇题墨妙注精神。骊珠四百光华烂，渥典何当逮小臣。

十月初十日蒙恩赐挂数珠恭纪

杨瑄

戒珠昭异数，秩命重朝端。忽沛便蕃赐，优加侍从官。细攒红鞑鞨，间缀碧琅玕。的的光交映，垂垂缕屈盘。章身逾鹓绶，襮彩绚貂冠。银管行兼佩，瑶珂晓并寒。一时齐拜手，同列总腾欢。不羡三英粲，还将四照看。小臣惭负乘，素食凛河干。有梦随仙仗，无能奉玉銮。荣虽叨借紫，心未展怀丹。只觉衔恩切，弥思报称难。

瀛台秋霁应制

张榕

地迥依丹禁,秋光到玉墀。凉风初应候,宿雨正晴时。北极雄图绕,西山积翠移。荷渠红潋滟,苔径碧逶迤。乍喜津梁近,还看别馆奇。芝房斜驾浦,桂庑半临池。日月波中浴,云霞牖里窥。澄烟浮藻井,爽气入罘罳。鸾辂回天上,仙舟护水湄。目瞻三岛胜,身到十洲疑。宝鸭天香度,银毫湛露滋。敢追鸣凤句,欲献跃龙诗。刻鹄曾何似,倾葵好自期。微躯同燕雀,长绕万年枝。

皇朝词林典故卷三十三　艺文

诗

奉命入直南书房午后蒙恩召至御前赋诗恭纪二首

张廷瓒

　　觚棱日影上花砖，簪绂端趋黼座前。咫尺含香天表近，从容授简圣恩偏。炉分细雾萦斑管，帘动熏风拂彩笺。秘问琳琅罗四库，卿云纠缦颂尧年。
　　清漏瑶阶报午筹，承恩许坐殿西头。几年载笔趋鸾掖，今日挥毫集凤楼。圣主崇文超百代，微臣异数纪千秋。好分太乙青藜火，天禄牙签勉校雠。

侍直南书房缮写御制诗集恭纪二首

张廷瓒

　　睿藻缤纷锦帙盈，万几暇日偶怡情。精思直壮山河气，洪响高凌雅颂声。璧月宵浮清汉出，海霞朝映紫澜生。虞廷歌咏同焜耀，黄竹秋风敢擅名。
　　大义包罗岂易窥，民情天道系深思。翠华赤县巡方日，棐几经帏进讲时。邱陇力耕怜野老，关河久戍念王师。寰区万象归宸翰，不是寻常月露词。

四月初二日御书玉堂二大字颁赐恭纪二首

张廷瓒

　　豹尾追随帝泽隆，更颁宸翰出行宫。纵横笔勒千钧势，疏密锋藏八法工。云锦乍舒迎海日，夔龙高翥御天风。蓬门永荷荣光护，不独腾辉雀舫中。
　　珠牓曾题笃素堂，直庐佳气映文昌。千秋宝共琳琅重，两世荣分翰墨光。玉署忝随簪笔侣，石渠深愧校书郎。敬瞻天藻思图效，大乙藜然午夜长。

乙亥六月二十日奉召至畅春园赐食于松韵轩赐宴于渊鉴斋宴毕敬瞻御书于佩文斋赐御笔书扇并红白千叶莲一瓶恭纪十二首

张廷瓒

金貂宣召入离宫，闾阖门开禁苑东。转过圣人勤政地，黄罗高覆御床中。
宛转回廊启细筵，新晴云影落窗前。香生玉粟流匙滑，尚膳先颁玳瑁筵。
紫兰含露傍云偏，渊鉴斋头玉井莲。鱼鸟直同灵沼乐，菰蒲深处白鸥眠。
天酒光浮白玉杯，枇杷金果伴杨梅。更余菱实清芬甚，新采莲房出水来。
遏云亭畔竹阑横，素蕊疏篁绕径生。如到蓬山最深处，几多瑶草不知名。
南粤名花重佛桑，远游无计见芬芳。新从上苑凭阑玩，海日初飞赤玉光。
牙签插架佩文居，帘卷和风晓漏余。浥露研朱长昼静，君王清玩总图书。
龙笈千轴灿如林，宸翰雄奇冠古今。笔力由来天纵异，临池况复圣功深。
分颁宫扇玉床前，天藻淋漓宝墨鲜。自顾微生同小草，仁风披拂已年年。
藕花开遍钓鱼矶，含蕊千重异种稀。十队明霞香扑路，侍臣齐捧胆瓶归。
归陈肴核荐宗祊，位置天葩斗室香。更展御书窥八法，紫霄佳气烛文昌。
迎门老稚尽腾欢，浩荡恩波碧海宽。胜事千秋宁易觏，微臣两世遇尤难。

二十三日恩赐新笋数枝名雁来笋恭纪二首

张廷瓒

春林雁笋露华滋，驿使封题贡御时。自昔京华曾未识，分颁寒北遇尤奇。
解箨香生绿玉痕，得尝珍味荷君恩。宵来清梦留人处，家在江南水竹村。

蒙恩赐观御制诗集恭纪

王士禛

圣主崇经术，雍熙暨八荒。鸿名垂海岛，重译集梯航。云物生松栋，音徽嗣柏梁。宜民期太昊，访道媲轩皇。严漏趋丹陛，清秋届白藏。承恩披雅颂，开帙粲琳琅。体配江河纪，芒含日月光。宸衷罗武库，台象接文昌。气迈三侯壮，思深六义长。银钩辉璧琬，锦字溢缣缃。剑阁看云合，横汾咏菊芳。雄篇包宇宙，细律叶宫商。宝鼎歊金景，联珠照玉堂。微臣依黼扆，朴学愧青箱。极北常瞻斗，周南启面墙。赓歌知莫继，长此诵天章。

赐西域葡萄二株恭纪二首

王士禛

御恩特赐草龙珠,手向东园副绿芜。未拟芳香输橘柚,即看甘液胜醍醐。
天马蒲桃隔月氏,贡来新自玉关陲。蓬莱殿上初宣赐,何用崎岖遣贰师。

乾清宫御试纪恩诗 谨序

彭孙遹

绛杓东指,朱翼南翔。月在上春,律中鸣筒之簇;日当下浣,数符化瑟之弦。皇帝位天德而正中,观人文以成化,乃召翰、詹诸臣,亲试于保和之殿。紫微亲切,躬秉权衡,丹笔淋漓,手题甲乙,品裁各当,铨综惟明。越二日,复召臣至乾清宫,再加甄试。于时三阶静正,万象淑熹,登中禁之宫庭,受上方之笔札,一檠官烛,花缀祥莲,八簋仙肴,香融瑞蓂,宸严下济,天语春温。玑镜洞开而物无遁照,奎文肆映而人被余辉,诚盛朝之旷典,而臣子之奇逢也。臣刺草微生,雕虫小技。对策于世祖开科之日,滥厕进呈;献赋于圣皇亲制之年,猥居选首。叨两朝之知遇,荷载笔于轩墀。今又蒙召赴内廷,上邀睿赏,叠承恩宠,莫效涓尘。夫嘉泽沾渐,朽木尚蒸为朱菌;阳和煦被,寒葵亦贡其丹心。臣虽至愚,类非草木,敬上五言诗一首,凡四十韵。抽月露之微吟,识云天之新渥。情深战栗,念切捐糜云尔。

轩后垂裳日,姬王脱剑年。贞符弥宇宙,广泽浃垓埏。问俗因寻岱,勤民为浚川。自然垂带砺,仍此沛云天。租调频宽复,繁苛尽涤蠲。崇儒还释奠,重道必兴贤。万里渐文教,群材入化甄。克知需藻鉴,并命集花砖。共仰冰衡朗,重蒙玉敕宣。入门徒踧踖,俟屦敢迁延。授简螭蚴上,摛毫凤扆前。琴离披彩仗,清切近彤筵。绣城承菡柱,文棁拂蕙榜。玲珑珠缀绕,错落绮疏圆。圣德觇恭俭,宸居挹静便。讵须卑禹室,终不斵尧椽。太素规模远,初春气候先。韶光空际转,淑景午余妍。寒色销兰路,晴晖散柳躔。瑞云丛捧日,芳树澹笼烟。薄霭沾衣重,流霞染案鲜。笔床红窈窕,砚沼碧沦涟。百和研香麝,双番擘粉笺。移时宫漏下,向夕禁钟传。殿隐鸳鸯瓦,帘垂翡翠钱。露浮栖爵外,风定相乌边。紫篆春长润,丹荬晚更然。从容天语怪,稠叠主恩偏。琼茗教承饮,珍肴出赐筵。属厌情自饫,消渴病应痊。只愧枯毫弱,难窥睿学全。读书穷闱奥,论史破拘牵。华黍吹笙遍,苍祇荐璧虔。未能忘海岳,空自守蹄筌。霄汉三辰丽,璇玑七曜悬。人人垂注渥,一一别丹铅。细似抽丝茧,明如烛蕊渊。大钧无枉互,朽质有雕镌。叨被诚深矣,钻摩庶勉旃。葵心虽荏染,匪石亦长坚。

赐御书恭纪

彭孙遹

瀛洲台阁憺无暑，南薰一奏风泠然。槐阴日上初辨色，琴离黼座开御筵。万几裁罢清且豫，驰骤翰墨挥云烟。金膏染出蜀江锦，银钩铁筯何精妍。或如鹘起势耸拔，又似凤骞姿翩跹。纵横夭矫不可状，中有逸气相盘旋。壁间蠹简久不睹，八分飞白频流沿。钟王代兴法始备，擅绝此事千余年。岂知圣学亦游艺，脱略迹象捐蹄筌。顿令神诣掩前哲，洵由天授非师传。来汝词臣特颁赐，晓衙忽奉中旨宣。金绳玉轴皆至宝，寸珠探得骊龙渊。诸臣取一臣取二，抃舞不觉衣裳颠。循墙归去窃三叹，皇仁自近匝八埏。时平端藉主明圣，崇文稽古亲儒贤。臣之遭也亦何幸，出入禁闼猥备员。诵诗往往窥比兴，讲易稍稍聆性天。庶竭余齿答温诏，不才朽质穷雕镌。琅函什袭敢亵视，奎光上烛太乙躔。愿捧宸藻被金石，中天日月长高悬。

五月二十五日上召内阁大学士部院府寺堂官翰詹编检以上科道诸臣于保和殿各赐御书一幅臣项龄得绝句其词云青天蜀道不难攀思入微茫杳霭间稍著一区杨子宅居然秀甲九州山下有临董二字越三日诸臣合词上表谢恩恭纪

王顼龄

金殿霏微晓日融，御书擎出建章宫。登床常侍争先乞，时诸臣欢跃竞前争取，声彻殿陛。飞白文皇恨未工。手诏辉煌瞻舞凤，上手书谕旨示诸臣，即分赐大学士各一幅。恩纶温霭被薰风。传谕曰："时当斋戒，未及赐饭，诸臣莫饥否？"圣心体恤周至，闻之莫不感激。小臣何幸叨天宠，宝墨传家奕世荣。

叨司瑶籍佐银潢，拜捧天书到草堂。奎宝辉煌腾凤纸，骊珠的烁吐龙章。迩英赐翰眉山宠，玉署题名易简光。惭愧樗材蒙雨露，惟依日月颂无疆。

瀛台赐宴诗四首 有序

陈维崧

粤以岁次重光，支逢作鄂，南薰谢令，西颢乘权。皇帝方居清暑之崇台，御招凉之邃馆，用颁大赉，载衎群工。若夫路入东华，桥通西苑，莎偏泥泥，秋未露以何稀；树只骚骚，夜不风而自响。霏微残月，银弓犹挂于高城；历落疏星，珠斗尚斜于远岫。坐平沙之似毯，肃俟传呼；藉嫩卉以如罗，遥凭宣唤。赤鸟球跃，鱼钥争鸣；丹凤书衔，龙楼早辟。鸡人喔喔，飞绣鞍以遄催；虎士铣铣，翼珠珂而并入。红门窎篠，水面已维青雀之艘；紫掖逶迟，柳丝先隐黄龙之轴。俄传泛艇，尽许登舟。斯时也，太液波红，一奁靴鞨；上林烟碧，满幰玻璃。黄头拥画枻以平摇，长鬣拨兰桡而竞发。千衫艾叶，映水蓼以弥鲜；万绶桃花，杂风荷而倍娉。鹓鹊唼呷，四围皆王母灵禽；竹柏微茫，一片悉姮娥宝树。中流遥瞩，青为好畤之田；极浦凝眸，黄是昭阳之瓦。谁知帝室皇居之畔，别自成村；未审南唐北宋之间，畴工此画。行到琼楼玉宇，天上晴多；除将凤艒龙艑，世间秋少。

爰乃停彩笮，弭牙樯，陟陂陀，沿峭蒨。屡遵辇路，距帐殿以非遥；几折缭垣，隔幔城而不远。山呼以拜，鱼贯而前。时则曈昽绮旭，赭袍随绣伞交辉；艳赫彤霞，御榻屹花砖相向。忽睹纷纶之状，陈于殿庑之间。夫其叠缯成峰，吹纨散雾。千箱霜雪，剖来碧海之绡；百筐云霞，贩尽平陵之彩。鹤头绫织自尚方局内，球路锦漂从裂帛湖旁。双心檀晕，三殿赍来；五福钿窠，九重飞下。琮珑单复，拟绮霓以逾温；绛缥纵横，笑丰貂之未暖。虽使量来玉尺，莫罄恩长；纵令负用铜仙，难胜赆重。何期昼永，月堕怀中；讵信秋初，春还袖底。擎来水涘，鸳鸯解妒以争啼；捧向林皋，孔雀生惭而辍舞。无何而雁翅筵排，鱼鳞幄比。沙明水净，飘飏张纵幕三千；野旷秋清，重叠列华茵十二。红兰压架，恰照文廊，紫蕚成丛，遍摇黼帐，银罍告濯，翠釜云调。然而羊臑雄醢，未便称珍；鸭栅鸡纤，何由示美。即或弋来紫鸹，落隼永于云端；猎得黄獐，致膻芧于海上。藁湘锦带，饼裹红绫。牢丸既弱似飞绵，薄夜亦柔如积素。抑犹未足以夸禁脔之甘，而夺侯鲭之丽也。

繄尔臣僚，凤餍江湖之味；惟兹卿尹，半居鱼稻之乡。倘遂庖虚鲂鲤，曷用为欢；若其俎之鳝鲨，安能取饫。渔师芳饵，乍投纶于百子池头；饔宰雕盘，旋斫鲙于九成宫外。假之雷雨，银髻飒爽以能飞；济以盐梅，锦鬣轩腾而欲动。于是频颁琮斝，满沥金觥。百壶急送，风前之喝盏参差；三雅横飞，树底之行杯络绎。酒痕缥碧，都黏学士之袍；酿色鹅黄，齐上参军之袂。漏沉虬箭，寻日影之将斜；风卷鹓班，倏佩声之欲散。重申天语，倍荷圣慈，尧阶忭舞，冰藕堆空，文陛趋跄，碧莲委地。盈襟菱芡，平抛兴庆之珉珠；一握葡萄，遍洒平阳之银豆。驮装宝马，共鹓绮以缤纷；携出铜龙，满凤城为欢笑。九衢迎问，何来方朔之桃；万户传观，不数河阳之果。臣缀微班，猥叨异数。才惭鲍俊，菖蒲赓燕镐之诗；文逊班香，芍药奏横汾之曲。

西苑新晴晓色开，凉飙瑟瑟凤城隈。千官秋泛芙蓉舸，七月春生琥珀杯。碧瓮红墙临镜出，金箫玉笛拂云催。天家殿阁清如水，不信真从此地来。

黛嵚参差绀树通，君王新幸日华宫。四围剑佩山光内，一簇貂蝉水色中。雪瀑酿来黏绿箬，锦鳞听处映丹枫。筵前忽讶秋花满，冷艳霜欺叶叶红。

缤纷彩币满朝班，赐出龙纹霄汉间。乍抚霜纨冰滑筇，遥擎霞绮月弯环。丝从濯锦江头晒，衣向穿针节后颁。为听九门鸳杵急，宫袍分给侍臣还。

尽日天香染紫微，凤皇阙下拜恩晖。才惭入雒年非少，人到游仙遇总稀。缥蒂携将菱芡重，雕鞍压得芰荷归。天南又报铙歌竞，早晚彤弓劳铁衣。

八月十三日赐藕恭纪

陈维崧

霁旭升黄屋，风潭敞碧城。君王临水殿，晓色冷蓬瀛。凤舸遵遥濑，龙堂擢秀茎。低挐波碎溅，小摘蔓斜萦。堆去银湾满，携来玉臂轻。早凉侵紫柰，内热笑朱樱。爽便寒铦削，鲜宜雪椀擎。回銮才北渚，怀果遍西清。是日欢尤剧，移时感倍盈。多年遭汩没，一勺荷生成。讵料淤泥质，终承采掇荣。孤芳长袭袭，晚节信硁硁。夙世莲台种，他年华顶行。皇都沾杏酪，泽国想莼羹。折罢丝还在，抛残葤又生。歌鱼欢藻密，向日效葵倾。节直今秋闰，霄邻晦日晴。恩光浑不夜，万里总瑶京。

皇朝词林典故卷三十四　　艺文

诗

侍直南书房恩赐御书临苏轼书陶潜诗一幅恭纪二首

徐嘉炎

诏许儒臣侍执经，薰风长日拂云屏。图书玉架晴翻碧，殿阁湘帘昼拥青。群捧龙章尊训诰，欣承凤简作仪型。深惭独荷瑶笺赐，奎壁芒寒贯紫庭。

陶公高洁赋归来，苏子当年冠蜀材。应识宸衷褒逸操，悬知天藻赏奇才。烟浮茧楮霞添绕，墨洒麟毫翠欲开。何幸传家珍绿笥，近光常得倚云裁。

恩赐翰詹诸臣鲜藕恭纪二首

汪楫

托根灵沼自年年，绿叶金房敢较先。华井虚传花十丈，瀛台真见藕三千。是日，赐藕计三千枝。擎来只似移琼树，踏出浑疑采玉田。从此碧城添盛事，肯教珠实擅芳鲜。

鸊鹈膏与佩刀融，片片寒光落腕空。共拟截肪同莹白，惊看切玉得玲珑。西池旧种千年碧，太液初消十里红。最是承恩逢晦日，只疑捧出月明中。

蒙召入南书房供奉

朱彝尊

本作渔樵侣，翻联侍从臣。迂疏人事减，出入主恩频。短袂红尘少，晴窗绿字匀。愿为温室树，相映上林春。

恩赐禁中骑马

朱彝尊

鱼钥千门启，龙楼一道通。趋翔人不易，行步马偏工。鞭拂宫鸦影，衣香苑柳风。薄游思贱日，足茧万山中。

恩赐御用衣帽恭纪

朱彝尊

鹤纹初启尚衣封，藤帽朱丝自九重。日角乍辞宫样稳，水纨不散御香浓。玉堂掌故传他日，青镜衰颜话旧踪。回忆沧江六年事，笋皮荷叶钓船缝。

甲子元旦赐宴南书房归上复以肴果二席赐及家人恭纪

朱彝尊

才承曲燕侍仙围，又彻琼筵到北扉。岁酒更番移席劝，主恩一念感心微。比邻漏下惊窥户，见女灯前笑揽衣。闲向金坡说遗事，全家赐食古来稀。

恩赐内纻恭纪

朱彝尊

上阑初日映帘犀，天语听传紫阁西。织自珠宫加熨贴，擎来黄纸验封题。折枝花讶临风并，掉尾鲸看戏水齐。端绮入春恩再洽，称诗弥愧在梁鹨。

恩赐鲥鱼恭纪

朱彝尊

京口鲥鱼二尺肥，黄梅小雨水平矶。乍黏越网千丝结，早见燕山一骑飞。翠釜鸣姜才敕进，玉河穿柳旋携归。乡园纵与长干近，四月吴船贩尚稀。

驾幸汤泉应制

汪琬

律当无射候，严跸向新丰。菊映銮舆艳，云迎辇路红。天王停彩仗，文母驻旌宫。骑从皆群俊，追陪俨上公。灵泉来滚滚，佳气绕葱葱。源自丹砂发，流将碧落通。登临纡睿览，游豫惬宸衷。玉甃凝香雾，纱幪障朔风。阳回温谷内，春在缭垣中。惟羡瑶池水，能传浴日功。

庚申八月三十日上御瀛台宣赐翰詹诸臣新藕纪恩三十二韵

李来泰

兰殿薰风转，瀛台湛露盈。恩波涵太液，宣赐遍承明。忆昨芙蓉苑，曾瞻菡萏荣。大钧宏化理，庶物达勾明。擢秀依天汉，搴英绕帝闳。耕泥无屈曲，布沼得峥嵘。华叶都相偶，横纵各遂生。体殊苻菲弃，采共藻苹盛。是日秋方半，先时气已更。芽添知纪闻，津满恰逢庚。骤对瑶池碧，疑从玉井行。花砖香雾拥，槐砌绿阴迎。隐剑空闻幻，如船浪博名。玲珑仍宛宛，盘错见硁硁。小摘瓜垂乳，长条笋脱绷。藏渊根信美，泛渌色逾清。不假缘青壁，偏宜捧翠罂。均尝随讲幄，特赍异诸卿。拂袖垆烟合，披襟爽籁并。冰衔真足并，牙节俨分擎。拜舞趋丹地，提携出紫城。折来琼屑溅，牵处素丝萦。沆瀣原同洁，琅玕讶许轻。浮堪谐白柰，热未惬朱樱。沁齿凌声聚，支颐雪液倾。元浆凝石髓，仙掌湿金茎。乍解相如渴，旋消阮籍酲。受和惟藿食，铭德胜匏羹。味谏惭何补，还餐祇若惊。礼贤思杕杜，式燕咏菁苹。用励冰霜志，能忘被濯情。折荷欣欲赋，在藻乐重赓。

赐翰詹诸臣鲜藕恭纪

施闰章

冀陛分甘切，龙池宠赉遥。擎来横白玉，捧出下青霄。旋雪花香在，深尝野兴饶。漫夸仙掌露，渴病已全消。

初入翰林呈诸同馆

方象瑛

十年对策尚萍居,旧业瀛洲梦已虚。执戟未能同曼倩,凌云何幸荐相如。西清召试晨趋陛,东观传宣交著书。从古三长知不易,无才真自愧簪裾。时奉命纂修《明史》。

赐藕纪恩

方象瑛

拜赐惊传太液池,分甘恰值荐秋时。君恩络绎丝千缕,臣节坚贞玉几枝。雪椀初擎荣祖父,鸾刀试劈饷亲知。托根幸有冰心在,报称真惭雨露私。

诏观西洋国所进狮子因获遍阅虎圈诸兽敬制长句纪事和高阳相公

毛奇龄

古皇慎德开四译,内被绥侯外蛮貊。贡物区为王会文,共球载在宾庭册。河镠畎翟献上方,兜离僸佅陈明堂。三灵既应百神洽,殷殷之兽皆翱翔。康熙戊午十七载,神武声名播遥海。五时从教白泽来,千门真见黄龙采。鸦翎习习负矢飞,鸡斯之乘归林支。诸方执贽俨相列,东渐溟渤流沙西。于中有国名古里,曾渡澜沧作海市。鱼眼看波射水红,鲛丝织浪翻云紫。地当申未产兽雄,金精杰出毛群中。衔绦饰组献天子,裁贝作章辞礼恭。从容槛致射熊馆,不为珍禽为怀远。虎落时看接上林,鹰房秋到移南苑。廷臣侍从欲赋诗,皇恩有诏徐观之。圆目昂鼻有筋力,悬星掣电无雄雌。独怜髣发未卷曲,曳尾㸔㸔若散丝。衣被欲成鞠色见,牙龈不使钩形施。尔时群槛枒诸兽,木垒枪樊列前囿。熊罴避路不用当,虎豹攀栏有时吼。青鸾赤雀相对栖,豪猪野马争游嬉。张昭见此不动色,朱亥在旁何所思。闻之有熊狩旸谷,获得狻猊比牛畜。汉时安息亦献斯,形似麒麟但无角。从兹郊祀播乐章,射乌格鹿非寻常。铙吹已陈朱鹭曲,征歌还及白狼王。何如储偫未完缉,诏遣求贤共来集。东堂甫布网罗成,西城刚逢旅獒入。招摇乍启禁簌开,白麟有对皆奇才。请看太保卷阿赋,恍见文王灵囿来。

上御瀛台赐宴泛舟兼赉文绮表里莲藕恭纪四首

毛奇龄

芙蓉便殿接蓬莱，秋气新从太液回。御苑赐来三岛宴，瑶池捧出万年栖。堤长画鹢衔波转，水面金鳞入馔来。醉饱载歌临抃舞，尚余湛露满罇罍。

沧池诏许泛仙槎，云际回看帐殿赊。画舲开时翻桂浆，雕台深处见荷花。衣光翠落波间练，缆色晴分海上霞。游尽蓬莱千万顷，金盘亲燕枣如瓜。

玉虹高驾启朱函，早见琼林有赐缄。幸拜帨人新凤锦，浑忘学士旧雕衫。携筐入白烦中使，束带签黄署细衔。欲被缕丝恩莫纪，五绲十缇倍掺掺。

上林赉菓减封题，藕节莲棻乍出泥。镐饮已歌蒲与藻，柏梁羞赋栗和梨。盘留白雪遮羊胖，杯覆青铜散马蹄。莲名马蹄杯。三载金门沾湛久，今来谁敢厌茹藜。

秋日赐翰林詹事官太液池藕

严绳孙

宸游采藕上林中，赐出西清拜舞同。过阙凉沾仙掌露，归鞍香散玉堂风。渴怜华井沉冰白，老忆江潭坠粉红。俱是恩波亲洗沐，梦魂长绕日华东。

蒙恩入直南书房恭纪

蔡升元

蓬壶方丈迥难攀，特诏趋陪供奉班。岂有寸长窥圣藻，常教尺五近天颜。尚方给札云窗近，秘阁翻书昼漏闲。从此朝昏依日月，更无尘梦到家山。

蒙恩赐宅雪池恭纪

蔡升元

甫入明光离荜门，赐居何幸首蒙恩。凿冰克日成华厦，架栋连云傍禁垣。五色霞蒸楼焕彩，九重春到室添温。感深转忆清苕宅，满径蓬蒿老树村。

赐宅后蒙恩命内务府办给器具移家之日诏詹事臣陈元龙伴送入宅恭纪

蔡升元

上林嘉树喜迁乔，太液晴波景色饶。便展图书趋紫禁，直携家室上丹宵。寸丝粒粟由官里，厚地高天托圣朝。归第更叨恩礼重，春风并辔有宫僚。

奉命编纂历朝咏物诗类下直后蒙恩遣中使询视屋宇恭纪

蔡升元

弇陋如臣厕直庐，一编雠校愧才疏。天街蹀躞朝随辇，雪案摩挲夜检书。归院春山看历历，巡檐夏屋乐渠渠。君恩似海深无际，更敕中官问赐居。

蒙恩赐游畅春园恭纪十首

蔡升元

高斋凌碧汉，甲观俯清漪。静鉴无遗照，澄渊岂易窥。燕闲仍典籍，苑囿亦茅茨。俭德尤堪纪，规模百世师。

背山横作障，导水汇成溪。雨歇千林霁，春深万绿齐。氤氲香不断，咫尺径还迷。何处延朝爽，高楼有御题。

承恩中使引，先上木兰桡。曲岸穿花出，层峦锁树遥。陂池临漭沆，台阁望岧嶤。最好晴波里，垂杨荡画桥。

牓题皆睿制，结构本天成。绘景四时备，标名万象呈。昔闻灵囿沼，今见小蓬瀛。仿佛携双屐，春山队里行。

嘉植多南产，移栽不畏寒。琼枝凌百尺，虬干郁千盘。偏似冰霜劲，都缘雨露宽。更难葱翠色，北地长琅玕。

阆苑群芳集，金铃护碧纱。高低千万树，红白浅深花。笼日重重锦，迎风片片霞。滋培由圣泽，春色自无涯。

最有花王贵，仙姿迥轶群。洛城应减色，欧谱亦虚闻。露浥金茎重，香从玉案分。芳名多未识，十亩看琼云。

峰回披石洞，别有一壶天。岩壑生成秀，莺花分外妍。琴声调细溜，衾影倒晴川。应接真无暇，山阴莫浪传。

若比武陵源，尤堪避俗喧。桑麻新辟野，桃李俨成村。列肆符天市，平畴接禁园。吾君游息处，念念在黎元。

昼永还沾赐，传餐内馔丰。琼酥凝晓露，珠粒挹香风。饱饫恩无已，沿洄兴不穷。直庐天尺五，一棹小桥东。

乙丑正月二十五日御试翰詹诸臣于保和殿越二日上亲擢十一人再试于乾清宫臣升元宗卷后蒙召对移时抵暮命侍卫执灯伴至阖门恭纪

蔡升元

甲子初元运，勋华复旦时。治隆参化育，道大统君师。声教敷寰宇，甄陶励庶司。特开开禄阁，齐赋柏梁诗。应诏陪鸳侣，含毫集凤池。春风三殿转，御札十行披。经术儒林重，昌言史职宜。懋勤调节候，宵旰厪畴咨。欲探苞符秘，旁搜笔削遗。篇章虽小技，拜献实先资。通籍经三载，衔恩借一枝。便便惭腹笥，碌碌谢囊锥。空拥青绫被，谁工黄绢辞。丹铅标甲乙，冰鉴别妍媸。滥厕前茅选，旋膺后命驰。五题亲再试，群彦许相随。铃索风初定，觚棱影渐移。笔床颁翡翠，砚匣启琉璃。雪乳车渠盌，琼浆鹦鹉卮。传餐容促坐，握管笑支颐。学并雕虫陋，才无吐凤奇。里歌邀帝赏，宝树少人知。入夜千门静，中天万象垂。分明瞻紫极，咫尺傍青规。亲切聆温语，委蛇励素丝。御炉香篆细，仙掌露华滋。归院金灯晚，还家玉漏迟。遭逢多异数，扬扢会昌期。造就曾无外，栽培岂有私。同文今四讫，鼓吹乐雍熙。

蒙恩赐御用嵌玉漆匣松花石砚恭纪

蔡升元

皇娲五色石补天，一片坠落东海边。孕星吸月亘万古，浑沌凿破知何年。流入松花江水碧，星月时时动灵魄。偶然巨璞出人间，砺角磨刀同弃掷。我皇一见非凡材，惜兹美质空沉埋。命工采取探石窟，刳云劚雪驱风雷。兴朝王地神物聚，运际文明光焰吐。昔年剥落掩苔痕，今日磋磨登御府。琢成绿玉砚玲珑，龙尾凤咮将毋同。因方遇圆夺天巧，华腴古色追帝鸿。圣人穷理物自格，前民利用劳规画。寻常砥石等砆砍，一经睿制成圭璧。山之骨兮水之精，涅不缁兮磨不磷。益毫起墨寿最古，御铭彪炳千秋珍。微臣何幸首蒙赐，同列传看夸盛事。宣来天语更分明，松胶兰穗宜常试。髹漆为匣玻璃光，蟠螭压纽瑜瑾良。石肌莹净美可鉴，松干偃屈清而苍。此砚曾经列玉案，烟云缭绕资挥翰。拂拭犹荣御墨香，绤绒常见荣光烂。玉堂法物辉璠玙，传家瓌宝称球图。砚田笔耕本儒业，况从天锡尤魁殊。因思臣质本瓦砾，椎鲁由来未雕饰。甄陶感得造化功，顿教璞石增颜色。愿托贞珉勒寸私，难穷墨海纪洪慈。一生忠义研磨老，记取东坡石砚诗。

823

蒙恩赐玻璃器具恭纪

蔡升元

玻璃南方贡,闻具五色英。又闻出颇黎,物以国得名。后来仿其意,冶煅术稍更。虚传冰玉号,但作珂子形。我皇本天纵,创制准物情。法良民利用,力省功易成。内造不一器,玻璃亦独精。皓姿带月皎,粹质含风轻。纤尘绝点污,秋水一潭泓。从来五常修,祥符见玉瑛。以此圣世瑞,价应拟连城。殿头忽宣赐,泼眼光辉生。大者如盆瓮,小亦如鼎铛。或如尊彝制,或如翠釜青。斑斑饶古色,燿燿流繁星。捧持到蓬荜,罗列四座惊。虚室夜气白,晴窗朝景明。摩挲体滑腻,戛击声琮琤。谩夸车渠盌,岂羡琉璃瓶。珍藏袭绨锦,世守同金琼。试以酌春酒,持满戒器盈。对兹冰壶洁,愿况臣心清。

皇朝词林典故卷三十五　艺文

诗

初直起居注馆纪恩

彭宁求

秘籥图书重，西清典领专。来游皆硕彦，参选必名贤。曳佩螭坳上，抽毫凤扆前。瞻依知日近，出入被恩偏。每启琉璃匣，频题翡翠笺。晓趋听玉漏，昼直视花砖。地分诚清切，天威倍恪虔。顾惭收陋质，独许缀微员。蓬省居应忝，葵心矢自坚。退朝惟散秩，入署即怀铅。龙尾初联步，鸳班喜并肩。大钧施冶铸，薄植荷雕镌。窃沐良深矣，攸司尚慎旃。承明多暇暑，还颂庆云篇。

畅春园书扇蒙赐笔墨恭纪五首

孙岳颁

　　别馆深居西郭遥，水回山抱建霞标。卿云遍拥林峦秀，佳气中含景物饶。避暑暂违青琐闼，封章仍奏紫宸朝。承恩宣召趋跄急，何意层层历绛霄。
　　不施丹艧去珍奇，阶土茅茨宛在兹。潇洒迥无尘可到，静深惟有鸟应知。五弦解阜薰风动，万汇荣昌湛露滋。御膳赐来还饱饫，遥闻仙漏出花迟。
　　凤舞龙飞仰御书，临池真愧奉宸舆。扇分斑竹千竿秀，画展湘江八景余。放眼山林神澹远，寄情花鸟笔萧疏。恭题只觉难相副，珍重应怜腕未舒。
　　谁云乌玉久如新，漫说蒙恬造自秦。讵似龙香调御墨，宁同翠羽饰湘筠。会磨端石承零露，好写藤笺绝点尘。从此茅斋增气象，祥光隐隐丽三辰。
　　宝玉何如翰墨林，西园东壁尽球琳。仰承圣主崇文意，益励儒臣报国心。禁地忽来真异数，芳园独到可微吟。他时追忆曾游处，只向钧天梦里寻。

奉命教习庶吉士示同馆

陈元龙

　　五云多处旧横经,三十年来鬓已星。领袖清班真忝窃,楷模群彦愧仪型。官同山岳千寻峻,人到蓬莱万选青。莫负圣朝培养意,他年相待上槐厅。
　　诸公济济尽时英,肃拜登堂谊不轻。君命欲储公辅器,师资难副友生情。声华一代文章重,品谊千秋竹帛明。正好三冬穷万卷,休嫌五夜对孤檠。
　　庭前灵鹊噪空枝,起倚回栏有所思。共想花开全盛日,须知酿就最寒时。清如冰玉从来冷,坚似乔松讵可移。纶阁岩廊皆旧学,何人不忆凤凰池。
　　慧业文人炼骨仙,多从冰雪结因缘。能甘寂境才方老,不坐空山道未坚。青简凭谁堪不朽,紫霄有路敢争先。他山顽石虚磨砺,恰喜初阳气已旋。

初入翰林院即事

顾图河

　　蓬山深处静无哗,萧朗槐厅扫落花。日影风声皆典故,井阑亭角也清华。官供载笔无馀事,吏报颁书当坐衙。莫信外人嫌冷淡,老夫铅椠旧生涯。

乾清门侍班亲承顾问恭纪二首

顾图河

　　宫壶才听绝更筹,金碧觚棱晓色浮。雉尾齐分龙尾道,红云长护翠云裘。年年仁寿悬青镜,旦旦光华上采斿。日角珠庭惊在望,却容身到右螭头。
　　初穿豹尾直金铺,渐识龙香近御炉。柱下依班长鹄立,座前转对每风趋。神光照处增威重,口敕宣时即典谟。亲见勋华纡顾问,愧无才术报唐虞。

腊月二十四日蒙恩擢掌院学士兼礼部侍郎恭纪二首

揆叙

　　西清严秘近宸居,简命惊传锁印余。官向南宫分爵秩,身当东壁掌图书。规随敢望追前辈,继韩宗伯之后。模范犹欣得大儒。与吴少宰同拜命。却忆三难真重寄,五云深处独踌躇。

仰蒙特达已频迁，得厕词垣只六年。久愧金门称大隐，忝叨玉署领群仙。国恩讵仅文章报，庭训无忘清白传。夙夜更须勤努力，免教日影过花砖。

赐普洱茶恭纪

励廷仪

曾赐云龙一品蝉，玉堂佳话记当年。月团再拜薰风后，雀舌休夸谷雨前。旋拾松花添活火，试烹瓦鼎泛新泉。烦襟未信清如许，习习凉生六月天。

奉命供奉南书房恭纪

张廷玉

箕裘弓冶不胜任，又许鵷鹓托上林。两世直庐明主泽，廿年书局老臣心。山樗敢望依神荚，上鼓偏教傍帝琴。惭听六宫人尽说，苏瓌有子荷恩深。

恩赐御书传经堂扁额恭纪二首

张廷玉

笃素长瞻御墨悬，臣父昔年蒙赐笃素堂扁额。蓬门辉映总云烟。何期豹尾追随日，又是龙光拜赐年。奎壁丽天光焕烂，蛟螭出海势盘旋。敢云堂构能无忝，两代恩荣奕禩传。

捧持袤画出宫庭，风雨声从落笔听。毳幕荣光辉紫塞，墨池香雾绕朱棂。天书岂独工三体，臣志还期实一经。报国承家深自励，编摩常对夜藜青。

恩赐赤色马驹一匹恭纪二首

张廷玉

名驹特锡荷恩光，骨相权奇本骕骦。喜傍銮舆行蹀躞，更烦天语问调良。臣乘赐马随行，蒙恩垂问曰："此马果循良否？"朱鬃疑染桃花汗，赤喙犹含苜蓿香。应有空群千里志，驰驱常愿侍君王。

名重天闲孰与齐，好裁宫锦作障泥。牵来雾喷黄金勒，行处风生碧玉蹄。随辇新从沙碛外，趋朝常过月华西。自惭驽钝承恩泽，伏枥无劳顾影嘶。

甘霖普降特召大学士内廷翰林圆明园泛舟恭纪

张廷玉

帝念民依祷祀虔，应时甘雨润桑田。天心默与宸心合，伫庆三农大有年。烟波渺渺泛轻航，苹末风生六月凉。此景只从图画见，十洲三岛水中央。秋禾广种夏苗滋，正是欢腾蔀屋时。圣主与民同乐意，诗成先许近臣知。兰桡徐转湿云开，天上恩波任溯洄。拜诵龙章增怵惕，作舟深愧济川才。

扈从塞外蒙恩特赐御书澄怀二大字恭纪二首

张廷玉

琳琅宝气出华林，羲画尧文重古今。久沐恩波依帝座，更将止水励臣心。宸毫直并云霞丽，圣泽真如江海深。簪笔几人叨异数，同时拜舞禁庭阴。时内廷翰林七八，同拜御书之赐。

传经天语昔钦承，曾蒙恩赐传经堂额。又对澄怀永服膺。蓬莱高腾千丈焰，姓名难称一条冰。家声清白期无忝，雅量汪洋愧未能。窃愿洗心遵圣训，何时道岸许先登。

奉命兼摄翰林院掌院学士事恭纪二首

张廷玉

抱书簪笔侍花砖，忝窃词曹二十年。锁院抡才收玉笋，深宫退直彻金莲。已从画省司三礼，又向瀛洲领众仙。喉舌腹心天下寄，一身兼秩荷恩偏。

回忆先臣典石渠，白头犹掌紫泥书。阁中藜火光仍在，窗外槐枝荫有余。臣父掌院事先后十余年，曾种槐十八株于院署，今成乔木矣。弓冶承家惭任重，瓶罍溢量愧才疏。凤毛曾荷天褒宠，欲继超宗逊不如。昔年臣父告归时，上在藩邸，赋诗宠行，有"喜有凤毛成五色，相将阿阁旧巢居"之句。

画塞外花卉七十种蒙恩题御制咏山蓝翠雀花五言绝句于卷首恭纪二首

蒋廷锡

三年扈跸揽芳华，五色图成百种花。聚散非烟亦非雾，从横如锦复如霞。幸同草木居恩地，敢望徐黄是作家。共庆疆隅能异域，南方新状漫争夸。

鹅溪喜拜赐云章，映日骊珠拂袖光。展卷已惊槐影动，开签先觉墨花香。一篇断句堪驱杜，三折藏锋不数黄。从此山蓝与翠雀，自天题品冠群芳。

圣驾驻跸密云赐观御书大学全部敬赋

蒋廷锡

晴云五色连长麾，凉风霏霏吹墨池。白檀山下驻黄幄，天心行健无息时。手书大学二千字，寸幅初展光陆离。精微远契羲帝画，古朴直迈岣嵝碑。悬崖邃谷起鸾凤，折波奔浪腾蛟螭。古传钟王仅驱使，下至唐宋真糠粃。循环百遍究深妙，浅识未得窥毫厘。待从相顾惊赞叹，小臣稽首拜献词。大学遗书出戴记，经文孔子传子思。化成天下始家国，劝由诚正先致知。帝王统要悉包举，古今大道相扶持。教兼内外通上下，圣贤之本仁义基。吾皇众理会一贯，智周万物权纲维。缉熙圣学已富有，日新盛德无纤疵。宅心天渊主诚敬，深宫夙夜常思维。上承欢颜下教育，周文止孝复止慈。政修事举备制度，化行俗美歌关雎。发扬理道阐经义，异学袪扫淫波辞。万几有暇博典籍，坐忘日影移龙墀。新民明德著功效，烟云落处心手追。古来人君偶染翰，红袍笔写屏风诗。云蓝侧理咏风月，岂与政治相培裨。何如圣人动合道，令德显与人民宜。愿勒金石赐学校，亿万万载为君师。

恩颁御苑各色牡丹敬读圣制恭赋

蒋廷锡

选取名花种，移将御苑栽。万枝云锦合，五色画屏开。深浅随风见，高低映月来。皇情吟咏处，草木感恩培。

恩赐御书敬业堂扁额恭纪

查慎行

清暑时多暇，行宫日正长。君王亲翰墨，侍从沐恩光。是璧皆盈尺，如椽总倍常。因心成变化，运肘示端方。山海峰涛壮，龙鸾爪翅张。尧文开盛世，羲画掩前王。帝贲优无比，臣衷惧莫当。身虽依广厦，家本住穷乡。忆在儿童日，亲随子弟行。长贫惟立壁，短晷或然糠。风雨留先筑，柴荆指旧庄。业传惭肯构，敬止念维桑。幸获支门户，终难荷栋梁。数椽天一角，万岁宇中央。邻叟来扶杖，姻亲贺满堂。承家期世守，祝国永无疆。

赐观御书大学经传恭纪

查慎行

昭代文明启，吾皇政化隆。熟精洙泗理，大阐圣贤功。胞与周民物，几康谧始终。一经神默契，十传语全融。尧典推明德，汤盘视袯躬。孝慈为世则，好恶与人同。异说归渊鉴，群儒仰折衷。欲令声振铎，端赖笔抒虹。心法由诚正，书源本贯通。学仍穷秘笈，勤不辍行宫。涤砚龙窥沼，挥毫凤舞空。淋漓云气外，披拂柳阴中。星斗天垂象，山泉帝发蒙。教传先胄子，宠示逮臣工。偏党消皇极，维持长士风。颁应遍黉序，泽自被西东。睿藻光何焕，王言义必充。卷末有御制跋语。道宏该创守，力厚辟鸿濛。羲画传同远，箕畴演并崇。煌煌治平业，万古照苍穹。

赐西苑入直诸臣御书扇臣慎行得圣制泊惠山诗恭纪

查慎行

珍重传宫扇，辉煌遍直庐。赐当清景下，颁及午风余。应候知开阖，无尘待扫除。末秋凉已袭，才夏暑先祛。驻跸留佳咏，分行洒御书。恍疑泉到耳，真觉翠浮裾。墨气生浓淡，烟光动卷舒。终身怀袖里，长似拜恩初。

恩赐翰林院讲读编检诸臣松花江绿石砚中使宣旨查情慎行吴廷桢廖赓谟宋至吴士玉五人向在武英殿纂修著拣式样佳者
给与慎行得夔龙大砚一方恭纪

查慎行

砥石青山麓，松花碧水滨。天文联析木，地产富琳珉。蕴作岩间璞，来为席上珍。自蒙官采择，顿发玉精神。有用逢时出，无瑕抱质纯。性刚偏潋润，肤腻不留尘。露气鲜流叶，波光绿漾苹。铭辞周雅古，背有御铭，其辞曰："以静为用，是以永年。"形制帝鸿新。规矩方圆合，廉隅节角匀。雕龙由哲匠，箧凤贲儒臣。赐砚有泥金漆匣。忆昨随班入，曾经拜赐频。前在内廷，两蒙颁赐。陶糜兼月给，枣几亦时陈。延阁披香夕，山庄珥笔晨。诗多呈乙览，赋每达枫辰。自罢文昌直，仍叨窃禄因。微劳蒙记忆，末路慰沉沦。优旨宣中使，殊荣逮五人。枯鱼咸仰泽，病树稍知春。臣分增惭恧，君恩视笑嚬。捧归怜手颤，增重为丝纶。

恩许扈从诸臣戴草笠

查慎行

台笠都人制，黄冠野服姿。直疑云覆顶，不怕雨催诗。凉燠俄能换，阴晴两自宜。从臣齐戴德，美荫荷皇慈。

驾发蓝旗营乘舟网鱼命臣等沿河骑随赐鲜鲤人各一尾恭纪

查慎行

雪光晶晶山棱棱，千山映雪朝日升。滦河之水暖不冰，刳舟剡楫凌空去。三丈黄龙帝亲御，川后前驱风伯助。峡形渐束波愈清，潜鳞帖帖何敢惊。人声不闻闻水声，须臾船重皇情乐。衔尾骈头来络绎，八弦一张鱼载跃。鲦鲿鳏鲤旨且多，义不尽取收网罗。满渠新涨余天波，词臣拜恩已无算。复赐红鳞长尺半，马上携归万人看。

赐玻璃眼镜恭纪二首

查慎行

玉比晶莹镜比圆，一时披豁睹青天。明珠吐晕泥沙外，爝火分光日月边。名纸尚堪题细字，秘书仍许对新篇。此生视息真何幸，双眼摩挲敌少年。

霁月光风在紫垣，海西佳制赐频烦。潭空秋水清无底，壶贮春冰薄有痕。绝胜金鎞除眵膜，不须藜杖照黄昏。曾经隔雾看花后，老恋余光尽主恩。

闰三月二十一日蒙恩召入渊鉴齐乘舟至瑞景轩蕊珠院露华楼遍观各种牡丹恭纪四首

查慎行

宣唤欣承异数加，高从云汉泛仙槎。行陪阆苑神仙侣，看遍春风稳重花。浓淡何心随造化，丹青难貌是韶华。栴檀别殿分明到，只作华胥好梦夸。

艳极真宜过雨看，枝头肃肃尚朝寒。盘盂向背开琼扇，璎珞高低现宝鬘。白目光中云五色，明波濯处锦千端。天边顷刻成新瑞，点出灵砂九转丹。

万卉千葩未觉稠，扫宫老监记牙筹。芗林不断通三岛，花海无边际十洲。佳气氤氲蒸作雾，余霞缥缈结成楼。蕊珠一本尤奇绝，径尺重台两并头。

瑶阶扣砌望回环，映彻层层著色山。御谱新标题品外，花名凡九十余种，皆皇上新定。佳名微别浅深间。心如草木春知闰，天并君王霁在颜。一片炉烟成百和，袖中携得国香还。

连日赐鲜鱼恭纪

查慎行

银鬣金鳞照坐隅，烹鲜连日赐行厨。感逾学士蓬池鲙，味压诗人丙穴腴。素食余惭留七箸，加餐远信慰江湖。笠檐蓑袂平生梦，臣本烟波一钓徒。

皇朝词林典故卷三十六　艺文

诗

驾幸畅春园西门外设西洋仪器测地之图召臣升臣名世臣灏臣国维侍侧敬观恭纪

贾国维

茫茫俯坤舆，禹甸修且阻。高低互纵横，寥廓安能数。譬彼大海中，旷然无定处。丈尺不胜纪，方隅多错迕。吾皇睿算奇，仪象空前古。圆转密神机，造化握灵府。芳时肃步辇，蔼蔼临芝圃。翠盖交远峰，晴山写眉妩。玉案面平畴，周原旷以朊。不用长房术，无劳章亥武。器制稍罗列，分条而晰缕。圭臬互窥测，方圆中累黍。阡陌指掌收，了了画在楮。尺幅尽远势，毫厘无龃龉。乃知天地大，本自就规矩。圣衷妙神契，新裁出机杼。臣本草莽人，见闻陋环堵。往者读天官，茅苇塞肺腑。候地与浑天，徒然守训诂。幸哉睹奇构，崒然列寰宇。陋彼守敬制，璇玑差可伍。愿言勒芜词，冀以示来许。

壬辰分校礼闱揭晓御赐松花石砚一方趋西苑谢恩恭纪长句

彭廷训

才喜开帘归沐日，又催赐砚谢恩时。四旬新命迟金榜，揭晓展限十日。三锡殊荣拜玉墀。自矢臣心坚比石，仰窥睿藻暇监池。况饶春泽沾霜鬓，寿古铭辞慰寸私。是年，臣父年九十，母八十，仰瞻铭辞，感恩更切。

赐裘恭纪

郑任钥

短褐青衫隐缬纹，忽从天上借氤氲。轻于柳絮团香雪，白似梨花蘸暖云。曳练全欺宫锦灿，章身常带御炉薰。朝来便觉阳和满，濡墨螭坳当策勋。

侍直南书房恭纪

张大受

未识蓬莱路，虚为翰墨臣。举头初近日，著眼总成春。佳气湖山蔼，薰风草木新。儒衣欣橐笔，恰值禊游辰。济济来西苑，平明入禁中。香飘知辇过，泽远觉舟通。内侍擎金椀，亲军拓宝弓。晚归鸦绕树，光耀几人同。

十月十二日承诏选录宋金元明四朝诗次日起居注馆宣旨恭纪二首

顾嗣立

四部纷纶群玉堆，编摩首命并兰台。奉旨以嗣立领四朝诗馆之首。似怜诗是臣家事，特地恩从天上来。伪体别裁回格律，残编采掇拂尘埃。英华文苑犹能续，滴露研朱意未灰。

词章结习是前因，碌碌甘随十九人。同馆被命者共二十八，故云。卷列四朝诗作史，地分三馆德为邻。是日，《历代诗余》、《广群芳谱》二馆亦同宣旨。西清东观炉烟近，黄㡀牙签砚影新。回忆闾邱著书处，冷萤幽蠹落松筠。

馆选日恭纪

胡煦

英才鱼贯待谘诹，列侍随班次第搜。鸾凤有毛终见赏，鹂黄出色便殊尤。圣神久识钟灵异，睿智兼闻敏学优。却愧小臣知解陋，一承清问一绸缪。是日，蒙恩召见三次，于澹宁居讲《易》。

入直南书房恭纪

胡煦

元符启天苞，微言迪圣译。经筌既纷纶，道筦竞阐绎。熙若天下春，懿哉身中易。观文大化咸，宪古小儒亦。呼寐饮三爻，搜佚到八索。动静诠精神，呼吸证禽辟。图从先天绘，卦溯太初画。时访卖酱翁，间诹负苓客。差幸闻也怩，居然随有获。啸咏茇蓓斋，憩息薛荔席。十科屡计偕，六旬始通籍。福地跻蓬瀛，文府缅邹峄。遂荷三接恩，仰企重瞳怿。恩华逮龙钟，禁直厕鸾掖。自恧樗栎材，曾何涓尘益。虽升江泌梯，未受充宗石。谟训颂天亶，理解澈渊赜。遂探景鸾奥，兼肄程秉摘。聚雪习筮蓍，飞候勤演策。别传叩炉火，小言喻果核。智慧莹心珠，醰粹味觔醳。仪邻炳斯今，管蠡悔平昔。同官尽隽望，元台况耆硕。谓安溪相国。履蹈道义门，涵咏神明宅。妙蕴资之深，夙疑涣然释。愿以炳烛明，勉希列宿撩。德勖年弥高，名由善攸积。服习皇极言，训行思无致。

赐课忠堂扁额恭纪

魏廷珍

羲皇宝画妙惊神，拜赐南薰侍从臣。课校子孙奉清白，忠传家世报君亲。龙涎初试金壶汁，凤尾长拖玉案新。字法由来本心法，星流云布照千春。

入直南书房恭纪

张廷璐

秘阁深严地，文窗接御墀。侍臣趋直后，中使下帘时。扣砌朝烟散，金茎晓露滋。熏炉珍鹊尾，棐几净乌皮。缃帙光浮动，瑶函锦陆离。阆瀛仙侣集，宛委异书窥。珠箔香云绕，铜壶漏点迟。调兰分法膳，脍鲤出蓬池。细果金盘饤，香秔玉粒炊。鱼依灵沼荇，鸟借上林枝。自顾驽骀质，深惭山泽姿。一门恩愈渥，两世遇尤奇。守拙承先训，怀迂荷主知。簪毫惭视草，向日愿倾葵。铅椠当清书，编摩矢寸私。叨陪鸳鹭后，拜首颂皇慈。

十月二十日蒙赐御笔鼓吹休明扁额恭纪

张廷璐

隔花宫漏听纡徐，拜荷恩纶在直庐。文教欣逢光被日，天章惊捧璧棻书。深惭瓦缶宜田舍，得傍金钟列御除。飞白玉堂夸盛事，微臣荣幸更何如。

恩赐良马恭纪二首

张廷璐

诏下天闲锡玉骢，君恩沾被及微躬。垂鞭特选调良骑，揽辔深惭鬈铄翁。雁塞霜高看蹀影，榆关秋老听嘶风。龙旗豹尾云深处，款段常随羽卫中。

雾鬣风鬃气正遒，清班拜赐比通侯。驽骀久慕归山侣，神骏偏邀逐电俦。内厩已辞金埒地，贫家安有碧纱帱。他时林壑投闲日，仰秣常怀主泽优。

甘霖普降特召大学士内廷翰林圆明园泛舟恭纪

徐本

甘霖昨喜遍郊畿，诏许新晴览翠微。万井膏腴方被泽，一园草木已含晖。波随棹影初生縠，凉沁荷香暗袭衣。幸奉宸游瞻睿藻，遂歌宁止玩芳菲。

前蒙恩赐园林复荷御题绚春园额诚异数也
因用杜工部重游何将军山林韵五首

尹继善

别墅蒙恩赐，嘉名仰御书。微躯惭广厦，随意爱蘧庐。窗净多临水，心安不羡鱼。退思时自警，惟恐似怀居。

春过园仍绚，名葩手自移。帘深穿燕子，树密语莺儿。隔岸青连圃，当窗绿满陂。更从三径外，高下竹编篱。

遥峰疑翠霭，最好夕阳时。探胜常携友，怡情亦咏诗。亭仍依旧址，柳又飏新丝。孰有登临兴，相招指后期。

漫谓西斋小，偏宜夏日长。层阴添幕帘，绿茗试旗枪。时叠为山石，聊谋饲鹤粱。

已堪称有美，何事更堂皇。

扁舟原不系，知足度余年。花接蓬瀛树，池分太液泉。闲游无藉杖，退食似归田。何以酬恩遇，扪心益欿然。

恭和御制大学士尹继善随围请诗走笔成什调之元韵

尹继善

秋围雨后正和风，白首橐鞬傍玉骢。雕羽乍腾千树杪，苍麋连获万山中。穿杨有忝空驰马，负弩无才学执弓。列队名藩齐抃舞，多能天纵复谁同。

甘霖普降特召大学士内廷翰林圆明园泛舟恭纪

汪由敦

甘霖优渥遍西畴，御苑迎凉宿霭收。曲涧新添波渺渺，连塍喜见黍油油。抚时最受时方永，望岁先占岁有秋。特诏颁来石渠阁，殊恩许泛木兰舟。沧池细浪凌空远，瑶岛深林积翠浮。万顷波澄涵帝泽，一帆风正惬宸游。芰荷香里移丹鹢，杨柳阴中起白鸥。倒影楼台依碧汉，亲人鱼鸟宛中流。烟霞地迥忘三伏，图画天开俨十洲。到眼风光原浩荡，移情水木足清幽。欣看洒翰天章丽，更识勤农睿虑周。何幸赓飏叨异数，济川良遇愧难酬。

五月五日勤政殿侍班和同直钱学士陈群韵

汪由敦

侍直当佳节，联镳有德邻。招呼听隔舍，导从历重闉。柳暗张高幄，蒲新簇细茵。轩车趋紫陌，钟漏出丹宸。延接登三事，胪传辍九宾。御门听政，不设胪赞，与大朝列仗不同。验时阳正午，测景日加辰。勋卫分行整，封章次第陈。礼从朝典肃，事必宪章循。睟穆瞻当宁，畴咨逮列绅。睿谟思作圣，天听智如神。密勿参承旨，机枢慎演纶。金盘催赐膳，罗帕更分珍。出入随元老，各部院面奏及引见毕，则侍班诸臣皆退，惟讲官留侍，俟折本请旨，同阁臣俱退。沾濡忝近臣。差肩前辈重，初命职司亲。旅进神俱敛，回班气载春。草侵桥外路，树拂苑中人。携袖香仍满，垂鞭马自驯。薰风迎面快，斜照候归频。珠玉传高唱，云霄接后尘。年时征吉梦，一一证前因。上年春仲，学士梦与余同直讲幄，及是果符所梦。

837

恩赐福字恭纪

汪由敦

宸章百幅散云烟，禁直欣蒙异数偏。宝墨香含仙露润，彩笺红映日华鲜。捧来玉案荣三锡，悬向芝楣耀九天。圣泽无疆时敛福，承恩恰喜值元年。

行宫蒙赐佛手柑一盘恭纪

汪由敦

佳实曾陈玉案旁，冰瓷擎出沐恩光。赐从秋塞风霜老，贡自炎天道路长。名美并标仙掌秀，色深遥映御衣黄。缥囊什袭归装稳，留对黄花贡晚香。

甘霖普降特召大学士内廷翰林圆明园泛舟恭纪

彭启丰

雨余清暑净尘埃，优渥欢闻遍八垓。只为熙时同乐恺，故教长日豫追陪。珍禽睨睆随旌舞，文藻参差引棹来。一派玉泉新涨满，田畴沾润及根荄。

上林风景画图工，倒影楼台万象中。秀簇方壶瞻眺远，思深太液泳游同。凉飚拂处榆槐绿，绮浪翻时菡苕红。仰睹宸章亲洒翰，作舟还重济川功。

宵旰殷怀若雨旸，万几游览悦时康。臣邻一德观元化，禁近承恩觐帝光。绕楫凫鹥澹容与，忘机鸥鹭共游翔。欲知图绘豳风意，早盼黄云稻陇香。

十年珥笔侍彤墀，霄汉金茎湛露滋。披拂薰风曾奉诏，沾濡甘雨又乘时。蓬瀛胜景身方到，山水清音听始知。天上招凉镇无暑，昼长刻漏转迟迟。

赐笔墨恭纪

彭启丰

牙管当年月给双，盈箱拜赐映瑶窗。虚中运画圆无颇，象意悬锋健独扛。载笔久惭陪柱史，生花虚梦照银缸。鼠须麟角休夸异，五色才思不羡江。

天都石液润云腴，贡入蓬莱世所无。已睹一丸龙脊映，更携十笏豹囊俱。汉丞旧事隃糜贵，画史新评点漆殊。洒地若成蝌蚪字，万言道德罄金壶。

恩赐御书东涧野泉添碧沼南园夜雨长秋蔬对联恭纪

彭启丰

琉璃匣启墨纹新，次第挥毫逮近臣。书谱不知天纵事，超骧草圣已称神。

日月舒华云汉回，祥光飞舞下蓬莱。追思祖泽承恩渥，曾拜先皇翰墨来。康熙癸未、乙酉，臣祖定求两蒙赐御书。

一湾碧沼少尘侵，东涧潺湲绕竹林。添得源头生长意，恩波更比野泉深。

家住南园小隐栖，何由好句入宸题。沧浪一夜霏霏雨，春稼秋蔬种已齐。臣家在南园故址，萦带田畴涧沼，赐句恰合。

骊珠十四得双联，共道荣光夜烛天。可得家园娱侍彩，斑衣分染御炉烟。

元旦朝贺寿康宫侍班恭纪

彭启丰

春回彩仗簇鸾旗，紫殿欢声绕玉墀。八表同赓元日颂，九重亲祝万年禧。铜龙景丽云呈缦，宝鼎香清篆袅迟。圣孝鸡鸣勤视膳，阊门绣帖蔼重帷。

上元筵宴侍班恭纪

彭启丰

丽景芳年换，离宫曲宴开。华灯辉绣帖，爆火引春雷。岐舞阶前列，箫声天上回。外藩随忭贺，齐捧万年杯。

碧沼犹凝冻，条风已送春。金茎倾露渥，玉盒斗时新。象衍鱼龙队，香氤锦绣尘。光华映珂佩，陪燕逮词臣。

鳌山屏障列，朵殿晓云晴。凤集星桥迥，龙衔火树明。门喧角觝戏，村听打球声。总是升平景，壶天览八瀛。

玑上春星转，窗中花眼含。新恩怀赐绮，乾隆戊午，宴词臣，特赐蟒缎。旧事纪传柑。香案云边捧，骊珠月里探。频将踏歌句，流美到江南。

赐荔枝恭纪

邹一桂

天上三浆味，人间一品红。移根来上苑，带叶赐离宫。色映彤庭旭，香生紫殿风。侍臣欢捧日，长此励丹衷。

旧谱珍仙品，新恩得赐尝。所生原福地，得气在炎方。不事征飞骑，偏宜上小航。试看香色味，何异岭南乡。

外具丹砂质，中含冰雪姿。君恩分及此，臣节凛如之。玉醴应同醉，晶丸未足奇。不须呈谏果，饱德太平时。

日啖夸三百，斯言闻子瞻。蘸盐翻觉瀹，入蜜转非甜。怀核常心喜，披图欲手拈。还应凭绘事，彩笔记恩沾。

赐御笔梅花恭纪

邹一桂

御笔颁来赐小臣，冰姿劲节励惟寅。毫端翠滴三霄露，笔底烟含万卉春。戛韵清如承玉佩，古香高捧出枫宸。自惭采绘曾无补，欲步熙筌愧后尘。

睿藻纷披出五云，锦囊开处瑞氤氲。丰姿磊落逾承旨，骨气清严过右军。玉轴金签临虎观，赤符云篆贲龙文。晚香图就成三友，花谱翻新迥出群。

自打箭炉监工事竣复命入都蒙恩补授少詹事恭纪

赵殿最

远役西邛返，新衔右卫除。驰驱惭直指，辅翼备端储。选与瀛洲外，恩涵少海余。旧制，汉詹事之职，皆由翰林迁授，今殿最以按察使特荷改除，洵异数也。承华翔步处，何以报宸居。

自昔疑丞设，清班重总司。不图陈梟事，还许列华资。郭贺褰帷后，桓荣绾绶时。愧无稽古力，逾格感隆施。

皇朝词林典故卷三十七　艺文

诗

恭进春林澹霭图敬题六绝句

张鹏翀

清露初流细柳垂，半弯残月似修眉。朝天珂马镫光澹，掩映春林欲晓时。
昨夜颠风动鬓毛，喜看云净晓天高。御园渐觉清明近，簇簇新开露井桃。
金殿觚棱丽晓云，玉池风影涣成文。悬知圣学深于海，万派原从一水分。
温语亲从玉陛承，龙鳞照烂日初升。九重恩重如山岳，抃舞鳌簪愧不胜。
天机云锦织初成，赍予词臣分外荣。忆自彤廷分帛后，衣香重拂玉堂清。
珍秘琅函特许求，他年拟结赐书楼。天公定遣云霞护，长有龙光在上头。

宫门进诗画候旨蒙圣恩赐题即用原韵曲加奖借兼命大学士张廷玉传谕乘兴偶成非夸多斗靡蹈玩物丧志之戒敬识六首仍用前韵

张鹏翀

宸章云烂九天垂，林壑分标似列眉。圣主倚吟非玩物，小臣多幸独逢时。
染翰宁容谢凤毛，天文辉丽五云高。诗成望雨勤民切，浓绿和烟醉小桃。
昨朝丹陛喜瞻云，清切论诗细品文。落笔更惊天藻发，七襄神七许谁分。
鸿业絪缊圣学承，高天宁冀有阶升。须臾忽涌珠玑满，拜舞春风喜不胜。御题有"螭头奏对春风蔼"之句。
品画题诗一瞬成，顿教萤爝被光荣。春林澹霭增华采，墨海微波点太清。
龙光郑重许谁求，盛事新传五凤楼。拜舞那能重步武，微吟朗咏只低头。

恭和圣制赐题所进日长山静便面八首敬仍前韵

张鹏翀

微臣何幸集奇祥，神妙天成不可详。衹愧画禅方丈室，五云稠叠压空箱。
山中佳处乐清时，静对茅斋白日迟。那识天家宫苑好，绿杨如画簇云旗。
田园乐事忆村农，水岸笙歌烟寺钟。总在圣心宵旰里，万家雨露国恩浓。
新竹千竿如玉立，飞泉百道似金拟。如天睿思涵无外，那数西江吸老庞。
疏野平生似魏三，敢同竹箭擅东南。偶然泼墨承天奖，林涧还愁抱愧惭。
御苑晨趋旭景东，侍宸肃穆仰天中。纤纤越葛蒙恩赐，称体新裁向午风。
日高花影上层台，奉敕题诗入画来。朝罢千官珂佩散，柳风轻飐碧溪隈。
赓歌盛事继中天，屡和新词拂彩笺。为问吟风还弄月，何殊夕惕与朝乾。

恭和御制武试毕还宫太液池泛舟咏雪示词臣张鹏翀元韵

张鹏翀

宫中行乐地，万树着新梅。水色全瀁澹，山光乍映皑。古诗"皑如山上雪"。酿云浓似墨，融日泼如醅。御舫陪赓咏，荣宁数马枚。

艳雪飞天藻，形盐和鼎梅。縠纹余袅袅，组练尚皑皑。恩重骊珠琲，酣深蚁玉醅。旋消元更射，金殿影枚枚。

紫光阁侍班值雪蒙圣恩顾问宣上御船恭和圣制感恩纪事复成四律

张鹏翀

云凝瑞雪兆丰年，扑面飞来紫阁前。乍觉九天皆照玉，如令四海尽装绵。雕弓满月呈瑶陛，彩笔分辉上画船。何幸独蒙宸眷渥，点衣香影尚翩翩。

寒从阳月勒春回，浑似花先庾岭开。双阙玉龙腾夭矫，千门白凤舞徘徊。射雕风劲堪呈技，倚马吟迟愧不才。砚席近沾天语笑，烟光缥缈丽银台。

紫回初雪压芦花，画楫轻移弄影斜。太液池边临粉水，金鳌峰畔散银砂。望云昨夜先凝思，宿麦明年早吐芽。七步讵能追圣藻，恩光堪向凤城夸。

琼岛霏微糁玉尘，早惊睿制压阳春。渔蓑画就痕初淡，鹤氅披来影更新。元圃夜光谁种玉，蓬山晓阙正堆银。吾皇爱赏逾琼贝，不用三千扫雪人。

甘霖普降特召大学士内廷翰林圆明园泛舟恭纪

梁诗正

连朝甘雨净埃尘，望岁心劳慰一人。宵旰余闲摅睿赏，优容异数逮儒臣。兰舟倒影千峰翠，荷沼流香六月春。胜境天开同乐豫，彩笺分赋湛思新。

臣诗正以亲老奏请回籍终养蒙恩俞允并御制诗章以赐臣拜捧雒诵荣逾常分不揣弇鄙敬依元韵成诗四首

梁诗正

频年怀陟岵，恩重敢投簪。许国人臣分，原情圣主心。奇遭过贺监，优待愧苏林。吉语从天降，衰亲拜赐深。臣诗正于召见时，蒙垂问"汝父再过二十年，便一百一岁"之语，臣感不自胜，叩头谢恩。

锡类光荣备，皤然雪满簪。平安虽得问，迟暮每惊心。潞水舟横渚，孤山鹤在林。燕吴云树隔，辞陛涕痕深。

全家膺厚泽，廿载列华簪。岂昧公私义，难为去住心。梦回紫北阙，迹远寄南林。计日重迎辂，邗江烟柳深。

回首瓢棱侧，朝朝侍笔簪。从容还子舍，锡予渥天心。仙藻传文陛，恩华艳武林。仰瞻同咫尺，长矢答高深。

甘霖普降特召大学士内廷翰林圆明园泛舟恭纪

蒋溥

宠命游琼岛，郊原雨足时。湿云开碧岭，凉意到芳池。棹引香风度，舟回锦岸移。承恩同授简，睿赏入新诗。

甘霖普降特召大学士内廷翰林圆明园泛舟恭纪

嵇璜

乘时甘雨慰畴咨，别苑晨开霁景迟。宿润半沾仙岛路，新膏全沐上林枝。西山胜爽摅宸瞩，南亩艰难入睿词。游豫不忘勤恤意，焦劳惟有侍臣知。

迎凉水殿许追陪，青翰舟从天上来。縠浪乍添云似幕，螺峰新濯翠成堆。欣逢游泳忘三伏，早识沾濡遍八垓。清漏频移传赐果，藕花香里拜恩回。

奉命泛舟圆明园恭纪六章谨序

张若霭

乾隆三年六月六日，甘雨初晴，四野沾足，特召大学士、内廷翰林内苑泛舟游览。上登舟，即赐诸臣坐御舟上，皇子及书房师傅俱与焉。从勤政殿后，鼓棹中流，汪洋万顷，烟波浩渺，凫雁翱翔，云影天光，迥非尘境。上于舟中属皇子对，皆应声而就，不假构思，信天授也。舟行三里许，至别院一区，上登岸，亲率诸臣游历。阁三间，上设御座，扁曰芝兰室，阁后玻璃围窗，其一面临东海，上命臣等纵观。既出，上升座，降旨命臣工赋诗，各赐坐，给笔札，颁赏果茶二次。上先成七言律一章，传示诸臣。悯力穑之维艰，念降康之有自，燕暇之余，不忘民隐，诚尧舜之用心也。诸臣次第成诗，面呈御览，各赐松溪石砚一方，并茶果以归。臣霭以翰林院侍读供奉内廷，因得随臣父大学士廷玉之后，与兹盛事。君臣相悦，千载一时，两世承恩，史册罕睹。恭赋泛舟纪事诗六首，以志圣慈，永矢于弗谖云。

殿阁延新霁，农田卜有秋。欣闻甘澍遍，诏许侍臣游。远水通仙苑，微风引御舟。去天真咫尺，无复数瀛洲。

身入冰壶里，兰桡次第寻。烟光山罨画，日色水浮金。绀宇连云迥，红楼隐树深。芰荷香十里，来往羡文禽。

帝子天人质，深宫懋学时。暂教开讲幄，随侍泛瑶池。俨恪仪文习，从容奏对宜。更闻垂训切，督课重严师。上谓大学士曰："教导皇子，立课宜勤，尤使有严惮之意为是。"

圣学涵今古，挥毫思涌泉。抚时观物态，触景念民天。御制诗有"对景还思力穑难"句。赐坐欣重席，分题竞擘笺。诸臣各领素笺一幅。书生荣幸极，唫傍至尊前。

拜赐辞归院，缘流荡桨迟。雕盘携炬煍，宝匣灿琉璃。泉石情偏胜，云山境屡移。回头天上路，恍惚梦游时。

盛事传千古，宁夸景祐年。赏花钓鱼，宋仁宗景祐年事。关心惟稼穑，余兴寄林泉。接武惭家学，随班近御筵。愿言书大有，世世乐尧天。

甘霖普降特召大学士内廷翰林圆明园泛舟恭纪

鄂容安

上林新霁布温风，沾足欣看四野同。五夜焦劳惟帝切，九重呼吸与天通。应教水殿芳荷长，遥想秋原宝稼丰。绿涨移舟叨侍从，由来膏泽是元功。

甘霖普降特召大学士内廷翰林圆明园泛舟恭纪

雷铉

应时甘澍润桑麻,乐恺皇心喜有加。碧涧平添新涨水,翠畦遥映上林花。岸移彩鹢波纹动,风度青岑树影斜。大小臣工陪胜赏,宸章五色灿云霞。

甘霖普降特召大学士内廷翰林圆明园泛舟恭纪

介福

蓬壶深处曙烟新,泛艇传宣及侍臣。乍喜凉风消溽暑,早欣时雨净芳尘。流膏遍渥青畴润,宿霭初收翠黛匀。对景怡情宸赏洽,恩波沆漭浃群伦。

篆烟刻漏日长时,雨霁凉生太液池。跃浪文鱼依槛近,凌风沙鸟度舟迟。垂杨影里瞻天藻,流水声中进小诗。盛典幸逢几暇日,衔恩均托上林枝。

甘霖普降特召大学士内廷翰林圆明园泛舟恭纪

黄孙懋

画鹢中流渡,宸颜穆以欢。恩膏敷沃野,侍从许儒官。縠皱浮琼沼,屏开列翠峦。须知天意洽,不是侈游观。

甘霖普降特召大学士内廷翰林圆明园泛舟恭纪

秦蕙田

天然图画水云庄,诏许追游泛彩舫。霁后烟浮平野阔,望中山接远天长。吟风树影随轻棹,映日花光漾曲塘。侍从承恩知有喜,先期甘雨遍耕桑。

恭和御制协办大学士尚书蔡新奏恳回籍修墓既允所请
并谕毋庸开缺赐诗以宠其行元韵

蔡新

日侍彤庭颂古稀,圣人恩许暂时违。觚棱回首终依阙,故里关心一叩扉。揆席特教虚左待，经帷早拟刻期归。只惭尺寸从无补，夙夜惟寅尚庶几。

恭和御制协办大学士尚书蔡新假满还朝
来避暑山庄请安诗以赐之元韵

蔡新

叠荷珍奇胜百朋，自天申锡乐尤应。驽骀伏枥年加长，羲驭乘乾德倍增。恭捧奎章荣湛露，遥趋琐闼凛层冰。圣神盛美知无量，欲颂巍巍愧未能。

恭和御制大学士蔡新以年近八旬奏请解职情词恳款弥眷于怀因其耆龄远涉
姑允所请以原官致仕加太子太师乘传归里并制诗章以宠其行元韵

蔡新

鲰生幸际太平年，厕职纶扉秩屡迁。此日推恩方解组，他时祝嘏更瞻天。寒云有意悬霄汉，朽木何心卧石泉。回首陶唐勤政处，阶蓂温树尚依然。

恭和御制送原任大学士蔡新归里之作元韵

蔡新

恋栈滋惭赋曰归，自怜暮齿念还依。久缘朴学趋清禁，敢有退心寄翠微。诗礼教承一脉远，君臣遇诧列朝稀。尚期祝嘏随飏拜，广受虽贤事却非。

恭和御制致仕大学士蔡新至闽谢恩信至诗以赐之元韵

蔡新

闽峤归程计几千，赐闲真荷主恩怜。质如蒲柳臣先老，功在康田圣久肩。锡赉远从双阙赍，画图终愧二疏贤。微诚正企华封祝，献寿能来理固然。

恭和御制予告大学士蔡新来京祝寿诗以赐之元韵

蔡新

鸿钧一气开仁寿,祝嘏凫趋会阙前。意切负暄堪莞尔,发余垂领正皤然。宸居斗极欣同戴,玉佩鹓行喜并联。重望清光瞻睿藻,微忱愿上九如篇。

恭和御制曹秀先进所辑山庄正雅集题以为序即书赐之元韵

曹秀先

摘藻挥毫偶寄斯,由来好古属生知。念兹皇祖陟庭止,佑启文孙继序思。夏清奉兹迎有庆,南薰入韵奏无为。圣明自协执谦吉,金鉴悬时仰执规。

恩颁世宗宪皇帝御制文集恭纪

杭世骏

功参三祖继称尊,寰海黎元仰肃温。金匮万年传宝训,玉堂一例拜王言。微班远愧夔龙佐,鸿业犹垂虎豹闱。遗诏祇今流涕读,簪毫难为圣明恩。

十二月二十四日进呈校勘六经退直武英殿
用朱子钞二南示平甫韵同在馆诸子作

杭世骏

六学精深许共商,石渠高论后先望。青编陈处传心远,黄帊擎余触手芳。百代鸿文今再焕,千儒异义孰为长。从容退食频挥翰,共载尧仁乐未央。

恩赐瓜果诗成复赐扇二握恭纪

杭世骏

借砚中书省,摘毫政事堂。先呈元老看,一字费平章。
赐果君恩渥,陈诗史笔惭。侍臣宣唤数,常到右桥南。

怀核知循礼,巾绨特许尝。对人夸说遍,齿颊有余香。
画扇擎来重,扬风愧未能。只疑襟袖里,暑月尚怀冰。

皇朝词林典故卷三十八　艺文

诗

蒙恩赐鹿肉恭纪

陈兆仑

一脔分沾猎骑还，霜毛犹带染轮斑。烟浮丰草长林外，味在松花柏子间。作炙送杯怜仆倦，下盐为脯笑余悭。平生颇切庭悬愧，须认君恩异等闲。

瀛洲亭释褐

沈廷芳

平生梦想瀛洲路，员峤方壶竟许登。野褐久披情却恋，朝冠初整愧还增。名因学士方堪重，地比宫墙得并升。从此亭前一池水，清寒长自对条冰。凡进士释褐，在国子监，独词科诸臣，在瀛洲亭。

五月十一日蒙恩赐御书圣制得雪诗一幯端砚一方墨八笏笔十床纱葛四匹恭纪五章

沈廷芳

对雪皇情豫，占丰淑气凝。吟成珠璧合，翰洒凤鸾腾。皮阁荣光起，开函墨晕澄。赓歌复模楷，拜赐愧先增。

端砚胜香姜，颁来自上方。苍龙横曲沼，初日耀榑桑。御府宝砚，有苍龙横沼，见《砚北杂志》。古制枕金匮，流辉满玉堂。因思效涓滴，洗涤一徊徨。

制异宜和谱，人间第一煤。八丸麝光发，九毯穀祥开。墨枕嘉禾数茎。朱印双龙绕，黄襄古锦裁。桐花与佛帐，藏箧讵堪陪。

内府锡嘉名，缄封纪管城。宣毫锋独锐，错宝跗尤精。画日呈奇术，题坊诩至荣。螭坳书盛事，长载入西清。

已过端午节，特荷赐衣恩。升越葛名金丝密，轻容纱名花朵繁。绩余遗老母，暑候奉贤昆。时以此分寄。被服思民苦，宵衣感至尊。

召试授职纪恩

沈廷芳

继述重光日，文明复旦辰。大科宏祖烈，旷典贲王纶。躔极腾奎壁，天衢集凤麟。于于膺辟召，济济列冠绅。稷下英髦萃，东都俎豆莘。兼金颁内府，湛露逮嘉宾。岁月归涵泳，文章重雅驯。宠殊梁授简，盛轶汉歌幽。朔雪萦长乐，春暄到紫宸。传餐中使切，命膳大官频。宫锦裁题丽，藤笺制策新。诏从丹陛出，书借紫泥匀。有璞皆思献，无材不共抡。藻思连碧海，彩笔动秋旻。风雅邹枚赡，贤良贾董醇。拔茅占汇吉，渐陆待鸿振。断是宸衷独，才由上相甄。九重悬玉尺，多士仰冰轮。昼漏依稀静，堂廉咫尺亲。鹓班齐近日，天语蔼生春。职以词曹重，恩凭巽命申。西昆资讲论，东观备咨询。睿藻云霞灿，鸿裁典诰纯。特颁昭宠渥，广牗遍臣邻。弱植同蒲柳，疏才讵席珍。谈经逊管辂，博物谢崔骃。忆昔辞乡井，观光入帝阍。叨沾绫饼宴，惭负玉堂人。雁塔空题字，龙门尚偃鳞。三冬凭雪案，五载滞风尘。快睹金台筑，欣逢铁网陈。搜罗宜楚璧，拂拭愧燕珉。报国心原挚，传家泽未湮。铜池联棣萼，粉署接花茵。视草香侵席，然藜烛似银。蓬山瞻皦𪥈，璧府望嶙峋。永沐需云宠，同勤晋昼身。涓埃何以报，长此荷陶钧。

己未十二月二十四日早赴乾清门恭进御览尚书毛诗仪礼戴记春秋左传尔雅各校本既退直武英殿用朱子钞二南诗韵呈同馆诸太史

齐召南

一代周文迈夏商，石渠著作郁相望。灯分太乙三冬校，篇振尼山万古芳。捧进锦函星乍曙，退趋瑶殿日方长。诸公莫便论游息，天子看书坐未央。

戊辰九月五日大西门瞻仰御射应制恭纪四首

齐召南

曈昽初日照西山，百尺楼开紫翠间。御苑经寒欣草浅，秋风讲武值农闲。虎熊的画君臣鹄，鹓鹭墀分左右班。得幸此时叨侍从，大弓亲睹至尊弯。

骍虞声节九相当，五色云环御盖黄。但听举旌欢破的，真看随手会穿杨。百年礼乐乾坤泰，万国车书日月光。神武只应崇不杀，知占弧矢直天狼。

侍臣如堵并呼嵩，巧力分明不可同。容节中和天子射，弛张高下圣人弓。曾闻作赋夸双兔，更说题词数六熊。何似我皇能百中，闲临瞾相教群工。

射罢远挥七宝鞭，骅骝蹀躞过桥前。千峰金碧明流水，万树丹黄写远天。岂为从禽矜羽猎，只缘祭兽应秋田。由来武事关文德，好忆岐阳刻石年。

是日进诗圆明园上即赐俯和臣韵四篇神妙得所未有巴人下里获聆广乐钧天谨用前韵恭纪四首

齐召南

天才如海亦如山，赐和章成片刻间。教射力余千步中，歌诗心写万几闲。自看彩笔凌云气，不要银枪招箭班。文武一时都拜手，柳梢初上月支弯。

弧矢神威孰敢当，射声已遣试中黄。金川便阻千盘箐，京观行栽万树杨。文德格苗思舜禹，远谟开国溯高光。但教率士吹豳龠，会见蛮诗贡白狼。伏读御制诗，念及金川未靖，有修饬武备之意。

西山雄秀匹衡嵩，十二楼开阆苑同。羽骑穿林过月榭，画桥横水卧天弓。日看汉帝朝长乐，人道高阳肖有熊。臣捧奎章增叹息，丹青原自属神工。

挥毫如意等挥鞭，始信龙腾万马前。中使捧来红映日，御诗朱笔行书。宫门看处碧当天。自惭拙学叨词苑，频有殊恩赐砚田。丁巳及今年，蒙赐二砚。今日亲瞻宸藻丽，读书从此励年年。

乾隆庚寅小除上几余洒翰俯临唐释怀素草书千文一卷赐臣敏中瞻奎藻之璀奇捧云笺而郑重体冠诸家之妙笔超八法之宗方深悦服于传观岂谓宠逾于意计蚁伏祗领雀跃欢殷敬撰五言长律二十四韵用纪恩私虔申谢悃

于敏中

轩纪筹开甲，羲文道契初。春先三日至，腊届小年除。景邕临缃案，几闲对绮疏。命笺铺雪茧，染翰滴冰蛼。鉴取千文字，精超一笔书。诸家全酝酿，众体入畋渔。法掩藏真美，编夸散骑虚。碎金宁足宝，限铁亦空誉。岂独羲称胜，端知圣有余。气充随褚现，心正即毫摅。萦带离钩得，雍容佩玉如。神完偏夭矫，兴到不踌躇。俯仰成规矩，飞停中疾徐。快逾临阵马，圆拟转轮车。腕底三光灿，行间万象胪。聚观咸手扑，诚服乃心蕖。苏迹真才仿，御临苏轼千文甫竟，即临是卷。张遗帖旧梳。上尝集张照书千文为春帖子四十首。重佁安足数,御制集春帖子既成,命臣敏中临张照书成卷,笔力茶弱,常以为愧。二妙必相于。临苏迹暨此卷,皆两遍。铃玺从文殿,卷后铃养心殿宝。颁珍下直庐。捧惊双赤琲,藏贵万苍玙。秉度归绳墨,成材及栎樗。感深怀益矣,恩重愧难居。贞石衷同勒,拟敬摹上石,以识荣遇。琼函世永储。欣瞻云起处,五色荫蓬间。

恩赐画像恭纪

于敏中

乾隆三十六年九月,上以土尔扈特汗渥巴锡等率属归顺,朝于避暑山庄,特命画院艾启蒙往图其形,臣以叨与扈从,蒙恩并写臣像。今年十一月,敕以画幅颁赐,谨叩头祇领讫。丹青垂宠,幸从温室亲披;褒博传神,讶似云台并列。念分形于藻绘,典轶前闻;知增耀于乡闾,珍贻世守。虽貌恭滋歉,愧弗称夫彰施;而悃悃难宣,感弥深夫优渥。爰摭长律,敬志鸿施,敢竭芜词,冒陈睿览。

蒲姿光溢五云中,粉藻新开托化工。什袭宠逾褒李令,《唐书·李晟传》:德宗命图晟像于旧臣之次,书文赐晟,刻石门左,未闻并赐以画。三层荣轶厕虞公。唐凌烟阁图画,设三隔为三层,所写皆当时勋佐诸臣,而尚书永兴公虞世南等以文臣得与其列,然亦未闻并以画之也。添毫省对形惟肖,生面徒惭貌未充。今日叨承赐颜色,喜循霜镜满春风。漠北来归睹快先,绘章分逮荷恩偏。良工妙笔缇油外,艾启蒙,西洋人,工油画法,凡宣画诸臣像,多出其手。赐第荣光素壁前。臣近蒙恩加赐园居。会胜香山图九老,臣蒙特恩画像,较九老之图形香山,尤为荣幸。班夸瀛海列诸仙。瀛洲学士,惟后世绘画则然,当时并未图其貌,微臣叨被恩宠,荣于登瀛远矣。武成伫奏金川捷,紫阁图增纪睿篇。平定西陲时,命画五十功臣像于紫光阁,御制各系以赞,并绘战图于武成殿,臣幸得与给札恭录之役。兹金川大功,计日告藏,仁见壁画增新,臣惟珥笔以待荣勋耳。

钦定重刻淳化阁法帖镌拓工竟颁赐群寮内自二品文臣以上外及督抚人各一部其邀加赐册本者又三十八人臣敏中独蒙恩加赐二部猥司排校已叨稽古之荣特荷便蕃弥切捧盈之愧非合词所能达实循省以难安敬依御制重摹淳化阁帖成并弆原本于淳化轩志事元韵赓和二章用纪恩私兼申感悰

于敏中

宝帖分颁逾两府,宋时淳化阁帖刻成,惟登两府者得与赐。今臣工拜赐者,多至一百六十余部,而颁贮行宫名胜官署书院者,又七十余部,流传盖什倍于昔。嘉惠艺林,益广且备矣。贞珉葳役逮三年。工始乾隆己丑二月,至壬辰四月告藏。青蓝讵止形摹胜,朝野都教拜赐全。薄艺何期邀厚泽，后生直欲例前贤。恩铭心版诚难罄，志感重赓志事篇。御制志事诗成，臣曾奉敕恭和，附镌册后。

冬至恰逢原纪月，壬辰况叶肇工年。阁帖后识淳化壬辰十一月上石，兹葳工岁纪适符，而颁赐复在长至月，不期而合，益增佳话云。瓘珍一捧荣斯甚，藻采三加感更全。顶戴重于鳌冠岛，追摹矢以士希贤。还淳幸遭中天盛，长绎名轩作记篇。

臣既蒙赐千文卷敬撰纪恩长律二十四韵少摅衔结之诚深愧疏芜之句土尘乙览弥切寅衷岂期下里之微吟得荷元音之俯和示以文章之奥勖天职业之勤凛诲迪以生成被鸿施之稠叠宠逾格外感深而词益难工情结由中语浅而心遑自已勉成载咏并纪重申

于敏中

宝重亲枕得，恩深特赐初。铭肌形咏蹈，泥首切阶除。莫获名言罄，多惭格律疏。行迟磨上蚁，光逗窟中蛛。何意紫机暇，还宣赤字书。曲高偏录里，唱陋不遗渔。妙绪环相引，冲襟挹若虚。挥教诸韵赴，赞鲜一辞誉。兴邑新韶始，章成宵漏余。楷模钦显示，杼轴仰全摅。振瞶元音叶，甄材大造如。窃开蝇瑟缩，途策蹇蹢躅。寸效差奚补，分阴惜敢徐。术观澜是海，德戴斗为车。蓝已绿天胜，藻还金粟胪。赐和诗成，复蒙御书金粟笺宠赉，倍增感悚。望惊涯浩浩，想溢梦蓬蓬。卉托培而植，膏施沐以梳。书绅常儆尔，华衮更荣于。日月瞻联璧，星云耀一庐。讵惟增缥缃，信合寿瑶玙。御赐诗篇，敬拟同摹镌石，益彰异数。踊跃欢同雀，薪槱感及樗。宠诚逢旷世，职倍励思居。拜命赓重勉，酬知悃凤储。春风藉嘘育，愿奉布郷闾。

恩赐洋表恭纪

于敏中

谁开秘钥象圜轮，径寸中函斡运神。制出海西夸最巧，赐来天上捧逾珍。玑衡漫拟占赢缩，鸡鹤无劳辨夜晨。作佩敬铭行健意，与时消息愿书绅。

迟速循环按次寻，再周应识授时钦。杓旋北斗从窥筦，轴转南车妙引针。未诩陆倕铭刻漏，敢忘陶侃惜分阴。即今豹尾趋随处，不藉铜签报晓侵。

将赴琉球恭请圣训召见养心殿次日擢臣侍讲纪恩二首

周煌

封泥璀璨下瀛东，向日葵忱励匪躬。天有恩光回曲照，帝于心理击包蒙。险夷岂合殊臣节，甘苦还能尘圣衷。臣等伏蒙兹谕："海行虽险，尔等心要诚，不可说苦。"惟此传家清白在，归装不办陆生同。

鸾坡载笔岁峥嵘，天顾恩深每自惊。窃愧秘书难遍读，早从讲席荷殊荣。十三年秋，特旨擢臣侍读，阁臣以守制回籍覆奏，乃始别除。宫僚华选除方始，近除中允。霁宇龙颜近更明。二十年来趋走地，倍增瞻恋不胜情。

四月二十一日于河间复命行在恭纪二首

周煌

一日来瞻两日程，欣参豹尾拂霓旌。讵知愚贱难言隐，俱入幽遐毕照情。霁宇有怜增感激，上语次每言可怜可怜。简书无状总屏营。分明问对通神鬼，召问被风及天后灵应事甚悉。不比长沙召贾生。

例事重稽未可仍，刬于明器陋前征。敢云福命原无恙，真觉威灵大有凭。封舟向以明器自随，上语及此，臣具言皇灵神佑，实可不用，前使臣已停止，上笑谓曰："此是汝等福命耳。"清跸暂随臣所切，经年久役帝犹矜。召见即遣先回京，臣等恳请随驾，以在外日久不许。一生九死寻常分，听到温纶泪不胜。九死一生，乃上所降恩语也。

端阳日恩赐扇葛香囊等物恭纪

德保

晓漏初停赴禁园，天中令节沐隆恩。名香乍借薰风拂，细葛偏宜化日温。已荷殊荣联棣萼，更欣退食奉椿萱。高吟子美宫衣句，珍重天家雨露繁。

恩赐貂裘恭纪

德保

貂裘宠赐拜恩纶，中使擎来被服新。日出岂惟膏有曜，人间漫集腋为珍。著身长短还相称，顾影清华愧不伦。下直归来人共羡，凛寒天气暖如春。

乙酉新正翰林院公燕时补亭兄掌院事余教习庶吉士兄弟同列首席人以为佳话云

德保

大罗天上宴群仙，屈指登瀛已卅年。行辈渐如糠秕播，头衔差幸鄂跗联。衣冠矜式推先进，文采风流让后贤。从此凤池添故事，海棠双鹊值传宣。

元方合在季方先，堂上传经记乐贤。蘩阁几年同照读，卿阶到处共班联。余与兄同入翰林，后同为日讲官，继入南书房，同奉学差，吏、兵二部，又同堂共事，人以为一门盛事。自知弇陋惭师范，独羡清华领众仙。雅会坐深人艳说，堭廗迭奏玉堂前。

恭咏御书福字步张文敏韵

德保

百福延洪集圣躬，亲挥宝翰赐臣工。阳随道泰征同乐，物被春和仰大公。纟曼弘文仙汉上，淋漓墨沛紫云中。群生共庆蒙嘉贶，敷锡由来悃睿衷。

尧文巍焕莫能名，万古临池集大成。福曜已随春气发，恩光如共日华生。炉烟篆袅瑶阶丽，宫锦花分玉烛明。拜赐年年叨御笔，捧来蓬荜荷殊荣。

皇朝词林典故卷三十九　艺文

诗

恭读御制土尔扈特归顺记书后

裘曰修

国家中外大一统，曩惟西事烦经营。两朝挞伐未竟绪，皇帝睿断功乃成。胜算在握要领得，如雷斯厉风斯行。乘机迅扫到回鹘，阳关以外无坚城。再读御制归顺记，土尔扈特来投诚。前兹准夷梗化久，四卫拉特相支撑。我师当时定全部，独此早窜偷其生。未曾遣使远招致，亦不索取劳甲兵。幡然挈属奉表至，彼盖邀听心先倾。譬从地底见红日，有不仰企非人情。试看稽首列万帐，尽隶臣仆归皇清。西邮全部此始结，更无别种防芽萌。上承付托述遗志，下慰苍赤垂庥声。倘非几先具定识，安得临事不震惊。大文紬绎再三四，眼中事理昭然明。信哉至德感必应，昔者敌垒今编氓。提携襁褓及妇子，不似昨日饥寒并。脱离罗刹入乐土，自此畜牧安升平。渥巴锡汗知向背，鸾迁出谷兹为荣。马前累累复若若，乍习拜舞依龙旌。山庄宴赉盛典屡，丹青落笔腾光晶。鸿勋伟烈古未有，照耀天地环九瀛。岂知圣意益深远，凛凛泰运犹持盈。

钦点庶常恭纪

沈德潜

古木槎枒忽遇春，也随侍从拜新纶。许亲香案称仙吏，望见红云识圣人。甲观酉山探秘册，柯亭刘井话前尘。自怜老去头盈雪，漫拟终军对白麟。

阅邸钞见俞旨访经学之士中间齿及臣名
捧诵之下几于感泣赋诗恭纪

沈德潜

得归下里赋闲居，帝眷依然念散樗。一技自惭同辘线，九重偏喜耨经畬。衰年短烛光无几，古训良苗立有余。愿脱皮毛勤朴学，漫教词赋慕相如。

蒙恩赐貂裘恭纪

沈德潜

羔羊五緎微臣职，特给丰貂礼数宽。捧出自开天府笥，披时更重侍中冠。筋骸颓老能添暖，风雪飘零不畏寒。拜赐彤阶耀金紫，旁人几作上公看。

纪恩诗八章有序

沈德潜

六月初十日，编修臣德潜以授职之初，随班引见。奏对毕，皇上谕辅臣云："沈德潜系老名士，令和《消夏十咏》，余愿和者亦和。"时于内阁军机房分给笔札，赐饭及饼饵瓜果。午刻至未，成诗十章进呈，同和者编修臣裘曰修、蒋麟昌、鞠逊行，检讨臣陈世烈、廖鸿章。越翼日，传旨嘉奖，赐文纱越葛有差。伏念皇上天授之质，日新之学，敕几清暇，流为咏歌。虽偶然赋物，无非对时育物，各得其所至意，而臣以庸碌下材，得与赓歌矢音之末，有余荣焉。因成纪恩八章，以志太平盛事。

罘恩流影耀珠棨，奏对班联俯禁廷。望见红云最深处，勾陈拥卫紫微星。
日上虬坳正未晡，内宫承旨为传呼。小臣亲沐官家问，知是江南老腐儒。
捧出天章焕采毫，骊珠光远烛神皋。金和玉节超今古，山到嵩高莫并高。
上方珍果给词臣，拜罢君恩觅句新。蠕动肖翘经茂对，那能写貌更传神。
西抹东涂忆往年，偶然散木荷雕镌。十章和就君王咏，细听南风奏舜弦。
越葛龙纱织乍成，旋逢君赐出延英。擎归儿女争传看，被服能教暑气清。
御园遥望似蓬莱，水殿云房相向开。珥笔从臣轻辇过，荷花香里谢恩来。
谁道鲇鱼上竹竿，老年恩遇海天宽。艺林此日传佳话，便作卷阿歌咏看。

恭和御制赐臣德潜叠重华宫小宴元韵二首

沈德潜

褵褷健步拟胎仙，圣藻频年翰墨鲜。同德君臣歌乐只，太平风物睹熙然。正当锡宴联吟日，预计跻堂祝寿年。八阅暑寒重入觐，羲和催驭不妨遄。

日感君恩十二辰，中心蕴结莫能申。素谙吴苑耕桑课，常作尧天歌咏人。北地真堪民共乐，南归还与物皆春。觚棱他日重回首，五色卿云入梦频。

恭和御制沈德潜乞假葬亲诗以赐之元韵

沈德潜

獭祭难忘本，陈情出帝乡。先臣躬守素，圣主诏焚黄。天泽邀频沃，春华得再扬。郑公忠孝里，恐负白云堂。

恭和御制沈德潜为其父请封陈亲遗训声泪俱下此所谓终身之慕乎甚嘉悯焉从其请而赐之句元韵

沈德潜

濡滞驱征幰，宁云赋遂初。君恩深惜去，臣老不中书。迹欲辞丹陛，心仍恋属车。宠光荣祖父，欢喜到乡间。常矢涓埃报，几忘鬓发疏。园葵勤手植，向日近前除。

恭和御制沈德潜乞假葬亲毕还朝诗以赐之元韵

沈德潜

人生在三节，最重天地间。恩深被存没，敢谢衰颓年。及时封兆域，堂斧马鬣然。刻期觐云日，辱荷圣人怜。葵忱既抒矣，鸿哀亦陈焉。典礼重豫教，琢玉蒙访延。性善称尧舜，岂惟希伊颜。

纪恩陛辞恭恭呈四律

沈德潜

蓬蘽数载贰春官，趋侍承华道孔颜。身老蹉跎难称职，主恩优渥许还山。此行就日辞丹凤，敢拟临风放白鹇。五夜梦魂余眷恋，早期犹入紫宸班。

传来天藻下衡庐，异数犹颁去国余。寒士旧曾依涧壑，诗人老矣注虫鱼。遗荣疏广同归里，解组知章并遂初。应有白虹千丈起，赐书光气烛空虚。

皇言披阅倍心钦，纥缦卿云共朗吟。法祖敬天随感触，勤民求士入规箴。登临岱顶山俱小，泛涉瀛洲渎未深。一十三年宵旰意，金和玉节总愔愔。

轻舠一叶返烟萝，回首红云忆驭婆。常谕乡邻天子圣，不忘痌瘝硕人莪。太平日月扶筇杖，无恙筋骸足啸歌。万寿五旬臣望九，还期随众拜銮坡。

直南书房奉敕图冬景山水障子敬系以诗

钱维城

泼墨作寒烟，林岚绘幽想。淋漓素障间，元气混溁溁。云含垂垂势，涧咽潺潺响。积雪明武功，人家傍仙掌。崖巅半扉隐，岩畔虚亭敞。谁欤寄岑寂，兀坐披鹤氅。松风清琴轩，竹色映书幌。探梅渺诗兴，策蹇罢孤往。桥头断踪迹，溪外穷俯仰。暮色天苍茫，寒威日曒暲。境孤气易肃，结构徒惝怳。凭谁叩真宰，已自迷象罔。庶抱岁寒心，区区企真赏。

丙寅十二月奉命入直南书房恭纪

张若澄

直庐同珥笔，三世荷恩深。臣祖英、臣父廷玉、臣伯廷瓒、臣叔廷璐、臣兄若霭，俱前后奉命直南书房。喜接天颜近，光涵睿照临。花砖移漏刻，藜火艳宵阴。忝窃惭新进，趋承矢寸心。

恭和御制恩赐臣父张廷玉诗元韵

张若澄

白头屡岁乞悬车，帝诏从容好佐予。霄汉有心依魏阙，钓游无梦到乡闾。十行凤诏褒勤日，五色龙章宠退初。珥笔小臣怀汗简，国恩家庆不胜书。昕夕扶轮紫籞过，俯惭庭训日研磨。恩隆黄发归休健，事轶青编感荷多。云起桐山招老鹤，水融督亢泛春波。沧江虹月光奎藻，贺监抽簪较若何。深宫温语听传宣，捧杖追随职固然。乌榜开头鱼脍美，绿阴深处笋舆旋。暂容扇箑临风爽，会促趋朝侍漏先。拜手蓬门偕妇子，首编荣遇纪归田。重荷宸章缱绻辞，感深呜咽转生悲。退休已许陈情矣，继述仍令与享之。暮齿长沾无量泽，温纶荣降不刊碑。子孙永矢衔环意，世守弓裘愧傅伊。

恭和御制赐臣父臣钱陈群田园杂兴诗十首元韵

钱汝诚

望云常忆棹歌声，一曲由拳梦屡成。自拜刀圭天上赐，衰龄白发又重生。

晓直频听漏箭催，骊珠惊捧五云开。戴恩泪与思亲泪，并洒赓吟眼底来。

逻村风雨旧荆柴，放舸闲寻白社来。即事邮筒呈近句，蓬窗几度拨寒灰。臣父旧居半逻村，为武原属邑，臣父和范成大诗，即武原舟次所得。

家食真怜拮据劳，杜诗韩笔痒仍搔。天教不碍溪山兴，频岁湖西咏竹桃。臣父食指颇繁，然不以为念，时以笔墨排遣。连年春月，俱有西湖之行，优游里门，实出圣恩再造之赐。

处处桑枝与菜畦，龙舟春水绿生肥。欣从豹尾依眠食，携杖趋扶袴褶归。明春圣驾南巡，臣汝诚得叨扈从末行。

望幸翻嫌隔岁迟，向阳自比寸衷微。试灯风里迎銮曲，闻说春流一棹飞。昨接臣父家书云："当于上元前买舟迎驾，迩日依恋之忱，已驰江北矣。"

宠光深励素丝寒，挟纩如投衣被单。较量臣家湖畔水，恩波更觉十分宽。

乡园风月岂论钱，从此年年纪有年。中外一时都感羡，子孙惟有戴尧天。

偶话桑麻日未低，卷帘晒药燕初飞。归来贺监征前约，手植盆松已一围。臣父《香树斋集》中《杨叟惠盆松》诗，有"更约他时贺监归"之句。

弱质深惭比露葰，醍醐世受泽逾酞。国恩家训难忘处，黾勉惟将职矢供。

奉命教习庶吉士至翰林院上任授书即事

朱珪

小别冰衔十六年，柯亭刘井故依然。两番兄弟同车梦，三度蓬瀛到岸缘。席满多英争问字，坐深前辈话登仙。自知殖落惭师说，器识才华果孰先。弱龄东阁旧登龙，四世丝纶翰墨宗。谓那大司空。黄发通门余亥叟，黑头台辅协寅恭。及时化雨承随轩盖，是日喜雨。绕槛清泉似辟雍。七十三人群雅萃，储材应润百围松。

恩命充尚书房总师傅恭纪

朱珪

南荣咫尺接承华，稽古恩叨重拜嘉。廿四年来红日照，七旬老去素心赊。相公旧雨传经正，谓崇如相国。群彦随风讲席夸。敢说趋陪根本地，竹苞松茂在萌芽。

恩赐黑狐端罩恭纪并呈同赐诸公

朱珪

大裘令节重元端，服拜恩纶燠且安。排斗七星荣听履，齐台一色称弹冠。铅华近日光如膏，衮绣临风气辟寒。交勖寅衷盟夙夜，翠云喜送舞阶干。

如意洲赐食恭纪

朱珪

莲花艳水泛轻舟，湛露恩承如意洲。三奏绕梁聆御乐，肆筵近咫饫嘉羞。宴传慈惠加餐饭，佩重丝纶结缀旒。蒙赐大小佩囊。亲切天颜方有喜，快瞻新霁豁清秋。

到阁仍至翰林院拜庙恭纪

朱珪

舆诵新参黄发询，题名二十六科陈。四登瀛岛仙班甲，戊辰、乙未、己未教习，至今凡四。载拜纶扉巽命申。乙卯奉高宗朱谕，将召入拜大学士。恩重敢云调鼎燮，几先何以赞陶甄。臣今老矣惭鸠杖，谋国还须早树人。

恩赐亲书大福字恭纪

朱珪

捷书连报大功竣，送喜声中赐福亲。五事正陈保极颂，万方真见太平春。凤翠腕下暾初照，龙跃池中笔有神。拜手赓飏簪盍庆，加年数亥记兹辰。是日癸亥，明年癸亥，臣辛亥生，七十三矣。

兼翰林院掌院学士到任日恭纪

朱珪

五到蓬瀛阅逝波，戊辰馆选，乙未再入翰林，己未教习庶吉士，壬戌协办大学士，今掌院，凡五到衙门矣。巢痕难问旧同科。同甲者久无人。森森竹箭干霄起，衮衮骅骝掣电过。器识深沉期鹤立，文章尔雅重鸾坡。只惭老我余衰蹇，得际姚阶庆止戈。

嘉庆十年正月二十七日恭和御制题石君大学士知足斋诗集用集中嘉庆元年七月旬日内连奉廷寄恩旨命珪来京将授为大学士恭纪四首诗韵并序

朱珪

钦惟我皇上好学日新，光谦天济，次臣纪恩之韵，题臣知足之诗，以为继定志于纯皇，仍宅揆于先圣。手挥序弁，豫授宣麻，极儒臣特达之知，为千载无双之遇。臣伏读高宗纯皇帝御制沈德潜《归愚诗集》序曰："人臣私集，自古无御序例。德潜晚达，而受知者惟诗。夫非常之人，然后有非常之遇，德潜受非常之知，而其诗亦今世之非常者。故以非常之例序之。"此真旷古之盛事也。按序作于乾隆辛未小除夜，时德潜官为侍郎，明年致仕，其后加衔止于秩宗，而恩眷衰于耄，及从未有两朝荣遇，一德作乎，如臣于今日者也。伏念臣自戊辰出身词馆，扬历中外者五十年，逮于丙申入直书房，咫尺光华者三十载，屡以文字，恩谕褒嘉，重拜丝纶，荣除亲切。奖借则爱而忘丑，拘谦则冲乎若虚。臣何人斯，感而涕出，俯扣丹悃，莫报苍穹。谨和龙章，窃鸣蚓窍云尔。

温纶前席玉音传，拜捧珠玑凤藻宣。并世题词异苏轼，留贻昆命属齐贤。十年树木成阴后，三锡承休作砺先。端揆同符感遇独，风云声应协坤乾。

惭说耆英稽古荣，起家承乏浠公卿。云逵来往仪鸿渚，竹实回翔老凤城。麻诏重申沾欲湿，锦章三复贲还惊。长人休戚求仁体，筑室绸缪谨匠营。

槐阁春容领百官，火城凤夜饫堂餐。人才济济须培养，士气丞丞勉慎难。文德惟纯参宥密，汤仁若网祝恢宽。嘉谟入告斋心吁，哲惠先陈在智安。

在筥求衣振敝缩，官占旧卜乐新知。披呈丹地光临咫，语及苍生春满帷。三沐三熏膏醴渥，十思十渐写藏私。躬逢交泰重熙际，敢献赓飏万善辞。

二十七日谢恩召见于乾清宫东暖阁奏明即日恭谒裕陵是午启行再叠前韵恭纪四首

朱珪

兰言春暖凤阿传，梅鼎香闻玉卜宣。知足载赓迟节足，得贤自昔快颐贤。三三继志旬周浃，丙辰，纯皇有枚卜之意，甲冬出缺，乙春宣麻，正浃十载也。五五重光申后先。正月二日丁卯召见，有大喜之谕，二十六日辛亥宣恩旨，恰五五也。恩沐两朝培更笃，圣符一揆庆承乾。

誉命谦鸣非分荣，拜飏喜气见云卿。童年仙榜传京兆，珪年十七，丁卯秋闱第六名，开榜，蒋京兆欢呼得神童矣，姓名当时上达。北学天褒出帝城。庚辰春，珪以讲官侍班观耕台，上问："汝京城人，北方有汝好学问耶？"廿载承华香案侍，一诚抱日梦魂惊。只今纶阁兼邦土，何术苍黎为度营。

守道何如且守官，贪叨那复计衣餐。扶摇自幸成功易，跬步谁知行路难。头上去天真不远，面前有地且容宽。听筹五夜频三省，体物求仁勉利安。

儒冠儒服辨深缁，文行修能慎独知。葵日春明朝朔旦，松云佳气仰穹帷。长号莫逮升龙远，短草偏濡降露私。偻指遄归吉戊夙，馂余五福备陈辞。计程初四日戊午早请安，即趋侍坤宁宫，馂祭肉。

皇朝词林典故卷四十　艺文

诗

永乐大典馀纸歌

翁方纲

澄心堂纸欧阳诗，此纸年数倍过之。欧集有澄心堂纸诗，计其时距南唐后主才百年耳。此纸自明嘉靖时重录《永乐大典》，计至今二百六十七年矣。况闻郁冈比韵海，不徒博物赐陟厘。中天帝文四库启，秘馆特遣儒臣披。尾曰侍郎臣拱上，院体细楷沙画锥。幅余茧素灿如雪，卷尾余纸敕赐诸臣，臣谨装册。诏给臣等供其私。归来作笺效减样，试墨但愧无好辞。院斋去春宿旬月，篇目二万重寻思。借编崇文秘书录，因想解缙刘季篪。历城周辉要我咏，六十卷第钞已疲。莫生界画索小字，灯前细语又及昏。笑人装潢熟纸匠，万番堆案徒手胝。勿言文董但一艺，膺语想象无由追。相传《永乐大典》，有文、董手书，觅之不得。考此书重录于嘉靖四十一年，至隆庆初年而竣。文待诏卒于嘉靖三十八年，董宗伯生于嘉靖三十四年，是时才八九岁，俱无写是书之理。盖讹传也。

御试土尔扈特全部归顺诗

纪昀

酖化超三古，元功被八弦。圣朝能格远，绝域尽输诚。往者星弧指，俄然月峙平。威棱震濛汜，兵气扫欃枪。赤阪骁腾度，黄云指顾清。雄图开两道，古迹陋三城。别部留余种，当年早远行。慕容随马徙，蛮氏怯蜗争。远隔罗义地，空传赞普名。冰霜途久阻，葵藿意常倾。贡使先遥至，宸章忆载赓。乾隆丙子，土尔扈特使臣入贡，臣适扈从热河，叨预恭和圣制。初来瞻禁籞，早已仰天声。迩者乌孙部，全归定远营。随阳都似雁，出谷尽如莺。喜近三霄路，无辞八月程。自歌唐柞曲，不假贰师征。东道艰难达，西琛拜跪擎。露章飞入告，星使远相迎。绥辑劳都护，金钱发水衡。流离怜琐尾，奔走悯孤惸。汤网开三面，尧天许再生。寒岩初变暖，枯卉尽舍萌。踊跃瞻云意，殷勤向日情。黄龙何用约，白马不须盟。恰值兹云普，高悬寿曜明。感恩齐挟纩，效祝愿称觥。紫塞沿冰谷，丹梯觐玉京。省方随日驭，大狝侍霓旌。益地图新启，钧天乐正鸣。殷殽雕俎列，酒醴玉觞盈。带砺崇封锡，衣冠异数荣。试看歌舞乐，真觉畏怀并。从此皇风畅，弥彰帝道亨。梯航遍陬澨，赆贽尽寰瀛。清晏三灵叶，升恒两曜贞。铭功葱岭石，万古寺峥嵘。

松花石双砚诗有序

彭元瑞

康熙壬辰三月十五日，先臣以南书房翰林分校礼闱，揭晓谢恩西苑，赐御铭松花石砚。恭纪七言一章，且以赐砚名堂，用志弗谖。越雍正辛亥归田。元瑞生四岁出嗣，乙卯，先臣见背，授此砚为遗念。元瑞谫陋无似，服官四十年，内直三十年，遭际慈渥，逾格逾望。越嘉庆丙辰正月四日，太上皇帝举行千叟宴，元瑞忝预末席，蒙召至扆前，手卮命醑，赐赉多珍，内松花石砚一，镌铭如前。黄纸签记，曾陈静明园影湖楼者，被君恩之稠叠，思父志之留贻，捧砚而泣，此中真有不可思议因缘。于是同箧共弆，作诗六章恭纪。

长白灵源发大东，江流粟末涧洹同。松花江，《魏书》之粟末江。由来王气飞星化，雅合文筵画日工。色夺鸭头洮水活，品争龙尾歙溪雄。题名寿古声清宝，墨海春波邕帝鸿。

趋台云气地清严，侍史趋朝彻棘帘。张茂先毫麟角管，王师心纸象牙黏。为嘉欧九持衡佐，宣赐陶泓滴露沾。八十五年成旧事，词林典故未经拈。

归田解组六旬强，日暖茅檐竹簟凉。乍慰乡心仍鞠子，为荣君赐特颜堂。稚犹待哺鸡分栅，老喜将雏雁接行。五岁已怀孤露痛，付遗此石嘱毋忘。

藐孤敢望继家声，识字耕田句揭楹。"家有赐书多识字，瓶无储粟力耕田"，乃遗句，书为楹榜。同母两人登翰苑，承恩再世到西清。乌私竟遂鸾封晋，驽策难前马齿更。六十日耆逾六岁，也随千叟燕瑶京。

共荷承筐十赍周，佛珠宫绮杖扶鸠。松花琢玉碧翡翠，文石装池黄栗留。犹认尧年修内制，曾陈舜殿影湖楼。捧归膜拜持将较，未启雕函已涕流。

素业成家阅四朝，心殷手泽自垂髫。父书已老何曾读，主德云酬总觉遥。什袭宜联双琪珏，流传珍重百琼瑶。石田付与菑畬者，回问儿孙孰范乔。

恩赐御用红绒结顶貂尾冠敬纪

彭元瑞

才拜荷囊日履端，元日恭进衍元旦诗，赐小荷包一。珥貂重赐侍臣冠。华颠弥盛恩光被，绮岁初开淑气攒。八谷左厢斟雀舌，初八日预茶宴。小除东壁燕鸡寒。上年小除夕，宁寿赐宴。春风及物都逾格，膜戴难酬静自看。

勒石铭功记昨颁，万回雒诵退朝闲。几康敢效皋夔舜，苦卓仍希孔铸颜。五集联珠都人排，十全绎宝得中环。敬摭后语惭骈俪，貂续方知措语艰。

恩赐侧理纸一箑恭和御制元韵

彭元瑞

匠擅禹杭巧，珍奇典午稀。千丝蛛网合，双窍玺箑非。斜径天经纬，文章帝杼机。不裁留古制，所好慎宵衣。韵妙重规叠，书宜八法挥。侍臣传拜赐，博物敢云几。

恭和御制曹文埴养亲归里因赐之什元韵

曹文埴

圣人教孝侍萱闱，宠锡诗篇拜捧归。乌鸟颐亲林下养，驽骀恋主仗前依。春晖长耀四言额，文绮新颁百岁衣。望阙日怀恩露重，天颜咫尺那曾违。

恩赐御书福字恭纪

金士松

敛时五福集宸躬，腕底春回仰化工。鱼贯衔名宣内侍，螭坳接武继群公。宠依香案云霄上，恩注仙毫雨露中。独愧承明随俻直，每叨渥泽惕微衷。

帝心广运本难名，天笔淋漓一气成。捧出虹光排琲颗，悬来蓬户灿金生。共欣敷锡周寰宇，讵有涓埃答圣明。长为玉堂添故事，尧阶小草总滋荣。

春日归田赋别词馆前辈暨同朝诸公二首

王杰

两朝恩遇岁华深，恋主方悬别禁林。免向池边鸣晓佩，更怀日下盍朋簪。夔龙事业中天运，燕许文章盛世音。柳色春旗分袂日，那堪离思动长吟。

望八悬车幸息机，巡檐携杖趁晴晖。蓬山画省层霄隔，旧侣新知昨梦依。叙别愿回栖树鹤，惮行缓驾伏辕骓。他年祝嘏重相晤，拟缀朝绅傍紫微。

嘉庆元年正月初九日钦奉敕旨在南书房行走恭纪

胡高望

衣钵龙门悟宿缘，谓诸城刘文正公，武进刘文定公，金坛于文襄公，新建裘文达公，俱曾入直南书房。霓裳叨咏大罗仙。恩兼鹤篆陈经日，乾隆己丑，高望由庶子在尚书房行走，今仍兼直。荣迈麟台晋秩年。乙巳，充文渊阁直阁事。许驾飙轮迹月府，钦承奎画诵云笺。鳌山拟续题名记，才拙多惭副椠铅。

冰衔卅载记蓬峦，高望自甲戌官中书，洊陟卿贰，今四十三年矣。披署巢痕次第看。先甲重陪承旨院，谓韩城中堂，高望辛巳同年也。同寅曾试秘书官。时与吴阁学省兰同被恩命，阁学成进士时，高望充读卷官。垂金摹篆排银牓，焕壁分班侍玉銮。况是勋华光被日，欣欣小草效葵丹。

恭和御制题董诰五君子图五叠旧作韵

董诰

九天雨露滋群卉，五者于中具本性。出处时深小草惭，负荷恒因析薪病。遗法空承指点劳，拙手曾无磅礴兴。追摹前辈作者三，如晋楚齐中有郑。何况挥毫仰化工，四时元气摄提孟。命图补阙眷旧深，叠韵褒题训词正。衔恩两世结葵心，赤墀橐笔依宣政。

恭和御制题董邦达雪山并命董诰别图雪山得诗二首用一韵元韵

董诰

旧日从巡橐笔臣，廿年遗迹对瑶峋。天题捧下清凉界，拜赐恩延再世人。

如臣那克继先臣，清景重教点素峋。愧此玉成蒙圣造，更应衔感旧图人。

恭和御制题董诰雪山元韵

董诰

灵鹫天花积，高寒未可图。素毫摹岂逮，粉本肖还殊。宝界光涵镜，新题字捧瑜。承家清训凛，薪荷敢忘乎。

诏纂四库全书总目恭纪

祝德麟

乾隆癸巳二月吉，诏开馆局编丛帙。太史河明津逮长，文昌宿朗光辉溢。洋洋圣谟方广运，稽古文思作兼述。在廷元老尽监修，合院词臣咸载笔。旁求宿学逮省署，辟召遗才到岩穴。钞胥万指课功勤，程限十年蒇事必。初从翰苑发所藏，永乐残编多割裂。排比如缝狐腋裘，爬梳似拣金沙屑。未几疆吏竞应诏，各献珍奇万种出。牙签细轴满槐厅，列几分曹司校阅。经经纬史芳润漱，诸子百家精妙撷。有关世教近亦登，无益人心古必点。权衡笔削禀睿裁，雕刻钞成定甲乙。御制时或庸作歌，论断森严齐服悦。缅维嬴秦扬燎余，汉代右文求竹漆。石渠金匮绅秘简，藜阁兰台置清秩。魏晋而还稍衰替，帷囊家壁因残缺。唐之四部宋三馆，庶几整齐条目列。国家承平百卅载，文治光昭古莫匹。天禄琳琅美富储，犹复殷勤搜放失。寰中士夫好汲古，善本插架云霞蔚。辇输恐后非博官，为感吾君精意密。好写奚须子弟拘，留真翻笑河间谲。定知荀勖及张华，恨不生来逢此日。鳅生遭际窃自幸，获附群贤操简毕。如游宝山入武库，眼光晃耀口流沫。昔年论衡作秘牍，十七史从何处说。只今一目十行下，难向嫏嬛窥万一。辰趋酉退恪襄事，或冀姓名挂卷末。还从府史细咨询，恐有阳城充吏卒。

恭和御制戴衢亨获狍即赐之因成是什并令和韵元韵

戴衢亨

扈猎材难下乘充，长杨赋手愧专攻。献生敢谓天庖佐，拜赐兼传圣藻雄。官笥应弦输力薄，词林载笔荷恩融。携归喜倍期门侣，一例颁禽未许同。

恭进宗经征寿说文册恩赐大缎恭纪

阮元

敬修符典赞唐皇，采缎承恩出尚方。岂有高词绘天日，猥蒙华衮被文章。丝纶晓奉金门诏，经纬亲归玉尺量。共拜瀛台銮辂下，拂衣已染御炉香。

辛亥二月大考翰詹蒙恩亲擢一等第一名授少詹事南书房行走纪恩

阮元

乞假方期省故园，上年冬请假旋里，掌院阿公以大考将近不准。敢期亲擢冠词垣。元卷本在第二，上亲擢置一等第一名。曾将一册邀宸赏，上年冬，上阅元所进《宗经征寿说册》，蒙特赐衣缎。更幸连篇被御论。元大考诗疏中字句，上一览记之，举以奖论。职备宫僚堂有范，向来大考，编、检升至学士，已为最优，元蒙恩更擢少詹事。侍趋殿直室皆温。蒙恩旨在懋勤殿南书房行走。微臣何以殚心力，始答生成旷代恩。

蒙恩由詹事补授内阁学士复奉追谥先臣恩旨恭纪八韵

英和

晋秩宫端未及旬，旋惊宠命自天申。黄扉诏许承家业，丹陛恩多念旧臣。两字易名邀盛典，十年幽壤返阳春。感深只恐身难报，喜极翻教泪洒频。先世幸蒙垂竹帛，微才重荷奉丝纶。荣分秘阁堂中绶，愧比儒林席上珍。向日从今知益永，赐衣几度见更新。弱龄得珥金貂宠，非分真同颍水荀。

奉命钞录诗稿进呈恭纪

英和

传诗犹记立庭檐，家训趋承日课严。深愧稿能成戢戢，韩诗深藏箧笥，时一发，戢戢已多如束笋。何期言许献詹詹。君恩父教难云报，进牍抽毫敢自谦。奏御幸邀天一顾，词林佳话又应添。

恩命教习庶吉士恭纪

英和

雕虫小技未工时，已受枫宸特达知。回意八年勤蠹简，何修此日坐皋比。才华难作多人式，商推聊为一字师。砥行砺名酬上意，冰心夙夜共相期。

蒙恩召入南斋恭纪

英和

中秘书容再世窥，九重恩遇浩无涯。殷勤涤砚誊天藻，盘薄挥毫傍御墀。囊锦至今余手泽，瓣香无日不心仪。得来温室荣非分，敢向人言树几枝。

蒙恩赏穿黄马褂恭纪

英和

有获皆天赐，章身被宠光。短衣夸外著，正色合中央。尽擅儒臣美，满洲翰林出身，花翎、黄褂兼而有者，大学士尹文端外仅见。曾聆圣训详。前期两次赐对，命刷羽抨弦，勉力从事，并教以跪献之仪。归时寿萱幄，元吉是黄裳。

恩赐貂裘敬次先臣乾隆乙丑拜赐恭纪元韵

英和

九人同日奉丝纶，军机大臣，南书房翰林，均得拜赐。相映弹冠一色新。珥向壮年叨宠命，传将七叶作家珍。为裘欲学谈何易，续尾深惭句未伦。什袭珍藏歌在笥，终身被服总阳春。

恩授掌院学士恭纪

英和

忝作词林长，难酬圣主知。十年清梦绕，自癸丑至今，甫及十载。再摄湛恩慈。辛酉、壬戌，两次蒙恩权掌院事。敢诩文章在，弥深弓冶思。芳名征合璧，雅韵叶吹篪。臣伯、臣父，迭充掌院学士，教习庶吉士。继武惭非分，同堂赖有师。谓馆师彭院长。相期惟砥行，其次要征辞。鸰鹭今之侣，门墙半有基。去岁蒙恩教习庶吉士，今夏复充读卷大臣，兼之庚申、辛酉所得士，入翰苑者多人，实愧皋比之座。精勤应共矢，好好答良时。

恩赐御书福字恭纪

英和

宝墨亲题处，瞻依御案前。指挥龙势走，膜拜主恩偏。侍郎拜赐，只臣一人。朵殿颁多福，高堂介大年。珍藏为世守，颜额记瑶笺。以此名堂曰恩福。

恩赐一品补服并加太子少保衔恭纪

英和

纶綍传闻心顿惊，何缘得沐此生成。头衔特晋青宫秩，章服深叨极品荣。图报恩无华国手，感沦肌切致身诚。齿当卅四思臣父，拜职才为水部卿。

恩赐紫禁城骑马恭纪

英和

臣齿才逾壮，君恩异数叨。趋跄常恐后，鞭策敢辞劳。揽辔思何补，盈廷庆所遭。晓花承玉路，禁柳拂金镳。刍秣奴知爱，腾骧马亦豪。几多同直者，霜雪半颠毛。

嘉庆壬戌科恩命教习庶吉士恭纪

玉麟

别开讲席领词场，蔼蔼香芸接玉堂。有士尽能胜凤羽，无才何幸沭龙光。蓬壶珍重神仙小，珠璧分明雨露长。便与群英同策励，酬恩可只在文章。

嘉庆乙丑科再奉恩命教习庶吉士恭纪

玉麟

华省恩留翰墨缘，又披仙籍课群仙。鸾章叠贲三神岛，凤纪初周一洞天。麟自乾隆六十年通籍，届今嘉庆十年，甫经一纪。共仰宸修调玉烛，自惊殊渥艳金莲。相期新旧诸鹓侣，同播文光遍八埏。

皇朝词林典故书成恭纪

觉罗长麟

玉堂数典际昌辰，中秘琅函特地新。从古勋猷归翰墨，清时雅颂集儒绅。钱经万选光华烂，鉴纪千秋次第陈。私幸观成参点阅，瀛洲学步愧逡巡。

源流洙泗足探寻，学海观澜意倍钦。天予清华高月旦，人犹耆旧眷苔岑。不求温饱稽于古，无负科名盛至今。云汉昭回瞻睿藻，储才励品圣人心。

嘉庆九年正月十一日蒙恩改擢赞善入直南书房恭纪

黄钺

海上神山不可攀，天风忽引到孱颜。蒸砂自笑经千劫，换骨人疑得大还。虚有声名惭馆职，曾无词赋动江关。厕居王后臣何幸，也玷蛾眉供奉班。国朝以部曹改馆职者六人，惟王文简公入直南书房。

承光天上日初华，十二日召见承光殿。雪霁松阴翠转加。地位清高通玉宇，簪裾连接候宫花。是日同蒙召见者，朱参知师、英院长。谬叨甲第何裨补，岂有谋猷敢拜嘉。上问臣钺甲第名次甚悉。自换冰衔何以报，读书渐觉眼麻茶。

何曾郎署浮沉久，已荷栽培小草荣。待诏金门刚再闰，钺以嘉庆庚申正月，蒙恩著在懋勤殿行走。题名雁塔记先庚。笑呼弟子为前辈，谓编修王泽。分与同年作晚生。钺以乾隆庚戌成进士，嘉庆壬戌已七科矣。莫诧神仙籍稍后，几人丹灶毁能成。

枕中车毂转年年，乡梦醒时未著鞭。生计荒唐难作达，君恩深重敢归田。不离文字何殊蠹，且曳残声暂学蝉。料得妻孥见除纸，举家食粥也欣然。

皇朝词林典故告成恭纪

法式善

乾隆戊辰春,儒臣恭载笔。星纪刚一周,盛仪卜惟吉。天运协璇斡,云色瞻庆霱。先圣后圣同,尧典舜典辑。粤稽前书例,征引汉唐及。兹际重编摩,万卷宜甲乙。往古翰林事,散见史子集。断自开国始,西清钦作述。圣训冠本朝,天章垂宝笈。余皆陈轨遵,博洽归缜密。前编八门,兹增圣谕、天章二门。文渊列新衔,词垣盛今日。文渊阁成,增领阁、直阁、校理等官。三天仰肃穆,万选注清秩。前编未载尚书房入直诸臣题名。仕履沿史法,名字收放佚。表字仕履,仿史例注出。总纂臣备员,掌故粗讲习。朝夕矢恭虔,缺残务掊拾。菲质叨殊荣,头厅凛三人。维刘井柯亭,即金匮石室。待月庭树深,剪灯槛花湿。身敬外缘绝,心虚内明出。补拙独用勤,摘华先举实。次第幸告成,完善未云必。愚虽竭再三,恩罔酬万一。修史属臣职,敢蹈滥遗失。跋尾小言附,愿继卷阿什。

皇朝词林典故卷四十一　艺文

疏

应诏献言疏

曹本荣

为应诏献言事。窃臣伏见皇上亲政以来，良法美意，渐见施行，而犹水旱洊臻，星辰失次，何欤？诚以圣学未讲，而纪纲未张也。何谓圣学？皇上得二帝三王之统，当以二帝三王之学为学。凡《四书》、《六经》及《通鉴》中有裨身心要务治平大道者，内则朝夕讨论，外则经筵进讲，君德既成，天命自相与流通矣。何谓纪纲？皇上开天肇造，举措规模，当为圣子神孙计深远。用人何以奖廉而禁贪，理财何以藏富而用足，刑罚何以为折民之典，制度何以备一代之规。诚宜重政本以一机务之权衡，严奉行以责综核之实效，一切章奏事宜，必须接见辅弼大臣商确定夺。经制一定，子孙得以世世遵守矣。谨疏。

遵旨条奏事宜疏

熊赐履

为遵旨条奏事。臣以迂庸备员侍读，恭逢皇上虚己求言，不敢摭拾浮词，以渎宸听。谨因圣谕所及，而推本言之。

伏读诏书曰："今闻直隶各省，人民疾苦困穷，深可悯念，或因官吏朘削，或因法制未便。"此真二帝三王之用心也。但国家日言生聚而凋敝愈甚，日言轸恤而疮痍不起，日言招集、言蠲免而流离琐尾之状，不可胜言，溯厥由来，诚有如圣谕所云者。盖小民终岁勤劳，仅给俯仰之资，而夏税秋粮，朝催暮督，私派倍于官征，杂项浮于正额。设一旦水旱频仍，饥馑见告，蠲赋则吏收其实，而民受其名，赈济则官增其肥，而民重其瘠，此不独守令之过也。上之有监司，又上之有督抚，有司之职业在地方，上官之激劝在举劾。伏乞皇上将现任督抚，大加甄别，贤能者加衔久任，贪污不肖者立赐罢斥，无令久居民上。嗣后督抚缺出，不拘内外臣工，果有端方清正、望重才优者，敕部院大臣，从公保举，授以兹任。其考课也，以民生之苦乐为守令之贤否，以守令之贪廉为督抚之优劣，则廉者以劝，贪者以惩，有利必兴，有害必除，而民之不得所者寡矣。此圣谕所已及，而臣详切言之者也。

虽然，内臣者，外臣之表也；京师者，四方之倡也。本原之地，亦在乎朝廷而已。臣请择其重且大者言之：

一曰政事纷更而法制未定。我国家章程法度，其间有积重难返者，不闻略加整顿，而急功喜事之人，又从而意为更变，但知趋目前尺寸之利，以便其私，而不知无穷之弊，已潜倚暗伏于其中。朝举夕罢，以致盈庭聚讼，甲令游移，此时事之最急者也。伏乞皇上敕下议政王贝勒大臣九卿科道，将国家制度，详慎会议，凡沿革损益，参以古制，酌以时宜，勒成会典，颁示天下，则上有道揆，下有法守，垂裕无疆之业在此矣。

一曰职业隳废而士气日靡。国家之设官也，满汉相制，堂属相维，正欲其同寅协恭，俾责无他卸。近见大小臣工往往依阿缄默，绝少实心任事之人，甚或托老成慎重之名，为尸位素餐之计。树议者谓之疏狂，任事者目为躁竞，廉静者斥为矫情，端方者诮为拘迂。闻有修身体道、读书穷理之士，则群指为道学而非笑之，百计诋排，必禁锢终身而后已。伏乞皇上立振颓风，作养士气，申饬满汉诸臣，虚衷酌理，实心任事，是则曰是，非则曰非。汉官勿以阿附满官为工，堂官勿以偏任司官为计。宰报尽心论思，面不必以唯诺为休容，台谏极力批绳，而不必以箝结为将顺，则职业修举，官箴整肃矣。

一曰学校废弛而文教日衰。学校为贤才之薮，教化之基，而学术事功之根柢也。今者庠序之教，缺焉不讲，师道不立，经训不明，士子惟揣摩举业，以为弋取科名之具，绝不知读书讲学，以求圣贤理道之归。其高明者，又或泛滥百家，沉沦二氏，诬民惑世，莫此为尤。伏乞皇上隆重师儒，兴起学校，畿辅则责成学院，各省则责成学道，使之统率士子，讲明正学，非《六经》、《语》、《孟》之书不读，非濂洛关闽之学不讲，敦崇实行，扶持正教。命府州县择士子中志趋端卓、英俊可造者，各举一二人，贡之国雍，宽其馆舍，厚其禀饩。又于廷臣中择道德高劭之人，俾司成均，日进诸生而陶淑之。其道必本于人伦，达乎天德，其教自洒扫应对以至于义精仁熟，渐摩诱掖，循循有序。三载之后，学成材就，司成次其优劣，汇送吏部，量其材之大小，学之浅深，而授之秩。其公卿大夫之子弟亦如之。至如山林隐逸之士，有经明行修、德业完备者，仍请敕下地方大吏悉心谘访，据实奏闻，朝廷优礼延聘，加意褒崇，以为士习人心之劝。则道术以正，学术以明，教化大行，人材日盛，其有补于国也宁浅鲜哉！

一曰风俗僭侈而礼制日废。礼者，圣王所以节性防淫而维系人心者也。臣观今日风俗，奢侈凌越，不可殚述。一裘而废中人之产，一宴而靡终岁之需，舆隶披贵介之衣，倡优拟命妇之饰，此饥之本，寒之源，而盗贼狱讼所由起也。然礼教之行，自贵近始。伏乞皇上躬行节俭，为天下先，自王公以及庶士，凡宫室车马衣服仆从，及一切器用之属，俱立定经制，限以成数，颁示天下，恪为遵守，不许少有逾越。久之俭德日修，浇风日息,民俗醇而人心厚,几于淳庞之治不难矣。虽然,皇躬者又万几所受裁,而万化所从出也。我皇上神明天纵,睿哲性成,今春秋方富,薰陶德性,端在此时。伏乞慎选耆儒硕德,置之左右,优以保衡之任,使之从容闲燕,讲论道理,启沃宸衷,涵养圣德。又妙选天下英俊,陪侍法从,以备顾问,毋徒事讲幄虚文。若夫《大学衍义》一书,叙千圣之心传,备百王之治统,伏愿皇上朝夕讲贯,证以六经之文,通诸历代之史,以为敷政出治之本。至于左右近习,必端厥选,内而深宫燕闲,外而大廷广众,微而起居言动,凡所以维持此身者无不备,凡所以防闲此心者无不周,则君志清明,君身强固,坐收体乾行健之实功,直接二帝三王之心法,措斯世斯民于唐虞三代之上,又何吏治不清,民生遂之足虑哉?此又圣谕所未及,而臣推本言之者也。谨奏。

谨按:曹本荣时为编修,熊赐履时任侍读,陈献疏章,仰荷圣主嘉纳,实非常之荣遇也。谨录之。

翰詹谢恩疏

韩菼

题为圣世文治光昌,教思广育,儒林宠溢,恭谢天恩事。窃惟圣人以作君而作师,合道统为治统,要在文思光被,教泽深长,故九德采于虞廷,三物兴于周礼。乃自词曹之设,本以储养群材,端尹之司,亦尝广收妙选,而宠荣徒寄,训诫罕闻,要未有揭圣学之精微,焕斯文之宗主。天言包括,如八卦之荡摩;宝墨光华,倍五云之绚烂。旷乎万古,庆始圣朝。

恭惟我皇上德纵自天,学稽于古,心勤宥密,既广运而旁通;极建中和,悉兼综而条贯。盖性天之奥,即布为万殊;故翰墨之工,皆归于一贯。江山辉映,已遍留碧落之题;卿尹翘瞻,常拜舞紫薇之字。而词臣请切,宣赐尤多,莫不拱作堂颜,珍为卷轴。顷复仰邀宸眷,申锡殊恩。念兰台秘省,人才端在濯磨;谓芝苑仙班,大冶须加陶铸。特召大学士臣玉书、臣赐履,暨吏部尚书臣廷敬,至乾清门,出御书"道德仁艺"四大字赐翰林院,"德业仁义"四大字赐詹事府,更虚怀下询,商酌当否。臣玉书等咸各赞叹,谓浑涵足蔽夫万言,精切适宜于两署,既自然而不可易,亦极至而无以加,乃命颁赐臣等衙门。臣等虔捧自天,仰答无地。窃思道与艺合而德备,业随义尽而仁全。我皇上集往圣之大成,挺一人之先觉,久已曲成万物,觉牖群伦。兹复恩赐题辞,阐扬厥旨,字字抉可闻不闻之秘,言言示此心此理之同。缅昔朱子之作箴,不逢圣主;岂期帝歌之结契,录此嘉言。臣等虽列宫墙,仅习章句。未能知味,徒为饮食之人;昭若发蒙,顿开日月之照。从此西园东壁,矢朝夕于纂编;秋实春华,交悚惶于歧路。至若龙骞凤舞,如睹神禹绛霄之碑;墨妙笔精,远过太平玉堂之额。莫能名象,总属化工。谨当金碧雕镂,双悬公廨;更复贞珉摹勒,永宝万年。臣等不胜踊跃欢忭之至,为此合词具奏恭谢以闻。

表

谢授馆职表

励杜讷

臣讷叨蒙圣恩,授翰林院编修,谨奉表称谢者。臣诚惶诚,恐稽首顿首。窃以鳌禁风清,宜慎端良之选;龙山地迥,应推博雅之林。恩膏特渥于凡材,拔擢遂超乎常格。宠维逾分,惭乃倍增。臣性本颛愚,资尤谫薄。鸡坛艺圃,未探邱索之遗;蠡测管窥,莫抉典坟之奥。是以章缝久曳,兴哥鸣鹿以怀惭;及乎芸阁宏开,诏试雕虫而色喜。衡茅下士,俨载笔于石渠金匮之间;铅椠微劳,得附名于璃册瑶函之末。已深厚幸,复荷荣施。愿依竹素以覃思,长矢葵衷而效悃。至乃甘泉供奉,真教望若云霄;况于玉署优除,岂敢形诸梦寐。兹盖伏遇皇帝陛下,智协重华,仁符广运。功崇典学,历寒暑以不渝;志切右文,遇菲葑而弗弃。弓旌贲于山泽,佥谓野无留良;车服盛于朝堂,共羡王多吉士。

如臣者自维陋质,仅同樗栎之材;幸际昌辰,敢坠蓬麻之志。钦承隆眷,留侍内廷。奎画宸章,时仰瞻于黼座;金茎玉馔,常拜赐于经帷。天语承宣,拂红云而亲凤扆;仙台侍宴,依紫极以近龙颜。洵为不世之荣,夫岂寻常之遇。星霜数易,未摅尺寸之长;雨露频垂,正切冰渊之虑。忽颁新命,实愧汗以难承;更署清班,益惊惶而莫措。思然藜于秘府,既非视草之才;拟委佩于麟台,更忝编摩之任。怀鹈梁而滋惧,顾蚊负以何堪。纵效涓埃,难酬高厚。伏愿旁求俊乂,广纳真儒。器使因才,旷观于牝牡骊黄之外;官方论辨,务严乎燕石鱼目之分。庶翼为明听之休风,比隆于往古;蓁莪雒喈之盛事,再见于今兹矣。臣无任感天荷圣、激切屏营之至。

摺

赐御制全韵诗进重排千字文恭跋复蒙赐御笔奖谕并研墨貂裘谢摺

彭元瑞

窃臣籍忝清华,光依禁近。粗习童蒙之诂,敢窥著作之林。昨者蒙恩拜御诗之全韵,跽而伏读,服圣作之大成。赅一百六部声音文字之原,揭四千余年理乱兴衰之鉴。发皇大烈,示当年创业垂统之艰难;式廓丕基,昭今日祖述宪章之美善。法删书之断始,自尧以来;例评鉴之要终,在夏不远。苞孕万有,进退百王。诚哉书纪赓歌,未臻广大;诗编雅颂,罕俪精纯。臣雒诵百回,盥书全册。手胝口沫,久镌识于中心;蠡测管窥,思缀文于末简。而日月在上,难为萤爝之光;磬咸正鸣,敢效筝琶之响。麟经既作,言游莫赞其一辞;柏梁有诗,臣朔几穷于末句。舌每挢而不下,手欲脱而难成。勉绎小学之千文,重次颂言之四字。才原袜线,不遮襞绩之痕;声作窊蝇,自诮彭亨之蠹。抚衷窘蹙,奏御兢惭。何期布鼓之持,竟辱纶音之奖。特加渥赐,悉属奇珍。题标竹垞遗经,印云西畯;制出松煤秘法,守者回氏。袭以丰裘,捧得即春生气暖;加诸短褐,著来觉恩重身轻。况复褒语天垂,宸毫露湛。黄绫本里,久钦先睹为荣;金粟笺中,细数向来未有。材真最下,想总无奇。虽君父之诱掖恒宽,而愚贱之侥逾莫甚。感深益奋,荣极弥惭。臣惟有钝质研磨,训言墨守。凛持躬于被服,恒惕念于丝纶。虔思职守宜勤,兼冀文章少进。庶几大钧铸物,不负臣子夙夜之心;小草向荣,能报天地阳春之德。

蒙恩命掌院列衔在前并免带领引见谢摺

彭元瑞

窃臣本属樗材,刭当榆景。受恩三纪,幸依禁近之光;备职十年,玷领清华之省。论班列宜居右地,是为鹭序之常;循品级已忝头行,总荷龙光之锡。乃蒙申命,俾长寅恭。自抚分以何安,实靦颜之弥甚。而且圣慈天覆,诏语春温。眷兹犬马之年,怜及夔蚿之步。凡当引对,特免趋承。恩沦浃而靡涯,直周顶踵;感悚惶而莫报,直沁心脾。惟有体高厚以省躬,自勤迟暮;更冀奋精神而策骞,长效驰驱。

皇朝词林典故卷四十二　艺文

序

内廷应制集序

张英

康熙十二年癸丑春，天子御讲筵，从容与学士言："朕欲得文学之臣朝夕置左右，惟经史讲诵是职，给内庐以居之，不令与外事。其慎择醇谨通达者以闻。"时举臣名入对，上心识之。自是再四咨询，对者无异词。迄十六年丁巳冬，有内廷供奉之命，赐邸舍于瀛台之西，辰而入，终戌而退。乾清宫之西南隅曰南书房，上旧所御读书处也，命处其中，饮膳给于大官，执事使中涓笔墨器具之属，皆取于御府，珍果膳羞之彻自御馔者，日数至焉。御乾清门听政后，则召至懋勤殿，辰巳前讲经书，午后读史，咨询对扬辨论之语，详于南书房记注。自丁巳冬迄壬戌春，未尝一日少间。

伏念自古人臣间从殿陛，一见天子，数语达于宸听，终身以为荣幸。如臣者，侍从燕闲，趋承经席，陪奉密勿，前后近十载，细旃广厦之间，陈典谟，谈易象，博综前史，上自洪荒，下逮近世，握丹铅于香案，听钟漏于华清，霁颜温语，恒如家人父子，谓非遭逢之极则，恩遇之殊轨哉！时或著为诗篇，以纪述盛事，甫脱稿，即陈于御座之侧，吮毫授简，成于俄顷者多有之。唐郑亚序李文饶之制集，有曰："牙管既轻，芝泥将熟，尝于席前亲授笔札，公亦分阴可就，落简如飞。"臣固不敢追踪赞皇，而殿陛之间，一时情事，则亦古今之所同也。

二十一年壬戌春，请假归葬，屡降温纶，渥被恩赐，俾得暂休沐于乡里。因辑四年以来诗，为《内廷应制集》二卷。其间词句粗疏浅劣，当时多不暇点窜，今皆悉仍旧稿，存其实也。昔欧阳公既老归淮、颍之间，辑内外制而序之，因念平生仕宦出处，且谓顾瞻玉堂，如在天上。臣今得奉恩筑室于龙眠山中，与田夫野老称说圣天子盛德。儒臣宠遇，抚今思昔，感激咏叹，更复何能自已哉！

讲筵应制集序

张英

臣英谬以疏贱谫薄，际昌时，遭景会，以康熙六年丁未成缪彤榜进士，授翰林院庶吉士。是年冬，以忧去。九年庚戌，服阕，补原官。十一年壬子秋，授编修。次年春，充礼闱同考官。三月，上幸南苑，命臣英偕同官臣史鹤龄扈从于行宫进讲，诏献《南苑赋》。嗣后每巡行必侍从，或独往，或与侍读臣孙在丰偕。是时扈跸多在南苑新宫，绿槐高柳，掩映丹甍，千幕周罗，六师环列，卫霍金张，以及期门羽林之士，翼豹尾而处者，云蒸雷殷，深严闳丽，不可殚述。臣以书生，抱简牍其间，晨则委蛇丹陛，夕则退处直庐，承颜邀睐，恩遇无比。时从幸晾鹰台观试马，紫骝赤骆，蹑云追电，天子第其驽骏，以赏劝诸王公大臣，则献《试马歌》，一日漏下十余刻。上御行殿，秉绛蜡，作大书，使人问二臣，知在直庐观书，命作《良马》诗以献。或风日和美，上率左右虎贲，讲武平郊，历上兰践甫草，出则朱旗舒徐，入则饶吹震发。凌晨侵夜，必召二臣讲论经史，殚究义理，日有程课，罔以寒暑间。臣自顾虽陋劣无似，然每得以圣贤载籍，陈说于君父之前，视古人奉属车清尘，诏献《（甘泉）上林赋》者，窃以为荣。此则圣天子典学之勤，俾臣子有稽古之益也。

是年秋，授日讲起居注官，其后学士臣熊赐履入典阁事，内殿进讲，专命臣及在丰从事。鸡未鸣时，从长安门步至左翼门，祗候少顷，东方渐白，楼鸽群起，星稀殿角，露浥阶城，偕奏事诸臣，方曳组而入至乾清门。候诸臣奏事毕，内侍传入弘德殿，殿中左右列图书，南向设御坐，北向设讲官席，皆用黄绐幕，中设炉焚香。讲官既入，则侍从咸退，讲官再拜北向立，敷陈经义，时有所咨询。既退，命赐茶于乾清宫门。如是者三年，由左春坊谕德优擢侍讲学士。先后同在讲筵官，则泽州学士臣陈廷敬，昆山学士臣徐元文、臣叶方蔼，接天颜于内殿，蒙顾问于黼席，图书翰墨貂绮之赐，岁数至焉。是时也，海内寇贼未平，天子方宵旰殷忧，四方将帅，咸禀承庙略，措兵筹饷无虚晷。且日御讲筵，与臣等讨论古昔。于此窥圣度之高深，睿学之懋敏，太平之所以立致也。因辑历年所进诗若干首，为《讲筵应制集》，而并叙其所遇如此。

瀛台赐宴序

潘耒

臣闻地天垂象，泰交之道以成；木火系爻，鼎养之义斯著。乐有徵招、角招之奏，礼存三爵、二爵之文。彤弓湛露，播在风诗；酆水钩台，标于传记。自昔哲王，有飨有宴。将以训恭俭而示慈惠，昭文章而辨等威，非直黼黻大猷，润色鸿业而已也。至如汉宫长乐，依绵蕞以为仪；晋代华林，缘袚除而成俗。柏梁兴枚马之辞，曲水盛颜谢之制。昆明池上，笔墨横飞；华萼亭中，觥筹交错。流湎之涂浸开，庄敬之风邈矣。然犹形诸声诗，被之金石，铿锵炳焕，千载可观。

我皇上亶聪浚哲，允武允文。法夏后之卑宫，师姬文之昃食。岁下蠲租之令，朝颁省罚之科。转圜从谏，韶铎遍于宫廷；侧席求贤，弓旌周于岩壑。兢兢业业，无怠无荒。用能绥奠寰区，削平僭逆。一苞三蘖之寇，骈首槛车；射天逐日之渠，傅膏齐斧。跨沧溟而斩鳄，掩碧落以弋狼。治定功成，仁渐义洽。于是推恩臣下，加赉具僚。及万几之余闲，施三接之隆礼。

岁在作噩，月惟孟秋，有诏廷臣，特垂曲宴。惟瀛台者，天府之奥区，宫城之陆海。疏玉泉而作沼，象蓬岛以为台。洪波浩瀚浸其限，茂树葱茏荫其曲。红蕖绿荇，吐纳烟霄；绣栱璇题，蔽亏日月。天子恒以炎蒸之节，清暑于兹，羽卫森严，周庐交属。攀跻所莫逮，簪裾所莫经。幸沐恩荣，来游来瞩。

于是泛兰桡，浮桂檝，彷徉乎灵渚，浏览乎芳林。溯颢气之空明，凌神飙而轻度。升降修阪，徙倚平皋。临清涟以振缨，藉细莎而凝睇。俄而珥貂宣诏，宠锡自天。出内府之织文，烂天孙之云锦。题名署氏，望之有辉；叠雪披霞，服之无斁。尔乃间花张幕，倚树开筵，授几以班，设俎有序。饔人执馔，膳夫进羞。鲙鲜鲤于蓬池，菹芳莲于玉井。胹熊臄豹之味，充衍方圆；调兰酝露之珍，厌沃芎泽。然后流金尊，腾羽爵，云浆百斛，琼液千钟。降天语之温淳，临重臣以敦劝。在公载燕，不醉无归。然而肃雝在庭，俨恪在序。舍爵有油油之色，还坐无跮跢之容。迨乎日暮西靡，树阴东徙，相与整冠约带，鹄立凫趋，瞻拜阙廷，雍容成礼以退，斯可谓和乐而不滥，恭敬而温文者欤！

微臣幸生升平之代，为侍从之臣，属在末班，预逢旷典，岂可使湛恩沛泽，郁而不宣？虽戴高履厚，帝力难名，而叩缶系辕，微忱少展云尔。

馆选录序

张廷玉

自古右文之世，必慎选儒臣，置诸左右，以为典学之助。汉有金马石渠，兰台东观，宋有总明，陈有德教，周则虎门麟趾，齐则仁寿文林，唐则丽正集仙。开元中，乃定为翰林院，侈金銮之密记，建学士之新楼，至今艺苑犹艳称之。而庶吉士之名，则自前明永乐甲申始。相传是年，命解缙合三科选之，得二十八人以应列宿，其后乃著为例。至会推阁臣，非由词林起家者不与焉。吉水刘文节之言曰："近代命相，皆取词林。"词林雍容雅度，一切醒醍猥琐曾不关其虑，博而习于故，静而彻于几，能以事外之身，策事成败，惟词林为胜。然则国家之所以设立词臣，与词臣之所以报称国家者，概可知已。

我国家重熙累洽，文治光昭，词臣之设，因仍旧制，而宠礼优渥，不啻倍万过之。

百年之内，化泽涵濡，人才辈出，宰辅之任，多由是选，而其他之列卿尹、膺封疆者，类能有所建竖，卓绝于时。得人之盛，超越隆古。我皇上缵承鸿绪，盛德日新，登明选公惟恐不及，而于文学之臣，尤所郑重。其考课有时，其优恤有礼，其登进有阶，而且进讲则亲承圣诲，矢歌则仰和天章。

乾隆九年，新修翰林院落成，銮舆临幸，亲洒宸翰，以褒励之，燕赉便蕃，俾各为歌诗以纪其盛，恩遇之隆，亘古未有。故仕宦者以科目为荣，若科目而至词臣，则荣之荣矣。因思列科进士，皆有题名之碑，登科之录，以志一时荣遇。至庶吉士为词臣发轫之始，允宜勒成一书，俾后之览者，有所稽考。昔颇留意于此，而公务纷繁，未遑属草。

门人沈椒园侍御，由博学鸿词科入翰林，留心掌故。考自国初以来，凡进士之改庶常者，汇其姓氏里居，都为一集，题曰《国朝馆选录》，而问序于余。余念自先文端以弘文院庶吉士洊登相位，掌院事者十二年，廷玉无似，继文端后，亦起家庶常，迄于今职掌院事者又二十四年矣。且屈指吾家，自先文端而下三世入翰林者凡九人，同祖者又二人。是廷玉一门受圣朝恩遇，至深至厚，而自惭衰老，报称无术，披阅是编，不禁感与愧之交并。既嘉侍御之先得我心，而又愿世之登是录者，咸克自奋励，以毋忘国家教育之意也。于是乎书。

同馆课艺序

张廷玉

翰林为国家储育贤才之地，职亲而务简，专一思虑，以经术文章为课绩。我皇上右文稽古，加意儒臣，一时文学之士，皆得跻列清华，师资讲肄，著作多斐然大雅之音。编修钟子仲恒，汇聚近科以来诗文为一集，先以赋颂若干篇授梓，请序于余。

古称登高能赋，可以为大夫，而班固言抒下情而通讽谕，宣上德而尽忠孝。雍容揄扬，雅颂之亚，其盛乃与三代同风，固未可以雕虫雾縠，薄而不为也。我圣祖仁皇帝尝以诗赋试天下博学宏词之士，得人极盛。而今制庶常散馆，御试有制艺，有论，有诗，有赋。至国家举行大典，恭遇庆贺，与夫嘉祥上瑞，宣示在廷，则词苑诸臣，往往有进御之作，馆阁之重赋体也，尚矣。

夫应制之篇，以和平庄雅为贵，气虽驰骋有余，而音之厉者弗尚也；意虽跌宕可喜，而格之奇者弗尚也；语虽新颖巧合，而体之佻者弗尚也；词藻虽丰，征引虽博，而言与事之凡俗者弗尚也。鞞铎之振厉，不足语云门韶濩之铿锵；林壑之幽深，不足语建章鸤鹊之巨丽；雉头蝉翼之瑰异，不足语山龙黼黻之文章。扬子云有言："诗人之赋丽以则。"又曰："中正则雅。"而王仲淹以谨而典，约以则，为君子之文。居承明著作之庭，当授简簪毫之任，固不徒以抽秘逞妍、俪红媲白为能事也。

是编所录，大都宫商协应，抗坠得宜，藻思芊眠，首尾温丽，合纂组以成文，列锦绣而为质。要其程材效技，按部就班，极磨硋追琢之功，有俯仰揖让之度，殆所谓诗人之赋。而君子之文学者，本之汉魏大篇以立其干，参之唐宋近体以畅其支，而以是编为之标准楷式，于以铺张盛烈，鼓吹休明，彬彬郁郁，将进而与三代同风者，其在是欤！爰不辞而为之序。

同馆课艺序

黄叔琳

　　赋者，宣上意，抒下情，通讽谕，雍容揄扬，岂所谓侈言弗验哉？扬子云虽云"雕虫篆刻，壮夫不为"，而朱子乃谓雄之《太元（玄）》、《法言》，亦《上林》、《长杨》之类，则雄所为，其庸愈于赋乎？且如明堂、郊社、燕飨、耕耤、临雍、省方、习射、校猎，形之篇章，一代之典礼寓焉，不可忽也。夫玉卮无当，虽宝非用，作者固有含华就实之能，而选者亦岂以靡声曼色是尚？

　　我朝圣圣相承，右文典学，万几之暇，留心诗赋，蒌苴追琢之旅，列记注于纶扉，备顾问于宣室，馆课以赋，多雅颂之遗意焉。始余与同馆诸君，珥笔春明，备览名章巨制，讽咏而昌之。后改官卿曹，洊历外寮，二十年余，升沉倚伏，顾瞻玉堂，如在天上。然于扈从侍直及召试散馆所传，未尝不亟欲览其文，以神游于鼓吹休明之盛。因叹天下人文，聚于翰苑，而其著作或进诸秘府，或散在鸿都，传之各集。思欲网罗搜辑，成一代巨观，而此志耿耿未逮。岱峰奉常，具禀经酌雅之材，邀珪璋特达之遇，既尝殚心斯事，且惧同馆之文散而弗收也。因汇其丽以则者，都为一集，使百余年间，枫宸甲乙，瀛洲考课，星烂云纨，发皇耳目，如听大章之章，咸池之备，如游周序，兑弓和矢天球河图之森列，如诵卷阿，咏天保想见穆穆棣棣君臣之间。昔之有志未逮者，乃于同志遇之。且以渳涩之作，有负文章报国之初愿者，亦登是选焉。奉常其勤矣乎！后之处承明著作之庭者，将以是为雅颂之梯航焉，则嘉惠来学无穷也。

同馆赋选序

钟衡

　　我国家重熙累洽，文教之隆百余年矣。士生其间，沐浴咏歌，麟麟炳炳，以诗赋名家者，非赓飏于朝，师讴吟于野，和声之鸣，皇哉唐哉！余前由翰林历台垣，次第纂辑同馆课艺，自癸卯迄壬戌，分为三集。既已风行寰宇，人编摩而户弦诵矣。因思列圣相承，代生杰士，云蒸霞蔚，著作如林，其传播人口者，片玉碎金，人皆奉为至宝。急思荟萃成编，罄连城于荆石，穷照乘于汉滨，抉渺振幽，割腴收采，裒然为艺苑之完书。顾无如搜罗之难，有倍于曩时者。世远年湮，老成凋谢，间有存者，又往往散处四方，有之而不能得，得矣而不能聚，每至零落于蝉编蠹简之中，良可悼惜。

夫汤盘孔鼎，岐阳之鼓，岱山邹峄，会稽之刻石，与夫汉魏已来，桓碑彝器，铭诗序记，下至古文籀篆分隶诸家之字书，皆可聚而有也。欧阳六一为《集古录》以传后学，序而藏之。况圣圣朝人文之盛，与三代同风，鸿裁伟构，传之士林，千载烂焉，可听其或存或亡，久而湮没不彰乎？爰是广为搜辑，请于北平黄昆圃前辈，得所钞录赋本二册。又检阅诸名家刻本，及旧时藏之箧笥者，详加选择，共若干篇，陆续付梓，阅三载始告竣。与数年来所镌同馆课艺，前后相辉映焉。庶几导扬盛美，鼓吹休明，云龙风虎，必有声应而气感者，则是编不无小补云。

馆选录序

周长发

《国朝馆选录》一帙，吾友沈椒园侍御之所集也。椒园与予同举词科，初选吉士，继由编修改御史，柱后惠文，风凛凛然，敢言声在天下矣。今夫驾千里者，必发轫于一舍；中百步者，必刻羽于尺咫。翰林诸官，由编、检、讲读学士致卿相，皆自庶常始，然则吉士者，其亦台省发轫刻羽之所乎！国初讫今百年，新进士得选庶吉士，多不可计数，其名姓或往往湮郁不彰，将就零落，为可叹也。椒园慨然为之考录，而使有传焉，意亦勤矣。《书》曰：庶常吉士。官之名实以此。古者以德选，固非独以才升也。椒园之为是编，以为居此者，必思有以称其官，其用意甚深，非特为翰林备掌故而已，则其尤可传者哉！

馆选录序

沈廷芳

翰林为文学侍从之臣，以备顾问，司讲幄，代言论思，掌制编校，职綦重矣。自汉京以宿儒处直庐，历代咸加优礼，然率由他职试除。明初始以进士一甲先授职，余拔其文学优等者为庶吉士，谓之馆选。三年试之，方得除编修、检讨，累至卿相。若改用省曹，往往不得再任其职。故当时有玉堂天上语，诚重之也。

国家右文盛治，人材蔚兴，甲科词科，既得馆选，间用他官之善文翰者，特改是职，彬彬乎远迈前代。今天子圣学闳深，尤隆儒术，临幸苑中，赋诗锡宴，更命集古今翰苑事为《词林典故》一书，斯文丕振，亘古希觏矣。廷芳向学于旧史氏，尝阅朱检讨彝尊《瀛洲道古录》，思集皇朝馆选群公名氏以资考订。乾隆元年，幸叨是选，乃于天禄䌷书之暇，博稽往籍，载绎旧闻，上列名次，下注籍贯，起自顺治丙戌，至今之乙丑，循科按年，积久成帙，题曰《国朝馆选录》。中间或挂漏不免，然观览前修，亦足以征圣世人文之盛，聊备典故之采择，兼补《道古录》所未收。爰付开雕，存于馆下，质诸前辈，且俾后之预选者续刊焉。

夫翰林储材地也，公忠硕辅，理学名臣，胥于此焉出。居是官者，端在才德兼优，学醇行备，乃足以仰答隆遇，为邦家光。《易》曰："云从龙，风从虎。"《诗》曰："济济多士，文王以宁。"岂仅以文章报国哉！

词科齿录后序

齐召南

制举之行，始于汉，亦莫重于汉。而以名其科，则始于唐选举志，称天子自诏者曰制举，所以待非常之才是也。顾唐时制举，其名随时更易。所谓博学鸿词者，开元中尝举之，特与贤良方正、直言敢谏、博通文典、辞藻宏丽、才识兼茂诸目，俱称制科。宋世犹沿其法，而专以博学鸿词名科，则自绍兴中始，得人之盛，前史班班可稽。

我朝文教昌明，超越前古，康熙己未岁，圣祖仁皇帝特开是科，擢五十人入翰林，时称极盛。又五十余年，世宗宪皇帝复诏中外大臣，悉心搜访，荐于朝廷。及我皇上御极，多士云集阙下，乃于乾隆丙辰试于保和殿中，拔十五人。明年，续试其后至者，又拔四人。盖旷世之盛典，非复唐宋时间岁一举，士子先期投牒，有司临时奏名者，可同日而语也。召南学殖弇陋，幸获厕名。尝考前代有科名记讳行录同岁名诸书，即今春秋二试所集齿录也。略仿其例，首登诏旨，次录试题，及甲乙等第，后列同籍诸君之姓氏、里居、世系、举主而详书之，合为一集，名曰《词科同年齿录》。

夫科目之重，重以人也。汉自晁、董对策以还，贤良多矣，其可并晁、董者，曾不过数人。唐宋中制科者尤不可胜数，惟张九龄、韩休、杨绾、颜真卿、陆贽、杜黄裳、裴度、李绛、白居易、柳公绰、富弼、张方平、苏轼、苏辙、吕祖谦、周必大、王应麟等，至今赫赫在人耳目。即己未一科，有睢州之品行端醇，汤斌。毛、朱之学问淹洽，毛奇龄、朱彝尊。陈、潘诸公之才藻炳焕，陈维崧、潘耒。实堪追配古人，故足重也。预是科者，其可不思自树不朽，以上答知遇乎哉！录成，敬识数言于后。

同馆试律汇钞序

德保

我皇上圣学高深，睿思天纵，御制诗四集，计三万余首。东井珠联于五字，北辰杓贯于七言。日月光华，金玉英润。自古以来，哲后贤君，未有如大圣人之宝字琼篇，辉丽万有，以一人之声律，标百代之元音，岂帖括末学所能窥象罔而测瀛海哉？而宇内之士，恭读宸章，如聆韶濩于钧天，幽崖昧谷，无弗吐气含和，思效赓飏，以鸣国家之盛。自乾隆丁丑会试，钦奉特旨，易表判为五言八韵排律一首，以为取士准则。三十年来，涵濡文教，摩厉功深，工雅典赡，蒸然超越三唐，猗与盛哉！

余受恩至优极渥，五典春闱，领词垣，教吉士，获备览天下人文之盛。今复恭承谕诏，诗改前场，操觚握管之士，咸奉试律为正宗，何况珥笔木天，簪毫琐闼，雍容揄扬于圣天子之侧者哉？是以馆阁应制诗，向来刊刻流布各种，固已裨益后学，足资诵读矣。顾人文日起，依永和声，后先接踵，有非诸集之所及录者。时帆学士，余庚子所取士也，英年笃学，锐志潜修。自馆选之后，朝夕研究，手不释卷，凡古今人诗文，靡不留心含咀。继而蒙恩授少司成，旋擢春坊庶子，今职学士。偕同馆诸君子，取国初至乾隆五十年馆中应试五言八韵排律，汇集成帙，问序于余。

昔翰林学士宋白等选《文苑英华》，表曰："席分经史，堂列缥缃，咀嚼英腴，总览翘秀，撮其类列，分以部居，使沿沂者得其余波，慕味者接其绝唱。"今学士之钞是集，虽分《英华》之一体，而类列部居，诚媲美于前哲。他时历科增辑，著为雅颂，兼备风骚，摘鸾凤之羽毛，截犀象之牙角，将见希光云汉，集秀艺林，文海津梁，玉堂佳话，独非学士编摩之职哉！

清秘述闻槐厅载笔二书序

朱珪

翰林，史官也。自古历三代，越唐宋元明，暨国朝，代以为荣。然非独摛文藻，夸宠遇，以蓬山为快捷也，必将敦品茂学，处则传名山，出则作霖雨，入则为羹梅，所谓宰相须用读书人。盖古今名贤，大半出此，而负此官者亦不少矣。

法梧门司成，优学而守官，其为学士也，则著《清秘述闻》十六卷，其官祭酒也，则著《槐厅载笔》二十卷，实事求是，文献足征，详矣确矣。珪无状，自年十八选馆，出入中外，三入翰林，今且岿然忝二十四科之首，称先进焉。服官五十二年，每以人才为断断，而尤念释于翰林诸君子，相期近文章，砥砺廉隅，以副圣主求贤若渴之意。读梧门此编，不禁反覆而三叹也。

皇朝词林典故卷四十三　艺文

记

翰林院题名碑记

徐乾学

翰林院设于唐开元中，自诸曹尚书，下至校书郎，均得与选，入院者概称为学士，有待诏、供奉之名。宪宗时置学士承旨，在学士之上。至宋始定制，资浅者为直院，暂行者为权直，而学士之职，始贵为院长。明初又设讲、读学士，讲、读、修撰、编、检诸员，其制大备，时入院者不专进士科。至天顺间，李贤建议，始尽用进士。我朝因明之旧，间损益唐宋明初之制，辟荐者得入翰林，天子加意文学，才士蔚兴，儒林文苑之官，多至不可胜数。

夫翰林为朝廷文学侍从之臣，居禁近，掌制诰，公辅之望，由此其选，非可以雕虫篆刻之才当之也。予自庚戌释褐，先后官翰林垂二十年，自信朴僿无他长，惟是一言一议，亦欲溯其源，究其用，本经术以经世务，期不愧于自古在昔、立言不朽之义。方力焉而未有逮也，其敢以虚名哗世乎？尚论有明馆阁文章之盛，莫如洪武，太祖搜罗元世文献之遗，征辟在列，如高青邱、陶主敬、宋景濂、王子充、张志道、方希直，及练、黄诸公，渊源相禅，不特文章尔雅，亦多以节义表见者。永、洪之际，则有三杨、二王、南陈北李，勋业政绩，卓然可传。至于成、宏（弘）之世，久享隆平，风流宏长，于时怀麓、沧洲张其赤帜，白沙、定山分道扬镳，熊峰、圭峰、振之、东江辈，世人比之苏门六子者，大半在词林。他如柴墟、鹤滩、俨山、升庵、二汪，皆以读书汲古为能事，导扬风雅，表仪词垣。降至隆、万，东阿、临朐，犹能学有根柢，词知体要，不失前人矩度。自是而后，才俊辈出，竞以浮华相矜诩，枝叶愈繁，流趋愈下，言文章者，至以词林相訾謷，则政事可知已。

予在史馆，论次有明一代文章政事升降之故，不禁慨焉叹息。尝怪文学如道思、应德、熙甫，功名理学如廷益、伯安、德温诸公，皆不与馆阁之选。其在馆阁者，巨儒伟人，又或不由于科目，胡仲申、赵子常、徐大年、王常宗，以布衣预修国史，名烂天壤。其由进士为词林者，二百七十年中，何止数千人，其传者可指而数。故知人能重官，官不能得人也。天官家谓柱史一星，在勾陈帝座之侧，为翰林之象。予幸遭际休明，兄弟踵武入翰林，为希世之遇。顾予老将智而耄及，无能报称。其在列诸公，当必有远胜曩代者，上应昌期而举臣职，抑尤有望于后来者也。故敢援据旧闻，申之以文题名之石，告后之君子。

翰林院教习堂题名碑记

徐乾学

古之造就人才，如《周礼》大司徒、乡大夫宾兴之法，《戴记》文王世子大乐正之教国子，其制备矣。其后考亭、西山分年读书法，讲求尤详，然皆未仕以前也。其教于士既出身以后，则莫如翰林院教习之法。

初明洪武时，选天下举人年少质美者张唯等十人，擢翰林院编修，入文华堂肄业，诏宋濂、桂彦良为其师。帝政暇，辄临幸考业，亲第高下，光禄给馔，太子、诸王迭为之主，赐白金、鞍马、冬夏衣裘。及永乐二年，遂选进士二十八人，复益以周忱一人，就文渊阁进学，给笔札，分钞赐第，隆礼过之，时荣其选，谓之二十八宿。其中如王文端直、李忠文时勉、陈文定敬宗、周文襄忱，后皆为名臣，德业文辞，照耀一代，称极盛已。自此每科庶吉士皆教习，以学士为师。然沿袭既久，学堂程课，仅同村塾师生，相习为软熟套烂之文，今所传馆课文字是已。以是士气奄奄，卒于不振，然其害犹未甚也。自正、嘉间，姚江立教，以象山之心学，兼永康之功利。徐文贞当国，私便其说。至张江陵为馆师，令庶常日见上计吏，咨访利病，接引宾客，渐事招摇，而士气一变矣。赵大洲之为教习也，则导士予以讲诵《楞严经》，引释入儒，灭裂名教，此得罪吾道之大者。流风牵引，不知底止，其祸至今未艾矣。

我皇上道德冲备，益之圣学，欲复天下之人心，一归之于古，以为翰林侍从官，备启沃顾问，尤不可以无加意。于是常赐考试，亲第甲乙，如旧制时召对便殿，讲说义理，良久乃罢。乙丑春，既赐进士及第出身，选入庶常有差。所司以教习请，上特命予以内阁学士，与院长共莅其事。明年夏，迁礼部去，有司请更代，上命之如故。自惟孤陋，洊膺异数，循省悚惶。忆予之初入翰林也，馆师孝感公痛辟异端，昌明考订之绝学于既晦之后，斯文赖以无坠。乃本其意撰为条例十余则，进庶吉士而告之，大抵以立志希圣、力崇正学为第一义，季有程，月有课，所以磨砺而董率之者，不敢蹈常习故、苟且塞责也，务使其见于言者，一以六经四子为归，而立德立功，皆足以储为天下国家之用，以无负皇上惓惓作人之意而已。而数年以来，予所见一馆之人才，亦彬彬足观矣。然而前人之为此者，其才其学，皆足以十倍于予，而缺然未有题名，则孰知其教之有所自也。因略稽开国以来姓名，镌石壁间。若以予之偶尝尽心于此，而汲汲于后之视今，则意之所不敢出矣。

詹事府题名碑记

徐乾学

考官制，东宫官属，置詹事府以统众务，置左右二春坊以领诸局。三代以后，莫备于唐，历纪相沿。迨我世祖皇帝御极初载，有仍弗替，惟时官属虚冗，始议裁去。我皇上继统之十有五年，乃仿旧制复设是署，泽州陈公来掌詹事。予为赞善，规画制度，一切草创，陈公命予实经理之。二十三年冬，予以侍讲学士，蒙恩特赐擢用，以十一月受事，复修陈公之政。明年，迁阁学以去。予居是职虽未久，顾其始也，际复设之初，得从贤端尹后，创制条纲，张举节目，非同他时，只以优游坐受成事。予又幸得备位宫僚，属有厚幸。钦惟皇上万几之暇，究览经史，未明而兴，漏下不辍。凡所以迪前光而诒后昆者，虽一言一动，莫不躬为表率，端型树范，垂万世无疆之休。然则为臣子者，禀受成规，赞翼于下，宜何如小心勤慎，崇实学，点浮华，思其居以副其职，无负清班，而仰酬德意也哉！谨因刊泐题名而为之记，以为我同寅勖焉。

赐游畅春园玉泉山记

张玉书

康熙三十八年四月初四日辛未，上御畅春园内澹宁居。办事毕，传大学士、翰林院掌院学士等，同进畅春园看花。从澹宁居右，入至渊鉴斋前，沿河堤列坐。赐饭毕，诸臣纵观岩壑，花光水色，互相映带，园外诸山，历历环拱如屏幛。上御船绕渊鉴斋而下，命诸臣从岸上随船行，诸臣过桥向西北行，一路目不给赏，至花深处，是时丁香盛开，数千树远近烂漫。上登岸，命诸臣随行，遇名胜处，辄亲赐指示，诸臣得一一见所未见。游毕，回至渊鉴斋前，谢恩而出。是日，上随谕诸臣："玉泉山迩日景物正佳，初六日早，再来同游。"

初六癸酉早，上御玉泉山静明园，诸臣俱集。从园西门入，园在山麓，环山为界，林木翁郁，结构精雅，池台亭馆，初无人工雕饰，而因高就下，曲折奇胜，入者几不辨东西径路。攀跻而上，历山腰诸洞，直至山顶，眺望西山诸胜。上传谕诸臣，俱乘船回，各家人役，皆携襆被先至西直门伺候。诸臣出至园门外谢恩，皆称臣等生平经历山水胜概，从未得如此耳目开涤，心神怡旷，真天作地成，以贻皇上，蒙恩赐游，实千古未有之幸。上遂登舟，留大船二，一赐亲王乘坐，一令诸臣并载，并差员前往启闸。沿途稻田村舍，鸟鱼翔泳，宛然江乡风景，而郊原丰绪气象，又为过之。诸臣至西直门登岸，莫不踊跃欢欣，庆圣世泰交之盛。自卷阿游歌以后，旷世仅见云。

赐游化育沟后苑记

张玉书

康熙四十七年五月十八日,驾至化育沟行宫,扈从内大臣各给房五间,皆倚山为壁,草木翳翳,具有幽致。臣初与扈从,亦分给焉。二十二日,有旨命同内大臣、蒙章京、一等侍卫及众翰林官,游观后苑。从东掖门北行,缘路皆菜畦蔬圃,内地诸蔬悉具,而野花杂卉,错出于其间。其北面则滦河之水引入小河中,碧波澄彻,可以见底,鱼名柳根赤者极多,水至清,而鱼咸孳生游泳于内,亦一异也。苑内叠石处少,绝无经营缔构之迹,其曲折蜿蜒,坡陀高下,皆因任自然,辄饶幽胜。山境葱郁,在万峰环抱中,而地势又极疏旷,遥瞩之则邃如也,平览之则廓如也,内地实罕有此胜概。渡河而北,为登鉴亭,又行则为霞标,又左则为四面云山。复过一河,则为宛在亭,皆有御题扁额。

是日,上御宛在亭,东西座为皇子,亭旁左三间,诸满臣列坐于内,右三间,则臣与诸翰林坐焉。赐食四盒凡十数器,俱异常膳。又从御前彻赐口外百合一盌,极甘美,乳调雉羹,亦平生所未食。又特赐臣面食一器,令携回寓舍,皆珍品也。其音乐则升平雅奏,与外廷迥别。诸臣宴赏尽欢,午余方罢。臣与翰林诸臣同至直庐谢恩,随又赐金莲花一瓶,是特移种于口外者,鲜妍可爱,与五台山所产无异,他省诸山未之见也。

赐游哈喇和屯后苑记

张玉书

五月二十四日,驾自化育沟移跸哈喇和屯,蒙古所谓乌城也。有御制碑文,在敕建穹览寺内。

二十七日,有旨,命同满大臣等,游观后苑。从西旁门入,经一大轩,额曰松壑清越。登山至一佛寺,为慈云大士阁,有藏经在焉,佛像及供器皆与外制者不同。出阁经一轩,曰泉萝幽映。渡浮桥北行,桥下为滦水,从西来,分为支河,引入苑内,河中鱼至多。又行一径,至行殿前,面山临流,山石嶙峋耸削,上建二亭,即所谓小金山者。时同翰林诸臣,于殿旁选石而坐,赐有蒲席坐垫。

少顷,赐食五器,各饱饫毕,渡桥登山,命内侍导行。时上遥望,谕曰:"可随意遍观,勿拘形迹。"因历览前后二亭。前一亭浅深规制,俱与金山留云亭仿佛,亭联曰:"丹地平临,霁夕月悬高阁;灵池不凿,雨时云起澄潭。"可以想见胜概。后一小亭,绝类金山吞海亭,且相望一大石在河中流,与善财石无别,此小金山所由名也。臣徘徊久之,江天风景,宛然在目。因对诸臣言:"不意身在塞外,复游故山,真人生之希遇也。"诸臣皆相顾感叹，非圣恩安能至此。

既下，循长堤而行，观金莲花，种植凡数亩，色正黄，弥望奇英焕烂，足压诸花之上。其他野卉不知名者，不可胜纪。回至行殿前，内侍导从殿左行，所历多佳胜。渡浮桥而南，至一别殿，曰寄云涵碧，四面皆垂帘，旷览无际，所列异花最盛。转至水次登舟，绝滦水而渡伊苏河水，水中有大洲，上有轩，额曰烟月清真，联曰："山林依石濑，溪谷润清波。"去轩数十武，有亭曰积翠，联曰："垂钓有深意，望山多远情。"南有小亭曰碧玉鬉，自此登舟，复渡至滦水，乃登岸，同翰林诸臣至直庐谢恩。

澄怀八友图记

汪由敦

　　澄怀园在圆明园东南隅半里许，馆舍数十楹，岩壑蔽亏，陂池演迤，杂树桧柏榆柳，清阴袭人，称消暑胜地。世宗宪皇帝恩赐内廷侍直诸臣分寓其中，予以直南书房来寓。至庚午，赐居丽景轩，前后左右，皆诸公寓直处也。直尚书房者八人，而寓园居其六。丙子仲夏，有善画者常生至，乃即园中景绘八友图。步而向板桥，奚奴捧书随者，为少詹事介休梁确轩。桥之左伫俟者，为学士仁和周药栏，药栏素善琴，一童子捧古锦囊，盛素琴一，其所尝操者也。缘山蹊稍折，山麓缩而嵌，山之巅，苍松数株，落落如离立，两髯翁对坐其下，一为少司马武进程莘田，髯多而半白者，为学士会稽周兰坡，各拈诗韵，若联句状。旁有一人独坐梧阴下，执纸笔欲作书者，则副都御史安州陈月溪云。凉亭前数童奴展画卷，一白须老人从旁指点，则金匮张酉堂。其一屹立谛视者，为少司马长白观补亭。补亭与确轩，皆不寓园中，然下直辄数数至，不异邻并。最后一人，挥羽扇飘然而来，髻头童挈茶具随后行，则少司寇漳浦蔡葛山也。之八友者，生不必一地，官不必同阶，齿不必相若，顾以遭际盛时，偕直禁近，寅同入，申同出，风雨寒暑未尝间。至其退食余闲，雍容谐畅，羔羊委蛇之风，金兰臭味之雅，情愫款洽，八人者无异一人。信仕宦中不可多得之境，其写而传之也固宜。图既成，以余同居园中，属为记。

　　忆昔居斯园者，南斋诸公而外，若太傅高安朱文端公，相国桐城张文和公，少宗伯漳浦蔡文勤公，大中丞鄞县邵公，宗丞荆溪任公，咸以魁垒耆硕，劝讲东序。余尝接其绪论，清风雅度，至今犹想见眉宇，惜当其时未有图之者。八公继诸先正后，其为是图，意盖有在矣。异日披阅指数，其道德闻望，卓然辉映，岂徒优游清暇，遍林泉之赏览，为词林美谈而已。余虽与诸公分曹殊直，而清溪秀石间，灯火相照，喜诸公之不余弃也。故不辞而书于卷端，且为之篆。

汉掌院题名碑记

朱珪

翰林之有掌院学士，唐宋承旨之职也。明初为正三品，洪武十四年改正五品，洪熙元年始加师、保则一品，加尚书二品，侍郎、卿三品，其时若杨荣、金幼孜、杨士奇、黄淮等是也。我翰天聪十年，建内三院，曰内国史院、内秘书院、内弘文院。顺治十五年，裁内三院为殿阁大学士，置翰林院，定掌院学士，秩五品。十八年，复内三院。康熙九年，复置翰林院掌院学士，兼礼部侍郎。二十八年，以大学士徐元文兼管掌院事，则重臣兼领之始也。

翰林旧有题名碑，岁久漫漶，不可识别矣。嘉庆八年癸亥冬，以明年甲子春，皇上诹吉幸院，时掌院英公和与予谋，谨详考其名，大书刻石于二门之内。东西并立两碑，左为满掌院，自折公库纳至少司农英公，共三十二人；右为汉掌院，自王公熙、熊公赐履至珪，共三十人。按德大宗伯文庄公，与英少司农父子，世掌院事，视珪座主鄂刚烈公，继太傅文端、先师阿文勤公暨文成公，逮孙那大宗伯彦成，三世矣，与桐城张文端、文和，皆世继其美，真盛事也。而考汉掌院中，若李安溪之经学，孙合河之理学，先师刘文正公之刚毅，表表在人耳目，尤于诸贤中足为斯文模楷者。珪幸得厕于其后，而科分已岿然灵光矣。后之视今，犹今之视昔也，将置我于何等，敢不自励，而与诸同官交勉之。谨记。

复古藤书屋记

朱珪

澄怀园在近光楼之东，为桐城张文和公直园。传于休宁汪文端公为丽景轩，后诸城刘文正公居之，不戒于火，就其地改筑，传之漳浦蔡文恪公。赐园之东偏，有屋三楹，其庭植紫藤二本，每夏花叶葳蕤。漳浦葛山相公居此时，武进程文恭公来直宿则寓焉。日晚二老对谈于藤花下，望之如仙。

及嘉庆辛酉，珪蒙恩赐居园中，则藤卧于地，而屋为舆夫所踞，珪蹙然不安于怀。壬戌春，乃先构藤之架，而别葺三间于其南，以处舆夫，改是屋之棂窗，而开户于其西，通牖于其左，辟门以达寝室，以是为客坐。莳花树于其后，院前筑篱，以掩映古藤，为之外屏。倬然改观，与嘉客落成之。乃悟曰：室犹人也，人之耳目心体，隔阂于外，则生意苶然，芜秽而不治；反视内听，而通睿于灵台，则营卫周流，莹然洞然，满腔皆生机矣。是举也，岂独以润屋求旧云尔哉？《易》曰："不远复，无祗悔，元吉。"吾将以为吾身心之鉴，作《复古藤书屋记》。

满掌院题名碑记

英和

乾隆九年甲子,高宗纯皇帝临幸翰林院,时先文庄公官检讨,先伯父文恭公官侍讲,得与分韵联句之列,嗣先后掌院事,清华济美,词林荣之。今天子典学右文,光被四表,甲子之春,举行幸院旧典,显融懿铄,千载一时,而和适膺掌院之职。仰惟两朝作述之隆,俯庆一家遭逢之幸,踊跃忭舞,无能为喻。既念国家慎选儒臣,规式隆备,冀其淹贯经史,谙练古今,以储公辅卿贰之器,而掌院一官,近俱以重臣兼,扬厉铺张,黼黻润色,固职所当然,而未足以尽报称之责也。

和年方三十余,遽冠清班,幸直南书房,得闻圣人之教,窃愿与同馆诸君子,砥行励名,敦崇实学,用副皇上嘉惠优崇之意,志焉未逮,殊以自愧。署中旧有掌院题名碑,建于乾隆十年,半漫漶不可识,因与掌院大兴石君先生,谋于二门内分建满汉二碑,汇辑前后居是官者,我满洲得三十二人,非徒以志稽古之荣也。企前修,坚素志,将于是乎在。既以自勖,并以谂后之来者。谨记。

近光楼记

英和

澄怀园,为康熙朝大学士索公园也。当其时,銮辂贲临,宸翰亲染,士大夫相与荣之,如三神山之可望不可即也。雍正、乾隆年间,先后赐两书房为下直之所,盖旷典也。后不戒于火,发内帑重葺,焕然一新,而向之水槛山茨,不复睹矣,岿然独存者,惟斯楼耳。和于壬戌正月,召入南斋,得居是园。每过楼下,低徊久之,所为岿然者,又将颓然矣。因鸠工补缀,而楼复完,名公巨卿,咸有题咏,非楼之幸,实和之幸也。夫居是楼者,不知凡几,和之后,又不知居者之为谁何也,可慨也!然后之居者,一如和之整榱桷,莳花木,勤洒扫,护持而不使其荒落,则亦乌足致慨耶!是为记。

皇朝词林典故卷四十四　艺文

赋

瀛台赐宴赏花赋谨序

张英

时当清宴，海宇谧宁，皇上以听政之暇，临幸西苑，俯念诸臣劳于职事，特行旷典，召集瀛台，赐之宴饮，凡公卿侍从台省之臣，咸得与焉。温纶春蔼，圣泽如天，诚太平盛事，千载一遇也。小臣随惇史之末班，幸际昌期，躬沾湛露，不揣固陋，谨拜手以志其盛。赋曰：

维深严之紫禁，当宫阙之西隅。启薇垣之右掖，居金兑之云衢。为燕闲之胜地，比瑶岛之仙都。宫槐百尺，御柳千株。山名万岁，镇北极而环神武；水溯玉泉，入太液而泛蓬壶。清流潆洄于玉砌，苍林掩映夫金铺。北则有琼华之岛，窈苍翠而玲珑；南则有迎薰之亭，灿金碧而穹窿。蚕室峙其西，蕉园列其东。其临流也，则朱阑绣柱者水云之榭；其冠山也，则穿云竦汉者瀛台之宫。九岛纡折于百步，三亭宛转而相通。浦号藏舟，烟波深杳；台名垂钓，沦漪旋绕。雕梁落影于波心，瑶殿分光于霞表。望双阙之觚棱，隔潇湘而缥缈。好鸟集于菰蒲，嘉鱼唼夫苹藻。

其制作之丽密也，铜龙喷水而泉落云标，金凤衔珠而光腾树杪。础甓画蟠螭之象，藻井有垂莲之巧。水槛则下瞰潜蛟，山楼则平临飞鸟。其为桥也，石鲸飞动，玉蛛逶迤。遥接乎西城之阴，远通乎北渚之湄。堆云积翠，龙卧虹垂。带晚霞而璀璨，射朝旭而陆离。其为木也，槐阴葱郁，松影参差，琪花瑶草，湘芷江蓠。圆殿之古柏，千层霄而蔽日；兔园之薜萝，垂倒影而临池。其为舟也，龙楼凤舸，望若丹霞，月台宏敞，仙鹢繁华。开绮窗而近柳，坐琼筵而泛花。疑鉴湖之鼓枻，仿银汉之乘槎。

又有百果之园，百鸟之室，桃杏枣梨，有蕡其实，孔雀鹦鹉，鸳鸯鸿鹅。入瑶筐者珍果盈千，闭雕笼者文禽非一。外则缭垣周布，罗列星庐，万象隐见于云树，西山翠滴于庭除；内则珠帘玉槛，雕棁绮疏，耀晴云与碧涧，若水晶之映璠玙；上则飞甍宝顶，缨络琼琚，似浮空而未落，出高柳而凭虚；下则流觞曲沼，鸣湍石渠，时潺湲于水碓，泉声落而徐徐。洵皇宫之壮丽，岂数乎瀛洲方丈之所书？若乃时当避暑，新荷满汀，红蕖吐艳，翠盖高擎，千顷一色，紫萼朱英。朝帘初卷，望之若繁星之辉碧落；夕幔未收，睇之如朱霞之在赤城。独其发潜渊而振采，泛清泉而濯茎，实甘旨而芳烈，藕雪净而冰晶，制芰荷以为衣，岂同乎凡卉之徒荣？所以风人采之，媲美于幽人之洁；楚骚咏焉，比德于君子之清。尔其带雨含烟，飘风泡露，北渚丛生，南洲密布，时开时落，或妍或素，晓气空濛，微香暗度，此固景色之尤佳，而园林之堪赋者也。

皇帝躬亲庶政，勤劳万几，日旰而食，未明求衣。值励精之偶暇，暂宴息于宫闱。是时也，晴云卷，香露晞，乘法驾，载鸾旗。过垂杨之辇道，临沼沚之芳菲，喜棠棣之交映，快花萼之群辉。乃设玉醴，布华筵，开水殿，对芳莲，金盘玉筯，举网烹鲜。念诸臣之在职，皆鞅掌于经年；举泰交之盛事，同庆赏于花前。开尧室之衢尊，列周京之豆笾。是时鸳鹭成行，簪裾咸集，佩绶悬鱼，联珠合璧，露湛仙醪，霞张绮席。分左右而成行，舒鸾凤之彩翮。花夹岸而锦帐生香，柳覆堤而长廊尽碧。群虎拜而扬休，承天语之渥泽，如登春台，群心悦怿。

天子乃御画舸，泛南河，篙师击楫，榜人和歌。龙气遥成五采，结飞盖而凌波。舟频移于密藻，棹自转于新荷。起沙鸥与白鹭，迎锦缆而偏多。乃命群臣，咸登画舫，大官设席，酒正司酿。水平若镜，微波细浪。击汰乎临漪之亭，回舻乎平桥之上。坐昆明之碧水，眺香山之叠嶂。极游观而未已，许溯洄而荡漾。舟随浦曲，人与花深，桂棹频转，兰桨遥寻。既遍乎芙蓉之沼，远泊乎槐柳之阴。饫君恩之无极，感遭遇于臣心。猗欤盛哉！

继在镐之休风，修曲江之遗事。赏花垂钓，嗣徽宋宗；柏梁赋诗，轶美汉禩。信可垂于国书，亦足风兹有位。天池御苑，以泳以游，惠风遐畅，嘉气旁流。皇心载悦，群工咸休，以示慈惠，匪乐优游。期上下之交励，当勉乎为楫而为舟；虽翱翔于西掖，而心实周乎四海与九州。

颂

圣祖仁皇帝御书道德仁艺扁额恭颂

韩菼

大书特书，天宇发蒙。字如爻系，经义昭融。警觉提撕，振古洪钟。圣德浑全，艺事旁通。乾体日强，笔健飞龙。得心运手，元气化工。

圣祖仁皇帝御书德业仁义扁额恭颂

徐秉义

圣谟洋洋，阐扬洙泗。进修德业，率由仁义。远迩高卑，昭揭所自。挥毫遍赐，时雨之至。荣光万丈，际天蟠地。寿世无极，赤文绿字。

跋

圣祖仁皇帝御书存诚石刻恭跋

沈荃

伏睹皇上仁智性成，从容中道，已臻至诚纯一之域，乃犹孜孜逊敏，存养勿怠，特书此二字，以示臣工。臣荃屡叨殊眷，重荷宠施，敢不与同事诸臣，夙夜寅恭，勉副我皇上谆勖至意。敬勒贞石，藏诸府署，用垂不朽。至于宸翰结体苍古，展势雄奇，宛然龙跳虎卧，微臣更何能一辞仰赞高深也。

圣祖仁皇帝御书龙飞凤舞石刻恭跋

陈廷敬

"龙飞凤舞"御书四字，康熙十七年闰三月二十八日，皇上以赐臣廷敬者也。臣叨尘讲席，多历年所，伏睹我皇上钦明浚哲，典学敷文，视朝听政之暇，手不释卷，讲诵至夜分不少懈。发为篇章，炳炳烺烺，如日月中天，照耀下土。时以余力临池洒翰，笔法精妙，复绝古今。臣谨按《孝经·援神契》曰："奎主文章，苍颉效象。"宋均注："奎星屈曲相钩，似文字之画。"《传》称庖羲作龙书，少昊作鸾凤书，盖书契之兴，自古圣帝哲王，类以此化成天下。臣以愚陋荷知遇，俾掌院事，兹蒙赐御笔，恭勒坚珉，安翰林院敬一亭中，用垂悠久，使观者知圣主向学勤于宵旰，所以风励群工意至渥也。凡文学侍从之臣，敢不孜孜矻矻，夙夜靖共，以对扬休命。爰拜手稽首而恭跋于后。

圣祖仁皇帝御书卷恭跋

张玉书

皇上既颁御书数百幅，分赐在廷诸臣，而御前所存者，尚积数千幅之多。十二月十二日，召臣玉书、臣鸿绪，偕内直臣廷敬、臣杜讷、臣升，于南书房公同排类，以备宣赐。臣等仰惟皇上总揽万几，躬亲裁决，未尝刻晷少释。政务偶暇，即披览经史，发为鸿文雅什，无不超绝今古。而又精研书法，自晋唐以迄近代，凡属能书之家，悉皆虚怀临仿，而经纬在手，变化从心，挥毫独运，包举众美，所临旧迹，视原本尝百倍过之，非天纵生知，兼以逊志时敏之学，安能臻此。臣等瞻仰之下，钦服欣怃，恭请钩摹勒石，垂示永久。圣心冲抑，未即俞允。臣等固请再三，伏蒙皇上颁发《黄树子赋》，临董其昌书一卷，神采焕烂，结构精警，无法不备，无体不赅，实董其昌所未能到。兹勒石既竟，星日光华，照耀万世。臣等拜手稽首，敬跋数语于卷末，以志荣庆。

圣祖仁皇帝御制登景山诗恭跋

张英

康熙十七年五月十一日，皇上以几务之暇，偶幸景山，命臣英、臣士奇侍从。上揽辔登景山之巅，周览四郊，俯视宫阙，东望蓟门，西眺桑干，烟树苍深，河流浩漭。近在指顾之间，天颜怡畅，二臣咸得寓目焉。时则禾稼被野，方待优渥之泽，俄而云起西麓，雨过龙楼，圣心顾而悦之，御制诗一章，有"时雨将来"之句，《诗》中之所谓君臣同乐者，盖有乐乎此也。

臣自蒙恩入侍禁廷，天章云汉，时得而捧读之，大约篇什之中，必以四海八荒为念，苍生赤子为心，上述祖德，躬展孝思，悯农事之艰难，劳征人之况瘁。揆诸古昔，虞帝喜起之歌，武王户牖之铭，其曷加焉。故虽一豫一游，一篇一咏，而心不忘乎百姓如此，则凡触乎圣衷，而发为睿藻者，皆于此可类观矣。岂独光丽日星，声谐金石，足以超往牒而轶前轨哉？

七月十八日，上御迎凉之殿，挥洒宸翰，书此诗以赐二臣。楷法精严，龙翔凤峙，此希世之鸿宝，二臣何敢私焉，敬勒之贞石，以明圣心之所在，独重民时，亦以幸二臣之荣遇，千古不多见，而愧汗惶悚之不能已也。

补刻明董其昌成乐轩记后跋

梁诗正

右华亭董宗伯书《成乐轩记》。轩在翰林署,临瀛洲亭之北,肇自前明嘉靖间,有石额曰成乐,款署松溪子立。嗣后宗伯推明厥旨,补为撰记,而未经砻石。其草稿流传,为今溧阳相国秘玩。余以掌院事,偕相国入直之余,间征翰苑故实。相国出此本见示,笔墨精妙无伦,味其言,洵足为后学龟鉴。乃前此摩刻有缺,岂其有待于今耶?因命工勒之贞珉,陷置壁间,与题额互相辉映,庶几两美之合乎!

馆选录跋

曹秀先

翰林字义昉于汉,至唐时然后有官,官名备于有明。初预选馆,是为庶吉士。故甲乙榜者,士人进身之始,而庶吉士者,又翰林官进身之始也。我朝作述相承,向用文学,馆选之期,爰定清汉书庶吉士若而人,以就课试。寓有馆邸,赡有月费,煌乎炜乎,殆诚远轶前古者矣。百年以来,贤哲踵武,同年友沈椒园录之,都为一集,附诸剞劂,此直以进身之始。诸君子名氏,可得而稽考也。至于名氏之传与弗传,虽不尽系此编,然以讨论典故,博雅所尚,则又乌可少哉?

高宗纯皇帝八旬万寿恭纪跋

彭元瑞

臣瑞恭撰八庚全韵龊词,自维殖薄文芜,凡所排次,皆我皇上圣政圣学,纪事胪欢,匪敢云陈诗抒颂也。既尘御览,蒙恩召对,亲加指示,谓长律最重格调,须首尾平仄相为钩贯。八庚百八十有九字,一字一韵,遂至末句与首句不黏,虽韵字所限,而诗体未严,应于首句入韵,以成耦数,格调始臻完善。臣恭聆惊服,方顿首申谢之顷,即承天语裁定,移诗末庚字韵于起句,以标部首,改末联二句,以合黏法。于是旷若发蒙,犁然至当,回思操瓠之际,注想踟蹰,无从措手,而圣人一览而烛之,一语而正之,匪特灼知,抑予曲成。折片语于豪芒,压万响于声振,造化在心,经纶在手,凡平日用人行政,胥准诸此,而诗律之细,特出绪余。且以圣寿八旬之年,察迩言而敷彝训,逢原左右,声入心通,《通书》所谓"诚精故明,神应故妙",益征纯古之精神,举凡耄耋之龄,畴能几及万一也哉!

自古人臣以文章受知者，若杨徽之选十联，柳公权之赓一韵，即已诧为殊荣，传诸诗话，从未有臣下之诗，仰邀天章笔削者。不材之木，沾滴露而向荣；在矿之金，入洪炉而成器。臣以梼昧，仰邀诲育有年，偶获一知半解，皆由牖迪之恩。三生多幸，君以作师，执经请业，正未有艾。所谓膺服者真服，而心悦者真悦也。谨重缮一通，附诸末简，以彰诗教，以写感铭。

皇朝词林典故卷四十五　仪式

　　词臣职在禁近，凡朝会、祭祀、燕飨、巡幸诸大典，咸与待从。进退升降，尺寸有度，非夫谙故事而习威仪者，不足扬职守而为国华也。我皇朝损益古今，灿然明备，《会典》准周官，《通礼》准《仪礼》，宏纲细目，罔不具陈。兹编于词臣侍班将事各仪式，条举件系，荟为一门，叙述明晰，视旧本加详焉，昭其慎也。若夫交际往来书疏投报之文，木天故事相承，较之他曹，颇为繁重，虽无关国典，然揖让雍容，彬彬可观，先民之敬恭，于是乎在。曩者口耳相传，未有专书纪录，惧其久而废且讹也。述其大略，附之帙末，俾后之登瀛洲者，资考证焉。

阅祝版侍班仪

　　凡阅祝版香帛，俱于祭前一日，冬至南郊，上辛祈谷，龙见常雩，三大祀，御太和殿，起居注官蟒袍补褂，冬至、上辛蟒袍貂褂。立于殿之中间门外檐西柱下，东向。北郊，太庙，社稷，朝日，夕月，历代帝王，先师，先农，均御中和殿，起居注官常服补褂，惟岁暮祫祭在元旦前三日，应服蟒袍期内，亦用蟒袍貂褂。立于殿之中间门外檐西柱下，东向。太和殿班，竢祝版香帛出殿门，太常寺官奏礼成，祝版下阶，上升舆，乃退。中和殿班，竢祝版出殿门，太常寺奏礼成时，起居注官趋下西阶，仍排班东北向立，竢上升舆转入殿东，然后退。

大祀侍班仪

　　冬至，上大祀天于圜丘。祀日，第二成黄幄次，设上行礼拜位，北向，起居注官朝服立于第三成阶下神道之西，东向，若上辛祈谷。祀日，祈年殿门内正中，设上拜位，起居注官朝服立于檐外西阶前，东向。孟夏常雩，则与冬至圜丘礼同。夏至，大祭地于方泽坛，第二成黄幄次，设上行礼拜位，南向，起居注官朝服立于第三成阶下神道之东，西向。岁祭社稷之礼，以春秋仲月，日用上戊，内壝北门外正中，为上行礼拜位，南向，起居注官朝服于壝门外东立，西向，在接福胙侍卫二员之次。祈雨、祈晴、报谢侍班仪，并同。元旦，祭堂子，满起居注官二员随往，立于门外，北向。太庙时飨之礼，孟春于上旬诹吉，夏秋冬于孟月朔。祫祭之礼，于岁除前一日。届期，殿门内正中，均设上行礼拜位，北向，起居注官朝服立西阶上，东向。

中祀侍班仪

朝日坛，甲丙戊庚壬年春分之朝，上亲诣东郊行礼，入壝左门，升西阶，拜位东向，起居注官朝服于壝门外之右，负北立，南向。夕月坛，丑辰未戌年秋分之夕，上亲诣西郊行礼，入壝右门，升卯阶，拜位西向，起居注官朝服于壝门外之左，负南立，北向。历代帝王庙，殿门内正中为上行礼拜位，起居注官朝服立西阶上，东向。传心殿，上至文华门内东门降舆，由殿垣西门入景行中门，升中阶，进殿中门，起居注官补服立殿门外之西，南向。文庙，每岁春秋仲月上丁，释奠于先师孔子。恭遇上亲诣行礼，起居注官朝服立于西阶上，东向。如遣官行礼，以大学士一人承祭，十二哲前，以资深之编修、检讨二员分献，俱朝服。避暑山庄文庙，上驻跸避暑山庄，遇仲秋丁祭，钦派扈从大臣行礼，四配十二哲，以扈从翰林官二员分献，俱穿蟒袍补服将事。

谒陵侍班仪

皇帝谒列圣列后陵寝。届期五鼓，起居注官暨各官等，咸更青长袍褂，诣陵门外，起居注官入立于隆恩殿西北隅琉璃花门前阶下之西，东向。如无琉璃门者，则立于隆恩殿西配殿北墙西，东向。上举哀，起居注官外，各官咸举哀礼。成，仍易行衣，扈驾出陵。

隆恩殿大飨侍班仪

凡大飨，上朝服行礼，起居注官服蟒袍补褂侍班。如上拜位在隆恩殿门者，则起居注官立于丹墀上，上拜位在丹墀黄幄中者，则起居注官立于丹墀下，均东向。

谒前代陵侍班仪

凡谒前代陵寝，起居注官例不侍班。嘉庆九年，皇上巡幸汤山，谒前明长陵，特命起居注官侍班。上于长陵石案后行礼，起居注官立于石案前，东向。

陪祀仪

凡遇大祀、中祀，皇上亲祭，五品以上官员，例应陪祀，部臣从五品之员外郎，得陪坛祀，不得陪庙享，郎中以上，始得诸祀咸陪。若翰詹之侍读、侍讲、洗马等官，虽从五品，一体陪祀。其南郊，祈年，常雩，太庙，皆列东阶下排班，东立西向，俟上诣拜位后，出诣东班，随众陪祀。其方泽坛，社稷坛，亦列西阶下排班，西立东向，竢上诣拜位后，出诣西班，随众陪祀。其朝日坛，则立负南，转向东。夕月坛，则立负北，转向西。

陪祀。凡陪祀拜位，及朝会仗外立位，以品级分九班，不分正从。朝会拜位，在品级铜山内，以品级正从分十八班。翰、詹官例应超班，少詹事以下充起居注官者，咸列三品班；其不兼起居注者，掌院学士、詹事列二品班，少詹事，侍读、侍讲学士列三品班，庶子、侍读、侍讲、洗马列四品班，中允、赞善、修撰、编修、检讨、庶吉士皆列五品班。

临雍侍班仪

凡遇临雍大典，先释奠于先师，起居注官朝服将事，如上丁释奠仪。礼毕，御彝伦堂，更衮服，各官更蟒袍补褂，趋集辟雍殿南，分东西班立。辟雍殿豫陈御览讲章于正中案上，书左经右，其进讲副本，则陈书于左案，陈经于右案。上御辟雍殿，升座，起居注官入立于殿内西南隅，东向。各官听赞行二跪六叩礼毕，退复东西班原位立。鸿胪寺官分引进讲官，以满汉大学士二人、满汉祭酒二人为进讲官。由南桥升阶入左右门，各就位立。赐进讲官坐，就位一叩坐，赞进讲，满汉大学士以次讲《四书》。上宣御论，各官跪聆。毕，满汉祭酒以次讲经。上宣御论，各官跪聆亦如之。毕，进讲官退就桥南。听赞行三跪九叩礼毕，进讲官仍由左右门入就位，赐坐，进讲官、起居注官皆跪，一叩首兴，赐茶，跪，一叩首兴，礼毕。

耕耤侍班仪

凡耕耤，上亲飨先农，祭服致祭，起居注官朝服将事，在坛下，西立东向。礼成，上至具服殿，更龙袍衮服，起居注官暨各官，咸更蟒袍补褂，上亲诣耤田。行躬耕礼毕，御观耕台，升座，南向，起居注官于台西升阶，侍立台上西南，东向。

大朝侍班仪

凡元旦及长至次日，或遇国家庆典，皇帝御太和殿，群臣上表称贺，则有大朝之典。是日，掌院学士、詹事、少詹事，侍读、侍讲学士满汉各一员，暨起居注值班官四员，咸朝服，于五鼓集起居注，昧爽，咸诣中和殿。学士等立甬道之东，起居注官立甬道之西。俟上先御中和殿，偕同内大臣、侍卫、内阁、礼部、都察院诸执事人员，先行礼毕，侍班之掌院学士、詹事、少詹事，侍读、侍讲学士满汉各一员，由太和殿后东门趋出，至殿外东檐第三柱下立，西向。起居注官由太和殿后西门趋出，至殿内西楹第三柱下立，东向。上升宝座，诸臣于丹墀下行礼。毕，赐王公大臣茶时，起居注官等亦赐坐赐茶。驾还宫，乃退。其册封及每岁夏冬升殿，侍立处同前。旧制三大节，皇帝先朝皇太后，起居注官于五鼓恭诣乾清门，竢驾出，随豹尾枪后，行入永康左门，至慈宁宫门外，西立东向。竢上行礼毕，回宫，由左翼门趋至中和殿甬道之西。入侍殿班仪式同前。谨按：故事，每元旦，掌院学士、詹事侍班，今仍之。如有出差事故，则少詹事、侍读、侍讲学士侍班。

常朝坐班仪

每月初五日、十五日、二十五日，例于常朝处坐班。届期，黎明，在午门外阙门之南，咸朝服，藉褥席地趺坐，竢吏部、礼部、都察院、鸿胪寺查班官收取职名，然后兴退。翰林院、詹事府应在东班西向坐，按品级为次，以西为上，掌院学士、詹事在二班坐，少詹事、侍读学士、侍讲学士、祭酒、庶子、侍读、侍讲、洗马在三班坐，中允、赞善、司业、修撰、编修、检讨在四班坐，翰林院典簿、待诏、詹事府主簿在七班坐。若遇雨雪，例免坐班。上元、端阳、中秋等节，十二月二十五日素服之期，以及内廷入直之员，均免坐班。

万寿侍班仪

每岁恭逢万寿圣节，皇上在宫，御太和殿，群臣上表称祝。翰、詹诸员咸朝服，于五鼓齐集，侍班行礼，均如朝贺仪。若在圆明园，御正大光明殿，起居注侍班官四员，升西阶，立于殿外西檐，东向。掌院学士、詹事及内廷行走暨兼起居注官诸员，俱立丹墀下，出入贤良门内，不兼起居注官之学士、庶子以下官，立门外，咸蟒袍补褂，随班恭祝。惟侍班官竢驾还，降阶，偕内大臣、侍卫、礼部、乐部、都察院执事人员，行三跪九叩礼，乃退。若在避暑山庄，御澹泊敬诚殿，扈从之翰詹官、起居注官，咸蟒袍补褂，侍班叩祝，仪与圆明园同。凡值万寿节，上驻跸行在，其在京百官于午门外行礼，内廷翰林于乾清门外行礼。

御门侍班仪

凡折本降旨，则有御门之典。是日五鼓，起居注官四人，编修、检讨四人，齐集乾清门西阶下，起居注官当阶，编修、检讨次之，科道四员又次之，西立东向。竢上升座，起居注官即升阶，距御座西丈许，介右扉之中，东向立。编修、检讨、科道等，御序渐进，当阶立。各部院官以次奏事毕，内阁侍读学士就黄案捧木匣退，侍卫俱降阶，阶下编修、检讨、科道俱退。大学士、内阁学士升自东阶，启奏折本时，起居注官即移近前二尺许立，恭听玉音，以竢记载。及大学士、内阁学士退，起居注官亦退。若上在圆明园，御勤政殿，则起居注官、编修、检讨，昧爽齐集，出入贤良门外。届时，偕内阁学士、各部院大臣等，由东门入，东行至勤政殿墙门外，起居注官暨侍班编修、检讨，咸依西角门墙下立。俟上升座，即随侍卫等由西角门入趋进。起居注官升右阶，二人入右门，立门内，二人不入，立门外，俱东向，编修、检讨当阶雁齿排列。俟奏事毕，内阁学士升阶启奏折本，起居注官四人俱入殿门内，末一人距门立，东向。敬听旅退，咸如前仪。凡御门皆常服朝珠，若逢五逢十，仍用补褂，惟月之三十日，则移于次月初一日。各门中凡有逢五逢十者，悉仿此。

经筵仪

凡经筵礼，先期翰林院列讲官名具奏，以满汉各二人，分讲经书，掌院学士暨直讲官拟题撰讲章，奏请钦定。是日，掌院学士、讲官、侍班起居注官，偕大学士、九卿、詹事、听讲诸臣，咸补褂，齐集文华门。翰林院办事官，奉讲章恭陈御案，并设进讲副本于讲案，皆书左经右。侍班起居注官立西阶下，东向。掌院学士、讲官同大学士、九卿、詹事、听讲诸臣，立丹墀左右，分班东西向。俟上驾由后左门出左翼门，至文华殿丹陛上，降舆，入升座，起居注官升西阶，入殿右门，立于中柱之西，东向，赞排班，讲官暨听讲诸臣，咸就拜位北向立，赞跪叩兴。行二跪六叩礼毕，鸿胪卿各一人，引讲官暨听讲诸臣，分行升自东西阶。满讲官由殿左门之右，汉讲官由右门之左，入立于东西楹之南。听讲诸臣，各分东西班，立于讲官之后，西班则并在侍班起居注官后。鸣赞，赞进讲，满汉直讲官四人，出班进至讲案前，行一跪三叩礼，兴，复位立。满直讲官一人，出就案左，北向，展讲章，以清语进讲《四书》毕，复位。汉直讲官一人，趋过案左进讲，如之。上宣御论，诸臣跪聆毕，起居注官亦跪。兴，满直讲官一人，趋过案右，进讲经书毕，汉直讲官一人，出就案右进讲，亦如之。上宣御论，诸臣跪聆，均如初仪。凡直讲官进讲章中遇称皇上，则翘首仰企，遇臣字，则鞠躬屏息，至伏愿数语，则俯首伫竢。讲毕，鸿胪卿引讲官暨听讲诸臣，出殿至丹墀，各就拜位立。鸣赞，赞行二跪六叩礼毕，礼部堂官奏经筵礼成。皇帝由文华殿后，退御文渊阁，领阁事、直阁事、校理、检阅诸员，于桥西排班侍立，讲官暨听讲官、起居注官进至阁内列班。赐坐，跪，一叩首兴。赐茶，跪，一叩首兴。礼毕，上升舆还宫，赐宴于文华殿之东配殿，讲官暨听讲官、起居注官咸与宴，乐部奏抑戒之章。宴毕，诣太和门金水桥南丹墀东，行一跪三叩礼，各退。

谨案：经筵侍班官皆补服，讲官则兼服蟒袖，与他官异，其进讲先后行二跪六叩礼时，侍班起居注官仍于殿内侍立，不随众行礼。

筵宴侍班仪

凡三大节及大庆典受贺筵宴，均御太和殿。除夕筵宴，暨公主厘降，筵宴额驸，则御保和殿。上元节，圆明园筵宴外藩，则御正大光明殿。起居注官宴席，均设于宝座西北隅，在后护大臣之西，大臣外藩等之上，雁齿排列。起居注官，蟒袍补服，应穿貂褂时，起居注官均穿貂褂。晨入，立于坐次，祗俟。上升宝座，赐坐时，行一跪一叩礼。侍卫行酒至前，及特赐克食，行礼亦如之。大臣暨外藩等宴毕，降阶行三跪九叩礼，起居注官仍起立于坐次，竢驾还宫，乃退。上元之夕，上御山高水长观火戏，蒙古外藩王公大臣咸在，起居注官侍幄外，西立东向，竢驾出，然后退。

扈跸侍班仪

恭遇上谒陵寝暨巡幸诸处，起居注衙门奏请钦派起居注官，满汉全行开列，东陵用四员，永陵、福陵、昭陵、西陵用二员；吏部奏请钦派各衙门堂官，掌院学士，侍读、侍讲学士皆与开列，或一或二，无定员；翰林院奏派满洲侍读以下翰林官一员。与詹事府庶子、洗马、中允、赞善轮班递派，清语谓之依都，兼讲官者不派。各备帐房，衣行衣，随行营住宿环卫。黎明，恭俟驾出宫门，偕各衙门堂官，于宫门外之右左向侍班，次第以品级为序。侍出门班，著行裳，满员则兼佩橐鞬。驾发后，即随行以备召对。若连日驻跸，遇侍出门班，如诣庙拈香之类。仍衣行衣，惟不著行裳，不佩橐鞬。仪同前。

避暑山庄行宫侍班仪

恭逢驾出丽正门，起居注官、翰林等，偕各衙门堂官侍班。驾出他门，向不侍班。

传胪侍班仪

传胪前一日，读卷官以前十卷进呈，钦定甲第，按名传宣，读卷官带令前十人引见。上御乾清宫，起居注官常服，于西阶入门内立，东向。次日，上御太和殿，翰詹堂上官、起居注官皆朝服侍班，如升殿仪。殿试执事官行礼毕，传胪官胪唱三，诸贡士行礼毕，金榜出。驾还宫，起居注官暨各官皆退。

勤政殿新进士引见仪

上升座，起居注官四员入右门内序立，东向。办事翰林官带领新进士入，首一甲三名，次宗室，次满洲、蒙古、汉军，次各直省，每省以甲第为序。是时一甲三人业经授职，引见时挂朝珠如逢五逢十日期，并穿补服，余俱常服。

御试武进士及引见传胪侍班仪

凡武进士殿试对策后，复御试于紫光阁，先马步射，次技勇，凡二日。起居注官常服立西阶下，东向。恭竢上升座，向东进趋数武侍班，驾行乃退。试技勇毕，本日武进士即引见于乾清宫，起居注官常服立于宫西门内，东向。次日，御太和殿，传胪、侍班仪，均与文进士传胪同。

勾到侍班仪

凡秋谳，三覆奏讫，上在宫中，则御懋勤殿勾到，起居注官偕大学士、军机大臣、刑部堂官、内阁学士等，分班立于丹墀之西，西面。竢上降舆入升座，大学士等升阶入门，咸北向跪。起居注官趋过门中升阶，偕大学士并入，负北立，南向，末一人距门尺许。若在圆明园，则御洞明堂勾到。竢上既入升座，则随大学士、军机大臣、刑部堂官、内阁学士等后，入门即分南北各二人，西向夹门立。若驻跸避暑山庄，则御依清旷。凡御行殿则豫视其地，以定侍立之准。凡勾到时，上必东向，惟跸途御行幄，则上南向。其日穿常服，冬穿貂褂，不挂朝珠。惟朝审勾到日，咸服元青褂。

军礼侍班仪

皇帝大阅之礼，兵部奏请兴行。前期二日，武备院卿赴大阅处列御营，张幄殿，设御座于正中。届期，兵部尚书、侍郎诣行宫奏成列。司炮举炮三，铙歌大乐作，驾出行宫，入御营，躬御甲胄，扈从王公、大臣、侍卫、亲军，咸擐甲侍班，起居注官蟒袍补服，豫于御营前恭竢。上乘骑出，周视队伍毕，还降骑，御幄殿，起居注官侍班于阶上，西立东向。竢鸣角开操，击鼓行阵。鸣螺结队徐还，上入御营后，乃退。

皇帝御午门受俘之礼。前期，兵部遍告诸司戒办。届日，工部官设御座于午门楼正中，武备院官张黄盖于楼檐下，銮仪卫官陈法驾卤簿，乐部陈乐悬，设铙吹军乐于楼下，设丹陛卤簿于阙门之北，鸿胪寺序定班位。起居注官立午门楼上前楹之西，东向北上，翰林院学士，侍读、侍讲学士各一员，立丹陛卤簿之北，西向，与太和殿大朝礼同，咸蟒袍补服。俟解俘将校行礼，兵部尚书跪奏献俘，刑部尚书跪领讫，王公百官行礼毕，乐止，然后退。

皇帝郊劳之礼。凡大军凯旋，次于近郊，皇帝御郊劳台，将军以下，以次行抱膝礼，恭请圣安。起居注官立于阶下之西，东向北上。

皇朝词林典故卷四十六　仪式

大学士上任仪

凡大学士初授，应于翰林院受任。是日，大学士具朝服入署，至大堂檐下停舆，诣先师祠，行三跪九叩礼，诣昌黎祠，行一跪三叩礼。毕，至后堂更衣，出坐大堂，翰林官以次进揖，大学士出位答揖。馆人呈上诸名帖，学士至中、赞用红柬，称年家眷晚生；修撰、编、检用白柬，称晚生，无论前后辈皆然；庶吉士用光名柬，如门生仪。或大学士不由词林出身者，仪式并同。如大学士受职已久，因在外省还京，始行受任，其奉旨以后始散馆授职之翰林，仍用光名。故事，凡大学士上任前一日，先具帖，差馆人至前辈处，辞其进署，掌院并同。

掌院学士上任仪

是日，掌院学士具朝服入署，至大堂檐下停舆，首领官导引诣先师祠，行三跪九叩礼，诣昌黎祠，行一跪三叩礼。毕，至穿堂拜印，出坐大堂。书公座讫，满汉掌院学士对拜一跪三叩毕，办事翰林官迎于清秘堂之角门，学士以下，迎于清秘堂下，掌院升堂坐，詹事陪坐，学士以下以次进揖，掌院学士并出位答揖，其首领官等进谒如仪。馆人呈名帖，学士以下用红柬；修撰、编修、检讨用白柬，书写悉如其旧，遇前辈，则称曰院长老前辈，遇后辈及不由词林出身者，则称曰院长大人；庶吉士皆白柬光名，如门生仪。坊局官例不到署。其院长不由词林出身者，系大学士、协办大学士、尚书、吏部尚书兼充者，赞善以上用年家眷晚生红柬，户、礼、兵、刑、工五部尚书及侍郎以下兼充者，赞善以上用年家眷侍生红柬；修撰、编修、检讨均用年家眷侍生白柬，庶吉士皆白柬光名，如门生仪。

教习庶吉士上任仪

是日，教习庶吉士，在东安门内，具公服，馆长致辞请，乃进院。一甲三人及诸庶吉士，具公服，揖迎于登瀛门外。教习停舆，导引谒祠，如掌院上任仪。礼毕，延入后堂，满汉教习东西面对拜四拜，一甲三人及庶吉士行晋谒礼，北面再拜，教习东西面答揖。馆吏列分习清汉书人数，请上书，一甲三人及庶吉士以次至前，各执书卷，呈请标注月日，教习点笔示课程讫，然后退。一甲三人及庶吉士，仍竢于登瀛门外揖送，入谒分教庶吉士翰林官，教习西面，庶吉士北面，同行二拜礼。

翰林官入署仪

凡掌院学士，侍读、侍讲学士，侍读、侍讲入署，馆吏皆递声传呼。其编、检办院事者，亦如之。凡庶吉士入署，俱于二门外下马；授职编、检，则于登瀛门内下马；侍读、侍讲，于甬道近月台前下马；掌院学士，侍读、侍讲学士，于堂檐下马。其退也，隶人于上马之地，仍递声传呼送出。

考察过堂仪

凡考察，本衙门例不过堂。其吏部过堂日，侍读、侍讲、洗马、中允、赞善，暨修撰、编、检，齐集阶下。吏人传呼翰林官几员过堂，翰林官出班升阶，大学士、吏部尚书、都察院堂官等，咸避席拱手请退。《会典》谓之过半堂云。

迎送仪

上以南郊、祈年、雩祭、太庙、社稷坛诸大祀，及耕耤、大阅诸典礼，出午门，六品以下不陪祀官，俱朝服迎送于东阙门之南，西向跪。方泽坛、朝日坛、文庙，俱朝服迎送于东华门外，南向跪。夕月坛，则朝服迎送于西华门外，北向跪。若岁首初幸圆明园，初次还宫，及冬令驾自园还宫，则起居注官及学士、庶子以上等官，皆迎送。若乘舆远出暨回銮，起居注官及内廷翰林俱出郊，在众官前另为一班迎送。其宫詹学士、庶子不兼起居注官者，则偕众官一体迎送。其日设卤簿，则诸臣俱彩服，否则用常服，逢五逢十则补褂。其迎送之处，悉遵临时传钞。乘舆还宫之本日，仍排班迎于宫门外。

奉使册封仪

凡册封亲王、郡王、亲王世子、郡王长子、贝勒、贝子等，先期礼部请派正副使。及期，鸿胪寺官设节案于太和殿丹陛正中，南向，设册宝印案于左。长子以下，设节案册案于阶下。正副使黎明朝服，诣太和殿丹墀下祇竢。礼部官导引銮仪卫校尉，舁节册宝印，齐至阶下。仪制司官奉节陈于案，正副使诣案左跪，北面西上。礼部侍郎奉节西面授正使，正使受节，偕副使兴。銮仪卫校尉舁亭由太和中门出，至午门外，正使以节授记》，记系乾隆二十七年掌院学士梁诗正补摹上石，见后跋。堂之前有亭，榜曰瀛洲亭。下有方池，曰凤凰池。

谨按：前明池水本通玉河，其后湮塞。今于刘井设辘轳，穴地灌输，水潆潆从亭南螭吻中出，水中荇藻交横，文鳞游泳，足嘉赏焉。词臣初入馆，院吏导之前，曰此登瀛洲也。

亭之南为宝善亭，榜如之，凡五楹，北向，中藏书籍。

自柯亭而西，为先师祠，凡三楹，南向，室中神龛五，中奉先师，旁列四配及十哲木主。临幸时，亲诣行礼于此，别遣学士一员祭昌黎祠。先师神位后有石碑一，摹先师及十哲像。左方勒《中庸》仲尼祖述尧舜一节文，右方勒《论语》"德行：颜渊，闵子骞，冉伯牛，仲弓"一节文。下方有款识曰唐吴道子画，所谓圣于画者，故刻之翰林，以广其传，无立碑年月。

谨按：明学士李东阳诗，有"采桑玉堂阴，阴浓树婆娑"之句。今祠前古桑尚存，当即东阳所赋。

先师祠之南为西斋房，凡五楹，南向。又南为原心亭，凡三楹，北向，亭楣榜曰五云多处，亭中有榜，如其名，盖雍正间奉诏重葺者。

谨按：《钦定日下旧闻考》云："西斋房旧为《皇清文颖》馆，后又为功臣馆。乾隆三十八年，于院署置《钦定四库全书》馆，原心、宝善二亭及西斋房，皆为校雠之所，移功臣馆于状元厅。"

自入院门，东西各有夹道，直达柯亭、刘井，为临幸时诸臣迎驾后趋进之路。

夹道外，隶舍数十楹，院隶居其七，内阁隶居其三。院署之有阁隶也，自归并内三院始也。

谨按：嘉庆九年二月，圣驾临幸翰林院。前期，特命总管内务府大臣工部侍郎苏楞额，会同掌院学士总管内务府大臣户部侍郎英和，董其事。内府官属，赴署审度地势，院门、仪门、登瀛门、大堂、读讲厅、编检厅、后堂、柯亭、刘井、清秘堂、瀛洲亭，彩结檐楣，绮绣辉映。先是，后堂东西二楹为书库，以设宴故，彻其板壁，移书籍于敬一亭，敬一亭之门前建彩棚，北向，以陈承应。置膳房于原心亭，备御用膳暨各官宴。登瀛门左右，建黄幄凡四，陈赉予各官珍物。至其随处安扉通径，均酌一时权宜。或事后复初，或竟亦仍之。琐屑不具载，述其梗概，以补《盛典》卷中未及详者。

詹事府

府署在玉河之东，西向，亦明代所建。我朝仍其旧制，节经修理，年久渐就倾圮。嘉庆八年，奉诏饬修，规模轮奂焉。

府门三楹，中有榜，署如其名。门内南偏为土神祠，第二重为仪门。三楹，东西角门二，为屋各五楹。

自仪门甬道中垂花门入至阶，大堂五楹在焉，中县康熙四十一年圣祖仁皇帝所赐御谨按：王士禛《池北偶谈》云："明内阁大学士，皆于翰林院上任，故院中设阁老公座于上，而掌院学士居其旁。诸学士称阁老曰中堂以此，后遂相沿勿改。"

堂之西偏，厅事三楹，官读、讲者居之，榜曰读讲厅。东偏三楹，官编、检者居之，榜曰编检厅。

谨按：陆深《俨山集》云："第三厅，史官厅也，又曰槐厅，即今正厅之西偏。"

堂前左右廊屋各十五楹，为吏舍，入左廊中围门内为状元厅，中凡三楹，西房四楹副焉。右廊围门内南向者为昌黎祠，北向者为土谷祠，各三楹。

谨按：严绳孙《西神脞说》云："建置官署，必立土谷祠。翰林院所祀，则昌黎伯韩子也。乾隆九年，重新祠宇，同官集议，以昌黎为土谷祠，未洽典礼，因别建一祠。"

堂之后为穿堂，凡三楹，北向，上县乾隆九年高宗纯皇帝所赐御书"稽古论思"额及幸院谕旨。穿堂之左为待诏厅，右为典簿厅，东西向，各三楹，其榜亦如之。

谨按：二厅前各有古槐一株，盖百余年物也。又陈元龙《爱日堂集》载，大学士张英掌院事时，手植槐数十株，曾有诗云："种槐幸得依刘井，他日清阴满玉堂。"词林传诵之。

穿堂之内为后堂，凡五楹，南向。中设宝座，列御屏，临幸时所御也，上县嘉庆九年皇上所赐御书"天禄储才"额及幸院谕旨。左右砻石，刻高宗纯皇帝圣制是日复得诗四首并示诸臣诗。其东西屋二楹，别户扃之，为藏书之库。

后堂院内东偏有井，覆以亭，曰刘井，而柯亭则峙其西，望之翼然。

谨按：刘井，明学士刘定之浚，柯亭，明学士柯潜建，旧无题额。嘉庆九年，掌院学士英和始设榜署其名。

自后堂而南，有门直两亭间，榜曰敬一亭之门。门内曰敬一亭，凡五楹，北向，中贮圣祖仁皇帝御书赐陈廷敬"龙飞凤舞"四字石刻，《升平嘉宴》诗石刻，《永乐大典》一部。壁间砻石，刻乾隆九年刑部尚书张照敬书"东壁图书府"四十字分韵诗，户部侍郎梁诗正敬书柏梁赓韵诗，续刻嘉庆九年户部侍郎英和敬书"东壁图书府"四十字分韵诗，通政使赵秉冲敬书柏梁赓韵诗。其旧有碑，则前明嘉靖间所颁《敬一亭箴》，范浚《心箴》，程子视、听、言、动四箴。左右碑亭各一，亦前明臣工奉敕勒石，所以识月日者也。

自刘井而东有门，门之内为清秘堂，凡五楹，南向。中设宝座，临幸时，更衣于此。上县乾隆九年高宗纯皇帝所赐御书"集贤清秘"额，嘉庆九年皇上所赐御书"清华励品"额。并砻石，刻皇上幸院御制赐宴礼成复得长律二首，命诸王及分字诸臣和韵诗。石后，刻候补赞善黄钺敬书诸臣恭和诗。其东一楹，上县嘉庆十年皇上特颁御制《勤政殿记》墨刻扁额。

谨按：清秘堂，先名东斋房，自高宗纯皇帝赐额后，御制集中有《清秘堂偶题》一诗，故更今名。

清秘堂之后，有轩一楹，扁以石，名成乐轩。壁间砻石，刻董其昌书《成乐轩

皇朝词林典故卷四十八　廨署

周官经以八灋治官府,注谓百官所居曰府,庀职莅事,各有攸居。词臣职荣侍从,报重文章,雍容翱翔,昔人拟之凌玉清、溯紫霄,东壁西园,尤非他曹可比。我朝重熙累洽,吁俊作人,自选庶常,洊扬坊局,内而论思禁近,外而趋直朝班,咸设屋庐,俾专官守,周详明备,厘然秩然。爰编次翰林院、詹事府、教习馆,而以直庐、直园附之。

翰 林 院

洪惟我朝诞膺景命,创制丰程。国初设文馆。天聪十年,设内三院。崇德八年,都察院参政祖可法、张存仁,理事官雷兴等疏言:"前设内三院,与臣等衙门邻近,于制甚合。近闻将内三院移理藩院外,规度匪宜,请仍改近。"报可。乃改理藩院为内三院,另建理藩院近礼部。此亿万年崇儒重道之权舆也。显谟承烈,定鼎京师,翰林院署沿前明之旧,在长安左门之东,玉河之西。初尝并翰林院于内三院,词臣皆值宿禁城,后复专设院署。厅堂门庑,或因或创,规制视前代有加。自乾隆八年,奉诏更新。五十五年,重加缮治。嘉庆八年,我皇上以幸院大典,申命修葺。尧章舜藻,叠耀重光,玉署鸿樵,于斯大备矣。

院门凡三楹,北向,中县髹漆牓,署如其名。前设棋枑木,左右各一。

谨按:王士祯《居易录》云:"署前积沙号沙堤,形家言风水所系。近稍去其半。数月,学士孟亮揆、沈上墉,侍读王钟灵等七人皆去位,学士朱典、赞善赵执信、祭酒曹禾亦以他事讦误去,其验如此。馆中相传,遂为故实。厥后重葺时,监修各官戒勿复去云。"

门之内为仪门,凡三楹,北向。门左右有掌院学士题名碑,东西两旁角门各一,皆向北。

仪门之内有门,榜曰登瀛门,直甬道中。

大堂五楹,北向,院之正衙也,中县康熙四十一年圣祖仁皇帝所赐御书"道德仁艺"额。左右列横屏各一,左曰整齐严肃,右曰中正和平,无款识岁月。堂下墀左,设日表一。

学士、庶子各按品级衙门序次外,侍读、侍讲、洗马、中允、赞善、修撰、编修、检讨,俱列科道之前。如奉差外省,系循例钦差,如提督学政之类。则列名在督抚之后,两司之前。特旨钦差,如奉旨查办事件之类。则列名在督抚之前。凡遇前辈为本省地方官者,督抚以下并同。后辈具柬,不用治字。若后辈为本省地方官者,前辈仍用治字。又凡前辈改为他官,虽系后辈统局,后辈具柬,仍用晚生、侍生,称谓一切如旧。其已改官之前辈,品秩卑于后辈,则照现在品位仪注行,不得自居前辈后辈。改为他官,如现在品位尊于前辈,或与前辈相等,仍照后辈礼行;如卑于前辈,则亦照现在品位仪注行,不敢自居后辈。

故事，于太老师之子称世叔，如系前辈，具柬则仍照科分，称通家世晚生，或通家世侍生，不称世侄。如非前辈，或系后辈，俱称通家世侍生，亦不称世侄。再凡兄弟之师，亦称师。兄于弟师属前辈者，无论科分，均称通家晚生。弟于兄师，同门生礼。师之父亦称太老师，具柬称门下晚生，与师之师及父之师并同。其太老师之师，例不叙师生礼。

署款称谓仪

凡联幅札启，后辈署款，俱以科分分别称晚侍。其称馆晚馆侍者，以前辈已出衙门，或后辈自出衙门，始有此称。如前辈科分太深，在十三科以上者，后辈具柬则统称晚生。联幅札启署款，自称后学。其前辈有称后辈为馆丈者，科分视此。其于后辈有师生之谊者，亦可称馆丈。再翰林未开坊者，致前辈札启，用素缣，不得用红。凡有故具柬邀请，用白全柬夹红单帖。

交际仪

凡于前辈之父母称晚生，于后辈之父母称侍生。若前辈之父亦系前辈，虽在七科以内，亦应称晚生。初次投帖时视此。若后辈之父系前辈，则叙科分，系后辈则仍称同学弟。其另有年世谊者，各从其称。若前后辈之父系现在官，彼此有统属，及例有常仪者，仍照《会典·仪注》行。

开坊换帖仪

修撰、编修、检讨开坊，于各前辈处投柬，谓之换帖。至门，具红白柬各一，其称谓如常礼。此后再见，改用红柬。若改御史见前辈，惟具红柬，不具白柬。于庶常散馆改官之前辈，均不行此礼。

通行仪

凡翰、詹官，通用大字书柬，自大学士至庶吉士皆同。惟翰、詹谒见大学士及协办大学士，不用大字。故事，书柬，大学士自简端书起，掌院而下，以次递降，逮及庶常，大约于柬之中半高数指写起，不自称教弟。除大学士、协办大学士、吏部尚书及前辈外，不称晚生。于非前辈之他官相接，吏部外，五部尚书、左都御史、吏部侍郎、总督用侍生，户、礼、兵、刑、工五部侍郎，巡抚而下，皆用年家眷弟。致人书札不称禀，虽师长亦称启。自詹事至庶吉士并同，以其为朝廷近臣，《春秋》之义，王人虽微，序于诸侯之上，不得以品级论，为其官者，亦不敢自贬以紊典制也。奏摺列衔，除宫詹稍异宾主常礼。其未授职之庶吉士，初见大学士、掌院学士暨教习庶吉士，大门外下车，通名竢延请。主人迎阶上，宾升阶揖，主人入门，从入北向再拜，主人西向答揖。安坐毕，左还，北向揖，宾西向，主人东北向坐。若旅见，庶吉士均西向北上，待茶揖，辞退揖，主人咸答揖。送至二门，主人前行，宾从，竢主人入，揖退。如国学生见国子师礼，凡师生相见礼视此，平日燕见，执弟子礼，北面揖，主人答揖。大学士于庶常，并如大学士待编、检仪。掌院学士、教习庶吉士于庶常，并如前辈接后辈仪。大学士、掌院学士、教习庶吉士称庶常，并曰老先生，具柬用年家眷弟，俱同前辈接后辈仪。其分教庶吉士之翰林官，庶吉士谒见，执弟子仪，用光名白柬。其分教之翰林于庶常，如前辈接后辈仪。

揖见告坐仪

公私聚会，在坐有前辈，后辈相见俱长揖，前辈答揖。至燕会于私邸，同席皆翰林，后辈挨次于前辈前长揖告坐。如主人亦系前辈，则先于诸宾挨次告坐后，再向主人告坐。若有他衙门客在坐，则不行此礼。

称前辈仪

前辈之称，不论官阶，但由翰林出身者，尚书以下及一科以前之庶常皆同。惟前辈官至大学士，编、检以上翰、詹官见之，称中堂，不称前辈，其另有年世等谊者仍旧。庶吉士则称老师。故事，庶吉士称大学士为阁师。若大学士与大学士相见，同由翰林出身者，仍叙前后辈。若大学士于前辈，则不论官阶，仍称前辈。具柬及相见自称，并同常仪。再大学士无论升任先后，但在未散馆以前擢授者，是科庶吉士见之，均执弟子礼。七科以下前辈，庶常原称侍生。如于后辈未散馆前，前辈升至庶子以上，后辈则改称晚生。其于大拜前辈后升者，庶常仍换帖，惟鼎甲已授职者则仍称侍。再七科以前之前辈，如系庶常未散馆者，后辈亦称晚生。散馆改官，改称侍生。凡云七科，皆合前后辈两科计之，中间五科，则为七科。再前后辈专指内班，其满洲、蒙古科甲，未历庶常、编修、检讨，而由他衙门拣补者，谓之外班。其于内班，彼此不叙前后辈，亦不行前后辈礼。

谒师仪

故事，举人、进士于中式之坐主房官称老师，相见自称门生。于坐主房官之坐主房官，称太老师，相见自称小门生。如老师、太老师系翰林前辈，门生馆选后初谒见时，老师则具光名白柬三，太老师则具门下晚生白柬三；平日谒见，具白柬一。其由庶常改官者，初见，各以其称具红白柬各一；常见，具红柬一。若老师、太老师不系前辈，则无论初见常见，均具红柬一。初见，俱衣公服、携红毡如仪。

仍旧称。门生仍用光名帖,谓之换帖。故事,前辈与后辈相见,称后辈老先生,自称学生。近多以兄弟通称,非其旧矣。

投帖求面仪

凡初入翰林,见前辈,具晚生白柬三,不论年世谊皆如之。至第二次请见,谓之求面,具白柬一,始分别称谓,用年家眷及年世字样。初见,具公服,携红毡,于名柬应用晚生者,相见自称亦曰晚生,于名柬应称侍生者,相见自称则曰学生,终身无改。散馆改官之前辈,相见仍称前辈,初见具晚生白柬一,年家眷侍生红柬一,不论科分品秩,均称侍生。常见用年家眷侍生红柬,自称学生。至鼎甲散馆改官,及凡已散馆授编修、检讨。由他事改官者,与庶常改官者不同,仍行前礼。

宾主相见仪

凡京官敌体宾主相见常礼,宾至门,主人迎于大门内,宾下舆入,主人揖宾入。及阶,让于宾,宾东,主人西。至厅事,宾主皆北向再拜,兴,主人趋正宾坐,西向,宾礼辞,主人固请,卒正坐。左还,正主人坐,东向,如宾礼。宾告退揖,主人答揖。主人送宾及门,宾礼辞,主人固请,送宾于大门外,视宾乘舆马,主人揖送,宾答揖,乃退。翰、詹官见大学士,主人迎于仪门内,送至大门外,不视乘舆马,余如宾主常礼。翰、詹品级稍次者,见二三品京堂,主人趋正宾坐,宾辞,宾还正主人坐,主人辞,余如宾主常礼。其见四品京堂以下,以及在京各衙门属官、外省督抚以下各官,俱照宾主敌体礼平行,如常仪。其翰、詹官奉命出差者,詹事以上,外省督抚等官俱出迎,恭请圣安。少詹事以下兼起居注官者,同此。

互行前后辈仪

京官称前后辈者,翰、詹而外,惟内阁、吏部、礼部、都察院、国子监有之。凡由内阁中书入翰林,当中书任内,有后辈在前而前辈在后者,至馆选投帖时,则互行前后辈礼。惟翰林前辈,仍用红柬,为稍异,相见互称前后辈,坐次仍依翰林仪。其由翰林改授御史,有互为前后辈者,相见亦互称前辈,坐次则依御史仪。余仿此。

谒见出送仪

翰林官自编、检以下见大学士,不论是否前后辈,及门下车,仆役持柬入授阍人。见尚书以下之各前辈,及门传柬,俟延请,乃下车入。及见毕出,前辈送至大门外,视升舆,宾揖,主人答揖,宾升车,主人致辞请行,宾逊避不敢致辞。后辈见前辈,惟此节

皇朝词林典故卷四十七　仪式

大拜前辈仪

翰林最重前后辈之礼，先入馆者为前辈，后入馆者为后辈，虽异日爵秩悬殊，称谓终无更改。馆选后，馆人送认启单。凡前一科以上之授职编修、检讨，及未散馆之庶常，无论在本衙门，在别衙门，在原籍，在外任，均列名，而以大学士冠于前，汇为一纸，曰认启单。次第则序科不序爵，惟大学士序爵不序科。至奉特旨改授馆职者，如曾拜前辈，亦得列名，即附于是科现任庶常之末。其未拜者不列。单内诸前辈，除各有素职及同省者，自行具柬晋谒外，其余皆应投启。满汉大学士、尚书、侍郎、内阁学士，俱大启；大学士虽非前辈，亦投启。詹事以下，赞善以上，中启；修撰、编修、检讨、前科庶常，小启。再行定期。一甲三人及庶吉士，在庶常馆会齐，大拜前辈，咸衣公服，携红毡，具晚生白柬三副。不用年家眷字。至门，馆人投递，庶吉士皆下车，阍人收帖，辞，始升车行。若接见则陈毡展拜，主人答拜。茶毕，主人送至大门外，视升车，如大拜时。前辈有未在京者，俟其还亦，补行投启。

前辈答拜仪

大拜既毕，馆人走请前辈科分最深者，定日答拜，即遍行传知，约以两日为率。届期，庶吉士咸公服，晨集于馆之正堂祗俟，答拜者下舆入，庶吉士迎于阶下。升堂，馆人唱后辈行拜前辈礼，前辈东立，西向，展拜垫，庶吉士西立，东向，铺红毡。一跪四拜，兴，馆人复唱前辈行答拜礼。前辈由北迁西，庶吉士由南迁东，其垫褥红毡，皆互易，亦一跪四拜，兴。少坐，退，庶吉士公送至仪门外，视升舆，拱揖，然后退。其有谊属师生者，竢于大门外揖送，然后退。前辈红柬，用年家眷同学弟。或有年世姻谊及分属师生者，悉仍其旧。科分深则用年家眷弟，七科以上前辈，三晚生柬全收，三科以上者，或收一柬二柬，或俱璧。其不亲答拜者，遣馆人持红柬答拜，庶吉士收柬。于七科以上者，再覆一年家眷晚生帖，七科以下者，再覆一年家眷侍生帖。如前辈官至庶子及四品京堂以上，无论科分，均用年家眷晚生帖。若有年世谊，仍加年世等字。姻谊亦二月，谕大学士："朕御门听政之时，翰林院修撰、编、检，与科道一同侍班，翰林班次，在科道之上，科道悬带数珠，而翰林未有定制。朕思侍从之臣，理应画一。嗣后修撰、编、检亦著一体悬带数珠，以肃朝仪。"自是遂为定式。

乘马仪

定例，禁中不得乘马，虽大臣亦必由特旨。康熙年间，圣祖隆重儒臣，内廷翰林中，如侍读学士张英、检讨朱彝尊等，俱蒙恩赐禁中乘马，实为异数。我皇上体恤臣寮，掌院学士那彦成、英和皆在壮年，以其日直内廷，特命禁中乘马，亦特典也。至出差用驿马，詹事照二品官例，给马八匹；少詹事以下，检讨以上，照三品官例，给马七匹；随赴军营办事翰林四五品官，准用十匹，六七品官准用八匹。

结　衔

凡翰林官结衔旧例，若经筵日讲，则书于本官之上，若兼官，则书于本官之下。其教习庶吉士，及充各馆总裁、纂修等官，则又书于本官及兼官之下。

谨案：旧例，掌院兼礼部侍郎衔，詹事、庶子等官兼翰林衔，已于乾隆间奉旨裁除。惟经筵讲官，及日讲起居注官，文渊阁直阁事、校理，结衔在本官上。余总裁、纂修及一切差使，俱系本官下，如旧例云。

谨案：圣祖仁皇帝驻跸畅春苑，则于澹宁居散馆。世宗宪皇帝驻跸圆明园，则于吏部朝房散馆。乾隆七年，高宗纯皇帝特命于正大光明殿散馆。届期，教习庶吉士及分教庶吉士翰林官，率庶吉士等，咸补褂，齐集出入贤良门外桥南甬道东。行三跪九叩礼毕，趋入，授题考试。次日，上亲定一二三等，仍由掌院学士会同大学士带领引见，分别授职。

具摺仪

故事，京堂以上遇迁转，具摺陈谢。惟新除日讲起居注官，虽编修、检讨，亦得具摺，以起居注官仪服并得同三品故也。无论系充系署，皆应具摺。署后旋充者，不再具摺。其学士、庶子，即非起居注官，初升转时，俱得具摺陈谢。学士补授文渊阁直阁事者亦然。其侍读以下至赞善，不兼起居注官者，升转时，呈请长官代奏陈谢。盖开坊以上，皆由特简，非若部曹等官由题选授职者可比也。若满员由他衙门初入者，例不具呈。至内廷供奉翰林，不论品级，俱得具摺。

又定例，试差，惟三品以上官，及四品以下兼起居注官，或在内廷行走者，皆具摺陈谢。学差，则无论官阶，一体具摺。至试差、学差差竣回京，亦无论官阶，俱应具摺复命。又殿试既毕，状元率诸进士具表谢恩。圆明园值班，遇递无事摺片日，以满汉侍读、侍讲学士各一人衔名，夹片同递，以备召见，摺下始退。其奏请掌院坐充讲官之摺，侍读、侍讲学士俱列后衔。

谨案：顺治十六年四月，掌院学士奏定，翰林自侍读学士以至编修、检讨，皆为同官，凡给假请告，俱令自行陈奏，其后复由掌院移咨吏部汇题。

又案：本院向有题本，至乾隆五十九年，应题事件，俱改用奏摺。

服饰仪

定例，官员四品以上，始得服貂皮妆缎蟒缎，三品以上有职掌大臣，始准用貂皮朝衣。惟翰、詹、科道，不论品级，俱准服貂皮妆缎蟒缎，坐马系鞶缨。日讲起居注官，则仪服并同三品，得用貂皮朝衣，坐褥冬用貉皮，夏用青褐镶红褐，藉红毡。

又定例，帽罩，三品以上用全红，四五六品青镶红，七八九品红镶青。编、检、庶吉士，官虽七品，帽罩得用青镶红，从五品班也。至充起居注官，暨南书房、尚书房行走翰林，文渊阁校理，则帽罩均用全红，如三品仪。

悬挂朝珠仪

定例，朝官五品以上，始挂朝珠。翰林编修、检讨等，惟入直内廷，及充补讲官，恩赐悬挂。康熙年间，南书房、武英殿行走编修、检讨、庶吉士，恩准悬挂朝珠。至乾隆二年十朝鲜国同。如谕祭后再行册封，礼亦同。

凡册封安南，仪制均与琉球同。

谨按：颁发外国诏敕，宣读后，例应赍回缴还内阁。惟颁发琉球者，该国节次请留，使臣得允其请，仍令该国王于谢表内声明。

谨案：我圣朝幅员广远，中外一家，职贡图所列奉琛纳赆，年班朝觐之国，盖不胜数。惟朝鲜国王李倧，于崇德二年，举国内附，敕封为朝鲜国王。顺治六年，遣正副使赍敕往封世子李淏为王。琉球国，则于顺治八年内属。十一年，遣正副使赍敕往封世子尚质为中山王，并于本年题准册封事宜。自是每遇袭封，俱遣使锡命如例。安南久隶藩服，屡奉恩旨，遣使册封。嘉庆八年，奉旨赐国名为越南。故谨依《会典·仪式》胪载，俾词臣之赋皇华者，得以考焉。

馆选仪

新进士殿试传胪后，一甲一名授翰林院修撰，二名、三名授编修。礼部将诸进士名册移送过院，奏请朝考，恭请命题，试以诏疏论诗，钦定甲乙。次日，传令赴院习仪。既各娴熟，满汉掌院学士会同大学士带领引见，恭候钦选。

谨案：国初定制，凡选庶吉士，吏部牒翰林院题请日期。至期，陈黄摺于御案上，书诸进士年齿籍贯。上升座，满汉掌院学士左右侍，满读、讲学士引诸进士以次入，选中者立御座右。选毕，一甲三人亦引见。次日，翰林院进庶吉士名摺，交内阁分别读清汉书。圣祖仁皇帝时，进士于馆选时，奏乞读中秘书，或称家世多任馆阁，或称边远地素少词臣，间荷俞允。世宗宪皇帝令大臣以所知荐，用相参核。高宗纯皇帝御极，尤慎校艺文。朝考后，复令亲王大臣集诸进士，观其仪度，核其年岁，分为三等，程材论选。嗣免王大臣验看，统照甲第，带领引见，恭候钦定。

大课仪

凡大课日，一甲三人暨诸庶吉士，咸黎明齐集馆中，俟教习庶吉士入门停舆，群补褂迎于二门内。教习升堂，咸趋进揖，教习答揖。既纳卷，教习出，一甲三人及庶吉士仍送于堂檐下，如初至仪。凡大课之日，分教庶吉士翰林官及庶常馆提调各官，亦齐集馆中。

散馆仪

凡散馆定例，教习庶吉士大臣及分教庶吉士翰林官，引一甲三人及庶吉士，序立体仁阁下，行三跪九叩礼，鱼贯趋入，授题给笔札。清书试以翻译，汉书试以诗赋，上亲定一二三等，越日引见，分别授职。

礼部官，出长安门，咸乘马，鼓吹导引诣王等府。是时府属官豫设节案于府堂内正中，前设香案，左设册宝印案。长子以下，不设印案。正副使等将及府第下马，正使持节前入，册宝印亭随入。乐作，受封王等率所属各官，朝服跪迎于府门外道右，候过，兴，随入，乐止。正使及礼部官升自中阶，陈节于中案，陈册宝印于左案，正副使就案东立，宣读官及礼部官在后，均西向，赞引官引王等升西阶就拜位，北面立。乐作，行三跪九叩礼，乐止，兴，进至香案前跪。宣读官西面宣册讫，正使奉册授王等，王等祇受，转授从官，从官跪受，兴，陈于案。次宣宝印讫，副使奉宝印授王等，王等祇受如前仪，兴，复位。乐作，行三跪九叩礼，毕，乐止。正使奉节出，副使及执事官从出，王等跪送如初迎仪。

凡册封公主、亲王福晋、郡王福晋、郡主、县主、郡君、贝勒夫人、贝子夫人等，请派受节，如封亲王等仪。正副使将及府门下马，乐作，王、额驸等率府属官，朝服跪迎于大门外道右，候过，兴，正使持节入，册亭随入，公主、福晋等礼服，率侍女跪迎于仪门内道右，候过，兴，乐止。正副使等官升阶，陈节册于案，各就案东立西向，侍女引公主、福晋等升西阶，就拜位立。乐作，行六肃三跪三拜礼，乐止，兴，进诣香案前跪。宣读官宣册讫，以册授副使，副使西向授内监，内监跪接授侍女，侍女跪授公主、福晋等。公主、福晋等祇受后，授侍女，侍女跪接，兴，陈于案。公主、福晋等退就拜位立，乐作，礼如初，乐止，侍女引退。正使奉节出，副使等从出，公主、福晋等跪送于仪门内，王、额驸等跪送于大门外，如初迎仪。

凡册封朝鲜，先期内阁撰拟诏敕各一道。启途时，工部给黄伞仪仗、钦差牌、肃静回避牌各一对，兵部给邮符，备沿途夫马，给兵票，拨营汛兵护送出山海关，拨旗兵送至朝鲜界，给路引，载随行通事官从人，及车马弓矢佩刀之类，以备出关稽查。使者将入境，国王遣陪臣祇候，恭迎诏敕龙亭，行三跪九叩礼。见正副使，行一跪三叩礼，正副使受之。至国日，设该国鼓乐仪仗于城外，国王率世子、陪臣迎于郊外五里。诏敕龙亭过，国王等皆跪。礼毕，国王等乘舆马先回，正副使随诏敕龙亭及颁赐器币，由中门入。正副使奉诏敕升殿，置正中黄案上，奉颁赐器币陈于旁案。国王就拜位，率世子、陪臣在阶下行三跪九叩礼，兴，诣受诏敕位跪。使者乃宣诏敕毕，奉置于案，国王行三跪九叩礼，兴。正副使出，国王率属出送，乃返。如谕祭后再行册封礼，则先有事于庙，设其先王祭位于庙中之东，西向，奉安谕祭文于正中，正副使右立，列所赐银绢于神位案上。世子率陪臣行三跪九叩礼毕，退，立于神位案左，乃宣谕祭文，世子等皆俯伏，宣毕，兴。奉诣焚帛所焚毕，世子就拜位，率陪臣行礼。正副使乃次行册封礼于正殿，如前仪。世子既受封，乃称王，告于庙，受群臣朝，亲诣使馆谢封，宴劳正副使。事毕，正副使还复命。如册封王妃，以国王受命，封世子，国王率之受命，礼亦如之。

凡册封琉球，引见、得旨后，得暂用珊瑚帽顶、麒麟补服，持节前往。其余仪制，均得暂同一品。先期预领二年俸银，赐给谕祭海神文二道。及行，豫将行期报部，工部备仪仗伞盖、旗牌如例，户部备捆载等物，兵部豫发前行牌，备夫马人役，填给勘合，沿途拨兵护送。至福建渡海登舟，以干弁二员、干兵二百随行。入境后行礼，均与册封书"德业仁义"额,后县嘉庆九年皇上所赐御书"立诚居业"额。

堂之南,厅事三楹,左右春坊官居之;北,厅事三楹,司经局官居之。

堂之前,左右两廊,屋各九楹,为隶舍;堂之后为穿堂,又后为退堂,穿堂楹三,退堂楹五,其北二楹,藏皮书版。

穿堂之南,有厅事三楹,为府中官僚视事之所。

退堂之后,为先师祠,凡三楹,其旁为斋房,凡四楹,俱西向。内有碑,刻康熙十六年圣祖仁皇帝所赐御书"存诚"二字。北斋房东壁,有石刻"一枝轩"三字,系前明万历间物。

祠北有屋三楹,为公座所,榜曰端范堂。

祠前有古松四株。

署内春坊题名、主簿厅题名碑各一。

教 习 馆

往时教习庶吉士,未有专馆,就院中闲旷屋宇及大堂廊庑居之,以为肄业之所。雍正十一年,世宗宪皇帝特赐官房一区,于正阳门内迤东当翰林院之西南,相去不一里,面城南向,馆舍共一百六十楹。至乾隆三十六年,教习庶吉士兵部侍郎钟音、礼部尚书王际华,以年久渐就损坏,疏请修葺,并请以馆后近市房屋,改为市廛,取息以供每岁苫补之用。得旨允行。自此蓬岛芸窗,焕乎鼎新矣。

恩赐教习庶常馆,门东房六楹,西七楹,北向。二门内左右为厢,各三楹。

堂三楹,中县乾隆三十三年高宗纯皇帝所赐御书"芸馆培英"额。东壁砻石,刻乾隆间疏请修馆钦奉谕旨及奏谢朱批,西壁县酌定帮俸章程木榜一,堂左右夹室各一楹。

自堂后垂花门入为后堂,五楹,南向。左右为厢各三楹,东楹为学掌厅,其西楹,吏胥居之。

谨按:乾隆五十九年,重修庶常馆,庶吉士肄业,暂移于院署五云多处。

后堂之内,复有楼,凡五楹,以贮赐书。楼下中室,祠先师,为庶吉士朔望释菜之所。楼东室二楹,楼后五楹,俱南向。后有门一楹,北向。楼前左右厢楼各三楹。

堂东西两夹道,前后为屋共八所,每所正房三楹,厢房二楹。

自中后堂,为教习庶吉士之大臣讲课之所。余东西从房,皆庶吉士居之。

直 庐 附

景运门内,直庐一楹,顺治十七年置。翰林官分班直宿,以备不时召见顾问。

午门外朝房二楹,西向,为翰林、詹事官常朝憩息之所。

起居注馆在太和门外西廊,凡十三楹,康熙十年设,五十七年裁,雍正元年复设。

文渊阁直庐十楹,在传心殿后,北向,旧隶上驷院,乾隆四十一年建文渊阁,藏四库书,以阁职诸臣,不可无治事所,因改给焉。

圆明园朝房,翰林院三楹,詹事府二楹,在兵部朝房前。

圆明园直房三楹,在出入贤良门外西向,嘉庆六年置,词臣轮对日,与吏部同直。

圆明园南书房翰林直庐十楹,在如意门外,南向。

直园附

园为康熙朝大学士索额图赐园,时銮辂贲临,宸翰亲洒,士大夫相与艳称之。雍正二年八月,世宗宪皇帝以赐大学士张廷玉、朱轼,尚书蔡珽,内廷翰林吴士玉、蔡世远、励宗万、于振、戴瀚、杨炳九人,此两书房诸臣得居是园之始也。厥后承恩罔替。园初未命名,大学士张廷玉以向日曾蒙圣祖仁皇帝恩赐御书"澄怀"二大字,敬以名之,因相传为澄怀园。又以为内廷翰林下直之所,亦呼翰林花园。

园在圆明园之东半里许,当时奇石如林,清溪若带,兰桡桂楫,宛转皆通,而曲榭长廊,凉台燠馆,位置结构,极天然之趣,奇花嘉木,皆种植于数十年前,轮囷扶疏,绕山环水,负郭诸名园所罕觏。优赐词臣,诚旷典也。旧有圣祖仁皇帝赐索额图御书"制节谨度"额,后不戒于火,室庐毁烬。蒙高宗纯皇帝发少府金,重加修葺,焕然一新,仍以内廷翰林居之,而水槛山茨,已非夙昔。惟近光楼岿然独存,上悬圣祖仁皇帝御书"青翠霄汉"额。

嘉庆壬戌之春,户部侍郎英和入直南书房,恐楼之渐就颓圮也,鸠工缮完,作文以记其事。于是挹西山之爽气,延丹浒之清晖,俯唱遥吟,怡情揽胜。下则直庐对宇,掩映于荷汀松岫间。林方深而径辟,水欲断而桥通,瓜畴芋区,花香鸟语,周垣缭绕,退食优游,洵蓬壶之仙境,近日月之恩光,尘凡游想,可望而不可即也。

楼之东初为丽景轩,重葺后,大学士蔡新以入直尚书房居焉。又东有屋三楹,旧植紫藤二本。嘉庆辛酉,户部尚书朱珪以入直南书房兼尚书房寓此,则藤偃屋废,乃构藤架,罗以花木。门以外,清流绕之,遍莳芙蕖。自东北而迤西南,达于一园,环发如镜。作《复古藤书屋记》,即以颜其屋云。

皇朝词林典故卷四十九　题名

翰林题名，自唐宋以来，虽间有可考，而参差漏略，迄无成书。我朝教育涵濡，人文蔚起，职司典守，亘古立隆。若馆选，拜献之始基也；掌院学士，词垣之领袖也；教习庶吉士，追琢以有成也；本衙门办事，古直院之职也；经筵日讲，清华要选也；文渊阁，典司图籍也；南书房，所以资顾问也；尚书房，所以佐课读也；博学宏词，所以求俊乂也；荐举经学，所以登宿儒也；特授改补，所以量才用人、广登进也。圣天子垂裳于上，诸儒臣珥笔于下，金声玉润，鹭序鹓行，岂惟冠佩之荣，实亦遭逢之盛已。荟萃群英，后先济美。纪其爵里，系以年时，并仿宋登科录例，纪其表字，庶继起者共励姱修，以翊文明之郅治焉。

馆选

顺治三年丙戌

傅以渐字于磐，山东聊城人。授修撰，官至秘书院大学士，兼兵部尚书、太子太保。国史有传。
吕缵祖字修祉，直隶沧州人。授编修，官至侍读学士。
李奭棠会元。字贰公，顺天大兴人。授编修，官至礼部尚书。
梁清宽字敷五，直隶正定人。散馆授编修，官至吏部侍郎。
陈　炉字公朗，河南孟津人。散馆授编修，历官詹事，官至陕西布政使。
王炳昆字慰生，山东掖县人。散馆授编修，官至江西粮道。
朱之锡字梅麓，浙江义乌人。散馆授编修，官至河道总督，加兵部尚书衔、太子少保。国史有传。
黄志遴字铨士，福建晋江人。散馆授编修，官至湖广布政使。
法若真字汉儒，山东胶州人。散馆授编修，官至安徽布政使。
董　珋字良合，江苏赣榆人。
王无咎字藉茅，河南孟津人。散馆授编修，官至太常寺卿。
石维昆字与瞻，直隶都水卫人。散馆改御史。

胡兆龙字子衮，顺天大兴籍，浙江山阴人。散馆授编修，官至吏部侍郎，加太子少保、礼部尚书衔。

韦成贤字集生，湖北黄冈人。散馆授编修，官至右通政。

张尔素字贲园，山西阳城人。散馆授编修，官至刑部侍郎。

杨思圣字犹龙，直隶巨鹿人。散馆授编修，官至四川布政使，赠工部侍郎。

多象谦字尊光，直隶阜城人。

夏敷九字弼五，辽东盖州人。散馆授编修，官至侍读学士。

王一骥字念石，山东蓬莱人。散馆授编修，官至江南凤宿道副使。

傅维鳞字长雷，直隶灵寿人。散馆授编修，官至工部尚书，加太子少保。国史有传。

王紫绶字金章，河南祥符人。散馆授编修，官至江西南赣道。

董笃行字嘉宾，河南洛阳人。散馆改给事中，官至副都御使。国史有传。

王舜年字永祺，山东掖县人。散馆授编修，官至山西布政使。

单若鲁字拙庵，山东高密人。散馆授检讨，官至祭酒。

艾元徵字长人，山东济阳人。散馆授检讨，官至刑部尚书。国史有传。

乔映伍字星文，山西阳城人。散馆授检讨，官至赞善。

张　嘉字雪葑，浙江归安人。散馆改御史。

沈兆行字曙白，浙江武康人。

李培真字仲儒，河南夏邑人。散馆授检讨，官至江南扬州道。

蓝　润榜名滋，字海重，山东即墨人。散馆授检讨，官至湖广布政使。

李　霨字景霱，直隶高阳人。散馆授检讨，官至保和殿大学士、太子太师，晋少保，谥文勤。国史有传。

王士骥字千里，顺天大兴人。散馆改御史。

魏裔介字石生，直隶柏乡人。散馆改给事中，官至保和殿大学士、太子太傅，追谥文毅，入祀贤良祠。国史有传。

宋　杞字若木，顺天大兴人。散馆授检讨，官至陕西潼商道。

常居仁字备之，山西乐平人。散馆改给事中。

刘泽芳字德馨，顺天宛平人。散馆授检讨。

袁襜如字圣衣，河南祥符人。

魏象枢字环极，山西蔚州人。散馆改给事中，官至刑部尚书，谥敏果，入祀贤良祠。国史有传。

杨运昌字子立，河南河内人。散馆授检讨，官至礼部侍郎。

胡之骏字伯襄，江苏山阳人。散馆改给事中。

王公选字拙庵，陕西三原人。散馆改给事中。

石　申字仲生，直隶滦州籍，湖北黄冈人。散馆授检讨，官至吏部侍郎。

李若琛字公远，顺天大兴人。散馆改御史。

张文明字深发，顺天大兴籍，直隶永平人。散馆授检讨，官至知府。

张　汧字蕙嶪，山西高平人。散馆改主事，官至湖广巡抚。
沙　澄字会清，山东莱阳人。散馆授检讨，官至礼部尚书。
傅作霖字叔甘，河南登封人。散馆授检讨，官至江南江安粮道。
杭齐苏字东侯，山东聊城人。散馆改给事中。
陆　嵩字中山，顺天宛平人。散馆授检讨。

顺治四年丁亥

吕　宫字长音，江苏武进人。授修撰，官至弘文院大学士，加太子太保。国史有传。
程芳朝字其相，安徽桐城人。授编修，官至太常寺卿。
蒋　超字虎臣，江苏金坛人。授编修，官至修撰。
周启觹字立五，江苏宜兴人。散馆授编修，官至鸿胪寺少卿。
王大礽字愿五，安徽桐城人。散馆授编修，官至江西粮道。
张宏俊字识之，顺天大兴人。散馆授编修，官至福建按察使。
冯　溥字孔博，山东临朐人。散馆授编修，官至文华殿大学士，加太子太傅，谥文毅。国史有传。
冯右京字左知，山西代州人。散馆改御史，官至湖北荆宜施道。
李昌垣字长文，顺天宛平人。散馆授编修，官至侍读学士。
卓　彝字朗彝，浙江武康籍，仁和人。散馆授编修，官至庶子。
叶　机字次辰，浙江钱塘人。散馆授编修，官至文华殿大学士，谥文僖。国史有传。
李　目字腹公，河南商邱人。散馆授编修，官至侍讲。
宋学洙字文起，湖北江陵人。散馆改主事，官至陕西按察司副使。
邓　旭字元昭，安徽寿州人。散馆授检讨，官至甘肃洮岷道。
常若柱字擎宇，陕西蒲城人。散馆改给事中。
杜　果字登圣，江西新建人。散馆改御史，官至山东济宁道。
李中白字绘先，山西长治人。散馆授检讨，官至侍读学士。
庄同生字玉骢，江苏武进人。散馆授检讨，官至庶子。
孙自式榜姓邹，字衣月，江苏武进人。散馆授检讨。
章云鹭字紫义，顺天宛平人。散馆授检讨，官至兵部督捕侍郎。
王　熙字子雍，顺天宛平人。散馆授检讨，官至保和殿大学士兼掌院学士，加太子太保，晋少傅，谥文靖，入祀贤良祠。国史有传。
朱士冲字澹轩，湖北潜江人。
李廷枢字辰玉，江苏江宁籍，吴县人。散馆授检讨，官至浙江粮道。

顺治六年己丑

刘子壮字克猷，湖北黄冈人。授修撰。

熊伯龙字次侯，湖北汉阳人。授编修，历官祭酒，官至侍讲学士。
张天植字蓬林，浙江嘉兴人。授编修，官至兵部侍郎。
徐致觉字莘叟，江苏六合人。散馆授编修。
方孝标榜名悬成，字楼冈，安徽桐城人。散馆授编修。
范　周榜名周堃，字挺岳，江苏吴县人。散馆授编修，官至河南粮道。
林云京字双成，福建福清人。未散馆改给事中，官至广东盐道。
左敬祖会元。字念源，直隶河间人。散馆授编修，官至左副都御史。
胡　亶字保林，浙江仁和人。散馆授编修，官至右通政。
张道湜字涣之，山西沁水人。散馆授编修，官至直隶天津道。
成　亮字伍岚，直隶大名人。散馆授编修，官至侍讲学士。
何　采字涤源，江苏江宁籍，桐城人。散馆授编修，官至侍读。
杨旬瑛字似公，福建晋江人。散馆改御史。
张　英字右讷，陕西朝邑人。散馆授编修。
安　焕字复旦，山东日照人。散馆授编修，官至江西湖东道。
周体观字伯衡，顺天遵化人。未散馆改给事中，官至安徽宁池太广道。
姜图南字汇思，顺天大兴人。散馆改御史，官至河东睢陈道。
姜元衡榜姓黄，字玉璇，山东即墨人。散馆授编修，官至侍读。
马华曾字觐扬，浙江平湖人。散馆授编修，官至户部侍郎。
焦毓瑞字辑五，山东章邱人。散馆改御史，官至户部侍郎。
吴正治字当世，湖北汉阳籍，江夏人。散馆授编修，官至武英殿大学士、太子太傅，谥文僖。国史有传。
曹本荣字木欣，湖北黄冈人。散馆授编修，官至侍读学士。
周曾发字苞榖，浙江兹溪人。未散馆改给事中。
郭一鹗字立庵，河南洛阳人。未散馆改给事中，官至广东布政使。
王　清字素修，山东海丰人。散馆授编修，官至吏部侍郎。
张士甄字绣紫，顺天通州人。散馆授编修，官至吏部尚书。
高光夔字念侣，顺天文安人。散馆授编修，官至江南扬州道。
诸　豫字震坤，江苏昆山人。散馆授编修，官至侍读。
张　璇字在兹，河南永宁人。未散馆改给事中，官至安徽庐凤道。
徐必远字致公，贵州新贵籍，江苏江宁人。散馆授检讨，官至广西桂平道。
叶树德字太立，顺天大兴人。散馆改主事，官至知府。
季开生字天中，江苏泰兴人。未散馆改给事中。
王绍隆字圣质，浙江海宁人。散馆授检讨，官至江南江安粮道。
朱廷璟字山辉，陕西富平人。散馆授检讨，官至广西左江道。
范廷元字调垣，浙江鄞县人。散馆授检讨，官至广东右布政使。
许缵曾字孝修，江苏上海人。散馆授检讨，官至云南按察使。

李仪古字淑复，直隶任邱人。散馆授检讨，官至侍读学士。

朱　绂字五任，江西进贤人。散馆改御史，官至左佥都御史。

范正脉字介子，河南修武人。散馆授检讨，官至浙江盐运使。

刘嗣美字心周，河南陈留人。散馆改御史，官至湖北荆宜施道。

于朋举字襄于，江苏金坛人。散馆授检讨，官至湖南布政使。

唐梦赉字济武，山东淄川人。散馆授检讨。

庄朝生同生弟，字玉笥，江苏武进人。散馆授检讨，官至河南提学道。

顺治九年壬辰

邹忠倚字千度，江苏无锡人，己丑中式举人。授修撰。

张永祺字尔成，顺天大兴籍，江南宜兴人。授编修，官至大理寺少卿。

沈　荃字贞蕤，江苏青浦籍，华亭人。授编修，官至詹事，加礼部侍郎衔，谥文恪。

迟　煌字东生，汉军正白旗人。散馆授编修，官至副理事官。

汪炼南字冶夫，湖北黄冈人。散馆授编修，官至侍读学士。

曹尔堪字子顾，浙江嘉善人。散馆授编修，官至侍讲学士。

王元曦字旸谷，山东掖县人。未散馆改御史，官至大理寺寺丞。

张　潜字上若，河南磁州人。

范承谟字觐公，汉军镶黄旗人。散馆授编修，官至浙闽总督。殉节，赠太子少保、兵部尚书，谥忠贞，入祀昭忠祠。国史有传。

李文煌字包闇，河南颖川卫人。散馆改给事中，官至广东布政司参议，分巡岭北道。

杨绍先字继美，湖北安陆人。散馆授编修，官至四川建昌道。

俞　铎字天木，江苏泰州人。散馆改御史，官至直隶口北道。

陈　彩字美公，广东顺德人。散馆授编修，官至江西岭北道。

张应桂字立林，山东胶州人。散馆授编修。

侯于唐字莲岳，陕西三原人。未散馆改御史。

金　铉字冶公，顺天宛平人。散馆授编修，官至浙江巡抚。

张瑞徵字卿旦，山东莱阳人。散馆授检讨，官至河南南汝光道。

陈子达字念藜，福建闽县人。散馆授检讨，官至陕西按察使。

杨士烌顺天通州人。散馆改御史。

程　邑字翼苍，江苏上元人。

王　龥字晋刘，浙江秀水人。散馆授检讨，官至河南提学道。

赵曰冕字章我，江西新建人。散馆改主事，官至江南按察使。

龚必第字天阶，福建晋江人。

薛　沄字子大，福建侯官人。散馆授检讨，官至山东登州道。

吕祖望字培址，直隶沧州人。散馆改御史，官至鸿胪寺少卿。

方　犹字月江，浙江遂安籍，四川人。散馆授检讨，官至侍讲。

史彪古字焕章，江西鄱阳人。散馆改给事中。

叶先登字昊庵，福建长泰人。散馆授检讨，官至山西冀南道。

郭　棻字芝仙，直隶清苑人。官至内阁学士。

余　恂字孺子，浙江龙游人。散馆授检讨，官至谕德。

钱开宗字绳庵，浙江仁和人。散馆授检讨，官至赞善。

耿　介字介石，河南登封人。散馆授检讨，官至少詹事。

熊侪鹤字仰庵，江西丰城人。散馆改御史。

周季琬字文夏，江苏宜兴人。未散馆改御史。

崔之瑛顺天霸州人。散馆授检讨，官至云南布政使。

王　纪字若朴，山西沁水人。散馆改给事中，官至山东济南道。

汤　斌字孔伯，河南睢州人。散馆授检讨，历官陕西潼关道。康熙己未博学宏词，授侍讲，官至礼部尚书，追谥文正，入祀贤良祠、名宦祠。国史有传。

杨永宁字地一，山西闻喜人。散馆授检讨，官至吏部侍郎。

丁思孔字景行，汉军镶黄旗人。散馆授检讨，官至云贵总督。国史有传。

陈永命汉军镶黄旗人。

白乃贞字蕊渊，陕西清涧人。散馆授检讨。

饶宇栻字型万，江西进贤人。散馆改给事中，官至湖南盐道。

李昌祚字文孙，湖北汉阳籍，江西玉山人。散馆授检讨，官至太常寺少卿。

周奕封字茹公，江苏宜兴人。散馆改推官。

吴宏安字定辞，安徽桐城人。

卢　高字远心，湖北兴国人。散馆授检讨，官至浙江盐道。

韩廷苞字燕翼，山东青城人。散馆改给事中，官至直隶天津道。

满洲馆选九人。谨按：是科分满汉为二榜，蒙古入满洲榜，汉军入汉人榜，赐进士及第出身，并与汉榜同。九月始选用。

满洲汉军庶吉士：

麻勒吉会元。满洲正黄旗人。授修撰，历官两江总督，官至步军统领。国史有传。

折库纳满洲镶蓝旗人。授编修，官至兵部督捕侍郎兼掌院学士。国史有传。

巴　海满洲镶蓝旗人。授编修，官至侍讲学士。

赛冲阿满洲正黄旗人。

吴尔祐满洲正蓝旗人。

威洛洪满洲正黄旗人。

宋祖保满洲镶红旗人。

巴达礼蒙古正黄旗人。

塔必图蒙古正白旗人。

顺治十二年乙未

谨按：是科停选汉军庶吉士。

史大成字及超，浙江鄞县人。授修撰，官至礼部侍郎。

戴王纶字彧极，直隶沧州人。授编修，官至江西粮道。

秦　鉽会元。字克绳，江苏长洲籍，无锡人。授编修，官至江西按察使。

王益朋字鹤山，浙江仁和人。未散馆改给事中，官至太仆寺卿。

王命岳字伯咨，福建晋江人。未散馆改给事中。

宋德宜字右之，江苏长洲人。未散馆特旨授编修，官至文华殿大学士，加太子太傅，谥文恪。国史有传。

严　沆字子餐，浙江余姚人。未散馆改给事中，官至仓场侍郎。国史有传。

孙光祀字溯玉，山东历城人。未散馆改给事中，官至兵部侍郎。

周宸藻字质安，浙江嘉善人。未散馆改御史。

王泽宏字涓来，湖北黄陂籍，江西鄱阳人。散馆授编修，官至礼部尚书。

刘芳躅字钟宛，顺天宛平人。散馆授编修，官至山东巡抚，加工部侍郎衔。国史有传。

徐元灿字道力，浙江海宁人。散馆授编修。

田逢吉字凝只，山西高平人。散馆授编修，官至浙江巡抚。

邱象升字曙戒，江苏山阳人。散馆授编修，历官侍讲，降官至大理寺寺副。

冯源济字昭仙，顺天涿州人。散馆授编修，官至祭酒。

曹申吉字锡余，山东安邱人。散馆授编修，官至贵州巡抚。国史有传。

刘祚远字子延，山东安邱人。未散馆改给事中，官至保定巡抚。

沈世奕字韩倬，江苏吴县人。散馆授编修。

胡简敬字又弓，江苏沭阳人。散馆授编修，官至吏部侍郎。

张松龄字鹤生，福建莆田人。未散馆改御史，官至四川川南参议道。

綦汝楫字松支，山东高密人。散馆授检讨，官至侍读学士。

田种玉字公琢，顺天宛平人。散馆授检讨，官至礼部侍郎，加工部尚书衔、太子少傅。

邓钟麟字玉书，江苏江阴人。散馆授检讨。

陈敱永字雍期，浙江海宁人。散馆授检讨，官至工部尚书，谥文和。

吴贞度字静庵，江苏宜兴人。

党以让字克公，陕西城固人。散馆授检讨，官至侍讲。

韩雄印字念祖，直隶高阳人。

梁　鋐字子远，陕西三原人。未散馆改给事中，官至户部侍郎。国史有传。

秦松龄字汉石，江苏无锡人。散馆授检讨，罢。康熙己未博学宏词，复授检讨，官至谕德。

929

李赞元榜名立，字望石，山东海阳人。未散馆改御史，官至兵部侍郎。国史有传。

伊　辟字卢元，山东新城人。未散馆改御史，官至云南巡抚。国史有传。

项景襄字去浮，浙江钱塘人。散馆授检讨，官至兵部侍郎。

范廷魁字珠岩，浙江鄞县人。散馆授检讨。

满洲馆选九人：

图尔宸字自中，满洲正白旗人。授修撰，官至工部侍郎。

查　亲会元。满洲正红旗人。授编修。

索　泰满洲正白旗人。授编修，官至给事中。

董　色满洲正红旗人。

乌大禅满洲正黄旗人。

莫乐洪满洲镶红旗人。

达尔布满洲镶蓝旗人。官至山西巡抚。

查　汉满洲镶蓝旗人。

拖必泰满洲镶白旗人。

顺治十五年戊戌

孙承恩字扶桑，江苏常熟人。授修撰。

孙一致字惟一，江苏盐城人。授编修，官至侍读学士。

吴国对字玉随，安徽全椒人。授编修，官至侍读。

王遵训字信初，河南西华人。散馆改御史，官至户部侍郎。

富鸿基榜名鸿业，字磐伯，福建晋江人。散馆授编修，官至礼部侍郎。

俞之炎字以除，浙江桐乡人。散馆改给事中。

陆懋廷字堑修，浙江新城人。散馆授编修，官至推官。

马晋允字谦箴，浙江余姚人。散馆授编修，官至侍读。

吴珂鸣字新方，江苏武进人。散馆授编修。

王吉人字孚伯，湖北京山人。散馆授编修。

郭　谏字献丹，山东齐东人。散馆改主事。

王曰高字监兹，山东茌平人。散馆改给事中。

田　麟字西薮，奉天人。散馆授编修。

王于玉字襄濮，江苏宜兴人。

萧惟豫字介石，山东德州左卫人。散馆授编修，官至侍读。

吕显祖山东济宁人。

张贞生会元。字幹臣，江西庐陵人。散馆授编修，官至内阁学士。

杨正中字尔茂，顺天通州人。散馆授编修，官至礼部侍郎。

杜臻榜姓徐，字肇余，浙江秀水人。散馆授编修，官至礼部尚书。

邹度珙字谦受，江西新建人。散馆授检讨。

王飏昌字子言，山东高密人。散馆授检讨，官至礼部侍郎。

王封溁字玉书，湖北黄冈籍，广西全州人。散馆授检讨，官至吏部侍郎。

彭之凤字宜生，湖南龙阳人。散馆改给事中，官至光禄寺少卿。

谭篆字灌湘，湖北天门人。散馆授检讨，官至侍讲。

王钟灵字龙洲，山西闻喜人。散馆授检讨，官至侍读。

沈振嗣字方岩，浙江余姚人。

李天馥字湘北，安徽合肥籍，河南永城人。散馆授检讨，官至武英殿大学士，谥文定。国史有传。

崔蔚林字夏章，直隶新安人。未散馆特旨授检讨，官至少詹事，加詹事衔。

殷观光字巡典，顺天宛平人。

陈敬字尔恂，顺天通州人。

熊赐履字素九，湖北孝感人。散馆授检讨，官至东阁大学士兼掌院学士，赠太子太保，谥文端。国史有传。

陈廷敬榜名敬，字说岩，山西泽州人。散馆授检讨，官至文渊阁大学士兼掌院学士，谥文贞。国史有传。

吴本植字笃生，直隶安平人。散馆授检讨，官至侍读学士。

顾高嘉榜姓项，名嘉，字静昭，浙江秀水人。散馆归班，官至知府。

熊赐玗赐履从弟，字宗玉，湖北孝感人。散馆授检讨，官至侍读学士。

顺治十六年己亥

徐元文榜姓陆，字公肃，江苏长洲人。授修撰，官至文华殿大学士兼掌院学士。国史有传。

华亦祥榜姓鲍，字缵长，江苏无锡人。授编修，官至侍读学士。

叶方蔼字子吉，江苏昆山人。授编修，官至刑部侍郎兼掌院学士，加尚书衔，谥文敏。国史有传。

王勋字次重，顺天大兴人。散馆授编修。

郑为光字晦中，江苏仪征人。散馆改御史。

周训臣字方更，山西安邑人。散馆改主事，官至江南粮道。

许玮榜姓张，字存岩，浙江秀水人。散馆改给事中。

苏宣化字亮公，顺天大兴人。散馆授编修，官至少詹事。

李平字秩南，浙江山阴人。散馆授编修。

唐寅清字岳邻，浙江武康人。散馆改主事，官至郎中。

王道骐字锦之，湖北黄冈人。散馆改给事中。

翟世琪字湛搏，山东益都人。散馆归班，官至推官。

周之麟字石公，浙江萧山人。散馆授编修，官至通政使。
李为霖字次楫，江苏兴化人。散馆改主事，官至郎中。
郑日奎字次公，江西贵溪人。散馆改主事，官至郎中。
钟　朗字玉行，浙江建德籍，秀水人。散馆改主事，官至陕西提学道。
刘雯旷字去嬉，直隶沧州人。散馆授编修。
金国用字嘉宾，江苏吴县人。散馆授编修。
朱训诰字秀多，山东聊城人。散馆改给事中，官至江西盐道。
朱　锦会元。字天襄，江苏上海人。散馆改主事。
周　灿字绀林，陕西临潼人。散馆改主事，官至四川提学道。
管　恺字旗山，江西临川人。散馆授编修。
陈志纪字雁群，江苏泰州人。散馆授编修。
周　渔字大西，江苏兴化人。散馆授编修。
翟延初字岱麓，山东益都人。散馆授编修。
卢乾元字万质，湖北汉阳人。散馆改主事。
马大士字徵庵，河南浚县人。散馆改御史。
曹鼎望字冠五，顺天丰润人。散馆改主事，官至知府。
赵之符字尔合，顺天武清人。散馆改给事中，官至左佥都御史。
蒋宏道字扶之，顺天大兴籍，山西临汾人。散馆授检讨，官至左都御史。
朱之佐字左人，顺天大兴人。散馆授检讨，官至侍读学士。
杨维乔字岱桢，山东宁海人。散馆改御史，官至直隶口北道。
蒋　绘字辰生，江苏吴县人。
杨大鲲字陶云，江苏武进人。散馆归班，官至山东按察使。
陈景仁字静公，浙江山阴人。散馆改主事，官至知府。
宁尔讲字元箸，直隶永年人。散馆改御史。
赵济美字钟秀，山东蒲台人。散馆改主事，官至河南河北道。
郑　端字司直，直隶枣强人。散馆改主事，官至江苏巡抚。
戈　英字育仲，直隶献县人。散馆改御史。
陈　元字长公，山西泽州人。
刘元勋字汉臣，陕西咸宁人。散馆改主事，官至广东按察使。
刘如汉字倬章，四川巴县人。散馆改给事中，官至江西巡抚。国史有传。
詹养沉字无机，安徽婺源人。散馆授检讨。
罗继谟字岩旭，河南杞县人。散馆改主事，官至郎中。

顺治十八年辛丑

马世俊字章民，江苏溧阳人。授修撰，官至侍读。

李仙根字子静，四川遂宁人。授编修，官至吏部侍郎。

吴　光字长庚，浙江归安人。授编修。

张玉书字素存，江苏丹徒人。散馆授编修，官至文华殿大学士兼掌院学士，赠太子太保，谥文贞，入祀贤良祠。国史有传。

刘芳喆芳躅弟，字宣人，顺天宛平人。散馆授编修，官至司业。

郑开极字肇修，福建侯官人。散馆授编修，官至谕德，重与鹿鸣宴。

朱世熙字克咸，顺天宛平人。散馆授编修，官至谕德。

田喜霔字子湄，山西马邑人。散馆授检讨，官至内阁学士。

申涵盼字随叔，直隶永年人。散馆授检讨。

叶映榴字苍岩，江苏上海人。未散馆降监丞，官至湖广粮道。殉节，赠工部侍郎，谥忠节，入祀昭忠祠。国史有传。

王豫嘉字九青，陕西扶风人。散馆授检讨，官至侍讲。

郑之谌字野谋，湖北咸宁人。散馆授检讨，官至赞善。

徐诰武字孟枢，江苏金坛人。散馆改御史，官至户部侍郎。

康熙三年甲辰

谨按：是科至庚戌，俱习清书。癸丑，复分习清、汉书。

严我斯字欨思，浙江归安人。授修撰，官至礼部侍郎。

李元振字贞孟，河南柘城人。授编修，官至工部侍郎。

秦　宏字子重，江苏无锡人。授编修，官至侍讲学士。

严曾榘沆子，字缵庵，浙江余杭人。散馆改御史，官至兵部侍郎。

吴元龙字卧山，江苏娄县人。散馆改主事，官郎中。己未博学宏词，授侍讲。

汪肇衍字念宏，浙江钱塘人。散馆改主事。

诸定远字西侯，江苏昆山人。散馆改主事，官至浙江温处道。

杨钟岳字太山，广东揭阳人。散馆改主事，官至福建提学道。

黄彦博机子，字公路，浙江仁和人。

胡士著字璞崖，江苏江宁人。散馆授检讨，官至庶子。

熊一潇字汉若，江西南昌人。散馆改御史，官至工部尚书。国史有传。

邵远平榜名吴远，字吕璜，浙江仁和人。散馆改主事，历官光禄寺少卿。己未博学宏词，授侍读，官至少詹事。

程文彝字铭仲，安徽休宁籍，江苏娄县人。散馆改主事，官至工部侍郎。

劳之辨字书升，浙江石门人。散馆改主事，官至左副都御史。

陈　论字谢浮，浙江海盐籍，海宁人。散馆授检讨，官至刑部侍郎。

车万育字云崖，湖南邵阳人。散馆改给事中。

李　棠字召林，广西临桂人。散馆改御史，官至四译馆少卿。

卫既齐字伯严，山西猗氏人。散馆授检讨，官至贵州巡抚。

康熙六年丁未

缪　彤字歌起，江苏吴县人。授修撰，官至侍讲。
张玉裁玉书兄，字礼存，江苏丹徒人。授编修。
董　讷字默庵，山东平原人。授编修，官至左都御史。国史有传。
夏　沅字邻湘，江苏丹徒人。散馆授编修。
张　英字敦复，安徽桐城人。散馆授编修，官至文华殿大学士兼掌院学士，赠太傅，谥文端，入祀贤良祠。国史有传。
史鹤龄字子修，江苏溧阳人。散馆授编修。
卢　琦字景韩，浙江余姚籍，仁和人。散馆授编修，官至内阁学士。
谢兆昌字瞻在，浙江定海人。散馆改御史。
刘泽溥字苔水，河南林县人。散馆授编修。
唐朝彝字偕藻，福建平和人。散馆改御史，官至宗人府府丞。
丁　蕙字次兰，江西丰城人。散馆改主事，官至山东登莱道。
潘翘生字起代，江西南城人。散馆改给事中。
杨仙枝字简人，山西宁山卫人。散馆授检讨。
储　振字玉依，江苏宜兴人。散馆授检讨，官至庶子。
王曰温字子厚，河南鄢陵人。散馆改给事中，官至太常寺少卿。

康熙九年庚戌

谨按：是科复选满洲、汉军庶吉士。
蔡启僔字硕公，浙江德清人。授修撰，官至中允。
孙在丰字屺瞻，浙江归安人。授编修，历官工部侍郎兼掌院学士，官至内阁学士。国史有传。
徐乾学元文兄，字原一，江苏昆山人。授编修，官至刑部尚书。国史有传。
李光地字晋卿，福建安溪人。散馆授编修，官至文渊阁大学士兼掌院学士，赠太子太傅，谥文贞，入祀贤良祠。国史有传。
耿愿鲁字公望，山东馆陶人。散馆授编修。
俞陈琛浙江钱塘人，散馆改主事。官至陕西提学道。
李录予字山公，顺天大兴籍，山西介休人。散馆授编修，官至吏部侍郎。
王　宽字敷五，山西安邑人。散馆授编修。
王　掞字藻儒，江苏太仓人。散馆授编修，官至文渊阁大学士。国史有传。
黄　斐字蓁园，浙江鄞县人。散馆改御史，官至左副都御史。
孟亮揆字端士，江苏长洲人。散馆授编修，官至侍读学士。

陈梦雷字省斋，福建侯官人。

赵文煃字铁源，山东胶州人。散馆授编修，官至侍读。

高　璪字渭师，汉军镶黄旗人。散馆改主事，官至侍读。

王维珍字岷谷，汉军镶蓝旗人。散馆授编修，官至浙江巡抚，谥敏懿。

许孙荃字生洲，安徽合肥人。散馆改主事，官至陕西提学道。

祖文谟字显之，顺天大兴人。散馆授检讨，官至侍读学士。

李　阜字即山，浙江山阴人。散馆授检讨，官至少詹事。

朱　典字天叙，江苏吴县人。散馆授检讨，官至侍读学士。

李振裕字维饶，江西吉水人。散馆授检讨，官至户部尚书。

吴本立字意辅，江苏武进人。散馆改主事，官至知府。

刘恒祥字麟河，直隶蠡县人。散馆改主事，官至员外郎。

张鹏翮字运青，四川遂宁人。散馆改主事，官至文华殿大学士，赠少保，谥文端，入祀贤良祠。国史有传。

孔兴钎字霁庵，山东曲阜人。散馆改御史，官至陕西潼商道。

德格勒满洲镶蓝旗人。散馆改主事，官至侍读学士。

牛　钮字枢臣，满洲正蓝旗人。散馆授检讨，官至内阁学士兼掌院学士。国史有传。

李　玠字周锡，汉军正白旗人。散馆改主事，官至直隶天津道。

博　极满洲正蓝旗人。散馆改主事，官至兵部侍郎。

李梦庚字仙庵，汉军镶白旗人。散馆改主事，官至山东东兖道。

沈独立字国望，满洲正黄旗人。散馆改主事，官至宗人府理事官。

康熙十二年癸丑

韩　菼会元。字元少，江苏长洲人。授修撰，官至礼部尚书兼掌院学士，追谥文懿。国史有传。

王鸿绪榜名度心，字季友，江苏娄县人。授编修，官至户部尚书。国史有传。

徐秉义元文兄，字彦和，江苏昆山人。授编修，官至吏部侍郎。国史有传。

顾　汧字伊在，江苏长洲籍，顺天大兴人。散馆授编修，历官礼部侍郎，官至宗人府府丞。

黄士埙字伯和，安徽休宁籍，浙江石门人。散馆授编修。

陆祚蕃榜名允蕃，字子振，浙江平湖人。散馆改御史，官至贵州贵东道。

蒋仲达榜姓林，字姬士，福建长乐人。

宫梦仁庚戌会元。字宗衮，直隶静海人。散馆改御史，官至福建巡抚。

蒋　伊字渭公，江苏常熟人。散馆改御史，官至河南提学道。

丁廷楗字骏公，山西安邑人。散馆授编修，官至知府。

颜光猷字秩宗，山东曲阜人。散馆授编修，官至山西盐道。

谢于道字敏公，浙江鄞县人。散馆改主事，官至云南提学道。

顾祖荣榜姓张，字山容，浙江仁和籍，顺天宛平人。散馆授编修，官至内阁学士。

周　昌字文望，汉军镶蓝旗人。散馆改主事，官至福建台湾道。

马鸣銮字殿闻，江苏昆山人。散馆授编修。

徐　倬字方虎，浙江德清人。散馆授编修，官至侍读，加户部侍郎衔。

韩　竹字飞云，浙江余姚籍，安徽天长人。散馆授编修。

罗秉伦字振彝，江苏江宁人。散馆改御史，官至通政使。

缪锦宣字钧闻，江苏吴县人。散馆授检讨。

沈上塉榜名印城，浙江秀水人。散馆授检讨，官至侍读学士。

王允琳字屿谷，汉军镶蓝旗人。

李基和字协万，汉军镶红旗人。散馆改主事，官至江西巡抚。

徐　潮字雪崖，浙江钱塘人。散馆授检讨，官至吏部尚书兼掌院学士，追谥文敬，入祀贤良祠。国史有传。

汪鹤孙字梅坡，浙江钱塘人。

董　闇字方南，江苏吴江人。散馆授检讨，官至司业。

徐元梦字善长，满洲正黄旗人。散馆改主事，历官户部尚书兼掌院学士，署大学士，罢，复官至刑部侍郎，加尚书衔、太子少保，谥文定，入祀贤良祠。国史有传。

韩士修字紫山，四川泸州人。散馆授检讨。

田成玉字荆岩，山西介休籍，顺天大兴人。散馆授检讨。

王鼎冕字甲先，山东滨州人。散馆授检讨。

王尹方字鹤汀，山西安邑人。散馆授检讨，官至礼部侍郎。

曾　寅字以人，江西清江人。散馆改御史，官至山西冀宁道。

李　枏榜名叶，字倚江，江苏兴化籍，昆山人。授检讨，官至左都御史。国史有传。

龚　章字含五，广东归善人。散馆授检讨。

张志栋字清樵，山东昌邑人。散馆改御史，官至刑部侍郎。国史有传。

唐四表字峻甫，河南睢州人。

康熙十五年丙辰

彭定求会元。字访濂，江苏长洲人。授修撰，官至侍读。

胡会恩字孟纶，浙江德清人。授编修，官至刑部尚书。

翁叔元字宝林，直隶永平籍，江苏常熟人。授编修，官至刑部尚书。

魏希曾字子相，山东郓城人。散馆授编修。

沈三曾字允斌，浙江乌程人。散馆授编修，官至赞善。

沈　涵三曾弟，字度汪，浙江乌程人。散馆授编修，官至内阁学士。

顾　藻字懿朴，江苏崇明人。散馆授编修，官至工部侍郎。

彭会淇字綦洲，江苏溧阳人。散馆授编修，官至工部侍郎。

熊赐瓒赐履弟，字逊修，湖北孝感人。散馆授编修，官至兵部督捕理事官。
沈旭初世奕子，字寅清，江苏昆山人。散馆授编修。
李应廌字谏臣，山东日照人。散馆授编修，官至内阁学士。
杨　瑄字玉符，江苏娄县人。散馆授编修，官至内阁学士。
高　联字桤阳，顺天大兴人。散馆改主事。
高　裔字素侯，顺天宛平人。散馆授编修，官至大理寺卿。
冯云骕字懿生，山西振武卫人。散馆授编修，官至给事中。
许承宣字力臣，江苏江都人。散馆改给事中。
潘　沐字敬韦，浙江仁和人。散馆授编修。
李　涛字述斋，山东德州人。散馆授编修，官至刑部侍郎。
张榕端潜子，字子大，直隶磁州人。散馆授编修，官至内阁学士。
陈锡嘏字介眉，浙江定海人。散馆授编修。
王化鹤字六翰，河南武陟人。散馆授编修。
史　珥字彤右，山西武乡人。
费之逵字凤山，浙江归安人。散馆授编修。
杨作桢字端斋，山西绛州人。散馆授编修。
王　瑞字天门，江苏上元人。散馆授检讨。
郑际泰广东番禺人。散馆授检讨，官至给事中。
阎世绳字宝诏，山东昌乐人。散馆授检讨，官至谕德。
卞永宁字芝亭，汉军正白旗人。散馆改主事，官至山西河东道。
徐必遴必远弟，字僧庐，江苏江宁籍，贵州新贵人。散馆改主事。
沈一揆字在田，浙江乌程籍，奉天宁远人。散馆改御史，官至通政司参议。
杨尔淑字湛子，直隶新安人。散馆改给事中，官至通政使。
高　珩字西白，汉军镶黄旗人。散馆改主事，官至郎中。
李云会榜名云龙，字望越，江西丰城人。散馆改主事，官至员外郎。
方　韩字若韩，浙江遂安人。散馆授检讨，官至中允。
王吉相字天相，陕西邠州人。散馆授检讨。

康熙十八年己未

归允肃字孝仪，江苏常熟人。授修撰，官至少詹事。
孙　卓字予立，安徽宣城人。授编修。
茆荐馨字楚畹，浙江长兴人。授编修。
吴震方字右绍，浙江仁和人。散馆改御史。
张廷瓒英子，字卤臣，安徽桐城人。散馆授编修，官至少詹事。
秦宗游浙江山阴人。散馆授编修，官至侍讲。

田　需字雨来，山东德州人。散馆授编修。
陈　捷字鹤皋，浙江新昌人。散馆授编修。
赵执信字伸符，山东益都人。散馆授编修，官至赞善。
曹鉴伦尔堪从子，字彝士，浙江嘉善人。散馆授编修，官至吏部侍郎。
马教思会元。字严中，安徽桐城人。散馆授编修。
刘果实字师退，直隶沧州人。散馆授编修。
沈朝初世奕子，字洪生，江苏吴县人。散馆授编修，官至侍读学士。
杨大鹤大鹍弟，字九皋，江苏武进人。散馆授编修，官至谕德。
陆祖修字孝武，江苏青浦人。散馆改御史。
方　伸字佐平，安徽南陵人。散馆改主事，官至知府。
史陆舆榜姓陆，名舆，字亦右，江苏宜兴人。散馆改主事，官至福建提学道。
李孚青天馥子，河南永城人。散馆授编修。
佘志贞榜名艳雪，字嵋洲，广东澄海人。散馆授编修，官至侍讲学士。
王沛思字汝敬，山东诸城人。散馆授编修，官至中允。
丁　昈字桐云，山东沾化人。散馆授检讨。官至江西吉南赣宁道。
庄延裕字素思，福建安溪人。散馆授检讨。
汪晋徵字符尹，安徽休宁人。散馆改给事中，官至户部侍郎。
王承祜字雪园，贵州新贵人。散馆改御史，官至顺天府府丞。
宋敏求字勉斋，湖北黄梅人。散馆授检讨。
潘应宾山东济宁人，散馆授检讨。官至赞善。
顾　镡字诗成，浙江石门人。散馆改御史，官至太仆寺少卿。
梁　弓字原山，江西泰和人。
陈紫芝字非园，浙江鄞县人。散馆授检讨，官至大理寺少卿。
张克嶷字拘斋，山西闻喜人。散馆改主事，官至知府。
张光豸字抑庵，直隶南宫人。散馆改主事，官至陕西提学道。
卢　熙字诚斋，陕西凤翔人。散馆授检讨。
任　璇字政七，河南新乡人。散馆改主事，官至知府。
赵作舟字浮山，山东东平人。散馆改主事，官至湖南辰沅靖道。
杨　雍字西泾，顺天宝坻人。散馆授检讨。

皇朝词林典故卷五十　题名

馆选

康熙二十一年壬戌

蔡升元启傅从子，字方麓，浙江德清人。授修撰，官至礼部尚书。国史有传。
吴　涵字容大，浙江石门人。授编修，官至左都御史兼掌院学士。国史有传。
彭宁求定求从弟，字文洽，江苏长洲人。授编修，官至中允。
史　夔鹤龄子，字胄司，江苏溧阳人。散馆授编修，官至詹事。
王九龄顼龄弟，字子武，江苏娄县人。散馆授编修，官至左都御史。国史有传。
吴一蜚字汉章，福建长泰人。散馆授编修。
王喆生字醇叔，江苏青浦人。散馆授编修。
孙岳颁榜姓李，字云韶，江苏吴县人。散馆授编修，官至礼部侍郎。
吴　晟字西李，江苏山阳人。散馆授编修，官至中允。
孙禹玉山东莱阳人。
沈恺曾三曾从弟，字虞士，浙江归安人。散馆改御史，官至巡视两广盐政。
许汝霖榜名汝龙，字且然，浙江海宁人。散馆授编修，官至礼部尚书。国史有传。
余泰来字素堂，浙江山阴人。散馆改御史，官至奉天府府丞。
周金然榜名金然，字砺岩，浙江山阴人。散馆授编修，官至洗马。
尤　珍字谨庸，江苏长洲人。散馆授编修，官至赞善。
刘国黉字禹美，江苏宝应人。散馆改给事中，官至鸿胪寺卿。
张廷枢字景峰，陕西韩城人。散馆授编修，官至刑部尚书。国史有传。
阮尔询字于岳，安徽宣城人。散馆改御史，官至工部侍郎。国史有传。
朱　珊字镜湖，江西高安人。官至知府。
金德嘉会元。字会公，湖北广济人。散馆授检讨。
吴　苑字楞香，安徽歙县人。散馆授检讨，官至祭酒。
周蒲璧字四峰，陕西商州人。散馆授检讨。

曾　炳字旭园，福建漳平人。散馆改主事。
路元升字庭彦，直隶曲周人。散馆授检讨。
潘麒生字一韩，江苏溧阳人。散馆授检讨，官至知府。
袁　拱字金城，河南洛阳人。散馆改主事，官至广西右江道。
李复泌字则叶，山西大宁人。散馆授检讨。
王思轼字眉长，江西兴国人。散馆授检讨，官至礼部侍郎。
胡作梅字修予，湖北荆门人。散馆授检讨，官至礼部侍郎。
鲁德升字经候，浙江会稽人。散馆授检讨。
武维宁字石城，陕西华州人。散馆改主事。
许嗣龙字山涛，江苏如皋人。散馆授检讨。
王　绅字公垂，河南睢州人。散馆改给事中，官至户部侍郎。
姚文光字枢章，直隶前卫人。散馆改主事，官至云南盐道副使。
黄　轩字犀驭，顺天大兴人。散馆改主事。

康熙二十四年乙丑

陆肯堂会元。字邃升，江苏长洲人。授修撰，官至侍读。
陈元龙字广陵，浙江海宁人。授编修，官至文渊阁大学士兼掌院学士，加太子太傅，谥文简。国史有传。
黄梦麟字砚之，江苏溧阳人。授编修，官至中允。
张希良字石虹，湖北黄安人。散馆授编修，官至侍讲。
宁世簪字观斋，安徽颍州人。散馆授编修。
许承家承宣弟，字师六，安徽歙县籍，江苏江都人。散馆授编修。
沈辰垣字芝岸，浙江嘉善人。散馆授编修，官至侍读学士。
仇兆鳌字沧柱，浙江鄞县人。散馆授编修，官至吏部侍郎。
宋大业德宜子，字药洲，江苏长洲人。散馆授编修，官至内阁学士。
李殿邦字左厘，湖北孝感人。散馆授编修。
徐元正倬子，字子贞，浙江德清人。散馆授编修，官至工部尚书。
江　灏字文漪，山东临清人。散馆授编修，官至河南巡抚。
谢陈常字雪揆，山西临晋人。散馆授编修。
宋　衡字嵩南，安徽庐江人。散馆授编修，官至侍读学士。
高　曜字东野，江苏娄县人。散馆授编修。
冯　瑞字繁文，江苏娄县人。散馆改御史。
汪　薇字知白，安徽歙县人。散馆改主事，官至福建提学道。
许贺来字燕公，云南石屏人。散馆授编修，官至侍讲。
郑昆瑛字万鉴，山西文水人。散馆授编修。

陈迁鹤字介石，福建龙岩人。散馆授编修，官至庶子。

李　懋字大木，山东寿光人。散馆授编修。

吴之瑜字孚尹，陕西陇州人。散馆授编修。

魏　男裔介从子，字虞州，直隶柏乡人。散馆改主事，官至知府。

俞长城之炎子，字宁世，浙江桐乡人。散馆授检讨。

安　篔字雪园，山东寿光人。

樊泽达字昆来，四川宜宾人。散馆授检讨，官至赞善。

王之枢字云麓，直隶定州人。散馆授检讨，官至吏部侍郎。

吴　垣字云岩，河南宝丰人。散馆授检讨，官至侍读学士。

鲁　瑗字逮玉，江西新城人。散馆授检讨，官至左通政。

宋如辰字斗凝，湖北黄安人。散馆授检讨，官至中允。

李朝鼎字立勋，广东东安人。散馆授检讨。

邓咸齐字载庵，广西全州人。散馆授检讨。

刘　坤字资生，河南睢州人。散馆授检讨。

梅之珩字月川，江西南城人。散馆授检讨，官至少詹事。

张明先字雪书，河南安乡人。散馆授检讨，官至中允。

刘　涵字海观，陕西泾阳人。散馆授检讨，官至福建盐运使。

刘　伟字介庵，直隶滦州人。散馆改御史。

孙　勷字子未，山东德州人。散馆授检讨，官至通政司参议。

康熙二十七年戊辰

沈廷文字原蘅，浙江秀水人。授修撰。

查嗣韩字荆州，浙江钱塘籍，海宁人。授编修。

张豫章字寄亭，江苏青浦人。授编修，官至洗马。

范光阳会元。字国文，浙江鄞县人。散馆改主事，官至知府。

查　升榜姓邱，字仲韦，浙江钱塘籍，海宁人。散馆授编修，官至少詹事。

吴世焘字幼日，江苏高邮人。散馆授编修，官至中允。

沈宗敬荃子，字恪亭，江苏娄县人。未散馆特旨授编修，官至四译馆少卿。

汤右曾字西崖，浙江仁和人。散馆授编修，官至吏部侍郎兼掌院学士。国史有传。

姚士藟字绥仲，安徽桐城人。散馆授编修，官至赞善。

刘　灏涵弟，字若千，陕西泾阳人。散馆授编修，官至巡视长芦盐政。

张尚瑗字宏蘧，江苏吴江人。散馆归班。

王　懿字文子，山东胶州人。散馆授编修，官至工部侍郎。

张　复字来庵，直隶保定人。散馆授编修，官至侍读学士。

史申义榜名伸，字蕉饮，江苏江都人。散馆授编修，官至给事中。

彭殿元字上虎，江西庐陵人。散馆授编修，官至给事中。
郝士钧字子权，顺天霸州人。散馆授编修。
李本涵赞元子，字海若，山东大嵩卫人。
孙致弥字恺似，江苏嘉定人。散馆授编修，官至侍读学士。
陈　绰字焕翰，山西猗氏人。散馆改知县。
梁佩兰字芝五，广东南海人。散馆归班。
凌绍雯字子文，浙江仁和人。散馆授编修，官至内阁学士。
窦克勤字敏修，河南柘城人。散馆授检讨。
陈大章字仲夔，湖北江夏人。
彭始抟字直上，河南邓州人。散馆授检讨，官至内阁学士。
施震铨字长六，江苏吴县人。散馆改主事，官至员外郎。
李斯义字质君，山东长山人。散馆改御史，官至福建巡抚。
颜光敩光猷弟，字学山，山东曲阜人。散馆授检讨。
邹士璁字石瞻，湖北麻城人。散馆授检讨，官至内阁学士。
林文英字碧山，福建侯官人。散馆改主事，官至知府。
叶　淳方霭子，字渊发，江苏昆山人。散馆授检讨。
郑　梁字禹门，浙江慈溪人。散馆改主事，官至知府。
潘宗洛字书原，江苏宜兴人。散馆授检讨，官至湖南巡抚。
宋朝楠字于苗，陕西陇西人。散馆授检讨，官至左佥都御史。
王　翰字振羽，云南宜良人。
徐日暄字敬斋，江西高安人。散馆授检讨，官至祭酒。
范光宗字谈一，陕西邠阳人。散馆授检讨，官至赞善。
高人龙字惕安，四川梁山人。散馆改主事，官至员外郎。

康熙三十年辛未

戴有祺字丙章，江苏金山卫人。戊辰中式，授修撰。
吴　昺国对从子，字永年，安徽全椒人。授编修，官至侍讲。
黄叔琳字宏献，顺天大兴人。授编修，历官浙江巡抚，罢，复官至詹事，加侍郎衔，重与恩荣宴。国史有传。
杨中讷字耑木，浙江海盐人。散馆授编修，官至中允。
张　昇字长史，江苏金山人。
姚宏绪字起陶，江苏娄县人。散馆授编修。
陈汝咸锡嘏子，字莘学，浙江鄞县人。散馆改知县，官至大理寺少卿。
张　瑗会元。字静斋，安徽祁门人。散馆授编修，官至御史。
姜　遴字漫惺，江苏华亭人。

惠周惕字元龙，江苏吴县人。散馆改知县。

王奕清掞子，字幼芬，江苏太仓人。散馆授编修，官至詹事。

狄　亿字立人，江苏溧阳人。散馆归班。

潘从律字云岫，江苏溧阳人。散馆授编修，官至侍读。

张孝时字嘉锡，江苏吴县人。散馆改知县，官至知府。

胡　润字河九，湖北通山人。散馆授编修，官至庶子。

戴　绂浙江乌程人。散馆授编修，官至侍讲。

金　潮字海门，福建侯官人。散馆改知县。

江　球字宜笏，江西金溪人。散馆改御史，官至副都御史。

杨名时字宾实，江苏江阴人。散馆授检讨，官至礼部尚书，赠太子太傅，谥文定，入祀贤良祠。国史有传。

王　传字绍薪，江西鄱阳人。散馆授检讨，官至祭酒。

冉觐祖字永光，河南中牟人。散馆授检讨。

王者臣垠孙，字元燮，山东沂州人。散馆授检讨。

李燕生字声池，山西崞县人。

阎锡爵字戒过，河南固始人。散馆授检讨，官至庶子。

阿　金字云举，满洲镶白旗人。散馆授检讨。

张寿崶字鹤峰，甘肃平凉人。散馆归班，官至同知。

姜承燝字禹九，浙江山阴人。散馆授检讨。

张曾庆字崖湖，陕西华州人。散馆授检讨。

毛　鹍字紫庵，河南孟县人。散馆改知县。

李象元字伯猷，广东澄海人。散馆授检讨。

胡麟徵字兰渚，汉军镶红旗人。散馆改知县，官至知州。

张翔凤字召山，四川富顺人。散馆改知县，官至知府。

喀尔喀字警声，满洲正白旗人。散馆授检讨。

文志鲸字元澜，湖南桃源人。散馆授检讨，官至奉天府府尹。

刘　炎字介庵，山东阳谷人。散馆授检讨，官至知府。

何龙文字信周，福建晋江人。散馆归班。

康熙三十三年甲戌

胡任舆字孟行，江苏上元人。授修撰，官至谕德。

顾图河字书宣，江苏江都人。授编修。

顾悦履字丹宸，浙江海宁人。授编修，官至内阁学士。

汪　倓字安公，江苏吴县人。散馆授编修。

汪　漋字岵怀，安徽休宁人。散馆授编修，历官户部侍郎，降，复官至大理寺卿。

李暄亨字丽生，直隶蔚县人。散馆归班，官至中书。

裴之仙会元。字又航，江苏丹徒人。散馆授编修。

龚　铎字于路，顺天大兴人。散馆授编修，官至侍读学士。

王　桢字薇士，江苏华亭人。散馆授编修。

熊　葺字澄山，顺天涿州人。散馆授编修，官至侍讲学士。

陈成永鼓永弟，字元期，浙江钱塘人。

陈　璋字临湘，江苏长洲人。散馆授编修，官至侍讲学士。

张逸少玉书子，字天门，江苏丹徒人。散馆改知县，历官知州，复授编修，官至侍读学士。

周道新字郁叔，顺天大兴人。散馆授编修，官至刑部侍郎。

陈豫朋廷敬子，字尧恺，山西泽州人。散馆归班，官至福建粮道。

丛　澍字汝霖，江苏江宁人。散馆授编修。

张大有字书登，陕西邠阳人。散馆授编修，官至礼部尚书，加太子太保，谥文敬。国史有传。

袁钟麟字莫亭，河南睢州人。散馆授编修。

黄龙眉字公翔，浙江海宁人。散馆授编修，官至侍讲学士。

杨　雍字英山，陕西华州人。散馆授编修，官至御史。

陈　恂字相宜，浙江钱塘人。散馆授编修，官至侍讲学士。

陈梦球梦雷弟，字二受，汉军正白旗人。散馆授编修。

阿锡台字苍霖，满洲镶白旗人。散馆授编修。

岳　度字文江，四川南江人。散馆授检讨。

朱辉珏字合璧，山东聊城人。

陈允恭字无逸，广西平乐人。散馆授检讨，官至左金都御史。

傅　森字商霖，满洲镶白旗人。散馆授检讨。

张德桂字梅麓，广东从化人。散馆授检讨，官至左金都御史。

拉都立字卓人，满洲镶黄旗人。散馆改主事，官至侍读学士。

黄中理字文在，湖南善化人。

周起渭字渔璜，贵州新贵人。散馆授检讨，官至詹事。

吴隆元字炳仪，浙江归安籍，仁和人。散馆归班，历官左金都御史，降，复官至太常寺少卿。

觉罗满保字凫山，正黄旗人。散馆授检讨，官至浙闽总督。国史有传。

五　格字参五，满洲镶黄旗人。

海　宝字天植，满洲镶白旗人。散馆授检讨，袭一等轻车都尉，兼云骑尉。

陈守创字木斋，江西高安人。散馆归班，历官仓场侍郎，官至副都御史。

管　灏字若梁，云南新兴人。散馆授检讨，官至给事中。

赵尔孙直隶盐山人，散馆授检讨。

吴甫生字宣吕，湖北兴国人。散馆改御史。

高其倬字章之，汉军镶白旗人。散馆授检讨，官至户部尚书，袭三等男爵，谥文良。国史有传。

朱　轼字可亭，江西高安人。散馆改知县，官至文华殿大学士，予骑都尉世职，赠太傅，谥文端，入祀贤良祠。国史有传。

法　海字渊若，满洲镶黄旗人。散馆授检讨，历官兵部尚书，罢，复给副都统衔。国史有传。

殷元福字梦五，河南新乡人。散馆归班。

康熙三十六年丁丑

李　蟠字根大，江苏徐州人。授修撰。

严虞惇字宝成，江苏华亭人。授编修，官至太仆寺少卿。

姜宸英字西溟，浙江慈溪人。授编修。

汪士铉俨从弟。会元。字文升，江苏吴县人。散馆授编修，官至中允。

徐树本元文子，字道积，江苏昆山人。散馆授编修。

车鼎晋万育子，字丽上，湖南邵阳人。散馆授编修。

陈壮履廷敬子，字礼叔，山西泽州人。散馆授编修，官至侍读学士。

王　浩字楚士，江苏江都人。散馆授编修，官至洗马。

桑　格满洲镶黄旗人。散馆授编修。

李凤翥字云麓，江西建昌人。散馆授编修，官至工部侍郎。

周　彝字策铭，江苏娄县人。散馆授编修。

陈至言字山堂，浙江萧山人。散馆授编修。

余正健字惕斋，福建古田人。散馆授编修，官至左副都御史。

查　贲满洲镶黄旗人。散馆授编修。

许　琳字一公，山西曲沃人。散馆归班。

赵宸黼字紫台，云南河阳人。

朱启昆字敬斋，湖北汉阳人。散馆归班。

吴宗丰正治子，字伊垣，湖北汉阳人。散馆归班，官至知州。

张元臣字懋斋，贵州铜仁人。散馆授检讨，官至谕德。

吴文炎字麟章，顺天大兴人。散馆授检讨，官至知府。

阿尔赛字弼臣，满洲镶蓝旗人。散馆授检讨，官至光禄寺卿。

孔尚先字念庵，山东宁海人。散馆授检讨。

李　林字韶石，广东翁源人。散馆授检讨。

甄　昭字子布，山西平定人。散馆归班。

蔡　珽字若璞，汉军正白旗人。散馆授检讨，历官吏部尚书兼掌院学士，直隶总督，降，复官至奉天府府尹。国史有传。

李周望字南屏，山西蔚州人。散馆授检讨，官至礼部尚书。国史有传。

常　格满洲正白旗人。散馆授检讨。

铁范金字仪斋，奉天承德人。散馆授检讨。

郭于蕃字蕙庵，四川富顺人。散馆归班。

李甡麟字丹书，山东武定人。

李绍周字次公，河南济源人。散馆授检讨，官至御史。

阿进泰字云谷，满洲镶黄旗人。散馆授检讨。

福　敏榜名富敏，字龙翰，满洲镶白旗人。散馆归班。雍正元年，特授内阁学士，官至武英殿大学士兼掌院学士，加太傅，谥文端，入祀贤良祠，赠太师。国史有传。

欧阳齐字切亭，江西庐陵人。散馆归班。

康熙三十九年庚辰

汪　绎字玉轮，江苏常熟人。丁丑中式，授修撰。

季　愈字退如，江苏宝应人。授编修，官至庶子。

王　露会元。字戒三，河南柘城人。授编修。

张成遇字德士，广东番禺人。

徐昂发榜姓管，字大临，江苏长洲人。散馆授编修。

严宗溥字如园，福建闽县人。散馆授编修。

董　麒字观三，江苏长洲人。

许　榖字贻孙，江苏常熟人。散馆归班。

高　舆士奇子，字巽亭，浙江钱塘人。散馆授编修。

李　楷字元礼，浙江桐乡人。散馆归班，官至知府。

王开泰字乾来，湖北江夏人。散馆归班。

查嗣瑮字德尹，浙江海宁人。散馆授编修，官至侍讲。

杨尤奇字如西，山西沁州人。散馆授编修。

蔡　彬字舆端，浙江德清人。散馆归班，官至郎中。

励廷仪字令式，直隶静海人。未散馆特旨授编修，官至吏部尚书兼掌院学士，加太子少傅，谥文恭。国史有传。

梁棠荫字乔南，陕西泾阳人。散馆归班。

李梦昺字震为，山西大同人。散馆归班，官至知府。

文　岱字震青，满洲镶白旗人。散馆授编修，官至少詹事。

李　棣字文众，山东德州人。散馆归班，官至中书。

史贻直夔子，字儆弦，江苏溧阳人。散馆授检讨，官至文渊阁大学士，加太子太保，重与恩荣宴，谥文靖，入祀贤良祠。国史有传。

方　辰字共枢，江苏武进籍，顺天大兴人。散馆授检讨。

介孝瑮字荆韬，山西解州人。散馆授检讨。

韩遇春陕西清水人。散馆归班。

王允猷字大升，汉军正红旗人。散馆归班。

董新策字嘉三，四川合江人。未散馆特授甘肃宁夏道，官至平庆道。

董　玘字文山，云南通海人。散馆授检讨。

阎　愉世绳子，字敬生，山东乐昌人。散馆归班。

王士仪字子常，贵州铜仁人。散馆归班。

晁子管字匡洲，江西临川人。散馆归班。

钦士佃榜姓周，字文思，湖北江夏人。散馆归班。

魏方泰字日乾，江西广昌人。散馆授检讨，官至礼部侍郎。

瓦尔达字中孚，满洲镶白旗人。散馆归班，官至理事通判。

韩孝基焱子，字祖昭，江苏长洲人。散馆归班，补中书，复授庶吉士。

刘师恕国黻子，字艾堂，江苏宝应人。散馆授检讨，历官吏部侍郎，协理直隶总督，罢，复给侍读学士衔。国史有传。

盛　度字一峰，江苏靖江人。

陈鹗荐字飞仲，广东程乡人。散馆改主事。

李　薛字参梁，河南夏邑人。

觉罗逢泰满保兄，字赓扬，正黄旗人。散馆授检讨，官至通政使。

张廷玉英子，字衡臣，安徽桐城人。散馆授检讨，官至保和殿大学士兼掌院学士，加太保，予三等勤宣伯世职，谥文和，配享太庙。国史有传。

王景曾熙孙，字岵瞻，顺天宛平人。散馆授检讨，官至礼部侍郎。

郭　杞字柽材，陕西耀州人。散馆归班，官至员外郎。

张象蒲字撸仙，山西临汾人。散馆归班。

高其伟其倬从弟，字轶之，汉军镶白旗人。散馆归班，官至知府。

年羹尧字亮工，汉军镶黄旗人。散馆授检讨，历官川陕总督、宁远大将军，降，官至防御。国史有传。

陈若沂字鲁山，广西临桂人。散馆归班。

戴　宽字敷在，直隶沧州人。

康熙四十二年癸未

王式丹会元。字方若，江苏宝应人。授修撰。

赵　晋字昼山，福建闽县人。授编修。

钱名世字亮工，江苏武进人。授编修，官至侍讲。

汪　灏字紫沧，安徽休宁人。未散馆特旨授编修。

查慎行嗣琪兄，字悔余，浙江海宁人。未散馆特旨授编修。

何　焯字屺瞻，江苏崇明人。未散馆特旨授编修，赠侍读学士。

蒋廷锡伊子，字扬孙，江苏常熟人。未散馆特旨授编修，官至文华殿大学士，加太子太傅，予一等轻车都尉世职，谥文肃，入祀贤良祠。国史有传。

吴廷桢字山抡，江苏长洲人。散馆授编修，官至谕德。

陈邦彦元龙从子，字世南，浙江海宁人。散馆授编修，官至吏部侍郎。

薄有德字聿修，顺天大兴人。散馆授编修，官至侍读学士。

汪文炯晋徵子，字秋屏，安徽休宁人。

陈世倌论从子，字秉之，浙江海宁人。散馆授编修，官至文渊阁大学士，加太子太保，谥文勤。国史有传。

吴瞻淇苑子，字卫漪，安徽歙县人。

汪　份士铉兄，字武曹，江苏长洲人。散馆授编修。

潘体震字长元，山东乐陵人。散馆授编修，官至郎中。

廖赓谟字虞箴，江苏华亭人。散馆授编修，官至侍讲。

陆秉鉴肯堂子，字冰言，江苏吴县人。

涂天相字宏亮，湖北孝感人。散馆授编修，官至工部尚书。

万　经字授一，浙江鄞县人。散馆授编修。

高徐基字尔诗，浙江钱塘籍，海宁人。

朱　书字字绿，安徽宿松人。

林祖望字修伯，福建闽县人。

俞　梅铎子，字太羹，江苏泰州人。散馆授编修。

宋　至字山言，河南商邱人。散馆授编修。

章藻功字凯绩，浙江钱塘人。

伊　泰字莘夫，满洲镶白旗人。散馆授编修。

杨　绪字胃远，湖南武陵人。散馆授编修。

刘　岩字大山，江苏江浦人。散馆授编修。

王　迈字日斯，江西德兴人。散馆授检讨。

马汝为字宣臣，云南元江人。散馆授检讨，官至知府。

西　库字在言，满洲镶黄旗人。散馆授检讨。

王居建字霞起，直隶开州人。散馆，国子监博士，官至知州。

刘　圻字旬伯，山东莱阳人。

吴　琏字右将，浙江常山人。

赵徵介字星瞻，江苏常熟人。

谢履忠字卤臣，云南昆明人。散馆授检讨，官至谕德。

柯乔年字橿龄，河南固始人。散馆授检讨，官至奉天府府丞。

耿古德字咸一，满洲镶红旗人。

刘祖任字志尹，陕西绥德人。散馆授检讨，官至顺天府府丞。

赵泰临字敬亭，山东胶州人。散馆授检讨。

王士锦字粹金，汉军镶蓝旗人。散馆授检讨。

董　泰字阶平，满洲镶黄旗人。散馆，罢。乾隆元年，以善国书，复庶吉士，免散馆，特旨授编修。

杨万程字扶九，汉军正黄旗人。散馆授检讨，官至洗马。

李天祥字希文，直隶永年人。散馆授检讨，官至贵州贵西道。

蒋　肇字明五，广西永宁人。散馆授检讨，官至侍讲学士。

阿进泰字阶平，满洲正红旗人。

吴　相字长梅，福建宁洋人。散馆授检讨，官至侍讲。

李士杞榜名士桢，字幹臣，陕西泾阳人。散馆改教职。

李　堂字仲升，顺天大兴人。

郑为龙昆瑛从子，字令侯，山西文水人。散馆改知县，官至湖南粮道。

才　佳字辰岩，满洲镶白旗人。

万民钦字仰之，贵州独山州籍，清平人。散馆授检讨。

皇朝词林典故卷五十一　题名

馆选

康熙四十五年丙戌

王云锦字海文，江苏无锡人。授修撰。
吕葆中字无党，浙江石门人。授编修。
贾国维字千仞，江苏高邮人。授编修。
俞兆晟字叔音，浙江海盐人。散馆授编修，官至户部侍郎。
吴士玉字荆山，江苏吴县人。散馆授编修，官至礼部尚书，谥文恪。国史有传。
彭廷训字伊作，江西南昌人。散馆授编修，官至赞善。
乔崇烈字无功，江苏宝应人。
蔡学洙字阜亭，江苏江宁人。散馆授编修。
邹奕凤字舜威，江苏无锡人。散馆授编修。
林之濬字象湖，福建惠安人。散馆授编修，官至中允。
顾秉直江苏长洲人。
赵士英字鼎望，云南昆明人。
沈翼机字澹初，浙江海宁人。散馆授编修，官至侍读学士。
俞长策之炎子，长城兄，字驭世，浙江桐乡人。散馆授编修。
吴关杰涵子，字见山，浙江石门人。散馆授编修，官至鸿胪寺卿。
戴思讷字理研，山东掖县人。散馆授编修。
嵇曾筠字松友，江苏无锡人。散馆授编修，官至文华殿大学士，加太子太傅，赠少保，谥文敏。国史有传。
熊　本一潇子，字艺成，江西南昌人。散馆授编修。
杨开沅字用九，江苏山阳人。癸未中式，散馆授编修。
宫鸿烈梦仁弟，字友鹿，直隶静海人。散馆授编修。
庄令舆朝生从孙，字荪服，江苏武进人。散馆授编修。
查嗣庭嗣瑮弟，字润木，浙江海宁人。散馆授编修，官至礼部侍郎。

索　泰字介山，满洲镶白旗人。散馆授编修。

郑任钥字惟启，福建侯官人。散馆授编修，历官湖北巡抚，官至左副都御史。

王　薏原祁子，字孝徵，江苏太仓人。散馆授编修，官至广东巡抚。

汤之旭斌孙，字孟升，河南睢州人。散馆授编修，官至左通政。

卫昌绩字子久，山西阳城人。散馆授检讨，官至御史。

贾兆凤榜姓王，国维弟，字九仪，江苏高邮人。散馆授检讨。

陈　均字秉侯，江苏江阴人。散馆授检讨。

刘青藜字太乙，河南襄城人。

彭维新字肇周，湖南茶陵人。散馆授检讨，历官户部尚书、协办大学士，罢，复官至左都御史。国史有传。

钱荣世名世弟，字天槎，江苏武进人。散馆授检讨。

李钟峩字西源，四川通江人。散馆授检讨，官至太常寺少卿。

马　豫字观我，陕西绥德人。散馆授检讨，官至侍讲。

诸起新字卓山，浙江余姚人。散馆授检讨。

张懋能字载在，江西奉新人。散馆授检讨，降，官至行人司司副。

王思训字畴五，云南昆明人。散馆授检讨。

李掌圆字仙庵，山东阳信人。散馆授检讨。

史尚节字卫周，浙江仁和人。散馆授检讨。

潘　楷字特书，河南华容人。散馆授检讨。

李日更字皆仰，山东栖霞人。散馆授检讨，官至贵州粮道。

杭宜禄满洲正红旗人。

常　生字谢庭，满洲镶旗人。

韩凤聱字中五，陕西泾阳人。

洪晨孚字愚山，广东海丰人。散馆授检讨。

王　珸字韫辉，山西孟县人。散馆授检讨。

蒋　纲字容江，广西全州人。散馆授检讨。

寿致润字于陆，浙江诸暨人。散馆授检讨。

谢王宠字宾于，甘肃宁夏人。散馆授检讨，历官左副都御史，官至宗人府府丞。

尚彤庭字觐光，陕西长武人。

徐能容字介庵，江西南城人。

王　俊榜姓周，贵州贵阳人。

杨　标榜姓朱，字少霞，浙江海盐人。

康熙四十八年己丑

赵熊诏字侯赤，江苏武进人。授修撰，官至侍读。

戴名世会元。字田有，安徽桐城人。授编修。

缪　沅字湘芷，江苏泰州人。授编修，官至刑部侍郎。国史有传。

朱元英字师晦，江苏上元人。散馆授编修。

储在文振从叔，字礼执，江苏宜兴人。散馆授编修。

陈随贞廷敬子，山西泽州人。

徐　斌字羽仪，江苏上元人。散馆授编修。

戚麟祥字圣来，浙江德清人。散馆授编修，官至侍讲学士。

阿克敦字立恒，满洲正蓝旗人。散馆授编修，官至刑部尚书、协办大学士兼掌院学士，加太子少保，谥文勤。国史有传。

须　洲字凤苞，江苏武进人。散馆授编修，官至宗人府府丞。

张起麟字趾肇，江苏华亭人。散馆授编修。

李　绂字巨来，江西临川人。散馆授编修，历官直隶总督，罢，复官至内阁学士。国史有传。

朱一凤字仪庭，顺天涿州人。散馆授编修，历官两淮盐运使，降，官至知府。

惠士奇周惕子，字仲孺，江苏吴县人。散馆授编修，历官侍读学士，罢，复官至侍读。

路仍起字介繁，江苏宜兴人。

徐用锡字坛长，江苏宿迁人。散馆授编修，官至侍读。

李　中字牟山，河南睢州人。散馆归班，官至同知。

秦道然松龄子，字雒生，江苏无锡人。散馆授编修，官至给事中。

孙时宜榜姓沈，字筠亭，江苏武进人。散馆授编修。

方　觐字近文，江苏江都人。散馆授编修，官至陕西布政使，赠太常寺少卿。

蔡世远字闻之，福建漳浦人。散馆授编修，官至礼部侍郎，赠尚书，谥文勤，加太傅。国史有传。

陈似源字曳云，广东顺德人。散馆授编修。

唐绍祖字次伊，江苏江都人。散馆授编修，官至知府。

朱青选字海士，江苏泰兴人。散馆授编修。

邹汝模字端木，湖北麻城人。散馆授编修。

蒋　涟伊孙，字檀人，江苏常熟人。散馆授编修，官至太仆寺卿。

于　广字天如，山东胶州人。散馆授编修，官至大理寺少卿。

阎　圻字泗山，河南虞城人。散馆授编修，官至给事中。

吕谦恒字六吉，河南新安人。散馆授编修，官至光禄寺卿。

汪　倬晋徵子，字尊士，安徽休宁人。散馆授检讨。

宋　筠至弟，字兰晖，河南商邱人。散馆授检讨，官至奉天府府尹。

黎致远字宁先，福建长汀人。散馆授检讨，官至盛京刑部侍郎。

张　照字得天，江苏娄县人。散馆授检讨，官至刑部尚书，赠太子太保，谥文敏，特旨入乡贤祠。国史有传。

顾五达悦履子，字仲三，浙江海宁人。散馆授检讨。

马　益豫兄，字惠我，陕西绥德人。散馆授检讨，官至知府。

李同声字敬斋，山西大同人。散馆改主事。

卢　轩字素功，浙江海宁人。散馆授检讨，官至司业。

陆绍琦字儆岩，浙江嘉兴人。散馆授检讨，官至太常寺少卿。

张　玢字蔚石，湖南湘潭人。散馆授检讨，官至知府。

谢履厚履忠弟，字坤侯，云南昆明人。散馆授检讨。

刘大毂字梵云，山东长山人。散馆授检讨。

何世璂字坦园，山东新城人。散馆授检讨，官至吏部侍郎，署直隶总督，加礼部尚书衔，谥端简。国史有传。

王时宪字若千，江苏太仓人。散馆授检讨。

徐士鹭字雎飞，浙江海盐人。

曹如瑄字莲静，陕西同州人。

崔　灿直隶迁安人。

程　羒字书巢，湖北天门人。散馆授检讨。

邱尚志字备庵，江西宁都人。散馆授检讨，官至给事中。

李应绶榜姓张，字在公，云南河阳人。散馆归班，官至都察院经历。

范令誉字永公，河南修武人。

曾　谨字麟书，湖北麻城人。散馆授检讨。

詹铨吉字卜臣，浙江遂安人。散馆授检讨。

张作舟字宜川，广东大埔人。散馆授检讨。

濮起熊贵州清镇人。

严思位字西武，浙江平湖人。散馆授检讨。

陶　成字存轩，江西南城人。散馆授检讨。

黄　越字际飞，江苏上元人。散馆授检讨。

黄　音榜姓赵，字翰思，江苏无锡人。散馆授检讨。

王承烈字逊功，陕西泾阳人。散馆授检讨，官至刑部尚书。

周凤来字仪园，广东海阳人。散馆改教职。

高维新字雨峦，直隶宁晋人。散馆授检讨，官至四川布政使。

朱　纶字言如，顺天通州人。

陈　会字远峦，四川营山人。散馆授检讨。

张大受字曰容，江苏嘉定人。散馆授检讨。

曹抡彬字炳庵，贵州黄平人。散馆授检讨，官至知府。

邓葵友字湘峦，广西全州人。散馆授检讨，官至郎中。

车　松字腹公，满洲镶白旗人。散馆授检讨。

康熙五十一年壬辰

王世琛字宝传，江苏长洲人。授修撰，官至少詹事。

沈树本三曾子，字厚余，浙江归安人。授编修。

徐葆光字亮直，江苏吴江人。授编修，官至侍讲。

卜俊民会元。字方嘉，江苏武进人。散馆改中书。

曹　鸣字声嗒，江苏金坛人。散馆授编修。

李钟侨光地从子，字世份，福建安溪人。散馆授编修，降，官至国子监监丞。

陶贞一字改之，江苏常熟人。散馆授编修。

刘于义字喻旃，江苏武进人。散馆授编修，官至吏部尚书、协办大学士，加太子太保，谥文恪。国史有传。

潘允敏从律从子，字尹少，江苏溧阳人。散馆授编修，官至知府。

王图炳顼龄子，字麟照，江苏华亭人。散馆授编修，历官礼部侍郎，降，官至侍读，加詹事衔。

鄂尔奇字正季，满洲镶蓝旗人。散馆授编修，官至户部尚书。国史有传。

杨士徽大鲲孙，字若游，江苏武进人。散馆授编修。

何国宗字翰如，顺天大兴人。散馆授编修，历官礼部尚书，罢，复官至礼部侍郎。国史有传。

秦靖然道然弟，字药师，江苏无锡人。散馆授编修。

田嘉穀字树滋，山西阳城人。散馆授编修，官至御史。

徐云瑞字卿升，浙江钱塘人。散馆授编修。

冯汝轼字学坡，江苏吴县人。散馆改中书。

许　镇字天倚，浙江德清人。散馆授编修，官至知府。

俞鸿图兆晟子，字麟一，浙江海盐人。散馆授编修，官至侍讲。

杜　诏字紫纶，江苏无锡人。散馆归班。

鲍　开字孝仪，江苏常熟人。散馆授编修。

孟　班字兰泰，山东沂州人。散馆授编修。

杨祖楫大鹤子，字乘万，江苏武进人。散馆授编修。

何应鳌字沧持，安徽当涂人。散馆授编修，官至郎中。

林　昂字嘉超，福建侯官人。散馆授编修。

顾嗣立字侠君，江苏长洲人。

王　澍字箬林，江苏金坛人。散馆授编修，官至给事中。

狄贻孙亿从子，字宗维，江苏溧阳人。散馆授编修。

徐　杞潮子，字集生，浙江钱塘人。散馆授编修，官至宗人府府丞。国史附传。

易　简字易仲，四川酆都人。散馆授编修。

漆绍文字馥来，江西新昌人。散馆授编修，历官江苏布政使，官至光禄寺少卿。

周天适字笃丰，湖北江夏人。散馆授编修，官至知府。

程梦星字午桥，江苏江都人。散馆授编修。

薄　海有德子，字图南，顺天大兴人。散馆授编修，历官侍读学士，官至太仆寺少卿。

春　山字长人，满洲镶蓝旗人。散馆改中书，官至盛京兵部侍郎。

秦　休字又休，陕西邰阳人。散馆授编修，官至知府。

周金简字大酉，江苏无锡人。散馆授编修。

王时鸿字云冈，江苏华亭人。散馆授编修。

乔时适字仲容，河南宁陵人。散馆授检讨。

董　宏榜姓胡，字仕庵，江苏青浦人。散馆授检讨，官至员外郎。

周　彬字文若，云南昆明人。散馆授检讨，历官甘肃平庆道，降，复官至知府。

郭孙顺榜姓孙，名顺，字凤客，江苏吴江人。散馆授检讨。

钱廷献字我持，浙江仁和人。散馆授检讨，官至御史。

杨　湝字汇南，江苏江都人。散馆授检讨。

沈世屏字锡侯，浙江钱塘人。散馆授检讨，官至知府。

夏慎枢字用修，安徽当涂人。散馆授检讨。

陈王谟字虞佐，江苏吴县人。

舒大成字子展，顺天大兴人。散馆授检讨。

觉罗名昌字第五，正红旗人。散馆授检讨。

胡　煦字沧晓，河南光山人。散馆授检讨，官至礼部侍郎，追谥文良。国史有传。

李如璐字佩五，直隶新安人。散馆授检讨，官至陕西延绥鄜道。

徐　依字起弦，江苏武进人。散馆改知县。

张　淳字无怀，山东武定人。散馆授检讨。

汤大辂字乘素，江苏江阴人。散馆授检讨。

莫与友字长卿，河南洛阳人。

白子云字仲杰，陕西清涧人。散馆授检讨。

鲁　立瑗从子，字书田，江西新城人。

王梦旭字初升，贵州平越人。散馆授检讨。

林景拔字彦楚，广东普宁人。

王遵辰掞从子，字箴六，江苏太仓人。散馆授检讨。

谢济世字石霖，广西全州人。散馆授检讨，官至湖南粮道。

郑之侨字惠人，四川仁怀人。散馆授检讨。

张　旭字明庭，云南呈贡人。散馆授检讨。

刘　蛟字云友，贵州都匀人。散馆授检讨。

孙　诏字凤书，陕西武威人。散馆改知县，官至湖北布政使。

郑其储字又梁，湖北石首人。散馆授检讨，官至左金都御史。

潘　祥字大千，陕西靖远人。散馆授检讨，官至知府。
王　晦字树百，江苏嘉定人。
戈懋伦英子，字兴三，直隶献县人。散馆授检讨。

康熙五十二年癸巳

王敬铭晦子，字丹思，江苏嘉定人。授修撰。
任兰枝字香谷，江苏溧阳人。授编修，官至礼部尚书。国史有传。
魏廷珍字君璧，直隶景州人。授编修，官至工部尚书，谥文简。国史有传。
杨绳武字文叔，江苏吴县人。散馆授编修。
刘自洁字恒叔，直隶武强人。散馆授编修。
孙见龙在丰从子。会元。字叶飞，浙江乌程人。散馆改知县。
许王猷榜姓王，名猷，字宾穆，浙江嘉善人。散馆授编修，官至内阁学士。
万承苍字字兆，江西南昌人。散馆授编修，官至侍讲学士。
吴　襄字七云，安徽青阳人。散馆授编修，官至礼部尚书，谥文简。国史有传。
徐　骏乾学子，字观卿，江苏长洲人。
蔡　嵩字中岩，江苏上海人。散馆授编修，官至宗人府府丞。
陈治滋字以树，福建闽县人。散馆授编修，官至奉天府府丞。
景考祥字履斋，河南汲县人。散馆授编修，官至福建盐运使。
冯　昺汝轼兄，字孟容，江苏长洲人。散馆授编修。
刘嵩龄字山祝，汉军镶白族人。散馆授编修，历官四川永宁道。
王奕仁字志山，江苏娄县人。散馆授编修，官至赞善。
蒋洽秀字道周，广西永宁人。散馆授编修，官至知府。
李元直字象三，山东高密人。散馆授编修，官至御史。
乔学伊山西猗氏人。散馆授编修，官至太仆寺卿。
刘　泌涵弟，字邮侯，陕西泾阳人。散馆授编修。
庄　楷同生从子，字书田，江苏武进人。散馆授编修，官至司业。
蒋继轼字蜀瞻，江苏江都人。散馆授编修。
王希曾字孝先，江苏崇明人。散馆授编修，官至谕德。
唐建中字志子，湖北天门人。
屠　洵字少泉，湖北孝感人。散馆授编修，官至知府。
曹鉴临字熙如，江苏娄县人。散馆授编修。
厉　煌字子嘉，浙江会稽人。散馆授编修。
张　缙廷枢子，字绅公，陕西韩城人。散馆授编修，官至中允。
世　禄字际可，满洲镶黄旗人。散馆授检讨，官至侍读学士。
姚三辰字舜扬，浙江仁和人。散馆授检讨，官至吏部侍郎。

梅廷对之珩子，字以茂，江西南城人。散馆授检讨，官至山东按察使。

潘述祖字绍衣，江西上高人。散馆授检讨。

张　珍字揩芳，浙江海宁籍，仁和人。

孙嘉淦字锡公，山西兴县人。散馆授检讨，官至吏部尚书、协办大学士兼掌院学士，加太子少保，谥文定。国史有传。

陈春英字友兹，广东澄海人。散馆授检讨。

何人龙字雨民，江西广昌人。散馆授检讨，官至郎中。

陈世倌世倌弟，字行之，浙江海宁人。散馆授检讨。

史在甲大成子，字甡忠，浙江鄞县人。散馆授检讨，官至吏部侍郎。

吴孝登字爕修，满洲正黄旗人。散馆授检讨，官至侍读学士。

朱曙荪字景先，四川嘉定人。散馆授检讨，官至右通政。

陈　法字世垂，贵州安平人。散馆授检讨，官至直隶大名道。

向日贞字一存，四川成都人。散馆授检讨，官至御史。

苏彤绍字仲衣，广东潮阳人。散馆授检讨。

张　汉字月查，云南石屏人。散馆授检讨，历官知府。乾隆丙辰博学宏词，授检讨，官至御史。

朱天保字九如，满洲正红旗人。散馆授检讨。

徐流谦字仲益，顺天大兴人。散馆授检讨。

文大漳字清泉，广西灌阳人。散馆授检讨。

庄　论字思在，广东海阳人。

贾　牲字泰生，河南叶县人。散馆授检讨，官至侍读学士。

张元怀字田莘，直隶宣化人。散馆授检讨，官至浙江布政使。

巩建丰字子文，陕西伏羌人。散馆授检讨，官至侍读学士。

臧尔心字子端，山西太平人。散馆授检讨。

王国栋字左吾，汉军镶红旗人。散馆授检讨，官至刑部侍郎。国史有传。

吴　翀字羽中，江西浮梁人。

胡　安字云铭，河南襄城人。

王运元字贞起，贵州铜仁人。

康熙五十四年乙未

徐陶璋字端揆，江苏昆山人。授修撰。

缪曰藻彤子，字文子，江苏吴县人。授编修，官至洗马。

傅王露字阆林，浙江会稽人。授编修，官至庶子。

李文锐字鼎臣，江苏长洲人。散馆授编修，官至洗马。

张应造字兆先，江苏吴县人。散官授编修。

吴应棻榜名应桢,字小眉,浙江归安人。散馆授编修,官至兵部侍郎。国史有传。

任中柱字回斋,河南涉县人。

汪受祺霖从子,字九如,浙江钱塘人。散馆授编修。

蔡衍诰字紫泥,福建漳浦人。

陈　仪字子翔,顺天文安人。散馆授编修,官至佥都御史、丰润营田观察使。

李　锦文锐兄。会元。字裘文,江苏长洲人。散馆授编修,官至侍读。

李克敬字子凝,山东峄县人。散馆授编修。

梅瑴成字玉汝,安徽宣城人。未散馆特旨授编修,官至左都御史,谥文穆。国史有传。

胡彦颖字秋垂,浙江德清人。散馆授编修。

怀渊中字蓉江,浙江嘉兴人。散馆授编修。

陈邦直元龙子,字方大,浙江海宁人。散馆授编修,官至侍读。

杨超曾绪从子,字骏骧,湖南武陵人。散馆授编修,官至兵部尚书,谥文敏。国史有传。

曹友夏字次辰,江苏金坛人。散馆授编修,官至知府。

汤　俊字以安,江西南丰人。散馆授编修,官至御史。

李凤岐字周来,江西南丰人。

张鸣钧字双南,浙江乌程人。散馆授编修,官至顺天府府尹。

杨克茂字朴庵,山西忻州人。散馆授编修。

朱　璋字敬函,福建闽县人。

张麟甲字千子,直隶新安人。散馆授编修,官至御史。

赵　城字艮舆,云南通海人。散馆授编修,历官河南布政使,官至左通政。

成　文满洲正白旗人。散馆授编修。

凌如焕字琢成,江苏上海人。散馆授编修,官至兵部侍郎。国史有传。

侯　度字贞百,四川营山人。散馆授编修,官至郎中。

李天宠钟侨兄,字世来,福建南安人。散馆授编修。

裘　琏字殷玉,浙江慈溪人。

江　济字有楫,浙江黄岩人。

杨凤冈字羽圣,四川新都人。散馆授检讨。

栗尔璋字珏如,甘肃宁夏人。散馆授检讨,官至御史。

德　龄字松如,满洲镶黄旗人。散馆授检讨,官至吏部侍郎。国史有传。

关　陈字兼万,广东东莞人。散馆改知县。

窦启瑛字修五,汉军正白旗人。散馆授检讨,历官四川布政使。官至光禄寺少卿。

宋怀金字蕴一,河南商邱人。散馆改山东运同。

沈　竹字淇瞻,汉军镶白旗人。散馆授检讨,历官中允,官至参领。

萨纶锡字凤诏,云南楚雄人。散馆授检讨。

吴傅觐字开宗,广东南海人。散馆授检讨,官至郎中。

蒋　林字元素,广西全州人。散馆授检讨,官至知府。

陈世仁世倌兄，字元之，浙江海宁人。散馆授检讨。

冀　栋字隆吉，直隶永年人。散馆授检讨，官至左副都御史。

徐学柄字玉驭，江苏上海人。散馆授检讨。

高荀侨字艾东，直隶静海人。散馆授检讨，官至郎中。

潘　淳字元亮，贵州平远人。散馆授检讨。

德　新字冶亭，满洲镶黄旗人。散馆授检讨，官至内阁学士。

康熙五十七年戊戌

汪应铨字杜林，江苏常熟人。授修撰，官至赞善。

张廷璐英子，字宝臣，安徽桐城人。授编修，官至礼部侍郎。国史有传。

沈锡辂字南指，浙江仁和人。授编修。

金以成字素岑，浙江山阴人。散馆授编修，官至知府。

单　翰榜姓潘，字闻远，浙江山阴人。

查　祥字星南，浙江秀水籍，海宁人。散馆授编修。

陈万策迁鹤子，字封初，福建晋江人。散馆授编修，历官詹事，降，官至侍读学士。

李志沆凤翥子，字元沁，江西建昌人。散馆授编修。

崔　纪榜名珏，字君玉，山西蒲州人。散馆授编修，历官湖北巡抚，官至左副都御史。国史有传。

叶长扬字尔翔，江苏吴县人。散馆授编修。

董　俊字千若，顺天涿州人。未散馆改知州。

张梦徵字鹤来，江苏华亭人。散馆授编修，降，官至行人司司副。

徐　本潮子，字立人，浙江钱塘人。散馆授编修，官至东阁大学士，予云骑尉世职，加太子太傅，谥文穆，入祀贤良祠。国史有传。

习　寯字载展，江苏吴县人。散馆授编修，官至少詹事。

吴家骐字晋绮，江苏吴江籍，浙江桐乡人。散馆授编修，官至礼部侍郎。

顾　仔字予肩，江苏安东籍，无锡人。散馆授编修，官至侍读学士。

曹源郊鉴伦子，字东牧，浙江嘉善人。散馆授编修。

许　均字叔调，福建闽县人。散馆改主事，官至郎中。

伊尔敦字学石，满洲镶红旗人。散馆授编修，官至内阁学士。

邹升恒忠倚孙，字泰和，江苏无锡人。散馆授编修，官至侍讲学士。

宋　照字谨涵，江苏长洲人。

萧宸捷字俞聘，广东大埔人。散馆授编修。

曾元迈字循逸，湖北天门人。散馆授编修，官至御史。

顾承烈榜姓沈，字念扬，江苏华亭人，原籍吴县。散馆授编修。

徐大枚字惟吉，汉军正蓝旗人。未散馆改同知，官至两淮盐运使。

顾祖镇字景范，江苏吴县人。散馆授编修，官至工部侍郎。

刘丕谟字子定，顺天文安人。散馆授编修，官至郎中。

杨尔德会元。字质为，浙江嘉善人。散馆授编修，官至给事中。

黄鸿中字仲宣，山东即墨人。散馆授编修，官至侍读学士。

张　炜字彤伯，福建侯官人。散馆授编修，官至郎中。

杜　藻字正文，河南封邱人。散馆授编修，官至郎中。

夏开衡字弁南，浙江乌程人。散馆授编修。

吴　涛字柱中，浙江仁和人。散馆授检讨，官至御史。

杨　椿大鹤子，字农先，江苏武进人。散馆授检讨，官至侍讲学士。

李天龙字云阶，湖南湘潭人。散馆授检讨，官至郎中。

沈嘉麟一揆从子，字梅汉，浙江乌程籍，奉天宁远人。散馆授检讨。

李　兰字汀倩，直隶乐亭人。散馆授检讨，官至安徽布政使。

郑　江字玑尺，浙江钱塘人。散馆授检讨，官至侍读。

王　瓒字尔爵，贵州贵筑人。散馆授检讨，官至给事中。

康　忱字子丹，山西兴县人。散馆改主事，官至知府。

胡　瀛字一山，四川宜宾人。散馆授检讨，官至山西布政使。

严文在字聚东，安徽建平人。散馆授检讨。

徐聚伦字容斋，浙江山阴人。散馆授检讨，官至河南布政使。

刘运鲋字西陵，安徽南陵人。散馆授检讨，历官广东惠潮道，降，官至知府。

张　灿字圊公，陕西绥德人。散馆授检讨，官至湖南布政使。

觉罗思强字崇强，正黄旗人。

蔡日逢字方卜，甘肃秦安人。散馆授检讨，官至知府。

卿　悦字嵩年，广西灌阳人。散馆授检讨。

王梦尧梦旭弟，字起唐，贵州平越人。散馆授检讨，官至知府。

李　洵字少泉，广西苍梧人。

李根云字玉成，云南赵州人。散馆授检讨，官至两淮盐运使。

严瑞龙字凌云，四川阆中人。散馆授检讨，官至湖北巡抚。

解震泰字履安，甘肃宁夏人。

雷天铎字四闻，湖北罗田人。

刘　灿字韬士，山西孟县人。散馆授检讨，官至福建汀漳龙道。

李士元陕西蒲城人。

郑　嶦字乐士，山西五台人。散馆授检讨，官至知府。

任际虞字唐臣，江西上高人。散馆授检讨。

康熙六十年辛丑

邓钟岳字东长，山东东昌人。授修撰，官至礼部侍郎。

吴文焕字观侯，福建长乐人。授编修，散馆改员外郎，官至御史。

程元章字冠文，河南上蔡人。授编修，历官漕运总督，官至吏部侍郎。国史有传。

王兰生字振声，直隶交河人。散馆授编修，官至刑部侍郎。

黄之隽字石牧，江苏华亭人。未散馆特旨授编修，历官中允，降编修。

俞鸿馨兆晟从子，字尹思，浙江海盐人。散馆改知县，官至知州。

姚世荣字公桓，浙江仁和人。散馆授编修，官至御史。

邵　基字学址，浙江鄞县人。散馆授编修，历官吏部侍郎兼掌院学士，官至江苏巡抚。国史有传。

姜邵湘榜姓邵，名湘，字赋山。浙江钱塘人。散馆归班，官至湖广上荆南道。

鲁曾煜字启人，浙江会稽人。

姚之骃字鲁思，浙江钱塘人。散馆授编修，官至御史。

靖道谟字诚合，湖北汉阳人。未散馆改知州，官至知府。

邵　泰字峙东，顺天大兴人。散馆授编修。

杨廷勷榜名廷选，字仲青，福建同安人。散馆授编修。

邹世楠字廷楚，江苏吴县人。

李　咸榜名针，字含奇，江苏吴县籍，直隶卢龙人。

王敛福字凝其，山东诸城人。未散馆改员外郎，官至浙江海防道。

钱陈群榜姓陈，名群，字主敬，浙江嘉兴人。散馆授编修，官至刑部侍郎，加刑部尚书衔、太子太傅，赠太傅，谥文端，入祀贤良祠。国史有传。

沈起元字子大，江苏太仓人。未散馆改员外郎，官至光禄寺卿。

蒋恭棐字迪甫，江苏长洲人。散馆授编修。

励宗万廷仪子，字滋大，直隶静海人。散馆授编修，历官刑部侍郎，罢，复官至光禄寺卿。国史附传。

留　保字松裔，满洲镶黄旗人。散馆授编修，历官吏部侍郎兼掌院学士，官至内阁学士。

谢道承字又绍，福建闽县人。散馆授编修，官至内阁学士。

俞元祺字贞起，浙江仁和人。散馆授编修。

夏力恕湖北孝感人。散馆授编修。

觉罗恩受字如山，镶红旗人。散馆授编修，官至侍讲。

吴端升字申锡，江苏武进人。

姜任修字自芸，江苏如皋人。散馆归班。

梁　机弓子，字仙来，江西泰和人。散馆归班。

储大文在文兄。会元。字六雅，江苏宜兴人。

吴起昆字宥函，江苏江宁人。散馆授编修，官至御史。

李光墺光地从弟，字广卿，福建安溪人。散馆授检讨，官至司业。

冯　咏字夔飔，江西金溪人。散馆改知县，官至知州。

杨梦炎字玉行，江苏丹徒人。散馆改知县，官至河南开归道。

吴　栻字届于，江苏武进人。散馆授检讨，官至中允。

冯　谦咏弟，字禹拜，江西金溪人。散馆授检讨。

崔乃镛字伯敦，陕西同官人。未散馆改知州，官至湖北粮道。

唐继祖绍祖弟，字序皇，江苏江都人。散馆授检讨，官至江西按察使。

宋在诗字雅伯，山西安邑人。散馆改主事，官至鸿胪寺少卿。

杨魁甲字宾升，甘肃宁夏人。散馆改知州。

司马灏文榜姓杜，字悝斋，浙江鄞县人。散馆归班，官至知州。

张符骧字良卿，江苏泰州人。

夏立中力恕兄，字惟允，湖北孝感人。

侯来旌字颍长，陕西郃阳人。散馆授检讨，官至郎中。

王克宏熙子，字能四，顺天宛平人。散馆改主事。

赵　笏直隶宁津人。

陆奎勋字聚踪，浙江平湖人。散馆授检讨。

王　溥字恂如，浙江钱塘人。散馆归班。

杨缵绪字式光，广东澄海人。未散馆改员外郎，官至陕西按察使。

程仁圻字方浦，贵州广顺人。未散馆改员外郎，官至广东布政使。

王士俊字灼三，贵州平越人。未散馆改知州，历官河东总督，罢，复官至四川巡抚。国史有传。

乔世臣字丹葵，山东滋阳人。散馆授检讨，官至刑部侍郎。

何　朗字玉山，云南石屏人。散馆授检讨。

黄　秀字实庵，湖南巴陵人。散馆授检讨，官至御史。

屠用谦洵从子，字益受，湖北孝感人。散馆改知州，官至同知。

李梅宾字与素，广西临桂人。未散馆改知州，官至山东盐运使。

王　恕字楼山，四川安居人。未散馆改员外郎，历官福建巡抚，降，官至浙江布政使。

关上进字凌云，广东新宁人。散馆授检讨。

黄焕彰字槐洲，福建晋江人。散馆授检讨，历官知府，官至郎中。

曹　涵字奕汪，顺天武清人。散馆授检讨。

万绳祜字尔受，湖北麻城人。散馆归班。

董思恭字礼堂，山东寿光人。未散馆改知州，官至湖南粮道。

李开业字奕夫，福建福州人。未散馆改员外郎。

晏斯盛字虞际，江西新喻人。散馆受检讨，官至户部侍郎。

李先枝字舒扬，四川苍溪人。散馆归班。

皇朝词林典故卷五十二　题名

馆选

雍正元年癸卯

于　振字鹤泉，江苏金坛人。授修撰，降行人司司副。乾隆丙辰博学宏词，授编修，官至侍读学士。
戴　瀚字巨川，江苏上元人。授编修，官至侍讲学士。
杨　炳会元。字蔚友，湖北钟祥人。授编修，官至侍读学士。
张廷珩廷玉从弟，字玱闻，安徽桐城人。未散馆授检讨。
沈　淑字季和，江苏常熟人。散馆授编修。
焦祈年毓瑞从子，字毂贻，山东章邱人。散馆授编修，官至顺天府府尹。
李　桐字东樊，山东大嵩卫人。散馆改主事，官至甘肃平庆道。
倪师孟榜姓沈，字南琛，浙江归安人。散馆授编修，降知县。
周学健字勿逸，江西新建人。散馆授编修，官至江南河道总督，加太子少保。国史有传。
万承苓承苍弟，字鸣嘉，江西南昌人。散馆归班。
席　钊榜姓吴，字对扬，江苏常熟人。散馆授编修。
陶正中字殿延，江苏无锡人。散馆授编修，历官山西布政使，降，复官至直隶清河道。
胡蛟龄字陵九，安徽泾县人。散馆改中行评博，官至给事中。
邹光涛榜姓胡，字器山，江苏武进人。散馆授编修，官至御史。
陈齐实允恭从子，字颍滨，广西平乐人。散馆改主事，官至员外郎。
张廷瑑英子，字桓臣，安徽桐城人。散馆授编修，历官工部侍郎，降，官至内阁学士。国史附传。
许　焞汝霖孙，字纯也，浙江海宁人。散馆授编修。
马金门字倩仙，山东蓬莱人。散馆授编修，历官陕西按察使，降，官至浙江温处道。
帅念祖字宗德，江西奉新人。散馆授编修，官至陕西布政使。
缪曰芑曰藻弟，字武子，江苏吴县人。散馆授编修。
嵩　寿字茂承，满洲正黄旗人。散馆授编修，官至吏部侍郎，袭三等子爵。国史有传。

尹继善字元长，满洲镶黄旗人。散馆授编修，官至文华殿大学士，加太子太傅，赠太保，谥文端，入祀贤良祠。国史有传。

李徵临涛子，字凤州，山东德州人。

李　端字立山，广东程乡人。散馆改中行评博，官至知县。

戴永椿字翼皇，浙江仁和人。散馆授编修，历官江苏按察使，降，官至知府。

何玉梁字苇江，浙江钱塘人。散馆授编修。

严民法我斯子，字仪一，浙江归安人。散馆授编修，官至员外郎。

沈荣仁树本子，字勉之，浙江归安人。散馆授编修。

张士遇榜姓朱，字秉钧，江苏华亭人。散馆改主事，官至御史。

胡香山字梦白，江苏如皋人。散馆授编修。

张　考字尔徵，山西夏县人。散馆改主事，官至浙江金衢严道。

刘吴龙榜姓吴，名龙，字绍周，江西南昌人。未散馆改主事，官至刑部尚书，谥清悫。国史有传。

高　山字鲁瞻，山东历城人。散馆改主事，官至福建布政使。

徐以升元正孙，字阶五，浙江德清人。散馆授编修，官至江西按察使。

卢生薰字文馥，甘肃镇番人。

颜希圣字宜君，广东连平人。散馆改中行评博。

张　江字晓楼，江西南城人。散馆授编修。

吴大受字子登，浙江归安人。散馆授检讨。

沈文豪字再欧，浙江钱塘人。散馆授检讨。

范　咸字九池，浙江仁和人。散馆授检讨，历官庶子，罢，复授编修，官至御史。

顾　海字会川，贵州黎平人。散馆改行人。

陈宏谋字汝咨，广西临桂人。散馆授检讨，官至东阁大学士，加太子太傅，谥文恭，入祀贤良祠。国史有传。

刘敬舆字石陆，福建福清人。散馆改行人。

保　良字汉留，满洲镶蓝旗人。散馆授检讨，官至侍读学士。

俞来求榜姓张，字令云，江苏太仓人。

王乔林溥子，字文河，浙江钱塘人。散馆改主事，官至知府。

张　涵榜名若涵，字履绥，安徽桐城人。散馆授检讨，官至侍读。

杨胪赐字华殿，云南石屏人。散馆改中行评博。

牧可登字华廷，蒙古正白旗人。散馆授检讨，官至刑部侍郎。

李　淮字桐源，直隶高邑人。

王步青字罕皆，江苏金坛人。散馆授检讨。

吴王坦榜姓王，名坦，字里平，江苏华亭人。散馆改中行评博。

李　徽字元纶，山西崞县人。散馆改主事，官至金都御史、湖南观风整俗使。

沈懋华榜姓冯，字芝光，江苏太仓人。散馆授检讨，历官御史，降，官至郎中。

喀尔钦字亮功，满洲镶黄旗人。散馆授检讨，官至侍读学士。
薄履青字以阶，江苏江宁人。散馆授检讨，官至知府。
黄元铎字振鹭，顺天大兴人。散馆改中行评博，官至给事中。
陶士偰字伦宰，湖南宁乡人。散馆改中行评博，官至知府。
昌　龄字晋蔷，满洲镶白旗人。散馆授检讨，官至侍讲学士。
黄　祐字启彬，江西新城人。散馆授编修，官至山西冀宁道。
王又朴字从先，直隶天津人。未散馆改主事，官至山西运同。

雍正二年甲辰

陈悳华字云倬，直隶安州人。授修撰，官至礼部尚书。国史有传。
王安国会元。字书臣，江苏高邮人。授编修，官至吏部尚书，谥文肃。国史有传。
汪德容字云天，浙江钱塘人。授编修。
汪由敦字师茗，浙江钱塘人。散馆授编修，官至吏部尚书、协办大学士兼掌院学士，降，复官至吏部尚书，赠太子太师，谥文端，入祀贤良祠。国史有传。
王　峻字次山，江苏常熟人。散馆授编修，官至御史。
赵大鲸字横山，浙江仁和人。散馆授编修，官至左副都御史。
李重华字实君，江苏吴江人。散馆授编修。
徐天麒榜姓羊，字上符，浙江秀水人。散馆改主事，官至知府。
吴延熙榜姓徐，字鸣佩，浙江乌程人。散馆授编修，官至御史。
熊晖吉字孚有，江西新昌人。散馆授编修，官至大理寺卿。
周廷燮字赞宸，江苏吴县人。散馆归班，官至陕西延绥道。
于　枋振从叔，字小谢，江苏金坛人。散馆授编修。
吴龙应字飞渊，江苏武进人。散馆授编修，官至山西布政使。
李清植光地孙，字立侯，福建安溪人。散馆授编修，官至礼部侍郎。
吴应枚应菜弟，字小颖，浙江归安人。散馆授编修，历官奉天府府尹，降，官至大理寺少卿。
开　泰字兆新，满洲正黄旗人。散馆授编修，历官四川总督，降，官至头等侍卫。国史有传。
谢朋庚字凤冈，江苏江都人。
刘统勋字尔纯，山东诸城人。散馆授编修，官至东阁大学士兼掌院学士，加太子太保，赠太傅，谥文正，入祀贤良祠。国史有传。
严源焘民法子，字济之，浙江嘉善人。散馆授编修，官至给事中。
诸　锦字襄七，浙江秀水人。散馆归班，改教职。乾隆丙辰博学宏词，授编修，官至赞善。
吴兆雯襄子，字和叔，安徽青阳人。散馆授编修。
王廷琬字完璞，顺天宛平人。散馆授编修，官至贵州粮道。
陈　浩字紫澜，顺天昌平人。散馆授编修，官至詹事。
朱　陵字紫冈，安徽歙县人。散馆改主事，官至湖南辰沅永靖道。

周吉士榜姓吉，名士，字蔼公，江苏娄县人。散馆改主事，官至员外郎。

蒋振鹭字子羽，浙江平湖人。散馆授编修。

范　灿榜姓姚，字电文，浙江秀水人。未散馆改知县，官至工部侍郎。

顾　贽字敬舆，江苏无锡人。散馆授编修，官至四川盐道。

徐焕然榜姓羊，字晋叔，浙江海宁人。散馆授编修。

杨士鉴字宝千，山东即墨人。散馆授编修，官至知府。

王泰甡字鹿宾，江西新淦人。散馆授编修。

朱良裘字冶子，江苏上海人。散馆授编修，历赞少詹事，降，官至庶子。

周长发字兰坡，浙江会稽人。散馆归班，改教职。乾隆丙辰博学宏词，授检讨，官至侍读学士。

金　相字禹简，湖北孝感人。散馆归班。

恒　德字观成，满洲正红旗人。散馆改光禄寺署丞。

程　恂字栗也，安徽休宁人。未散馆改知州，乾隆丙辰博学宏词，授检讨，官至中允。

陈　璟字葆林，浙江钱塘人。散馆归班，官至教授。

潘思榘字絜方，江苏武进人。散馆改主事，官至福建巡抚，谥敏惠，入祀贤良祠。国史有传。

赵　晃字朗存，顺天武清人。散馆授编修，官至山东登莱青道。

程光钜字二至，湖北孝感人。散馆授检讨，官至江南苏松粮道。

舒　明字东临，满洲正黄旗人。

张圣训字杏传，汉军镶白旗人。散馆归班。

张泰基江苏太仓州人。未散馆授检讨。

雍正五年丁未

彭启丰定求孙。会元。字翰文，江苏长洲人。授修撰，历官兵部尚书，降侍郎，罢，复给尚书衔。国史有传。

邓启元字幼季，福建德化人。授编修。

马宏琦字景韩，江苏通州人。授编修，官至给事中。

邹一桂升恒弟，字原褒，江苏无锡人。散馆授编修，官至礼部侍郎，赠尚书衔。国史有传。

庄　柱楷弟，字书石，江苏武进人。未散馆改知县，官至浙江海防道。

于　辰振从子，字向之，江苏金坛人。散馆授编修，官至侍读。

金　相字琢章，直隶天津人。散馆授编修，历官侍讲学士，官至内阁侍读学士。

原衷戴字念圣，陕西蒲城人。散馆授编修，官至广东高廉道。

王丕烈字述文，江苏青浦人。散馆授编修，官至河南按察使。

刘　复于义子，字无咎，江苏武进人。散馆授编修，官至浙江粮道。

余　栋字东木，江西宜黄人。散馆授编修，官至太常寺少卿。

杨嗣璟字营阳，广西临桂人。散馆授编修，历官兵部侍郎，降，官至宗人府府丞。

王云铭字宝文，山东武定人。散馆授编修，官至陕西汉兴道。
钱本诚字胄伊，江苏太仓人。散馆授编修，官至赞善。
王兴吾鸿绪子，字宗廷，江苏华亭人。散馆授编修，官至吏部侍郎。国史有传。
包祚永字美存，贵州贵筑人。散馆授编修，官至御史。
林　璁字玉相，直隶永年人。散馆授编修。
张　灏字卓人，顺天宛平籍，浙江钱塘人。散馆授编修，历官侍读学士，降编修。
李实蕡字桃仲，福建漳浦人。散馆授检讨。
王承尧字勋文，山西沁水人。散馆授检讨，官至兵部侍郎。
缪　焕字星南，云南昆明人。未散馆改运同，官至知府。
张鹏翀字天扉，江苏嘉定人。散馆授检讨，官至詹事。
李学裕字余三，河南洛阳人。散馆授检讨，官至安徽布政使。
刘东宁字起震，顺天大兴人。散馆授检讨。
李　直字敬夫，广东程乡人。散馆授检讨。
周祖荣字仁先，汉军镶红旗人。散馆授检讨，官至给事中。
刘青芝青藜弟，字芳草，河南襄城人。
陈师俭豫朋子，字汝贤，山西泽州人。未散馆改同知。
许　炎字保生，福建同安人。
富　魁字星聚，满洲镶蓝旗人。散馆改主事。
世　臣字嵩乔，满洲正白旗人。散馆授检讨，官至盛京礼部侍郎。
郭石渠字文渊，贵州安化人。散馆授检讨，历官御史，官至郎中。
陈其嵩字峙南，湖南衡山人。散馆授检讨。
张乾元字纯一，四川营山人。散馆授检讨，官至御史。
隋人鹏字扶九，山东莱阳人。散馆授检讨，官至河南按察使。
常保住字畏公，满洲正红旗人。散馆授检讨，官至侍讲。
吕　炽字克昌，广西临桂人。散馆授检讨，历官户部侍郎，降，官至副都御史。
王　植字绳木，山东诸城人。散馆归班，官至同知。
周绍龙字允乾，福建侯官人。散馆授检讨，官至顺天府府丞。
周龙官字翼皇，江苏山阳人。散馆授检讨。

雍正八年庚戌

周　霭字雨甘，浙江钱塘人。授修撰。
沈昌宇会元。字泰初，浙江秀水人。授编修。
梁诗正字养仲，浙江钱塘人。授编修，官至东阁大学士兼掌院学士，加太子太傅，赠太保，谥文庄，入祀贤良祠。国史有传。
蒋　溥廷锡子，字哲甫，江苏常熟人。未散馆授编修，官至东阁大学士兼掌院学士，加太子少保，赠太子太保，谥文恪，入祀贤良祠。国史有传。

吴华孙字冠山，安徽歙县人。散馆授编修。

钟　衡字仲恒，浙江长兴人。散馆授编修，官至太常寺少卿。

倪国琏字紫珍，浙江仁和人。散馆授编修，官至给事中、上江宣谕化导使。

孙人龙见龙弟，字端人，浙江乌程人。未散馆宣谕陕甘，议叙授编修，官至中允。

周范莲字敩白，江苏长洲人。散馆授编修，官至知府。

陶正靖贞一弟，字筠衷，江苏常熟人。散馆授编修，官至太常寺卿。

王文璇字星望，浙江海宁籍，仁和人。散馆授编修，官至御史。

顾天成字良哉，江苏娄县人。散馆授编修，官至侍读。

沈慰祖字学周，江苏吴县人。散馆授编修，官至赞善。

杨廷栋字大宇，安徽宣城人。散馆授编修。

林蒲封字桓次，广东东莞人。散馆授编修，历官侍读学士，降编修。

鹿迈祖字绍闻，直隶定兴人。未散馆宣谕陕甘，议叙授编修，官至四川川北道。

毛之玉字用尔，江苏太仓人。散馆授编修，官至御史。

商　盘字苍雨，浙江会稽人。散馆授编修，官至知府。

徐景曾字师鲁，江苏武进人。未散馆授知府。

裘肇煦字苍晓，浙江仁和人。散馆授编修。

鄂乐舜鄂尔奇从子，原名鄂敏，字钝夫，满洲镶蓝旗人。散馆授编修，官至安徽巡抚。国史有传。

吴　璋字约岩，浙江淳安人。

陈亮世万策从子，字南志，福建南安人。散馆改主事，官至郎中。

吴士珣字东升，江苏吴县人。散馆授编修。

孙　灏字载黄，浙江钱塘人。散馆授编修，历官左副都御史，官至通政使。

朱凤英字翔羽，江西南昌人。未散馆宣谕陕甘，议叙授编修，官至云南迤西道。

柏　谦字韫皋，江苏崇明人。散馆授编修。

佟　保字绎山，满洲正蓝旗人。未散馆宣谕陕甘，议叙授编修，历官侍读，降编修。

胡宗绪字袭参，安徽桐城人。散馆授编修，官至司业。

徐以烜本子，字养资，浙江钱塘人。散馆授编修，历官礼部侍郎，官至内阁学士。国史附传。

王宗灿字泰符，汉军正黄旗人。散馆授编修，改郎中，历官浙江副都统，降，官至参领。

嵇　璜曾筠子，字尚佐，江苏无锡人。散馆授编修，官至文渊阁大学士兼掌院学士，加太子太保，重预恩荣宴，谥文恭。国史有传。

陈其凝字秋崖，江苏上元人。散馆授编修，历官太仆寺少卿，罢，复给编修衔。

林令旭字豫仲，江苏娄县人。散馆授编修，官至太常寺卿。

李敏第字瀛少，河南夏邑人。散馆改主事，官至太常寺卿。

刘元燮字孟调，湖南湘潭人。散馆授编修，官至广西苍梧道。

曹一士字谔廷，江苏青浦人。散馆授编修，官至给事中。

任应烈字武承，浙江钱塘人。散馆授编修，官至知府。

程盛修字枫仪，江苏泰州人。散馆授编修，官至顺天府府尹。

吴履泰字君安，福建侯官人。散馆授编修，历官侍讲学士，降编修。

陈　中字用其，四川垫江人。未散馆宣谕陕甘，议叙授检讨，改知县，官至知州。

严树基字绍廷，浙江归安人。散馆授检讨。

张先跻字愧荆，福建漳浦人。

高　璇字齐光，山东诸城人。散馆授检讨。

敷　文榜名富敏，字逊修，满洲镶黄旗人。散馆授检讨，官至盛京兵部侍郎。

卢秉纯字性香，山西襄陵人。散馆授检讨，官至给事中。

阮学浩字裴园，江苏山阳人。散馆授检讨。

严　璲榜姓程，字十区，浙江仁和人。

韩彦曾孝基子，字沥芳，江苏长洲人。散馆授检讨，官至洗马。

许希孔字瞻鲁，云南昆明人。散馆授检讨，官至工部侍郎。

薛　韞字叔芳，陕西雒南人。未散馆宣谕陕甘，议叙授检讨，官至广东南韶连道。

杨　秀字抡升，顺天固安人。散馆授检讨。

额尔登额字韫斋，蒙古正白旗人。散馆改主事。

孙倪城字广平，江苏昆山人。散馆授检讨。

李贤经字济安，贵州南笼人。未散馆宣谕陕甘，议叙授检讨，官至御史。

裘思录字颖孙，江西新建人。散馆授检讨。

色通额字抡才，满洲正黄旗人。未散馆宣谕陕甘，议叙授检讨。

王廷鸿字遥青，湖北孝感人。散馆归班。

雍正十一年癸丑

陈　倓会元。字定先，江苏仪征人。授修撰。

田志勤字崇广，顺天大兴人。授编修，官至侍讲。

沈文镐字绍岐，江苏崇明人。授编修。

张若霭廷玉子，字万泉，安徽桐城人。未散馆授编修，官至到内阁学士。国史附传。

张映辰字星指，浙江仁和人。散馆授编修，历官兵部侍郎，降，官至内阁学士。

吴祖修龙应子，字慎思，江苏武进人。散馆改知县，官至知州。

赵　瓒字以弇，汉军镶黄旗人。散馆授编修，官至四川盐茶道。

张　湄字鹭洲，浙江钱塘人。散馆授编修，官至给事中。

鄂容安鄂尔奇从子，字休如，满洲镶蓝旗人。散馆授编修，历官兵部侍郎、掌院学士，官至两江总督，加太子少傅，袭三等襄勤伯爵。殉节，谥刚烈，入祀昭忠祠。国史有传。

雷　鋐字贯一，福建宁化人。散馆授编修，官至左副都御史。

朱　桓字勖威，江苏宜兴人。散馆授编修。

朱泮功字载常，浙江乌程人。散馆改主事。

鄂　伦鄂尔奇子，字叙天，满洲镶蓝旗人。散馆授编修，降笔帖式。

周正思绍龙子，榜名正峰，字君谏，福建闽县人。散馆授编修。

储晋观在文子，字宽夫，江苏宜兴人。散馆授编修。

陈大受字占咸，湖南祁阳人。散馆授编修，官至吏部尚书、协办大学士，加太子太保，谥文肃，入祀贤良祠。国史有传。

董邦达字孚存，浙江富阳人。散馆授编修，官至礼部尚书、署掌院学士，谥文恪。国史有传。

姚孔锳士基从子，字范冶，安徽桐城人。散馆授编修。

张为仪字可仪，浙江海宁人。散馆授编修。

阮学濬学浩弟，字澄园，江苏山阳人。散馆授编修。

范从律字希声，浙江鄞县人。散馆改知县。

张　瑷玢弟，字昆石，湖南湘潭人。未散馆改同知。

陆嘉颖字大田，浙江仁和人。散馆授编修，历官中允，降编修。

汪师韩德容弟，字抒怀，浙江钱塘人。散馆授编修，历官侍读，罢，复授编修。

徐梁栋字钟海，江苏金匮人。散馆改知县。

夏廷芝字茹紫，江苏高邮人。散馆授编修，官至侍读学士。

吴学瀚字广思，江西高安人。散馆改知县。

许　集字时翔，江苏吴县人。散馆授编修。

肇　敏嵩寿弟，字逊思，满洲正黄旗人。散馆授编修，历官侍讲，降笔帖式。

沈景澜字尚宾，江苏元和人。散馆授编修，官至御史。

朱续晫字明远，山东平阴人。散馆授编修，官至两淮盐运使。

张映斗字雪为，浙江乌程人。散馆授编修。

时钧辙字若彬，江苏嘉定人。散馆改主事，官至知府。

任启运字翼圣，江苏荆溪人。散馆授编修，官至宗人府府丞。

王锡璋字丹麓，河南河内人。散馆授编修。

曾　丰字则御，福建侯官人。

杨二酉字学山，山西太原人。散馆授编修，官至给事中。

陈　仁字元若，广西武宣人。散馆授编修，官至四川建昌道。

王　检字思及，山东福山人，散馆授编修，官至广东巡抚。

梁文山字望东，山西介休人。散馆授编修，官至谕德。

焦以敬字惺持，江苏娄县人。散馆改知县。

程钟彦字骥超，浙江嘉善人。散馆授编修，官至太常寺卿。

双　庆瓦尔达子，字有亭，满洲镶白旗人。散馆授编修，官至礼部侍郎。

赖翰雍福建平和人。散馆授编修。

罗源汉字方城，湖南长沙人。散馆授编修，官至工部尚书。

王文充字涵中，江苏仪征人。散馆授编修。

李修卿字大建，福建侯官人。散馆归班。

查锡韩字奕梁，安徽休宁人。

冯元钦胥从子，字载赓，江苏长洲人。散馆授编修，官至给事中。

李天秀字子俊，陕西华阴人。散馆归班。

刘孔昭字视则，山东文登人。散馆改知县。

刘学祖字鲁柱，山东掖县人。散馆改主事，官至郎中。

邱玖华字陶圃，广东海阳人。散馆授检讨，官至知府。

唐进贤字再适，安徽含山人。散馆授检讨。

张宗说字蓬宰，河南夏邑人。

介　福法海从子，字受兹，满洲镶黄旗人。散馆授检讨，官至礼部侍郎兼掌院学士，赠都统衔。

沈齐礼字嗣恺，浙江乌程人。散馆授检讨。

赫成峩字青蓼，满洲正黄旗人。散馆改主事。

吴士功字惟亮，河南光州人。散馆改主事，官至福建巡抚。国史有传。

王芥园字言敷，江苏丹徒人。散馆授检讨，官至山东布政使。

杜　谧字宁庵，贵州遵义人。散馆授检讨，改主事，官至郎中。

刘元炳元燮弟，字叔文，湖南湘潭人。散馆授检讨。

胡　定字登贤，广东保昌人。散馆授检讨，官至给事中。

张兰青字馥斋，四川长寿人。散馆授检讨。

于开泰字大来，陕西扶风人。散馆归班。

杨　琨字吉有，湖南新化人。散馆改主事。

傅为讠乙字嘉言，云南元江人。散馆授检讨，官至左副都御史。

饶鸣镐字苍九，广东大埔人。未散馆授知府。

辛昌五榜姓刘，字北村，广东顺德人。散馆授检讨。

聂位中字致和，江西万年人。

陈中荣字孟仁，贵州绥阳人。散馆授检讨，官至知府。

王以昌字禹言，江苏江宁人。散馆授检讨。

宋　楠字丹林，浙江建德人。散馆授检讨，官至赞善。

皇朝词林典故卷五十三　题名

馆选

乾隆元年丙辰

金德瑛字汝白，浙江仁和人。授修撰，官至左都御史。国史有传。
黄孙懋字训昭，山东曲阜人。授编修，官至内阁学士。
秦蕙田道然子，字树峰，江苏金匮人。授编修，官至刑部尚书兼掌院学士，加太子太保，谥文恭。国史有传。
蔡　新世远从子，字次明，福建漳浦人。散馆授编修，官至文华殿大学士，加太子太师，谥文恭。国史有传。
曹秀先字芝田，江西新建人。散馆授编修，官至礼部尚书，赠太子太傅，谥文恪。国史有传。
游德宜字圣衢，陕西大荔人。散馆改知县。
赵青藜会元。字然乙，安徽泾县人。散馆授编修，官至御史。
何达善字子兼，河南沘源人。散馆改知县，历官江南淮徐海道，降，官至知府。
旷敏本字鲁芝，湖南衡山人。
史　圌字象升，浙江归安人。散馆改知县。
方　简字汗青，安徽怀远人。散馆归班。
甄　锵字芮侯，山西平定人。散馆授编修，官至同知。
徐　铎字令民，江苏盐城人。散馆授编修，官至山东布政使。
张大宗字循如，浙江仁和人。散馆改知县，官至知州。
万年茂字少槐，湖北黄冈人。散馆授编修，官至御史。
孙　略字圯授，安徽全椒人。散馆归班。
张麟锡字素书，浙江山阴人。散馆授编修。
李为栋字灿辰，四川巴县人。散馆授编修，官至知府。
周资陈字厘东，陕西高陵人。散馆授编修，官至庶子。
金门诏字轶东，江苏江都人。散馆归班。
顾之麟字大振，浙江仁和人。散馆改知县。

秀芳馨字卉圃，江苏泰兴人。散馆改知县。

张　尹字无咎，安徽桐城人。散馆归班。

张孝捏字焦升，山西沁州人。散馆授编修，官至御史。

王见川字道存，福建永定人。散馆改知县。

闻　棠字静儒，江苏镇洋人。散馆授编修。

王秉和字公泰，浙江会稽人。散馆改主事，历官湖南衡永道，降，官至同知。

杨黼时字式衮，广东大埔人。散馆授编修，降知县。

郝世正字凝一，湖北云梦人。散馆归班。

史积琦字德章，浙江会稽人。散馆改主事，官至御史。

李清芳钟侨子，字同侯，福建安溪人。散馆授编修，官至兵部侍郎。

苏襄云字龙起，山东武城人。散馆改知县。

壮　德开泰兄，字敬之，满洲正黄旗人。散馆改主事，官至广西左江道。

彭树葵字觐之，河南夏邑人。散馆授编修，官至仓场侍郎。

潘乙震字明山，广西东兰人。散馆授编修，官至侍讲学士。

邓时敏字逊可，四川广安人。散馆授编修，官至大理寺卿。

兴　泰字孚山，满洲正黄旗人。散馆授检讨，官至詹事。

罗世芳字秀之，顺天大兴人。散馆归班。

胡中藻字翰千，江西新建人。散馆授检讨，官至少詹事。

邵　铎基子，字警夫，浙江鄞县人。散馆授检讨。

仲永檀字襄溪，山东济宁人。散馆授检讨，官至左副都御史。国史有传。

朱　琎轼子，字聚五，江西高安人。未散馆授检讨，历官侍讲学士，官至庶子。

蒋拭之字季眉，浙江鄞县人。散馆归班。

全祖望字绍衣，浙江鄞县人。散馆归班。

李师中字正甫，山东高密人。散馆改主事。官至御史。

鹤　年春山子，字芝仙，满洲镶蓝旗人。散馆授检讨，官至两广总督，加太子太保，谥文勤，入祀贤良祠。国史有传。

双　顶字锡爵，满洲正白旗人。散馆授检讨，官至侍读。

龚　渤字遂可，云南丽江人。散馆授检讨，官至侍讲学士。

张若潭英孙，字紫澜，安徽桐城人。散馆授检讨。

钟　音字闻轩，满洲镶蓝旗人。散馆授检讨，官至礼部尚书，谥文恪。国史有传。

胡　杰字而行，广东南海人。散馆改主事，官至员外郎。

吴乔龄士玉子，字大春，江苏吴县人。散馆归班，官至知府。

吴　泰晟子，字方岳，江苏山阳人。散馆授检讨。

江　汉字倬云，安徽望江人。散馆改知县。

叶一栋字庭幹，江西新建人。散馆授检讨，历官内阁学士，罢，复给鸿胪寺卿衔。

郭　擢字季升，河南洛阳人。散馆改知县。

李兆钰字式如，湖北钟祥人。散馆授检讨，历官御史，降，官至知州。

熊郢宣字文光，云南昆明人。散馆授检讨，官至侍讲学士。

王育柟字汝舟，山西猗氏人。

黄　璋字达夫，贵州镇宁人。

张应宿字米为，浙江山阴人。散馆改知县。

洪汝绩字建业，贵州铜仁人。散馆授检讨。

郑毓善字岩久，江苏靖江人。

侯陈龄字师华，江苏金匮人。散馆授检讨。

赵允涵字养斋，直隶易州人。散馆授检讨。

陆　仪字凤来，奉天锦县人。散馆授检讨。

刘起振字颖之，广东海阳人。未散馆授检讨，加侍讲衔。

乾隆二年丁巳

于敏中枋嗣子，字重常，江苏金坛人。授修撰，官至文华殿大学士兼掌院学士，加太子太保，谥文襄。国史有传。

林枝春字继仁，福建福清人。授编修，官至通政司副使。

任端书兰枝子，字进思，江苏溧阳人。授编修。

孙宗溥字守愚，浙江仁和人。散馆授编修，官至给事中。

冯　祁字昭余，山西代州人。散馆授编修。

何其睿会元。字克思，江西赣县人。散馆授编修。

宋邦绥照子，字逸才，江苏长洲人。散馆授编修，官至户部侍郎。国史有传。

观　保字伯容，满洲正白旗人。散馆授编修，历官礼部尚书兼掌院学士，官至左都御史，追谥文恭。国史有传。

张若需廷璐子，字树彤，安徽桐城人。散馆授编修，官至侍讲。

龚学海字务本，湖北天门人。散馆授编修，历官左通政，官至贵州古州道。

张九镒字权万，湖南湘潭人。散馆授编修，历官少詹事，官至河南南汝光道。

卢宪观琦孙，字宾王，顺天宛平人。散馆改主事，官至山东按察使。

冯秉仁字体元，山东历城籍，浙江仁和人。散馆授编修，官至给事中。

王士瀚字巨川，陕西咸宁人。散馆归班。

陆树本绍琦子，字豫立。浙江嘉兴人。散馆授编修。

黄明懿字秉直，广西临桂人。散馆授编修，官至上江宣谕化导使。

钱　琦字相人，浙江仁和人。散馆授编修，官至福建布政使。

李龙官字渭英，江西宁都人。散馆授编修。

周玉章字叔大，浙江仁和人。散馆授编修，官至侍读学士。

程廷栋字殿中，湖北汉川人。散馆改主事，官至给事中。

王会汾字荪服，江苏无锡人。散馆授编修，历官吏部侍郎，降，官至大理寺卿。

白　瀛字寰九，山西兴县人。散馆授编修，官至刑部侍郎。

周　煌字景垣，四川涪州人。散馆授编修，历官兵部尚书，官至左都御史，赠太子太傅，谥文恭。国史有传。

路斯道字云子，山东诸城人。散馆授编修，历官赞善，降编修。

刘　慥字君硕，云南永北人。散馆授编修，官至山西布政使。

黄　宫字子元，江苏阳湖人。散馆归班。

李质颖字公质，汉军正白旗人。散馆授编修，历官广东巡抚，罢，复官至内上驷院卿，加总管内务府大臣衔。

苏霖润字泽生，云南赵州人。散馆改知县。

刘天位字慎叔，湖南武陵人。

沈云蜚字梧睺，浙江乌程人。

欧堪善字绍文，广东乐昌人。散馆授编修，官至太仆寺少卿。

吴　绂字方来，江苏宜兴人。散馆授编修。

高继光字熙载，四川巴县人。散馆改主事，官至知府。

刘　炯字炽南，山西安邑人。散馆归班。

丁一焘字晋昭，湖南衡阳人。散馆授编修。

谢庭瑜济世从弟，字佩苍，广西全州人。散馆改知县，官至知州。

国　梁字隆吉，满洲正黄旗人。散馆改主事，官至贵州粮道。榜名纳国栋，奉敕改今名。

牛　琳字琨璞，直隶天津人。散馆归班。

郭肇镤字凤池，安徽全椒人。散馆授检讨，官至侍讲。

杜鹤翱字羽丰，四川忠州人。散馆改主事。

辛有光字厚余，山东日照人。散馆改知县。

廖鸿章字璃鸿，福建永定人。散馆授检讨。

蒋祖培字纯祺，云南鹤庆人。散馆授检讨，降知县。

郑肇奎字光星，广东潮阳人。散馆改主事，官至知府。

林维雍字月建，福建福清人。散馆归班。

张日誉字泉修，河南商邱人。散馆授检讨，官至广西左江道。

陈世烈字允文，云南建水人。散馆授检讨，官至内阁学士。

王　寯字轶千，山东胶州人。散馆改知县，官至知府。

周连登字捷三，陕西泾阳人。散馆授检讨，降知县。

诺　敏字学时，满洲正白旗人。散馆改主事，官至侍读学士。

胡师孟字峰山，湖南湘潭人。

张元龙字于飞，陕西郿县人。散馆改知县。

莫世忠字健辉，广东高明人。散馆归班。

李时勉字次安，河南商城人。散馆授检讨。

周　礼字典三，直隶大名人。散馆授检讨，官至御史。

帅家相念祖从子，字伯起，江西奉新人。散馆改主事，官至知府。

蒋允焄字为光，贵州贵筑人。散馆授检讨，官至福建按察使。

德　保观保从弟，字仲容，满洲正白旗人。散馆授检讨，官至礼部尚书、署掌院学士，追谥文庄。国史有传。

朱若炳字彤章，广西临桂人。散馆授检讨，官至知府。

孙　维字子四，贵州威宁人。散馆改主事。

彭遵泗字磬泉，四川丹棱人。散馆改主事，官至同知。

觉罗德成格字抚远，镶黄旗人。散馆改主事，官至侍讲。

乾隆四年己未

庄有恭字容可，广东番禺人。授修撰，历官刑部尚书、协办大学士，加太子少保，罢，复官至福建巡抚。国史有传。

涂逢震字京百，江西南昌人。授编修，历官工部侍郎，降，官至通政司副使。

秦勇均字健资，江苏金匮人。授编修，官至陕西按察使。

陆　秩字宾之，浙江钱塘人。散馆授编修，官至给事中。

官献瑶字瑜卿，福建安溪人。散馆授编修，官至洗马。

袁　枚字子才，浙江钱塘人。散馆改知县。

陈大晫字紫山，江苏溧阳人。散馆授编修，官至侍读学士。

裘曰修字叔度，江西新建人。散馆授编修，官至工部尚书，加太子少傅，谥文达。国史有传。

沈德潜字确士，江苏长洲人。散馆授编修，官至礼部侍郎，加礼部尚书衔、太子太师。国史有传。

蒋麟昌字静存，江苏阳湖人。散馆授编修。

杨开鼎字峙塘，江苏甘泉人。散馆授编修，官至湖南衡永郴道。

孙拱极字肃右，福建连江人。散馆归班。

储麟趾字钊复，江苏荆溪人。散馆授编修，官至宗人府府丞。

程景伊字聘三，江苏武进人。散馆授编修，官至文渊阁大学士，谥文恭。国史有传。

徐景熹杞子，字参两，浙江钱塘人。散馆授编修，官至福建盐道。

曹　经字与纶，江西新建人。散馆授编修。

梁启心诗正兄，字首存，浙江仁和人。未散馆授编修，官至侍讲。

鞠逊行字谦牧，山东海阳人。散馆授编修。

姚廷祐字亦纯，直隶宣化人。散馆授编修。

徐　垣字紫庭，浙江山阴籍，顺天大兴人。散馆改主事，官至湖北布政使。

金文淳字质甫，浙江钱塘人。散馆授编修，官至知府。

轩辕诰会元。字谋野，山东汶上人。散馆归班。

喻　炜字赤雯，江西南昌人。散馆授编修。

唐　炳字来仪，浙江归安人。散馆归班。

徐文煜字亮采，顺天大兴人。散馆授编修，官至中允。

陶　镛字序东，安徽芜湖人。散馆归班。

蔡扬宗字赓堂，湖南湘潭人。散馆授编修，官至少詹事。

林兴济字东起，山东济宁人。

王觉莲字梦白，贵州贵筑人。散馆授编修，官至庶子。

叶　酉字书山，安徽桐城人。散馆授编修，历官侍讲学士，官至侍读。

冯成修字逊求，广东南海人。散馆改主事，官至郎中。

钮汝骐字驾仙，浙江桐乡人。散馆授编修。

管一清字配宁，江苏江都人。散馆改知县，官至知州。

洪科捷世泽父，字成仲，福建南安人。

缪敦仁曰藻子，字羲元，江苏吴县人。散馆授编修。

王　锦字宸章，顺天大兴人。散馆授编修，官至知府。

邱　柱象升孙，字砥澜，江苏山阳人。散馆授编修，降知县。

王化南字荫棠，陕西武威人。散馆改知县，官至知州。

邵其德字学民，云南保山人。散馆改知县，官至同知。

卜宁一字中三，山东日照人。散馆改主事，官至顺天府府丞。

朱　云字文木，陕西长安人。散馆改主事，官至知府。

王居正字季方，山西蒲县人。散馆授编修，降知县。

吴嗣富字郑公，浙江钱塘人。散馆授编修。

陈中龙字汉楼，湖北安陆人。散馆授编修，官至知府。

詹肯构字华堂，广东饶平人。散馆授编修，官至御史。

陈士炎字琬思，广西平乐人。散馆授检讨。

何　畴广西容县人。散馆授检讨，官至侍读。

伊贵绶字廷锡，蒙古正蓝旗人。

郑志鲸字弦斋，河南太康人。散馆授检讨，降知县，官至知州。

刘斯和字育万，河南郏县人。未散馆改知州。

出科联字乾浦，福建惠安人。散馆授检讨。

周　焘字迪荀，湖南茶陵人。散馆授检讨，官至给事中。

兴　国字朝泰，满洲正黄旗人。

黄澍纶字沛宇，湖南善化人。散馆改知县。

伊兴阿字聘莘，满洲正蓝旗人。散馆授检讨，降笔帖式。

徐孝常江苏上元人。散馆改主事。

赵德昌字绍文，满洲正黄旗人。散馆授检讨。

杨　培字天植，贵州清平人。散馆改主事，官至郎中。

孙景烈字孟扬，陕西武功人。散馆授检讨。
罗　惰字式昭，四川巴县人。散馆授检讨。
廪　格留保从子，字振刚，满洲正黄旗人。散馆改主事，官至郎中。
傅隆阿字赓阿，汉军镶白旗人。散馆授检讨。
程　岩字巨山，江西铅山人。散馆授检讨，官至吏部侍郎。
周人麒字次游，直隶天津人。散馆授检讨。
陈汝睿字照先，四川叙永厅人。
曾尚增字谦益，山东长清人。散馆改知县，官至知州。

乾隆七年壬戌

金　甡会元。字雨叔，浙江仁和人。授修撰，官至礼部侍郎。
杨述曾椿子，字二思，江苏阳湖人。授编修，官至侍读，加四品衔。
汤大绅字孙书，江苏阳湖人。授编修。
张　进字翼亭，江苏吴县人。
张泰开字履安，江苏金匮人。散馆授编修，官至礼部尚书，加太子少傅，谥文恪。国史有传。
潘　伟字韫夫，安徽休宁人。散馆归班。
钟凤翔字千仞，浙江海宁人。散馆改知县。
蔡云从新从子，字亦飞，福建漳浦人。
邵齐焘字荀慈，江苏昭文人。散馆授编修。
姚　范字南青，安徽桐城人。散馆授编修。
刘　炳字殿虎，直隶任邱人。散馆授编修，官至知府。
李清时钟侨子，承嗣天宠，字授侯，福建安溪人。散馆授编修，历官河东道总督，官至山东巡抚。
查库兰字树坛，蒙古镶白旗人。
窦光鼐字元调，山东诸城人。散馆授编修，官至左都御史，降四品卿。
孙廷槐字右阶，浙江仁和人。散馆授编修，官至山东按察使。
朱佩莲字玉阶，浙江海盐人。散馆授编修，历官侍读，降编修。
丁居信字南屏，江苏仪征人。散馆归班。
庄有信有恭弟，字在可，广东番禺人。散馆授编修，官至山西冀宁道。
郑虎文字炳也，浙江秀水人。散馆授编修，官至赞善。
德　保字乾和，满洲正蓝旗人。散馆授编修，官至侍讲。
蔡时田字修来，四川崇宁人。散馆授编修，官至御史。
凌　镐字西京，江苏吴县人。
李应熙字屯荠，湖北兴国人。
朱盛江字禹奠，湖北监利人。

徐　玮字勖武，浙江德清人。散馆授编修。
经　闻字薪传，满洲正白旗人。散馆授编修。
王　铤字紫长，山东莱阳人。散馆改主事，官至通政使。
朱履端荃弟，字端叔，浙江桐乡人。散馆改主事。
杜若拙字月存，山西平陆人。散馆授编修。
盛　格字际虞，满洲镶黄旗人。散馆改主事。
顾汝修字息存，四川华阳人。散馆授编修，官至顺天府府尹。
戈　岱字东长，直隶景州人。散馆授编修，官至御史。
郑有则字叔度，河南睢宁人。
刘锡龄字大年，汉军正黄旗人。散馆授编修。
吴鹏南字省旃，福建连江人。散馆授编修，官至给事中。
罗暹春字泰初，江西吉水人。散馆授编修，官至山东盐运使。
阎循琦愉孙，字景孙，山东昌乐人。散馆改主事，官至工部尚书，赠太子太保，谥恭定。
周世紫字芝仙，河南祥符人。散馆授检讨，改知县。
觉罗奉宽字硕亭，正蓝旗人。散馆授检讨，官至兵部侍郎兼掌院学士，追赠太师、礼部尚书，谥文勤。国史有传。
田　沆字济东，云南建水人。
惠元士字仲晦，陕西盩厔人。散馆授检讨。
金　洪字元音，顺天大兴人。散馆归班。
蒋辰祥字晓房，河南睢州人。散馆归班。
丛中芷字沅有，山东蓬莱人。散馆授检讨。
胡泽潢字中垣，湖南宁乡人。散馆授检讨，官至给事中。
周孔从字监二，江西宁州人。
王康佐字安亭，江苏句容人。散馆授检讨。
王世仕字惠仲，贵州贵筑人。散馆授检讨，历官赞善，降检讨。
李金台字子骏，湖北黄陂人。散馆授检讨。
廖方莲字灏涪，广西临桂人。散馆改主事，官至同知。
何绍东字日升，广西富川人。
劳　通字丙堂，广东顺德人。
陈桂洲字文馥，福建南安人。散馆授检讨，官至顺天府府丞。
熊为霖字浣青，江西新建人。散馆授检讨，历官侍读，降检讨。
黄遇隆字介三，湖南宁乡人。散馆改知县。
熊元龙字雨苍，贵州贵筑人。散馆改主事。
王太岳字基平，直隶定兴人。散馆授检讨，历官云南布政使，罢，复授检讨，官至司业。

乾隆十年乙丑

钱维城名世从孙，字幼安，江苏武进人。授修撰，官至刑部侍郎，加尚书衔、太子少保，谥文敏。国史有传。

庄存与柱子，字方畊，江苏武进人。授编修，官至礼部侍郎。

王际华字秋瑞，浙江钱塘人。授编修，官至户部尚书，加太子太保，谥文庄。国史有传。

章　恺字虞仲，浙江嘉善人。散馆授编修。

沈志祖慰祖兄，字学基。江苏吴县人，散馆授编修。

欧阳正焕字淑之，湖南衡山人。散馆授编修，官至御史。

薛　芝字秀三，浙江仁和人。

蒋元益会元。字希元，江苏长洲人。散馆授编修，官至兵部侍郎。

李因培字其材，云南晋宁人。散馆授编修，历官湖北巡抚，降，官至四川按察使。国史有传。

史贻谟贻直弟，字阜南，江苏溧阳人。散馆授编修，官至洗马。

徐开厚以升子，字周基，浙江德清人。散馆授编修，降知县。

张甄陶字希周，福建福清人。散馆授编修，降知县。

张若澄廷玉子，字镜壑，安徽桐城人。未散馆授编修，官至内阁学士。国史有传。

徐光文字亭浉，安徽歙县人。散馆授编修，官至侍读。

赵秉忠字景光，江苏兴化人。

秦　镴字震远，江苏金匮人。散馆授编修，官至广东盐运使。

李友棠绂孙，字莒伯，江西临川人。散馆授编修，官至工部侍郎。

励守谦字万子，字自牧，直隶静海人。散馆授编修，历官洗马，降编修。

国　柱国梁弟，字石民，满洲正黄旗人。散馆授编修，历官太仆寺卿，官至侍读学士。

王协和字监唐，安徽天长人。散馆改主事，官至知府。

宋　弼字仲良，山东德州人。散馆授编修，官至甘肃按察使。

刘元熙元炳弟，字缉之，湖南湘潭人。散馆授编修。

毛辉祖字镜浦，山东历城人。散馆授编修，官至太常寺少卿。

陈顾㵾榜姓顾，名㵾，字又声，浙江仁和人。散馆授编修，官至给事中。

杨演时黼时弟，字平崖，广东大埔人。散馆授编修。

钱士云字昆浦，云南昆明人。散馆授编修，官至兵部侍郎。国史有传。

温　敏字铁崖，满洲正黄旗人。散馆授编修，官至盛京礼部侍郎。

蔡　湘新兄，字清岩，福建漳浦人。

杨永谟字嘉之，河南河内人。散馆改主事。

许　荙字酉峰，浙江海宁人。散馆改知县，官至知州。

张绍渠字篁墅，江西铅山人。散馆授编修，官至直隶天津道。

谢溶生字未堂，江苏仪征人。散馆授编修，历官礼部侍郎，降，官至太常寺卿，罢，复给三品衔。

朱若东若炳弟，字元晖，广西临桂人。散馆授编修，官至河南粮道。

积　善字宗韩，治军镶白旗人。散馆授编修，历官中允，官至御史。

邵齐烈齐焘弟，字寔承，江苏昭文人。

杨　瑝字元音，湖南湘阴人。

汤萼联字继芳，浙江仁和人。散馆授编修。

单　铎字振斯，顺天宝坻人。散馆改主事，官至御史。

黄叔显字彬度，广东连平人。散馆改知县，官至知州。

孙　汉字云倬，湖北汉阳人。散馆授编修，降知县，官至主事。

王　楷字端木，河南辉县人。散馆授编修，官至直隶天津道。

冀文锦字璇图，山西平陆人。散馆归班。

梁济瀍字我东，甘肃皋兰人。散馆改主事，官至郎中。

李　英字御左，江苏宜兴人。散馆授检讨。

温如玉字以栗，直隶抚宁人。散馆授检讨，官至给事中。

梦　麟字瑞占，蒙古正白旗人。散馆授检讨，官至户部侍郎。国史有传。

何德新字西岚，贵州开州人。散馆授检讨，官至知府。

杨士铭士鉴从弟，字俞皋，山东即墨人。散馆归班。

杨维震字景西，四川成都人。散馆授检讨。

宗室达麟图字玉书，正蓝旗人。散馆授检讨，改宗人府理事官。

张　馨字琢闻，陕西临潼人。散馆授检讨，官至给事中。

范泰恒字松年，河南河内人。散馆改知县。

舒　禄字藜阁，满洲镶红旗人。散馆改主事。

冯秉彝字德嘉，江苏金坛籍，顺天大兴人。散馆授检讨。

皇朝词林典故卷五十四　题名

馆选

乾隆十三年戊辰

梁国治字阶平，浙江会稽人。授修撰，官至东阁大学士，赠太子太保，谥文定。国史有传。
陈　柟字眘斋，浙江仁和人。授编修。
汪廷玙字衡玉，江苏镇洋人。授编修，官至工部侍郎。
刘星炜字映榆，江苏武进人。散馆授编修，官至工部侍郎。
毛　咏字宣揆，江苏太仓人。散馆授编修。
徐　堂字允升，河南祥符人。散馆授编修，降知县，官至贵州贵西道。
郑　忬会元。字羲民，江苏靖江人。散馆改主事，官至知府。
陈长镇字宗五，湖南武陵人。
张裕荦字幼穆，安徽桐城人。散馆授编修。官至祭酒。
吴绶绍华孙子，字澹人，安徽歙县人。散馆授编修，官至通政使。
李中简仪古曾孙，字廉衣，直隶任邱人。散馆授编修，历官侍读学士，降编修。
钱汝诚陈群子，字立之，浙江海盐籍，嘉兴人。散馆授编修，官至刑部侍郎。国史附传。
叶世度字敬思，浙江仁和人。
杨毅贻字觐烈，河南光州人。
李宗文清植子，字延彬，福建安溪人。散馆授编修，官至礼部侍郎。
周学伋学健弟，字位能，江西新建人。散馆授编修。
邵树本字立人，浙江钱塘人。散馆授编修，官至御史。
邵祖节字霁川，浙江钱塘人。
史奕簪贻直子，字蔗园，江苏溧阳人。散馆授编修，官至赞善。
陈科捷万策孙，字瀛可，福建安溪人。散馆授编修，官至鸿胪寺卿。
陈　淦世侃子，字扬对，浙江海宁人。散馆授编修，历官侍读，降编修。
刘定逌字叔达，广西武缘人。散馆授编修。

雷曰履字素公，陕西渭南人。

陈大化字鳌四，安徽庐江人。散馆授编修，官至江苏常镇道。

朱　珪字石君，顺天大兴人。散馆授编修，现官体仁阁大学士兼掌院学士，加太子太傅。

杨方立字中甫，江西瑞金人。授编修，官至鸿胪寺卿。

冯　浩字养吾，浙江桐乡人。散馆授编修，官至御史。

邵齐然榜名焕，齐烈弟，字光人，江苏昭文人。散馆改主事，官至知府。

宗室平泰字朗轩，正蓝旗人。散馆改宗人府主事。

钟兰枝字露皋，浙江海宁人。散馆授编修，官至内阁学士。

范清沂字鲁度，山西介休人。散馆授编修。

陆　钧字古修，浙江仁和人。散馆授编修，降知县。

林明伦字敬熙，广东始兴人。散馆授编修，官至知府。

刘景平字泰阶，山东兰山人。

刘宗魏字文韩，江西赣县人。散馆授编修，官至御史。

胡延龄字幼钱，湖北汉阳人。散馆授编修。

晏　珩字玉美，四川富顺人。散馆授编修。

寅　保字东宾，汉军正白旗人。未散馆改主事，官至安徽庐凤道。

王　翊字景宸，江苏甘泉人。散馆改主事。

段廷机云南昆明人。散馆归班。

福明安字钦文，蒙古镶红旗人。散馆改主事，官至庶子。

敬华南榜姓苟，字映梅，四川华阳人。散馆授检讨，降知县。

边继祖字佩文，直隶任邱人。散馆授检讨，官至侍读学士。

舒毓椿字度千，顺天大兴人。散馆改主事。

陈炎宗字文樵，广东南海人。

宗室良成字瑶圃，正蓝旗人。散授馆授检讨，历官通政使，降，官至祭酒。

傅　清字穆如，满洲镶白旗人。散馆授检讨，官至云南布政使。

王　恒字立斋，山东郯城人。散馆归班。

荆如棠山西平陆人。散馆归班，官至江南淮扬道。

李兆鹏字翔远，山东蒙阴人。散馆授检讨，官至御史。

朱仕琇字斐瞻，福建建宁人。散馆归班。

洪其哲字东村，贵州玉屏人。散馆归班。

陈庆升字来章，贵州安平人。散馆授检讨，官至大理寺少卿。

图靮布字裕轩，满洲镶红旗人。散馆授检讨，官至侍读学士。

乾隆十六年辛未

吴　鸿字颉云，浙江仁和人。授修撰，官至侍读。

饶学曙字霁南，江西广昌人。授编修，历官侍读，降，复官至中允。

周　澧会元。字芑东，浙江嘉善人。授编修。

沈　栻字钦伯，江苏常熟人。散馆授编修，官至河东临运使。

刘　墉统勋子，字崇如，山东诸城人。散馆授编修，官至体仁阁大学士，赠太子太保，谥文清，入祀贤良祠。

柯兰墀字一腾，浙江仁和人。散馆改主事，官至郎中。

叶　藩字敦南，浙江仁和人。散馆改知县，官至知府。

汤世昌字其五，浙江仁和人。散馆授编修，官至给事中。

汤先甲字尊南，江苏宜兴人。散馆授编修，历官内阁侍读学士，降编修。

王应瑜字韫斋，安徽婺源人。散馆授编修，官至知府。

卢明楷字端臣，江西宁都人。散馆授编修，官至詹事。

戈　涛懋伦孙，字芥舟，直隶献县人。散馆授编修，官至给事中。

丁田树字芷溪，安徽怀宁人。散馆授编修，历官给事中，罢，复官至郎中。

蒋　楒溥子，字作梅，江苏常熟人。散馆授编修，官至兵部侍郎。

李逢亨字方夏，广东嘉应人。

李承瑞字班牧，山东海阳人。散馆授编修，官至知府。

叶观国字家光，福建闽县人。散馆授编修，官至少詹事。

狄咏篪字思恭，江苏溧阳人。散馆改知县，官至知府。

路　谈字晋清，甘肃宁夏人。散馆授编修。

李　绶字佩廷，顺天宛平人。散馆授编修，官至左都御史。国史有传。

史鸣皋字荀鹤，江苏如皋人。散馆归班，官至同知。

罗　典字辉五，湖南湘潭人。散馆授编修，历官鸿胪寺少卿。

戴　天字兆师，安徽休宁人。散馆改主事，官至御史。

姚晋锡字安伯，浙江嘉兴人。散馆改主事，官至御史。

周于礼字立崖，云南嶍峨人。散馆授编修，官至大理寺少卿。

王　绂字来朱，河南延津人。散馆授编修，官至御史。

周曰赞字上襄，江苏金匮人。散馆改主事，官至员外郎。

王启绪检子，字绍衣，山东福山人。散馆授编修，官至河南开归道。

朱　稇字又康，山东单县人。散馆授编修，官至给事中。

蒋良骐字千之，广西全州人。散馆授编修，官至通政使。

秦百里字宛来，山西凤台人。散馆授编修，官至江苏苏松粮道。

黄元吉字宗黎，福建侯官人。

梁兆榜字尺波，广东鹤山人。散馆归班。

穆　丹字史云，满洲正黄旗人。散馆改主事，官至知府。

吴为埔字卫庭，广西横州人。散馆归班，官至通判。

范思皇字斗岩，湖北蕲水人。散馆改主事，官至员外郎。

刘宗珙字载侯，湖南衡阳人。散馆改主事，官至陕西督粮道。

张曾敞若需子，字恺似，安徽桐城人。散馆授检讨，官至少詹事。

郭　兆字文徽，满洲镶红旗人。散馆归班。

全　魁字斗南，满洲镶白旗人。散馆授检讨，历官盛京户部侍郎，降，官至侍讲学士。

艾　茂字颖新，贵州麻哈人。散馆授检讨。

李方泰字桐音，陕西安化人。散馆归班。

高　辰字元石，四川金堂人。散馆归班。

孙　昭字震旭，奉天海城人。散馆归班。

黄鸿阁字调瑞，江西弋阳人。

乾隆十七年壬申

秦大士字涧泉，江苏江宁人。授修撰，官至侍讲学士。

范械士字祖年，江苏华亭人。授编修，官至给事中。

卢文弨字绍弓，浙江余姚人。授编修，官至侍读学士。

钱　载字坤一，浙江秀水人。散馆授编修，官至礼部侍郎，重赴鹿鸣宴。国史有传。

吉梦熊字渭崖，江苏丹阳人。散馆授编修，官至通政使。

蒋和宁字用安，江苏阳湖人。散馆授编修，官至御史。

朱　阳字菁溪，福建漳平人。散馆归班。

景　福傅隆阿子，字仰亭，满洲镶白旗人。散馆授编修，官至兵部侍郎。

邵嗣宗会元。字鸿箴，江苏太仓人。散馆授编修，官至侍读。

赵　佑字启人，浙江仁和人。散馆授编修，官至左都御史。

张　模宏俊从孙，字元礼，顺天宛平人。散馆改主事，官至郎中。

梁同书诗正子，字元颖，浙江钱塘人。散馆授编修，官至侍讲。

吴以镇字涵斋，安徽歙县人。散馆授编修。

秦　黉字序唐，江苏江都人。散馆授编修，官至湖南岳常澧道。

翁方纲字正三，顺天大兴人。散馆授编修，历官内阁学士，降，官至鸿胪寺卿。

鞠　恺字廷和，山东海阳人。散馆授编修。

谢　墉字金圃，浙江嘉善人。散馆授编修，历官吏部侍郎，降编修，赠三品卿衔。国史有传。

陈齐绅字念斋，广西平乐人。散馆授编修。

甘立功字惟叙，江西奉新人。散馆授编修。

江　声字希哉，浙江乌程人。散馆改知县。

马腾蛟字静斋，山西忻州人。散馆改主事，历官贵东道，降，官至知府。

万廷兰字芝堂，江西南昌人。散馆改知县，官至知州。

曹　晒字泊莽，安徽歙县人。

博　明字希哲，满洲镶蓝旗人。散馆授编修，历官云南迤西道，降，官至员外郎。

赵　瑷字检斋，云南昆阳人。散馆改主事，官至河南开归道。
纪复亨字心斋，浙江乌程人。散馆授编修，官至太仆寺少卿。
陈　筌悫华从子，字渔湖，直隶安州人。散馆授编修，官至侍讲。
王懿德字良宰，汉军正白旗人。散馆授编修，历官浙江布政使，降员外郎。
张　坦字松坪，陕西临潼人。散馆授编修。
金维岱字紫峰，湖北钟祥人。散馆授检讨。
郑岱钟字东侯，山东文水人。散馆授检讨。
王　猷字元亭，奉天义州人。散馆授检讨，官至大理寺少卿。
贾　煜字藜阁，山东黄县人。散馆改知县。
卢　毅字琢轩，贵州贵阳人。散馆授编检讨，官至洗马。
熊恩绂字隆甫，广西永康人。散馆归班，官至直隶大名道，赠太仆寺卿。
王政义字衡一，贵州贵定人。散馆改知县。
张孔绍字鳌溪，广东顺德人。
马锦文字梅阿，云南云龙人。散馆授检讨，官至御史。
汤　塂字谦斋，湖南祁阳人。
董元度讷孙，字曲江，山东平原人。散馆归班。
龙煜岷字兰圃，四川华阳人。散馆归班。

乾隆十九年甲戌

庄培因柱子，存与弟，字本醇，江苏阳湖人。授修撰，官至侍讲学士。
王鸣盛字凤喈，江苏嘉定人。授编修，历官内阁学士，降，官至光禄寺卿。
倪承宽国琏子，字余疆，浙江仁和人。授编修，历官礼部侍郎，罢，复官至太常寺卿。
汪永锡字孝传，浙江钱塘人。散馆授编修，官至内阁学士。
汪致和字饮太，安徽休宁人。
纪　昀字晓岚，直隶献县人。散馆授编修，官至协办大学士、礼部尚书，加太子少保，谥文达。
汪存宽字经耘，安徽休宁人。散馆授编修，官至给事中。
平圣台字瑶圃，浙江山阴人。散馆改知县，官至同知。
卫　肃字伯恭，河南济源人。散馆授编修，降知县，官至都察院经历。
胡绍鼎会元。字雨方，湖北孝感人。散馆授编修，历官御史。
朱　筠珪兄，字竹君，顺天大兴人。散馆授编修，历官侍读学士，降编修。
沈业富字方毅，江苏高邮人。散馆授编修，历官河东盐运使。
王士棻字兰圃，陕西华州人。散馆改主事，历官江苏按察使，降，官至员外郎。
徐维纶字辰章，江西奉新人。
朱棻元字春浦，浙江钱塘人。散馆授编修，官至司业。

林诞禹字泽相，广东番禺人。散馆授编修。

钱大昕字晓徵，江苏嘉定人。散馆授编修，历官至少詹事。

薛田玉榜姓田，名玉，字凤翙，顺天大兴籍，江苏无锡人。散馆归班，官至同知。

柯　瑾字禹峰，湖北大冶人。散馆授编修，官至给事中。

秦泰钧蕙田子，字汝夏，江苏金匮人。散馆授编修。

周升桓字稚圭，浙江嘉善人。散馆授检讨，官至广西盐道。

庄　元字涉沂，福建龙溪人。

萧郎阿字玉川，满洲正红旗人。散馆授检讨。

苏　绖字杏村，山东武城人。散馆授检讨。

曾承唐字际之，贵州遵义人。

李　封懋孙，字松园，山东寿光人。散馆改主事，官至刑部侍郎。

陈梦元字体斋，湖南攸县人。散馆授检讨。

陈圣时字师孔，广西平乐人。散馆授检讨，官至御史。

林学易字半霞，湖南衡山人。散馆授检讨。

史　珥字汇东，江西鄱阳人。散馆改主事。

尹　均字佑平，云南蒙自人。散馆归班，官至中书。

曹学闵字慕堂，山西汾阳人。散馆授检讨，官至宗人府府丞。

阿　肃字敬之，满洲镶白旗人。散馆授检讨，历官吏部侍郎，降，官至光禄寺少卿。国史有传。

于宗瑛字英玉，汉军镶红旗人。散馆授检讨，官至御史。

毛式玉字其人，山东掖县人。散馆授检讨。

谭世畯字治光，贵州遵义人。散馆授检讨。

刘天成字含元，四川大足人。散馆授检讨，官至大理寺少卿。

张鹤云字汉翔，山西乐平人。散馆归班。

乾隆二十二年丁丑

蔡以台会元。字季实，浙江嘉善人。授修撰。

梅立本字秋溪，安徽宣城人。授编修。

邹奕孝字念乔，江苏金匮人。授编修，官至工部侍郎。

李汪度字受之，浙江仁和人。散馆授编修，官至侍读学士。

钱大经字虞敦，浙江平湖人。散馆授编修。

刘亨地元燮子，字载人，湖南湘潭人。散馆授编修，官至侍读。

曹锡宝字剑亭，江苏上海人。散馆改主事，历官山东粮道，官至御史，追赠左副都御史。国史有传。

汪　新字又新，浙江仁和人。散馆授编修，官至湖北巡抚。

袁　鉴字澍甘，浙江钱塘人。散馆授编修，历官江宁布政使，降同知。

彭元瑞廷训子，字掌仍，江西南昌人。散馆授编修，历官吏部尚书、协办大学士，降，复官至工部尚书兼掌院学士，加太子太保，赠协办大学士，谥文勤。

王绍曾顼龄曾孙，字衣闻，江苏金山人。散馆授编修，官至知府。

李　翊因培子，字衣山，云南晋宁人。散馆授编修。

蒋士铨字心余，江西铅山人。散馆授编修。

罗廷梅字南有，安徽歙县人。

王大鹤字露仲，顺天通州人。散馆授编修，官至庶子。

吉梦兰梦熊兄，字香蜿，江苏丹阳人。

戴第元字筤圃，江西大庾人。散馆授编修，官至太常寺少卿。

刘成驹字任亭，江西南昌人。散馆归班。

李宗宝字璞庵，福建闽县人。散馆授编修。

陈兰森宏谋孙，字松山，广西临桂人。散馆授编修，官至湖南粮道。

彭　冠树葵子，字六一，河南夏邑人。散馆授编修，官至侍讲学士。

郑　燨字西桥，安徽歙县人。散馆授编修，官至御史。

薛宁廷韫子，字退思，陕西雒南人。散馆授编修，降知县。

那穆齐礼字鲤庭，满洲镶红旗人。散馆改主事。

焦汝翰字桐弦，山东青城人。散馆授编修。

彭绍观启丰子，字镜澜，江苏长洲人。散馆授编修，官至侍读学士。

施培应云南昆明人。散馆授编修。

魏大文字松轩，贵州平越人。散馆授检讨。

何曰佩字苍水，广东德庆人。散馆授检讨，官至大理寺少卿。

刘显恭字惺斋，湖北天门人。

吴　湘山东沾化人，散馆授检讨。官至给事中。

田玉成字伯庸，山西阳城人。散馆授检讨。

史大勋字个臣，陕西三原人。散馆授检讨。

陈于午字雪坡，四川涪州人。

富森泰字岳东，满洲镶红旗人。散馆授检讨。

陈一德字莘岩，福建闽县人。

郑鸿撰字晴湖，安徽歙县人。散馆改主事，官至给事中。

乾隆二十五年庚辰

毕　沅字湘蘅，江苏镇洋人。授修撰，官至湖广总督。

诸重光字申之，浙江余姚人。授编修，官至知府。

王文治字禹卿，江苏丹徒人。授编修，历官侍读，官至知府，降通判。

曹文埴字近薇，安徽歙县人。散馆授编修，官至户部尚书，加太子少保，追谥文敏。

王燕绪检子，字贻堂，山东福山人。散馆授编修，官至侍讲。

王显曾绍曾弟，字文园，江苏华亭人。散馆改主事，官至给事中。

刘权之字德舆，湖南长沙人。散馆授编修，历官协办大学士、礼部尚书，加太子少保，现官编修。

沈咸熙字熙人，浙江归安人。散馆改主事，官至内阁侍读学士。

童凤三字鹤街，浙江山阴人。散馆授编修，官至吏部侍郎。

唐　淮字晴川，浙江秀水人。散馆授编修，官至御史。

钱受穀字黄予，浙江秀水人。散馆改主事，官至云南迤东道。

金士松字亭立，江苏吴江人。散馆授编修，官至兵部尚书，谥文简。

孟超然字瓶庵，福建闽县人。散馆改主事，官至郎中。

赵　升大鲸子，字书三，浙江仁和人。散馆改主事，官至知府。

李瑞冈字羲一，江苏武进人。散馆改主事，官至知州。

裘　麟曰修子，字超然，江西新建人。散馆授编修。

宋　铣字舜音，江苏吴县人。散馆授编修，历官知府，复授编修。

张世渌九镒从子，字湘南，湖南湘潭人。散馆授编修，降知县。

刘　墫墉从兄，字松庵，山东诸城人。散馆改主事，历官江宁布政使，官至鸿胪寺卿。

李孔阳字蔚堂，直隶清苑人。散馆授编修，官至御史。

张光宪字伍堂，福建晋江人。散馆授编修，官至广西右江道。

王中孚会元。字蓼溪，山东诸城人。散馆授编修。

张廷桂字丹植，陕西三原人。散馆授检讨，官至甘肃巩秦阶道。

萧　芝字昆田，湖北汉阳人。散馆授检讨，历官给事中。

冯晋祚字介亭，山西代州人。散馆改主事，官至左副都御史。

刘经传字石渠，云南石屏人。散馆授检讨，历官御史。

福　兴字臻五，蒙古镶蓝旗人。

姜锡嘏字松亭，四川内江人。散馆改主事。

蓝应元字古萝，福建漳浦人。散馆授检讨，官至礼部侍郎。

李　台字南有，贵州广平人。散馆授检讨，官至通政使。

蒋曰纶辰祥子，字霁园，河南睢州人。散馆授检讨，官至工部侍郎。

芮永肩字铁崖，顺天宝坻人。散馆授检讨，官至庶子。

谢敦源字容毂，广东番禺人。散馆归班。

张　蒿字鹤林，四川成都人。散馆授检讨。

达　椿字香圃，满洲镶白旗人。散馆改主事，历官礼部侍郎，降检讨，复官至礼部尚书兼掌院学士。

孟　邵字鹭洲，四川汉州人。散馆改主事，历官左副都御史，降，官至大理寺卿。

陈本敬浩子，字仲思，顺天昌平人。散馆授检讨。

乾隆二十六年辛巳

王　杰字伟人，陕西韩城人。授修撰，官至东阁大学士、太子太保，加太子太傅，赠太子太师，谥文端，入祀贤良祠。

胡高望字希吕，浙江仁和人。授编修，官至左都御史，追谥文恪。

赵　翼字云松，江苏阳湖人。授编修，官至贵州贵西道。

蒋雍植字秦树，安徽怀宁人。散馆授编修。

嵇承谦璜子，字受之，江苏无锡人。散馆授编修，官至侍讲。

顾　震字苇田，浙江钱塘人。散馆改主事，官至员外郎。

陈步瀛会元。字凌州，江苏江宁人。散馆改主事，官至贵州巡抚。国史有传。

秦承恩大士子，字芝轩，江苏江宁人。散馆授编修，现官左都御史。

汪为善字心揆，江苏昆山人。

葛正华字临溪，山西吉州人。散馆授编修，官至山东粮道。

胡翘元字澹园，江西乐平人。散馆授编修，官至鸿胪寺卿。

刘　焯字芬浦，江西南丰人。散馆授编修，降知县，官至知州。

谢启昆字良璧，江西南康人。散馆授编修，官至广西巡抚。

储秘书在文孙，字主函，江苏宜兴人。散馆改主事，官至知府。

沈士骏志祖从子，字朗峰，江苏元和人。散馆授编修，官至中允。

毛业溥字际荣，湖北公安人。散馆授编修。

卜祚光宁一子，字笃圃，山东日照人。散馆授编修，官至陕西潼商道。

嵩　贵字抚棠，蒙古正黄旗人。散馆授编修，历官内阁学士，降，复官至詹事。

张应曾字祖祈，浙江萧山人。散馆改主事，官至御史。

曹仁虎字习庵，江苏嘉定人。散馆授编修，官至侍讲学士。

郭　洁字澄泉，汉军镶红旗人。散馆授编修，罢，复给旗员。

汪上林字晴初，浙江钱塘人。散馆授编修，降知县，官至知州。

官志涵献瑶从子，字枝亭，福建南平人。散馆授检讨。

邵庚曾字南俶，顺天大兴人。散馆授检讨，历官内阁侍读学士，官至山西雁平道。

金云槐字莳庭，安徽歙县人。散馆授检讨，官至浙江粮道。

丁荣祚字蔚冈，山东诸城人。散馆授检讨，官至中书。

田均豫字介石，贵州玉屏人。散馆授检讨。

李松龄字芳远，云南宁州人。散馆授检讨。

余廷灿字存吾，湖南长沙人。散馆授检讨。

吴玉纶士功子，字香亭，河南光州人。散馆授检讨，历官兵部侍郎，降检讨。

刘校之权之兄，字中垒，湖南长沙人。散馆授检讨，历官侍讲，降郎中。

邓大林字笃斋，广东东莞人。散馆改主事，官至御史。

黄腾达字斗槎，浙江仁和人。散馆改主事，官至给事中。

冯昌绅字柏岩，广西象州人。散馆归班。

马人龙字友夔，山东齐河人。散馆改主事，历官给事中，罢，复官至郎中。

陈于畴字晴轩，四川垫江人。散馆授检讨，降知县。

杨中选字清轩，云南寻甸人。散馆归班。

马曾鲁字惟抑，直隶灵寿人。散馆改主事，官至知府。

乾隆二十八年癸未

秦大成字澄叙，江苏嘉定人。授修撰。

沈　初字景初，浙江平湖人。授编修，官至户部尚书，追谥文恪。国史有传。

韦谦恒字慎旃，安徽芜湖人。授编修，历官贵州布政使，降，复授编修，历祭酒，复降，官至鸿胪寺少卿。

董　诰邦达子，字雅伦，浙江富阳人。散馆授编修，现官文华殿大学士，加太子太傅，予骑都尉世职。

孙效曾宗溥子。会元。字心莳，浙江仁和人。散馆授编修，官至侍读。

祝德麟字芷堂，浙江海宁人。散馆授编修，历官御史。

褚廷璋字左莪，江苏长洲人。散馆授编修，官至侍读学士。

李调元字羹堂，四川罗江人。散馆改主事，官至直隶通永道。

董　潮字晓沧，浙江海盐人。

程　沆字琴南，江苏安东人。

张秉愚字葆灵，陕西绥德人。散馆授编修，官至奉天府府丞。

张　焘字慕青，安徽宣城人。散馆授编修，历官侍读，降，复官至员外郎。

苏去疾字献之，江苏常熟人。散馆改主事，官至知州。

吴省钦字充之，江苏南汇人。散馆授编修，官至左都御史。

姚　萧范从子，字姬传，安徽桐城人。散馆改主事，历官郎中。

邱日荣字向辰，江西玉山人。散馆改主事，官至御史。

祥　庆字厚斋，汉军正黄旗人。散馆授编修，改主事，历官知府。

李廷钦字惕若，福建侯官人。散馆改主事，官至光禄寺卿。

牟元文字思贻，贵州安顺人。

孟生蕙字鹤亭，山西太谷人。散馆授编修，官至通正司参议。

陈其煐字介炎，广东新会人。散馆改主事，官至给事中。

高　埔字省垣，江西鄱阳人。

白　麟字应维，满洲正白旗人。散馆改主事，历官侍读学士，降，官至侍讲。

李　铎封从子，字振文，山东寿光人。散馆授检讨，降知县，官至同知。

吕元亮字靖亦，山西凤台人。散馆改主事，官至四川川北道。

刘徽泰字阶符，直隶临榆人。散馆归班，历官知州。
易文基字占履，湖南长沙人。散馆授检讨，降知县。
孙含中字象渊，山东昌邑人。散馆改主事，官至浙江布政使。
龚骖文字熙上，广东高要人。散馆授检讨，官至宗人府府丞。
蒋鸣鹿字舜游，云南鹤庆人。散馆授检讨。
周位庚字廷岐，广西临桂人。散馆授检讨，改主事，官至知府。
黄义尊字道安，湖北江陵人。散馆授检讨，历官御史，降，复官至员外郎。

乾隆三十一年丙戌

张书勋字在常，江苏吴县人。授修撰，官至中允。
姚　颐字震初，江西泰和人。授编修，官至甘肃按察使。
刘跃云字伏先，江苏武进人。授编修，官至兵部侍郎。
陆费墀字丹叔，浙江桐乡人。散馆授编修，官至礼部侍郎。
刘种之星炜子，字存子，江苏武进人。散馆授编修，历官赞善，降编修。
陈桂森字和叔，江苏常熟人。散馆授编修，官至大理寺少卿。
秦　潮璜从子，字步皋，江苏无锡人。散馆授编修，官至司业。
陈昌图字南琴，浙江仁和人。散馆授编修，官至直隶天津道。
喻升阶字允吉，江西新建人。散馆改主事，官至御史。
善　聪字虞门，满洲正红旗人。散馆改主事，官至员外郎。
沈世炜字南丰，浙江仁和人。散馆改主事，官至郎中。
韩朝衡字开云，浙江钱塘人。散馆改主事，官至广东南韶连道。
雷翀霄字桐轩，四川井研人。散馆授编修。
王嘉曾图炳孙，字宁甫，江苏金山人。散馆授编修。
查　莹字韫辉，山东海丰籍，浙江海宁人。散馆授编修，官至给事中。
林兆鲲字崇象，福建莆田人。散馆授编修。
福　保字嘉申，汉军正白旗人。散馆授编修，官至奉天府府尹。
陈　濂字澄之，河南商邱人。散馆授编修。
邹玉藻字位元，江西奉新人。散馆授编修，官至御史。
管幹贞榜名幹珍，奉旨改今名，字松崖，江苏阳湖人。散馆授编修，官至漕运总督。
尹壮图均子，字万起，云南蒙自人。散馆改主事，历官内阁学士，降主事，予给事中衔。
庄承篯朝生曾孙，字小彭，陕西咸宁籍，江苏阳湖人。散馆授编修，历官侍讲，降主事。
施学濂字大醇，浙江钱塘人。散馆改主事，官至给事中。
王懿修字勖嘉，安徽青阳人。散馆授编修，现官礼部尚书。
李殿图字桓符，直隶高阳人。散馆授编修，现官福建巡抚。
黄良栋字翼安，顺天大兴人。散馆授编修，官至知府。

胡　珊会元。字佩绅，安徽歙县人。散馆授编修。
卢　应字锡桓，广东东莞人。散馆授检讨。
胡必达字孚中，湖北天门人。散馆改主事。
邓文泮字泽士，湖南湘乡人。散馆授检讨，官至鸿胪寺卿。
王元荚字方辂，山东诸城人。散馆改主事。
王钟健字仲乾，山西文水人。散馆授检讨，现官给事中。
宋仁溥字体之，贵州天柱人。散馆归班。
林时蕃字敬立，广西义宁人。散馆归班。

乾隆三十四年己丑

陈初哲字永斋，江苏元和人。授修撰，官至湖北荆宜施道。
徐天柱字擎士，浙江德清人。授编修。
陈嗣龙字绍元，浙江平湖人。授编修，现官副都御史。
杨寿楠字培山，江西清江人。散馆授编修，官至陕西榆林道。
萧际韶字玉亭，安徽合肥人。散馆授编修，官至给事中。
金　蓉字采江，浙江嘉兴人。散馆授编修。
徐　烺会元。字昆衔，浙江钱塘人。散馆改主事，官至知府。
刘锡嘏字纯斋，顺天通州人。散馆授编修，官至江南淮徐道。
吴寿昌字泰交，浙江山阴人。散馆授编修，官至侍讲。
姚步瀛字伯选，陕西商州人。散馆改主事。
刘　湄字岸淮，山东清平人。散馆授编修，官至副都御史。
陈观光字梅亭，江苏江浦人。散馆改主事，官至郎中。
秦　泉潮兄，字漪园，江苏无锡人。散馆授编修，改主事。
郑际唐字耘门，福建侯官人。散馆授编修，官至内阁学士。
雷　轮翀霄从子，字绍堂，四川井研人。散馆授编修，现官知府。
朱纫兰字秋漪，江西南昌人。散馆归班，历官通判。
吴　典字学斋，广东琼山人。散馆授编修。
何德峻德新弟，贵州贵筑人。散馆授编修。
梦　吉字鉴溪，满洲正蓝旗人。散馆授编修，官至通政使。
郭　寅字葰川，山东历城籍，浙江仁和人。散馆授检讨。
张运暹字丽瀛，河南祥符人。散馆授检讨，历官侍讲学士，降，官至侍讲。
程元基字兰渚，江苏仪征人。散馆授检讨。
萧广运字允熙，湖北黄陂人。散馆授检讨，官至御史。
罗国俊字九峰，湖南湘乡人。散馆授检讨，官至礼部侍郎。
温常绶字印侯，山西大谷人。散馆授检讨，官至给事中。

王仲愚字荫台,山东济宁人。散馆授检讨,官至侍讲。

左　周字问庄,安徽桐城人。散馆授检讨,官至浙江宁绍台道。

莫异兰字馨山,广西临桂人。散馆改主事,官至知府。

季学锦字绢斋,江苏昭文人。散馆授检讨,历官河东盐运使,官至福建台湾道。

皇朝词林典故卷五十五 题名

馆选

乾隆三十六年辛卯

黄　轩腾达弟，字蔚塍，安徽休宁人。授修撰，官至四川川东道，赠按察使衔。
王　增字方川，浙江会稽人。授编修，降知县，官至通判。
范　衷字士恒，浙江上虞人。授编修，历官御史，罢，复官至主事。
王尔烈字瑶峰，奉天辽阳人。散馆授编修，官至通政司副使。
黄瀛元字葭塘，浙江于潜人。散馆授编修，历官御史。
吴震起字初恬，浙江石门人。散馆改主事，官至郎中。
林树蕃字于宣，福建侯官人。散馆授编修。
吴覃诏华孙子，字鸿霈，安徽歙县人。
周兴岱煌子，字长五，四川涪州人。散馆授编修，历官户部侍郎，现官侍讲。
张明谦字振谷，江苏丹徒人。散馆改主事，官至知府。
李　簧字鹿苹，山东单县人。散馆授编修。
周厚辕字驭远，江西湖口人。散馆授编修，现官给事中。
马启泰字泰初，陕西泾阳人。散馆授编修，官至詹事。
李　潢兆钰子，字又璜，湖北钟祥人。散馆授编修，历官兵部侍郎，现官赞善。
吴树本元龙曾孙，榜名昕，改名敬舆，字楚颂，江苏娄县人。散馆授编修，官至侍读学士。
曹　城文埴从弟，字仲宣，安徽歙县人。散馆授编修，官至吏部侍郎。
郑源焘榜姓陈，字奕堂，顺天宛平人。散馆改主事，官至御史。
项家达字仲兼，江西星子人。散馆授编修，历官太常寺少卿，降，官至员外郎。
吴俊升字允阶，湖南沅江人。散馆授编修。
仓圣脉字辉先，河南中牟人。散馆改主事，以校四库书仍留馆，议叙授编修。
李光云开业孙，字咸瞻，福建闽县人。散馆授编修，官至太常寺卿。
朱　诰字尹申，山西安邑人。散馆授编修。

陈昌齐字宾臣，广东海康人。散馆授编修，现官浙江温处道。

闵思诚字中孚，浙江归安人。散馆授编修，改主事。

朱依鲁若东子，字学曾，广西临桂人。散馆授编修，官至鸿胪寺卿。

顾　葵字颖园，江苏元和人。散馆改主事，官至广西左江道。

孔广森字众仲，山东曲阜人。散馆授检讨。

钱　澧字东注，云南昆明人。散馆授检讨，历官通政司副使，降，复官至御史。

包　愫字素心，顺天大兴人。散馆改主事，历官广东盐运使。

龚大万字怀青，湖南武陵人。散馆授检讨，改中书。

陈国玺字寿昌，贵州威宁人。散馆改主事。

江　琅字亚卿，江苏元和人。散馆改主事，官至知府。

马慧裕字朝曦，汉军正黄旗人。散馆改主事，现官河南巡抚。

章　铨字树廷，浙江归安人。散馆改主事，现官广东粮道。

佛尔卿额字孟昭，满洲正红旗人。散馆授检讨。

乾隆三十七年壬辰

金　榜云槐弟，字辅之，安徽歙县人。授修撰。

孙辰东会元。字枫培，浙江归安人。授编修。

俞大猷字鹤友，顺天大兴籍，浙江山阴人。授编修，官至知府。

平　恕圣台从子，字宽夫，浙江山阴人。散馆授编修，官至户部侍郎。

李尧栋字东采，浙江山阴人。散馆授编修，现官知府。

沈孙琏字乐人，浙江钱塘人。散馆授编修，历官御史。

朱　绂字辑五，江西新建人。散馆授编修，历官中允，官至御史。

潘曾起字文开，江苏荆溪人。散馆授编修，历官御史，降司务。

茅元铭字畔亭，江苏丹徒人。散馆授编修，现官内阁学士。

裴　谦字子光，山西阳曲人。散馆授编修，历官侍讲学士。

许兆椿字茂堂，湖北云梦人。散馆授编修，现官浙江按察使。

邹炳泰字仲文，江苏无锡人。散馆授编修，现官兵部尚书。

钱　樾字抚棠，直隶清苑人，浙江嘉善籍。散馆授编修，历官吏部侍郎，降编修，现官鸿胪寺少卿。

李　镕汪庋子，字自铭，浙江仁和人。散馆授编修。

方　炜字燮和，安徽定远人。散馆授编修，官至江南河库道。

黄寿龄字挺山，江西新城人。散馆授编修，官至司业。

庄通敏存与子，字际盛，江苏阳湖人。散馆授编修，官至中允。

张飑扬字思济，福建闽县人。

苏青鳌字松友，广东南海人。散馆授编修。

邱庭滉字叔大，顺天宛平人。散馆授编修，历官广东按察使，特授侍读学士，现官山东布政使。

王兆泰字赓斋，陕西三原人。散馆改主事。

朱　攸字好德，山东历城人。散馆授编修，官至知府。

莫瞻菉字青友，河南卢氏人。散馆授编修，现官工部侍郎。

百　龄字子颐，汉军正黄旗人。散馆授编修，官至湖广总督，加太子少保。

闵惇大思诚从子，字宏中，浙江乌程人。散馆授编修。

萧九成字韶亭，山东日照人。散馆授检讨。

图　敏字熙文，满洲镶黄旗人。散馆授检讨，官至内阁学士。

蔡廷举字世英，福建闽县人。

张家驹字乘帆，安徽含山人。散馆授检讨。

彭元珫廷训子，字实之，江西南昌人。散馆授检讨，改中书。

王坦修字仲履，湖南宁乡人。散馆授检讨，历官侍讲学士。

黎溢海字粲洋，广东东莞人。散馆授检讨。

王福清字受宜，奉天海城人。散馆授检讨，改主事。

王汝嘉恕子，字士会，四川铜梁人。散馆授检讨。

胡　敏字修来，云南宁州人。散馆改主事。

陈科锅字器一，广西郁林人。散馆改主事，官至知府。

乾隆四十年乙未

吴锡龄字纯甫，安徽休宁人。授修撰。

汪　镛字东序，山东历城人。授编修，现官给事中。

沈清藻字鲁田，浙江仁和人。授编修。

王春煦字紫宇，江苏娄县人。散馆授编修，官至知府。

戴心亨第元子，字习之，江西大庾人。散馆授编修。

翟　槐字公树，安徽泾县人。散馆授编修，官至知府。

张慎和光宪从子，字达甫，福建晋江人。散馆改主事，历官浙江盐道。

严　福会元。字景和，江苏吴县人。散馆授编修。

徐如澍字郁南，贵州铜仁人。散馆授编修，现官给事中。

王念孙安国子，字怀祖，江苏高邮人。散馆改主事，现官山东运河道。

曾廷枟字春伴，江西南城人。散馆改主事，官至知府。

于　鼎字镜兆，江苏金坛人。散馆授编修。

戴联奎字紫垣，顺天大兴人，改归江苏如皋籍。散馆授编修，现官兵部侍郎。

陈崇本濂从子，字伯恭，河南商邱人。散馆授编修，历官侍讲学士、祭酒，现官太常寺少卿。

陈文枢字天中，浙江海宁人。散馆改主事。

许　烺字乐亭，浙江钱塘人。散馆授编修，改中书。
李廷敬字敬止，直隶沧州人。散馆改主事，现官江苏松太道。
章宗瀛字登之，顺天大兴人，改归浙江会稽籍。散馆授编修。
梁上国字斯仪，福建长乐人。散馆改主事，以校四库书仍留馆，再散馆授编修，现官奉天府府丞。
何　循字质厚，顺天宛平人，改归安徽桐城籍。散馆授编修。
罗修源字碧泉，湖南湘潭人。散馆授编修，历官少詹事，降庶子，官至侍讲学士。
戴均元第元弟，字可亭，江西大庾人。散馆授编修，现官吏部侍郎。
徐立纲字条甫，浙江上虞人。散馆授编修，降司务。
缪　晋榜姓王，字申浦，顺天大兴人，改归江苏江阴籍。散馆授编修，官至知府。
吴锡麒字圣徵，浙江钱塘人。散馆授编修，历官祭酒。
毛凤仪字宇春，江苏吴县人。散馆归班，官至御史。
卢　遂字易良，福建侯官人。散馆授编修。
周　琼字芝田，广西临桂人。散馆授编修，官至洗马。
曹锡龄学闵子，字受之，山西汾阳人。散馆授编修，现官给事中。
陈　埔字星堂，浙江德清人。散馆改主事。
周宗岐煌子，字封岩，四川涪州人。散馆授编修。
汪如藻字彦孙，浙江秀水人。未散馆，以修书议叙授编修，官至山东粮道。
范来宗字翰尊，江苏吴县人。散馆授编修。
谷际岐字凤来，云南赵州人。散馆授检讨，历官给事中，现官员外郎。
王允中字敬一，陕西长安人。散馆授检讨，改中书，现官同知。
孙玉庭字佳树，山东济宁人。散馆授检讨，现官广东巡抚。
饶庆捷字德敏，广东大埔人。散馆授检讨，现官中书。
五　泰字东瞻，汉军镶白旗人。散馆授检讨，现官知府。
德　昌字容伯，满洲镶黄旗人。散馆授检讨，历官侍讲学士，降，复官至司业。
戴　震字东原，安徽休宁人。
瑞　保字执植，满洲镶黄旗人。散馆授检讨，官至内阁学士。
程光琠字实聪，湖北蕲水人。散馆授检讨。
何思钧字季甄，山西灵石人。散馆改主事，以校四库书仍留馆，议叙授检讨。

乾隆四十三年戊戌

戴衢亨第元子，字荷之，江西大庾人。授修撰，现官户部尚书，加太子少保，予云骑尉世职。
蔡廷衡字咸一，浙江仁和人。授编修，现官甘肃布政使。
孙希旦字绍周，浙江瑞安人。授编修。
邵自昌字蕃孙，顺天大兴人。散馆改主事，现官大理寺卿。

冯　培字仁寓，江苏元和人。散馆改主事，历官给事中。
吴省兰省钦弟，字泉之，江苏南汇人。散馆授编修，历官工部侍郎，降，复官至侍讲学士。
吴　璥字式如，浙江钱塘人。散馆授编修，历官江南河道总督，加太子少保，现官仓场侍郎。
潘庭筠字兰公，浙江钱塘人。散馆授编修，历官御史。
吴绍浣字杜村，安徽歙县籍，江苏仪征人。散馆归班，历官中书。
彭翼蒙元瑞子，字蓍初，江西南昌人。散馆改主事，历官江苏盐道，现官主事。
汪　洊字欲括，江西浮梁人。散馆归班，现官同知。
吴舒帷字济儒，江苏震泽人。散馆授编修，官至侍读。
王天禄字石渠，顺天大兴人。散馆授编修，现官知府。
徐文幹字筠亭，江西宁州人。散馆改主事。
张九镡九镒从弟，字吾溪，湖南湘潭人。散馆授编修。
钱　栻琦从子，字希南，浙江仁和人。散馆授编修，历官御史。
吴裕德字绍开，顺天大兴人。散馆授编修。
祖之望字载璜，福建浦城人。散馆改主事，历官刑部侍郎。
何西泰字素华，福建侯官人。散馆授编修。
杨　炜字槐瞻，江苏阳湖人。散馆归班，历官知府。
颜崇汋字东虞，山东曲阜人。散馆授编修，官至侍读。
吴鼎雯士功从孙，字云圃，河南光州人。散馆授编修，官至福建粮道。
冯敏昌字伯求，广东钦州人。散馆授编修，改主事。
王汝泰字来庄，湖北江夏人。
祁韵士字谐庭，山西寿阳人。散馆授编修，历官中允，降，官至郎中。
窦汝翼光鼐子，字右民，山东诸城人。散馆归班，历官宗人府主事。
李鼎元调元从弟，字焕其，四川绵州人。散馆授检讨，改中书，现官主事。
汪　昶字午庭，安徽歙县人。散馆授检讨。
恭　泰榜名公春，字履安，满洲镶黄旗人。未散馆，以校书议叙授检讨，官至盛京礼部侍郎。
张　位字伯素，陕西秦安人。散馆授检讨，改中书。
德　生字体仁，汉军正黄旗人。散馆授检讨，官至知府。
洪其绅其哲从弟，字敬书，贵州玉屏人。散馆授检讨，改主事，现官知府。
钱世锡载子，字慈伯，浙江秀水人。散馆授检讨。
许　霖榜名怦，字方澍，广西临桂人。散馆授检讨，改中书，现官云南盐课提举。
薛翊清字又文，云南昆明人。散馆归班。

乾隆四十五年庚子

汪如洋如藻弟。会元。字润民，浙江秀水人。授修撰。
汪德量字成嘉，江苏仪征人。授编修，官至御史。

程昌期字兰翘，安徽歙县人。授编修，官至侍读学士。

关　槐字柱生，浙江仁和人。散馆授编修，历官礼部侍郎。

陆伯焜字重晖，江苏青浦人。散馆授编修，官至浙江按察使。

初彭龄字绍祖，山东莱阳人。散馆授编修，历官户部侍郎，现官庶子。

吴蔚光字恕甫，江苏昭文人。散馆改主事。

甘立猷立功弟，字惟弼，江西奉新人。散馆授编修，历官给事中，现官员外郎。

范　鏊字叔度，顺天大兴人。散馆改主事，官至光禄寺卿。

谢振定字芗泉，湖南湘乡人。散馆授编修，历官御史，现官员外郎。

李　铭字鼎三，顺天大兴人。散馆归班。

吴树萱字春晖，江苏吴县人。散馆归班，官至四川盐茶道。

许兆棠兆椿弟，字台村，湖北云梦人。散馆授编修。

刘汝謩复孙，字赓虞，江苏阳湖人。散馆授编修。

高械生字继三，顺天宛平人。散馆授编修，降知县。

陈有会字道贯，福建闽县人。散馆授编修。

柴　模字珠山，浙江山阴人。散馆归班，历官中书。

王　晟字晓亭，甘肃灵州人。

蒋师爚字慕刘，浙江仁和人。散馆改主事。

徐　鉴字澄怀，汉军镶黄旗人。散馆授检讨，降知县。

郭在逵字可之，山西介休人。散馆授检讨，改主事，现官郎中。

周之适琼从子，字次伯，广西临桂人。散馆改主事。

余德洋字宗海，安徽太湖人。散馆归班。

温闻源字华石，广东顺德人。散馆归班。

钟文韫字含章，四川华阳人。散馆归班。

杨嘉材字光宇，云南昆明人。散馆归班。

李奕畴敏第子，字书年，河南夏邑人。散馆授检讨，改主事，现官山东按察使。

法式善榜名运昌，字开文，蒙古正黄旗人。散馆授检讨，历官侍读学士、祭酒，现官侍讲学士。

徐　准字慕莱，贵州遵义人。散馆授检讨，历官御史。

乾隆四十六年辛丑

钱　棨中谐元孙，字振威，江苏长洲人。己亥解元，会试、廷试皆第一，授修撰，官至内阁学士。

陈万青字远山，浙江石门人。授编修，历官侍读，降编修。

汪学金廷玙子，字敬箴，江苏镇洋人。授编修，官至庶子。

秦承业大士子，字补之，江苏江宁人。散馆授编修，历官司业，现官编修。

王朝梧际华子，字象六，浙江钱塘人。散馆改主事，历官山东兖沂曹道，现候补主事。
陈廷庆字兆同，江苏奉贤人。散馆改主事，历官知府。
曹振镛文埴子，字怿嘉，安徽歙县人。散馆授编修，现官工部侍郎。
俞廷抡字纯植，浙江余杭人。散馆授编修，改主事，官至知府。
冯集梧浩子，字轩圃，浙江桐乡人。散馆授编修。
王　绶字尚质，顺天大兴人。散馆授编修，现官礼部侍郎。
蒋予蒲曰纶子，字长人，河南睢州人。散馆改主事，现官宗人府府丞。
祝德全字葆初，直隶吴桥人。散馆归班，历官同知。
卢荫溥字霖生，山东德州人。散馆授编修，改主事，现官郎中。
祝　堃字敬宝，顺天大兴籍，浙江海宁人。未散馆，以校书议叙授编修。
沈步垣字在中，江苏娄县人。散馆改主事，历官御史。
宋　澍字沛青，山东兰山人。散馆改主事，历官给事中。
欧阳健字青起，江西崇仁人。
蔡善述字孝先，福建漳浦人。散馆授编修，官至御史。
潘绍观字融则，湖北蕲水人。散馆改主事，官至浙江宁绍台道。
万承风承芩从弟，字卜东，江西义宁人。散馆授检讨，现官礼部侍郎。
刘锡五字受兹，山西介休人。散馆授检讨，历官内阁侍读，现候选知府。
玉　保字德符，满洲正黄旗人。散馆授检讨，官至兵部侍郎。
印鸿经字章天，江苏宝山人。散馆归班。
萨龙光字肇藻，福建侯官人。散馆改主事。
旷楚贤敏本从孙，字振南，湖南衡山人。散馆授检讨，改主事，现官直隶清河道。
曾　燠廷枟子，字庶蕃，江西南城人。散馆改主事，现官两淮盐运使。
蔡共武廷衡从子，字敬之，浙江仁和人。散馆授检讨，现官广东盐运使。
阿　林字有壬，汉军正蓝旗人。
郑应元字文川，广东香山人。散馆归班，历官中书。
屈为鼎字宝汾，浙江平湖人。散馆改主事。
载斯琯字德如，云南太和人。散馆授检讨，官至给事中。
潘德周字绍基，广西宣化人。
寇赍言字绳先，四川渠县人。散馆授检讨，官至御史。
张　绶字佩青，陕西徽县人。散馆授检讨，官至侍读学士。
陈尧华字云瞻，贵州都匀人。散馆授检讨。

乾隆四十九年甲辰

茹　棻字稚葵，浙江会稽人。授修撰，现官侍讲学士。
邵　瑛字桐南，浙江余姚人。授编修，改中书。

邵玉清字履洁，直隶天津人。授编修，官至司业。
陈万全万青弟，字悦琴，浙江石门人。散馆授编修，官至兵部侍郎。
王锡奎字文一，江苏华亭人。散馆授编修，官至知府。
吴廷选字夔韶，江苏荆溪人。散馆授编修，官至侍读学士。
贺贤智字澝明，直隶迁安人。散馆改主事，历官御史。
周兆基字廉堂，湖北江夏人。散馆授编修，现官内阁学士。
郭缙光字盥书，江西吉水人。散馆授编修。
温汝适字步容，广东顺德人。散馆授编修，现官祭酒。
刘若璪校之子，字冕瞻，湖南长沙人。散馆改主事，现官知府。
吴芳培字霁菲，安徽泾县人。散馆授编修，现官侍读。
崔景仪纪从孙，字一壬，山西永济人。散馆授编修，历官侍讲学士，现官知府。
文　宁字蔚其，满洲正红旗人。散馆授编修，现官礼部侍郎。
蒋攸铦字颖芳，汉军镶蓝旗人。散馆授编修，现官广东惠潮道。
杨志信字行可，安徽六安人。散馆改主事，现官直隶按察使。
李骥元鼎元弟，字冀兆，四川绵州人。散馆授编修，历官中允，降编修。
倪思淳字箴汝，云南建水兴。散馆授检讨，改主事，历官御史。
潘奕藻字思质，江苏吴县人。散馆改主事，历官员外郎。
郑敏行字勉甫，河南罗山人。散馆改主事，历官御史，现官员外郎。
刘　炘字辉藜，福建莆田人。散馆授检讨。
朱依炅若东子，字仲和，广西临桂人。散馆授检讨。
张　翿字叔举，山东平原人。散馆授检讨，现官知府，加道衔。
邓再馨字芳廷，贵州普安人。散馆授检讨，现官知府。

乾隆五十二年丁未

史致光字葆甫，浙江山阴人。授修撰，现官云南盐道。
孙星衍字季逑，江苏阳湖人。授编修，散馆改主事，现官山东粮道。
董教增字益其，江苏上元人。授编修，散馆改主事，现官四川布政使。
朱　理字燮臣，安徽泾县人。散馆授编修，现官福建兴泉永道。
王　观字秉之，浙江钱塘人。散馆授编修，改主事，现官知府。
李如筠字介夫，江西大庾人。散馆授编修。
秦恩复黉子，字近光，江苏江都人。散馆授编修。
马履泰字叔安，浙江仁和人。散馆改主事，现官光禄寺少卿。
何道冲思钧子，改名元烺，字伯用，山西灵石人。散馆改主事，现官知府。
范逢恩字紫泥，直隶东明人。散馆改主事，现官员外郎。
龙廷槐字植庭，广东顺德人。散馆授编修，历官赞善，降编修。

谢恭铭墉子，字寿绅，浙江嘉善人。散馆归班，历官中书。
李传熊友棠子，字尚佐，江西临川人。散馆授编修，现官侍讲。
任衔蕙字湘畹，江苏萧县人。散馆归班，现官知县。
何　泌德新子，字季衡，贵州贵筑人。散馆授编修。
柳迈祖字振绪，甘肃会宁人。散馆改主事，现官郎中。
胡　钰煦孙，字子坚，河南光州人。散馆改主事，现官直隶天津道。
王祖武字绳其，江苏吴江人。散馆改主事，官至御史。
陈士雅字汝青，湖南长沙人。散馆授编修。
汪彦博学金子，字愚生，江苏镇洋人。散馆授编修，改主事，历官员外郎。
初乔龄彭龄弟，字景房，山东莱阳人。散馆授编修，历官侍读。
吴　烜字旭临，河南固始人。散馆授编修，现官中允。
顾　钰会元。字式度，江苏无锡人。散馆改主事，官至御史。
潘绍经绍观兄，字汇斋，湖北蕲水人。散馆授检讨，历官御史。
杜南棠字召亭，直隶赞皇人。散馆授检讨，历官赞善，降检讨。
陈若霖字宗观，福建闽县人。散馆改主事，现官郎中。
张　溥字健益，四川汉州人。
翁树培方纲子，字宜泉，顺天大兴人。散馆授检讨，改主事。
瑚图礼字景南，满洲正白旗人。散馆授检讨，现官湖北巡抚。
尹英图壮图从弟，字毓钟，云南蒙自人。散馆授检讨，现官知府。
周维坛字树之，广西临桂人。散馆授检讨。
赵继昌汉军正红旗人。

乾隆五十四年己酉

胡长龄字西庚，江苏通州人。授修撰，历官祭酒，现官顺天府府丞。
汪廷珍字玉粲，江苏山阳人。授编修，历官祭酒，现官侍读学士。
刘凤诰字丞牧，江西萍乡人。授编修，历官兵部侍郎，现官内阁学士。
钱　楷会元。字宗范，浙江嘉兴人。散馆改主事，现官郎中。
李钧简字秉和，湖北黄冈人。散馆授编修，现官吏部侍郎。
阮　元字伯元，江苏仪征人。散馆授编修，历官浙江巡抚。
张锦芳字粲夫，广东顺德人。散馆授编修。
施　朸字鲤门，顺天大兴人。散馆授编修，现官侍读。
周　栻字静溪，甘肃宁夏人。散馆授编修，历官给事中。
杨祖纯字粹中，四川雅安人。散馆授编修，历官赞善，现官御史。
黄　镕字又军，江苏上元人。散馆改主事，历官郎中。
祝庆承榜名孝承，字继之，河南固始人。散馆授编修，现官知府。

顾德庆字厚斋，山西阳曲人。散馆授编修，历官内阁学士。

游光绎字彤卤，福建霞浦人。散馆授编修，历官御史，降，现候补小京官。

那彦成阿克敦曾孙，字韶九，满洲正白旗人。散馆授编修，历官工部尚书兼掌院学士、两广总督。

吴　灼字茂昭，湖南湘阴人。散馆授检讨，改中书。

达　林字梅岑，满洲镶红旗人。散馆授检讨，现官孔目。

刘镮之统勋孙，字佩循，山东诸城人。散馆授检讨，现官户部侍郎。

钱开仕陈群孙，字补之，浙江嘉兴人。散馆授检讨。

张鹏展字从中，广西上林人。散馆授检讨，历官太常寺少卿。

汪滋畹字兰畬，安徽休宁人。散馆授检讨，现官侍读学士。

杨　昭字德音，云南安宁人。散馆改主事，现官御史。

尚庆云字直夫，奉天宁远人。散馆改主事，官至知府。

张履元字德基，贵州毕节人。散馆授检讨。

乾隆五十五年庚戌

石韫玉字执如，江苏吴县人。授修撰，现官陕西潼商道。

洪亮吉字君直，江苏阳湖人。授编修。

王宗诚懿修子，字中孚，安徽青阳人。授编修，现官少詹事。

辛从益字谦受，江西万载人。散馆授编修，历官御史。

蒋祥墀字盈阶，湖北天门人。散馆授编修。

顾王霖字稚圭，江苏镇洋人。散馆改主事。

钱学彬士云孙，字采南，云南昆明人。散馆授编修，历官知府，现官员外郎。

陈　预字立凡，顺天宛平人。散馆改主事，现官山东兖沂曹道。

洪　梧字桐生，安徽歙县人。散馆授编修，历官知府。

张师诚字心友，浙江归安人。散馆授编修，现官江苏布政使。

王　苏字延庚，江苏江阴人。散馆授编修，现官知府。

钱福胙开仕弟，字嘉锡，浙江嘉兴人。散馆授编修，官至侍读。

祝　曾庆承从子，字绍宗，河南固始人。散馆授编修，现官陕西延榆绥道。

秦维岳字觐东，甘肃皋兰人。散馆授编修，现官给事中。

郭　淳字元汇，江苏吴县人。散馆授编修。

牟昌裕字启昆，山东栖霞人。散馆改主事，现官御史。

德　文字蔚之，满洲正白旗人。散馆授检讨，历官兵部侍郎，现官内阁学士。

叶大观字巨宾，福建罗源人。散馆授检讨。

庞士冠字一桂，山西文水人。散馆授检讨。

恩　普字梦符，蒙古镶蓝旗人。散馆授检讨，现官户部侍郎。
罗廷彦字孟淳，湖南衡山人。
赵未彤字六滋，山东莱阳人。散馆授检讨，历官赞善，现官检讨。
卞云龙字起田，贵州仁怀人。散馆改主事，现官知州。
延　弼字西园，满洲正蓝旗人。散馆改主事，官至侍读学士。
张问陶鹏翮元孙，字柳门，四川遂宁人。散馆授检讨，现官御史。
熊方受恩绂子，字介兹，广西永康人。散馆授检讨，历官员外郎。
盛　安字无逸，满洲正白旗人。散馆改主事，现官员外郎。

乾隆五十八年癸丑

潘世恩奕藻从子，字槐堂，江苏吴县人。授修撰，现官户部侍郎。
陈　云预弟，字远雯，顺天宛平人。授编修，散馆改主事，现官员外郎。
陈希曾字钟溪，江西新城人。授编修，现官詹事。
叶绍楏字琴柯，浙江归安人。散馆授编修，现官御史。
张　燮字子和，江苏昭文人。散馆改主事。
蔡之定字麟昭，浙江德清人。散馆授编修，现官司业。
吴　云字润之，江苏长洲人。散馆授编修。
王麟书字蘢园，顺天大兴人。散馆授编修，历官给事中。
谭光祥字君农，江西南丰人。散馆改主事，现官郎中。
周系英字石芳，湖南湘潭人。散馆授编修，现官侍讲。
戴敦元字全溪，浙江开化人。散馆改主事，历官员外郎。
狄梦松咏篪从子，字次公，江苏溧阳人。散馆授编修。
李师舒绍周曾孙，字谊原，河南济源人。散馆授编修，降知县，现候选知府。
英　和德保子，字树琴，满洲正白旗人。散馆授编修，历官户部侍郎兼掌院学士，加太子少保，现官内阁学士。
李宗瀚字北溟，江西临川人。散馆授编修，现官侍读学士。
魏元煜字升之，直隶昌黎人。散馆授检讨，改主事，现官御史。
周麟元字绣绂，山东金乡人。
黄　洽字融之，山西绛州人。散馆改主事，现官郎中。
吴贻咏会元。字惠连，安徽桐城人。散馆改主事。
何学林字茂轩，贵州开化人。散馆授检讨，历官御史。
谢淑元字景辉，福建晋江人。散馆授检讨。
甘家斌字福超，四川邻水人。散馆改主事。
朱　桓字觐王，广西临桂人。散馆授检讨，现官御史。

1005

乾隆六十年乙卯

王以衔字署冰，浙江归安人。授修撰。
莫　晋字锡三，浙江会稽人。授编修，现官通政使。
潘世璜奕藻从子，字黼堂，江苏吴县人。授编修，散馆改主事。
陈廷桂字犀林，安徽和州人。散馆改主事。
陈　琪字其玉，浙江仁和人。散馆授编修，官至詹事。
沈乐善字同人，直隶天津人。散馆授编修，现官御史。
严　荣福子，字瑞堂，江苏吴县人。散馆授编修，现官知府。
乔远炳字黼文，湖北孝感人。散馆改主事。
玉　麟国梁孙，字子振，满洲正黄旗人。散馆授编修，现官吏部侍郎。
黄因琏字东秀，江西新城人。散馆授编修。
何会祥字道亨，广东番禺人。散馆授检讨，改中书。
韩鼎晋字时霍，四川长寿人。散馆授检讨，历官御史。
李继可字统文，河南荥阳人。
董　健字恒溪，云南通海人。散馆授检讨。
张凤枝履元从子，字同六，贵州毕节人。散馆授检讨，历官御史，现官知府。
严振先字鹏飞，江苏泰兴人。散馆改主事。
贾允升字猷廷，山东黄县人。散馆授检讨，现官给事中。
王瑶台字蓬山，山西阳城人。散馆授检讨，历官御史。

皇朝词林典故卷五十六　题名

馆选

嘉庆元年丙辰

赵文楷字介山，安徽太湖人。授修撰，现官山西雁平道。
汪守和字凯南，江西乐平人。授编修。
帅承瀛字士德，湖北黄梅人。授编修。
戴殿泗字东瞻，浙江浦江人。散馆授编修。
李锡恭字协襄，江苏太仓人。散馆授编修。
王　鼎字定九，陕西蒲城人。散馆改主事，仍授编修，现官洗马。
吴邦庆字景唐，顺天霸州人。散馆授编修，现官御史。
张锦枝字佩琼，江西彭泽人。散馆授编修。
许应喈字用仪，江西南昌人。散馆改主事。
陆以庄字苍康，浙江萧山人。散馆授编修。
黄焜望良栋子，字仲民，顺天大兴人。散馆授编修。
秦　渊字珠崖，江苏娄县人。散馆改主事。
赵慎畛字遵岵，湖南武陵人。散馆授编修，现官御史。
汪德钺字崇义，安徽怀宁人。散馆改主事，历官员外郎。
靳文锐字敏斯，山东聊城人。散馆授编修。
邱　勋字大猷，贵州大定人。散馆授编修，现官御史。
沈学厚孙连子，字麟伯，浙江钱塘人。散馆授编修。
陈兰畴字赞南，福建侯官人。散馆授编修，现官御史。
蔡维钰字其相，江苏金匮人。散馆授编修，现官御史。
陆　泌字邺仙，浙江仁和人。散馆授编修，现官御史。
石时榘字传方，湖北兴国人。散馆改主事。
那尔丰阿温敏子，字东兰，满洲正蓝旗人。散馆改主事，官至侍读。
韩克均字芸舫，山西汾阳人。散馆授检讨，现官御史。

李可端字凝修，广东南海人。散馆授检讨。
李　庭字清远，山东昌乐人。散馆改主事，现候补直隶州知州。
邱立和字容叔，福建将乐人。散馆改主事。
刘　澋字芳皋，四川温江人。散馆改主事。
严　烺字存吾，云南宜良人。散馆改主事，现官御史。

嘉庆四年己未

姚文田字秋农，浙江归安人。授修撰。
苏兆登字晏林，山东沾化人。授编修，现官御史。
王引之念孙子，字伯申，江苏高邮人。授编修，历官庶子。
程国仁字鹤樵，河南商城人。散馆授编修，现官御史。
汤金钊字勖兹，浙江钱塘人。散馆授编修。
吴赓枚贻咏子，字登孺，安徽桐城人。散馆改主事。
汪　桂字芗林，安徽婺源人。散馆改主事。
汪如渊如藻、如洋弟，字嘉漠，浙江秀水人。散馆授编修。
梁运昌上国从子，字缦云，福建长乐人。散馆授编修。
白　镕字小山，顺天通州人。散馆授编修。
李　翃因培子，翊弟，字云华，云南晋宁人。散馆改主事，仍授编修，历官御史。
鲍桂星字双五，安徽歙县人。散馆授编修，现官中允。
宋　湘字焕襄，广东嘉应人。散馆授编修。
史致俨会元。字望之，江苏江都人。散馆授编修。
张惠言字皋文，江苏武进人。散馆改主事，仍授编修。
李　端字凝度，山西武乡人。散馆改主事，仍授编修。
丁履泰字安兹，江苏武进人。散馆改知县。
徐名绂字章黻，江西龙南人。散馆改主事。
蒋云宽榜名云官，字牧叔，湖南永明人。散馆改主事。
吴荣光字荷屋，广东南海人。散馆改主事，仍授编修，现官御史。
戴　聪殿泗从子，字惟宪，浙江浦江人。散馆改主事。
李本榆字星白，山东长山人。散馆授编修。
李象鹍字待卿，湖南长沙人。散馆改主事，仍授编修。
陈超曾字表亭，江苏元和人。散馆授编修，历官御史。
吴　鼒字及鼒，安徽全椒人。散馆授编修，现官庶子。
赵在田字光中，福建闽县人。散馆授编修。
花　杰字晓亭，贵州贵筑人。散馆改主事，仍授编修。
黄鸣杰字冠英，安徽合肥人。散馆改主事。

毛　谟字锷亭,浙江归安人。散馆授编修。
张师泌师诚弟,字养和,浙江归安人。散馆授编修。
彭蕴辉启丰曾孙,字葆直,江苏长洲人。散馆授编修。
俞恒润字潄六,顺天大兴人。散馆授编修。
朱　渌字涛如,浙江山阴人。散馆改主事。
杨世英字子千,湖北云梦人。散馆改主事,仍授编修,现官御史。
许　铉字元益,福建闽县人。散馆改主事。
张述燕字友苏,陕西长安人。散馆改主事。
胡大成字之九,四川南充人。散馆改知县,仍授编修。
曹汝渊锡龄子,字笠山,山西汾阳人。散馆改主事。
任伯寅字虎卿,山西汾阳人。散馆改主事。
周开谟字叔猷,河南汜水人。散馆改主事。
吴其彦烜子,字美存,河南固始人。散馆改主事,仍授编修。
孔昭铭字涤非,江西新城人。散馆改主事。
陆　言字有章,浙江钱塘人。散馆授编修。
钱昌龄世锡子,字宝甫,浙江秀水人。散馆授编修。
何南钰字相文,广东博罗人。散馆改主事。
陈寿祺字恭甫,福建闽县人。散馆改主事,仍授编修。
赵　玉字蓝生,顺天大兴籍,安徽桐城人。散馆改主事。
彭良裔元瑞从子,字斗槎,江西南昌人。散馆授编修。
象　曾字又绳,汉军镶黄旗人。散馆改主事。
赵敬襄字司万,江西秦新人。散馆改主事。
李光晋字康之,江苏上元人。散馆授检讨。
张傅霖字君溥,广西临桂人。
董大醇字仲文,顺天大兴人。散馆改知县。
周锡章字成之,云南楚雄人。散馆改主事。
王廷绍字善述,顺天大兴人。散馆改主事。
莫与俦字超士,贵州独山人。散馆改知县。
淡士涛字仰山,陕西大荔人。散馆改知县。
廉　能字择之,满洲正黄旗人。散馆改主事。
张　鳞字绍渠,浙江长兴人。散馆授检讨。
毛式郕辉祖孙,字伯雨,山东历城人。散馆改主事。
赖　勋字芝岩,四川万县人。散馆改知县。
许亨超字述海,福建侯官人。散馆改知县。
黄郁章字赉生,江西清江人。散馆改知县。
杨汝达字用璋,云南石屏人。散馆改知县。

觉罗桂芳字子佩，镶蓝旗人。散馆授检讨，现官詹事。

姚廷训字敬棠，山东历城人。散馆改知县。

张　澍字伯瀹，甘肃武威人。散馆改知县。

贵　庆字月山，满洲镶白旗人。散馆改主事，仍授检讨，现官侍讲学士。

陈钟麟字肇嘉，江苏元和人。散馆改主事。

林天培字仲因，顺天大兴人。散馆改主事，现官郎中。

赏　锴字锡南，顺天宛平人。散馆改知县。

祝孝凭庆承从弟，字慕菠，河南固始人。散馆改知县。

卢　坤字静之，顺天涿州人。散馆改主事。

嘉庆六年辛酉

顾　皋仔曾孙，字缄石，江苏金匮人。授修撰。

刘彬士字辅文，湖北黄陂人。授编修。

邹家燮字秀升，江西乐平人。授编修。

席　煜字子远，江苏常熟人。散馆授编修。

崔问余字秀芳，陕西蒲城人。散馆授编修。

商　载字仲言，顺天大兴人。散馆授编修。

王　泽字润生，安徽芜湖人。散馆授编修。

陈嵩庆字声谷，浙江钱塘人。散馆授编修，现官侍讲学士。

方　振字叶文，江西南昌人。散馆授编修。

沈　酉字南吕，江苏吴县人。散馆改知县。

邓廷桢旭六世孙，字维周，江苏江宁人。散馆授编修。

汪润之字雨元，浙江钱塘人。散馆授编修。

刘　澍锡嘏从子，字煦峰，顺天通州人。散馆改知县。

陈中孚字允臣，湖北武昌人。散馆授编修。

徐华岳字镇西，江苏吴县人。散馆改知县。

王利亨曰清子，字襟量，广东嘉应人。散馆归班。

黄士观字晓楼，贵州大定人。散馆改知县。

黄任万字毅亭，河南商城人。散馆授编修。

康以铭字新之，四川岳池人。

孔昭虔广森子，字元敬，山东曲阜人。散馆授编修。

余正焕字章甫，湖南长沙人。散馆授编修。

倪　琇字尚莹，云南昆明人。散馆授编修。

袁名曜字道南，湖南宁乡人。散馆授编修。

潘恭辰字抚宁，浙江钱塘人。散馆授编修。

齐　鲲字澄潇，福建侯官人。散馆授编修。
樊如杞字含章，云南楚雄人。散馆归班。
聂镐敏字丰阳，湖南衡山人。散馆授编修。
吴熙曾字缉文，山东海丰人。散馆授编修。
杨惠元字心淮，福建闽县人。散馆授编修。
杨怿曾字成夫，安徽六安人。散馆授编修。
蔡　任字萃畲，浙江钱塘人。散馆改知县。
王钟吉元焱从孙，字蔼人，山东诸城人。散馆授编修。
叶绍本绍楏弟，字仁甫，浙江归安人。散馆授编修。
汪　庚字上章，安徽全椒人。散馆授编修。
朱方增字寿川，浙江海盐人。散馆授编修。
喻　鸿字逵九，江西南城人。散馆改主事。
朱　澄筠珪从孙，字静江，顺天大兴人。散馆授编修。
张玉麒字瑞绂，河南洛阳人。散馆改主事。
吴毓宝字维贤，云南昆明人。散馆改知县。
冯　辅字立基，广东新会人。散馆归班。
刘士棻字蕙田，福建侯官人。散馆改知县。
陈用光字硕辅，江西新城人。散馆授编修。
郑锡琪忻子，字仲如，江苏靖江人。散馆改主事。
杜　堮字次崖，山东滨州人。散馆授编修。
刘奕煜字炳文，甘肃宁州人。散馆授编修。
刘彬华字藻林，广东番禺人。
佟景文字质夫，汉军镶黄旗人。散馆授编修。
徐赓飔字敬言，江苏武进人。散馆授编修。
张文凤字瑞叔，贵州黔西人。散馆改知县。
秀　宁字琪原，满洲正蓝旗人。散馆授编修，现官内阁学士。
傅　棠字继夏，顺天宛平人。散馆授编修。
王　堃字西仲，浙江仁和人。散馆授编修。
徐　焕字敬修，江苏无锡人。散馆改知县，现官中书。
达　麟字为昭，福建浦城人。散馆改主事。
梁中靖字与亭，山西灵石人。散馆归班。
黎德符字西坪，广东新会人。散馆改主事。
陈　杲濂子，字宣叔，河南商邱人。散馆授编修。
吴　杰字翘南，湖北黄陂人。散馆改主事。
普　保国梁孙，玉麟从弟，字怀千，满洲正黄旗人。散馆改主事。
陈　煦字晴初，四川涪州人。散馆改知县。

姚　堃字子方，陕西澄城人。散馆改主事。
黄中位字坤美，贵州贵筑人。散馆归班。
查讷勤字谨夫，顺天宛平人。散馆改知县。
张廷鉴字朗甫，山西阳曲人。散馆改知县。
陈廷达字聪臣，四川涪州人。散馆改知县。
胡长庆字延之，广西临桂人。散馆归班。
蔡行达新孙，字质夫，福建漳浦人。散馆改主事。
许绍宗字迪先，陕西咸宁人。散馆改知县。
严昌钰树基从弟，字铭蓝，浙江归安人。散馆归班。
窦心传字辅唐，山西沁水人。散馆改知县。
王以铻以衔弟。会元。字宝华，浙江归安人。散馆归班，仍留庶吉士。
阙邦觐字景宸，广西北流人。
王　达字达人，顺天宛平人。散馆改知县。
徐心田维纶孙，字慎之，江西奉新人。散馆改知县。
凯音布巴海从孙，字戬卿，满洲镶蓝旗人。散馆授检讨，现官侍读学士。
黄孟甫字维岳，河南长葛人。散馆归班。
李鸿宾字象三，江西德化人。散馆授检讨。
常　英字子千，蒙古镶黄旗人。散馆授检讨，现官司业。
廖方彦字英三，湖北汉阳人。散馆归班。

嘉庆七年壬戌

吴廷琛会元。字震南，江苏元和人。授修撰。
李宗昉字静远，江苏山阳人。授编修。
朱士彦字休承，江苏宝应人。授编修。
李仲昭字守谨，广东嘉应人。散馆授编修。
朱　珔理从弟，字玉存，安徽泾县人。散馆授编修。
吴　椿字荫华，安徽歙县人。散馆授编修。
章道鸿字黼卿，安徽青阳人。散馆授编修。
何丙咸字南羲，浙江萧山人。散馆授编修。
顾　莼承烈从孙，字吴羹，江苏吴县人。散馆授编修。
董桂新字茂丈，安徽婺源人。
梁章钜上国从子，字闳中，福建长乐人。散馆改主事。
吕兆麒字凤友，安徽旌德人。散馆改知县。
金式玉榜从子，字朗甫，浙江仁和人。
朱　鸿字仪可，浙江秀水人。散馆授编修。

费兰墀字秀生，江苏震泽人。散馆授编修。
洪占铨字辅阶，江西宜黄人。散馆授编修。
陶　澍字子霖，湖南安化人。散馆授编修。
何应杰泌子，字子凡，贵州贵筑人。散馆授编修。
胡开益字仲谦，顺天宛平人。散馆授编修。
程寿龄字荐如，江苏甘泉人。散馆授编修。
张源长字方济，山东乐陵人。散馆授编修。
易元善字允臣，湖北汉阳人。散馆授编修。
饶向荣字绣圃，江西东乡人。散馆改主事。
邓士宪字成智，广东南海人。散馆改知县，现官员外郎。
董锡瑗字仲佩，江西宜黄人。散馆改主事。
张　鉴字星朗，浙江仁和人。散馆授编修。
任　英字绍言，江苏宜兴人。
谢学崇启昆子，字仲兰，江西南康人。散馆授编修。
谢兰生字澧浦，广东南海人。
李振翥字云轩，安徽太湖人。散馆授编修。
施鸾坡字惺渠，江苏崇明人。
何兰汀字雨堂，浙江山阴人。散馆改知县。
刘加封字松卿，陕西咸阳人。散馆改知县。
黄中杰字谦之，江西南昌人。散馆授编修。
李钟璧字奎先，云南太和人。散馆改知县。
李可蕃可端弟，字衍修，广东南海人。散馆授编修。
朱廷庆字椿年，浙江仁和人。
瞿　昂字子皋，顺天宛平人。散馆授编修。
赵　蓬字又瑷，云南晋宁人。散馆授编修。
程邦宪字竹厂，江苏吴江人。散馆授编修。
沈维𫓧字镕九，浙江嘉兴人。散馆授编修。
霍澍清字柱堂，陕西朝邑人。散馆改知县。
张元宰英元孙，字锡赓，安徽桐城人。散馆授编修。
万鼎琛字璞轩，湖北黄冈人。散馆改知县。
黎　燮字仲和，湖北黄陂人。散馆改知县。
卿祖培字敦夫，广西灌阳人。
洪　燿字镜心，浙江新城人。
陈声遹字绩学，福建连江人。散馆归班。
程赞宁字定甫，江苏仪征人。散馆授编修。
蔡以成字乔木，福建侯官人。散馆改知县。

宁古齐达椿子，字璞斋，满洲镶白旗人。散馆授编修，现官中允。
卢炳涛字静波，浙江东阳人。散馆改主事。
朱玉林字荫涂，顺天宛平人。散馆改知县。
张元模字谱南，直隶安州人。散馆改知县，现官员外郎。
龚守正字象曾，浙江仁和人。散馆授编修。
黄　茂字种之，山西夏县人。散馆改知县。
张本枝凤枝弟，字荫青，贵州毕节人。散馆改主事。
宋　潢字星海，山东胶州人。散馆改知县。
周毓麟字衡度，江西泸溪人。散馆归班。
林春溥字立源，福建闽县人。散馆授编修。
葛方晋字昼卿，浙江仁和人。散馆授编修。
盖运长字景仆，山西曲沃人。散馆改知县。
孙　汶字宗岱，山东胶州人。散馆改知县，现官郎中。
隆　安字宅仁，蒙古正黄旗人。散馆归班。
林文竹字震修，湖南巴陵人。
魏邦彦字国士，河南光山人。散馆归班。
陈永图廷达从子，字献五，四川涪州人。散馆改知县。
孙世昌字掌行，顺天大兴籍，安徽桐城人。散馆授检讨。
庄诜男字子振，顺天大兴人。
刘穀万字爱田，直隶赵州人。散馆归班。
高廷魁字仰山，顺天大兴人。散馆改知县。
徐　骧字梦南，江西高安人。
王百龄字介眉，陕西长安人。散馆改知县。
王青莲字希白，贵州遵义人。散馆仍留庶吉士。
哈　晋字康侯，满洲正蓝旗人。
钟　庆佛尔卿额从子，字仲章，满洲正红旗人。散馆归班。
王　珽字摺方，陕西南郑人。散馆归班。
吉士瑛梦兰子，字伯英，江苏丹阳人。散馆改知县。
宗室果齐斯欢字友三，镶蓝旗人。散馆授检讨，现官侍读。
申启贤字子敬，河南延津人。
卓秉恬字晴波，四川华阳人。散馆授检讨。
任郿祐字礼斋，山东聊城人。散馆改知县。
李蟠根字茂实，云南太和人。散馆改知县。
达清阿字际昌，满洲正白旗人。散馆改知县。
柳　溅榜名体青，字震男，河南偃师人。散馆归班。
马倚元字左卿，湖南衡阳人。散馆改知县。

宗室德朋阿良诚子，字辅仁，正蓝旗人。散馆授检讨，现官中允。

陈　铭字书绅，四川綦江人。散馆归班。

海　龄字容百，汉军镶黄旗人。

宗室惠端字直甫，镶蓝旗人。散馆仍留庶吉士。

李成芳字光宇，汉军镶红旗人。散馆改知县。

谢　幹字荣存，顺天大兴人。攻馆归班。

夏修恕字浑初，江西新建人。散馆授检讨。

常　山字安仁，满洲镶红旗人。散馆归班。

嘉庆十年乙丑

彭　浚字映旟，湖南衡山人。授修撰。

徐　颋字直卿，江苏长洲人。授编修。

何凌汉字云门，湖南道州人。授编修。

徐　松立纲从子，字孟品，顺天大兴人。

李兆洛字申耆，江苏武进人。

石葆元字镜亭，安徽宿松人。

张聪贤廷璐元孙，安徽桐城人。

孙尔准字平叔，江苏金匮人。

王　珙字玉章，江苏金匮人。

姚元之字伯昂，安徽桐城人。

谢　崧字骏生，安徽祁门人。

程德楷字邦宪，湖北麻城人。

盛　唐字鸣和，浙江萧山人。

程家督国仁子，字伯男，河南商城人。

史　谱字荫堂，山东乐陵人。

董桂敷桂新兄，字小樝，安徽婺源人。

章汝金字佑人，浙江乌程人。

汪全德字修甫，江苏仪征人。

孙源湘字子潇，江苏昭文人。

马瑞辰字元伯，安徽桐城人。

童　璜字磻珍，浙江山阴人。

胡　敬字以庄。会元。浙江仁和人。

邵葆钟庾曾子，字纪三，顺天大兴人。

潘际云字人龙，江苏溧阳人。

苏　绎字会人，浙江仁和人。

彭邦畴元瑞孙，字范九，江西南昌人。
于克家字贻芬，山东文登人。
葛宗昶字贻绵，山东蓬莱人。
李可琼可端弟，可蕃兄，字佩修，广东南海人。
蒋　诗师熻子，字秋吟，浙江仁和人。
聂铣敏镐敏弟，字晋光，湖南衡山人。
费卿庭字云临，江苏震泽人。
吴遇坤字一宁，浙江嘉善人。
顾　寅字孟宾，江苏吴县人。
张锡谦字益州，湖北黄安人。
陈鸿墀字万宁，浙江嘉善人。
何彤然字弨甫，广西平乐人。
徐　鉴字容倩，顺天大兴人。
倪思莲思淳兄，字芳远，云南建水人。
张志廉字周六，直隶南皮人。
程伯銮字药邻，四川垫江人。
汪汝弼字敷言，河南夏邑人。
王德本字立亭，贵州石阡人。
曹芸缃字谦六，江西湖口人。
陈玉铭字希赞，福建长乐人。
李建北字星庵，陕西三原人。
周尚莲字佳士，江西弋阳人。
邱　煌勋弟，字南晖，贵州毕节人。
陈宗畴字惠若，福建晋江人。
翟锦观字绚之，贵州贵筑人。
和　桂字丹亭，满洲镶白旗人。
程元吉沆从孙，字文中，江苏安东人。
何增元字调甫，四川璧山人。
鲁垂绅字佩书，江西南丰人。
姚原绂字兰崟，安徽桐城人。
周寿椿字荫长，直隶河间人。
陈俊千字常伯，安徽定远人。
孙升长字允甫，山东蓬莱人。
胡承珙字景孟，安徽泾县人。
李黼平字绣子，广东嘉应人。
觉罗宝兴字韫圃，镶黄旗人。

许绳祖字述之，陕西咸宁人。
郭承恩字接三，山西潞城人。
龚元鼎字宁人，江苏上元人。
邹植行字礼耕，江苏无锡人。
宗室崇弻字子良，镶蓝旗人。
钱人杰字子仁，浙江嘉兴人。
叶申万观国子，字惟千，福建闽县人。
张光焘字心宇，浙江仁和人。
帅承瀚承瀛弟，字汇百，湖北黄梅人。
穆彰阿字子朴，满洲镶蓝旗人。
徐学晋字晓初，江西南昌人。
秦　基字君实，广西灵川人。
徐　铨鉴兄，字士衡，顺天大兴人。
黄步堂字阶平，山西平定人。
平　志字尚之，云南昆明人。
萧朗峰字瑶林，江西兴国人。
张濂堂字步溪，河南原武人。
色卜星额字祥垣，蒙古镶红旗人。
严　烠烺弟，字蓄之，云南宜良人。
崇　绶阿克敦曾孙，那彦成从子，字丹霞，满洲正白旗人。
刘　谦字受之，顺天宛平人。
裘元淦曰修孙，麟子，字丽生，江西新建人。
何承先字美承，甘肃武威人。

皇朝词林典故卷五十七 题名

掌院学士

顺治十五年

裁内三院，设翰林院。
折库纳以内院学士调任。
王　熙以内院学士调任。

顺治十八年

裁翰林院。

康熙九年

复设翰林院。
折库纳以内院学士再调任。
熊赐履以内院侍读学士升任。

康熙十年

傅达礼以侍读学士升任。

康熙十四年

徐元文以内阁学士调任。
喇沙里以侍读学士升任。

康熙十六年

陈廷敬以内阁学士调任。

康熙十七年

叶方蔼以侍讲学士升任。

康熙十九年

库勒纳以詹事升任。

康熙二十年

陈廷敬以内阁学士再调任。

康熙二十一年

牛　钮以詹事升任。

康熙二十二年

张玉书以内阁学士调任。
孙在丰以内阁学士调任。

康熙二十三年

常　书以侍读学士升任。

康熙二十五年

张　英以侍读学士升任。
库勒纳以礼部侍郎仍兼任。
李光地以内阁学士调任。

康熙二十八年

徐元文以文华殿大学士再兼任。

康熙二十九年

张　英以工部尚书再兼任。又调礼部尚书，仍兼任。

康熙三十年

傅继祖以内阁学士调任。

康熙三十五年

常　书以吏部侍郎调任。

康熙三十六年

阿　山以盛京礼部侍郎调任。
韩　菼以礼部侍郎兼任。

康熙三十九年

法　良以内阁学士兼任。

康熙四十一年

揆　叙以侍读学士升任。

康熙四十二年

吴　涵以吏部侍郎兼任。

康熙四十五年

徐　潮以户部尚书兼任。

康熙四十九年

陈元龙以原任詹事升任。

康熙五十年

王原祁以詹事升任。

康熙五十一年

汤右曾以通政使升仕。

康熙五十六年

徐元梦以左都御史兼任。

康熙六十一年

蔡　珽以少詹事升任。
阿克敦以兵部侍郎兼任。
励廷仪以内阁学士兼任。
张廷玉以吏部侍郎协办掌院事。

雍正元年

张廷玉以礼部尚书兼任。

雍正四年

福　敏以左都御史兼任。

雍正六年

留　保以通政使兼詹事署任。十一年，升礼部侍郎，仍兼任。

雍正十一年

朱　轼以文华殿大学士署任。

雍正十三年

福　敏以左都御史再兼任。
邵　基以吏部侍郎兼任。

乾隆元年

张廷玉以保和殿大学士再兼任。

乾隆八年

鄂尔泰以保和殿大学士兼任。

乾隆十年

阿克敦以吏部侍郎再兼任。

乾隆十三年

鄂容安以兵部侍郎兼任。
阿克敦以刑部尚书再兼任。

乾隆十四年

梁诗正以兵部尚书兼任。

乾隆十五年

刘统勋以刑部尚书兼任。
孙嘉淦以工部尚书署任。

乾隆十九年

蒋　溥以协办大学士、户部尚书署任。

乾隆二十年

介　福以礼部侍郎兼任。
蒋　溥以协办大学士、户部尚书兼任。

乾隆二十二年

来　保以武英殿大学士署任。
蔡　新以刑部侍郎署任。

乾隆二十三年

史贻直以文渊阁大学士署任。
梦　麟以工部侍郎署任。

乾隆二十四年

鄂弥达以协办大学士、刑部尚书署任。
秦蕙田以刑部尚书署任。

乾隆二十五年

观　保以兵部侍郎署任。
梁诗正以兵部尚书署任。

乾隆二十六年

梁诗正以兵部尚书再署任。旋以协办大学士、吏部尚书再兼任。

乾隆二十七年

观　保以兵部侍郎兼任。
董邦达以左都御史署任。

乾隆二十八年

刘统勋以东阁大学士再兼任。

乾隆三十三年

尹继善以文华殿大学士署任。

乾隆三十四年

德　保以吏部侍郎署任。
尹继善以文华殿大学士兼任。

乾隆三十六年

觉罗奉宽以兵部侍郎兼任。

乾隆三十八年

于敏中以文华殿大学士兼任。

乾隆三十九年

舒赫德以武英殿大学士兼任。

乾隆四十二年

英　廉以协办大学士、刑部尚书兼任。

乾隆四十四年

德　保以礼部尚书再署任。
嵇　璜以协办大学士、吏部尚书兼任。

乾隆四十五年

阿　桂以武英殿大学士兼任。

乾隆五十七年

和　珅以文华殿大学士兼任。
彭元瑞以工部尚书兼任。

嘉庆四年

铁　保以吏部侍郎兼任。
那彦成以户部侍郎兼任。
达　椿以左都御史兼任。

嘉庆六年

英　和以礼部侍郎署任。
戴衢亨以户部侍郎署任。

嘉庆七年

英　和以户部侍郎再署任。
觉罗长麟以礼部尚书兼任。
英　和以户部侍郎兼任。

嘉庆八年

朱　珪以协办大学士、户部尚书兼任。

嘉庆十年

觉罗长麟以刑部尚书再兼任。

教习庶吉士

顺治三年丙戌科

查布海以内院学士充。
蒋赫德以内院学士充。
陈具庆以内院侍读充。

顺治四年丁亥科

查布海以内院学士充。
蒋赫德以内院学士充。
陈具庆以内院侍读充。

顺治六年己丑科

查布海以内院学士充。
蒋赫德以内院学士充。
胡统虞以内院学士充。
刘肇国以内院学士充。

顺治九年壬辰科

能　图以内院学士充。

刘清泰以内院学士充。
刘正宗以内院学士充。
薛所蕴以少詹事充。
傅以渐以内院学士充。

顺治十二年乙未科

折库纳以内院学士充。

顺治十五年戊戌科

折库纳以内院学士充。
常　鼐以内院学士充。
李　霨以内院学士充。
王　熙以内院学士充。
艾元徵以内院学士充。

顺治十六年己亥科

折库纳以内院学士充。
胡兆龙以内院学士充。
王　熙以内院学士充。
艾元徵以内院学士充。

康熙三年甲辰科

麻勒吉以内院学士充。
章云鹭以内院学士充。

康熙六年丁未科

帅颜保以内院学士充。
范承谟以内院学士充。

康熙九年庚戌科

折库纳以内院学士充。
董国兴以内院学士充。
张凤仪以内院学士充。
傅达礼以掌院学士充。
熊赐履以掌院学士充。

康熙十二年癸丑科

傅达礼以掌院学士充。
熊赐履以掌院学士充。
徐元文以掌院学士充。

康熙十五年丙辰科

喇沙里以掌院学士充。
徐元文以掌院学士充。
陈廷敬以掌院学士充。

康熙十八年己未科

喇沙里以掌院学士充。
叶方蔼以掌院学士充。
库勒纳以掌院学士充。

康熙二十一年壬戌科

阿兰泰以内阁学士充。
张玉书以内阁学士充。
牛　钮以掌院学士充。
孙在丰以掌院学士充。

康熙二十四年乙丑科

常　书以掌院学士充。
徐乾学以内阁学士充。
张　英以掌院学士充。
库勒纳以掌院学士充。
李光地以掌院学士充。

康熙二十七年戊辰科

库勒纳以掌院学士充。
彭孙遹以内阁学士充。

康熙三十年辛未科

库勒纳以掌院学士充。
张　英以掌院学士充。
傅继祖以掌院学士充。

康熙三十三年甲戌科

常　书以掌院学士充。
张　英以掌院学士充。

康熙三十六年丁丑科

阿　山以礼部侍郎充。

康熙三十九年庚辰科

法　良以掌院学士充。
韩　菼以掌院学士充。

康熙四十二年癸未科

揆　叙以掌院学士充。
吴　涵以掌院学士充。

康熙四十五年丙戌科

二　鬲以内阁学士充。
徐　潮以掌院学士充。

康熙四十八年己丑科

噶敏图以内阁学士充。
顾悦履以内阁学士充。
陈元龙以掌院学士充。
彭始抟以内阁学士充。

康熙五十一年壬辰科

揆　叙以掌院学士充。
汤右曾以掌院学士充。

康熙五十二年癸巳科

揆　叙以掌院学士充。
汤右曾以掌院学士充。

康熙五十四年乙未科

揆　叙以掌院学士充。
汤右曾以掌院学士充。
徐元梦以掌院学士充。

康熙五十七年戊戌科

徐元梦以掌院学士充。

康熙六十年辛丑科

徐元梦以工部尚书充。
汤右曾以吏部侍郎充。
陈元龙以礼部尚书充。

雍正元年癸卯科

吴隆元以侍读学士充。
查嗣庭以内阁学士充。

雍正二年甲辰科

福　敏以内阁学士充。
吴士玉以内阁学士充。
德　新以内阁学士充。

雍正五年丁未科

沈近思以左都御史充。
鄂尔奇以工部侍郎充。
胡　煦以兵部侍郎充。

雍正八年庚戌科

鄂尔奇以工部侍郎充。
任兰枝以内阁学士充。
阿　山以署户部侍郎充。

雍正十一年癸丑科

鄂尔奇以兵部尚书充。
阿　山以吏部侍郎充。
任兰枝以吏部侍郎充。
方　苞以内阁学士充。
陈万策以侍讲学士充。

乾隆元年丙辰科

徐元梦以食礼部尚书俸充。
杨名时以礼部尚书充。
任兰枝以礼部尚书充。

乾隆二年丁巳科

福　敏以左都御史充。
方　苞以礼部侍郎充。

乾隆四年己未科

尹继善以刑部尚书充。
刘统勋以刑部侍郎充。
吴家骐以礼部侍郎充。
阿克敦以刑部侍郎充。
史贻直以兵部尚书充。

乾隆七年壬戌科

陈世倌以文渊阁大学士充。
德　龄以工部侍郎充。
史贻直以吏部尚书充。

乾隆十年乙丑科

宗室德沛以吏部侍郎充。
汪由敦以刑部尚书充。

乾隆十三年戊辰科

来　保以武英殿大学士充。
陈大受以协办大学士、吏部尚书充。
梁诗正以掌院学士充。

乾隆十六年辛未科

阿克敦以掌院学士充。
孙嘉淦以工部尚书充。

乾隆十七年壬申科

介　福以礼部侍郎充。
刘统勋以掌院学士充。

乾隆十九年甲戌科

介　福以礼部侍郎充。
钱维城以内阁学士充。

乾隆二十二年丁丑科

观　保以兵部侍郎充。
刘　纶以户部侍郎充。

乾隆二十五年庚辰科

梁诗正以兵部尚书充。
观　保以兵部侍郎充。

乾隆二十六年辛巳科

介　福以掌院学士充。
刘　纶以兵部尚书充。
观　保以掌院学士充。
董邦达以左都御史署。

乾隆二十八年癸未科

德　保以吏部侍郎充。
刘　纶以协办大学士、户部尚书充。
尹继善以文华殿大学士充。
刘统勋以掌院学士充。

乾隆三十一年丙戌科

钟　音以兵部侍郎充。
王际华以户部侍郎充。
观　保以掌院学士充。

乾隆三十四年己丑科

全　魁以内阁学士充。
蒋元益以内阁学士充。

乾隆三十六年辛卯科

觉罗奉宽以掌院学士充。
王　杰以内阁学士充。
谢　墉以内阁学士充。

乾隆三十七年壬辰科

觉罗奉宽以掌院学士充。
庄存与以内阁学士充。

嵩　贵以内阁学士充。
汪廷玙以内阁学士充。

乾隆四十年乙未科

舒赫德以掌院学士充。
程景伊以协办大学士、吏部尚书充。
英　廉以掌院学士充。

乾隆四十三年戊戌科

英　廉以掌院学士充。
钱　载以内阁学士充。
阿　桂以武英殿大学士充。
程景伊以文渊阁大学士充。
德　保以礼部尚书署。

乾隆四十五年庚子科

阿　桂以掌院学士充。
嵇　璜以掌院学士充。

乾隆四十六年辛丑科

阿　桂以掌院学士充。
英　廉以东阁大学士充。
梁国治以户部尚书充。

乾隆四十九年甲辰科

阿　桂以掌院学士充。
嵇　璜以掌院学士充。

乾隆五十二年丁未科

阿　桂以掌院学士充。

王　杰以东阁大学士充。

乾隆五十四年己酉科

和　珅以文华殿大学士充。
彭元瑞以吏部尚书充。

乾隆五十五年庚戌科

和　珅以文华殿大学士充。
彭元瑞以吏部尚书充。

乾隆五十八年癸丑科

和　珅以掌院学士充。
彭元瑞以掌院学士充。

乾隆六十年乙卯科

和　珅以掌院学士充。
彭元瑞以掌院学士充。

嘉庆元年丙辰科

和　珅以掌院学士充。
彭元瑞以掌院学士充。
铁　保以吏部侍郎充。
文　宁以内阁学士充。

嘉庆四年己未科

朱　珪以吏部尚书充。
那彦成以掌院学士充。
文　宁以礼部侍郎充。

嘉庆六年辛酉科

英　和以礼部侍郎充。
戴衢亨以户部侍郎充。

嘉庆七年壬戌科

彭元瑞以掌院学士充。
那彦成以内阁学士充。
纪　昀以礼部尚书充。
潘世恩以户部侍郎充。
戴衢亨以工部尚书署。
玉　麟以礼部侍郎充。
戴均元以户部侍郎充。

嘉庆十年乙丑科

玉　麟以礼部侍郎充。
刘镮之以户部侍郎充。

皇朝词林典故卷五十八　题名

小教习

　　谨案：教习庶吉士，明代有之。我朝定制，于教习庶吉士大臣外，复令翰林官数人，分司训课，请业者少，而督功也专。中秘观摩，日新月异，洵盛事也。昔圣祖仁皇帝嘉惠艺苑，曾派专员，实出特恩，未垂令甲。至乾隆十年，高宗纯皇帝因旧章为定制。按庶常之数，遴分教之员，而以教习庶吉士之大臣总其成，所以造就人才，至详且密。皇上缵承大统，益沛殊恩，每科馆选人员增至三倍，煌煌宝训，于储材励品之义，益足光谟烈而炳日星。芸馆师资，更宜详载，兹以乾隆十年为始，胪列题名，以昭忝髦作人之至意。其遇事出缺，续行选派者，附于本科，不另系以年月云。

乾隆十年乙丑科

　　董　泰以编修充。
　　周玉章以侍读充。
　　金　甡以修撰充。
　　阮学濬以编修充。
　　吴　绂以编修充。
　　朱　荃以编修充。
　　张映斗以编修充。
　　陈兆仑以检讨充。
　　万松龄以检讨充。

乾隆十三年戊辰科

　　官　保以侍读充。
　　董　泰以编修充。
　　蔡扬宗以侍读充。

金　甡以修撰充。
钱　琦以编修充。
陈兆仑以检讨充。
郭肇锽以检讨充。
阮学浩以检讨充。

乾隆十六年辛未科

官　保以侍讲充。
董　泰以编修充。
陈大玠以侍读充。
金　甡以赞善充。
张若需以编修充。
夏之蓉以检讨充。
陈兆仑以检讨充。
王太岳以检讨充。

乾隆十七年壬申科

武极理以祭酒充。
张若需以中允充。
梁国治以修撰充。
秦　镛以编修充。
刘星炜以编修充。
宋　弼以编修充。
李　英以检讨充。

乾隆十九年甲戌科

德尔泰以少詹事充。
梁国治以修撰充。
宋　弼以编修充。
张裕莘以编修充。
冯　浩以编修充。
卢明楷以编修充。

乾隆二十二年丁丑科

　　德尔泰以少詹事充。
　　周　煌以侍讲充。
　　杨述曾以侍讲充。
　　郑虎文以赞善充。
　　秦大士以修撰充。
　　李　英以检讨充。

乾隆二十五年庚辰科

　　德尔泰以少詹事充。
　　秦大士以侍讲学士充。
　　张若澄以庶子充。
　　周长发以侍讲充。
　　郑虎文以赞善充。
　　邵嗣宗以编修充。

乾隆二十六年辛巳科

　　德尔泰以少詹事充。
　　李宗文以中允充。
　　宋　弼以编修充。
　　杨述曾以编修充。
　　邵嗣宗以编修充。
　　纪　昀以编修充。

乾隆二十八年癸未科

　　德尔泰以少詹事充。
　　张曾敞以侍读充。
　　翁方纲以中允充。
　　杨述曾以编修充。
　　邵嗣宗以编修充。
　　李汪度以编修充。

乾隆三十一年丙戌科

哈靖阿以侍读学士充。
毕　沅以侍讲充。
李汪度以赞善充。
曹文埴以编修充。
彭元瑞以编修充。
蒋雍植以编修充。

乾隆三十四年己丑科

觉罗巴彦学以侍读学士充。
吴省钦以侍读充。
彭　冠以中允充。
蒋雍植以编修充。
曹仁虎以编修充。
饶学曙以编修充。

乾隆三十六年辛卯科

恒　济以侍读学士充。
吴省钦以侍读充。
彭　冠以中允充。
张书勋以修撰充。
曹仁虎以编修充。
谢启昆以编修充。
陆费墀以编修充。

乾隆三十七年壬辰科

富炎泰以侍读学士充。
吴省钦以侍读充。
曹仁虎以中允充。
纪　昀以编修充。
嵇承谦以编修充。

沈士骏以编修充。

姚　颐以编修充。

乾隆四十年乙未科

那穆齐礼以少詹事充。

曹仁虎以中允充。

王燕绪以赞善充。

张　焘以编修充。

吴寿昌以编修充。

宋　铣以编修充。

季学锦以检讨充。

乾隆四十三年戊戌科

富炎泰以侍讲学士充。

吴省钦以庶子充。

黄　轩以修撰充。

金　榜以修撰充。

管幹贞以编修充。

沈孙琏以编修充。

余　集以编修充。

乾隆四十五年庚子科

富炎泰以侍读学士充。

褚廷璋以侍读学士充。

曹仁虎以中允充。

蒋士铨以编修充。

平　恕以编修充。

季学锦以检讨充。

乾隆四十六年辛丑科

富炎泰以侍讲学士充。

德　昌以侍讲充。

平　恕以侍讲充。
　　李尧栋以编修充。
　　程晋芳以编修充。
　　汪如藻以编修充。
　　严　福以编修充。
　　吴锡麒以编修充。
　　吴省兰以编修充。

乾隆四十九年甲辰科

　　德　昌以侍讲充。
　　曹仁虎以庶子充。
　　韦谦恒以赞善充。
　　祝德麟以编修充。
　　王春煦以编修充。
　　陆伯焜以编修充。

乾隆五十二年丁未科

　　德　昌以侍讲充。
　　平　恕以侍讲学士充。
　　陈崇本以侍读充。
　　秦　潮以编修充。
　　李尧栋以编修充。
　　邵晋涵以编修充。

乾隆五十四年己酉科

　　达　椿以侍读学士充。
　　李　潢以庶子充。
　　韦谦恒以侍讲充。
　　谢　墉以编修充。
　　吴锡麒以编修充。
　　汪学金以编修充。

乾隆五十五年庚戌科

伯　麟以詹事充。
陈嗣龙以侍读充。
吴省兰以侍讲充。
徐　集以编修充。
邵晋涵以编修充。

乾隆五十八年癸丑科

达　庆以侍讲学士充。
吴树本以侍读学士充。
李光云以庶子充。
史致光以修撰充。
戴联奎以编修充。

乾隆六十年乙卯科

宝　源以侍读学士充。
汪廷珍以侍讲充。
吴锡麒以编修充。
李钧简以编修充。
蒋修铦以编修充。

嘉庆元年丙辰科

达　庆以詹事充。
刘凤诰以侍读学士充。
曹振镛以庶子充。
吴廷选以编修充。
游光绎以编修充。
钱福胙以编修充。

嘉庆四年己未科

延　弼以侍读学士充。
德　文以侍讲学士充。
李钧简以侍读学士充。
刘凤诰以侍读学士充。
吴锡麒以侍读充。
汪学金以侍讲充。
戴联奎以洗马充。
吴省兰以中允充。
温汝适以编修充。
洪亮吉以编修充。
辛从益以编修充。

嘉庆六年辛酉科

那尔丰阿以洗马充。
李宗瀚以侍讲学士充。
汪廷珍以候补侍讲学士充。
周兆基以中允充。
蔡之定以编修充。
周系英以编修充。
张问陶以检讨充。

嘉庆七年壬戌科

书明阿以侍讲学士充。
莫　晋以侍讲学士充。
王宗诚以庶子充。
陈希曾以庶子充。
周系英以赞善充。
帅承瀛以编修充。
赵文楷以修撰充。
裴　谦以侍讲充。
吴　云以编修充。

蒋祥墀以编修充。

嘉庆十年乙丑科

那尔丰阿以侍读充。
宗室果齐斯欢以侍讲充。
邱庭潍以侍读学士充。
汪滋畹以侍讲学士充。
汪廷珍以侍讲学士充。
温汝适以庶子充。
裴　谦以庶子充。
茹　棻以侍讲充。
王以衔以修撰充。
张问陶以检讨充。

翰林院办事官

雍正元年

世　禄以检讨充。
伊尔敦以编修充。
李　兰以检讨充。
刘　灿以检讨充。
崔　纪以编修充。

雍正二年

赵　城以编修充。

雍正三年

保　良以检讨充。
焦祈年以编修充。
牧可登以检讨充。

马金门以编修充。

雍正七年

开　泰以编修充。
国　琏以侍读充。

雍正九年

范　咸以检讨充。

雍正十年

钱本诚以编修充。
于　辰以编修充。

雍正十二年

徐焕然以编修充。

雍正十三年

嵩　寿以侍讲充。

乾隆元年

敷　文以检讨充。
陈　倓以修撰充。
王兴吾以编修充。
佟　保以编修充。

乾隆五年

鹤　年以检讨充。
冯元钦以编修充。
曹秀先以编修充。

李为栋以编修充。

乾隆六年

沈慰祖以编修充。

乾隆七年

双　庆以侍讲充。
唐进贤以检讨充。

乾隆八年

双　顶以检讨充。
吴嗣富以编修充。
董邦达以编修充。

乾隆十一年

经　闻以编修充。
郭肇锽以检讨充。

乾隆十二年

兴　泰以谕德充。
肇　敏以编修充。
钱　琦以编修充。

乾隆十三年

佟　保以编修充。

乾隆十四年

蒋元益以编修充。

乾隆十五年

梦　麟以检讨充。
宗室达麟图以侍讲充。

乾隆十七年

图辖布以检讨充。
秦　镳以编修充。
罗暹春以编修充。

乾隆十八年

积　善以中允充。
刘星炜以编修充。

乾隆十九年

谢溶生以编修充。
李　绶以编修充。

乾隆二十年

卢明楷以编修充。
王懿德以编修充。
德　保以侍讲充。

乾隆二十一年

吴绶诏以编修充。
谢　墉以编修充。

乾隆二十三年

吉梦熊以编修充。

甘立功以编修充。

乾隆二十四年

纪　昀以编修充。

乾隆二十五年

沈业富以编修充。
卫　肃以编修充。

乾隆二十七年

积　善以编修再充。
祝德麟以编修充。
博　明以洗马充。

乾隆二十八年

王绍曾以编修充。
曹学闵以检讨充。
毕　沅以修撰充。
袁　鉴以编修协。
陈兰森以编修协。

乾隆二十九年

阿　肃以侍读充。
嵩　贵以侍读充。
宋　铣以编修充。
卜祚光以编修充。

乾隆三十年

曹文埴以编修充。
邵庚曾以检讨充。

乾隆三十二年

祥　庆以编修充。
福明安以洗马充。

乾隆三十三年

善　聪以庶吉士充。
丁荣祚以编修协。
祝德麟以编修再充。

乾隆三十四年

福　保以编修充。
沈士骏以编修充。
嵇承谦以编修协。
张　焘以编修协。

乾隆三十七年

梦　吉以洗马充。
王冲愚以检讨协，旋充。

乾隆三十八年

秦　潮以编修充。
百　龄以庶吉士充。
刘锡嘏以编修充。

乾隆四十二年

德　昌以庶吉士充。
宋　铣以编修再充。
曹　城以编修充。
黄瀛元以编修协。

乾隆四十三年

　　瑞　保以检讨充。

乾隆四十四年

　　萧际韶以编修充。

乾隆四十五年

　　百　龄以编修再充。
　　陈崇本以编修充。
　　五　泰以检讨协，旋充。

乾隆四十七年

　　汪如藻以编修协，旋充。
　　法式善以检讨协。
　　许兆棠以编修协，旋充。

乾隆四十八年

　　蔡廷衡以编修协。
　　吴裕德以编修充。

乾隆四十九年

　　陆伯焜以编修充。
　　德　昌以侍讲再充。

乾隆五十年

　　恭　泰以赞善充。
　　吴　璥以编修协。
　　徐立纲以编修充。

乾隆五十一年

　　汪学金以编修充。
　　戴均元以编修充。

乾隆五十二年

　　文　宁以庶吉士充。

乾隆五十四年

　　王春煦以编修充。
　　卢荫溥以编修充。
　　俞廷枪以编修充。

乾隆五十六年

　　史致光以修撰充。
　　李传熊以编修充。
　　瑚图礼以侍讲充。
　　蒋攸铦以编修充。

乾隆五十八年

　　法式善以庶吉士充。

乾隆五十九年

　　瑚索通阿以侍读充。
　　朱　理以编修充。
　　张师诚以编修充。
　　洪　梧以编修充。

嘉庆元年

戴衢亨以侍讲学士充。
英　和以编修充。
茹　棻以修撰充。
汪滋畹以检讨充。

嘉庆二年

李钧简以编修充。

嘉庆三年

玉　麟以编修充。

嘉庆四年

恩　普以侍讲充。
严　荣以编修充。
张　翱以编修充。
初乔龄以编修充。
觉罗桂芳以庶吉士充。
辛从益以编修充。
韩克均以检讨协，旋充。
图勒斌以侍讲协，旋充。
狄梦松以编修协，旋充。

嘉庆五年

王麟书以编修协。
黄因琏以编修协。
韩鼎晋以检讨协。

嘉庆六年

贵　庆以检讨充。
黄焜望以编修协。
沈乐善以编修协。

嘉庆七年

秀　宁以侍讲充。
凯音布以检讨协。
朱　澄以编修协。
方　振以编修协，旋充。
陈嵩庆以编修协。

嘉庆八年

佟景文以编修协，旋充。
吴荣光以编修协。
常　英以检讨协。
李　翃以编修充。
宗室果齐斯欢以庶吉士充。

嘉庆九年

叶绍本以编修协，旋充。
佛　柱以侍讲协，旋充。

嘉庆十年

俞恒润以编修协，旋充。
白　镕以编修协。
余正焕以编修协。
齐　鲲以编修协。
和　桂以庶吉士协，旋充。
觉罗宝兴以庶吉士协，旋充。

皇朝词林典故卷五十九　题名

经筵讲官

顺治十四年

麻勒吉以内院学士充。
布　颜以内院学士充。
王　熙以内院学士充。
折库纳以内院学士充。
查布海以内院学士充。
苏纳海以内院学士充。
常　鼐以内院学士充。
白色纯以内院学士充。
胡兆龙以内院学士充。
李　霨以内院学士充。
巴　海以内院侍读学士充。
冯　溥以内院侍读学士充。
方悬成以内院侍讲学士充。
曹　本以庶子充。
胡世安以礼部尚书充。
梁清标以兵部尚书充。

康熙十年

黄　玑以吏部尚书充。
冯　溥以刑部尚书再充。
王　熙以工部尚书再充。
明　珠以左都御史充。

常　萧以礼部侍郎再充。
　　田逢吉以户部侍郎充。
　　多　诺以刑部侍郎充。
　　折尔肯以中和殿学士充。
　　达　都以保和殿学士充。
　　折库纳以掌院学士再充。
　　熊赐履以掌院学士充。
　　傅达礼以侍读学士充。
　　史大成以侍读学士充。
　　胡密色以侍讲学士充。
　　李仙根以侍讲学士充。
　　徐元文以祭酒充。
　　宋德宜以侍读学士充。

康熙十一年

　　梁清标以户部尚书再充。
　　吴正治以兵部侍郎充。

康熙十三年

　　伊桑阿以内阁学士充。
　　陈敱永以吏部侍郎充。

康熙十四年

　　杜　臻以内阁学士充。
　　喇沙里以掌院学士充。

康熙十五年

　　郭四海以兵部侍郎充。
　　库勒讷以侍讲学士充。
　　陈廷敬以内阁学士充。

康熙十六年

杨正中以礼部侍郎充。
塞色黑以兵部尚书充。
察　库以户部侍郎充。
项景襄以内阁学士充。
温　代以内阁学士充。

康熙十七年

叶方蔼以侍读学士充。

康熙十八年

李天馥以内阁学士充。
冯源济以祭酒充。
佛　伦以内阁学士充。

康熙十九年

噶斯图以内阁学士充。
牛　钮以侍读学士充。

康熙二十年

徐元文以左都御史再充。
禧　佛以内阁学士充。
陈廷敬以掌院学士再充。

康熙二十一年

张玉书以内阁学士充。
图　纳以詹事充。
杜　臻以吏部侍郎再充。
傅腊塔以侍读学士充。

康熙二十二年

阿哈达以詹事充。
常　书以侍读学士充。
孙在丰以掌院学士充。

康熙二十三年

胡简敬以内阁学士充。
席尔达以内阁学士充。
蒋宏道以少詹事充。
董　讷以礼部侍郎充。

康熙二十四年

朱马泰以詹事充。
阿　山以侍读学士充。

康熙二十五年

噶尔图以刑部侍郎充。
葛思泰以通政使充。
汤　斌以礼部尚书充。
顾八代以内阁学士充。
李光地以内阁学士充。

康熙二十六年

张玉书以刑部尚书再充。
觉罗舜拜以内阁学士充。
张　英以礼部侍郎充。

康熙二十七年

图　纳以刑部尚书再充。

席尔达以礼部侍郎再充。
赵　山以内阁学士充。
翁叔元以吏部侍郎充。
熊赐履以礼部尚书再充。
徐元文以左都御史再充。
董　讷以内阁学士再充。
麻尔图以礼部尚书充。

康熙二十八年

彭孙遹以内阁学士充。
郭　琇以内阁学士充。
杜　臻以刑部尚书再充。
多　奇以礼部侍郎充。
李振裕以内阁学士充。

康熙二十九年

席　柱以工部尚书充。
陈廷敬以左都御史再充。

康熙三十年

熊赐履以礼部尚书再充。
王士祯以兵部侍郎充。
傅腊塔以刑部侍郎再充。
傅继祖以掌院学士充。

康熙三十一年

索诺和以工部尚书充。
翁叔元以刑部尚书再充。
王封溁以礼部侍郎充。

康熙三十二年

　　常　绶以内阁学士充。

康熙三十三年

　　常　书以掌院学士再充。

康熙三十六年

　　努　赫以礼部侍郎充。
　　觉罗三宝以内阁学士充。
　　罗　察以内阁学士充。
　　阿　山以掌院学士再充。
　　陈廷敬以户部尚书再充。
　　王　掞以户部侍郎充。

康熙三十七年

　　布　泰以内阁学士充。

康熙三十九年

　　法　良以掌院学士充。
　　韩　菼以掌院学士充。
　　满　笃以内阁学士充。
　　马尔汉以兵部尚书充。
　　特默德以吏部侍郎充。

康熙四十年

　　傅继祖以吏部侍郎再充。
　　徐秉义以吏部侍郎充。
　　罗　察以礼部侍郎再充。
　　舒　辂以工部侍郎充。

康熙四十一年

　　赖　都以户部侍郎充。

康熙四十二年

　　揆　叙以掌院学士充。
　　王鸿绪以工部尚书充。
　　陈元龙以少詹事充。

康熙四十三年

　　蔡升元以詹事充。
　　吴　涵以吏部侍郎充。
　　邵穆布以礼部侍郎充。
　　汪　霦以少詹事充。
　　徐　潮以户部尚书充。

康熙四十四年

　　穆　丹以户部侍郎充。
　　穆和伦以工部侍郎充。

康熙四十五年

　　李录予以吏部侍郎充。
　　温　达以工部尚书充。
　　满　辟以兵部侍郎充。
　　张廷枢以吏部侍郎充。
　　杨　瑄以内阁学士充。
　　色尔图以侍读学士充。
　　巢可托以刑部侍郎充。

康熙四十六年

赫　寿以礼部侍郎充。

康熙四十七年

二　鬲以内阁学士充。
恩　丕以兵部侍郎充。

康熙四十八年

曹鉴伦以吏部侍郎充。
胡会恩以礼部侍郎充。
徐元正以内阁学士充。
仇兆鳌以内阁学士充。
铁　图以礼部侍郎充。
喇萨理以少詹事充。

康熙四十九年

潘宗洛以内阁学士充。
觉罗满保以内阁学士充。
殷特布以兵部侍郎充。
陈元龙以掌院学士再充。
王思轼以内阁学士充。

康熙五十年

傅　绅以吏部侍郎充。
觉和托以内阁学士充。
噶敏图以内阁学士充。
李仲极以内阁学士充。
彭始抟以内阁学士充。
胡作梅以内阁学士充。
史　夔以少詹事充。

王原祁以掌院学士充。

康熙五十一年

长　寿以侍讲学士充。
王顼龄以吏部侍郎充。

康熙五十二年

汤右曾以掌院学士充。
张廷枢以刑部尚书再充。

康熙五十三年

绰　奇以内阁学士充。
徐元梦以内阁学士充。

康熙五十四年

赖　都以刑部尚书再充。
蔡升元以内阁学士再充。

康熙五十五年

敦　稗以内阁学士充。
长　鼐以内阁学士充。

康熙五十六年

王之枢以内阁学士充。
徐元梦以掌院学士再充。
查弼纳以兵部侍郎充。
色尔图以吏部侍郎再充。
阿克敦以詹事充。
张廷玉以内阁学士充。

康熙五十八年

　　陈元龙以工部尚书再充。
　　勒什布以吏部侍郎充。

康熙六十年

　　蒋廷锡以内阁学士充。

康熙六十一年

　　励廷仪以内阁学士充。
　　福　敏以内阁学士充。

雍正元年

　　李周望以户部侍郎充。
　　查嗣庭以内阁学士充。
　　吴士玉以内阁学士充。
　　李　绂以副都御史充。
　　登　德以工部侍郎充。
　　塞楞额以内阁学士充。

雍正二年

　　史贻直以吏部侍郎充。

雍正三年

　　赖　都以礼部尚书再充。
　　蔡　珽以吏部尚书充。

雍正四年

　　德　新以内阁学士充。

何国宗以内阁学士充。
吴　襄以内阁学士充。

雍正五年

僧　格以内阁学士充。
蔡世远以内阁学士充。
三　泰以礼部侍郎充。

雍正六年

留　保以署掌院学士充。
觉罗逄泰以侍读学士充。
彭维新以刑部侍郎充。

雍正七年

塞尔黑以左都御史充。

雍正八年

查弼纳以兵部尚书再充。

雍正九年

孙嘉淦以工部侍郎充。

雍正十年

德　龄以内阁学士充。

雍正十一年

阿　山以吏部侍郎再充。
索　柱以内阁学士充。
任兰枝以吏部侍郎充。

俞兆晟以户部侍郎充。
邵　基以祭酒充。

雍正十二年

涂天相以兵部尚书充。
徐　本以左都御史充。
赵殿最以户部侍郎充。
觉罗吴拜以祭酒充。

乾隆二年

尹继善以刑部尚书充。
孙嘉淦以刑部尚书再充。
陈悳华以刑部侍郎充。
班　第以理藩院侍郎充。
吴　金以内阁学士充。
张　照以内阁学士充。
福十宝以少詹事充。

乾隆三年

郎岱奇以刑部侍郎充。
梁诗正以内阁学士充。
雅尔呼达以内阁学士充。

乾隆四年

鄂尔泰以保和殿大学士充。
陈大受以吏部侍郎充。
杨超曾以兵部尚书充。

乾隆五年

阿克敦以吏部侍郎再充。
留　保以吏部侍郎再充。

乾隆七年

　　蒋　溥以吏部侍郎充。
　　德　龄以工部侍郎再充。

乾隆八年

　　汪由敦以兵部侍郎充。

乾隆九年

　　钱陈群以刑部侍郎充。
　　班　第以兵部尚书再充。
　　刘于义以协办大学士、吏部尚书充。

乾隆十年

　　彭维新以兵部尚书充。
　　讷　亲以保和殿大学士充。
　　开　泰以兵部侍郎充。
　　高　斌以协办大学士、吏部尚书充。
　　伍龄安以内阁学士充。
　　刘统勋以左都御史充。

乾隆十一年

　　史贻直以文渊阁大学士再充。
　　雅尔呼达以内阁学士再充。
　　德　通以通政使充。
　　阿　林以詹事充。

乾隆十二年

　　蒋　溥以吏部侍郎再充。

乾隆十三年

傅　恒以协办大学士、户部尚书充。
陈大受以协办大学士、吏部尚书再充。
阿克敦以署刑部尚书再充。
来　保以武英殿大学士充。

乾隆十四年

介　福以吏部侍郎充。
观　保以内阁学士充。
嵇　璜以户部侍郎充。

乾隆十五年

王安国以礼部尚书充。
嵇　璜以工部侍郎再充。
鹤　年以内阁学士充。
介　福以礼部侍郎再充。

乾隆十六年

留　保以吏部侍郎再充。
钱陈群以刑部侍郎再充。

乾隆十七年

兆　惠以礼部侍郎充。
嵩　寿以礼部侍郎充。
孙嘉淦以工部尚书再充。
梅瑴成以左都御史充。

乾隆十八年

裘曰修以吏部侍郎充。

乾隆十九年

　　刘　纶以户部侍郎充。

乾隆二十年

　　觉罗雅尔哈善以兵部侍郎充。
　　书　山以刑部侍郎充。
　　于敏中以兵部侍郎充。
　　王际华以工部侍郎充。
　　秦蕙田以刑部侍郎充。

乾隆二十一年

　　裘曰修以吏部侍郎再充。
　　徐以烜以礼部侍郎充。

乾隆二十二年

　　刘统勋以刑部尚书再充。
　　张泰开以左都御史充。
　　董邦达以吏部侍郎充。

乾隆二十三年

　　鄂弥达以协办大学士、刑部尚书充。
　　史贻直以文渊阁大学士再充。

乾隆二十四年

　　傅　恒以协办大学士再署。
　　来　保以武英殿大学士再充。
　　蒋　薄以文渊阁大学士再充。
　　五龄安以礼部尚书充。
　　观　保以兵部侍郎再充。

钱维城以工部侍郎署。

乾隆二十五年

介　福以礼部侍郎再署。
秦蕙田以刑部尚书再充。
王际华以刑部侍郎再充。
刘　纶以左都御史再署。

乾隆二十六年

梁诗正以协办大学士、吏部尚书再充。
德　保以署兵部侍郎充。
阿里衮以兵部尚书充。
于敏中以户部侍郎再充。

乾隆二十七年

伍龄安以礼部侍郎再充。

乾隆二十八年

舒赫德以刑部尚书充。
阿　桂以工部尚书充。
陈宏谋以吏部尚书充。
彭启丰以兵部尚书充。

乾隆二十九年

永　贵以礼部尚书充。
张泰开以左都御史再充。
托恩多以兵部尚书充。

乾隆三十年

钱汝诚以户部侍郎充。

裘曰修以户部侍郎再充。

乾隆三十一年

尹继善以文华殿大学士再署。
宗室蕴著以工部尚书署。
鄂　宁以礼部侍郎署。

乾隆三十二年

钟　音以兵部侍郎署旋充。
觉罗奉宽以兵部侍郎署，旋充。

乾隆三十三年

尹继善以文华殿大学士再充。
刘　纶以协办大学士、吏部尚书再充。
陆宗楷以兵部尚书充。
蔡　新以刑部尚书充。
官　保以刑部尚书署。
高　恒以户部侍郎署。

乾隆三十四年

素尔讷以刑部尚书署。
程景伊以工部尚书充。
英　廉以户部侍郎署。
曹秀先以工部侍郎充。
观　保以署左都御史再充。

乾隆三十五年

德　福以礼部侍郎署。
永　贵以礼部尚书再充。

乾隆三十六年

瑚世泰以吏部侍郎充。
裘曰修以工部尚书再充。

乾隆三十七年

迈拉逊以吏部侍郎署。

乾隆三十八年

舒赫德以武英殿大学士再充。
嵇　璜以兵部尚书再充。
谢　墉以工部侍郎充。
董　诰以侍读学士充。

乾隆三十九年

觉罗永德以署刑部侍郎充。
梁国治以礼部侍郎署。

乾隆四十年

景　福以兵部侍郎充。

乾隆四十一年

嵩　贵以内阁学士充。
梁国治以户部侍郎充。
钱汝诚以署刑部侍郎再署。

乾隆四十二年

阿　肃以礼部侍郎充。
阿　桂以武英殿大学士再充。

乾隆四十三年

钟　音以礼部尚书再充。
德　保以礼部尚书再充。
德　福以刑部尚书充。

乾隆四十四年

永　贵以吏部尚书再署。
阿扬阿以刑部侍郎署。

乾隆四十五年

三　宝以东阁大学士充。
曹文埴以兵部侍郎充。

乾隆四十六年

达　椿以礼部侍郎署。

乾隆四十七年

和　珅以户部尚书充。

乾隆四十八年

达　椿以礼部侍郎充。
宗室宜兴以内阁学士充。
伍弥泰以协办大学士、吏部尚书充。
福康安以署工部尚书充。
德　明以礼部侍郎充。
刘　墉以吏部尚书充。
刘跃云以詹事署。

乾隆四十九年

庆　桂以兵部尚书充。
宗室玉鼎柱以吏部侍郎署。
彭元瑞以吏部侍郎充。
陆费墀以礼部侍郎署。

乾隆五十年

王　杰以兵部尚书充。

乾隆五十一年

绰克托以户部尚书充。

乾隆五十二年

纪　昀以礼部尚书充。
刘跃云以内阁学士充。

乾隆五十三年

惠　龄以吏部侍郎署。
海　宁以兵部侍郎署。

乾隆五十四年

扎勒翰以内阁学士充。
铁　保以礼部侍郎署，旋充。
扎郎阿以内阁学士署，旋充。
常　青以礼部尚书充。
金士松以吏部侍郎充。
朱　珪以吏部侍郎充。
沈　初以兵部侍郎充。

乾隆五十五年

觉罗巴延三以户部尚书署。
邹奕孝以工部侍郎充。

乾隆五十六年

彭元瑞以协办大学士、吏部尚书再充。

乾隆五十七年

舒　常以左都御史署，旋充。
刘　墉以礼部尚书再署，旋充。
玉　德以刑部侍郎署。

乾隆五十八年

窦光鼐以左都御史再署，旋充。

乾隆五十九年

金　简以吏部尚书充。

乾隆六十年

吴省钦以工部侍郎署，旋充。
多永武以礼部侍郎署。

嘉庆元年

胡高望以吏部侍郎充。

嘉庆二年

多永武以礼部侍郎充。

玉　保以吏部侍郎充。

嘉庆三年

成　德以吏部侍郎充。

嘉庆四年

那彦成以工部尚书、掌院学士充。
达　椿以内阁学士再充。
萨彬图以内阁学士充。
文　宁以内阁学士充。
朱　珪以吏部尚书再充。
周兴岱以吏部侍郎充。
阮　元以户部侍郎充。

嘉庆五年

傅　森以兵部尚书充。
董　诰以文华殿大学士再充。
戴衢亨以户部侍郎充。

嘉庆六年

英　和以礼部侍郎充。
扎郎阿以礼部侍郎再充。
阿隆阿以内阁学士充。
宗室琳宁以协办大学士、吏部尚书充。
宗室禄康以刑部尚书充。
成　书以兵部侍郎署，旋充。
瑚素通阿以刑部侍郎署。
刘权之以吏部尚书署。

嘉庆七年

范建丰以吏部侍郎署，旋充。

刘权之以吏部尚书充。
宗室禄康以户部尚书再充。
钱　樾以户部侍郎充。
那彦成以内阁学士再署。

嘉庆八年

玉　麟以礼部侍郎充。
明　志以内阁学士署。

嘉庆九年

扎郎阿以内阁学士再署。
文　宁以吏部侍郎再充。
恩　普以吏部侍郎充。
李钧简以吏部侍郎充。
戴均元以户部侍郎署。

嘉庆十年

明　志以兵部侍郎充。
玉　宁以内阁学士充。
刘凤诰以内阁学士署。

皇朝词林典故卷六十　题名

日讲起居注官

顺治十四年

史大成以修撰充。
刘芳躅以编修充。
田逢吉以编修充。
冯源济以编修充。
曹申吉以编修充。
沈世奕以编修充。
綦汝楫以检讨充。
邓钟麟以检讨充。
党以让以检讨充。
项景襄以检讨充。

康熙三年

格尔古德以侍读学士充。

康熙十年

折库纳以掌院学士充。
熊赐履以学院学士充。
傅达礼以侍读学士充。
宋德宜以侍读学士充。
史大成以侍读学士再充。
李仙根以侍讲学士充。

张贞生以侍读充。
严我斯以侍读充。
蔡启僔以修撰充。
孙在丰以编修充。
莽　色以侍讲学士充。
喇沙里以侍讲学士充。
杨正中以侍讲学士充。
杜　臻以侍讲学士充。

康熙十一年

陈廷敬以侍讲学士充。
史鹤龄以编修充。

康熙十二年

叶方蔼以编修充。
张　英以编修充。
勒　备以侍讲学士充。
格尔古德以侍讲学士再充。
沈　荃以侍读充。
崔蔚林以侍讲学士充。
韩　菼以修撰充。

康熙十三年

库勒纳以侍读充。
项景襄以侍读学士再充。
富鸿业以侍讲学士充。

康熙十四年

李录子以编修充。
徐元文以掌院学士充。
王鸿绪以编修充。
叶方蔼以侍讲再充。

察　库以侍读学士充。

康熙十五年

牛　钮以侍读充。
张玉书以侍讲充。
李天馥以侍讲学士充。
沈　荃以少詹事充。

康熙十六年

陈廷敬以掌院学士再充。
蔡启僔以修撰再充。
董　纳以中允充。
蒋宏道以侍读学士充。

康熙十八年

严我斯以侍讲学士再充。
朱马泰以侍讲充。
崔蔚林以侍讲学士充。

康熙十九年

阿哈达以侍讲充。

康熙二十年

孙在丰以侍读学士再充。
汤　斌以侍讲充。
秦松龄以检讨充。
曹　禾以编修充。
朱彝尊以检讨充。
严绳孙以检讨充。
徐乾学以赞善充。
王顼龄以编修充。

潘　耒以检讨充。
阿　山以侍读充。
胡简敬以侍读学士充。
陈廷敬以掌院学士再充。

康熙二十一年

傅腊塔以侍读学士充。
葛思泰以侍讲学士充。
归允肃以修撰充。
李光地以掌院学士充。

康熙二十二年

王封溁以庶子充。
邵吴远以庶子充。
张玉书以掌院学士再充。
翁叔元以赞善充。
高士奇以侍读充。

康熙二十三年

孙在丰以掌院学士再充。
多　奇以侍读学士充。
卢　琦以侍读学士充。
郭　棻以侍读充。
李元振以赞善充。
邬　赫以侍讲学士充。
储　振以庶子充。
韩　菼以侍读再充。
李振裕以侍讲充。
王　掞以赞善充。
励杜讷以编修充。
徐元梦以中允充。

康熙二十四年

孙岳颁以编修充。
乔　莱以编修充。
彭定求以修撰充。
蔡升元以修撰充。
徐　倬以编修充。
熊赐瓒以编修充。
顾　汧以侍讲学士充。
德格勒以侍讲学士充。

康熙二十五年

李应廌以洗马充。
星　安以侍讲充。
孟亮揆以侍讲学士充。
彭孙遹以侍读充。
库勒纳以礼部侍郎再充。
朱都纳以侍讲充。
田喜霦以侍读学士充。
陈元龙以编修充。
伊　图以庶子充。
王尹方以侍读充。
徐嘉炎以检讨充。
李光地以掌院学士再充。

康熙二十六年

高　裔以侍讲充。
米汉雯以中允充。
胡会恩以中允充。
顾　藻以编修充。
博　际以侍讲学士充。
翁叔元以侍讲学士充。
戴　通以侍读充。

孔俄岱以侍讲充。

康熙二十七年

冯云骕以编修充。
陆肯堂以修撰充。
达苏哈以侍讲学士充。
思格色以侍读充。
尹　泰以侍讲充。
吴　涵以编修充。
张希良以编修充。
顾　仪以侍讲充。

康熙二十八年

王顼龄以侍讲再充。
曹鉴伦以编修充。
史　夔以编修充。
周金然以编修充。
吴　苑以检讨充。
席密图以侍讲学士充。

康熙二十九年

李　枏以侍读充。
张　英以掌院学士再充。

康熙三十年

张廷枢以编修充。
徐元正以编修充。
傅继祖以掌院学士充。
傅　绅以侍讲学士充。
觉罗三宝以侍讲学士充。

康熙三十一年

额席赫以庶子充。
张榕端以侍读充。
王思轼以侍讲充。
沈　涵以谕德充。
黄梦麟以中允充。
彭宁求以编修充。
陈元龙以编修再充。
郑昆瑛以编修充。
宋大业以编修充。
刘　灏以编修充。
颜光敩以检讨充。
莫里普以侍读学士充。

康熙三十三年

常　书以掌院学士充。
努　赫以少詹事充。

康熙三十四年

顾祖荣以侍读学士充。
张廷瓒以侍读学士充。
王九龄以侍讲学士充。
禅　拜以侍讲学士充。
席尔登以侍读充。
觉罗华显以侍讲学士充。

康熙三十五年

特默德以侍讲充。
邵穆布以侍讲充。

康熙三十六年

揆　叙以侍读充。
阿　山以掌院学士充。
韩　菼以掌院学士再充。
王顼龄以侍讲学士再充。
张廷枢以侍讲充。
阿　金以检讨充。
徐秉义以少詹事充。

康熙三十八年

冯云骕以编修再充。
觉罗满保以检讨充。
周金然以洗马充。

康熙三十九年

法　海以检讨充。
王思轼以侍读再充。
法　良以掌院学士充。
陈　论以侍读学士充。
查　升以编修充。
杨名时以检讨充。

康熙四十年

傅　森以检讨充。

康熙四十一年

陈壮履以编修充。

康熙四十二年

吴　涵以掌院学士再充。
阿尔赛以侍讲学士充。
色尔图以洗马充。
海　宝以检讨充。
杨　瑄以编修充。

康熙四十三年

蔡升元以少詹事再充。
汪　霦以侍读学士充。
沈辰垣以侍讲充。
王之枢以侍讲学士充。
张廷玉以检讨充。
凌绍雯以中允充。

康熙四十四年

顾图河以编修充。

康熙四十五年

励廷仪以编修充。
徐　潮以掌院学士充。
顾悦履以编修充。
蒋廷锡以编修充。

康熙四十六年

汪士铉以中允充。
徐元正以侍读学士充。

康熙四十七年

潘宗洛以检讨充。
王原祁以侍读学士充。
赵申季以编修充。
吴廷桢以编修充。
喇萨理以侍读充。
党阿赖以庶子充。

康熙四十八年

王景曾以检讨充。
陈　璋以编修充。
俞长策以编修充。
暴　珠以侍读学士充。

康熙四十九年

常　寿以洗马充。
长　鼐以侍读充。
陈元龙以掌院学士再充。
蔡　珽以检讨充。
李凤翥以编修充。

康熙五十年

张廷玉以检讨再充。
沈　涵以少詹事充。
阿玳赛以检讨充。

康熙五十一年

文志鲸以检讨充。
赵熊诏以修撰充。
汤右曾以掌院学士充。

周超渭以侍讲学士充。

康熙五十二年

王奕清以少詹事充。
阿克敦以编修充。

康熙五十三年

陈邦彦以侍讲充。
陈世倌以侍读充。

康熙五十四年

萨哈布以侍读学士充。
苏　库以侍读学士充。

康熙五十五年

长　寿以侍讲学士充。
陈　恂以侍读充。
龚　铎以侍读充。
魏廷珍以侍讲充。
桦　色以侍讲学士充。

康熙五十六年

徐元梦以掌院学士再充。
王图炳以庶子充。
何国宗以中允充。
李　绂以侍讲学士充。
嵇曾筠以编修充。
秦道然以编修充。
励廷仪以侍讲学士再充。
文　岱以检讨充。

康熙五十七年

薄有德以侍讲学士充。
是年停起居注。

雍正元年

复设。
阿克敦以掌院学士再充。
励廷仪以掌院学士再充。
伊都立以詹事充。
岳　色以侍讲学士充。
涂天相以侍讲学士充。
常　保以庶子充。
何国宗以庶子充。
王国栋以侍读充。
王　传以侍讲充。
吴　襄以侍讲充。
张廷璐以中允充。
刘于义以编修充。
任兰枝以编修充。
吴家骐以编修充。
觉罗逢泰以检讨充。
德　龄以检讨充。
李钟峩以检讨充。
巩建丰以检讨充。
塞楞额以少詹事充。
文　岱以侍讲再充。
朱曙荪以检讨充。
张廷玉以掌院学士再充。
黄之隽以编修充。
塞楞额以内阁学士仍充。

雍正二年

蔡世远以侍讲充。
彭维新以谕德充。
钱以垲以少詹事署。
黄鸿中以侍讲署。
于　振以修撰署。
王图炳以詹事再充。
德　新以侍讲学士充。
俞兆晟以赞善署。
戴　瀚以编修署。
阿尔赛以侍读充。

雍正三年

王世琛以修撰充。
卫昌绩以检讨署。
张　照以侍讲学士充。
程元章以编修署。
尹继善以编修充。
魏方泰以詹事充。
蒋　涟以中允署。

雍正四年

陈万策以詹事署。
留　保以侍讲学士充。
徐　本以编修署。
姚三辰以检讨署。
于　振以修撰充。
戴　瀚以编修充。
缪曰藻以编修署。
李钟侨以编修署。
牧可登以编修充。
蒋　涟以侍讲充。

雍正五年

沈翼机以侍读学士署，旋充。
康五瑞以侍读署。
王　谟以洗马署，旋以侍读学士充。
励宗万以编修署。
张廷璐以编修署。
张廷琢以编修署，旋充。
崔　纪以编修署。
马金门以编修署。
汪由敦以编修署。

雍正六年

马金门以编修充。
索　柱以侍读充。
谢王宠以侍读学士署。
春　山以侍讲充。
凌如焕以侍讲充。
康五瑞以侍读学士充。
觉罗吴拜以侍读学士充。
伊尔登以少詹事署。
国　涟以侍读署。
开　泰以编修署。
许王猷以赞善署。

雍正七年

国　璘以侍读充。
许王猷以赞善充。
陈悳华以修撰充。
崔　纪以编修充。
彭启丰以修撰署，旋充。
吴应枚以编修署，旋充。

雍正八年

李清植以编修署。
张若涵以检讨署。

雍正九年

张若涵以检讨充。
杨　炳以侍读署，旋充。
顾成天以编修署。
开　泰以编修充。
汪由敦以编修署。

雍正十年

汪由敦以编修充。
俞鸿图以侍讲署。
吴应枚以编修署。
隋人鹏以检讨署。

雍正十一年

陆宗楷以检讨充。
王安国以编修署。
于　辰以编修署，旋充。
钱本诚以编修署，旋充。
刘统勋以侍读署。
邹升恒以赞善署。
鄂乐舜以编修充。

雍正十二年

习　寯以侍读学士充。
王安国以司业充。
色通额以检讨充。

佟　保以编修署。
鄂　敏以编修署。
钱陈群以侍讲学士充。
顾祖镇以詹事署。
杨　椿以侍讲学士署。
刘统勋以侍读充。
梁诗正以编修充。
朱良裘以编修署。
昌　龄以侍讲充。
嵩　寿以编修充。
世　臣以检讨署。
常保住以检讨署。

雍正十三年

杨　椿以侍讲学士充。
蒋　溥以侍讲署，旋充。
戴　瀚以庶子署，旋充。
张若霭以编修署。
福　敏以掌院学士充。
世　臣以侍讲学士充。
常保住以检讨充。
福什宝以少詹事充。
邵　基以掌院学士充。
张若涵以侍讲充。
余　栋以编修充。
任启运以中允署。

皇朝词林典故卷六十一　题名

日讲起居注官

乾隆元年

　　汪由敦以提督四译馆太常寺少卿仍充。
　　张廷玉以掌院学士再充。
　　陈悫华以侍讲学士再充。
　　觉罗吴拜以詹事再充。

乾隆二年

　　敷　文以侍讲充。
　　介　福以侍讲充。
　　陈大受以侍读再充。
　　吴应枚以侍读学士再充。
　　喀尔钦以侍讲学士充。
　　陈　浩以侍讲学士充。

乾隆三年

　　雷　鋐以编修充。
　　王兴吾以编修充。
　　钱本诚以编修再充。
　　鄂容安以侍讲署，旋充。
　　梁诗正以侍读学士再充。
　　肇　敏以编修署。
　　春　台以侍读学士充。

鹤　年以检讨署，旋充。

乾隆四年

吕　炽以侍读学士充。
吴履泰以侍读学士充。

乾隆五年

许王猷以内阁学士仍充。
周学健以侍读学士充。
梁文山以编修充。
黄孙懋以侍读学士充。
朱良裘以中允再署。
余　栋以侍读再充。

乾隆六年

林令旭以侍读充。
陆宗楷以洗马再署，旋充。
彭树葵以侍读充。
钟　音以检讨充。
熊晖吉以侍讲学士充。
金德瑛以修撰充。
刘　纶以侍讲充。
庄有恭以修撰充。
阮学濬以编修充。
张鹏翀以庶子充。
叶一栋以侍读学士充。

乾隆七年

兴　泰以检讨署，旋充。
文　保以庶子署，旋充。
龚学海以侍读署。
陈兆仑以检讨署，旋充。

赵大鲸以少詹事充。
万承苍以编修署，旋充。
张　灏以侍读学士充。
嵇　璜以庶子充。
张映辰以侍讲学士充。

乾隆八年

观　保以侍讲充。
敷　文以詹事再充。
赫　瞻以侍读学士充。
于　振以侍读学士再充。
王会汾以侍读学士充。
裘曰修以侍读学士充。
于敏中以修撰充。
阿　林以庶子充。
齐召南以中允署，旋以侍读充。
沈德潜以侍讲学士署，旋充。

乾隆九年

鄂尔泰以掌院学士充。
韩彦曾以检讨充。
董邦达以中允充。
林蒲封以编修署，旋充。
宋邦绥以编修署，旋充。
德　通以詹事充。
陈邦彦以侍读学士再署，旋充。
涂逢震以侍读学士署。
德　保以检讨充。

乾隆十年

阿克敦以掌院学士再充。
蔡　新以编修署，旋充。
雷　铉以少詹事再充。

觉罗奉宽以检讨充。

朱兰泰以侍读学士署，旋充。

乾隆十一年

张泰开以侍读充。

西　　成以少詹事充。

周长发以侍讲学士充。

龚　　渤以侍读学士充。

郭肇锽以检讨署，旋充。

陈大旸以编修署，旋充。

乾隆十二年

齐召南以侍读学士再充。

双　　庆以侍读署。

世　　贵以少詹事署，旋充。

乾隆十三年

吴履泰以侍讲学士再充。

鄂容安以掌院学士再充。

永　　世以侍读学士充。

王际华以侍读学士充。

程景伊以侍读学士充。

李因培以侍讲学士充。

觉罗奉宽以侍讲再充。

程　　岩以检讨充。

朱兰泰以庶子再署。

鹤　　年以侍讲学士再充。

顾汝修以侍读学士署，旋充。

金　　甡以修撰署，旋充。

阿克敦以掌院学士再充。

乾隆十四年

陈大昑以侍读再充。
钱维城以中允充。
梁诗正以掌院学士再充。

乾隆十五年

武极理以中允充。
梦　麟以检讨充。
蔡扬宗以侍讲学士充。
胜　保以侍讲署。
宗室达麟图以检讨充。
张绍渠以编修署。
馨　泰以侍讲充。
钱维城以侍读学士再充。
德尔泰以中允充。
刘统勋以掌院学士再充。
罗暹春以编修署，旋充。
王太岳以检讨署，旋充。
秦　璜以编修署，旋充。

乾隆十六年

汪师韩以编修充。
陈兆仑以检讨再充。
陆嘉颖以编修修署，旋充。
张若需以编修充。
吴　鸿以修撰署，旋充。

乾隆十七年

国　柱以洗马充。
周长发以侍读学士再充。
张九镒以侍讲学士充。

汪廷玙以侍讲学士充。
　　梁国治以修撰充。
　　张裕莘以编修充。
　　德　昌以侍讲学士充。
　　周玉章以洗马充。

乾隆十八年

　　佟　保以编修再充。
　　王太岳以检讨再充。
　　傅　靖以侍读充。
　　梁锡玙以侍读充。
　　积　善以中允充。
　　程景伊以侍读学士再充。
　　富　德以侍讲学士充。
　　刘星炜以编修署，旋充。

乾隆十九年

　　王际华以侍读学士再充。
　　刘　墉以编修充。
　　温　敏以詹事充。
　　谢溶生以编修充。
　　边继祖以检讨署，旋充。
　　钱汝诚以编修署，旋充。
　　卢明楷以编修署，旋充。
　　庄培因以修撰署，旋充。

乾隆二十年

　　史贻谟以洗马署。
　　何　畴以侍读署，旋充。
　　介　福以掌院学士再充。
　　德　保以侍讲充。
　　蒋　溥以掌院学士再充。
　　朱佩莲以编修署，旋充。

沈　栻以编修署，旋充。

乾隆二十一年

图鞳布以侍读充。

乾隆二十二年

张泰开以编修再充。
博　明以编修充。
朱　珪以侍讲充。
梁同书以侍讲署。

乾隆二十三年

景　福以侍讲学士充。
全　魁以侍讲充。
蒋　榞以编修充。
卢文弨以编修署，旋充。
积　善以编修再充。
卢明楷以侍读再充。
图鞳布以侍讲再充。
钱　载以编修署。

乾隆二十四年

诺　敏以侍读学士充。
宗室良诚以詹事充。
王鸣盛以侍读学士充。
刘星炜以侍读再署，旋充。
朱佩莲以编修再充。
张裕莘以编修署，旋充。
钱　载以编修再署，旋充。

乾隆二十五年

　　翁方纲以编修署，旋充。
　　蔡以台以修撰署，旋充。
　　钱大昕以侍读署，旋充。
　　宋　弼以编修署。

乾隆二十六年

　　蒋　楫以侍讲充。
　　哈靖阿以侍读学士充。
　　史贻谟以洗马再署，旋充。
　　梁诗正以掌院学士再充。

乾隆二十七年

　　观　保以掌院学士再充。
　　博通阿以侍读学士充。
　　卢文弨以侍讲再署，旋充。
　　国　柱以庶子署，旋充。

乾隆二十八年

　　饶学曙以侍讲充。
　　德成格以庶子署。
　　汪廷玙以侍读学士再充。
　　刘统勋以掌院学士再充。

乾隆二十九年

　　谢　墉以编修署。
　　瓦尔达以侍读学士充。
　　李中简以侍讲学士充。
　　阿　肃以侍读署，旋充。
　　张曾敞以侍读充。

周升桓以侍讲署。

汪永锡以中允充。

励守谦以赞善充。

德　风以侍读学士署。

乾隆三十年

李汪度以赞善署，旋充。

乾隆三十一年

杨述曾以侍读署。

毕　沅以修撰署，旋充。

观　光以庶子署，旋充。

王燕绪以编修署，旋充。

乾隆三十二年

嵩　贵以庶子充。

观　文以侍读学士充。

熊为霖以侍读充。

芮永肩以检讨充。

纪　昀以侍读署，旋充。

福明安以洗马署，旋充。

卢　毂以洗马署，旋充。

边继祖以侍讲学士再充。

彭　冠以编修署，旋充。

柯　瑾以侍讲署，旋充。

乾隆三十三年

曹文埴以中允充。

陈圣时以中允署。

胡高望以侍讲充。

彭绍观以赞善充。

韦谦恒以庶子署，旋充。

达　椿以侍读署。
彭元瑞以编修充。
饶学曙以编修充。
沈　初以侍讲署。

乾隆三十四年

史贻谟以洗马再充。
觉罗吉善以侍讲署，旋充。
德　保以署掌院学士再充。
尹继善以掌院学士再充。
王　杰以少詹事署，旋充。

乾隆三十五年

褚廷璋以侍讲学士署。
朱　筠以侍读学士署，旋充。

乾隆三十六年

金士松以侍读署。
吴省钦以侍读署，旋充。
觉罗奉宽以掌院学士再充。
那穆齐礼以庶子充。
博通阿以侍讲学士再署。
王大鹤以侍讲署。
邹奕孝以侍讲署，旋充。
王燕绪以赞善再署。
沈士骏以编修署。
谢启昆以编修署。

乾隆三十七年

汪永锡以侍读学士再署，旋充。
董　诰以中允署，旋充。
李汪度以中允再署，旋充。

钱大昕以侍读学士再署。
曹仁虎以中允署。

乾隆三十八年

观　文以侍讲再充。
阿　肃以侍讲再充。
全　魁以詹事充。
刘跃云以编修署，旋充。
王懿修以编修署。
陆费墀以编修署，旋充。
曹仁虎以中允再署，旋充。
励守谦以编修再署。
于敏中以掌院学士再充。

乾隆三十九年

舒赫德以掌院学士充。
宗室良诚以侍读再充。
富炎泰以侍讲学士署，旋充。
王大鹤以侍讲再署，旋充。
芮永肩以检讨再署，旋充。
张书勋以修撰署，旋充。

乾隆四十年

陆锡熊以侍读充。

乾隆四十一年

朱　珪以侍讲学士再充。
梦　吉以洗马充。
成　策以侍读署，旋充。
纪　昀以侍讲学士再充。

乾隆四十二年

英　廉以掌院学士充。
哈福纳以詹事署。

乾隆四十三年

芮永肩以中允再署，旋充。
白　麟以侍读署，旋充。

乾隆四十四年

彭　冠以侍讲再充。
嵇　璜以掌院学士充。

乾隆四十五年

阿　桂以掌院学士充。
童凤三以庶子充。
王仲愚以赞善充。
德　昌以侍讲充。
瑞　保以检讨充。
刘跃云以侍讲学士再充。
张　焘以侍讲充。
黄良栋以洗马署。
嵇承谦以中允署，旋充。

乾隆四十六年

王懿修以侍讲再署，旋充。
叶观国以侍讲学士署，旋充。
曹仁虎以侍读再署。

乾隆四十七年

　　翁方纲以洗马再署，旋充。
　　恭　泰以检讨充。
　　刘校之以中允充。

乾隆四十八年

　　法式善以检讨充。
　　曹仁虎以侍读再署，旋充。
　　敷森布以侍讲学士充。

乾隆四十九年

　　黄　轩以洗马充。
　　季学锦以中允充。
　　韦谦恒以赞善再充。
　　芮永肩以庶子再署，旋充。
　　刘权之以庶子署，旋充。

乾隆五十年

　　白　麟以侍讲再充。
　　德　昌以侍讲再充。
　　恭　泰以赞善再充。
　　玉　保以侍讲学士充。
　　图　敏以侍读充。
　　陆伯焜以侍读学士充。
　　吴　璥以侍讲学士充。
　　茅元铭以侍读署，旋充。
　　瑭五珠以赞善充。

乾隆五十一年

　　颜崇汋以侍读署，旋充。

郑际唐以编修署。
嵩　贵以詹事充。
陈崇本以侍讲署，旋充。
陈万青以侍讲署。
王燕绪以侍讲再署。

乾隆五十二年

平　恕以侍讲学士充。
方　炜以洗马充。
陈嗣龙以赞善充。
陈万青以侍读再署。
曹　城以洗马署，旋充。
铁　保以侍讲学士充。

乾隆五十三年

萨　敏以侍讲充。
伯　麟以侍读充。
王坦修以侍读充。
陈万青以侍读充。

乾隆五十四年

庆　龄以詹事充。
达　椿以侍读学士充。
文　宁以编修充。
彭绍观以侍讲学士充。
法式善以侍读学士再充。
马启泰以侍讲学士充。
李尧栋以中允充。
罗修源以赞善署。

乾隆五十五年

裴　谦以赞善署，旋充。

吴省兰以侍讲署，旋充。

乾隆五十六年

岳　起以侍讲学士充。
恭　泰以侍读再充。
阮　元以少詹事充。
罗国俊以侍讲充。
曹振镛以侍讲署，旋充。
达　庆以庶子充。
那彦成以侍讲充。
吴树本以侍读学士署。
萨彬图以侍讲学士充。

乾隆五十七年

和　珅以掌院学士充。
彭元瑞以掌院学士再充。
瑚图灵阿以侍讲充。
吴树本以侍读学士再署，旋充。

乾隆五十八年

李光云以庶子署。
胡长龄以侍讲学士充。

乾隆五十九年

那彦成以詹事再充。
邵晋涵以侍读署，旋充。

乾隆六十年

德　文以检讨充。
成　书以侍讲学士署，旋充。
程昌期以侍讲署。

崔景仪以侍讲署，旋充。
戴衢亨以庶子署，旋充。
余　集以中允署，旋充。
吴锡麒以赞善署，旋充。
普　恭以洗马充。

嘉庆元年

舒　聘以侍讲学士充。
刘凤诰以侍读学士充。
英　和以侍讲充。
吴廷选以编修署，旋充。
刘镮之以侍讲学士充。
钱　棨以侍读署，旋充。
戴联奎以赞善署，旋充。
恩　普以检讨充。

嘉庆二年

汪滋畹以检讨署，旋充。
平　恕以少詹事再充。
玉　麟以编修充。

嘉庆三年

李传熊以侍讲充。
陈万全以侍读充。
石韫玉以修撰充。
延　弼以侍讲充。
李钧简以庶子充。
陈　琪以侍读充。
莫　晋以侍讲署，旋充。
祝　曾以中允充。

嘉庆四年

那彦成以掌院学士再充。
纳清保以詹事充。
钱　樾以詹事充。
余　集以侍读再充。
王　绶以侍读署，旋充。
施　朸以编修署，旋充。
亮　保以侍讲学士充。
张运暹以侍讲充。
潘世恩以少詹事充。
吴省兰以中允再充。
张　绶以检讨署，旋充。
赵未彤以检讨署，旋充。
富森布以少詹事充。
刘凤诰以侍读学士再署，旋充。
温汝适以赞善署，旋以洗马充。
达　椿以掌院学士再充。
李宗瀚以侍讲学士充。
汪学金以侍讲署，旋充。
吴芳培以侍讲署，旋充。

嘉庆五年

观　诚以庶子充。
鹤　林以侍读充。
平　恕以少詹事再署。
顾德庆以侍讲署，旋充。
多　庆以庶子充。
戴均元以詹事充。
图勒斌以侍读充。
吴芳培以侍读再署，旋充。
玉　麟以詹事再充。

嘉庆六年

那彦成以詹事再充。
茅元铭以侍读学士再充。
苏勒通阿以中允充。
何学林以检讨署。
帅承瀛以编修署,旋充。
荣　麟以侍讲学士充。
汪廷珍以侍讲学士署,旋充。
杨祖纯以赞善署,旋充。
汪守和以编修署,旋充。
扎兰泰以庶子充。
觉罗桂芳以侍讲充。

嘉庆七年

万承风以侍讲学士署,旋充。
书明阿以侍讲学士充。
王宗诚以庶子署。
赓　泰以庶子充。
吴　烜以编修署。
觉罗长麟以掌院学士充。
英　和以掌院学士再充。

嘉庆八年

王以衔以修撰充。
陈嵩庆以侍讲学士署,旋充。
吴　鼒以侍读署,旋充。
王引之以侍讲署,旋充。
成　格以侍读学士充。
秀　宁以侍讲学士充。
那尔丰阿以侍读充。
陈希曾以侍读学士署,旋充。
凯音布以庶子充。

朱　珪以掌院学士再充。

嘉庆九年

周兆基以侍读学士署。
蒋祥墀以编修署，旋充。
王宗诚以侍读学士再署。
邱庭漋以侍读学士署。
汪滋畹以侍讲学士再署。
裴　谦以侍讲再署。
李锡恭以编修署。
贵　庆以侍讲充。

嘉庆十年

成　书以侍读学士再充。
宗室果齐斯欢以检讨充。
周系英以洗马署。
佛　柱以侍讲充。
觉罗长麟以掌院学士充。
宁古齐以中允充。

皇朝词林典故卷六十二　题名

文渊阁领阁事

乾隆四十一年

舒赫德以武英殿大学士充。
于敏中以文华殿大学士充。

乾隆四十二年

阿　桂以武英殿大学士充。

乾隆四十四年

陈景伊以文渊阁大学士充。

乾隆四十五年

嵇　璜以协办大学士、吏部尚书充。

乾隆五十九年

彭元瑞以工部尚书充。

嘉庆二年

和　珅以文华殿大学士充。

嘉庆四年

庆　桂以文渊阁大学士充。

嘉庆八年

刘　墉以体仁阁大学士充。

嘉庆十年

董　诰以文华殿大学士充。

文渊阁直阁事

乾隆四十一年

刘　墉以署内阁学士充。
金士松以詹事充。
陆费墀以侍读学士充。
陆锡熊以侍读学士充。
纪　昀以侍讲学士充。
朱　珪以侍讲学士充。

乾隆四十二年

彭绍观以侍讲学士充。

乾隆四十四年

嵩　贵以内阁学士充。

乾隆四十五年

钱士云以内阁学士署。
陆锡熊以光禄寺卿仍充。

乾隆四十七年

纪　昀以兵部侍郎仍充。

乾隆四十八年

李　绶以内阁学士充。
刘跃云以詹事署。

乾隆四十九年

翁方纲以詹事充。
褚廷璋以侍读学士充。
彭　冠以侍讲学士充。

乾隆五十年

陆费墀以礼部侍郎仍充。
胡高望以署内阁学士充。

乾隆五十一年

瑞　保以内阁学士充。
童凤三以少詹事充。
尹壮图以内阁学士署。
全　魁以侍读学士充。
陆伯焜以侍读学士充。

乾隆五十二年

邹奕孝以内阁学士充。
管幹贞以内阁学士署。

乾隆五十四年

　　图　敏以内阁学士充。

乾隆五十五年

　　翁方纲以内阁学士充。

乾隆五十六年

　　伯　麟以内阁学士充。
　　阮　元以詹事充。

乾隆五十七年

　　吴省兰以内阁学士充。

乾隆六十年

　　瑚图礼以内阁学士充。

嘉庆元年

　　那彦成以内阁学士充。

嘉庆四年

　　钱　樾以詹事充。
　　英　和以少詹事充。
　　陈万全以侍讲学士充。

嘉庆五年

　　李钧简以内阁学士充。
　　平　恕以少詹事充。

嘉庆六年

玉　麟以詹事充。
刘凤诰以侍读学士充。
戴联奎以内阁学士署，旋充。

嘉庆七年

戴均元以内阁学士署。

嘉庆八年

戴衢亨以兵部尚书充。

嘉庆九年

曹振镛以内阁学士充。
万承风以侍讲学士署。

嘉庆十年

德　文以内阁学士充。
王　绶以内阁学士充。

文渊阁校理

乾隆四十一年

梦　吉以洗马充。
刘锡嘏以监察御史充。
王仲愚以检讨充。
百　龄以编修充。
宋　铣以编修充。
萧际韶以编修充。
章宝传以给事中充。

孙永清以内阁侍读充。
刘种之以编修充。
刘亨地以侍讲充。
刘权之以洗马充。
季学锦以检讨充。
黄　轩以修撰充。
萧　芝以检讨充。
黄瀛元以编修充。
翁方纲以编修充。

乾隆四十二年

邹奕孝以侍讲充。
张　焘以编修充。
陈初哲以修撰署。
王嘉曾以编修署。
吴寿昌以编修署。

乾隆四十五年

韦谦恒以编修充。
德　昌以侍讲署，旋充。
平　恕以编修充。
李尧栋以编修充。
李　镕以编修充。
庄通敏以编修充。

乾隆四十六年

瑞　保以检讨充。
汪如藻以编修充。
五　泰以检讨署，旋充。

乾隆四十七年

庄承篯以中允署，旋充。

乾隆四十八年

　　黄瀛元以编修再充。
　　秦　泉以编修充。
　　周兴岱以编修署。

乾隆四十九年

　　汪如藻以编修再充。

乾隆五十年

　　陈崇本以中允充。
　　褚廷璋以庶子充。
　　彭　冠以庶子充。
　　刘谨之以给事中充。
　　彭元琥以检讨充。

乾隆五十二年

　　庄通敏以赞善再充。
　　邵晋涵以编修充。
　　戴衢亨以修撰充。
　　德　昌以侍读再充。
　　恭　泰以侍讲署。
　　王燕绪以侍讲署。
　　汪学金以编修充。
　　戴均元以编修充。
　　王春煦以编修充。
　　罗修源以编修充。
　　徐　鉴以检讨署，旋充。
　　胡　荣以编修署。
　　朱　攸以编修署。

乾隆五十五年

吴省兰以侍讲充。

乾隆五十六年

章宗瀛以编修充。
邱庭潗以编修充。
翟　槐以编修充。
钱　樾以编修充。
关　槐以编修充。

乾隆五十七年

缪　晋以编修充。

乾隆五十八年

冯集梧以编修充。
王　绶以编修充。
洪　梧以编修充。
张师诚以编修充。

嘉庆元年

曹振镛以侍讲充。
茹　棻以修撰充。
汪滋畹以检讨充。
李钧简以编修充。
游光绎以编修充。
汪廷珍以侍讲充。

嘉庆二年

英　和以侍读充。

李传熊以侍讲充。

吴廷选以编修充。

嘉庆四年

余　集以侍读充。

张　绶以检讨充。

钱福胙以编修充。

赵未彤以检讨充。

辛从益以检讨充。

嘉庆五年

汪学金以侍读充。

王　苏以编修充。

帅承瀛以编修充。

张　翸以检讨充。

嘉庆六年

周兆基以中允充。

何学林以检讨充。

黄因琏以编修充。

陆以庄以编修充。

黄棍望以编修充。

顾德庆以庶子充。

觉罗桂芳以侍讲署，旋充。

初乔龄以侍读充。

王以衔以修撰署，旋充。

嘉庆七年

王宗诚以庶子充。

嘉庆八年

施　杓以洗马充。

嘉庆九年

法式善以洗马充。
周系英以洗马充。
赵文楷以修撰署。
吴　烜以中允署。
王引之以侍讲署。
鲍桂星以中允署。

嘉庆十年

温汝适以庶子充。
裴　谦以庶子充。

皇朝词林典故卷六十三　题名

南书房入直

康熙十六年

张　英以侍讲学士入直。
高士奇以中书衔入直，旋授侍讲。
励杜讷以食原品州同俸入直，旋授编修。
熊赐履以掌院学士入直。
张玉书以庶子入直。

康熙十七年

陈廷敬以掌院学士入直。
叶方蔼以侍读学士入直。
王士祯以侍讲入直。
徐乾学以赞善入直。
王鸿绪以左都御史入直。

康熙二十二年

朱彝尊以检讨入直。
沈　荃以詹事入直。
孙在丰以侍讲学士入直。

康熙二十三年

韩　菼以侍读入直。

王　掞以赞善入直。

康熙二十四年

孙岳颁以编修入直。
陈元龙以编修入直。

康熙二十六年

胡会恩以中允入直。

康熙二十八年

史　夔以编修入直。

康熙三十年

张廷瓒以侍读学士入直。

康熙三十三年

法　海以庶吉士入直。

康熙三十七年

王士祯以左都御史再入直。

康熙三十九年

查　升以编修入直。
张廷璐以编修入直。

康熙四十一年

励廷仪以庶吉士入直。
钱名世以举人入直，旋由庶吉士授职编修。

查慎行以举人入直,旋由庶吉士授职编修。
汪　灏以举人入直,旋由庶吉士授职编修。
何　焯以举人入直,旋由庶吉士授职编修。
陈壮履以编修入直。

康熙四十二年

杨　瑄以编修入直。

康熙四十三年

蔡升元以少詹事入直。
张廷玉以检讨入直。

康熙四十五年

蒋廷锡以编修入直。
顾悦履以编修入直。

康熙四十六年

汪士铉以中允入直。

康熙五十年

彭廷训以赞善入直。

康熙五十一年

赵熊诏以修撰入直。

康熙五十二年

方　苞以会试中式举人入直,旋授中允。

康熙五十三年

陈邦彦以侍讲入直。
胡　煦以检讨入直。
贾国维以编修入直。
杨名时以检讨入直。
储在文以编修入直。

康熙五十四年

张　照以检讨入直。
薄　海以编修入直。
魏廷珍以侍读入直。
汪应铨以修撰入直。

康熙五十六年

王图炳以庶子入直。

雍正元年

嵇曾筠以侍讲入直。
吴　襄以编修入直。
王　传以侍讲入直。
吴士玉以内阁学士入直。
史贻直以侍读学士入直。
任兰枝以编修入直。
刘于义以编修入直。
张元怀以检讨入直。
曹源郊以编修入直。
于　振以修撰入直。
戴　瀚以编修入直。
杨　炳以编修入直。
张廷珩以检讨入直。
朱　轼以左都御史入直。

雍正二年

励宗万以编修入直。
蔡　珽以左都御史入直。

雍正四年

杨超曾以编修入直。
孙嘉淦以祭酒入直。

雍正五年

彭启丰以修撰入直。
刘统勋以编修入直。

雍正八年

蒋　溥以庶吉士入直。

雍正十年

励宗万以鸿胪寺卿再入直。

雍正十一年

鄂乐舜以编修入直。
刘　复以编修入直。

雍正十三年

钱陈群以侍读学士入直。
鄂尔泰以大学士入直。
徐元梦以内阁学士入直。
方　苞以内阁学士再入直。
邵　基以掌院学士入直。

张若霭以编修入直。

嵩　寿以侍读入直。

介　福以庶吉士入直。

乾隆元年

鄂容安以编修入直。

杨名时以礼部尚书衔再入直。

梁诗正以侍讲学士入直。

顾成天以编修入直。

金德瑛以修撰入直。

黄孙懋以编修入直。

秦蕙田以编修入直。

汪由敦以四译馆少卿入直。

嵇　璜以谕德入直。

乾隆二年

徐　本以东阁大学士入直。

乾隆四年

庄有恭以修撰入直。

乾隆六年

观　保以编修入直。

乾隆七年

张若霭以侍读学士再入直。

乾隆十年

德　保以检讨入直。

乾隆十一年

张若澄以编修入直。

乾隆十二年

董邦达以侍读学士入直。

乾隆十四年

刘　纶以内阁学士入直。
钱维城以中允入直。
裘曰修以詹事入直。
王际华以侍读学士入直。

乾隆十五年

于敏中以侍读入直。

乾隆十七年

德　保以工部侍郎再入直。
窦光鼐以内阁学士入直。
庄存与以侍讲入直。
钱汝诚以编修入直。

乾隆二十五年

蒋　棎以编修入直。

乾隆三十六年

裘曰修以工部尚书再入直。
王　杰以内阁学士入直。
彭元瑞以少詹事入直。

沈　初以庶子入直。
董　诰以中允入直。

乾隆三十九年

梁国治以礼部侍郎入直。
曹文埴以侍读学士入直。

乾隆四十一年

刘　墉以内阁学士入直。

乾隆四十三年

钱汝诚以刑部侍郎再入直。

乾隆四十七年

刘　墉以左都御史再入直。

乾隆五十四年

孙士毅以太常寺卿入直。

乾隆五十六年

玉　保以内阁学士入直。
吴省兰以詹事入直。
阮　元以少詹事入直。
瑚图礼以祭酒入直。
那彦成以侍讲入直。

嘉庆元年

周兴岱以礼部侍郎入直。
胡高望以兵部侍郎入直。

嘉庆四年

朱　珪以吏部尚书入直。
赵秉冲以内阁侍读学士入直。

嘉庆七年

英　和以户部侍郎入直。

嘉庆九年

黄　钺以候补赞善入直。

嘉庆十年

戴衢亨以户部尚书入直。

尚书房入直

谨按：乾隆九年，编次《词林典故》，题名一门，未列尚书房。自因稽考未周，是以阙如。第思三天密勿，职务清严，匪品学兼优，弗克膺斯重选。伏稽圣祖仁皇帝、世宗宪皇帝实录中，不载入直诸臣名姓，惟国史传徐元梦于康熙三十二年以原任讲入直，法海于三十七年以检讨入直。诸臣曰教书，曰课读，无师傅之称，而其居处称为南薰殿、西长房、兆祥所、咸福宫，亦无尚书房之称。恭读高宗纯皇帝圣制《怀旧诗·可亭朱先生》篇内，有"设席懋勤殿"之句，天语足征。兹撰题名，断自雍正元年，敬依高宗纯皇帝圣制《三先生》诗注，其年分官职，则参诸各家诗文载记云。

雍正元年

徐元梦再以工部尚书兼掌院入直。
张廷玉以礼部尚书入直。
朱　轼以左都御史入直。
蔡世远以庶吉士入直。
嵇曾筠以侍讲入直。

雍正二年

蔡　珽以左都御史入直。
张廷璐以侍讲入直。
王懋竑以编修入直。

雍正三年

喀尔钦以检讨入直。

雍正四年

戴　瀚以编修入直。

雍正五年

彭启丰以修撰入直。

雍正六年

李天宠以编修入直。
吴大受以检讨入直。

雍正八年

蒋廷锡以大学士入直。
胡　煦以检讨入直。
顾成天以举人入直，旋由庶吉士授职编修。

雍正九年

鄂尔泰以大学士入直。
邵　基以户科给事中入直。

雍正十年

福　敏以左都御史入直。

雍正十一年

林令旭以编修入直。
任启运以庶吉士入直。

雍正十二年

梁诗正以编修入直。
余　栋以编修入直。

雍正十三年

刘统勋以庶子入直。
沈景澜以庶子入直。
王承尧以检讨入直。
赫成峩以庶吉士入直。
雷　铉以庶吉士入直。
嵩　寿以侍读入直。
徐元梦以礼部侍郎再入直。

乾隆元年

杨名时以礼部尚书衔入直。
陈悳华以侍讲学士入直。
福　敏以左都御史再入直。
张廷玉以大学士再入直。
鄂容安以编修入直。
世　臣以侍讲入直。

乾隆三年

黄孙懋以编修入直。

乾隆四年

余　栋以编修再入直。
刘　藻以侍读入直。

乾隆五年

鄂容安以詹事再入直。

乾隆七年

秦蕙田以编修入直。
王会汾以编修入直。

乾隆九年

张泰开以庶吉士入直。
阿尔赛以户部尚书入直。

乾隆十年

涂逢震以编修入直。
蔡　新以编修入直。

乾隆十三年

齐召南以侍读学士入直。
周长发以侍讲学士入直。
沈德潜以礼部侍郎入直。
周　煌以庶子入直。

乾隆十四年

陈惠华以副都御史再入直。
程景伊以侍读学士入直。
嵩　寿以礼部侍郎再入直。
孙嘉淦以副都御史衔入直。
汪师韩以编修入直。
郭肇璜以侍讲入直。
周玉章以侍讲入直。

乾隆十六年

蔡　新以侍讲再入直。
吴　炜以候补京堂入直。
毛辉祖以太常寺少卿入直。

乾隆十七年

觉罗奉宽以庶子入直。
梁锡玙以司业入直。

乾隆十八年

张泰开以礼部侍郎再入直。

乾隆二十年

张泰开以编修再入直。
观　保以兵部侍郎入直。
周长发以侍读学士再入直。

乾隆二十一年

富　德以内阁学士入直。
曹洛禋以侍读学士入直。

孙　灏以通政使入直。

乾隆二十二年

金　甡以侍讲学士入直。
何国宗以编修衔入直。
介　福以礼部侍郎为总师傅。
观　保以兵部侍郎为总师傅。
蔡　新以刑部侍郎为总师傅。
秦大士以修撰入直。
李中简以编修入直。
卢文弨以编修入直。
倪承宽以编修入直。
钟兰枝以编修入直。
张泰开以通政使为总师傅。

乾隆二十四年

边继祖以中允入直。
龚学海以侍读学士入直。
谢　墉以编修入直。
汪永锡以编修入直。

乾隆二十八年

刘统勋以大学士为总师傅。

乾隆二十九年

觉罗奉宽以内阁学士再入直。
汪廷玙以少詹事入直。
刘星炜以侍读学士入直。
李汪度以编修入直。

乾隆三十年

尹继善以大学士为总师傅。

乾隆三十一年

吉梦熊以给事中入直。
边继祖以侍读学士再入直。

乾隆三十四年

汤先甲以侍读学士入直。
胡高望以庶子入直。
汪永锡以侍讲学士再入直。

乾隆三十五年

谢　墉以内阁学士再入直。
陈兆仑以编修入直。

乾隆三十六年

王懿修以编修入直。

乾隆三十七年

童凤三以编修入直。
嵇承谦以编修入直。

乾隆三十八年

钱大昕以侍读学士入直。
于敏中以大学士为总师傅。

乾隆三十九年

阿　肃以候补侍讲入直。
达　椿以大理寺卿入直。
吴绥诏以光禄寺卿入直。
王大鹤以侍讲入直。
彭　冠以候补侍讲入直。
姚　颐以编修入直。
张书勋以修撰入直。
徐天柱以编修入直。

乾隆四十年

钱　载以内阁学士入直。

乾隆四十一年

郑际唐以编修入直。
曹秀先以礼部尚书入直。
朱　珪以侍讲学士入直。

乾隆四十二年

曹秀先以礼部尚书为总师傅。
彭　冠以侍讲再入直。

乾隆四十六年

德　保以礼部尚书为总师傅。
叶观国以侍讲学士入直。

乾隆四十七年

庄存与以礼部侍郎入直。
周　煌以兵部尚书为总师傅。

三　宝以大学士为总师傅。
　　嵇　璜以大学士为总师傅。
　　刘　墉以左都御史为总师傅。
　　黄　轩以候补洗马入直。

乾隆四十八年

　　汪如洋以修撰入直。

乾隆四十九年

　　孙效曾以候补侍讲入直。
　　吴寿昌以编修入直。

乾隆五十年

　　严　福以编修入直。
　　吴省钦以光禄寺卿入直。
　　季学锦以检讨入直。

乾隆五十一年

　　王　杰以大学士为总师傅。
　　戴心亨以编修入直。
　　秦承业以编修入直。
　　程昌期以编修入直。
　　茅元铭以庶子入直。

乾隆五十二年

　　姚　颐以侍讲再入直。
　　钱　棨以修撰入直。

乾隆五十三年

　　万承风以检讨入直。

钱　樾以编修入直。
邵玉清以编修入直。

乾隆五十四年

阿　桂以大学士为总师傅。
李　绥以左都御史为总师傅。
达　椿以侍读学士再入直。
阿　肃以光禄寺少卿再入直。
陈万全以编修入直。

乾隆五十五年

陈崇本以侍讲学士入直。
邱庭潓以编修入直。

乾隆五十六年

王　杰以大学士再为总师傅。
王坦修以洗马入直。
谢　墉以编修再入直。
童凤三以鸿胪寺卿再入直。
裴　谦以编修入直。

乾隆五十七年

窦光鼐以左都御史为总师傅。

乾隆六十年

王　绥以编修入直。
张运暹以检讨入直。

嘉庆元年

吴锡麒以赞善入直。

张　绶以检讨入直。

汪廷珍以侍讲入直。

嘉庆二年

洪亮吉以编修入直。

周厚辕以编修入直。

嘉庆三年

温汝适以编修入直。

赵未彤以检讨入直。

石韫玉以修撰入直。

龙廷槐以编修入直。

李骥元以编修入直。

嘉庆四年

朱　珪以吏部尚书为总师傅。

温汝适以赞善再入直。

戴殿泗以编修入直。

文　宁以礼部侍郎入直。

嘉庆六年

玉　麟以内阁学士入直。

万承风以庶子再入直。

嘉庆九年

秦承业以候补司业再入直。

皇朝词林典故卷六十四　题名

词科

康熙十八年

召试博学宏词。

一　　等

彭孙遹字骏声，浙江海盐人。顺治己亥进士，主事，授编修，官至吏部侍郎。
倪　灿字闇公，江苏上元人。康熙丁巳举人，授检讨。
张　烈字武承，顺天大兴人。康熙庚戌进士，中书，授编修，官至赞善。
汪　霦字朝采，浙江钱塘人。康熙丙辰进士，行人司行人，授编修，官至户部侍郎。
乔　莱字子静，江苏宝应人。康熙丁未进士，中书，授编修，官至侍读。子崇烈，见《馆选》。
王顼龄鸿绪兄，字颛士，江苏华亭人。康熙丙辰进士，太常寺博士，授编修，官至武英殿大学士，加太子太傅，赠少傅，谥文恭。国史有传。
李因笃字天生，陕西富平人。布衣，授检讨。
秦松龄见《馆选》"顺治乙未"。
周清原字雅楫，江苏武进人。监生，授检讨，官至工部侍郎。
陈维崧字其年，江苏宜兴人。生员，授检讨。
徐嘉炎字胜力，浙江秀水人。监生，授检讨，官至内阁学士。
陆　葇字次友，浙江平湖人。康熙丁未进士，内阁典籍，授编修，官至内阁学士。
冯　勖字方寅，江苏长洲人。布衣，授检讨。
钱中谐字宫声，顺天昌平籍，江苏吴县人。顺治戊戌进士，知县，授编修。元孙荣，见《馆选》。
汪　楫字舟次，安徽休宁人。贡生，教谕，授检讨，官至福建布政使。
袁　佑字杜少，直隶东明人。拔贡生，中书，授编修。
朱彝尊字锡鬯，浙江秀水人。布衣，授检讨。
汤　斌见《馆选》"顺治壬辰"。

汪　琬字苕文，江苏长洲人。顺治乙未进士，主事，授编修。

邱象随象升弟，字季贞，湖北宜城籍，江苏山阳人。拔贡生，授检讨，官至洗马。

二　　等

李来泰字仲章，江西临川人。顺治壬辰进士，江南苏松道，授侍讲，官至侍读。

潘　耒字次畊，江苏吴江人。布衣，授检讨。

沈　珩字昭子，浙江海宁人。康熙甲辰会元，中书，授编修。

施闰章字尚白，安徽宣城人。顺治己丑进士，江西湖西道，授侍讲，官至侍读。

米汉雯字紫来，直隶安化人。顺治辛丑进士，主事，授编修，官至侍读。

黄与坚字庭表，江苏太仓人。顺治己亥进士，知县，授编修，官至赞善。

李　铠字公凯，江苏山阳人。顺治辛丑进士，知县，授编修，官至内阁学士。从元孙宗昉，见《馆选》。

徐　釚字电发，江苏吴江人。监生，授检讨。

沈　筠字开平，浙江仁和人。康熙己未进士，授编修。

周庆曾字燕孙，江苏常熟人。顺治辛丑进士，候补主事，授编修。

尤　侗字展成，江苏长洲人。拔贡生，推官，授检讨，加侍讲衔。子珍，见《馆选》。

范必英字秀实，江苏吴县籍，长洲人。顺治丁酉举人，授检讨。

崔如岳字宗五，直隶获鹿人。康熙乙卯举人，授检讨。

张鸿烈字毅文，江苏山阳人。廪监生，授检讨。

方象瑛字渭仁，浙江遂安人。康熙丁未进士，候选中行评博，授编修，官至侍讲。

李澄中字渭清，山东诸城人。拔贡生，授检讨，官至侍读。

吴元龙见《馆选》"康熙甲辰"。

庞　垲字霁公，直隶任邱人。康熙乙卯举人，授检讨，官至知府。

毛奇龄字大可，浙江萧山人。廪监生，授检讨。

钱金甫字越江，江苏上海人。康熙己未进士，授检讨，官至侍读学士。

吴任臣字志伊，浙江仁和人。生员，授检讨。

陈鸿绩字子逊，浙江鄞县人，顺治丁酉举人。原任知县，授检讨。

曹宜溥本荣子，字子仁，江西东乡人。荫生，授检讨。

毛升芳字允大，浙江遂安人。拔贡生，授检讨。

曹　禾字颂嘉，江苏江阴人。康熙甲辰进士，中书，授编修，官至祭酒。

黎　骞字子鸣，江西清江人。贡生，授检讨。

高　咏字阮怀，安徽宣城人。贡生，授检讨。

龙　燮字理侯，安徽望江人。监生，授检讨。

邵远平见《馆选》"康熙甲辰"。

严绳孙字荪友，江苏无锡人。布衣，授检讨，官至中允。

乾隆元年

召试博学宏词。

一　　等

刘　纶字眘涵，江苏武进人。廪生，授编修，官至文渊阁大学士，加太子太保，赠太子太傅，谥文定，入祀贤良祠。国史有传。从弟星炜，子跃云，俱见《馆选》。

潘安礼翘生孙，字立夫，江西南城人。雍正丁未进士，员外郎，授编修，官至谕德。

诸　锦见《馆选》"雍正甲辰"。

于　振见《馆选》"雍正癸卯"。

杭世骏字大宗，浙江仁和人。雍正甲辰举人，授编修。

二　　等

杨度汪字若千，江苏无锡人。拔贡生，改庶吉士，散馆归班。

陈兆仑字星斋，浙江钱塘人。雍正庚戌进士，中书，授检讨，历官顺天府尹，官至太仆寺卿。

刘　藻原名玉麟，字素存，山东菏泽人。雍正己酉举人，教谕，授检讨，历官云贵总督，加太子少保，降，官至湖北巡抚。国史有传。

沈廷芳字椒园，浙江仁和人。监生，改庶吉士，散馆授编修，官至山东按察使。子世炜，见《馆选》。

夏之蓉廷芝弟，字芙裳，江苏高邮人。雍正癸丑进士，教谕，授检讨。

汪士锽字君宣，安徽休宁人。副贡生，改庶吉士，散馆授编修。

陈士璠字鲁璋，浙江钱塘人。附生，改庶吉士，散馆改主事，官至知府。

齐召南字次风，浙江天台人。副贡生，改庶吉士，散馆授检讨，官至礼部侍郎。

周长发见《馆选》"雍正甲辰"。

程　恂见《馆选》"雍正甲辰"。

乾隆二年

补试博学宏词。

万松龄字星钟，江苏宜兴人。雍正己酉举人，中书，授检讨。

朱　荃字子年，浙江桐乡人。附生，改庶吉士，散馆授编修。

洪世泽字叔时，福建南安人。附生，改庶吉士，散馆授检讨。

张　汉见《馆选》"康熙癸巳"。

经学

乾隆十六年

特恩保举经学

吴　鼎字尊彝，江苏金匮人。乾隆甲子举人，授司业，历官侍讲学士，降，官至侍讲。

梁锡玙字确轩，山西介休人。雍正甲辰举人，授司业，历官少詹事，官至祭酒。

陈祖范字见复，江苏常熟人。雍正癸卯会试中式举人，授司业衔。

顾栋高字震沧，江苏无锡人。康熙辛丑进士，授司业衔，加祭酒衔。

特授改补官职

王继文汉军镶黄旗人。顺治初，由官学生考授编修，官至云贵总督，加兵部尚书衔。国史有传。

张长庚汉军镶黄旗人。顺治初，由官学生考授编修，历官湖广总督，加太子少保、兵部尚书衔，降，复官至副都统。国史有传。

周有德汉军镶红旗人。顺治初，由选贡授编修，官至云贵总督。国史有传。

尼　满满洲镶黄旗人。顺治初，由笔帖式授编修，官至左都御史。国史有传。

刘兆麒汉军镶白旗人。顺治初，由官学生考授编修，官至闽浙总督。国史有传。

靳　辅字紫垣，汉军镶黄旗人。顺治辛卯，由官学生考授编修，官至河道总督，加兵部尚书衔，赠太子太保，给骑都尉世职，谥文襄，入祀贤良祠。国史有传。

王崇简字敬哉，顺天宛平人。明崇祯癸未进士，顺治丙戌选庶吉士，散馆授检讨，官至礼部尚书，加太子太保，谥文贞。子熙，见《馆选》。

杜　芳字实夫，直隶长垣人。明崇祯癸未进士，顺治丙戌选庶吉士。

周爱访字成延，山东宁阳人。明崇祯癸未进士，顺治丙戌选庶吉士，散馆授编修。

张丕吉字见先，山东嘉祥人。明崇祯癸未进士，顺治丙戌选庶吉士，散馆授检讨，官至宏文院侍读。

魏天赏河南遂平人。明崇祯癸未进士，顺治丙戌选庶吉士。

乔庭桂字肖寰，山西解州人。明崇祯癸未进士，顺治丙戌选庶吉士，散馆授检讨，官至国史院侍读学士。

岳映斗字匡太，陕西三原人。明崇祯癸未进士，顺治丙戌选庶吉士，散馆授检讨，官至秘书院侍读学士。

张允钦字宗尧，江苏长洲人。顺治壬辰进士，官郎中，改授侍读。

王士祯字贻上，山东新城人。顺治壬辰进士，户部郎中，康熙己未，特授侍讲，官至刑部尚书，追谥文简。国史有传。

励杜讷初姓杜，名讷，字近公，直隶静海人。福宁州州同，以工书直南书房，食六品俸，康熙庚戌，授编修，官至刑部侍郎，赠礼部尚书，加太子太傅，谥文恪，入祀贤良祠。国史有传。子廷仪、孙宗万、曾孙守谦，并见《馆选》。

高士奇字澹人，浙江钱塘人。监生，以工书直南书房，授中书，康熙庚戌，授侍讲，官至礼部侍郎，谥文恪。国史有传。

王原祁掞从子，字茂京，江苏太仓人。康熙庚戌进士，户科给事中，特授中允，官至户部侍郎兼掌院学士。子暮，见《馆选》。

杜　镇字子静，直隶南宫人。顺治戊戌进士，刑部主事，康熙庚戌，以纂修实录授编修，官至侍读。

揆　叙字恺功，满洲镶黄旗人。二等侍卫，授侍读，官至左都御史兼掌院学士，谥文端。国史有传。

魏学诚象枢子，字无伪，山西蔚州人。康熙壬戌进士，中书，癸未，授编修，官至谕德。

赵申季字行瞻，江苏武进人。康熙丁丑进士，广西迁江县知县，乙酉，特授编修。

陈厚耀字曙峰，江苏泰州人。康熙丙戌进士，教授，荐修算法，改中书，癸巳，授编修，官至谕德。

钱以垲字朗行，浙江嘉善人。康熙戊辰进士，历官左通政，雍正元年，授少詹事，官至礼部尚书，加太子少保，谥恭恪。国史有传。

陈聂恒字尚夫，江苏武进人。康熙庚辰进士，四川长宁县知县，雍正元年，迁刑部主事，荐授编修。

王懋竑式丹从孙，字予中，江苏宝应人。康熙戊戌进士，教授，雍正元年，入直内廷，授编修。

陆宗楷字凫川，浙江仁和人。雍正癸卯进士，景山教习，乙巳，授检讨，历官兵部尚书，降，官至内阁学士。

姜颖新字文庸，江苏如皋人。雍正癸卯进士，景山教习，乙巳，授检讨，官至直隶按察使。

夏之芳之蓉兄，字荔园，江苏高邮人。雍正癸卯进士，景山教习，乙巳，授编修，改御史。

黄岳牧字瑞伯，福建晋江人。雍正癸卯进士，景山教习，乙巳，授检讨，历官江西按察使，降，官至知府。

康五瑞字毓宣，江西安福人。康熙丁丑进士，工科给事中，雍正丙午，授侍读，官至侍读学士。

赵殿最字奏公，浙江仁和人。康熙癸未进士，湖南按察使，雍正丁未，授少詹事，官至工部尚书。国史有传。

方　苞字灵皋，安徽桐城人。康熙丙戌会试中式举人，雍正辛亥，授中允，历官礼部侍郎，罢，加侍讲衔。国史有传。

陈学海字志澄，江西永丰人。康熙癸巳进士，御史，授检讨。

廖必琦字师韩，福建莆田人。雍正甲辰进士，主事，改庶吉士，散馆授检讨，改御史。

王延年字介眉，浙江钱塘人。雍正丙午举人，国子监学正，乾隆壬申，授额外司业，官至侍读。

曹洛禋字麟书，安徽当涂人。雍正己酉举人，国子监助教，乾隆癸酉，授额外司业，官至侍读学士。

陆锡熊字健男，江苏上海人。乾隆辛巳进士，郎中，癸巳，以总纂《四库全书》授侍读，官至左副都御史。国史有传。

邵晋涵字二云，浙江余姚人。乾隆辛卯会元，以纂修《四库全书》改庶吉士，散馆授编修，官至侍讲学士。

程晋芳字鱼门，安徽歙县人。乾隆辛卯进士，主事，以校勘《四库全书》授编修。

余　集字蓉裳，浙江仁和人。乾隆丙戌进士，以纂修《四库全书》改庶吉士，散馆授编修，历官侍讲学士，现官侍读。

周永年字书仓，山东历城人。乾隆辛卯进士，以纂修《四库全书》改庶吉士，散馆授编修。

侍　朝江苏仪征人。乾隆庚辰进士，国子监监丞，以校勘《四库全书》改庶吉士。

杨昌霖字简斋，江苏吴县人。乾隆戊子举人，钦赐进士，以校勘《四库全书》改庶吉士，散馆改主事。

张能照改名晖吉，字梦草，江苏仪征人。乾隆壬辰进士，以校勘《四库全书》改庶吉士，散馆授编修，现官贵州古州道。

胡　荣字尊才，江西新建人。乾隆乙未进士，以总校《四库全书》改庶吉士，散馆授编修，历官御史，现官员外郎。

朱　钤字韬六，浙江长兴人。乾隆壬辰进士，以总校《四库全书》改庶吉士，散馆授编修。

吴绍灿绍浣兄，字素泉，安徽歙县籍，江苏仪征人。乾隆乙未进士，以总校《四库全书》改庶吉士，散馆授编修。

孙士毅字补山，浙江仁和人。乾隆辛巳进士，任广东巡抚，罢，特授编修，历官云贵总督、三等谋通公，寻夺爵，官至文华殿大学士，加太子太保、三等男，予伯爵世职，谥文靖。

程嘉谟字雪坪，安徽歙县人。乾隆辛丑进士，以总校《四库全书》改庶吉士，散馆授编修。

黄　钺字左田，安徽当涂人。乾隆庚戌进士，主事，嘉庆甲子，特授赞善。

附　　录

《清史稿》卷三四〇朱珪本传

赵尔巽等撰

　　朱珪，字石君，顺天大兴人。先世居萧山，自父文炳始迁籍。文炳官盩厔知县，曾受经于大学士朱轼。珪少传轼学，与兄筠同乡举，并负时誉。乾隆十三年成进士，年甫十八，选庶吉士，散馆授编修。数遇典礼，撰进文册。高宗重其学行，累迁侍读学士。二十五年，出为福建粮驿道。擢按察使，治狱平恕，以父忧去。三十二年，补湖北按察使。会缅甸用兵，以部署驿务详慎，被褒奖。

　　调山西，就迁布政使，署巡抚。疏请归化、绥远二城谷二万余石搭放兵粮，以省采买、免红朽；又免土默特蒙古私垦罪，以所垦牧地三千余顷，许附近兵民认耕纳租，岁六千余两，增官兵公费；又太仆寺牧地苦寒，改征折色，以便民除弊：皆下部议行。珪方正，为同僚所不便，按察使黄检奏劾读书废事。

　　四十年，召入觐，改授侍讲学士，直上书房，侍仁宗学。四十四年，典福建乡试。次年，督福建学政。濒行，上五箴于仁宗：曰养心，曰敬身，曰勤业，曰虚己，曰致诚。仁宗力行之，后亲政，尝置左右。五十一年，擢礼部侍郎，典江南乡试，督浙江学政。还朝，调兵部。五十五年，典会试。出为安徽巡抚。皖北水灾，驰驿往赈，携仆数人，与村民同舟渡，振宿州、泗州、砀山、灵壁、五河、盱眙余灾，轻者贷以粮种。筑决堤，展春赈，并躬莅其事，民无流亡。五十九年，调广东。寻署两广总督，授左都御史、兵部尚书，仍留巡抚任。嘉庆元年，授总督，兼署巡抚。珪初以文学受知，洎出任疆寄，负时望，将大用。和珅忌之，授受礼成，珪进颂册，因加指摘，高宗曰："陈善纳诲，师傅之职宜尔，非汝所知也。"会大学士缺，诏召珪，卒为和珅所沮。以广东艇匪扰劫闽、浙，责珪不能缉捕，寝前命，左迁安徽巡抚。皖北复灾，亲治赈，官吏无侵蚀。三省教匪起，安徽亦多伏莽。珪曰："疑而索之，是激之变。"亲驻界上筹防御，遍莅颍、亳所属，集乡老教诫之，民感化，境内迄无事。明年，授兵部尚书，调吏部，仍留巡抚任。

四年正月，高宗崩，仁宗即驰驿召珪，闻命奔赴。途中上疏，略曰："天子之孝，以继志述事为大。亲政伊始，远听近瞻，默运乾纲，霶施涣号。阳刚之气，如日重光，恻怛之仁，无幽不浃。修身则严诚欺之界，观人则辨义利之防。君心正而四维张，朝廷清而九牧肃。身先节俭，崇奖清廉，自然盗贼不足平，财用不足阜。惟愿皇上无忘尧、舜自任之心，臣敢不勉仁义事君之道。"至京哭临，上执珪手哭失声。命直南书房，管户部三库，加太子少保，赐第西华门外。时召独对，用人行政悉以谘之。珪造膝密陈，不关白军机大臣，不沾恩市直，上倾心一听，初政之美，多出赞助。

寻充上书房总师傅，调户部尚书，诏清漕政，禁浮收。疆吏以运丁苦累，仰给州县，州县不得不取诸民，于是安徽加赠银，江苏加耗米。珪谓小民未见清漕之益，先受其害，力争罢之，令曹司凡事近加赋者皆议驳。长芦盐政请加增盐价，驳曰："芦东因钱价贱，已三加价矣，且免积欠三百六十万两，余欠展三年，商力已宽，无庸再议加价。"广东请滨海沙地升赋，驳曰："海沙淤地，坍涨靡常，故照下则减半赋之。今视上、中田增赋，是与民计微利，非政体。且民苦加赋，别有涨地，将不敢报垦，不可行。"仓场请预纳钱粮四五十倍，准作义监生，驳曰："国家正供有常经，名实关体要。于名不正，实必伤，断不可行。"凡驳议每自属稿奏，上皆韪之。五年，兼署吏部尚书。

先是彭元瑞于西华门内坠马，珪呼其舆入昇之，为御史周炘所劾。寻有珪舆人殴伤禁门兵，忌者嗾护军统领讦之。诏："珪素恪谨，造次不检，特申戒。"坐褫宫衔，解三库事，镌级留任。七年，协办大学士，复太子少保。寻兼翰林院掌院学士，晋太子少傅。九年，上幸翰林院，联句赐宴，御书"天禄储才"额刻悬院中，以墨书赐珪家。十年，拜体仁阁大学士，管理工部。上以是命遵高宗谕，遣诣裕陵谢。逾岁，年七十六，以老乞休，温诏慰留，赐玉鸠杖，命天寒间二三日入直。

未几，召对乾清宫，眩晕，扶归第，数日卒。上亲奠，哭之恸。赠太傅，祀贤良祠，赐金治丧。诏："珪自为师傅，凡所陈说，无非唐虞三代之言，稍涉时趋者不出诸口，启沃至多。揆诸谥法，足当'正'字而无愧，特谥文正。又见其门庭卑隘，清寒之况，不减儒素。"命内府备筵，遣皇子加奠。启殡日，遣庆郡王永璘祖奠目送。逾年，上谒西陵，珪墓近跸路，遣官赐奠。高宗实录成，特赐祭，擢长子锡经为四品京堂。二十年，复因谒陵回銮，亲奠其墓，恩礼始终无与比。

珪文章奥博，取士重经策，锐意求才。嘉庆四年典会试，阮元佐之，一时名流搜拔殆尽，为士林宗仰者数十年。学无不通，亦喜道家，尝曰："朱子注《参同契》，非空言也。"

太傅体仁阁大学士大兴朱文正公神道碑

阮元撰

懿夫！唐虞之际，仲尼致叹；尧舜之道，孟氏所陈。然则际两朝授受之盛，备元辅公孤之隆。谟明弼谐，非道不言，圣天子纳所启沃，以为帝德。且极尊师重道之诚，彻乎始终，孚于中外者，非太傅朱文正公曷克膺此。

公讳珪，字石君，号南崖，晚号盘陀老人。元至元间，远祖福三居浙东。明洪武间，德三迁萧山黄阁河，遂为黄阁河朱氏。八传至公高祖尚绅，明末官游击。曾祖必名、祖登俊，我朝官湖北长阳县知县、中书科中书，父文炳，陕西盩厔县知县，始迁籍于顺天大兴。三世皆以公贵，赠光禄大夫、太子少保、户部尚书，曾祖母白、祖母何、冯，母徐，皆一品夫人。

公以雍正九年正月十二日生于盩厔县，有兄三：堂、垣、筠。公祖与高安朱文端公同省为知县，相友善，清名亦相埒。公父受经于高安，故公十一岁即传高安之学。年十三，丁母艰，孺哀毁瘠。服除，补附学生。年十七，科试第一，举于乡，与叔兄齐名震都下，公卿争延之。次年会试中式，赐梁国治榜进士出身，改庶吉士，习国书，座师阿文勤公、刘文正公、鄂刚烈公，皆以学行重之。乾隆十六年散馆第一，授编修。明年，大考二等，授侍讲。二十三年，大考二等，授侍读学士。公所撰进文册陈宫中，高宗纯皇帝亟赏异之，特达之知，实始于此。

二十四年，主河南乡试，复命，旋奉使告祭南岳，登祝融峰。明年，充会试同考官。秋，授福建粮驿分巡道，抵闽，兼摄福州府事。毁和合等诸淫祠，民大惊服。二十八年，特旨擢福建按察使，兼署布政司。闽人裘自位假平台湾功鬻武职，狱连数十人，公诛正犯一人，诸受欺者皆不坐。有告家谱妄逆者，谳之，仅戮一撰谱者尸，不坐其子孙。二十九年秋，丁父忧，戴星奔至京口，阻风哀号，祭江，风骤转，抵京，治葬于二老庄阡。三十二年，服除，补湖北按察使。时缅甸用兵，公司驿务，无迟误，无扰累，楚北乱民聚众，公鞫之，不少纵，然胁从者皆得免。三十三年，调山西按察使。明年，授山西布政司。秋，奏立保固城工法，令后任随时修护，如隤在三十年内，与原筑官分赔，下部议行。

三十六年，暂代巡抚事。奏改吉州为散州，与乡宁并隶平阳府，改霍州为直隶州，以赵城灵石隶之。又奏拨归化、绥远二城谷十万余石，配放兵粮，以省采买，而免红朽。奏免士默特蒙古私垦之罪，以所垦无碍，牧地三千一百余顷，许附近贫苦兵民认耕，纳租岁六千余两，增官兵盘费。奏太仆寺牧地苦寒，宜改征本色为折色，以便民除弊。皆下部议行。三十八年，勘归化城水灾，奏抚恤之，且予修费，借谷种，其民种蒙古之地，并请恤之。三十九年，按察司黄检奏公终日读书，于地方事无整顿。明年入觐，授翰林院侍讲学士。四十一年，命尚书房行走，侍今皇帝学。时初置文渊阁官，特授公直阁事，主福建己亥乡试。

四十五年，督福建学政。将行，上五箴于今皇帝藩邸，曰养心，曰敬身，曰勤业，曰虚己，曰致诚，上力行之。及亲政，亦常置座右。四十八年冬，还朝。明年，扈跸南巡，授内阁学士兼礼部侍郎，阅浙江、江苏召试卷。五十一年，授礼部侍郎，主江南乡试，督浙江学政。五十四年，置萧山祭田百亩，作《圭田记》。冬，还朝，充经筵讲官。五十五年，经筵进讲时，诸皇子侍班听讲，高宗纯皇帝顾今上曰："此汝师傅讲之善。"春,总裁会试。秋,授安徽巡抚,命驰驿赈水灾。乃携仆五人,乘小舟与村民同渡,赈宿、砀山、灵璧、泗、五河、盱眙民以粮,借怀远、凤台、寿民以粮及种,筑决堤六十余丈,民乃安,复请展春赈,分厂亲给于民。五十七年,奏凤、颍水灾,恩赏粮种,免民欠万五千两。祁门县筑城成,轻骑往验之,至新岭,有欲巡抚怒其歙县令属掌亭人以馈饸进者,公恬然饱之。五十九年,调广东巡抚。六十年,兼署两广总督,旋授都察院左都御史、兵部尚书,皆留巡抚任。暎咭唎国入贡,呈土物于总督,却之。

嘉庆元年,征苗,调两广兵万二千,亲调遣之。夏,授两广总督,兼署巡抚。六月,降旨内召曰:"将欲用为大学士也。"俄以闽浙总督魁伦奏粤东艇匪驶至闽浙,乃公总督任内不能缉捕之咎,寝前命,仍加恩补安徽巡抚。凤阳等州有水灾,蒙恩赈亲给之,官吏无敢侵者。时楚豫多邪教流言,安徽有隐伏者,公曰:"疑而索之,是激之变也。"乃亲赴界上筹防御,遍莅颍、亳等州城乡,聚长老教劝之,遍张告示,简明谆切,民大感化,故数年间安徽无以邪教倡乱者。明年,授兵部尚书,调吏部尚书,皆留巡抚任。宿、灵璧水,合肥、定远、巢、来安、全椒旱,亲赈之,民无逃亡冻馁之苦。明年,蒙、亳复水,恤赈如之。

高宗纯皇帝上宾于天,今皇帝初亲政,即驰驿召公,公哭且奔,先上奏曰:"闻太上皇帝龙驭上升,胆裂呼天,角崩投地。钦惟大行皇帝十全功德,五福考终,传器惬心,于昭在上。我皇上纯性超伦,报天罔极,窃闻定欲躬行三年之丧,此举迈千古而钦万世。然而天子之孝,不以毁形灭性为奇,以继志述事为大。亲政伊始,远听近瞻,默运乾纲,霶施涣号。阳刚之气,如日重光;恻怛之仁,无幽不浃。思修身严诚欺之介,于观人辨义利之防。君心正而四维张,朝廷清而九牧肃。身先节俭,崇奖清廉,自然盗贼不足平,财用不足阜。惟愿我皇上恒久不忘尧舜自任之心,臣敢不随时勉行仁义事君之道。"上嘉纳之。及至京哭临,上执公手,哭失声。旋命直南书房,管户部三库。自是凡国家大政,有所咨询,皆造膝自陈,不草一疏,不沽直,不市恩,军机大臣不相关白。

公第在外城,远且隘,赐第西华门,紫禁城骑马,加太子少保,充实录馆总裁、国史馆总裁。己未,会试总裁。冬,调户部尚书。时上禁浮收漕米之弊,外省以运丁贫仰资州县,州县取民,不得不浮,于是安徽有加赠银、江苏有加耗米之请,部议将拟行矣。公思之不寐,综其数,较原征加倍,乃决计驳曰:"小民未见清漕之益,先受加赋之害,不可行。"并令漕司,以后凡事近加赋,皆议驳,以体皇上损上益下之意。长芦盐政奏盐价一斤加钱二文,公驳曰:"前芦东因钱价过贱,已三加价,又免积欠二百六十万两,馀欠展三年,商力自宽。且今钱价渐贵,所奏应毋庸议。"广东布政司奏升滨海沙地赋,公驳曰:"海沙淤地,坍涨靡常,是以照下则田减半赋之,今依上中田增赋,是与沿海民计微利,非政体。且民苦加赋,必多坍豁,别有涨地,亦不宜垦,不可行。"后仓场衙门复请预纳钱粮四五十倍,准作义监生,公驳曰:"国家正供有常经,而名实关体要,于名不正,于实有伤,断不可行。"凡驳议皆亲属稿奏,上皆韪之。

五年秋,兼署吏部尚书。公之舆夫殴伤禁门兵,免太子少保,解三库事。复以彭文勤公堕马西华门内，公呼其舆入门昇之，违例，议降二级，仍留任。六年，陪祀祈谷坛，未曙，误行坠甬道下，伤左跨，赐医赐食，络绎于道，遣内监赍朱谕至第视病询事，公随时覆奏，三月小愈，即趋朝。夏，充《会典》馆总裁，阅殿试卷。七年秋，扈跸滦阳，宣制以户部尚书拜协办大学士，仍加太子少保衔，公谢摺云："岂有嘉谟嘉猷，入告我后于内；勉期无欺无隐，仰惟上质于天。"八年，兼翰林院掌院学士，以原衔充日讲起居注官，春夏皆为留京办事大臣，阅大考翰詹卷。九年春，用乾隆九年故事幸翰林院，先期晋公太子太傅。及幸院，赐宴联句，御书"天禄储才"扁，摹刻院堂，以墨迹赐公第。公在翰林为二十四科前辈，资最深，且掌院事，领袖清班，瀛洲典故，盛且荣焉。十年正月，宣制拜体仁阁大学士，管理工部事，上以是命为遵先帝遗诏也，命诣裕陵谢。

明年春，公感寒，多痰嗽，步迟蹇，肝火触右目微眚，上曰："此火盛也，可以游览散之。"乃赴西山吕村二老庄祭墓，过戒坛潭柘诸寺。秋，复祭墓，游西山。时公年七十六矣。九月，奏乞休，上曰："待八十，当为寿。"旋命户部尚书戴公衢亨赍赐诗十韵及玉鸠杖，谕天寒间二三日入直，且俟日出后至南书房候召对，每召对，则预定召对后期。十一月庚午，寒甚，乾清宫召对毕，降阶，忽痰壅，归第，上遣侍卫领医官来视疾，疾少差，赐假两月。

十二月乙亥，坐外轩，作《刍献》诗，有云："天道神难测，民心惟一中。知人可安众，居所自持公。"上将亲临公第。丁卯，复命户部尚书戴公来，夜逾子，痰盛气微，遽薨，是五日戊寅也。报闻，上震悼，泣谕朝臣，降制曰："大学士朱珪，持躬正直，砥节清廉，经术渊通，器宇醇厚。蒙高宗纯皇帝特达之知，由词垣擢补道员，洊历两司，内用为翰林学士，特命入直上书房。朕讲贯诗文，深得其益。嗣以卿贰出任封圻，有守有为，贤声益懋。洊擢至正卿，皇考即欲用为大学士，朕亲政后，召令还朝，在南书房僾直有年，简任纶扉，深资启沃，凡所陈奏，均得大体。服官五十余年，依然寒素，家庭敦睦，动循礼法，洵不愧为端人正士，畀倚方殷。本年入秋以来，因患病稍久，气体就衰，朕优加眷念，赐杖赐舆，时加存问。朱珪感恋弥殷，时时力疾进内，朕鉴其诚悃，特行给假两月，俾得安心调养，叠遣御医诊视，冀得就痊。正拟日内亲至伊邸宅视疾，兹遽闻溘逝，深为悼惜。于初六日亲临赐奠，已派总管内务府大臣阿明阿赍赐陀罗经被，并著先派庆郡王永璘带领侍卫十员，前往奠酹。追维旧学，良用轸怀，著晋赠太傅，入祀贤良祠，赏给内库银二千五百两，经理丧事。其任内一切降革处分，悉予开复，所有应得恤典，著该部察例具奏。"

己卯，上亲临奠三爵，哭不止。回宫，不待内阁拟谥，特赐谥曰文正。复降制曰："昨因大学士朱珪溘逝，业经降旨加恩。因思乾隆年间，惟故大学士刘统勋蒙皇考高宗纯皇帝鉴其品节，赐谥文正，易名之典，备极优隆。顾刘统勋于署总督任内，曾经获咎褫职，复蒙皇考施恩录用。至朱珪立朝五十余年，外而扬历督抚，内而洊直纶扉，身跻崇要，从未稍蹈愆尤，绝无瑕玷，靖恭正直，历久不渝。犹忆伊官翰林时，皇考简为朕师傅，尔时朕于经书已皆竟业，而史鉴事迹均资讲贯，其所陈说，无非唐虞三代之言，不特非法弗道，即稍涉时趋之论，亦从不出诸口，启沃良多。揆诸谥法，实足以当正字而无愧，毋庸内阁拟请，著即赐谥文正。本日朕亲临奠酹，见其门庭卑隘，清寒之况，不异儒素，瞻念遗风，怆怀未已。著于本月初九日，由内务府办饭一桌，派二阿哥前往代朕赐奠，俟殡送时，派庆郡王永璘前往祖奠目送，以示朕眷怀旧学、哀荣备至之至意。"复撰《抒痛》诗十二韵，命南书房翰林黄公钺于殡前焚之。壬辰，命礼部尚书承恩恭侯阿拉谕祭。公第距内西华门仅半里许，御跸时出入，礼不久殡，乃以甲午启殡，庚子葬于二老庄吕村旧阡，陈夫人祔焉。

明年，御制碑文，刻石阡门。上巳日，上谒西陵，跸路距公墓数里，上远眺松楸，追怀怆恻，命工部侍郎英公和诣墓赐奠。高宗纯皇帝实录成，以公总修八年，赐祭一坛，长子锡经，服满以京卿用。袆哉上之重贤傅，任名臣，纳哲辅之益，隆饰终之典至矣。非公之清介忠正，师表人伦，上致君，下泽民，曷克膺乎此哉！

公丰厚端凝，中和醇粹，为仁若渴，抗义不挠，坦白公诚，绝无城府。于经术无所不通，汉儒之传注气节，宋儒之性道实践，盖兼而有之。取士务以经策，较四书文，诚心锐力，以求朴学，经生名士，一览无遗，海内士心，向往悦服。佳士之文，未荐被落者，读而泣之，才士黄景仁、张腾蛟死，称悼之，通人寒士，必扬其名于朝。秦誓一个臣之心，公断断有之。公领试事，不受外僚赠遗，不留贫生银。布政数省，平余银巨万，悉不取。抚安徽，裁芜湖关陋规，闽省洋商陋规事发，钦使莅治，独公实不受一钱。公官于外，崖岸廉峻，中朝大官，绝无所援。管部事，持大端，不亲细事，数十年清操亮节，人皆仰之。

公以孝弟为仁之本，事父爱敬，本于天性，父杖兄，跪而以身蔽受之。恸母氏早殁，事庶母谢几如母。语子辈曰："古人祭必有尸，仿之以申吾慕，非过礼也。"庶祖母李抚公有恩，貤赠一品夫人，事诸兄悲愉如一体，别则梦见，聚则联床。兄之丧，哭之咯血，几致毁，事寡嫂尽敬，抚诸兄子如己子，三郰故交，靡不周恤。教子孙读书敦行，皆诚笃有公之风。公尝曰："吾三十九岁夜坐，忽腹间自暖，由脊上贯于顶，甘液自咢下注，由是流转，至老不绝，实因自致，非关学力，乃知朱子注《参同契》，本非虚语。"公年四十余即独居，迄无一妾。御制《抒痛》诗有云："半生惟独宿，一世不贪钱。"知之深也。

公为文笔奥博沉雄，国家有大典礼，撰进雅颂诗册文跋，高宗纯皇帝必亲览之，以为能见其大，颂不忘规，或陈坐隅，或命诸皇子皇孙写为副，圣制诗，或寄示命和。公官抚督时，上在书房常颁手札，积一百三十九函，装六卷，归朝缴进。上亦书数年怀公诗数十首为二册，上册题曰《蒹葭远目》，下册题曰《山海遥思》以示公，公跋曰："臣之芜陋，何足以当非常眷注，惟有此心不敢欺耳。"于《大学》义利之辨，《通鉴》治乱之由，天命呼吸可通，民情忧乐无间，反覆敷宣，不以为迂阔而远于事情也。公文集□□卷，《知足斋诗集》三十余卷，元请刻公诗，公命元选为二十四卷，上命以刻本进，赐题七言律诗四首于卷首。

公被先帝特赐蟒袍、笔墨、荷包等物，今上赐大珠、绿缝靴、黑狐氅袍，先帝御用四团龙卦、四开衬袍等物，其余恩赉多不具书。公配陈夫人，宛平人，思南府知府邦勋女，乾隆十四年来归，有妇德，四十年八月以疾卒，赠一品夫人。生二子：锡经，己亥举人，一品荫生，官刑部员外郎，迁户部郎中；次锡纬，附学生，先公卒。女子子一，适通州冯秉骥，秉骥官张掖县知县。孙涂，庚申钦赐举人，锡纬生。女孙一，适萍乡刘元恩，吏部侍郎刘公凤诰子也，锡经生。曾孙三：甘霖、香霖、贯霖。

元不才为公门生，受知二十余年矣。会持父服居乡，公之子书来，命为碑文，不敢辞。秋，免禫服，当执心丧，敬按年谱及平日所知者，泣为叙铭曰：

星精岳神，蔚为帝傅。学正文明，道深性固。先帝任公，决于一顾。授钺卜瓯，久隆知遇。公遇盛时，佐祁辅妫。君为尧舜，臣为皋夔。经邦之道，坐而论之。非帝宣纶，世秘未知。帝曰调元，资于师相。旧学交修，天工寅亮。温树之间，青蒲之上。苍生被泽，黄扉孚望。公之保民，敷政优优。公之储材，其心休休。德如霖雨，清比江流。庭不旋马，路无喘牛。公有恒言，并举二事。曰不嗜杀，曰不言利。公之讲史，长编资治。公之执经，十章衍义。皤然三公，迈荣轶光。乃不慭遗，而觐先皇。帝凭和轼，怆眺阡冈。勒碑堕泪，西山苍苍。

常生谨案：文正公子属家大人撰碑文，磨石以待，家大人以未大祥，不为韵语之文，迟寄数十日，公子迫不及待，属吴学士萧代家大人为文刊石，及此文到京，而碑已刊矣。

（《揅经室二集》卷三）

光禄大夫经筵讲官太子太傅体仁阁大学士管理工部兼翰林院掌院学士赠太傅大兴朱文正公神道碑文

陈寿祺撰

嘉庆十有一年冬十有二月甲戌朔，越五日戊寅，大学士大兴朱公薨，春秋七十有六。天子震悼，赐襚赐赙，追赠太傅，祀贤良祠，赐谥文正。翼日，乘舆临奠恸哭，赋《抒痛》诗。越四日，命皇次子代设馔醴。及殡，命庆郡王诣邸祖送。戊戌，葬我文正公于西山吕村之阡，与陈夫人同兆礼也。公之孤锡经既敬立赐碑于墓，遂致书公门下士某请表神道。呜乎！公以文学受知高宗，而为今皇帝师，两朝一德，孚嘉至神，其造膝前席，丹青于录图逸鼎之侧，喉舌于金椎玉镜之间者，不可得而详也。其经德秉哲，为夷夔之女听女明，兼侨肸之遗爱遗直者，乃可得而述也。

公讳珪，字石君，号南崖，先世浙江萧山人，曾祖必名、祖登俊，知长阳县，有惠政，复知珙县，内迁中书科中书。考文炳始籍顺天大兴，知盩厔县，除无田浮粮且万家，陕人赖之。公以神童连擢高第，与叔兄筠齐名。通籍翰林，再更大考，累践华资，出入极地，为粮驿道一，按察使三，布政使一，学政二，巡抚三，总督一，翰林侍讲一，学士二，少詹事、内阁学士，吏、礼侍郎，左都御史，吏、户尚书各一，兵部尚书二，管理工部一，经筵讲官、太子少保二，掌院学士、太子太傅、协办大学士、体仁阁大学士各一，河南、福建、江南考官各一，会试同考官二，总裁三，殿试读卷官二。

乾隆四十一年，还自山西行省，高宗以公贞良方幅，命傅今上，发挥圣知，缉熙天光。尝进五箴，曰养心，曰敬身，曰勤民，曰虚己，曰致诚。每违承华，辄叨手札，委曲绸缪，家人恩礼，其后缉为宝轴百三十有九件，恭纳广内。值石渠临制，云台入对，先帝敷巾机槃盂之训，公亦讲尹诰说命之篇。天心愉悦，顾语上曰："此汝师傅，讲说最高。"授安徽巡抚，谓军机大臣曰："朕今日所擢得人。"

嘉庆元年，授两广总督，将相公，寻以治安南艇盗缓左迁，复为安徽巡抚。四年正月，上在谅闇，首召公还，道中上疏曰："臣闻天子之孝，不以毁形灭性为奇，而以继志述事为大。亲政伊始，远听近瞻，默运乾纲，霈施涣号。阳刚之气，如日重光；恻怛之仁，无幽不浃。孜孜以上天之心为心，祖考之志为志，思修身严诚欺之介，于观人辨义利之防。君心正而四维张，朝廷清而九牧肃。身先节俭，崇奖清廉，万物昭苏，天佑民顺，则盗贼不足平，而财用不足阜也。惟愿陛下恒久不忘尧舜自任之心，臣敢不随时勉尽仁义事君之道。"是时上方未明求衣，倚公如栋，不数年卒相公。公见朝廷捐金沉珠，损上益下，而军役烦耗，籑谋补苴，故毅然以黜抑言利为先务。居户部日，江南大吏议漕，请加上江赠银、下江耗米，章下省，皆画诺矣。公独奋笔驳纠，以为按较旧征，数实逾倍，漕政未清，民力先病。奏可，于是江淮无漕患。

五年春，长芦盐政请增盐价，公首驳之，以为比年蠲缓，商力渐息。故事，盐税以钱易银，钱贱或量增盐价，顷钱已贵，不可议增。奏可，于是畿辅无盐患。夏，广东布政司请升赋沙田，视民田上中二则，公又驳之，以为滨海淤洲，朝溢夕减，令甲科赋至轻以招辟垦，否则输纳必困，民将自免。奏可，于是海南无沙田患。九年冬，仓场侍郎请豫征民税四五十倍，准作义监生，赐复终身，公又驳之，以为名乖实伤，甚于枉寻直尺。奏可，于是人知法制定而名器重。凡累驳议手草，存省中，公之持重争大体略如此。其苞淳也，仁义甘于刍豢，忠信宝于金玉，山川在抱，桃李不言，天球赤玉，国之宝镇，庆云景星，天无浊氛。

少失恃，养于庶祖母李，事之如母。禄养无栩棘之伤，丧哀有蓼莪之废。恭兄而旦暮参问，睦族而茕独波及。闺门友悌，人无间言。其缀学也，壶奥先圣，笙簧百家，探奄中之坠简，餐东杼之秘宝。遇国有大庆，祝厘献恺、辟雍巡守之仪，驱染河海，吐纳嵩华，先帝讽相如之文，览崔骃之颂，未尝不摭华搴实，壮其璟玮。数命皇子皇孙录副陈设文集及奏御之作八卷，已刻者《知足斋诗集》二十卷，今上赐诗为序其砥节也。

身无奇衣，室无嬖侍，宦五十年，寒素同检。按察福建时，海澄公黄仕简劾置吏受赂洋商，朝遣尚书舒赫德、侍郎裘曰修治之，惟公不染，当路倾风。及藩山西，抚安徽、广东，府藏关市，天下脂膏，未尝受山阴之一钱，爱黎阳之一璞，是以清白可遗，祭酹无所，玉步苍止，蠡然伤悲。其赋政也，清净循黄老，优缓近宽霸，翌翌然求与所部去奢从俭，克己勤民，六计斯察，百城咸劝。其有水旱饥馑，处业振赡，奔走劳徕，腹我邦人，曷不众母其谳刑也。于闽治伪官逆书狱，于楚治聚众于，于粤治海盗狱，皆不为缴绕，多所全活。丹笔无枉，黄沙几空，是以观里端之籍而恶子惧，思芨舍之仁而甘棠爱。其造士引贤也，慎湛于兰茝，屏绣于罄悦，见一善则扬眉，遇一才则扼腕，瞻山渊而识珠璞，被咳唾而生毛羽。试四五百人，数日便决，有房晖远之敏焉；条七十二事，古学遂行，有谢文仪之切焉。尝谓为国莫重得人，事君莫大荐士，故推毂长者，抽拔廉吏，前后表举口荐，遂登台阁，拥节旄，负声才望者，不可一二数。

先是，公坠坎，伤左胯，上遣医视使者存问八九。至去年复病，因乞休，上慰劳不许，赐杖赐舆。病笃，给假居第。易箦前三日，作诗二章曰《刍献》。呜乎！可谓忠爱终始矣。公感两朝眷宠，职在论道，訚訚恻恻，动出至诚。然而入则告谟，出不言政，天下想闻风采，求多于公，意其儒服配藉跐跐鸡廉而已。比卒后，上再下诏褒公正直，曰："其所陈说，无非唐虞三代之言。"又流涕谓群臣曰："师傅每言多宽大。"然后知公所以股肱尧舜，甄陶周召，阴福天下，施于无穷，非圣人孰能鉴公之微耶！

清兴以来，公卿大臣谥文正者，睢州、诸城及公三人而已。旧学庞臣，道丰遇渥，盖莫若公之盛焉。某咨度礼制，窃谓阀阅次第，赍予恩私，门属之籍，政事之迹，册谟之词，则纪诸国史家牒，乃若甄综言行，近慰后昆，罔极之思，远照绵世，固门人小子事也。嗟我宿德，如何勿铭。铭曰：

於戏我公！五辰阳春，九州伊锥。绳中炀和，体大物博。郁为时栋，尊为帝师。前圣后圣，股肱是毗。公之淳厚，纯皇信之。曰朕得人，擢之方镇。泰山出云，雨人不知。馁者得哺，寒者得衣。公之简易，吾君亲之。纯皇卜匦，遗于朕身。予弼予迪，三代唐虞。但觉妩媚，皤皤鬓须。公翔瀛洲，万篇琳珉。天下誉公，谓公文人。公据槐鼎，祎隆垂绅。天下訾公，谓公具臣。公究参同，黄庭金巾。有诒公者，仙佛前身。诒岂公好，訾岂公校。誉岂公知，我求诸道。罨没凤夜，忧国忘老。上质于天，旦奭允蹈。天不慭遗，夺公犹早。谠论无闻，帝心则悼。生荣死哀，尸祝其报。高山景行，永睎堂奥。

（《碑传集》卷三十八）

人名索引

A

阿　桂, 610, 653, 668, 1025, 1034, 1035, 1071, 1073, 1106, 1114, 1141

阿　山, 1020, 1029, 1031, 1059, 1061, 1066, 1082, 1086

阿　肃, 987, 1050, 1073, 1102, 1105, 1139, 1141

阿尔赛, 945, 1087, 1091, 1135

阿克敦, 682, 689, 697, 775, 779, 952, 1004, 1017, 1021, 1022, 1032, 1064, 1067, 1069, 1089, 1090, 1097, 1098

阿兰泰, 1028

艾元徵, 924, 1027

安　磐, 489, 507, 511

敖　山, 209, 289, 445, 447, 453

B

白　昂, 468, 471, 476, 479

白　圭, 157, 247, 381, 415, 417, 420, 423, 434, 438

白　麟, 991, 1106, 1107

白　钺, 157, 288, 450, 464, 472, 476, 485, 486, 491, 495, 502, 503, 504, 505, 507, 509, 516, 517, 519

百　龄, 997, 1051, 1052, 1118

保　宁, 583, 584, 589, 678, 679, 685, 691, 708

鲍　恂, 88, 196, 231

鲍桂星, 584, 680, 688, 691, 714, 791, 1008, 1123

贝　琼, 88, 135, 192

贝　泰, 350, 359, 360, 367, 372
毕　沅, 988, 1041, 1050, 1103
毕济川, 290
边　宪, 290, 521, 531
边继祖, 983, 1100, 1103, 1137, 1138
卞永宁, 937
伯　麟, 1044, 1108, 1117
博　明, 789, 985, 1050, 1101
博通阿, 789, 1102, 1104
薄　海, 955, 1127
薄有德, 948, 1090

C

蔡　昂, 236, 240, 244, 264, 274, 286, 288, 533, 558
蔡　潮, 489, 504
蔡　清, 106
蔡　珽, 591, 922, 945, 1021, 1065, 1088, 1128, 1133
蔡　新, 582, 662, 663, 664, 665, 666, 667, 771, 845, 846, 847, 922, 972, 1023, 1072, 1097, 1135, 1136, 1137
蔡　玄, 194, 195, 275
蔡共武, 790, 1001
蔡升元, 591, 723, 767, 769, 787, 821, 822, 823, 824, 939, 1062, 1064, 1083, 1087, 1126
蔡世远, 582, 591, 656, 775, 793, 794, 922, 952, 1066, 1091, 1132
蔡天祐, 489
蔡廷衡, 790, 998, 1052
蔡扬宗, 690, 977, 1038, 1099
蔡之定, 691, 1005, 1045
曹　城, 790, 995, 1051, 1108
曹　恩, 384, 387, 395, 417, 420
曹　禾, 732, 918, 1081, 1144
曹　嘉, 542, 550, 553
曹　鼐（字万钟）, 97, 122, 125, 127, 177, 181, 198, 238, 243, 258, 274, 365, 367, 368, 369, 371, 373, 374, 375, 376, 377, 378, 379, 380, 381, 383, 402, 407, 435, 438, 449, 522

1159

曹　溶, 781

曹　义, 289, 351, 377, 382, 385

曹　元, 110, 199, 505, 510, 512, 513, 525

曹本荣, 874, 876, 926

曹尔堪, 927

曹洛禋, 736, 1136, 1148

曹仁虎, 990, 1041, 1042, 1043, 1105, 1106, 1107

曹申吉, 786, 929, 1079

曹文埴, 582, 591, 666, 770, 789, 795, 866, 989, 1041, 1050, 1074, 1103, 1131

曹锡龄, 692, 998

曹秀先, 652, 690, 794, 847, 898, 972, 1047, 1072, 1139

曹源郊, 959, 1127

曹振镛, 584, 588, 687, 691, 711, 790, 1001, 1044, 1109, 1118, 1121

察　库, 1058, 1081

昌　龄, 965, 1094

常　鼐, 1027, 1056, 1057

常　山, 690, 693, 1015

常　寿, 1088

常　书, 1019, 1020, 1028, 1029, 1059, 1061, 1085

常　英, 1012, 1055

陈　法, 762, 957

陈　浩, 965, 1095

陈　灏, 348

陈　寰, 521

陈　玑, 361

陈　济, 89, 258, 281

陈　继, 85, 96, 202, 258, 356, 357, 361, 362

陈　霁, 289, 471, 477, 485, 510, 521, 533, 543, 545

陈　鉴, 100, 104, 129, 155, 172, 197, 259, 288, 379, 385, 388, 395, 409, 411, 418, 420, 425, 428, 433, 434, 435, 437, 461, 472

陈　金, 366, 367, 381

陈　桱, 138

陈　俊, 343, 421, 450

陈　炉, 587, 725, 923

陈　澜, 232, 288, 471, 486, 545

陈　栎, 132

陈　勉, 383, 385

陈　琪, 790

陈　山, 90, 97, 198, 246, 249, 257, 281, 357, 358, 359, 360, 367

陈　晟, 195, 275

陈　璲, 209, 231, 289, 349, 351, 368, 369

陈　霆, 502

陈　文, 128, 199, 203, 232, 243, 257, 263, 271, 288, 351, 368, 377, 381, 384, 385, 386, 402, 403, 413, 414, 415, 417, 420, 421, 423, 427, 428, 432, 472, 480, 545

陈　勖, 516, 521

陈　选, 148, 155, 168, 232, 446, 488, 501

陈　询, 99, 172, 258, 259, 352, 353, 361, 367, 369, 370, 377, 379, 383, 389, 390, 391, 406, 408

陈　恂, 944, 1089

陈　珣, 289

陈　循, 98, 99, 100, 125, 141, 174, 198, 199, 228, 231, 234 238, 248, 251, 255, 258, 265, 274, 275, 288, 351, 358, 360, 361, 368, 370, 371, 372, 375, 376, 377, 378, 379, 381, 382, 383, 384, 385, 386, 387, 388, 389, 390, 391, 392, 393, 394, 395, 397, 398, 400, 402, 406, 408, 410, 431, 436

陈　沂, 290, 542, 553

陈　音, 142, 208, 247, 259, 289, 415, 421, 428, 442, 449, 466

陈　用, 349, 351, 359, 370, 372

陈　云, 731

陈　诏, 146, 231

陈　赟, 369, 398, 424

陈　中（明人，字舜用）, 231, 258, 361, 362

陈　中（清人）, 677, 679, 692, 731, 977, 1010

陈鼓永, 786, 929, 1057

陈邦彦, 663, 665, 683, 689, 704, 756, 948, 1089, 1097, 1127

陈本敬, 790, 989

陈秉中, 259, 288, 400, 417, 428, 432, 439

陈崇本, 692, 790, 997, 1043, 1052, 1108, 1120, 1141

陈大?, 691, 789, 799, 942, 976, 1039, 1095, 1098, 1099

陈大玠, 788

陈大受, 787, 970, 1032, 1067, 1069

陈悳华, 682, 689, 698, 965, 1067, 1092, 1095, 1134, 1136

陈凤梧, 471, 477

1161

陈观光, 993
陈宏谋, 651, 767, 964, 1071
陈厚耀, 737, 1147
陈经邦, 315
陈景伊, 1114
陈景著, 209, 288 351, 358
陈敬宗, 95, 147, 175, 204, 258, 289, 290, 345, 352, 358, 359, 367, 375, 378, 385, 406, 429, 448
陈具庆, 1026
陈兰森, 790, 988, 1050
陈梦雷, 935
陈名夏, 750
陈聂恒, 736, 1147
陈其凝, 689, 968
陈启泰, 755
陈世倌, 590, 634, 681, 689, 695, 767, 779, 948, 1032, 1089
陈寿祺, 692, 731, 1009, 1155
陈叔刚, 258, 290, 362, 369
陈嗣龙, 691, 790, 993, 1044, 1108
陈嵩庆, 584, 594, 680, 688, 691, 713, 791, 1010, 1055, 1112
陈廷敬, 591, 613, 673, 755, 756, 769, 773, 777, 778, 792, 793, 797, 880, 896, 919, 931, 1019, 1028, 1057, 1058, 1060, 1061, 1080, 1081, 1082, 1124
陈万策, 959, 1031, 1091
陈万青, 790, 1000, 1108
陈万全, 1002, 1110, 1117, 1141
陈维崧, 814, 816, 885, 1143
陈希曾, 584, 592, 594, 688, 691, 713, 790, 791, 1005, 1045, 1112
陈锡嘏, 937
陈献章, 168, 247, 288, 449, 501
陈孝泳, 737
陈性善, 209, 258
陈学海, 737, 1147
陈于陛　315
陈元龙, 580, 588, 589, 591, 603, 654, 745, 756, 760, 768, 769, 774, 822, 826, 919, 940, 1021, 1030, 1062, 1063, 1065, 1083, 1085, 1088, 1125
陈允恭, 944

陈兆仑，732，779，788，789，849，1038，1039，1096，1099，1138，1145
陈仲完，343，344，353，354
陈壮履，770，945，1086，1126
陈子达，786，927
陈祖范，590，785，1146
成　格，791，976，1102
程　楷，128，206，232，289，454，461，472
程　恂，607，788，966，1145
程本立，258
程昌期，790，1000，1109，1140
程德楷，1015
程芳朝，722，925
程篁墩，107，127
程嘉谟，737，1148
程晋芳，736，1043，1148
程景伊，691，779，788，976，1034，1035，1072，1098，1100，1136
程敏政，106，109，127，153，167，205，232，244，259，264，277，284，288，424，428，440，443，445，452，456，458，459，460，468，469，475，476，477，478，479
程南云，260，361，362，379，402
程文彝，933
程元章，761，961，1091
仇兆鳌，768，940，1063
初彭龄，584，686，691，710，1000
初乔龄，1003，1054，1122
储　懋，258，369，376，387
储　罐，232
储在文，787，952，1127
褚廷璋，770，789，991，1042，1104，1116，1120
春　山，766，822，973，955，1092
丛中芷，691，979
崔　纪，684，689，704，959，1046，1092
崔　桐，264，288，542，550
崔　铣，141，206，259，290，489，504，508，510，515，541，542
崔　璇，109，248
崔蔚林，731，931，1080，1081
崔之瑛，725，928

崔致远, 729

D

达　椿, 730, 737, 791, 794, 1014, 989, 1025, 1043, 1074, 1077, 1104, 1108, 1111, 1139, 1141

达麟图, 734, 981, 1049, 1099

答禄与权, 189, 263, 283, 293, 294

戴　绂, 943

戴　瀚, 591, 732, 922, 963, 1091, 1094, 1127, 1133

戴　纶（一作戴伦）, 249, 281, 354, 355, 357

戴　珊, 481, 484, 489

戴　铣, 471, 478, 501, 502

戴　震, 998

戴大宾, 288, 505, 506

戴德彝, 245, 263, 288

戴第元, 988

戴殿泗, 692, 728, 1007, 1142

戴均元, 584, 686, 691, 710, 998, 1037, 1053, 1078, 1111, 1118, 1120

戴联奎, 590, 691, 997, 1044, 1045, 1110, 1118

戴名世, 952

戴衢亨, 582, 583, 584, 663, 679, 686, 691, 710, 721, 771, 772, 868, 998, 1025, 1036, 1054, 1077, 1110, 1118, 1120, 1132

戴王纶, 786, 929

党以让, 929, 1079

德　保（字仲容）, 690, 771, 795, 854, 855, 885, 976, 1005, 1024, 1025, 1033, 1035, 1049, 1071, 1074, 1097, 1100, 1104, 1129, 1130, 1139

德　昌, 998, 1042, 1043, 1051, 1052, 1100, 1106, 1107, 1119, 1120

德　龄, 682, 689, 698, 958, 1032, 1066, 1068, 1090

德　文, 1004, 1045, 1109, 1118

德　新, 583, 647, 670, 682, 689, 700, 959, 981, 993, 1003, 1031, 1065, 1091

德　瑛, 584, 972, 1096, 1129

德尔泰, 789, 1039, 1040, 1099

德格勒, 935, 1083

邓　焴, 445, 447, 458, 464, 465

邓时敏, 689, 764, 973

邓钟麟，929，1079

邓钟岳，961

狄梦松，594，692，728，1005，1054

丁　溥，434

丁荣祚，990，1051

丁廷楗，726，935

董　诰，581，583，584，591，653，660，661，663，664，675，679，686，691，708，767，789，794，867，868，991，1073，1077，1104，1115，1131

董　琳，182

董　璘，231，252，258，289，352，353，369，371，373

董　伦，85，164，173，231，257，263，264，287

董　纳，1081

董　讷，775，934，1059，1060

董　玘（明人，字文玉），143，232，259，288，489，498，508，510，515，522，539，541

董　玘（清人），770，947

董　泰，690，732，948，1038，1039

董　琰，195

董　钺，259，288

董　樾（一作董越），154，434，439，440，445，448，449，456，459，461，464，465，468，481，482，484，495

董邦达，630，640，653，661，663，684，690，705，770，867，970，1024，1033，1048，1070，1097，1130

董桂新，595，693，1012

董国兴，1027

董教增，731，1002

董新策，775，947

窦光鼐，690，788，978，1076，1130，1141

窦启瑛，689，958

杜　宁，231，258，288，358，369，376，377，379，381，383

杜　越，781

杜　泽，262

杜　臻，931，1057，1058，1060，1080

杜　镇，736

杜立德，781

段　炅，110，259，290，489，504，506，509，510，515，542

多象谦，924

E

鄂尔奇, 954, 968, 969, 970, 1031

鄂尔泰, 577, 582, 584, 609, 616, 620, 658, 677, 678, 681, 689, 694, 714, 756, 763, 770, 771, 783, 1022, 1067, 1097, 1128, 1133

鄂乐舜, 968, 1093, 1128

鄂弥达, 1023, 1070

鄂容安, 609, 689, 770, 787, 793, 844, 969, 1022, 1095, 1098, 1129, 1134, 1135

F

法　海, 945, 1086, 1125

法　良, 1020, 1029, 1061, 1086

法若真, 923

法式善, 594, 691, 722, 873, 1000, 1052, 1053, 1107, 1108, 1123

范　常, 173, 190, 214

范　咸, 690, 722

范廷魁, 930

范廷元, 786, 926

范文程, 601, 762

方　苞, 736, 756, 761, 1031, 1032, 1126, 1128, 1147

方　珪, 434, 438

方　炜, 790

方良永, 516

方象瑛, 820, 1144

方孝标, 926

方孝孺, 107, 135, 164, 178, 179, 264

费　宷, 290, 521, 531, 534

费　淳, 583

费　宏, 128, 199, 244, 288, 454, 464, 471, 476, 486, 487, 491, 495, 503, 504, 505, 508, 516, 524, 525, 527, 528, 530, 531, 532, 533, 534, 554, 555

费　訚, 154, 206, 232, 259, 289, 434, 438, 443, 447, 456, 459, 461, 464, 465, 467, 470

费兰墀, 693, 1013

费懋中, 288

丰　熙, 259, 288, 479, 505, 508, 510, 553

冯　贯, 387, 453, 456, 462

冯　浩, 983, 1039

冯　溥, 773, 781, 925, 1056

冯　祁, 974

冯　勖, 1143

冯集梧, 1001, 1121

冯右京, 925

冯元钦, 690, 971, 1047

冯源济, 929, 1058, 1079

冯云骕, 729, 937, 1084, 1086

佛　柱, 1055, 1113

敷　文, 593, 658, 668, 683, 688, 689, 696, 697, 701, 711, 787, 806, 896, 969, 1047, 1097

福　敏, 582, 590, 615, 616, 618, 655, 681, 689, 695, 745, 763, 779, 794, 946, 1021, 1022, 1031, 1032, 1065, 1094, 1134

福龙翰, 622, 632

傅　珪, 157, 259, 289, 454, 461, 466, 482, 485, 491, 495, 500, 503, 508, 509, 511, 512, 513, 517, 520, 524, 536

傅　瀚, 153, 259, 266, 284, 289, 415, 434, 444, 445, 452, 454, 456, 459, 464, 466, 467, 470, 479, 480, 481, 483, 484, 527

傅　恒, 581, 733, 734, 758, 779, 1069, 1070

傅　琎, 184, 296

傅　山, 781

傅　绅, 1063, 1084

傅　藻, 192, 209, 270

傅达礼, 587, 601, 742, 758, 767, 773, 1018, 1028, 1057, 1079

傅继祖, 1020, 1029, 1060, 1061, 1084

傅腊塔, 1058, 1060, 1082

傅维鳞, 924

傅以渐, 923, 1027

傅作霖, 722, 925

富炎泰, 1041, 1042, 1105

G

高　斌, 1068

高　穀, 99, 100, 142, 174, 177, 198, 199, 222, 231, 238, 248, 249, 251, 252, 258, 263, 270, 274, 285, 289, 290, 351, 353, 355, 357, 360, 368, 369, 373, 376, 378, 379, 381, 382, 383, 385, 386, 387, 388, 389, 390, 391, 392, 393, 394, 395, 396, 397, 399, 402, 407, 410, 424, 426, 427, 429, 432

高　启, 170, 192, 193

高得旸, 120, 345, 349

高其倬, 944

高人龙, 942

高士奇, 580, 582, 588, 591, 602, 612, 613, 630, 654, 736, 747, 751, 767, 768, 777, 778, 792, 804, 805, 1082, 1124, 1147

高维新, 953

高巽志（一作高逊志）, 173, 192, 231, 258,

格尔古德, 1079, 1080

葛　钧, 139, 209, 263, 282

葛方晋, 595, 693, 1014

葛思泰, 1059, 1082

葛思忒, 603

赓　泰, 791

耿　裕, 104, 207, 259, 392, 395, 400, 402, 416, 419, 428, 437, 443, 444, 452, 453, 455, 461, 462, 470, 486

恭　泰, 999, 1052, 1107, 1109, 1120

恭阿拉, 584

龚　渤, 689, 788

龚　铎, 944, 1089

龚骖文, 790, 992

龚大万, 790, 996

龚学海, 974, 1096, 1137

顾　汧, 935, 1083

顾　潜, 206, 471, 477

顾　清, 110, 206, 232, 289, 467, 471, 485, 503, 509, 515, 521, 530, 533, 534, 539, 541, 542, 544

顾　藻, 726, 778, 936, 1083

顾　仔, 959

顾　佐, 91, 99, 247, 368, 429, 505

顾八代, 793, 1059

顾成天, 1093, 1129, 1133

顾承烈, 959

顾德庆, 592, 691, 761, 1004, 1111, 1122

顾鼎臣, 203, 218, 229, 236, 239, 240, 241, 242, 244, 259, 264, 274, 286, 288, 489, 508, 510, 539

顾栋高, 590, 629, 752, 785, 1146

顾汝修, 690, 979, 1098

顾嗣立, 834, 954

顾图河, 826, 943, 1087

顾悦履, 943, 1030, 1087, 1126

顾祖镇, 960, 1094

关　槐, , 584, 687, 691, 711, 1000, 1121

观　保, 592, 609, 663, 684, 689, 705, 720, 788, 795, 974, 976, 1023, 1024, 1033, 1034, 1069, 1070, 1072, 1097, 1102, 1129, 1136, 1137

观　文, 1103, 1105

官　保, 1038, 1039, 1072

管幹贞, 992, 1042, 1116

归允肃, 787, 937, 1082

贵　庆, 594, 691, 728, 731, 1010, 1055, 1113

桂　萼, 236, 239, 261

桂彦良, 204, 223, 226, 228, 235, 269, 270, 287

郭　传, 214

郭　洁, 790

郭　琎（初名郭进）, 100, 146, 355, 359, 360, 366, 368, 371, 373

郭　琏, 146

郭缙光, 1002

郭维藩, 290, 521, 534, 543

郭肇锁, 690, 975, 1039, 1048, 1098, 1136

国　珹, 1047, 1092

国　梁, 975

国　柱, 980, 1099, 1102

果齐斯欢, 589, 595, 693, 734, 1014, 1046, 1055, 1113

1169

H

哈靖阿, 789, 1041, 1102

海　宁, 1075

海　望, 677, 770

韩　菼, 767, 774, 787, 793, 806, 876, 895, 935, 1020, 1029, 1061, 1080, 1082, 1086, 1124

韩　文, 110, 481, 489, 497, 499, 502, 506, 511, 526, 538, 542

韩鼎晋, 692, 1006, 1054

韩克均, 692, 1007, 1054

韩克忠, 173, 233, 234, 288

韩守愚, 290

杭世骏, 847, 1145

何　焯, 792, 947, 1126

何　澄, 96, 202

何　琮, 392, 393, 395, 447, 453

何　鉴, 521

何　瑭, 259, 263, 264, 290, 484, 489, 493, 508, 510, 512, 516, 520, 530

何　遷, 417, 429, 459

何　瑄, 366, 367, 368, 370, 372, 380, 384

何国宗, 770, 954, 1066, 1089, 1090, 1137

何乔新, 166, 271, 404, 462, 508

何世璂, 953

何思钧, 998

何天衢, 502

何文渊, 228, 387, 390, 404

何显周, 287, 291

何学林, 1005, 1112, 1122

何应鳌, 954

和　珅, 720, 721, 727, 736, 739, 1025, 1035, 1036, 1074, 1109, 1114, 1149

赫　瞻, 788

赫成峩, 971, 1134

鹤　年, 973, 1047, 1069, 1096, 1098

恒　济, 789

洪　梧, 1004, 1053, 1121

洪　煋，595，680，693

洪　玛，258，369，370

洪亮吉，1004，1045，1142

洪益中，361，362

胡　广（初名胡靖），85，92，93，95，121，147，173，176，196，220，226，227，228，234，237，257，258，271，273，279，281，288，292，342，343，344，345，346，347，349，350，351，352，357，394

胡　翰，177，180，191，192，287

胡　清，351，429，464，503

胡　让，260，350，353，361，362，370

胡　荣，1120，1148

胡　深，433

胡　穜，122，292，258，259，352，359，361，362，369

胡　煦，774，794，834，835，955，1031，1127，1133

胡　铉，163

胡　俨，96，121，196，199，209，219，228，257，258，270，287，342，343，344，345，348，349，352，356，374，391，405，429

胡　淡，98，173，182，221，227，357，360，361，362，364，365，366，367，368，369，370，375，377，379，385，387，390，391，392，394，399，413，429

胡　煜，206，484，493

胡　轸，368

胡长龄，734，790，1003，1109

胡大成，692，731，1009

胡高望，789，795，867，990，1076，1103，1116，1131，1138

胡会恩，778，809，936，1063，1083，1125

胡季堂，794

胡简敬，929，1059，1082

胡居仁，501

胡开益，595，680，693，1013

胡密色，744，1057

胡世安，1056

胡世宁，554

胡统虞，1026

胡惟庸，87，161，162，185，188

胡延龄，983

胡兆龙，786，924，1027，1056

胡祗遹（号紫山），24
胡缵宗，259，288，505，509，514，542
瑚图礼，583，691，790，1003，1053，1117，1131
花　杰，692，731，1008
华　昶，109，167，167，232，471，477，479
华　峦，454，461
黄　初，533
黄　琮，350，353，355
黄　鞏，551
黄　观，231，262，271
黄　淮，94，96，121，146，177，196，197，198，221，227，231，245，250，264，265，267，274，298，330，342，343，344，345，346，347，348，349，350，351，355，356，357，359，364，367，378，380，412，472
黄　玑，1056
黄　谏，98，99，141，264，288，373，377，389，394，395，397，399，403，407
黄　濳，133，177
黄　景，453，455，456，514
黄　澜，289，467，471，536
黄　穆，454，461
黄　裳，260，350，353，364，370，381
黄　轩，691，770，940，995，1042，1107，1119，1140
黄　珣，448，464，471，483，488，503，504，507，534，539，540
黄　钺，691，736，770，872，919，1132，1148
黄　佐，85，181，290，307
黄鸿中，762，960，1091
黄孔昭，252，456
黄焜望，680，692，728，1007，1055，1122
黄良栋，992，1106
黄叔琳，883，942
黄孙懋，845，972，1096，1129，1135
黄养正，361，370，379，380，381，383
黄岳牧，732，737，1147
黄之隽，731，961，1090
黄志遴，725，923
黄中杰，595，693，1013
黄中位，1012

1172

黄仲昭，264，289，424，430，431

黄子澄，173，178，231，288

惠士奇，952

火原洁，265

霍　韬，232，533

J

积　善，789，980，1049，1050，1100，1101

嵇　璜，582，591，610，662，663，665，666，667，683，689，702，771，780，794，843，968，1025，1035，1069，1073，1097，1106，1114，1129，1140

嵇承谦，990，1041，1051，1106，1138

嵇曾筠，582，615，655，950，1089，1127，1132

吉梦熊，607，985，1049，1138

吉士瑛，595，693，1014

纪　昀，583，584，662，679，686，691，709，721，774，795，864，986，1036，1040，1041，1050，1075，1103，1105，1115，1116

季　方，290，434，542，553

季学锦，994，1042，1107，1119，1140

贾　俊，462，466

贾　牲，957

贾　咏，289，471，477，495，510，515，521，522，531，534，535，541

贾国维，833，950，1127

蹇　义，89，90，91，95，120，147，200，219，221，225，246，247，249，251，253，257，268，273，274，281，293，298，344，347，348，349，355，356，357，358，359，360，362，364，366，367，374，376，380

江　晖，264，290，542，550，553

江　澜，156，259，274，289，445，449，454，458，476，481，485，486，488，491，495，500，504，531

江　渊，125，126，198，199，232，289，361，367，368，372，377，378，381，382，384，385，386，387，388，389，391，393，399，400

江朝宗，232，258，264，289，385，389，395，417，428，437，438，439，443，444，445，446，486，495

江汝璧，290

姜　洪，104，259，289，367，368，370，376，455，456，461，516

姜宸英，945

姜颖新, 732, 737, 1147

姜元衡, 722, 926

蒋　棚, 663, 984, 1101, 1102, 1130

蒋　骥, 120, 146, 258, 290, 343, 345, 349, 355, 357, 361, 362

蒋　敬, 259, 194, 195

蒋　礼, 350, 358, 361, 362

蒋　涟, 762, 952, 1091

蒋　冕, 112, 113, 128, 199, 246, 266, 289, 326, 454, 461, 470, 482, 486, 488, 493, 495, 512, 513, 521, 524, 531, 533, 535, 536, 537, 539, 540, 541, 543, 544, 546, 548, 551, 552, 553, 554, 555, 556, 559

蒋　溥, 591, 621, 625, 630, 657, 663, 731, 775, 779, 794, 843, 967, 1023, 1068, 1094, 1100, 1128

蒋　钦, 501, 502

蒋　蔚, 763

蒋　伊, 807, 935

蒋赫德, 1026

蒋良骐, 984

蒋士铨, 661, 988, 1042

蒋廷锡, 582, 614, 665, 731, 767, 770, 793, 828, 829, 947, 1065, 1087, 1126, 1133

蒋祥墀, 680, 692, 1004, 1046, 1113

蒋雍植, 990, 1041

蒋元益, 980, 1034, 1048

蒋振鹭, 766, 966

焦　芳, 107, 110, 153, 199, 207, 209, 235, 250, 257, 258, 259, 288, 289, 415, 421, 428, 434, 442, 450, 452, 456, 459, 461, 462, 476, 478, 479, 484, 486, 487, 490, 494, 497, 498, 500, 502, 503, 504, 505, 506, 507, 508, 509, 510, 512, 513, 525, 526, 537, 540, 542

揭　枢, 180

解　缙, 85, 91, 95, 107, 118, 121, 146, 147, 164, 165, 176, 196, 204, 206, 220, 228, 230, 231, 237, 242, 245, 249, 252, 255, 257, 258, 263, 264, 279, 283, 289, 293, 295, 297, 302, 342, 343, 344, 345, 346, 349, 374, 384, 412, 466

解　荣, 258, 262, 290, 343

介　福, 636, 637, 663, 758, 787, 845, 971, 1023, 1033, 1069, 1071, 1095, 1100, 1129, 1137

金　达, 378, 381

金　铉, 786

金　简, 1076

金　甡, 779, 789, 978, 1038, 1039, 1098, 1137

金　寔, 279, 285, 290, 343, 348

金　问, 96, 177, 355, 366, 368, 373, 375, 378, 429

金　相（字琢章，直隶天津人), 607, 690, 713, 966

金　忠, 95, 274, 292, 293, 344, 347, 348, 350, 359, 429

金士松, 789, 866, 989, 1075, 1104, 1115

金献民, 516

金幼孜, 92, 93, 107, 196, 197, 198, 224, 228, 231, 233, 245, 250, 252, 257, 265, 266, 273, 274, 276, 279, 286, 287, 292, 298, 299, 342, 343, 344, 345, 346, 347, 349, 350, 351, 352, 353, 354, 355, 356, 357, 358, 359, 360, 361, 363

金玉铉, 258, 290, 343

靳　辅, 1146

靳　贵, 112, 199, 232, 288, 462, 471, 476, 485, 486, 491, 493, 506, 508, 509, 516, 517, 520, 522, 524, 530, 533, 536, 540, 541, 542, 556, 558

景　福, 686, 789

景　清, 263, 275, 288

景　旸, 259, 288, 505, 508, 509, 541

觉罗巴彦学, 789, 1041

觉罗长麟, 583, 584, 589, 594, 597, 611, 676, 679, 686, 691, 709, 716, 872, 1025, 1026, 1112, 1113

觉罗奉宽, 582, 668, 690, 794, 795, 979,, 1024, 1034, 1072, 1098, 1104, 1136, 1137

觉罗桂芳, 590, 594, 691, 728, 1010, 1054, 1112, 1122

觉罗三宝, 1061, 1084

觉罗吴拜, 1067, 1092, 1095

K

喀尔钦, 965, 1095, 1133

开　泰, 965, 973, 1047, 1068, 1092, 1093

康　海, 288, 484, 512, 515

康五瑞, 736, 1092, 1147

柯　潜, 166, 205, 208, 232, 233, 243, 258, 266, 271, 288, 385, 388, 395, 399, 408, 413, 415, 416, 417, 418, 421, 423, 424, 428, 433, 434, 436, 437, 438, 439, 468, 469, 472, 485

孔公恂, 413, 414, 417, 418, 423, 435

孔克表，188，189，292
孔克仁，186
孔尚先，945
库勒纳，602，603，743，744，792，1019，1028，1029，1080，1083
邝　灏，290，542，553
邝　埜，122，373，379，380，381，383，429
揆　叙，736，751，769，770，826，1020，1029，1030，1062，1086，1147

L

喇萨理，1063，1088
喇沙里，579，602，603，742，767，773，792，1018，1028，1057，1080
来　保，635，667，779，1023，1032，1069，1070
赖世隆，259，264，289，366，367，368，369，372，379
乐韶凤，145，233，259，277，283，293，294
雷　铉，767，845，969，1095，1097，1134
雷　膺，5，65
黎　淳，234，258，288，400，417，424，428，430，440，443，445，450，452，453，455，463，464，465
黎　恬，266，288，364，369
黎民表，466
李　本，150，289，379，382，388，390，395，417，420，421，429，445，450
李　宾，381，387，400，410，415，417，438，441
李　翀，137，138，250，263
李　绂，764，952，1065，1089
李　贯，120，258，288，342，344，345，347，348，349，484，489
李　昊，438
李　翃，595，692，728，731，1008，1055
李　杰，153，259，276，289，424，430，438，453，456，459，464，476，478，480，481，482，484，486，494，498，502，503，516，546
李　铠，732
李　侃，387，391，394，399
李　旻，450，459，464，467，472，476，482，500，502，504，508，530
李　柟，936，1084
李　骐，352，358
李　庆，90，147，200，355，356，375

李　绍, 148, 175, 232, 247, 257, 259, 262, 264, 268, 289, 366, 367, 368, 370, 372, 380, 381, 385, 388, 392, 394, 395, 399, 400, 402, 403, 404, 418, 425, 437, 541

李　时, 218, 229, 239, 256, 259, 271, 285, 290, 306, 345, 352, 353, 357, 360, 361, 364, 368, 369, 370, 372, 373, 374, 376, 377, 384, 405, 429, 435, 484, 489, 508, 538, 539, 552

李　绶, 984, 1049, 1116, 1141

李　嗣, 456

李　鐩, 505, 521, 533, 542

李　泰, 165, 243, 258, 289, 379, 382, 385, 388, 393, 395, 399, 403, 415, 417, 428, 433, 437, 438, 439

李　涛, 587, 726

李　蔚, 722, 777, 781, 786, 924, 1027, 1056

李　温, 409, 412, 455, 460, 468, 491

李　锡, 259, 361, 362, 369, 373, 375, 379, 387

李　暹, 375

李　贤, 100, 101, 102, 123, 127, 129, 173, 197, 198, 199, 201, 205, 206, 220, 221, 232, 237, 241, 246, 247, 348, 250, 257, 258, 264, 265, 267, 272, 276, 288, 291, 292, 299, 300, 347, 349, 356, 387, 392, 399, 400, 401, 403, 404, 405, 406, 407, 408, 409, 410, 411, 413, 414, 415, 416, 417, 418, 420, 421, 423, 424, 426, 427, 432, 435, 448, 470, 476, 480, 498, 501, 536

李　英, 980, 1039, 1040

李　裕, 450, 453, 454, 455, 456, 472, 486

李　祯, 209

李昌祺, 205

李昌祚, 786, 928

李传熊, 736, 1003, 1053, 1110, 1122

李调元, 991

李东阳, 105, 108, 143, 152, 153, 154, 155, 157, 168, 176, 199, 205, 206, 207, 215, 221, 226, 232, 235, 237, 242, 243, 248, 251, 252, 257, 258, 259, 270, 271, 274, 276, 289, 293, 300, 415, 421, 428, 438, 440, 447, 450, 452, 453, 458, 459, 462, 464, 466, 467, 469, 470, 471, 475, 476, 477, 478, 481, 482, 483, 484, 485, 486, 487, 489, 490, 491, 492, 493, 494, 495, 497, 499, 500, 502, 503, 505, 506, 507, 508, 509, 511, 512, 514, 516, 517, 519, 520, 521, 522, 523, 524, 525, 526, 527, 528, 529, 530, 538, 540, 556

李凤鬵, 945, 1088

李光地, 582, 614, 774, 775, 793, 806, 934, 1019, 1028, 1059, 1082, 1083

李继鼎, 281, 346
李钧简, 790, 1003, 1044, 1045, 1054, 1078, 1110, 1117, 1121
李来泰, 590, 781, 819, 1144
李梦阳, 502, 552
李清植, 607, 788, 965, 1093
李仁杰, 438, 439, 445
李若琛, 924
李善长, 119, 161, 183, 184, 185, 186, 193, 257, 281, 296, 430
李时勉, 171, 204, 221, 231, 238, 252, 258, 263, 275, 289, 290, 345, 352, 353, 357, 360, 361, 364, 368, 369, 370, 372, 373, 374, 376, 377, 384, 405, 429, 435
李奭棠, 923
李叔允, 189, 269, 283
李天宠, 958, 1133
李天馥, 796, 931, 1058, 1081
李廷枢, 925
李廷相, 232, 259, 288, 484, 508, 510, 515, 521, 539, 555
李汪度, 987, 1040, 1041, 1103, 1104, 1137
李文吉, 164
李仙根, 933, 1057, 1079
李逊学, 169, 209, 289, 454, 461, 466, 472, 506, 511, 516, 529, 537, 542, 544, 550
李尧栋, 996, 1043, 1108, 1119
李因笃, 1143
李因培, 788, 980, 1098
李应绶, 761, 953
李永通, 259, 288, 409, 428, 446
李元吉, 484
李兆洛, 1015
李振裕, 935, 1060, 1082
李至刚, 120, 164, 237, 249, 258, 293, 344, 349
李志学, 290
李质颖, 975
李中简, 982, 1102, 1137
李钟璧, 595, 693, 1013
李钟峩, 732, 951, 1090
李钟侨, 954, 1091
李周望, 945, 1065

李孜省, 104, 105, 128, 129, 130, 151, 453, 454, 455, 456, 460, 461, 462, 472, 486

李宗瀚, 790, 1005, 1045, 1111

李宗文, 789, 982, 1040

励杜讷, 582, 612, 736, 767, 768, 778, 792, 803, 877, 1082, 1124, 1147

励守谦, 980, 1103, 1105

励廷仪, 582, 614, 665, 731, 770, 793, 827, 946, 1021, 1065, 1087, 1089, 1090, 1125

励宗万, 591, 663, 683, 689, 701, 789, 922, 961, 1092, 1128

连　智, 260, 289, 351, 353, 361, 362

良　诚, 734, 1015, 1101, 1105

梁　储, 112, 158, 199, 206, 232, 257, 258, 259, 274, 289, 445, 447, 453, 458, 464, 466, 476, 477, 482, 484, 485, 490, 497, 500, 502, 503, 505, 508, 509, 511, 515, 516, 520, 521, 523, 525, 526, 527, 528, 530, 532, 533, 537, 538, 539, 541, 543, 544, 546, 548, 550, 552, 553, 554, 555, 556, 557, 558, 559

梁　铉, 929

梁　潜, 176, 228, 231, 258, 273, 274, 279, 290, 343, 345, 347, 348, 350, 351, 352

梁　禋, 259, 288, 354, 361, 368

梁　寅, 178, 302

梁国治, 591, 643, 654, 655, 660, 661, 663, 664, 767, 982, 1035, 1039, 1073, 1100, 1131, 1151

梁佩兰, 942

梁清标, 1056, 1057

梁清宽, 923

梁上国, 691, 998

梁诗正, 582, 591, 616, 618, 625, 626, 627, 629, 632, 657, 663, 682, 689, 697, 770, 779, 785, 794, 843, 898, 919, 920, 967, 1022, 1023, 1024, 1032, 1033, 1067, 1071, 1094, 1095, 1099, 1102, 1129, 1134

梁同书, 789, 985, 1101

梁文山, 745, 970, 1096

梁锡玙, 590, 785, 1100, 1136, 1146

梁章钜, 1012

廖　纪, 544

廖　升, 258

廖必琦, 737, 1147

廖道南, 85, 87, 88, 89, 91, 93, 94, 95, 97, 98, 99, 100, 101, 103, 104, 105, 106, 107, 110, 111, 112, 113, 116, 117, 118, 120, 122, 123, 124, 125, 126, 127, 128, 129, 130, 132, 133, 135, 136, 137, 138, 139, 140, 141, 142, 143, 145, 146, 147,

148, 149, 150, 151, 152, 153, 154, 155, 156, 157, 158, 159, 162, 163, 164, 165, 166, 167, 168, 169, 170, 171, 172, 173, 174, 175, 176, 177, 178, 179, 181, 182, 185, 186, 187, 189, 190, 191, 192, 193, 194, 195, 203, 206, 218, 227, 229, 231, 234, 235, 236, 239, 240, 241, 243, 244, 254, 256, 262, 264, 271, 274, 277, 284, 286, 295, 302, 306, 307

廖赓谟, 770, 830, 948

廖敬先, 342

林　补, 361, 367, 368

林　聪, 99, 247, 387, 390, 399, 407, 420, 434, 445, 447

林　瀚, 206, 289, 424, 438, 440, 443, 451, 453, 458, 463, 464, 472, 480, 481, 482, 487, 498, 501, 502, 526, 554

林　环, 288, 346, 347

林　俊, 492, 538

林　时, 290, 483, 490, 542, 553

林　同, 365

林　文, 170, 173, 232, 258, 287, 288, 290, 351, 361, 367, 369, 385, 388, 395, 399, 402, 408, 409, 414, 415, 442, 504

林　章, 259, 417, 423, 429, 459, 464

林　震, 288, 361, 362, 367

林　志, 231, 288, 350, 354, 355, 357, 358

林长懋, 249, 281, 353, 355, 357

林大辂, 551

林蒲封, 690, 968, 1097

林唐臣, 137, 191, 275

林廷玉, 232

林文俊, 521, 552

林宗儒, 357

琳　宁, 583, 584, 679, 686, 691, 709, 1077

蔺从善, 140, 231, 258, 353, 355, 357, 361, 369, 370, 373, 374, 376

凌　晖, 417, 429, 445

凌如焕, 958, 1092

刘　灿, 729, 960, 1046

刘　宸, 471, 482

刘　翀, 367, 541

刘　春, 128, 169, 259, 288, 454, 464, 470, 484, 485, 486, 495, 503, 505, 509, 520, 524, 532, 535, 537, 547, 553, 558, 559

刘　栋, 290, 521

刘　观, 355, 91, 247, 258

刘　涵, 726

刘　灏, 729

刘　机, 232, 242, 289, 445, 447, 461, 464, 476, 477, 481, 484, 485, 486, 488, 489, 491, 494, 495, 498, 502, 503, 509, 516, 519, 526, 533, 538

刘　玑, 259, 515

刘　基, 85, 131, 144, 160, 170, 183, 185, 186, 191, 202, 220, 228, 233, 262, 287, 292, 297, 394, 430, 493, 531

刘　吉, 104, 153, 199, 208, 232, 253, 257, 259, 289, 379, 382, 385, 391, 395, 409, 411, 418, 428, 434, 435, 436, 439, 441, 443, 444, 445, 447, 448, 449, 450, 451, 453, 454, 455, 456, 458, 459, 460, 461, 462, 464, 465, 466, 468, 471, 476, 545

刘　济, 408, 521

刘　戬, 259, 275, 288, 441, 447, 454, 456, 464

刘　健, 107, 110, 153, 199, 232, 242, 248, 250, 251, 254, 257, 259, 270, 289, 300, 409, 412, 418, 419, 428, 440, 442, 443, 444, 445, 450, 451, 456, 458, 459, 462, 464, 466, 469, 471, 475, 476, 477, 478, 480, 481, 482, 483, 484, 485, 486, 487, 488, 489, 490, 491, 492, 493, 494, 495, 497, 499, 501, 502, 506, 507, 509, 511, 516, 529, 540, 542, 554

刘　瑾, 107, 109, 156, 157, 158, 175, 253, 254, 269, 499, 502, 504, 505, 506, 507, 508, 509, 510, 511, 512, 513, 514, 515, 516, 517, 518, 522, 525, 526, 527, 533, 537, 538, 540, 542, 545, 546, 553, 554, 556

刘　璟, 516

刘　矩, 259, 288, 353, 361, 362

刘　俊, 120, 227, 249, 288, 376, 377, 385, 388, 395, 399, 418, 428

刘　夔, 521

刘　琏, 162

刘　麟, 507, 516

刘　龙, 239, 288, 479, 510, 515, 521, 531, 539, 542, 553

刘　纶, 590, 591, 626, 632, 636, 663, 683, 689, 702, 767, 783, 787, 1033, 1070, 1071, 1072, 1096, 1130, 1145

刘　穆, 542, 553

刘　朴, 290, 521, 531

刘　荣, 471, 476, 491

刘　清, 252, 379, 382

刘　球, 175, 182, 252, 290, 367, 369, 373, 448, 540

刘　瑞, 209, 264, 289, 471, 477, 484, 492, 495, 502, 526, 538

刘　绅, 451, 456

刘　升, 288

刘　泰, 188, 189, 385

刘　珝, 130, 199, 232, 243, 258, 289, 379, 382, 385, 395, 399, 403, 414, 415, 417, 428, 434, 436, 437, 440, 441, 443, 444, 445, 447, 448, 449, 450, 451, 460, 462, 470, 472, 489

刘　宣, 129, 234, 258, 265, 289, 385, 389, 395, 409, 412, 417, 427, 428, 436, 446, 449, 453, 456, 462, 472

刘　铉, 122, 177, 206, 234, 258, 265, 276, 361, 369, 372, 375, 380, 381, 384, 385, 387, 390, 394, 399, 405, 424

刘　俨, 98, 99, 174, 203, 232, 234, 248, 288, 373, 377, 385, 388, 392, 394, 395, 396, 397, 402, 408

刘　益, 405, 411, 416

刘　庸, 89

刘　墉, 583, 584, 591, 660, 679, 685, 691, 708, 763, 795, 984, 1074, 1076, 1100, 1115, 1131, 1140

刘　钎, 392, 395

刘　宇, 110, 199, 502, 503, 505, 510, 512, 513, 525, 526, 542

刘　郁, 15

刘　钰, 424, 430

刘　钺, 368, 388, 394, 399

刘　藻, 1135, 1145

刘　震, 438, 448, 454, 458, 471, 482, 507

刘　忠, 111, 199, 232, 235, 259, 289, 429, 445, 447, 455, 458, 459, 464, 483, 486, 491, 495, 498, 502, 503, 504, 509, 512, 515, 516, 517, 519, 520, 521, 523, 538

刘储秀, 271

刘存业, 267, 288, 462, 476, 495

刘大毂, 953

刘大夏, 251, 252, 415, 489, 506, 511, 526, 538

刘定之, 126, 129, 199, 219, 226, 231, 232, 252, 253, 257, 258, 284, 288, 299, 368, 379, 380, 384, 385, 388, 395, 399, 402, 403, 407, 408, 409, 414, 415, 416, 417, 418, 422, 423, 424, 427, 428, 430, 432, 434, 435, 442

刘凤诰, 734, 790, 1003, 1044, 1045, 1078, 1110, 1111, 1118

刘亨地, 735, 987, 1119

刘镮之, 691, 790, 1004, 1037, 1110

刘季箎, 257, 344

刘谨之, 721, 1120

刘丕谟, 960

刘起振, 627, 731, 775, 974

刘清泰, 1026

刘权之, 583, 584, 586, 679, 686, 691, 709, 735, 989, 1077, 1078, 1107, 1119

刘如汉, 742, 932

刘三吾, 118, 135, 139, 147, 173, 219, 223, 225, 226, 228, 231, 234, 263, 270, 283, 287, 291, 294

刘师恕, 947

刘世盛, 542, 558

刘统勋, 579, 591, 636, 663, 682, 689, 697, 720, 726, 767, 785, 794, 965, 1023, 1024, 1032, 1033, 1068, 1070, 1093, 1094, 1099, 1102, 1128, 1134, 1137, 1153

刘吴龙, 964

刘锡嘏, 721, 993, 1051, 1118

刘星炜, 982, 1039, 1049, 1100, 1101, 1137

刘彦铭, 258

刘永清, 258, 263, 289, 349, 351, 358, 360, 361, 362, 372

刘于义, 954, 1068, 1090, 1127

刘跃云, 584, 687, 691, 711, 724, 992, 1074, 1075, 1105, 1106, 1116

刘允中, 445, 447

刘泽芳, 722, 924

刘肇国, 1026

刘正宗, 1026

刘仲质, 85, 87, 88, 192, 196

刘子钦, 204, 345

刘宗平, 258, 262, 290, 343

留　保, 961, 1022, 1066, 1067, 1069, 1091

柳　贯, 133

龙廷槐, 1002, 1142

娄　谅, 501

卢　琦, 934, 1082

卢　挚, 35

卢明楷, 984, 1039, 1049, 1100, 1101

卢文弨, 985, 1101, 1102, 1137

卢原质, 261, 288

鲁　铎, 111, 116, 193, 232, 290, 484, 489, 504, 506, 516, 535, 536, 545
陆　简, 168, 232, 259, 277, 288, 440, 442, 443, 447, 458, 459, 464, 466, 469
陆　昆, 501, 502
陆　容, 167
陆　菜, 787, 1143
陆　深, 489, 504, 510, 515
陆　仪, 974
陆　钶, 277, 288, 435, 438, 445, 448, 454, 456, 459, 460, 464, 471
陆　颙, 259, 343
陆　瑜, 409, 415, 417, 423, 434
陆　震, 551
陆伯焜, 790, 1000, 1043, 1052, 1107, 1116
陆费墀, 662, 721, 776, 992, 1041, 1075, 1105, 1115, 1116
陆嘉颖, 690, 970, 1099
陆具瞻, 344, 345
陆肯堂, 768, 940, 1084
陆锡熊, 662, 721, 736, 774, 1105, 1115, 1148
陆渊之, 424, 430, 432
陆宗楷, 689, 732, 737, 1072, 1093, 1096, 1147
禄　康, 582, 1077, 1078
吕　蒽, 127, 428, 482, 491, 522
吕　炽, 682, 689, 699, 967, 1096
吕　翀, 500, 501, 502
吕　柟, 110, 259, 264, 288, 505, 508, 509
吕　雯, 453
吕　原, 99, 123, 126, 199, 203, 220, 221, 232, 234, 249, 258, 288, 373, 375, 377, 385, 388, 389, 390, 394, 395, 399, 400, 402, 403, 405, 408, 409, 412, 522
吕兆麒, 595, 693, 1012
吕缵祖, 923
栾　恽, 380, 382, 387, 392, 398
伦文叙, 143, 232, 288, 479, 491, 517, 521, 531
伦以谅, 531
伦以训, 232, 239, 288, 531, 541, 542, 545
罗　察, 1061
罗　璟, 129, 252, 259, 263, 264, 288, 428, 440, 443, 445, 447, 453, 456, 459, 466, 471, 472, 486

罗　伦, 87, 103, 129, 168, 209, 222, 247, 252, 264, 265, 288, 424, 428, 435, 501

罗　玘, 454, 461, 466, 485, 486, 489, 495, 499, 510, 516, 551

罗　昭, 357

罗复仁, 162, 202, 275, 541

罗公愿, 194

罗钦顺, 288, 466, 484, 505, 506, 516, 517, 527, 537, 545, 551

罗钦忠, 521

罗汝敬, 204, 252, 258, 263, 267, 275, 289, 345, 347, 352, 353, 357, 371, 429

罗修源, 998, 1108, 1120

M

麻勒吉, 732, 775, 928, 1027, 1056

马　昂, 409, 415, 417, 420, 423, 427, 433

马　铎, 276, 288, 350

马　京, 261, 288

马　升, 386, 389, 395, 406

马　信, 349, 353, 361, 369

马　恂, 382, 399, 403, 413, 414, 417, 420, 426, 446, 447, 469

马　愉, 124, 198, 231, 238, 258, 266, 276, 288, 358, 367, 368, 369, 371, 372, 373, 375, 376, 377, 378, 407

马汝骥, 264, 290, 542, 550, 553

马廷用, 157, 288, 445, 447, 464, 467, 476, 484

马廷用, 157, 289

马文升, 104, 129, 455, 462, 466, 471, 472, 476, 478, 479, 481, 483, 484, 489, 495, 497, 506, 516

马中锡, 506, 516

毛　澄, 158, 232, 288, 466, 485, 491, 495, 512, 513, 521, 533, 536, 538, 544, 559

毛　纪, 113, 128, 199, 259, 289, 454, 461, 467, 480, 485, 491, 495, 500, 508, 509, 511, 512, 516, 517, 522, 529, 537, 538, 539, 540, 541, 543, 544, 546, 548, 552, 553, 556, 558, 559

毛奇龄, 661, 820, 821, 885, 1144

毛式郇, 761, 1009

茅元铭, 584, 687, 691, 712, 790, 791, 996, 1107, 1112, 1140

梅觳成, 689, 731, 958, 1069

门克新, 262, 291

孟　邵, 731, 735, 989

孟　洋, 530

孟亮揆, 918, 935, 1083

孟生蕙, 790, 991

梦　吉, 993, 1051, 1105, 1118

梦　麟, 981, 1023, 1049, 1099

绵　恩, 578, 583, 584, 678, 679, 685, 691, 708

绵　亿, 578, 795

苗　夔, 124, 198, 231, 238, 258, 288, 349, 362, 364, 367, 368, 369, 372, 373, 376, 378, 379, 382, 383, 384, 407, 408

闵　珪, 151, 454, 476, 479, 481, 484, 489

闵　楷, 489, 504

明　珠, 708, 745, 751, 777, 778, 792, 831, 1056

缪　晋, 998, 1121

缪曰藻, 957, 1091

莫　晋, 584, 687, 691, 712, 790, 791, 1006, 1045, 1110

穆孔晖, 259, 290, 489, 504, 509, 510, 515, 527, 541, 556

N

那彦成, 584, 591, 686, 691, 709, 721, 790, 912, 1004, 1017, 1025, 1036, 1077, 1078, 1109, 1111, 1112, 1117, 1131

尼　满, 737

倪　灿, 1143

倪　谦, 148, 226, 264, 266, 288, 371, 375, 379, 382, 388, 389, 392, 394, 395, 399, 402, 403, 406, 407, 409, 421, 425, 434, 439, 440, 442, 444, 446, 447, 477, 483

倪　岳, 152, 243, 259, 266, 277, 284, 289, 300, 415, 421, 425, 428, 434, 442, 446, 449, 453, 456, 459, 462, 467, 470, 471, 481, 483

倪承宽, 986, 1137

倪国琏, 968

倪维哲, 204, 289, 345

年羹尧, 947

聂大年, 394

牛　谅, 137, 191

牛　纶, 392, 395, 399, 403, 414, 415, 417, 446, 449, 469, 491

牛　钮, 580, 602, 743, 778, 786, 787, 935, 1019, 1028, 1058, 1081

钮汝骐, 788, 977

P

潘　辰, 259, 471, 485, 486, 509, 510
潘　铎, 503, 510
潘　畿, 120, 258, 262, 343, 345, 349
潘　楷, 454, 515
潘　楷, 951
潘　耒, 880, 885, 1082, 1144
潘　荣, 450
潘恭辰, 761, 1010
潘世恩, 584, 588, 687, 691, 711, 790, 1005, 1036, 1111
潘世璜, 731, 1006
潘思榘, 966
潘体震, 948
潘廷坚, 139, 231
潘希曾, 484, 491, 516
裴　纶, 259, 288, 353, 361, 364, 377, 382
裴　谦, 691, 772, 996, 1045, 1046, 1108, 1113, 1123, 1141
彭　冠, 770, 789, 988, 1041, 1103, 1106, 1116, 1120, 1139
彭　华, 104, 129, 199, 232, 243, 259, 268, 280, 289, 392, 395, 417, 421, 428, 433, 437, 440, 443, 445, 446, 447, 448, 449, 450, 451, 453, 454, 461, 462, 472, 476, 486, 526, 537, 543
彭　教, 259, 288, 415, 428, 437, 447
彭　韶, 93, 116, 126, 130, 132, 135, 147, 162, 166, 171, 182, 455, 466, 508, 93, 116, 126, 130, 132, 135, 147, 162, 166, 171, 182, 253, 288
彭　时, 123, 124, 197, 198, 199, 206, 220, 221, 232, 237, 248, 249, 250, 253, 257, 258, 265, 266, 270, 272, 288, 299, 300, 379, 381, 382, 383, 387, 388, 390, 391, 392, 394, 395, 401, 402, 403, 405, 408, 409, 413, 414, 415, 417, 420, 421, 423, 427, 428, 433, 434, 437, 438, 439, 440, 441, 448, 465, 480, 541
彭　泽, 158
彭定求, 936, 1083
彭宁求, 825, 939, 1085
彭启丰, 625, 626, 838, 839, 966, 1071, 1092, 1128, 1133
彭汝器, 204, 289, 345, 347

彭绍观, 789, 988, 1103, 1108, 1115

彭始抟, 729, 737, 942, 1030, 1063

彭树葵, 682, 689, 698, 774, 973, 1096

彭孙遹, 590, 781, 787, 813, 814, 1029, 1060, 1083, 1143

彭廷训, 787, 833, 950, 1126

彭维新, 681, 689, 696, 951, 1066, 1068, 1091

彭元瑞, 582, 591, 661, 665, 668, 675, 720, 721, 730, 767, 774, 776, 789, 795, 865, 866, 877, 878, 898, 988, 1025, 1035, 1036, 1041, 1075, 1076, 1104, 1109, 1114, 1130, 1150

彭蕴辉, 1009

平　恕, 996, 1042, 1043, 1108, 1110, 1111, 1117, 1119

平　泰, 734, 983

Q

戚　澜, 289, 385, 389, 403

戚麟祥, 952

齐　麟, 261, 288

齐召南, 623, 788, 850, 851, 885, 1097, 1098, 1135, 1145

齐之鸾, 531

钱　福, 232, 261, 288, 462

钱　楷, 1003

钱　溥, 149, 232, 258, 264, 275, 376, 378, 386, 388, 391, 394, 395, 399, 402, 403, 407, 409, 413, 414, 424, 439, 442, 444, 446, 452, 459

钱　琦, 974, 1039, 1048

钱　棨, 1000, 1110, 1140

钱　樾, 584, 686, 691, 710, 996, 1078, 1111, 1117, 1121, 1141

钱　载, 985, 1034, 1101, 1139

钱本诚, 967, 1047, 1093, 1095

钱陈群, 582, 590, 626, 627, 629, 630, 633, 635, 637, 640, 641, 642, 643, 648, 650, 651, 652, 659, 660, 663, 664, 682, 689, 698, 770, 794, 860, 961, 1068, 1069, 1094, 1128

钱大昕, 789, 987, 1102, 1105, 1138

钱福胙, 1004, 1044, 1122

钱金甫, 732, 1144

钱名世, 947, 1125

钱汝诚, 636, 663, 789, 860, 982, 1071, 1073, 1100, 1130, 1131

钱士云, 980, 1115

钱廷献, 729, 955

钱维城, 641, 653, 663, 731, 794, 859, 979, 1033, 1071, 1099, 1130

钱习礼, 147, 231, 238, 258, 289, 349, 351, 355, 358, 360, 361, 364, 368, 369, 370, 371, 374, 375, 376, 377, 378, 410, 429

钱学彬, 1004

钱以垲, 736, 1091, 1147

钱中谐, 732, 1143

乔　莱, 787, 1083, 1143

乔　宇, 516, 519, 555

乔庭桂, 737, 1146

乔惟翰（一作乔维翰）, 434, 438, 442

秦　潮, 992, 1043, 1051

秦　宏, 933

秦　纮, 104, 129, 461, 472, 514

秦　镤, 980, 1039, 1049

秦　鈇, 786, 929

秦承恩, 789, 990

秦承业, 593, 692, 1000, 1140, 1142

秦大士, 789, 985, 1040, 1137

秦道然, 952, 1089

秦蕙田, 683, 689, 701, 775, 788, 845, 972, 1023, 1070, 1071, 1129, 1135

秦松龄, 930, 1081, 1143

秦勇均, 690, 976

秦裕伯, 138, 233, 263

庆　桂, 578, 583, 584, 679, 685, 691, 708, 1075, 1115

庆　龄, 790, 1108

丘　濬, 106, 107, 128, 142, 150, 157, 175, 199, 206, 211, 228, 232, 233, 251, 254, 256, 257, 259, 284, 289, 290, 292, 392, 395, 417, 420, 421, 428, 434, 435, 440, 443, 444, 447, 455, 456, 458, 462, 464, 465, 466, 467, 468, 469, 509, 535, 551

邱庭潀, 737, 997, 1046, 1113, 1121, 1141

邱象升, 929

邱象随, 1144

裘曰修, 591, 648, 652, 663, 683, 689, 703, 753, 767, 788, 856, 857, 976, 1069, 1070, 1072, 1073, 1097, 1130, 1156

全　魁, 985, 1034, 1105, 1116

全　诠, 89, 196

全思诚, 85, 88, 196, 269, 293

权　谨, 98, 291, 356, 357

R

饶鸣镐, 775, 971

饶庆捷, 790, 998

饶学曙, 984, 1041, 1102, 1104

饶宇栻, 928

任亨泰, 122, 261, 288, 293

任兰枝, 681, 689, 696, 761, 763, 956, 1031, 1032, 1066, 1090, 1127

任良弼, 467, 506, 516

任启运, 689, 767, 970, 1094, 1134

茹　瑺, 135, 257, 283

茹　棻, 1001, 1046, 1054, 1121

阮　元, 761, 790, 869, 1150, 1003, 1077, 1109, 1117, 1131

阮学浩, 969, 1039

阮学濬, 690, 745, 970, 1038, 1096

芮　善, 96, 347, 412

芮永肩, 1103, 1105, 1106, 1107

瑞　保, 998, 1052, 1106, 1116, 1119

S

萨　琦, 94, 289, 361, 365, 366, 367, 368, 375, 384, 385, 387, 395, 397, 399, 429, 539

萨龙光, 1001

塞尔赫, 682, 689, 700, 715

塞楞额, 1065, 1090

桑　慎, 195, 275

桑　悦, 233

僧格勒, 690, 737, 766

沙　澄, 722

商　辂, 103, 122, 149, 175, 198, 199, 203, 222, 231, 232, 243, 246, 247, 249, 250,

251，253，264，265，270，274，284，285，288，299，376，377，381，382，384，385，
　　387，388，389，391，392，393，394，395，398，400，427，428，431，432，433，434，
　　435，438，439，441，442，443，444，452，454，491，498

商良臣，103，424，430，435，448，449，452

邵　宝，110，159，507，516，520

邵　洪，591

邵　基，763，783，961，1022，1067，1094，1128，1133

邵　锐，232，290，511，530

邵　质，88，263，293

邵葆钟，595，1015

邵宏誉，258，290，370

邵晋涵，737，790，1043，1044，1109，1120，1148

邵嗣宗，985，1040

邵远平，933，1144

邵自昌，591，998

佘志贞，938

沈　粲，351，352，368，390

沈　初，770，776，789，991，1075，1104，1131

沈　焘，467，471，477，484，494，506，508，528

沈　度，176，258，262，285，343，347，351，358，360，408，419，477

沈　涵，936，1085，1088

沈　荃，1080，1081，1124

沈　栻，789，984，1101

沈　涛，259

沈　寅，259，361，362，370

沈朝初，938

沈辰垣，756，940，1087

沈德潜，581，582，590，607，620，621，622，624，625，627，628，629，633，634，637，
　　638，641，642，643，649，650，652，659，674，770，771，779，784，788，856，857，
　　858，859，862，976，1097，1135

沈冬魁，509

沈近思，1031

沈乐善，692，1006，1055

沈懋华，964

沈荃，725，778，792，796，896，927

沈士骏，990，1042，1051，1104

沈世奕, 929, 1079

沈廷芳, 690, 849, 850, 884, 1145

沈一揆, 937

沈翼机, 950, 1092

沈兆行, 924

沈宗敬, 731, 941

胜　格, 737, 789

盛端明, 209, 290, 484, 551, 553

施　约, 594, 691, 791, 1003, 1111, 1123

施　纯, 424, 430, 447, 450

施闰章, 819, 1144

石　珤, 156, 232, 244, 289, 454, 468, 482, 490, 495, 499, 510, 516, 531, 537, 539, 543, 547, 554, 555, 556, 558, 559

石　申, 722

石维昆, 923

石韫玉, 1004, 1110, 1142

史　夔, 778, 939, 1063, 1084, 1125

史大成, 929, 1057, 1079

史鹤龄, 792, 803, 880, 934, 1080

史贻谟, 980, 1100, 1102, 1104

史贻直, 582, 615, 617, 635, 667, 681, 689, 695, 767, 776, 779, 946, 1023, 1032, 1065, 1068, 1070, 1127

史在甲, 957

史致光, 1002, 1044, 1053

世　臣, 579, 661, 683, 689, 703, 770, 787, 788, 967, 1094, 1134

世　贵, 696, 788

世　禄, 956, 1046

舒　芬, 264, 288, 542, 550

舒赫德, 653, 657, 720, 779, 1024, 1034, 1071, 1073, 1105, 1114, 1156

帅承瀛, 1007, 1045, 1112, 1122

双　顶, 973, 1048

双　庆, 636, 637, 669, 684, 689, 704, 970, 1048, 1098

嵩　贵, 990, 1034, 1050, 1073, 1103, 1108, 1115

嵩　寿, 663, 683, 689, 702, 775, 970, 963, 1047, 1069, 1094, 1129, 1134, 1136

宋　弼, 980, 1039, 1040, 1102

宋　衜（字弘道）, 20, 26, 35, 36, 39

宋　濂, 85, 131, 133, 135, 139, 145, 147, 163, 170, 177, 178, 180, 181, 185, 186, 188, 190, 191, 192, 193, 194, 195, 204, 206, 213, 214, 219, 220, 221, 224, 225, 226, 228, 231, 233, 237, 240, 245, 247, 248, 257, 262, 263, 265, 266, 267, 268, 269, 270, 278, 279, 282, 283, 284, 287, 292, 294, 297, 472, 531

宋　旻, 441, 445, 447, 450, 462

宋　楠, 684, 690, 706, 971

宋　讷, 87, 88, 115, 116, 196, 226, 262, 531

宋　杞, 722

宋　璲, 193, 269

宋　铣, 789, 989, 1042, 1050, 1051, 1118

宋　禧, 192

宋　至, 770, 830

宋朝楠, 729, 942

宋大业, 591, 768, 940, 1085

宋德宜, 731, 929, 1057, 1079

苏　葵, 209, 289, 454, 466, 471

苏伯衡, 171, 180, 191, 268

苏伯厚, 258, 262, 290, 343, 345

苏楞额, 920

睢　稼, 163, 209, 233, 261

孙　蕡, 209, 283

孙　灝, 968, 1137

孙　清, 261, 288, 484, 510, 527

孙　贤, 174, 205, 258, 288, 392, 395, 399, 403, 415, 417, 426, 428, 437, 444, 447

孙　炎, 160, 161

孙　诏, 761

孙　作, 193, 209, 290

孙承恩（明人）, 244, 290, 521, 531

孙承恩（清人）, 792, 930

孙承泽, 751

孙嘉淦, 763, 774, 784, 957, 1023, 1033, 1066, 1067, 1069, 1128, 1136

孙人龙, 690, 731, 788, 968

孙绍先, 290, 489, 506, 511

孙绍祖, 266, 290, 521, 539

孙时宜, 761, 952

孙士毅, 662, 736, 767, 1131, 1148

孙吾与, 87, 170
孙效曾, 789, 991, 1140
孙星衍, 731, 1002
孙一致, 930
孙原贞, 276
孙曰恭, 172, 258, 259, 288, 354, 361, 362, 369, 392
孙岳颁, 591, 768, 769, 778, 787, 825, 939, 1083, 1125
孙在丰, 602, 742, 744, 767, 768, 880, 934, 1019, 1028, 1059, 1080, 1081, 1082, 1124
孙钟元, 773
索　柱, 1066, 1092
索额图, 591, 751, 777, 922

T

汤　斌, 725, 739, 773, 885, 928, 1059, 1081, 1143
汤　鼐, 104 455, 456, 461
汤大绅, 690, 788, 978
汤惟学, 290, 542, 553
汤右曾, 729, 770, 941, 1021, 1030, 1064, 1088
唐　铎, 164, 185, 186, 187
唐　皋, 266, 288, 533, 556
唐　肃, 189, 209
唐绍祖, 761, 952
唐孙华, 737
陶　安, 85, 131, 132, 139, 183, 213, 224, 263, 270, 272, 281, 282, 294, 296
陶　凯, 184, 192, 212, 228, 231, 278, 296, 306, 430
陶　谐, 471, 477, 502
滕　霄, 259, 290, 484, 489; 508, 510, 539
田逢吉, 929, 1057, 1079
铁　保, 790, 1025, 1036, 1075, 1108
佟　保, 731, 968, 1047, 1048, 1094, 1100
佟国维, 777
佟景文, 595, 692, 1011, 1055
童　冀, 117
童　璲, 409
童　缘, 258, 289, 385, 389, 395, 417, 420, 428, 438

1194

童承叙, 266, 290

童凤三, 989, 1106, 1116, 1138, 1141

图　敏, 997, 1107, 1117

徒单公履（或译作图克坦，号颙轩）, 4, 29, 37, 39, 56, 66

涂　瑞, 259, 288, 454, 464

涂逢庆, 689

涂逢震, 684, 704, 731, 764, 976, 1097, 1135

涂天相, 948, 1067, 1090

屠　勋, 466

屠　滽, 462, 463, 471, 476, 478, 505

W

万　安, 104, 127, 129, 148, 153, 172, 199, 206, 232, 246, 253, 258, 289, 379, 382, 385, 388, 395, 399, 403, 407, 415, 417, 423, 428, 432, 435, 438, 439, 441, 442, 443, 444, 445, 447, 448, 449, 450, 451, 453, 454, 455, 460, 462, 472, 476, 530

万　潮, 551

万　洪, 366

万　节, 258, 361, 362

万承苍, 788, 956, 1097

万承风, 583, 584, 679, 687, 691, 712, 791, 1001, 1112, 1118, 1140, 1142

万松龄, 590, 784, 1038, 1145

汪　霦, 1062, 1087, 1143

汪　佃, 206, 290, 542, 553

汪　灏, 947, 1126

汪　铉, 229, 234, 240

汪　楫, 726, 817, 1143

汪　俊, 108, 143, 232, 259, 264, 289, 467, 476, 489, 495, 506, 508, 510, 515, 534, 539, 552

汪　思, 542, 553

汪　琬, 773, 819, 1144

汪　伟, 259, 289, 471, 477, 489, 495, 508, 510, 515, 531, 548

汪　谐, 151, 232, 257, 259, 268, 289, 409, 412, 428, 440, 442, 443, 444, 445, 446, 448, 452, 454, 456, 458, 459, 461, 464, 465, 481

汪　倬, 952

汪德钺, 1007

汪克宽, 192, 256

汪如藻, 998, 1043, 1052, 1119, 1120

汪师韩, 690, 745, 970, 1099, 1136

汪士铉, 945, 1087, 1126

汪廷玙, 788, 982, 1034, 1100, 1102, 1137

汪廷珍, 594, 734, 772, 790, 1003, 1044, 1045, 1046, 1112, 1121, 1142

汪学金, 1000, 1043, 1045, 1053, 1111, 1120, 1122

汪彦博, 1003

汪应铨, 665, 959, 1127

汪应轸, 542, 550, 553

汪永锡, 770, 986, 1103, 1104, 1137, 1138

汪由敦, 582, 591, 626, 627, 630, 632, 634, 654, 657, 658, 661, 663, 682, 689, 697, 720, 767, 779, 794, 837, 838, 891, 965, 1032, 1068, 1092, 1093, 1095, 1129

汪知藻, 731

汪仲鲁, 226, 246, 269, 287, 291

汪滋畹, 594, 691, 791, 1004, 1046, 1054, 1110, 1113, 1121

王　翱, 99, 102, 197, 220, 262, 276, 289, 351, 387, 392, 399, 400, 405, 409, 413, 414, 415, 417, 418, 420, 423, 426, 427, 428, 434, 472

王　鏊, 111, 166, 199, 209, 216, 232, 259, 288, 441, 449, 455, 459, 464, 466, 471, 475, 476, 478, 481, 482, 484, 486, 492, 494, 498, 500, 502, 503, 505, 507, 508, 538, 539

王　褒, 343, 345

王　敞, 456, 505, 515, 521

王　臣, 260, 263, 289, 434, 438, 449, 456, 459, 460, 468, 469, 486

王　偁, 120, 262, 275, 343, 345, 349

王　敕, 264, 288, 450, 452, 456, 483, 502, 509, 520

王　达, 140, 233, 258, 279, 290, 343, 344, 345, 346

王　道, 345, 501, 521, 525

王　鼎, 516, 521

王　鼎, 691, 731, 761, 772, 791, 936

王　鹗, 4, 5, 24, 62,

王　绂, 984

王　复, 387, 400, 420, 423, 434, 438, 441, 445

王　艮, 271, 288

王　洪, 258, 287, 342, 343, 345, 347, 348, 349, 350, 351

王　竑, 125, 182

王 华，448，459，464，467，471，476，477，483，484，485，486，488，491，495，498，499，502，503，509，516

王 激，264

王 继，430，481

王 霁，471

王 骥，368，371，388，400

王 鉴，365，368，400，505

王 杰，582，583，590，669，767，772，795，867，990，1034，1035，1075，1104，1130，1140，1141

王 玠（一作王进），85，96，202，355，356，357，

王 景，140，178，196，258，287，290，293，302，342，344，345，347

王 璟，533，542

王 恺，96，358

王 厘，195

王 廉，137，191，275

王 琏，193，194，204，275

王 磐（号鹿庵），4，5，8，9，11，12，15，16，23，24，25，26，28，29，32，35，36，37，39，55，56，59

王 琼，429，492，505，533，541，559

王 让，355，357

王 时，138，264

王 轼，479，481

王 绶，584，687，691，711，1001，1111，1118，1121，1141

王 恕，104，129，233，253，288，379，382，450，455，461，462，470，472

王 思，264，290，521，535

王 韦，489，504

王 伟，368，381，398，400，424

王 文，98，99，100，125，126，142，174，198，199，234，248，344，354，373，375，387，389，390，391，392，393，394，395，397，398，400，402，408，411，418，435，476，561，564，566，568

王 熙，579，735，747，767，773，778，786，925，1018，1027，1056

王 献，175，214，228，232，262，266，276，289，385，389，395，417，420，429，430，434，438，440，441，443，445，447，449，450，454

王 相，290

王 勋，931

王 询，206，262

王　恂（初名王振），99，122，206，262，289，353，367，368，378，380，382，387，389，390，391，429

王　训，345，346

王　雅，258，344，357，361，362

王　惔，934，1061，1082，1125

王　祎，170，177，228，240，257，263，264，265，271，278，287

王　彝，170，192

王　英，103，147，201，204，219，231，238，257，258，266，268，271，273，276，289，345，347，351，352，353，354，355，358，360，361，364，368，369，371，372，373，375，376，377，378，379，384，412，421，443，493

王　猷，986

王　儇，87，150，170，385，401，414，415，417，420，429，455，466，467，470，482

王　玉，243，259，289，366，367，368，370，375，377，378，381，505

王　钰，209，288

王　越，441，444，445，447，451

王　瀹，348

王　恽，4，5，16，23，63，64

王　瓒，471，486，495，503，507，516，531，544

王　振（蔚州人，明太监），122，123，126，146，149，171，182，200，373，374，380

王　直，98，146，147，201，204，214，219，228，231，233，238，257，258，268，273，274，289，292，345，347，355，360，361，364，365，366，367，368，369，370，371，372，373，375，377，379，385，386，387，391，392，399，412，429，469，493

王　僎，87，170，188，189，269，278，283

王　稷，146，292，383，393

王　佐，365，373，379，380，381，383，429

王安国，965，1069，1093

王炳昆，923

王博文（号西溪），27，56，68

王步青，964

王承烈，953

王承尧，689，967，1134

王崇简，737，786，1146

王崇献，471

王春煦，997，1043，1053，1120

王大鹤，988，1104，1105，1139

王大中，163

王芳毂, 781

王封溁, 931, 1082

王鸿儒, 508, 529, 544

王鸿绪, 581, 609, 769, 771, 778, 807, 808, 935, 1062, 1080, 1124

王会汾, 788, 975, 1097, 1135

王际华, 592, 663, 718, 753, 767, 788, 921, 979, 1034, 1070, 1071, 1098, 1100, 1130

王继文, 737, 1146

王嘉曾, 992, 1119

王景曾, 947, 1088

王敬铭, 956

王九龄, 726, 939, 1085

王九思, 259, 289, 471, 477, 487, 508, 510, 515

王麟书, 692, 791, 1005, 1054

王懋竑, 737, 1133, 1147

王懋中, 538

王鸣盛, 789, 986, 1101

王汝璧, 737

王汝玉, 89, 120, 146, 176, 235, 248, 249, 253, 258, 262, 279, 287, 342, 343, 344, 348, 349, 356

王三锡, 542, 553

王尚文, 368

王绍隆, 786, 926

王绍曾, 988, 1050

王时中, 506, 516

王士骥, 924

王士俊, 962

王士祯, 726, 736, 774, 812, 813, 918, 919, 1060, 1124, 1125, 1146

王世仕, 690, 789, 979

王守仁, 500, 502, 533, 551, 552, 553, 554

王舜年, 725, 924

王思轼, 940, 1063, 1085, 1086

王思训, 951

王太岳, 662, 690, 789, 979, 1039, 1099, 1100

王廷陈, 542, 550, 553

王廷相, 484, 489

王同祖, 290

王图炳, 665, 954, 1089, 1091, 1127
王维珍, 935
王文璇, 763, 968
王无咎, 725, 923
王希曾, 762, 956
王兴吾, 690, 967, 1047, 1095
王顼龄, 581, 609, 771, 778, 814, 1064, 1081, 1084, 1086, 1143
王延年, 736, 1147
王燕绪, 989, 1042, 1103, 1104, 1108, 1120
王一骥, 924
王一夔, 258, 288, 409, 417, 428, 438
王一宁, 127, 198, 258, 367, 369, 378, 379, 386, 387, 388
王以昌, 788, 971
王以衔, 692, 1006, 1046, 1112, 1122
王奕清, 943, 1089
王懿德, 726, 789, 986, 1049
王懿修, 584, 585, 687, 691, 710, 992, 1105, 1106, 1138
王引之, 584, 594, 688, 691, 713, 728, 791, 1008, 1112, 1123
王用宾, 235, 244, 277, 290
王元正, 521, 539
王原祁, 736, 770, 1021, 1064, 1088, 1147
王云凤, 492, 516, 517
王允中, 998
王仲愚, 994, 1106, 1118
王宗诚, 594, 691, 791, 1004, 1045, 1112, 1113, 1122
王宗彝（王文子，初名王伦), 476, 545
危　素, 137, 138, 163, 170, 220, 226, 264, 268
韦成贤, 924
韦谦恒, 662, 789, 991, 1043, 1103, 1107, 1119
卫既齐, 775, 934
魏　观, 87, 134, 139, 169, 191, 192, 214, 226, 262, 263, 293
魏　骥, 368, 373, 429
魏　潜, 233
魏　校, 239
魏　源, 368, 371, 373, 429
魏邦彦, 693, 1014

魏德寿, 262, 263

魏方泰, 947, 1091

魏天赏, 737, 1146

魏廷珍, 622, 632, 835, 956, 1089, 1127

魏希曾, 936

魏象枢, 750, 924

魏学诚, 613, 737, 1147

魏裔介, 924

温仁和, 259, 290, 484, 489, 506, 508, 510, 515, 531, 539, 545

温汝适, 691, 1002, 1045, 1046, 1111, 1123, 1142

温思恭, 344

文　保, 788, 1096

文　宁, 790, 1002, 1036, 1053, 1077, 1078, 1142

翁方纲, 864, 985, 1040, 1102, 1107, 1116, 1117, 1119

翁叔元, 936, 1060, 1082, 1083

吴　昺, 942

吴　沉, 88, 117, 147, 163, 180, 196, 219, 226, 240, 242, 243, 263, 287

吴　鼎, 590, 785, 1146

吴　绂, 788, 975, 1038

吴　涵, 725, 726, 939, 1020, 1029, 1062, 1084, 1087

吴　汇, 125, 206, 232, 289, 385, 389, 404, 406, 413

吴　节, 175, 207, 257, 258, 259, 289, 366, 367, 368, 370, 376, 384, 385, 391, 409, 410, 414, 418, 419, 421, 423, 428, 430, 436, 448

吴　璥, 790, 999, 1052, 1107

吴　宽, 155, 232, 259, 280, 284, 288, 301, 438, 446, 450, 453, 456, 459, 464, 466, 468, 481, 483, 484, 485, 486, 487, 488, 541

吴　莱, 133

吴　琳, 170, 233

吴　讷, 271

吴　溥, 173, 231, 258, 288, 342, 345, 347, 429

吴　勤, 173, 258, 290, 343

吴　升, 195, 272

吴　绶, 764, 982, 1139

吴　荪, 478

吴　炜, 1136

吴　文, 111, 142, 288

吴　　相，949

吴　　襄，793，956，1066，1090，1127

吴　　烜，584，688，691，714，763，1003，1112，1123

吴　　俨，158，289，454，461，471，476，477，482，484，500，503，505，523，529，537，539，541，547，551，556

吴　　钺，232，288，415，428

吴　　颙，262，357

吴　　垣，941

吴　　钺，259

吴　　中，355，367，368，371

吴　　肃，584，594，688，691，713，728，791，1008，1112

吴邦庆，692，1007

吴本立，935

吴本植，931

吴伯宗，87，88，122，170，196，226，258，263，264

吴大受，964，1133

吴家骐，959，1032，1090

吴隆元，944，1031

吴履泰，969，1096，1098

吴其彦，692，731，1009

吴荣光，595，692，728，731，1008，1055

吴绍灿，737，1148

吴省兰，584，662，688，691，713，774，790，999，1043，1044，1045，1109，1111，1117，1121，1131

吴省钦，789，991，1041，1042，1076，1104，1140

吴士功，971

吴士玉，591，770，793，830，922，950，1031，1065，1127

吴寿昌，609，993，1042，1119，1140

吴舒帷，790，999

吴树本，790，995，1044，1109

吴廷琛，692，1012

吴廷举，516

吴廷选，790，1002，1044，1110，1122

吴廷桢，770，830，948，1088

吴文焕，690，731，961

吴希贤，142，259，289，415，421，428，440，450，453，461

吴锡麒, 998, 1043, 1044, 1045, 1110, 1141
吴熙曾, 692, 1011
吴一鹏, 259, 289, 467, 471, 495, 508, 510, 515, 521, 531, 536, 551, 558
吴应棻, 958
吴应枚, 690, 787, 965, 1092, 1093, 1095
吴余庆, 362, 371, 372
吴与弼, 128, 268, 288, 291, 397, 402, 403, 404
吴玉纶, 990
吴裕德, 999, 1052
吴元龙, 933, 1144
吴兆雯, 965
吴震起, 995
吴正治, 786, 926, 1057
吾　绅, 289, 345
五　泰, 998, 1052, 1119
武　卫, 176, 259, 289, 445, 447, 461, 464, 476, 481, 484, 485, 498, 523, 529
武极理, 1039, 1099
武周文, 176, 346

X

习嘉言, 258, 289, 352, 353, 367, 369, 375, 378, 379, 381, 382, 387, 389
席　春, 207, 240, 264, 542, 553
席　书, 207
席尔达, 1059, 1060
夏　昶, 181
夏　衡, 361, 362, 381, 419
夏敷九, 924
夏良胜, 551
夏廷芝, 970
夏原吉, 90, 91, 120, 147, 200, 219, 247, 249, 251, 257, 298, 349, 352, 355, 357, 358, 359, 360, 376
夏之芳, 732, 737, 1147
夏之容, 732
夏之蓉, 1039, 1145
夏止善, 258

项　忠, 434, 441, 443
项文曜, 125, 387, 392, 398, 400
萧　铉, 387
萧　仪, 252
萧　芝, 692, 790
萧　镃, 127, 198, 199, 206, 207, 259, 289, 367, 368, 369, 376, 377, 378, 383, 384, 385, 387, 388, 390, 391, 392, 394, 395, 398, 400, 411
萧际韶, 993, 1052, 1118
萧时中, 252, 288, 349
萧士高, 394
萧惟中, 387
萧维祯, 99, 380, 389, 399
萧引高, 120, 287, 342, 349
谢　铎, 181, 259, 264, 268, 284, 289, 415, 421, 428, 434, 442, 458, 460, 464, 480, 482, 484, 486, 487, 488, 507, 518, 531
谢　徽, 192
谢　珪, 252, 266, 288, 358, 376, 383, 397
谢　丕, 239, 244, 266, 274, 286, 288, 489, 499, 503
谢　迁, 110, 113, 153, 199, 232, 242, 250, 259, 270, 288, 300, 441, 450, 456, 458, 459, 463, 464, 469, 470, 471, 472, 475, 476, 477, 478, 481, 483, 484, 485, 486, 487, 489, 490, 491, 492, 494, 495, 497, 499, 501, 502, 506, 507, 508, 510, 511, 538, 540, 542, 554
谢　显, 434, 438, 452
谢　埔, 795, 985, 1034, 1043, 1049, 1073, 1102, 1137, 1138, 1141
谢　宇, 417, 429, 445, 456, 462, 466
谢履忠, 766, 774, 948
谢启昆, 990, 1041, 1104
谢溶生, 980, 1049, 1100
谢一夔, 151, 440, 443, 445, 447, 449, 453, 454, 521, 522
邢　恭, 358
邢　宽, 172, 258, 259, 288, 354, 361, 362, 369, 378, 379, 388, 392
邢　让, 104, 129, 155, 172, 252, 289, 379, 382, 385, 405, 411, 418, 420, 426, 427, 429, 435, 437, 461, 472
熊　翀, 484, 491
熊　鼎, 190, 214, 302, 303, 305
熊　卓, 502

熊伯龙, 926

熊赐履, 579, 601, 718, 719, 792, 874, 876, 880, 931, 1018, 1028, 1057, 1060, 1079, 1124

熊赐玙, 931

熊赐瓒, 937, 1083

秀　宁, 594, 691, 1011, 1055, 1112

徐　昂, 502

徐　本, 582, 616, 619, 620, 763, 767, 793, 836, 959, 1067, 1091, 1129

徐　潮, 722, 726, 936, 1021, 1029, 1062, 1087

徐　忱, 471, 477, 516

徐　贯, 476, 479

徐　缙, 240, 259, 290, 489, 504, 508, 545

徐　穆, 143, 264, 275, 288, 466, 477, 486, 487, 491, 503, 510, 515, 521

徐　溥, 105, 199, 232, 243, 257, 269, 270, 271, 276, 288, 392, 395, 399, 415, 417, 429, 434, 438, 440, 444, 447, 449, 450, 453, 455, 456, 458, 459, 461, 462, 464, 466, 469, 470, 471, 474, 475, 476, 477, 480, 483, 498, 538, 540

徐　谦, 385, 387, 434, 438

徐　琼, 151, 259, 288, 400, 418, 428, 436, 438, 442, 453, 462, 467, 471, 476, 490

徐　钦, 1144

徐　泰, 396

徐　暹, 501, 502

徐　旭, 343, 344

徐　琰（字子方）, 27

徐　倬, 775, 936, 1083

徐葆光, 954

徐秉义, 767, 787, 808, 896, 935, 1061, 1086

徐诰武, 933

徐嘉炎, 591, 768, 817, 1083, 1143

徐景曾, 775, 968

徐乾学, 751, 756, 768, 787, 806, 887, 888, 889, 934, 1028, 1081, 1124

徐善述, 248, 279, 344, 348, 349, 356

徐善渊, 357

徐文煜, 977

徐一夔, 193

徐以升, 964

徐用锡, 952

徐有贞（初名徐珵），100，101，102，103，123，127，199，201，259，262，276，289，366，367，368，370，378，381，383，388，390，398，399，400，401，402，411，426，432

徐元灿，929

徐元梦，582，588，613，614，655，748，761，763，793，936，1021，1030，1031，1064，1082，1089，1128，1132，1134

徐元文，589，602，718，767，773，880，892，931，1018，1020，1028，1057，1058，1060，1080

徐元正，940，1063，1084，1087

徐之鸾，521

许　彬，122，123，125，197，199，260，274，289，351，353，361，362，374，380，381，382，384，387，398，400，401，404，418，431，443

许　观，288

许　衡（号鲁斋），11，25，33

许　进，375，490，498，500，502，503，504，505，506，511，516，521

许　霖，790

许　玮，931

许　赞，504，506

许成名，206，290，521，531，541

许复礼，521

许汝霖，775，939

许天锡，467，479，494

许王猷，720，956，1092，1096

许宗鲁，542，553

许缵曾，786，927

轩　輗，247，429

薛　格，289，467，476，483

薛　瑄，123，126，127，199，232，270，284，368，373，374，381，382，385，386，387，389，392，398，399，400，401，404，418，421，429，498，536

薛　韫，731，969

薛　沄，786，927

薛凤鸣，515

薛所蕴，1027

Y

延　弼, 1005, 1045, 1110

严　福, 997, 1043, 1140

严　沆, 929

严　嵩, 290, 306, 489, 504

严绳孙, 821, 919, 1081, 1144

严思位, 953

严我斯, 933, 1080, 1081

严虞惇, 945

阎世绳, 937

阎锡爵, 943

阎循琦, 690, 979

颜崇沩, 790, 999, 1107

杨　炳, 591, 732, 922, 963, 1093, 1127

杨　鼎, 99, 231, 262, 288, 353, 370, 371, 377, 381, 385, 387, 388, 389, 393, 400, 420, 434, 438, 441, 446, 449, 450

杨　琪, 268, 289

杨　杰, 445, 447, 459, 461, 464, 466, 471, 476, 479, 501

杨　敬, 96, 202, 258, 270

杨　勉, 204, 289, 345

杨　溥, 85, 91, 96, 98, 176, 177, 198, 200, 202, 214, 238, 254, 257, 264, 265, 266, 271, 274, 279, 288, 344, 345, 346, 348, 350, 355, 356, 357, 358, 360, 363, 364, 367, 368, 369, 371, 372, 373, 375, 376, 377, 378, 391, 411, 424, 431, 448, 489

杨　棨, 456

杨　荣（初名杨子荣）, 90, 91, 93, 96, 97, 103, 137, 147, 165, 171, 196, 198, 200, 219, 221, 224, 226, 228, 238, 245, 247, 250, 251, 252, 255, 257, 258, 265, 266, 268, 273, 274, 276, 279, 281, 292, 298, 299, 330, 342, 343, 344, 345, 346, 347, 348, 349, 350, 351, 352, 353, 354, 355, 356, 357, 358, 359, 360, 361, 362, 363, 364, 365, 366, 367, 368, 369, 371, 372, 376, 452

杨　慎, 288, 521, 545, 558

杨　恕, 4, 8

杨　遂, 434

杨　相, 204, 231, 289, 343, 345

杨　瑄（明人）, 100, 400, 415, 416, 426

杨　瑄（清人），809，937，1062，1087，1126

杨　仪，154，515，545

杨　瑛，409，410

杨　颙，343，345

杨　翥，258，358，361，362，369，372，391，429

杨昌霖，737，1148

杨超曾，793，958，1067，1128

杨度汪，590，783，1145

杨名时，763，943，1032，1086，1127，1129，1134

杨南金，505，516

杨绍先，786，927

杨时畅，176，259，289，445，447，458，460，464，471，481，485，489，491，495，497，498

杨士奇，85，89，92，93，94，95，96，98，99，120，121，122，140，146，147，148，196，198，200，202，213，218，219，221，222，223，225，227，228，229，231，233，235，237，238，242，245，246，247，248，249，251，253，257，258，263，266，270，272，273，274，276，279，281，286，287，292，293，298，342，343，344，345，346，347，348，349，350，351，353，354，355，356，357，358，359，360，361，362，363，364，365，366，367，368，369，370，372，373，374，375，376，377，381，391，392，407，412，418，437，541

杨士云，542，553

杨世英，692，731，1009

杨守陈，155，165，242，258，262，289，300，385，404，417，428，437，438，440，445，447，449，456，458，459，461

杨守随，110，484，489，502，526，542

杨守隅，155，516

杨守阯，155，157，172，259，288，445，453，458，464，475，476，483，485，509，516，527，531

杨述曾，690，788，978，1040，1103

杨思圣，725，924

杨廷栋，788，968

杨廷和，112，113，169，199，232，257，258，259，274，289，445，447，461，464，471，476，477，485，486，489，491，492，495，502，504，505，506，508，509，511，512，516，521，527，528，530，531，532，533，534，535，536，538，541，545，546，547，548，552，553，554，555，556，557，558，559

杨惟聪（一作杨维聪），264，288

杨维桢, 135

杨一清, 109, 113, 199, 203, 207, 236, 244, 490, 512, 516, 519, 521, 524, 525, 527, 531, 533, 536, 538, 540, 557

杨运昌, 924

姚　夔, 113, 123, 148, 231, 247, 253, 271, 299, 300, 373, 383, 387, 413, 415, 417, 418, 420, 423, 426, 433, 435, 437, 438, 462

姚　萧, 991

姚　枢, 4, 64, 66

姚　颐, 724, 992, 1042, 1139, 1140

姚广孝, 140, 257, 297, 307, 344, 346, 347, 349

姚宏绪, 942

姚文然, 760

姚学礼, 265

姚元之, 1015

姚之骃, 961

叶　琛, 131, 186, 287

叶　砥, 258, 279, 343, 345

叶　盛, 202, 208, 230, 235, 271, 272, 293, 429, 435, 508

叶　酉, 690, 785, 977

叶方蔼, 743, 781, 797, 798, 880, 931, 1019, 1028, 1058, 1080, 1124

叶方霭, 792

叶观国, 984, 1106, 1139

叶见泰, 180

叶绍本, 692, 1011, 1055

叶先登, 786, 928

叶映榴, 933

伊尔敦, 959, 1046

仪　铭, 258, 293, 369, 372, 382, 385, 388, 390, 391, 392, 393

仪　智, 344, 429

弋　谦, 90, 248

易舒诰, 259, 290, 489, 504, 509, 510, 515

易文基, 790, 992

殷　哲, 275

尹　龙, 434, 438, 447, 451, 452, 453, 520

尹　旻, 110, 289, 379, 382, 420, 435, 441, 443, 444, 445, 447, 450, 451, 456, 461, 472, 486, 542

尹　泰, 603, 1084

尹　襄, 290, 521

尹　直, 128, 151, 153, 199, 232, 237, 253, 259, 289, 392, 395, 417, 428, 433, 437, 438, 440, 441, 442, 446, 450, 451, 453, 454, 455, 456, 472, 486, 523

尹昌隆, 120, 249, 263, 288, 344, 345

尹凤岐, 258, 289, 352, 353, 364, 369, 406

尹继善, 581, 609, 633, 634, 638, 646, 734, 836, 837, 964, 1024, 1032, 1033, 1067, 1072, 1091, 1104, 1138

尹壮图, 737, 992, 1116

英　和, 577, 578, 583, 584, 589, 591, 594, 611, 676, 678, 679, 686, 691, 710, 716, 720, 721, 772, 790, 869, 870, 871, 893, 912, 919, 920, 922, 1005, 1025, 1036, 1054, 1077, 1110, 1112, 1117, 1121, 1132

英　廉, 1025, 1034, 1035, 1072, 1106

雍　泰, 491, 492, 506

永　贵, 1071, 1072, 1074

永　璘, 583, 584, 678, 679, 685, 691, 708, 1150, 1153, 1154

永　瑆, 583, 584, 678, 679, 685, 691, 707

永　璇, 577, 583, 584, 678, 679, 685, 691, 707, 715

尤　侗, 775, 1144

游光绎, 1004, 1044, 1121

于　辰, 966, 1047, 1093

于　谦, 98, 99, 100, 102, 125, 371, 385, 388, 390, 392, 398, 400, 426, 435, 436

于　振, 591, 683, 689, 703, 722, 732, 788, 922, 963, 1091, 1097, 1127, 1145

于敏中, 582, 590, 591, 636, 646, 650, 654, 655, 663, 684, 689, 705, 720, 753, 767, 771, 851, 852, 853, 974, 1024, 1070, 1071, 1097, 1105, 1114, 1130, 1138

于朋举, 725, 927

于宗瑛, 790, 987

余　本, 209, 288, 521, 545

余　忭, 368

余　鼎, 204, 270, 289, 345, 347, 352, 353, 354

余　栋, 689, 767, 770, 966, 1094, 1096, 1134, 1135

余　集, 691, 737, 1042, 1110, 1111, 1122, 1148

余　珊, 531, 534

余　恂, 928

余　瓒, 430

余承勋, 290, 542, 558

余学夔, 204, 258, 289, 345, 351, 355, 358, 361, 362

余正焕, 595, 692, 1010, 1055

余子俊, 445, 456

俞　钦, 385, 439, 447

俞　山, 385, 387, 391

俞长策, 950, 1088

俞长城, 941

俞鸿图, 954, 1093

俞士吉, 357

俞士悦, 375, 379, 387, 392, 398, 400

俞兆晟, 950, 1067, 1091

俞之炎, 930

虞　谦, 90

玉　保, 790, 1001, 1077, 1107, 1131

玉　麟, 584, 687, 691, 711, 871, 872, 1011, 1006, 1037, 1054, 1078, 1110, 1111, 1118, 1142

元守直, 456, 471, 479

袁　枚, 976

袁　佑, 1143

袁忠彻, 403

岳　正, 123, 125, 127, 197, 199, 201, 228, 231, 248, 249, 250, 264, 288, 379, 385, 388, 394, 395, 399, 401, 415, 418, 420, 429, 434

岳映斗, 737, 1146

Z

连原霖, 189, 262

曾　翚, 432, 438

曾　鉴, 484, 489

曾　棨, 95, 120, 165, 201, 204, 219, 226, 230, 231, 258, 268, 270, 274, 288, 293, 343, 345, 347, 350, 352, 354, 355, 357, 358, 360, 361, 364, 369, 385, 466

曾　彦, 142, 259, 288, 445, 453, 456, 458, 463, 464, 468, 476

曾　章, 140

曾　追, 445

曾鹤龄, 141, 233, 235, 258, 266, 288, 353, 361, 362, 369, 370, 371, 372

曾日章, 258, 287, 342

查　升, 591, 769, 770, 941, 1086, 1125
查布海, 1026, 1056
查慎行, 731, 769, 770, 829, 830, 831, 832, 947, 1126
查嗣庭, 950, 1031, 1065
翟　銮, 239, 259, 290, 489, 504, 508, 510, 515, 541
翟　瑄, 466
詹　同, 138, 139, 144, 145, 170, 184, 202, 214, 220, 223, 231, 233, 236, 246, 258, 263, 268, 269, 275, 293, 294
湛若水, 259, 275, 290, 306, 489, 504, 508
张　本, 429
张　璧, 234, 274, 286, 290, 521, 545
张　彩, 110, 156, 506, 510, 511, 512, 513, 514, 515, 516, 525, 526, 527, 542
张　溁, 156, 289, 445, 447, 459, 461, 464, 469, 479, 490, 491, 493, 495, 497, 502, 503, 505, 508, 511, 515, 519, 522, 525, 530, 534, 537, 552
张　潮, 239, 290, 521, 544
张　翀, 193, 194, 204, 209, 521
张　纮, 140, 178, 347
张　凤, 193, 204, 263
张　辅, 357, 360, 367, 368, 369, 380, 91, 122, 238, 251, 257, 299
张　衮, 234
张　汉, 957, 1145
张　浩, 232
张　洪, 258
张　霁, 761
张　简, 192
张　礼, 361, 362
张　烈, 1143
张　銮, 505
张　纶, 516, 521
张　懋, 257
张　宁, 164, 234, 287, 387, 408, 417, 420
张　鹏, 391, 400, 416, 450
张　榕, 810, 937, 1085
张　芮, 175, 176, 259, 263, 264, 266, 271, 289, 445, 449, 464, 481, 484, 485, 486, 491, 492, 506, 509, 538
张　绅, 89

张　升, 105, 153, 264, 288, 434, 438, 445, 447, 449, 458, 459, 469, 471, 479, 484, 495, 499, 503, 545, 546

张　晟, 434, 438

张　绶, 1001, 1111, 1122, 1142

张　璲, 434, 438, 451, 456

张　泰, 289, 415, 429, 438, 445, 447, 531

张　唯, 134, 193, 194, 204, 275

张　习, 259, 349, 361, 362

张　宪, 511, 516

张　宣, 192, 193

张　瑄, 385

张　业, 155, 289, 385, 389, 404, 413, 420, 437, 461

张　颐, 262, 276, 289, 409, 412, 418, 419, 441, 445

张　益, 122, 181, 258, 274, 289, 351, 353, 361, 362, 367, 369, 379, 380, 381, 383

张　英（明人）, 266, 281

张　英（清人）, 582, 588, 612, 718, 742, 744, 747, 767, 768, 770, 773, 777, 778, 792, 799, 800, 801, 802, 804, 879, 880, 894, 897, 912, 919, 934, 1019, 926, 1020, 1028, 1029, 1059, 1080, 1084, 1124

张　瑛, 97, 198, 249, 257, 293, 354, 355, 357, 358, 360, 369

张　羽, 170

张　瑷, 729

张　悦, 466

张　照, 581, 582, 591, 609, 618, 619, 625, 630, 632, 640, 644, 646, 648, 653, 654, 657, 658, 663, 665, 666, 682, 689, 696, 748, 771, 793, 851, 919, 952, 1067, 1091, 1127

张　治, 244, 290

张邦奇, 209, 259, 290, 489, 504, 509, 537

张本枝, 693, 1014

张秉彝, 173, 258, 290

张伯行, 730

张伯颖, 258, 262, 287, 342, 343, 345, 351, 353

张长庚, 737, 1146

张长年, 89, 196

张存仁, 918

张大受, 834, 953

张尔素, 924

张凤仪，1028
张孚敬，234，236，240，261，264
张弘至，471，477，491
张鸿烈，1144
张惠言，731，1008
张九镒，785，789，974，1099
张美和，191，269
张孟兼，192
张敏行，255
张鸣凤，502
张能照，737，1148
张鹏翀，581，607，617，618，619，620，683，689，702，770，771，841，842，967，1096
张鹏翮，582，615，935
张丕吉，737，1146
张瑞徵，786，927
张若霭，653，663，683，689，701，732，770，787，788，844，969，1094，1129
张若澄，645，663，731，788，859，980，1040，1130
张若涵，1093，1094
张若淳，737
张若需，789，974，1039，1099
张师诚，1004，1053，1121
张世渌，790，989
张书勋，992，1041，1105，1139
张松龄，929
张泰开，649，978，1070，1071，1098，1101，1135，1136，1137
张天瑞，448，458，464，471，476，481，486，488，527
张廷珩，732，963，1127
张廷璐，763，775，835，836，959，1090，1092，1125，1133
张廷枢，939，1062，1064，1084，1086
张廷玉，577，578，579，582，584，588，591，614，616，617，620，622，623，625，655，658，665，671，673，677，678，681，689，695，714，730，745，750，763，766，767，769，770，771，778，779，783，784，793，827，828，841，859，881，882，922，947，1021，1022，1064，1087，1088，1090，1095，1126，1132，1134
张廷瓒，778，811，812，937，1085，1125
张文质，387，409，415，417，420，423，441，445，450
张问陶，692，791，1005，1045，1046

张希良, 591, 603, 768, 940, 1084
张显宗, 233, 262, 288, 348
张衍庆, 521, 534, 551
张以宁, 137, 191, 264, 275
张逸少, 737, 775, 944
张映辰, 689, 787, 969, 1097
张映斗, 690, 970, 1038
张永祺, 786, 927
张玉书, 602, 613, 737, 769, 777, 778, 793, 799, 889, 890, 897, 933, 1019, 1028, 1058, 1059, 1081, 1082, 1124
张裕荦, 982, 1039, 1100, 1101
张豫章, 756, 941
张元怀, 957, 1127
张元祯, 129, 168, 206, 208, 232, 244, 247, 252, 259, 264, 267, 268, 289, 409, 412, 416, 428, 458, 459, 461, 463, 464, 480, 481, 485, 486, 487, 489, 490, 491, 492, 494, 497, 501, 537
张允钦, 736, 1146
张曾敞, 789, 985, 1040, 1102
张宗琏, 205, 355, 357
章　敞, 204, 289, 345, 364, 369
章　懋, 232, 247, 252, 264, 289, 424, 430, 431, 483, 484, 486, 489, 490, 492, 498, 499, 502, 505, 506, 517, 521, 523
章　文, 351, 353, 388, 394
章　溢, 131, 161, 184, 186, 287
章　镒, 424, 430
章宝传, 721, 1118
赵　恢, 365, 367, 379, 385, 388, 390, 406
赵　宽, 232
赵　汸, 132, 192
赵　山, 1060
赵　肃, 287, 291
赵　琬, 367, 376, 385
赵　新, 189, 269, 293, 377
赵　勖, 350, 366
赵　埙, 192, 195, 283, 290
赵　翼, 990

赵　永, 484, 489, 538, 539, 550
赵秉冲, 584, 589, 591, 679, 687, 691, 712, 737, 919, 1132
赵大鲸, 787, 965, 1097
赵殿最, 736, 840, 1067, 1147
赵申季, 737, 1088, 1147
赵未彤, 692, 1005, 1111, 1122, 1142
赵文楷, 692, 728, 1007, 1045, 1123
赵熊诏, 951, 1088, 1126
赵用贤, 326, 332
赵执信, 918, 938
折库纳, 732, 735, 928, 1018, 1027, 1056, 1057, 1079
郑　赐, 120, 249, 255, 257
郑　环, 259, 288, 409, 428, 435, 440, 443, 445, 448
郑　纪, 289, 409, 412, 453, 461, 463, 472, 488
郑　岳, 554
郑岱钟, 790, 986
郑虎文, 978, 1040
郑际泰, 937
郑开极, 933
郑任钥, 834, 951
郑为龙, 761, 949
郑自璧, 542, 553
钟　复, 365, 367, 369
钟　衡, 690, 883, 968
钟　音, 592, 609, 690, 761, 921, 973, 1034, 1072, 1074, 1096
钟兰枝, 983, 1137
周　灿, 932
周　忱, 204, 289, 345, 358
周　幹, 348
周　翰, 233, 255, 258
周　煌, 690, 789, 853, 854, 975, 1040, 1135, 1139
周　鉴, 98
周　经, 259, 280, 289, 409, 412, 428, 442, 444, 445, 448, 456, 459, 461, 464, 465, 468, 470, 471, 476, 478, 490, 491, 505, 506, 507, 512, 530
周　述, 204, 230, 258, 288, 343, 345, 350, 353, 355, 357, 361, 364, 367, 369
周　叙, 141, 218, 252, 258, 289, 352, 353, 361, 362, 369, 375, 376, 377, 383, 387,

551

周　旋, 368, 379, 384, 385, 388, 390, 391, 394, 469, 557

周　玉, 467, 471, 482, 485, 487, 497, 504, 508

周长发, 607, 690, 732, 779, 788, 884, 966, 1040, 1098, 1099, 1135, 1136, 1145

周宸藻, 929

周洪谟, 149, 252, 255, 288, 376, 385, 388, 395, 403, 415, 418, 419, 421, 428, 437, 440, 442, 447, 455, 460, 463

周厚辕, 692, 790, 995, 1142

周孟简, 204, 230, 285, 288, 343, 345

周清原, 1143

周人麒, 788, 978

周是修, 89, 91

周位庚, 790, 992

周文通, 459, 471, 476, 491, 503, 509

周系英, 594, 691, 791, 1005, 1045, 1113, 1123

周兴岱, 791, 995, 1077, 1120, 1131

周学健, 963, 1096

周奕封, 928

周永年, 737, 1148

周有德, 737, 1146

周玉章, 689, 788, 974, 1038, 1100, 1136

周兆基, 584, 592, 687, 691, 713, 791, 1002, 1045, 1113, 1122

周之麟, 787, 932

朱　恩, 515

朱　绂, 692, 927, 996

朱　珪, 577, 578, 583, 584, 591, 594, 597, 611, 669, 676, 678, 679, 686, 691, 709, 716, 720, 721, 737, 767, 770, 772, 789, 860, 861, 862, 863, 886, 892, 922, 983, 1026, 1036, 1075, 1077, 1101, 1105, 1113, 1115, 1132, 1139, 1142, 1149, 1153

朱　衮, 484, 489, 515

朱　纮, 120, 258, 290, 343, 345, 349

朱　筠, 752, 789, 986, 1104

朱　濂, 192, 283, 290

朱　瑾, 731, 788, 973

朱　钤, 737, 1148

朱　荃, 590, 779, 784, 1038, 1145

朱　善, 116, 147, 189, 209, 231, 241, 242, 261, 263, 264, 269, 291

朱　升, 132, 138, 139, 190, 262, 268, 272, 284, 294, 302

朱　轼, 582, 591, 614, 655, 730, 763, 770, 922, 945, 1022, 1127, 1132, 1149

朱　右, 192, 194, 195, 221, 263, 283, 290

朱逢吉, 173, 258

朱凤英, 731, 968

朱孔旸, 353, 362

朱兰泰, 1098

朱良裘, 966, 1094, 1096

朱梦炎, 188, 189, 263

朱佩莲, 690, 779, 978, 1100, 1101

朱廷璟, 926

朱希周, 288, 471, 483, 485, 504, 508, 509, 511, 513, 539, 542, 552

朱续晫, 745, 970

朱一凤, 952

朱彝尊, 653, 660, 767, 768, 817, 818, 885, 912, 1081, 1124, 1143

朱之锡, 923

诸大绶, 324

祝　春, 164

祝　垫, 731, 1001

祝德麟, 868, 991, 1043, 1050, 1051

庄　昶, 168, 252, 264, 289, 424, 430, 431

庄　楷, 956

庄朝生, 927

庄存与, 731, 789, 979, 1034, 1130, 1139

庄同生, 786, 925

庄培因, 986, 1100

庄通敏, 996, 1119, 1120

庄有恭, 641, 660, 663, 664, 976, 1096, 1129

庄有信, 788, 978

邹　斡, 113, 387, 399, 400, 429, 435, 442

邹　缉, 228, 258, 287, 342, 345, 347, 348, 350, 351, 352, 353, 396

邹　济, 248, 258, 350, 353, 354, 356

邹　智, 104, 252, 454, 455, 456, 461

邹炳泰, 584, 691, 996

邹升恒, 787, 959, 1093

邹守益, 232, 264, 288, 521

邹一桂, 653, 690, 840, 966
邹奕孝, 987, 1076, 1104, 1116, 1119
祖可法, 918

《中国科举文化通志》书目

历代制举史料汇编

历代律赋校注

七史选举志校注

唐代试律试策校注

八股文总论八种

游戏八股文集成

翰林掌故五种

贡举志五种(上)

贡举志五种(下)

明代科举与文学编年(上)

明代科举与文学编年(中)

明代科举与文学编年(下)

明代状元史料汇编(上)

明代状元史料汇编(下)

四书大全校注(上)

四书大全校注(下)

钦定四书文校注

《游艺塾文规》正续编

钦定学政全书校注

《清实录》科举史料汇编

梁章钜科举文献二种校注

二十世纪科举研究论文选编

《礼部韵略》与宋代科举

科举废止前后的晚清社会与文学

《儒林外史》的现代误读

游戏八股文研究

元明科举与文学考论

明代八股文选家考论

唐代科举与试赋